2022

ESCRIVÃO E INSVESTIGADOR DA POLÍCIA CIVIL DO ESTADO DO AMAZONAS PC-AM

Proteção de direitos

Todos os direitos autorais desta obra são reservados e protegidos pela Lei nº 9.610/98. É proibida a reprodução de qualquer parte deste material didático, sem autorização prévia expressa por escrito do autor e da editora, por quaisquer meios empregados, sejam eletrônicos, mecânicos, videográficos, fonográficos, reprográficos, microfilmicos, fotográficos, gráficos ou quaisquer outros que possam vir a ser criados. Essas proibições também se aplicam à editoração da obra, bem como às suas características gráficas.

Diretor Presidente	Evandro Guedes
Diretor Editorial	Javert Falco
Diretor de Marketing	Jadson Siqueira
Gerente Editorial	Mariana Passos
Equipe Editorial	Fátima Rodrigues
	Mateus Ruhmke Vazzoller
	Patricia Quero
Aquisição Editorial	Fábio Oliveira
Coordenação Revisão de Texto	Paula Craveiro
Coordenação Editoração	Alexandre Rossa
Arte e Produção	Nara Azevedo
	Emilly Lazarotto
Capa	Alexandre Rossa

Língua Portuguesa
Pablo Jamilk

Redação
Giancarla Bombonato

Geografia do Amazonas
Julyane Cequinel Hul

História do Amazonas
Douglas William Machado

Raciocínio Lógico-Matemático
Daniel Lustosa

Noções de Informática
João Paulo

Noções de Administração
Giovana Carranza, Marisol Bufeman, Pablo Jamilk

Noções de Arquivologia – Específico para Escrivão
Oliveira Soares, Thais Vieira

Noções de Contabilidade – Específico para Investigador
Anderson Oliveira, Camila Gomes, Germana Chaves

Noções de Direito Constitucional
Daniel Sena

Noções de Direito Penal, Processual Penal e Legislação Extravagante
André Adriano, Eduardo Labruna, Evandro Guedes, Gustavo Muzy, Mauricio Cazarotto, Pedro Canezin, Rafael Medeiros, Roberto Fernandes, Thállius Moraes

Noções de Direito Administrativo
Evandro Guedes, Guilherme de Luca, Gustavo Muzy, Nilton Matos

---

Dados Internacionais de Catalogação na Publicação (CIP)
Jéssica de Oliveira Molinari CRB-8/9852

I35

    Investigador de polícia e escrivão de polícia para polícia civil do estado do Amazonas / Equipe de professores Alfacon. -- 1. ed. -- Cascavel, PR : AlfaCon, 2021.
    840 p.

    Bibliografia
    ISBN 978-65-5918-348-7

    1. Serviço público - Concursos – Brasil 2. Investigador – Escrivão - Civil - Amazonas 3. Redação 4. Informática 5. Direito processual civil 6. Direito processual penal

21-5710   CDD 351.81076

Impressão: Renovagraf

Índices para catálogo sistemático:
1. Serviço público - Brasil - Concursos

Dúvidas?
Acesse: www.alfaconcursos.com.br/atendimento
Núcleo Editorial:
  Rua: Paraná, nº 3193, Centro - Cascavel/PR
  CEP: 85.810-010
Núcleo Comercial/Centro de Distribuição:
  Rua: Dias Leme, nº 489, Mooca - São Paulo/SP
  CEP: 03118-040
 SAC: (45) 3037-8888

Data de fechamento 1ª impressão:
28/12/2021

www.alfaconcursos.com.br/apostilas

Atualizações e erratas
Esta obra é vendida como se apresenta. Atualizações - definidas a critério exclusivo da Editora AlfaCon, mediante análise pedagógica - e erratas serão disponibilizadas no site www.alfaconcursos.com.br/codigo, por meio do código disponível no final do material didático. Ressaltamos que há a preocupação de oferecer ao leitor uma obra com a melhor qualidade possível, sem a incidência de erros técnicos e/ou de conteúdo. Caso ocorra alguma incorreção, solicitamos que o leitor, atenciosamente, colabore com sugestões, por meio do setor de atendimento do AlfaCon Concursos Públicos.

APRESENTAÇÃO

Fazer parte do serviço público é o objetivo de muitas pessoas. Por esse motivo, os processos seletivos relacionados a essa área de atuação costumam ser muito concorridos.

Nesse sentido, a obra **Escrivão e Investigador da Polícia Civil do Estado do Amazonas - PC-AM** reúne os conteúdos cobrados no último edital do concurso. Na elaboração deste material, a Editora AlfaCon teve o cuidado de trazer as indicações mais importantes dos tópicos que fazem parte do conteúdo programático das disciplinas abordadas. Além disso, durante a explanação dos conteúdos, o estudante encontrará dicas essenciais à sua compreensão. Toda essa disposição de assuntos foi pensada para auxiliar o concurseiro na melhor compreensão e fixação do conteúdo.

O material também se destaca por agregar ao seu estudo a tecnologia educacional AlfaCon Notes, ferramenta cuja funcionalidade consiste em registrar suas anotações por meio do QR Code. O objetivo é justamente o de deixar tudo organizado e acessível na área do aluno AlfaCon e em seu smartphone. Por isso, você tem em mãos um material que é um grande facilitador para seus estudos, pois a finalidade maior é auxiliá-lo a compreender os conteúdos de forma didática e eficaz.

Trata-se, então, de uma obra de excelência, resultado da experiência e da competência da Editora e dos Autores, que são especializados em suas respectivas disciplinas. Ressaltamos a importância e a necessidade de haver uma preparação direcionada e organizada, pois somente assim o candidato pode ter o desempenho que almeja nas provas. Tenha a certeza de que esta obra será o diferencial para a conquista de sua aprovação.

Bons estudos e rumo à sua aprovação!

COMO ESTUDAR PARA UM CONCURSO PÚBLICO!

Para se preparar para um concurso público, não basta somente estudar o conteúdo. É preciso adotar metodologias e ferramentas, como plano de estudo, que ajudem o concurseiro em sua organização.

As informações disponibilizadas são resultado de anos de experiência nesta área e apontam que estudar de forma direcionada traz ótimos resultados ao aluno.

CURSO ON-LINE GRATUITO

- Como montar caderno
- Como estudar
- Como e quando fazer simulados
- O que fazer antes, durante e depois de uma prova!

Ou pelo link: alfaconcursos.com.br/cursos/material-didatico-como-estudar

ORGANIZAÇÃO

Organização é o primeiro passo para quem deseja se preparar para um concurso público.

Conhecer o conteúdo programático é fundamental para um estudo eficiente, pois os concursos seguem uma tendência e as matérias são previsíveis. Usar o edital anterior - que apresenta pouca variação de um para outro - como base é uma boa opção.

Quem estuda a partir desse núcleo comum precisa somente ajustar os estudos quando os editais são publicados.

PLANO DE ESTUDO

Depois de verificar as disciplinas apresentadas no edital, as regras determinadas para o concurso e as características da banca examinadora, é hora de construir uma tabela com seus horários de estudo, na qual todas as matérias e atividades desenvolvidas na fase preparatória estejam dispostas.

PASSO A PASSO

VEJA AS ETAPAS FUNDAMENTAIS PARA ORGANIZAR SEUS ESTUDOS

PASSO 1
Selecionar as disciplinas que serão estudadas.

PASSO 2
Organizar sua rotina diária: marcar pontualmente tudo o que é feito durante 24 horas, inclusive o tempo que é destinado para dormir, por exemplo.

PASSO 3
Organizar a tabela semanal: dividir o horário para que você estude 2 matérias por dia e também destine um tempo para a resolução de exercícios e/ou revisão de conteúdos.

PASSO 4
Seguir rigorosamente o que está na tabela, ou seja, destinar o mesmo tempo de estudo para cada matéria. Por exemplo: 2h/dia para cada disciplina.

PASSO 5
Reservar um dia por semana para fazer exercícios, redação e também simulados.

Esta tabela é uma sugestão de como você pode organizar seu plano de estudo. Para cada dia, você deve reservar um tempo para duas disciplinas e também para a resolução de exercícios e/ou revisão de conteúdos. Fique atento ao fato de que o horário precisa ser determinado por você, ou seja, a duração e o momento do dia em que será feito o estudo é você quem escolhe.

TABELA SEMANAL

SEMANA	SEGUNDA	TERÇA	QUARTA	QUINTA	SEXTA	SÁBADO	DOMINGO
1							
2							
3							
4							

SUMÁRIO

LÍNGUA PORTUGUESA 11
1. Níveis de Análise da Língua 12
2. Morfologia Classes de Palavras 12
3. Pronomes 23
4. Substantivo 27
5. Verbo 28
6. Sintaxe Básica da Oração e do Período 35
7. Concordância Verbal e Nominal 39
8. Acentuação Gráfica 41
9. Colocação Pronominal 42
10. Regência Verbal e Nominal 43
11. Crase 45
12. Pontuação 47
13. Tipologia Textual 48
14. Compreensão e Interpretação de Textos 50
15. Paráfrase Um Recurso Precioso 53
16. Ortografia 54
17. Acordo Ortográfico da Língua Portuguesa 59
18. Interpretação de Textos 63
19. Demais Tipologias Textuais 65
20. Interpretação de Texto Poético 68
21. Estrutura e Formação de Palavras 72
22. Figuras de Linguagem 74

REDAÇÃO 77
1. Redação para Concursos Públicos 78
2. Dissertação Expositiva e Argumentativa 83

GEOGRAFIA DO AMAZONAS 88
1. Geografia do Amazonas 89

HISTÓRIA DO AMAZONAS 97
1. História do Amazonas 98

RACIOCÍNIO LÓGICO-MATEMÁTICO 106
1. Proposições 107
2. Argumentos 112
3. Psicotécnicos 114
4. Análise Combinatória 116

Sumário

    5. Teoria dos Conjuntos 120
    6. Conjuntos Numéricos 121
    7. Sistema Legal de Medidas 125
    8. Razões e Proporções 126
    9. Porcentagem e Juros 128
    10. Probabilidade 129
    11. Sequências Numéricas 131
    12. Geometria Plana 134

NOÇÕES DE INFORMÁTICA 140
    1. Hardware 141
    2. Sistema Windows 10 143
    3. Redes de Computadores 155
    4. BrOffice Writer – Editor de Texto 161
    5. BrOffice Calc – Editor de Planilhas 171
    6. Word 2010 178
    7. Microsoft Excel 2010 194

NOÇÕES DE ADMINISTRAÇÃO 209
    1. Teorias Administrativas 210
    2. Processo Administrativo 220
    3. Departamentalização 249
    4. Comportamento Organizacional 250

NOÇÕES DE ARQUIVOLOGIA – ESPECÍFICO PARA ESCRIVÃO 257
    1. Arquivística: Princípios e Conceitos 258
    2. Gestão da Informação e de Documentos 269
    3. Tipologias Documentais e Suportes Físicos 284
    4. Documentos Eletrônicos e Digitais 290
    5. Legislação Arquivística 297

NOÇÕES DE CONTABILIDADE – ESPECÍFICO PARA INVESTIGADOR 308
    1. Conceitos Iniciais 309
    2. Patrimônio 310
    3. Contas 312
    4. Escrituração 315
    5. Balanço Patrimonial 322
    6. CPC 00 (R1) - Estrutura Conceitual para Elaboração e Divulgação de Relatório Contábil-Financeiro 328
    7. Componentes Patrimoniais Teoria e/ou Contabilização 336
    8. Operações com Mercadorias 344

9. Depreciação, Amortização e Exaustão	361
10. Demonstrações Contábeis	371
11. Contabilidade Geral	385
12. Norma Brasileira de Contabilidade NBC TSP – Estrutura Conceitual	390

NOÇÕES DE DIREITO CONSTITUCIONAL 394

1. Direitos Fundamentais - Regras Gerais	395
2. Direitos Fundamentais - Direitos e Deveres Individuais e Coletivos	399
3. Direitos Fundamentais - Direitos Sociais e Nacionalidade	414
4. Direitos Fundamentais – Direitos Políticos e Partidos Políticos	420
5. Da Organização Político-Administrativa	424
6. Administração Pública	435
7. Organização dos Poderes – Poder Executivo	448
8. Funções Essenciais à Justiça	454
9. Defesa do Estado e das Instituições Democráticas	460
10. Ordem Social	467

NOÇÕES DE DIREITO PENAL, PROCESSUAL PENAL E LEGISLAÇÃO EXTRAVAGANTE. 475

1. Introdução ao Direito Penal e Aplicação da Lei Penal	476
2. Do Crime	486
3. Dos Crimes Contra a Pessoa	497
4. Dos Crimes Contra o Patrimônio	525
5. Dos Crimes Contra a Propriedade Imaterial	548
6. Dos Crimes Contra a Organização do Trabalho	548
7. Dos Crimes Contra a Dignidade Sexual	549
8. Dos Crimes Contra a Paz Pública	554
9. Dos Crimes Contra a Fé Pública	555
10. Dos Crimes Contra Administração Pública	562
11. Inquérito Policial	594
12. Provas	599
13. Prisões	604
14. Lei Nº 7.210, de 11 de Julho de 1984 - Lei de Execução Penal	608
15. Lei Nº 8.072/1990 - Lei dos Crimes Hediondos	644
16. Lei Nº 8.137/1990 - Crimes Contra a Ordem Tributária	652
17. Lei Nº 9.296, De 24 de Julho de 1996 - Interceptações Telefônicas	653
18. Dos Crimes de Trânsito	654
19. Lei Nº 10.826/2003 - Estatuto do Desarmamento	656
20. Lei Nº 11.340/2006 - Lei Maria da Penha	672
21. Lei Nº 12.850/2013 - Lei de Organização Criminosa	683

Sumário

22. Lei Nº 11.343/2006 - Sistema Nacional de Políticas Públicas sobre Drogas (SISNAD) 693
23. LEI Nº 13.869/2019 - Lei de Abuso de Autoridade 702
24. Crimes Contra a Incolumidade Pública 706

NOÇÕES DE DIREITO ADMINISTRATIVO **738**

1. Introdução ao Direito Administrativo 739
2. Administração Pública 742
3. Órgão Público 749
4. Agentes Públicos 752
5. Processo Administrativo Federal 753
6. Poderes e Deveres Administrativos 757
7. Ato Administrativo 763
8. Serviços Públicos 767
9. Bens Públicos 777
10. Controle da Administração Pública 780
11. Lei Nº 8.429, de 2 de Junho de 1992 785
12. Responsabilidade Civil do Estado 793
13. Estatuto da Pessoa com Deficiência (ou lei de inclusão) 795
14. Acessibilidade 804
15. Leis Federais, Decretos e Resoluções 808
16. Resolução Nº 230/2016 - CNJ 814
17. Lei Nº 14.133/2021 - Nova Lei de Licitação 815
18. Lei Nº 2.271, de 10 de Janeiro de 1994 821

LÍNGUA PORTUGUESA

NÍVEIS DE ANÁLISE DA LÍNGUA

1. NÍVEIS DE ANÁLISE DA LÍNGUA

Vamos começar o nosso estudo fazendo uma distinção entre quatro níveis de análise da Língua Portuguesa, afinal, você não pode confundir-se na hora de estudar. Fique ligado nessa diferença:

→ **Nível Fonético / Fonológico:** estuda a produção e articulação dos sons da língua.

→ **Nível Morfológico:** estuda a estrutura e a classificação das palavras.

→ **Nível Sintático:** estuda a função das palavras dentro de uma sentença.

→ **Nível Semântico:** estuda as relações de sentido construídas entre as palavras.

Na Semântica, estudaremos, entre outras coisas, a diferença entre linguagem de sentido denotativo (ou literal, do dicionário) e linguagem de sentido conotativo (ou figurado).

Ex: Rosa é uma flor.

01. Morfologia:
Rosa: substantivo;
Uma: artigo;
É: verbo ser;
Flor: substantivo

02. Sintaxe:
Rosa: sujeito;
É uma flor: predicado;
Uma flor: predicativo do sujeito.

03. Semântica:
Rosa pode ser entendida como uma pessoa ou como uma planta, depende do sentido.

Vamos, a partir de agora, estudar as classes de palavras.

2. MORFOLOGIA CLASSES DE PALAVRAS

Antes de mergulhar nas conceituações, vamos fazer uma lista para facilitar o nosso estudo: classe e exemplo.

Artigo: o, a, os, as, um, uma, uns, umas.
Adjetivo: Legal, interessante, capaz, brasileiro, francês.
Advérbio: Muito, pouco, bem, mal, ontem, certamente.
Conjunção: Que, caso, embora.
Interjeição: Ai! Ui! Ufa! Eita.
Numeral: Sétimo, vigésimo, terço.
Preposição: A, ante, até, após, com, contra, de, desde, em, entre.
Pronome: Cujo, o qual, quem, eu, lhe.
Substantivo: Mesa, bicho, concursando, Pablo, José.
Verbo: Estudar, passar, ganhar, gastar.

2.1 Substantivos

Os substantivos são palavras que nomeiam seres reais ou imaginários, objetos, lugares ou estados de espírito.

Eles podem ser:

→ Comuns: quando designam seres da mesma espécie.
gato, mulher, árvore

→ Próprios: quando se referem a um ser em particular.
Bahia, Clarice Lispector, Japão

→ Concretos: que designam seres reais no mundo ou na mente.
menino, bolo, jacaré, duende

→ Abstratos: que designam sentimentos, qualidades, estados ou ações dos seres.
saudade, tristeza, dor, sono (sensações)
beleza, destreza (qualidades)
vida, morte (estados)
estudo, trabalho, luta (ações)

→ Simples: que são formados por um único radical.
garrafa, porta, camiseta, neve

→ Compostos: que são formados por mais de um radical.
passatempo, guarda-chuva

→ Primitivos: que não derivam de outra palavra da língua portuguesa.
pulso, dente

→ Derivados: que derivam de outra palavra.
pulseira, dentista

→ Coletivos: que nomeiam seres da mesma espécie.
alcateia, arquipélago, biblioteca

Há a possibilidade de que palavras de outras classes gramaticais tenham função de substantivo em uma frase, oração ou período, e quando isso ocorre são chamadas Palavras Substantivadas. Para isso, o artigo precede a palavra.

Ainda não sei o porquê do livro não ter sido devolvido.

2.2 Artigo

O artigo é a palavra variável que tem por função individualizar algo, ou seja, possui como função primordial indicar um elemento, por meio de definição ou indefinição da palavra que, pela anteposição do artigo, passa a ser substantivada. Os artigos se subdividem em:

Artigos definidos: o, a, os, as - porque definem o substantivo a que se referem.

Hoje à tarde, falaremos sobre **a** aula da semana passada.

Na última aula, falamos **do** conteúdo programático.

Artigos indefinidos: um, uma, uns, umas - porque indefinem o substantivo a que se referem.

Assim que eu passar no concurso, eu irei comprar **um** carro.

Pela manhã, papai, apareceu **um** homem da loja aqui.

É importante ressaltar que os artigos podem ser contraídos com algumas preposições essenciais, como demonstraremos na tabela a seguir:

Prepo-sições	Artigo							
	Definido				Indefinido			
	o	a	os	as	um	uma	uns	umas
A	ao	à	aos	às	-	-	-	-
De	do	da	dos	das	dum	duma	duns	dumas
Em	no	na	nos	nas	num	numa	nuns	numas
Per	pelo	pela	pelos	pelas	-	-	-	-
Por	polo	pola	polos	polas	-	-	-	-

O artigo é utilizado para substantivar um termo. Ou seja, quer transformar algo em um substantivo? Coloque um artigo em sua frente.

"Cantar alivia a alma." (Verbo)
"O cantar alivia a alma." (Substantivo)

Emprego do artigo com a palavra "todo":

Quando inserimos artigos ao lado do termo "todo", em geral, o sentido da expressão passa a designar totalidade. Como no exemplo abaixo:

Pobreza é um problema que acomete todo país.
(todos os países)
Pobreza é um problema que acomete todo o país.
(o país em sua totalidade).

2.3 Pronome

Os pronomes são palavras que determinam ou substituem substantivos, indicando a pessoa do discurso – que é quem participa ou é objeto do ato comunicativo.

Os pronomes podem ser pessoais, possessivos, demonstrativos, indefinidos, relativos ou interrogativos.

Pronomes substantivos e adjetivos

É chamado pronome substantivo quando um pronome substitui um substantivo.

É chamado pronome adjetivo quando determina o substantivo com o qual se encontra.

Pronomes pessoais

Pronomes pessoais representam as pessoas do discurso, substituindo o substantivo.

Existem três pessoas do discurso – ou gramaticais:
> 1ª pessoa: eu, nós
> 2ª pessoa: tu, vós
> 3ª pessoa: ele, ela, eles, elas

Os pronomes pessoais podem ser:
→ Retos: têm função, em regra, como sujeito da oração.
→ Oblíquos: têm função de objeto ou complemento.

2.4 Pronomes de Tratamento

Estes são os pronomes utilizados para nos referirmos às pessoas. Eles podem ser cerimoniosos ou familiares, dependendo da pessoa com a qual falamos; considera-se a idade, o cargo e o título, dentre outros, para escolher o tratamento adequado.

É importante ressaltar que as abreviaturas devem, de modo geral, ser evitadas.

Exemplos de pronomes de tratamento:
Você: tratamento informal
Senhor, senhora: tratamento de respeito
Vossa Excelência: altas autoridades
Vossa Reverendíssima: para sacerdotes
Vossa Alteza: para príncipes, princesas e duques

Pronomes possessivos

São os pronomes que atribuem posse de algo às pessoas do discurso.

Eles podem estar em:
> 1ª pessoa do singular: meu, minha, meus, minhas
> 2ª pessoa do singular: teu, tua, teus, tuas
> 3ª pessoa do singular: seu, sua, seus, suas
> 1ª pessoa do plural: nosso, nossa, nossos, nossas
> 2ª pessoa do plural: vosso, vossa, vossos, vossas
> 3ª pessoa do plural: seu, sua, seus, suas

Pronomes demonstrativos

São os que indicam lugar, posição ou identidade dos seres, relativamente às pessoas do discurso.

São eles:
este(s), esta(s), esse(s), essa(s), aquele(s), aquela(s), aqueloutro(s), aqueloutra(s), mesmo(s), mesma(s), próprio(s), própria(s), tal, tais, semelhante(s).

Pronomes relativos

São palavras que representam substantivos já citados, com os quais estão relacionadas.

Eles podem ser:
→ Variáveis:
> Masculino: o qual, os quais, cujo, cujos, quanto, quantos.
> Femininos: a qual, as quais, cuja, cujas, quanta, quantas.
→ Invariáveis: quem, que, onde.

Os pronomes relativos podem unir duas orações como em:
Da árvore caíram maçãs, que foram recolhidas.

Pronomes indefinidos

São os pronomes que se referem, de forma imprecisa e vaga, à 3ª pessoa do discurso.

Eles podem ser:
→ Pronomes indefinidos substantivos

Têm função de substantivo: alguém, algo, nada, tudo, ninguém.

MORFOLOGIA CLASSES DE PALAVRAS

→ Pronomes indefinidos adjetivos

Têm função de adjetivo: cada, certo(s), certa (s).

→ Que variam entre pronomes adjetivos e substantivos

Variam de acordo com o contexto: algum, alguma, bastante, demais, mais, qual etc.

Locuções pronominais indefinidas

Cada qual, cada um, seja qual for, tal qual, um ou outro etc.

Pronomes interrogativos

São os pronomes utilizados em frases interrogativas e, assim como os pronomes indefinidos, não imprecisos para com a 3ª pessoa do plural.

Exemplos:

Quem foi?

Quantos professores vieram hoje?

Lutar contra quê?

Verbo

O verbo é uma palavra que exprime um estado, uma ação, um fato ou um fenômeno.

Ele possui diferentes formas, por suas flexões, para indicar a pessoa do discurso, o número, o tempo, o modo e a voz.

Pessoa e número

O verbo pode variar indicando a pessoa e o número:

> 1ª pessoa: eu ando (singular) / nós andamos
> 2ª pessoa: tu anda (singular) / vós andais
> 3ª pessoa: ele anda (singular) / eles andam

Tempos verbais

Os tempos têm a função de situar uma ação ou um acontecimento e podem ser:

→ Presente: Agora eu escrevo.

→ Pretérito (passado):

> Imperfeito: Depois de ler, ele fechava o livro.
> Perfeito: Ele fechou o livro.
> Mais-que-perfeito: Quando vi, ele já fechara o livro.

→ Futuro:

> Do presente: Indiara ganhará o presente.
> Do pretérito: Indiara ganharia o presente.

Modos verbais

Existem três modos de um fato se realizar:

→ Indicativo: Exprime um fato certo e positivo.

→ Imperativo: Exprime uma ordem, proibição, pedido, conselho.

→ Subjuntivo: Enuncia um fato hipotético, possível.

Formas nominais

As formas nominais enunciam, de forma imprecisa, vaga e impessoal, um fato.

São elas:

→ Infinitivo: prender, vender.

→ Gerúndio: prendendo, vendendo.

→ Particípio: prendido, vendido.

Além disso, o infinitivo pode ser pessoal ou impessoal, sendo:

→ Pessoal: quando tem sujeito.

→ Impessoal: quando não tem sujeito.

Também pode ser flexionado ou não flexionado

→ Flexionado: comeres tu, comermos nós, comerdes vós, comerem eles.

→ Não flexionado: comer eu, comer ele.

Verbos auxiliares

São os que se unem a uma forma nominal de outro verbo para formar voz passiva, tempos compostos e locuções verbais.

Principais verbos auxiliares: ter, haver, ser, estar.

Voz

Quanto à voz, os verbos podem ser classificados em:

→ Ativos

→ Passivos

→ Reflexivos

Conjugações

Podem-se agrupar os verbos em três conjugações, de acordo com a terminação do infinitivo.

> 1ª conjugação: terminados em -ar: cantar
> 2ª conjugação: terminados em -er: bater
> 3ª conjugação: terminados em -ir: fingir

As conjugações são caracterizadas pelas vogais temáticas A, E e I.

Elementos estruturais do verbo

É necessário identificar o radical, o elemento básico, e a terminação, que varia indicando tempo e modo, e pessoa e número.

Exemplo: dançar | danç- (radical) -ar (terminação)

Na terminação é encontrada ao menos um dos seguintes elementos:

→ Vogal temática: que caracteriza a conjugação.

→ Desinência modo-temporal: indica o modo e o tempo do verbo.

→ Desinência número pessoal: indica se seria a 1ª, 2ª ou 3ª pessoa e se seria do plural ou do singular.

Tempos primitivos e derivados

Os tempos podem ser divididos em primitivos e derivados, que podem ser:

→ Presente do infinitivo:

Exemplo: reclamar

> Pretérito imperfeito do indicativo: reclamava, reclamavas.
> Futuro do presente: reclamarei, reclamarás.
> Futuro do pretérito: reclamaria, reclamarias.
> Infinitivo pessoal: reclamar, reclamares.
> Gerúndio: reclamando.
> Particípio: reclamado.

→ Presente do indicativo:

Exemplo: guardo, guardas, guardais

> Presente do subjuntivo - guardo: guarda, guardas, guarda, guardamos, guardais, guardam
> Imperativo afirmativo - guardas: guarda, guardais

→ Pretérito perfeito do indicativo:

Exemplo: guardaram

> Pretérito mais que perfeito do indicativo: guardara, guardaras
> Pretérito imperfeito do subjuntivo: guardasse, guardasses
> Futuro do subjuntivo: guardares

Modo imperativo

O imperativo se dá de duas formas:

→ Imperativo afirmativo:

> 2ª pessoa do singular e a 2ª pessoa do plural: derivam das pessoas equivalentes do presente do indicativo e suprime-se o s final.
> demais pessoas: continuam como no presente do subjuntivo, sem alteração.

→ Imperativo negativo: as pessoas são iguais às equivalentes do presente do subjuntivo.

Tempos compostos

→ Da voz ativa: é formado pelo particípio do verbo principal, precedido pelos verbos auxiliares ter ou haver.
→ Da voz passiva: é formado quando o verbo principal, no particípio, é precedido pelos auxiliares ter (ou haver) e ser, de forma conjunta.
→ Locuções verbais: são formadas por um verbo principal, no gerúndio ou infinitivo, precedido por um verbo auxiliar.

Verbos regulares, irregulares e defectivos

A conjugação dos verbos pode ser dividida em:

→ Regular: são os que seguem um modelo comum de conjugação, mantendo o radical invariável
→ Irregular: são os que são alterados no radical e/ou nas terminações.
→ Defectiva: são os que não são usados em certos modos por não terem a conjugação completa.

Emprego do verbo haver

O verbo haver é utilizado, principalmente, para expressar ter ou existir, mas pode indicar, também, estar presente, decorrer, fazer, recuperar, julgar, acontecer, comportar-se, entender-se e o ato de ter existência. Além disso, ele possui diversas particularidades na conjugação.

O verbo haver é um verbo irregular, que passa por alterações tanto no seu radical, quanto nas suas terminações, quando conjugado.

→ Presente do indicativo:

> (eu) hei
> (tu) hás
> (ele) há
> (nós) havemos
> (vós) haveis
> (eles) hão

No pretérito perfeito do indicativo, no pretérito mais-que-perfeito do indicativo, no pretérito imperfeito do subjuntivo e no futuro do subjuntivo, o radical hav- se transformará em houv-.

→ Pretérito perfeito do indicativo

> (eu) houve
> (tu) houveste
> (ele) houve
> (nós) houvemos
> (vós) houvestes
> (eles) houveram

→ Futuro do subjuntivo

> (quando eu) houver
> (quando tu) houveres
> (quando ele) houver
> (quando nós) houvermos
> (quando vós) houverdes
> (quando eles) houverem

Nos demais tempos verbais, o radical hav- passa a ser haj-, no presente do subjuntivo e no imperativo.

→ Presente do subjuntivo

> (que eu) haja
> (que tu) hajas
> (que ele) haja
> (que nós) hajamos
> (que vós) hajais
> (que eles) hajam

Quando o verbo haver é utilizado para indicar tempo ou com o sentido de existir, ele será impessoal e sem sujeito, sendo conjugado apenas na 3ª pessoa do singular.

> Presente do indicativo: há
> Pretérito perfeito do indicativo: houve

LÍNGUA PORTUGUESA

MORFOLOGIA CLASSES DE PALAVRAS

> Pretérito imperfeito do indicativo: havia
> Pretérito mais-que-perfeito do indicativo: houvera
> Futuro do presente do indicativo: haverá
> Futuro do pretérito do indicativo: haveria
> Presente do subjuntivo: que haja
> Pretérito imperfeito do subjuntivo: se houvesse
> Futuro do subjuntivo: quando houver

Esse verbo pode ser, também, verbo auxiliar na formação de tempos compostos. Para tal, ele substitui o verbo ter, apresentando ainda o mesmo sentido, e pode ser conjugado em todas as pessoas verbais.

→ Pretérito mais-que-perfeito composto do indicativo
> (Eu) havia + particípio do verbo principal
> (Tu) havias + particípio do verbo principal
> (Ele) havia + particípio do verbo principal
> (Nós) havíamos + particípio do verbo principal
> (Vós) havíeis + particípio do verbo principal
> (Eles) haviam + particípio do verbo principal

→ Haver ou a ver

Para referir-se a algo que possui relação para com alguma coisa, a expressão correta é a ver.

2.5 Adjetivo

É a palavra variável que expressa uma qualidade, característica ou origem de algum substantivo ao qual se relaciona.

Meu terno é azul, elegante e italiano.

Analisando, entendemos assim:

Azul: característica.
Elegante: qualidade.
Italiano: origem.

Estrutura e a classificação dos adjetivos. Com relação à sua formação, eles podem ser:

Explicativos: quando a característica é comum ao substantivo referido.

Fogo **quente**, Homem **mortal**. (Todo fogo é quente, todo homem é mortal)

Restritivos: quando a característica não é comum ao substantivo, ou seja, nem todo substantivo é assim caracterizado.

Terno **azul**, Casa **grande**. (Nem todo terno é azul, nem toda casa é grande)

Simples: quando possui apenas uma raiz.

amarelo, brasileiro, competente, sagaz, loquaz, inteligente, grande, forte etc.

Composto: quando possui mais de uma raiz.

amarelo-canário, luso-brasileiro, verde-escuro, vermelho--sangue etc.

Primitivo: quando pode dar origem a outra palavra, não tendo sofrido derivação alguma.

bom, legal, grande, rápido, belo etc.

Derivado: quando resultado de um processo de derivação, ou seja, oriundo de outra palavra.

bondoso (de bom), grandioso (de grande), maléfico (de mal), esplendoroso (de esplendor) etc.

Os adjetivos que designam origem de algum termo são denominados adjetivos pátrios ou gentílicos.

Uma lista de adjetivos pátrios de estado:

Adjetivos Pátrios	
Acre	Acriano
Alagoas	Alagoano
Amapá	Amapaense
Aracaju	Aracajuano ou Aracajuense
Amazonas	Amazonense ou Baré
Belém(PA)	Belenense
Belo Horizonte	Belo-horizontino
Boa Vista	Boa-vistense
Brasília	Brasiliense
Cabo Frio	Cabo-friense
Campinas	Campineiro ou Campinense
Curitiba	Curitibano
Espírito Santo	Espírito-santense ou Capixaba
Fernando de Noronha	Noronhense
Florianópolis	Florianopolitano
Fortaleza	Fortalezense
Goiânia	Goianiense
João Pessoa	Pessoense
Macapá	Macapaense
Maceió	Maceioense
Manaus	Manauense
Maranhão	Maranhense
Marajó	Marajoara
Natal	Natalense ou Papa-jerimum
Porto Alegre	Porto Alegrense
Ribeirão Preto	Ribeiropretense
Rio de Janeiro(Estado)	Fluminense
Rio de Janeiro(Cidade)	Carioca
Rio Branco	Rio-branquense
Rio grande do Norte	Rio-grandense-do-norte, Norte-riograndense ou Potiguar
Rio grande do Sul	Rio-grandense-do-sul, Sul-rio-grandense ou Gaúcho
Rondônia	Rondoniano
Roraima	Roraimense
Salvador	Salvadorense ou Soteropolitano
Santa Catarina	Catarinense. ou Barriga-verde

Santarém	Santarense
São Paulo (Estado)	Paulista
São Paulo (Cidade)	Paulistano
Sergipe	Sergipano
Teresina	Teresinense
Tocantins	Tocantinense

Países	
Croácia	Croata
Costa rica	Costarriquense
Curdistão	Curdo
Estados Unidos	Estadunidense, norte-americano ou ianque
El Salvador	Salvadorenho
Guatemala	Guatemalteco
Índia	Indiano ou hindu (os que professam o hinduísmo)
Israel	Israelense ou israelita
Irã	Iraniano
Moçambique	Moçambicano
Mongólia	Mongol ou mongólico
Panamá	Panamenho
Porto Rico	Porto-riquenho
Somália	Somali

Adjetivos pátrios compostos

Na formação de adjetivos pátrios compostos, o primeiro elemento aparece na forma reduzida e, normalmente, erudita.

Observe alguns exemplos:

Adjetivos Pátrios Compostos	
África	Afro-/Cultura afro-americana
Alemanha	Germano- ou teuto-/Competições teutoinglesas
América	Américo-/Companhia américo-africana
Ásia	Ásio-/Encontros ásio-europeus
Áustria	Austro-/Peças austro-búlgaras
Bélgica	Belgo-/Acampamentos belgo-franceses
China	Sino-/Acordos sino-japoneses
Espanha	Hispano-/Mercado hispano-português
Europa	Euro-/Negociações euro-americanas
França	Franco- ou galo-/Reuniões franco-italianas
Grécia	Greco-/Filmes greco-romanos
Índia	Indo-/Guerras indo-paquistanesas
Inglaterra	Anglo-/Letras anglo-portuguesas
Itália	Ítalo-/Sociedade ítalo-portuguesa
Japão	Nipo-/Associações nipo-brasileiras
Portugal	Luso-/Acordos luso-brasileiros

Locução adjetiva

Expressão que tem valor adjetival, mas que é formada por mais de uma palavra. Geralmente, concorrem para sua formação uma preposição e um substantivo. Veja alguns exemplos.

Locução Adjetiva	Adjetivo
de águia	Aquilino
de aluno	Discente
de anjo	Angelical
de ano	Anual
de aranha	Aracnídeo
de asno	Asinino
de baço	Esplênico
de bispo	Episcopal
de bode	Hircino
de boi	Bovino
de bronze	Brônzeo ou êneo
de cabelo	Capilar
de cabra	Caprino
de campo	Campestre ou rural
de cão	Canino
de carneiro	Arietino
de cavalo	Cavalar, equino, equídeo ou hípico
de chumbo	Plúmbeo
de chuva	Pluvial
de cinza	Cinéreo
de coelho	Cunicular
de cobre	Cúprico
de couro	Coriáceo
de criança	Pueril
de dedo	Digital
de diamante	Diamantino ou adamantino
de elefante	Elefantino
de enxofre	Sulfúrico
de estômago	Estomacal ou gástrico
de falcão	Falconídeos
de fera	Ferino
de ferro	Férreo
de fígado	Figadal ou hepático
de fogo	Ígneo
de gafanhoto	Acrídeo
de garganta	Gutural
de gelo	Glacial
de gesso	Gípseo
de guerra	Bélico
de homem	Viril ou humano

LÍNGUA PORTUGUESA

MORFOLOGIA CLASSES DE PALAVRAS

de ilha	Insular
de intestino	Celíaco ou entérico
de inverno	Hibernal ou invernal
de lago	Lacustre
de laringe	Laríngeo
de leão	Leonino
de lebre	Leporino
de lobo	Lupino
de lua	Lunar ou selênico
de macaco	Simiesco, símio ou macacal
de madeira	Lígneo
de marfim	Ebúrneo ou ebóreo
de Mestre	Magistral
de monge	Monacal
de neve	Níveo ou nival
de nuca	Occipital
de orelha	Auricular
de ouro	Áureo
de ovelha	Ovino
de paixão	Passional
de pâncreas	Pancreático
de pato	Anserino
de peixe	Písceo ou ictíaco
de pombo	Columbino
de porco	Suíno ou porcino
de prata	Argênteo ou argírico
de quadris	Ciático
de raposa	Vulpino
de rio	Fluvial
de serpente	Viperino
de sonho	Onírico
de terra	Telúrico, terrestre ou terreno
de trigo	Trítico
de urso	Ursino
de vaca	Vacum
de velho	Senil
de vento	Eólico
de verão	Estival
de vidro	Vítreo ou hialino
de virilha	Inguinal
de visão	Óptico ou ótico

Flexão do adjetivo

O adjetivo pode ser flexionado em gênero, número e grau.

Flexão de gênero (Masculino / Feminino)

Com relação ao gênero, os adjetivos podem ser classificados de duas formas:

Biformes: quando possuem uma forma para cada gênero.

Homem **belo** / mulher **bela**

Contexto **complicado** / questão **complicada**

Uniformes: quando possuem apenas uma forma, como se fossem elementos neutros.

Homem **fiel** / mulher **fiel**

Contexto **interessante** / questão **interessante**

Flexão de número (Singular / Plural)

Os adjetivos simples seguem a mesma regra de flexão que os substantivos simples, portanto essas regras serão discriminadas no quadro de número dos substantivos. Serão, por regra, flexionados os adjetivos compostos que, em sua formação, possuírem dois adjetivos. A flexão ocorrerá apenas no segundo elemento da composição.

Guerra greco-**romana** - Guerras greco-**romanas**

Conflito **socioeconômico** - Análises **socioeconômicas**

Por outro lado, se houver um substantivo como elemento da composição, o adjetivo fica invariável.

Blusa **amarelo-canário** - Blusas **amarelo-canário**

Mesa **verde-musgo** - Mesas **verde-musgo**

O caso em questão também pode ocorrer quando um substantivo passa a ser, por derivação imprópria, um adjetivo, ou seja, também serão invariáveis os "substantivos adjetivados".

Terno cinza - Ternos cinza

Vestido rosa - Vestidos rosa

E também:

surdo mudo - surdos mudos

pele vermelha - peles vermelhas

Azul-marinho e azul-celeste são invariáveis.

Flexão de grau (Comparativo e Superlativo)

Há duas maneiras de se estabelecer o grau do adjetivo: por meio do grau comparativo e por meio do grau superlativo.

Vejamos como isso ocorre.

Grau comparativo: estabelece um tipo de comparação de características, sendo estabelecido de três maneiras:

Inferioridade: O açúcar é **menos** doce (do) **que** os teus olhos.

Igualdade: O meu primo é **tão** estudioso **quanto** o meu irmão.

Superioridade: Gramática **é mais legal** (do) **que** Matemática.

Grau superlativo: reforça determinada qualidade em relação a um referente. Pode-se estabelecer o grau superlativo de duas maneiras:

Relativo: em relação a um grupo.

De superioridade: José é o **mais** inteligente dos alunos.

De inferioridade: O presidente foi o **menos** prestigiado da festa.

Absoluto: sem relações, apenas reforçando as características

Analítico (com auxílio de algum termo)

Pedro é muito magro.
Pedro é magro, magro, magro.

Sintético (com o acréscimo de – íssimo ou –érrimo)

Pedro é macérrimo.

Somos todos estudiosíssimos.

Veja, agora, uma tabela de superlativos sintéticos.

Superlativos	
Grau normal	Superlativos
Ágil	Agilíssimo
Agradável	Agradabilíssimo
Agudo	Acutíssimo ou Agudíssimo
Alto	Altíssimo, Sumo ou Supremo
Amargo	Amaríssimo ou Marguíssimo
Amável	Amabilíssimo
Amigo	Amicíssimo
Antigo	Antiquíssimo
Atroz	Atrocíssimo
Baixo	Baixíssimo ou Ínfimo
Bom	Ótimo ou Boníssimo
Capaz	Capacíssimo
Célebre	Celebérrimo
Cheio	Cheíssimo
Comum	Comuníssimo
Cristão	Cristianíssimo
Cruel	Crudelíssimo
Doce	Dolcíssimo ou Docíssimo
Difícil	Dificílimo
Eficaz	Eficacíssimo
Fácil	Facílimo
Feliz	Felicíssimo
Feroz	Ferocíssimo
Fiel	Fidelíssimo
Frágil	Fragílimo
Frio	Frigidíssimo ou Friíssimo
Geral	Generalíssimo
Grande	Grandíssimo ou Máximo
Horrível	Horribilíssimo
Honorífico	Honorificentíssimo
Humilde	Humílimo ou Humildíssimo
Inimigo	Inimicíssimo
Inconstitucional	Inconstitucionalíssimo
Jovem	Juveníssimo
Livre	Libérrimo e Livríssimo
Louvável	Laudabilíssimo
Magnífico	Magnificentíssimo
Magro	Macérrimo ou Magríssimo
Mau	Péssimo ou malíssimo
Miserável	Miserabilíssimo
Mísero	Misérrimo
Miúdo	Minutíssimo
Notável	Notabilíssimo
Pequeno	Mínimo ou Pequeníssimo
Pessoal	Personalíssimo
Pobre	Paupérrimo ou Pobríssimo
Precário	Precaríssimo ou Precariíssimo
Próspero	Prospérrimo
Provável	Probabilíssimo
Sábio	Sapientíssimo
Sério	Seríssimo
Simpático	Simpaticíssimo
Simples	Simplíssimo ou Simplicíssimo
Tenaz	Tenacíssimo
Terrível	Terribilíssimo
Vão	Vaníssimo
Voraz	Voracíssimo
Vulgar	Vulgaríssimo
Vulnerável	Vulnerabilíssimo

Atente à mudança de sentido provocada pela alteração de posição do adjetivo.

Homem **grande** (alto, corpulento)

Grande homem (célebre)

Mas isso nem sempre ocorre. Se você analisar a construção "giz azul" e "azul giz", perceberá que não há diferença semântica.

2.6 Advérbio

É a palavra invariável que se relaciona ao verbo, ao adjetivo ou a outro advérbio para atribuir-lhes uma circunstância.

Os alunos saíram **apressadamente**.

O caso era muito **interessante**.

Resolvemos **muito bem** o problema.

É importante decorar essa lista de advérbios para que você consiga reconhecê-los na sentença.

LÍNGUA PORTUGUESA

→ Classificação do Advérbio:

Afirmação: sim, certamente, efetivamente etc.

Negação: não, nunca, jamais.

Intensidade: muito, pouco, assaz, bastante, mais, menos, tão, tanto, quão etc.

Lugar: aqui, ali, aí, aquém, acima, abaixo, atrás, dentro, junto, defronte, perto, longe, algures, alhures, nenhures etc.

Tempo: agora, já, depois, anteontem, ontem, hoje, jamais, sempre, outrora, breve etc.

Modo: assim, adrede, bem, mal, depressa, devagar, melhor, pior e a maior parte das palavras formadas de um adjetivo, mais a terminação "mente" (leve + mente = levemente; calma + mente = calmamente).

Inclusão: também, inclusive.

Designação: eis.

Interrogação: onde, como, quando, por que.

Também existem as chamadas locuções adverbiais que vêm quase sempre introduzidas por uma preposição: à farta (= fartamente), às pressas (= apressadamente), à toa, às cegas, às escuras, às tontas, às vezes, de quando em quando, de vez em quando etc.

Existem casos em que utilizamos um adjetivo como forma de advérbio. É o que chamamos de adjetivo adverbializado.

Aquele orador fala **belamente**.
advérbio de modo

Aquele orador fala **bonito**.
adjetivo adverbializado que tenta designar modo

2.7 Conjunção

É a palavra invariável que conecta elementos em algum encadeamento frasal. A relação em questão pode ser de natureza lógico-semântica (relação de sentido) ou apenas indicar uma conexão exigida pela sintaxe da frase.

Coordenativas

São as conjunções que conectam elementos que não possuem dependência sintática, ou seja, as sentenças que são conectadas por meio desses elementos já estão com suas estruturas sintáticas (sujeito / predicado / complemento) completas.

Aditivas: e, nem (= e não), também, que, não só... mas também, não só... como, tanto ... como, assim... como etc.

José não foi à aula **nem** fez os exercícios.

Devemos estudar **e** apreender os conteúdos.

Adversativas: mas, porém, contudo, todavia, no entanto, entretanto, senão, não obstante, aliás, ainda assim.

Os países assinaram o acordo, **mas** não o cumpriram.

A menina cantou bem, **contudo** não agradou ao público.

Alternativas: ou... ou, já ... já, seja... seja, quer... quer, ora... ora, agora... agora.

Ora diz sim, **ora** diz não.

Ou está feliz, **ou** está no ludibriando.

Conclusivas: logo, pois (depois do verbo), então, portanto, assim, enfim, por fim, por conseguinte, conseguintemente, consequentemente, donde, por onde, por isso.

O **concursando** estudou muito, **logo**, deverá conseguir seu cargo.

É professor, **por conseguinte** deve saber explicar o conteúdo.

Explicativas: Isto é, por exemplo, a saber, ou seja, verbi gratia, pois (antes do verbo), pois bem, ora, na verdade, depois, além disso, com efeito, que, porque, ademais, outrossim, porquanto etc.

Deve ter chovido, **pois** o chão está molhado.

O homem é um animal racional, **porque** é capaz de raciocinar.

Não converse agora, **que** eu estou explicando.

Subordinativas

São as conjunções que denotam uma relação de subordinação entre orações, ou seja, a conjunção subordinativa evidencia que uma oração possui dependência sintática em relação a outra. O que se pretende dizer com isso é que uma das orações envolvidas nesse conjunto desempenha uma função sintática para com sua oração principal.

Integrantes

Que, se

Sei **que** o dia do pagamento é hoje.

Vejamos **se** você consegue estudar sem interrupções.

Adverbiais

Causais: indicam a causa de algo.

Já que, porque, que, pois que, uma vez que, sendo que, como, visto que, visto como, como etc.

Não teve medo do perigo, **já que** estava protegido.

Passou no concurso, **porque** estudou muito.

Comparativas: estabelecem relação de comparação:

Como, tal como, mais...(do)que, menos...(do)que, tão como, assim como, tanto quanto etc.

Tal como procederes, receberás o castigo.

Alberto é aplicado **como** quem quer passar.

Concessivas (concessão): estabelecem relação de quebra de expectativa com respeito à sentença à qual se relacionam.

Embora, ainda que, dado que, posto que, conquanto, em que, quando mesmo, mesmo que, por menos que, por pouco que, apesar de (que).

Embora tivesse estudado pouco, conseguiu passar.

Conquanto estudasse, não conseguiu aprender.

Condicionais: estabelecem relação de condição.

Se, salvo se, caso, exceto se, contanto que, com tal que, caso, a não ser que, a menos que, sem que etc.

Se tudo der certo, estaremos em Portugal amanhã.

Caso você tenha dúvidas, pergunte a seu professor.

Consecutivas: estabelecem relação de consequência.

Tanto que, de modo que, de sorte que, tão...que, sem que etc.

O aluno estudou **tanto que** morreu.

Timeto Amon era **tão** feio **que** não se olhava no espelho.

Conformativas: estabelecem relação de conformidade.

Conforme, consoante, segundo, da mesma maneira que, assim como, como que etc.

Faça a prova **conforme** teu pai disse.

Todos agem **consoante** se vê na televisão.

Finais: estabelecem relação de finalidade.

Para que, a fim de que, que, porque.

Estudou muito **para que** pudesse ter uma vida confortável.

Trabalhei **a fim de que** o resultado seja satisfatório.

Proporcionais: estabelecem relação de proporção.

À proporção que, à media que, quanto mais... tanto mais, quanto menos... tanto menos, ao passo que etc.

À medida que o momento de realizar a prova chegava, a ansiedade de todos aumentava.

Quanto mais você estudar, **tanto mais** terá a chance de ser bem sucedido.

Temporais: estabelecem relação de tempo.

Quando, enquanto, apenas, mal, desde que, logo que, até que, antes que, depois que, assim que, sempre que, senão quando, ao tempo que, apenas que, antes que, depois que, sempre que etc.

Quando todos disserem para você parar, continue.

Depois que terminar toda a lição, poderá descansar um pouco.

Mal chegou, já quis sair.

2.8 Interjeição

É o termo que exprime, de modo enérgico, um estado súbito de alma. Sem muita importância para a análise a que nos propomos, vale apenas lembrar que elas possuem uma classificação semântica[1]:

Dor: ai! ui!

Alegria: ah! eh! oh!

Desejo: oxalá[2]! tomara!

Admiração: puxa! cáspite! safa! quê!

Animação: eia! sus! coragem!

Aplauso: bravo! apoiado!

Aversão: ih! chi! irra! apre!

Apelo: ó, olá! psit! pitsiu! alô! socorro!

Silêncio: psit! psiu! caluda!

Interrogação, espanto: hem!

Há, também, locuções interjeitivas: **Minha nossa! Meu Deus!**

A despeito da classificação acima, o que determina o sentido da interjeição é o seu uso.

[1] Segundo Napoleão Mendes de Almeida.
[2] Curiosamente, esses elementos podem ser concebidos, em algumas situações, como advérbios de dúvida.

2.9 Numeral

É a palavra que indica uma quantidade, multiplicação, fração ou um lugar numa série. Os numerais podem ser divididos em:

Cardinais: quando indicam um número básico: um, dois, três, cem mil...

Ordinais: quando indicam um lugar numa série: primeiro, segundo, terceiro, centésimo, milésimo...

Multiplicativos: quando indicam uma quantidade multiplicativa: dobro, triplo, quádruplo...

Fracionários: quando indicam parte de um inteiro: meio, metade, dois terços...

Algarismo		Cardinais	Ordinais
Romanos	Arábicos		
I	1	um	primeiro
II	2	dois	segundo
III	3	três	terceiro
IV	4	quatro	quarto
V	5	cinco	quinto
VI	6	seis	sexto
VII	7	sete	sétimo
VIII	8	oito	oitavo
IX	9	nove	nono
X	10	dez	décimo
XI	11	onze	undécimo ou décimo primeiro
XII	12	doze	duodécimo ou décimo segundo
XIII	13	treze	décimo terceiro
XIV	14	quatorze ou catorze	décimo quarto
XV	15	quinze	décimo quinto
XVI	16	dezesseis	décimo sexto
XVII	17	dezessete	décimo sétimo
XVIII	18	dezoito	décimo oitavo
XIX	19	dezenove	décimo nono
XX	20	vinte	vigésimo
XXI	21	vinte e um	vigésimo primeiro
XXX	30	trinta	trigésimo
XXXL	40	quarenta	quadragésimo
L	50	cinquenta	quinquagésimo
LX	60	sessenta	sexagésimo
LXX	70	setenta	septuagésimo ou setuagésimo
LXXX	80	oitenta	octogésimo
XC	90	noventa	nonagésimo
C	100	cem	centésimo
CC	200	duzentos	ducentésimo

LÍNGUA PORTUGUESA

MORFOLOGIA CLASSES DE PALAVRAS

CCC	300	trezentos	trecentésimo
CD	400	quatrocentos	quadringentésimo
D	500	quinhentos	quingentésimo
DC	600	seiscentos	seiscentésimo ou sexcentésimo
DCC	700	setecentos	septingentésimo
DCCC	800	oitocentos	octingentésimo
CM	900	novecentos	nongentésimo ou noningentésimo
M	1.000	mil	milésimo
X'	10.000	dez mil	dez milésimos
C'	100.000	cem mil	cem milésimos
M'	1.000.000	um milhão	milionésimo
M''	1.000.000.000	um bilhão	bilionésimo

Lista de numerais multiplicativos e fracionários:

Algarismos	Multiplicativos	Fracionários
2	duplo, dobro, dúplice	meio ou metade
3	triplo, tríplice	terço
4	quádruplo	quarto
5	quíntuplo	quinto
6	sêxtuplo	sexto
7	sétuplo	sétimo
8	óctuplo	oitavo
9	nônuplo	nono
10	décuplo	décimo
11	undécuplo	onze avos
12	duodécuplo	doze avos
100	cêntuplo	centésimo

Para realizar a leitura dos cardinais:

É necessário colocar a conjunção "e" entre as centenas e dezenas, assim como entre as dezenas e a unidade. Ex.: 3.068.724 = três milhões sessenta e oito mil setecentos e vinte e quatro. Quanto à leitura do numeral ordinal, há duas possibilidades: Quando é inferior a 2.000, lê-se inteiramente segundo a forma ordinal. 1766º = milésimo septingentésimo sexagésimo sexto. Acima de 2.000, lê-se o primeiro algarismo como cardinal e os demais como ordinais. Hodiernamente, entretanto, tem-se observado a tendência a ler os números redondos segundo a forma ordinal.

2.536º = dois milésimos quingentésimo trigésimo sexto.

8 000º = oitavo milésimo.

Para realizar a leitura do fracionário:

O numerador de um numeral fracionário é sempre lido como cardinal. Quanto ao denominador, há dois casos:

Primeiro: se for inferior ou igual a 10, ou ainda for um número redondo, será lido como ordinal 2/6 = dois sextos; 9/10 = nove décimos; centésimos (se houver).

São exceções: 1/2 = meio; 1/3 = um terço.

Segundo: se for superior a 10 e não constituir número redondo, é lido como cardinal, seguido da palavra "avos".

1/12 = um doze avos; 4/25 = quatro vinte e cinco avos.

Ao se fazer indicação de reis, papas, séculos, partes de uma obra, usam-se os numerais ordinais até décimo. A partir daí, devem-se empregar os cardinais. Século V (século quinto), século XX (vinte), João Paulo II (segundo), Bento XVI (dezesseis).

2.10 Preposição

É a palavra invariável que serve de ligação entre dois termos de uma oração ou, às vezes, entre duas orações. Costuma-se denominar "regente" o termo que exige a preposição e "regido" aquele que recebe a preposição:

Ele comprou um livro **de** poesia.

Ele tinha medo **de** ficar solitário.

Como se vê, a preposição "de", no primeiro caso, liga termos de uma mesma oração; no segundo, liga orações.

Preposições essenciais

São aquelas que têm como função primordial a conexão das palavras: a, ante, até, após, com contra, de, desde, em, entre, para, per, perante, por, sem, sob, sobre, trás. Veja o emprego de algumas preposições:

Os manifestantes lutaram **contra** a polícia.

O aluno chegou **ao** salão rapidamente.

Aguardo sua decisão **desde** ontem.

Entre mim e ti, não há qualquer problema.

Preposições acidentais

São palavras que pertencem a outras classes, empregadas, porém, eventualmente como preposições: conforme, consoante, durante, exceto, fora, agora, mediante, menos, salvante, salvo, segundo, tirante.

O emprego das preposições acidentais é mais comum do que parece:

Todos saíram da sala, **exceto** eu.

Tirante as mulheres, o grupo que estava na sala parou de falar.

Escreveu o livro **conforme** o original.

Locuções prepositivas

Além das preposições simples, existem também as chamadas locuções prepositivas, que terminam sempre por uma preposição simples: abaixo de, acerca de, acima de, a despeito de, adiante de, a fim de, além de, antes de, ao lado de, a par de, apesar de, a respeito de, atrás de, através de, de acordo com, debaixo de, de cima de, defronte de, dentro de, depois de, diante de, embaixo de, em cima de, em frente de(a), em lugar de, em redor de, em torno de, em vez de, graças a, junto a (de), para baixo de, para cima de, para com, perto de, por baixo de, por causa de, por cima de, por detrás de, por diante de, por entre, por trás de.

CONECTIVOS

Os conectivos têm a função de ligar palavras ou orações e eles podem ser coordenativos (ligam orações coordenadas) ou subordinativos (ligam orações subordinadas).

Coordenativos

→ Conjunções coordenativas:

Iniciam orações coordenadas:

Aditivas: e

Adversativas: mas

Alternativas: ou

Conclusivas: logo

Explicativas: pois

Subordinativos

→ Pronomes relativos:

Iniciam orações adjetivas:

que

quem

cujo/cuja

o qual/a qual

→ Conjunções subordinativas:

Iniciam orações adverbiais:

Causais: porque

Comparativas: como

Concessivas: embora

Condicionais: se

Conformativas: conforme

Consecutivas: (tão) que

Finais: para que

Proporcionais: à medida que

Temporais: quando

Iniciam orações substantivas:

Integrantes: que, se

Formas variantes

Algumas palavras possuem mais de uma forma, ou seja, junto à forma padrão existem outras formas variantes.

Em algumas situações, é irrelevante a variação utilizada, mas em outros deve-se escolher a variação mais generalizada.

Exemplos:

Assobiar, assoviar

Coisa, cousa

Louro, loiro

Lacrimejar, lagrimejar

Infarto, enfarte

Diabete, diabetes

Transpassar, traspassar, trespassar

3. PRONOMES

Em uma definição breve, podemos dizer que pronome é o termo que substitui um substantivo, desempenhando, na sentença em que aparece, uma função coesiva. Podemos dividir os pronomes em sete categorias, são elas: pessoais, tratamento, demonstrativos, relativos, indefinidos, interrogativos, possessivos.

Antes de partir para o estudo pormenorizado dos pronomes, vamos fazer uma classificação funcional deles quando empregados em uma sentença:

Pronomes substantivos: são aqueles que ocupam o lugar do substantivo na sentença.

Alguém apareceu na sala ontem.

Nós faremos todo o trabalho.

Pronomes adjetivos: são aqueles que acompanham um substantivo na sentença.

Meus alunos são os mais preparados.

Pessoa **alguma** fará tal serviço por **esse** valor.

3.1 Pessoais

Referem-se às pessoas do discurso:

Quem fala (1ª pessoa);

Com quem se fala (2ª pessoa);

De quem se fala (3ª pessoa).

Classificação dos Pronomes Pessoais (caso **Reto** x caso **Oblíquo**)

Pessoa Gramatical	Retos	Oblíquos	
		Átonos	Tônicos
1ª Singular	eu	me	mim, comigo
2ª Singular	tu	te	ti, contigo
3ª Singular	ele, ela	o, a, lhe, se	si, consigo
1ª Plural	nós	nos	nós, conosco
2ª Plural	vós	vos	vós, convosco
3ª Plural	eles, elas	os, as, lhes, se	si, consigo
Função	Sujeito	Complemento/Adjunto	

Emprego de alguns pronomes (**Certo** X **Errado**)

Eu e tu x mim e ti

1ª regra: depois de preposição essencial, usa-se pronome oblíquo.

Entre mim e ti, não há acordo.

Sobre Manoel e ti, nada se pode falar.

Devo **a** ti esta conquista.

O presente é **para** mim.

Não saia **sem** mim.

Comprei um livro **para** ti.

Observe a preposição essencial destacada nas sentenças.

2ª regra: se o pronome utilizado na sentença for sujeito de um verbo, deve-se empregar os do caso RETO.

PRONOMES

Não saia sem **eu** deixar.

Comprei um livro para **tu** leres.

O presente é para **eu** desfrutar.

Observe que o pronome desempenha a função de sujeito do verbo destacado.

Ou seja: "mim" não faz nada!

Não vá se confundir com as sentenças em que a ordem frasal está alterada. Deve-se, nesses casos, tentar pôr a sentença na ordem direta.

Para mim, fazer exercícios é muito bom. → Fazer exercícios é muito bom para mim.

Não é tarefa para mim realizar esta revisão. → Realizar esta revisão não é tarefa para mim.

Com causativos e sensitivos:

Regra com verbos causativos (mandar, fazer, deixar) ou sensitivos (ver, ouvir, sentir).

Quando os pronomes oblíquos átonos são empregados com verbos causativos ou sensitivos, pode haver a possibilidade de desempenharem a função de sujeito de uma forma verbal próxima. Ex.:

Fiz **Juliana** chorar. (sentença original)

Fi-**la** chorar. (sentença reescrita com a substituição do termo Juliana pelo pronome oblíquo)

Em ambas as situações, a "Juliana é a chorona". Isso quer dizer que o termo feminino que está na sentença é sujeito do verbo chorar. Pensando dessa maneira, entenderemos a primeira função da forma pronominal "la" que aparece na sentença reescrita.

Outro fator a ser considerado é que o verbo "fazer" necessita de um complemento, portanto, é um verbo transitivo. Bem, ocorre que o complemento do verbo "fazer" não pode ter outro referente senão "Juliana". Então, entendemos que, na reescrita da frase, a forma pronominal "la" funciona como complemento do verbo "fazer" e sujeito do verbo "chorar".

Si e consigo

Estes pronomes somente podem ser empregados se se referirem ao sujeito da oração, pois possuem função reflexiva:

Alberto só pensa em si.
("Si" refere-se a "Alberto": sujeito do verbo "pensar")

O aluno levou as apostilas consigo.
("consigo" refere-se ao termo "aluno")

Estão erradas, portanto, frases como estas:

Creio muito em si, meu amigo.

Quero falar consigo.

Corrigindo:

Creio muito em **você**, meu amigo.

Quero falar **contigo**.

Conosco e convosco

Se vierem seguidos de uma expressão complementar, geralmente a palavra "todos", desdobram-se em "com nós" e "com vós":

Este trabalho é com nós mesmos.

Ele(s), ela(s) x o(s), a(s)

É muito comum ouvirmos frases como: "Vi **ela** na esquina", "Não queremos **eles** aqui". Então, é errado falar ou escrever assim, pois o pronome em questão está sendo utilizado fora de seu emprego original, ou seja, como um complemento (ao passo que deveria ser apenas sujeito). O certo é: "Vi-**a** na esquina", "Não **os** queremos aqui".

"O" e "a"

São complementos diretos, ou seja, são utilizados juntamente aos verbos transitivos diretos, ou nos bitransitivos, como no exemplo a seguir:

Comprei **um carro** para minha namorada = Comprei-**o** para ela. (Ocorreu a substituição do Objeto Direto)

É importante lembrar que há uma especificidade em relação à colocação dos pronomes "o" e "a" depois de algumas palavras:

> Se a palavra terminar em R, S ou Z: tais letras devem ser suprimidas e o pronome há de ser empregado como **lo**, **la**, **los**, **las**.

Fazer as tarefas = fazê-**las**

Querer o dinheiro = querê-**lo**.

> Se a palavra terminar com **ão**, **õe** ou **m**: tais letras devem ser mantidas e o pronome há de ser empregado como **no**, **na**, **nos**, **nas**.

Compraram a casa = compraram-**na**

Compõe a canção = compõe-**na**.

Lhe

É um complemento indireto, equivalente a "a ele" ou "a ela": ou seja, é empregado juntamente a um verbo transitivo indireto ou a um verbo bitransitivo, como no exemplo:

Comprei um carro **para minha namorada** = comprei-**lhe** um carro. (Ocorreu a substituição do objeto indireto)

Muitas bancas gostam de trocar as formas "o" e "a" por "lhe", o que não pode ser feito sem que a sentença seja totalmente reelaborada.

3.2 De Tratamento

São pronomes de tratamento você, senhor, senhora, senhorita, fulano, sicrano, beltrano e as expressões que integram o quadro seguinte:

Pronome	Abreviatura Singular	Abreviatura Plural
Vossa Excelência(s)	V.Ex.ª	V.Ex.as
Usa-se para:		
Presidente (sem abreviatura), ministro, embaixador, governador, secretário de Estado, prefeito, senador, deputado federal e estadual, juiz, general, almirante, brigadeiro e presidente de câmara de vereadores;		

Pronome	Abreviatura Singular	Abreviatura Plural
Vossa(s) Magnificência(s)	V.Mag.ª	V.Mag.as

Usa-se para:		
Reitor de universidade para o qual também se pode usar V. Ex.ª;		
Pronome	Abreviatura Singular	Abreviatura Plural
Vossa(s) Senhoria(s)	V.Sª	V.S.as
Usa-se para:		
Qualquer autoridade ou pessoa civil não citada acima;		
Pronome	Abreviatura Singular	Abreviatura Plural
Vossa(s) Santidade(s)	V.S	VV.SS.
Usa-se para:		
Papa;		
Pronome	Abreviatura Singular	Abreviatura Plural
Vossa(s) Eminência(s)	V.Em.ª	V.Em.as
Usa-se para:		
Cardeal;		
Pronome	Abreviatura Singular	Abreviatura Plural
Vossa(s) Excelência(s) Reverendíssima(s)	V.Exª.Rev.ma	V.Ex.as.Rev.mas
Usa-se para:		
Arcebispo e bispo;		
Pronome	Abreviatura Singular	Abreviatura Plural
Vossa(s) Reverendíssima(s)	V.Rev.ma	V.Rev.mas
Usa-se para:		
Autoridade religiosa inferior às acima citadas;		
Pronome	Abreviatura Singular	Abreviatura Plural
Vossa(s) Reverência(s)	V.Rev.ª	V.Rev.mas
Usa-se para:		
Religioso sem graduação;		
Pronome	Abreviatura Singular	Abreviatura Plural
vossa(s) majestade(s)	v.m.	vv.mm.
Usa-se para:		
Rei e imperador;		
Pronome	Abreviatura Singular	Abreviatura Plural
Vossa(s) Alteza(s)	V.A.	VV.AA.
Usa-se para:		
Príncipe, arquiduque e duque.		

Todas essas expressões se apresentam também com SUA para cujas abreviaturas basta substituir o "V" por "S".

Emprego dos pronomes de tratamento

Vossa Excelência etc. x **Sua Excelência** etc.

Os pronomes de tratamento iniciados com "Vossa(s)" empregam-se em uma relação direta, ou seja, indicam o nosso interlocutor, pessoa com quem falamos:

Soube que V. Ex.ª, Senhor Ministro, falou que não estava interessado no assunto da reunião.

Empregaremos o pronome com a forma "Sua" quando a relação não é direta, ou seja, quando falamos SOBRE a pessoa:

A notícia divulgada é de que Sua Excelência, o Presidente da República, foi flagrado em uma boate.

Utilização da 3ª pessoa

Os pronomes de tratamento são de 3ª pessoa; portanto, todos os elementos relacionados a eles devem ser empregados também na 3ª pessoa, para que se mantenha a uniformidade:

É preciso que V. Ex.ª **diga** qual será o **seu** procedimento no caso em questão, a fim de que seus assessores possam agir a tempo.

Uniformidade de Tratamento

No momento da escrita ou da fala, não é possível ficar fazendo "dança das pessoas" com os pronomes. Isso quer dizer que se deve manter a uniformidade de tratamento. Para tanto, se for utilizada 3ª pessoa no início de uma sentença, ela deve permanecer ao longo de todo o texto. Preste atenção para ver como ficou estranha a construção abaixo:

Quando **você** chegar, eu **te** darei o presente.

"Você" é de 3ª pessoa e "te" é de 2ª pessoa. Não há motivo para cometer tal engano. Tome cuidado, portanto. Podemos corrigir a sentença:

Quando tu chegares, eu te darei o presente.

Quando você chegar, eu lhe darei o presente.

3.3 Demonstrativos

São os que localizam ou identificam o substantivo ou uma expressão no espaço, no tempo ou no texto.

1ª Pessoa	
Masculino	Este(s)
Feminino	Esta(s)
Neutro	Isto
No Espaço	Com o falante
No tempo	Presente
No Texto	O que se pretende dizer ou o imediatamente retomado
2ª Pessoa	
Masculino	Esse(s)
Feminino	Essa(s)
Neutro	Isso
No Espaço	Pouco afastado
No tempo	Passado ou futuro próximos
No Texto	O que se disse anteriormente

LÍNGUA PORTUGUESA

PRONOMES

3ª Pessoa	
Masculino	Aquele(s)
Feminino	Aquela(s)
Neutro	Aquilo
No Espaço	Muito afastado
No tempo	Passado ou futuro distantes
No Texto	O que se disse há muito ou o que se pretende dizer

Quando o pronome retoma algo já mencionado no texto, dizemos que ele possui função **Anafórica**. Quando aponta para algo que será dito, dizemos que possui função **Catafórica**. Essa nomenclatura começou a ser cobrada em algumas questões de concurso público, portanto, é importante ter esses conceitos na ponta da língua.

Exemplos de emprego dos demonstrativos:

Veja este livro que eu trouxe, é muito bom.

Você deve estudar mais! Isso é o que eu queria dizer.

Vê aquele mendigo lá na rua? Terrível futuro o aguarda.

Há outros pronomes demonstrativos:

O, **a**, **os**, **as**, quando antecedem o relativo Que e podem ser permutados por: Aquele (s), Aquela (s), Aquilo:

Não entendi o que disseste. (Não entendi aquilo que disseste.)

Esta rua não é a que te indiquei. (Esta rua não é aquela que te indiquei.)

Tal: quando puder ser permutado por qualquer demonstrativo: Não acredito que você disse **tal** coisa. (aquela coisa)

Semelhante: quando puder ser permutado por qualquer demonstrativo: Jamais me prestarei a **semelhante** canalhice. (esta canalhice)

Mesmo: quando modificar os pronomes eu, tu, nós e vós: Eu **mesmo** investiguei o caso.

De modo análogo, classificamos o termo "**próprio**". (eu próprio, ela própria)

Mesmo pode ainda funcionar como pronome neutro em frases como: "é o mesmo", "vem a ser o mesmo".

Vejamos mais alguns exemplos:

José e **João** são alunos do ensino médio. Este gosta de matemática, **aquele** gosta de português.

Veja que a verdadeira relação estabelecida pelos pronomes demonstrativos focaliza, por meio do "este" o elemento mais próximo, por meio do "aquele" o elemento mais afastado.

Esta sala precisa de bons professores. / Gostaria de que esse órgão pudesse resolver meu problema.

Este(s), **esta(s)**, **isto** indicam o local de onde escrevemos. **Esse(s)**, **essa(s)**, **isso** indicam o local em que se encontra o nosso interlocutor.

3.4 Relativos

São termos que relacionam palavras em um encadeamento. Os relativos da Língua Portuguesa são:

Que: Quando puder ser permutado por "o qual" ou um de seus termos derivados. Utiliza-se o pronome "que" para referências a pessoas ou coisas.

O Qual: Empregado para referência a coisas ou pessoas.

Quem: É equivalente, segundo o mestre Napoleão Mendes de Almeida, a dois pronomes – aquele e que.

Quanto: Será relativo quando seu antecedente for o termo "tudo".

Onde: É utilizado para estabelecer referência a lugares, sendo permutável por "em que" ou "no qual" e seus derivados.

Cujo: Possui um sentido possessivo. Não permite permuta por outro relativo. Também é preciso lembrar que o pronome cujo não admite artigo, pois já é variável (cujo / cuja, jamais cujo o, cuja a).

O peão a **que** me refiro é Jonas.

A casa n**a qual** houve o tiroteio foi interditada.

O homem para **quem** se enviou a correspondência é Alberto.

Não gastes tudo **quanto** tens.

O estado para **onde** vou é Minas Gerais.

Cara, o pedreiro em **cujo** serviço podemos confiar é Marcelino.

A preposição que está relacionada ao pronome é, em grande parte dos casos, oriunda do verbo que aparece posteriormente na sentença. As bancas costumam cobrar isso!

3.5 Indefinidos

São os que determinam o substantivo de modo vago, de maneira imprecisa.

Variáveis				Invariáveis
Masculino		Feminino		
Singular	Plural	Singular	Plural	
Algum	Alguns	Alguma	Algumas	Alguém
Certo	Certos	Certa	Certas	Algo
Muito	Muitos	Muita	Muitas	Nada
Nenhum	Nenhuns	Nenhuma	Nenhumas	Ninguém
Outro	Outros	Outra	Outras	Outrem
Qualquer	Quaisquer	Qualquer	Quaisquer	Cada
Quando	Quantos	Quanta	Quantas	
Tanto	Tantos	Tanta	Tantas	
Todo	Todos	Toda	Todas	Tudo
Vário	Vários	Vária	Várias	
Pouco	Poucos	Pouca	Poucas	

Fique bem atento para as alterações de sentido relacionadas às mudanças de posição dos pronomes indefinidos.

Alguma pessoa passou por aqui ontem.

Pessoa alguma passou por aqui ontem.

Alguma pessoa = ao menos uma pessoa.

Pessoa alguma = ninguém.

3.6 Interrogativos

Chamam-se interrogativos os pronomes **que**, **quem**, **qual** e **quanto**, empregados para formular uma pergunta direta ou indireta:

Que conteúdo estão estudando?

Diga-me **que** conteúdo estão estudando.

Quem vai passar no concurso?

Gostaria de saber **quem** vai passar no concurso.

Qual dos livros preferes?

Não sei **qual** dos livros preferes.

Quantos de coragem você tem?

Pergunte **quanto** de coragem você tem.

3.7 Possessivos

Com eles relacionamos a coisa possuída à pessoa gramatical possuidora. No quadro abaixo, estão relacionados aos pronomes pessoais.

Pessoais	Possessivos
eu	meu, minha, meus, minhas
tu	teu, tua, teus, tuas
ele, você, v.ex.ª etc.	seu, sua, seus, suas
nós	nosso, nossa, nossos, nossas
vós	vosso, vossa, vossos, vossas
eles	seu, sua, seus, suas

Emprego

→ **Ambiguidade**: "Seu", "sua", "seus" e "suas" são os reis da ambiguidade (duplicidade de sentido)

O policial prendeu o maconheiro em **sua** casa.

(casa de quem?)

Meu pai levou meu tio para casa em seu carro.

(no carro de quem?)

Corrigindo:

O policial prendeu o maconheiro na casa deste.

Meu pai, em seu carro, levou meu tio para casa.

→ Emprego especial - Não se usam os possessivos em relação às partes do corpo ou às faculdades do espírito. Devemos, pois, dizer:

Machuquei a mão. (E não "a minha mão")

Ele bateu a cabeça. (E não "a sua cabeça")

Perdeste a razão? (E não "a tua razão")

4. SUBSTANTIVO

É a palavra variável que designa qualidades, sentimentos, sensações, ações etc.

Quanto a sua classificação, o substantivo pode ser:

Primitivo (sem afixos): pedra.

Derivado (com afixos): pedreiro/ empedrado.

Simples (1 núcleo): guarda.

Composto (mais de 1 núcleo): guarda-roupas.

Comum (designa ser genérico): copo, colher.

Próprio (designa ser específico): Maria, Portugal.

Concreto (existência própria): cadeira, lápis.

Abstrato (existência dependente): glória, amizade.

Os substantivos concretos

Designam seres de existência própria, como: padre, político, carro e árvore. Os substantivos abstratos nomeiam qualidades ou conceitos de existência dependente, como: beleza, fricção, tristeza e amor.

Os substantivos próprios

São sempre concretos e devem ser grafados com iniciais maiúsculas. Porém, alguns substantivos próprios podem vir a se tornar comuns, pelo processo de derivação imprópria que, geralmente, ocorre pela anteposição de um artigo e a grafia do substantivo com letra minúscula. (um judas = traidor / um panamá = chapéu). As flexões dos substantivos podem se dar em gênero, número e grau.

Gênero dos substantivos

Quanto à distinção entre masculino e feminino, os substantivos podem ser:

Biformes: quando apresentam uma forma para o masculino e outra para o feminino - gato, gata, homem, mulher.

Uniformes: quando apresentam uma única forma para ambos os gêneros. Nesse caso, eles estão divididos em:

Epicenos: usados para animais de ambos os sexos (macho e fêmea) - besouro, jacaré, albatroz;

Comum de dois gêneros: aqueles que designam pessoas. Nesse caso, a distinção é feita por um elemento ladeador (artigo, pronome) - terrícola, estudante, dentista, motorista;

Sobrecomuns: apresentam um só gênero gramatical para designar seres de ambos os sexos - indivíduo, vítima, algoz.

Em algumas situações, a mudança de gênero altera também o sentido do substantivo:

O cabeça (líder) / A cabeça (parte do corpo).

4.1 Número dos Substantivos

Tentemos resumir as principais regras de formação do plural nos substantivos.

LÍNGUA PORTUGUESA

VERBO

Terminação	Variação	Exemplo
vogal ou ditongo	acréscimo do 's'	barco - barcos
m	ns	pudim - pudins
ão (primeiro caso)	ões	ladrão - ladrões
ão (segundo caso)	ães	pão - pães
ão (terceiro caso)	s	cidadão - cidadãos
r	es	mulher - Mulheres
z	es	cartaz - cartazes
n	es	abdômen - Abdômenes
s (oxítonos)	es	inglês - ingleses
al, el, ol, ul	is	tribunal - tribunais
il (oxítonos)	s	barril - barris
il (paroxítonos)	eis	fóssil - fósseis
zinho, zito	s	anelzinho - aneizinhos

Alguns substantivos são grafados apenas no plural: alvíssaras, anais, antolhos, arredores, belas-artes, calendas, cãs, condolências, esponsais, exéquias, fastos, férias, fezes, núpcias, óculos, pêsames.

Grau do substantivo:

Aumentativo / Diminutivo[1]

Analítico: quando se associam os adjetivos ao substantivo: carro grande, pé pequeno;

Sintético: quando se adiciona ao substantivo sufixos indicadores de grau, carrão, pezinho.

Sufixos:

Aumentativos: -ázio, -orra, -ola, -az, -ão, -eirão, -alhão, -arão, -arrão, -zarrão;

Diminutivos: -ito, -ulo-, -culo, -ote, -ola, -im, -elho, -inho, -zinho (o sufixo -zinho é obrigatório quando o substantivo terminar em vogal tônica ou ditongo: cafezinho, paizinho);

O aumentativo pode exprimir tamanho (casarão), desprezo (sabichão, ministraço, poetastro) ou intimidade (amigão); enquanto o diminutivo pode indicar carinho (filhinho) ou ter valor pejorativo (livreco, casebre), além das noções de tamanho (bolinha).

---

[1] Quando não flexionamos o substantivo em algum grau, dizemos que ele está no grau normal.

5. VERBO

É a palavra com que se expressa uma ação (cantar, vender), um estado (ser, estar), mudança de estado (tornar-se) ou fenômeno da natureza (chover).

Quanto à noção que expressam, os verbos podem ser classificados da seguinte maneira:

Verbos Relacionais: exprimem estado ou mudança de estado. São os chamados verbos de ligação.

Verbo de ligação
ser
estar
continuar
andar
parecer
permanecer
ficar
tornar-se

Verbos Nocionais: exprimem ação ou fenômeno da natureza. São os chamados verbos significativos.

Os Verbos Nocionais podem ser classificados da seguinte maneira:

VI (Verbo Intransitivo): diz-se daquele que não necessita de um complemento para que se compreenda a ação verbal. Exemplos: morrer, cantar, sorrir, nascer, viver.

VT (Verbo Transitivo): diz-se daquele que necessita de um complemento para expressar o afetado pela ação verbal. Divide-se em três tipos:

> **Diretos:** não possuem preposição para ligar o complemento verbal ao verbo. São exemplos os verbos querer, comprar, ler, falar etc.
>
> **Indiretos:** possuem preposição para ligar o complemento verbal ao verbo. São exemplos os verbos gostar, necessitar, precisar, acreditar etc.
>
> **Diretos e Indiretos, ou Bitransitivos:** possuem dois complementos, um não-preposicionado, outro com preposição. São exemplos os verbos pagar, perdoar, implicar etc.

Preste atenção na dica que segue:

João **morreu**.

(quem morre, morre. Não é preciso um complemento para entender o verbo).

Eu **quero** um aumento.

(quem quer, quer alguma coisa. É preciso um complemento para entender o sentido do verbo).

Eu **preciso** de um emprego.

(quem precisa, precisa "de" alguma coisa. Deve haver uma preposição para ligar o complemento ao seu verbo).

Mário **pagou** a conta ao padeiro.

(quem paga, paga algo a alguém. Há um complemento com preposição e um complemento sem preposição).

5.1 Estrutura e Conjugação dos Verbos

Os verbos possuem:

Raiz: o que lhes guarda o sentido (**cant**ar, **corr**er, **sorr**ir).

Vogal temática: o que lhes garante a família conjugacional. (**A**R, **E**R, **I**R).

Desinências: o que ajuda a conjugar ou nominalizar o verbo. (canta**ndo**, cantá**vamos**).

Os verbos apresentam três conjugações, quer dizer, três famílias conjugacionais. Em função da vogal temática, podem-se criar três paradigmas[2] verbais. De acordo com a relação dos verbos com esses paradigmas, obtém-se a seguinte classificação:

Regulares: seguem o paradigma verbal de sua conjugação sem alterar suas raízes (amar, vender, partir).

Irregulares: não seguem o paradigma verbal da conjugação a que pertencem. As irregularidades podem aparecer na raiz ou nas desinências (ouvir - ouço/ouve, estar - estou/estão).

Anômalos: apresentam profundas irregularidades. São classificados como anômalos em todas as gramáticas os verbos ser e ir.

Defectivos: não são conjugados em determinadas pessoas, tempo ou modo, portanto, apresentam algum tipo de "defeito" (falir - no presente do indicativo só apresenta a 1ª e a 2ª pessoa do plural). Os defectivos distribuem-se em grupos:

» impessoais;
» unipessoais (vozes ou ruídos de animais, só conjugados nas 3ªs pessoas);
» antieufônicos (a sonoridade permite confusão com outros verbos) - demolir; falir, abolir etc.

Abundantes: apresentam mais de uma forma para uma mesma conjugação.

Existe abundância conjugacional e participial. A primeira ocorre na conjugação de algumas formas verbais, como, por exemplo, o verbo "haver", que admite "nós havemos/hemos", "vós haveis/heis". A segunda ocorre com as formas nominais de particípio. A seguir segue uma lista dos principais abundantes na forma participial.

Verbos	Particípio regular – empregado com os auxiliares TER e HAVER	Particípio irregular – empregado com os auxiliares SER, ESTAR e FICAR
aceitar	aceitado	aceito
acender	acendido	aceso
benzer	benzido	bento
eleger	eegido	eleito
entregar	entregado	entregue
enxugar	enxugado	enxuto
expressar	expressado	expresso
expulsar	expulsado	expulso
extinguir	extinguido	extinto
matar	matado	morto
prender	prendido	preso
romper	rompido	roto
salvar	salvado	salvo
soltar	soltado	solto
suspender	suspendido	suspenso
tingir	tingido	tinto

5.2 Flexão Verbal

Relativamente à flexão verbal, anotamos:

Número: singular ou plural;

Pessoa gramatical: 1ª, 2ª ou 3ª;

Tempo: referência ao momento em que se fala (pretérito, presente ou futuro). O modo imperativo só tem um tempo, o presente;

Voz: ativa, passiva, reflexiva e recíproca (que trabalharemos mais tarde);

Modo: indicativo (certeza de um fato ou estado), subjuntivo (possibilidade ou desejo de realização de um fato ou incerteza do estado) e imperativo (expressa ordem, advertência ou pedido).

5.3 Formas Nominais do Verbo

As três formas nominais do verbo (infinitivo, gerúndio e particípio) não possuem função exclusivamente verbal.

Infinitivo: assemelha-se ao substantivo, indica algo atemporal - o nome do verbo, sua desinência característica é a letra R: ama**r**, realça**r**, ungi**r** etc.

Gerúndio: equipara-se ao adjetivo ou advérbio pelas circunstâncias que exprime de ação em processo. Sua desinência característica é -**NDO**: ama**ndo**, realça**ndo**, ungi**ndo** etc.

Particípio: tem valor e forma de adjetivo - pode também indicar ação concluída, sua desinência característica é -**ADO** ou -**IDO** para as formas regulares: am**ado**, realç**ado**, ung**ido** etc.

5.4 Tempos Verbais

Dentro do **Modo Indicativo**, anotamos os seguintes tempos:

Presente do indicativo: indica um fato real situado no momento ou época em que se fala;

Eu amo, eu vendo, eu parto.

Pretérito perfeito do indicativo: indica um fato real cuja ação foi iniciada e concluída no passado;

Eu amei, eu vendi, eu parti.

Pretérito imperfeito do indicativo: indica um fato real cuja ação foi iniciada no passado, mas não foi concluída ou era uma ação costumeira no passado;

Eu amava, eu vendia, eu partia.

---

2 Paradigma é o modo como se dá a conjugação.

LÍNGUA PORTUGUESA

VERBO

Pretérito mais-que-perfeito do indicativo: indica um fato real cuja ação é anterior a outra ação já passada;

Eu amara, eu vendera, eu partira.

Futuro do presente do indicativo: indica um fato real situado em momento ou época vindoura;

Eu amarei, eu venderei, eu partirei.

Futuro do pretérito do indicativo: indica um fato possível, hipotético, situado num momento futuro, mas ligado a um momento passado.

Eu amaria, eu venderia, eu partiria.

Dentro do **Modo Subjuntivo**, anotamos os seguintes tempos:

Presente do subjuntivo: indica um fato provável, duvidoso ou hipotético, situado no momento ou época em que se fala. Para facilitar a conjugação, utilize a conjunção "que";

Que eu ame, que eu venda, que eu parta.

Pretérito imperfeito do subjuntivo: indica um fato provável, duvidoso ou hipotético, cuja ação foi iniciada, mas não concluída no passado. Para facilitar a conjugação, utilize a conjunção "se";

Se eu amasse, se eu vendesse, se eu partisse.

Futuro do subjuntivo: indica um fato provável, duvidoso, hipotético, situado num momento ou época futura. Para facilitar a conjugação, utilize a conjunção "quando".

Quando eu amar, quando eu vender, quando eu partir.

5.5 Tempos Compostos da Voz Ativa

Constituem-se pelos verbos auxiliares **ter** ou **haver** + particípio do verbo que se quer conjugar, dito principal.

No **modo Indicativo**, os tempos compostos são formados da seguinte maneira:

Pretérito perfeito: presente do indicativo do auxiliar + particípio do verbo principal (Tenho amado);

Pretérito mais-que-perfeito: pretérito imperfeito do indicativo do auxiliar + particípio do verbo principal (Tinha amado);

Futuro do presente: futuro do presente do indicativo do auxiliar + particípio do verbo principal (Terei amado);

Futuro do pretérito: futuro do pretérito indicativo do auxiliar + particípio do verbo principal (Teria amado).

No **modo Subjuntivo** a formação se dá da seguinte maneira:

Pretérito perfeito: presente do subjuntivo do auxiliar + particípio do VP (Tenha amado);

Pretérito mais-que-perfeito: imperfeito do subjuntivo do auxiliar + particípio do VP (Tivesse amado);

Futuro composto: futuro do subjuntivo do auxiliar + particípio do VP (Tiver amado).

Quanto às **formas nominais**, elas são formadas da seguinte maneira:

Infinitivo composto: infinitivo pessoal ou impessoal do auxiliar + particípio do verbo principal (Ter vendido / Teres vendido);

Gerúndio composto: gerúndio do auxiliar + particípio do verbo principal (Tendo partido).

5.6 Vozes Verbais

Cuidado com esse conteúdo, costuma ser muito cobrado em provas de concursos públicos.

Quanto às vozes, os verbos apresentam voz:

Ativa: sujeito é agente da ação verbal;

(**O corretor** vende casas)

Passiva: sujeito é paciente da ação verbal;

(Casas são vendidas **pelo corretor**)

Reflexiva: o sujeito é agente e paciente da ação verbal.

(A garota feriu-**se** ao cair da escada)

Recíproca: há uma ação mútua descrita na sentença.

(Os amigos entreolh**aram-se**)

A voz passiva: sua característica é possuir um sujeito paciente, ou seja, que é afetado pela ação do verbo.

5.7 Tipos de Voz Passiva

Analítica: verbo auxiliar + particípio do verbo principal. Isso significa que há uma locução verbal de voz passiva.

Casas **são vendidas** pelo corretor

Veja mais alguns exemplos:

Ele fez o trabalho - O trabalho **foi feito** por ele (mantido o pretérito perfeito do indicativo)

O vento ia levando as folhas - As folhas iam **sendo levadas** pelo vento (mantido o gerúndio do verbo principal em um dos auxiliares).

Vereadores entregarão um prêmio ao gari - Um prêmio **será entregue** ao gari por vereadores (veja como a flexão do futuro se mantém na locução).

Sintética: verbo apassivado pelo termo "se" (partícula apassivadora) + sujeito paciente.

Roubou-se **o dinheiro do povo**.

Fez-se **o trabalho** com pressa.

É comum observar, em provas de concurso público, questões que mostram uma voz passiva sintética como aquela que é proveniente de uma ativa com sujeito indeterminado.

Alguns verbos da língua portuguesa apresentam **problemas de conjugação**. A seguir, **temos uma lista**, seguida de comentários sobre essas dificuldades de conjugação.

Compraram um carro novo (ativa);

Comprou-se um carro novo (passiva sintética).

5.8 Verbos com a Conjugação Irregular

Abolir: Defectivo - não possui a 1ª pessoa do singular do presente do indicativo, por isso não possui presente do subjuntivo e o imperativo negativo. (= banir, carpir, colorir, delinquir, demolir, descomedir-se, emergir, exaurir, fremir, fulgir, haurir, retorquir, urgir).

Acudir: Alternância vocálica o/u - presente do indicativo - acudo, acodes... e pretérito perfeito do indicativo - com u (= bulir, consumir, cuspir, engolir, fugir).

Adequar: Defectivo - só possui a 1ª e a 2ª pessoa do plural no presente do indicativo.

Aderir: Alternância vocálica e/i - presente do indicativo - adiro, adere... (= advertir, cerzir, despir, diferir, digerir, divergir, ferir, sugerir).

Agir:
Acomodação gráfica g/j - presente do indicativo - ajo, ages... (= afligir, coagir, erigir, espargir, refulgir, restringir, transigir, urgir).

Agredir:
Alternância vocálica e/i - presente do indicativo - agrido, agrides, agride, agredimos, agredis, agridem (= prevenir, progredir, regredir, transgredir).

Aguar:
Regular - presente do indicativo - águo, águas..., - pretérito perfeito do indicativo - aguei, aguaste, aguou, aguamos, aguastes, aguaram (= desaguar, enxaguar, minguar).

Prazer:
Irregular - presente do indicativo - aprazo, aprazes, apraz... / pretérito perfeito do indicativo - aprouve, aprouveste, aprouve, aprouvemos, aprouvestes, aprouveram.

Arguir:
Irregular com alternância vocálica o/u - presente do indicativo - arguo (ú), arguis, argui, arguimos, arguis, arguem - pretérito perfeito - argui, arguiste...

Atrair:
Irregular - presente do indicativo - atraio, atrais... / pretérito perfeito - atraí, atraíste... (= abstrair, cair, distrair, sair, subtrair).

Atribuir:
Irregular - presente do indicativo - atribuo, atribuis, atribui, atribuímos, atribuís, atribuem - pretérito perfeito - atribuí, atribuíste, atribuiu... (= afluir, concluir, destituir, excluir, instruir, possuir, usufruir).

Averiguar:
Alternância vocálica o/u - presente do indicativo - averiguo (ú), averiguas (ú), averigua (ú), averiguamos, averiguais, averiguam (ú) - pretérito perfeito - averiguei, averiguaste... - presente do subjuntivo - averigue, averigues, averigue... (= apaziguar).

Cear:
Irregular - presente do indicativo - ceio, ceias, ceia, ceamos, ceais, ceiam - pretérito perfeito indicativo - ceei, ceaste, ceou, ceamos, ceastes, cearam (= verbos terminados em -ear: falsear, passear... - alguns apresentam pronúncia aberta: estreio, estreia...).

Coar:
Irregular - presente do indicativo - coo, côas, côa, coamos, coais, coam - pretérito perfeito - coei, coaste, coou... (= abençoar, magoar, perdoar).

Comerciar:
Regular - presente do indicativo - comercio, comercias... - pretérito perfeito - comerciei... (= verbos em -iar, exceto os seguintes verbos: mediar, ansiar, remediar, incendiar, odiar).

Compelir:
Alternância vocálica e/i - presente do indicativo - compilo, compeles... - pretérito perfeito indicativo - compeli, compeliste...

Compilar:
Regular - presente do indicativo - compilo, compilas, compila... - pretérito perfeito indicativo - compilei, compilaste...

Construir:
Irregular e abundante - presente do indicativo - construo, constróis (ou construis), constrói (ou construi), construímos, construís, constroem (ou construem) - pretérito perfeito indicativo - construí, construíste...

Crer:
Irregular - presente do indicativo - creio, crês, crê, cremos, credes, creem - pretérito perfeito indicativo - cri, creste, creu, cremos, crestes, creram - imperfeito indicativo - cria, crias, cria, críamos, críeis, criam.

Falir:
Defectivo - presente do indicativo - falimos, falis - pretérito perfeito indicativo - fali, faliste... (= aguerrir, combalir, foragir-se, remir, renhir)

Frigir:
Acomodação gráfica g/j e alternância vocálica e/i - presente do indicativo - frijo, freges, frege, frigimos, frigis, fregem - pretérito perfeito indicativo - frigi, frigiste...

Ir:
Irregular - presente do indicativo - vou, vais, vai, vamos, ides, vão - pretérito perfeito indicativo - fui, foste... - presente subjuntivo - vá, vás, vá, vamos, vades, vão.

Jazer:
Irregular - presente do indicativo - jazo, jazes... - pretérito perfeito indicativo - jazi, jazeste, jazeu...

Mobiliar:
Irregular - presente do indicativo - mobílio, mobílias, mobília, mobiliamos, mobiliais, mobíliam - pretérito perfeito indicativo - mobiliei, mobiliaste...

Obstar:
Regular - presente do indicativo - obsto, obstas... - pretérito perfeito indicativo - obstei, obstaste...

Pedir:
Irregular - presente do indicativo - peço, pedes, pede, pedimos, pedis, pedem - pretérito perfeito indicativo - pedi, pediste... (= despedir, expedir, medir).

Polir:
Alternância vocálica e/i - presente do indicativo - pulo, pules, pule, polimos, polis, pulem - pretérito perfeito indicativo - poli, poliste...

Precaver-se:
Defectivo e pronominal - presente do indicativo - precavemo-nos, precaveis-vos - pretérito perfeito indicativo - precavi-me, precaveste-te...

LÍNGUA PORTUGUESA

VERBO

Prover:
Irregular - presente do indicativo - provejo, provês, provê, provemos, provedes, proveem - pretérito perfeito indicativo - provi, proveste, proveu...

Reaver:
Defectivo - presente do indicativo - reavemos, reaveis - pretérito perfeito indicativo - reouve, reouveste, reouve... (verbo derivado do haver, mas só é conjugado nas formas verbais com a letra v).

Remir:
Defectivo - presente do indicativo - remimos, remis - pretérito perfeito indicativo - remi, remiste...

Requerer:
Irregular - presente do indicativo - requeiro, requeres... - pretérito perfeito indicativo - requeri, requereste, requereu... (derivado do querer, diferindo dele na 1ª pessoa do singular do presente do indicativo e no pretérito perfeito do indicativo e derivados, sendo regular)

Rir:
Irregular - presente do indicativo - rio, ris, ri, rimos, rides, riem - pretérito perfeito indicativo - ri, riste... (= sorrir)

Saudar:
Alternância vocálica - presente do indicativo - saúdo, saúdas... - pretérito perfeito indicativo - saudei, saudaste...

Suar:
Regular - presente do indicativo - suo, suas, sua... - pretérito perfeito indicativo - suei, suaste, sou... (= atuar, continuar, habituar, individuar, recuar, situar)

Valer:
Irregular - presente do indicativo - valho, vales, vale... - pretérito perfeito indicativo - vali, valeste, valeu...

Também merecem atenção os seguintes verbos irregulares:

→ **Pronominais:** Apiedar-se, dignar-se, persignar-se, precaver-se

Caber

Presente do indicativo: caibo, cabes, cabe, cabemos, cabeis, cabem;

Presente do subjuntivo: caiba, caibas, caiba, caibamos, caibais, caibam;

Pretérito perfeito do indicativo: coube, coubeste, coube, coubemos, coubestes, couberam;

Pretérito mais-que-perfeito do indicativo: coubera, couberas, coubera, coubéramos, coubéreis, couberam;

Pretérito imperfeito do subjuntivo: coubesse, coubesses, coubesse, coubéssemos, coubésseis, coubessem;

Futuro do subjuntivo: couber, couberes, couber, coubermos, couberdes, couberem.

Dar

Presente do indicativo: dou, dás, dá, damos, dais, dão;

Presente do subjuntivo: dê, dês, dê, demos, deis, deem;

Pretérito perfeito do indicativo: dei, deste, deu, demos, destes, deram;

Pretérito mais-que-perfeito do indicativo: dera, deras, dera, déramos, déreis, deram;

Pretérito imperfeito do subjuntivo: desse, desses, desse, déssemos, désseis, dessem;

Futuro do subjuntivo: der, deres, der, dermos, derdes, derem.

Dizer

Presente do indicativo: digo, dizes, diz, dizemos, dizeis, dizem;

Presente do subjuntivo: diga, digas, diga, digamos, digais, digam;

Pretérito perfeito do indicativo: disse, disseste, disse, dissemos, dissestes, disseram;

Pretérito mais-que-perfeito do indicativo: dissera, disseras, dissera, disséramos, disséreis, disseram;

Futuro do presente: direi, dirás, dirá etc.;

Futuro do pretérito: diria, dirias, diria etc.;

Pretérito imperfeito do subjuntivo: dissesse, dissesses, dissesse, disséssemos, dissésseis, dissessem;

Futuro do subjuntivo: disser, disseres, disser, dissermos, disserdes, disserem;

Estar

Presente do indicativo: estou, estás, está, estamos, estais, estão;

Presente do subjuntivo: esteja, estejas, esteja, estejamos, estejais, estejam;

Pretérito perfeito do indicativo: estive, estiveste, esteve, estivemos, estivestes, estiveram;

Pretérito mais-que-perfeito do indicativo: estivera, estiveras, estivera, estivéramos, estivéreis, estiveram;

Pretérito imperfeito do subjuntivo: estivesse, estivesses, estivesse, estivéssemos, estivésseis, estivessem;

Futuro do subjuntivo: estiver, estiveres, estiver, estivermos, estiverdes, estiverem;

Fazer

Presente do indicativo: faço, fazes, faz, fazemos, fazeis, fazem;

Presente do subjuntivo: faça, faças, faça, façamos, façais, façam;

Pretérito perfeito do indicativo: fiz, fizeste, fez, fizemos, fizestes, fizeram;

Pretérito mais-que-perfeito do indicativo: fizera, fizeras, fizera, fizéramos, fizéreis, fizeram;

Pretérito imperfeito do subjuntivo: fizesse, fizesses, fizesse, fizéssemos, fizésseis, fizessem;

Futuro do subjuntivo: fizer, fizeres, fizer, fizermos, fizerdes, fizerem.

Seguem esse modelo desfazer, liquefazer e satisfazer.

Os particípios desses verbos e seus derivados são irregulares: Feito, desfeito, liquefeito, satisfeito, etc.

Haver

Presente do indicativo: hei, hás, há, havemos, haveis, hão;

Presente do subjuntivo: haja, hajas, haja, hajamos, hajais, hajam;

Pretérito perfeito do indicativo: houve, houveste, houve, houvemos, houvestes, houveram;

Pretérito mais-que-perfeito do indicativo: houvera, houveras, houvera, houvéramos, houvéreis, houveram;

Pretérito imperfeito do subjuntivo: houvesse, houvesses, houvesse, houvéssemos, houvésseis, houvessem;

Futuro do subjuntivo: houver, houveres, houver, houvermos, houverdes, houverem.

Ir

Presente do indicativo: vou, vais, vai, vamos, ides, vão;

Presente do subjuntivo: vá, vás, vá, vamos, vades, vão;

Pretérito imperfeito do indicativo: Ia, ias, ia, íamos, íeis, iam;

Pretérito perfeito do indicativo: fui, foste, foi, fomos, fostes, foram;

Pretérito mais-que-perfeito do indicativo: fora, foras, fora, fôramos, fôreis, foram;

Pretérito imperfeito do subjuntivo: fosse, fosses, fosse, fôssemos, fôsseis, fossem;

Futuro do subjuntivo: for, fores, for, formos, fordes, forem.

Poder

Presente do indicativo: posso, podes, pode, podemos, podeis, podem;

Presente do subjuntivo: possa, possas, possa, possamos, possais, possam;

Pretérito perfeito do indicativo: pude, pudeste, pôde, pudemos, pudestes, puderam;

Pretérito mais-que-perfeito do indicativo: pudera, puderas, pudera, pudéramos, pudéreis, puderam;

Pretérito imperfeito do subjuntivo: pudesse, pudesses, pudesse, pudéssemos, pudésseis, pudessem;

Futuro do subjuntivo: puder, puderes, puder, pudermos, puderdes, puderem.

Pôr

Presente do indicativo: ponho, pões, põe, pomos, pondes, põem;

Presente do subjuntivo: ponha, ponhas, ponha, ponhamos, ponhais, ponham;

Pretérito imperfeito do indicativo: punha, punhas, punha, púnhamos, púnheis, punham;

Pretérito perfeito do indicativo: pus, puseste, pôs, pusemos, pusestes, puseram;

Pretérito mais-que-perfeito do indicativo: pusera, puseras, pusera, puséramos, puséreis, puseram;

Pretérito imperfeito do subjuntivo: pusesse, pusesses, pusesse, puséssemos, pusésseis, pusessem;

Futuro do subjuntivo: puser, puseres, puser, pusermos, puserdes, puserem.

Todos os derivados do verbo pôr seguem exatamente esse modelo: Antepor, compor, contrapor, decompor, depor, descompor, dispor, expor, impor, indispor, interpor, opor, pospor, predispor, pressupor, propor, recompor, repor, sobrepor, supor, transpor são alguns deles.

Querer

Presente do indicativo: quero, queres, quer, queremos, quereis, querem;

Presente do subjuntivo: queira, queiras, queira, queiramos, queirais, queiram;

Pretérito perfeito do indicativo: quis, quiseste, quis, quisemos, quisestes, quiseram;

Pretérito mais-que-perfeito do indicativo: quisera, quiseras, quisera, quiséramos, quiséreis, quiseram;

Pretérito imperfeito do subjuntivo: quisesse, quisesses, quisesse, quiséssemos, quisésseis, quisessem;

Futuro do subjuntivo: Quiser, quiseres, quiser, quisermos, quiserdes, quiserem;

Saber

Presente do indicativo: sei, sabes, sabe, sabemos, sabeis, sabem;

Presente do subjuntivo: saiba, saibas, saiba, saibamos, saibais, saibam;

Pretérito perfeito do indicativo: soube, soubeste, soube, soubemos, soubestes, souberam;

Pretérito mais-que-perfeito do indicativo: Soubera, souberas, soubera, soubéramos, soubéreis, souberam;

Pretérito imperfeito do subjuntivo: Soubesse, soubesses, soubesse, soubéssemos, soubésseis, soubessem;

Futuro do subjuntivo: souber, souberes, souber, soubermos, souberdes, souberem.

Ser

Presente do indicativo: Sou, és, é, somos, sois, são;

Presente do subjuntivo: Seja, sejas, seja, sejamos, sejais, sejam;

Pretérito imperfeito do indicativo: Era, eras, era, éramos, éreis, eram;

Pretérito perfeito do indicativo: Fui, foste, foi, fomos, fostes, foram;

Pretérito mais-que-perfeito do indicativo: Fora, foras, fora, fôramos, fôreis, foram;

Pretérito imperfeito do subjuntivo: Fosse, fosses, fosse, fôssemos, fôsseis, fossem;

Futuro do subjuntivo: For, fores, for, formos, fordes, forem.

As segundas pessoas do imperativo afirmativo são: Sê (tu) e sede (vós).

Ter

Presente do indicativo: Tenho, tens, tem, temos, tendes, têm;

LÍNGUA PORTUGUESA

VERBO

Presente do subjuntivo: Tenha, tenhas, tenha, tenhamos, tenhais, tenham;

Pretérito imperfeito do indicativo: Tinha, tinhas, tinha, tínhamos, tínheis, tinham;

Pretérito perfeito do indicativo: Tive, tiveste, teve, tivemos, tivestes, tiveram;

Pretérito mais-que-perfeito do indicativo: Tivera, tiveras, tivera, tivéramos, tivéreis, tiveram;

Pretérito imperfeito do subjuntivo: Tivesse, tivesses, tivesse, tivéssemos, tivésseis, tivessem;

Futuro do subjuntivo: Tiver, tiveres, tiver, tivermos, tiverdes, tiverem.

Seguem esse modelo os verbos: Ater, conter, deter, entreter, manter, reter.

Trazer

Presente do indicativo: Trago, trazes, traz, trazemos, trazeis, trazem;

Presente do subjuntivo: Traga, tragas, traga, tragamos, tragais, tragam;

Pretérito perfeito do indicativo: Trouxe, trouxeste, trouxe, trouxemos, trouxestes, trouxeram;

Pretérito mais-que-perfeito do indicativo: Trouxera, trouxeras, trouxera, trouxéramos, trouxéreis, trouxeram;

Futuro do presente: Trarei, trarás, trará, etc.;

Futuro do pretérito: Traria, trarias, traria, etc.;

Pretérito imperfeito do subjuntivo: Trouxesse, trouxesses, trouxesse, trouxéssemos, trouxésseis, trouxessem;

Futuro do subjuntivo: Trouxer, trouxeres, trouxer, trouxermos, trouxerdes, trouxerem.

Ver

Presente do indicativo: Vejo, vês, vê, vemos, vedes, veem;

Presente do subjuntivo: Veja, vejas, veja, vejamos, vejais, vejam;

Pretérito perfeito do indicativo: Vi, viste, viu, vimos, vistes, viram;

Pretérito mais-que-perfeito do indicativo: Vira, viras, vira, víramos, víreis, viram;

Pretérito imperfeito do subjuntivo: Visse, visses, visse, víssemos, vísseis, vissem;

Futuro do subjuntivo: Vir, vires, vir, virmos, virdes, virem.

Seguem esse modelo os derivados antever, entrever, prever, rever. Prover segue o modelo acima apenas no presente do indicativo e seus tempos derivados; nos demais tempos, comporta-se como um verbo regular da segunda conjugação.

Vir

Presente do indicativo: Venho, vens, vem, vimos, vindes, vêm;

Presente do subjuntivo: Venha, venhas, venha, venhamos, venhais, venham;

Pretérito imperfeito do indicativo: Vinha, vinhas, vinha, vínhamos, vínheis, vinham;

Pretérito perfeito do indicativo: Vim, vieste, veio, viemos, viestes, vieram;

Pretérito mais-que-perfeito do indicativo: Viera, vieras, viera, viéramos, viéreis, vieram;

Pretérito imperfeito do subjuntivo: Viesse, viesses, viesse, viéssemos, viésseis, viessem;

Futuro do subjuntivo: Vier, vieres, vier, viermos, vierdes, vierem;

Particípio e gerúndio: Vindo.

Emprego do infinitivo

Apesar de não haver regras bem definidas, podemos anotar as seguintes ocorrências:

→ Usa-se o impessoal:

Sem referência a nenhum sujeito: É proibido **estacionar** na calçada;

Nas locuções verbais: Devemos **pensar** sobre a sua situação;

Se o infinitivo exercer a função de complemento de adjetivos: É uma questão fácil de **resolver**;

Se o infinitivo possuir valor de imperativo – O comandante gritou: "**marchar**!"

→ Usa-se o pessoal:

Quando o sujeito do infinitivo é diferente do sujeito da oração principal: Eu não te culpo por seres um imbecil;

Quando, por meio de flexão, se quer realçar ou identificar a pessoa do sujeito: Não foi bom agires dessa forma;

6. SINTAXE BÁSICA DA ORAÇÃO E DO PERÍODO

Sintaxe é a parte da Gramática que estuda a função das palavras ou das expressões em uma oração ou em um período.

Definições importantes:

Frase, oração e período (conceitos essenciais)

Frase: qualquer sentença dotada de sentido.

Ex.: Eu adoro estudar Português!

Ex.: Fogo! Socorro!

Oração: frase organizada em torno de uma forma verbal.

Os alunos farão a prova amanhã!

Período: conjunto de orações;

> Período simples: 1 oração.

Estudarei Português.

> Período composto: mais de 1 oração.

Estudarei Português e farei a prova.

6.1 Período simples (oração)

A oração é dividida em termos. Assim, o estudo fica organizado e impossibilita a confusão. São os termos da oração:

Essenciais;

Integrantes;

Acessórios.

Termos essenciais da oração

Sujeito e Predicado: são chamados de essenciais, porque são os elementos que dão vida à oração. Quer dizer, sem um deles (o predicado, ao menos) não se pode formar oração.

O **Brasil** caminha para uma profunda transformação social.
(sujeito)   (predicado)

Sujeito

Sujeito é o termo sintático sobre o qual se declara ou se constata algo. Deve-se observar que há uma profunda relação entre o verbo que comporá o predicado e o sujeito da oração. Usualmente, o sujeito é formado por um substantivo ou por uma expressão substantivada.

Classificação do Sujeito:

Simples;

Composto;

Oculto, elíptico ou desinencial;

Indeterminado;

Inexistente;

Oracional.

Sujeito simples: aquele que possui apenas um núcleo.

O país deverá enfrentar difíceis rivais na competição.

A perda de fôlego de algumas das grandes economias também já foi notada por outras gigantes do setor.

> **Sujeito composto:** é aquele que possui mais de um núcleo.

Rigoberto e Jacinto são amigos inseparáveis.

Eu, meus **amigos** e todo o **resto** dos alunos faremos a prova.

Sujeito oculto, elíptico ou desinencial: aquele que não se encontra expresso na oração, porém é facilmente subentendido pelo verbo apresentado.

Acord**amos** cedo naquele dia. (Quem acordou? Nós)

Ab**ri** o blusão, tirei o 38, e perguntei com tanta raiva que uma gota de meu cuspe bateu na cara dele.(R. Fonseca)

Vanderlei caminhou pela manhã. À tarde pass**eou** pelo lago municipal, onde encont**rou** a Anaconda da cidade.

Perceba que o sujeito não está grafado na sentença, mas é facilmente recuperável por meio da terminação do verbo.

Sujeito indeterminado: ocorre quando o verbo não se refere a um núcleo determinado. São situações de indeterminação do sujeito:

Terceira pessoa do plural sem um referente:

Nunca lhe **deram** nada.

Fizeram comentários maldosos a seu respeito.

Com verbos transitivos indiretos, intransitivo e relacionais (de ligação) acompanhados da partícula "se" que, no caso, será classificada como índice de indeterminação de sujeito.

Vive-se muito bem.

Precisa-se de força e coragem na vida de estudante.

Nem sempre **se está** feliz na riqueza.

Sujeito inexistente ou oração sem sujeito: ocorre em algumas situações específicas.

Com verbos impessoais (principalmente os que denotam fenômeno da natureza).

Em setembro **chove** muito.

Nevava em Palotina.

Com o verbo haver, desde que empregado nos sentidos de existir, acontecer ou ocorrer.

Há poemas perfeitos, não **há** poetas perfeitos.

Deveria haver soluções para tais problemas.

Com os verbos ir, haver e fazer, desde que empregado fazendo alusão a tempo transcorrido.

Faz um ano que não viajo. (verbo "fazer" no sentido de "tempo transcorrido")

Há muito tempo que você não aparece. (verbo "haver" no sentido de "tempo")

Vai para dois meses que não recebo salário. (verbo "ir" no sentido de "tempo")

Com os verbos ser ou estar indicando tempo.

Era noite fechada.

É tarde, eles não vêm!

Com os verbos bastar e chegar indicando cessamento.

Basta de tanta corrupção no Senado!

SINTAXE BÁSICA DA ORAÇÃO E DO PERÍODO

Chega de ficar calado quando a situação aperta!

Com o verbo ser indicando data ou horas.

São dez horas no relógio da torre.

Amanhã **serão** dez de dezembro.

Sujeito oracional: ocorre nas análises do período composto, quando se verifica que o sujeito de um verbo é uma oração.

É preciso **que você estude Língua Portuguesa**.

Predicado

É o termo que designa aquilo que se declara acerca do sujeito. É mais simples e mais prudente para o aluno buscar identificar o predicado antes do sujeito, pois, se assim o fizer, terá mais concretude na identificação do sujeito.

Classificação do predicado:

> Nominal;
> Verbal;
> Verbo-nominal.

Predicado Nominal: o predicado nominal é formado por um verbo relacional (de ligação) + predicativo.

Lembre os principais verbos de ligação: ser, estar, permanecer, continuar, ficar, parecer, andar e torna-se.

A economia da Ásia parecia derrotada após a crise.

O deputado, de repente, virou patriota.

Português é legal.

Predicado Verbal: o predicado verbal tem como núcleo um verbo nocional.

Empresários **investirão R$ 250 milhões em novo berço para Porto de Paranaguá**.

Predicado Verbo-nominal: ocorre quando há um verbo significativo (nocional) + um predicativo do sujeito.

O trem chegou atrasado. ("atrasado" é uma qualidade do sujeito que aparece após o verbo, portanto, é um predicativo do sujeito).

Pedro Paladino já nasceu rico.

Acompanhei a indignação de meus alunos preocupado.

Predicativo

O predicativo é um termo componente do predicado. Qualifica sujeito ou objeto.

Josefina era **maldosa, ruim, sem valor**. (pred. do sujeito)

Leila deixou o garoto **louco**. (pred. do objeto)

O diretor nomeou João **chefe da repartição**. (pred. do objeto)

Termos integrantes da oração

Objeto Direto (complemento verbal);
Objeto Indireto (complemento verbal);
Complemento Nominal;
Agente da Passiva.

Objeto Direto: é o complemento de um verbo transitivo direto.

Os bons cidadãos cumprem **as leis**. (quem cumpre, cumpre algo)

Em resumo: ele queria **uma mulher**. (quem quer, quer algo)

Objeto Indireto: é o complemento de um verbo transitivo indireto.

Os bons cidadãos obedecem **às leis**. (quem obedece, obedece a algo)

Necessitamos **de manuais mais práticos** nos dias de hoje. (quem necessita, necessita de algo)

Complemento Nominal: é o complemento, sempre preposicionado, de adjetivos, advérbios e substantivos que, em determinadas circunstâncias, pedem complemento, assim como os verbos transitivos indiretos.

O filme era impróprio para crianças.

Finalizou-se a construção do prédio.

Agiu favoravelmente ao réu.

Agente da Passiva: É o complemento que, na voz passiva, designa o ser praticante da ação sofrida ou recebida pelo sujeito.

Ex. de voz ativa: O zagueiro executou a jogada.

Ex. de voz passiva: A jogada foi executada **pelo zagueiro**. (Agente da passiva)

Conversas foram interceptadas pela **Polícia Federal**. (Agente da passiva)

Termos acessórios da oração

Adjunto Adnominal;
Adjunto Adverbial;
Aposto;
Vocativo.

Adjunto Adnominal: a função do adjunto adnominal é desempenhada por qualquer palavra ou expressão que, junto de um substantivo ou de uma expressão substantivada, modifica o seu sentido. Vejamos algumas palavras que desempenham tal função.

Artigos: as alunas serão aprovadas.

Pronomes adjetivos: aquela aluna será aprovada.

Numerais adjetivos: duas alunas serão aprovadas.

Adjetivos: aluno **estudioso** é aprovado.

Locuções adjetivas: aluno **de gramática** passa no concurso.

Adjunto Adverbial: o Adjunto Adverbial é o termo acessório (que não é exigido por elemento algum da sentença) que exprime circunstância ao verbo e, às vezes, ao adjetivo ou mesmo ao advérbio.

Advérbios: os povos antigos trabalhavam mais.

Locuções Adverbiais: Li vários livros **durante as férias**.

Alguns tipos de adjuntos adverbiais: Tempo: **Ontem**, choveu muito.

Lugar: Gostaria de que me encontrasse **na esquina da padaria**.

Modo: Alfredo executou a aria **fantasticamente**.

Meio: Fui para a escola **a pé**.

Causa: **Por amor**, cometem-se loucuras.

Instrumento: Quebrou a **vidraça com uma pedra**.

Condição: **Se estudar muito**, será aprovado.

Companhia: Faremos sucesso **com essa banda.**

Aposto: o aposto é o termo sintático que, possuindo equivalência semântica, esclarece seu referente. Tipos de Aposto:

Explicativo: Alencar, **escritor romântico**, possui uma obra vastíssima.

Resumitivo ou recapitulativo: Estudo, esporte, cinema, **tudo** o chateava.

Enumerativo: Preciso de duas coisas: **saúde e dinheiro**.

Especificativo: A notícia foi publicada na revista **Veja**.

Distributivo: Havia grupos interessados: **o da direita e o da esquerda**.

Oracional: Desejo só uma coisa: **que vocês passem no concurso**.

Vocativo: O Vocativo é uma interpelação, é um chamamento. Normalmente, indica com quem se fala.

Ó mar, por que não me levas contigo?

Vem, **minha amiga**, abraçar um vitorioso.

6.2 Período Composto

Nesse tópico, você deverá realizar a análise de mais de uma oração, portanto, atenção! Há dois processos de composição de período em Língua Portuguesa. São eles: coordenação e subordinação.

Coordenação: ocorre quando são unidas orações independentes sintaticamente. Ou seja, são autônomas do ponto de vista estrutural. Vamos a um exemplo.

Altamiro pratica esportes e estuda muito.

Subordinação: ocorre quando são unidas orações que possuem dependência sintática. Ou seja, não estão completas em sua estrutura. O processo de subordinação ocorre de três maneiras:

Substantiva: quando a oração desempenhar a função de um substantivo na sentença (**sujeito, predicativo, objeto direto, objeto indireto, complemento nominal ou aposto**).

Adjetiva: quando a oração desempenhar a função de adjunto adnominal na sentença.

Adverbial: quando a oração desempenhar a função de adjunto adverbial na sentença.

Eu quero **que vocês passem no concurso**. (oração subordinada substantiva objetiva direta – a função de objeto direto está sendo desempenhada pela oração)

O Brasil, **que é um belíssimo país**, possui vegetação exuberante. (oração subordinada adjetiva explicativa)

Quando José entrou na sala, Manoel saiu. (oração subordinada adverbial temporal)

Processo de coordenação

Há dois tipos de orações coordenadas: **assindéticas** e **sindéticas**.

Assindéticas:

O nome vem da palavra grega *sýndetos*, que significa conjunção, união. Ou seja, oração que não possui conjunção quando está colocada ao lado de outra.

Valdevino **correu (OCA), correu (OCA), correu (OCA)** o dia todo.

Perceba que não há conjunções para ligar os verbos, ou seja, as orações estão colocadas uma ao lado da outra sem síndeto, portanto, são **Orações Coordenadas Assindéticas**.

Sindéticas:

Contrariamente às assindéticas, as sindéticas possuem conjunção para exprimir uma relação lógico-semântica. Cada oração recebe o nome da conjunção que a introduz. Por isso é necessário decorar as conjunções.

Aditivas: São introduzidas pelas conjunções e, nem, mas também, também, como (após "não só"), como ou quanto (após "tanto"), mais etc., dando a ideia de adição à oração anterior.

A seleção brasileira venceu a Dinamarca/ **e empatou com a Inglaterra**. (Oração Coordenada Assindética / **Oração Coordenada Sindética Aditiva**)

Adversativas: São introduzidas pelas conjunções mas, porém, todavia, contudo, entretanto, no entanto, não obstante, senão, apesar disso, embora etc., indicando uma relação de oposição à sentença anterior.

O time batalhou muito, / **mas não venceu o adversário.** (Oração Coordenada Assindética / **Oração Coordenada Sindética Adversativa**)

Alternativas: São introduzidas pelas conjunções ou... ou, ora... ora, já... já, quer... quer, seja... seja, nem... nem etc., indicando uma relação de alternância entre as sentenças.

Ora estuda, / ora trabalha,: (Oração Coordenada Sindética Alternativa / Oração Coordenada Sindética Alternativa)

Conclusivas: São introduzidas pelas conjunções pois (posposto ao verbo), logo, portanto, então, por conseguinte, por consequência, assim, desse modo, destarte, com isso, por isto, consequentemente, de modo que, indicando uma relação de conclusão do período anterior.

Comprei a carne e o carvão, / **portanto podemos fazer o churrasco**. (Oração Coordenada Assindética / **Oração Coordenada Sindética Conclusiva**)

Estou muito doente, / **não posso, pois, ir à aula.** (Oração Coordenada Assindética/ **Oração Coordenada Sindética Conclusiva**)

Explicativas: São introduzidas pelas conjunções que, porque, porquanto, por, portanto, como, pois (anteposta ao verbo), ou seja, isto é, indicando uma relação de explicação para com a sentença anterior.

Não converse, / **pois estou estudando**. (OCA / **Oração Coordenada Sindética Explicativa**)

Processo de subordinação

Orações Subordinadas Substantivas: dividem-se em 6 tipos, introduzidas, geralmente, pelas conjunções "**que**" e "**se**".

LÍNGUA PORTUGUESA

SINTAXE BÁSICA DA ORAÇÃO E DO PERÍODO

Subjetiva (O.S.S.S.): Exerce função de sujeito do verbo da oração principal.

É interessante / **que todos joguem na loteria**. (Oração Principal / **Oração subordinada substantiva subjetiva**)

Objetiva Direta (O.S.S.O.D.): Exerce função de objeto direto.

Eu quero / **que você entenda a matéria**. - Quem quer, quer algo ou alguma coisa - (Oração Principal / **Oração subordinada substantiva Objetiva Direta**)

Objetiva Indireta (O.S.S.O.I.): Exerce função de objeto indireto.

Os alunos necessitam / **de que as explicações fiquem claras**. - Quem necessita, necessita de algo - (Oração Principal / **Oração subordinada substantiva Objetiva Indireta**)

Predicativa (O.S.S.P.): Exerce função de predicativo.

O bom é / **que você faça exercícios todos os dias**. (Oração Principal / **Oração subordinada substantiva Predicativa**)

Completiva Nominal (O.S.S.C.N.): Exerce função de complemento nominal de um nome da oração principal.

Jonas tem vontade / **de que alguém o mande calar a boca**. (Oração Principal / **Oração subordinada substantiva Completiva Nominal**)

Apositivas (O.S.S.A.): Possuem a função de aposto da sentença principal, geralmente são introduzidas por dois-pontos (:).

Eu quero apenas isto: / **que você passe no concurso**. (Oração Principal / **Oração subordinada substantiva Apositiva**)

Orações Subordinadas Adjetivas: dividem-se em dois tipos. Quando desenvolvidas, são introduzidas por um pronome relativo.

O nome Oração Subordinada Adjetiva se deve ao fato de ela desempenhar a mesma função de um adjetivo na oração, ou seja, a função de adjunto adnominal. Na Gramática de Portugal, são chamadas de Orações Relativas pelo fato de serem introduzidas por pronome relativo.

Restritivas: Restringem a informação da oração principal. Não possuem vírgulas.

O homem / **que mora ao lado** / é mal-humorado. (Oração Principal / **Oração subordinada Adjetiva Restritiva** / Oração Principal)

Para entender basta perguntar: qualquer homem é mal-humorado? Não. Só o que mora ao lado.

Explicativas: Explicam ou dão algum esclarecimento sobre a oração principal.

João, / **que é o ex-integrante da comissão**, / chegou para auxiliar os novos contratados. (Oração Principal / **Oração Subordinada Adjetiva Explicativa** /Oração Principal)

Orações Subordinadas Adverbiais: dividem-se em nove tipos. Recebem o nome da conjunção que as introduz. Nesse caso, teremos uma principal (que não está negritada) e uma subordinada adverbial (que está em negrito).

Essas orações desempenham a função de Adjunto Adverbial da oração principal.

Causais: Exprimem a causa do fato que ocorreu na oração principal. Introduzidas, principalmente, pelas conjunções porque, visto que, já que, uma vez que, como que, como.

Ex.: **Já que precisamos de dinheiro**, vamos trabalhar.

Comparativas: Representam o segundo termo de uma comparação. Introduzidas, na maior parte dos casos, pelas conjunções que, do que, como, assim como, (tanto) quanto.

Ex.: Tiburcina fala **como uma gralha** (fala - o verbo está elíptico).

Concessivas: Indica uma concessão entre as orações. Introduzidas, principalmente, pelas conjunções embora, a menos que, ainda que, posto que, conquanto, mesmo que, se bem que, por mais que, apesar de que. Fique de olho na relação da conjunção com o verbo.

Ex.: **Embora não tivesse tempo disponível**, consegui estudar.

Condicionais: Expressa ideia de condição. Introduzidas, principalmente, pelas conjunções se, salvo se, desde que, exceto, caso, desde, contanto que, sem que, a menos que.

Ex.: **Se ele não se defender**, acabará como "boi-de-piranha" no caso.

Conformativas: Exprimem acordo, concordância entre fatos ou ideias. Introduzidas, principalmente, pelas conjunções como, consoante, segundo, conforme, de acordo com etc.

Ex.: Realize as atividades **conforme eu expliquei**.

Consecutivas: Indicam a consequência ou o efeito daquilo que se diz na oração principal. Introduzidas, principalmente, pelas conjunções que (precedida de tal, tão, tanto, tamanho), de sorte que, de modo que.

Ex.: Estudei tanto, **que saiu sangue dos olhos**.

Finais: Exprimem finalidade da ação primeira. Introduzidas, em grande parte dos casos, pelas conjunções para que, a fim de que, que e porque.

Ex.: Estudei muito **para que pudesse fazer a prova**.

Proporcionais: Expressa uma relação de proporção entre as orações. Introduzidas, principalmente, pelas conjunções (locuções conjuntivas) à medida que, quanto mais....mais, à proporção que, ao passo que, quanto mais.

Ex.: José piorava, **à medida que abandonava seu tratamento**.

Temporais: Indicam circunstância de tempo. Introduzidas, principalmente, pelas conjunções quando, antes que, assim que, logo que, até que, depois que, mal, apenas, enquanto etc.

Ex.: **Logo que iniciamos o trabalho** os alunos ficaram mais tranquilos.

Você viu que não é difícil. Na verdade, só é preciso estudar muito e decorar o sentido das conjunções.

7. CONCORDÂNCIA VERBAL E NOMINAL

Trata-se do processo de flexão dos termos a fim de se relacionarem harmoniosamente na frase. Quando se pensa sobre a relação do verbo com os demais termos da oração, o estudo focaliza a concordância verbal. Quando a análise se volta para a relação entre pronomes, substantivos, adjetivos e demais termos do grupo nominal, diz-se que o foco é concordância nominal.

Fique de olho aberto para a relação do sujeito com o verbo. Uma boa noção de Sintaxe é importantíssima para entender esse segmento do conteúdo.

7.1 Concordância Verbal

Regra geral

O verbo concorda com o sujeito em número e pessoa.

O **primeiro-ministro** russo **acusou** seus inimigos.

Dois **parlamentares rebateram** a acusação.

Contaram-se **mentiras** no telejornal.

Vós sois os responsáveis por vosso destino.

Regras para sujeito composto[1]

Anteposto (colocado antes do verbo): o verbo vai para o plural:

Eu e meus irmãos **vamos** à praia.

Posposto (colocado após o verbo): o verbo concorda com o mais próximo ou vai para o plural:

Morreu (morreram), no acidente, **o prefeito e o vereador**.

Formado por pessoas (gramaticais) diferentes: plural da predominante.

Eu, você e os alunos **estudaremos** para o concurso. (a primeira pessoa é a predominante, por isso, o verbo fica na primeira pessoa do plural)

Com núcleos em correlação: concorda com o mais próximo ou fica no plural:

O professor assim como o monitor auxilia(m) os estudantes.

Ligado por NEM: verbo concordará:

No singular: se houver exclusão.

Nem Josias nem Josué **percebeu** o perigo iminente.

No singular: quando se pretende individualizar a ação, aludindo a um termo em específico.

Nem os esportes nem a leitura **o entretém**.

No plural: quando não houver exclusão, ou seja, quando a intenção for aludir ao sujeito em sua totalidade.

Nem a minha rainha nem o meu mentor **serão** tão convincentes a ponto de me fazerem mudar de ideia.

Ligado por COM: verbo concorda com o antecedente do COM ou vai para o plural:

O vocalista com os demais integrantes da banda **realizaram (realizou)** o show.

[1] As gramáticas registram um sem-número de regras de concordância. Selecionamos as mais relevantes para o universo do concurso público.

Ligado por OU: verbo no singular (se houver exclusão) ou no plural (se não houver exclusão):

Ou Pedro Amorim ou Jurandir Leitão **será** eleito vereador da cidade.

O aviso ou o ofício **deveriam** ser expedidos antes da data prevista.

Se o sujeito for construído com os termos:

Um e outro, nem um nem outro: verbo no singular ou plural, dependendo do sentido pretendido.

Um e outro **passou (passaram)** no concurso.

Um ou outro: verbo no singular.

Um ou outro fez a lição.

Expressões partitivas seguidas de nome plural: verbo no singular ou plural.

A maior parte das pessoas **fez (fizeram)** o exercício recomendado.

Coletivo geral: verbo no singular.

O cardume **nadou** rio acima.

Expressões que indicam quantidade aproximada seguida de numeral: Verbo concorda com o substantivo.

Aproximadamente 20 % dos eleitores compareceram às urnas.

Aproximadamente 20% do eleitorado **compareceu** às urnas.

Pronomes (indefinidos ou interrogativos) seguidos dos pronomes "nós" e/ou "vós": verbo no singular ou plural.

Ex.: Quem de nós **fará (faremos)** a diferença?

Palavra QUE (pronome relativo): verbo concorda com o antecedente do pronome "que".

Ex.: Fui eu que **fiz** a diferença.

Palavra QUEM: verbo na 3ª pessoa do singular.

Ex.: Fui eu *quem* **fez** a diferença.

Pela repetida utilização errônea, algumas gramáticas já toleram a concordância do verbo com a pessoa gramatical distinta da terceira, no caso de se utilizar um pronome pessoal como antecedente do "quem".

Um dos que: verbo no singular ou plural.

Ele foi *um dos que* **fez (fizeram)** a diferença.

Palavras sinônimas: verbo concorda com o mais próximo ou fica no plural.

Ex.: *A ruindade, a maldade, a vileza* **habita (habitam)** a alma do ser humano.

Quando os verbos estiverem acompanhados da palavra "SE": fique atento à função da palavra "SE".

SE - na função de pronome apassivador: verbo concorda com o sujeito paciente.

Vendem-se casas e sobrados em Alta Vista.

Presenteou-se o aluno aplicado com uma gramática.

SE - na função de índice de indeterminação do sujeito: verbo fica sempre na 3ª pessoa do singular.

LÍNGUA PORTUGUESA

CONCORDÂNCIA VERBAL E NOMINAL

Precisa-se de empregados com capacidade de aprender.

Vive-se muito bem na riqueza.

A dica é ficar de olho na transitividade do verbo. Se o verbo for VTI, VI ou VL, o termo "SE" será índice de indeterminação do sujeito.

Casos de concordância com o verbo "ser":

Quando indicar tempo ou distância: Concorda com o predicativo.

Amanhã **serão** 7 de fevereiro.

São 890 quilômetros daqui até Florianópolis.

Quando houver sujeito que indica quantidade e predicativo que indica suficiência ou excesso: Concorda com o predicativo.

Vinte milhões **era** muito por aquela casa.

Sessenta centavos **é** pouco por aquele lápis.

O verbo dar, no sentido de bater ou soar, acompanhado do termo hora(s): concorda com o sujeito.

Deram cinco horas no relógio do juiz.

Deu cinco horas o relógio juiz.

Verbo "parecer" – Concordância estranha.

Verbo "parecer" somado a infinitivo: Flexiona-se um dos dois.

Os alunos **pareciam** estudar novos conteúdos.

Os alunos **parecia estudarem** novos conteúdos.

Quando houver sujeito construído com nome no plural: com artigo no singular ou sem artigo: o verbo fica no singular.

Memórias Póstumas de Brás Cubas **continua** sendo lido por jovens estudantes.

Minas Gerais **é** um lindo lugar.

Com artigo plural: o verbo fica no plural.

Os Estados Unidos **aceitaram** os termos do acordo assinado.

7.2 Concordância Nominal

A concordância nominal está relacionada aos termos do grupo nominal. Ou seja, entram na dança o substantivo, o pronome, o artigo, o numeral e o adjetivo. Vamos à regra geral para a concordância.

Regra geral

O artigo, o numeral, o adjetivo e o pronome adjetivo devem concordar com o substantivo a que se referem em gênero e número.

Meu belíssimo e **antigo** carro **amarelo** quebrou, ontem, em **uma** rua **estreita.**

Os termos destacados acima, mantém uma relação harmoniosa com o núcleo de cada expressão. Relação tal que se estabelece em questões de gênero e de número.

A despeito de a regra geral dar conta de grande parte dos casos de concordância, devemos considerar a existência de casos particulares, que merecem atenção.

Casos que devem ser estudados

Dependendo da intencionalidade de quem escreve, pode-se realizar a concordância atrativa, primando por concordar com apenas um termo de uma sequência ou com toda a sequência. Vejamos:

Vi um carro e uma **moto** *vermelha*. (concordância apenas com o termo "moto")

Vi um carro e uma **moto** *vermelhos*. (concordância com ambos os elementos)

Bastante ou bastantes?

Se "bastante" é pronome adjetivo, será variável; se for advérbio (modificando o verbo), será invariável, ou seja, não vai para o plural.

Há *bastantes* **motivos** para sua ausência. (adjetivo)

Os alunos **falam** *bastante*. (advérbio)

Troque a palavra "bastante" por "muito". Se "muito" for para o plural, "bastante" também irá.

Anexo, incluso, apenso, obrigado, mesmo, próprio: são adjetivos que devem concordar com o substantivo a que se referem.

O *relatório* segue **anexo** ao documento.

Os *documentos* irão **apensos** ao relatório.

A expressão "em anexo" é invariável (não vai para plural nem para o feminino).

As planilhas irão **em anexo.**

É bom, é necessário, é proibido, é permitido: variam somente se o sujeito vier antecedido de um artigo ou outro termo determinante.

Maçã **é bom** para a voz. / A maçã **é boa** para a voz.

É necessário **aparecer** na sala. / É necessária **sua aparição** na sala.

Menos / alerta. São sempre invariáveis, contanto que respeitem sua classe de origem - advérbio: se forem derivadas para substantivo, elas poderão variar.

Encontramos **menos** alunos na escola. / Encontramos **menos** alunas na escola.

O policial ficou **alerta**. / Os policiais ficaram **alerta**.

Só / sós. Variam apenas quando forem adjetivos: quando forem advérbios, serão invariáveis.

Pedro apareceu **só** (sozinho) na sala. / Os meninos apareceram **sós** (sozinhos) na sala. (adjetivo)

Estamos **só** (somente) esperando sua decisão. (advérbio)

A expressão "a sós" é invariável.

A menina ficou **a sós** com seus pensamentos.

Troque "só" por "sozinho" (vai para o plural) ou "somente" (fica no singular).

8. ACENTUAÇÃO GRÁFICA

Antes de começar o estudo, é importante que você entenda quais são os padrões de tonicidade da Língua Portuguesa e quais são os encontros vocálicos presentes na Língua. Assim, fica mais fácil entender quais são as regras e como elas surgem.

Padrões de Tonicidade

Palavras oxítonas: última sílaba tônica (so**fá**, ca**fé**, ji**ló**)

Palavras paroxítonas: penúltima sílaba tônica (fer**ru**gem, a**du**bo, sa**ú**de)

Palavras proparoxítonas: antepenúltima sílaba tônica (**â**nimo, **ví**tima, **á**timo)

Encontros Vocálicos

Hiato (encontro vocálico que se separa):
> Pi - **a** - no; sa - **ú** - de.

Ditongo (encontro vocálico que permanece unido na sílaba):
> cha - p**éu**; to - n**éis**.

Tritongo (encontro vocálico que permanece unido na sílaba):
> sa - g**uão**; U - ru - g**uai**.

8.1 Regras Gerais

Quanto às Proparoxítonas

Acentuam-se todas as palavras:

Vítima, **â**nimo, Hiper**bó**lico

Quanto às Paroxítonas

Não se acentuam as terminadas em A, E, O (seguidas ou não de S) M e ENS.

Cas**te**lo, gra**na**da, pa**ne**la, pe**pi**no, **pa**jem, i**ma**gens etc.

Acentuam-se as terminadas em R, N, L, X, I ou IS, US, UM, UNS, PS, Ã ou ÃS e DITONGOS.

Susten**tá**vel, **tó**rax, **hí**fen, **tá**xi, **ál**bum, **bí**ceps, prin**cí**pio etc.

Fique de olho em alguns casos particulares, como as palavras terminadas em OM / ON / ONS

lândom; **pró**ton, **nêu**trons etc.

Nova Ortografia – olho aberto! Deixam de se acentuarem as paroxítonas com OO e EE

"Voo, enjoo, perdoo, magoo."

"Leem, veem, deem, creem."

Quanto às Oxítonas

São acentuadas as terminadas em:

A ou **AS**: So**fá**, Pa**rá**;

E ou **ES**: Ra**pé**, Ca**fé**;

O ou **OS**: A**vô**, Ci**pó**;

EM ou **ENS**: Tam**bém**, Para**béns**.

Acentuação de Monossílabos

Acentuam-se os monossílabos tônicos terminados em **A**, **E** e **O**, seguidos ou não de **S**.

Pá, pó, pé, já, lá, fé, só.

Acentuação dos Hiatos

Acentuam-se os hiatos quando forem formados pelas letras **I** ou **U**, sozinhas ou seguidas de **S**:

Sa**ú**va, Ba**ú**, Bala**ús**tre, Pa**ís**.

Exceções:

Seguidas de **NH**: Ta**inh**a

Paroxítonas antecedidas de ditongo: Fe**iu**ra

Com o **i** duplicado: Xi**i**ta

Ditongos Abertos

Serão acentuados os ditongos abertos **ÉU**, **ÉI** e **ÓI**, com ou sem **S**, quando forem oxítonos ou monossílabos.

Chap**éu**, R**éu**, Ton**éis**, Her**ói**, Past**éis**, Hot**éis**, Lenç**óis**.

Novo Acordo Ortográfico – fique de olho! Caiu o acento do ditongo aberto em posição de paroxítona.

"Ideia, Onomatopeia, Jiboia, Paranoia, Heroico etc."

Formas Verbais com Hífen

Para saber se há acento em uma forma verbal com hífen, deve-se analisar o padrão de tonicidade de cada bloco da palavra:

Aju**dá**-lo (oxítona terminada em "a" / monossílabo átono)

Con**tar**-lhe (oxítona terminada em "r" / monossílabo átono)

Convi**dá**-la-íamos. (oxítona terminada em "a" / proparoxítona)

Verbos "ter" e "vir"

Quando escritos na 3ª pessoa do singular, não serão acentuados:

Ele tem / ele vem.

Quando escritos na **3ª pessoa do plural**, receberão o **acento circunflexo**:

Eles **têm** / **vêm**

Nos verbos derivados das formas acima:

Acento agudo para singular - Contém / convém.

Acento circunflexo para o plural - Contêm / convêm.

Acentos Diferenciais

Alguns permanecem:

pôde / pode (pretérito perfeito / presente simples);

pôr / por (verbo / preposição);

fôrma[1] / forma (substantivo / verbo ou ainda substantivo).

Caiu o acento diferencial de:

para - pára (preposição / verbo);

pelo - pêlo (preposição + artigo / substantivo);

polo - pólo (preposição + artigo / substantivo);

pera - pêra (preposição + artigo / substantivo).

---

1 Nesse caso, é facultativo o acento.

LÍNGUA PORTUGUESA

9. COLOCAÇÃO PRONOMINAL

Esta parte do conteúdo é relativa ao estudo da posição dos pronomes oblíquos átonos em relação ao verbo. Antes de iniciar o estudo, trate de memorizar os pronomes em questão, do contrário, você não progredirá.

Pronomes Oblíquos Átonos
me
te
o, a, lhe, se
nos
vos
os, as, lhes, se

Quatro casos de colocação:

Próclise (anteposto ao verbo)

Nunca **o** vi.

Mesóclise (medial em relação ao verbo)

Dir-te-ei algo.

Ênclise (posposto ao verbo)

Passa-**me** a resposta.

Apossínclise (intercalação de uma ou mais palavras entre o pronome e o verbo)

Talvez tu **me** já não creias.

9.1 Regras de Próclise

Palavras ou expressões negativas:

Não **me** deixe aqui neste lugar!

Ninguém **lhe** disse que seria fácil.

Pronomes relativos:

O material de que **me** falaste é muito bom.

Eis o conteúdo que **me** causa nojo.

Pronomes indefinidos:

Alguém **me** disse que você vai ser transferido.

Tudo **me** parece estranho.

Conjunções subordinativas:

Confiei neles, assim que **os** conheci.

Disse que **me** faltavam palavras.

Advérbios:

Sempre **lhe** disse a verdade.

Talvez **nos** apareça a resposta para essa questão.

Pronomes interrogativos:

Quem **te** contou a novidade?

Que **te** parece essa situação?

"Em + gerúndio"

Em **se** tratando de Gramática, eu gosto muito!

Nesta terra, em **se** plantando, tudo há de nascer.

Particípio

Ele havia avisado-**me** (errado)

Ele **me** havia avisado (certo)

Sentenças optativas

Deus **lhe** pague!

Deus **o** acompanhe!

9.2 Regras de Mesóclise

Emprega-se o pronome oblíquo átono no meio da forma verbal, quando ela estiver no futuro do presente ou no futuro simples do pretérito do indicativo.

Chamar-**te**-ei, quando ele chegar.

Se houver tempo, contar-**vos**-emos nossa aventura.

Contar-**te**-ia a novidade.

9.3 Regras de Ênclise

Não se inicia sentença, em Língua Portuguesa, por pronome oblíquo átono. Ou seja, não coloque o pronome átono no início da frase.

Formas verbais:

Do **infinitivo impessoal** (precedido ou não da preposição "a");

Do **gerúndio**;

Do **imperativo afirmativo**;

Alcança-**me** o prato de salada, por favor!

Urge obedecer-**se** às leis.

O garoto saiu da sala desculpando-**se**.

Tratando-**se** desse assunto, não gosto de pensar.

Dá-**me** motivos para estudar.

Se o gerúndio vier precedido da preposição "em", deve-se empregar a próclise.

Em **se** tratando de Gramática, eu gosto muito.

9.4 Casos Facultativos

Sujeito expresso, próximo ao verbo.

O menino se machucou **(-se)**.

Eu **me** refiro **(-me)** ao fato de ele ser idiota.

Infinitivo antecedido de "não" ou de preposição.

Sabemos que não se habituar **(-se)** ao meio causa problemas.

O público o incentivou a se jogar **(-se)** do prédio.

10. REGÊNCIA VERBAL E NOMINAL

Regência é a parte da Gramática Normativa que estuda a relação entre dois termos, verificando se um termo serve de complemento a outro e se nessa complementação há uma preposição.

Dividimos a Regência em:

Regência Verbal (ligada aos verbos).

Regência Nominal (ligada aos substantivos, adjetivos ou advérbios).

10.1 Regência Verbal

Deve-se analisar, nesse caso, a necessidade de complementação, a presença ou ausência da preposição e a possibilidade de mudança de sentido do texto.

Vamos aos casos:

Agradar e desagradar: São transitivos indiretos (com preposição a) nos sentidos de satisfazer, contentar:

A biografia de Aníbal Machado **agradou/desagradou** à maioria dos leitores.

A criança **agradava** ao pai por ser muito comportada.

Agradar: Pode ser transitivo direto (sem preposição) se significar acariciar, afagar:

Agradar a esposa.

Pedro passava o dia todo **agradando** os seus gatos.

Agradecer: Transitivo direto e indireto, com a preposição a, no sentido de demonstrar gratidão a alguém:

Agradecemos a Santo Antônio o milagre alcançado.

A**gradecemos-lhes** a benesse concedida.

O verbo em questão também pode ser transitivo direto no sentido de mostrar gratidão por alguma coisa:

Agradeço a dedicação de todos os estudantes.

Os pais **agradecem** a dedicação dos professores para com os alunos.

Aspirar: É transitivo indireto (preposição "a") nos sentidos de desejar, pretender ou almejar:

Sempre **aspirei** a um cargo público.

Manoel **aspirava** a ver novamente a família na Holanda.

Aspirar: É transitivo direto na acepção de inalar, sorver, tragar, ou seja, mandar para dentro:

Aspiramos o perfume das flores.

Vimos a empregada **aspirando** a poeira do sofá.

Assistir: É transitivo direto no sentido de ajudar, socorrer etc:

O professor **assistia** o aluno.

Devemos **assistir** os mais necessitados.

Assistir: É transitivo indireto (complemento regido pela preposição "a") no sentido de ver ou presenciar:

Assisti ao comentário da palestra anterior.

Você deve **assistir** às aulas do professor!

Assistir: É transitivo indireto (complemento regido pela preposição "a") no sentido de "ser próprio de", "pertencer a":

O direito à vida **assiste** ao ser humano.

Esse comportamento **assiste** às pessoas vitoriosas.

Assistir: É intransitivo no sentido de morar ou residir:

Maneco **assistira** em Salvador.

Chegar: É verbo intransitivo e possui os adjuntos adverbiais de lugar introduzidos pela preposição "a":

Chegamos a Cascavel pela manhã.

Este é o ponto a que pretendia **chegar**.

Caso a expressão indique posição em um deslocamento, admite-se a preposição em:

Cheguei no trem à estação.

Os verbos ir e vir têm a mesma regência de chegar:

Nós **iremos** à praia amanhã.

Eles **vieram** ao cursinho para estudar.

Custar: Ter valor ou preço: verbo transitivo direto:

O avião **custa** 100 mil reais.

Ter como resultado certa perda ou revés: verbo transitivo direto e indireto:

Essa atitude **custou**-lhe a vida.

Ser difícil ou trabalhoso: intransitivo:

Custa muito entender esse raciocínio.

Levar tempo ou demorar: intransitivo:

Custa a vida para aprender a viver.

Esquecer / lembrar: Possuem a seguinte regra - se forem pronominais, terão complemento regido pela preposição "de"; se não forem, não haverá preposição:

Lembrei-**me de** seu nome. / Esqueci-me de seu nome.

Lembrei seu nome. / Esqueci seu nome.

Gostar: É transitivo indireto no sentido de apreciar (complemento introduzido pela preposição "de"):

Gosto de estudar.

Gosto muito de minha mãe.

Gostar: Como sinônimo de experimentar ou provar é transitivo direto:

Gostei a sobremesa apenas uma vez e já adorei.

Gostei o chimarrão uma vez e não mais o abandonei.

LÍNGUA PORTUGUESA

Implicar: pode ser:

Transitivo direto (sentido de acarretar):

Cada escolha **implica** uma renúncia.

Transitivo direto e indireto (sentido de envolver alguém em algo):

Implicou a irmã no crime.

Transitivo indireto (sentido de rivalizar):

Joana estava **implicando** com o irmão menor.

O verbo informar é bitransitivo, ou seja, é transitivo direto e indireto. Quem informa, informa:

» Algo a alguém: **Informei** o acontecido para Jonas.
» Alguém de algo: **Informei**-o do acontecido.
» Alguém sobre algo: **Informei**-o sobre o acontecido.

Morar / Residir: Verbos intransitivos (ou, como preconizam alguns dicionários, transitivo adverbiado), cujos adjuntos adverbiais de lugar são introduzidos pela preposição "em":

José **mora** em Alagoas.

Há boas pessoas **residindo** em todos os estados do Brasil.

Obedecer: É um verbo transitivo indireto:

Os filhos **obedecem** aos pais.

Obedeça às leis de trânsito.

Embora transitivo indireto, admite forma passiva:

"Os pais são obedecidos pelos filhos."

O antônimo "desobedecer" também segue a mesma regra.

Perdoar: É transitivo direto e indireto, com objeto direto de coisa e indireto de pessoa:

Jesus **perdoou** os pecados aos pecadores.

Perdoava-lhe a desconsideração.

Perdoar admite a voz passiva:

"Os pecadores foram perdoados por Deus."

Precisar: É transitivo indireto (complemento regido pela preposição de) no sentido de "necessitar":

Precisaremos de uma nova Gramática.

Precisar: É transitivo direto no sentido de indicar com precisão:

Magali não soube **precisar** quando o marido voltaria da viagem.

Preferir É um verbo bitransitivo, ou seja, é transitivo direto e indireto, sempre exigindo a preposição a (preferir alguma coisa a outra):

Ex.: Adelaide **preferiu** o filé ao risoto.

Ex.: Prefiro estudar a ficar em casa descansando.

Ex.: Prefiro o sacrifício à desistência.

É incorreto reforçar o verbo "preferir" ou utilizar a locução "do que".

Proceder: É intransitivo na acepção de "ter cabimento":

Suas críticas são vazias, não **procedem**.

Proceder: É também intransitivo na acepção de "portar-se":

Todas as crianças **procederam** bem ao lavarem as mãos antes do lanche.

Proceder: No sentido de "ter procedência" é utilizado com a preposição de:

Acredito que a dúvida **proceda** do coração dos curiosos.

Proceder: É transitivo indireto exigindo a preposição a no sentido de "dar início":

Os investigadores **procederam** ao inquérito rapidamente.

Querer: É transitivo direto no sentido de "desejar":

Eu **quero** um carro novo.

Querer: É transitivo indireto (com o complemento de pessoa) no sentido de "ter afeto":

Quero muito a meus alunos que são dedicados.

Solicitar: É utilizado, na maior parte dos casos, como transitivo direto e indireto. Nada impede, entretanto, que se construa como transitivo direto:

O juiz **solicitou** as provas ao advogado.

Solicito seus documentos para a investidura no cargo.

Visar: É transitivo direto na acepção de mirar:

O atirador **visou** o alvo e disparou um tiro certeiro.

Visar: É transitivo direto também no sentido de "dar visto", "assinar":

O gerente havia **visado** o relatório do estagiário.

Visar: É transitivo indireto, exigindo a preposição a, na acepção de "ter em vista", "pretender", "almejar":

Pedro **visava** ao amor de Mariana.

As regras gramaticais **visam** à uniformidade da expressão linguística.

10.2 Regência Nominal

Alguns nomes (substantivos, adjetivos e advérbios) são comparáveis aos verbos transitivos indiretos: precisam de um complemento introduzido por uma preposição.

Acompanhemos os principais termos que exigem regência especial.

Substantivo		
Admiração a, por	Devoção a, para, com, por	Medo a, de
Aversão a, para, por	Doutor em	Obediência a
Atentado a, contra	Dúvida acerca de, em, sobre	Ojeriza a, por
Bacharel em	Horror a	Proeminência sobre
Capacidade de, para	Impaciência com	Respeito a, com, para com, por
Exceção a	Excelência em	Exatidão de, em
Dissonância entre	Divergência com, de, em, entre, sobre	Referência a
Alusão a	Acesso a	Menção a

Adjetivos		
Acessível a	Diferente de	Necessário a
Acostumado a, com	Entendido em	Nocivo a
Afável com, para com	Equivalente a	Paralelo a
Agradável a	Escasso de	Parco em, de
Alheio a, de	Essencial a, para	Passível de
Análogo a	Fácil de	Preferível a
Ansioso de, para, por	Fanático por	Prejudicial a
Apto a, para	Favorável a	Prestes a
Ávido de	Generoso com	Propício a
Benéfico a	Grato a, por	Próximo a
Capaz de, para	Hábil em	Relacionado com
Compatível com	Habituado a	Relativo a
Contemporâneo a, de	Idêntico a	Satisfeito com, de, em, por
Contíguo a	Impróprio para	Semelhante a
Contrário a	Indeciso em	Sensível a
Curioso de, por	Insensível a	Sito em
Descontente com	Liberal com	Suspeito de
Desejoso de	Natural de	Vazio de
Distinto de, em, por	Dissonante a, de, entre	Distante de, para

Advérbios		
Longe de	Perto de	Relativamente a
Contemporaneamente a	Impropriamente a	Contrariamente a

É provável que você encontre um grande número de listas com palavras e suas regências, porém a maneira mais eficaz de se descobrir a regência de um termo é fazer uma pergunta para ele e verificar se, na pergunta, há uma preposição. Havendo, descobre-se a regência.

Ex.: A descoberta era **acessível** a todos.

Faz-se a pergunta: algo que é acessível é acessível? (a algo ou a alguém). Descobre-se, assim, a regência de acessível.

11. CRASE

O acento grave é solicitado nas palavras quando há a união da preposição "a" com o artigo (ou a vogal dependendo do caso) feminino "a" ou com os pronomes demonstrativos (aquele, aquela, aquilo e "a").

Ex.: Mário foi **à** festa ontem.

Tem-se o "a" preposição e o "a" artigo feminino.

Quem vai, vai a algum lugar / festa é palavra feminina, portanto, admite o artigo "a".

Chegamos **àquele** assunto (a + aquele).

A gravata que eu comprei é semelhante **à** que você comprou (a + a).

Decore os casos em que não ocorre crase, pois a tendência da prova é perguntar se há crase ou não. Sabendo os casos proibitivos, fica muito fácil.

11.1 Crase Proibitiva

Não se pode usar acento grave indicativo de crase:
Antes de palavras masculinas.

Ex.: Fez uma pergunta **a** Mário.

Antes de palavras de sentido indefinido.

Ex.: Não vai **a** festas, **a** reuniões, **a** lugar algum.

Antes de verbos.

Ex.: Todos estão dispostos **a** colaborar.

De pronomes pessoais.

Ex.: Darei um presente **a ela**.

De nomes de cidade, estado ou país que não utilizam o artigo feminino.

Ex.: Fui **a** Cascavel. / Vou **a** Pequim.

Da palavra "casa" quando tem significado de próprio lar, ou seja, quando ela aparecer indeterminada na sentença.

Ex.: Voltei a casa, pois precisava comer algo.

Quando houver determinação da palavra casa, ocorrerá crase.

"Voltei à casa de meus pais"

Da palavra "terra" quando tem sentido de solo;

Ex.: Os tripulantes vieram a terra.

A mesma regra da palavra "casa" se aplica à palavra terra.

De expressões com palavras repetidas;

Dia a dia, mano a mano, face a face, cara a cara etc.

Diante de numerais cardinais referentes a substantivos que não estão determinados pelo artigo:

Ex.: Irei assistir a duas aulas de Língua Portuguesa.

No caso de locuções adverbiais que exprimem hora determinada e nos casos em que o numeral estiver precedido de artigo, acentua-se:

"Chegamos às oito horas da noite."

"Assisti às duas sessões de ontem."

No caso dos numerais, há uma dica para facilitar o entendimento dos casos de crase. Se houver o "a" no singular e a palavra posterior no plural, não ocorrerá o acento grave. Do contrário, ocorrerá.

11.2 Crase Obrigatória

Locução adverbial feminina.

Ex.: À noite, à tarde, às pressas, às vezes, à farta, à vista, à hora certa, à esquerda, à direita, à toa, às sete horas, à custa de, à força de, à espera de, à vontade, à toa.

Termos femininos ou masculinos com sentido da expressão "à moda de" ou "ao estilo de".

Ex.: Filé à milanesa, servir à francesa, brigar à portuguesa, gol à Pelé, conto à Machado de Assis, discurso à Rui Barbosa etc.

Locuções conjuntivas proporcionais.

Ex.: À medida que, à proporção que.

Locuções prepositivas.

Ex.: À procura de, à vista de, à margem de, à beira de, à custa de, à razão de, à mercê de, à maneira de etc.

Para evitar ambiguidade: receberá o acento o termo afetado pela ação do verbo (objeto direto preposicionado).

Ex.: Derrubou a menina **à panela**.

Ex.: Matou a vaca **à cobra**.

Diante da palavra distância quando houver determinação da distância em questão:

Ex.: Achava-se à **distância de cem** (ou de alguns) **metros**.

Antes das formas de tratamento "senhora", "senhorita" e "madame" = não há consenso entre os gramáticos, no entanto, opta-se pelo uso.

Ex.: Enviei lindas flores **à senhorita**.

Ex.: Josias remeteu uma carta **à senhora**.

11.3 Crase Facultativa

Após a preposição até:

As crianças foram até **à escola**.

Antes de pronomes possessivos femininos:

Ele fez referência **à nossa causa!**

Antes de nomes próprios femininos:

Mandei um SMS **à Joaquina**.

Antes da palavra Dona.

Remeti uma carta à **Dona Benta**.

Não se usa crase antes de nomes históricos ou sagrados:

"O padre fez alusão a Nossa Senhora."

"Quando o professor fez menção a Joana D'Arc, todos ficaram entusiasmados."

12. PONTUAÇÃO

A pontuação assinala a melodia de nossa fala, ou seja, as pausas, a ênfase etc.

12.1 Principais Sinais e Usos

Vírgula

É o sinal mais importante para concurso público.

Usa-se a vírgula para:

Separar termos que possuem mesma função sintática no período:

José, **Maria**, **Antônio** e **Joana** foram ao mercado. (função de núcleo do sujeito)

Isolar o vocativo:

Então, **minha cara**, não há mais o que se dizer!

Isolar um aposto explicativo (cuidado com essa regra, veja que não há verbo no aposto explicativo):

O João, **ex-integrante da comissão**, veio fazer parte da reunião.

Isolar termos antecipados, como: complemento, adjunto ou predicativo:

Na semana passada, comemos camarão no restaurante português. (antecipação de adjunto adverbial)

Separar expressões explicativas, conjunções e conectivos:

isto é, ou seja, por exemplo, além disso, pois, porém, mas, no entanto, assim etc.

Separar os nomes dos locais de datas:

Cascavel, 02 de maio de 2012.

Isolar orações adjetivas explicativas (pronome relativo + verbo + vírgula):

O Brasil, **que é um belíssimo país**, possui ótimas praias.

Separar termos de uma enumeração:

Vá ao mercado e traga **cebola**, **alho**, **sal**, **pimenta e coentro**.

Separar orações coordenadas:

Esforçou-se muito, **mas não venceu o desafio**. (oração coordenada sindética adversativa)

Roubou todo o dinheiro, **e ainda apareceu na casa**. (oração coordenada sindética aditiva).

A vírgula pode ser utilizada antes da conjunção aditiva "e" caso se queira enfatizar a oração por ela introduzida.

Omitir um termo, elipse (no caso da elipse verbal, chamaremos "zeugma"):

De dia era um anjo, de noite um **demônio**. (omissão do verbo "ser")

Separar termos de natureza adverbial deslocado dentro da sentença:

Na semana passada, trinta alunos foram aprovados no concurso. (locução adverbial temporal)

Se estudar muito, você será aprovado no concurso. (oração subordinada adverbial condicional)

Ponto final

Usa-se o ponto final:

Ao final de frases para indicar uma pausa total; é o que marca o fim de um período:

Depois de passar no concurso, comprarei um carro.

Em abreviaturas:

Sr., a. C., Ltda., num., adj., obs., máx., *bat., brit.* etc.

Ponto e vírgula

Usam-se ponto e vírgula para:

Separar itens que aparecem enumerados:

Uma boa dissertação apresenta:

Coesão;

Coerência;

Progressão lógica;

Riqueza lexical;

Concisão;

Objetividade;

Aprofundamento.

Separar um período que já se encontra dividido por vírgulas:

Não gostava de trabalhar; queria, no entanto, muito dinheiro no bolso.

Separar partes do texto que se equilibram em importância:

Os pobres dão pelo pão o trabalho; os ricos dão pelo pão a fazenda; os de espíritos generosos dão pelo pão a vida; os de nenhum espírito dão pelo pão a alma.(Vieira).

O capitalismo é a exploração do homem pelo homem; o socialismo é exatamente o contrário.

Dois Pontos

São usados dois pontos quando:

Se vai fazer uma citação ou introduzir uma fala:

José respondeu:

- Não, muito obrigado!

Se quer indicar uma enumeração:

Quero apenas uma coisa: que vocês sejam aprovados no concurso!

Aspas

São usadas aspas para indicar:

Citação presente no texto. Ex.:

"Há distinção entre categorias do pensamento" - disse o filósofo.

Expressões estrangeiras, neologismos, gírias. Ex.:

Na parede, haviam pintado a palavra "love". (expressão estrangeira)

Ficava "bailarinando", como diria Guimarães. (neologismo)

"Velho", esconde o "cano" aí e "deixa baixo". (gíria)

PONTUAÇÃO

Reticências

São usadas para indicar supressão de um trecho, interrupção na fala, ou dar ideia de continuidade ao que se estava falando. Ex.:

(...) Profundissimamente hipocondríaco Este ambiente me causa repugnância Sobe-me à boca uma ânsia análoga à ânsia Que se escapa pela boca de um cardíaco(...)

Eu estava andando pela rua quando...

Eu gostei da nova casa, mas da garagem...

Parênteses

São usados quando se quer explicar melhor algo que foi dito ou para fazer simples indicações. Ex.:

Foi o homem que cometeu o crime (o assassinato do irmão).

Travessão

Indica a fala de um personagem:

Ademar falou. Ex.:

- Amigo, preciso contar algo para você.

Isola um comentário no texto. Ex.:

O estudo bem realizado - **diga-se de passagem, que quase ninguém faz** - é o primeiro passo para a aprovação.

Isola um aposto na sentença. Ex.:

A Semântica - **estudo sobre as relações de sentido** - é importantíssima para o entendimento da Língua.

Reforçar a parte final de um enunciado. Ex.:

Para passar no concurso, é preciso estudar muito — **muito mesmo.**

Trocas

A Banca, eventualmente, costuma perguntar sobre a possibilidade de troca de termos, portanto, atenção!

» Vírgulas, travessões e parênteses, quando isolarem um aposto, podem ser trocadas sem prejuízo para a sentença;

» Travessões podem ser trocados por dois pontos, a fim de enfatizar um enunciado.

Regra de ouro

Na ordem natural de uma sentença, é proibido:

→ Separar Sujeito e Predicado com vírgulas:

"Aqueles maravilhosos velhos ensinamentos de meu pai foram de grande utilidade. (certo) Aqueles maravilhosos velhos ensinamentos de meu pai, foram de grande utilidade. (errado)."

→ Separar Verbo de Objeto:

"O presidente do maravilhoso país chamado Brasil assinou uma lei importante. (certo) O presidente do maravilhoso país chamado Brasil assinou, uma lei importante. (errado)"

13. TIPOLOGIA TEXTUAL

O conteúdo relativo à tipologia textual é, deveras, fácil. Precisamos, apenas, destacar alguns elementos estruturantes a cada tipo de texto. Dessa forma, você conseguirá responder quaisquer questões relacionadas a essa temática.

O primeiro item que se deve ter em mente na hora de analisar um texto segundo sua tipologia é o caráter da predominância. Isso quer dizer que um mesmo agrupamento textual pode possuir características de diversas tipologias distintas, porém as questões costumam focalizar qual é o "tipo" predominante, o que mais está evidente no texto. Um pouco de bom-senso e uma pequena dose de conhecimento relativo ao assunto são necessários para obter sucesso nesse conteúdo.

Trabalharemos com três tipologias básicas: **narração, dissertação e descrição.** Vamos ao trabalho:

13.1 Narração

Facilmente identificável, a tipologia narrativa guarda uma característica básica: contar algo, transmitir a ocorrência de fatos e/ou ações que possuam um registro espacial e temporal. Quer dizer, a narração necessita, também, de um espaço bem marcado e de um tempo em que as ações narradas ocorram. Discorramos sobre cada aspecto separadamente.

São elementos de uma NARRAÇÃO:

Personagem: Quem pratica ação dentro da narrativa, é claro. Deve-se observar que os personagens podem possuir características físicas (altura, aparência, cor do cabelo etc.) e psicológicas (temperamento, sentimentos, emoções etc.), as quais podem ser descritas ao longo do texto.

Espaço: Trata-se do local em que a ação narrativa ocorre.

Tempo: É o lapso temporal em que a ação é descrita. Não se engane, o tempo pode ser enunciado por um simples "era uma vez".

Ação: Não existe narração sem ação! Ou seja, os personagens precisam fazer algo, ou sofrer algo para que haja ação narrativa.

Narrador: Afinal, como será contada uma estória sem uma voz que a narre? Portanto, este é outro elemento estruturante da tipologia narrativa. O narrador pode estar inserido na narrativa ou apenas "observar" e narrar os acontecimentos.

Note-se que, na tipologia narrativa, os verbos flexionados no pretérito são mais evidentes.

Eis um exemplo de narração, tente observar os elementos descritos acima, no texto:

Um Apólogo

Machado de Assis

Era uma vez uma agulha, que disse a um novelo de linha:

— Por que está você com esse ar, toda cheia de si, toda enrolada, para fingir que vale alguma cousa neste mundo?

— Deixe-me, senhora.

— Que a deixe? Que a deixe, por quê? Porque lhe digo que está com um ar insuportável? Repito que sim, e falarei sempre que me der na cabeça.

— Que cabeça, senhora? A senhora não é alfinete, é agulha. Agulha não tem cabeça. Que lhe importa o meu ar? Cada qual tem o ar que Deus lhe deu. Importe-se com a sua vida e deixe a dos outros.

— Mas você é orgulhosa.

— Decerto que sou.

— Mas por quê?

— É boa! Porque coso. Então os vestidos e enfeites de nossa ama, quem é que os cose, senão eu?

— Você? Esta agora é melhor. Você é que os cose? Você ignora que quem os cose sou eu e muito eu?— Você fura o pano, nada mais; eu é que coso, prendo um pedaço ao outro, dou feição aos babados...

— Sim, mas que vale isso? Eu é que furo o pano, vou adiante, puxando por você, que vem atrás obedecendo ao que eu faço e mando...

— Também os batedores vão adiante do imperador.

— Você é imperador?

— Não digo isso. Mas a verdade é que você faz um papel subalterno, indo adiante; vai só mostrando o caminho, vai fazendo o trabalho obscuro e ínfimo. Eu é que prendo, ligo, ajunto...

Estavam nisto, quando a costureira chegou à casa da baronesa. Não sei se disse que isto se passava em casa de uma baronesa, que tinha a modista ao pé de si, para não andar atrás dela. Chegou a costureira, pegou do pano, pegou da agulha, pegou da linha, enfiou a linha na agulha, e entrou a coser. Uma e outra iam andando orgulhosas, pelo pano adiante, que era a melhor das sedas, entre os dedos da costureira, ágeis como os galgos de Diana — para dar a isto uma cor poética. E dizia a agulha:

— Então, senhora linha, ainda teima no que dizia há pouco? Não repara que esta distinta costureira só se importa comigo; eu é que vou aqui entre os dedos dela, unidinha a eles, furando abaixo e acima...

A linha não respondia; ia andando. Buraco aberto pela agulha era logo enchido por ela, silenciosa e ativa, como quem sabe o que faz, e não está para ouvir palavras loucas. A agulha, vendo que ela não lhe dava resposta, calou-se também, e foi andando. E era tudo silêncio na saleta de costura; não se ouvia mais que o plic-plic-plic-plic da agulha no pano. Caindo o sol, a costureira dobrou a costura, para o dia seguinte. Continuou ainda nessa e no outro, até que no quarto acabou a obra, e ficou esperando o baile.

Veio a noite do baile, e a baronesa vestiu-se. A costureira, que a ajudou a vestir-se, levava a agulha espetada no corpinho, para dar algum ponto necessário. E enquanto compunha o vestido da bela dama, e puxava de um lado ou outro, arregaçava daqui ou dali, alisando, abotoando, acolchetando, a linha para mofar da agulha, perguntou-lhe:

— Ora, agora, diga-me, quem é que vai ao baile, no corpo da baronesa, fazendo parte do vestido e da elegância? Quem é que vai dançar com ministros e diplomatas, enquanto você volta para a caixinha da costureira, antes de ir para o balaio das mucamas? Vamos, diga lá.

Parece que a agulha não disse nada; mas um alfinete, de cabeça grande e não menor experiência, murmurou à pobre agulha:

— Anda, aprende, tola. Cansas-te em abrir caminho para ela e ela é que vai gozar da vida, enquanto aí ficas na caixinha de costura. Faze como eu, que não abro caminho para ninguém. Onde me espetam, fico.

Contei esta história a um professor de melancolia, que me disse, abanando a cabeça:

— Também eu tenho servido de agulha a muita linha ordinária!

13.2 Dissertação

O texto dissertativo, também chamado por alguns de informativo, possui a finalidade de discorrer sobre determinado assunto, apresentando fatos, opiniões de especialista, dados quantitativos ou mesmo informações sobre o assunto da dissertação. É preciso entender que nem sempre a dissertação busca persuadir o seu interlocutor, ela pode simplesmente transmitir informações pertinentes ao assunto dissertado.

Quando a persuasão é objetivada, o texto passa a ter também características argumentativas. A rigor, as questões de concurso público focalizam a tipologia, não seus interstícios, portanto, não precisa ficar desesperado com o fato de haver diferença entre texto dissertativo-expositivo e texto dissertativo-argumentativo. Importa saber que ele é dissertativo.

Toda boa dissertação possui a **Introdução** do tema, o **Desenvolvimento** coeso e coerente, que está vinculado ao que se diz na introdução, e uma **Conclusão** lógica do texto, evidenciando o que se permite compreender por meio da exposição dos parágrafos de desenvolvimento.

A tipologia dissertativa pode ser facilmente encontrada em editoriais, textos de divulgação acadêmica, ou seja, com caráter científico, ensaios, resenhas, artigos científicos e textos pedagógicos.

Exemplo de dissertação:

Japão foi avisado sobre problemas em usinas dois anos antes, diz Wikileaks

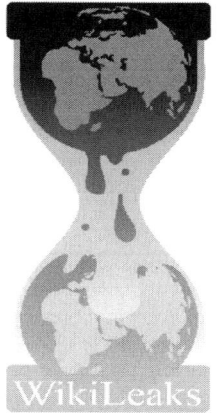

O Wikileaks, site de divulgação de informações consideradas sigilosas, vazou um documento que denuncia que o governo japonês já havia sido avisado pela vigilância nuclear internacional que suas usinas poderiam não ser capazes de resistir a terremotos. O relatório, assinado pelo embaixador Thomas Schieffer obtido pelo WikiLeaks foi publicado hoje pelo jornal britânico, The Guardian.

LÍNGUA PORTUGUESA

TIPOLOGIA TEXTUAL

O documento revela uma conversa de dezembro de 2008 entre o então deputado japonês, Taro Kono, e um grupo diplomático norte-americano durante um jantar. Segundo o relatório, um membro da Agência Internacional de Energia Atômica (AIEA) disse que as normas de segurança estavam obsoletas para aguentar os fortes terremotos, o que significaria "um problema grave para as centrais nucleares". O texto diz ainda que o governo do Japão encobria custos e problemas associados a esse ramo da indústria.

Diante da recomendação da AIEA, o Japão criou um centro de resposta de emergência em Fukushima, capaz de suportar, apenas, tremores até magnitude 7,0.

13.3 Descrição

Em um texto descritivo, faz-se um tipo de retrato por escrito de um lugar, uma pessoa, um animal ou um objeto. Os adjetivos são abundantes nessa tipologia, uma vez que a sua função de caracterizar os substantivos é extremamente exigida nesse contexto. É possível existir um texto descritivo que enuncie características de sensações ou sentimentos, porém não é muito comum em provas de concurso público. Não há relação temporal na descrição. Os verbos relacionais são mais presentes, para poder evidenciar aspectos e características. Significa "criar" com palavras uma imagem.

Exemplo de texto descritivo:

Texto extraído da prova do BRB (2010) - Banca CESPE/UnB

Nome científico: *Ginkgo biloba L.*
Nome popular: *Nogueira-do-japão*
Origem: *Extremo Oriente*
Aspecto: *as folhas dispõem-se em leque e são semelhantes ao trevo; a altura da árvore pode chegar a 40 metros; o fruto lembra uma ameixa e contém uma noz que pode ser assada e comida*

14. COMPREENSÃO E INTERPRETAÇÃO DE TEXTOS

É bastante comum e compreensível que os concursandos tenham algum tipo de dificuldade nas questões de compreensão e interpretação de textos. Isso é oriundo do próprio histórico de leituras que o candidato possui, uma vez que grande parte dos concursandos querem gabaritar uma prova, ou mesmo conseguir um cargo público, sem possuir o menor hábito de leitura. Ou seja você precisa adquirir (se ainda não possui) o bom costume de ler.

Por "ler", entende-se buscar os meandros de um texto, de uma canção, de qualquer coisa com que entremos em contato. Mesmo um discurso ou um diálogo podem ser "lidos". O grande problema fica a cargo de que o bom brasileiro gosta de fazer qualquer coisa, menos de ler. Parece até que aquilo que era uma diversão, um bom entretenimento virou um pesadíssimo "fardo". Você não pode pensar desse modo. Ler deve ser uma prática constante.

E na hora do concurso? Como proceder?

Há três elementos fundamentais para boa interpretação:

Eliminação dos vícios de leitura ;

Organização;

"Malandragem".

Vícios de leitura

A pior coisa que pode acontecer com o concursando, quando recebe aquele texto "capetótico" para ler e interpretar, é cair num vício de leitura. Veja se você possui algum deles. Caso possua, tente eliminar o quanto antes.

O Movimento:

Como tudo inicia. O indivíduo pega o texto para ler e não para quieto. Troca a maneira de sentar, troca a posição do texto, nada está bom, nada está confortável. Em casa, senta para estudar e o que acontece? Fome. Depois? Sede. Então, a pessoa fica se mexendo para pegar comida, para tomar água, para ficar mais sossegado e o fluxo de leitura vai para o espaço. FIQUE QUIETO! O conceito é militar! Sente-se e permaneça assim até acabar a leitura, do contrário, vai acabar com a possibilidade de entender o que está escrito. Estudar com televisão, rádio, *msn* e qualquer coisa dispersiva desse gênero só vai atrapalhar você.

O Apoio:

Não é aconselhável utilizar apoios para a leitura, tais como: réguas, acompanhar a linha com a caneta, ler em voz baixa, passar o dedo pelo papel etc. Basta pensar que seus olhos são muito mais rápidos que qualquer movimento ou leitura em voz alta. Gaguejou, escorregou no papel, dançou.

O Garoto da Borboleta:

Se você possui os vícios "a" e "b", certamente é um "garoto da borboleta" também. Isso quer dizer que é um desatento que fica facilmente (fatalmente) disperso. Tudo chama sua atenção: caneta batendo na mesa, o concorrente barulhento, a pessoa estranha que está em sua frente, o tempo passando etc. Você vai querer ficar voltando ao início do texto porque não conseguiu compreender nada e, finalmente, vai perder as questões de interpretação.

Organização da leitura

Para que ocorra organização, é necessário compreender que todo texto possui:

Posto: aquilo que é dito no texto. O conteúdo expresso.

Pressuposto: aquilo que não está dito, mas que é facilmente compreendido.

Subentendido: o que se pode interpretar por uma soma de dito com não-dito.

Veja um exemplo:

Alguém diz: "felizmente, meu tio parou de beber." É certo que o dito se compõe pelo conteúdo da mensagem: o homem parou de beber. O não-dito, ou pressuposto, fica a cargo da ideia de que meu tio "bebia", agora, não bebe mais. Por sua vez, o subentendido pode ser abstraído como "meu tio possuía problemas com a bebida e eu assumo isso por meio da sentença que profiro". Não é difícil! É necessário, no entanto, possuir uma certa "malandragem linguística" para perceber isso de início. Veremos isso ao longo do texto.

As dicas de organização não são novas, mas são eficazes, vamos lá:

Ler mais de uma vez o texto (quando for curtinho, é lógico):

A primeira leitura é para tomar contato com o assunto, a segunda, para observar como o texto está articulado.

Ao lado de cada parágrafo, escreva a principal ideia (tópico frasal) ou argumento mais forte do trecho. Isso ajuda você a ter clareza da temática e como ela está sendo desenvolvida.

Se o texto for muito longo, recomenda-se ler primeiro a questão de interpretação, para, então, buscá-la na leitura.

Observar as relações entre parágrafos:

Observar que há relações de exemplificação, oposição, causalidade entre os parágrafos do texto, por isso, tente compreender as relações intratextuais nos parágrafos.

Ficar de olho aberto para as conjunções adversativas: no entanto, contudo, entretanto, etc.

Atentar para o comando da questão:

Responda àquilo que foi pedido.

» **Dica**: entenda que modificar e prejudicar o sentido não são a mesma coisa.

Palavras de alerta (polarizadoras):

Sublinhar palavras como: erro, incorreto, correto e exceto, para não se confundir no momento de responder à questão.

Inaceitável, incompatível e incongruente também podem aparecer.

Limitar os horizontes:

Não imaginar que você sabe o que o autor quis dizer, mas sim entender o que ele disse: o que ele escreveu. Não extrapolar a significação do texto. Para isso, é importante prestar atenção no significado das palavras.

Pode até ser coerente o que você concluiu, mas se não há base textual, descarte.

» **Ex.**: O homem **pode** morrer de infarto. / O homem **deve** morrer de infarto.

Busque o tema central do texto:

Geralmente aparece no primeiro parágrafo do texto.

Desenvolvimento:

Se o enunciado mencionar a argumentação do texto, você deve buscar entender o que ocorre com o desenvolvimento dos parágrafos.

Verificar se o desenvolvimento ocorre por:

» Causa e consequência;
» Enumeração de fatos;
» Retrospectiva histórica;
» Fala de especialista;
» Resposta a um questionamento;
» Sequência de dados;
» Estudo de caso;
» Exemplificação.

Relatores:

Atentar para os pronomes relativos e demonstrativos no texto. Ele auxiliam o leitor a entender como se estabelece a coesão textual.

Alguns deles:

» Que;
» Cujo;
» O qual;
» Onde;
» Esse;
» Este;
» Isso;
» Isto.

Entender se a questão é de interpretação ou de compreensão:

Interpretação

Parte do texto para uma conclusão. As questões que solicitam uma inferência apresentam as seguintes estruturas:

» É possível entender que...
» O texto possibilita o entendimento de que...
» O texto encaminha o leitor para...
» O texto possibilita deduzir que...
» Depreende-se do texto que...
» Com apoio no texto, infere-se que...
» Entende-se que...
» Compreende-se que...

Compreensão

Buscam-se as informações solicitadas pela questão no texto. As questões dessa natureza possuem as seguintes estruturas:

» De acordo com o texto, é possível afirmar....
» Segundo o texto...
» Conforme o autor...
» No texto...

LÍNGUA PORTUGUESA

COMPREENSÃO E INTERPRETAÇÃO DE TEXTOS

» Conforme o texto...

Tomar cuidado com as generalizações.

Na maior parte das vezes, o elaborador da prova utiliza a generalização para tornar a questão incorreta.

Atenção para as palavras "sempre, nunca, exclusivamente, unicamente, somente".

O que você não deve fazer!

"Viajar" no texto: interpretar algo para além do que o texto permite.

Ser "mão-de-vaca": interpretar apenas um trecho do texto.

Dar uma de "Zé Mané" e entender o contrário: fique atento a palavras como "pode", "não", "deve" etc.

"Malandragem da banca"

Talvez seja essa a característica mais difícil de se desenvolver no concursando, pois ela envolve o conhecimento do tipo de interpretação e dos limites estabelecidos pelas bancas. Só há uma maneira de ficar "malandro" estudando para concurso público: realizando provas! Pode parecer estranho, mas depois de resolver 200 questões da mesma banca, você já consegue prever como será a próxima questão. Prever é garantir o acerto! Então, faça exercícios até cansar e, quando cansar, faça mais um pouco. Assim você fica "malandro" na banca!

Vamos trabalhar com alguns exemplos agora:

Exemplo I

Entre os maiores obstáculos ao pleno desenvolvimento do Brasil, está a educação. Este é o próximo grande desafio que deve ser enfrentado com paciência, mas sem rodeios. É a bola da vez dentro das políticas públicas prioritárias do Estado. Nos anos 90 do século passado, o país derrotou a inflação — que corroía salários, causava instabilidade política e irracionalidade econômica. Na primeira década deste século, os avanços deram-se em direção a uma agenda social, voltada para a redução da pobreza e da desigualdade estrutural. Nos próximos anos, a questão da melhoria da qualidade do ensino deve ser uma obrigação dos governantes, sejam quais forem os ungidos pelas decisões das urnas.

Jornal do Brasil, Editorial, 21/1/2010 (com adaptações).

Agora o mesmo texto, devidamente marcado.

Entre **os maiores obstáculos** ao pleno desenvolvimento do Brasil, está a educação. Este é o **próximo grande desafio** que deve ser enfrentado com paciência, mas sem rodeios. É a **bola da vez** dentro das políticas públicas prioritárias do Estado. **Nos anos 90 do século passado,** o país derrotou a inflação — que corroía salários, causava instabilidade política e irracionalidade econômica. **Na primeira década deste século,** os avanços deram-se em direção a uma agenda social, voltada para a redução da pobreza e da desigualdade estrutural. **Nos próximos anos**, a questão da melhoria da qualidade do ensino deve ser uma **OBRIGAÇÃO DOS GOVERNANTES**, sejam quais forem os ungidos pelas decisões das urnas.

Comentário: Observe que destacamos para você elementos que podem surgir, posteriormente como questões. O texto inicia falando que há mais obstáculos além da educação. Também argumenta, posteriormente, que já houve outros desafios além desse que ele chama de "próximo grande desafio". Utilizando uma expressão de sentido **Conotativo** (bola da vez), o escritor anuncia que a educação ocupa posição de destaque quando o assunto se volta para as políticas públicas prioritárias do Estado.

No decorrer do texto, que se desenvolve por um tipo de retrospectiva histórica (veja o que está sublinhado), o redator traça um panorama dessas políticas públicas ao longo da história do país, fazendo uma previsão para os anos vindouros (o que foi destacado em caixa alta).

Exemplo II

Um passo fundamental para que não nos enganemos quanto à **natureza do capitalismo contemporâneo** e o significado das políticas empreendidas pelos países centrais para enfrentar a recente **crise econômica** é problematizarmos, com cuidado, o termo **neoliberalismo**: "começar pelas palavras talvez não seja coisa vã", escreve Alfredo Bosi em Dialética da Colonização.

A partir da década de 1980, buscando exprimir a natureza do capitalismo contemporâneo, muitos, principalmente os críticos, utilizaram esta palavra que, por fim, se generalizou. Mas o que, de fato, significa? O prefixo neo quer dizer novo; portanto, novo liberalismo. Ora, durante o século **XIX DEU-SE A CONSTRUÇÃO DE UM LIBERALISMO** que viria encontrar a sua crise definitiva na I Guerra Mundial em 1914 e na crise de 1929. Mas desde o período entre guerras e, sobretudo, depois, com o término da II Guerra Mundial, em 1945, tomou corpo um novo modelo, principalmente na Europa, que de certa forma se contrapunha ao velho liberalismo: era **O MUNDO DA SOCIALDEMOCRACIA**, da presença do Estado na vida econômica, das ações políticas inspiradas na reflexão teórica do economista britânico John Keynes, um crítico do liberalismo econômico clássico que viveu na primeira metade do século XX. Quando esse modelo também entrou em crise, no princípio da década de 1970, surgiu a perspectiva de **RECONSTRUÇÃO DA ORDEM LIBERAL**. Por isso, novo liberalismo, neoliberalismo.

(Grupo de São Paulo, disponível em http://www.correiocidadania.com.br/content/view/5158/9/, acesso em 28/10/2010)

Exemplo III

Em Defesa do Voto Obrigatório

O voto, direito duramente conquistado, **deve ser considerado um dever** cívico, sem o exercício do qual o **direito se descaracteriza ou se perde**, afinal liberdade e democracia são fins e não apenas meios. Quem vive em uma comunidade política não pode estar **DESOBRIGADO** de opinar sobre os rumos dela. Nada contra a desobediência civil, recurso legítimo para o protesto cidadão, que, no caso eleitoral, se pode expressar no voto nulo (cuja tecla deveria constar na máquina utilizada para votação). Com o **voto facultativo**, o direito de votar e o de não votar ficam inscritos, em pé de igualdade, no corpo legal. Uma parte do eleitorado deixará voluntariamente de opinar sobre a constituição do poder político. O desinteresse pela política e a descrença no voto são registrados como mera "escolha", sequer como desobediência civil ou protesto. **A consagração da alienação política** como um direito legal interessa aos conservadores, reduz o peso da soberania popular e desconstitui o sufrágio como universal.

Para o **cidadão ativo,** que, além de votar, se organiza para garantir os direitos civis, políticos e sociais, o enfoque é inteiramente outro. O tempo e o **TRABALHO DEDICADOS AO ACOMPANHAMENTO CONTINUADO DA POLÍTICA NÃO SE APRESENTAM COMO RESTRITIVOS DA LIBERDADE INDIVIDUAL.** Pelo contrário, são obrigações auto-assumidas no esforço de construção e aprofundamento da democracia e de vigília na defesa das liberdades individuais e públicas. A ideia de que a democracia se constrói nas lutas do dia a dia se contrapõe, na essência, ao modelo liberal. O cidadão escolado na disputa política sabe que a liberdade de não ir votar é uma armadilha. Para que o sufrágio continue universal, para que todo poder emane do povo e não, dos donos do poder econômico, o voto, além de ser um direito, **deve conservar a sua condição de dever cívico.**

Exemplo IV

Madrugada na aldeia

Madrugada na aldeia nervosa,

com as glicínias escorrendo orvalho,

os figos prateados de orvalho,

as uvas multiplicadas em orvalho,

as últimas uvas miraculosas.

O silêncio está sentado pelos corredores,

encostado às paredes grossas,

de sentinela.

E em cada quarto os cobertores peludos envolvem o sono:

poderosos animais benfazejos, encarnados e negros.

Antes que um sol luarento

dissolva as frias vidraças,

e o calor da cozinha perfume a casa

com lembrança das árvores ardendo,

a velhinha do leite de cabra desce as pedras da rua

antiquíssima, antiquíssima,

e o pescador oferece aos recém-acordados

os translúcidos peixes,

que ainda se movem, procurando o rio.

(Cecília Meireles. Mar absoluto, in Poesia completa. Rio de Janeiro: Nova Aguilar, 1994, p.311)

15. PARÁFRASE UM RECURSO PRECIOSO

Parafrasear, em sentido lato, significa reescrever uma sequência de texto sem alterar suas informações originais. Isso quer dizer que o texto resultante deve apresentar o mesmo sentido do texto original, modificando, evidentemente, apenas a ordem frasal ou o vocabulário. Há algumas exigências para uma paráfrase competente. São elas:

Usar a mesma ordem das ideias que aparecem no texto original. Em hipótese alguma é possível omitir informações essenciais.

Não tecer comentários acerca do texto original, apenas parafrasear, sem frescura.

Usar construções sintáticas e vocabulares que, apesar de manterem o sentido original, sejam distintas das do texto base.

Os passos da paráfrase

Vamos entender que há alguns recursos para parafrasear um texto. Apresentarei alguns com a finalidade de clarear mais o assunto em questão.

A utilização de termos sinônimos.

O presidente assinou o documento, **mas** esqueceu-se de pegar sua caneta. / O presidente assinou o documento, **contudo** esqueceu-se de pegar sua caneta.

O uso de palavras antônimas, valendo-se de palavra negativa.

José era um **covarde.**

José **não** era um **valente.**

Emprego de termos anafóricos.

São Paulo e Palmeiras são dois times brasileiros. O São Paulo venceu o Palmeiras na semana passada. / São Paulo e Palmeiras são dois times brasileiros. **Aquele** (São Paulo) venceu **este** (Palmeiras) na semana passada.

Permuta de termo verbal por nominal, e vice-versa.

É importante que chegue cedo. / **Sua chegada** é importante.

Deixar termos elípticos.

Eu preciso da colaboração de todos. / Preciso da colaboração de todos.

Alteração da ordem frasal.

Adalberto venceu o último desafio de sua vida ontem. / Ontem, Adalberto venceu o último desafio de sua vida.

Transposição de voz verbal.

Joel cortou a seringueira centenária. / A seringueira centenária foi cortada por Joel.

Troca de discurso.

Naquela manhã, Oséas dirigiu-se ao pai dizendo: "Cortarei a grama sozinho." (discurso direto).

Naquela manhã, Oséas dirigiu-se ao pai dizendo que cortaria a grama sozinho. (discurso indireto).

Troca de palavras por expressões perifrásticas.

O Rei do Futebol esteve presente durante as celebrações. / **Pelé** esteve presente durante as celebrações.

Troca de locuções por palavras de mesmo sentido:

A turma **da noite** está comprometida com os estudos. / A turma **noturna** está mais comprometida com os estudos.

LÍNGUA PORTUGUESA

16. ORTOGRAFIA

A ortografia é a parte da Gramática que estuda a escrita correta das palavras. O próprio nome da disciplina já designa tal função. É oriunda das palavras gregas **ortho** que significa "correto" e **graphos** que significa "escrita". Neste capítulo, vamos estudar alguns aspectos da correta grafia das palavras: o emprego de algumas letras que apresentam dificuldade para os falantes do Português.

Atualmente, há um confusão a respeito do sistema ortográfico vigente. O último sistema foi elaborado em 1990, com base em um sistema de 1986, e será implantado em todos os países de língua lusófona. No Brasil, a adesão ao acordo se deu em 2009 e, como leva 4 anos para ser implantado, teríamos dois sistemas oficiais até 31 de dezembro de 2013. Bem, seria isso, se não houvesse a prorrogação do prazo até o ano de 2016. A partir de então, vale apenas o Novo Acordo Ortográfico.

Por certo, dúvidas pairam pela cabeça do aluno: que sistema devo usar? Qual sistema devo aprender? O melhor é estudar o sistema antigo, aprendendo quais foram as atualizações, assim, garante-se que não errará pela novidade ou pela tradição. A banca deve avisar no edital do concurso ou no comando da questão qual sistema ortográfico está levando em consideração. Como as maiores alterações estão no terreno de acentuação e emprego do hífen (para o Português falado no Brasil, evidentemente), não teremos grandes surpresas neste capítulo. Vamos ao trabalho.

O Alfabeto

As letras K, W e Y foram inseridas no alfabeto devido a uma grande quantidade de palavras que são grafadas com tais letras e não podem mais figurar como termos exóticos em relação ao português. Eis alguns exemplos de seu emprego:

Em abreviaturas e em símbolos de uso internacional:

Kg - quilograma / **w** - watt /

Em palavras estrangeiras de uso internacional, nomes próprios estrangeiros e seus derivados:

Kremlin, Kepler, Darwin, Byron, byroniano.

O alfabeto, também conhecido como abecedário, é formado (a partir do novo acordo ortográfico) por 26 letras.

Forma Maiúscula		Forma Minúscula	
A	B	a	b
C	D	c	d
E	F	e	f
G	H	g	h
I	J	i	j
K	L	k	l
M	N	m	n
O	P	o	p
Q	R	q	r
S	T	s	t
U	V	u	v
W	X	w	x
Y	Z	y	z

O emprego da letra "H"

A letra H demanda um pouco de atenção. Apesar de não possui verdadeiramente sonoridade, utilizamo-la, ainda, por convenção histórica. Seu emprego, basicamente, está relacionado às seguintes regras:

No início de algumas palavras, por sua origem:

Ex.: Hoje, hodierno, haver, Helena, helênico.

No fim de algumas interjeições:

Ah! Oh! Ih! Uh!

No interior de palavra compostas que preservam o hífen, nas quais o segundo elemento se liga ao primeiro:

Super-homem, pré-história, sobre-humano.

Nos dígrafos NH, LH e CH:

Tainha, lhama, chuveiro.

O emprego de "E" e "I"

Existe uma curiosidade a respeito do emprego dessas letras nas palavras que escrevemos: o fato de o "e", no final da palavra, ser pronunciado como uma semivogal faz com que muitos falantes sintam aquela vontade de grafar a palavra com "i". Bem, veremos quais são os principais aspectos do emprego dessas letras.

Escreveremos com "e"

Palavras formadas com o prefixo ante- (que significa antes, anterior):

Antebraço, antevéspera, antecipar, antediluviano etc.

A sílaba final de formas conjugadas dos verbos terminados em –OAR e –UAR (quando estiverem no subjuntivo). Ex.:

Abençoe (abençoar)

Continue (continuar)

Pontue (pontuar)

Algumas palavras, por sua origem: arrepiar, cadeado, creolina, desperdiçar, desperdício, destilar, disenteria, empecilho, indígena, irrequieto, mexerico, mimeógrafo, orquídea, quase, sequer, seringa, umedecer etc.

Escreveremos com "i"

Palavras formadas com o prefixo anti- (que significa contra). Ex.:

Antiaéreo, anticristo, antitetânico, anti-inflamatório.

A sílaba final de formas conjugadas dos verbos terminados em –AIR, -OER e –UIR:

Cai (cair)

Sai (sair)

Diminui (diminuir)

Dói (doer)

Os ditongos AI, OI, ÓI, UI:

Pai

Foi

Herói

Influi.

As seguintes palavras: aborígine, chefiar, crânio, criar, digladiar, displicência, escárnio, implicante, impertinente, impedimento, inigualável, lampião, pátio, penicilina, privilégio, requisito etc.

Vejamos alguns casos em que o emprego das letras "E" e "I" pode causar uma alteração semântica:

Escrito com "e"
Arrear = pôr arreios
Área = extensão de terra, local
Delatar = denunciar
Descrição = ação de descrever
Descriminação = absolver
Emergir = vir à tona
Emigrar = sair do país ou do local de origem
Eminente = importante

Escrito com "i"
Arriar = abaixar, desistir
Ária = peça musical
Dilatar = alargar, aumentar
Discrição = qualidade do discreto
Discriminar = separar, estabelecer diferença
Imergir = mergulhar
Imigrar = entrar em um país estrangeiro
Iminente = próximo, prestes e ocorre

O Novo Acordo Ortográfico explica que, agora, escreve-se com "i" antes de sílaba tônica. Veja alguns exemplos: acriano (admite-se, por ora, acreano), rosiano (de Guimarães Rosa), camoniano, nietzschiano (de Nietzsche) etc.

O emprego de O e U

Vejamos como empregar essas letras, a fim de que não mais possamos errar.

Apenas por exceção, palavras em Português com sílabas finais átonas (fracas) terminam por us; o comum é que se escreva com o ou os. Veja os exemplos: carro, aluno, abandono, abono, chimango etc.

Exemplos das exceções a que aludimos: bônus, vírus, ônibus etc.

Em palavras proparoxítonas ou paroxítonas com terminação em ditongo, são comuns as terminações –UA, -ULA, -ULO:

Tábua, rábula, crápula, coágulo.

As terminações –AO, -OLA, -OLO só aparecem em algumas palavras: mágoa, névoa, nódoa, agrícola[1], vinícola, varíola etc.

Fique de olho na grafia destes termos:

Com a letra O: abolir, boate, botequim, bússola, costume, engolir, goela, moela, moleque, mosquito etc.

Com a letra U: bulício, buliçoso, bulir, camundongo, curtume, cutucar, jabuti, jabuticaba, rebuliço, urtiga, urticante etc.

[1] Em razão da construção íncola (quem vive, habitante), por isso, silvícola, terrícola etc.

O emprego de G e J

Essas letras, por apresentarem o mesmo som eventualmente, costumam causar problemas de ortografia. Vamos tentar facilitar o trabalho: a letra "g" só apresenta o som de "j" diante das letras "e" e "i": gesso, gelo, agitar, agitador, agir, gíria.

Escreveremos com "G"

Palavras terminadas em – AGEM, -IGEM, -UGEM. Ex.:

Garagem, vertigem, rabugem, ferrugem, fuligem etc.

Exceções: pajem, lambujem (doce ou gorjeta), lajem (pedra da sepultura).

As palavras terminadas em –ÁGIO, ÉGIO, ÍGIO, ÓGIO, ÚGIO:

Contágio, régio, prodígio, relógio, refúgio.

As palavras derivadas de outras que já possuem a letra "g".

Viagem - viageiro

Ferrugem - ferrugento

Vertigem - vertiginoso

Regime - regimental

Selvagem - selvageria

Regional - regionalismo

Em geral, após a letra "r"

Ex.: Aspergir, divergir, submergir, imergir etc.

As palavras:

De origem latina: agir, gente, proteger, surgir, gengiva, gesto etc.

De origem árabe: álgebra, algema, ginete, girafa, giz etc.

De origem francesa: estrangeiro, agiotagem, geleia, sargento etc.

De origem italiana: gelosia, ágio etc.

Do castelhano: gitano.

Do inglês: gim.

Escreveremos com "J"

Os verbos terminados em –JAR ou –JEAR e suas formas conjugadas:

Gorjear: gorjeia (lembre-se das "aves"), gorjeiam, gorjearão.

Viajar: viajei, viaje, viajemos, viajante.

Cuidado para não confundir os termos viagem (substantivo) com viajem (verbo "viajar"). Vejamos o emprego.

"Ele fez uma bela viagem."

"Tomara que eles viajem amanhã."

Palavras derivadas de outras terminadas em –JA.

Granja: granjeiro, granjear.

Loja: lojista, lojinha.

Laranja: laranjal, laranjeira.

Lisonja: lisonjeiro, lisonjeador.

Sarja: sarjeta.

Palavras cognatas (raiz em comum) ou derivadas de outras que possuem o "j".

LÍNGUA PORTUGUESA

ORTOGRAFIA

Laje: lajense, lajedo.
Nojo: nojento, nojeira.
Jeito: jeitoso, ajeitar, desajeitado.

Nas palavras: conjetura, ejetar, injeção, interjeição, objeção, objeto, objetivo, projeção, projeto, rejeição, sujeitar, sujeito, trajeto, trajetória, trejeito.

Palavras de origem ameríndia (geralmente tupi-guarani) ou africana: canjerê, canjica, jenipapo, jequitibá, jerimum, jia, jiboia, jiló, jirau, Moji, pajé, pajéu.

Nas palavras: berinjela, cafajeste, jeca, jegue, Jeremias, jerico, jérsei, majestade, manjedoura, ojeriza, pegajento, rijeza, sujeira, traje, ultraje, varejista.

Orientações sobre a grafia do fonema /s/

Podemos representar o fonema /s/ por:

S: ânsia, cansar, diversão, farsa.
SS: acesso, assar, carrossel, discussão.
C, Ç: acetinado, cimento, açoite, açúcar.
SC, SÇ: acréscimo, adolescente, ascensão, consciência, nasço, desça
X: aproximar, auxiliar, auxílio, sintaxe.
XC: exceção, exceder, excelência, excepcional.

Como se grafa, então?

Escreveremos com s:

A correlação nd - ns:
  Pretender - pretensão, pretenso;
  Expandir - expansão, expansivo.
A correlação rg - rs:
  Aspergir - aspersão;
  Imergir - imersão;
  Emergir - emersão.
A correlação rt - rs:
  Divertir - diversão;
  Inverter - inversão.
O sufixo - ense:
  paranaense;
  cearense;
  londrinense.

Escreveremos com ss:

A correlação ced - cess:
  Ceder - cessão;
  Interceder - intercessão;
  Retroceder - retrocesso.
A correlação gred - gress
  Agredir - agressão, agressivo;
  Progredir - progressão, progresso.
A correlação prim - press

  Imprimir - impressão, impresso;
  Oprimir - opressão, opressor;
  Reprimir - repressão, repressivo.
A correlação meter - miss
  Submeter - submissão;
  Intrometer - intromissão.

Escreveremos com c ou com "Ç"

Palavras de origem tupi ou africana. Ex.:
  Açaí, aracá, Iguaçu, Juçara, muçurana, Paraguaçu, caçula, cacimba.

O "ç" só será usado antes das vogais a, o, u.

Com os sufixos:
  aça: barcaça;
  ação: armação;
  çar: aguçar;
  ecer: esmaecer;
  iça: carniça;
  nça: criança;
  uça: dentuça.

Palavras derivadas de verbos terminados em –ter (não confundir com a regra do –meter / s):
  Abster -> abstenção;
  Reter -> retenção;
  Deter -> detenção.

Depois de ditongos:
  Feição;
  louça;
  traição.

Palavras de origem árabe:
  açúcar;
  açucena;
  cetim;
  muçulmano.

Emprego do SC

Escreveremos com sc palavras que são termos emprestados do latim:
  adolescência;
  ascendente;
  consciente;
  crescer;
  descer;
  fascinar;
  fescenino.

Grafia da letra s com som de "Z"

Escreveremos com "S":

Terminações –ês, -esa, -isa, que indicam nacionalidade, título ou origem:
> **Japonês** - japonesa;
> **Marquês** - marquesa;
> **Camponês** - camponesa.

Após ditongos:
> causa;
> coisa;
> lousa;
> Sousa.

As formas dos verbos pôr e querer e de seus compostos:
> Eu pus, nós pusemos, pusésseis etc.
> Eu quis, nós quisemos, quisésseis etc.

As terminações –oso e –osa, que indicam qualidade:
> gostoso;
> garboso;
> fervorosa;
> talentosa.

O prefixo trans-:
> transe;
> transação;
> transoceânico.

Em diminutivos cujo radical termine em "**S**":
> **Rosa** - rosinha;
> **Teresa** - Teresinha;
> **Lápis** - lapisinho.

A correlação "**d**" - "**s**":
> **Aludir** - alusão, alusivo;
> **Decidir** - decisão, decisivo;
> **Defender** - defesa, defensivo.

Verbos derivados de palavras cujo radical termina em s:
> **Análise** - analisar;
> **Presa** - apresar;
> **Êxtase** - extasiar.
> **Português** - aportuguesar

Os substantivos com os sufixos gregos –esse, isa, -ose:
> catequese;
> diocese;
> poetisa;
> virose.

(obs.: "catequizar" com "z")

Os nomes próprios:
> Baltasar;
> Heloísa;
> Isabel;
> Isaura;
> Luísa;
> Sousa;
> Teresa.

As palavras:
> análise;
> cortesia;
> hesitar;
> reses;
> vaselina;
> avisar;
> defesa;
> obséquio;
> revés;
> vigésimo;
> besouro;
> fusível;
> pesquisa;
> tesoura;
> colisão;
> heresia;
> querosene;
> vasilha.

Emprego da letra "Z"

Escreveremos com "z"

As terminações - ez, -eza de substantivos abstratos derivados de adjetivos:
> **Belo** - beleza;
> **Rico** - riqueza;
> **Altivo** - altivez;
> **Sensato** - sensatez.

Os verbos formados com os sufixo - izar e palavras cognatas:
> balizar;
> inicializar;
> civilizar.

As palavras derivadas em:
> **zal:** cafezal, abacaxizal;
> **zeiro:** cajazeiro, açaizeiro;
> **zito:** avezita.
> **zinho:** cãozinho, pãozinho, pezinho

Os derivados de palavras cujo radical termina em z:
> Cruzeiro;
> Esvaziar.

As palavras:
> azar;
> aprazível;
> baliza;

ORTOGRAFIA

buzina;
bazar;
cicatriz;
ojeriza;
prezar;
proeza;
vazamento;
vizinho;
xadrez;
xerez.

Emprego do X e do CH

A letra X pode representar os seguintes fonemas:

/ch/: xarope;
/cx/: sexo, tóxico;
/z/: exame;
/ss/: máximo;
/s/: sexto.

Escreveremos com "X"

Em geral, após um ditongo:

Caixa, peixe, ameixa, rouxinol, caixeiro (exceções: recauchutar e guache)

Geralmente, depois de sílaba iniciada por -em:

enxada;
enxerido;
enxugar;
enxurrada.

Encher (e seus derivados); palavras que iniciam por ch e recebem o prefixo en- "encharcar, enchumaçar, enchiqueirar, enchumbar". "Enchova" também é uma exceção.

Em palavras de origem indígena ou africana:

abacaxi;
xavante;
xará;
orixá;
xinxim.

Após a sílaba me no início da palavra:

mexerica;
mexerico;
mexer;
mexida.
(exceção: mecha de cabelo)

Nas palavras:

bexiga;
bruxa;
coaxar;
faxina;

graxa;
lagartixa;
lixa;
praxe;
vexame;
xícara;
xale;
xingar;
xampu.

Escreveremos com "CH"

→ As seguintes palavras, em razão de sua origem:

chave;
cheirar;
chuva;
chapéu;
chalé;
charlatão;
salsicha;
espadachim;
chope;
sanduíche;
chuchu;
cochilo;
fachada;
flecha;
mecha;
mochila;
pechincha.

Atente para a divergência de sentido com os seguintes elementos

bucho - estômago	buxo - espécie de arbusto
cheque - ordem de pagamento	xeque - lance do jogo de xadrez
tacha - pequeno prego	taxa - imposto

17. ACORDO ORTOGRÁFICO DA LÍNGUA PORTUGUESA

O Novo Acordo Ortográfico busca simplificar as regras ortográficas da Língua Portuguesa e unificar a nossa escrita e a das demais nações de língua portuguesa: Portugal, Angola, Moçambique, Cabo Verde, Guiné-Bissau, São Tomé e Príncipe e Timor-Leste.

Sua implementação no Brasil passou por algumas etapas:

> 2009 - vigência ainda não obrigatória
> 2010 a 2015: adaptação completa às novas regras
> A partir de 1º de janeiro de 2016: emprego obrigatório, o novo acordo ortográfico passa a ser o único formato da língua reconhecido no Brasil.

Entre as mudanças na língua portuguesa decorrentes da reforma ortográfica, podemos citar o fim do trema, alterações da forma de acentuar palavras com ditongos abertos e que sejam hiatos, supressão dos acentos diferencias e dos acentos tônicos, novas regras para o emprego do hífen e inclusão das letras w, k e y ao idioma.

Entre a proposta (em 1990) e a entrada em vigor (2016) são 16 anos. Esse processo foi longo porque era necessário que fossem alcançadas as três decisões para que o acordo fosse cumprido. Em 2006, São Tomé e Príncipe e Cabo Verde se uniram ao Brasil e ratificaram o novo acordo. Em maio de 2008, Portugal também ratificou o acordo para unificar a ortografia em todas as nações de língua portuguesa.

17.1 Trema

Não se usa mais o trema (¨), sinal colocado sobre a letra u para indicar que ela deve ser pronunciada nos grupos gue, gui, que, qui.

aguentar, bilíngue, cinquenta, delinquente, eloquente, ensanguentado, frequente, linguiça, quinquênio, sequência, sequestro, tranquilo.

Obs.: o trema permanece apenas nas palavras estrangeiras e em suas derivadas. Exemplos: Müller, mülleriano.

17.2 Regras de Acentuação

Ditongos abertos em paroxítonas

Não se usa mais o acento dos ditongos abertos éi e ói das palavras paroxítonas (palavras que têm acento tônico na penúltima sílaba).

alcateia, androide, apoia, apoio (verbo), asteroide, boia, celuloide, claraboia, colmeia, Coreia, debiloide, epopeia, estoico, estreia, geleia, heroico, ideia, jiboia, joia, odisseia, paranoia, paranoico, plateia, tramoia.

Obs.: a regra é somente para palavras paroxítonas. Assim, continuam a ser acentuadas as palavras oxítonas e os monossílabos tônicos terminados em éi(s), ói(s). Exemplos: papéis, herói, heróis, dói (verbo doer), sóis etc.

A palavra ideia não leva mais acento, assim como heroico. Mas o termo herói é acentuado.

I e u tônicos depois de um ditongo

Nas palavras paroxítonas, não se usa mais o acento no i e no u tônicos quando vierem depois de um ditongo.

baiuca, bocaiuva (tipo de palmeira), cauila (avarento)

Obs.:

> se a palavra for oxítona e o i ou o u estiverem em posição final (ou seguidos des), o acento permanece. Exemplos: tuiuiú, tuiuiús, Piauí;
> se o i ou o u forem precedidos de ditongo crescente, o acento permanece. Exemplos: guaíba, Guaíra.

Hiatos ee e oo

Não se usa mais acento em palavras terminadas em eem e oo(s).

abençoo, creem, deem, doo, enjoo, leem, magoo, perdoo, povoo, veem, voos, zoo

Acento diferencial

Não se usa mais o acento que diferenciava os pares pára/para, péla(s)/pela(s), pêlo(s)/pelo(s), pólo(s)/polo(s) e pêra/pera.

Exs.:

Ele para o carro.

Ele foi ao polo Norte.

Ele gosta de jogar polo.

Esse gato tem pelos brancos.

Comi uma pera.

Obs.:

> Permanece o acento diferencial em pôde/pode. Pôde é a forma do passado do verbo poder (pretérito perfeito do indicativo), na 3ª pessoa do singular. Pode é a forma do presente do indicativo, na 3ª pessoa do singular.

Ontem, ele não pôde sair mais cedo, mas hoje ele pode.

> Permanece o acento diferencial em pôr/por. Pôr é verbo. Por é preposição. Exemplo: Vou pôr o livro na estante que foi feita por mim.
> Permanecem os acentos que diferenciam o singular do plural dos verbos ter e vir, assim como de seus derivados (manter, deter, reter, conter, convir, intervir, advir etc.).

Exs.:

Ele tem dois carros. / Eles têm dois carros.

Ele vem de Sorocaba. / Eles vêm de Sorocaba.

Ele mantém a palavra. / Eles mantêm a palavra.

Ele convém aos estudantes. / Eles convêm aos estudantes.

Ele detém o poder. / Eles detêm o poder.

Ele intervém em todas as aulas. / Eles intervêm em todas as aulas.

> É facultativo o uso do acento circunflexo para diferenciar as palavras forma/fôrma. Em alguns casos, o uso do acento deixa a frase mais clara. Veja este exemplo: Qual é a forma da fôrma do bolo?

ACORDO ORTOGRÁFICO DA LÍNGUA PORTUGUESA

Acento agudo no u tônico

Não se usa mais o acento agudo no u tônico das formas (tu) arguis, (ele) argui, (eles) arguem, do presente do indicativo dos verbos arguir e redarguir.

17.3 Hífen com Compostos

Palavras compostas sem elementos de ligação

Usa-se o hífen nas palavras compostas que não apresentam elementos de ligação.

guarda-chuva, arco-íris, boa-fé, segunda-feira, mesa-redonda, vaga-lume, joão-ninguém, porta-malas, porta-bandeira, pão-duro, bate-boca.

Exceções: Não se usa o hífen em certas palavras que perderam a noção de composição, como girassol, madressilva, mandachuva, pontapé, paraquedas, paraquedista, paraquedismo.

Compostos com palavras iguais

Usa-se o hífen em compostos que têm palavras iguais ou quase iguais, sem elementos de ligação.

reco-reco, blá-blá-blá, zum-zum, tico-tico, tique-taque, cri-cri, glu-glu, rom-rom, pingue-pongue, zigue-zague, esconde-esconde, pega-pega, corre-corre.

Compostos com elementos de ligação

Não se usa o hífen em compostos que apresentam elementos de ligação.

pé de moleque, pé de vento, pai de todos, dia a dia, fim de semana, cor de vinho, ponto e vírgula, camisa de força, cara de pau, olho de sogra.

Obs.: Incluem-se nesse caso os compostos de base oracional.

maria vai com as outras, leva e traz, diz que diz que, deus me livre, deus nos acuda, cor de burro quando foge, bicho de sete cabeças, faz de conta.

Exceções: água-de-colônia, arco-da-velha, cor-de-rosa, mais-que-perfeito, pé-de-meia, ao deus-dará, à queima-roupa.

Topônimos

Usa-se o hífen nas palavras compostas derivadas de topônimos (nomes próprios de lugares), com ou sem elementos de ligação.

Exs.:

Belo Horizonte: belo-horizontino

Porto Alegre: porto-alegrense

Mato Grosso do Sul: mato-grossense-do-sul

Rio Grande do Norte: rio-grandense-do-norte

África do Sul: sul-africano

17.4 Uso do Hífen com Palavras Formadas por Prefixos

Casos gerais

Antes de h

Usa-se o hífen diante de palavra iniciada por h.

Exs.:

anti-higiênico
anti-histórico
macro-história
mini-hotel
proto-história
sobre-humano
super-homem
ultra-humano

Letras iguais

Usa-se o hífen se o prefixo terminar com a mesma letra com que se inicia a outra palavra.

Exs.:

micro-ondas
anti-inflacionário
sub-bibliotecário
inter-regional

Letras diferentes

Não se usa o hífen se o prefixo terminar com letra diferente daquela com que se inicia a outra palavra.

Exs.:

autoescola
antiaéreo
intermunicipal
supersônico
superinteressante
agroindustrial
aeroespacial
semicírculo

Obs.: Se o prefixo terminar por vogal e a outra palavra começar por r ou s, dobram-se essas letras.

Exs.:

minissaia
antirracismo
ultrassom
semirreta

Casos particulares

Prefixos sub e sob

Com os prefixos sub e sob, usa-se o hífen também diante de palavra iniciada por r.

Exs.:
sub-região
sub-reitor
sub-regional
sob-roda

Prefixos circum e pan

Com os prefixos circum e pan, usa-se o hífen diante de palavra iniciada por m, n e vogal.

Exs.:
circum-murado
circum-navegação
pan-americano

Outros prefixos

Usa-se o hífen com os prefixos ex, sem, além, aquém, recém, pós, pré, pró, vice.

Exs.:
além-mar
além-túmulo
aquém-mar
ex-aluno
ex-diretor
ex-hospedeiro
ex-prefeito
ex-presidente
pós-graduação
pré-história
pré-vestibular
pró-europeu
recém-casado
recém-nascido
sem-terra
vice-rei

Prefixo co

O prefixo co junta-se com o segundo elemento, mesmo quando este se inicia por o ou h. Neste último caso, corta-se o h. Se a palavra seguinte começar com r ou s, dobram-se essas letras.

Exs.:
coobrigação
coedição
coeducar
cofundador
coabitação
coerdeiro
corréu
corresponsável
cosseno

Prefixos pre e re

Com os prefixos pre e re, não se usa o hífen, mesmo diante de palavras começadas por e.

Exs.:
preexistente
preelaborar
reescrever
reedição

Prefixos ab, ob e ad

Na formação de palavras com ab, ob e ad, usa-se o hífen diante de palavra começada por b, d ou r.

Exs.:
ad-digital
ad-renal
ob-rogar
ab-rogar

Outros casos do uso do hífen

Não e quase

Não se usa o hífen na formação de palavras com não e quase.

Exs.:
(acordo de) não agressão
(isto é um) quase delito

Mal

Com mal*, usa-se o hífen quando a palavra seguinte começar por vogal, h ou l.

Exs.:
mal-entendido
mal-estar
mal-humorado
mal-limpo

Obs.: Quando mal significa doença, usa-se o hífen se não houver elemento de ligação.

Exs.:
mal-francês.

Se houver elemento de ligação, escreve-se sem o hífen.
mal de lázaro, mal de sete dias.

Tupi-guarani

Usa-se o hífen com sufixos de origem tupi-guarani que representam formas adjetivas: açu, guaçu, mirim.:

LÍNGUA PORTUGUESA

ACORDO ORTOGRÁFICO DA LÍNGUA PORTUGUESA

Exs.:
capim-açu
amoré-guaçu
anajá-mirim

Combinação ocasional

Usa-se o hífen para ligar duas ou mais palavras que ocasionalmente se combinam, formando não propriamente vocábulos, mas encadeamentos vocabulares.

Exs.:
ponte Rio-Niterói
eixo Rio-São Paulo

Hífen e translineação

Para clareza gráfica, se no final da linha a partição de uma palavra ou combinação de palavras coincidir com o hífen, ele deve ser repetido na linha seguinte.

Exs.:
Na cidade, conta-
-se que ele foi viajar.
O diretor foi receber os ex-
-alunos.
guarda-
-chuva
Por favor, diga-
-nos logo o que aconteceu.

17.5 Síntese das Principais Regras do Hífen

	Síntese do Hífen	
Letras diferentes	Não use hífen	Infraestrutura, extraoficial, supermercado
Letras iguais	Use hífen	Anti-inflamatório, contra-argumento, inter-racial, hiper-realista
Vogal + r ou s	Não use hífen (duplique r ou s)	Corréu, cosseno, minissaia, autorretrato
Bem	Use hífen	Bem-vindo, bem-humorado

17.6 Quadro Resumo do Emprego do Hífen com Prefixos

Prefixos	Letra que inicia a palavra seguinte
Ante-, Anti-, Contra-, Entre-, Extra-, Infra-, Intra-, Sobre-, Supra-, Ultra-	H / VOGAL IDÊNTICA À QUE TERMINA O PREFIXO Exemplos com H: ante-hipófise, anti-higiênico, anti-herói, contra-hospitalar, entre-hostil, extra-humano, infra-hepático, sobre-humano, supra-hepático, ultra-hiperbólico. Exemplos com vogal idêntica: anti-inflamatório, contra-ataque, infra-axilar, sobre-estimar, supra-auricular, ultra-aquecido.
Ab-, Ad-, Ob-, Sob-	B - R - D (Apenas com o prefixo "Ad") Exemplos: ab-rogar (pôr em desuso), ad-rogar (adotar) ob-reptício (astucioso), sob-roda ad-digital
Circum-, Pan-	H / M / N / VOGAL Exemplos: circum-meridiano, circum-navegação, circum-oral, pan-americano, pan-mágico, pan-negritude.
Ex- (no sentido de estado anterior), Sota-, Soto-, Vice-, Vizo-	DIANTE DE QUALQUER PALAVRA Exemplos: ex-namorada, sota-soberania (não total), soto-mestre (substituto), vice-reitor, vizo-rei.
Hiper-, Inter-, Super-	H / R Exemplos: hiper-hidrose, hiper-raivoso, inter-humano, inter-racial, super-homem, super-resistente.
Pós-, Pré-, Pró- (tônicos e com significados próprios)	DIANTE DE QUALQUER PALAVRA Exemplos: pós-graduação, pré-escolar, pró-democracia. Obs.: se os prefixos não forem autônomos, não haverá hífen. Exemplos: predeterminado, pressupor, pospor, propor.
Sub-	B - H - R Exemplos: sub-bloco, sub-hepático, sub-humano, sub-região. Obs.: "subumano" e "subepático" também são aceitas.
Pseudoprefixos (diferem-se dos prefixos por apresentarem elevado grau de independência e possuírem uma significação mais ou menos delimitada, presente à consciência dos falantes.) Aero-, Agro-, Arqui-, Auto-, Bio-, Eletro-, Geo-, Hidro-, Macro-, Maxi-, Mega-, Micro-, Mini-, Multi-, Neo-, Pluri-, Proto-, Pseudo-, Retro-, Semi-, Tele-	H / VOGAL IDÊNTICA À QUE TERMINA O PREFIXO Exemplos com H: geo-histórico, mini-hospital, neo-helênico, proto-história, semi-hospitalar. Exemplos com vogal idêntica: arqui-inimigo, auto-observação, eletro-ótica, micro-ondas, micro-ônibus, neo-ortodoxia, semi-interno, tele-educação.

Não se utilizará o hífen em palavras iniciadas pelo prefixo 'co-'.

Ex.: coadministrar, coautor, coexistência, cooptar, coerdeiro corresponsável, cosseno.

Prefixos des- e in- + segundo elemento sem o "h" inicial.

Ex.: desarmonia, desumano, desumidificar, inábil, inumano, etc.

Não se utilizará o hífen com a palavra não.

Ex.: não violência, não agressão, não comparecimento.

Não se utiliza o hífen em palavras que possuem os elementos "bi", "tri", "tetra", "penta", "hexa", etc.

Ex.: bicampeão, bimensal, bimestral, bienal, tridimensional, trimestral, triênio, tetracampeão, tetraplégico, pentacampeão, pentágono, etc.

Em relação ao prefixo "hidro", em alguns casos pode haver duas formas de grafia.

Ex.: hidroelétrica e hidrelétrica

No caso do elemento "socio", o hífen será utilizado apenas quando houver função de substantivo (= de associado).

Ex.: sócio-gerente / socioeconômico

18. INTERPRETAÇÃO DE TEXTOS

18.1 Ideias Preliminares sobre o Assunto

Independentemente de quem seja o professor de Língua Portuguesa, é muito comum ele ouvir alguns alunos falando que até gostam da matéria em questão, mas que possuem muita dificuldade com a interpretação dos textos. Isso é algo totalmente normal, principalmente porque costumamos fazer algo terrível chamado de "leitura dinâmica" que poderia ser traduzido da seguinte maneira: procedimento em que você olha as palavras mas não entende o significado do que está lá escrito.

Para interpretar um texto, o indivíduo precisa de muita atenção e de muito treino. Interpretar pode ser comparado com disparar uma arma: apenas temos chance de acertar o alvo se treinarmos muito e soubermos combinar todos os elementos externos ao disparo: velocidade do ar, direção, distância etc.

Quando o assunto é texto, o primordial é estabelecer uma relação contextual com aquilo que estamos lendo. Montar o contexto significa associar o que está escrito no texto base com o que está disposto nas questões. Lembre-se de que há uma questão montada com a intenção de testar você, ou seja, deve ficar atento para todas as palavras e para todas as possibilidades de mudança de sentido que possa haver nas questões.

É preciso, para entender as questões de interpretação de qualquer banca, buscar o raciocínio que o elaborador da questão emprega na redação da questão. Usualmente, objetiva-se a depreensão dos sentidos do texto. Para tanto, destaque os itens fundamentais (as ideias principais contidas nos parágrafos) para poder refletir sobre tais itens dentro das questões.

18.2 Semântica ou Pragmática?

Existe uma discussão acadêmica sobre o que possa ser considerado como semântica e como pragmática. Em que pese o fato de os universitários divergirem a respeito do assunto, vamos estabelecer uma distinção simples, apenas para clarear nossos estudos.

Semântica: disciplina que estuda o significado dos termos. Para as questões relacionadas a essa área, o comum é que se questione acerca da troca de algum termo e a manutenção do sentido original da sentença.

Pragmática: disciplina que estuda o sentido que um termo assume dentro de determinado contexto. Isso quer dizer que a identificação desse sentido depende do entorno linguístico e da intenção de quem exprime a sentença.

Para exemplificar essa situação, vejamos o exemplo abaixo:

Pedro está na geladeira.

Nesse caso, é possível que uma questão avalie a capacidade de o leitor compreender que há, no mínimo, dois sentidos possíveis para essa sentença: um deles diz respeito ao fato de a expressão "na geladeira" poder significar algo como "ele foi até a geladeira buscar algo", o que – coloquialmente – significaria uma expressão indicativa de lugar. O outro sentido diz respeito ao fato de "na

INTERPRETAÇÃO DE TEXTOS

geladeira" significar que "foi apartado de alguma coisa para receber algum tipo de punição".

A questão sobre semântica exigiria que o candidato percebesse a possibilidade de trocar a palavra "geladeira" por "refrigerador" – havendo, nesse caso, uma relação de sinonímia.

A questão de pragmática exigiria que o candidato percebesse a relação contextualmente estabelecida, ou seja, a criação de uma figura de linguagem (um tipo de metáfora) para veicular um sentido particular.

18.3 Questão de Interpretação?

Como se faz para saber que uma questão de interpretação é uma questão de interpretação? É uma mera intuição que surge na hora da prova ou existe uma "pista" a ser seguida para a identificação da natureza da questão?

Respondendo a essa pergunta, entende-se que há pistas que identificam a questão como pertencente ao rol de questões para interpretação. Os indícios mais precisos que costumam aparecer nas questões são:

Reconhecimento da intenção do autor.

Ponto de vista defendido.

Argumentação do autor.

Sentido da sentença.

Apesar disso, não são apenas esses os indícios de que uma questão é de interpretação. Dependendo da banca, podemos ter a natureza interpretativa distinta, principalmente porque o critério de interpretação é mais subjetivo que objetivo. Algumas bancas podem restringir o entendimento do texto; outras podem extrapolá-lo.

18.4 Tipos de Texto - O Texto e suas Partes

Um texto é um todo. Um todo é constituído de diversas partes. A interpretação é, sobremaneira, uma tentativa de reconhecer as intenções de quem comunica recompondo as partes para uma visão global do todo.

Para podermos interpretar, é necessário termos o conhecimento prévio a respeito dos tipos de texto que, fortuitamente, podemos encontrar em um concurso. Vejamos quais são as distinções fundamentais com relação aos tipos de texto.

18.5 O Texto Dissertativo

Nas acepções mais comuns do dicionário, o verbo "dissertar" significa "discorrer ou opinar sobre algum tema". O texto dissertativo apresenta uma ideia básica que começa a ser desdobrada em subitens ou termos menores. Cabe ressaltar que não existe apenas um tipo de dissertação, há mais de uma maneira de o autor escrever um texto dessa natureza.

Conceituar, polemizar, questionar a lógica de algum tema, explicar ou mesmo comentar uma notícia são estratégias dissertativas. Vamos dividir essa tipologia textual em dois tipos essencialmente diferentes: o **dissertativo-expositivo** e o **dissertativo-argumentativo**.

Padrão dissertativo-expositivo

A característica fundamental do padrão expositivo da dissertação é utilizar a estrutura da prosa não para convencer alguém de alguma coisa, e sim para apresentar uma ideia, apresentar um conceito. O princípio do texto expositivo não é a persuasão, é a informação e, justamente por tal fato, ficou conhecido como informativo. Para garantir uma boa interpretação desse padrão textual, é importante buscar a ideia principal (que deve estar presente na introdução do texto) e, depois, entender quais serão os aspectos que farão o texto progredir.

Onde posso encontrar esse tipo de texto? Jornais revistas, sites sobre o mundo de economia e finanças. Diz-se que esse tipo de texto focaliza a função referencial da linguagem.

Como costuma ser o tipo de questão relacionada ao texto dissertativo-expositivo? Geralmente, os elaboradores questionam sobre as informações veiculadas pelo texto. A tendência é que o elaborador inverta as informações contidas no texto.

Como resolver mais facilmente? Toda frase que mencionar o conceito ou a quantidade de alguma coisa deve ser destacada para facilitar a consulta.

Padrão dissertativo-argumentativo

No texto do padrão dissertativo-argumentativo, existe uma opinião sendo defendida e existe uma posição ideológica por detrás de quem escreve o texto. Se analisarmos a divisão dos parágrafos de um texto com características argumentativas, perceberemos que a introdução apresenta sempre uma tese (ou hipótese) que é defendida ao longo dos parágrafos.

Uma vez feito isso, o candidato deve entender qual é a estratégia utilizada pelo produtor do texto para defender seu ponto de vista. Na verdade, agora é o momento de colocar "a mão na massa" para valer, uma vez que aqueles enunciados que iniciam com "infere-se da argumentação do texto", "depreende-se dos argumentos do autor" serão vencidos caso se observem os fatores de interpretação corretos.

Quais são esses fatores, então?

A conexão entre as ideias do texto (atenção para as conjunções).

Articulação entre as ideias do texto (atenção para a combinação de argumentos).

Progressão do texto.

Os Recursos Argumentativos:

Quando o leitor interage com uma fonte textual, deve observar - tratando-se de um texto com o padrão dissertativo-argumentativo - que o autor se vale de recursos argumentativos para construir seu raciocínio dentro do texto. Vejamos alguns recursos importantes:

Argumento de autoridade: baseado na exposição do pensamento de algum especialista ou alguma autoridade no assunto. Citações, paráfrases e menções ao indivíduo podem ser tomadas ao longo do texto. Tome cuidado para não cair na armadilha: saiba diferenciar se a opinião colocada em foco é a do autor ou se é a do indivíduo que ele cita ao longo do texto.

Argumento com base em consenso: parte de uma ideia tomada como consensual, o que "carrega" o leitor a entender apenas aquilo que o elaborador mostra. Sentenças do tipo todo mundo sabe que, é de conhecimento geral que identificam esse tipo de argumentação.

Argumento com fundamentação concreta: basear aquilo que se diz em algum tipo de pesquisa ou fato que ocorre com certa frequência.

Argumento silogístico (com base em um raciocínio lógico): do tipo hipotético - Se...então.

Argumento de competência linguística: consiste em adequar o discurso ao panorama linguístico de quem é tido como possível leitor do texto.

Argumento de exemplificação: utilizar casos, ou pequenos relatos para ilustrar a argumentação do texto.

19. DEMAIS TIPOLOGIAS TEXTUAIS

19.1 O Texto Narrativo

Em uma definição bem simplista, "narrar" significa "sequenciar ações". É um dos gêneros mais utilizados e mais conhecidos pelo ser humano, quer no momento de relatar algum evento para alguém – em um ambiente mais formal -, quer na conversa informal sobre o resumo de um dia de trabalho. O fato é que narramos, e o fazemos de maneira praticamente instintiva. É importante, porém, conhecer quais são seus principais elementos de estruturação.

Os operadores do texto narrativo são:

Narrador: é a voz que conduz a narrativa.

Narrador-protagonista: narra o texto em primeira pessoa.

Narrador-personagem (testemunha): nesse caso, quem conta a história não participou como protagonista, no máximo como um personagem adjuvante da história.

Narrador onisciente: narrador que está distanciado dos eventos e conhece aquilo que se passa na cabeça dos personagens.

Personagens: são aqueles que efetivamente atuam na ordem da narração, ou seja, a trama está atrelada aos comportamentos que eles demonstram ao longo do texto.

Tempo: claramente, é o lapso em que transcorrem as ações narradas. Segundo a classificação tradicional, divide-se o tempo da narrativa em: Cronológico, Psicológico e Da narrativa.

Espaço: é o local físico em que as ações ocorrem.

Trama: é o encadeamento de ações propriamente dito.

19.2 O Texto Descritivo

O texto descritivo é o que levanta características para montar algum tipo de panorama. Essas características, mormente, são físicas, entretanto, não é necessário ser sempre desse modo. Podemos dizer que há dois tipos de descrição:

Objetiva: em que surgem aspectos sensoriais diretos, ou seja, não há uma subjetividade por parte de quem escreve. Veja um exemplo:

Nome científico: *Ginkgo biloba L.*
Nome popular: *nogueira-do-japão.*
Origem: *Extremo Oriente.*

Aspecto: as folhas dispõem-se em leque e são semelhantes ao trevo.

A altura da árvore pode chegar a 40 metros; o fruto lembra uma ameixa e contém uma noz que pode ser assada e comida.

Subjetiva: em que há impressões particulares do autor do texto. Há maior valorização dos sentimentos insurgentes daquilo que se contempla. Veja um exemplo:

19.3 Conotação X Denotação

É interessante, quando se estuda o conteúdo de interpretação de texto, ressaltar a distinção conceitual entre o sentido conotativo e o sentido denotativo da linguagem. Vejamos como se opera essa distinção:

Sentido conotativo: figurado, ou abstrato. Relaciona-se com as figuras de linguagem.

> Adalberto **entregou sua alma a Deus**.

A ideia de entregar a alma a Deus é figurada, ou seja, não ocorre literalmente, pois não há um serviço de entrega de almas. Essa é uma figura que convencionamos chamar de **metáfora**.

Sentido denotativo: literal, ou do dicionário. Relaciona-se com a função referencial da linguagem.

> Adalberto **morreu**.

Quando dizemos função referencial, entende-se que o falante está preocupado em transmitir precisamente o fato ocorrido, sem apelar para figuras de pensamento.

19.4 Figuras de Linguagem

Apenas para ilustrar algumas das mais importantes figuras de linguagem que podem ser cobradas em algumas provas, observe a lista:

Metáfora: uma figura de linguagem, que consiste na comparação de dois termos sem o uso de um conectivo.

> Seus olhos **são dois oceanos**. (Os olhos possuem a profundidade do oceano, a cor do oceano etc.)

Comparação: comparação direta com o elemento conectivo.

> O vento é como uma mulher.

Metonímia: figura de linguagem que consiste utilização de uma expressão por outra, dada a semelhança de sentido ou a possibilidade de associação lógica entre elas.

> **Vá ao mercado e traga um Nescau**. (achocolatado em pó).

Antítese: figura de linguagem que consiste na exposição de ideias opostas.

> "**Nasce** o Sol e não dura mais que um **dia**
> Depois da **Luz** se segue à **noite** escura
> Em tristes **sombras morre** a formosura,
> Em contínuas **tristezas e alegrias**."
>
> (Gregório de Matos)

Os termos em negrito evidenciam relações semânticas de distinção (oposição). Nascer é o contrário de morrer, assim como sombra é o contrário de luz. Essa figura foi muito utilizada na poesia brasileira, em especial pelo autor dos versos acima: Gregório de Matos Guerra.

Paradoxo: expressão que contraria o senso comum. Ilógica.

> "Amor é fogo que **arde sem se ver**;
> É ferida que **dói e não se sente**;
> É um **contentamento descontente**;
> É **dor que desatina sem doer**."
>
> (Luís de Camões)

A construção semântica acima é totalmente ilógica, pois é impossível uma ferida doer e não ser sentida, assim como não é possível o contentamento ser descontente.

Perífrase: expressão que tem por função substituir semanticamente um termo:

> **A última flor do Lácio** anda muito judiada. (Português é a última flor do Lácio)

Eufemismo: figura que consiste em atenuar uma expressão desagradável:

> José **pegou emprestado sem avisar**; (roubou).

Disfemismo: contrário ao Eufemismo, é a figura de linguagem que consiste em tornar uma expressão desagradável em algo ainda pior.

> O homem **abotoou o paletó de madeira**. (morreu).

Prosopopeia: atribuição de características animadas a seres inanimados.

> O vento sussurrou em meus ouvidos.

Hipérbole: exagero proposital de alguma característica.

> **Estou morrendo de rir.**

Sinestesia: confusão dos sentidos do corpo humano para produzir efeitos expressivos.

> Ouvi uma **voz suave** saindo do quarto.

19.5 Funções da Linguagem

Deve-se a Roman Jakobson a discriminação das seis funções da linguagem na expressão e na comunicação humanas, conforme o realce particular que cada um dos componentes do processo de comunicação recebe no enunciado. Por isso mesmo, é raro encontrar em uma única mensagem apenas uma dessas funções, ou todas reunidas em um mesmo texto. O mais frequente é elas se superporem, apresentando-se uma ou outra como predominante.

Em que pese tal fato, é preciso considerar que há particularidades com relação às funções da linguagem, ou seja, cada função descreve algo em particular. Com isso, pretendo dizer que, antes de o estudante se ater às funções em si, é preciso que ele conheça o sistema que é um pouco mais amplo, ou seja, o ato comunicativo. Afinal, a teoria de Roman Jakobson se volta à descrição do ato comunicativo em si.

Em um livro chamado Linguística e comunicação, o linguista Roman Jakobson, pensando sobre o ato comunicativo e seus elementos, identifica seis funções da linguagem.

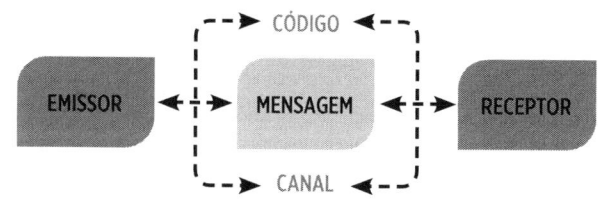

→ Nesse esquema, identificamos:
> **Emissor**: quem enuncia.
> **Mensagem**: aquilo que é transmitido pelo emissor.
> **Receptor**: quem recebe a mensagem.
> **Código**: o sistema em que a mensagem é codificada. O código deve ser comum aos polos da comunicação.
> **Canal**: meio físico por que ocorre a comunicação.

Pensando sobre esses elementos, Jakobson percebeu que cada função da linguagem está centrada em um elemento específico do ato comunicativo. É o que veremos agora.

As Funções da Linguagem são:

> **Referencial**: centrada na mensagem, ou seja, na transmissão do conteúdo. Como possui esse caráter, a objetividade é uma constante para a função referencial. É comum que se busque a imparcialidade quando dela se faz uso. É também conhecida como função denotativa. Como a terceira pessoa do singular é predominante, podem-se encontrar exemplos de tal função em textos científicos, livros didáticos, textos de cunho apenas informativo etc.

Emotiva: centrada no emissor, ou seja, em quem enuncia a mensagem. Basicamente a primeira pessoa predomina quando o texto se apoia sobre a função emotiva. É muito comum a observarmos em depoimentos, discursos, em textos sentimentais, e mesmo em textos líricos.

Apelativa: centrada no receptor, ou seja, em quem recebe a mensagem. As características comuns a manifestações dessa função da linguagem são os verbos no modo imperativo, a tentativa de persuadir o receptor, a utilização dos pronomes de tratamento que tangenciem o interlocutor. É comum observar a função apelativa em propaganda, em discursos motivacionais etc.

Poética: centrada na transformação da mensagem, ou seja, em como modificar o conteúdo da mensagem a fim de torná-lo mais expressivo. As figuras de linguagem são abundantes nessa função e, por sua presença, convencionou-se chamar, também, função poética de função conotativa. Textos literários, poemas e brincadeiras com a mensagem são fontes em que se pode verificar a presença da função poética da linguagem.

Fática: centrada no canal comunicativo. Basicamente, busca testar o canal para saber se a comunicação está ocorrendo. Expressões como "olá", "psiu" e "alô você" são exemplos dessa função.

Metalinguística: centrada no código. Quando o emissor se vale do código para explicar o próprio código, ou seja, num tipo de comunicação autorreferente. Como exemplo, podemos citar um livro de gramática, que se vale da língua para explicar a própria língua; uma aula de didática (sobre como dar aula); ou mesmo um poema que se refere ao processo de escrita de um poema. O poema a seguir é um ótimo exemplo de função metalinguística.

Catar feijão

Catar feijão se limita com escrever:
jogam-se os grãos na água do alguidar
e as palavras na da folha de papel;
e depois, joga-se fora o que boiar.
Certo, toda palavra boiará no papel,
água congelada, por chumbo seu verbo:
pois para catar esse feijão, soprar nele,
e jogar fora o leve e oco, palha e eco.
Ora, nesse catar feijão entra um risco:
o de que entre os grãos pesados entre
um grão qualquer, pedra ou indigesto,
um grão imastigável, de quebrar dente.
Certo não, quando ao catar palavras:
a pedra dá à frase seu grão mais vivo:
obstrui a leitura fluviante, flutual,
açula a atenção, isca-a com risco.

MELO NETO, João Cabral de. Obra completa.
Rio de Janeiro: Nova Aguilar, 1995.

LÍNGUA PORTUGUESA

20. INTERPRETAÇÃO DE TEXTO POÉTICO

Cada vez mais comum em provas de concursos públicos, o texto poético possui suas particularidades. Nem todas as pessoas possuem a capacidade de ler um texto poético, quanto mais interpretá-lo. Justamente por esse fato, ele tem sido o predileto dos examinadores que querem dificultar a vida dos candidatos.

Antes de passar à interpretação propriamente dita, é preciso identificar a nomenclatura das partes de um poema. Cada "linha" do poema é chamada de "**verso**", o conjunto de versos é chamado de "**estrofe**". A primeira sugestão para quem pretende interpretar um poema é segmentar a interpretação por estrofe e anotar o sentido trazido ao lado e cada trecho.

Geralmente as bancas pecam ao diferenciar **autor** de **eu-lírico**. O primeiro é realmente a pessoa por detrás da pena, ou seja, é quem efetivamente escreve o texto; o segundo é a "voz" do poema, a "pessoa" fictícia, abstrata que figura como quem traz o poema para o leitor.

Outro problema muito comum na hora de fazer algo dessa natureza é a leitura do texto. Como o texto está em uma disposição que não é mais tão usual, as pessoas têm dificuldade para realizar a leitura. Eis uma dica fundamental: só interrompa a leitura quando chegar a um ponto ou a uma vírgula, porque é dessa maneira que se lê um texto poético. Além disso, é preciso que, mesmo mentalmente, o indivíduo tente dar ênfase na leitura, pois isso pode ajudar na intepretação.

Comumente, o vocabulário do texto poético não é acessível e, em razão disso, costuma haver notas explicativas com o significado das palavras, jamais ignore essa informação! Pode ser a salvação para a interpretação do texto lido.

Veja um exemplo:

Nel mezzo del camin (Olavo Bilac)

"Cheguei. Chegaste. Vinhas fatigada
E triste, e triste e fatigado eu vinha.
Tinhas a alma de sonhos povoada,
E a alma de sonhos povoada eu tinha...

E paramos de súbito na estrada
Da vida: longos anos, presa à minha
A tua mão, a vista deslumbrada
Tive da luz que teu olhar continha.

Hoje, segues de novo... Na partida
Nem o pranto os teus olhos umedece,
Nem te comove a dor da despedida.
E eu, solitário, volto a face, e tremo,
Vendo o teu vulto que desaparece
Na extrema curva do caminho extremo."

Existe outro fator extremamente importante na hora de tentar entender o conteúdo de um texto poético: o **título**! Nem todo poema possui um título, é claro, mas os que possuem ajudam, e muito, na compreensão do "assunto" do poema.

É claro que ter conhecimento do autor e do estilo de escrita por ele adotado é a ferramenta mais importante para que o candidato compreenda com profundidade o que está sendo veiculado pelo texto, porém, como grande parte das bancas ainda não chegou a esse nível de aprofundamento interpretativo, apenas o reconhecimento da superfície do texto já é suficiente para responder às questões.

Vejamos alguns textos para explanar melhor:

Bem no fundo (Paulo Leminski)

No fundo, no fundo,
Bem lá no fundo,
A gente gostaria
De ver nossos problemas
Resolvidos por decreto

A partir desta data,
Aquela mágoa sem remédio
É considerada nula
E sobre ela – silêncio perpétuo

Extinto por lei todo o remorso,
Maldito seja quem olhar pra trás,
Lá pra trás não há nada,
E nada mais

Mas problemas não se resolvem,
Problemas têm família grande,
E aos domingos saem todos passear
O problema, sua senhora
E outros pequenos probleminhas

Interpretação: por mais que trabalhemos para resolvermos nossos problemas, a única certeza é a de que eles continuarão, pois é isso que nos move.

20.1 Tradução de Sentido

As questões de tradução de sentido costumam ser o "calcanhar de Aquiles" dos candidatos. Nem sempre aparecem nas provas, mas quando surgem, é celeuma garantida. A maneira mais eficaz de resolvê-las é buscar relações de sinonímia em ambos os lados da sentença. Com isso, fica mais fácil acertar a questão.

Consideremos a relação de sinonímia presente entre "alegria" e "felicidade". Esses dois substantivos não significam, rigorosamente, a mesma coisa, mas são considerados sinônimos contextuais, se considerarmos um texto. Disso, entende-se que o sinônimo é identificado contextualmente e não depende, necessariamente, do conhecimento do sentido de todas as palavras.

Seria bom se fosse sempre dessa maneira. Ocorre que algumas bancas tentam selecionar de maneira não rigorosa os candidatos que acabam por cobrar o chamado "conhecimento que não é básico" dos candidatos. O melhor exemplo é pedir o significado da palavra "adrede", o qual pouquíssimas pessoas conhecem.

20.2 Organização de Texto (Texto Embaralhado)

Em algumas bancas, é comum haver questões que apresentam um texto desordenado, para que o candidato o reordene, garantido a coesão e a coerência. Além disso, não é raro haver trecho de texto com lacunas para preencher com alguns parágrafos. Para que isso ocorra, é mister saber o que significa coesão e coerência. Vamos a algumas definições simples.

Coesão é o conjunto de procedimentos e mecanismos que estabelecem conexão dentro do texto, o que busca garantir a progressão daquilo que se escreve nas sentenças. Pronomes, perífrases e sinônimos estão entre os mecanismos de coesão que podem ser empregados na sentença.

Coerência diz respeito à organização de significância do texto, ou seja, o sentido daquilo que se escreve. A sequência temporal e o princípio de não contradição são os dispostos mais emergentes da coerência.

Em questões dessa natureza, busque analisar as sequências de entrada e saída dos textos. Veja se há definições e conectivos que encerram ideias, ou se há pronomes que buscam sequenciar as sentenças. Desse modo, fica mais fácil acertar a questão.

20.3 Significação das Palavras

Compreensão, interpretação, intelecção

O candidato que é concurseiro de longa data sabe que, dentre as questões de interpretação de texto, é muito comum surgirem nomenclaturas distintas para fenômenos não tão distintos assim. Quer dizer que se no seu edital há elementos como leitura, compreensão, intelecção ou interpretação de texto, no fundo, o conceito é o mesmo. Ocorre que, dentro desse processo de interpretação, há elementos importantes para a resolução dos certames.

O que se diz e o que se pode ter dito:

Sempre que há um momento de enunciação, o material linguístico serve de base para que os interlocutores negociem o sentido daquilo que está na comunicação. Isso ocorre por meio de vários processos, sendo que é possível destacar alguns mais relevantes:

Dito: consiste na superfície do enunciado. O próprio material linguístico que se enuncia.

Não-dito: consiste naquilo que se identifica imediatamente, quando se trabalha com o que está posto (o dito).

Subentendido: consiste nos sentidos ativados por um processo inferencial de análise e síntese do material linguístico somado ao não-dito.

» Vejamos isso em uma sentença para compreendermos a teoria.
» "A eleição de Barack Obama não é um evento apenas americano."

Dito: é o próprio conteúdo da sentença – o fato de a eleição em questão não ser um evento apenas americano.

Não-dito: alguém poderia pensar que a eleição teria importância apenas para os americanos.

Subentendido: pode-se concluir que a eleição em questão terá grandes repercussões, a um nível global.

20.4 Inferência

Assunto muitíssimo delicado e ainda não resolvido na linguística. Não vou me dispor a teorizar sobre isso, pois seria necessário o espaço de um livro para tanto. Para a finalidade dos concursos públicos, vamos considerar que a inferência é o resultado do processamento na leitura, ou seja, é aquilo que se pode "concluir" ou "depreender" da leitura de um texto.

No momento de responder a uma questão dessa natureza, recomenda-se prudência. Existe um conceito que parece fundamental para facilitar a resolução dessas questões. Ele se chama **ancoragem lexical.** Basicamente, entende-se como A. L. a inserção de algum elemento que dispara pressuposições e fomenta inferências, ou seja, se alguma questão pedir se é possível inferir algo, o candidato só poderá responder afirmativamente, se houve uma palavra ou uma expressão (âncora lexical) que permita associar diretamente esses elementos.

Semântica (sentido)

Evidentemente, o conteúdo relativo à significação das palavras deve muito a uma boa leitura do dicionário. Na verdade, o vocabulário faz parte do histórico de leitura de qualquer pessoa: quanto mais você lê, maior é o número de palavras que você vai possuir em seu "HD" mental. Como é impossível receitar a leitura de um dicionário, podemos arrolar uma lista com palavras que possuem peculiaridades na hora de seu emprego. Falo especificamente de **sinônimos, antônimos, homônimos e parônimos**. Mãos à obra!

Sinônimos:

Sentido aproximado: não existem sinônimos perfeitos:

Feliz (Alegre / Contente).

Palavra (Vocábulo).

Professor (Docente).

Professor Mário chegou à escola. O **docente** leciona matemática.

Antônimos:

Oposição de sentido:

Bem (Mal).

Bom (Mau).

Igual (Diferente).

Homônimos:

Homônimos são palavras com escrita ou pronúncia iguais (semelhantes), porém com significado (sentido) diferente:

Adoro comer **manga** com sal.

Derrubei vinho na **manga** da camisa.

Há três tipos de homônimos: homógrafos, homófonos e homônimos perfeitos.

Homógrafos – palavras que possuem a mesma grafia, mas o som é diferente.

O meu **olho** está doendo.

Quando eu **olho** para você, dói.

Homófonos – apresentam grafia diferente, mas o som é semelhante.

A **cela** do presídio foi incendiada.

A **sela** do cavalo é novinha.

LÍNGUA PORTUGUESA

INTERPRETAÇÃO DE TEXTO POÉTICO

Homônimos perfeitos – possuem a mesma grafia e o mesmo som.

O **banco** foi assaltado.

O **banco** da praça foi restaurado ontem.

Ele não **para** de estudar.

Ele olhou **para** a prova.

Parônimos:

Parônimos – são palavras que possuem escrita e pronúncia semelhantes, mas com significado distinto.

O professor fez a **descrição** do conteúdo.

Haja com muita **discrição**, Marivaldo.

Aqui vai uma lista para você se precaver quanto aos sentidos desses termos:

Ascender (subir).

Acender (pôr fogo, alumiar).

Quando Nero **ascendeu** em Roma, ele **acendeu** Roma.

Acento (sinal gráfico).

Assento (lugar de sentar-se).

O **acento** grave indica crase.

O **assento** 43 está danificado.

Acerca de (a respeito de).

Cerca de (aproximadamente).

Há cerca de (faz aproximadamente).

Falamos **acerca de** Português ontem.

José mora **cerca de** mim.

Há cerca de 10 anos, leciono Português.

Afim (semelhante a).

A fim de (com a finalidade de).

Nós possuímos ideias **afins**.

Nós estamos estudando **a fim** de passar.

Aprender (instruir-se).

Apreender (assimilar).

Quando você **apreender** o conteúdo, saberá que **aprendeu** o conteúdo.

Área (superfície).

Ária (melodia, cantiga).

O tenor executou a ária.

A polícia cercou a área.

Arrear (pôr arreios).

Arriar (abaixar, descer).

Precisamos **arrear** o cavalo.

Joaquim **arriou** as calças.

Caçar (apanhar animais).

Cassar (anular).

O veado foi **caçado**.

O deputado teve sua candidatura **cassada**.

Censo (recenseamento).

Senso (raciocínio).

Finalizou-se o **censo** no Brasil.

Argumentou com bom-**senso**.

Cerração (nevoeiro).

Serração (ato de serrar).

Nos dias de chuva, pode haver **cerração**.

Rolou a maior **serração** na madeireira ontem.

Cerrar (fechar).

Serrar (cortar).

Cerrou os olhos para a verdade.

Marina **serrou**, acidentalmente, o nariz na serra.

Cessão (ato de ceder).

Seção (divisão).

Secção (corte).

Sessão (reunião).

O órgão pediu a **cessão** do espaço.

Compareça à **seção** de materiais.

Fez-se uma **secção** no azulejo.

Assisti à **sessão** de cinema ontem. Passava "A Lagoa Azul".

Concerto (sessão musical).

Conserto (reparo).

Vamos ao **concerto** hoje.

Fizeram o **conserto** do carro.

Mal (antônimo de bem).

Mau (antônimo de bom).

O homem **mau** vai para o inferno.

O **mal** nunca prevalece sobre o bem.

Ratificar (confirmar).

Retificar (corrigir).

O documento **ratificou** a decisão.

O documento **retificou** a decisão.

Tacha (pequeno prego, mancha).

Taxa (imposto, percentagem).

Comprei uma tacha.

Paguei outra taxa.

Continuação da lista:

Bucho (estômago)

Buxo (arbusto)

Calda (xarope)

Cauda (rabo)

Cela (pequeno quarto)

Sela (arreio)

Chá (bebida)

Xá (Título do soberano da Pérsia, atual Irã, antes da revolução islâmica)

Cheque (ordem de pagamento)
Xeque (lance do jogo de xadrez)
Comprimento (extensão)
Cumprimento (saudação)
Conjetura (hipótese)
Conjuntura (situação)
Coser (costurar)
Cozer (cozinhar)
Deferir (costurar)
Diferir (distinguir-se)
Degredado (desterrado, exilado)
Degradado (rebaixado, estragado)
Descrição (ato de descrever)
Discrição (reserva, qualidade de discreto)
Descriminar (inocentar)
Discriminar (distinguir)
Despensa (lugar de guardar mantimentos)
Dispensa (isenção, licença)
Despercebido (não notado)
Desapercebido (desprovido, despreparado)
Emergir (vir à tona)
Imergir (mergulhar)
Eminente (notável, célebre)
Iminente (prestes a acontecer)
Esbaforido (ofegante, cansado)
Espavorido (apavorado)
Esperto (inteligente)
Experto (perito)
Espiar (observar)
Expiar (sofrer castigo)
Estada (ato de estar, permanecer)
Estadia (permanência, estada por tempo limitado)
Estático (imóvel)
Extático (pasmo)
Estrato (tipo de nuvem)
Extrato (resumo)
Flagrante (evidente)
Fragrante (perfumado)
Fluir (correr)
Fruir (gozar, desfrutar)
Incidente (episódio)
Acidente (acontecimento grave)
Incipiente (principiante)
Insipiente (ignorante)
Inflação (desvalorização do dinheiro)
Infração (violação, transgressão)

Infligir (aplicar castigo)
Infringir (transgredir)
Intercessão (ato de interceder)
Interseção ou intersecção (ato de cortar)
Laço (nó)
Lasso (frouxo)
Mandado (ordem judicial)
Mandato (período político)
Ótico (relativo ao ouvido)
Óptico (relativo à visão)
Paço (palácio)
Passo (passada)
Peão (empregado / peça de xadrez)
Pião (brinquedo)
Pequenez (pequeno)
Pequinês (ração de cão, de Pequim)
Pleito (disputa)
Preito (homenagem)
Proeminente (saliente)
Preeminente (nobre, distinto)
Prescrição (ordem expressa)
Proscrição (eliminação, expulsão)
Prostrar-se (humilhar-se)
Postar-se (permanecer por muito tempo)
Ruço (grisalho, desbotado)
Russo (da Rússia)
Sexta (numeral cardinal)
Cesta (utensílio)
Sesta (descanso depois do almoço)
Sortido (abastecido)
Surtido (produzido, causado)
Sortir (abastecer)
Surtir (efeito ou resultado)
Sustar (suspender)
Suster (sustentar)
Tilintar (soar)
Tiritar (tremer)
Tráfego (trânsito)
Tráfico (comércio ilícito)
Vadear (passa a pé ou a cavalo, atravessar o rio)
Vadiar (vagabundear)
Viagem (substantivo)
Viajem (verbo)
Vultoso (volumoso, grande vulto)
Vultuoso (inchado)

LÍNGUA PORTUGUESA

21. ESTRUTURA E FORMAÇÃO DE PALAVRAS

21.1 Estrutura das Palavras

Para compreender os termos da Língua Portuguesa, deve-se observar, nos vocábulos, a presença de algumas estruturas como raiz, desinências e afixos:

Raiz ou Radical (morfema lexical): parte que guarda o sentido da palavra.

>**Pedr**eiro
>**Pedr**ada
>Em**pedr**ado
>**Pedr**egulho.

Desinências (fazem a flexão dos termos)
Nominais:

>Gênero: Jogador / Jogadora.
>Número: Aluno / Alunos.
>Grau: Cadeira / Cadeirinha.

Verbais:

>Modo-tempo: Cantá**va**mos / Vendê**ra**mos.
>Número-pessoa: Fize**mos** / Compra**stes**

Afixos (conectam-se às raízes dos termos)

> » Prefixos: colocados antes da raiz

Infeliz, **des**fazer, **re**tocar.

> » Sufixos: colocados após a raiz

Feliz**mente**, capac**idade**, igual**dade**.

Também é importante ficar atento aos termos de ligação. São eles:

Vogal de ligação:

>Gas**ô**metro / Bar**ô**metro / Cafe**i**cultura / Carn**í**voro

Consoante de ligação:

>Gira**s**sol / Cafe**t**eira / Paula**d**a / Chal**e**ira

21.2 Radicais Gregos e Latinos

O conhecimento sobre a origem dos radicais é, muitas vezes, importante para a compreensão e memorização de inúmeras palavras.

Radicais gregos

Os radicais gregos têm uma importância expressiva para a compreensão e fácil memorização de diversas palavras que foram criadas e vulgarizadas pela linguagem científica.

Podemos observar que esses radicais se unem, geralmente, a outros elementos de origem grega e, frequentemente, sofrem alterações fonéticas e gráficas para formarem palavras compostas.

Seguem algumas palavras e seus respectivos radicais:

ácros, alto: acrópole, acrobacia, acrofobia
álgos, dor: algofilia, analgésico, nevralgia
ánthropos, homem: antropologia, antropófago, filantropo
astér, astéros, estrela: asteroide, asterisco
ástron, astro: astronomia, astronauta
biblíon, livro: biblioteca, bibliografia, bibliófilo
cir-, quiro- (de chéir, cheirós, mão): cirurgia, cirurgião, quiromante
chlorós, verde: cloro, clorofila, clorídrico
chróma, chrómatos, cor: cromático, policromia
dáktylos, dedo: datilografia, datilografar
déka, dez: decálogo, decâmetro, decassílabo
gámos, casamento: poligamia, polígamo, monogamia
gastér, gastrós, estômago: gastrite, gastrônomo, gástrico
glótta, glóssa, língua: poliglota, epiglote, glossário
grámma, letra, escrito: gramática, anagrama, telegrama
grápho, escrevo: grafia, ortografia, caligrafia
heméra, dia: herneroteca, hernerologia, efêmero
hippos, cavalo: hipódromo, hipismo, hipopótamo
kardía, coração: cardíaco, cardiologia, taquicardia
mésos, meio, do meio: mesocarpo, mesóclise, mesopotâmia
mnemo- (de mnéme, memória, lembrança): mnemônico, amnésia, mnemoteste
morphé, forma: morfologia, amorfo, metamorfose
nekrós, morto, necrotério, necropsia, necrológio
páis, paidós, criança: pedagogia, pediatria, pediatra
pyr, pyrós, fogo: pirosfera, pirotécnico, antipirético
rino- (ele rhis, rhinós, nariz): rinite, rinofonia, otorrino
theós, deus: teologia, teólogo, apoteose
zóon, animal: zoologia, zoológico, zoonose

Radicais latinos

Outras palavras da língua portuguesa possuem radicais latinos. A maioria delas entrou na língua entre os séculos XVIII e XX. Seguem algumas das que vieram por via científica ou literária:

>ager, agri, campo: agrícola, agricultura
>ambi- (de ambo, ambos): ambidestro, ambíguo
>argentum, argenti, prata: argênteo, argentífero, argentino
>capillus, capilli, cabelo: capilar, capiliforme, capilaridade
>caput, capitis, cabeça: capital, decapitar, capitoso
>cola-, (de colo, colere, habitar, cultivar): arborícola, vitícola
>cuprum, cupri, cobre: cúpreo, cúprico, cuprífero
>ego, eu: egocêntrico, egoísmo,ególatra
>equi-, (de aequus, igual): equivalente, equinócio, equiângulo
>-fero (de fero, ferre, levar, conter): aurífero, lactífero, carbonífero
>fluvius, rio: fluvial, fluviômetro
>frigus, frigoris, frio: frigorífico, frigomóvel
>lapis, lapidis, pedra: lápide, lapidificar, lapidar
>lex, legis, lei: legislativo, legislar, legista

noceo, nocere, prejudicar, causar mal: nocivo, inocente, inócuo
pauper, pauperis, pobre: pauperismo, depauperar
pecus, rebanho: pecuária, pecuarista, pecúnia
pluvia, chuva: pluvial, pluviômetro
radix, radieis, raiz: radical, radicar, erradicar
sidus, sideris, astro: sideral, sidéreo, siderar
stella, estrela: estelar, constelação
triticum, tritici, trigo: triticultura, triticultor, tritícola
vinum, vini, vinho: vinicultura, vinícola
vitis, videira: viticultura, viticultor, vitícola
volo, volare, voar: volátil, noctívolo
vox, vocis, voz: vocal, vociferar

21.3 Origem das Palavras de Língua Portuguesa

As palavras da língua portuguesa têm múltiplas origens, mas a maioria delas veio do latim vulgar, ou seja, o latim que era falado pelo povo duzentos anos antes de Cristo.

No geral, as palavras que formam o nosso léxico podem ser de origem latina, de formação vernácula ou de importação estrangeira.

Quanto às palavras de origem latina, sabe-se que algumas datam dos séculos VI e XI, aproximadamente, e outras foram introduzidas na língua por escritores e letrados, ao longo do tempo, sobretudo no período áureo, o século XVI, e de forma ainda mais abundante durante os séculos que o seguiram, por meios literário e científico. As primeiras, as formas populares, foram grandemente alteradas na fala do povo rude, mas as formas eruditas tiveram leves alterações.

Houve, ao longo desses séculos, com incentivo do povo luso-brasileiro, a criação de palavras que colaboraram para enriquecer o vocabulário. Essas palavras são chamadas criações vernáculas.

Desde os primórdios da língua, diversos termos estrangeiros entraram em uso, posteriormente enriquecendo definitivamente o patrimônio léxico, porque é inevitável que palavras de outros idiomas adentrem na língua por meio das relações estabelecidas entre os povos e suas culturas.

Devido a isso, encontramos, no vocabulário português, palavras provenientes:

→ Do grego
   por influência do cristianismo e do latim literário: anjo, bíblia, clímax
      por criação de sábios e cientistas: nostalgia, microscópio
→ Do hebraico
   veiculadas pela Bíblia: aleluia, Jesus, Maria, Sábado
→ Do alemão
   guerra, realengo, interlância
→ Do árabe
   algodão, alfaiate, algema
→ Do japonês
   biombo, micado, samurai
→ Do francês
   greve, detalhe, pose
→ Do inglês
   bife, futebol, tênis
→ Do turco
   lacaio, algoz
→ Do italiano
   piano, maestro, lasanha
→ Do russo
   vodca, esputinique
→ Do tupi
   tatu, saci, jiboia, pitanga
→ Do espanhol
   cavalheiro, ninharia, castanhola
→ De línguas africanas
   macumba, maxixe, marimbondo

Atualmente, o francês e o inglês são os idiomas com maior influência sobre a língua portuguesa.

21.4 Processos de Formação de Palavras

Há dois processos mais fortes (presentes) na formação de palavras em Língua Portuguesa: a composição e a derivação. Vejamos suas principais características.

Composição: é muito mais uma criação de vocábulo. Pode ocorrer por:

   Justaposição (sem perda de elementos):
   » Guarda-chuva, girassol, arranha-céu etc.

   Aglutinação (com perda de elementos):
   » Embora, fidalgo, aguardente, planalto, boquiaberto etc.

   Hibridismo (união de radicais oriundos de línguas distintas:
   » Automóvel (latim e grego); Sambódromo (tupi e grego).

Derivação: é muito mais uma transformação no vocábulo. Pode ocorrer das seguintes maneiras:

Prefixal (prefixação)
   » Reforma, anfiteatro, cooperação
Sufixal (sufixação)
   » Pedreiro, engenharia, florista
Prefixal – sufixal
   » Infelizmente, ateísmo, desordenamento
Parassintética: prefixo e sufixo simultaneamente, sem a possibilidade de remover umas das partes.
   » Avermelhado, anoitecer, emudecer, amanhecer
Regressão (regressiva) ou deverbal: advinda de um verbo.
   » Abalo (abalar), luta (lutar), fuga (fugir)

LÍNGUA PORTUGUESA

ESTRUTURA E FORMAÇÃO DE PALAVRAS

Imprópria (conversão): mudança de classe gramatical.
O jantar, um não, o seu sim, o pobre.

Estrangeirismo
Pode-se entender como um empréstimo linguístico

Com aportuguesamento: abajur (do francês "abat-jour"), algodão (do árabe "al-qutun"), lanche (do inglês "lunch") etc.

Sem aportuguesamento: networking, software, pizza, show, shopping etc.

Acrônimo ou Sigla

Silabáveis: podem ser separados em sílabas.
 Infraero (Infraestrutura Aeroportuária), **Petrobras** (Petróleo Brasileiro) etc.

Não-silabáveis: não podem ser separados em sílabas.
 FMI, MST, SPC, PT, INSS, MPU etc.

Onomatopeia ou reduplicação

Onomatopeia: tentativa de representar um som da natureza.
Pow, paf, tum, psiu, argh.

Reduplicação: repetição de palavra com fim onomatopaico.
Reco-reco, tique-taque, pingue-pongue.

Redução ou abreviação
 Eliminação do segmento de alguma palavra
Fone (telefone), cinema (cinematógrafo), pneu (pneumático) etc.

22. FIGURAS DE LINGUAGEM

Para iniciar o estudo deste capítulo, é importante, retomar alguns conceitos: ao falar de figuras de linguagem, estamos, também, falando de **funções da linguagem** e de **semântica**.

As figuras de linguagem (também chamadas de figuras de pensamento) são construções que se relacionam com a função **poética da linguagem**, ou seja, estão articuladas em razão de modificar o código linguístico para dar ênfase no sentido de uma frase.

É comum vermos exemplos de figuras de linguagem em propagandas publicitárias, poemas, músicas etc. Essas figuras estão presentes em nossa fala cotidiana, principalmente na fala de registro **informal**.

O registro dito informal é aquele que não possui grande preocupação com a situação comunicativa, uma vez que não há tensão para a comunicação entre os falantes. Gírias, erros de concordância e subtração de termos da frase são comuns nesse baixo nível de formalidade comunicativa. Até grandes poetas já escreveram textos sobre esse assunto, veja o exemplo do escritor Oswald de Andrade, que discute a norma gramatical em relação à fala popular do brasileiro:

Pronominais

Dê-me um cigarro
Diz a gramática
Do professor e do aluno
E do mulato sabido
Mas o bom negro e o bom branco
Da Nação Brasileira
Dizem todos os dias
Deixa disso camarada
Me dá um cigarro

Oswald de Andrade
(1890-1954)
Os Cem Melhores Poemas Brasileiros do Século - Seleção e Organização de Ítalo Moriconi, Editora Objetiva, Rio de Janeiro, 2001 (In Pau-Brasil - Poesia - Oswald de Andrade, São Paulo, Globo)

22.1 Conotação X Denotação

É interessante, quando se estuda o conteúdo de figuras de linguagem, ressaltar a distinção conceitual entre o sentido conotativo e o sentido denotativo da linguagem. Vejamos como se opera essa distinção:

Sentido CONOTATIVO: figurado, ou abstrato. Relaciona-se com as figuras de linguagem.

 Adalberto **entregou sua alma a Deus**.

A ideia de entregar a alma a Deus é figurada, ou seja, não ocorre literalmente, pois não há um serviço de entrega de almas. Essa é uma figura que convencionamos chamar de **metáfora**.

Sentido DENOTATIVO: literal, ou do dicionário. Relaciona-se com a função **referencial** da linguagem.

 Adalberto **morreu**.

Quando dizemos função referencial, entende-se que o falante está preocupado em transmitir precisamente o fato ocorrido, sem apelar para figuras de pensamento. Essa frase do exemplo serviu para mostrar o sinônimo da figura de linguagem anterior.

Vejamos agora algumas das principais figuras de linguagem que costumam ser cobradas em provas de concursos públicos:

Metáfora: uma figura de linguagem, que consiste na comparação de dois termos sem o uso de um conectivo.

> Rosa **é uma flor**. (A pessoa é como uma flor: perfumada, delicada, bela etc.)
> Seus olhos **são dois oceanos**. (Os olhos possuem a profundidade do oceano, a cor do oceano etc.)
> João **é fera**. (João é perito em alguma coisa, desempenha determinada tarefa muito bem etc.)

Metonímia: figura de linguagem que consiste utilização de uma expressão por outra, dada a semelhança de sentido ou a possibilidade de associação lógica entre elas.

Há vários tipos de metonímia, vejamos alguns deles:

Efeito pela causa:

O carrasco ergueu **a morte**. (O efeito é a morte, a causa é o machado).

Marca pelo produto:

Vá ao mercado e traga um **Nescau**. (achocolatado em pó).

Autor pela obra:

Li **Camões** com entusiasmo. (Quem leu, leu a obra, não o autor).

Continente pelo conteúdo:

Comi dois **pratos de feijão**. (Comeu o feijão, ou seja, o conteúdo do prato)

Parte pelo todo:

Peço sua **mão em casamento**. (Pede-se, na verdade, o corpo todo).

Possuidor pelo possuído:

Mulher, vou **ao médico**. (Vai-se ao consultório que pertence ao médico, não ao médico em si).

Antítese: figura de linguagem que consiste na exposição de ideias opostas.

> "**Nasce** o Sol e não dura mais que um **dia**
> Depois da **Luz** se segue à **noite** escura
> Em tristes sombras morre a formosura,
> Em contínuas **tristezas** e **alegrias**."

(Gregório de Matos)

Os termos em negrito evidenciam relações semânticas de distinção (oposição). Nascer é o contrário de morrer, assim como sombra é o contrário de luz. Essa figura foi muito utilizada na poesia brasileira, em especial pelo autor dos versos acima: Gregório de Matos Guerra.

Paradoxo: expressão que contraria o senso comum. Ilógica.

> "Amor é fogo que **arde sem se ver**;
> É ferida que **dói e não se sente**;
> É um **contentamento descontente**;
> É **dor que desatina sem doer**."

(Luís de Camões)

A construção semântica acima é totalmente ilógica, pois é impossível uma ferida doer e não ser sentida, assim como não é possível o contentamento ser descontente.

Perífrase: expressão que tem por função substituir semanticamente um termo:

A última flor do Lácio anda muito judiada. (Português é a última flor do Lácio)

O país do futebol é uma grande nação. (Brasil)

O Bruxo do Cosme Velho foi um grande escritor. (Machado de Assis era conhecido como o Bruxo do Cosme Velho)

O anjo de pernas tortas foi o melhor jogador do mundo. (Garrincha)

Eufemismo: figura que consiste em atenuar uma expressão desagradável:

José **pegou emprestado sem avisar**; (roubou).

Maurício **entregou a alma a Deus**; (morreu).

Coitado, só porque **é desprovido de beleza**. (feio)

Disfemismo: contrário ao Eufemismo, é a figura de linguagem que consiste em tornar uma expressão desagradável em algo ainda pior.

O homem **abotoou o paletó de madeira**. (morreu)

Está chupando cana pela raiz. (morreu)

Sentou no colo do capeta. (morreu)

Prosopopeia: atribuição de características animadas a seres inanimados.

O vento sussurrou em meus ouvidos.

Parecia que a **agulha odiava o homem**.

Hipérbole: exagero proposital de alguma característica.

Estou morrendo de rir.

Chorou rios de lágrimas.

Hipérbato: inversão sintática de efeito expressivo.

Ouviram do Ipiranga as margens plácidas
De um povo heroico o brado e retumbante.

Colocando na ordem direta:

As margens plácidas do Ipiranga ouviram o brado retumbante de um povo heroico.

Da minha família, ninguém fala!

LÍNGUA PORTUGUESA

FIGURAS DE LINGUAGEM

Gradação: figura que consiste na construção de uma escala de termo que fazem parte do mesmo campo semântico.

> Plantou **a semente**, zelou pelo **broto**, regou a **planta** e colheu o **fruto**. (A gradação pode ser do campo semântico da palavra semente – broto, planta e fruto – ou da palavra plantar – zelar, regar, colher)

Ironia: figura que consiste em dizer o contrário do que se pensa.

> **Lamento por ter sido eu o vencedor dessa prova.** (Evidentemente a pessoa não lamenta ser o vencedor de alguma coisa)

Onomatopeia: tentativa de representar um som da natureza. Figura muito comum em histórias em quadrinhos.

> Pof, tic-tac, click, bum, vrum!

Sinestesia: confusão dos sentidos do corpo humano para produzir efeitos expressivos.

> Ouvi uma **voz suave** saindo do quarto.
>
> O seu **perfume doce** é extremamente inebriante.

22.2 Vícios de Linguagem

Em um âmbito geral, vício de linguagem é toda expressão contrária à lógica da norma gramatical. Vejamos quais são os principais deslizes que se transformam em vícios.

Pleonasmo vicioso: consiste na repetição desnecessária de ideias.

> **Subir para cima.**
>
> **Descer para baixo.**
>
> **Entrar para dentro.**
>
> **Cardume de peixes.**
>
> **Enxame de abelhas.**
>
> **Elo de ligação.**
>
> **Fato real.**

Observação: pode existir o plágio expressivo em um texto poético. Na frase "ele penetrou na escura treva" há pleonasmo, mas não é vicioso.

Ambiguidade: ocorre quando a construção frasal permite que a sentença possua dois sentidos.

> Tenho que buscar **a cadela da sua irmã**.
>
> A empregada disse para o chefe que o cheque estava sobre **sua mesa**.
>
> **Como você**, também estou cansado. (conjunção "como" ou verbo "comer")

Cacofonia: ocorre quando a pronúncia de determinadas palavras permite a construção de outra palavra.

> Dei um beijo na bo**ca dela**.
>
> Nos**so hino** é belo.
>
> Na **vez passada**, esca**pei de** uma.

Barbarismo: é um desvio na forma de falar ou grafar determinada palavra.

> Mortandela (em vez de mortadela).
>
> Poblema (em vez de problema).
>
> Mindingo (em vez de mendigo).
>
> Salchicha (em vez de salsicha).

Esse conteúdo costuma ser simples para quem pratica a leitura de textos poéticos, portanto devemos sempre ler poesia. Passemos à resolução de algumas questões.

REDAÇÃO

1. REDAÇÃO PARA CONCURSOS PÚBLICOS

Os editais de concurso público disponibilizam o conteúdo programático das matérias que serão cobradas nas provas, mas nem sempre deixam explícito como se preparar para a prova discursiva, ou prova de redação – que, na grande maioria dos concursos, é uma etapa eliminatória.

Portanto, é necessário preparar-se com bastante antecedência, para que possa haver melhoras gradativas durante o processo de produção de um texto.

1.1 Posturas em Relação à Redação

Antes de começar a desenvolver a prática de escrita, é preciso que ter algumas posturas em relação ao processo de composição de um texto. Em posse dessas posturas, percebe-se que escrever não é tão complexo se você estiver orientado e fizer da escrita um ato constante.

Leitura

Apenas a leitura não garante uma boa escrita. Então, deve-se associar a leitura constante com a escrita constante, pois uma prática complementa a outra.

E o que ler?

Direcione sua prática de leitura da seguinte forma: fique atento às ATUALIDADES, que é um conteúdo geralmente previsto na prova de conhecimentos gerais. Ademais, conheça a instituição e o cargo a que você pretende candidatar-se, como as FUNÇÕES e RESPONSABILIDADES exigidas, as quais estão previstas no edital de abertura de um concurso. E, também, tenha uma visão crítica sobre os conhecimentos específicos, porque a tendência dos concursos é relacionar um tema ao contexto de trabalho.

Considere que, nas provas de redação, também podem ser abordados temas sobre algum assunto desafiante para o cargo ao qual o candidato está concorrendo. Uma dica é estar atento às informações veiculadas sobre o órgão público no qual pretende ingressar.

Produção do texto

A produção de um texto não depende de talento ou de um dom. No processo de elaboração de um texto, pode-se dizer que um por cento (1%) é inspiração e noventa e nove por cento (99%) é trabalho. Escrever um excelente texto é um processo que exige esforço, planejamento e organização.

Escrita

O ato de escrever é sempre desta maneira: basta começar. Escrever para ser avaliado por um corretor é colocar pensamentos organizados e articulados, num papel, a partir de um posicionamento sobre um tema estabelecido na proposta de redação.

Tema

O seu texto deve estar cem por cento (100%) adequado à proposta exigida na prova, ou seja, você não pode escrever o que quer, mas o que a proposta determina. Desse modo, antes de começar a escrever, é necessário entender o TEMA da prova.

O tema é o assunto proposto que deve ser desenvolvido. Portanto, cabe a você entendê-lo, problematizá-lo e delimitá-lo, com base no comando da proposta.

Objetividade

Seu texto deve ser objetivo, isto é, o enfoque do assunto deve ser direto, sem rodeios. Além disso, as bancas dão preferência a uma linguagem simples e objetiva. E não confunda linguagem simples com coloquialismos, pois é necessário sempre manter a sua escrita baseada na norma padrão da língua portuguesa.

Além disso, é fundamental o candidato colocar-se na posição do leitor. É um momento de estranhamento do próprio texto para indagar-se: o que escrevi é interessante e de fácil entendimento?

1.2 Apresentação do Texto

Para que se consiga escrever um bom texto, é preciso aliar duas posturas: ter o hábito da leitura e praticar a escrita de textos. Além disso, é importante conhecer as propostas das bancas e saber quais são os critérios de correção previstos em edital.

Letra - legibilidade

Escreva sempre com letra legível. Pode ser letra cursiva ou de imprensa. Tenha atenção para o espaçamento entre as letras/palavras e para a distinção entre maiúsculas e minúsculas.

Respeito às margens

As margens (tanto esquerda quanto direita) existem para serem respeitadas, portanto, não as ultrapasse no momento em que escreve a versão definitiva. Tampouco deixe "buracos" entre as palavras.

Indicação de parágrafos

É preciso deixar um espaço antes de iniciar um parágrafo (mais ou menos dois centímetros).

Título

Colocar título na redação vale mais pontos?

Se o título for solicitado, ele será obrigatório. Caso não seja colocado na redação, haverá alguma perda, mas não muito. Os editais, em geral, não informam pontuações exatas. No caso de o título não ser solicitado, ele se torna facultativo. Logo, se o candidato decidir inseri-lo, ele fará parte do texto, sendo analisado como tal, mas não terá um valor extra por isso.

O título era obrigatório, e não o coloquei... E agora?

Quando há a obrigatoriedade, a ausência do título não anula a questão, a menos que haja essa orientação nas instruções dadas na prova. Não há um desconto considerável em relação ao esquecimento do título, porque a maior pontuação, em uma redação para concurso, está relacionada ao conteúdo do texto.

É preciso pular linha após o título?

Em caso de obrigatoriedade do título, procure não pular linha entre o título e o início do texto, porque essa linha em branco não é contada durante a correção.

Quando se deve escrever o título?

O título é a síntese de sua redação, portanto, prefira escrevê-lo ao término da redação.

Erros na versão final

Quando você está escrevendo e, por distração, erra uma palavra, você deve passar um traço sobre a palavra e escrevê-la corretamente logo em seguida:

> *Não rasure seu texto.*
> *Não escreva a palavra entre parênteses, mesmo se estiver riscada: (exeção) (exeção).*
> *Não use a expressão "digo".*

Ex.: ~~exeção~~ exceção

Translineação

Quando não dá para escrever uma palavra completa ao final da linha, deve-se escrever até o limite, sem ultrapassar a margem direita da linha, e o sinal de separação será sempre o hífen.

Sempre respeite as regras de separação silábica. Nunca uma palavra será separada de maneira a desrespeitar as sílabas:

	tran-
sformação	

Caso a próxima sílaba não caiba no final da linha, embora ainda haja um espaço, deixe-a e continue na próxima linha.

	trans-
formação	

> *Em relação ao posicionamento do hífen de separação, deixe-o ao lado da sílaba. Nunca acima.*

Quando a palavra for escrita com hífen e a separação ocorrer justo nesse espaço, você deve usar duas marcações. Por exemplo: entende-se

	entende-
-se	

Se a palavra não tiver hífen em sua estrutura, use apenas uma marcação:

	apresen-
tação	

Impessoalidade

O texto dissertativo (expositivo-argumentativo) é impessoal. Portanto, pode-se escrever com verbos em:

> **3ª pessoa:**

Ex.: A qualidade no atendimento **precisa** ser prioridade.
Percebe-se que a qualidade no atendimento é essencial.
Notam-se várias mudanças no setor público.

> **1ª pessoa do plural:**

Observamos muitas mudanças e melhorias no serviço público.
NÃO escreva na 1ª pessoa do singular:
Ex.: Observo mudanças significativas.

Adequação vocabular

Adequação vocabular diz respeito ao desempenho linguístico de acordo com o nível de conhecimento exigido para o cargo/área/especialidade, e a adequação do nível de linguagem adotado à produção proposta.

Portanto, devem-se escolher palavras adequadas, evitando-se o uso de jargões, chavões, termos muito técnicos que possam dificultar a compreensão.

Domínio da norma padrão da língua

Deve-se ficar atento aos aspectos gramaticais, principalmente:

> - Estrutura sintática de orações e períodos
> - Elementos coesivos
> - Concordância verbal e nominal
> - Pontuação
> - Regência verbal e nominal
> - Emprego de pronomes
> - Flexão verbal e nominal
> - Uso de tempos e modos verbais
> - Grafia
> - Acentuação

Repetição

Prejudica a coesão textual, e ocorre quando se usa muitas vezes a mesma palavra ou ideia, as quais poderiam ser substituídas por sinônimos e conectivos.

Informações óbvias

Explicações que não precisam ser mencionadas, pois já se explicam por si próprias.

Generalização

É percebida quando se atribui um conceito que é específico de uma forma generalizada.

Exs.: Os menores infratores saem dos centros de ressocialização e retornam ao o do crime. (isso ocorre com todos?)

É preciso que o governo tome medidas urgentes para resolver esse problema. (que medidas?)

Gerúndio

É muito comum usarmos o gerúndio na fala, mas não se usa com tanta recorrência na escrita.

1.3 O Texto Dissertativo

Dissertar é escrever sobre algum assunto e pressupõe ou defender uma ideia, analisá-la criticamente, discuti-la, opinar, ou apenas esclarecer conceitos, dar explicações, apresentar dados sobre um assunto, tudo de maneira organizada, quer dizer, com início, meio e fim bem claros e objetivos.

A dissertação pode ser classificada quanto à maneira como o assunto é abordado:

EXPOSITIVA: são expostos fatos (de conhecimento e domínio público, divulgados em diversos meios de comunicação), mas não é apresentada uma discussão, um ponto de vista.

A dissertação expositiva também é usada quando a proposta exige um texto técnico. Este tipo de texto pode ter duas abordagens: Estudo de Caso (em que é feito um parecer a partir de sua situação hipotética) e Questão Teórica (em que é preciso apresentar conceitos, normas, regras, diretrizes de um determinado conteúdo).

ARGUMENTATIVA: há a exposição de pontos de vista pessoais, com juízos de valor sobre um fato ou assunto.

E qual a melhor maneira de abordar um assunto numa prova de redação para concursos públicos?

Para que seu texto seja MUITO BEM avaliado, o ideal é conseguir chegar a uma forma mista de abordagem, ou seja, escrever um texto dissertativo em que você expõe um assunto e, ao mesmo tempo, dá sua opinião sobre ele. Desse modo, os fatos que são conhecidos (domínio público) podem se transformar em exemplificação atualizada, a qual pode ser relacionada à sua argumentação de forma contextualiza e crítica.

Aspectos gerais da produção de textos

Em face da limitação de espaço, é muito difícil apresentar muitos enfoques relativos ao tema. Por essa razão, dependendo do limite em relação à quantidade de linhas, a dissertação deve conter de 4 a 5 parágrafos, sendo UM para Introdução, DOIS a TRÊS para Desenvolvimento e UM para Conclusão.

Além disso, cada parágrafo deve possuir, no mínimo, dois períodos. Cuidado com as frases fragmentadas, ambiguidades e os erros de paralelismo.

Procure elaborar uma introdução que contenha, de maneira clara e direta, o tema, o primeiro enfoque, o segundo enfoque, etc. E mantenha sempre o caráter dissertativo. Por isso, no desenvolvimento, dê um parágrafo para cada enfoque selecionado, e empregue os articuladores adequados. Por fim, fundamente sempre suas ideias.

Quanto aos exemplos, procure selecionar aqueles que sejam de domínio público, os que tenham saído na mídia: jornais, revistas, TV. E nunca analise temas por meio de emoções exageradas – especialmente política, futebol, religião, etc.

Nunca use frases feitas, chavões.

Não repita palavras ou expressões. Use sinônimos.

Jamais converse com o leitor: nunca use você ou tu. Não empregue verbos no imperativo.

Estrutura de um texto dissertativo

Para escrever uma dissertação, é preciso que haja uma organização do texto a fim de que se obtenha um texto claro e bem articulado:

01. **INTRODUÇÃO**: consiste na apresentação do assunto a fim de deixar claro qual é o recorte temático e qual a ideia que será defendida e/ou esclarecida, ou seja, a TESE.

02. **DESENVOLVIMENTO**: é a parte em que são elaborados os parágrafos argumentativos e/ou informativos, nos quais você explica a sua TESE. É o momento mais importante do texto, por isso, É NECESSÁRIO que a TESE seja explicada, justificada, e isso pode ser feito por meio de exemplos e explicações.

03. **CONCLUSÃO**: esta parte do texto não traz informações novas, muito menos argumentos, porque consiste no fechamento das ideias apresentadas, ou seja, é feita uma reafirmação da TESE. Dependendo do comando da proposta de redação e do tema, pode ser apresentada uma hipótese de solução de um problema apresentado na TESE.

TESE		
	Introdução	- Assunto - Recorte temático - TESE
	Desenvolvimento	- Tópico/TESE + justificativa
	Conclusão	- Retomada da introdução - Reafirmação da TESE

1. Introdução

É o primeiro parágrafo e serve de apresentação da dissertação, por essa razão deve estar muito bem elaborada, ser breve e apresentar apenas informações sucintas. Deve apenas apresentar o TEMA e os ENFOQUES e ter em torno de cinco linhas.

2. Desenvolvimento

É a redação propriamente dita. Deve ser constituído de dois a três parágrafos (a depender do tema da proposta), um para cada enfoque apresentado na Introdução. É a parte da redação em que argumentos são apresentados para explicitar, em um parágrafo distinto, cada um dos enfoques. Cada parágrafo deve ter de 5 a 8 linhas. Pode-se desenvolver os argumentos por meio de relações que devem ser usadas para deixar seu texto coeso e coerente.

Conectores

As relações comentadas acima são estabelecidas com CONECTORES:

Prioridade, relevância: em primeiro lugar, antes de mais nada, antes de tudo, em princípio, primeiramente, acima de tudo, principalmente, primordialmente, sobretudo.

Tempo: atualmente, hoje, frequentemente, constantemente às vezes, eventualmente, por vezes, ocasionalmente, sempre, raramente, não raro, ao mesmo tempo, simultaneamente, nesse ínterim, enquanto, quando, antes que, depois que, logo que, sempre que, assim que, desde que, todas as vezes que, cada vez que, então, enfim, logo, logo depois, imediatamente, logo após, a princípio, no momento em que, pouco antes, pouco depois, anteriormente, posteriormente, em seguida, afinal, por fim, finalmente, agora.

Semelhança, comparação, conformidade: de acordo com, segundo, conforme, sob o mesmo ponto de vista, tal qual, tanto quanto, como, assim como, como se, bem como, igualmente, da mesma forma, assim também, do mesmo modo, semelhantemente, analogamente, por analogia, de maneira idêntica, de conformidade com.

Condição, hipótese: se, caso, eventualmente.

Adição, continuação: além disso, demais, ademais, outrossim, ainda mais, por outro lado, também, e, nem, não só ... mas também, não só... como também, não apenas ... como também, não só ... bem como, com, ou (quando não for excludente).

Dúvida: talvez, provavelmente, possivelmente, quiçá, quem sabe, é provável, não é certo, se é que.

Certeza, ênfase: certamente, decerto, por certo, inquestionavelmente, sem dúvida, inegavelmente, com toda a certeza.

Ilustração, esclarecimento: por exemplo, só para ilustrar, só para exemplificar, isto é, quer dizer, em outras palavras, ou por outra, a saber, ou seja, aliás.

Propósito, intenção, finalidade: com o fim de, a fim de, com o propósito de, com a finalidade de, com o intuito de, para que, a fim de que, para.

Resumo, recapitulação, conclusão: em suma, em síntese, em conclusão, enfim, em resumo, portanto, assim, dessa forma, dessa maneira, desse modo, logo, dessa forma, dessa maneira, assim sendo.

Explicação: por consequência, por conseguinte, como resultado, por isso, por causa de, em virtude de, assim, de fato, com efeito, tão (tanto, tamanho)... que, porque, porquanto, pois, já que, uma vez que, visto que, como (= porque), portanto, logo, que (= porque), de tal sorte que, de tal forma que, haja vista.

Contraste, oposição, restrição: pelo contrário, em contraste com, salvo, exceto, menos, mas, contudo, todavia, entretanto, no entanto, embora, apesar de, apesar de que, ainda que, mesmo que, posto que, conquanto, se bem que, por mais que, por menos que, só que, ao passo que, por outro lado, em contrapartida, ao contrário do que se pensa, em compensação.

Contraposição: é possível que... no entanto...

É certo que... entretanto...

É provável que ... porém...

Organização de ideias: em primeiro lugar ..., em segundo ..., por último ...; por um lado ..., por outro ...; primeiramente, ...,em seguida, ..., finalmente, ...

Enumeração: é preciso considerar que ...; Também não devemos esquecer que ...; Não podemos deixar de lembrar que ...

Reafirmação/Retomada: compreende-se, então, que ...

É bom acrescentar ainda que ...

É interessante reiterar ...

3. Conclusão

É o último parágrafo. Deve ser breve, contendo em torno de cinco linhas. Na conclusão, deve-se retomar o tema e fazer o fechamento das ideias apresentadas em todo o texto e não somente em relação às ideias contidas no último parágrafo do desenvolvimento.

Pode-se concluir:

> Fazendo uma síntese das ideias expostas.
> Esclarecendo um posicionamento e/ou questionamento, desde que coerente, com o desenvolvimento.
> Estabelecendo uma dedução ou demonstrando uma consequência dos argumentos expostos.
> Levantando uma hipótese ou uma sugestão coerente com as afirmações feitas durante o texto.
> Apresentando possíveis soluções para os problemas expostos no desenvolvimento, buscando prováveis resultados.

Conectores

Pode-se iniciar o parágrafo da conclusão com:

Assim; Assim sendo; Portanto; Mediante os fatos expostos; Dessa forma; Diante do que foi dito; Resumindo; Em suma; Em vista disso, pode-se concluir que; Finalmente; Nesse sentido; Com esses dados, conclui-se que; Considerando as informações apresentadas, entende-se que; A partir do que foi discutido.

1.4 Critérios de Correção da Redação para Concursos Públicos

Conteúdo

Neste critério, observa-se se há apresentação marcada do recorte temático, o qual deve nortear o desenvolvimento do texto; se o recorte está contextualizado no texto, por exemplo: quando a proposta propuser uma situação hipotética, ela deve estar diluída em seu texto.

Lembre-se: a proposta não faz parte de seu texto, ou seja, sua produção não pode depender da proposta para ter sentido claro e objetivo.

Em outras palavras: se há algum texto ou uma coletânea de textos, eles têm caráter apenas motivador. Portanto, não faça cópias de trechos dos textos, tampouco pense que o tema da redação é o assunto desses textos. É preciso verificar o recorte temático, o qual fica evidente no corpo da proposta.

O único gênero textual que permite a referência ao texto motivador, bem como a cópia de alguns trechos, é o estudo de caso, pois é preciso fazer uma análise em relação a uma situação hipotética.

Gênero

Neste critério, verifica-se se a produção textual está adequada à modalidade redacional, ou seja, se o texto expressa o domínio da linguagem do gênero: narrar, relatar, argumentar, expor, descrever ações, etc.

Os concursos públicos, quase em sua totalidade, têm como gênero textual a dissertação argumentativa ou o texto expositivo-argumentativo. Desse modo, a banca avalia a objetividade e o posicionamento frente ao tema, a articulação dos argumentos, a consistência e a coerência da argumentação.

Isso significa que há uma valorização quanto do conteúdo do texto: a opinião, a justificativa dessa opinião e a seletividade de informações sobre o tema.

Coerência

Neste critério, avalia-se se há atendimento total do comando, com informações novas que evidenciam conhecimento de mundo e que atestam excelente articulação entre os aspectos exigidos pela proposta, o recorte temático e o gênero textual requisitado. Ou seja, é preciso trazer informações ao texto que não estão disponíveis na proposta. Além disso, é essencial garantir a progressão textual, quer dizer, seu texto precisa ter uma evolução e não pode trazer a mesma informação em todos os parágrafos.

Coesão e gramática

Neste critério, percebe-se se há erros gramaticais; se os períodos estão bem organizados e articulados, com uso de vocabulário e conectivos adequados; e se os parágrafos estão divididos de modo consciente, a fim de garantir a progressão textual.

1.5 Propostas de Redação

Proposta 01

As vendas de automóveis de passeio e de veículos comerciais leves alcançaram 340 706 unidades em junho de 2012, alta de 18,75%, em relação a junho de 2011, e de 24,18%, em relação a maio de 2012, segundo informou, nesta terça-feira, a Federação Nacional de Distribuição de Veículos Automotores (Fenabrave). Segundo a entidade, este é o melhor mês de junho da história do setor automobilístico.

Disponível em: <http://br.financas.yahoo.com>. Acesso em: 3 jul. 2012 (adaptado).

Na capital paulista, o trânsito lento se estendeu por 295 km às 19 h e superou a marca de 293 km, registrada no dia 10 de junho de 2009. Na cidade de São Paulo, registrou-se, na tarde desta sexta-feira, o maior congestionamento da história, segundo a Companhia de Engenharia de Tráfego (CET). Às 19 h, eram 295 km de trânsito lento nas vias monitoradas pela empresa. O índice superou o registrado no dia 10 de junho de 2009, quando a CET anotou, às 19 h, 293 km de congestionamento.

Disponível em: <http://noticias.terra.com.br>. Acesso em: 03 jul. 2012 (adaptado).

O governo brasileiro, diante da crise econômica mundial, decidiu estimular a venda de automóveis e, para tal, reduziu o imposto sobre produtos industrializados (IPI). Há, no entanto, paralelamente a essa decisão, a preocupação constante com o desenvolvimento sustentável, por meio do qual se busca a promoção de crescimento econômico capaz de incorporar as dimensões socioambientais.

Considerando que os textos acima têm caráter unicamente motivador, redija um texto dissertativo sobre sistema de transporte urbano sustentável, contemplando os seguintes aspectos:

> Conceito de desenvolvimento sustentável; (valor: 3,0 pontos)
> Conflito entre o estímulo à compra de veículos automotores e a promoção da sustentabilidade; (valor: 4,0 pontos)
> Ações de fomento ao transporte urbano sustentável no Brasil. (valor: 3,0 pontos)

Proposta 02

I

Venham de onde venham, imigrantes, emigrantes e refugiados, cada vez mais unidos em redes sociais, estão aumentando sua capacidade de incidência política sobre uma reivindicação fundamental: serem tratados como cidadãos, em vez de apenas como mão de obra (barata ou de elite).

(Adaptado de: http://observatoriodadiversidade.org.br)

II

A intensificação dos fluxos migratórios internacionais das últimas décadas provocou o aumento do número de países orientados a regulamentar a imigração. Os argumentos alegados não são novos: o medo de uma "invasão migratória", os riscos de desemprego para os trabalhadores autóctones, a perda da identidade nacional.

III

Ainda não existe uma legislação internacional sólida sobre as migrações internacionais. Assim, enquanto que os direitos relativos ao investimento estrangeiro foram se reforçando cada vez mais nas regras estabelecidas para a economia global, pouca atenção vem sendo dada aos direitos dos trabalhadores.

(II e III adaptados de: http://www.migrante.org.br)

Considerando o que se afirma em I, II e III, desenvolva um texto dissertativo-argumentativo, posicionando-se a respeito do seguinte tema:

Mobilidade Humana e Cidadania na atualidade.

2. DISSERTAÇÃO EXPOSITIVA E ARGUMENTATIVA

2.1 Dissertação Expositiva

Na dissertação expositiva, o objetivo do texto é passar conhecimento para o leitor de maneira clara, imparcial e objetiva.

Nesse tipo textual, não se faz necessariamente a defesa de uma ideia, pois não há intenção de convencer o leitor, nem criar debate. Trabalha-se o assunto de maneira atemporal.

Distinção entre texto expositivo e descritivo

É bastante comum que se confunda o texto dissertativo-expositivo com o texto descritivo. Vamos à distinção:

O texto expositivo tem por objetivo principal informar com clareza e objetividade. Predomina a linguagem impessoal e objetiva. De forma geral, segue a estrutura da dissertação (introdução, desenvolvimento, conclusão). Como exemplo desse tipo de texto, temos aqueles encontrados em livros didáticos, enciclopédias, jornais, revistas (científicas, informativas, etc.).

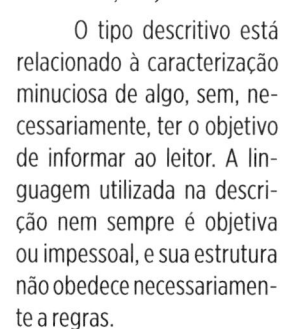

O tipo descritivo está relacionado à caracterização minuciosa de algo, sem, necessariamente, ter o objetivo de informar ao leitor. A linguagem utilizada na descrição nem sempre é objetiva ou impessoal, e sua estrutura não obedece necessariamente a regras.

> É bastante comum que um texto (um gênero textual) apresente diversos tipos textuais em sua estrutura, o que dificulta a diferenciação.

Partes do texto dissertativo-expositivo

Tipos de introdução

→ **Introdução Simples**

É uma introdução direta, na qual é exposta apenas a delimitação do tema.

→ **Introdução com Paráfrase**

A paráfrase é uma reescrita de frases sem que haja alteração de sentido. Para que essa reescrita seja coerente, é necessário que seja mantido o paralelismo semântico. Este tipo de introdução geralmente é usado quando o tema da redação é uma afirmação.

→ **Introdução com Conceituação**

Neste tipo de introdução, a autor do texto apresenta seu ponto de vista ou a ideia central por meio da definição de algum conceito que tenha relação com o núcleo do tema.

→ **Introdução com Indicação do Desenvolvimento**

São apresentados o tema e os tópicos que serão esclarecidos no desenvolvimento. Numa dissertação-expositiva enumeram-se os aspectos que serão relatadas ao longo do texto.

É muito importante ter atenção com a ordem dessa enumeração, pois é necessário que ela seja mantida no decorrer do desenvolvimento para que se garanta conexão lógica e a progressividade textual. Além disso, todos os itens enumerados devem ser abordados no desenvolvimento.

É imprescindível, também, que se trate cada tópico em um parágrafo diferente, porque facilita, para o examinador, a identificação de que foi redigido tudo o que foi apresentado.

Tipos de desenvolvimento

O desenvolvimento deve conter a exposição de cada um dos aspectos enumerados na introdução. Não há uma forma específica para se escrever esta parte da redação. A continuidade do texto será dada de acordo com a introdução. Ou seja, a sequência do desenvolvimento deve estar já delimitada no parágrafo introdutório.

> Procure escrever, em cada parágrafo, alguma palavra-chave sobre o tema e os fundamentos abordados na redação.

Nunca deixe mencionar tudo o que é solicitado na proposta. Se deixar em branco, será atribuída nota zero na correção da redação. Isso significa que você deve responder ao questionamento, sem se desviar do tema.

Tipos de conclusão

→ **Confirmação**

É a forma mais simples. É feita uma síntese do que foi escrito na redação ou uma confirmação (reforço) da tese que orientou o texto e foi afirmado na introdução.

→ **Solução**

Este tipo é muito usado em pareceres e relatórios, pois há apresentação de solução ou soluções para a tese apresentada na introdução.

→ **Expansão**

Neste tipo de conclusão, usa-se o melhor argumento ou a melhor ideia exposta (no desenvolvimento) e é feita uma conexão com o desenvolvimento, de forma encerrar a discussão ou o assunto.

→ **Finalização do desenvolvimento**

O parágrafo de conclusão também pode trazer algum aspecto relevante sobre o tema, em vez de expor uma "conclusão, síntese, expansão ou solução".

Para que a redação não fique sem fechamento, é recomendável que se use alguma expressão que indique conclusão, como: "por fim", "finalmente", "por último", "em último lugar", "em conclusão", etc.

Propostas de dissertação expositiva

Proposta 01

Convocada pela Defensoria Pública do Rio, a comunidade do Complexo do Alemão começou a chegar duas horas antes do combinado. Enfileiraram-se em busca, principalmente, de carteiras de identidade e de trabalho, ícones da entrada na sociedade formal. Houve duas dúzias de coleta de material genético para exames de comprovação de paternidade. Foram entrevistadas 180 moradoras sobre saúde, maternidade e violência doméstica. Uma cidadã transexual foi atrás de orientação para trocar de nome.

REDAÇÃO

DISSERTAÇÃO EXPOSITIVA E ARGUMENTATIVA

Mães pediram tratamento psicológico para filhos com sintomas de síndrome do pânico. Segundo a presidenta da Associação de Defensores Públicos do Estado do Rio de Janeiro, "quando conversamos, percebemos que a violência permeia o discurso. Mas os moradores têm outras demandas. Denunciam a falta de alguma instituição que os defenda da vulnerabilidade". A agenda dos moradores do Alemão envolve cinco ações: moradia, saneamento, educação técnico-profissional, políticas para jovens e espaços de lazer, esporte e cultura.

<small>Flávia Oliveira. Demanda cidadã. In: O Globo, 27/5/2015, p. 28 (com adaptações).</small>

Considerando que o fragmento de texto acima tem caráter unicamente motivador, redija um texto dissertativo acerca do seguinte tema.

SEGURANÇA PÚBLICA: POLÍCIA E POLÍTICAS PÚBLICAS

Ao elaborar seu texto, faça o que se pede a seguir.

> Disserte a respeito da segurança como condição para o exercício da cidadania. [valor: 25,50 pontos]
> Dê exemplos de ação do Estado na luta pela segurança pública. [valor: 25,50 pontos]
> Discorra acerca da ausência do poder público e a presença do crime organizado. [valor: 25,00 pontos]

Padrão de Resposta da Banca

Espera-se que, relativamente ao primeiro aspecto proposto (a segurança como condição para o exercício da cidadania), o candidato afirme a impossibilidade real e concreta do pleno exercício da cidadania em um cenário de dramática insegurança. Tal como dicionarizado, o conceito de cidadania remete ao "indivíduo que, como membro de um Estado, usufrui de direitos civis e políticos garantidos pelo mesmo Estado e desempenha os deveres que lhe são atribuídos". Viver em paz, sem o contínuo temor de ser vítima de agressão — venha de onde vier — passa a ser entendido como direito essencial à vida em comunidade assentada nos princípios da cidadania.

Em relação ao segundo aspecto (exemplos de ação do Estado na luta pela segurança pública), espera-se que o candidato seja capaz de apontar alguns exemplos da necessária ação do poder público para a conquista e a manutenção do clima de segurança coletiva nas mais diversas comunidades, sobretudo as mais vulneráveis. Nesse sentido, basta que o candidato se reporte ao próprio texto motivador, tendo em vista que policiamento adequado e atendimento às demandas básicas da sociedade são faces de uma mesma moeda.

Por fim, no que concerne ao terceiro aspecto (ausência do poder público e a presença do crime organizado), convém que o candidato faça referência a uma preocupante realidade, por todos sabida: onde há omissão do Estado, a tendência é que esse vazio seja ocupado por grupos criminosos no atendimento às demandas das comunidades. Essa realidade está presente, inclusive, em instituições penitenciárias.

Proposta 02

Um relatório do Conselho de Segurança da Organização das Nações Unidas constatou que 15 mil pessoas viajaram à Síria e ao Iraque para combater pelo Estado Islâmico e por grupos extremistas semelhantes. De acordo com o relatório, essas pessoas saíram de mais de 80 países, o que inclui um grupo de países que não havia enfrentado desafios anteriores com relação à Al Qaeda. Os números reforçam recentes estimativas dos serviços de inteligência dos Estados Unidos da América sobre o escopo do problema dos combatentes estrangeiros, que, conforme o relatório, se agravou apesar das ações agressivas das forças antiterroristas e das redes mundiais de vigilância. Os números referentes ao período iniciado em 2010 são superiores aos números referentes ao total de combatentes estrangeiros nas fileiras terroristas entre 1990 e 2010 — e continuam crescendo.

<small>Folha de S.Paulo, 1.º/11/2014, p. 10, caderno Mundo 2 (com adaptações).</small>

Considerando que o fragmento de texto acima tem caráter unicamente motivador, redija um texto dissertativo acerca do tema a seguir.

A CIVILIZAÇÃO CONTEMPORÂNEA E O TERRORISMO

Ao elaborar seu texto, aborde, necessariamente, os seguintes aspectos:

> **o 11 de Setembro de 2001 e a nova escalada terrorista;** [valor: 4,00 pontos]
> **o Estado Islâmico: intolerância e agressividade;** [valor: 4,00 pontos]
> **a reação mundial ao terrorismo.** [valor: 4,00 pontos]

Padrão de Resposta da Banca

Espera-se que, relativamente ao primeiro aspecto (O 11 de setembro de 2001 e a nova escalada terrorista), o candidato mencione o impacto causado em todo o mundo pela ação do terror (Al Qaeda) em território norte-americano, atingindo o prédio do Pentágono, em Washington, e destruindo por completo as torres do World Trade Center, em Nova Iorque. A pronta e vigorosa reação dos EUA (governo Bush) alterou a legislação do país, com algum tipo de cerceamento das liberdades, e se estendeu por várias partes do mundo, a começar pela identificação de países considerados fontes permanentes de ações agressivas contra os EUA, definidos como "Eixo do Mal". Em verdade, o 11 de setembro de 2001 deu inédita visibilidade ao terrorismo impulsionado pelo fanatismo religioso, que se manifestou em outros locais, como, por exemplo, Londres e Madri.

Quanto ao segundo aspecto (Estado Islâmico: intolerância e agressividade), o candidato poderá destacar a intenção do grupo de instituir um califado muçulmano, com a conquista de territórios hoje integrantes da Síria e do Iraque, sua absoluta subordinação a uma visão estreita e radical do islã, além da chocante violência de seus atos, como a decapitação de prisioneiros, em cenas gravadas e divulgadas pelo mundo afora. Outro direcionamento para o segundo aspecto é o aliciamento de jovens para a luta armada por meio das redes sociais, por exemplo.

Por fim, o terceiro aspecto a ser focalizado (A reação mundial ao terrorismo) deverá levar o candidato a se referir às manifestações da opinião pública mundial, que tende a repudiar maciçamente atitudes dessa natureza, à ação de organismos internacionais (como a citada ONU) e à reação objetiva de muitos países (particularmente os ocidentais, à frente os EUA), agindo civil e militarmente para frear a ação terrorista. Além disso, ao abordar os aspectos citados no comando da prova, espera-se que o candidato mencione o interesse econômico subjante às atividades terroristas, o que decorre sobretudo do interesse por fontes naturais, tais como petróleo e gás natural.

Proposta 03

Em um lixão de Gana, carcaças de computadores espalhadas em meio a todo o tipo de dejetos chamam a atenção por etiquetas que identificam sua procedência: delegacias, conselhos públicos e até universidades britânicas. O mesmo acontece em lixões da China, com produtos oriundos da Europa ou dos Estados Unidos da América (EUA). Já na América Central, um navio saído dos EUA passa por países pobres tentando encontrar um terreno que aceite o depósito do que dizem ser fertilizante, mas que na verdade são cinzas de produtos eletrônicos. Parte do material, rico em arsênio, chumbo e outras substâncias tóxicas, é jogado em uma praia do Haiti, outra parte atirada no oceano. Não tão distante, 353 toneladas de resíduos de televisores são trazidos dos EUA em contêineres ao Porto de Navegantes, em Santa Catarina (carga devolvida à origem).

O Globo, 24/8/2015, p. 21 (com adaptações).

Considerando que o fragmento de texto acima tem caráter unicamente motivador, redija um texto dissertativo acerca do seguinte tema.

LIXO ELETRÔNICO: O PLANETA EM PERIGO

Ao elaborar seu texto, aborde os seguintes aspectos:

> lixo eletrônico: a outra face do desenvolvimento; [valor: 3,50 pontos]
> a globalização da rota do tráfico de resíduos eletrônicos; [valor: 3,00 pontos]
> os lucros gerados pelos resíduos e a ação do crime organizado. [valor: 3,00 pontos]

Padrão de resposta da banca

Espera-se que, em relação ao primeiro tópico proposto (lixo eletrônico: a outra face do desenvolvimento), o candidato identifique nesses resíduos eletrônicos a outra e danosa face do desenvolvimento trazido pelo processo de transformação do sistema produtivo conhecido como Revolução Industrial. O certo é que, em muitos países, ainda não há legislação plenamente ativa para controlar o descarte de eletrônicos. No Brasil, verifica-se reiterada tentativa de burlar a legislação a respeito. Esse descarte, feito de modo inadequado, agride violentamente o meio ambiente.

Quanto ao segundo aspecto (a globalização da rota do tráfico de resíduos eletrônicos), espera-se que o candidato aponte a relação existente entre a globalização da economia e a do tráfico desses resíduos. Em geral, como indicado no texto motivador, esse descarte criminoso é feito pelas economias mais desenvolvidas na direção de países periféricos e mais pobres.

Relativamente ao terceiro ponto (os lucros gerados pelos resíduos e a ação do crime organizado), espera-se que o candidato lembre que, devido à falta de monitoramento e à fragilidade da fiscalização, essa atividade ilegal torna-se por demais atraente em termos financeiros, sem maiores riscos para quem dela se ocupa. É onde entra o crime organizado global, que tem se diversificado e investido em resíduos. O próprio texto motivador deixa transparecer que o descarte do lixo eletrônico, tal como visto nos exemplos citados, acaba sendo mais um ramo do crime organizado global, integrando a extensa teia que envolve lavagem de dinheiro, comércio de armas, tráfico humano, fraudes na área esportiva, avanço ilegal sobre a biodiversidade, entre tantos outros.

Proposta 04

Considerando que o contexto que envolve as drogas ilícitas, redija um texto dissertativo que atenda, necessariamente, ao que se pede a seguir:

AS DROGAS ILÍCITAS NA CONTEMPORANEIDADE

> O problema social das drogas ilícitas no mundo contemporâneo
> O fracasso da política antidrogas militarizada
> Alternativas à atual política antidrogas

Padrão de resposta da banca

Espera-se que, em relação ao primeiro item ("O problema social das drogas ilícitas no mundo contemporâneo"), o candidato aponte as drogas como um grave problema social da contemporaneidade. Sem distinção de classes sociais e presente em todas elas, o uso de drogas ilícitas instalou-se no interior das sociedades, e é, sob muitos aspectos, elemento fundamental para a desestruturação familiar e para a exacerbação da violência. Além disso, contribui decisivamente para o adensamento do crime organizado, cuja atuação, cada vez mais, ocorre em escala global.

No que concerne ao segundo item ("O fracasso da política antidrogas militarizada"), espera-se que o candidato pondere, por exemplo, que o custo do combate às drogas é elevado, seja no que se refere a vidas humanas, seja no que se refere ao dinheiro nele aplicado. Em suma, pode-se afirmar que, se determinados instrumentos utilizados por cinco décadas não apresentaram resultados, esses métodos são ineficazes, o que leva à reflexão sobre a conveniência de substituí-los.

Por fim, em relação ao terceiro item ("Alternativas à atual política antidrogas"), espera-se que o candidato alegue que estão em marcha atitudes que podem ser uma alternativa interessante à atual política antidrogas militarizada, por exemplo, a rejeição à pulverização pura e simples dos campos de cultivo de coca, planta da qual é feita a cocaína; a permissão para o cultivo de pequenas plantações de coca; a plantação de maconha para fins medicinais e, sobretudo, ação de lideranças políticas (no Brasil, com destaque para o ex-presidente Fernando Henrique Cardoso), que defendem a descriminalização do uso da maconha, a qual distingue claramente o usuário e o traficante.

Proposta 05

Considerando o contexto que envolve as drogas ilícitas, redija um texto dissertativo que atenda, necessariamente, ao que se pede a seguir:

DISSERTAÇÃO EXPOSITIVA E ARGUMENTATIVA

A MOBILIDADE HUMANA NA MODERNIDADE

> fatores que levam milhares de pessoas a enfrentar a perigosa travessia do Mediterrâneo
> o dilema moral vivido pela Europa entre receber ou rejeitar os imigrantes
> o papel da opinião pública internacional na sociedade contemporânea

Padrão de resposta da banca

Espera-se que, ao abordar o primeiro item proposto (fatores que levam milhares de pessoas a enfrentar a perigosa travessia do Mediterrâneo), o candidato enfatize, no mínimo, dois aspectos determinantes para as atuais levas de milhares de imigrantes que buscam, na Europa, as condições elementares de uma vida razoavelmente digna que não mais encontram em seus países de origem. De um lado, a fome e a miséria, quadro que tão bem representa a situação vivida, em larga medida, por habitantes da África subsaariana. De outro, a ação truculenta de governos despóticos e corruptos, além da multiplicação de guerras civis, às vezes, ensejando autênticos genocídios. Especificamente em relação ao Oriente Médio, destaca-se a caótica realidade experimentada pela Síria, na qual se associam um governo ditatorial, rivalidades religiosas levadas ao extremo e a ação implacável do terrorismo.

Em relação ao segundo tópico (o dilema moral vivido pela Europa entre receber ou rejeitar os imigrantes), espera-se que o candidato se reporte ao intenso debate travado no âmbito da União Europeia, quando alguns membros compreenderam a imperiosa necessidade de se encontrarem meios para a recepção de certo número de imigrantes, como é o caso, por exemplo, da Alemanha, enquanto outros, particularmente na Europa do Leste, ofereciam resistência explícita ao acolhimento desses imigrantes.

Por fim, quanto ao terceiro ponto (o papel da opinião pública internacional na sociedade contemporânea), espera-se que o candidato lembre ser este um elemento definidor da contemporaneidade: milhares de pessoas saem às ruas e se manifestam, por todos os meios, em face de determinados acontecimentos, como atos terroristas e o desespero desses milhares de imigrantes. Esse fenômeno de participação cidadã tem forçado os governos a tomarem certas atitudes que, muitas vezes, não se situavam em seu campo de alternativas.

2.2 Dissertação Argumentativa

A dissertação argumentativa consiste na exposição de ideias a respeito de um tema, de forma técnica e impessoal, com base em raciocínios e argumentações. Tem por objetivo a defesa ou a contestação de um ponto de vista por meio da persuasão. Por isso, a coerência entre as ideias e a clareza na forma de expressão são elementos fundamentais.

Estrutura

A estrutura lógica da dissertação consiste em: introdução (apresenta o tema a ser discutido); desenvolvimento (expõe os argumentos e ideias sobre o tema, com fundamento em fatos, exemplos, testemunhos e provas do que se pretende demonstrar); e conclusão (traz o desfecho da redação, com a finalidade de reforçar a ideia inicial).

Parágrafo

O parágrafo é uma unidade do todo que é o texto. Perceba que a redação trata de um único assunto, que é aquele apresentado no comando. Assim, dividimos o texto em parágrafos para que a leitura seja fluida, de acordo com a abordagem reservada a cada um dos parágrafos.

Elementos contidos em um parágrafo

Todo parágrafo possui uma ideia central, que é o tópico principal. Geralmente, ela se encontra na introdução do parágrafo. Em torno dessa ideia central, temos ideias secundárias que dão desenvolvimento ao parágrafo. Vale ressaltar que muitos parágrafos ainda possuem uma conclusão, a qual tem como função sintetizar o conteúdo dele.

Outro elemento não obrigatório, mas de suma importância, é o termo que faz a relação entre os parágrafos. Geralmente se encontra do segundo parágrafo em diante e objetiva fazer a conexão lógica das ideais presentes em cada parágrafo. Logo, podemos afirmar que um parágrafo adequado possui clareza, objetividade, coerência, coesão e conteúdo adequado.

Quanto ao tamanho dos parágrafos, é importante que haja uma harmonia entre eles. Dessa forma, deve-se redigir parágrafos de tamanhos semelhantes, não necessariamente iguais. Ademais, é importante não fazer parágrafos muito grandes.

Como cada parágrafo possui uma ideia principal, não se recomenda escrever um parágrafo com apenas um período ou misturar ideias em um mesmo parágrafo. Dessa maneira, o ideal é reservar um parágrafo para cada ideia e(ou) argumentação abordada ou então daquelas contidas na enumeração feita na introdução.

Cada assunto deve ser objeto de um parágrafo específico.

Por fim, vamos novamente às regrinhas básicas: não faça parágrafos excessivamente longos e confusos, pois o examinador se cansará facilmente e não compreenderá seu texto. Por outro lado, também não faça parágrafos excessivamente curtos, que não contenham o devido desenvolvimento da ideia principal.

Exemplos

A seguir, há dois parágrafos que podem servir como introdução de um texto. Pode-se perceber que há uma organização interna que garante uma leitura rápida e eficaz. Além disso, há dois elementos básicos: a apresentação do assunto e o objetivo do texto.

01. Considera-se a humanização no ambiente de trabalho uma das principais características com a qual a empresa deve preocupar-se a fim de que alcance bons resultados, afinal, o capital humano é o bem mais precioso de uma instituição e o responsável por mantê-la ativa no mercado em geral. Além disso, a CF tem como um de seus fundamentos a dignidade da pessoa humana, a qual garante aos indivíduos um tratamento justo e igualitário para uma vida com qualidade. Logo, por ser um fundamento básico e irradiante, e alcançar todas as áreas do Direito, precisa ser garantido nas relações trabalhistas.

02. A fim de alcançar a cidadania, que de certa forma é um meio para a busca da ordem e do progresso social, o Estado tem o dever, como cita a Constituição Federal, de promover a segurança pública. Por esse motivo, é coerente afirmar que é preciso ofertar, de forma homogênea, a possibilidade de "execução" da cidadania por todos do povo.

Propostas de dissertação expositiva

Proposta 01

Elabore um texto dissertativo-argumentativo abordando o seguinte tema:

É POSSÍVEL CONCILIAR OS INTERESSES PESSOAIS DO TRABALHADOR E OS INTERESSES DA ORGANIZAÇÃO?

Proposta 02

A internet é uma mídia que ainda vai provocar muitas modificações entre as pessoas. Estamos apenas adentrando essa nova era, que, no Brasil, teve início em 1996. Capistrano de Abreu dizia que os colonizadores portugueses ficaram, durante vários séculos, como caranguejos, apenas arranhando as costas do Brasil, sem adentrar seu território, nem dominar as regiões desconhecidas. Em relação à internet, somos os novos caranguejos do início do século XXI, sem desvendar com segurança as possibilidades desse meio de comunicação revolucionário na produção e propagação de saberes. Não sabemos ainda o que acontecerá e como se dará; por isso, não podemos fazer previsões estanques.

SHEPERD, T.; SALIÉS, T. In: Linguística da internet. São Paulo: Contexto, 2012. p.91

Redija um texto dissertativo-argumentativo em que se discuta se o uso da internet trouxe mais benefícios ou mais malefícios ao indivíduo e à sociedade. Apresente argumentos que fundamentem sua posição.

Proposta 03

Apesar da presunção de veracidade que confere autoridade, interesse e sedução a todas as fotos, a obra que os fotógrafos produzem não constitui uma exceção genérica ao comércio usualmente nebuloso entre arte e verdade. Mesmo quando os fotógrafos estão muito mais preocupados em espelhar a realidade, ainda são assediados por imperativos de gosto e de consciência. [...] O problema não é que as pessoas se lembrem através das fotografias, mas que se lembrem apenas das fotografias.

(SONTAG, Susan. "Na caverna de Platão", em Sobre a Fotografia, São Paulo, Companhia das Letras, 2008)

A partir do trecho acima, escreva um texto dissertativo-argumentativo sobre o seguinte tema:

A IMAGEM COMO PRODUTORA DE SENTIDOS NA MODERNIDADE

Proposta 04

Epicuro havia percebido que as leis não educam: que não eram feitas para serem propriamente obedecidas, mas para garantir, sobretudo, a possibilidade de punição. Ele se deu conta, por um lado, de que a educação e as necessidades básicas do ser humano deveriam ser gerenciadas pela pólis (Estado); por outro lado, viu que era preciso, de algum modo, isolar para educar, porém, sem reclusão, porque a virtude do caráter político não se reduz, afinal, a um modelo ou teoria, tampouco ao recinto de uma instituição ou de uma *pólis*.

(Adaptado de: SPINELLI, Miguel. Epicuro e as bases do epicurismo, São Paulo, Paulus, 2013, p. 8)

Com base no excerto acima, escreva uma dissertação justificando amplamente seu ponto de vista.

Proposta 05

I

Para além da fidelidade e integridade da informação, problema que se impunha com os veículos tradicionais da mídia, hoje, com a internet, o homem enfrenta um novo desafio: distinguir, de uma profusão de informações supérfluas, as que lhe importam na formação de um pensamento que garanta sua identidade e papel social.

II

Ponto de vista não é apenas a opinião que desenvolvemos sobre determinado assunto, mas também o lugar a partir de onde consideramos o mundo e que influencia de maneira cabal nossas percepções e ações.

III

Todos os homens voltam para casa.

Estão menos livres mas levam jornais

e soletram o mundo, sabendo que o perdem.

(ANDRADE, Carlos Drummond de. "A flor e a náusea")

Redija um texto dissertativo-argumentativo a partir do que se afirma em I, II e III.

> Cada assunto deve ser objeto de um parágrafo específico.

Proposta 06

As Olimpíadas eram uma série de competições esportivas que, de quatro em quatro anos, reuniam atletas das cidades-estado que formavam a Grécia Antiga. Surgiram em 776 a.C. na cidade de Olímpia e se realizaram até 393 d.C. Tinham grande importância por seu caráter religioso, político e esportivo, e buscavam a harmonia entre cidades, com a trégua entre conflitos e guerras, além da valorização da saúde e do corpo saudável. Ressurgiram em 1896, com o objetivo de retomar os ideais olímpicos na interação entre os povos, e estiveram sujeitas a interferências políticas no decorrer do tempo. Os Jogos Panamericanos, mais recentes, também realizados de quatro em quatro anos, são evento multiesportivo, que tem por base os Jogos Olímpicos e, como indica o próprio nome, reúne atletas dos países do continente americano. Na atualidade, no entanto, parece haver confluência de interesses bastante diversos na realização desses eventos, de modo a acirrar o espírito competitivo e a expor o poder, até mesmo financeiro, de alguns países.

Diante do que se expôs acima, redija um texto dissertativo-argumentativo sobre o seguinte tema:

AS COMPETIÇÕES ESPORTIVAS INTERNACIONAIS COMO INSTRUMENTO DE MANUTENÇÃO DA PAZ E DA IGUALDADE NO MUNDO MODERNO.

GEOGRAFIA DO AMAZONAS

1. GEOGRAFIA DO AMAZONAS

1.1 A Organização do Espaço

Conquista e a expansão da Amazônia colonial

A foz do Rio Amazonas foi descoberta por Vicente Yáñez Pinzón, navegador espanhol que, em 1500, seguido por seu primo Diego de Lepe, entre outros espanhóis, atravessaram a Cordilheira dos Andes e exploraram o curso do rio até chegar ao Oceano Atlântico. A viagem durou dois anos, posteriormente relatada pelo dominicano frei Gaspar de Carvajal, o qual afirmava que os espanhóis lutaram com mulheres guerreiras, nas margens do Rio Marañón. Elas disparavam flechas e dardos contra aqueles homens. Surgiu, assim, o mito de mulheres guerreiras, fazendo com que aquelas regiões viessem a receber o nome dessas guerreiras mitológicas, as amazonas – entre eles, o maior rio da região –, que passou a ser conhecido como Rio das Amazonas. O estado, então, tem esse nome por conta do seu principal rio.

Todavia, acredita-se que há mais de 11.200 anos, já havia caçadores-coletores nessa região, porém, o período de maior desenvolvimento humano nas terras amazônicas é conhecido como Pré-colombiano tardio.

De acordo com arqueólogos, as sociedades que habitavam as regiões da Bacia Amazônica passaram a se organizar de forma cada vez mais elaborada entre o ano 1.000 a.C. e o ano 1.000 d.C. Assim, viviam em sociedades hierarquizadas (provavelmente com nobres, plebeus e servos), constituíram chefias centralizadas na figura do cacique, e adotaram posturas agressivas e expansionistas. O cacique, além de dominar grandes territórios, organizava de forma contínua seus guerreiros, visando conquistar novos territórios.

Além das práticas mencionadas anteriormente, esses povos demonstraram a complexidade dessa sociedade por meio de urnas funerárias, comprovando a existência de rituais fúnebres. A cerâmica era altamente elaborada, comprovando um domínio de técnicas complexas de produção, apontado pelos indícios. Acredita-se que a monocultura era praticada, além da caça e da pesca intensivas, a produção intensiva de raízes e o armazenamento de alimentos.

Os povos que habitavam a região naquele período eram, em sua maioria, os povos Panos, Aruaques, Tucanos, Caribes, Tupis-guaranis, entre outros grupos étnicos menores. Essa dominação durou até a chegada dos europeus a essas terras, pois, começou o grande extermínio desses povos por conta de conflitos territoriais, bem como as doenças trazidas pelos europeus, das quais a população indígena não tinha defesa imunológica. Os habitantes locais pacificados que sobreviviam às batalhas eram escravizados.

Pelo Tratado de Tordesilhas (1494), todo o vale amazônico se encontrava nos domínios da Coroa Espanhola. Porém, ingleses e holandeses disputavam o domínio da América com os ibéricos, entregando-se à exploração do Amazonas e lançando as primeiras bases de implantações coloniais, por meio do levantamento de feitorias e pequenos fortes, em 1596, chamadas de Drogas do Sertão. Ainda assim, a região não possuía uma ocupação efetiva. No entanto, no segundo decênio do século XVII, quando os portugueses começaram a ultrapassar a divisa de Tordesilhas, os ingleses e holandeses promoviam um ativo comércio de madeiras e pescado, iniciando também o plantio de cana-de-açúcar, algodão e tabaco. Os próprios governos passaram a estimular as empresas vindas dessas nações.

Sabe-se que foi durante a Dinastia Filipina (1580-1640) que a Coroa Hispano-portuguesa se interessou pela região, fundando Santa Maria das Graças de Belém do Grão-Pará (atual Belém), em 1616, sendo o fator determinante a expansão religiosa, pois conforme as expedições bélicas ganhavam território, a Coroa portuguesa necessitava do trabalho missionário, mantendo o seu domínio. Nesse sentido, com o objetivo de catequizar os indígenas, vários leigos e religiosos jesuítas espanhóis fundaram missões no território amazonense. Essas missões, cuja economia tinha como atividade a dependência do extrativismo e da silvicultura, foram os locais de deram origem aos primeiros mestiços da região, mas não se mantiveram por muito tempo, sendo atacadas tanto por outros conquistadores, como por indígenas locais.

Cabe notar que foram os Carmelitas que se consolidaram na colonização nos antigos domínios espanhóis, ocupando a área que hoje é do estado do Amazonas. Eles dominaram o que antes tinham sido as missões jesuíticas pelo vale contíguo do Tapajós e, mais a oeste, pelo Rio Madeira, ao longo do Rio Solimões, do Rio Negro e, ao norte do Rio Branco.

A partir do século XVIII, disputas entre portugueses e espanhóis que habitavam a Bacia do Rio Amazonas se intensificaram, desencadeando a disputa pela posse da terra, a qual motivou a formação de grandes latifúndios. A região do Alto Rio Amazonas era considerada estratégica, tanto para a diplomacia espanhola, por representar via de acesso ao Vice-reino do Peru, quanto para a diplomacia portuguesa, especialmente a partir da descoberta de ouro nos sertões de Mato Grosso e de Goiás, escoado com rapidez pela Bacia do Rio Amazonas.

O estado do Maranhão se tornou Grão-Pará e Maranhão, em 1737, e sua sede foi transferida de São Luís para Belém do Pará. O Tratado de Madri, de 1750, confirmou a posse portuguesa sobre a área. Com a finalidade de estudar e demarcar os limites, o governador do estado, Francisco Xavier de Mendonça Furtado, instituiu uma comissão com base em Mariuá, em 1754. Em 1755, foi criada a Capitania de São José do Rio Negro, atual Amazonas, subordinada ao Grão-Pará. As fronteiras, então, eram bem diferentes das linhas retas atuais: o Amazonas incluía Roraima, parte do Acre e expandia-se para o sul com porções de terras que hoje pertencem ao Mato Grosso.

Por outro lado, o projeto de ocupação do sertão amazônico deu origem à Capitania Real de São José do Rio Negro pela Carta Régia de 3 de março de 1755, com sede na aldeia de Mariuá, elevada à Vila de Barcelos, em 1790. No início do século XIX, a sede do governo da Capitania foi transferida para a Barra do Rio Negro, posteriormente, elevada à Vila da Barra do Rio Negro para esse fim, em 29 de março de 1808.

Na sequência, ganhou a condição de Província do Amazonas, em 1850, sendo a Vila da Barra do Rio Negro elevada a cidade com o nome de Manaus pela Lei Provincial de 24 de outubro de 1848 e capital em 5 de janeiro de 1851.

GEOGRAFIA DO AMAZONAS

Produção do espaço amazônico atual

Atualmente, o estado do Amazonas é uma das 27 unidades federativas do Brasil. Situado na Região Norte, é o maior estado do país em extensão territorial. Tem como capital Manaus, possui um total de 62 municípios, sendo Barcelos o maior deles em extensão territorial, com 122.476 km², e o menor, Iranduba, com 2.215 km². O atual governador é Wilson Lima (Partido Social Cristão – PSC).

1.2 Espaço Natural

Estrutura geológica e características do relevo

O estado apresenta um relevo relativamente baixo, uma vez que 85% de sua superfície está abaixo de 100 metros de altitude. Possui ao mesmo tempo as terras mais altas, como o Pico da Neblina, seu ponto mais alto, com 2.995 metros, e o pico 31 de Março, com 2.972 metros de altitude, ambos situados no município de Santa Isabel do Rio Negro.

De modo geral, o Amazonas está localizado sobre uma ampla depressão, com cerca de 600 km de extensão no sentido Sudeste-Noroeste, orlado a Leste por uma estreita planície litorânea de aproximadamente 40 km de largura. O planalto segue suavemente para o interior e divide-se em três seções: o planalto, a depressão interior e o planalto ocidental, que formam, ao lado da planície, as cinco unidades morfológicas do estado.

Ecossistemas florestais e não florestais

O estado abriga o Bioma Amazônico, ocupando 40% do território brasileiro. Na vegetação, encontramos identificadas as matas de terra firme, várzea e igapós. Toda essa vegetação faz parte da extensa e maior floresta tropical úmida do mundo: a Floresta Amazônica, que apresenta uma rica e complexa diversidade na composição da flor.

As matas de terra firme situam-se em terras altas, geralmente distantes dos grandes rios. São formadas por árvores grandes e finas, que possuem, geralmente, grande quantidade de madeira de alto valor econômico. Os solos são vermelhos, por se tratar de uma região úmida e de alta temperatura, e seus elementos químicos principais são hidróxido de alumínio e ferro, propícios à formação de bauxita e, portanto, pobres para agricultura.

A região também apresenta as matas de várzea, as quais são próprias das áreas periodicamente inundadas pelas cheias dos rios. Apresentam maior variedade de espécies e por conta da sazonalidade das inundações, são solos jovens e férteis. A flora do estado apresenta uma grande variedade de vegetais medicinais, dos quais se destacam andiroba, copaíba e aroeira.

Já as matas de igapós são encontradas em áreas baixas, próximas ao leito dos rios e durante quase o ano todo, permanecem inundadas. Elas são compostas, principalmente, de árvores altas, que possuem, por sua vez, raízes adaptadas às regiões alagadas.

As Unidades de Conservação de Proteção Integral (UCPI) e Unidades de Conservação de Uso Sustentável (UCUS), juntas, possuem uma área de 369.788 km², equivalente ao estado de Mato Grosso do Sul. Essa área corresponde a 23,5% do território do Amazonas. Individualmente, as UCPI representavam 7,8% da área territorial amazonense, e as UCUS representavam 15,8% desse total.

A criação de Unidades de Conservação (UC) nos estados da Amazônia surgiu a partir da década de 2000. Grande parte dessas UCs foram criadas com o intuito de auxiliar a regularização fundiária e desincentivar o avanço do desmatamento em áreas de grande concentração populacional. Em dezembro de 2010, apenas 24% das UCs possuíam plano de manejo aprovados por seus conselhos gestores, enquanto 50% destas não possuíam tal plano. Destacamos, ainda, o número de conselho gestores nestas unidades que é baixo: 48% delas possuíam conselhos gestores, deliberativos ou consultivos, enquanto outras 45% não possuíam e eram administradas unicamente pelo órgão estadual ou federal.

O Amazonas é dono de uma lista infindável de espécies vegetais, as quais soma-se a dos animais, com destaque para a onça (jaguar), suçuarana (puma), airuvê (peixe-boi), anta (o maior animal terrestre da América do Sul), capivara (o maior roedor do mundo), amana (boto-vermelho), tucuxi (boto-cinza), ariranha, uacari-branco e sauim-de-coleira; além de uma grande variedade de peixes, entre os quais se sobressaem o pirarucu (maior peixe de água doce do mundo), pirarara (bagre), tambaqui, tucunaré e jaraqui, responsável pela alimentação de boa parcela da população baré.

A região apresenta répteis gigantes, como a constritora sucuri (anaconda), jacaré-açu e a jiboia; além da venenosa surucucu-pico-de-jaca, jacaré-tinga, tartaruga-do-amazonas, tracajá, jabuti e iguana. Aves diversas povoam os céus, como o galo-da-serra, uirapuru, arara, cigana, tucano e o uiraçu (gavião-real), "senhor absoluto" dos céus do Amazonas, cuja envergadura ultrapassa os 2 metros, que o torna a maior ave de rapina existente no planeta. Alguns desses animais encontram-se ameaçados de extinção e são protegidos pelo Ibama e outros órgãos competentes.

A Reserva de Desenvolvimento Sustentável Mamirauá é a maior UC em área alagada do país, criada em 1996. Está situada nos municípios de Fonte Boa, Maraã e Uarini. Porém, o Parque Nacional do Jaú, criado em 1980, é o maior parque nacional do Brasil e o maior de floresta tropical úmida no mundo.

Também é importante destacar o Parque Nacional da Amazônia, fundado em 19 de fevereiro de 1974, que está situado entre o Amazonas e Pará, e o Parque Nacional do Pico da Neblina criado em 1979, situado no município de São Gabriel da Cachoeira, abrigando o Pico da Neblina.

Clima

O estado do Amazonas tem como predominância o clima equatorial. As estações do ano apresentam-se bastante diferenciadas; quanto ao clima é caracterizado por elevadas temperaturas e altos índices pluviométricos, decorrente principalmente pela proximidade do estado com a Linha do Equador. Isso também se deve às altas temperaturas, que acabam ocasionando uma grande evaporação, transformando-as em chuvas. A temperatura média no estado é elevada, atingindo 31,4 °C. Em alguns pontos da porção oeste, a temperatura média é entre 25-27 °C; em outros pontos da porção leste, a média é de 26 °C. A umidade relativa do ar varia entre 80-90% anualmente, uma das maiores registradas no Brasil, e o regime pluviométrico apresenta índices superiores a 2.000 mm ao ano. Entre os meses de maio e setembro, há ocorrência de friagens no Sul e parte do centro do estado, ocasionando temperaturas mais baixas, chegando a 10 °C.

Rede hidrográfica

O Amazonas é banhado pela Bacia Hidrográfica Amazônica, considerada uma das maiores do mundo, com quase 4 milhões km² em extensão. O Rio Amazonas tem mais de 7 mil afluentes e possui 25 mil km de vias navegáveis. De sua área total, cerca de 3,89 milhões de km² encontram-se no território brasileiro, ou seja, 45% do país, abrangendo os estados do Acre, Amazonas, Roraima, Rondônia, Mato Grosso, Pará e Amapá.

A confluência entre o Rio Negro, de água escura, e o Rio Solimões, de água barrenta, resulta em um fenômeno popularmente conhecido como "Encontro das Águas". O fenômeno acontece nas proximidades dos municípios de Manaus e Careiro, sendo uma das principais atrações turísticas do estado.

O Rio Negro é o principal afluente do Rio Amazona, que nasce na Colômbia, banha três países da América do Sul e percorre cerca de 1.700 km. Entra em território brasileiro por meio do norte do Amazonas e forma um estuário de cerca de 6 km de largura no encontro com o Rio Solimões, sendo chamado de Rio Amazonas a partir daí. Em razão da grande quantidade de ácidos orgânicos provenientes da decomposição da vegetação, a água mostra-se com uma coloração escura, dando origem ao nome.

Além dos rios Amazonas, Negro e Solimões, o estado possui outros, como: Madeira, Purus, Juruá, Uatumã, Içá, Japurá e Uaupés. Todos fazem parte da Bacia Amazônica. Embora seja uma bacia de planície, com 23 mil km navegáveis, ela apresenta também grande potencial hidrelétrico, porém, os impactos gerados por essa atividade acabam inviabilizando maiores investimentos no setor.

Aproveitamento dos recursos naturais e impactos ambientais

Quando falamos de impactos ambientais no Amazonas, retornamos ao ponto do crescimento industrial e tecnológico que, aliado à modernização, dá início à degradação do meio ambiente. O desmatamento ainda é um dos problemas ambientais mais graves do Brasil, que afeta diretamente esse bioma. Entre as causas desses impactos, boa parte estão relacionadas com o aumento das fronteiras agropastoris, falta de políticas públicas ambientais e mais eficazes e falta de fiscalização.

Percebemos ao longo dos tempos que a cobertura vegetal está sendo reduzida. Busca-se, portanto, políticas públicas ambientais que tratem das práticas de manejo comunitários dos recursos naturais, bem como nas áreas de várzea e terra firme. Para isso, estudo e iniciativas devem ser promissoras, para que forneçam subsídios e contribuam para estabelecer uma relação menos conflituosa entre as necessitadas de desenvolvimento local e a preservação ambiental da região.

Por outro lado, o planejamento tem como base o aproveitamento econômico e a preservação dos recursos florestais e aquáticos, esperando que a cobertura vegetal perpetue, de modo que realmente exista a conservação da biodiversidade, e que haja desenvolvimento social.

1.3 Organização do Espaço Amazonense

Posição geográfica

Quanto à posição geográfica, o estado do Amazonas caracteriza-se por ser a mais extensa das unidades federativas do Brasil, com uma superfície atual de 1.559.146,876 km². Boa parte dele é ocupado pela Floresta Amazônica. O acesso à região é feito principalmente por via fluvial ou aérea. Faz parte da Região Norte do Brasil, fazendo fronteira com os estados de Mato Grosso, Rondônia e Acre ao sul; Pará a leste; e Roraima ao norte, além das repúblicas do Peru, Colômbia e Venezuela ao sudoeste, oeste e norte, respectivamente.

Regiões geográficas intermediárias e regiões geográficas imediatas

O estado é subdividido pelo Instituto Brasileiro de Geografia e Estatística (IBGE) em 4 regiões geográficas intermediárias e em 11 regiões geográficas imediatas, sendo elas:

Intermediária	Imediata
Manaus	Manaus
	São Gabriel da Cachoeira
	Coari
	Manacapuru
Tefé	Tefé
	Tabatinga
	Eirunepé
Lábrea	Lábrea
	Manicoré
Parintins	Parintins
	Itacoatiara

Processo de ocupação: aspectos geopolíticos

O processo de ocupação no estado acontece principalmente por causa dos grandes rios e é delimitado por conta da floresta. Todos os 62 municípios estão nas margens dos rios e ao redor dos portos e, mesmo com os fatores climáticos extremos e de difícil convívio, como as estações chuvosas e os ostensivos alagamentos nas margens, a população ainda permanece na região, por esta ainda ser mais receptível do que a área de floresta.

Planos de desenvolvimento regional

O planejamento regional do estado do Amazonas caminha lado a lado com todos os outros estados em que a floresta está inserida e entre inúmeras iniciativas, a Amazônia Legal e a Superintendência do Desenvolvimento da Amazônia (Sudam) são as mais emblemáticas.

O termo "Amazônia Legal" foi criado para delimitar a área jurídica da floresta. Amazônia Legal é uma área que engloba nove estados do Brasil pertencentes à Bacia Amazônica, instituída pelo governo federal por meio de lei, reunindo regiões de idênticas características, com o intuito de melhor planejar o desenvolvimento socioeconômico da região amazônica.

A atual área de abrangência da Amazônia Legal corresponde à totalidade dos estados do Acre, Amapá, Amazonas, Mato Grosso, Pará, Rondônia, Roraima e Tocantins e parte do estado do Maranhão (a oeste do meridiano de 44º de longitude oeste), atingindo uma superfície de cerca de 61% do território brasileiro. Sua população, entretanto, corresponde a 12,32% do total de habitantes do Brasil.

Nessa região, vivem em torno de 23 milhões de pessoas, de acordo com o Censo 2010, distribuídas em 775 municípios, nos estados do Acre, Amapá, Amazonas, Mato Grosso, Pará, Rondônia, Roraima, Tocantins (98% da área do estado), Maranhão (79%) e Goiás (0,8%). Além de conter 20% do Bioma Cerrado, a região abriga todo o Bioma Amazônia, o mais extenso dos biomas brasileiros, que corresponde a um terço das florestas tropicais úmidas do planeta, detém a mais elevada biodiversidade, o maior banco genético, e um quinto da disponibilidade mundial de água potável.

Já a Sudam é uma autarquia do governo federal, criada no governo do presidente Castelo Branco em 1966, com a finalidade de promover o desenvolvimento da região amazônica, gerando incentivos fiscais e financeiros especiais para atrair investidores privados, nacionais e internacionais, tem sua sede e foro em Belém, e é vinculada ao Ministério do Desenvolvimento Regional.

A atuação da Sudam obedece aos fundamentos, objetivos, diretrizes e instrumentos da Política de Desenvolvimento Nacional Integrada e do Plano de Desenvolvimento da Amazônia e é efetuada em articulação com o Conselho Deliberativo para o Desenvolvimento da Amazônia, órgãos e entidades públicas dos Governos federal, estaduais e municipais que atuam na Região e a sociedade civil organizada.

1.4 Aspectos socioeconômicos

Ciclos econômicos e crescimento da população

A partir de 1890, Manaus passou por uma grande explosão populacional e crescimento econômico, que foi causado pela exportação da matéria-prima que, até então, era exclusiva da Amazônia. Com as riquezas geradas pela produção e exportação da borracha natural, a capital amazonense recebeu grandes obras, como o Porto de Manaus, o Teatro Amazonas, o Palácio da Justiça, o Reservatório do Mocó, a primeira rede de energia elétrica e os serviços de transporte coletivo em bondes.

Manaus tornou-se símbolo de prosperidade e civilização, sendo palco de importantes acontecimentos artísticos e culturais e apelidada de "Paris dos Trópicos". Alavancou o comércio de produtos luxuosos e supérfluos, com homens e mulheres de todo o mundo desfilando por suas ruas e avenidas, na sede da compra do "Ouro Negro", como era chamada a borracha natural, para revender com grandes lucros nas principais capitais da Europa e nos Estados Unidos. Porém, a partir de 1910, em razão da forte concorrência da borracha natural plantada nos seringais da Malásia, que chegava aos mercados europeu e americano com várias vantagens, é decretada a falência da economia amazonense fundamentada nessa única cultura.

Com a decadência e a crise econômica a partir do fim da exportação da borracha em larga escala, o estado sofreu muito no início do século XX, necessitando de diversas políticas vindas do governo federal. A mudança só começou a acontecer, com a criação da Zona Franca de Manaus, no final da década de 1950, trazendo mais uma vez investimentos para a região.

Ao longo da década de 1990, o Amazonas se destacou por ser um dos estados brasileiros de maior crescimento populacional e econômico. Manaus figura como uma das cinco capitais estaduais brasileiras com maior crescimento populacional, com 2,51% de crescimento anual. Em 10 anos, o estado registrou 28,22% de crescimento populacional, passando de 2,8 milhões em 2000 para 3,4 milhões em 2010.

Nos anos de 2005 e 2010, o estado foi afetado por uma forte estiagem, sobretudo na região Sudoeste, na divisa com o Acre. A estiagem atingiu o menor índice pluviométrico dos últimos 40 anos, ultrapassando períodos de secas em anos anteriores, consideradas até o momento as mais intensas. Neste período, o transporte hidroviário foi dificultado, populações ribeirinhas foram isoladas e houve um surto de cólera, vitimando 159 pessoas, além de prejuízos econômicos.

Em abril de 2008, o IBGE elaborou a nova delimitação da fronteira do Amazonas com o Acre. Assim, o território amazonense reduziu-se em 11.583,87 km^2. A área perdida corresponde a mais da metade de todo o território do estado de Sergipe, cerca de 7,5% do território do Acre e pouco mais de 0,7% da área do Amazonas. Com a mudança, sete municípios amazonenses – Atalaia do Norte, Boca do Acre, Eirunepé, Envira, Guajará, Ipixuna e Pauini – perderam território e parte da população para municípios do Acre.

Atualmente, com cerca de 2% da população brasileira, o Amazonas é o 2º estado mais populoso da Região Norte e o 13º mais populoso do Brasil. Entre as cidades mais populosas, temos: Manaus, com 2,2 milhões de habitantes em 2021; Parintins, com 116.439; Itacoatiara, com 104.046; Manacapuru com 99.613; e Coari, com 86.713 habitantes. A Região Metropolitana de Manaus, com população superior aos 2,7 milhões de habitantes, é sua única da região.

O estado possui um dos mais baixos índices de densidade demográfica no país, superior apenas ao do estado de Roraima. Conforme dados do IBGE, em 2019, a densidade demográfica equivalia a 2,63 habitantes por quilômetro quadrado.

O Amazonas possui um Índice de Desenvolvimento Humano (IDH) de 0,674 e o 3º maior PIB per capita entre todos os estados da região Norte do Brasil, que em 2018 era de R$ 24.532,90.

Ainda de acordo com o IBGE, o Amazonas, em 2021, possuía uma população estimada de 4.269.995. Destes, estima-se que 78,4% de sua população esteja em área urbana e 17,3% da sua população resida em área rural. Quanto à questão de gênero, segundo dados do IBGE 2010, para cada 100 mulheres residentes no estado existem 96 homens, o que mostra uma pequena diferença entre os dois grupos e ocorre uma vez que as mulheres possuem uma expectativa de vida de oito anos mais elevada que a dos homens.

Podemos dizer que a população do Amazonas é composta basicamente por pardos, brancos, indígenas e negros. Gerada pela forte imigração no final do século XIX e início do século XXI, trouxe ao estado pessoas de todas as partes do Brasil e do mundo. Dos mais de cinco milhões de imigrantes que desembarcaram no Brasil, alguns milhares se fixaram no estado do Amazonas, destacando-se portugueses, árabes e japoneses. Os portugueses e os árabes chegaram ao estado destinando-se a Manaus, e passaram a dedicar-se ao comércio. Já os japoneses chegaram ao Amazonas somente a partir de 1923, durante o fim do ciclo da borracha, com incentivo do governo estadual, como uma forma de movimentar a economia. Os primeiros imigrantes dirigiram-se a cidades, como Maués, Parintins, Itacoatiara, Presidente Figueiredo e Manaus. Esses imigrantes iniciaram o cultivo do guaraná nas terras amazônicas e estima-se que existam no estado cerca de 5.000 descendentes de imigrantes japoneses.

O município de São Gabriel da Cachoeira, no extremo Noroeste do estado, é o município com maior população indígena no País. Em 2010, o percentual de população indígena do município foi de 76,31%. Além deste, Boa Vista do Ramos registra o maior percentual de população parda no estado e o terceiro do país, com 92,40% autodeclarados pardos no Censo de 2010. Manaquiri também se destaca por ser o 5º município brasileiro com maior população amarela, 6,26% do total de sua população. Segundo dados do IBGE, a população do estado divide-se da seguinte forma na questão étnica: Pardos (77,2%), brancos (20,9%), pretos (1,7%) e amarelos ou indígenas (0,2%). Nenhum outro estado no Brasil tem maior população indígena do que o Amazonas, divididos em 65 etnias. Além disso, o estado figura com o maior percentual de população parda no Brasil.

Entre aqueles que se declararam pardos, o mais característico é o caboclo, inicialmente nascido da mestiçagem entre indígenas e europeus, a partir do século XIX, também se miscigenou com nordestinos. Os imigrantes sulistas, predominantemente brancos, que chegaram ao estado no final do século XX, têm sido também mestiçados com a população cabocla. O estado possui duas datas oficiais: Dia do Mestiço (27 de junho) e o Dia do Caboclo (24 de junho).

São Gabriel da Cachoeira é um dos três únicos municípios brasileiros a possuir mais de um idioma oficial, ou seja, além do português, as línguas tucano, nhengatu e baníua são reconhecidas como idiomas oficiais do município.

Extrativismo florestal (importância da biodiversidade, biodiversidade e manipulação genética para fins comerciais, ecoturismo)

O extrativismo vegetal consiste na extração de produtos vegetais que não foram cultivados pelo homem, como madeira, óleos, frutos, borracha, entre outros. Todavia, em especial na Região Norte, é muito comum o extrativismo de madeiras, castanhas, açaí e látex. Apesar do extrativismo não ser considerado sempre predatório e destrutivo, é difícil encontrarmos áreas ecologicamente equilibradas.

Não se deve confundir extrativismo vegetal com agricultura, pois, no extrativismo, o homem somente coleta os recursos que a natureza lhe proporciona e na agricultura, o homem faz a colheita daquilo que plantou e cultivou.

No Brasil, a madeira é o produto mais visado no extrativismo vegetal. Contudo, no estado do Amazonas, dentro dos limites da Floresta Amazônica, normalmente a madeira-de-lei é extraída da floresta para fins de exportação e é um dos grandes vilões do desmatamento na região.

Para muitos produtos, a oferta extrativa não consegue atender o crescimento do mercado como acontece com o pau-rosa, o bacuri, a madeira, o uxi, a seringueira, entre outros. Por longos anos, a cultura era gerada a partir do extrativismo vegetal, como o cacau, a castanha do Pará e o açaí, geram baixo impacto para o ecossistema local, porém essa não é uma verdade absoluta, pois nem sempre a sustentabilidade biológica garante a sustentabilidade econômica e vice-versa, e o crescimento do mercado tende a provocar o colapso da economia extrativa pela incapacidade de atender a demanda. É falsa a concepção de considerar todo produto não madeireiro como sustentável.

Quanto ao turismo, mais especificamente o ecoturismo, pode ser praticado no Amazonas durante o ano todo, pois a sazonalidade que ocorre na floresta de várzea, local onde as comunidades vivem, oferece dois belos paisagismos, permitindo ao turista vivenciar a floresta em época de seca e de cheia. Como atrativo, o estado oferece, além das caminhadas na floresta, do passeio de canoa nas trilhas aquáticas, observando a beleza da natureza e os que vivem nela, o turista pode usufruir da convivência com o homem da floresta, conhecendo seu modo de vida e interagindo no seu dia a dia.

De acordo com a culinária amazonense, sabe-se é a que mais se preservou das origens ameríndias, tendo sofrido pouca influência europeia e africana. Os principais ingredientes usados na composição dos pratos típicos do Amazonas são os peixes de água doce, a farinha de mandioca (também chamada de farinha do Uarini), jambu, chicória e frutas regionais.

O artesanato do estado é originalmente de cultura indígena e possui traços da biodiversidade da Amazônia. Assim, usa-se objetos e utensílios pessoais e domésticos, oriundos da floresta, como sementes de frutos, folhas, penas de aves, raízes, fibras vegetais, palhas e outros elementos da natureza. Muitos produtos do artesanato vêm das aldeias indígenas das tribos Tukano, Dessana e Baniwa, no Alto Rio Negro, e da tribo Tikuna e Kokama, no Alto Solimões. Também há incentivo ao artesanato produzido por famílias ribeirinhas e caboclas, que geralmente vivem afastadas dos centros urbanos do estado. Além do artesanato feito com utensílios modelados da floresta, também é possível encontrar produtos e cosméticos naturais produzidos a partir destas ferramentas, em formato artesanal.

É possível encontrar muitos espaços dedicados à comercialização do artesanato, assim como a divulgação deste como parte de cultura. Um destes espaços permanentes são a Central de Artesanato Branco e Silva, o Mercado Municipal Adolpho Lisboa, o Centro Cultural Povos da Amazônia, a Praça Tenreiro Aranha e a Praia da Ponta Negra. Também são realizadas no Amazonas, anualmente, a Feira de Artesanato de Parintins e a Feira de Artesanato Mundial.

Por outro lado, o setor cultural e turístico, destaca-se pelo Festival Folclórico de Parintins, que se realiza no município de mesmo nome no fim do mês de junho e tem como atração principal a modalidade competitiva entre o Boi Caprichoso, boi preto com a estrela azul na testa, cujas cores são o preto e o azul, e o

Boi Garantido, boi branco com o coração vermelho na testa, das quais as cores emblemáticas são o vermelho e o branco. O Festival Folclórico de Parintins é tido como o segundo maior evento folclórico e popular do Brasil, ficando atrás somente do Carnaval. O festival é realizado oficialmente desde 1965, embora a criação dos bois seja oriunda do início do século XX. Caracteriza-se pela exposição de ritos, costumes e histórias dos nativos, apresentados pelas duas agremiações folclóricas. É possível encontrar nessas festividades diversos personagens – entre eles, um apresentador oficial, chamado de levantador de toadas; o amo do Boi; a sinhazinha da fazenda; os elementos típicos da região e as lendas da Amazônia; a porta-estandarte; a rainha da festa; e a Cunhãporanga, um mito feminino folclórico. O Boi Garantido foi criado por Lindolfo Monteverde, descendente de açorianos, em 1913, e o Boi Caprichoso provavelmente foi criado no mesmo ano, por Roque e Antônio Cid, migrantes do Ceará, e Furtado Belém. As duas figuras folclóricas, ao tempo de suas fundações, costumavam brincar em terreiros e saíam nas ruas onde se confrontavam com desafios e inevitáveis brigas, dando origem à rivalidade existente até os dias atuais.

Extrativismo mineral

O Amazonas possui grandes potencialidades para descobertas de minerais. Assim, estudiosos acreditam que mais de 40% do território da Amazônia está na área do Pré-Cambriano, apresentando imensos depósitos minerais, como de ferro, manganês, cobre, alumínio, zinco, níquel, cromo, titânio, fosfato, ouro, prata, platina e paládio. Mas o grande gargalo da exploração mineral no estado é a demarcação de terras indígenas com potencialidades econômicas para a extração mineral. Como não há regulamentação para essa exploração em terras demarcadas, acontece a ilegalidade das operações.

Um ponto bem importante e conhecido é a extração de ouro. Acredita-se que mais de um quarto das 174 toneladas de ouro produzidas no Brasil em 2019 tenham origem ilegal. O solo amazonense detém mais de 450 milhões de toneladas de silvanita, principal minério existente no estado, o que faz do Amazonas o maior produtor nacional. Outras riquezas minerais são a cassiterita, com uma reserva superior a 400 mil toneladas; a bauxita, com aproximadamente 1 milhão de toneladas; e o nióbio, estimada em mais de 700 mil toneladas em São Gabriel da Cachoeira.

Concentração fundiária e conflitos pela terra

A questão fundiária gera grande debates e impasses dentro do território brasileiro, ou seja, a posse não democrática da maior parte das terras no espaço rural do país gera muitos desconfortos. Em razão da intensiva concentração de renda, do estabelecimento de monoculturas voltadas para a exportação, além de uma série de fatores históricos, o campo brasileiro é altamente concentrado nas mãos de poucos proprietários

A Amazônia, por meio do planejamento regional, sempre foi vista como a fronteira de recursos naturais do Brasil e os grandes projetos e a construção de rodovias atraíram para a Amazônia grandes fluxos migratórios provenientes do Centro-Sul e do Nordeste.

Essa "conquista" da Amazônia tem desencadeado uma série de conflitos sociais, em que envolve posseiros, grileiros, empresários, jagunços, empreiteiros, peões e indígenas, mas cada um desses personagens tem um papel específico na disputa pelo território. Os posseiros são agricultores que cultivam pequenos lotes, geralmente há muitos anos, mas não possuem o título de propriedade da terra. Eles têm a posse da terra, mas não os documentos legais registrados em cartórios, que garantem a sua propriedade. Os grileiros correspondem aos agentes de grandes proprietários de terras que se apropriam ilegalmente de extensas porções de terras, mediante a falsificação de títulos de propriedade. Com a ajuda de capangas e jagunços, expulsam posseiros e índios das terras. As terras "griladas" passam ao controle dos novos "proprietários". Logo, os jagunços são homens armados, contratados por grileiros, empresários ou empreiteiros para patrulhar suas terras e expulsar posseiros ou indígenas.

O papel do empresário é de pessoas ou empresas que adquirem enormes extensões de terra na Amazônia, algumas vezes com títulos de propriedade duvidosos; os empreiteiros são pessoas que contratam os trabalhadores para as grandes fazendas, chamados de "gatos" ou intermediários.

Os peões fazem parte dos trabalhadores rurais, recrutados pelos "gatos". Ganham baixos salários e, muitas vezes, trabalham sem carteira assinada, não se beneficiando dos direitos trabalhistas. Eles se iludem com promessas de um enriquecimento que nunca acontece e ficam sempre devendo ao patrão, não podendo deixar o emprego.

As sociedades indígenas constituem o setor mais frágil e mais prejudicado com essa ocupação da Amazônia. Os índios são expulsos de suas terras pelos jagunços contratados por empresários, pelas hidrelétricas, pela derrubada da mata etc. A vida dos povos indígenas está ligada à terra e, sem ela, os grupos se desorganizam. Frequentemente, comunidades inteiras são mortas por doenças transmitidas pelos brancos.

Um problema mundialmente conhecido são queimadas, desmatamentos, morte de indígenas, violência contra seringueiros e posseiros, fatos que passaram a ser discutidos em todas as partes do planeta. A destruição da Amazônia e seus conflitos sociais passaram a ser condenados e o governo brasileiro passou a ter mais cuidado com a maior floresta equatorial do mundo, e por trás dessa situação de conflito existem duas formas de se entender como se deve ser feita a ocupação da Amazônia:

Primeira forma: desenvolver a Amazônia significa derrubar a floresta, exterminar a fauna, acabar com os indígenas, expulsar os posseiros para organizar grandes fazendas e empresas de mineração ou de extração de madeira.

Segunda forma: preservação da Amazônia com a implantação de formas de crescimento econômico na região, sem comprometer o equilíbrio ecológico. Algumas propostas de desenvolvimento sustentável já vêm sendo praticadas com sucesso e, embora beneficiem uma pequena parcela da população, têm por mérito elevar o padrão de vida das pessoas envolvidas, sem provocar agressões ambientais ou destruição da cultura local.

Os seringueiros vivem em meio à floresta, onde as seringueiras nascem naturalmente, principalmente no Acre. O trabalho deles depende da conservação da mata e, quando ela é agredida, eles denunciam o fato às autoridades. As áreas de conservação ambiental não comprometem, em longa escala, o equilíbrio ecológico.

Outros produtos, como a castanha-do-pará, o guaraná e o cacau, podem ser explorados economicamente, sem destruição da floresta. O próprio ecoturismo é uma atividade que usa a floresta como sua principal atração e faz com que ela necessite ser preservada. Desde a década de 1970, têm ocorrido vários conflitos entre os seringueiros e os fazendeiros que desmataram a floresta para vender a madeira e implantar projetos agropecuários.

Uma figura importante foi Chico Mendes, o qual passou anos lutando pela criação de reservas extrativistas que garantissem a sobrevivência dos seringueiros e a preservação da mata. Sua proposta era a união dos chamados "povos da floresta" (seringueiros, indígenas e população ribeirinha). Após denunciar às autoridades dezenas de áreas de desmatamento ilegal, ele passou a sofrer ameaças de morte. Em 1988, foi assassinado no quintal de sua casa. Esse crime teve repercussão internacional e Chico Mendes tornou-se símbolo da luta pela preservação da Amazônia e do modo de vida de sua população.

Com a expansão econômica, o alargamento das fronteiras agrícolas e os grandes projetos de exploração mineral, o meio ambiente começou a sofrer grandes consequências. Além de devastar a natureza, o crescimento econômico afetou a maioria da população que vive em condições precárias, sem ter acesso às riquezas exploradas.

Fontes de energia: potencial hidrelétrico, hidrelétricas e meio ambiente

Por conta da grande força das águas, achava-se que os rios da Bacia Amazônica teriam um grande potencial de geração de energia. O lago da hidrelétrica de Balbina, a 100 quilômetros de Manaus, funciona como um lembrete da floresta, pois os milhares de troncos retorcidos que emergem naquelas margens sinalizam que um dia, submersa, uma área natural maior que o município de São Paulo. Além de ter provocado um desequilíbrio ecológico grave, com extinção de espécies de mamíferos, aves e tartarugas, o imenso reservatório de 2,3 mil km² faz de Balbina uma hidrelétrica mais poluente do que uma termelétrica a carvão em razão da grande quantidade de matéria orgânica terrestre em decomposição debaixo d'água. Tudo isso para gerar uma quantidade ínfima de energia – apenas 2% da capacidade instalada de Itaipu.

Por outro lado, há hidrelétricas na Amazônia que podem ser tão eficientes como uma usina eólica. É perfeitamente possível produzir energia elétrica na Amazônia dentro dos padrões de emissão de carbono aceitáveis, desde que o planejamento seja feito de maneira estratégica e alie-se à construção de empreendimentos situados em áreas altas da floresta que demandariam reservatórios menores para gerar a mesma energia dos que estão em regiões planas. Também seria interessante que a construção acontecesse em rios com a cabeceira menor. O problema é que ambas as características são raras na Amazônia brasileira, usualmente plana e baixa, e onde ocorrem rios imensos. Isso explica por que a maioria das usinas maior impacto ambiental está situada na porção brasileira da bacia amazônica. Por outro lado, áreas de floresta no sopé da Cordilheira dos Andes, em países como Bolívia, Peru e Equador, têm alta declividade, o que faz delas bons locais para a instalação de hidrelétricas.

Produção de gás

O Amazonas é o terceiro maior produtor de gás no país. Por meio da Petrobras, extrai-se em terra, no seu principal campo, o Campo de Urucu, em Coari, cerca de 62 bilhões de metros cúbicos de gás. Esse campo está conectado a Manaus por um gasoduto de 660 quilômetros, que corta rios e floresta.

Existem ainda novos campos de exploração, como o Campo de Azulão, que foi descoberto em 1999, mas não foi explorado por duas décadas e apenas em 2021 iniciou as operações. Esse campo fica na Bacia do Solimões, onde há infraestrutura para movimentação e processamento de óleo e gás, e escoamento para Manaus, porém o principal uso da produção do Campo de Azulão será na geração de energia pela termoelétrica (UTE) Jaguatirica II, de 117 MW de potência.

A energia servirá para atender Roraima, onde está localizada a usina, único estado do País ainda desconectado do Sistema Interligado Nacional (SIN) de transmissão de energia. Depende, portanto, da geração local.

Transportes: a malha viária, importância do transporte fluvial

A região possui poucas rodovias e, em sua maioria, estão situadas nos arredores da capital. A principal é a BR-174, que dá acesso de Manaus a Boa Vista, capital de Roraima. Ela também é a principal via de ligação do Brasil à Venezuela e aos países do Caribe. Outras rodovias de destaque são a BR-319, onde se inicia em Manaus e destina-se a Porto Velho, encontrando-se quase que intransitável em muitos de seus trechos devido aos impasses governamentais e a BR-230, conhecida como Rodovia Transamazônica, que começa em Cabedelo, no estado da Paraíba, e termina em Lábrea.

O transporte hidroviário é o mais comum na região, sendo também o de maior relevância por conta da hidrografia local. O estado possui cinco terminais hidroviários: Terminal de Boca do Acre, Terminal de Itacoatiara, Porto de Manaus, Porto de Parintins e Terminal de Humaitá. Todos são administrados pelo Ministério dos Transportes, com exceção do Porto de Manaus.

A HN-100 Rio Amazonas é a principal via de transporte e escoamento de cargas na região Norte, responsável por cerca de 65% do total transportado. Apresenta extensão de 1.646 km, atravessando as bacias dos rios Foz do Amazonas, Jatapu, Madeira, Negro, Paru, Tapajós, Trombetas e Xingu. Essa hidrovia encontra continuidade na hidrovia do Solimões.

Entre suas características está o fato de ser navegável em praticamente todos os seus afluentes, em razão da boa profundidade da calha dos rios e a inexistência de corredeiras na planície amazônica. Na hidrovia são realizados os deslocamentos de passageiros, transporte de pequenas cargas e praticamente todo o transporte cargas direcionados aos grandes centros regionais – Belém (PA) e Manaus (AM).

De acordo com a Agência Nacional de Transportes Aquaviários (ANTAQ), a média anual de movimentação de cargas desde o início da década tem sido de cerca de 50 milhões de toneladas por ano. A hidrovia permite a navegação de grandes comboios, com até 18 mil toneladas, mesmo durante a estiagem. São mais de 70 terminais e portos ao longo da hidrovia, pelos quais são transportados produtos regionais como borracha, castanha, madeira de lei e peles silvestres, derivados de petróleo, produtos agrícolas, grãos e minérios, celulose, bauxita e caulim.

Zona franca de manaus

O polo da Zona Franca de Manaus foi um projeto de desenvolvimento socioeconômico implantado em 1967, durante o governo militar brasileiro, que reformulava, ampliava e estabelecia incentivos fiscais para implantação de um polo industrial, comercial e agropecuário numa área física de 10 mil km², tendo como sede a cidade de Manaus.

Sua criação visava promover a ocupação populacional dessa região e elevar o nível de segurança para manutenção da sua integridade, além de refrear o desmatamento na região e garantir a preservação e sustentabilidade da biodiversidade presente. *Em mais de cinco décadas de existência, a história do modelo da Zona Franca de Manaus é dividida em quatro fases:*

a primeira, de 1967 a 1975, caracterizava a política industrial de referência no país pelo estímulo à substituição de importações de bens finais e formação de mercado interno;

na segunda, de 1975 a 1990, caracterizou-se pela adoção de medidas que fomentassem a indústria nacional de insumos, sobretudo no estado de São Paulo;

a terceira, de 1991 e 1996, entrou em vigor a Nova Política Industrial e de Comércio Exterior, marcada pela abertura da economia brasileira, redução do Imposto de Importação para o restante do país e ênfase na qualidade e produtividade, com a implantação do Programa Brasileiro de Qualidade e Produtividade (PBPQ) e Programa de Competitividade Industrial;

a quarta e última, de 1996 a 2002, marca sua adaptação aos cenários de uma economia globalizada e pelos ajustes demandados pelos efeitos do Plano Real, como o movimento de privatizações e desregulamentação.

Dinâmica dos fluxos migratórios e problemas sociais

A dinâmica migratória diz respeito a uma importante questão surgindo desde a época migratória, que contribui para a formação da região. A região possui uma vasta mobilidade, com muitas pessoas saindo e chegando do estado, deixando grandes marcas sociais, econômicas, políticas e culturais. Os contextos são diversos e diferenciados, no entanto, percebemos um grande crescimento populacional na região, podendo vir a trazer uma sobrecarga à estrutura administrativa, pois nem todo local possui infraestrutura econômica e sociais para atender a demanda.

Outro fator de relevância na Amazonia é o processo de urbanização e redes urbanas que o estado vem passando. Primeiramente, vamos compreender como estão organizadas e que relações estabelecem a rede urbana, em especial, após a década de 1990, período em que a região começou a passar por momentos de transformação quanto à modernização do território. No entanto, essas redes desempenham funções diversificadas quanto aos diferentes fluxos. Ainda que de maneira menos explícita, a rede urbana do estado do Amazonas vem carregada de espaços desiguais e diferenciados, porém, espaços que estão inseridos na modernidade globalizadas.

1.5 Questões Atuais: Indígena – Invasão, Demarcação das Terras Indígenas

Demarcação de terras indígenas refere-se à garantia dos direitos territoriais dos indígenas, estabelecendo os limites de suas terras a fim de garantir a sua identidade. Essa demarcação é prevista por lei, assegurada pela Constituição Federal de 1988 e pelo Estatuto do Índio (legislação específica). A demarcação de terras indígenas é competência da Fundação Nacional do Índio (Funai).

Essa demarcação, estabelece os limites físicos das terras pertencentes aos indígenas, visando proteger de possíveis invasões e ocupações por partes dos não índios. Além de assegurar a proteção desses limites é, também, uma forma de preservar a identidade, o modo de vida, as tradições e a cultura desses povos.

Segundo a Funai, a demarcação também contribui para diminuir os conflitos pela posse de terras. Possibilita, além disso, que estados e municípios consigam atender às especificidades dos povos indígenas por meio de políticas específicas proporcionando, dessa forma, maior controle estatal nas áreas vulneráveis e de difícil acesso.

Contudo, apesar da existência diversas leis que asseguram os direitos indígenas diante da posse de terras, muitas vezes esses direitos não são respeitados e é a posse da terra a principal causa de conflitos nas comunidades. Muitas terras indígenas são invadidas e têm seus recursos naturais explorados ilegalmente. Aproximadamente 85% das terras indígenas sofrem algum tipo de invasão, sendo essa estimativa aceita pela Funai.

A expansão da fronteira agrícola que avança sobre a Amazônia Legal também avança sobre terras indígenas no estado do Amazonas, deixando essas populações indígenas que já estavam em terras que demarcadas, em uma situação de insegurança jurídica por conta de flexibilizações legais que atendem o interesse econômico.

1.6 Questão Ecológica: Desmatamento, Queimadas, Poluição das Vias Hídricas, Alterações Climáticas

A redução dos desmatamentos e das queimadas na Amazônia dependerá de ações concretas visando à utilização parcial da fronteira interna já conquistada do que a opção extrativa que apresenta grandes limitações e do contingente populacional envolvido. Nesse sentido, a implementação de políticas agrícolas é mais importante do que a própria política ambiental para resolver as questões ambientais. A ênfase na biodiversidade abstrata tem prejudicado a definição de rumos concretos de políticas públicas na Amazônia, esquecendo a biodiversidade do presente e do passado. Os produtos extrativos que têm alta elasticidade de demanda ou quando todo o excedente do produtor é captado pelos produtores apresentam maiores chances de sua domesticação imediata. Nem todos os produtos extrativos serão domesticados; aqueles que apresentam grandes estoques na natureza, baixa importância econômica, existência de substitutos, dificuldades técnicas para o plantio, longo tempo para a obtenção do produto econômico terão maiores dificuldades para que se transformem em plantas cultivadas.

HISTÓRIA DO AMAZONAS

1. HISTÓRIA DO AMAZONAS

1.1 Colônia

Na época da chegada dos portugueses ao Brasil, havia cerca de 1.400 povos indígenas neste território, de acordo com pesquisas de Curt Nimundaju.

Havia grande variedade cultural e organização social entre as tribos. Para Oliveira (1987), as descrições que temos dos modos de vida das civilizações pré-descobrimento são bastante limitadas e não dão conta de descrever e registrar as formas de organização desses povos frente à invasão europeia.

"Tapuio" era como os portugueses referiam-se aos indígenas que consideravam hostis e que existiam em grande número. A adoção simplista de uma identidade como essa diminui as chances de as complexidades que envolviam os conflitos serem compreendidas em sua totalidade. Basicamente, o europeu classificava o indígena ou como o "índio bom", que não se apresentava como um obstáculo às suas pretensões, e como "tapuios", que se mostravam mais difíceis de serem dominados.

Todavia, os povos eram mais complexos do que isso. De acordo com pesquisas arqueológicas, o território que veio a ser o Brasil é habitado por populações paleoindígenas há cerca de 12.000 anos. Foi rápido e diversificado seu processo de espalhamento pelo território.

Alguns exemplos de povos e grupos culturais e linguísticos são as tribos Aruák, Xiriáná, Karib, Jê, Tupi-guarani, entre outras. A riqueza natural da terra habitada facilitou o processo de dispersão. Fatores como o clima e a presença de rios abundantes fez com que as tribos, conhecidas como caçadores-coletores, migrassem de um ponto a outro do território sem grandes dificuldades por conta das mudanças drásticas de temperatura ou umidade.

A organização das sociedades indígenas era também bastante diversificada e complexa. Historicamente, as tribos tupis têm registros mais extensos e precisos. Isso ocorreu pois eles tiveram contato com os portugueses em quase todas as regiões que sofreram com a invasão. De acordo com o pesquisador Florestan Fernandes (1976):

> Os Tupis, que são melhor descritos pelas fontes quinhentistas e seiscentistas, habitavam o litoral nas regiões correspondentes aos atuais Estados do Rio de Janeiro, da Bahia, do Maranhão e do Pará. Praticavam a horticultura, a coleta, a caça e a pesca, possuindo o equipamento material que permitia a realização dessas atividades econômicas. Sua mobilidade no espaço era relativamente grande. Essas atividades eram desenvolvidas sem nenhuma tentativa de preservação ou restabelecimento do equilíbrio da natureza. Por isso, a exaustão relativa das áreas ocupadas exigia tanto o deslocamento periódico dentro de uma mesma região, quanto o abandono dela e a invasão de outras áreas, consideradas mais férteis e ricas de recursos naturais. O que quer dizer que a migração era utilizada como uma técnica de controle indireto da natureza pelo homem.

Como percebemos nos relatos do autor, a existência das tribos tupis era um fator de modificação do ambiente, já que não se prestava atenção enquanto a natureza seria modificada pela sua presença. Quando os recursos se tornavam escassos em um local, ocorria a migração para outro, no qual seria mais fácil obter recursos, além da prática da caça e da pesca.

A destruição da cultura indígena teve vários modos de ser. Um deles é relacionado ao grande número de doenças que os europeus trouxeram consigo e que afetaram consideravelmente as populações tribais locais. As doenças tiveram papel crucial em não permitir articulações dos povos para se defenderem do avanço colonizador.

Observamos, nos escritos de Anchieta (1933), descrições do poder devastador das doenças que vieram do continente europeu. Uma dessas descrições fala sobre como os indígenas, debilitados pelos efeitos de doenças como a varíola, acabavam se vendendo por pratos de comida aos portugueses, às portas de suas casas.

Pero Vaz de Caminha foi o português que primeiramente descreveu (em 1500) os contatos iniciais entre as tribos e os colonizadores. Observamos em suas descrições relatos em que se percebe as intenções de conversão dos povos ao cristianismo, ainda que os comparasse àqueles que habitariam o Jardim do Éden (BETTENCOURT, 1992). Isso nos permite ver a ausência da noção de alteridade nos portugueses São vários os relatos, de várias fontes, sobre os primeiros contatos. Em todos eles conseguimos perceber que a figura do indígena era distanciada da visão europeia de ser humano. Com isso, fica mais fácil compreender a pretensão de domínio europeu, já que não perceber os integrantes dos povos indígenas como outros seres humanos legitima o processo de dominação.

O processo de colonização contou com o auxílio de expedições e ocupações ao longo dos séculos seguintes aos primeiros contatos dos europeus com as populações indígenas que viviam no território que havia se tornado o Brasil.

Uma dessas expedições foi a de Francisco de Orellana, no século XVII, que acabou por ser mal sucedida em seus esforços. Ela foi iniciada em nome do rei da Espanha por Orellana, entre 1540 e 1542, e partiu, por ordem do governador Gonzalo Pizzaro, da província dos omágua, conhecida por Malchifaro ou Maquipáro. Essa expedição foi relatada pelo frei dominicano Gaspar de Carvajal, primeiro cronista a descrever os costumes e os hábitos dos povos indígenas do vale do Amazonas. Carvajal e Orellana são conhecidos como os primeiros a descer *"el rio de las Amazonas"* do Peru ao Pará. Esse relato descreve a expedição como bastante tensa, muito focada na busca por alimentos e na defesa de ataques vindos de indígenas que residiam nas terras que estavam sendo invadidas pelos europeus.

Carvajal (2011) descreve Orellana como governante da cidade de Santiago. Ele foi capitão da expedição de Gonzalo Pizarro, que era, então, Governador do Peru, e foi enviado para encontrar o País da Canela, local que seria rico em especiarias e onde seria possível fazer comércio. Logo de início, de acordo com Carvajal, a expedição perdeu muitos homens, armamentos e alimentos.

Somente após muitos dias de viagem é que os expedicionários conseguiram avistar os primeiros povoamentos. No primeiro momento, o contato foi amigável, e os viajantes foram recebidos com comida, sem maiores problemas. Neste mesmo povoado, eles ouviram falar das Amazonas e da abundância de recursos que estaria logo abaixo no caminho do rio. Lá eles ficaram alguns dias, para, então, seguir viagem.

No decorrer da viagem, eles se depararam com povos amigáveis e, outros mais hostis. Chegaram, inclusive, a precisar usar suas armas de fogo para evitar confrontos. Mais adiante, encontraram mais povos que falavam das Amazonas, e que, segundo relatos, eram sujeitos a elas. Elas foram descritas como "as mulheres guerreiras", dando origem, então, ao mito das Amazonas.

A expedição acabou não encontrando o País da Canela, nem as mulheres guerreiras, que acabaram por tomar existência no imaginário europeu a partir dos relatos do frei. As principais marcas dos relatos têm a ver com a fome e as dificuldades passadas pelos viajantes, que estavam sempre à mercê das vontades dos indígenas, que em alguns momentos eram pacíficos, mas, em outros, nem tanto.

Anos depois, entre 1560 e 1561, temos relatos de outra expedição, dessa vez comandada por Pedro de Ursúa, que não conseguiu completar seus objetivos, já que foi morto por um de seus tenentes, Lopes de Aguirre, que terminou no litoral venezuelano, após se perder nos canais dos rios da região.

Os relatos dessa expedição chegaram até nós pelas palavras do próprio Aguirre. Essa expedição ficou conhecida como a *Jornada de Omagua e Dorado*, e tinha como foco encontrar as riquezas dos reinos de *Omagua* e *Dorado*, conforme o nome sugere. Assim como o das Amazonas, este é outro dos mitos difundidos pelos colonizadores na historiografia, já que os reinos em questão nunca foram descobertos e a expedição foi frustrada pela rebelião que culminou na morte de seu líder, Ursúa, por um de seus tenentes, Aguirre.

Essa expedição contou com soldados europeus, além de escravos negros e indígenas, e, desde seu início, assim como a expedição descrita anteriormente, foi frustrada por uma série de dificuldades que impediram seus integrantes de seguir adiante.

Aguirre é descrito por alguns sujeitos como o líder da expedição (como Pedro Munguía e Gonzalo e Zuñiga) pouco tempo após seu fim como um tirano monárquico. Contudo, historiadores relatam uma história que pode ser diferente, já que existem relatos do próprio Aguirre sobre a expedição, que dão a ideia de alguém que, apesar das dificuldades, tentava fazer valer sua honra em relação à coroa espanhola.

As dificuldades comuns às expedições que buscavam desbravar o continente invadido tinham sempre relação com as buscas míticas, que acabavam por encontrar a fome e a natureza como dois dos maiores obstáculos pelo caminho. A presente expedição foi mais numerosa e mais caótica do que a anterior, e terminou frustrada com a morte de seu líder. Ainda assim, cada uma delas foi responsável por dar mais clareza aos espanhóis e portugueses sobre a extensão do continente recém-invadido. Como dito anteriormente, os mitos foram fortes impulsionadores de muitas dessas expedições, e também grandes responsáveis por frustrações decorrentes da não realização dos esperados encontros de reinos com riquezas sem fim, prontos para serem conquistados.

Além das expedições, muitos territórios foram ocupados, principalmente no litoral do território invadido por incursões militares. Uma dessas ocupações tem a ver com o que ocorreu após a conquista de São Luís do Maranhão, em 1615. Três embarcações chegaram à baía de Guajará, em 1616, local onde foi levantado o que ficou conhecido como o Forte do Presépio. Elas foram trazidas pelo Capitão-mor da Capitania do Rio Grande do Norte, Francisco Caldeira de Castelo Branco, que recebeu, mais tarde, o título de "Descobridor e Primeiro Conquistador do Rio Amazonas". Esse local foi utilizado como uma forma de expulsar invasores holandeses e ingleses das terras que eram, então, dominadas pela coroa espanhola. Para erguer o Forte em questão não foram necessários muitos homens. Já que o lugar era estratégico, mantê-lo foi uma tarefa fácil para o Capitão. Sua fundação, em 1616, marcou o início da ocupação Oeste da região Amazônica, a partir da Vila de Santa Maria de Belém do Grão-Pará, construída em torno do Forte.

Outra expedição importante para a historiografia foi a de Pedro Teixeira, ocorrida entre 1637 e 1639. Ela teve relação com a região que hoje é conhecida como Roraima, no vale do rio Branco. Vale ressaltar que as primeiras expedições de desbravamento do continente invadido, conforme as descrevemos aqui, tinham como principal objetivo demarcar e reconhecer as novas terras para as coroas espanhola e portuguesa.

A expedição de Pedro Teixeira percorreu o território entre o que mais tarde ficaria conhecido como Pará, no Brasil, e Quito, no Peru. Teixeira trabalhava pela coroa portuguesa, e o principal objetivo de sua viagem era marcar os limites, no Amazonas, das terras que pertenceriam a Portugal. Foi por meio dela que o território de Roraima foi colonizado.

Teixeira veio para o Brasil em 1607, como um soldado português que lutava contra outros conquistadores para ampliar o domínio de sua coroa. Ele também lutou pela expulsão dos holandeses e dos ingleses que, porventura, se aventuraram pelos territórios dominados majoritariamente por Portugal e Espanha. Ele foi designado, em 1637, a percorrer o caminho feito por Orellana, para confirmar que era possível conectar o Grão-Pará a Quito e para aumentar os domínios portugueses na área.

Cada expedição que sucedia a anterior acabava por ter um número maior de soldados e escravos, e não foi diferente com a expedição de Teixeira, que contou com cerca de 2000 pessoas. Sua importância esteve pautada na "descoberta" do Rio Branco, que foi fundamental para o estabelecimento efetivo de Portugal como dominador da região. Clamar este rio como descoberta do reino português foi importante para que o país pudesse trabalhar seu domínio sobre as populações que ali viviam, além dos recursos naturais que ali existiam. Os relatos acerca da expedição de Teixeira deixam isso evidente. Por conta do preparo e experiência de expedições anteriores, a expedição aqui descrita foi mais bem sucedida, pois deixou mais expressivo o domínio português por onde passava, além de garantir mais escravos e pela extensão garantida ao reino português. Naquele momento, a região era dominada por Portugal, ainda que isso fosse contestado pela coroa espanhola. Era, ainda, um período de tensão em relação às demarcações dos territórios invadidos.

Além das que aqui descrevemos, inúmeras outras expedições ocorreram nos anos que se passaram, e elas foram cruciais para o estabelecimento de Portugal e Espanha como os dominadores principais das terras ao sul do que viria a ser conhecido como a América. Os primeiros séculos foram marcados por conflitos e incertezas sobre as "novas terras".

A relação entre o sujeito europeu e o sujeito indígena acabou, aos poucos, por ganhar contornos mais complexos. Ainda no século

XVI nascia o ciclo que viria a se tornar um dos principais meios econômicos brasileiros por muito tempo: a cana-de-açúcar. Os povos indígenas, nessa época, praticavam escambo com os portugueses, em busca, principalmente, de objetos de metal. Aos poucos eles foram sendo incorporados à engrenagem social do território como meios de defesa e mão-de-obra na construção civil. De acordo com Schwartz (1988), foi com a cultura da cana-de-açúcar que os indígenas começaram a ser usados como mão-de-obra escrava nas plantações.

A escravidão indígena nesse cenário foi logo amplamente utilizada pelos detentores de grandes propriedades no Brasil. Os chamados senhores de engenho, nessa época, lutavam contra os missionários jesuítas, que impediam o processo de escravização dos índios que viviam nas aldeias. Isso tudo, aliado com a presença de doenças e precárias condições de vida, fez com que o processo de eliminação do indígena fosse intensificado. Além disso, partir de 1548 foi estabelecido o Governo-Geral, e as expedições para captura de povos indígenas aumentaram. Apenas a partir do século XVII, quando uma quantidade expressiva de indígenas já havia sido eliminada, é que a mão-de-obra negra superou a indígena em relação à sua presença nos engenhos.

Falando, agora, em termos de Brasil, apenas na primeira metade do século XIX é que a colonização e o povoamento real do território começaram a acontecer de forma efetiva por povos europeus. De início, o processo foi bastante problemático e limitante, por uma série de razões.

Economicamente falando, o sistema de colonização português tinha, genericamente, como base as grandes propriedades, com monoculturas e trabalho escravo. Ainda assim, teve lugar a pequena propriedade familiar, que era voltada ao mercado interno e tinha como base a policultura. Esse era um traço típico das colonizações europeias, e foi algo que ocorreu no Brasil nessa época.

Vale mencionar que, até 1808, esteve em voga o chamado Pacto Colonial, feito entre a colônia (Brasil) e a metrópole (Portugal), que favorecia esta em detrimento daquela, visando maiores lucros a Portugal em relação à exploração dos recursos naturais do território conquistado. Esse pacto fazia com que a colônia pudesse fazer comércio externo apenas com a metrópole, impedindo a ampliação das possibilidades comerciais brasileiras. Seu fim ocorreu, então, em 1808, quando da vinda da família real ao Brasil, em que D. João assinou uma Carta Régia que dava fim a essa questão.

Isso ocorreu logo antes de a colônia brasileira proclamar sua independência, em 1822, como uma tentativa de acalmar os ânimos dos habitantes da terra colonizada, que não estavam satisfeitos com as medidas, que acabavam sendo muito limitadoras. Além disso, outras colônias pelo mundo já tinham dado início aos seus processos de independência, causados por crescentes insatisfações com suas metrópoles.

Tornar-se um país independente de Portugal tornou o território mais atrativo àqueles que buscavam alternativas de vida onde viviam. Os fluxos migratórios aumentaram. Apesar disso, as bases sociais do país tinham como ponto central as grandes propriedades e relações de trabalho pautadas na escravidão, que só teve fim oficial no Brasil em 1888. Até então, aqueles que buscavam o país como seus novos lares encontravam aqui precariedade e dificuldades para viver.

Prado Júnior (1984) afirma que o mercantilismo, associado ao comércio exterior, foi o elemento crucial para a formação da colonização brasileira. O clima no Brasil foi um fator fundamental para mudar o foco econômico da busca por especiarias em locais distantes – como o Oriente – para atividades agrícolas, com destaque para produtos como a cana-de-açúcar, o tabaco e o arroz. A facilidade de plantio por conta da estabilidade climática e da grande extensão territorial fizeram com que esse processo se concretizasse. Para Prado Júnior (1984, p. 23), contudo:

> A colonização dos trópicos toma o aspecto de uma vasta empresa comercial, mais complexa do que a antiga feitoria, mas sempre com o mesmo caráter que ela, destinado a explorar os recursos naturais de um território virgem em proveito do comércio europeu.

Em suma, o processo colonizatório, mesmo com o fim do Pacto Colonial, em 1808, ficou subjugado às vontades da metrópole e dos grandes produtores. A colônia acabava por ser um grande fornecedor de matérias-primas e de alimentos para a metrópole, o que dificultou o desenvolvimento de seu mercado interno. Isso não mudou muito até os dias atuais, em que a relação de "países em desenvolvimento" para com os "países desenvolvidos" ainda segue a mesma lógica. A ideia do Brasil como o "celeiro" do mundo deixa isso bastante evidente.

Voltando um pouco no tempo, vamos nos debruçar sobre alguns aspectos da historiografia do Maranhã e do Grão-Pará.

Desde os primeiros contatos dos colonizadores com o que viria a ser o Estado do Grão-Pará e Maranhão, a região era descrita como rica em recursos e belezas naturais. Havia muita disponibilidade de água, especiarias e afins. Além da fertilidade das terras, a região era rica no que ficaria conhecido mais tarde como as "drogas do sertão", uma infinidade de produtos desconhecidos em outros locais e que tinha alto valor para o comércio.

O território do Estado do Grão-Pará e Maranhão compreendeu o que hoje é conhecido como a região Norte do Brasil, além de parte do Nordeste. Eles tinham governos independentes, o que significa que se reportavam diretamente para a coroa portuguesa, ainda que as ordens de Portugal, em geral, fossem comuns aos dois estados. Havia dois tipos de capitanias relacionadas a eles, por conta da vasta extensão de seu território: as capitanias com donatários e as capitanias do Rei. Essa divisão tinha relação com os modos de administração de cada local. Nas capitanias do Rei os recursos vinham diretamente da metrópole, enquanto nas capitanias com donatários os recursos deviam prover do particular, aquele interessado em colonizar a região.

No início desse processo, a maior parte dos donatários acabou sucumbindo à ação da natureza e dos indígenas em relação ao território visado. O território aqui discutido acabou sendo resultado da delegação do rei para o donatário em relação às terras divididas da Capitania do Grão-Pará, à direita, e da Capitania do Maranhão, à esquerda do rio Turiaçu. Foi nesse contexto que teve início, antes dos outros estados do Brasil, a efetiva colonização e administração do que era o Estado do Maranhã.

A formação do Estado do Grão-Pará e Maranhão tem relação direta com as tentativas e ao empenho da coroa portuguesa de expulsar os estrangeiros (franceses, holandeses e ingleses) do território. Vale lembrar que, antes de 1580 e do estabelecimento da União Ibérica (união de Espanha e Portugal), era o Tratado de Tordesilhas (que levava em conta ainda a separação das duas coroas) que estava em voga. Depois disso, tudo fico mais incerto. As colônias ainda eram teoricamente divididas, mas, na prática, tudo era diferente e o tratado passou não mais a ser respeitado como antes. Para a Coroa, essas disputas não tinham muito valor, já que elas acabavam por fortalecer os domínios Ibéricos na região.

O primeiro governador do Estado do Maranhão, criado oficialmente em 1621 e instalado de fato em 1626, foi o Capitão-General Francisco Coelho de Carvalho, que ficou 10 anos no poder, de 1626 até 1636. A sede da capital do Estado ficava na vila de São Luís. O Estado do Maranhão e Grão Pará durou até 1772, quando foi anexado ao Estado do Brasil. Mesmo após ser criado oficialmente, por meio de regimentos e ordens, o Estado passou por inúmeras transformações e divisões, que foram, aos poucos, criando núcleos de governo menos e mais localizados, mas ainda submetidos ao Estado como um todo. Isso auxiliou na organização de seu espaço.

Havia, em meio ao processo de desenvolvimento do território do Estado do Grão-Pará e Maranhão, um grupo que acabou ganhando poderes cruciais para decidir os rumos da região: as ordens religiosas. Sua tarefa primordial era ampliar os domínios da igreja católica, principalmente após o Concílio de Trento, realizado entre 1545 e 1563. Os franciscanos foram os primeiros a desembarcar nas terras invadidas com tal propósito, sob a orientação de Frei Henrique de Coimbra.

Em conjunto com as coroas portuguesas e espanholas, essas ordens acabaram por, rapidamente, expandir seus domínios nas terras conquistadas. Eventualmente, começaram a ocorrer conflitos de interesse entre os membros de tais ordens e aqueles que não faziam parte delas e que buscavam também ampliar seus poderes sobre as novas terras.

Uma dessas ordens foi a Companhia de Jesus, que teve forte atuação sobre o território nessa época, em paralelo ao projeto português de expansão de seus domínios. Tanto a Espanha como Portugal tinham relações estreitas com a igreja católica, que apoiava e financiava seus projetos de expansão com a condição de que pudesse evangelizar os povos descobertos, além de, também, expandir seus domínios, por meio da criação de igrejas e da cobrança de taxas para financiar seus trabalhos.

O século XVI foi marcado pelos movimentos de Reforma e Contrarreforma, o que impulsionou ainda mais os anseios de expansão territorial da igreja católica, que acabava por atuar como um estado paralelo onde quer que se envolvesse.

Uma das funções dos missionários, membros de tais ordens, era apaziguar determinados conflitos. Eles acabavam por atuar como neutralizadores de violência direta, por meio do trabalho de catequização, que buscava, indiretamente, "domar" os povos indígenas e apaziguá-los. A relação entre os missionários e os colonos teve altos e baixos no período de colonização. De início, eles trabalhavam juntos para atingir o objetivo comum de expansão territorial.

Aos poucos, os interesses da coroa e os da igreja acabaram por se tornar conflituosos, já que a sede de poder fazia com que o equilíbrio entre essas duas forças nem sempre fosse equivalente. Além disso, as ordens começaram a disputar entre si o poder em relação a quem caberia a tarefa de catequizar povos "recém-descobertos". Esses conflitos culminaram com a expulsão da companhia de Jesus do Estão do Grão-Pará e Maranhão, na década de 1750, durante a Era denominada como Pombalina.

A Era Pombalina foi marcada por uma série de mudanças em relação à administração da coroa portuguesa, acontecimento que teve fortes impactos em como a colônia brasileira se desenvolvia.

Basicamente, o capitão-general Francisco Xavier de Mendonça Furtado, irmão daquele conhecido como Marquês de Pombal, ministro de Portugal, passou, por meio da influência deste, a ter um impacto significativo sobre o andamento do governo na colônia, especialmente no Estado do Grão-Pará e Maranhão, mas não apenas aí.

O que se buscava era o fortalecimento da coroa portuguesa por meio de uma série de medidas que buscavam aumentar os lucros portugueses pela exploração ainda mais intensa dos recursos advindos de suas colônias. Portugal passava, então, por uma série de problemas econômicos e sociais que deram brecha ao surgimento de uma figura forte, que – como em qualquer crise de estado – pudesse ser uma forma de tirar o país do sufoco pelo qual passava.

Algumas das medidas tomadas por Pombal foram: a cobrança anual de 1.500 kg de ouro; ocorreu o fim das capitanias hereditárias, que passariam a ser governadas diretamente pela Coroa Portuguesa; ele criou companhias de comércio, para intensificar o fluxo de trocas entre a colônia e a metrópole; expulsou os jesuítas do Brasil, por causa da oposição deste grupo à escravização dos indígenas.

Essas foram apenas algumas das inúmeras medidas severas propostas por Pombal, que foi tirado do cargo após a morte de Dom José I, em 1777. Aqueles que se opunham às suas ordens afirmavam que ele era autoritário, e suas medidas acabaram desagradando a muitos e a tentativa de tirar Portugal da crise por meio da exploração mais severa de suas colônias foi um dos fatores que impulsionaram as discussões e as manifestações de opiniões sobre a eventual independência do território brasileiro da metrópole portuguesa.

O irmão do Marquês de Pombal, Francisco Xavier de Mendonça, chegou ao governo geral do Estado do Grão-Pará e Maranhão, onde ficou entre 1751 e 1759, além de ter sido secretário de Estado da Marinha e do Ultramar, entre os anos de 1760 e 1769. Ele foi um dos responsáveis pela expulsão definitiva da Companhia de Jesus do Brasil, em conjunto com Pombal. Um dos fatores para que isso acabasse por acontecer foi a oposição feita pela ordem religiosa em relação à escravização dos indígenas. Isso foi outro ponto que acelerou a destruição dos povos nativos do Brasil. Além disso, auxiliou a criação da companhia geral de comércio para o Grão-Pará, outra medida apoiada pelo Marquês de Pombal.

Mendonça foi um dos responsáveis por separar a Capitania de São José do Rio Negro do Estado do Grão-Pará e Maranhão, em 1755. A motivação para tanto foi o fracasso da administração da região, que gerou a necessidade de que fosse tomada alguma medida para sanar o problema. A medida encontrada por Mendonça foi separar essa capitania do restante do território. Além disso, a população local ansiava por certa independência em relação ao restante do Estado. Isso ocorreu logo antes da expulsão

HISTÓRIA DO AMAZONAS

dos Jesuítas da área, e teve o risco de influência das ordens religiosas como outro fator importante para a decisão que seria, então, tomada.

Outro ponto importante para a separação dessa capitania do restante do estado foi que seu território demarcações um tanto quanto frágeis, por estar em limites territoriais com regiões pertencentes à Espanha e cobiçadas por holandês, com quem também fazia fronteira. Seu governador ainda estaria, contudo, subordinado ao do Estado de Grão-Pará e Maranhã. Fazia-se necessário, além disso, haver uma política de povoamento mais forte, para que a região se fortalecesse em relação às suas fronteiras, o que levou o governo, inclusive, a incentivar o casamento de brancos com indígenas.

A delimitação de fronteiras no século XVIII era um assunto complexo. De 1494 até 1580, era o Tratado de Tordesilhas que vigorava sobre o reconhecimento de poder sobre a divisão das terras. Depois, quando ocorreu a união das coroas portuguesa e espanhola, em 1580, tudo ficou mais incerto, e o Tratado passou a ser desrespeitado por muitos colonos.

Foi, então que surgiu o Tratado de Madri, assinado em 1750, como uma tentativa de apaziguar os ânimos daqueles que reivindicavam direitos sobre determinadas terras. A forma encontrada pelo Tratado para resolver o problema foi delimitar que, a partir de então, quem estivesse nas terras seria o dono delas. Delimitou, também, que muitos territórios que estavam sendo ocupados por portugueses, mas que pertenciam à Espanha, seriam, na verdade, de Portugal. Isso auxiliou a efetivação da expansão territorial brasileira, que ganhou contornos mais bem delimitados e, pela primeira vez, apresentou a maior parte dos contornos do que conhecemos, hoje, como o Brasil.

Já em 1777, foi assinado outro tratado: o Tratado de Santo Ildefonso, também entre Portugal e Espanha. Ele surgiu como resultado dos resultados do Tratado de Madri, assinado quase 30 anos antes, mas que, apesar da delimitação feita, acabou por não gerar a paz buscada nas fronteiras dos territórios. Esse novo tratado estabeleceu os contornos dos territórios ao Sul do Brasil, delimitando uma divisão mais clara entre o que seria o Rio Grande do Sul e o Uruguai.

O texto do Tratado de Santo Ildefonso levou mais fatores em conta do que o anterior, como certos direitos e deveres daqueles que residiam imediatamente nas fronteiras, por exemplo. Além disso, ele se mostrava como um fortalecimento do Tratado de Madri em relação a muitos territórios, como os da Região Norte.

Por volta desse mesmo período, em 1758 foi publicado o Diretório dos Índios, que durou até 1798, uma lei que apresentava medidas para a colônia em relação a determinadas práticas, como aquelas referentes à educação, à força de trabalho e às relações entre indígenas e colonos, por exemplo, por meio da institucionalização do trabalho forçado. Tinha influência do pensamento iluminista, de integração social, em que se buscava, ainda que por meios não realmente igualitários, assimilar culturas como a indígena ao modo de vida que vinha da metrópole. Foi por meio disso que o território da Amazônia passou a receber ainda mais influência do governo, com medidas mais bem definidas para o que se tinha como projeto de estado, sob influência direta de Marquês de Pombal. Seu irmão, Mendonça, foi o responsável por implementar essas medidas na região, atuando como governador.

A extinção do Diretório dos Índios veio como uma tentativa mais expressiva de integrar o sujeito indígena à sociedade colonial. Essa integração, ao contrário do que parece, não buscava dar direitos e vida digna aos povos indígenas, mas forçá-los ao trabalho conforme a coroa portuguesa o concebia. Foi uma tentativa de institucionalizar a servidão de outros povos aos interesses da coroa, para fortalecer seus territórios com mais mão-de-obra.

Outro ponto importante sobre o período colonial tem relação com a formação dos chamados corpos de milícias no Brasil do século XIX. Essas forças são aquelas que não tinham treinamento profissional e cujos integrantes eram responsáveis por atuar como um "reforço" para as forças regulares do governo.

Foram três as milícias em questão: as Ordenanças, os corpos de Auxiliares e a Guarda Nacional. As duas primeiras existiram ainda antes do Brasil existir por si só, antes de 1822, quando ainda era parte da coroa portuguesa. A Guarda Nacional continuou a existir durante o império pós-independência.

As milícias serviram como uma forma de fortalecer o poder de guerra do estado, ainda que de forma precária, já que constituir grandes exércitos era uma tarefa que demandava muitos recursos. Por meio das milícias, o estado integrava mais pessoas de forma menos custosa ao seu corpo. Apesar disso, essa questão se demonstrou bastante complexa, já que o estado, por si só, não tinha como controlar totalmente a expansão desses grupos, o que acabava por gerar conflitos de interesse entre uns e outros.

Elas acabaram por ser um meio de colocar em prática uma nova concepção de cidadão, diferente daquela do período colonial. Com isso, todo aquele apto a defender os interesses do estado poderia ser útil em momentos de rebelião ou de perturbações da ordem, seja interna ou externa. As milícias reuniam grupos específicos de sujeitos, que seriam os homens livres e detentores de propriedade, sob seu manto. Eles não tinham um treinamento específico como aqueles que trabalhavam, de fato, como militares, e poderiam exercer outras funções úteis ao estado, para, apenas em casos de necessidades, serem convocados às armas.

1.2 Império

No período do Brasil imperial, depois da Proclamação da Independência, em 1822, ocorreram ainda mais mudanças no sentido de delimitações territoriais para reforçar os domínios de Dom Pedro I, primeiro imperador do Brasil. A relação do império com o que conhecemos hoje como Amazônia teve início logo depois da independência, já em 1823, a partir da afirmação da ordem imperial. Sua reafirmação ocorreu em 1840, quando se encerrou o processo que conhecemos como cabanagem, do qual falaremos na sequência.

A incorporação definitiva da Amazônia como pertencente ao império brasileiro ocorreu por meio da anexação do Grão-Pará ao território, que já havia se iniciado em 1616, em meio a turbulentos processos de reafirmação dos poderes coloniais, com sua subsequente integração institucional como o estado brasileiro da Amazônia.

É importante salientarmos que, durante o período colonial, a Amazônia, ou Grão-Pará na época, foi um estado colonial português autônomo, que funcionava paralelamente ao que era o Brasil. Na primeira metade do século XIX, isso fez com que houvesse duas sociedades bastante diferentes em relação à sua organização e administração.

Após 1822 isso começou a mudar, por meio dos anseios do imperador de formar uma grande nação, que unisse o que era o Grão-Pará com o restante do Brasil. Essa anexação não ocorreu sem disputas e conflitos. Foi em 1823 que, por meio de um momento conhecido como "Adesão do Pará", a Amazônia começou a ser incorporada ao restante do território. A incorporação ocorreu contra a vontade popular, o que acabou, inclusive, por ensejar conflitos e revoltas sangrentas em diversas regiões, já que o território sobre o qual falamos era bastante extenso.

Tudo isso deu origem ao que conhecemos como Cabanagem, em 1835, que foi um desdobramento dos conflitos relacionados ao anseio do império por expandir seus domínios. Ela foi a maior guerra popular que aconteceu no Brasil. Os cabanos eram formados por uma parcela pobre da população da Amazônia, que contava com indígenas, negros e mestiços. A guerra acabou se espalhando por todo o vale amazônico, até as fronteiras com os países vizinhos, e durou até 1840, quando os cabanos acabaram por se render e as forças imperiais conseguiram, por fim, reafirmar a ordem imperial brasileira na Amazônia. Foi um conflito devastador, que contou com cerca de 30 mil mortos, além de danos materiais e imateriais incontáveis. Esse processo foi uma imposição de identidade de um Brasil que o império desenhou para as numerosas populações que viviam no vale amazônico.

A província do Amazonas foi criada a partir de sua separação da Província de Grão-Pará, por ter lutado contra os cabanos, ao lado do império, como uma forma de recompensa, em 1850. Essa separação territorial teve início ainda no governo de Francisco Xavier de Mendonça Furtado, irmão do Marquês de Pombal, que, em 1755, criou a Capitania de São José do rio Negro, subordinada ao Grão-Pará. Desde então, diversas medidas para aumentar o número da população local e o comércio na região foram tomadas, como a criação da Companhia Geral do Comércio do Grão-Pará e Maranhão, ainda no século XVIII.

O Maranhão foi separado também ainda no século XVIII, em 1772, quando a capitania passou a ser denominada de Grão-Pará e Rio Negro. A vinda da família real para o Brasil e o processo de independência da metrópole aceleraram os processos de comércio e aumentaram em muito a quantidade de produtos que poderiam ser comercializados.

Em 1832 ocorreu uma revolta que exigiu a separação do Amazonas do Pará. Ela acabou sendo duramente reprimida, mas conseguiu que fosse criada a Comarca do Alto Amazonas. A região permaneceu ao lado do império na época em que as revoltas da cabanagem aconteceram, e foi por meio disso, após o fim das lutas, que o Amazonas conseguiu se tornar uma província autônoma, em 1850, quando separou-se, de fato, do Pará.

A economia do Alto Amazonas tinha no cacau seu principal recurso até o início do século XIX. A partir de então, outros produtos, como aqueles que provinham da exploração de tartarugas, tomaram o papel de protagonistas da economia da região. Já na segunda metade do século XIX, teve início o ciclo da borracha, por meio do qual a economia amazonense ganhou grande impulso.

O momento pós-independência foi conturbado na região amazônica, e diversos territórios sofreram com disputas autonomistas de um lado, e o império, em sua busca por expandir e efetivar territórios, de outro. Em 1824, o império promulgou sua primeira Constituição, que colocava um fim oficial a Rio Negro enquanto província. Ainda assim, a província continuou a ser administrada como tal, até que o imperador deu ordens para isso tivesse um fim.

O ouvidor Domingos Nunes Ramos Ferreira não aceitou o fim da província sem conflito, e declarou que Rio Negro seria, então, a comarca do Pará. Até 1825 essa disputa se acirrou, com a eclosão de movimentos autonomistas pelo território que desafiavam as ordens imperiais, o que fez surgir inúmeros conflitos. Essas disputas perduraram por anos, mas as forças imperiais acabavam sempre por conseguir o que queriam.

Em 1832 ocorreu uma assembleia, na qual se decidiu pela separação da comarca do Rio Negro da Província do Pará. Coube ao frei José dos Inocentes levar reivindicações revolucionárias para o Rio de Janeiro, onde residia a corte imperial. Contudo, ele não conseguiu chegar até seu destino. Em 1833, na província do Mato Grosso, ele foi proibido de seguir viagem. Ainda assim, conseguiu passar adiante os documentos que levava consigo.

1833 foi um ano decisivo para as ânsias autonomistas da região ainda conhecida como Rio Negro. O império havia recentemente publicado seu Código de Processo Criminal, além de ter tomado outras decisões de cunho administrativo. Nesse mesmo ano, aquele que era o presidente da província do Pará, José Joaquim Machado de Oliveira, proclamou a divisão do território do Pará em três comarcas: Grão Pará, Baixo Amazonas e Alto Amazonas. A que antes era a província do Rio Negro se tornou, então, a comarca do Alto Amazonas.

Além disso, em 1850, a capitania de São José do Rio Negro passou a não mais pertencer à Província do Grão Pará e se tornou independente. Essa época é relativa ao segundo reinado, que teve Dom Pedro II como seu imperador, de 1840 até 1889. As províncias passaram a ser estados apenas depois do fim do império, com a Proclamação da República, em 1889. A autonomia do amazonas teve várias importantes repercussões políticas. Entre elas, ocorreu a abertura da navegação do Amazonas para os países com os quais o Brasil mantinha relações cordiais. Antes disso, o governo imperial proibia essa prática, por temer que os recursos naturais de seu território pudessem ser explorados sem autorização por estrangeiros.

O primeiro presidente da então província do Amazonas foi João Batista de Figueiredo Tenreiro. Ele foi uma figura crucial para o processo de autonomia da região, tendo lutado duramente por esse objetivo, ao lado de outras importantes figuras, como dom Romualdo Antônio de Seixas, deputado e bispo católico que também lutava por essa causa.

Além das mudanças políticas, a economia da região no segundo reinado teve significativos avanços com o que ficou conhecido como o ciclo da borracha, no período entre os anos de 1879 e 1912. Foi um período que, além de ter impulsionado o crescimento econômico da região, atraiu um fluxo migratório intenso, principalmente do Nordeste, de pessoas que buscavam enriquecer e melhorar de vida. Nesse período, Manaus, Porto Velho e Belém se tornavam as capitais brasileiras mais economicamente bem sucedidas. Sob influência advinda da Europa, nessa época foram construídos complexos sistemas de eletricidade, água encanada e esgotos, aumentando a qualidade de vida daqueles que ali residiam.

Todavia, a falta de políticas públicas bem estabelecidas deu fim a esse período antes do que se imaginava. Havia uma demanda

HISTÓRIA DO AMAZONAS

intensa vinda da Europa por borracha, em consequência da eclosão da primeira Revolução Industrial no velho continente. O produto era buscado para ser utilizado em pneus de automóveis, motocicletas e bicicletas, além da fabricação de inúmeros outros produtos. O ciclo da borracha fez com que a Amazônia chegasse a ser a responsável por cerca de 40% de toda a exportação brasileira na época.

Nesse período, surgiu o que foi chamado de sistema de aviamento, que era utilizado para adiantar mercadorias por meio de crédito. Ele começou a ser utilizado ainda na época colonial, mas foi consolidado apenas durante o ciclo da borracha, quando se tornou crucial haver algum mecanismo que facilitasse a circulação de mercadorias pela região. Contudo, esse momento e a ânsia por lucros cada vez maiores tinham na exploração humana um de seus principais fatores. A organização do trabalho com a borracha tinha uma hierarquia rígida, que se dividia entre o seringalista, que detinha os meios de produção, e o seringueiro, que lutava a duras penas para extrair o máximo de borracha que conseguia, em meio a condições bastante precárias de trabalho e de moradia.

O fim desse ciclo ocorreu por conta do contrabando de sementes de seringueira para a Europa, em 1877, fazendo com que não fosse mais necessário para os países europeus importar o produto de um local tão longe quanto o Brasil.

1.3 República

Após a Proclamação da República, em 1889, as divisões territoriais amazônicas já eram muito mais bem delimitadas. Infelizmente para a economia da região, o ciclo da borracha teve sua vida encurtada por conta do contrabando do qual já falamos. Nessa época, outros conflitos territoriais, mais relacionados às extremidades das fronteiras, surgiram.

Um deles teve relação com o território que passaria a ser o estado do Acre. Entre 1902 e 1903 ocorreu a Revolução Acreana, ainda que muitos pesquisadores questionem o termo, já que não ocorreram mudanças muito significativas a nível social e político na região. Sua relevância se deu pelo que veio na sequência. Ocorreram, por conta dela, uma série de tensões bélicas entre o Brasil e a Bolívia, que foram solucionadas, ainda em 1903, pelo Tratado de Petrópolis, por meio do qual o Acre passou a ser oficialmente território brasileiro.

Isso ocorreu sem maiores tensões, já que o governo brasileiro aceitou fazer um pagamento pelo território, além de permuta de algumas terras e de permitir que embarcações bolivianas transitassem em águas brasileiras. Além disso, foi construída a Estrada de Ferro Madeira-Mamoré, pelo governo do Brasil.

Outro conflito finalizado na época da República teve relação com a delimitação do que é hoje o estado do Amapá. Os conflitos sobre sua delimitação começaram ainda no século XVII, quando o território ainda não tinha esse nome, e se estenderam até meados do século XX, quando a questão foi finalizada. De início, Portugal já enfrentava as vontades da França sobre o território, atravessando a época de Brasil enquanto império e chegando até a República.

A crise que acabou por levar à derradeira definição do Brasil como possuidor do território do Amapá, já na fase da República, teve origem com a descoberta de ouro no rio Calçoene, em 1893.

Essa descoberta atraiu um fluxo migratório para a região, de forma similar ainda que não tão intensa quanto aquela que deu origem ao ciclo da borracha amazonense. Na época, a região tinha como delegado o francês Eugène Voissien, que cobrou impostos bastante altos daqueles que buscavam retirar ouro do local. Isso fez com que uma série de revoltas tivesse início. Além disso, ele tentou proibir o acesso de cidadãos brasileiros às minas.

Essas revoltas culminaram com a deposição do governo francês local, e os brasileiros tomaram para si as rédeas da situação e até mesmo criaram uma legislação própria, que tinha como base a Constituição do Pará. Os franceses, contudo, revidaram, gerando um conflito sangrento, que levou à tentativa de se estabelecer um acordo diplomático entre as duas nações.

O Barão do Rio Branco surgiu como uma figura fundamental nesse processo enquanto negociador entre França e Brasil. Foi ele o responsável por consagrar o Brasil como vitorioso nesse conflito. Ele foi tão crucial para a decisão desse processo, que seus métodos de negociação acabaram por influenciar o desfecho de outras disputas territoriais em outras fronteiras no período, como aquelas que envolveram as Guianas Francesa e Inglesa, ainda que, nestes, o Brasil não tenha sempre saído vitorioso.

Em meio às delimitações de território nem sempre pacíficas do Brasil com seus países vizinhos, a Amazônia passou pelo ciclo da borracha, do qual já falamos anteriormente, que tornou a região próspera economicamente, ainda que as dinâmicas de exploração de trabalho tenham criado as bases para uma sociedade expressivamente desigual.

O final do século XIX e o começo do século XX foram marcados pelo fim – ao menos oficialmente – de vários impérios ao redor do mundo, depois da liberação, entre o final do século XVIII e início do XIX, de várias colônias de suas metrópoles. Na realidade, o pensamento e as dinâmicas sociais e culturais que vêm desde tempos coloniais nunca foram inteiramente superadas.

A relação exploratória entre os detentores de poder e de meios de produção para com aqueles sujeitados a eles se manteve, mas ganhou novos contornos. As mudanças de denominação trouxeram com elas a ânsia por mudanças, mas o cerne da questão se manteve: a prosperidade de uns, mais favorecidos, sempre veio às custas de outros, menos favorecidos. A importação de conceitos culturais novos se intensificou conforme os meios de espalhamento de tais conceitos foram se aprimorando e a comunicação entre um continente e outro foi sendo facilitada.

A Amazônia ganhou ares cosmopolitas por conta da grande movimentação de produtos e de capital ocorrida graças ao ciclo da borracha e da maior estabilidade territorial por conta dos desfechos de disputas que ainda eram muito instáveis em décadas anteriores.

O que era criado na metrópole ia para a pós-colônia como um modelo a ser seguido, e não foi diferente com o pensamento iluminista e a vontade de "progresso" que a revolução industrial desencadeou como uma reação em cadeia entre o velho e o novo continente. Além do plano das ideias, as mudanças das condições materiais foram expressivas. Por meio do ciclo da borracha, a Amazônia e os estados ao redor dela, como o Pará, ganharam novos contornos, principalmente em suas capitais: Manaus e Belém. Amplos sistemas de infraestrutura foram incorporados ao modo de vida local: eletricidade e sistemas de esgoto são exemplos de elementos que modificaram a vida da região como um todo, ainda que de modo mais acessível para uns e mais precário para outros.

O final desse ciclo, como já falamos sobre, foi abrupto. Ocorreu, contudo, um segundo ciclo da borracha, entre 1942 e 1945, motivado pela ocorrência da segunda grande guerra, que demandou o produto de forma intensa. Esse momento durou pouco, e, infelizmente, o governo local e o federal não haviam se planejado com alternativas a isso. Isso tornou a região estagnada, ainda que tenham permanecido ali a maior parte dos imigrantes que para lá haviam ido com a promessa de prosperidade advinda do momento de explosão da demanda por borracha, décadas antes.

Manaus é um local que, no auge do ciclo gumífero, foi visto como a "Paris dos Trópicos", pelo seu desenvolvimento rápido e pela assimilação em todos os setores da sociedade de aspectos culturais vindos da Europa. Além da infraestrutura, para continuar recebendo investimentos estrangeiros e os olhares de fora, foram construídas obras como: o Teatro Amazonas, o Palácio da Justiça, os Grandes Casarões, o Mercado Adolfo Lisboa, o Porto Flutuante, além de praças e do Bonde Elétrico.

Essa denominação passou para a "Miami Brasileira", por conta de que a região atraiu um número expressivo de imigrantes, que acabaram, com a estagnação econômica do fim do ciclo, se mantendo por lá, o que fez com que os aspectos culturais do local se mesclassem com os daqueles que para lá foram, criando uma identidade plural num local que passou por um período de pouco desenvolvimento – nos moldes do que o governo, tanto local quanto federal, buscavam.

Em Manaus, surge o Clube da Madrugada, como um movimento de vanguarda artística que buscava transformações sociais e chegou a implementar o ensino da arte nas escolas da região. Havia um forte desejo por renovação de pensamento e valorização do regional, impulsionado pelos momentos de crise que aconteciam a nível nacional. Entre seus integrantes estavam nomes como: Saul Benchimol, Francisco Ferreira Batista, Carlos Farias de Carvalho, José Pereira Trindade, entre outros.

O nome "Clube da Madrugada" foi uma tentativa de seus criadores de desenvolver um grupo mais informal de homens de letras, que não estivessem longe da sociedade no alto de sua intelectualidade, mas integrados a ela, transformando-a. Foi criada uma revista literária, além de terem sido feitos inúmeros recitais de poesia e exposições para levar sua ideia adiante.

Esse período possibilitou a criação do contexto para conflitos. Havia grande reprovação social em relação àquele que governava a região no primeiro quarto do século XX, César Resende do Rego Monteiro. Gerava insatisfação o fato de que ele governava sem respeitar os princípios federativos, e isso levou ao que ficou conhecido como Tenentismo e à Rebelião de 1924. O que ocorreu foi a organização de setores militares para tirar Monteiro do poder, por conta da não obediência à federação, da repressão forte aos seus opositores e de práticas de nepotismo.

A gota d'água foi a indicação de Aristides Rocha como seu sucessor, que ocorreria em 1925. Tal atitude foi vista como uma estratégia para que ele se mantivesse indiretamente no poder e incitou os grupos rebeldes a dar início aos seus atos, que, apesar de amplamente conhecidos, não foram contra-atacados pelo governante. No momento da deflagração de sua deposição, Monteiro se encontrava, inclusive, em viagem para a Europa. Os militares depuseram, então, seu substituto, Turiano Meira, não sem utilizar armar de fogo, criando pânico na população local.

A "Revolução Tenentista" teve no Jornal do Povo um meio de se fazer conhecida não apenas na região, mas também a nível nacional. O estado foi governado pelo tenente Ribeiro Júnior até agosto de 1924. Foi instituído por ele o chamado "Tributo da redenção", por meio do qual o estado confiscou e vendeu bens que, segundo os tenentistas, haviam sido usurpados por criminosos nos anos anteriores.

Esse período veio no mesmo movimento de uma séries de intervenções a nível nacional, que levaram à deposição de Washington Luís e à criação da "Junta Governativa Provisória" até a posse de Getúlio Vargas. Um dos objetivos de tais intervenções era mudar algumas das dinâmicas políticas que estavam em voga no período e que acabaram por beneficiar cada vez menos os setores militares, ao mesmo tempo em que favoreciam os grandes proprietários, cada vez mais envolvidos com o sistema institucional para favorecem a si mesmos – nada de muito novo sob o sol do Brasil, da colônia ao século XXI.

Uma dessas dinâmicas era relacionada à chamada "Política do Café com Leite", em que políticos com muito poder do Rio de Janeiro e de São Paulo se alternavam no poder para manter seus próprios privilégios. Isso acabou levando o País ao que conhecemos como a ditadura varguista, em que Vargas despontou como uma figura popular que iria tirar o Brasil desses moldes ainda carregados de colonialismo e submissão aos detentores de poder.

O governo de Vargas foi marcado por medidas populistas e por políticas de regulamentação das dinâmicas de trabalho existentes. Ele criou empresas nacionais como a Vale do Rio Doce, a Companhia Siderúrgica Nacional, o Conselho de Águas e Energia Elétrica, entre outras. Além de ter investido na indústria nacional, implementou a Consolidação das Leis do Trabalho (CLT), que até hoje rege as relações de trabalho no Brasil. Com a CLT veio a implementação do salário-mínimo, a carteira de trabalho, a jornada de 8 horas, as férias remuneradas, a previdência social e o descanso semanal. Tais medidas foram acertadas para diminuir a insatisfação popular com o poder e dar o aval da população para Vargas se mantivesse no poder.

As crises, a nível político e social, sempre foram fortes impulsionadores de manifestações culturais. A primeira metade do século XX foi um período mundialmente incerto, em que ocorreram as conhecidas duas Grandes Guerras. Nesse mesmo período surgiram manifestações culturais expressivas a nível de Brasil, como a Semana de Arte Moderna e os movimentos regionalistas por todo o país.

Vargas foi sucedido por dois presidentes – José Linhares e Eurico Gaspar Dutra – antes de voltar ao poder, em 1950. Em 1955, Juscelino Kubitschek assume a presidência. Com ele é criada, em 1957, a Zona Franca de Manaus, como uma tentativa de fortalecer economicamente a região amazônica e, em consequência, o Brasil como um todo. Contudo, foi apenas em 1967, durante a ditadura militar brasileira, que, por meio do Decreto-Lei nº 288/67, a Zona Franca foi, de fato, implementada. A princípio, o objetivo era dar incentivos fiscais por 30 anos para que houvesse a criação de um polo industrial, comercial e agropecuário na região.

HISTÓRIA DO AMAZONAS

RACIOCÍNIO LÓGICO-MATEMÁTICO

1. PROPOSIÇÕES

1.1 Definições

Proposição é uma **declaração** (sentença declarativa - afirmação ou negação - com sujeito "definido", verbo e sentido completo - sentença fechada) que pode ser **classificada** OU em Verdadeiro OU em Falso.

São exemplos de proposições:

p: Danilo tem duas empresas

Q: Susana comprou um carro novo

a: Beatriz é inteligente

B: 2 + 7 = 10

As letras "p", "Q", "a", "B", servem para representar (simbolizar) as proposições.

Valores lógicos das proposições

Uma proposição só pode ser classificada em dois valores lógicos, que são ou o **Verdadeiro (V)** ou o **Falso (F)**, não admitindo outro valor.

As proposições têm três princípios básicos, sendo um deles o princípio fundamental que é:

Princípio da não contradição: diz que uma proposição não pode ser verdadeira e falsa ao mesmo tempo.

Os outros dois são:

Princípio da identidade: diz que uma proposição verdadeira sempre será verdadeira e uma falsa sempre será falsa.

Princípio do terceiro excluído: diz que uma proposição só pode ter dois valores lógicos, ou o de verdadeiro ou o de falso, **não existindo** um terceiro valor.

Interrogações, exclamações e ordens não são proposições.

Exs.:

Que dia é hoje?

Que maravilha!

Estudem muito.

Sentenças abertas e quantificadores lógicos

Existem algumas "sentenças abertas" que aparecem com com incógnitas (termo desconhecido) ou com sujeito indefinido, como por exemplo: "x + 2 = 5", não sendo consideradas proposições, já que não se pode classificá-las sem saber o o valor de x ou se ter a definição do sujeito, porém com o uso dos **quantificadores lógicos**, elas tornam-se proposições, uma vez que esses quantificadores passam a dar valor ao "x" ou definir o sujeito.

Os quantificadores lógicos são:

$\forall$: para todo; qualquer que seja; todo;

$\exists$: existe; existe pelo menos um; algum;

$\nexists$: não existe; nenhum.

Ex.:

x + 2 = 5 (sentença aberta - não é proposição)

p: $\exists$ x, x + 2 = 5 (lê-se: existe x tal que, x + 2 =5). Agora é proposição, uma vez que agora é possível classificar a proposição como verdadeira, já que sabemos que tem um valor de "x" que somado a dois é igual a cinco.

Negação de proposição (modificador lógico)

Negar uma proposição significa modificar o seu valor lógico, ou seja, se uma proposição é verdadeira, a sua negação será falsa, e se uma proposição for falsa, a sua negação será verdadeira.

Os símbolos da negação são (~) ou ($\neg$) antes da letra que representa a proposição.

Ex.: p: 3 é ímpar;

~p: 3 **não** é ímpar;

$\neg$p: 3 é **par** (outra forma de negar a proposição).

~p: não é verdade que 3 é ímpar (outra forma de negar a proposição).

$\neg$p: é mentira que 3 é ímpar (outra forma de negar a proposição).

Lei da dupla negação:

~(~p) = p, negar uma proposição duas vezes significa voltar para própria proposição:

q: 2 é par;

~q: 2 não é par;

~(~q): 2 **não** é **ímpar**;

portanto;

q: 2 é par.

Tipos de proposição

Simples ou atômica: são únicas, com apenas um verbo (ação), não pode ser dividida/separada (fica sem sentido) e não tem conectivo lógico.

Ex.: Na proposição "João é professor" tem-se uma única informação, com apenas um verbo, não sendo possível separá-la e sem conectivo.

Composta ou molecular: tem mais de uma proposição simples unidas pelos conectivos lógicos, podem ser divididas/separadas e tem mais de um verbo (pode ser o mesmo verbo referido mais de uma vez).

Ex.: "Pedro é advogado e João é professor". É possível separar em duas proposições simples: "Pedro é advogado" e "João é professor".

Simples (atômicas)	Compostas (moleculares)
Não têm conectivo lógico	Têm conectivo lógico
Não podem ser divididas	Podem ser divididas
1 verbo	+ de 1 verbo

Conectivo lógico

Serve para unir as proposições simples, formando proposições compostas. São eles:

e: conjunção ($\wedge$)

ou: disjunção ($\vee$)

ou..., ou: disjunção exclusiva ($\underline{\vee}$)

se..., então: condicional ($\rightarrow$)

se..., e somente se: bicondicional ($\leftrightarrow$)

Alguns autores consideram a negação (-) como um conectivo, porém aqui não faremos isso, pois os conectivos servem para formar proposição composta, e a negação faz apenas a mudança do valor das proposições.

RACIOCÍNIO LÓGICO-MATEMÁTICO

PROPOSIÇÕES

O "e" possui alguns sinônimos, que são: "mas", "porém", "nem" (nem = e não) e a própria vírgula. O condicional também tem alguns sinônimos que são: "portanto", "quando", "como" e "pois" (pois = condicional invertido. Ex.: A, pois B = B → A).

Ex.:

a: Maria foi à praia

b: João comeu peixe

p: Se Maria foi a praia, então João comeu peixe

q: ou 4 + 7 = 11 ou a Terra é redonda

1.2 Tabela Verdade e Conectivos Lógicos

A tabela verdade nada mais é do que um mecanismo usado para dar valor às proposições compostas (que também serão ou verdadeiras ou falsas), por meio de seus respectivos conectivos.

A primeira coisa que precisamos saber numa tabela verdade é o seu número de linhas, e que esse depende do número de proposições simples que compõem a proposição composta.

Número de linhas = 2^n

Em que "**n**" é o número de proposições simples que compõem a proposição composta. Portanto se houver 3 proposições simples formando a proposição composta então a tabela dessa proposição terá 8 linhas (2^3 = 8). Esse número de linhas da tabela serve para que tenhamos todas as relações possíveis entre "V" e "F" das proposições simples. Veja:

P	Q	R
V	V	V
V	V	F
V	F	V
V	F	F
F	V	V
F	V	F
F	F	V
F	F	F

Observe que temos todas as relações entre os valores lógicos das proposições, que sejam: as 3 verdadeiras (1ª linha), as 3 falsas (última linha), duas verdadeiras e uma falsa (2ª, 3ª e 5ª linhas), e duas falsas e uma verdadeira (4ª, 6ª e 7ª linhas). Nessa demonstração, temos uma forma prática de como se pode organizar a tabela, sem se preocupar se foram feitas todas relações entres as proposições.

Para o correto preenchimento da tabela, devemos seguir algumas regras:

> Comece sempre pelas proposições simples e suas negações, se houver;

> Resolva os parênteses, colchetes e chaves, respectivamente (igual à expressão numérica), se houver;

> Faça primeiro as conjunções e disjunções, depois os condicionais e por último os bicondicionais;

> numa proposição composta com mais de um conectivo o conectivo principal será o que for resolvido por último (muito importante saber o conectivo principal).

> A última coluna da tabela deverá ser sempre a da proposição toda, conforme as demonstrações adiante.

O valor lógico de uma proposição composta depende dos valores lógicos das proposições simples que a compõem assim como do conectivo utilizado, e é o que veremos a partir de agora.

Valor lógico de uma proposição composta por conjunção (e) = tabela verdade da conjunção ($\wedge$).

Conjunção "e": Sejam p e q proposições, a conjunção das proposições p e q, denotada por p $\wedge$ q, só será verdadeiro quando p e q forem verdadeiras simultaneamente (se p ou q for falso p $\wedge$ q será falso).

Ex.: $P \wedge Q$

P	Q	P$\wedge$Q
V	V	V
V	F	F
F	V	F
F	F	F

Representando por meio de conjuntos, temos: $P \wedge Q$

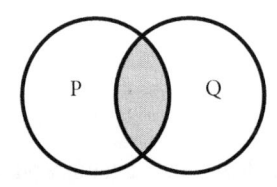

Valor lógico de uma proposição composta por disjunção (ou) = tabela verdade da disjunção ($\vee$).

Disjunção "ou": Sejam p e q proposições, a disjunção das proposições p e q, denotada por p $\vee$ q, só será falsa quando p e q forem falsas simultaneamente (se p ou q for verdadeiro p $\vee$ q será verdadeiro).

Ex.: $P \vee Q$

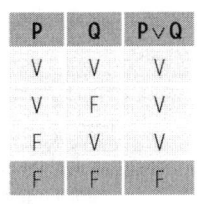

P	Q	P$\vee$Q
V	V	V
V	F	V
F	V	V
F	F	F

Representando por meio de conjuntos, temos: $P \vee Q$

Valor lógico de uma proposição composta por disjunção exclusiva (ou, ou) = tabela verdade da disjunção exclusiva ($\underline{\vee}$).

Disjunção Exclusiva "ou ..., ou ...": Sejam p e q proposições, a disjunção exclusiva das proposições p e q, denotada por p $\underline{\vee}$ q, será verdadeiro quando p e q tiverem valores diferentes/contrários (se p e q tiverem valores iguais p $\underline{\vee}$ q será falso).

Ex.: $P \veebar Q$

P	Q	P⊻Q
V	V	F
V	F	V
F	V	V
F	F	F

Representando por meio de conjuntos, temos: $P \veebar Q$

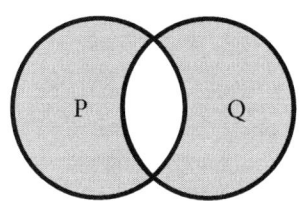

Valor lógico de uma proposição composta por condicional (se, então) = tabela verdade do condicional (→).

Condicional "Se p, então q": Sejam p e q proposições, a condicional de p e q, denotada por p → q onde se lê "p condiciona q" ou "se p, então q", é a proposição que assume o valor falso somente quando p for verdadeira e q for falsa. A tabela para a condicional de p e q é a seguinte:

Ex.: $P \rightarrow Q$

P	Q	P→Q
V	V	V
V	F	F
F	V	V
F	F	V

Atente-se bem para esse tipo de proposição, pois é um dos mais cobrados em concursos.

Dicas:
P é antecedente e Q é consequente = P → Q
P é consequente e Q é antecedente = Q → P
P é suficiente e Q é necessário = P → Q
P é necessário e Q é suficiente = Q → P

Representando por meio de conjuntos, temos: P → Q

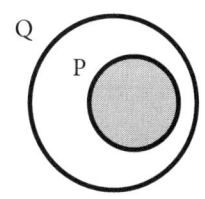

Valor lógico de uma proposição composta por bicondicional (se e somente se) = tabela verdade do bicondicional (↔).

Bicondicional "se, e somente se": Sejam p e q proposições, a bicondicional de p e q, denotada por p ↔ q, onde se lê "p bicondicional q", será verdadeira quando p e q tiverem valores iguais (se p e q tiverem valores diferentes p ↔ q será falso).

No bicondicional, "P" e "Q" são ambos suficientes e necessários ao mesmo tempo.

Ex.: $P \leftrightarrow Q$

P	Q	P↔Q
V	V	V
V	F	F
F	V	F
F	F	V

Representando por meio de conjuntos, temos: P ↔ Q

P = Q

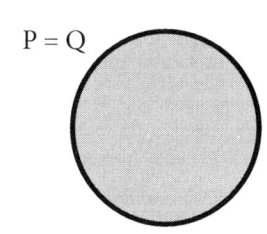

Proposição composta	Verdadeira quando...	Falsa quando...
P ∧ Q	P e Q são verdadeiras	Pelo menos uma falsa
P ∨ Q	Pelo menos uma verdadeira	P e Q são falsas
P ⊻ Q	P e Q têm valores diferentes	P e Q têm valores iguais
P → Q	P = verdadeiro, q = verdadeiro ou P = falso	P = verdadeiro e Q = falso
P ↔ Q	P e Q têm valores iguais	P e Q têm valores diferentes

1.3 Tautologias, Contradições e Contingências

Tautologia: proposição composta que é **sempre verdadeira** independente dos valores lógicos das proposições simples que a compõem.

(P ∧ Q) → (P ∨ Q)

P	Q	P∧Q	PvQ	(P∧Q)→(P∨Q)
V	V	V	V	V
V	F	F	V	V
F	V	F	V	V
F	F	F	F	V

Contradição: proposição composta que é **sempre falsa**, independente dos valores lógicos das proposições simples que a compõem.

~(P ∨ Q) ∧ P

P	Q	P∨Q	~(P∨Q)	~(P∨Q)∧P
V	V	V	F	F
V	F	V	F	F
F	V	V	F	F
F	F	F	V	F

PROPOSIÇÕES

Contingência: ocorre quando não é tautologia nem contradição. $\sim(P \veebar Q) \leftrightarrow P$

P	Q	P$\veebar$Q	$\sim$(P$\veebar$Q)	$\sim$(P$\veebar$Q)$\leftrightarrow$P
V	V	F	V	V
V	F	V	F	F
F	V	V	F	V
F	F	F	V	F

1.4 Equivalências Lógicas

Atente-se para o princípio da equivalência. A tabela verdade está aí só para demonstrar a igualdade.

Duas ou mais proposições compostas são ditas equivalentes quando são formadas pelas mesmas proposições simples e suas tabelas verdades (resultado) são iguais.

Seguem algumas demonstrações das mais importantes:

P $\wedge$ Q = Q $\wedge$ P: basta trocar as proposições de lugar – também chamada de **recíproca**.

P	Q	P$\wedge$Q	Q$\wedge$P
V	V	V	V
V	F	F	F
F	V	F	F
F	F	F	F

P $\vee$ Q = Q $\vee$ P: basta trocar as proposições de lugar – também chamada de **recíproca**.

P	Q	P$\vee$Q	Q$\vee$P
V	V	V	V
V	F	V	V
F	V	V	V
F	F	F	F

P $\veebar$ Q = Q $\veebar$ P: basta trocar as proposições de lugar - também chamada de **recíproca**.

P $\veebar$ Q = $\sim$P $\veebar$ $\sim$Q: basta negar as proposições – também chamada de **contrária**.

P $\veebar$ Q = $\sim$Q $\veebar$ $\sim$P: troca as proposições de lugar e nega-as – também chamada de **contra-positiva**.

P $\veebar$ Q = (P $\wedge$ $\sim$Q) $\vee$ ($\sim$P $\wedge$ Q): observe aqui a exclusividade dessa disjunção.

P	Q	$\sim$P	$\sim$Q	P$\wedge$$\sim$Q	$\sim$P$\wedge$Q	P$\veebar$Q	Q$\veebar$P	$\sim$P$\veebar$$\sim$Q	$\sim$Q$\veebar$$\sim$P	(P$\wedge$$\sim$Q)$\vee$($\sim$P$\wedge$Q)
V	V	F	F	F	F	F	F	F	F	F
V	F	F	V	V	F	V	V	V	V	V
F	V	V	F	F	V	V	V	V	V	V
F	F	V	V	F	F	F	F	F	F	F

P $\leftrightarrow$ Q = Q $\leftrightarrow$ P: basta trocar as proposições de lugar - também chamada de **recíproca**.

P $\leftrightarrow$ Q = $\sim$P $\leftrightarrow$ $\sim$Q: basta negar as proposições – também chamada de contrária.

P $\leftrightarrow$ Q = $\sim$Q $\leftrightarrow$ $\sim$P: troca as proposições de lugar e nega-as – também chamada de contra-positiva.

P $\leftrightarrow$ Q = (P $\rightarrow$ Q) $\wedge$ (Q $\rightarrow$ P): observe que é condicional para os dois lados, por isso bicondicional.

P	Q	$\sim$P	$\sim$Q	P$\rightarrow$Q	Q$\rightarrow$P	P$\leftrightarrow$Q	Q$\leftrightarrow$P	$\sim$P$\leftrightarrow$$\sim$Q	$\sim$Q$\leftrightarrow$$\sim$P	(P$\rightarrow$Q)$\wedge$(Q$\rightarrow$P)
V	V	F	F	V	V	V	V	V	V	V
V	F	F	V	F	V	F	F	F	F	F
F	V	V	F	V	F	F	F	F	F	F
F	F	V	V	V	V	V	V	V	V	V

A disjunção exclusiva e o bicondicional são as proposições com o maior número de equivalências.

P $\rightarrow$ Q = $\sim$Q $\rightarrow$ $\sim$P: troca as proposições de lugar e nega-se – também chamada de **contra-positiva**.

P $\rightarrow$ Q = $\sim$P $\vee$ Q: nega-as o antecedente OU mantém o consequente.

P	Q	$\sim$P	$\sim$Q	P$\rightarrow$Q	$\sim$Q$\rightarrow$$\sim$P	$\sim$P$\vee$Q
V	V	F	F	V	V	V
V	F	F	V	F	F	F
F	V	V	F	V	V	V
F	F	V	V	V	V	V

Equivalências mais importantes e mais cobradas em concursos.

Negação de proposição composta

São também equivalências lógicas; vejamos algumas delas:

$\sim$(P $\wedge$ Q) = $\sim$P $\vee$ $\sim$Q (Leis De Morgan)

Para negar a conjunção, troca-se o conectivo e ($\wedge$) por ou ($\vee$) e nega-se as proposições que a compõem.

P	Q	$\sim$P	$\sim$Q	P$\wedge$Q	$\sim$(P$\wedge$Q)	$\sim$P$\vee$$\sim$Q
V	V	F	F	V	F	F
V	F	F	V	F	V	V
F	V	V	F	F	V	V
F	F	V	V	F	V	V

$\sim$(P $\vee$ Q) = $\sim$P $\wedge$ $\sim$Q (Leis De Morgan)

Para negar a disjunção, troca-se o conectivo **ou (∨)** por **e (∧)** e negam-se as proposições simples que a compõem.

P	Q	~P	~Q	P∨Q	~(P∨Q)	~P∧~Q
V	V	F	F	V	F	F
V	F	F	V	V	F	F
F	V	V	F	V	F	F
F	F	V	V	F	V	V

~(P → Q) = P ∧ ~Q

Para negar o condicional, mantém-se o antecedente E nega-se o consequente.

P	Q	~Q	P→Q	~(P→Q)	P∧~Q
V	V	F	V	F	F
V	F	V	F	V	V
F	V	F	V	F	F
F	F	V	V	F	F

~(P ⊻ Q) = P ↔ Q

Para negar a disjunção exclusiva, faz-se o bicondicional ou nega-se a disjuncao exclusiva com a propria disjuncao exclusiva, mas negando apenas uma das proposicoes que a compõe.

P	Q	P⊻Q	~(P⊻Q)	P↔Q
V	V	F	V	V
V	F	V	F	F
F	V	V	F	F
F	F	F	V	V

~(P ↔ Q) = (P ⊻ Q).

Para negar a bicondicional, faz-se a disjunção exclusiva ou nega-se o bicondicional com o proprio bicondicional, mas negando apenas uma das proposicoes que o compõe.

P	Q	P↔Q	~(P↔Q)	P⊻Q
V	V	V	F	F
V	F	F	V	V
F	V	F	V	V
F	F	V	F	F

1.5 Relação entre Todo, Algum e Nenhum

Também conhecidos como **quantificadores lógicos**, eles têm entre si algumas relações que devemos saber, são elas:

"Todo A é B" equivale a **"nenhum A não é B"**, e vice-versa.

"todo amigo é bom = nenhum amigo não é bom."

"Nenhum A é B" equivale a **"todo A não é B"**, e vice-versa.

"nenhum aluno é burro = todo aluno não é burro."

"Todo A é B" tem como negação **"algum A não é B"** e vice-versa.

Ex.: ~(todo estudante tem insônia) = algum estudante não tem insônia.

"Nenhum A é B" tem como negação **"algum A é B"** e vice-versa.

Ex.: ~(algum sonho é impossível) = nenhum sonho é impossível.

Temos também a representação em forma de conjuntos, que é:

TODO A é B:

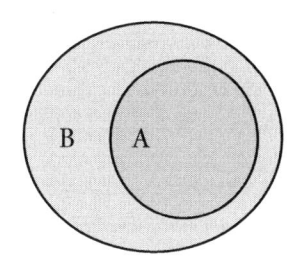

ALGUM A é B:

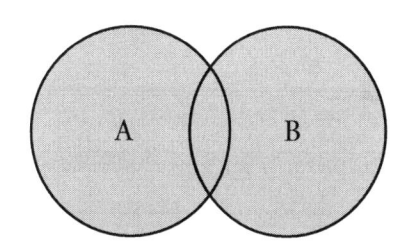

NENHUM A é B:

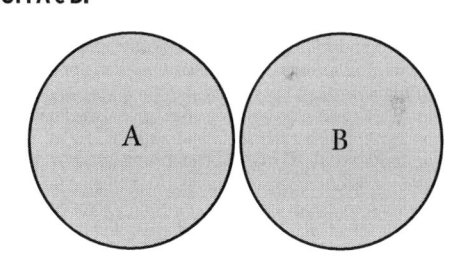

Relação de Equivalência:

> Todo A é B = Nenhum A não é B.
Ex.: Todo diretor é bom ator. = Nenhum diretor é mau ator.

> Nenhum A é B = Todo A não é B.
Ex.: Nenhuma mulher é legal. = Toda mulher não é legal.

Relação de Negação:

> Todo A é B = Algum A não é B.
Ex.: Todo policial é honesto. = Algum policial não é honesto.

> Nenhum A é B = Algum A é B.
Ex.: Nenhuma ave é mamífera. = Alguma ave é mamífera.

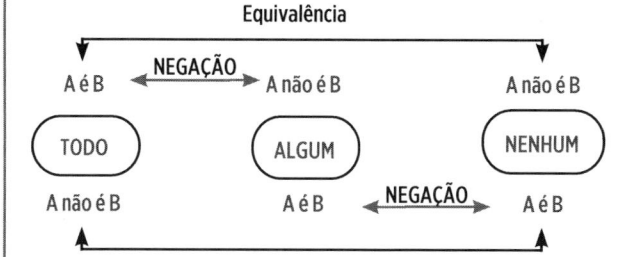

Equivalência

A é B ←NEGAÇÃO→ A não é B   A não é B

(TODO)   (ALGUM)   (NENHUM)

A não é B   A é B ←NEGAÇÃO→ A é B

Equivalência

2. ARGUMENTOS

Os argumentos são uma extensão das proposições, mas com algumas características e regras próprias. Vejamos isso a partir de agora.

2.1 Definições

Argumento é um conjunto de proposições, divididas em premissas (proposições iniciais - hipóteses) e conclusões (proposições finais - teses).

Ex.:

p1: Toda mulher é bonita.
p2: Toda bonita é charmosa.
p3: Maria é bonita.
c: Portanto, Maria é charmosa.

p1: Se é homem, então gosta de futebol.
p2: Mano gosta de futebol.
c: Logo, Mano é homem.

p1, p2, p3, pn, correspondem às premissas, e "c" à conclusão.

Representação dos argumentos

Os argumentos podem ser representados das seguintes formas:

$$P_1$$
$$P_2$$
$$P_3$$
$$\ldots$$
$$\underline{P_n}$$
$$C$$

ou

$$P_1 \wedge P_2 \wedge P_3 \wedge \cdots \wedge P_n \to C$$

ou

$$P_1, P_2, P_3, \cdots, P_n \vdash C$$

Tipos de argumentos

Existem vários tipos de argumento. Vejamos alguns:

Dedução

O argumento dedutivo parte de situações gerais para chegar a conclusões particulares. Esta forma de argumento é válida quando suas premissas, sendo verdadeiras, fornecem uma conclusão também verdadeira.

Ex.:

p_1: Todo professor é aluno.
p_2: Daniel é professor.
c: Logo, Daniel é aluno.

Indução

O argumento indutivo é o contrário do argumento dedutivo, pois parte de informações particulares para chegar a uma conclusão geral. Quanto mais informações nas premissas, maiores as chances da conclusão estar correta.

Ex.:

p_1: Cerveja embriaga.
p_2: Uísque embriaga.
p_3: Vodca embriaga.
c: Portanto, toda bebida alcoólica embriaga.

Analogia

As analogias são comparações (nem sempre verdadeiras). Neste caso, partindo de uma situação já conhecida verificamos outras desconhecidas, mas semelhantes. Nas analogias, não temos certeza.

Ex.:

p_1: No Piauí faz calor.
p_2: No Ceará faz calor.
p_3: No Paraná faz calor.
c: Sendo assim, no Brasil faz calor.

Falácia

As falácias são falsos argumentos, logicamente inconsistentes, inválidos ou que não provam o que dizem.

Ex.:

p_1: Eu passei num concurso público.
p_2: Você passou num concurso público.
c: Logo, todos vão passar num concurso público.

Silogismos

Tipo de argumento formado por três proposições, sendo duas premissas e uma conclusão. São em sua maioria dedutivos.

Ex.:

p_1: Todo estudioso passará no concurso.
p_2: Beatriz é estudiosa.
c: Portanto, Beatriz passará no concurso.

Classificação dos argumentos

Os argumentos só podem ser classificados em, ou válidos, ou inválidos:

Válidos ou bem construídos

Os argumentos são válidos sempre que as premissas garantirem a conclusão, ou seja, sempre que a conclusão for uma consequência obrigatória do seu conjunto de premissas.

p_1: Toda mulher é bonita.
p_2: Toda bonita é charmosa.
p_3: Maria é mulher.
c: Portanto, Maria é bonita e charmosa.

Veja que, se Maria é mulher, e toda mulher é bonita, e toda bonita é charmosa, então Maria só pode ser bonita e charmosa.

Inválidos ou mal construídos

Os argumentos são inválidos sempre que as premissas **não** garantirem a conclusão, ou seja, sempre que a conclusão **não** for uma consequência obrigatória do seu conjunto de premissas.

Ex.:

p_1: Todo professor é aluno.
p_2: Daniel é aluno.
c: Logo, Daniel é professor.

Note que, se Daniel é aluno, nada garante que ele seja professor, pois o que sabemos é que todo professor é aluno, não o contrário.

Alguns argumentos serão classificados apenas por meio desse conceito (da GARANTIA). Fique atento para não perder tempo.

2.2 Métodos para Classificar os Argumentos

Os argumentos nem sempre podem ser classificados da mesma forma, por isso existem os métodos para sua classificação, uma vez que dependendo do argumento, um método ou outro, sempre será mais fácil e principalmente mais rápido.

1º método: diagramas lógicos (ou método dos conjuntos).

Utilizado sempre que no argumento houver as expressões: **todo**, **algum** ou **nenhum**, e seus respectivos sinônimos.

Representaremos o que for dito em forma de conjuntos e verificaremos se a conclusão está correta (presente nas representações).

> Esse método é muito utilizado por diversas bancas de concursos e tende a confundir o concurseiro, principalmente nas questões em que temos mais de uma opção de diagrama para o mesmo enunciado. Lembrando que quando isso ocorrer (mais de um diagrama para o mesmo argumento), a questão só estará correta se a conclusão estiver presente em todas as representações se todos os diagramas corresponderem à mesma condição.

As representações genéricas são:

TODO A é B:

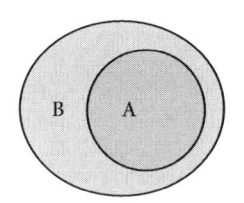

ALGUM A é B:

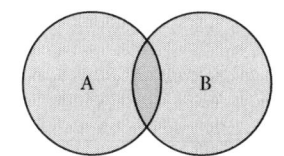

NENHUM A é B:

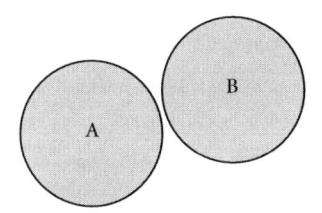

2º método: premissas verdadeiras (proposição simples ou conjunção).

Utilizado sempre que não for possível os diagramas lógicos e quando nas premissas houver uma proposição simples ou uma conjunção.

A proposição simples ou a conjunção serão os pontos de partida da resolução, já que teremos que considerar todas as premissas verdadeiras e elas – proposição simples ou conjunção – só admitem um jeito de serem verdadeiras.

O método consiste em, considerar todas as premissas como verdadeiras, dar valores às proposições simples que as compõem e no final avaliar a conclusão; se a conclusão também for verdadeira o argumento é válido, porém se a conclusão for falsa o argumento é inválido.

Premissas verdadeiras e conclusão verdadeiras = argumento válido.

Premissas verdadeiras e conclusão falsa = argumento inválido.

3º método: conclusão falsa (proposição simples, disjunção ou condicional).

Utilizado sempre que não for possível um dos "dois" métodos citados anteriormente e quando na conclusão houver uma proposição simples, uma disjunção ou um condicional.

A proposição simples, a disjunção ou o condicional serão os pontos de partida da resolução, já que teremos que considerar a conclusão como sendo falsa e elas – proposição simples, disjunção e condicional – só admitem um jeito de serem falsas.

O método consiste em: considerar a conclusão como falsa, dar valores às proposições simples, que a compõem, e supor as premissas como verdadeiras, a partir dos valores das proposições simples da conclusão e atribuir os valores das proposicoes simples das premissas. No final, se assim ficar – a conclusão falsa e as premissas verdadeiras – o argumento será inválido; porém se uma das premissas mudar de valor, então o argumento passa a ser válido.

Conclusão falsa e premissas verdadeiras = argumento inválido.

Conclusão falsa e pelo menos 1 (uma) premissa falsa = argumento válido.

Para esses dois métodos (2º método e 3º método), podemos definir a validade dos argumentos da seguinte forma:

PREMISSAS	CONCLUSÃO	ARGUMENTO
Verdadeiras	Verdadeira	Válido
Verdadeiras	Falsa	Inválido
Pelo menos 1 (uma) falsa	Falsa	Válido

4º método: tabela verdade.

Método utilizado em último caso, quando não for possível usar qualquer um dos anteriores.

Dependendo da quantidade de proposições simples que tiver o argumento, esse método fica inviável, pois temos que desenhar a tabela verdade. No entanto, esse método é um dos mais garantidos nas resoluções das questões de argumentos.

Consiste em desenhar a tabela verdade do argumento em questão e avaliar se nas linhas em que as premissas forem todas verdadeiras – ao mesmo tempo – a conclusão também será toda verdadeira. Caso isso ocorra, o argumento será válido, porém se em uma das linhas em que as premissas forem todas verdadeiras a conclusão for falsa, o argumento será inválido.

Linhas da tabela verdade em que as premissas são todas verdadeiras e conclusão, nessas linhas, também todas verdadeiras = argumento válido.

Linhas da tabela verdade em que as premissas são todas verdadeiras e pelo menos uma conclusão falsa, nessas linhas = argumento inválido.

RACIOCÍNIO LÓGICO-MATEMÁTICO

3. PSICOTÉCNICOS

Questões psicotécnicas são todas as questões em que não precisamos de conhecimento adicional para resolvê-las. As questões podem ser de associações lógicas, verdades e mentiras, sequências lógicas, problemas com datas – calendários, sudoku, entre outras.

Neste capítulo, abordaremos inicialmente as questões mais simples do raciocínio lógico para uma melhor familiarização com a matéria.

Não existe teoria, somente prática e é com ela que vamos trabalhar e aprender.

01. (FCC) Considere que os dois primeiros pares de palavras foram escritos segundo determinado critério.

Temperamento → totem

Traficante → tetra

Massificar → ?

De acordo com esse mesmo critério, uma palavra que substituiria o ponto de interrogação é:

a) ramas.
b) maras.
c) armas.
d) samar.
e) asmar.

RESPOSTA: C.

Analisando os dois primeiros pares de palavras, vemos que a segunda palavra de cada par é formada pela última sílaba + a primeira sílaba da primeira palavra do par, logo, seguindo esse raciocínio, teremos AR + MAS = armas.

02. (FCC) Observe atentamente a disposição das cartas em cada linha do esquema seguinte. A carta que está oculta é:

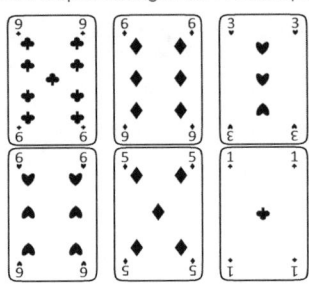

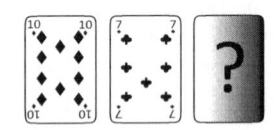

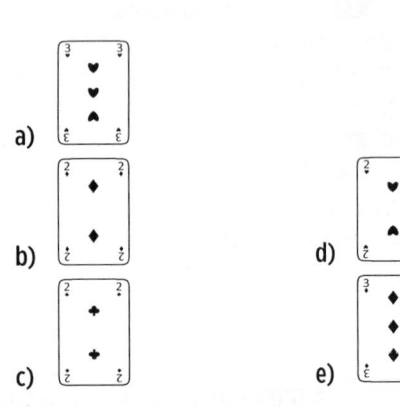

RESPOSTA: A.

Observando cada linha (horizontal), temos nas duas primeiras os três mesmos naipes (copas, paus e ouros, só mudando a ordem) e a terceira carta é o resultado da subtração da primeira pela segunda; portanto, a carta que está oculta tem que ser o "3 de copas", pois 10 – 7 = 3 e o naipe que não apareceu na terceira linha foi o de copas.

03. (FCC) Considere a sequência de figuras abaixo. A figura que substitui corretamente a interrogação é:

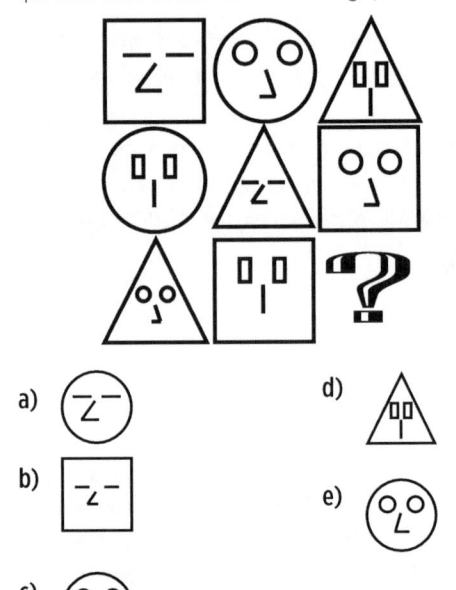

RESPOSTA: A.

Veja que em cada fila (linha ou coluna) temos sempre um círculo, um triângulo e um quadrado fazendo o contorno da careta; os olhos são círculos, quadrados ou tiras; o nariz é reto, para direita ou para esquerda; sendo assim, no ponto de interrogação o que está faltando é a careta redonda com o olhos em tiras e o nariz para a esquerda.

04. (Esaf - Adaptada) Mauro, José e Lauro são três irmãos. Cada um deles nasceu em um estado diferente: um é mineiro, outro é carioca, e outro é paulista (não necessariamente nessa ordem). Os três têm, também, profissões diferentes: um é engenheiro, outro é veterinário, e outro é psicólogo (não necessariamente nessa ordem). Sabendo que José é mineiro, que o engenheiro é paulista, e que Lauro é veterinário, conclui-se corretamente que:

a) Lauro é paulista e José é psicólogo.
b) Mauro é carioca e José é psicólogo.
c) Lauro é carioca e Mauro é psicólogo.
d) Mauro é paulista e José é psicólogo.
e) Lauro é carioca e Mauro não é engenheiro.

RESPOSTA: D.

É a única resposta possível após o preenchimento da tabela e análise das alternativas.

Vamos construir uma tabela para facilitar a resolução da questão:

Nome	Estado	Profissão
José	Mineiro	Psicólogo
Mauro	Paulista	Engenheiro
Lauro	Carioca	Veterinário

De acordo com as informações:

José é mineiro;

O engenheiro é paulista;

Lauro é veterinário, note que Lauro não pode ser paulista, pois o paulista é engenheiro.

05. (FGV) Certo dia, três amigos fizeram, cada um deles, uma afirmação:

Aluísio: Hoje não é terça-feira.

Benedito: Ontem foi domingo.

Camilo: Amanhã será quarta-feira.

Sabe-se que um deles mentiu e que os outros dois falaram a verdade. Assinale a alternativa que indique corretamente o dia em que eles fizeram essas afirmações.

a) Sábado.
b) Domingo.
c) Segunda-feira.
d) Terça-feira.
e) Quarta-feira.

RESPOSTA: C.

Baseado no que foi dito na questão, Benedito e Camilo não podem, os dois, estarem falando a verdade, pois teríamos dois dias diferentes. Então, conclui-se que Aluísio falou a verdade; com isso, o que Camilo esta dizendo é mentira e, portanto Benedito também está falando a verdade. Logo, o dia em que foi feita a afirmação é uma segunda-feira.

06. (FUMARC) Heloísa, Bernardo e Antônio são três crianças. Uma delas tem 12 anos a outra tem 10 anos e a outra 8 anos. Sabe-se que apenas uma das seguintes afirmações é verdadeira:

Bernardo tem 10 anos.

Heloísa não tem 10 anos.

Antônio não tem 12 anos.

Considerando estas informações é correto afirmar que:

a) Heloísa tem 12 anos, Bernardo tem 10 anos e Antônio tem 8 anos.
b) Heloísa tem 12 anos, Bernardo tem 8 anos e Antônio tem 10 anos.
c) Heloísa tem 10 anos, Bernardo tem 8 anos e Antônio tem 12 anos.
d) Heloísa tem 10 anos, Bernardo tem 12 anos e Antônio tem 8 anos.

RESPOSTA: D.

Como a questão informa que só uma afirmação é verdadeira, vejamos qual pode ser esta afirmação: se "I" for a verdadeira, teremos Bernardo e Heloísa, os dois, com 10 anos, o que pelo enunciado da questão não é possível; se "II" for a verdadeira, teremos, mais uma vez, Bernardo e Heloísa, agora ambos com 8 anos, o que também não é possível; se "III" for a verdadeira, teremos Heloísa com 10 anos, Bernardo com 12 anos e Antônio com 8 anos.

07. (FCC) Na sentença seguinte falta a última palavra. Você deve escolher a alternativa que apresenta a palavra que MELHOR completa a sentença.

Devemos saber empregar nosso tempo vago; podemos, assim, desenvolver hábitos agradáveis e evitar os perigos da;

a) Desdita.
b) Pobreza.
c) Ociosidade.
d) Bebida.
e) Doença.

RESPOSTA: C.

Qual dessas alternativas tem a palavra que mais se relaciona com tempo vago? Agora ficou claro! Assim a palavra é OCIOSIDADE.

08. (ESAF) Três meninos, Zezé, Zozó e Zuzu, todos vizinhos, moram na mesma rua em três casas contíguas. Todos os três meninos possuem animais de estimação de raças diferentes e de cores também diferentes. Sabe-se que o cão mora em uma casa contígua à casa de Zozó; a calopsita é amarela; Zezé tem um animal de duas cores - branco e laranja; a cobra vive na casa do meio. Assim, os animais de estimação de Zezé, Zozó e Zuzu são respectivamente:

a) Cão, cobra, calopsita.
b) Cão, calopsita, cobra.
c) Calopsita, cão, cobra.
d) Calopsita, cobra, cão.
e) Cobra, cão, calopsita.

RESPOSTA: A.

De acordo com as informações:

A cobra vive na casa do meio;

O cão mora em uma casa contígua à casa de Zozó; contígua quer dizer vizinha, e para isso Zozó só pode morar na casa do meio;

A calopsita é amarela e Zezé tem um animal de duas cores - branco e laranja; com isso o cão só pode ser de Zezé;

Vamos construir uma tabela para ficar melhor a resolução da questão:

PSICOTÉCNICOS

Nome	Casa Zezé	Casa Zozó	Casa Zuzu
Animal	Cão	Cobra	Calopsita

No livro Alice no País dos Enigmas, o professor de matemática e lógica Raymond Smullyan apresenta vários desafios ao raciocínio lógico que têm como objetivo distinguir-se entre verdadeiro e falso. Considere o seguinte desafio inspirado nos enigmas de Smullyan.

Duas pessoas carregam fichas nas cores branca e preta. Quando a primeira pessoa carrega a ficha branca, ela fala somente a verdade, mas, quando carrega a ficha preta, ela fala somente mentiras. Por outro lado, quando a segunda pessoa carrega a ficha branca, ela fala somente mentira, mas, quando carrega a ficha preta, fala somente verdades.

Com base no texto acima, julgue o item a seguir.

09. (CESPE) Se a primeira pessoa diz "Nossas fichas não são da mesma cor" e a segunda pessoa diz "Nossas fichas são da mesma cor", então, pode-se concluir que a segunda pessoa está dizendo a verdade.

RESPOSTA: CERTO.

Analisando linha por linha da tabela, encontramos contradições nas três primeiras linhas, ficando somente a quarta linha como certa, o que garante que a segunda pessoa está falando a verdade.

1ª pessoa: "Nossas fichas não são da mesma cor"	2ª pessoa: "Nossas fichas são da mesma cor"
Ficha branca (verdade)	Ficha branca (mentira)
Ficha branca (verdade)	Ficha preta (verdade)
Ficha preta (mentira)	Ficha branca (mentira)
Ficha preta (mentira)	Ficha preta (verdade)

10. (CESPE) O quadro abaixo pode ser completamente preenchido com algarismos de 1 a 6, de modo que cada linha e cada coluna tenham sempre algarismos diferentes.

1				3	2
		5	6		1
	1	6		5	
5	4			2	
	3	2	4		
4			2		3

RESPOSTA: CERTO.

Vamos preencher o quadro, de acordo com o que foi pedido:

1	6	4	5	3	2
3	2	5	6	4	1
2	1	6	3	5	4
5	4	3	1	2	6
6	3	2	4	1	5
4	5	1	2	6	3

4. ANÁLISE COMBINATÓRIA

As primeiras atividades matemáticas da humanidade estavam ligadas à contagem de objetos de um conjunto, enumerando seus elementos.

Vamos estudar, aqui, algumas técnicas para a descrição e contagem de todos os casos possíveis de um acontecimento.

4.1 Definição

A análise combinatória é utilizada para descobrir o **número de maneiras possíveis** de realizar determinado evento, sem que seja necessário demonstrar todas essas maneiras.

Ex.: Quantos são os pares formados pelo lançamento de dois **"dados"** simultaneamente?

No primeiro dado, temos 6 possibilidades – do 1 ao 6 – e, no segundo dado, também temos 6 possibilidades – do 1 ao 6. Juntando todos os pares formados, temos 36 pares (6 . 6 = 36).

(1,1), (1,2), (1,3), (1,4), (1,5), (1,6),
(2,1), (2,2), (2,3), (2,4), (2,5), (2,6),
(3,1), (3,2), (3,3), (3,4), (3,5), (3,6),
(4,1), (4,2), (4,3), (4,4), (4,5), (4,6),
(5,1), (5,2), (5,3), (5,4), (5,5), (5,6),
(6,1), (6,2), (6,3), (6,4), (6,5), (6,6);

Logo, temos **36 pares**.

Não há necessidade de expor todos os pares formados, basta que saibamos quantos pares são.

Imagine se fossem 4 dados e quiséssemos saber todas as quadras possíveis, o resultado seria 1296 quadras. Um número inviável de ser representado. Por isso utilizamos a Análise Combinatória.

Para resolver as questões de Análise Combinatória, utilizamos algumas técnicas, que veremos a partir de agora.

4.2 Fatorial

É comum, nos problemas de contagem, calcularmos o produto de uma multiplicação cujos fatores são números naturais consecutivos. Fatorial de um número (natural) é a multiplicação deste número por todos os seus antecessores, em ordem, até o número 1.

$$n! = n(n-1)(n-2)\ldots 3.2.1, \text{ sendo } n \in \mathbb{N} \text{ e } n > 1.$$

Por definição, temos:
→ $0! = 1$
→ $1! = 1$

Ex.: $4! = 4 \cdot 3 \cdot 2 \cdot 1 = 24$
$6! = 6 \cdot 5 \cdot 4 \cdot 3 \cdot 2 \cdot 1 = 720$
$8! = 8 \cdot 7 \cdot 6 \cdot 5 \cdot 4 \cdot 3 \cdot 2 \cdot 1 = 40320$

Observe que:
$6! = 6 \cdot 5 \cdot 4!$
$8! = 8 \cdot 7 \cdot 6!$

Para n = 0, teremos: 0! = 1.

Para n = 1, teremos: 1! = 1.

Ex.: *Qual deve ser o valor numérico de n para que a equação (n + 2)! = 20 . n! seja verdadeira?*

O primeiro passo na resolução deste problema consiste em escrevermos **(n + 2)!** em função de **n!**, em busca de uma equação que não mais contenha fatoriais:

(n+2) (n+1) n! = 20n!, dividindo por n!,temos:

(n+2) (n+1) = 20, fazendo a distributiva

$n^2 + 3n + 2 = 20 \Rightarrow n^2 + 3n - 18 = 0$

Rapidamente concluímos que as raízes procuradas são **-6** e **3**, mas como não existe fatorial de números negativos, já que eles não pertencem ao conjunto dos números naturais, ficamos apenas com a raiz igual a **3**.

Portanto:

O valor numérico de n, para que a equação seja verdadeira, é igual a 3.

4.3 Princípio Fundamental da Contagem (PFC)

É uma das técnicas mais importantes e uma das mais utilizadas nas questões de Análise Combinatória.

O PFC é utilizado nas questões em que os elementos podem ser repetidos **ou** quando a ordem dos elementos fizer diferença no resultado.

> Esses "elementos" são os dados das questões, os valores envolvidos.

Consiste de dois princípios: o **multiplicativo** e o **aditivo**. A diferença dos dois consiste nos termos utilizados durante a resolução das questões.

Multiplicativo: usado sempre que na resolução das questões utilizarmos o termo "**e**". Como o próprio nome já diz, faremos multiplicações.

Aditivo: usado quando utilizarmos o termo "**ou**". Aqui realizaremos somas.

Ex.: Quantas senhas de 3 algarismos são possíveis com os algarismos 1, 3, 5 e 7?

Como nas senhas os algarismos podem ser repetidos, para formar senhas de 3 algarismos temos a seguinte possibilidade:

SENHA = Algarismo E Algarismo E Algarismo

Nº de SENHAS = 4 . 4 . 4 (já que são 4 os algarismos que temos na questão, e observe o princípio multiplicativo no uso do "e"). Nº de SENHAS = 64.

Ex.: Quantos são os números naturais de dois algarismos que são múltiplos de 5?

Como o zero à esquerda de um número não é significativo, para que tenhamos um número natural com dois algarismos, ele deve começar com um dígito de 1 a 9. Temos, portanto, 9 possibilidades.

Para que o número seja um múltiplo de 5, ele deve terminar em 0 ou 5, portanto temos apenas 2 possibilidades. A multiplicação de 9 por 2 nos dará o resultado desejado. Logo: São 18 os números naturais de dois algarismos que são múltiplos de 5.

4.4 Arranjo e Combinação

Duas outras técnicas usadas para resolução de problemas de análise combinatória, sendo importante saber quando usa cada uma delas.

Arranjo: usado quando os elementos (envolvidos no cálculo) não podem ser repetidos E quando a ordem dos elementos faz diferença no resultado

A fórmula do arranjo é:

$$A_{n,p} = \frac{n!}{(n-p)!}$$

Sendo:

n = todos os elementos do conjunto;

p = os elementos utilizados.

Ex.: pódio de competição.

Combinação: usado quando os elementos (envolvidos no cálculo) não podem ser repetidos E quando a ordem dos elementos não faz diferença no resultado.

A fórmula da combinação é:

$$C_{n,p} = \frac{n!}{p! \cdot (n-p)!}$$

Sendo:

n = a todos os elementos do conjunto;

p = os elementos utilizados.

Ex.: salada de fruta.

4.5 Permutação

Permutação simples

Seja E um conjunto com n elementos. Chama-se permutação simples dos n elementos, qualquer agrupamento (sequência) de n elementos distintos de E em outras palavras, permutacao é a ORGANIZACAO de TODOS os elementos. Em outras palavras, permutação a ORGANIZAÇÃO de TODOS os elementos

Podemos, também, interpretar cada permutação de **n** elementos como um arranjo simples de **n** elementos tomados **n** a **n**, ou seja, p = n.

ANÁLISE COMBINATÓRIA

Nada mais é do que um caso particular de arranjo cujo p = n.
Logo:
Assim, a fórmula da permutação é:

$$P_n = n!$$

Ex.: Quantos anagramas têm a palavra prova?

A palavra **prova** tem 5 letras, e nenhuma repetida, sendo assim **n** = 5, e:

$P_5 = 5!$
$P_5 = 5 \cdot 4 \cdot 3 \cdot 2 \cdot 1$
$P_5 = 120$ anagramas

> As permutações são muito usadas nas questões de anagramas.
> Anagramas: todas as palavras formadas com todas as letras de uma palavra, quer essas novas palavras tenham sentido ou não na linguagem comum.

Permutação com elementos repetidos

Na permutação com elementos repetidos, usa-se a seguinte fórmula:

$$P_n^{k,y,\cdots,w} = \frac{n!}{k! \cdot y! \cdot \ldots \cdot w!}$$

Sendo:

n = o número total de elementos do conjunto;

k, y, w = as quantidades de elementos repetidos.

Ex.: Quantos anagramas têm a palavra concurso?

Observe que na palavra **CONCURSO** existem duas letras repetidas, o "C" e o "O", e cada uma duas vezes, portanto n = 8, k = 2 e y = 2, agora:

$$P_8^{2,2} = \frac{8!}{2! \cdot 2!}$$

$$P_8^{2,2} = \frac{8 \cdot 7 \cdot 6 \cdot 5 \cdot 4 \cdot 3 \cdot 2!}{2 \cdot 1 \cdot 2!} \textit{ (Simplificando o 2!)}$$

$$P_8^{2,2} = \frac{20.160}{2}$$

$$P_8^{2,2} = 10.080 \textit{ anagramas}$$

Resumo:

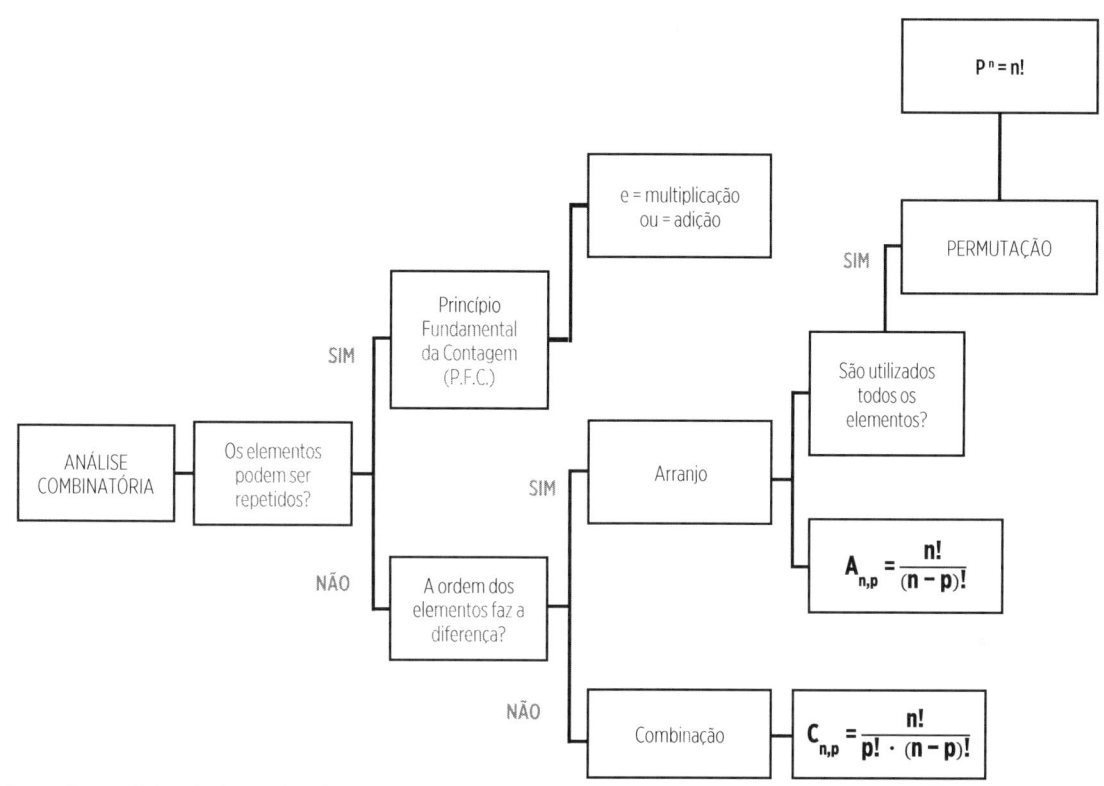

```
                                                                    Pⁿ = n!
                                                                      │
                                                                      │
                                    e = multiplicação                 │
                                    ou = adição                       │
                                        │                      SIM  PERMUTAÇÃO
                                    Princípio                      │
                                    Fundamental                    │
                         SIM        da Contagem              São utilizados
                                    (P.F.C.)                 todos os
                                                             elementos?
  ANÁLISE         Os elementos                                     │
  COMBINATÓRIA    podem ser                SIM    Arranjo          │
                  repetidos?                                       │
                                                              $A_{n,p} = \dfrac{n!}{(n-p)!}$
                         NÃO        A ordem dos
                                    elementos faz a
                                    diferença?

                                         NÃO     Combinação     $C_{n,p} = \dfrac{n!}{p! \cdot (n-p)!}$
```

Para saber qual das técnicas utilizar basta fazer duas, no máximo, três perguntas para a questão, veja:

Os elementos podem ser repetidos?

Se a resposta for sim, deve-se trabalhar com o PFC; se a resposta for não, passe para a próxima pergunta;

A ordem dos elementos faz diferença no resultado da questão?

Se a resposta for sim, trabalha-se com arranjo; se a resposta for não, trabalha-se com as combinações (todas as questões de arranjo podem ser feitas por PFC).

(Opcional): vou utilizar todos os elementos para resolver a questão?

Para fazer a 3ª pergunta, depende, se a resposta da 1ª for não e a 2ª for sim; se a resposta da 3ª for sim, trabalha-se com as permutações.

Permutações circulares e combinações com repetição

Casos especiais dentro da análise combinatória

Permutação Circular: usada quando houver giro horário ou anti-horário. Na permutação circular o que importa são as posições, não os lugares.

$$Pc(n) = (n-1)!$$

Sendo:

n = o número total de elementos do conjunto;

Pc = permutação circular.

Combinação com Repetição: usada quando p > n ou quando a questão deixar subentendido que pode haver repetição.

$$C_{r(n,p)} = C_{(n+p-1,p)} = \dfrac{(n+p-1)!}{p! \cdot (n-1)!}$$

Sendo:

n = o número total de elementos do conjunto;

p = o número de elementos utilizados;

Cr = combinação com repetição.

RACIOCÍNIO LÓGICO-MATEMÁTICO

5. TEORIA DOS CONJUNTOS

Frequentemente, usa-se a noção de conjunto. O principal exemplo de conjunto são os conjuntos numéricos, que, advindos da necessidade de contar ou quantificar as coisas ou objetos, foram adquirindo características próprias que os diferem. Os componentes de um conjunto são chamados de elementos. Costuma-se representar um conjunto nomeando os elementos um a um, colocando-os entre chaves e separando-os por vírgula; é o que chamamos de representação por extensão. Para nomear um conjunto, usa-se geralmente uma letra maiúscula. Exemplos:

$$A = \{1,2,3,4,5\} \rightarrow \text{conjunto finito}$$

$$B = \{1,2,3,4,5,...\} \rightarrow \text{conjunto infinito}$$

5.1 Definições

Ex.: Se quisermos montar o conjunto das vogais do alfabeto, os *elementos* serão a, e, i, o, u.

A nomenclatura dos conjuntos é formada pelas letras maiúsculas do alfabeto.

Ex.: Conjunto dos estados da região Sul do Brasil: A = {Paraná, Santa Catarina, Rio Grande do Sul}.

Representação dos conjuntos

Os conjuntos podem ser representados tanto em **chaves** como em **diagramas**.

ATENÇÃO! Quando é dada uma propriedade característica dos elementos de um conjunto, diz-se que ele está representado por compreensão. Vejamos:

$$A = \{x \mid x \text{ é um múltiplo de dois maior que zero}\}$$

Representação em chaves

Conjuntos dos estados brasileiros que fazem fronteira com o Paraguai:

B = {Paraná, Mato Grosso do Sul}.

Representação em diagramas

Ex.: Conjuntos das cores da bandeira do Brasil:

D
Verde Amarelo
Azul   Branco

Elementos e relação de pertinência

Quando um elemento está em um conjunto, dizemos que ele pertence a esse conjunto. A relação de pertinência é representada pelo símbolo ∈ (pertence).

Ex.: Conjunto dos algarismos pares: G = {2, 4, 6, 8, 0}.

Observe que:

$4 \in G$

$7 \notin G$

Conjunto unitário, conjunto vazio e conjunto universo

Conjunto unitário: possui um só elemento.

Ex.: Conjunto da capital do Brasil: K = {Brasília}

Conjunto vazio: simbolizado por Ø ou {}, é o conjunto que não possui elemento.

Ex.: Conjunto dos estados brasileiros que fazem fronteira com o Chile: M = Ø.

Conjunto universo: Em inúmeras situações é importante estabelecer o conjunto U ao qual pertencem os elementos de todos os conjuntos considerados. Esse conjunto é chamado de conjunto universo. Assim:

> Quando se estuda as letras, o conjunto universo das letras é o Alfabeto
> Quando se estuda a população humana, o conjunto universo é constituído de todos os seres humanos.

Para descrever um conjunto A por meio de uma propriedade característica p de seus elementos, deve-se mencionar, de modo explícito ou não, o conjunto universo U no qual se está trabalhando:

Ex.: $A = \{x \in R \mid x > 2\}$, onde $U = R \rightarrow$ forma explícita

$A = \{x \mid x > 2\} \rightarrow$ forma implícita.

5.2 Subconjuntos

Diz-se que B é um subconjunto de A se, e somente se, todos os elementos de B pertencem a A.

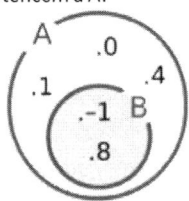

Deve-se notar que A = {-1,0,1,4,8} e B = {-1,8}, ou seja, todos os elementos de B também são elementos do conjunto A.

Nesse caso, diz-se que B está contido em A ou B é subconjunto de A. (B ⊂ A). Pode-se dizer também que A contém B. (A ⊃ B).

OBSERVAÇÕES:

> Se A ⊂ B e B ⊂ A, então A = B.
> Os símbolos ⊂ (contido), ⊃ (contém), ⊄ (não está contido) e ⊅ (não contém) são utilizados para relacionar conjuntos.
> Para todo conjunto A, tem-se A ⊂ A.
> Para todo conjunto A, tem-se Ø ⊂ A, onde Ø representa o conjunto vazio.
> Todo conjunto é subconjunto de si próprio (D ⊂ D);
> O conjunto vazio é subconjunto de qualquer conjunto (Ø ⊂ D);
> Se um conjunto A possui "p" elementos, então ele possui 2^p subconjuntos;
> O conjunto formado por todos os subconjuntos de um conjunto A, é denominado conjunto das partes de A. Assim, se A = {4, 7}, o conjunto das partes de A, é dado por {Ø, {4}, {7}, {4, 7}}.

5.3 Operações com Conjuntos

União de conjuntos: a união de dois conjuntos quaisquer será representada por "A ∪ B" e terá os elementos que pertencem a A "ou" a B, ou seja, TODOS os elementos.

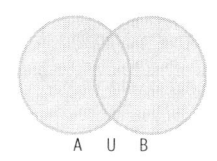

A ∪ B

Interseção de conjuntos: a interseção de dois conjuntos quaisquer será representada por "A ∩ B". Os elementos que fazem parte do conjunto interseção são os elementos COMUNS aos dois conjuntos.

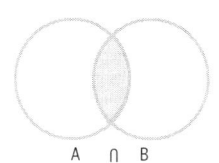

A ∩ B

Conjuntos disjuntos: Se dois conjuntos não possuem elementos em comum, diz-se que eles são disjuntos. Simbolicamente, escreve-se A ∩ B = ∅. Nesse caso, a união dos conjuntos A e B é denominada união disjunta. O número de elementos A ∩ B nesse caso é igual a zero.

$$n(A \cap B) = 0.$$

Ex.:
Seja A = {1, 2, 3, 4, 5}, B = {1, 5, 6, 3}, C = {2, 4, 7, 8, 9} e D = {10, 20}. Tem-se:

A ∪ B = {1,2,3,4,5,6}

B ∪ A = {1,2,3,4,5,6}

A ∩ B = {1,3,5}

B ∩ A = {1,3,5}

A ∪ B ∪ C = {1,2,3,4,5,6,7,8,9} e

A ∩ D = ∅.

É possível notar que A, B e C são todos disjuntos com D, mas A, B e C não são dois a dois disjuntos.

Diferença de conjuntos: a diferença de dois conjuntos quaisquer será representada por "A – B" e terá os elementos que pertencem somente a A, mas não pertencem a B, ou seja, que são EXCLUSIVOS de A.

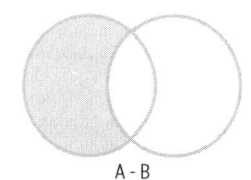

A - B

Complementar de um conjunto: se A está contido no conjunto universo U, o complementar de A é a diferença entre o conjunto universo e o conjunto A, será representado por "$C_U^{(A)} = U - A$" e terá todos os elementos que pertencem ao conjunto universo, menos os que pertencem ao conjunto A.

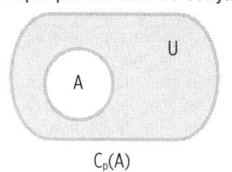

$C_p(A)$

6. CONJUNTOS NUMÉRICOS

Os números surgiram da necessidade de contar ou quantificar coisas ou objetos. Com o passar do tempo, foram adquirindo características próprias.

6.1 Números Naturais

É o primeiro dos conjuntos numéricos. Representado pelo símbolo $\mathbb{N}$. É formado pelos seguintes elementos:

$\mathbb{N}$ = {0, 1, 2, 3, 4, 5, 6, 7, 8, 9, 10, 11, 12, 13, ... + ∞}

O símbolo ∞ significa infinito, o + quer dizer positivo, então +∞ quer dizer infinito positivo.

6.2 Números Inteiros

Esse conjunto surgiu da necessidade de alguns cálculos não possuírem resultados, pois esses resultados eram negativos.

Representado pelo símbolo $\mathbb{Z}$, é formado pelos seguintes elementos:

$\mathbb{Z}$ = {- ∞, ..., -3, -2, -1, 0, 1, 2, 3, ..., + ∞}

Operações e propriedades dos números naturais e inteiros

As principais operações com os números naturais e inteiros são: adição, subtração, multiplicação, divisão, potenciação e radiciação (as quatro primeiras são também chamadas operações fundamentais).

Adição

Na adição, a soma dos termos ou parcelas resulta naquilo que se chama **total**.

Ex.: 2 + 2 = 4

As propriedades da adição são:

Elemento Neutro: qualquer número somado ao zero tem como total o próprio número.

Ex.: + 0 = 2

Comutativa: a ordem dos termos não altera o total.

Ex.: 2 + 3 = 3 + 2 = 5

Associativa: o ajuntamento de parcelas não altera o total.

Ex.: 2 + 0 = 2

Subtração

Operação contrária à adição, também conhecida como diferença.

Os termos ou parcelas da subtração, assim como o total, têm nomes próprios:

M – N = P; em que M = minuendo, N = subtraendo e P = diferença ou resto.

Ex.: 7 – 2 = 5

Quando o subtraendo for maior que o minuendo, a diferença será negativa.

RACIOCÍNIO LÓGICO-MATEMÁTICO

CONJUNTOS NUMÉRICOS

Multiplicação

Nada mais é do que a soma de uma quantidade de parcelas fixas. Ao resultado da multiplicação chama-se produto. Os símbolos que indicam a multiplicação são o **"x"** (sinal de vezes) ou o **"."** (ponto).

Exs.: 4 x 7 = 7 + 7 + 7 + 7 = 28

7 . 4 = 4 + 4 + 4 + 4 + 4 + 4 + 4 = 28

As propriedades da multiplicação são:

Elemento Neutro: qualquer número multiplicado por 1 terá como produto o próprio número.

Ex.: 5 . 1 = 5

Comutativa: ordem dos fatores não altera o produto.

Ex.: 3 . 4 = 4 . 3 = 12

Associativa: o ajuntamento dos fatores não altera o resultado.

Ex.: 2 . (3 . 4) = (2 . 3) . 4 = 24

Distributiva: um fator em evidência multiplica todas as parcelas dentro dos parênteses.

Ex.: 2 . (3 + 4) = (2 . 3) + (2 . 4) = 6 + 8 = 14

Na multiplicação existe "jogo de sinais", que fica assim:

Parcela	Parcela	Produto
+	+	+
+	−	−
−	+	−
−	−	+

Exs.: 2 . −3 = −6

−3 . −7 = 21

Divisão

É o inverso da multiplicação. Os sinais que a representam são: "÷", ":", "/" ou a fração.

Exs.: 14 ÷ 7 = 2

25 : 5 = 5

36/12 = 3

Por ser o inverso da multiplicação, a divisão também possui o "jogo de sinal".

6.3 Números Racionais

Com o passar do tempo alguns cálculos não possuíam resultados inteiros, a partir daí surgiram os números racionais, que são representados pela letra ℚ e são os números que podem ser escritos sob forma de frações.

$\mathbb{Q} = \frac{a}{b}$ (com "b" diferente de zero → b ≠ 0); em que "a" é o numerador e "b" é o denominador.

Fazem parte desse conjunto também as dízimas periódicas (números que apresentam uma série infinita de algarismos decimais, após a vírgula) e os números decimais (aqueles que são escritos com a vírgula e cujo denominador são as potências de 10).

Toda fração cujo numerador é menor que o denominador é chamada de fração própria.

Operações com os números racionais

Adição e subtração

Para somar frações deve-se estar atento se os denominadores das frações são os mesmos. Caso sejam iguais, basta repetir o denominador e somar (ou subtrair) os numeradores, porém se os denominadores forem diferentes é preciso fazer o M.M.C. (assunto que será visto adiante) dos denominadores, constituir novas frações equivalentes às frações originais e, assim, proceder com o cálculo.

$$\frac{2}{7} + \frac{4}{7} = \frac{6}{7}$$

$$\frac{2}{3} + \frac{4}{5} = \frac{10}{15} + \frac{12}{15} = \frac{22}{15}$$

Multiplicação

Para multiplicar frações basta multiplicar numerador com numerador e denominador com denominador.

$$\frac{3}{4} \cdot \frac{5}{7} = \frac{15}{28}$$

Divisão

Para dividir frações basta fazer uma multiplicação da primeira fração com o inverso da segunda fração.

$$\frac{2}{3} \div \frac{4}{5} = \frac{2}{3} \cdot \frac{5}{4} = \frac{10}{12} = \frac{5}{6} \text{ (Simplificando por 2)}$$

Toda vez que for possível deve-se simplificar a fração até sua fração irredutível (aquela que não pode mais ser simplificada).

Potenciação

Se a multiplicação é soma de uma quantidade de parcelas fixas, a potenciação é a multiplicação de uma quantidade de fatores fixos, tal quantidade indicada no expoente que acompanha a base da potência.

A potenciação é expressa por: a^n, cujo "a" é a base da potência e o "n" é o expoente.

Ex.: $4^3 = 4 \cdot 4 \cdot 4 = 64$

As propriedades das potências são:

$a^0 = 1$

$3^0 = 1$

$a^1 = a$

$5^1 = 5$

$a^{-n} = 1/a^n$

$2^{-3} = \frac{1}{2^3} = 1/8$

$a^m \cdot a^n = a^{(m+n)}$

$3^2 \cdot 3^3 = 3^{(2+3)} = 3^5 = 243$

$a^m : a^n = a^{(m-n)}$

$4^5 : 4^3 = 4^{(5-3)} = 4^2 = 16$

$(a^m)^n = a^{m \cdot n}$

$(2^2)^4 = 2^{2 \cdot 4} = 2^8 = 256$

$a^{m/n} = \sqrt[n]{a^m}$

$7^{2/3} = \sqrt[3]{7^2} = \sqrt[3]{49}$

Não confunda: (am)n ≠ am n

Não confunda também: (-a)n ≠ -an.

Radiciação

É a expressão da potenciação com expoente fracionário.

A representação genérica da radiciação é: $\sqrt[n]{a}$; cujo "n" é o índice da raiz, o "a" é o radicando e "$\sqrt{}$" é o radical.

Quando o índice da raiz for o 2 ele não precisa aparecer e essa raiz será uma raiz quadrada.

As propriedades das "raízes" são:

→ $\sqrt[n]{a^m} = (\sqrt[n]{a})^m = a^{m/n}$

→ $\sqrt[m]{\sqrt[n]{a}} = {}^{m \cdot n}\!\sqrt{a}$

→ $\sqrt[m]{a^m} = a = a^{m/m} = a^1 = a$

Racionalização: se uma fração tem em seu denominador um radical, faz-se o seguinte:

$$\frac{1}{\sqrt{a}} = \frac{1}{\sqrt{a}} \cdot \frac{\sqrt{a}}{\sqrt{a}} = \frac{\sqrt{a}}{\sqrt{a^2}} = \frac{\sqrt{a}}{a}$$

Transformando dízima periódica em fração

Para transformar dízimas periódicas em fração, é preciso atentar-se para algumas situações:

> Verifique se depois da vírgula só há a parte periódica, ou se há uma parte não periódica e uma periódica.
> Observe quantas são as "casas" periódicas e, caso haja, as não periódicas. Lembrado sempre que essa observação só será para os números que estão depois da vírgula.
> Em relação à fração, o denominador será tantos "9" quantos forem as casas do período, seguido de tantos "0" quantos forem as casas não periódicas (caso haja e depois da vírgula). Já o numerador será o número sem a vírgula até o primeiro período "menos" toda a parte não periódica (caso haja).

Exs.: $0{,}6666\ldots = \dfrac{6}{9}$

$0{,}36363636\ldots = \dfrac{36}{99}$

$0{,}123333\ldots = \dfrac{123 - 12}{900} = \dfrac{111}{900}$

$2{,}8888\ldots = \dfrac{28 - 2}{9} = \dfrac{26}{9}$

$3{,}754545454\ldots = \dfrac{3754 - 37}{990} = \dfrac{3717}{990}$

Transformando número decimal em fração

Para transformar número decimal em fração, basta contar quantas "casas" existem depois da vírgula; então o denominador da fração será o número 1 acompanhado de tantos zeros quantos forem o número de "casas", já o numerador será o número sem a "vírgula".

Exs.: $0{,}3 = \dfrac{3}{10}$

$2{,}45 = \dfrac{245}{100}$

$49{,}586 = \dfrac{49586}{1000}$

6.4 Números Irracionais

São os números que não podem ser escritos na forma de fração.

O conjunto é representado pela letra $\mathbb{I}$ e tem como elementos as dízimas não periódicas e as raízes não exatas.

6.5 Números Reais

Simbolizado pela letra $\mathbb{R}$, é a união do conjunto dos números racionais com o conjunto dos números irracionais.

Representado, tem-se:

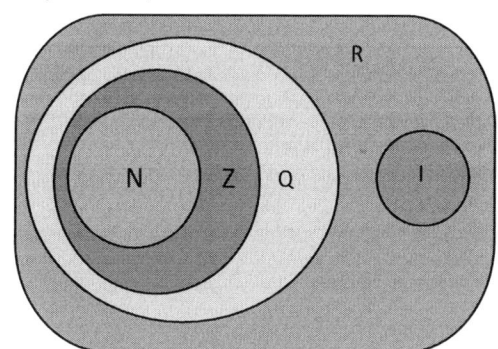

Colocando todos os números em uma reta, tem-se:

-2   -1   0   1   2

As desigualdades ocorrem em razão de os números serem maiores ou menores uns dos outros.

Os símbolos das desigualdades são:

≥ maior ou igual a;

≤ menor ou igual a;

> maior que;

< menor que.

Dessas desigualdades surgem os intervalos, que nada mais são do que um espaço dessa reta, entre dois números.

Os intervalos podem ser abertos ou fechados, depende dos símbolos de desigualdade utilizados.

Intervalo aberto ocorre quando os números não fazem parte do intervalo e os sinais de desigualdade são:

> maior que;

< menor que.

RACIOCÍNIO LÓGICO-MATEMÁTICO

Intervalo fechado ocorre quando os números fazem parte do intervalo e os sinais de desigualdade são:

≥ maior ou igual a;

≤ menor ou igual a.

6.6 Intervalos

Os intervalos numéricos podem ser representados das seguintes formas:

Com os Símbolos <, >, ≤, ≥

Quando forem usados os símbolos < ou >, os números que os acompanham não fazem parte do intervalo real. Já quando forem usados os símbolos ≤ ou ≥ os números farão parte do intervalo real.

Exs.:

2 < x < 5: o 2 e o 5 não fazem parte do intervalo.

2 ≤ x < 5: o 2 faz parte do intervalo, mas o 5 não.

2 ≤ x ≤ 5: o 2 e o 5 fazem parte do intervalo.

Com os Colchetes

Quando os colchetes estiverem voltados para os números, significa que farão parte do intervalo. Porém, quando os colchetes estiverem invertidos, significa que os números não farão parte do intervalo.

Exs.:

]2;5[: o 2 e o 5 não fazem parte do intervalo.

[2;5[: o 2 faz parte do intervalo, mas o 5 não faz.

[2;5]: o 2 e o 5 fazem parte do intervalo.

Sobre uma Reta Numérica

Intervalo aberto 2<x<5:

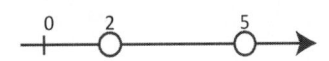

Em que 2 e 5 não fazem parte do intervalo numérico, representado pela marcação aberta (sem preenchimento - O).

Intervalo fechado e aberto 2≤x<5:

Em que 2 faz parte do intervalo, representado pela marcação fechada (preenchida - ●) em que 5 não faz parte do intervalo, representado pela marcação aberta (O).

Intervalo fechado 2≤x≤5:

Em que 2 e 5 fazem parte do intervalo numérico, representado pela marcação fechada (●).

6.7 Múltiplos e Divisores

Os múltiplos são resultados de uma multiplicação de dois números naturais.

Ex.: Os múltiplos de 3 são: 0, 3, 6, 9, 12, 15, 18, 21, 24, 27, 30... (os múltiplos são infinitos).

Os divisores de um "número" são os números cuja divisão desse "número" por eles será exata.

Ex.: Os divisores de 12 são: 1, 2, 3, 4, 6, 12.

> Números quadrados perfeitos são aqueles que resultam da multiplicação de um número por ele mesmo.
> Ex.: $4 = 2 \cdot 2$
> $25 = 5 \cdot 5$

6.8 Números Primos

São os números que têm apenas dois divisores, o 1 e ele mesmo (alguns autores consideram os números primos aqueles que tem 4 divisores, sendo o 1, o -1, ele mesmo e o seu oposto – simétrico).

Veja alguns números primos:

2 (único primo par), 3, 5, 7, 11, 13, 17, 19, 23, 29, 31, 37, 41, 43, 47, 53, 59, ...

Os números primos servem para decompor outros números.

A decomposição de um número em fatores primos serve para fazer o MMC (mínimo múltiplo comum) e o MDC (máximo divisor comum).

6.9 MMC e MDC

O MMC de um, dois ou mais números é o menor número que, ao mesmo tempo, é múltiplo de todos esses números.

O MDC de dois ou mais números é o maior número que pode dividir todos esses números ao mesmo tempo.

Para calcular, após decompor os números, o MMC de dois ou mais números será o produto de todos os fatores primos, comuns e não comuns, elevados aos maiores expoentes. Já o MDC será apenas os fatores comuns a todos os números elevados aos menores expoentes.

Exs.: $6 = 2 \cdot 3$

$18 = 2 \cdot 3 \cdot 3 = 2 \cdot 3^2$

$35 = 5 \cdot 7$

$144 = 2 \cdot 2 \cdot 2 \cdot 2 \cdot 3 \cdot 3 = 2^4 \cdot 3^2$

$225 = 3 \cdot 3 \cdot 5 \cdot 5 = 3^2 \cdot 5^2$

$490 = 2 \cdot 5 \cdot 7 \cdot 7 = 2 \cdot 5 \cdot 7^2$

$640 = 2 \cdot 2 \cdot 2 \cdot 2 \cdot 2 \cdot 2 \cdot 2 \cdot 5 = 2^7 \cdot 5$

MMC de 18 e 225 = $2 \cdot 3^2 \cdot 5^2 = 2 \cdot 9 \cdot 25 = 450$

MDC de 225 e 490 = 5

Para saber a quantidade de divisores de um número basta, depois da decomposição do número, pegar os expoentes dos fatores primos, somar "+1" e multiplicar os valores obtidos.

Exs.: $225 = 3^2 \cdot 5^2 = 3^{2+1} \cdot 5^{2+1} = 3 \cdot 3 = 9$

Nº de divisores = $(2 + 1) \cdot (2 + 1) = 3 \cdot 3 = 9$ divisores. Que são: 1, 3, 5, 9, 15, 25, 45, 75, 225.

6.10 Divisibilidade

As regras de divisibilidade servem para facilitar a resolução de contas, para ajudar a descobrir se um número é ou não divisível por outro. Veja algumas dessas regras.

Divisibilidade por 2: para um número ser divisível por 2 basta que o mesmo seja par.

Exs.: 14 é divisível por 2.

17 não é divisível por 2.

Divisibilidade por 3: para um número ser divisível por 3, a soma dos seus algarismos tem que ser divisível por 3.

Exs.: 174 é divisível por 3, pois 1 + 7 + 4 = 12

188 não é divisível por 3, pois 1 + 8 + 8 = 17

Divisibilidade por 4: para um número ser divisível por 4, ele tem que terminar em 00 ou os seus dois últimos números devem ser múltiplos de 4.

Exs.: 300 é divisível por 4.

532 é divisível por 4.

766 não é divisível por 4.

Divisibilidade por 5: para um número ser divisível por 5, ele deve terminar em 0 ou em 5.

Exs.: 35 é divisível por 5.

370 é divisível por 5.

548 não é divisível por 5.

Divisibilidade por 6: para um número ser divisível por 6, ele deve ser divisível por 2 e por 3 ao mesmo tempo.

Exs.: 78 é divisível por 6.

576 é divisível por 6.

652 não é divisível por 6.

Divisibilidade por 9: para um número ser divisível por 9, a soma dos seus algarismos deve ser divisível por 9.

Exs.: 75 é não divisível por 9.

684 é divisível por 9.

Divisibilidade por 10: para um número ser divisível por 10, basta que ele termine em 0.

Exs.: 90 é divisível por 10.

364 não é divisível por 10.

6.11 Expressões Numéricas

Para resolver expressões numéricas, deve-se sempre seguir a ordem:

> Resolva os (parênteses), depois os [colchetes], depois as {chaves}, nessa ordem;
> Dentre as operações resolva primeiro as potenciações e raízes (o que vier primeiro), depois as multiplicações e divisões (o que vier primeiro) e por último as somas e subtrações (o que vier primeiro).

Calcule o valor da expressão:

Ex.: 8 − {5 − [10 − (7 − 3 . 2)] ÷ 3}

Resolução:

8 − {5 − [10 − (7 − 6)] ÷ 3}

8 − {5 − [10 − (1)] ÷ 3}

8 − {5 − [9] ÷ 3}

8 − {5 − 3}

8 − {2}

6

7. SISTEMA LEGAL DE MEDIDAS

7.1 Medidas de Tempo

A unidade padrão do tempo é o segundo (s), mas devemos saber as seguintes relações:

1 min = 60 s

1h = 60 min = 3600 s

1 dia = 24 h = 1440 min = 86400 s

30 dias = 1 mês

2 meses = 1 bimestre

6 meses = 1 semestre

12 meses = 1 ano

10 anos = 1 década

100 anos = 1 século

Exs.: 5h47min18seg + 11h39min59s = 26h86min77s = 26h87min17s = 27h27min17s= 1dia3h27mim17s;

8h23min − 3h49min51seg = 7h83min − 3h49min51seg = 7h82min60seg − 3h49min51seg = 4h33min9seg.

Cuidado com as transformações de tempo, pois elas não seguem o mesmo padrão das outras medidas.

7.2 Sistema Métrico Decimal

Serve para medir comprimentos, distâncias, áreas e volumes. Tem como unidade padrão o metro (m). Veremos agora seus múltiplos, variações e algumas transformações.

Metro (m):

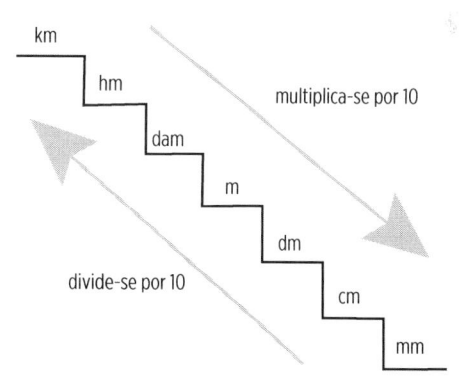

km
hm
dam
m
dm
cm
mm

multiplica-se por 10

divide-se por 10

Para cada degrau descido da escada, multiplica-se por 10, e para cada degrau subido, divide-se por 10.

Exs.: Transformar 2,98km em cm = 2,98 · 100.000 = 298.000cm (na multiplicação por 10 ou suas potências, basta deslocar a "vírgula" para a direita);

Transformar 74m em km = 74 ÷ 1000 = 0,074km (na divisão por 10 ou suas potências, basta deslocar a "vírgula" para a esquerda).

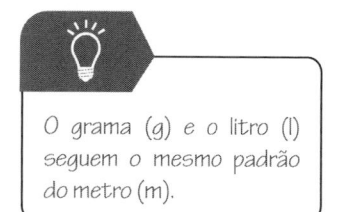

O grama (g) e o litro (l) seguem o mesmo padrão do metro (m).

SISTEMA LEGAL DE MEDIDAS

Metro quadrado (m^2):

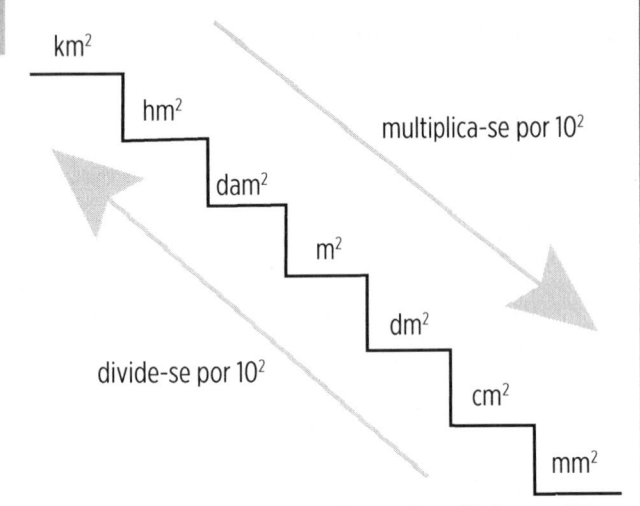

```
km²
  ↖ hm²
       ↖ dam²           multiplica-se por 10²
            ↖ m²                    ↘
                 ↖ dm²
  divide-se por 10²  ↖ cm²
                          ↖ mm²
```

Para cada degrau descido da escada multiplica por 10^2 ou 100, e para cada degrau subido divide por 10^2 ou 100.

Exs.: Transformar $79{,}11m^2$ em $cm^2 = 79{,}11 \cdot 10.000 = 791.100 cm^2$;

Transformar $135m^2$ em $km^2 = 135 \div 1.000.000 = 0{,}000135 km^2$.

Metro cúbico (m^3):

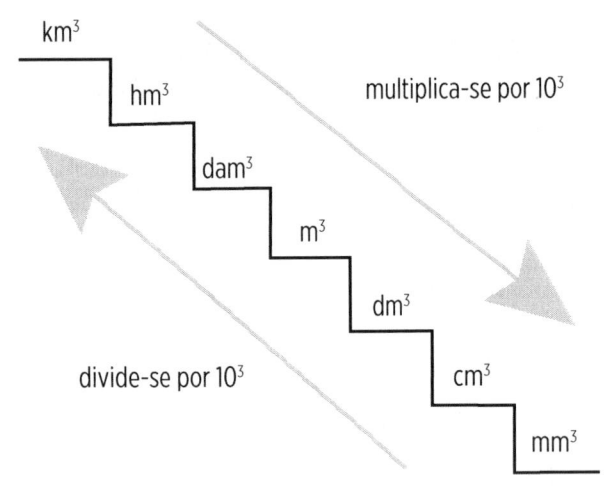

```
km³
  ↖ hm³
       ↖ dam³           multiplica-se por 10³
            ↖ m³                    ↘
                 ↖ dm³
  divide-se por 10³  ↖ cm³
                          ↖ mm³
```

Para cada degrau descido da escada, multiplica-se por 10^3 ou 1000, e para cada degrau subido, divide-se por 10^3 ou 1000.

Exs.: Transformar $269 dm^3$ em $cm^3 = 269 \cdot 1.000 = 269.000 cm^3$

Transformar $4.831 cm^3$ em $m^3 = 4.831 \div 1.000.000 = 0{,}004831 m^3$

O metro cúbico, por ser uma medida de volume, tem relação com o litro (l), e essa relação é:

$1m^3$ = 1000 litros

$1dm^3$ = 1 litro

$1cm^3$ = 1 mililitro

8. RAZÕES E PROPORÇÕES

Neste capítulo, estão presentes alguns assuntos muito incidentes em provas: razões e proporções. É preciso que haja atenção no estudo desse conteúdo.

8.1 Grandeza

É tudo aquilo que pode ser contado, medido ou enumerado.

Ex.: Comprimento (distância), tempo, quantidade de pessoas e/ou coisas, etc.

Grandezas Diretamente Proporcionais: são aquelas em que o aumento de uma implica o aumento da outra.

Ex.: Quantidade e preço.

Grandezas Inversamente Proporcionais: são aquelas em que o aumento de uma implica a diminuição da outra.

Ex.: Velocidade e tempo.

8.2 Razão

É a comparação de duas grandezas. Essas grandezas podem ser de mesma espécie (com a mesma unidade) ou de espécies diferentes (unidades diferentes). Nada mais é do que uma fração do tipo $\frac{a}{b}$, com $b \neq 0$.

Nas razões, os numeradores são também chamados de antecedentes e os denominadores de consequentes.

Exs.:

Escala: comprimento no desenho comparado ao tamanho real.

Velocidade: distância comparada ao tempo.

8.3 Proporção

Pode ser definida como a igualdade de razões.

$$\boxed{\frac{a}{b} = \frac{c}{d}}$$

Dessa igualdade, tiramos a propriedade fundamental das proporções: "o produto dos meios igual ao produto dos extremos" (a chamada "multiplicação cruzada").

$$\boxed{b \cdot c = a \cdot d}$$

É basicamente essa propriedade que ajuda resolver a maioria das questões desse assunto.

Dados três números racionais a, b e c, não nulos, denomina-se <u>quarta proporcional</u> desses números um número x tal que:

$$\frac{a}{b} = \frac{c}{x}$$

Proporção contínua é toda proporção que apresenta os meios iguais.

De um modo geral, uma proporção contínua pode ser representada por:

$$\frac{a}{b} = \frac{b}{c}$$

As outras propriedades das proporções são:

Numa proporção, a soma dos dois primeiros termos está para o 2º (ou 1º) termo, assim como a soma dos dois últimos está para o 4º (ou 3º).

$$\frac{a+b}{b}=\frac{c+d}{d} \text{ ou } \frac{a+b}{a}=\frac{c+d}{c}$$

Numa proporção, a diferença dos dois primeiros termos está para o 2º (ou 1º) termo, assim como a diferença dos dois últimos está para o 4º (ou 3º).

$$\frac{a-b}{b}=\frac{c-d}{d} \text{ ou } \frac{a-b}{a}=\frac{c-d}{c}$$

Numa proporção, a soma dos antecedentes está para a soma dos consequentes, assim como cada antecedente está para o seu consequente.

$$\frac{a+c}{b+d}=\frac{c}{d}=\frac{a}{b}$$

Numa proporção, a diferença dos antecedentes está para a diferença dos consequentes, assim como cada antecedente está para o seu consequente.

$$\frac{a-c}{b-d}=\frac{c}{d}=\frac{a}{b}$$

Numa proporção, o produto dos antecedentes está para o produto dos consequentes, assim como o quadrado de cada antecedente está para quadrado do seu consequente.

$$\frac{a \cdot c}{b \cdot d}=\frac{a^2}{b^2}=\frac{c^2}{d^2}$$

A última propriedade pode ser estendida para qualquer número de razões.

$$\frac{a \cdot c \cdot e}{b \cdot d \cdot f}=\frac{a^3}{b^3}=\frac{c^3}{d^3}=\frac{e^3}{f^3}$$

8.4 Divisão em Partes Proporcionais

Para dividir um número em partes direta ou inversamente proporcionais, basta seguir algumas regras:

Divisão em partes diretamente proporcionais

Divida o número 50 em partes diretamente proporcionais a 4 e a 6.

$4x + 6x = 50$
$10x = 50$
$x = \frac{50}{10}$
$x = 5$

x = constante proporcional

Então, $4x = 4 \cdot 5 = 20$ e $6x = 6 \cdot 5 = 30$

Logo, a parte proporcional a 4 é o 20 e a parte proporcional ao 6 é o 30.

Divisão em partes inversamente proporcionais

Divida o número 60 em partes inversamente proporcionais a 2 e a 3.

$\frac{x}{2}+\frac{x}{3}=60$

$\frac{3x}{6}+\frac{2x}{6}=60$

$5x = 60 \cdot 6$

$5x = 360$

$x = \frac{360}{5}$

$x = 72$

x = constante proporcional

Então, $\frac{x}{2}=\frac{72}{2}=36$ e $\frac{x}{3}=\frac{72}{3}=24$

Logo, a parte proporcional a 2 é o 36 e a parte proporcional ao 3 é o 24.

Perceba que, na divisão diretamente proporcional, quem tiver a maior parte ficará com o maior valor. Já na divisão inversamente proporcional, quem tiver a maior parte ficará com o menor valor.

8.5 Regra das Torneiras

Sempre que uma questão envolver uma "situação" que pode ser feita de um jeito em determinado tempo (ou por uma pessoa) e, em outro tempo, de outro jeito (ou por outra pessoa), e quiser saber em quanto tempo seria se fosse feito tudo ao mesmo tempo, usa-se a regra da torneira, que consiste na aplicação da seguinte fórmula:

$$t_T = \frac{t_1 \cdot t_2}{t_1 + t_2}$$

Em que "t" é o tempo.

Quando houver mais de duas "situações", é melhor usar a fórmula:

$$\frac{1}{t_T}=\frac{1}{t_1}+\frac{1}{t_2}+\ldots+\frac{1}{t_n}$$

Em que "n" é a quantidade de situações.

Uma torneira enche um tanque em 6h. Uma segunda torneira enche o mesmo tanque em 8h. Se as duas torneiras forem abertas juntas quanto tempo vão levar para encher o mesmo tanque?

$$t_T = \frac{t_1 \cdot t_2}{t_1 + t_2}$$

$$t_T = \frac{6 \cdot 8}{6+8}=\frac{48}{14}= 3h\ 25min\ e\ 43s$$

8.6 Regra de Três

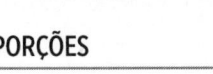

Mecanismo prático e/ou método utilizado para resolver questões que envolvem razão e proporção (grandezas).

Regra de três simples

Aquela que só envolve duas grandezas.

Ex.: Durante uma viagem um carro consome 20 litros de combustível para percorrer 240km, quantos litros são necessários para percorrer 450km?

Primeiro, verifique se as grandezas envolvidas na questão são direta ou inversamente proporcionais, e monte uma estrutura para visualizar melhor a questão.

Distância	Litro
240	20
450	x

Ao aumentar a distância, a quantidade de litros de combustível necessária para percorrer essa distância também vai aumentar, então, as grandezas são diretamente proporcionais.

$$\frac{20}{x} = \frac{240}{450}$$

Aplicando a propriedade fundamental das proporções:

240x = 9000

$$x = \frac{9000}{240} = 37,5\ litros$$

Regra de três composta

Aquela que envolve mais de duas grandezas.

Ex.: Dois pedreiros levam nove dias para construir um muro com 2m de altura. Trabalhando três pedreiros e aumentando a altura para 4m, qual será o tempo necessário para completar esse muro?

Neste caso, deve-se comparar uma grandeza de cada vez com a variável.

Dias	Pedreiros	Altura
9	2	2
x	3	4

Note que, ao aumentar a quantidade de pedreiros, o número de dias necessários para construir um muro diminui, então as grandezas pedreiros e dias são inversamente proporcionais. No entanto, se aumentar a altura do muro, será necessário mais dias para construí-lo. Dessa forma as grandezas muro e dias são diretamente proporcionais. Para finalizar, basta montar a proporção e resolver, lembrando que quando uma grandeza for inversamente proporcional à variável sua fração será invertida.

$$\frac{9}{x} = \frac{3}{2} \cdot \frac{2}{4}$$

$$\frac{9}{x} = \frac{6}{8}$$

Ex.: Aplicando a propriedade fundamental das proporções:

6x = 72

$$X = \frac{72}{6} = 12\ dias$$

9. PORCENTAGEM E JUROS

O presente capítulo trata de uma pequena parte da matemática financeira, e também do uso das porcentagens, assuntos presentes no dia a dia de todos.

9.1 Porcentagem

É a aplicação da taxa percentual a determinado valor.

Taxa percentual: é o valor que vem acompanhado do símbolo %.

Para fins de cálculo, usa-se a taxa percentual em forma de fração ou em números decimais.

Ex.: 3% = 3/100 = 0,03

15% = 15/100 = 0,15

34% de 1200 = 34/100 . 1200 = 40800/100 = 408

65% de 140 = 0,65 . 140 = 91

9.2 Lucro e Prejuízo

Lucro e prejuízo são resultados de movimentações financeiras.

Custo (C): "Gasto".

Venda (V): "Ganho".

Lucro (L): quando se ganha mais do que se gasta.

$$L = V - C$$

Prejuízo (P): quando se gasta mais do que se ganha.

$$P = C - V$$

Basta substituir no lucro ou no prejuízo o valor da porcentagem, no custo ou na venda.

Ex.: Um computador foi comprado por R$ 3.000,00 e revendido com lucro de 25% sobre a venda. Qual o preço de venda?

Como o lucro foi na venda, então L = 0,25V:

L = V − C

0,25V = V − 3.000

0,25V − V = −3.000

−0,75V = −3.000 (−1)

0,75V = 3.000

$$V = \frac{3000}{0,75} = \frac{300000}{75} = 4.000$$

Logo, a venda se deu por R$ 4.000,00.

9.3 Juros Simples

Juros: atributos (ganhos) de uma operação financeira.

Juros simples: os valores são somados ao capital apenas no final da aplicação. Somente o capital rende juros.

Para o cálculo de juros simples, usa-se a seguinte fórmula:

$$J = C \cdot i \cdot t$$

> J = juros;
> C = capital;
> i = taxa de juros;
> t = tempo da aplicação.

Nas questões de juros, as taxas de juros e os tempos devem estar expressos pela mesma unidade.

Ex.: Um capital de R$ 2.500,00 foi aplicado a juros de 2% ao trimestre durante um ano. Quais os juros produzidos?

Em 1 ano há exatamente 4 trimestres, como a taxa está em trimestre, agora é só calcular:

J = C . i . t
J = 2.500 . 0,02 . 4
J = 200

9.4 Juros Compostos

Os valores são somados ao capital no final de cada período de aplicação, formando um novo capital, para incidência dos juros novamente. É o famoso caso de juros sobre juros.

Para o cálculo de juros compostos, usa-se a seguinte fórmula:

$$M = C \cdot (1 + I)^t$$

> M = montante;
> C = capital;
> i = taxa de juros;
> t = tempo da aplicação.

Um investidor aplicou a quantia de R$ 10.000,00 à taxa de juros de 2% a.m. durante 4 meses. Qual o montante desse investimento?

Aplicando a fórmula, já que a taxa e o tempo estão na mesma unidade:

Ex.: M = C · (1 + i)t
M = 10.000 · (1 + 0,02)4
M = 10.000 · (1,02)4
M = 10.000 · 1,08243216
M = 10.824,32

9.5 Capitalização

Capitalização: acúmulo de capitais (capital + juros).
Nos juros simples, calcula-se por: M = C + J.
Nos juros compostos, calcula-se por: J = M − C.
Em algumas questões terão que ser calculados os montantes do juro simples ou os juros do juro composto.

10. PROBABILIDADE

A que temperatura a água entra em ebulição? Se largarmos uma bola, com que velocidade ela atinge o chão? Conhecidas certas condições, é perfeitamente possível responder a essas duas perguntas, antes mesmo da realização desses experimentos.

Esses experimentos são denominados determinísticos, pois neles os resultados podem ser previstos.

Considere agora os seguintes experimentos:
> No lançamento de uma moeda, qual a face voltada para cima?
> No lançamento de um dado, que número saiu?
> Uma carta foi retirada de um baralho completo. Que carta é essa?

Mesmo se esses experimentos forem repetidos várias vezes, nas mesmas condições, não poderemos prever o resultado.

Um experimento cujo resultado, mesmo que único, é imprevisível, é denominado experimento aleatório. E é justamente ele que nos interessa neste estudo. Um experimento ou fenômeno aleatório apresenta as seguintes características:

> Pode se repetir várias vezes nas mesmas condições;
> É conhecido o conjunto de todos os resultados possíveis;
> Não se pode prever o resultado.

A teoria da probabilidade surgiu para nos ajudar a medir a "chance" de ocorrer determinado resultado em um experimento aleatório.

10.1 Definições

Para o cálculo das probabilidades, temos que saber primeiro 3 (três) conceitos básicos acerca do tema:

Maneiras possíveis de se realizar determinado evento (análise combinatória)
≠ (diferente)
Chance de determinado evento ocorrer (probabilidade).

Experimento Aleatório: é o experimento em que não é possível GARANTIR o resultado, mesmo que esse seja feito diversas vezes nas mesmas condições.

Ex.: Lançamento de uma moeda: ao lançarmos uma moeda os resultados possíveis são o de cara e o de coroa, mas não tem como garantir qual será o resultado desse lançamento.

Ex.: Lançamento de um dado: da mesma forma que a moeda, não temos como garantir qual o resultado (1, 2, 3, 4, 5 e 6) desse lançamento.

Espaço Amostral - (Ω) ou (U): é o conjunto de todos os resultados possíveis para um experimento aleatório.

Ex.: Na moeda: o espaço amostral na moeda é Ω = 2, pois só temos dois resultados possíveis para esse experimento, que é ou CARA ou COROA.

PROBABILIDADE

Ex.: No "dado": o espaço amostral no "dado" é U = 6, pois temos do 1 (um) ao 6 (seis), como resultados possíveis para esse experimento.

Evento: Qualquer subconjunto do espaço amostral é chamado evento. No lançamento de um dado, por exemplo, em relação à face voltada para cima, podemos ter os eventos:

> O número par: {2, 4, 6}.
> O número ímpar: {1, 3, 5}.
> Múltiplo de 8: { }.

10.2 Fórmula da Probabilidade

Considere um experimento aleatório em que para cada um dos n eventos simples, do espaço amostral U, a chance de ocorrência é a mesma. Nesse caso o calculo da probabilidade de um evento qualquer dado pela fórmula:

$$P(A) = \frac{n(A)}{n(U)}$$

Na expressão acima, **n (U)** é o número de elementos do espaço amostral **U** e **n (A)**, o número de elementos do evento **A**.

$$P = \frac{evento}{espaço\ amostral}$$

Os valores da probabilidade variam de 0 (0%) a 1 (100%).

Quando a probabilidade é de 0 (0%), diz-se que o evento é impossível.

Ex.: Chance de você não passar num concurso.

Quando a probabilidade é de 1 (100%), diz-se que o evento é certo.

Ex.: Chance de você passar num concurso.

Qualquer outro valor entre 0 e 1, caracteriza-se como a probabilidade de um evento.

Na probabilidade também se usa o PFC, ou seja sempre que houver duas ou mais probabilidades ligadas pelo conectivo "e" elas serão multiplicadas, e quando for pelo "ou", elas serão somadas.

10.3 Eventos Complementares

Dois eventos são ditos **complementares** quando a chance do evento ocorrer somado à chance de ele não ocorrer sempre dá 1 (um).

$$P(A) + P(\bar{A}) = 1$$

Sendo:

P(A) = a probabilidade do evento ocorrer;

P(Ā) = a probabilidade do evento não ocorrer.

10.4 Casos Especiais de Probabilidade

A partir de agora veremos algumas situações típicas da probabilidade, que servem para não perdermos tempo na resolução das questões.

Eventos independentes

Dois ou mais eventos são independentes quando não dependem uns dos outros para acontecer, porém ocorrem simultaneamente. Para calcular a probabilidade de dois ou mais eventos independentes, basta multiplicar a probabilidade de cada um deles.

Ex.: Uma urna tem 30 bolas, sendo 10 vermelhas e 20 azuis. Se sortearmos 2 bolas, 1 de cada vez e repondo a sorteada na urna, qual será a probabilidade de a primeira ser vermelha e a segunda ser azul?

Sortear uma bola vermelha da urna não depende de uma bola azul ser sorteada e vice-versa, então a probabilidade da bola ser vermelha é $\frac{10}{30}$, e para a bola ser azul a probabilidade é $\frac{20}{30}$. Dessa forma, a probabilidade de a primeira bola ser vermelha e a segunda azul é:

$$P = \frac{20}{30} \cdot \frac{10}{30}$$

$$P = \frac{200}{900}$$

$$P = \frac{2}{9}$$

Probabilidade condicional

É a probabilidade de um evento ocorrer sabendo que já ocorreu outro, relacionado a esse.

A fórmula para o cálculo dessa probabilidade é:

$$P_{A/B} = \frac{P_{(A \cap B)}}{P_B}$$

$$P = \frac{\text{probabilidade dos eventos simultâneos}}{\text{probabilidade do evento condicional}}$$

Probabilidade da união de dois eventos

Assim como na teoria de conjuntos, faremos a relação com a fórmula do número de elementos da união de dois conjuntos. É importante lembrar que "ou" significa união.

A fórmula para o cálculo dessa probabilidade é:

$$P(A \cup B) = P(A) + P(B) - P(A \cap B)$$

Ex.: Ao lançarmos um dado, qual é a probabilidade de obtermos um número primo ou um número ímpar?

Os números primos no dado são 2, 3 e 5, já os números ímpares no dado são 1, 3 e 5, então os números primos e ímpares são 3 e 5. Aplicando a fórmula para o cálculo da probabilidade fica:

$$P_{(A \cup B)} = \frac{3}{6} + \frac{3}{6} - \frac{2}{6}$$

$$P_{(A \cup B)} = \frac{4}{6}$$

$$P_{(A \cup B)} = \frac{2}{3}$$

Probabilidade binomial

Essa probabilidade é a chamada probabilidade estatística e será tratada aqui de forma direta e com o uso da fórmula.

A fórmula para o cálculo dessa probabilidade é:

$$P = C_{n,s} \cdot P_{sucesso}^{s} \cdot P_{fracasso}^{f}$$

Sendo:

C = o combinação;

n = o número de repetições do evento;

s = o números de "sucessos" desejados;

f = o número de "fracassos".

11. SEQUÊNCIAS NUMÉRICAS

Neste capítulo, será possível verificar a formação de uma sequência e também do que trata a P.A. (Progressão Aritmética) e a P.G. (Progressão Geométrica).

11.1 Conceitos

Sequências: conjuntos de elementos organizados de acordo com certo padrão, ou seguindo determinada regra. O conhecimento das sequências é fundamental para a compreensão das progressões.

Progressões: as progressões são sequências numéricas com algumas características exclusivas.

Cada elemento das sequências e/ou progressões são denominados termos.

Sequência dos números quadrados perfeitos: (1, 4, 9, 16, 25, 36, 49, 64, 81, 100...);

Sequência dos números primos: (2, 3, 5, 7, 11, 13, 17, 19, 23, 29, 31, 37, 41, 43, 47, 53...).

Veja que na sequência dos números quadrados perfeitos a lei que determina sua formação é: $a_n = n^2$.

11.2 Lei de Formação de uma Sequência

Para determinarmos uma sequência numérica, precisamos de uma lei de formação. A lei que define a sequência pode ser a mais variada possível.

Ex.: A sequência definida pela lei $a_n = n^2 + 1$, com "n" $\in \mathbb{N}$, cujo a_n é o termo que ocupa a n-ésima posição na sequência é: 0, 2, 5, 10, 17, 26... Por esse motivo, a_n é chamado de termo geral da sequência.

11.3 Progressão Aritmética (P.A.)

Progressão aritmética é uma sequência numérica em que cada termo, a partir do segundo, é igual ao anterior adicionado a um número fixo, chamado razão da progressão (r).

Quando r > 0, a progressão aritmética é crescente; quando r < 0, decrescente e quando r = 0, constante ou estacionária.

> (2, 5, 8, 11, ...), temos r = 3. Logo, a P.A. é crescente.
> (20, 18, 16, 14, ...), temos r = -2. Logo, a P.A. é decrescente.
> (5, 5, 5, 5, ...), temos r = 0. Logo, a P.A. é constante.

A representação matemática de uma progressão aritmética é:

$(a_1, a_2, a_3, ..., a_n, a_{n+1}, ...)$ na qual: $\begin{cases} a_2 = a_1 + r \\ a_3 = a_2 + r \\ a_4 = a_3 + r \\ \vdots \end{cases}$

Se a razão de uma PA é a quantidade que acrescentamos a cada termo para obter o seguinte, podemos dizer que ela é igual à diferença entre qualquer termo, a partir do segundo, e o anterior. Assim, de modo geral, temos:

$r = a_2 - a_1 = a_3 - a_2 = \cdots = a_{n+1} - a_n$

SEQUÊNCIAS NUMÉRICAS

Para encontrar um termo específico, a quantidade de termos ou até mesmo a razão de uma P.A., dispomos de uma relação chamada termo geral de uma P.A.: an = a1 + (n-1) r, onde:

> a_n é o termo geral;
> a_1 é o primeiro termo;
> n é o número de termos;
> r é a razão da P.A.

Propriedades:

P₁. Em toda P.A. finita, a soma de dois termos equidistantes dos extremos é igual à soma dos extremos.

```
1    3    5    7    9    11
          5 + 7 = 12
     3 + 9 = 12
1 + 11 = 12
```

OBS.: Dois termos são equidistantes quando a distância entre um deles para o primeiro termo da P.A. é igual a distância do outro para o último termo da P.A.

P₂. Uma sequência de três termos é P.A. se, e somente se, o termo médio é igual à média aritmética entre os outros dois, isto é: (a,b,c) é P.A. $\Leftrightarrow$ b = $\frac{(a+c)}{2}$

Ex.: seja a P.A. (2, 4, 6), então, 4 = $\frac{2+6}{2}$

P₃. Em uma P.A. com número ímpar de termos, o termo médio é a média aritmética entre os extremos.

Ex.: (3, 6, 9, 12, 15, 18, 21, 24, 27, 30, 33, 36, 39), 21 = $\frac{3+39}{2}$

P₄. A soma S_n dos n primeiros termos da PA ($a_1, a_2, a_3,...an$) é dada por:

$$S_n = \frac{(a_1 + a_n)}{2} \cdot n$$

Ex.: Calcule a soma dos temos da P.A. (1, 4, 7, 10, 13, 16, 19, 22, 25).

Resolução:

$a_1 = 1; a_n = 25; n = 9$

$$S_n = \frac{(a_1 + a^n) \cdot n}{2}$$

$$S_n = \frac{(1 + 25) \cdot 9}{2}$$

$$S_n = \frac{(26) \cdot 9}{2}$$

$$S_n = \frac{234}{2}$$

$$S_n = 117$$

Interpolação aritmética

Interpolar significa inserir termos, ou seja, interpolação aritmética é a colocação de termos entre os extremos de uma P.A. Consiste basicamente em descobrir o valor da razão da P.A. e, com, isso inserir esses termos.

Utiliza-se a fórmula do termo geral para a resolução das questões, em que "**n**" será igual a "**k + 2**", cujo "**k**" é a quantidade de termos que se quer interpolar.

Ex.: Insira 5 termos em uma P.A. que começa com 3 e termina com 15.

Resolução:

$a_1 = 3; a_n = 15; k = 5$ e $n = 5 + 2 = 7$

$a_n = a_1 + (n - 1) \cdot r$

$15 = 3 + (7 - 1) \cdot r$

$15 = 3 + 6r$

$6r = 15 - 3$

$6r = 12$

$r = \frac{12}{6}$

$r = 2$

Então, P.A. (3, 5, 7, 9, 11, 13, 15)

11.4 Progressão Geométrica (P.G.)

Progressão geométrica é uma sequência de números não nulos em que cada termo, a partir do segundo, é igual ao anterior multiplicado por um número fixo, chamado razão da progressão (q).

A representação matemática de uma progressão geométrica é ($a_1, a_2, a_3,...,a_{n-1}$, an), na qual $a_2 = a_1 \cdot q$, $a_3 = a_2 \cdot q$,... etc. De modo geral, escrevemos: $a_{n+1} = a_n \cdot q, \forall n \in \mathbb{N}^*$ e $q \in \mathbb{R}$.

Em uma P.G., a razão q é igual ao quociente entre qualquer termo, a partir do segundo, e o anterior. Exemplo:

→ (4, 8, 16, 32, 64)

$q = \frac{8}{4} = \frac{16}{8} = \frac{32}{16} = \frac{64}{32} = 2$

→ (6,-18,54,-162)

$q = \frac{186}{6} = \frac{54}{-18} = \frac{-162}{54} = -3$

Assim, podemos escrever:

$\frac{a_2}{a_1} = \frac{a_3}{a_2} = \cdots = \frac{a_{n+1}}{a_n} = q$, sendo q a razão da P.G.

Podemos classificar uma P.G. como:

→ Crescente:

> Quando $a_1 > 0$ e $q > 1$

(2,6,18,54,...) é uma P.G. crescente com $a_1 = 2$ e $q = 3$

> Quando $a_1 < 0$ e $0 < q < 1$

(-40, -20, -10,...) é uma P.G. crescente com $a_1 = -40$ e $q = 1/2$

→ Decrescente:

> Quando $a_1 > 0$ e $0 < q < 1$

(256, 64, 16,...) é uma P.G. decrescente, com $a_1 = 256$ e $q = 1/4$

> Quando $a_1 < 0$ e $q > 1$

(-2, -10, -50,...) é uma P.G. decrescente, com $a_1 = -2$ e $q = 5$

→ Constante:
> Quando $q=1$

(3, 3, 3, 3, 3,...) é uma P.G. constante, com $a_1 = 3$ e $q = 1$

→ Alternada:
> Quando $q < 0$

(2,-6,18,-54) é uma P.G. alternada, com $a_1 = 2$ e $q = -3$

A fórmula do termo geral de uma PG nos permite encontrar qualquer termo da progressão.

$$a_n = a_1 \cdot q^{n-1}$$

Propriedades:

P₁. Em toda P.G. finita, o produto de dois termos equidistantes dos extremos é igual ao produto dos extremos.

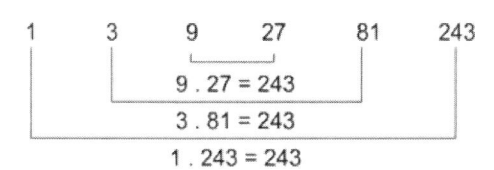

```
1    3    9    27    81    243
          └─────┘
           9 . 27 = 243
      └────────────┘
        3 . 81 = 243
 └──────────────────────┘
        1 . 243 = 243
```

OBS.: Dois termos são equidistantes quando a distância de um deles para o primeiro termo P.G. é igual a distância do outro para o último termo da P.G.

P₂. Uma sequência de três termos, em que o primeiro é diferente de zero, é uma P.G. se, e somente, sem o quadrado do termo médio é igual ao produto dos outros dois, isto é, sendo a≠0.

Ex.: (a, b, c) é P.G. $\Leftrightarrow b^2 = ac$

$(2, 4, 8) \Leftrightarrow 4^2 = 2 \cdot 8 = 16$

P₃. Em uma P.G. com número ímpar de termos, o quadrado do termo médio é igual ao produto dos extremos.

Ex.: (2, 4, 8, 16, 32, 64, 128, 256, 512), temos que $32^2 = 2 \cdot 512 = 1024$.

P₄ Soma dos n primeiros termos de uma P.G. $S_n = \dfrac{a_1(q^n - 1)}{q - 1}$

P₅ Soma dos termos de uma P.G. infinita:

Ex.: $S_\infty = \dfrac{a_1}{1 - q}$, se $-1 < q < 1$

OBS.:

$S_\infty = +\infty$, se $q > 1$ e $a_1 > 0$

$S_\infty = -\infty$, se $q > 1$ e $a_1 < 0$

Interpolação geométrica

Interpolar significa inserir termos, ou seja, interpolação geométrica é a colocação de termos entre os extremos de uma P.G. Consiste basicamente em descobrir o valor da razão da P.G. e, com isso, inserir esses termos.

Utiliza-se a fórmula do termo geral para a resolução das questões, em que "**n**" será igual a "**p + 2**", cujo "**p**" é a quantidade de termos que se quer interpolar.

Ex.: Insira 4 termos em uma P.G. que começa com 2 e termina com 2048.

Resolução:

$a_1 = 2; a_n = 2048; p = 4$ e $n = 4 + 2 = 6$

$a_n = a_1 \cdot q^{(n-1)}$

$2048 = 2 \cdot q^{(6-1)}$

$2048 = 2 \cdot q^5$

$q^5 = \dfrac{2048}{2}$

$q^5 = 1024 \quad (1024 = 4^5)$

$q^5 = 4^5$

$q = 4$

P.G. (2, **8**, **32**, **128**, **512**, 2048).

Produto dos termos de uma p.G.

Para o cálculo do produto dos termos de uma P.G., basta usar a seguinte fórmula:

$$P_n = \sqrt{(a_1 \cdot a_n)^n}$$

Qual o produto dos termos da P.G. (5, 10, 20, 40, 80, 160).

Resolução:

$a_1 = 5; a_n = 160; n = 6$

$P_n = \sqrt{(a_1 \cdot a_n)^n}$

$P_n = \sqrt{(5 \cdot 160)^6}$

$P_n = (5 \cdot 160)^3$

$P_n = (800)^3$

$P_n = 512000000$

12. GEOMETRIA PLANA

Conceitos importantes:

Ceviana: as cevianas são segmentos de reta que partem do vértice do triângulo para o lado oposto.

Mediana: é o segmento de reta que liga um vértice deste triângulo ao ponto médio do lado oposto a este vértice. As medianas se encontram em um ponto chamado de baricentro.

Altura: altura de um triângulo é um segmento de reta perpendicular a um lado do triângulo ou ao seu prolongamento, traçado pelo vértice oposto. As alturas se encontram em um ponto chamado ortocentro.

Bissetriz: é o lugar geométrico dos pontos que equidistam de duas retas concorrentes e, por consequência, divide um ângulo em dois ângulos congruentes. As bissetrizes se encontram em um ponto chamado incentro.

Mediatrizes: são retas perpendiculares a cada um dos lados de um triângulo. As mediatrizes se encontram em um ponto chamado circuncentro.

12.1 Semelhanças de Figuras

Duas figuras (formas geométricas) são semelhantes quando satisfazem a duas condições: os seus ângulos têm o mesmo tamanho e os lados correspondentes são proporcionais.

Nos triângulos existem alguns casos de semelhanças bem conhecidos;

1º caso: LAL (lado, ângulo, lado): dois lados congruentes e o ângulo entre esses lados também congruentes.

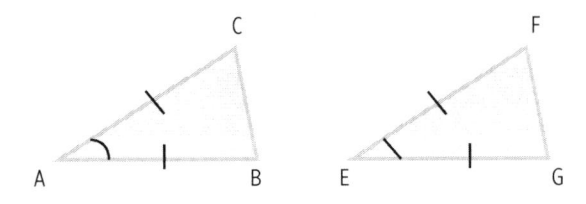

2º caso: LLL (lado, lado, lado): os três lados congruentes.

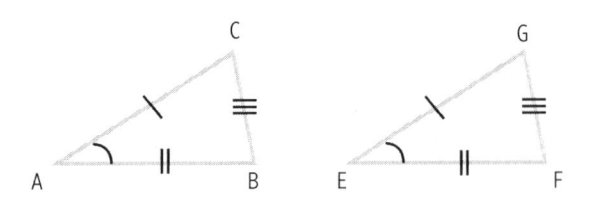

3º caso: ALA (ângulo, lado, ângulo): dois ângulos congruentes e o lado entre esses ângulos também congruente.

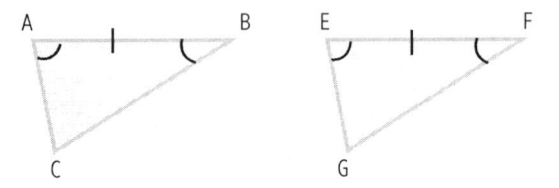

4º caso: LAA$_o$ (lado, ângulo, ângulo oposto): congruência do ângulo adjacente ao lado, e congruência do ângulo oposto ao lado.

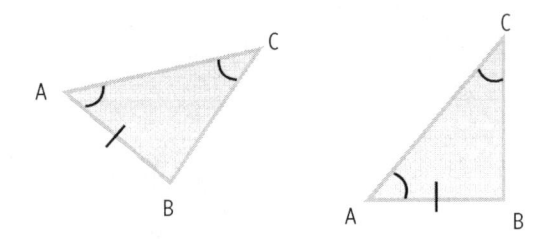

12.2 Relações Métricas nos Triângulos

O triângulo retângulo e suas relações métricas

Denomina-se triângulo retângulo o triângulo que tem um de seus ângulos retos, ou seja, um de seus ângulos mede 90°. O triângulo retângulo é formado por uma hipotenusa e dois catetos, a hipotenusa é o lado maior, o lado aposto ao ângulo de 90°, e os outros dois lados são os catetos.

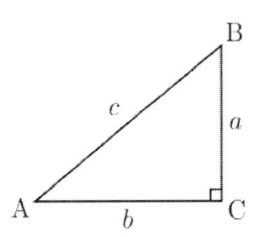

Na figura, podemos observar o triângulo retângulo de vértices A,B e C, e lados a,b e c. Como o ângulo de 90° está no vértice C, então a hipotenusa do triângulo é o lado c, e os catetos são os lados a e b.

Assim, podemos separar um triângulo em dois triângulos semelhantes:

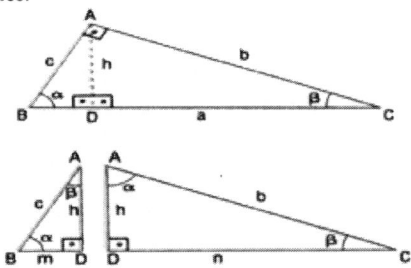

Neste segundo triângulo, podemos observar uma perpendicular à hipotenusa até o vértice A; essa é a altura h do triângulo, separando assim a hipotenusa em dois segmentos, o segmento m e o segmento n, separando esses dois triângulos obtemos dois triângulos retângulos, o triângulo $\triangle ABD$ e $\triangle ADC$. Como os ângulos dos três triângulos são congruentes, então podemos dizer que os triângulos são semelhantes.

Com essa semelhança, ganhamos algumas relações métricas entre os triângulos:

$$\frac{c}{a} = \frac{m}{c} \Longrightarrow c^2 = am$$

$$\frac{c}{a} = \frac{h}{b} \Longrightarrow cb = ah$$

$$\frac{b}{a} = \frac{n}{b} \Longrightarrow b^2 = an$$

$$\frac{h}{m} = \frac{n}{h} \Longrightarrow h^2 = mn$$

Da primeira e da terceira equação, obtemos:

$c^2 + b^2 = am + an = a(m+n)$.

Como vimos na figura que m+n=a, então temos:

$c^2 + b^2 = aa = a^2$,

ou seja, trata-se do Teorema de Pitágoras.

Lei dos cossenos

Para um triângulo qualquer demonstra-se que:

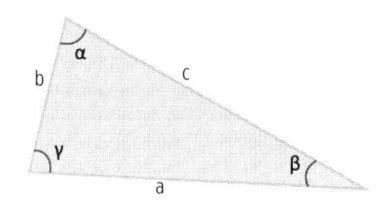

$$a^2 = b^2 + c^2 - 2 \cdot b \cdot c \cdot \cos\alpha$$

Note que o lado "a" do triângulo é oposto ao cosseno do ângulo α.

Lei dos senos

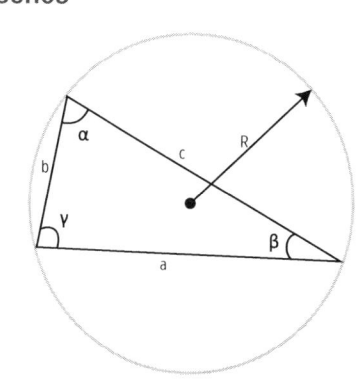

R é o raio da circunferência circunscrita a esse triângulo.

Neste caso, valem as seguintes relações, conforme a lei dos senos:

$$\frac{a}{\operatorname{sen}\alpha} = \frac{b}{\operatorname{sen}\beta} = \frac{c}{\operatorname{sen}\gamma} = 2R$$

12.3 Quadriláteros

Quadrilátero é um polígono de quatro lados. Eles possuem os seguintes elementos:

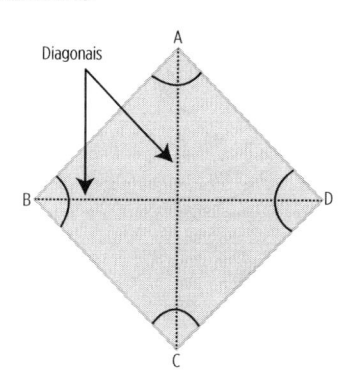

Vértices: A, B, C, e D.
Lados: AB, BC, CD, DA.
Diagonais: AC e BD.
Ângulos internos ou ângulos do quadrilátero ABCD: $\hat{A}, \hat{B}, \hat{C}$ e $\hat{D}$.

Todo quadrilátero tem duas diagonais.

O perímetro de um quadrilátero ABCD é a soma das medidas de seus lados, ou seja: AB + BC + CD + DA.

Quadriláteros importantes

Paralelogramo

Paralelogramo é o quadrilátero que tem os lados opostos paralelos.

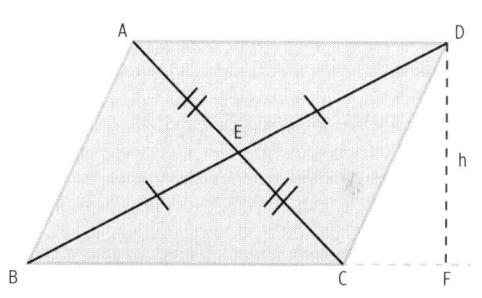

h é a altura do paralelogramo.

Num paralelogramo:

Os lados opostos são congruentes;
Cada diagonal o divide em dois triângulos congruentes;
Os ângulos opostos são congruentes;
As diagonais interceptam-se em seu ponto médio.

Retângulo

Retângulo é o paralelogramo em que os quatro ângulos são congruentes (retos).

Losango

Losango é o paralelogramo em que os quatro lados são congruentes.

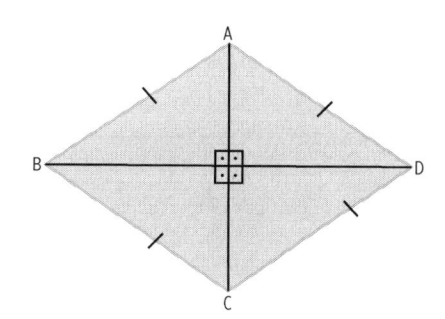

Quadrado

Quadrado é o paralelogramo em que os quatro lados e os quatro ângulos são congruentes.

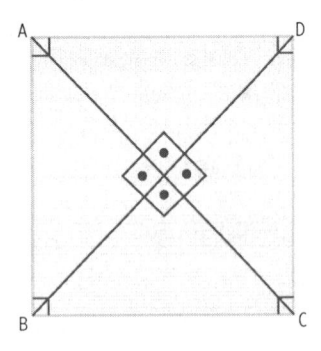

Trapézios

É o quadrilátero que apresenta somente dois lados paralelos chamados bases.

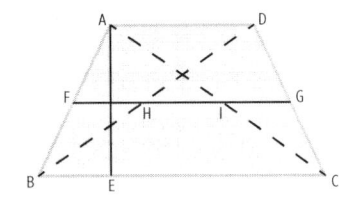

Trapézio retângulo

É aquele que apresenta dois ângulos retos.

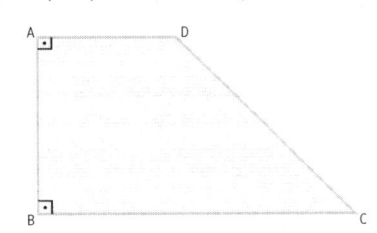

Trapézio isósceles

É aquele em que os lados não paralelos são congruentes.

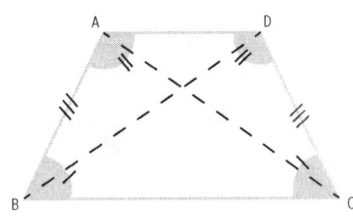

12.4 Polígonos Regulares

Um polígono é regular se todos os seus lados e todos os seus ângulos forem congruentes.

Os nomes dos polígonos dependem do critério que se utiliza para classificá-los. Usando **o número de ângulos** ou o **número de lados**, tem-se a seguinte nomenclatura:

Número de lados (ou ângulos)	Nome do Polígono	
	Em função do número de ângulos	Em função do número de lados
3	triângulo	trilátero
4	quadrângulo	quadrilátero
5	pentágono	pentalátero
6	hexágono	hexalátero
7	heptágono	heptalátero
8	octógono	octolátero
9	eneágono	enealátero
10	decágono	decalátero
11	undecágono	undecalátero
12	dodecágono	dodecalátero
15	pentadecágono	pentadecalátero
20	icoságono	icosalátero

Nos polígonos regulares cada ângulo externo é dado por:

$$e = \frac{360°}{n}$$

A soma dos ângulos internos é dada por:

$$S_i = 180 \cdot (n-2)$$

E cada ângulo interno é dado por:

$$i = \frac{180(n-2)}{n}$$

Diagonais de um polígono

O segmento que liga dois vértices não consecutivos de polígono é chamado de diagonal.

O número de diagonais de um polígono é dado pela fórmula:

$$d = \frac{n \cdot (n-3)}{2}$$

12.5 Círculos e Circunferências

Círculo

É a área interna a uma circunferência.

Circunferência

É o contorno do círculo. Por definição, é o lugar geométrico dos pontos equidistantes ao centro.

A distância entre o centro e o lado é o raio.

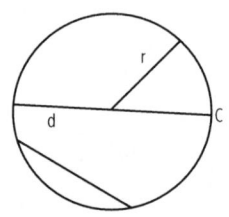

Corda

É o seguimento que liga dois pontos da circunferência.

A maior corda, ou corda maior de uma circunferência, é o diâmetro. Também dizemos que a corda que passa pelo centro é o diâmetro.

Posição relativa entre reta e circunferência

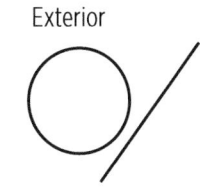

Secante   Tangente   Exterior

Uma reta é:
> **Secante**: distância entre a reta e o centro da circunferência é menor que o raio.
> **Tangente**: a distância entre a reta e o centro da circunferência é igual ao raio.
> **Externa**: a distância entre a reta e o centro da circunferência é maior que o raio.

Posição relativa entre circunferência

As posições relativas entre circunferência são basicamente 5.

Circunferência Secante

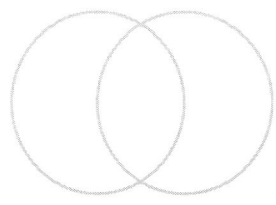

Característica: a distância entre os centros é menor que a soma dos raios das duas, porém, é maior que o raio de cada uma.

Externo

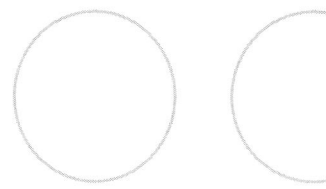

Característica: a distância entre os centros é maior que a soma do raio.

Tangente

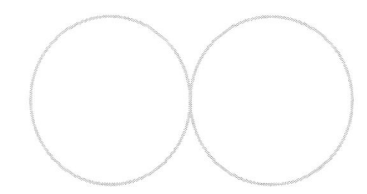

Característica: distância entre centro é igual à soma dos raios.

Interna

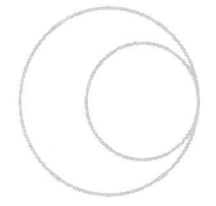

Característica: distância entre os centros mais o raio da menor é igual ao raio da maior.

Interior

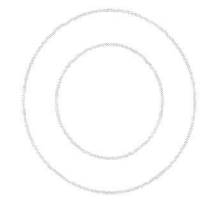

Característica: distância entre os centros menos o raio da menor é menor que o raio da maior.

Ângulo central e ângulo inscrito

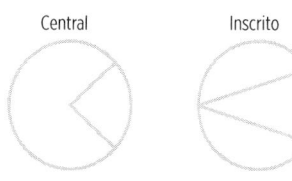

Central   Inscrito

Um ângulo central sempre é o dobro do ângulo inscrito de um mesmo arco.

As áreas de círculos e partes do círculo são:

$$\text{Área do círculo} = \pi \cdot r^2 = \frac{1}{4} \cdot \pi \cdot D^2$$

$$\text{Área do setor círcular} = \pi \cdot r^2 \cdot \frac{\alpha}{360°} = \frac{1}{2} \cdot \alpha \cdot r^2$$

$$\text{Área da coroa} = \text{área do círculo maior} - \text{área do círculo menor}$$

> Os ângulos podem ser expressos em graus (360° = 1 volta) ou em radianos (2π = 1 volta)

12.6 Polígonos Regulares Inscritos e Circunscritos

As principais relações entre a circunferência e os polígonos são:
> Qualquer polígono regular é inscritível em uma circunferência.
> Qualquer polígono regular e circunscritível a uma circunferência.

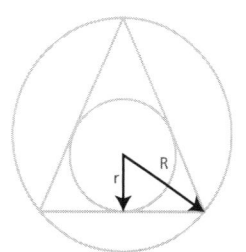

Polígono circunscrito a uma circunferência é o que possui seus lados tangentes à circunferência. Ao mesmo tempo, dizemos que esta circunferência está inscrita no polígono.

RACIOCÍNIO LÓGICO-MATEMÁTICO

GEOMETRIA PLANA

Já um polígono é inscrito em uma circunferência se cada vértice do polígono for um ponto da circunferência, e neste caso dizemos que a circunferência é circunscrita ao polígono.

Da inscrição e circunscrição dos polígonos nas circunferências podem-se ter as seguintes relações:

Apótema de um polígono regular é a distância do centro a qualquer lado. Ele é sempre perpendicular ao lado.

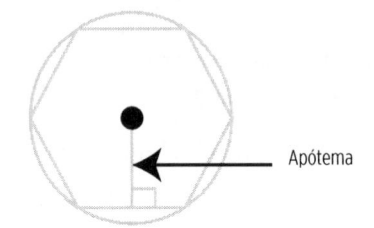

Nos polígonos inscritos:

No quadrado

Cálculo da medida do lado (L):

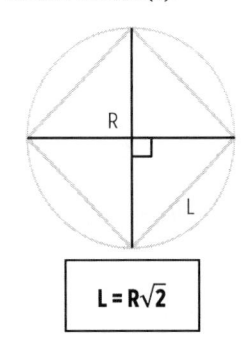

$$L = R\sqrt{2}$$

Cálculo da medida do apótema (a):

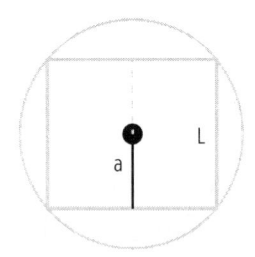

$$a = \frac{R\sqrt{2}}{2}$$

No hexágono

Cálculo da medida do lado (L):

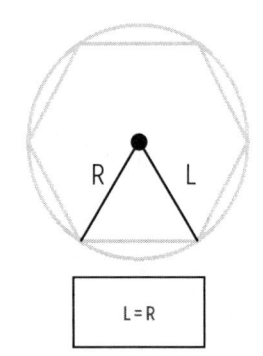

$$L = R$$

Cálculo da medida do apótema (a):

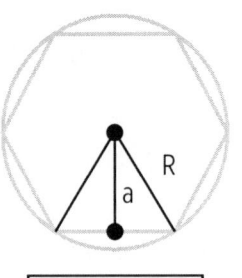

$$a = \frac{R\sqrt{3}}{2}$$

No triângulo equilátero

Cálculo da medida do lado (L):

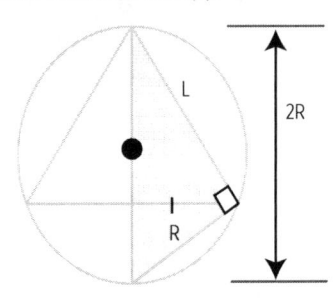

$$L = R\sqrt{3}$$

Cálculo da medida do apótema (a):

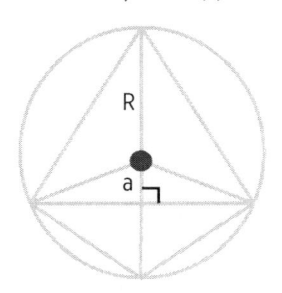

$$a = \frac{R}{2}$$

Nos polígonos circunscritos:

No quadrado

Cálculo da medida do lado (L):

$$L = 2R$$

Cálculo da medida do apótema (a):

$$a = R$$

No hexágono

Cálculo da medida do lado (L):

$$L = \frac{2R\sqrt{3}}{3}$$

Cálculo da medida do apótema (a):

$$a = R$$

No triângulo equilátero

Cálculo da medida do lado (L):

$$L = 2R\sqrt{3}$$

Cálculo da medida do apótema (a):

$$a = R$$

12.7 Perímetros e Áreas dos Polígonos e Círculos

Perímetro

Perímetro: É o contorno da figura ou seja, a soma dos lados da figura.

Para calcular o perímetro do círculo utilize: $P = 2\pi \cdot r$

Área

É o espaço interno, ou seja, a extensão que ela ocupa dentro do perímetro.

As principais áreas (S) de polígonos são:

Retângulo

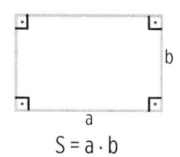

$S = a \cdot b$

Quadrado

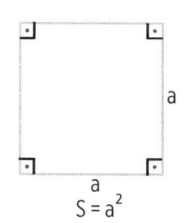

$S = a^2$

Paralelogramo

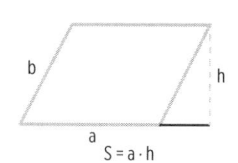

$S = a \cdot h$

Losango

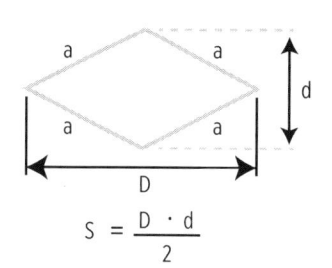

$$S = \frac{D \cdot d}{2}$$

Trapézio

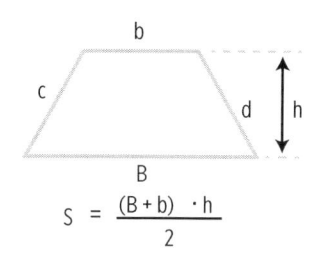

$$S = \frac{(B + b) \cdot h}{2}$$

Triângulo

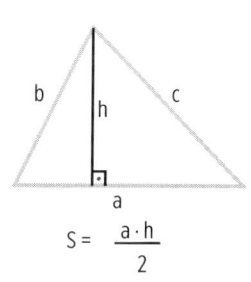

$$S = \frac{a \cdot h}{2}$$

Triângulo equilátero

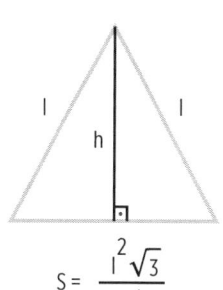

$$S = \frac{l^2 \sqrt{3}}{4}$$

Círculo

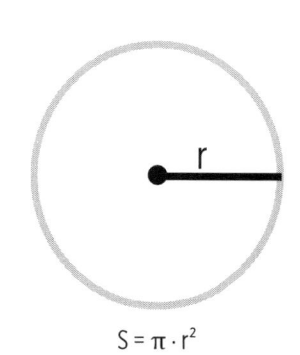

$$S = \pi \cdot r^2$$

NOÇÕES DE INFORMÁTICA

1. HARDWARE

O hardware consiste da parte física de um computador, ou seja, são as peças que o compõem. As questões comumente cobradas nos concursos relacionam os tipos de periféricos e a sua classificação.

1.1 Classificação dos dispositivos quanto à finalidade

Os periféricos do computador são classificados de acordo com sua finalidade e uso. Assim, como classificações principais, temos as que se seguem.

Entrada

Dispositivos de Entrada são aqueles por meio dos quais o usuário entra com alguma informação para o computador. Muito cuidado: para ser classificado como de entrada, os dispositivos têm de ser apenas de entrada. A seguir os exemplos de dispositivos de entrada de dados:

> teclado;
> mouse;
> webcam;
> microfone;
> scanner de mesa;
> scanner de mão;
> scanner biométrico;
> tablets[1];
> Kinect[2].

Saída

Classificamos como dispositivos de saída aqueles que têm por finalidade informar ao usuário o resultado de algum processamento. São exemplos de dispositivos de saída:

> monitor;
> impressora;
> caixa de som.

Entrada/saída

Os periféricos classificados nesta categoria são os que devemos tomar mais cuidado durante as provas, porque aqui se encaixam aqueles dispositivos que podemos chamar de dispositivos híbridos devido a sua capacidade de realizar tanto a tarefa de entrada como a de saída de dados. São exemplos desses dispositivos:

> impressoras multifuncionais;
> telas sensíveis ao toque (touchscreen);
> kits multimídias[3].

---

1 Tablets: aqueles utilizados para desejar ou digitalizar assinaturas.
2 Kinect: é o dispositivo usado no vídeo game Xbox para entrada de movimentos do usuário, a Microsoft também o disponibilizou para ser utilizado como entrada para o computador.
3 Kit multimídia: é composto em geral por dispositivos de entrada e de saída, por isso é classificado como de Entrada/Saída.

Armazenamento

Os dispositivos de armazenamento são aqueles que nos permitem armazenar os dados e os mantêm armazenados mesmo quando não são alimentados por uma fonte de energia. A seguir, temos exemplos de dispositivos de armazenamento

> CD-ROM;
> DVD-ROM;
> BD-ROM (BlueRay Disk);
> HD (Hard Disk – disco rígido);
> HD externo;
> pendrive;
> HD SSD;
> cartão de memória.

1.2 Classificação dos dispositivos quanto ao tipo de tecnologia

Podemos ainda classificar os dispositivos de acordo com a tecnologia que eles utilizam para ler as informações ou escrevê-las.

Óticos

Um dispositivo ótico é aquele que se utiliza de sinais luminosos para, principalmente, ler informações, como

> scanner;
> CD;
> DVD;
> BD;
> webcam;
> alguns mouses.

Magnéticos

Enquanto outros dispositivos utilizam o magnetismo como forma de operação, tomamos certos cuidados com os disquetes. Atualmente, as pessoas se descuidam e esquecem que os computadores usam dispositivos magnéticos como principal forma de armazenamento e acabam passando por portas magnéticas com seus notebooks, o que pode vir a danificar partes do HD.

Assim, vemos que ainda hoje é muito comum, entre os servidores de backup, o uso de fitas magnéticas, como a fita cassete, para armazenar os dados.

Elétricos

Atualmente, os dispositivos elétricos são os que mais vêm sendo utilizados, principalmente pela sua velocidade de operação e praticidade de uso, como o pendrive e os cartões de memória. Ainda é uma tecnologia emergente entre os usuários o HD Sólido (HD SSD), devido ao alto valor aquisitivo, porém, é um dispositivo de altíssima velocidade que resolve o maior gargalo hoje dos computadores, ou seja, substitui os HDs convencionais, que são as peças mais lentas do computador.

NOÇÕES DE INFORMÁTICA

1.3 Arquitetura

Podemos dividir as tecnologias de hardware em arquiteturas de x86 de 32bits e a arquitetura de 64bit. Essa divisão se baseia na forma como o sistema processa as informações, quer dizer, a quantidade de informações simultâneas que o processador opera.

1.4 Processador

O termo CPU significa Unidade Central de Processamento; muitas vezes as pessoas chamam o gabinete de CPU, o que está errado, pois o processador é apenas uma das peças que compõe o gabinete. Também podemos comparar a CPU como sendo o cérebro do computador, porque ela é responsável por processar as informações e gerar um resultado.

Um processador é composto por vários registradores que possuem finalidades específicas; os principais são a ULA (Unidade Lógico-aritmética), responsável pelos cálculos e comparações lógicas; e a UC (Unidade de Controle), que tem como responsabilidade controlar o que está sendo feito no processador.

Também faz parte do processador a memória Cache. Ela é uma pequena memória, em relação à principal, porém muito mais rápida, operando quase na mesma velocidade que o processador; alguns modelos operam na mesma velocidade que o processador.

Em um processador, podemos encontrar vários níveis de cache, nos atuais normalmente encontramos 2 níveis (level), sendo que os mais modernos já possuem 3 níveis. Em alguns modelos a cache de nível 3 é interna ao processador, junto às demais, enquanto que em outros ela fica externa a ele.

A finalidade da cache é fornecer informações mais rapidamente ao processador, a fim de minimizar o tempo em que ele fica ocioso.

Memórias

Existem diversos tipos de memórias, quando tratamos de um computador. Elas podem ser classificadas de diversas formas de acordo com suas características, o que ilustra a tabela a seguir.

Tipo de memória	Categoria	Mecanismo de apagamento	Mecanismo de escrita	Volatilidade
Memória de acesso aleatório (RAM)	Memória de leitura e escrita	Eletricamente, em nível de Bytes	Eletricamente	Volátil
Memória apenas de leitura (ROM)	Memória apenas de leitura	Não é possível	Máscaras	Não volátil
ROM programável (PROM)				
PROM apagável (EPROM)		Luz UV, em nível de pastilha.		
Memória flash	Memória principalmente de leitura	Eletricamente, em níveis de blocos.	Elétrico	
PROM eletricamente apagável (EEPROM)		Eletricamente, em nível de bytes.		

A memória RAM é a Principal do computador, também conhecida como memória de trabalho. É uma memória de leitura e escrita, porém possui natureza volátil, ou seja, quando desconectada da energia, perde todas as informações que estavam nela, por isso que, quando não salvamos um documento e o fornecimento de energia acaba, desligando o computador, perdemos parte desse trabalho. Já o HD pode ser chamado de memória secundária por ser uma memória de armazenamento não volátil.

A memória RAM é expansível, ao contrário da memória ROM.

1.5 Unidades de medida

Na Informática, a menor unidade de medida é o bit, que consiste em um sinal verdadeiro ou falso para o computador, que, por questões de facilidade, transcreve-se na forma de 0 (zero) e 1 (um).

Porém, o bit apenas é uma informação pequena, então foi criado o conceito de "palavra", que passou a ser chamada de Byte. Um Byte é composto por 8 bits.

A partir disso temos as unidades K, M, G, T, P, e assim por diante, para designar tamanhos de arquivos e capacidades de armazenamentos. A cada letra multiplicamos por 1024 a quantidade da anterior. A tabela a seguir ilustra as equivalências de valores.

1 Peta (PB)	1 Tera (TB)	1 Giga (GB)	1 Mega (MB)	1 Kilo (KB)	1 Byte	bit
1024 (TB)	1024 GB	1024 MB	1024 KB	1024 Bytes	8 bits	0 ou 1

2. SISTEMA WINDOWS 10

O Windows 10 é um sistema operacional da Microsoft lançado em 29 de julho de 2015. Essa versão trouxe inúmeras novidades, principalmente, por conta da sua portabilidade para celulares e também tablets.

2.1 Requisitos mínimos

Para instalar o Windows 10, o computador deve possuir no mínimo 1 GB de memória RAM para computadores com processador 32 bits de 1GHz, e 2GB de RAM para processadores de 32bits de 1GHz. Todavia, recomenda-se um mínimo de 4GB.

A versão 32 bits do Windows necessita, inicialmente, de 16GB de espaço livre em disco, enquanto o Windows 64 bits utiliza 20GB. A resolução mínima recomendada para o monitor é de 1024 x 768.

2.2 Novidades

O Windows 10 nasce com a promessa de ser o último Windows lançado pela Microsoft. Isso não significa que não será atualizado. A proposta da Microsoft é não lançar mais versões, a fim de tornar as atualizações mais constantes, sem a necessidade de aguardar para atualizar junto de uma versão enumerada. Com isso, ao passar dos anos, a empresa espera não usar mais a referência Windows 10, mas apenas Windows.

O novo sistema trouxe inúmeras novidades como também alguns retrocessos.

O objetivo do projeto do novo Windows foi baseado na interoperabilidade entre os diversos dispositivos como tablets, smartphones e computadores, de modo que a integração seja transparente, sem que o usuário precise, a cada momento, indicar o que deseja sincronizar.

A barra Charms, presente no Windows 8 e 8.1, foi removida, e a tela inicial foi fundida ao botão (menu) Iniciar.

Algumas outras novidades apresentadas pela Microsoft são:

> Xbox Live e o novo Xbox app que proporcionam novas experiências de jogo no Windows 10. O Xbox, no Windows 10, permite que jogadores e desenvolvedores acessem à rede de jogos do Xbox Live, tanto nos computadores Windows 10 quanto no Xbox One. Os jogadores podem capturar, editar e compartilhar seus melhores momentos no jogo com Game DVR, e disputar novos jogos com os amigos nos dispositivos, conectando a outros usuários do mundo todo. Os jogadores também podem disputar jogos no seu computador, transmitidos por stream diretamente do console Xbox One para o tablet ou computador Windows 10, dentro de casa.

> **Sequential Mode**: em dispositivos 2 em 1, o Windows 10 alterna facilmente entre teclado, mouse, toque e tablet. À medida que detecta a transição, muda convenientemente para o novo modo.

> **Novos apps universais**: o Windows 10 oferece novos aplicativos de experiência, consistentes na sequência de dispositivos, para fotos, vídeos, música, mapas, pessoas e mensagens, correspondência e calendário. Esses apps integrados têm design atualizado e uniformidade de app para app e de dispositivo para dispositivo. O conteúdo é armazenado e sincronizado por meio do OneDrive, e isso permite iniciar uma tarefa em um dispositivo e continuá-la em outro.

Área de trabalho

A barra de tarefas do Windows 10 apresenta como novidade a busca integrada.

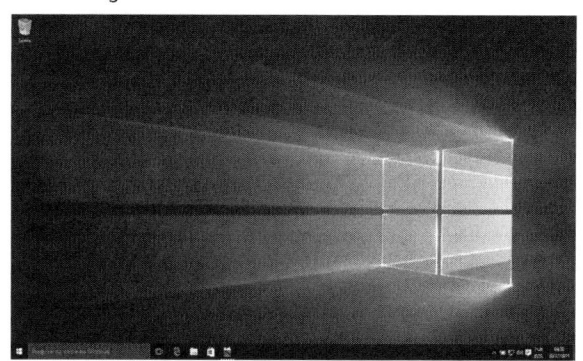

Cortana

Tal recurso opera junto ao campo de pesquisa localizado na barra de tarefas do Windows.

Está é uma ferramenta de execução de comandos por voz. Porém, ainda não conta com versão para o Português do Brasil. Outro ponto importante é a privacidade, pois tal ferramenta guarda os dados.

Continue de onde parou

Tal característica, presente no Windows 10, permite uma troca entre computador – tablet – celular, sem que o usuário tenha de salvar os arquivos e os enviar para os aparelhos; o próprio Windows se encarrega da sincronização.

Ao abrir um arquivo, por exemplo, em um computador e editá-lo, basta abri-lo em outro dispositivo, de modo que as alterações já estarão acessíveis (a velocidade e disponibilidade dependem da velocidade da conexão à Internet).

Desbloqueio imediato de usuário

Trata-se de um recurso disponível, após a atualização do Windows, que permite ao usuário que possua *webcam*, devidamente instalada, usar uma forma de reconhecimento facial para *logar* no sistema, sem a necessidade de digitar senha.

Múltiplas áreas de trabalho

Uma das novidades do Windows 10 é a possibilidade de manipular "múltiplas Áreas de Trabalho", uma característica que já estava há tempos presente no Linux e no MacOS. Ao usar o atalho Windows + Tab, é possível criar uma nova Área de Trabalho e arrastar as janelas desejadas para ela.

NOÇÕES DE INFORMÁTICA

SISTEMA WINDOWS 10

Botão iniciar

Com essa opção em exibição, ao arrastar o mouse ligeiramente para baixo, são listados os programas abertos pela tela inicial. Programas abertos dentro do desktop não aparecem na lista, conforme ilustrado a seguir:

Aplicativos

Os aplicativos podem ser listados clicando-se no botão presente na parte inferior do Botão Iniciar, mais à esquerda.

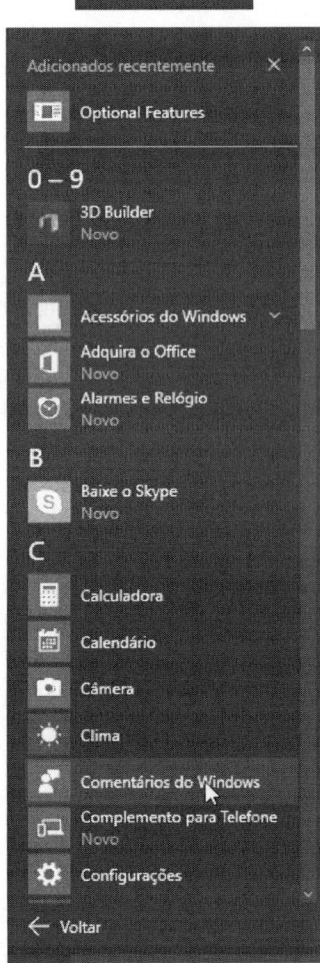

Acessórios

O Windows 10 reorganizou seus acessórios ao remover algumas aplicações para outro grupo (sistema do Windows).

Os aplicativos listados como acessórios são, efetivamente:

> Bloco de Notas;
> Conexão de Área de Trabalho Remota;
> Diário do Windows;
> Ferramenta de Captura;
> Gravador de Passos;
> Internet Explorer;
> Mapa de Caracteres;
> Notas Autoadesivas;
> Painel de Entrada de Expressões Matemática;
> Paint;
> Visualizador XPS;
> Windows Fax and Scan;
> Windows Media Player;
> Wordpad.

Bloco de notas

O Bloco de Notas é um editor de texto simples, e apenas texto, ou seja, não aceita imagens ou formatações muito avançadas. A imagem a seguir ilustra a janela do programa.

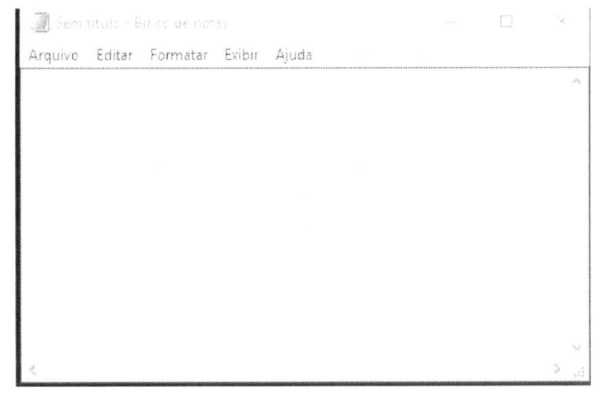

Contudo, são possíveis algumas formatações de fonte:
> Tipo/nome da fonte;
> Estilo de fonte (Negrito Itálico);
> Tamanho da fonte.

Atenção, pois a cor da fonte não é uma opção de formatação presente. A janela a seguir ilustra as opções.

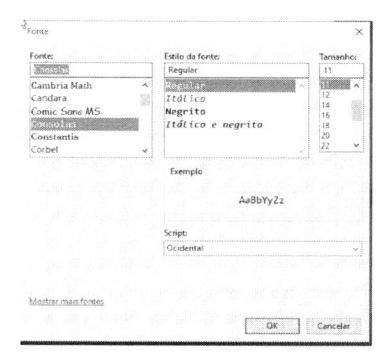

Conexão de área de trabalho remota

A conexão remota do Windows não fica ativa por padrão, por questões de segurança.

Para habilitar a conexão, é necessário abrir a janela de configuração das Propriedades do Sistema, ilustrada a seguir. Tal opção é acessível pela janela Sistema do Windows.

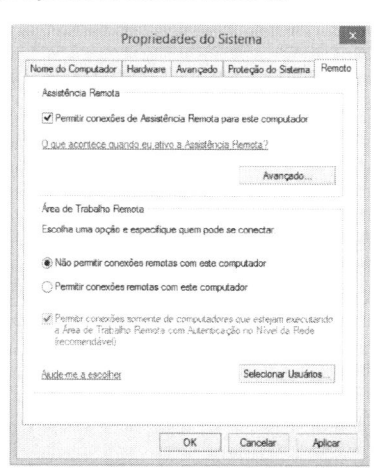

A conexão pode ser limitada à rede por restrição de autenticação em nível de rede, ou pela Internet usando contas de e-mail da Microsoft.

A figura a seguir ilustra a janela da Conexão de Área de Trabalho Remota.

Diário do windows

A ferramenta Diário do Windows é uma novidade no Windows 8. Ela permite que o usuário realize anotações como em um caderno.

Os recursos de formatação são limitados, de modo que o usuário pode escrever manuscritamente ou por meio de caixas de texto.

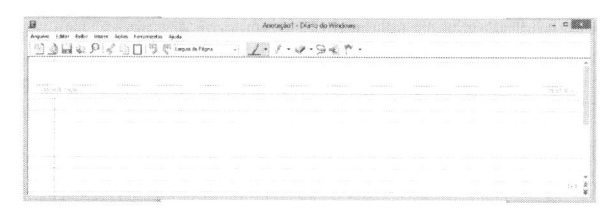

Ferramenta de captura

A ferramenta de captura, presente desde o Windows 7, permite a captura de partes da tela do computador. Para tanto, basta selecionar a parte desejada usando o aplicativo.

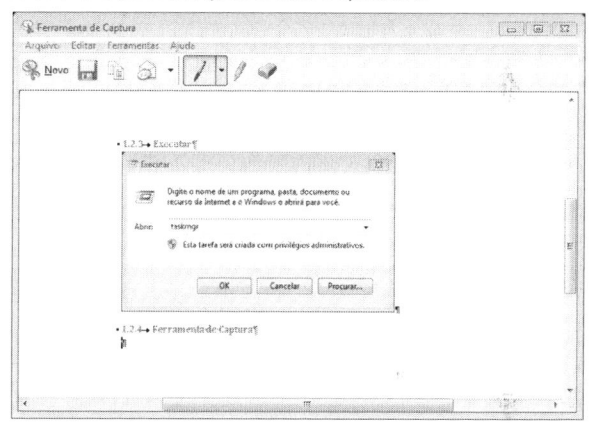

Gravador de passos

O Gravador de Passos é um recurso novo do Windows 8, muito útil para atendentes de suporte que precisam apresentar o passo a passo das ações que um usuário precisa executar para obter o resultado esperado.

A figura a seguir ilustra a ferramenta com um passo gravado para exemplificação.

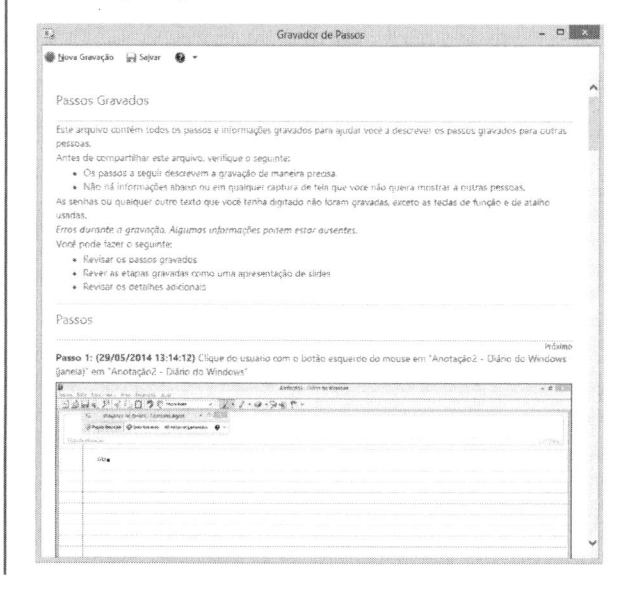

NOÇÕES DE INFORMÁTICA

Mapa de caracteres

Frequentemente, faz-se necessário utilizar alguns símbolos diferenciados. Esses símbolos são chamados de caracteres especiais. O Mapa de Caracteres permite listar os caracteres não presentes no teclado para cada fonte instalada no computador e copiá-los para a área de transferência do Windows.

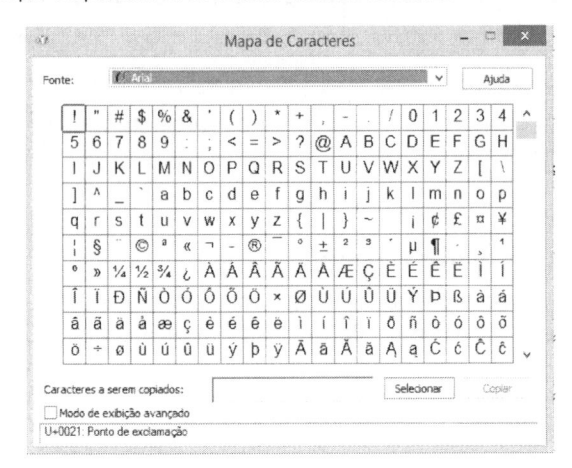

Notas autoadesivas

Por padrão, as notas autoadesivas são visíveis na Área de Trabalho, elas se parecem com Post its.

Painel de entrada de expressões matemáticas

Esta ferramenta possibilita o usuário de desenhar, utilizando o mouse ou outro dispositivo de inserção como *tablet canetas*, fórmulas matemáticas como integrais e somatórios, e ainda colar o resultado produzido em documentos.

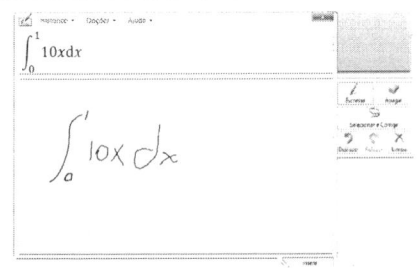

Paint

O tradicional editor de desenho do Windows, que salva seus arquivos no formato PNG, JPEG, JPG, GIF, TIFF e BMP (Bitmap), não sofreu mudanças em comparação com a versão presente no Windows 7.

Wordpad

É um editor de texto que faz parte do Windows, ao contrário do MS Word, com mais recursos que o Bloco de Notas.

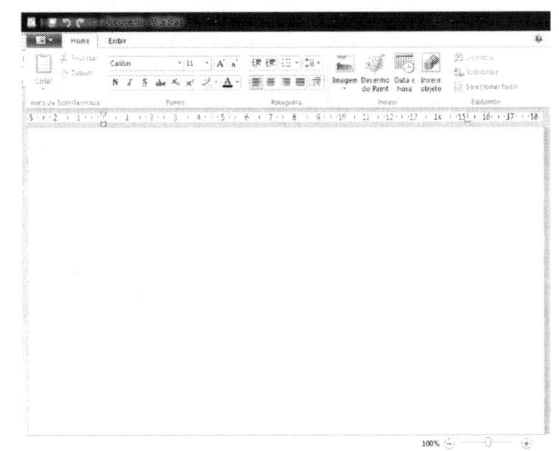

Facilidade de acesso

Anteriormente conhecida como ferramentas de acessibilidade, são recursos que têm por finalidade auxiliar pessoas com dificuldades para utilizar os métodos tradicionais de interação com o computador.

Lupa

Ao utilizar a lupa, pode-se ampliar a tela ao redor do ponteiro do mouse, como também é possível usar metade da tela do computador exibindo a imagem ampliada da área próxima ao ponteiro.

Narrador

O narrador é uma forma de leitor de tela que lê o texto das áreas selecionadas com o mouse.

Teclado virtual

É preciso ter muito cuidado para não confundir o teclado virtual do Windows com o teclado virtual usado nas páginas de Internet Banking.

Outras ferramentas

O Windows 10 separou algumas ferramentas a mais que o Windows 8, tais como a calculadora e o calendário.

Calculadora

A calculadora do Windows 10 deixa de ser associada aos acessórios. Outra grande mudança é o fato de que sua janela pode ser redimensionada, bem como perde um modo de exibição, sendo eles:

> Padrão;
> Científica;
> Programador.

A calculadora do Windows 10 apresenta inúmeras opções de conversões de medidas, conforme ilustrado respectivamente ilustradas a seguir.

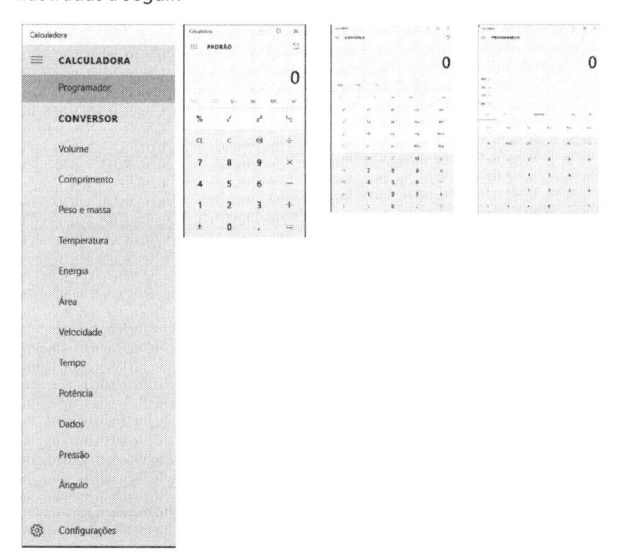

Painel de controle

O Painel de Controle do Windows é o local onde se encontram as configurações do sistema operacional Windows.

Ele pode ser visualizado em dois modos: ícones ou categorias. As imagens a seguir representam, respectivamente, o modo ícones e o modo categorias.

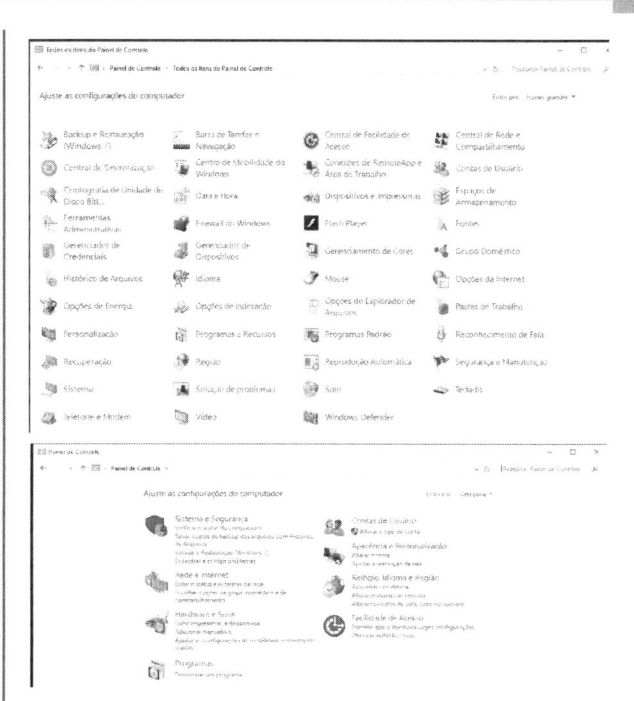

No modo Categorias, as ferramentas são agrupadas de acordo com sua similaridade, como na categoria Sistema e Segurança, que envolve o Histórico de Arquivos e a opção Corrigir Problemas.

A opção para remover um programa possui uma categoria exclusiva chamada de Programas.

Na categoria Relógio, Idioma e Região, temos acesso às opções de configuração do idioma padrão do sistema. Por consequência, é possível também o acesso às unidades métricas e monetárias, como também alterar o layout do teclado ou botões do mouse.

Algumas das configurações também podem ser realizadas pela janela de configurações acessível pelo botão Iniciar.

Segurança e manutenção

Dispositivos e impressoras

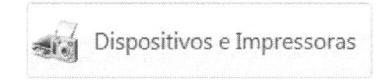

SISTEMA WINDOWS 10

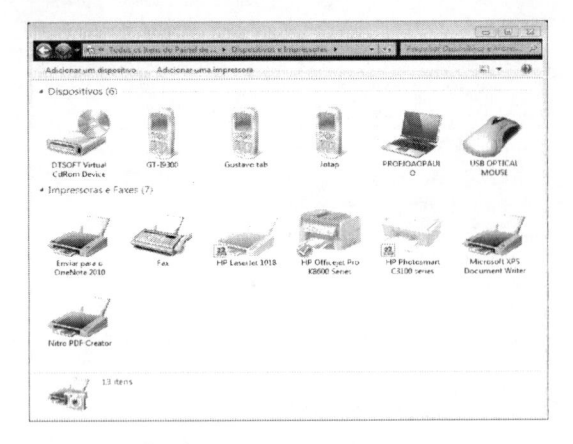

Firewall do windows

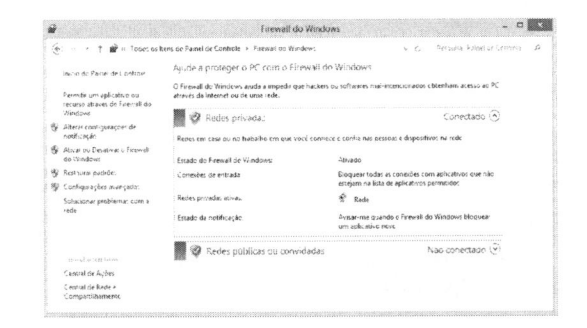

Data e hora

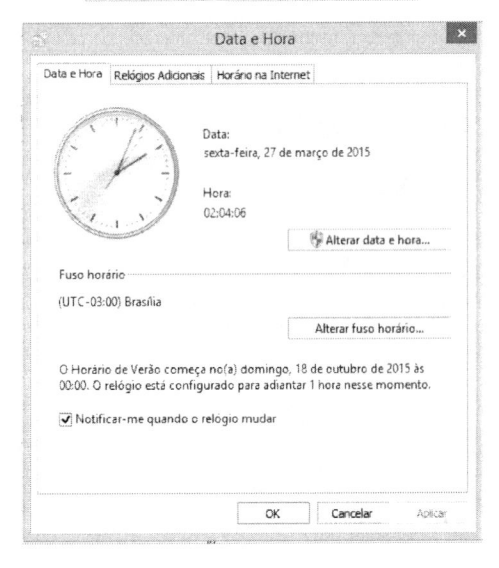

Contas de usuário

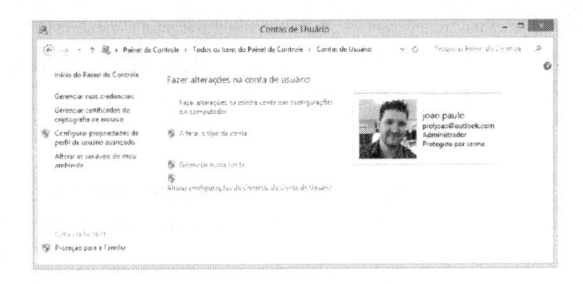

Opções de energia

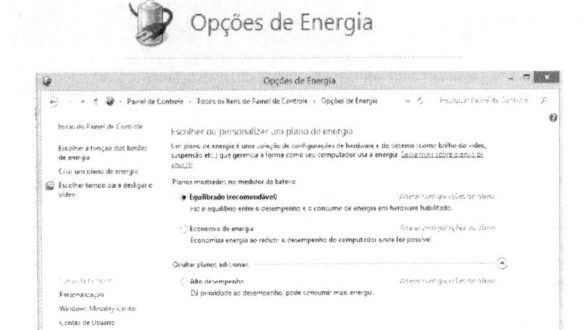

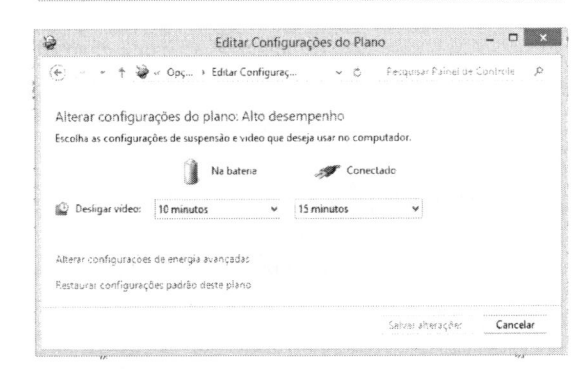

Opções do explorador de arquivos

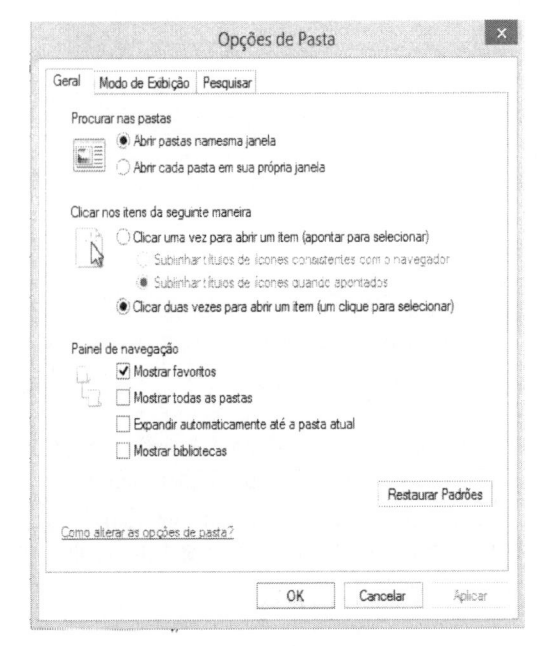

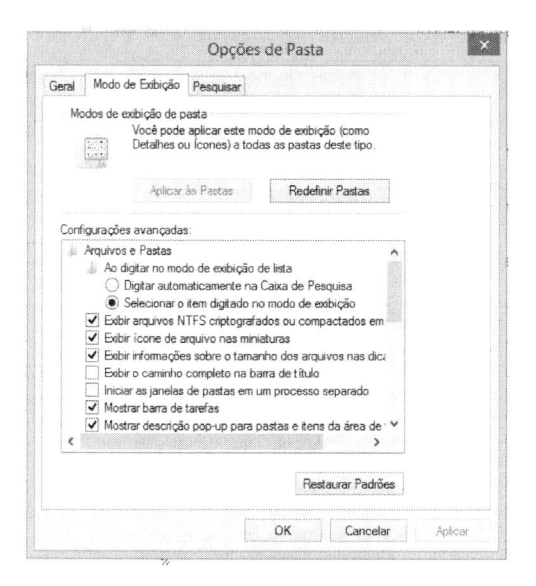

Programas e recursos

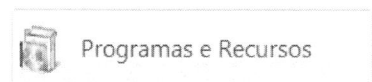

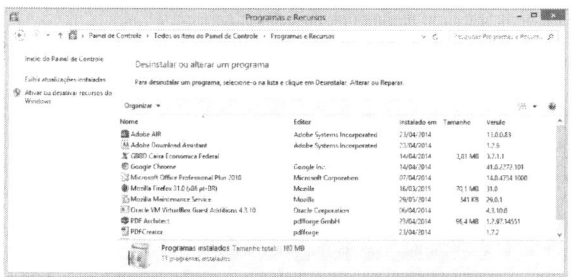

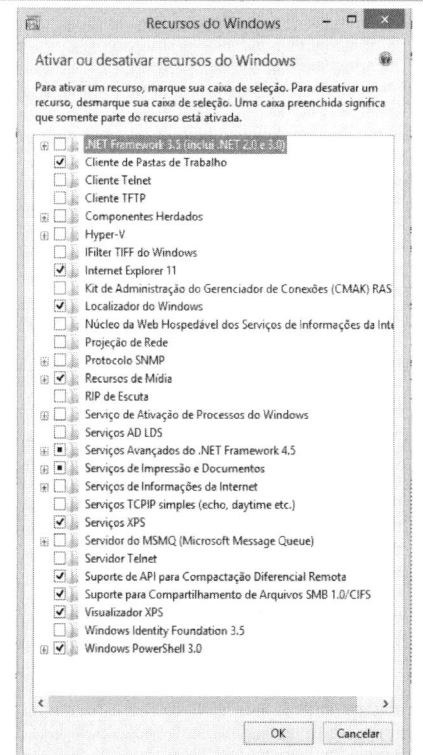

Programas padrão

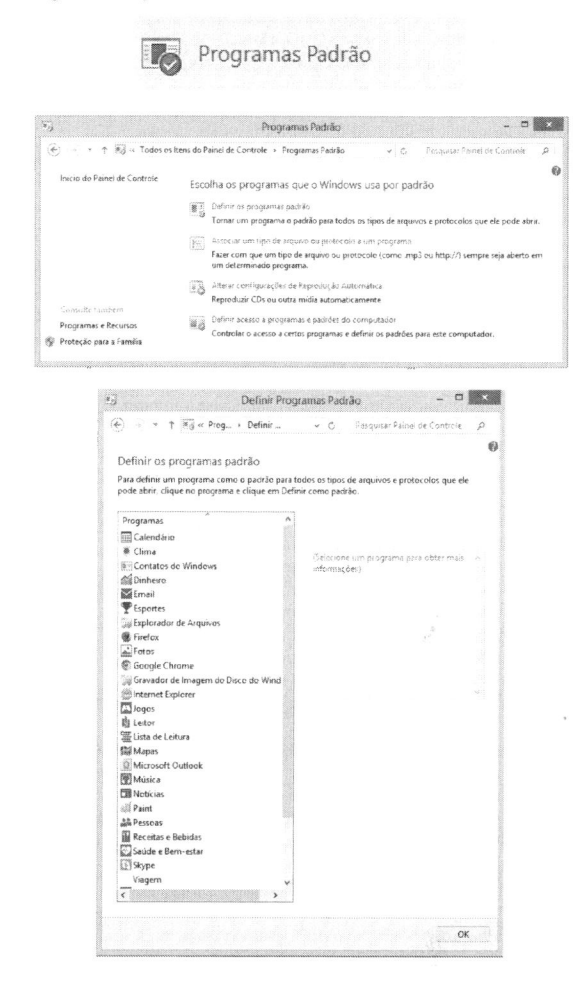

Sistema

Windows defender

No Windows 10, o Windows Defender passou a ser também antivírus além de ser antispyware.

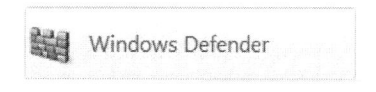

NOÇÕES DE INFORMÁTICA

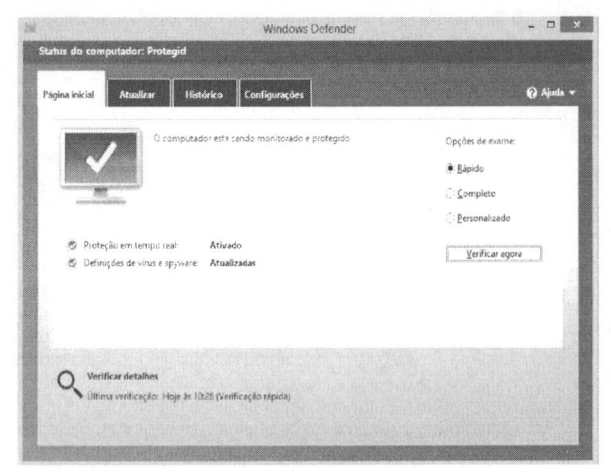

SISTEMA WINDOWS 10

Estrutura de diretórios

Uma estrutura de diretórios é como o Sistema Operacional organiza os arquivos, separando-os de acordo com sua finalidade.

O termo diretório é um sinônimo para pasta, que se diferencia apenas por ser utilizado, em geral, quando se cita alguma pasta Raiz de um dispositivo de armazenamento ou partição.

Quando citamos o termo Raiz, estamos fazendo uma alusão a uma estrutura que se parece com uma árvore que parte de uma raiz e cria vários ganhos, que são as pastas, e as folhas dessa árvore são os arquivos.

Dessa maneira, observamos que o **diretório Raiz do Windows** é o diretório **C:** ou **C:** enquanto que o **diretório Raiz do Linux** é o **/**.

Podemos ser questionados com relação à equivalência dos diretórios do Windows em relação ao Linux.

Principais diretórios windows

C:\windows → Armazena os arquivos do Sistema Operacional Windows.

C:\Arquivos de Programas → Armazena os arquivos dos programas instalados no computador.

C:\Usuários → Armazena as configurações, arquivos e pastas de cada usuário do sistema.

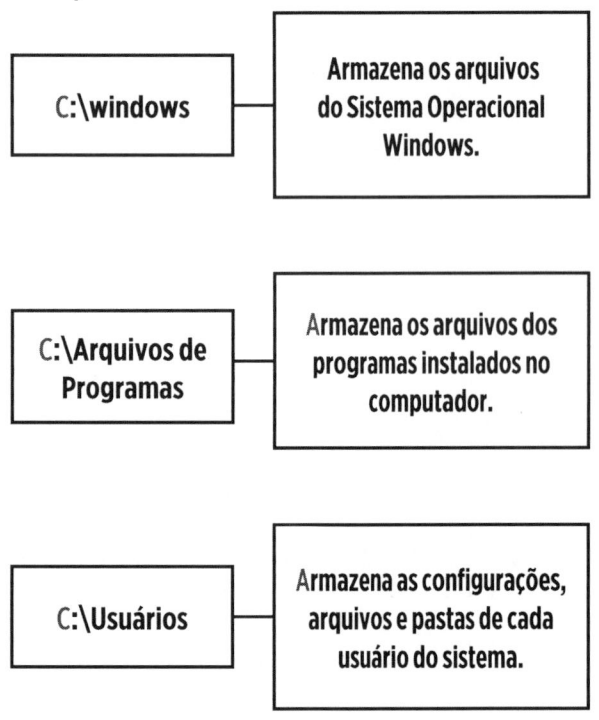

Ferramentas administrativas

Limpeza de disco

Apaga os arquivos temporários, por exemplo, arquivos da Lixeira, da pasta Temporários da Internet e, no caso do Windows, a partir da versão Vista, as miniaturas.

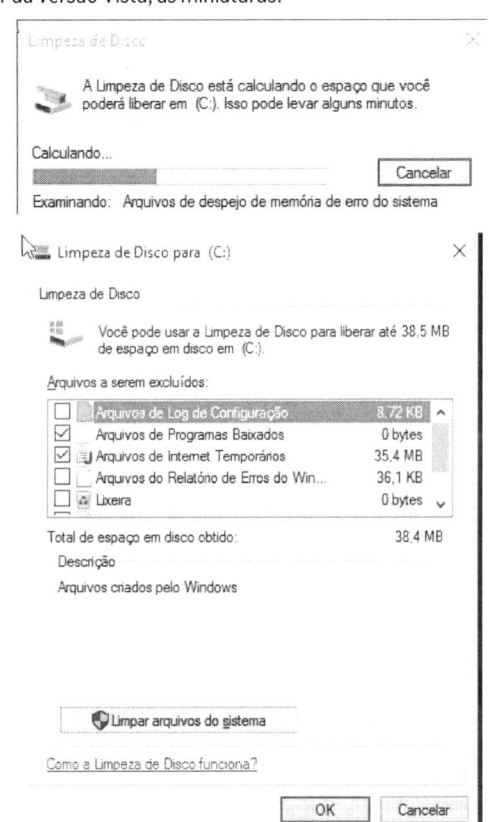

Lixeira

A capacidade da Lixeira do Windows é calculada. Assim, para HDs de até 40 GB, a capacidade é de 10%. Todavia, para discos rígidos maiores que 40 GB, o cálculo não é tão direto. Vamos a um exemplo: caso um HD possua o tamanho de 200 GB, então é necessário descontar 40 GB, pois até 40 GB a lixeira possui capacidade de 10%; assim, sobram 160 GB. A partir desse valor, deve-se calcular mais 5%, ou seja, 8 GB. Com isso, a capacidade total da lixeira do HD de 200 GB fica com 4 GB + 8 GB = 12 GB.

É importante, ainda, destacar que a capacidade da lixeira é calculada para cada unidade de armazenamento. Desse modo, se um HD físico de 500 GB estiver particionado, é necessário calcular separadamente a capacidade da lixeira para cada unidade.

A Lixeira é um local, e não uma pasta. Ela lista os arquivos que foram excluídos, porém nem todos arquivos excluídos vão para a Lixeira. Vejamos a lista de situações em que um arquivo não será movido para a lixeira:

> arquivos maiores do que a capacidade da Lixeira;
> arquivos que estão compartilhados na rede;
> arquivos de unidades removíveis;
> arquivos que foram removidos de forma permanente pelo usuário.

Desfragmentar e otimizar unidades

É responsabilidade do Desfragmentador organizar os dados dentro do HD de forma contínua/contígua para que o acesso às informações em disco seja realizado mais rapidamente.

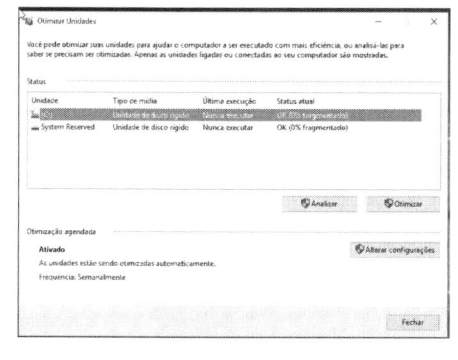

Configuração do sistema

A Configuração do Sistema é também acessível ao ser digitado o comando msconfig na janela Executar. Permite configurar quais serviços serão carregados com o Sistema. No entanto, para configurar quais programas serão carregados junto com o sistema operacional, deve-se proceder ao acesso pelo Gerenciador de Tarefas.

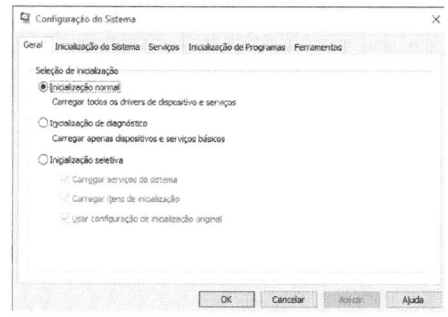

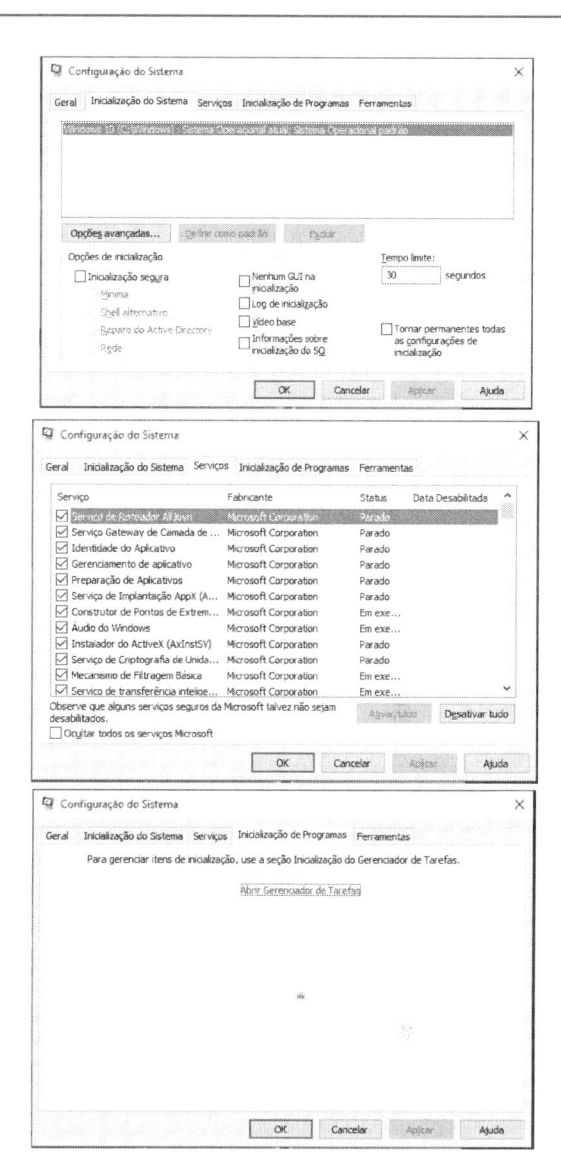

Monitor de recursos

Permite monitorar os recursos do computador e qual o uso que está sendo realizado.

Scandisk

O ScankDisk é o responsável por verificar o HD em busca de falhas de disco. Às vezes, ele consegue corrigi-las.

NOÇÕES DE INFORMÁTICA

SISTEMA WINDOWS 10

Configurações

Uma novidade do Windows 10 é a opção Configurações, presente no Botão Iniciar, que apresenta uma estrutura similar ao Painel de Controle, inclusive realizando a separação por categorias de ferramentas, conforme ilustra a figura a seguir.

Opção sistema

Nesta opção, são apresentadas as ferramentas de configuração de resolução de tela, definição de monitor principal (caso possua mais de um), modos de gestão de energia (mais utilizados em notebooks).

Também é possível encontrar a opção Mapas Offline, que permite o download de mapas para a pesquisa e o uso por GPS, principalmente usado em dispositivos móveis ou dotados de GPS.

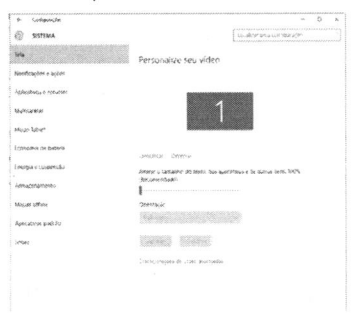

Opção dispositivos

A opção Dispositivos lista os dispositivos que foram instalados em algum momento no sistema, como as impressoras.

Opção rede e internet

Para configurar rapidamente o proxy de uma rede, ou ativar/desativar a wi-fi, a opção Rede e Internet oferece tais opções com facilidade, inclusive a opção para configurar uma VPN.

Opção personalização

Para personalizar os temas de cores da Área de Trabalho do Windows e os papéis de parede, a opção de personalização pode ser acessada pelas Configurações. Também é possível clicar com o botão direito do mouse sobre uma área vazia da Área de Trabalho e selecionar a opção Personalizar.

Opção contas

Opção hora e idioma

Opção facilidade de acesso

Além de contar com as ferramentas para acessibilidade, é possível configurar algumas características com Alto Contraste para melhorar o acesso ao uso do computador.

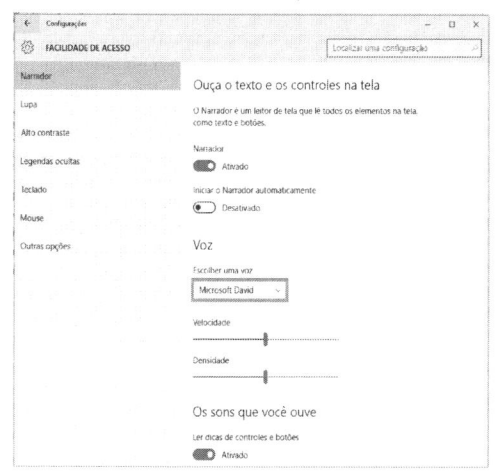

Opção privacidade

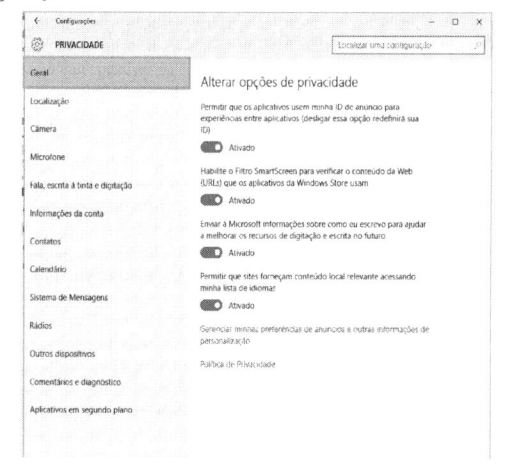

Opção atualização e segurança

A opção Atualização e Segurança talvez seja uma das principais opções da janela de configurações, pois, como necessidade mínima para a segurança, o Sistema Operacional deve estar sempre atualizado, assim como precisa possuir um programa antivírus que também esteja atualizado.

Vale lembrar que a realização periódica de backups também é considerada como um procedimento de segurança.

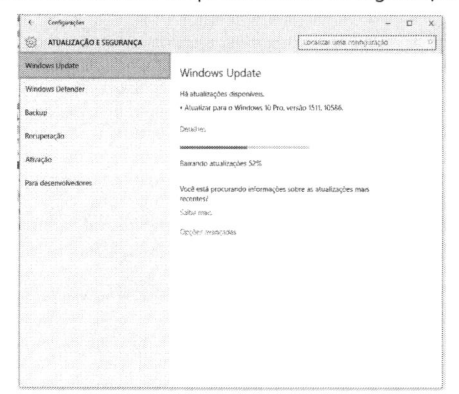

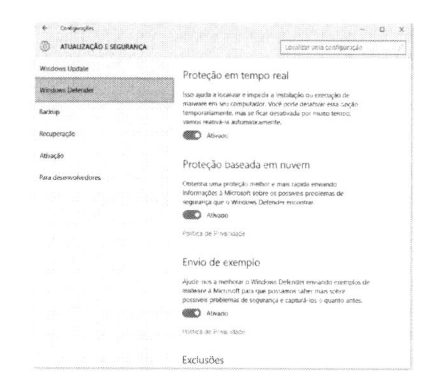

O Windows 10 realiza o backup dos arquivos usando a ferramenta Histórico de Arquivos (conforme ilustra a figura a seguir), embora ainda permita realizar backups como no Windows 7.

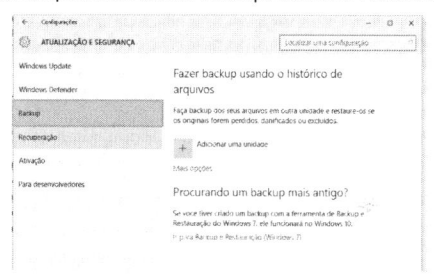

A opção Para desenvolvedores é uma novidade do Windows que assusta alguns usuários desavisados, pois, ao tentarem instalar algum aplicativo que não seja originário da Loja da Microsoft, não logram êxito. Esse impedimento ocorre por segurança. De qualquer forma, para poder instalar aplicativos "externos", basta selecionar a opção Sideload ou Modo Desenvolvedor.

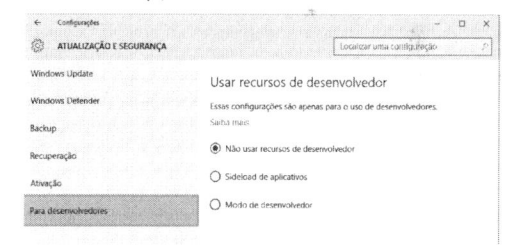

Backup no windows 10

Um backup consiste em uma cópia de segurança dos Arquivos, que deve ser feita periodicamente, preferencialmente em uma unidade de armazenamento separada do computador.

Apesar do nome cópia de segurança, um backup não impede que os dados sejam acessados por outros usuários. Ele é apenas uma salvaguarda dos dados para amenizar os danos de uma perda.

No Windows 8 e Windows 10, o backup é gerenciado pelo Histórico de Arquivos, ilustrado a seguir.

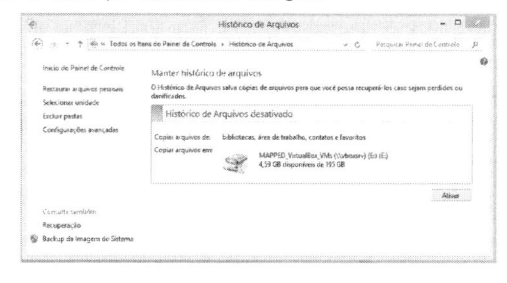

SISTEMA WINDOWS 10

Backup e restauração (windows 7)

Esta ferramenta existe para manter a compatibilidade com a versão anterior de backup do Windows.

Na sequência, são citados os tipos de backup e ferramentas de backup.

Backup da imagem do sistema

O Backup do Windows oferece a capacidade de criar uma imagem do sistema, que é uma imagem exata de uma unidade. Uma imagem do sistema inclui o Windows e as configurações do sistema, os programas e os arquivos. É possível usar uma imagem do sistema para restaurar o conteúdo do computador, se em algum momento o disco rígido ou o computador pararem de funcionar. Quando se restaura o computador a partir de uma imagem do sistema, trata-se de uma restauração completa; não é possível escolher itens individuais para a restauração, e todos os atuais programas, as configurações do sistema e os arquivos serão substituídos. Embora esse tipo de backup inclua arquivos pessoais, é recomendável fazer backup dos arquivos regularmente, usando o Backup do Windows, a fim de que seja possível restaurar arquivos e pastas individuais conforme a necessidade. Quando for configurado um backup de arquivos agendado, o usuário poderá escolher se deseja incluir uma imagem do sistema. Essa imagem do sistema inclui apenas as unidades necessárias à execução do Windows. É possível criar manualmente uma imagem do sistema, caso o usuário queira incluir unidades de dados adicionais.

Disco de restauração

O disco de restauração armazena os dados mais importantes do sistema operacional Windows, em geral, o que é essencial para seu funcionamento. Esse disco pode ser utilizado quando o sistema vier a apresentar problemas, por vezes decorrentes de atualizações.

Tipos de backup

Completo/Normal

Também chamado de Backup Total, é aquele em que todos os dados são salvos em uma única cópia de segurança. Ele é indicado para ser feito com menor frequência, pois é o mais demorado para ser processado, como também para ser recuperado. Contudo, localizar um arquivo fica mais fácil, pois se tem apenas uma cópia dos dados.

Diferencial

Este procedimento de backup grava os dados alterados desde o último backup completo. Assim, no próximo backup diferencial, somente serão salvos os dados modificados desde o último backup completo. No entanto, esse backup é mais lento de ser processado do que o backup incremental, porém é mais rápido de ser restaurado do que o incremental, pois é necessário apenas restaurar o último backup completo e o último backup diferencial.

Incremental

Neste tipo de backup, são salvos apenas os dados que foram alterados após a última cópia de segurança realizada. Este procedimento é mais rápido de ser processado, porém leva mais tempo para ser restaurado, pois envolve restaurar todos os backups anteriores. Os arquivos gerados são menores do que os gerados pelo backup diferencial.

Backup Diário

Um backup diário copia todos os arquivos selecionados que foram modificados no dia de execução do backup diário. Os arquivos não são marcados como arquivos que passaram por backup (o atributo de arquivo não é desmarcado).

Backup de Cópia

Um backup de cópia copia todos os arquivos selecionados, mas não os marca como arquivos que passaram por backup (ou seja, o atributo de arquivo não é desmarcado). A cópia é útil caso o usuário queira fazer backup de arquivos entre os backups normal e incremental, pois ela não afeta essas outras operações de backup.

Explorador de arquivos

Conhecido até o Windows 7 como Windows Explorer, o gerenciador de arquivos do Windows usa a chamada Interface Ribbon (por faixas) no Windows 8 e 10. Com isso, torna mais acessíveis algumas ferramentas como a opção para exibir as pastas e os arquivos ocultos.

A figura a seguir ilustra a janela Este Computador que apresenta os dispositivos e unidades de armazenamento locais como HDs e Drives de mídias ópticas, bem como as mídias removíveis.

Um detalhe interessante sobre o Windows 10 é que as bibliotecas, ilustradas na figura, não estão visíveis por padrão; o usuário precisa ativar sua exibição.

Na figura a seguir, é ilustrada a guia Exibir da janela Este Computador.

Ao selecionar arquivos ou pastas de determinados tipos, como imagens, algumas guias são exibidas como ilustra a série de figuras a seguir.

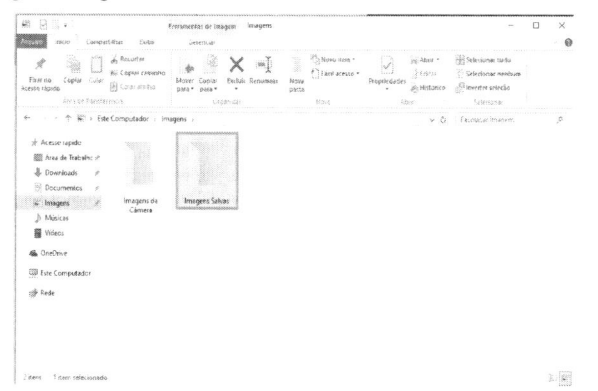

É possível notar que há opções específicas para facilitar o compartilhamento dos arquivos e pastas.

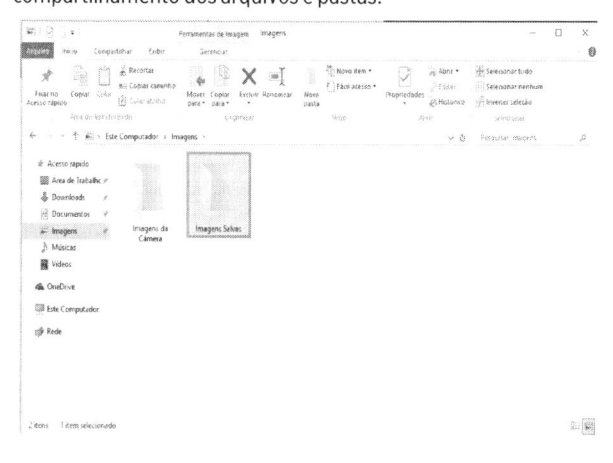

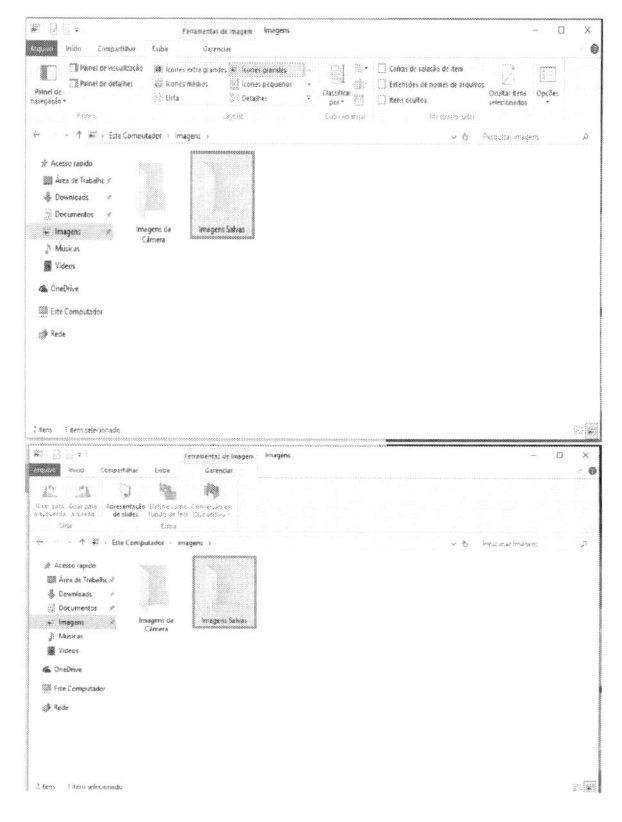

3. REDES DE COMPUTADORES

Dois computadores conectados entre si já caracterizam uma rede. Contudo, ela normalmente é composta por diversificados dispositivos como: celulares, smartphones, tablets, computadores, servidores, impressoras, roteadores, switches, hubs, modens, etc. Devido à essa grande variedade de dispositivos, o nome genérico HOST é atribuído aos dispositivos conectados na rede.

Todo Host possui um endereço que o identifica na rede, o qual é o endereço IP. Mas também cada peça possui um número único de fábrica que o identifica, o MAC Address.

3.1 Paradigma de comunicação

Paradigma é um padrão a ser seguido e, no caso das redes, é o modelo Cliente/Servidor. Nesse modelo, o usuário é o cliente que envia uma solicitação ao servidor; ao receber a solicitação, o servidor a analisa e, se é de sua competência, provê a informação/dado.

3.2 Dispositivos de rede

Os Dispositivos de Rede são citados até mesmo em provas cujo conteúdo programático não cita a matéria de hardware. E na maioria das vezes em que aparecem questões sobre o assunto, se questiona em relação à finalidade de cada dispositivo na rede, portanto, nesta seção são descritos alguns dos principais dispositivos de rede:

Modem	Modulador/demulador Responsável por converter o sinal analógico da linha telefônica em um sinal digital para o computador e vice-versa.
Hub	Conecta vários dispositivos em rede, mas não oferece muita segurança, pois envia as informações para todos na rede.
Switch	É um dispositivo que permite interligar vários dispositivos de forma mais inteligente que o Hub, pois no switch os dados são direcionados aos destinos corretos.
Roteador	Um roteador já trabalha no nível de rede; em um mesmo roteador podemos definir várias redes diferentes. Ele também cria uma rota para os dados.
Access Point	Um Ponto de Acesso opera de forma similar a um Switch, só que em redes sem fio.
Backbone	É a estrutura principal dentro de uma rede, na Internet é a espinha dorsal que a suporta, ou seja, as principais ligações internacionais.

3.3 Topologia de rede

Topologia diz respeito à estrutura de organização dos dispositivos em uma rede.

NOÇÕES DE INFORMÁTICA

REDES DE COMPUTADORES

Barramento

Na Topologia de Barramento, todos os dispositivos estão conectados no mesmo canal de comunicação, o que torna o tráfego de dados mais lento e, se o barramento se rompe, pode isolar parte da rede.

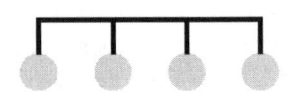

Anel

A estrutura em Anel conecta um dispositivo no outro; para que todos os computadores estejam conectados, é necessário que estejam ligados. Se o anel for simples, ou seja, de única via de dados, um computador desligado já é suficiente para tornar a rede inoperante para algum outro computador; o problema pode ser resolvido em partes, utilizando o anel duplo, trafegando dados em duas direções da rede, porém, se dois pontos forem desconectados, pode-se chegar à situação de duas redes isoladas.

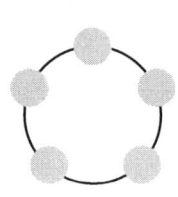

Estrela

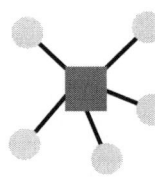

Uma rede organizada em forma de estrela possui um nó centralizador. Esse modelo é um dos mais utilizados, pois um nó pode estar desconectado sem interferir no resto da rede, porém, o centro é o ponto crítico.

Estrela estendida

A Estrela Estendida é utilizada em situações como em uma universidade *multicampi*, em que um nó central é a conexão principal, a partir da qual se conecta com a internet, enquanto que os outros *campi* possuem centrais secundárias como conexão entre seus computadores. A estrutura entre o nó principal e as centrais secundárias é o que chamamos de Backbone dessa rede.

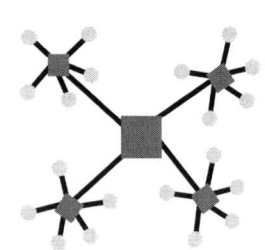

Malha

A conexão em malha é o modelo da internet, em que encontramos vários nós principais, mas também várias ligações entre diversos nós.

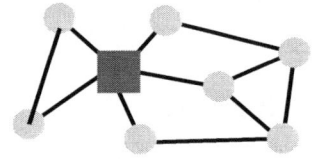

Pilhas de protocolos

Também colocadas pelas bancas examinadoras como modelos, as pilhas de protocolos definem um conjunto de protocolos e em quais camadas de rede devem operar.

Neste tópico temos dois tipos de questões que podem ser associados na prova. Questões que fazem relação com os tipos de redes e questões que tratam da finalidade dos principais protocolos utilizados em uma navegação na Internet.

As pilhas de protocolos são:

TCP/IP	OSI

O modelo TCP/IP é o **padrão utilizado nas redes**. Mas, em redes privadas, mesmo o TCP/IP sendo padrão, pode ser implantado o modelo OSI.

Como o modelo TCP/IP é o padrão na seção seguinte são destacados os principais protocolos de navegação.

Principais protocolos

Um protocolo é uma regra de comunicação em redes, portanto, a transferência de arquivos, mesmo entre computadores de uma mesma rede, utiliza um protocolo como forma de padronizar o entendimento entre os dois.

HTTP

HTTP (*Hyper Text Transport Protocol*) é o protocolo de transferência de hipertexto. É o mais utilizado pelo usuário em uma navegação pela Internet. Hipertexto consiste em um arquivo no formato HTML (*HyperText Markup Language*) - Linguagem de Marcação de Hipertexto.

HTML é um arquivo que pode ser gerado por qualquer editor de texto, pois, quando é aberto no Bloco de Notas ou Wordpad, ele apresenta apenas informações de texto. No entanto, quando é aberto pelo navegador, este interpreta o código em HTML e monta o conteúdo **Multimídia** na página. Entende-se por conteúdo multimídia: textos, áudio, vídeos e imagens.

HTTPS

HTTPS (*Hyper Text Transport Protocol Secure*), também conhecido como HTTP Seguro, é um protocolo que tem como diferença entre o HTTP apenas a segurança que oferece, pois, assim como o HTTP, serve para visualizar o conteúdo multimídia.

O que se questiona em relação a sua segurança é como ela é feita. O protocolo HTTPS utiliza o processo de **Criptografia** para manter sigilo sobre os dados transferidos entre o usuário e o servidor, para isso, são utilizados os protocolos **TLS** ou **SSL**.

Um detalhe muito importante é o de saber identificar se a navegação está sendo realizada por meio do protocolo HTTP ou pelo protocolo HTTPS. A forma mais confiável é observar a barra de endereços do navegador:

Firefox 10.02

M google.com https://mail.google.com/

IE 9

M https://mail.google.com/mail/html/pt-BR/noactivex.html

Google Chrome

🔒 https://mail.google.com/

Logo no início da barra, observamos a indicação do protocolo HTTPS, que, sempre que estiver em uso, deverá aparecer. Porém, deve-se ter muita atenção, pois, quando é utilizado o HTTP, alguns navegadores atuais têm omitido a informação no começo da barra de endereços.

Outra informação que nos ajuda a verificar se o acesso é por meio de uma conexão segura é o símbolo do cadeado fechado.

FTP

FTP (File Transport Protocol) é o protocolo de transferência de arquivos utilizado quando um usuário realiza download ou upload de um arquivo na rede.

O protocolo FTP tem como diferencial o fato de operar sobre duas portas: uma para tráfego dos dados e outra para autenticação e controle.

3.4 Firewall

O Firewall pode ser Software, Hardware, ou ambos. Ele é o responsável por **monitorar as portas da rede/computador**, permitindo ou negando a passagem dos dados na rede, seja na entrada ou saída.

É o monitor que fica na porta olhando para uma lista na qual contém as regras que um dado tem de cumprir para passar por ela. Essa lista são os protocolos, por exemplo, o Firewall monitorando a porta 80, relativa ao protocolo HTTP, o qual só trabalha com conteúdo multimídia. Então, se um arquivo .EXE tentar passar pela porta 80, ele deve ser barrado; essa é a função do Firewall.

3.5 Tipos de redes

Podemos classificar as redes de acordo com sua finalidade; neste tópico expõe-se a diferença entre as redes: Internet vs Intranet vs Extranet.

Internet

É a rede das redes, também conhecida como rede mundial de computadores.

Muitas provas citam o sinônimo WWW (*World Wide Web*) para internet, ou por vezes apenas Web. Ela é definida como uma rede **pública** a qual todos com computador e servidor de acesso podem conectar-se.

Intranet

É uma rede empresarial, também chamada de rede corporativa. Tem como principal característica ser uma rede **privada**, portanto, possui controle de acesso, o qual é restrito somente a pessoas autorizadas.

Uma Intranet geralmente é constituída com o intuito de compartilhar recursos entre os funcionários de uma empresa, de maneira que pessoas externas não tenham acesso a eles. Os recursos compartilhados podem ser: impressoras, arquivos, sistemas, entre outros.

Extranet

É quando parte de uma Intranet é disponibilizada por meio da Internet.

Também dizemos que extranet é quando duas empresas com suas distintas Intranets possuem um sistema comum que acessam apenas parte de cada uma das Intranets.

VPN

VPN é uma forma de criar uma Intranet entre localizações geograficamente distantes, com um custo mais baixo do que ligar cabos entre os pontos. Para isso, emprega-se o processo de criptografia nos dados antes de enviá-los por meio da Internet e, quando o dado chega na outra sede, passa pelo processo de descriptografia. Dessa maneira, quem está navegando na Internet não tem acesso às informações da empresa, que continuam restritas; esse processo também é chamado de tunelamento.

3.6 Padrões de infraestrutura

São padrões que definem como deve ser organizada e quais critérios precisam ser seguidos para montar uma estrutura de rede de acordo com os padrões estabelecidos pelo Instituto de Engenheiros Eletricistas e Eletrônicos (IEEE).

O padrão Ethernet define as regras para uma infraestrutura cabeada, como tipos de cabos que devem ser utilizados, distância máxima, tipos e quantidade de dispositivos, entre outras. Já o padrão 802.11 define as regras para uma estrutura Wi-Fi, ou seja, para a rede sem fio.

3.7 Correio eletrônico

O serviço de e-mail é outro ponto bastante cobrado nos concursos públicos. Em essência, o que se pede é se o concursando sabe sobre as diferentes formas de se trabalhar com ele.

O e-mail é uma forma de comunicação assíncrona, ou seja, no momento do envio apenas o emissor precisa estar conectado.

Formas de acesso

Podemos ler e escrever e-mail utilizando duas formas diferentes. Na última década, o webmail ganhou mais espaço no mercado e se tornou majoritário no ramo de e-mails, mas muitas empresas utilizam ainda os clientes de e-mail.

NOÇÕES DE INFORMÁTICA

Webmail

O webmail é uma interface de acesso para o e-mail via Browser (navegador de Internet), ou seja, uma forma de visualizar o e-mail via uma página de web. Diante disso, é possível destacar que usamos os protocolos HTTP ou HTTPS para visualizar páginas da Internet. Dessa forma, ao acessar sites de e-mail como gmail.com, hotmail.com, yahoo.com.br e outlook.com, fazemos uso desses protocolos, sendo o HTTPS o mais usado atualmente pelos grandes serviços de e-mail, pois confere ao usuário maior segurança no acesso.

Dizemos que o webmail é uma forma de ler e escrever e-mails, dificilmente citado como forma de enviar e receber, uma vez que quem realmente envia é o servidor e não o computador do usuário.

Quando um e-mail é enviado, ele parte diretamente do servidor no qual o remetente possui conta para o servidor do serviço de e-mail do destinatário.

Cliente de e-mail

Um cliente de e-mail é um programa específico para enviar e receber mensagens de e-mail e que é, necessariamente, instalado no computador do usuário.

Exs.:

Microsoft Outlook;

Mozilla Thunderbird;

Outlook Express;

Windows Live Mail.

Os programas clientes de e-mail usam protocolos específicos para envio e recebimento das mensagens de e-mail.

Protocolos utilizados pelos clientes de e-mail

Para o envio, um cliente de e-mail utiliza o protocolo SMTP (*Simple Mail Transport Protocol* – Protocolo de transporte de mensagens simples). Como todo protocolo, o SMTP também opera sobre uma porta específica, que pode ser citada como sendo a porta 25, correspondente ao padrão, mas atualmente ela foi bloqueada para uso dos usuários, vindo a ser substituída pela 587.

Com isso, em questões de Certo e Errado, apenas a 587 é a correta, quando abordado sobre o usuário, pois entre servidores a 25 ainda é utilizada. Já nas questões de múltipla escolha, vale o princípio da menos errada, ou seja, se não tiver a 587, a 25 responde a questão.

Mesmo que a mensagem de e-mail possua arquivos anexos a ela, envia-se por SMTP; assim o protocolo FTP não é utilizado.

Já para o recebimento, o usuário pode optar em utilizar o protocolo POP ou o protocolo IMAP, contudo, deve ser observada a diferença entre os dois, pois essa diferença é ponto para muitas questões.

O protocolo POP tem por característica baixar as mensagens de e-mail para o computador do usuário, mas por padrão, ao baixá-las, elas são apagadas do servidor. Portanto, as mensagens que um usuário está lendo estão, necessariamente, em seu computador.

Por outro lado, se o usuário desejar, ele pode configurar o protocolo de forma que sejam mantidas cópias das mensagens no servidor, no entanto, a que o usuário está lendo, efetivamente, está em seu computador. Sobre essa característica são citadas questões relacionando à configuração a uma espécie de backup das mensagens de e-mail.

Atualmente o protocolo POP encontra-se na versão 3; dessa forma ele pode aparecer nos textos de questão como POP3, não afetando a compreensão da mesma. Uma vez que o usuário necessita conectar na internet apenas para baixar as mensagens, é possível que ele desconecte-se da internet e mesmo assim leia seus e-mails. E, uma vez configurado o SMTP, também é possível redigir as respostas off-line, sendo necessário, no entanto, conectar-se novamente para que as mensagens possam ser enviadas.

Ao invés de utilizar o POP, o usuário pode optar em fazer uso do protocolo IMAP, que é para acesso a mensagens de e-mail, as quais, por sua vez, residem no servidor de e-mails. Portanto, se faz necessário estar conectado à internet para poder ler o e-mail por meio do protocolo IMAP.

Spam

Spam é uma prática que tem como finalidade divulgar propagandas por e-mail, ou mesmo utilizar-se de e-mails que chamem a atenção do usuário e o incentivem a encaminhar para inúmeros outros contatos, para que, com isso, levantem uma lista de contatos que pode ser vendida na Internet ou mesmo utilizada para encaminhar mais propagandas.

Geralmente um spammer utiliza-se de e-mail com temas como: filantropia, hoax (boatos), lendas urbanas, ou mesmo assuntos polêmicos.

3.8 URL (*Uniform Resource Locator*)

É um endereço que identifica um site, um serviço, ou mesmo um endereço de e-mail. A seguir, temos um exemplo de URL; observe que podemos dividi-la em várias partes.

http://www.site.com.br

↑ Protocolo ↑ Pasta ↑ Domínio

Domínio

É o nome registrado de um site para que possa ser acessado por meio da Internet. Assim como a URL, um domínio também pode ser dividido em três partes.

site.com.br

O .br indica que esse site está registrado no conjunto de domínios do Brasil, que é administrado e regulamentado pelo Registro.Br, componente do Comitê Gestor de Internet no Brasil (CGI).

O Registro.Br define várias normas em relação à criação de um domínio, como por exemplo o tamanho máximo de 26 caracteres, a limitação para apenas letras e números e recentemente a opção de criar domínios com letras acentuadas e o caractere **ç**.

Também compete ao Registro.Br a normatização da segunda parte do domínio, representado na figura pelo **.com**. Essa informação diz respeito ao ramo de atividade a que se destina o domínio, mas não nos garante qual a real finalidade do site. A última parte, por fim, é o próprio nome do site que se deseja registrar.

Protocolo IP

Cada equipamento na rede ganha o nome genérico de Host, o qual deve possuir um endereço para que seja localizado na rede. Esse é o endereço IP.

O protocolo IP é o responsável por trabalhar com essa informação, para tanto, um endereço IP possui versões: IPv4 e IPv6.

Um IP também é um endereço, portanto, pode ser inserido diretamente na barra de endereços de um navegador.

O IPv4 é composto por até quatro grupos de três dígitos que atingem valor máximo de 255 cada grupo, suportando, no máximo, cerca de 4 bilhões (4.294.967.296) de endereços.

200.201.88.30 endereço IP da Universidade Estadual do Oeste do Paraná (Unioeste).

O IPv6 é uma proposta que está gradativamente substituindo o IPv4, justamente pela pouca quantidade de endereço que ele oferece. O IPv6 é organizado em 8 grupos de 4 dígitos hexadecimais, suportando cerca de 3,4 × 1038, aproximadamente 3,6 undecilhões de endereços IP.

0123:4567:89AB:CDEF:1011:1314:5B6C:88CC

DNS (*domain name system*)

O Sistema de Nomes de Domínios é o responsável por traduzir (resolver por meio de consultas aos servidores Raiz da Internet) um domínio para o endereço IP do servidor que hospeda (armazena) o site desejado. Esse processo ocorre em questão de segundos e obedece uma estrutura hierárquica.

3.9 Navegadores

Navegadores são programas que permitem acesso às páginas da Internet, são muitas vezes citados em provas pelo termo em inglês Browser.

Exs.:
Internet Explorer
Mozilla Firefox
Google Chrome

Também são cobrados os conceitos dos tipos de dados de navegação que estão relacionados aos navegadores.

Cache

É um armazenamento temporário. No caso dos navegadores, trata-se de uma pasta onde são armazenados os conteúdos multimídias como imagens, vídeos, áudio e inclusive textos, para que, no segundo momento em que o mesmo conteúdo for acessado, ele possa ser mostrado ao usuário mais rapidamente.

Cookies

São pequenas informações que alguns sites armazenam no computador do usuário. Exemplos de informações armazenadas nos cookies: senhas, obviamente que são armazenadas criptografadas; também são muito utilizados em sites de compras, para armazenar o carrinho de compras.

Dados de formulários

Quando preenchemos um formulário, os navegadores oferecem opção para armazenar os dados digitados em cada campo, assim, quando necessário preencher o mesmo formulário ou ainda outro formulário com campos de mesmo nome, o navegador sugere os dados já usados a fim de autocompletar o preenchimento do campo.

3.10 Conceitos relacionados à internet

Nesta seção são apresentados alguns conceitos, tecnologias e ferramentas relacionadas à Internet que são cobrados nas provas dos concursos.

Motores de busca

Os Motores de Busca são normalmente conhecidos por buscadores. Dentre os principais estão Google, Bing (MSN) e Yahoo!.

É importante observar que, nos navegadores atuais, os motores de busca são integrados, com isso podemos definir qual se deseja utilizar, por exemplo: o Google Chrome e o Mozilla Firefox utilizam como motor de busca padrão o Google, já o Internet Explorer utiliza o Bing. Essa informação é relevante, pois é possível nesses navegadores digitar os termos buscados diretamente na barra de endereços, ao invés de acessar previamente o site do motor de busca.

Busca avançada

Os motores de busca oferecem alguns recursos para otimizar a busca, como operadores lógicos, também conhecidos como operadores booleanos[1]. Dentre eles podemos destacar a negação (-). Ao realizar uma busca na qual se deseja encontrar resultados que sejam relacionados a determinado assunto, porém os termos usados são comuns a outro, podemos utilizar o sinal de menos precedendo o termo do assunto irrelevante, como o exemplo de uma questão que já caiu em prova: realizar a busca por leite e cão, contudo, se for inserido apenas estes termos na busca, muitos resultados serão relacionados a gatos e leite. Para que as páginas que contenham a palavra gato não sejam exibidas na lista de páginas encontradas, basta digitar o sinal de menos (-) antes da palavra

---

1 Em referência à lógica de Boole, ou seja, a lógica que você estuda para o concurso.

gato (sem espaço entre o sinal e a palavra), assim a pesquisa a ser inserida no buscador fica **Cão Leite -Gato**.

Também é possível realizar a busca por uma frase exata, assim, somente serão listados os sites que contenham exatamente a mesma expressão. Para isso, basta digitar a frase desejada entre aspas duplas.

Busca por/em Domínio Específico: para buscar sites que possuam determinado termo em seu nome de domínio, basta inserir o texto site: seguido da palavra desejada, lembrando que não deve haver espaço entre site: e o termo desejado. De forma similar, também pode-se utilizar **inurl: termo** para buscar sites que possuam o termo na URL.

Quando o domínio já é conhecido, é possível realizar a busca por determinado termo apenas nas páginas do domínio. Para tanto, deve-se digitar **site:Dominiodosite termo.**

Calculadora: é possível, ainda, utilizar o Google como uma calculadora, bastando digitar a expressão algébrica que se deseja resolver como 2+2 e, como resultado da "pesquisa", é apresentado o resultado da operação.

Operador: quando não se sabe exatamente qual é a palavra para completar uma expressão, pode-se completar a lacuna com um asterisco, assim o motor de busca irá entender que naquele espaço pode ser qualquer palavra.

Busca por tipo de arquivo: podemos refinar as buscas a resultados que consistam apenas em determinado formato de arquivo. Para tanto, podemos utilizar o operador filetype: assim, para buscar determinado tema, mas que seja em PDF, por exemplo, pode-se digitar **filetype: pdf tema.**

Tipos de busca

Os principais motores de busca permitem realizar as buscas de forma orientada a conteúdos gerais da web, como refinar a busca para exibir apenas imagens, vídeos ou mapas relacionados aos termos digitados.

Chat

Um chat é normalmente citado como um bate-papo em tempo real; é a forma de comunicação em que ambos os interlocutores estão conectados (on-line) simultaneamente. Muitos chats operam com salas de bate-papo. Um chat pode ser em um site específico como o chat do UOL. Conversas pelo MSN ou Facebook podem ser consideradas como chat, desde que ambos interlocutores estejam conectados.

Fórum

Também conhecidos como Listas de Discussão, os fóruns funcionam como debates sobre determinados assuntos. Em um fórum não é necessário que os envolvidos estejam conectados para receberem os comentários, pois estes ficam disponíveis para acesso futuro pelo usuário ou mesmo por pessoas que não estejam cadastradas no fórum, contudo, existem muitos fóruns fechados, nos quais só se entra por convite ou mediante aquisição. A maioria deles vincula o e-mail dos envolvidos a uma discussão, alertando-os assim, caso um novo comentário seja acrescentado.

Moodle

O Moodle é uma ferramenta fortemente utilizada pelo setor público, e também privado, para dar suporte ao Ensino a Distância (EAD).

4. BROFFICE WRITER – EDITOR DE TEXTO

4.1 Formatos de arquivos

Quando se fala nos editores do BrOffice (Libre Office), devemos conhecer seus formatos de arquivos padrões, ou seja, o formato com o qual será salvo um arquivo ao acionar a opção **Salvar Como.**

A suíte de aplicativos como um todo possui um formato genérico ODF (Open Document File – Formato de Documento Aberto). Assim, é possível no editor de texto, salvar neste formato, bem como no Calc e Impress.

No entanto, o formato específico do Writer é o ODT (Open Document Text). As provas costumam relacionar os formatos com as versões dos editores. Então, vale lembrar que o Word2003 não consegue trabalhar com esse formato de arquivo. Mas, pelo Writer, é possível salvar um documento de modo que ele possa ser aberto pelo Word 2003, ou seja, é possível salvar nos formatos DOC e DOCX. Em relação ao Word 2007 e 2010, por padrão, esses programas conseguem abrir e salvar arquivos no formato ODT.

4.2 Formatação de texto

A principal finalidade do Writer é editar textos. Portanto, suas principais ferramentas são para a formatação de documentos. Podemos encontrar essas opções de formatação por meio de quatro caminhos:

Barra de ferramentas de formatação

Menu formatar

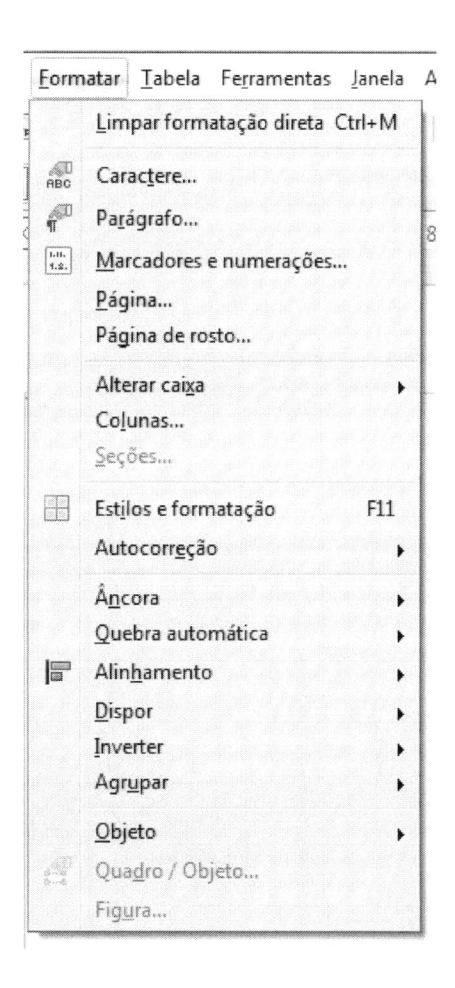

BROFFICE WRITER – EDITOR DE TEXTO

Atalhos

Botão direito do mouse

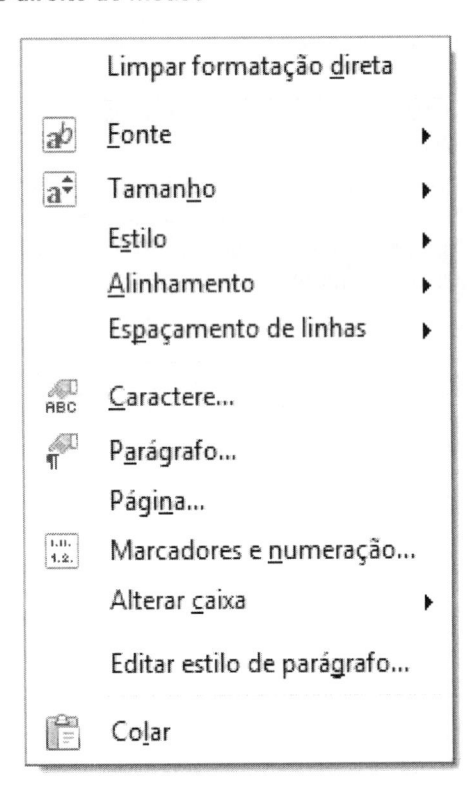

Menu formatar

Caractere

Ao acionar esta opção, será aberta a janela ilustrada a seguir, por meio da qual podemos formatar as propriedades de fonte, como tipo/nome, estilo e tamanho e, pela aba Efeitos de Fonte, alterar a cor da fonte.

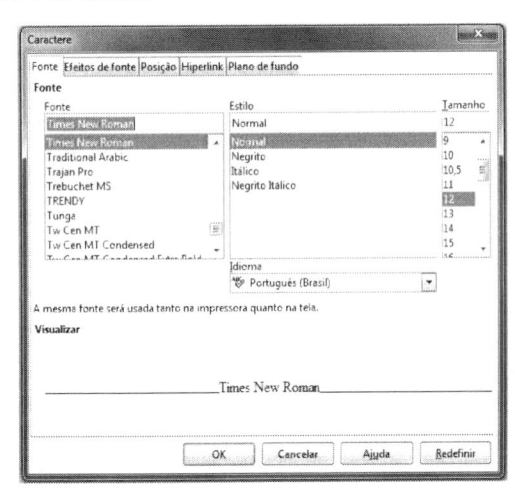

Parágrafo

As propriedades de Parágrafo englobam opções como recuos, espaçamento e alinhamentos, conforme ilustrado nas figuras na sequência:

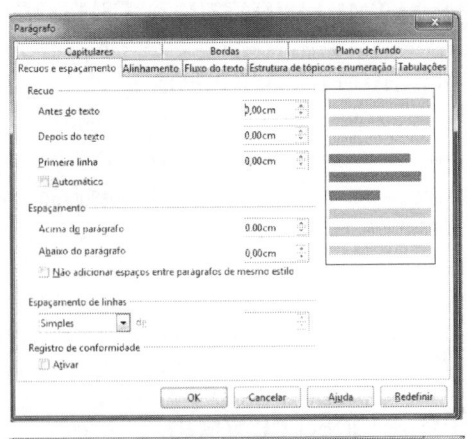

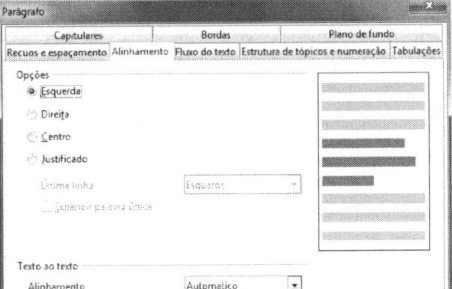

Marcadores e numeração

Fique atento à identificação de uso deste recurso, pois, pelo menu Formatar, elas estão descritas em conjunto. Porém, na barra de Ferramentas padrão elas são apresentadas em dois botões separados.

Ao acionar a opção pelo menu Formatar, a janela aberta apresenta os Marcadores em uma guia e a numeração em outra, conforme ilustram as duas figuras da sequência:

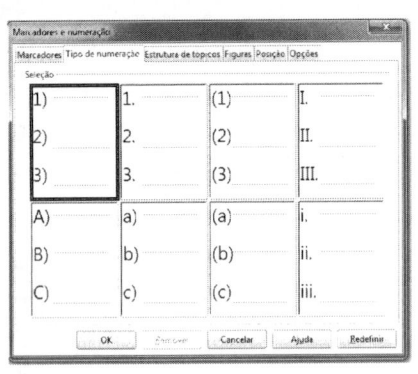

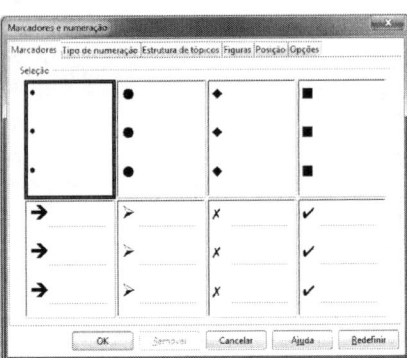

Página

Nesta opção, encontramos os recursos equivalentes aos encontrados na opção Configurar Página do Word, como dimensões das margens, dimensões de cabeçalho e rodapé, tamanho do papel e orientação da página. A imagem a seguir ilustra parte dessa janela:

Página de rosto

Por meio deste recurso, é possível inserir páginas em uma seção separada, para que, de uma forma mais simples, sejam trabalhadas com cabeçalhos e rodapés diferentes em um mesmo documento, mais especificamente, no que tange à numeração de páginas.

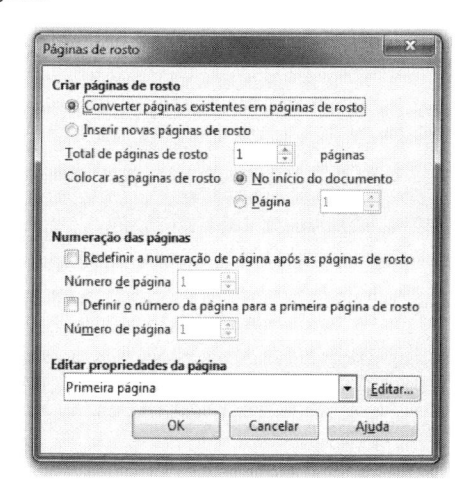

Alterar caixa ▶

Equivalente à opção Maiúsculas e Minúsculas do Word, essa opção permite alterar a forma do caractere de texto. É importante conhecer as cinco opções desse recurso, conforme ilustrado a seguir:

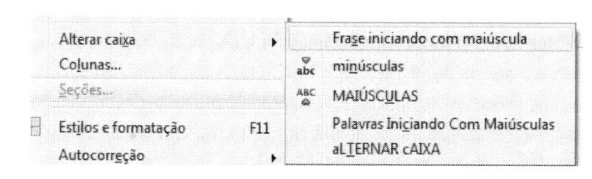

Estilos de formatação (F11)

Por essa opção, podemos definir estilos de formatação para o texto selecionado, como título 1, título 2, título 3, entre outros, para que a edição do documento seja mais prática, além de favorecer a padronização.

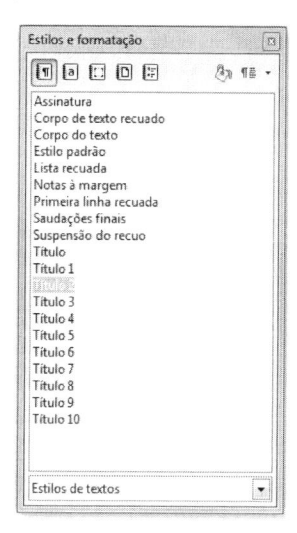

Ferramentas de formatação

Caractere

O campo descrito por Times New Roman define a grafia com que o texto será escrito, a exemplo: ARIAL, TIMES, Vivaldi. Este campo também é conhecido como Tipo/Nome da Fonte.

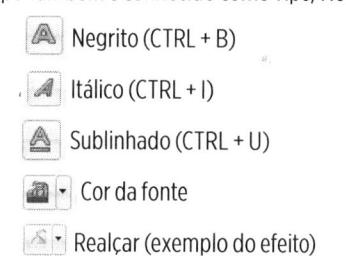

- Negrito (CTRL + B)
- Itálico (CTRL + I)
- Sublinhado (CTRL + U)
- Cor da fonte
- Realçar (exemplo do efeito)

Parágrafo

- Alinhamento à Esquerda (CTRL + L)
- Alinhamento Centralizado (CTRL + E)
- Alinhamento à Direita (CTRL + R)
- Alinhamento Justificado (CTRL + J)
- Ativar/Desativar Numeração (F12)
- Ativar/Desativar Marcadores (Shift + F12)
- Diminuir o Recuo
- Aumentar o Recuo

Tabulações

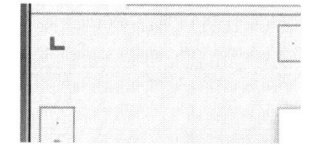

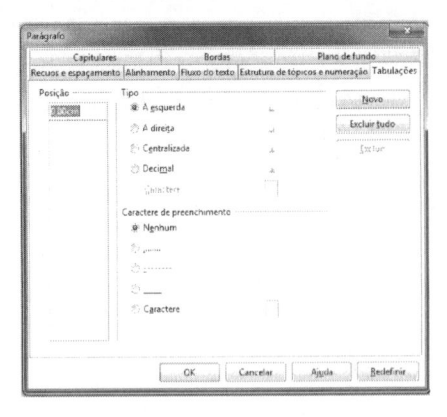

Caracteres não imprimíveis (CTRL + F10)

Exibe as marcas de edição, que, como o próprio nome já informa, não aparecem na impressão. Essas marcações são úteis para um maior controle do documento em edição, como ilustrado a seguir. Os pontos à meia altura da linha representam um espaço e o mesmo símbolo do botão indica o final de um parágrafo. Assim, no exemplo a seguir, existem dois parágrafos.

Cor do plano de fundo

Atenção para não confundir a cor do fundo do parágrafo com a ferramenta Realçar, pois a função Realçar aplica uma cor ao fundo do texto selecionado, enquanto que a opção do Plano de Fundo aplica ao parágrafo, mesmo que tenha sido selecionada apenas uma palavra.

Estilos e formatação (F11)

Por meio deste botão ou pela tecla de atalho, é exibido o painel de estilos que oferece diversos estilos para a formatação do texto, por exemplo: Título 1, título 2, título 3, entre outros. A imagem a seguir ilustra o painel:

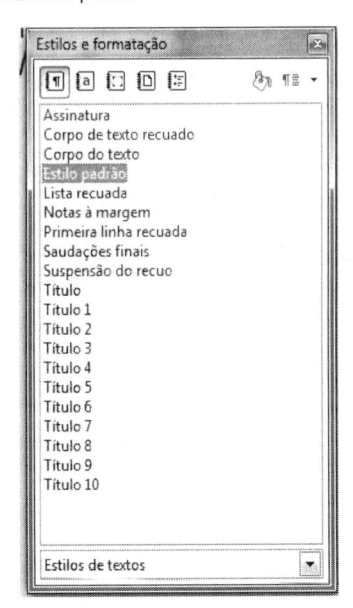

Além desse painel, também é possível escolher e aplicar um estilo por meio do Campo Estilos, ilustrado a seguir, presente na barra de ferramentas de formatação logo à esquerda do campo do tipo da fonte.

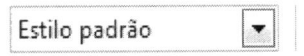

Os estilos de formatação são importantes estruturas na edição de um texto, principalmente se for necessário trabalhar com sumário, pois para utilizar o recurso de sumário, de forma que ele seja automático, é necessário utilizar os estilos de título.

Pincel de estilo

A ferramenta de Pincel de Estilo serve para copiar apenas a formatação. Ela não copia textos, apenas as suas características, como cor da fonte, tamanho, tipo de fonte entre outras, com o intuito de aplicar em outro trecho de texto.

O funcionamento da ferramenta parte de uma seleção prévia do trecho de texto que possui a formatação desejada, clicar no botão pincel de estilo, na sequência selecionar o trecho de texto ao qual se deseja aplicar as mesmas formatações, como que pintando a formatação. Ao terminar a seleção o texto selecionado já estará formatado tal qual o selecionado inicialmente, e o mouse volta ao normal para a edição.

4.3 Ferramentas

Exportar diretamente como PDF

O BrOffice como um todo possui este recurso que permite gerar um arquivo PDF a partir do documento em edição. A janela aberta por este botão é muito similar à janela de Salvar Como, em que se deve apontar o local onde o arquivo será salvo e com qual nome se deseja salvá-lo.

Imprimir arquivo diretamente

Este é um recurso diferente da impressão habitual pelo atalho CTRL+P. Essa ferramenta de impressão direta manda o arquivo diretamente para a impressora que estiver definida, pelo painel de controle, como padrão, usando as propriedades padrão de impressão.

Visualizar página

Este é simplesmente o recurso de visualizar o que será impresso, útil para ter uma maior noção de como ficarão distribuídas as informações no papel.

Ortografia e gramática (F7)

Essa ferramenta exibe uma janela, ilustrada a seguir, por meio da qual é possível corrigir as palavras "erradas" no texto. Erradas porque na verdade, são indicadas as palavras não conhecidas pelo dicionário do programa. Uma vez que ela esteja correta, é possível acrescentá-la ao dicionário.

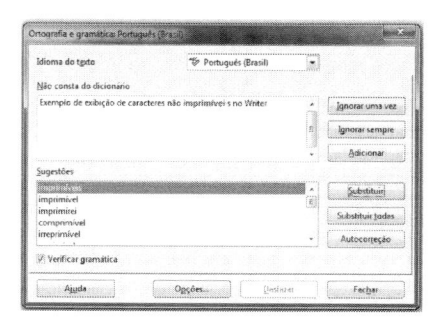

Autoverificação ortográfica

A Autoverificação é uma ferramenta presente apenas no BrOffice, cuja finalidade é apenas habilitar ou desabilitar a exibição do sublinhado vermelho das palavras desconhecidas.

Navegador (F5)

O Navegador tem aparecido nas provas apenas a título de conhecimento de seu nome, associado ao símbolo e atalho. Essa ferramenta é um recurso para navegar no texto, a partir das suas estruturas, como títulos, tabelas, figuras e outros itens que podem ser visualizados na figura a seguir:

Exemplo de exibição de caracteres não imprimíveis no Writer.

Galeria

O recurso Galeria tem peso similar ao Navegador nas provas. Acionar essa ferramenta resulta na exibição do painel ilustrado a seguir, por meio do qual é possível inserir, em meio ao documento, estruturas de navegação Web, como botões, sons e outros itens.

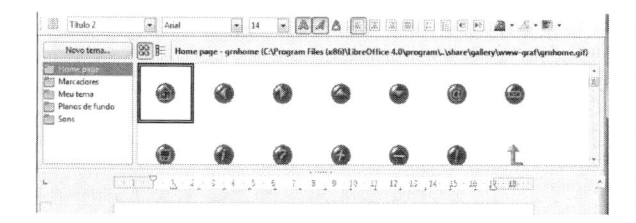

▼ Tabela (CTRL + F12)

O botão Tabela pode ser usado de duas maneiras. Clicando no desenho da tabela, é aberta a janela ilustrada a seguir. Caso seja clicado na flecha, é exibido um reticulado, pelo qual é possível selecionar a quantidade de células que se deseja criar em uma tabela.

Formatar → página

Aba página

A aba Página é a principal da janela de formatação de página. A figura a seguir ilustra essa aba. Observe que as margens estão definidas por padrão em 2 cm, e que o tamanho do papel padrão é o A4. Também é possível determinar a orientação da página. Vale lembrar que, em um mesmo documento, é possível intercalar páginas com orientações diferentes. Para isso, devem ser utilizadas seções.

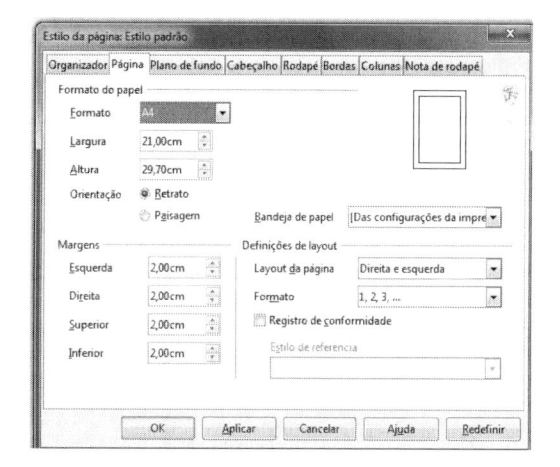

4.4 Barra de Menus

A seguir, é ilustrada a Barra de Menus e, por meio dela, temos acesso a quase todas as funcionalidades do programa. Observe que cada menu possui uma letra sublinhada. Por exemplo, o menu Arquivo possui a letra A sublinhada, essa letra sublinhada é a letra que pode ser utilizada após pressionar a tecla ALT, com o intuito de abrir o devido menu. Não é uma combinação necessariamente simultânea. Ela pode ser sequencial, ou seja, teclar ALT soltar e então pressionar a letra.

NOÇÕES DE INFORMÁTICA

BROFFICE WRITER – EDITOR DE TEXTO

Menu arquivo

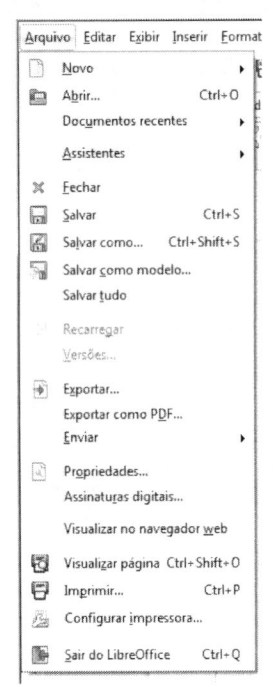

Novo ▶

Dentre as opções do menu Arquivo, damos destaque para a opção Novo. Ela aponta a característica do BrOffice de ser uma suíte de aplicativos integrada, pois, mesmo estando no Writer, é possível criar uma planilha do Calc. No entanto, ao escolher na opção Novo, uma planilha será criada no Calc. Porém, ao realizar o acesso por meio deste caminho, o Calc é carregado mais rapidamente do que se o BrOffice estivesse fechado.

Para criar um Novo Documento em Branco podemos também utilizar a opção do atalho CTRL + N.

Abrir (CTRL + o)

Permite abrir um arquivo existente em uma unidade de armazenamento, navegando entre os arquivos e pastas.

Documentos recentes ▶

Exibe a lista com os últimos documentos abertos, como também aqueles salvos, no Writer, com o intuito de fornecer um acesso mais rápido a eles.

Assistentes ▶

Conforme ilustrado a seguir, existem vários assistentes no BrOffice. Eles são nada mais do que procedimentos realizados em etapas, a fim de auxiliar na criação ou estruturação de informações.

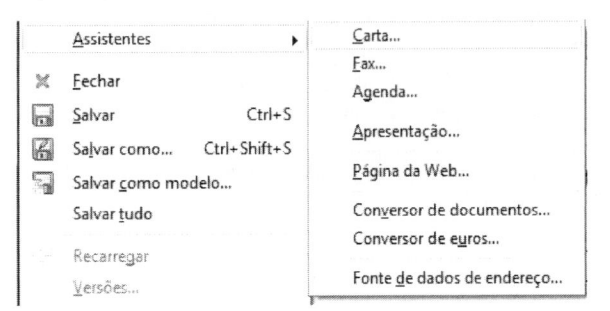

Fechar

A opção Fechar serve para fechar apenas o documento em edição, mantendo o programa aberto. Tem como teclas de atalho CTRL+W ou CTRL + F4.

Salvar

A opção Salvar apenas se preocupa em salvar as últimas alterações realizadas em um documento em edição. Seu atalho é CTRL + S no Writer. Mas essa opção possui uma situação de exceção, quando o arquivo em edição é novo, ou seja, que nunca tenha sido salvo. Essa opção salvar corresponde à opção Salvar Como.

Salvar como

Esse recurso tem como princípio gerar um novo arquivo. Assim, se um arquivo for aberto e sejam realizadas várias alterações, sem salvar, e utilizar o comando Salvar Como, será aberta uma janela em que se solicita o local desejado e o nome do arquivo. Também é possível alterar o tipo de documento, após salvá-lo. O documento que fica em edição é o que acabou de ser salvo. O arquivo aberto inicialmente é apenas fechado, sem nenhuma alteração.

Salvar como modelo

Podemos criar um documento-base para outros documentos, utilizando formatações específicas. Assim, essa opção é a utilizada para salvar este arquivo, de modo que possa ser utilizado para esse fim.

Salvar tudo

Essa ferramenta aplica o comando salvar todos os documentos em edição no BrOffice, até mesmo os que estiverem em edição no Calc.

Recarregar

Ao acionar essa opção, a última versão salva do documento é restaurada. Com isso, as alterações não salvas serão perdidas.

Exportar

É possível pelo BrOffice exportar o documento de texto para outros formatos utilizados por outros programas como: XML, HTML, HTM ou mesmo o PDF.

Exportar como PDF

A opção Exportar como PDF é basicamente um caminho mais curto e explícito para gerar um arquivo PDF, a partir do documento em edição.

Assinaturas digitais

Assim como o Microsoft Office no BrOffice, é possível assinar um documento digitalmente. Claro que, para utilizar a funcionalidade por completo, é necessário possuir um certificado digital. Contudo, mesmo não possuindo um, é possível utilizar esse recurso para assinar um documento. Porém, apenas será garantida a integridade do mesmo e apenas no próprio computador do usuário.

Visualizar no navegador web

Já que podemos criar páginas da Internet, é interessante que, no mínimo, possamos visualizar como ela ficaria no navegador. Diante disso, ao acionar essa ferramenta, será aberto o navegador de Internet (Browser) padrão exibindo como página o documento em edição.

Sair

Em comparação com a opção Fechar, a opção Sair fecha o programa inteiro, podendo utilizar, para isso, os atalhos ALT+F4 ou CTRL + Q.

Menu editar

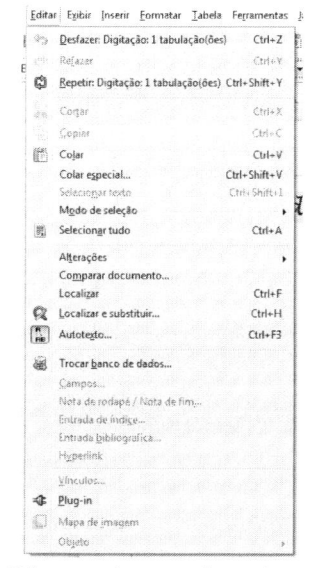

Do menu Editar anteriormente ilustrado, podemos destacar duas opções principais:

Colar especial

Esse recurso permite colar um determinado dado de acordo com a necessidade de formatação, ou seja, é possível manter a formatação igual à do local de onde foi copiado ou não utilizar formatação.

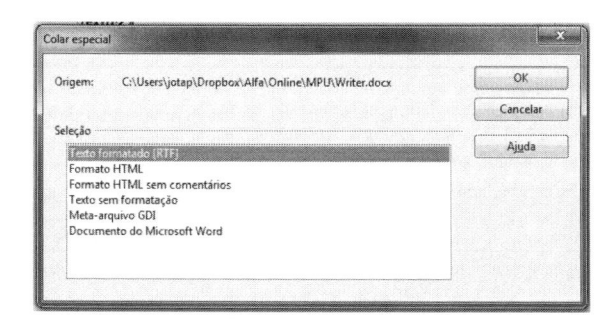

Selecionar tudo

A opção Selecionar Tudo tem como observação a sua tecla de atalho CTRL + A, que é a mesma utilizada para selecionar todos os arquivos e pastas de um diretório por meio dos gerenciadores de arquivos.

Menu exibir

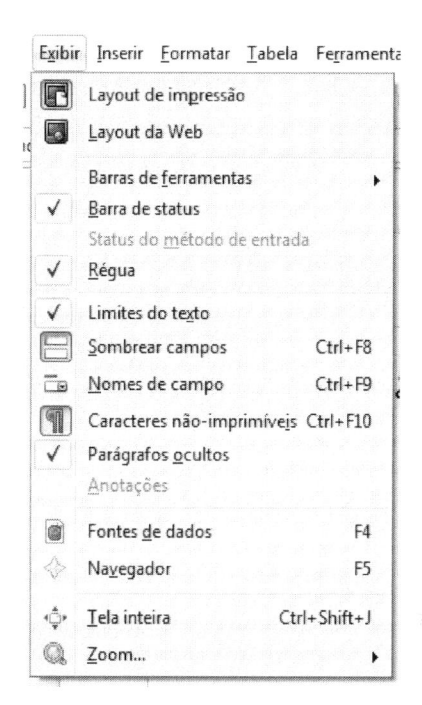

Do menu Exibir devemos conhecer os modos de exibição, bem como alguns itens importantes, listados a seguir. Mas, de modo geral, podemos pensar que as opções que normalmente encontramos nesse menu são coisas que não vemos e gostaríamos de ver, ou que estamos vendo, mas não desejamos mais ver.

Modos de exibição

São dois os Modos de Exibição: Layout de Impressão (Padrão) e Layout da Web. Contudo, poderíamos até considerar, dependendo da situação, a opção Tela Inteira como um modo de exibição.

Barra de ferramentas

A principal Barra de Ferramentas questionada nas provas é a barra de Desenho, que existe também no Writer e Calc, mas que é exibida por padrão apenas no Impress. A figura a seguir ilustra as barras disponíveis:

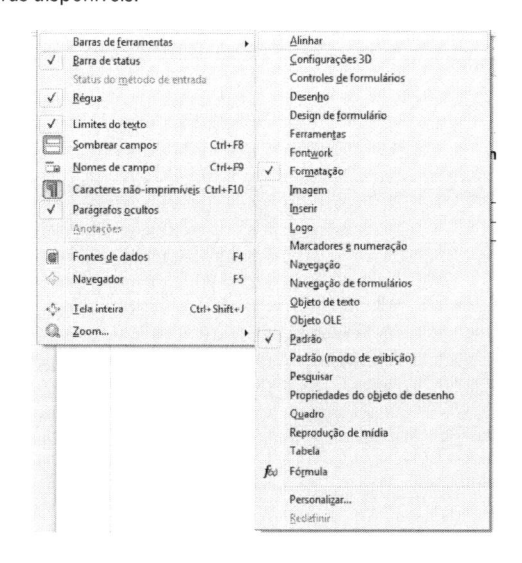

NOÇÕES DE INFORMÁTICA

BROFFICE WRITER – EDITOR DE TEXTO

Barra de *status*

Essa é a barra que aparece por padrão nos editores. Ela fica localizada no fim da janela, ou seja, é a última barra dentro do programa. Nela encontramos informações como número da página atual e total de páginas do documento, idioma em uso e a ferramenta de zoom à direita.

Régua

Para ocultar a régua, basta desabilitar essa opção.

Limites de texto

Os Limites de Texto que são exibidos por padrão são, na verdade, as linhas que indicam as margens da página, ou seja, a área útil do documento.

Caracteres não imprimíveis (CTRL + F10)

Os caracteres não imprimíveis também podem ser ativados pelo menu Exibir, como pelas teclas de atalho.

Navegador (F5)

O Navegador, anteriormente citado, também é encontrado no menu Exibir.

Tela inteira (CTRL + shift + j)

Modo de exibição que oculta as barras e ferramentas, objetivando a leitura do documento.

Zoom

Também podemos alterar o zoom utilizando o scroll do mouse, combinado com a tecla CTRL.

Menu Inserir

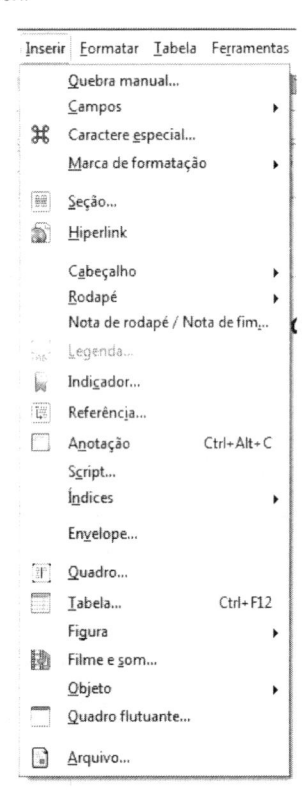

Quebra manual

Este recurso permite utilizar estruturas que sejam auto-organizadas, como as quebras de página. Existem três quebras de texto possíveis, além das quebras de seção.

Quebra de Linha (SHIFT + ENTER)

Faz com que o conteúdo, após a quebra, seja iniciado na próxima linha.

Quebra de Coluna (CTRL + SHIFT + ENTER)

Faz com que o conteúdo, após a quebra, seja iniciado na próxima coluna.

Quebra de Página (CTRL + ENTER)

Faz com que o conteúdo, após a quebra, seja iniciado na próxima página.

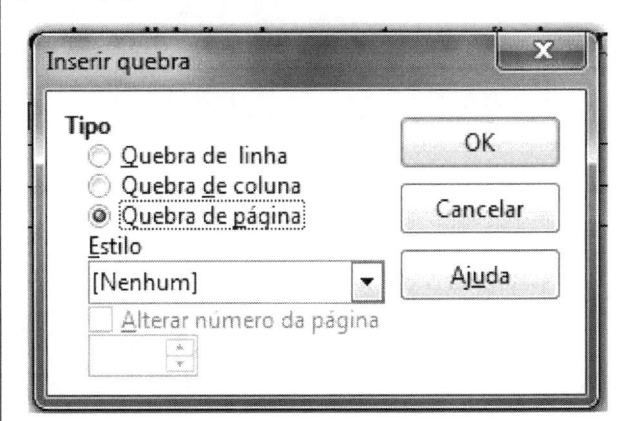

Campos ▶

Os Campos são estruturas de dados que utilizam propriedades do arquivo como nome do autor, título, dentre outras como Data e Hora do sistema.

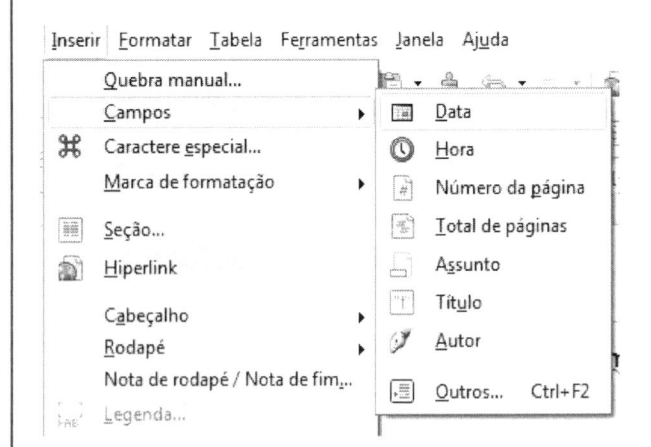

Caractere especial

A opção Caractere Especial pode ser utilizada para inserir símbolos como este ▶ entre inúmeros outros possíveis.

Seção

Uma Seção é o recurso-base para poder, em um mesmo documento, trabalhar com páginas com cabeçalhos e rodapés distintos, ou mesmo configurações de páginas distintas, como intercalar páginas em retrato e paisagem.

Cabeçalho ▶
Rodapé ▶

As estruturas de cabeçalhos e rodapés têm por princípio poupar trabalho durante a edição, de modo que o que for inserido nestas estruturas se repete nas demais páginas, não necessariamente do documento como um todo, mas em todas as páginas da mesma Seção.

Hiperlink

Um link nada mais é do que um caminho, um atalho para algum lugar. Esse lugar pode ser uma página na Internet, ou computador, como um arquivo que esteja na Internet ou mesmo no computador local. Também é possível fazer com que um link aponte para algum ponto do mesmo documento, criando uma espécie de navegação. Contudo, para realizar esse procedimento, deve-se antes inserir Indicadores. A imagem a seguir ilustra a janela de inserir Hiperlink:

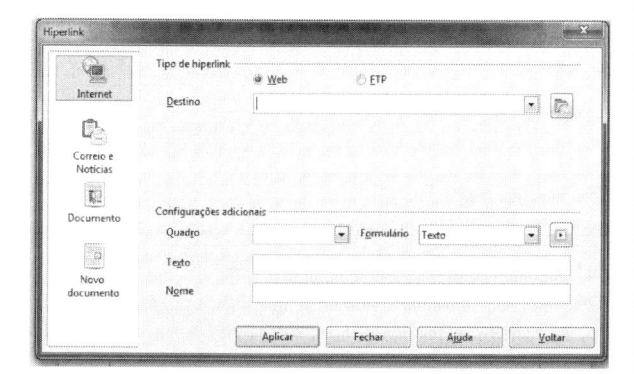

Nota de rodapé/nota de fim

Notas de Rodapé e Notas de Fim são observações que, por vezes, utilizamos para explicar algo que fugiria ao contexto de uma frase[1]. A identificação ao lado da palavra/frase serve para que, no rodapé da mesma página ou ao final do documento, o leitor busque a devida explicação para a observação.

Legenda

Uma Legenda é um recurso que poderia ser utilizado neste documento para identificar as figuras e referenciá-las em meio ao texto, mas como a estrutura de apresentação do conteúdo é linear e procura ser direta, não utilizamos esse recurso.

Indicador

Um Indicador é um ponto de referência para ser apontado por um hiperlink.

Referência

Uma Referência é uma citação pela qual utilizamos a ideia de informar algo do tipo, "conforme Figura 1". Em vez de escrever a palavra figura 1, estaria utilizando uma referência a ela, para que caso seja inserida uma nova figura antes da 1 no documento, os locais em que havia sido citado como figura 1 sejam refatorados para 2.

Anotação

É o recurso de comentário que pode ser inserido em um documento como uma anotação do que deve ser feito.

[1] Por exemplo, aqui falaria sobre o que é uma frase.

Índices ▶

Os Índices são os sumários e listas automáticas que podem ser inseridas em um documento, desde que se tenha utilizado os estilos de título e o recurso de legenda.

Quadro

Um quadro, basicamente, é uma caixa de texto para que seja inserido em seu interior uma estrutura qualquer.

Tabela

É mais um caminho possível para inserir uma tabela dentro do editor, dentre as quatro formas possíveis, como o atalho CTRL + F12.

Figura ▶

O recurso Figura permite inserir imagens de diferentes formatos (PNG, GIF, JPG) em um documento.

Filme e som

É possível inserir uma música ou um vídeo em meio a um documento de texto.

Objeto ▶

Destaque para a opção Objeto OLE (*Object Linked Embeded*) pela qual podemos inserir uma Planilha do Calc dentro de um documento de texto e ainda utilizá-la com suas características de planilha.

Menu tabela

O menu Tabela apresenta as opções próprias de trabalho com uma tabela, como inicialmente inserir uma tabela no documento em edição. Várias opções aparecem desabilitadas, isso ocorre porque uma tabela não foi selecionada.

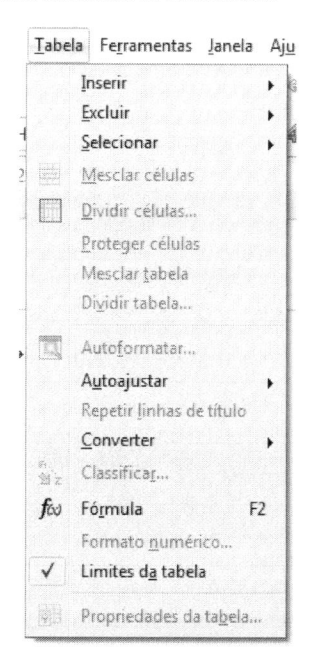

Outro caminho para se inserir uma tabela, além do menu Inserir e do atalho, dá-se por meio do menu Tabela opção Inserir e somente depois a opção Tabela.

BROFFICE WRITER – EDITOR DE TEXTO

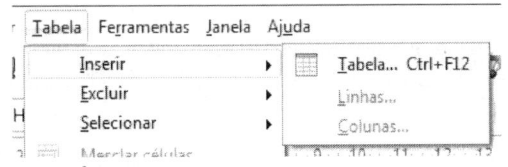

Mesclar células

Essa ferramenta só fica habilitada quando duas ou mais células de uma tabela estão selecionadas. Ao acioná-las, as células se tornam uma, ou seja, são mescladas.

Dividir células

Atente-se para esse recurso, pois somente em uma tabela é possível dividir células, ou seja, esse recurso não existe para planilhas.

Proteger células

É um recurso que pode ser utilizado para bloquear as alterações em uma determinada célula e em uma tabela.

Dividir tabela

Assim como é possível dividir uma célula, também podemos dividir uma tabela em duas ou mais, mas apenas tabelas.

Repetir linhas de título

Quando se trabalha com tabelas muito extensas, que se distribuem em várias páginas, é difícil manter a relação do que se tem em cada coluna e linha. Para não ter que copiar manualmente os títulos, podemos utilizar o recurso repetir linhas de título.

Converter ▶

É possível converter tanto um texto em tabela como uma tabela em texto, utilizando, para isso, alguns critérios como espaços entre palavras ou tabulações, entre outros.

Menu ferramentas

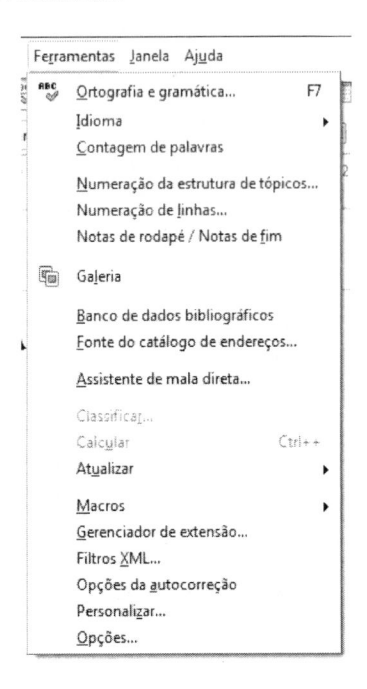

Ortografia e gramática (F7)

Abre uma janela para verificar o documento em busca de palavras desconhecidas ao dicionário do programa.

Idioma ▶

No BrOffice Writer, podemos definir o idioma que está sendo trabalhado no texto selecionado, como no parágrafo e até para o documento de modo geral.

Contagem de palavras

O Writer também possui recurso de contabilização de total de palavras que compõem o texto.

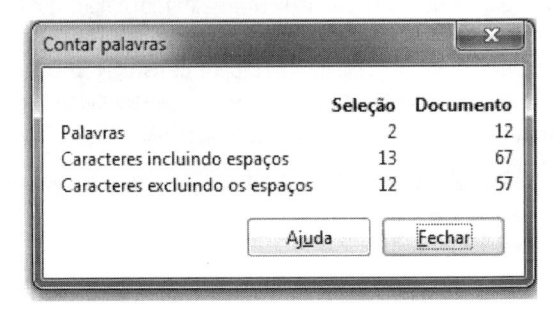

Numeração de linhas

Este recurso é bastante utilizado nas provas de Língua Portuguesa, em que ao lado das linhas, nos textos apresentados, aparece uma numeração, que não necessita ser exibida em todas as linhas. Atenção às questões que o comparam com o recurso Numeração, usado para numerar parágrafos.

Uma forma de identificar a diferença é pela presença dos indicadores de fim de parágrafo, visíveis quando a ferramenta "caracteres não imprimíveis" está ativa.

Notas de rodapé/notas de fim

Já vimos esse nome no menu Inserir. No entanto, são ferramentas distintas, mas relacionadas, pois esse recurso do menu Ferramentas abre a janela de configuração das notas, conforme ilustrado a seguir:

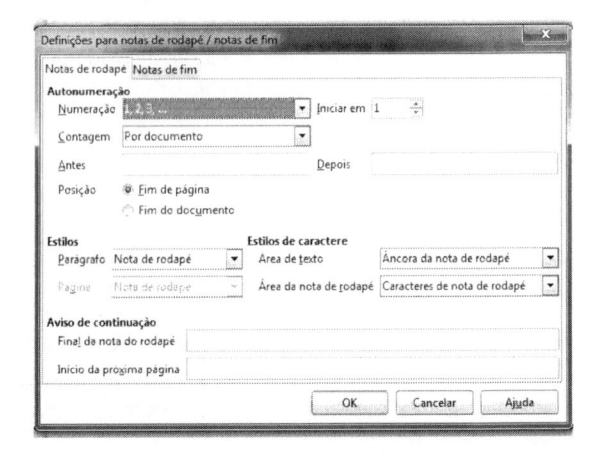

Galeria

A ferramenta que exibe a galeria também é encontrada no menu Ferramentas, além da barra de ferramentas padrão.

Assistente de mala direta

Uma ferramenta interessante para quem quer começar a entender o recurso de mala direta. Por meio dela, é possível criar uma mala direta passo a passo.

Macros ▶

De uma forma geral, as Macros são regras criadas para automatizar tarefas repetitivas. Por meio dessa ferramenta é possível executar as macros existentes.

Opções de autocorreção

O recurso de Autocorreção é o responsável por corrigir palavras logo após a sua inserção, como colocar acento na palavra, caso digitada sem.

Opções

Esse recurso concentra as opções do programa como dados do usuário e recursos.

5. BROFFICE CALC – EDITOR DE PLANILHAS

O BrOffice Calc é um editor de planilhas eletrônicas pelo qual pode-se estruturar um controle de livro-caixa ou estoque, dentre inúmeras outras estruturas para atender a necessidades básicas de um escritório, por exemplo, que deseja controlar suas atividades. A figura a seguir ilustra a janela principal desse programa.

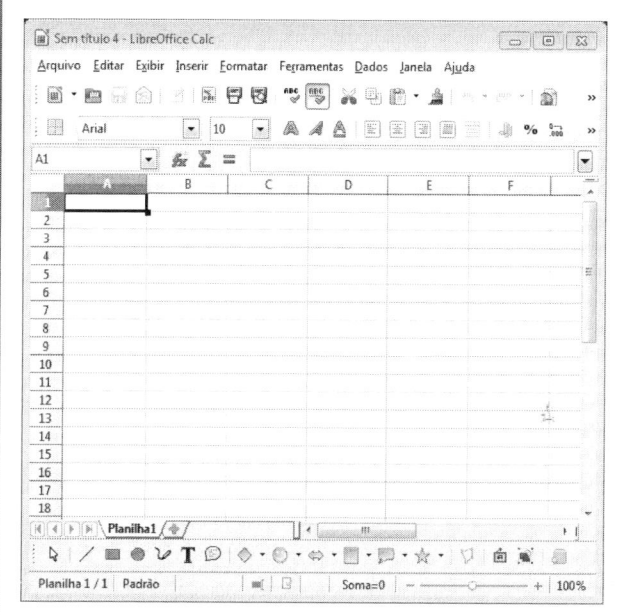

Para utilizar adequadamente esse programa, devemos entender as suas estruturas, com as quais iremos operar, como o formato de arquivo gerado.

Por padrão, um arquivo salvo no Calc é salvo no formato ODS (*Open Document Spreadsheet*), no entanto é possível por meio deste editor também salvar nos formatos padrões do Microsoft Office Excel, XLS (2003) e XLSX (2007 e 2010).

Vale lembrar que o formato ODF é o formato genérico do BrOffice, conhecido como *Open Document Format*, ou seja, Formato de Documento Aberto. Fique atento, pois o PDF (Formato de Documento Portátil) também e possível de ser gerado pelo Calc, porém por meio da opção Exportar como PDF.

5.1 Planilha

Uma planilha nada mais é do que um reticulado de linhas e colunas, as quais são preenchidas com dados e fórmulas com o intuito de se obter algum resultado ou estruturar alguma informação.

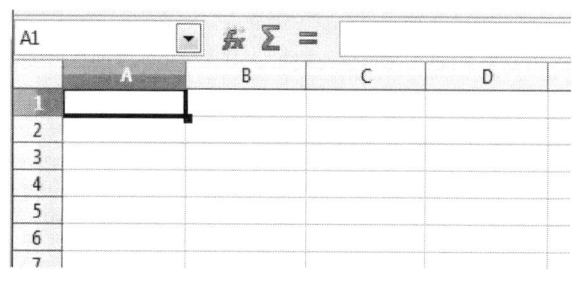

Por padrão, as linhas são identificadas por números enquanto que as colunas são identificadas por letras, conforme ilustrado na figura acima. Vale lembrar que, uma vez que existe

BROFFICE CALC – EDITOR DE PLANILHAS

um padrão, que existe também outra forma de se trabalhar, neste caso, é possível utilizar números para as colunas, mas é necessário alterar as opções do programa.

Uma planilha já possui um total de 1.048.576 linhas por 1024 colunas, contudo, como o alfabeto vai apenas até a letra Z, a próxima coluna é dada pela combinação AA, seguida por AB até chegar a AZ, seguida por BA, BB e assim por diante até completar as 1024 colunas, sendo a última representada pela combinação AMJ.

O mais importante a ser observado sobre essa característica é que esses valores são fixos, ou seja, uma planilha sempre terá essa estrutura, mas quando usado o recurso inserir Linhas ou Colunas, ocorre um deslocamento de conteúdo para baixo, no caso de linhas, e para a direita, no caso de colunas.

5.2 Célula

Uma célula é a menor unidade estrutural de um editor de planilhas, elas são dadas pelo encontro de uma coluna com uma linha. Assim são identificadas pelos títulos das colunas e das linhas que são exibidas.

A célula A1 é a primeira célula de uma planilha, ou seja, é a célula que se encontra na coluna A e na linha 1.

Células de absorção

Dentre as características das células podemos citar as de Absorção, também conhecidas como células de resultado. Basicamente são aquelas que apresentam o resultado de algum cálculo.

Os indicadores de Células de Absorção são símbolos usados para identificar para o programa quais células devem ser calculadas. No Calc, são três os indicadores de células de absorção:

=	=5+5	10
+	+5+5	10
-	-5+5	0

Modos de endereçamento

Os modos de endereçamento são formas de identificar o endereço de uma célula, contudo para fins de identificação os três modos de endereçamento não possuem diferença, sua aplicação é apenas para os procedimentos de copiar e colar uma célula cujo conteúdo é uma fórmula, por vezes citado pelo clicar e arrastar.

Relativo: no modo de endereçamento relativo apenas precisamos indicar a coluna e a linha de uma célula. Como o exemplo: B2, ou seja, a célula que se encontra na junção da linha 2 com a coluna B.

Misto: no modo de endereçamento misto é utilizado o símbolo $ (cifrão) para indicar que o dado que estiver imediatamente à sua direita será sempre o mesmo, ou seja, não poderá ser alterado.

Existem duas formas de endereçamento misto, em uma bloqueamos a coluna, enquanto que na outra a linha é que é bloqueada.

Quando desejamos travar a coluna, escrevemos o endereço da célula, =$B2, assim a linha pode ser alterada quando houver deslocamento, porém a coluna será sempre a coluna B.

Por outro lado, quando desejamos fixar uma linha, devemos escrever o $ antes da linha, exemplo, =B$2, dessa forma, a coluna pode ser alterada quando houver deslocamento em relação à coluna, contudo a linha será sempre a linha 2.

Absoluto: no endereçamento absoluto tanto a coluna quanto a linha são fixadas, assim podemos dizer que a célula será sempre a mesma.

Endereço da planilha

<nome da Planilha>.<endereço da célula>

=Planilha1.B4+Planilha2.B4

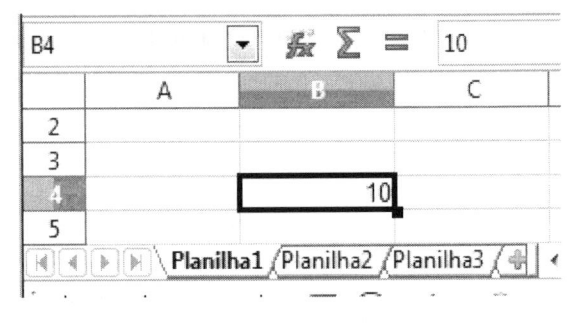

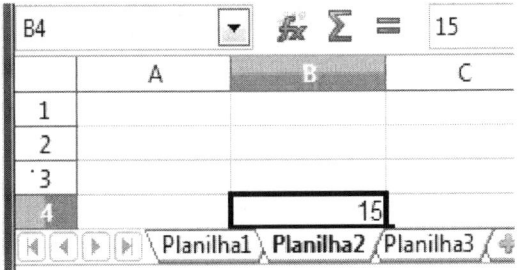

5.3 Operadores

No BrOffice Calc existem quatro tipos de operadores básicos: aritméticos, texto, referência e comparação, cada qual com suas peculiaridades.

Operadores aritméticos

Sobre Operadores Aritméticos, assim como sobre Células de Absorção, a maioria das perguntas é direta, mas as questões são colocadas na matemática destes operadores, ou seja, as regras de prioridade de operadores devem ser observadas para que não seja realizado um cálculo errado.

Operador	Símbolo	Exemplo de uso	Resultado
Adição	+	=5+5	10
Subtração	-	=5-5	0
Multiplicação	*	=5*5	25
Divisão	/	=5/5	1
Potenciação	^	=5^2	25
Percentagem	%	=200*10%	20

Operador de texto

Os editores também contam com um operador que permite atuar com texto. O operador de concatenação **&** tem a função de reunir o conteúdo das células na célula resultado. Atenção, nesse caso a ordem dos operadores altera o resultado.

A figura a seguir ilustra as células com operações de concatenação.

	A	B	C	D
1	3		4 =B1&A1	=C1+8
2	ab	cd	=A2&B2	
3	=A1&A2&A4	=CONCATENAR(A1;A2;A4)		
4	=A2&A1			
5				

A figura a seguir mostra os resultados obtidos pelas fórmulas inseridas, atente aos resultados e perceba que a ordem dos fatores muda o resultado. Também observe que, por ter sido utilizado um operador de texto, o resultado por padrão fica alinhado à esquerda.

	A	B	C	D
1	3		4	43	51
2	ab	cd	abcd	
3	3abab3	3abab3		
4	ab3			
5				

Referência

Os operadores de referência são aqueles utilizados para definir o intervalo de dados que uma função deve utilizar.

; ~	E	União
:	Até	Intervalo
!		Interseção

Considere o seguinte conjunto de dados em uma planilha em edição no Calc:

	A
1	10
2	20
3	30
4	40
5	50
6	
7	
8	

=SOMA(A1 : A4)

A função é lida como Soma de A1 até A4, ou seja, todas as células que estão no intervalo de A1 até A4 inclusive. No caso de exemplo o resultado = 100.

De forma equivalente pode-se escrever a função como se segue:

=SOMA(A1 ; A2 ; A3 ; A4)

A qual se lê Soma de A1 e A2 e A3 e A4, assim é possível especificar células aleatórias de uma planilha para realizar um cálculo.

=SOMA(A1 ; A4)

Neste caso fique atento pois, a leitura é Soma de A4 e A1, ou seja, apenas estão sendo somadas as células A1 com A4 as demais não entram no conjunto especificado. Assim, o resultado seria 50.

=SOMA(A1 : A4 ! A3 : A5)

Já nesta última situação apresentada, deseja-se somar apenas as células que são comuns ao intervalo de A1 até A4 com A3 até A5, que no caso são as células A3 e A4, assim a soma destas células resulta em 70.

5.4 Elemento fixador

O $ (cifrão) é um símbolo usado para travar alguma informação, via de regra o que estiver vinculado à direita.

As questões normalmente descrevem uma planilha e citam que uma determinada fórmula foi inserida em uma célula. Na sequência, a célula é selecionada, copiada e colada em outra célula, ou mesmo clicado pela alça de preenchimento e arrastado para outra célula.

No caso a seguir, foi inserida na célula C1 a fórmula =A1+$A2+A$2, após foi arrastada pela alça de preenchimento desta célula para a célula C2, assim a fórmula presente em C2 será:

1º de C1 para C2 foi acrescido apenas uma linha, sem alterar a coluna, assim as letras não são alteradas, mas existem modos de endereçamento misto, em que aparece $2 significa que a linha será sempre a linha 2, não podendo modificá-la.

	A	B	C	D
1	10	100	=A1+$A2+A$2	
2	50	200	=A2+$A3+A$2	
3	=$A$1+A1			
4		=$A$1+B2		
5				=B5+$A6+B$2
6				

	A	B	C	D
1	10	100	110	
2	50	200	120	
3	20			
4		210		
5				200
6				

C1	→	C2
Origem		Destino

NOÇÕES DE INFORMÁTICA

BROFFICE CALC – EDITOR DE PLANILHAS

	Destino	Origem	Deslocamento
Linha	2	1	1
Coluna	C 3ª	C 3ª	0

C1	→	D5
Origem		Destino

	Destino	Origem	Deslocamento
Linha	5	1	4
Coluna	D 4ª	C 3ª	1

A3	→	B4
Origem		Destino

	Destino	Origem	Deslocamento
Linha	4	3	1
Coluna	B 2ª	A 1ª	1

	→	
Origem		Destino

	Destino	Origem	Deslocamento
Linha		-	
Coluna		-	

5.5 Alça de Preenchimento

A Alça de Preenchimento é um dos recursos que mais possui possibilidades de uso e por consequência respostas diferentes.

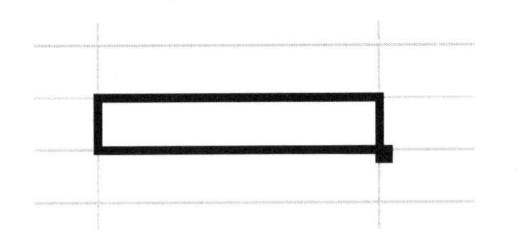

Observe que, quando uma ou mais células estão selecionadas, sempre no canto direito inferior é ilustrado um quadrado um pouco mais destacado, essa é a alça de preenchimento.

Ela possui esse nome porque é utilizada para facilitar o preenchimento de dados que obedeçam a uma regra ou padrão.

Quando uma única célula está selecionada e o seu conteúdo é um valor numérico. Ao clicar sobre a alça de preenchimento e arrastar seja na horizontal ou vertical, em qualquer sentido, exceto diagonal, será preenchido com uma Progressão Aritmética (PA) de razão 1, caso seja arrastado para esquerda ou para cima a razão é -1. A figura a seguir ilustra o comportamento.

Já na situação em que existem duas células adjacentes selecionadas contendo valores numéricos diferentes entre si, ao se arrastar pela alça de preenchimento as células serão preenchidas com uma PA cuja razão é a diferença entre os dois valores selecionados. A figura a seguir ilustra esse comportamento. Podemos observar que o valor que irá ser exibido na célula B6 será o número 30, com isso a célula B4 receberá o valor 20, enquanto que a B5 receberá 25, conforme vemos na figura da direita.

Quando o conteúdo de uma única célula selecionada for um texto esse, será copiado para as demais células. Mas se o conteúdo, mesmo sendo um texto, fizer parte de uma série conhecida pelo programa às células serão preenchidas com o próximo valor da série. Por exemplo, se **Janeiro** for o conteúdo inserido na célula, então, ao arrastar pela alça de preenchimento para a direita ou para baixo a célula adjacente será preenchida com **Fevereiro**, por outro lado se for arrastado para cima ou para a esquerda a célula adjacente será preenchida com **Dezembro**. O mesmo vale para as sequências Jan, Seg e Segunda-feira. Atenção: A, B, C não são conhecidos como série nos programas, mas o usuário pode criá-las.

Já na situação em que haja duas células que contenham textos diferentes selecionadas, ao arrastar será preenchido com o padrão encontrado, veja o exemplo abaixo.

Quando o conteúdo da célula for uma fórmula ao arrastar pela alça de preenchimento o resultado é o mesmo, ou seja, deverá ser calculada a nova fórmula de acordo com o deslocamento.

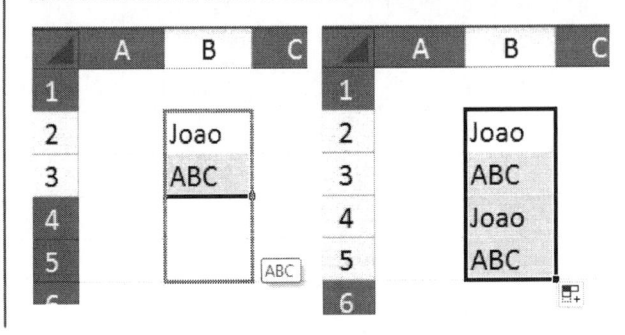

5.6 Funções

As funções são estruturas prontas criadas para que o usuário não se preocupe em como elas funcionam, mas apenas com que informações devem descrever para obter o resultado. Contudo, para as provas de concurso precisamos saber como elas funcionam.

A figura acima ilustra a barra de fórmulas e funções do Calc, por meio dela podemos inserir as funções, além de poder digitá-las diretamente. Essa barra também tem importante informação, pois é nela que é exibido o real conteúdo de uma célula, ou seja, se o que foi inserido foi uma fórmula ou um dado (valor) direto.

Caso ainda não conheça muito bem as funções é possível contar com o assistente de funções, que pode ser acessado pelo ícone *fx* presente nessa mesma barra. À direita dele encontra-se o botão SOMA, que pode ser usado para inserir a função =SOMA( )já o sinal de igual presente na sequência é o mesmo que digitar o símbolo na célula selecionada a fim de inserir uma fórmula ou função, tanto que seu nome é Função.

Principais funções

=SOMA( )
=MÉDIA( )
=MED( )
=MÁXIMO( )
=MAIOR(;)
=MÍNIMO( )
=MENOR(;)
=MODO( )

	A	B	C	D
1	3	7	10	
2	7	3	20	
3		7	30	
4	3	3	40	
5	7	5	10	
6				
7				

=média(a1:a5)

Calcula-se a Média de A1 até A5. O cálculo da média é a soma de um conjunto de valores dividido pelo total de valores **somados**, assim para o caso apresentado na figura acima o resultado da média de A1 até A5 é 20/4 totalizando 5, ou seja, as células vazias são ignoradas. Caso a célula A3 possua o valor 0, o resultado seria 4, pois 0 (zero) é número.

=média(a1;a2;a3;a4;a5)

Nesta segunda forma, apenas se mudou os operadores de referência, mas o resultado será o mesmo, pois o conjunto de dados é o mesmo.

=média(b1:b5)

O conjunto apresentado também resulta em 5.

=soma(b1:b5)/5

Muito comum de ser usado nas provas as estruturas de funções combinadas com expressões aritméticas como somar o conjunto de B1 até B5 e na sequência dividir o resultado por 5. Atente-se, pois para o caso em questão a expressão acima calcula a média, porém não se pode dizer o mesmo para a frase, **a função =SOMA(B1:B5)/5 calcula a média dos valores de B1 até B5 qualquer que seja o valor nas células**, pois se alguma célula estiver vazia não será dividido por 5 o total somado, a fim de calcular a média.

=b1+b2+b3+b4+b5/5

Cuidado com a expressão acima, porque ela não calcula a média, mas é bastante usada nas provas para induzir o candidato ao erro, lembre-se que os cálculos devem ser realizados respeitando as precedências de operadores. Assim, a expressão para calcular a média seria **=(B1+B2+B3+B4+B5)/5** usando os parênteses para mudar a precedência indicando que o que está entre eles é que deve ser calculado por primeiro.

=med(b1:b5)

Atenção a essa função, pois as provas induzem o candidato a pensar que se trata da função que calcula a média, contudo o que ela calcula é a **Mediana**, que é o elemento central de um conjunto de elementos. Porém, outra questão recorrente pode ser apresentada: ocorre quando o conjunto de dados é similar ao apresentado, ou seja, com números repetidos e fora de ordem, devemos lembrar que a mediada leva em consideração os valores em ordem e que estes se repetem. Desse modo, na mediana de B1 até B5 devemos observar os valores (3, 3, 5, 7, 7), com base nesse conjunto tem-se que a mediana é 5, pois é o elemento central.

=med(a1:a5)

Contudo, quando o conjunto possui uma quantidade par de elementos, a mediana é a média dos elementos centrais. Dado do conjunto (3, 3, 7, 7) a mediana é média de 3 e 7, ou seja, 5.

=máximo(b1:b5)

Essa função retorna o valor mais alto do conjunto de dados especificado.

=maior(b1:b5;3)

Em comparação com a função Máximo, é comum aparecer a função Maior que permite identificar o enésimo termo de um conjunto.

No exemplo anterior podemos ler como o terceiro maior número do intervalo de B1 a B5.

Neste caso, como se deseja o maior valor o conjunto, deve ser considerado em ordem decrescente (7, 7, 5, 3, 3), assim o terceiro maior número é 5.

=mínimo(b1:b5)

Enquanto que o máximo traz como resposta o valor mais alto, o mínimo retorna o mais baixo.

Para o exemplo acima a resposta é 3.

=menor(b1:b5;1)

A função Menor exibe o enésimo menor número de um conjunto, desta forma, no exemplo dado, pede-se o primeiro menor número do intervalo de B1 a B5 (3, 3, 5, 7, 7), na função menor o conjunto de dados deve ser considerado em ordem crescente, assim o primeiro menor é 3, o mesmo que o mínimo de B1 até B5.

=modo(a1:a5)

Esta função retorna o valor que aparece com maior frequência no conjunto especificado. No caso do exemplo, a resposta é 3.

=modo(b1:b5)

Observe que o resultado será sempre o valor mais baixo que mais se repete, mesmo que outro valor apareça com a mesma frequência, como no segundo exemplo a resposta também é 3.

Outras funções comuns

	A	B	C	D	E
1	3	7	10	A	
2	7	3	20	B	
3		7	30	A	
4	3	3	40	A	
5	7	5	10	B	
6					

=se(; ;)

A função SE é também conhecida como condicional, por meio dela é possível definir ações a serem executadas diante de determinadas situações (condições).

Sua sintaxe é composta por três campos sendo que no primeiro é colocado um teste lógico, após o ponto e vírgula temos o campo que contém a ação a ser executada, caso o teste lógico seja verdadeiro e na sequência. No último campo, contém a ação caso o teste lógico seja falso.

=cont.Núm( )

Esta função exibe o total de células de um intervalo que possui como conteúdo um valor numérico.

=cont.Se(;)

Enquanto que a função CONT.SE retorna a quantidade de células que atendem ao critério estabelecido no segundo campo.

=somase(; ;)

Já a função SOMASE, permite somar apenas o conteúdo das células de interesse ao montante.

Assim se aplicada a função **=SOMASE(D1:D5;"=A";C1:C5)** a resposta será o montante da soma das células da coluna C que estiverem na mesma linha das células da coluna D que possuírem a letra A como conteúdo. Assim a resposta é 80.

Exs.:

=SE(C1>=10; "maior ou igual"; "Menor")

Se o valor contido na célula C1 for maior ou igual a 10, então será escrito na célula o texto expresso no segundo campo da função. Por ser um texto, a ação desejada ele obrigatoriamente deve ser expresso entre aspas, contudo as aspas não serão exibidas na resposta.

Mas se o valor da célula C1 for menor do que então será escrito como resposta o texto **Menor**.

=cont.Núm(a1:a5)

Como a célula A3 está vazia, a resposta desta função é 4, pois existem apenas 4 células cujo conteúdo é um número.

=cont.Se(d1:d5; "=a")

Ao se aplicar a função acima, ela irá contar quantas células possuem o texto A, neste caso a resposta é 3.

5.7 Formatos de células

Ao clicar com o botão direito do mouse sobre uma ou mais células selecionadas é aberto o menu suspenso, ilustrado a seguir. Neste momento nos interessa a opção Formatar Células que, ao ser acionada, abre a janela de formatação de células.

Guia números

A figura a seguir ilustra a janela Formatar Células exibindo as opções da aba Números, as principais abas são as guias Número e Alinhamento.

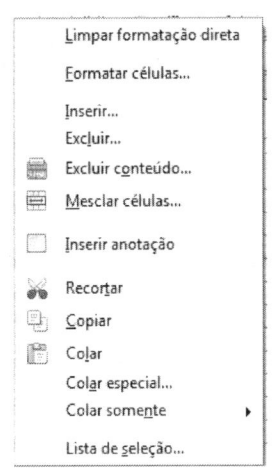

Na figura abaixo estão listados os formatos de células e exibidas as células formatadas.

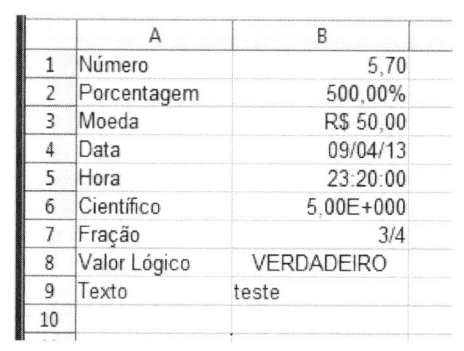

	A	B
1	Número	5,70
2	Porcentagem	500,00%
3	Moeda	R$ 50,00
4	Data	09/04/13
5	Hora	23:20:00
6	Científico	5,00E+000
7	Fração	3/4
8	Valor Lógico	VERDADEIRO
9	Texto	teste
10		

Os formatos Moeda e Percentagem também podem ser definidos pelas opções da barra de Ferramentas de Formatação. A figura a seguir ilustra parte desta barra com as opções citadas.

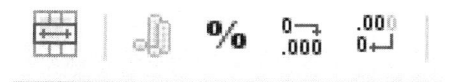

Guia alinhamento

Por meio desta guia, podemos formatar o alinhamento vertical e/ou horizontal de uma célula bem como a orientação do texto, ou seja, sua direção aplicando um grau de inclinação.

Também encontramos a opção Quebra Automática de texto que permite distribuir o conteúdo de uma célula em várias linhas de texto dentro da mesma célula. A figura a seguir ilustra estas opções.

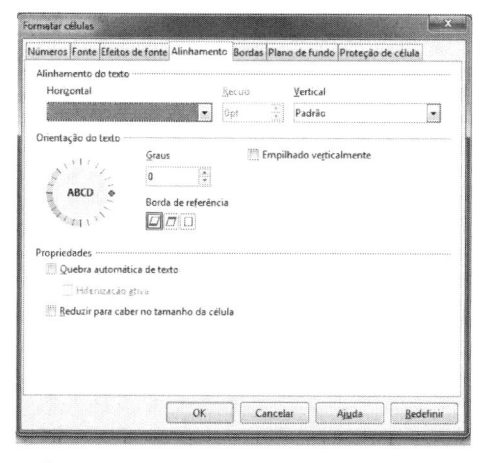

Outras ferramentas

Mesclar e centralizar

A opção Mesclar e Centralizar do Calc centraliza tanto na horizontal como na vertical. Porém, é possível exibir apenas o conteúdo da célula superior esquerda, como também se pode mover o conteúdo das células selecionadas que serão ocultas para a célula superior esquerda.

A sequência de imagens a seguir ilustra a operação de mesclar em que se opta por exibir apenas a célula superior esquerda, observe que as demais células são apenas ocultas, assim seus valores são mantidos e podem ser referenciados.

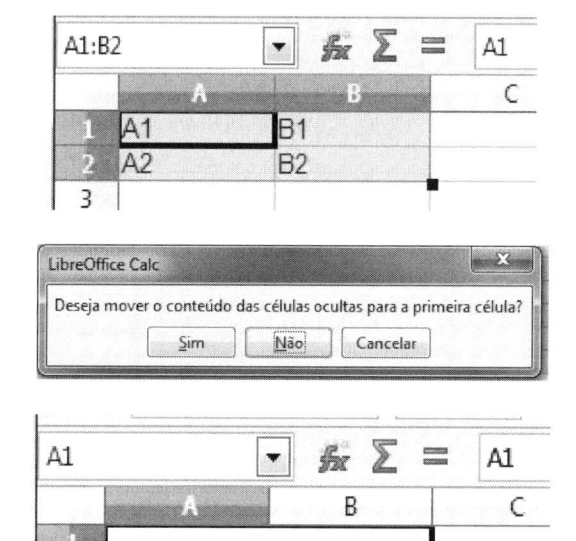

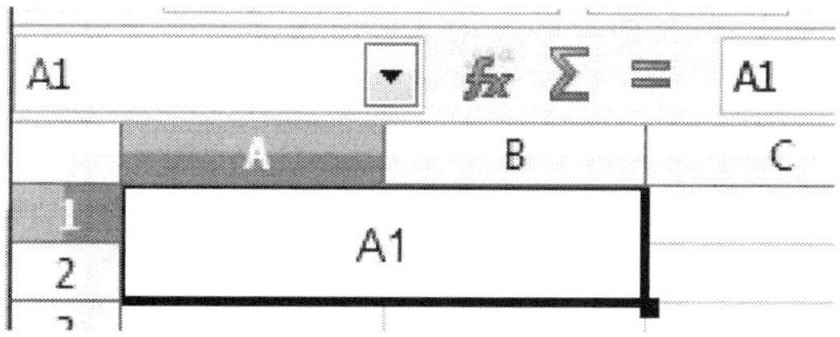

Nessa próxima sequência foi optado por mover o conteúdo para a célula superior esquerda, atente que a ordem dos dados é a mesma de leitura (esquerda para a direita e de cima para baixo).

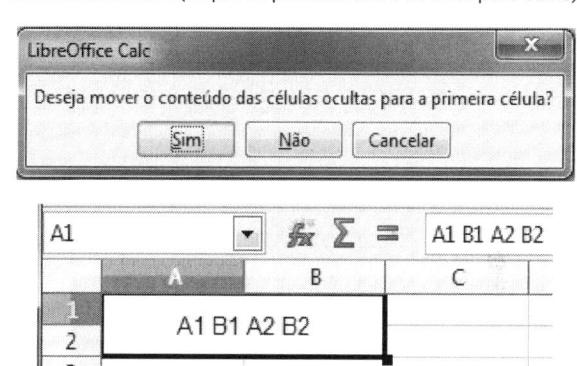

Bordas

Por padrão, em uma planilha, o que vemos são as linhas de grade e não as bordas das células, tanto que se realizarmos a impressão nenhuma divisão aparece. As bordas devem ser aplicadas manualmente de acordo com a necessidade, para isso, pode-se usar o botão Bordas presente na barra de ferramentas de formatação que, ao ser acionado, exibe as opções de bordas, como: bordas externas, internas, esquerda, direita, dentre as demais que podem ser visualizadas na figura abaixo.

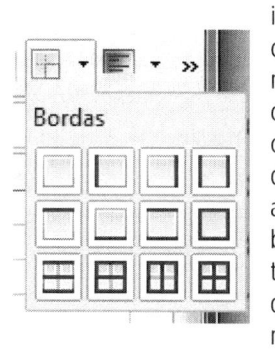

Classificar

Outra opção que podemos destacar é a de classificação de dados, pela qual podemos ordenar um conjunto de dados selecionados em ordem crescente ou mesmo decrescente, por meio dos ícones acima representados, respectivamente.

NOÇÕES DE INFORMÁTICA

6. WORD 2010

6.1 Janela do programa

A figura a seguir ilustra a janela do Microsoft Word 2010 com um documento em edição.

Barra de título: são apresentadas as informações sobre o nome do documento em edição e seu formato, bem como o nome do programa que, no caso da figura, indica Microsoft Word. Também se observa na figura que não há a indicação do formato do arquivo, isso significa que o documento em questão ainda não foi salvo em disco.

Barra de Ferramentas de Acesso Rápido: apresenta as opções mais frequentemente usadas, principalmente por meio das teclas de atalho, por padrão mostra as opções Salva, Desfazer e a opção que se alterna entre Repetir e Refazer. A opção Repetir repete a última ação executada e corresponde a utilizar a tecla de atalho F4, como também CTRL + Y quando esta opção está exibida na barra. Já a opção Refazer é como um desfazer para a ação desfazer.

Menu Arquivo: a versão 2010 retoma o Menu Arquivo após a desastrosa inovação pelo Botão Office da versão 2007. O menu Arquivo agora apresenta-se com a interface Backstage, ou seja, ocupando toda a tela do programa.

Faixa de Opções: outra inovação para substituir a barra de menus, oferecendo maior produtividade ao usuário, dispondo as opções mais utilizadas de maneira mais direta e prática. É possível aumentar a área útil da tela, fazendo com que as opções só sejam exibidas quando se clica na opção na Faixa de opções – basta utilizar o clique duplo do mouse sobre uma das Guias.

Página do Documento em edição.

Barra de Status: são apresentadas algumas informações como número da página atual e total, total de palavras selecionadas e no documento inteiro.

Modos de Exibição: os cinco modos de exibição que o Word oferece estão dispostos neste espaço para acesso rápido.

Zoom: também pode ser alterado utilizando-se a combinação da roda do mouse (scroll) enquanto mantém-se pressionada a tecla CTRL.

Barra de ferramentas de acesso rápido

A figura a seguir dá um enfoque maior à Barra de Ferramentas de acesso Rápido, na qual encontramos por padrão os botões: Salvar, Desfazer e Repetir/Refazer.

O Botão Desfazer: permite voltar uma ou mais ações realizadas no programa, cuja tecla de atalho é a famosa combinação CTRL + Z.

O botão Repetir: repete a última ação realizada, como aplicar negrito a um texto, ou mudar a cor de uma fonte; a combinação de teclas de atalho para esta opção é CTRL + R no Word 2010.

O Botão Refazer: só é exibido quando o Desfazer é acionado, permitindo retroceder uma ação desfeita; as teclas de atalho são as mesmas do botão Repetir, até porque aparecem no lugar dele.

6.2 Menu Arquivo

O Menu Arquivo do Office 2010 utiliza a interface BackStage, que ocupa toda a tela do programa e oferece vários recursos integrados.

Por padrão, ao abrir o menu Arquivo ele apresenta a opção Informações selecionada, a qual oferece dois conjuntos de opções: ferramentas de geração de documento e as propriedades do documento em edição.

Opção informações

A ilustração a seguir apresenta a opção informações do menu Arquivo do Office 2010 e suas opções.

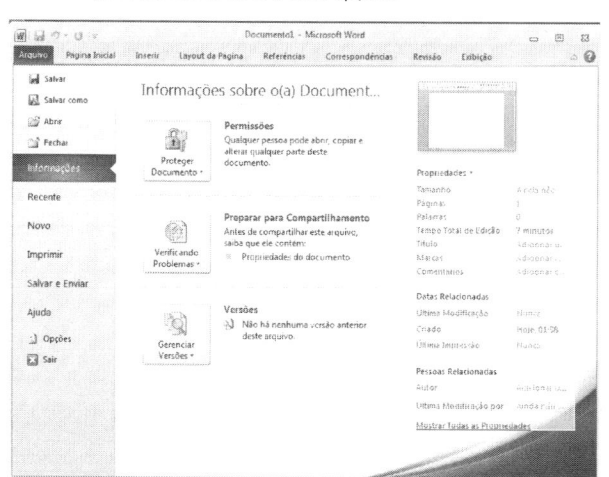

Opção proteger documento

Marcar Como Final: serve para salvar o arquivo como somente leitura, o que ajuda a evitar que sejam feitas alterações no arquivo, ou seja, ele desabilita ou desativa a inserção de texto, a edição e as marcas de controle, além de definir o Status do documento como Final. Contudo, o comando Marcar como Final não é um recurso de segurança, pois basta que o usuário remova o Status Marcar como Final para que possa editar novamente o arquivo.

O Recurso Marcar como Final só tem efeito se o documento for aberto pela mesma versão do Ms Office; se for aberto por versões anteriores, como a 2003, irá abrir normalmente, permitindo ao usuário alterar o arquivo.

Criptografar com Senha: por meio desta opção é possível definir uma senha para que o documento possa ser acessado. Contudo, vale ressaltar que a criptografia realizada pela opção Criptografar com Senha não tem relação com Certificação Digital.

Restringir Edição: é possível escolher entre três opções de ação:

> Restrições de Formatação: pela qual é possível limitar as opções de formatação, permitindo apenas que ela seja escolhida entre um conjunto de estilos selecionados no momento da ativação do recurso.

> Restrições de edição: esta opção está relacionada às ferramentas de controle de edição, como controle de alterações e comentários, e, até mesmo, preenchimento de formulários; com ela o usuário pode limitar as opções outro usuário que acessar o documento pode realizar. Ainda, é possível determinar que apenas partes do documento possam ser editadas, protegendo, assim, o resto das alterações.

> Aplicar proteção: depois de configuradas as opções de um ou de ambos os itens acima, a opção Sim, Aplicar Proteção fica habilitada. Com isso, será aberta uma janela para determinar uma senha ou para que seja utilizado um ID (e-mail) de usuários.

Restringir Permissão por Pessoas: permite limitar o acesso ao documento, utilizando como critério contas do Windows Live ID ou uma conta do Microsoft Windows.

Adicionar uma Assinatura Digital: é possível assinar digitalmente o documento em edição, a fim de garantir a integridade e a autenticidade do mesmo. Por consequência, também há o Não Repúdio. Contudo, é necessário possuir Certificado Digital para realizar este procedimento.

Opção verificando problemas

Inspecionar Documento: esta opção também pode ser citada como Inspetor do documento, e possibilita diversas opções, com a finalidade de buscar no documento dados pessoais, informações ocultas, marcas, comentários, estruturas de controle, entre outras, para elas possam ser facilmente removidas com o auxílio desta opção.

Verificar Acessibilidade: permite verificar se a estrutura do elemento possui recursos ou formatações que dificultem a leitura por pessoas com deficiência. Por exemplo, documentos que serão lidos por leitores de telas, utilizados por pessoas com baixa visão ou ausência de visão.

Verificar Compatibilidade: permite verificar se o documento possui estruturas que não existem nas versões anteriores do Word. Assim, quando o documento for salvo em .DOC, não apresentará problemas de compatibilidade.

Opção recente

A opção recente exibe especificamente os documentos recentes, conforme pode ser visualizado na figura a seguir. Observe, ainda, que os locais de origem dos arquivos também são apontados na figura, permitindo, inclusive, abrir outros arquivos presentes na referida pasta.

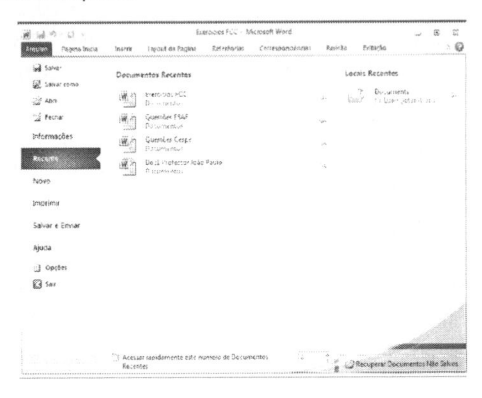

Opção novo

Esta opção abre no próprio menu Arquivo as opções de criação de um novo documento, conforme figura a seguir.

Note que, além de criar um simples documento em branco, podemos criar um arquivo com base em outro arquivo já existente, ou mesmo com base em um modelo da Internet.

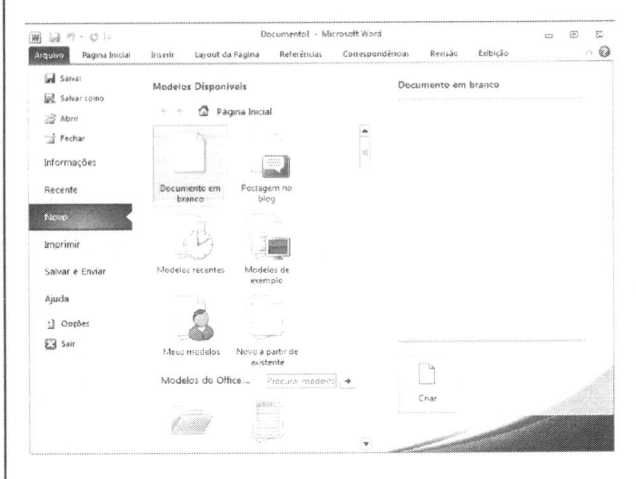

Opção imprimir

O Word 2010 apresenta diretamente no Menu Arquivo → Imprimir as propriedades da Impressão, que também podem ser acessadas por meio da combinação de teclas CTRL+P. Com isso, uma etapa é reduzida no procedimento para impressão, o que torna a ação mais simples e direta. Nesta mesma opção, é ilustrada a pré-visualização do documento a ser impresso.

Vale observar que no Word 2010 a opção Configurar Página também é encontrada no Menu Arquivo, exatamente na opção imprimir. A figura a seguir representa estas observações.

Outro fato importante é a pré-visualização, que também é ilustrada junto à opção imprimir.

Opção salvar e enviar

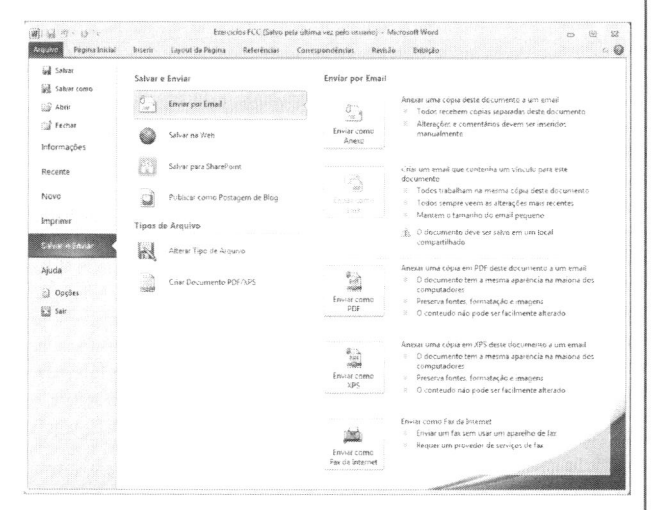

Devemos dar ênfase no que diz respeito à integração com o Microsoft WebApps, além da integração com a ferramenta SharePoint e com os gerenciadores de Blogs, como o WordPress.

A opção Enviar por e-mail irá abrir o Cliente de e-mail padrão instalado – que provavelmente será o Outlook 2010 – presente na suíte de aplicativos do Office 2010, com o documento em edição já anexado para o efetivo envio da mensagem. Por meio desta opção, é possível escolher, inclusive, qual será o formato do arquivo em anexo: DOCX, PDF ou XPS.

Nesta opção também é possível observar que a opção Salvar é novamente citada. Diferentemente da ilustrada no início da lista, esta opção sugere as opções Alterar Tipo de Arquivo como Criar Documento PDF/XPS.

6.3 Aba Página Inicial

Na Aba Página Inicial do Word 2010 encontramos as opções divididas nos blocos: Área de Transferência; Fonte; Parágrafo; Estilo; Edição, conforme ilustra a figura a seguir.

Bloco área de transferência

A Área de Transferência é uma área temporária na qual são colocadas as estruturas (textos, imagens etc.) que são copiadas de algum lugar, seja de um documento, página da Internet, ou mesmo do Sistema Operacional, para que possam ser coladas.

A Área de Transferência do Word possui 24 posições, conforme a figura a seguir, de forma que armazena não apenas a última informação copiada, mas as 24 últimas. Com isso, é possível colar trechos copiados ou recortados em momentos anteriores.

Vale lembrar que a área de transferência fica em memória RAM, portanto, quando o computador é desligado ela é perdida.

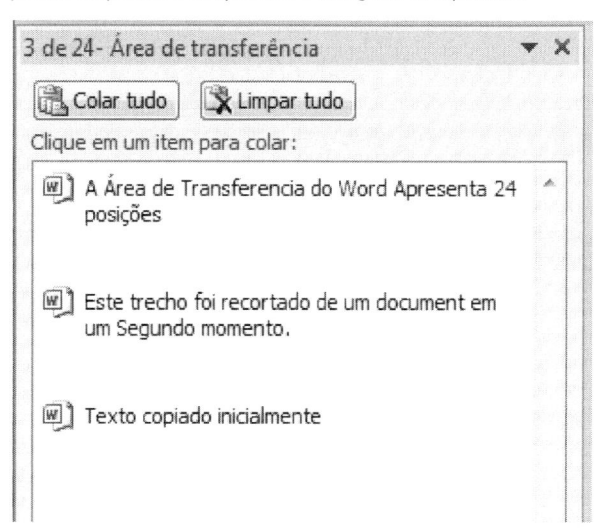

Opção colar

No bloco Transferência encontra-se a opção Colar. Atente ao detalhe do botão, que, quando sobreposto pelo mouse, apresenta uma divisão, como ilustrado na sequência, ou seja, executa duas ações diferentes: clicar na parte superior cola o dado que foi colocado por último na área de transferência, de forma equivalente a utilizar as teclas de atalho CTRL + V; já ao clicar na parte inferior o Word exibe uma lista de opções de colagem e dá acesso à opção colar especial.

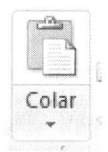

Pincel de formatação

O Pincel de Formatação, ilustrado a seguir, permite realizar a cópia de formatação de um trecho de texto previamente selecionado e aplicá-lo em outro trecho de texto a ser selecionado depois.

Bloco fonte

Neste bloco são encontradas as ferramentas mais usadas durante a edição de um documento – as opções relacionadas à formatação de Fonte. A figura a seguir ilustra as opções existentes neste bloco, o que discutiremos na sequência.

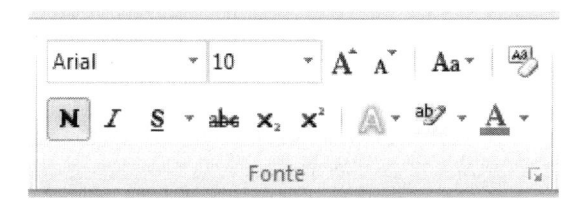

Tipo/nome da fonte

Esta opção permite alterar a grafia da fonte, ou seja, o seu traço. Ao alterar o tipo da fonte ela pode sofrer alteração no seu

NOÇÕES DE INFORMÁTICA

tamanho. No entanto, mantém o mesmo valor numérico de tamanho de fonte. A figura a seguir destaca o campo que, por padrão, é o estilo normal do Word 2010. A fonte pré-definida é a Calibri.

Tamanho da fonte

A opção de tamanho de fonte oferece um campo, ilustrado na sequência, para definir o tamanho das letras de um texto selecionado. É possível, também, selecionar o tamanho pela alça.

Aumentar e diminuir fonte

Também é possível controlar o tamanho das fontes pelos botões aumentar fonte – à esquerda da figura a seguir – e diminuir fonte – à direita da figura a seguir –, que alteram o tamanho da fonte de um texto previamente selecionado de acordo com os valores da lista disponibilizada na alça tamanho da fonte. Também é possível acionar estas opções por meio das teclas de atalho CTRL + SHIFT + > para aumentar o tamanho da fonte, e CTRL + SHIFT + < para diminuir seu tamanho.

Maiúsculas e minúsculas

A opção ilustrada anteriormente permite alterar o trecho selecionado entre letras maiúsculas e minúsculas, de acordo com as opções abaixo ilustradas.

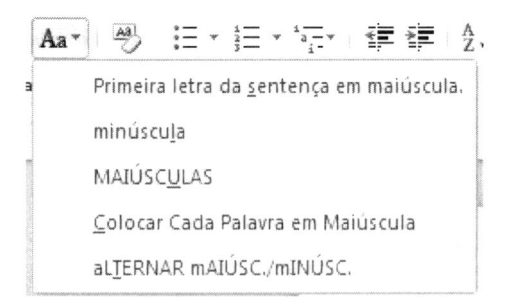

Limpar formatação

A opção acima é útil quando se deseja limpar a formatação de um texto de forma rápida e prática – como de um texto extraído da Internet que possui fontes grandes, fundo e letras coloridas. Basta que o usuário selecione o trecho do que deseja limpar a formatação e, em seguida, clicar o botão.

Estilos de fonte

Cuidado para não confundir o efeito de texto com o estilo de fonte, ou, ainda, com os estilos de formatação. As opções de efeito de fonte são a opção de Negrito, Itálico e Sublinhado, conforme ilustrado na figura a seguir. As teclas de atalho para estas funções são, respectivamente, CTRL + N, CTRL + I, CTRL + S.

Observe que o sublinhado no Word 2010 apresenta uma seta para baixo, indicando mais opções de formatação do traço do sublinhado, o que permite escolher entre o traço simples (padrão) e outros, como: duplo, espesso, pontilhado, tracejado, traço ponto, traço ponto ponto, entre outros. A figura a seguir ilustra o resultado de acionar a alça do sublinhado. Também é possível alterar a cor do traço do sublinhado.

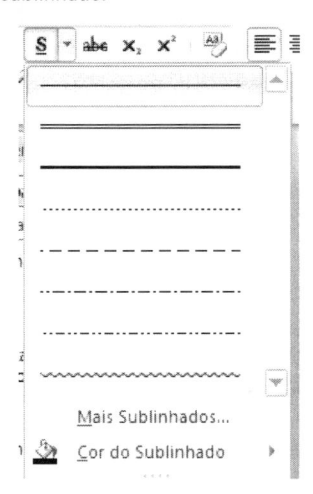

Tachado

A propriedade Tachado é comumente utilizada em textos de lei e resoluções – sobre itens das mesmas que foram revogados mas que permanecem no corpo da lei. Para acionar esta opção basta selecionar o texto desejado e clicar o botão tachado ilustrado a seguir.

O efeito proporcionado por esta opção é a de um traço que fica a meia altura da linha, sobrepondo as palavras, como em: exemplo. Também é possível utilizar o tachado duplo por meio da janela propriedades de fonte: exemplo.

Subscrito e sobrescrito

Por vezes desejamos escrever texto com estruturas diferenciadas, ou mesmo indicar numerais de forma reduzida, como primeiros (1os). Para colocar as letras "os" com fonte reduzida na parte superior da linha basta clicar no botão sobrescrito para que o cursor de texto seja posicionado no topo, digitar o texto desejado e clicar novamente no sobrescrito. O botão sobrescrito fica à direita do botão subscrito, conforme a figura a seguir, o que permite escrever um texto com fonte reduzida na parte inferior da linha, como utilizado em algumas equações químicas. Exemplos: texto normal/texto subscrito.

$x_2 \quad x^2$

Efeitos de texto

O Office 2007 inovou nos recursos de efeitos de texto. Estas propriedades e ferramentas foram mantidas e melhoradas no Office 2010. Os efeitos de texto permitem formatar os caracteres de texto de maneira mais chamativa visualmente, a fim empregar destaque a um texto, como em: exemplo.

Para utilizar este recurso basta selecionar o texto desejado e clicar no botão Efeitos de Texto no Bloco Fonte, indicado por um A com efeito de brilho azul ao redor, ilustrado no canto superior esquerdo da figura a seguir.

Este recurso ainda permite trabalhar as características de formatação de maneira separada, como a sombra, o reflexo e o brilho do caractere dado pela cor escolhida.

Realce

A ferramenta Realce é uma opção que aplica um resultado similar ao obtido por uma caneta marca textos. Contudo, conjunto de cores disponibilizado é bem limitado, como ilustra a figura a seguir.

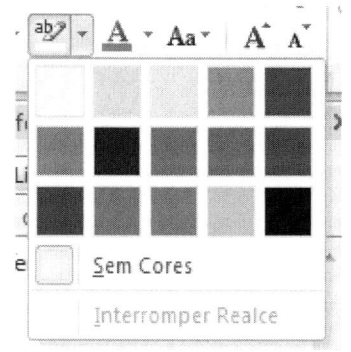

Cor da fonte

As cores que podem ser aplicadas ao caractere (fonte), por exemplo, abrangem um conjunto maior, também citado nas provas como paleta de cores do MS Office.

O botão que corresponde a esta opção é a letra A com uma barra abaixo, o que indica a última cor utilizada, como ilustrado no canto superior esquerdo da figura a seguir.

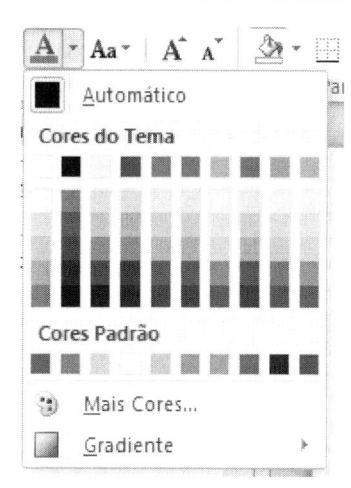

Observe que o botão cor da fonte apresenta uma ligeira divisão da seta à direita. Isto deve ser levado em conta na resolução das questões, pois, se apenas o A for indicado como clicado, significa que será aplicada diretamente sobre o texto selecionado a última cor utilizada; enquanto, se for indicada a seta para baixo, também significa que foi clicado sobre ela. Assim, a alça exibe mais opções de cores e gradientes.

6.4 Bloco Parágrafo

Na Aba Página Inicial encontram-se as opções de formatação de parágrafo mais utilizadas, como ilustrado a seguir. Algumas opções menos usadas estão no bloco parágrafo da Aba Layout de Página.

Marcadores

A opção Marcadores permite acrescentar símbolos, caracteres ou mesmo imagens, como uma foto do usuário, como itens de marcação de tópicos para cada parágrafo.

A figura a seguir ilustra o botão marcadores, que como pode ser observado apresenta uma sutil divisão, deste modo, se a figura apresentada nas questões de prova for igual a seguir significa que o clique foi dado na seta à direita do botão o que remete a mais opções, como escolher o símbolo que se deseja utilizar. Mas caso seja apresentado sem a seta, o resultado é a inserção do último marcador utilizado.

Numeração

Cuidado com a diferença entre os marcadores e a numeração, a finalidade de ambos é similar, porém a Numeração segue uma sequência que pode ser numérica utilizando-se números romanos maiúsculos ou minúsculos, letras maiúsculas ou minúsculas ou ainda números arábicos. A figura a seguir ilustra o botão Numeração que de forma equivalente ao Marcadores apresenta seta a direta apontando para baixo.

WORD 2010

Lista de vários níveis

Permite gerenciar e atribuir marcadores diferentes para níveis diferentes, para manter a relação entre eles, como título, subtítulo e tópico. A figura a seguir ilustra o botão Lista de Vários Níveis.

Quando clicar na seta à direita um menu dropdown é aberto como ilustrado a seguir.

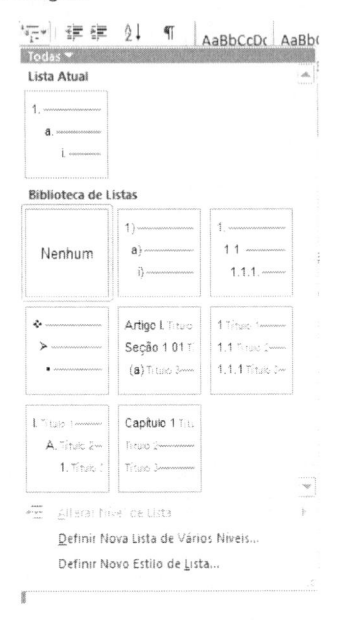

Além dos formatos de listas sugeridos pelo Word é possível que o usuário crie a sua própria configuração de lista, esta configuração pode ser criada para ser utilizada apenas no documento em edição como também pode ser atribuída ao programa de forma que fique disponível para a criação e edição de outros documentos.

Diminuir e aumentar recuo

As opções de Diminuir e Aumentar o Recuo estão relacionadas ao recuo esquerdo do parágrafo selecionado, ao aumentar o recuo, botão da direita na figura a seguir, é aumentado inclusive o recuo da primeira linha na mesma proporção. O espaço acrescido é o mesmo de uma tabulação, ou seja, o mesmo de quando pressionada a tecla TAB (1,25 cm por padrão).

Classificar

Esta opção pode parecer estranha ao se pensar nela no grupo de opções do bloco parágrafo, contudo demonstra-se que é possível se ordenar os textos de parágrafos e não apenas dados em tabelas.

Uma vez clicado o botão classificar acima, é aberta uma janela ilustrada a seguir, pela qual é possível parametrizar as regras de classificação que pode ser por colunas em caso de tabelas. Os tipos de dados que podem ser selecionados, de maneira que o programa possa classificá-los em ordem crescente ou decrescente, são: Texto, Número e Data.

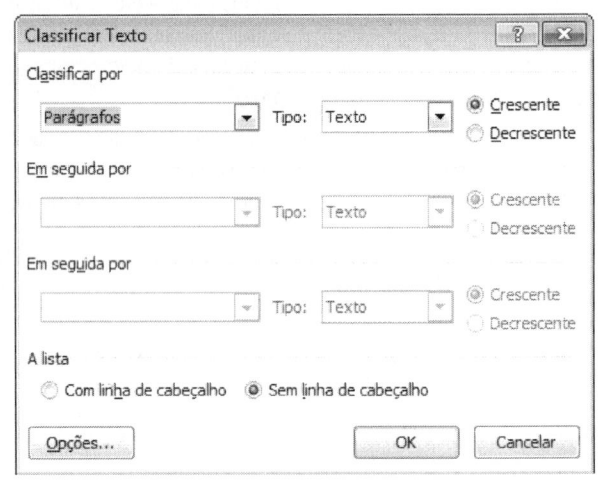

Mostrar tudo

A opção Mostrar Tudo, ilustrada a seguir, é responsável por exibir os caracteres não imprimíveis, que auxiliam na edição de um documento ao exibir marcas de edição, espaços e marcações de Parágrafos. Muito importante para que se possa definir onde inicia e onde termina um parágrafo no texto.

O trecho a seguir ilustra quando essa opção é selecionada.

Exemplo·de·texto·para·a·vídeo·aula·do·professor·João·Paulo·de·Informática·com·o·botão·Mostrar·Tudo·habilitado.¶

Segundo·parágrafo...¶

------Quebra de página------¶

Muitas pessoas entram em pânico quando, sem querer, ativam esta opção e cometem o equívoco de utilizar o desfazer com a esperança de remover tais símbolos e acabam perdendo informações ou formatações executadas, no entanto, para remover essas marcas basta desabilitar a opção clicando-se novamente no botão.

Alinhamentos de parágrafo

Muito cuidado com as opções de alinhamento, pois existe também o alinhamento de Tabulação que oferece opções diferentes das do alinhamento de parágrafo, porém para fins similares.

A figura anterior ilustra os quatro únicos alinhamentos de parágrafo: Esquerdo, Centralizado, Direito e Justificado. Também é possível acionar essas opções por meio das respectivas teclas de atalho: CTRL+Q, CTRL+E, CTRL+G, CTRL+J. Cuidado no Word 2007 algumas teclas de atalho não irão corresponder à opção como CTRL+G que abre a opção IR.

Espaçamento entre linhas

A opção espaçamento entre Linhas disponível no bloco parágrafo apresenta alguns valores que não são ilustrados diretamente na janela propriedades de parágrafo como 1,15, contudo, é possível chegar a ela de maneira manual, como selecionar a opção múltiplos e em seguida digitar o valor 1,15.

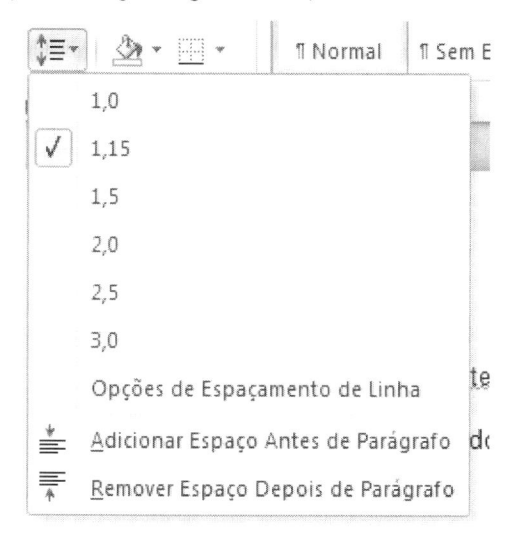

A figura anterior ilustra o botão Espaçamento entre linhas aberto, ele é apresentado no canto superior esquerdo da figura, perceba que por meio dele é possível também alterar o espaçamento antes e depois do parágrafo.

Sombreamento

A opção sombreamento permite atribuir uma cor ao plano de fundo a um parágrafo, como o exemplo:

Exemplo:

Exemplo: mesmo o parágrafo sendo menor que a linha, ela inteira, no espaço de margem a margem, é preenchida com a cor selecionada.

A figura a seguir ilustra o botão sombreamento, balde de tinta, selecionado pela alça, assim ilustrando a paleta de cores do Word para que seja determinada a cor desejada.

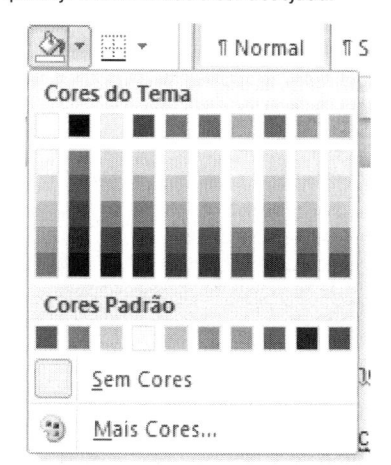

Bordas

Também é possível se atribuir uma borda a um parágrafo, como também a página do documento. A opção bordas apresentada a seguir pode ser utilizada tanto para aplicar uma borda a um parágrafo como a uma tabela caso esteja selecionada.

6.5 Bloco Estilos

Os estilos de formatação são uma importante ferramenta que auxiliam e otimizam o processo de edição de documentos que devam obedecer a padrões de formatação, além de serem necessários para a inserção de sumário automático.

O Office 2007 inovou muitos estilos, bem como também melhorou outros, que foram mantidos no Office 2010. O estilo padrão apresentado é o estilo Normal, que define, por exemplo, a fonte como Calibri tamanho 11 espaçamento entre linhas múltiplo de 1,15 e espaço após o parágrafo de 10pt.

A figura a seguir ilustra o bloco estilo com vários dos estilos de formatação, para sumário deve-se utilizar os estilos de título.

6.6 Bloco Edição

O bloco edição é o bloco no qual foram disponibilizadas as opções que estavam no menu editar do Office 2003, e ficaram perdidas. A figura a seguir ilustra o Bloco com suas opções.

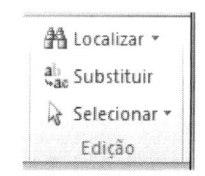

Localizar

A opção Localizar oferece três opções quando clicada na seta: Localizar, Localização Avançada... e Ir Para....

NOÇÕES DE INFORMÁTICA

WORD 2010

Clicar direto no botão Localizar é o mesmo que clicar na opção que ele oferece como Localizar, o Word abre um painel à esquerda da janela do programa, ilustrada na sequência, o mesmo painel pode ser acionado por opção encontrada na aba Exibir.

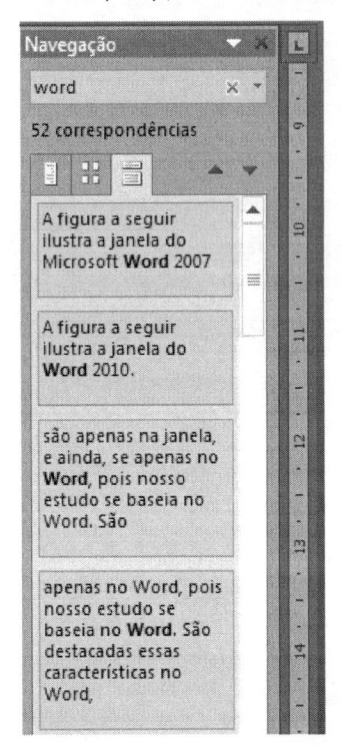

Por meio deste painel é possível realizar uma busca rápida de forma incremental, ou seja, à medida que o usuário insere o texto no campo de busca o Word vai filtrando no texto as ocorrências.

As opções Localização Avançada..., Ir Para... e Substituir ao serem acionadas abrem a mesma janela, porém com as respectivas abas selecionadas, vale lembrar que a combinação de teclas de atalho CTRL + U no Word abre a opção Substituir.

6.7 Aba Inserir

A aba Inserir é alvo de várias questões de pegadinha então muito cuidado com as opções. A figura a seguir ilustra as opções da Guia.

Bloco páginas

No Bloco Páginas, ilustrado a seguir, é onde se encontra uma das Quebras possíveis de se inserir em um documento, e justamente a que pode ser alvo de pegadinhas, pois na Aba Inserir é encontrado apenas a opção Quebra de Página, as demais ficam na aba Layout de Página.

A opção folha de Rosto é uma opção para inserir uma página no documento em edição com mais recursos gráficos com o intuito de dar uma ênfase ao documento.

A opção Página em Branco permite inserir uma página em branco no documento a partir da posição do cursor de texto.

Bloco tabelas

No bloco tabelas é disponibilizada apenas a opção Tabela, ilustrada a seguir, por meio da qual podemos tanto inserir uma Tabela no documento em edição como uma Planilha.

Opção tabela

Ao clicar na opção Tabela é aberto o menu Dropdown ilustrado a seguir, no qual pode-se observar a opção Planilha que permite inserir uma planilha no documento, mas cuidado a estrutura de planilhas é diferente de uma tabela.

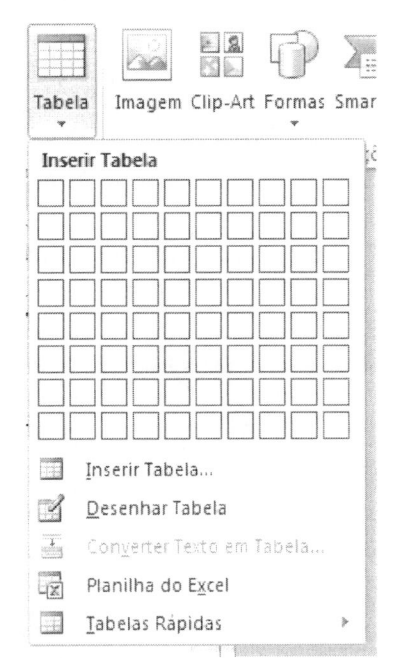

Bloco ilustrações

A novidade do bloco Ilustrações é a opção Instantâneo que permite inserir uma imagem de uma janela de programa aberto, ou ainda, inserir recorte da tela do computador, a figura abaixo ilustra o bloco Ilustrações, esta figura como as demais deste material foram obtidas por meio da ferramenta Instantâneo.

Bloco links

No bloco Links são disponibilizadas três opções: Hiperlink, Indicador e Referência Cruzada. A opção hiperlink tem como tecla de atalho a combinação CTRL+K.

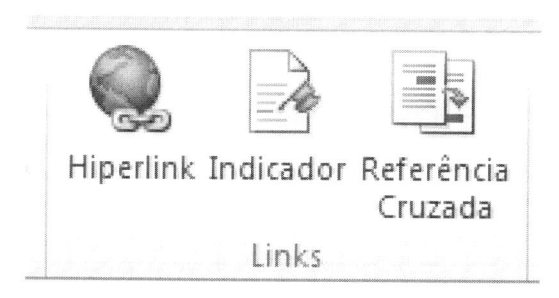

Hiperlink

A respeito da opção Hiperlink é importante ressaltar que é possível linkar um site da Internet como arquivos da Internet, bem como arquivos do computador do usuário.

Indicador

A opção Indicador serve para criar um link para um ponto do documento em edição assim é possível criar um link por meio da opção Hiperlink para este ponto.

Referência cruzada

Esta opção permite criar referências para citações, como figuras, tabelas, quadros, entre outros.

Bloco cabeçalho e rodapé

A estrutura de cabeçalho e rodapé é utilizada principalmente quando se deseja inserir uma informação em várias páginas de um documento, como numeração de páginas ou uma figura. Mas cuidado em um mesmo documento é possível utilizar cabeçalhos e rodapés diferentes, pois essas estruturas são a mesma para todas as páginas da mesma seção.

Bloco texto

No bloco Texto devemos destacar a opção WordArt e Linha de Assinatura.

A opção WordArt desde o Office 2007 mudou sua forma de formatação e estrutura, ela gera agora resultado similar ao obtido pela opção Efeitos de Texto da Aba Página Inicial.

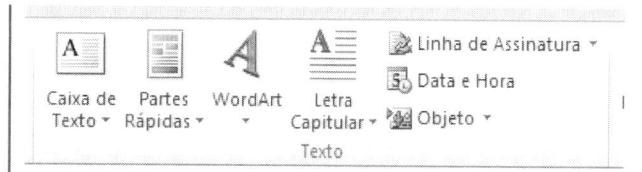

Já a opção Linha de Assinatura, permite inserir uma assinatura digital no documento em edição, contudo, é necessário possuir um Certificado Digital, esta opção também pode ser utilizada para inserir as linhas normalmente usadas para posterior assinatura manual.

Bloco símbolos

O bloco Símbolos oferece as opções Equação e Símbolo, conforme figura a seguir, a opção Equação auxilia a escrever em um documento de texto funções complexas, entretanto ela não resolve as equações apenas desenha, por exemplo, inserir um somatório

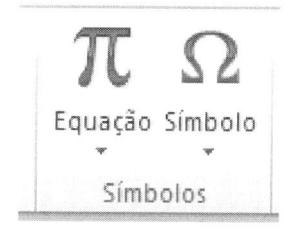

Já a opção Símbolo permite que sejam inseridos símbolos como caracteres especiais em meio ao texto.

6.8 Aba Layout de Página

A aba Layout de Página é muito importante durante a edição de um documento. Nela são disponibilizados os blocos: Temas; Configurar Página; Plano de Fundo da Página; Parágrafo e Organizar, conforme ilustração da figura a seguir.

Muito cuidado com as provas que podem descrever como Leiaute de Página – e isso não está errado.

Bloco temas

Por meio desta opção é possível alterar o conjunto de cores e fontes que serão utilizados durante a edição de um documento, a figura a seguir ilustra este bloco.

Bloco configurar página

O bloco configurar página é um dos principais blocos da Aba Layout de Página, por meio dele podemos alterar as configurações de: Margens; Orientação; Tamanho; Colunas; Quebras; Números de Linhas e Hifenização. A figura a seguir ilustra estas opções.

WORD 2010

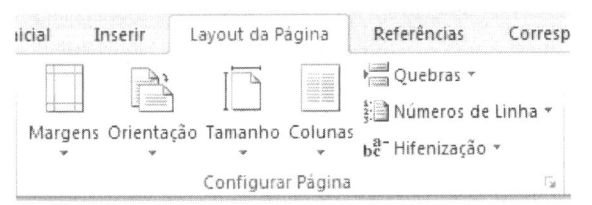

Vale ressaltar que as configurações de página podem ser diferentes em um mesmo documento, pois a configuração é aplicada à seção, e assim é possível em um mesmo documento trabalhar com páginas na orientação retrato e paisagem intercaladas.

Quebras

As quebras permitem empurrar para a próxima estrutura os dados, como também criar divisões dentro de um documento para que se possa utilizar formatações de página distintas no mesmo arquivo.

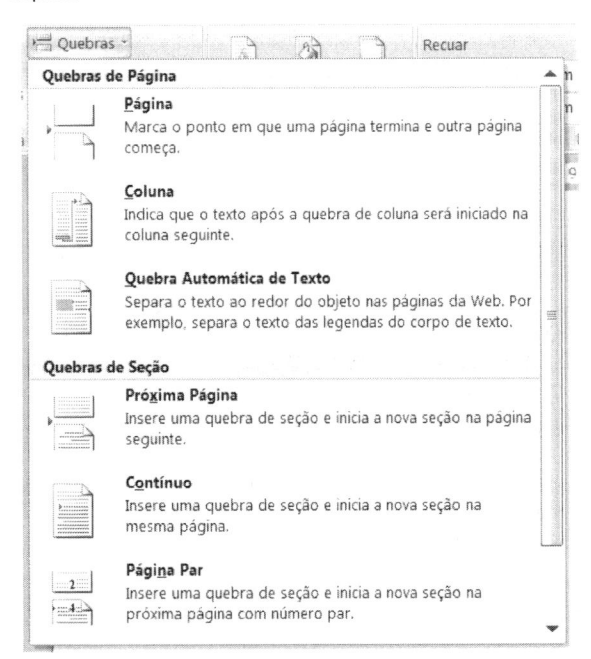

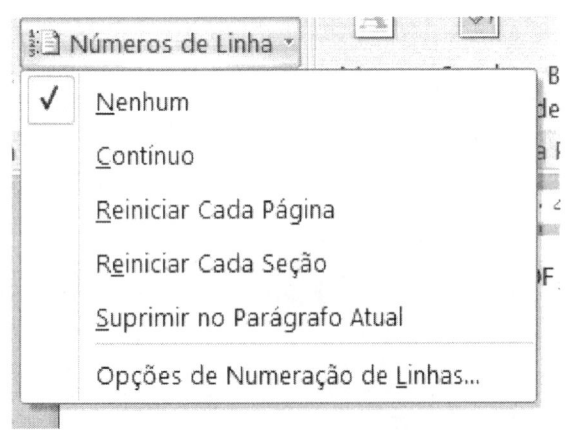

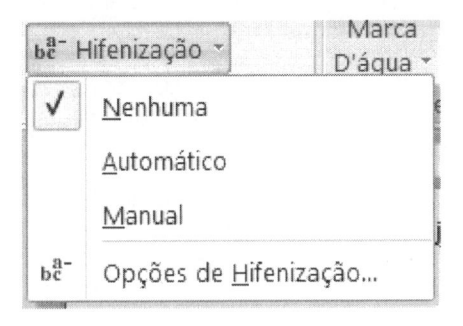

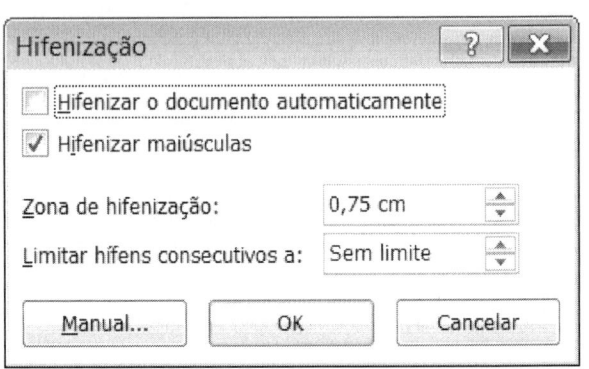

Bloco plano de fundo da página

Bloco parágrafo

O bloco Parágrafo presente na Aba Layout de Página apresenta as opções de recuo, além das opções de espaçamento antes e depois do parágrafo, como mostra a figura a seguir.

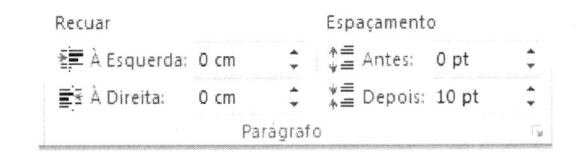

Bloco organizar

Por meio do Bloco Organizar é possível determinar a posição dos elementos como figuras, em relação ao texto em edição.

6.9 Aba Referências

A guia Referências dispõe os blocos: Sumário; Notas de Rodapé; Citações e Bibliografia; Legendas; Índice e Índice de Autoridades, conforme ilustração a seguir.

Bloco sumário

Por meio do Bloco Sumário, pode-se ter acesso à opção Sumário para a inserção do Sumário Automático no documento em edição. Lembrando que o sumário depende da utilização dos estilos de formatação de título ao longo do documento para poder listar tais títulos e as referidas páginas nas quais aparecem.

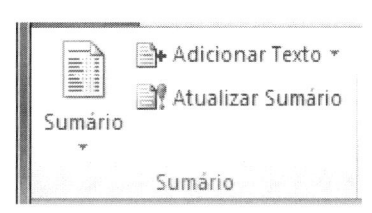

Se novos títulos forem adicionados no documento após a inserção do sumário, este deverá ser atualizado por inteiro, caso apenas sejam mudadas as páginas em que os títulos estavam, pode-se atualizar o sumário por meio da opção atualizar apenas números de páginas.

Bloco notas de rodapé

Por meio do bloco notas de rodapé é possível inserir tanto notas de Rodapé quanto Notas de Fim, a diferença é que as notas de rodapé são exibidas no rodapé das páginas em que são citadas, já as notas de fim podem ser configuradas para aparecerem no fim da Seção ou no fim do documento.

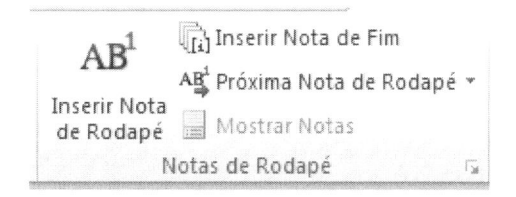

Bloco citações e bibliografia

O Word oferece opções de criar um cadastro de fontes bibliográficas para uso facilitado. Assim, quando desejar citar alguma referência basta utilizar a opção Inserir Citação, disponível no Bloco Citações e Bibliografia ilustrado a seguir.

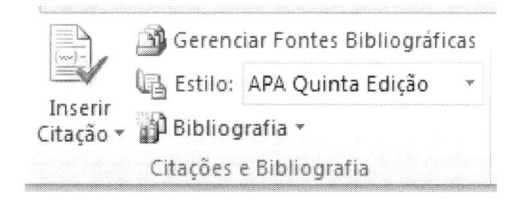

Bloco legendas

O bloco Legenda permite inserir legendas acima ou abaixo de figuras, tabelas, quadros e outras estruturas inseridas no documento em edição, de maneira que, quando necessário, é possível inserir um índice automático que indique cada figura e a página na qual foi citada.

Bloco índice

O Bloco Índice oferece a opção Marcar Entrada e Inserir Índice, que funcionam de forma similar ao sumário, mas com a finalidade de criar um índice remissivo.

Bloco índice de autoridades

Os Índices de Autoridades são novidade no Word 2010. Por meio destas opções, pode-se criar listas de leis, artigos, resoluções, dentre outras estruturas da legislação que sejam citadas em meio ao documento.

6.10 Aba Correspondências

A aba correspondências é bastante utilizada por escritórios, pois é nela que se encontram as opções de trabalhar com Mala Direta para a geração de envelopes e etiquetas, de forma facilitada e dinâmica. Mas atenção! É comum se questionar sobre como montar a lista de "contatos" para trabalhar com a mala direta, para isso é possível criar a lista utilizando o Excel ou o Access.

6.11 Aba Revisão

A Aba revisão oferece opções de correção e controle do conteúdo do documento, por meio dos blocos: Revisão de Texto; Idioma; Comentários; Controle; Alterações; Comparar e Proteger, conforme ilustrado a seguir.

Bloco revisão de texto

Neste Bloco é que se encontra a ferramenta Ortografia e Gramática, que pode ser acionada por meio da tecla de atalho F7. Bem como a ferramenta Pesquisar – mas tome cuidado, pois esta ferramenta é para pesquisar na Internet e não no documento em edição.

Outra opção interessante é o Dicionário de Sinônimos, que se torna muito útil quando é preciso encontrar aquela palavra diferente para referir a algo sem precisar repetir algum termo.

A ferramenta contar palavras, ao ser acionada, abre a janela ilustrada a seguir, na qual são informadas as quantidades de palavras em várias situações. O que conta mais para a prova é saber que se um trecho do texto foi selecionado previamente os dados apresentados serão apenas referentes à seleção, porém se nada estiver selecionado os dados serão referentes ao documento inteiro.

Bloco idioma

Outra novidade do Word 2010 é a opção Traduzir, disponível no bloco Idioma, que permite traduzir um texto selecionado utilizando a ferramenta de tradução *on-line* da Microsoft, obviamente se observa a necessidade de estar conectado à Internet.

Muitas vezes precisamos digitar trecho ou textos inteiros em outro idioma e, por vezes, ficamos em dúvida se as palavras estão corretas, pois aparecem sublinhadas em vermelho indicando erro. Porém o Word 2010 é mais inteligente, pois busca detectar o idioma automaticamente, de forma a se autoajustar. Contudo às vezes precisamos definir manualmente o idioma de algumas palavras, e para isso podemos utilizar a opção Idioma, do Bloco Idioma.

Bloco comentários

É possível inserir comentários no documento em edição, principalmente com a finalidade de explicar alguma alteração realizada.

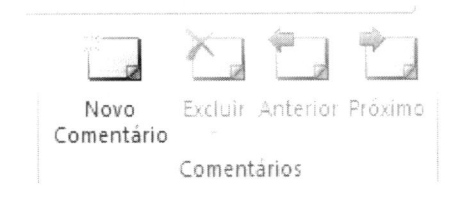

Bloco controle

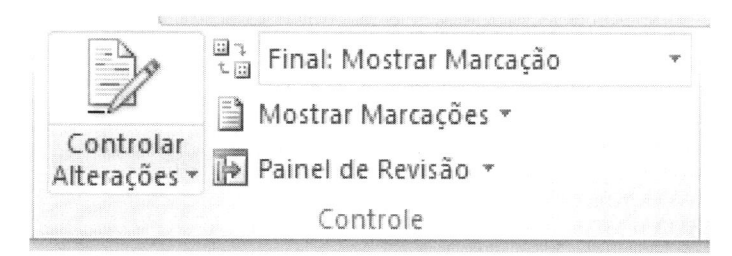

O Bloco Controle é uma excelente ferramenta para correção de documentos, de forma que o escritor, ao terminar sua parte, ativa a opção Controlar Alterações, salva o documento e envia-o para um corretor, que simplesmente pode apagar trechos do texto ou inserir novas estruturas e estas ações ficarão marcadas no documento, como ilustrado na sequência. Assim, o corretor, ao terminar, salva novamente o documento e envia ao escritor para que este aceite ou não as alterações realizadas.

Bloco alterações

Ao receber o documento com as sugestões de alteração, o escritor apenas tem o trabalho de aceitar ou rejeitar as sugestões realizadas.

Bloco comparar

O bloco Comparar oferece a opção Comparar, pela qual é possível escolher dentre as opções: Comparar... ou Combinar...

A opção Comparar... permite comparar versões diferentes de um mesmo documento, a fim de destacar as diferenças. Já a opção Combinar... serve para combinar as diferentes sugestões de alteração que várias pessoas fizeram com base no mesmo documento.

Bloco proteger

A opção Restringir Edição disponível no Bloco Proteger é a mesma apresentada no menu Arquivo.

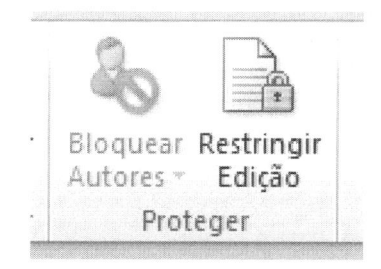

NOÇÕES DE INFORMÁTICA

WORD 2010

6.12 Aba Exibição

As opções encontradas nesta guia estão relacionadas a itens que remetem à forma de apresentação da janela, do zoom, dentre outras visões. A figura a seguir ilustra a aba que é composta pelos blocos: Modos de Exibição de Documento; Mostrar; Zoom; Janela e Macros.

Bloco modos de exibição

Um dos principais da Aba Exibição, com relação à cobrança nas provas, pois neste bloco são disponibilizados os cinco modos de exibição da janela do Word: Layout de Impressão; Leitura em Tela Inteira; Layout da Web; Estrutura de Tópicos e Rascunho, conforme ilustra a figura a seguir.

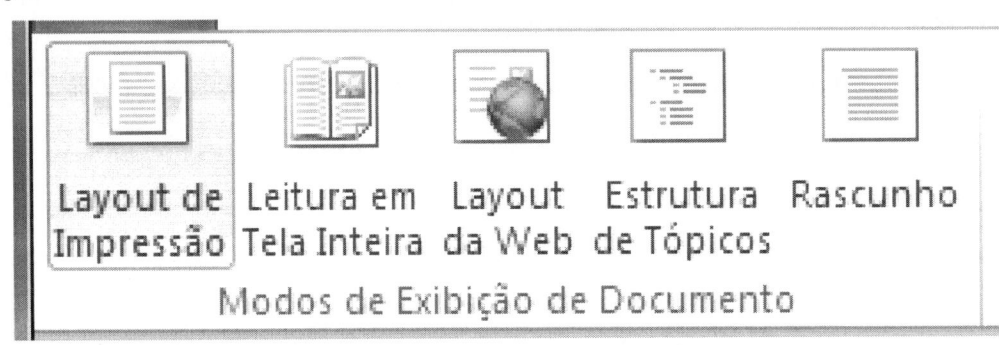

O modo Layout de impressão é o padrão, quando ele está ativado é possível visualizar os limites das páginas e as réguas são exibidas tanto na horizontal quanto na vertical.

O modo Leitura em Tela Inteira oferece uma visualização na qual o tamanho da fonte é aumentado, bem como os espaçamentos, proporcionando assim uma melhor visualização do texto.

Layout da Web não há a divisão em páginas e apenas aparece a régua da horizontal.

Estrutura de Tópicos exibe o texto com um marcador para cada parágrafo, como ilustrado a seguir.

- Exemplo de texto para a vídeo aula do professor João Paulo de Informática com o botão Mostrar Tudo habilitado. ¶
- Segundo parágrafo... ¶
  ....Quebra de página............¶
- ~~Texto a ser excluído~~ Inserir este texto do documento, para o exemplo. ¶

O modo Rascunho é o mais simples, as figuras são omitidas e apenas o texto é exibido.

Bloco mostrar

Por meio deste bloco é possível exibir ou ocultar algumas estruturas do Word, tais como: a Régua, as Linhas de Grade e o Painel de Navegação, conforme a figura a seguir.

A opção régua por padrão é habilitada, mas ao desativá-la apenas são ocultadas as réguas da janela.

Já a opção Linhas de grade exibe o reticulado a fim de auxiliar na edição do documento, como ilustrado a seguir.

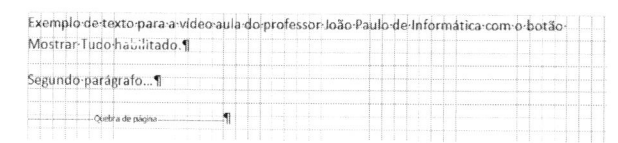

A opção Painel de Navegação habilita a exibição ao lado esquerdo da janela do Word, mostrando um painel no qual são exibidos os títulos do documento, como ilustrado a seguir. Ao clicar em um título, o cursor de texto é posicionado na posição do título clicado, também é possível reorganizar o documento clicando, e mantendo clicado, e arrastando o arquivo para o local desejado.

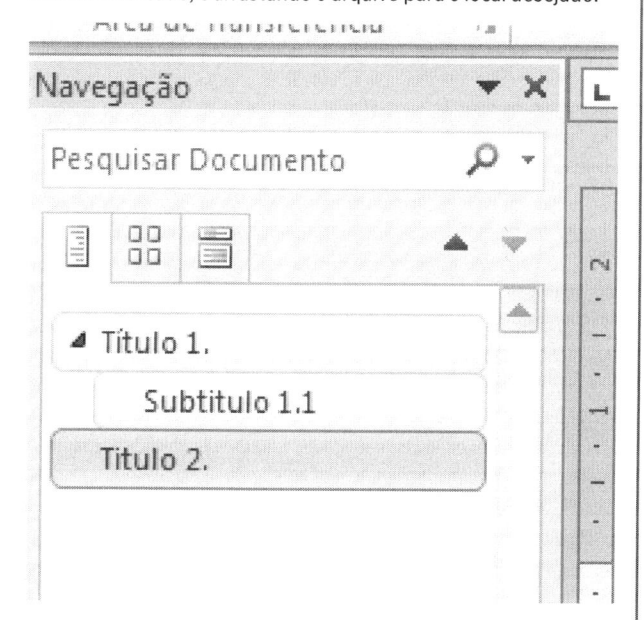

Bloco zoom

Por meio deste bloco, ilustrado a seguir, é possível alternar entre os diversos níveis de zoom do documento.

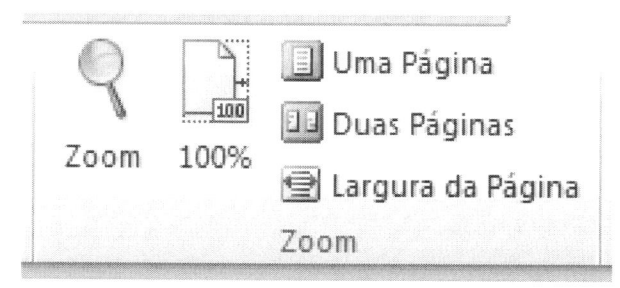

Bloco janela

As opções deste bloco estão associadas à visualização da janela do programa.

A opção mais usual é a opção Dividir, a qual permite dividir a tela em duas, de forma a possibilitar a visualização de duas partes distantes de um mesmo documento simultaneamente, como ver a primeira e a última página de um documento com várias páginas.

7. MICROSOFT EXCEL 2010

7.1 Formatos de arquivos

Editor de Planilhas Microsoft Excel 2010

Formato	Excel 97 a 2003	Excel 2007 a 2021
Pasta de trabalho	XLS	XLSX
Modelo	XLT	XLTX
Demais formatos		XLS, ODS
PDF	Não trabalha com	SALVA em PDF

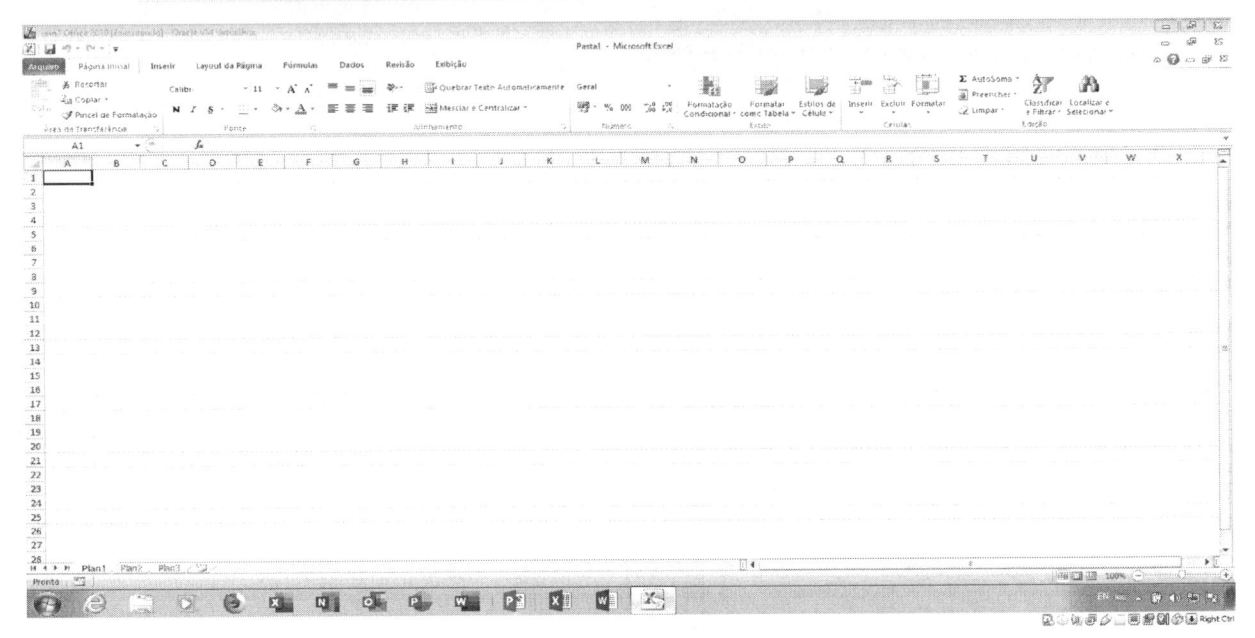

Em uma tabela, o comportamento é diferente do comportamento em uma planilha – em uma planilha as células possuem endereços que podem ser referenciados em fórmulas e funções.

Ainda comparando tabela com planilha, ao inserir uma tabela são desejadas as células já com suas bordas em evidência, e a quantia de linhas e colunas pode ser inserida na tabela indefinidamente, ao contrário das planilhas que, ao ser criada, exibe apenas suas linhas de grade e não suas bordas, tanto que, se visualizarmos a impressão, irá aparecer uma página em branco.

	Nº de Linhas	Nº Colunas
Excel 2003	65.536	256
Excel 2007 a 2021	$1.048.576 = 2^{20}$	$16.384 = 2^{14}$ XFD

Contudo, as planilhas já são criadas com um número específico de linhas e colunas, e este número é fixo, ou seja, não podemos criar novas linhas ou colunas, muito menos exclui-las. Todavia, neste ponto, você deve estar se perguntando: mas o Excel tem uma opção para inserir linhas e colunas? Infelizmente, você acabou de descobrir que o programa está te enganando.

7.2 Cálculos

Células de absorção

Uma das principais funcionalidades de um editor de planilhas é permitir a realização de cálculos matemáticos e operar com diversas funções lógicas não somente com números, mas, também, com textos. Contudo, é necessário informar ao programa quando temos a intenção de realizar alguma destas operações. Para isso, devemos utilizar um indicador antes das fórmulas e funções.

Entre os símbolos utilizados para iniciar uma Fórmula ou Função, o mais conhecido e cobrado é o sinal de igualdade "=", porém, ele não é o único que pode ser utilizado. Na tabela a seguir estão descritos os demais sinais que podem ser utilizados.

Fórmulas	Exemplo	Funções	Exemplo
=	=5+5	=	=SOMA(A1:A5)
+	+5+5	+	+SOMA(A1:A5)
-	-5+5	-	-SOMA(A1:A5)
		@	@SOMA(A1:A5)

A observação sobre estes sinais está relacionada à origem do Excel. Nas primeiras versões do programa era utilizado o símbolo "@" (arroba) para indicar ao programa o início de uma função, enquanto para fórmulas se utilizava o "=". Como forma de padronizar isso a Microsoft alterou o programa para que as funções também aceitassem o sinal de igualdade como indicador de início. Portanto, o "@" só funciona associado a funções no Excel.

Você deve estar se perguntando neste momento qual a diferença entre Fórmula e Função. Entenda por fórmula aquelas operações que envolvem os operadores matemáticos, as sentenças aritméticas, ou mesmo operações que envolvem mais de uma função.

Não podemos dizer que uma fórmula pode ser iniciada pelo sinal "@" pelo fato de que existe situações em que ele não funciona, como, por exemplo, se for inserido em uma célula o seguinte: "@5+5". Neste caso, o Excel apresentará erro, mas, se o que for inserido, por exemplo, for "@B3+C3", o Excel também apresentará erro. Contudo, após fechar a caixa da mensagem de erro ele traz o trecho "@B3" selecionado. Assim, quando o usuário clicar em alguma célula, o trecho selecionado será substituído pelo sinal "=", seguido do endereço da célula selecionada.

Entretanto, algumas bancas como a Cespe e a FCC consideraram, em provas anteriores, que o sinal "@" pode ser utilizado tanto para indicar o início de Fórmulas como também Funções. Mas, na prova, o que considerar? Considere a forma correta, pois, se a banca considerar o diferente, utilize o exemplo dado da situação em que ocorre o erro para anular a questão.

Operadores aritméticos

Quando trabalhamos com expressões aritméticas ou fórmulas, utilizamos constantemente os operadores, e, por este fato, muitas bancas colocam questões a respeito. Os principais operadores são ilustrados na tabela a seguir.

Operador	Ação	Exemplo	Resultado
+	Soma	=5+5	10
-	Subtração	=5-5	0
*	Multiplicação	=5*5	25
/	Divisão	=5/5 =5/0	1 #DIV/0!
%	Percentagem	=200*10%	20
^	Potenciação	=2^3	8

Quando uma célula estiver selecionada no Excel e você pressionar a tecla "/", serão exibidas as letras de cada guia da faixa de opções, ou seja, no Excel a barra faz o mesmo que a tecla Alt. Para iniciar o conteúdo de uma célula com a barra deve-se posicionar o cursor de texto dentro da célula.

O operador % equivale a uma divisão por 100.

Operador de texto

O operador de texto é o "&" que realiza a operação de concatenação, ou seja, junta os dados das células indicadas na célula que foi inserida a fórmula.

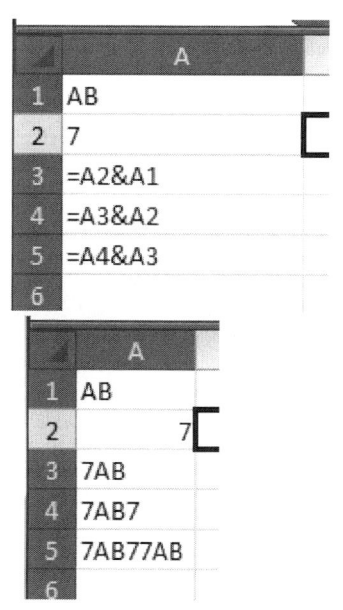

	A
1	AB
2	7
3	=A2&A1
4	=A3&A2
5	=A4&A3
6	

	A
1	AB
2	7
3	7AB
4	7AB7
5	7AB77AB
6	

Outros exemplos:

MICROSOFT EXCEL 2010

	A	B	C	D
1	10	40	=A1&B1	=C1+1
2	AB	CD	=B2&A2	
3	=A1&A2	=B2&B1		
4				

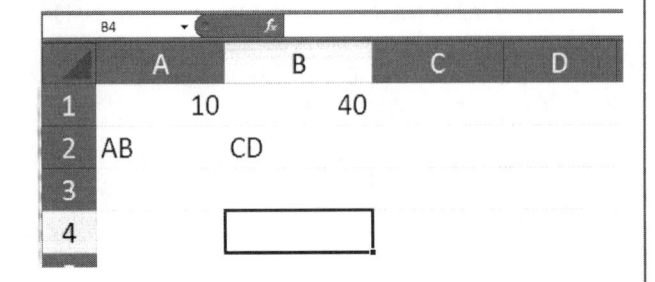

	A	B	C	D
1	10	40		
2	AB	CD		
3				
4				

Operadores de referência

Em conjunto com o uso de funções precisamos utilizar um indicador pra especificar os valores que devem ser considerados em uma função. A presença destes indicadores é tão importante que houve questões nas quais o erro era justamente o uso incorreto destes sinais. A tabela a seguir mostra o sinal e como devemos lê-lo em uma expressão.

;	E	União
:	Até	Intervalo

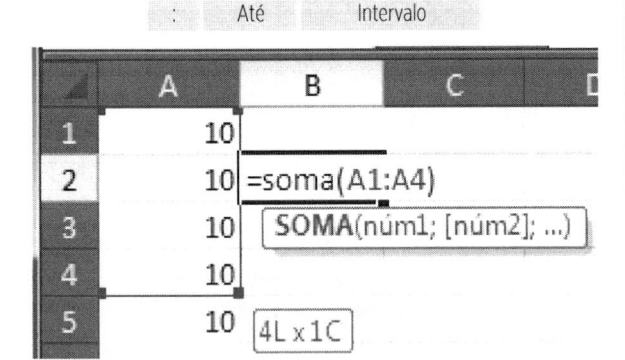

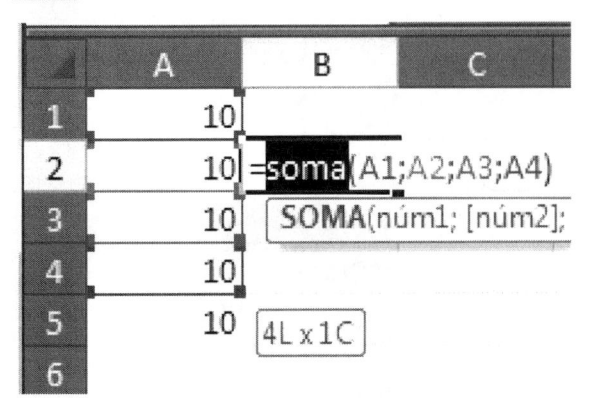

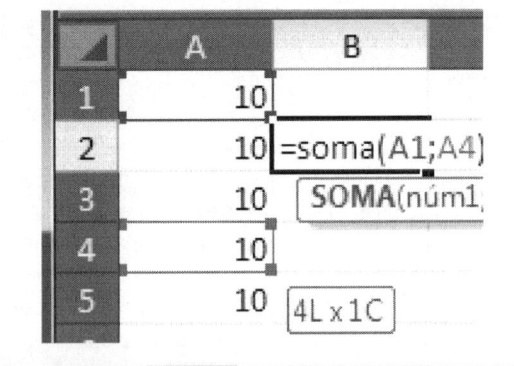

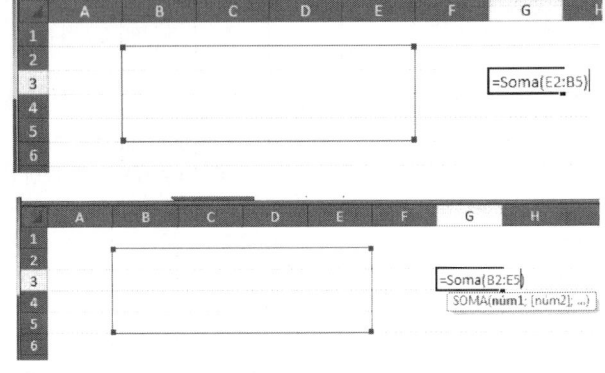

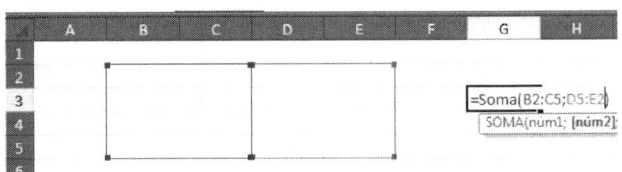

	A	B
1	10	
2	10	=soma(A1:A4)
3	10	SOMA(núm1; [núm2]; ...)
4	10	
5	10	4L x 1C

	A	B
1	10	
2	10	=soma(A1;A2;A3;A4)
3	10	SOMA(núm1; [núm2];
4	10	
5	10	4L x 1C
6		

	A	B
1	10	
2	10	=soma(A1;A4)
3	10	SOMA(núm1;
4	10	
5	10	4L x 1C

=Soma(E2:B5)

=Soma(B2:E5)
SOMA(núm1; [núm2]; ...)

=Soma(B2:C5;D5:E2)
SOMA(núm1; [núm2];

O sinal de ponto e vírgula ainda pode ser entendido como operador de união, e o sinal dois pontos é definido como um intervalo.

Ex.: dadas as funções

=SOMA(A3:A6)

=SOMA(A3;A6)

Na primeira função será apresentado o resultado da soma dos valores das células A3, A4, A5 e A6, enquanto na segunda será apenas calculado a soma dos valores das células A3 e A6.

Operadores de comparação

Operador	Símb.	Exemplo de uso	Resultado
Menor que	<	=7<10	VERDADEIRO
Maior que	>	=7>10	FALSO
Igual à	=	=7=10	FALSO
Maior ou igual à	>=	=7>=10	FALSO
Menor ou igual à	<=	=7<=10	VERDADEIRO
Diferente de	<>	=7<>10	VERDADEIRO

7.3 Modos de Endereçamento

Para endereçar uma célula, podemos utilizar três modos diferentes: relativo, misto e absoluto. Os modos de endereçamento não mudam em nada o valor ou qual célula está sendo utilizada; apenas influenciam a ação de copiar a célula com um endereço para outra.

Relativo	Misto		Absoluto
Coluna Linha	$Coluna Linha	Coluna $Linha	$Coluna$Linha
CL	$CL	C$L	CL
A2	$A2	A$2	$A$2

Endereçamento relativo

Fórmulas

Resultados

Endereçamento misto

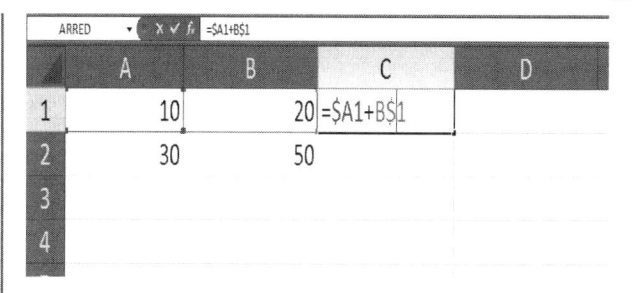

Endereçamento absoluto

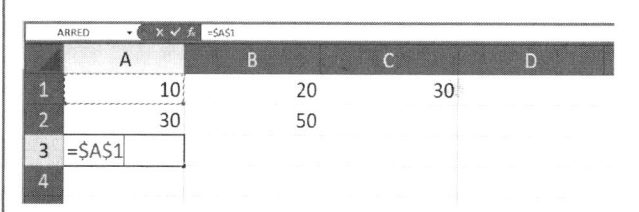

Fórmulas

Resultados.

7.4 Aba Fórmulas

As funções no Excel são divididas por categorias, conforme ilustrado na figura a seguir.

As categorias são apenas uma forma de organizar o conjunto de funções do programa a fim de facilitar a vida do usuário.

7.5 Funções

O Excel oferece diversas funções para realização de operações e cálculos. Para auxiliar o usuário a encontrar a função necessária, o programa as separa em grupos, os quais ficam numa biblioteca de funções. O recurso citado pode ser encontrado na aba Fórmulas, como ilustra a figura a seguir.

MICROSOFT EXCEL 2010

Também é possível inserir uma função por meio do botão Inserir Função presente nessa mesma aba, como representado na aba barra de fórmulas ilustrada a seguir.

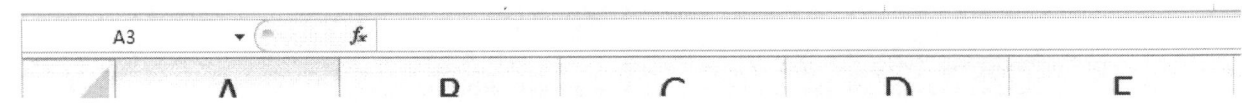

Entre as tantas funções do programa, vamos destacar as principais, ou seja, as que têm maior probabilidade de serem cobradas nas provas.

Soma

A função soma apresenta o resultado da soma dos valores contidos nas células indicadas no espaço de parâmetros da mesma. Logo, tomando o recorte da planilha abaixo e seus dados, ao inserir a função =SOMA(A1:5), obtemos como resposta o valor 20.

	A	B
1	7	3
2	3	7
3		7
4	7	3
5	3	5
6	texto	

Cont.Núm

Esta função realiza a contagem de células cujo conteúdo é um valor numérico. Sua sintaxe se apresenta da seguinte forma: =CONT.NÚM(A1:A7).

Para o conjunto de dados inicial, a resposta será 5, pois uma célula está vazia e outra contém um valor do tipo texto.

Contar.Vazio

A função contar vazio retorna a quantidade de células que não tem conteúdo, ou seja, quantas são vazias. Sua sintaxe é definida a seguir: =CONTAR.VAZIO( )

Ao aplicá-la para o conjunto de dados usado: =CONTAR.VAZIO(A1:A7), o resultado é 1, pois só existe uma célula vazia no intervalo apresentado.

Cont.Valores

Cuidado com a função contar valores, uma vez que ela é o inverso da contar vazio. Assim, resulta na quantidade de células que não está vazia, ou seja, que tem um dado de alguma natureza. Sua sintaxe é definida a seguir: =CONT.VALORES( ).

No contexto apresentado, se usarmos =CONT.VALORES(A1:A7), o resultado encontrado será 6, o que representa que 6 células não estão vazias.

Cont.Se

Considere o conjunto de dados expresso na planilha ilustrada a seguir.

	A	B	C
1	Qtde	CAT	
2	10	A	
3	20	B	
4		C	
5	50	B	
6	100	B	
7	30	C	
8			
9			

Enquanto a função cont.num contabiliza a quantidade de células de conteúdo numérico, a função Cont.se conta a quantidade de células com conteúdos que atendam a um critério fornecido como parâmetro.

=cont.Se(<intervalo>;<critério>)

Assim, se aplicarmos =CONT.SE(B2:B7; "=B"), a resposta obtida será 3, pois existem apenas duas células com conteúdo igual a B. Observe atentamente a necessidade do uso das aspas duplas. Também podemos aplicar =CONT.SE(A2:A7; ">20"), cujo resultado será 3, dado que apenas 3 células do intervalo de A2 até A7 têm valor maior do que 20.

Somase

Por meio da função SomaSe, podemos realizar a soma apenas das células que interessam. Sua sintaxe é apresentada de seguinte forma:

=somase(<intervalo a ser comparado> ; <critério> ; <intervalo a ser somado>)

Ao utilizar a função =SOMASE(B2:B7; "=B"; A2:A7), a resposta será 170, pois corresponde à soma das células presentes na coluna A que estão na mesma linha das células da coluna B e que têm como conteúdo o texto comparado "B".

Média

	A	B	C
1	7	3	
2	3	7	
3		7	
4	7	3	
5	3	5	
6	Texto		
7			

O cálculo da média é a obtenção do resultado da soma de um conjunto de valores e a divisão dessa soma pelo total de elementos desse conjunto.

A sintaxe da função é:

=MÉDIA(<parâmetros>)

Em que os <parâmetros> são o conjunto de endereços das células que serão consideradas.

Dada a figura anterior, consideremos a função: =MÉDIA(A1:A5), cujo resultado será 20, pois a função Média ignora células que não contenham valores numéricos.

Mediana

A mediana calcula o elemento central de um conjunto de dados, mas, cuidado, pois devemos lembrar que esta é uma função estatística que considera os valores ordenados. Assim, ao aplicar a função:

> =MED(B1:B5)

Obteremos como resposta o valor 5, pois se encontra no centro do conjunto de dados.

Já no caso de aplicar a função:

> =MED (A1:A5)

A resposta será também 5, porque quando o conjunto de dados possui uma quantidade par de elementos a mediana corresponde à média dos dois elementos centrais do conjunto.

Mod

A função MOD calcula o resto de uma divisão inteira.

Desta forma ao aplicar a função:

=MOD(A1;A2)

Teremos como resposta 1, uma vez que 7 dividido por 3 resulta em 2, e sobra 1.

Potência

Esta função calcula um valor elevado a outro. Sua sintaxe é a seguinte:

=POTÊNCIA(<número>;<potência>)

Como exemplo, temos:

=POTÊNCIA(2;3)

Que resulta em 8.

Ainda, podemos comparar isso com o uso do operador de potenciação:

> =2^3

Máximo

A função "máximo" retorna o valor mais alto do conjunto de dados especificados.

Ao aplicar a função para o conjunto de dados inicial:

> =MÁXIMO(B1:B5)

A resposta será 7.

NOÇÕES DE INFORMÁTICA

MICROSOFT EXCEL 2010

Maior

A função "maior" possui dois campos em sua sintaxe.

> =MAIOR(<intervalo>;<Número de Ordem>)

Ao aplicar:

> =MAIOR(B1:B5;3)

Podemos entendê-la como a busca pelo terceiro maior número de B1 até B5.

Mínimo

Esta função resulta no valor mais baixo de um conjunto de dados. Ao aplicar:

> =MÍNIMO(B1:B5)

A resposta obtida será 3.

Menor

Assim como a função Maior a função menor possui dois campos obrigatórios, seja o exemplo:

> =MENOR(B1:B5;4)

Onde se lê: quarto menor número de B1 até B5, que resulta em 7.

Agora

Outro grupo de funções é o das funções de data. No caso específico, a função "agora" é um exemplo. Esta função não recebe parâmetros, apenas é escrita como:

> =AGORA( )

Seu resultado é a expressão da data e da hora atual, ou seja, do momento em que foi inserida. Cuidado: por padrão, o resultado dessa função não se atualiza automaticamente. No entanto, ao inserir uma outra função ou cálculo em outra célula e apertar Enter, os dados da função "agora" serão atualizados.

Hoje

A função "hoje" retorna apenas a data atual. Para usá-la, basta inserir =HOJE( ) e a data será impressa na célula.

Arred

A função ARRED arredonda um valor numérico para o número de casas decimais indicado, porém é importante observar o conceito matemático para o arredondamento, ou seja, quando o valor mais significativo que será ocultado for maior ou igual a cinco arredonda-se (para cima), do contrário o valor é truncado no número de casas decimais informadas.

Sintaxe:

=ARRED(<Número> ; <casas decimais>)

	A	B	C
1	ARRED(<num>;<casas decimais>)		
2	ARRED	Número	Casas Decimais
3	1734,64380	1734,6437521	4
4	1734,644	1734,643752	3
5	1734,64	1734,643752	2
6	1734,6	1734,643752	1
7	1735	1734,643752	0
8	1730	1734,643752	-1
9	1700	1734,643752	-2
10	2000	1734,643752	-3
11	0	1734,643752	-4

No exemplo acima ainda é possível destacar outra particularidade da função ARRED, para quando o número de casas decimais indicadas é menor que 0 (ou seja, negativo), deste modo o valor é arredondado para o múltiplo de 10n mais próximo, em que n é o valor informado, no referido campo de casas decimais em negativo). Assim temos:

> Célula C8: =ARRED(B8;C8) em que =ARRED(1734,643752;-1) o valor informado será arredondado para o múltiplo de 10^1 =10 mais próximo, no caso 1734,64... está mais próximo a 1730 que 1740.

> Célula C9: =ARRED(B9;C9) em que =ARRED(1734,643752;-2) o valor informado será arredondado para o múltiplo de 10^2 = 100 mais próximo, no caso 1734,64... está mais próximo a 1700 que 1800.

> Célula C10: =ARRED(B10;C10) em que =ARRED(1734,643752;-3) o valor informado será arredondado para o múltiplo de 10^3 = 1.000 mais próximo, no caso 1734,64... está mais próximo a 2000 que 1000.

> Célula C11: =ARRED(B11;C11 em que =ARRED(1734,643752;-4) o valor informado será arredondado para o múltiplo de 10^4 = 10.000 mais próximo, no caso 1734,64... está mais próximo a 0 que 10.000.

Int

Já a função INT é mais simples, ela apenas retorna a parte inteira de um valor como resultado, deste modo ignorando os valores após a vírgula, mesmo que seja ,99999999999999999.

Sintaxe:

=INT(<número>)

Truncar

A função TRUNC é similar a função ARRED, porém com características da função INT, pois considera o número de casas decimais indicadas.

Sintaxe:

=TRUNC(<número> ; <casas decimais>)

E	F	G
TRUNCAR	Número	Casas Decimais
1734,64370	1734,643752	4
1734,643	1734,643752	3
1734,64	1734,643752	2
1734,6	1734,643752	1
1734	1734,643752	0
1730	1734,643752	-1
1700	1734,643752	-2
1000	1734,643752	-3
0	1734,643752	-4

Arredondar.Para.Cima

Esta função é simular a função ARRED, porém arredonda para cima quando o dígito mais significativo que será oculto for diferente de zero. Deste modo, caso o número seja 5,1 e seja arredondado para 0 casas decimais o valor retornado será 6, enquanto a função ARRED retornaria 5.

ARREDONDAR.PARA.CIMA(<num>;<casas decimais>)		
ARRED	Número	Casas Decimais
1734,6438	1734,643752	4
1734,644	1734,643752	3
1734,65	1734,643752	2
1734,7	1734,643752	1
1735	1734,643752	0
1740	1734,643752	-1
1800	1734,643752	-2
2000	1734,643752	-3
10000	1734,643752	-4

Arredondar.Para.Baixo

Já a função =ARREDONDAR.PARA.BAIXO(;) é similar a função Truncar, ignorando os valores além da quantidade de casas decimais indicadas.

ARREDONDAR.PARA.CIMA(<num>;<casas decimais>)		
ARRED	Número	Casas Decimais
1734,6437	1734,643752	4
1734,643	1734,643752	3
1734,64	1734,643752	2
1734,6	1734,643752	1
1734	1734,643752	0
1730	1734,643752	-1
1700	1734,643752	-2
1000	1734,643752	-3
0	1734,643752	-4

Raiz

A função RAIZ calcula a raiz quadrada de um número informado.

Assim temos:

=RAIZ(9) → 3

=RAIZ((81) → 9

Procv

A função PROCV permite procurar valores em uma coluna e ao encontrar o valor buscado ela retorna o valor de uma célula na mesma linha onde está o valor encontrado, cabendo ao usuário definir de qual coluna deseja o valor.

É importante observar que o dado pesquisado deve estar necessariamente na primeira coluna à esquerda da matriz de dados informada na função.

> Sintaxe:

=PROCV(<valor procurado>;<Matriz de dados>;<coluna desejada>;<aceita valor aproximado?>)

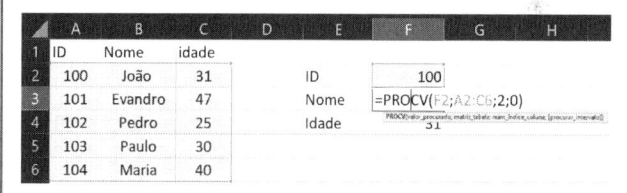

	A	B	C	D	E	F	G	H
1	ID	Nome	idade					
2	100	João	31		ID	100		
3	101	Evandro	47		Nome	=PROCV(F2;A2:C6;2;0)		
4	102	Pedro	25		Idade	31		
5	103	Paulo	30					
6	104	Maria	40					

Função se

A função SE é uma tomada de decisão, ela permite escolher qual ação executar com base em uma condição que será avaliada em verdadeira ou falsa.

=SE(<condição> ; <ação executada caso condição verdadeira>; <ação executada caso condição falsa>)

	A	B	C	D	E	F	G
1	Nome	1 Bim	2 Bim	3 Bim	4 Bim	Média	Resultado
2	João	75	45	65	90	68,75	RP
3	Ana	60	45	99	80	71	AP
4	Maria	40	45	65	40	47,5	RP
5	Pedro	80	75	55	40	62,5	RP
6	Paulo	80	85	84	90	84,75	AP

F	G	H	I
Média	Resultado		
68,75	=SE(F2>=70;"AP";"RP")		
71	A		

F	G	H	I	J
Média	Resultado			
68,75	=SE(F2>=70;"AP";SE(F2>=60; "EX";"RP"))			
71	A			

NOÇÕES DE INFORMÁTICA

	A	B	C	D	E	F	G
1	Nome	1 Bim	2 Bim	3 Bim	4 Bim	Média	Resultado
2	João	75	45	65	90	68,75	EX
3	Ana	60	45	99	80	71	AP
4	Maria	40	45	65	40	47,5	RP
5	Pedro	80	75	55	40	62,5	EX
6	Paulo	80	85	84	90	84,75	AP

Funções lógicas

As funções lógicas retornam VERDADEIRO ou FALSO de acordo com as prerrogativas da lógica de Boole

> E

Retorna verdadeiro se todas as premissas forem verdadeiras, caso exista pelo menos uma falsa a resposta é falso.

	A	B	C
1	P	Q	P ^ Q
2	VERDADEIRO	VERDADEIRO	=E(A2;B2)
3	VERDADEIRO	FALSO	
4	FALSO	VERDADEIRO	
5	FALSO	FALSO	

> OU

Retorna verdadeiro quando pelo menos uma premissa for verdadeira, se todos forem falsas retorna falso.

	A	B	C	D	
1	P	Q	P ^ Q	P v Q	P:
2	VERDADEIRO	VERDADEIRO	VERDADEIRO	=OU(A2;B2)	FA
3	VERDADEIRO	FALSO			
4	FALSO	VERDADEIRO			
5	FALSO	FALSO			

> Não

Inverte o valor de uma premissa, caso verdadeiro retorna falso e vice-versa.

7.6 Formatos de células

Ao contrário do editor de texto em que trabalhamos com uma formatação voltada aos parágrafos, nos editores de planilha trabalha-se com a formatação específica para cada célula.

Aba número

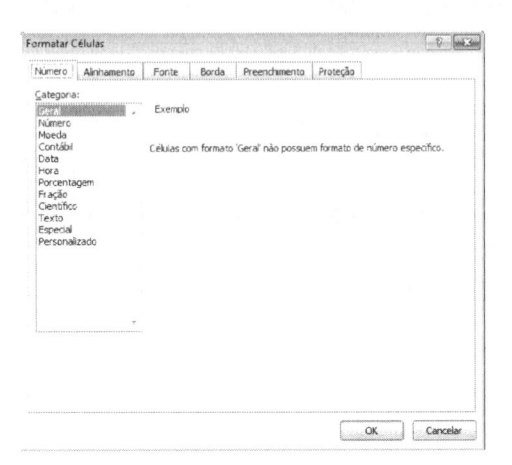

Por padrão uma célula está formatada com o formato "Geral", independente do dado inserido. Mas o que se observa é uma detecção do tipo de informação inserida, por exemplo, se for inserido um texto, este ficará alinhado à esquerda, caso seja inserido um número este ficará alinhado à direita, porém em ambos os casos o formato da célula ainda é o formato "Geral".

Caso sejam necessários maiores detalhes ou mesmo que as informações apareçam de uma forma específica na célula deve-se formatá-la, para esta operação utilizamos a opção Formatar Células.

O formato número, por exemplo, por padrão formata o valor na célula para que por padrão exiba duas casas decimais após a vírgula e ainda permite optar por exibir os separadores de milhares.

Formato Moeda exibe o cifrão da unidade monetária padrão (depende do idioma configurado, no caso em questão o português Brasileiro) R$, além de exibir duas casas decimais, como pode ser observado na figura a seguir.

	B	C	D
2			
3		Formato Moeda	Formato Contábil
4		R$ 54.123,00	R$ 54.123,00

Formato Contábil apresenta uma sutil diferença em relação ao formato moeda, pois alinha o R$ à esquerda da célula enquanto o valor fica alinhado à direita.

Formato Hora: neste formato os editores de planilha tratam a hora mais facilmente, assim não é necessário calcular a mudança das bases de horas e minutos para a base decimal.

Cuidado com o Formato Percentagem, mais especificamente deve-se tomar cuidado com o botão percentagem, %, pois ele realiza a operação inversa a que o operador % faz, o operador percentagem pode em uma fórmula ser substituído por uma divisão por 100, já o botão é para formatar uma célula no formato de percentagem, sendo assim, os editores consideram o padrão da estatística em que os valores de 0 a 100% são representados por valores do intervalo de 0 a 1, ou seja, se em uma célula for digitado o número 5 e então acionado o botão percentagem o valore resultante da célula será 500%, para que apareça na célula o valor 50% é necessário se digitar 0,5 na célula e então acionar o botão estilo de Percentagem.

Aba alinhamento

Nesta aba encontramos as principais opções de distribuição de dados internamente à célula.

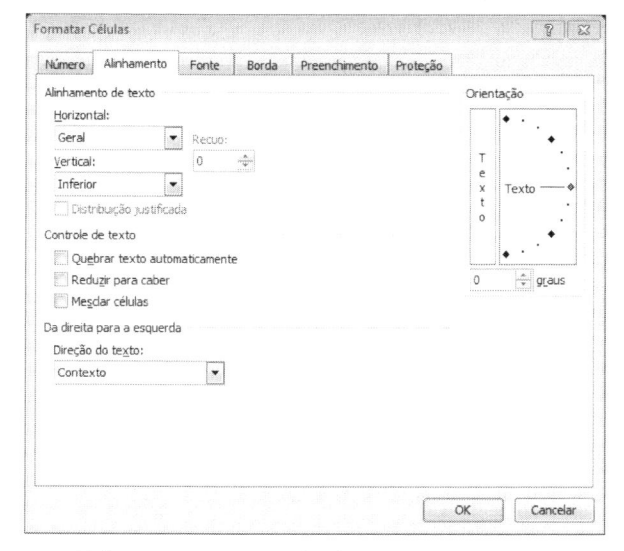

Muita atenção aos controles de texto:

Quebrar texto automaticamente e mesclar células.

A opção quebrar texto automaticamente também pode ser acionada a partir do bloco alinhamento pelo botão.

O texto é distribuído em várias linhas de texto (dentro da mesma célula) de acordo com a largura da coluna.

Já a opção mesclar células junta duas ou mais células.

Cuidado com a opção Mesclar e Centralizar presente no bloco alinhamento da aba Página Inicial, pois ela além de juntar centraliza o conteúdo.

Ao selecionar as quatro células indicadas na figura anterior e clicar o botão Mesclar e Centralizar será exibida a mensagem a seguir.

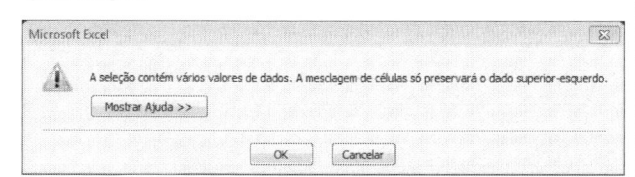

A mensagem foi exibida porque as células possuem conteúdo, pois caso estivessem vazias a ação ocorreria direto, ou seja, sem a exibição da mensagem.

Ao fim o resultado apresentado é ilustrado a seguir.

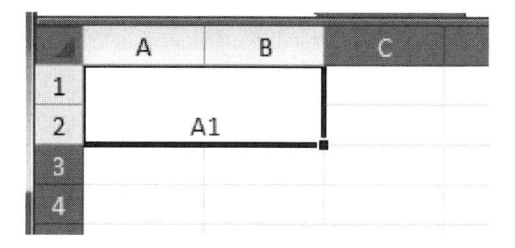

7.7 Alça de Preenchimento

A alça de preenchimento é um dos recursos que mais possui possibilidades de uso e por consequência respostas diferentes.

Antes de entendê-la vamos ver quem é ela. Veja a figura a seguir.

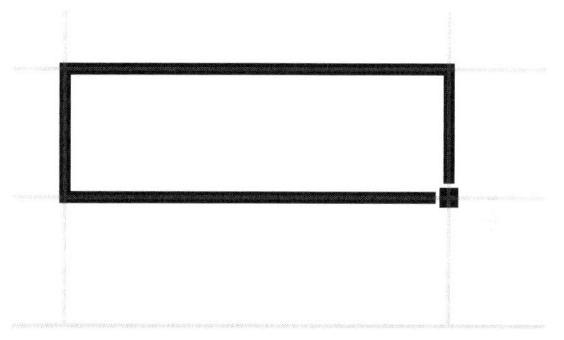

Observe que quando uma ou mais células está selecionada sempre no canto direito inferior é ilustrado um quadrado um pouco mais destacado, essa é a alça de preenchimento.

Ela possui esse nome porque é utilizada para facilitar o preenchimento de dados que obedeçam a uma regra ou padrão.

Quando uma única célula está selecionada e o seu conteúdo é um valor numérico. Ao clicar sobre a alça de preenchimento e arrastar seja na horizontal ou vertical em qualquer sentido, exceto diagonal, no Excel o valor presente na célula é copiado para as demais sobre as quais foi arrastada a alça. A figura a seguir ilustra tal comportamento.

Já em uma situação em que existem duas células adjacentes selecionadas contendo valore numéricos diferentes entre si, ao se arrastar pela alça de preenchimento as células serão preenchidas com uma PA cuja razão é a diferença entre os dois valores selecionados. A figura a seguir ilustra esse comportamento. Podemos observar que o valor quer irá ser exibido na célula B6 será o número 30, com isso observamos que a célula B4 receberá o valor 20, enquanto B5 receberá 25, conforme vemos na figura de baixo.

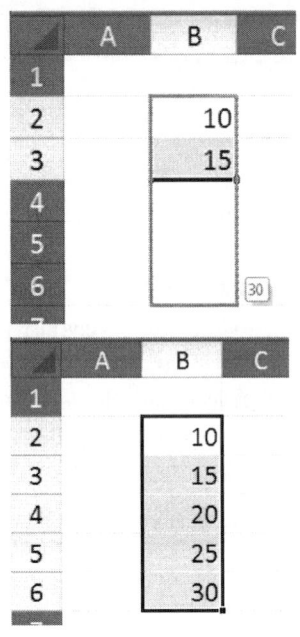

Mas devemos lembrar-nos da exceção do Excel, em que se forem duas células selecionadas uma abaixo da outra, ao arrastar na horizontal as células são preenchidas com o mesmo valor, caso sejam duas células uma ao lado da outra as selecionadas, ao arrastar na vertical também apenas será copiado o valor das células selecionadas. Veja a figura a seguir ilustrando esse comportamento.

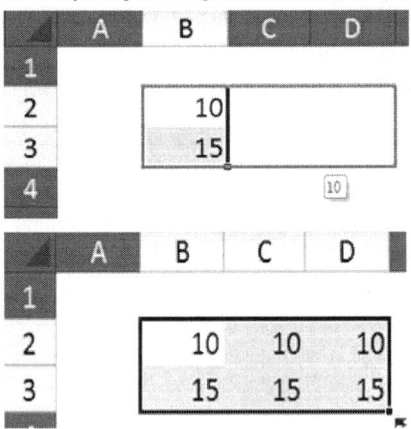

Quando o conteúdo de uma única célula selecionada for um texto, esse será copiado para as demais células. Mas se o conteúdo mesmo sendo um texto fizer parte de uma série conhecida pelo programa às células serão preenchidas com o próximo valor da série, por exemplo, se Janeiro for o conteúdo inserido na célula então ao arrastar pela alça de preenchimento para a direita ou para baixo a célula adjacente será preenchida com Fevereiro. Por outro lado, se for arrastado para cima ou para a esquerda a célula adjacente será preenchida com Dezembro. O mesmo vale para as sequências Jan, Seg e Segunda-feira. Atenção: A, B, C não são conhecidos como série nos programas, mas o usuário pode criá-las.

Já na situação em que haja duas células que contenham textos diferentes selecionadas, ao arrastar será preenchido com o padrão encontrado, veja o exemplo abaixo.

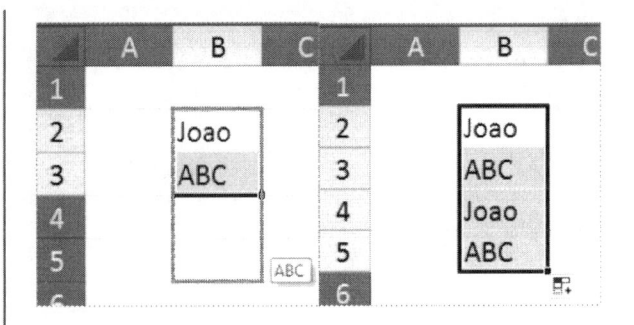

7.8 GRÁFICOS

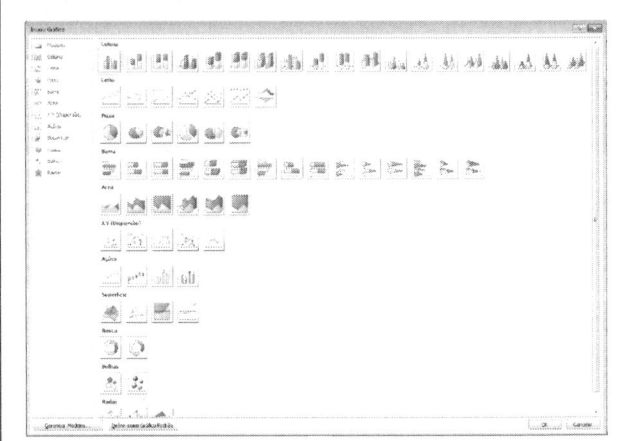

Colunas

Os dados organizados em colunas ou linhas em uma planilha podem ser plotados em um gráfico de colunas. Em geral, um gráfico de coluna exibe categorias ao longo do eixo horizontal (categoria) e valores ao longo do eixo vertical (valor), como mostra este gráfico:

	Jan	Fev	Mar
Produto 1	4,3	2,4	2
Produto 2	2,5	4,4	2
Produto 3	3,5	1,8	3
Produto 4	4,5	2,8	5

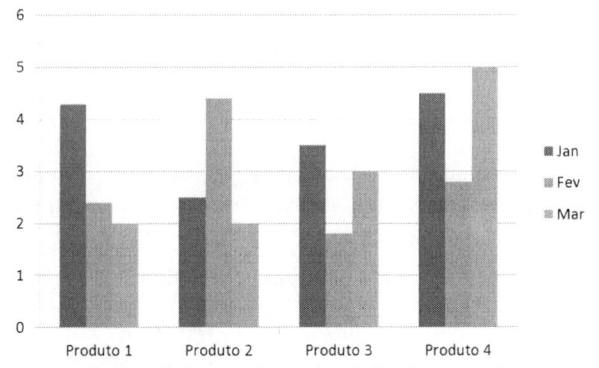

Ao inverter linhas e colunas dos dados de um gráfico, temos:

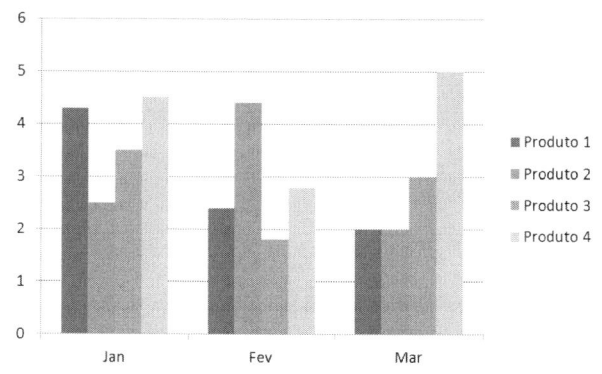

A partir da mesma tabela de dados, também podem ser gerados outros gráficos, como ilustrado a seguir.

Linhas

Dados organizados em colunas ou linhas em uma planilha podem ser plotados em um gráfico de linhas. Neste tipo de gráfico, os dados de categorias são distribuídos uniformemente ao longo do eixo horizontal, e todos os dados de valores são distribuídos uniformemente ao longo do eixo vertical. Gráficos de linhas podem mostrar dados contínuos ao longo do tempo em um eixo com escalas iguais e, portanto, são ideais para mostrar tendências de dados em intervalos iguais, como meses, trimestres ou anos fiscais.

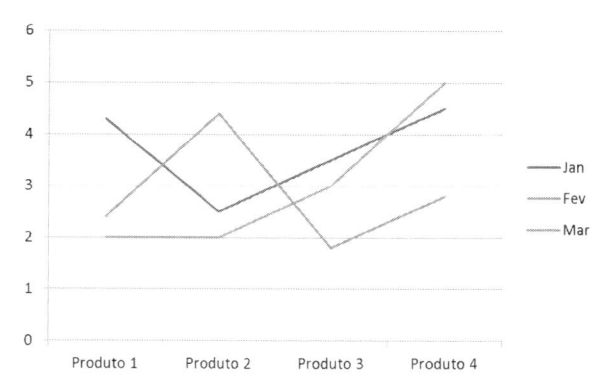

Alguns dados não são proeminentes para alternar entre os eixos.

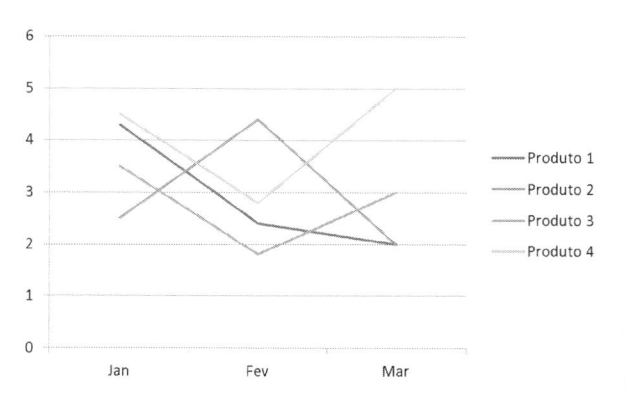

Áreas

Dados organizados em colunas ou linhas em uma planilha podem ser plotados em um gráfico de áreas. Gráficos de áreas podem ser usados para plotar mudanças ao longo do tempo e chamar a atenção para o valor total no decorrer de uma tendência.

Mostrando a soma dos valores plotados, um gráfico de áreas também mostra a relação de partes com um todo.

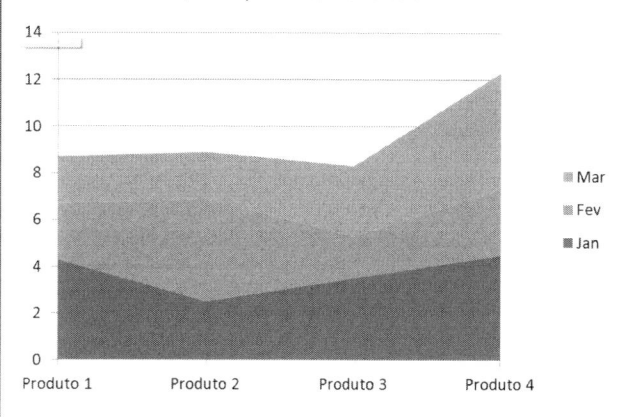

Invertendo os eixos, temos:

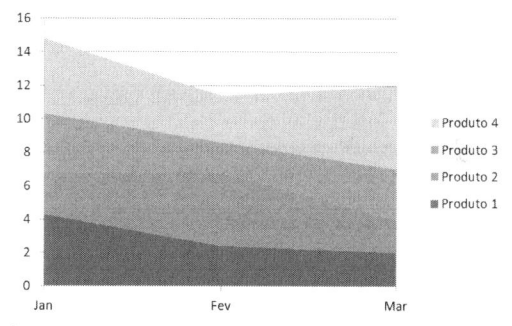

Radar

Dados organizados em colunas ou linhas em uma planilha podem ser plotados em um gráfico de radar. Gráficos de radar comparam os valores agregados de várias séries de dados.

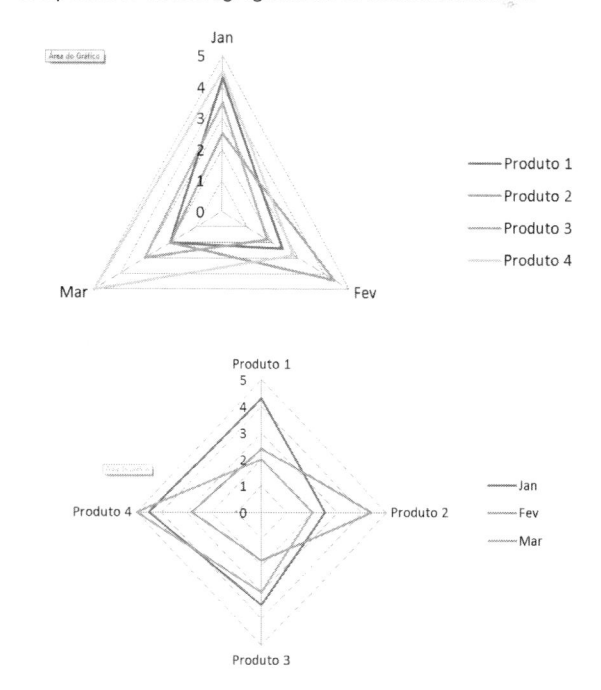

Pizza

Dados organizados em uma coluna ou linha de uma planilha podem ser plotados em um gráfico de pizza. Gráficos de pizza mostram o tamanho dos itens em uma série de dados, proporcional à soma desses itens. Pontos de dados em um gráfico de pizza são exibidos como uma porcentagem da pizza inteira.

Região	Votos
Sul	500
Sudeste	1000
Norte	300
Nordeste	1200
Centro-oeste	450

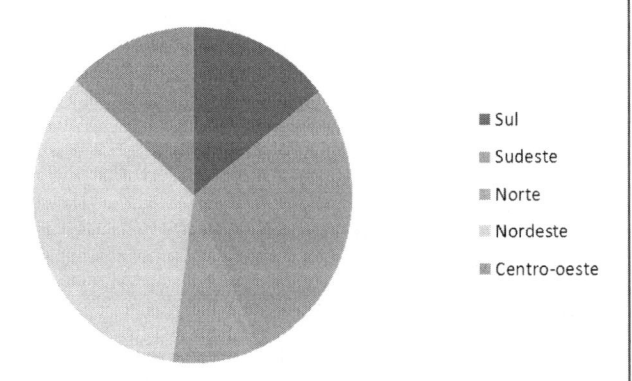

Rosca

Dados organizados apenas em colunas ou linhas de uma planilha podem ser plotados em um gráfico de rosca. Como um gráfico de pizza, um gráfico de rosca mostra a relação das partes com um todo, mas pode conter mais de uma série de dados.

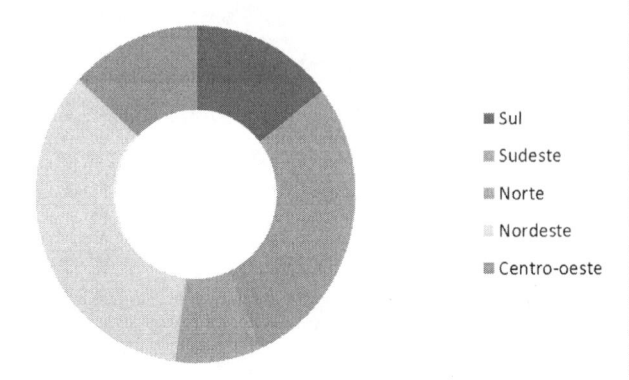

X y (dispersão)

Dados organizados em colunas e linhas em uma planilha podem ser plotados em um gráfico de dispersão (XY). Coloque os valores X em uma linha ou coluna e, depois, insira os valores Y correspondentes nas linhas ou colunas adjacentes.

Um gráfico de dispersão tem dois eixos de valores: um eixo horizontal (X) e um vertical (Y). Ele combina os valores X e Y em pontos de dados únicos e os exibe em intervalos irregulares, ou agrupamentos. Gráficos de dispersão costumam ser usados para exibir e comparar valores numéricos, como dados científicos, estatísticos e de engenharia.

X	Y	Tamanho
14	12.200	15%
7	50.000	33%
18	24.400	10%
22	32.000	42%

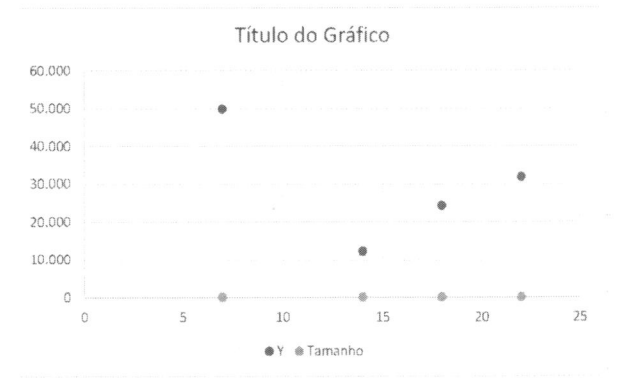

Dados organizados em colunas ou linhas em uma ordem específica em uma planilha podem ser plotados em um gráfico de ações. Como o nome sugere, um gráfico de ações pode ilustrar flutuações nos preços das ações. No entanto, esse gráfico também pode ilustrar flutuações em outros dados, como níveis diários de chuva ou temperaturas anuais. Lembre-se de organizar seus dados na ordem correta para criar um gráfico de ações.

Por exemplo, para criar um simples gráfico de ações de alta-baixa-fechamento, você deve organizar seus dados com os valores "alta", "baixa" e "fechamento" inseridos como títulos de colunas, nessa ordem.

dia	abertura	Alta	baixa	fechamento
10/10/2020	R$ 7,00	R$ 8,20	R$ 7,40	R$ 7,90
11/10/2020	R$ 6,00	R$ 7,50	R$ 6,80	R$ 7,00
12/10/2020	R$ 9,00	R$ 8,90	R$ 8,00	R$ 8,50
13/10/2020	R$ 10,00	R$ 9,80	R$ 9,00	R$ 9,70
14/10/2020	R$ 8,00	R$ 10,00	R$ 8,70	R$ 9,00

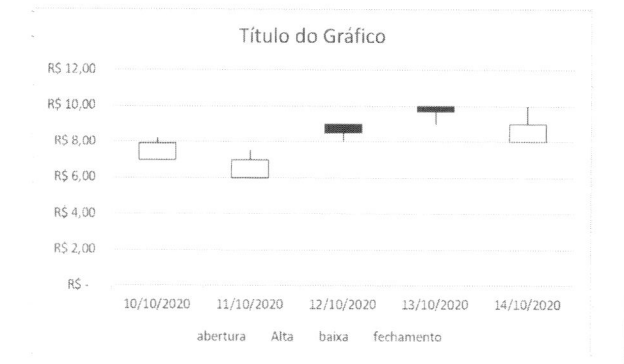

7.9 FERRAMENTAS

Imprimir títulos

A opção imprimir títulos é muito útil quando é preciso imprimir uma planilha em várias páginas, pois, ao usá-la, o programa automaticamente repete a linha e/ou a coluna dos títulos a cada página para facilitar a identificação dos dados.

Área de impressão

É possível selecionar as células da planilha com o intuito de definir o espaço que será impresso.

Quebras

Por meio da opção quebras também é possível definir o que será impresso em cada página.

Visualizar quebra de página

Por meio da opção de visualização da quebra de página podemos averiguar e definir como ficará o conteúdo distribuído nas páginas a serem impressas. Veja a figura a seguir.

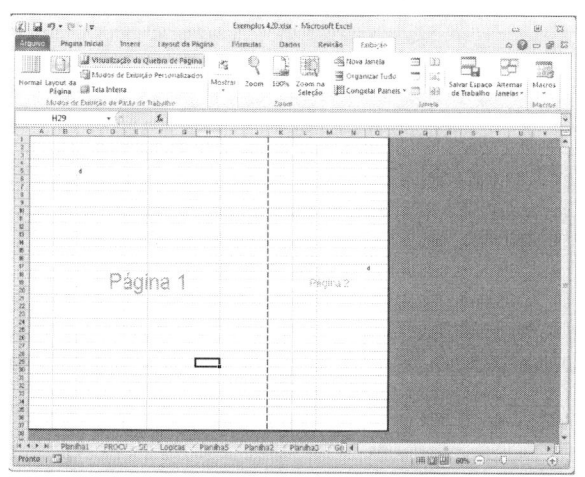

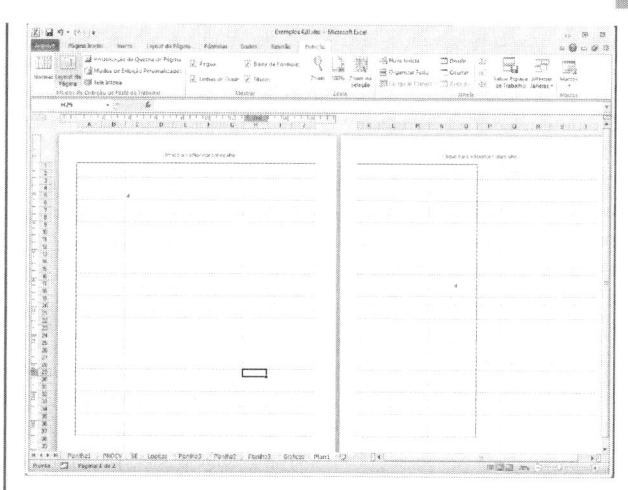

7.10 MINIGRÁFICO

Um minigráfico é um gráfico que ocupa o espaço de uma célula alterando seu plano de fundo. Ou seja, em uma célula que contém um minigráfico é possível, também, inserir um dado.

Um minigráfico pode ser do tipo linha; coluna ou ganhos e perdas, conforme ilustra a figura a seguir do bloco "minigráficos" da aba "inserir".

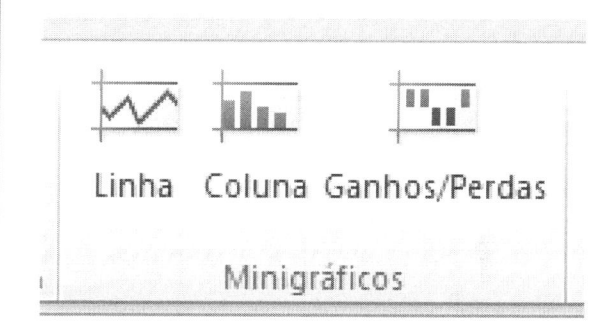

A figura a seguir ilustra parte de uma planilha do Excel com esse recurso sendo exibido nas suas três formas de uso.

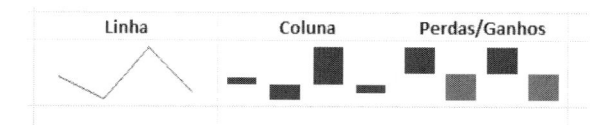

Filtro e classificar

A opção "classificar e filtrar" possui uso muito frequente em relação às demais opções. Por meio dela é possível organizar os dados em ordem crescente ou decrescente e também é possível o acionamento da opção "filtro".

MICROSOFT EXCEL 2010

Contudo as opções "classificar" e "filtro" também podem ser também encontradas, e com mais recursos, juntamente à aba Dados.

Aba layout de página

Nessa aba encontram-se duas opções especificas de planilhas: a opção "plano de fundo" e a opção "imprimir títulos", conforme ilustrado a seguir.

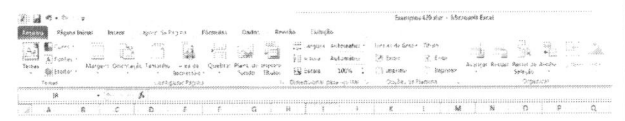

A opção "plano de fundo" permite atribuir uma imagem como fundo de uma planilha, já a opção "imprimir títulos" é mais usual, pois há situações em que é preciso imprimir uma planilha, porém ela será impressa em várias páginas, dada sua extensão. Assim, uma forma de facilitar a localização das informações é repetir os títulos das linhas e colunas em cada página. Para não precisar realizar essa tarefa de forma manual, pode-se utilizar a opção "imprimir títulos".

Seleção de células

Durante a edição de uma planilha, podemos usar comando do teclado para navegar entre as células. Dentre uma das ações mais comuns está o uso da tecla Enter que, em uma planilha, seleciona a célula abaixo da célula em edição, enquanto em uma tabela do Word, insere um novo parágrafo em uma nova linha, dentro da mesma célula.

	Shift + Enter	
Shift + Tab		Tab
	Enter	

Já a tecla Tab produz o mesmo resultado, tanto em uma planilha quanto em uma tabela no Word. Ao teclar Tab a célula à direita da célula em uso será selecionada.

O uso da tecla Home, tanto no Word quanto no Excel, posiciona o cursor na primeira posição da linha atual – no caso das planilhas, a primeira posição trata-se da primeira célula.

Ao utilizar a combinação Ctrl + Home, a primeira célula é selecionada, ou seja, a célula A1.

A combinação Ctrl + End seleciona a última posição do documento. Esta, por sua vez, é a célula do encontro da última coluna com a última linha com conteúdo.

De modo geral, também podemos realizar a seleção de um conjunto de células

NOÇÕES DE ADMINISTRAÇÃO

1. TEORIAS ADMINISTRATIVAS

1.1 Conceito de Administração

A Administração (do latim: administratione) é o conjunto de atividades voltadas à direção de uma organização. Tais atividades devem fazer uso de técnicas de gestão para que seus objetivos sejam alcançados de forma eficaz e eficiente, com responsabilidade social e ambiental.

Lacombe (2003, p.4) afirma que a essência do trabalho do administrador é obter resultados por meio das pessoas que ele coordena. A partir desse raciocínio de Lacombe, temos o papel do "Gestor Administrativo" que, com sua capacidade de gestão com as pessoas, consegue obter os resultados esperados.

<small>Drucker (1998, p. 2) conceitua que administrar é manter as organizações coesas, fazendo-as funcionar.</small>

Administrar como processo significa **planejar, organizar, dirigir (coordenar e liderar)**, e controlar organizações e/ou tarefas, tendo como objetivo maior produtividade e/ou lucratividade. Para se chegar a isso, o administrador avalia os objetivos organizacionais e desenvolve as estratégias necessárias para alcançá-los. Este profissional, no entanto, não tem apenas função teórica, ele é responsável pela implantação de tudo que planejou e, portanto, vai ser aquele que define os programas e métodos de trabalho, avaliando os resultados e corrigindo os setores e procedimentos que estiverem com problemas. Como é função do administrador que a produtividade e/ou lucros sejam altos, ele também terá a função de fiscalizar a produção e, para isso, é necessário que fiscalize cada etapa do processo, controlando inclusive os equipamentos e materiais (recursos) envolvidos na produção, para evitar desperdícios e prejuízos para a organização.

A Administração é uma ciência como qualquer outra e, como ocorre com todas as ciências, foi necessário o desenvolvimento de teorias que explicassem e orientassem as organizações. De vez em quando essa evolução é abordada em concursos, e quando isso acontece, o conteúdo está especificado como Teorias Administrativas ou Teoria Científica, Clássica, Burocrática, Relações Humanas, Estruturalista, Sistêmica e Contingencial.

1.2 Teorias Administrativas - Principais Escolas - Características Básicas e Contribuições

A administração científica (taylorismo)

Para compreender esta teoria, precisamos nos localizar no tempo. Com a Revolução Industrial, as relações de trabalho e as condições em que a produção ocorria se transformaram tremendamente. A máquina a vapor proporcionou uma melhoria nos transportes (principalmente no que tange aos navios a vapor e trens). Isso permitiu que uma empresa "entregasse" seus produtos para um público cada vez maior e mais distante. Além disso, este novo maquinário levou a um novo tipo de processo produtivo: a produção em massa.

A produtividade e a velocidade de produção foram ampliadas enormemente. A pequena oficina aos poucos deu espaço a grandes indústrias, em que o ambiente de trabalho era insalubre e perigoso, com jornadas de trabalho de mais de doze horas diárias.

E quem eram os operários? A indústria na época contratava, em grande parte, os moradores do campo, que eram atraídos por melhores salários. Assim, estes trabalhadores chegavam às indústrias sem qualificação específica e efetuavam um trabalho basicamente manual (ou "braçal").

Então, procuremos imaginar a situação: a empresa precisava de produtividade, mas os funcionários não tinham a capacitação necessária; era um caos total.

Com isso, existia um ambiente de grande desperdício e baixa eficiência nas indústrias. O primeiro teórico a buscar mudar esta realidade foi Frederick Taylor, por isso que a Teoria Científica pode ser chamada também de Taylorismo.

Nas fábricas, os funcionários faziam seu trabalho de forma empírica, ou seja, na base da tentativa e do erro. Os gerentes não estudavam as melhores formas de se trabalhar. Os funcionários não se comprometiam com os objetivos (de acordo com Taylor, ficavam "vadiando") e cada um fazia o trabalho como "achava melhor" – não existia, assim, uma padronização dos processos de trabalho. Os funcionários utilizavam técnicas diferentes para realizar o mesmo trabalho e eram propensos a "pegar leve".

Taylor acreditava que o trabalho poderia ser feito de modo muito mais produtivo. A Administração Científica buscou, então, a melhoria da eficiência e da produtividade.

Frederick Taylor era engenheiro mecânico e constantemente se irritava com a ineficiência e incompetência dos funcionários.

> Foco da Teoria Científica → EFICIÊNCIA E PRODUTIVIDADE

<small>Texto retirado e adaptado de: (CHIAVENATO, História da Administração: entendendo a Administração e sua poderosa influência no mundo moderno, 2009)</small>
<small>(Andrade & Amboni, 2011)</small>
<small>(CHIAVENATO, Introdução à teoria geral da Administração, 2011)</small>

Taylorismo: *é sinônimo de Administração Científica. Muitos autores se referem a esta teoria fazendo alusão ao nome de seu principal autor: Frederick Taylor.*

Ele passou a estudar então a "melhor maneira" de se fazerem as tarefas. Este trabalho foi chamado de **estudo de tempos e movimentos**. O trabalho do operário era analisado e cronometrado, de modo que os gerentes pudessem determinar a maneira mais eficiente – "The One Best Way" ou a maneira certa de se fazer uma tarefa. Após a definição do modo mais rápido e fácil de executar uma tarefa (por exemplo, a montagem de uma roda), os funcionários eram treinados para executá-las desta forma – criando, assim, uma **padronização** do trabalho.

Esta padronização evitaria a execução de tarefas desnecessárias por parte dos empregados. Tudo isso ajudaria na economia de esforços e evitaria uma rápida **fadiga humana**. Para Taylor, a Administração Científica deveria analisar os movimentos efetuados pelos trabalhadores para conseguir desenhar um processo com um mínimo de esforço em cada tarefa.

Contexto da Administração Científica

- Industrialização
- Ineficiência/Desperdícios
- Nova força de trabalho desqualificada e barata
- Trabalho predominante era braçal

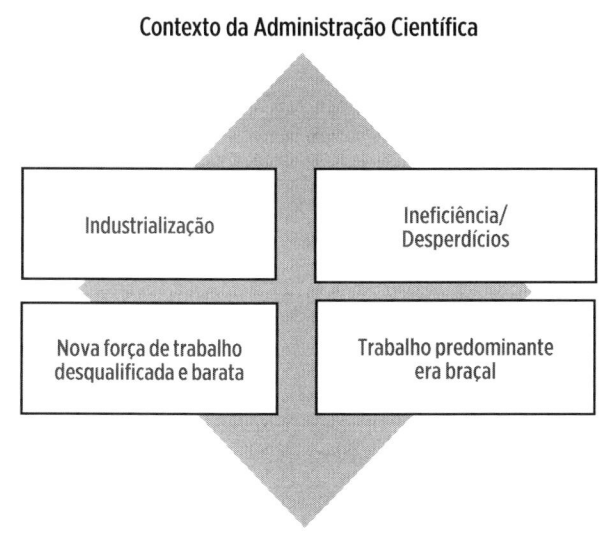

Outro aspecto importante foi a **divisão do trabalho**. De acordo com os teóricos da Administração Científica, seria muito mais fácil treinar e capacitar um funcionário a executar uma tarefa específica (parafusar um assento, por exemplo) do que fazer todo o trabalho sozinho (montar uma bicicleta inteira, por exemplo).

Texto retirado de: (Certo & Certo, 2006), (Sobral &Peci, 2008), (Daft, 2005).

Este conceito foi a base da linha de montagem – processo produtivo em que a peça a ser feita vai passando de funcionário a funcionário, até que todos tenham montado "sua parte".

Chamamos isso de especialização. O empregado ficava restrito a uma pequena parte do processo produtivo, de modo que seu treinamento e adaptação à "melhor maneira" (o modo padronizado de se trabalhar) fosse facilitada.

Taylor também buscou aumentar o incentivo ao funcionário. Ele acreditava que a remuneração por hora não trazia nenhum incentivo ao funcionário. Assim, ele indicou o pagamento por produtividade (pagamento por peça, por exemplo) como essencial para que este funcionário buscasse um maior esforço.

Portanto, Taylor acreditava que o incentivo material levava a uma maior motivação para o trabalho. Isso foi a base do conceito do "Homo Economicus". Ou seja, a ideia de que a principal motivação de uma pessoa no trabalho seria a remuneração (ou benefícios materiais). Acreditava-se que pagando mais o funcionário seria mais produtivo.

A especialização surge em decorrência da divisão de trabalho. Preparar alunos para concursos, por exemplo, é uma atividade complexa. Por isso, ocorre a divisão: um professor ministra apenas a disciplina de Administração, outro leciona apenas Direito Constitucional, e assim por diante. Desse modo, quando um indivíduo executa apenas uma atividade, ele acaba se tornando especialista no assunto e executa a sua função de uma maneira mais adequada.

Entretanto, a Administração Científica pecou por não analisar a organização em todo o seu contexto. Ou seja, apenas analisava seu ambiente interno e seus problemas e as demandas de produção (ou seja, os problemas do "chão de fábrica"). Assim, não captava toda a complexidade em que a Administração estava envolvida. Analisar só a tarefa ou o trabalho em si não permite que a empresa toda seja gerenciada com sucesso. O foco era muito limitado.

A Teoria Científica, por ignorar (não considerar) o meio onde ela estava inserida (por exemplo, concorrentes, fornecedores, economia, governo, influências e inter-relações entre as demais organizações), é considerada uma teoria de sistema fechado. Seria como analisar uma empresa "no vácuo", sem imaginar a resposta dos seus consumidores ao aumento do preço de um produto, por exemplo.

No campo prático, a contribuição mais famosa para a Administração Científica foi a de Henry Ford (1863-1947), que deu origem ao fenômeno conhecido como Fordismo. Ford era um empresário da indústria automobilística americana. Basicamente, aplicando princípios de racionalização da produção. Ele acreditava que, com a produção em massa e padronizada, conseguiria transformar o sonho americano. O automóvel, que era um bem de luxo, passaria a ser mais barato, acessível a mais pessoas.

Ele *"acreditava também que o trabalho deveria ser altamente especializado, realizando cada operário uma única tarefa. Além disso, propunha boa remuneração e jornada de trabalho menor para aumentar a produtividade dos operários"*. O Fordismo é, portanto, identificado com uma experiência prática de produção em massa ou em larga escala que aplicou princípios da Administração Científica e do Taylorismo.

Taylor procurou implementar uma mudança entre os trabalhadores e a Administração, estabelecendo diretrizes claras para melhorar a eficiência da produção. São elas:

> Análise do trabalho e estudo dos tempos e movimentos: o trabalho deveria ser feito de uma maneira simples, evitando movimentos desnecessários e com tempo médio estabelecido.
> Divisão do trabalho e especialização.
> Desenho de cargos e tarefas: estabelecer o conjunto de funções, responsabilidades e tarefas que o indivíduo deve executar e as relações com os demais cargos existentes.
> Padronização: obter a uniformidade dos processos e reduzir custos.
> Estudo da fadiga humana: a fadiga diminui a produtividade, aumenta os acidentes de trabalho e a rotatividade de pessoal, devem ser adotados métodos de trabalho para reduzi-la.
> Supervisão funcional: a supervisão seria feita por especialistas e não mais por um único chefe centralizador.
> Homem econômico: a motivação do indivíduo está vinculada diretamente com as recompensas salariais e materiais.

Características da Administração Científica

- Padronização da "melhor maneira"
- Divisão do trabalho/especialização
- Incentivos materiais/pagamento por produtividade
- Estudo de Tempos e Movimentos
- "Homo Economicus" - Sistema Fechado

→ Administração Científica

NOÇÕES DE ADMINISTRAÇÃO

TEORIAS ADMINISTRATIVAS

A Administração Científica, como qualquer teoria, recebeu críticas. Apresentamos algumas delas:

> O mecanicismo - a ideia de que a organização funcionaria como uma "máquina" e seus funcionários seriam "engrenagens" que deveriam funcionar no máximo da eficiência.

> A superespecialização do trabalhador – se as tarefas mais simples eram mais fáceis de serem treinadas e padronizadas, também tornavam o trabalho extremamente "chato"! Em pouco tempo o trabalhador já não tinha mais desafios e sua motivação diminuía.

> Visão microscópica do homem – a Administração Científica focava principalmente no trabalho manual (não se preocupando com sua criatividade) e se baseava na ideia de que o homem se motivava principalmente por influência dos incentivos materiais (sem atentar para outros fatores, como um ambiente desafiador, por exemplo).

> A Abordagem de sistema fechado – Taylor não se preocupou com o ambiente externo – o mercado de trabalho, os concorrentes, os fornecedores etc. Sua visão é voltada para dentro da empresa somente.

> A exploração dos empregados – apesar de Taylor propor um relacionamento "ganha-ganha" entre patrões e empregados, na prática a aplicação dos preceitos da Administração Científica levou a uma maior exploração dos empregados.

> Recompensas limitadas – para Taylor, o ser humano era motivado apenas por incentivos materiais. Atualmente, sabemos que existem diversos outros fatores que servem de motivadores para as pessoas.

A teoria clássica

Foco da Teoria Clássica
→ ESTRUTURAS ORGANIZACIONAIS

Em um contexto semelhante ao da Administração Científica (pois foram criadas na mesma época), a Teoria Clássica da Administração, desenvolvida por Henri Fayol, buscou a melhoria da eficiência por meio do **foco nas estruturas organizacionais**.

Dessa forma, o foco com Fayol saiu das tarefas para a estrutura. Ele tinha uma visão de "cima para baixo" das empresas. Por meio dos estudos da departamentalização, via os departamentos como partes da estrutura da organização. A estrutura mostra como a empresa está organizada de uma maneira geral.

Foi, portanto, um dos pioneiros no que se chamou de teóricos **fisiologistas** da Administração. Assim, o escopo do trabalho do administrador foi bastante ampliado dentro da visão de Fayol.

Fayol é considerado o "pai da teoria administrativa", pois buscou instituir princípios gerais do trabalho de um administrador. Seu trabalho ainda é (após um século) considerado como relevante para que possamos entender o trabalho de um gestor atual. Ele foi capaz de definir funções empresariais, as quais, na sua grande maioria, ainda são utilizadas.

Fayol estabeleceu as Funções Básicas da Empresa, conforme os itens a seguir:

> Técnica - aquilo para que a empresa existe, o que ela faz, o que ela sabe fazer.

> Comercial - compra, venda e troca de mercadorias e serviços.

> Financeira - aplicação dos recursos com o objetivo de aumentar a riqueza da empresa.

> Contábil - fiscalizar e controlar os atos da empresa (balanços, relatórios, inventários, etc.).

> Segurança - manutenção e segurança dos operários e do patrimônio da empresa.

> Administrativa - responsável pelo controle e operacionalização das demais.

Essa última seria a responsável pela coordenação das outras funções.

Além disso, Fayol definiu o trabalho de um administrador dentro do que ele chamou de **processo administrativo** – as funções do administrador. De acordo com Fayol, elas são:

> Prever: visualizar o futuro e traçar o programa de ação em médio e longo prazos.

> Organizar: constituir a estrutura material e humana para realizar o empreendimento da empresa.

> Comandar: dirigir e orientar o pessoal para mantê-lo ativo na empresa.

> Coordenar: ligar e harmonizar todos os atos e todos os esforços coletivos.

> Controlar: cuidar para que tudo se realize de acordo com os planos da empresa.

Estes seriam elementos que estariam presentes no trabalho de cada administrador, independentemente de seu nível hierárquico. Assim, tanto o presidente da empresa quanto um mero supervisor deveriam desempenhar estas funções em seu dia a dia. Atualmente fala-se em:

> planejar;

> organizar;

> dirigir (coordenar e liderar);

> controlar.

Observando-se detalhadamente tais considerações, percebe-se a importância de Fayol nas teorias administrativas contemporâneas.

A Teoria Clássica também se baseava na mesma premissa do Taylorismo: a de que o homem seria motivado por incentivos financeiros e materiais, ou seja, o conceito de "*Homo Economicus*".

Além disso, também se preocupava mais com os aspectos internos das organizações, sem analisar as inter-relações e trocas entre a organização e o seu ambiente externo. Assim, *também era uma teoria de sistema fechado.*

Fayol estabeleceu quatorze princípios gerais da Administração, que orientariam a gestão das organizações para buscar maior eficiência e produtividade:

> Divisão do trabalho: consiste na especialização das tarefas e das pessoas para aumentar a eficiência.
> Autoridade e responsabilidade: autoridade é o direito de dar ordens e o poder de esperar obediência. A responsabilidade é uma consequência natural da autoridade e significa executar corretamente o trabalho de acordo com a confiança depositada.
> Disciplina: depende de obediência, aplicação, energia, comportamento e respeito aos acordos, regras e normas estabelecidas.
> Unidade de comando: cada empregado deve receber ordens de apenas um superior, evita a ambiguidade.
> Unidade de direção: uma cabeça e um plano para cada conjunto de atividades que tenham o mesmo objetivo, a empresa tem que seguir um rumo, uma direção.
> Subordinação dos interesses individuais aos gerais: os interesses pessoais devem estar em segundo plano e os organizacionais em primeiro.
> Remuneração do pessoal: deve haver justa e garantida satisfação para os empregados e para a organização em termos de retribuição, pagamento de acordo com a produtividade.
> Centralização: refere-se à concentração da autoridade no topo da hierarquia da organização ou nas mãos de poucos.
> Cadeia escalar: linha de autoridade que vai do escalão mais alto ao mais baixo da hierarquia; é necessário respeitar a ordem hierárquica das chefias.
> Ordem: um lugar para cada coisa e cada coisa em seu lugar.
> Equidade: amabilidade e justiça para alcançar a lealdade dos empregados.
> Estabilidade do pessoal: a rotatividade do pessoal é prejudicial para a eficiência da organização, pois o primeiro impacto é o aumento de custos.
> Iniciativa: a capacidade de visualizar um plano e assegurar pessoalmente seu sucesso.
> Espírito de equipe: a harmonia e a união entre as pessoas são grandes forças para a organização.

Não se deve confundir Teoria Clássica com Abordagem Clássica, a Teoria Clássica é a de Fayol; a Abordagem Clássica envolve a Teoria Científica, a Teoria Clássica e a Burocrática.

Como problemas da Teoria Clássica, podemos citar a falta de preocupação com a organização informal das organizações (apenas focava na organização formal – linhas de autoridade, descrição de cargos, hierarquia etc.), além de uma ênfase exagerada na centralização, como o princípio da unidade de comando exemplifica. A ideia de uma organização flexível ainda não estava sendo tomada em consideração.

Fayol ignorava as relações interpessoais de amizade e inimizade, conflitos e sentimentos dos funcionários (desconsiderava a organização informal).

A Teoria Clássica também não se preocupou muito com os aspectos ligados às pessoas. Temas como: comunicação, motivação, negociação e liderança ainda eram pouco relevantes nestes estudos.

Taylor versus fayol

Tanto Fayol quanto Taylor fazem parte da abordagem clássica. As teorias deles, porém, são diferentes, e temos que ter isso em mente, porque esse assunto é muito abordado em concursos.

A principal diferença está na ênfase: Taylor tinha como ênfase a tarefa, enquanto Fayol tinha como ênfase a estrutura. Assim, enquanto a Administração Científica partia do específico (tarefa) para o geral, a Teoria Clássica analisava do geral para o específico, ou seja, das funções, princípios e hierarquia para o particular.

Outra diferença refere-se às relações de comando. Enquanto Fayol era forte defensor do princípio da unidade de comando, segundo o qual cada trabalhador deve receber ordens de apenas um chefe, Taylor defendia o princípio da supervisão funcional, o que permitia que cada trabalhador fosse supervisionado por múltiplos chefes, segundo as áreas de especialização de cada um.

Apesar disso, ambas as abordagens têm muitas coisas em comum. O próprio Fayol chegou a declarar que elas não deviam ser vistas como opostas, e sim como complementares. Ambas propuseram que a Administração deveria considerada uma ciência; ambas sugeriram um estudo sistemático do funcionamento da organização. Elas observaram a organização como um sistema fechado, desconsiderando a dimensão ambiente, e concentraram-se nos aspectos formais da organização.

A preocupação com a organização informal (relações interpessoais, amizades, inimizades, conflitos) e assuntos como motivação, liderança e frustrações só foi estudada pela Teoria das Relações Humanas. Mas antes de estudarmos essa teoria, veremos outra: a Burocracia.

Teoria burocrática

Muitas vezes, o termo Burocracia é associado à ideia de lentidão, papelada, excesso de regras e normas, mas na verdade essas são as suas disfunções. Burocracia significa organização do trabalho. O termo é derivado do termo francês "bureau" (que significa escritório) e do termo grego "kratia", que se relaciona a poder ou regra. Dessa forma, a Burocracia seria um modelo em que o "escritório" ou os servidores públicos de carreira seriam os detentores do poder.

Com a industrialização e a introdução de regimes democráticos, no fim do século XIX, as sociedades ficaram cada vez mais complexas. A introdução da máquina a vapor acarretou uma evolução tremenda dos meios de transporte. Se antes eram necessários meses para realizar uma viagem do Brasil para a Europa, por exemplo, uma viagem por meio de navios a vapor passou a ser feita em poucos dias.

NOÇÕES DE ADMINISTRAÇÃO

TEORIAS ADMINISTRATIVAS

O trem a vapor fez a mesma revolução no transporte interno. Dessa forma, as notícias passaram a "correr" muito mais rápido e os produtos de cada região puderam passar a ser comercializados em cada vez mais mercados consumidores.

Estes fatores levaram a uma urbanização acelerada, pois as indústrias, agora com máquinas, necessitavam de cada vez mais "braços" para poder produzir em larga escala. Diante do aumento da demanda por trabalhadores no setor industrial, os salários na indústria ficaram melhores do que os do campo. Desta forma, o êxodo rural (massa de trabalhadores saindo do campo e se dirigindo para as cidades em busca de trabalho) foi marcante neste período.

Essas pessoas encontravam na cidade grande uma realidade totalmente diferente da qual estavam acostumadas, pois tinham necessidades que o Estado (que tinha uma filosofia liberal) ainda não estava capacitado para atender. Era o início do que iríamos denominar de "sociedade de massa".

As empresas e os governos necessitavam de uma administração mais racional e que maximizasse os recursos, além de ter uma maior estabilidade e previsibilidade em suas operações e processos de trabalho.

O Estado, por exemplo, que antes só se preocupava em manter a ordem interna e externa, passou a ter de se organizar cada vez mais para induzir o crescimento econômico, aumentar a infraestrutura do país e para prestar cada vez mais serviços à população.

O Patrimonialismo (modelo de gestão pública em que o patrimônio público se "mesclava" com o privado, e as relações se baseavam na confiança e não no mérito) não conseguia mais atender a este novo Estado, que concentrava cada vez mais atividades em sua máquina.

> O modelo burocrático de Weber tinha como objetivo uma maior previsibilidade e padronização do desempenho dos seus funcionários, atingindo, assim, uma maior eficiência.

A Burocracia também pode ser alcunhada de Moldes Weberianos, pois Max Weber foi o idealizador dessa teoria e, muitas vezes, o nome do teórico é dado à teoria. Pode ser chamada também de Caráter Racional-Legal.

O **modelo Burocrático,** inspirado por Max Weber, veio então suprir esta necessidade de impor uma administração adequada aos novos dEsafios do Estado moderno, com o objetivo de combater o nepotismo e a corrupção. Ou seja, uma administração mais racional e impessoal. No caso das grandes empresas, o modelo buscava o aumento consistente da produção, com maior eficiência.

Dessa forma, o modelo burocrático surgiu como uma necessidade histórica baseada em uma sociedade cada vez mais complexa, em que as demandas sociais cresceram, e havia um ambiente com empresas cada vez maiores, com uma população que buscava uma maior participação nos destinos dos governos. **Portanto, não se podia mais "depender" do arbítrio de um só indivíduo.**

Uma coisa que devemos ter em mente é que a Burocracia foi uma grande evolução do modelo patrimonialista. Weber concebeu a Burocracia como o modelo mais racional existente, o qual seria mais eficiente na busca dos seus objetivos.

Continuando, as características principais da Burocracia são:

Formalidade – a autoridade deriva de um conjunto de normas e leis, expressamente escritas e detalhadas. O poder do chefe é restrito aos objetivos propostos pela organização e somente é exercido no ambiente de trabalho - não na vida privada. As comunicações internas e externas também são todas padronizadas e formais.

Impessoalidade – os direitos e deveres são estabelecidos em normas. As regras são aplicadas de forma igual a todos, conforme seu cargo em função na organização. Segundo Weber, a Burocracia deve evitar lidar com elementos humanos, como a raiva, o ódio, o amor, ou seja, as emoções e as irracionalidades. As pessoas devem ser promovidas por mérito, e não por ligações afetivas. O poder é ligado não às pessoas, mas aos cargos – só se tem o poder em decorrência de estar ocupando um cargo.

Profissionalização – as organizações são comandadas por especialistas, remunerados em dinheiro e não em honrarias, títulos de nobreza, sinecuras (cargos rendosos), prebendas (de pouco trabalho), etc., contratados pelo seu mérito e seu conhecimento (e não por alguma relação afetiva ou emocional).

O modelo burocrático, que se caracterizou pela meritocracia na forma de ingresso nas carreiras públicas, mediante concursos públicos, buscou eliminar o hábito arraigado do modelo patrimonialista de ocupar espaço no aparelho do Estado por meio de trocas de cargos públicos por favores pessoais ao soberano.

Neste modelo, as pessoas seriam nomeadas por seus conhecimentos e habilidades, não por seus laços familiares ou de amizade. Prebendas e sinecuras, características do modelo patrimonialista, ou seja, aquelas situações em que pessoas ocupam funções no governo ganhando uma remuneração em troca de pouco ou nenhum trabalho, são substituídas pelo concurso público e pela noção de carreira.

Desta forma, o que se busca é a **profissionalização** do funcionário, sua especialização. De acordo com Weber, cada funcionário deve ser um especialista no seu cargo. Assim, deve ser contratado com base em sua competência técnica e ter um plano de carreira, sendo promovido devido à sua capacidade.

A impessoalidade no tratamento foi pensada de modo a evitar as emoções nos julgamentos e decisões. Seria, portanto, um modo de alcançar uma isonomia no tratamento das pessoas e uma maior racionalidade na tomada de decisões. Se mal conhecemos nossos funcionários, tenderemos a nos concentrar nos aspectos mais "concretos" dos problemas, não é mesmo?

A comunicação formal ajudaria nisso, pois os canais de transmissão de informações (como os ofícios e memorandos) não abrem espaço para um contato mais íntimo e pessoal. Boatos e "fofocas" não são usualmente escritos em cartas, não é verdade?

Além disso, outra característica importante da Burocracia é a noção de hierarquia. Toda a organização é feita de modo hierarquizado, com a autoridade sendo baseada nas normas e leis internas que determinam a competência de cada cargo. Assim, seu chefe tem o poder e a autoridade concedidos a ele por deter um cargo acima do seu. A obediência é ao cargo e não à pessoa.

Portanto, as organizações são estruturadas em vários níveis hierárquicos, em que o nível de cima controla o de baixo. É o que chamamos de estrutura verticalizada, na qual as decisões são tomadas na cúpula (topo da hierarquia ou nível estratégico).

Essa situação acaba gerando uma demora na tomada de decisões e no fluxo de informações dentro da organização.

Dentre as principais vantagens que a Burocracia trouxe, podemos citar: o predomínio de uma lógica científica sobre uma lógica da intuição, do "achismo"; a redução dos favoritismos e das práticas clientelistas; uma mentalidade mais democrática, que possibilitou igualdade de oportunidades e tratamento baseado em leis e regras aplicáveis a todos.

Atualmente, o termo "Burocracia" virou sinônimo de ineficiência e lentidão, pois conhecemos os defeitos do modelo (que chamamos de disfunções da Burocracia), mas ele foi um passo adiante na sua época. A Burocracia veio para modernizar o Estado e a sua gestão.

Na Burocracia, existe uma desconfiança extrema em relação às pessoas. Portanto, são desenvolvidos controles dos processos e dos procedimentos, de forma a evitar os desvios. Acreditava-se que, com o controle rigoroso, eliminar-se-iam a corrupção e o nepotismo, e a eficiência seria alcançada.

Ou seja, os funcionários tinham pouca discricionariedade, ou liberdade de escolha da melhor estratégia para resolver um problema ou atender seus clientes. Tudo era padronizado, manualizado. Com isso, os servidores passaram a se preocupar mais em seguir regulamentos do que em atingir bons resultados.

Devemos entender que **nenhum modelo existiu isoladamente**, mas que todos conviveram e convivem juntos. O modelo de gestão pública almejado no presente momento é o gerencial, mas ainda é muito forte a presença do modelo burocrático e, infelizmente, do próprio modelo patrimonialista na Administração Pública brasileira. Ou seja, **nunca aplicamos o modelo "puro" da Burocracia Weberiana**. Atenção: as bancas costumam cobrar muito isso.

A Burocracia foi implementada, mas nunca consolidada no Brasil. Atualmente, com o modelo Gerencial, busca-se a qualidade e a eficiência, mas isso já é outro assunto - é Administração Pública - e nós estamos focando na Administração Geral.

As principais disfunções da Burocracia são:

Dificuldade de resposta às mudanças no meio externo – visão voltada excessivamente para as questões internas (sistema fechado, ou seja, autorreferente, com a preocupação não nas necessidades dos clientes, mas nas necessidades internas da própria Burocracia).

Rigidez e apreço extremo às regras – o controle é sobre procedimentos e não sobre resultados, levando à falta de criatividade e ineficiências.

Perda da visão global da organização – a divisão de trabalho pode levar a que os funcionários não tenham mais a compreensão da importância de seu trabalho nem quais são as necessidades dos clientes.

Lentidão no processo decisório – hierarquia, formalidade e falta de confiança nos funcionários levam a uma demora na tomada de decisões importantes.

Excessiva formalização – em um ambiente de mudanças rápidas, não é possível padronizar e formalizar todos os procedimentos e tarefas, gerando uma dificuldade da organização de se adaptar a novas demandas. A formalização também dificulta o fluxo de informações dentro da empresa.

Teoria das relações humanas

O crescimento das ciências sociais, como a Psicologia, levou a diversos estudos dentro do contexto do homem no trabalho. Além disso, no início da década de 1930, a economia passou por uma grande depressão em todo o mundo. Com a crise, o desemprego cresceu muito. As más condições de trabalho predominavam na indústria, e os conflitos entre trabalhadores e patrões estavam aumentando. Nessa época ocorreram muitas greves e conflitos nas fábricas por todo o mundo.

A ideia de que o homem deveria ser uma engrenagem de uma "máquina" passou a não ser mais aceita. O Taylorismo começou a ser criticado por não se preocupar com o aspecto humano. Além disso, a produtividade prometida, muitas vezes, não se concretizou. Neste cenário, a Teoria das Relações Humanas começou a tomar forma.

Assim, a Teoria das Relações Humanas buscou o aumento da produtividade por meio de uma atenção especial às pessoas. De acordo com seus teóricos, se os gestores entendessem melhor seus funcionários e se "adaptassem" a eles, as suas organizações teriam um maior sucesso.

Dentre os estudos que impulsionaram esta teoria, destacou-se o trabalho de um pesquisador de Harvard: Elton Mayo.

Foco da Teoria das Relações Humanas → PESSOAS

Este autor desenvolveu uma pesquisa dentro de uma indústria da empresa Western Electric, em **Hawthorne**. Seu intuito inicial foi o de entender o efeito da iluminação no desempenho humano.

Ele iniciou os estudos em um grupo de mulheres operárias de uma fábrica. Dividiu o grupo em duas partes: uma ele deixou da mesma forma de antes, serviria como grupo de controle; e o outro grupo seria cuidadosamente estudado e observado.

A Teoria de Relações Humanas utilizou métodos científicos de pesquisa.

A surpresa de Mayo foi descobrir que a mudança na iluminação - seja ela qual fosse – aumentava a motivação dos empregados. Ele ficou sem compreender, aperfeiçoou o estudo e percebeu que a motivação interferia na produtividade. As funcionárias que estavam sendo observadas se sentiram especiais, e isso foi, na verdade, o que as motivou, e não a iluminação em si.

Essas trabalhadoras passaram a se sentir importantes. Passaram a perceber que seu trabalho estava sendo observado e medido por pesquisadores. Com isso, esforçavam-se mais. A iluminação em si era um aspecto menor. Já o sentimento de orgulho por fazer um trabalho bem feito era fundamental para o aumento da produtividade.

Com essas descobertas, todo o enfoque da Administração foi alterado. O foco de um gestor não deveria ser voltado aos aspectos fisiológicos do trabalhador, mas aos aspectos emocionais e psicológicos. Com esse aparecimento da noção de que a

TEORIAS ADMINISTRATIVAS

produtividade está ligada ao relacionamento entre as pessoas e o funcionamento dos grupos dentro de uma empresa, nasceu essa nova teoria. O conceito que se firmou, então, foi o de **homem social**.

De acordo com Sobral, as conclusões da pesquisa de Hawthorne foram:

> A integração social afeta a produtividade – assim, não é capacidade individual de cada funcionário o que define sua produtividade, e sim a sua capacidade social, sua integração no grupo.

> O comportamento é determinado pelas regras do grupo – os funcionários não agem isoladamente ou "no vácuo", mas como membros de um grupo.

> As organizações são formadas por grupos informais e formais – volta-se o foco para os grupos que existem de modo informal na empresa e que não são relacionados aos cargos e funções.

> A supervisão mais cooperativa aumenta produtividade – o supervisor mais eficaz é aquele que tem habilidade e capacidade de motivar e liderar seus funcionários em torno dos objetivos da empresa.

> A autoridade do gerente deve se basear em competências sociais – o gerente deve ser capaz de interagir, motivar e comandar seus funcionários. Apenas o fato de ter conhecimento técnico dos métodos de produção não é mais visto como o bastante.

Desta maneira, a Teoria das Relações Humanas trouxe para o debate a necessidade de se criar um ambiente de trabalho mais dEsafiador e de se compreender a influência da motivação e dos aspectos de liderança na produtividade das organizações.

Além disso, as recompensas não poderiam ficar reduzidas aos aspectos materiais. O reconhecimento social é uma força motivadora, e um ambiente de trabalho saudável também influencia na produtividade.

Apesar disso, a Teoria das Relações Humanas recebeu muitas críticas. A primeira delas é a de que permaneceu a análise da organização como se ela existisse "no vácuo", sem se relacionar com o "mundo exterior". Ou seja, **a abordagem de sistema fechado se manteve**.

A segunda é a de que nem sempre funcionários "felizes" e satisfeitos são produtivos. Ou seja, apenas os aspectos psicológicos e sociais não explicam de todo o fator produtividade. Outra crítica é a de que existiu uma "negação" do conflito inerente entre os funcionários e a empresa. Os objetivos individuais são muitas vezes diferentes dos objetivos organizacionais. Este conflito deve ser administrado, e não "negado".

Assim, podemos dizer que a Teoria das Relações Humanas se "esqueceu" dos aspectos técnicos envolvidos na produtividade. O aspecto humano é importante, mas não é a única variável da produtividade e do sucesso de uma organização.

E observarmos com atenção, cada teoria tinha uma visão muito limitada de como conseguir a eficiência: a Teoria Científica focava a Tarefa; a Teoria Clássica, a estrutura; a Teoria Burocrática, as regras, normas e processos; e a Teoria das Relações Humanas, só as pessoas. As teorias atuais não tentam eliminar as teorias anteriores, e sim aproveitar os aspectos positivos de cada uma e ter uma visão mais abrangente da organização.

Abordagem comportamental da administração

A teoria Comportamental da Administração, também conhecida como Comportamentalista ou Behaviorismo (do inglês behavior, comportamento), trouxe uma nova concepção e um novo enfoque dentro da Teoria Administrativa: a abordagem da ciência do comportamento (Behavioral Sciences Approach), é um movimento de oposição às Teorias Clássica e de Administração Científica, que, respectivamente, focaram a estrutura e a produção (o processo). Essa abordagem é uma evolução da teoria das relações humanas, a qual se preocupa com o indivíduo e como ele funciona - como age e reage aos estímulos externos, o que deu início aos estudos sobre o comportamento organizacional.

Portanto, os comportamentalistas foram estudiosos preocupados com o indivíduo, sua importância e seu impacto nas organizações, tendo contribuição tanto da Teoria Clássica, como da Escola das Relações Humanas. Tal teoria surgiu nos Estados Unidos em 1947, com a contribuição principalmente de McGregor, Maslow e Herzberg, entre outros.

A Abordagem Comportamental enfatiza as Ciências do Comportamento na Teoria da Administrativa e a busca de saídas democráticas e flexíveis para os problemas organizacionais. É por meio dessa abordagem que a ansiedade com a estrutura se arrasta para a preocupação com os processos e com o comportamento das pessoas na organização. Além disso, predomina a ênfase nas pessoas, inaugurada com a Teoria das Relações Humanas, mas dentro de um contexto organizacional.

A ciência comportamental é, portanto, o produto da expansão das fronteiras da ciência para incluir o comportamento humano e a mentalidade, processo grupal, e todos os processos peculiares e intrincados de que a mente do homem é capaz.

Comportamento organizacional

O Comportamento Organizacional é um campo de estudos que investiga o impacto que indivíduos, grupos e a estrutura têm sobre o comportamento dentro das organizações, com o propósito de utilizar este conhecimento para melhorar a eficácia organizacional. O Comportamento Organizacional se preocupa com o estudo do que as pessoas fazem nas organizações e de como esse comportamento afeta o desempenho das empresas.

Os componentes que constituem a área de estudos do Comportamento Organizacional incluem motivação, comportamento e poder de liderança, comunicação interpessoal, estrutura e processos de grupos, aprendizado, desenvolvimento de atitudes e percepção, processos de mudanças, conflitos, planejamento do trabalho, estresse no trabalho, entre outros que compõem os fatores que influenciam o comportamento das pessoas.

Principais teorias sobre motivação

Para explicar o comportamento organizacional, a teoria comportamental fundamenta-se no comportamento individual das pessoas. Para explicar como as pessoas se comportam, estuda-se a motivação humana. O administrador precisa conhecer as necessidades humanas para melhor compreender o comportamento humano e utilizar a motivação humana como poderoso meio para melhorar a qualidade de vida, dentro das organizações.

Motivação é o motivo que a pessoa tem para agir.

Motivo é tudo aquilo que impulsiona a pessoa a agir de determinada forma ou, pelo menos, que dá origem a um comportamento específico. Porém, os motivos variam de acordo com valores, expectativas e anseios de cada pessoa, pois estas realizam atividades, trabalhos por interesses distintos e possuem atitudes diferentes, e consequentemente, comportam-se de maneira específica. O impulso à ação pode ser provocado por um estímulo externo (extrínseco - provindo do ambiente) e pode também ser gerado internamente (intrínseco) nos processos mentais do indivíduo.

Abordagem neoclássica da administração

No início da década de 1950, na Teoria Administrativa, ocorreu um período de intensa remodelação. A Segunda Guerra Mundial havia terminado e o mundo passou a conhecer um extraordinário surto de desenvolvimento industrial e econômico sem antecedentes. Em outras palavras, o mundo das organizações introduziu-se em uma etapa de grandes mudanças e transformações. Criada por Peter Drucker, Harold Koontz e Cyril O'Donnell, a qualificação de Teoria Neoclássica é, na verdade, um tanto exagerada, já que seus criadores não desenvolvem exatamente uma escola, mas um movimento que apresenta mais de uma fase ou sistema.

A Teoria Neoclássica da Administração surgiu da necessidade de se utilizarem os conceitos válidos e relevantes da Teoria Clássica, expurgando-os dos exageros e distorções típicos do pioneirismo, e condensando-os com outros conceitos válidos e relevantes oferecidos por outras teorias administrativas mais recentes.

Ela é identificada por algumas características marcantes:

> Ênfase na prática da Administração, reafirmação relativa (e não absoluta) dos postulados clássicos.
> Ênfase nos princípios clássicos de Administração.
> Ênfase nos resultados e objetivos e, sobretudo, no ecletismo aberto e receptivo.
> Talvez a essencial implicação da Teoria Neoclássica refira-se aos tipos de organização formal, que envolvem a estrutura organizacional, filosofia, diretrizes, normas e regulamentos. Destacam-se algumas características básicas tais como: a divisão do trabalho, especialização, hierarquia, distribuição de autoridade e responsabilidade e racionalismo da organização formal.

Nesse sentido, considera a Administração como uma técnica social básica, a qual leva à necessidade de haver conhecimentos técnicos, bem como aspectos relacionados com a direção de pessoas dentro da organização.

Na teoria Neoclássica, enfatizam-se novamente as funções do administrador: planejamento, organização, direção e controle, sendo a primeira função aquela que determina antecipadamente os objetivos e o que deve ser feito para alcançá-los.

A função Organização consiste no agrupamento das atividades necessárias para realizar o que foi planejado.

A Direção orienta e guia o comportamento das pessoas na direção dos objetivos a serem alcançados e, por último, o Controle que visa a assegurar se o que foi planejado, organizado e dirigido realmente cumpriu os objetivos pretendidos.

Administração por objetivos

A Teoria Neoclássica deslocou progressivamente a atenção antes colocada nas chamadas atividades-meio para os objetivos ou finalidades da organização. O enfoque baseado no processo e a preocupação maior com as atividades (meios) passaram a ser substituídos por enfoque nos resultados e objetivos alcançados (fins).

A preocupação de "como" administrar passou à preocupação de "por que" ou "para que" administrar. A ênfase em fazer corretamente o trabalho (The Best Way, de Taylor), para alcançar a eficiência, passou a dar ênfase em fazer o trabalho mais relevante aos objetivos da organização para alcançar a eficácia. O trabalho passou de um fim em si mesmo a um meio de obter resultados.

A APO (Administração por Objetivos), também conhecida por Administração por Resultados, constitui um modelo administrativo bastante difundido e plenamente identificado com o espírito pragmático e democrático da Teoria Neoclássica. Seu aparecimento deu-se em 1954.

Peter F. Drucker publicou um livro (Prática de Administração de Empresas), no qual caracterizava pela primeira vez a APO, sendo considerado seu criador.

Características da APO

A APO é uma técnica de direção de esforços por meio do planejamento e do controle administrativo, fundamentados no princípio de que, para atingir resultados, a organização precisa, antes, definir em que negócio está atuando e que objetivos pretende alcançar.

A Administração por Objetivos é um processo pelo qual os gerentes, superior e subordinado, de uma organização identificam objetivos comuns, definem as áreas de responsabilidade de cada um, em termos de resultados esperados, e usam esses objetivos como guias para a operação dos negócios. Obtêm-se objetivos comuns e firmes que eliminam qualquer hesitação do gerente, ao lado de uma coesão de esforços em direção aos objetivos principais da organização.

Na realidade, a APO é um sistema dinâmico que integra a necessidade da companhia de alcançar seus objetivos de lucro e crescimento, a par da necessidade do gerente de contribuir para o seu próprio desenvolvimento. É um estilo exigente e compensador de Administração.

Em suma, a APO apresenta as seguintes características principais:

Estabelecimento do conjunto de objetivos entre o executivo e o seu supervisor; tanto o executivo quanto o seu superior participam do processo de estabelecimento e fixação de objetivos.

Estabelecimento de objetivos para cada departamento ou posição basicamente; a APO está fundamentada no estabelecimento de objetivos por posições de gerência.

Interligação dos objetivos departamentais; sempre existe alguma forma de correlacionar os objetivos dos vários órgãos ou gerentes envolvidos, mesmo que nem todos os objetivos estejam apoiados nos mesmos princípios básicos. Elaboração de planos táticos e de planos operacionais, com ênfase na mensuração e no controle a partir dos objetivos departamentais traçados. O executivo e o seu superior (ou somente o executivo que, posteriormente, obtém a aprovação de seu superior) elaboram os Planos Táticos adequados para alcançá-los da melhor maneira. Assim, os planos táticos constituirão os meios capazes de alcançar aqueles objetivos departamentais. Na sequência, os planos táticos serão desdobrados e melhor detalhados em planos operacionais. Em todos esses planos, a APO enfatiza a quantificação, a mensuração e o controle. Torna-se necessário mensurar os resultados obtidos e compará-los com os resultados planejados. São exatamente a mensuração e o controle que causam as maiores dificuldades de implantação da APO, pois, se o resultado não pode ser medido, é melhor esquecer o assunto.

Contínua avaliação, revisão e reciclagem dos planos. Praticamente todos os sistemas de APO possuem alguma forma de avaliação e de revisão regular do processo efetuado, por meio dos objetivos já alcançados e dos objetivos a serem alcançados, permitindo que algumas providências sejam tomadas e que novos objetivos sejam fixados para o período seguinte.

Participação atuante da chefia; há grande participação do superior. A maior parte dos sistemas de APO envolve mais o superior do que o subordinado. Há casos em que o superior estabelece os objetivos, mensura-os e avalia o progresso. Esse progresso, frequentemente usado, é muito mais característico do controle por objetivos do que da Administração por Objetivos.

A APO, sem dúvida alguma, representa uma evolução na TGA, apresentando uma nova metodologia de trabalho, reconhecendo o potencial dos funcionários das empresas, ampliando o seu campo de atuação para outros tipos de organizações (e não somente indústrias), permitindo estilos mais democráticos de Administração.

Essa Teoria já existe há várias décadas e predomina ainda hoje em algumas organizações.

Teoria estruturalista

A Teoria Estruturalista veio como uma crítica tanto às teorias clássicas quanto à Teoria das Relações Humanas. Um de seus mais importantes teóricos, **Amitai Etzione**, considerava a organização como "um complexo de grupos sociais cujos interesses podem ou não ser conflitantes". Dessa maneira, tal teoria buscou "complementar" ou sintetizar as teorias anteriores (clássicas e humanas), pois acreditava que estas focavam apenas em partes do todo. Assim, a ideia principal foi considerar a organização em todos os aspectos como uma só estrutura – integrando todas as "visões" anteriores.

Assim, um aspecto importante foi a busca de uma análise tanto da **organização formal** (abordada na teoria clássica) quanto da **informal** (abordada na teoria das relações humanas). Dessa maneira, deveria existir um equilíbrio destas duas visões.

Para os estruturalistas, a sociedade moderna seria uma sociedade de organizações. O homem dependeria dessas organizações para tudo, e nelas cumpriria uma série de "papéis" diferentes. Assim, apareceu o conceito de **homem organizacional**. Seria o homem que desempenha diversos papéis nas diversas organizações. Outro conceito foi trazido por Gouldner: as diferentes concepções das organizações. Para este autor, existiria o modelo racional e o modelo natural de organização.

O **modelo racional** seria baseado no controle e no planejamento. A ideia era a de um **sistema fechado**, com pouca incerteza e preocupação para com o "mundo externo" à organização.

O outro modelo era o **natural**. Nele, existiria a noção de que a realidade é incerta e de que a organização é um conjunto de órgãos inter-relacionados e que são interdependentes. Assim, é um modelo que se preocupa com as "trocas" com o ambiente externo, ou seja, trata-se de um **modelo de sistema aberto**.

Teoria dos sistemas

A Teoria dos Sistemas na Administração - TGS foi derivada do trabalho do biólogo Ludwig Von Bertalanffy. Este teórico criou então a TGS, que buscou ser uma teoria que integrasse todas as áreas do conhecimento.

Um sistema, de acordo com Bertalanffy, é um conjunto de unidades reciprocamente relacionadas para alcançar um propósito ou objetivo. Assim, a Teoria dos Sistemas acolheu o conceito no qual as organizações são **sistemas abertos**, ou seja, que trocam continuamente energia (ou matéria-prima, informações etc.) com o meio ambiente. Portanto, não podemos entender uma organização sem saber o contexto em que ela opera. Do mesmo modo, uma organização é a soma de suas partes (gerência de marketing, gerência de finanças etc.), e uma área depende da outra – o conceito de interdependência. Ou seja, é inútil uma área da empresa se sair muito bem (área de vendas, por exemplo) se outra área está tendo dificuldades (produção, por exemplo).

No caso citado, a empresa perderia os clientes por não conseguir cumprir as vendas efetuadas. Dessa forma, o administrador deve ter uma visão do todo. De como as áreas da organização interagem e quais são as interdependências.

> Atualmente, as organizações são vistas como sistemas abertos.

Os principais conceitos da Teoria dos Sistemas são:

> **Entrada** – relaciona-se com tudo o que o sistema recebe do ambiente externo para poder funcionar: recursos, insumos, dados, etc.

> **Saída** – é o que o sistema produz. Uma saída pode ser: uma informação, um produto, um serviço etc.

> **Feedback** – é o retorno sobre o que foi produzido, de modo que o sistema possa se corrigir ou se modificar.

> **Caixa preta** – se relaciona com um sistema em que o "interior" não é facilmente acessível (como o corpo humano, por exemplo). Assim, só temos acesso aos elementos de entrada e saída para sabermos como ele funciona.

Vejamos outros conceitos importantes a seguir, os quais são muito abordados em concursos públicos:

> Organizações são sistemas abertos, que influenciam o ambiente e são influenciados por ele.

> Organização é um sistema complexo, com partes inter-relacionadas e interdependentes.
> Organização está em constante interação com meio ambiente.
> **Feedback** – retroalimentação, controle dos resultados, retroinformação.
> **Sinergia** – o trabalho em sinergia mostra que o todo tem um resultado maior do que a soma das partes.
> **Holismo** – o sistema é um todo. Mudança em uma parte afeta as outras partes.
> **Homeostase** – o sistema busca o equilíbrio; é a capacidade de a organização fazer mudanças internas para se adaptar às mudanças externas.
> **Equifinalidade** – objetivos podem ser alcançados de várias maneiras; não existe um único modo; é possível partir de vários pontos e chegar ao mesmo objetivo.
> **Entropia** – tendência de qualquer sistema de se desintegrar, entrar em desordem, ficar obsoleto, entrar em desuso e morrer; é necessário evitar a entropia e buscar a entropia negativa.
> **Entropia Negativa** – recarga de "energia" e recursos no sistema, de maneira a evitar a desintegração, por meio de inovação, melhoria, crescimento, desenvolvimento e treinamento.

Teoria contingencial

Antigamente, só existiam fábricas e indústrias e estabelecer regras e normas para um gerenciamento poderia trazer bons resultados. Mas atualmente existem organizações de diferentes tipos, inclusive virtuais, que oferecem produtos ou serviços. Ou seja, já não podemos afirmar que há uma única e correta maneira de administrar.

Para a Teoria da Contingência, que pode ser chamada de Situacional também, não existe uma "fórmula mágica" para se resolver os problemas das organizações. Cada situação pede uma resposta diferente. Assim, tudo é relativo. Tudo depende.

Ou seja, antes que um administrador possa determinar qual é o "caminho" correto para uma empresa, é necessária uma análise ambiental. Assim, dependendo da situação da empresa, sua estratégia ou a tecnologia envolvida, o "caminho" será de uma maneira ou de outra.

Estes fatores principais - como o tamanho da empresa e seu ambiente - são considerados contingências, que devem ser analisadas antes de se determinar um curso de ação. Portanto, não existe mais a "melhor maneira" de se administrar uma organização.

Do mesmo modo, esta teoria postula que existem várias maneiras de se alcançar um objetivo. O que um gestor deve buscar é um ajuste constante entre a organização e seu meio, suas contingências.

Dentre estas contingências importantes, Sobral cita: o ambiente interno e externo, a tecnologia, o tamanho e o tipo de tarefa.

Uma consequência prática destas ideias no mundo organizacional foi a tendência das organizações se tornarem mais flexíveis (para que possam reagir mais rápido às mudanças no ambiente).

Dentre os novos modelos adotados, temos as organizações em rede. Estas são muito mais flexíveis e dependem de uma nova visão. De acordo com Motta, o ambiente é uma rede formada por diversas organizações interligadas. Desta forma, o mercado automobilístico é formado por diversas montadoras, oficinas, seguradoras, fábricas de peças etc.

Além disso, a própria organização é composta por diversas redes sociais internas. Os diversos departamentos e áreas são dependentes uns dos outros. Como estas áreas ou grupos estão sempre em contato, seus membros recebem uma pressão ou influência que é derivada deste contato.

Nas organizações em rede, em vez da empresa "verticalizar" sua produção e "fazer tudo sozinha" - como comprar uma indústria e contratar funcionários - faz um contrato com um parceiro que passa a cumprir esta função.

Entretanto, apesar desta teoria acertar ao identificar a realidade e a complexidade da atuação das organizações atualmente, acaba "caindo" em um relativismo exagerado. Ou seja, para a Teoria da Contingência tudo depende. Desta maneira, não existem prescrições que possam ser generalizadas. Cada caso será sempre um caso específico e que deve ser analisado dentro de seu contexto.

Além disso, as contingências que influenciam a situação de uma organização são, muitas vezes, inúmeras. Ou seja, a definição do "caminho" a ser seguido por uma empresa pode ser um trabalho bastante complexo.

O ambiente

Como na Teoria Contingencial é preciso levar em conta o ambiente, é necessário também entender o que é o "ambiente". Ele pode ser compreendido como o contexto que envolve externamente a organização. É a situação dentro da qual uma organização está inserida. Pode ser multivariado e complexo. Torna-se necessário dividi-lo para poder analisá-lo de acordo com o seu conteúdo. Sendo assim, é necessário entender o ambiente como o ambiente geral, e o ambiente de tarefa, conforme a exposição a seguir:

Ambiente Geral - é o macroambiente, ou seja, ambiente genérico e comum a todas as organizações. Tudo o que acontece no ambiente geral afeta direta ou indiretamente todas as organizações. O ambiente geral é constituído de um conjunto de condições comuns para todas as organizações. As principais condições são: condições tecnológicas, legais, políticas, econômicas, demográficas, ecológicas e culturais.

Ambiente de Tarefa - é o ambiente mais próximo e imediato da organização. É o segmento do ambiente geral do qual uma determinada organização extrai as suas entradas e deposita as suas saídas. É o ambiente de operações de cada organização. O ambiente de tarefa é constituído por: fornecedores de entradas, clientes ou usuários, concorrentes e entidades reguladoras.

Classificação de Ambientes

Os ambientes podem ser classificados de acordo com a sua diferenciação (estrutura) e conforme a sua dinâmica:

NOÇÕES DE ADMINISTRAÇÃO

TEORIAS ADMINISTRATIVAS

→ **Quanto à sua diferenciação:**

Ambiente Homogêneo: quando é composto de fornecedores, clientes e concorrentes semelhantes. O ambiente é homogêneo quando há pouca segmentação ou diferenciação dos mercados.

Ambiente Heterogêneo: quando ocorre muita diferenciação entre fornecedores, clientes e concorrentes, provocando uma diversidade de problemas à organização. O ambiente é heterogêneo quando há muita diferenciação dos mercados.

→ **Quanto à sua dinâmica:**

Ambiente Estável: é o ambiente que se caracteriza por pouca ou nenhuma mudança. É o ambiente em que quase não ocorrem mudanças, ou que, se houver, são mudanças lentas e perfeitamente previsíveis. É um ambiente tranquilo e previsível.

Ambiente Instável: é o ambiente dinâmico, que se caracteriza por muitas mudanças. É o ambiente em que os agentes estão constantemente provocando mudanças e influências recíprocas, formando um campo dinâmico de forças. A instabilidade provocada pelas mudanças gera incerteza para a organização. Sendo assim, a análise ambiental é feita pela análise das variáveis do ambiente de tarefa e do ambiente geral e também pela identificação da dinâmica e da diferenciação ambiental.

De uma forma geral, a abordagem contingencial coloca a sua maior ênfase no ambiente, de onde se identificam ameaças e oportunidades que condicionam as estratégias de ação. Também existe forte ênfase na tecnologia, que constitui tanto uma variável interna da organização, como externa (ambiental). Ela também concilia as abordagens de sistemas abertos e fechados e cria novas tendências para as organizações.

2. PROCESSO ADMINISTRATIVO

A Administração (do latim: *administratione*) é o conjunto de atividades voltadas à direção de uma organização. Tais atividades devem fazer uso de técnicas de gestão para que seus objetivos sejam alcançados de forma eficaz e eficiente, com responsabilidade social e ambiental. E o que são as organizações?

Segundo a banca Cespe, "*uma organização é o produto da combinação de esforços individuais, visando à realização de propósitos coletivos. Por meio de uma organização, é possível perseguir ou alcançar objetivos que seriam inatingíveis para uma pessoa*".

Organizações são, portanto, empreendimentos coletivos, com um fim comum. No sentido clássico da Administração Geral, podem ser analisados como organizações: as empresas (uma padaria ou o Google), os órgãos públicos, os partidos políticos, as igrejas, as associações de bairro e outros agrupamentos humanos.

Uma característica essencial das organizações é que elas são sistemas sociais, com divisão de tarefas.

Lacombe (2003, p.4) diz que a essência do trabalho do administrador é obter resultados por meio das pessoas que ele coordena. A partir desse raciocínio de Lacombe, temos o papel do "Gestor Administrativo" que, com sua capacidade de gestão com as pessoas, consegue obter os resultados esperados. **Drucker** (1998, p. 2) diz que administrar é manter as organizações coesas, fazendo-as funcionar.

Administrar como processo significa **planejar**, **organizar**, **dirigir** e **controlar** organizações e/ou tarefas, tendo como objetivo maior produtividade e/ou lucratividade. Para se chegar a isso, o administrador avalia os objetivos organizacionais e desenvolve as estratégias necessárias para alcançá-los. Este profissional, no entanto, não tem apenas função teórica, ele é responsável pela implantação de tudo que planejou e, portanto, será aquele que definirá os programas e métodos de trabalho, avaliando os resultados e corrigindo os setores e procedimentos que estiverem com problemas. Como é função do administrador que a produtividade e/ou lucros sejam altos, ele também terá a função de fiscalizar a produção e, para isso, é necessário que fiscalize cada etapa do processo, controlando, inclusive, os equipamentos e materiais envolvidos na produção, para evitar desperdícios e prejuízos para a organização.

A realidade das empresas de hoje é muito diferente das empresas administradas no passado. Com o surgimento de várias inovações tecnológicas e com o próprio desenvolvimento intelectual do homem, é necessário muito mais do que intuição e percepção das oportunidades. A administração necessita de um amplo conhecimento e a aplicação correta dos princípios técnicos até agora formulados, a necessidade de combinar os meios e objetivos com eficiência e eficácia.

Principais funções administrativas

> Fixar objetivos.
> Analisar: conhecer os problemas.
> Solucionar problemas.
> Organizar e alocar recursos (financeiros, materiais, ambientais, humanos e tecnológicos).

> Comunicar, dirigir e motivar as pessoas (liderar).
> Negociar.
> Tomar as decisões.
> Mensurar e avaliar (controlar).

Esse conjunto de funções administrativas: Planejar, Organizar, Dirigir e Controlar corresponde ao Processo Organizacional, que pode ser chamado também de Processo Administrativo.

2.1 Planejamento

O trabalho do administrador não se restringe ao presente, ao atual, ao corrente. Ele precisa extrapolar o imediato e se projetar para frente. O administrador precisa tomar decisões estratégicas e planejar o futuro de sua organização. Ao tomar decisões, o administrador configura e reconfigura continuamente a sua organização ou a unidade organizacional que administra. Ele precisa saber em qual rumo deseja que sua organização vá em frente, tomar as decisões necessárias e elaborar os planos para que isso realmente aconteça. O planejamento está voltado para o futuro. E o futuro requer uma atenção especial. É para ele que a organização deve estar preparada a todo instante.

Planejamento é a função administrativa que define objetivos e decide sobre os recursos e tarefas necessários para alcançá-los adequadamente. Como principal decorrência do planejamento, estão os planos. Os planos facilitam a organização no alcance de suas metas e objetivos. Além disso, os planos funcionam como guias ou balizamentos para assegurar os seguintes aspectos:

01. Os planos definem os recursos necessários para alcançar os objetivos organizacionais.
02. Os planos servem para integrar os vários objetivos a serem alcançados em um esquema organizacional que proporciona coordenação e integração.
03. Os planos permitem que as pessoas trabalhem em diferentes atividades consistentes com os objetivos definidos; eles dão racionalidade ao processo; são racionais, porque servem de meios para alcançar adequadamente os objetivos traçados.
04. Os planos permitem que o alcance dos objetivos possa ser continuamente monitorado e avaliado em relação a certos padrões ou indicadores, a fim de permitir a ação corretiva necessária quando o progresso não seja satisfatório.

O primeiro passo do planejamento consiste na definição dos objetivos para a organização. Objetivos são resultados específicos que se pretende atingir. Os objetivos são estabelecidos para cada uma das subunidades da organização, como suas divisões ou departamentos etc. Uma vez definidos, os programas são estabelecidos para alcançar os objetivos de maneira sistemática e racional. Ao selecionar objetivos e desenvolver programas, o administrador deve considerar sua viabilidade e aceitação pelos gerentes e funcionários da organização.

Objetivos e metas

Objetivo é um resultado desejado que se pretende alcançar dentro de um determinado período de tempo. Os objetivos organizacionais podem ser rotineiros, inovadores e de aperfeiçoamento.

A partir dos objetivos se estabelece a estratégia adequada para alcançá-los. Enquanto os objetivos são qualitativos, as **metas** são quantitativas. **Ex.:** uma determinada empresa estabeleceu como objetivo aumentar as vendas, e a meta é de R$ 500.000,00 (quinhentos mil reais); os objetivos só serão alcançados se as vendas chegarem às metas estabelecidas.

Os objetivos e as metas têm em comum o fato de que devem ser reais, alcançáveis; devem ter prazo; são hierárquicos, específicos e desafiadores.

Estratégias

Estratégia organizacional refere-se ao comportamento global e integrado da empresa em relação ao ambiente externo. A estratégia é formulada a partir da missão, da visão e dos objetivos organizacionais, da análise ambiental (o que há no ambiente) e da análise organizacional (o que temos na empresa) para definir o que devemos fazer. A estratégia é a maneira racional de aproveitar as oportunidades externas e de neutralizar as ameaças externas, bem como de aproveitar as forças potenciais internas e neutralizar as fraquezas potenciais internas.

Geralmente, a estratégia organizacional envolve os seguintes aspectos fundamentais:

> É definida pelo nível institucional da organização.
> É projetada em longo prazo e define o futuro e destino da organização.
> Envolve a empresa na sua totalidade.
> É um mecanismo de aprendizagem organizacional.

Planejar significa olhar para frente, visualizar o futuro e o que deverá ser feito; elaborar bons planos é ajudar as pessoas a fazer hoje as ações necessárias para melhor enfrentar os desafios do amanhã. Em outros termos, o planejamento, constitui hoje uma responsabilidade essencial em qualquer tipo de organização ou de atividade.

O planejamento constitui a função inicial da administração. Antes que qualquer função administrativa seja executada, a administração precisa planejar, ou seja, determinar os objetivos e os meios necessários para alcançá-los adequadamente.

O planejamento como uma função administrativa

De acordo com Idalberto Chiavenato:

O planejamento pode estar voltado para a estabilidade, no sentido de assegurar a continuidade do comportamento atual em um ambiente previsível e estável. Também pode estar voltado para a melhoria do comportamento para assegurar a reação adequada a frequentes mudanças em um ambiente mais dinâmico e incerto. Pode ainda estar voltado para as contingências no sentido de antecipar-se a eventos que podem ocorrer no futuro e identificar as ações apropriadas para quando eles eventualmente ocorrerem.

Como todo planejamento se subordina a uma filosofia de ação, Ackoff aponta três tipos de filosofia do planejamento:

05. **Planejamento conservador:** É o planejamento voltado para a estabilidade e para a manutenção da situação existente. As decisões são tomadas no sentido de obter bons resultados, mas não necessariamente os melhores possíveis, pois dificilmente o planejamento procurará fazer mudanças radicais na organização. Sua ênfase é conservar as práticas atualmente vigentes. O planejamento conservador está mais preocupado em identificar e sanar deficiências e problemas internos do que em explorar oportunidades ambientais futuras. Sua base é predominantemente retrospectiva no sentido de aproveitar a experiência passada e projetá-la para o futuro.

06. **Planejamento otimizante (retrospectivo):** É o planejamento voltado para a adaptabilidade e inovação dentro da organização. As decisões são tomadas no sentido de obter os melhores resultados possíveis para a organização, seja minimizando recursos para alcançar um determinado desempenho ou objetivo, seja maximizando o desempenho par melhor utilizar os recursos disponíveis. O planejamento otimizante geralmente está baseado em uma preocupação em melhorar as práticas atualmente vigentes na organização. Sua base é predominantemente incremental no sentido de melhorar continuamente, tornando as operações melhores a cada dia que passa.

07. **Planejamento adaptativo (ofensivo):** É o planejamento voltado para as contingências e para o futuro da organização. As decisões são tomadas no sentido de compatibilizar os diferentes interesses envolvidos, elaborando uma composição capaz de levar a resultados para o desenvolvimento natural da empresa e ajustá-la às contingências que surgem no meio do caminho. O planejamento adaptativo procura reduzir o planejamento retrospectivo voltado para a eliminação das deficiências localizadas no passado da organização. Sua base é predominantemente aderente no sentido de ajustar-se às demandas ambientais e preparar-se para as futuras contingências.

Em todos os casos, o planejamento consiste na tomada antecipada de decisões. Trata-se de decidir, no momento presente, o que fazer antes da ocorrência da ação necessária. Não se trata simplesmente da previsão das decisões que deverão ser tomadas no futuro, mas da tomada de decisões que produzirão efeitos e consequências futuras.

O processo de planejamento

O planejamento é um processo constituído de uma série sequencial de seis passos, a saber:

> **Estabelecer a Missão e Visão no caso do Planejamento Estratégico.** As organizações não existem a esmo. Todas elas têm uma missão a cumprir. **Missão** significa uma incumbência que se recebe, a razão de existência de uma organização. A missão funciona como o propósito orientador para as atividades de uma organização e para aglutinar os esforços dos seus membros. Enquanto a missão define o credo da organização, a **visão** define o que a organização pretende ser no futuro. A visão funciona como o projeto do que a organização gostaria de ser, ou seja, define os objetivos organizacionais mais relevantes.

> **Definir os objetivos.** Os objetivos da organização devem servir de direção a todos os principais planos, servindo de base aos objetivos departamentais e a todos os objetivos das áreas subordinadas. Os objetivos devem especificar resultados desejados e os pontos finais aonde se pretende chegar, para conhecer os passos intermediários.

> **Diagnóstico.** Verificar qual a situação atual em relação aos objetivos. Simultaneamente, a definição dos objetivos, deve-se avaliar a situação atual em contraposição aos objetivos desejados, verificar onde se está e o que precisa ser feito.

> **Prognóstico, estabelecer estratégias.** Premissas constituem os ambientes esperados dos planos em operação. Como a organização opera em ambientes complexos, quanto mais pessoas estiverem atuando na elaboração e compreensão do planejamento e quanto mais se obter envolvimento para utilizar premissas consistentes, tanto mais coordenado será o planejamento. Trata-se de gerar cenários alternativos para os estados futuros das ações, analisar o que pode ajudar ou prejudicar o progresso em direção aos objetivos. A previsão é um aspecto importante no desenvolvimento de premissas. A previsão está relacionada com pressuposições antecipatórias a respeito do futuro.

> **Analisar as alternativas de ação (estratégias).** Trata-se de relacionar e avaliar as ações que devem ser tomadas, escolher uma delas para perseguir um ou mais objetivos, fazer um plano para alcançar os objetivos.

> **Escolher um curso de ação entre as várias alternativas.** Trata-se de uma tomada de decisão, em que se escolhe uma alternativa e se abandonam as demais. A alternativa escolhida se transforma em um plano para o alcance dos objetivos.

> **Implementar o plano e avaliar os resultados.** Fazer aquilo que o plano determina e avaliar cuidadosamente os resultados para assegurar o alcance dos objetivos, seguir através do que foi planejado e tomar as ações corretivas à medida que se tornarem necessárias.

Nem sempre o planejamento é feito por administradores ou por especialistas trancados em salas e em apenas algumas épocas predeterminadas. Embora seja uma atividade voltada para o futuro, o planejamento deve ser contínuo e permanente e, se possível, abrangendo o maior número de pessoas na sua elaboração e implementação. Em outras palavras, o planejamento deve ser constante e participativo. A descentralização proporciona a participação e o envolvimento das pessoas em todos os aspectos do seu processo. É o chamado planejamento participativo.

Para fazer o planejamento, é vital que se conheça o contexto em que a organização está inserida. Em outras palavras, qual é o seu microambiente, qual a sua missão e quais os seus objetivos básicos. Sobretudo, quais os fatores-chave para o seu sucesso. A partir daí, pode-se começar a pensar em planejamento.

Fatores críticos de sucesso

Mas, o que são fatores críticos (chave) de sucesso?

Os **fatores críticos de sucesso**, em inglês *critical success factor* (CSF), são os pontos-chave que definem o sucesso ou o fracasso de um objetivo definido por um planejamento de determinada organização. Estes fatores precisam ser encontrados pelo estudo sobre os próprios objetivos, derivados deles, e tomados como condições fundamentais a serem cumpridas para que a instituição sobreviva e tenha sucesso na sua área. Quando bem definidos, os fatores críticos de sucesso se tornam um ponto de referência para toda a organização em suas atividades voltadas para a sua missão.

Exemplo: se a empresa quer melhorar o atendimento ao cidadão, um exemplo de fator crítico de sucesso é treinar os funcionários e colocar mais pessoas no setor de atendimento.

Os fatores críticos de sucesso são os elementos principais no alcance dos objetivos e metas da instituição, são aspectos ligados diretamente ao seu sucesso. Se eles não estiverem presentes, os objetivos não serão alcançados.

Como poderemos identificar os fatores críticos de sucesso?

Os fatores críticos de sucesso podem ser identificados de duas maneiras. Uma delas é perguntar ao cliente ao que ele atribui mais importância na hora de adquirir o produto ou serviço.

Por exemplo, o que um indivíduo que é concurseiro deve fazer para alcançar o seu objetivo que é ser servidor público? A resposta é óbvia: ele deve estudar, resolver questões, tirar dúvidas, assistir às aulas etc. Então podemos dizer que esses são exemplos de fatores críticos de sucesso.

Outra maneira para identificar os fatores críticos de sucesso é analisar profundamente os recursos organizacionais e o mercado, de maneira imaginativa, para identificar os segmentos que são mais decisivos e importantes. Para essa pesquisa, a ferramenta de *benchmarking* pode ser utilizada.

O *benchmarking* é um dos mais úteis instrumentos de gestão para melhorar o desempenho das empresas e conquistar a superioridade em relação à concorrência. Baseia-se na aprendizagem das melhores experiências de empresas similares e ajuda a explicar todo o processo que envolve uma excelente "performance" empresarial. A essência deste instrumento parte do princípio de que nenhuma empresa é a melhor em tudo, o que implica reconhecer que existe no mercado quem faz melhor do que nós. Habitualmente, um processo de *benchmarking* arranca quando se constata que a empresa está diminuindo a sua rentabilidade. Quando a aprendizagem resultante de um processo de *benchmarking* é aplicada de forma correta, facilita a melhoria do desempenho em situações críticas no seio de uma empresa.

Em outras palavras, *benchmarking* é a técnica por meio da qual a organização compara o seu desempenho com o de outra. Por meio do benchmarking, uma organização procura imitar outras organizações, concorrentes ou não, do mesmo ramo de negócios ou de outros, que façam algo de maneira particularmente bem feita (essa frase já apareceu de maneira idêntica em provas tanto da FCC como da Cespe).

Questões importantes a serem identificadas na elaboração do planejamento:

> É possível fazer?
> Vale a pena fazer?
> Quem faz?
> Como fazer bem?
> Funciona?

Benefícios do planejamento

As empresas estão cada vez mais inseridas em ambientes altamente mutáveis e complexos; enfrentam uma enorme variedade de pessoas, fornecedores e concorrentes. Do lado externo, temos os concorrentes, o governo e suas regulamentações, a tecnologia, a economia globalizada, os fornecedores etc. No ambiente interno, existe a necessidade de trabalhar de forma cada vez mais eficiente, novas estruturas organizacionais, funcionários, recursos e muitos desafios administrativos.

O planejamento oferece inúmeras vantagens nessas situações, inclusive melhora a capacidade da empresa de se adaptar às mudanças (flexibilidade organizacional), ajuda na coordenação e na administração do tempo.

Vejamos algumas vantagens:

> permite utilizar os recursos de forma eficaz (alcance de resultados) e eficiente (economia);
> aumenta o conhecimento sobre o negócio/projeto e seu potencial de mercado;
> facilita a percepção de novas oportunidades ou riscos e aumenta a sensibilidade do empresário/executivo frente a problemas futuros;
> cria um "espírito de negócio" e comprometimento com o negócio/projeto, tanto em relação ao "dono" ou responsável pelo negócio, como também junto aos funcionários/parceiros envolvidos;
> determina tarefas e prazos com responsabilidade definida, viabilizando o controle do processo e do andamento do negócio;
> deixa claro para o empresário/executivo qual é o diferencial competitivo de seu negócio;
> pode ser utilizado como suporte para conseguir credibilidade e apoio financeiro interno e/ou no mercado;
> maior flexibilidade;
> agilidade nas tomadas de decisões;
> melhor conhecimento dos seus concorrentes;
> melhor comunicação entre os funcionários;
> maior capacitação gerencial, até dos funcionários de níveis inferiores;
> orientação maior nos comportamentos de funcionários;
> maior capacitação, motivação e comprometimento dos envolvidos;
> consciência coletiva;

NOÇÕES DE ADMINISTRAÇÃO

- melhor conhecimento do ambiente em que os funcionários trabalham;
- melhor relacionamento entre empresa-ambiente;
- maior capacidade e rapidez de adaptação dentro da empresa;
- visão de conjunto;
- aumenta o foco (concentração de esforços) e a flexibilidade (facilidade de se adaptar e ajustar);
- melhora a coordenação e o controle.

De acordo com Chiavenato: "O planejamento ajuda o administrador em todos os tipos de organização a alcançar o melhor desempenho, porque:

01. **O planejamento é orientado para resultados.** Cria um senso de direção, de desempenho orientado para metas e resultados a serem alcançados.
02. **O planejamento é orientado para prioridades.** Assegura que as coisas mais importantes receberão atenção principal.
03. **O planejamento é orientado para vantagens.** Ajuda a alocar e a dispor recursos para sua melhor utilização e desempenho.
04. **O planejamento é orientado para mudanças.** Ajuda a antecipar problemas que certamente aparecerão e a aproveitar oportunidades à medida que se defronta com novas situações."

Tipos de planejamento

O planejamento é feito através de planos. O administrador deve saber lidar com diferentes tipos de planos. Estes podem incluir períodos de longo, médio e curto prazo, como podem envolver a organização inteira, uma divisão ou departamento ou ainda uma tarefa. O planejamento é uma função administrativa que se distribui entre, todos os níveis organizacionais. Embora o seu conceito seja exatamente o mesmo, em cada nível organizacional, o planejamento apresenta características diferentes.

O planejamento envolve uma volumosa parcela da atividade organizacional. Com isso, queremos dizer que toda organização está sempre planejando: o nível institucional elabora genericamente o planejamento estratégico, o nível intermediário segue-o com planos táticos e o nível operacional traça detalhadamente os planos operacionais. Cada qual dentro de sua área de competência e em consonância com os objetivos globais da organização. O planejamento impõe racionalidade e proporciona o rumo às ações da organização. Além disso, estabelece coordenação e integração de suas várias unidades, que proporcionam a harmonia e sinergia da organização no caminho em direção aos seus objetivos principais.

Os planos podem abranger diferentes horizontes de tempo. Os planos de curto prazo cobrem um ano ou menos; os planos intermediários, um a dois anos; e os planos de longo prazo abrangem cinco ou mais anos. Os objetivos do planejamento devem ser mais específicos, no curto prazo, e mais abertos, no longo prazo. As organizações precisam de planos para todas as extensões de tempo. O administrador do nível institucional está mais voltado para planos de longo prazo que atinjam a organização inteira para proporcionar aos demais administradores um senso de direção para o futuro.

Uma pesquisa desenvolvida por Elliot Jaques mostra como as pessoas variam em sua capacidade de pensar, organizar e trabalhar com eventos situados em diferentes horizontes de tempo. Muitas pessoas trabalham confortavelmente com amplitudes de apenas três meses; um pequeno grupo trabalha melhor com uma amplitude de tempo de um ano; e somente poucas pessoas podem enfrentar o desafio de 20 anos pela frente. Como o administrador pode trabalhar em vários níveis de autoridade, ele deve planejar em função de diferentes períodos de tempo. Enquanto o planejamento de um supervisor desafia o espaço de três meses, um gerente pode lidar com períodos de um ano, enquanto um diretor lida com uma amplitude que pode ir de três, cinco, dez anos ou mais. O progresso nos níveis mais elevados da hierarquia administrativa pressupõe habilidades conceituais a serem trabalhadas, bem como uma visão projetada em longo prazo de tempo.

Planejamento estratégico

O planejamento estratégico apresenta cinco características fundamentais.

01. **O planejamento estratégico está relacionado com a adaptação da organização a um ambiente mutável.** Está voltado para as relações entre a organização e seu ambiente de tarefa. Portanto, sujeito à incerteza a respeito dos eventos ambientais. Por se defrontar com a incerteza, tem suas decisões baseadas em julgamentos e não em dados concretos. Reflete uma orientação externa que focaliza as respostas adequadas às forças e pressões que estão situadas do lado de fora da organização.
02. **O planejamento estratégico é orientado para o futuro.** Seu horizonte de tempo é o longo prazo. Durante o curso do planejamento, a consideração dos problemas atuais é dada apenas em função dos obstáculos e barreiras que eles possam provocar para um desejado lugar no futuro. É mais voltado para os problemas do futuro do que daqueles de hoje.
03. **O planejamento estratégico é compreensivo.** Ele envolve a organização como uma totalidade, abarcando todos os seus recursos, no sentido de obter efeitos sinergísticos de todas as capacidades e potencialidades da organização. A resposta estratégica da organização envolve um comportamento global, compreensivo e sistêmico.
04. **O planejamento estratégico é um processo de construção de consenso.** Dada a diversidade dos interesses e necessidades dos parceiros envolvidos, o planejamento oferece um meio de atender todos eles na direção futura que melhor convenha a todos.
05. **O planejamento estratégico é uma forma de aprendizagem organizacional.** Como está orientado para a adaptação da organização ao contexto ambiental, o planejamento constitui uma tentativa constante de aprender a ajustar-se a um ambiente complexo, competitivo e mutável.

O planejamento estratégico se assenta sobre três parâmetros: a visão do futuro, os fatores ambientais externos e os fatores organizacionais internos. Começa com a construção do consenso sobre o futuro que se deseja: é a visão que descreve o mundo em um estado ideal. A partir daí, examinam-se as condições externas do ambiente e as condições internas da organização.

Planejamento tático

O planejamento tático é o planejamento focado no médio prazo e que enfatiza as atividades correntes das várias unidades ou departamentos da organização. O administrador utiliza o planejamento tático para delinear o que as várias partes da organização, como departamentos ou divisões, devem fazer para que a organização alcance sucesso. Os planos táticos geralmente são desenvolvidos para as áreas de produção, *marketing*, pessoal, finanças e contabilidade. Para ajustar-se ao planejamento tático, o exercício contábil da organização e os planos de produção, de vendas, de investimentos etc., abrangem geralmente o período anual.

Os planos táticos geralmente envolvem:

01. **Planos de produção.** Envolvendo métodos e tecnologias necessárias para as pessoas em seu trabalho arranjo físico do trabalho e equipamentos como suportes para as atividades e tarefas.
02. **Planos financeiros.** Envolvendo captação e aplicação do dinheiro necessário para suportar as várias operações da organização.
03. **Planos de marketing.** Envolvendo os requisitos de vender e distribuir bens e serviços no mercado e atender o cliente.
04. **Planos de recursos humanos.** Envolvendo recrutamento, seleção e treinamento das pessoas nas várias atividades dentro da organização. Recentemente, as organizações estão também se preocupando com a aquisição de competências essenciais para o negócio por meio da gestão do conhecimento corporativo.

Contudo, os planos táticos podem também se referir à tecnologia utilizada pela organização (tecnologia da informação, tecnologia de produção etc.), investimentos, obtenção de recursos etc.

Políticas

As políticas constituem exemplos de planos táticos que funcionam como guias gerais de ação. Elas funcionam como orientações para a tomada de decisão. Geralmente, refletem um objetivo e orienta as pessoas em direção a esses objetivos em situações que requeiram algum julgamento. As políticas servem para que as pessoas façam escolhas semelhantes ao se defrontarem com situações similares. As políticas constituem afirmações genéricas baseadas nos objetivos organizacionais e visam oferecer rumos para as pessoas dentro da organização.

Planejamento operacional

O planejamento operacional é focalizado para o curto prazo e abrange cada uma das tarefas ou operações individualmente. Preocupa-se com "o que fazer" e com o "como fazer" as atividades quotidianas da organização. Refere-se especificamente às tarefas e operações realizadas no nível operacional. Como está inserido na lógica de sistema fechado, o planejamento operacional está voltado para a otimização e maximização de resultados, enquanto o planejamento tático está voltado para a busca de resultados satisfatórios.

O planejamento operacional é constituído de uma infinidade de planos operacionais que proliferam nas diversas áreas e funções dentro da organização. Cada plano pode consistir em muitos subplanos com diferentes graus de detalhamento. No fundo, os planos operacionais cuidam da administração da rotina para assegurar que todos executem as tarefas e operações de acordo com os procedimentos estabelecidos pela organização, a fim de que esta possa alcançar os seus objetivos. Os planos operacionais estão voltados para a eficiência (ênfase nos meios), pois a eficácia (ênfase nos fins) é problema dos níveis institucional e intermediário da organização.

Apesar de serem heterogêneos e diversificados, os planos operacionais podem ser classificados em quatro tipos, a saber:

01. **Procedimentos.** São os planos operacionais relacionados com métodos.
02. **Orçamentos.** São os planos operacionais relacionados com dinheiro.
03. **Programas (ou programações).** São os planos operacionais relacionados com tempo.
04. **Regulamentos.** São os planos operacionais relacionados com comportamentos das pessoas.

2.2 Organização

Definição de organização

"Organização da empresa é a ordenação e o agrupamento de atividades e recursos, visando ao alcance de objetivos e resultados estabelecidos". (Djalma, 2002, p. 84).

Segundo Maximiano, uma **organização** é um sistema de recursos que procura alcançar objetivos. Em outras palavras, Organizar é desenhar/montar a estrutura da empresa/instituição de modo a facilitar o alcance dos resultados.

Os níveis da organização são:

Abrangência	Conteúdo	Tipo de Desenho	Resultado
Nível Institucional	A instituição como uma totalidade	Desenho organizacional	Tipo de organização
Nível intermediário	Caso departamento isoladamente	Desenho departamental	Tipo de departamentalização
Nível operacional	Cada tarefa ou operação	Desenho de cargos e tarefas	Análise e descrição de cargos

Estrutura organizacional

VASCONCELOS (1989) entende estrutura como o resultado de um processo no qual a autoridade é distribuída, as atividades são especificadas (desde os níveis mais baixos até a alta administração) e um sistema de comunicação é delineado, permitindo que as pessoas realizem as atividades e exerçam a autoridade que lhes compete para o alcance dos objetivos da organização.

Estrutura organizacional: forma pela qual as atividades de uma organização são divididas, organizadas e coordenadas. (Stoner, 1992, p.230).

Estrutura formal e informal

Estrutura Formal: é aquela representada pelo organograma. Todas as relações são formais. Não se pode descartá-la e deixar

PROCESSO ADMINISTRATIVO

funcionários se relacionarem quando eles não devem ter relações diretas. Na **Estrutura Formal (Organização Formal)**, conseguimos identificar os departamentos, os cargos, a definição das linhas de autoridade e de comunicação entre os departamentos e cargos envolvidos.

Já a **Estrutura Informal (Organização Informal)** é a rede de relações sociais e pessoais que não é representada ou requerida pela estrutura formal. Surge da interação social das pessoas, o que significa que se desenvolve, espontaneamente, quando as pessoas se reúnem. Portanto, apresenta relações que, usualmente, não são formalizadas e **não aparecem no organograma da empresa**. A organização informal envolve as emoções, atitudes e ações das pessoas em termos de suas necessidades, e não de procedimentos ou regras.

Elementos da estrutura organizacional

Especialização

Consequência da divisão do trabalho: cada unidade ou cargo passa a ter funções e tarefas específicas e especializadas.

A especialização pode dar-se em dois sentidos: vertical e horizontal.

A horizontal representa a tendência de criar departamentos especializados no mesmo nível hierárquico, cada qual com suas funções e tarefas. Exemplo: gerência de *Marketing*, gerência de Produção, gerência de Recursos Humanos.

A vertical caracteriza-se pelos níveis hierárquicos (chefia), pois, na medida em que ocorre a especialização horizontal do trabalho, é necessário coordenar essas diferentes atividades e funções. **Ex.:** Presidência, Diretoria-Geral, Gerências, Coordenadorias, Seções.

Centralização/descentralização/delegação

Centralização

CENTRALIZAÇÃO significa que a autoridade para decidir está localizada no topo da organização, ou seja, a maioria das decisões relativas ao trabalho que está sendo executado não é tomada por aqueles que o executam, mas em um ponto mais alto da organização.

Vantagens	Desvantagens
> decisões mais consistentes com os objetivos gerais;	> decisões e administradores distanciados dos fatos locais;
> maior uniformidade de procedimentos;	> dependência dos subordinados;
> aproveitamento da capacidade dos líderes generalistas;	> diminuição da motivação, criatividade;
> redução dos riscos de erros por parte dos subordinados;	> maior demora na implementação das decisões
> maior controle global do desempenho da organização.	> maior custo operacional.

Descentralização

Por outro lado, podemos dizer que **DESCENTRALIZAÇÃO** significa que a maioria das decisões relativas ao trabalho que está sendo executado é tomada pelos que o executam, ou com sua participação. A autoridade para decidir está dispersa nos níveis organizacionais mais baixos. A tendência moderna ocorre no intuito de descentralizar para proporcionar melhor uso dos recursos humanos.

Vantagens	Desvantagens
- maior agilidade e flexibilidade nas decisões;	- perda de uniformidade das decisões;
- decisões mais adaptadas aos fatos locais;	- maiores desperdícios e duplicação de recursos;
- maior motivação, autonomia e disponibilidade dos líderes;	- canais de comunicação mais dispersos;
- maior facilidade do controle específico do desempenho de unidades e gerentes.	- dificuldade de encontrar responsáveis e controlar o desempenho da organização como um todo;
	- mais cara.

Delegação

Segundo Oliveira (2010, p. 189), delegação é o processo de transferência de determinado nível de autoridade de um chefe para seu subordinado, criando o correspondente compromisso pela execução da tarefa delegada.

Em outras palavras, delegação é o processo de transmitir certas tarefas e obrigações de uma pessoa para outra, em geral, de um superior para um colaborador. Aquele que recebe o poder delegado tem autoridade suficiente para concluir o trabalho, mas aquele que delega fica com a total responsabilidade pelo seu êxito ou fracasso.

> Não se deve confundir descentralizar com delegação. DELEGAR é um instrumento específico de uma chefia para um subordinado. Delegação é o processo pelo qual o administrador transfere autoridade e responsabilidade aos seus subordinados que estão abaixo na hierarquia. Já DESCENTRALIZAR implica consistente delegação ao longo da cadeia hierárquica.

Cadeia de comando/escalar ou linha de comando

A cadeia de comando de uma organização mostra, basicamente, quem "manda em quem". Ou seja, descreve as linhas de autoridade, desde a cúpula da empresa até o seu nível mais baixo. A cadeia de comando mostra, portanto, a relação de subordinação dentro da estrutura e mostra como funciona a hierarquia funcional. Esta "estrutura hierárquica" é o que chamamos de "cadeia de comando".

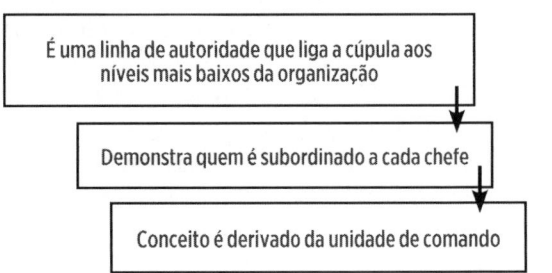

```
┌─────────────────────────────────────────────┐
│ É uma linha de autoridade que liga a cúpula │
│ aos níveis mais baixos da organização       │
└─────────────────────────────────────────────┘
                    ↓
┌─────────────────────────────────────────────┐
│ Demonstra quem é subordinado a cada chefe   │
└─────────────────────────────────────────────┘
                    ↓
┌─────────────────────────────────────────────┐
│ Conceito é derivado da unidade de comando   │
└─────────────────────────────────────────────┘
```

Amplitude administrativa/controle

Amplitude administrativa (ou amplitude de comando, ou de controle) é o número de subordinados/áreas que um gestor tem sob seu comando/supervisão. Em qualquer nível, cada gestor tem um determinado número de pessoas que se reportam a ele, pessoas estas que podem estar agrupadas em conjuntos de cargos ou em departamentos. Uma decisão importante no processo de organização é a definição da amplitude ideal de comando, ou seja, a quantidade de áreas e pessoas que um chefe tem capacidade de gerir com eficácia.

Organograma

É uma representação gráfica da estrutura da uma empresa/instituição, a divisão do trabalho em suas unidades/departamentos, a hierarquia e os canais de comunicação.

> **Divisão do trabalho:** quadros (retângulos) representam cargos ou unidades de trabalho (departamentos). Eles indicam o critério de divisão e de especialização das áreas, ou seja, como as responsabilidades estão divididas dentro da organização.

> **Autoridade e Hierarquia:** a quantidade de níveis verticais em que os retângulos estão agrupados mostra a cadeia de comando, ou seja, como a autoridade está distribuída, do diretor que tem mais autoridade, no topo da estrutura, até o funcionário que tem menos autoridade, na base da estrutura.

> **Canais de comunicação:** as linhas que verticais e horizontais que ligam os retângulos mostram as relações/comunicações entre as unidades de trabalho.

Formalização

Grau de controle da organização sobre o indivíduo, definido pelas normas e procedimentos, limitando a atuação e o comportamento.

Responsabilidade

Dever de desempenhar a tarefa ou atividade, ou cumprir um dever para o qual se foi designado. Nada mais é do que executar a tarefa adequadamente, de acordo com a confiança depositada.

O grau de responsabilidade é, geralmente, diretamente proporcional ao grau de autoridade da pessoa. Dessa forma, os cargos de alto escalão possuem maior autoridade e maior responsabilidade que os cargos mais baixos.

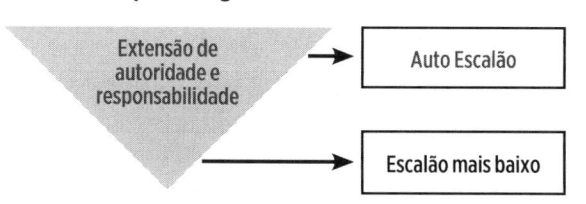

Departamentalização

Diferenciação horizontal que permite simplificar o trabalho, aproveitando os recursos de forma mais racional. É o agrupamento dos indivíduos em unidades gerenciáveis para facilitar a coordenação e o controle.

Um departamento é um "pedaço" da organização. É um setor que está focado em um aspecto de seu funcionamento. O departamento é uma unidade de trabalho que concentra um conjunto de tarefas.

Tipos de departamentalização

Departamentalização por Função (Funcional)

É a divisão lógica de acordo com as funções a serem desempenhadas, ou seja, é a divisão departamental que segue o princípio da especialização.

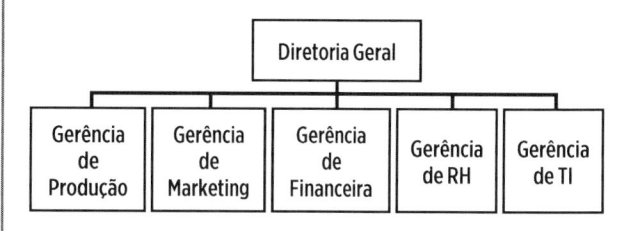

Vantagens	Desvantagens
- agrupa vários especialistas em uma mesma unidade; - simplifica o treinamento e orienta as pessoas para uma função específica, concentrando sua competência e habilidades técnicas; - permite economia de escala pelo uso integrado de pessoas, máquinas e produção em massa; - indicada para situações estáveis, tarefas rotineiras e para produtos ou serviços que permaneçam longos ciclos sem mudanças.	- reduz a cooperação interdepartamental (ênfase nas especialidades); - é inadequada para ambiente e tecnologia em constante mudança, pois dificulta a adaptação e a flexibilidade às mudanças externas; - foco na especialidade em detrimento do objetivo organizacional global.

Departamentalização Base Territorial ou Geográfica

É a diferenciação e o agrupamento das atividades de acordo com o local onde o trabalho será desempenhado, ou então a área de mercado a ser servida pela empresa. É utilizada geralmente por empresas que cobrem grandes áreas geográficas e cujos mercados são extensos e diversificados, ou seja, quando as circunstâncias externas indicam que o sucesso da organização depende particularmente do seu ajustamento às condições e às necessidades locais e regionais.

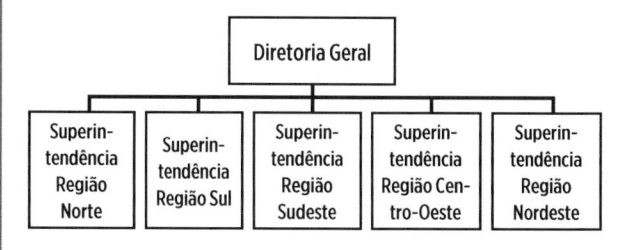

PROCESSO ADMINISTRATIVO

Vantagens	Desvantagens
- amplia a área de atuação, atingindo maior número de clientes; - permite fixar a responsabilidade de lucro e de desempenho no comportamento local ou regional, além de encorajar os executivos a pensar em termos de sucesso de território; - as características da empresa podem acompanhar adequadamente as variações de condições e características locais.	- o enfoque territorial pode deixar em segundo plano a coordenação, tanto dos aspectos de planejamento e execução, quanto de controle como um todo, em face do grau de liberdade e autonomia nas regiões; - em situações de instabilidade externa em determinada região, pode gerar temores e ansiedades na força de trabalho em função da possibilidade de desemprego ou prejuízo funcional.

Vantagens	Desvantagens
- quando a satisfação do cliente é o aspecto mais crítico da organização, ou seja, quando o cliente é o mais importante, e os produtos e serviços devem ser adaptados às suas necessidades. - dispõe os executivos e todos os participantes da organização para a tarefa de satisfazer as necessidades e os requisitos dos clientes; - permite à organização concentrar seus conhecimentos sobre as distintas necessidades e exigências dos canais mercadológicos.	-as demais atividades da organização – produção, finanças – podem se tornar secundárias ou acessórias, em face da preocupação compulsiva com o cliente; - os demais objetivos da organização – lucratividade, produtividade – podem ser deixados de lado ou sacrificados.

Departamentalização por Produto/Serviço

Descentraliza as atividades e decisões de acordo com os produtos ou serviços executados. É realizada quando as atividades inerentes a cada um dos produtos ou serviços possuem diferenciações significativas e, por isso, fica mais fácil administrar cada produto/serviço individualmente.

```
                    Diretoria de Produção
                            |
        ┌───────────────────┼───────────────────┐
Departamento de      Departamento de      Departamento de
    Motores          Eletrodomésticos        Geladeiras
```

Vantagens	Desvantagens
- fixa a responsabilidade dos departamentos para uma linha de produto; - facilita a coordenação entre as diferentes áreas: a preocupação principal é o produto, e as atividades das áreas envolvidas dão pleno suporte; - facilita a inovação, pois requer cooperação e comunicação dos vários grupos que contribuem para gerar o produto.	- dispersa os especialistas nos diversos subgrupos orientados para os produtos; - não é indicada para circunstâncias externas não mutáveis, empresas com pouca variabilidade dos produtos, por trazer custos operacionais elevados; - em situações de instabilidade externa, pode gerar temores e ansiedades na força de trabalho de determinada linha de produto, em função da possibilidade de desemprego ou prejuízo funcional; pode enfatizar a coordenação em detrimento da especialização.

Departamentalização por Cliente

Envolve a diferenciação e o agrupamento das atividades de acordo com o tipo de pessoa/grupo/empresa para quem o trabalho é executado. Divide as unidades organizacionais para que cada uma possa servir a um grupo de clientes, sendo indicada quando as características dos clientes – idade, sexo, nível socioeconômico – são determinantes para o sucesso do negócio e requerem diferentes abordagens para as vendas, os produtos, os serviços adicionais.

```
                Departamento de Vendas
                         |
        ┌────────────────┼────────────────┐
Seção de Exportação  Seção de Vendas   Seção de Vendas a
                      por Atacado          Varejo
```

Departamentalização por Processos

Processo é um conjunto de atividades inter-relacionadas e cíclicas que transforma insumos (entradas) em produtos (saídas). A departamentalização por fases do processo é utilizada quando o produto final é tão complexo que se faz necessário fabricá-lo a partir da divisão em processos menores, com linhas de produção distintas. Exemplo: indústria automobilística. Uma linha de produção é um arranjo físico de máquinas e equipamentos. Essa linha define o agrupamento de pessoas e de materiais para processar as operações.

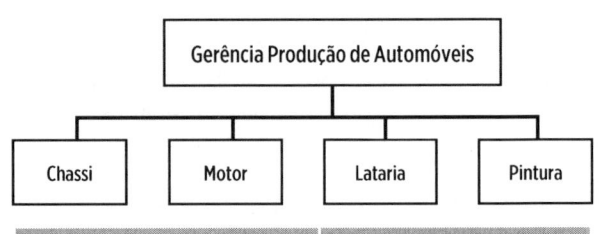

```
              Gerência Produção de Automóveis
                         |
        ┌────────┬───────┴───────┬────────┐
     Chassi    Motor          Lataria   Pintura
```

Vantagens	Desvantagens
- fixa a responsabilidade e a união dos esforços em determinado processo; - extrai vantagens econômicas oferecidas pela própria natureza do equipamento ou da tecnologia. A tecnologia passa a ser o foco e o ponto de referência para o agrupamento de unidades e posições.	- quando a tecnologia utilizada sofre mudanças e desenvolvimento revolucionários, a ponto de alterar profundamente os processos; - deve haver especial cuidado com a coordenação dos distintos processos.

Departamentalização por Projetos

Projeto é um evento temporário e não repetitivo, caracterizado por uma sequência lógica de atividades, com início, meio e fim, que se destina a atingir um objetivo claro e definido, sendo conduzido por pessoas dentro de parâmetros predefinidos de tempo, custo, recursos e qualidade.

A departamentalização por projetos, portanto, é utilizada em empresas cujos produtos envolvem grandes concentrações de recursos por um determinado tempo (navios, fábricas, usinas hidrelétricas, pontes, estradas), que exigem tecnologia sofisticada e pessoal especializado. Como o produto é de grande porte, exige planejamento individual e detalhado e um extenso período de tempo para execução; cada produto é tratado como um projeto.

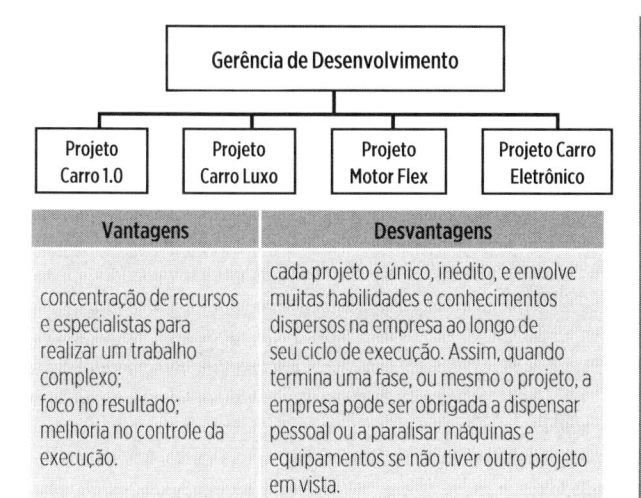

Vantagens	Desvantagens
concentração de recursos e especialistas para realizar um trabalho complexo; foco no resultado; melhoria no controle da execução.	cada projeto é único, inédito, e envolve muitas habilidades e conhecimentos dispersos na empresa ao longo de seu ciclo de execução. Assim, quando termina uma fase, ou mesmo o projeto, a empresa pode ser obrigada a dispensar pessoal ou a paralisar máquinas e equipamentos se não tiver outro projeto em vista.

Departamentalização Matricial

Chama-se matricial, pois combina duas formas de estrutura formando uma espécie de grade. Trata-se de uma estrutura mista, híbrida, que combina geralmente a departamentalização funcional com a de produtos ou de projetos.

Os projetos seriam as áreas-fim, enquanto a estrutura funcional seria a área-meio, responsável pelo apoio aos projetos. A autonomia e o poder relativo a cada estrutura seriam decorrentes da ênfase dada pela empresa aos projetos ou às funções tradicionais.

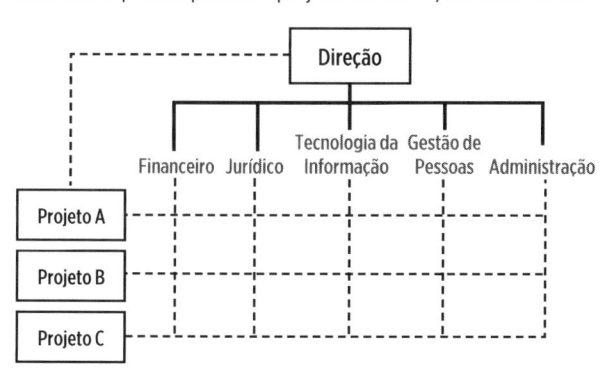

Vantagens	Desvantagens
- maior versatilidade e otimização dos recursos humanos; - forma efetiva para conseguir resultados ou resolver problemas complexos; -mais fortemente orientada para resultados; - maior grau de especialização.	- conflito linha/ projeto; - duplicidade de autoridade e comando.

Departamentalização Mista/Híbrida/Combinada

É praticamente impossível encontrar, na prática, a aplicação pura de um único tipo de departamentalização em toda uma empresa. Geralmente, encontra-se uma reunião de diversos tipos de departamentalização em todos os níveis hierárquicos, a qual se denomina **Departamentalização Mista** ou **Combinada**.

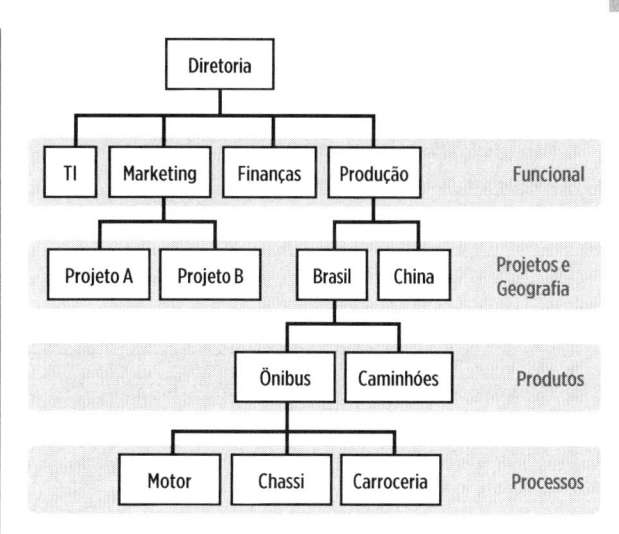

Modelos de estrutura organizacional

Desenho/estrutura vertical (modelo mecanicista)

O desenho é piramidal, caracterizando centralização das decisões. Geralmente é a estrutura de organizações tradicionais, forma burocrática, autoridade centralizada, hierarquizadas, mais rígidas, regras e procedimentos padronizados, divisão de trabalho, amplitude administrativa estreita e meios formais de coordenação.

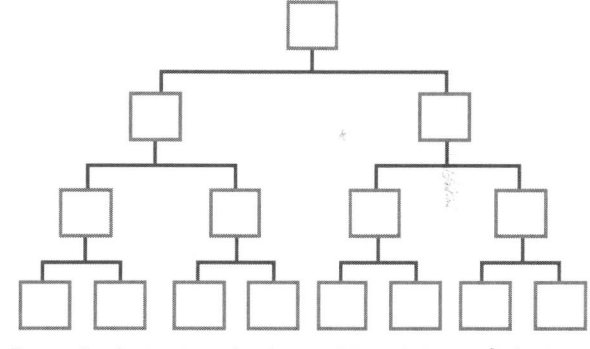

Desenho/estrutura horizontal (modelo orgânico)

As estruturas são mais achatadas e flexíveis, denotando a descentralização de decisões. *Downsizing* – estratégia administrativa para reduzir número de níveis e aspectos burocráticos da empresa. *Adhocráticos*, adaptativos, mais horizontais, com poucas regras e procedimentos, pouca divisão de trabalho, amplitudes administrativas maiores e mais meios pessoais de coordenação.

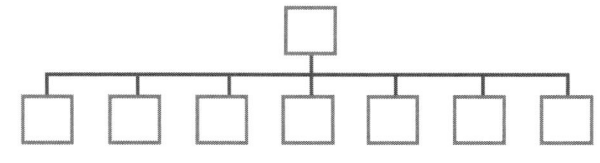

Variáveis condicionantes da estrutura organizacional

01. **Ambiente:** instável, estável, homogêneo, heterogêneo (estrutura se adapta ao ambiente).
02. **Estratégia:** estabilidade ou crescimento (estrutura segue a estratégia), a mudança da estrutura em função da estratégia se chama covariação estrutural.

NOÇÕES DE ADMINISTRAÇÃO

03. **Tecnologia:** em massa, por processo, unitária; sequencial, mediadora, intensiva (estrutura depende da tecnologia).
04. **Ciclo de vida e tamanho:** nascimento, crescimento, juventude, maturidade (estrutura se ajusta ao tamanho).
05. **Pessoas:** conhecimento x reposição.

Tipos de estruturas organizacionais

Cada estrutura deverá se adequar a um modelo, ora mais mecanicista, ora mais orgânico, a depender das variáveis condicionantes.

Os diferentes tipos de organização são decorrência da estrutura organizacional, ou seja, da arquitetura ou formato organizacional que assegura a divisão e a coordenação das atividades dos membros da instituição. A estrutura é o esqueleto que sustenta e articula as partes integrantes. Cada subdivisão recebe o nome de unidade, departamento, divisão, seção, equipe, grupo de trabalho.

Estrutura linear

É a forma mais simples e antiga, originada dos exércitos e organizações eclesiásticas. O nome "linear" se dá em função das linhas diretas e únicas de autoridade e responsabilidade entre superiores e subordinados, resultando em um formato piramidal de organização. Cada gerente recebe e transmite tudo o que se passa na sua área de competência, pois as linhas de comunicação são rigidamente estabelecidas.

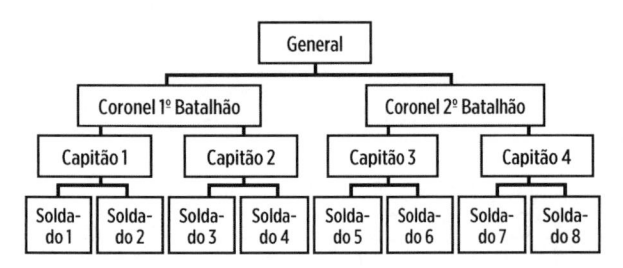

Vantagens	Desvantagens
- estrutura simples e de fácil compreensão e implantação; - clara delimitação das responsabilidades dos órgãos – nenhum órgão ou cargo interfere em área alheia; - estabilidade e disciplina garantidas pela centralização do controle e da decisão. - evita a ambiguidade; - unidade de comando, cada subordinado recebe ordens de um único chefe; - ideal para ambientes estáveis; - aproveita o conhecimento das chefias generalistas; - geralmente só é vantajoso em empresas pequenas.	- o formalismo das relações pode levar à rigidez e à inflexibilidade, dificultando a inovação e adaptação a novas circunstâncias; - a autoridade linear baseada no comando único e direto pode tornar-se autocrática, dificultando o aproveitamento de boas ideias; - chefes tornam-se generalistas e ficam sobrecarregados em suas atribuições na medida em que tudo tem que passar por eles; - com o crescimento da organização, as linhas formais de comunicação se congestionam e ficam lentas, pois tudo deve passar por elas.

Estrutura funcional

É o tipo de organização em que se aplica o princípio funcional ou princípio da especialização. Cada área é especializada em um determinado assunto; é a autoridade em um tema. Dessa forma, ela presta seus serviços às demais áreas de acordo com sua especialidade.

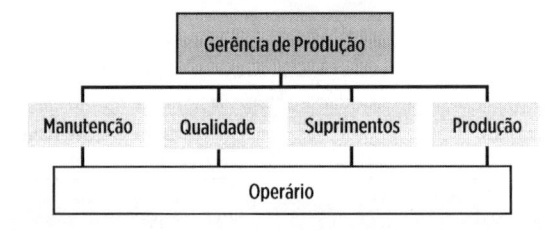

Vantagens	Desvantagens
- proporciona especialização e aperfeiçoamento; - permite a melhor supervisão técnica possível; - comunicações diretas, sem intermediação, mais rápidas e menos sujeitas a distorções; - separa as funções de planejamento e de controle das funções de execução: há uma especialização do planejamento e do controle, bem como da execução, permitindo plena concentração de cada atividade.	- não há unidade de mando, o que dificulta o controle das ações e a disciplina; - subordinação múltipla pode gerar tensão e conflitos dentro da organização; - concorrência entre os especialistas, cada um impondo seu ponto de vista de acordo com sua área de atuação; - coordenação e comunicação entre os departamentos é péssima; - pode gerar ambiguidade; responsabilidade parcial de cada departamento.

Estrutura linear-staff

Nela coexistem os órgãos de linha (de execução) e de assessoria (de apoio e consultoria), mantendo relações entre si. As atividades de linha são aquelas intimamente ligadas aos objetivos da organização (áreas-fim). As atividades de *staff* são as áreas-meio, ou seja, prestam serviços especializados que servem de suporte às atividades-fim.

A autoridade para decidir e executar é do órgão de linha. A área de *staff* apenas assessora, sugere, dá apoio e presta serviços especializados. A relação deve ser sinérgica, pois a linha necessita do *staff* para poder desenvolver suas atividades, enquanto o *staff* necessita da linha para poder atuar.

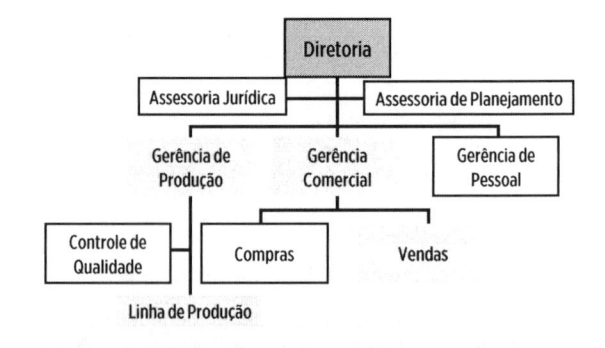

Vantagens	Desvantagens
melhor embasamento técnico e operacional para as decisões; agregar conhecimento novo e especializado à organização; facilita a utilização de especialistas; possibilita a concentração de problemas específicos nos órgãos de staff, enquanto os órgãos de linha ficam livres para executar as atividades-fim.	conflitos entre órgãos de linha e staff: experiências profissionais diversas, visões de trabalho distintas, diferentes níveis de formação; dificuldade de manutenção do equilíbrio entre linha e staff.

Estrutura divisional ou unidades estratégicas de negócios

Na estrutura divisional, a empresa desmembra sua estrutura em divisões, agregando os recursos e pessoas de acordo com os produtos, clientes e/ou mercados que são considerados importantes.

A vantagem deste modelo é que cada divisão funciona de maneira quase autônoma, independente, facilitando sua gestão. Cada divisão passa a ter seus próprios setores de pessoal, de *marketing*, e logística.

Com isso, estas divisões podem escolher estratégias distintas para atingir seus objetivos. Naturalmente, estas divisões não ficam "totalmente livres" do controle da cúpula da empresa, mas encontram muito mais flexibilidade para gerir seus negócios.

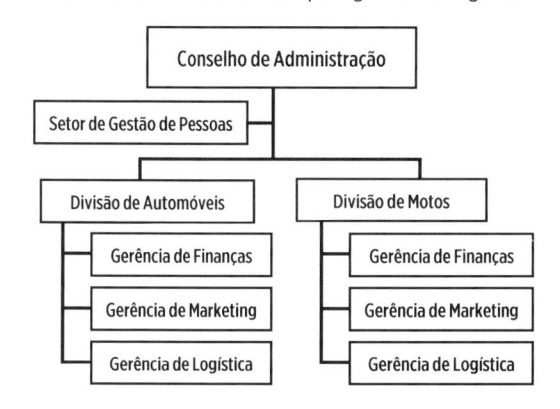

Vantagens	Desvantagens
- foco no resultado; - coordenação em razão do produto e serviço; - favorece a inovação e o crescimento; - comunicação e coordenação intradepartamentais boas.	- custos elevados, duplicidade de órgãos; - dificuldade de integração entre unidades; - a comunicação e a coordenação entre as divisões são péssimas.

Estrutura matricial

Estas estruturas são um modelo híbrido, que conjuga duas estruturas em uma só. Normalmente, é um somatório de uma estrutura funcional com outra estrutura horizontal, temporária, focada em projetos.

As empresas que atuam com esta estrutura buscam associar as vantagens das duas estruturas, juntando os especialistas funcionais nos projetos mais estratégicos, sempre que necessário.

Ela é chamada de matricial porque seu aspecto é parecido com o de uma matriz. Sua criação foi uma tentativa de conciliar, em uma estrutura rígida e hierárquica, a flexibilidade de uma estrutura temporária.

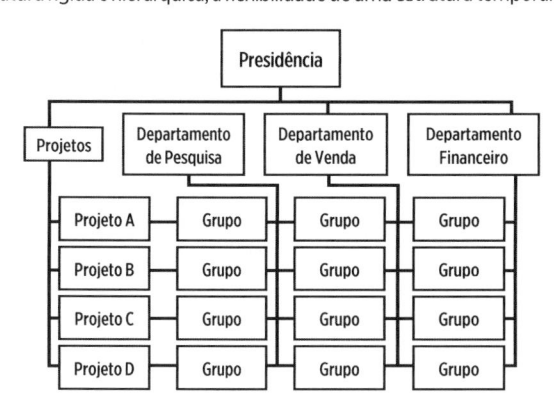

Vantagens	Desvantagens
- máximo aproveitamento de pessoal; - redução de custos; - flexibilidade para aumento e redução de quadro organizacional; - facilidade de apuração de resultado e controle de prazos e custos por projeto; - maior ganho de experiência prática do pessoal; - comunicação e coordenação intradepartamentais boas.	- menor lealdade à instituição; possibilidade de falta de contato entre elementos da mesma especialidade que trabalham em projetos diferentes; - responsabilidade parcial; comunicação e coordenação interdepartamentais péssimas.

Estrutura em virtual ou em rede

A antiga ideia de uma organização que "fazia de tudo" (ou verticalizada) ficou para trás. Como ninguém é "bom em tudo", devemos nos aliar a diferentes parceiros, dependendo da necessidade do momento.

Esta é a ideia central das redes organizacionais. Estas surgiram como uma necessidade de que as organizações fossem mais **flexíveis e adaptáveis às mudanças no ambiente**. Desta maneira, se uma empresa necessita de um novo design para seu novo produto, contrata um escritório de *design*. O mesmo ocorre quando esta empresa necessita de distribuir seu produto em um novo mercado – contrata uma empresa especializada em distribuição.

Assim sendo, a empresa pode estabelecer um foco naquilo que melhor sabe fazer e "mudar de rumo" sempre que for necessário. De acordo com este pensamento, surgiram as "organizações em rede" ou as "redes organizacionais".

Como as pessoas demandam cada vez mais produtos e serviços "customizados", essa tendência tem se acelerado. Mais estratégico do que ter capacidades "internas" (e mais estáveis, claro) é ter parceiros dentro de uma rede de atuação que deem este *Know-how* ou competências que possam ser "adquiridas" sempre que necessário.

A flexibilidade ocorre porque a organização passa a contratar qualquer serviço ou produto que precisar diretamente no mercado. Se em um segundo momento esses produtos e serviços não forem mais demandados, poderá cancelar o contrato e trocar de fornecedor, sem precisar demitir funcionários, vender maquinários, dentre outros custos e problemas.

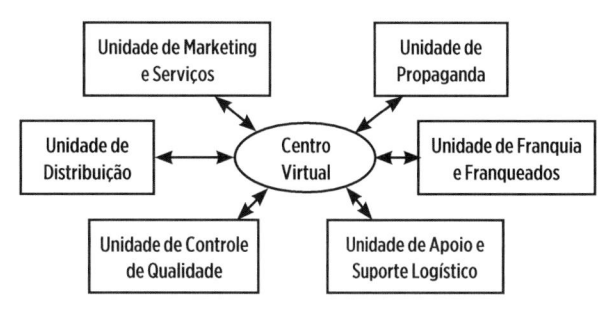

NOÇÕES DE ADMINISTRAÇÃO

Vantagens	Desvantagens
- negócios virtuais ou unidades de negócios; - baixo custo operacional e administrativo; - competitividade global; - flexibilidade e adaptabilidade a ambientes complexos. - rapidez de respostas às demandas ambientais.	- controle global difícil, riscos e incertezas; - dificuldade de cultura corporativa e lealdades fracas.

2.3 Direção

A direção é a função administrativa que se refere ao relacionamento interpessoal do administrador com seus subordinados. Para que o planejamento e a organização possam ser eficazes, eles precisam ser complementados pela orientação e pelo apoio às pessoas, por meio de adequada comunicação, liderança e motivação, características estas que um administrador deve possuir para conseguir dirigir pessoas com eficiência. Enquanto as outras funções administrativas – planejamento, organização e controle – são impessoais, a direção constitui um processo interpessoal que define as relações entre os indivíduos.

A direção está relacionada diretamente com a atuação sobre as pessoas da organização. Por essa razão, constitui uma das mais complexas funções da administração. Alguns autores preferem substituir a palavra *direção* por liderança ou influenciação. Outros ainda preferem o termo *coaching*. A direção é a fusão de outras duas funções, a coordenação (ajustamento do trabalho) e a liderança.

Para podermos aprofundar na função *direção*, precisamos estudar motivação, pois é questão certa na sua prova também.

Motivação

A motivação define-se pelo desejo de exercer altos níveis de esforço em direção a determinados objetivos, organizacionais ou não, condicionados pela capacidade de satisfazer algumas necessidades individuais.

A motivação é relativa às forças internas ou externas que fazem uma pessoa se entusiasmar e persistir na busca de um objetivo.

Podemos dizer que as principais características básicas da motivação consistem no fato de que ela é um fenômeno individual, ou seja, somos únicos e devemos ser tratados com tal; a motivação é intencional, uma vez que está sob o controle do trabalhador; a motivação é multifacetada, depende tanto do estímulo como da escolha do comportamento empregado.

Outra característica encontrada é que não podemos medir a motivação diretamente. Medimos o comportamento motivado, a ação e as forças internas e externas que influenciam na escolha de ação, pois a motivação não é passível de observação.

A motivação é a força propulsora do comportamento; oferece direção, intensidade, sentido e persistência.

Ciclo motivacional

Em todo estado de motivação existe um ciclo motivacional. Ele começa com o surgimento de uma necessidade; portanto, sem essa necessidade, não há ciclo. A necessidade traz um estado psicológico no indivíduo causando um desconforto levando a um motivo para sair de determinada situação. Quando as pessoas estão em estado estável, sem essa necessidade, elas tendem a ficar estáticas, acomodando-se nos lugares que ocupam. Por um lado, isso é bom, mas por outro, seres estáticos se acomodam com a situação atual e acabam ficando para trás. Por isso, este incômodo pode ser visto como algo positivo, pois é ele que faz as pessoas se moverem e conseguirem grandes realizações e avanços como seres humanos ou para qualquer outra coisa.

No ciclo motivacional nem sempre a necessidade pode ser satisfeita. Nesses casos ela é liberada na forma de frustrações, causando desconfortos psicológicos como apatia, depressão, entre outros. Porém, quando não é liberada em aspectos psicológicos, pode ser levada para vias fisiológicas, causando problemas no organismo. A necessidade pode também ser transferida para outro lugar, como, por exemplo, a não conquista de uma necessidade é compensada por algum outro benefício.

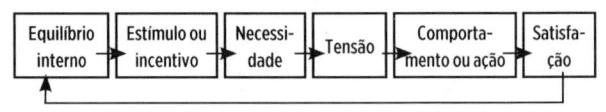

| Equilíbrio interno | → | Estímulo ou incentivo | → | Necessidade | → | Tensão | → | Comportamento ou ação | → | Satisfação |

As etapas do ciclo motivacional, envolvendo a satisfação de uma necessidade

Tipos de motivação

Observamos uma divisão no tipo de motivação sabendo que são diversas as causas motivacionais do indivíduo, suas necessidades e expectativas.

Chamamos a motivação de **INTRÍNSECA** quando ela está relacionada com recompensas psicológicas: reconhecimento, respeito, *status*. Esse tipo motivacional está intimamente ligado às ações individuais dos gerentes em relação aos seus subordinados.

Por outro lado, fala-se de motivação **EXTRÍNSECA** quando as causas estão baseadas em recompensas tangíveis: salários, benefícios, promoções, sendo que estas causas independem da gerência intermediária, pois geralmente são determinadas pela alta administração, pelos gerentes gerais.

Principais teorias motivacionais

Algumas provas, por exemplo, podem buscar a classificação das teorias em **teorias de conteúdo e teorias de processo**:

> As **teorias de conteúdo** são aquelas que se referem ao conteúdo da motivação, ou seja, **o que** leva o indivíduo a se motivar.

> As **teorias de processos** são aquelas que se referem ao processo motivacional e ao seu funcionamento.

Teorias de conteúdo	Teorias de processo
1. Teoria da Hierarquia das Necessidades de Maslow. 2. Teoria ERC de Alderfer. 3. Teoria dos dois fatores de Herzberg. 4. Teoria X e Y de McGregor. 5. Teoria das Necessidades adquiridas de McClelland.	1. Teoria da Expectativa ou da Expectância de Vroom. 2. Teoria do Reforço – Skinner. 3. Teoria da Equidade - Stacy Adams. 4. Teoria da Autoeficácia – Bandura. 5. Teoria da Definição de Objetivos – Edwin Locke.

Teorias de conteúdo

As teorias de conteúdo partem do princípio de que os motivos do comportamento humano residem no próprio indivíduo. A motivação para agir e se comportar é originada das forças existentes no indivíduo. Assim, cada pessoa reage de forma diferente a estímulos recebidos.

Teoria da Hierarquia das Necessidades de Maslow

É a teoria mais conhecida sobre motivação, foi proposta pelo psicólogo americano Abraham H. Maslow, baseia-se na ideia de que cada ser humano esforça-se muito para satisfazer suas necessidades pessoais e profissionais. É um esquema que apresenta uma divisão hierárquica em que as necessidades consideradas de nível mais baixo devem ser satisfeitas antes das necessidades de nível mais alto. Segundo esta teoria, cada indivíduo tem de realizar uma "escalada" hierárquica de necessidades para atingir a sua plena autorrealização.

Para tanto, **Maslow** definiu uma série de cinco necessidades do ser, que são explicadas uma a uma a seguir:

Autorrealização	Desejo da pessoa de se tornar "tudo o que é capaz", crescimento profissional, etc.
Estima	Necessidade de respeito próprio, reconhecimento, status, etc.
Sociais	Necessidade de pertencimento: ter amigos, ter um bom ambiente de trabalho, etc.
Segurança	Ausência de ameaças e perigos: trabalho seguro, sem poluição, tranquilidade financeira
Fisiológicas	Necessidades mais básicas de todo ser-humano: ar, comida, água, etc.

Alguns aspectos sobre a Hierarquia de Necessidades de Maslow

> Para alcançar uma nova etapa, a anterior deve estar satisfeita. Isso se dá uma vez que, quando uma etapa está satisfeita, ela deixa de ser o elemento motivador do comportamento do ser, fazendo com que outra necessidade tenha destaque como motivação.

> Os 4 primeiros níveis dessas necessidades podem ser satisfeitos por aspectos extrínsecos (externos) ao ser humano, e não apenas por sua vontade.

> **Importante!** A necessidade de autorrealização nunca é saciada, ou seja, quanto mais se sacia, mais a necessidade aumenta.

> Acredita-se que as necessidades fisiológicas já nascem com o indivíduo. As outras mostradas no esquema acima se adquirem com o tempo.

> As necessidades primárias, ou básicas, satisfazem-se mais rapidamente que as necessidades secundárias, ou superiores.

> O indivíduo será sempre motivado pelas necessidades que se apresentarem mais importantes para ele.

> De acordo com Maslow, há uma hierarquia na satisfação das necessidades, indo da base para o topo.

> De acordo com os teóricos atuais, não há hierarquia entre as necessidades; tudo depende da prioridade de cada indivíduo. (BOLD)

Essa teoria está perdendo cada vez mais força, mas ainda é considerada importante pela excelente divisão das necessidades.

Teoria ERC ou ERG de Clayton Alderfer

Basicamente, é uma adaptação da teoria da hierarquia das necessidades de Maslow.

Alderfer procurou adequar os estudos de Maslow para que a teoria pudesse refletir os dados de suas pesquisas.

A primeira diferença é o fato de que Alderfer reduziu os níveis hierárquicos para três: de existência, de relacionamento e de crescimento (em inglês: *grow*).

01. **Necessidades de existência (*existence*):** incluem as necessidades de bem-estar físico: existência, preservação e sobrevivência. Abarcam as necessidades básicas de Maslow, ou seja, as fisiológicas e as de segurança.

02. **Necessidades de relacionamento (*relatedness*):** são as necessidades de relacionamentos interpessoais, ou seja, de sociabilidade e relacionamento social. Podem ser associadas às necessidades sociais e de estima de Maslow.

03. **Necessidades de crescimento (*grow*):** são as necessidades que o ser humano tem de desenvolver seu potencial e crescer. Relacionam-se com as necessidades de realização de Maslow.

Outra diferença está no fato de que na teoria ERC não existe uma hierarquia tão rígida. Vários níveis de necessidades podem ser estimulados ao mesmo tempo – a satisfação de um nível anterior não seria um pré-requisito para a satisfação do nível seguinte.

Além disso, se um nível de necessidade superior não for atendido, isso pode levar a pessoa a aumentar a necessidade de nível inferior. Exemplo: a falta de reconhecimento no trabalho poderia aumentar a demanda por melhores salários.

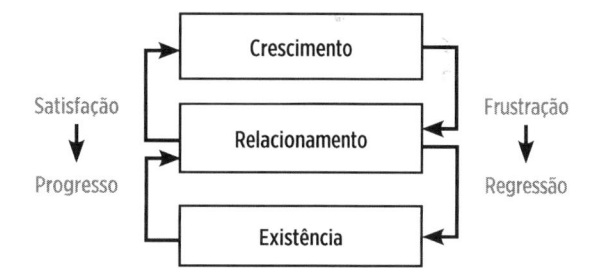

Teoria das Necessidades Adquiridas de David McClelland

De acordo com McClelland, a motivação é relacionada com a satisfação de certas necessidades adquiridas dos indivíduos. Estas necessidades seriam geradas por meio da própria experiência das pessoas, de sua vivência.

01. **Necessidade de Realização (Competir):** é o desejo de ser excelente, de ser melhor, de ser mais eficiente; as pessoas com essas necessidades gostam de correr riscos calculados, de ter responsabilidades, de traçar metas.

02. **Necessidade de Poder (Exercer influência):** é o desejo de controlar os outros e de influenciá-los. Pessoas assim têm grande poder de argumentação e esse poder pode ser tanto positivo quanto negativo; elas procuram assumir cargos de liderança.

03. **Necessidade de Afiliação (Relacionar-se):** reflete o desejo de interação social, de contatos interpessoais, de amizades e de poucos conflitos. Pessoas com essas necessidades colocam seus relacionamentos acima das tarefas.

As principais conclusões que podemos tirar dessa teoria são:

04. As pessoas se sentem muito motivadas quando o trabalho tem bastante responsabilidade, um grau médio de riscos e bastante *feedback*.

05. Uma grande necessidade de realização não faz de alguém, necessariamente, um bom gestor, mas faz com que ela busque o desempenho para atingir as metas fixadas. Isso acontece porque pessoas preocupadas demais em realizar os objetivos não costumam se importar tanto em fazer com que os membros de uma equipe melhorem seu desempenho. Os bons gerentes gerais não costumam ter uma alta necessidade de realização.

06. As necessidades de poder e afiliação estão intimamente ligadas ao sucesso gerencial. Os melhores gestores são aqueles que possuem grande necessidade de poder e baixa necessidade de afiliação. Pode-se considerar que uma grande motivação pelo poder é requisito para a eficácia administrativa.

Trata-se, como se vê, de uma teoria com bastante suporte, mas que possui dificuldades em se operacionalizar, dado que é custoso e demorado conseguir identificar as necessidades do indivíduo sob esta teoria, já que elas são subconscientes.

Teoria dos Dois Fatores de Herzberg

A Teoria dos Dois Fatores de Herzberg é uma das teorias motivacionais mais importantes, sendo também chamada de Teoria da Higiene-Motivação.

Segundo essa teoria, a motivação para o trabalho resulta de dois fatores:

> **Fatores Higiênicos:** referentes ao **AMBIENTE DE TRABALHO**, também chamados de fatores extrínsecos ou profiláticos. Eles **evitam a insatisfação** caso estejam presentes. Incluem aspectos como qualidade da supervisão, remuneração, políticas da empresa, condições físicas de trabalho, relacionamento com colegas e segurança no emprego, benefícios, estilos de gestão, políticas da empresa;

> **Fatores Motivacionais:** referentes ao **CONTEÚDO DO CARGO**, ou seja, ao próprio trabalho, sendo também chamados de fatores intrínsecos. São responsáveis pela existência de satisfação dos funcionários. Incluem aspectos como chances de promoção, oportunidades de crescimento pessoal, reconhecimento, responsabilidades e realização.

Fatores Motivacionais	Fatores Higiênicos
Trabalho em si.	Condições de trabalho.
Realização.	Administração da empresa.
Reconhecimento.	Salário.
Progresso.	Relações com o supervisor.
Responsabilidade.	Benefícios e incentivos sociais.

> A satisfação no cargo depende dos fatores motivacionais.
> A insatisfação no cargo depende dos fatores higiênicos.

```
—  Motivacionais  +        —  Higiênicos  Nenhuma
Não                                        Insatisfação
Satisfação ←———→ Satisfação   Insatisfação ←———→
```

Convém compreender que, para a Teoria dos Dois Fatores, **a satisfação não é o oposto da insatisfação**. (TODA A FRASE EM BOLD)

Na verdade, na ausência de fatores higiênicos, haveria a insatisfação; enquanto que, na sua presença, chegar-se-ia a um "ponto neutro", chamado de não insatisfação.

Enquanto isso, na ausência de fatores motivacionais, haveria, quanto a esses fatores, um estado de não satisfação. Se eles estiverem presentes, haveria um estado de satisfação.

Para que o trabalhador se sinta motivado, é necessário que ele possua fatores extrínsecos satisfeitos (para evitar a desmotivação) e fatores motivacionais também satisfeitos (para que se gere a motivação).

Teoria X e Y de Douglas McGregor

As Teorias X e Y são antagônicas quanto à sua visão do ser humano. Ambas foram desenvolvidas por Douglas McGregor, de acordo com sua observação do comportamento dos gestores com relação aos funcionários.

De acordo com os pressupostos da **Teoria X**, as pessoas: são preguiçosas e indolentes; evitam o trabalho; evitam a responsabilidade para se sentirem mais seguras; precisam ser controladas e dirigidas; são ingênuas e sem iniciativa.

Se o gestor tem esta visão negativa das pessoas, ele tende a ser mais controlador e repressor, a tratar os subordinados de modo mais rígido, a ser autocrático, a não delegar responsabilidades.

Nas pressuposições da **Teoria Y**, o trabalho é uma atividade tão natural como brincar ou descansar, portanto, as pessoas: são esforçadas e gostam de ter o que fazer; procuram e aceitam responsabilidades e desafios; podem ser automotivadas e autodirigidas; são criativas e competentes.

Como o gestor acredita no potencial dos funcionários, ele incentiva a participação, delega poderes e cria um ambiente mais democrático e empreendedor.

Teoria X	Teoria Y
Um indivíduo comum, em situações comuns, evitará sempre que possível o trabalho.	O indivíduo comum não só aceita a responsabilidade do trabalho, como também as procura.
Alguns indivíduos só trabalham sob forte pressão.	O controle externo e a ameaça não são meios adequados de se obter trabalho.
Precisam ser forçados, contralados para que se esforcem em cumprir os objetivos.	O dispêndio de esforço no trabalho é algo natural.
É preguiçoso e prefere ser dirigido, evita as responsabilidades, tem ambições e, acima de tudo, deseja sua própria segurança.	São criativos e incentivos, buscam sempre a solução para os problemas da empresa.
O indivíduo é motivado pelo menor esforço, demandando um acompanhamento por parte do líder.	São pessoas motivadas pelo máximo esforço, demandando uma participação maior nas decisões e negociações inerentes ao seu trabalho.

São ameaçados com punições severas para que se esforcem em cumprir os objetivos estabelecidos pela organização.	O atingimento dos objetivos da organização está ligado às recompensas associadas e não ao controle rígido e às punições.
O homem comum busca, basicamente, segurança.	Os indivíduos são criativos e inventivos, buscam sempre a solução para os problemas da empresa.

Teorias de processo

Enquanto as teorias de conteúdo se preocupam com as necessidades, as teorias de processo procuram verificar como o comportamento é ativado, dirigido, mantido e ativado.

Teoria da Expectativa ou da Expectância de Vroom

A Teoria da Expectativa (também chamada de Expectância), de Victor Vroom, é uma das teorias da motivação mais amplamente aceitas para o contexto organizacional atual.

Sua ideia central é a seguinte: os funcionários ficarão motivados para um trabalho quando acreditarem que seu esforço gerará o desempenho esperado pela organização e que esse desempenho fará com que ele receba recompensas da organização, que servirão para a satisfação de suas metas pessoais.

Parece complexo, mas vamos desdobrar o que foi dito acima em três aspectos centrais. Assim, as relações que influenciam a motivação do funcionário na organização são as seguintes:

01. **Relação esforço-desempenho (Expectância):** trata-se da crença do funcionário de que seu esforço gerará o desempenho esperado e que esse resultado será percebido pela organização em sua avaliação de desempenho.
02. **Relação desempenho-recompensa (Instrumentalidade):** trata-se da crença de que ao atingir os objetivos fixados para si, o funcionário receberá recompensas da organização, como remuneração variável, bônus, folgas, etc.
03. **Relação recompensa-metas pessoais (Valência):** trata-se do grau em que as recompensas que o funcionário recebe da organização servem para que ele possa atingir as próprias metas pessoais.

Expectância	x	Instrumentalidade	x	Valência	=	Motivação
Percepção de que os esforços levarão ao resultado desejado.		Crença de que a obtenção do resultado está ligada a uma recompensa		É o valor que a pessoa atribui ao incentivo ou recompensa		Produto expectância, instrumentalidade e valência
↓		↓		↓		↓
Esforço Individual	→	Desempenho Individual	→	Recompensa Organizacional	→	Metas Pessoais (direcionadas pela motivação)

Teoria do Reforço - Skinner

A ideia principal dessa teoria é a de que o reforço condiciona o comportamento, sendo que este é determinado por experiências negativas ou positivas, devendo o gerente estimular comportamentos desejáveis e desencorajar comportamentos não agradáveis.

O reforço positivo se dá de várias formas, tais como: premiações, promoções e até um simples elogio a um trabalho bem feito. São motivadores vistos que incentivam o alto desempenho.

O reforço negativo condiciona o funcionário a não se comportar de maneira desagradável. Tal reforço atua por meio de repreensões, chegando até a demissão.

Conforme Schermerhorn (1996 apud CHIAVENATO, 2005, p. 486-487), **existem quatro estratégias de modificação de comportamento organizacional**:

> **Reforço positivo:** para aumentar a frequência ou intensidade do comportamento desejável, relacionando com as consequências agradáveis e contingentes à sua ocorrência. Exemplo: um administrador que demonstra aprovação por uma atitude de um funcionário; uma organização que concede um prêmio financeiro a um funcionário por uma boa sugestão.

> **Reforço negativo:** para aumentar a frequência ou intensidade do comportamento desejável pelo fato de evitar uma consequência desagradável e contingente à sua ocorrência. Um gerente deixa de repreender o funcionário faltoso ou deixa de exigir que não mais cometa determinada falta.

> **Punição:** para diminuir a frequência ou eliminar um comportamento indesejável pela aplicação da consequência desagradável e contingente à sua ocorrência. Um administrador repreende o funcionário ou suspende o pagamento de bônus ao funcionário que atrasa indevidamente o seu trabalho.

> **Extinção:** para diminuir a frequência ou eliminar um comportamento indesejável pela remoção de uma consequência agradável e contingente à sua ocorrência. Um administrador observa que um empregado faltoso recebe aprovação social de seus colegas e aconselha os colegas a não praticarem mais tal aprovação. A extinção não encoraja nem recompensa.

Teoria da Equidade - Stacy Adams

Para Stacy Adams, todos fazem uma comparação entre o que "entrega" e o que "recebe" em troca (pela empresa e colegas). Assim, a noção de que a relação é justa teria um impacto significativo na motivação.

Equidade, neste caso, é a relação entre a contribuição que o indivíduo dá em seu trabalho e as recompensas que recebe, comparadas com as recompensas que os outros recebem em troca dos esforços empregados. É uma relação de comparação social.

A Teoria da Equidade focaliza a relação dos resultados para os esforços empreendidos em relação à razão percebida pelos demais, existindo assim a EQUIDADE. Porém, quando essa relação resulta em um sentimento de desigualdade, ocorre a INEQUIDADE, podendo esta ser *negativa*, quando o trabalhador recebe menos que os outros, e positiva, quando o trabalhador recebe mais que os outros.

Se alguma dessas duas condições acontece, o indivíduo poderá se comportar da seguinte forma:

> Apresentará uma redução ou um aumento em nível de esforço.
> Poderá fazer tentativas para alterar os resultados.
> Poderá distorcer recursos e resultados.

NOÇÕES DE ADMINISTRAÇÃO

- > Poderá mudar de setor ou até de emprego.
- > Poderá provocar mudanças nos outros.
- > E, por fim, poderá trocar o grupo ao qual está se comparando.

A equidade é subjetiva: o que pode parecer justo para o superior pode não parecer justo para o subordinado. Por isso, a maior importância recai sobre o que o ambiente percebe como justo, e não sobre o que o gerente acredita ser justo.

Teoria da Autoeficácia – Bandura

Segundo esta teoria, a motivação e o desempenho de um indivíduo podem ser determinados pelo quanto este indivíduo acredita que pode ser eficiente desenvolvendo as tarefas (SPECTOR, 2006). Isso significa que pessoas com alto nível de **autoeficácia** são motivadas a fazer tarefas, pois acreditam que podem desempenhá-las bem, e pessoas com baixo nível de **autoeficácia** não se motivam por certas tarefas por não acreditarem no sucesso de suas ações para desenvolvê-las.

Utilizando o pensamento de Bandura, *apud* Yassudaetall (2005), pode-se dizer que a teoria da autoeficácia prevê que a confiança que o indivíduo tem em sua capacidade é uma grande fonte de motivação e é reguladora de suas atitudes. Quando uma pessoa se percebe capaz de realizar algo, esforça-se mais e tem mais motivação para concluir sua tarefa do que o indivíduo com baixo nível de autoeficácia.

> Autoeficácia é a percepção que temos de que somos capazes, competentes e aptos para realizar um trabalho. Assim, torna-se necessária para a motivação. Masquando é elevada demais, é um obstáculo para o aprendizado, pois o indivíduo acredita que já não precisa melhorar mais, porque está no nível de excelência.

Assim, este estudo afirma que uma pessoa esforça-se mais em tarefas que acredita ter maior grau de autoeficácia para realizar, e que a autoeficácia das pessoas pode variar de acordo com a tarefa que terão que realizar (SPECTOR, 2006).

Bandura também apresenta quatro fontes possíveis para autoeficácia: a fonte mais importante seria o próprio desempenho da pessoa nas tarefas em um determinado domínio. A autoeficácia também pode ser influenciada pela observação do desempenho de outras pessoas - que pode nos levar a concluir que faríamos melhor ou pior do que os outros fazem. Outra fonte da autoeficácia seria a persuasão verbal de outras pessoas, que podem nos convencer de que somos ou não capazes de realizar algo. Finalmente, a percepção de nossos estados fisiológicos também pode afetar nossa autoeficácia, pois se nos sentimos ansiosos, amedrontados frente a certas tarefas, podemos inferir que nos sentimos assim porque não somos capazes de realizá-las (BANDURA *apud* YASSUDA *et all*, 2005, p.1).

Teoria da Definição de Objetivos – Edwin Locke

A Teoria da Definição de Objetivos desenvolvida por Edwin Locke preconiza que a motivação das pessoas está intrinsecamente ligada à busca de alcance de objetivos. O objetivo sinaliza às pessoas o que precisa ser feito e quanto esforço elas terão de despender para o seu alcance.

É uma abordagem cognitiva que sustenta que o comportamento de uma pessoa é orientado por seus propósitos.

Está fundamentada em alguns pressupostos:

01. Objetivos bem definidos e mais difíceis de serem alcançados levam a melhores resultados do que metas genéricas e abrangentes.
02. Objetivos difíceis, para pessoas capacitadas, elevam o desempenho.
03. A retroação a respeito do desempenho provoca melhor desempenho. Quando a retroação é autogerenciada, é mais poderosa que a retroação externa.
04. Objetivos construídos com a participação dos funcionários, que terão que atingi-los para que surtam mais resultados.
05. Pessoas com alta autoeficácia tendem a concluir com êxito as tarefas. Pessoas com baixa autoeficácia precisam de maior retroação externa.
06. A definição individual de objetivos funciona melhor para tarefas individuais e independentes.

Estilos de direção

Os sistemas administrativos

Dentro desse filão, Likert, outro expoente da teoria comportamental, fez uma pesquisa levando em conta algumas variáveis comportamentais importantes. Dentre elas, estão o processo decisorial, os sistemas de comunicação, o relacionamento interpessoal dos membros e os sistemas de punições e recompensas adotados pelas organizações.

> **Processo decisorial.** O administrador pode centralizar totalmente em suas mãos todas as decisões dentro da organização (centralização) ou pode descentralizar totalmente as decisões de maneira conjunta e participativa com as pessoas envolvidas (descentralização). Ele pode adotar uma supervisão direta, rígida e fechada sobre as pessoas (estilo autocrático) até uma supervisão genérica, aberta, democrática e orientadora que permite ampla autodireção e autocontrole por parte das pessoas (estilo democrático).

> **Sistemas de comunicação.** O administrador pode adotar fluxos descendentes de ordens e instruções e fluxos ascendentes de relatórios para informação (comunicação vertical e rígida), ou pode adotar sistemas de informação desenhados para proporcionar acesso a todos os dados necessários ao desempenho (comunicação vertical e horizontal intensa e aberta).

> **Relacionamento interpessoal.** O administrador pode adotar cargos com tarefas segmentadas e especializadas (cargos especializados, individualizados e confinados em que as pessoas não podem se comunicar entre si) ou pode adotar desenhos de cargos que permitam o trabalho em grupo ou em equipe em operações autogerenciadas e autoavaliadas (cargos enriquecidos e abertos).

> Sistemas de punições e recompensas. O administrador pode adotar um esquema de punições que obtenha a obediência por meio da imposição de castigos e medidas disciplinares (ênfase nas punições e no medo), ou pode adotar um esquema de recompensas materiais e simbólicas para obter a aceitação, a motivação positiva e o comprometimento das pessoas (ênfase nas recompensas e no estímulo).

Likert chegou à conclusão de que as variáveis comportamentais escolhidas para sua pesquisa variam e se comportam como continuons.

Em função dessa continuidade, chegou à conclusão de que existem quatro sistemas administrativos.

Sistema 1: Autoritário-Coercitivo

No extremo esquerdo do *continuum*, o Sistema 1 constitui o sistema mais fechado, duro e arbitrário de administrar uma organização. É totalmente coercitivo e coativo, impondo regras e regulamentos, e exige rígida e cega obediência. As decisões são monopolizadas na cúpula da organização. Impede a liberdade, nega a informação, restringe o indivíduo e faz com que ele trabalhe isoladamente dos demais. Há forte desconfiança em relação às pessoas e impede-se qualquer contato interpessoal. Para incentivar as pessoas a trabalharem, utiliza punições e castigos - a motivação negativa - de modo a impor intimidação e medo e reforçar a obediência cega.

Sistema 2: Autoritário-Benevolente

O Sistema 2 é também um sistema autoritário. Todavia, é benevolente e menos coercitivo e fechado do que o anterior. Permite alguma delegação das decisões em níveis mais baixos, desde que essas decisões sejam repetitivas e operacionais e sujeitas à confirmação da cúpula. As restrições à liberdade são menores do que no Sistema I; oferece-se alguma informação, já que o fluxo vertical de informações traz ordens e comandos de cima para baixo e informações de baixo para cima a fim de abastecer o processo decisório. Existe ainda uma grande desconfiança das pessoas, mas permite-se algum relacionamento entre elas, como certa condescendência da organização. O sistema utiliza punições e castigos, mas já se preocupa com recompensas, que são estritamente materiais e salariais, frias e calculistas.

Sistema 3: Consultivo

O Sistema 3 já é mais aberto do que os anteriores. Deixa de ser autocrático e impositivo para dar alguma margem de contribuição das pessoas. Daí a sua denominação do sistema consultivo. Proporciona descentralização e delegação das decisões, permitindo que as pessoas possam envolver-se no processo decisorial da organização. O sistema se apoia em boa dose de confiança nas pessoas, permitindo que elas trabalhem ocasionalmente em grupos ou em equipes. As comunicações são intensas e o seu fluxo é vertical - acentuadamente ascendente e descendente - com algumas repercussões laterais ou horizontais. O sistema utiliza mais recompensas - que são predominantemente materiais e ocasionalmente sociais - e poucas punições.

Sistema 4: Participativo

No extremo direito do *continuum* está o Sistema 4, que constitui o sistema mais aberto e democrático de todos. É denominado sistema participativo, pois incentiva total descentralização e delegação das decisões aos níveis mais baixos da organização, exigindo apenas um controle dos resultados por parte da cúpula. As decisões passam a ser tomadas diretamente pelos executores das tarefas. O sistema se apoia em total confiança nas pessoas e no seu *empoderamento* (*empowerment*), incentivando a responsabilidade e o trabalho conjunto em equipe. As comunicações constituem o núcleo de integração do sistema, e seu fluxo é tanto vertical como horizontal para proporcionar envolvimento total das pessoas no negócio da organização. O sistema utiliza amplamente as recompensas salariais como parte do seu esquema de remuneração variável pelo alcance de metas e resultados, bem como recompensas sociais ou simbólicas. As punições são raras e, quando acontecem, são decididas e administradas pelas equipes ou grupos de trabalho.

Mas, o que determina o tipo de administração a ser desenvolvido pelo administrador? Geralmente, a consistência entre meios e fins. E aqui reside um dos principais aspectos da teoria administrativa. Essa consistência depende de conceitos e teorias a respeito da natureza das pessoas, como elas se comportam nas organizações e como os administradores devem se comportar nesse conjunto. Os sistemas administrativos de Likert constituem uma notável contribuição da escola comportamental para a avaliação do grau de abertura e democratização das organizações. As organizações bem-sucedidas estão migrando decidida e rapidamente para o lado direito do *continuum* descrito - Sistema 4 - e adotando posturas altamente participativas e democráticas com relação às pessoas que nelas trabalham.

O papel da direção

Para a Teoria Comportamental, o papel do administrador é promover a integração e articulação entre as variáveis organizacionais e as variáveis humanas, focalizando o ambiente e, mais especificamente, o cliente. De um lado, as variáveis organizacionais, como missão, objetivos, estrutura, tecnologia, tarefas etc.; e de outro, as variáveis humanas, como habilidades, atitudes, competências, valores, necessidades individuais etc., que devem ser devidamente articuladas e balanceadas. As ações de planejar, organizar, controlar e, principalmente, dirigir servem exatamente para proporcionar essa integração e articulação.

Para alcançar uma adequada integração e articulação entre as variáveis organizacionais e as variáveis humanas, o administrador deve utilizar vários mecanismos, como as variáveis comportamentais estudadas por Likert: o processo decisório, os sistemas de comunicação, o relacionamento interpessoal dos membros e o sistema de punições e recompensas.

Por meio desses mecanismos de integração, o papel do administrador se estende por uma ampla variedade de alternativas, que vão desde o Sistema I até o Sistema 4 de Likert. O administrador exerce direção, toma decisões e influencia e motiva as pessoas. Ele comunica e estrutura as organizações e desenha cargos e tarefas que repercutem no relacionamento interpessoal dos membros. Ele incentiva as pessoas sob diferentes aspectos.

Em cada uma dessas áreas, o papel do administrador pode variar entre comportamentos ou abordagens alternativos.

A direção e as pessoas

As mais recentes abordagens administrativas enfatizam que são as pessoas que fazem a diferença nas organizações. Em outras palavras, em um mundo onde a informação é rapidamente disponibilizada e compartilhada pelas organizações, sobressaem aquelas que são capazes de transformá-la rapidamente em oportunidades em termos de novos produtos e serviços antes que outras organizações o façam. E isso somente pode ser conseguido com a ajuda das pessoas que sabem utilizá-la adequadamente, e não apenas com a tecnologia que pode ser adquirida no mercado. São as pessoas - e não apenas a tecnologia - que fazem a diferença. A tecnologia pode ser adquirida por qualquer organização com relativa facilidade nos balcões do mercado. Bons funcionários requerem um investimento muito mais longo em termos de capacitação quanto a habilidades e conhecimentos e, sobretudo, de confiança e comprometimento pessoal.

Ouchi deu o nome de **Teoria Z** para descrever o esquema de administração adotado pelos japoneses, cujos princípios são:

> Filosofia de emprego em longo prazo.
> Poucas promoções verticais e movimentos em cargos laterais.
> Ênfase no planejamento e desenvolvimento da carreira.
> Participação e consenso na tomada de decisões.
> Envolvimento dos funcionários.

É certo que todos esses princípios são válidos para o Japão e sua peculiar cultura oriental e tradições milenares. Mas todos eles podem ser simplesmente transplantados para um país como o nosso, com hábitos e costumes totalmente diferentes. Contudo, alguns aspectos mostram que confiança, consenso e envolvimento das pessoas no negócio são fatores inequívocos de sucesso organizacional. Em qualquer lugar do mundo, é bom não perdê-los de vista.

Conceito de grupo social

No passado, prevaleceu por longas décadas a noção de que os indivíduos constituíam o elemento básico na construção dos blocos organizacionais e da dinâmica organizacional. O tempo, a experiência e os resultados serviram para descartar essa noção míope e errônea, e as organizações mais avançadas passaram a redesenhar os seus processos organizacionais construídos sobre e ao redor de indivíduos para remodelá-los inteiramente no nível de grupos de trabalho. Um grande número de organizações está caminhando rápida e definitivamente nessa direção: a ideia é sair do nível do átomo ou da molécula e passar a selecionar grupos - e não mais indivíduos - treinar, remunerar, promover, liderar e motivar grupos, e uma enorme extensão de atividades organizacionais, no sentido de utilizar não mais as pessoas de maneira confinada e isolada, mas grupos de trabalho atuando coesa e conjuntamente. Chegou, portanto, a hora de levar os grupos a sério.

Um grupo pode ser definido como um conjunto de dois ou mais indivíduos que estabelecem contatos pessoais, significativos e propositais, uns com os outros, em uma base de continuidade, para alcançar um ou mais objetivos comuns. Nesse sentido, um grupo é muito mais do que um simples conjunto de pessoas, pois seus membros se consideram mutuamente dependentes para alcançar os objetivos e interagem uns com os outros regularmente para o alcance desses objetivos no decorrer do tempo. Todas as pessoas pertencem a vários grupos, dentro e fora de organizações. Por outro lado, os administradores estão participando e liderando as atividades de muitos e diferentes grupos em suas organizações.

Existem grupos formais e informais. Um grupo formal é um grupo oficialmente designado para atender a um específico propósito dentro de uma organização. Algumas unidades de grupo são permanentes e até podem aparecer nos organogramas de muitas organizações na figura de departamentos (como departamentos de pesquisa de mercado), divisões (como divisão de produtos de consumo) ou de equipes (como equipe de montagem de produtos). Um grupo permanente pode variar de tamanho, indo desde um pequeno departamento ou uma equipe de poucas pessoas até grandes divisões com centenas de pessoas envolvidas. Em todos esses casos, os grupos formais compartilham a característica comum de serem criados oficialmente para desempenhar certas tarefas em uma base duradoura, e continuam sua existência até que alguma decisão mude ou reconfigure a organização por alguma razão.

Os grupos temporários são criados para específicos propósitos e se dissolvem quando tal propósito é alcançado ou cumprido. Certos comitês ou forças-tarefa designados para resolver problemas específicos ou cumprir atribuições especiais são exemplos típicos de grupos temporários. O presidente de uma organização pode solicitar uma força-tarefa para estudar a viabilidade de adotar horário flexível para o pessoal de nível gerencial da empresa. Alguns grupos temporários requerem apenas um líder ou orientador, e não um gerente para alcançar bons resultados.

Por outro lado, muitas organizações utilizam grupos informais que emergem extraoficialmente e que não são reconhecidos como parte da estrutura formal da organização. São grupos amigáveis que se compõem de pessoas com afinidades naturais entre si e que trabalham juntas com mais facilidade. Os grupos de interesses são compostos de pessoas que compartilham interesses comuns e que podem ter interesses relacionados com o trabalho, como serviços comunitários, esportes ou religião.

Quaisquer que sejam os tipos de grupos de trabalho, é inegável a sua enorme utilidade para as organizações.

Trabalho em equipe

A formação de uma boa equipe que conquiste excelentes resultados tem sido uma busca cada vez mais frequente em qualquer tipo de organização. A tradicional reunião de pessoas em busca de objetivos comuns, que, no passado, era chamada de equipe, hoje é entendida como sendo, na verdade, apenas agrupamento, ou grupo. A verdadeira equipe é aquela que possui objetivos claros, sabe exatamente onde deve chegar, cresce enquanto equipe, mas que respeita e incentiva o crescimento de cada um dos seus componentes. Dessa forma, muito mais do que retratar o papel das equipes na organização, pretende-se descrever os tipos de personalidade, de modo que se consiga uma formação, por meio de uma melhor análise, de equipes de elevado desempenho, com personalidades que venham sempre a somar.

O que é uma equipe?

A equipe é um grupo de pessoas, em que seus participantes se conhecem, relacionam-se diretamente, havendo ainda uma unidade de espírito e de ação. Quando se focalizam as equipes, verifica-se que os resultados que elas querem atingir são os objetivos da organização.

A equipe traz consigo a ação, a execução do trabalho, agrupando profissionais de categorias diferentes ou não, complementando-se, articulando-se e dependendo uns dos outros para objetivos comuns.

Objetivos do Trabalho em Equipe

As organizações que se baseiam no trabalho em equipe buscam evitar condições opressivas de trabalho e as substituem por processos e políticas que estimulam as pessoas a trabalharem efetivamente para objetivos comuns. Conforme MOSCOVICI (1996) *"(...) desenvolver uma equipe é ajudar a aprender e a institucionalizar um processo constante de autoexame e avaliação das condições que dificultam seu funcionamento efetivo, além de desenvolver habilidades para lidar eficazmente com esses problemas."*

É necessário que uma equipe possua objetivos, para que consiga se manter e se desenvolver. Os objetivos são de suma importância para o trabalho em equipe, pois guiam as ações dos participantes do grupo, que coordenam e planejam seus esforços. Servem ainda para delimitar critérios a fim de resolver conflitos interpessoais, de maneira a promover a melhoria do trabalho, que passa a ser constantemente avaliado, analisado e revisado. Os objetivos, quando imediatos, têm maior significado para a equipe. Devem servir como passos intermediários para os objetivos principais.

Tipos de Equipes

PARKER (1995) divide as equipes em três tipos específicos, cada qual com as suas características.

A **equipe funcional** é formada por um chefe e seus subordinados diretos e tem sido a marca da empresa moderna. Questões como autoridade, relações, tomada de decisão, liderança e gerenciamento demarcado são simples e claras.

A **equipe autogerenciável** é um grupo íntegro de colaboradores responsáveis por todo um processo ou segmento de trabalho, que oferece um produto ou serviço a um cliente interno ou externo. Em diferentes instâncias, os membros da equipe trabalham em conjunto para melhorar as suas operações, lidar com os problemas do dia a dia e planejar e controlar as suas atividades.

E a **equipe interfuncional**, às vezes chamada de **equipe multidisciplinar**, faz parte da silenciosa revolução que atualmente vem abrangendo as organizações. PARKER (1995) diz que *"(...) as possibilidades para esse tipo de equipe parecem ser ilimitadas. Encontro-as nos mais diversos ramos de atividade, desempenhando uma gama de funções igualmente amplas, até então praticadas isoladamente."* Ainda sob o enfoque de PARKER (1995), *"(...) equipes interfuncionais estão ajudando a agilizar o processo de desenvolvimento de produtos, melhorar o enfoque dado ao cliente, aumentar a capacidade criativa da empresa, oferecer um fórum para o aprendizado organizacional e servir de ponto único de contato para clientes, fornecedores e outros envolvidos."*

Equipe virtual - as pessoas estão separadas fisicamente, mas unidas pela TI (Tecnologia da Informação).

Equipe temporária - as pessoas estão unidas por um período de tempo específico; após esse prazo, a equipe é desfeita.

Equipe força-tarefa - é uma equipe temporária, montada para resolver um problema específico.

Equipe transversal - é formada por pessoas de departamentos diferentes e níveis organizacionais diferentes.

Estágio de Desempenho de Equipes

De acordo com KATZENBACH e SMITH (apud MOSCOVICI, 1996), a curva de desempenho da equipe permite classificá-la de acordo com o modo de funcionamento em uma das cinco posições:

Pseudo-equipe: neste grupo, pode-se definir um trabalho, mas não há preocupação com o desempenho coletivo apreciável. Prevalece a individualidade.

Grupos de trabalho: não existe estímulo para transformar-se em equipe. Os membros partilham informações entre si, porém são mantidas, de forma individual, as responsabilidades e objetivos. Não se produz desempenho coletivo.

Equipe potencial: existe intenção de produzir o desempenho coletivo. Necessita-se assumir compromisso quanto ao resultado de grupo e se requerem esclarecimentos das finalidades, dos objetivos e da abordagem de tarefa.

Equipe real: composta de pessoas que, além de possuírem habilidades que se complementam, comprometem-se umas com as outras, por meio da missão e dos objetivos comuns e da abordagem de trabalho bem definida. Existe confiança entre os membros do grupo, assumindo responsabilidade plena sobre o desempenho.

Equipe de elevado desempenho: equipe com membros profundamente comprometidos com o crescimento pessoal de cada indivíduo e com o sucesso deles mesmos e dos outros. Possuem resultados muito além das expectativas. Na análise de MANZ e SIMS (1996), com coautores de Empresas sem chefes, instalando equipes de elevado desempenho, tem-se:

a) aumento na produtividade;
b) melhora na qualidade;
c) melhora na qualidade de vida profissional dos funcionários;
d) redução no nível de rotatividade de pessoal e absenteísmo;
e) redução no nível de conflito;
f) aumento na inovação;
g) aumento na flexibilidade; e
h) obtenção de economia de custos da ordem de 30% a 70%.

É necessário aprender a trabalhar em equipe, sabendo-se que uma equipe não começa a funcionar eficientemente no momento em que é criada. Conforme KOPITTKE (2000) *"é necessário um tempo para que a equipe se alinhe."* Em um importante estudo, feito nos anos 70, o psicólogo Tuckman identificou quatro estágios de desenvolvimento de equipes que visam ao sucesso, conforme relata KOPITTKE (2000), sendo eles:

a) **formação:** neste estágio, as pessoas ainda estão aprendendo a lidar umas com as outras; pouco trabalho é feito;

b) **tormenta:** tem-se uma época de difícil negociação das condições sob as quais a equipe vai trabalhar;

c) **aquiescência:** é a época na qual os papéis são aceitos (posse do problema) e as informações circulam livremente;

d) **realização:** quando a execução do trabalho atinge níveis ótimos (não há mais problema).

Habilidades para o Trabalho em Equipe

As competências para um bom desempenho no trabalho em equipe diferem das competências necessárias ao trabalho individual. A seguir, estão explicitadas essas competências:

a) **cooperar:** participar voluntariamente, apoiar as decisões da equipe, fazer a sua parte do trabalho;

b) **compartilhar informações:** manter as pessoas informadas e atualizadas sobre o processo do grupo;

c) **expressar expectativas positivas:** esperar o melhor das capacidades dos outros membros do grupo, falando dos membros da equipe para os outros com aprovação. Apelar para a racionalidade em situações de conflito e não assumir posição polêmica nesses casos;

d) **estar disposto a aprender com os companheiros:** valorizar a experiência dos outros, solicitar dados e interagir pedindo e valorizando ideias;

e) **encorajar os outros:** dar crédito aos colegas que tiveram bom desempenho tanto dentro como fora da equipe;

f) **construir um espírito de equipe:** tomar atitudes especiais para promover clima amigável, moral alto e cooperação entre os membros da equipe;

g) **resolver conflitos:** trazer à tona o conflito dentro da equipe e encorajar ou facilitar uma solução construtiva para a equipe. Não esconder ou evitar o problema, mas tentar resolvê-lo da forma mais rápida possível.

As diferenças entre as mentalidades		
Fatores	Ênfase em "você"	Ênfase em "nós"
Estrutura	Trabalho individual centralizado nos departamentos.	Trabalho por processos realizado por times semiautônomos.
Hierarquia	Rígida, com muitos níveis.	Poucos níveis para facilitar a comunicação e agilizar a tomada de decisões.
Carreira	Baseada em cargos e em tempo de serviço.	O funcionário ganha projeção à medida que adquire mais habilidades.
Execução de projetos	Uma área ou pessoa é eleita para levar adiante um projeto.	As equipes multidisciplinares, formadas por pessoas de diversos setores, assumem o projeto.
Tomada de decisão	Todas as decisões operacionais são de responsabilidade do supervisor.	As decisões sobre detalhes do dia a dia do funcionário são tomadas por ele mesmo. A autonomia acelera os processos e aumenta a produtividade.
Remuneração fixa	Baseada em cargos, tempo de serviço e formação.	Baseada nas habilidades que agregam valor aos produtos da empresa.
Remuneração variável	Não há participação nos resultados.	Participação nos resultados proporcional às metas alcançadas variável pelo time ou pelo cumprimento de projetos individuais.
Comunicação	A comunicação é truncada, pois há dificuldade de transmissão das informações entre os departamentos. Crença de que a competição interna gera lucros para a empresa.	Estímulo à comunicação aberta entre todos os níveis. A internet tem sido o veículo mais utilizado e as reuniões viraram hábito diário.
Competição	Crença de que a competição interna gera lucros para a empresa.	Diminuição da competitividade. As promoções são baseadas nas habilidades adquiridas e, muitas vezes, só acontecem com o consentimento do grupo.

Liderança

Para o empregado de hoje, ter sucesso significa alcançar a realização pessoal, social e financeira, ser interdependente, contribuir para a solução de problemas, encontrar desafios e atingir metas. As pessoas querem sentir que seus esforços são valorizados e que seu trabalho é o diferencial que contribui para o sucesso da empresa em que trabalham.

O líder de hoje pode se perguntar: "*Quais as habilidades essenciais que preciso ter para obter a lealdade e o comprometimento da minha equipe? Como posso ser ainda mais útil com cada pessoa do meu time?*".

Tais questões serão respondidas adiante, com a intenção de estimular o pensamento e as ações do candidato, desenvolvendo nele as habilidades necessárias para adotar comportamentos de liderança e, ao mesmo tempo, obter êxito na prova de Administração Geral, pois este tema é muito cobrado em concursos.

A fim de conquistar o comprometimento de uma equipe, é necessário que o líder inspire – e não exija – respeito e confiança. Cada pessoa se compromete quando é tratada como se fizesse parte da equipe – quando sabe que sua contribuição é importante. Quando a pessoa percebe que é considerada, compreendida e reconhecida, sua percepção de comprometimento cresce. Um líder que forma outros líderes ensina que são seis os passos que criam condições para o desenvolvimento da lealdade e do comprometimento:

01. Comunicação franca e aberta.
02. Envolvimento e potencialização dos colaboradores.
03. Desenvolvimento profissional e pessoal dos colaboradores.
04. Demonstrar o reconhecimento.
05. Liderar com ética e imparcialidade.
06. Promover o bem-estar no ambiente de trabalho.

Quando Fayol anunciou as funções administrativas, elas eram representadas pela sigla POCCC (Planejamento, Organização, Comando, Coordenação e Controle). Com o passar do tempo, as funções de comando e coordenação foram unificadas na letra D, de direção. Essa função engloba atividades como a tomada de decisão, a comunicação com os subordinados, superiores e pares, a obtenção, a motivação e o desenvolvimento de pessoal.

A liderança nas empresas pode ocorrer de duas maneiras:
a) **liderança decorrente de uma função** (cargo com autoridade de decisão);
b) **liderança como uma qualidade pessoal** (conjunto de atributos e atitudes que tornam uma pessoa um líder.

Teorias sobre Liderança

As teorias sobre liderança podem ser classificadas em três grandes grupos:
01. Teoria dos traços de liderança.
02. Estilos de liderança.
03. Liderança situacional (contingencial).

Vamos aprofundar, vejamos o que o Idalberto Chiavenato explica:

1ª. Teoria dos Traços de Personalidade

De acordo com esta teoria, já desacreditada, o líder possuiria características marcantes de personalidade que o qualificariam para a função. Essas características eram:
> habilidade de interpretar objetivos e missões;
> facilidade em solucionar problemas e conflitos;
> habilidade de delegar responsabilidade aos outros;
> facilidade em supervisionar e orientar pessoas;
> habilidade de estabelecer prioridades;
> habilidade de planejar e programar atividades em equipe.

De acordo com vários autores, somente seriam líderes potenciais aqueles que possuíssem essas qualidades.

2ª. Estilos de Liderança?

Esta teoria aponta três estilos de liderança: **autocrática, democrática e liberal**. Ela está concentrada mais especificamente no modo como os líderes tomavam decisões, e o efeito que isso produzia nos índices de produtividade e na satisfação geral dos subordinados.

AUTOCRÁTICA	DEMOCRÁTICA	LIBERAL
Apenas o líder fixa as diretrizes, sem qualquer participação do grupo.	As diretrizes são debatidas pelo grupo, estimulado e assistido pelo líder.	Há liberdade completa para as decisões grupais ou individuais, com participação mínima do líder.
O líder determina as providências e as técnicas para a execução das tarefas, cada uma por vez, na medida em que se tornam necessárias e de modo imprevisível para o grupo.	O próprio grupo esboça as providências e as técnicas para atingir o alvo solicitando aconselhamento técnico ao líder quando necessário, passando este a sugerir duas ou mais alternativas para o grupo escolher. As tarefas ganham nova perspectivas com os debates.	A participação do líder no debate é pouca, esclarecendo que poderia fornecer informações desde que as pedissem.
O líder determina qual a tarefa que cada um deve executar e qual o seu companheiro de trabalho.	A divisão das tarefas fica a critério do próprio grupo e cada membro tem liberdade de escolher seus companheiros de trabalho.	Tanto a divisão das tarefas, como a escolha dos companheiros, fica totalmente a cargo do grupo. Absoluta falta de participação do líder.
O líder é Dominador e é "pessoal" nos elogios e nas críticas ao trabalho de cada membro.	O líder procura ser um membro normal do grupo, em espírito, sem encarregar-se muito de tarefas. O líder é "objetivo" e limita-se aos "fatos" em suas críticas e elogios.	O líder não faz nenhuma tentativa de avaliar ou de regular o curso dos acontecimentos. O líder somente faz comentários irregulares sobre as atividades dos membros quando perguntado.

As experiências demonstram o seguinte comportamento aos diferentes tipos de liderança a que foram submetidos:

> **Liderança Autocrática.** O comportamento dos grupos mostrou forte tensão, frustração e, sobretudo, agressividade, de um lado; e, de outro, nenhuma espontaneidade nem iniciativa, nem formação de grupos de amizade. Embora aparentemente gostassem das tarefas, não demonstraram satisfação com relação à situação. O trabalho somente se desenvolvia com a presença física do líder. Quando este se ausentava, as atividades paravam e os grupos expandiam seus sentimentos reprimidos, chegando a explosões de indisciplina e de agressividade.

> **Liderança Liberal.** Embora a atividade dos grupos fosse intensa, a produção foi simplesmente medíocre. As tarefas se desenvolviam ao acaso, com muitas oscilações, perdendo-se muito tempo com discussões mais voltadas para motivos pessoais do que relacionadas com o trabalho em si. Notou-se forte individualismo agressivo e pouco respeito com relação ao líder.

> **Liderança Democrática.** Houve formação de grupos de amizade e de relacionamentos cordiais entre os participantes. Líder e subordinados passaram a desenvolver comunicações espontâneas, francas e cordiais. O trabalho mostrou um ritmo suave e seguro sem alterações, mesmo quando o líder se ausentava. Houve um nítido sentido de responsabilidade e comprometimento pessoal.

Grid Gerencial

Robert R. Blake e Jane S. Mouton (1989) procuraram representar os vários modos de usar autoridade ao exercer a liderança por meio do Grid Gerencial. Esta representação possui duas dimensões: preocupação com a produção e preocupação com as pessoas.

A **preocupação com a produção** refere-se ao enfoque dado pelo líder aos resultados, ao desempenho, à conquista dos objetivos. O líder com este tipo de preocupação empenha-se na mensuração da quantidade e da qualidade do trabalho de seus subordinados.

PROCESSO ADMINISTRATIVO

A **preocupação com as pessoas** diz respeito aos pressupostos e atitudes do líder para com seus subordinados. Este tipo de preocupação revela-se de diversas formas, desde o esforço em assegurar a estima dos subordinados e em obter a sua confiança e respeito, até o empenho em garantir boas condições de trabalho, benefícios sociais e outras vantagens.

O inter-relacionamento entre as duas dimensões do Grid Gerencial expressa o uso de autoridade por um líder.

Ex.: quando uma alta preocupação com as pessoas se associa a uma baixa preocupação com a produção, o líder deseja que as pessoas se relacionem bem e sejam "felizes", o que é bem diferente de quando uma alta preocupação com as pessoas se associa a uma alta preocupação com a produção. O líder, aqui, deseja que as pessoas mergulhem no trabalho e procurem colaborar com entusiasmo (Blake e Mouton, 1989, p.14).

Cinco estilos básicos de uso de autoridade são definidos por Blake e Mouton. Os autores criaram uma grade gerencial para mostrar que a preocupação com a produção e a preocupação com as pessoas são aspectos complementares e não mutuamente excludentes. Os líderes foram dispostos em dois eixos: o eixo horizontal se refere à preocupação com a produção, enquanto o eixo vertical se refere à preocupação com as pessoas. Cada eixo está dividido em nove graduações. A graduação mínima é 1 e significa pouquíssima preocupação por parte do administrador. A graduação máxima é 9 e significa a máxima preocupação possível. A figura subsequente ilustra a grade gerencial.

Os Cinco Estilos do Grid Gerencia e Seus Significados

ESTILO	SIGNIFICADO	PARTICIPAÇÃO	FRONTEIRAS INTERGRUPAIS
1.1	Mínima preocupação com a produção e com as pessoas.	Pouco envolvimento e comprometimento.	Isolamento. Falta de coordenação intergrupal.
1.9	Enfatiza as pessoas, com mínima preocupação com a produção.	Comportamento superficial e efêmero. Soluções do mínimo denominador comum.	Coexistência pacífica. Grupos evitam problemas para manter harmonia.
9.1	Preocupação máxima com a produção e mínima com as pessoas.	Não há participação das pessoas.	Hostilidade intergrupal. Suspeita e desconfiança mútuas. Atitude de ganhar/perder.
5.5	Estilo meio-termo. Atitude de conseguir alguns resultados sem muito esforço.	Meio caminho e acomodação que deixa todos descontentes.	Trégua inquieta. Transigência, rateios e acomodação para manter a paz.
9.9	Estilo de excelência. Ênfase na produção e nas pessoas.	Elevada participação e envolvimento. Comprometimento das pessoas.	Comunicações abertas e francas. Flexibilidade e atitude para o tratamento construtivo dos problemas.

Vejamos essa mesma grade, de modo mais detalhado, e como é a maneira pela qual cada líder pensa e atua:

> **(1,1):** a preocupação mínima com a produção e com as pessoas caracteriza o líder que desempenha uma gerência empobrecida. Este tipo de líder, em geral, adota uma postura passiva em relação ao trabalho, fazendo o mínimo para garantir sua permanência na organização.

"Faço o suficiente para ir levando. Aceito os fatos, as crenças e as posições que me são fornecidos. Guardo minhas opiniões para mim mesmo, mas respondo quando solicitado. Evito tomar partido, não revelando minhas opiniões, atitudes e ideias. Permaneço neutro ou tento manter-me fora do conflito. Deixo os outros tomarem suas decisões ou me conformo com o que quer que aconteça. Evito fazer críticas".

> **(1,9):** a preocupação máxima com as pessoas e mínima com a produção caracteriza o líder que faz do ambiente do trabalho um clube campestre. Este líder busca sempre a harmonia de relacionamentos, mesmo que tenha que sacrificar a eficiência e a eficácia do trabalho realizado.

"Tomo a iniciativa de ações que ajudem e apoiem os outros. Procuro fatos, crenças e posições que sugiram estar tudo bem. Em benefício da harmonia, não me inclino a contestar os outros. Acato as opiniões, atitudes e ideias dos outros, embora tenha restrições. Evito gerar conflitos, mas se ocorrerem, tento acalmar os ânimos, a fim de manter todos unidos. Busco tomar decisões que preservem as boas relações e estimulo os outros a tomarem decisões sempre que possível. Encorajo e elogio quando ocorre algo positivo, mas evito dar um 'feedback' negativo".

> **(9,1):** a preocupação máxima com a produção e mínima com as pessoas caracteriza o líder que se utiliza da autoridade para alcançar resultados. Este líder, em geral, age de maneira centralizadora e controladora.

"Exijo de mim e dos outros. Investigo os fatos, as crenças e as posições, a fim de manter qualquer situação sob controle e certificar-me de que os outros não estejam cometendo erros. Não abro mão de minhas opiniões, atitudes e ideias, mesmo que isso signifique rejeitar os pontos de vista alheios. Quando o conflito surge, procuro atalhá-lo ou fazer valer minha posição. Dou grande valor a tomar minhas próprias decisões e raramente me deixo influenciar pelos outros. Assinalo fraquezas ou o fracasso em corresponder às expectativas."

> **(5,5):** o meio-termo, ou seja, a preocupação média com a produção e com as pessoas caracteriza o líder que vê as pessoas no trabalho dentro do pressuposto do homem organizacional. Este tipo de líder busca o equilíbrio entre os resultados obtidos e a disposição e ânimo no trabalho.

"Tento manter um ritmo constante. Aceito os fatos mais ou menos pela aparência e investigo os fatos, as crenças e as posições quando surgem discrepâncias óbvias. Expresso minhas opiniões, atitudes e ideias como quem tateia o terreno e tenta chegar a uma concordância por meio de concessões mútuas. Quando surge um conflito, tento encontrar uma posição razoável, considerada conveniente pelos outros. Procuro tomar decisões exequíveis que os outros aceitem. Dou 'feedback' indireto ou informal sobre sugestões para aperfeiçoamento."

> **(9,9):** a máxima preocupação com a produção e com as pessoas caracteriza o líder que vê no trabalho em equipe a única forma de alcançar resultados, estimulando assim, a máxima participação e interação entre seus subordinados na busca de objetivos comuns.

"Exerço esforço vigoroso e os outros aderem entusiasticamente. Procuro e confirmo as informações. Solicito e dou atenção a opiniões, atitudes e ideias diferentes das minhas. Reavalio continuamente meus próprios dados, crenças e posições bem como os dos outros, a fim de estar seguro da sua validade. Julgo importante expressar minhas preocupações e convicções. Reajo a ideias melhores do que as minhas, mudando meu modo de pensar. Quando o conflito surge, procuro saber seus motivos, a fim de solucionar as causas subjacentes. Dou grande valor à tomada de decisões certas. Procuro o entendimento e o acordo. Encorajo o 'feedback' de mão-dupla a fim de fortalecer a operacionalidade".

Blake e Mouton caracterizaram este último estilo como o mais apropriado para conseguir os objetivos das organizações. Os treinamentos realizados por eles em programas de Desenvolvimento Organizacional visavam a fazer com que os líderes adotassem o estilo (9,9). Entretanto, pesquisas empíricas têm revelado que nem sempre este tipo de estilo de liderança é o mais indicado para a eficiência e a eficácia dos resultados.

3ª Teoria Situacional de Liderança

Nesta teoria, o líder pode assumir diferentes padrões de liderança de acordo com a situação e para cada um dos membros da sua equipe.

A Teoria Situacional surgiu diante da necessidade de um modelo significativo na área de liderança, em que é definida a maturidade como a capacidade e a disposição das pessoas de assumir a responsabilidade de dirigir o próprio comportamento. Portanto, entende-se como Liderança Situacional o líder que se comporta de um determinado modo ao tratar individualmente os membros do seu grupo e, de outro, quando se dirigir a este como um todo, dependendo do nível de maturidade das pessoas que tal líder deseja influenciar.

A Liderança Situacional não só sugere o estilo de liderança de alta probabilidade para os vários níveis de maturidade, como indica a probabilidade de sucesso das outras configurações de estilo, se o líder não for capaz de adotar o estilo desejável. Estes conceitos são válidos em qualquer situação em que alguém pretende influenciar o comportamento de outras pessoas. Em um contexto geral, ela pode ser aplicada em qualquer tipo organizacional, quer se trate de uma organização empresarial, educacional, governamental ou militar e até mesmo na vida familiar.

As principais ramificações da Teoria Situacional são:

> A escolha dos padrões de liderança.
> Modelo Contingencial.
> Teoria do Caminho – meta.

A escolha dos padrões de liderança

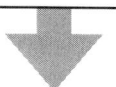

De acordo com essa teoria, para que o administrador escolha qual o padrão de liderança que desenvolverá em relação aos seus subordinados, ele deve considerar e avaliar três forças.

01. Forças no administrador, como:
  a) seu sistema de valores e convicções pessoais;
  b) sua confiança nos subordinados;
  c) suas inclinações pessoais a respeito de como liderar;
  d) seus sentimentos de segurança em situações incertas.

02. Forças nos subordinados, como:
  a) sua necessidade de liberdade ou de orientação superior;
  b) sua disposição de assumir responsabilidade;
  c) sua segurança na incerteza;
  d) seu interesse pelo problema ou pelo trabalho;
  e) sua compreensão e identificação do problema;
  f) seus conhecimentos e experiência para resolver o problema;
  g) sua expectativa de participação nas decisões.

03. Forças na situação, como:
  a) o tipo de empresa, seus valores e tradições, suas políticas e diretrizes;
  b) a eficiência do grupo de subordinados;
  c) o problema a ser resolvido ou a complexidade do trabalho;
  d) a premência de tempo.

Da abordagem situacional, podem-se inferir as seguintes proposições:

a) Quando as tarefas são rotineiras e respectivas, a liderança é geralmente limitada e sujeita a controles pelo chefe, que passa a se situar em um padrão de liderança próximo ao extremo esquerdo do gráfico.

b) Um líder pode assumir diferentes padrões de liderança para cada um de seus subordinados, de acordo com as forças acima.

c) Para um mesmo subordinado, o líder também pode assumir diferentes padrões de liderança, conforme a situação envolvida. Em situações em que o subordinado apresenta alto nível de eficiência, o líder pode dar-lhe maior liberdade nas decisões; mas se o subordinado apresenta erros seguidos e imperdoáveis, o líder pode impor-lhe maior autoridade pessoal e menor liberdade de trabalho.

Modelo Contingencial de Fiedler

O modelo contingencial de Fiedler enuncia que a liderança eficaz é função da correlação do estilo do líder e o grau de favorabilidade de uma situação. Segundo Hersey & Blanchard (1986),

Fiedler enumerou como variáveis determinantes deste último, as relações pessoais entre os atores organizacionais, o modo de estruturação dos processos de trabalho e, ainda, o poder inerente à posição hierárquica do líder.

O autor modera orientações comportamentais com fatores situacionais de modo a prever a eficácia da liderança. A eficácia tanto pode ser conseguida com uma mais elevada orientação para a tarefa como com uma mais elevada orientação para o relacionamento – dependendo do contexto organizacional.

Existem alguns fatores que determinam a eficácia da liderança: relação líder-liderado, o grau de estruturação da tarefa e a quantidade de poder, por exemplo.

Quanto melhor for a relação líder-liderados; quanto mais elevada for a estruturação das tarefas e elevado o poder decorrente da posição ocupada pelo líder, maior será o controle ou influência que ele poderá ter.

Teoria Situacional de Hersey e Blanchard – O ciclo de vida da Liderança

A abordagem de Hersey e Blanchard se apoia no relacionamento entre a maturidade dos empregados e o comportamento do líder em relação ao relacionamento e à tarefa.

De acordo com os autores, os empregados variam muito em seu nível de maturidade - habilidade de fazer seu trabalho de forma independente, de assumir responsabilidade e de desejar o sucesso.

Nesse sentido, o estilo de liderança a ser utilizado depende da maturidade dos funcionários, que pode atingir um dos quatro estágios seguintes:

> **Maturidade 1:** as pessoas demonstram pouca capacidade e disposição para realizar as tarefas e assumir responsabilidades (motivação e capacidade baixas).

> **Maturidade 2:** as pessoas possuem motivação para o trabalho mas não possuem as competências necessárias para realizá-lo (baixa capacidade e alta motivação).

> **Maturidade 3:** as pessoas possuem as competências necessárias para a realização da tarefa, mas não estão motivadas para tal (alta capacidade e baixa motivação).

> **Maturidade 4:** as pessoas possuem as competências necessárias para a realização do trabalho e desejam realizar as tarefas que lhe são passadas (alta capacidade e alta motivação).

Em outras palavras, considerando o estágio da maturidade do grupo, o líder deverá adotar uma das formas de liderança possíveis, considerando tanto o **comportamento de relacionamento** (ou foco no apoio às pessoas), quanto **o comportamento de tarefa** (ou foco nas tarefas/produção), conforme apresentado a seguir:

> **Estilo 1: Narrar/Determinar/Dirigir** (alto comportamento de tarefa e baixo comportamento de relacionamento): é o estilo para grupos com a menor maturidade (M1). Nesse caso, o líder orienta claramente as tarefas a serem realizadas.

> **Estilo 2: Vender/Guiar/Persuadir** (alto comportamento de tarefa e alto comportamento de relacionamento): quando a maturidade está entre baixa e moderada (M2), esse é o estilo ideal. Nele, o líder, ao mesmo tempo em que convence as pessoas, apoia o seu desenvolvimento, pois elas possuem baixa capacitação;

> **Tipo 3: Participar** (baixo comportamento de tarefa e alto comportamento de relacionamento): é o estilo correto para a maturidade de média a alta (M3). Aqui, o papel do líder é muito mais de apoiar as pessoas, enfatizando a criação de motivação, do que de dirigi-las para a realização das tarefas, já que elas são capazes;

> **Tipo 4: Delegar** (baixo comportamento de tarefa e baixo comportamento de relacionamento): trata-se do estilo adequado para liderar pessoas com o maior nível de maturidade (M4). Nessa condição, a maturidade dos liderados permite que eles executem os planos com maior liberdade e menor controle, possibilitando ao líder a delegação das tarefas.

Teoria do Caminho-Meta

No cerne da Teoria do Caminho-Meta, encontra-se a noção de que o propósito primordial do líder é motivar os seus seguidores,, esclarecendo as metas e os melhores caminhos para alcançá-las. Essa abordagem está baseada na teoria da expectativa da motivação.

Segundo a Teoria do Caminho-Meta ou dos Objetivos, os líderes devem aumentar o número e os tipos de recompensas aos subordinados. Além disso, devem proporcionar orientação e aconselhamento para mostrar como essas recompensas podem ser obtidas. Isso significa que o líder deve ajudar os subordinados a terem expectativas realistas e a reduzir as barreiras que impedem o alcance das metas.

As pessoas estão satisfeitas com seu trabalho quando acreditam que ele levará a resultados desejáveis e trabalharão mais se sentirem que esse trabalho dará frutos compensadores. A consequência desses pressupostos para a liderança é que os liderados serão motivados pelo comportamento ou pelo estilo do líder à medida que esse estilo ou comportamento influenciam as expectativas (caminhos para a meta) e as valências (atratividade da meta). (CHIAVENATO, 1999)

Essa teoria propõe quatro estilos de comportamento, que podem permitir aos líderes manipularem as três variáveis motivacionais: liderança diretiva, encorajadora, participativa e orientada para a realização. Vejamos o quadro a seguir.

Estilos de comportamento da Teoria do Caminho-Meta
(WAGNER III E HOLLENBECK, 1999, cap.9, p. 262).

Liderança	Características
Diretiva	O líder é autoritário. Os subordinados sabem exatamente o que é esperado deles; e o líder fornece direções específicas. Os subordinados não participam na tomada de decisões.
Encorajadora	O líder é amistoso e acessível e demonstra uma preocupação genuína com os subordinados.
Participativa	O líder pede e usa sugestões dos subordinados, mas ainda toma as decisões.
Orientada para a realização	O líder fixa metas desafiadoras para os subordinados e demonstra confiança em que eles atingirão as metas.

Edward Hollander sugeriu que o processo de liderança é mais bem compreendido como a ocorrência de transações mutuamente gratificantes entre líderes e seguidores dentro de um determinado contexto situacional.

Seu modelo é conhecido como **modelo transacional**.

Liderança é a junção dos três vetores:

Líderes - Seguidores - Situações

Pode-se entender a liderança apenas por meio de uma avaliação das características importantes dessas três forças e dos modos pelos quais interagem. A liderança transacional está baseada em um processo de troca, no qual o líder provê recompensas em troca do esforço de seguidores e desempenho (Bass & Avolio, 1993). Bass (1995) claramente identifica a liderança transacional como sendo baseada em troca material ou econômica.

Teoria da Liderança Transformacional

Em essência, a liderança transformacional é o processo de construção do comprometimento organizacional por meio do *empowerment* dos seguidores para acompanhar esses objetivos. Ocorre quando os líderes elevam os interesses de seus empregados garantindo a aceitação dos propósitos e da missão do grupo e estimulam seus empregados a pensar além de seus interesses em prol dos interesses da organização.

Considerando os líderes transacionais, segundo Bass (1997), esse tipo de liderança ocorre quando o líder utiliza autoridade burocrática, foco na realização da tarefa, e recompensas ou punições.

Os líderes transformacionais preocupam-se com o progresso e o desenvolvimento de seus seguidores. Eles se preocupam em transformar os valores dos seguidores para suportar a visão e os objetivos da organização. Isso cria um clima de confiança no qual a visão pode ser compartilhada.

Bass (1997) afirma que a liderança transformacional, assim como o carisma, tornou-se um tópico popular na literatura recente sobre liderança nas organizações; alguns autores usam os dois termos indistintamente, enquanto outros fazem distinção entre ambos. Define líderes transformacionais basicamente em termos do efeito dos líderes sobre os seguidores. Os seguidores sentem confiança, admiração, lealdade e respeito com relação ao líder, estando motivados a fazer por ele mais do que originalmente é esperado.

2.4 Controle

Como as organizações não operam na base da improvisação e nem ao acaso, elas precisam ser devidamente controladas. Elas requerem um considerável esforço de controle em suas várias operações e atividades para saber se estão no rumo certo e dentro do que foi planejado, organizado e dirigido. O controle constitui a última das funções administrativas, vindo depois do planejamento, da organização e da direção. Controlar significa garantir que o planejamento seja bem executado e que os objetivos estabelecidos sejam alcançados da melhor maneira possível.

A função administrativa de controle está relacionada com a maneira pela qual os objetivos devem ser alcançados por meio da atividade das pessoas que compõem a organização. O planejamento serve para definir os objetivos, traçar as estratégias para alcançá-los e estabelecer os planos de ação. A organização serve para estruturar as pessoas e os recursos de maneira a trabalhar de forma organizada e racional. A direção mostra os rumos e dinamiza as pessoas para que utilizem os recursos da melhor maneira possível. Por fim, o controle serve para que todas as coisas funcionem da maneira certa e no tempo certo.

O controle verifica se a execução está de acordo com o que foi planejado: quanto mais completos, definidos e coordenados forem os planos, mais fácil será o controle. Quanto mais complexo o planejamento e quanto maior for o seu horizonte de tempo, tanto mais complexo será o controle. Quase todos os esquemas de planejamento trazem em seu bojo o seu próprio sistema de controle. Por meio da função de controle, o administrador assegura que a organização e seus planos estejam na trilha certa.

O desempenho de uma organização e das pessoas que a compõem depende da maneira como cada pessoa e cada unidade organizacional desempenha seu papel e se move no sentido de alcançar os objetivos e metas comuns. O controle é o processo pelo qual são fornecidas as informações e retroação para manter as funções dentro de suas respectivas trilhas. É a atividade integrada e monitorada que aumenta a probabilidade de que os resultados planejados sejam atingidos da melhor maneira.

Conceito de controle

A palavra "controle" pode assumir vários e diferentes significados. Quando se fala em controle, pensa-se em significados como frear, regular, conferir ou verificar, exercer autoridade sobre alguém, comparar com um padrão ou critério. No fundo, todas essas conotações constituem meias verdades a respeito do que seja o controle. Contudo, sob um ponto de vista mais amplo, os três significados mais comuns de controle são:

> **Controle como função restritiva e coercitiva**. Utilizada no sentido de coibir ou restringir certos tipos de desvios indesejáveis ou de comportamentos não aceitos pela comunidade. Nesse sentido, o controle assume um caráter negativo e restritivo, sendo muitas vezes interpretado como coerção, delimitação, inibição e manipulação. É o chamado controle social aplicado nas organizações e nas sociedades para inibir o individualismo e a liberdade das pessoas.

> **Controle como um sistema automático de regulação.** Utilizado no sentido de manter automaticamente um grau constante no fluxo ou funcionamento de um sistema. É o caso do processo de controle automático das refinarias de petróleo, de indústrias químicas de processamento contínuo e automático. O mecanismo de controle detecta possíveis desvios ou irregularidades e proporciona automaticamente a regulação necessária para se voltar à normalidade. É o chamado controle cibernético que é inteiramente autossuficiente na monitoração do desempenho e na correção dos possíveis desvios. Quando algo está sob controle significa que está dentro do normal ou da expectativa.

> **Controle como função administrativa.** É o controle como parte do processo administrativo, como o planejamento, organização e direção.

Trataremos o controle sob o ponto de vista do terceiro significado, isto é, como parte do processo administrativo. Assim, o controle é a função administrativa que monitora e avalia as atividades e resultados alcançados para assegurar que o planejamento, a organização e a direção sejam bem-sucedidos.

Tal como o planejamento, a organização e a direção, o controle é uma função administrativa que se distribui entre todos os níveis organizacionais.

Assim, quando falamos de controle, queremos dizer que o nível institucional efetua o controle estratégico, o nível intermediário faz os controles táticos e o nível operacional, os controles operacionais. Cada qual dentro de sua área de competência. Os três níveis se interligam e se entrelaçam intimamente. Contudo, o processo é exatamente o mesmo para todos os níveis: monitorar e avaliar incessantemente as atividades e operações da organização.

O controle está presente, em maior ou menor grau, em quase todas as formas de ação organizacional. Os administradores passam boa parte de seu tempo observando, revendo e avaliando o desempenho de pessoas, de unidades organizacionais, de máquinas e equipamentos, de produtos e serviços, em todos os três níveis organizacionais.

O processo de controle

A finalidade do controle é assegurar que os resultados do que foi planejado, organizado e dirigido se ajustem tanto quanto possível aos objetivos previamente estabelecidos. A essência do controle reside na verificação se a atividade controlada está ou não alcançando os objetivos ou resultados desejados. Nesse sentido, o controle consiste basicamente de um processo que guia a atividade exercida para um fim previamente determinado. O processo de controle apresenta quatro etapas ou fases, a saber:

04. Estabelecimento de objetivos ou padrões de desempenho.
05. Avaliação ou mensuração do desempenho atual.
06. Comparação do desempenho atual com os objetivos ou padrões estabelecidos.
07. Tomada de ação corretiva para corrigir possíveis desvios ou anormalidades.

O processo de controle se caracteriza pelo seu aspecto cíclico e repetitivo. Na verdade, o controle deve ser visualizado como um processo sistêmico em que cada etapa influencia e é influenciada pelas demais.

Estabelecimento de objetivos ou padrões

O primeiro passo do processo de controle é estabelecer previamente os objetivos ou padrões que se deseja alcançar ou manter. Os objetivos já foram estudados anteriormente e servem como pontos de referência para o desempenho ou os resultados de uma organização, unidade organizacional ou atividade individual. O padrão é um nível de atividade estabelecido para servir como um modelo para a avaliação do desempenho organizacional. Um padrão significa um nível de realização ou de desempenho que se pretende tomar como referência. Os padrões funcionam como marcos que determinam se a atividade organizacional é adequada ou inadequada ou como normas que proporcionam a compreensão do que se deverá fazer. Eles dependem diretamente dos objetivos e fornecem os parâmetros que deverão balizar o funcionamento do sistema. Os padrões podem ser tangíveis ou intangíveis, específicos ou vagos, mas estão sempre relacionados com o resultado que se deseja alcançar.

Existem vários tipos de padrões utilizados para avaliar e controlar os diferentes recursos da organização, como:

> **Padrões de quantidade.** Como número de empregados, volume de produção, total de vendas, percentagem de rotação de estoque, índice de acidentes, índice de absenteísmo etc.

> **Padrões de qualidade.** Como padrões de qualidade de produção, índice de manutenção de máquinas e equipamentos, qualidade dos produtos ou serviços oferecidos pela organização, assistência técnica, atendimento ao cliente etc.

> **Padrões de tempo.** Como permanência média do empregado na organização, tempos padrões de produção, tempo de processamento dos pedidos de clientes, ciclo operacional financeiro etc.

> **Padrões de custo.** Como custo de estocagem de matérias-primas, custo do processamento de um pedido, custo de uma requisição de material, custo de uma ordem de serviço, relação custo-benefício de um equipamento, custos diretos e indiretos de produção etc.

Características do controle

Na verdade, o administrador deve compreender que um sistema eficaz de controle precisa reunir os seguintes aspectos:

Orientação estratégica para resultados. O controle deve apoiar planos estratégicos e focalizar as atividades essenciais que fazem a real diferença para a organização.

Compreensão. O controle deve apoiar o processo de tomada de decisões apresentando dados em termos compreensíveis. O controle deve evitar relatórios complicados e estatísticas enganosas.

Orientação rápida para as exceções. O controle deve indicar os desvios rapidamente, por meio de uma visão panorâmica sobre onde as variações estão ocorrendo e o que deve ser feito para corrigi-las adequadamente.

Flexibilidade. O controle deve proporcionar um julgamento individual e que possa ser modificado para adaptar-se a novas circunstâncias e situações.

Autocontrole. O controle deve proporcionar confiabilidade, boa comunicação e participação entre as pessoas envolvidas.

Natureza positiva. O controle deve enfatizar o desenvolvimento, mudança e melhoria. Deve alavancar a iniciativa das pessoas e minimizar o papel da penalidade e das punições.

Clareza e objetividade. O controle deve ser imparcial e acurado para todos. Deve ser respeitado como um propósito fundamental: a melhoria do desempenho.

Tipos de controle

Cada organização requer um sistema básico de controles para aplicar seus recursos financeiros, desenvolver pessoas, analisar o desempenho financeiro e avaliar a produtividade operacional. O desafio é saber como utilizar tais controles e aprimorá-los para, com isso, melhorar gradativa e incessantemente o desempenho de toda a organização.

Controles estratégicos

Os controles estratégicos são denominados controles organizacionais: constituem o sistema de decisões de cúpula que controla o desempenho e os resultados da organização como um todo, tendo por base as informações externas — que chegam do ambiente externo - e as informações internas - que sobem internamente por meio dos vários níveis organizacionais.

Existem vários tipos de controles estratégicos, a saber:

Balanço e Relatórios Financeiros

É um tipo de controle do desempenho global que permite medir e avaliar o esforço total da organização, em vez de medir simplesmente algumas partes dela. O tipo mais utilizado de controle global são os balanços contábeis e relatórios financeiros, ressaltando aspectos como o volume de vendas, volume de produção, volume de despesas em geral, custos, lucros, utilização do capital, retorno sobre o investimento aplicado e outras informações numéricas dentro de um inter-relacionamento que varia de uma organização para outra. Geralmente, é um controle sobre o desempenho passado e sobre os resultados alcançados. Quase sempre permite a transposição de previsões de vendas e a previsão de despesas a serem incorridas, para proporcionar o balanço projetado ou uma espécie de projeção de lucros e perdas como importante ferramenta para o processo decisório da organização.

Controle dos Lucros e Perdas

O demonstrativo de lucros e perdas (L&P) proporciona uma visão sintética da posição de lucros ou de perdas da organização em um determinado período de tempo, permitindo comparações com períodos anteriores e detectar variações em algumas áreas (como despesas de vendas ou lucro bruto sobre vendas) que necessitam de maior atenção por parte do administrador. Já que a sobrevivência do negócio depende de sua lucratividade, o lucro se coloca como importante padrão para a medida do sucesso da organização como uma totalidade. Quando aplicado a uma unidade específica, o controle sobre L&P se baseia na premissa de que o objetivo do negócio como um todo é gerar lucros, e cada parte da organização deve contribuir para esse objetivo. A capacidade de cada unidade organizacional atingir um determinado lucro esperado passa a ser o padrão adequado para medir seu desempenho e resultados.

Análise do Retorno Sobre o Investimento (RSI)

Uma das técnicas de controle global utilizadas para medir o sucesso absoluto ou relativo da organização ou de uma unidade organizacional é a razão dos ganhos em relação ao investimento de capital. Trata-se de uma abordagem desenvolvida pela *DuPont Company* como parte do seu sistema de controle global. O sistema utilizado pela *DuPont* envolve os seguintes fatores na análise do RSI:

A análise do RSI permite que a organização avalie suas diferentes linhas de produtos ou unidades de negócios para verificar onde o capital está sendo mais eficientemente empregado. Permite identificar os produtos ou unidades mais rentáveis, como melhorar outros que estão pesando negativamente na balança dos lucros. Com isso, proporciona a possibilidade de fazer uma aplicação balanceada do capital em vários produtos ou unidades organizacionais para alcançar um lucro global maior.

Controles táticos

Os controles táticos são feitos no nível intermediário e referem-se a cada uma das unidades organizacionais - departamentos, divisões ou equipes. Geralmente, estão orientados para o médio prazo, isto é, para o exercício anual. Os tipos de controles táticos mais importantes são:

Controle Orçamentado

Falamos de orçamento quando estudamos os tipos de planos relacionados com dinheiro. O orçamento é um plano de resultados esperados expressos em termos numéricos. Por meio do orçamento, a atividade da organização é traduzida em resultados esperados, tendo o dinheiro como denominador comum. Quase sempre se fala em planejamento orçamentário, relegando o controle orçamentário a um segundo plano. O controle orçamentário é um processo de monitorar e controlar despesas programadas das várias unidades organizacionais, no decorrer de um exercício anual, apontando possíveis desvios e indicando medidas corretivas.

Contabilidade de Custos

A contabilidade de custos é considerada um ramo especializado da contabilidade. Trata de informações sobre distribuição e análise de custos considerando algum tipo de unidade-base, como produtos, serviços, componentes, projetos ou unidades organizacionais. A contabilidade de custos classifica os custos em:

• Custos fixos. São os custos que independem do volume de produção ou do nível de atividade da organização. Qualquer que seja a quantidade de produtos produzidos, os custos fixos permanecem inalterados; mesmo que a empresa nada produza, eles se mantêm constantes. Envolvem aluguéis, seguros, manutenção, depreciação, salários dos gerentes, do pessoal de assessoria etc.

• Custos variáveis. São os custos que estão diretamente relacionados com o volume de produção ou com o nível de atividade da organização. Constituem uma variável dependente da produção realizada e englobam custos de materiais diretos (materiais ou matérias-primas que são diretamente transformados em produto ou que participam diretamente na elaboração do produto) e custos de mão de obra direta (salários e encargos sociais do pessoal que realiza as tarefas de produção do produto).

Com base nos custos fixos e variáveis, pode-se calcular o ponto de equilíbrio (break-even point), também chamado ponto de paridade. É possível traçar um gráfico que permite mostrar a relação entre a renda total de vendas e os custos de produção. O ponto de equilíbrio é o ponto de intersecção entre a linha de vendas e a linha de custos totais. É o ponto em que não há lucro nem prejuízo. Ou em outros termos, é o ponto em que o lucro é zero e o prejuízo também.

O gráfico do ponto de equilíbrio é uma técnica de planejamento e de controle que procura mostrar como os diferentes níveis de venda ou de receita afetam os lucros da organização. O ponto de equilíbrio é o ponto em que os custos e as vendas se equiparam. No seu lado esquerdo, está a área de prejuízo e, no seu lado direito, a área de lucro.

Controles operacionais

Os controles operacionais são feitos no nível operacional da organização e são projetados em curto prazo.

Disciplina

Nas organizações bem-sucedidas, o autocontrole e a autodisciplina das pessoas são sempre preferidos ao controle externo ou disciplina imposta pela força. Para muitos autores, a disciplina é o ato de influenciar o comportamento das pessoas por meio de reprimendas. Preferimos conceituar a disciplina como o processo de preparar uma pessoa de modo que ela possa desenvolver o autocontrole e tornar-se mais eficaz em fazer seu trabalho. O propósito do processo disciplinar desenvolvido pelo administrador é a manutenção de um desempenho humano de acordo com os objetivos organizacionais. O termo "disciplina" apresenta quase sempre uma conotação simplista de dar recompensas ou aplicar punições após o fato, quando, na realidade, a disciplina, em seu próprio contexto, deve ser visualizada como o desenvolvimento da habilidade ou capacidade de analisar situações, determinar qual é o comportamento adequado e decidir a agir favoravelmente no sentido de proporcionar contribuições à organização e receber suas recompensas.

Boa parte das ações corretivas de controle no nível operacional é realizada sobre as pessoas ou sobre o seu desempenho. É a chamada ação disciplinar: a ação disciplinar é a ação corretiva realizada sobre o comportamento de pessoas para orientar e/ou corrigir desvios ou discrepâncias. Seu propósito é reduzir a discrepância entre os resultados atuais e os resultados esperados. A ação disciplinar pode ser positiva ou negativa, dependendo do desvio ou da discrepância ocorridos. A ação positiva toma a forma de encorajamento, recompensas, elogios, treinamento adicional ou orientação pessoal. A ação negativa inclui o uso de advertências, admoestações, penalidades, castigos e até mesmo a demissão do funcionário. Quando é necessária a ação disciplinar negativa, ela deve ser adotada em etapas crescentes. A primeira, dependendo da infração cometida, deve ser uma reprimenda ou advertência. As reincidências devem merecer um crescimento progressivo nas penalidades para cada infração sucessiva: advertência verbal, advertência escrita, suspensão e demissão.

Para que possa ser eficaz, a ação disciplinar deve possuir as seguintes características:

Deve ser esperada. A ação disciplinar deve ser prevista em regras e procedimentos e previamente estabelecida. Não deve ser improvisada, mas planejada. A sanção negativa é imposta a fim de desencorajar a infração.

Deve ser impessoal. A ação disciplinar não deve simplesmente buscar punir uma determinada pessoa ou grupos, mas apenas corrigir a situação. Ela deve basear-se em fatos, e não em opiniões ou em pessoas. Não deve visar à pessoa, mas à discrepância, ao fato, ao comportamento em si. Ela deve fundamentar-se em regras e procedimentos.

Deve ser imediata. A ação disciplinar deve ser aplicada tão logo seja detectado o desvio, para que o infrator associe claramente a sua aplicação com o desvio que provocou.

Deve ser consistente. As regras e os regulamentos devem ser feitos para todas nas pessoas, sem exceções. Devem ser justos e equitativos, sem favoritismo ou tendenciosidade.

Deve ser limitada ao propósito. Depois de aplicada a ação disciplinar, o administrador deve reassumir sua atitude normal em relação ao funcionário faltoso. Tratar o funcionário sempre como faltoso é puni-lo permanentemente, encorajando hostilidade e autodepreciação, quando o certo seria adotar uma atitude positiva e construtiva.

Deve ser informativa. Isto é, deve proporcionar orientação sobre o que se deve fazer e o que não se pode fazer.

As técnicas de reforço positivo ou negativo que vimos anteriormente constituem um excelente ponto de partida para as situações disciplinares do dia a dia.

3. DEPARTAMENTALIZAÇÃO

3.1 Conceito de Departamentalização

De uma maneira simples, "departamentalizar" significa dividir algo a partir de um princípio de especialidade. Essa divisão está relacionada à estrutura organizacional de uma empresa. Em outras palavras, consiste em uma divisão na organização empresarial, com base nas especificidades.

Como cada organização possui uma finalidade peculiar, é notório que haja vários tipos de departamentalização. As questões costumam estar direcionadas ao reconhecimento das características que classificam a departamentalização e quais são suas vantagens e desvantagens.

3.2 Tipos de Departamentalização

De acordo com os critérios adotados para a divisão, a departamentalização pode-se dar por:

01. Função.
02. Produto ou serviço.
03. Território.
04. Cliente.
05. Processo.
06. Projeto.
07. Matricial.
08. Mista.

> Há que se notar que as organizações podem utilizar mais de um tipo de departamentalização em sua estrutura.

Funcional

A departamentalização funcional (ou por funções) consiste no agrupamento das atividades semelhantes em unidades organizacionais. Isso quer dizer que os indivíduos que desempenham funções semelhantes ficam reunidos, a fim de que o trabalho possa ser desempenhado de modo mais integrado. Como exemplo, é possível pensar em uma empresa com um setor de logística, um setor de vendas, um setor de contabilidade etc.

→ Vantagens

Pode-se dizer que as vantagens da departamentalização funcional são:

> Mantém o controle e o prestígio nas funções principais.
> Gera eficiência por meio da especialização.
> Possibilita maior controle das funções pela administração da empresa.
> Centraliza a perícia da organização.
> A execução das tarefas passa a ser mais segura.
> Favorece o bom relacionamento entre os membros do departamento.

→ Desvantagens

> A responsabilidade pelo desempenho fica restrita à cúpula.
> Cada gerente fica responsável por apenas uma função.
> A depender do tamanho da organização, a coordenação entre as funções se torna mais complexa.
> A especialização em excesso pode tornar o trabalho muito burocrático.

Exemplo de Estrutura Funcional

```
          Diretoria Geral
          /            \
Gerência de Produção   Gerência Financeira
```

Por produto ou serviço

Esse tipo de departamentalização é realizado em razão das atividades referentes a cada um dos produtos ou dos serviços que a empresa possui.

→ Vantagens

> Possibilidade de dirigir foco para as linhas específicas de produtos ou de serviços.
> Possibilidade de auferir melhor a responsabilidade quanto ao lucro.
> Facilidade de coordenar os resultados.
> Permite alocar capital especializado para cada grupo de produto.
> Proporciona condições para criatividade e inovação.
> Melhor coordenação das funções.

→ Desvantagens

> Exige mais recursos de material e, consequentemente, mais pessoal.
> Em algumas situações, é possível que os custos sejam mais elevados, em razão da demanda.
> Pode desestabilizar a estrutura da empresa, em razão da força que os gerentes de produtos podem obter na empresa.

Territorial

Também pode ser denominada de departamentalização regional, de área ou geográfica. Nesse caso, a divisão está relacionada ao local onde as operações estão alocadas.

É possível dizer que as vantagens desse tipo de departamentalização são semelhantes às por produto, bem como as desvantagens. Além disso, o controle administrativo deve ser feito por região.

Por cliente

Utilizada principalmente em grupamentos focados em vendas ou serviços, a departamentalização por cliente consiste em dividir as atividades em grupos, de modo que eles possam focalizar determinados usos de produtos ou de serviços. Para ilustrar essa situação, basta imaginar uma loja de departamentos, em que haja uma divisão relacionada a seções em cada departamento: no departamento de alimentos, por exemplo, pode haver seção de bebidas, seção de alimentos naturais e coisas do tipo.

DEPARTAMENTALIZAÇÃO

→ **Vantagens**
  > Possibilidade de adaptar produtos e serviços ao cliente.
→ **Desvantagens**
  > Concorrência entre gerentes.
  > Concessões desiguais em benefício de clientes.
  > Dificuldade de coordenação.

Por processo ou por equipamento

Nesse tipo de departamentalização, a divisão ocorre em razão do agrupamento de atividades relativas à produção ou aos equipamentos. Muito comum em linhas de produção, em que cada indivíduo desenvolve apenas a sua parte do processo.

→ **Vantagens**
  > Possibilita a comunicação mais rápida de informações.
  > Os recursos são alocados com maior especialização.
→ **Desvantagens**
  > É difícil ter visão global do processo.
  > Há pouca flexibilidade para ajustes durante o processo.

Por projeto

Nesse modelo, os indivíduos recebem atribuições temporárias, pois os projetos possuem início e término bem definidos. Ao final do projeto, as pessoas são deslocadas para outras atividades.

Matricial (de matriz)

Essa estrutura consiste em um tipo híbrido de departamentalização, que funde a tradição da divisão funcional à dinamicidade da divisão por projetos. Nesse caso, o administrador não exerce autoridade de linha sobre os membros da equipe, sua organização fica sobreposta aos departamentos funcionais.

→ **Vantagens**
  > Flexibilização da equipe de trabalho.
  > Foco no projeto ou no produto.
  > Adaptabilidade às necessidades gerenciais e fatores externos.
  > Possibilidades de desenvolvimento de equipe.
→ **Desvantagens**
  > Conflitos internos.
  > Complexo sistema de compensação dos empregados.
  > Resistência ao fim da organização matricial.
  > Relação de comando e autoridade complexos.

Mista

A departamentalização mista é representada pelo uso de diversos tipos de departamentalização de foma a melhor atender as necessidade organizacionais.

4. COMPORTAMENTO ORGANIZACIONAL

4.1 Conceitos

O comportamento organizacional, tem por significado estudar e analisar o comportamento das pessoas nas organizações, e a maneira como esse comportamento atinge a atuação das pessoas nas empresas.

Comportamento organizacional é o estudo do comportamento humano no local de trabalho, a interação entre as pessoas e a organização em si. As principais metas do comportamento organizacional são a explicação, prevenção e controle do comportamento (DUBRIN, 2003).

O comportamento organizacional são as ações do indivíduo na empresa, sua personalidade, atitude, percepção, aprendizagem e motivação. As pessoas passam a maior parte de seu tempo vivendo ou trabalhando dentro de organizações, isso gera impacto sobre a vida e sobre a qualidade de vida das pessoa, em geral.

Segundo Robbins (1999), o comportamento organizacional é um campo de estudo que investiga o impacto que os indivíduos, os grupos e a estrutura têm sobre o comportamento dentro das organizações com o propósito de aplicar este conhecimento em prol do aprimoramento da eficácia de uma organização.

Para Robbins (2005), o comportamento organizacional ajuda os administradores a entenderem melhor o que se passa em relação ao comportamento de seus funcionários e usar isso de forma a estimular essas pessoas, oferecendo a elas a criação de um ambiente de trabalho melhor e mais saudável, fazendo com que ambas as partes ganhem nesse sentido.

4.2 Características do Comportamento

As pessoas fazem parte das organizações como recursos humanos, mas não se deve esquecer que são pessoas, e, como tal, apresentam características predominantes como personalidade, vida particular fora da empresa, objetivos pessoais entre outros. É por esse fato que se determinam seis características comuns do comportamento das pessoas, são elas:

O homem é proativo: os indivíduos têm iniciativas conforme estímulos, objetivos pessoais e aspirações do meio em que vivem, tanto da empresa como da vida pessoal; as pessoas podem colaborar ou não com a organização. Desse modo, observa-se que o comportamento é guiado para os objetivos pessoais. Para que o funcionário colabore com a empresa, é necessário que boas estratégias de liderança sejam adotadas.

O homem é social: ninguém é capaz de viver sozinho, por isso, as pessoas interagem umas com as outras, vivem em grupos como, por exemplo, no trabalho. Essa convivência impacta com informações que o indivíduo busca descobrir de si mesmo, e usa dessas informações para determinar o seu autoconceito.

O homem tem diferentes necessidades: os indivíduos estão cercados de necessidades e estas são supridas através de motivações. Cada pessoa tem necessidades diferentes, o comportamento pode ser motivado de diferentes formas, e o que pode ser motivador para um, pode não ser para o outro.

O homem percebe e avalia: as pessoas associam o ambiente às experiências já vivenciadas e as que estão passando no momento em termos de necessidades e valores, por isso, denomina-se o que é um processo ativo.

O homem pensa e escolhe: o indivíduo tem a capacidade de escolher, desenvolver, executar e alcançar seus objetivos.

O homem tem limitada capacidade de resposta: devido as diferenças dos indivíduos existem várias formas de comportamento; o homem tem sua capacidade de resposta limitada; não consegue se comportar de todas as formas possíveis. Dessa forma, torna-se limitada a capacidade mental e física do indivíduo.

Para atingir os objetivos das organizações, é preciso fazer com que as pessoas façam as coisas. O administrador deve saber o comportamento de seus funcionários e prevê-lo novas ações.

4.3 Fatores do Comportamento

Os fatores importantes do comportamento dos indivíduos que influenciam na organização são:

→ **Atitude:** reflete o que o indivíduo sente em relação a algo. Quando o indivíduo expressa o que sente, ele está tomando uma atitude;

Personalidade: é a descrição que usamos para definir traços psicológicos de uma pessoa, como, por exemplo, se ela é calma, nervosa, ansiosa, se tem paciência, entre outros;

Percepção: as pessoas podem ter percepções diferentes sobre uma mesma coisa. A percepção é um processo no qual os indivíduos interpretam o que está diante de seus olhos;

Aprendizado: é qualquer mudança que ocorra no comportamento do indivíduo e aconteça de forma a agregar como experiência para o indivíduo.

4.4 Diferenças Pessoais

Uma pessoa nunca será igual a outra, por isso, existem tantas diferenças entre os indivíduos. As diferenças individuais podem ser de forma bastante expressiva em relação à mesma situação frente a dois indivíduos, pois cada um pensa e age de forma diferente; o que para um pode ser bom para o outro pode não ser tão bom assim. Compreender as diferenças entre as pessoas é fundamental e influencia na análise do comportamento entre as pessoas no ambiente organizacional.

O entendimento das diferenças individuais é importante em muitos aspectos da administração das organizações, pois compreender como as pessoas são e como agem ajuda a preparar e a tomar decisões, a trabalhar em grupo, a liderar equipes e a melhorar o clima organizacional.

Cada indivíduo possui características próprias, que são adquiridas ao longo de sua vida, através de experiência, aprendizagem, imitação, entre outros. Pode-se citar várias características que agregam valor ao ser humano, como: percepção, aptidão, inteligência, atitude, personalidade, opinião, valor e variáveis biográficas:

> **Percepção:** é a interpretação dos estímulos que o ambiente oferece; um mesmo estímulo pode causar diversas reações, depende de cada observador;

> **Aptidão:** potencial de cada pessoa para realizar tarefas ou qualquer atividade; algumas pessoas exercem algumas atividades melhores que outras. Isso demonstra que essas pessoas têm maiores habilidades, ou seja, mais aptidões que as demais;

> **Inteligência:** é a capacidade de lidar com algo complexo que exige um grau de inteligência maior;

> **Atitude:** influencia a avaliação dos estímulos; dependendo das atitudes, a avaliação pode ser tanto positiva quanto negativa;

> **Personalidade:** faz parte deste tópico todos os outros que já foram citados, como percepção, atitude, aptidão, entre outros, pois a personalidade é moldada a partir dessas características. Ela representa o desenvolvimento do sistema psicológico do indivíduo;

> **Opinião:** é a forma de expressar conceitos, julgamentos ou hipóteses a respeito de algo ou alguma coisa;

> **Valor:** é a formação de juízo em relação ao comportamento e conduta; o que é certo ou errado. Exemplos de valores são: liberdade, segurança, igualdade, honestidade, entre outros;

> **Variáveis biográficas:** estão relacionadas à idade, sexo, situação conjugal, etc. Este item pode afetar o desempenho humano, a produtividade, a satisfação no trabalho, entre outros.

As organizações prestam cada vez mais atenção no comportamento de seus funcionários para tentar, pelo menos, diminuir as diferenças individuais, pois acreditam que isso é fundamental para ter um bom clima organizacional.

4.5 Clima Organizacional

Conceitos

O clima organizacional difere de empresa para empresa, pois cada organização tem sua própria cultura, costumes, valores e lida com diferentes tipos de pessoas. O conceito de clima, muitas vezes, é de difícil compreensão, pois é composto de elementos incompreensíveis, como angústias, excitações, frustrações, tensões que são componentes de difícil medição;

Algumas situações, como a estrutura da organização, as responsabilidades, o reconhecimento são variáveis da cultura. Se houver alguma alteração nesses níveis de cultura, o clima organizacional será automaticamente afetado;

Segundo os autores Matos e Almeida, na obra Análise do ambiente Corporativo "o clima organizacional depende das condições econômicas da organização, do estilo de liderança utilizado, das políticas e valores existentes, da estrutura organizacional, das características das pessoas que participam da organização, da natureza (ramo de atividade) e do estágio da vida da organização;

O clima pode se tornar favorável ou desfavorável. O que diz respeito à parte favorável é caracterizada por oferecer satisfação das necessidades pessoais e elevação do moral dos funcionários da empresa. O desfavorável é caracterizado por implicar em insucesso das necessidades pessoais, por isso, o clima organizacional é caracterizada por influenciar a motivação dos funcionários;

O estudo do clima organizacional é um canal de comunicação que busca aproximar os níveis mais altos da empresa com os demais níveis, e pode ser percebido facilmente pelos clientes;

O clima demonstra o grau de satisfação material e emocional das pessoas no trabalho, suas percepções, opiniões e sentimentos. Nota-se que esse clima influencia profundamente o comportamento, a produtividade do indivíduo e, consequentemente, da empresa. Assim sendo, ele deve ser favorável e proporcionar motivação e interesse nos colaboradores, favorecendo uma boa relação entre os funcionários e a empresa.

Características

Para o bom andamento no clima da empresa, é necessário:
> Integrar as metas pessoais e organizacionais;
> Ter uma estrutura organizacional adequada;
> Democratizar a organização e gerar oportunidades de participação a todos os funcionários;
> Apresentar tratamento justo, com políticas e práticas de relações prudentes para as pessoas;
> Confiar mutuamente para que os diferentes níveis da empresa possam se apoiar;
> Evitar conflitos, de maneira que os indivíduos discutam essa questão abertamente;
> Liderar adequadamente conforme a situação de trabalho exigir;
> Consentir o contrato psicológico entre o indivíduo e a empresa;
> Respeitar as diferenças individuais dos funcionários, suas expectativas e necessidades;
> Oferecer sistemas justos de remuneração, levando em conta o caráter do indivíduo;
> Preocupar-se com a qualidade de vida tanto profissional como em relação ao cargo;
> Oferecer chances de desenvolvimento na carreira profissional e pessoal.
> Fazer com que as pessoas se sintam parte da organização, para que se tornem leais e percebam que são valorizadas pela empresa.

Todas as características citadas são primordiais para que o clima da organização prevaleça sempre de forma positiva e favorável. O gerente deve ser o exemplo da empresa, pois ele será imitado pelas outras pessoas da organização e é um dos elementos principais do clima organizacional.

Conforme for o clima organizacional, favorável, mais ou menos ou desfavorável, ele provocará comportamentos diferentes nos seus colaboradores, conforme mostrado no quadro a seguir:

Quadro 1: Clima organizacional e comportamento dos colaboradores

Clima Organizacional		
Desfavorável	Mais Ou Menos	Favorável
Frustração	Indiferença	Satisfação
Desmotivação	Apatia	Motivação
Falta de integração empresa/funcionários	Baixa integração empresa/funcionários	Alta integração empresa/funcionários
Falta de credibilidade mútua, empresa/funcionários	Baixa credibilidade mútua empresa/funcionários	Alta credibilidade mútua empresa/funcionários
Falta de retenção de talentos	Baixa retenção de talentos	Alta retenção de talentos
Improdutividade	Baixa produtividade	Alta produtividade
Pouca adaptação às mudanças	Média adaptação às mudanças	Maior adaptação às mudanças
Alta rotatividade	Média rotatividade	Alta rotatividade
Alta obtenção	Média obtenção	Baixa obtenção
Pouca dedicação	Média dedicação	Alta dedicação
Baixo comprometimento com a qualidade	Médio comprometimento com a qualidade	Alto comprometimento com a qualidade
Clientes insatisfeitos	Clientes indiferentes	Clientes satisfeitos
Pouco aproveitamento nos treinamentos	Médio aproveitamento nos treinamentos	Alto aproveitamento nos treinamentos
Falta de envolvimento com os negócios	Baixo de envolvimento com os negócios	Alto envolvimento com os negócios
Crescimento das doenças psicossomáticas	Algumas doenças psicossomáticas	Raras doenças psicossomáticas
Insucesso nos negócios	Estagnação nos negócios	Sucesso nos negócios

Principais aspectos

Para obter um bom desempenho e a melhoria da produtividade, é necessário ter um clima organizacional adequado, caso contrário, esses índices irão cair. O clima ainda pode ser descrito em seis aspectos principais: clareza, compromisso, padrão, responsabilidade, reconhecimento e trabalho de equipe.

Clareza, compromisso e padrões: a organização deve estabelecer objetivos que sejam claros para que possam ser cumpridos; é através desses objetivos que os funcionários desempenharão seu trabalho e seguirão os padrões exigidos.

Responsabilidade: a empresa deve oferecer maior autonomia aos seus funcionários, e fazer com que eles se sintam mais responsáveis.

Reconhecimento: é um importante aspecto que a empresa deve notar. O reconhecimento é essencial para que o funcionário continue desempenhando seu papel de maneira correta, o reconhecimento pode ocorrer por meio de um elogio, de incentivos, recompensas, etc.

Trabalho de equipe: a empresa deve ter um alto grau de confiança com seu funcionário e incentivar para que as atividades sejam desenvolvidas em grupos, para que o resultado seja cada vez melhor.

O clima das empresas pode influenciar na decisão por uma vaga de emprego, e é justamente em função do clima organizacional que algumas empresas atraem mais e outras menos candidatos a um posto de trabalho. Há aquelas que chamam atenção pela sua receptividade, outras pela formalidade, outras, ainda, pelo calor humano ou mesmo apatia. Não existe um clima ideal, mas as pessoas devem identificar-se com a empresa e com o seu ambiente de trabalho para manter um alto nível de motivação. O clima organizacional influencia o desempenho das pessoas e a satisfação com o trabalho.

Dimensões ou fatores do clima organizacional

O clima dentro da organização pode ser influenciado por diversos fatores, pois o clima favorece a interação com as pessoas, os sentimentos, os interesses, entre outros, e influenciando o desenvolvimento da empresa.

O clima da empresa está diretamente relacionado ao nível de motivação dos colaboradores, às políticas de remuneração, à qualidade de vida no trabalho, ao relacionamento interpessoal, à liderança e à comunicação, entre outros fatores ou dimensões que influenciam na satisfação das pessoas, com relação ao ambiente organizacional. A seguir, são elencados alguns dos fatores:

Motivação

A motivação está relacionada ao alto grau de disposição para realizar algo, de qualquer espécie, e está relacionada diretamente com o comportamento dos indivíduos. A motivação é o processo pelo qual as pessoas se interessam pela realização das metas da organização.

Pode-se definir a motivação como a vontade de exercer altos níveis de esforço para alcançar os objetivos organizacionais, condicionado pela capacidade de esforço de satisfazer alguma necessidade individual.

Para os administradores motivarem os seus funcionários, eles podem oferecer algumas situações, como: reconhecer as diferenças individuais, utilizar metas, individualizar as recompensas, ligar as recompensas ao desempenho, melhorar as condições físicas de trabalho, melhorar a comunicação e o relacionamento entre todos, entre outros. Os quais servirão para motivar a equipe para que atinjam resultados e ao mesmo tempo, aumentar a satisfação em relação ao clima da organização.

Remuneração

A remuneração deve ser vista com muita cautela pelos administradores da organização, pois é o principal fator para atrair, manter e motivar os colaboradores, e também é o principal custo da empresa.

Todos os funcionários em troca de seu esforço, desempenho e habilidade, desenvolvidos no seu emprego, buscam receber uma retribuição adequada por esta prestação de serviços. A organização, tende a investir em quem alcança os objetivos da empresa.

Existem três componentes que atuam na remuneração total, nela constam a remuneração básica, os incentivos salariais e os benefícios.

Remuneração básica: toda empresa contém esse tipo de remuneração, que se refere ao pagamento pelo serviço prestado pelo funcionário durante o mês ou pagas por horas de trabalho.

Incentivos salariais: essa remuneração entra como programa de desempenho; os incentivos, como bônus e participação nos resultados, são concedidos aos funcionários que obtiveram resultados frente à organização.

Benefícios: também pode ser chamada de remuneração indireta, que incluem planos de saúde, plano odontológico, vale alimentação, seguro de vida, etc.

Os três componentes básicos da remuneração são mostrados com maior clareza na figura abaixo:

Os três componentes da remuneração total.

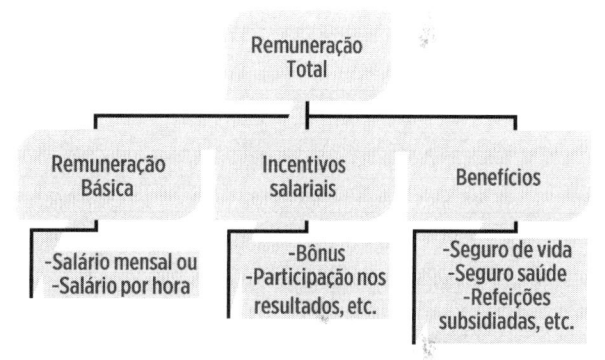

O sistema de remuneração de uma empresa deve estar de acordo com ela; se uma organização funciona de forma transparente, o modelo de remuneração deve seguir o mesmo padrão.

A razão de ter um sistema de recompensas eficaz é atrair e reter indivíduos talentosos e competentes que podem ajudar a organização a cumprir sua missão e seus objetivos. O funcionário recebe igualmente em relação ao papel que ele desenvolve na organização; se o colaborador possui mais responsabilidade, mais experiência, mais habilidade, com certeza seu salário vai ser maior que os demais.

A importância do salário pode ser analisada sob dois prismas distintos: o prisma do empregado e sobre o da organização. Para o empregado significa retribuição, sustento, padrão de vida e reconhecimento. Para a organização representa custo influência no clima organizacional e na produtividade.

A remuneração oferecida aos funcionários depende de vários fatores, como: tamanho da empresa, tempo de casa desempenho do empregado, tipo de trabalho desempenhado, natureza do negócio, sindicalização, intensiva em capital ou trabalho, filosofia da administração, localização geográfica e lucratividade da empresa. Ao levar todos esses fatores em conta, a administração espera estabelecer um sistema de pagamento justo, equitativo e motivador, que permita à organização recrutar e manter uma força de trabalho produtiva.

COMPORTAMENTO ORGANIZACIONAL

Qualidade de vida

As organizações passaram a observar mais um fator importante relacionado ao funcionário: a qualidade de vida. A qualidade de vida envolve todos os aspectos físicos e ambientais, juntamente com os aspectos psicológicos do local de trabalho.

A qualidade de vida no trabalho assimila duas posições antagônicas: de um lado, a reivindicação dos empregados quanto ao bem-estar e a satisfação no trabalho; e, de outro, o interesse das organizações quanto aos seus efeitos potencializados sobre a produtividade e a qualidade.

Qualidade de vida no trabalho pode compreender desde os cuidados médicos até as atividades de lazer, motivação que decorrem, voluntariamente, de empregados ou empregadores. Todos esses fatores levam a condições de bem estar dos funcionários no trabalho.

Pode-se dizer também que a qualidade de vida não é somente determinada pelos fatores individuais como valores, necessidades, expectativa, mas juntamente pelas características organizacionais. Os funcionários, além de suprir suas necessidades individuais, precisam se sentir bem dentro da organização onde trabalham.

Existem três grupos que influenciam na qualidade de vida no trabalho, sendo as condições ambientais, as de tempo e as sociais:

> **Condições ambientais de trabalho**: estão relacionadas ao ambiente físico da empresa que envolve o funcionário, enquanto ele desempenha sua função. Alguns exemplos são: temperatura, umidade, iluminação, ruídos, etc.
> **Condições de tempo**: referem-se ao tempo em relação ao trabalho como: horas extras, períodos de descanso, carga horária do funcionário, entre outros.
> **Condições sociais**: este item refere-se ao status, ao relacionamento interpessoal, entre outros.

A preocupação das empresas em relação à qualidade de vida no trabalho vem de muito pouco tempo; é resultado de uma sociedade cada vez mais complexa e atenta ao ser humano, um dos recursos mais escassos é o de mão de obra em relação à qualificação profissional.

Liderança

É de suma importância para qualquer organização, a presença de um líder, pois ele é capaz de influenciar outras pessoas por meio do poder que dispõe. Líderes defendem valores que representam um objetivos comuns, de vontade coletiva, caso contrário, não exerceria essa função, pois seria incapaz de mobilizar outras pessoas a acompanhá-lo.

O líder é a pessoa que influencia as outras para alcançar objetivos. Na organização, o líder é de maneira geral. Na maioria das vezes, o gerente da empresa, que influencia seus subordinados a realizarem os objetivos propostos pela organização.

Além disso, é importante citar a existência de dois tipos de líder, o líder informal e o líder formal. O líder formal é aquele designado por alguém da administração da empresa, já o líder informal não é um líder oficial, ele desempenha o papel de líder sem nenhuma denominação específica. Mesmo sem ter cargo de liderança lidera os demais funcionários da empresa.

O líder empresarial deve ser capaz de alcançar objetivos por meio dos liderados e, para isso, conforme o tipo de liderado e a ocasião, age de diferentes maneiras: ele ordena, comanda, motiva, persuade, dá exemplos pessoais, compartilha os problemas e ações, ou delega e cobra resultados, alterando a forma de agir de acordo com a necessidade de cada momento e com o tipo de liderado, visando aos objetivos da empresa.

→ **Todo líder deve desenvolver quatro responsabilidades básicas:**

O líder deve ter desenvolvido uma imagem mental de um estado futuro possível e desejável da organização: ter visão de futuro, enxergar o que ninguém consegue ver, fazer com que os demais entendam que os objetivos são melhor realizados se houver um propósito comum no objetivo do grupo, e não no seu próprio objetivo.

O líder deve comunicar a nova visão: ter uma boa comunicação com os funcionários da organização para que, se houver mudança, o líder consiga transmiti-las para os funcionários, de modo que eles entendam, de maneira clara e objetiva, o propósito da empresa a ser alcançado e, ao mesmo tempo, fazer com que se sintam motivados com essa mudança.

O líder precisa criar confiança por meio do posicionamento: todo líder precisa mostrar honestidade e coragem para que seus subordinados passem a confiar nele. É primordial para os funcionários, saber em que posição o líder se encontra em relação à organização.

Líderes são aprendizes perpétuos: conhecimento nunca é demais, portanto, o líder deve sempre estar em fase de aprendizado. Assim, ele incentiva os demais funcionários a aprenderem com ele e, dessa forma, novas ideias e desafios podem surgir.

A liderança não é qualidade nata; é possível desenvolver e treinar as pessoas para a liderança, pois, na maioria das vezes, as pessoas são treinadas para serem líderes dentro de seu próprio local de trabalho, já que lá é que o indivíduo passa a maior parte do tempo.

Algumas teorias de liderança dizem que o líder já nasce feito, que a liderança é geneticamente transmitida. Outras dizem que a liderança depende dos traços que são herdados e, com o tempo, o indivíduo precisa aprender a lidar com esses traços, pois, se não, de nada adianta. Consideramos que a liderança deva ser aprendida.

Os líderes são orientados a buscar resultados e a alcançar objetivos. A grande maioria deles são respeitados pelos subordinados. Isso não quer dizer, de forma alguma que os lideres são amados por todos. Porém, com o tempo, o grupo de subordinados pode produzir sentimentos distintos em relação ao seu líder.

Comunicação

As organizações dependem de uma boa comunicação para serem competitivas no mercado. As pessoas transferem informações umas as outras dentro de uma empresa que, se denomina comunicação; as pessoas compartilham, através da comunicação, sentimentos, conhecimentos, experiências, entre outros.

Um importante elemento que está vinculado com o processo de comunicação é a percepção. Ao receber qualquer informação, o indivíduo aciona o procedimento de processamento dela e, a partir deste artifício, ele elege o que é bom ou ruim. Por esse motivo, conclui-se que cada pessoa desenvolve conceitos para interpretar as informações a ela concedidas.

> **A comunicação interpessoal pode utilizar três principais meios para ocorrer:**

Comunicação oral: meio mais utilizado para comunicar-se; uma das suas principais vantagens é a rapidez e o *feedback*, ou seja, se o receptor da mensagem não entender o que o emissor quis dizer ele, imediatamente, pode pedir para que a pessoa o formule de outra maneira para que possa ser mais clara a sua mensagem. Sua principal desvantagem ocorre quando a mensagem deve ser passada a um grande número de pessoas, pois, os equívocos serão maiores. No caso de uma organização, geram-se grandes problemas em relação à má comunicação oral.

Comunicação escrita: é mais utilizada em caso de mensagem mais extensa, podem ficar armazenadas por longos períodos e, a qualquer dúvida, podem ser acessadas facilmente. Também possui desvantagens como demandar mais tempo e não possuir feedback, pois não teremos a certeza se uma carta enviada, por exemplo, chegará e se será lida pelo seu destinatário certo.

Comunicação não verbal: enquadra-se, nesse tópico, os gestos como olhar, sorrir, franzir as sobrancelhas, entre outros. Geralmente, essa comunicação está ligada à comunicação verbal para transmitir o real significado da mensagem a ser transmitida.

A comunicação organizacional tem a função de facilitar e coordenar os esforços de indivíduos e grupos e contribuindo para a realização das metas organizacionais.

Apesar das várias formas de comunicação e utilização de vários meios para se expressar o que se pensa e sente, existem também diversas barreiras que podem dificultar a comunicação, como:

Filtragem: baseia-se na manipulação das informações, fazendo com que o emissor distorça, a mensagem e, como consequência, induza o receptor a ouvir somente a parte favorável da história, por exemplo.

Percepção seletiva: o receptor ouve só aquilo que lhe convém, com base nas suas necessidades, desejos, motivações. Através de seus interesses, o indivíduo interpreta s mensagem.

Sobrecarga de informação: são os excessos de informações acumuladas. Esses excessos são chamados de sobrecarga de informação. Quando isso ocorre, acabamos selecionando as informações e, às vezes, deixamos de lado informações importantes.

Emoções: dependendo do estado emocional das pessoas, a comunicação pode ser afetada e tomar outro sentido. Geralmente acontece com casos emocionais extremos, como: depressão e euforia.

Linguagem: podemos falar o mesmo idioma, mas nem sempre a mesma linguagem. Essa é uma das grandes dificuldades das organizações, pois os funcionários podem vir de diversas regiões e, a mesma palavra para ambos, pode ter significado totalmente diferente, interferindo em uma boa comunicação.

Medo da comunicação: problemas com a comunicação oral implicam, principalmente, ao falar em público. Muitas pessoas evitam de se comunicar por medo, deixando, assim, o processo muito lento. Em uma empresa a comunicação é essencial, pois, na maior parte do nosso trabalho, estamos nos comunicando.

Outra parte importante no processo de comunicação e que faz diferença é saber ouvir, ou seja, ouvir o outro pode ser um importante fator para o sucesso dos negócios. Muitas organizações investem quantidades consideráveis de tempo e de energia para entenderem melhor os pensamentos, valores e padrões de comportamento dos clientes.

Relacionamento interpessoal

O relacionamento e a integração entre os indivíduos e a organização não é um desafio recente. A organização pode destruir a personalidade de cada indivíduo se impuser muitas regras e procedimentos no sentido de não valorizar o relacionamento das pessoas. Aos poucos, a abordagem humana ficou mais centrada e voltada para o homem e o grupo social. A ênfase voltada para a tecnologia cedeu lugar às relações humanas.

As atividades de relações com os funcionários têm como maior objetivo a criação de confiança, respeito e consideração entre colaboradores e colaborados. Com isso, busca-se maior eficácia organizacional, rompendo, assim, barreiras que impedem os funcionários de participarem da organização. Essas barreiras podem ser pessoais ou organizacionais. Havendo comunicação e relação com os subordinados, as barreiras podem ser quebradas, proporcionando assistência mútua e envolvimento. A empresa deve sempre tratar seus empregados com respeito e confiança, oferecendo maneiras de atender suas necessidades tanto pessoais como familiares.

O relacionamento interpessoal está associado, primeiramente, com a própria pessoa, com o seu "eu". O conhecimento dos próprios sentimentos, da formação profunda e verdadeira de si mesmo proporciona um bom nível de autoconhecimento. Como resultado prático desse autoconhecimento, temos:

> Processo de pensamento consciente;
> Autorreflexão;
> Senso ou intuição da realidade externa, ou seja, sair de dentro de si e olhar como um observador que entende a realidade externa.

Ao percebermos a realidade externa, estamos nos conectando com estados de consciência mais expandidos, isto é, estamos nos interessando pelo "outro" de forma consciente e verdadeira. Essa aptidão é bastante valorizada atualmente, pois as pessoas com essa capacidade conseguem estabelecer relacionamentos interpessoais mais produtivos. Dessa forma, o saber trabalhar em equipe origina-se na formação "intrapessoal". Se me conheço, consigo entender qual seria o melhor formato para estabelecer e manter relacionamentos saudáveis, reconhecendo o outro.

Quando a empresa enfrenta problemas de relacionamento, a área de Recursos Humanos junto à gerência tem a missão de sanar a dificuldade o quanto antes para não comprometer o clima de trabalho. É necessário identificar as causas para minimizar o efeito que esse fator pode gerar, assim como sensibilizar os colaboradores para que eles não deixem que essa variável prejudique o desenvolvimento das tarefas, pois os clientes internos e externos poderão não ser atendidos com responsabilidade, resultando em queda na qualidade do atendimento e na produtividade.

As divergências e as "brigas" internas podem ser resolvidas com um bom treinamento e atividades grupais, que valorizem a integração e foquem na importância de se ter um excelente relacionamento com os membros da equipe. O gerente também terá que fazer o seu papel, dando apoio, feedbacks e fazendo *coaching* com seus colaboradores, evitando, assim, qualquer tipo de atrito que possa ocorrer futuramente no time. Contudo, isso não depende somente do gestor: todos tem que estar envolvidos nesse processo. Os funcionários também têm um papel importante para a construção de um ambiente saudável, pois suas condutas e atitudes podem diminuir os problemas de relacionamento.

Para manter um clima agradável e sem manifestações de atritos, é necessário que as pessoas deixem de agir de forma individualizada e passem a interagir como uma equipe, promovendo relações amigáveis e fazendo com que cada um procure cooperar com o outro. Para isso, é preciso que cada um faça a sua parte.

Além desses fatores, existem algumas dimensões propostas por Litwin e Stringer e, sobretudo, na teoria das necessidades de McClelland, produzida no ano de 1971. Essas teorias explicitaram a relação existente entre as dimensões desenvolvidas e os estratos motivacionais, conforme as seguintes dimensões descritas abaixo:

Conformismo: sentimento de que existem muitas limitações externamente impostas na organização. O grau em que os membros sentem a existência de inúmeras regras, procedimentos, políticas e práticas, as quais, os indivíduos devem se ajustar para serem capazes de fazer seu trabalho como gostariam de fazê-lo;

Responsabilidade: responsabilidade pessoal aos membros da organização para realizarem sua parte nos objetivos da organização, grau em que os membros sentem que podem tomar decisões e resolver problemas sem terem de verificar com os superiores em cada etapa;

Padrões: ênfase que a organização coloca na qualidade do desempenho e na produção elevada, incluindo o grau de rendimento que os membros da organização sentem que ela colocando objetivos estimulantes, comunicando-lhes o comprometimento com esses objetivos;

Recompensas: grau em que os membros sentem que estão sendo reconhecidos e recompensados por um bom trabalho, ao invés de serem ignorados, criticados ou punidos quando algo sai errado;

Clareza organizacional: sentimento entre os membros, de que as coisas são bem organizadas e os objetivos claramente definidos, ao invés de desordenados, confusos ou caóticos;

Calor e apoio: sentimento de que a amizade é uma forma valorizada na organização, e que os membros confiam uns nos outros e oferecem apoio mútuo. O sentimento de que boas relações prevalecem no ambiente de trabalho;

Liderança: disposição dos membros da organização para aceitar a liderança e a direção de outros qualificados. Quando surgem necessidades de liderança, os membros sentem-se livres para assumi-la e são recompensados por uma liderança bem sucedida. A liderança é baseada na perícia. A organização não pode ser dominada por uma ou duas pessoas, como não pode depender delas somente.

Outras dimensões que se assemelham aos demais fatores citados anteriormente, mas que também contribuem para o entendimento sobre o que influencia no clima organizacional, são as dimensões citadas por Luz (2001) conforme a seguir:

Imagem da empresa: detectar a imagem que o empregado tem hoje da organização e como percebe a composição da imagem do banco junto aos clientes externos;

Sentido de realização: detectar como o empregado percebe seu grau de satisfação com relação à empresa e ao seu trabalho;

Relacionamento interpessoal: detectar a percepção dos empregados quanto ao relacionamento entre os colegas de trabalho, bem como a colaboração e o trabalho em equipe;

Estilo de chefia: detectar a percepção dos empregados quanto às habilidades técnicas e comportamentais das chefias de sua área;

Comunicação: detectar a percepção dos empregados quanto à eficácia da rede de comunicação vigente na empresa;

Desempenho e qualidade: detectar como o empregado percebe o seu entendimento e comprometimento com relação à questão da qualidade e do desempenho e como essas dimensões estão sendo vivenciadas dentro da empresa;

Política de recursos humanos e benefícios: detectar a percepção dos empregados quanto aos valores que permeiam os posicionamentos da empresa nas suas relações de trabalho;

Ambiente e condições de trabalho: detectar a percepção dos empregados quanto às condições ambientais e técnicas, disponíveis para a execução de seu trabalho;

Qualidade de vida e saúde: detectar a percepção dos empregados quanto aos aspectos bio-psico-sociais que determinam seu estilo de vida.

NOÇÕES DE ARQUIVOLOGIA – ESPECÍFICO PARA ESCRIVÃO

1. ARQUIVÍSTICA: PRINCÍPIOS E CONCEITOS

Segundo o Dicionário Internacional de Terminologia Arquivística publicado pelo Conselho Internacional de Arquivos (CIA), um arquivo é *o conjunto de documentos, quaisquer que sejam suas datas, suas formas ou seus suportes materiais, produzidos ou recebidos por pessoas físicas ou jurídicas, de direito público ou privado, no desempenho de suas atividades.* (1984, p. 25).

Para a Lei nº 8.159, de 8/1/1991 – que dispõe sobre a política nacional de arquivos públicos e privados:

> **Art. 2º** *Consideram-se arquivos, para os fins desta Lei, os conjuntos de documentos produzidos e recebidos por órgãos públicos, instituições de caráter público e entidades privadas, em decorrência do exercício de atividades específicas, bem como por pessoa física, qualquer que seja o suporte da informação ou a natureza dos documentos.*

Segundo a historiadora Heloísa Liberalli Bellotto, **a natureza dos arquivos é administrativa, é jurídica, é informacional,** *é probatória, é orgânica, é serial, é contínua, é cumulativa. A soma de todas essas características faz do arquivo uma instituição única e inconfundível.*

A Arquivologia ou Arquivística é uma das disciplinas que vem crescendo em importância nos últimos anos devido ao alto grau de especialização exigido nos concursos públicos atualmente.

Se fizermos uma análise superficial, facilmente perceberemos que matérias da área do Direito, há muito tempo, já não fazem a diferença em concursos. O nível de concorrência e competição entre os concurseiros tornou o conhecimento dessas disciplinas obrigatório.

Inicialmente, é importante ressaltar que os conceitos arquivísticos englobam uma infinidade de nomenclaturas e termos próprios, muitos desses capazes de confundir pela similaridade. Dito isso, será esquematizado todo o conteúdo para uma fácil e rápida assimilação, dando ênfase naquilo que vem sendo mais cobrado pela banca nos últimos certames.

1.1 Arquivologia ou Arquivística

É a ciência que tem por objetivo o conhecimento dos arquivos e das teorias, métodos e técnicas a serem observadas na sua **constituição, organização, desenvolvimento e utilização.** As palavras destacadas constituem a chave para o entendimento dessa disciplina.

Pode ser entendida como um dos ramos da **Ciência da Informação,** que engloba também a **Biblioteconomia** e a **Museologia.** Posteriormente, veremos o que as diferencia.

Apresenta-se como ciência capaz de oferecer subsídios para a realização da **gestão da informação.** Essa característica faz da arquivologia uma ciência ímpar, pois sua principal função é auxiliar o gestor, nos diferentes níveis hierárquicos, a tomar decisões.

A disciplina de Arquivologia fornecerá subsídios para a Gestão da Informação com a função de auxiliar o gestor nos diferentes níveis hierárquicos a tomar decisões e ter acesso rápido e fácil à documentação necessária.

Segundo o Conselho Nacional de Arquivos – CONARQ – em seu glossário, versão 2010, encontramos as seguintes definições para **Arquivo**:

01. Um conjunto de documentos produzidos e acumulados por uma entidade coletiva, pública ou privada, pessoa ou família, no desempenho de suas atividades, independentemente da natureza do suporte;

02. Uma instituição ou serviço que tem por finalidade a custódia, o processamento técnico, a conservação e o acesso a documento arquivístico, salientando-se, ainda que, Arquivo Digital é o Conjunto de bits que formam uma unidade lógica interpretável por um programa de computador e armazenada em suporte apropriado.

Em suma: **Arquivologia = Arquivística = Estudo dos Arquivos.**

O termo "ARQUIVO" também é utilizado para:

> Órgão de documentação: Arquivo Nacional.
> Conjunto de documentos.
> Móvel para guarda de documentos.

Segundo o Arquivo Nacional, 2006, p. 27: *conjunto de documentos produzidos e acumulados por uma entidade coletiva pública ou privada, pessoa ou família, no desempenho de suas atividades, independentemente da natureza do suporte.*

O arquivo não trata somente do armazenamento de documentos, pois se encontra muito associado à informação nele contida. Os documentos de arquivo são caracterizados por serem um conjunto orgânico, resultado das atividades de uma entidade pública, de uma pessoa física ou jurídica.

A informação não orgânica, existe muitas vezes nos setores de trabalho, mas, também, na biblioteca, no centro de documentação, sob a forma de publicações, de bancos de dados ou de dossiês temáticos, etc de acordo com Jean-Yves Rousseau e Carol Couture, em Os Fundamentos da Disciplina Arquivística, Capítulo 2: O Lugar da arquivística na gestão da informação, página 65, 1998.

A informação orgânica arquivística é utilizada pelos setores de trabalho da organização com o objetivo de decidir, de agir e de controlar as decisões e as ações empreendidas e, ainda, a fim de efetuar pesquisas sobre o passado que ponham em evidência decisões ou ações efetuadas anteriormente. Assim, reduzimos as incertezas e fazemos com que a tomada de decisões seja mais segura devido aos aprofundamentos do conhecimento da cultura institucional e do processo decisório.

"No Setor de Recursos Humanos são armazenadas uma quantidade relativamente grande de informações. Temos o registro da frequência dos empregados, o registro do pagamento de salários, encargos sociais etc. Essas informações são mantidas, produzidas, revisadas a partir das atribuições regimentais do setor, que é de gerenciar os recursos humanos. Entretanto, é possível encontrar outras informações que são mantidas no setor para subsidiar as suas ações, tais como: Diário Oficial da União, Coleção IOB, Manual da RAIS, CLT, dentre outras. São, portanto, informações não orgânicas".

Fonte: http://www.arquivoememoria.files.wordpress.com/Renato Tarciso Barbosa de Sousa.

"A significação orgânica entre os documentos é característica fundamental dos arquivos, de modo que um documento destacado de seu conjunto pode perder valor, pois o Arquivo é um todo orgânico e origina-se das atividades de um órgão e reflete o dia-a-dia dessas atividades. É, portanto, um organismo vivo que nasce, cresce e sofre transformações. Cada Arquivo é um Arquivo, possuindo cada um, características próprias. Um documento fora de seu dossiê pode não ter significado".

Fonte: http://www.senado.gov.br/senado.

1.2 Conceitos Básicos

Para a melhor compreensão do que é Arquivo, devemos conhecer três conceitos básicos: Documento, Informação e Suporte.

Documento

É toda informação registrada em um suporte material, suscetível de consulta, estudo, prova e pesquisa, que comprova ou atesta os fatos, fenômenos, formas de vida e pensamento do gênero humano em determinada época ou lugar.

Atualmente, não devemos mais associar os arquivos ao mero armazenamento de papel. Temos um novo paradigma arquivístico, muito mais associado à informação do que necessariamente ao suporte em que essa informação é armazenada ou transmitida.

Informação

É uma ideia ou conhecimento, um elemento de referência ou uma mensagem contida no documento. De acordo com o Dicionário Brasileiro de Terminologia Arquivística por informação temos um elemento referencial, noção, ideia ou mensagem contidos em um documento.

"As práticas arquivísticas de acesso e suas normas e orientações no contexto informacional estabelecem que o documento de arquivo exerça sua função social somente ao ser divulgado e conhecido. É a descrição arquivística que torna possível ao cidadão e ao pesquisador o acesso às informações e aos testemunhos contidos nos documentos, situando-os em seu contexto de produção. O Programa de Assistência Técnica visa a alcançar, a curto e médio prazos, os seguintes resultados: i) conscientização da função social dos arquivos como instrumento de apoio ao Estado e ao cidadão, bem como à pesquisa histórica e ao desenvolvimento científico e cultural".

Fonte: Resolução nº 3, de 26 de dezembro de 1995. ARQUIVO NACIONAL. Conselho Nacional de Arquivos - CONARQ.

Suporte

É o meio material no qual a informação é registrada. Meio físico.
Ex.: papel, CD, DVD, fotografia, filme.

Ao se tratar com de Documentos de Arquivo devemos considerar que:
> São produzidos ou recebidos;
> São recebidos por uma Instituição ou pessoa;
> São acumulados.

Documento = Informação + Suporte

1.3 Profissional da Informação

O Decreto nº 82.590/1978 regulamenta a profissão criada pela Lei nº 6.546, de 4 de julho de 1978, que, pela evolução em suas atribuições passou a ser denominada de "gestão de documentos" que é definida pela Lei nº 8.159/1991:

Art. 3º. *Conjunto de procedimentos e operações técnicas referentes à produção, tramitação, uso, avaliação e arquivamento do documento em fase corrente e intermediária, visando a sua eliminação ou recolhimento para guarda permanente.*

No livro Arquivística, Temas Contemporâneos, Vanderlei Batista dos Santos (org.), Editora Senac, 3ª edição, p. 188 afirma: *(...) o arquivista, ou o profissional da informação de forma geral, seja atuante no ciclo decisório que envolve os objetivos institucionais. (...) atuar de forma pró-ativa significa antecipar demandas e elaborar instrumentos que permitam aos clientes de informação concatenarem fontes e chegarem às suas próprias decisões com base em insumos de alto valor agregado.*

Atribuições do arquivista

A Lei nº 6.546, de 04 de julho de 1978 regulamenta a profissão de arquivista e, em seu Art. 2º, determina quais são as atribuições do arquivista:

01. planejamento, organização e direção de serviços de arquivo;
02. planejamento, orientação e acompanhamento do processo documental e informativo;
03. planejamento, orientação e direção das atividades de identificação das espécies documentais e participação no planejamento de documentos e controle de multicópias;
04. planejamento, organização e direção de serviços e centros de documentação e informação constituídos de acervos arquivísticos e mistos;
05. planejamento, organização e direção de serviços de microfilmagem aplicada aos arquivos e orientação do planejamento da automação aplicada aos arquivos;
06. orientação quanto a classificação, arranjo e descrição de documentos e orientação da avaliação e seleção de documentos para fins de preservação;
07. adoção de medidas necessárias à conservação de documentos;
08. elaboração de pareceres e trabalhos de complexidade sobre assuntos arquivísticos e assessoramento aos trabalhos de pesquisa científica ou técnico-administrativa;
09. desenvolvimento de estudos sobre documentos culturalmente importantes.

Atribuições dos técnicos de arquivo

A mesma Lei, em seu Art. 3º, estabelece quais são as atribuições dos Técnicos de Arquivo:

01. recebimento, registro e distribuição dos documentos, bem como controle de sua movimentação;
02. classificação, arranjo, descrição e execução de demais tarefas necessárias à guarda e conservação dos documentos, assim como prestação de informações relativas aos mesmos;
03. preparação de documentos de arquivos para microfilmagem e conservação e utilização do microfilme;
04. preparação de documentos de arquivo para processamento eletrônico de dados.

No Art. 4º da referida lei temos, ainda: *O exercício das profissões de Arquivista e de Técnico de Arquivo depende de registro*

ARQUIVÍSTICA: PRINCÍPIOS E CONCEITOS

na Delegacia Regional do Trabalho do Ministério do Trabalho, que foi regulamentado pelo Decreto nº 93.480, de 29 de outubro de 1986. E em seu Art. 5º a Lei nº 6.546/1978 diz: Não será permitido o exercício das profissões de Arquivista e de Técnico de Arquivo aos concluintes de cursos resumidos, simplificados ou intensivos, de férias, por correspondência ou avulsos.

Os arquivistas devem obedecer às naturezas dos documentos, pois documentos sigilosos não devem ter seu conteúdo divulgado enquanto permanecerem sob sigilo. De acordo com o Dicionário Brasileiro de Terminologia Arquivística, acesso significa a "possibilidade de consulta a documentos e informações ou a Função arquivística destinada a tornar acessíveis os documentos e a promover sua utilização".

1.4 Documentos de Arquivo

Conceitualmente, são aqueles mantidos por uma instituição ou pessoa ao longo de suas atividades administrativas, com valor de prova. Os documentos de arquivo são produzidos ou recebidos. Isso significa que são acumulados dessa forma. Os documentos de arquivo apresentam as seguintes características:

> **Autenticidade:** está ligada ao processo de criação, manutenção e custódia; os documentos são produtos de rotinas processuais que visam ao cumprimento de determinada função ou consecução de alguma atividade; e são autênticos, quando são criados e conservados, de acordo com procedimentos regulares que podem ser comprovados a partir dessas rotinas estabelecidas.

Os documentos devem possuir marcas, sinais ou símbolos que indicam sua origem. Não devemos confundir com veracidade da informação, pois esta pode ser falsa ou verdadeira.

> **Naturalidade:** os registros arquivísticos não são coletados artificialmente, mas acumulados de modo natural nas instituições, em função das atividades desenvolvidas por elas; os registros arquivísticos se acumulam de maneira contínua e progressiva. São como sedimentos sobrepostos e isso os dotam de um elemento de coesão natural, embora estruturada.

> **Inter-relacionamento:** os documentos estabelecem relações no decorrer do andamento das transações para as quais foram criados; eles estão ligados por um elo que é criado no momento em que são produzidos ou recebidos; os registros arquivísticos são um conjunto indivisível de relações.

> **Unicidade:** cada registro documental assume um lugar único na estrutura documental do grupo ao qual pertence.

> **Imparcialidade:** Os documentos só servem à administração e são isentos de parcialidade. Os documentos são inerentemente verdadeiros, livres da suspeita de preconceito no que diz respeito aos interesses em nome dos quais são usados hoje. Os arquivos não têm interesses, paixões, vontades ou ambições, eles simplesmente registram.

1.5 Princípios Arquivísticos

Como toda ciência, a Arquivologia é composta e regida por princípios e conceitos. Alguns são mais cobrados pelas bancas, outros nem tanto. Dentre os que mais aparecem em questões de concursos, destacam-se:

> **Proveniência ou Respeito aos Fundos:** respeitar que todos os documentos recebidos ou produzidos devem ser imediatamente anexados à pasta do funcionário. Visa fixar a identidade dos documentos relativa ao seu produtor. Os documentos devem ser observados e organizados segundo a competência e as atividades da instituição ou de uma pessoa; devem manter individualidade, não sendo misturados aos de origem diversa. Os documentos são arquivados respeitando-se a separação por pessoa, setor, divisão, departamento e instituição de origem. O Objetivo desta separação é facilitar o acesso, a consulta e o manuseio para acelerar a acessibilidade à informação contida no documento. Ao tratar documentação de uso não corrente deve-se obedecer ao princípio da proveniência, segundo o qual, devem ser mantidos reunidos, num mesmo fundo, todos os documentos provenientes de uma mesma fonte geradora de arquivo.

> **Organicidade:** também chamado de Respeito pela Estrutura. Este princípio reflete a estrutura, as funções e as atividades da instituição produtora ou acumuladora em suas relações internas e externas. Os documentos não devem ser misturados com de outras entidades produtivas. Para verificar a sua organicidade enquanto documento de arquivo, é necessário fazer a vinculação do documento com a estrutura da empresa e suas atividades, se o documento reflete essa estrutura ele é orgânico, se não refletir não é orgânico.

Relação orgânica são os vínculos que os documentos arquivísticos guardam entre si e que expressam as funções e atividades da pessoa ou organização que os produziu.

> **Unicidade:** qualidade pela qual os documentos de arquivo, a despeito de forma, espécie ou tipo, conservam caráter único em função de seu contexto de origem.

> **Integridade:** um fundo deve ser preservado sem dispersão, mutilação, alienação, destruição não autorizada ou acréscimo indevido.

> **Cumulatividade:** os documentos possuem uma formação progressiva, natural e orgânica. Este princípio é fundamentado pelas ideias do italiano Elio Lodolini ao afirmar que o arquivo é uma informação espontânea, natural e sedimentar já que o documento de arquivo é aquele que foi produzido no transcurso de uma atividade administrativa.

O princípio da cumulatividade é um dos princípios fundamentais que rege a organização dos arquivos e serve de base à análise tipológica dos documentos arquivísticos. A análise tipológica dos documentos pressupõe conhecimento dos princípios arquivísticos: a estrutura orgânico-funcional da instituição; as reorganizações; o fluxo de informação; as funções/atividades definidas por lei e as atípicas. O Princípio da Cumulatividade também pode ser conhecido por Naturalidade.

> **Ordem Original:** levam-se em consideração as relações estruturais e funcionais que presidem a gênese dos arquivos.

Pelo Princípio do respeito à Ordem Original o arquivo deve conservar o arranjo dado pela entidade produtora, pois a aplicação deste princípio garante a manutenção da organicidade dos documentos de arquivo. Saliente-se que este princípio não faz referência à ordem material, ele faz referência à ordem intelectual de acumulação dos documentos.

> **Territorialidade:** jurisdição a que pertence cada documento de acordo com a área territorial, a esfera de poder e o âmbito administrativo em que foi produzido e recebido (nacional, regional e institucional).

O princípio da Territorialidade, portanto, tem entre seus objetivos a necessidade de manter os documentos no território em que foram produzidos, haja vista que, alguns postulados jurídicos de um Estado só são válidos e aplicáveis dentro dos limites territoriais em que esse Estado exerce a sua soberania.

> **Princípios da Legalidade:** os registros arquivísticos são provas confiáveis das ações a que se referem e devem essa confiabilidade às circunstâncias de sua criação e às necessidades de prestar contas.

> **Imprescritibilidade:** princípio pelo qual é assegurado ao Estado o direito sobre os arquivos públicos, sem limitação de tempo, por serem estes considerados bens públicos inalienáveis.

> **Inalienabilidade:** princípio pelo qual é impedida a alienação de arquivos públicos a terceiros.

> **Pertinência Territorial:** é um princípio que possui um conceito oposto ao do princípio da proveniência e segundo o qual, documentos ou arquivos, deveriam ser transferidos para a custódia de arquivos com jurisdição arquivística sobre o território ao qual se reporta o seu conteúdo, sem levar em conta o lugar em que foram produzidos.

> **Princípio da Pertinência:** princípio segundo o qual os documentos deveriam ser reclassificados por assunto sem ter em conta a proveniência e a classificação original. Também pode aparecer em suas provas com o nome de princípio temático.

> **Princípio da Reversibilidade:** princípio segundo o qual todo procedimento ou tratamento empreendido em arquivos pode ser revertido, se necessário.

1.6 Função do Arquivo

> Guardar e organizar os documentos que circulam na instituição, tornando disponíveis as informações mantidas sob sua guarda, utilizando, para isso, técnicas que permitam um arquivamento ordenado e eficiente (**Valor Primário**).

> Garantir a preservação dos documentos, utilizando formas adequadas de acondicionamento, levando em consideração temperatura, umidade e demais aspectos que possam danificá-los os mesmos.

> Atendimento aos pedidos de consulta e desarquivamento de documentos pelos diversos setores da instituição, de forma a atender rapidamente à demanda pelas informações ali depositadas.

Além dessas funções principais, podemos destacar outras de relativa importância, como a expedição da correspondência, criação dos modelos para documentos e criação das normas de gestão documental da instituição.

1.7 Características dos Arquivos

Os Arquivos possuem as seguintes características básicas:

01. A exclusividade de criação e recepção por uma repartição, firma ou instituição.

02. A origem no curso de suas atividades, devendo os documentos servir de prova de transações realizadas e o caráter orgânico que liga o documento aos outros do mesmo conjunto. Segundo Solon Buck, ex-arquivista dos Estados Unidos, no livro de Marilena Leite Paes: Arquivo: Teoria e prática, Ed. FGV, 2013, página 19: *(...) Desse conceito, podemos deduzir três características básicas que distinguem os arquivos*:

   a) *Exclusividade de criação e recepção por uma repartição, firma ou instituição. Não se considera arquivo uma coleção de manuscritos históricos reunidos por uma pessoa.*

   b) *Origem no curso de suas atividades – os documentos devem servir de prova de transações realizadas.*

   c) *Caráter orgânico que liga o documento aos outros do mesmo conjunto. Um documento, destacado de seu conjunto, do todo a que pertence, significa muito menos do que quando em conjunto...*

Para alcançar esses objetivos, é necessário que o arquivo disponha dos seguintes requisitos:

> contar com pessoal qualificado e em número suficiente;
> estar instalado em local apropriado;
> dispor de instalações e materiais adequados;
> utilizar sistemas racionais de arquivamento, fundamentados na teoria arquivística moderna;
> contar com normas de funcionamento;
> contar com dirigente qualificado, preferencialmente formado em Arquivologia;

A importância do arquivo para a instituição está associada ao aumento expressivo do volume de documentos que ela se utiliza no exercício de suas atividades e a necessidade de se estabelecerem critérios de guarda e de eliminação de documentos quando estes já não são mais úteis para a organização.

A adoção de técnicas arquivísticas adequadas permite não apenas a localização eficiente da informação desejada, mas também a economia de recursos para a instituição.

Entende-se, então, que a finalidade do Arquivo é facilitar a consulta aos documentos e, com isso, servir à administração no processo de aquisição de conhecimento e tomada de decisão.

ARQUIVÍSTICA: PRINCÍPIOS E CONCEITOS

1.8 Distinção entre Arquivo, Biblioteca e Museu

Embora arquivo, museu e biblioteca tenham a mesma finalidade (guardar documentos), seus objetivos são diferentes, tendo em vista os tipos documentais que cada instituição trata.

Objetivos Comuns
Guardar documentos
Preservar documentos
Dar acesso aos documentos

Arquivo

É o conjunto de documentos criados ou recebidos (acumulados) por uma instituição ou pessoa, no exercício de sua atividade, preservados para garantir a consecução de seus objetivos. Os documentos não são objetos de coleção (escolha artificial) e sim da acumulação natural, no decurso de atividades administrativas.

Relembrando: os documentos de Arquivo são **produzidos** ou **recebidos**. Isto significa que são **acumulados** dessa forma.

Sua função é guardar e organizar os documentos, tornando disponíveis as informações mantidas sob sua guarda. E sua finalidade é servir à Administração e **secundariamente** servir à História.

Os documentos de arquivos provêm de atividades públicas ou privadas, servidas pelo arquivo e são produzidos um único exemplar ou em número restrito de cópias. Há, assim, uma significação orgânica entre os documentos. Saliente-se que o Princípio da Cumulatividade afirma que os arquivos são uma formação progressiva, natural e orgânica.

Dentro de sua finalidade funcional, preservam as informações que evidenciam o funcionamento da instituição ao longo do tempo.

Biblioteca

É o conjunto de material, em sua maioria, impresso e não produzido pela instituição em que está inserida. Normalmente constituída de coleções temáticas.

A biblioteca tem finalidade essencialmente **cultural** – guardar informações para estudo. Seus documentos são acumulados por meio de **compra, doação** ou **permuta**.

Museu

É uma instituição de interesse público, criada com a finalidade de conservar, estudar e colocar à disposição do público conjuntos de peças e objetos de valor cultural.

Podemos verificar que, enquanto o arquivo tem finalidade funcional, a finalidade das bibliotecas e dos museus é essencialmente **histórica e cultural**, embora o arquivo também possa adquirir, com o tempo, caráter cultural, a partir do caráter histórico que alguns de seus documentos podem adquirir.

A presença de peças tridimensionais em um conjunto documental indica tratar-se de museu e os documentos de museus são peças e objetos de valor cultural, tendo os mais variados tipos e dimensões e, por serem objetos, são caracterizados como tridimensionais.

As finalidades da biblioteca e do museu são didáticas, culturais, técnicas ou científicas. A diferença entre os arquivos e as bibliotecas pode ser reconhecida na função administrativa que os arquivos têm para uma organização pública ou privada, diferentemente da função cultural das bibliotecas, pois o arquivo caracteriza-se por ser um conjunto orgânico, resultado das atividades de uma pessoa física ou jurídica, e não uma coleção de documentos de diversas fontes. O arquivo de um órgão é o conjunto de documentos recebidos ou expedidos por esse órgão no exercício de suas atividades. Esse conjunto de documentos pode ser formado por qualquer espécie documental. A biblioteca é um órgão colecionador, enquanto o arquivo é um órgão receptor. As finalidades da biblioteca e do museu são didáticas, culturais, técnicas ou científicas.

Quadro comparativo entre **biblioteca, museu** e **arquivo**:

	Diferenças	
	Biblioteca e Museu	**Arquivo**
Objetivos	Objetivos Culturais	Objetivos Funcionais
	Provêm de várias fontes (colecionadores, doações, compra)	Provêm somente das atividades públicas ou privadas
	Existem vários exemplares	Há um número de cópias restritas
Avaliar	Unidades isoladas	Conjunto (refere-se a uma atividade)
	Caráter revogável	Caráter irrevogável
	Questão de conveniência e não de preservação	Normalmente se encontra em uma única via
Classificar	Métodos determinados previamente	Métodos variáveis de acordo com o órgão
Descrição	Unidades discriminadas	Conjunto de documentos

1.9 Classificação dos Arquivos

Os arquivos podem ser classificados em 4 tipos:

> **Quanto à Entidade Mantenedora**
>> Público ou privado.

> **Quanto à Natureza dos Documentos**
>> Especial ou especializado.

> **Quanto ao Estágio de Evolução**
>> Intermediário ou Corrente.

> **Quanto à Extensão de sua Atuação**
>> Setorial ou central.

Quanto à entidade mantenedora

> Dividem-se em público e privado.

Público

Órgãos dos Poderes Executivo, Legislativo e Judiciário, nas esferas Federal, Estadual, Municipal e do DF. Também são considerados públicos os arquivos das Fundações Públicas e Empresas Públicas.

> **Art. 7º, Lei nº 8.159/1991.** *Os arquivos públicos são os conjuntos de documentos produzidos e recebidos, no exercício de suas atividades, por órgãos públicos de âmbito federal, estadual, do distrito federal e municipal em decorrência de suas funções administrativas, legislativas e judiciárias;*

§ 1º. São também públicos os conjuntos de documentos produzidos e recebidos por instituições de caráter público, por entidades privadas encarregadas da gestão de serviços públicos no exercício de suas atividades.

Privado

São aqueles mantidos por instituição de caráter particular. Exemplos: arquivo de instituições financeiras, arquivo de grandes redes de lojas, arquivo de imprensa.

Existe, ainda, na doutrina, a seguinte divisão: públicos, institucionais, comerciais, pessoais ou familiares. Sobre isso, devemos lembrar que os institucionais, comerciais, pessoais ou familiares devem ser entendidos como arquivos privados.

Quanto à natureza dos documentos

Podem ser especiais ou especializados.

Arquivos especiais

São arquivos cuja forma física (suporte) dos documentos exige cuidado especial, diferenciado, por causa da sua preservação ou manuseio. Exemplos: foto, filme, negativo, microfilme.

Especializados

São aqueles que mantêm em sua guarda documentos de determinada área do conhecimento, relacionados a assunto específico. Exemplo: arquivo médico, arquivo cartográfico, arquivos de engenharia.

Quanto ao estágio de evolução ou teoria das três idades

	Ciclo Vital Arquivístico		
	Corrente	**Intermediário**	**Permanente**
Características	Ainda em tramitação	Consultados esporadicamente	Aqueles que serão arquivados definitivamente
	Também chamado de aquivos ativos	Normalmente, por já terem cumprido seu objetivo administrativo, são transferidos para um arquivo central	Não serão jamais eliminados
	Possuem valor administrativo para a organização, valor primário	Cumprem prazos prescricionais e precaucionais antes de sua destinação final (guarda permanente ou destruição)	Valor secundário, ou seja, histórico-cultural
	Definido devido a sua frequente utilização e consulta	Arquivos chamados também de semiativos	Arquivo são abertos ao público
	Arquivos fechados ao público	Possuem também valor primário	São chamados de arquivos inativos
		Arquivos fechados ao público	
Exemplo	Protocolo, arquivamento, consulta, empréstimo, expedição		Documentos que contam a história da organização: sua origem, constituição, normas e regulamentos

Segundo a Teoria da Três Idades, os documentos de arquivo passam por três estágios distintos de arquivamento, de acordo com a frequência de utilização, a utilidade administrativa para a instituição e o valor intrínseco do documento. Geralmente, as questões de prova podem ser facilmente respondidas observando-se as seguintes características:

1ª IDADE: Arquivo Corrente – valor primário – uso restrito aos produtores do documento. Estes arquivos também podem ser chamados de Arquivo Corrente, Arquivo Ativo ou Arquivo de Movimento. São consultados frequentemente pelos administradores ou gestores, assim, devem permanecer em locais de fácil acesso. Os documentos que fazem parte desse arquivo possuem elevado Valor Primário.

2ª IDADE: Arquivo Intermediário - documentos que aguardam destinação final – depósito temporário – valor primário – acesso com autorização do órgão produtor. Estes arquivos também podem ser chamados de Arquivo Semiativo, Arquivo Intermediário, "limbo" ou "purgatório" e deixaram de ser consultados com frequência, portanto, não é necessário conservá-lo próximo ao local de uso, todavia, ainda possuem Valor Primário. Um dos motivos que fazem com que esses arquivos permaneçam distante do local de uso é em função dos custos de manutenção dos mesmos.

3ª IDADE: Arquivo Permanente - é o arquivo propriamente dito – valor secundário e histórico. Estes arquivos são chamados de Arquivo Inativo, Arquivo Permanente ou Arquivo de Custódia. Os documentos que estão neste arquivo perderam seu valor de natureza administrativa, no entanto, conservam seu valor histórico e documental, portanto, possuem Valor Secundário: histórico, probatório ou informativo. É o arquivo propriamente dito.

Arquivo corrente

É onde se localizam os documentos mais utilizados, sendo esta, a fase em que são criados os documentos e sua tramitação é acentuada, bem como, o índice de consultas elevado, assim, sua localização deve ser de fácil acesso.

Os documentos com alta frequência de uso ou com grande possibilidade de uso fazem parte de um Arquivo Corrente e um documento de elevado valor primário deve permanecer próximo ao seu local de uso em função de constantes consultas por parte dos gestores ou administradores.

Arquivo corrente, para alguns autores, também pode ser denominado: arquivo de prosseguimento, arquivo imediato, arquivo de andamento, arquivo de vigilância ou arquivo "follow up".

Os arquivos correntes localizam-se nos próprios setores que produzem/recebem os documentos (**arquivos setoriais**) ou em locais próximos a estes (**arquivo central/geral**).

As principais rotinas que envolvem o arquivamento na fase corrente são:

> **Inspeção**: verificação se realmente o arquivo destina-se ao arquivamento, pois pode ser apenas para anexar ou apensar ou simplesmente para ser fornecida uma informação.

ARQUIVÍSTICA: PRINCÍPIOS E CONCEITOS

> **Análise:** consiste em classificar e determinar como será codificado, caso não tenha sido feita a classificação no protocolo.
> **Ordenação:** dispor os documentos conforme a codificação.
> **Arquivamento:** inserir o documento na unidade pré-estabelecida.
> **Empréstimo ou Consulta:** retirada para empréstimo ou consulta.

Arquivo intermediário

São os arquivos que guardam os documentos utilizados com menor frequência pela instituição. No arquivo intermediário, os documentos possuem baixa frequência de uso, mas ainda possuem fim administrativo.

Devemos lembrar que:
> É a fase em que os documentos ainda têm valor administrativo, mas são pouco consultados.
> A sua transferência para o arquivo intermediário permite que os setores otimizem seu espaço.
> Não há necessidade de serem conservados próximos aos setores.
> Nesta fase, os documentos aguardam sua destinação final (**eliminação ou guarda permanente** – aqueles que possuem valor histórico para a instituição).

Saliente-se que a transferência e o recolhimento são feitos em razão da frequência de uso do documento e não do seu valor. Assim, a divisão em corrente, intermediário e permanente são gradações de frequência de uso e não de valor documento.

Observe, todavia, que as Bancas têm colocado em suas provas a existência de uma gradação de valor, ou seja, há uma diminuição do valor primário, assim, os documentos serão transferidos para o Arquivo Intermediário.

O arquivo intermediário também pode ser chamado de transitório, pois os documentos que estão no arquivo intermediário conservam a classificação que lhes foi dada no arquivo corrente. Aqueles que produziram o documento mantém poder sobre o mesmo podendo dar autorização para que outros o consultem. O arquivo deve, portanto, ser dirigido por profissionais de arquivo conhecedores dos métodos tradicionais de classificação e elaboração de instrumentos de pesquisa.

De acordo com Marilena Leite Paes na obra Arquivo: Teoria e Prática (2002, p.117), tratando-se do arquivo intermediário: *Sua função principal consiste em proceder a um arquivamento transitório, isto é, em assegurar a preservação de documentos que não são mais movimentados, utilizados pela administração e que devem ser guardados temporariamente, aguardando pelo cumprimento dos prazos estabelecidos pelas comissões de análise ou, em alguns casos, por um processo de triagem que decidirá pela eliminação ou arquivamento definitivo, para fins de prova ou de pesquisa.*

Arquivo permanente

De acordo com a Lei nº 8.159, de 8 de janeiro de 1991:

Art. 8º, § 3º. Consideram-se permanentes os documentos de valor histórico, probatório e informativo e devem ser definitivamente preservados.

Ou seja, são os documentos que possuem Valor Secundário. São os arquivos que guardam os documentos que, já tendo cumprido seu fim administrativo, sua função administrativa, agora são preservados e conservados pelo seu valor histórico para a Instituição (**valor secundário**).

Dicas que ajudarão a identificá-lo:
> É o arquivo em que os documentos já perderam seu valor administrativo e são guardados pelo seu valor histórico, probatório ou informativo.
> Permitem conhecer a História da Instituição.
> Revelam a origem e constituição da Instituição.
> Os documentos desta fase jamais serão eliminados.

→ **Processo mnemônico:**

1ª idade	Corrente	Valor primário
2ª idade	Intermediário	Valor primário
3ª idade	Permanente	Valor secundário

Valor do documento

O documento só é guardado e preservado pela instituição porque possui algum valor. Esse valor pode ser **Administrativo** ou **Histórico**.

A Arquivologia denomina o valor administrativo como valor primário.

Sobre o Valor Primário, é preciso lembrar-se de que:
> Serve à Administração dando suporte/apoio às atividades da instituição.
> É um valor temporário – em determinado momento o valor administrativo irá acabar (quando ocorre a destinação final).
> Todo documento nasce com valor administrativo.
> Finalidade: servir à administração.

A Arquivologia denomina o valor histórico como valor secundário.

Sobre o Valor Secundário, lembre-se de que:
> Está presente no documento que perdeu seu valor administrativo, mas adquiriu valor histórico.
> Serve de fonte de pesquisa para terceiros e/ou para própria instituição.
> Finalidade: servir à História.
> O documento que possuir valor secundário será recolhido ao Arquivo Permanente.
> O documento de valor secundário jamais poderá ser eliminado.

Quanto à extensão de sua atuação

Classificação relativa ao local de instalação do arquivo.

Arquivos setoriais

São aqueles instalados nos setores que utilizam os documentos de uso constante e cotidiano. Dicas:
> É um arquivo descentralizado.
> Cada setor de trabalho possui o seu.

Arquivos centrais

São aqueles localizados fora do local de trabalho e acumulam, em um único local, documentos provenientes dos diversos setores da instituição, de forma centralizada.

É relevante destacar que extensão da atuação não se confunde com estágio de evolução ou ciclo de vida do documento. É muito comum a confusão entre arquivo central e fase ou arquivo intermediário.

1.10 Classificação dos Documentos

O Arranjo e a Classificação têm o mesmo significado, pois, segundo Schellenberg, classificação, em se tratando de documentos públicos, significa o arranjo dos mesmos segundo um plano destinado a facilitar o seu uso corrente.

Os documentos de arquivos possuem as seguintes classificações:
> Gênero.
> Espécie/tipologia documental.
> Forma.
> Formato.
> Natureza do assunto.

Gênero

Esta classificação está relacionada ao suporte no qual a informação é registrada; o gênero proporciona ao arquivista o devido tratamento ao documento, especialmente nas políticas de conservação e preservação. Existem sete tipos diferentes de gênero documental:
> Escritos ou textuais.
> Iconográficos.
> Sonoros.
> Filmográficos.
> Informáticos ou digitais.
> Cartográficos.
> Micrográficos.

Escritos ou textuais

Documentos cuja informação esteja manuscrita ou impressa. Exemplos: contrato, atas, relatórios, certidões.

Iconográficos

Documentos cuja informação esteja em forma de imagem estática. Exemplos: fotografias, negativos, diapositivos (slides), desenho e gravuras.

Sonoros

Documentos cuja informação esteja em forma de som/áudio. Exemplos: escuta telefônica, gravador analógico.

Filmográficos

Documentos cuja informação esteja em forma de imagem em movimento (com ou sem som). Exemplos: películas filmográficas, filmagens, vídeos.

Informáticos ou digitais

Documentos gravados em meio digital e que, por isso, necessitam de equipamentos eletrônicos para serem lidos. Exemplos: arquivo em MP3, arquivo do Word, etc.

Cartográficos

Documentos que representem, de forma reduzida, uma área maior. Exemplos: mapas e plantas de engenharia.

Micrográficos

Documentos em microformas. Exemplos: microfilmes e microfichas.

Espécie/tipologia documental

Enquanto a **Espécie** é a denominação que se dá ao aspecto formal de um documento, a Tipologia Documental corresponde à denominação que se dá quando reunimos determinada espécie à função ou atividade que o documento irá exercer. A doutrina admite diversas espécies documentais. Exemplos: ofício, memorando, declaração, certidão.

Da mesma forma, dentre as diferentes espécies, encontramos tipos peculiares. Exemplos: declaração de imposto de renda, certidão de nascimento.

Exemplos de Espécie e Tipo Documental:

Espécie	Tipologia
Contrato	Contrato de locação
Alvará	Alvará de funcionamento
Certidão	Certidão de casamento
Declaração	Declaração de Imposto de Renda

Forma

É a classificação relacionada quanto à forma do estágio de preparação do documento. São as formas documentais: rascunho ou minuta; original e cópia. O original é o documento com o sinal de subscrição (ou assinatura), que lhe dá autenticidade jurídica e arquivística. O rascunho é o documento com rasuras ou anotações suplementares, anterior à elaboração do original. A minuta não é rascunho e sim um pré-original, com um aspecto limpo, elaborado, mas sem a assinatura da autoridade responsável. E a cópia é o teor documental reproduzido na íntegra.

Formato

Denomina-se formato de um documento o seu aspecto físico, independentemente da informação nele registrada. São formatos documentais: ficha, livro, caderno, pergaminho, apostila, etc.

ARQUIVÍSTICA: PRINCÍPIOS E CONCEITOS

Natureza do assunto

Em relação à natureza dos assuntos, ou seja, o grau ou nível de acessibilidade às informações contidas nos documentos, eles são classificados como ostensivos ou sigilosos.

Ostensivos

É a classificação dada ao documento cuja divulgação não prejudica a segurança ou as atividades desenvolvidas pela instituição. O documento ostensivo pode ser de livre conhecimento do público em geral.

Sigilosos

Documento que, por sua natureza, deve ser de conhecimento restrito.

A Legislação brasileira prevê apenas três graus de sigilo – ultrassecreto, secreto e reservado – nos documentos, portanto, fique atento, quando questões fazem referência aos documentos confidenciais. Documentos Confidenciais NÃO possuem previsão em nossa legislação. Todavia, é bom ter conhecimento que documento confidencial não requer alto grau de segurança, mas seu conhecimento por pessoa não autorizada pode ser prejudicial ou criar embaraços administrativos.

01. Ultrassecreto

Excepcional grau de segurança. Conhecimento somente de pessoas intimamente ligadas ao seu estudo e manuseio. Possui prazo máximo de restrição de acesso à informação de 25 anos que entra em vigor a partir da data de sua produção.

02. Secreto

Alto grau de segurança. Acesso a pessoas autorizadas. Possui prazo máximo de restrição de acesso à informação de 15 anos que entra em vigor a partir da data de sua produção.

03. Reservado

Não deve ser do conhecimento do público em geral. Possui prazo máximo de restrição de acesso à informação de 5 anos que entra em vigor a partir da data de sua produção.

Não há impedimento legal para a reprodução de documento classificado como sigiloso, pois, de acordo com a Lei nº 12.527, de 18 de novembro de 2011:

Art. 1º. (....), com o fim de garantir o acesso a informações (...).
Art. 3º, os procedimentos previstos nesta lei destinam-se a assegurar o direito fundamental de acesso à informação e devem ser executados em conformidade com os princípios básicos da administração pública e com as seguintes diretrizes:
I. Observância da publicidade como preceito geral e do sigilo como exceção;
II. Divulgação de informações de interesse público, independentemente de solicitações;
III. Utilização de meios de comunicação viabilizados pela tecnologia da informação.

Decreto nº 7.845, de 14 de novembro de 2012 regulamenta os procedimentos para credenciamento de segurança e tratamento de informação classificada em qualquer grau de sigilo, e dispõe sobre o Núcleo de Segurança e Credenciamento e sobre a Reprodução:

Art. 33: A reprodução do todo ou de parte de documento com informação classificada em qualquer grau de sigilo terá o mesmo grau de sigilo do documento;
§ 1º A reprodução total ou parcial de informação classificada em qualquer grau de sigilo condiciona-se à autorização expressa da autoridade classificadora ou autoridade hierarquicamente superior com igual prerrogativa;
§ 2o As cópias serão autenticadas pela autoridade classificadora ou autoridade hierarquicamente superior com igual prerrogativa.
Art. 34. Caso a preparação, impressão ou reprodução de informação classificada em qualquer grau de sigilo for efetuada em tipografia, impressora, oficina gráfica ou similar, essa operação será acompanhada por pessoa oficialmente designada, responsável pela garantia do sigilo durante a confecção do documento.

O recebimento de documento sigiloso deve ser informado ao remetente no menor prazo de tempo possível e de acordo com o Decreto nº 7.845, de 14 de novembro de 2012 em seu Art. 29: Cabe aos responsáveis pelo recebimento do documento com informação classificada em qualquer grau de sigilo, independente do meio e formato:

I. Registrar o recebimento do documento;
II. Verificar a integridade do meio de recebimento e registrar indícios de violação ou de irregularidade, comunicando ao destinatário, que informará imediatamente ao remetente; e
III. Informar ao remetente o recebimento da informação, no prazo mais curto possível.

A Lei de Acesso à informação – Lei nº 12.527, de 18 de novembro de 2011:

Art. 12: O serviço de busca e fornecimento da informação é gratuito, salvo nas hipóteses de reprodução de documentos pelo órgão ou entidade pública consultada, situação em que poderá ser cobrado exclusivamente o valor necessário ao ressarcimento do custo dos serviços e dos materiais utilizados.
Parágrafo único. Estará isento de ressarcir os custos previstos no caput todo aquele cuja situação econômica não lhe permita fazê-lo sem prejuízo do sustento próprio ou da família, declarada nos termos da Lei nº 7.115, de 29 de agosto de 1983.

Lei nº 12.527, de 18 de novembro de 2011

Os documentos ditos sigilosos eram regulados pela Lei nº 8.159/1991, cujos artigos foram revogados pela Lei nº 12.527 de 18 de novembro de 2011, que, a partir de então, estabelece as regras para os diferentes graus de sigilo.

Vale destacar, ainda, em se tratando de graus de sigilo dos documentos, a mesma Lei nº 12.527, de 18 de novembro de 2011:

Art. 7º, § 2º. Quando não for autorizado acesso integral à informação por ser ela parcialmente sigilosa, é assegurado o acesso à parte não sigilosa por meio de certidão, extrato ou cópia com ocultação da parte sob sigilo.

O processo descrito é de responsabilidade da Comissão Mista de Reavaliação de Informações, conforme o determinado pela Lei nº 12.527, de 18 de novembro de 2011, em seu Art. 35, I.

Seção ii

Da classificação da informação quanto ao grau e prazos de sigilo

Art. 24. A informação em poder dos órgãos e entidades públicas, observado o seu teor e em razão de sua imprescindibilidade à segurança da sociedade ou do estado, poderá ser classificada como ultrassecreta, secreta ou reservada.
§ 1º os prazos máximos de restrição de acesso à informação, (...), a partir de sua produção (...):
I. ultrassecreta: 25 anos;
II. secreta: 15 anos;
III. reservada: 5 anos.
§ 2º As informações que puderem colocar em risco a segurança do presidente e vice-presidente da república e respectivos cônjuges e filhos(as) serão classificadas como reservadas e ficarão sob sigilo até o término do mandato em exercício ou do último mandato, em caso de reeleição.

§ 3º Alternativamente aos prazos previstos no § 1o, poderá ser estabelecida como termo final de restrição de acesso a ocorrência de determinado evento, desde que este ocorra antes do transcurso do prazo máximo de classificação.

§ 4º Transcorrido o prazo de classificação ou consumado o evento que defina o seu termo final, a informação tornar-se-á, automaticamente, de acesso público.

Seção v

Das informações pessoais

Art. 31. O tratamento das informações pessoais deve ser feito de forma transparente e com respeito à intimidade, vida privada, honra e imagem das pessoas, bem como às liberdades e garantias individuais.

§ 1o as informações pessoais, a que se refere este artigo, relativas à intimidade, vida privada, honra e imagem:

I. terão seu acesso restrito, independentemente de classificação de sigilo e pelo prazo máximo de 100 (cem) anos a contar da sua data de produção, a agentes públicos legalmente autorizados e à pessoa a que elas se referirem; e

II. poderão ter autorizada sua divulgação ou acesso por terceiros diante de previsão legal ou consentimento expresso da pessoa a que elas se referirem.

§ 2º aquele que obtiver acesso às informações de que trata este artigo será responsabilizado por seu uso indevido.

Não poderá ter acesso negado à informação necessária à tutela judicial ou administrativa de direitos fundamentais.

É relevante mencionar que o §1º do Art. 24 da Lei nº 12.527, de 18 de novembro de 2011, dispõe que os prazos máximos de restrição de acesso à informação, conforme a classificação prevista no caput, vigoram a partir da data de sua produção e são os seguintes:

I. ultrassecreta: 25 (vinte e cinco) anos;

II. secreta: 15 (quinze) anos; e

III. reservada: 5 (cinco) anos.

Você deve ter observado que a referida lei só traz três graus de sigilo, excetuando-se o grau confidencial.

1.11 Prazo de Guarda dos Documentos

O prazo de guarda dos documentos é o período em que o documento deve ser mantido nos arquivos corrente e intermediário, e vincula-se à determinação do valor do documento, de acordo com os seguintes fatores:

> Frequência do uso das informações contidas nos documentos.
> Existência de leis ou decretos que regulem a prescrição legal dos documentos (prazo prescricional).
> Existência de outras fontes com as mesmas informações (documentos repetitivos).

	Arquivo	Biblioteca	Museu	Centro de documentação
Tipo de Suporte	Manuscritos, impressos, audiovisuais, exemplar único	Impressos, manuscritos, audiovisuais, exemplares,	Objetos bi/ tridimensionais, exemplar único	Audiovisuais (reproduções) Exemplar único ou múltiplo
Tipo de Conjunto	Fundos, documentos unidos pela origem	Coleção, documentos unidos pelo conteúdo	Coleção, documentos unidos pelo conteúdo ou pela função	Coleção, documentos unidos pelo conteúdo
Produtor	A máquina administrativa	Atividade humana individual e coletiva	Atividade humana, a natureza	Atividade humana
Fins de Produção	Administrativos, jurídicos, funcionais, legais	Culturais, científicos, técnicos, artísticos, educativos	Culturais, artísticos, funcionais	Científicos
Fins de Produção	Provar, testemunhar	Instruir, informar	Informar e Entreter	Informar
Entrada de documentos	Passagem natural de fonte geradora única	Compra, doação, permuta de fontes múltiplas	Compra, doação, permuta, de fontes múltiplas	Compra, doação, pesquisa
Processamento técnico	Registro, arranjo, descrição: guias, inventários, catálogos etc.	Tombamento, classificação, catalogação, fichários	Tombamento, catalogação, inventários, catálogos	Tombamento, classificação catalogação, fichários ou computador
Público	Administrador e pesquisador	Grande público e pesquisador	Grande público e pesquisador	Pesquisador

> Necessidade de guarda de documentos por precaução, em virtude das práticas administrativas (prazos precaucionais).

1.12 Destinação Final dos Documentos

Todo documento, seguindo o ciclo vital, deverá ser encaminhado à sua destinação final, que irá ocorrer no momento em que ele perder seu valor administrativo ou valor primário. Existem duas situações, a saber:

> Eliminação.
> Recolhimento.

Eliminação

Ocorre quando o documento perde o valor administrativo e não apresenta valor histórico.

A esse respeito, a Resolução nº 25, de 27 de abril de 2007 define que a Gestão Arquivística de Documentos tem como objetivo principal o recolhimento de documentos para guarda permanente ou, então, a sua eliminação, pois estabelece em seu Artigo 1º: *Recomendar aos órgãos e entidades integrantes do Sistema Nacional de Arquivos – SINAR, a adoção do Modelo de Requisitos para Sistemas Informatizados de Gestão Arquivística de Documentos - e-ARQ Brasil*: (aprovado na 43ª reunião plenária do CONARQ, realizada no dia 4 de dezembro de 2006, disponibilizada em www.conarq.arquivonacional.gov.br). e Temos no §1º: *Considera-se gestão arquivística de documentos o conjunto de procedimentos e operações técnicas referentes à produção, tramitação, uso, avaliação e arquivamento de documentos em fase corrente e intermediária, visando a sua eliminação ou recolhimento para guarda permanente*.

As primeiras preocupações em relação à eliminação dos documentos arquivísticos surgem em meados do século XX e, assim, aparecem dois modelos para o processo de eliminação documental:

01. **Modelo Inglês**

    Estabelece que a eliminação seria responsabilidade exclusiva da entidade produtora. Esta é a proposta defendida por Hilary Jenkinson para quem *a eliminação de documentos não deveria fazer parte das atribuições dos arquivistas*.

02. **Modelo Alemão**

    Sustenta que a "*importância que da tarefa de eliminação exige a intervenção do arquivista*".

Para o norte-americano Teodoro Roosevelt Schellenberg ,*os documentos arquivísticos têm um valor primário, que por estar ligado aos motivos da criação dos documentos diz respeito à entidade produtora, e um valor secundário, que por estar ligado ao seu conteúdo de caráter informativo diz respeito à investigação científica*.

Guarda permanente

Ocorre quando o documento perde o valor administrativo, mas apresenta valor histórico.

Transferência

É a passagem dos documentos da fase corrente para a intermediária.

Recolhimento

É a passagem dos documentos das fases corrente e intermediária para a fase permanente.

Ao longo do ciclo vital dos documentos, existem quatro possibilidades:

> O documento foi criado na fase corrente; cessada essa fase, ele será eliminado sem passar pela fase intermediária.
> O documento foi criado na fase corrente, cumpre seu prazo de guarda nessa fase, posteriormente será transferido para o arquivo intermediário, em que cumprirá seu prazo de guarda; cessada essa fase, ele será eliminado.
> O documento foi criado na fase corrente; cessada essa fase, ele será recolhido ao arquivo permanente.
> O documento foi criado na fase corrente; cessada essa fase, ele será transferido para o arquivo intermediário, no qual cumprirá seu prazo de guarda; cessada essa fase, ele será recolhido ao arquivo permanente.

2. GESTÃO DA INFORMAÇÃO E DE DOCUMENTOS

Segundo a Lei nº 8.159/1991, a Gestão de Documentos envolve o conjunto de procedimentos e operações técnicas referentes às atividades de produção, tramitação e uso, avaliação e arquivamento de documentos em fase corrente e intermediária, visando a sua eliminação ou recolhimento para guarda permanente.

Ainda na mesma Lei: *É dever do poder público a gestão documental e a proteção especial a documentos de arquivo, como instrumento de apoio à administração, à cultura e ao desenvolvimento científico e como elemento de prova e informação.*

A gestão de documentos é atingida por meio do planejamento, organização, controle, coordenação dos recursos humanos, do espaço físico e dos equipamentos, com o objetivo de aperfeiçoar o ciclo documental.

É qualquer atividade que vise a controlar o fluxo de documentos existentes, de forma a assegurar a eficiência das atividades.

2.1 Objetivos

> Garantir, assegurar, de forma eficiente: produção, administração, manutenção e destinação de documentos.
> Garantir que a informação estará disponível no momento necessário ao usuário (instituição, estado, pessoa).
> Eliminação de documentos que não possuem valor administrativo, fiscal, legal ou para fins de pesquisa científica ou histórica.
> Assegurar uso adequado da Micrográfica, processamento automatizado de dados, e outras técnicas da gestão de informação.
> Contribuir para o acesso e a preservação dos documentos que deverão ser guardados e preservados por seus valores históricos, científicos, valores secundários.

2.2 Planejamento do Sistema de Arquivamento

Primeiramente, antes de se implantar um gerenciamento de informação, necessita-se de um planejamento. Assim, tem que se definir um importante aspecto: se há centralização ou descentralização dos arquivos correntes. Ou seja, no planejamento a organização deve definir se os arquivos ficaram centralizados - reunidos em um arquivo central — ou descentralizados - arquivados nos setores da organização.

A opção pela descentralização ocorre apenas na fase corrente. Na fase intermediária e permanente, é OBRIGATÓRIA a centralização.

Ao planejamento também cabe a função de definir a coordenação dos serviços arquivísticos organizacionais. Assim, recomenda-se que haja uma centralização referente às normas, controle e orientação para evitar que haja tratamento diferenciado aos arquivos de uma mesma instituição.

Como os arquivos correntes são aqueles que ainda estão em processo de tramitação, ou seja, são consultados de modo frequente, eles devem ficar armazenados junto aos setores organizacionais que os produziram. Assim, por meio de técnicas de gerenciamento de informação, também chamado de gestão de documentos, deve-se estabelecer padronização quanto ao tratamento dos arquivos, definindo-se um planejamento e implementando um programa de gerenciamento de informação na organização. Dessa forma, já deve ser implementado nos setores um Plano de Classificação de Documentos e uma Tabela de Temporalidade e Destinação dos Documentos.

Os **arquivos intermediários** têm como sua principal função a econômica, pois se torna muito caro manter esse tipo de arquivo (semiativo, que possui baixo nível de consulta, ou seja, tem pouco interesse administrativo para a organização que o produziu) nos setores de trabalho em que foram produzidos, já que, para isso, seria necessário um espaço físico grande. Assim, é interessante guardar esses documentos em depósitos centralizados, pois sua guarda é devido principalmente a prazos prescricionais e precaucionais. Mesmo estando em um depósito central, vale ressaltar que os arquivos intermediários continuam sendo de propriedade do departamento que o gerou e que somente esse setor, ou alguém por ele autorizado, pode consultar os arquivos.

2.3 Fases da Gestão de Documentos

São três as fases básicas da gestão documental:
> Produção.
> Utilização.
> Destinação.

Produção

Elaboração de documentos em razão das atividades específicas de uma instituição ou setor.

Pode ser chamada de 1ª fase e possui as seguintes características:

> Otimização na criação de documentos, evitando a reprodução desnecessária de documentos.
> Acontece na fase corrente.

Utilização

Elaboração de documentos em razão das atividades específicas de uma instituição ou setor.

Essa fase refere-se ao fluxo percorrido pelos documentos, necessários ao cumprimento de sua função administrativa, assim como sua guarda após o trâmite. Pode ser chamada de 2ª fase e possui as seguintes características:

> Envolve as atividades de protocolo, classificação de documentos, controle de acesso e recuperação da informação, bem como a elaboração de instrumentos de recuperação.
> É desenvolvida na gestão de arquivos correntes e intermediários.

Observe nas questões a seguir como a gestão apareceu em alguns concursos públicos:

(Cespe/MMA/AGENTE ADMINISTRATIVO/2009). Na gestão de documentos, as atividades de protocolo, a recuperação

NOÇÕES DE ARQUIVOLOGIA – ESPECÍFICO PARA ESCRIVÃO

de informações e a elaboração de normas de acesso à documentação são desenvolvidas na fase de utilização de documentos. Gabarito: Certo.

(Cespe/AGU/AGENTE ADMINISTRATIVO/2010) A fase da gestão de documentos que inclui as atividades de protocolo, de expedição, de organização e de arquivamento de documentos em fase corrente e intermediária é denominada fase de utilização de documentos. Gabarito: Certo.

Destinação

Envolve as atividades de análise, seleção e fixação de prazos de guarda dos documentos, ou seja, implica decidir quais documentos serão eliminados e quais serão preservados permanentemente. Acontece no arquivo corrente e intermediário.

Alguns documentos têm valor temporário, enquanto outros têm valor permanente. Além disso, alguns deles são frequentemente utilizados, enquanto outros nem tanto.

Eliminação de documentos

Deve-se avaliar e selecionar os documentos para determinar o prazo de vida dos mesmos de acordo com seus valores informativo e probatório e, caso não os tenha, a eliminação.

Schellenberg ressaltou que a gestão na fase corrente tem como objetivo *fazer com que os documentos sirvam aos propósitos de sua criação, tanto econômica quanto eficientemente possível, e realizar sua adequada destinação depois que tiverem atendido aos seus objetivos*.

Devido a essas diferenças relativas ao valor e à frequência de uso, surge a necessidade de avaliar, selecionar e eliminar os documentos.

Essas três atividades objetivam estabelecer o prazo de vida dos documentos, de acordo com seus valores informativo e probatório.

→ **Em relação ao seu Valor, os Documentos podem ser:**
> **Permanentes vitais:** devem ser conservados indefinidamente por serem de importância vital para a organização.
> **Permanentes:** devem ser conservados indefinidamente — apesar de não serem vitais, a informação que contêm deve ser preservada em caráter permanente.
> **Temporários:** podem ser descartados, após determinado prazo, quando cessa o valor do documento.

Funções arquivísticas

Segundo Jean-Yves Rousseau e Carol Couture, na obra Os fundamentos da disciplina arquivística, Lisboa: Publicações Dom Quixote, 1998, as funções arquivísticas são sete: Produção; Avaliação; Aquisição; Conservação; Classificação; Descrição e Difusão.

01. Produção

Criação ou recebimento de informações dentro da instituição, evitando a criação de documentos com informações desnecessárias e atentando para sua veracidade e autenticidade. É o momento que o documento passa a existir para a instituição.

Quando se trata da criação de documentos arquivísticos digitais é importante estar atento em tudo que possa alterar a veracidade ou autenticidade das informações contidas no documento, sendo extremamente importante a elaboração de normas e regras para a produção da documentação, assim como utilizar métodos como assinatura digital, marca d'água e procedimentos padrão.

02. Avaliação

Processo que consiste na atribuição de valores, primário ou secundário, para os documentos, assim como prazos de guarda e destinação final que pode ser a guarda permanente ou eliminação.

A avaliação também deve ser feita nos documentos em suporte digital, pois nem toda a documentação produzida possui a necessidade de ser preservada permanentemente, garantindo assim economia de recursos materiais e financeiros.

03. Aquisição

É a entrada dos documentos nos arquivos corrente, intermediário e permanente. Abrange o arquivamento corrente, assim como a transferência e recolhimento da documentação.

O processo de aquisição deverá ter uma atenção e cuidado especial nos documentos arquivísticos digitais, pois seu controle é mais difícil de ser realizado e não possuem métodos que assegurem questões como autenticidade e veracidade.

04. Conservação

É um conjunto de procedimentos que visa a manutenção da integridade física do documento, desacelerando o processo de degradação.

A principal questão a ser levantada em relação à conservação dos documentos digitais é sobre a constante mudança que ocorre nos aparelhos e softwares tecnológicos, tornando os equipamentos obsoletos e causando a perda de informações. O profissional responsável deve estar atento às novas tecnologias para evitar que a documentação, ou parte dela, seja perdida.

05. Classificação

É a forma como os documentos serão reagrupados de acordo com características comuns. A Classificação deverá ser feita dentro dos padrões estabelecidos pelos profissionais responsáveis pelo acervo, que conhecem a melhor maneira de agrupamento para realização de suas atividades.

Os documentos digitais devem, também, ser classificados e ordenados para evitar que a documentação fique desorganizada em meio digital e para que não perca seu contexto dentro da instituição.

06. Descrição

É o conjunto de elementos facilitadores na recuperação e localização dos documentos e abrange a elaboração de instrumentos de pesquisa e meios de busca, utilizando termos específicos, palavras-chave, indexadores, dentre outros.

A descrição será mais eficaz e precisa em meio digital, se realizada de forma correta, garantindo a recuperação e localização mais rápida da informação solicitada.

07. Difusão

Está relacionada à divulgação do acervo, bem como a acessibilidade dos documentos, aproximando o arquivo e o usuário da informação.

A difusão também será realizada de forma mais rápida, pois a maioria das pessoas possui acesso à internet e utilizam deste meio para suas pesquisas. Desta forma, o arquivo pode divulgar amplamente suas atividades, serviços e documentação, assim como disponibilizar informações com maior praticidade e eficácia.

É evidente que a eliminação de documentos não pode ser feita indiscriminadamente. Dessa forma, há pontos-chave que sempre devem ser observados:

> Importância do documento com relação aos valores administrativo, fiscal ou legal (=primário) ou informativo, probatório (=secundário).
> Possibilidade e custos de reprodução (e.g. microfilmagem).
> Espaço, equipamento utilizado e custos de arquivamento.
> Prazos de prescrição e decadência de direitos, de acordo com a legislação vigente.
> Número de cópias existentes.

Art. 9º da Lei nº 8.159/91: a eliminação de documentos produzidos por instituições públicas e de caráter público será realizada mediante autorização da instituição arquivística pública, na sua específica esfera de competência.

Níveis de gestão de documentos

Segundo a UNESCO, a aplicação de um programa de gestão de documentos públicos pode ser desenvolvida em quatro níveis:

01. Nível Mínimo:

Estabelece que os órgãos devam contar, ao menos, com programa de retenção e eliminação de documentos e estabelecer procedimentos para recolher à instituição arquivística pública aqueles de valor permanente.

02. Nível Mínimo Ampliado:

Complementa o primeiro, com a existência de um ou mais centros de arquivamento intermediário.

03. Nível Intermediário:

Compreende os dois primeiros, bem como a adoção de programas básicos de elaboração e gestão de formulários e correspondência e a implantação de sistemas de arquivos.

04. Nível Máximo:

Inclui todas as atividades já descritas, complementadas por gestão de diretrizes administrativas, de telecomunicações e o uso de recursos da automação.

Instrumentos de destinação

Nas atividades de avaliação e destinação são utilizados os instrumentos de destinação, que são os atos normativos elaborados pela organização, nos quais são fixadas diretrizes quanto ao tempo e local de guarda dos documentos.

Os dois principais instrumentos de destinação são:
> Tabela de Temporalidade de Documentos.
> Lista de Eliminação.

Tabela de Temporalidade de Documentos

É o instrumento resultante da etapa de avaliação dos documentos. É ela, a tabela de temporalidade, que determina o prazo de guarda dos documentos nas fases corrente e intermediária, bem como indica a destinação final (eliminação ou recolhimento para guarda permanente).

Em uma tabela de temporalidade de uma empresa, por exemplo, poderia estar definido que os cartões de ponto deveriam ser conservados por sete anos no Serviço de Pessoal e depois eliminados; ou que os contratos de prestação de serviços de limpeza deveriam ser conservados em caráter definitivo no arquivo permanente.

A tabela de temporalidade será elaborada pela CPAD — Comissão Permanente de Avaliação de Documentos ou Comissão de Análise de Documentos.

> Estrutura da Tabela de Temporalidade

A Tabela de Temporalidade e Destinação deve apresentar em sua estrutura básica os seguintes elementos:

01. Código de classificação;
02. Prazos de guarda nas fases corrente e intermediária;
03. Destinação final (eliminação ou guarda permanente);
04. Observações necessárias à sua aplicação.

Deve-se elaborar um índice alfabético para agilizar a localização dos assuntos no plano ou código e na tabela.

Tabela de Temporalidade com exemplos hipotéticos.

Documentos	Prazos de guarda		Destinação final	Observação
	Corrente	Intermediário		
Legislação de pessoal	10 anos	10 anos	Guarda Perm.	-
Admissão de pessoal	5 anos	47 anos	Eliminação	-
Férias	7 anos	-	Eliminação	
Frequência	5 anos	47 anos	Eliminação	Microfilmar após 5 anos
Aposentadoria	5 anos	95 anos	Eliminação	Microfilmar após 5 anos
Greves	5 anos	5 anos	Guarda Perm.	-
Normas Internas	Enqto. Vig.	-	Guarda Perm.	-

Lista de Eliminação

Consiste em uma relação específica de documentos a serem eliminados de uma só vez e que necessita ser aprovada pela autoridade competente.

Agora, veremos as ações coordenadas pelos instrumentos de destinação dentro da rotina para a destinação de documentos na fase corrente:

> Verificar se os documentos a serem destinados estão organizados de acordo com os conjuntos definidos na tabela de temporalidade.
>> A tabela de temporalidade organiza os documentos a serem destinados, a partir de prazos e critérios para recolhimento e eliminação.
> Verificar se cumpriram o prazo de guarda estabelecido.
>> Para proceder com a destinação, é preciso verificar, na tabela de temporalidade, os prazos de guarda estabelecidos.

GESTÃO DA INFORMAÇÃO E DE DOCUMENTOS

> Registrar os documentos a serem eliminados.
>> As listas de eliminação, como vimos, relacionam os documentos a serem eliminados.
> Proceder à eliminação.
>> O ato de eliminar os documentos também faz parte da fase de destinação.
> Elaborar termo de eliminação.
>> O termo de eliminação é o instrumento do qual consta o registro de informações sobre documentos eliminados após terem cumprido o prazo de guarda.
> Elaborar lista de documentos destinados à fase intermediária.
>> De forma semelhante à lista de eliminação, existem as listas de transferência (documentos destinados à fase intermediária) e as listas de recolhimento (documentos destinados à fase permanente).
> Operacionalizar a passagem ao arquivo intermediário.
>> Permitir que os documentos passem ao arquivo intermediário também faz parte da fase de destinação.

→ **Principais Rotinas e Procedimentos na Destinação:**
> **Análise:** são procedidos estudos dos documentos recebidos.
> **Seleção:** é feita a triagem dos documentos que devem permanecer no arquivo.
> **Avaliação:** procedimento mais importante da destinação, pois nela ocorre a verificação do valor probatório (de prova) ou informativo, de pesquisa dos documentos e estabelecimento de prazos de vida dos documentos.

Esse processo está vinculado à legislação, já que deve cumprir os prazos legais de armazenamento de alguns documentos, bem como a discricionariedade da organização, quando falamos dos prazos precaucionais.

Recomenda-se, de acordo com a doutrina, que a avaliação seja feita nos documentos no arquivo corrente para se evitar que documentos sejam transferidos para o arquivo intermediário de forma desnecessária, o que gera burocracia e dispêndio de recursos desnecessários.

Visando à garantia da eficiência administrativa, a avaliação deve ser precedida pela classificação dos documentos visando ao correto arquivamento em suas classes.

→ **Benefícios da Avaliação Documental:**
> Eficiência administrativa.
> Eliminação de documentos inúteis.
> Agilidade na hora de encontrar um documento ou informação, pois há redução do volume de documentos.
> Prévia identificação dos documentos de guarda permanente.

No fim da fase de destinação, há duas possibilidades para o documento que perdeu o seu valor administrativo:
> **Recolhimento:** que é o deslocamento de um documento do arquivo intermediário para o arquivo permanente, para aqueles documentos dotados de valor histórico ou secundário.

> **Eliminação:** destruição, doação ou venda de documentos julgados destituídos do valor permanente, feito por uma Comissão Permanente de Avaliação.

Comissão permanente de avaliação de documentos

A Comissão Permanente de Avaliação de Documentos também é conhecida como Comissão de Análise de Documentos, ou simplesmente, CPAD. E é esta Comissão quem elabora a Tabela de Temporalidade e que deverá ser aprovada por autoridade competente do órgão para que possa ser aplicada na instituição. Cada instituição cria sua Tabela de Temporalidade, uma vez que, concluída e aplicada, as eventuais alterações ou inclusões deverão ser submetidas à Comissão que a criou. Não há prazo de guarda padrão e nem prazo máximo para os documentos nas fases corrente e nem intermediária, pois cada documento terá seu próprio prazo de acordo com o estabelecido na Comissão.

De acordo com a legislação em vigor, a responsabilidade de orientar e realizar o processo de análise, avaliação e seleção da documentação produzida e acumulada no seu âmbito de atuação é pertinente à Comissão Permanente de Avaliação de Documentos de acordo com o Decreto nº 4.073, de 3 de janeiro de 2002 em seu Capítulo IV, DA GESTÃO DE DOCUMENTOS DA ADMINISTRAÇÃO PÚBLICA FEDERAL, Seção I: Das Comissões Permanentes de Avaliação de Documentos, Art. 18: *Em cada órgão e entidade da Administração Pública Federal será constituída Comissão Permanente de Avaliação de Documentos, que terá a responsabilidade de orientar e realizar o processo de análise, avaliação e seleção da documentação produzida e acumulada no seu âmbito de atuação, tendo em vista a identificação dos documentos para guarda permanente e a eliminação dos destituídos de valor.*

Nos órgãos públicos a garantia de acesso, pelo cidadão, aos documentos de arquivo e informações contidas nos mesmos, a disseminação de normas relativas à gestão de documentos de arquivo, a racionalização da produção documental arquivística pública e a preservação do patrimônio documental arquivístico da administração pública federal são finalidades do SIGA - Sistema Informatizado de Gestão Arquivística de Documentos.

→ **Síntese dos pontos mais importantes da gestão de documentos:**

Gestão de Documentos		
	Produção	Elaboração dos documentos em decorrência das atividades da instituição. Criação de documentos essenciais à administração, evitando duplicação e emissão de vias desnecessárias.
	Utilização	Protocolo, classificação, organização e arquivamento durante a idade corrente e intermediária. Normas de acesso à documentação e à recuperação de informações.
	Destinação	Análise e avaliação dos documentos (valor). Definição de quais serão objetos de arquivo permanente e quais serão eliminados.

> **Produção**
>> » Elaboração dos documentos em decorrência das atividades da instituição.
>> » Criação de documentos essencias à administração, evitando duplicação e emissão de vias desnecessárias.

> **Utilização**
>> » Protocolo, classificação, organização e arquivamento durante a idade corrente e intermediária.
>> » Normas de acesso à documentação e à recuperação de informações.

> **Destinação**
>> » Análise e avaliação dos documentos (valor).
>> » Definição de quais serão objeto de arquivo permanente e quais serão eliminados.

2.4 Métodos de Arquivamento

Arquivamento é a técnica de como serão acondicionados e armazenados os documentos, ou seja, o arquivamento corresponde à forma como os documentos serão armazenados, visando obter precisamente a sua localização no futuro. O método de arquivamento é determinado pela natureza dos documentos a serem arquivados e pela estrutura da entidade.

Os sistemas de arquivamento apenas fornecem a estrutura mecânica em relação à qual os documentos devem ser arranjados. Os documentos podem ser eficazmente arranjados em quase todos os sistemas de arquivamento. Qualquer sistema de arquivamento, não importa qual seja, pode apresentar resultados satisfatórios se for adequadamente aplicado. A insuficiência do arquivamento deve-se, com mais frequência às falhas humanas do que a falhas do sistema. Na escolha de um método de arquivamento devem-se levar em consideração três premissas básicas: o sistema escolhido deve ser simples, flexível e deve admitir expansões.

São duas classes – métodos básicos e padronizados – e integram dois grandes sistemas – direto e indireto.

Existe, ainda, um método Semi-indireto que não pertence às classes de métodos básicos e padronizados, é o método alfanumérico que consiste numa combinação de letras e números.

> **Direto:** ocorre quando a localização dos documentos é encontrada de forma direta, ou seja, é encontrado diretamente no local onde se encontra arquivado.

> **Indireto:** ocorre quando se necessita consultar antes em outro lugar para se encontrar a localização do documento, como exemplo, um índice ou código.

As principais classes utilizadas para organizar o arquivamento dos documentos estão divididas em dois grandes métodos: Básicos e Padronizados.

Básicos	Alfabético	
	Geográfico	
	Numéricos	Simples
		Cronológico
		Dígito-terminal
	Ideográficos	Alfabéticos: Enciclopédico
		Alfabéticos: Dicionário
		Numéricos: Duplex
		Numéricos: Decimal
		Numéricos: Unitermo ou Indexação coordenada
Padronizados	Variadex	
	Automático	
	Soudex	
	Mneumônico	
	Rôneo	

Métodos básicos

a) Alfabético ou onomástico
b) Geográfico – conforme o local de produção
c) Numéricos

  c.1 - Simples – é indireto. Para se encontrar os documentos é feito um índice alfabético no qual pode se descobrir qual número foi conferido ao documento.

  c.2 - Cronológico – normalmente a data da produção (notas fiscais).

  c.3 - Dígito-Terminal – conforme os dois últimos números do documento, grande volume e números longos.

d) Ideográfico ou Temático

Conforme o assunto. Exige-se a interpretação e um vasto conhecimento da organização. Dividido em Alfabético – Enciclopédico ou Dicionário e Numérico – Duplex, Decimal e Unitermo ou Indexação Coordenada.

A. Método alfabético (método básico)

Método alfabético é o mais simples. É um método direto. Nesse método, as fichas ou pastas são dispostas em ordem rigorosamente alfabética, respeitadas as normas gerais para alfabetação.

As notações nas guias podem ser abertas ou fechadas; simples ou compostas. Notações simples abertas: A, B, C, Ab, Ac etc; notações compostas e fechadas: Aa-Al, Am-Az etc.

Sua desvantagem é a alta incidência de erros de arquivamento quando o volume de documentos é muito grande, devido ao cansaço visual e à variedade de grafia dos nomes.

Esse método preza pelo ordenamento de pastas e fichas pela ordem alfabética divididas por guias divisórias (estas devem ser assinaladas com anotações que façam referência aos documentos ali arquivados), e também devem respeitar as normas gerais para a alfabetação.

Regras de Alfabetação

01. Nos nomes de pessoas físicas, considera-se o último sobrenome e depois o prenome.

Renata Guimarães; José Carvalho; Maria Silva; Paulo Lima.

Arquivam-se:

Carvalho, José;

Guimarães, Renata;

Lima, Paulo;

Silva, Maria.

Obs.: com sobrenomes iguais prevalece a ordem alfabética do prenome.

Patrícia Melo, Jandira Melo, Inês Melo, José Melo.

Arquivam-se:

Melo, Inês;

Melo, Jandira;

Melo, José;

Melo, Patrícia.

02. Sobrenomes compostos de um substantivo e um adjetivo ou ligados por hífen não se separam.

Heitor Villa-Lobos; Eduardo Montes Altos; Sérgio Praia Vermelha.

Arquivam-se:

Montes Altos, Carlos;

Praia Vermelha, Sérgio;

Villa-Lobos, Heitor.

03. Os sobrenomes formados com as palavras Santa, Santo ou São seguem a regra dos sobrenomes compostos por um adjetivo e um substantivo.

Wilmar Santo Cristo; Maria Santa Rita; Alexandre Santo Antonio.

Arquivam-se:

Santa Rita, Maria;

Santo Antonio, Alexandre;

Santo Cristo, Wilmar.

04. As iniciais abreviativas de pronomes têm precedência na classificação de sobrenomes iguais.

R. Oliveira, Roberto Oliveira, Ricardo Oliveira.

Arquivam-se:

Oliveira, R.;

Oliveira, Ricardo;

Oliveira, Roberto.

05. Os artigos e preposições, tais como a, o, de, d, do, e, um, uma, não são considerados na alfabetação. (ver também regra nº 9)

Paulo de Farias; Ricardo d'Ferreira; Roberto d'Albuquerque.

Arquivam-se:

Albuquerque, Roberto d';

Farias, Paulo de;

Ferreira, Ricardo d'.

06. Os sobrenomes que exprimem grau de parentesco como Filho, Júnior, Neto, Sobrinho são considerados parte integrante do último sobrenome, mas não considerados na ordenação alfabética.

Marco Antônio Neto, José Maria Sobrinho, Sílvio Martins Filho.

Arquivam-se:

Antônio Neto, Marco;

Maria Sobrinho, José;

Martins Filho, Sílvio.

Obs.: os graus de parentesco da alfabetação só serão considerados quando servirem de elemento de descrição.

César Oliveira Filho; César Oliveira Neto; César Oliveira Sobrinho.

Arquivam-se:

Filho, César Oliveira;

Neto, César Oliveira;

Sobrinho, César Oliveira.

07. Os títulos não são considerados na alfabetação. São colocados após o nome completo, entre parênteses.

Doutora Maria Helena, Juiz Armando Marques, Capitão Silva Monteiro.

Arquivam-se:

Helena, Maria (Doutora);

Marques, Armando (Juiz);

Monteiro, Silva (Capitão).

08. Os nomes estrangeiros são considerados pelo último sobrenome, salvo nos casos de nomes espanhóis e orientais (ver também regras nº 10 e 11).

Sigmund Freud; Carl Gustav Jung; Francis Coppola.

Arquivam-se:

Coppola, Francis;

Freud, Sigmund;

Jung, Carl Gustav.

09. As partículas dos nomes estrangeiros podem ou não ser consideradas. O mais comum é considerá-las como parte integrante do nome quando escritas com letra maiúscula.

Guilio di Capri; Esteban De Penedo; Charles Du Pont.

Arquivam-se:

Capri, Guilio di;

De Penedo, Esteban;

Du Pont; Charles.

10. Os nomes espanhóis são registrados pelo penúltimo sobrenome, que corresponde ao sobrenome de família do pai.

José de Oviedo y Baños, Francisco de Pina de Mello, Esteban Del Arco y Molinero.

Arquivam-se:

Arco y Molinero, Esteban Del;

Oviedo y Baños, José de;

Pina de Mello, Francisco de.

11. Os nomes orientais – japoneses, chineses e árabes – são registrados como se apresentam.

Tetsuyuki Morita; Mao Tsé Tung; Xiang Lee Peng.

Arquivam-se:

Mao Tsé Tung;

Tetsuyuki Morita;

Xiang Lee Peng.

12. Os nomes de firmas, empresas, instituições e órgãos governamentais devem ser transcritos como se apresentam, não se considerando, porém, para fins de ordenação, os artigos e preposições que os constituem. Admite-se, para facilitar a ordenação, que os artigos sejam colocados entre parênteses após o nome.

Embratel, A Colegial, Fundação Getúlio Vargas, The Library of Congress.

Arquivam-se:

Colegial (A);

Embratel;

Fundação Getúlio Vargas;

Library of Congress (The).

13. Nos títulos de congressos, conferência, reuniões, assembleias e assemelhados, os números arábicos, romanos ou escritos por extenso deverão aparecer no fim, entre parênteses.

III Conferência de Cirurgia Cardíaca, Oitavo Congresso de Engenharia Civil; 1º Congresso de Odontologia.

Arquivam-se:

Conferência de Cirurgia Cardíaca (III);

Congresso de Engenharia Civil (Oitavo);

Congresso de Odontologia (1º).

14. As correspondências recebidas de uma unidade de uma empresa ou de uma instituição (setor, seção, gerência, departamento, superintendência) devem ser arquivadas pelo nome da empresa e não da unidade.

Gerência de Atendimento da TELERJ, Superintendência Financeira da TELERJ.

Arquivam-se:

TELERJ – Gerência de Atendimento;

TELERJ - Superintendência Financeira

15. Os números que fazem parte dos nomes das empresas devem ser escritos por extenso.

3M do Brasil, Fábrica Estrela de 4 pontas, Madeiras Cachoeira dos 4.

Arquivam-se:

Fábrica Estrela de Quatro Pontas;

Madeiras Cachoeira dos Quatro;

Três M do Brasil.

Essas regras podem ser alteradas para melhor servir à organização, desde que o arquivista observe sempre o mesmo critério e faça as remissivas necessárias para evitar dúvidas futuras. As regras de ordenação podem ser adotadas segundo critério de letra por letra ou de palavra por palavra, consideradas uma após a outra.

Exemplo de critério letra por letra:

Canto dos Cisnes, Canto dos Frades, Cantoneira Alegre, Canto Raiado.

Exemplo de critério palavra por palavra:

Canto dos Cisnes, Canto dos Frades, Canto Raiado, Cantoneira Alegre.

OBS: Como se pode observar, no critério letra por letra não se consideram os espaços entre palavras.

B. Método geográfico (método básico)

É um método direto com ordenação alfabética e de fácil arquivamento, a desvantagem é a utilização de mais de um dado para a pesquisa. Principais critérios utilizados:

01. Nome do Estado, Cidade e Correspondente.

Na ordenação por estados, as capitais têm preferência na classificação em relação aos demais municípios que seguem a ordem alfabética.

Exemplo:

Estado	Cidade	Correspondente
Paraná	Curitiba (Capital)	Oliveira, César
Paraná	Cascavel	Almeida, João
Paraná	Londrina	Fonseca, Luis
Rio Grande do Sul	Porto Alegre (Capital)	Teles, João
Rio Grande do Sul	Gramado	Xavier, Francisco
Rio Grande do Sul	Passo Fundo	Soares, Oliveira

02. Nome da Cidade, Estado, Correspondente.

O nome da própria cidade é a principal referência na ordenação, sem considerar as capitais e os estados. Segue ordenação alfabética.

Exemplo:

Cidade	Estado	Correspondente
Cascavel	Paraná	Almeida, João
Curitiba (Capital)	Paraná	Oliveira, César
Gramado	Rio Grande do Sul	Xavier, Francisco
Londrina	Paraná	Fonseca, Luis
Passo Fundo	Rio Grande do Sul	Soares, Oliveira
Porto Alegre (Capital)	Rio Grande do Sul	Teles, João

03. Nome do País, Cidade, Correspondente.

Na formatação por país, o nome da Capital é a principal referência na ordenação, seguida das demais cidades em ordem alfabética.

País	Cidade	Correspondente
Brasil	Brasília (Capital)	Oliveira, César
Brasil	Cascavel	Soares, Oli
Brasil	Uberlândia	Soares, César
Itália	Roma (Capital)	Macarrone, Pietra
Itália	Milão	Bernardotte, Nícola
França	Paris (Capital)	François, Paul
França	Toulouse	Pierre, Jean

GESTÃO DA INFORMAÇÃO E DE DOCUMENTOS

C. Métodos padronizados

C.1. Variadex

Há uma associação de cores designadas às letras do alfabeto para facilitar a localização e arquivamento de documentos.

Exemplos: A, B, C e abreviações em verde. D, E, F e abreviações em amarelo, G, H, I e abreviações em azul. As cores são atribuídas à segunda letra do nome de entrada e não do nome inicial, assim sendo, César Oliveira deve constar na pasta de cor amarela. Não há uma tabela de cores fixas

C.2. Automático

Os documentos são arquivados com guias em pastas que já indicam as divisões das letras do alfabeto.

C.3. Soundex

Documentos são arquivados por semelhança de pronúncia (som/fonética) desconsiderando-se a grafia das palavras.

C.4. Mnemônico

As letras são consideradas símbolos.

C.5. Rôneo

Combina letras, números e cores.

Os métodos automático, soundex, mnemônico e rôneo estão praticamente em desuso.

Arquivamento é a sequência de operações intelectuais e físicas que visam à guarda ordenada de documentos, ou ainda, um método de arquivamento ou sistema de arquivamento. É, ainda, a ação pela qual uma autoridade determina a guarda de um documento quando cessada a sua tramitação. O arquivamento deve ser feito de acordo com um plano ou quadro previamente estabelecido. Arquivamento é a guarda do documento propriamente dito.

2.5 Etapas do Arquivamento

A. Inspeção

É quando o arquivista examina a documentação para verificar se os mesmos se destinam ao arquivamento.

B. Estudo

É a leitura cuidadosa de cada documento para verificar a entrada que deverá ser atribuída.

C. Classificação

Após o estudo do documento a classificação consiste na determinação da entrada e das referências cruzadas que lhe serão atribuídas, é a interpretação dos documentos e, para tanto, é indispensável conhecer o funcionamento e as atividades desenvolvidas pelos órgãos que recebem e produzem os documentos remetidos aos arquivos.

D. Codificação

O arquivista apõe nos documentos os símbolos correspondentes ao método de arquivamento adotado, nesta etapa podem ser feitas correções, quando necessárias.

E. Ordenação

É a disposição dos documentos de acordo com a classificação e a codificação dadas. Os documentos podem ser dispostos em pilhas, escaninhos ou classificadores. Seus objetivos principais são agilizar o arquivamento e racionalizar o trabalho reunindo documentos de uma mesma pessoa ou assunto. Algumas bancas tem considerado tal atividade como intelectual e não atividade mecânica.

F. Guarda do documento

É o arquivamento propriamente dito, ou seja, a colocação do documento em sua respectiva pasta, caixa ou arquivo.

O processo descrito no texto consiste na classificação e registro que ocorrem no protocolo.

Tipos de arquivamento

Diz respeito à posição em que são colocados os documentos e não ao tipo de modelo mobiliário utilizado.

Tipo Horizontal:

Os documentos são colocados uns sobre os outros (sobrepostos).

Tipo Vertical:

Os documentos são colocados uns atrás dos outros, facilitando o manuseio durante a consulta.

Esse método é considerado de arquivamento indireto.

Vale destacar que não há um método superior ao outro, a escolha de um método em detrimento de outro deve ser feito, levando em consideração as necessidades da organização.

Acondicionamento e armazenamento de documentos de arquivo

O armazenamento é a guarda de documentos em depósitos destinados para esse fim. Já o acondicionamento é a colocação de documentos em mobiliário e invólucros apropriados, que assegurem a sua preservação.

Armazenamento

Todos os documentos devem ser armazenados em instalações que ofereçam um ambiente adequado a sua preservação.

Apesar dos avanços tecnológicos em matéria de restauração documental, é um princípio de preservação arquivística quase consensual que a manutenção de um ambiente de armazenamento dentro dos padrões convencionais (umidade relativa e temperatura) para o material que está sendo armazenado é a medida mais eficaz, em termos de custo-benefício, para uma maior sobrevida dos documentos arquivísticos. Quando falamos de armazenamento de documentos magnéticos ou ópticos, há que se observarem as recomendações específicas ou especiais quanto às melhores condições possíveis de armazenamento. O ambiente deve ser constantemente monitorado e as leituras verificadas com regularidade.

Rotinas de Armazenamento

> mapas, plantas, cartazes = horizontalmente;
> não deve ser armazenado sobre o chão;
> campos magnéticos estragam fitas de vídeo, áudio, computadores;

- mobiliário de aço tratado com pintura sintética, antiestética;
- embalagens protegem contra poeira e acidentes e minimizam as variações de Temperatura e umidade relativa (UR);
- diminuem os riscos em caso de desastres (água, fogo);
- caixas devem suportam o peso de empilhamento;
- medidas padronizadas;
- caixas em papéis especiais – cartão alcalino;
- umidade relativa baixa = risco de quebra das fibras;
- pergaminhos e encadernações em couro = entre 40% e 55%;
- temperatura ideal = 20º C;
- climatização – umidificadores, desumidificadores, exaustores, ventiladores;
- ar condicionado é o ideal = 24 horas de funcionamento.

Acondicionamento

A escolha da forma de acondicionar os documentos será em função do suporte documental e suas peculiaridades.

A confecção e a disposição do mobiliário deverão acatar as normas existentes sobre qualidade e resistência e sobre segurança no trabalho. A observância desses preceitos proporciona:
- facilidade de acesso aos documentos;
- proteção contra eventuais danos físicos, químicos e mecânicos.

Uma medida que vem ao encontro da necessidade de preservação dos documentos é a opção de utilizar em sua guarda, arquivos, estantes, armários ou prateleiras, apropriados a cada suporte e formato.

Algumas Peculiaridades no Acondicionamento e Armazenamento de Documentos

Devido as suas características, certos documentos como mapas, plantas e cartazes devem ser armazenados horizontalmente em móveis especiais para o acondicionamento horizontal com gavetas próprias para a sua guarda sem a necessidade de dobrá-las de acordo com suas medidas. Um móvel que atende a essa finalidade é a Mapoteca. Outra opção é enrolá-los em tubos confeccionados em cartão alcalino e acondicioná-los em armários ou gavetas.

Campos magnéticos causam a distorção ou a perda de dados em mídias magnéticas, como fitas de vídeo, áudio e de computador, que, por isso, devem ser armazenadas em locais onde haja proteção contra essa influência.

O armazenamento será preferencialmente em mobiliário de aço tratado com pintura sintética, de efeito antiestático.

Vantagens do Acondicionamento em Embalagens

Os documentos de valor permanente que apresentam grandes formatos, como mapas, plantas e cartazes, devem ser armazenados horizontalmente, em mapotecas – móveis especiais para o acondicionamento horizontal com gavetas próprias para a guarda de mapas, cartas geográficas, históricas, sem a necessidade de dobrá-las – adequadas às suas medidas, ou enrolados sobre tubos confeccionados em cartão alcalino e acondicionados em armários ou gavetas.
- Nenhum documento deve ser armazenado diretamente sobre o chão.
- As mídias magnéticas, como fitas de vídeo, áudio e de computador, devem ser armazenadas longe de campos magnéticos que possam causar a distorção ou a perda de dados.
- O armazenamento será preferencialmente em mobiliário de aço tratado com pintura sintética, de efeito antiestático.

Vantagens do Acondicionamento em Embalagens
- Protegem os documentos contra a poeira e danos acidentais.
- Minimizam as variações externas de temperatura e umidade relativa.
- Diminuem a probabilidade de danos em eventual contato com água e fogo em casos de desastre.

Características das Caixas de Acondicionamento de Documentos de Arquivo
- Devem suportar o peso dos documentos e a pressão, caso tenham de ser empilhadas.
- Devem ser limpos e conservados, de forma a proteger os documentos.
- As medidas de caixas, envelopes ou pastas devem respeitar formatos padronizados, devendo exceder a dos documentos que irão abrigar.
- Não devem ser utilizados para o armazenamento de documentos permanentes materiais quimicamente instáveis, devido ao risco quanto à preservação dos documentos.
- Para a confecção de caixas para o acondicionamento dos documentos, devem ser utilizados papéis especiais, que atendam à necessidade de preservação e conservação dos documentos.

No caso de caixas não confeccionadas em cartão alcalino, recomenda-se o uso de invólucros internos de papel alcalino, para evitar o contato direto de documentos com materiais instáveis.

Condições Ambientais

O estudo das condições ambientais para o armazenamento e preservação de documentos subdivide-se na análise da:
- Temperatura.
- Umidade relativa do ar (UR).

As condições adequadas de temperatura e de umidade relativa do ar são elementos vitais para postergar a sobrevivência dos registros.

Fatores Importantes a se considerar na UR:
- se os níveis de umidade relativa (UR) são muito baixos, aumenta-se o risco de quebra das fibras e esfarelamento dos materiais orgânicos fibrosos;
- para pergaminhos e encadernações em couro, a UR abaixo de 40% é perigosa e o papel também sofre abaixo desses níveis. Já nas faixas de UR acima de 65% crescem micro-organismos e ocorrem reações químicas danosas;

NOÇÕES DE ARQUIVOLOGIA – ESPECÍFICO PARA ESCRIVÃO

> a faixa segura de umidade relativa é entre 45% e 55%, com variação diária de +/- 5%.

Fatores Importantes a se considerar na Temperatura:

> a temperatura deve também estar relacionada com a umidade relativa;

> a temperatura ideal para documentos é 20° C, com variação diária de +/- 1° C.

Observações:

> a estabilidade da temperatura e da UR é especialmente importante, e as mudanças bruscas ou constantes são muito danosas;

> no caso de não existir a possibilidade de se instalar um sistema de climatização, a instalação de umidificadores, desumidificadores, exaustores e ventiladores pode surtir bons resultados;

> o sistema de ar condicionado ideal é aquele que controla a temperatura, a umidade e ainda filtra os agentes poluentes, antes de insuflar o ar no ambiente interno. Ele deve ficar em funcionamento durante as 24 horas do dia. Os custos iniciais de instalação e os de manutenção são muito altos.

2.6 Histórico da Gestão Documental

01. Comissão Hoover – Estados Unidos durante a década de 1940. Apresentou-se em duas versões, a primeira em 1947 e a segunda em 1955. Ocorreu, nos Estados Unidos, uma revolução na arquivologia em função de três aspectos: a herança multicultural, o crescimento geométrico do volume de documentos produzidos desde a Guerra da Independência em 1776 e a Guerra Civil em 1861 e o progresso tecnológico e econômico associado ao grande interesse em relação à eficácia e à eficiência na administração presente nos Estados Unidos.

02. Fim da década de 1940 – "Record manager": Gestor de Documentos.

03. Schellenberg – década de 1970; Valor Primário e Secundário.

04. Pensamento Arquivístico = duas correntes:

    a) Arquivística Tradicional – Europa; Valores históricos; Sir Hilary Jenkinson.

    b) Arquivística Administrativa – Estados Unidos; Schellenberg; gestão de documentos.

05. Congresso de Quebec – Arquivística Integrada = Arquivística Tradicional + Arquivística Administrativa. Canadenses Rousseau e Couture.

O marco fundador ou inaugural, segundo alguns autores, da disciplina arquivística foi em 1898, com a publicação do Manual dos Holandeses. Nesse período inicial da arquivologia como campo do conhecimento, a descrição arquivística foi citada pelo Manual dos Arquivistas Holandeses – obra clássica publicada no ano de 1898 pela Associação dos Arquivistas Holandeses – e considerada por Fonseca (2005) como o marco inicial da arquivologia moderna, apresentando regras para as atividades próprias dos arquivistas e iniciando um entendimento normatizado para a prática da atividade em arquivos. O Manual acentua a necessidade de que a documentação seja descrita uniformemente, sem privilegiar este ou aquele documento e tendo por base um suposto grau de valor histórico que é identificado ou atribuído pelo agente descritor. Citava ainda a necessidade de uma descrição que partia do conjunto documental mais geral até a descrição das unidades específicas do acervo (Associação dos Arquivistas Holandeses, 1973). A importância da obra resultou na sua tradução para diversos idiomas, como o francês (em 1910), o alemão (em 1905), o inglês, o italiano (em 1908), o português (em 1960), o chinês e outros (BRUEBACH, 2003; FONSECA, 2005).

Fonte: http://www.arquivoestado.sp.gov.br.

A arquivologia no Brasil tem seu início da década de 1970, pois foi criada a Associação dos Arquivistas Brasileiros em 1971, embora seja um órgão não oficial. Desde esta época foram realizados 13 congressos sobre arquivologia, sendo que, apenas 5 deles tiveram seus anais publicados. A revista Arquivo & Administração foi o primeiro periódico brasileiro especializado em Arquivologia com periodicidade regular até 1986 e seu último número saiu em 1999.

O curso superior em arquivologia foi aprovado em 1972 e a regulamentação da profissão de arquivista e de técnico de arquivo foi regulamentado pela Lei nº 6.546, de 4 de julho de 1978, embora devido à inexistência de um curso profissionalizante a profissão de técnico não chegou a ser regulamentada.

A década de 1980 foi marcada pelo fortalecimento das instituições arquivísticas públicas, sob a liderança do Arquivo Nacional que, por meio do sistema Nacional de Arquivos (SINAR), permitiu a realização de diversos cursos da capacitação regionais e da Conferência Nacional de Arquivos Públicos.

A partir de 1993, a Revista Acervo em cada número dedicava-se a um tema diferenciado e após 1996, a revista passou a publicar artigos, exclusivamente, historiográficos. O Brasil passou a ocupar um cargo na Secretaria Executiva do Conselho Internacional de Arquivos, bem como a presidência e a vice-presidência da Associação Latino-americana de Arquivos. Durante a década de 1990, tivemos no campo arquivístico: aumento no número de cursos de arquivologia; grande parte dos artigos especializados sobre o tema foram produzidos por autores vinculados às universidades; a desmobilização do Arquivo Nacional durante o governo Collor como parte do desmonte das estruturas administrativas do Estado dentro da política neoliberal do Estado mínimo praticada por seu governo, fato que foi revertido nos governos seguintes; Consolidação do Conselho Nacional de Arquivos (CONARQ) que exerce um papel de liderança mais na busca de soluções normativas do que na formulação e implementação de uma política nacional de arquivos. Deve-se observar o que dispõe o Decreto nº 4.073, de 3 de janeiro de 2002 que regulamentou a Lei nº 8.159, de 8 de janeiro de 1991, que dispõe sobre a política nacional de arquivos públicos e privados em seu Art. 1º: O Conselho Nacional de Arquivos - CONARQ, órgão colegiado, vinculado ao Arquivo Nacional, criado pelo Art. 26 da Lei nº 8.159, de 8 de janeiro de 1991, tem por finalidade definir a política nacional de arquivos públicos e privados, bem como exercer orientação normativa visando à gestão documental e à proteção especial aos documentos de arquivo.

Manual de gestão arquivística de documentos

Deve contemplar todos os tipos de documentos necessários à condução das atividades do órgão ou entidade, independentemente do suporte, incluindo atividades-meio e atividades-fim. O manual pode compreender os seguintes pontos:

a) definição e identificação de todos os documentos arquivísticos produzidos e identificação e separação dos documentos não arquivísticos, como documentos pessoais, cópias extras, publicações, entre outros;

b) classificação dos documentos de acordo com a atividade desenvolvida;

c) classificação dos documentos quanto a segurança e sigilo, e sua desclassificação;

d) estabelecimento da forma documental no que diz respeito a logomarca, título, numeração, local, data, origem, destinatário, assunto, anexos, normas de redação, formas de tratamento, assinatura, regras de digitação, rubrica, autenticação (selo, carimbo, carimbo de tempo, assinatura digital) etc.;

e) procedimentos para captura, registro, autuação, recebimento, tramitação, distribuição, expedição e reprodução dos documentos;

f) procedimentos para implementação do plano de classificação, da tabela de temporalidade e destinação e da destinação dos documentos.

O órgão ou entidade deve elaborar um manual com o objetivo de estabelecer procedimentos regulares no tocante à produção, tramitação, arquivamento e destinação dos documentos arquivísticos, de acordo com as normas e a legislação vigente.

O Manual pode compreender os seguintes pontos: definição e identificação de todos os documentos arquivísticos produzidos e identificação e separação dos documentos não arquivísticos, como documentos pessoais, cópias extras, publicações, entre outros; classificação dos documentos de acordo com a atividade desenvolvida; classificação dos documentos quanto a segurança e sigilo, e sua desclassificação; estabelecimento da forma documental no que diz respeito a logomarca, título, numeração, local, data, origem, destinatário, assunto, anexos, normas de redação, formas de tratamento, assinatura, regras de digitação, rubrica, autenticação (selo, carimbo, carimbo de tempo, assinatura digital) etc.; procedimentos para captura, registro, autuação, recebimento, tramitação, distribuição, expedição e reprodução dos documentos; procedimentos para implementação do plano de classificação, da tabela de temporalidade e destinação e da destinação dos documentos. O órgão ou entidade deve elaborar um manual com o objetivo de estabelecer procedimentos regulares no tocante à produção, tramitação, arquivamento e destinação dos documentos arquivísticos, de acordo com as normas e a legislação vigente. Fonte: http://www.conarq.arquivonacional.gov.br/

Diagnóstico

É a análise detalhada dos aspectos relacionados ao funcionamento do arquivo da instituição, de forma a identificar as falhas ou lacunas existentes, permitindo a adoção de medidas que visem a aumentar a eficiência dele.

O Diagnóstico proporciona Informações como:

> Instalações físicas (infiltrações, goteiras, poeira, luz solar etc.).
> Condições ambientais (temperatura, umidade, luminosidade).
> Condições de armazenamento.
> Estado de conservação do documento.
> Espaço físico ocupado.
> Volume documental.
> Controle de empréstimos (frequência de consultas).
> Recursos humanos (número de pessoas, nível de escolaridade, formação profissional).
> Acesso à informação.
> Gênero dos documentos (escritos ou textuais, audiovisuais, cartográficos, iconográficos, micrográficos e informáticos).
> Arranjo e classificação dos documentos (métodos de arquivamento adotados).
> Tipo de acondicionamento (pastas, caixas, envelopes, amarrados, etc.).

De posse dos dados acima citados, o arquivista está habilitado a analisar objetivamente a real situação dos serviços de arquivo e fazer seu diagnóstico para propor as alterações e medidas mais indicadas, em cada caso, a serem adotadas no sistema a ser implantado.

Tipos de diagnósticos:

Maximalista

Diagnóstico feito a partir de uma visão geral da instituição.

Minimalista

Diagnóstico feito a partir de uma visão mais específica da instituição/setores de trabalho. O diagnóstico da situação arquivística do tipo minimalista tem como objetivo organizar os documentos de arquivo em uma instituição e dentre seus objetivos encontra-se a elaboração de instrumentos de gestão arquivística, como o Plano ou o Código de Classificação e a Tabela de Temporalidade de Documentos.

Este tema foi abordado pela Banca Cespe em 2010 em provas para a ANEEL e MPU para o cargo de Analista – Arquivologia da seguinte forma: *A preparação de instrumentos de gestão arquivística, como o Plano de Classificação e a Tabela de Temporalidade, é um dos objetivos do diagnóstico da situação arquivística do tipo minimalista. Gabarito – CERTO.*

Podemos concluir que o diagnóstico seria uma forma de encontrar falhas e problemas no processo de arquivamento que possam dificultar ou impedir o eficiente funcionamento do arquivo e propor soluções viáveis para o equacionamento dos problemas.

Gestão de documentos correntes

O estabelecimento de normas para o tratamento de documentos em fase corrente permite aproveitar ao máximo a informação disponível e necessária à tomada de decisões, bem como os recursos humanos e materiais existentes. Essas normas visam aumentar a eficácia administrativa, facilitar a recuperação mais rápida dos documentos e/ou informações neles contidas e racionalizar sua guarda e conservação.

NOÇÕES DE ARQUIVOLOGIA – ESPECÍFICO PARA ESCRIVÃO

O documento corrente é aquele necessário ao desenvolvimento das atividades de rotina de uma instituição e, por consequência, os procedimentos realizados para a sua classificação, registro, autuação e controle da tramitação, expedição, e arquivamento têm por objetivo facilitar o acesso às informações neles contidas. Esse conjunto de operações técnicas caracteriza os serviços de gestão dos documentos correntes. Nas administrações pública e privada, as unidades responsáveis por tais serviços são intituladas protocolo e arquivo, arquivo e comunicações administrativas, serviço de comunicações etc.

Gestão de documentos intermediários

Encerrado o período de arquivamento na fase corrente, alguns documentos podem ser eliminados imediatamente, desde que assim definidos na Tabela de Temporalidade da instituição. Mas uma parte relativamente importante destes deverá ser conservada por um período mais longo em função de razões legais ou administrativas. Nesse caso, não se justifica a sua guarda junto aos organismos que os produziram, pois esses documentos ocupariam um espaço em locais onde o metro quadrado é extremamente caro. Os depósitos de armazenagem temporária constituem uma alternativa cujo objetivo principal é minimizar o custo público da guarda de documentos intermediários, racionalizando espaço físico, equipamentos e recuperação da informação.

Responsáveis pela guarda física dos documentos de uso pouco frequente, os arquivos intermediários:

> Atendem às consultas feitas pelos órgãos depositantes.
> Coordenam as transferências de novos documentos aos seus depósitos.
> Procedem à aplicação de tabelas de temporalidade por meio de seleção de documentos para eliminação ou recolhimento.
> Coordenam o recolhimento de documentos permanentes para o arquivo de terceira idade.

Os documentos só devem ser aceitos para guarda intermediária quando for conhecido o seu conteúdo, o prazo de guarda e a data de eliminação ou recolhimento.

A unidade administrativa que transfere os documentos ao arquivo intermediário conserva seus direitos sobre eles, podendo consultá-los ou tomá-los por empréstimo. O atendimento às consultas e empréstimos deve ser rápido e preciso. A consulta por parte de terceiros só é permitida com a autorização da unidade administrativa que transferiu os documentos.

Geralmente, os depósitos de arquivamento intermediário estão localizados fora dos centros urbanos (terrenos mais baratos), mas em locais de acesso fácil e rápido.

A construção e os equipamentos são simples, mas devem permitir a conservação adequada do acervo documental contra elementos que possam danificá-los, como incêndios, inundações, poluição atmosférica, excesso de umidade e de luz solar.

Gestão de documentos permanentes

Sua administração é bem mais complexa que os arquivos Correntes e Intermediários e suas atividades principais são:

01. Arranjo:

Reunião e ordenação dos documentos em fundos, as atividades desenvolvidas no arranjo são intelectuais – análise dos documentos quanto à sua forma, origem funcional e conteúdo – e físicas – colocação dos papéis nas estantes ou caixas, seu empacotamento, etc.

02. Descrição e Publicação:

Acesso aos documentos para consulta e divulgação do acervo; O processo da descrição consiste na elaboração de instrumentos de pesquisa que possibilitem identificar, rastrear, localizar dados, seja pela via sumária, seja pela analítica.

03. Conservação:

Medidas de proteção para evitar a destruição do acervo documental.

04. Referência

Estabelece as políticas de acesso e uso dos documentos.

Marilena Leite Paes, *há considerável diferença entre o arranjo do arquivo corrente e o do arquivo permanente. (...). No arquivo corrente a documentação é recente e provém de setores próximos, que a utilizam com frequência. No arquivo permanente os documentos, procedentes dos arquivos correntes, já vem ordenados, (...), o arquivista se ocupa da ordenação de todos os documentos sob sua guarda e que provêm de múltiplos órgãos. (...). Quanto aos arquivos intermediários, não existem métodos ou princípios específicos de arranjo (...).*

As políticas de acesso a documentos de arquivo estão ligadas às condições específicas de cada entidade arquivística e estão inseridas no contexto das políticas públicas arquivísticas e nas políticas públicas de informação.

As políticas públicas arquivísticas, com o objetivo de preservar a informação arquivística, tanto de natureza pública quanto privada, constituem conjuntos de premissas, decisões e ações produzidas pelo Estado em nome do interesse social e contemplam diversos aspectos relativos a produção e uso dos documentos. A obra Princípios de Acesso aos Arquivos, publicada pelo Conselho Internacional de Arquivos oferece aos arquivistas uma base de referência internacional para avaliação das práticas e políticas de acesso existentes e um quadro para uso quando do desenvolvimento ou modificação de regras de acesso.

Fonte: http://www.conarq.arquivonacional.gov.br.

A Lei de Acesso à Informação nº 12.527, de 18 de novembro de 2011:

Art. 1º: Esta Lei dispõe sobre os procedimentos a serem observados pela União, Estados, Distrito Federal e Municípios, com o fim de garantir o acesso a informações previsto no inciso XXXIII do Art. 5º, no inciso II do § 3º do Art. 37 e no § 2º do Art. 216 da Constituição Federal.

Parágrafo único. Subordinam-se ao regime desta Lei:

I. os órgãos públicos integrantes da administração direta dos Poderes Executivo, Legislativo, incluindo as Cortes de Contas, e Judiciário e do Ministério Público;

II. as autarquias, as fundações públicas, as empresas públicas, as sociedades de economia mista e demais entidades controladas direta ou indiretamente pela União, Estados, Distrito Federal e Municípios.

O Decreto nº 4.073, de 3 de janeiro de 2002 em seu Art. 10:
O SINAR tem por finalidade implementar a política nacional de

arquivos públicos e privados, visando à gestão, à preservação e ao acesso aos documentos de arquivo.

De acordo com Heloísa Liberalli Bellotto, *A atividade educativa é inerente aos arquivos públicos, mas aflora circunstancialmente. (...) A aproximação estudante-documento pode ser abordada por dois ângulos: o contato direto do aluno com as fontes primárias e a possibilidade de selecionar documentos para o ensino da história, dentro dos conteúdos programáticos escolares. É preciso ressalvar que o referido contato, nos moldes de um serviço educativo em arquivo, (...), não se faz aleatoriamente. Não se configuram aqui as tradicionais visitas aos arquivos e museus, nas quais as crianças veem o documento ou a peça como objeto de curiosidade. Seu fim é muito mais amplo e profundo e, neste sentido, obviamente mais árduo.* Não segue, portanto, o modelo tradicional de Museus.

Segundo Heloisa Liberalli Bellotto, *(...), a função arquivística é hoje considerada um todo indivisível, ao contrário da conceituação obsoleta de tomar-se, de um lado, administração de documentos e, de outro, o arranjo e descrição de fundos como atividades estanques e desvinculadas uma da outra. (...) cabe ao arquivista desempenhar ao longo de três fases bem definidas: o controle dos arquivos em formação; a destinação; a custódia definitiva.*

Tipos básicos de instrumentos de pesquisa

Segundo Heloísa Liberalli Bellotto, *os instrumentos de pesquisa são, (...), obras de referência que identificam, resumem e localizam, em diferentes graus e amplitudes, os fundos, as séries documentais e/ou as unidades documentais em um arquivo permanente. (...). Há instrumentos de pesquisa genéricos e globalizantes, como os guias, há os parciais, que são detalhados e específicos, tratando de parcelas do acervo, como os inventários, catálogos, catálogos seletivos e índices, e há também a publicação de documentos na íntegra, a chamada "edição de fontes". (...). Quanto aos instrumentos por definição, aqueles destinados ao público como meio de acesso ao acervo, eles devem constituir uma espécie de família hierárquica, na qual o guia ocupa o vértice.*

01. Guia

Obra destinada à orientação dos usuários no conhecimento e na utilização dos fundos que integram o acervo de um arquivo permanente. Guia é o instrumento de pesquisa que oferece informações gerais sobre fundos e coleções existentes em um ou mais arquivos. É o instrumento de pesquisa mais genérico, pois se propõe a informar sobre a totalidade dos fundos existentes no arquivo.

O guia, principal instrumento de pesquisa, permite uma visão ampla do acervo, disponibiliza dados institucionais do arquivo e informações sobre a documentação. De acordo com o Dicionário Brasileiro de Terminologia Arquivística, guia é o instrumento de pesquisa que oferece informações gerais sobre fundos e coleções existentes em um ou mais arquivos. Guia é o instrumento mais popular, pois é encontrado em praticamente todas as instituições arquivísticas por ser o instrumento mais genérico. Permite uma visão panorâmica do acervo, com informações sobre o histórico, a natureza, a estrutura, o período e a quantidade de cada fundo integrante do acervo total do arquivo.

02. Inventário

Inventário é o Instrumento de pesquisa que descreve, sumária ou analiticamente, as unidades de arquivamento de um fundo ou parte dele, cuja apresentação obedece a uma ordenação lógica que poderá refletir ou não a disposição física dos documentos.

O documento que descreve conjuntos ou unidades documentais na ordem em que foram arranjados é denominado inventário e este é um instrumento de pesquisa muito utilizado em todos os arquivos públicos, pois descreve os conjuntos documentais de maneira sumária, facilitando a consulta e o acesso aos documentos.

Administração de Arquivo é a direção, supervisão e coordenação das atividades administrativas e técnicas de uma instituição ou órgão arquivístico. Também chamada de gestão de arquivos.

O inventário pode ser:

a) Sumário:

As unidades de arquivamento de um fundo ou de uma de suas divisões são identificadas e descritas sucintamente. Inventário Sumário é o instrumento de pesquisa no qual as unidades de arquivamento de um fundo ou de uma de suas divisões são identificadas e brevemente descritas.

b) Analítico:

As unidades de arquivamento de um fundo ou de uma de suas divisões são identificadas detalhadamente.

03. Catálogo

Instrumento de pesquisa elaborado segundo um critério temático, cronológico, onomástico ou geográfico, incluindo todos os documentos, pertencentes a um ou mais fundos, são descritos de forma sumária ou pormenorizada.

O catálogo, instrumento de pesquisa recomendado para uso em fundos pessoais ou em fundos fechados, descreve cada peça documental do acervo de maneira analítica, descrevendo documento a documento. Segundo o Dicionário Brasileiro de Terminologia Arquivística o catálogo é um Instrumento de pesquisa organizado segundo critérios temáticos, cronológicos, onomásticos ou toponímicos, reunindo a descrição individualizada de documentos pertencentes a um ou mais fundos, de forma sumária ou analítica.

Para Marilena Leite Paes, é "instrumento de pesquisa elaborado segundo um critério temático, cronológico, onomástico ou geográfico, incluindo todos os documentos, pertencentes a um ou a mais fundos, descritos de forma sumária ou pormenorizada. Sua finalidade é agrupar os documentos que versem sobre um mesmo assunto o que tenham sido produzidos num dado período de tempo ou que digam respeito determinada pessoa, ou a lugares específicos existentes num ou mais fundos".

Para Heloísa Liberalli Bellotto, "é o instrumento que descreve unitariamente as peças documentais de uma série ou mais séries, ou ainda de um conjunto de documentos, respeitada ou não a ordem da classificação. (...) O tratamento analítico proporcionado pelo catálogo aplica-se melhor aos fundos pessoais, aos fundos fechados de órgãos de pequena amplitude e curta duração (...).

O catálogo seletivo, antes da consolidação da terminologia, estabelecida pela publicação de Dicionários de Termos Arquivísticos, era conhecido como Repertório. Catálogo seletivo é um instrumento de pesquisa que traz uma "relação seletiva de documentos pertencentes a um ou mais fundos e no qual cada peça integrante de uma unidade de arquivamento é descrita minuciosamente. (...) O que difere, fundamentalmente, os catálogos seletivos dos inventários e catálogos é que nestes últimos – depois de escolhido o fundo, a série ou a parte dela a descrever – não há seleção, e nele sim. Anteriormente chamado de repertório, por influência da terminologia francesa, é mais conhecido hoje, no Brasil, pela mesma denominação que tem em Portugal e na Espanha: catálogo seletivo".

Fonte: Heloísa Liberalli Bellotto, Arquivos Permanentes, Tratamento documental, ed. FGV, 4ª edição 2013, página 213.

04. Repertório

Descreve pormenorizadamente documentos previamente selecionados, pertencentes a um ou mais fundos, segundo um critério temático, cronológico, onomástico ou geográfico. Pressupõe um juízo de valor que estabelece ou não a inclusão de determinados documentos.

Instrumentos de pesquisa auxiliares

01. Índice

É uma lista sistemática, pormenorizada, dos elementos do conteúdo de um documento ou grupo de documentos, disposta em determinada ordem para indicar sua localização no texto. Pelo Dicionário Brasileiro de Terminologia Arquivística temos a seguinte definição: Índice é a relação sistemática de nomes de pessoas, lugares, assuntos ou datas contidos em documentos ou em instrumentos de pesquisa, acompanhados das referências para sua localização.

02. Tabela de Equivalência ou Concordância

"É um instrumento de pesquisa auxiliar que dá a equivalência de antigas notações para as novas que tenham sido adotadas, em decorrência de alterações no sistema de arranjo".

Fonte: Marilena Leite Paes em Arquivo: Teoria e Prática. 3ª ed. Rio de Janeiro: FGV, 2012, Página 139.

Para o estudo dos documentos arquivísticos, algumas disciplinas auxiliares são importantes, entre elas podemos destacar:

Antroponímia – estuda os nomes próprios das pessoas.

Diplomática – tem por objeto o estudo da estrutura formal e da autenticidade dos documentos. A Diplomática ocupa-se da estrutura formal dos atos escritos de origem governamental e/ou notarial. Trata, portanto, dos documentos que, emanados, das autoridades supremas, delegadas ou legitimadoras (como é o caso dos notários), são submetidos, para efeito de validade, à sistematização imposta pelo direito. Por isso mesmo, esses documentos tornavam-se eivados de fé pública, que lhes garante a legitimidade de disposição e a obrigatoriedade de imposição e utilização no meio sóciopolítico regido por aquele mesmo direito.

Genealogia – estuda a origem, a ascendência e a descendência dos indivíduos e as relações entre as famílias.

Heráldica – estuda os brasões e emblemas.

Numismática – estuda as moedas e medalhas.

Paleografia – estuda a escrita antiga, suas formas e variações no tempo.

Sigilografia – estuda os selos, sinetes e carimbos, chamada de esfragística.

Toponímia – estuda os nomes dos lugares.

03. Edição de fontes

De acordo com Heloísa Liberalli Bellotto, "(...) compreende a publicação de um instrumento de pesquisa no qual os documentos não recebem resumos indicativos e/ou informativos, (...) figurando o texto integral. A forma ideal é a que prevê não só o texto, mas também estudos introdutórios e fontes paralelas. (...) Um arquivo público faz imprimir documentos na íntegra com a finalidade de preservá-los, poupando os originais do manuseio, ou com a finalidade de facilitar o acesso ao texto completo, possibilitando a pesquisa "a distância". Entretanto, essa prática, se sistemática e cotidiana, demandaria uma enormidade de recursos humanos e financeiros com que os arquivos, em geral, não podem contar".

Protocolo

Conjunto de operações e procedimentos visando ao controle dos documentos que ainda tramitam no órgão, de modo a assegurar e garantir a imediata localização e recuperação do documento, garantindo assim o acesso à informação. É uma atividade típica de arquivo corrente. Este setor é típico da fase corrente, pois é nessa fase que os documentos possuem grande tramitação.

O Protocolo realiza as seguintes Atividades/Operações:

> Recebimento.
> Registro.
> Autuação.
> Classificação.
> Expedição/Distribuição.
> Controle/Movimentação.

Atividades e operações do protocolo

As atividades de protocolo podem ser enumeradas da seguinte forma: Recebimento; Registro; Classificação; Autuação; Expedição/Distribuição; Controle/Movimentação.

O Registro e Movimentação funcionam como um centro de distribuição e redistribuição de documentos. Suas atribuições podem ser descritas em 6 passos e rotinas, a saber:

01. Preparar a ficha de protocolo;
02. Anexar a segunda via da ficha ao documento, encaminhando-o ao seu destino;
03. Inscrever os dados constantes da ficha de protocolo nas fichas de procedência e assunto;
04. Arquivar as fichas de protocolo, em ordem numérica;
05. Receber dos vários setores os documentos a serem redistribuídos;
06. Encaminhar os documentos aos respectivos destinos, de acordo com despacho de autoridade competente.

Marilena Leite Paes, Arquivo: Teoria e Prática, ed. FGV, 3ª edição, 2012, Página 56.

Recebimento

Ato de receber os documentos produzidos pela instituição ou aqueles produzidos por outras instituições que para lá foram encaminhados.

Devemos observar o Fluxograma do documento a partir da sua Produção ou Recebimento:

> Recebimento da correspondência chegada à instituição geralmente pelo malote e separação da correspondência oficial da particular.

- > Distribuição da correspondência particular e encaminhamento da correspondência sigilosa aos seus destinatários.
- > Separação da correspondência oficial de caráter ostensivo das de caráter sigiloso.
- > Abertura da correspondência ostensiva.
- > Interpretação da correspondência e sua classificação de acordo com o código adotado pela empresa e definido pelo arquivista.
- > Carimbo do documento no canto superior direito.
- > Elaboração do resumo do assunto tratado no documento.
- > Encaminhamento dos papéis ao setor responsável pelo registro e movimentação.

"A correspondência pode ser ainda oficial ou particular. Oficial é a aquela que trata de assunto de serviço ou de interesse específico das atividades de uma instituição. Particular é a de interesse pessoal de servidores de uma instituição. Quando a correspondência é encaminhada, em geral fechada, a uma instituição, há que se identificá-la por suas características externas, para que, se oficial, possa ser aberta, devidamente registrada e remetida ao destino correto. É importante observar que a correspondência oficial, mesmo quando enquadrada em qualquer dos itens descritos, não deverá ser aberta quando o envelope contiver as indicações de confidencial, reservado, particular ou equivalente". Marilena Leite Paes, Arquivo: Teoria e Prática, 3º edição, pág. 31 a 33, 2013. Ressalva: trata-se de reimpressão, portanto, lembre-se de que após a Lei nº 12.527/2011 e o Decreto nº 7.724/2012 que regulamenta a lei, a classificação "confidencial" não existe mais.

Registro

Procedimento no qual o protocolo cadastra os dados básicos do documento, em um sistema de controle (manual ou informatizado), no qual posteriormente esses dados possam ser utilizados para localização do documento.

Autuação

Atividade de Transformação de documentos em Processos:

- > **Processo:** é a reunião de dois ou mais documentos. Sem isso, eles perderiam o seu valor administrativo ou probatório. Possuem um caráter detalhado e são protocolados e autuados pelos órgãos produtores ou receptores.
- > **Formação de Processo:** caracteriza a abertura do processo. Assim, nessa fase deverão ser observados os documentos que necessitam de análises, informações e decisões de vários setores da organização.
- > **Juntada:** é a união de um documento ao restante do processo ou de um processo a outro. Realiza-se por apensação ou anexação.
  - » **Por anexação**: é uma união definitiva e irreversível de processos de um mesmo interessado desde que tenham o mesmo assunto.
  - » **Por apensação**: é uma união provisória de um processo a outro mais antigo, visando à uniformidade, a dar um tratamento semelhante, com o mesmo interessado ou não.

De modo inverso, a desapensação é a separação física de um documento unido temporariamente a um processo.

Procedimentos adotados para a Autuação:

- > Inserção de capa específica.
- > Numeração das páginas.
- > Atribuição de número de identificação do processo.

Durante a sua Tramitação Interna, o processo pode exigir a adoção de alguns Procedimentos Administrativos:

- > **Despacho:** é a decisão da autoridade administrativa, pode ser favorável (deferido) ou desfavorável (indeferido).
- > **Diligência:** é quando um processo é devolvido ao órgão para que sane as formalidades que foram descumpridas.

Outras definições relacionadas ao Processo:

- > **Folha de Processo:** são duas faces de uma mesma página.
- > **Peça do processo:** são documentos que fazem parte do processo. Exemplos: fita de vídeo, nota fiscal, contratos etc.
- > **Desentranhamento de peças:** é a retirada de alguma peça do processo, isso ocorre devido à necessidade da administração ou do interessado.
- > **Desmembramento:** é a retirada de uma parte do processo para formar um novo processo. Isso só pode ocorrer com autorização do órgão autorizado.

Classificação

Uma vez recebido no protocolo, o documento será analisado para identificar o assunto e classificado de acordo com o código de classificação de documentos.

A classificação consiste na rotina de "interpretação" de documentos, que se dispõe conforme a função de criação do documento. O seu objetivo é, basicamente, dar visibilidade às funções e às atividades do organismo produtor do documento de arquivo, deixando claras as ligações entre os documentos.

O Código de Classificação é um instrumento utilizado nos órgãos federais para agrupar os documentos de arquivo em classes e subclasses, segundo as funções e atividades desempenhadas pelo órgão. Também são identificados espécies e tipos documentais, que são chamados de assuntos e recebem códigos numéricos. Tal Código de Classificação é derivado de um plano de classificação, cujo objetivo é o tornar a informação disponível no mais breve espaço de tempo possível quando solicitada pelos gestores. Por classificação entende-se a organização dos documentos de um arquivo ou coleção, de acordo com um plano de classificação, código de classificação ou quadro de arranjo.

Pode ser, ainda, a análise e identificação do conteúdo de documentos, seleção da categoria de assunto sob a qual sejam recuperados, podendo-se lhes atribuir códigos. Classificação é também a atribuição a documentos, ou informações neles contidas, de graus de sigilo, conforme legislação específica. Também chamada de classificação de segurança. A classificação, ainda, pode ser chamada de arranjo.

Procedimentos de Classificação

Inicialmente, analisam-se os documentos produzidos por determinada instituição para a posterior criação de categorias e classes genéricas que correspondam às funções e atividades desenvolvidas pela instituição. A classificação considera a forma e os motivos que determinaram a existência do documento (como e por que foram produzidos), sendo condição precípua para a sua compreensão plena, tanto para quem organiza como para quem consulta. Esse procedimento é conhecido como elaboração do "plano de classificação" do arquivo na fase corrente.

Para os documentos recebidos – de origem externa à instituição: a abertura daqueles que estiverem em envelopes fechados deverá ser procedida no setor de Protocolo, com exceção dos documentos particulares e sigilosos. Já os documentos ostensivos (natureza do assunto) deverão ser abertos, analisados, classificados e registrados, antes de serem encaminhados aos seus destinatários.

Rotinas do Recebimento e Classificação

01. receber a correspondência;
02. separar a correspondência oficial da particular;
03. distribuir a correspondência particular;
04. separar a correspondência oficial de caráter ostensivo daquelas que são sigilosas;
05. encaminhar a correspondência sigilosa ao seu destinatário;
06. abrir a correspondência ostensiva;
07. ler a correspondência ostensiva e verificar a existência de antecedentes;
08. solicitar os antecedentes ao Arquivo;
09. interpretar e classificar a correspondência;
10. colocar carimbo de protocolo – numerador no canto superior direito;
11. anotar abaixo do número e da data a primeira distribuição e o código de assunto, se houver;
12. fazer um resumo do assunto para a ficha de protocolo;
13. encaminhar ao Setor de Registro e Movimentação.

Expedição/Distribuição

É o envio dos documentos para os seus respectivos destinatários, sendo que, na **expedição**, esse destinatário encontra-se no âmbito **externo** ao órgão, enquanto na **distribuição,** a remessa de documentos ocorre **dentro** do próprio órgão.

Controle de movimentação/tramitação

Atividade que consiste em identificar os setores pelos quais passam os documentos, para recuperá-los com agilidade, quando necessário, auxiliando o Gestor na tomada de decisão, bem como identificar possíveis atrasos na tramitação. É realizado por sistemas informatizados ou manuais (livro, ficha de protocolo).

Outros termos relacionados ao Setor de Protocolo:

> **Protocolo central:** é uma unidade ou órgão que centraliza as atividades de protocolo.
> **Protocolo setorial:** descentraliza as atividades do protocolo central, pois é instalado em cada unidade visando a dar suporte às atividades de recebimento e expedição de documentos.

3. TIPOLOGIAS DOCUMENTAIS E SUPORTES FÍSICOS

3.1 Introdução

O arquivo pode ser formado por documentos de qualquer gênero (a configuração que assume um documento, dependendo do sistema de signos utilizados na comunicação de seu conteúdo). Ou seja, o documento pode ser textual, iconográfico, sonoro, audiovisual, informático etc.

O arquivo também é composto de documentos que podem ser confeccionados por diversos tipos de materiais, sobre os quais as informações são registradas (suporte).

São exemplos disso: papel, filme, disco ótico, disco magnético etc. Para que você não confunda os gêneros de documentos, vamos recordar os mais importantes:

> Escritos ou textuais: textos manuscritos, datilografados ou impressos.
> Cartográficos: representações geográficas, arquitetônicas ou de engenharia (mapas, plantas, perfis etc.).
> Iconográficos: suporte sintético, em papel emulsionado, como fotografias, diapositivos, desenhos etc.
> Filmográficos: películas cinematográficas e fitas magnéticas de imagens, com ou sem sonorização, contendo imagens em movimento.
> Sonoros: registros fonográficos (discos e fitas magnéticas).
> Micrográficos: documentos resultantes de microrreprodução de imagens (microfilme, microficha, rolo etc.).
> Informáticos: tratados e armazenados em sistemas computacionais (disquete, CD-ROM, DVD-ROM, HD etc.).

3.2 Mudança de Suporte

Muitas vezes, dentro do ciclo de vida de um documento, o suporte pode ser alterado devido a questões funcionais, administrativas ou legais. Nesse sentido, a microfilmagem é um processo bastante utilizado e oferece como resultado a economicidade de espaço e a garantia da preservação de originais passíveis de destruição.

É necessário observar que a adoção de recursos tecnológicos para alteração do suporte da informação requer a observância de determinados critérios:

> Questões legais concernentes à alteração do suporte, observando-se as garantias jurídicas, a normalização dos procedimentos, as especificações e os padrões de qualidade estabelecidos pela legislação brasileira e por organismos internacionais.
> Capacidade de recuperação das informações antes e depois de processar a alteração do suporte.
> Custo da operação.
> Definição da melhor técnica, de forma a assegurar a qualidade da reprodução, a durabilidade do novo suporte e o acesso à informação.

> Existência de depósitos e equipamentos de segurança que venham a garantir a preservação do novo suporte.

Organizados e avaliados os documentos, deve-se proceder ao estudo da viabilidade econômica, de acordo com a disponibilidade de pessoal, espaço e recursos financeiros do órgão, além do cálculo dos equipamentos, materiais e acessórios necessários.

Deve-se, ainda, verificar as instalações dos arquivos de segurança, bem como as condições de tratamento técnico, armazenamento e acesso às informações.

Somente a partir desses procedimentos, recomenda-se propor as eventuais alterações de suporte documental.

Microfilmagem

A microfilmagem é um processo realizado mediante captação da imagem por meio fotográfico ou eletrônico. É uma técnica utilizada para alterar o suporte em que a informação está contida e atualizar os arquivos. Assim, a microfilmagem cria uma cópia do documento original em gênero micrográfico (microfilme ou microficha).

Tem como objetivos:

> Reduzir o tamanho do acervo, propiciando otimização de espaço e economicidade para a instituição.
> Prolongar a vida útil dos documentos originais, uma vez que, a partir da microfilmagem — via de regra —, o documento estará disponível para consulta apenas através do rolo de microfilme, preservando-se, dessa forma, o original.

Podemos resumir as vantagens do microfilme nos seguintes pontos:

> Economia de espaço.
> Acesso fácil e rápido.
> Segurança e garantia da confidencialidade das informações.

É regulamentada pela Lei no 5.433/68 e regulamentada pelo Decreto no 1.799/96. A microfilmagem pode ser utilizada com o objetivo de preservar os documentos originais de manuseio. Deve-se também considerar os custos dos equipamentos e filmes, bem como os recursos humanos necessários ao preparo da documentação para tal procedimento. O especialista responsável pelo processo de microfilmagem deverá proceder um estudo sobre a viabilidade econômica de acordo com a disponibilidade financeira da instituição. Decreto nº 1.799, de 30 de janeiro de 1996:

> *Art. 3º: Entende-se por microfilme, para fins deste Decreto, o resultado do processo de reprodução em filme, de documentos, dados e imagens, por meios fotográficos ou eletrônicos, em diferentes graus de redução.*

Microfilmagem pode ser:

01. Eletrônica

Captura de documentos por meio da digitalização.

02. Convencional

Captação das imagens de documentos por processo fotográfico.

As finalidades da microfilmagem são:

01. Substituição

Ocorre nos arquivos corrente e intermediário quando da necessidade de substituir os originais pelo fato destes poderem ser eliminados.

02. Preservação

Com objetivo de preservar os originais garantindo sua segurança, ocorre nos arquivos permanentes.

A legislação que autoriza e regulamenta a microfilmagem de documentos no Brasil é a Lei no 5.433, de 8 de maio de 1968:

> *Art. 1º; § 4º - Os filmes negativos resultantes de microfilmagem ficarão arquivados na repartição detentora do arquivo, vedada sua saída sob qualquer pretexto.*

A microfilmagem, para fins de regulamentação, é definida como o processo de reprodução fiel de documentos e dados em filme por meios fotográficos ou eletrônicos.

De acordo com a Lei nº 5.433, de 8 de maio de 1968:

> *Art. 1º. É autorizada, em todo o território nacional, a microfilmagem de documentos particulares e oficiais arquivados, estes de órgãos federais, estaduais e municipais"; em seu Artigo 4º - "É dispensável o reconhecimento da firma da autoridade que autenticar os documentos oficiais arquivados, para efeito de microfilmagem e os traslados e certidões originais de microfilmes.*
>
> *§ 7º. Quando houver conveniência, ou por medida de segurança, poderão excepcionalmente ser microfilmados documentos ainda não arquivados, desde que autorizados por autoridade competente.*

Pelo Decreto nº 1.799, de 30 de janeiro de 1996 em seu Art. 6º - Na microfilmagem poderá ser utilizado qualquer grau de redução, garantida a legibilidade e a qualidade de reprodução". Quando o documento é maior que o campo fotográfico do equipamento, a microfilmagem é feita em etapas, sendo obrigatório repetir uma parte da imagem anterior na imagem subsequente, isto é o que estabelece o Decreto nº 1.799, de 30 de janeiro de 1996:

> *Art. 6º; Parágrafo único – Quando se tratar de original cujo tamanho ultrapasse a dimensão máxima do campo fotográfico do equipamento em uso, a microfilmagem poderá ser feita por etapas, sendo obrigatória a repetição de uma parte da imagem anterior na imagem subsequente, de modo que se possa identificar, por superposição, a continuidade entre as seções adjacentes microfilmadas.*

O Decreto nº 1.799, de 30 de janeiro de 1996 em seu Art. 4º - A microfilmagem será feita em equipamentos que garantam a fiel reprodução das informações, sendo permitida a utilização de qualquer microforma" e no Artigo 5º; § 2º - "Fica vedada a utilização de filmes atualizáveis, de qualquer tipo, tanto para a confecção do original, como para a extração de cópias.

Deve-se salientar, ainda, sobre o mesmo Decreto, o seu Art. 9º - Os documentos da mesma série ou sequência, eventualmente omitidos quando da microfilmagem, ou aqueles cujas imagens não apresentarem legibilidade, por falha de operação ou por problema técnico, serão reproduzidos posteriormente, não sendo permitido corte ou inserção no filme original.

A imagem de abertura que precede cada série, na microfilmagem, deve conter, obrigatoriamente, informações sobre o equipamento, unidade filmadora e grau de redução é o que determina o Decreto nº 1799, de 30 de janeiro de 1996:

> *Art. 7º. Na microfilmagem de documentos, cada série será precedida de imagem de abertura, com os seguintes elementos:*
> *I. identificação do detentor dos documentos, a serem microfilmados;*
> *II. número do microfilme, se for o caso;*
> *III. local e data da microfilmagem;*
> *IV. registro no Ministério da Justiça;*

V. ordenação, identificação e resumo da série de documentos a serem microfilmados;

VI. menção, quando for o caso, de que a série de documentos a serem microfilmados é continuação da série contida em microfilme anterior;

VII. identificação do equipamento utilizado, da unidade filmadora e do grau de redução;

VIII. nome por extenso, qualificação funcional, se for o caso, e assinatura do detentor dos documentos a serem microfilmados;

IX. nome por extenso, qualificação funcional e assinatura do responsável pela unidade, cartório ou empresa executora da microfilmagem.

Imediatamente após o último documento microfilmado de cada série, deve ser reproduzida uma imagem de encerramento e nesta deve aparecer a identificação do detentor dos documentos de acordo com o Decreto nº 1.799, de 30 de janeiro de 1996:

Art. 8º - No final da microfilmagem de cada série, será reproduzida a imagem de encerramento, imediatamente após o último documento, com os seguintes elementos:

I. identificação do detentor dos documentos microfilmados;

II. informações complementares relativas ao inciso V do artigo anterior;

III. termo de encerramento atestando a fiel observância às disposições deste Decreto;

IV. menção, quando for o caso, de que a série de documentos microfilmados continua em microfilme posterior;

V. nome por extenso, qualificação funcional e assinatura do responsável pela unidade, cartório ou empresa executora da microfilmagem.

De acordo com o Decreto nº 1.799, de 30 de janeiro de 1996, que regulamenta a Lei nº 5.433, de 8 de maio de 1968, que regula a microfilmagem de documentos oficiais:

Art. 5º. *A microfilmagem, de qualquer espécie, será feita sempre em filme original, com o mínimo de 180 linhas por milímetro de definição, garantida a segurança e a qualidade de imagem e de reprodução.*

§ 1º Será obrigatória, para efeito de segurança, a extração de filme cópia do filme original.

§ 2º Fica vedada a utilização de filmes atualizáveis, de qualquer tipo, tanto para a confecção do original, como para a extração de cópias.

Segundo a legislação, a microfilmagem só pode ser realizada por cartórios ou empresas devidamente registradas e autorizadas pelo Ministério da Justiça. Isso garante o valor legal dos microfilmes.

Para o exercício legal da microfilmagem, as empresas, cartórios e órgãos públicos que prestam serviços a terceiros devem requerer registro no Ministério da Justiça. Isto é determinado pelo Decreto nº 1.799, de 30 de janeiro de 1996 que regulamenta a Lei nº 5.433, de 8 de maio de 1968, que regula a microfilmagem de documentos oficiais em seu Art. 15 – A microfilmagem de documentos poderá ser feita por empresas e cartórios habilitados nos termos deste Decreto. Parágrafo único. Para exercer a atividade de microfilmagem de documentos, as empresas e cartórios a que se refere este artigo, além da legislação a que estão sujeitos, deverão requerer registro no Ministério da Justiça e sujeitar-se à fiscalização que por este será exercida quanto ao cumprimento do disposto no presente Decreto. No Art. 16 – As empresas e os cartórios que se dedicarem a microfilmagem de documentos de terceiros, fornecerão, obrigatoriamente, um documento de garantia, declarando:

I. que a microfilmagem foi executada de acordo com o disposto neste Decreto;

II. que se responsabilizam pelo padrão de qualidade do serviço executado;

III. que o usuário passa a ser responsável pelo manuseio e conservação das microformas.

A microfilmagem por si só não exime a observância dos critérios e procedimentos estabelecidos aos demais documentos relativos à eliminação ou guarda permanente.

Devido ao valor legal do microfilme, existe uma legislação específica que deve ser seguida pelas instituições envolvidas em sua produção. Nesse sentido, a Lei nº 5.433/68, regulamentada pelo Decreto nº 1799/96, que disciplina toda produção de microfilme, estabelece que:

§ 1º Os microfilmes de que trata esta Lei, assim como as certidões, os traslados e as cópias fotográficas obtidas diretamente dos filmes produzirão os mesmos efeitos legais dos documentos originais em juízo ou fora dele.

Os documentos microfilmados são dotados de valor probatório, ou seja, produzem os mesmos efeitos legais que os dos originais.

É importante destacar que há restrições à microfilmagem. Quando se produz um microfilme, podemos eliminar quase toda papelada microfilmada, no entanto, não os documentos considerados de valor histórico (Ex.: documentos referentes à construção de um monumento).

Arquivos	Tipos de documentos	Microformas
Documentos	Processos, recibos, escrituras, fichas, balancetes, balanços, licitações, concursos, leis, portarias, decretos, resoluções, atos, contratos	Rolo, cartucho, com filme 16mm
Documentos administrativos e contábeis de arquivo corrente	Prontuário de empregados, alunos, cadastro de fornecedores e clientes	Jaquetas de 105mm com filme de 16mm - 5 canais Tab-Jac-cartão tabuláveis com filme de 16mm de 1 a 3 canais
Documentos técnicos	Livros, plantas, mapas, jornais	Rolo ou cartucho com filme de 35mm Cartão-janela com filme de 35mm jaqueta de 105mm com filme de 35mm Tab-jac-cartão tabuláveis com filme de 35mm
Biblioteca	Livros, revistas	Rolo de 16mm e 35mm m
Informações volumosas contidas em arquivos	Cadastro do IPTU, INSS, dívida ativa, dotações orçamentárias.	COM microficha Filme de 105mm x 148mm

Automação

Pode ser entendida como a transposição do suporte inicial do documento (papel, fita magnética, etc.) para um suporte digital (CD, DVD, etc.) por meio de computadores.

Alteração de Suporte

Dentre as vantagens da alteração do suporte, destacam-se:

01. Agilizar a recuperação das informações, bem como o seu intercâmbio;
02. Garantir a preservação de documentos originais passíveis de destruição pelo manuseio, bem como a segurança do acervo contra furto, incêndios, inundações etc;
03. Preencher lacunas nos acervos arquivísticos;
04. Substituir, em situações específicas, grandes volumes de documentos destinados à eliminação, mas de prazos de guarda muito extensos, proporcionando melhor aproveitamento do espaço, reduzindo o custo de manutenção, concentrando as informações e facilitando o seu manuseio.

Não devemos confundi-la com o processo de automação de arquivo (Gestão Eletrônica de Documentos - GED), pois este é muito mais abrangente e envolve a automação de todo o sistema (protocolo, sistema de busca do documento).

Digitalização é o processo de conversão de um documento em qualquer suporte ou formato para o formato digital, por meio de dispositivo apropriado.

Uma das principais formas de alteração de suporte atualmente adotadas nos arquivos é a digitalização, que consiste na conversão de um documento para o formato digital com uso de escâner ou outro dispositivo apropriado. A adoção de recursos tecnológicos para alteração do suporte da informação requer a observância de determinados critérios que levem em consideração os preceitos técnicos da arquivologia, a legislação em vigor e a relação custo/benefício de sua implantação. Conquanto tais recursos permitam a redução das necessidades de armazenamento da informação, podem, por outro lado, acarretar elevada despesa para o órgão, sem que se obtenha resultados positivos.

Os métodos utilizados para automatizar (digitalizar) um documento são:

> Por meio da transferência da informação para um CD ou mesmo para o meio virtual pelo processo de escaneamento de um documento em papel.
> Gravando as informações de uma fita magnética, disco de vinil etc. para um CD ou DVD, por exemplo.
>> » A digitalização de documentos é uma política de arquivo baseada em quatro fundamentos principais:
> Diminuição do tamanho do acervo.
> Preservação dos documentos.
> Possibilidade de acesso ao mesmo documento por várias pessoas ao mesmo tempo.
> Maior agilidade (ao menos em tese) na busca e recuperação da informação.
> Acondicionamento e armazenamento de documentos de arquivo.

O armazenamento é a guarda ou acondicionamento de documentos em depósitos. E o acondicionamento é a colocação de documentos em mobiliário e invólucros apropriados, que assegurem sua preservação.

Armazenamento

Todos os documentos devem ser armazenados em instalações que possibilitem condições ambientais apropriadas às suas necessidades de preservação, pelo prazo de guarda estabelecido em tabela de temporalidade e destinação. Apesar dos avanços tecnológicos em matéria de restauração documental, é um princípio de preservação arquivística quase consensual que a manutenção de um ambiente de armazenamento dentro dos padrões convencionais (umidade relativa e temperatura) para o material que está sendo armazenado é a medida mais eficaz, em termos de custo-benefício, para uma maior sobrevida dos documentos arquivísticos. Quando falamos de armazenamento de documentos magnéticos ou ópticos, há que se observar as recomendações específicas ou especiais quanto às melhores condições possíveis de armazenamento. O ambiente deve ser constantemente monitorado e as leituras verificadas com regularidade.

Recomendações para a produção e o armazenamento de documentos de arquivo do CONARQ, Rio de Janeiro, 2005, página 8: As presilhas dos papéis devem ser de plástico ou em metal não oxidável; As práticas de grampear e de colar documentos devem ser evitadas; Os papéis das capas de processos devem ser alcalinos; Os dossiês, processo e volumes devem ser arquivados em pastas suspensas ou em caixas, de acordo com suas dimensões. Todos os documentos devem ser preservados em condições adequadas ao seu uso, pelos prazos de guarda estabelecidos nas Tabelas de Temporalidade e Destinação de documentos.

Diretamente relacionado ao tipo de suporte em que se encontra a informação, uma das principais funções dos arquivos é a proteção de seu acervo, portanto, a escolha de materiais de construção, de acabamento e de equipamentos devem obedecer especificações de segurança, proteção e conservação.

Alguns cuidados especiais

Mobiliário

Em áreas onde são realizadas consultas e áreas administrativas devem ser de aço ou de madeira tratada contra insetos e fogo. As mesas utilizadas para pesquisas devem ser mais largas que o usual em função dos diferentes formatos e tamanhos de documentos.

Estantes

Altura superior a 2,20 metros em fileiras geminadas; os corredores devem ter, no mínimo, 0,70 metro que, também, é a distância recomendada em relação ao fim das estantes e as paredes para facilitar movimentação de pessoas, circulação de ar e limpeza; devem ser afastadas das paredes no mínimo 0,30 metro, o ideal é 0,70 metro; a última prateleira deve estar a pelo menos 10 centímetros do solo e, no mínimo a 0,30 metro do teto.

Prateleiras

Não devem ultrapassar 1 metro de comprimento e 0,40 metro de profundidade.

Acondicionamento

A escolha da forma de acondicionar os documentos deverá ser feita observando-se as características físicas e a natureza de cada suporte. A confecção e a disposição do mobiliário deverão acatar

TIPOLOGIAS DOCUMENTAIS E SUPORTES FÍSICOS

as normas existentes sobre qualidade e resistência e sobre segurança no trabalho. O mobiliário facilita o acesso seguro aos documentos, promove a proteção contra danos físicos, químicos e mecânicos. Os documentos devem ser guardados em arquivos, estantes, armários ou prateleiras apropriados a cada suporte e formato.

Algumas Peculiaridades no Acondicionamento e Armazenamento de Documentos:

> Os documentos de valor permanente que apresentam grandes formatos, como mapas, plantas e cartazes, devem ser armazenados horizontalmente em mapotecas – móveis especiais para o acondicionamento horizontal com gavetas próprias para guardar mapas, cartas geográficas, históricas, sem a necessidade de dobrá-las - adequadas às suas medidas ou enrolados sobre tubos confeccionados em cartão alcalino e acondicionados em armários ou gavetas.

> Nenhum documento deve ser armazenado diretamente sobre o chão.

> As mídias magnéticas, como fitas de vídeo, áudio e de computador, devem ser armazenadas longe de campos magnéticos que possam causar a distorção ou a perda de dados.

> O armazenamento será preferencialmente em mobiliário de aço tratado com pintura sintética, de efeito antiestático.

Vantagens do Acondicionamento em Embalagens:

> Protegem os documentos contra a poeira e danos acidentais.

> Minimizam as variações externas de temperatura e umidade relativa.

> Reduzem os riscos de danos por água e fogo em casos de desastre.

Características das caixas de Acondicionamento de Documentos de Arquivo:

> Devem ser resistentes ao manuseio, ao peso dos documentos e à pressão, caso tenham de ser empilhadas.

> Precisam ser mantidas em boas condições de conservação e limpeza, de forma a proteger os documentos.

> As medidas de caixas, envelopes ou pastas devem ser sempre superiores às dos documentos que irão abrigar.

> Todos os materiais usados para o armazenamento de documentos permanentes devem manter-se quimicamente estáveis ao longo do tempo, não podendo provocar quaisquer reações que afetem a preservação dos documentos.

> Os papéis e cartões empregados na produção de caixas e invólucros devem ser alcalinos e corresponder às expectativas de preservação dos documentos.

Suportes diferentes requerem tratamentos específicos:

Papel – prateleiras, estantes e arquivos devem ser de metal pintado;

Fotografia – exigem proteção individualizada e de qualidade;

Microfilmes – deve ser feito em cofres, arquivos ou armários à prova de fogo, compartimentos vedados à umidade;

Disquetes e CD-ROM – devem ser mantidos distantes de materiais magnéticos;

Diapositivos – arquivos metálicos; produzir duplicatas para projeções que são exibidas com frequência.

No caso de caixas não confeccionadas em cartão alcalino, recomenda-se o uso de invólucros internos de papel alcalino, para evitar o contato direto de documentos com materiais instáveis.

3.3 Condições Ambientais

O estudo das condições ambientais para o armazenamento e preservação de documentos subdivide-se na análise da:

Temperatura.

Umidade relativa do ar (UR).

As condições adequadas de temperatura e de umidade relativa do ar são elementos vitais para postergar a sobrevivência dos registros.

Fatores Importantes a se considerar na UR:

> Se os níveis de umidade relativa (UR) são muito baixos, aumenta-se o risco de quebra das fibras e esfarelamento dos materiais orgânicos fibrosos.

> Para pergaminhos e encadernações em couro, a UR abaixo de 40% é perigosa e o papel também sofre abaixo desses níveis. Já nas faixas de UR acima de 65%, crescem micro-organismos e ocorrem reações químicas danosas.

> A faixa segura de umidade relativa é entre 45% e 55%, com variação diária de +/- 5%.

Fatores Importantes a se considerar na Temperatura:

> A temperatura deve também estar relacionada com a umidade relativa.

> A temperatura ideal para documentos é 20° C, com variação diária de +/- 1° C.

A estabilidade da temperatura e da UR é especialmente importante, e as mudanças bruscas ou constantes são muito danosas. No caso de não existir a possibilidade de se instalar um sistema de climatização, a instalação de umidificadores, desumidificadores, exaustores e ventiladores pode surtir bons resultados.

> O sistema de ar condicionado ideal é aquele que controla a temperatura, a umidade e ainda filtra os agentes poluentes, antes de insuflar o ar no ambiente interno. Ele deve ficar em funcionamento durante as 24 horas do dia. Os custos iniciais de instalação e os de manutenção são muito altos.

3.4 Preservação e Conservação

Os documentos podem sofrer degradação causada por diversos agentes, normalmente classificados em:

→ **Físicos** - luminosidade, temperatura, umidade etc.

→ **Químicos** - acidez do papel, poluição atmosférica, tintas, etc.

→ **Biológicos** - insetos, fungos, roedores etc.

→ **Ambientais** - ventilação, poeira etc.

Assim, o arquivo permanente, além da guarda, deve se preocupar também com a preservação dos documentos da instituição, de forma a garantir que os valores secundários (histórico e cultural, probatório e informativo), inerentes a essa idade do arquivo, não sejam perdidos.

→ **A preservação de documentos compreende três atividades:**
> Conservação.
> Armazenamento.
> Restauração.

A preservação dos documentos se dá por meio de adequado controle ambiental e tratamento físico ou químico. Dessa forma, procura-se prevenir a deterioração dos documentos.

Conservação

O principal objetivo é estender, dilatar a vida útil dos documentos, procurando mantê-los o mais próximo possível do estado físico em que foram criados/recebidos.

→ **Fatores que influenciam na conservação dos documentos:**
> Luminosidade: deve-se procurar usar luz artificial (com parcimônia), e a luz do dia deve ser evitada, pois acelera o desaparecimento da tinta e enfraquece o papel.
> Umidade: ar muito seco enfraquece o papel e ambientes muito úmidos causam o aparecimento de mofo; o ideal é uma umidade intermediária (45%-60%).
> Temperatura: não deve sofrer muitas oscilações; ambientes muito quentes podem destruir a fibra do papel.

Dos fatores acima, destaca-se negativamente a luminosidade que, mesmo em baixo nível, é danosa para a manutenção de um bom estado de conservação dos documentos.

As quatro Principais Operações de Conservação são:
> Desinfestação.
> Limpeza.
> Alisamento.
> Restauração ou reparo.

Desinfestação

Processo de destruição ou inibição da atividade de insetos.

Higienização ou limpeza

Retirada, por meio de técnicas apropriadas, de poeira e outros resíduos de quaisquer espécies da superfície ou interior dos documentos, bem como do espaço físico onde se encontram.

Alisamento

Consiste em colocar os documentos em bandejas de aço inoxidável e expô-los à ação do ar com forte percentagem de umidade, durante uma hora e, em seguida, passá-los a ferro, folha por folha.

Restauração ou reparo

Conjunto de procedimentos específicos para recuperação e reforço de documentos deteriorados e danificados. Inclui medidas que objetivam a estabilização ou a reversão de danos físicos ou químicos adquiridos pelo documento ao longo do tempo e do uso, intervindo de modo a não comprometer sua integridade e seu caráter histórico. Tem por objetivo revitalizar a concepção original, ou seja, a legibilidade do documento.

A seguir, veremos alguns métodos de restauração de documentos:

Silking

Esse método utiliza tecido de grande durabilidade, mas devido ao uso de adesivo à base de amido, afeta suas qualidades permanentes. Tanto a legibilidade quanto a flexibilidade, a reprodução e o exame pelos raios ultravioletas e infravermelhos são pouco prejudicados. É, no entanto, um processo de difícil execução, cuja matéria-prima é de alto custo.

Banho de Gelatina

Consiste em mergulhar o documento em banho de gelatina ou cola o que aumenta a sua resistência, não prejudica a visibilidade e flexibilidade e proporciona a passagem dos raios ultravioletas e infravermelhos. Os documentos, porém, tratados por este processo, que é manual, tornam-se suscetíveis ao ataque de insetos e fungos, além de exigir habilidade do executor.

Tecido

Processo de reparação em que são usadas folhas de tecido muito fino, aplicadas com pasta de amido. A durabilidade do papel é aumentada consideravelmente, mas o emprego do amido propicia o ataque de insetos e fungos, impede o exame pelos raios ultravioletas e infravermelhos, além de reduzir a legibilidade e flexibilidade.

Laminação

Envolve o documento nas duas faces com papel de seda e acetato de celulose e prensado em temperatura elevada por uma prensa hidráulica com pressão entre 7 a 8 kg/cm e temperatura entre 145° a 155° C. O volume do documento é reduzido, mas o peso duplica.

A durabilidade e as qualidades permanentes do papel são asseguradas sem a perda da legibilidade e da flexibilidade, tornando-o imune à ação de fungos e pragas. Qualquer mancha resultante do uso pode ser removida com água e sabão.

A aplicação, por ser mecanizada, é rápida e a matéria-prima, de fácil obtenção. O material empregado na restauração não impede a passagem dos raios ultravioletas e infravermelhos. O método de laminação é o que mais se aproxima do método ideal de restauração de documentos, dado que eleva a resistência do papel.

Segundo Marilena Leite Paes, Laminação é um processo em que se envolve o documento, nas duas faces, (...). A durabilidade e as qualidades permanentes do papel são asseguradas sem perda da legibilidade e da flexibilidade, tornando-o imune à ação de fungos e pragas. (...) não impede a passagem dos raios ultravioletas e infravermelhos. (...) são as que mais se aproximam do método ideal.

Laminação Manual

Utiliza a matéria-prima básica da laminação mecanizada, embora não empregue calor nem pressão, que são substituídos pela acetona. Esta ao entrar em contato com o acetato, transforma-o em camada semiplástica que, ao secar, adere ao documento, juntamente com o papel de seda.

NOÇÕES DE ARQUIVOLOGIA – ESPECÍFICO PARA ESCRIVÃO

TIPOLOGIAS DOCUMENTAIS E SUPORTES FÍSICOS

A laminação manual, também chamada de laminação com solvente oferece grande vantagem àqueles que não dispõem de recursos para instalar equipamentos mecanizados. Foi desenvolvida na Índia.

Encapsulação

Utiliza basicamente películas de poliéster e fita adesiva de duplo revestimento. O documento é colocado entre duas lâminas de poliéster fixadas nas margens externas por fita adesiva nas duas faces; entre o documento e a fita deve haver um espaço de 3mm, deixando o documento solto dentro das duas lâminas.

A Encapsulação é considerada um dos mais modernos processos de restauração de documentos.

Velatura

Aplicável em grandes acervos é um processo de restauração que consiste na aplicação de reforço de papel ou tecido em qualquer face de uma folha.

Liofilização

Os volumes danificados são colocados em uma câmara a vácuo, onde é feita a extração da água, na forma de vapor, é o mesmo que secagem por congelamento ou secagem a frio e consiste no tratamento de documentos molhados por congelamento e subsequente secagem mediante vácuo e elevação gradual da temperatura.

Higienização

Para gravuras e desenhos podem ser usados um pincel macio ou algodão hidrófilo, sendo uma das formas mais simples, baratas e eficientes de proceder à limpeza leve de gravuras e desenhos por se tratar de instrumentos de trabalho extremamente macios, neutros e sem a presença de produtos químicos.

Alisamento

Os documentos são colocados em bandejas de aço inoxidável, dispostos em uma câmara de umidificação com alta taxa de umidade, entre 90% e 95% durante aproximadamente uma hora, após este período de tempo devem ser passados a ferro.

4. DOCUMENTOS ELETRÔNICOS E DIGITAIS

4.1 Documentos Eletrônicos

Um documento eletrônico é uma informação registrada, codificada em forma analógica ou em dígitos binários, acessível por meio de um equipamento eletrônico e no seu processo de digitalização não é obrigatória a manutenção da confidencialidade do documento digital. Isso é o que estabelece a Lei nº 12.682, de 9 de julho de 2012 em seu Art. 3º - *O processo de digitalização deverá ser realizado de forma a manter a integridade, a autenticidade e, se necessário, a confidencialidade do documento digital, com o emprego de certificado digital emitido no âmbito da Infraestrutura de Chaves Públicas Brasileira - ICP – Brasil*. Observe o termo "e, se necessário, portanto, não é obrigatório".

Um documento eletrônico é acessível e interpretável por meio de um equipamento eletrônico (aparelho de videocassete, filmadora, computador), podendo ser registrado e codificado em forma analógica ou em dígitos binários.

4.2 Documentos Digitais

Um documento digital é um documento eletrônico caracterizado pela codificação em dígitos binários e acessado por meio de sistema computacional.

Assim, todo documento digital é eletrônico, mas nem todo documento eletrônico é digital.

Os documentos eletrônicos se mantêm autênticos por meio de processos contínuos de cópia e migração. Tais processos se fazem necessários devido à fragilidade do suporte, magnético ou óptico, e à obsolescência tecnológica.

É importante ressaltar que cópia e migração têm consequências diferentes para a autenticação dos documentos. A cópia consiste em uma reprodução completa dos elementos de forma e conteúdo de um documento. Consequentemente, os documentos copiados se constituem em reproduções fiéis dos documentos originais. Entretanto, há que ressaltar que, apesar de menos invasiva, a cópia de documentos eletrônicos também se constitui em uma intervenção, logo, interfere na autenticidade desses documentos.

Quanto à migração, esta implica mudanças na configuração que afetam o documento por inteiro. Na verdade, após serem migrados os documentos podem parecer os mesmos, mas não são. Sua forma física é profundamente alterada, com perda de alguns dados e acréscimos de outros. Fonte: Rosely Curi Rondinelli, Gerenciamento arquivístico de documentos eletrônicos. Rio de Janeiro: editora FGV, 2007, página 70.

As diretrizes para a gestão arquivística do correio eletrônico corporativo, elaboradas pelo Conselho Nacional de Arquivos (CONARQ) estabeleceu que as instituições que possuem política de preservação digital devem prever a inserção das mensagens de correio eletrônico como documento digital. Isto ficou estabelecido pela Resolução nº 20, de 16 de julho de 2004 em seu Art. 1º - *Os órgãos e entidades integrantes do Sistema Nacional de Arquivos deverão identificar, dentre as informações e os documentos produzidos, recebidos ou armazenados em meio digital, aqueles considerados arquivísticos para que sejam contemplados pelo programa de gestão arquivística de documentos.*

§1º - Considera-se documento arquivístico como a informação registrada, independente da forma ou do suporte, produzida e recebida no decorrer das atividades de um órgão, entidade ou pessoa, dotada de organicidade e que possui elementos constitutivos suficientes para servir de prova dessas atividades.

§2º - Considera-se documento arquivístico digital o documento arquivístico codificado em dígitos binários, produzido, tramitado e armazenado por sistema computacional. São exemplos de documentos arquivísticos digitais: planilhas eletrônicas, mensagens de correio eletrônico, sítios na internet, bases de dados e também textos, imagens fixas, imagens em movimento e gravações sonoras, dentre outras possibilidades, em formato digital.

Art. 2º *- Um programa de gestão arquivística de documentos é aplicável independente da forma ou do suporte, em ambientes convencionais, digitais ou híbridos em que as informações são produzidas e armazenadas.*

4.3 GED: Gerenciamento Eletrônico de Documentos ou Gestão Eletrônica de Documentos

É um conjunto de tecnologias que permite o gerenciamento de documentos em forma digital, auxiliando a produção, controle, armazenagem, compartilhamento e recuperação de suas informações.

Tecnologias relacionadas ao GED:

01. **Gerenciamento da Imagem dos Documentos (*Document Imaging* – DI):**

    Conversão de documentos do meio físico para o digital. Não se deve confundir digitação com digitalização;

02. **Gerenciamento de Documentos (*Document Management* – DM):**

    Gerenciar a criação, revisão, aprovação e descarte de documentos eletrônicos de forma eficiente e eficaz;

03. **Fluxo de Trabalho (*Workflow* - BPM):**

    Controla e gerencia processos para garantir que as tarefas sejam executadas por pessoas corretas, em tempo hábil, com objetividade e segurança;

04. **Gerenciamento da Informação e das Gravações (*Records and Information Management* – RIM):**

    É o gerenciamento do ciclo de vida de um documento, não importando a mídia em que se encontre. Por meio desse sistema, ocorre o gerenciamento da criação, do armazenamento, processamento, manutenção, disponibilização e descarte dos documentos sob controle de categorização e da Tabela de Temporalidade. Fonte: Arquivologia, George Melo Rodrigues, 2ª Edição, Editora Juspodivm, Salvador, 2012.

4.4 GDE: Gerenciamento de Documentos Eletrônicos

É o gerenciamento de documentos produzidos exclusivamente em meio eletrônico. É de grande auxílio para políticas de recuperação de documentos e manutenção das atividades da empresa em caso de acidente e facilita as atividades que envolvem colaboração entre pessoas e equipes.

O **GED** e o **GDE** permitem acesso rápido às informações desejadas, pelo fato de que os documentos podem ser acessados de qualquer lugar simultaneamente.

A principal preocupação em se adotar uma ferramenta de gestão eletrônica está na preservação dos dados e informações armazenados devido às constantes atualizações de softwares e hardwares.

Exatamente como os documentos arquivísticos convencionais, os eletrônicos se constituem em elementos que podem ser identificados e avaliados por meio da diplomática – estudo da estrutura formal e da autenticidade dos documentos. Os documentos podem e devem ser identificados por seus constituintes formais, e não pela informação que transmitem.

4.5 GPE: Gerenciamento de Produtos Eletrônicos

Gestão de documentos criados em meio eletrônico e cujo original permanece neste meio, embora também englobe os documentos digitalizados.

Suporte

Em relação ao suporte que contém o documento

> Os documentos convencionais não existem até que sejam afixados em um suporte.
> Nos documentos eletrônicos o suporte é uma parte física separada do conteúdo.

Os documentos eletrônicos não tem no suporte um elemento significativo, mas um simples carregador físico, assim sendo, em cada reprodução de um documento eletrônico em que a única alteração é o suporte, o documento continua sendo idêntico ao que foi reproduzido.

Forma ou estrutura

Em relação à Forma ou Estrutura, sua forma física consiste em atributos que determinam a sua forma externa e, no caso dos documentos eletrônicos, esses atributos são:

> O texto escrito (tipo de fonte, tamanho, formato, cores, idioma, existência de anexos, logomarca, assinatura digital, etc.);
> A tecnologia associada ao documento, a qual não interessa ao usuário.

Os atributos físicos de um documento eletrônico, quando alterados, geram um documento distinto, diferentemente do suporte.

Nos documentos convencionais, a existência de data e assinatura são suficientes para que sejam considerados completos, o mesmo não ocorre com os documentos eletrônicos, que necessitam de complementos como: à data do documento é necessário acrescentar a hora de sua transmissão; a facilidade de se digitar uma assinatura torna necessário o nome do autor no cabeçalho do documento, que é feito automaticamente pelo sistema ou por meio de uma assinatura eletrônica, (uso pelo computador de qualquer símbolo adotado ou autorizado) ou digital (baseada em métodos criptográficos de autenticação do originador, podem ser verificados a identidade de quem assina e a integridade do dado).

A idoneidade de um sistema eletrônico é garantida pela prevenção e pela verificação. A prevenção inclui a limitação de acesso à tecnologia por meio de senhas, cartões magnéticos, etc, e definição de regras de **workflow** (conjunto de regras formais que são definidas para melhorar a eficiência de um processo específico – Sawaya, 1999) que definem o que será feito e como será feito. Por verificação, temos a trilha de auditoria a qual é um mecanismo que permite registrar todas as intervenções feitas no documento, garante a autenticidade do documento arquivístico. Segundo MacNeil, 2000, *autenticidade é a capacidade de se provar que um documento arquivístico é o que diz ser*.

A digitalização de acervos é uma das ferramentas essenciais ao acesso e à difusão dos acervos arquivísticos, além de contribuir para a sua preservação, uma vez que restringe o manuseio de documentos originais, constituindo-se como instrumento capaz de dar acesso simultâneo local ou remoto. Possui natureza complexa de um ambiente tecnológico de rápidas mudanças e, em geral, de custos elevados para sua implementação e manutenção.

4.6 Sistema de Informação

Conjunto organizado de políticas, procedimentos, pessoas, equipamentos e programas computacionais que produzem, processam, armazenam e proveem acesso à informação originária de fontes internas e externas para apoiar o desempenho das atividades de um órgão ou entidade.

Gestão arquivística de documentos

Conjunto de procedimentos e operações técnicas referentes à produção, tramitação, uso, avaliação e arquivamento dos documentos em fase corrente e intermediária, visando a sua eliminação ou seu recolhimento para a guarda permanente.

Sistema de gestão arquivística de documentos

Conjunto de procedimentos e operações técnicas, cuja interação permite a eficiência e a eficácia da gestão arquivística de documentos.

Gerenciamento eletrônico de documentos (ged)

Conjunto de tecnologias utilizadas para organização da informação não-estruturada de um órgão ou entidade, que pode ser dividido nas seguintes funcionalidades: captura, gerenciamento, armazenamento e distribuição. Entende-se por informação não-estruturada, aquela que não está armazenada em banco de dados, tais como mensagem de correio eletrônico, arquivo de texto, imagem ou som, planilhas, etc. O **GED** pode englobar tecnologias de digitalização, automação de fluxos de trabalho (**workflow**), processamento de formulários, indexação, gestão de documentos, repositórios, entre outras.

Sistema informatizado de gestão arquivística de documentos (sigad)

É um conjunto de procedimentos e operações técnicas, característico do sistema de gestão arquivística de documentos, processado por computador. O SIGAD e aplicável em sistemas híbridos, isto é, que utilizam documentos digitais e documentos convencionais.

Com base nos documentos e resoluções elaborados pelo Conselho Nacional de Arquivos (CONARQ), um documento arquivístico digital é a informação registrada, codificada em dígitos binários; produzida ou recebida; tramitada e armazenada por sistema computacional; dotada de organicidade e com elementos suficientes para servir como prova das atividades de um órgão, entidade ou pessoa. Segundo o MODELO DE REQUISITOS PARA SISTEMAS INFORMATIZADOS DE GESTÃO ARQUIVÍSTICA DE DOCUMENTOS - e-ARQ – Brasil – 2006, dezembro.

Um sistema informatizado de gestão arquivística de documentos (SIGAD), é um conjunto de procedimentos e operações técnicas apoiado em um sistema informatizado, que, de acordo com os princípios da gestão arquivística, visa ao controle do ciclo de vida dos documentos, desde a produção até a destinação final. O sucesso do SIGAD, dependerá fundamentalmente da implementação prévia de um programa de Gestão Arquivística de Documentos. A produção de documentos digitais levou à criação de sistemas informatizados de gerenciamento de documentos. Entretanto, para assegurar que documentos arquivísticos digitais sejam confiáveis e autênticos e que possam preservar suas características, é fundamental que os sistemas acima referidos incorporem os conceitos arquivísticos e suas implicações no gerenciamento dos documentos digitais.

Documento arquivístico

É o documento produzido e/ou recebido por uma pessoa física ou jurídica, no decorrer das suas atividades, qualquer que seja o suporte, e dotado de organicidade.

Documento arquivístico digital

É o documento arquivístico codificado em dígitos binários, produzido, tramitado e armazenado por sistema computacional. São exemplos de documentos arquivísticos digitais: textos, imagens fixas, imagens em movimento, gravações sonoras, mensagens de correio eletrônico, páginas web, bases de dados, dentre outras possibilidades de um vasto repertório de diversidade crescente. Portanto, um documento arquivístico digital é a informação registrada acessível por meio de sistema computacional, produzida ou recebida por pessoa física ou jurídica, tratada e gerenciada em um sistema de arquivos.

Documento digital é a informação acessível por meio de sistema computacional, e são considerados como arquivísticos quando são produzidos ou recebidos pelo órgão ou entidade no decorrer de suas atividades, possuindo relação orgânica entre si. Os documentos digitais apresentam especificidades que podem comprometer sua autenticidade e seu acesso, uma vez que são suscetíveis à degradação física dos seus suportes, à obsolescência tecnológica de hardware, software, de formatos e a intervenções não autorizadas. O resultado disso é a sua adulteração e/ou destruição. Portanto, é fundamental que sejam desenvolvidas estratégias de preservação digital que considerem as características do documento arquivístico, principalmente no que diz respeito à forma fixa, ao conteúdo estável e à relação orgânica.

Os documentos digitais devem ser armazenados de forma a estarem protegidos da destruição, reprodução, alteração, uso e acesso não autorizados, pois de acordo com a Lei nº 12.682/2012 que dispõe sobre a elaboração e o arquivamento de documentos em meios eletromagnéticos, em seu Art. 3º - *O processo de digitalização deverá ser realizado de forma a manter a integridade, a autenticidade e, se necessário, a confidencialidade do documento digital, com o emprego de certificado digital emitido no âmbito da Infraestrutura de Chaves Públicas Brasileira - ICP – Brasil.*

> **Parágrafo único.** *Os meios de armazenamento dos documentos digitais deverão protegê-los de acesso, uso, alteração, reprodução e destruição não autorizados.*

As estratégias de preservação de documentos arquivísticos, devem ser selecionadas com base em sua capacidade de manter as características desses documentos e na avaliação custo-benefício. Podem incluir monitoramento e controle ambiental, restrições de acesso, cuidados no manuseio direto e obtenção de suportes e materiais mais duráveis (papel, tinta, disco óptico, fita magnética). No caso específico dos documentos digitais, essas estratégias incluem a prevenção da obsolescência tecnológica e de danos físicos ao suporte, por meio de procedimentos de migração, como atualização (refreshing) e conversão. O Objetivo é identificar o originador do documento, fornecer informação sobre o contexto de produção do documento, demonstrar a autenticidade de um documento, indicando o responsável legal pela sua emissão.

Credencial de Segurança - Atributo ou conjunto de atributos associados a um usuário que definem as categorias de segurança, segundo as quais o acesso é concedido.

Marca d'Água Digital - Marca que serve para distinguir uma imagem digital com informação sobre sua proveniência e características, utilizada para proteger a propriedade intelectual. As marcas d'água sobrepõem, no mapa de bits de uma imagem, um desenho complexo, visível ou invisível, que só pode ser suprimido mediante a utilização de um algoritmo e de uma chave protegida. (I) Digital watermark.

Trilha de Auditoria - Conjunto de informações registradas que permite o rastreamento de intervenções ou tentativas de intervenção no documento arquivístico digital ou no sistema computacional. (I) Audit trail.

Criptografia Simétrica - Método de criptografia que utiliza uma chave simétrica, de maneira que o texto seja cifrado e decifrado com esta mesma chave.

Criptografia Assimétrica - Método de criptografia que utiliza um par de chaves diferentes que se relacionam, matematicamente, por meio de um algoritmo, de modo que o texto cifrado por uma chave só possa ser decifrado pela outra que forma com ela um par. As duas chaves envolvidas na criptografia assimétrica são denominadas chave pública e chave privada.

Documento eletrônico

Os documentos eletrônicos se mantêm autênticos por meio de processos contínuos de cópia e migração. Tais processos se fazem necessários devido à fragilidade do suporte, magnético ou óptico, e à obsolescência tecnológica.

É importante ressaltar que cópia e migração têm consequências diferentes para a autenticação dos documentos. A cópia consiste em uma reprodução completa dos elementos de forma e conteúdo de um documento. Consequentemente, os documentos copiados se constituem em reproduções fiéis dos documentos originais. Entretanto, há que ressaltar que, apesar de menos invasiva, a cópia de documentos eletrônicos também se constitui em uma intervenção, logo, interfere na autenticidade desses documentos.

Quanto à migração, esta implica mudanças na configuração que afetam o documento por inteiro. Na verdade, após serem migrados os documentos podem parecer os mesmos, mas não são. Sua forma física é profundamente alterada, com perda de alguns dados e acréscimos de outros.

Os documentos eletrônicos são identificados e avaliados por meio da análise diplomática, da mesma forma que são analisados os documentos convencionais, já que na diplomática os documentos podem e devem ser identificados por meios de sues constituintes formais e não pela informação que está sendo transmitida.

Fidedignidade é a capacidade de um documento arquivístico sustentar os fatos que atesta e está ligada ao momento da produção do documento. Em documentos convencionais bastam data e assinatura, porém os eletrônicos necessitam de acréscimos, tais como a hora de sua transmissão aos destinatários junto com a data do documento. O sistema acrescenta, automaticamente, o nome do autor no cabeçalho do documento ou uma assinatura digital ou eletrônica. Segundo MacNeill (2000) assinatura digital *é um tipo especial de assinatura eletrônica, baseada em métodos criptográficos de autenticação do originador" e assinatura eletrônica é a compilação, por computador, "de qualquer símbolo ou séries de símbolos executados, adotados ou autorizados por um indivíduo para ser o laço legalmente equivalente à assinatura manual do indivíduo.*

Com base nos requisitos funcionais e nas regras de produção, delineou-se um conjunto de metadados e esses foram delineados para permitir futura identificação e rastreamento dos documentos encapsulados em metadados e distribuídos em 6 camadas: Registro; Termos e condições de acesso, uso e destinação; Estrutura que garante seu valor de prova ao longo do tempo; Contexto que identifica a proveniência do documento e possui algumas subcamadas: instituição, quem recebeu a transação e o horário, tipo de transação; Conteúdo; História do uso desde sua criação que possui ainda informações sobre quando e por quem foi usado, como foi usado (copiado, editado, arquivado).

Governo eletrônico – e-gov

Decreto Presidencial de 3 de abril de 2000 criou o Grupo de Trabalho Interministerial – conhecido por GTTI ou Grupo de Trabalho em Tecnologia da Informação com o objetivo de examinar e propor políticas, diretrizes e normas relacionadas com as novas formas eletrônicas de interação com ênfase na universalização dos serviços, governo ao alcance de todos e infra-estrutura avançada.

NOÇÕES DE ARQUIVOLOGIA – ESPECÍFICO PARA ESCRIVÃO

DOCUMENTOS ELETRÔNICOS E DIGITAIS

Em julho do mesmo ano foi apresentado pelo GTTI a criação do Governo Eletrônico.

O CONARQ por meio de sua portaria nº 60, de 7 de março de 2002 reformulou a Câmara Técnica de Documentos eletrônicos que passou a ser integrada por uma equipe interdisciplinar.

As diretrizes para a gestão arquivística do correio eletrônico corporativo, elaboradas pelo Conselho Nacional de Arquivos (CONARQ), estabeleceu que as instituições que possuem política de preservação digital devem prever a inserção das mensagens de correio eletrônico como documento digital. Isto ficou estabelecido pela Resolução nº 20, de 16 de julho de 2004 em seu Art. 1º - *Os órgãos e entidades integrantes do Sistema Nacional de Arquivos deverão identificar, dentre as informações e os documentos produzidos, recebidos ou armazenados em meio digital, aqueles considerados arquivísticos para que sejam contemplados pelo programa de gestão arquivística de documentos*.

> *§1º - Considera-se documento arquivístico como a informação registrada, independente da forma ou do suporte, produzida e recebida no decorrer das atividades de um órgão, entidade ou pessoa, dotada de organicidade e que possui elementos constitutivos suficientes para servir de prova dessas atividades.*
>
> *§2º - Considera-se documento arquivístico digital o documento arquivístico codificado em dígitos binários, produzido, tramitado e armazenado por sistema computacional. São exemplos de documentos arquivísticos digitais: planilhas eletrônicas, mensagens de correio eletrônico, sítios na internet, bases de dados e também textos, imagens fixas, imagens em movimento e gravações sonoras, dentre outras possibilidades, em formato digital.*
>
> ***Artigo 2º*** *- Um programa de gestão arquivística de documentos é aplicável independente da forma ou do suporte, em ambientes convencionais, digitais ou híbridos em que as informações são produzidas e armazenadas.*

Câmara técnica de documentos eletrônicos

Perguntas Frequentes

01. O que é Considerado um Documento Arquivístico num Ambiente Digital?

Resposta: Um documento em formato digital é considerado arquivístico quando produzido (elaborado ou recebido) no curso de uma atividade, ou seja, de um processo de trabalho, como instrumento ou resultado de tal atividade, e retido para ação ou referência.

textos, e-mail, fotografias, filmes, plantas de arquitetura, bases de dados, áudio ou mesmo websites, desde que atendam aos critérios definidos anteriormente.

02. Documento Digital é a mesma coisa que Documento Eletrônico?

Resposta: Na literatura arquivística internacional, ainda é corrente o uso do termo "documento eletrônico" como sinônimo de "documento digital". Entretanto, do ponto de vista tecnológico, existe uma diferença entre os termos "eletrônico" e "digital".

Um documento eletrônico é acessível e interpretável por meio de um equipamento eletrônico (aparelho de videocassete, filmadora, computador), podendo ser registrado e codificado em forma analógica ou em dígitos binários. Já um documento digital é um documento eletrônico caracterizado pela codificação em dígitos binários e acessado por meio de sistema computacional. Assim, todo documento digital é eletrônico, mas nem todo documento eletrônico é digital.

Apesar de ter seu foco atualmente direcionado para os documentos digitais, a CTDE (Câmara Técnica de Documentos Eletrônicos) mantém seu nome, uma vez que este escopo pode ser expandido ao longo do desenvolvimento de seus trabalhos.

Exs.:

1) documento eletrônico: filme em VHS, música em fita cassete.

2) documento digital: texto em PDF, planilha de cálculo em Microsoft Excel, áudio em MP3, filme em AVI.

03. As Fotografias e Filmes Digitais produzidos na minha Instituição podem ser considerados Documentos Arquivísticos?

Resposta: Sim, desde que tenham sido produzidos (elaborados ou recebidos) no curso de uma atividade, ou seja, de um processo de trabalho, como instrumentos ou resultados de tal atividade, e retidos para ação ou referência. Esses documentos devem ser contemplados pelo programa de gestão arquivística da instituição.

As fotografias e filmes que documentam eventos e atividades da instituição.

04. Um Website pode ser considerado um Documento Arquivístico?

Resposta: Sim, desde que tenha sido elaborado no curso de uma atividade, ou seja, de um processo de trabalho, como instrumento ou resultado de tal atividade, e retido para ação ou referência. O website deve ser contemplado pelo programa de gestão arquivística da instituição.

05. Mensagens de Correio Eletrônico (e-mails) podem ser consideradas Documentos Arquivísticos?

Resposta: Sim, desde que tenham sido produzidas (elaboradas ou recebidas) no curso de uma atividade, ou seja, de um processo de trabalho, como instrumentos ou resultados de tal atividade, e retidas para ação ou referência. Na qualidade de documentos arquivísticos, as mensagens devem ser completas e criadas por pessoas autorizadas, e é recomendável que sejam redigidas de acordo com normas oficiais de comunicação. Não devem ser tratados assuntos fora da matéria que originou o documento e devem existir procedimentos que controlem a tramitação e o arquivamento, de forma a garantir sua autenticidade. Esses documentos devem ser contemplados pelo programa de gestão arquivística da instituição.

Ex.:

E-mail convocando para uma reunião da Câmara Técnica de Documentos Eletrônicos do CONARQ.

06. Um Documento Digital sem Assinatura Digital pode ser Considerado Autêntico?

Resposta: Sim. Um documento pode ter sua autenticidade presumida por meio de procedimentos que controlem sua produção, transmissão, armazenamento, manutenção e preservação. Um sistema informatizado de gestão arquivística de documentos (SIGAD) idôneo e confiável oferece um alto grau de presunção de autenticidade dos documentos. Porém o uso da assinatura digital é recomendável nos casos em que é obrigatório garantir a autoria e/ou a integridade de um documento transmitido entre sistemas ou entre usuários e sistemas.

a) Um boletim de notas de uma disciplina produzido, mantido e acessado por meio de um sistema acadêmico informatizado não necessita ser assinado digitalmente pelo professor, desde que este sistema seja idôneo e confiável. Para isso, os controles de segurança exigem a identificação e autenticação do professor ao acessar o sistema, e só ele tem permissão para lançar as notas e autorizar a emissão do boletim.

b) Ao ser transmitida de um sistema de gestão de pessoas para o sistema de uma instituição financeira (como um banco), uma autorização de pagamento precisa de assinatura digital para garantir sua autenticidade.

c) Em documentos encaminhados por meio de correio eletrônico, é recomendado o uso de assinatura digital, quando for necessário garantir sua autenticidade.

07. O Documento Digital e o Documento Digitalizado são a mesma coisa?

Resposta: O documento digitalizado é um tipo de documento digital. Os documentos digitais têm duas origens distintas: os que já nascem digitais e os que são gerados a partir de digitalização. Ambos são codificados em dígitos binários, acessíveis e interpretáveis por meio de um sistema computacional.

O documento digitalizado é a representação digital de um documento produzido em outro formato e que, por meio da digitalização, foi convertido para o formato digital. Geralmente, esse representante digital visa a facilitar a disseminação e o acesso, além de evitar o manuseio do original, contribuindo para a sua preservação. Todo documento digitalizado é um documento digital, mas nem todo documento digital é um documento digitalizado.

Ex.:

1) Documento nato digital (born digital): Textos em Microsoft Word, fotografias tiradas em câmeras digitais, plantas de arquitetura e urbanismo criadas em AutoCAD, mensagens de correio eletrônico, planilhas eletrônicas.

2) Documento digitalizado: Cópia digitalizada da Lei Áurea; negativos e fotografias escaneados.

08. A Digitalização permite a Eliminação Imediata do Original?

Não. A eliminação do original não pode ser feita apenas porque ele foi digitalizado. A eliminação do documento original, bem como de sua cópia digital, dependerá de uma avaliação prévia que definirá seu prazo de guarda e sua destinação.

A eliminação de documentos, no setor público, obedece a procedimentos previstos na legislação arquivística específica, entre os quais, a constituição de comissão permanente de avaliação de documentos, a elaboração de tabela de temporalidade e destinação de documentos e o cumprimento do disposto nas resoluções do Conselho Nacional de Arquivos (CONARQ) que tratam da eliminação de documentos. Caso o original seja considerado de valor permanente, este não poderá ser eliminado, conforme também determina a legislação.

No setor privado, recomenda-se a elaboração de tabela de temporalidade e destinação e que se institua comissão de avaliação de documentos para aplicar os prazos previstos na tabela e realizar os procedimentos de eliminação.

A finalidade principal da digitalização não é a eliminação, e sim facilitar a disseminação e o acesso, além de evitar o manuseio do original, contribuindo para a sua preservação.

09. Posso Eliminar Documentos Arquivísticos Digitais? Como fazê-lo?

Sim. A eliminação de documentos arquivísticos segue o mesmo processo, sejam eles convencionais ou digitais.

No setor público, a eliminação deve ser precedida pela elaboração de listagem de eliminação de documentos, que, depois de aprovada pela instituição arquivística na específica esfera de competência, deverá ser publicada e, quando for efetivada a eliminação, será lavrado o termo de eliminação de documentos, segundo a legislação vigente. Caso o original seja considerado de valor permanente, este não poderá ser eliminado, conforme também determina a legislação.

No setor privado, recomenda-se a elaboração de tabela de temporalidade e destinação e que se institua comissão de avaliação de documentos para aplicar os prazos previstos na tabela e realizar os procedimentos de eliminação.

Em ambos os setores, deve-se observar ainda os seguintes procedimentos:

a) os documentos arquivísticos que estiverem pendentes sob litígio ou investigação não poderão ser destruídos;

b) a eliminação deverá ser realizada de forma a impossibilitar a recuperação posterior de qualquer documento eliminado; e

c) todas as cópias dos documentos eliminados, incluindo cópias de segurança e cópias de preservação, independentemente do suporte, deverão ser destruídas.

10. Quando um Documento Digital é produzido e depois impresso, qual deles é o Original?

Depende do contexto em que se dá a produção do documento:

a) Se o documento digitado em processador de texto é impresso e assinado, tramita e é arquivado em papel, ele será considerado original. Neste caso, o computador foi utilizado como uma ferramenta para apoiar a produção do documento em papel.

b) Se o documento é produzido em sistema informatizado e, após a assinatura e a tramitação, é arquivado em meio digital, a impressão em papel será eventual, e o documento dela resultante será considerado uma cópia.

11. O que é um Sistema Informatizado de Gestão Arquivística de Documentos (SIGAD), proposto pelo e-ARQ Brasil?

É um sistema desenvolvido para realizar as operações técnicas da gestão arquivística de documentos, processado eletronicamente e aplicável em ambientes digitais ou em ambientes híbridos, isto é, ambientes que incluem documentos digitais e convencionais.

Um SIGAD contempla funcionalidades, tais como: gestão e aplicação do plano e código de classificação; captura; avaliação e destinação (aplicação da tabela de temporalidade); pesquisa, localização e apresentação; segurança; armazenamento e preservação. Pode incluir ainda outras funcionalidades, como tramitação e fluxo de trabalho, e características, como usabilidade; interoperabilidade; disponibilidade; e desempenho e escalabilidade.

DOCUMENTOS ELETRÔNICOS E DIGITAIS

12. Qual é a Diferença entre o SIGAD e o Gerenciamento Eletrônico de Documentos (GED)?

Um SIGAD tem por objeto o documento arquivístico e visa a gerenciá-lo em todo o seu ciclo de vida. Portanto é capaz de realizar todas as operações técnicas da gestão arquivística desde a produção até a destinação final do documento.

Já o GED tem por objeto o documento sem a perspectiva arquivística. Portanto não gerencia o ciclo de vida dos documentos, nem é capaz de manter a relação orgânica ou controlar a temporalidade e a destinação.

Isso não significa que um é melhor do que outro; simplesmente, eles possuem objetivos diferentes. A escolha de um ou de outro, ou a adoção de ambos, depende das necessidades da organização.

Apesar das diferenças, existe, inclusive, uma tendência de GEDs incorporarem as funcionalidades de um SIGAD.

13. Qual é a Diferença entre Autenticidade e Autenticação?

A autenticidade é uma qualidade do documento; a autenticação é uma declaração desta qualidade.

Autenticidade é a qualidade de um documento ser autêntico e merecedor de aceitação, isto é, a característica de um documento ser o que diz ser e de estar livre de adulteração e corrupção.

Autenticação é a declaração de autenticidade de um documento, num determinado momento, por uma pessoa física ou jurídica investida de autoridade para fazer tal declaração (servidor público, notário, autoridade certificadora). Ela tem a forma de uma declaração que se insere no documento para atestar que ele é autêntico.

Observação: A assinatura digital é um exemplo de autenticação, visto que ela identifica o emissor de um documento e permite a verificação de que seu conteúdo não foi adulterado. A autoria e a integridade são alguns dos elementos do documento que apoiam a presunção de autenticidade de um documento digital, mas não são suficientes para assegurá-la.

14. Como posso Preservar Documentos em Formato Digital?

A instituição deve possuir um programa de preservação de documentos arquivísticos que incorpore os documentos convencionais e digitais.

A preservação digital é o conjunto de estratégias e metodologias destinadas a preservar os documentos em formato digital. Ela pode implicar desde transferências periódicas dos suportes de armazenamento até a conversão para outros formatos digitais, bem como a atualização do ambiente tecnológico, o hardware e o software.

Tais estratégias devem alcançar todas as características essenciais que definem um documento digital, que são: físicas (suporte / registro físico), lógicas (software e formato digital) e conceituais (estrutura / conteúdo exibido). Além disso, elas devem levar em conta os elementos necessários para a produção, a manutenção e o acesso aos documentos digitais.

Deve-se compreender, ainda, que a preservação digital não é a digitalização de documentos que se apresentam em outros suportes. A digitalização é uma ação que serve à captura de documentos para sistemas de informação como forma de facilitar seu gerenciamento e acesso, bem como auxiliar a preservação dos originais. Já a preservação digital visa exclusivamente à preservação dos documentos digitais.

Disponível em: http://www.conarq.arquivonacional.gov.br/documentos-eletronicos-ctde/perguntas-mais-frequentes.html

Correio eletrônico

Organização das Nações Unidas – ONU

A Organização das Nações Unidas – ONU, ao estabelecer orientações sobre como gerenciar a mensagem de correio eletrônico, aponta situações em que é possível identificá-la como documento arquivístico; dentre elas, destacamos (UNITED NATIONS, 2010):

> Mensagem cujo conteúdo inicia, autoriza ou completa uma ação de um órgão ou entidade.
> Mensagem trocada entre pessoas da mesma equipe ou de outras equipes, em trabalho conjunto, e cujo conteúdo se refere à atividade do órgão ou entidade.
> Mensagem recebida de fonte externa (pessoa física ou jurídica) que compõe um documento arquivístico oficial.
> Mensagem cujo conteúdo refere-se à pauta ou registro de reunião.
> Mensagem cujo conteúdo é nota, relatório final ou recomendação para uma ação em desenvolvimento ou finalizada.

As mesmas orientações da ONU apontam situações em que a mensagem de correio eletrônico NÃO é considerada documento arquivístico; dentre elas, destacamos:

> Mensagem cujo conteúdo é de caráter pessoal (não tem relação com as atividades do órgão ou entidade).
> Mensagem cujo conteúdo se refere a "correntes", propagandas, promoções e afins.
> Cópia de mensagem enviada para grupos de trabalho ou coordenações, com a única finalidade de referência ou informação.
> Material de referência, isto é, documentos usados apenas para subsídio teórico no desenvolvimento de uma atividade.

A mensagem de correio eletrônico considerada como um documento arquivístico precisa ser declarada como tal, ou seja, incorporada ao conjunto de documentos do órgão ou entidade, a fim de manter sua autenticidade, confiabilidade e acessibilidade pelo tempo que for necessário.

Fonte: CONARQ – Conselho Nacional de Arquivo - Câmara Técnica de Documentos Eletrônicos. Diretrizes para a Gestão Arquivística do Correio Eletrônico Corporativo, Rio de Janeiro, 2012

Um sistema informatizado de gestão arquivística de documentos (SIGAD) é um conjunto de procedimentos e operações técnicas apoiado em um sistema informatizado, que, de acordo com os princípios da gestão arquivística, visam ao controle do ciclo de vida dos documentos, desde a produção até a destinação final. O sucesso do SIGAD dependerá fundamentalmente da implementação prévia de um programa de Gestão Arquivística de Documentos. A produção de documentos digitais levou à criação de sistemas informatizados de gerenciamento de documentos. Entretanto, para se assegurar que documentos arquivísticos digitais sejam confiáveis e autênticos e que possam preservar suas características é fundamental que os sistemas acima referidos incorporem os conceitos arquivísticos e suas implicações no gerenciamento dos documentos digitais.

Programa AN Digital

Tem como objetivo implantar os procedimentos necessários e dotar o Arquivo Nacional de um repositório para receber, descrever, armazenar, preservar e dar acesso aos documentos arquivísticos digitais sob sua custódia. Neste sentido o programa deverá incluir: definição da abordagem de preservação digital do Arquivo Nacional; definição de procedimentos; definição de padrões; desenvolvimento e implantação de um repositório; aquisição de equipamentos; formação de equipe especializada. Fonte: www.siga.arquivonacional.gov.br. AN Digital - Política de Preservação Digital.

5. LEGISLAÇÃO ARQUIVÍSTICA
5.1 CONARQ

Fonte: \\www.conarq.arquivonacional.gov.br

O Conselho Nacional de Arquivos - (CONARQ) é um órgão colegiado, vinculado ao Arquivo Nacional do Ministério da Justiça, que tem por finalidade definir a política nacional de arquivos públicos e privados, como órgão central de um Sistema Nacional de Arquivos, bem como exercer orientação normativa visando à gestão documental e à proteção especial aos documentos de arquivo.

A **Constituição Federal** de 1988 e, particularmente, a **Lei nº 8.159, de 8 de janeiro de 1991** que dispõe sobre a política nacional de arquivos públicos e privados, delegaram ao Poder Público estas responsabilidades, consubstanciadas pelo **Decreto nº 4.073, de 3 de janeiro de 2002**, que consolidou os decretos anteriores - nºs 1.173, de 29 de junho de 1994; 1.461, de 25 de abril de 1995; 2.182, de 20 de março de 1997 e 2.942, de 18 de janeiro de 1999.

De acordo com estes dispositivos legais, as ações visando à consolidação da política nacional de arquivos deverão ser emanadas do **Conselho Nacional de Arquivos – CONARQ**.

O Conselho Nacional de Arquivos **(CONARQ) foi criado pelo art. 26 da Lei nº 8.159/91 e regulamentado pelo Decreto nº 4.073, de 3 de janeiro de 2002** e tem como competências:

01. Estabelecer **diretrizes para o funcionamento do Sistema Nacional de Arquivos - SINAR**, visando à gestão, à preservação e ao acesso aos documentos de arquivos.

02. **Promover o inter-relacionamento de arquivos públicos e privados** com vistas ao intercâmbio e à integração sistêmica das atividades arquivísticas.

03. Propor ao Ministro de Estado da Justiça **normas legais necessárias ao aperfeiçoamento e à implementação da política nacional de arquivos públicos e privados**.

04. **Zelar pelo cumprimento dos dispositivos constitucionais e legais** que norteiam o funcionamento e o acesso aos arquivos públicos.

05. **Estimular programas de gestão e de preservação de documentos públicos de âmbito federal, estadual, do Distrito Federal e municipal**, produzidos ou recebidos em decorrência das funções executiva, legislativa e judiciária.

06. **Subsidiar a elaboração de planos nacionais de desenvolvimento**, sugerindo metas e prioridades da política nacional de arquivos públicos e privados.

07. **Estimular a implantação de sistemas de arquivos nos Poderes Executivo, Legislativo e Judiciário da União, dos Estados, do Distrito Federal e nos Poderes Executivo e Legislativo dos Municípios**.

08. **Estimular a integração e modernização dos arquivos públicos e privados**; identificar os arquivos privados de interesse público e social, nos termos do Art. 12 da Lei nº 8.159, de 1991.

09. **Propor ao Presidente da República, por intermédio do Ministro de Estado da Justiça, a declaração de interesse público e social de arquivos privados**.
10. **Estimular a capacitação técnica dos recursos humanos** que desenvolvam atividades de arquivo nas instituições integrantes do SINAR.
11. **Recomendar providências para a apuração e a reparação de atos lesivos à política nacional de arquivos públicos e privados.**
12. **Promover a elaboração do cadastro nacional de arquivos públicos e privados**, bem como desenvolver atividades censitárias referentes a arquivos.
13. **Manter intercâmbio com outros conselhos e instituições**, cujas finalidades sejam relacionadas ou complementares às suas, para prover e receber elementos de informação e juízo, conjugar esforços e encadear ações.
14. **Articular-se com outros órgãos do Poder Público formuladores de políticas nacionais nas áreas de educação, cultura, ciência, tecnologia, informação e informática**.

O funcionamento do CONARQ é regulamentado pelo seu regimento interno aprovado pela Portaria nº 2.588, de 24 de novembro de 2011.

O CONARQ é constituído por dezessete membros conselheiros: o Diretor-Geral do Arquivo Nacional, que o presidirá, representantes dos poderes Executivo Federal, Judiciário Federal, Legislativo Federal, do Arquivo Nacional, dos arquivos públicos estaduais e do Distrito Federal, dos arquivos públicos municipais, das instituições mantenedoras de curso superior de Arquivologia, de associações de arquivistas e de instituições que congreguem profissionais que atuem nas áreas de ensino, pesquisa, preservação ou acesso a fontes documentais. Cada Conselheiro tem um suplente.

Sua composição espelha, portanto, a convergência de interesses do Estado e da Sociedade, de modo a compatibilizar as questões inerentes à responsabilidade funcional e social do Poder Público perante a gestão e preservação do patrimônio arquivístico público e privado brasileiro e o direito dos cidadãos de acesso às informações.

Para melhor funcionamento do CONARQ e maior agilidade na operacionalização do **Sistema Nacional de Arquivos - SINAR**, foi prevista a criação de **Câmaras Técnicas e Câmaras Setoriais** e **Comissões Especiais**, com a incumbência de elaborar estudos e normas necessárias à implementação da política nacional de arquivos públicos e privados e ao funcionamento do SINAR.

Ao Arquivo Nacional cabe dar suporte técnico e administrativo ao CONARQ.

As **Câmaras Técnicas**, constituídas pelo Plenário, **são de caráter permanente** e visam a elaborar estudos e normas necessárias à implementação da política nacional de arquivos públicos e privados e ao funcionamento do SINAR.

Desde a implantação do CONARQ foram criadas as seguintes câmaras técnicas:

> Câmara Técnica de Avaliação de Documentos.
> Câmara Técnica de Capacitação de Recursos Humanos.
> Câmara Técnica de Classificação de Documentos.
> Câmara Técnica de Documentos Audiovisuais, Iconográficos e Sonoros.
> Câmara Técnica de Documentos Eletrônicos.
> Câmara Técnica de Normalização da Descrição Arquivística.
> Câmara Técnica de Paleografia e Diplomática.
> Câmara Técnica de Preservação de Documentos.

Câmaras setoriais

A Portaria nº 2.588, de 24 de novembro de 2011, do Ministério da Justiça que aprova o recente Regimento Interno do CONARQ, institui no Capítulo IV Da Organização e do Funcionamento, as Câmaras Setoriais, de caráter permanente visando a identificar, discutir e propor soluções para questões temáticas que se repercutirem na estrutura e organização de segmentos específicos de arquivos, interagindo com as câmaras técnicas.

Câmara Setorial de Arquivos de Instituições de Saúde; Câmara Setorial sobre Arquivos de Empresas Privatizadas ou em Processo de Privatização; Câmara Setorial sobre Arquivos do Judiciário; Câmara Setorial sobre Arquivos Municipais; Câmara Setorial sobre Arquivos de Arquitetura, Engenharia e Urbanismo; Câmara Setorial sobre Arquivos Privados.

5.2 SINAR

A história do sinar

Fonte: \\www.conarq.arquivonacional.gov.br

Em 25 de setembro de 1978, o **Decreto nº 82.308**, instituiu o Sistema Nacional de Arquivos -SINAR.

A implementação do Sistema foi bastante prejudicada já que sua **área de abrangência ficou restrita aos arquivos intermediários e permanentes**, tendo em vista os limites impostos na criação, pelo Governo Federal, em 1975, do **Sistema de Serviços Gerais - SISG**, ao qual se vinculariam os **arquivos correntes da Administração Pública Federal**.

A postura equivocada de limitar a atuação do SINAR confrontava-se radicalmente com o princípio da organicidade dos documentos de arquivo, que preconiza a complementaridade entre as três idades que compõem o ciclo vital dos documentos.

Embora formalmente criado, o Sistema nunca chegou a ser implantado uma vez que trazia em seu bojo dispositivos conflitantes e que não atendiam às necessidades e à realidade de nossos arquivos.

Mesmo assim, esse decreto teve o mérito de despertar a atenção de vários governos estaduais para a importância dos arquivos na administração pública, motivando-os a criarem seus sistemas estaduais de arquivos. Foi o caso dos governos do Rio Grande do Norte, do Pará, de Sergipe e do Espírito Santo.

Com a **"recriação" do Sistema Nacional de Arquivos - SINAR, pela Lei nº 8.159, de 08 de janeiro de 1991 e pelos Decretos nº 1.173, de 29 de junho de 1994 e 1.461, de 25 de abril de 1995**, consolidados e revogados pelo Decreto nº 4.073, de 3 de janeiro de 2002, o SINAR desenvolverá suas atividades de forma integrada com esses sistemas e estimulará os demais Estados bem como os municípios, que ainda não dispõem desse moderno instrumento de administração, a criarem também seus sistemas de arquivo.

O **Art. 26 da Lei nº 8.159/91, não só criou o Conselho Nacional de Arquivos - CONARQ como institui também o Sistema Nacional de Arquivos - SINAR, cuja competência, organização e funcionamento estão regulamentados pelo Decreto nº 4.073, de 3 de janeiro de 2002.**

De acordo com esse dispositivo legal, o SINAR tem por finalidade implementar a política nacional de arquivos públicos e privados, visando à gestão, à preservação e ao acesso aos documentos de arquivo.

Integram o SINAR, que tem como Órgão central o CONARQ:

> O Arquivo Nacional.
> Os arquivos do Poder Executivo Federal.
> Os arquivos do Poder Legislativo Federal.
> Os arquivos do Poder Judiciário Federal.
> Os arquivos estaduais dos Poderes Executivo, Legislativo e Judiciário.
> Os arquivos do Distrito Federal dos Poderes Executivo, Legislativo e Judiciário; os arquivos municipais dos Poderes Executivo e Legislativo.

Os arquivos referidos acima, exceto o Arquivo Nacional, quando organizados sistemicamente, passam a integrar o SINAR por intermédio de seus órgãos centrais.

As pessoas físicas e jurídicas de direito privado, detentoras de arquivos, podem integrar o SINAR mediante acordo ou ajuste com o órgão central.

Compete aos Integrantes do SINAR:

01. Promover a gestão, a preservação e o acesso às informações e aos documentos na sua esfera de competência, em conformidade com as diretrizes e normas emanadas do órgão central.
02. Disseminar, em sua área de atuação, as diretrizes e normas estabelecidas pelo órgão central, zelando pelo seu cumprimento; implementar a racionalização das atividades arquivísticas, de forma a garantir a integridade do ciclo documental.
03. Garantir a guarda e o acesso aos documentos de valor permanente; apresentar sugestões ao CONARQ para o aprimoramento do SINAR.
04. Prestar informações sobre suas atividades ao CONARQ; apresentar subsídios ao CONARQ para a elaboração de dispositivos legais necessários ao aperfeiçoamento e à implementação da política nacional de arquivos públicos e privados.
05. Promover a integração e a modernização dos arquivos em sua esfera de atuação.
06. Propor ao CONARQ os arquivos privados que possam ser considerados de interesse público e social.
07. Comunicar ao CONARQ, para as devidas providências, atos lesivos ao patrimônio arquivístico nacional.
08. Colaborar na elaboração de cadastro nacional de arquivos públicos e privados, bem como no desenvolvimento de atividades censitárias referentes a arquivos; possibilitar a participação de especialistas nas câmaras técnicas, câmaras setoriais e comissões especiais constituídas pelo CONARQ.
09. Proporcionar aperfeiçoamento e reciclagem aos técnicos da área de arquivo, garantindo constante atualização.

Os integrantes do SINAR seguirão as diretrizes e normas emanadas do CONARQ, sem prejuízo de sua subordinação e vinculação administrativa.

5.3 Arquivo Nacional

O Arquivo Nacional, criado em 1838, é o órgão central do Sistema de Gestão de Documentos de Arquivo - SIGA, da administração pública federal.

Subordinado ao Ministério da Justiça - MJ desde a publicação do **Decreto nº 7.430, de 17 de janeiro de 2011**, no Diário Oficial da União nº 12, de 18 de janeiro de 2011.

Tem por Finalidade:

> Implementar e acompanhar a política nacional de arquivos, definida pelo Conselho Nacional de Arquivos - CONARQ, por meio da gestão, do recolhimento, do tratamento técnico, da preservação e da divulgação do patrimônio documental do País,
> Garantir pleno acesso à informação, visando apoiar as decisões governamentais de caráter político-administrativo, o cidadão na defesa de seus direitos,
> Incentivar a produção de conhecimento científico e cultural.

O que são Documentos de Arquivo?

São documentos produzidos, recebidos e mantidos por órgãos e entidades da administração pública federal, em decorrência do exercício de funções e atividades específicas, qualquer que seja o suporte da informação ou a natureza dos documentos.

O que é Gestão de Documentos?

É o conjunto de procedimentos e operações técnicas referentes à produção, tramitação, uso, avaliação e arquivamento de documentos em fase corrente e intermediária, independentemente do suporte, visando a sua eliminação ou recolhimento para guarda permanente.

Para que uma Política de Gestão de Documentos?

Porque é dever do Poder Público a gestão documental e a proteção especial aos documentos de arquivo, como instrumento de apoio à administração, à cultura, ao desenvolvimento científico e como elementos de prova e informação.

Quem Integra o SIGA?

→ O Arquivo Nacional, como órgão central **do SIGA**.

→ As unidades responsáveis pela **coordenação das atividades de gestão de documentos de arquivo nos Ministérios e órgãos equivalentes**, como **órgãos setoriais**.

→ As unidades vinculadas aos Ministérios e órgãos equivalentes, como órgãos seccionais.

Órgãos equivalentes a Ministério, isto é, cujo titular possui status de Ministro de Estado. Atualmente, são órgãos equivalentes: Advocacia-Geral da União - AGU, Casa Civil da Presidência da República, Controladoria-Geral da União - CGU, Gabinete de Segurança Institucional da Presidência da República - GSI-PR, Secretaria de Assuntos Estratégicos da Presidência da República - SAE/PR, Secretaria de Aviação Civil - SAC, Secretaria de Comunicação Social da Presidência da República - SECOM-PR, Secretaria de Direitos Humanos - SDH, Secretaria de Políticas de Promoção da Igualdade Racial - SEPPIR, Secretaria de Políticas para as Mulheres - SPM, Secretaria de Portos - SP, Secretaria de Relações Institucionais da Presidência da República - SRI/PR, Secretaria-Geral da Presidência da República - SGPR.

Qual é a Função do Arquivo Nacional como Órgão Central do SIGA?

> **Acompanhar e orientar**, junto aos órgãos setoriais do SIGA, **a aplicação das normas relacionadas à gestão de documentos** de arquivo aprovadas pelo Ministro-Chefe da Casa Civil da Presidência da República.

> Orientar a implementação, **a coordenação e o controle das atividades e rotinas de trabalho relacionadas à gestão de documentos** nos órgãos setoriais.

> **Promover a disseminação de normas técnicas** e informações de interesse para o aperfeiçoamento do sistema junto aos órgãos setoriais do SIGA.

> **Promover e manter intercâmbio de cooperação técnica com instituições e sistemas afins, nacionais e internacionais**.

> **Estimular e promover a capacitação, o aperfeiçoamento, o treinamento e a reciclagem dos servidores** que atuam na área de gestão de documentos de arquivo.

> Qual é a função dos órgãos setoriais no SIGA?

> **Implantar, coordenar e controlar as atividades de gestão de documentos de arquivo**, em seu âmbito de atuação e de seus seccionais, em conformidade com as normas aprovadas pelo Ministro-Chefe da Casa Civil da Presidência da República.

> **Implementar e acompanhar rotinas de trabalho desenvolvidas**, no seu âmbito de atuação e de seus seccionais, **visando à padronização dos procedimentos técnicos relativos às atividades de produção, classificação, registro, tramitação, arquivamento, preservação, empréstimo, consulta, expedição, avaliação, transferência e recolhimento ou eliminação de documentos de arquivo e ao acesso às informações neles contidas**.

> **Coordenar a elaboração de código de classificação de documentos de arquivo**, com base nas funções e atividades desempenhadas pelo órgão ou entidade, e acompanhar a sua aplicação no seu âmbito de atuação e de seus seccionais.

> **Coordenar a aplicação do código de classificação e da tabela de temporalidade e destinação de documentos de arquivo relativos às atividades-meio, instituída para a Administração Pública Federal**, no seu âmbito de atuação e de seus seccionais.

> Elaborar, por intermédio da Comissão Permanente de Avaliação de Documentos e de que trata o Art. 18 do Decreto nº 4.073, de 3 de janeiro de 2002, e **aplicar, após aprovação do Arquivo Nacional, a tabela de temporalidade e destinação de documentos de arquivo relativos às atividades-fim**.

> **Promover e manter intercâmbio de cooperação técnica com instituições e sistemas afins, nacionais e internacionais**.

> **Proporcionar aos servidores** que atuam na área de gestão de documentos de arquivo **a capacitação, o aperfeiçoamento, o treinamento e a reciclagem, garantindo constante atualização**.

Devo me Registrar no Cadastro Nacional dos Integrantes do SIGA?

Devem se cadastrar os servidores federais e os empregados de empresas públicas da esfera federal ou de economia mista, que atuem na área de gestão de documentos, ainda que ocupe somente um cargo comissionado ou por prazo determinado. Não estão incluídos nesse grupo os funcionários terceirizados, estagiários ou servidores e empregados de empresas públicas da esfera estadual, distrital ou municipal.

5.4 O Que é o SIGA?

Documentos de Arquivo - SIGA, da Administração Pública Federal, pelo qual se organizam, sob a forma de sistema, as atividades de gestão de documentos de arquivo no âmbito dos órgãos e entidades da administração pública federal.

O **Sistema de Gestão de Documentos de Arquivo – SIGA**, da Administração Pública Federal, tem por **finalidade garantir ao cidadão e aos órgãos e entidades da Administração Pública Federal, de forma ágil e segura, o acesso aos documentos de arquivo e às informações neles contidas**, resguardados os aspectos de sigilo e as restrições administrativas ou legais; integrar e coordenar as atividades de gestão de documentos de arquivo desenvolvidas pelos órgãos setoriais e seccionais que o integram; disseminar normas relativas à gestão de documentos de arquivo; racionalizar a produção da documentação arquivística pública; racionalizar e reduzir os custos operacionais e de armazenagem da documentação arquivística pública; preservar o patrimônio documental arquivístico da Administração Pública Federal; articular-se com os demais sistemas que atuam direta ou indiretamente na gestão da informação pública federal.

Para efeitos de acompanhar, coordenar, controlar, orientar e promover a gestão de documentos de arquivo, o **SIGA tem o Arquivo Nacional como órgão central, e uma Comissão de Coordenação, presidida pelo Diretor-Geral do Arquivo Nacional e integrada por representantes do Arquivo Nacional, dos Ministérios e dos órgãos equivalentes**, cabendo aos Ministérios e aos órgãos equivalentes a criação de Subcomissões de Coordenação do SIGA que reúnam representantes dos órgãos seccionais de seu âmbito de atuação, com vistas a identificar necessidades e harmonizar as proposições a serem apresentadas à Comissão de Coordenação. As normas emanadas e deliberadas pela Comissão de Coordenação do SIGA serão aprovadas pela Ministra-Chefe da Casa Civil da Presidência da República.

É instituído por este Decreto um sistema de informações a fim de proceder à operacionalização do SIGA, visando à integração dos serviços arquivísticos dos órgãos e entidades da Administração Pública Federal.

A reunião de instalação da Comissão de Coordenação do SIGA foi realizada no dia 28 de janeiro de 2004, às 9h30, no auditório da Secretaria de Imprensa e Divulgação da Presidência da República, localizado no subsolo do Palácio do Planalto, com a participação dos presidentes ou coordenadores **das Subcomissões de Coordenação do SIGA**, criadas no âmbito dos Ministérios e órgãos equivalentes.

Objetivos

01. **Garantir ao cidadão e aos órgãos e entidades da administração pública federal**, de forma ágil e segura, o **acesso aos documentos de arquivo e às informações neles contidas**, resguardados os aspectos de sigilo e as restrições administrativas ou legais.
02. **Integrar e coordenar as atividades de gestão de documentos de arquivo** desenvolvidas pelos órgãos setoriais e seccionais que o integram.
03. **Disseminar normas relativas à gestão de documentos de arquivo**.
04. **Racionalizar a produção da documentação arquivística pública**.
05. Racionalizar e reduzir os custos operacionais e de armazenagem da documentação arquivística pública.
06. **Preservar o patrimônio documental arquivístico da administração pública federal**.
07. Articular-se com os demais sistemas que atuam direta ou indiretamente na gestão da informação pública federal.

Histórico

Década de 1980

Programa de Modernização do **Arquivo Nacional**: desenvolvimento de ações e programas de assistência técnica, publicação de manuais, treinamento de recursos humanos, promoção de seminários e cursos, recolhimento de documentos públicos federais, implantação do Registro Geral de Entrada de Acervos Arquivísticos no Arquivo Nacional. Essas ações permitiram delinear uma política arquivística para o governo federal.

Década de 1990

Concepção do Sistema Federal de Arquivos do Poder Executivo – SIFAR.

Anos 2000 e 2001

Aperfeiçoamento do SIFAR, que passou a ser denominado Sistema de Gestão de Documentos de Informações – SGDI, do Poder Executivo Federal.

Instituição do siga

12 de Dezembro de 2003

O **Decreto nº 4.915 cria o Sistema de Gestão de Documentos de Arquivo - SIGA, da Administração Pública Federal**, organizando, sob a forma de sistema, as atividades de gestão de documentos de arquivo no âmbito dos órgãos e entidades da Administração Pública Federal.

A **Lei de Acesso à Informação (Lei nº 12.527, de 18 de novembro de 2011)** estabelece que as **informações de interesse coletivo ou geral devem ser divulgadas pelos órgãos públicos, espontânea e proativamente, independentemente de solicitações**.

Com esse objetivo o Arquivo Nacional apresenta nesta seção, um conjunto significativo de dados de interesse público, de forma organizada, de modo a oferecer ao cidadão um padrão claro e uniforme de acesso, que facilite a localização e a obtenção das informações.

Aqui estão disponíveis, entre outros, dados sobre o funcionamento, a base jurídica e a própria história da Instituição, além daqueles referentes a diárias e passagens, licitações, relatórios de gestão, despesas, programas e ações, reforçando a missão do Arquivo Nacional de fornecer amplo acesso às informações, incluindo aquelas que se relacionam à transparência pública.

Neste sentido, destacam-se ainda a criação do SIC-AN que se destina a atender aos pedidos de informações sobre o acervo produzido pela Instituição de 1985 até o presente, e o fácil acesso à Ouvidoria, que recebe reclamações, denúncias e sugestões visando aperfeiçoar a qualidade dos serviços prestados pelo Arquivo Nacional.

A Instituição também apresenta um amplo conjunto de informações reunidas no item Perguntas Frequentes que, de modo objetivo, visa a esclarecer as dúvidas e questões encaminhadas habitualmente às áreas técnicas e ao Gabinete da Direção-Geral.

Atento à importância das diversas ferramentas de acesso à informação e, ao mesmo tempo, à necessidade de um contínuo aperfeiçoamento deste portal, o Arquivo Nacional busca contribuir, com esta seção, para a modernização dos serviços arquivísticos governamentais.

Câmara Técnica de Documentos Eletrônicos
Disponível em:<http://www.conarq.arquivonacional.gov.br>Adaptado.

O que é e-ARQ Brasil?

Estabelece um conjunto de condições a serem cumpridas pela organização produtora/recebedora de documentos, pelo sistema de gestão arquivística e pelos próprios documentos a fim de garantir a sua confiabilidade e autenticidade, assim como seu acesso. Pode ser usado para orientar a identificação de documentos arquivísticos digitais, estabelecer requisitos mínimos para um **Sistema Informatizado de Gestão Arquivística de Documentos – SIGAD** – independentemente da plataforma tecnológica em que for desenvolvido e/ou implantado.

O objeto do e-ARQ Brasil é o documento arquivístico digital. Este documento não trata de processos de digitalização, isto é, de procedimentos técnicos de conversão de um documento em

LEGISLAÇÃO ARQUIVÍSTICA

qualquer suporte ou formato para o formato digital, por meio de dispositivo apropriado, como o escâner.

O e-ARQ Brasil especifica todas as atividades e operações técnicas da gestão arquivística de documentos desde a produção, tramitação, utilização e arquivamento até a sua destinação final. Todas essas atividades poderão ser desempenhadas pelo SIGAD, o qual, tendo sido desenvolvido em conformidade com os requisitos aqui apresentados, conferirá credibilidade à produção e à manutenção de documentos arquivísticos.

O que é SIGAD?

É um conjunto de procedimentos e operações técnicas, característico do sistema de gestão arquivística de documentos, processado por computador. O sucesso do SIGAD dependerá fundamentalmente da implementação prévia de um programa de gestão arquivística de documentos. A produção de documentos digitais levou à criação de sistemas informatizados de gerenciamento de documentos. Entretanto, para se assegurar que documentos arquivísticos digitais sejam confiáveis e autênticos e que possam preservar suas características é fundamental que os sistemas acima referidos incorporem os conceitos arquivísticos e suas implicações no gerenciamento dos documentos digitais.

Diferença entre Sistema de Informação, Gestão Arquivística de Documentos, Sistema de Gestão Arquivística de Documentos, Gerenciamento Eletrônico de Documentos (GED) e Sistema Informatizado de Gestão Arquivística de Documentos (SIGAD).

Sistema de Informação: conjunto organizado de políticas, procedimentos, pessoas, equipamentos e programas computacionais que produzem, processam, armazenam e proporcionam acesso à informação, proveniente de fontes internas e externas para apoiar o desempenho das atividades de um órgão ou entidade.

Gestão Arquivística de Documentos: conjunto de procedimentos e operações técnicas referentes à produção, tramitação, uso, avaliação e arquivamento dos documentos em fase corrente e intermediária, visando a sua eliminação ou seu recolhimento para a guarda permanente.

Sistema de Gestão Arquivística de Documentos: conjunto de procedimentos e operações técnicas, cuja interação permite a eficiência e a eficácia da gestão arquivística de documentos.

Gerenciamento Eletrônico de Documentos (GED): conjunto de tecnologias utilizadas para organização da informação não-estruturada de um órgão ou entidade, que pode ser dividido nas seguintes funcionalidades: captura, gerenciamento, armazenamento e distribuição. Entende-se por informação não estruturada aquela que não está armazenada em banco de dados, tal como mensagem de correio eletrônico, arquivo de texto, imagem ou som, planilhas, etc. O **GED** pode englobar tecnologias de digitalização, automação de fluxos de trabalho (*workflow*), processamento de formulários, indexação, gestão de documentos, repositórios, entre outras.

Sistema Informatizado de Gestão Arquivística de Documentos (SIGAD): é um conjunto de procedimentos e operações técnicas, característico do sistema de gestão arquivística de documentos, processado por computador. O **SIGAD** é aplicável em sistemas híbridos, isto é, que utilizam documentos digitais e documentos convencionais.

Requisitos Arquivísticos que caracterizam um SIGAD:

01. Captura, armazenamento, indexação e recuperação de todos os tipos de documentos arquivísticos.
02. Captura, armazenamento, indexação e recuperação de todos os componentes digitais do documento arquivístico como uma unidade complexa.
03. Gestão dos documentos a partir do plano de classificação para manter a relação orgânica entre os documentos.
04. Implementação de metadados associados aos documentos para descrever os contextos desses mesmos documentos (jurídico-administrativo, de proveniência, de procedimentos, documental e tecnológico), integração entre documentos digitais e convencionais.
05. Foco na manutenção da autenticidade dos documentos.
06. Avaliação e seleção dos documentos para recolhimento e preservação daqueles considerados de valor permanente.
07. Aplicação de tabela de temporalidade e destinação de documentos.
08. Transferência e o recolhimento dos documentos por meio de uma função de exportação.
09. Gestão de preservação dos documentos.

Câmara técnica de documentos eletrônicos / conarq

Níveis dos Requisitos:

Neste documento os requisitos foram classificados em obrigatórios, altamente desejáveis e facultativos, de acordo com o grau maior ou menor de exigência para que o SIGAD possa desempenhar suas funções.

No e-ARQ Brasil, os requisitos foram considerados da seguinte forma:

> São obrigatórios quando indicados pela frase: "O SIGAD tem que...";
> Altamente desejáveis quando indicados pela frase: "O SIGAD deve...";
> Facultativos quando indicados pela frase: "O SIGAD pode...".

Cada requisito numerado é classificado como:

> (O) = Obrigatório = "O SIGAD tem que ...";
> (AD) = Altamente Desejável = "O SIGAD deve ...";
> (F) = Facultativo = "O SIGAD pode ...".
> TEM = significa que o requisito é imprescindível.
> DEVE = significa que podem existir razões válidas em circunstâncias particulares para ignorar um determinado item, mas a totalidade das implicações deve ser cuidadosamente examinada antes de escolher uma proposta diferente.
> PODE = significa que o requisito é opcional.

Tanto para os requisitos considerados altamente desejáveis como para os requisitos facultativos, deve ser observado que uma implementação que não inclui um determinado item altamente desejável ou facultativo deve estar preparada para interoperar com uma outra implementação que inclui o item, mesmo tendo funcionalidade reduzida. De forma inversa, uma implementação que inclui um item altamente desejável ou facultativo deve estar preparada para interoperar com uma outra implementação que não inclui o item.

> Um SIGAD tem que incluir e ser compatível com o plano de classificação do órgão ou entidade.

O plano de classificação dos integrantes do SINAR deve estar de acordo com a legislação e ser aprovado pela instituição arquivística na específica esfera de competência. **Obrigatório.**

> Um SIGAD tem que garantir a criação de classes, subclasses, grupos e subgrupos nos níveis do plano de classificação de acordo com o método de codificação adotado, por exemplo, quando se adotar o método decimal para codificação, cada classe poderá ter até no máximo dez subordinações e assim sucessivamente. **Obrigatório.**

> Um SIGAD tem que permitir a usuários autorizados acrescentar novas classes sempre que se fizer necessário. **Obrigatório.**

> Um SIGAD tem que registrar a data de abertura de uma nova classe no respectivo metadado. **Obrigatório.**

> Um SIGAD tem que registrar a mudança de nome de uma classe já existente no respectivo metadado. **Obrigatório.**

> Um SIGAD tem que permitir o deslocamento de uma classe inteira, incluindo as subclasses, grupo, subgrupos e os documentos ali classificados, para um outro ponto do plano de classificação. Nesse caso, é necessário fazer o registro do deslocamento nos metadados do plano de classificação. **Obrigatório.**

> Um SIGAD deve permitir que usuários autorizados tornem inativa uma classe onde não serão mais classificados documentos. **Altamente Desejável.**

> Um SIGAD tem que permitir que um usuário autorizado apague uma classe inativa. Só pode ser apagada uma classe que não tenha documentos ali classificados. **Obrigatório.**

> Um SIGAD tem que impedir a eliminação de uma classe que tenha documentos ali classificados. Essa eliminação poderá ocorrer a partir do momento em que todos os documentos ali classificados tenham sido recolhidos ou eliminados, e seus metadados apagados, ou que esses documentos tenham sido reclassificados. **Obrigatório.**

> Um SIGAD tem que permitir a associação de metadados às classes, conforme estabelecido no padrão de metadados, e deve restringir a inclusão e alteração desses mesmos metadados somente a usuários autorizados. **Obrigatório.**

> Um SIGAD tem que disponibilizar pelo menos dois mecanismos de atribuição de identificadores a classes do plano de classificação, prevendo a possibilidade de se utilizar ambos, separadamente ou em conjunto, na mesma aplicação:
  » atribuição de um código numérico ou alfanumérico;
  » atribuição de um termo que identifique cada classe. **Obrigatório.**

> Um SIGAD deve prever um atributo associado às classes para registrar a permissão de uso daquela classe para classificar um documento. Em algumas classes não é permitido incluir documentos, nesses casos os documentos devem ser classificados apenas nos níveis subordinados. Por exemplo, no código de classificação previsto na Resolução do CONARQ nº 14:
  » Não é permitido classificar documentos no grupo 021 (ADMINISTRAÇÃO GERAL: PESSOAL: RECRUTAMENTO E SELEÇÃO). Os documentos de recrutamento e seleção devem ser classificados nos subgrupos 021.1 (ADMINISTRAÇÃO GERAL: PESSOAL: RECRUTAMENTO E SELEÇÃO: CANDIDATOS A CARGO E EMPREGO PÚBLICOS) e 021.2 (ADMINISTRAÇÃO GERAL: PESSOAL: RECRUTAMENTO E SELEÇÃO: EXAMES DE SELEÇÃO). **Altamente Desejável.**

> Um SIGAD tem que utilizar o termo completo para identificar uma classe. Entende-se por termo completo toda a hierarquia referente àquela classe. Por exemplo:
  » MATERIAL: AQUISIÇÃO: MATERIAL PERMANENTE: COMPRA
  » MATERIAL: AQUISIÇÃO: MATERIAL DE CONSUMO: COMPRA. **Obrigatório.**

> Um SIGAD tem que assegurar que os termos completos, que identificam cada classe, sejam únicos no plano de classificação. **Obrigatório.**

> Um SIGAD pode prever a pesquisa e navegação na estrutura do plano de classificação por meio de uma interface gráfica. **Facultativo.**

> Um SIGAD deve ser capaz de importar e exportar total ou parcialmente um plano de classificação. **Altamente Desejável.**

> Um SIGAD tem que prover funcionalidades para elaboração de relatórios para apoiar a gestão do plano de classificação, incluindo a capacidade de:
  » gerar relatório completo do plano de classificação;
  » gerar relatório parcial do plano de classificação a partir de um ponto determinado na hierarquia;
  » gerar relatório dos documentos ou dossiês/processos classificados em uma ou mais classes do plano de classificação;

NOÇÕES DE ARQUIVOLOGIA – ESPECÍFICO PARA ESCRIVÃO

» gerar relatório de documentos classificados por unidade administrativa. **Obrigatório.**

> Um SIGAD deve possibilitar consulta ao plano de classificação a partir de qualquer atributo ou combinação de atributos e gerar relatório com os resultados obtidos. **Altamente Desejável.**

Classificação e Metadados das unidades de Arquivamento

Os requisitos desta seção referem-se à formação e classificação e reclassificação das unidades de arquivamento (dossiês/processos e pastas) e à associação de metadados.

> Um SIGAD tem que permitir a classificação das unidades de arquivamento somente nas classes autorizadas. **Obrigatório.**

> Um SIGAD tem que permitir a classificação de um número ilimitado de unidades de arquivamento dentro de uma classe. **Obrigatório.**

> Um SIGAD tem que utilizar o termo completo da classe para identificar uma unidade de arquivamento, tal como especificado no item 1.1.13. **Obrigatório.**

> Um SIGAD tem que permitir a associação de metadados às unidades de arquivamento e deve restringir a inclusão e alteração desses mesmos metadados somente a usuários autorizados. **Obrigatório.**

> Um SIGAD tem que associar os metadados das unidades de arquivamento conforme estabelecido no padrão de metadados. **Obrigatório.**

> Um SIGAD tem que permitir que uma nova unidade de arquivamento herde da classe em que foi classificada, determinados metadados pré-definidos.

> Exemplos desta herança são: temporalidade prevista e restrição de acesso. **Obrigatório.**

> Um SIGAD deve relacionar os metadados herdados de forma que uma alteração no metadado de uma classe seja automaticamente incorporada à unidade de arquivamento que herdou esse metadado. **Altamente Desejável.**

> Um SIGAD pode permitir a alteração conjunta de um determinado metadado em um grupo de unidades de arquivamento previamente selecionado. **Facultativo.**

> Um SIGAD tem que permitir que uma unidade de arquivamento e seus respectivos volumes e/ou documentos sejam reclassificados por um usuário autorizado, e tem que permitir que todos os documentos já inseridos permaneçam na(s) unidade(s) de arquivamento e volume(s) que estão sendo transferidos, mantendo a relação entre os documentos, volumes e unidades de arquivamento. **Obrigatório.**

> Quando uma unidade de arquivamento ou documento é reclassificado, um SIGAD deve manter registro de suas posições anteriores à reclassificação, de forma a manter um histórico. **Altamente Desejável.**

> Quando uma unidade de arquivamento ou documento é reclassificado, um SIGAD deve permitir que o administrador introduza as razões para a reclassificação. **Altamente Desejável.**

> Um SIGAD pode permitir que os usuários criem referências cruzadas para unidades de arquivamento afins. **Facultativo.**

Gerenciamento dos Dossiês/Processos

Os requisitos desta seção referem-se ao gerenciamento dos documentos arquivísticos no que diz respeito a controles de abertura e encerramento de dossiês/processos e seus respectivos volumes e inclusão de novos documentos nesses dossiês/processos e respectivos volumes ou em pastas virtuais.

> Um SIGAD tem que registrar nos metadados a data de abertura e de encerramento do dossiê/processo. Essa data pode se constituir em parâmetro para aplicação dos prazos de guarda e destinação do dossiê/processo. **Obrigatório.**

> Um SIGAD tem que permitir que um dossiê/processo seja encerrado através de procedimentos regulamentares e somente por usuários autorizados. **Obrigatório.**

> Um SIGAD tem que permitir a consulta aos dossiês/processos já encerrados por usuários autorizados. **Obrigatório.**

> Um SIGAD tem que impedir o acréscimo de novos documentos a dossiês/processos já encerrados. Dossiês/processos encerrados deverão ser reabertos para receber novos documentos. **Obrigatório.**

> Um SIGAD deve ser capaz de registrar múltiplas entradas para um documento digital (objeto digital) em mais de um dossiê/processo ou pasta, sem duplicação física desse documento. Quando um documento digital estiver associado a mais de um dossiê ou processo, o SIGAD deverá criar um registro para cada referência desse documento. Cada registro estará vinculado ao mesmo objeto digital. **Altamente Desejável.**

> Um SIGAD tem que impedir a eliminação de uma unidade de arquivamento digital ou de qualquer parte de seu conteúdo em todas as ocasiões, a não ser quando estiver de acordo com a tabela de temporalidade e destinação de documentos; A eliminação será devidamente registrada em trilha de auditoria. **Obrigatório.**

> Um SIGAD tem que garantir a integridade da relação hierárquica entre classe, dossiê/processo, volume e documento e entre classe, pasta e documento em todos os momentos, independentemente de atividades de manutenção, ações do usuário ou falha de componentes do sistema. Em hipótese alguma poderá ocorrer uma situação em que qualquer ação do usuário ou falha do sistema dê origem a uma inconsistência na base de dados do SIGAD. **Obrigatório.**

Requisitos Adicionais para o Gerenciamento de Processos

A formação e manutenção de processos no setor público apresentam regras específicas, que os diferenciam dos dossiês, e que apóiam a manutenção de sua autenticidade. O detalhamento dessas regras está previsto em normas e legislação específica, que deverão ser respeitadas pelo órgão ou entidade, de acordo com a sua esfera e âmbito. Esta seção inclui requisitos específicos para a gestão dos processos, que são aplicáveis se o SIGAD capturar esse tipo de documento.

> Um SIGAD tem que prever a formação/autuação de processos, por usuário autorizado conforme estabelecido em legislação específica. **Obrigatório.**

> Um SIGAD deve prever funcionalidades para apoiar a pesquisa de existência de processo relativo à mesma ação/interessado. **Altamente Desejável.**

> Um SIGAD tem que prever que os documentos integrantes do processo digital recebam numeração sequencial sem falhas, não se admitindo que documentos diferentes recebam a mesma numeração. **Obrigatório.**

> Um SIGAD tem que controlar a renumeração dos documentos integrantes de um processo digital. Este requisito tem por objetivo impedir a exclusão não autorizada de documentos de um processo. Casos especiais que autorizem a renumeração devem obedecer à legislação específica na devida esfera e âmbito de competência. **Obrigatório.**

> Um SIGAD tem que prever procedimentos para juntada de processos segundo a legislação específica na devida esfera e no âmbito de competência.

A juntada pode ser por anexação ou por apensação. Este procedimento deverá ser registrado nos metadados do processo. **Obrigatório.**

> Um SIGAD tem que prever procedimentos para desapensação de processos segundo a legislação específica na devida esfera e no âmbito de competência.

Esse procedimento deverá ser registrado nos metadados do processo. **Obrigatório.**

> Um SIGAD tem que prever procedimentos para desentranhamento de documentos integrantes de um processo, segundo norma específica na devida esfera e no âmbito de competência.

Esse procedimento deverá ser registrado nos metadados do processo. **Obrigatório.**

> Um SIGAD tem que prever procedimentos para desmembramento de documentos integrantes de um processo segundo norma específica na devida esfera e no âmbito de competência.

Esse procedimento deverá ser registrado nos metadados do processo. **Obrigatório.**

> Um SIGAD tem que prever o encerramento33 dos processos incluindo seus volumes e seus metadados. Obrigatório.

> Um SIGAD tem que prever o desarquivamento para reativação dos processos por usuário autorizado obedecendo procedimentos legais e administrativos.

Para manter a integridade do processo somente o último volume receberá novos documentos ou peças. **Obrigatório.**

Volumes: Abertura, Encerramento e Metadados

Em alguns casos os dossiês/processos são compartimentados em volumes ou partes, de acordo com normas e instruções estabelecidas. Essa divisão não está baseada no conteúdo intelectual dos dossiês/processos, mas em outros critérios, como a dimensão, o número de documentos, períodos de tempo etc. Essa prática tem como objetivo facilitar o gerenciamento físico dos dossiês/processos.

Os requisitos desta seção referem-se à utilização de volumes para subdividir dossiês/processos.

> Um SIGAD deve ser capaz de gerenciar volumes para subdividir dossiês/processos, fazendo distinção entre dossiês/processos e volumes. Altamente Desejável.

> Um SIGAD deve permitir a associação de metadados aos volumes e deve restringir a inclusão e a alteração desses mesmos metadados somente a usuários autorizados. **Altamente Desejável.**

> Um SIGAD tem que permitir que um volume herde automaticamente do dossiê/processo ao qual pertence, determinados metadados pré-definidos, como por exemplo, procedência, classes e temporalidade. **Obrigatório.**

> Um SIGAD tem que permitir a abertura de volumes a qualquer dossiê/processo que não esteja encerrado. **Obrigatório.**

> Um SIGAD deve permitir o registro de metadados correspondentes as datas de abertura e de encerramento de volumes. **Altamente Desejável.**

> Um SIGAD tem que assegurar que um volume somente conterá documentos. Não é permitido que um volume contenha outro volume ou um outro dossiê/processo. **Obrigatório.**

> Um SIGAD tem que permitir que um volume seja encerrado através de procedimentos regulamentares e somente por usuários autorizados. **Obrigatório.**

> Um SIGAD tem que assegurar que, ao abrir um novo volume, o volume precedente seja automaticamente encerrado. Apenas o volume produzido mais recentemente pode estar aberto, todos os outros volumes existentes nesse dossiê/processo têm que estar fechados. **Obrigatório.**

> Um SIGAD tem que impedir a reabertura de um volume já encerrado para acréscimo de documentos. **Obrigatório.**

LEGISLAÇÃO ARQUIVÍSTICA

Gerenciamento de Documento e Processos/Dossiês Arquivísticos Convencionais, Híbridos

O arquivo de uma organização pode conter documentos ou dossiês/processos digitais e convencionais. Um SIGAD deve registrar os documentos ou dossiês/processos convencionais, que devem ser classificados com base no mesmo plano de classificação usado para os digitais e deve ainda possibilitar a gestão de documentos ou dossiês/processos híbridos. Os documentos ou dossiês/processos híbridos são formados por uma parte digital e uma parte convencional.

> Um SIGAD tem que capturar documentos ou dossiês/processos convencionais e gerenciá-los da mesma forma que os digitais. **Obrigatório**.

> Um SIGAD tem que ser capaz de gerenciar a parte convencional e a parte digital integrantes de dossiês/processos híbridos, associando-as com o mesmo número identificador atribuído pelo sistema e título, além de indicar que se trata de um documento arquivístico híbrido. **Obrigatório**.

> Um SIGAD tem que permitir que um conjunto específico de metadados seja configurado para os documentos ou dossiês/processos convencionais e tem que incluir informações sobre o local de arquivamento. **Obrigatório**.

> Um SIGAD tem que ter mecanismos para acompanhar a movimentação do documento arquivístico convencional de forma que se evidencie ao usuário a localização atual do documento. **Obrigatório**.

> Um SIGAD deve ser capaz de oferecer ao usuário funcionalidades para solicitar ou reservar a consulta a um documento arquivístico convencional, enviando uma mensagem para o detentor atual desse documento ou para o administrador. **Obrigatório**.

> Um SIGAD pode incluir mecanismos de impressão e reconhecimento de códigos de barra para automatizar a introdução de dados e acompanhar as movimentações de documentos ou dossiês/processos convencionais. **Facultativo**.

> Um SIGAD tem que assegurar que a recuperação de um documento ou dossiê/processo híbrido permita igualmente a recuperação dos metadados tanto da parte digital como da parte convencional. **Obrigatório.**

> Sempre que os documentos ou dossiês/processos híbridos estiverem classificados quanto ao grau de sigilo, um SIGAD deve garantir que a parte convencional e a parte digital correspondente recebam a mesma classificação de sigilo. **Obrigatório**.

> Um SIGAD tem que poder registrar na trilha de auditoria todas as alterações efetuadas nos metadados dos documentos ou dossiês/processos convencionais e híbridos. **Obrigatório**.

Os elementos de metadados da estrutura de organização do e-ARQ Brasil são agrupados em entidades e a entidade documento trata da identificação de documentos arquivísticos. Relacionados entre si, tais documentos formam processos ou dossiês, que podem conter um ou mais volumes. Um volume pode conter um ou mais documentos que, por sua vez, são constituídos por um ou mais componentes digitais. Foram definidos metadados para as entidades: documento, evento de gestão, classe, agente, componente digital e evento de preservação. (e-ARQ)

http://www.conarq.arquivonacional.gov.br/media/publicacoes/earq/conarq_earqbrasil_model_requisitos_2009.pdf.

A pesquisa é o processo de identificação de documentos arquivísticos por meio de parâmetros definidos pelo usuário com o objetivo de confirmar, localizar e recuperar esses documentos, bem como seus respectivos metadados.

> Um SIGAD tem que fornecer uma série flexível de funções que atuem sobre os metadados relacionados com os diversos níveis de agregação (documento, unidade de arquivamento e classe) e sobre os conteúdos dos documentos arquivísticos por meio de parâmetros definidos pelo usuário, com o objetivo de localizar e acessar os documentos e/ou metadados, quer individualmente quer reunidos em grupo.

> Um SIGAD tem que executar pesquisa de forma integrada, isto é, apresentar todos os documentos e dossiês/processos, sejam eles digitais, híbridos ou convencionais, que satisfaçam aos parâmetros da pesquisa.

> Um SIGAD tem que permitir que todos os **metadados de gestão** de um documento ou dossiê/processo possam ser pesquisados.

   » Os metadados de gestão são aqueles que apóiam a gestão arquivística do documento, tais como temporalidade e destinação prevista, código de classificação, entre outros.

> Um SIGAD deve permitir que os conteúdos sob a forma de texto dos documentos possam ser pesquisados.

> Um SIGAD tem que permitir que um documento ou dossiê/processo possa ser recuperado por meio de um número identificador.

> Um SIGAD tem que permitir que um documento ou dossiê/processo possa ser recuperado por meio de todas as formas de identificação implementadas, incluindo no mínimo:

> Identificador; título; assunto; datas; procedência/interessado; autor/escritor/originador e classificação de acordo com o plano ou código de classificação.

> Um SIGAD deve fornecer uma interface que possibilite a pesquisa combinada de metadados e de conteúdo do documento por meio dos operadores **booleanos**: "E", "OU" e "NÃO".

A expressão booleano vem de George Boole, matemático inglês. Operadores booleanos são palavras que têm o objetivo de definir para o sistema de busca como deve ser feita a combinação entre os termos ou expressões de uma pesquisa.

> Um SIGAD deve permitir que os termos utilizados na pesquisa possam ser qualificados, especificando-se um metadado ou o conteúdo do documento como fonte de busca.
> Um SIGAD pode permitir o uso de períodos típicos nos pedidos de pesquisa nos campos de data, como por exemplo: "semana anterior", "mês corrente" etc.
> Um SIGAD deve permitir a utilização de caracteres coringa e de truncamento à direita para a pesquisa de metadados.
>> Por exemplo: O argumento de pesquisa "Bra*il" pode recuperar "Brasil" e "Brazil".
>> O argumento de pesquisa "Arq*" pode recuperar "Arquivo", "Arquivística" etc.
> Um SIGAD deve permitir a utilização de caracteres coringa e de truncamento à direita para a pesquisa no conteúdo do documento.
> Um SIGAD deve proporcionar a pesquisa por proximidade, isto é, que uma palavra apareça no conteúdo do documento a uma distância máxima de outra.
> Um SIGAD deve permitir que os usuários possam armazenar pesquisas para reutilização posterior.
> Um SIGAD deve permitir que os usuários possam refinar as pesquisas já realizadas.
> Quando o órgão ou entidade utilizar tesauros ou vocabulário controlado, um SIGAD deve ser capaz de realizar pesquisa dos documentos e dossiês/processos por meio da navegação destes instrumentos.
> Um SIGAD deve permitir que usuários autorizados configurem e alterem os campos default de pesquisa de forma a definir metadados como campos de pesquisa.
> Um SIGAD tem que permitir a pesquisa e recuperação de uma unidade de arquivamento completa e exibir a lista de todos os documentos que o compõem, como uma unidade, em um único processo de recuperação.
> Um SIGAD tem que restringir o acesso a qualquer informação (metadado ou conteúdo do documento arquivístico) nos casos em que restrições de acesso e questões de segurança assim determinarem.

NOÇÕES DE CONTABILIDADE – ESPECÍFICO PARA INVESTIGADOR

1. CONCEITOS INICIAIS

1.1 Conceito de Contabilidade

Iniciaremos o estudo desta disciplina entendendo o que é Contabilidade. Para isso, vejamos dois conceitos: o primeiro foi apresentado no 1º Congresso Brasileiro de Contabilidade, e o segundo já foi abordado em prova da ESAF:

Contabilidade é a ciência que estuda e pratica as funções de orientação, controle e registro relativos aos atos e fatos da administração econômica. (1º Congresso Brasileiro de Contabilidade – 1924)

Contabilidade é a ciência que estuda, registra, controla e interpreta os fatos ocorridos no patrimônio das entidades com fins lucrativos ou não. (ESAF)

1.2 Objeto

Na Contabilidade, o objeto é sempre o patrimônio de uma entidade, definido como um conjunto de bens, direitos e de obrigações.

Objeto → Patromônio → Conjunto de bens, direito e obrigações

1.3 Finalidade

A Contabilidade é mantida com a finalidade de fornecer às pessoas interessadas (usuários) informações sobre um patrimônio.

1.4 Usuários

As informações contábeis são elaboradas e apresentadas para usuários externos em geral, tendo em vista suas finalidades distintas e necessidades diversas. Essas informações se destinam, primariamente, aos seguintes usuários externos:

> Investidores.
> Financiadores;
> Outros credores.

Por meio da Contabilidade, elaboram-se algumas demonstrações contábeis que são usadas pelos usuários para obter as informações que desejam.

1.5 Funções da Contabilidade

A Contabilidade possui as seguintes funções:

Função administrativa: controle do patrimônio. O patrimônio é composto por bens, direitos e obrigações. Portanto, a função administrativa é responsável por controlar os bens que a entidade possui, tudo que ela tem a receber de terceiros (direitos) e aquilo que ela irá pagar a terceiros (obrigações).

Função econômica: apurar o lucro ou prejuízo, ou seja, calcular o resultado (rédito). O resultado será apurado por meio do confronto entre as receitas e despesas, e poderá ser um lucro ou prejuízo. A função econômica é responsável pela apuração de quanto a empresa lucrou ou perdeu no período.

1.6 Aspectos Patrimoniais

A Contabilidade se ocupa de dois aspectos patrimoniais:

Qualitativos: relacionados à identificação da **natureza dos elementos** que compõem o patrimônio (bens, direitos e obrigações).

Quantitativos: relacionados à identificação em **valores monetários** dos elementos que compõem o patrimônio.

1.7 Campo de Aplicação

O campo de aplicação da Contabilidade é a azienda (patrimônio considerado juntamente com a pessoa que tem sobre ele poderes de administração e disponibilidade. Patrimônio + pessoa que o administra).

Muito cuidado neste item! É fácil confundir o campo de aplicação (azienda) com o objeto da Contabilidade (patrimônio). O que ocorre é que muitos concurseiros pensam: "Ora, se o objeto de estudo da Contabilidade é o patrimônio, então ele (o patrimônio) será o local onde aplicarei a Contabilidade (campo de aplicação), certo?" Errado! A Contabilidade é aplicada em um patrimônio que sofre variação, e o patrimônio não sofrerá variação sozinho. Para que ele sofra variação, é necessária a figura do gestor, capaz de administrar o patrimônio. Ou seja, para que possamos aplicar a Contabilidade, é necessário um patrimônio sob gestão organizada.

> Azienda é também conhecida como entidade econômico-administrativa = patrimônio + gestão.

1.8 Técnicas Contábeis

As técnicas contábeis são quatro:

> Escrituração:(**registrará** os fatos que alteram o patrimônio).
> Demonstração:(**exporá**, por meio de relatórios, todos os fatos contábeis).
> Análise das Demonstrações Contábeis:(**interpretará** os fatos contábeis expostos nas demonstrações).
> Auditoria:(**revisará** os fatos contábeis expostos nas demonstrações).

2. PATRIMÔNIO

2.1 Conceitos

Como vimos no capítulo anterior, o patrimônio é formado pelo conjunto de bens, direitos e obrigações pertencentes a uma pessoa física ou jurídica, **que possam ser avaliados economicamente**.

Se não for possível atribuir valor ao bem, direito ou obrigação, estes não serão registrados no patrimônio da entidade.

2.2 Componentes Patrimoniais

Bens: são os itens que pertencem a uma pessoa (física ou jurídica), e que podem ser avaliados economicamente, ou seja, é possível estabelecer um valor em moeda, um preço.

É importante citar que bens estão ligados a direitos legais, inclusive a direito de propriedade. Porém, ao determinar a existência de um Ativo, o direito de propriedade não é essencial. Assim, um bem pode ser considerado um Ativo mesmo que a entidade não tenha o direito de propriedade sobre esse bem, bastando que ela tenha controle e que o bem lhe seja útil.

Os bens podem ser classificados como tangíveis ou intangíveis.

Bens tangíveis (também chamados de corpóreos) são aqueles que têm existência física. Exemplos: máquinas, equipamentos, veículos, imóveis, estoques, móveis e utensílios, dinheiro, terrenos, ferramentas.

Bens intangíveis (também chamados de incorpóreos) são aqueles que não têm existência física, mas são registrados e controlados pela Contabilidade. Exemplos: *softwares*, marcas, patentes de fabricação, pontos comerciais, propriedades científicas.

Direitos: são os valores a receber/recuperar de terceiros. Exemplos: duplicatas a receber, clientes, aluguel a receber, impostos a recuperar, notas promissórias emitidas por terceiros, duplicatas emitidas pela empresa, empréstimos concedidos, adiantamentos a fornecedores, adiantamentos a empregados.

Obrigações: são os valores a pagar/recolher/compensar em transações com terceiros. Exemplos: impostos a recolher, salários a pagar, fornecedores, duplicatas a pagar, contas a pagar, duplicatas aceitas pela empresa, notas promissórias emitidas pela empresa, empréstimos obtidos, adiantamentos de clientes, duplicatas descontadas. As obrigações também são chamadas de Passivo Exigível.

Os bens, direitos e obrigações fazem parte do patrimônio de uma entidade, e devem ser classificados em Ativo e Passivo.

> Os **bens** e **direitos** serão classificados no **Ativo**.
> As **obrigações** serão classificadas no **Passivo**.

Além das obrigações com terceiros, temos, no Passivo, um grupo chamado **Patrimônio Líquido**. Esse grupo irá registrar as obrigações da empresa com os sócios e é formado a partir de aporte de recursos dos sócios (Capital Social). Falaremos sobre sua composição no capítulo 5.

De acordo com o Pronunciamento Técnico 00 do CPC (Comitê de Pronunciamentos Contábeis), Ativo, Passivo e Patrimônio Líquido podem ser conceituados como:

Ativo: é um recurso controlado pela entidade como resultado de eventos passados e do qual se espera que resultem futuros benefícios econômicos para a entidade.

Passivo: é uma obrigação presente da entidade, derivada de eventos já ocorridos, cuja liquidação se espera que resulte em saída de recursos capazes de gerar benefícios econômicos.

Patrimônio Líquido: é o valor residual dos Ativos da entidade depois de deduzidos todos os seus Passivos.

A demonstração contábil responsável por organizar e apresentar os bens, direitos e obrigações chama-se **Balanço Patrimonial**:

Na coluna da esquerda, demonstramos os itens do **Ativo** (bens e direitos), que representam **Aplicações de Recursos**.

Na coluna da direita, demonstramos os itens do **Passivo** (obrigações e patrimônio líquido), que representam **Origens de Recursos**.

APLICAÇÕES = Bens + Direitos = Ativo Total
ORIGENS = Obrigações + PL = Passivo Total

Os bens e direitos representam o aspecto positivo patrimonial, e as obrigações, o aspecto negativo.

Ativo	Passivo
Bens Direitos	Obrigações Patrimônio Líquido

Duplicatas emitidas pela empresa	Direito. Classificação: Ativo
Duplicatas aceitas pela empresa / emitidas por terceiros	Obrigação. Classificação: Passivo
Notas promissórias emitidas pela empresa	Obrigação. Classificação: Passivo
Notas promissórias emitidas por terceiros / recebidas pela empresa	Direito. Classificação: Ativo
Adiantamento a fornecedores	Direito. Classificação: Ativo
Adiantamento de clientes	Obrigação. Classificação: Passivo

2.3 Equação Fundamental da Contabilidade

Ativo	Passivo
Bens Direitos	Obrigações Patrimônio Líquido

Ou seja:

Ativo = Bens + Direitos

Passivo = Obrigações + Patrimônio Líquido (PL)

Os itens de Ativo e Passivo deverão ser demonstrados com seus respectivos valores monetários, por exemplo:

Ativo	Passivo
Veículos: R$ 30.000 Duplicatas a receber: R$ 20.000	Salários a pagar: R$ 15.000 Patrimônio Líquido: R$ 35.000
Total do Ativo = R$ 50.000	Total do Passivo = R$ 50.000

Convém observar que o total do Ativo é exatamente igual ao total do Passivo. Isso é fundamental para que o Balanço Patrimonial esteja apresentado corretamente. Portanto:

Total do Ativo = Total do Passivo

Com base em todas essas informações, podemos formar a Equação Fundamental da Contabilidade:

Ativo	Passivo
Bens Direitos	Obrigações (Passivo Exigível) Patrimônio Líquido

A = P

A = Bens + Direitos

P = Obrigações + PL = Passivo Exigível + PL

* Obrigações = Passivo Exigível

Com base nessas informações, chegamos à equação fundamental:

A = P

A = Passivo Exigível + PL

Os componentes patrimoniais possuem alguns sinônimos que são usados em questões de prova, por isso é muito importante conhecê-los:

> Ativo = Ativo Total = Ativo Patrimonial = Patrimônio Bruto = Capital Investido
> Direitos Reais = Bens
> Direitos Pessoais = Direitos
> Passivo = Passivo Total = Passivo Patrimonial
> Passivo Exigível = Passivo = Capital de Terceiros = Capital Alheio
> Passivo Real = Passivo Circulante + Passivo Não Circulante = Passivo Exigível
> Patrimônio Líquido = Situação líquida = Capital Próprio = Recursos Próprios
> Capital Total à Disposição = Capital Próprio + Capital de Terceiros

→ Equação Fundamental: A = Passivo Exigível + PLSinônimos:
> Ativo = Ativo Total = Ativo Patrimonial = Patrimônio Bruto = Capital Investido
> Direitos Reais = Bens
> Direitos Pessoais = Direitos
> Passivo = Passivo Total = Passivo Patrimonial
> Passivo Exigível = Passivo = Capital de Terceiros = Capital Alheio
> Passivo Real = Passivo Circulante + Passivo Não Circulante = Passivo Exigível
> Patrimônio Líquido = Situação líquida = Capital Próprio = Recursos Próprios
> Capital Total à Disposição = Capital Próprio + Capital de Terceiros

2.4 Estados Patrimoniais

A diferença entre o Ativo e o Passivo Exigível é denominada Situação Líquida (Patrimônio Líquido).

Se A = P + SL, então SL = A - P

Existem três espécies de situações líquidas:

- Situação Líquida Nula;
- Situação Líquida Positiva;
- Situação Líquida Negativa.

- Situação Líquida Nula:

Também denominada compensada ou equilibrada. Nessa situação, o Ativo é igual ao Passivo exigível e a empresa não possui situação líquida (igual a zero).

Ativo	Passivo Exigível

A = P

SL = Zero

- Situação Líquida Positiva:

Também denominada ativa, superavitária ou favorável. Nessa situação, o Ativo é maior que o Passivo exigível, e a situação líquida é positiva (maior que zero).

Ativo	Passivo Exigível
	Situação Líquida

A > P

SL > 0

- Situação Líquida Negativa:

Também denominada passiva, deficitária, desfavorável ou <u>Passivo a Descoberto</u>. Nessa situação, o Ativo é menor que o Passivo exigível, e a situação líquida é negativa (menor que zero).

Ativo	Passivo
SL	Exigível

A < P

SL < 0

- Situação Líquida Nula: SL = 0 e A = P
- Situação Líquida Positiva: SL > 0 e A > P
- Situação Líquida Negativa: SL < 0 e A < P

3. CONTAS

3.1 Conta

É um título que identifica um elemento patrimonial com características semelhantes (bem, direito, obrigação ou PL) ou uma variação patrimonial (receitas e despesas).

Conta Sintética: conta genérica. Nome que indica um conjunto de contas. Assim, o valor patrimonial de uma conta sintética é igual à soma dos valores patrimoniais das contas analíticas que a compõem.

Conta Analítica: conta específica. É aquela que demanda controle e acompanhamento em separado das demais. Apresenta um maior grau de detalhamento e, por isso, recebe o registro contábil.

Conta Sintética Banco conta movimento = 100	
Conta analítica	Conta analítica
Banco do Brasil = 80	Bradesco = 20

3.2 Tipos de Contas

```
              ┌─ PATRIMONIAIS ─── Ativo, Passivo e PL ─── BP
              │                └── Contas permanentes
CONTAS ───────┤
              │                ┌── Receita e Despesa ─── DRE
              └─ RESULTADO ────┤
                               └── Contas temporárias
```

> Contas permanentes: saldos acumulados de um período para outro.
> Contas transitórias: saldos encerrados ao final de cada período.

CONTAS PATRIMONIAIS: utilizadas para controle e apuração do patrimônio, registram bens, direitos, obrigações e situação líquida. Consideradas contas permanentes, saldos acumulados de um período para outro. São elas:

> Contas do Ativo.
> Contas do Passivo.
> Contas do Patrimônio Líquido.
> Contas Retificadoras: têm a função de reduzir o saldo de outra conta.

CONTAS PATRIMONIAIS	
ATIVO	**PASSIVO**
Ativo Circulante	Passivo Circulante
Ativo Não Circulante	Passivo Não Circulante
	PATRIMÔNIO LÍQUIDO
ARLP Investimento Imobilizado Intangível	Capital Social (-) Capital a Realizar Reserva de Capital (+/-) Ajuste de Avaliação Patrimonial Reservas de Lucro (-) Prejuízo Acumulado (-) Ações em Tesouraria

CONTAS DE RESULTADO: utilizadas para a apuração do resultado do exercício (lucro ou prejuízo). Consideradas contas transitórias, visto que seu tempo de vida é limitado a um exercício social, pois, ao final de cada exercício, seus saldos serão zerados (encerrados) a fim de que se possa apurar o resultado do período. São elas:

> Contas de Receita.
> Contas de Despesa.

CONTAS RESULTADO	
DESPESAS	RECEITAS

3.3 Classificação das Contas

Quanto aos elementos que registrem

Patrimoniais: registram bens, direitos, obrigações e PL. São contas **estáticas**, compõem o Balanço Patrimonial.

Ex.: caixa, fornecedor, capital social.

Resultado: registram receitas e despesas. São contas **dinâmicas**, compõem a DRE.

Ex.: juros Ativos, salários, desconto concedido, desconto obtido.

Quanto à necessidade de desdobramento ou divisão

Sintéticas: conta genérica. Nome que indica um conjunto de contas (funciona como agregadora, possuindo conta em nível inferior).

Ex.: Passivo Circulante.

Analíticas: conta específica. Apresentam um maior grau de detalhamento e, por isso, recebem o registro contábil.

Ex.: fornecedor, imposto a recolher.

Quanto à natureza do saldo

Devedora: Ativo, Retificadora do Passivo (-) P, Retificadora do PL (-) PL, Despesa.

Ex.: caixa, capital a integralizar, salários.

Credora: Retificadora do Ativo (-) A, Passivo, PL, Receita.

Ex.: depreciação acumulada, fornecedor, juros Ativos.

Quanto à movimentação

Unilaterais: recebem registro apenas a débito ou a crédito (sofrem variações somente em um sentido).

Ex.: receitas, despesas.

Bilaterais: recebem registro tanto a débito quanto a crédito (sofrem variações nos dois sentidos).

Ex.: fornecedor, clientes, caixa.

Quanto à variação na natureza do saldo

Estáveis: contas cujo saldo só pode ser devedor ou credor, sem variação.

Ex.: fornecedor, capital a integralizar, caixa.

Instáveis: contas cujo saldo ora pode ser devedor, ora credor.

Ex.: ajuste de avaliação patrimonial.

Classificação das contas	Elementos	Patrimonial e estática
		Resultado e dinâmica
	Necessidade	Sintética
		Analítica
	Natureza	Devedora
		Credora
	Movimentação	Unilateral
		Bilateral
	Variação do saldo	Estável
		Instável

3.4 Elementos Essenciais da Conta

> Nome;
> Data da ocorrência do fato (período);
> Saldo (em valor monetário);
> Valor debitado e creditado (movimento);
> Histórico do fato contábil.

3.5 Plano de Contas

Conceito

É o conjunto composto pela relação ordenada e codificada das contas utilizadas pela entidade, com objetivo de uniformizar seus registros contábeis.

O plano de contas deve ser flexível, permitindo a exclusão ou inclusão de contas, acompanhando a dinâmica das operações da entidade.

Composição

Um plano de contas é composto, basicamente, pelos seguintes elementos:

> **Elenco de Contas:** é a estrutura do plano de contas. Compreende a relação ordenada e codificada de todas as contas utilizadas pela entidade (listagem das contas a serem adotadas nos registros contábeis).

1. ATIVO - Grupo
1.1. Ativo Circulante – Subgrupo (primeiro grau)
1.1.1. Disponibilidades – Subgrupo (segundo grau)
1.1.1.1. Caixa – Conta (primeiro grau)
1.1.1.1.0001 Caixa matriz – conta (segundo grau)

> **Manual de Contas:** evidencia o uso adequado de cada conta, definindo os seguintes elementos:

3.6 Função da Conta – Razão de sua Existência

> Funcionamento da Conta – quando a conta será debitada ou creditada, bem como seu saldo.
> Natureza do Saldo – devedor ou credor.
> **Modelos de demonstrações padronizadas**

3.7 Teoria das Contas

Teoria Personalista: vincula a conta à pessoa responsável pelos procedimentos administrativos a ela relacionados.

> Agentes Consignatários: bens da empresa.
> Agentes Correspondentes: direitos e obrigações da empresa.
> Conta dos Proprietários: patrimônio líquido, receitas e despesas.

Teoria Materialista: as contas representam valores materiais, são apenas valores positivos ou negativos no patrimônio.

Contas Integrais: bens, direitos e obrigações.
> Contas Diferenciais: receita, despesa e patrimônio líquido.

Teoria Patrimonialista: reconhece o patrimônio como objeto da Contabilidade. Distingue os elementos que compõem o patrimônio (contas patrimoniais) dos elementos que o modificam (contas de resultado).

> Contas Patrimoniais: bens, direitos, obrigações e patrimônio líquido.
> Contas de Resultado: receita e despesa.

Teoria das Contas	Personalista	Agente Consignatário	Bens
		Agente Correspndente	Direitos e Obrigações
		Conta de Proprietário	Receita, Despesa e PL
	Materialista	Integrais	Bens, Direitos e Obrigações
		Diferenciais	Receitas, Despesas e PL
	Patrimonialista	Patrimonial	Ativo, Passivo e PL
		Resultado	Receita e Despesa

Não se deve confundir débito de uma conta com débito da empresa. O primeiro representa uma dívida da conta (direito da empresa), o segundo uma dívida da empresa (Passivo Exigível). O mesmo vale para crédito de uma conta e crédito da empresa: este representa um direito da empresa (Ativo) e aquele um direito da conta, portanto, uma obrigação da empresa.

3.8 Situações das Contas: Débitos e Créditos

DÉBITO→ Situação de dívida da conta.

CRÉDITO→ Situação de direito da conta.

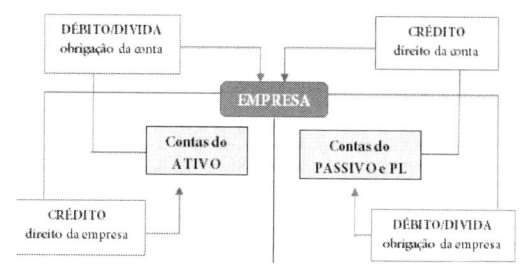

DÉBITO/DÍVIDA
obrigação da conta

CRÉDITO
direito da conta

EMPRESA

Contas do ATIVO

Contas do PASSIVO e PL

CRÉDITO
direito da empresa

DÉBITO/DÍVIDA
obrigação da empresa

CONTAS

Na identificação dos débitos e créditos nas contas, aplicaremos o seguinte raciocínio:

> **ATIVO, (-) PASSIVO e (-) PL** - natureza devedora (saldo devedor):
> Toda vez que aumentar, DEBITAR a respectiva conta.
> Toda vez que diminuir, CREDITAR a respectiva conta.
> **(-) ATIVO, PASSIVO e PATRIMÔNIO LÍQUIDO** – natureza credora (saldo credor):
> Toda vez que aumentar, CREDITAR a respectiva conta.
> Toda vez que diminuir, DEBITAR a respectiva conta.

CONTAS PATRIMO-NIAIS	NATUREZA	DÉBITO	CRÉDITO	SALDO
Ativo				
Retificadora do Passivo (-) P	DEVEDORA	↑ (aumentam)	↓ (diminuem)	DEVEDOR
Retificadora do PL (-) PL				
Retificadora do Ativo (-) A	CREDORA	↓ (diminuem)	↑ (aumentam)	CREDOR
Passivo				
PL				

DESPESAS – natureza devedora (saldo devedor):
> Toda vez que ocorrer uma Despesa, DEBITAR a respectiva conta.
> Creditadas somente para efeito de apuração do resultado do período.
> RECEITAS - natureza credora (saldo credor):
> Toda vez que ocorrer uma Receita, CREDITAR a respectiva conta.
> Debitadas somente para efeito de apuração do resultado do período.

CONTAS DE RESULTADO	NATUREZA	DÉBITO	CRÉDITO	SALDO
Despesa	DEVEDORA	↑ (aumentam)	Encerramento do Exercício	DEVEDOR
Receita	CREDORA	Encerramento do Exercício	↑ (aumentam)	CREDOR

3.9 Razonete

Representação gráfica de uma conta = T, em que o lado esquerdo é o lado dos débitos, e o lado direito, dos créditos.

D	C

3.10 Saldo das Contas

Diferença positiva entre o total de débitos e o total de créditos efetuados na conta.

> Saldo Credor: total dos créditos > total dos débitos.
> Saldo Devedor: total dos créditos < total dos débitos.
> Saldo Nulo: total dos créditos = total dos débitos.

Importante!

As contas de natureza devedora apresentarão saldos DEVEDORES.

Ex.:

Caixa------------débitos = 10.000,00
    créditos = 3.000,00
    saldo final = 7.000,00 (devedor)

CAIXA	
10.000	3.000
7.000	

As contas de natureza credora apresentarão saldos CREDORES.

Exemplo.

Fornecedor-----débitos = 6.000,00
    créditos = 13.000,00
    saldo final = 7.000,00 (devedor)

FORNECEDOR	
6.000	13.000
	7.000

3.11 Balancete

O balancete de verificação é um demonstrativo auxiliar, levantado unicamente para fins operacionais, composto por todas as contas com seus respectivos saldos, que são extraídos do Livro Razão, com a finalidade de verificar se o total dos débitos é exatamente igual ao total dos créditos, ou seja, verifica se o método das partidas dobradas foi aplicado corretamente.

Balancete de Verificação = pré-balanço

Saldo DEVEDOR = Saldo CREDOR

A + (- P) + (- PL) + D = (- A) + P + PL + R

APLICAÇÃO = ORIGEM

Existem erros que não podem ser detectados pelo levantamento do balancete. O fato de o somatório dos saldos devedores ser igual ao somatório dos saldos credores não significa que a escrituração está 100% correta.

Ex.: registro em duplicidade ou omissão de registro, erros não detectados no balancete.

4. ESCRITURAÇÃO

4.1 Conceitos

Escrituração é a técnica contábil responsável pelo registro dos fatos contábeis (todos os acontecimentos que alteram a situação patrimonial da empresa).

Ex.: Quando uma entidade efetua o pagamento de uma dívida, é preciso que ocorra a escrituração desse pagamento, para que o fato seja registrado na contabilidade da entidade.

Vejamos o que a Lei nº 6.404/76 e o Código Civil dispõem sobre esse tema:

Lei 6.404/76

Escrituração

Art. 177. *A escrituração da companhia será mantida em registros permanentes, com obediência aos preceitos da legislação comercial e desta Lei e aos princípios de contabilidade geralmente aceitos, devendo observar métodos ou critérios contábeis uniformes no tempo e registrar as mutações patrimoniais segundo o regime de competência.*

§ 1º. As demonstrações financeiras do exercício em que houver modificação de métodos ou critérios contábeis, de efeitos relevantes, deverão indicá-la em nota e ressaltar esses efeitos.

§ 2º. A companhia observará exclusivamente em livros ou registros auxiliares, sem qualquer modificação da escrituração mercantil e das demonstrações reguladas nesta Lei, as disposições da lei tributária, ou de legislação especial sobre a atividade que constitui seu objeto, que prescrevam, conduzam ou incentivem a utilização de métodos ou critérios contábeis diferentes ou determinem registros, lançamentos ou ajustes ou a elaboração de outras demonstrações financeiras.

§ 3º. As demonstrações financeiras das companhias abertas observarão, ainda, as normas expedidas pela Comissão de Valores Mobiliários e serão obrigatoriamente submetidas à auditoria por auditores independentes nela registrados.

§ 4º. As demonstrações financeiras serão assinadas pelos administradores e por contabilistas legalmente habilitados.

§ 5º. As normas expedidas pela Comissão de Valores Mobiliários a que se refere o § 3º deste Artigo deverão ser elaboradas em consonância com os padrões internacionais de contabilidade adotados nos principais mercados de valores mobiliários.

§ 6º. As companhias fechadas poderão optar por observar as normas sobre demonstrações financeiras expedidas pela Comissão de Valores Mobiliários para as companhias abertas.

Código Civil

Art. 1.179. *O empresário e a sociedade empresária são obrigados a seguir um sistema de contabilidade, mecanizado ou não, com base na escrituração uniforme de seus livros, em correspondência com a documentação respectiva, e a levantar anualmente o balanço patrimonial e o de resultado econômico.*

§ 2º. É dispensado das exigências deste artigo o pequeno empresário a que se refere o Art. 970.

Art. 970. *A lei assegurará tratamento favorecido, diferenciado e simplificado ao empresário rural e ao pequeno empresário, quanto à inscrição e aos efeitos daí decorrentes.*

O Conselho Federal de Contabilidade (CFC), por meio da ITG 2.000 (R1), dispõe sobre as formalidades e estabelece critérios e procedimentos a serem adotados pela entidade para a escrituração contábil de seus fatos patrimoniais:

ITG 2000 (R1) – Escrituração Contábil

Formalidades da Escrituração Contábil

3. A escrituração contábil deve ser realizada com observância dos Princípios de Contabilidade.

4. O nível de detalhamento da escrituração contábil deve estar alinhado às necessidades de informação de seus usuários. Nesse sentido, esta Interpretação não estabelece o nível de detalhe ou mesmo sugere um plano de contas a ser observado. O detalhamento dos registros contábeis é diretamente proporcional à complexidade das operações da entidade e dos requisitos de informação a ela aplicáveis e, exceto nos casos em que uma autoridade reguladora assim o requeira, não devem necessariamente observar um padrão predefinido.

5. A escrituração contábil deve ser executada:
  a) em idioma e em moeda corrente nacionais;
  b) em forma contábil;
  c) em ordem cronológica de dia, mês e ano;
  d) com ausência de espaços em branco, entrelinhas, borrões, rasuras ou emendas; e
  e) com base em documentos de origem externa ou interna ou, na sua falta, em elementos que comprovem ou evidenciem fatos contábeis.

6. A escrituração em forma contábil de que trata o item 5 deve conter, no mínimo:
  a) data do registro contábil, ou seja, a data em que o fato contábil ocorreu;
  b) conta devedora;
  c) conta credora;
  d) histórico que represente a essência econômica da transação ou o código de histórico padronizado, neste caso baseado em tabela auxiliar inclusa em livro próprio;
  e) valor do registro contábil;
  f) informação que permita identificar, de forma unívoca, todos os registros que integram um mesmo lançamento contábil.

4.2 Processos de Escrituração

Os processos de escrituração contábil são os seguintes:

Manual: a escrituração é feita à mão.

Maquinizado ou semimecanizado: a escrituração é feita por meio de máquinas de escrever.

Mecanizado: a escrituração é feita por meio de máquinas de escrituração. São máquinas específicas, destinadas a esse fim.

Computadorizado ou por processamento eletrônico: a escrituração é executada por meio de computadores.

O processo mais utilizado nos dias atuais é o computadorizado.

4.3 Métodos de Escrituração

Método de escrituração é a forma utilizada para o registro dos fatos contábeis.

É nesse momento da disciplina que iniciaremos o estudo de débitos e créditos. A partir daqui o estudante aprenderá a efetuar as contabilizações de fatos que alteram o patrimônio de uma entidade. As contabilizações são feitas por meio de lançamentos contábeis. Lançamento nada mais é que o registro de um fato contábil, utilizando débito e crédito. Um lançamento deve conter local e data do registro, contas debitadas, contas creditadas, histórico da operação (descrição do evento que gerou a contabilização) e valor da operação.

Antes de saber aplicar o débito e o crédito, é preciso saber qual é o método adotado na contabilidade para registrar tais débitos e créditos.

Todos os registros contábeis são feitos por meio do método das partidas dobradas, mas existem outros dois métodos que, apesar de estarem em desuso, podem ser cobrados em prova:

Método das partidas simples: nesse método, há somente o registro dos direitos e obrigações. Está em desuso.

Método das partidas mistas: são mantidas contas para o registro dos bens, direitos e obrigações. Está em desuso.

Método das partidas dobradas: esse é o método adotado na contabilidade. Ele determina que a soma dos valores dos débitos deve ser igual à soma dos valores dos créditos. Convém notar que ele não informa que teremos apenas um débito e apenas um crédito, ou que registraremos apenas direitos, ou bens. Esse método registra qualquer situação que modifique o patrimônio, seja um bem, direito, obrigação, receita ou despesa. E uma modificação patrimonial pode dar origem ao registro de um ou mais débitos e um ou mais créditos. O importante é que o valor total dos débitos seja igual ao valor total de créditos.

Um lançamento contábil pode ser feito por meio do chamado "razonete". Razonete é a representação gráfica de uma conta, em que é possível registrar toda a movimentação que ocorre (aumentos e diminuições de saldo).

Ele é apresentado da seguinte forma:

Título da Conta	
Valor a débito	Valor a crédito
Saldo	

Saldo = total de débitos − total de créditos, se:

> **Total de débitos > total de créditos:** a conta terá saldo devedor;
> **Total de créditos > total de débitos:** a conta terá saldo credor.

4.4 Funcionamento das Contas

Para iniciar o estudo do funcionamento das contas, é preciso entender o seguinte:

Pensemos na conta "caixa", que registra os valores que a empresa tem em caixa, e suas respectivas entradas e saídas de dinheiro:

Quando fazemos um pagamento utilizando o dinheiro do caixa, nosso saldo de caixa aumenta ou diminui? Diminui, certo?! Saiu dinheiro, diminuiu o saldo do caixa.

E quando recebemos um valor em dinheiro e guardamos esse dinheiro no caixa, o que ocorre com o saldo do caixa nessa situação? Aumenta ou diminui? Aumenta, certo?! Se entra dinheiro, o saldo de caixa aumenta.

É importante saber que essa movimentação (entrada e saída de recursos) é registrada, na contabilidade, por meio de débitos e créditos. Quando desejamos registrar o aumento do saldo de caixa, debitamos; quando desejamos registrar a diminuição do saldo de caixa, creditamos. E isso ocorre em todas as contas contábeis. Todas as contas são movimentadas por meio de débitos e créditos.

E para que saibamos registrar as movimentações que ocorrem em uma conta, é fundamental conhecer o funcionamento das contas.

Já vimos que, na contabilidade, existem contas de natureza devedora e contas de natureza credora. É essencial lembrar a natureza das contas para que seja possível movimentá-la por meio de débitos e créditos. Vamos relembrar:

Contas de Ativo e Despesas: possuem natureza devedora.

Contas de Passivo, Patrimônio Líquido e Receita: possuem natureza credora.

Contas retificadoras: possuem natureza inversa ao grupo a que pertencem, ou seja:

> Retificadoras do Ativo possuem natureza credora. **Exs.:** (-) PECLD (Perdas Estimadas com Créditos de Liquidação Duvidosa), (-) Depreciação Acumulada, (-) Amortização Acumulada, (-) Provisão para ajuste a valor de mercado.

> Retificadoras do Passivo e Patrimônio Líquido possuem natureza devedora. **Exs.:** (-) Encargos a transcorrer, (-) Capital a Integralizar, (-) Ações em Tesouraria, (-) Prejuízos Acumulados.

A seguir, aprenderemos como movimentar as contas. ATENÇÃO!

Contas de Ativo, Passivo e Patrimônio Líquido: sempre que desejarmos aumentar o saldo de uma conta, deveremos seguir a natureza que ela possui. Para diminuir o saldo, deveremos proceder ao lançamento inverso, ou seja:

Contas de Ativo, Retificadoras do Passivo e Retificadoras do PL: possuem **natureza devedora**, então, quando desejarmos **aumentar** o saldo dessas contas, deveremos **debitar**! Para **diminuir**, deveremos realizar o lançamento inverso, ou seja, um **crédito**.

Contas de Passivo, Patrimônio Líquido e Retificadoras do Ativo: possuem **natureza credora**, então, quando desejarmos **aumentar** o sado dessas contas, deveremos **creditar**! Para **diminuir**, deveremos realizar o lançamento inverso, ou seja, um **débito**.

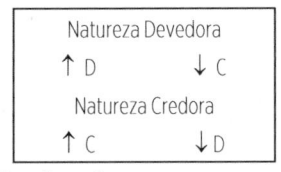

Natureza Devedora	
↑ D	↓ C
Natureza Credora	
↑ C	↓ D

Contas de Receitas e Despesas:

Despesa – **D**ebitamos;

Receita – Creditamos.

Se o estudante preferir, pode memorizar as informações abaixo:

Contas de Ativo, Retificadoras do Passivo e Retificadoras do PL: possuem natureza devedora;

> Para aumentar o saldo: DEBITA-SE
> Para diminuir o saldo: CREDITA-SE

Contas do Passivo, Patrimônio Líquido e Retificadoras do Ativo: possuem natureza credora;

> Para aumentar o saldo: CREDITA-SE
> Para diminuir o saldo: DEBITA-SE

Procedimentos para efetuar um lançamento:

1º) Identificar as contas que deverão ser utilizadas.

2º) Depois de identificá-las, devemos determinar a que grupo de contas elas pertencem (Ativo, Passivo Exigível, PL, Receitas ou Despesas).

3º) Identificar se o saldo da conta aumenta ou diminui.

4º) Aplicar o mecanismo de débito e crédito.

Ex.: Efetuar o lançamento de um depósito de R$ 50.000, feito em conta corrente do Banco do Brasil com dinheiro extraído do caixa.

1º) Identificar as contas que deverão ser utilizadas.

Nesse caso, utilizaremos as contas "Caixa" (de onde sairá o dinheiro para depósito) e "Bancos" (o dinheiro será depositado no banco).

2º) Depois de identificá-las, devemos determinar a que grupo de contas elas pertencem (Ativo, Passivo Exigível, PL, Receitas ou Despesas).

Caixa: os valores em caixa são considerados bens numerários, portanto, registrados no Ativo.

Bancos: depósitos bancários são considerados, pela ESAF, bens numerários, portanto, registrados no Ativo.

3º) Identificar se o saldo da conta aumenta ou diminui.

Caixa: quando ocorre a saída de dinheiro do caixa, o saldo diminui (nesse caso, diminuiu o saldo, porque a empresa tira dinheiro do caixa para depositar na conta bancária).

Bancos: quando entra dinheiro por meio de um depósito bancário, o saldo de caixa aumenta.

4º) Aplicar o mecanismo de débito e crédito:

D: Bancos R$ 50.000,00

C: Caixa: R$ 50.000,00

OU

Bancos

a Caixa R$ 50.000,00[1]

	Aumentar	Diminuir
Ativo	D	C
Retificadoras do Ativo	C	D
Passivo	C	D
Retificadoras do Passivo	D	C
Patrimônio Líquido	C	D
Retificadoras do Patrimônio Líquido	D	C
Receitas		C
Despesas		D

[1] Essa maneira de demonstrar a contabilização é bastante cobrada em prova. A conta que não recebe nenhuma informação na frente (nesse caso, Bancos) sempre será a conta debitada, e a conta que recebe "a" (nesse caso, Caixa) na frente sempre será a conta creditada.

4.5 Fórmulas de Lançamento

Vimos que um lançamento deve ter, de acordo com o Método das Partidas Dobradas, o valor total de débitos igual ao valor total de créditos. Vimos também que podem existir uma ou mais contas debitadas e uma ou mais contas creditadas. Vejamos quais são os tipos (fórmulas) de lançamento que existem:

1ª Fórmula: uma conta debitada e uma conta creditada. (11)

2ª Fórmula: uma conta debitada e duas ou mais contas creditadas. (12)

3ª Fórmula: duas ou mais contas debitadas e uma conta creditada. (21)

4ª Fórmula: duas ou mais contas debitadas e duas ou mais contas creditadas. (22)

	Conta (s) Debitada (s)	Conta (s) Creditada (s)
1ª Fórmula	1	1
2ª Fórmula	1	2
3ª Fórmula	2	1
4ª Fórmula	2	2

Para memorizar, é importante lembrar a ordem das fórmulas: 11, 12, 21, 22.

Para entender como funcionam as fórmulas de lançamento, vejamos o exemplo a seguir:

01. Compra de um veículo, à vista, no valor de R$ 30.000,00. Pagamento efetuado em cheque.

    D: Veículos R$ 30.000,00;

    C: Bancos R$ 30.000,00;

    1 débito e 1 crédito => 11 => lançamento de 1ª fórmula.

02. Compra de veículo sendo parte à vista em dinheiro (R$ 10.000,00) e parte com prazo de 30 dias. O valor do veículo é de R$ 30.000,00.

    D: Veículos R$ 30.000,00;

    C: Caixa R$ 10.000,00;

    C: Duplicatas a pagar R$ 20.000,00;

    1 débito e 2 créditos => 12 => 2ª fórmula.

03. Pagamento com atraso de uma duplicata no valor de R$ 15.000,00, com acréscimo de juros de 10%.

    D: Duplicatas a pagar R$ 15.000,00;

    D: Juros Passivos (o mesmo que Despesas com Juros) R$ 1.500,00;

    C: Caixa R$ 16.500,00;

    2 débitos e 1 crédito => 21 => 3ª fórmula.

04. A empresa PC comprou um computador no valor de R$ 1.200,00 e uma motocicleta no valor de R$ 6.000,00. Efetuou o pagamento em dinheiro no valor de R$ 3.000,00 e o restante da quantia será pago em 30 dias.

NOÇÕES DE CONTABILIDADE - ESPECÍFICO PARA INVESTIGADOR

D: Computadores e periféricos R$ 1.200,00;

D: Veículos R$ 6.000,00;

C: Caixa R$ 3.000,00;

C: Duplicatas a pagar R$ 4.200,00;

2 débitos e 2 créditos => 22 => 4ª fórmula.

4.6 Erros de Escrituração

Durante o processo de escrituração, podem ocorrer alguns erros, como:

Erro na identificação da conta debitada ou creditada: quando o débito ou o crédito são feitos incorretamente.

Ex.:

Lançamento correto:

D: Caixa R$ 1.000,00;

C: Duplicatas a receber R$ 1.000,00;

Histórico: Recebimento da duplicata nº 100 em dinheiro.

Erro na identificação da conta debitada ou creditada:

D: Bancos R$ 1.000,00;

C: Duplicatas a receber R$ 1.000,00;

Histórico: Recebimento da duplicata nº 100 em dinheiro.

Inversão de contas: quando ocorre a inversão do lançamento contábil, ou seja, debita-se a conta que deveria ser creditada e credita-se a conta que deveria ser debitada.

Ex.:

Lançamento correto:

D: Caixa R$ 1.000,00;

C: Duplicatas a receber R$ 1.000,00;

Histórico: Recebimento da duplicata nº 100 em dinheiro.

Inversão de contas:

D: Duplicatas a receber R$ 1.000,00;

C: Caixa R$ 1.000,00;

Histórico: Recebimento da duplicata nº 100 em dinheiro.

Erro na identificação do valor: quando o valor é registrado incorretamente (maior ou menor do que o correto).

Ex.:

Lançamento correto:

D: Caixa R$ 1.000,00

C: Duplicatas a receber R$ 1.000,00

Histórico: Recebimento da duplicata nº 100 em dinheiro.

Erro na identificação do valor:

D: Caixa R$ 100,00

C: Duplicatas a receber R$ 100,00

Histórico: Recebimento da duplicata nº 100 em dinheiro.

Erro no histórico: quando ocorre erro no histórico que acompanha o lançamento.

Ex.:

Lançamento correto:

D: Caixa R$ 1.000,00;

C: Duplicatas a receber R$ 1.000,00;

Histórico: Recebimento da duplicata nº 100 em dinheiro.

Erro no histórico:

D: Caixa R$ 1.000,00;

C: Duplicatas a receber R$ 1.000,00;

Histórico: Recebimento da duplicata nº 1.000 em dinheiro.

Lançamento em duplicidade: a entidade contabiliza duas vezes o mesmo fato.

Ex.:

Lançamento correto:

D: Caixa R$ 1.000,00;

C: Duplicatas a receber R$ 1.000,00;

Histórico: Recebimento da duplicata nº 100 em dinheiro.

Lançamento em duplicidade: a entidade contabiliza duas vezes o mesmo fato.

D: Caixa R$ 1.000,00;

C: Duplicatas a receber R$ 1.000,00;

Histórico: Recebimento da duplicata nº 100 em dinheiro.

Omissão de lançamento: quando a entidade deixa de escriturar um fato.

Ex.:

Lançamento correto:

D: Caixa R$ 1.000,00;

C: Duplicatas a receber R$ 1.000,00;

Histórico: Recebimento da duplicata nº 100 em dinheiro.

Omissão de lançamento: ocorre quando a entidade deixa de escriturar um fato.

Técnicas de correção

Estorno: anulação integral do lançamento incorreto por meio de um lançamento inverso.

Transferência: utilizado para corrigir a conta indevidamente debitada ou creditada. Por meio da transferência, é possível a correção do erro mediante um único lançamento, sem a necessidade de se estornar integralmente o lançamento incorreto.

Complementação: lançamento feito posteriormente para complementar, aumentando ou reduzindo o valor anteriormente registrado.

Ressalva: correção de erro no histórico por meio de expressões como "digo", "ou melhor", "em tempo" etc. O erro deve ser corrigido imediatamente após ter ocorrido.

ITG 2000 (R1) – Escrituração Contábil

Retificação de lançamento contábil

31. Retificação de lançamento é o processo técnico de correção de registro realizado com erro na escrituração contábil da entidade e pode ser feito por meio de:

a) *estorno;*
b) *transferência; e*
c) *complementação.*

32. Em qualquer das formas citadas no item 31, o histórico do lançamento deve precisar o motivo da retificação, a data e a localização do lançamento de origem.

33. O estorno consiste em lançamento inverso àquele feito erroneamente, anulando-o totalmente.

34. Lançamento de transferência é aquele que promove a regularização de conta indevidamente debitada ou creditada, por meio da transposição do registro para a conta adequada.

35. Lançamento de complementação é aquele que vem, posteriormente, complementar, aumentando ou reduzindo o valor anteriormente registrado.

36. Os lançamentos realizados fora da época devida devem consignar, nos seus históricos, as datas efetivas das ocorrências e a razão do registro extemporâneo.

Estorno: anulação integral do lançamento incorreto por meio de um lançamento inverso.

Transferência: utilizado para corrigir a conta indevidamente debitada ou creditada. Por meio da transferência, é possível a correção do erro mediante um único lançamento, sem a necessidade de se estornar integralmente o lançamento incorreto.

Complementação: lançamento feito, posteriormente, para complementar, aumentando ou reduzindo o valor anteriormente registrado.

Ressalva: correção de erro no histórico por meio de expressões como "digo", "ou melhor", "em tempo" etc. O erro deve ser corrigido imediatamente após ter ocorrido.

4.7 Regimes de Escrituração

Corresponde ao processo de reconhecimento das contas de resultado na escrituração da empresa.

Existem dois regimes de escrituração na contabilidade, porém apenas um deles é aceito pela Lei 6.404/76:

Lei 6.404/76

Escrituração

Art. 177. *A escrituração da companhia será mantida em registros permanentes, com obediência aos preceitos da legislação comercial e desta Lei e aos princípios de contabilidade geralmente aceitos, devendo observar métodos ou critérios contábeis uniformes no tempo* **e registrar as mutações patrimoniais segundo o regime de competência.**

Regime de caixa

O reconhecimento das receitas e despesas por esse método deve ser feito quando ocorre impacto nas disponibilidades da empresa. O que importa é a efetiva entrada de recursos, no que diz respeito às **receitas**, e do efetivo pagamento ou saída de recursos, no que diz respeito às **despesas**.

Regime de competência

Considera que o reconhecimento das receitas deve ser feito quando elas são geradas e, das despesas, quando são incorridas, ou seja, no período da ocorrência dos seus fatos geradores, independentemente de seu recebimento (receitas) ou pagamento (despesas).

4.8 Livros de Escrituração

Livros de escrituração são os livros nos quais a entidade registra os fatos que alteram o patrimônio. Existem livros contábeis em formato não digital, e livros contábeis em formato digital.

A ITG 2000 (R1) determina que os livros contábeis obrigatórios, entre eles o Livro Diário e o Livro Razão, **em forma não digital**, devem revestir-se de formalidades extrínsecas, tais como:

> serem encadernados;
> terem suas folhas numeradas sequencialmente;
> conterem termo de abertura e de encerramento assinados pelo titular ou representante legal da entidade e pelo profissional da contabilidade regularmente habilitado no Conselho Regional de Contabilidade.

Determina também que os livros contábeis obrigatórios, entre eles o Livro Diário e o Livro Razão, **em forma digital**, devem revestir-se de formalidades extrínsecas, tais como:

serem assinados digitalmente pela entidade e pelo profissional da contabilidade regularmente habilitado;

quando exigível por legislação específica, serem autenticados no registro público ou entidade competente.

Livro diário

No Livro Diário devem ser lançadas, em ordem cronológica, com individualização, clareza e referência ao documento probante, todas as operações ocorridas, e quaisquer outros fatos que provoquem variações patrimoniais.

As principais características do Livro Diário são:

> Obrigatório (exigido pelo Código Civil).
> Principal (registra todos os fatos que alteram o patrimônio).
> Cronológico (os fatos são registrados em ordem cronológica de dia, mês e ano).

O Livro Diário possui formalidades intrínsecas e extrínsecas:

Formalidades Intrínsecas: são as formalidades relacionadas ao lançamento contábil.

> deve ser escriturado em ordem cronológica;
> não são permitidos borrões, rasuras, emendas, espaços em branco e ocupação de margens ou entrelinhas;
> a escrituração deve ser feita em língua e moeda nacionais.

Formalidades Extrínsecas: são as formalidades relacionadas à apresentação ou aparência dos livros.

> deve ser encadernado;
> suas páginas devem ser numeradas sequencialmente;
> termos de abertura e encerramento;
> deve ser registrado em repartição competente.

Requisitos necessários para o registro de uma operação no Livro Diário:

> Local e data da operação.
> Conta a ser debitada.
> Conta a ser creditada.

ESCRITURAÇÃO

> Histórico da operação.
> Valor da operação em moeda nacional.

Ex.: Cascavel, 01 de julho de 2016

Mercadorias

a Caixa   R$ 1.200,00

Pela aquisição à vista, nesta data, de mercadorias para revenda NF 07.

Atenção!
> A conta que não vem precedida de "a" é a conta debitada. Nesse caso, a conta "Mercadorias".
> A conta que vem precedida de "a" é a conta creditada. Nesse caso, a conta "Caixa".

Essa contabilização também poderia ser apresentada da seguinte forma:

D: Mercadorias R$ 1.200,00.

C: Caixa R$ 1.200,00.

Livro razão

O Razão é um livro principal (registra todos os fatos que alteram o patrimônio), sistemático (registra os fatos por contas, e não por ordem cronológica), obrigatório pela Legislação do IR (para aquelas entidades sujeitas à tributação do IR pelo Lucro Real) e facultativo pela Legislação Comercial. Cada página do Livro Razão representa uma conta.

Ex.:

Conta Mercadorias

Data	Histórico	Débito	Crédito	Saldo
24/04/2016	Compra NF07	R$ 1.200,00		R$ 1.200,00
25/04/2016	Compra NF11	R$ 800,00		R$ 2.000,00
25/04/2016	Venda NF33		R$ 500,00	R$ 1.500,00

Livros especiais

São considerados obrigatórios apenas para determinadas pessoas ou atividades. O Art. 100 da Lei 6.404/76 descreve os livros que as sociedades anônimas estão obrigadas a escriturar. Vejamos:

Lei nº 6.404/76

Art. 100. A companhia deve ter, além dos livros obrigatórios para qualquer comerciante, os seguintes, revestidos das mesmas formalidades legais:

I. O livro de Registro de Ações Nominativas, para inscrição, anotação ou averbação:

a) do nome do acionista e do número das suas ações;

b) das entradas ou prestações de capital realizado;

c) das conversões de ações, de uma em outra espécie ou classe;

d) do resgate, reembolso e amortização das ações, ou de sua aquisição pela companhia;

e) das mutações operadas pela alienação ou transferência de ações;

f) do penhor, usufruto, fideicomisso, da alienação fiduciária em garantia ou de qualquer ônus que grave as ações ou obste sua negociação.

II. O livro de "Transferência de Ações Nominativas", para lançamento dos termos de transferência, que deverão ser assinados pelo cedente e pelo cessionário ou seus legítimos representantes;

III. O livro de "Registro de Partes Beneficiárias Nominativas" e o de "Transferência de Partes Beneficiárias Nominativas", se tiverem sido emitidas, observando-se, em ambos, no que couber, o disposto nos números I e II deste artigo;

IV. O livro de Atas das Assembleias Gerais;

V. O livro de Presença dos Acionistas;

VI. Os livros de Atas das Reuniões do Conselho de Administração, se houver, e de Atas das Reuniões de Diretoria;

VII. O livro de Atas e Pareceres do Conselho Fiscal.

§ 1º. A qualquer pessoa, desde que se destinem a defesa de direitos e esclarecimento de situações de interesse pessoal ou dos acionistas ou do mercado de valores mobiliários, serão dadas certidões dos assentamentos constantes dos livros mencionados nos incisos I a III, e por elas a companhia poderá cobrar o custo do serviço, cabendo, do indeferimento do pedido por parte da companhia, recurso à Comissão de Valores Mobiliários.

§ 2º. Nas companhias abertas, os livros referidos nos incisos I a V do "caput" deste artigo poderão ser substituídos, observadas as normas expedidas pela Comissão de Valores Mobiliários, por registros mecanizados ou eletrônicos.

4.9 Balancete de Verificação

É uma relação de todas as contas abertas em um exercício. Possui a finalidade de verificar e demonstrar a correta aplicação do método das partidas dobradas, ou seja, verificar se o total de saldos devedores é igual ao total de saldos credores. O balancete é feito a partir do Livro Razão, do qual são extraídos os saldos para a sua elaboração.

Ex.:

Contas	Natureza do Saldo	
	Devedora	Credora
Mercadorias	R$ 3.200,00	
Caixa	R$ 800,00	
Fornecedores		R$ 700,00
Capital Social		R$ 3.300,00
Total	R$ 4.000,00	R$ 4.000,00

Existem dois tipos de Balancetes:

Balancete Inicial: possui contas patrimoniais (contas de Ativo, Passivo Exigível e Patrimônio Líquido) e contas de resultado (receitas e despesas). É elaborado antes da Apuração do Resultado do Exercício.

Balancete Final: composto apenas por contas patrimoniais (contas de Ativo, Passivo Exigível e Patrimônio Líquido). É elaborado depois da Apuração do Resultado do Exercício.

4.10 Fatos Contábeis

Fatos contábeis são todos os fatos que ocorrem em uma empresa, e que alteram qualitativamente e/ou quantitativamente seu patrimônio.

Se a ação praticada pela administração não afetar o patrimônio da empresa, será considerado um Ato Administrativo. Os atos relevantes podem ser controlados em contas de compensação.

Os fatos podem ser classificados como:
> Fatos Permutativos.
> Fatos Modificativos.
> Fatos Mistos.

Fatos permutativos, qualitativos ou compensativos

São aqueles que não provocam alterações quantitativas no Patrimônio Líquido.

Ex.: Compra de mercadoria à vista, pagamento de uma duplicata, compra de máquina a prazo.

Fatos modificativos ou quantitativos

São aqueles que provocam alterações quantitativas no Patrimônio Líquido, seguidos de alterações no Ativo ou no Passivo Exigível. Podem ser classificados em modificativos aumentativos (aumentam o PL) ou modificativos diminutivos (diminuem o PL).

Ex.: Prescrição de dívidas, faturamento de um serviço, compra de ações da própria empresa, reconhecimento de despesas de salários.

Fatos mistos ou compostos

São aqueles que provocam alterações qualitativas e quantitativas no patrimônio da entidade. Uma "parte" do fato é permutativa e outra "parte" do fato é modificativa. Também podem ser aumentativoEx.: s ou diminutivos, conforme aumentam ou diminuem o PL.

Recebimento de duplicatas com juros e pagamento de duplicata com desconto.

Fatos Permutativos	Fatos Modificativos	Fatos Mistos
Contabilizações que ocorrem entre os seguintes grupos: * A – A * A – P * P – P * PL – PL (aumentando e reduzindo o saldo do PL, provocando uma alteração quantitativa nula [alterando apenas qualitativamente o PL]).	Contabilizações que ocorrem entre os seguintes grupos: * A – PL (ou Receitas ou Despesas**) * P – PL (ou Receitas ou Despesas**) ** Receitas provocam alterações aumentativas no PL e Despesas provocam alterações diminutivas no PL.	Contabilizações que ocorrem entre os seguintes grupos: * A – A – PL (ou Receitas ou Despesas**) * A – P – PL (ou Receitas ou Despesas**) * P – P – PL (ou Receitas ou Despesas**) ** Receitas provocam alterações aumentativas no PL e Despesas provocam alterações diminutivas no PL.

Exemplo sobre atos e fatos:

01. Assinatura de um contrato publicitário para veiculação de mídia dentro do período de 6 meses.

    Ato administrativo

02. Aquisição de máquinas e equipamentos à vista, pelo valor de R$ 80.000,00.

    D: Máquinas e Equipamentos (A) R$ 80.000,00.
    C: Caixa (A) R$ 80.000,00.

    > Essa contabilização movimentou os seguintes grupos:
    A – A: Fato Permutativo.

03. A empresa Pátria Ltda. prestou serviços e cobrou a quantia de R$ 25.000,00 recebidos no ato.

    D: Caixa (A) R$ 25.000,00.
    C: Receita (Rec.) R$ 25.000,00.

    > Essa contabilização movimentou os seguintes grupos:
    A – Rec.: Fato Modificativo Aumentativo.

04. Aquisição de equipamentos a prazo. Valor dos bens adquiridos: R$ 12.000,00. Prazo para pagamento: em quota única com vencimento em 90 dias.

    D: Equipamentos (A) R$12.000,00.
    C: Duplicatas a pagar (P) R$ 12.000,00.

    > Essa contabilização movimentou os seguintes grupos:
    A – P: Fato Permutativo.

05. Pagamento de títulos no valor de R$ 18.000,00. Os títulos foram pagos em dinheiro, após a data de vencimento e com cobrança de juros no valor de R$ 250,00.

    D: Títulos a pagar (P) R$ 18.000,00.
    D: Juros Passivos (Desp.) R$ 250,00.
    C: Caixa (A) R$ 18.250,00.

    > Essa contabilização movimentou os seguintes grupos:
    A – P – Desp.: Fato Misto Diminutivo.

BALANÇO PATRIMONIAL

5. BALANÇO PATRIMONIAL

Antes de iniciarmos o estudo do Balanço Patrimonial, é importante que saibamos quais são as **demonstrações contábeis obrigatórias**.

A Lei 6.404/76 determina, em seu Art. 176, que ao fim de cada exercício social*, a diretoria fará elaborar, com base na escrituração mercantil da companhia, as seguintes demonstrações financeiras, que deverão exprimir com clareza a situação do patrimônio da companhia e as mutações ocorridas no exercício:

> Balanço Patrimonial - BP.
> Demonstração dos Lucros ou Prejuízos Acumulados - DLPA.
> Demonstração do Resultado do Exercício - DRE.
> Demonstração dos Fluxos de Caixa – DFC**; e
> Se companhia aberta, Demonstração do Valor Adicionado.

* O exercício social terá duração de 1 ano e a data do término será fixada no estatuto. Na constituição da companhia e nos casos de alteração estatutária o exercício social poderá ter duração diversa.

** A companhia fechada com Patrimônio Líquido, na data do balanço, inferior a R$ 2.000.000,00 (dois milhões de reais) não será obrigada à elaboração e publicação da demonstração dos fluxos de caixa.

As demonstrações financeiras auxiliarão a Contabilidade a cumprir sua finalidade de fornecer informações aos usuários. Cada demonstração contábil fornecerá uma informação específica.

O Balanço Patrimonial fornecerá informações sobre a composição do patrimônio de uma entidade (seus bens, direitos e obrigações). Veremos, no capítulo 7, as demais demonstrações obrigatórias.

A Lei 6.404/76 também determina que:

> As demonstrações de cada exercício serão publicadas com a indicação dos valores correspondentes das demonstrações do exercício anterior.
> Nas demonstrações, as contas semelhantes poderão ser agrupadas; os pequenos saldos poderão ser agregados, desde que indicada a sua natureza e que não ultrapassem 0,1 (um décimo) do valor do respectivo grupo de contas; mas é vedada a utilização de designações genéricas, como "diversas contas" ou "contas correntes".
> As demonstrações serão complementadas por **notas explicativas** e outros quadros analíticos ou demonstrações contábeis necessários para esclarecimento da situação patrimonial e dos resultados do exercício.
> As demonstrações financeiras registrarão a destinação dos lucros segundo a proposta dos órgãos da Administração, no pressuposto de sua aprovação pela assembleia geral.
> A demonstração de lucros ou prejuízos acumulados deverá indicar o montante do dividendo por ação do capital social e **poderá ser incluída na demonstração das mutações do Patrimônio Líquido, se elaborada e publicada pela companhia**.

As **notas explicativas** devem:

Apresentar informações sobre a base de preparação das demonstrações financeiras e das práticas contábeis específicas selecionadas e aplicadas para negócios e eventos significativos;

Divulgar as informações exigidas pelas práticas contábeis adotadas no Brasil que não estejam apresentadas em nenhuma outra parte das demonstrações financeiras;

Fornecer informações adicionais não indicadas nas próprias demonstrações financeiras e consideradas necessárias para uma apresentação adequada; e

> Indicar:
>> os principais critérios de avaliação dos elementos patrimoniais, especialmente estoques, dos cálculos de depreciação, amortização e exaustão, de constituição de provisões para encargos ou riscos, e dos ajustes para atender a perdas prováveis na realização de elementos do Ativo;
>> os investimentos em outras sociedades, quando relevantes;
>> o aumento de valor de elementos do Ativo resultante de novas avaliações;
>> os ônus reais constituídos sobre elementos do Ativo, as garantias prestadas a terceiros e outras responsabilidades eventuais ou contingentes;
>> a taxa de juros, as datas de vencimento e as garantias das obrigações de longo prazo;
>> o número, espécies e classes das ações do capital social;
>> as opções de compra de ações outorgadas e exercidas no exercício;
>> os ajustes de exercícios anteriores; e
>> os eventos subsequentes à data de encerramento do exercício que tenham, ou possam vir a ter, efeito relevante sobre a situação financeira e os resultados futuros da companhia.

O Pronunciamento Técnico CPC 26 (R1) - Apresentação das Demonstrações Contábeis, que define a base para apresentação das demonstrações contábeis, determina que o conjunto completo de demonstrações contábeis inclui:

> Balanço Patrimonial ao final do período;
> Demonstração do Resultado do período;
> Demonstração do Resultado Abrangente do período;
> Demonstração das Mutações do Patrimônio Líquido do período;
> Demonstração dos Fluxos de Caixa do período;
> Notas explicativas, compreendendo as políticas contábeis significativas e outras informações elucidativas;
> Informações comparativas com o período anterior;
> Balanço Patrimonial do início do período mais antigo, comparativamente apresentado, quando a entidade aplicar uma política contábil retrospectivamente ou proceder à reapresentação retrospectiva de itens das demonstrações contábeis, ou quando proceder à reclassificação de itens de suas demonstrações contábeis; e

> - Demonstração do Valor Adicionado do período, se exigida legalmente ou por algum órgão regulador, ou mesmo se apresentada voluntariamente.

O CPC 26 (R1) determina que o conjunto completo das demonstrações contábeis deve ser apresentado pelo menos anualmente (inclusive informação comparativa).

Quando se altera a data de encerramento das demonstrações contábeis da entidade, e as demonstrações contábeis são apresentadas para um período mais longo ou mais curto do que um ano (exercício social), a entidade deve divulgar, além do período abrangido pelas demonstrações contábeis:

> A razão para usar um período mais longo ou mais curto; e
> O fato de que não são inteiramente comparáveis os montantes comparativos apresentados nessas demonstrações.

Demonstrações Contábeis	
Lei 6.404/76	CPC 26 (R1) - Apresentação das Demonstrações Contábeis
- Balanço Patrimonial; - Demonstração dos Lucros ou Prejuízos Acumulados; - Demonstração do Resultado do Exercício; - Demonstração dos Fluxos de Caixa*; e - se companhia aberta, Demonstração do Valor Adicionado. * A companhia fechada com Patrimônio Líquido, na data do balanço, inferior a R$ 2.000.000,00 (dois milhões de reais) não será obrigada à elaboração e publicação da demonstração dos fluxos de caixa.	- Balanço Patrimonial; - Demonstração do Resultado do Período; - Demonstração do Resultado Abrangente do período; - Demonstração das Mutações do Patrimônio Líquido do período; - Demonstração dos Fluxos de Caixa do período; - Notas explicativas; - Demonstração do Valor Adicionado.

5.1 Conceitos

Balanço Patrimonial é a representação gráfica equilibrada do patrimônio de uma entidade em determinada data, evidenciando todas as contas patrimoniais e seus respectivos saldos. Ele é preparado com o objetivo de fornecer informações sobre a situação patrimonial da entidade. É considerado como sendo a situação estática do patrimônio.

Será composto por uma parte positiva, apresentada do lado esquerdo da demonstração, chamada de Ativo. Como já vimos em capítulos anteriores, no Ativo são demonstrados os bens e direitos da entidade. Também será composto por uma parte negativa, apresentada do lado direito da demonstração, chamada de Passivo. Vimos em capítulos anteriores que o Passivo será composto por obrigações e Patrimônio Líquido.

A Lei 6.404/76, em seu Art. 178, trata do Balanço Patrimonial. Vejamos:

Art. 178. No balanço, as contas serão classificadas segundo os elementos do patrimônio que registrem, e agrupadas de modo a facilitar o conhecimento e a análise da situação financeira da companhia.

*§ 1º No **Ativo**, as contas serão dispostas em **ordem decrescente de grau de liquidez** dos elementos nelas registrados, nos seguintes grupos:*

*I. **Ativo Circulante**; e*

*II. **Ativo Não Circulante**, composto por **Ativo Realizável a Longo Prazo, Investimentos, Imobilizado** e **Intangível**.*

*§ 2º no **Passivo**, as contas serão classificadas nos seguintes grupos:*

*I. **Passivo Circulante**;*

*II. **Passivo Não Circulante**; e*

*III. **Patrimônio Líquido**, dividido em **Capital Social, Reservas de Capital, Ajustes de Avaliação Patrimonial, Reservas de Lucros, Ações em Tesouraria** e **Prejuízos Acumulados**.*

§ 3º Os saldos devedores e credores que a companhia não tiver direito de compensar serão classificados separadamente." (Grifo nosso)

Portanto, de acordo com a Lei, o Balanço Patrimonial será composto pelos seguintes grupos e subgrupos:

Balanço Patrimonial	
Ativo	Passivo
Ativo Circulante Ativo Não Circulante - Ativo Realizável a Longo Prazo - Investimentos - Imobilizado - Intangível	Passivo Circulante Passivo Não Circulante Patrimônio Líquido - Capital Social - Reservas de Capital - Ajustes de Avaliação Patrimonial - Reservas de Lucros - Ações em Tesouraria - Prejuízos Acumulados

De acordo com o CPC 26, o Balanço Patrimonial deve apresentar, respeitada a legislação, as seguintes contas:

> Caixa e Equivalentes de Caixa.
> Clientes e Outros Recebíveis.
> Estoques.
> Ativos Financeiros.
> Ativos classificados como disponíveis para venda - Instrumentos Financeiros e Ativo Não Circulante de Operação Descontinuada.
> Ativos Biológicos.
> Investimentos avaliados pelo método da equivalência patrimonial.
> Propriedades para Investimento;
> Imobilizado.
> Intangível.
> Contas a Pagar comerciais e outras;
> Provisões.
> Obrigações Financeiras;
> Obrigações e Ativos relativos à tributação corrente.

BALANÇO PATRIMONIAL

> Impostos diferidos Ativos e Passivos;
> Obrigações associadas a Ativos à disposição para venda;
> Participação de não controladores, apresentada de forma destacada dentro do Patrimônio Líquido; e
> Capital Integralizado e reservas e outras contas atribuíveis aos proprietários da entidade.

O Pronunciamento Técnico não prescreve a ordem ou o formato que deva ser utilizado na apresentação das contas do Balanço Patrimonial. O parágrafo anterior simplesmente lista os itens que são suficientemente diferentes na sua natureza ou função para assegurar uma apresentação individualizada no Balanço Patrimonial.

A entidade deve apresentar contas adicionais, cabeçalhos e subtotais nos balanços patrimoniais sempre que sejam relevantes para o entendimento da posição financeira e patrimonial da entidade.

5.2 Ativos

Ativo é um recurso controlado pela entidade como resultado de eventos passados e do qual se espera que resultem futuros benefícios econômicos para a entidade. Agora, detalharemos a composição desse grupo.

De acordo com o Art. 179 da Lei 6.404/76 as contas do Ativo serão classificadas do seguinte modo:

I. no Ativo Circulante: as disponibilidades, os direitos realizáveis no curso do exercício social subsequente e as aplicações de recursos em despesas do exercício seguinte;

II. no Ativo Realizável a Longo Prazo: os direitos realizáveis após o término do exercício seguinte, assim como os derivados de vendas, adiantamentos ou empréstimos a sociedades coligadas ou controladas, diretores, acionistas ou participantes no lucro da companhia, que não constituírem negócios usuais na exploração do objeto da companhia;

III. em investimentos: as participações permanentes em outras sociedades e os direitos de qualquer natureza, não classificáveis no Ativo Circulante, e que não se destinem à manutenção da atividade da companhia ou da empresa;

IV. no Ativo Imobilizado: os direitos que tenham por objeto bens corpóreos destinados à manutenção das atividades da companhia ou da empresa ou exercidos com essa finalidade, inclusive os decorrentes de operações que transfiram à companhia os benefícios, riscos e controle desses bens;

VI. no Intangível: os direitos que tenham por objeto bens incorpóreos destinados à manutenção da companhia ou exercidos com essa finalidade, inclusive o fundo de comércio adquirido.

Parágrafo único. *Na companhia em que o ciclo operacional da empresa tiver duração maior que o exercício social, a classificação no Circulante ou Longo Prazo terá por base o prazo desse ciclo.*

O CPC 26 determina que o Ativo deve ser classificado como Circulante quando satisfizer qualquer dos seguintes critérios:

> Espera-se que seja realizado, ou pretende-se que seja vendido ou consumido no decurso normal do ciclo operacional* da entidade;
> Esteja mantido essencialmente com o propósito de ser negociado;
> Espera-se que seja realizado até doze meses após a data do balanço; ou
> Seja caixa ou equivalente de caixa**, a menos que sua troca ou uso para liquidação de Passivo se encontre vedada durante pelo menos doze meses após a data do balanço.

Todos os demais Ativos devem ser classificados como Não Circulantes.

O Ativo Não Circulante deve ser subdividido em **Realizável a Longo Prazo, Investimentos, Imobilizado** e **Intangível**.

* O ciclo operacional da entidade é o tempo entre a aquisição de Ativos para processamento e sua realização em caixa ou seus equivalentes. Quando o ciclo operacional normal da entidade não for claramente identificável, pressupõe-se que sua duração seja de doze meses.

** Equivalentes de caixa são aplicações financeiras de curto prazo, de alta liquidez, que são prontamente conversíveis em montante conhecido de caixa e que estão sujeitas a um insignificante risco de mudança de valor.

Então, de acordo com a Lei 6.404/76 e com o CPC 26, o Ativo será composto pelos seguintes itens:

Ativo circulante

> Disponibilidades

Representam os bens numerários, ou seja, serão classificados em Disponibilidades os itens que representem dinheiro ou que possam ser convertidos imediatamente em dinheiro.

Ex.: Caixa, Bancos, Numerários em trânsito e Aplicações financeiras de liquidez imediata (aplicações financeiras de curto prazo – até 90 dias – que não tenham quase nenhum risco de mudança de valor e que possuam alta liquidez).

> Direitos realizáveis no curso do exercício social subsequente

Podemos classificar como direitos realizáveis no curso do exercício social subsequente os direitos realizáveis pessoais e os direitos realizáveis reais.

Direitos realizáveis pessoais representam os créditos da empresa.

Ex.: Duplicatas a receber, Adiantamento a fornecedores, Adiantamento a empregados.

Direitos realizáveis reais representam os bens de propriedade da companhia.

Ex.: Estoque de mercadorias, Estoque de material de consumo.

- Aplicações de recursos em despesas do exercício seguinte

Registraremos os itens que correspondem às despesas pagas no exercício atual, mas os fatos geradores ocorrerão apenas no exercício seguinte. São as chamadas despesas antecipadas (despesas cujo fato gerador ainda não aconteceu).

Ex.: Prêmios de seguros a apropriar (também conhecidos como Seguros a vencer), Despesas pagas antecipadamente, Aluguéis pagos antecipadamente.

Ativo não circulante

> Realizável a Longo Prazo:

Classificaremos os direitos realizáveis após o término do exercício seguinte, assim como os derivados de vendas, adiantamentos ou empréstimos a sociedades coligadas ou controladas, diretores, acionistas ou participantes no lucro da companhia, que não constituírem negócios usuais na exploração do objeto da companhia.

Direitos realizáveis após o término do exercício seguinte são os valores cujo prazo de realização extrapole o período de 12 meses de exercício social, ou após o período operacional seguinte, caso o ciclo operacional seja superior a 12 meses.

Ex.: Duplicatas a receber em longo prazo, Despesas antecipadas em longo prazo.

"Valores derivados de vendas, adiantamentos ou empréstimos a sociedades coligadas ou controladas, diretores, acionistas ou participantes no lucro da companhia, que não constituírem negócios usuais na exploração do objeto da companhia": estes direitos independem do prazo!

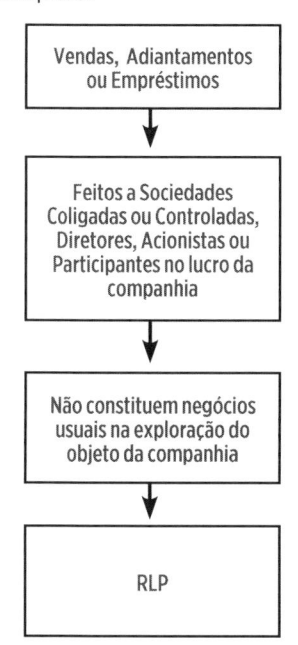

```
┌─────────────────────────┐
│  Vendas, Adiantamentos  │
│      ou Empréstimos     │
└───────────┬─────────────┘
            ▼
┌─────────────────────────┐
│    Feitos a Sociedades  │
│  Coligadas ou Controladas, │
│   Diretores, Acionistas ou │
│   Participantes no lucro da │
│         companhia        │
└───────────┬─────────────┘
            ▼
┌─────────────────────────┐
│  Não constituem negócios │
│   usuais na exploração do │
│     objeto da companhia  │
└───────────┬─────────────┘
            ▼
┌─────────────────────────┐
│           RLP            │
└─────────────────────────┘
```

Investimentos

Classificaremos as participações permanentes em outras sociedades e os direitos de qualquer natureza, não classificáveis no Ativo Circulante, e que não se destinem à manutenção da atividade da companhia ou da empresa.

Ex.: Ações de coligadas, Imóvel para alugar, Ações de controladas, Obras de arte.

Imobilizado

Classificaremos os direitos que tenham por objeto bens corpóreos destinados à manutenção das atividades da companhia ou da empresa ou exercidos com essa finalidade, inclusive os decorrentes de operações que transfiram à companhia os benefícios, os riscos e o controle desses bens*.

Ex.: Móveis e utensílios, Máquinas e equipamentos, Imóveis, Veículos, (-) Depreciação acumulada.

* os itens que não pertencem juridicamente à companhia, mas dos quais ela detém os benefícios, os riscos e o controle, serão classificados no Imobilizado. Trataremos desses itens no Capítulo 6, mais especificamente em Arrendamento Mercantil.

Dessa forma, podemos afirmar que Ativo Imobilizado é o item tangível que:

> É mantido para uso na produção ou fornecimento de mercadorias ou serviços, para aluguel a outros, ou para fins administrativos; e que
>
> Se espera utilizar por mais de um período.

Intangível

Classificaremos os direitos que tenham por objeto bens incorpóreos destinados à manutenção da companhia ou exercidos com essa finalidade, inclusive o fundo de comércio adquirido.

Ex.: Softwares, Direitos autorais, Direitos de exploração de recursos minerais, (-) Amortização acumulada.

Alguns componentes patrimoniais também podem ser encontrados em prova com as seguintes denominações:

Bens numerários: equivalem ao disponível, como Caixa, Bancos e Aplicações financeiras de liquidez imediata.

Bens de venda: são os bens que a empresa vende, como Estoque de mercadorias.

Bens de renda: são os bens adquiridos com a intenção de obter renda para a empresa, como Imóveis para alugar e Obras de arte.

Bens fixos: são os bens utilizados nas atividades da empresa, como Veículos, Máquinas e equipamentos, e Móveis e utensílios.

Bens imateriais: são os bens que não têm existência física, mas podem ser traduzidos em moeda, como Softwares.

Créditos de funcionamento: valores a receber decorrentes das atividades da empresa, como Duplicatas a receber e Impostos a recuperar.

Créditos de financiamento: valores a receber decorrentes de financiamentos, como Empréstimos a terceiros.

5.3 Passivos

Passivo é uma obrigação presente da entidade, derivada de eventos já ocorridos, cuja liquidação se espera que resulte em saída de recursos capazes de gerar benefícios econômicos. Assim como fizemos com o Ativo, detalharemos a composição desse grupo.

De acordo com o Art. 180 da Lei 6.404/76, as contas do Passivo serão classificadas do seguinte modo:

> **Art. 180.** *As obrigações da companhia, inclusive financiamentos para aquisição de direitos do Ativo Não Circulante, serão classificadas no Passivo Circulante, quando se vencerem no exercício seguinte, e no Passivo Não Circulante, se tiverem vencimento em prazo maior, observado o disposto no parágrafo único do Art. 179 desta Lei.*
>
> **Art. 179.** *Parágrafo único. Na companhia em que o ciclo operacional* da empresa tiver duração maior que o exercício social**, a classificação no circulante ou Longo Prazo terá por base o prazo desse ciclo.*

* O ciclo operacional da entidade é o tempo entre a aquisição de Ativos para processamento e sua realização em caixa ou seus equivalentes. Quando o ciclo operacional normal da entidade não for claramente identificável, pressupõe-se que sua duração seja de doze meses.

** O exercício social terá duração de 1 ano, e a data do término será fixada no estatuto. Na constituição da companhia e nos casos de alteração estatutária, o exercício social poderá ter duração diversa.

O CPC 26 determina que o Passivo deve ser classificado como Circulante quando satisfizer qualquer dos seguintes critérios:

BALANÇO PATRIMONIAL

> Espera-se que seja liquidado durante o ciclo operacional normal da entidade;
> Esteja mantido essencialmente para a finalidade de ser negociado;
> Deve ser liquidado no período de até doze meses após a data do balanço; ou
> A entidade não tem direito incondicional de diferir a liquidação do Passivo durante pelo menos doze meses após a data do balanço. Os termos de um Passivo que podem, à opção da contraparte, resultar na sua liquidação por meio da emissão de instrumentos patrimoniais não devem afetar a sua classificação.

Todos os outros Passivos devem ser classificados como Não Circulantes.

Então, de acordo com a Lei 6.404/76 e com o CPC 26, o Passivo será composto pelos seguintes itens:

Passivo circulante

Classificaremos nesse grupo as obrigações da companhia, quando vencerem no exercício seguinte.

Ex.: Duplicatas a pagar, Salários a pagar, Impostos a recolher, Dividendos a pagar, Adiantamento de clientes, Aluguéis a pagar, Multas a pagar.

Passivo não circulante

Classificaremos nesse grupo as obrigações da companhia, quando tiverem vencimento após o término do exercício seguinte.

Porém, se o ciclo operacional da empresa tiver duração maior que o exercício social, utilizaremos o ciclo operacional para fazer a classificação entre Circulante e em Longo Prazo.

Ex.: Duplicatas a pagar em Longo Prazo, Financiamentos a pagar em Longo Prazo, Empréstimos a pagar em Longo Prazo.

Alguns componentes patrimoniais também podem ser encontrados em prova com as seguintes denominações:

> Capital de Terceiros: corresponde ao Passivo Exigível, ou seja, Passivo Circulante + Passivo Não Circulante.
> Débitos de Funcionamento: correspondem às dívidas decorrentes das atividades normais da empresa, como Fornecedores, Salários a pagar e Impostos a recolher.
> Débitos de Financiamento: correspondem às dívidas decorrentes de recursos obtidos para ampliação e desenvolvimento da empresa, como Empréstimos a pagar e Financiamentos obtidos.

5.4 Patrimônio Líquido

Patrimônio Líquido é o valor residual dos Ativos da entidade depois de deduzidos todos os seus Passivos. Agora, detalharemos a composição desse grupo.

De acordo com a Lei 6.404/76, as contas do Patrimônio Líquido serão classificadas do seguinte modo:

Art. 178. § 2º III – Patrimônio Líquido, dividido em capital social, reservas de capital, ajustes de avaliação patrimonial, reservas de lucros, ações em tesouraria e prejuízos acumulados.

Art. 182. A conta do capital social discriminará o montante subscrito e, por dedução, a parcela ainda não realizada.

§ 1º Serão classificadas como reservas de capital as contas que registrarem:

a) a contribuição do subscritor de ações que ultrapassar o valor nominal e a parte do preço de emissão das ações sem valor nominal que ultrapassar a importância destinada à formação do capital social, inclusive nos casos de conversão em ações de debêntures ou partes beneficiárias;

b) o produto da alienação de partes beneficiárias e bônus de subscrição;

c) (revogada);

d) (revogada).

§ 2º Será ainda registrado como reserva de capital o resultado da correção monetária do capital realizado, enquanto não capitalizado.

§ 3º Serão classificadas como ajustes de avaliação patrimonial, enquanto não computadas no resultado do exercício em obediência ao regime de competência, as contrapartidas de aumentos ou diminuições de valor atribuídos a elementos do Ativo e do Passivo, em decorrência da sua avaliação a valor justo, nos casos previstos nesta Lei ou, em normas expedidas pela Comissão de Valores Mobiliários, com base na competência conferida pelo § 3º do Art. 177 desta Lei*.

§ 4º Serão classificados como reservas de lucros as contas constituídas pela apropriação de lucros da companhia.

§ 5º As ações em tesouraria deverão ser destacadas no balanço como dedução da conta do Patrimônio Líquido que registrar a origem dos recursos aplicados na sua aquisição.

* Art. 177,§ 3º: As demonstrações financeiras das companhias abertas observarão, ainda, as normas expedidas pela Comissão de Valores Mobiliários e serão obrigatoriamente submetidas a auditoria por auditores independentes nela registrados."

Então, de acordo com a Lei 6.404/76, o Patrimônio Líquido será composto pelos seguintes itens:

Capital social

Lei 6.404/76

Art. 182. A conta do capital social discriminará o montante subscrito e, por dedução, a parcela ainda não realizada.

Capital Social: parte do Patrimônio Líquido formada por ações ou quotas subscritas na constituição ou no aumento do capital de uma entidade.

Capital a Realizar (a Integralizar/ não Realizado): ações ou quotas subscritas que ainda não foram realizadas/integralizadas pelos acionistas.

Capital Realizado (Integralizado): ações ou quotas subscritas e realizadas pelos acionistas ou sócios em dinheiro ou quaisquer outros bens suscetíveis de avaliação em dinheiro.

Reservas de capital

Lei 6.404/76

Art. 182.

§ 1º Serão classificadas como reservas de capital as contas que registrarem:

a) a contribuição do subscritor de ações que ultrapassar o valor nominal e a parte do preço de emissão das ações sem valor nominal que ultrapassar a importância destinada à formação do capital social, inclusive nos casos de conversão em ações de debêntures ou partes beneficiárias;

§ 2º Será ainda registrado como reserva de capital o resultado da correção monetária do capital realizado, enquanto não capitalizado.

Art. 200. *As reservas de capital **somente poderão ser utilizadas para:***

I. absorção de prejuízos que ultrapassarem os lucros acumulados e as reservas de lucros;

II. resgate, reembolso ou compra de ações;

III. resgate de partes beneficiárias;

IV. incorporação ao capital social;

V. pagamento de dividendo a ações preferenciais, quando essa vantagem lhes for assegurada.

Parágrafo único. *A reserva constituída com o produto da venda de partes beneficiárias poderá ser destinada ao resgate desses títulos."* (Grifo nosso)

Bônus de Subscrição: são títulos negociáveis, emitidos por sociedades anônimas, que conferem aos seus titulares direito de preferência para subscrever ações do capital social.

Ágio na Subscrição: a contribuição do subscritor que ultrapassar o valor nominal constituirá reserva de capital, representando o ágio na emissão das ações.

Partes Beneficiárias: são títulos negociáveis, sem valor nominal, emitidos por sociedades anônimas de capital fechado. Esses títulos conferem aos seus titulares o direito de participação nos lucros da empresa emissora (máximo de 10%). Companhias abertas não podem emitir partes beneficiárias.

- (+/-) ajustes de avaliação patrimonial

Lei 6.404/76

Art. 182.

§ 3º Serão classificadas como ajustes de avaliação patrimonial, enquanto não computadas no resultado do exercício em obediência ao regime de competência, as contrapartidas de aumentos ou diminuições de valor atribuídos a elementos do Ativo e do Passivo, em decorrência da sua avaliação a valor justo, nos casos previstos nesta Lei ou, em normas expedidas pela Comissão de Valores Mobiliários.

Reservas de lucros

Lei 6.404/76

Art. 182.

§ 4º Serão classificados como reservas de lucros as contas constituídas pela apropriação de lucros da companhia."

Reserva legal

Lei 6.404/76

Art. 193. *Do lucro líquido do exercício, 5% (cinco por cento) serão aplicados, antes de qualquer outra destinação, na constituição da reserva legal, que não excederá de 20% (vinte por cento) do capital social.*

§ 1º A companhia poderá deixar de constituir a reserva legal no exercício em que o saldo dessa reserva, acrescido do montante das reservas de capital de que trata o § 1º do Art. 182, exceder de 30% (trinta por cento) do capital social.

§ 2º A reserva legal tem por fim assegurar a integridade do capital social e somente poderá ser utilizada para compensar prejuízos ou aumentar o capital.

Para o cálculo da Reserva Legal:

> Res. Legal = 5% x Lucro Líquido

Limite máximo obrigatório:

> 20% do Capital Social (a reserva legal só pode ser constituída até esse valor)

> Limite facultativo:
> A empresa poderá deixar de constituir a reserva legal quando:
> Reserva Legal + Reserva de Capital > 30% do Capital Social

Ex.:

A empresa "X" possui as seguintes contas e saldos:

Lucro líquido: R$ 4.000,00

Capital Social: R$ 10.000,00

Reservas de Capital: R$ 2.500,00

Reserva Legal: R$ 1.800,00

Cálculo da Reserva Legal:

Res. Legal = 5% x Lucro Líquido = 5% x 4.000 = 200,00

Limite obrigatório = 20% do Capital Social = 20% x 10.000 = 2.000,00 (valor máximo permitido para a conta de Reserva Legal)

Limite facultativo = Res. Legal + Res. Capital = 1.800 + 2.500 = 4.300,00

30% x Capital Social = 30% x 10.000 = 3.000,00

Convém observar que o limite facultativo já foi atingido e, por isso, a empresa já pode deixar de constituir a reserva legal. Caso resolva constituí-la, deverá observar o limite obrigatório.

Reserva estatutária

Lei 6.404/76

Art. 194. *O estatuto poderá criar reservas desde que, para cada uma:*

I - indique, de modo preciso e completo, a sua finalidade;

II - fixe os critérios para determinar a parcela anual dos lucros líquidos que serão destinados à sua constituição; e

III - estabeleça o limite máximo da reserva.

Reserva de contingências

Lei 6.404/76

Art. 195. *A assembleia geral poderá, por proposta dos órgãos da administração, destinar parte do lucro líquido à formação de reserva com a finalidade de compensar, em exercício futuro, a diminuição do lucro decorrente de perda julgada provável, cujo valor possa ser estimado.*

§ 1º A proposta dos órgãos da administração deverá indicar a causa da perda prevista e justificar, com as razões de prudência que a recomendem, a constituição da reserva.

§ 2º A reserva será revertida no exercício em que deixarem de existir as razões que justificaram a sua constituição ou em que ocorrer a perda.

Reserva de incentivos fiscais

Lei 6.404/76

Art. 195-A. *A assembleia geral poderá, por proposta dos órgãos de administração, destinar para a reserva de incentivos fiscais a parcela do lucro líquido decorrente de doações ou subvenções governamentais para investimentos, que poderá ser excluída da base de cálculo do dividendo obrigatório.*

reserva de retenção de lucros

Lei 6.404/76

Art. 196. *A assembleia geral poderá, por proposta dos órgãos da administração, deliberar reter parcela do lucro líquido do exercício prevista em orçamento de capital por ela previamente aprovado.*

NOÇÕES DE CONTABILIDADE – ESPECÍFICO PARA INVESTIGADOR

BALANÇO PATRIMONIAL

§ 1º O orçamento, submetido pelos órgãos da administração com a justificação da retenção de lucros proposta, deverá compreender todas as fontes de recursos e aplicações de capital, fixo ou circulante, e poderá ter a duração de até 5 (cinco) exercícios, salvo no caso de execução, por prazo maior, de projeto de investimento.

§ 2º O orçamento poderá ser aprovado pela assembleia geral ordinária que deliberar sobre o balanço do exercício e revisado anualmente, quando tiver duração superior a um exercício social."

Reserva de lucros a realizar

Lei 6.404/76

Art. 197. No exercício em que o montante do dividendo obrigatório ultrapassar a parcela realizada do lucro líquido do exercício, a assembleia geral poderá, por proposta dos órgãos de administração, destinar o excesso à constituição de reserva de lucros a realizar.

§ 1º Para os efeitos deste artigo, considera-se realizada a parcela do lucro líquido do exercício que exceder da soma dos seguintes valores:

I. o resultado líquido positivo da equivalência patrimonial; e

II. o lucro, rendimento ou ganho líquidos em operações ou contabilização de Ativo e Passivo pelo valor de mercado, cujo prazo de realização financeira ocorra após o término do exercício social seguinte.

§ 2º A reserva de lucros a realizar somente poderá ser utilizada para pagamento do dividendo obrigatório e serão considerados como integrantes da reserva os lucros a realizar de cada exercício que forem os primeiros a serem realizados em dinheiro."

Reserva especial de dividendos obrigatórios não distribuídos

Lei 6.404/76

Art. 202.

§ 5º Os lucros que deixarem de ser distribuídos nos termos do § 4º* serão registrados como reserva especial e, se não absorvidos por prejuízos em exercícios subsequentes, deverão ser pagos como dividendo assim que o permitir a situação financeira da companhia.

* § 4º O dividendo previsto neste artigo não será obrigatório no exercício social em que os órgãos da administração informarem à assembleia geral ordinária ser ele incompatível com a situação financeira da companhia. O conselho fiscal, se em funcionamento, deverá dar parecer sobre essa informação e, na companhia aberta, seus administradores encaminharão à Comissão de Valores Mobiliários, dentro de 5 (cinco) dias da realização da assembleia geral, exposição justificativa da informação transmitida à assembleia."

- (-) Ações em tesouraria

Lei 6.404/76

Art. 182.

§ 5º As ações em tesouraria deverão ser destacadas no balanço como dedução da conta do Patrimônio Líquido que registrar a origem dos recursos aplicados na sua aquisição."

6. CPC 00 (R1) - ESTRUTURA CONCEITUAL PARA ELABORAÇÃO E DIVULGAÇÃO DE RELATÓRIO CONTÁBIL-FINANCEIRO

O CPC 00 (R1) é um Pronunciamento do Comitê de Pronunciamentos Contábeis (CPC), que dispõe sobre a Estrutura Conceitual para Elaboração e Divulgação de Relatório Contábil-Financeiro.

As demonstrações contábeis são elaboradas de acordo com este Pronunciamento e apresentadas para usuários externos em geral, tendo em vista suas finalidades distintas e necessidades diversas.

Demonstrações contábeis elaboradas dentro do que prescreve esta Estrutura Conceitual objetivam fornecer informações que sejam úteis na tomada de decisões econômicas e avaliações por parte dos usuários em geral, não tendo o propósito de atender à finalidade ou necessidade específica de determinados grupos de usuários.

Demonstrações contábeis elaboradas com tal finalidade satisfazem as necessidades comuns da maioria dos seus usuários, uma vez que quase todos eles utilizam essas demonstrações contábeis para a tomada de decisões econômicas, tais como:

a) decidir quando comprar, manter ou vender instrumentos patrimoniais;

b) avaliar a administração da entidade quanto à responsabilidade que lhe tenha sido conferida e quanto à qualidade de seu desempenho e de sua prestação de contas;

c) avaliar a capacidade de a entidade pagar seus empregados e proporcionar-lhes outros benefícios;

d) avaliar a segurança quanto à recuperação dos recursos financeiros emprestados à entidade;

e) determinar políticas tributárias;

f) determinar a distribuição de lucros e dividendos;

g) elaborar e usar estatísticas da renda nacional; ou

h) regulamentar as atividades das entidades.

Pode haver um número limitado de casos em que seja observado um conflito entre a Estrutura Conceitual e um Pronunciamento Técnico, uma Interpretação ou uma Orientação. Nesses casos, as exigências do Pronunciamento Técnico, da Interpretação ou da Orientação específicos devem prevalecer sobre a Estrutura Conceitual. É importante citar que o CPC 00 (R1) não é um Pronunciamento Técnico propriamente dito e, portanto, não define normas ou procedimentos para qualquer questão particular sobre aspectos de mensuração ou divulgação.

A Estrutura Conceitual aborda:

> o objetivo da elaboração e divulgação de relatório contábil-financeiro;

> as características qualitativas da informação contábil-financeira útil;

> a definição, o reconhecimento e a mensuração dos elementos a partir dos quais as demonstrações contábeis são elaboradas; e

> os conceitos de capital e de manutenção de capital.

6.1 Relatório Contábil-Financeiro de Propósito Geral

De acordo com a Estrutura Conceitual, o objetivo do relatório contábil-financeiro de propósito geral é fornecer informações contábil-financeiras acerca da entidade que reporta essa informação (*reporting entity*) que sejam úteis a investidores existentes e em potencial, a credores por empréstimos e a outros credores, quando da tomada decisão ligada ao fornecimento de recursos para a entidade.

Essas decisões envolvem comprar, vender ou manter participações em instrumentos patrimoniais e em instrumentos de dívida, e a oferecer ou disponibilizar empréstimos ou outras formas de crédito.

Ex.: Decisões a serem tomadas por investidores relacionadas a comprar, vender ou manter instrumentos patrimoniais dependem do retorno esperado dos investimentos feitos nos referidos instrumentos.

Os investidores, credores por empréstimo e outros credores, existentes e em potencial, são os usuários primários para quem relatórios contábil-financeiros de propósito geral são direcionados. Isso porque eles não podem requerer que as entidades que reportam a informação prestem a eles diretamente as informações de que necessitam, devendo, desse modo, confiar e utilizar os relatórios contábil-financeiros de propósito geral que são fornecidos pelas entidades. Estes usuários têm diferentes (e possivelmente conflitantes) desejos e necessidades de informação. Por esse motivo, a entidade pode prestar informações adicionais que sejam mais úteis a um subconjunto particular de usuários primários.

Os relatórios contábil-financeiros de propósito geral não são elaborados para se chegar ao valor da entidade que reporta a informação; a rigor, fornecem informação para auxiliar investidores, credores por empréstimo e outros credores, existentes e em potencial, a estimarem o valor da entidade que reporta a informação.

Os relatórios contábil-financeiros de propósito geral fornecem informação acerca da posição patrimonial e financeira da entidade que reporta a informação, e sobre os efeitos de transações e outros eventos que alteram os recursos econômicos da entidade. Essas informações podem auxiliar usuários a identificarem a fraqueza e o vigor financeiro da entidade que reporta a informação.

Mudanças nos recursos econômicos da entidade que reporta a informação resultam da *performance* financeira da entidade e de outros eventos ou transações, como, por exemplo, a emissão de títulos de dívida ou de títulos patrimoniais.

O CPC 00 (R1) também apresenta a importância de registrar as receitas e despesas segundo o regime de competência (aquele que determina o registro de receitas e despesas quando ocorre o fato gerador, independentemente de recebimento ou pagamento), quando cita que ele retrata com propriedade os efeitos de transações e outros eventos e circunstâncias sobre os recursos econômicos da entidade que reporta a informação nos períodos em que ditos efeitos são produzidos, ainda que os recebimentos e pagamentos em caixa derivados ocorram em períodos distintos.

6.2 Características Qualitativas da Informação Contábil-Financeira

As características qualitativas da informação contábil-financeira útil identificam os tipos de informação que muito provavelmente são reputadas como as mais úteis para investidores, credores por empréstimos e outros credores, existentes e em potencial, para tomada de decisões acerca da entidade que reporta com base na informação contida nos seus relatórios contábil-financeiros. Estas características devem ser aplicadas à informação contábil-financeira.

Se a informação contábil-financeira objetiva ser útil, ela precisa ser **relevante** e **representar com fidedignidade** o que se propõe a representar. A utilidade da informação contábil-financeira é melhorada se ela for **comparável**, **verificável**, **tempestiva** e **compreensível**.

As **características qualitativas fundamentais** são relevância e representação fidedigna. Comparabilidade, verificabilidade, tempestividade e compreensibilidade são características qualitativas que melhoram a utilidade da informação que é relevante e que é representada com fidedignidade e, por isso, são chamadas de **características qualitativas de melhoria**.

Relevância

Informação contábil-financeira relevante é aquela capaz de fazer diferença nas decisões que possam ser tomadas pelos usuários. A informação pode ser capaz de fazer diferença em uma decisão, mesmo no caso de alguns usuários decidirem não a levar em consideração, ou mesmo se já tiverem tomado ciência de sua existência por outras fontes. A informação contábil-financeira é capaz de fazer diferença nas decisões se tiver valor preditivo, valor confirmatório ou ambos.

Valor preditivo

A informação contábil-financeira tem valor preditivo se puder ser utilizada como dado de entrada em processos empregados pelos usuários para predizer futuros resultados. A informação contábil-financeira não precisa ser uma predição ou uma projeção para que possua valor preditivo. A informação contábil-financeira com valor preditivo é empregada pelos usuários ao fazerem suas próprias predições.

Valor confirmatório

A informação contábil-financeira tem valor confirmatório se for retroalimentar – servir de feedback – avaliações prévias (confirmá-las ou alterá-las).

O valor preditivo e o valor confirmatório da informação contábil-financeira estão inter-relacionados. A informação que tem valor preditivo muitas vezes também tem valor confirmatório. Por exemplo, a informação sobre receita para o ano corrente, a qual pode ser utilizada como base para predizer receitas para anos futuros, também pode ser comparada com predições de receita para o ano corrente, as quais foram feitas nos anos anteriores. Os resultados dessas comparações podem auxiliar os usuários a corrigirem e a melhorarem os processos que foram utilizados para fazer tais predições.

NOÇÕES DE CONTABILIDADE – ESPECÍFICO PARA INVESTIGADOR

Representação fidedigna

Os relatórios contábil-financeiros representam um fenômeno econômico em palavras e números. Para ser útil, a informação contábil-financeira não tem só que representar um fenômeno relevante, mas tem também que representar com fidedignidade o fenômeno que se propõe representar. Para ser representação perfeitamente fidedigna, a realidade retratada precisa ter três atributos. Ela tem que ser **completa**, **neutra** e **livre de erro**.

Informação completa

O retrato da realidade econômica completo deve incluir toda a informação necessária para que o usuário compreenda o fenômeno sendo retratado, incluindo todas as descrições e explicações necessárias. Por exemplo, um retrato completo de um grupo de Ativos incluiria, no mínimo, a descrição da natureza dos Ativos que compõem o grupo, o retrato numérico de todos os Ativos que compõem o grupo, e a descrição acerca do que o retrato numérico representa (por exemplo, custo histórico original, custo histórico ajustado ou valor justo).

Para alguns itens, um retrato completo pode considerar, ainda, explicações de fatos significativos sobre a qualidade e a natureza desses itens, fatos e circunstâncias que podem afetar a qualidade e a natureza deles, e os processos utilizados para determinar os números retratados.

Informação neutra

Um retrato neutro não deve ser distorcido com contornos que possa receber, dando a ele maior ou menor peso, ênfase maior ou menor, ou qualquer outro tipo de manipulação que aumente a probabilidade de a informação contábil-financeira ser recebida pelos seus usuários de modo favorável ou desfavorável.

Informação neutra não significa informação sem propósito ou sem influência no comportamento dos usuários. A bem da verdade, informação contábil-financeira relevante, por definição, é aquela capaz de fazer diferença nas decisões tomadas pelos usuários.

Informação livre de erro

Um retrato da realidade econômica livre de erros significa que não há erros ou omissões no fenômeno retratado, e que o processo utilizado, para produzir a informação reportada, foi selecionado e foi aplicado livre de erros. Nesse sentido, um retrato da realidade econômica livre de erros não significa algo perfeitamente exato em todos os aspectos. Por exemplo, a estimativa de preço ou valor não observável não pode ser qualificada como sendo algo exato ou inexato. Entretanto, a representação dessa estimativa pode ser considerada fidedigna se o montante for descrito claramente e precisamente como sendo uma estimativa, se a natureza e as limitações do processo forem devidamente reveladas, e nenhum erro tiver sido cometido na seleção e aplicação do processo apropriado para desenvolvimento da estimativa.

Características qualitativas de melhoria

Comparabilidade, verificabilidade, tempestividade e compreensibilidade são características qualitativas que melhoram a utilidade da informação que é relevante e que é representada com fidedignidade. As características qualitativas de melhoria podem também auxiliar a determinar qual de duas alternativas, que sejam consideradas equivalentes em termos de relevância e fidedignidade de representação, deve ser usada para retratar um fenômeno.

Comparabilidade

As decisões de usuários implicam escolhas entre alternativas, como, por exemplo, vender ou manter um investimento, ou investir em uma entidade ou em outra. Consequentemente, a informação acerca da entidade que reporta informação será mais útil caso possa ser comparada com informação similar sobre outras entidades e com informação similar sobre a mesma entidade para outro período ou para outra data.

Comparabilidade é a característica qualitativa que permite que os usuários identifiquem e compreendam similaridades dos itens e diferenças entre eles. Diferentemente de outras características qualitativas, a comparabilidade não está relacionada com um único item. A comparação requer, no mínimo, dois itens.

A consistência, embora esteja relacionada com a comparabilidade, não possui o mesmo significado que ela. A consistência refere-se ao uso dos mesmos métodos para os mesmos itens, tanto de um período para outro, considerando a mesma entidade que reporta a informação, quanto para um único período entre entidades. A comparabilidade é o objetivo; a consistência auxilia a alcançar esse objetivo.

Comparabilidade não significa uniformidade. Para que a informação seja comparável, coisas iguais precisam parecer iguais e coisas diferentes precisam parecer diferentes. A comparabilidade da informação contábil-financeira não é aprimorada ao se fazer com que coisas diferentes pareçam iguais ou ainda ao se fazer coisas iguais parecerem diferentes.

Verificabilidade

A verificabilidade ajuda a assegurar aos usuários que a informação representa fidedignamente o fenômeno econômico que se propõe representar. A verificabilidade significa que diferentes observadores, cônscios e independentes, podem chegar a um consenso, embora não cheguem necessariamente a um completo acordo, quanto ao retrato de uma realidade econômica em particular ser uma representação fidedigna. A informação quantificável não necessita ser um único ponto estimado para ser verificável. Uma faixa de possíveis montantes com suas probabilidades respectivas pode também ser verificável.

A verificação pode ser direta ou indireta. Verificação direta significa averiguar um montante ou outra representação por meio de observação direta, como, por exemplo, por meio da contagem de caixa. Verificação indireta significa checar os dados de entrada do modelo, fórmula ou outra técnica e recalcular os resultados obtidos por meio da aplicação da mesma metodologia. Um exemplo é a verificação do valor contábil dos estoques por meio da checagem dos dados de entrada (quantidades e custos) e por meio do recálculo do saldo final dos estoques utilizando a mesma premissa adotada no fluxo do custo (por exemplo, utilizando o método PEPS).

Tempestividade

Tempestividade significa ter informação disponível para tomadores de decisão a tempo de poder influenciá-los em suas decisões. Em geral, a informação mais antiga é a que tem menos utilidade. Contudo, certa informação pode ter o seu atributo tempestividade prolongado após o encerramento do período contábil, em decorrência de alguns usuários, por exemplo, necessitarem identificar e avaliar tendências.

Compreensibilidade

Classificar, caracterizar e apresentar a informação com clareza e concisão torna-a compreensível.

Certos fenômenos são inerentemente complexos e não podem ser facilmente compreendidos. A exclusão de informações sobre esses fenômenos dos relatórios contábil-financeiros pode tornar a informação constante em referidos relatórios mais facilmente compreendida. Contudo, os referidos relatórios seriam considerados incompletos e potencialmente distorcidos (*misleading*).

Relatórios contábil-financeiros são elaborados para usuários que têm conhecimento razoável de negócios e de atividades econômicas e que revisem e analisem a informação diligentemente. Por vezes, mesmo os usuários bem informados e diligentes podem sentir a necessidade de procurar ajuda de consultor para compreensão da informação sobre um fenômeno econômico complexo.

6.3 Estrutura Conceitual das Demonstrações Contábeis

As demonstrações contábeis retratam os efeitos patrimoniais e financeiros das transações e outros eventos, por meio do grupamento deles em classes amplas de acordo com as suas características econômicas. Essas classes amplas são denominadas de elementos das demonstrações contábeis. Os elementos diretamente relacionados à mensuração da posição patrimonial e financeira no balanço patrimonial são os Ativos, os Passivos e o Patrimônio Líquido. Os elementos diretamente relacionados com a mensuração do desempenho na demonstração do resultado são as receitas e as despesas. A demonstração das mutações na posição financeira usualmente reflete os elementos da demonstração do resultado e as alterações nos elementos do balanço patrimonial. Assim, esta Estrutura Conceitual não identifica qualquer elemento que seja exclusivo dessa demonstração.

Os elementos diretamente relacionados com a mensuração da posição patrimonial e financeira são os Ativos, os Passivos e o Patrimônio Líquido. Estes são definidos como segue:

Ativo: recurso controlado pela entidade como resultado de eventos passados e do qual se espera que fluam futuros benefícios econômicos para a entidade;

Passivo: obrigação presente da entidade, derivada de eventos passados, cuja liquidação se espera que resulte na saída de recursos da entidade capazes de gerar benefícios econômicos;

Patrimônio Líquido: interesse residual nos Ativos da entidade, depois de deduzidos todos os seus Passivos.

Posição patrimonial e financeira

Ativos

O benefício econômico futuro incorporado a um Ativo é o seu potencial em contribuir, direta ou indiretamente, para o fluxo de caixa ou equivalentes de caixa para a entidade. Tal potencial pode ser produtivo, quando o recurso for parte integrante das atividades operacionais da entidade. Pode também ter a forma de conversibilidade em caixa ou equivalentes de caixa ou pode ainda ser capaz de reduzir as saídas de caixa, como no caso de processo industrial alternativo que reduza os custos de produção.

A entidade geralmente emprega os seus Ativos na produção de bens ou na prestação de serviços capazes de satisfazer os desejos e as necessidades dos consumidores. Tendo em vista que esses bens ou serviços podem satisfazer esses desejos ou necessidades, os consumidores se predispõem a pagar por eles e a contribuir, assim, para o fluxo de caixa da entidade. O caixa por si só rende serviços para a entidade, visto que exerce um comando sobre os demais recursos.

Os benefícios econômicos futuros incorporados a um Ativo podem fluir para a entidade de diversas maneiras. Por exemplo, o Ativo pode ser:

a) usado isoladamente ou em conjunto com outros Ativos na produção de bens ou na prestação de serviços a serem vendidos pela entidade;

b) trocado por outros Ativos;

c) usado para liquidar um Passivo; ou

d) distribuído aos proprietários da entidade.

Muitos Ativos, como, por exemplo, itens do imobilizado, têm forma física. Entretanto, a forma física não é essencial para a existência de Ativo. Assim sendo, as patentes e os direitos autorais, por exemplo, são considerados Ativos, caso deles sejam esperados que benefícios econômicos futuros fluam para a entidade e caso eles sejam por ela controlados.

Muitos Ativos, como, por exemplo, contas a receber e imóveis, estão associados a direitos legais, incluindo o direito de propriedade. Ao determinar a existência do Ativo, o direito de propriedade não é essencial. Assim, por exemplo, um imóvel objeto de arrendamento mercantil será um Ativo, caso a entidade controle os benefícios econômicos que são esperados que fluam da propriedade. Embora a capacidade de a entidade controlar os benefícios econômicos normalmente resulte da existência de direitos legais, o item pode, contudo, satisfazer a definição de Ativo, mesmo quando não houver controle legal. Por exemplo, o conhecimento (*know-how*) obtido por meio da atividade de desenvolvimento de produto pode satisfazer a definição de Ativo quando, mantendo esse conhecimento (*know-how*) em segredo, a entidade controlar os benefícios econômicos que são esperados que fluam desse Ativo.

Os Ativos da entidade resultam de transações passadas ou de outros eventos passados. As entidades normalmente obtêm Ativos por meio de sua compra ou produção, mas outras transações ou eventos podem gerar Ativos. Pode-se citar como exemplos um imóvel recebido de ente governamental como parte de programa para fomentar o crescimento econômico de dada região, ou a descoberta de jazidas minerais. Transações ou eventos previstos para ocorrer no futuro não dão origem, por si só, ao surgimento de Ativos. Desse modo, por exemplo, a intenção de adquirir estoques não atende, por si só, à definição de Ativo.

Há uma forte associação entre incorrer em gastos e gerar Ativos, mas ambas as atividades não são necessariamente indissociáveis. Assim, o fato de a entidade ter incorrido em gasto pode fornecer uma evidência de busca por futuros benefícios econômicos, mas não é prova conclusiva de que um item que satisfaça à definição de Ativo tenha sido obtido. De modo análogo, a ausência de gasto relacionado não impede que um item satisfaça à definição de Ativo e se qualifique para reconhecimento no balanço patrimonial. Por exemplo, itens que foram doados à entidade podem satisfazer a definição de Ativo.

Passivos

Uma característica essencial para a existência de Passivo é que a entidade tenha uma obrigação presente. Uma obrigação é um dever ou responsabilidade de agir ou de desempenhar uma dada tarefa de certa maneira. As obrigações podem ser legalmente exigíveis em consequência de contrato ou de exigências estatutárias. Esse é normalmente o caso, por exemplo, das contas a pagar por bens e serviços recebidos. Entretanto, obrigações surgem também de práticas usuais do negócio, de usos e costumes e do desejo de manter boas relações comerciais ou agir de maneira equitativa. Desse modo, se, por exemplo, a entidade que decida, por questão de política mercadológica ou de imagem, retificar defeitos em seus produtos, mesmo quando tais defeitos tenham-se tornado conhecidos depois da expiração do período da garantia, as importâncias que espera gastar com os produtos já vendidos constituem Passivos.

Deve-se fazer uma distinção entre obrigação presente e compromisso futuro. A decisão da administração de uma entidade para adquirir Ativos no futuro não dá origem, por si só, a uma obrigação presente. A obrigação normalmente surge somente quando um Ativo é entregue ou a entidade ingressa em acordo irrevogável para adquirir o Ativo. Nesse último caso, a natureza irrevogável do acordo significa que as consequências econômicas de deixar de cumprir a obrigação, como, por exemplo, em função da existência de penalidade contratual significativa, deixam a entidade com pouca, caso haja alguma, liberdade para evitar o desembolso de recursos em favor da outra parte.

A liquidação de uma obrigação presente geralmente implica a utilização, pela entidade, de recursos incorporados de benefícios econômicos a fim de satisfazer a demanda da outra parte. A liquidação de uma obrigação presente pode ocorrer de diversas maneiras, como, por exemplo, por meio de:

a) pagamento em caixa;
b) transferência de outros Ativos;
c) prestação de serviços;
d) substituição da obrigação por outra; ou
e) conversão da obrigação em item do Patrimônio Líquido.

A obrigação pode também ser extinta por outros meios, tais como pela renúncia do credor ou pela perda dos seus direitos.

Passivos resultam de transações ou outros eventos passados. Assim, por exemplo, a aquisição de bens e o uso de serviços dão origem a contas a pagar (a não ser que pagos adiantadamente ou na entrega), e o recebimento de empréstimo bancário resulta na obrigação de honrá-lo no vencimento. A entidade também pode ter a necessidade de reconhecer como Passivos os futuros abatimentos baseados no volume das compras anuais dos clientes. Nesse caso, a venda de bens no passado é a transação que dá origem ao Passivo.

Alguns Passivos somente podem ser mensurados por meio do emprego de significativo grau de estimativa. No Brasil, denominam-se esses Passivos de provisões. A definição de Passivo segue uma abordagem ampla. Desse modo, caso a provisão envolva uma obrigação presente e satisfaça os demais critérios da definição, ela é um Passivo, ainda que seu montante tenha que ser estimado. Exemplos concretos incluem provisões para pagamentos a serem feitos para satisfazer acordos com garantias em vigor e provisões para fazer em face de obrigações de aposentadoria.

Patrimônio líquido

Embora o Patrimônio Líquido seja definido como algo residual, ele pode ter subclassificações no balanço patrimonial. Por exemplo, na sociedade por ações, recursos aportados pelos sócios, reservas resultantes de retenções de lucros e reservas representando ajustes para manutenção do capital podem ser demonstrados separadamente. Tais classificações podem ser relevantes para a tomada de decisão dos usuários das demonstrações contábeis quando indicarem restrições legais ou de outra natureza sobre a capacidade que a entidade tem de distribuir ou aplicar de outra forma os seus recursos patrimoniais. Podem também refletir o fato de que determinadas partes com direitos de propriedade sobre a entidade têm direitos diferentes com relação ao recebimento de dividendos ou ao reembolso de capital.

A constituição de reservas é, por vezes, exigida pelo estatuto ou por lei para dar à entidade e a seus credores uma margem maior de proteção contra os efeitos de prejuízos. Outras reservas podem ser constituídas em atendimento a leis que concedem isenções ou reduções nos impostos a pagar quando são feitas transferências para tais reservas. A existência e o tamanho de tais reservas legais, estatutárias e fiscais representam informações que podem ser importantes para a tomada de decisão dos usuários. As transferências para tais reservas são apropriações de lucros acumulados; portanto, não constituem despesas.

O montante pelo qual o Patrimônio Líquido é apresentado no balanço patrimonial depende da mensuração dos Ativos e Passivos. Normalmente, o montante agregado do Patrimônio Líquido somente por coincidência corresponde ao valor de mercado agregado das ações da entidade ou da soma que poderia ser obtida pela venda dos seus Ativos Líquidos em uma base de item por item, ou da entidade como um todo, tomando por base a premissa da continuidade (going concern basis).

Atividades comerciais e industriais, bem como outros negócios, são frequentemente exercidas por meio de firmas individuais, sociedades limitadas, entidades estatais e outras organizações cujas estruturas, legal e regulamentar, em regra, são diferentes daquelas aplicáveis às sociedades por ações. Por exemplo, pode haver poucas restrições, caso haja, sobre a distribuição aos proprietários ou a outros beneficiários de montantes incluídos no Patrimônio Líquido. Não obstante, a definição de Patrimônio Líquido e os outros aspectos dessa Estrutura Conceitual que tratam do Patrimônio Líquido são igualmente aplicáveis a tais entidades.

Performance

O resultado é frequentemente utilizado como medida de performance ou como base para outras medidas, tais como o retorno do investimento ou o resultado por ação. Os elementos diretamente relacionados com a mensuração do resultado são as receitas e as despesas. O reconhecimento e a mensuração das receitas e despesas e, consequentemente, do resultado, dependem em parte dos conceitos de capital e de manutenção de capital adotados pela entidade na elaboração de suas demonstrações contábeis.

Os elementos de receitas e despesas são definidos como segue:

> **Receitas** são aumentos nos benefícios econômicos durante o período contábil, sob a forma da entrada de recursos ou do aumento de Ativos ou diminuição de Passivos, que resultam em aumentos do Patrimônio Líquido, e que não estejam relacionados com a contribuição dos detentores dos instrumentos patrimoniais.

> **Despesas** são decréscimos nos benefícios econômicos durante o período contábil, sob a forma da saída de recursos ou da redução de Ativos ou assunção de Passivos, que resultam em decréscimo do Patrimônio Líquido, e que não estejam relacionados com distribuições aos detentores dos instrumentos patrimoniais.

As definições de receitas e despesas identificam suas características essenciais, mas não correspondem a uma tentativa de especificar os critérios que precisam ser satisfeitos para que sejam reconhecidas na demonstração do resultado.

As receitas e as despesas podem ser apresentadas na demonstração do resultado de diferentes maneiras, de modo a serem prestadas informações relevantes para a tomada de decisões econômicas. Por exemplo, é prática comum distinguir os itens de receitas e despesas que surgem no curso das atividades usuais da entidade daqueles que não surgem. Essa distinção é feita considerando que a origem de um item é relevante para a avaliação da capacidade que a entidade tem de gerar caixa ou equivalentes de caixa no futuro. Por exemplo, atividades incidentais, como a venda de um investimento de longo prazo, são improváveis de voltarem a ocorrer em base regular. Quando da distinção dos itens dessa forma, deve-se levar em conta a natureza da entidade e suas operações. Itens que resultam das atividades usuais de uma entidade podem não ser usuais em outras entidades.

A distinção entre itens de receitas e de despesas e a sua combinação de diferentes maneiras também permitem demonstrar várias formas de medir a performance da entidade, com maior ou menor grau de abrangência dos itens. Por exemplo, a demonstração do resultado pode apresentar a margem bruta, o lucro ou o prejuízo das atividades usuais antes dos tributos sobre o resultado, o lucro ou o prejuízo das atividades usuais depois desses tributos e o lucro ou prejuízo líquido.

Receitas

A definição de receita abrange tanto receitas propriamente ditas quanto ganhos. A receita surge no curso das atividades usuais da entidade e é designada por uma variedade de nomes, tais como vendas, honorários, juros, dividendos, *royalties*, aluguéis.

Ganhos representam outros itens que se enquadram na definição de receita e podem ou não surgir no curso das atividades usuais da entidade, representando aumentos nos benefícios econômicos e, como tais, não diferem, em natureza, das receitas. Consequentemente, não são considerados como elemento separado nesta Estrutura Conceitual.

Ganhos incluem, por exemplo, aqueles que resultam da venda de Ativos não circulantes. A definição de receita também inclui ganhos não realizados. Por exemplo, citam-se os que resultam da reavaliação de títulos e valores mobiliários negociáveis e os que resultam de aumentos no valor contábil de Ativos de longo prazo. Quando esses ganhos são reconhecidos na demonstração do resultado, eles são usualmente apresentados separadamente, porque sua divulgação é útil para fins de tomada de decisões econômicas. Os ganhos são, em regra, reportados líquidos das respectivas despesas.

Vários tipos de Ativos podem ser recebidos ou aumentados por meio da receita; exemplos incluem caixa, contas a receber, bens e serviços recebidos em troca de bens e serviços fornecidos. A receita também pode resultar da liquidação de Passivos. Por exemplo, a entidade pode fornecer mercadorias e serviços ao credor por empréstimo em liquidação da obrigação de pagar o empréstimo.

Despesas

A definição de despesas abrange tanto as perdas quanto as despesas propriamente ditas que surgem no curso das atividades usuais da entidade. As despesas que surgem no curso das atividades usuais da entidade incluem, por exemplo, o custo das vendas, dos salários e da depreciação. Geralmente, tomam a forma de desembolso ou redução de Ativos como caixa e equivalentes de caixa, estoques e Ativo imobilizado.

Perdas representam outros itens que se enquadram na definição de despesas e podem ou não surgir no curso das atividades usuais da entidade, representando decréscimos nos benefícios econômicos e, como tais, não diferem, em natureza, das demais despesas. Consequentemente, não são consideradas como elemento separado nesta Estrutura Conceitual.

Perdas incluem, por exemplo, as que resultam de sinistros, como incêndio e inundações, assim como as que decorrem da venda de Ativos Não Circulantes. A definição de despesas também inclui as perdas não realizadas. Por exemplo, as que surgem dos efeitos dos aumentos na taxa de câmbio de moeda estrangeira, com relação aos empréstimos da entidade a pagar em tal moeda. Quando as perdas são reconhecidas na demonstração do resultado, elas são geralmente demonstradas separadamente, pois sua divulgação é útil para fins de tomada de decisões econômicas. As perdas são, em regra, reportadas líquidas das respectivas receitas.

Reconhecimento dos elementos das demonstrações contábeis

Reconhecimento é o processo que consiste na incorporação ao balanço patrimonial ou à demonstração do resultado de item que se enquadre na definição de elemento e que satisfaça os critérios de reconhecimento descritos a seguir:

> for provável que algum benefício econômico futuro associado ao item flua para a entidade ou flua da entidade; e

> o item tiver custo ou valor que possa ser mensurado com confiabilidade.

O reconhecimento envolve a descrição do item, a mensuração do seu montante monetário e a sua inclusão no balanço patrimonial ou na demonstração do resultado. Os itens que satisfazem os critérios de reconhecimento devem ser reconhecidos no balanço patrimonial ou na demonstração do resultado. A falta de reconhecimento de tais itens não é corrigida pela divulgação das práticas contábeis adotadas nem tampouco pelas notas explicativas ou pelo material elucidativo.

Probabilidade de futuros benefícios econômicos

O conceito de probabilidade deve ser adotado nos critérios de reconhecimento para determinar o grau de incerteza com que os benefícios econômicos futuros referentes ao item venham a fluir para a entidade ou a fluir da entidade. O conceito está em conformidade com a incerteza que caracteriza o ambiente no qual a entidade opera. As avaliações acerca do grau de incerteza atrelado ao fluxo de benefícios econômicos futuros devem ser feitas com base na evidência disponível quando as demonstrações contábeis são elaboradas. Por exemplo, quando for provável que uma conta a receber devida à entidade será paga pelo devedor, é então justificável, na ausência de qualquer evidência em contrário, reconhecer a conta a receber como Ativo. Para uma ampla população de contas a receber, entretanto, algum grau de inadimplência é normalmente considerado provável. Dessa forma, reconhece-se como despesa a esperada redução nos benefícios econômicos.

Confiabilidade da mensuração

O segundo critério para reconhecimento de um item é que ele possua custo ou valor que possa ser mensurado com confiabilidade. Em muitos casos, o custo ou valor precisa ser estimado. O uso de estimativas razoáveis é parte essencial da elaboração das demonstrações contábeis e não prejudica a sua confiabilidade. Quando, entretanto, não puder ser feita estimativa razoável, o item não deve ser reconhecido no balanço patrimonial ou na demonstração do resultado. Por exemplo, o valor que se espera receber de uma ação judicial pode enquadrar-se nas definições tanto de Ativo quanto de receita, assim como nos critérios probabilísticos exigidos para reconhecimento. Todavia, se não é possível mensurar com confiabilidade o montante que será recebido, ele não deve ser reconhecido como Ativo ou receita. A existência da reclamação deve ser, entretanto, divulgada nas notas explicativas ou nos quadros suplementares.

reconhecimento de ativos

Um Ativo deve ser reconhecido no balanço patrimonial quando for provável que benefícios econômicos futuros dele provenientes fluirão para a entidade e seu custo ou valor puder ser mensurado com confiabilidade.

Um Ativo não deve ser reconhecido no balanço patrimonial quando os gastos incorridos não proporcionarem a expectativa provável de geração de benefícios econômicos para a entidade além do período contábil corrente. Ao invés disso, tal transação deve ser reconhecida como despesa na demonstração do resultado. Esse tratamento não implica dizer que a intenção da administração ao incorrer nos gastos não tenha sido a de gerar benefícios econômicos futuros para a entidade, ou que a administração tenha sido mal conduzida. A única implicação é que o grau de certeza quanto à geração de benefícios econômicos para a entidade, além do período contábil corrente, é insuficiente para garantir o reconhecimento do Ativo.

Reconhecimento de passivos

Um Passivo deve ser reconhecido no balanço patrimonial quando for provável que uma saída de recursos detentores de benefícios econômicos seja exigida em liquidação de obrigação presente e o valor pelo qual essa liquidação se dará puder ser mensurado com confiabilidade. Na prática, as obrigações originadas de contratos ainda não integralmente cumpridos de modo proporcional – proportionately unperformed (Ex.: Passivos decorrentes de pedidos de compra de produtos e mercadorias ainda não recebidos) – não são geralmente reconhecidas como Passivos nas demonstrações contábeis. Contudo, tais obrigações podem enquadrar-se na definição de Passivos caso sejam atendidos os critérios de reconhecimento nas circunstâncias específicas, e podem qualificar-se para reconhecimento. Nesses casos, o reconhecimento dos Passivos exige o reconhecimento dos correspondentes Ativos ou despesas.

Reconhecimento de receitas

A receita deve ser reconhecida na demonstração do resultado quando resultar em aumento nos benefícios econômicos futuros, relacionado com aumento de Ativo ou com diminuição de Passivo, e puder ser mensurado com confiabilidade. Isso significa, na prática, que o reconhecimento da receita ocorre simultaneamente com o reconhecimento do aumento nos Ativos ou da diminuição nos Passivos (Ex.: o aumento líquido nos Ativos, originado da venda de bens e serviços, ou o decréscimo do Passivo, originado do perdão de dívida a ser paga).

Os procedimentos normalmente adotados, na prática, para reconhecimento da receita, como, por exemplo, a exigência de que a receita tenha sido ganha, são aplicações dos critérios de reconhecimento definidos nesta Estrutura Conceitual. Tais procedimentos são geralmente direcionados para restringir o reconhecimento como receita àqueles itens que possam ser mensurados com confiabilidade e tenham suficiente grau de certeza.

Reconhecimento de despesas

As despesas devem ser reconhecidas na demonstração do resultado quando resultarem em decréscimo nos benefícios econômicos futuros, relacionado com o decréscimo de um Ativo ou o aumento de um Passivo, e puder ser mensurado com confiabilidade. Isso significa, na prática, que o reconhecimento da despesa ocorre simultaneamente com o reconhecimento de aumento nos Passivos ou de diminuição nos Ativos (Ex.: a alocação por competência de obrigações trabalhistas ou da depreciação de equipamento).

As despesas devem ser reconhecidas na demonstração do resultado com base na associação direta entre elas e os correspondentes itens de receita. Esse processo, usualmente chamado de confrontação entre despesas e receitas (regime de competência), envolve o reconhecimento simultâneo ou combinado das receitas e despesas que resultem diretamente ou conjuntamente das mesmas transações ou outros eventos. Por exemplo, os vários componentes de despesas que integram o custo das mercadorias vendidas devem ser reconhecidos no mesmo momento em que a receita derivada da venda das mercadorias é reconhecida. Contudo, a aplicação do conceito de confrontação, de acordo com esta Estrutura Conceitual, não autoriza o reconhecimento de itens no balanço patrimonial que não satisfaçam a definição de Ativos ou Passivos.

Quando se espera que os benefícios econômicos sejam gerados ao longo de vários períodos contábeis e a associação com a correspondente receita somente possa ser feita de modo geral e indireto, as despesas devem ser reconhecidas na demonstração do resultado com base em procedimentos de alocação sistemática e racional. Muitas vezes, isso é necessário ao reconhecer despesas associadas com o uso ou o consumo de Ativos, tais como itens do imobilizado, ágio pela expectativa de rentabilidade futura (*goodwill*), marcas e patentes. Em tais casos, a despesa é designada como depreciação ou amortização. Esses procedimentos de alocação destinam-se a reconhecer despesas nos períodos contábeis em que os benefícios econômicos associados a tais itens sejam consumidos ou expirem.

A despesa deve ser reconhecida imediatamente na demonstração do resultado quando o gasto não produzir benefícios econômicos futuros ou quando, e na extensão em que, os benefícios econômicos futuros não se qualificarem, ou deixarem de se qualificar, para reconhecimento no balanço patrimonial como Ativo.

A despesa também deve ser reconhecida na demonstração do resultado nos casos em que um Passivo é incorrido sem o correspondente reconhecimento de Ativo, como no caso de Passivo decorrente de garantia de produto.

Mensuração dos elementos das demonstrações contábeis

Mensuração é o processo que consiste em determinar os montantes monetários por meio dos quais os elementos das demonstrações contábeis devem ser reconhecidos e apresentados no balanço patrimonial e na demonstração do resultado. Esse processo envolve a seleção da base específica de mensuração.

Um número variado de bases de mensuração é empregado em diferentes graus e em variadas combinações nas demonstrações contábeis. Essas bases incluem o que segue:

Custo histórico: os Ativos são registrados pelos montantes pagos em caixa ou equivalentes de caixa ou pelo valor justo dos recursos entregues para adquiri-los na data da aquisição. Os Passivos são registrados pelos montantes dos recursos recebidos em troca da obrigação ou, em algumas circunstâncias (como, por exemplo, Imposto de Renda), pelos montantes em caixa ou equivalentes de caixa que se espera sejam necessários para liquidar o Passivo no curso normal das operações.

Custo corrente: os Ativos são mantidos pelos montantes em caixa ou equivalentes de caixa que teriam de ser pagos se esses mesmos Ativos ou Ativos equivalentes fossem adquiridos na data do balanço. Os Passivos são reconhecidos pelos montantes em caixa ou equivalentes de caixa, não descontados, que se espera sejam necessários para liquidar a obrigação na data do balanço.

Valor realizável (valor de realização ou de liquidação): os Ativos são mantidos pelos montantes em caixa ou equivalentes de caixa que poderiam ser obtidos pela sua venda em forma ordenada. Os Passivos são mantidos pelos seus montantes de liquidação, isto é, pelos montantes em caixa ou equivalentes de caixa, não descontados, que se espera sejam pagos para liquidar as correspondentes obrigações no curso normal das operações.

Valor presente: os Ativos são mantidos pelo valor presente, descontado, dos fluxos futuros de entradas líquidas de caixa que se espera sejam gerados pelo item no curso normal das operações. Os Passivos são mantidos pelo valor presente, descontado, dos fluxos futuros de saídas líquidas de caixa que se espera sejam necessários para liquidar o Passivo no curso normal das operações.

A base de mensuração mais comumente adotada pelas entidades na elaboração de suas demonstrações contábeis é o custo histórico. Ele é normalmente combinado com outras bases de mensuração. Por exemplo, os estoques são geralmente mantidos pelo menor valor entre o custo e o valor líquido de realização, os títulos e valores mobiliários negociáveis podem em determinadas circunstâncias ser mantidos a valor de mercado, e os Passivos decorrentes de pensões são mantidos pelo seu valor presente. Ademais, em algumas circunstâncias, determinadas entidades usam a base de custo corrente como resposta à incapacidade de o modelo contábil de custo histórico enfrentar os efeitos das mudanças de preços dos Ativos não monetários.

6.4 Conceitos de Capital

O conceito de capital financeiro (ou monetário) é adotado pela maioria das entidades na elaboração de suas demonstrações contábeis. De acordo com o conceito de capital financeiro, tal como o dinheiro investido ou o seu poder de compra investido, o capital é sinônimo de Ativos líquidos ou Patrimônio Líquido da entidade. Segundo o conceito de capital físico, tal como capacidade operacional, o capital é considerado como a capacidade produtiva da entidade baseada, por exemplo, nas unidades de produção diária.

O conceito de capital dá origem aos seguintes conceitos de manutenção de capital:

Manutenção do capital financeiro: de acordo com esse conceito, o lucro é considerado auferido somente se o montante financeiro (ou dinheiro) dos Ativos líquidos no fim do período exceder o seu montante financeiro (ou dinheiro) no começo do período, depois de excluídas quaisquer distribuições aos proprietários e seus aportes de capital durante o período. A manutenção do capital financeiro pode ser medida em qualquer unidade monetária nominal ou em unidades de poder aquisitivo constante.

Manutenção do capital físico: de acordo com esse conceito, o lucro é considerado auferido somente se a capacidade física produtiva (ou capacidade operacional) da entidade (ou os recursos ou fundos necessários para atingir essa capacidade), no fim do período, exceder a capacidade física produtiva no início do período, depois de excluídas quaisquer distribuições aos proprietários e seus aportes de capital durante o período.

O conceito de manutenção de capital está relacionado com a forma pela qual a entidade define o capital que ela procura manter. Ele representa um elo entre os conceitos de capital e os conceitos de lucro, pois fornece um ponto de referência para medição do lucro; é uma condição essencial para a distinção entre o retorno sobre o capital da entidade e a recuperação do capital; somente os ingressos de Ativos que excedam os montantes necessários para manutenção do capital podem ser considerados como lucro e, portanto, como retorno sobre o capital. Portanto, o lucro é o montante remanescente depois que as despesas (inclusive, os ajustes de manutenção do capital, quando for apropriado) tiverem sido deduzidas do resultado. Se as despesas excederem as receitas, o montante residual será um prejuízo.

7. COMPONENTES PATRIMONIAIS TEORIA E/OU CONTABILIZAÇÃO

7.1 Despesa Antecipada e Receita Antecipada

Despesa antecipada = aplicação de recurso em despesas do exercício seguinte

As despesas antecipadas representam pagamentos antecipados, cujos benefícios ou prestação de serviço à empresa ocorrerão em momento posterior. O fato gerador ainda não ocorreu, por isso, não há despesa. Em obediência ao regime de competência serão registradas, em regra, no Ativo representando um direito (de usar ou consumir).

Exs.: aluguéis antecipados, seguros passivos a vencer, assinatura de jornal a apropriar, comissões passivas a transcorrer.

Pagamento de prêmio de seguro contra incêndio no dia 30/09/x1.

Período de cobertura: 01/10/x1 a 30/09/x2.

Valor pago: R$ 1.524,00 (à vista).

Lançamento:

Registro em 30/09/x1, data do pagamento do seguro:

D- Seguros a Vencer

C- Caixa----------------------------------1.524,00

Apropriação da despesa com seguro mês a mês, pela fluência do prazo, conforme regime de competência:

D- Seguros

C- Seguros a Vencer----------- 127,00 (1.524/12)

Existem casos específicos em que as despesas antecipadas não significam desembolso imediato de recursos, e sim valores a pagar em curto prazo.

Ex.:

Contratação de prêmio de seguro contra incêndio no dia 30/09/x1.

Período de cobertura: 01/10/x1 a 30/09/x2.

Valor pago: R$ 1.524,00 (a prazo, em 3 parcelas).

Lançamento:

Registro em 30/09/x1, data da contratação do seguro:

D- Seguros a vencer

C- Seguros a pagar------------------------1.524,00

Apropriação da despesa com seguro mês a mês, pela fluência do prazo, conforme regime de competência:

D- Seguros

C- Seguros a Vencer----------- 127,00 (1.524/12)

Pagamento das parcelas do seguro:

D- Seguros a pagar

C- Caixa------------------------ 508,00 (1.524/3)

Quando uma despesa vier acompanhada dos seguintes termos: **a apropriar, a transcorrer, a incorrer, a vencer** significa que o fato gerador da despesa ainda vai ocorrer. Portanto, não são contas de resultado, visto que o fato gerador não aconteceu. São contas patrimoniais, pertencentes, em geral, ao Ativo, por representar um direito.

Despesa Antecipada (contas patrimoniais)	Despesa a vencer
	Despesa a apropriar
	Despesa a Incorrer
	Despesa a transcorrer

Receita antecipada

As receitas antecipadas representam recebimentos antecipados, cuja entrega do bem ou prestação do serviço ocorrerão em momento posterior. O fato gerador ainda não ocorreu, por isso, não há receita. Em obediência ao regime de competência serão registradas, em regra, no Passivo representando uma obrigação (de entregar o produto ou prestar o serviço).

Exs.: adiantamento de cliente, receita de serviço a apropriar.

Uma empresa recebeu de um cliente o valor de R$ 1.200.000,00 para prestar serviços de manutenção pelo prazo de um ano.

Recebimento antecipado para prestar serviços de seguro pelo prazo de um ano no dia 30/09/x1.

Período para prestação do serviço: 01/10/x1 a 30/09/x.2

Valor pago: R$ 1.524,00 (à vista).

Lançamento:

Registro em 30/09/x1, data do recebimento do seguro:

D- Caixa

C- Receita de Serviço a Apropriar---------1.524,00

Apropriação da receita mês a mês, pela fluência do prazo, conforme regime de competência:

D- Receita de Serviço a Apropriar

C- Receita de Serviço ----------- 127,00 (1.524/12)

Ex.:

A empresa Chaves recebeu do cliente Alfa em 01.04.X1 a quantia de R$ 1.000,00 para entrega de mercadorias em 20.06.X1. A receita só será reconhecida por Chaves quando da entrega das mercadorias ao cliente. Quando o cliente efetua o pagamento à empresa, essa passa a ter a obrigação de entregar o produto ao cliente.

Lançamento:

Em 01.04.X1 - recebimento em dinheiro:

D – Caixa

C - Adiantamento de clientes ------------ 1.000,00

No dia 20.06.X1, quando a mercadoria for entregue, devemos reconhecer a receita:

D – Adiantamento de clientes

C – Receita de vendas -------------------- 1.000,00

Quando uma receita vier acompanhada dos seguintes termos: **a apropriar, a transcorrer, a realizar, a vencer** significa que o fato gerador da receita ainda vai ocorrer. Portanto, não são contas de resultado, visto que, o fato gerador não aconteceu. São contas patrimoniais, pertencentes, em geral, ao Passivo, por representar uma obrigação.

Despesa Antecipada (contas patrimoniais)	Receita a **vencer**
	Receita a **apropriar**
	Receita a **Incorrer**
	Receita a **transcorrer**

7.2 Aplicações Financeiras

Aplicações financeiras de liquidez imediata

Aplicações de curtíssimo prazo, resgate em até 3 meses. Possui alta liquidez, o dinheiro aplicado pode ser resgatado em qualquer dia dentro desse prazo máximo. Registrada no grupo disponível.

Ex.: aplicações em caderneta de poupança.

Aplicações com rendimento pré-fixado (rendimento antes)

Quando o investidor já sabe o valor do rendimento no próprio dia da aplicação, ou seja, na data da aplicação já sabe quanto será resgatado.

O valor da receita financeira será apropriado proporcionalmente ao número de dias da aplicação (*pro rata die*), excluindo o primeiro dia e incluindo o último.

Ex.:

Em 01/11/X1, a empresa Alfa efetuou uma aplicação no valor de R$ 100.000,00, com rendimento (total) pré-fixado de R$ 5.400,00. O prazo da aplicação é de 90 dias. IRRF (Imposto de Renda Retido na Fonte) de 1,5%.

Obs.: como o rendimento total foi pré-fixado, independentemente do regime de capitalização (simples ou composto), o rendimento será o mesmo, então haverá a apropriação da receita financeira de forma linear.

Registro da aplicação financeira (1/11/X1):

D- Aplicação Financeira---------------105.400,00

C- Receita Financeira a Apropriar--------5.400,00

C- Banco------------------------------100.000,00

ATIVO

APLICAÇÃO FINANCEIRA

Aplicações com rendimento pré-fixado

Aplicação Financeira------------------105.400,00

(-) Receita Financeira a Apropriar *---(5.400,00)

* Receita financeira a apropriar: receita antecipada.

O fato gerador ainda não ocorreu, por isso, não há receita. Em obediência ao regime de competência, serão registradas, em regra no Passivo, representando uma obrigação. Quando essas receitas antecipadas estiverem relacionadas a itens do Ativo, como aplicações financeiras ou empréstimos concedidos, serão contabilizadas como conta retificadora do respectivo Ativo.

Em 30/11/X1- Apropriação da Receita Financeira, pela fluência do prazo, atendendo ao regime de competência.

Rendimento do período: 5.400/90 = R$ 60/dia.

Nov./X1 = 29 dias x 60 = R$ 1.740,00.

D- Receita Financeira a Apropriar

C- Receita Financeira--------------------1.740,00

Em 31/12/X1- Apropriação da Receita Financeira, pela fluência do prazo, atendendo ao regime de competência.

Rendimento do período: 5.400/90 = R$ 60/dia.

Dez/X1 = 31 dias x 60 = R$ 1.860,00.

Apresentação no Balanço Patrimonial de 31/12/X1 ATIVO APLICAÇÃO FINANCEIRA Aplicações com rendimento pré-fixado Aplicação Financeira---------------------105.400,00 (-) Receita Financeira a Apropriar- (1.800,00)	Apresentação na DRE de 31/12/X1 Receita financeira------3.600,00

Em 30/01/X2 – Data do resgate da aplicação financeira

Apropriação do restante da Receita Financeira

Rendimento do período: 5.400/90 = R$ 60/dia.

Jan/X2 = 30 dias x 60 = R$ 1.800,00.

D- Receita Financeira a Apropriar

C- Receita Financeira--------------------1.800,00

Cálculo do IRRF

IRRF: 5.400 x 1,5% = R$ 81,00.

D- IRRF a Compensar

C- Aplicação Financeira----------------------81,00

Obs.: a conta IRRF a Compensar representa um crédito da empresa contra a Receita Federal. É, portanto, uma conta de Ativo, e poderá ser compensada com o Imposto de Renda sobre o lucro real.

Resgate:

Saldo da conta aplicação financeira = 105.400 – 81 = R$ 105.319,00.

D- Banco

C- Aplicação Financeira-------105.319,00

Aplicações com rendimento pós-fixado (rendimento depois)

Quando o investidor não sabe o valor do rendimento na data da aplicação. Esse rendimento somente será conhecido à medida que o tempo vai passando e o dinheiro permanece aplicado.

Ex.:

Em 01/11/X1, a empresa Alfa efetuou uma aplicação no valor de R$ 100.000,00. O prazo da aplicação é de 3 meses. IRRF (Imposto de Renda Retido na Fonte) de 1,5%.

Obs.: como o rendimento é pós-fixado, somente será conhecido o rendimento ao final de cada mês, pelo tempo que o dinheiro se mantiver aplicado.

Em 1/11/X1 - Registro da aplicação financeira

D- Aplicação Financeira

C- Banco--------------------------------100.000,00

ATIVO

APLICAÇÃO FINANCEIRA

Aplicações com rendimento pós-fixado

Aplicação financeira-------------------100.000,00

Em 30/11/X1 - Reconhecimento da Receita Financeira, ao final do primeiro mês de aplicação (novembro).

Rendimento do período: 2% ao mês.

Nov./X1 = 100.000 x 2% = R$ 2.000,00

D- Aplicação financeira

C- Receita Financeira---------------------2.000,00

Em 31/12/X1- Reconhecimento da Receita Financeira do período (dezembro)

Rendimento do período: 2,3% ao mês.

Dez./X1 = 102.000 x 2,3% a.m = R$ 2.346,00

D- Aplicação financeira

C- Receita Financeira---------------------2.346,00

Apresentação no Balanço Patrimonial de 31/12/X1	Apresentação na DRE de 31/12/X1
ATIVO APLICAÇÃO FINANCEIRA Aplicações com rendimento pós-fixado Aplicação Financeira-------104.346,00	Receita financeira--------4.346,00

Em 30/01/X2 – Data do resgate da aplicação financeira

Reconhecimento da Receita Financeira do período (janeiro).

Rendimento do período: 2,1% a.m

Jan./X2 = 104.346 x 2,1% am = R$ 2.191,27

D- Aplicação financeira

C- Receita Financeira---------------------2.191,27

Cálculo do IRRF

Rendimento = 2.000,00 + 2.346,00 + 2.191,27 = R$ 6.537,27

IRRF: 6.537,27 x 1,5% = R$ 98,06

D- IRRF a Compensar

C- Aplicação Financeira----------------------98,06

Obs.: a conta IRRF a Compensar representa um crédito da empresa contra a Receita Federal. É, portanto, uma conta de Ativo, e poderá ser compensada com o Imposto de Renda sobre o lucro real.

Resgate:

Saldo da conta aplicação financeira = 100.000,00 + 6.537,27 – 98,06 = R$ 106.439,21.

D- Banco

C- Aplicação Financeira----------------106.439,21

7.3 Empréstimos

Empréstimos pré-fixados

Caracterizam-se quando a empresa já sabe, no dia da transação, qual o valor dos encargos financeiros incidentes sobre a operação.

Ex.: A empresa Alfa contraiu, em 1/11/X1, um empréstimo no valor de R$101.500,00 que deverá ser pago em 90 dias. Foi descontada, no ato da liberação do referido empréstimo, a importância de R$ 1.200,00, a título de juros e um custo de transação de R$ 300,00.

Em 01/11/X1: contrato empréstimo

D- Banco--------------------------------100.000,00

D- Juros passivos a transcorrer *---------1.200,00

D- Custo de transação a amortizar---------300,00

C- Empréstimo Obtido-----------------101.500,00

PASSIVO

EMPRÉSTIMO PRÉ-FIXADO

Empréstimo Obtido--------------------101.500,00

Juros passivos a transcorrer------------(1.200,00)

Custo de transação a amortizar----------(300,00)

*Juros passivos a transcorrer: despesa antecipada, em regra, registrada no Ativo.

Quando essas despesas antecipadas estiverem relacionadas a itens do Passivo, como financiamentos ou empréstimos, serão contabilizadas como conta retificadora do respectivo Passivo.

30/11/X1: Apropriação da Despesa

D- Despesa Financeira------------------ 400,00

D- Despesa com amortização do custo de transação --100,00

C- Juros passivos a transcorrer--------------- 400,00

C- Custo de transação a amortizar------------ 100,00

31/12/X1: Apropriação da Despesa

D- Despesa Financeira------------------ 400,00

D- Despesa com amortização do custo de transação -- 100,00

C- Juros passivos a transcorrer--------------- 400,00

C- Custo de transação a amortizar------------ 100,00

Apresentação no Balanço Patrimonial de 31/12/X1	Apresentação na DRE de 31/12/X1
PASSIVO EMPRÉSTIMO PRÉ- FIXADO Empréstimo Obtido--101.500,00 Juros passivos a transcorrer ------------------------(400,00) Custo de transação a amortizar ------------------------(100,00)	Encargos Financeiros Despesa financeira------- 800,00 Despesa com amortização do custo de transação--------200,00

31/01/X2: Data do pagamento do empréstimo

Apropriação do restante da despesa

D- Despesa Financeira--------------------- 400,00

D- Despesa com amortização do custo de transação --100,00

C- Juros passivos a transcorrer---------------- 400,00

C- Custo de transação a amortizar-------- 100,00

Pagamento do empréstimo

D- Empréstimo Obtido

C – Banco-------------------------------101.500,00

CPC 20 – Custo dos Empréstimos

Custos de empréstimos são juros e outros custos que a entidade incorre em conexão com o empréstimo de recursos.

Custos de empréstimos incluem:

(a) encargos financeiros calculados com base no método da taxa efetiva de juros como descrito nos Pronunciamentos Técnicos CPC 08 - Custos de Transação e Prêmios na Emissão de Títulos e Valores Mobiliários e CPC 38 – Instrumentos Financeiros: Reconhecimento e Mensuração;

(b) (eliminada);

(c) (eliminada);

(d) encargos financeiros relativos aos arrendamentos mercantis financeiros reconhecidos de acordo com o Pronunciamento Técnico CPC 06 – Operações de Arrendamento Mercantil;

(e) variações cambiais decorrentes de empréstimos em moeda estrangeira, na extensão em que elas sejam consideradas como ajuste, para mais ou para menos, do custo dos juros.

CPC 08 – Custo de Transação

Custos de transação são somente aqueles incorridos e diretamente atribuíveis às atividades necessárias exclusivamente à consecução das seguintes transações:

> Distribuição primária de ações ou bônus de subscrição,
> Aquisição e alienação de ações próprias,
> Captação de recursos por meio da contratação de empréstimos ou financiamentos ou pela emissão de títulos de dívida, bem como dos prêmios na emissão de debêntures e outros instrumentos de dívida ou de patrimônio líquido.

Exemplos de custos de transação são:

01. gastos com elaboração de prospectos e relatórios;
02. remuneração de serviços profissionais de terceiros (advogados, contadores, auditores, consultores, profissionais de bancos de investimento, corretores etc.);
03. gastos com publicidade (inclusive os incorridos nos processos de road-shows);
04. taxas e comissões;
05. custos de transferência;
06. custos de registro etc.

Custos de transação não incluem ágios ou deságios na emissão dos títulos e valores mobiliários, despesas financeiras, custos internos administrativos ou custos de carregamento.

Empréstimos pós-fixados

A empresa não sabe o valor dos juros incidentes na operação na data do empréstimo. Esses juros somente serão conhecido ao final de cada período, pela fluência do prazo do empréstimo.

Ex.: A empresa Alfa contraiu, em 1/12/X1, um empréstimo no valor de R$100.300,00 que deverá ser pago em 60 dias. Os juros serão calculados ao final de cada mês.

Em 01/12/X1: contrato empréstimo

D- Banco-------------------------------100.000,00

C- Empréstimo Obtido----------------100.000,00

PASSIVO

EMPRÉSTIMO PÓS-FIXADO

Empréstimo Obtido--------------------100.000,00

31/12/X1: Reconhecimento dos juros do período. Taxa de 1,5% a.m.

Empréstimo obtido = 100.000 x 1,5% = R$ 1.500,00

D- Despesa financeira

C- Empréstimo Obtido ----------------- 1.500,00

Apresentação no Balanço Patrimonial de 31/12/X1 PASSIVO EMPRÉSTIMO PÓS-FIXADO Empréstimo Obtido---101.500,00	Apresentação na DRE de 31/12/X1 Encargos Financeiros Despesa financeira----- 1.500,00

30/01/X2: Data do pagamento do empréstimo

Reconhecimento dos juros do período. Taxa de 2% a.m.

Empréstimo obtido = 101.500 x 2,0% = R$ 2.030,00

D- Despesa financeira

C- Empréstimo Obtido ----------------- 2.030,00

Pagamento do empréstimo (principal + juros)

D- Empréstimo Obtido

C – Banco-------------------------------103.530,00

7.4 Debêntures

Títulos de crédito, com valor nominal, negociado com o intuito de captar recursos.

Lei 6.404/76

Art. 52. A companhia poderá emitir debêntures que conferirão aos seus titulares direito de crédito contra ela, nas condições constantes da escritura de emissão e, se houver, do certificado.

*Art. 56. A debênture poderá assegurar ao seu titular juros, fixos ou variáveis, **participação no lucro** da companhia e **prêmio de reembolso**.*

*Art. 57. A debênture poderá ser **conversível em ações** nas condições constantes da escritura de emissão. (Grifo nosso)*

Para a companhia emissora, as debêntures representam uma espécie de empréstimos, em que os credores são os próprios debenturistas (essência sobre forma).

Formas de emissão de debêntures:

Emissão ao par: debêntures negociadas sem ágio ou deságio.

Valor nominal = Valor de venda.

Ex.:

1.000 debêntures

Valor nominal = R$ 10,00

Valor de venda: R$ 10,00

D- Caixa

C- Debêntures a resgatar-----------------10.000,00

COMPONENTES PATRIMONIAIS TEORIA E/OU CONTABILIZAÇÃO

ATIVO	PASSIVO
Caixa-----------------10.000,00	Debênture a resgatar--10.000,00

Emissão abaixo do par: debêntures negociadas com deságio.

Valor nominal > Valor de venda.

Ex.:

1.000 debêntures

Valor nominal = R$ 10,00

Valor de venda: R$ 8,00

D- Caixa-----------------------------------8.000,00

D- Deságio a amortizar-------------------2.000,00

C- Debênture a resgatar------------------10.000,00

ATIVO	PASSIVO
Caixa-------------8.000,00	Debênture a resgatar-------10.000,00
	(-) Deságio a amortizar--(2.000,00)

Emissão acima do par: debêntures negociadas com prêmio (ágio).

Valor nominal < Valor de venda.

Ex.:

1.000 debêntures

Valor nominal = R$ 10,00

Valor de venda: R$ 12,00

D- Caixa---------------------------------12.000,00

C- Debênture a resgatar-----------------10.000,00

C- Prêmio recebido na emissão de debênture a apropriar------------------------------------2.000,00

ATIVO	PASSIVO
Caixa------------------12.000,00	Debênture a resgatar--10.000,00
	PRED a apropriar--------2.000,00

Ex.:

1.000 debêntures

Valor nominal = R$ 10,00

Valor de venda: R$ 12,00

Custo de transação: R$ 500,00

D- Caixa---------------------------------11.500,00

D- Custo de transação a amortizar--------500,00

C- Debênture a resgatar-----------------10.000,00

C- Prêmio recebido na emissão de debênture a apropriar------------------------------------2.000,00

ATIVO	PASSIVO
Caixa------------------11.500,00	Debênture a resgatar--10.000,00
	(-) Custo de transação a amortizar----------------500,00
	PRED a apropriar-------2.000,00

CPC 08 – Custo de Transação

Os custos de transação incorridos na captação de recursos por meio da contratação de instrumento de dívida (empréstimos, financiamentos ou títulos de dívida tais como debêntures, notas comerciais ou outros valores mobiliários) devem ser contabilizados como redução do valor justo inicialmente reconhecido do instrumento financeiro emitido, para evidenciação do valor líquido recebido. Em outras palavras, será reconhecido inicialmente como conta retificadora do Passivo.

Os encargos financeiros incorridos na captação de recursos junto a terceiros devem ser apropriados ao resultado em função da fluência do prazo, pelo custo amortizado usando o método dos juros efetivos.

7.5 Folha de Pagamento

Documento elaborado ao final de cada mês contendo os valores das remunerações dos funcionários da entidade. Engloba o nome dos empregados, seus cargos, valores que integram suas remunerações, categorias como contribuintes da Previdência.

Os salários, encargos e contribuições trabalhistas e previdenciárias a cargo do empregador, representam DESPESAS para empresa, conforme o regime de competência. Valores retidos dos empregados, como Imposto de Renda e contribuição, não são despesas da empresa, e sim do próprio empregado.

No modelo de folha de pagamento, inicialmente são feitas as descrições individuais de cada empregado e, no final, o resumo geral. Registraremos o resumo geral.

Ex.:

FOLHA DE PAGAMENTO/ RESUMO MENSAL

Empresa:

Mês/Ano:

Código	Empregado	Evento	Referência	Provento (R$)	Desconto(R$)
Cargo:	Nome do Empregado Cargo		Descrição individual de cada empregado		
Resumo Mensal					
		Salário-base		200.000,00	
		Auxílio-Maternidade		2.000,00	
		Salário-Família		500,00	
		INSS			9.500,00
		IRRF			6.000,00
				202.500,00	15.500,00
FGTS:		Líquido a Receber			187.000,00
16.000,00					
		BC-FGTS: 200.000,00		BC-INSS: 200.000,00	

As questões que abordam esse assunto podem solicitar o total da despesa da empresa, então precisamos identificar essas despesas.

Salário-base	Despesa da empresa	200.000,00
Auxílio-Maternidade	Despesa da Previdência	2.000,00
Salário-Família	Despesa da Previdência	500,00
INSS (empregado)	Despesa do empregado	9.500,00
IRRF	Despesa do empregado	6.000,00
FGTS	Despesa da empresa	16.000,00
INSS (patronal)	Despesa da empresa	40.000,00 (guia INSS)
TOTAL DESPESA DA EMPRESA		**R$ 256.000,00**

Contabilização da folha de pagamento.

1º passo: reconhecimento da despesa com salário

D- Salários

C- Salários a pagar-------------------- 200.000,00

* Neste exemplo, os salários serão pagos no quinto dia útil do mês subsequente. Caso o salário seja pago dentro do próprio mês, a contrapartida será o caixa, não sendo reconhecida nenhuma obrigação.

Salários

a Caixa

2º passo: INSS do segurado e IRRF

INSS - Despesa do próprio empregado. Funciona como uma espécie de seguro social para o qual ele contribui ao longo dos anos, na expectativa de receber uma aposentadoria no futuro.

IRRF – Despesa do próprio empregado. É uma obrigação tributária principal em que a pessoa jurídica ou equiparada (empresa), está obrigada a reter do beneficiário da renda (empregado), o imposto correspondente.

Nas duas situações, **o valor devido pelo empregado é descontado pelo empregador do montante do salário a pagar e repassado à Previdência ou Secretaria da Fazenda**. Em contrapartida, a empresa reconhece a obrigação de repassar os valores aos órgãos competentes.

D- Salários a pagar------------------------15.500,00
C-INSS a recolher-------------------------9.500,00
C- IRRF a recolher-------------------------6.000,00

3º passo: Auxílio-Maternidade e Salário-Família

Auxílio-Maternidade - Despesa da Previdência. É um benefício pago às seguradas que acabaram de ter um filho, seja por parto ou adoção, ou aos segurados que adotem uma criança.

Salário-Família - Despesa da Previdência. É um valor pago ao empregado (inclusive o doméstico) e ao trabalhador avulso, segurados da Previdência, de acordo com o número de filhos ou equiparados que possua. Filhos maiores de quatorze anos não têm direito, exceto no caso dos inválidos (para quem não há limite de idade).

Nas duas situações, são gastos assumidos pela Previdência que deverão ser pagos ao empregado pelo empregador (aumentando o montante do salário a pagar) e compensados com o valor devido a título de contribuição previdenciária patronal (diminuindo o saldo do INSS a recolher).

D- INSS a recolher
C- Salários a pagar------------------------ 2.500,00

4º passo: INSS patronal

Para o empregador, o INSS patronal é um tributo, visto que o contribuinte não recebe uma contrapartida pelos valores pagos. Assim, a empresa lança como despesa do período e em contrapartida assume a obrigação de recolher à Previdência no mês subsequente.

D- INSS
C- INSS a recolher---------------------- 40.000,00

5º passo: FGTS

Criado com o objetivo de proteger o trabalhador demitido sem justa causa, mediante a abertura de uma conta vinculada ao contrato de trabalho. Os depósitos são feitos pelo empregador em nome do empregado, na Caixa Econômica Federal. Portanto, é uma despesa do empregador, que não poderá ser descontada do salário do empregado.

D- FGTS
C- FGTS a recolher------------------------16.000,00
Total do Passivo----------------------- 256.000,00

Salários a pagar: 200.000,00 – 15.500,00 + 2.500,00 = 187.000,00

INSS a recolher: 9.500,00 – 2.500,00 + 40.000,00 = 47.000,00

IRRF a recolher: 6.000,00

FGTS a recolher: 16.000,00

No mês subsequente, pagamento das obrigações:

D- Salários a pagar---------------------187.000,00
D- FGTS a recolher--------------------- 16.000,00
D- INSS a recolher-----------------------47.000,00
D- IRRF a recolher-----------------------6.000,00
C- Caixa--------------------------------256.000,00

7.6 Ativo Diferido (Extinto pela Lei nº 11.941/09)

Art. 299-A, Lei 6.404/76 - O saldo existente em 31 de dezembro de 2008 no Ativo diferido que, pela sua natureza, não puder ser alocado a outro grupo de contas, poderá permanecer no Ativo sob essa classificação até sua completa amortização, sujeito à análise sobre a recuperação de que trata o § 3o do art. 183 desta Lei. (Grifo nosso) CPC 13 – Adoção Inicial da Lei nº 11.638/07 e da Medida Provisória no 449/08

A Lei nº. 11.638/07 restringiu o lançamento de gastos no Ativo diferido, mas, após isso, a Medida Provisória nº 449/08 extinguiu esse grupo de contas. Assim, os ajustes iniciais de adoção das novas Lei e Medida Provisória devem ser assim registrados: os gastos ativados que não possam ser reclassificados para outro grupo de ativos, devem ser baixados no balanço de abertura, na data de transição, mediante o registro do valor contra lucros ou prejuízos acumulados, líquido dos efeitos fiscais ou mantidos nesse grupo até sua completa amortização, sujeito à análise sobre recuperação.

Conclusão: o Ativo Diferido foi extinto pela Lei 11.941/09.

Consequências:

Se puderem ser classificados em outro grupo de contas: serão alocadas para esse grupo.

Exemplo: transferência para Intangível ou Imobilizado.

D- Ativo Diferido
C- Imobilizado ou Intangível

Caso não possam ser reclassificados em outro grupo de contas.

2.1. Poderá permanecer no *Ativo sob essa classificação até sua completa amortização, sujeito à análise sobre a recuperação/teste de **impairment***. (Lei 6.404/76 e CPC 13).

D- Despesa com Amortização
C- Amortização Acumulada

2.2. Poderá ter seus saldos baixados no balanço de abertura, na data de transição, mediante o registro do valor

> Com a extinção do Ativo Diferido, as despesas pré-operacionais de implantação ou reorganização serão classificadas diretamente no resultado como despesa, quando incorridas.

contra lucros ou prejuízos acumulados, líquido dos efeitos fiscais (CPC 13).

D- Lucros ou Prejuízos Acumulados

C- Ativo Diferido

7.7 Reserva de Reavaliação

A reavaliação não é mais permitida no Brasil desde a vigência da Lei 11.638/07.

Art. 178, *Lei 6.404/76*

§2º, d) patrimônio líquido, dividido em capital social, reservas de capital, ajustes de avaliação patrimonial, reservas de lucros, ações em tesouraria e prejuízos acumulados.

Os saldos existentes nas reservas de reavaliação deverão ser mantidos até a sua efetiva realização ou estornados até o final do exercício social em que esta Lei entrar em vigor.

CPC 13 – Adoção Inicial da Lei nº 11.638/07 e da Medida Provisória no 449/08

A Lei nº 11.638/07 eliminou a possibilidade de reavaliação espontânea de bens.

Assim, os saldos existentes nas reservas de reavaliação constituídas antes da vigência dessa Lei, inclusive as reavaliações reflexas de controladas e coligadas, devem:

(a) ser mantidos até sua efetiva realização; ou

(b) ser estornados até o término do exercício social de 2008.

Conclusão: a reserva de reavaliação foi extinta pela Lei 11.638/07.

Consequências:

Se optarem por manter o saldo da reserva até sua completa realização:

O valor do Ativo Imobilizado reavaliado existente no início do exercício social passa a ser considerado como o novo valor de custo para fins de mensuração futura e determinação do valor recuperável. A reserva de reavaliação, no patrimônio líquido, continuará sendo realizada para a conta de lucros ou prejuízos acumulados, na mesma base que vinha sendo efetuada antes da promulgação da Lei nº. 11.638/07.

D- Reserva de reavaliação

C- Lucros acumulados

A reserva será realizada na mesma proporção que o bem reavaliado vai sendo depreciado, amortizado, exaurido, baixado por perecimento ou venda.

Se optarem por estornar o saldo da reserva até o término de 2008:

O estorno retroagirá à data de transição estabelecida pela entidade quando da adoção inicial da Lei nº 11.638/07. O mesmo tratamento deve ser dado com referência à reversão dos impostos e contribuições diferidos, que foram registrados por ocasião da contabilização de reavaliação.

D- Reserva de Reavaliação

C- Bem reavaliado

D- Imposto de Renda Diferido

C- Tributo s/ Reserva de Reavaliação

7.8 Estimativa de Crédito de Liquidação Duvidosa

Conta retificadora dos créditos a receber de clientes, diante da possibilidade de inadimplência deles. Pode-se afirmar que o termo *Estimativa de Crédito de Liquidação Duvidosa* é um eufemismo para se referir aos "CALOTEIROS".

O valor da provisão é obtido aplicando-se um percentual (baseado nas perdas com clientes de períodos anteriores) sobre os valores a receber existentes na época do Balanço Patrimonial. A constituição da estimativa de perda faz com que as contas a receber sejam avaliadas de acordo com o critério do valor provável de realização (valor recuperável).

Ex.:

Em 31/12/X1, a Cia Alfa Ltda. possuía saldo de duplicatas e outras contas a receber no montante de R$ 500.000,00. O departamento de crédito e cobrança estimou em 4% as perdas prováveis no recebimento desses créditos.

Em 31/12/X1 – Constituição PDD

D- Perdas com Créditos de Liquidação Duvidosa

C- Estimativa de Créditos de Liquidação Duvidosa --------------------------20.000 (500.000 x 4%)

Assim, no balanço patrimonial de 31/12/x1, teremos:

AC

Duplicatas a Receber------------------ 500.000,00

(-) Estimativa de Créditos de Liquidação Duvidosa --------------------------------------(20.000,00)

As perdas reconhecidas em um período serão confirmadas no exercício seguinte, à medida que as duplicatas forem ou não sendo recebidas. De modo que no período seguinte, as estimativas de perda do período anterior, podem ter quatro consequências:

Em X2 (Exercício seguinte):

1ª consequência: perda comprovada

Durante o exercício de X2, foram recebidos R$ 480.000,00 do total de duplicatas a receber, sendo comprovada uma inadimplência de R$ 20.000,00, exatamente o valor estimado.

D- Caixa

C- Duplicatas a receber-----------------480.000,00

O que fazer com a ECLD? Baixar em contrapartida do saldo da duplicata pois, entendemos que esse direito não será exercido.

D- Estimativa de Créditos de Liquidação Duvidosa

C- Duplicata a Receber------------------ 20.000,00

2ª consequência: perda não comprovada, ou seja, todo valor foi recebido.

Durante o exercício de X2, foram recebidos R$ 500.000,00 das duplicatas a receber, não havendo inadimplência.

D- Caixa

C- Duplicatas a receber-----------------500.000,00

O que fazer com a ECLD? Reverter, reconhecendo uma receita.

D- Estimativa de Créditos de Liquidação Duvidosa

C- Reversão de Estimativa de Créditos de Liquidação Duvidosa --------------------------20.000,00

3ª consequência: Perda > Estimativa

Vamos considerar uma perda de R$ 30.000,00, como exemplo.

Durante o exercício de X2, foram recebidos R$ 470.000,00 do total de duplicatas a receber, sendo comprovada uma inadimplência de R$ 30.000,00, uma perda maior que a estimada.

D- Caixa

C- Duplicatas a receber----------------470.000,00

O que fazer com o excesso de perda? Registrar diretamente no resultado como despesa, usaremos a conta perda com clientes.

D- Estimativa de Créditos de Liquidação Duvidosa --------------------------------------20.000,00

D- Perda com Clientes------------------10.000,00

C- Duplicata a Receber-----------------30.000,00

4ª consequência: Perda < Provisão

Vamos considerar uma perda de R$ 15.000,00, como exemplo.

Durante o exercício de X2, foram recebidos R$ 485.000,00 do total de duplicatas a receber, sendo comprovada uma inadimplência de R$ 15.000,00, uma perda menor que a estimada.

D- Caixa

C- Duplicatas a receber----------------485.000,00

O que fazer com a diferença? Registrar diretamente no resultado como receita.

D- Estimativa de Créditos de Liquidação Duvidosa --------------------------------------20.000

C- Reversão de Estimativa de Créditos de Liquidação Duvidosa ----5.000

C- Duplicata a Receber---------------------15.000

5ª consequência: a partir de X3

Em X2 a duplicata foi considerada incobrável e, portanto, baixada como perda. A partir de X3, a qualquer tempo, o cliente resolve pagar a dívida. Neste caso, o ganho vai diretamente para o resultado como receita.

D- Caixa

C- Receita Eventual---------------------20.000,00

Para reconhecermos essa receita eventual, a duplicata deverá ter sido baixada em um momento anterior, por ser considerada incobrável.

7.9 Duplicata Descontada

O desconto de duplicatas é uma operação financeira em que a empresa entrega determinadas duplicatas para o banco e este lhe antecipa o valor em conta corrente, cobrando juros antecipadamente.

Embora a propriedade dos títulos negociados seja transferida para a instituição, a empresa está coobrigada, juntamente com os devedores, ao pagamento das duplicatas, isto é, caso os devedores não paguem ao banco, a empresa assumirá a dívida.

Com a aplicação do conceito da essência sobre a forma, o desconto de duplicatas é semelhante a um empréstimo bancário, no qual as duplicatas são entregues ao banco em garantia. Por esse motivo, a conta duplicata descontada será evidenciada no Passivo e os encargos incidentes na operação e cobrados antecipadamente, serão registrados como conta retificadora do Passivo e apropriados ao resultado pela fluência do prazo, obedecendo ao regime de competência.

Ex.:

No dia 01/03/X1 a empresa Alfa efetuou o desconto de duplicatas vencíveis em dois meses, no valor de R$ 20.000,00, junto ao Banco Sul, cobrando, este, antecipadamente juros de R$ 1.200,00 e mais despesas bancárias de R$ 300,00 pela operação. Nesta data foi creditado na conta corrente da empresa o valor líquido de R$ 18.500,00.

01/03/x1- Desconto da Duplicata

D- Banco--------------------------------18.500,00

D- Juros passivos a vencer----------------1.200,00

D- Custo de transação a amortizar---------300,00

C- Duplicata descontada---------------20.000,00

PASSIVO

PASSIVO CIRCULANTE

Duplicata Descontada----------------20.000,00

(-) Juros Passivos a Vencer-----------(1.200,00)

(-) Custo de Transação a amortizar------(300,00)

ATIVO

Banco-----------------------------------18.500,00

Duplicata a receber-------------------20.000,00 **(saldo inicial do Ativo)**

31/03/x1 – Apropriação dos encargos financeiros (adotaremos o método linear, a fim de simplificar os cálculos)

D- Encargos financeiros ------------------750,00

C- Juros passivos a vencer---------------- 600,00

C- Custo de transação a amortizar--------- 150,00

30/04/x1 – Apropriação do restante dos encargos financeiros

D- Encargos financeiros -------------------750,00

C- Juros passivos a vencer---------------- 600,00

C- Custo de transação a amortizar--------- 150,00

30/04/x1 – Vencimento da Duplicata

1ª consequência: o banco recebe os R$ 20.000,00 referentes à duplicata. É remetido um aviso à empresa Alfa, que só então efetua a baixa das duplicatas descontadas, mediante o seguinte lançamento:

D- Duplicata Descontada

C- Duplicata a Receber-----------------20.000,00

Quando o devedor vai ao banco e paga a duplicata, dois problemas serão resolvidos de uma só vez. Ou seja, o cliente resolve seu problema com a empresa Alfa (baixa do direito) e esta com o banco (baixa da obrigação).

2ª consequência: o banco não recebeu as duplicatas. Neste caso, a empresa Alfa terá que arcar com o pagamento da dívida junto ao banco, e continuará com o direito de receber a duplicata do cliente.

D- Duplicata Descontada
C- Banco---------------------------------20.000,00

7.10 Duplicata x Nota Promissória

Duplicata: título comercial

Além da fatura, que é de emissão obrigatória nas vendas a prazo, o comerciante pode emitir duplicata. Sua emissão é comum nas vendas a prazo.

VENDEDOR (credor) Emite NF, Fatura e Duplicata.	COMPRADOR (devedor) Aceita a duplicata.

Obs.: o aceite é o reconhecimento da dívida representada pelo título de crédito, mediante a assinatura do devedor.

Duplicata emitida (de nossa emissão)	Direito	Ativo	Duplicata a Receber
Duplicata aceita (de nosso aceite)	Obrigação	Passivo	Duplicata a Pagar

Nota promissória: título financeiro

A nota promissória é uma promessa de pagamento feita pelo devedor em favor de seu credor. O emitente assina uma declaração de que pagará, na data combinada, certa quantia ao credor indicado no título. É utilizada por bancos, sociedades imobiliárias e demais pessoas que não operem com mercadorias ou prestação de serviços.

Ao contrário da duplicata, quem emite a nota promissória é o próprio devedor.

CREDOR Aceita a Nota Promissória.	DEVEDOR Emite a Nota Promissória.

Obs.: não há necessidade de aceite da nota promissória, uma vez que, ao emitir o título, o devedor já reconhece a dívida.

Nota promissória emitida (de nossa emissão)	Obrigação	Passivo	NP a Pagar
Nota promissória aceita (emitida por terceiro)	Direito	Ativo	NP a receber

8. OPERAÇÕES COM MERCADORIAS

8.1 Estoques – Conceito e Composição

Conceito

São bens adquiridos ou produzidos pela empresa com o objetivo de venda ou utilização própria no curso normal de suas atividades

Definição segundo **CPC 16- Estoques:**

Estoques são Ativos:

a) mantidos para venda no curso normal dos negócios;
b) em processo de produção para essa venda; ou
c) na forma de materiais ou suprimentos, a serem consumidos ou transformados no processo de produção ou na prestação de serviços.

Componentes do grupo estoque

Bens adquiridos e destinados à venda, incluindo, por exemplo, mercadorias compradas por um varejista para revenda, ou terrenos e outros imóveis para revenda;

Produtos acabados e produtos em processo de produção e incluem matérias-primas e materiais aguardando utilização no processo de produção, tais como: componentes, embalagens e material de consumo.

8.2 Mensuração do Estoque

Lei 6.404/76

Os estoques devem ser mensurados pelo valor de custo ou pelo valor justo, dos dois, o menor.

> **Art. 183**, Lei 6.404/76
> II - os direitos que tiverem por objeto mercadorias e produtos do comércio da companhia, assim como matérias-primas, produtos em fabricação e bens em almoxarifado, pelo custo de aquisição ou produção, deduzido de provisão para ajustá-lo ao valor de mercado, quando este for inferior;
>
> **§1º** Para efeitos do disposto neste artigo, considera-se valor justo:
> a) das matérias-primas e dos bens em almoxarifado, o preço pelo qual possam ser repostos, mediante compra no mercado;
> b) dos bens ou direitos destinados à venda, o preço líquido de realização mediante venda no mercado, deduzidos os impostos e demais despesas necessárias para a venda, e a margem de lucro.

Ativo Circulante
Estoque
(-) Estimativa de Ajuste ao Valor de Mercado

Cpc 16 – estoques

Os estoques devem ser mensurados pelo valor de custo ou pelo valor realizável líquido, dos dois, o menor.

Ativo Circulante
Estoque
(-) Estimativa de Ajuste ao Valor Realizável Líquido

Valor realizável líquido é o preço de venda estimado no curso normal dos negócios deduzido dos custos estimados para sua conclusão e dos gastos estimados necessários para se concretizar a venda.

> A prática de reduzir o valor de custo dos estoques para o valor realizável líquido é consistente com o ponto de vista de que os Ativos não devem ser escriturados por quantias superiores àquelas que se espera que sejam realizadas com a sua venda ou uso.

Custo do estoque

O valor de custo dos estoques deve incluir todos os custos de aquisição e de transformação, bem como outros custos incorridos para trazer os estoques à sua condição e localização atuais.

CPC 16 – Estoques:

O custo de aquisição dos estoques compreende:

- o preço de compra;
- os impostos de importação e outros tributos (exceto os recuperáveis junto ao Fisco);
- os custos de transporte, seguro, manuseio e outros diretamente atribuíveis à aquisição de produtos acabados, materiais e serviços.

* Descontos comerciais, abatimentos e outros itens semelhantes devem ser deduzidos na determinação do custo de aquisição.

```
Preço de compra,
+ Impostos de importação e outros tributos
(-) Impostos recuperáveis junto ao Fisco
+ Custos de transporte, seguro, manuseio e outros diretamente
atribuíveis à aquisição de produtos acabados, materiais e serviços.
(-) Descontos comerciais, abatimentos e outros itens semelhantes
                    CUSTO DE AQUISIÇÃO
```

Armazenagem de matéria-prima = CUSTO DE PRODUÇÃO
Armazenagem de mercadorias ou produtos acabados = DESPESA

Outros custos

Outros custos que não são de aquisição nem de transformação devem ser incluídos nos custos dos estoques somente na medida em que sejam incorridos para colocar os estoques no seu local e na sua condição atuais. Por exemplo, pode ser apropriado incluir no custo dos estoques gastos gerais que não sejam de produção ou os custos de desenho de produtos para clientes específicos.

Itens **não incluídos no custo dos estoques** e reconhecidos como **despesa** do período em que são incorridos:

a) valor anormal de desperdício de materiais, mão de obra ou outros insumos de produção;

b) gastos com armazenamento, a menos que sejam necessários ao processo produtivo entre uma e outra fase de produção;

c) despesas administrativas que não contribuem para trazer o estoque ao seu local e condição atuais; e

d) despesas de comercialização, incluindo a venda e a entrega dos bens e serviços aos clientes.

> O Pronunciamento CPC 20 – Custos de Empréstimos – estabelece que os custos de empréstimos que são diretamente atribuíveis à aquisição, construção ou produção de um Ativo qualificável formam parte do custo de tal Ativo, ou seja, os custos de empréstimos incorridos para financiar a construção de Ativos qualificáveis são apropriados ao custo do Ativo. Outros custos de empréstimos devem ser reconhecidos como despesa no período em que são incorridos.
>
> * Custos de empréstimos são juros e outros custos que a entidade incorre em conexão com o empréstimo de recursos.
>
> * Ativo qualificável é um Ativo que, necessariamente, demanda um período de tempo substancial para ficar pronto para seu uso ou venda pretendidos. Pode ser estoque, imobilizado, Ativo Intangível, plantas para manufaturas, e outros.

8.3 Operações de Compra

Impostos recuperáveis

De acordo com a CF/88, o **IPI** e o **ICMS**:

- Impostos recuperáveis ou não cumulativos: o adquirente da mercadoria tem o direito de se creditar do imposto cobrado em operações anteriores, para compensá-lo com o imposto devido na operação seguinte.

Compra = crédito = imposto a recuperar

Venda = obrigação = imposto a recolher

> Os impostos incidentes nas operações de compras, quando recuperáveis, não integrarão o custo de aquisição.

a) ICMS

Características:

- Competência estadual.
- Incide sobre a circulação de mercadorias e prestação de serviços de transporte interestadual e intermunicipal e de comunicação.
- Imposto "por dentro"; seu valor está incluso no preço da mercadoria, ou seja, faz parte da sua própria base de cálculo.
- Como o ICMS é um tributo não cumulativo, o valor do ICMS pago ao fornecedor por ocasião da compra corresponde a um direito da empresa classificado no Ativo Circulante, caso a empresa seja contribuinte do imposto, e não integra o custo dos estoques de mercadorias.
- Mercadoria é a coisa móvel destinada ao comércio. Para efeito do ICMS a energia é tratada como mercadoria. Exclui os bens imóveis, ainda que sejam destinados à venda;
- Contribuinte do imposto: Comércio/ Indústria.

> A compra gera CRÉDITO de ICMS – ICMS a recuperar.
> A venda da mercadoria gera DÉBITO de ICMS – ICMS a recolher.

NOÇÕES DE CONTABILIDADE – ESPECÍFICO PARA INVESTIGADOR

OPERAÇÕES COM MERCADORIAS

No período de apuração da conta, os créditos e débitos de ICMS serão comparados para se conhecer a parcela do imposto a recuperar ou a recolher:

Se o DÉBITO de ICMS for maior que o Crédito de ICMS (ICMS a recolher > ICMS a recuperar) há obrigação de recolher o imposto.

Se o DÉBITO de ICMS for menor que o Crédito de ICMS (ICMS a recolher < ICMS a recuperar) há crédito do imposto.

A alíquota do ICMS pode variar de acordo com o tipo da mercadoria ou do serviço, sua origem e destinação.

O ICMS é recuperável quando se adquirem:

> Mercadorias para comercialização e/ou Industrialização.
> Bens para ativo imobilizado.

b) IPI

Características:

> Competência Federal.
> Incide sobre produtos industrializados ou manufaturados, é devido por empresas industriais ou equiparadas.
> Imposto "por fora", o seu valor não está incluso no preço dos produtos.
> Como o IPI é um tributo não cumulativo, o valor do IPI pago ao fornecedor por ocasião da compra corresponde a um direito da empresa classificado no Ativo Circulante, caso a empresa seja contribuinte do imposto, e não integra o custo dos estoques de mercadorias.
> Contribuinte do imposto: indústria ou equiparadas.

A compra gera CRÉDITO de IPI – IPI a recuperar;
A venda do produto manufaturado gera DÉBITO de IPI – IPI a recolher.

No período de apuração da conta, os créditos e débitos de IPI serão comparados para se conhecer a parcela do imposto a recuperar ou a recolher:

Se o DÉBITO de IPI for maior que o Crédito de IPI (IPI a recolher > IPI a recuperar) há obrigação de recolher o imposto.

Se o DÉBITO de IPI for menor que o Crédito de IPI (IPI a recolher < IPI a recuperar) há crédito do imposto.

A alíquota do IPI pode variar de acordo com o tipo de produto produzido, sua origem e destinação.

O IPI é recuperável quando se adquirem:

> Matérias-primas e demais bens em almoxarifado destinados ao processo de industrialização de produtos sujeitos ao imposto.

O IPI não é recuperável quando:

> Adquirem-se bens para o ativo imobilizado;
> Adquire-se material de uso ou consumo da indústria (produtos não utilizados no processo produtivo);
> O adquirente não é contribuinte do IPI (neste caso, o IPI integra o custo de aquisição).

ATIVIDADE	IMPOSTOS APLICÁVEIS
INDÚSTRIA	IPI
	ICMS
	PIS/COFINS
COMÉRCIO	ICMS
	PIS/COFINS
CONSUMIDOR FINAL	NÃO É CONTRIBUINTE DE NENHUM IMPOSTO

ICMS – imposto por dentro

IPI – imposto por fora

Então, no preço da mercadoria inclui o ICMS, mas não inclui o IPI.

Exemplo:

Mercadorias ----------------- R$ 3.000,00

IPI de 20% --------------- + R$ 600,00 (3.000 x 20%)

Valor da NF --------------- R$ 3.600,00

ICMS de 10% está incluso no valor da mercadoria = R$ 300,00 (3000 x10%)

Cumpre observar que o valor do IPI foi adicionado ao valor da mercadoria para calcularmos o total da NF de R$3.600,00. O ICMS está embutido no valor da mercadoria.

É preciso ter cuidado com as questões que mencionam o "valor da nota fiscal" ou o "valor pago", este já inclui o IPI. Quando a questão fizer referência ao total da nota, neste valor estão embutidos o ICMS e IPI.

No total da nota de R$ 3.600,00 já estão embutidos o ICMS de R$ 300,00 e o IPI de R$ 600,00.

Operações de compras

SITUAÇÃO 1: Vendedor (indústria) x Comprador (comércio)

Indústria (vendedor):
Destaque do ICMS e IPI na nota fiscal, pois contribui com os dois impostos.

→

Empresa comercial (comprador):
Contribuinte somente do **ICMS**. Significa que terá o direito de **compensar** o ICMS na compra. O IPI fará parte do **custo de aquisição**, pois não será recuperado.

Vendedor: Indústria
Mercadorias -- R$ 3.000,00
IPI de 20% -------------------------------- +R$ 600,00 (3.000 x 20%)
Valor da NF ------------------------------ R$ 3.600,00
ICMS de 10% incluso no valor da operação = R$ 300,00 (3000 x 10%)

Comprador: Comércio
Compra Líquida:
3.000 – 300(ICMS recuperável) + 600(IPI não recuperável) = R$ 3.300,00 ou
3.600 – 300 = R$ 3.300,00

Lançamento:
D- Mercadorias -- 3.300,00
D- ICMS a Recuperar ------------------------------------ 300,00
C- Caixa/ Fornecedor ---------------------------------- 3.600,00

SITUAÇÃO 2: Vendedor (indústria) x Comprador (indústria)

Indústria (vendedor): Destaque do ICMS e IPI na nota fiscal, pois contribui com os dois impostos.	→	Indústria (comprador): Contribuinte do ICMS e IPI. Significa que terá o direito de **recuperá-los na compra.**

Vendedor: Indústria
Mercadorias ------------- R$ 3.000,00
IPI de 20% -------------- +R$ 600,00 (3.000 x 20%)
Valor da NF ------------- R$ 3.600,00
ICMS de 10% incluso no valor da operação = R$ 300,00 (3000 x10%)

Comprador: Indústria
Compra Líquida:
= 3.600 - 300(ICMS recuperável) - 600(IPI recuperável) = R$ 2.700,00 ou
3.000 - 300(ICMS recuperável) = R$ 2.700,00
Lançamento:
D- Mercadorias --------------- 2.700,00
D- ICMS a Recuperar ---------- 300,00
D- IPI a Recuperar ----------- 600,00
C- Caixa/Fornecedor --------- 3.600,00

> Em regra geral, o IPI incide sobre o ICMS.
> O ICMS é calculado por dentro, ou seja, está embutido no valor da mercadoria.
> O ICMS não incide sobre o IPI.

SITUAÇÃO 3: vendedor (comércio) x Comprador (comércio)

Comércio (vendedor): Destaque do ICMS, pois, é contribuinte do imposto.	→	Comércio (comprador): Contribuinte somente do ICMS. Significa que terá o direito de **compensar o ICMS** na compra.

Vendedor: comércio
Mercadorias ------------------------------- R$ 3.000,00
Valor da NF -------------------------------- R$ 3.000,00
ICMS de 10% incluso no valor da operação = R$ 300,00 (ICMS = 3.000 x 10%= 300,00)

Comprador: comércio
Compra Líquida: 3.000-300= R$ 2.700,00
Lançamento:
D- Mercadoria ----------------------------- 2.700,00
D- ICMS a Recuperar ----------------------- 300,00
C- Caixa/Fornecedor ----------------------- 3.000,00

SITUAÇÃO 4: BEM DE CONSUMO

Vendedor (Indústria) x Comprador (Consumidor Final)

Se o produto é destinado a consumo ou a ativo fixo do adquirente, o IPI integra a base de cálculo do ICMS do remetente.

Vendedor: Indústria
Bem -------------------------------------- R$ 3.000,00
IPI-20% ---------------------------------- + R$ 600,00
NF --------------------------------------- R$ 3.600,00
ICMS de 10% incluso no valor da operação = 3.600 x 10% = R$ 360,00

Comprador: Consumidor Final
Custo de Aquisição: R$ 3.600,00
Lançamento
D- Estoque/ Material de Consumo
C- Caixa/Fornecedor ----------------------- R$ 3.600,00

Composição da NF de venda (em reais):
Vendedor: Indústria e Comércio
250 latas ----- C_{un} 120,00
IPI + 6,00 (120 x 5%)
NF 126,00
ICMS = 120 x 12% = 14,40

Comprador: Indústria e Comércio
A tinta adquirida foi contabilizada conforme sua natureza contábil funcional:
50 latas para consumo interno: assume o papel do consumidor final, não recupera nenhum dos impostos. Vale ressaltar que nessa situação o ICMS seria de R$ 15,12 (126 x 12%), mas de qualquer forma não seria recuperado.
100 latas para revender: assume o papel de empresa comercial, recupera apenas o ICMS.
100 latas para usar como matéria-prima: assume o papel de indústria, recupera tanto ICMS quanto o IPI.
Estoque
- consumo interno: 50 x 126 = R$ 6.300,00.
- para revender: 100 x (126 - 14,40) = 100 x 111,60 = R$ 11.160,00
- para usar como matéria-prima = 100 x (126 - 6 - 14,40) = 100 x 105,60 = R$ 10.560,00
Total do estoque: R$ 28.020,00

Frete e seguro na compra
SITUAÇÃO 5: Frete e seguro

> Se a questão não informar, deve-se considerar que o frete e o seguro foram realizados por uma transportadora (terceiros). Neste caso, a empresa compradora receberá duas NFs, a nota que acompanha o produto e a nota do transporte. Só destacaremos ICMS sobre frete se a questão mencionar expressamente.

Se o transporte for dentro do município, não incidirá ICMS, somente ISS.

SITUAÇÃO 6: Frete e seguro

Transporte realizado por terceiros e pago pelo vendedor. **Despesa com vendas.**	→	Para o comprador não há custo com transporte.

Vendedor: Indústria
Mercadoria ------------------------- R$ 3.000,00
IPI de 20% ----------------------- R$ 600,00 (3.000 x 20%)
Total NF -------------------------- R$ 3.600,00
ICMS de 10% = R$ 300,00 (3.000,00 X 10%)
NFCT: 400 ICMS: 400 x 10% = 40
Pago pelo vendedor = despesa com vendas
Lançamento:
D- Frete sobre venda
C- Caixa/ Duplicata a pagar ----------------- 400,00
Como o frete foi pago pelo vendedor, não compõe o custo de aquisição do comprador.
O vendedor deverá reconhecer uma despesa operacional/despesa com vendas.
Comprador: comércio
CL = 3.000 + 600 - 300 = 3.300
Lançamento:
D- Mercadorias ------------------------- 3.300,00
D- ICMS a Recuperar ------------------- 300,00
C- Caixa/ Fornecedor ------------------- 3.600,00

OPERAÇÕES COM MERCADORIAS

CIF = frete pago pelo vendedor
FOB = frete pago pelo comprador

PIS e cofins

Características:
> contribuições Federais;
> contribuições "por dentro", seus valores estão inclusos no preço da mercadoria;
> a partir da vigência da lei 10.637/02 e da Lei 10.833/03, o PIS e COFINS estão sujeitos a duas regras gerais de apuração:
  » Regime de incidência cumulativa;
  » Regime de incidência não cumulativa.

Regime Cumulativo: PIS e COFINS não são recuperáveis, seus valores integram o custo de aquisição da mercadoria. Incidem somente na saída (venda), gerando a obrigação de pagar o imposto.

Contribuintes: pessoas jurídicas de direito privado e as que lhes são equiparadas pela legislação do IR, que apurem o IR com base no lucro presumido ou arbitrado.

Fato Gerador: faturamento mensal = receita bruta.

Receita bruta abrange:
> produto da venda de bens nas operações de conta própria;
> preço da prestação de serviço em geral;
> resultado auferido nas operações de conta alheia;
> receitas da atividade ou objeto principal da PJ não compreendidas nos itens anteriores.

Exclusão da Base de Cálculo:
Para fins de determinação da base de cálculo, podem ser excluídos do faturamento, quando o tenham integrado, os valores:
> das receitas isentas ou não alcançadas pela incidência da contribuição ou sujeitas à alíquota 0 (zero);
> das vendas canceladas e os descontos incondicionais concedidos;
> do IPI e do ICMS, quando destacado em nota fiscal e cobrado pelo vendedor dos bens ou prestador dos serviços na condição de substituto tributário;
> as reversões de provisões e recuperações de créditos baixados como perda, que não representem ingresso de novas receitas, o resultado positivo da avaliação de investimento pelo valor do Patrimônio Líquido e os lucros e dividendos derivados de participações societárias, que tenham sido computados como receita bruta;
> a receita decorrente da venda de bens classificados no Ativo Não Circulante que tenha sido computada como receita bruta;

> a receita reconhecida pela construção, recuperação, ampliação ou melhoramento da infraestrutura, cuja contrapartida seja Ativo Intangível representativo de direito de exploração, no caso de contratos de concessão de serviços públicos.

Regime não cumulativo: admite o direito a **crédito** relativo à entrada de mercadorias, bens e serviços no estabelecimento do contribuinte, além de permitir o **desconto de créditos apurados** com base em custos, despesas e encargos da pessoa jurídica.

Contribuintes: pessoas jurídicas de direito privado, e as que lhe são equiparadas pela legislação do Imposto de Renda, que apurem o IRPJ com base no **Lucro Real**, exceto instituições financeiras, cooperativas de crédito, pessoas jurídicas que tenham por objeto a securitização de créditos imobiliários e financeiros, operadoras de planos de assistência à saúde, empresas particulares que explorem serviços de vigilância e de transporte de valores de que trata a Lei nº 7.102/83, e sociedades cooperativas.

Incidência: as contribuições para o PIS/PASEP e COFINS **não cumulativas** incidem sobre o **total das receitas auferidas** no mês pela pessoa jurídica.

O total das receitas compreende a receita bruta e todas as demais receitas auferidas pela pessoa jurídica, com os respectivos valores decorrentes do **ajuste a valor presente**.

Não integram a base de cálculo a que se refere este artigo as receitas:

I - isentas ou não alcançadas pela incidência da contribuição ou sujeitas à alíquota 0 (zero).

Alíquota zero: venda de livro técnico, **as receitas financeiras das pessoas jurídicas sujeitas ao regime de incidência não cumulativa, exceto as receitas financeiras de JSCP;**

Isenção: exportação de mercadoria para exterior, prestação de serviço para PF ou PJ domiciliadas no exterior; venda a empresa comercial exportadora com o fim específico de exportação.

II - decorrentes da venda de bens do Ativo Não Circulante, classificado como investimento, imobilizado ou intangível;

III - auferidas pela pessoa jurídica revendedora, na revenda de mercadorias em relação às quais a contribuição seja exigida da empresa vendedora, na condição de substituta tributária;

IV - referentes a:

a) vendas canceladas e aos descontos incondicionais concedidos;

b) reversões de provisões e recuperações de créditos baixados como perda que não representem ingresso de novas receitas, o resultado positivo da avaliação de investimentos pelo valor do Patrimônio Líquido e os lucros e dividendos derivados de participações societárias, que tenham sido computados como receita;

V- decorrentes de transferência onerosa a outros contribuintes do Imposto sobre Operações relativas à Circulação de Mercadorias e sobre Prestações de Serviços de Transporte Interestadual e Intermunicipal e de Comunicação - ICMS de créditos de ICMS originados de operações de exportação;

VI - financeiras decorrentes do ajuste a valor presente, referentes a receitas excluídas da base de cálculo da Contribuição para o PIS/Pasep;

VII - relativas aos ganhos decorrentes de avaliação de Ativo e Passivo com base no valor justo;

VIII - de subvenções para investimento, inclusive mediante isenção ou redução de impostos, concedidas como estímulo à implantação ou expansão de empreendimentos econômicos e de doações feitas pelo poder público;

IX - reconhecidas pela construção, recuperação, reforma, ampliação ou melhoramento da infraestrutura, cuja contrapartida seja Ativo intangível representativo de direito de exploração, no caso de contratos de concessão de serviços públicos;

X - relativas ao prêmio na emissão de debêntures.

Crédito do PIS e da COFINS para o sistema não cumulativo.

I - bens adquiridos para revenda;

II - bens e serviços utilizados como insumo na prestação de serviços e na produção ou fabricação de bens ou produtos destinados à venda, inclusive combustíveis e lubrificantes; (adquiridos no mês)

III - energia elétrica e energia térmica, inclusive sob a forma de vapor, consumidas nos estabelecimentos da pessoa jurídica; (incorridos no mês)

IV - aluguéis de prédios, máquinas e equipamentos, pagos a pessoa jurídica, utilizados nas atividades da empresa; (incorridos no mês)

V - valor das contraprestações de operações de arrendamento mercantil de pessoa jurídica, exceto de optante pelo SIMPLES; (incorridos no mês)

VI - máquinas, equipamentos e outros bens incorporados ao Ativo Imobilizado, adquiridos ou fabricados para locação a terceiros, ou para utilização na produção de bens destinados à venda ou na prestação de serviços; (incorridos no mês)

VII - edificações e benfeitorias em imóveis próprios ou de terceiros, utilizados nas atividades da empresa; (incorridos no mês)

VIII - bens recebidos em devolução cuja receita de venda tenha integrado faturamento do mês ou de mês anterior, e tributada conforme o disposto nesta Lei; (devolvidos no mês)

IX - armazenagem de mercadoria e frete na operação de venda, nos casos dos incisos I e II, quando o ônus for suportado pelo vendedor; (incorridos no mês)

IX - armazenagem de mercadoria e frete na operação de venda, nos casos dos incisos I e II, quando o ônus for suportado pelo vendedor; (incorridos no mês)

X - vale-transporte, vale-refeição ou vale-alimentação, fardamento ou uniforme fornecidos aos empregados por pessoa jurídica que explore as atividades de prestação de serviços de limpeza, conservação e manutenção;

XI - bens incorporados ao Ativo Intangível, adquiridos para utilização na produção de bens destinados a venda ou na prestação de serviços (incorridos no mês).

O direito ao crédito aplica-se, exclusivamente, em relação:

I - aos bens e serviços adquiridos de pessoa jurídica domiciliada no País;

II - aos custos e despesas incorridos, pagos ou creditados a pessoa jurídica domiciliada no País.

O crédito não aproveitado em determinado mês pode ser utilizado nos meses subsequentes

	CUMULATIVO	NÃO CUMULATIVO
PIS	0,65%	1,65%
COFINS	3%	7,6%
TOTAL	3,65%	9,25%

> Na demonstração do resultado do exercício, a COFINS incidente sobre a receita bruta é apresentada como dedução da receita bruta. Já a COFINS incidente sobre as demais receitas classifica-se como despesa operacional.

SITUAÇÃO 7: Empresa comercial (optante do Lucro Real) adquire mercadorias de outra empresa comercial.

Vendedor: Comércio	→	Comprador: Comércio Optante do Lucro Real

Vendedor: comércio
Mercadorias ---- R$ 3.000,00
NF   R$ 3.000,00
ICMS -10% x 3.000 = R$ 300,00
Comprador: comércio
PIS e COFINS não Cumulativo
PIS- 1,65% x 3.000 = R$ 49,50
COFINS- 7,6% x 3.000 = R$ 228,00
CL: 3.000 – 300 (ICMS) – 49,50 (PIS) – 228 (COFINS) = 2.422,50
Lançamento:
D- Mercadorias--------------------2.422,50
D- ICMS a Recuperar--------------300,00
D- PIS a Recuperar--------------------49,50
D- COFINS a Recuperar-------------228,00
C- Caixa/Fornecedor-------------3.000,00

SITUAÇÃO 8: Indústria (optante do Lucro Real) adquire mercadorias de indústria.

Vendedor: Indústria	→	Comprador: Indústria Optante do Lucro Real

Vendedor: indústria
Mercadoria ------- R$ 3.000,00
IPI-20%---------- R$ 600,00 (**recuperável= não compõe o custo**)
NF --------------R$ 3.600,00
ICMS de 10% x 3.000 = R$ 300,00
Comprador: indústria
PIS e COFINS não Cumulativo
PIS- 1,65% x **3.000** = R$ 49,50
COFINS- 7,6% x **3.000** = R$ 228,00
CL = 3.600 – 600 (IPI)- 300 (ICMS) – 49,50 (PIS) – 228 (COFINS) = R$ 2.422,50
Lançamento:
D- Mercadorias--------------------2.422,50
D- IPI a Recuperar-----------------600,00
D- ICMS a Recuperar--------------300,00
D- PIS a Recuperar--------------------49,50
D- COFINS a Recuperar-------------228,00
C- Caixa/Fornecedor-------------3.600,00

OPERAÇÕES COM MERCADORIAS

SITUAÇÃO 9: Empresa comercial (optante do Lucro Real) adquire mercadorias de indústria.

| Vendedor: Indústria | → | Comprador: comércio Optante do Lucro Real |

Vendedor: indústria
Mercadoria ------- R$ 3.000,00
IPI-20%------------ R$ 600,00 **(não recuperável = compõe custo de aquisição)**
NF -------------------- R$ 3.600,00
ICMS de 10% X 3.000 = R$ 300,00

Comprador: comércio
PIS e COFINS não Cumulativo
PIS- 1,65% x **3.600** = R$ 59,40
COFINS- 7,6% x **3.600** = R$ 273,60
CL = 3.000 + 600 − 300(ICMS) − 59,40(PIS) − 273,60(COFINS) = R$ 2.967,00

Lançamento:
D- Mercadoria-----------2967,00
D- ICMS a recuperar---300,00
D- PIS a recuperar----------59,40
D- COFINS a recuperar---273,60
C- Cx./Fornecedor-------3.600

IPI recuperável - Seu valor não entra na base de cálculo do:
> ICMS;
> PIS; e
> COFINS.

-IPI não recuperável, e o bem é destinado à venda:
> Seu valor integra a base de Cálculo do: PIS e COFINS.
> Seu valor não entra na base de cálculo do: ICMS

Fatores que alteram as compras

a) Devoluções (ESTORNO)

Ato pelo qual a mercadoria retorna ao fornecedor, por estar em desacordo com o pedido inicial, por defeito de fabricação, por estar fora das especificações técnicas ou por entrega fora do prazo. A devolução poderá ser total ou parcial, acompanhada de NF de devolução.

SITUAÇÃO 10: empresa comercial (optante do Lucro Real) adquire mercadorias de indústria.

Vendedor: indústria
Mercadoria ------- R$ 3.000,00
IPI-20%------------ R$ 600,00 (não recuperável = compõe custo de aquisição)
NF -------------------- R$ 3.600,00
ICMS de 10% X 3000 = R$ 300,00

Comprador: comércio
PIS e COFINS não Cumulativo
PIS- 1,65% x 3.600= R$ 59,40
COFINS - 7,6% x 3.600= R$ 273,60
CL = 3.000 + 600 − 300(ICMS) − 59,40(PIS) − 273,60(COFINS) = R$ 2.967,00

Lançamento:
D- Mercadoria-----------2967,00
D- ICMS a recuperar---300,00
D- PIS a recuperar----------59,40
D- COFINS a recuperar---273,60
C- Cx./Fornecedor-------3.600

Devolução de 50% dessa compra:

Estorno

Nesse primeiro registro utilizamos a conta transitória que precisará ser encerrada ao final do período, para ajuste do estoque.

Lançamento
D- Cx./Fornecedor---------------------1.800,00
C- Devolução de compra ----------------1.483,50
C- ICMS a recuperar---------------------150,00
C- PIS a recuperar-----------------------29,70
C- COFINS a recuperar------------------136,80
AC/ Mercadoria-----------------------2.967,00
 (−) Devolução de Compra---------(1.483,50)

Ajuste do estoque:

Lançamento
D- Devolução de compra
C- Mercadoria----------------------------1.483,50

Saldo Final:
AC/ Mercadoria----------------------- 1.483,50

Estorno

Nesse segundo registro o estorno foi realizado diretamente na conta mercadorias.

Lançamento
D - Cx./Fornecedor---------------------1.800,00
C- Mercadoria-------------------------1.483,50
C- ICMS a recuperar---------------------150,00
C- PIS a recuperar-----------------------29,70
C- COFINS a recuperar------------------136,80

> *Havendo frete na compra, caso esta seja totalmente devolvida, tal frete será considerado despesa operacional referente ao período em que ocorrer a devolução.*
>
> *Se a devolução for parcial, a perda com frete será proporcional ao valor da devolução.*

b) Abatimento sobre Compra

Redução no valor da mercadoria concedido pelo vendedor com objetivo de evitar uma devolução. Concedido em razão de: avarias, divergência em qualidade ou quantidade entre a entrega e o pedido. O abatimento é concedido após o ato da venda, consequentemente, após emissão da NF, não diminuindo a base de cálculo dos impostos.

Em função de o abatimento ser concedido após a emissão da NF, este valor não influenciará os impostos que incidiram na operação, prevalecendo o montante calculado quando da ocorrência do fato gerador.

SITUAÇÃO 11: comércio (optante do Lucro Real) adquire mercadorias de Indústria.

Vendedor: indústria
Espelho da NF:
Mercadoria ------- R$ 3.000,00
IPI-20%------------- R$ 600,00 (não recuperável)
NF ------------------- R$ 3.600,00
ICMS de 10% X 3000 = R$ 300,00

Comprador: comércio (optante do Lucro Real)
* PIS e COFINS não Cumulativo
PIS- 1,65% x 3.600= R$ 59,40
COFINS- 7,6% x 3.600= R$ 273,60
Custo de aquisição:
Mercadoria (NF) – ICMS – PIS – COFINS = CL
3.600   300   59,40 273,60 2.967,00

Lançamento:
D- Mercadoria---------------2967,00
D- ICMS a recuperar---------300,00
D- PIS a recuperar-------------59,40
D- COFINS a recuperar--------273,60
C- Cx./Fornecedor-------------3.600

FATO: Abatimento s/ compra de R$ 500,00

Lançamento:

D- Caixa/Fornecedor

C- Abatimento s/ Compra*-----------R$ 500,00

* Conta transitória redutora da conta Mercadoria.

AC/Mercadoria--------------------------2.967,00

(-) Abatimento sobre compra-------(500,00)

Ajuste do estoque

Lançamento

D- Abatimento s/ compra

C- Mercadoria------------------------R$ 500,00

Saldo Final:

AC/Mercadoria--------------------------2.467,00

c) **Descontos Incondicionais ou Comerciais**

Desconto dado incondicionalmente pelo fornecedor ao cliente, visto que não depende das condições de pagamento. Concedido no ato da transação, portanto, é destacado na NF. Também chamado de desconto comercial.

O lançamento do desconto comercial obtido, regra geral, não é contabilizado pelo comprador. A mercadoria é registrada pelo valor líquido, já deduzido o desconto, obedecendo ao conceito de custo histórico ou valor original.

Os descontos incondicionais Influenciam o valor dos tributos incidentes sobre a operação, da seguinte forma:

> O crédito de ICMS é reduzido.
> Os créditos de PIS/Pasep e COFINS serão também reduzidos; e
> O crédito de IPI não é afetado (isso porque o desconto incondicional é irrelevante para apuração do IPI, conforme legislação de regência).

Lei 4.502/64

Art. 14. II - quanto aos produtos nacionais, o valor total da operação de que decorrer a saída do estabelecimento industrial ou equiparado a industrial. (Redação dada pela Lei nº 7.798, de 1989)

§ 1º. O valor da operação compreende o preço do produto, acrescido do valor do frete e das demais despesas acessórias, cobradas ou debitadas pelo contribuinte ao comprador ou destinatário. (Redação dada pela Lei nº 7.798, de 1989)

§ 2º. Não podem ser deduzidos do valor da operação os descontos, diferenças ou abatimentos, concedidos a qualquer título, ainda que incondicionalmente. (Redação dada pela Lei nº 7.798, de 1989)

SITUAÇÃO 12: desconto incondicional concedido de 10%.

Vendedor: indústria
Mercadoria ------- R$ 3.000,00
Desconto Incondicional (R$ 300,00)
IPI-20%------------- R$ 600,00 (não recuperável)
NF ------------------- R$ 3.300,00
ICMS de 10% X (3000 – 300) = R$ 270,00

Comprador: comércio
* PIS e COFINS não Cumulativo
PIS- 1,65% x 3.300 = R$ 54,45
COFINS- 7,6% x 3.300 = R$ 250,80
CL= 3.000 – 300 + 600 – 270(ICMS) – 54,45(PIS) – 250,80(COFINS) = R$ 2724,75

Lançamento:
D- Mercadoria-----------2724,75
D- ICMS a recuperar---270,00
D- PIS a recuperar---------54,45
D- COFINS a recuperar---250,80
C- Cx./Fornecedor-------3.300

Importante!

O STF reconheceu a inconstitucionalidade parcial desse dispositivo (art.14, §2º), estabelecendo que os descontos incondicionais NÃO INTEGRAM a base de cálculo do IPI.

P.S 1: a decisão foi no julgamento do RE nº 567.935, ou seja, foi em sede de controle incidental de constitucionalidade. Logo, não tem efeito vinculante e sua eficácia é apenas inter partes.

P.S 2: o Regulamento do IPI segue o art. 14, § 2º, ou seja, a legislação que rege o assunto não foi modificada.

Blog prof. Ricardo Vale. http://www.estrategiaconcursos.com.br/blog/questao-garantida-proximo-concurso-da-receita-federal/

Fatores que alteram as compras	Efeitos nos tributos
Devolução	Diminui a base de cálculo do IPI, ICMS, PIS e COFINS.
Abatimento	Não diminui a base de cálculo dos impostos.
Desconto Incondicional (NF)	Diminui a base de cálculo do ICMS, PIS e COFINS. Não diminui base de cálculo do IPI.

8.4 Custo da Mercadoria Vendida

CMV = EI + CL - EF

CMV = Custo da Mercadoria Vendida = Custo da Venda

EI = estoque Inicial

EF = estoque Final

CL = compra líquida

OPERAÇÕES COM MERCADORIAS

8.5 Operações de Venda

> Venda bruta
> (-) devoluções de venda
> (-) abatimentos s/ venda
> (-) descontos incondicionais
> (-) impostos incidentes s/ venda.
> Receita Líquida

Tributos incidentes sobre as vendas

- ICMS-Imposto s/ Circulação de Mercadorias e Serviço de Transporte Interestadual e Intermunicipal e de Comunicação (imposto estadual);
- ISS- Imposto sobre Serviços (imposto municipal);
- PIS- Contribuição do Programa de Integração Social (contribuição federal);
- COFINS- Contribuição Social sobre Faturamento (contribuição federal);
- IPI - Imposto s/ Produtos Industrializados (imposto federal)

Obs.: o IPI incidente sobre a venda não é uma dedução da receita de venda, pois é um imposto por fora e, portanto, deve ser adicionado à receita para compor o faturamento bruto.

A base de cálculo do IPI é o valor bruto da venda, desconsiderados, portanto, os descontos incondicionais concedidos, ou seja, o IPI incide sobre o valor cheio.

SITUAÇÃO 13: Vendedor = Indústria

> **DRE**
> Faturamento Bruto ------------------------------- 3.600,00
> IPI s/ Faturamento ------------------------------- (600,00)
> = Receita Bruta ------------------------------- 3.000,00
> Impostos s/ Venda ------------------------------- (577,50)
> = Receita Líquida ------------------------------- 2.422,50
> CMV ------------------------------- (800,00)
> = Lucro Bruto ------------------------------- 1.622,50

> **Vendedor: indústria**
> Mercadoria ------------------ R$ 3.000,00
> IPI-20% ------------------ R$ 600,00
> NF ------------------ R$ 3.600,00
> ICMS de 10% X 3.000 = R$ 300,00
> PIS- 1,65% x 3.000 = R$ 49,50
> COFINS- 7,6% x 3.000 = R$ 228,00
> *CMV: R$ 800,00
> **Lançamento:**
> D- Duplicata a Receber/ Caixa
> C- Faturamento Bruto ------------------ 3.600,00
> D- IPI s/ Faturamento
> C- IPI a Recolher ------------------ 600,00
> D- Impostos s/ Venda ------------------ 577,50
> C- ICMS a Recolher ------------------ 300,00
> C- PIS a Recolher ------------------ 49,50
> C- COFINS a Recolher ------------------ 228,00
> D- CMV
> C- Mercadoria ------------------ 800,00

SITUAÇÃO 14: Vendedor: Comércio

> Receita Bruta ------------------------------- 3.000,00
> Impostos s/ Venda ------------------------------- (577,50)
> = Receita Líquida ------------------------------- 2.422,50
> CMV ------------------------------- (800,00)
> = Lucro Bruto ------------------------------- 1.622,50

> **Vendedor: comércio**
> Mercadorias ---- R$ 3.000,00
> NF   R$ 3.000,00
> ICMS -10% x 3.000 = R$ 300,00
> PIS- 1,65% x 3.000 = R$ 49,50
> COFINS- 7,6% x 3.000 = R$ 228,00
> CMV: R$ 800,00
> **Lançamento:**
> D- Duplicata a Receber/Caixa
> C- Receita Bruta ------------------ 3.000,00
> D- Impostos s/ Venda ------------------ 577,50
> C- ICMS a Recolher ------------------ 300,00
> C- PIS a Recolher ------------------ 49,50
> C- COFINS a Recolher ------------------ 228,00
> D- CMV
> C- Mercadoria ------------------ 800,00

Fatores que alteram as vendas

a) **Devolução de Vendas = ESTORNO**

Ocorre quando o adquirente da mercadoria devolve parte ou toda compra efetuada.

As devoluções de Vendas ou Vendas Canceladas são registradas em uma conta redutora da Receita de Vendas, denominada Devolução de Vendas, diminuindo o resultado da empresa vendedora.

SITUAÇÃO 15:

> **DRE**
> Faturamento Bruto ------------------------------- 3.600,00
> Devolução de venda ------------------------------- (1.800,00)
> IPI s/ Faturamento ------------------------------- (300,00)
> = Receita Bruta ------------------------------- 1.500,00
> Impostos s/ Venda ------------------------------- (288,75)
> = Receita Líquida ------------------------------- 1.211,25
> CMV ------------------------------- (400,00)
> = Lucro Bruto ------------------------------- 811,25

> **Vendedor: indústria**
> Mercadoria ------- R$ 3.000,00
> IPI-20% ------------ R$ 600,00
> NF ------------------ R$ 3.600,00
> ICMS de 10% X 3.000 = R$ 300,00
> PIS- 1,65% x 3.000 = R$ 49,50
> COFINS- 7,6% x 3.000 = R$ 228,00
> *CPV: R$ 800,00

> **Devolução de 50% da venda**
> Lançamento da devolução:
> D- ***Devolução de Venda***
> C- Duplicata a Receber/ Caixa --- 1.800,00
> D- IPI a Recolher
> C- IPI s/ Faturamento ---------- 300,00
> D- ICMS a Recolher ---------- 150,00
> D- PIS a Recolher ---------- 24,75
> D- COFINS a Recolher ------- 114,00
> C -Impostos s/ Venda ------- 288,75
> D- Mercadoria
> C – CPV ---------------- 400,00

SITUAÇÃO 16:

```
                        DRE
Receita Bruta------------------------------------------3.000,00
(-) Devolução de Venda---------------------------(1.500,00)
Impostos s/ Venda------------------------------------(288,75)
= Receita Líquida---------------------------------------1.211,25
CMV-----------------------------------------------------------(400,00)
= Lucro Bruto--------------------------------------------811,25
```

Lançamento da Venda:
D- Duplicata a Receber/ Caixa
C- Faturamento Bruto ----3.600,00
D- IPI s/ Faturamento
C- IPI a Recolher-------------600,00
D- Impostos s/ Venda--------577,50
C- ICMS a Recolher----------300,00
C- PIS a Recolher---------------49,50
C- COFINS a Recolher--------228,00
D- CPV
C- Mercadoria------------800,00

Vendedor: comércio
Mercadorias---R$ 3.000,00
NF---R$ 3.000,00
ICMS -10% x 3.000 = R$ 300,00
PIS- 1,65% x 3.000 = R$ 49,50
COFINS- 7,6% x 3.000 = R$ 228,00

Lançamento Venda:
D- Duplicata a Receber/ Caixa
C- Receita Bruta--3.000,00
D- Impostos s/ Venda---------------------------------577,50
C- ICMS a Recolher-----------------------------------300,00
C- PIS a Recolher--49,50
C- COFINS a Recolher----------------------------------228,00
D- CMV
C- Mercadoria--800,00

Devolução de 50% da venda
Lançamento:
D- Devolução de Venda
C- Duplicata a Receber/Caixa------------------------1.500
D- ICMS a Recolher-----------------------------------150,00
D- PIS a Recolher------------------------------------- 24,75
D- COFINS a Recolher--------------------------------114,00
C- Impostos s/ Venda-------------------------------- 288,75
D- Mercadoria
C- CMV---400,00

b) **Abatimento sobre Venda**

O abatimento concedido reduz o resultado e deverá ser contabilizado em uma conta redutora da Receita de Vendas, denominada Abatimento sobre Venda. São concedidos pelo vendedor, com objetivo de evitar devoluções.

SITUAÇÃO 17: Abatimento sobre Venda

```
                        DRE
Faturamento--------------------------------------------3.600,00
(-) IPI----------------------------------------------------(600,00)
Receita Bruta------------------------------------------3.000,00
(-) Abatimento s/ Venda-----------------------------(500,00)
Impostos s/ Venda------------------------------------(577,50)
= Receita Líquida-------------------------------------1.922,50
CMV----------------------------------------------------(800,00)
= Lucro Bruto-----------------------------------------1.122,50
```

Vendedor: indústria
Mercadoria---R$ 3.000,00
IPI-20%--R$ 600,00
NF---R$ 3.600,00
ICMS de 10% X 3.000 = R$ 300,00
PIS- 1,65% x 3.000 = R$ 49,50
COFINS- 7,6% x 3.000 = R$ 228,00
*CPV: R$ 800,00

Lançamento da Venda:
D- Duplicata a Receber/ Caixa
C- Faturamento Bruto-----------------------------3.600,00
D- IPI s/ Faturamento
C- IPI a Recolher--------------------------------------600,00
D- Impostos s/ Venda-------------------------------577,50
C- ICMS a Recolher----------------------------------300,00
C- PIS a Recolher---------------------------------------49,50
C- COFINS a Recolher------------------------------228,00
D- CPV
C- Mercadoria--800,00
Foi concedido um abatimento de -------------R$ 500,00
D- Abatimento s/ Venda
C- Caixa/Duplicata a Receber----------------------500,00

SITUAÇÃO 18:

```
                        DRE
Receita Bruta-----------------------------------------3.000,00
(-) Abatimento s/ Venda----------------------------(500,00)
Impostos s/ Venda-----------------------------------(577,50)
= Receita Líquida------------------------------------1.922,50
CMV-----------------------------------------------------(800,00)
= Lucro Bruto----------------------------------------1.122,50
```

Vendedor: comércio
Mercadorias--R$ 3.000,00
NF---R$ 3.000,00
ICMS -10% x 3.000 = R$ 300,00
PIS- 1,65% x 3.000 = R$ 49,50
COFINS- 7,6% x 3.000 = R$ 228,00

Lançamento Venda:
D- Duplicata a Receber/ Caixa
C- Receita Bruta----------------------------------3.000,00
D- Impostos s/ Venda----------------------------577,50
C- ICMS a Recolher------------------------------300,00
C- PIS a Recolher-----------------------------------49,50
C- COFINS a Recolher----------------------------228,00
D- CMV
C- Mercadoria-------------------------------------800,00
Foi concedido um abatimento de R$ 500,00
D- Abatimento s/ Venda
C- Caixa/Duplicata a Receber-------------------500,00

c) **Desconto Incondicional ou Comercial**

São concedidos no momento da venda, portanto, constam na NF. Diminuem o resultado, sendo registrados em uma conta redutora da receita de vendas, denominada Desconto Incondicional Concedido.

Não Esquecer!

Observa-se que os tributos s/ as vendas são calculados após a dedução do desconto comercial concedido. Exceção seria o IPI, que é calculado sobre o valor bruto das operações.

NOÇÕES DE CONTABILIDADE – ESPECÍFICO PARA INVESTIGADOR

OPERAÇÕES COM MERCADORIAS

SITUAÇÃO 19:

DRE	
Faturamento Bruto	3.600,00
IPI	(600,00)
Receita Bruta	3.000,00
Desconto Comercial	(300,00)
Impostos s/ Venda	(519,75)
= Receita Líquida	2.180,25
CPV	(800,00)
= Lucro Bruto	1.380,25

Desconto incondicional de R$ 300,00
Vendedor: indústria

Mercadoria	R$ 3.000,00
Desconto Incondicional	(300,00)
IPI-20%	R$ 600,00
NF	R$ 3.300,00

ICMS de 10% X 2.700 = R$ 270,00
PIS- 1,65% x 2.700 = R$ 44,55
COFINS- 7,6% x 2.700 = R$ 205,20
*CPV: R$ 800,00

Lançamento:

D- Duplicata a Receber/ Caixa	3.300,00
D- Desconto Incondicional	300,00
C- Faturamento Bruto	3.600,00

D- IPI s/ Faturamento

C- IPI a Recolher	600,00
D- Impostos s/ Venda	519,75
C- ICMS a Recolher	270,00
C- PIS a Recolher	44,55
C- COFINS a Recolher	205,20

D- CPV

C- Mercadoria	800,00

SITUAÇÃO 20:

DRE	
Receita Bruta	3.000,00
Desconto Comercial	(300,00)
Impostos s/ Venda	(519,75)
= Receita Líquida	2.180,25
CPV	(800,00)
= Lucro Bruto	1.380,25

Desconto incondicional de R$ 300,00
Vendedor: comércio

Mercadorias	R$ 3.000,00
Desconto Incondicional	R$(300,00)
NF	R$ 2.700,00

ICMS -10% x 2.700 = R$ 270,00
PIS- 1,65% x 2.700 = R$ 44,55
COFINS- 7,6% x 2.700 = R$ 205,20
CMV: R$ 800,00

Lançamento:

D- Duplicata a Receber/Caixa	2.700,00
D- Desconto Incondicional	300,00
C- Receita Bruta	3.000,00
D- Impostos s/ Venda	519,75
C- ICMS a Recolher	270,00
C- PIS a Recolher	44,55
C- COFINS a Recolher	205,20

D- CMV

C- Mercadoria	800,00

Desconto Incondicional ≠ Desconto Condicional
↓ ↓
Desconto Comercial   Desconto Financeiro

DESCONTO FINANCEIRO OU CONDICIONAL:

Características:

01. condicionado à antecipação do prazo de pagamento;
02. não constam da nota fiscal, são indicados apenas na fatura comercial;
03. serão tratados como Despesa Financeira quando concedidos e como Receita Financeira quando obtidos.

8.6 Apuração do ICMS

No final de cada período é feito um confronto entre os valores a compensar do ICMS (compras) e a Recolher(vendas), a fim de apurarmos o saldo final do ICMS.

ICMS a Compensar >ICMS a Recolher, a empresa ficará com créditos para serem compensados em períodos seguintes.

ICMS a Recolher > ICMS a Compensar, a empresa recolhe a diferença.

Obs.: o mesmo raciocínio será aplicado ao IPI e ao PIS e COFINS quando não cumulativos.

8.7 Resultado com Mercadoria (RCM)

RCM = VL - CMV

Onde; VL = Vendas Líquidas e CMV = Custo da Mercadoria Vendida

Se, VL > CMV = Lucro Bruto

Se, VL < CMV = Prejuízo Bruto.

8.8 Sistema de Inventário

O controle das mercadorias em estoque e de sua movimentação nas compras e vendas pode ser realizado de duas formas:

Sistema de inventário periódico

> Não há controle dos custos de cada venda, pois a empresa não controla seus estoques (entradas e saídas) ao longo do período.

> Necessidade de levantamento físico (contagem física) para a verificação e valoração dos estoques existentes no final do período ou em determinada data.

> O Custo da Mercadoria Vendida somente será reconhecido no final do período, por meio da fórmula do CMV.

> O lucro bruto será obtido pela diferença entre receita líquida e o CMV.

$$CMV = EI + CL - EF$$

Sistema de inventário permanente

> Controle permanente (contínuo) dos estoques, por meio da utilização de fichas de controle para cada espécie de mercadoria.

> Registro das aquisições e das saídas de forma imediata e concomitante, com a ocorrência física desses fatos. Assim, tem-se a qualquer momento o valor de todas as compras do período, o valor de todas as saídas do período (custo das mercadorias vendidas), bem como o valor do estoque final e inicial.
> A cada venda é possível determinar o seu lucro, pela diferença entre a receita de venda e o custo da venda.
> Escrituração no Livro Registro de Inventário, sem contagem física.
> Métodos de Controle:
>   » Preço específico;
>   » PEPS: **P**rimeiro que **E**ntra, **P**rimeiro que **S**ai;
>   » UEPS: **Ú**ltimo que **E**ntra, **P**rimeiro que **S**ai;
>   » MPM: **M**édia **P**onderada **M**óvel;

8.9 Critério de Avaliação dos Estoques

CPC 16- Estoques

O custo dos estoques de itens que não são normalmente intercambiáveis e de bens ou serviços produzidos e segregados para projetos específicos deve ser atribuído pelo uso da identificação específica dos seus custos individuais.

A identificação específica do custo significa que são atribuídos **custos específicos** a itens identificados do estoque. Este é o tratamento apropriado para itens que sejam segregados para um projeto específico, independentemente de eles terem sido comprados ou produzidos.

A legislação do IR (art. 195, RIR) e o CPC 16- Estoques não aceitam o método UEPS como critério de avaliação dos estoques.

O custo dos estoques, que não sejam os tratados pelo custo específico, deve ser atribuído pelo uso do critério Primeiro a Entrar, Primeiro a Sair (PEPS) ou pelo critério do custo médio ponderado.

a) Preço Específico

Segundo o CPC 16 este critério de avaliação relaciona cada venda ao seu custo efetivo. Significa valorizar cada unidade do estoque ao preço efetivamente pago para cada item especificamente determinado.

Utilizado em revenda de itens de alto valor, como veículos, máquinas, equipamentos pesados.

> Este método é aceito pela legislação do IR e pelo CPC 16.

Obs.: quando há grandes quantidades de itens de estoque que sejam geralmente intercambiáveis, a identificação específica de custos não é apropriada. Em tais circunstâncias, um critério de valoração dos itens que permanecem nos estoques deve ser usado.

b) PEPS: Primeiro que Entra, Primeiro que Sai (FIFO)

Segundo o CPC 16, o critério PEPS (Primeiro a Entrar, Primeiro a Sair) pressupõe que os itens de estoque que foram comprados ou produzidos primeiro sejam vendidos em primeiro lugar e, consequentemente, os itens que permanecerem em estoque no fim do período sejam os mais recentemente comprados ou produzidos.

Obs.: é necessário proceder a um controle por lotes de compras.

> Este método é aceito pela legislação do IR e pelo CPC 16.

c) Média Ponderada Móvel ou Custo Médio Ponderado

Segundo o CPC 16, pelo critério do custo médio ponderado, o custo de cada item é determinado a partir da média ponderada do custo de itens semelhantes no começo de um período e do custo dos mesmos itens comprados ou produzidos durante o período. A média pode ser determinada em base periódica ou à medida que cada lote seja recebido, dependendo das circunstâncias da entidade.

> Este método é aceito pela legislação do IR e pelo CPC 16.

d) UEPS ou LIFO: Último a Entrar, Primeiro a Sair (LIFO – last in first out)

O critério UEPS (Último a Entrar, Primeiro a Sair) pressupõe que os itens de estoque que foram comprados ou produzidos por último sejam vendidos em primeiro lugar e, consequentemente, os itens que permanecerem em estoque no fim do período sejam os mais antigos, os primeiros comprados ou produzidos.

Obs.: é necessário proceder a um controle por lotes de compras.

> Este método é aceito pela legislação do IR e pelo CPC 16.

8.10 Registro nas Fichas de Controle de Estoque

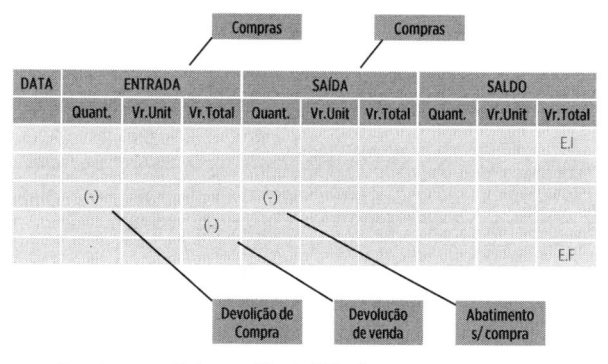

DATA	ENTRADA			SAÍDA			SALDO		
	Quant.	Vr.Unit	Vr.Total	Quant.	Vr.Unit	Vr.Total	Quant.	Vr.Unit	Vr.Total
									E.I
	(-)			(-)					
				(-)					
									E.F

(Compras; Devolução de Compra; Devolução de venda; Abatimento s/ compra)

Lembre-se: Estoque Final (EF) de um período = Estoque Inicial (EI) do período seguinte

Procedimentos a serem observados no registro de controle de estoque:

> O **estoque inicial** deverá ser indicado na **coluna de Saldo** com a indicação da quantidade, custo unitário e o valor total.

OPERAÇÕES COM MERCADORIAS

> As **compras** efetuadas serão anotadas pelo valor líquido de impostos recuperáveis na **coluna das entradas**, inclusive os fretes, seguros, instalação, quando pagos pelo comprador. Na coluna de entrada devemos registrar também as devoluções de compras e os abatimentos sobre compra.

Devolução de Compra = na ficha de controle de estoque, a Devolução de Compras é lançada nas três colunas de 'Entradas' (Q/V.U/VT) com sinal negativo. Nesta operação o estoque irá diminuir pela saída da mercadoria devolvida ao fornecedor.

Abatimento sobre Compra = na ficha de controle de estoques o Abatimento sobre Compras é lançado somente na coluna **total** de 'Entradas'(V.T) com sinal negativo, pois não altera a quantidade de unidades de mercadorias.

Frete na compra = o frete na compra compõe o custo de aquisição quando pago pelo comprador. Na ficha de controle de estoque o valor do frete é lançado somente na coluna total de 'Entradas'(V.T), aumentando, portanto, o valor total das mercadorias em estoque, sem alterar a quantidade de unidades existentes **ou** como o valor é embutido no custo de aquisição, já compõe o próprio custo, não sendo necessário destacá-lo na ficha.

> **A baixa da mercadoria vendida (CMV)** – será registrada pelo custo de aquisição nas as três colunas de 'Saídas' (Q/V.U/V.T) considerando ainda o critério de avaliação permitido. Na coluna de saída devemos registrar também as devoluções de vendas.

> **Vendas** - o **preço de venda** será utilizado para calcularmos a **receita na DRE**. Não será evidenciado na ficha de controle de estoque.

Devolução de Venda = na ficha de controle de estoque, a devolução de vendas, é lançada nas três colunas de 'Saídas'(Q, V.U,V.T) com sinal negativo, ou seja, diminui o CMV. Nesta operação o estoque irá aumentar pela entrada da mercadoria devolvida pelo cliente.

Abatimento s/ venda = não é mencionado na ficha de controle de estoque, pois não altera o estoque de mercadorias nem o CMV. É contabilizado como **dedução de venda na DRE**.

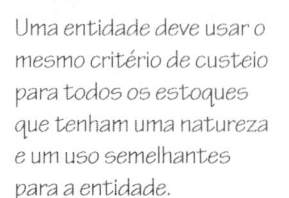

Desconto incondicional = não é mencionado na ficha de controle de estoque, pois não altera o estoque de mercadorias nem o CMV. É contabilizado como dedução de venda na DRE.

Frete s/ venda = despesa da empresa vendedora, registrado diretamente no resultado.

> Uma entidade deve usar o mesmo critério de custeio para todos os estoques que tenham uma natureza e um uso semelhantes para a entidade.
> Para os estoques que tenham outra natureza ou uso, poderão justificar-se diferentes critérios de valoração.

Exemplo:

Suponha-se que o estoque inicial em 01/12/15 é composto por 60 unidades (1º lote) adquiridas por R$ 50,00 cada e que no mês de dezembro ocorreram as seguintes operações:

01/12 – compra de 40 unidades (2º lote) por R$ 60,00 cada;
05/12 – venda de 20 unidades por R$ 120 cada;
10/12 – venda de 50 unidades por R$ 130 cada;
18/12 – compra de 50 unidades (3º lote) por R$ 70 cada;
28/12 – venda de 60 unidades por R$ 140 cada.

Peps - primeiro que entra, primeiro que sai (fifo)

DATA	ENTRADAS			SAÍDA			SALDO		
	Qtd.	Vr. Un	Vr. Tot	Qtd.	Vr. Un	Vr. Tot	Qtd.	Vr. Un	Vr. Tot
S.I							60 1º	50	3.000
01/12	40	60	2.400				60 1º 40 2º	50 60	3.000 2.400
05/12				20 1º	50	1.000	40 1º 40 2º	50 60	2.000 2.400
10/12				40 1º 10 2º	50 60	2.000 600	30 2º	60	1.800
18/12	50 3º	70	3.500				30 2º 50 3º	60 70	1.800 3.500
28/12				30 2º 30 3º	60 70	1.800 2.100	20 3º	70	1.400
Soma		5.900= Compras			7.500 =CMV				1.400 = E.F

Saldo inicial (final do período anterior)= 60 x 50 = 3.000

Dia 1/12 – aquisição de 40 x 60 = 2.400. Ao final do dia 1/12 teremos dois lotes de mercadorias, o primeiro adquirido a R$ 50 cada e o segundo a R$ 60,00 cada.

Dia 5/12 - venda de 20 unidades ao preço de venda de R$ 120. O preço de venda será utilizado para calcularmos a receita de venda na DRE, não sendo, portanto, evidenciado na ficha de estoque. A mercadoria será baixada pelo seu custo de aquisição e, como o método adotado é o PEPS, as primeiras mercadorias compradas serão as primeiras a serem vendidas. CMV = 20 X 50 = 1.000. Restaram 40 unidades do primeiro lote a R$ 50 cada e 40 unidades do segundo lote a R$ 60 cada.

Dia 10/12 - venda de 50 unidades ao preço de venda de R$ 130. O preço de venda será utilizado para calcularmos a receita de venda na DRE, não sendo, portanto, evidenciado na ficha de estoque. A mercadoria será baixada pelo seu custo de aquisição e como o método adotado é o PEPS, as primeiras mercadorias compradas serão as primeiras a serem vendidas.
CMV = 40 x 50 = 2.000, não sendo suficiente, entramos no lote seguinte e retiramos mais 10 x 60 = 600. Cumpre notar que só entramos no segundo lote quando baixamos todo o primeiro (PEPS). Restaram 30 unidades do segundo lote a R$ 60 cada.

Dia 18/12 - aquisição de 50 x 70 = 3.500 (3º lote). Ao final do dia 18/12 teremos dois lotes de mercadorias, um lote adquirido a R$ 60 cada, e o outro a R$ 70,00 cada.

Dia 28/12 - venda de 50 unidades ao preço de venda de R$ 130. O preço de venda será utilizado para calcularmos a receita de venda na DRE, não sendo, portanto, evidenciado na ficha de estoque. A mercadoria será baixada pelo seu custo de aquisição e como o método adotado é o PEPS, as primeiras mercadorias compradas serão as primeiras a serem vendidas.
CMV = 30 x 60 = 1.800, não sendo suficiente, entramos no lote seguinte e retiramos mais 30 x 70 = 2.100. Cumpre notar que só entramos no terceiro lote quando baixamos todo o segundo (PEPS). Restaram 20 unidades do terceiro lote a R$ 70 cada.

Estoque final = R$ 1.400 = Estoque inicial do período seguinte.

Elaborada a ficha, podemos fazer algumas indagações? Exemplos:

- Qual o valor do estoque final do dia 18/12?
    Resp. EF = 1.800 + 3.500 = R$ 5.300,00
    - Qual o valor do CMV no dia 10.12?
    Resp. CMV = R$ 2.600,00
    - Qual o lucro da venda do dia 10.12?
    Resp. Receita = 50 x 130 = 6.500 (receita calculada a partir do preço de venda)
    CMV --------------------------------------- (2.600)
    LB -- 3.900
- Lucro do período?
Receita total = 20 x 120 + 50 x 130 + 60 x140 = 2.400 + 6.500 + 8.400 = 17.300
CMV -- (7.500)
Lucro Bruto ---------------------------------- 9.800

Mpm - média ponderada móvel

DATA	ENTRADAS			SAÍDA			SALDO		
	Qtd.	Vr. Un.	Vr. Tot.	Qtd.	Vr. Un.	Vr. Tot	Qtd.	Vr. Un.	Vr. Tot.
S.I							60	50	3.000
01/12	40	60	2.400				100	54	5.400
05/12				20	54	1080	80	54	4.320
10/12				50	54	2.700	30	54	1.620
18/12	50	70	3.500				80	64	5.120
28/12				60	64	3.840	20	64	1.280
Soma			5.900 Compras			7.620 = CMV			1.280 = EF

Saldo inicial (final do período anterior) = 60 x 50 = 3.000

Dia 1/12 – aquisição de 40 x 60 = 2.400. A cada compra tiramos uma média entre o saldo existente e a mercadoria adquirida. O resultado encontrado será o saldo final do dia.
Qtd. 60 + 40 = 100
Vr. 3.000 + 2.400 = 5.400
Vr/Qtd = 5.400/100 = 54 (vr. unitário)

Dia 5/12 - venda de 20 unidades ao preço de venda de R$ 120. O preço de venda será utilizado para calcularmos a receita de venda na DRE, não sendo, portanto, evidenciado na ficha de estoque. A mercadoria será baixada pelo seu custo médio.
CMV = 20 X 54 = 1.080.
Restaram 80 unidades ao custo unitário médio de R$ 54.

Dia 10/12 - venda de 50 unidades ao preço de venda de R$ 130. O preço de venda será utilizado para calcularmos a receita de venda na DRE, não sendo, portanto, evidenciado na ficha de estoque. A mercadoria será baixada pelo seu custo médio.
CMV = 50 X 54 = 2.700.
Restaram 30 unidades ao custo unitário médio de R$ 54.

Dia 18/12 – aquisição de 50 x 70 = 3.500. A cada compra tiramos uma média entre o saldo existente e a mercadoria adquirida. O resultado encontrado será o saldo final do dia.
Qtd. 30 + 50 = 80
Vr. 1.620 + 3.500 = 5.120
Vr/Qtd = 5.120/80 = 64 (vr. unitário)

Dia 28/12 - venda de 60 unidades ao preço de venda de R$ 140. O preço de venda será utilizado para calcularmos a receita de venda na DRE, não sendo, portanto, evidenciado na ficha de estoque. A mercadoria será baixada pelo seu custo médio.
CMV = 60 X 64 = 3.840.
Restaram 20 unidades ao custo unitário médio de R$ 64.

Estoque final = R$ 1.280 = Estoque inicial do período seguinte.

OPERAÇÕES COM MERCADORIAS

Elaborada a ficha, podemos fazer algumas indagações? Exemplos:
- Qual o valor do estoque final do dia 18/12?
Resp. EF = R$ 5.120,00
- Qual o valor do CMV no dia 10.12?
Resp. CMV = R$ 2.700,00
- Lucro do período?

Receita total = 20 x 120 + 50 x 130 + 60 x140 = 2.400 + 6.500 + 8.400 = 17.300
CMV--(7.620)
Lucro Bruto---------------------------------- 9.680

Ueps- último a entrar, primeiro a sair (lifo)

DATA	ENTRADAS			SAÍDA			SALDO		
	Qtd.	Vr. Un.	Vr. Tot.	Qtd.	Vr. Un	Vr. Tot.	Qtd.	Vr. Un.	Vr. Tot.
S.I							60 1º	50	3.000
01/12	40	60	2.400				60 1º 40 2º	50 60	3.000 2.400
05/12				20 2º	60	1.200	60 1º 20 2º	50 60	3.000 1.200
10/12				20 2º 30 1º	60 50	1.200 1.500	30 1º	50	1.500
18/12	50 3º	70	3.500				30 1º 50 3º	50 70	1.500 3.500
28/12				50 3º 10 1º	70 50	3.500 500	20 1º	50	1.000
Soma			5.900= Compras			7.900= CMV			1.000 = E.F

Saldo inicial (final do período anterior)= 60 x 50 = 3.000

Dia 1/12 – aquisição de 40 x 60 = 2.400. Ao final do dia 1/12 teremos dois lotes de mercadorias, o primeiro adquirido a R$ 50 cada, e o segundo a R$ 60,00 cada.

Dia 5/12 - venda de 20 unidades ao preço de venda de R$ 120. O preço de venda será utilizado para calcularmos a receita de venda na DRE, não sendo, portanto, evidenciado na ficha de estoque. A mercadoria será baixada pelo seu custo de aquisição e, como o método adotado é o UEPS, as últimas mercadorias compradas serão as primeiras a serem vendidas.
CMV = 20 x 60 = 1.200.
Restaram 60 unidades do primeiro lote a R$ 50 cada, e 20 unidades do segundo lote a R$ 60 cada.

Dia 10/12 - venda de 50 unidades ao preço de venda de R$ 130. O preço de venda será utilizado para calcularmos a receita de venda na DRE, não sendo, portanto, evidenciado na ficha de estoque. A mercadoria será baixada pelo seu custo de aquisição e como o método adotado é o UEPS, as últimas mercadorias compradas serão as primeiras a serem vendidas.
CMV = 20 x 60 = 1.200, não sendo suficiente, voltamos ao lote anterior e retiramos mais 30 x 50 = 1.500. Convém notar que só entramos no primeiro lote quando baixamos todo o segundo (UEPS).
Restaram 30 unidades do primeiro lote a R$ 50 cada.

Dia 18/12 – aquisição de 50 x 70 = 3.500 (3º lote). Ao final do dia 18/12 teremos dois lotes de mercadorias, um lote adquirido a R$ 50 cada, e o outro a R$ 70,00 cada.

Dia 28/12 - venda de 50 unidades ao preço de venda de R$ 130. O preço de venda será utilizado para calcularmos a receita de venda na DRE, não sendo, portanto, evidenciado na ficha de estoque. A mercadoria será baixada pelo seu custo de aquisição e como o método adotado é o UEPS, as últimas mercadorias compradas serão as primeiras a serem vendidas.
CMV = 50 x 70 = 3.500, não sendo suficiente, voltamos ao lote anterior e retiramos mais 10 x 50 = 500.
Restaram 20 unidades do primeiro lote a R$ 50 cada.
Estoque final = R$ 1.000 = Estoque inicial do período seguinte.

Elaborada a ficha, podemos fazer algumas indagações? Exs.:

- Qual o valor do estoque final do dia 18/12?

Resp. EF = R$ 5.000,00

- Qual o valor do CMV no dia 10.12?

Resp. CMV = R$ 2.700,00

- Lucro do período?

Receita total = 20 x 120 + 50 x 130 + 60 x 140 = 2.400 + 6.500 + 8.400 = 17.300

CMV---------------------------------------(7.900)
Lucro Bruto------------------------------- **9.400**

- O saldo inicial já está líquido do ICMS.
- Precisamos ficar atentos às datas, pois os fatos devem ser registrados em ordem cronológica.
- Do total das compras devemos deduzir o ICMS, pois este será recuperado. A mercadoria deve entrar no estoque pelo seu valor líquido.
- Como o custo unitário do saldo inicial é o mesmo das primeiras compras, essas mercadorias podem ser estocadas num mesmo lote.

Comparando os principais métodos:

Item	PEPS	MPM	UEPS
RECEITA	17.300	17.300	17.300
CMV	7.500	7.620	7.900
RCM = LB	9.800	9.680	9.400
EF	1.400	1.280	1.000

Obs.: a necessidade de escolha de um método de avaliação de estoque decorre da instabilidade de preços. Se tivermos uma economia com preços perfeitamente estáveis, qualquer que seja o método adotado, o resultado será igual.

INFLAÇÃO					
CMV	PEPS	<	MPM	<	UEPS
LUCRO	PEPS	>	MPM	>	UEPS
EF	PEPS	>	MPM	>	UEPS

DEFLAÇÃO					
CMV	PEPS	>	MPM	>	UEPS
LUCRO	PEPS	<	MPM	<	UEPS
EF	PEPS	<	MPM	<	UEPS

Baixa do Estoque

Os estoques são baixados quando:

As receitas a que se vinculam os estoques são reconhecidas;

Os estoques são consumidos nas atividades a que estavam destinados; e

Há redução dos estoques ao valor realizável líquido ou quaisquer outras perdas.

CPC 16 – Estoque: o valor do estoque baixado, reconhecido como uma despesa durante o período, o qual é denominado frequentemente como custo dos produtos, das mercadorias ou dos serviços vendidos, consiste nos custos que estavam incluídos na mensuração do estoque que agora é vendido.

Obs.: quando os estoques são vendidos, o custo escriturado desses itens deve ser reconhecido como despesa do período em que a respectiva receita é reconhecida. A quantia de qualquer redução dos estoques para o valor realizável líquido e todas as perdas de estoques deve ser reconhecida como despesa do período em que a redução ou a perda ocorrerem. A quantia de toda reversão de redução de estoques, proveniente de aumento no valor realizável líquido, deve ser registrada como redução do item em que for reconhecida a despesa ou a perda, no período em que a reversão ocorrer.

PEPS – PRIMEIRO QUE ENTRA, PRIMEIRO QUE SAI				
	Quantidade	Vr. Unitário	Vr. Total	
Saldo Inicial	100 (1º lote)	2,70	270	
Compra (02/10)	600 (2º lote)	2,70	1620	CI= 1800 – 180 = 1.620/600 = 2,70
Venda (03/10)	400	2,70	1080	
Saldo (03/10)	300 (2º lote)	2,70	810	
Compra (05/10)	200 (3º lote)	3,60	720	CL = 800-80 = 720/200 = 3,60
Venda (10/10)	300 (2º lote)	2,70	810	
Saldo	200 (3º lote)	3,60	720	
Compra (15/10)	500 (4º lote)	4,50	2.250	CL = 2500 – 250 = 2250/500 = 4,5
Venda (16/10)	200 (3º lote) 100 (4º lote)	3,60 4,50	720 450	
Saldo final	400 (4º lote)	4,50	1.800	

NOÇÕES DE CONTABILIDADE – ESPECÍFICO PARA INVESTIGADOR

OPERAÇÕES COM MERCADORIAS

MPM – MÉDIA PONDERADA MÓVEL				
	Quantidade	Vr. Unitário	Vr. Total	
Saldo Inicial	100	2,70	270	
Compra (02/10)	600	2,70	1620	CI= 1800 – 180 = 1.620/600 = 2,70
Venda (03/10)	400	2,70	1080	
Saldo (03/10)	300	2,70	810	
Compra (05/10)	200	3,60	720	CL = 800-80 = 720/200 = 3,60
Saldo/média	500	3,06	1.530	Média = 810 + 720 = 1530/500 = 3,06
Venda (10/10)	300	3,06	918	
Saldo	200	3,06	612	
Compra (15/10)	500	4,50	2.250	CL = 2500 – 250 = 2250/500 = 4,5
Saldo/média	700	4,09	2862	Média = 612 + 2.250 = 2862/700 = 4,09
Venda (16/10)	300	4,09	1.227	
Saldo final	400	4,09	1.636	

UEPS – ÚLTIMO QUE ENTRA, PRIMEIRO QUE SAI				
	Quantidade	Vr. Unitário	Vr. Total	
Saldo Inicial	100 (1º lote)	2,70	270	
Compra (02/10)	600 (2º lote)	2,70	1620	CI= 1800 – 180 = 1.620/600 = 2,70
Venda (03/10)	400	2,70	1080	
Saldo (03/10)	300 (2º lote)	2,70	810	
Compra (05/10)	200 (3º lote)	3,60	720	CL = 800-80 = 720/200 = 3,60
Venda (10/10)	200 (3º lote) 100 (2º lote)	3,60 2,70	720 270	
Saldo	200 (2º lote)	2,70	540	
Compra (15/10)	500 (4º lote)	4,50	2.250	CL = 2500 – 250 = 2250/500 = 4,5
Venda (16/10)	300 (4º lote)	4,50	1.350	
Saldo final	200 (2º lote) 200 (4º lote)	2,70 4,50	540 900	

9. DEPRECIAÇÃO, AMORTIZAÇÃO E EXAUSTÃO

9.1 Conceito

Depreciações, Amortizações e Exaustões: reduções de valor de Ativos, em virtude de desgaste pelo uso, ação da natureza, superação tecnológica, exercício de direitos, ou esgotamento de reservas minerais/ florestais.

Para bens materiais ⟷ depreciação
Para bens materiais ⟷ amortização
Para recursos minerais e florestais ⟷ exaustão

Lei 6.404/76

Art. 183. *No balanço, os elementos do Ativo serão avaliados segundo os seguintes critérios:*

V - os direitos classificados no imobilizado, pelo custo de aquisição, deduzido do saldo da respectiva conta de depreciação, amortização ou exaustão;

VII- os direitos classificados no intangível, pelo custo incorrido na aquisição, deduzido do saldo da respectiva conta de amortização;

§ 2º A diminuição de valor dos elementos do Ativo Imobilizado e Intangível será registrada periodicamente nas contas de:

a) depreciação, quando corresponder à perda do valor dos direitos que têm por objeto bens físicos sujeitos a desgaste ou perda de utilidade por uso, ação da natureza ou obsolescência;

b) amortização, quando corresponder à perda do valor do capital aplicado na aquisição de direitos da propriedade industrial ou comercial e quaisquer outros com existência ou exercício de duração limitada, ou cujo objeto sejam bens de utilização por prazo legal ou contratualmente limitado;

c) exaustão, quando corresponder à perda do valor, decorrente da sua exploração, de direitos cujo objeto sejam recursos minerais ou florestais, ou bens aplicados nessa exploração.

§ 3º A companhia deverá efetuar, periodicamente, análise sobre a recuperação dos valores registrados no imobilizado e no intangível, a fim de que sejam:

I – registradas as perdas de valor do capital aplicado quando houver decisão de interromper os empreendimentos ou atividades a que se destinavam ou quando comprovado que não poderão produzir resultados suficientes para recuperação desse valor; ou

II – revisados e ajustados os critérios utilizados para determinação da vida útil econômica estimada e para cálculo da depreciação, exaustão e amortização.

9.2 Imobilizado

Conceito

Cpc 27 - imobilizado

Ativo Imobilizado é o item tangível que:

(a) é mantido para uso na produção ou fornecimento de mercadorias ou serviços, para aluguel a outros, ou para fins administrativos; e

(b) se espera utilizar por mais de um período.

Lei 6.404/76

Art. 179, *IV – Ativo Imobilizado: os direitos que tenham por objeto bens corpóreos destinados à manutenção das atividades da entidade ou exercidos com essa finalidade, inclusive os decorrentes de operações que transfiram a ela os benefícios, os riscos e o controle desses bens.*

A parte final do Art. 179,

IV - ...inclusive os decorrentes de operações que transfiram a ela os benefícios, os riscos e o controle desses bens" - faz referência aos bens adquiridos por meio de arrendamento mercantil financeiro.

CPC 06 (R1) Arrendamento Mercantil

A classificação de um arrendamento mercantil como arrendamento mercantil financeiro ou arrendamento mercantil operacional depende da essência da transação e não da forma do contrato.

Arrendamento Mercantil	Financeiro	há transferência substancial dos riscos e benefícios
	Operacional	não há transferência substancial dos riscos e benefícios

> O bem objeto de leasing financeiro deve ser reconhecido no balanço patrimonial do arrendatário como Ativo.

> O bem objeto de leasing operacional não deve ser reconhecido no balanço patrimonial do arrendatário como Ativo, e sim como despesa.

Reconhecimento

O custo de um item de Ativo Imobilizado deve ser reconhecido como Ativo se, e apenas se:

a) for provável que futuros benefícios econômicos associados ao item fluirão para a entidade; e

b) o custo do item puder ser mensurado confiavelmente.

Custo de um imobilizado

O custo de um item do Ativo Imobilizado compreende:

a) seu preço de aquisição, acrescido de impostos de importação e impostos não recuperáveis sobre a compra, depois de deduzidos os descontos comerciais e abatimentos;

b) quaisquer custos diretamente atribuíveis para colocar o Ativo no local e condição necessárias para o mesmo ser capaz de funcionar da forma pretendida pela administração;

c) a estimativa inicial dos custos de desmontagem e remoção do item e de restauração do local (sítio) no qual este está localizado. Tais custos representam a obrigação em que a entidade incorre quando o item é adquirido ou como consequência de usá-lo durante determinado período para finalidades diferentes da produção de estoque durante esse período.

Exemplos de **custos diretamente atribuíveis** são:

(a) custos de benefícios aos empregados (tal como definidos no Pronunciamento Técnico CPC 33 - Benefícios a Empregados) decorrentes diretamente da construção ou aquisição de item do Ativo Imobilizado;

(b) custos de preparação do local;

(c) custos de frete e de manuseio (para recebimento e instalação);

DEPRECIAÇÃO, AMORTIZAÇÃO E EXAUSTÃO

(d) custos de instalação e montagem;

(e) custos com testes para verificar se o Ativo está funcionando corretamente, após dedução das receitas líquidas provenientes da venda de qualquer item produzido, enquanto se coloca o Ativo nesse local e condição (tais como amostras produzidas quando se testa o equipamento);

(f) honorários profissionais.

Exemplos que **não são custos de um item do Ativo Imobilizado**:

(a) custos de abertura de nova instalação.

(b) custos incorridos na introdução de novo produto ou serviço (incluindo propaganda e atividades promocionais).

(c) custos da transferência das atividades para novo local ou para nova categoria de clientes (incluindo custos de treinamento). e

(d) custos administrativos e outros custos indiretos.

A Legislação Fiscal permite abater como despesa operacional do período o custo de aquisição de bens do Imobilizado, se o valor unitário não ultrapassar R$ 1.200,00 ou o prazo de vida útil não exceder um ano. (art. 301 RIR/99/ art. 15 Lei 11.973/14).

O custo de um item de Ativo Imobilizado é equivalente ao preço à vista na data do reconhecimento. Se o prazo de pagamento excede os prazos normais de crédito, a diferença entre o preço equivalente à vista e o total dos pagamentos deve ser reconhecida como despesa com juros durante o período (...), a menos que seja passível de capitalização de acordo com o Pronunciamento Técnico CPC 20 – Custos de Empréstimos.

Ex.:

Equipamento à vista: R$ 40.000,00

Equipamento a prazo = arrendamento financeiro = R$ 52.000,00 (6 parcelas – efeito relevante)

Juros embutidos: R$ 12.000,00

Lançamento

D- Equipamento---------------------------40.000

D- Juros Passivos a transcorrer-------------12.000

C- Arrendamento financeiro a pagar------52.000

O custo do equipamento foi equivalente ao preço à vista.

ATIVO	PASSIVO
Equipamento------R$ 40.000,00	Arrendamento Financeiro a pagar----------52.000,00
	(-) Juros Passivos a transcorrer-----(12.000,00)

A diferença entre o preço equivalente à vista e o total dos pagamentos deve ser reconhecida como despesa com juros durante o período, consequentemente, mês a mês a despesa financeira será apropriada ao resultado segundo o regime de competência.

D- Juros Passivos

C - Juros Passivos a transcorrer-------R$ 2.000,00

(...) a menos que seja passível de capitalização de acordo com o Pronunciamento Técnico CPC 20 – Custos de Empréstimos.

O Pronunciamento Técnico CPC 20 – Custos de Empréstimos estabelece critérios para o reconhecimento dos juros e outros custos que a entidade incorre em conexão com o empréstimo de recursos para aquisição ou construção de Ativo qualificável, como componente do valor contábil desse Ativo.

Os juros de empréstimos contratados para a construção ou aquisição de Ativo qualificável (Ativo que demanda um período de tempo substancial para seu uso ou venda pretendidos) devem ser capitalizados, ou seja, contabilizados como custo do Ativo qualificado. Podemos citar como exemplos de Ativos qualificáveis o imobilizado, o estoque, dentre outros. A entidade deve reconhecer os outros custos de empréstimos como despesa no período em que são incorridos.

Após o Ativo qualificável ficar pronto para o uso, os juros do empréstimo serão computados no resultado como despesa financeira.

Até que o Ativo fique pronto, os juros serão contabilizados como componente do valor contábil do Ativo Imobilizado. Depois de pronto, os juros serão registrados diretamente no resultado como despesa financeira.

Custos subsequentes

A entidade não reconhece no valor contábil de um item do Ativo Imobilizado os custos da manutenção periódica do item. Pelo contrário, esses custos são reconhecidos no **resultado** quando incorridos. Os custos da manutenção periódica são principalmente os custos de mão de obra e de produtos consumíveis, e podem incluir o custo de pequenas peças. A finalidade desses gastos é, muitas vezes, descrita como sendo para "**reparo e manutenção**" de item do Ativo Imobilizado.

Partes de alguns itens do Ativo Imobilizado podem requerer substituição em intervalos regulares. Por exemplo, um forno pode requerer novo revestimento após um número específico de horas de uso; ou o interior dos aviões, como bancos e equipamentos internos, pode exigir substituição diversas vezes durante a vida da estrutura. Segundo o princípio de reconhecimento, a entidade reconhece no **valor contábil** de um item do Ativo Imobilizado o **custo da peça reposta**.

Custos Subsequentes	Manutenção e Reparo	**Não compõe** o custo do imobilizado	Despesa
	Reposição	**Compõe** o custo do imobilizado	Imobilizado

> Manutenção e Reparo – não aumentam a vida útil do bem de forma relevante.

> Reposição – aumentam a vida útil do bem por mais de um ano.

Sobressalentes, peças de reposição, ferramentas e equipamentos de uso interno são classificados como Ativo Imobilizado quando a entidade espera usá-los por mais de um período. Da mesma forma, se puderem ser utilizados somente em conexão com itens do Ativo Imobilizado, também são contabilizados como Ativo Imobilizado.

9.3 Depreciação

Lei 6.404/76

Depreciação corresponde à perda do valor dos direitos que têm por objeto bens físicos sujeitos a desgaste ou perda de utilidade por uso, ação da natureza ou obsolescência.

Cpc 27 – imobilizado

Depreciação é a alocação sistemática do valor depreciável de um Ativo ao longo da sua vida útil. Dessa forma, o custo de tais Ativos deve ser alocado de maneira sistemática aos exercícios beneficiados por seu uso no decorrer de sua vida útil.

Lançamento contábil

D- Despesa (ou Custo) com Depreciação
C- Depreciação Acumulada

A depreciação do período deve ser normalmente reconhecida no resultado. No entanto, por vezes os benefícios econômicos futuros incorporados no Ativo são absorvidos para a produção de outros Ativos. Nesses casos, a depreciação faz parte do custo de outro Ativo, devendo ser incluída no seu valor contábil (Por exemplo, a depreciação de máquinas e equipamentos de produção é incluída nos custos de produção de estoque).

Bens depreciáveis – dec. 3000/99 rir

Art. 307. Podem ser objeto de depreciação todos os bens sujeitos a desgaste pelo uso ou por causas naturais ou obsolescência normal, inclusive:

I. edifícios e construções, observando-se:

a) a quota de depreciação é dedutível a partir da época da conclusão e início da utilização;

b) o valor das edificações deve estar destacado do valor do custo de aquisição do terreno, admitindo-se o destaque baseado em laudo pericial;

II. projetos florestais destinados à exploração dos respectivos frutos

Vedações a depreciação – legislação ir

> Terrenos, salvo em relação a benfeitorias e construções.
> Bens que aumentam de valor com o tempo, como antiguidades e obras de arte.
> Bens para os quais sejam registradas quotas de amortização ou exaustão.
> Prédios ou construções não alugados, nem utilizados na produção de bens ou serviços, destinados à venda.

Obs.: um prédio registrado no grupo Investimento que esteja alugado a terceiros estará sujeito à depreciação. Portanto, apesar de a Lei 6.404/76 destacar a depreciação apenas no imobilizado, é admitida a depreciação no investimento, como é o caso dos imóveis alugados.

Início da depreciação

A depreciação do Ativo se inicia quando este está disponível para uso, ou seja, quando está no local e em condição de funcionamento na forma pretendida pela administração. A depreciação de um Ativo deve cessar na data em que o Ativo é classificado como mantido para venda (ou incluído em um grupo de Ativos classificado como mantido para venda de acordo com o Pronunciamento Técnico CPC 31 – Ativo Não Circulante Mantido para Venda e Operação Descontinuada) ou, ainda, na data em que o Ativo é baixado, o que ocorrer primeiro. Portanto, a depreciação não cessa quando o Ativo se torna ocioso ou é retirado do uso normal, a não ser que o Ativo esteja totalmente depreciado. No entanto, de acordo com os métodos de depreciação pelo uso, a despesa de depreciação pode ser zero enquanto não houver produção.

Vale ressaltar que, independente do dia do mês que o bem é posto em funcionamento ou condições de uso, conta-se o primeiro mês integralmente, exceto, no último dia do mês quando a depreciação poderá ser calculada a partir do mês seguinte.

Dec. 3000/99 rir

Art. 309, § 2º A depreciação poderá ser apropriada em quotas mensais, dispensado o ajuste da taxa para os bens postos em funcionamento ou baixados no curso do mês.

Art. 305, § 2º A quota de depreciação é dedutível a partir da época em que o bem é instalado, posto em serviço ou em condições de produzir.

Conceitos importantes

Vidaútil (v.U)

a) o período de tempo durante o qual a entidade espera utilizar o Ativo; ou

b) o número de unidades de produção ou de unidades semelhantes que a entidade espera obter pela utilização do Ativo.

Valor residual (v.R)

É o valor estimado que a entidade obteria com a venda do Ativo, após deduzir as despesas estimadas de venda, caso o Ativo já tivesse a idade e a condição esperadas para o fim de sua vida útil. Trata-se de parcela do bem que não sofre depreciação.

Obs.: o valor residual pode ser zero.

O valor residual e a vida útil de um Ativo são revisados pelo menos ao final de cada exercício.

Valor depreciável (v.D)

É o custo de um Ativo ou outro valor que substitua o custo, menos o seu valor residual.

Valor contábil (v.C)

É o valor pelo qual um Ativo é reconhecido após a dedução da depreciação e da perda por redução ao valor recuperável acumulada.

Custo de aquisição (-) depreciação acumulada (-) perda por redução ao valor recuperável acumulada.

Base de cálculo da depreciação

Custo de aquisição
+ Gastos necessários para colocação do bem em funcionamento
(-) Valor residual
Valor Depreciável

DEPRECIAÇÃO, AMORTIZAÇÃO E EXAUSTÃO

Taxas de depreciação baseadas na vida útil do ativo

O RIR/99 estabelece os critérios básicos de depreciação. No entanto, as taxas máximas anuais de depreciação permitidas, para os bens utilizados num período normal de 8 horas diárias, são publicadas separadamente pela Receita Federal. Seguem alguns exemplos, utilizados apenas para fins fiscais:

Bem	Anos de Vida Útil	Taxa Anual
Edifícios e Benfeitorias	25	4%
Máquinas e Equipamentos	10	10%
Instalações	10	10%
Móveis e Utensílios	10	10%
Veículos de passageiro e carga	5	20%
Computadores e Periféricos	5	20%
Tratores	4	25%

Por sua vez, a legislação societária determina que a vida útil de um Ativo seja definida em termos da utilidade esperada do Ativo para a entidade. Os benefícios econômicos futuros incorporados no Ativo são consumidos pela entidade principalmente por meio do seu uso. Porém, outros fatores, tais como obsolescência técnica ou comercial e desgaste normal enquanto o Ativo permanece ocioso, muitas vezes dão origem à diminuição dos benefícios econômicos que poderiam ter sido obtidos do Ativo. Consequentemente, todos os seguintes fatores são considerados na determinação da vida útil de um Ativo:

a) uso esperado do Ativo, que é avaliado com base na capacidade ou produção física esperadas do Ativo;

b) desgaste físico normal esperado, que depende de fatores operacionais tais como o número de turnos durante os quais o Ativo será usado, o programa de reparos e manutenção e o cuidado e a manutenção do Ativo enquanto estiver ocioso;

c) obsolescência técnica ou comercial proveniente de mudanças ou melhorias na produção, ou de mudança na demanda do mercado para o produto ou serviço derivado do Ativo. Reduções futuras esperadas no preço de venda de item que foi produzido usando um Ativo podem indicar expectativa de obsolescência técnica ou comercial do bem, que, por sua vez, pode refletir uma redução dos benefícios econômicos futuros incorporados no Ativo;

d) limites legais ou semelhantes no uso do Ativo, tais como as datas de término dos contratos de arrendamento mercantil relativos ao Ativo.

9.4 Métodos de Depreciação

O método de depreciação utilizado reflete o padrão de consumo pela entidade dos benefícios econômicos futuros.

Vários métodos de depreciação podem ser utilizados para apropriar de forma sistemática o valor depreciável de um Ativo ao longo da sua vida útil. Tais métodos incluem:

> o método da linha reta;
> o método dos saldos decrescentes;
> o método de unidades produzidas.

A entidade seleciona o método que melhor reflita o padrão do consumo dos benefícios econômicos futuros esperados incorporados no Ativo. Esse método é aplicado consistentemente entre períodos, a não ser que exista alteração nesse padrão.

Método linear	resulta em despesa constante durante a vida útil do ativo, caso o seu valor residual não se altere.
Saldos decrescentes	resulta em despesa decrescente durante a vida útil.
Unidades produzidas	resulta em despesa baseada no uso ou produção esperado.

Linear ou quotas constantes

Corresponde ao método de depreciação em que a depreciação acumulada é diretamente proporcional ao tempo, originando assim uma função linear.

A depreciação pode ser calculada de duas formas:

1ª forma: aplicando-se uma taxa constante sobre o valor a ser depreciado.

$$\text{Taxa de depreciação} = \frac{100\%}{\text{Tempo de vida útil}}$$

2ª forma: dividindo-se o valor a ser depreciado pelo tempo de vida útil.

$$\frac{\text{Valor depreciável}}{\text{Tempo de vida útil}}$$

Exemplo 1:

Custo do bem: R$ 60.000,00

Vida útil estimada: 5 anos → tx. anual = 100%/5 anos = 20%a.a

(Encargo) Despesa de depreciação (anual): 60.000 x 20% = 12.000 a.a ou

$$\frac{60.000,00}{5 \text{ anos}} = 12.000 \text{ a.a}$$

Lançamento:

D- Despesa com Depreciação

C- Depreciação Acumulada---------R$ 12.000,00

Tempo de uso: 3 anos

- Depreciação acumulada: uso = 3 anos

Tx. acumulada: 20%aa x 3 anos = 60%

D/AC: 60.000 x 60% = 36.000 **ou**

$$\frac{60.000}{5} = 12.000 \times 3 = 36.000$$

Depreciação acumulada: R$ 36.000,00

Valor contábil: custo de aquisição (-) dep. Acumulada = 60.000 – 36.000 = R$ 24.000,00

Exemplo 2:

Custo do bem: R$ 60.000,00

Vida útil estimada: 5 anos ou 60 meses

Tx. anual = 20%a.a = Tx. mensal: 20/12 = 1,666% a.m

(Encargo) Despesa de Depreciação (mensal): 60.000 x 1,666% = 1.000 a.m ou

60.000,00 = 1.000 a.m
60 meses

Lançamento:

D- Despesa com Depreciação

C- Depreciação Acumulada---------R$ 1.000,00

Exemplo 3:

Custo do bem: R$ 60.000,00

Data da aquisição: 10.04.13 (depreciação do período será proporcional ao tempo de uso)

Tempo de uso no exercício = 9 meses (abril a dezembro)

Vida útil estimada: 5 anos ou 60 meses

Tx. anual = 20%a.a = Tx. mensal: 20/12 = 1,666% a.m

Depreciação do exercício:

Tx. proporcional = 1,6666%am x 9 meses = 14,999% = 15%aa

(Encargo) Despesa depreciação = 60.000 x 15% = 9.000 ou

60.000 x 9 meses(uso) = 9.000
60 meses (v. útil)

Lançamento:

D- Despesa com Depreciação

C- Depreciação Acumulada---------R$ 9.000,00

Exemplo 4:

Custo do bem: R$ 60.000,00

Vida útil estimada: 5 anos

Valor residual: 10% (não sofre depreciação)= 60.000 x 10% = 6.000

(Encargo) Despesa depreciação: Custo de aquisição= 60.000

(–) V. residual =   (6.000)

=V. depreciável =   54.000

x 20%

10.800

Lançamento:

D- Despesa com Depreciação

C- Depreciação Acumulada---------R$ 10.800,00

Depreciação acumulada: uso = 3 anos

Tx. Acumulada = 20% x 3 = 60%

Depreciação Acumulada: Custo de aquisição= 60.000

(–) V. residual=   (6.000)

=V. depreciável= 54.000

x 60%

R$ 32.400,00

Valor contábil: custo de aquisição (-) dep. acumulada = 60.000 – 32.400 = R$ 27.600,00

Dec. 3000/99 rir

Art. 309. A quota de depreciação registrável na escrituração como custo ou despesa operacional será determinada mediante a aplicação da taxa anual de depreciação sobre o custo de aquisição dos bens depreciáveis (Lei nº 4.506, de 1964, artigo 57, § 1º).

§ 1º A quota anual de depreciação será ajustada proporcionalmente no caso de período de apuração com prazo de duração inferior a doze meses, e de bem acrescido ao Ativo, ou dele baixado, no curso do período de apuração.

§ 2º A depreciação poderá ser apropriada em quotas mensais, dispensado o ajuste da taxa para os bens postos em funcionamento ou baixados no curso do mês.

Método decrescente ou soma dos dígitos ou método de cole

1º passo - somam-se os algarismos que compõem o número de anos de vida útil do bem.

2º passo – multiplica-se o valor a ser depreciado, a cada ano, pela fração, cujo denominador (constante) é a soma encontrada no 1º passo, e o numerador (variável), para o primeiro ano, é o tempo de vida útil do bem (n), para o segundo ano é n-1, e assim sucessivamente.

Ex.:

> *O denominador é constante e o numerador é decrescente.*

Custo do bem: R$ 60.000,00

Vida útil estimada: 5 anos

Soma dos algarismos que compõem o número de anos da vida útil: **1+2+3+4+5 = 15** (denominador da fração)

Quotas Decrescentes: o método dos saldos decrescentes resulta em despesa decrescente durante a vida útil.

Ano	Fração	Despesa Depreciação Anual
1	**5**/15 x 60.000,00	20.000
2	**4**/15 x 60.000,00	16.000
3	**3**/15 x 60.000,00	12.000
4	**2**/15 x 60.000,00	8.000
5	**1**/15 x 60.000,00	4.000

Tempo de uso = 3 anos

Depreciação Acumulada: 20.000 + 16.000 + 12.000 = R$ 48.000,00

Valor contábil: custo de aquisição (-) dep. acumulada = 60.000 – 48.000 = R$ 12.000,00

Quotas Crescentes: o método dos saldos crescentes resulta em despesa crescente durante a vida útil.

> *O denominador é constante e o numerador é crescente.*

DEPRECIAÇÃO, AMORTIZAÇÃO E EXAUSTÃO

Ano	Fração	Despesa Depreciação Anual
1	1/15 x 60.000,00	4.000
2	2/15 x 60.000,00	8.000
3	3/15 x 60.000,00	12.000
4	4/15 x 60.000,00	16.000
5	5/15 x 60.000,00	20.000

Tempo de uso = 3 anos

Depreciação Acumulada: 4.000 + 8.000 + 12.000 = R$ 24.000,00

Valor contábil: custo de aquisição (-) dep. acumulada = 60.000 – 24.000 = R$ 36.000,00

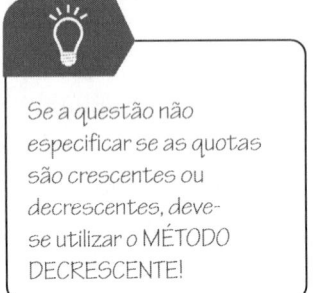

Se a questão não especificar se as quotas são crescentes ou decrescentes, deve-se utilizar o MÉTODO DECRESCENTE!

Unidades produzidas ou horas trabalhadas

Depreciação do bem em função de sua capacidade total de produção ou das horas totais estimadas.

Unidade produzida = Quota anual de depreciação = n° de unidades produzidas no ano

Capacidade total de produção

Horas de trabalho= Quota anual de depreciação = n° de horas trabalhadas no ano

Total de horas de trabalho estimadas

Ex.:

Custo do Bem: R$ 60.000,00

Capacidade produtiva estimada: 1.200.000 unidades

Produção anual: 300.000 unidades

Taxa anual: produção anual/capacidade produtiva = 300.000/ 1.200.000 = 25%

(Encargo) Despesa depreciação: 60.000 x 25% = 15.000 ou 60.000/1.200.000 = R$0,05 por unid. x 300.000 = 15.000

Lançamento:

D- Despesa com Depreciação

C- Depreciação Acumulada---------R$ 15.000,00

Depreciação acelerada

Utilizada quando o bem for usado em mais de um turno de 8 horas diárias.

Consiste em atribuir coeficientes multiplicativos em função do número de horas trabalhadas por bens móveis sujeitos ao desgaste pelo uso.

Nesse caso, consideram-se os seguintes coeficientes (limites admitidos pela legislação fiscal RIR/99):

Turno	Coeficiente
8 h	1,0
16 h	1,5
24 h	2,0

Dec. 3000/99- rir

Art. 312. Em relação aos bens móveis, poderão ser adotados, em função do número de horas diárias de operação, os seguintes coeficientes de depreciação acelerada (Lei nº 3.470, de 1958, artigo 69):

I. um turno de oito horas............................1,0;

II. dois turnos de oito horas......................1,5;

III. três turnos de oito horas......................2,0.

Parágrafo único. O encargo de que trata este artigo será registrado na escrituração comercial.

Ex.:

Uma máquina adquirida por R$ 60.000,00 com vida útil estimada em cinco anos, operando durante 16 horas diárias, terá como quota de depreciação anual:

V.u = 5 anos= 20% a.a.

Uso = 16h/dia = coeficiente de depreciação acelerada = 1,5

Tx. Acelerada = 20% x 1,5 = 30%

(Encargo) Despesa depreciação: Despesa com Depreciação: 60.000 x 30% = R$ 18.000

Lançamento:

D- Despesa com Depreciação

C- Depreciação Acumulada----------------18.000

Valor contábil: custo de aquisição (-) dep. acumulada = 60.000 – 18.000 = R$ 42.000,00

Dec. 3000/99- rir

Art. 312. Em relação aos bens móveis, poderão ser adotados, em função do número de horas diárias de operação, os seguintes coeficientes de depreciação acelerada (Lei nº 3.470, de 1958, artigo 69):

I. um turno de oito horas............................1,0;

II. dois turnos de oito horas......................1,5;

III. três turnos de oito horas......................2,0.

Parágrafo único. O encargo de que trata este artigo será registrado na escrituração comercial

Aspectos importantes- cpc 27

I. Valor depreciável e período de depreciação

A depreciação é reconhecida mesmo que o valor justo do Ativo exceda o seu valor contábil, desde que o valor residual do Ativo não exceda o seu valor contábil. A reparação e a manutenção de um Ativo não evitam a necessidade de depreciá-lo.

O valor residual de um Ativo pode aumentar. A despesa de depreciação será zero enquanto o valor residual subsequente for igual ou superior ao seu valor contábil.

II. Depreciação do imobilizado com custo significativo

De acordo com CPC 27, cada componente de um item do Ativo Imobilizado com custo significativo em relação ao custo total do item deve ser depreciado separadamente.

A entidade aloca o valor inicialmente reconhecido de um item do Ativo Imobilizado aos componentes significativos desse item e os deprecia separadamente. Por exemplo, pode ser adequado depreciar separadamente a estrutura e os motores de aeronave, seja ela de propriedade da entidade ou obtida por meio de operação de arrendamento mercantil financeiro. Um componente significativo de um item do Ativo Imobilizado pode ter a vida útil e o método de depreciação que sejam os mesmos que a vida útil e o método de depreciação de outro componente significativo do mesmo item. Esses componentes podem ser agrupados no cálculo da despesa de depreciação.

Ex.:

A empresa Beta adquiriu em 01.01.2012 uma aeronave para transporte de seus diretores por R$ 50.000.000,00. Sabe-se que as duas turbinas representam 25% do custo total. A aeronave possui uma vida útil de 20 anos e valor residual de 10%, enquanto que as turbinas têm uma vida útil de 10 anos.

Cálculo da depreciação.

Custo das turbinas = 50.000.000 x 25% = 12.500.000

Custo da Aeronave s/ turbina = 50.000.000 x 75% = 37.500.000

Depreciação em 2012

Turbinas = 12.500.000 x 10% = 1.250.000

Aeronave s/ turbina = 37.500.000

VR = 10% (3.750.000)

VD 33.750.000

X 5%

Depreciação: **1.687.500**

(Encargo) Despesa depreciação: 1.250.000 + 1.687.500 = 2.937.500

9.5 Alteração da Vida Útil do Imobilizado

O valor depreciável de um Ativo deve ser apropriado de forma sistemática ao longo da sua vida útil estimada.

O valor residual e a vida útil de um Ativo são revisados pelo menos ao final de cada exercício e, se as expectativas diferirem das estimativas anteriores, a mudança deve ser contabilizada como mudança de estimativa contábil, segundo o Pronunciamento Técnico CPC 23 – Políticas Contábeis, Mudança de Estimativa e Retificação de Erro.

CPC 23 - Políticas Contábeis, Mudança de Estimativa e Retificação de Erro.

Mudança na estimativa contábil é um ajuste nos saldos **contábeis** de Ativo ou de Passivo, ou nos montantes relativos ao consumo periódico de Ativo, que decorre da avaliação da situação atual e das obrigações e dos benefícios futuros esperados, associados aos Ativos e aos Passivos. As alterações nas estimativas contábeis decorrem de nova informação ou inovações e, portanto, não são retificações de erros.

A estimativa envolve julgamentos baseados na última informação disponível e confiável. Por exemplo, podem ser exigidas estimativas de:

a) créditos de liquidação duvidosa;

b) obsolescência de estoque;

c) valor justo de Ativos financeiros ou Passivos financeiros;

d) vida útil de Ativos depreciáveis ou o padrão esperado de consumo dos futuros benefícios econômicos incorporados nesses Ativos; e

e) obrigações decorrentes de garantias.

O efeito de mudança na estimativa contábil deve ser reconhecido **prospectivamente**, incluindo-o nos resultados do:

a) período da mudança, se a mudança afetar apenas esse período; ou

b) período da mudança e futuros períodos, se a mudança afetar todos eles.

O reconhecimento prospectivo do efeito de mudança na estimativa contábil significa que a mudança é aplicada a transações, a outros eventos e a condições **a partir da data da mudança na estimativa.**

9.6 Baixa do Ativo Não Circulante

CPC 27 - O valor contábil de um item do Ativo Imobilizado deve ser baixado:

a) por ocasião de sua alienação;

b) quando não há expectativas de benefícios econômicos futuros com a sua utilização ou alienação.

Ex.1: baixa de uma máquina totalmente depreciada, com custo histórico de R$ 10.000,00.

Ativo Imobilizado

Máquina 10.000

(-) Depreciação Acumulada 10.000

D – Depreciação Acumulada

C – Máquinas ----------------------- R$ 10.000,00

Ex.2: baixa de uma máquina obsoleta, com custo de R$ 10.000,00 e depreciação acumulada de R$ 7.000,00.

Ativo Imobilizado

Máquina 10.000

(-) Depreciação Acumulada 7.000

D – Depreciação Acumulada --------- R$ 7.000,00

D – Outras Despesa

Prejuízos na Baixa de Imobilizado --- R$ 3.000,00

C – Máquinas ----------------------- R$ 10.000,00

Ex.3: máquina vendida a prazo por R$ 3.200,00 com custo de R$ 10.000,00 e depreciação acumulada de R$ 7.000,00

Imobilizado

Máquina 10.000

(-) Depreciação Acumulada 7.000

D – Depreciação Acumulada --------- R$ 7.000,00

D – Contas a Receber/Caixa --------- R$ 3.200,00

C – Máquinas ----------------------- R$ 10.000,00

C – Outras Receitas

Lucro na Venda de Imobilizado-------R$ 200,00

Ganho de capital: preço de venda > valor contábil

Perda de capital: preço de venda < valor contábil

9.7 Intangível

Conceito

Ativo Intangível é um Ativo não monetário identificável sem substância física.

Um Ativo satisfaz o critério de identificação, em termos de definição de um Ativo Intangível, quando:

a) for separável, ou seja, puder ser separado da entidade e vendido, transferido, licenciado, alugado ou trocado, individualmente ou junto com um contrato, Ativo ou Passivo relacionado, independente da intenção de uso pela entidade; ou

b) resultar de direitos contratuais ou outros direitos legais, independentemente de tais direitos serem transferíveis ou separáveis da entidade ou de outros direitos e obrigações.

Reconhecimento

Um Ativo Intangível deve ser **reconhecido** apenas se:

a) for provável que os benefícios econômicos futuros esperados atribuíveis ao Ativo serão gerados em favor da entidade; e

b) o custo do Ativo possa ser mensurado com confiabilidade.

Obs.: a norma deixa claro que, se as condições não puderem ser atendidas, os gastos devem ser lançados como DESPESA.

Custo de aquisição

Um Ativo Intangível deve ser reconhecido inicialmente ao custo.

O custo de Ativo Intangível adquirido separadamente inclui:

a) seu preço de compra, acrescido de impostos de importação e impostos não recuperáveis sobre a compra, depois de deduzidos os descontos comerciais e abatimentos; e

b) qualquer custo diretamente atribuível à preparação do Ativo para a finalidade proposta.

Exemplos de custos diretamente atribuíveis são:

a) custos de benefícios aos empregados (conforme CPC 33 – Benefícios a Empregados) incorridos diretamente para que o Ativo fique em condições operacionais (de uso ou funcionamento);

b) honorários profissionais diretamente relacionados para que o Ativo fique em condições operacionais; e

c) custos com testes para verificar se o Ativo está funcionando adequadamente.

Exemplos de gastos que não fazem parte do custo de Ativo Intangível:

a) custos incorridos na introdução de novo produto ou serviço (incluindo propaganda e atividades promocionais);

b) custos da transferência das atividades para novo local ou para nova categoria de clientes (incluindo custos de treinamento); e

c) custos administrativos e outros custos indiretos.

O reconhecimento dos custos no valor contábil de Ativo Intangível cessa quando esse Ativo está nas condições operacionais pretendidas pela administração.

Vida útil

A entidade deve avaliar se a vida útil de Ativo Intangível é definida ou indefinida e, no primeiro caso, a duração ou o volume de produção ou unidades semelhantes que formam essa vida útil.

A entidade deve atribuir vida útil indefinida a um Ativo Intangível quando, com base na análise de todos os fatores relevantes, não existe um limite previsível para o período durante o qual o Ativo deverá gerar fluxos de caixa líquidos positivos para a entidade.

A contabilização de Ativo Intangível baseia-se na sua vida útil.

Ativo Intangível	Vida útil Definida	Sobre amortização
		Sujeito ao teste de recuperabilidade
	Vida útil Indefinida	Não sobre amortização
		Sujeito ao teste de recuperabilidade

9.8 Amortização

Amortização é a alocação sistemática do valor amortizável de Ativo Intangível ao longo da sua vida útil.

Aplicável aos bens imateriais (direito), intangíveis, ou incorpóreos.

Bens intangíveis sujeitos à amortização - art. 325/rir

Poderão ser amortizados:

I. *o capital aplicado na aquisição de direitos cuja existência ou exercício tenha duração limitada, ou de bens cuja utilização pelo contribuinte tenha o prazo legal ou contratualmente limitado, tais como:*

a) patentes de invenção, fórmulas e processos de fabricação, direitos autorais, licenças, autorizações ou concessões;

b) investimento em bens que, nos termos da lei ou contrato que regule a concessão de serviço público, devem reverter ao poder concedente, ao fim do prazo da concessão, sem indenização;

c) custo de aquisição, prorrogação ou modificação de contratos e direitos de qualquer natureza, inclusive de exploração de fundos de comércio;

d) custos das construções ou benfeitorias em bens locados ou arrendados, ou em bens de terceiros, quando não houver direito ao recebimento de seu valor;

e) o valor dos direitos contratuais de exploração de florestas de que trata o art. 328.

Início da amortização

A amortização deve ser iniciada a partir do momento em que o Ativo estiver disponível para uso, ou seja, quando se encontrar no local e nas condições necessários para que possa funcionar da maneira pretendida pela administração.

A amortização deve cessar na data em que o Ativo é classificado como mantido para venda ou incluído em um grupo de Ativos classificado como mantido para venda.

Método de amortização

O valor amortizável de Ativo Intangível com vida útil definida deve ser apropriado de forma sistemática ao longo da sua vida útil estimada.

Podem ser utilizados vários métodos de amortização para apropriar de forma sistemática o valor amortizável de um Ativo ao longo da sua vida útil. Tais métodos incluem o método linear, também conhecido como método de linha reta, o método dos saldos decrescentes e o método de unidades produzidas.

Método linear ou quotas constantes (mais utilizado)

A taxa de amortização é fixada tendo em vista o tempo de utilização do bem intangível, podendo tal tempo ser fixado em lei que regule os direitos sobre o bem, em contrato ou ser proveniente da natureza do bem com existência limitada.

Ex.:

Em 02.01.X8 a Cia. Alfa adquiriu o direito de explorar a linha de transporte pelos 10 anos subsequentes. O custo para obter a concessão foi R$ 600.000,00.

Concessão obtida: R$ 600.000,00

Tx. amortização: 100%/10 = 10%a.a

(Encargo) Despesa Amortização Anual: 600.000 x 10% = R$ 60.000,00 a.a ou

$$\frac{600.000}{10} = 60.000 \text{ a.a}$$

Amortização acumulada

Tempo se uso: 3 anos

Tx. acumulada: 10% x 3 = 30%

Amortização Acumulada: 600.000 x 30% = 180.000 ou

$$\frac{600.000 \times 3}{10} = 180.000$$

Valor contábil: custo de aquisição (-) Amort. Acumulada = 600.000 – 180.000 = R$ 420.000,00

Lançamento contábil

A amortização deve normalmente ser reconhecida no resultado. No entanto, por vezes, os benefícios econômicos futuros incorporados no Ativo são absorvidos para a produção de outros Ativos. Nesses casos, a amortização faz parte do custo de outro Ativo, devendo ser incluída no seu valor contábil.

D- Despesa (custo) com Amortização.

C- Amortização Acumulada.

A despesa com amortização (conta de resultado) é anual.

A amortização acumulada (conta patrimonial) acumula as depreciações desde a aquisição e o funcionamento do bem.

9.9 Exaustão

Conceito

Corresponde à perda do valor, decorrente da sua exploração, de direitos cujo objeto seja recursos minerais ou florestais, ou bens aplicados nessa exploração.

Valor desembolsado para exercer o direito de exploração

+ todos os dispêndios necessários a essa exploração

Base de Cálculo da Exaustão

Lançamento:

D- Despesa Exaustão.

C- Exaustão Acumulada.

Não devem sofrer exaustão

> Recursos minerais que não têm previsão de esgotamento.
> As florestas destinadas à exploração dos respectivos frutos sujeitam-se à depreciação e não à exaustão.
> florestas plantadas com a finalidade de proteção do solo ou do meio ambiente como um todo também não se sujeitam ao cômputo dos encargos das inversões (depreciação, amortização ou exaustão).
> Os direitos contratuais para a exploração de recursos florestais por prazo determinado (inferior ao esgotamento dos recursos) estão sujeitos à amortização, e não à exaustão, cujo critério econômico será o prazo de vigência do contrato.

Exaustão de recursos minerais

Exaustão em função do prazo de concessão:

Ex.:

Custo de Concessão = R$ 150.000,00

Prazo de concessão = 20 anos

Taxa de exaustão anual = 100%/20 = 5% a.a

(Encargo) Despesa de exaustão (anual): 5% x 150.000,00 = 7.500

Tempo de uso: 9 anos

Tx. Acumulada: 5% x 9 = 45%

Exaustão Acumulada: 150.000 x 45% = 67.500

Valor Contábil: Custo = 150.000

(-) E/Ac. = (67.500)

R$ 82.500,00

Exaustão em função da relação do período e da possança conhecida da mina:

Método das unidades extraídas.

Ex.:

Custo de concessão = R$ 150.000,00

Possança conhecida = 50.000m3

Produção do ano = 2.000m3

Taxa de exaustão do ano = prod. ano/possança = 2.000/50.000 = 4%a.a ou

DEPRECIAÇÃO, AMORTIZAÇÃO E EXAUSTÃO

Tempo previsto para esgotamento da mina = possança/prod. ano = 50.000/2.000 = 25 anos = 4%a.a

(Encargo) Despesa de Exaustão do ano = 4% x R$ 150.000,00 = 6.000,00 ou

Escolha do método:

Se o prazo de concessão for menor do que o prazo previsto para o esgotamento dos recursos minerais, a exaustão será calculada em função do prazo de concessão. (RIR,330§2)-Se o prazo de concessão for maior do que o prazo previsto para o esgotamento dos recursos minerais, a exaustão será calculada em função dos recursos efetivamente extraídos.

Obs.: somente se sujeitam à exaustão as minas que estiverem sob o regime de concessão. A exploração de recursos minerais sob a forma de arrendamento ou licenciamento não pode ser objeto de exaustão.

Exaustão de recursos florestais

Só haverá exaustão de recursos florestais quando o esgotamento dos recursos estiver previsto para ocorrer antes do fim do prazo contratual, ou quando o prazo de exploração dos recursos for indeterminado.

Hipóteses de exploração dos recursos florestais:

01. Quando o prazo contratual for inferior ao período previsto para esgotamento dos recursos florestais, a perda de valor será contabilizada como amortização, e não como exaustão, visto que, antes do esgotamento dos recursos, o direito de exploração terá terminado.
02. Quando o esgotamento dos recursos estiver previsto para ocorrer antes do fim do prazo contratual, a perda de valor será contabilizada como exaustão.
03. Quando o prazo de exploração dos recursos for indeterminado, a perda de valor será contabilizada como exaustão.
04. Os projetos florestais destinados à exploração dos respectivos frutos sujeitam-se à depreciação, calculada com base na vida útil estimada dos recursos florestais objeto da exploração.

Ex.:

Bem a ser exaurido = Plantação de eucaliptos para utilização em uma siderúrgica.

Valor de Aquisição = R$ 600.000,00.

Quantidade total = 400 hectares de floresta com eucalipto plantado.

Extração do ano = 80 hectares da floresta.

Taxa de exaustão do ano = 80/400 = 20%.

Despesa de exaustão = 600.000 x 20% = R$ 120.000,00.

Dec. 3000/99 rir

Art. 334. Poderá ser computada, como custo ou encargo, em cada período de apuração, a importância correspondente à diminuição do valor de recursos florestais, resultante de sua exploração (Lei nº 4.506, de 1964, artigo 59, e Decreto-Lei nº 1.483, de 1976, artigo 4º).

§ 1º A quota de exaustão dos recursos florestais destinados a corte terá como base de cálculo o valor das florestas (Decreto-Lei nº 1.483, de 1976, artigo 4º, § 1º).

2º Para o cálculo do valor da quota de exaustão será observado o seguinte critério (Decreto-Lei nº 1.483, de 1976, artigo 4º, § 2º):

I - apurar-se-á, inicialmente, o percentual que o volume dos recursos florestais utilizados ou a quantidade de árvores extraídas durante o período de apuração representa em relação ao volume ou à quantidade de árvores que no início do período de apuração compunham a floresta;

II - o percentual encontrado será aplicado sobre o valor contábil da floresta, registrado no Ativo, e o resultado será considerado como custo dos recursos florestais extraídos.

§ 3º As disposições deste artigo aplicam-se também às florestas objeto de direitos contratuais de exploração por prazo indeterminado, devendo as quotas de exaustão ser contabilizadas pelo adquirente desses direitos, que tomará como valor da floresta o do contrato (Decreto-Lei nº 1.483, de 1976, artigo 4º, § 3º).

10. DEMONSTRAÇÕES CONTÁBEIS

10.1 Lei nº 6.404/76

Exercício social

Art. 175. O exercício social terá duração de 1 (um) ano e a data do término será fixada no estatuto.

Parágrafo único. Na constituição da companhia e nos casos de alteração estatutária o exercício social poderá ter duração diversa.

Demonstrações financeiras

Art. 176. Ao fim de cada exercício social, a diretoria fará elaborar, com base na escrituração mercantil da companhia, as seguintes demonstrações financeiras, que deverão exprimir com clareza a situação do patrimônio da companhia e as mutações ocorridas no exercício:

I. balanço patrimonial;
II. demonstração dos lucros ou prejuízos acumulados;
III. demonstração do resultado do exercício; e
IV. demonstração dos fluxos de caixa; e
V. se companhia aberta, demonstração do valor adicionado.

§ 1º As demonstrações de cada exercício serão publicadas com a indicação dos valores correspondentes das demonstrações do exercício anterior. (Demonstrações Comparativas)

§ 2º Nas demonstrações, as contas semelhantes poderão ser agrupadas; os pequenos saldos poderão ser agregados, desde que indicada a sua natureza e não ultrapassem 0,1 (um décimo) do valor do respectivo grupo de contas; mas é vedada a utilização de designações genéricas, como "diversas contas" ou "contas correntes".

§ 3º As demonstrações financeiras registrarão a destinação dos lucros segundo a proposta dos órgãos da administração, no pressuposto de sua aprovação pela assembleia geral.

§ 4º As demonstrações serão complementadas por notas explicativas e outros quadros analíticos ou demonstrações contábeis necessários para esclarecimento da situação patrimonial e dos resultados do exercício.

§ 5º As notas explicativas devem:

I. apresentar informações sobre a base de preparação das demonstrações financeiras e das práticas contábeis específicas selecionadas e aplicadas para negócios e evens significativos;
II. divulgar as informações exigidas pelas práticas contábeis adotadas no Brasil que não estejam apresentadas em nenhuma outra parte das demonstrações financeiras;
III. fornecer informações adicionais não indicadas nas próprias demonstrações financeiras e consideradas necessárias para uma apresentação adequada; e
IV. indicar:

a) os principais critérios de avaliação dos elementos patrimoniais, especialmente estoques, dos cálculos de depreciação, amortização e exaustão, de constituição de provisões para encargos ou riscos, e dos ajustes para atender a perdas prováveis na realização de elementos do Ativo;
b) os investimentos em outras sociedades, quando relevantes (art. 247, parágrafo único);
c) o aumento de valor de elementos do Ativo resultante de novas avaliações (art. 182, § 3º);
d) os ônus reais constituídos sobre elementos do Ativo, as garantias prestadas a terceiros e outras responsabilidades eventuais ou contingentes;
e) a taxa de juros, as datas de vencimento e as garantias das obrigações a longo prazo;
f) o número, espécies e classes das ações do capital social;
g) as opções de compra de ações outorgadas e exercidas no exercício;
h) os ajustes de exercícios anteriores (art. 186, § 1o); e
j) os eventos subsequentes à data de encerramento do exercício que tenham, ou possam vir a ter, efeito relevante sobre a situação financeira e os resultados futuros da companhia.

§ 6º A companhia fechada com patrimônio líquido, na data do balanço, inferior a R$ 2.000.000,00 (dois milhões de reais) não será obrigada à elaboração e publicação da demonstração dos fluxos de caixa." (NR)

§ 7º A Comissão de Valores Mobiliários poderá, a seu critério, disciplinar de forma diversa o registro de que trata o § 3o deste artigo.

Lei nº 6.404/76 x CPC 26 Demonstrações Contábeis	
Lei 6.404/76	CPC 26 – Apresentação das DCs
Balanço Patrimonial.	Balanço patrimonial ao final do período.
Demonstração dos lucros ou prejuízos acumulados.	Demonstração do resultado do período.
Demonstração do resultado do exercício.	Demonstração do resultado abrangente do período.
Demonstração dos fluxos de caixa.	Demonstração das mutações do patrimônio líquido do período.
Se companhia aberta, demonstração do valor adicionado.	Demonstração dos fluxos de caixa do período.
§ 6º A companhia fechada com patrimônio líquido, na data do balanço, inferior a R$ 2.000.000,00 (dois milhões de reais) não será obrigada à elaboração e publicação da demonstração dos fluxos de caixa.	Balanço patrimonial do início do período mais antigo, comparativamente apresentado, quando a entidade aplicar uma política contábil retrospectivamente ou proceder à reapresentação retrospectiva de itens das demonstrações contábeis, ou quando proceder à reclassificação de itens de suas demonstrações contábeis.
	Demonstração do valor adicionado do período.

A CVM determina que as cias abertas devam publicar a Demonstração das Mutações do Patrimônio Líquido – DMPL, ficando desobrigadas, portanto, de elaborar a Demonstração de Lucros ou Prejuízos Acumulados - DLPA.

O CPC 26 inclui na composição do conjunto completo de demonstrações contábeis:

a) notas explicativas, compreendendo as políticas contábeis significativas e outras informações elucidativas;
b) informações comparativas com o período anterior.

Demonstrações Financeiras de Sociedades de Grande Porte

Lei 11.638/07, Art. 3º Aplicam-se às sociedades de grande porte, ainda que não constituídas sob a forma de sociedades por ações, as disposições da Lei nº 6.404/76, sobre escrituração e elaboração de demonstrações financeiras e a obrigatoriedade de auditoria independente por auditor registrado na Comissão de Valores Mobiliários.

Parágrafo único. Considera-se de **grande porte**, para os fins exclusivos desta Lei, a sociedade ou conjunto de sociedades sob controle comum que tiver, no **exercício** social **anterior, Ativo total superior a R$ 240.000.000,00** (duzentos e quarenta milhões de reais) **ou receita bruta anual superior a R$ 300.000.000,00** (trezentos milhões de reais). (Grifo nosso)

DEMONSTRAÇÕES CONTÁBEIS

Escrituração

Art. 177. *A escrituração da companhia será mantida em registros permanentes, com obediência aos preceitos da legislação comercial e desta Lei e aos princípios de contabilidade geralmente aceitos, devendo observar métodos ou critérios contábeis uniformes no tempo e registrar as mutações patrimoniais segundo o regime de competência.*

§ 1º As demonstrações financeiras do exercício em que houver modificação de métodos ou critérios contábeis, de efeitos relevantes, deverão indicá-la em nota e ressaltar esses efeitos.

§ 2º A companhia observará exclusivamente em livros ou registros auxiliares, sem qualquer modificação da escrituração mercantil e das demonstrações reguladas nesta Lei, as disposições da lei tributária, ou de legislação especial sobre a atividade que constitui seu objeto, que prescrevam, conduzam ou incentivem a utilização de métodos ou critérios contábeis diferentes ou determinem registros, lançamentos ou ajustes ou a elaboração de outras demonstrações financeiras.

§ 3º As demonstrações financeiras das companhias abertas observarão, ainda, as normas expedidas pela Comissão de Valores Mobiliários e serão obrigatoriamente submetidas a auditoria por auditores independentes nela registrados.

§ 4º As demonstrações financeiras serão assinadas pelos administradores e por contabilistas legalmente habilitados.

§ 5º As normas expedidas pela Comissão de Valores Mobiliários a que se refere o § 3o deste artigo deverão ser elaboradas em consonância com os padrões internacionais de contabilidade adotados nos principais mercados de valores mobiliários.

§ 6º As companhias fechadas poderão optar por observar as normas sobre demonstrações financeiras expedidas pela Comissão de Valores Mobiliários para as companhias abertas. (Grifo nosso)

10.2 Demonstração do Resultado do Exercício

Lei nº 6.404/76

Art. 187. *A demonstração do resultado do exercício discriminará:*

I. a receita bruta das vendas e serviços, as deduções das vendas, os abatimentos e os impostos;

II. a receita líquida das vendas e serviços, o custo das mercadorias e serviços vendidos e o lucro bruto;

III. as despesas com as vendas, as despesas financeiras, deduzidas das receitas, as despesas gerais e administrativas, e outras despesas operacionais;

IV. o lucro ou prejuízo operacional, as outras receitas e as outras despesas;

V. o resultado do exercício antes do Imposto sobre a Renda e a provisão para o imposto;

VI. as participações de debêntures, empregados, administradores e partes beneficiárias, mesmo na forma de instrumentos financeiros, e de instituições ou fundos de assistência ou previdência de empregados, que não se caracterizem como despesa;

VII. o lucro ou prejuízo líquido do exercício e o seu montante por ação do capital social.

§ 1º Na determinação do resultado do exercício serão computados:
a) as receitas e os rendimentos ganhos no período, independentemente da sua realização em moeda; e
b) os custos, despesas, encargos e perdas, pagos ou incorridos, correspondentes a essas receitas e rendimentos.

Demonstração do Resultado do Exercício – Lei nº 6.404/76
RECEITA BRUTA
Vendas Brutas
Prestação de Serviços
(-) DEDUÇÕES DA RECEITA
Impostos s/ Vendas e Serviços (ICMS, ISS, PIS, COFINS)
Devoluções ou Cancelamentos
Descontos Incondicionais e Abatimentos
(=) RECEITA LÍQUIDA
(-) Custo das mercadorias vendidas ou dos produtos e serviços vendidos
(=) LUCRO BRUTO OU RESULTADO OPERACIONAL BRUTO
(-) DESPESAS OPERACIONAIS
(-) Despesas com Vendas
(-) Despesas Administrativas
(-) Despesas Financeiras
(+) Receitas Financeiras
(-) Outras Despesas Operacionais
(+) Outras Receitas Operacionais
(=) RESULTADO OPERACIONAL LÍQUIDO OU LUCRO/PREJUÍZO OPERACIONAL
(+) Outras Receitas
(-) Outras Despesas
(=) RESULTADO ANTES DO IMPOSTO DE RENDA = LAIR
(-) Contribuição Social s/ o Lucro (CSLL)
(-) Imposto de Renda s/ o Lucro
(=) LUCRO APÓS O IMPOSTO DE RENDA = LAPIR
(-) PARTICIPAÇÕES ESTATUTÁRIAS
Debêntures
Empregados
Administradores
Partes Beneficiárias
Fundos de Assistência de Empregados
(=) LUCRO/ PREJUÍZO LÍQUIDO DO EXERCÍCIO

LUCRO/PREJUÍZO LÍQUIDO POR AÇÃO = Lucro líquido/Nº de ações em circulação

Outras receitas e outras despesas = ganho ou perda de capital decorrente da venda de Ativo fixo (investimento, imobilizado ou intangível) ou perda de capital pela baixa do Ativo fixo por perecimento, obsolescência ou extinção.

Participações estatutárias = são participações no lucro previstas no estatuto. São determinadas sucessivamente e nessa ordem, pois cada participação diminui a base de cálculo da participação seguinte.

(=) LUCRO APÓS O IMPOSTO DE RENDA = LAPIR--------10.000
(-) PARTICIPAÇÕES ESTATUTÁRIAS
Debêntures = 10% x 10.000 = **1.000**

Empregados = 10% (10.000 – 1.000) = **900**
Administradores = 0
Partes Beneficiárias = 5% (9.000 – 900) = **405**
Fundos de Assistência de Empregados = 0

Cpc 26

Além dos itens requeridos em outros Pronunciamentos do CPC, a demonstração do resultado do período deve, no mínimo, incluir as seguintes rubricas, obedecidas também as determinações legais:

(a) receitas;

(aa) ganhos e perdas decorrentes de baixa de Ativos financeiros mensurados pelo custo amortizado;

(b) custos de financiamento;

(c) parcela dos resultados de empresas investidas reconhecida por meio do método da equivalência patrimonial;

(d) tributos sobre o lucro;

(ea) um único valor para o total de operações descontinuadas (ver Pronunciamento Técnico CPC 31);

(f) em atendimento à legislação societária brasileira vigente na data da emissão deste Pronunciamento, a demonstração do resultado deve incluir ainda as seguintes rubricas:

(i) custo dos produtos, das mercadorias e dos serviços vendidos;

(ii) lucro bruto;

(iii) despesas com vendas, gerais, administrativas e outras despesas e receitas operacionais;

(iv) resultado antes das receitas e despesas financeiras;

(v) resultado antes dos tributos sobre o lucro;

(vi) resultado líquido do período.

Demonstração do Resultado do Exercício – CPC 26
RECEITA LÍQUIDA
(-) Custo das mercadorias vendidas ou dos produtos e serviços vendidos
(=) LUCRO BRUTO OU RESULTADO OPERACIONAL BRUTO
(-) Despesas com Vendas
(-) Despesas Administrativas
(-) Despesas gerais
(-) Outras Despesas Operacionais/ Outras despesas
(+) Outras Receitas Operacionais/ Outras receitas
(=) RESULTADO ANTES DAS RECEITAS E DESPESAS FINANCEIRAS
(-) Despesas Financeiras
(+) Receitas Financeiras
(=) RESULTADO ANTES DO IMPOSTO DE RENDA = LAIR
(-) Contribuição Social s/ o Lucro (CSLL)
(-) Imposto de Renda s/ o Lucro
(=) RESULTADO DAS OPERAÇÕES CONTINUADAS
(+/-) RESULTADO LÍQUIDO DAS OPERAÇÕES DESCONTINUADAS
= RESULTADO LÍQUIDO DO PERÍODO.

Novidades cpc 26

01. Início a partir da receita líquida

CPC 30, Item 8: Para fins de divulgação na demonstração do resultado, a receita inclui somente os ingressos brutos de benefícios econômicos recebidos e a receber pela entidade quando originários de suas próprias atividades. As quantias cobradas por conta de terceiros – tais como tributos sobre vendas, tributos sobre bens e serviços e tributos sobre valor adicionado não são benefícios econômicos que fluam para a entidade e não resultam em aumento do patrimônio líquido. Portanto, são excluídos da receita.

02. Separação das receitas e despesas financeiras

No modelo previsto no CPC 26, as receitas e despesas financeiras devem ser destacadas após o resultado antes das receitas e despesas financeiras. A separação do resultado financeiro evidencia com mais propriedade o resultado oriundo das operações da empresa.

03. Resultado de operações descontinuadas

Segundo ED Luiz Ferrari:

> Operações continuadas: são aquelas que a empresa pretende realizar para o presente e futuro, pois tais operações têm, por prazo indeterminado, o potencial de gerar receitas e atrair a atenção dos consumidores.

> Operações descontinuadas: operações que a empresa apoio no passado, mas não irá dar continuidade no futuro. Estão em processo de acabar até acabar e não necessariamente aquelas que já acabaram, de forma que num determinado período presente ainda podem gerar resultados para empresa até o momento de efetivamente acabarem.

CPC 31 – Ativo Não Circulante Mantido para Venda e Operação Descontinuada, item 32, define:

Uma operação descontinuada é um componente da entidade que foi baixado ou está classificado como mantido para venda e

(a) representa uma importante linha separada de negócios ou área geográfica de operações;

(b) é parte integrante de um único plano coordenado para venda de uma importante linha separada de negócios ou área geográfica de operações; ou

(c) é uma controlada adquirida exclusivamente com o objetivo da revenda.

Vale ressaltar que não são as vendas normais de Ativo Imobilizado e sim vendas relativas a divisões, produtos ou atividades que a empresa abandonou que não existirão mais no futuro.

CPC 26:

A entidade deve apresentar uma análise das despesas utilizando uma classificação baseada na sua natureza, se permitida legalmente, ou na sua função dentro da entidade, devendo eleger o critério que proporcionar informação confiável e mais relevante, obedecidas as determinações legais.

A primeira forma de análise é o método da natureza da despesa. As despesas são agregadas na demonstração do resultado de acordo com a sua natureza (por exemplo, depreciações, compras de materiais, despesas com transporte, benefícios aos empregados e despesas de publicidade), não sendo realocados entre as várias funções dentro da entidade. Esse método pode ser simples de aplicar, porque não são necessárias alocações de gastos a

DEMONSTRAÇÕES CONTÁBEIS

classificações funcionais. Um exemplo de classificação que usa o método da natureza do gasto é o que se segue:

Receitas	X
Outras Receitas	X
Variação do estoque de produtos acabados e em elaboração	X
Consumo de matérias-primas e materiais	X
Despesa com benefícios a empregados	X
Depreciações e amortizações	X
Outras despesas	X
Total da despesa	(X)
Resultado antes dos tributos	X

A segunda forma de análise é o método da função da despesa ou do "custo dos produtos e serviços vendidos", classificando-se as despesas de acordo com a sua função como parte do custo dos produtos ou serviços vendidos ou, por exemplo, das despesas de distribuição ou das atividades administrativas. No mínimo, a entidade deve divulgar o custo dos produtos e serviços vendidos segundo esse método separadamente das outras despesas. Esse método pode proporcionar informação mais relevante aos usuários do que a classificação de gastos por natureza, mas a alocação de despesas às funções pode exigir alocações arbitrárias e envolver considerável julgamento. Um exemplo de classificação que utiliza o método da função da despesa é a seguinte:

Receitas	X
Custo dos produtos e serviços vendidos	(X)
Lucro bruto	X
Outras receitas	X
Despesas de vendas	(X)
Despesas administrativas	(X)
Outras despesas	(X)
Resultado antes dos tributos	X

A escolha entre o método da função das despesas e o método da natureza das despesas depende de fatores históricos e setoriais e da natureza da entidade. Ambos os métodos proporcionam uma indicação das despesas que podem variar, direta ou indiretamente, com o nível de vendas ou de produção da entidade.

Dado que cada método de apresentação tem seu mérito conforme as características de diferentes tipos de entidade, o Pronunciamento Técnico estabelece que cabe à administração eleger o método de apresentação mais relevante e confiável, atendidas as exigências legais. Entretanto, tendo em vista que a informação sobre a natureza das despesas é útil ao prever os futuros fluxos de caixa, é exigida divulgação adicional quando for usada a classificação com base no método da função das despesas.

Lucro, participações e destinações.

Dedução de prejuízos e imposto sobre a renda

Art. 189. *Do resultado do exercício serão deduzidos, antes de qualquer participação, os prejuízos acumulados e a provisão para o Imposto sobre a Renda.*

Parágrafo único. *O prejuízo do exercício será obrigatoriamente absorvido pelos lucros acumulados, pelas reservas de lucros e pela reserva legal, nessa ordem.*

Art. 200. *As reservas de capital somente poderão ser utilizadas para:*
I. absorção de prejuízos que ultrapassarem os lucros acumulados e as reservas de lucros (artigo 189, parágrafo único). (Grifo nosso)

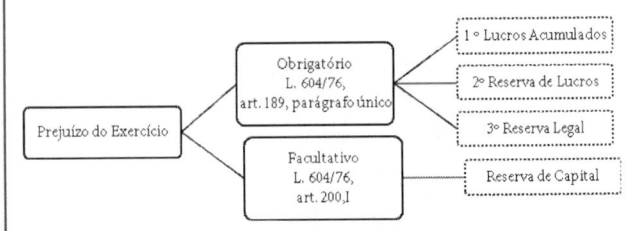

Antes da transferência do prejuízo do exercício apurado na DRE para a conta de prejuízo acumulado, deve-se observar o parágrafo único do art. 189 e, havendo saldo remanescente, a transferência é concluída.

Participações

Art. 190. *As participações estatutárias de empregados, administradores e partes beneficiárias serão determinadas, sucessivamente e nessa ordem, com base nos lucros que remanescerem depois de deduzida a participação anteriormente calculada.*

Parágrafo único. *Aplica-se ao pagamento das participações dos administradores e das partes beneficiárias o disposto nos parágrafos do artigo 201. (Grifo nosso)*

Convém observar que apesar de o Art. 190 não fazer referência aos debenturistas, esta participação deverá ser a primeira a ser calculada (vide Art. 187).

A conta Prejuízo Acumulado não faz parte da DRE, mas ela influência na base de cálculo das participações estatutárias (vide Art. 190). A DRE evidencia as receitas e despesas do período, o prejuízo acumulado corresponde a prejuízos de períodos anteriores. Por esse motivo, não devem contar na DRE do exercício atual, fazendo-se necessários cálculos extracontábeis.

Demonstração do lucro ou prejuízo acumulado – dlpa

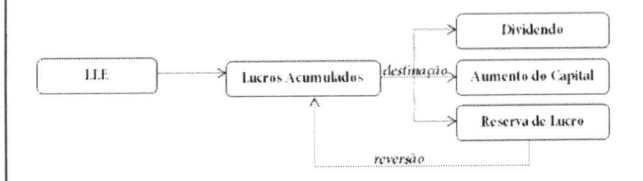

Lei 6.404/76- Art. 186.

A demonstração de lucros ou prejuízos acumulados discriminará:
I. o saldo do início do período, os ajustes de exercícios anteriores e a correção monetária do saldo inicial;

II. as reversões de reservas e o lucro líquido do exercício;
III. as transferências para reservas, os dividendos, a parcela dos lucros incorporada ao capital e o saldo ao fim do período.
§ 1º Como ajustes de exercícios anteriores serão considerados apenas os decorrentes de efeitos da mudança de critério contábil, ou da retificação de erro imputável a determinado exercício anterior, e que não possam ser atribuídos a fatos subsequentes.
§ 2º A demonstração de lucros ou prejuízos acumulados deverá indicar o montante do dividendo por ação do capital social e poderá ser incluída na demonstração das mutações do patrimônio líquido, se elaborada e publicada pela companhia.

ESTRUTURA DE DEMONSTRAÇÃO DE LUCROS OU PREJUÍZOS ACUMULADOS

Saldo no Início do Período
(+/-) Ajuste de Exercícios Anteriores
(+) Reversões de Reservas de Lucros
(+/-) Lucro (Prejuízo) Líquido do Exercício
(-) Transferências para reservas de lucros
(-) Dividendos (indicando o dividendo por ação)
(-) Parcela dos lucros incorporada ao capital
(-) Dividendos antecipados (art.204)
(=) Saldo ao final do período

Sd. Inicial = 0 (S/A)
Razonete da conta Lucros ou Prejuízos Acumulados - DLPA

Sd. Inicial = devedor Ajuste de Exercícios Anteriores Prejuízo Líquido do Exercício Transferências para reservas de lucros Dividendos Parcela dos lucros incorporada ao capital	Sd. Inicial = credor Ajuste de Exercícios Anteriores Reversões de Reservas de Lucros Lucro Líquido do Exercício
Sd. Final = devedor	Sd. Final = credor
	Sd. Final = 0 (S/A)

Ajuste de Exercícios Anteriores

Art. 186. *§ 1º Ajustes de Exercícios anteriores*
Como ajustes de exercícios anteriores serão considerados apenas os decorrentes de efeitos da mudança de critério contábil, ou da retificação de erro imputável a determinado exercício anterior, e que não possam ser atribuídos a fatos subsequentes. (Grifo nosso)

Todo ajuste de exercício anterior será corrigido diretamente na conta de lucros ou prejuízo acumulado.

CPC 23 - Políticas Contábeis, Mudança de Estimativa e Retificação de Erro.

Mudança na estimativa contábil é um ajuste nos saldos contábeis de Ativo ou de Passivo, ou nos montantes relativos ao consumo periódico de Ativo, que decorre da avaliação da situação atual e das obrigações e dos benefícios futuros esperados, associados aos Ativos e Passivos. As alterações nas estimativas contábeis decorrem de nova informação ou inovações e, portanto, não são retificações de erros. Aplicação retrospectiva.

Erros de períodos anteriores são omissões e incorreções nas demonstrações contábeis da entidade de um ou mais períodos anteriores decorrentes da falta de uso, ou uso incorreto, de informação confiável que: (a) estava disponível quando da autorização para divulgação das demonstrações contábeis desses períodos; e (b) pudesse ter sido razoavelmente obtida e levada em consideração na elaboração e na apresentação dessas demonstrações contábeis. Tais erros incluem os efeitos de erros matemáticos, erros na aplicação de políticas contábeis, descuidos ou interpretações incorretas de fatos e fraudes. Aplicação retrospectiva.

Ex.:

No exercício de 2015 a Cia. Chaves deixou de registrar uma nota fiscal de venda a prazo no valor de R$ 10.000,00. Isso provocou a redução do lucro daquele exercício.

O erro foi percebido somente em 2016. Não sendo possível contabilizar uma venda de 2015 em 2016, devido ao regime de competência, é feito um ajuste diretamente na conta de lucros acumulados por meio do seguinte lançamento:

D- Duplicata a receber.
C- Lucros Acumulados.

É importante lembrar que as contas de resultado são encerradas ao final de cada período. Por isso, uma receita de exercícios anteriores não pode ser reconhecida no período atual. Já as contas patrimoniais têm os seus saldos acumulados de um período para outro, permitindo a correção diretamente na conta de lucros acumulados e duplicata a receber.

Demonstração das mutações do patrimônio líquido

A demonstração das Mutações do Patrimônio Líquido é aquela destinada a evidenciar as mudanças, em natureza e valor, ocorridas no patrimônio líquido da entidade, em um determinado período de tempo.

> A Lei nº 6.404/76 não obriga a divulgação da demonstração das mutações do patrimônio líquido, tornando-a apenas facultativa. Esse demonstrativo passou a ser obrigatório para as empresas de capital aberto por exigência da Comissão de Valores Mobiliários.

Cpc 26 – apresentação das dcs

A demonstração das mutações do patrimônio líquido inclui as seguintes informações:

(a) o resultado abrangente do período, apresentando separadamente o montante total atribuível aos proprietários da entidade controladora e o montante correspondente à participação de não controladores;

(b) para cada componente do patrimônio líquido, os efeitos da aplicação retrospectiva ou da reapresentação retrospectiva, reconhecidos de acordo com o Pronunciamento Técnico CPC 23 – Políticas Contábeis, Mudança de Estimativa e Retificação de Erro;

(c) (eliminada);

(d) para cada componente do patrimônio líquido, a conciliação do saldo no início e no final do período, demonstrando-se separadamente as mutações decorrentes:

(i) do resultado líquido;

(ii) de cada item dos outros resultados abrangentes; e

(iii) de transações com os proprietários realizadas na condição de proprietário, demonstrando separadamente suas integralizações e as distribuições realizadas, bem como modificações nas participações em controladas que não implicaram perda do controle.

Informação a ser apresentada na demonstração das mutações do patrimônio líquido ou nas notas explicativas

Para cada componente do patrimônio líquido, a entidade deve apresentar, ou na demonstração das mutações do patrimônio líquido ou nas notas explicativas, uma análise dos outros resultados abrangentes por item.

O patrimônio líquido deve apresentar o capital social, as reservas de capital, os ajustes de avaliação patrimonial, as reservas de lucros, as ações ou quotas em tesouraria, os prejuízos acumulados, se legalmente admitidos os lucros acumulados e as demais contas exigidas pelos Pronunciamentos Técnicos emitidos pelo CPC.

A entidade deve apresentar, na demonstração das mutações do patrimônio líquido ou nas notas explicativas, o montante de dividendos reconhecidos como distribuição aos proprietários durante o período e o respectivo montante dos dividendos por ação.

Alteram o Patrimônio Líquido

a) LLE ou PLE (prejuízo líquido do exercício);
b) redução por dividendos distribuídos;
c) aumento de capital pelos sócios;
d) acréscimos pela constituição de reservas de capital;
e) decréscimos pela aquisição de ações da própria companhia/ ações em tesouraria;
f) acréscimo ou redução por ajustes de exercícios anteriores;
g) acréscimo ou redução por ajustes de avaliação patrimonial.

Razonete do Patrimônio Líquido – DMPL

Devedor	Credor
	Saldo Inicial
PLE	LLE
Dividendo distribuído	Aumento de capital pelos sócios
Aquisição de ações da própria companhia/ ações em tesouraria	Constituição de reservas de capital
Ajustes de exercícios anteriores	Ajustes de exercícios anteriores
Ajustes de avaliação patrimonial	Ajustes de avaliação patrimonial
	Saldo Final

Não alteram o Patrimônio Líquido

a) aumento de capital com utilização de reservas e lucros;
b) constituição de reservas de lucros;
c) reversão de reservas para conta de lucros acumulados;
d) compensação de prejuízos com reserva.

Demonstração do valor adicionado - DVA

Lei 6.404/76

Art. 188 - II – demonstração do valor adicionado – o valor da riqueza gerada pela companhia, a sua distribuição entre os elementos que contribuíram para a geração dessa riqueza, tais como empregados, financiadores, acionistas, governo e outros, bem como a parcela da riqueza não distribuída.

Cpc 09 - DVA

> Conceito

O valor adicionado é a diferença entre receita gerada e insumos.

> Objetivo

A entidade deve elaborar a DVA e apresentá-la como parte integrante das suas demonstrações contábeis divulgadas ao final de cada exercício social.

A DVA deve proporcionar aos usuários das demonstrações contábeis informações relativas à riqueza criada pela entidade em determinado período e a forma como tais riquezas foram distribuídas.

A distribuição da riqueza criada deve ser detalhada, minimamente, da seguinte forma:

(a) pessoal e encargos;
(b) impostos, taxas e contribuições;
(c) juros e aluguéis;
(d) juros sobre o capital próprio (JCP) e dividendos;
(e) lucros retidos/prejuízos do exercício.

III. Características das informações da DVA

A DVA está fundamentada em conceitos macroeconômicos, buscando apresentar, eliminados os valores que representam dupla contagem, a parcela de contribuição que a entidade tem na formação do Produto Interno Bruto (PIB). Essa demonstração apresenta o quanto a entidade agrega de valor aos insumos adquiridos de terceiros e que são vendidos ou consumidos durante determinado período.

Existem, todavia, diferenças temporais entre os modelos contábil e econômico no cálculo do valor adicionado. A ciência econômica, para cálculo do PIB, baseia-se na produção, enquanto a contabilidade utiliza o conceito contábil da realização da receita, isto é, baseia-se no regime contábil de competência. Como os momentos de realização da produção e das vendas são normalmente diferentes, os valores calculados para o PIB por meio dos conceitos oriundos da Economia e os da Contabilidade são naturalmente diferentes em cada período. Essas diferenças serão tanto menores quanto menores forem as diferenças entre os estoques inicial e final para o período considerado. Em outras palavras, admitindo-se a inexistência de estoques inicial e final, os valores encontrados com a utilização de conceitos econômicos e contábeis convergirão.

Para os investidores e outros usuários, essa demonstração proporciona o conhecimento de informações de natureza econômica e social e oferece a possibilidade de melhor avaliação das atividades da entidade dentro da sociedade na qual está inserida. A decisão de recebimento por uma comunidade (Município, Estado e a própria Federação) de investimento pode ter nessa demonstração um instrumento de extrema utilidade e com informações que, por exemplo, a demonstração de resultados por si só não é capaz de oferecer.

> Modelo DVA

Modelo I - Demonstração do Valor Adicionado – EMPRESAS EM GERAL

DESCRIÇÃO	20X1	20X0
1 – RECEITAS		
1.1) Vendas de mercadorias, produtos e serviços		
1.2) Outras receitas		
1.3) Receitas relativas à construção de Ativos próprios		
1.4) Provisão para créditos de liquidação duvidosa – Reversão / (Constituição)		
2 – INSUMOS ADQUIRIDOS DE TERCEIROS		
(inclui os valores dos impostos – ICMS, IPI, PIS e COFINS)		
2.1) Custos dos produtos, das mercadorias e dos serviços vendidos		
2.2) Materiais, energia, serviços de terceiros e outros		
2.3) Perda / Recuperação de valores ativos		
2.4) Outras (especificar)		
3 – VALOR ADICIONADO BRUTO (1-2)		
4 – DEPRECIAÇÃO, AMORTIZAÇÃO E EXAUSTÃO		
5 – VALOR ADICIONADO LÍQUIDO PRODUZIDO PELA ENTIDADE (3-4)		
6 – VALOR ADICIONADO RECEBIDO EM TRANSFERÊNCIA		
6.1) Resultado de equivalência patrimonial		
6.2) Receitas financeiras		
6.3) Outras		
7 – VALOR ADICIONADO TOTAL A DISTRIBUIR (5+6)		
8 – DISTRIBUIÇÃO DO VALOR ADICIONADO (*)		
8.1) Pessoal		
8.1.1 – Remuneração direta		
8.1.2 – Benefícios		
8.1.3 – F.G.T.S		
8.2) Impostos, taxas e contribuições		
Federais/ Estaduais/ Municipais		
8.3) Remuneração de capitais de terceiros		
8.3.1 – Juros		
8.3.2 – Aluguéis		
8.3.3 – Outras		
8.4) Remuneração de Capitais Próprios		
8.4.1 – Juros sobre o Capital Próprio		
8.4.2 – Dividendos		
8.4.3 – Lucros retidos / Prejuízo do exercício		
8.4.4 – Participação dos não controladores nos lucros retidos (só p/ consolidação)		

> Definições

Valor adicionado representa a riqueza criada pela empresa, de forma geral medida pela diferença entre o valor das vendas e os insumos adquiridos de terceiros. Inclui também o valor adicionado recebido em transferência, ou seja, produzido por terceiros e transferido à entidade.

A DVA, em sua primeira parte, deve apresentar de forma detalhada a riqueza criada pela entidade.

a) Receitas

Receita de venda de mercadorias, produtos e serviços representa os valores reconhecidos na contabilidade a esse título pelo regime de competência e incluídos na demonstração do resultado do período.

- Venda de mercadorias, produtos e serviços - inclui os valores dos tributos incidentes sobre essas receitas (por exemplo, ICMS, IPI, PIS e COFINS), ou seja, corresponde ao ingresso bruto ou faturamento bruto, mesmo quando na demonstração do resultado tais tributos estejam fora do cômputo dessas receitas.

Outras receitas representam os valores que sejam oriundos, principalmente, de baixas por alienação de Ativos Não Circulantes, tais como resultados na venda de Imobilizado, de investimentos, e outras transações incluídas na demonstração do resultado do exercício que não configuram reconhecimento de transferência à entidade de riqueza criada por outras entidades.

Diferentemente dos critérios contábeis, também incluem valores que não transitam pela demonstração do resultado, como, por exemplo, aqueles relativos à construção de Ativos para uso próprio da entidade e aos juros pagos ou creditados que tenham sido incorporados aos valores dos Ativos de longo prazo (normalmente, imobilizados).

No caso de estoques de longa maturação, os juros a eles incorporados deverão ser destacados como distribuição da riqueza no momento em que os respectivos estoques forem baixados; dessa forma, não há que se considerar esse valor como outras receitas.

Provisão para créditos de liquidação duvidosa – Constituição/Reversão - inclui os valores relativos à constituição e reversão dessa provisão.

b) Insumo adquirido de terceiros representa os valores relativos às aquisições de matérias-primas, mercadorias, materiais, energia, serviços etc. que tenham sido transformados em despesas do período. Enquanto permanecerem nos estoques, não compõem a formação da riqueza criada e distribuída.

- Custo dos produtos, das mercadorias e dos serviços vendidos - inclui os valores das matérias-primas adquiridas junto a terceiros e contidas no custo do produto vendido, das mercadorias e dos serviços vendidos adquiridos de terceiros; não inclui gastos com pessoal próprio.

DEMONSTRAÇÕES CONTÁBEIS

Materiais, energia, serviços de terceiros e outros - inclui valores relativos às despesas originadas da utilização desses bens, utilidades e serviços adquiridos junto a terceiros.

Obs.: nos valores dos custos dos produtos e mercadorias vendidos, materiais, serviços, energia etc. consumidos, devem ser considerados os tributos incluídos no momento das compras (por exemplo, ICMS, IPI, PIS e COFINS), recuperáveis ou não. Esse procedimento é diferente das práticas utilizadas na demonstração do resultado.

- Perda e recuperação de valores ativos - inclui valores relativos a ajustes por avaliação a valor de mercado de estoques, imobilizados, investimentos etc. Também devem ser incluídos os valores reconhecidos no resultado do período, tanto na constituição quanto na reversão de provisão para perdas por desvalorização de Ativos, conforme aplicação do CPC 01 – Redução ao Valor Recuperável de Ativos (se no período o valor líquido for positivo, deve ser somado).

c) Depreciação, amortização e exaustão representam os valores reconhecidos no período e normalmente utilizados para conciliação entre o fluxo de caixa das atividades operacionais e o resultado líquido do exercício.

d) Valor adicionado recebido em transferência representa a riqueza que não tenha sido criada pela própria entidade, e sim por terceiros, e que a ela é transferida, como, por exemplo, receitas financeiras, de equivalência patrimonial, dividendos, aluguel, royalties etc. Precisa ficar destacado, inclusive, para evitar dupla contagem em certas agregações.

- Resultado de equivalência patrimonial - o resultado da equivalência pode representar receita ou despesa; se despesa, deve ser considerado como redução ou valor negativo.

- Receitas financeiras - inclui todas as receitas financeiras, inclusive as variações cambiais ativas, independentemente de sua origem.

- Outras receitas - inclui os dividendos relativos a investimentos avaliados ao custo, aluguéis, direitos de franquia etc.

e) Distribuição da Riqueza

A segunda parte da DVA deve apresentar de forma detalhada como a riqueza obtida pela entidade foi distribuída. Os principais componentes dessa distribuição estão apresentados a seguir:

Pessoal – valores apropriados ao custo e ao resultado do exercício na forma de:

> Remuneração direta - representada pelos valores relativos a salários, 13º salário, honorários da administração (inclusive os pagamentos baseados em ações), férias, comissões, horas extras, participação de empregados nos resultados etc.

> Benefícios - representados pelos valores relativos a assistência médica, alimentação, transporte, planos de aposentadoria etc.

> FGTS – representado pelos valores depositados em conta vinculada dos empregados.

Impostos, taxas e contribuições - valores relativos ao imposto de renda, contribuição social sobre o lucro, contribuições aos INSS (incluídos aqui os valores do Seguro de Acidentes do Trabalho) que sejam ônus do empregador, bem como os demais impostos e contribuições a que a empresa esteja sujeita. Para os impostos compensáveis, tais como ICMS, IPI, PIS e COFINS, devem ser considerados apenas os valores devidos ou já recolhidos, e representam a diferença entre os impostos e contribuições incidentes sobre as receitas e os respectivos valores incidentes sobre os itens considerados como "insumos adquiridos de terceiros".

> Federais – incluem os tributos devidos à União, inclusive aqueles que são repassados no todo ou em parte aos Estados, Municípios, Autarquias etc., tais como: IRPJ, CSSL, IPI, CIDE, PIS, COFINS. Incluem também a contribuição sindical patronal.

> Estaduais – incluem os tributos devidos aos Estados, inclusive aqueles que são repassados no todo ou em parte aos Municípios, Autarquias etc., tais como o ICMS e o IPVA.

> Municipais – incluem os tributos devidos aos Municípios, inclusive aqueles que são repassados no todo ou em parte às Autarquias, ou quaisquer outras entidades, tais como o ISS e o IPTU.

Remuneração de capitais de terceiros - valores pagos ou creditados aos financiadores externos de capital.

> Juros - incluem as despesas financeiras, inclusive as variações cambiais passivas, relativas a quaisquer tipos de empréstimos e financiamentos junto a instituições financeiras, empresas do grupo ou outras formas de obtenção de recursos. Incluem os valores que tenham sido capitalizados no período.

> Aluguéis - incluem os aluguéis (inclusive as despesas com arrendamento operacional) pagos ou creditados a terceiros, inclusive os acrescidos aos Ativos.

> Outras - incluem outras remunerações que configurem transferência de riqueza a terceiros, mesmo que originadas em capital intelectual, tais como royalties, franquia, direitos autorais etc.

Remuneração de capitais próprios - valores relativos à remuneração atribuída aos sócios e acionistas.

> Juros sobre o capital próprio (JCP) e dividendos - incluem os valores pagos ou creditados aos sócios e acionistas por conta do resultado do período, ressalvando-se os valores dos JCP transferidos para conta de reserva de lucros. Devem ser incluídos apenas os valores distribuídos com base no resultado do próprio exercício, desconsiderando-se os dividendos distribuídos com base em lucros acumulados de exercícios anteriores, uma vez que já foram tratados como "lucros retidos" no exercício em que foram gerados.

> Lucros retidos e prejuízos do exercício - incluem os valores relativos ao lucro do exercício destinados às reservas, inclusive os JCP quando tiverem esse tratamento; nos casos de prejuízo, esse valor deve ser incluído com sinal negativo.

> As quantias destinadas aos sócios e acionistas na forma de Juros sobre o Capital Próprio – JCP, independentemente de serem registradas como Passivo (JCP a pagar) ou como reserva de lucros, devem ter o mesmo tratamento dado aos dividendos no que diz respeito ao exercício a que devem ser imputados.

Casos especiais - Ativos construídos pela empresa para uso próprio

A construção de Ativos dentro da própria empresa para seu próprio uso é procedimento comum. Nessa construção diversos fatores de produção são utilizados, inclusive a contratação de recursos externos (por exemplo, materiais e mão de obra terceirizada) e a utilização de fatores internos como mão de obra, com os consequentes custos que essa contratação e utilização provocam. Para elaboração da DVA, essa construção equivale à produção vendida para a própria empresa, e por isso seu valor contábil integral precisa ser considerado como receita. A mão de obra própria alocada é considerada como distribuição dessa riqueza criada, e eventuais juros ativados e tributos também recebem esse mesmo tratamento. Os gastos com serviços de terceiros e materiais são apropriados como insumos.

À medida que tais Ativos entrem em operação, a geração de resultados desses Ativos recebe tratamento idêntico aos resultados gerados por qualquer outro Ativo adquirido de terceiros; portanto, sua depreciação também deve receber igual tratamento.

Para evitar o desmembramento das despesas de depreciação, na elaboração da DVA, entre os componentes que serviram de base para o respectivo registro do Ativo construído internamente (materiais diversos, mão de obra, impostos, aluguéis e juros), os valores gastos nessa construção devem, no período da construção, ser tratados como Receitas relativas à construção de Ativos próprios. Da mesma forma, os componentes de seu custo devem ser alocados na DVA seguindo-se suas respectivas naturezas.

O referido procedimento de reconhecimento dos valores gastos no período como outras receitas, além de aproximar do conceito econômico de valor adicionado, evita controles complexos adicionais, que podem ser custosos, durante toda a vida útil econômica do Ativo.

Demonstração do fluxo de caixa

Lei 6.404/76

Art. 176, IV – demonstração dos fluxos de caixa; e (Redação dada pela Lei nº 11.638, de 2007)

§ 6º A companhia fechada com patrimônio líquido, na data do balanço, inferior a R$ 2.000.000,00 (dois milhões de reais) não será obrigada à elaboração e publicação da demonstração dos fluxos de caixa. (Redação dada pela Lei nº 11.638, de 2007)

Cpc 03 - DFC

I. Conceitos

A DFC tem o objetivo de apresentar aos usuários a variação do disponível de uma empresa em determinado período.

Δ Variação do Disponível = SF Disponível - SI Disponível

Obs.: SF = saldo final; SI = saldo inicial

As informações dos fluxos de caixa de uma entidade são úteis para proporcionar aos usuários das demonstrações contábeis uma base para avaliar a capacidade de a entidade gerar caixa e equivalentes de caixa, bem como as necessidades da entidade de utilização desses fluxos de caixa. As decisões econômicas que são tomadas pelos usuários exigem avaliação da capacidade de a entidade gerar caixa e equivalentes de caixa, bem como da época de sua ocorrência e do grau de certeza de sua geração.

Disponível = caixa + equivalente de caixa

* Equivalente de Caixa = Banco + Aplicações Financeiras de Liquidez Imediata + numerários em trânsito

Os equivalentes de caixa são mantidos com a finalidade de atender a compromissos de caixa de curto prazo, e não para investimento ou outros propósitos. Para que um investimento seja qualificado como equivalente de caixa, ele precisa ter conversibilidade imediata em montante conhecido de caixa e estar sujeito a um insignificante risco de mudança de valor. Portanto, um investimento normalmente qualifica-se como equivalente de caixa somente quando tem vencimento de curto prazo, por exemplo, três meses ou menos, a contar da data da aquisição.

O CPC 03 requer que todas as entidades apresentem demonstração dos fluxos de caixa.

II. Benefícios da informação dos fluxos de caixa

A demonstração dos fluxos de caixa, quando usada em conjunto com as demais demonstrações contábeis, proporciona informações que permitem que os usuários avaliem as mudanças nos Ativos líquidos da entidade, sua estrutura financeira (inclusive sua liquidez e solvência) e sua capacidade para mudar os montantes e a época de ocorrência dos fluxos de caixa, a fim de adaptá-los às mudanças nas circunstâncias e oportunidades.

As informações sobre os fluxos de caixa são úteis para avaliar a capacidade de a entidade gerar caixa e equivalentes de caixa e possibilitam aos usuários desenvolver modelos para avaliar e comparar o valor presente dos fluxos de caixa futuros de diferentes entidades.

Informações históricas dos fluxos de caixa são frequentemente utilizadas como indicador do montante, época de ocorrência e grau de certeza dos fluxos de caixa futuros. Também são úteis para averiguar a exatidão das estimativas passadas dos fluxos de caixa futuros, assim como para examinar a relação entre lucratividade e fluxos de caixa líquidos e o impacto das mudanças de preços.

III. Apresentação de uma Demonstração dos Fluxos de Caixa

A demonstração dos fluxos de caixa deve apresentar os fluxos de caixa de período classificados por atividades operacionais, de investimento e de financiamento.

DEMONSTRAÇÕES CONTÁBEIS

Fluxos de caixa são as entradas e saídas de caixa e equivalentes de caixa.

Fluxo de Caixa - Atividades:
- **Operacional**: São as principais atividades geradoras de receita da entidade.
- **Investimento**: São as referentes à aquisição e à venda de Ativos de longo prazo e de outros investimentos não incluídos nos equivalentes de caixa.
- **Financiamento**: São aquelas que resultam em mudanças no tamanho e na composição do capital próprio e no capital de terceiros da entidade.

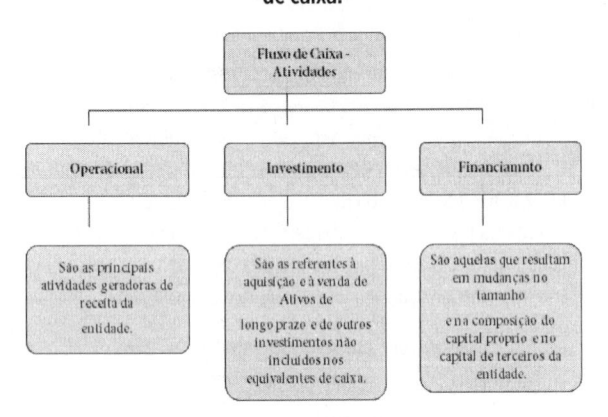

IV. Métodos de Elaboração da DFC

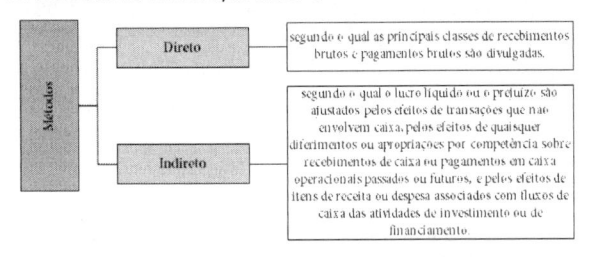

Métodos:
- **Direto**: segundo o qual as principais classes de recebimentos brutos e pagamentos brutos são divulgadas.
- **Indireto**: segundo o qual o lucro líquido ou o prejuízo são ajustados pelos efeitos de transações que não envolvem caixa, pelos efeitos de quaisquer diferimentos ou apropriações por competência sobre recebimentos de caixa ou pagamentos em caixa operacionais passados ou futuros, e pelos efeitos de itens de receita ou despesa associados com fluxos de caixa das atividades de investimento ou de financiamento.

O que diferencia um método do outro é a forma de determinação da variação do caixa em função das atividades operacionais.

a) Método Direto

Pelo método direto, as informações sobre as principais classes de recebimentos brutos e de pagamentos brutos podem ser obtidas alternativamente:

(a) dos registros contábeis da entidade; ou

(b) pelo ajuste das vendas, dos custos dos produtos, mercadorias ou serviços vendidos (no caso de instituições financeiras, pela receita de juros e similares e despesa de juros e encargos e similares) e outros itens da demonstração do resultado ou do resultado abrangente referentes a:

(i) variações ocorridas no período nos estoques e nas contas operacionais a receber e a pagar;

(ii) outros itens que não envolvem caixa; e

(iii) outros itens tratados como fluxos de caixa advindos das atividades de investimento e de financiamento.

Vendas → Clientes
Compras → Fornecedores
Despesas → Contas a Pagar

Recebimento de Clientes	Pagamento a Fornecedor	Pagamento de Despesa
SI Clientes	SI Fornecedor	SI Contas a Pagar
(-) SI PDD	+ Compras (CO)	+ Despesas
(-) SI Duplicata Descontada	(-) SF Fornecedor	(-) SI Despesas Antecipadas
(-) SI Adiantamento de Cliente	Saída de Recurso	+ SF Despesas Antecipadas
+ Vendas Líquidas		(-) SF Contas a Pagar
(-) SF Clientes	CMV = EI + CO - EF	Saída de Recurso
+ SF Duplicata Descontada		
+ SF Adiantamento de Cliente		
(-) Perdas com Clientes		
+ Reversão de PDD		
Ingresso de Recurso		

Demonstração dos Fluxos de Caixa pelo Método Direto	20X2
Fluxos de caixa das atividades operacionais	
Recebimentos de clientes	
Pagamentos a fornecedores e empregados	
Caixa gerado pelas operações	
Juros pagos	
Imposto de renda e contribuição social pagos	
Imposto de renda na fonte sobre dividendos recebidos	
Caixa líquido proveniente das atividades operacionais	
Fluxos de caixa das atividades de investimento	
Aquisição da controlada X líquido do caixa incluído na aquisição (Nota A)	
Compra de Ativo Imobilizado (Nota B)	
Recebido pela venda de equipamento	
Juros recebidos	
Dividendos recebidos	
Caixa líquido usado nas atividades de investimento	
Fluxos de caixa das atividades de financiamento	
Recebido pela emissão de ações	
Recebido por empréstimo a logo prazo	
Pagamento de Passivo por arrendamento	
Dividendos pagos*	
Caixa líquido usado nas atividades de financiamento	
Aumento líquido de caixa e equivalentes de caixa	
Caixa e equivalentes de caixa no início do período (Nota C)	
Caixa e equivalentes de caixa ao fim do período (Nota C)	

b) Método Indireto

De acordo com o método indireto, o fluxo de caixa líquido advindo das atividades operacionais é determinado ajustando o lucro líquido ou prejuízo quanto aos efeitos de:

(a) variações ocorridas no período nos estoques e nas contas operacionais a receber e a pagar;

(b) itens que não afetam o caixa, tais como depreciação, provisões, tributos diferidos, ganhos e perdas cambiais não realizados e resultado de equivalência patrimonial quando aplicável; e

(c) todos os outros itens tratados como fluxos de caixa advindos das atividades de investimento e de financiamento.

Alternativamente, o fluxo de caixa líquido advindo das atividades operacionais pode ser apresentado pelo método indireto, mostrando-se as receitas e as despesas divulgadas na demonstração do resultado ou resultado abrangente e as variações ocorridas no período nos estoques e nas contas operacionais a receber e a pagar.

A conciliação entre o lucro líquido e o fluxo de caixa líquido das atividades operacionais deve ser fornecida, obrigatoriamente, caso a entidade use o método direto para apurar o fluxo líquido das atividades operacionais. A conciliação deve apresentar, separadamente, por categoria, os principais itens a serem conciliados, à semelhança do que deve fazer a entidade que usa o método indireto em relação aos ajustes ao lucro líquido ou prejuízo para apurar o fluxo de caixa líquido das atividades operacionais.

Demonstração dos Fluxos de Caixa pelo Método Indireto	20X2
Fluxos de caixa das atividades operacionais	
Lucro líquido antes do imposto de renda e contribuição social	
Ajustes por:	
Depreciação	
Perda cambial	
Renda de investimentos	
Despesas de juros	
Aumento nas contas a receber de clientes e outros	
Diminuição nos estoques	
Diminuição nas contas a pagar – fornecedores	
Caixa proveniente das operações	
Juros pagos	
Imposto de renda e contribuição social pagos	
Imposto de renda na fonte sobre dividendos recebidos	
Caixa líquido proveniente das atividades operacionais	
Fluxos de caixa das atividades de investimento	
Aquisição da controlada X menos caixa líquido incluído na aquisição (Nota A)	
Compra de Ativo Imobilizado (Nota B)	
Recebimento pela venda de equipamento	
Juros recebidos	
Dividendos recebidos	
Caixa líquido usado nas atividades de investimento	
Fluxos de caixa das atividades de financiamento	
Recebimento pela emissão de ações	
Recebimento por empréstimos em longo prazo	
Pagamento de obrigação por arrendamento	
Dividendos pagos*	
Caixa líquido usado nas atividades de financiamento	
Aumento líquido de caixa e equivalente de caixa	
Caixa e equivalente de caixa no início do período	
Caixa e equivalente de caixa no fim do período	

V. Fluxo de Caixa por Atividade

a) Atividade Operacional:

Atividade Operacional: Δ AC e Δ PC

Os fluxos de caixa advindos das atividades operacionais são basicamente derivados das principais atividades geradoras de receita da entidade. Portanto, eles geralmente resultam de transações e de outros eventos que entram na apuração do lucro líquido ou prejuízo. Exemplos de fluxos de caixa que decorrem das atividades operacionais são:

a) recebimentos de caixa pela venda de mercadorias e pela prestação de serviços;

b) recebimentos de caixa decorrentes de royalties, honorários, comissões e outras receitas;

c) pagamentos de caixa a fornecedores de mercadorias e serviços;

d) pagamentos de caixa a empregados ou por conta de empregados;

e) recebimentos e pagamentos de caixa por seguradora de prêmios e sinistros, anuidades e outros benefícios da apólice;

f) pagamentos ou restituição de caixa de impostos sobre a renda, a menos que possam ser especificamente identificados com as atividades de financiamento ou de investimento; e

g) recebimentos e pagamentos de caixa de contratos mantidos para negociação imediata ou disponíveis para venda futura.

Algumas transações, como a venda de item do imobilizado, podem resultar em ganho ou perda, que é incluído na apuração do lucro líquido ou prejuízo. Os fluxos de caixa relativos a tais transações são fluxos de caixa provenientes de atividades de investimento. Entretanto, pagamentos em caixa para a produção ou a aquisição de Ativos mantidos para aluguel a terceiros que, em sequência, são vendidos, são fluxos de caixa advindos das atividades operacionais. Os recebimentos de aluguéis e das vendas subsequentes de tais Ativos são também fluxos de caixa das atividades operacionais.

A entidade pode manter títulos e empréstimos para fins de negociação imediata ou futura (dealing or trading purposes), os quais, no caso, são semelhantes a estoques adquiridos especificamente para revenda. Dessa forma, os fluxos de caixa advindos da compra e venda desses títulos são classificados como atividades operacionais. Da mesma forma, as antecipações de caixa e os empréstimos feitos por instituições financeiras são comumente classificados como atividades operacionais, uma vez que se referem à principal atividade geradora de receita dessas entidades.

> Também são classificados como operacionais, as seguintes atividades:
> - Dividendos recebidos.
> - Juros pagos e recebidos.

b) Atividades de Financiamento:

**Atividade Financiamento: Δ PNC e Δ PL
+ Empréstimos Obtidos**

A divulgação separada dos fluxos de caixa advindos das atividades de financiamento é importante por ser útil na predição de exigências de fluxos futuros de caixa por parte de fornecedores de capital à entidade. Exemplos de fluxos de caixa advindos das atividades de financiamento são:

a) caixa recebido pela emissão de ações ou outros instrumentos patrimoniais;
b) pagamentos em caixa a investidores para adquirir ou resgatar ações da entidade;
c) caixa recebido pela emissão de debêntures, empréstimos, notas promissórias, outros títulos de dívida, hipotecas e outros empréstimos de curto e longo prazo;
d) amortização de empréstimos e financiamentos; e
e) pagamentos em caixa pelo arrendatário para redução do Passivo relativo a arrendamento mercantil financeiro.

- Os Empréstimos Obtidos, assim como as Notas Promissórias a Pagar (título financeiro), Debêntures a Resgatar, Arrendamento Mercantil Financeiro a pagar (Financiamento) serão classificadas como atividade de financiamento, independente de estarem registrados no PC ou no PNC.
- Os dividendos e JSC pagos são classificados como financiamento, pois, representam devolução de recursos aos sócios.

Obs.: apesar de ser atividade relacionada à Ativo Imobilizado (arrendamento mercantil financeiro), o pagamento em caixa para redução de Passivo relativo a arrendamento mercantil financeiro é fluxo de caixa de financiamento.

C) Atividades de Investimento:

Atividade Investimento: → ANC + Empréstimos Concedidos

A divulgação em separado dos fluxos de caixa advindos das atividades de investimento é importante em função de tais fluxos de caixa representarem a extensão em que os dispêndios de recursos são feitos pela entidade com a finalidade de gerar lucros e fluxos de caixa no futuro. Somente desembolsos que resultam em Ativo reconhecido nas demonstrações contábeis são passíveis de classificação como atividades de investimento. Exemplos de fluxos de caixa advindos das atividades de investimento são:

a) pagamentos em caixa para aquisição de Ativo Imobilizado, intangíveis e outros Ativos de longo prazo. Esses pagamentos incluem aqueles relacionados aos custos de desenvolvimento ativados e aos Ativos Imobilizados de construção própria;
b) recebimentos de caixa resultantes da venda de Ativo Imobilizado, intangíveis e outros Ativos de longo prazo;
c) pagamentos em caixa para aquisição de instrumentos patrimoniais ou instrumentos de dívida de outras entidades e participações societárias em joint ventures (exceto aqueles pagamentos referentes a títulos considerados como equivalentes de caixa ou aqueles mantidos para negociação imediata ou futura);
d) recebimentos de caixa provenientes da venda de instrumentos patrimoniais ou instrumentos de dívida de outras entidades e participações societárias em joint ventures (exceto aqueles recebimentos referentes aos títulos considerados como equivalentes de caixa e aqueles mantidos para negociação imediata ou futura);
e) adiantamentos em caixa e empréstimos feitos a terceiros (exceto aqueles adiantamentos e empréstimos feitos por instituição financeira);
f) recebimentos de caixa pela liquidação de adiantamentos ou amortização de empréstimos concedidos a terceiros (exceto aqueles adiantamentos e empréstimos de instituição financeira);
g) pagamentos em caixa por contratos futuros, a termo, de opção e swap, exceto quando tais contratos forem mantidos para negociação imediata ou futura, ou os pagamentos forem classificados como atividades de financiamento; e
h) recebimentos de caixa por contratos futuros, a termo, de opção e *swap*, exceto quando tais contratos forem mantidos para negociação imediata ou venda futura, ou os recebimentos forem classificados como atividades de financiamento.

- Os Empréstimos Concedidos serão classificados como atividade de investimento, independentemente de estarem registrados no AC ou no ANC.

Obs.: os fluxos das atividades de financiamento e de investimentos são iguais nos dois métodos.

Juros e dividendos

Os juros pagos e recebidos e os dividendos e os juros sobre o capital próprio recebidos são comumente classificados como fluxos de caixa operacionais em instituições financeiras. Todavia, não há consenso sobre a classificação desses fluxos de caixa para outras entidades. Os juros pagos e recebidos e os dividendos e os juros sobre o capital próprio recebidos podem ser classificados como fluxos de caixa operacionais, porque eles entram na determinação do lucro líquido ou prejuízo. Alternativamente, os juros pagos e os juros, os dividendos e os juros sobre o capital próprio recebidos podem ser classificados, respectivamente, como fluxos de caixa de financiamento e fluxos de caixa de investimento, porque são custos de obtenção de recursos financeiros ou retornos sobre investimentos.

Os dividendos e os juros sobre o capital próprio pagos podem ser classificados como fluxo de caixa de financiamento porque são custos da obtenção de recursos financeiros. Alternativamente, os dividendos e os juros sobre o capital próprio pagos podem ser classificados como componente dos fluxos de caixa das atividades operacionais, a fim de auxiliar os usuários a determinar a capacidade de a entidade pagar dividendos e juros sobre o capital próprio utilizando os fluxos de caixa operacionais.

Este Pronunciamento encoraja fortemente as entidades a classificarem os juros, recebidos ou pagos, e os dividendos e juros sobre o capital próprio recebido como fluxos de caixa das atividades operacionais, e os dividendos e juros sobre o capital próprio pago como fluxos de caixa das atividades de financiamento.
Alternativa diferente deve ser seguida de nota evidenciando esse fato.

Juros Recebidos ou pagos	→	Atividades Operacionais
Dividendos e Juros sobre o capital próprio recebidos	→	Atividades operacionais
Dividendos e Juros sobre o capital próprio pagos	→	Atividades de financiamento

Imposto de renda e contribuição social sobre o lucro líquido

Os fluxos de caixa referentes ao imposto de renda (IR) e contribuição social sobre o lucro líquido (CSLL) devem ser divulgados separadamente e devem ser classificados como fluxos de caixa das atividades operacionais, a menos que possam ser identificados especificamente como atividades de financiamento e de investimento.

Os impostos pagos são comumente classificados como fluxos de caixa das atividades operacionais. Todavia, quando for praticável identificar o fluxo de caixa dos impostos com uma determinada transação, da qual resultem fluxos de caixa que sejam classificados como atividades de investimento ou de financiamento, o fluxo de caixa dos impostos deve ser classificado como atividade de investimento ou de financiamento, conforme seja apropriado. Quando os fluxos de caixa dos impostos forem alocados em mais de uma classe de atividade, o montante total dos impostos pagos no período também deve ser divulgado.

VI. Transação que não envolve caixa ou equivalentes de caixa

Transações de investimento e financiamento que não envolvem o uso de caixa ou equivalentes de caixa devem ser excluídas da demonstração dos fluxos de caixa. Tais transações devem ser divulgadas nas notas explicativas às demonstrações contábeis, de modo que forneçam todas as informações relevantes sobre essas atividades de investimento e de financiamento.

Exemplos de transações que não envolvem caixa ou equivalente de caixa são:

a) a aquisição de Ativos, quer seja pela assunção direta do Passivo respectivo, quer seja por meio de arrendamento financeiro;

b) a aquisição de entidade por meio de emissão de instrumentos patrimoniais; e

c) a conversão de dívida em instrumentos patrimoniais.

Resumo

MÉTODO INDIRETO
A = P + PL
Disponível + Outras contas do AC + ANC = PC + PNC + PL
Δ Disponível = PC − AC + PNC + PL − ANC

A. Operacional: ΔAC e ΔPC	A. Financiamento: ΔPNC e ΔPL	A. Investimento: ΔANC
LLE ajustado	↑ PNC ↑Disp.	↑ ANC ↑Disp.
↑ PC ↑Disp.	↑ PL ↑Disp.	↑ ANC ↑Disp.
↑ AC ↑Disp.	↑ PNC ↑Disp.	
↑ PC ↑Disp.	↑ PL ↑Disp.	
↑ AC ↑Disp.		

ΔDisponível = A. Operacional + A. Financiamento + A. Investimento = SF Disponível − SI Disponível

Não esquecer!

Empréstimos	Obtenção/Pagamento PC/PNC	Concessão/Recebimento AC/ANC
Principal	A. Financiamento	A. Investimento
Juros	Pago = A. Operacional	Recebido = A. Operacional
Arrendamento Mercantil	Financeiro	Operacional
	A. Financiamento	A. Operacional
Ações	Compra	Venda
De outras companhias	Participação Societária = A. Investimento.	Participação Societária = A. Investimento.
Da própria companhia	Ações em tesouraria = A. Financiamento	Capital Social = A. Financiamento
Dividendo/JSCP	Pago	Recebido
	A. Financiamento	A. Operacional
Duplicata Descontada		A. Operacional

Notas Promissórias a Pagar (título financeiro) / Debêntures a Resgatar/ Arrendamento Mercantil Financeiro a pagar (Financiamento) = Atividade de financiamento, independentemente de estarem registrados no PC ou no PNC.

LLE ajustado:
- efeitos de transações que não envolvem caixa; ex.: depreciação, amortização, exaustão, despesa de equivalência patrimonial, receita de equivalência patrimonial.
- efeitos de quaisquer diferimentos ou apropriações por competência sobre recebimentos de caixa ou pagamentos em caixa operacionais passados ou futuros.
- efeitos de itens de receita ou despesa associados com fluxos de caixa das atividades de investimento ou de financiamento; ex.: lucro na venda de imobilizado, prejuízo na venda de investimento.

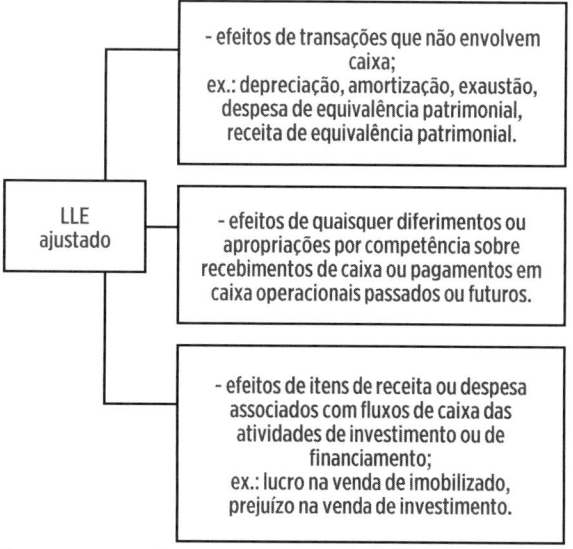

Demonstração do resultado abrangente

Conceito

Resultado abrangente é a mutação que ocorre no patrimônio líquido durante um período que resulta de transações e outros eventos que não sejam derivados de transações com os sócios na sua qualidade de proprietários. Compreende todos os

DEMONSTRAÇÕES CONTÁBEIS

componentes da "demonstração do resultado" e da "demonstração dos outros resultados abrangentes".

Resultado Abrangente = resultado do exercício + outros resultados abrangentes

Ajuste de reclassificação é o valor reclassificado para o resultado no período corrente que foi inicialmente reconhecido como outros resultados abrangentes no período corrente ou em período anterior, ou seja, os resultados abrangentes se transformarão em algum momento no futuro em resultado, integrando a DRE como receita ou despesa.

Outros Resultados Abrangentes/ Estrutura

Outros resultados abrangentes compreendem itens de receita e despesa (incluindo ajustes de reclassificação) que não são reconhecidos na demonstração do resultado como requerido ou permitido pelos Pronunciamentos, Interpretações e Orientações emitidos pelo CPC.

Os componentes dos outros resultados abrangentes incluem:

(a) variações na reserva de reavaliação, quando permitidas legalmente;

(b) ganhos e perdas atuariais em planos de pensão com benefício definido reconhecidos conforme item 93A do Pronunciamento Técnico CPC 33 – Benefícios a Empregados;

(c) ganhos e perdas derivados de conversão de demonstrações contábeis de operações no exterior (Ajuste Acumulado de Conversão – CPC 02 Efeitos das Mudanças nas Taxas de Câmbio e Conversão de Demonstrações Contábeis);

(d) ganhos e perdas na remensuração de Ativos financeiros disponíveis para venda (ajuste de Avaliação Patrimonial); e

(e) parcela efetiva de ganhos ou perdas advindos de instrumentos de hedge em operação de hedge de fluxo de caixa (ver Pronunciamento Técnico CPC 38).

Demonstração do Resultado Abrangente - Estrutura

LLE
+ Outros Resultados Abrangentes
(-) Outros Resultados Abrangentes
= Resultado Abrangente

Demonstração do Resultado Abrangente - Estrutura

Lucro ou prejuízo líquido do exercício (vindo da DRE)
(+/-) variações na reserva de avaliação (se ainda permitida)
(+/-) ganhos e perdas atuariais em planos de pensão
(+/-) conversão câmbio de operações no exterior
(+/-) avaliação de instrumentos disponíveis para venda
(+/-) ganhos e perdas em operações de hedge de fluxo de caixa
(+/-) parcela de outros resultados abrangentes de investidas avaliadas pelo MEP
= resultado abrangente do período (RA)
parcela do RA de sócios não controladores
parcela do RA de controladores (detentores do capital próprio)

Obs.: os itens que aparecem na DRA não estão contabilizados na DRE. Passarão da DRA para a DRE no momento em que forem realizados, por meio do processo de reclassificação.

Outros resultados abrangentes do período

A entidade deve divulgar o montante do efeito tributário relativo a cada componente dos outros resultados abrangentes, incluindo os ajustes de reclassificação na demonstração do resultado abrangente ou nas notas explicativas.

Os componentes dos outros resultados abrangentes podem ser apresentados:

(a) líquidos dos seus respectivos efeitos tributários; ou

(b) antes dos seus respectivos efeitos tributários, sendo apresentado em montante único o efeito tributário total relativo a esses componentes.

A entidade deve divulgar ajustes de reclassificação relativos a componentes dos outros resultados abrangentes.

A demonstração do resultado e outros resultados abrangentes (demonstração do resultado abrangente) devem apresentar, além das seções da demonstração do resultado e de outros resultados abrangentes:

(a) o total do resultado (do período);

(b) o total de outros resultados abrangentes;

(c) o resultado abrangente do período, sendo o total do resultado e de outros resultados abrangentes.

Se a entidade apresenta a demonstração do resultado separada da demonstração do resultado abrangente, ela não deve apresentar a demonstração do resultado incluída na demonstração do resultado abrangente.

Obs.: a legislação societária brasileira vigente na data da emissão deste Pronunciamento requer que a demonstração do resultado seja apresentada em uma demonstração separada.

A entidade deve apresentar os seguintes itens, além da demonstração do resultado e de outros resultados abrangentes, como alocação da demonstração do resultado e de outros resultados abrangentes do período:

(b) resultado abrangente atribuível a:

(i) participação de não controladores; e

(ii) sócios da controladora.

Informação a ser apresentada na demonstração do resultado e na demonstração do resultado abrangente

Outros resultados abrangentes devem apresentar rubricas para valores de:

(a) outros resultados abrangentes [excluindo valores previstos na alínea (b)], classificados por natureza e agrupados naquelas que, de acordo com outros pronunciamentos:

(i) não serão reclassificados subsequentemente para o resultado do período; e

(ii) serão reclassificados subsequentemente para o resultado do período, quando condições específicas forem atendidas;

(b) participação em outros resultados abrangentes de coligadas e empreendimentos controlados em conjunto contabilizados pelo método da equivalência patrimonial, separadas pela participação nas contas que, de acordo com outros pronunciamentos:

(i) não serão reclassificadas subsequentemente para o resultado do período; e

(ii) serão reclassificadas subsequentemente para o resultado do período, quando condições específicas forem atendidas.

Ajustes de reclassificação

Alguns Pronunciamentos Técnicos, Interpretações e Orientações do CPC especificam se e quando itens anteriormente registrados como outros resultados abrangentes devem ser reclassificados para o resultado do período. Tais ajustes de reclassificação são incluídos no respectivo componente dos outros resultados abrangentes no período em que o ajuste é reclassificado para o resultado líquido do período. Por exemplo, o ganho realizado na alienação de Ativo financeiro disponível para venda é reconhecido no resultado quando de sua baixa. Esse ganho pode ter sido reconhecido como ganho não realizado nos outros resultados abrangentes do período corrente ou de períodos anteriores. Dessa forma, os ganhos não realizados devem ser deduzidos dos outros resultados abrangentes no período em que os ganhos realizados são reconhecidos no resultado líquido do período, evitando que esse mesmo ganho seja reconhecido em duplicidade.

Os ajustes de reclassificação podem ser apresentados na demonstração do resultado abrangente ou nas notas explicativas. A entidade que apresente os ajustes de reclassificação nas notas explicativas deve apresentar os componentes dos outros resultados abrangentes após os respectivos ajustes de reclassificação.

Os ajustes de reclassificação são cabíveis, por exemplo, na baixa de investimentos em entidade no exterior (ver Pronunciamento Técnico CPC 02 – Efeitos das Mudanças nas Taxas de Câmbio e Conversão de Demonstrações Contábeis), no desreconhecimento (baixa) de Ativos financeiros disponíveis para a venda (ver Pronunciamento Técnico CPC 38 – Instrumentos Financeiros: Reconhecimento e Mensuração) e quando a transação anteriormente prevista e sujeita à hedge de fluxo de caixa afeta o resultado líquido do período (ver item 100 do Pronunciamento Técnico CPC 38 no tocante à contabilização de operações de hedge de fluxos de caixa).

Ajustes de reclassificação não decorrem de mutações na reserva de reavaliação (quando permitida pela legislação vigente) reconhecida de acordo com os Pronunciamentos Técnicos CPC 27 – Ativo Imobilizado e CPC 04 – Ativo Intangível ou de ganhos e perdas atuariais de planos de benefício definido, reconhecidos em consonância com o Pronunciamento Técnico CPC 33 – Benefícios a Empregados. Esses componentes são reconhecidos como outros resultados abrangentes e não são reclassificados para o resultado líquido em períodos subsequentes. As mutações na reserva de reavaliação podem ser transferidas para reserva de lucros retidos (ou prejuízos acumulados) na medida em que o Ativo é utilizado ou quando é baixado (ver Pronunciamentos Técnicos CPC 27 e CPC 04). Ganhos e perdas atuariais devem ser reconhecidos na reserva de lucros retidos (ou nos prejuízos acumulados) no período em que forem reconhecidos como outros resultados abrangentes (ver o Pronunciamento Técnico CPC 33).

11. CONTABILIDADE GERAL

11.1 Atos e Fatos Administrativos

Os atos administrativos ocorrem na empresa e podem provocar alterações futuras no patrimônio.

Exemplos: Admissão de empregados, assinaturas de contratos de compras ou vendas, fiança em favor de terceiros, etc.

No entanto, por não provocarem alterações no patrimônio, não possuem a obrigatoriedade de serem registrados.

Já os fatos administrativos (também chamados de fatos contábeis) provocam variações nos valores patrimoniais, podendo ou não alterar o patrimônio líquido.

Por modificarem o patrimônio são objetos de contabilização.

Exemplos: Compras e vendas de mercadorias, pagamentos e recebimentos, etc.

Os fatos contábeis são divididos em:

> Fatos permutativos: acarretam uma troca (permuta) entre elementos do ativo, do passivo, ou de ambos, porém sem provocar alteração no Patrimônio Líquido, alterando apenas a composição qualitativa dos elementos pertencentes ao Patrimônio (podem ocorrer até mesmo troca entre elementos da situação líquida).

> Fatos modificativos: alteram a composição do Patrimônio e modificam para mais (modificativos aumentativos) ou para menos (modificativos diminutivos) a situação líquida da empresa.

> Fatos mistos ou compostos: envolvem simultaneamente um fato permutativo (qualitativo) e um fato modificativo (quantitativo), alterando o Patrimônio Líquido (PL), ou seja, a troca de elemento patrimonial com lucro ou prejuízo.

IMPORTANTE:

Na apuração do resultado da empresa, existem os seguintes cenários:
Receitas > Despesas = Lucro
Receitas < Despesas = Prejuízo
Receitas = Despesas = Resultado Nulo
Receitas e despesas são contas de resultado, que afetam o Patrimônio Líquido para mais ou para menos (veremos com mais detalhes adiante).
O Lucro e/ou o prejuízo fazem parte do Patrimônio Líquido.

Exemplos de fatos permutativos

Seguem abaixo exemplos desses fatos contábeis:

I - Fato permutativo (Entre elementos de ativo)

Considere a seguinte situação inicial de um patrimônio:

ATIVO		PASSIVO	
Caixa	5.000	**Passivo Exigível**	**0**
		Patrimônio Líquido	**5.000**
		Capital Social	5.000
Total	**5.000**	**Total**	**5.000**

Em seguida houve a compra à vista de estoques de mercadorias no valor de R$ 500:

ATIVO		PASSIVO	
Caixa	4.500	**Passivo Exigível**	**0**
Estoques	500	**Patrimônio Líquido**	**5.000**
		Capital Social	5.000
Total	**5.000**	**Total**	**5.000**

Reparem que houve uma redução da conta caixa e simultaneamente um aumento na conta estoques.

Essa permuta entre contas de ativos não provocou alteração na situação líquida da empresa.

II - Fato permutativo (Entre elementos de passivo)

Considere a seguinte situação inicial de um patrimônio:

ATIVO		PASSIVO	
Caixa	10.000		
		Passivo Exigível	**5.000**
		Contas a pagar de curto prazo	3.000
		Contas a pagar de longo prazo	2.000
		Patrimônio Líquido	**5.000**
		Capital Social	5.000
Total	**10.000**	**Total**	**10.000**

Devido ao término do exercício social, as dívidas de longo prazo se tornaram vencíveis no curto prazo:

ATIVO		PASSIVO	
Caixa	10.000	**Passivo Exigível**	**5.000**
		Contas a pagar de curto prazo	5.000
		Patrimônio Líquido	**5.000**
		Capital Social	5.000
Total	**10.000**	**Total**	**10.000**

Reparem que houve uma redução das dívidas de longo prazo e simultaneamente um aumento nas dívidas de curto prazo.

Essa permuta entre contas de passivos não provocou alteração na situação líquida da empresa.

III - Fato permutativo (Entre elementos de ativo e passivo)

Considere a seguinte situação inicial de um patrimônio:

ATIVO		PASSIVO	
Caixa	4.500	**Passivo Exigível**	**0**
Estoques	500	**Patrimônio Líquido**	**5.000**
		Capital Social	5.000
Total	**5.000**	**Total**	**5.000**

Posteriormente, houve uma obtenção de empréstimo bancário no valor de R$ 2.000:

ATIVO		PASSIVO	
Caixa	4.500	**Passivo Exigível**	**2.000**
Bancos	2.000	Empréstimos a pagar	2.000
		Patrimônio Líquido	**5.000**
Estoques	500	Capital Social	5.000
Total	**7.000**	**Total**	**7.000**

Reparem que houve um aumento no ativo pelo ingresso de R$ 2.000,00 na conta bancos e simultaneamente um aumento no passivo de R$ 2.000,00 pelo ingresso na conta empréstimos a pagar.

Essa permuta entre contas de ativos e passivo não provocou alteração na situação líquida da empresa.

IV - Fato permutativo (Entre elementos do patrimônio líquido)

Considere a seguinte situação inicial de um patrimônio:

ATIVO		PASSIVO	
Caixa	4.500	Passivo Exigível	0
		Patrimônio Líquido	5.000
Estoques	500	Capital Social	3.000
		Reserva Legal	2.000
Total	5.000	Total	5.000

A entidade resolveu aumentar seu capital social com a sua reserva legal:

ATIVO		PASSIVO	
Caixa	4.500	Passivo Exigível	0
		Patrimônio Líquido	5.000
Estoques	500	Capital Social	5.000
Total	5.000	Total	5.000

Reparem que houve uma redução na reserva legal e simultaneamente um aumento no capital social.

Essa permuta entre contas do patrimônio líquido não provocou alteração na situação líquida da empresa.

11.2 Fatos Modificativos

São aqueles que alteram, para mais ou para menos, o patrimônio líquido.

Enquanto os fatos permutativos envolvem apenas contas patrimoniais, os fatos modificativos envolvem também conta de resultados (receitas e despesas).

O fato modificativo pode provocar aumento/redução do ativo ou aumento/redução do passivo e por consequência alteração na situação líquida.

Necessariamente haverá uma conta de receita ou despesa. Seguem abaixo exemplos desses fatos contábeis:

I - Fato modificativo aumentativo (Aumento do ativo)

Considere a seguinte situação inicial de um patrimônio:

ATIVO		PASSIVO	
Caixa	3.000	Passivo Exigível	0
		Patrimônio Líquido	5.000
Imóveis	2.000		
		Capital Social	5.000
Total	5.000	Total	5.000

Registro da receita de aluguel de imóveis no valor de R$ 1.000 com recebimento à vista via depósito bancário. Considerando que esse valor foi o lucro da empresa:

ATIVO		PASSIVO	
Caixa	4.000	Passivo Exigível	0
		Patrimônio Líquido	5.000
Imóveis	2.000	Capital Social	5.000
		Lucro	1.000
Total	6.000	Total	6.000

Reparem que o aumento do ativo foi proveniente da receita de aluguel que por consequência aumentou o PL da empresa.

II - Fato modificativo aumentativo (Redução de passivo)

Considere a seguinte situação inicial de um patrimônio:

ATIVO		PASSIVO	
Bancos	10.000	Passivo Exigível	2.000
		ICMS a pagar	2.000
		Patrimônio Líquido	8.000
		Capital Social	8.000
Total	10.000	Total	10.000

O Governo do Estado do Rio de Janeiro publicou lei que concede remissão do ICMS ("dispensa para pagamento da obrigação").

CONTABILIDADE GERAL

ATIVO		PASSIVO	
Bancos	10.000	Passivo Exigível	0
		Patrimônio Líquido	10.000
		Capital Social	8.000
		Lucro	2.000
Total	**10.000**	**Total**	**10.000**

Reparem que a receita gerada foi devido ao perdão da dívida o qual gerou um lucro e por consequência aumentou o PL da empresa.

I - Fato modificativo diminutivo (Aumento de passivo)

Considere a seguinte situação inicial de um patrimônio:

ATIVO		PASSIVO	
Caixa	3.000	Passivo Exigível	0
		Patrimônio Líquido	5.000
Imóveis	2.000		
		Capital Social	5.000
Total	**5.000**	**Total**	**5.000**

Registro de uma despesa relativo a energia elétrica que será paga no mês que vem no valor de R$ 500. Considerando que esse valor foi o prejuízo da empresa:

ATIVO		PASSIVO	
Caixa	3.000	Passivo Exigível	500
		Energia elétrica a pagar	500
		Patrimônio Líquido	4.500
Imóveis	2.000		
		Capital Social	5.000
		(-) Prejuízo	(500)
Total	**5.000**	**Total**	**5.000**

Reparem que o reconhecimento da despesa aumentou o passivo e gerou um prejuízo e por consequência diminuiu o PL da empresa.

II - Fato modificativo diminutivo (Redução de ativo)

Considere a seguinte situação inicial de um patrimônio:

ATIVO		PASSIVO	
Bancos	5.000	Passivo Exigível	0
		Patrimônio Líquido	5.000
		Capital Social	5.000
Total	**5.000**	**Total**	**5.000**

Registro de uma despesa com salários no valor de R$ 1.000 sendo paga no próprio mês. Considerando que esse valor foi o prejuízo da empresa:

ATIVO		PASSIVO	
Bancos	4.000	Passivo Exigível	0
		Patrimônio Líquido	4.000
		Capital Social	5.000
		(-) Prejuízo	(1.000)
Total	**4.000**	**Total**	**4.000**

Reparem que o reconhecimento da despesa reduziu o ativo e gerou um prejuízo e por consequência diminuiu o PL da empresa.

11.3 Fatos Mistos

São aqueles que envolvem, ao mesmo tempo, um fato permutativo e um fato modificativo.

Acarreta, portanto, alterações no ativo e PL, no passivo e no PL ou no ativo, passivo e PL.

Seguem abaixo exemplos desses fatos contábeis:

I - Fato misto aumentativo

Considere a seguinte situação inicial de um patrimônio:

ATIVO		PASSIVO	
Bancos	4.000	Passivo Exigível	0
		Patrimônio Líquido	5.000
Estoques	1.000		
		Capital Social	5.000
Total	**5.000**	**Total**	**5.000**

Em seguida ocorreu a venda de todos os estoques (que custaram R$ 1.000,00) por R$ 3.000 com recebimento à vista por meio de cheque. Considerando que o lucro da empresa foi apurado deduzindo os R$ 3.000 pelo valor pago para adquirir as mercadorias (lucro de R$ 2.000,00):

ATIVO		PASSIVO	
Caixa	7.000		
		Passivo Exigível	0
			0
		Patrimônio Líquido	5.000
		Capital Social	5.000
		Lucro	2.000
Total	7.000	Total	7.000

Reparem que houve um fato permutativo (pela baixa dos estoques) e ao mesmo tempo um fato modificativo aumentativo (devido ao lucro da operação)

II - Fato misto diminutivo

Considere a seguinte situação inicial de um patrimônio:

ATIVO		PASSIVO	
Bancos	4.000	Passivo Exigível	0
		Patrimônio Líquido	12.000
Clientes	8.000		
		Capital Social	12.000
Total	12.000	Total	12.000

Em seguida, a empresa concedeu um desconto de R$ 300 pelo pagamento antecipado do cliente. Nesse caso, a empresa recebeu o valor de R$ 7.700 e precisará baixar o valor de R$ 8.000 (a dívida foi paga pelo cliente). A diferença (desconto) é uma despesa financeira que reduzirá o PL. Considere que esse valor (R$ 300) será o prejuízo da empresa.

ATIVO		PASSIVO	
Caixa	11.700		
		Passivo Exigível	0
			0
		Patrimônio Líquido	11.700
		Capital Social	12.000
		Prejuízo	(300)
Total	11.700	Total	11.700

Reparem que houve um fato permutativo (pela baixa da conta clientes) e ao mesmo tempo um fato modificativo diminutivo (devido ao prejuízo da operação).

CONCLUSÕES:

Os fatos **permutativos alteram qualitativamente** o patrimônio da entidade.
Os fatos **modificativos alteram quantitativamente** o patrimônio da entidade.
Os fatos **mistos alteram qualitativamente e quantitativamente** o patrimônio da entidade.

12. NORMA BRASILEIRA DE CONTABILIDADE NBC TSP – ESTRUTURA CONCEITUAL

12.1 Introdução

Nos últimos anos, tem-se assistido a um movimento constante de convergência das normas Contabilidade brasileiras às normas internacionais, o que tem ocorrido inclusive na Contabilidade Pública.

Isso resultou na edição de diversas NBC TSP, que são normas de Contabilidade aplicáveis ao setor público e que buscam conciliar as disposições legais nacionais referentes à Contabilidade Pública com as práticas internacionais.

Cada NBC TSP trata de um assunto diferente, e cada um é aplicado, na Contabilidade Pública, de forma semelhante a que são aplicados os CPCs na Contabilidade Geral.

Aqui será objeto de nosso estudo a NBC T SP – Estrutura Conceitual (também indicada por NBC TSP – EC), a qual estabelece os conceitos que devem ser aplicados no desenvolvimento das demais Normas Brasileiras de Contabilidade Aplicadas ao Setor Público (NBCs TSP) do Conselho Federal de Contabilidade (CFC) destinados às entidades do setor público. Além disso, tais conceitos são aplicáveis à elaboração e à divulgação formal dos Relatórios Contábeis de Propósito Geral das Entidades do Setor Público (RCPGs).

Deve-se observar que as disposições da NBC T SP – Estrutura Conceitual são genéricas e não prevalecem sobre as normas específicas das demais NBCs, em caso de eventual conflito.

12.2 Alcance das Disposições da NBC TSP

As NBCs TSP aplicam-se, obrigatoriamente, às entidades do setor público quanto à elaboração e divulgação dos RCPGs.

De acordo com a NBC TSP – EC, estão compreendidos no conceito de entidades do setor público: os governos nacionais, estaduais, distrital e municipais e seus respectivos poderes (abrangidos os tribunais de contas, as defensorias e o Ministério Público), órgãos, secretarias, departamentos, agências, autarquias, fundações (instituídas e mantidas pelo poder público), fundos, consórcios públicos e outras repartições públicas congêneres das administrações direta e indireta (inclusive as empresas estatais dependentes).

> **IMPORTANTE**
>
> No Brasil, as NBC TSP são de observância obrigatória para as mesmas entidades que se submetem à Lei de Responsabilidade Fiscal e às normas da Contabilidade Pública, ou seja, as pessoas jurídicas de direito público interno e as empresas controladas dependentes.

12.3 Relatório Contábil de Propósito Geral - RCPG

Os Relatórios Contábeis de Propósito Geral, muitas vezes indicados pela sigla RCPG, são relatórios contábeis elaborados para atender às necessidades dos usuários em geral, não tendo o propósito de atender a finalidades ou necessidades específicas de determinados grupos de usuários.

Assim, trazem eles informações genéricas sobre a situação, composição e variação patrimonial da entidade referenciada.

Os RCPGs abrangem as demonstrações contábeis, incluindo as suas notas explicativas. Os RCPGs abrangem também a apresentação de informações que aprimoram, complementam e suplementam as demonstrações contábeis.

12.4 Usuários dos RCPG

A elaboração e a divulgação de informação contábil não são um fim em si mesmas. O propósito é o de fornecer informações úteis aos usuários. Os objetivos da elaboração e divulgação da informação contábil são determinados com base nos usuários e suas necessidades de informações.

Governos e outras entidades do setor público obtêm recursos dos contribuintes, doadores, credores por empréstimos e de outros provedores de recursos para serem utilizados na prestação de serviços aos cidadãos e aos outros usuários. Essas entidades são responsáveis pela gestão e utilização dos recursos perante os usuários desses serviços. Aqueles que proveem os recursos também requerem informações que sirvam de base para a tomada de decisão.

Assim, de acordo com a NBC TSP – EC, os RCPGs devem ser elaborados e divulgados, principalmente, para atender às necessidades de informações dos usuários dos serviços e dos provedores de recursos, quando estes não detêm a prerrogativa de exigir que a entidade do setor público divulgue as informações que atendam às suas necessidades específicas.

Os membros do poder Legislativo são também usuários primários dos RCPGs e utilizam extensiva e continuamente esses relatórios enquanto atuam como representantes dos interesses dos usuários de serviços e dos provedores de recursos. **Assim, para os propósitos da NBC TSP - EC, os usuários primários dos RCPGs são os usuários dos serviços e seus representantes e os provedores de recursos e seus representantes.**

Os RCPGs, elaborados para atender às necessidades de informações dos usuários dos serviços e provedores de recursos com a finalidade de prestação de contas e responsabilização (*accountability*) e tomada de decisão, podem também fornecer informações úteis para outros indivíduos ou entidades para propósitos distintos.

Por exemplo, os responsáveis pelas estatísticas de finanças públicas, os analistas, a mídia, os consultores financeiros, os grupos de interesse público ou privado podem entender que a informação fornecida pelos RCPGs é útil para os seus propósitos, embora não sejam usuários primários.

As organizações que possuem a prerrogativa de exigir a elaboração de relatório contábil estruturado para atender às suas necessidades específicas de informação podem também utilizar a informação fornecida pelos RCPGs para os seus propósitos – por exemplo: agências reguladoras e supervisoras, entidades de auditoria, comissões do poder Legislativo ou de outro órgão do governo, órgãos centrais de orçamento e controle, agências de classificação de risco e, em alguns casos, entidades emprestadoras de recursos e de fomento. Mesmo que esses outros indivíduos ou entidades encontrem informações úteis nos RCPGs, eles não são usuários primários desses relatórios.

O quadro abaixo resume a classificação dos usuários dos RCPG do Setor Público:

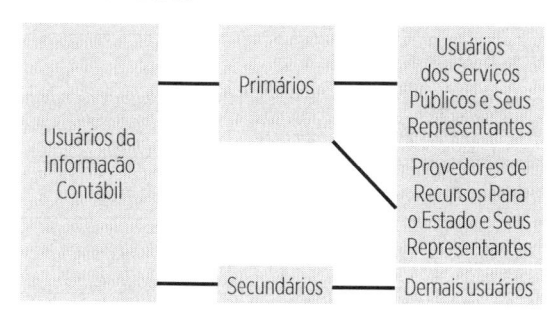

```
Usuários da                 Primários    ─── Usuários dos Serviços
Informação                                   Públicos e Seus
Contábil                                     Representantes
                                         ─── Provedores de
                                             Recursos Para
                                             o Estado e Seus
                                             Representantes
                            Secundários ─── Demais usuários
```

12.5 Objetivos das Entidades do Setor Público

O objetivo principal da maioria das entidades do setor público é prestar serviços à sociedade, em vez de obter lucros e gerar retorno financeiro aos investidores. Consequentemente, o desempenho de tais entidades pode ser apenas parcialmente avaliado por meio da análise da situação patrimonial, do desempenho e dos fluxos de caixa.

Os RCPGs fornecem informações aos seus usuários para subsidiar os processos decisórios e a prestação de contas e responsabilização (*accountability*). Portanto, os usuários dos RCPGs das entidades do setor público precisam de informações para subsidiar as avaliações de algumas questões, tais como:

> Se a entidade prestou seus serviços à sociedade de maneira eficiente e eficaz;

> Quais são os recursos atualmente disponíveis para gastos futuros e até que ponto há restrições ou condições para a utilização desses recursos;

> A extensão na qual a carga tributária, que recai sobre os contribuintes em períodos futuros para pagar por serviços correntes, tem mudado; e

> A capacidade da entidade para prestar serviços melhorou ou piorou em comparação com exercícios anteriores.

12.6 Transações sem Contraprestação

De acordo com a NBC TSP – EC, em uma transação sem contraprestação, a entidade recebe o valor da outra parte sem dar diretamente em troca valor aproximadamente igual.

As transações sem contraprestação são bastante comuns no setor público.

Isso porque a quantidade e a qualidade dos serviços públicos prestados a um indivíduo ou a um grupo de indivíduos, normalmente, não são diretamente proporcionais ao volume de tributos cobrados.

O indivíduo ou o grupo pode ter que pagar tarifa ou taxa adicional e/ou pode estar sujeito a cobranças específicas para ter acesso a determinados serviços. No entanto, essas operações são, geralmente, transações sem contraprestação, porque o valor dos benefícios que indivíduo ou grupo de indivíduos pode obter não será aproximadamente igual ao valor de quaisquer cobranças pagas por eles.

12.7 Ativos e Passivos no Setor Público

Ativos

Ativo é um recurso controlado no presente pela entidade como resultado de evento passado.

Recurso, por sua vez, é um item com potencial de serviços ou com a capacidade de gerar benefícios econômicos. A forma física não é uma condição necessária para um recurso. O potencial de serviços ou a capacidade de gerar benefícios econômicos podem surgir diretamente do próprio recurso ou dos direitos de sua utilização. Alguns recursos incluem os direitos da entidade a uma série de benefícios, inclusive, por exemplo, o direito a:

> Utilizar o recurso para a prestação de serviços (inclusive bens);

> Utilizar os recursos de terceiros para prestar serviços, como arrendamento mercantil;

> Converter o recurso em caixa por meio da sua alienação;

> Beneficiar-se da valorização do recurso; ou

> Receber fluxos de caixa.

No setor público, a principal razão de se manterem ativos imobilizados e outros ativos é voltada para o potencial de serviços desses ativos, e não para a sua capacidade de gerar fluxos de caixa.

Em razão dos tipos de serviços prestados, uma parcela significativa dos ativos utilizados pelas entidades do setor público é especializada, como os ativos de infraestrutura e os ativos militares. Pode existir mercado limitado para esses ativos e, mesmo assim, eles podem necessitar de uma considerável adaptação para serem utilizados por outros operadores. Esses fatores têm implicações para a mensuração desses ativos.

Passivos

Passivo é uma obrigação presente, derivada de evento passado, cuja extinção deva resultar na saída de recursos da entidade.

As entidades do setor público podem ter uma série de obrigações. Obrigação presente é uma obrigação que ocorre por força de lei (obrigação legal ou obrigação legalmente vinculada) ou uma obrigação que não ocorre por força de lei (obrigação não legalmente vinculada), as quais não possam ser evitadas pela entidade.

Governos e outras entidades do setor público incorrem em passivos relacionados aos seus objetivos de prestação de serviços. Muitos passivos são oriundos de transações sem contraprestação e isso inclui aqueles relacionados a programas direcionados ao fornecimento de benefícios sociais.

Os passivos também podem ser oriundos do papel governamental de credor em última instância de entidades com problemas financeiros e podem ser oriundos de quaisquer obrigações de transferência de recursos para afetados por desastres, por exemplo.

12.8 Características Qualitativas da Informação Contábil

De acordo com a NBC TSP Estrutura Conceitual, as características qualitativas da informação incluída nos RCPGs são a relevância, a representação fidedigna, a compreensibilidade, a tempestividade, a comparabilidade e a verificabilidade.

Relevância

As informações financeiras e não financeiras são relevantes caso sejam capazes de influenciar significativamente o cumprimento dos objetivos da elaboração e da divulgação da informação contábil.

As informações financeiras e não financeiras são capazes de exercer essa influência quando têm valor confirmatório, preditivo ou ambos.

A informação pode ser capaz de influenciar e, desse modo, ser relevante, mesmo se alguns usuários decidirem não a considerar ou já estiverem cientes dela.

Representação fidedigna

Para ser útil como informação contábil, a informação deve corresponder à representação fidedigna dos fenômenos econômicos e outros que se pretenda representar.

A representação fidedigna é alcançada quando a representação do fenômeno é completa, neutra e livre de erro material.

A informação que representa fielmente um fenômeno econômico ou outro fenômeno retrata a substância da transação, a qual pode não corresponder, necessariamente, à sua forma jurídica. Esse é o chamado princípio da prevalência da essência sobre a forma.

Na prática, pode não ser possível ter certeza ou saber se a informação apresentada nos RCPGs está completa, neutra e livre de erro material. Entretanto, a informação deve estar completa, neutra e livre de erro material tanto quanto possível.

Compreensibilidade

A compreensibilidade é a qualidade da informação que permite que os usuários compreendam o seu significado. Os RCPGs devem apresentar a informação de maneira que corresponda às necessidades e à base do conhecimento dos usuários, bem como a natureza da informação apresentada.

Espera-se que os usuários dos RCPGs tenham conhecimento razoável das atividades da entidade e do ambiente no qual ela funciona, além de serem capazes e preparados para lerem os RCPGs e revisar e analisar a informação apresentada com a diligência apropriada.

Alguns fenômenos econômicos e de outra natureza são particularmente complexos e difíceis de serem representados nos RCPGs, e alguns usuários podem precisar de ajuda de assistente para auxiliá-los em sua compreensão. Todos os esforços devem ser realizados para representar os fenômenos econômicos e de outra natureza incluídos nos RCPGs de maneira que sejam compreensíveis para a grande quantidade de usuários.

Tempestividade

A tempestividade relaciona-se a ter informação disponível para os usuários antes que ela perca a sua capacidade de ser útil para fins de prestação de contas e responsabilização (*accountability*) e tomada de decisão. A ausência de tempestividade pode tornar a informação menos útil.

Comparabilidade

Comparabilidade é a qualidade que possibilita aos usuários identificar semelhanças e diferenças entre dois conjuntos de fenômenos. A comparabilidade não é uma qualidade de item individual de informação, mas, antes, a qualidade da relação entre dois ou mais itens de informação.

A comparabilidade difere da consistência. A consistência se refere à utilização dos mesmos princípios ou políticas contábeis e da mesma base de elaboração, seja de período a período dentro da entidade ou de um único período entre duas ou mais entidades. A comparabilidade é o objetivo, enquanto a consistência auxilia a atingi-lo.

A comparabilidade também se difere da uniformidade. Para que a informação seja comparável, coisas semelhantes devem parecer semelhantes, e coisas distintas devem parecer distintas. A ênfase demasiada na uniformidade pode reduzir a comparabilidade ao fazer com que coisas distintas pareçam semelhantes. A comparabilidade da informação nos RCPGs não é aprimorada ao se fazer com que coisas distintas pareçam semelhantes, assim como ao fazer com que coisas semelhantes pareçam distintas.

Verificabilidade

Verificabilidade é a qualidade da informação que ajuda a assegurar aos usuários que a informação contida nos RCPGs representa fielmente os fenômenos econômicos ou de outra natureza que se propõe a representar. Implica que dois observadores esclarecidos e independentes podem chegar ao consenso, mas não necessariamente à concordância completa, em que:

> A informação representa os fenômenos econômicos e de outra natureza, os quais se pretende representar sem erro material ou viés; ou

> O reconhecimento apropriado, a mensuração ou o método de representação foi aplicado sem erro material ou viés.

O quadro abaixo resume essas características qualitativas da informação contábil:

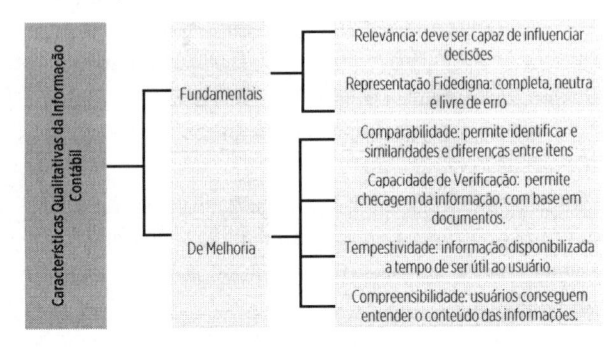

Características Qualitativas da Informação Contábil		
Fundamentais	Relevância:	deve ser capaz de influenciar decisões
	Representação Fidedigna:	completa, neutra e livre de erro
De Melhoria	Comparabilidade:	permite identificar e similaridades e diferenças entre itens
	Capacidade de Verificação:	permite checagem da informação, com base em documentos.
	Tempestividade:	informação disponibilizada a tempo de ser útil ao usuário.
	Compreensibilidade:	usuários conseguem entender o conteúdo das informações.

Mnemônico

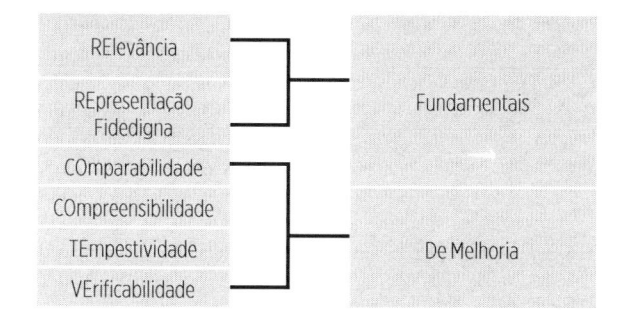

- **RE**levância — Fundamentais
- **RE**presentação Fidedigna — Fundamentais
- **CO**mparabilidade — De Melhoria
- **CO**mpreensibilidade — De Melhoria
- **TE**mpestividade — De Melhoria
- **VE**rificabilidade — De Melhoria

12.9 Restrições Acerca da Informação Incluída nos RCPG

As restrições acerca da informação incluída nos RCPG são variáveis que serão levadas em consideração na hora de decidir se determinada informação deverá ser divulgada ou a forma como o será.

De acordo com a NBC TSP Estrutura Conceitual, as restrições inerentes à informação contida nos RCPGs são a materialidade, o custo-benefício e o alcance do equilíbrio apropriado entre as características qualitativas.

Materialidade

A informação é material se a sua omissão ou distorção puder influenciar o cumprimento do dever de prestação de contas e responsabilização (*accountability*) ou as decisões que os usuários tomam com base nos RCPGs elaborados para aquele exercício.

A materialidade depende tanto da natureza quanto do montante do item analisado dentro das particularidades de cada entidade. Assim, não é possível especificar um limite quantitativo uniforme no qual determinada informação se torna material.

Relação custo-benefício

A informação contábil impõe custos, e seus benefícios devem justificá-los. Avaliar se os benefícios da informação justificam seus custos é, com frequência, uma questão de julgamento de valor, pois não é possível identificar todos os custos e todos os benefícios da informação incluída nos RCPGs.

Os custos para fornecimento da informação incluem os de coleta, de processamento e de verificação e/ou de apresentação das premissas e das metodologias que dão suporte a elas, além dos de disseminação. Os usuários incorrem nos custos da análise e interpretação.

A omissão da informação útil também impõe custos, inclusive aqueles em que os usuários incorrem na obtenção de informação necessária de terceiros, além dos custos advindos da tomada de decisão utilizando dados incompletos fornecidos pelos RCPGs.

Equilíbrio entre as características qualitativas

As características qualitativas funcionam, conjuntamente, para contribuir com a utilidade da informação. Por exemplo, nem a descrição que represente fielmente um fenômeno irrelevante, nem a descrição que represente de modo não fidedigno um fenômeno relevante resultam em informação útil. Do mesmo modo, para ser relevante, a informação precisar ser tempestiva e compreensível.

Em alguns casos, o equilíbrio ou a compensação (*trade-off*) entre as características qualitativas pode ser necessário para se alcançar os objetivos da informação contábil. A importância relativa das características qualitativas em cada situação é uma questão de julgamento profissional. A meta é alcançar o equilíbrio apropriado entre as características para satisfazer aos objetivos da elaboração e da divulgação da informação.

12.10 Entidades do Setor Público que Reportam a Informação Contábil

A entidade do setor público que reporta a informação contábil é um ente governamental ou outra organização, programa ou outra área identificável de atividade que elabora os RCPGs.

A entidade do setor público que reporta a informação contábil pode compreender duas ou mais entidades que apresentem os RCPGs como se fossem uma única entidade – tal entidade é referida como grupo de entidades que reportam a informação contábil.

Características-chave de entidade do setor público que reporta a informação contábil

As características-chave de entidade do setor público que reporta a informação contábil são utilizadas para verificar-se se uma entidade é do setor público e se deve fornecer informações sob a forma de RCPG.

De acordo com a NBC TSP – EC, as características-chave de entidade do setor público que reporta a informação contábil são as seguintes:

> Ser uma entidade que capta recursos da sociedade ou em nome desta e/ou utiliza recursos para realizar atividades em benefício dela; e

> Existir usuários de serviços ou provedores de recursos dependentes de informações contidas nos RCPGs para fins de prestação de contas e responsabilização (*accountability*) e tomada de decisão.

NOÇÕES DE DIREITO CONSTITUCIONAL

1. DIREITOS FUNDAMENTAIS - REGRAS GERAIS

Os direitos e garantias fundamentais estão entre os temas mais cobrados em provas. Além de questões envolvendo a literalidade do texto constitucional, encontramos aqui muitas discussões doutrinárias e jurisprudências que tornam essa matéria uma fonte inesgotável de questões.

Procura-se nas próximas páginas apresentar as principais questões levantadas na doutrina e nos tribunais, sempre privilegiando as posições adotadas pelas bancas organizadoras de concurso público.

Inicia-se o estudo pelas Regras Gerais aplicáveis aos direitos fundamentais, tema que tem sido priorizado pelas maiores organizadoras de concursos do país.

1.1 Conceito

Os direitos e garantias fundamentais são institutos jurídicos que foram criados no decorrer do desenvolvimento da humanidade e se constituem de normas protetivas que formam um núcleo mínimo de prerrogativas inerentes à condição humana.

1.2 Amplitude Horizontal e Vertical

Possuem como objetivo principal a proteção do indivíduo diante do poder do Estado. Mas não só do Estado. Os direitos e garantias fundamentais também constituem normas de proteção do indivíduo em relação aos outros indivíduos da sociedade.

E é exatamente nesse ponto que surgem os conceitos de **Amplitude Horizontal e Amplitude Vertical.** Amplitude vertical é o efeito protetor que as normas definidoras de direitos e garantias fundamentais produzem para um indivíduo diante do Estado. Já a amplitude horizontal é o efeito protetor que as normas definidoras de direitos e garantias fundamentais produzem para um indivíduo diante dos outros indivíduos.

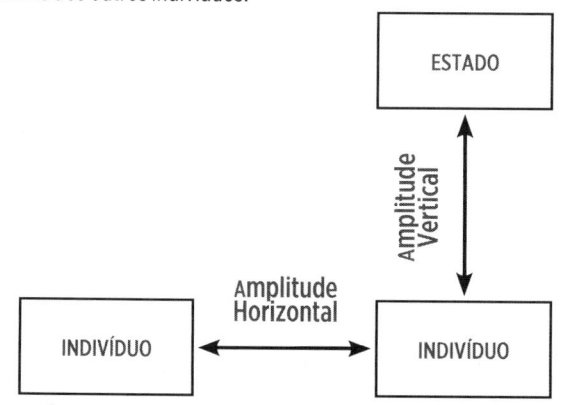

1.3 Classificação

A Constituição Federal, quando se refere aos direitos fundamentais, classifica-os em cinco grupos:

> Direitos e Deveres Individuais e Coletivos;
> Direitos Sociais;
> Direitos de Nacionalidade;
> Direitos Políticos;
> Partidos Políticos.

Essa classificação encontra-se distribuída entre os Arts. 5º e 17 do texto constitucional e é normalmente chamada pela doutrina de Conceito Formal dos Direitos Fundamentais. O Conceito Formal é o que a Constituição Federal resolveu classificar como sendo Direito Fundamental. É o rol de direitos fundamentais previstos expressamente no texto constitucional.

Costuma-se perguntar nas provas: "O rol de direitos fundamentais é um rol exaustivo? Ou melhor, taxativo?" O que se quer saber é se o rol de direitos fundamentais é só aquele que está expresso na Constituição ou não.

Responde-se a essa questão com o § 2º do Art. 5º, que diz:

> *§ 2º - Os direitos e garantias expressos nesta Constituição não excluem outros decorrentes do regime e dos princípios por ela adotados, ou dos tratados internacionais em que a República Federativa do Brasil seja parte.*

Isso significa que o rol não é taxativo, mas exemplificativo. A doutrina costuma chamar esse parágrafo de Cláusula de Abertura Material, que é exatamente a possibilidade de existirem outros direitos fundamentais, ainda que fora do texto constitucional. Esse seria o Conceito Material dos direitos fundamentais, ou seja, todos os direitos fundamentais que possuem a essência fundamental, ainda que não estejam expressos no texto constitucional.

1.4 Características

O elemento jurídico acima abordado, além de explicar a possibilidade de se inserirem novos direitos fundamentais no rol dos que já existem expressamente na Constituição Federal, também constitui uma das características que serão abordadas a seguir:

Historicidade

Essa característica revela que os Direitos Fundamentais são frutos da evolução histórica da humanidade. Significa que eles evoluem com o passar do tempo.

Inalienabilidade

Os direitos fundamentais não podem ser alienados, não podem ser negociados, não podem ser transigidos.

Irrenunciabilidade

Os direitos fundamentais não podem ser renunciados.

Imprescritibilidade

Os direitos fundamentais não se sujeitam aos prazos prescricionais. Não se perde um direito fundamental pelo decorrer do tempo.

Universalidade

Os direitos fundamentais pertencem a todas as pessoas, independentemente da sua condição.

Máxima Efetividade

Essa característica é mais uma imposição ao Estado, que está coagido a garantir a máxima efetividade dos direitos fundamentais. Esses direitos não podem ser ofertados de qualquer forma. É necessário que eles sejam garantidos da melhor forma possível.

Concorrência

Os direitos fundamentais podem ser utilizados em conjunto com outros direitos. Não é necessário abandonar um para usufruir outro direito.

NOÇÕES DE DIREITO CONSTITUCIONAL

DIREITOS FUNDAMENTAIS - REGRAS GERAIS

Complementariedade

Um direito fundamental não pode ser interpretado sozinho. Cada direito deve ser analisado juntamente com outros direitos fundamentais, bem como com outros institutos jurídicos.

Proibição do Retrocesso

Essa característica proíbe que os direitos já conquistados sejam perdidos.

Limitabilidade

Não existe direito fundamental absoluto. São direitos relativos.

Não Taxatividade

Essa característica, já tratada anteriormente, diz que o rol de direitos fundamentais é apenas exemplificativo, tendo em vista a possibilidade de inserção de novos direitos.

Veja como esse tema costuma ser abordado em prova:

Os atos de improbidade administrativa estão taxativamente previstos em lei, não sendo possível compreender que sua enumeração seja meramente exemplificativa. ERRADO.

1.5 Dimensões dos Direitos Fundamentais

As dimensões, também conhecidas por Gerações de direitos fundamentais, são uma classificação adotada pela doutrina que leva em conta a ordem cronológica de reconhecimento desses direitos. São cinco as dimensões atualmente reconhecidas:

1ª Dimensão – foram os primeiros direitos conquistados pela humanidade. São direitos relacionados à liberdade, em todas as suas formas. Possuem um caráter negativo diante do Estado, tendo em vista ser utilizado como uma verdadeira limitação ao poder estatal, ou seja, o Estado, diante dos direitos de primeira dimensão, fica impedido de agir ou interferir na sociedade. São verdadeiros direitos de defesa com caráter individual. Estão entre estes direitos as liberdades públicas, civis e políticas.

2ª Dimensão – estes direitos surgem na tentativa de reduzirem as desigualdades sociais provocadas pela primeira dimensão. Por isso, são conhecidos como direitos de igualdade. Para reduzir as diferenças sociais, o Estado precisa interferir na sociedade: essa interferência reflete a conduta positiva adotada por meio de prestações sociais. São exemplos de direitos de segunda dimensão: os direitos sociais, econômicos e culturais.

3ª Dimensão – aqui estão os conhecidos direitos de fraternidade. São direitos que refletem um sentimento de solidariedade entre os povos na tentativa de preservarem os direitos de toda a coletividade. São de terceira geração o direito ao meio ambiente saudável, o direito ao progresso da humanidade, ao patrimônio comum, entre outros.

4ª Dimensão – esses direitos ainda não possuem um posicionamento pacífico na doutrina, mas costuma-se dizer que nesta dimensão ocorre a chamada globalização dos direitos fundamentais. São direitos que rompem com as fronteiras entre os Estados. São direitos de todos os seres humanos, independentemente de sua condição, como o direito à democracia, ao pluralismo político. São também considerados direitos de 4ª geração os direitos mais novos, que estão em construção, como o direito genético ou espacial.

5ª Dimensão – essa é a mais nova dimensão defendida por alguns doutrinadores. É formado basicamente pelo direito à paz. Esse seria o direito mais almejado pelo homem e que consubstancia a reunião de todos os outros direitos.

Deve-se ressaltar que esses direitos, à medida que foram sendo conquistados, complementavam os direitos anteriores, de forma que não se pode falar em substituição ou superação de uma geração sobre a outra, mas em cumulação, de forma que hoje podemos usufruir de todos os direitos pertencentes a todas as dimensões.

Para não se esquecer das três primeiras dimensões é só lembrar-se do Lema da Revolução Francesa: Liberdade, Igualdade e Fraternidade.

1ª DIMENSÃO	2ª DIMENSÃO	3ª DIMENSÃO
LIBERDADE	IGUALDADE	FRATERNIDADE

1.6 Titulares dos Direitos Fundamentais

Quem são os Titulares dos Direitos Fundamentais?

A própria Constituição Federal responde a essa pergunta quando diz no *caput* do Art. 5º que são titulares "os brasileiros e estrangeiros residentes no país". Mas será que é necessário residir no país para que o estrangeiro tenha direitos fundamentais?

Imaginemos um avião cheio de alemães que está fazendo uma escala no Aeroporto Municipal de Cascavel-PR.

Nenhum dos alemães reside no país. Seria possível entrar no avião e matar todas aquelas pessoas, haja vista não serem titulares de direitos fundamentais por não residirem no país? É claro que não. Para melhor se compreender o termo "residente", o STF o tem interpretado de forma mais ampla no sentido de abarcar todos aqueles que estão no país. Ou seja, todos os que estão no território brasileiro, independentemente de residirem no país, são titulares de direitos fundamentais.

Mas será que, para ser titular de direitos fundamentais, é necessário ter a condição humana? Ao contrário do que parece, não é necessário. Tem-se reconhecido como titulares de direitos fundamentais as pessoas jurídicas. Ressalta-se que não só as pessoas jurídicas de direito privado, mas também as pessoas jurídicas de direito público.

Os animais não são considerados titulares de direitos fundamentais, mas isso não significa que seja possível maltratá-los. Na prática, a CF/88 protege-os contra situações de maus-tratos. De outro lado,

> O STF já se pronunciou sobre a "briga de galo" e a "farra do boi", declarando-as inconstitucionais. Quanto à "vaquejada", o Supremo se manifestou acerca da admissibilidade parcial, desde que não figure flagelação do animal. Por fim, o tema de "rodeios" ainda não foi pleiteado.

mortos podem ser titulares de direitos fundamentais, desde que o direito seja compatível (ex.: honra).

1.7 Cláusulas Pétreas e os Direitos Fundamentais

O Art. 60, § 4º da Constituição Federal, traz o rol das chamadas **Cláusulas Pétreas:**

§ 4º - Não será objeto de deliberação a proposta de emenda tendente a abolir:

I. A forma federativa de Estado;

II. O voto direto, secreto, universal e periódico;

III. A separação dos Poderes;

IV. Os direitos e garantias individuais.

As Cláusulas Pétreas são núcleos temáticos formados por institutos jurídicos de grande importância, os quais não podem ser retirados da Constituição. Observe-se que o texto proíbe a abolição desses princípios, mas não impede que os mesmos sejam modificados, no caso, para melhor. Isso já foi cobrado em prova. É importante notar que o texto constitucional prevê no inciso IV como sendo Cláusulas Pétreas apenas os direitos e garantias individuais. Pela literalidade da Constituição, não são todos os direitos fundamentais que são protegidos por esse instituto, mas apenas os de caráter individual. Parte da doutrina e da jurisprudência entende que essa proteção deve ser ampliada, abrangendo os demais direitos fundamentais. Deve-se ter atenção com esse tema em prova, pois já foram cobrados os dois posicionamentos.

1.8 Eficácia dos Direitos Fundamentais

O § 1º do Art. 5º da Constituição Federal prevê que:

§ 1º - As normas definidoras dos direitos e garantias fundamentais têm aplicação imediata.

Quando a Constituição Federal se refere à aplicação de uma norma, na verdade está falando da sua eficácia.

Esse tema é sempre cobrado em provas de concurso. Com o intuito de obter uma melhor compreensão, é necessário conceituar, classificar e diferenciar os vários níveis de eficácia das normas constitucionais.

Para que uma norma constitucional seja aplicada é indispensável que a ela possua eficácia, a qual é *a capacidade que uma norma jurídica tem de produzir efeitos.*

Se os efeitos produzidos se restringem ao âmbito normativo, tem-se a chamada **eficácia jurídica**, ao passo que, se os efeitos são concretos, reais, tem-se a chamada **eficácia social.** Eficácia jurídica, portanto, é a capacidade que uma norma constitucional tem de revogar todas as outras normas que com ela apresentem divergência. Já a eficácia social, também conhecida como efetividade, é a aplicabilidade na prática, concreta, da norma. Todas as normas constitucionais possuem eficácia jurídica, mas nem todas possuem eficácia social. Logo, é possível afirmar que todas as normas constitucionais possuem eficácia. O problema surge quando uma norma constitucional não pode ser aplicada na prática, ou seja, não possui eficácia social.

Para explicar esse fenômeno, foram desenvolvidas várias classificações acerca do grau de eficácia de uma norma constitucional. A classificação mais adotada pela doutrina e mais cobrada em prova é a adotada pelo professor José Afonso da Silva[1]. Para esse estudioso, a eficácia social se classifica em:

> **Eficácia Plena;**
> **Eficácia Contida;**
> **Eficácia Limitada.**

As normas de **eficácia plena** são aquelas **autoaplicáveis.** São normas que possuem aplicabilidade direta, imediata e integral. Seus efeitos práticos são plenos. É uma norma que não depende de complementação legislativa para produzir efeitos. Veja os exemplos:

Art. 1º; Art. 5º, *caput* e incisos XXXV e XXXVI; Art. 19; Art. 21; Art. 53; Art. 60, § 1º e 4º; Art. 69; Art. 128, § 5º, I e II; Art. 145, § 2º; entre outros.

As normas de **eficácia contida** também são **autoaplicáveis.** Assim como as normas de eficácia plena, elas possuem **aplicabilidade direta e imediata**. Contudo, sua aplicação não é integral. É neste ponto que a eficácia contida se diferencia da eficácia plena. A norma de eficácia contida nasce plena, mas pode ser restringida por outra norma.

Daí a doutrina chamá-la de norma contível, restringível ou redutível. Essas espécies permitem que outra norma reduza a sua aplicabilidade. São normas que produzem efeitos imediatos, mas esses efeitos podem ser restringidos. Ex:

Art. 5º, VII, XII, XIII, XV, XXVII, XXXIII; Art. 9º; Art. 37, I; Art. 170, parágrafo único; entre outros.

Já as normas de **eficácia limitada** são desprovidas de eficácia social. Diz-se que as normas de eficácia limitada não são autoaplicáveis, possuem aplicabilidade indireta, mediata e reduzida ou diferida.

São normas que dependem de outra para produzirem efeitos. O que as difere das normas de eficácia contida é a dependência de outra norma para que produza efeitos sociais. Enquanto as de eficácia contida produzem efeitos imediatos, os quais poderão ser restringidos posteriormente, as de eficácia limitada dependem de outra norma para produzirem efeitos. Deve-se ter cuidado para não pensar que essas espécies normativas não possuem eficácia. Como se afirmou anteriormente, elas possuem eficácia jurídica, mas não possuem eficácia social. As normas de eficácia limitada são classificadas, ainda, em:

> Normas de eficácia limitada de princípio institutivo (organizativo ou organizatório);
> Normas de eficácia limitada de princípio programático.

As normas de eficácia limitada de **princípio institutivo** são aquelas que dependem de outra norma para organizar ou instituir estruturas, entidades ou órgãos.

Art. 18, § 2º; Art. 22, Parágrafo único; Art. 25, § 3º; Art. 33; Art. 88; Art. 90, §2º; Art. 102, §1º; Art. 107, §1º; Art. 113; Art. 121; Art. 125, §3º; 128, §5º; Art. 131; entre outros.

As normas de eficácia limitada de **princípio programático** são aquelas que apresentam verdadeiros objetivos a serem perseguidos pelo Estado, programas a serem implementados. Em regra, possuem fins sociais.

Art. 7º, XI, XX, XXVII; Art. 173, §4º; Art. 196; Art. 205; Art. 215; Art. 218; Art. 227; entre outros.

O Supremo Tribunal Federal (STF) possui algumas decisões que conferiram o grau de eficácia limitada aos seguintes dispositivos:

Art. 5º, LI; Art. 37, I; Art. 37, VII; Art. 40, § 4º; Art. 18, §4º.

---

[1] Silva, José Afonso da. "Curso de Direito Constitucional Positivo". 27ª edição. São Paulo: Malheiros, 2005.

DIREITOS FUNDAMENTAIS - REGRAS GERAIS

Feitas as considerações iniciais sobre esse tema, resta saber o que o § 1º do Art. 5º da CF quis dizer com "aplicação imediata". Para traduzir essa expressão, basta analisar a explicação apresentada anteriormente. Segundo a doutrina, as normas que possuem aplicação imediata ou são de eficácia plena ou contida. Ao que parece, o texto constitucional quis restringir a eficácia dos direitos fundamentais em plena ou contida, não existindo, em regra, normas definidoras de direitos fundamentais com eficácia limitada. Entretanto, pelos próprios exemplos aqui apresentados, não é essa a realidade do texto constitucional. Certamente, existem normas de eficácia limitada entre os direitos fundamentais (7º, XI, XX, XXVII). A dúvida que surge então é: como responder na prova?

A doutrina e o STF têm entendido que, apesar do texto expresso na Constituição Federal, existem normas definidoras de direitos fundamentais que não possuem aplicabilidade imediata, as quais são de eficácia limitada. Diante dessa contradição, a doutrina tem orientado no sentido de se conferir a maior eficácia possível aos direitos fundamentais. Em prova, pode ser cobrada tanto uma questão abordando o texto puro da Constituição Federal quanto o posicionamento da doutrina. Deve-se responder conforme for perguntado.

A Constituição previu dois instrumentos para garantir a efetividade das normas de eficácia limitada: **Ação Direta de Inconstitucionalidade** por omissão e o **Mandado de Injunção.**

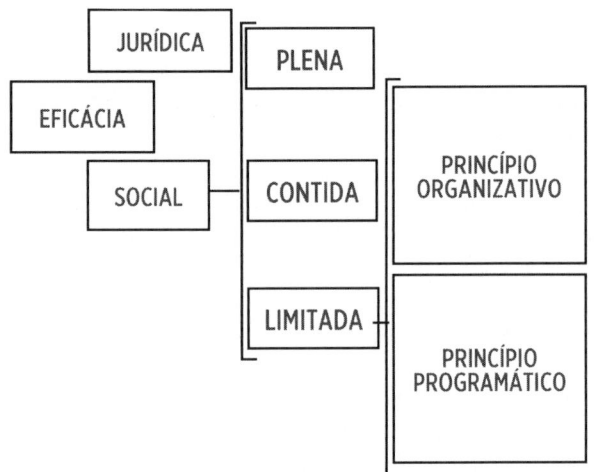

1.9 Força Normativa dos Tratados Internacionais

Uma regra muito importante para a prova é a que está prevista no § 3º do Art. 5º:

§3º - Os tratados e convenções internacionais sobre direitos humanos que forem aprovados, em cada Casa do Congresso Nacional, em dois turnos, por três quintos dos votos dos respectivos membros, serão equivalentes às emendas constitucionais.

Esse dispositivo constitucional apresenta a chamada Força Normativa dos Tratados Internacionais.

Segundo o texto constitucional, é possível que um tratado internacional possua força normativa de emenda constitucional, desde que preencha os seguintes requisitos:

> Tem que falar de direitos humanos;
> Tem que ser aprovado nas duas casas legislativas do Congresso Nacional, ou seja, na Câmara dos Deputados e no Senado Federal;
> Tem que ser aprovado em dois turnos em cada casa;
> Tem que ser aprovado por 3/5 dos membros em cada turno de votação, em cada casa.

Preenchidos esses requisitos, o Tratado Internacional terá força normativa de **Emenda à Constituição.**

Mas surge a seguinte questão: e se o Tratado Internacional for de Direitos Humanos e não preencher os requisitos constitucionais previstos no § 3º do Art. 5º da Constituição? Qual será sua força normativa? Segundo o STF, caso o Tratado Internacional fale de direitos humanos, mas não preencha os requisitos do § 3º do Art. 5º da CF, ele terá força normativa de **Norma Supralegal.**

Ainda há os tratados internacionais que não falam de direitos humanos. São tratados que falam de outros temas, por exemplo, o comércio. Esses tratados possuem força normativa de **Lei Ordinária.**

Em suma, são três as forças normativas dos Tratados Internacionais:

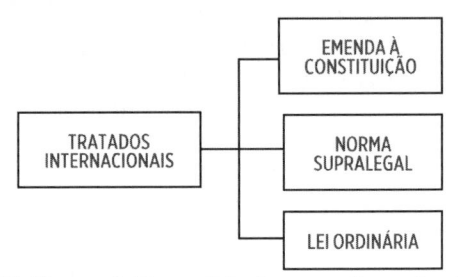

1.10 Tribunal Penal Internacional - TPI

Há outra regra muito interessante prevista no § 4º do Art. 5º da Constituição:

§ 4º - O Brasil se submete à jurisdição de Tribunal Penal Internacional a cuja criação tenha manifestado adesão.

É o chamado **Tribunal Penal Internacional**. Mas o que é o Tribunal Penal Internacional? É uma corte permanente, localizada em Haia, na Holanda, com competência de julgamento dos crimes contra a humanidade.

É um Tribunal, pois tem função jurisdicional; é Penal porque só julga crimes; é Internacional, haja vista sua competência não estar restrita à fronteira de um só Estado.

Mas uma coisa deve ser esclarecida. O TPI não julga qualquer tipo de crime. Só os crimes que tenham repercussão para toda a humanidade. Geralmente, são crimes de guerra, agressão estrangeira, genocídio, dentre outros.

Apesar de ser um tribunal com atribuições jurisdicionais, o TPI não faz parte do Poder Judiciário brasileiro. Sua competência é complementar à jurisdição nacional, não ofendendo, portanto, a soberania do Estado brasileiro. Isso significa que o TPI só age quando a Justiça Brasileira se omite ou é ineficaz.

1.11 Direitos X Garantias

Muitos questionam se direitos e garantias são a mesma coisa, mas a melhor doutrina tem diferenciado esses dois institutos.

Os direitos são os próprios direitos previstos na Constituição Federal. São os bens jurídicos tutelados pela Constituição. Eles representam por si só esses bens.

As garantias são instrumentos de proteção dos direitos. São ferramentas disponibilizadas pela Constituição para a fruição dos direitos.

Apesar da diferença entre os dois institutos é possível afirmar que **toda garantia é um direito.**

2. DIREITOS FUNDAMENTAIS - DIREITOS E DEVERES INDIVIDUAIS E COLETIVOS

A Constituição Federal, ao disciplinar os direitos individuais, os coloca basicamente no Art. 5º. Logo no *caput* desse artigo, já aparece uma classificação didática dos direitos ali previstos:

> **Art. 5º.** *Todos são iguais perante a lei, sem distinção de qualquer natureza, garantindo-se aos brasileiros e aos estrangeiros residentes no País a inviolabilidade do direito à vida, à liberdade, à igualdade, à segurança e à propriedade, nos termos seguintes:*

Para estudarmos os direitos individuais, utilizaremos os cinco grupos de direitos previstos no *caput* do Art. 5º:

> Direito à vida;
> Direito à igualdade;
> Direito à liberdade;
> Direito à propriedade;
> Direito à segurança.

Percebe-se que os 78 incisos do Art. 5º, de certa forma, decorrem de um desses direitos que podem ser chamados de **"direitos raízes"**. Utilizando essa divisão, a seguir serão abordados os incisos mais importantes desse artigo, tendo em vista a preparação para a prova. Logicamente, não conseguiremos abordar todos os incisos, o que não tira a responsabilidade de lê-los.

2.1 Direito à Vida

Ao falar desse direito, que é considerado pela doutrina como o **direito mais fundamental de todos**, por ser um pressuposto para o exercício dos demais direitos, enfrenta-se um primeiro dEsafio: esse direito é absoluto?

Assim como os demais direitos, o direito à vida não é absoluto. São várias as justificativas existentes para considerá-lo um direito passível de flexibilização:

Pena de morte

Uma que já apareceu em prova: existe pena de morte no Brasil?

A sua resposta tem que ser "SIM". A alínea "a" do inciso XLVII do Art. 5º traz essa previsão expressamente:

> **XLVII.** *Não haverá penas:*
> *a) de morte, salvo em caso de guerra declarada, nos termos do Art. 84, XIX;*

Todas as vezes que a Constituição traz uma negação acompanhada de uma exceção, estamos diante de uma possibilidade.

Aborto

A prática de aborto no Brasil é permitida? O Art. 128 do Código Penal Brasileiro apresenta duas possibilidades de prática de aborto que são verdadeiras excludentes de ilicitude:

> **Art. 128.** *Não se pune o aborto praticado por médico:*

Aborto necessário

> *I. Se não há outro meio de salvar a vida da gestante;*

Aborto sentimental

> *II. Se a gravidez resulta de estupro e o aborto é precedido de consentimento da gestante ou, quando incapaz, de seu representante legal.*

São os **abortos necessário** e **sentimental**. Aborto necessário é aquele praticado para salvar a vida da gestante e o aborto sentimental é utilizado nos casos de estupro. Essas duas exceções à prática do crime de aborto são hipóteses em que se permite a sua prática no direito brasileiro. Além dessas duas hipóteses previstas expressamente na legislação brasileira, o STF também reconhece a possibilidade da prática de aborto do feto anencéfalo (feto sem cérebro)[1]. Mais uma vez, o direito à vida encontra-se flexibilizado.

Legítima defesa e estado de necessidade

Esses dois institutos, também excludentes de ilicitude do crime, são outras possibilidades de limitação do direito a vida, conforme disposto no Art. 23 do Código Penal Brasileiro:

> **Art. 23.** *Não há crime quando o agente pratica o fato:*
> *I. Em estado de necessidade;*
> *II. Em legítima defesa;*

Em linhas gerais e de forma exemplificativa, o estado de necessidade permite que, diante de uma situação de perigo, uma pessoa possa, para salvar uma vida, tirar a vida de outra pessoa. Na legítima defesa, caso sua vida seja ameaçada por alguém, existe legitimidade em retirar a vida de quem o ameaçou.

Outro ponto que deve ser ressaltado é que o direito à vida não está adstrito apenas ao fato de se estar vivo. Quando a constituição protege o direito à vida, a faz em suas diversas acepções. Existem dispositivos constitucionais que protegem o direito à vida no que tange a sua preservação da integridade física e moral (Art. 5º, III, V, XLVII, XLIX; Art. 199, §4º. A Constituição também protege o direito à vida no que tange à garantia de uma vida com qualidade (Arts. 6º; 7º, IV; 196; 205; 215).

2.2 Direito à Igualdade

Igualdade formal x igualdade material

Possui como sinônimo o termo Isonomia. A doutrina classifica esse direito em:

Igualdade Formal

Traduz-se no termo "todos são iguais perante a lei, sem distinção de qualquer natureza". É o previsto no *caput* do Art. 5º. É uma igualdade jurídica, que não se preocupa com a realidade, mas apenas evita que alguém seja tratado de forma discriminatória.

Igualdade Material

Também chamada de igualdade efetiva ou substancial. É a igualdade que se preocupa com a realidade. Traduz-se na seguinte expressão: "tratar os iguais com igualdade e os desiguais com

---

1 O Tribunal, por maioria e nos termos do voto do Relator, julgou procedente a ação para declarar a inconstitucionalidade da interpretação segundo a qual a interrupção da gravidez de feto anencéfalo é conduta tipificada nos artigos 124, 126, 128, incisos I e II, todos do Código Penal, contra os votos dos Senhores Ministros Gilmar Mendes e Celso de Mello que, julgando-a procedente, acrescentavam condições de diagnóstico de anencefalia especificadas pelo Ministro Celso de Mello; e contra os votos dos Senhores Ministros Ricardo Lewandowski e Cezar Peluso (Presidente), que a julgavam improcedente. Impedido o Senhor Ministro Dias Toffoli. Plenário, 12.04.2012. ADPF 54 – Relator Min. Marco Aurélio.

NOÇÕES DE DIREITO CONSTITUCIONAL

DIREITOS FUNDAMENTAIS - DIREITOS E DEVERES INDIVIDUAIS E COLETIVOS

desigualdade, na medida das suas desigualdades". Esse tipo de igualdade confere um tratamento com justiça para aqueles que não a possuem.

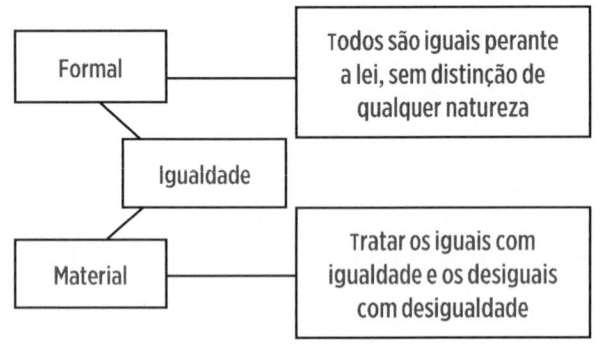

```
                    ┌──────────────────────────┐
         ┌─ Formal ─┤ Todos são iguais perante │
         │          │ a lei, sem distinção de  │
         │          │ qualquer natureza        │
Igualdade┤          └──────────────────────────┘
         │          ┌──────────────────────────┐
         └─ Material┤ Tratar os iguais com     │
                    │ igualdade e os desiguais │
                    │ com desigualdade         │
                    └──────────────────────────┘
```

A igualdade formal é a regra utilizada pelo Estado para conferir um tratamento isonômico entre as pessoas. Contudo, por diversas vezes, um tratamento igualitário não consegue atender a todas as necessidades práticas. Faz-se necessária a utilização da igualdade em seu aspecto material para que se consiga produzir um verdadeiro tratamento isonômico.

Imaginemos as relações entre homens e mulheres. A regra é que homem e mulher são tratados da mesma forma conforme previsto no inciso I do Art. 5º:

I. Homens e mulheres são iguais em direitos e obrigações, nos termos desta Constituição;

Contudo, em diversas situações, homens e mulheres serão tratados de forma diferente:

Licença-maternidade

Tem duração de 120 dias para a mulher. Para o homem, apenas 5 dias de licença-paternidade;

Aposentadoria

A mulher se aposenta 5 anos mais cedo que o homem;

Serviço Militar Obrigatório

Só o homem está obrigado.

Essas são algumas das situações em que são permitidos tratamentos desiguais entre as pessoas. As razões que justificam essa discriminação são as diferenças efetivas que existem entre os homens e as mulheres em cada uma das hipóteses. Exemplificando, a mulher tem mais tempo para se recuperar em razão da nítida distinção do desgaste feminino para o masculino no que tange ao parto. É indiscutível que, por mais desgastante que seja o nascimento de um filho para o pai, nada se compara ao sofrimento suportado pela mãe. Por essa razão, a licença-maternidade é maior que a licença-paternidade.

Igualdade nos concursos públicos

O tema diz respeito à igualdade nos concursos públicos. Seria possível restringir o acesso a um cargo público em razão do sexo de uma pessoa? Ou por causa de sua altura? Ou ainda, pela idade que possui?

Essas questões encontram a mesma resposta: sim! É possível, desde que os critérios discriminatórios preencham alguns requisitos:

Deve ser Fixado em Lei

Não basta que os critérios estejam previstos no edital, precisam estar previstos em lei, no seu sentido formal.

Deve ser Necessário ao Exercício do Cargo

O critério discriminatório deve ser necessário ao exercício do cargo. A título de exemplo: seria razoável exigir para um cargo de policial militar, altura mínima ou mesmo, idade máxima, que representam vigor físico, tendo em vista a natureza do cargo que exige tal condição. As mesmas condições não poderiam ser exigidas para um cargo de técnico judiciário, por não serem necessárias ao exercício do cargo.

Em suma, podem ser exigidos critérios discriminatórios desde que previstos em lei e que sejam necessários ao exercício do cargo, observados os critérios de proporcionalidade e razoabilidade.

Esse tema sempre tem sido alvo de questões em prova, principalmente sob o aspecto jurisprudencial. Veja este exemplo de questão:

No ato da posse o servidor apresentará, se entender necessário, declaração de bens e valores que constituem o seu patrimônio e, obrigatoriamente, declaração quanto ao exercício ou não de outro cargo, emprego ou função pública. ERRADO.

Ações afirmativas

Como formas de concretização da igualdade material foram desenvolvidas políticas públicas de compensação dirigidas às minorias sociais chamadas de **Ações Afirmativas ou Discriminações Positivas**. São verdadeiras ações de cunho social que visam a compensar possíveis perdas que determinados grupos sociais tiveram ao longo da história de suas vidas. Quem nunca ouviu falar nas "quotas para os pobres nas Universidades" ou ainda, "reserva de vagas para deficientes em concursos públicos"? Essas são algumas das espécies de ações afirmativas desenvolvidas no Brasil.

Mas por que reservar vagas para deficientes em concursos públicos? Ora, é óbvio que o deficiente, qualquer que seja sua deficiência, quando se prepara para um concurso público possui muito mais dificuldade que uma pessoa que tem a plenitude de seu vigor físico. Em razão dessa diferença, o Estado, na tentativa de reduzir a desigualdade existente entre os concorrentes, resolveu compensar a limitação de um portador de necessidades especiais reservando-lhe vagas especiais.

Perceba que, ao contrário do que parece, quando se reservam vagas num concurso público para deficientes estamos diante de um nítido tratamento discriminatório, que nesse caso é justificável pelas diferenças naturais entre o concorrente sadio e o concorrente deficiente. Lembre-se de que igualdade material é tratar iguais com igualdade e desiguais com desigualdade. O que se faz por meio dessas políticas de compensação é tratar os desiguais com desigualdade, na medida de suas desigualdades. Só dessa forma é possível alcançar um verdadeiro tratamento isonômico entre os candidatos.

Por fim, destaca-se o fato de o STF ter declarado constitucional a política de cotas étnico-raciais para seleção de estudantes em universidades públicas pacificando uma discussão antiga sobre esse tipo de ação afirmativa.

2.3 Direito à Liberdade

O direito à liberdade pertence à primeira geração de direitos fundamentais por expressarem os direitos mais ansiados pelos indivíduos como forma de defesa diante do Estado. O que se verá a seguir são algumas das acepções desse direito que podem ser cobradas em prova.

Liberdade de ação

O inciso II do Art. 5º apresenta aquilo que a doutrina chama de liberdade de ação:

> *II. Ninguém será obrigado a fazer ou deixar de fazer alguma coisa senão em virtude de lei;*

Essa é a liberdade por excelência. Segundo o texto constitucional, a liberdade só pode ser restringida por lei. Por isso, dizemos que esse inciso também apresenta o **Princípio da Legalidade.**

A liberdade pode ser entendida de duas formas, a depender do destinatário da mensagem:

Para o particular

Para o particular, liberdade significa "fazer tudo que não for proibido".

Para o agente público

Para o agente público, liberdade significa "poder fazer tudo o que for determinado ou permitido pela lei".

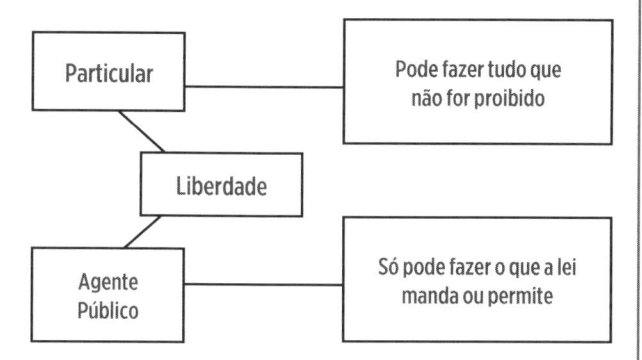

```
Particular ─────────── Pode fazer tudo que não for proibido
           │
       Liberdade
           │
Agente ─────────────── Só pode fazer o que a lei
Público                manda ou permite
```

Liberdade de locomoção

Uma das liberdades mais almejadas pelos indivíduos durante as lutas sociais é o grande carro-chefe na limitação dos poderes do Estado. O inciso XV do Art. 5º já diz:

> *XV. É livre a locomoção no território nacional em tempo de paz, podendo qualquer pessoa, nos termos da lei, nele entrar, permanecer ou dele sair com seus bens;*

Perceba-se que o direito explanado nesse inciso não possui caráter absoluto, haja vista ter sido garantido em tempo de paz. Isso significa que em momentos sem paz seriam possíveis restrições às liberdades de locomoção. Destaca-se o Estado de Sítio que pode ser decretado nos casos previstos no Art. 137 da Constituição Federal. Nessas circunstâncias, seriam possíveis maiores restrições à chamada liberdade de locomoção por meio de medidas autorizadas pela própria Constituição Federal:

> *Art. 137. O Presidente da República pode, ouvidos o Conselho da República e o Conselho de Defesa Nacional, solicitar ao Congresso Nacional autorização para decretar o estado de sítio nos casos de:*
> *I. Comoção grave de repercussão nacional ou ocorrência de fatos que comprovem a ineficácia de medida tomada durante o estado de defesa;*
> *II. Declaração de estado de guerra ou resposta a agressão armada estrangeira.*
>
> *Art. 139. Na vigência do estado de sítio decretado com fundamento no Art. 137, I, só poderão ser tomadas contra as pessoas as seguintes medidas:*
> *I. Obrigação de permanência em localidade determinada;*
> *II. Detenção em edifício não destinado a acusados ou condenados por crimes comuns;*

Outro ponto interessante refere-se à possibilidade de qualquer pessoa entrar, permanecer ou sair do país com seus bens. Esse direito também não pode ser encarado de forma absoluta, haja vista a possibilidade de se exigir declaração de bens ou pagamento de imposto quando da entrada no país com bens. Nesse caso, liberdade de locomoção não se confunde com imunidade tributária.

Caso a liberdade de locomoção seja restringida por ilegalidade ou abuso de poder, a Constituição reservou um poderoso instrumento garantidor, o chamado **Habeas Corpus.**

> *Art. 5º, LXVIII. conceder-se-á "Habeas Corpus" sempre que alguém sofrer ou se achar ameaçado de sofrer violência ou coação em sua liberdade de locomoção, por ilegalidade ou abuso de poder;*

Liberdade de pensamento

Essa liberdade serve de amparo para uma série de possibilidades no que tange ao pensamento. Assim como os demais direitos fundamentais, a manifestação do pensamento não possui caráter absoluto, sendo restringido pela própria Constituição Federal, que proíbe seu exercício de forma anônima:

> *Art. 5º, IV. É livre a manifestação do pensamento, sendo vedado o anonimato;*

A vedação ao anonimato, além de ser uma garantia ao exercício da manifestação do pensamento, possibilita o exercício do direito de resposta caso alguém seja ofendido.

Sobre Denúncia Anônima, é importante fazer uma observação. Diante da vedação constitucional ao anonimato, poder-se-ia imaginar que essa ferramenta de combate ao crime fosse considerada inconstitucional. Contudo, não tem sido esse o entendimento do STF. A denúncia anônima pode até ser utilizada como ferramenta de comunicação do crime, mas não pode servir como amparo para a instauração do Inquérito Policial, muito menos como fundamento para condenação de quem quer que seja.

Liberdade de consciência e crença religiosa

Uma primeira pergunta deve ser feita acerca da liberdade religiosa em nosso país: qual a religião oficial do Brasil? A única resposta possível: é nenhuma. A liberdade religiosa do Estado brasileiro é incompatível com a existência de uma religião oficial. É o que apresenta o inciso VI do Art. 5º:

> *VI. É inviolável a liberdade de consciência e de crença, sendo assegurado o livre exercício dos cultos religiosos e garantida, na forma da lei, a proteção aos locais de culto e a suas liturgias;*

Esse inciso marca a liberdade religiosa existente no Brasil. Por esse motivo, dizemos que o Brasil é um Estado laico, leigo ou não confessional. Isso significa, basicamente, que no Brasil existe uma relação de separação entre Estado e Igreja. Essa relação entre o Estado e a Igreja encontra, inclusive, vedação expressa no texto constitucional:

NOÇÕES DE DIREITO CONSTITUCIONAL

Art. 19. *É vedado à União, aos Estados, ao Distrito Federal e aos Municípios:*

I. Estabelecer cultos religiosos ou igrejas, subvencioná-los, embaraçar-lhes o funcionamento ou manter com eles ou seus representantes relações de dependência ou aliança, ressalvada, na forma da lei, a colaboração de interesse público;

Por causa da liberdade religiosa, é possível exercer qualquer tipo de crença no país. É possível ser católico, protestante, mulçumano, ateu ou satanista. Isso é liberdade de crença ou consciência. Liberdade de crer ou não crer. Perceba que o inciso VI, além de proteger as crenças e cultos, também protege as suas liturgias. Apesar do amparo constitucional, não se pode utilizar esse direito para praticar atos contrários às demais normas do direito brasileiro como, por exemplo, sacrificar seres humanos como forma de prestar culto a determinada divindade. Isso a liberdade religiosa não ampara.

Outro dispositivo importante é o previsto no inciso VII:

VII. É assegurada, nos termos da lei, a prestação de assistência religiosa nas entidades civis e militares de internação coletiva;

Nese inciso, a Constituição Federal garantiu a assistência religiosa nas entidades de internação coletivas, sejam elas civis ou militares. Entidades de internação coletivas são quartéis, hospitais ou hospícios. Em razão dessa garantia constitucional, é comum encontrarmos nesses estabelecimentos capelas para que o direito seja exercido.

Apesar da importância dos dispositivos analisados anteriormente, nenhum é mais cobrado em prova que o inciso VIII:

VIII. Ninguém será privado de direitos por motivo de crença religiosa ou de convicção filosófica ou política, salvo se as invocar para eximir-se de obrigação legal a todos imposta e recusar-se a cumprir prestação alternativa, fixada em lei;

Estamos diante do instituto da **Escusa de Consciência.** Esse direito permite a qualquer pessoa que, em razão de sua crença ou consciência, deixe de cumprir uma obrigação imposta sem que com isso sofra alguma consequência em seus direitos. Tal permissivo constitucional encontra uma limitação prevista expressamente no texto em análise. No caso de uma obrigação imposta a todos, se o indivíduo recusar-se ao seu cumprimento, ser-lhe-á oferecida uma prestação alternativa. Não a cumprindo também, a Constituição permite que direitos sejam restringidos. O Art. 15 prescreve que os direitos restringidos serão os direitos políticos:

Art. 15. É vedada a cassação de direitos políticos, cuja perda ou suspensão só se dará nos casos de:

IV. Recusa de cumprir obrigação a todos imposta ou prestação alternativa, nos termos do Art. 5º, VIII;

Liberdade de reunião

Acerca dessa liberdade, é importante ressaltar as condições estabelecidas pelo texto constitucional:

XVI. Todos podem reunir-se pacificamente, sem armas, em locais abertos ao público, independentemente de autorização, desde que não frustrem outra reunião anteriormente convocada para o mesmo local, sendo apenas exigido prévio aviso à autoridade competente;

Enumerando-as, de forma a facilitar o estudo, tem-se que as condições estabelecidas para o exercício do direito à reunião são:

Reunião Pacífica

Não se legitima uma reunião que tenha fins não pacíficos;

Sem Armas

Para evitar a violência ou coação por meio de armas;

Locais Abertos ao Público

Encontra-se subtendida a reunião em local fechado;

Independente de Autorização

Não precisa de autorização;

Necessidade de Prévio Aviso

Precisa de prévio aviso;

Não Frustrar outra Reunião convocada Anteriormente para o Mesmo Local

Garantia de isonomia no exercício do direito prevalecendo o de quem exerceu primeiro.

Sobre o exercício da liberdade de reunião é importante saber que ele não depende de autorização, mas necessita de prévio aviso.

Outro ponto que já foi alvo de questão de prova é a possibilidade de restrição desse direito no Estado de Sítio e no Estado de Defesa. O problema está na distinção entre as limitações que podem ser adotadas em cada uma das medidas:

Art. 136, § 1º - O decreto que instituir o estado de defesa determinará o tempo de sua duração, especificará as áreas a serem abrangidas e indicará, nos termos e limites da lei, as medidas coercitivas a vigorarem, dentre as seguintes:

I. Restrições aos direitos de:

a) reunião, ainda que exercida no seio das associações;

Art. 139. Na vigência do estado de sítio decretado com fundamento no Art. 137, I, só poderão ser tomadas contra as pessoas as seguintes medidas:

IV. Suspensão da liberdade de reunião;

Ao passo que no Estado de Defesa ocorrerão restrições ao direito de reunião, no Estado de Sítio ocorrerá a suspensão desse direito.

Estado de Defesa → Restrição

Estado de Sítio → Suspensão

Liberdade de associação

São vários os dispositivos constitucionais que regulam a liberdade de associação:

> ***XVII.*** *É plena a liberdade de associação para fins lícitos, vedada a de caráter paramilitar;*
>
> ***XVIII.*** *A criação de associações e, na forma da lei, a de cooperativas independem de autorização, sendo vedada a interferência estatal em seu funcionamento;*
>
> ***XIX.*** *As associações só poderão ser compulsoriamente dissolvidas ou ter suas atividades suspensas por decisão judicial, exigindo-se, no primeiro caso, o trânsito em julgado;*
>
> ***XX.*** *Ninguém poderá ser compelido a associar-se ou a permanecer associado;*
>
> ***XXI.*** *As entidades associativas, quando expressamente autorizadas, têm legitimidade para representar seus filiados judicial ou extrajudicialmente;*

O primeiro ponto que dever ser lembrado é que a liberdade de associação só poderá ser usufruída para fins lícitos sendo proibida a criação de associação paramilitar.

Entende-se como associação de caráter paramilitar toda organização paralela ao Estado, sem legitimidade, com estrutura e organização tipicamente militar. São as facções criminosas, milícias ou qualquer outra organização que possua fins ilícitos e alheios aos do Estado.

Destaca-se, com a mesma importância para sua prova, a dispensa de autorização e interferência estatal no funcionamento e criação das associações.

Maior destaque deve ser dado ao inciso XIX, que condiciona qualquer limitação às atividades associativas a uma decisão judicial. As associações podem ter suas atividades suspensas ou dissolvidas. Em qualquer um dos casos deve haver decisão judicial. No caso da dissolução, por ser uma medida mais grave, não basta qualquer decisão judicial, tem que ser transitada em julgado. Isso significa uma decisão definitiva, à qual não caiba mais recurso.

O inciso XX tutela a chamada Liberdade Associativa, pela qual ninguém será obrigado a se associar ou mesmo a permanecer associado a qualquer entidade associativa.

Por fim, temos o inciso XXI, que permite às associações que representem seus associados tanto na esfera judicial quanto na administrativa desde que possuam expressa autorização. Expressa autorização significa por escrito, por meio de instrumento legal que comprove a autorização.

Vale destacar que, para suspender as atividades de uma associação, basta qualquer decisão judicial; para dissolver, tem que haver decisão judicial transitada em julgado.

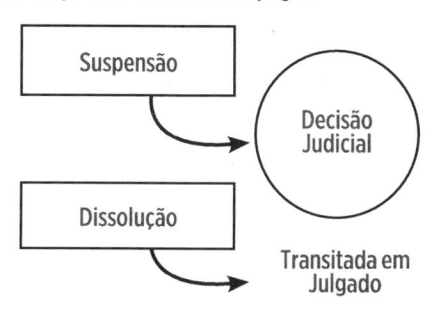

2.4 Direito à Propriedade

Quando se fala em direito à propriedade, alguns atributos que lhe são inerentes aparecem imediatamente. Propriedade é a faculdade que uma pessoa tem de usar, gozar dispor de um bem. O texto constitucional garante esse direito de forma expressa:

> ***Art. 5º****, XXII. É garantido o direito de propriedade.*

Apesar de esse direito aparentar possuir um caráter absoluto, quando se investiga mais a fundo esse tema, percebe-se que ele possui vários limitadores no próprio texto constitucional. E é isso que se passa a analisar agora.

Limitações

Dentre as limitações existentes na Constituição, estão:

Função social

A Constituição exige em seu Art. 5º que a propriedade atenda a sua função social:

> ***XXIII.*** *A propriedade atenderá a sua função social;*

Isso significa que a propriedade não é tão individual quanto pensamos. A necessidade de observância da função social demonstra que a propriedade é muito mais que uma titularidade privada. Esse direito possui reflexos em toda a sociedade. É só imaginar uma propriedade imóvel, um terreno urbano, que, apesar de possuir um proprietário, fica abandonado. Cresce o mato, as pessoas começam a jogar lixo naquele lugar, alguns criminosos começam a utilizar aquele ambiente para prática de atividades ilícitas. Veja quantas coisas podem acontecer numa propriedade e que importarão em consequências gravosas para o meio social mais próximo. É por isso que a propriedade tem que atender a sua função social.

Requisição administrativa

Consta no inciso XXV do Art. 5º:

> ***XXV.*** *No caso de iminente perigo público, a autoridade competente poderá usar de propriedade particular, assegurada ao proprietário indenização ulterior, se houver dano;*

Essa é a chamada Requisição Administrativa. Esse instituto permite que a propriedade seja limitada pela necessidade de se solucionar situação de perigo público. Não se trata de uma forma de desapropriação, pois o dono da propriedade requisitada não a perde, apenas a empresta para uso público, sendo garantido, posteriormente, havendo dano, direito a indenização. Esse instituto limita o caráter absoluto da propriedade.

Desapropriação

É a perda da propriedade. Esse é o limitador por excelência do direito, restringindo o caráter perpétuo da propriedade. A seguir, estão exemplificadas as três modalidades de desapropriação:

Desapropriação pelo Mero Interesse Público

Essa modalidade é utilizada pelo Estado quando o interesse social ou a utilidade pública prevalecem sobre o direito individual. Nesse tipo de desapropriação, destaca-se que o proprietário nada fez para merecê-la, contudo, o interesse público exige que determinada área seja desapropriada. É o caso de construção de uma rodovia que exige a desapropriação de várias propriedades para o asfaltamento da via. Conforme o texto da Constituição:

NOÇÕES DE DIREITO CONSTITUCIONAL

XXIV. A lei estabelecerá o procedimento para desapropriação por necessidade ou utilidade pública, ou por interesse social, mediante justa e prévia indenização em dinheiro, ressalvados os casos previstos nesta Constituição;

Deve ser destacado que essa modalidade de desapropriação gera direito à indenização, que deve ser paga em dinheiro, previamente e com valor justo.

Desapropriação-Sanção

Nesta modalidade, o proprietário, por algum motivo, não observou a função social da propriedade. Por esse motivo, é chamada de Desapropriação-sanção, haja vista ser uma verdadeira punição. Segundo a CF, essa desapropriação gera direito à indenização, que deverá ser paga em títulos da dívida pública ou agrária. Segundo os Art. 182, § 4º, III e 184 da Constituição:

> **Art. 182**, § 4º - É facultado ao Poder Público municipal, mediante lei específica para área incluída no plano diretor, exigir, nos termos da lei federal, do proprietário do solo urbano não edificado, subutilizado ou não utilizado, que promova seu adequado aproveitamento, sob pena, sucessivamente, de:
>
> **I.** Parcelamento ou edificação compulsórios;
>
> **II.** Imposto sobre a propriedade predial e territorial urbana progressivo no tempo;
>
> **III.** Desapropriação com pagamento mediante títulos da dívida pública de emissão previamente aprovada pelo Senado Federal, com prazo de resgate de até dez anos, em parcelas anuais, iguais e sucessivas, assegurados o valor real da indenização e os juros legais.
>
> **Art. 184.** Compete à União desapropriar por interesse social, para fins de reforma agrária, o imóvel rural que não esteja cumprindo sua função social, mediante prévia e justa indenização em títulos da dívida agrária, com cláusula de preservação do valor real, resgatáveis no prazo de até vinte anos, a partir do segundo ano de sua emissão, e cuja utilização será definida em lei.

Desapropriação Confiscatória

Por último, tem-se essa modalidade prevista no Art. 243 da Constituição:

> **Art. 243.** As propriedades rurais e urbanas de qualquer região do País onde forem localizadas culturas ilegais de plantas psicotrópicas ou a exploração de trabalho escravo na forma da lei serão expropriadas e destinadas à reforma agrária e a programas de habitação popular, sem qualquer indenização ao proprietário e sem prejuízo de outras sanções previstas em lei, observado, no que couber, o disposto no Art. 5º. (Redação dada pela Emenda Constitucional nº 81, de 2014)
>
> **Parágrafo único.** Todo e qualquer bem de valor econômico apreendido em decorrência do tráfico ilícito de entorpecentes e drogas afins e da exploração de trabalho escravo será confiscado e reverterá a fundo especial com destinação específica, na forma da lei. (Redação dada pela Emenda Constitucional nº 81, de 2014)

É a desapropriação que ocorre com a propriedade utilizada para cultivo de plantas psicotrópicas. Nesse caso, não haverá indenização, mas o proprietário poderá ser processado pela prática de ilícito penal.

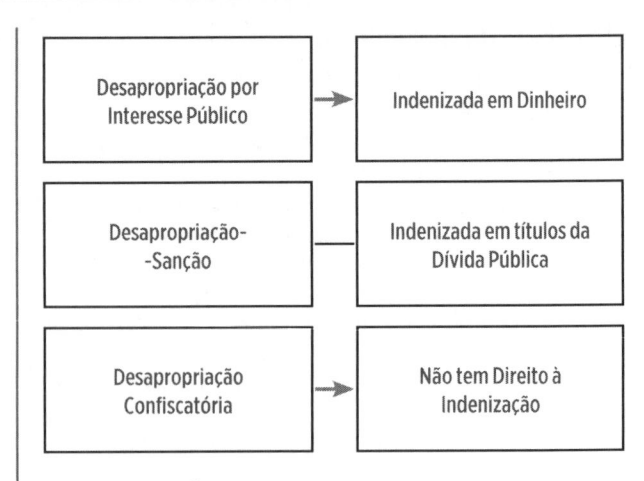

Tipo	Indenização
Desapropriação por Interesse Público	Indenizada em Dinheiro
Desapropriação-Sanção	Indenizada em títulos da Dívida Pública
Desapropriação Confiscatória	Não tem Direito à Indenização

Bem de família

A Constituição consagra uma forma de proteção às pequenas propriedades rurais chamada de Bem de Família:

> **XXVI.** A pequena propriedade rural, assim definida em lei, desde que trabalhada pela família, não será objeto de penhora para pagamento de débitos decorrentes de sua atividade produtiva, dispondo a lei sobre os meios de financiar o seu desenvolvimento;

O mais importante para prova é atentar para os requisitos estabelecidos no inciso, quais sejam:

Pequena Propriedade Rural

Não se trata de qualquer propriedade.

Definida em Lei

Não em outra espécie normativa.

Trabalhada pela Família

Não por qualquer pessoa.

Débitos Decorrentes da Atividade Produtiva

Não por qualquer débito.

Propriedade imaterial

Além das propriedades sobre bens materiais, a Constituição também consagra normas de proteção sobre a propriedade de bens imateriais. São duas as propriedades consagradas: autoral e industrial.

A propriedade autoral encontra-se protegida nos incisos XXVII e XXVIII do Art. 5º:

> **XXVII.** Aos autores pertence o direito exclusivo de utilização, publicação ou reprodução de suas obras, transmissível aos herdeiros pelo tempo que a lei fixar;
>
> **XXVIII.** São assegurados, nos termos da lei:
>
> **a)** a proteção às participações individuais em obras coletivas e à reprodução da imagem e voz humanas, inclusive nas atividades desportivas;
>
> **b)** o direito de fiscalização do aproveitamento econômico das obras que criarem ou de que participarem aos criadores, aos intérpretes e às respectivas representações sindicais e associativas;

Já a propriedade industrial encontra-se protegida no inciso XXIX:

> **XXIX.** A lei assegurará aos autores de inventos industriais privilégio temporário para sua utilização, bem como proteção às criações industriais, à propriedade das marcas, aos nomes de empresas e a outros signos distintivos, tendo em vista o interesse social e o desenvolvimento tecnológico e econômico do País;

Uma relação muito interessante entre a propriedade autoral e a industrial está no tempo de proteção previsto na Constituição. Observe-se que na propriedade autoral o direito do autor é vitalício, tendo em vista a previsão de possibilidade de transmissão desses direitos aos herdeiros. Contudo, quando nas mãos dos sucessores, a proteção será pelo tempo que a lei fixar, ou seja, temporário.

Já na propriedade industrial, a proteção do próprio autor já possui caráter temporário.

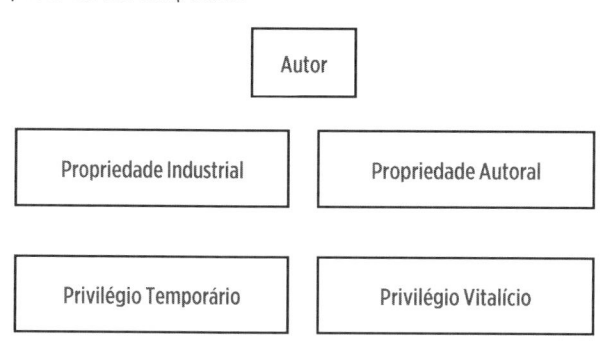

```
                    Autor
         ┌────────────┴────────────┐
Propriedade Industrial        Propriedade Autoral
         │                          │
Privilégio Temporário         Privilégio Vitalício
```

Direito à herança

De nada adiantaria tanta proteção à propriedade se esse bem jurídico não pudesse ser transmitido por meio da sucessão de bens aos herdeiros após a morte. O direito à herança, consagrado expressamente na Constituição, traduz-se no coroamento do direito de propriedade. É a grande força motriz desse direito. Só faz sentido ter direito à propriedade se esse direito possa ser transferido aos herdeiros.

> **XXX.** É garantido o direito de herança;
>
> **XXXI.** A sucessão de bens de estrangeiros situados no País será regulada pela lei brasileira em benefício do cônjuge ou dos filhos brasileiros, sempre que não lhes seja mais favorável a lei pessoal do de cujus;

Destaque especial deve ser dado ao inciso XXXI, que prevê a possibilidade de aplicação de lei estrangeira no país em casos de sucessão de bens de pessoa estrangeira desde que esses bens estejam situados no Brasil. A Constituição Federal permite que seja aplicada a legislação mais favorável aos herdeiros, quer seja a lei brasileira, quer seja a lei estrangeira.

2.5 Direito à Segurança

Ao se referir à segurança como direito individual, o Art. 5º pretende significar "segurança jurídica" que trata de normas de pacificação social e que produzem uma maior segurança nas relações sociais. Esse é o ponto alto dos direitos individuais. Sem dúvida, aqui está a maior quantidade de questões cobradas em prova.

Princípio da segurança nas relações jurídicas

Este princípio tem como objetivo garantir a estabilidade das relações jurídicas. Veja o que diz a Constituição:

> **XXXVI.** A lei não prejudicará o direito adquirido, o ato jurídico perfeito e a coisa julgada;

Os três institutos aqui protegidos encontram seu conceito formalizado na **Lei de Introdução às normas do Direito Brasileiro**.

> **Art. 6º**, § 1º - Reputa-se ato jurídico perfeito o já consumado segundo a lei vigente ao tempo em que se efetuou.
>
> **§ 2º** - Consideram-se adquiridos assim os direitos que o seu titular, ou alguém por ele, possa exercer, como aqueles cujo começo do exercício tenha termo pré-fixo, ou condição pré-estabelecida inalterável, a arbítrio de outrem.
>
> **§ 3º** - Chama-se coisa julgada ou caso julgado a decisão judicial de que já não caiba recurso.

Em linhas gerais, pode-se assim conceituá-los:

Direito Adquirido
Direito já incorporado ao patrimônio do titular;

Ato Jurídico Perfeito
Ato jurídico que já atingiu seu fim. Ato jurídico acabado, aperfeiçoado, consumado;

Coisa Julgada
Sentença judicial transitada em julgado. Aquela sentença em relação à qual não cabe mais recurso.

De uma coisa não se pode esquecer: a proibição de retroatividade da lei nos casos aqui estudados não se aplica às leis mais benéficas, ou seja, uma lei mais benéfica poderá produzir efeitos em relação ao direito adquirido, ao ato jurídico perfeito e à coisa julgada.

Devido processo legal

O devido processo legal possui como objetivo principal limitar o poder do Estado. Esse princípio condiciona a restrição da liberdade ou dos bens de um indivíduo à existência de um procedimento estatal que respeite todos os direitos e garantias processuais previstos na lei. É o que diz o inciso LIV do Art. 5º:

> **LIV.** Ninguém será privado da liberdade ou de seus bens sem o devido processo legal;

A exigência constitucional de existência de processo aplica-se tanto aos processos judiciais quanto aos procedimentos administrativos.

Desse princípio, surge a garantia constitucional à **proporcionalidade** e **razoabilidade**. Da mesma forma, é durante o devido processo legal que poderão ser exercidos os direitos ao contraditório e à ampla defesa, que serão analisados a seguir.

Contraditório e ampla defesa

Essas garantias constitucionais, conforme já salientado, decorrem do Devido Processo Legal. São utilizadas como ferramenta de defesa diante das acusações impostas pelo Estado ou por um particular nos processos judiciais e administrativos:

> **LV.** Aos litigantes, em processo judicial ou administrativo, e aos acusados em geral são assegurados o contraditório e ampla defesa, com os meios e recursos a ela inerentes;

Mas o que significam o contraditório e a ampla defesa?

Contraditório é o direito de contradizer, contrariar, contraditar. Se alguém diz que você é ou fez alguma coisa, o contraditório lhe permite dizer que não é e que não fez o que lhe foi imputado. É simplesmente o direito de contrariar. Já a ampla defesa é a possibilidade de utilização de todos os meios admitidos em direito para se defender de uma acusação.

Em regra, o contraditório e a ampla defesa são garantidos em todos os processos judiciais ou administrativos, contudo, a legislação brasileira previu alguns procedimentos administrativos incompatíveis com o exercício desse direito:

DIREITOS FUNDAMENTAIS - DIREITOS E DEVERES INDIVIDUAIS E COLETIVOS

> Inquérito Policial;
> Sindicância Investigativa;
> Inquérito Civil.

Em suma, nos procedimentos investigatórios que não possuem o condão de punir o investigado não serão garantidos o contraditório e a ampla defesa.

Observem-se as Súmulas Vinculantes do Supremo Tribunal Federal que versam sobre esse tema:

> *SV 3. Nos processos perante o Tribunal de Contas da União asseguram-se o contraditório e a ampla defesa quando da decisão puder resultar anulação ou revogação de ato administrativo que beneficie o interessado, excetuada a apreciação da legalidade do ato de concessão inicial de aposentadoria, reforma e pensão.*
> *SV 5. A falta de defesa técnica por advogado no processo administrativo disciplinar não ofende a Constituição.*
> *SV 14. É direito do defensor, no interesse do representado, ter acesso amplo aos elementos de prova que, já documentados em procedimento investigatório realizado por órgão com competência de polícia judiciária, digam respeito ao exercício do direito de defesa.*
> *SV 21. É inconstitucional a exigência de depósito ou arrolamento prévios de dinheiro ou bens para admissibilidade de recurso administrativo.*

Proporcionalidade e razoabilidade

Eis uma garantia fundamental que não está expressa no texto constitucional apesar de ser um dos institutos mais utilizados pelo Supremo em suas decisões atuais. Trata-se de um princípio implícito, cuja fonte é o Princípio do Devido Processo Legal. Esses dois institutos jurídicos são utilizados como parâmetro de ponderação quando adotadas medidas pelo Estado, principalmente no que tange à restrição de bens e direitos dos indivíduos. Duas palavras esclarecem o sentido dessas garantias: necessidade e adequação.

Para saber se um ato administrativo observou os critérios de proporcionalidade e razoabilidade, deve-se questionar se o ato foi necessário e se foi adequado à situação.

Para exemplificar, imaginemos que um determinado fiscal sanitário, ao inspecionar um supermercado, depara-se com um pote de iogurte com a data de validade vencida há um dia. Imediatamente, ele prende o dono do mercado, dá dois tiros para cima, realiza revista manual em todos os clientes e funcionários do mercado e aplica uma multa de dois bilhões de reais. Pergunta-se: será que a medida adotada pelo fiscal foi necessária? Foi adequada? Certamente que não. Logo, a medida não observou os princípios da razoabilidade e proporcionalidade.

É importante deixar claro que os princípios da proporcionalidade e da razoabilidade estão implícitos no texto constitucional, ou seja, não estão previstos expressamente.

Inadmissibilidade das provas ilícitas

Uma das garantias mais importantes do direito brasileiro é a inadmissibilidade das provas ilícitas. Encontra-se previsto expressamente no inciso LVI do Art. 5º:

> *LVI. São inadmissíveis, no processo, as provas obtidas por meios ilícitos.*

Em razão dessa garantia, é proibida a produção de provas ilícitas num processo sob pena de nulidade processual. Em regra, a prova ilícita produz nulidade de tudo o que a ela estiver relacionado. Esse efeito decorre da chamada Teoria dos Frutos da Árvore Envenenada. Segundo a teoria, se a árvore está envenenada, os frutos também o serão. Se uma prova foi produzida de forma ilícita, as demais provas dela decorrentes também serão ilícitas (ilicitude por derivação). Contudo, deve-se ressaltar que essa teoria é aplicada de forma restrita no direito brasileiro, ou seja, encontrada uma prova ilícita num processo, não significa que todo o processo será anulado, mas apenas os atos e demais provas que decorreram direta ou indiretamente daquela produzida de forma ilícita.

Caso existam provas autônomas produzidas em conformidade com a lei, o processo deve prosseguir ainda que tenham sido encontradas e retiradas as provas ilícitas. Logo, é possível afirmar que a existência de uma prova ilícita no processo não anula de pronto todo o processo.

Deve-se destacar, ainda, a única possibilidade já admitida de prova ilícita nos tribunais brasileiros: a produzida em legítima defesa.

Inviolabilidade domiciliar

Essa garantia protege o indivíduo em seu recinto mais íntimo: a casa. A Constituição diz:

> *XI. A casa é asilo inviolável do indivíduo, ninguém nela podendo penetrar sem consentimento do morador, salvo em caso de flagrante delito ou desastre, ou para prestar socorro, ou, durante o dia, por determinação judicial.*

Como regra, só se pode entrar na casa de uma pessoa com o seu consentimento. Excepcionalmente, a Constituição Federal admite a entrada sem consentimento do morador nos casos de:

> Flagrante delito;
> Desastre;
> Prestar socorro;
> Determinação Judicial – só durante o dia.

No caso de determinação judicial, a entrada se dará apenas durante o dia. Nos demais casos, a entrada será permitida a qualquer hora.

Alguns conceitos importantes: o que é casa? O que pode ser entendido como casa para efeito de inviolabilidade? A jurisprudência tem interpretado o conceito de casa de forma ampla, em consonância com o disposto nos Arts. 245 e 246 do Código de Processo Penal:

> *Art. 245. As buscas domiciliares serão executadas de dia, salvo se o morador consentir que se realizem à noite, e, antes de penetrarem na casa, os executores mostrarão e lerão o mandado ao morador, ou a quem o represente, intimando-o, em seguida, a abrir a porta.*
> *Art. 246. Aplicar-se-á também o disposto no artigo anterior, quando se tiver de proceder a busca em compartimento habitado ou em aposento ocupado de habitação coletiva ou em compartimento não aberto ao público, onde alguém exercer profissão ou atividade.*

O STF já considerou como casa, para efeitos de inviolabilidade, oficina mecânica, quarto de hotel ou escritório profissional.

Outra questão relevante é saber o que é dia? Dois são os posicionamentos adotados na doutrina:

Das 6h às 18h;

Da aurora ao crepúsculo.

Segundo a jurisprudência, isso deve ser resolvido no caso concreto, tendo em vista variação de fusos horários existentes em nosso país, bem como a ocorrência do "Horário de Verão". Na prática, é possível entrar na casa independentemente do horário, desde que seja durante o dia.

Veja esta questão da FCC sobre o tema:

A casa é asilo inviolável do indivíduo, podendo-se nela entrar, sem permissão do morador, EXCETO

A em caso de desastre.

B em caso de flagrante delito.

C para prestar socorro.

D por determinação judicial, a qualquer hora. Gabarito: D.

Em caso de flagrante delito, desastre ou para prestar socorro, pode-se entrar a qualquer momento

Entrada somente para pessoas autorizadas

Mas se for para cumprir determinação judicial só durante o dia

Casa – Asilo Inviolável

Princípio da inafastabilidade da jurisdição

Esse princípio, também conhecido como Princípio do Livre Acesso ao Poder Judiciário ou Direito de Ação, garante, nos casos de necessidade, o acesso direto ao poder judiciário. Também, decorre desse princípio a ideia de que não é necessário o esgotamento das vias administrativas para ingressar com uma demanda no Poder Judiciário. Assim prevê a Constituição Federal:

> **XXXV.** A lei não excluirá da apreciação do Poder Judiciário lesão ou ameaça a direito;

Perceba que a proteção possui sentido duplo: lesão ou ameaça à lesão. Significa dizer que a garantia pode ser utilizada tanto de forma preventiva como de forma repressiva. Tanto para prevenir a ofensa a direito como para reprimir a ofensa já cometida.

Quanto ao acesso ao Judiciário independentemente do esgotamento das vias administrativas, há algumas peculiaridades previstas na legislação brasileira:

Justiça Desportiva

A Constituição Federal prevê no Art. 217:

> **Art. 217**, § 1º - O Poder Judiciário só admitirá ações relativas à disciplina e às competições desportivas após esgotarem-se as instâncias da justiça desportiva, regulada em lei.

Ou seja, o acesso ao Poder Judiciário está condicionado ao esgotamento das vias administrativas.

Compromisso Arbitral

A Lei nº 9.307/96 prevê que as partes, quando em discussão patrimonial, poderão optar pela arbitragem como forma de resolução de conflito.

Não se trata de uma instância administrativa de curso forçado, mas de uma opção facultada às partes.

Habeas Data

O Art. 8º da Lei nº 9.507/97 exige, para impetração do Habeas Data, a comprovação da recusa ao acesso a informação. Parte da doutrina não considera isso como exigência de prévio esgotamento da via administrativa, mas condição da ação. Veja-se a súmula nº 2 do STJ:

> **Súm. 2.** Não cabe "Habeas Data" se não houve recusa de informações por parte da autoridade administrativa.

Reclamação Constitucional

O Art. 7º, § 1º da Lei nº 11.417/2006, que regula a edição de Súmulas Vinculantes, prevê que só será possível a Reclamação Constitucional nos casos de omissão ou ato da administração pública que contrarie ou negue vigência à Súmula Vinculante, após o esgotamento das vias administrativas.

Gratuidade das certidões de nascimento e de óbito

A Constituição traz expressamente que:

> **LXXVI.** São gratuitos para os reconhecidamente pobres, na forma da lei:
> **a)** o registro civil de nascimento;
> **b)** a certidão de óbito;

Observe-se que o texto Constitucional condiciona o benefício da gratuidade do registro de nascimento e da certidão de óbito apenas para os reconhecidamente pobres. Entretanto, a Lei nº 6.015/73 prevê que:

> **Art. 30.** Não serão cobrados emolumentos pelo registro civil de nascimento e pelo assento de óbito, bem como pela primeira certidão respectiva.
>
> **§ 1º** - Os reconhecidamente pobres estão isentos de pagamento de emolumentos pelas demais certidões extraídas pelo cartório de registro civil.

Perceba que essa lei amplia o benefício garantido na Constituição para todas as pessoas no que tange ao registro e à aquisição da primeira certidão de nascimento e de óbito. Quanto às demais vias, só serão garantidas aos reconhecidamente pobres. Deve-se ter cuidado com essa questão em prova, pois deve ser levado em conta se a pergunta tem como referência a Constituição ou não.

Celeridade processual

Traz o texto constitucional:

> **LXXVIII.** A todos, no âmbito judicial e administrativo, são assegurados a razoável duração do processo e os meios que garantam a celeridade de sua tramitação.

Essa é a garantia da celeridade processual. Decorre do Princípio da Eficiência que obriga o Estado a prestar assistência em tempo razoável. Celeridade quer dizer rapidez, mas uma rapidez com qualidade. Esse princípio é aplicável nos processos judiciais e administrativos, visa dar maior efetividade a prestação estatal. Deve-se garantir o direito antes que o seu beneficiário deixe de precisar. Após a inclusão desse dispositivo entre os direitos fundamentais, várias medidas para acelerar a prestação jurisdicional foram adotadas, dentre as quais destacam-se:

> Juizados Especiais;
> Súmula Vinculante;

NOÇÕES DE DIREITO CONSTITUCIONAL

> Realização de Inventários e Partilhas por Vias Administrativas;
> Informatização do Processo.

Essas são algumas das medidas que foram adotadas para trazer mais celeridade ao processo.

Erro judiciário

Dispositivo de grande utilidade social que funciona como limitador da arbitrariedade estatal. O Estado, no que tange à liberdade do indivíduo, não pode cometer erros sob pena de ter que indenizar o injustiçado. Isso é o que prevê o inciso LXXV do Art. 5º:

> *LXXV. O Estado indenizará o condenado por erro judiciário, assim como o que ficar preso além do tempo fixado na sentença;*

Publicidade dos atos processuais

Em regra, os atos processuais são públicos. Essa publicidade visa a garantir maior transparência aos atos administrativos bem como permite a fiscalização popular. Além disso, atos públicos possibilitam um exercício efetivo do contraditório e da ampla defesa. Entretanto, essa publicidade comporta algumas exceções:

> *LX. A lei só poderá restringir a publicidade dos atos processuais quando a defesa da intimidade ou o interesse social o exigirem;*

Nos casos em que a intimidade ou o interesse social exigirem, a publicidade poderá ser restringida apenas aos interessados. Imaginemos uma audiência em que estejam envolvidas crianças; nesse caso, como forma de preservação da intimidade, o juiz poderá restringir a participação na audiência apenas aos membros da família e demais interessados.

Sigilo das comunicações

Uma das normas mais importantes da Constituição Federal que versa sobre segurança jurídica é esta:

> *XII. É inviolável o sigilo da correspondência e das comunicações telegráficas, de dados e das comunicações telefônicas, salvo, no último caso, por ordem judicial, nas hipóteses e na forma que a lei estabelecer para fins de investigação criminal ou instrução processual penal;*

Esse dispositivo prevê quatro formas de comunicação que possuem proteção constitucional:

> Sigilo da Correspondência;
> Comunicação Telegráfica;
> Comunicação de Dados;
> Comunicações Telefônicas.

Dessas quatro formas de comunicação, apenas uma obteve autorização de violação do sigilo pelo texto constitucional: as comunicações telefônicas. Deve-se tomar cuidado com esse tema em prova. Segundo o texto expresso, só as comunicações telefônicas poderão ter o seu sigilo violado. E mais, só o juiz poderá fazê-lo, com fins definidos também pela Constituição, os quais são para investigação criminal e instrução processual penal.

Entretanto, considerando a inexistência de direito fundamental absoluto, a jurisprudência tem considerado a possibilidade de quebra dos demais sigilos, desde que seja determinada por ordem judicial.

No que tange ao sigilo dos dados bancários, fiscais, informáticos e telefônicos, a jurisprudência tem permitido sua quebra por determinação judicial, determinação de Comissão Parlamentar de Inquérito, requisição do Ministério Público, solicitação da autoridade fazendária.

Tribunal do júri

O Tribunal do Júri é uma instituição pertencente ao poder judiciário, que possui competência específica para julgar determinados tipos de crime. O Júri é formado pelo Conselho de Sentença, que é presidido por um Juiz Togado e por sete jurados que efetivamente farão o julgamento do acusado. A ideia do Tribunal do Júri é que o acusado seja julgado por seus pares.

A Constituição Federal apresenta alguns princípios que regem esse tribunal:

> *Art. 5º, XXXVIII. É reconhecida a instituição do júri, com a organização que lhe der a lei, assegurados:*
> *a) a plenitude de defesa;*
> *b) o sigilo das votações;*
> *c) a soberania dos veredictos;*
> *d) a competência para o julgamento dos crimes dolosos contra a vida.*

Segundo esse texto, o Tribunal do Júri é regido pelos seguintes princípios:

Plenitude de Defesa

Esse princípio permite que no júri sejam utilizadas todas as provas permitidas em direito. Aqui, o momento probatório é bastante explorado haja vista a necessidade de se convencer os jurados que são pessoas comuns da sociedade.

Sigilo das Votações

O voto é sigiloso. Durante o julgamento não é permitido que um jurado converse com o outro sobre o julgamento sob pena de nulidade;

Soberania dos Veredictos

O que for decidido pelos jurados será considerado soberano. Nem o Juiz presidente poderá modificar o julgamento. Aqui quem decide são os jurados;

Competência para Julgar os Crimes Dolosos Contra a Vida

O júri não julga qualquer tipo de crime, mas apenas os dolosos contra a vida. Crimes dolosos, em simples palavras, são aqueles praticados com intenção, com vontade. São diferentes dos crimes culposos, os quais são praticados sem intenção.

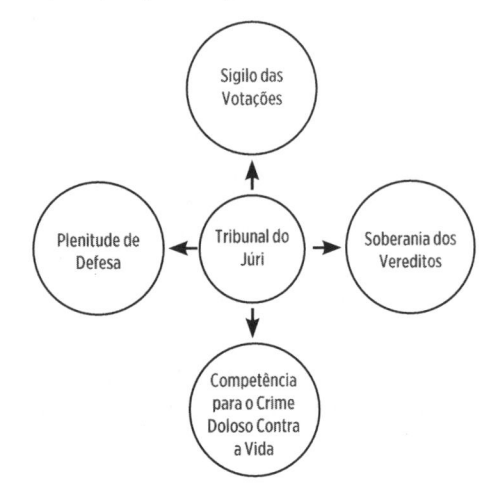

Princípio da anterioridade

O inciso XXXIX do Art. 5º da CF apresenta o chamado Princípio da Anterioridade Penal:

> **XXXIX.** Não há crime sem lei anterior que o defina, nem pena sem prévia cominação legal.

Esse princípio decorre na necessidade de se prever antes da aplicação da pena, a conduta que é considerada como crime e a pena que deverá ser cominada. Mais uma regra de segurança jurídica.

Princípio da irretroatividade

Esse princípio também possui sua importância ao prever que a lei penal não poderá retroagir, salvo se for para beneficiar o réu.

> **Art. 5º, XL.** A lei penal não retroagirá, salvo para beneficiar o réu.

Crimes imprescritíveis, inafiançáveis e insuscetíveis de graça e anistia

Os dispositivos a seguir estão entre os mais cobrados em prova. O ideal é que sejam memorizados na ordem proposta no quadro abaixo:

> **Art. 5º, XLII.** A prática do racismo constitui crime inafiançável e imprescritível, sujeito à pena de reclusão, nos termos da lei;
>
> **Art. 5º, XLIII.** A lei considerará crimes inafiançáveis e insuscetíveis de graça ou anistia a prática da tortura, o tráfico ilícito de entorpecentes e drogas afins, o terrorismo e os definidos como crimes hediondos, por eles respondendo os mandantes, os executores e os que, podendo evitá-los, se omitirem;
>
> **Art. 5º, XLIV.** Constitui crime inafiançável e imprescritível a ação de grupos armados, civis ou militares, contra a ordem constitucional e o Estado Democrático.

Crimes Imprescritíveis	Crimes Inafiançáveis	Crimes Insuscetíveis de Graça e Anistia
Racismo	Racismo	Tráfico
Ação de Grupos Armados	Ação de Grupos Armados	Terrorismo
	Tráfico	Tortura
	Terrorismo	Crimes Hediondos
	Tortura	
	Crimes Hediondos	

Os crimes inafiançáveis englobam todos os crimes previstos nos incisos XLII, XLIII e XLIV.

Os crimes que são insuscetíveis de graça e anistia não são imprescritíveis, e vice e versa. Dessa forma, nunca pode existir, na prova, uma questão que trabalhe com as duas classificações ao mesmo tempo.

Nunca, na prova, pode haver uma questão em que se apresentem as três classificações ao mesmo tempo.

Princípio da personalidade da pena

Assim diz o inciso XLV, do Art. 5º da CF:

> **XLV.** Nenhuma pena passará da pessoa do condenado, podendo a obrigação de reparar o dano e a decretação do perdimento de bens ser, nos termos da lei, estendidas aos sucessores e contra eles executadas, até o limite do valor do patrimônio transferido.

Esse inciso diz que a pena é pessoal, quem comete o crime responde pelo crime, de forma que não é possível que uma pessoa cometa um crime e outra responda pelo crime em seu lugar; pode até ocorrer, mas seria algum erro, não como regra, porque a pena é pessoal.

É necessário prestar atenção ao tema, pois já apareceu em prova tanto na forma de um problema quanto com a modificação do próprio texto constitucional. Esse princípio da personalidade da pena diz que a pena é pessoal, isto é, a pena não pode passar para outra pessoa, mas permite que a responsabilidade pelos danos civis possa passar para seus herdeiros. Para exemplificar, imaginemos que uma determinada pessoa assalta uma padaria e consegue roubar uns R$ 50.000,00.

Em seguida, a polícia prende o ladrão por ter roubado a padaria. Em regra, todo crime cometido gera uma responsabilidade penal prevista no Código Penal brasileiro. Ainda, deve-se ressarcir os danos causados à vítima. Se ele roubou R$50.000,00, tem que devolver, no mínimo, esse valor à vítima.

É muito difícil conseguir o montante voluntariamente, por isso, é necessário entrar com uma ação civil ex delicto para reaver o dinheiro referente ao crime cometido. O dono da padaria entra com a ação contra o bandido pedindo os R$50.000,00 acrescidos juros e danos morais. Enquanto ele cumpre a pena, a ação está tramitando. Ocorre que o preso se envolve numa confusão dentro da penitenciária e acaba morrendo.

O preso possui alguns filhos, os quais são seus herdeiros. Quando os bens passam aos herdeiros, chamamos isso de sucessão. Quando foram contabilizar os bens que o bandido tinha, perceberam que sobraram apenas R$30.000,00, valor que deve ser divido entre os herdeiros. Pergunta:

01. O homem que cometeu o crime estava cumprindo pena, mas ele morreu. Qual filho assume o lugar dele? O mais velho ou o mais novo?

    Nenhum dos dois, porque a pena é personalíssima. Só cumpre a pena quem praticou o crime.

02. É possível que a responsabilidade de reparar os danos materiais exigidos pelo dono da padaria recaia sobre seus herdeiros?

    Sim. A Constituição diz que os herdeiros respondem com o valor do montante recebido, até o limite da herança recebida.

03. O dono da padaria pediu R$50.000,00, mas só sobraram R$30.000,00. Os filhos terão que inteirar esse valor até completar os R$50.000,00?

    Não, pois a Constituição diz que os sucessores respondem até o limite do patrimônio transferido. Ou seja, se só são transferidos R$30.000,00, então os herdeiros só vão responder pela indenização com esses R$30.000,00. E o os outros R$20.000,00, quem vai pagar? Ninguém. O dono da padaria fica com esse prejuízo.

Penas proibidas e permitidas

Vejamos agora dois incisos do Art. 5º da CF, que sempre caem em prova juntos: incisos XLVI e XLVII. Há no inciso XLVI as penas permitidas e no XLVII as penas proibidas. Mas como isso cai em prova? O examinador pega uma pena permitida e diz que é proibida ou pega uma proibida e diz que é permitida. Conforme os incisos:

NOÇÕES DE DIREITO CONSTITUCIONAL

DIREITOS FUNDAMENTAIS - DIREITOS E DEVERES INDIVIDUAIS E COLETIVOS

XLVI. A lei regulará a individualização da pena e adotará, entre outras, as seguintes:
a) privação ou restrição da liberdade;
b) perda de bens;
c) multa;
d) prestação social alternativa;
e) suspensão ou interdição de direitos.

Aqui há o rol de penas permitidas. Memorize essa lista para lembrar quais são as penas permitidas. Atenção para uma pena que é pouco comum e que geralmente em prova é colocada como pena proibida, que é a pena de perda de bens.

Veja o próximo inciso com o rol de penas proibidas:

XLVII. Não haverá penas:
a) de morte, salvo em caso de guerra declarada, nos termos do Art. 84, XIX;
b) de caráter perpétuo;
c) de trabalhos forçados;
d) de banimento;
e) cruéis.

Essas são as penas que não podem ser aplicadas no Brasil. E, na prova, é cobrado da seguinte forma: existe pena de morte no Brasil? Deve-se ter muita atenção com esse tema, pois apesar de a Constituição ter dito que é proibida, existe uma exceção no caso de guerra declarada. Essa exceção é uma verdadeira possibilidade, de forma que deve-se afirmar que existe pena de morte no Brasil. Apesar de a regra ser a proibição, existe a possibilidade de sua aplicação. Só como curiosidade, a pena de morte no Brasil é regulada pelo Código Penal Militar, a qual será executada por meio de fuzilamento.

A próxima pena proibida é a de caráter perpétuo. Não existe esse tipo de pena no Brasil, pois as penas aqui são temporárias. No Brasil, uma pessoa só fica presa até, no máximo, 30 anos.

A outra pena é a de trabalhos forçados. É aquela pena em que o sujeito é obrigado a trabalhar de forma a denegrir a sua condição como ser humano. Esse tipo de pena não é permitida no Brasil.

Há ainda a pena de banimento, que é a expulsão do brasileiro, tanto nato como naturalizado.

Por fim, a Constituição veda a aplicação de penas cruéis. Pena cruel é aquela que denigre a condição humana, expõe o indivíduo a situações desumanas, vexatórias, que provoquem intenso sofrimento.

Princípio da individualização da pena

Nos termos do Art. 5º, inciso XLVIII, da CF:

XLVIII. A pena será cumprida em estabelecimentos distintos, de acordo com a natureza do delito, a idade e o sexo do apenado;

Esse dispositivo traz uma regra muito interessante, o princípio da individualização da pena. Significa que a pessoa quando cumprir sua pena deve cumpri-la em estabelecimento e condições compatíveis com a sua situação. Se mulher, deve cumprir com mulheres; se homem, cumprirá com homens; se reincidente, com reincidentes; se réu primário, com réus primários; e assim por diante. O ideal é que cada situação possua um cumprimento de pena adequado que propicie um melhor acompanhamento do poder público e melhores condições para a ressocialização.

Regras sobre prisões

São vários os dispositivos constitucionais previstos no Art. 5º, da CF, que se referem às prisões:

LXI. Ninguém será preso senão em flagrante delito ou por ordem escrita e fundamentada de autoridade judiciária competente, salvo nos casos de transgressão militar ou crime propriamente militar, definidos em lei;

LXII. A prisão de qualquer pessoa e o local onde se encontre serão comunicados imediatamente ao juiz competente e à família do preso ou à pessoa por ele indicada;

LXIII. O preso será informado de seus direitos, entre os quais o de permanecer calado, sendo-lhe assegurada a assistência da família e de advogado;

LXIV. O preso tem direito à identificação dos responsáveis por sua prisão ou por seu interrogatório policial;

LXV. A prisão ilegal será imediatamente relaxada pela autoridade judiciária;

LXVI. Ninguém será levado à prisão ou nela mantido, quando a lei admitir a liberdade provisória, com ou sem fiança;

LXVII. Não haverá prisão civil por dívida, salvo a do responsável pelo inadimplemento voluntário e inescusável de obrigação alimentícia e a do depositário infiel.

Como destaque para prova, é importante enfatizar o disposto no inciso LXVII, o qual prevê duas formas de prisão civil por dívida:

Devedor de Pensão Alimentícia;
Depositário Infiel.

Apesar de a Constituição Federal apresentar essas duas possibilidades de prisão civil por dívida, o STF tem entendido que só existe uma: a prisão do devedor de pensão alimentícia. Isso significa que o depositário infiel não poderá ser preso. Essa é a inteligência da Súmula Vinculante nº 25:

Súmula Vinculante 25. É ilícita a prisão civil de depositário infiel, qualquer que seja a modalidade do depósito.

Em relação a esse assunto, deve-se ter muita atenção ao resolver a questão. Se a Banca perguntar conforme a Constituição Federal, responde-se segundo a Constituição Federal. Mas se perguntar à luz da jurisprudência, responde-se conforme o entendimento do STF. Vejamos como o Cespe abordou o tema utilizando o posicionamento jurisprudencial:

Constituição Federal	STF
Duas Formas de Prisão Civil	Uma Forma de Prisão Civil
Depositário Infiel e Devedor de Pensão Alimentícia	Devedor de Pensão Alimentícia

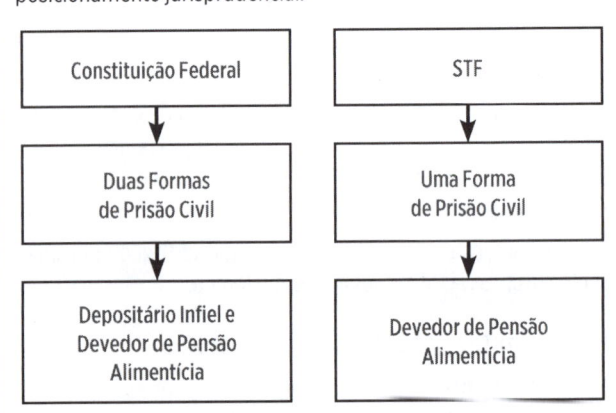

Extradição

Fruto de acordo internacional de cooperação, a extradição permite que determinada pessoa seja entregue a outro país para que seja responsabilizada pelo cometimento de algum crime. Existem duas formas de extradição:

Extradição Ativa

Quando o Brasil pede para outro país a extradição de alguém.

Extradição Passiva

Quando algum país pede para o Brasil a extradição de alguém.

A Constituição Federal preocupou-se em regular apenas a extradição passiva por meios dos incisos LI e LII do Art. 5º:

> **LI.** *Nenhum brasileiro será extraditado, salvo o naturalizado, em caso de crime comum, praticado antes da naturalização, ou de comprovado envolvimento em tráfico ilícito de entorpecentes e drogas afins, na forma da lei;*
>
> **LII.** *Não será concedida extradição de estrangeiro por crime político ou de opinião.*

De acordo com a inteligência desses dispositivos, três regras podem ser adotadas em relação à extradição passiva:

Brasileiro Nato

Nunca será extraditado.

Brasileiro Naturalizado

Será extraditado em duas hipóteses: crime comum cometido antes da naturalização comprovado envolvimento com o tráfico ilícito de drogas, antes ou depois da naturalização.

Estrangeiro

Poderá ser extraditado salvo em dois casos:

> **Crime Político;**
> **Crime de Opinião.**

E na extradição ativa, quem poderá ser extraditado?

Qualquer pessoa pode ser extraditada na extradição ativa, inclusive o brasileiro nato. Deve-se ter muito cuidado com essa questão em prova. Lembre-se que a extradição ativa ocorre quando o Brasil pede a extradição de um criminoso para outro país. Isso pode ser feito pedindo a extradição de qualquer pessoa que o Brasil queira punir.

Princípios que regem a extradição no país

```
                    Extradição
                   /          \
              Passiva          Ativa
                |
    Estrangeiro - pode, salvo crime
         político e de opinião
                |
    Brasileiro nato - não pode
                |
    Brasileiro naturalizado - pode
                |
        Envolvimento com tráfico de drogas antes ou
                depois da naturalização
                |
        Crime comum antes da naturalização
```

Princípio da Reciprocidade

O Brasil só extradita ao país que extradita para o Brasil. Deve haver acordo ou tratado de extradição entre os país requerente e o Brasil.

Princípio da Especialidade

O extraditando só poderá ser processado e julgado pelo crime informado no pedido de extradição.

Comutação da Pena

O país requerente deverá firmar um compromisso de comutar a pena prevista em seu país quando a pena a ser aplicada for proibida no Brasil.

Dupla Tipicidade ou Dupla Incriminação

Só se extradita se a conduta praticada for considerada crime no Brasil e no país requerente.

Deve-se ter muito cuidado para não confundir extradição com entrega, deportação, expulsão ou banimento. A extradição, como se viu, é instituto de cooperação internacional entre países soberanos para a punição de criminosos.

Pela extradição, um país entrega o criminoso a outro país para que ele seja punido pelo crime praticado.

A entrega é o ato por meio do qual o país entrega uma pessoa para ser julgada no Tribunal Penal Internacional.

Deportação é a retirada do estrangeiro que tenha entrado de forma irregular no território nacional.

Expulsão é a retirada do estrangeiro que tenha praticado um ato ofensivo ao interesse nacional conforme as regras estabelecidas no Estatuto do Estrangeiro (Art. 65, Lei nº 6.815/80).

Banimento é uma das penas proibidas no direito brasileiro que consiste na expulsão de brasileiros para fora do território nacional.

Princípio da presunção da inocência

Também conhecido como princípio da não culpabilidade, essa regra de segurança jurídica garante que ninguém poderá ser condenado sem antes haver uma sentença penal condenatória transitada em julgado. Ou seja, uma sentença judicial condenatória definitiva:

> **Art. 5º, LVII.** *Ninguém será considerado culpado até o trânsito em julgado de sentença penal condenatória.*

Identificação criminal

> **Art. 5º, LVIII.** *O civilmente identificado não será submetido a identificação criminal, salvo nas hipóteses previstas em lei.*

A Constituição garante que não será identificado criminalmente quem possuir identificação pública capaz de identificá-lo. Contudo, a Lei 12.037/2009 prevê hipóteses nas quais será possível a identificação criminal mesmo de quem apresentar outra identificação:

> **Art. 3º.** *Embora apresentado documento de identificação, poderá ocorrer identificação criminal quando:*
>
> **I.** *O documento apresentar rasura ou tiver indício de falsificação;*
>
> **II.** *O documento apresentado for insuficiente para identificar cabalmente o indiciado;*
>
> **III.** *O indiciado portar documentos de identidade distintos, com informações conflitantes entre si;*
>
> **IV.** *A identificação criminal for essencial às investigações policiais, segundo despacho da autoridade judiciária competente, que decidirá de ofício ou mediante representação da autoridade policial, do Ministério Público ou da defesa;*
>
> **V.** *Constar de registros policiais o uso de outros nomes ou diferentes qualificações;*

DIREITOS FUNDAMENTAIS - DIREITOS E DEVERES INDIVIDUAIS E COLETIVOS

VI. O estado de conservação ou a distância temporal ou da localidade da expedição do documento apresentado impossibilite a completa identificação dos caracteres essenciais.

Ação penal privada subsidiária da pública

Art. 5º LIX. Será admitida ação privada nos crimes de ação pública, se esta não for intentada no prazo legal.

Em regra, nos crimes de ação penal pública, o titular da ação penal é o Ministério Público. Contudo, havendo omissão ou mesmo desídia por parte do órgão ministerial, o ofendido poderá promover a chamada Ação Penal Privada Subsidiária da Pública. Esse tema encontra-se disciplinado no Art. 29 do Código de Processo Penal:

Art. 29. Será admitida ação privada nos crimes de ação pública, se esta não for intentada no prazo legal, cabendo ao Ministério Público aditar a queixa, repudiá-la e oferecer denúncia substitutiva, intervir em todos os termos do processo, fornecer elementos de prova, interpor recurso e, a todo tempo, no caso de negligência do querelante, retomar a ação como parte principal.

2.6 Remédios Constitucionais

Inicia-se agora o estudo dos chamados Remédios Constitucionais, tema muito cobrado em prova de concurso. Os remédios constitucionais são espécies de garantias constitucionais que visam a proteger determinados direitos e até outras garantias fundamentais. São poderosas ações constitucionais que estão disciplinadas no texto da Constituição.

Habeas corpus

Sem dúvida, esse remédio constitucional é o mais importante para prova, haja vista a sua utilização para proteger um dos direitos mais ameaçados do indivíduo: a liberdade de locomoção. Vejamos o que diz o texto constitucional:

Art. 5º LXVIII. Conceder-se-á "Habeas Corpus" sempre que alguém sofrer ou se achar ameaçado de sofrer violência ou coação em sua liberdade de locomoção, por ilegalidade ou abuso de poder.

É essencial, conhecer os elementos necessários para a utilização dessa ferramenta.

Deve-se compreender que o *Habeas Corpus* é utilizado para proteger a liberdade de locomoção. Em relação a isso, é preciso estar atento, pois ele não tutela qualquer liberdade, mas apenas a liberdade de locomoção.

Outro ponto fundamental é que ele poderá ser utilizado tanto de forma preventiva quanto de forma repressiva. *Habeas Corpus* preventivo é aquele utilizado para prevenir a violência ou coação à liberdade de locomoção. *Habeas Corpus* repressivo é utilizado para reprimir à violência ou coação a liberdade de locomoção, ou seja, é utilizado quando a restrição da liberdade de locomoção já ocorreu.

Percebe-se que não é a qualquer tipo de restrição à liberdade de locomoção que caberá o remédio, mas apenas àquelas cometidas com ilegalidade ou abuso de poder.

Nas relações processuais que envolvem a utilização do *Habeas Corpus*, é possível identificar a participação de três figurantes:

Impetrante

O impetrante é a pessoa que impetra a ação. Quem entra com a ação. A titularidade dessa ferramenta é Universal, pois qualquer pessoa pode impetrar o HC. Não precisa sequer de advogado. Sua possibilidade é tão ampla que não precisa possuir capacidade civil ou mesmo qualquer formalidade. Esse remédio é desprovido de condições que impeçam sua utilização da forma mais ampla possível. Poderá impetrar essa ação tanto uma pessoa física quanto jurídica.

Paciente

O paciente é quem teve a liberdade de locomoção restringida. Ele será o beneficiário do *Habeas Corpus*. Pessoa jurídica não pode ser paciente de Habeas Corpus, pois a liberdade de locomoção é um direito incompatível com sua natureza jurídica.

Autoridade coatora

É quem restringiu a liberdade de locomoção com ilegalidade ou abuso de poder. Poderá ser tanto uma autoridade privada quanto uma autoridade pública.

Outra questão interessante que está prevista na Constituição é a gratuidade dessa ação:

Art. 5º LXXVII. São gratuitas as ações de Habeas Corpus e Habeas Data, e, na forma da lei, os atos necessários ao exercício da cidadania.

A Constituição proíbe a utilização desse remédio constitucional em relação às punições disciplinares militares. É o que prevê o Art. 142, § 2º:

§ 2º - Não caberá "Habeas Corpus" em relação a punições disciplinares militares.

Contudo, o STF tem admitido o remédio quando impetrado por razões de ilegalidade da prisão militar. Quanto ao mérito da prisão, deve-se aceitar a vedação Constitucional, mas em relação às legalidade da prisão, prevalece o entendimento de que o remédio seria possível.

Também não cabe *Habeas Corpus* em relação às penas pecuniárias, multas, advertências ou, ainda, nos processos administrativos disciplinares e no processo de *Impeachment*. Nesses casos, o não cabimento deve-se ao fato de que as medidas não visam restringir a liberdade de locomoção.

Por outro lado, a jurisprudência tem admitido o cabimento para impugnar inserção de provas ilícitas no processo ou quando houver excesso de prazo na instrução processual penal.

Por último, cabe ressaltar que o magistrado poderá concedê-lo de ofício.

Habeas data

O *Habeas Data* cuja previsão está no inciso LXXII do Art. 5º tem como objetivo proteger a liberdade de informação:

LXXII. conceder-se-á "Habeas Data":
a) para assegurar o conhecimento de informações relativas à pessoa do impetrante, constantes de registros ou bancos de dados de entidades governamentais ou de caráter público;
b) para a retificação de dados, quando não se prefira fazê-lo por processo sigiloso, judicial ou administrativo.

Duas são as formas previstas na Constituição para utilização desse remédio:

> Para Conhecer a Informação.
> Para Retificar a Informação.

É importante ressaltar que só caberá o remédio em relação às informações do próprio impetrante.

As informações precisam estar em um banco de dados governamental ou de caráter público, o que significa que seria possível entrar com um *Habeas Data* contra um banco de dados privado desde que tenha caráter público.

Da mesma forma que o *Habeas Corpus*, o *Habeas Data* também é gratuito:

> **Art. 5º**, LXXVII. São gratuitas as ações de "Habeas Corpus" e "Habeas Data", e, na forma da lei, os atos necessários ao exercício da cidadania.

Mandado de segurança

O mandado de segurança é um remédio muito cobrado em prova em razão dos seus requisitos:

> **Art. 5º**, LXIX. Conceder-se-á mandado de segurança para proteger direito líquido e certo, não amparado por "Habeas Corpus" ou "Habeas Data", quando o responsável pela ilegalidade ou abuso de poder for autoridade pública ou agente de pessoa jurídica no exercício de atribuições do Poder Público.

Como se pode ver, o mandado de segurança será cabível proteger direito líquido e certo desde que não amparado por Habeas Corpus ou Habeas Data. O que significa dizer que será cabível desde que não seja para proteger a liberdade de locomoção e a liberdade de informação. Esse é o chamado caráter subsidiário do mandado de segurança.

O texto constitucional exigiu também para a utilização dessa ferramenta a ilegalidade e o abuso de poder praticado por autoridade pública ou privada, desde que esteja no exercício de atribuições do poder público.

O mandado de segurança possui prazo decadencial para ser utilizado: 120 dias.

Existe também o mandado de segurança coletivo:

> **Art. 5º**, LXX. O mandado de segurança coletivo pode ser impetrado por:
> **a)** partido político com representação no Congresso Nacional;
> **b)** organização sindical, entidade de classe ou associação legalmente constituída e em funcionamento há pelo menos um ano, em defesa dos interesses de seus membros ou associados.

Observadas as regras do mandado de segurança individual, o mandado de segurança coletivo possui alguns requisitos que lhe são peculiares: os legitimados para propositura.

São legitimados para propor o mandado de segurança coletivo:

> **Partidos políticos com representação no Congresso Nacional.**

Para se ter representação no Congresso Nacional, basta um membro em qualquer uma das casas.

> **Organização Sindical.**
> **Entidade de Classe.**
> **Associação.**

Desde que legalmente constituída e em funcionamento há, pelo menos, um ano. Segundo o STF, a necessidade de estar constituída e em funcionamento há pelo menos um ano só se aplica às associações. A Banca FCC entende que esse requisito se aplica a todas as entidades.

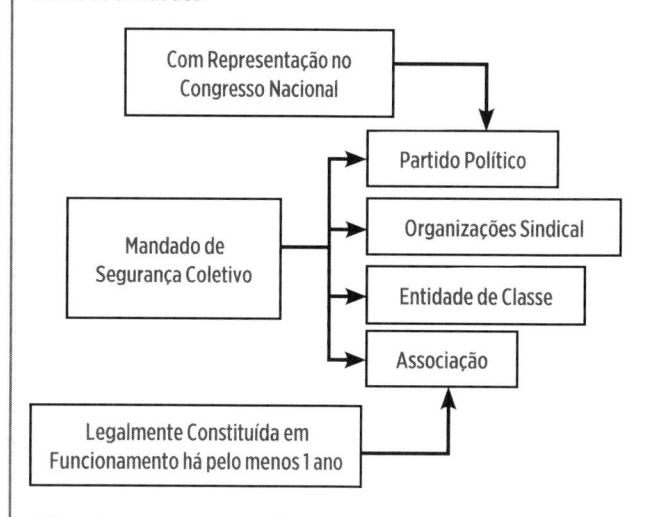

Mandado de injunção

O mandado de injunção é uma ferramenta mais complexa para se entender. Vejamos o que diz a Constituição:

> **Art. 5º**, LXXI. Conceder-se-á mandado de injunção sempre que a falta de norma regulamentadora torne inviável o exercício dos direitos e liberdades constitucionais e das prerrogativas inerentes à nacionalidade, à soberania e à cidadania.

O seu objetivo é suprir a omissão legislativa que impede o exercício de direitos fundamentais. Algumas normas constitucionais para que produzam efeitos dependem da edição de outras normas infraconstitucionais. Essas normas são conhecidas por sua eficácia como normas de eficácia limitada. O mandado de injunção visa a corrigir a ineficácia das normas com eficácia limitada.

Todas as vezes que um direito deixar de ser exercido pela ausência de norma regulamentadora, será cabível esse remédio.

No que tange à efetividade da decisão, deve-se esclarecer a possibilidade de adoção por parte do STF de duas correntes doutrinárias:

Teoria Concretista Geral

O Poder Judiciário concretiza o direito no caso concreto aplicando seu dispositivo com efeito *erga omnes*, para todos os casos iguais;

Teoria Concretista Individual

O Poder Judiciário concretiza o direito no caso concreto aplicando seu dispositivo com efeito inter partes, ou seja, apenas com efeito entre as partes.

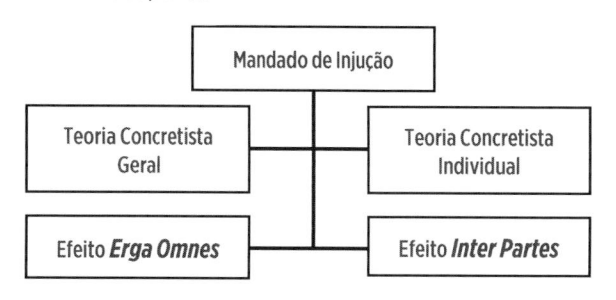

DIREITOS FUNDAMENTAIS - DIREITOS SOCIAIS E NACIONALIDADE

Ação popular

A ação popular é uma ferramenta fiscalizadora utilizada como espécie de exercício direto dos direitos políticos. Por isso, só poderá ser utilizada por cidadãos. Segundo o inciso LXXIII do Art. 5º:

> **LXXIII.** Qualquer cidadão é parte legítima para propor ação popular que vise a anular ato lesivo ao patrimônio público ou de entidade de que o Estado participe, à moralidade administrativa, ao meio ambiente e ao patrimônio histórico e cultural, ficando o autor, salvo comprovada má-fé, isento de custas judiciais e do ônus da sucumbência.

Além da previsão constitucional, essa ação encontra-se regulamentada pela Lei nº 4.717/65. Percebe-se que seu objetivo consiste em proteger o patrimônio público, a moralidade administrativa, o meio ambiente e o patrimônio histórico e cultural.

O autor não precisa pagar custas judiciais ou ônus da sucumbência, salvo se houver má-fé.

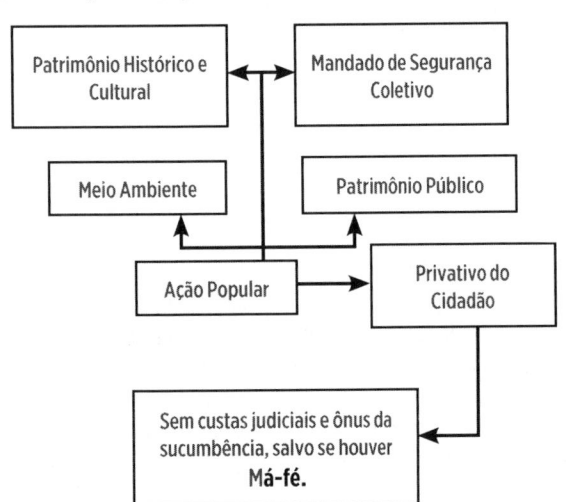

```
┌─────────────────────────┐      ┌─────────────────────────┐
│ Patrimônio Histórico e  │◄────►│ Mandado de Segurança    │
│        Cultural         │      │        Coletivo         │
└─────────────────────────┘      └─────────────────────────┘

┌─────────────────┐              ┌─────────────────────────┐
│  Meio Ambiente  │              │   Patrimônio Público    │
└─────────────────┘              └─────────────────────────┘
          ▲                                  ▲
          │                                  │
┌─────────────────┐              ┌─────────────────────────┐
│  Ação Popular   │─────────────►│     Privativo do        │
│                 │              │       Cidadão           │
└─────────────────┘              └─────────────────────────┘

                  ┌─────────────────────────────┐
                  │ Sem custas judiciais e ônus │
                  │ da sucumbência, salvo se    │
                  │       houver Má-fé.         │
                  └─────────────────────────────┘
```

3. DIREITOS FUNDAMENTAIS - DIREITOS SOCIAIS E NACIONALIDADE

3.1 Direitos Sociais

Prestações positivas

Os direitos sociais encontram-se previstos a partir do Art. 6º até o Art. 11 da Constituição Federal. São normas que se concretizam por meio de prestações positivas por parte do Estado, haja vista objetivarem reduzir as desigualdades sociais.

Deve-se dar destaque para o Art. 6º, que foi alterado pela EC 64/2010 e que possivelmente será objeto de questionamento em concurso público:

> **Art. 6º.** São direitos sociais a educação, a saúde, a alimentação, o trabalho, a moradia, o transporte, o lazer, a segurança, a previdência social, a proteção à maternidade e à infância, a assistência aos desamparados, na forma desta Constituição. (Redação dada pela Emenda Constitucional nº 90, de 2015)

Boa parte dos direitos aqui previstos necessita de recursos financeiros para serem implementados, o que acaba por dificultar sua plena eficácia.

Mas, antes de avançar nessa parte do conteúdo, faz-se necessário dizer que costumam ser cobradas questões de provas que abordam apenas o texto puro da Constituição Federal. A principal orientação, portanto, é que se dedique tempo à leitura da Constituição Federal, mais precisamente, do Art. 7º, que possui vários dispositivos que podem ser trabalhados em prova.

Reserva do possível

Seria possível exigir do Estado a concessão de um direito social quando tal direito não fosse assegurado de forma condizente com sua previsão constitucional? A título de exemplo, veremos um dispositivo dos direitos sociais dos trabalhadores:

> **IV.** Salário-mínimo, fixado em lei, nacionalmente unificado, capaz de atender a suas necessidades vitais básicas e às de sua família com moradia, alimentação, educação, saúde, lazer, vestuário, higiene, transporte e previdência social, com reajustes periódicos que lhe preservem o poder aquisitivo, sendo vedada sua vinculação para qualquer fim.

Observe-se que a Constituição garante que o salário-mínimo deve atender às necessidades vitais básicas do trabalhador e de sua família com moradia, alimentação, educação, saúde, lazer, vestuário, higiene, transporte e previdência social. Entendendo que os direitos sociais são espécies de direitos fundamentais e, analisando-os sob o dispositivo previsto no § 1º do Art. 5º, segundo o qual "as normas definidoras de direitos e garantias fundamentais têm aplicação imediata", pergunta-se: seria possível entrar com uma ação visando a garantir o disposto no inciso IV, que está sendo analisado?

Certamente não. Para se garantir tudo o que está previsto no referido inciso, seria necessário que o salário-mínimo valesse, em média, por volta de R$ 3.000,00. Agora, imagine se algum trabalhador conseguisse esse benefício por meio de uma decisão judicial, o que não fariam todos os demais trabalhadores do país.

Se o Estado fosse obrigado a pagar esse valor para todos os trabalhadores, os cofres públicos rapidamente quebrariam. Para se garantir essa estabilidade, foi desenvolvida a teoria da **Reserva do Possível**, por meio da qual o Estado pode alegar essa impossibilidade financeira para atender algumas demandas, como o aumento do salário-mínimo. Quando o poder público for demandado para garantir algum benefício de ordem social, poderá ser alegada, previamente, a impossibilidade financeira para concretização do direito sob o argumento da reserva do possível.

Mínimo existencial

Por causa da Reserva do Possível, o Estado passou a se esconder atrás dessa teoria, eximindo-se da sua obrigação social de garantia dos direitos tutelados na Constituição Federal. Tudo o que era pedido para o Estado era negado sob o argumento de que "não era possível". Para trazer um pouco de equilíbrio a essa relação, foi desenvolvida outra teoria chamada de Mínimo Existencial. Essa teoria permite que os poderes públicos deixem de atender algumas demandas em razão da reserva do possível, mas exige que seja garantido o Mínimo Existencial.

Princípio da proibição ou retrocesso ou efeito cliquet

Uma regra que funciona com caráter de segurança jurídica é a Proibição do Retrocesso. Esse dispositivo proíbe que os direitos sociais já conquistados sejam esvaziados ou perdidos sob pena de desestruturação social do País.

Salário-mínimo

Feitas algumas considerações iniciais sobre a doutrina social, segue-se à análise de alguns dispositivos constitucionais que se encontram no Art. 7º:

> **IV.** Salário-mínimo, fixado em lei, nacionalmente unificado, capaz de atender a suas necessidades vitais básicas e às de sua família com moradia, alimentação, educação, saúde, lazer, vestuário, higiene, transporte e previdência social, com reajustes periódicos que lhe preservem o poder aquisitivo, sendo vedada sua vinculação para qualquer fim.

Vários pontos são relevantes nesse inciso. Primeiramente, é importante comentar o trecho "fixado em lei". Segundo o texto constitucional, o salário-mínimo só poderá ser fixado em Lei; entretanto, no dia 25 de fevereiro de 2011 foi publicada a Lei nº 12.382, que prevê a possibilidade de fixação do salário-mínimo por meio de Decreto do Poder Executivo. Questionado no STF[1], o guardião da Constituição considerou constitucional a fixação de salário-mínimo por meio de Decreto Presidencial.

Outro ponto interessante diz respeito ao salário-mínimo ser nacionalmente unificado. Muitos acham que alguns estados da federação fixam valores referentes ao salário-mínimo maiores do que o fixado nacionalmente. O STF já afirmou que os Estados não podem fixar salário-mínimo diferente do nacionalmente unificado. O que cada Estado pode fixar é o piso salarial da categoria de trabalhadores com valor maior que o salário-mínimo.

Temos ainda a proibição de vinculação do salário-mínimo para qualquer fim. Em fevereiro de 2011, esse tema foi enfrentado pelo STF, que determinou a desvinculação do salários dos técnicos em radiologia do salário-mínimo, como estava previsto na Lei nº 7.394/85.

Algumas Súmulas Vinculantes do STF são importantes, pois se referem ao salário-mínimo:

> **Súmula Vinculante 4:** Salvo nos casos previstos na Constituição, o salário-mínimo não pode ser usado como indexador de base de cálculo de vantagem de servidor público ou de empregado, nem ser substituído por decisão judicial.
>
> **Súmula Vinculante 6:** Não viola a Constituição o estabelecimento de remuneração inferior ao salário-mínimo para as praças prestadoras de serviço militar inicial.
>
> **Súmula Vinculante 15:** O cálculo de gratificações e outras vantagens do servidor público não incide sobre o abono utilizado para se atingir o salário-mínimo.
>
> **Súmula Vinculante 16:** Os Arts. 7º, IV, e 39, § 3º (redação da EC 19/98) da Constituição referem-se ao total da remuneração percebida pelo servidor público.

Prescrição trabalhista

Um dos dispositivos previstos no Art. 7º mais cobrados em prova é o inciso XXIX:

> **XXIX.** Ação, quanto aos créditos resultantes das relações de trabalho, com prazo prescricional de cinco anos para os trabalhadores urbanos e rurais, até o limite de dois anos após a extinção do contrato de trabalho.

Imaginemos, por exemplo, uma pessoa que tenha exercido sua função no período noturno, em uma empresa, durante 20 anos. Contudo, em todos esses anos de trabalho, ela não recebeu nenhum adicional noturno. Ora, ao ter seu contrato de trabalho rescindido, ela poderá ingressar em juízo pleiteando as verbas trabalhistas não pagas. Tendo em vista a existência de prazo prescricional para reaver seus direitos, o trabalhador terá o prazo de 2 anos para entrar com a ação, e só terá direito aos últimos 5 anos de adicional noturno.

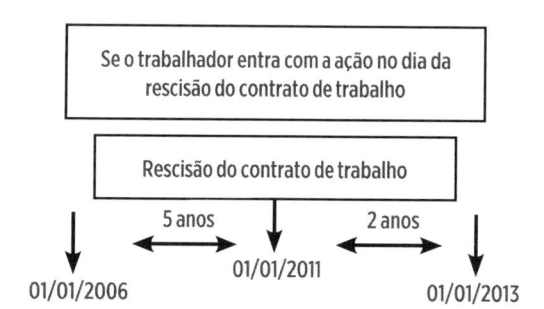

```
Se o trabalhador entra com a ação no dia da
rescisão do contrato de trabalho
            │
    Rescisão do contrato de trabalho
       5 anos        2 anos
    ←────────→    ←────────→
    ↓            ↓            ↓
01/01/2006   01/01/2011   01/01/2013
```

Ressalta-se que esses 5 anos contam-se a partir do dia em que entrou com a ação. Se ele entrar com a ação no último dia do prazo de 2 anos, só terá direito a 3 anos de adicional noturno.

Nesse exemplo, se o trabalhador entrar com a ação no dia 01/01/2011, receberá os últimos 5 anos de adicional noturno, ou seja, até o dia 01/01/2006. Mas se o trabalhador entrar com a ação no dia 01/01/2013, último dia do prazo prescricional de 2 anos, ele terá direito aos últimos 5 anos de adicional noturno a contar do dia em que entrou com a ação. Isso significa que se depare o adicional noturno até o dia 01/01/2008. Perceba que, se o trabalhador demorar a entrar com a ação, ele perde os direitos trabalhistas anteriores ao prazo dos últimos 5 anos.

---

1 Ver no STF, ADI 4.568, Rel. Min. Cármen Lúcia, julgamento em 3-11-2011, Plenário, Informativo 646.

NOÇÕES DE DIREITO CONSTITUCIONAL

Proibição do trabalho noturno, perigoso e insalubre

Este inciso também é muito cotado para ser cobrado em prova. É importante lê-lo para que, em seguida, se possa responder a uma pergunta que fará entender o motivo de ele ser tão abordado em testes:

> **Art. 7º**, XXXIII. Proibição de trabalho noturno, perigoso ou insalubre a menores de dezoito e de qualquer trabalho a menores de dezesseis anos, salvo na condição de aprendiz, a partir de quatorze anos.

A pergunta é muito simples: a partir de qual idade pode se trabalhar no Brasil? Você deve estar em dúvida: entre 16 e 14 anos. Isso é o que acontece com a maioria dos candidatos. Por isso, nunca esqueça: se temos uma regra e essa regra está acompanhada de uma exceção; temos, então, uma possibilidade.

Ora, se a Constituição diz que é proibido o trabalho para os menores de 16 e, em seguida, excepciona essa regra dizendo que é possível a partir dos 14, na condição de aprendiz, ela quis dizer que o trabalho no Brasil se inicia aos 14 anos. Esse entendimento se fortalece à luz do Art. 227, § 3º, I:

> **Art. 227**, § 3º - O direito a proteção especial abrangerá os seguintes aspectos:
> **I.** Idade mínima de quatorze anos para admissão ao trabalho, observado o disposto no Art. 7º, XXXIII.

Direitos dos empregados domésticos

O parágrafo único, do Art. 7º, da CF assegurava ao trabalhador doméstico um número reduzido de direitos, se comparado com os demais empregados, urbanos ou rurais.

Nos termos daquele dispositivo, seriam garantidos à categoria dos trabalhadores domésticos apenas os direitos previstos nos incisos IV, VI, VIII, XV, XVII, XVIII, XIX, XXI e XXIV, do Art. 7º, bem como a sua integração à previdência social.

Com a promulgação da EC nº 72, de 2 de abril de 2013, aquele parágrafo foi alterado para estender aos empregados domésticos praticamente todos os demais direitos constantes nos incisos, do Art. 7º, da CF.

A nova redação do parágrafo único, do Art. 7º, da CF dispõe:

> **Art. 7º**, Parágrafo único. São assegurados à categoria dos trabalhadores domésticos os direitos previstos nos incisos IV, VI, VII, VIII, X, XIII, XV, XVI, XVII, XVIII, XIX, XXI, XXII, XXIV, XXVI, XXX, XXXI e XXXIII e, atendidas as condições estabelecidas em lei e observada a simplificação do cumprimento das obrigações tributárias, principais e acessórias, decorrentes da relação de trabalho e suas peculiaridades, os previstos nos incisos I, II, III, IX, XII, XXV e XXVIII, bem como a sua integração à previdência social.

Direitos coletivos dos trabalhadores

São basicamente os direitos relacionados à criação e organização das associações e sindicatos que estão previstos no Art. 8º.

Princípio da unicidade sindical

O primeiro direito coletivo refere-se ao princípio da unicidade sindical. Esse dispositivo proíbe a criação de mais de uma organização sindical, representativa de categoria profissional ou econômica, em uma mesma base territorial:

> **II.** É vedada a criação de mais de uma organização sindical, em qualquer grau, representativa de categoria profissional ou econômica, na mesma base territorial, que será definida pelos trabalhadores ou empregadores interessados, não podendo ser inferior à área de um Município.

Em cada base territorial (federal, estadual, municipal ou distrital) só pode existir um sindicato representante da mesma categoria, lembrando que a base territorial mínima refere-se à área de um município.

Exemplificando: só pode existir **um** sindicato municipal de pescadores no município de Cascavel. Só pode existir **um** sindicato estadual de pescadores no estado do Paraná. Só pode existir **um** sindicato federal de pescadores no Brasil. Contudo, é possível existirem vários sindicatos municipais de pescadores no Estado do Paraná.

Contribuição confederativa e sindical

Essa questão costuma enganar até mesmo os mais preparados. Vejamos o que diz a Constituição Federal no Art. 8º, IV:

> **IV.** A assembleia geral fixará a contribuição que, em se tratando de categoria profissional, será descontada em folha, para custeio do sistema confederativo da representação sindical respectiva, independentemente da contribuição prevista em lei.

A primeira coisa que se deve perceber é a existência de duas contribuições nesse inciso. Uma chamada de Contribuição Confederativa a outra de Contribuição Sindical.

A Contribuição Confederativa é a prevista nesse inciso, fixada pela assembleia geral, descontada em folha para custear o sistema confederativo. Essa contribuição é aquela paga às organizações sindicais e que só é obrigada aos filiados e aos sindicatos. Não possui natureza tributária, por isso obriga apenas as pessoas que voluntariamente se filiam a uma entidade sindical.

A Contribuição Sindical, que é a contribuição prevista em lei, mais precisamente na Consolidação das Leis Trabalhistas (Decreto-Lei nº 5.452/43), deve ser paga por todos os trabalhadores ainda que profissionais liberais. Sua natureza é tributária, não possuindo caráter facultativo.

Contribuição	
Confederativa	Sindical
Fixada pela Assembleia	Fixada pela CLT
Natureza não tributária	Natureza tributária
Obrigada apenas aos filiados a sindicatos	Obrigada a todos os trabalhadores

Liberdade de associação

Esse inciso costuma ser cobrado em prova devido às inúmeras possibilidades de se modificar o seu texto:

> *V. Ninguém será obrigado a filiar-se ou a manter-se filiado a sindicato.*

É a liberdade de associação que permite aos trabalhadores escolherem se desejam ou não se filiar a um determinado sindicato. Ninguém será obrigado a filiar-se ou a manter-se filiado.

Participação do aposentado no sindicato

Esse inciso também possui aplicação semelhante ao anterior, portanto deve haver uma leitura atenta aos detalhes que podem ser modificados em prova:

> *VII. O aposentado filiado tem direito a votar e ser votado nas organizações sindicais.*

Estabilidade sindical

A estabilidade sindical constitui norma de proteção aos dirigentes sindicais que possui grande utilidade ao evitar o cometimento de arbitrariedades por partes das empresas em retaliação aos representantes dos empregados:

> *VIII. É vedada a dispensa do empregado sindicalizado a partir do registro da candidatura a cargo de direção ou representação sindical e, se eleito, ainda que suplente, até um ano após o final do mandato, salvo se cometer falta grave nos termos da lei.*

O importante aqui é entender o período de proteção que a Constituição garantiu aos dirigentes sindicais. A estabilidade se inicia com o registro da candidatura e permanece, com o candidato eleito, até um ano após o término do seu mandato. Ressalte-se que essa proteção contra despedida arbitrária não prospera diante do cometimento de falta grave.

3.2 Direitos de Nacionalidade

A nacionalidade é um vínculo jurídico existente entre um indivíduo e um Estado. Esse vínculo jurídico é a ligação existente capaz de gerar direitos e obrigações entre a pessoa e o Estado.

A aquisição da nacionalidade decorre do nascimento ou da manifestação de vontade. Quando a nacionalidade é adquirida pelo nascimento, estamos diante da chamada **Nacionalidade Originária.** Mas, se for adquirida por meio da manifestação de vontade, estamos diante de uma **Nacionalidade Secundária.**

A Nacionalidade Originária, também chamada de aquisição de nacionalidade primária, é aquela involuntária. Decorre do nascimento desde que preenchidos os requisitos previstos na legislação. Um brasileiro que adquire nacionalidade originária é chamado de nato.

Dois critérios foram utilizados em nossa Constituição para se conferir a nacionalidade originária:

Jus Solis

Esse é critério do solo, critério territorial. Serão considerados brasileiros natos as pessoas que nascerem no território nacional. Esse é o critério adotado como regra no texto constitucional.

Jus Sanguinis

Esse é o critério do sangue. Serão considerados brasileiros natos os descendentes de brasileiros, ou seja, aqueles que possuem o sangue brasileiro.

A nacionalidade secundária ou adquirida é a aquisição que depende de uma manifestação de vontade. É voluntária e, quem a adquire, possui a qualificação de naturalizado.

Conflito de nacionalidade

Alguns países adotavam apenas o critério *jus sanguinis*, outros somente o critério *jus solis*, e isso gerou alguns problemas que a doutrina nominou de Conflito de Nacionalidade. O Conflito de Nacionalidade pode ser de duas formas:

Conflito Positivo

Ocorre quando o indivíduo adquire várias nacionalidades. Ele será chamado de polipátrida.

Conflito Negativo

Ocorre quando o indivíduo não adquire qualquer nacionalidade. Esse será chamado de apátrida (*heimatlos*).

Para evitar a ocorrência desses tipos de conflito, os países têm adotado critérios mistos de aquisição de nacionalidade originária, a exemplo do próprio Brasil.

A seguir, serão analisadas várias hipóteses previstas no Art. 12 da Constituição Federal de aquisição de nacionalidade tanto originária quanto secundária.

Nacionalidade originária

As hipóteses de aquisição da nacionalidade originária estão previstas no Art. 12, I da Constituição Federal, e são:

> *Art. 12. São brasileiros:*
> *I. Natos:*
> *a) os nascidos na República Federativa do Brasil, ainda que de pais estrangeiros, desde que estes não estejam a serviço de seu país;*
> *b) os nascidos no estrangeiro, de pai brasileiro ou mãe brasileira, desde que qualquer deles esteja a serviço da República Federativa do Brasil;*
> *c) os nascidos no estrangeiro de pai brasileiro ou de mãe brasileira, desde que sejam registrados em repartição brasileira competente ou venham a residir na República Federativa do Brasil e optem, em qualquer tempo, depois de atingida a maioridade, pela nacionalidade brasileira.*

A primeira hipótese, prevista na alínea "a", adotou para aquisição o critério *jus solis*, ou seja, serão considerados brasileiros natos aqueles que nascerem no país ainda que de pais estrangeiros, desde que, os pais não estejam a serviço do seu país. Para que os filhos de pais estrangeiros fiquem impedidos de adquirirem a nacionalidade brasileira, é preciso que ambos os pais sejam estrangeiros, mas basta que apenas um deles esteja a serviço do seu país. Se os pais estrangeiros estiverem a serviço de outro país, a doutrina tem entendido que não se aplicará a vedação.

Já a segunda hipótese, adotada na alínea "b", utilizou o critério *jus sanguinis* para fixação da nacionalidade originária. Serão brasileiros natos os nascidos fora do país, filho de pai ou mãe brasileira, desde que qualquer deles esteja a serviço da República

Federativa do Brasil. Estar a serviço do país significa estar a serviço de qualquer ente federativo (União, Estados, Distrito Federal ou Município) incluídos os órgãos e entidades da administração indireta (fundações, autarquias, empresas públicas e sociedades de economia mista).

A terceira hipótese, prevista na alínea "c", apresenta, na verdade, duas possibilidades: uma depende do registro a outra depende da opção confirmativa.

Primeiro, temos a regra aplicada aos nascidos no estrangeiro, filho de pai brasileiro ou mãe brasileira, condicionada à aquisição da nacionalidade ao registro em repartição brasileira competente. Nessa hipótese, adota-se o critério *jus sanguinis* acompanhado do registro em repartição brasileira.

Em seguida, temos a segunda possibilidade destinada aos nascidos no estrangeiro de pai brasileiro ou de mãe brasileira, que venham a residir na República Federativa do Brasil e optem (opção confirmativa), em qualquer tempo, depois de atingida a maioridade, pela nacionalidade brasileira.

Essa é a chamada nacionalidade protestativa, pois depende da manifestação de vontade por parte do interessado. Deve-se ter cuidado com a condição para a manifestação da vontade que só poder ser exercida depois de atingida a maioridade, apesar de não existir tempo limite para o exercício desse direito.

Nacionalidade secundária

A seguir, serão apresentadas as hipóteses de aquisição de nacionalidade secundária:

> *Art. 12, II. Naturalizados:*
> *a) Os que, na forma da lei, adquiram a nacionalidade brasileira, exigidas aos originários de países de língua portuguesa apenas residência por um ano ininterrupto e idoneidade moral;*
> *b) os estrangeiros de qualquer nacionalidade, residentes na República Federativa do Brasil há mais de quinze anos ininterruptos e sem condenação penal, desde que requeiram a nacionalidade brasileira.*

A primeira hipótese de naturalização, prevista na alínea "a" do inciso II, é a chamada naturalização ordinária. Essa naturalização apresenta uma forma de aquisição prevista em lei. Esta Lei é a nº 6.815/80, que traz algumas regras para aquisição de nacionalidade, as quais não serão estudadas neste momento. O que interessa agora para a prova é a segunda parte da alínea, que confere um tratamento diferenciado para os originários de países de língua portuguesa, para quem será exigida apenas residência por um ano ininterrupto e idoneidade moral. Entende-se país de língua portuguesa qualquer país que possua a língua portuguesa como língua oficial (Angola, Portugal, Timor Leste, entre outros). Essa forma de naturalização não gera direito subjetivo ao estrangeiro, o que significa que ele poderá pleitear sua naturalização e essa poderá ser indeferida pelo Chefe do Poder Executivo, haja vista se tratar de um ato discricionário.

A alínea "b" do inciso II apresenta a chamada naturalização extraordinária ou quinzenária. Essa hipótese é destinada a qualquer estrangeiro e será exigida residência ininterrupta pelo prazo de 15 anos e não existência de condenação penal. Nessa espécie, não há discricionariedade em conceder a naturalização, pois ela gera direito subjetivo ao estrangeiro que tenha preenchido os requisitos.

O melhor é não esquecer que a ausência temporária da residência não quebra o vínculo ininterrupto exigido para a naturalização no país. Também deve ser ressaltado que não existe naturalização tácita ou automática, sendo exigido requerimento de quem desejar se naturalizar no Brasil.

Português equiparado

> *Art. 12. § 1º. Aos portugueses com residência permanente no País, se houver reciprocidade em favor de brasileiros, serão atribuídos os direitos inerentes ao brasileiro, salvo os casos previstos nesta Constituição.*

Trata-se do chamado português equiparado ou quase nacional. Segundo o dispositivo, a Constituição assegura aos portugueses tratamento diferenciado, como se fossem brasileiros. Não se trata de uma hipótese de naturalização, nesse caso são atribuídos os mesmos direitos inerentes ao brasileiro.

Essa condição depende de reciprocidade por parte de Portugal. O Brasil possui um acordo internacional com Portugal por meio do Decreto nº 3.927/2001 que promulgou o Tratado de Cooperação, Amizade e Consulta Brasil/Portugal. Havendo o mesmo tratamento a um brasileiro quando estiver no país português, serão garantidos tratamentos diferenciados aos portugueses que aqui estiverem desde que manifestem interesse no recebimento desse tratamento diferenciado. Ressalta-se que para requerer esse tipo de tratamento será necessária, além do requerimento, a constituição de residência permanente no Brasil.

Por fim, não se pode esquecer de que o tratamento dado aos portugueses os equipara aos brasileiros naturalizados.

Tratamento diferenciado entre brasileiros

O § 2º do Art. 12 proíbe o tratamento diferençado entre brasileiros natos e naturalizados:

> *§ 2º - A lei não poderá estabelecer distinção entre brasileiros natos e naturalizados, salvo nos casos previstos nesta Constituição.*

O próprio dispositivo excepciona a regra permitindo que a Constituição Federal estabeleça tratamento diferenciado entre brasileiros natos e naturalizados. São quatro os tratamentos diferenciados estabelecidos pelo texto constitucional:

> **Cargos privativos de brasileiros natos;**
> **Funções privativas de brasileiros natos;**
> **Regras de extradição;**
> **Propriedade de empresas de jornalística ou de radiodifusão.**

O § 3º apresenta a primeira hipótese de distinção dentre brasileiros natos e naturalizados:

> *§ 3º - São privativos de brasileiro nato os cargos:*
> *I. De Presidente e Vice-Presidente da República;*
> *II. De Presidente da Câmara dos Deputados;*
> *III. De Presidente do Senado Federal;*
> *IV. De Ministro do Supremo Tribunal Federal;*
> *V. Da carreira diplomática;*
> *VI. de oficial das Forças Armadas;*
> *VII. De Ministro de Estado da Defesa.*

Os cargos privativos aos brasileiros natos são muito incidentes em provas. Por esse motivo, sugere-se que sejam memorizados. Dois critérios foram utilizados para escolha desses cargos. O primeiro está relacionado com os cargos que sucedem o Presidente da República (Presidente e Vice-Presidente da República, Presidente da Câmara dos Deputados, Presidente do Senado Federal e Ministro do Supremo Tribunal Federal). O segundo critério diz respeito à segurança nacional (carreira diplomática, oficial das forças armadas e Ministro do Estado da Defesa).

As funções privativas de brasileiros natos estão prevista no Art. 89, VII da Constituição:

> **Art. 89.** *O Conselho da República é órgão superior de consulta do Presidente da República, e dele participam:*
> *I. O Vice-Presidente da República;*
> *II. O Presidente da Câmara dos Deputados;*
> *III. O Presidente do Senado Federal;*
> *IV. Os líderes da maioria e da minoria na Câmara dos Deputados;*
> *V. Os líderes da maioria e da minoria no Senado Federal;*
> *VI. O Ministro da Justiça;*
> *VII. Seis cidadãos brasileiros natos, com mais de trinta e cinco anos de idade, sendo dois nomeados pelo Presidente da República, dois eleitos pelo Senado Federal e dois eleitos pela Câmara dos Deputados, todos com mandato de três anos, vedada a recondução.*

A terceira possibilidade de tratamento diferenciado diz respeito às regras de extradição previstas no inciso LI do Art. 5º:

> **LI.** *Nenhum brasileiro será extraditado, salvo o naturalizado, em caso de crime comum, praticado antes da naturalização, ou de comprovado envolvimento em tráfico ilícito de entorpecentes e drogas afins, na forma da lei.*

A quarta previsão está no Art. 222 da Constituição:

> **Art. 222.** *A propriedade de empresa jornalística e de radiodifusão sonora e de sons e imagens é privativa de brasileiros natos ou naturalizados há mais de dez anos, ou de pessoas jurídicas constituídas sob as leis brasileiras e que tenham sede no País.*

Perda da nacionalidade

A seguir serão trabalhadas as hipóteses de perda da nacionalidade. Uma pergunta: brasileiro nato pode perder a nacionalidade?

Vejamos o que diz a Constituição Federal:

> **§ 4º** - *Será declarada a perda da nacionalidade do brasileiro que:*
> *I. Tiver cancelada sua naturalização, por sentença judicial, em virtude de atividade nociva ao interesse nacional;*
> *II. Adquirir outra nacionalidade, salvo no casos:*
> *a) de reconhecimento de nacionalidade originária pela lei estrangeira;*
> *b) de imposição de naturalização, pela norma estrangeira, ao brasileiro residente em estado estrangeiro, como condição para permanência em seu território ou para o exercício de direitos civis.*

Ao se analisar o dispositivo do *caput* desse parágrafo, é possível concluir que as regras são para os brasileiros natos ou naturalizados.

Mas vale a pena verificar cada hipótese:

O inciso I deixa claro que é uma hipótese aplicada apenas aos brasileiros naturalizados (cancelamento de naturalização). Se o indivíduo tem seu vínculo com o Estado cancelado por decisão judicial, não há que se falar em permanência da nacionalidade brasileira;

O inciso II já não permite a mesma conclusão, haja vista ter considerado qualquer brasileiro. Logo, ao brasileiro, seja ele nato ou naturalizado, que adquirir outra nacionalidade, será declarada a perda da nacionalidade, pelo menos em regra. Essa regra possui duas exceções: nos casos de reconhecimento de nacionalidade originária estrangeira ou de imposição de naturalização, não será declarada a perda da nacionalidade brasileira. É nestas hipóteses que se encontram permitidas as situações de dupla nacionalidade que conhecemos.

Uma questão interessante surge: seria possível a reaquisição da nacionalidade brasileira?

Uma vez perdida a nacionalidade, tem-se entendido que é possível a sua reaquisição dependo da forma que foi perdida.

Se o indivíduo perde a nacionalidade com fundamento no inciso I, por cancelamento de naturalização, só seria possível a reaquisição por meio de ação rescisória.

Caso o indivíduo perca a nacionalidade por ter adquirido outra, que revela a hipótese do inciso II, também será possível a reaquisição por decreto presidencial (Art. 36, Lei nº 818/49).

Apesar da divergência doutrinária, prevalece o entendimento de que o brasileiro, após a reaquisição, volta à condição anterior, ou seja, se era brasileiro nato, volta a ser nato, se era naturalizado, volta como naturalizado.

4. DIREITOS FUNDAMENTAIS – DIREITOS POLÍTICOS E PARTIDOS POLÍTICOS

4.1 Direitos Políticos

Os direitos políticos são um conjunto de direitos fundamentais que permitem ao indivíduo participar da vontade política do Estado. Para se falar de direitos políticos, alguns conceitos são indispensáveis.

Cidadania, democracia e soberania popular

A Cidadania é a condição conferida ao indivíduo que possui direito político. É o exercício desse direito. Essa condição só é possível em nosso país por causa do regime de governo adotado, a Democracia. A democracia parte do pressuposto de que o poder do Estado decorre da vontade popular, da Soberania Popular. Conforme o parágrafo único do Art. 1º da Constituição:

> *Art. 1º, Parágrafo único. Todo o poder emana do povo, que o exerce por meio de representantes eleitos ou diretamente, nos termos desta Constituição.*

A democracia brasileira é classificada como semidireta ou participativa, haja vista poder ser exercida tanto de forma direta como de forma indireta. Como forma de exercício direto temos o previsto no Art. 14 da CF:

> *Art. 14. A soberania popular será exercida pelo sufrágio universal e pelo voto direto e secreto, com valor igual para todos, e, nos termos da lei, mediante:*
> *I. Plebiscito;*
> *II. Referendo;*
> *III. Iniciativa popular.*

Mas ainda há a ação popular que também é forma de exercício direto dos direitos políticos:

> *Art. 5º, LXXIII. Qualquer cidadão é parte legítima para propor ação popular que vise a anular ato lesivo ao patrimônio público ou de entidade de que o Estado participe, à moralidade administrativa, ao meio ambiente e ao patrimônio histórico e cultural, ficando o autor, salvo comprovada má-fé, isento de custas judiciais e do ônus da sucumbência.*

Entendamos o que significa cada uma das formas de exercício direto dos direitos políticos:

Plebiscito

Consulta popular realizada antes da tomada de decisão. O representante do poder público quer tomar uma decisão, mas, antes de tomá-la, ele pergunta para os cidadãos quem concorda. O que os cidadãos decidirem será feito.

Referendo

Consulta popular realizada depois da tomada de decisão. O representante do poder público toma uma decisão e depois pergunta o que os cidadãos acharam.

Iniciativa popular

Essa é uma das formas de se iniciar o processo legislativo no Brasil. A legitimidade para propor criação de lei pelo eleitorado encontra amparo no Art. 61, § 2º da CF:

> *Art. 61, § 2º - A iniciativa popular pode ser exercida pela apresentação à Câmara dos Deputados de projeto de lei subscrito por, no mínimo, um por cento do eleitorado nacional, distribuído pelo menos por cinco Estados, com não menos de três décimos por cento dos eleitores de cada um deles.*

Ação popular

Remédio constitucional previsto no inciso LXXIII que funciona como instrumento de fiscalização dos poderes públicos nos termos do inciso citado.

Quando se fala em exercício indireto, significa exercício por meio dos representantes eleitos que representarão a vontade popular.

Todas essas ferramentas disponibilizadas acima constituem formas de exercício dos direitos políticos no Brasil.

A doutrina costuma classificar os direitos políticos em:

> **Direitos políticos positivos.**
> **Direitos políticos negativos.**

Direitos políticos positivos

Os direitos políticos positivos se mostram pela possibilidade de participação na vontade política do Estado. Esses direitos políticos se materializam por meio da Capacidade Eleitoral Ativa e da Capacidade Eleitoral Passiva. O primeiro é a possibilidade de votar. O segundo, de ser votado.

Para que se possa exercer a capacidade eleitoral ativa, faz-se necessário o chamado alistamento eleitoral. É, simplesmente, inscrever-se como eleitor, o que acontece quando obtemos o título de eleitor. A Constituição apresenta três regras para o alistamento e o voto:

Voto Obrigatório

Maiores de 18 anos;

Voto Facultativo

Maiores de 16 e menores de 18; analfabetos e maiores de 70 anos;

Voto Proibido

Estrangeiros e conscritos.

Vejamos estas regras previstas no texto constitucional:

> *Art. 14, § 1º. O alistamento eleitoral e o voto são:*
> *I. Obrigatórios para os maiores de dezoito anos;*
> *II. Facultativos para:*
> *a) os analfabetos;*
> *b) os maiores de setenta anos;*
> *c) os maiores de dezesseis e menores de dezoito anos.*
> *§ 2º - Não podem alistar-se como eleitores os estrangeiros e, durante o período do serviço militar obrigatório, os conscritos.*

Direitos políticos negativos

Os direitos políticos negativos são verdadeiras vedações ao exercício da cidadania. São inelegibilidades, hipóteses de perda ou suspensão dos direitos políticos que se encontram previstos expressamente no texto constitucional. Só não se pode esquecer a possibilidade prevista no § 9º do Art. 14 da Constituição, que admite que sejam criadas outras inelegibilidades por Lei Complementar, desde possuam caráter relativo. Inelegibilidade absoluta, segundo a doutrina, só na Constituição Federal.

A primeira inelegibilidade está prevista no Art. 14, § 4º:

Art. 14, § 4º - São inelegíveis os inalistáveis e os analfabetos.

Trata-se de uma inelegibilidade absoluta que impede os inalistáveis e analfabetos a concorrerem a qualquer cargo eletivo. Nota-se primeiramente que a Constituição se refere aos inalistáveis como "inelegíveis". Todas as vezes que se encontrar o termo inalistável, deve-se pensar automaticamente em estrangeiros e conscritos. Logo, são inelegíveis os estrangeiros, conscritos e analfabetos.

Quanto aos analfabetos, uma questão merece atenção: os analfabetos podem votar, mas não podem receber votos.

Em seguida, tem-se o § 5º, que traz a chamada regra da Reeleição. Trata-se de uma espécie de inelegibilidade relativa por meio do qual alguns titulares de cargos políticos ficam impedidos de se reelegerem por mais de duas eleições consecutivas, ou seja, é permitida apenas uma reeleição:

Art. 14, § 5º - O Presidente da República, os Governadores de Estado e do Distrito Federal, os Prefeitos e quem os houver sucedido, ou substituído no curso dos mandatos poderão ser reeleitos para um único período subsequente.

O primeiro ponto interessante desse parágrafo está na restrição que só ocorre para os membros do poder executivo (Presidente, Governador e Prefeito). Logo, um membro do Poder Legislativo poderá se reeleger quantas vezes ele quiser, enquanto o membro do Poder Executivo só poderá se reeleger uma única vez. Ressalte-se que o impedimento se aplica também a quem suceder ou substituir o titular dos cargos supracitados.

Mais uma regra de inelegibilidade relativa encontra-se no § 6º:

Art. 14, § 6º - Para concorrerem a outros cargos, o Presidente da República, os Governadores de Estado e do Distrito Federal e os Prefeitos devem renunciar aos respectivos mandatos até seis meses antes do pleito.

Estamos diante da chamada regra de **Desincompatibilização**. Da mesma forma que o dispositivo anterior só se aplica aos membros do Poder Executivo, e essa norma exige que os representantes desse Poder, para que possam concorrer a outro cargo, devem renunciar os respectivos mandatos até seis meses antes do pleito.

Ainda há a chamada Inelegibilidade Reflexa, ou em razão do parentesco. Essa hipótese gera um impedimento, não ao titular do cargo político, mas aos seus parentes até segundo grau. Também se aplica apenas aos membros do Poder Executivo:

Art. 14, § 7º - São inelegíveis, no território de jurisdição do titular, o cônjuge e os parentes consanguíneos ou afins, até o segundo grau ou por adoção, do Presidente da República, de Governador de Estado ou Território, do Distrito Federal, de Prefeito ou de quem os haja substituído dentro dos seis meses anteriores ao pleito, salvo se já titular de mandato eletivo e candidato à reeleição.

A **capacidade eleitoral passiva** é a capacidade de ser eleito. É uma das formas de participação política em que o cidadão aceita a incumbência de representar os interesses dos seus eleitores. Para que alguém possa ser eleito se faz necessário o preenchimento das Condições de Elegibilidade. São condições de elegibilidade as previstas no Art. 14, § 3º da Constituição:

Art. 14, § 3º - São condições de elegibilidade, na forma da lei:
I. a nacionalidade brasileira;
II. o pleno exercício dos direitos políticos;
III. o alistamento eleitoral;
IV. o domicílio eleitoral na circunscrição;
V. a filiação partidária;
VI. a idade mínima de:
a) trinta e cinco anos para Presidente e Vice-Presidente da República e Senador;
b) trinta anos para Governador e Vice-Governador de Estado e do Distrito Federal;
c) vinte e um anos para Deputado Federal, Deputado Estadual ou Distrital, Prefeito, Vice-Prefeito e juiz de paz;
d) dezoito anos para Vereador.

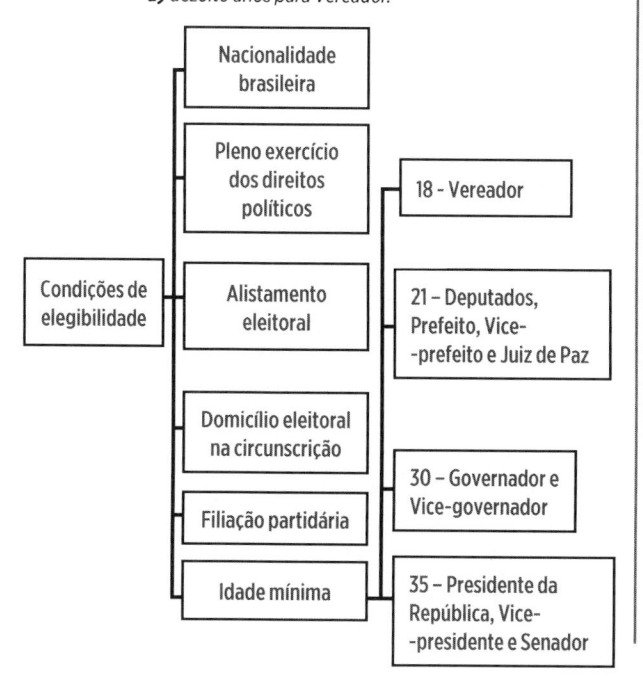

NOÇÕES DE DIREITO CONSTITUCIONAL

O impedimento gerado está relacionado ao território de jurisdição do titular da seguinte forma:

> O Prefeito gera inelegibilidade aos cargos de Prefeito e Vereador do mesmo município;

> O Governador gera inelegibilidade aos cargos de Prefeito, Vereador, Deputado Estadual, Deputado Federal, Senador da República e Governador do mesmo Estado Federativo;

> O Presidente gera inelegibilidade a todos os cargos eletivos do país.

São parentes de 1º grau: pai, mãe, filho, sogro. São parentes de 2º grau: avô, irmão, neto, cunhado.

O STF editou a Súmula Vinculante nº 18, que diz:

> **Súmula Vinculante nº 18.** *A dissolução da sociedade ou do vínculo conjugal, no curso do mandato, não afasta a inelegibilidade prevista no § 7º do Art. 14 da Constituição Federal.*

Lei complementar pode estabelecer novas hipóteses de inelegibilidade relativa. É o que dispõe o § 9º do Art. 14:

> **Art. 14, § 9º** - *Lei complementar estabelecerá outros casos de inelegibilidade e os prazos de sua cessação, a fim de proteger a probidade administrativa, a moralidade para exercício de mandato considerada vida pregressa do candidato, e a normalidade e legitimidade das eleições contra a influência do poder econômico ou o abuso do exercício de função, cargo ou emprego na administração direta ou indireta.*

Com base no texto, é possível concluir que o rol de inelegibilidades relativas previstas na Constituição Federal é meramente exemplificativo. Há ainda a Lei Complementar nº 64/90 que traz várias hipóteses de inelegibilidade.

Condições para eleição do militar

O militar pode se candidatar a cargo político eletivo desde que observadas as regras estabelecidas no § 8º do Art. 14:

> **Art. 14, § 8º** - *O militar alistável é elegível, atendidas as seguintes condições:*
> *I. se contar menos de dez anos de serviço, deverá afastar-se da atividade;*
> *II. se contar mais de dez anos de serviço, será agregado pela autoridade superior e, se eleito, passará automaticamente, no ato da diplomação, para a inatividade.*

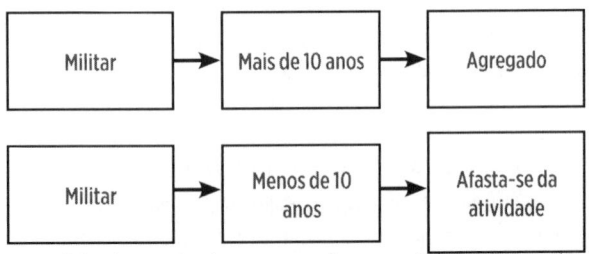

Militar → Mais de 10 anos → Agregado

Militar → Menos de 10 anos → Afasta-se da atividade

Primeiramente, deve-se ressaltar que a Constituição veda a filiação partidária aos militares:

> **Art. 142, § 3º, V.** *O militar, enquanto em serviço ativo, não pode estar filiado a partidos políticos.*

Recordando as condições de elegibilidade, tem-se que é necessária a filiação partidária para ser elegível, contudo, no caso do militar, o TSE tem entendido que o registro da candidatura supre a falta de prévia filiação partidária.

Um segundo ponto interessante decorre da própria interpretação do § 8º, que prevê duas regras para eleição dos militares em razão do tempo de serviço:

Militar com menos de dez anos: deve se afastar da atividade;
Militar com mais de dez anos: deve ficar agregado pela autoridade superior e se eleito, passado para inatividade.

Esse prazo de dez anos escolhido pela Constituição decorre da garantia de estabilidade para os militares.

Impugnação de mandato eletivo

Estes parágrafos dispensam explicação e, quando aparecem em prova, costumam cobrar o próprio texto constitucional. Deve-se ter cuidado com o prazo de 15 dias para impugnação:

> **Art. 14, § 10** - *O mandato eletivo poderá ser impugnado ante a Justiça Eleitoral no prazo de quinze dias contados da diplomação, instruída a ação com provas de abuso do poder econômico, corrupção ou fraude.*
>
> **§ 11** - *A ação de impugnação de mandato tramitará em segredo de justiça, respondendo o autor, na forma da lei, se temerária ou de manifesta má-fé.*

Cassação, suspensão e perda dos direitos políticos

Uma coisa é certa: não existe cassação de direitos políticos no Brasil. Isso não pode ser esquecido, pois sempre é cobrado em prova. Apesar dessa norma protetiva, são permitidas a perda e a suspensão desses direitos, conforme disposto no Art. 15 da Constituição:

> **Art. 15.** *É vedada a cassação de direitos políticos, cuja perda ou suspensão só se dará nos casos de:*
> *I. Cancelamento da naturalização por sentença transitada em julgado;*
> *II. Incapacidade civil absoluta;*
> *III. Condenação criminal transitada em julgado, enquanto durarem seus efeitos;*
> *IV. Recusa de cumprir obrigação a todos imposta ou prestação alternativa, nos termos do Art. 5º, VIII;*
> *V. Improbidade administrativa, nos termos do Art. 37, § 4º.*

Observe-se que o texto constitucional não esclareceu muito bem quais são as hipóteses de perda ou suspensão, trabalho esse que ficou a cargo da doutrina fazer. Seguem abaixo as hipóteses de perda ou suspensão:

Cancelamento da naturalização por sentença transitada em julgado – trata-se de perda dos direitos políticos. Ora, se o indivíduo teve cancelado seu vínculo com o Estado Brasileiro, não há sentido em lhe garantir os direitos políticos;

Incapacidade civil absoluta – apesar de ser absoluta, essa incapacidade civil pode cessar dependendo da situação. Logo, é hipótese de suspensão dos direitos políticos;

Condenação criminal transitada em julgado, enquanto durarem seus efeitos – condenação criminal é suspensão, pois dura enquanto durar a pena. Deve-se ter cuidado com essa questão em prova. O efeito da suspensão sobre os direitos políticos independe do tipo de pena aplicada ao cidadão.

Recusa de cumprir obrigação a todos imposta ou prestação alternativa, nos termos do Art. 5º, VIII - essa é a famosa hipótese da escusa de consciência. Em relação a esse tema, existe divergência na doutrina. Parte da doutrina Constitucional entende que é hipótese de perda, outra parte da doutrina, principalmente eleitoral, entende que seja hipótese de suspensão.

Improbidade administrativa, nos termos do Art. 37, § 4º - essa é mais uma hipótese de suspensão dos direitos políticos.

Princípio da anterioridade eleitoral

Este princípio exige o prazo de um ano para aplicação de lei que altere processo eleitoral. Isso visa a evitar que os candidatos sejam pegos de surpresa com as regras eleitorais. O Art. 16 diz:

> *Art. 16. A lei que alterar o processo eleitoral entrará em vigor na data de sua publicação, não se aplicando à eleição que ocorra até um ano da data de sua vigência.*

O STF decidiu que essa lei não se aplica às eleições de 2010 por não ter respeitado esse princípio que requer o prazo de 1 ano para aplicação da lei que alterar o processo eleitoral.

A lei havia sido publicada em junho de 2010 e queriam que valesse para as eleições do mesmo ano. O STF disse que sua aplicação para 2010 era inconstitucional.

4.2 Partidos Políticos

Natureza jurídica dos partidos políticos

Os partidos políticos, segundo previsão expressa da Constituição, possuem natureza jurídica de direito privado. Segundo o disposto no Art. 17, § 2º:

> *§ 2º - Os partidos políticos, após adquirirem personalidade jurídica, na forma da lei civil, registrarão seus estatutos no Tribunal Superior Eleitoral.*

Quando a Constituição determina que os partidos devem adquirir sua personalidade jurídica na forma da lei civil, praticamente, afirma que é uma pessoa jurídica de direito privado apesar de ser exigido seu registro no TSE.

Direitos dos partidos

Os partidos possuem vários direitos previstos expressamente na Constituição, dentre os quais destacam-se:

Recursos do fundo partidário;

Acesso gratuito ao rádio e à televisão (Lei nº 9.096/95).

Limitações aos partidos

Apesar da liberdade estampada no *caput* do Art. 17, é possível perceber que a criação dos partidos políticos possui algumas limitações:

> *Art. 17. É livre a criação, fusão, incorporação e extinção de partidos políticos, resguardados a soberania nacional, o regime democrático, o pluripartidarismo, os direitos fundamentais da pessoa humana e observados os seguintes preceitos:*
>
> *I. Caráter nacional;*
>
> *II. Proibição de recebimento de recursos financeiros de entidade ou governo estrangeiros ou de subordinação a estes;*
>
> *III. Prestação de contas à Justiça Eleitoral;*
>
> *IV. Funcionamento parlamentar de acordo com a lei.*
>
> *§ 4º - É vedada a utilização pelos partidos políticos de organização paramilitar.*

Verticalização

Antes da Emenda Constitucional nº 52/2006, era utilizada a chamada Verticalização, que significava a necessidade de vinculação das candidaturas do nível nacional, estadual, distrital ou municipal. Vejamos como está escrito agora:

> *§ 1º - É assegurada aos partidos políticos autonomia para definir sua estrutura interna, organização e funcionamento e para adotar os critérios de escolha e o regime de suas coligações eleitorais, sem obrigatoriedade de vinculação entre as candidaturas em âmbito nacional, estadual, distrital ou municipal, devendo seus estatutos estabelecer normas de disciplina e fidelidade partidária.*

Significa dizer que não é mais preciso haver vinculação das candidaturas nos diversos níveis federativos (União, Estados, Distrito Federal e Municípios).

5. DA ORGANIZAÇÃO POLÍTICO-ADMINISTRATIVA

Para que se possa compreender a Organização Político-Administrativa do Estado Brasileiro, faz-se necessário, primeiramente, entender como se deu essa formação. Para isso, será abordado o Princípio Federativo.

5.1 Princípio Federativo

A Forma de Estado adotada no Brasil é a Federativa. Quando se afirma que o nosso Estado é uma Federação, quer-se dizer como se dá o exercício do poder político em função do território. Em um Estado Federal, existe pluralidade de poderes políticos internos, os quais se organizam de forma descentralizada. No Brasil, são quatro poderes políticos, também chamados de entes federativos:

União;

Estados;

Distrito Federal;

Municípios.

Essa organização é baseada na autonomia política de cada ente federativo. Deve-se estar atento a esse tema em prova, pois as bancas gostam de trocar autonomia por soberania. Cada ente possui sua própria autonomia, enquanto que o Estado Federal possui a soberania. A autonomia de cada ente federativo se dá no âmbito político, financeiro, orçamentário, administrativo e em qualquer outra área permitida pela Constituição Federal:

> **Art. 18.** *A organização político-administrativa da República Federativa do Brasil compreende a União, os Estados, o Distrito Federal e os Municípios, todos autônomos, nos termos desta Constituição.*

Deve-se destacar, inclusive, que o pacto federativo sobrevive em torno da Constituição Federal, que impede sua dissolução sob pena de se decretar Intervenção Federal:

> **Art. 34.** *A União não intervirá nos Estados nem no Distrito Federal, exceto para:*
> *I. Manter a integridade nacional.*

A proibição de secessão, que impede a separação de um ente federativo, também é conhecida como Princípio da Indissolubilidade.

Outro ponto muito cobrado em prova diz respeito à inexistência de hierarquia entre os entes federativos. O que distingue um ente federativo do outro não é a superioridade, mas a distribuição de competências feita pela própria Constituição Federal. Não se deve esquecer também que as Unidades da Federação possuem representação junto ao Poder Legislativo da União, mais precisamente, no Senado Federal.

Em razão dessa organização completamente diferenciada, a doutrina classifica a federação brasileira de várias formas:

Tricotômica

Federação constituída em três níveis: federal, estadual e municipal. O Distrito Federal não é considerado nessa classificação, haja vista possuir competência híbrida, agindo tanto como um Estado quanto como Município;

Centrífuga

Característica que reflete a formação da federação brasileira. É a formação "de dentro para fora". O movimento é de centrifugadora. A força de criação do estado federal brasileiro surgiu a partir de um Estado Unitário para a criação de um estado federado, ou seja, o poder centralizado que se torna descentralizado. O poder político era concentrado nas mãos de um só ente e depois passa a fazer parte de vários entes federativos;

Por Desagregação

Ocorre quando um Estado Unitário resolve se descentralizar politicamente, desagregando o poder central em favor de vários entes titulares de poder político.

Mais uma característica que não pode ser ignorada em prova: a Forma Federativa de Estado é uma cláusula pétrea, conforme dispõe o Art. 60, § 4º, I:

> **Art. 60, § 4º** - *Não será objeto de deliberação a proposta de emenda tendente a abolir:*
> *I. A forma federativa de Estado.*

Cumpre lembrar de que a Capital do Brasil é Brasília. Deve-se ter cuidado: há questão de prova que diz que a Capital é o Distrito Federal. O Distrito Federal é um ente federativo, ao passo que Brasília é uma Região Administrativa dentro do Distrito Federal:

> **Art. 18, § 1º** - *Brasília é a Capital Federal.*

Outra coisa com a qual se deve ter cuidado diz respeito aos Territórios Federais:

> **§ 2º** - *Os Territórios Federais integram a União, e sua criação, transformação em Estado ou reintegração ao Estado de origem serão reguladas em lei complementar.*

Esses não são entes federativos, pois não possuem autonomia política. São pessoas jurídicas de direito público que possuem apenas capacidade administrativa. Sua natureza jurídica é de autarquia federal e só podem ser criados por lei federal. Para sua criação se faz necessária a aprovação das populações diretamente envolvidas, por meio de plebiscito, parecer da Assembleia Legislativa e lei complementar federal. Os territórios são administrados por governadores escolhidos pelo Presidente da República e podem ser divididos em municípios. Cada território elegerá quatro deputados federais, mas não poderá eleger Senador da República. Seguem abaixo vários dispositivos constitucionais que regulamentam os Territórios:

> **Art. 18, § 3º** - *Os Estados podem incorporar-se entre si, subdividir-se ou desmembrar-se para se anexarem a outros, ou formarem novos Estados ou Territórios Federais, mediante aprovação da população diretamente interessada, através de plebiscito, e do Congresso Nacional, por lei complementar.*
> **Art. 45, § 2º** - *Cada Território elegerá quatro Deputados.*
> **Art. 48.** *Cabe ao Congresso Nacional, com a sanção do Presidente da República, não exigida esta para o especificado nos Arts. 49, 51 e 52, dispor sobre todas as matérias de competência da União, especialmente sobre:*
> *VI. Incorporação, subdivisão ou desmembramento de áreas de Territórios ou Estados, ouvidas as respectivas Assembleias Legislativas.*

Art. 84. Compete privativamente ao Presidente da República:
XIV. Nomear, após aprovação pelo Senado Federal, os Ministros do Supremo Tribunal Federal e dos Tribunais Superiores, os Governadores de Territórios, o Procurador-Geral da República, o presidente e os diretores do banco central e outros servidores, quando determinado em lei.

A Constituição Federal autoriza a divisão dos Territórios em Municípios. Os Territórios com mais de 100.000 habitantes possuirão Poder Judiciário próprio, bem como membros do Ministério Público e Defensores Públicos Federais. Poderão ainda eleger membros para Câmara Territorial:

Art. 33, § 1º - Os Territórios poderão ser divididos em Municípios, aos quais se aplicará, no que couber, o disposto no Capítulo IV deste Título.

§ 3º - Nos Territórios Federais com mais de cem mil habitantes, além do Governador nomeado na forma desta Constituição, haverá órgãos judiciários de primeira e segunda instância, membros do Ministério Público e defensores públicos federais; a lei disporá sobre as eleições para a Câmara Territorial e sua competência deliberativa.

5.2 Vedações Constitucionais

A Constituição Federal fez questão de estabelecer algumas vedações expressas aos entes federativos, as quais estão previstas no Art. 19:

Art. 19. É vedado à União, aos Estados, ao Distrito Federal e aos Municípios:

I. Estabelecer cultos religiosos ou igrejas, subvencioná-los, embaraçar-lhes o funcionamento ou manter com eles ou seus representantes relações de dependência ou aliança, ressalvada, na forma da lei, a colaboração de interesse público;

II. Recusar fé aos documentos públicos;

III. Criar distinções entre brasileiros ou preferências entre si.

A primeira vedação decorre da laicidade do Estado brasileiro, ou seja, não possuímos religião oficial no Brasil, em razão da situação de separação entre Estado e Igreja. A segunda vedação decorre da presunção de veracidade dos documentos públicos. E, por último, contemplando o Princípio da Isonomia, o qual será tratado em momento oportuno, fica vedado estabelecer distinções entre brasileiros ou preferências entre si. Atente-se a esta questão.

5.3 Características dos Entes Federativos

União

Muitos sentem dificuldade em visualizar a União, tendo em vista ser um ente meio abstrato. O que se precisa saber é que a União é uma pessoa jurídica de direito público interno ao mesmo tempo em que é pessoa jurídica de direito público externo. É o Poder Central responsável por assuntos de interesse geral do Estado e que representa os demais entes federativos. Apesar de não possuir o atributo Soberania, a União exerce essa soberania em nome do Estado Federal. É só pensar na representação internacional do Estado. Quem celebra tratados internacionais? É o Chefe do Executivo da União, o Presidente da República.

Um dos temas mais cobrados em prova são os Bens da União. Os Bens da União estão previstos no Art. 20 da Constituição Federal:

Art. 20. São bens da União:

I. Os que atualmente lhe pertencem e os que lhe vierem a ser atribuídos;

II. As terras devolutas indispensáveis à defesa das fronteiras, das fortificações e construções militares, das vias federais de comunicação e à preservação ambiental, definidas em lei;

III. Os lagos, rios e quaisquer correntes de água em terrenos de seu domínio, ou que banhem mais de um Estado, sirvam de limites com outros países, ou se estendam a território estrangeiro ou dele provenham, bem como os terrenos marginais e as praias fluviais;

IV. As ilhas fluviais e lacustres nas zonas limítrofes com outros países; as praias marítimas; as ilhas oceânicas e as costeiras, excluídas, destas, as que contenham a sede de Municípios, exceto aquelas áreas afetadas ao serviço público e a unidade ambiental federal, e as referidas no art. 26, II;

V. Os recursos naturais da plataforma continental e da zona econômica exclusiva;

VI. O mar territorial;

VII. Os terrenos de marinha e seus acrescidos;

VIII. os potenciais de energia hidráulica;

IX. Os recursos minerais, inclusive os do subsolo;

X. As cavidades naturais subterrâneas e os sítios arqueológicos e pré-históricos;

XI. As terras tradicionalmente ocupadas pelos índios.

§ 1º É assegurada, nos termos da lei, à União, aos Estados, ao Distrito Federal e aos Municípios a participação no resultado da exploração de petróleo ou gás natural, de recursos hídricos para fins de geração de energia elétrica e e de outros recursos minerais no respectivo território, plataforma continental, mar territorial ou zona econômica exclusiva, ou compensação financeira por essa exploração.

§ 2º - A faixa de até cento e cinquenta quilômetros de largura, ao longo das fronteiras terrestres, designada como faixa de fronteira, é considerada fundamental para defesa do território nacional, e sua ocupação e utilização serão reguladas em lei.

Esse artigo, quando cobrado em prova, costuma ser trabalhado apenas com o texto literal da Constituição. A dica de estudo é a memorização dos bens que são considerados da União. Contudo, alguns bens necessitam de uma explicação maior para que sejam compreendidos.

Terras devolutas

O inciso II fala das chamadas terras devolutas, mas o que significa terras devolutas? São terras que estão sob o domínio da União sem qualquer destinação, nem pública nem privada. Serão da União apenas as terras devolutas indispensáveis à defesa das fronteiras, das fortificações e construções militares, das vias federais de comunicação e à preservação ambiental, conforme definição em lei. As demais terras devolutas serão de propriedade dos Estados Membros nos termos do Art. 26, IV:

DA ORGANIZAÇÃO POLÍTICO-ADMINISTRATIVA

> *Art. 26. Incluem-se entre os bens dos Estados:*
> *IV. As terras devolutas não compreendidas entre as da União.*

Mar territorial, plataforma continental e zona econômica exclusiva

Os incisos IV e V apresentam três bens que são muito interessantes e que se confundem nas cabeças dos alunos: mar territorial, plataforma continental e Zona Econômica Exclusiva. A Lei 8.617/93 esclarece as diferenças entre esses institutos.

O mar territorial é formado por uma faixa de água marítima ao longo da costa brasileira, com uma dimensão de 12 milhas marítimas, contadas a partir da linha base. A plataforma continental é o prolongamento natural do território terrestre, compreendidos o leito e o subsolo do mar até a distância de 200 milhas marítimas ou até o bordo exterior da margem continental.

A zona econômica exclusiva é a extensão situada além do mar territorial até o limite das 200 milhas marítimas.

Acerca desse tema sempre há confusão. O mar territorial é extensão do território nacional sobre qual o Estado exerce sua soberania. Já a plataforma continental e a zona econômica exclusiva são águas internacionais onde o direito à soberania do Estado se limita à exploração e ao aproveitamento, à conservação e a gestão dos recursos naturais, vivos ou não vivos, das águas sobrejacentes ao leito do mar, do leito do mar e seu subsolo, e no que se refere a outras atividades com vistas à exploração e ao aproveitamento da zona para fins econômicos.

Estados

Os Estados são pessoas jurídicas de direito público interno, entes federativos detentores de autonomia própria. Essa autonomia se percebe pela sua capacidade de auto-organização, autogoverno, autoadministração. Destaca-se, ainda, o seu poder de criação da própria Constituição Estadual, bem como das demais normas de sua competência:

> *Art. 25. Os Estados organizam-se e regem-se pelas Constituições e leis que adotarem, observados os princípios desta Constituição.*

Percebe-se, ainda, o seu autogoverno à medida que cada Estado organiza seus próprios Poderes: Poder Legislativo (Assembleia Legislativa), Poder Executivo (Governador) e Poder Judiciário (Tribunal de Justiça). Destacam-se também suas autonomias administrativa, tributária e financeira.

Segundo o Art. 18, § 3º:

> *Art. 18, § 3º - Os Estados podem incorporar-se entre si, subdividir-se ou desmembrar-se para se anexarem a outros, ou formarem novos Estados ou Territórios Federais, mediante aprovação da população diretamente interessada, através de plebiscito, e do Congresso Nacional, por lei complementar.*

O que se precisa lembrar para a prova é que, para se criar outro Estado, faz-se necessária a aprovação da população diretamente interessada por meio de plebiscito e que essa criação depende de lei complementar federal. A Constituição prevê ainda a oitiva das Assembleias Legislativas envolvidas na modificação:

> *Art. 48. Cabe ao Congresso Nacional, com a sanção do Presidente da República, não exigida esta para o especificado nos Arts. 49, 51 e 52, dispor sobre todas as matérias de competência da União, especialmente sobre:*
> *IV. Incorporação, subdivisão ou desmembramento de áreas de Territórios ou Estados, ouvidas as respectivas Assembleias Legislativas.*

Em razão de sua autonomia, a Constituição apresentou um rol de bens que pertencem aos Estados:

> *Art. 26. Incluem-se entre os bens dos Estados:*
> *I. As águas superficiais ou subterrâneas, fluentes, emergentes e em depósito, ressalvadas, neste caso, na forma da lei, as decorrentes de obras da União;*
> *II. As áreas, nas ilhas oceânicas e costeiras, que estiverem no seu domínio, excluídas aquelas sob domínio da União, Municípios ou terceiros;*
> *III. As ilhas fluviais e lacustres não pertencentes à União;*
> *IV. As terras devolutas não compreendidas entre as da União.*

Algumas regras em relação à Organização dos Poderes Legislativo e Executivo no âmbito dos Estados também aparecem na Constituição Federal. Quando cobradas em prova, a leitura e memorização dos artigos abaixo se tornam essenciais:

> *Art. 27. O número de Deputados à Assembleia Legislativa corresponderá ao triplo da representação do Estado na Câmara dos Deputados e, atingido o número de trinta e seis, será acrescido de tantos quantos forem os Deputados Federais acima de doze.*
> *§ 1º - Será de quatro anos o mandato dos Deputados Estaduais, aplicando-se-lhes as regras desta Constituição sobre sistema eleitoral, inviolabilidade, imunidades, remuneração, perda de mandato, licença, impedimentos e incorporação às Forças Armadas.*
> *§ 2º - O subsídio dos Deputados Estaduais será fixado por lei de iniciativa da Assembleia Legislativa, na razão de, no máximo, setenta e cinco por cento daquele estabelecido, em espécie, para os Deputados Federais, observado o que dispõem os Arts. 39, § 4º, 57, § 7º, 150, II, 153, III, e 153, § 2º, I.*
> *§ 3º - Compete às Assembleias Legislativas dispor sobre seu regimento interno, polícia e serviços administrativos de sua secretaria, e prover os respectivos cargos.*
> *§ 4º - A lei disporá sobre a iniciativa popular no processo legislativo estadual.*
> *Art. 28. A eleição do Governador e do Vice-Governador de Estado, para mandato de quatro anos, realizar-se-á no primeiro domingo de outubro, em primeiro turno, e no último domingo de outubro, em segundo turno, se houver, do ano anterior ao do término do mandato de seus antecessores, e a posse ocorrerá em primeiro de janeiro do ano subsequente, observado, quanto ao mais, o disposto no Art. 77.*
> *§ 1º - Perderá o mandato o Governador que assumir outro cargo ou função na administração pública direta ou indireta, ressalvada a posse em virtude de concurso público e observado o disposto no Art. 38, I, IV e V.*
> *§ 2º - Os subsídios do Governador, do Vice-Governador e dos Secretários de Estado serão fixados por lei de iniciativa da Assembleia Legislativa, observado o que dispõem os Arts. 37, XI, 39, § 4º, 150, II, 153, III, e 153, § 2º, I.*

Municípios

Os municípios são elencados pela Constituição Federal como entes federativos dotados de autonomia, a qual se percebe pela sua capacidade de auto-organização, autogoverno e autoadministração. São regidos por Lei Orgânica e possui Executivo e Legislativo próprio, os quais são representados, respectivamente, pela Prefeitura e pela Câmara Municipal e que são regulamentados pelos Arts. 29 e 29-A da Constituição. O examinador pode explorar, em prova de concurso público, questões que requeiram a memorização desses artigos. Para entender por que ele faria isso, recomenda-se a leitura:

> **Art. 29.** O Município reger-se-á por lei orgânica, votada em dois turnos, com o interstício mínimo de dez dias, e aprovada por dois terços dos membros da Câmara Municipal, que a promulgará, atendidos os princípios estabelecidos nesta Constituição, na Constituição do respectivo Estado e os seguintes preceitos:
>
> **I.** Eleição do Prefeito, do Vice-Prefeito e dos Vereadores, para mandato de quatro anos, mediante pleito direto e simultâneo realizado em todo o País;
>
> **II.** Eleição do Prefeito e do Vice-Prefeito realizada no primeiro domingo de outubro do ano anterior ao término do mandato dos que devam suceder, aplicadas as regras do Art. 77, no caso de Municípios com mais de duzentos mil eleitores;
>
> **III.** Posse do Prefeito e do Vice-Prefeito no dia 1º de janeiro do ano subsequente ao da eleição;
>
> **IV.** Para a composição das Câmaras Municipais, será observado o limite máximo de:
>
> **a)** 9 (nove) Vereadores, nos Municípios de até 15.000 (quinze mil) habitantes;
>
> **b)** 11 (onze) Vereadores, nos Municípios de mais de 15.000 (quinze mil) habitantes e de até 30.000 (trinta mil) habitantes;
>
> **c)** 13 (treze) Vereadores, nos Municípios com mais de 30.000 (trinta mil) habitantes e de até 50.000 (cinquenta mil) habitantes;
>
> **d)** 15 (quinze) Vereadores, nos Municípios de mais de 50.000 (cinquenta mil) habitantes e de até 80.000 (oitenta mil) habitantes;
>
> **e)** 17 (dezessete) Vereadores, nos Municípios de mais de 80.000 (oitenta mil) habitantes e de até 120.000 (cento e vinte mil) habitantes;
>
> **f)** 19 (dezenove) Vereadores, nos Municípios de mais de 120.000 (cento e vinte mil) habitantes e de até 160.000 (cento sessenta mil) habitantes;
>
> **g)** 21 (vinte e um) Vereadores, nos Municípios de mais de 160.000 (cento e sessenta mil) habitantes e de até 300.000 (trezentos mil) habitantes;
>
> **h)** 23 (vinte e três) Vereadores, nos Municípios de mais de 300.000 (trezentos mil) habitantes e de até 450.000 (quatrocentos e cinquenta mil) habitantes;
>
> **i)** 25 (vinte e cinco) Vereadores, nos Municípios de mais de 450.000 (quatrocentos e cinquenta mil) habitantes e de até 600.000 (seiscentos mil) habitantes;
>
> **j)** 27 (vinte e sete) Vereadores, nos Municípios de mais de 600.000 (seiscentos mil) habitantes e de até 750.000 (setecentos cinquenta mil) habitantes;
>
> **k)** 29 (vinte e nove) Vereadores, nos Municípios de mais de 750.000 (setecentos e cinquenta mil) habitantes e de até 900.000 (novecentos mil) habitantes;
>
> **l)** 31 (trinta e um) Vereadores, nos Municípios de mais de 900.000 (novecentos mil) habitantes e de até 1.050.000 (um milhão e cinquenta mil) habitantes;
>
> **m)** 33 (trinta e três) Vereadores, nos Municípios de mais de 1.050.000 (um milhão e cinquenta mil) habitantes e de até 1.200.000 (um milhão e duzentos mil) habitantes;
>
> **n)** 35 (trinta e cinco) Vereadores, nos Municípios de mais de 1.200.000 (um milhão e duzentos mil) habitantes e de até 1.350.000 (um milhão e trezentos e cinquenta mil) habitantes;
>
> **o)** 37 (trinta e sete) Vereadores, nos Municípios de 1.350.000 (um milhão e trezentos e cinquenta mil) habitantes e de até 1.500.000 (um milhão e quinhentos mil) habitantes;
>
> **p)** 39 (trinta e nove) Vereadores, nos Municípios de mais de 1.500.000 (um milhão e quinhentos mil) habitantes e de até 1.800.000 (um milhão e oitocentos mil) habitantes;
>
> **q)** 41 (quarenta e um) Vereadores, nos Municípios de mais de 1.800.000 (um milhão e oitocentos mil) habitantes e de até 2.400.000 (dois milhões e quatrocentos mil) habitantes;
>
> **r)** 43 (quarenta e três) Vereadores, nos Municípios de mais de 2.400.000 (dois milhões e quatrocentos mil) habitantes e de até 3.000.000 (três milhões) de habitantes;
>
> **s)** 45 (quarenta e cinco) Vereadores, nos Municípios de mais de 3.000.000 (três milhões) de habitantes e de até 4.000.000 (quatro milhões) de habitantes;
>
> **t)** 47 (quarenta e sete) Vereadores, nos Municípios de mais de 4.000.000 (quatro milhões) de habitantes e de até 5.000.000 (cinco milhões) de habitantes;
>
> **u)** 49 (quarenta e nove) Vereadores, nos Municípios de mais de 5.000.000 (cinco milhões) de habitantes e de até 6.000.000 (seis milhões) de habitantes;
>
> **v)** 51 (cinquenta e um) Vereadores, nos Municípios de mais de 6.000.000 (seis milhões) de habitantes e de até 7.000.000 (sete milhões) de habitantes;
>
> **w)** 53 (cinquenta e três) Vereadores, nos Municípios de mais de 7.000.000 (sete milhões) de habitantes e de até 8.000.000 (oito milhões) de habitantes; e
>
> **x)** 55 (cinquenta e cinco) Vereadores, nos Municípios de mais de 8.000.000 (oito milhões) de habitantes;
>
> **V.** Subsídios do Prefeito, do Vice-Prefeito e dos Secretários Municipais fixados por lei de iniciativa da Câmara Municipal, observado o que dispõem os Arts. 37, XI, 39, § 4º, 150, II, 153, III, e 153, § 2º, I;
>
> **VI.** O subsídio dos Vereadores será fixado pelas respectivas Câmaras Municipais em cada legislatura para a subsequente, observado o que dispõe esta Constituição, observados os critérios estabelecidos na respectiva Lei Orgânica e os seguintes limites máximos:
>
> **a)** em Municípios de até dez mil habitantes, o subsídio máximo dos Vereadores corresponderá a vinte por cento do subsídio dos Deputados Estaduais;
>
> **b)** em Municípios de dez mil e um a cinquenta mil habitantes, o subsídio máximo dos Vereadores corresponderá a trinta por cento do subsídio dos Deputados Estaduais;
>
> **c)** em Municípios de cinquenta mil e um a cem mil habitantes, o subsídio máximo dos Vereadores corresponderá a quarenta por cento do subsídio dos Deputados Estaduais;
>
> **d)** em Municípios de cem mil e um a trezentos mil habitantes, o subsídio máximo dos Vereadores corresponderá a cinquenta por cento do subsídio dos Deputados Estaduais;
>
> **e)** em Municípios de trezentos mil e um a quinhentos mil habitantes, o subsídio máximo dos Vereadores corresponderá a sessenta por cento do subsídio dos Deputados Estaduais;
>
> **f)** em Municípios de mais de quinhentos mil habitantes, o subsídio máximo dos Vereadores corresponderá a setenta e cinco por cento do subsídio dos Deputados Estaduais;

VII. O total da despesa com a remuneração dos Vereadores não poderá ultrapassar o montante de cinco por cento da receita do Município;

VIII. Inviolabilidade dos Vereadores por suas opiniões, palavras e votos no exercício do mandato e na circunscrição do Município;

IX. Proibições e incompatibilidades, no exercício da vereança, similares, no que couber, ao disposto nesta Constituição para os membros do Congresso Nacional e na Constituição do respectivo Estado para os membros da Assembleia Legislativa;

X. Julgamento do Prefeito perante o Tribunal de Justiça;

XI. Organização das funções legislativas e fiscalizadoras da Câmara Municipal;

XII. Cooperação das associações representativas no planejamento municipal;

XIII. Iniciativa popular de projetos de lei de interesse específico do Município, da cidade ou de bairros, através de manifestação de, pelo menos, cinco por cento do eleitorado;

XIV. Perda do mandato do Prefeito, nos termos do Art. 28, parágrafo único.

Art. 29-A. O total da despesa do Poder Legislativo Municipal, incluídos os subsídios dos Vereadores e excluídos os gastos com inativos, não poderá ultrapassar os seguintes percentuais, relativos ao somatório da receita tributária e das transferências previstas no § 5º do Art. 153 e nos Arts. 158 e 159, efetivamente realizado no exercício anterior:

IX. 7% (sete por cento) para Municípios com população de até 100.000 (cem mil) habitantes;

X. 6% (seis por cento) para Municípios com população entre 100.000 (cem mil) e 300.000 (trezentos mil) habitantes;

XI. 5% (cinco por cento) para Municípios com população entre 300.001 (trezentos mil e um) e 500.000 (quinhentos mil) habitantes;

XII. 4,5% (quatro inteiros e cinco décimos por cento) para Municípios com população entre 500.001 (quinhentos mil e um) e 3.000.000 (três milhões) de habitantes;

XIII. 4% (quatro por cento) para Municípios com população entre 3.000.001 (três milhões e um) e 8.000.000 (oito milhões) de habitantes;

XIV. 3,5% (três inteiros e cinco décimos por cento) para Municípios com população acima de 8.000.001 (oito milhões e um) habitantes.

§1º - A Câmara Municipal não gastará mais de setenta por cento de sua receita com folha de pagamento, incluído o gasto com o subsídio de seus Vereadores.

§2º - Constitui crime de responsabilidade do Prefeito Municipal:

I. Efetuar repasse que supere os limites definidos neste artigo;

II. Não enviar o repasse até o dia vinte de cada mês; ou

III. Enviá-lo a menor em relação à proporção fixada na Lei Orçamentária.

§3º - Constitui crime de responsabilidade do Presidente da Câmara Municipal o desrespeito ao § 1º deste artigo.

Mesmo sendo dotada de autonomia federativa, sua organização possui algumas limitações impostas pela própria Constituição. Entre essas limitações, deve-se destacar a ausência de Poder Judiciário no âmbito municipal, cuja função jurisdicional é exercida pelos órgãos do Judiciário Federal e Estadual. É importante lembrar que não existe representante municipal no Congresso Nacional.

A Constituição permite que sejam criados novos municípios, conforme as regras estabelecidas no Art. 18, § 4º:

> **Art. 18**, *§ 4º* - A criação, a incorporação, a fusão e o desmembramento de Municípios, far-se-ão por lei estadual, dentro do período determinado por Lei Complementar Federal, e dependerão de consulta prévia, mediante plebiscito, às populações dos Municípios envolvidos, após divulgação dos Estudos de Viabilidade Municipal, apresentados e publicados na forma da lei.

Perceba que as regras são um pouco diferentes das necessárias para a criação de Estados. A primeira coisa que deve ser lembrada é que a criação será por Lei Ordinária Estadual, desde que haja autorização emanada de Lei Complementar Federal. As populações diretamente envolvidas na modificação devem ser consultadas por meio de plebiscito. E, por último, não se pode esquecer a exigência de Estudo de Viabilidade Municipal. Para prova, memorize essas condições.

Um fato curioso é que apesar de não existir ainda uma Lei Complementar Federal autorizando o período de criação de Municípios, vários Municípios foram criados na vigência de Constituição Federal, o que obrigou o Congresso Nacional a aprovar a Emenda Constitucional nº 57/2008, que acrescentou o Art. 96 ao Ato das Disposições Constitucionais Transitórias (ADCT), convalidando a criação dos Municípios até 31 de dezembro de 2006:

> **Art. 96.** Ficam convalidados os atos de criação, fusão, incorporação e desmembramento de Municípios, cuja lei tenha sido publicada até 31 de dezembro de 2006, atendidos os requisitos estabelecidos na legislação do respectivo Estado à época de sua criação.

Distrito federal

Se questionarem se o Distrito Federal é um Estado ou é um Município, a resposta será: "O Distrito Federal não é Estado nem Município, é Distrito Federal."

A Constituição Federal afirma que o Distrito Federal é ente federativo assim como a União, os Estados e os Municípios. Esse ente federativo é conhecido pela sua autonomia e por sua competência híbrida. Quando se fala em competência híbrida, quer-se dizer que o DF pode exercer competências tanto de Estado quanto de Município:

> **Art. 32, § 1º** - Ao Distrito Federal são atribuídas as competências legislativas reservadas aos Estados e Municípios.

Caracteriza a sua autonomia o fato de poder criar a sua própria Lei Orgânica, bem como a existência do Poder Executivo (Governador), Legislativo (Câmara Legislativa) e Judiciário (Tribunal de Justiça do Distrito Federal e Territórios):

> **Art. 32.** O Distrito Federal, vedada sua divisão em Municípios, reger-se-á por lei orgânica, votada em dois turnos com interstício mínimo de dez dias, e aprovada por dois terços da Câmara Legislativa, que a promulgará, atendidos os princípios estabelecidos nesta Constituição.
>
> *§ 2º* - A eleição do Governador e do Vice-Governador, observadas as regras do Art. 77, e dos Deputados Distritais coincidirá com a dos Governadores e Deputados Estaduais, para mandato de igual duração.
>
> *§ 3º* - Aos Deputados Distritais e à Câmara Legislativa aplica-se o disposto no Art. 27.

Como se pode depreender da leitura do artigo, a autonomia do DF possui algumas limitações, por exemplo, a vedação da sua divisão em Municípios. Nesse mesmo sentido, deve-se lembrar que o DF não possui competência para organizar e manter as Polícias Civil e Militar, o Corpo de Bombeiros Militar, o Poder Judiciário, o Ministério Público e a Defensoria Pública. Nesses casos, a competência foi conferida à União:

> **Art. 32, § 4º** - *Lei federal disporá sobre a utilização, pelo Governo do Distrito Federal, da polícia civil, da polícia penal, da polícia militar e do corpo de bombeiros militar.*
>
> **Art. 21.** *Compete à União:*
>
> **XIII** - *organizar e manter o Poder Judiciário, o Ministério Público do Distrito Federal e dos Territórios e a Defensoria Pública dos Territórios;*
>
> **XIV** - *organizar e manter a polícia civil, a polícia penal, a polícia militar e o corpo de bombeiros militar do Distrito Federal, bem como prestar assistência financeira ao Distrito Federal para a execução de serviços públicos, por meio de fundo próprio;*

Por fim, é importante lembrar que o Distrito Federal não se confunde com Brasília. Isso é facilmente percebido pela leitura do Art. 18:

> **Art. 18.** *A organização político-administrativa da República Federativa do Brasil compreende a União, os Estados, o Distrito Federal e os Municípios, todos autônomos, nos termos desta Constituição.*
>
> *§ 1º* - *Brasília é a Capital Federal.*

O Distrito Federal é ente federativo, ao passo que Brasília é a Capital Federal. Sob a ótica da organização administrativa do DF, pode-se afirmar que Brasília é uma das Regiões Administrativas do Distrito Federal, haja vista não poder o DF ser dividido em municípios.

5.4 Competências dos Entes Federativos

Como já foi visto, entre os entes federativos não existe hierarquia. Mas o que diferencia um ente federativo do outro? A diferença está na distribuição das competências pela Constituição. Cada ente federativo possui sua parcela de responsabilidades estabelecidas dentro da Constituição Federal.

Para a fixação dessas competências, a Constituição fez uso do Princípio da Predominância de Interesse. Esse princípio define a abrangência das competências de cada ente com base na predominância de interesse. Para a União, em regra, foram previstas competências de interesse geral, de toda a coletividade. Para os Estados, a Constituição reservou competências de interesse regional. Aos Municípios, competências de interesse local. E, por fim, ao Distrito Federal, foram reservadas competências de interesse local e regional, razão pela qual a doutrina chama de competência híbrida.

As competências são classificadas em dois tipos:

Competências Materiais ou Administrativas;

Competências Legislativas.

As competências materiais ou administrativas são aquelas que preveem ações a serem desempenhadas pelos entes federativos.

As competências legislativas estão relacionadas com a capacidade que um ente federativo possui de criar leis, inovar o ordenamento jurídico. Primeiramente, serão analisadas as competências administrativas de todos os entes federativos. De início, será abordada a União.

Competências administrativas

A União possui duas formas de competências materiais: Exclusiva e Comum. As competências exclusivas estão previstas no Art. 21 da Constituição Federal:

> **Art. 21.** *Compete à União:*
>
> **I.** *Manter relações com Estados estrangeiros e participar de organizações internacionais;*
>
> **II.** *Declarar a guerra e celebrar a paz;*
>
> **III.** *Assegurar a defesa nacional;*
>
> **IV.** *Permitir, nos casos previstos em lei complementar, que forças estrangeiras transitem pelo território nacional ou nele permaneçam temporariamente;*
>
> **V.** *Decretar o estado de sítio, o estado de defesa e a intervenção federal;*
>
> **VI.** *Autorizar e fiscalizar a produção e o comércio de material bélico;*
>
> **VII.** *Emitir moeda;*
>
> **VIII.** *Administrar as reservas cambiais do País e fiscalizar as operações de natureza financeira, especialmente as de crédito, câmbio e capitalização, bem como as de seguros e de previdência privada;*
>
> **IX.** *Elaborar e executar planos nacionais e regionais de ordenação do território e de desenvolvimento econômico e social;*
>
> **X.** *Manter o serviço postal e o correio aéreo nacional;*
>
> **XI.** *Explorar, diretamente ou mediante autorização, concessão ou permissão, os serviços de telecomunicações, nos termos da lei, que disporá sobre a organização dos serviços, a criação de um órgão regulador e outros aspectos institucionais;*
>
> **XII.** *Explorar, diretamente ou mediante autorização, concessão ou permissão:*
>
> **a)** *os serviços de radiodifusão sonora, e de sons e imagens;*
>
> **b)** *os serviços e instalações de energia elétrica e o aproveitamento energético dos cursos de água, em articulação com os Estados onde se situam os potenciais hidroenergéticos;*
>
> **c)** *a navegação aérea, aeroespacial e a infraestrutura aeroportuária;*
>
> **d)** *os serviços de transporte ferroviário e aquaviário entre portos brasileiros e fronteiras nacionais, ou que transponham os limites de Estado ou Território;*
>
> **e)** *os serviços de transporte rodoviário interestadual e internacional de passageiros;*
>
> **f)** *os portos marítimos, fluviais e lacustres;*
>
> **XIII.** *organizar e manter o Poder Judiciário, o Ministério Público do Distrito Federal e dos Territórios e a Defensoria Pública dos Territórios;*
>
> **XIV.** *organizar e manter a polícia civil, a polícia penal, a polícia militar e o corpo de bombeiros militar do Distrito Federal, bem como prestar assistência financeira ao Distrito Federal para a execução de serviços públicos, por meio de fundo próprio;*

DA ORGANIZAÇÃO POLÍTICO-ADMINISTRATIVA

XV. Organizar e manter os serviços oficiais de estatística, geografia, geologia e cartografia de âmbito nacional;

XVI. Exercer a classificação, para efeito indicativo, de diversões públicas e de programas de rádio e televisão;

XVII. Conceder anistia;

XVIII. Planejar e promover a defesa permanente contra as calamidades públicas, especialmente as secas e as inundações;

XIX. Instituir sistema nacional de gerenciamento de recursos hídricos e definir critérios de outorga de direitos de seu uso;

XX. Instituir diretrizes para o desenvolvimento urbano, inclusive habitação, saneamento básico e transportes urbanos;

XXI. Estabelecer princípios e diretrizes para o sistema nacional de viação;

XXII. Executar os serviços de polícia marítima, aeroportuária e de fronteiras;

XXIII. Explorar os serviços e instalações nucleares de qualquer natureza e exercer monopólio estatal sobre a pesquisa, a lavra, o enriquecimento e reprocessamento, a industrialização e o comércio de minérios nucleares e seus derivados, atendidos os seguintes princípios e condições:

Essas competências são exclusivas, pois a União exclui a possibilidade de outro ente federativo realizá-la. Por isso, diz-se que são indelegáveis. Só a União pode fazer.

A outra competência material da União é a comum. Ela é comum a todos os entes federativos, União, Estados, Distrito Federal e Municípios. Vejamos o que diz o Art. 23:

Art. 23. *É competência comum da União, dos Estados, do Distrito Federal e dos Municípios:*

I. Zelar pela guarda da Constituição, das leis e das instituições democráticas e conservar o patrimônio público;

II. Cuidar da saúde e assistência pública, da proteção e garantia das pessoas portadoras de deficiência;

III. Proteger os documentos, as obras e outros bens de valor histórico, artístico e cultural, os monumentos, as paisagens naturais notáveis e os sítios arqueológicos;

IV. Impedir a evasão, a destruição e a descaracterização de obras de arte e de outros bens de valor histórico, artístico ou cultural;

V. Proporcionar os meios de acesso à cultura, à educação, à ciência, à tecnologia, à pesquisa e à inovação; (Redação dada pela Emenda Constitucional nº 85, de 2015)

VI. Proteger o meio ambiente e combater a poluição em qualquer de suas formas;

VII. Preservar as florestas, a fauna e a flora;

VIII. Fomentar a produção agropecuária e organizar o abastecimento alimentar;

IX. Promover programas de construção de moradias e a melhoria das condições habitacionais e de saneamento básico;

X. Combater as causas da pobreza e os fatores de marginalização, promovendo a integração social dos setores desfavorecidos;

XI. Registrar, acompanhar e fiscalizar as concessões de direitos de pesquisa e exploração de recursos hídricos e minerais em seus territórios;

XII. Estabelecer e implantar política de educação para a segurança do trânsito.

Parágrafo único. *Leis complementares fixarão normas para a cooperação entre a União e os Estados, o Distrito Federal e os Municípios, tendo em vista o equilíbrio do desenvolvimento e do bem-estar em âmbito nacional.*

Agora vejamos as competências materiais dos Estados. A primeira de que já se falou, é a competência comum prevista no Art. 23, analisada anteriormente.

Os Estados também possuem a chamada competência residual, reservada ou remanescente. Está prevista no Art. 25, § 1º, o qual cita que estão reservadas aos Estados as competências que não lhe sejam vedadas pela Constituição. Significa dizer que os Estados poderão fazer tudo aquilo que não for competência da União ou do Município:

Art. 25, § 1º - *São reservadas aos Estados as competências que não lhes sejam vedadas por esta Constituição.*

Em relação às competências administrativas dos Municípios, a Constituição previu duas espécies: Comum e Exclusiva. A competência comum está prevista no Art. 23 e já foi vista anteriormente. A competência exclusiva está no Art. 30, III a IX da Constituição:

Art. 30. *Compete aos Municípios:*

III. Instituir e arrecadar os tributos de sua competência, bem como aplicar suas rendas, sem prejuízo da obrigatoriedade de prestar contas e publicar balancetes nos prazos fixados em lei;

IV. Criar, organizar e suprimir distritos, observada a legislação estadual;

V. Organizar e prestar, diretamente ou sob regime de concessão ou permissão, os serviços públicos de interesse local, incluído o de transporte coletivo, que tem caráter essencial;

VI. Manter, com a cooperação técnica e financeira da União e do Estado, programas de educação infantil e de ensino fundamental;

VII. Prestar, com a cooperação técnica e financeira da União e do Estado, serviços de atendimento à saúde da população;

VIII. Promover, no que couber, adequado ordenamento territorial, mediante planejamento e controle do uso, do parcelamento e da ocupação do solo urbano;

IX. Promover a proteção do patrimônio histórico-cultural local, observada a legislação e a ação fiscalizadora federal e estadual.

No âmbito das competências administrativas, temos as competências do Distrito Federal que são chamadas de híbridas. O DF pode fazer tudo o que for de competência dos Estados ou dos Municípios.

Competências legislativas

Vejamos agora as competências legislativas de cada ente federativo. Primeiramente, no que diz respeito às competências legislativas da União, elas podem ser privativas ou concorrentes.

As competências privativas da União estão previstas no Art. 22 da Constituição Federal e possuem como característica principal a possibilidade de delegação mediante Lei Complementar aos Estados:

Art. 22. *Compete privativamente à União legislar sobre:*

I. Direito civil, comercial, penal, processual, eleitoral, agrário, marítimo, aeronáutico, espacial e do trabalho;

II. Desapropriação;

III. Requisições civis e militares, em caso de iminente perigo e em tempo de guerra;

IV. Águas, energia, informática, telecomunicações e radiodifusão;

V. Serviço postal;

VI. Sistema monetário e de medidas, títulos e garantias dos metais;

VII. Política de crédito, câmbio, seguros e transferência de valores;

VIII. Comércio exterior e interestadual;

IX. Diretrizes da política nacional de transportes;

X. Regime dos portos, navegação lacustre, fluvial, marítima, aérea e aeroespacial;

XI. Trânsito e transporte;

XII. Jazidas, minas, outros recursos minerais e metalurgia;

XIII. Nacionalidade, cidadania e naturalização;

XIV. Populações indígenas;

XV. Emigração e imigração, entrada, extradição e expulsão de estrangeiros;

XVI. Organização do sistema nacional de emprego e condições para o exercício de profissões;

XVII. Organização judiciária, do Ministério Público do Distrito Federal e dos Territórios e da Defensoria Pública dos Territórios, bem como organização administrativa destes;

XVIII. Sistema estatístico, sistema cartográfico e de geologia nacionais;

XIX. Sistemas de poupança, captação e garantia da poupança popular;

XX. Sistemas de consórcios e sorteios;

XXI. Normas gerais de organização, efetivos, material bélico, garantias, convocação e mobilização das polícias militares e corpos de bombeiros militares;

XXII. Competência da polícia federal e das polícias rodoviária e ferroviária federais;

XXIII. Seguridade social;

XXIV. Diretrizes e bases da educação nacional;

XXV. Registros públicos;

XXVI. Atividades nucleares de qualquer natureza;

XXVII. Normas gerais de licitação e contratação, em todas as modalidades, para as administrações públicas diretas, autárquicas e fundacionais da União, Estados, Distrito Federal e Municípios, obedecido o disposto no Art. 37, XXI, e para as empresas públicas e sociedades de economia mista, nos termos do Art. 173, § 1º, III;

XXVIII. Defesa territorial, defesa aeroespacial, defesa marítima, defesa civil e mobilização nacional;

XXIX. Propaganda comercial.

Parágrafo único. Lei complementar poderá autorizar os Estados a legislar sobre questões específicas das matérias relacionadas neste artigo.

As competências concorrentes, previstas no Art. 24 da Constituição, podem ser exercidas de forma concorrentes pela União, pelos Estados e pelo Distrito Federal. Atenção: Município não possui competência concorrente. Vejamos o que diz o citado artigo:

Art. 24. Compete à União, aos Estados e ao Distrito Federal legislar concorrentemente sobre:

I. Direito tributário, financeiro, penitenciário, econômico e urbanístico;

II. Orçamento;

III. Juntas comerciais;

IV. Custas dos serviços forenses;

V. Produção e consumo;

VI. Florestas, caça, pesca, fauna, conservação da natureza, defesa do solo e dos recursos naturais, proteção do meio ambiente e controle da poluição;

VII. Proteção ao patrimônio histórico, cultural, artístico, turístico e paisagístico;

VIII. Responsabilidade por dano ao meio ambiente, ao consumidor, a bens e direitos de valor artístico, estético, histórico, turístico e paisagístico;

IX. Educação, cultura, ensino, desporto, ciência, tecnologia, pesquisa, desenvolvimento e inovação; (Redação dada pela Emenda Constitucional nº 85, de 2015)

X. Criação, funcionamento e processo do juizado de pequenas causas;

XI. Procedimentos em matéria processual;

XII. Previdência social, proteção e defesa da saúde;

XIII. Assistência jurídica e Defensoria pública;

XIV. Proteção e integração social das pessoas portadoras de deficiência;

XV. Proteção à infância e à juventude;

XVI. Organização, garantias, direitos e deveres das polícias civis.

§ 1º - No âmbito da legislação concorrente, a competência da União limitar-se-á a estabelecer normas gerais.

§ 2º - A competência da União para legislar sobre normas gerais não exclui a competência suplementar dos Estados.

§ 3º - Inexistindo lei federal sobre normas gerais, os Estados exercerão a competência legislativa plena, para atender a suas peculiaridades.

§ 4º - A superveniência de lei federal sobre normas gerais suspende a eficácia da lei estadual, no que lhe for contrário.

No âmbito das competências concorrentes, algumas regras são fundamentais para a prova. Aqui, a participação da União é no sentido de fixar normas gerais, ficando os Estados com a competência de suplementar a legislação federal. Caso a União não legisle sobre determinada matéria de competência concorrente, nasce para o Estado o direito de legislar de forma plena sobre a matéria. Contudo, resolvendo a União legislar sobre matéria já regulada pelo Estado, a lei estadual ficará com sua eficácia suspensa pela lei federal nos pontos discordantes. Deve-se ter cuidado com esse último ponto. Não ocorre revogação da lei estadual pela lei federal, haja vista não existir hierarquia entre leis de entes federativos distintos. O que ocorre, como bem explicitou a Constituição Federal, é a suspensão da eficácia.

Quanto às competências dos Estados, há as seguintes espécies: residual, por delegação da União, concorrente suplementar e expressa.

A competência residual dos Estados é também chamada de competência remanescente ou reservada. Está prevista no Art. 25, § 1º, o qual prevê que aos Estados serão reservadas todas as competências que não sejam previstas a União ou aos Municípios. Deve-se lembrar que esse dispositivo fundamenta tanto as competências materiais quanto as legislativas:

Art. 25, § 1º - São reservadas aos Estados as competências que não lhes sejam vedadas por esta Constituição.

NOÇÕES DE DIREITO CONSTITUCIONAL

DA ORGANIZAÇÃO POLÍTICO-ADMINISTRATIVA

Outra competência dos Estados é a por delegação da União, que decorre da possibilidade de serem delegadas as competências privativas da União mediante Lei Complementar. Encontra-se prevista no Art. 22, parágrafo único:

> *Art. 22, Parágrafo único. Lei complementar poderá autorizar os Estados a legislar sobre questões específicas das matérias relacionadas neste artigo.*

Temos ainda as competências concorrentes suplementares previstas no Art. 24, § 2º da CF. Essas suplementam a competência legislativa da União no âmbito das competências concorrentes permitindo, inclusive, que os Estados legislem de forma plena quando não existir lei federal sobre o assunto:

> *Art. 24, § 2º - A competência da União para legislar sobre normas gerais não exclui a competência suplementar dos Estados.*
>
> *§ 3º - Inexistindo lei federal sobre normas gerais, os Estados exercerão a competência legislativa plena, para atender a suas peculiaridades.*

Há também as competências expressas dos Estados, as quais podem ser encontradas nos Art. 18, § 4º e 25, §§ 2º e 3º da Constituição Federal:

> *Art. 18, § 4º - A criação, a incorporação, a fusão e o desmembramento de Municípios, far-se-ão por lei estadual, dentro do período determinado por Lei Complementar Federal, e dependerão de consulta prévia, mediante plebiscito, às populações dos Municípios envolvidos, após divulgação dos Estudos de Viabilidade Municipal, apresentados e publicados na forma da lei.*
>
> *Art. 25, § 2º - Cabe aos Estados explorar diretamente, ou mediante concessão, os serviços locais de gás canalizado, na forma da lei, vedada a edição de medida provisória para a sua regulamentação.*
>
> *§ 3º - Os Estados poderão, mediante lei complementar, instituir regiões metropolitanas, aglomerações urbanas e microrregiões, constituídas por agrupamentos de municípios limítrofes, para integrar a organização, o planejamento e a execução de funções públicas de interesse comum.*

Para os Municípios, a Constituição previu dois tipos de competência legislativa: exclusiva e suplementar. A legislativa exclusiva dos Municípios está prevista no Art. 30, I, o qual menciona que os Municípios possuem competência para legislar sobre assuntos de interesse local:

> *Art. 30. Compete aos Municípios:*
>
> *I. Legislar sobre assuntos de interesse local.*

A competência legislativa suplementar está prevista no Art. 30, II, o qual permite aos Municípios legislar de forma suplementar a Legislação Federal e Estadual:

> *Art. 30. Compete aos Municípios:*
>
> *II. Suplementar a legislação federal e a estadual no que couber.*

Por fim, nós há a competência legislativa do Distrito Federal que, conforme já dito, é híbrida, permitindo ao DF legislar sobre as matérias de competência dos Estados e dos Municípios. Apesar dessa competência ampla, a Constituição resolveu estabelecer algumas limitações a sua autonomia legislativa excluindo algumas matérias de sua competência. Segundo o Art. 21, XIII e XIV da CF, o Distrito Federal não possui competência para organizar e legislar sobre alguns dos seus órgãos: Poder Judiciário, Polícia Militar, Corpo de Bombeiros Militar e Polícia Civil.

> *Art. 21. Compete à União:*
>
> *XIII. Organizar e manter o Poder Judiciário, o Ministério Público do Distrito Federal e dos Territórios e a Defensoria Pública dos Territórios.*
>
> *XIV. Organizar e manter a polícia civil, a polícia militar e o corpo de bombeiros militar do Distrito Federal, bem como prestar assistência financeira ao Distrito Federal para a execução de serviços públicos, por meio de fundo próprio;*

Diante deste estudo, algumas conclusões são muito úteis para a prova:

Não se deve confundir as competências exclusivas com as privativas da União. Competência exclusiva é administrativa e indelegável. Competência privativa é legislativa e delegável.

Não se deve confundir as competências comuns com as concorrentes. Competência comum é comum a todos os entes e é administrativa. Competência concorrente é só para União, Estados e o DF além de ser legislativa. Município tem competência comum, mas não tem concorrente.

Competências Administrativas (Materiais)
União
Exclusiva (Art. 21)
Comum (Art. 23)
Estados
Comum (Art. 23)
Residual, reservada, remanescente (Art. 25 § 1º)
Municípios
Comum (Art. 23)
Exclusiva (Art. 30, III-IX)
Distrito Federal
Competência híbrida
Competências Legislativas
União
Privativa (Art. 22)
Concorrente (Art. 24)
Estados
Concorrente suplementar (Art. 24)
Residual, reservada, remanescente (Art. 25, § 1º)
Por delegação da União (Art. 22, Parágrafo Único)
Expressos (Art. 25, § 2º e 3º)
Municípios
Exclusiva (Art. 30, I)
Suplementar ao Estado (Art. 30, II)
Distrito Federal
Competência híbrida (Estados e Municípios)

5.5 Intervenção

A Constituição Federal está assentada no princípio federativo como forma de Estado adotada no Brasil. O fato de sermos uma federação reflete inúmeras características, dentre as quais se destaca a autonomia de cada ente federativo. A autonomia é atributo inerente aos entes federativos que exclui a possibilidade de hierarquia entre os mesmos bem como a possibilidade de intervenção de um ente federativo no outro.

A regra constitucional é a da não intervenção. Contudo, excepcionalmente, a Constituição Federal previu hipóteses taxativas que permitem a um ente federativo intervir em outro ente em situações que visem à preservação da unidade do pacto federativo, a garantia da soberania nacional e de princípios fundamentais.

A União poderá intervir nos Estados e no Distrito Federal e os Estados poderão intervir em seus Municípios. A União não pode intervir em município, salvo se for um município pertencente a Território Federal. Destaca-se, novamente, que a possibilidade de intervenção é uma exceção e só poderá ocorrer nas hipóteses taxativamente elencadas na Constituição Federal.

Outra regra comum às intervenções é que a competência para decretá-las é exclusiva do Chefe do Poder Executivo. Se a intervenção é federal, a competência para decretar é do Presidente da República. Se a intervenção é estadual, a competência é do Governador de Estado.

A seguir serão abordados as espécies de intervenção.

Intervenção federal

A intervenção federal é a intervenção da União nos Estados ou nos Municípios pertencentes aos Territórios Federais e será decretada pelo Presidente da República.

Como dito anteriormente, a possibilidade de intervenção federal constitui exceção prevista em rol taxativo, conforme disposto no Art. 34:

> **Art. 34.** A União não intervirá nos Estados nem no Distrito Federal, exceto para:
>
> **I.** Manter a integridade nacional;
>
> **II.** Repelir invasão estrangeira ou de uma unidade da Federação em outra;
>
> **III.** Pôr termo a grave comprometimento da ordem pública;
>
> **IV.** Garantir o livre exercício de qualquer dos Poderes nas unidades da Federação;
>
> **V.** Reorganizar as finanças da unidade da Federação que:
>
> **a)** suspender o pagamento da dívida fundada por mais de dois anos consecutivos, salvo motivo de força maior;
>
> **b)** deixar de entregar aos Municípios receitas tributárias fixadas nesta Constituição, dentro dos prazos estabelecidos em lei;
>
> **VI.** Prover a execução de lei federal, ordem ou decisão judicial;
>
> **VII.** Assegurar a observância dos seguintes princípios constitucionais:
>
> **a)** forma republicana, sistema representativo e regime democrático;
>
> **b)** direitos da pessoa humana;
>
> **c)** autonomia municipal;
>
> **d)** prestação de contas da administração pública, direta e indireta;
>
> **e)** aplicação do mínimo exigido da receita resultante de impostos estaduais, compreendida a proveniente de transferências, na manutenção e desenvolvimento do ensino e nas ações e serviços públicos de saúde.

A partir desse artigo, a doutrina classificou a intervenção federal em dois tipos:

Intervenção Federal Espontânea;
Intervenção Federal Provocada.

A intervenção Federal espontânea, ou de ofício, é aquela em que o Chefe do Poder Executivo, de forma discricionária, decreta a intervenção independentemente de provocação de outros órgãos. A decretação de ofício ocorrerá nas hipóteses previstas nos incisos I, II, III e do Art. 34:

> **Art. 34.** A União não intervirá nos Estados nem no Distrito Federal, exceto para:
>
> **I.** Manter a integridade nacional;
>
> **II.** Repelir invasão estrangeira ou de uma unidade da Federação em outra;
>
> **III.** Pôr termo a grave comprometimento da ordem pública.

A intervenção federal provocada é aquela que depende da provocação dos órgãos legitimados pela Constituição Federal, conforme o Art. 36:

> **Art. 36.** A decretação da intervenção dependerá:
>
> **I.** No caso do Art. 34, IV, de solicitação do Poder Legislativo ou do Poder Executivo coacto ou impedido, ou de requisição do Supremo Tribunal Federal, se a coação for exercida contra o Poder Judiciário;
>
> **II.** No caso de desobediência a ordem ou decisão judiciária, de requisição do Supremo Tribunal Federal, do Superior Tribunal de Justiça ou do Tribunal Superior Eleitoral;
>
> **III.** De provimento, pelo Supremo Tribunal Federal, de representação do Procurador-Geral da República, na hipótese do Art. 34, VII, e no caso de recusa à execução de lei federal.

A provocação se dá por meio de solicitação ou requisição. A solicitação não obriga o Presidente da República a decretar a medida, ao contrário da requisição, que está revestida de obrigatoriedade na qual caberá ao Presidente apenas executá-la.

A decretação de intervenção federal por solicitação ocorrerá na hipótese do Art. 34, IV, a qual compete ao Poder Executivo ou Legislativo das Unidades da Federação solicitar a execução da medida quando se acharem coagidos ou impedidos de executarem suas atribuições constitucionais.

A decretação de intervenção federal por requisição ocorrerá nas hipóteses previstas no Art. 34, IV, VI e VII. No inciso IV, a requisição caberá ao Supremo Tribunal Federal quando a coação for exercida contra o Poder Judiciário. No inciso VI, a requisição virá do STF, STJ ou do TSE quando houver desobediência de ordem judicial. E no inciso VI e VII a requisição será do Supremo quando houver representação interventiva feita pelo Procurador Geral da República nos casos de recusa de execução de lei federal ou ofensa aos princípios sensíveis.

O decreto interventivo especificará todas as condições em que ocorrerá a medida e terá eficácia imediata após a sua decretação pelo Presidente da República. Após sua decretação, a medida será submetida a apreciação do Congresso Nacional no prazo de 24 horas:

Art. 36, § 1º - *O decreto de intervenção, que especificará a amplitude, o prazo e as condições de execução e que, se couber, nomeará o interventor, será submetido à apreciação do Congresso Nacional ou da Assembleia Legislativa do Estado, no prazo de vinte e quatro horas.*

§ 2º - *Se não estiver funcionando o Congresso Nacional ou a Assembleia Legislativa, far-se-á convocação extraordinária, no mesmo prazo de vinte e quatro horas.*

Caberá ao Congresso Nacional aprovar ou suspender a execução da Intervenção:

Art. 49. *É da competência exclusiva do Congresso Nacional:*
IV. *Aprovar o estado de defesa e a intervenção federal, autorizar o estado de sítio, ou suspender qualquer uma dessas medidas.*

Nas hipóteses de intervenção decretada por requisição do Poder Judiciário previstas no Art. 34, VI e VII, a Constituição dispensou a necessidade e apreciação do Congresso Nacional, destacando que, nesses casos, o decreto limitar-se-á a suspensão do ato impugnado, caso essa medida seja suficiente para conter a crise. Se a mera suspensão do ato não restabelecer a normalidade, poderão ser adotadas outras medidas com o mesmo objetivo:

Art. 36, § 3º - *Nos casos do Art. 34, VI e VII, ou do Art. 35, IV, dispensada a apreciação pelo Congresso Nacional ou pela Assembleia Legislativa, o decreto limitar-se-á a suspender a execução do ato impugnado, se essa medida bastar ao restabelecimento da normalidade.*

Não podemos esquecer que nos casos de intervenção espontânea ou provocada por solicitação, o Presidente deverá consultar, antes da decretação, o Conselho da República e o Conselho da Defesa Nacional que emitirão parecer opinativo sobre a situação:

Art. 90. *Compete ao Conselho da República pronunciar-se sobre:*
V. *Intervenção federal, estado de defesa e estado de sítio;*

Art. 91, *§ 1º - Compete ao Conselho de Defesa Nacional:*
II. *Opinar sobre a decretação do estado de defesa, do estado de sítio e da intervenção federal.*

Cessando a crise, a ordem será restabelecida, inclusive com o retorno das autoridades públicas afastadas, caso não possuam outra incompatibilidade:

§ 4º - *Cessados os motivos da intervenção, as autoridades afastadas de seus cargos a estes voltarão, salvo impedimento legal.*

Apesar de a Constituição Federal não mencionar sobre a possibilidade de controle judicial da Intervenção, seria possível que ocorresse este controle caso os limites constitucionais estabelecidos fossem desrespeitados. Ressalta-se que contra a Intervenção em si não cabe atuação do Poder Judiciário, considerando ser essa uma medida de natureza política.

Intervenção estadual

A intervenção estadual poderá ocorrer nos Municípios localizados em seu território mediante decreto do Governador do Estado nas hipóteses previstas no Art. 35:

Art. 35. *O Estado não intervirá em seus Municípios, nem a União nos Municípios localizados em Território Federal, exceto quando:*
I. *Deixar de ser paga, sem motivo de força maior, por dois anos consecutivos, a dívida fundada;*
II. *Não forem prestadas contas devidas, na forma da lei;*
III. *Não tiver sido aplicado o mínimo exigido da receita municipal na manutenção e desenvolvimento do ensino e nas ações e serviços públicos de saúde;*
IV. *O Tribunal de Justiça der provimento a representação para assegurar a observância de princípios indicados na Constituição Estadual, ou para prover a execução de lei, de ordem ou de decisão judicial.*

Devem ser atendidos os mesmos requisitos da Intervenção Federal: temporariedade, controle político pelo legislativo e decreto do Chefe do Executivo.

Na hipótese do inciso IV, a intervenção dependerá de representação interventiva do Procurador-Geral de Justiça, sendo dispensada a apreciação da Assembleia Legislativa. Segundo o STF, essa decisão do Tribunal de Justiça que autoriza a intervenção do Estado no Município possui natureza político-administrativa e tem caráter definitivo, sendo insuscetível de recurso extraordinário para o STF[1].

---

1 Súmula 637 do STF: não cabe recurso extraordinário contra acórdão de Tribunal de Justiça que defere pedido de intervenção estadual em Município.

6. ADMINISTRAÇÃO PÚBLICA

Antes de iniciar este estudo sobre a Administração Pública, definida nos Art. 37 ao 43 da Constituição Federal, é importante esclarecer que o tema analisado aqui é devidamente estudado de forma mais aprofundada na disciplina de Direito Administrativo. A missão deste estudo é apresentar os mais importantes temas acerca da Administração Pública, sob a ótica do texto constitucional.

6.1 Conceito

Primeiramente, faz-se necessário conceituar a Administração Pública, remetendo ao *caput* do Art. 37, CF.

> **Art. 37.** *A administração pública direta e indireta de qualquer dos Poderes da União, dos Estados, do Distrito Federal e dos Municípios obedecerá aos princípios de legalidade, impessoalidade, moralidade, publicidade e eficiência e, também, ao seguinte:*

Neste primeiro momento, deve-se entender que alguns termos que aparecem no Art. 37. O conceito da Administração Pública deve ser visto sob dois aspectos. Sob a perspectiva objetiva, a Administração Pública constitui a atividade desenvolvida pelo poder público, que tem como função a satisfação do interesse público. Sob a perspectiva subjetiva, Administração Pública é o conjunto de órgãos e pessoas jurídicas que desempenham a atividade administrativa. Interessa aqui conhecer a Administração Pública sob essa última perspectiva, a qual se classifica em Administração Direta e Indireta.

A Administração Pública Direta é formada por pessoas jurídicas de direito público, ou pessoas políticas, entes que possuem personalidade jurídica e autonomia própria. São entes da Administração Pública Direta a União, os Estados, o Distrito Federal e os Municípios. Esses entes são pessoas jurídicas de Direito Público que exercem as atividades administrativas por meio dos órgãos e agentes pertencentes aos Poderes Executivo, Legislativo e Judiciário. Os órgãos não são dotados de personalidade jurídica própria, pois agem em nome da pessoa jurídica a qual estão vinculados.

A Administração Pública Indireta é formada por pessoas jurídicas próprias, de direito público ou privado, que executam atividades do Estado por meio da descentralização administrativa. São os entes da Administração Indireta as Autarquias, Fundações Públicas, Sociedades de Economia Mista e Empresas Públicas.

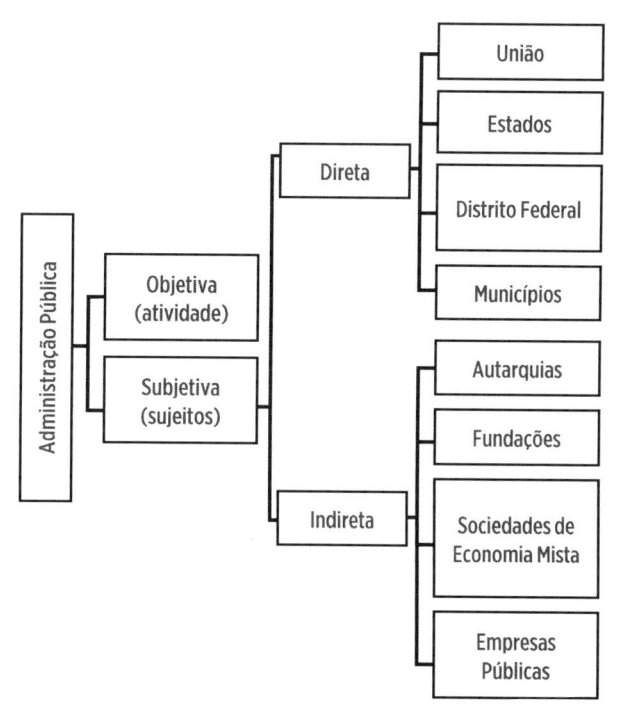

Segundo a Constituição Federal, a Administração Pública, seja ela direta ou indireta, pertencente a qualquer dos Poderes, deverá obedecer aos princípios da Legalidade, Impessoalidade, Moralidade, Publicidade e Eficiência, os quais serão estudados agora.

6.2 Princípios Expressos da Administração Pública

Os princípios que regem a Administração Pública são verdadeiros parâmetros que orientam o desenvolvimento da atividade administrativa, os quais são de observância obrigatória. A Administração é regida por princípios expressos e princípios implícitos. Primeiramente vamos analisar os princípios expressos no texto constitucional, que são: Legalidade, Impessoalidade, Moralidade, Publicidade e Eficiência.

ADMINISTRAÇÃO PÚBLICA

Legalidade

Esse é o primeiro princípio expresso na Constituição Federal para a Administração Pública. Para se entender o Princípio da Legalidade, é preciso analisar suas duas acepções: a legalidade em relação aos particulares e a legalidade em relação à Administração Pública.

Para os particulares, a legalidade remete ao Art. 5º da Constituição: significa que ele poderá fazer tudo o que não for proibido por lei, conforme já previa o Art. 5º, II da Constituição Federal:

> *II. ninguém será obrigado a fazer ou deixar de fazer alguma coisa senão em virtude de lei.*

Já em relação à Administração Pública, a legalidade impõe uma conduta mais rigorosa exigindo que se faça apenas o que estiver determinado por lei ou que seja permitido pela lei: quando se fala em lei, trata-se daquela em sentido estrito, ou em sentido formal, porque há exceções à aplicação do Princípio da Legalidade que já apareceram em prova, como a Medida Provisória, o Estado de Defesa e o Estado de Sítio; por isso, esse princípio não deve ser encarado de forma absoluta.

A Medida Provisória é exceção, pois é ato emitido pelo chefe do Poder Executivo, porque com sua publicação já produz efeitos na sociedade; em seguida, temos os sistemas constitucionais de crises, sendo exceções, porque o decreto que rege essas medidas prevê algumas situações excepcionais, com amparo constitucional, então são exceções à legalidade, mas com fundamento constitucional. O agente público, ao agir, deverá pautar sua conduta segundo a lei.

Impessoalidade

Esse princípio exige do administrador uma postura isenta de interesses pessoais. Ele não poderá agir com o fim de atender suas próprias vontades. Agir de forma impessoal é agir visando a atender o interesse público. A impessoalidade deve ser enxergada sob duas perspectivas: finalidade da atuação administrativa e proibição da promoção pessoal. A impessoalidade deve ser vista sob duas perspectivas: primeiro, a impessoalidade se confunde com o interesse público; segundo, a impessoalidade é a proibição da autopromoção, ou seja, vedação à promoção pessoal.

A título exemplificativo, para a finalidade da atuação administrativa, que será sempre a satisfação do interesse público em benefício da coletividade, é que se realizam os concursos públicos para contratação de pessoal e licitação para contratação dos serviços pela Administração Pública, são formas exigidas por lei que garantem o referido princípio. Isso impede que o administrador atue satisfazendo seus interesses pessoais.

Nesse sentido, fica proibida a vinculação da imagem do administrador a obras e propagandas não se permitindo também a vinculação da sigla do partido. Ressalte-se ainda o teor da Súmula Vinculante nº 13 do STF, que veda a prática de nepotismo:

> ***Súmula Vinculante 13.*** *A nomeação de cônjuge, companheiro ou parente em linha reta, colateral ou por afinidade, até o terceiro grau, inclusive, da autoridade nomeante ou de servidor da mesma pessoa jurídica, investido em cargo de direção, chefia ou assessoramento, para o exercício de cargo em comissão ou de confiança, ou, ainda, de função gratificada na Administração Pública direta e indireta, em qualquer dos Poderes da União, dos Estados, do Distrito Federal e dos municípios, compreendido o ajuste mediante designações recíprocas, viola a Constituição Federal.*

A impessoalidade também proíbe a promoção pessoal. O administrador público não poderá se utilizar da máquina administrativa para promover sua própria imagem. Veja o que diz o Art. 37, § 1º diz:

> *§1º - A publicidade dos atos, programas, obras, serviços e campanhas dos órgãos públicos deverá ter caráter educativo, informativo ou de orientação social, dela não podendo constar nomes, símbolos ou imagens que caracterizem promoção pessoal de autoridades ou servidores públicos.*

Notemos que esse parágrafo tem como objetivo trazer de forma expressa a proibição da vinculação da imagem do agente público com as obras e serviços realizadas durante seu mandato, nesse sentido, já existe proibição da utilização inclusive da sigla do partido.

Moralidade

Não é possível se definir o que é, mas é possível compreender por meio da interpretação das normas. Esse princípio prevê que o administrador deve agir conforme os fins públicos. Por esse princípio, ao administrador não basta fazer tudo conforme a lei. É importante o faça de boa-fé, respeitando os preceitos éticos, com probidade e justiça. E aqui não se fala em moral comum, mas em uma moral jurídica ou política.

A não observância do referido princípio poderá ser combatida por meio da Ação Popular, conforme prevê o Art. 5º, LXXIII da CF:

> ***LXXIII.*** *Qualquer cidadão é parte legítima para propor ação popular que vise a anular ato lesivo ao patrimônio público ou de entidade de que o Estado participe, à moralidade administrativa, ao meio ambiente e ao patrimônio histórico e cultural, ficando o autor, salvo comprovada má-fé, isento de custas judiciais e do ônus da sucumbência.*

Ressalte-se também que, se o agente público agir em desconformidade com o princípio de moralidade, sua conduta poderá ensejar a ação de improbidade administrativa, a qual é punida nos termos do Art. 37, § 4º:

> *§ 4º - Os atos de improbidade administrativa importarão a suspensão dos direitos políticos, a perda da função pública, a indisponibilidade dos bens e o ressarcimento ao erário, na forma e gradação previstas em lei, sem prejuízo da ação penal cabível.*

Publicidade

A publicidade como princípio também poderá ser analisada sob duas acepções: a primeira delas é a publicidade como condição de eficácia do ato administrativo; a segunda, como forma de se garantir a transparência destes mesmos atos.

Como condição de eficácia do ato administrativo, a publicidade muito aparece em prova; o examinador costuma dizer que a publicidade é requisito de validade do ato administrativo, mas isso é errado, porque validade e eficácia são diferentes. A publicidade é necessária, pois é a forma de tornar conhecido o conteúdo do ato, principalmente se esse ato for capaz de produzir efeitos externos ou que ensejem ônus para o patrimônio público. Em regra, a publicidade se dá pelos meios de comunicação oficiais, como o Diário Oficial da União.

A publicidade também tem a função de garantir a transparência do ato administrativo. É uma forma dos administrados fiscalizarem a atuação do poder público. Apesar de sua importância, nesse aspecto a publicidade encontra limitação na própria Constituição que prevê a possibilidade de sigilo dos atos administrativos todas as vezes que for necessário para preservar a segurança da sociedade e do Estado:

> **XXXIII.** Todos têm direito a receber dos órgãos públicos informações de seu interesse particular, ou de interesse coletivo ou geral, que serão prestadas no prazo da lei, sob pena de responsabilidade, ressalvadas aquelas cujo sigilo seja imprescindível à segurança da sociedade e do Estado.

Eficiência

O Princípio da Eficiência foi o último incluído no rol dos princípios, em razão da reforma administrativa promovida pela Emenda Constitucional nº 19/98. A sua inserção como princípio expresso está relacionada a necessidade de produção de resultados satisfatórios a sociedade. A Administração Pública deve ter produtividade em suas atividades como se fosse iniciativa privada.

Como forma de garantir uma nova postura na prestação dos seus serviços, esse princípio exige que as ações sejam praticadas com celeridade, perfeição, visando a atingir ótimos resultados, sempre tendo como destinatário o bem-estar do administrado. A celeridade dos processos encontra-se prevista no Art. 5º, LXXVIII da CF:

> **LXXVIII.** A todos, no âmbito judicial e administrativo, são assegurados a razoável duração do processo e os meios que garantam a celeridade de sua tramitação.

Em respeito ao princípio da eficiência, a Constituição Federal previu formas de participação do administrado como fiscal da Administração Pública:

> **Art. 37**, § 3º - A lei disciplinará as formas de participação do usuário na administração pública direta e indireta, regulando especialmente:
>
> **I.** As reclamações relativas à prestação dos serviços públicos em geral, asseguradas a manutenção de serviços de atendimento ao usuário e a avaliação periódica, externa e interna, da qualidade dos serviços;
>
> **II.** O acesso dos usuários a registros administrativos e a informações sobre atos de governo, observado o disposto no Art. 5º, X e XXXIII;
>
> **III.** A disciplina da representação contra o exercício negligente ou abusivo de cargo, emprego ou função na administração pública.

Decorre desse princípio, ainda, a necessidade de avaliação de desempenho para concessão da estabilidade ao servidor público em estágio probatório, bem como a existência da avaliação periódica de desempenho como uma das condições para perda do cargo nos termos do Art. 41 da CF:

> **Art. 41.** São estáveis após três anos de efetivo exercício os servidores nomeados para cargo de provimento efetivo em virtude de concurso público.
>
> **§ 1º** - O servidor público estável só perderá o cargo:
>
> **I.** Em virtude de sentença judicial transitada em julgado;
>
> **II.** Mediante processo administrativo em que lhe seja assegurada ampla defesa;
>
> **III.** Mediante procedimento de avaliação periódica de desempenho, na forma de lei complementar, assegurada ampla defesa.
>
> **§ 2º** - Invalidada por sentença judicial a demissão do servidor estável, será ele reintegrado, e o eventual ocupante da vaga, se estável, reconduzido ao cargo de origem, sem direito a indenização, aproveitado em outro cargo ou posto em disponibilidade com remuneração proporcional ao tempo de serviço.
>
> **§ 3º** - Extinto o cargo ou declarada a sua desnecessidade, o servidor estável ficará em disponibilidade, com remuneração proporcional ao tempo de serviço, até seu adequado aproveitamento em outro cargo.
>
> **§ 4º** - Como condição para a aquisição da estabilidade, é obrigatória a avaliação especial de desempenho por comissão instituída para essa finalidade.

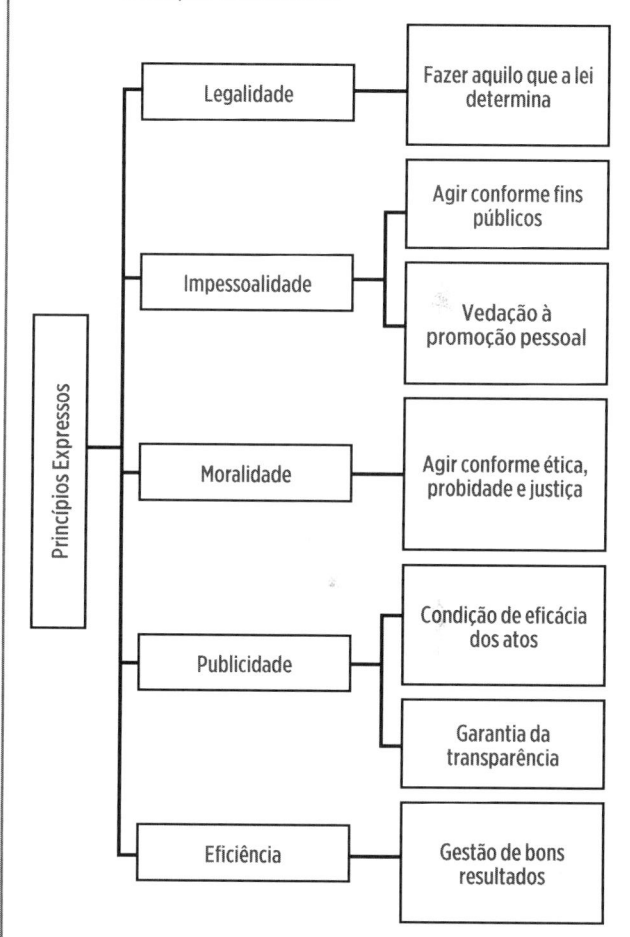

Princípios Expressos:
- Legalidade → Fazer aquilo que a lei determina
- Impessoalidade → Agir conforme fins públicos; Vedação à promoção pessoal
- Moralidade → Agir conforme ética, probidade e justiça
- Publicidade → Condição de eficácia dos atos; Garantia da transparência
- Eficiência → Gestão de bons resultados

6.3 Princípios Implícitos da Administração Pública

Além dos princípios expressamente previstos no *caput* do Art. 37 da Constituição Federal (Legalidade, Impessoalidade, Moralidade, Publicidade e Eficiência), a doutrina elenca outros como princípios gerais de direito que decorrem da interpretação constitucional:

Supremacia do interesse público

Esse princípio é tido pela doutrina como um dos pilares do regime jurídico administrativo. Nesse sentido, o Estado representa o interesse público ou da coletividade, e a coletividade, em regra, deve prevalecer sobre o interesse privado. A Administração Pública, em sua relação com os administrados tem prevalência sobre o interesse privado.

ADMINISTRAÇÃO PÚBLICA

O Regime Democrático adotado no Estado brasileiro confere à Administração Pública o poder de representar os interesses da sociedade, é nessa relação que vamos desenvolver a supremacia do interesse público, que decorre da relação de verticalidade entre o Estado e os particulares.

Esse princípio não goza de caráter absoluto, pois o Estado também age como se fosse particular em suas relações jurídicas, geralmente econômicas, por exemplo, o Estado não pode abusar da autoridade estatal sobre os direitos e princípios fundamentais dos administrados, já que esses são os limites da supremacia do interesse público.

Decorre desse princípio o poder de império exercido pela Administração Pública, a qual poderá impor sua vontade ao particular de forma coercitiva, podendo inclusive restringir seus direitos e impor obrigações, como ocorre no caso da desapropriação e requisição administrativa. Logicamente, esse princípio não goza de caráter absoluto, não tendo aplicabilidade nos atos praticados de mera gestão administrativa ou quando o poder público atua como particular nas relações econômicas.

Indisponibilidade do interesse público

Juntamente com a Supremacia do Interesse Público, o princípio da Indisponibilidade do Interesse Público forma a base do regime jurídico-administrativo. Por esse princípio, a Administração Pública não pode ser vista como dona da coisa pública, mas apenas gestora. A coisa pública pertence ao povo, e o Estado é o responsável pelo cuidado ou gestão da coisa pública.

Como limitação a esse princípio, existe o princípio da legalidade, que determina os passos e em que condições a Administração Pública pode se utilizar dos bens públicos, sempre respeitando a indisponibilidade do interesse público. Destaca-se ainda o papel que esse princípio exerce como limitador do princípio da supremacia do interesse público.

Um ponto importante a respeito desse princípio é que os bens públicos são indisponíveis, não pertencendo aos seus administradores ou aos seus agentes os quais estão proibidos, inclusive de renunciar a qualquer direito ou prerrogativa inerente ao Poder Público.

Na desapropriação, a Administração Pública pode retirar o bem de uma pessoa pelo fundamento da Supremacia do interesse público, por outro lado, em razão da Indisponibilidade do interesse público, há vedação à Administração Pública no sentido de não se apropriar de tal bem sem que o particular seja indenizado.

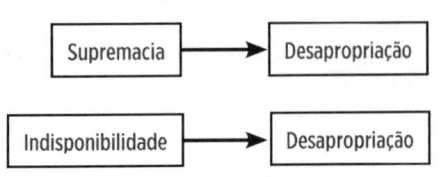

Supremacia → Desapropriação

Indisponibilidade → Desapropriação

Razoabilidade e proporcionalidade

Esses princípios são, por vezes, vistos em separado pela doutrina; eles servem para a limitação da atuação administrativa, e devem ser vistos em conjunto, como unidade. A Razoabilidade e a Proporcionalidade decorrem do princípio do devido processo legal e são utilizados, principalmente, como limitador da discricionariedade administrativa, ainda mais quando o ato limitado restringe os direitos do administrado. Trata-se, portanto, de uma ferramenta para controle de legalidade que pode gerar a nulidade do ato administrativo. Ao pensar em Razoabilidade e Proporcionalidade, deve-se pensar em dois elementos que os identificam: adequação e necessidade.

A melhor forma de verificar a sua utilização prática é no caso concreto. Imagine uma fiscalização sanitária realizada pelo poder público em que o administrado é flagrado cometendo um ilícito sanitário, ou seja, encontra um produto com o prazo de validade vencido. Dependendo da infração cometida, será aplicada uma penalidade administrativa maior ou não. Com a aplicação dos princípios em tela, a penalidade deve ser necessária, adequada e equivalente à infração cometida. Os princípios garantem que a sanção aplicada não seja maior que a necessária para atingir o fim proposto pelo poder público. O que se busca é uma adequação entre os meios e os fins necessários, proibindo o excesso na aplicação das medidas.

Sem dúvida, esses princípios gerais de direito estão entre os mais utilizados atualmente nas decisões do Supremo Tribunal Federal, pois esses princípios são utilizados nas decisões para se adequar a lei ao caso concreto.

Em suma, esses princípios são a adequação dos meios com a finalidade proposta pela Administração Pública, com o fim de evitar os excessos cometidos pelo agente público. Em razão disso, também são conhecidos como a proibição do excesso, por isso trabalhar a razoabilidade e a proporcionalidade como unidade.

Continuidade dos serviços públicos

Esse princípio se traduz pelo próprio nome. Ele exige que a atividade administrativa seja contínua, não sofra interrupções e seja adequada, com qualidade, para que não ocorram prejuízos tanto para a Administração quanto para os administrados. Apesar disso, há situações excepcionais, em que se permite a interrupção do serviço público. Existem limitações a esse princípio, tanto para a Administração, quanto para o particular que está incumbido de executar o serviço público, e sua atuação pode ser percebida no próprio direito de greve do servidor público que se encontra condicionado à observância da lei para ser exercido.

O poder de vinculação desse princípio é tão grande que o particular, ao prestar o serviço público por delegação, não poderá interrompê-lo ainda que a administração pública não cumpra sua parte no contrato. Significa dizer que o particular prejudicado no contrato administrativo **não poderá opor a exceção do contrato não cumprido,** ficando desobrigado apenas por decisão judicial transitada em julgado, ou seja, o particular não pode deixar de cumprir sua obrigação pelo não cumprimento por parte da administração, mas o particular pode deixar de prestar o serviço público quando determinado por decisão judicial.

O responsável pela prestação do serviço público só ficaria desobrigado da sua prestação em caso de emergência e desde que haja aviso prévio em situações de **segurança**, de **ordem técnica** ou mesmo por **inadimplência do usuário**.

Autotutela

Esse princípio permite que a Administração avalie e reveja seus próprios atos, tanto em relação à legalidade do ato, quanto ao aspecto do mérito. Essa possibilidade não impede o ato de ser apreciado pelo Poder Judiciário, limitando a verificação da legalidade, nunca o mérito. Quando o ato for revisto em razão de vício de legalidade, ocorre a anulação do ato, se a questão é de mérito (discricionariedade e oportunidade), a administração revoga seus atos.

Este princípio foi consagrado pelo Supremo por meio da Súmula 473:

> **Súm. 473, STF.** A administração pode anular seus próprios atos, quando eivados de vícios que os tornam ilegais, porque deles não se originam direitos; ou revogá-los, por motivo de conveniência ou oportunidade, respeitados os direitos adquiridos, e ressalvada, em todos os casos, a apreciação judicial.

A autotutela dos atos administrativos não depende de provocação, podendo a administração analisar de ofício seus próprios atos. Essa é a ideia primordial da autotutela.

Segurança jurídica

Esse princípio tem fundamento inicial já no Art. 5º da CF, que decorre da própria garantia fundamental à Segurança Jurídica; no que tange a sua aplicabilidade na Administração Pública, esse princípio evoca a impossibilidade da lei nova prejudicar o direito adquirido, o ato jurídico perfeito e a coisa julgada, ou seja, esse princípio veda a aplicação retroativa de nova interpretação da norma administrativa, para que o administrado não seja surpreendido com inovações jurídicas.

Por se tratar de um direito fundamental, a administração pública fica obrigada a assegurar o seu cumprimento sob pena de ser responsabilizada.

6.4 Regras Aplicáveis aos Servidores Públicos

Passamos agora a analisar as regras aplicáveis aos servidores públicos, as quais estão previstas nos Arts. 37 a 41 da Constituição Federal.

Cargos, empregos e funções

Os primeiros dispositivos relacionados aos servidores públicos e que foram apresentados pela Constituição Federal regulamentam o acesso a cargos, empregos e funções públicas. Vejamos o que diz o Art. 37, I e II da CF:

> **I.** Os cargos, empregos e funções públicas são acessíveis aos brasileiros que preencham os requisitos estabelecidos em lei, assim como aos estrangeiros, na forma da lei;
>
> **II.** A investidura em cargo ou emprego público depende de aprovação prévia em concurso público de provas ou de provas e títulos, de acordo com a natureza e a complexidade do cargo ou emprego, na forma prevista em lei, ressalvadas as nomeações para cargo em comissão declarado em lei de livre nomeação e exoneração.

Ao iniciarmos este estudo, uma distinção se faz necessária antes de tudo: qual a diferença entre cargo, emprego e função pública?

Cargo público é a unidade de competência ofertada por uma pessoa jurídica de direito público e ocupada por um agente público que tenha sido criado por lei com denominação específica e quantidade certa. Quem ocupa um cargo público fez concurso público e é submetido a um regime estatutário e pode ser de provimento efetivo ou em comissão.

Emprego público, por sua vez, seria a unidade de competência desempenhada por agentes contratados sob regime celetista, ou seja, quem ocupa um emprego público possui uma relação trabalhista com a Administração Pública.

Função pública é a atribuição ocupada por quem não possui cargo ou emprego público. Ocorre em duas situações: nas contratações temporárias e nas atividades de confiança.

Os cargos, empregos e funções são acessíveis a todos os brasileiros e estrangeiros que preencherem os requisitos previstos em lei. Aos estrangeiros, o acesso é limitado, essa é norma de eficácia limitada, pois depende de regulamentação, como professores ou pesquisadores em universidades e instituições de pesquisa científica e tecnológica. Destaca-se ainda que existem cargos privativos de brasileiros natos, os quais estão previstos no Art. 12, § 3º da CF: Presidente e Vice-Presidente da República, Presidente da Câmara dos Deputados, Presidente do Senado Federal, Ministro do STF, oficial das forças armadas, carreira diplomática e Ministro do Estado da Defesa.

O acesso aos cargos e empregos públicos depende de aprovação em concurso público de provas ou de provas e títulos dependendo do cargo a ser ocupado. A realização do concurso não será necessária para o preenchimento de cargos em comissão, haja vista serem de livre nomeação e exoneração. Estão obrigados a contratar por meio de concurso toda a Administração Pública direta e indireta, seja do Poder Executivo, Legislativo, ou Judiciário, seja da União, Estados, Distrito Federal e Municípios.

É importante ressaltar, neste momento, que a função pública aqui tratada não pode ser confundida com a função que todo agente da Administração Pública detém, que é aquele conjunto de atribuições inerentes ao cargo ou emprego; neste momento a função pública foi tratada como diferenciação do cargo e do emprego públicos. Em seguida, é necessário ressaltar que os cargos em comissão dispensam o concurso público, que é meio exigido para que se ocupe um cargo ou emprego públicos.

Validade do concurso público

A Constituição Federal previu prazo de validade para os concursos públicos. Vejamos o que diz o Art. 37, III e IV:

> **Art. 37**, III. O prazo de validade do concurso público será de até dois anos, prorrogável uma vez, por igual período;
>
> **IV.** Durante o prazo improrrogável previsto no edital de convocação, aquele aprovado em concurso público de provas ou de provas e títulos será convocado com prioridade sobre novos concursados para assumir cargo ou emprego, na carreira.

O prazo de validade será de **até 2 anos,** podendo ser prorrogado apenas uma vez, por igual período. O prazo de validade passa a ser contado a partir da homologação do resultado. Este é o prazo que a Administração Pública terá para contratar ou nomear

NOÇÕES DE DIREITO CONSTITUCIONAL

os aprovados para o preenchimento do emprego ou do cargo público, respectivamente.

Segundo posicionamento do STF, quem é aprovado dentro do número de vagas previstas no edital possui direito subjetivo à nomeação durante o prazo de validade do concurso. Uma forma de burlar esse sistema encontrado pela Administração Pública tem sido a publicação de edital com cadastro de reserva, que gera apenas uma expectativa de direito para quem foi classificado no concurso público.

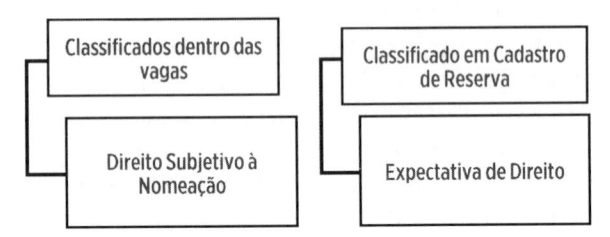

- Classificados dentro das vagas → Direito Subjetivo à Nomeação
- Classificado em Cadastro de Reserva → Expectativa de Direito

Segundo a Constituição, durante o prazo improrrogável do concurso, os aprovados terão prioridade na convocação diante dos novos concursados, o que não impede a abertura de novos certames apesar de a Lei nº 8.112/90 proibir a abertura de novo concurso enquanto houver candidato aprovado no concurso anterior e desde que esteja dentro do prazo de validade. Na prova, deve-se responder conforme for perguntado. Se for segundo a Constituição Federal, não há proibição de realização de novo concurso enquanto existir outro com prazo de validade aberto. Se perguntar segundo a Lei nº 8.112/90, não se abrirá novo concurso enquanto houver candidato aprovado em concurso anterior com prazo de validade não expirado.

Reserva de vaga para deficiente

Essa regra sobre concurso público é uma das mais importantes de inclusão social previstas no texto constitucional; é regra de ação afirmativa que visa à inserção social dos portadores de necessidades especiais, e compensar a perda social que alguns grupos têm. Possuindo valor social relevante, diz respeito à reserva de vagas para pessoas com necessidades especiais, que não podem ser tratados da mesma forma que as pessoas que estão em pleno vigor físico. Aqui, a isonomia deve ser material observando a nítida diferença entre os deficientes e os que não são. Vejamos o que dispõe a Constituição a respeito desse tema:

Art. 37, VIII. A lei reservará percentual dos cargos e empregos públicos para as pessoas portadoras de deficiência e definirá os critérios de sua admissão.

Por se tratar de norma de eficácia limitada, a Constituição exigiu regulamentação para este dispositivo o que foi feito, no âmbito federal, pela Lei nº 8.112/90:

Art. 5, § 2º - Às pessoas portadoras de deficiência é assegurado o direito de se inscrever em concurso público para provimento de cargo cujas atribuições sejam compatíveis com a deficiência de que são portadoras; para tais pessoas serão reservadas até 20% (vinte por cento) das vagas oferecidas no concurso.

Esse dispositivo garante a reserva de até 20% das vagas oferecidas no concurso para os deficientes. Complementando esta norma, foi publicado o Decreto Federal nº 3.298/99 que fixou o mínimo de 5% das vagas para deficientes, exigindo nos casos em que esse percentual gerasse número fracionado, que fosse arredondado para o próximo número inteiro. Essa proteção gerou um inconveniente nos concursos com poucas vagas, fazendo com que o STF interviesse e decidisse no sentido de que se a observância do mínimo de 5% ultrapassar o máximo de 20% não será necessário fazer a reserva da vaga. Isso é perfeitamente visível em concursos com duas vagas. Se fosse reservado o mínimo, ter-se-ia pelo menos 1 vaga para deficiente, o que corresponderia a 50% das vagas, ultrapassando assim o limite de 20% estabelecido em lei.

Funções de confiança e cargos em comissão

A Constituição prevê a existência das funções de confiança e os cargos em comissão:

Art. 37, V. As funções de confiança, exercidas exclusivamente por servidores ocupantes de cargo efetivo, e os cargos em comissão, a serem preenchidos por servidores de carreira nos casos, condições e percentuais mínimos previstos em lei, destinam-se apenas às atribuições de direção, chefia e assessoramento.

Existem algumas peculiaridades entre esses dois institutos que sempre são cobrados em prova. As funções de confiança são privativas de ocupantes de cargo efetivo, ou seja, para aquele que fez concurso público; já os cargos em comissão podem ser ocupados por qualquer pessoa, apesar de a Constituição estabelecer que deve se reservar um percentual mínimo para os ocupantes de cargo efetivo. Tanto as funções de confiança como os cargos em comissão destinam-se às atribuições de **direção, chefia** e **assessoramento**.

As funções de confiança – livre designação e livre dispensa – são apenas para servidores públicos ocupantes de cargos efetivos, os quais serão designados para seu exercício podendo ser dispensados a critério da administração pública. Já os **cargos em comissão** são de livre nomeação e livre exoneração, podendo ser ocupados por qualquer pessoa, servidor público ou não. A ocupação de um cargo em comissão por pessoa não detentora de cargo de provimento efetivo não gera direito de ser efetivado, muito menos de adquirir a estabilidade.

Contratação por tempo determinado

Outra forma de ingresso no serviço público é por meio de contratação por tempo determinado. A Constituição prevê:

Art. 37, IX. A lei estabelecerá os casos de contratação por tempo determinado para atender a necessidade temporária de excepcional interesse público.

Nesse caso, temos uma norma de eficácia limitada, pois a Constituição não regulamenta, apenas prevê que uma lei vai regulamentar. Na contratação por tempo determinado, o contratado não ocupa cargo público nem possui vínculo trabalhista. Ele exercerá função pública de caráter temporário. Essa contratação tem que ser embasada em excepcional interesse público, questão emergencial. Em regra, faz-se o Processo Seletivo Simplificado, podendo ser feito por meio de provas, entrevista ou até mesmo entrega de currículo; esse processo simplificado não pode ser confundido com o concurso público.

O seu contrato com a Administração Pública é regido por norma específica de regime especial que, no caso da esfera federal, será a Lei nº 8.745/93. A referida lei traz várias hipóteses de contratação temporária para atender a essa necessidade excepcional.

Direitos sociais dos servidores públicos

Quando se fala em direitos sociais aplicáveis aos servidores públicos, significa dizer uma parcela dos direitos de natureza trabalhista prevista no Art. 7º da Constituição Federal. Vejamos quais direitos sociais trabalhistas foram destinados a esses trabalhadores ocupantes de cargos públicos.

6.5 Direitos Trabalhistas

A Constituição Federal não concedeu todos os direitos trabalhistas aos servidores públicos, mas apenas os previstos expressamente no texto constitucional no Art. 39, § 3º:

Art. 39, § 3º - Aplica-se aos servidores ocupantes de cargo público o disposto no Art. 7º, IV, VII, VIII, IX, XII, XIII, XV, XVI, XVII, XVIII, XIX, XX, XXII e XXX, podendo a lei estabelecer requisitos diferenciados de admissão quando a natureza do cargo o exigir.

Segundo esse dispositivo, foram garantidos os seguintes direitos sociais aos servidores públicos:

VI. Salário-mínimo, fixado em lei, nacionalmente unificado, capaz de atender a suas necessidades vitais básicas e às de sua família com moradia, alimentação, educação, saúde, lazer, vestuário, higiene, transporte e previdência social, com reajustes periódicos que lhe preservem o poder aquisitivo, sendo vedada sua vinculação para qualquer fim;

VII. Garantia de salário, nunca inferior ao mínimo, para os que percebem remuneração variável;

VIII. Décimo terceiro salário com base na remuneração integral ou no valor da aposentadoria;

IX. Remuneração do trabalho noturno superior à do diurno;

XII. Salário-família pago em razão do dependente do trabalhador de baixa renda nos termos da lei;

XIII. Duração do trabalho normal não superior a oito horas diárias e quarenta e quatro semanais, facultada a compensação de horários e a redução da jornada, mediante acordo ou convenção coletiva de trabalho;

XV. Repouso semanal remunerado, preferencialmente aos domingos;

XVI. Remuneração do serviço extraordinário superior, no mínimo, em cinquenta por cento à do normal;

XVII. Gozo de férias anuais remuneradas com, pelo menos, um terço a mais do que o salário normal;

XVIII. Licença à gestante, sem prejuízo do emprego e do salário, com a duração de cento e vinte dias;

XIX. Licença-paternidade, nos termos fixados em lei;

XX. Proteção do mercado de trabalho da mulher, mediante incentivos específicos, nos termos da lei;

XXII. Redução dos riscos inerentes ao trabalho, por meio de normas de saúde, higiene e segurança;

XXX. Proibição de diferença de salários, de exercício de funções e de critério de admissão por motivo de sexo, idade, cor ou estado civil.

A experiência de ler os incisos destinados aos servidores públicos é muito importante para que você acerte em prova. O fato de outros direitos trabalhistas do Art. 7º não terem sido previstos no Art. 39 não significa que tais direitos não sejam concedidos aos servidores públicos. Ocorre que alguns direitos trabalhistas conferidos aos servidores públicos estão disciplinados em outros lugares na própria Constituição ou em leis esparsas. A título de exemplo, pode-se citar o direito à aposentadoria, que apesar de não ter sido referido no Art. 39, § 3º, encontra-se previsto expressamente no Art. 40 da Constituição Federal.

6.6 Liberdade de Associação Sindical

A Constituição Federal garante aos servidores públicos o direito à associação sindical:

VI. É garantido ao servidor público civil o direito à livre associação sindical.

A Constituição concede ao servidor público civil o direito à associação sindical. Dessa forma, a livre associação profissional ou sindical não é garantida aos militares em razão da peculiaridade do seu regime jurídico, cuja vedação está prevista na própria Constituição Federal:

Art. 142, IV. Ao militar são proibidas a sindicalização e a greve.

Segundo a doutrina, trata-se de uma norma autoaplicável, a qual não depende de regulamentação para ser exercida, pois o servidor pode prontamente usufruir desse direito.

Direito de greve

Segundo o Art. 37, VII:

VII. O direito de greve será exercido nos termos e nos limites definidos em lei específica;

O direito de greve, previsto na Constituição Federal aos servidores públicos, condiciona o seu exercício a uma norma regulamentadora, por isso é uma norma de eficácia limitada.

Como até o presente momento a necessária lei não foi publicada, o Supremo Tribunal Federal adotou a Teoria Concretista Geral, a partir da análise do Mandado de Injunção, e fez com que o direito de greve tivesse efetividade e conferiu efeito erga omnes à decisão, ou seja, os seus efeitos atingem todos os servidores públicos, ainda que aquele não tenha ingressado com ação judicial para exercer seu direito de greve.

A partir disso, segundo o STF, os servidores públicos de todo o país poderão se utilizar do seu direito de greve nos termos da Lei nº 7.783/89, a qual regulamenta o direito de greve dos trabalhadores da iniciativa privada.

Ressalte-se que o direito de greve, juntamente com o de associação sindical, não se aplica aos militares pelos mesmos motivos já apresentados ao analisarmos o direito de liberdade de associação sindical.

ADMINISTRAÇÃO PÚBLICA

TRABALHISTAS
- Salário-mínimo
- Garantia do mínimo para os que têm remuneração variável
- 13º salário
- Duração de trabalho não superior a oito horas por dia e 44 por semana
- Repouso semanal remunerado
- Remuneração pelo serviço extraordinário (horas extras)
- Férias anuais
- Licença à gestante (120 dias)
- Licença-paternidade
- Proteção ao mercado de trabalho da mulher
- Redução dos riscos inerentes ao trabalho
- Proibição de diferença de salários

Vedação à acumulação de cargos, empregos e funções públicos

A Constituição achou por bem regular a acumulação de cargos públicos no Art. 37, XVI e XVII:

> **XVI.** É vedada a acumulação remunerada de cargos públicos, exceto, quando houver compatibilidade de horários, observado em qualquer caso o disposto no inciso XI:
> **a)** a de dois cargos de professor;
> **b)** a de um cargo de professor com outro técnico ou científico;
> **c)** a de dois cargos ou empregos privativos de profissionais de saúde, com profissões regulamentadas;
> **XVII.** A proibição de acumular estende-se a empregos e funções e abrange autarquias, fundações, empresas públicas, sociedades de economia mista, suas subsidiárias, e sociedades controladas, direta ou indiretamente, pelo poder público;

Segundo o texto constitucional, em regra, é vedada a acumulação de cargos públicos, ressalvadas as hipóteses previstas na própria Constituição Federal e quando houver compatibilidade de horário.

Além dessas hipóteses, a Constituição Federal também previu a acumulação lícita em outros casos, observemos:

Magistrado + Magistério – é permitida a acumulação de um cargo de juiz com um de professor:

> **Art. 95**, Parágrafo único. Aos juízes é vedado:
> **I.** Exercer, ainda que em disponibilidade, outro cargo ou função, salvo uma de magistério.

Membro do Ministério Público + Magistério – é permitida a acumulação de um cargo de Membro do Ministério Público com um de professor:

> **Art. 128, § 5º.** Leis complementares da União e dos Estados, cuja iniciativa é facultada aos respectivos Procuradores-Gerais, estabelecerão a organização, as atribuições e o estatuto de cada Ministério Público, observadas, relativamente a seus membros:
> **II.** As seguintes vedações:
> **d)** exercer, ainda que em disponibilidade, qualquer outra função pública, salvo uma de magistério.

Cargo Eletivo + cargo, emprego ou função pública – é permitida a acumulação de um cargo eletivo com um cargo emprego ou função pública:

> **Art. 38.** Ao servidor público da administração direta, autárquica e fundacional, no exercício de mandato eletivo, aplicam-se as seguintes disposições:
> **I.** Tratando-se de mandato eletivo federal, estadual ou distrital, ficará afastado de seu cargo, emprego ou função;
> **II.** Investido no mandato de Prefeito, será afastado do cargo, emprego ou função, sendo-lhe facultado optar pela sua remuneração;
> **III.** Investido no mandato de Vereador, havendo compatibilidade de horários, perceberá as vantagens de seu cargo, emprego ou função, sem prejuízo da remuneração do cargo eletivo, e, não havendo compatibilidade, será aplicada a norma do inciso anterior;
> **IV.** Em qualquer caso que exija o afastamento para o exercício de mandato eletivo, seu tempo de serviço será contado para todos os efeitos legais, exceto para promoção por merecimento;
> **V.** Para efeito de benefício previdenciário, no caso de afastamento, os valores serão determinados como se no exercício estivesse.

A proibição de acumular se estende à percepção de remuneração e aposentadoria. Vejamos o que diz o §10º do Art. 37:

> **§ 10** - É vedada a percepção simultânea de proventos de aposentadoria decorrentes do Art. 40 ou dos Arts. 42 e 142 com a remuneração de cargo, emprego ou função pública, ressalvados os cargos acumuláveis na forma desta Constituição, os cargos eletivos e os cargos em comissão declarados em lei de livre nomeação e exoneração.

Aqui a acumulação dos proventos da aposentadoria com a remuneração será permitida nos casos em que são autorizadas a acumulação dos cargos, ou, ainda, quando acumular com cargo em comissão e cargo eletivo. Significa dizer ser possível a acumulação dos proventos da aposentadoria de um cargo, emprego ou função pública com a remuneração de cargo, emprego ou função pública.

A Constituição também vedou a percepção de mais de uma aposentadoria, ressalvados os casos de acumulação de cargos permitida, ou seja, o indivíduo pode acumular as aposentadorias dos cargos que podem ser acumulados:

> **Art. 40**, § 6º - Ressalvadas as aposentadorias decorrentes dos cargos acumuláveis na forma desta Constituição, é vedada a percepção de mais de uma aposentadoria à conta do regime de previdência previsto neste artigo.

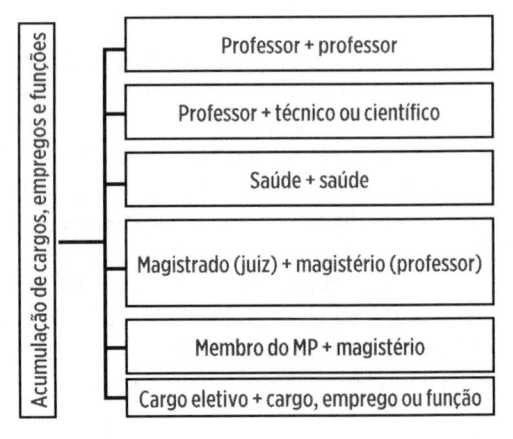

Acumulação de cargos, empregos e funções
- Professor + professor
- Professor + técnico ou científico
- Saúde + saúde
- Magistrado (juiz) + magistério (professor)
- Membro do MP + magistério
- Cargo eletivo + cargo, emprego ou função

Estabilidade

Um dos maiores desejos de quem faz concurso público é alcançar a Estabilidade. Essa é a garantia que se dá aos titulares de cargo público, ou seja, ao servidor público. Essa garantia faz que o servidor tenha certa tranquilidade para usufruir do seu cargo com maior tranquilidade; o servidor passa exercer suas atividades sem a preocupação de perder seu cargo por qualquer simples motivo. Vejamos o que diz a Constituição Federal:

> *Art. 41. São estáveis após três anos de efetivo exercício os servidores nomeados para cargo de provimento efetivo em virtude de concurso público.*
>
> *§ 1º - O servidor público estável só perderá o cargo:*
>
> *I. Em virtude de sentença judicial transitada em julgado;*
>
> *II. Mediante processo administrativo em que lhe seja assegurada ampla defesa;*
>
> *III. Mediante procedimento de avaliação periódica de desempenho, na forma de lei complementar, assegurada ampla defesa.*
>
> *§ 2º - Invalidada por sentença judicial a demissão do servidor estável, será ele reintegrado, e o eventual ocupante da vaga, se estável, reconduzido ao cargo de origem, sem direito a indenização, aproveitado em outro cargo ou posto em disponibilidade com remuneração proporcional ao tempo de serviço.*
>
> *§ 3º - Extinto o cargo ou declarada a sua desnecessidade, o servidor estável ficará em disponibilidade, com remuneração proporcional ao tempo de serviço, até seu adequado aproveitamento em outro cargo.*
>
> *§ 4º - Como condição para a aquisição da estabilidade, é obrigatória a avaliação especial de desempenho por comissão instituída para essa finalidade.*

O primeiro ponto relevante é que a estabilidade se adquire após três anos de efetivo exercício. Só adquire estabilidade quem ocupa um cargo público de provimento efetivo, após a aprovação em concurso público. Essa garantia não se estende aos titulares de emprego público nem aos que ocupam cargos em comissão de livre nomeação e exoneração.

Não confunda a estabilidade com estágio probatório. Esse é o período de avaliação inicial dentro do novo cargo a que o servidor concursado se sujeita antes de adquirir sua estabilidade. A Constituição não fala nada de estágio probatório, mas, para os servidores públicos federais, aplica-se o prazo previsto na Lei 8.112/90. Aqui temos um problema. O referido estatuto dos servidores públicos federais prevê o prazo de 24 meses para o estágio probatório.

Contudo, tem prevalecido, na doutrina e na jurisprudência, o entendimento de que não tem como se dissociar o prazo do estágio probatório da aquisição da estabilidade, de forma que até o próprio STF e o STJ reconhecem que o prazo do estágio probatório foi revogado tacitamente pela EC 19/98 que alterou o prazo de aquisição da estabilidade para 3 anos. Reforça esse entendimento o fato de que a Advocacia-Geral da União já emitiu parecer vinculante determinando a aplicação do prazo de **3 anos para o estágio probatório** em todo o Poder Executivo Federal, o que de fato acontece. Dessa forma, para prova o prazo do estágio probatório é de 3 anos.

Segundo o texto constitucional, é condição para a aquisição da estabilidade a avaliação especial de desempenhos aplicada por comissão instituída para essa finalidade.

O servidor estável só perderá o cargo nas hipóteses previstas na Constituição, as quais são:

> **Sentença judicial transitada em julgado;**
>
> **Procedimento Administrativo Disciplinar;**
>
> **Insuficiência de desempenho comprovada na Avaliação Periódica;**
>
> **Excesso de despesas com pessoal nos termos do Art. 169, § 3º.**

Servidores em exercício de mandato eletivo

Para os servidores públicos que estão no exercício de mandato eletivo, aplicam-se as seguintes regras:

> *Art. 38. Ao servidor público da administração direta, autárquica e fundacional, no exercício de mandato eletivo, aplicam-se as seguintes disposições:*
>
> *I. Tratando-se de mandato eletivo federal, estadual ou distrital, ficará afastado de seu cargo, emprego ou função;*
>
> *II. Investido no mandato de Prefeito, será afastado do cargo, emprego ou função, sendo-lhe facultado optar pela sua remuneração;*
>
> *III. Investido no mandato de Vereador, havendo compatibilidade de horários, perceberá as vantagens de seu cargo, emprego ou função, sem prejuízo da remuneração do cargo eletivo, e, não havendo compatibilidade, será aplicada a norma do inciso anterior;*
>
> *IV. Em qualquer caso que exija o afastamento para o exercício de mandato eletivo, seu tempo de serviço será contado para todos os efeitos legais, exceto para promoção por merecimento;*
>
> *V. Para efeito de benefício previdenciário, no caso de afastamento, os valores serão determinados como se no exercício estivesse.*

Em suma:

Mandato Eletivo Federal, Estadual ou Distrital: afasta-se do cargo, emprego ou função;

Mandato Eletivo Municipal:

Prefeito: Afasta-se do cargo, mas pode optar pela remuneração;

Vereador: Havendo compatibilidade de horário, pode exercer os dois cargos e cumular as duas remunerações respeitando os limites legais. Não havendo compatibilidade de horário, deverá afastar-se do cargo podendo optar pela remuneração de um dos dois.

Havendo o afastamento, a Constituição determinou ainda que esse período seja contabilizado como tempo de serviço gerando todos seus efeitos legais, com exceção da promoção de merecimento, além de ser contabilizado para efeito de benefício previdenciário.

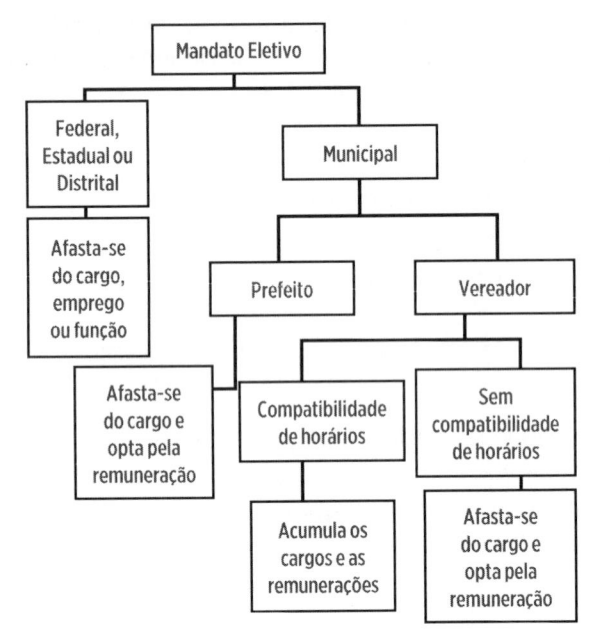

ADMINISTRAÇÃO PÚBLICA

```
Mandato Eletivo
├── Federal, Estadual ou Distrital
│    └── Afasta-se do cargo, emprego ou função
└── Municipal
     ├── Prefeito
     │    └── Afasta-se do cargo e opta pela remuneração
     └── Vereador
          ├── Compatibilidade de horários
          │    └── Acumula os cargos e as remunerações
          └── Sem compatibilidade de horários
               └── Afasta-se do cargo e opta pela remuneração
```

Regras de Remuneração dos Servidores Públicos

A Constituição Federal previu várias regras referentes a remuneração dos servidores públicos, que consta no Art. 37, da CF, as quais são bem interessantes para serem cobradas em sua prova:

> *X. A remuneração dos servidores públicos e o subsídio de que trata o § 4º do Art. 39 somente poderão ser fixados ou alterados por lei específica, observada a iniciativa privativa em cada caso, assegurada revisão geral anual, sempre na mesma data e sem distinção de índices;*

O primeiro ponto importante sobre a remuneração dos servidores é que ela só pode ser fixada por meio de lei específica, se a Constituição não estabelece qualquer outro critério, essa lei é ordinária. Além disso, a iniciativa da lei também é específica, ou seja, cada poder tem competência para propor a lei que altere o quadro remuneratório dos seus servidores. Por exemplo, no âmbito do Poder Executivo Federal o Presidente da República é quem tem a iniciativa para propor o projeto de lei.

Ainda há que se fazer a revisão geral anual, sem distinção de índices e sempre na mesma data, que serve para suprir as perdas inflacionárias que ocorrem com a remuneração dos servidores. No que tange à revisão geral anual, o STF entende que a competência para a iniciativa é privativa do Presidente da República, com base no Art. 61, § 1º, II, "a" da CF:

> *§ 1º - São de iniciativa privativa do Presidente da República as leis que:*
> *II. Disponham sobre:*
> *a) criação de cargos, funções ou empregos públicos na administração direta e autárquica ou aumento de sua remuneração.*

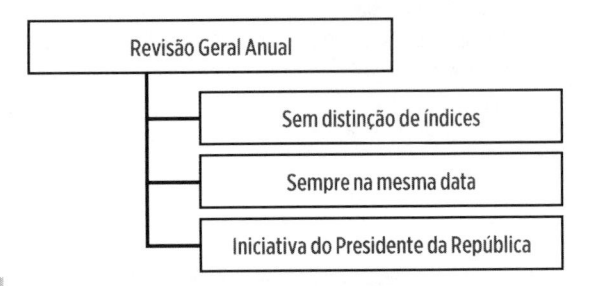

```
Revisão Geral Anual
├── Sem distinção de índices
├── Sempre na mesma data
└── Iniciativa do Presidente da República
```

Outro ponto importante é o teto constitucional, que é o limite imposto para fixação das tabelas remuneratórias dos servidores; conforme o inciso XI do Art. 37, CF:

> *XI. A remuneração e o subsídio dos ocupantes de cargos, funções e empregos públicos da administração direta, autárquica e fundacional, dos membros de qualquer dos Poderes da União, dos Estados, do Distrito Federal e dos Municípios, dos detentores de mandato eletivo e dos demais agentes políticos e os proventos, pensões ou outra espécie remuneratória, percebidos cumulativamente ou não, incluídas as vantagens pessoais ou de qualquer outra natureza, não poderão exceder o subsídio mensal, em espécie, dos Ministros do Supremo Tribunal Federal, aplicando-se como limite, nos Municípios, o subsídio do Prefeito, e nos Estados e no Distrito Federal, o subsídio mensal do Governador no âmbito do Poder Executivo, o subsídio dos Deputados Estaduais e Distritais no âmbito do Poder Legislativo e o subsídio dos Desembargadores do Tribunal de Justiça, limitado a noventa inteiros e vinte e cinco centésimos por cento do subsídio mensal, em espécie, dos Ministros do Supremo Tribunal Federal, no âmbito do Poder Judiciário, aplicável este limite aos membros do Ministério Público, aos Procuradores e aos Defensores Públicos.*

Vamos entender essa regra, analisando os diversos tipos de limites previstos no texto constitucional.

O primeiro limite é o Teto Geral, que, segundo a Constituição, corresponde ao subsídio do Ministro do Supremo Tribunal Federal. Isso significa que nenhum servidor público no Brasil pode receber remuneração maior que o subsídio do Ministro do Supremo Tribunal Federal. Esse limite se aplica a todos os poderes em todos os entes federativos. Ressalte-se que a iniciativa de proposta legislativa para fixação da remuneração dos Ministros pertence aos próprios membros do STF.

Em seguida, nós temos os subtetos, que são limites aplicáveis a cada poder e em cada ente federativo. Vejamos de forma sistematizada as regras previstas na Constituição Federal:

Estados e df

Poder Executivo: subsídio do Governador.

Poder Legislativo: subsídio do Deputado Estadual ou Distrital.

Poder Judiciário: subsídio do Desembargador do Tribunal de Justiça. Aplica-se este limite aos membros do Ministério Público e da Defensoria Pública dos Estados e Distrito Federal.

Municípios

Poder Executivo: subsídio do Prefeito.

A Constituição permite que os Estados e o Distrito Federal poderão, por iniciativa do governador, adotar limite único nos termos do Art. 37, § 12, mediante emenda a Constituição Estadual ou a Lei Orgânica do DF, o qual não poderá ultrapassar 90,25% do subsídio do ministro do STF. Ressalte-se que se porventura for criado este limite único ele não será aplicado a alguns membros do Poder Legislativo, como aos Deputados Distritais e Vereadores.

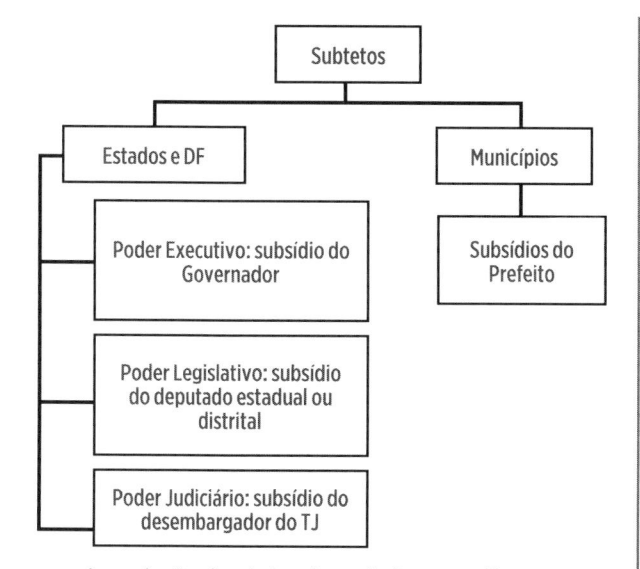

```
                    Subtetos
                   /        \
           Estados e DF    Municípios
           /                    \
   Poder Executivo: subsídio     Subsídios do
        do Governador              Prefeito

   Poder Legislativo: subsídio
   do deputado estadual ou
           distrital

   Poder Judiciário: subsídio do
     desembargador do TJ
```

A seguir, são abordados alguns limites específicos que também estão previstos no texto constitucional, mas em outros artigos, pois são determinados a algumas autoridades:

Governador e Prefeito: subsídio do ministro do STF;

Deputado Estadual e Distrital[1]: 75% do subsídio do Deputado Federal;

Vereador: 75% do subsídio do Deputado Estadual para os municípios com mais de 500.000 habitantes. Nos municípios com menos habitantes, aplica-se a regra proporcional a população conforme o Art. 29, VI da Constituição Federal[2].

Magistrados dos Tribunais Superiores: 95% do subsídio dos ministros do STF. Dos demais magistrados, o subteto é 95% do subsídio dos ministros dos Tribunais Superiores.

> ***Art. 93**, V. O subsídio dos Ministros dos Tribunais Superiores corresponderá a noventa e cinco por cento do subsídio mensal fixado para os Ministros do Supremo Tribunal Federal e os subsídios dos demais magistrados serão fixados em lei e escalonados, em nível federal e estadual, conforme as respectivas categorias da estrutura judiciária nacional, não podendo a diferença entre uma e outra ser superior a dez por cento ou inferior a cinco por cento, nem exceder a noventa e cinco por cento do subsídio mensal dos Ministros dos Tribunais Superiores, obedecido, em qualquer caso, o disposto nos Arts. 37, XI, e 39, § 4º.*

---

[1] Arts. 27, §2º e 32, §3º da Constituição Federal
[2] Art. 29, VI. O subsídio dos Vereadores será fixado pelas respectivas Câmaras Municipais em cada legislatura para a subsequente, observado o que dispõe esta Constituição, observados os critérios estabelecidos na respectiva Lei Orgânica e os seguintes limites máximos: a) em Municípios de até dez mil habitantes, o subsídio máximo dos Vereadores corresponderá a vinte por cento do subsídio dos Deputados Estaduais; b) em Municípios de dez mil e um a cinquenta mil habitantes, o subsídio máximo dos Vereadores corresponderá a trinta por cento do subsídio dos Deputados Estaduais; c) em Municípios de cinquenta mil e um a cem mil habitantes, o subsídio máximo dos Vereadores corresponderá a quarenta por cento do subsídio dos Deputados Estaduais; d) em Municípios de cem mil e um a trezentos mil habitantes, o subsídio máximo dos Vereadores corresponderá a cinquenta por cento do subsídio dos Deputados Estaduais; e) em Municípios de trezentos mil e um a quinhentos mil habitantes, o subsídio máximo dos Vereadores corresponderá a sessenta por cento do subsídio dos Deputados Estaduais; f) em Municípios de mais de quinhentos mil habitantes, o subsídio máximo dos Vereadores corresponderá a setenta e cinco por cento do subsídio dos Deputados Estaduais;

```
Tetos Específicos:
  Governador e Prefeito    → Subsídio do ministro do STF
  Deputado Estadual e      → 75% do subsídio do
    Distrital                 Deputado Federal
  Vereador                 → 75% do subsídio do
                              Deputado Estadual
                              (municípios + de 500
                              mil hab.)
  Magistrados dos          → 95% do subsídio dos
    Tribunais Superiores      ministros do STF
```

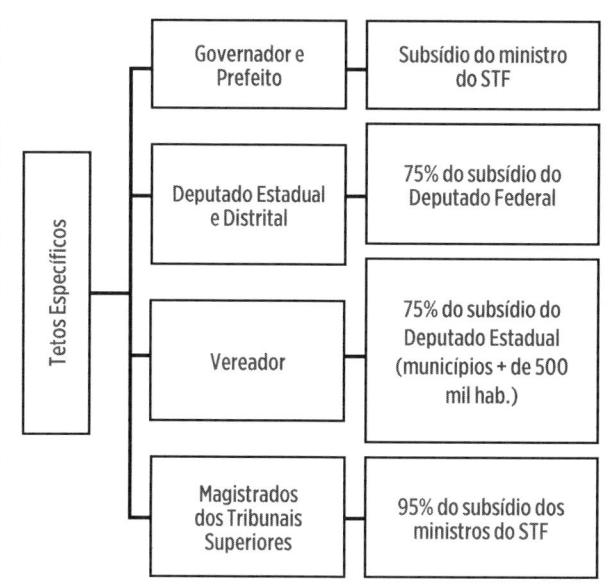

Lembre-se de que esses limites aplicam-se quando for possível a acumulação de cargos prevista no texto constitucional, ressalvados os seguintes casos:

Magistratura + Magistério: a Resolução nº 14/2006 do Conselho Nacional de Justiça prevê que não se sujeita ao teto a remuneração oriunda no magistério exercido pelos juízes;

Exercício cumulativo de funções no Supremo Tribunal Federal e Tribunal Superior Eleitoral.

Casos em que se pode ultrapassar o teto constitucional

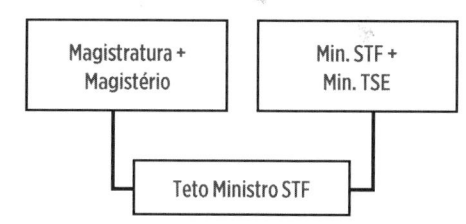

```
   Magistratura +        Min. STF +
     Magistério          Min. TSE
         \                  /
          Teto Ministro STF
```

Os limites aplicam-se as empresas públicas e sociedades de economia mista desde que recebam recursos da União dos Estados e do Distrito Federal para pagamento do pessoal e custeio em geral:

> ***§ 9º*** *- O disposto no inciso XI aplica-se às empresas públicas e às sociedades de economia mista, e suas subsidiárias, que receberem recursos da União, dos Estados, do Distrito Federal ou dos Municípios para pagamento de despesas de pessoal ou de custeio em geral.*

A Constituição Federal também trouxe previsão expressa vedando qualquer equiparação ou vinculação de remuneração de servidor público:

> ***XIII.*** *É vedada a vinculação ou equiparação de quaisquer espécies remuneratórias para o efeito de remuneração de pessoal do serviço público.*

Antes da EC 19/1998, muitos servidores incorporavam vantagens pecuniárias calculadas sobre outras vantagens, gerando aumento desproporcional da remuneração. Isso acabou com a alteração do texto constitucional:

XIV. Os acréscimos pecuniários percebidos por servidor público não serão computados nem acumulados para fins de concessão de acréscimos ulteriores.

Destaque-se, ainda, a regra constitucional que prevê a irredutibilidade da remuneração dos servidores públicos:

XV. O subsídio e os vencimentos dos ocupantes de cargos e empregos públicos são irredutíveis, ressalvado o disposto nos incisos XI e XIV deste artigo e nos Arts. 39, § 4º, 150, II, 153, III, e 153, § 2º, I.

A irredutibilidade aqui é meramente nominal, não existindo direito à preservação do valor real em proteção a perda do poder aquisitivo. A irredutibilidade também não impede a alteração da composição remuneratória; significa dizer que podem ser retiradas as gratificações, mantendo-se o valor nominal da remuneração, nem mesmo a supressão de parcelas ou gratificações; é preciso considerar que o STF entende não haver direito adquirido a regime jurídico.

Regras de aposentadoria

Esse tema costuma ser trabalhado em Direito Previdenciário devido às inúmeras regras de transição que foram editadas, além das previstas no texto constitucional. Para as provas de Direito Constitucional, é importante a leitura atenta dos dispositivos abaixo:

Art. 40. O regime próprio de previdência social dos servidores titulares de cargos efetivos terá caráter contributivo e solidário, mediante contribuição do respectivo ente federativo, de servidores ativos, de aposentados e de pensionistas, observados critérios que preservem o equilíbrio financeiro e atuarial.

§ 1º O servidor abrangido por regime próprio de previdência social será aposentado:

I. por incapacidade permanente para o trabalho, no cargo em que estiver investido, quando insuscetível de readaptação, hipótese em que será obrigatória a realização de avaliações periódicas para verificação da continuidade das condições que ensejaram a concessão da aposentadoria, na forma de lei do respectivo ente federativo;

II. compulsoriamente, com proventos proporcionais ao tempo de contribuição, aos 70 (setenta) anos de idade, ou aos 75 (setenta e cinco) anos de idade, na forma de lei complementar;

III. no âmbito da União, aos 62 (sessenta e dois) anos de idade, se mulher, e aos 65 (sessenta e cinco) anos de idade, se homem, e, no âmbito dos Estados, do Distrito Federal e dos Municípios, na idade mínima estabelecida mediante emenda às respectivas Constituições e Leis Orgânicas, observados o tempo de contribuição e os demais requisitos estabelecidos em lei complementar do respectivo ente federativo.

§ 2º Os proventos de aposentadoria não poderão ser inferiores ao valor mínimo a que se refere o § 2º do art. 201 ou superiores ao limite máximo estabelecido para o Regime Geral de Previdência Social, observado o disposto nos §§ 14 a 16.

§ 3º As regras para cálculo de proventos de aposentadoria serão disciplinadas em lei do respectivo ente federativo.

§ 4º É vedada a adoção de requisitos ou critérios diferenciados para concessão de benefícios em regime próprio de previdência social, ressalvado o disposto nos §§ 4º-A, 4º-B, 4º-C e 5º. (Redação dada pela Emenda Constitucional nº 103, de 2019)

§ 4º-A. Poderão ser estabelecidos por lei complementar do respectivo ente federativo idade e tempo de contribuição diferenciados para aposentadoria de servidores com deficiência, previamente submetidos a avaliação biopsicossocial realizada por equipe multiprofissional e interdisciplinar.

§ 4º-B. Poderão ser estabelecidos por lei complementar do respectivo ente federativo idade e tempo de contribuição diferenciados para aposentadoria de ocupantes do cargo de agente penitenciário, de agente socioeducativo ou de policial dos órgãos de que tratam o inciso IV do caput do art. 51, o inciso XIII do caput do art. 52 e os incisos I a IV do caput do art. 144.

§ 4º-C. Poderão ser estabelecidos por lei complementar do respectivo ente federativo idade e tempo de contribuição diferenciados para aposentadoria de servidores cujas atividades sejam exercidas com efetiva exposição a agentes químicos, físicos e biológicos prejudiciais à saúde, ou associação desses agentes, vedada a caracterização por categoria profissional ou ocupação.

§ 5º Os ocupantes do cargo de professor terão idade mínima reduzida em 5 (cinco) anos em relação às idades decorrentes da aplicação do disposto no inciso III do § 1º, desde que comprovem tempo de efetivo exercício das funções de magistério na educação infantil e no ensino fundamental e médio fixado em lei complementar do respectivo ente federativo.

§ 6º Ressalvadas as aposentadorias decorrentes dos cargos acumuláveis na forma desta Constituição, é vedada a percepção de mais de uma aposentadoria à conta de regime próprio de previdência social, aplicando-se outras vedações, regras e condições para a acumulação de benefícios previdenciários estabelecidas no Regime Geral de Previdência Social.

§ 7º Observado o disposto no § 2º do art. 201, quando se tratar da única fonte de renda formal auferida pelo dependente, o benefício de pensão por morte será concedido nos termos de lei do respectivo ente federativo, a qual tratará de forma diferenciada a hipótese de morte dos servidores de que trata o § 4º-B decorrente de agressão sofrida no exercício ou em razão da função.

§ 8º É assegurado o reajustamento dos benefícios para preservar-lhes, em caráter permanente, o valor real, conforme critérios estabelecidos em lei.

§ 9º O tempo de contribuição federal, estadual, distrital ou municipal será contado para fins de aposentadoria, observado o disposto nos §§ 9º e 9º-A do art. 201, e o tempo de serviço correspondente será contado para fins de disponibilidade.

§ 10. A lei não poderá estabelecer qualquer forma de contagem de tempo de contribuição fictício.

§ 11. Aplica-se o limite fixado no art. 37, XI, à soma total dos proventos de inatividade, inclusive quando decorrentes da acumulação de cargos ou empregos públicos, bem como de outras atividades sujeitas a contribuição para o regime geral de previdência social, e ao montante resultante da adição de proventos de inatividade com remuneração de cargo acumulável na forma desta Constituição, cargo em comissão declarado em lei de livre nomeação e exoneração, e de cargo eletivo.

§ 12. Além do disposto neste artigo, serão observados, em regime próprio de previdência social, no que couber, os requisitos e critérios fixados para o Regime Geral de Previdência Social.

§ 13. Aplica-se ao agente público ocupante, exclusivamente, de cargo em comissão declarado em lei de livre nomeação e exoneração, de outro cargo temporário, inclusive mandato eletivo, ou de emprego público, o Regime Geral de Previdência Social.

§ 14. A União, os Estados, o Distrito Federal e os Municípios instituirão, por lei de iniciativa do respectivo Poder Executivo, regime de previdência complementar para servidores públicos ocupantes de cargo efetivo, observado o limite máximo dos benefícios do Regime Geral de Previdência Social para o valor das aposentadorias e das pensões em regime próprio de previdência social, ressalvado o disposto no § 16.

§ 15. O regime de previdência complementar de que trata o § 14 oferecerá plano de benefícios somente na modalidade contribuição definida, observará o disposto no art. 202 e será efetivado por intermédio de entidade fechada de previdência complementar ou de entidade aberta de previdência complementar.

§ 16. Somente mediante sua prévia e expressa opção, o disposto nos § § 14 e 15 poderá ser aplicado ao servidor que tiver ingressado no serviço público até a data da publicação do ato de instituição do correspondente regime de previdência complementar.

§ 17. Todos os valores de remuneração considerados para o cálculo do benefício previsto no § 3º serão devidamente atualizados, na forma da lei.

§ 18. Incidirá contribuição sobre os proventos de aposentadorias e pensões concedidas pelo regime de que trata este artigo que superem o limite máximo estabelecido para os benefícios do regime geral de previdência social de que trata o art. 201, com percentual igual ao estabelecido para os servidores titulares de cargos efetivos.

§ 19. Observados critérios a serem estabelecidos em lei do respectivo ente federativo, o servidor titular de cargo efetivo que tenha completado as exigências para a aposentadoria voluntária e que opte por permanecer em atividade poderá fazer jus a um abono de permanência equivalente, no máximo, ao valor da sua contribuição previdenciária, até completar a idade para aposentadoria compulsória.

§ 20. É vedada a existência de mais de um regime próprio de previdência social e de mais de um órgão ou entidade gestora desse regime em cada ente federativo, abrangidos todos os poderes, órgãos e entidades autárquicas e fundacionais, que serão responsáveis pelo seu financiamento, observados os critérios, os parâmetros e a natureza jurídica definidos na lei complementar de que trata o § 22.

§ 21. A contribuição prevista no § 18 deste artigo incidirá apenas sobre as parcelas de proventos de aposentadoria e de pensão que superem o dobro do limite máximo estabelecido para os benefícios do regime geral de previdência social de que trata o art. 201 desta Constituição, quando o beneficiário, na forma da lei, for portador de doença incapacitante.

§ 22. Vedada a instituição de novos regimes próprios de previdência social, lei complementar federal estabelecerá, para os que já existam, normas gerais de organização, de funcionamento e de responsabilidade em sua gestão, dispondo, entre outros aspectos, sobre:

I. requisitos para sua extinção e consequente migração para o Regime Geral de Previdência Social;

II. modelo de arrecadação, de aplicação e de utilização dos recursos;

III. fiscalização pela União e controle externo e social;

IV. definição de equilíbrio financeiro e atuarial;

V. condições para instituição do fundo com finalidade previdenciária de que trata o art. 249 e para vinculação a ele dos recursos provenientes de contribuições e dos bens, direitos e ativos de qualquer natureza;

VI. mecanismos de equacionamento do déficit atuarial;

VII. estruturação do órgão ou entidade gestora do regime, observados os princípios relacionados com governança, controle interno e transparência;

VIII. condições e hipóteses para responsabilização daqueles que desempenhem atribuições relacionadas, direta ou indiretamente, com a gestão do regime;

IX. condições para adesão a consórcio público;

X. parâmetros para apuração da base de cálculo e definição de alíquota de contribuições ordinárias e extraordinárias.

Dos militares dos estados, do distrito federal e dos territórios

A Constituição Federal distingue duas espécies de servidores, os civis e os militares, sendo que a estes reserva um regime jurídico diferenciado, previsto especialmente no Art. 42 (Polícias Militares e Corpos de Bombeiros Militares) e no Art. 142, § 3º (Forças Armadas – Exército, Marinha e Aeronáutica).

As Polícias Militares, os Corpos de Bombeiros Militares e as Forças Armadas são instituições organizadas com base na **hierarquia** e na **disciplina**.

Tomando de empréstimo o conceito constante do Art. 14, § 1º e 2º, da Lei nº 6.880, de 1980 (Estatuto dos Militares das Forças Armadas), temos que a **hierarquia** militar é a ordenação da autoridade, em níveis diferentes, dentro da estrutura militar e a **disciplina** é a rigorosa observância e o acatamento integral das leis, regulamentos, normas e disposições que fundamentam o organismo militar e coordenam seu funcionamento regular e harmônico, traduzindo-se pelo perfeito cumprimento do dever por parte de todos e de cada um dos componentes desses organismos.

É claro que a hierarquia e a disciplina estão presentes em todo o serviço público. No entanto, no seio militar, elas são muito mais rígidas, objetivando garantir pronta e irrestrita obediência de seus membros, o que é imprescindível para o exercício das suas atividades.

As Polícias Militares e os Corpos de Bombeiros Militares são **órgãos de Segurança Pública** (Art. 144, da CF), organizados e mantidos pelos Estados.

Às Polícias Militares cabem as atribuições de polícia administrativa, ostensiva e a preservação da ordem pública. Aos Corpos de Bombeiros Militares cabe, além das atribuições definidas em lei (atividades de combate a incêndio, busca e resgate de pessoas etc.), a execução de atividades de defesa civil (Art. 144, § 5º, da CF).

Segundo o § 6º, do Art. 144, da CF, as Polícias Militares e os Corpos de Bombeiros Militares são forças auxiliares e reserva do Exército e subordinam-se aos Governadores dos Estados, do Distrito Federal e dos Territórios.

Apesar de estarem subordinadas ao Governador do Distrito Federal, a organização e a manutenção da Polícia Militar e do Corpo de Bombeiros Militares do Distrito Federal são de competência da União (Art. 21, inciso XIV, da CF).

NOÇÕES DE DIREITO CONSTITUCIONAL

ADMINISTRAÇÃO PÚBLICA

No Art. 42, a Constituição Federal estende aos policiais militares e aos bombeiros militares praticamente as mesmas **disposições** aplicáveis aos integrantes das Forças Armadas, militares da União, previstas no Art. 142, § 2º e 3º, da CF. Assim, entre outros:

> - **O militar que seja alistável é elegível.** No entanto, se contar menos de dez anos de serviço, deverá afastar-se da atividade; se contar mais de dez anos de serviço será agregado pela autoridade superior e, se eleito, passará automaticamente, no ato da diplomação, para a inatividade;
> - **Não cabe Habeas** Corpus em relação a punições disciplinares militares;
> - **Ao militar são proibidas** a sindicalização e a greve;
> - O militar, **enquanto em serviço ativo**, não pode estar filiado a partidos políticos.

7. ORGANIZAÇÃO DOS PODERES – PODER EXECUTIVO

O Poder Executivo, tem como função principal administrar o Estado. Para entender como o Poder Executivo Brasileiro está organizado, a seguir serão analisados alguns princípios constitucionais que o influenciam.

7.1 Princípios

Princípio republicano

O primeiro princípio que será estudo é o Republicano que representa a Forma de Governo adotada no Brasil. A forma de governo reflete o modo de aquisição e exercício do poder político, além de medir a relação existente entre o governante e o governado.

A melhor forma de entender esse instituto é conhecendo suas características. A primeira característica decorre da análise etimológica da expressão res publica. Essa expressão, que dá origem ao princípio ora estudado, significa coisa pública, ou seja, em um Estado republicano o governante governa a coisa pública, governa para o povo.

Na república, o governante é escolhido pelo povo. Essa é a chamada eletividade. O poder político é adquirido pelas eleições, cuja vontade popular se concretiza nas urnas.

Outra característica importante é a Temporariedade. Esse atributo revela o caráter temporário do exercício do poder político. Por causa desse princípio, em nosso Estado, o governante permanece por quatro anos no poder, sendo permitida apenas uma reeleição.

Por fim, num Estado Republicano o governante pode ser responsabilizado por seus atos.

Quando se fala dessas características da forma de governo republicana, remete-se imediatamente ao regime político adotado no Brasil, que permite a participação popular nas decisões estatais: **democracia.**

Princípio democrático

Esse princípio revela o **Regime de Governo** adotado no Brasil, também chamado de **Regime Político**. Caracteriza-se por um governo do povo, pelo povo e para o povo.

Presidencialismo

O Presidencialismo é o **Sistema de Governo** adotado no Brasil. O sistema de governo rege a relação entre o Poder Executivo e o Legislativo, medindo o grau de dependência entre eles. No Presidencialismo, prevalece a separação entre os Poderes Executivo e Legislativo os quais são independentes e harmônicos entre si.

A Constituição declara que o Poder Executivo da União é exercido pelo Presidente da República, auxiliado por seus Ministros de Estado:

> **Art. 76.** *O Poder Executivo é exercido pelo Presidente da República, auxiliado pelos Ministros de Estado.*

O Presidencialismo possui uma característica muito importante para prova: o presidente, que é eleito pelo povo, exerce ao mesmo tempo três funções: Chefe de Estado, Chefe de Governo e Chefe da Administração Pública.

A função de Chefe de Estado diz respeito a todas as atribuições do Presidente nas relações externas do País. Como Chefe de Governo, o Presidente possui inúmeras atribuições internas, no que tange à governabilidade do país. Já como Chefe da Administração Pública, o Presidente exercerá as funções relacionadas com a chefia da Administração Pública Federal, ou seja, apenas da União.

Esses princípios que regem o Poder Executivo costumam ser cobrados em prova. Vejamos esta questão sobre o princípio republicano:

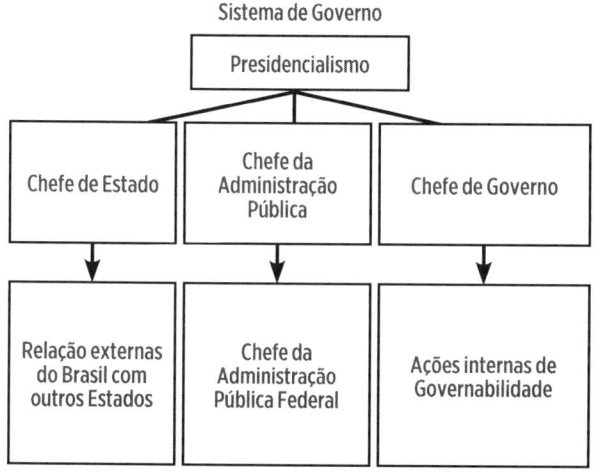

```
                    Sistema de Governo
                    Presidencialismo
        ┌──────────────────┼──────────────────┐
   Chefe de Estado    Chefe da           Chefe de Governo
                      Administração
                      Pública
        │                  │                  │
   Relação externas   Chefe da           Ações internas de
   do Brasil com      Administração      Governabilidade
   outros Estados     Pública Federal
```

Partindo de discussões sobre o presidencialismo, que caracteriza as funções exercidas pelo Presidente da República, a seguir serão estudadas suas atribuições, que aparecem praticamente em todos os editais que contêm Poder Executivo.

Atribuições do presidente

As atribuições do Presidente da República encontram-se arroladas no Art. 84 da Constituição Federal:

Art. 84. Compete privativamente ao Presidente da República:
I. Nomear e exonerar os Ministros de Estado;

II. Exercer, com o auxílio dos Ministros de Estado, a direção superior da administração federal;

III. Iniciar o processo legislativo, na forma e nos casos previstos nesta Constituição;

IV. Sancionar, promulgar e fazer publicar as leis, bem como expedir decretos e regulamentos para sua fiel execução;

V. Vetar projetos de lei, total ou parcialmente;

VI. Dispor, mediante decreto, sobre:
a) Organização e funcionamento da administração federal, quando não implicar aumento de despesa nem criação ou extinção de órgãos públicos;
b) Extinção de funções ou cargos públicos, quando vagos;

VII. Manter relações com Estados estrangeiros e acreditar seus representantes diplomáticos;

VIII. Celebrar tratados, convenções e atos internacionais, sujeitos a referendo do Congresso Nacional;

IX. Decretar o estado de defesa e o estado de sítio;

X. Decretar e executar a intervenção federal;

XI. Remeter mensagem e plano de governo ao Congresso Nacional por ocasião da abertura da sessão legislativa, expondo a situação do País e solicitando as providências que julgar necessárias;

XII. Conceder indulto e comutar penas, com audiência, se necessário, dos órgãos instituídos em lei;

XIII. Exercer o comando supremo das Forças Armadas, nomear os Comandantes da Marinha, do Exército e da Aeronáutica, promover seus oficiais-generais e nomeá-los para os cargos que lhes são privativos;

XIV. Nomear, após aprovação pelo Senado Federal, os Ministros do Supremo Tribunal Federal e dos Tribunais Superiores, os Governadores de Territórios, o Procurador-Geral da República, o presidente e os diretores do banco central e outros servidores, quando determinado em lei;

XV. Nomear, observado o disposto no Art. 73, os Ministros do Tribunal de Contas da União;

XVI. Nomear os magistrados, nos casos previstos nesta Constituição, e o Advogado-Geral da União;

XVII. Nomear membros do Conselho da República, nos termos do Art. 89, VII;

XVIII. Convocar e presidir o Conselho da República e o Conselho de Defesa Nacional;

XIX. Declarar guerra, no caso de agressão estrangeira, autorizado pelo Congresso Nacional ou referendado por ele, quando ocorrida no intervalo das sessões legislativas, e, nas mesmas condições, decretar, total ou parcialmente, a mobilização nacional;

XX. Celebrar a paz, autorizado ou com o referendo do Congresso Nacional;

XXI. Conferir condecorações e distinções honoríficas;

XXII. Permitir, nos casos previstos em lei complementar, que forças estrangeiras transitem pelo território nacional ou nele permaneçam temporariamente;

XXIII. Enviar ao Congresso Nacional o plano plurianual, o projeto de lei de diretrizes orçamentárias e as propostas de orçamento previstos nesta Constituição;

XXIV. Prestar, anualmente, ao Congresso Nacional, dentro de sessenta dias após a abertura da sessão legislativa, as contas referentes ao exercício anterior;

XXV. Prover e extinguir os cargos públicos federais, na forma da lei;

XXVI. Editar medidas provisórias com força de lei, nos termos do Art. 62;

XXVII. Exercer outras atribuições previstas nesta Constituição.

Parágrafo único: O Presidente da República poderá delegar as atribuições mencionadas nos incisos VI, XII e XXV, primeira parte, aos Ministros de Estado, ao Procurador-Geral da República ou ao Advogado-Geral da União, que observarão os limites traçados nas respectivas delegações.

Esse tema, quando cobrado em prova, costuma trabalhar com a memorização do texto constitucional. A dica é memorizar o Art. 84 da Constituição. Ele sempre está contemplado em prova.

Como já se falou na análise do Presidencialismo, as atribuições do Presidente são de Chefe de Estado, Chefe de Governo ou Chefe da Administração Pública. Procurou-se, abaixo, adequar, conforme a melhor doutrina, as atribuições do Art. 84 às funções desenvolvidas pelo Presidente no exercício de seu mandato:

Como **Chefe de Estado:**

O Presidente representa o Estado nas suas relações internacionais. São funções de Chefe de Estado as previstas nos incisos VII, VIII, XIX, XX, XXII e XXVII do Art. 84;

NOÇÕES DE DIREITO CONSTITUCIONAL

Como **Chefe de Governo:**

O Presidente exerce sua liderança política representando e gerindo os negócios internos nacionais. São funções de Chefe de Governo as previstas nos incisos I, III, IV, V, IX, X, XI, XII, XIII, XIV, XV, XVI, XVII, XVIII, XXI, XXIII, XXIV, XXVI e XXVII;

Como **Chefe da Administração Pública:**

O Presidente gerencia os negócios internos administrativos da administração pública federal. São funções de Chefe da Administração Pública as previstas nos incisos II, VI, XXV e XXVII.

Uma característica interessante é que esse rol de competências é meramente exemplificativo, por força do inciso XXVII, que abre a possibilidade de o Presidente exercer outras atribuições além das previstas expressamente no texto constitucional.

Outra questão amplamente trabalhada em prova é a possibilidade de delegação de algumas de suas atribuições, conforme prescrição do parágrafo único do Art. 84. Nem todas as atribuições do Presidente são delegáveis, apenas as previstas nos incisos **VI, XII e XXV, primeira parte:**

> *VI. Dispor, mediante decreto, sobre:*
> *a) Organização e funcionamento da administração federal, quando não implicar aumento de despesa nem criação ou extinção de órgãos públicos;*
> *b) Extinção de funções ou cargos públicos, quando vagos;*
> *XII. Conceder indulto e comutar penas, com audiência, se necessário, dos órgãos instituídos em lei;*
> *XXV. Prover os cargos públicos federais, na forma da lei.*

São três competências que podem ser delegadas para três pessoas: Ministro de Estado, Procurador-Geral da República e Advogado-Geral da União.

Ministro de Estado é qualquer ministro que auxilie o Presidente da República na administração do Estado. São exemplos: Ministro da Justiça, Ministro da Fazenda e Ministro da Agricultura.

Processo eleitoral

O processo de eleição do Presidente da República também encontra regulação expressa no texto constitucional:

> *Art. 77. A eleição do Presidente e do Vice-Presidente da República realizar-se-á, simultaneamente, no primeiro domingo de outubro, em primeiro turno, e no último domingo de outubro, em segundo turno, se houver, do ano anterior ao do término do mandato presidencial vigente.*
> *§ 1º - A eleição do Presidente da República importará a do Vice-Presidente com ele registrado.*
> *§ 2º - Será considerado eleito Presidente o candidato que, registrado por partido político, obtiver a maioria absoluta de votos, não computados os em branco e os nulos.*
> *§ 3º - Se nenhum candidato alcançar maioria absoluta na primeira votação, far-se-á nova eleição em até vinte dias após a proclamação do resultado, concorrendo os dois candidatos mais votados e considerando-se eleito aquele que obtiver a maioria dos votos válidos.*
> *§ 4º - Se, antes de realizado o segundo turno, ocorrer morte, desistência ou impedimento legal de candidato, convocar-se-á, dentre os remanescentes, o de maior votação.*
> *§ 5º - Se, na hipótese dos parágrafos anteriores, remanescer, em segundo lugar, mais de um candidato com a mesma votação, qualificar-se-á o mais idoso.*

Algumas considerações são importantes acerca desse tema. Primeiramente, deve-se registrar que a Constituição regulou até o dia em que deve ocorrer a eleição:

Primeiro Turno:

Primeiro Domingo de Outubro;

Segundo Turno:

Último Domingo de Outubro.

Uma coisa chama a atenção no *caput* do Art. 77. É que a Constituição diz que as eleições ocorrem no ano anterior ao do término do mandato presidencial vigente. Pergunta-se: será que essa regra é aplicável no direito brasileiro?

É claro que esse dispositivo é aplicado nos dias de hoje. A eleição ocorre no ano anterior ao do término do mandato presidencial vigente, pois o mandato acaba no dia 1º de janeiro, conforme dispõe o Art. 82:

> *Art. 82. O mandato do Presidente da República é de quatro anos e terá início em primeiro de janeiro do ano seguinte ao da sua eleição.*

Ora, se o novo mandato tem início em primeiro de janeiro, significa que o mandato antigo acaba no dia primeiro de janeiro. Logo, está corretíssimo afirmar que as eleições ocorrem no ano anterior ao do término do mandato presidencial vigente.

Quando votamos para Presidente, só votamos no Presidente. O Vice é eleito como consequência da eleição do Presidente. Esse será eleito se tiver a maioria absoluta dos votos, não computados os votos brancos e nulos, ou seja, será eleito aquele que possuir a maioria absoluta dos votos válidos. Maioria absoluta dos votos significa dizer que o eleito obteve o primeiro número inteiro após a metade dos votos válidos. Se ninguém obtiver maioria absoluta, deve-se convocar nova eleição – segundo turno. Para o segundo turno, são chamados os dois candidatos mais votados. Se, porventura, ocorrer empate no segundo lugar, a Constituição determina que seja convocado o mais idoso.

O critério de idade é para a situação de desempate. Ocorrendo morte, desistência ou impedimento de algum candidato do segundo turno, deverá ser convocado o próximo mais votado.

Finalizada a eleição, o Presidente e o Vice terão prazo de dez dias a contar da posse, para assumir o cargo. Caso não seja assumido, o cargo será declarado vago. Se o Presidente assume e o Vice não, o cargo do Vice é declarado vago, ficando o Presidente sem Vice até o fim do mandato. Caso o Vice assuma e o Presidente não, o cargo de Presidente será declarado vago, assumindo o Vice a função de Presidente e permanecendo durante o seu mandato sem Vice.

> *Art. 78. O Presidente e o Vice-Presidente da República tomarão posse em sessão do Congresso Nacional, prestando o compromisso de manter, defender e cumprir a Constituição, observar as leis, promover o bem geral do povo brasileiro, sustentar a união, a integridade e a independência do Brasil.*
> ***Parágrafo único.*** *Se, decorridos dez dias da data fixada para a posse, o Presidente ou o Vice-Presidente, salvo motivo de força maior, não tiver assumido o cargo, este será declarado vago.*

Impedimento e vacância

O Impedimento e a Vacância são espécies de ausência do Presidente da República. São circunstâncias em que o Presidente não está no exercício de sua função. A diferença entre os dois institutos está no fato de que, na vacância a ausência é definitiva, enquanto no impedimento a ausência é temporária. São exemplos de vacância: morte, perda do cargo, renúncia. São exemplos de impedimento: doença, viagem, férias. Na vacância, ocorre sucessão; no impedimento, ocorre substituição. Tanto no caso de impedimento como no de vacância, a Constituição Federal determina que o Vice-Presidente ficará no lugar do Presidente, pois essa é a sua função precípua:

> **Art. 79.** Substituirá o Presidente, no caso de impedimento, e suceder-lhe-á, no de vaga, o Vice-Presidente.
>
> **Parágrafo único.** O Vice-Presidente da República, além de outras atribuições que lhe forem conferidas por lei complementar, auxiliará o Presidente, sempre que por ele convocado para missões especiais.

O problema maior surge quando o Presidente e o Vice se ausentam ao mesmo tempo. Nesse caso, a Constituição determina que se convoquem outros sucessores: Presidente da Câmara dos Deputados, Presidente do Senado Federal e Presidente do Supremo Tribunal Federal. Esses são os legitimados a sucederem o Presidente da República e o Vice-Presidente de forma sucessiva e temporária quando ocorrer a ausência dos dois ao mesmo tempo:

> **Art. 80.** Em caso de impedimento do Presidente e do Vice-Presidente, ou vacância dos respectivos cargos, serão sucessivamente chamados ao exercício da Presidência o Presidente da Câmara dos Deputados, o do Senado Federal e o do Supremo Tribunal Federal.

Uma coisa deve ser observada: o Vice-Presidente é o único legitimado a suceder o Presidente de forma definitiva. O Presidente da Câmara, do Senado e do STF só substituem o Presidente em caráter temporário. Isso significa que, se o Presidente morrer, quem assume o cargo é o Vice.

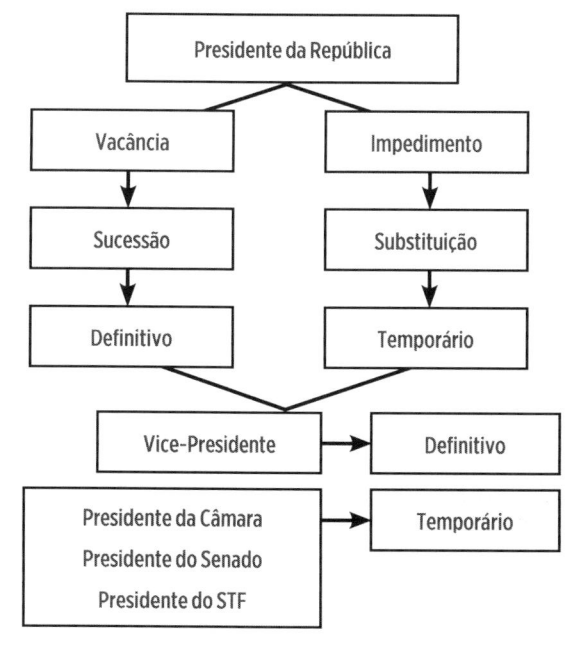

Agora, se ocorrer vacância dos cargos de Presidente e de Vice ao mesmo tempo, a Constituição determina que sejam realizadas novas eleições:

> **Art. 81.** Vagando os cargos de Presidente e Vice-Presidente da República, far-se-á eleição noventa dias depois de aberta a última vaga.

> **§ 1º** - Ocorrendo a vacância nos últimos dois anos do período presidencial, a eleição para ambos os cargos será feita trinta dias depois da última vaga, pelo Congresso Nacional, na forma da lei.
>
> **§ 2º** - Em qualquer dos casos, os eleitos deverão completar o período de seus antecessores.

Caso a vacância se dê nos dois primeiros anos de mandato, a eleição será direta, ou seja, com a participação do povo e deverá ocorrer no prazo de 90 dias a contar da última vacância. Mas, se a vacância se der nos dois últimos anos do mandato, a eleição será indireta (realizada pelo Congresso Nacional) no prazo de 30 dias a contar da última vacância. Quem for eleito permanecerá no cargo até o fim do mandato de quem ele sucedeu. Não se inicia um novo mandato. Esse mandato é chamado pela doutrina de Mandato-Tampão.

Em qualquer uma das duas situações, enquanto não forem eleitos os novos Presidente e Vice-Presidente, quem permanece no cargo é um dos sucessores temporários: Presidente da Câmara, do Senado ou do STF.

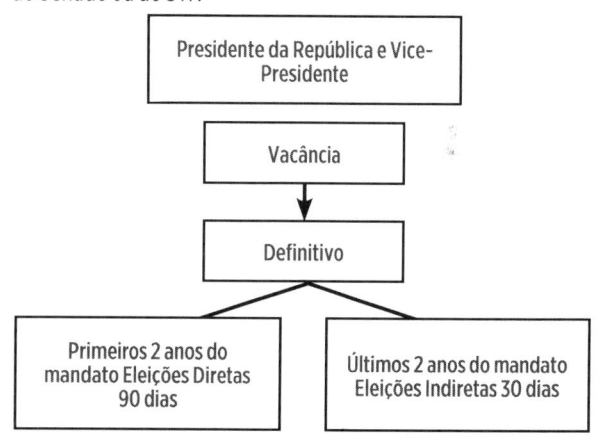

Perda do cargo no caso de saída do país sem autorização do congresso nacional

Esse artigo prevê a possibilidade de perda do cargo do Presidente e Vice-Presidente nos casos de ausência do País por período superior a 15 dias sem licença do Congresso Nacional:

> **Art. 83.** O Presidente e o Vice-Presidente da República não poderão, sem licença do Congresso Nacional, ausentar-se do País por período superior a quinze dias, sob pena de perda do cargo.

Vejamos que a Constituição não proíbe que o Presidente ou o Vice se ausentem do país sem licença do Congresso Nacional. Mas se a ausência se der por mais de 15 dias, nesse caso será indispensável a autorização da Casa Legislativa.

Órgãos auxiliares do presidente da república

A Constituição nos apresenta três órgãos auxiliares do Presidente da República: Ministros de Estado, Conselho da República e Conselho de Defesa Nacional. Os Ministros de Estados são os auxiliares diretos do Presidente da República. Os Arts. 87 e 88 trazem várias regras que podem ser trabalhadas em prova:

> **Art. 87.** Os Ministros de Estado serão escolhidos dentre brasileiros maiores de vinte e um anos e no exercício dos direitos políticos.
>
> **Parágrafo único.** Compete ao Ministro de Estado, além de outras atribuições estabelecidas nesta Constituição e na lei:
>
> **I.** Exercer a orientação, coordenação e supervisão dos órgãos e entidades da administração federal na área de sua competência e referendar os atos e decretos assinados pelo Presidente da República;

NOÇÕES DE DIREITO CONSTITUCIONAL

II. Expedir instruções para a execução das leis, decretos e regulamentos;

III. Apresentar ao Presidente da República relatório anual de sua gestão no Ministério;

IV. Praticar os atos pertinentes às atribuições que lhe forem outorgadas ou delegadas pelo Presidente da República.

Art. 88. *A lei disporá sobre a criação e extinção de Ministérios e órgãos da administração pública.*

O Conselho da República e o Conselho de Defesa Nacional também são órgãos auxiliares do Presidente da República, mas que possuem atribuição consultiva. Em situações determinadas pela Constituição, o Presidente, antes de tomar alguma decisão, precisa consultar esses dois órgãos.

Abaixo, seguem os Arts. 89, 90 e 91, cujas regras também podem ser cobradas em prova. Destacam-se as composições e as competências desses órgãos:

Art. 89. *O Conselho da República é órgão superior de consulta do Presidente da República, e dele participam:*

I. O Vice-Presidente da República;

II. O Presidente da Câmara dos Deputados;

III. O Presidente do Senado Federal;

IV. Os líderes da maioria e da minoria na Câmara dos Deputados;

V. Os líderes da maioria e da minoria no Senado Federal;

VI. O Ministro da Justiça;

VII. Seis cidadãos brasileiros natos, com mais de trinta e cinco anos de idade, sendo dois nomeados pelo Presidente da República, dois eleitos pelo Senado Federal e dois eleitos pela Câmara dos Deputados, todos com mandato de três anos, vedada a recondução.

Art. 90. *Compete ao Conselho da República pronunciar-se sobre:*

I. Intervenção federal, estado de defesa e estado de sítio;

II. As questões relevantes para a estabilidade das instituições democráticas.

§ 1º - O Presidente da República poderá convocar Ministro de Estado para participar da reunião do Conselho, quando constar da pauta questão relacionada com o respectivo Ministério.

§ 2º - A lei regulará a organização e o funcionamento do Conselho da República.

Art. 91. *O Conselho de Defesa Nacional é órgão de consulta do Presidente da República nos assuntos relacionados com a soberania nacional e a defesa do Estado democrático, e dele participam como membros natos:*

I. O Vice-Presidente da República;

II. O Presidente da Câmara dos Deputados;

III. O Presidente do Senado Federal;

IV. Ministro da Justiça;

V. O Ministro de Estado da Defesa;

VI. O Ministro das Relações Exteriores;

VII. O Ministro do Planejamento;

VIII. Os Comandantes da Marinha, do Exército e da Aeronáutica.

§ 1º - Compete ao Conselho de Defesa Nacional:

I. Opinar nas hipóteses de declaração de guerra e de celebração da paz, nos termos desta Constituição;

II. Opinar sobre a decretação do estado de defesa, do estado de sítio e da intervenção federal;

III. Propor os critérios e condições de utilização de áreas indispensáveis à segurança do território nacional e opinar sobre seu efetivo uso, especialmente na faixa de fronteira e nas relacionadas com a preservação e a exploração dos recursos naturais de qualquer tipo;

IV. Estudar, propor e acompanhar o desenvolvimento de iniciativas necessárias a garantir a independência nacional e a defesa do Estado democrático.

§ 2º - A lei regulará a organização e o funcionamento do Conselho de Defesa Nacional.

Responsabilidades

A forma de governo adotada no País é a República e, por essa razão, é possível responsabilizar o Presidente da República por seus atos. A Constituição tratou de regular a responsabilização por Crime de Responsabilidade e por Infrações Penais Comuns.

Antes de trabalhar com cada uma das responsabilidades, serão analisadas as chamadas Imunidades.

Imunidades são prerrogativas inerentes aos cargos mais importantes do Estado. Cargos que são estratégicos e essenciais à manutenção da ordem constitucional. Entre vários, se destaca o de Presidente da República.

A imunidade pode ser:

Material

É a conhecida irresponsabilidade penal absoluta. Essa imunidade protege o titular contra a responsabilização penal.

Formal

São prerrogativas de cunho processual

Um primeiro ponto essencial que precisa ser estabelecido: o Presidente não possui imunidade material, contudo, em razão da importância do seu cargo, possui imunidades formais. Apesar de o Presidente não possuir imunidade material, outros cargos a possuem, por exemplo, os Parlamentares.

Ao todo, pode-se elencar **quatro prerrogativas processuais** garantidas pela Constituição Federal ao Chefe do Executivo da União:

Processo

A Constituição exige juízo de admissibilidade emitido pela Câmara para que o Presidente possa ser processado durante o seu mandato. Isso significa que o Presidente da República só poderá ser processado se a Câmara dos Deputados autorizar pelo voto de 2/3 dos membros:

> **Art. 86.** *Admitida a acusação contra o Presidente da República, por dois terços da Câmara dos Deputados, será ele submetido a julgamento perante o Supremo Tribunal Federal, nas infrações penais comuns, ou perante o Senado Federal, nos crimes de responsabilidade.*

Prerrogativa de foro

O Presidente não pode ser julgado por qualquer juiz, haja vista a importância da função que exerce no Estado.

Diante disso, a Constituição estabeleceu dois foros competentes para julgar o Presidente:

Supremo Tribunal Federal

Será julgado pelas infrações penais comuns;

Senado Federal

Será julgado pelos Crimes de Responsabilidade.

Analisando essas duas primeiras prerrogativas, não se pode esquecer o previsto no Art. 86, § 1º:

> *§ 1º - O Presidente ficará suspenso de suas funções:*
> *I. Nas infrações penais comuns, se recebida a denúncia ou queixa-crime pelo Supremo Tribunal Federal;*
> *II. Nos crimes de responsabilidade, após a instauração do processo pelo Senado Federal.*
> *§ 2º - Se, decorrido o prazo de cento e oitenta dias, o julgamento não estiver concluído, cessará o afastamento do Presidente, sem prejuízo do regular prosseguimento do processo.*

A Constituição determina que, após iniciado o processo, tanto por infração penal comum quanto por crime de responsabilidade, o Presidente fique suspenso de suas funções pelo prazo de 180 dias, tempo necessário para que se finalize o processo. Caso o Presidente não seja julgado nesse período, ele poderá retornar ao exercício de suas funções sem prejuízo de continuidade do processo. Deve-se ter muito cuidado em prova com o início do prazo de suspensão:

Infração Penal Comum

O prazo de suspensão inicia-se **a partir do recebimento da denúncia ou queixa**;

Crime de Responsabilidade

O prazo de suspensão inicia-se **a partir da instauração do processo**.

Caso a Câmara autorize o processo do Presidente por crime de responsabilidade, o Senado deverá processá-lo, pois não assiste discricionariedade ao Senado em processar ou não. Sua decisão é vinculada à decisão da Câmara, pelo fato de as duas Casas serem políticas. Contudo, nos casos de infração penal comum, o STF não está obrigado a processar o Presidente em respeito à Separação dos Poderes.

Vamos aproveitar o momento para entender o que são infração penal comum e crime de responsabilidade.

Infração Penal Comum:

É qualquer crime ou contravenção penal cometido pelo Presidente da República na função ou em razão da sua função de Presidente. Seu processamento se dará no Supremo Tribunal Federal.

Crime de Responsabilidade:

A primeira coisa que se precisa saber sobre o crime de responsabilidade é que ele não é um crime. O crime de responsabilidade é uma infração de natureza **político-administrativa.** O nome crime é impróprio para esse instituto. O processo que visa a esse tipo de responsabilização é o *Impeachment.*

O Presidente responderá por esse tipo de infração caso sua conduta se amolde ao previsto no Art. 85 da Constituição Federal:

> **Art. 85.** *São crimes de responsabilidade os atos do Presidente da República que atentem contra a Constituição Federal e, especialmente, contra:*
> *I. A existência da União;*
> *II. O livre exercício do Poder Legislativo, do Poder Judiciário, do Ministério Público e dos Poderes constitucionais das unidades da Federação;*
> *III. O exercício dos direitos políticos, individuais e sociais;*
> *IV. A segurança interna do País;*
> *V. A probidade na administração;*
> *VI. A lei orçamentária;*
> *VII. O cumprimento das leis e das decisões judiciais.*
> **Parágrafo único.** *Esses crimes serão definidos em lei especial, que estabelecerá as normas de processo e julgamento.*

Esse rol de condutas, consideradas como Crime de Responsabilidade estabelecido na Constituição, é meramente exemplificativo, já que é a Lei 1.079/50 o dispositivo regulador do Crime de Resposabilidade. Deve-se destacar sua relevância na fixação de outras autoridades que respondem por esse crime, novos crimes além dos procedimentos adotados nesse processo, principalmente na competência exclusiva do cidadão para denunciar o Presidente. Destaca-se ainda que, para haver condenação, o Senado deve proferi-la pelo voto de 2/3 dos seus membros.

Considerando que não se trata de um crime, essa infração não pode resultar numa pena privativa de liberdade. Quem pratica crime de responsabilidade não pode ser preso. A consequência estabelecida no Art. 52, parágrafo único, é a perda do cargo e a inabilitação para o exercício de qualquer função pública pelo prazo de oito anos:

> **Art. 52**, *Parágrafo único. Nos casos previstos nos incisos I e II, funcionará como Presidente o do Supremo Tribunal Federal, limitando-se a condenação, que somente será proferida por dois terços dos votos do Senado Federal, à perda do cargo, com inabilitação, por oito anos, para o exercício de função pública, sem prejuízo das demais sanções judiciais cabíveis.*

Prisão

O Presidente só pode ser preso pela prática de infração penal comum e somente se sobrevier sentença condenatória:

> **Art. 86**, *§ 3º - Enquanto não sobrevier sentença condenatória, nas infrações comuns, o Presidente da República não estará sujeito a prisão.*

Irresponsabilidade penal relativa

Também conhecida na doutrina como Imunidade Formal Temporária, essa prerrogativa afirma que o Presidente não poderá ser responsabilizado por atos alheios aos exercícios de suas funções:

> *§ 4º - O Presidente da República, na vigência de seu mandato, não pode ser responsabilizado por atos estranhos ao exercício de suas funções.*

Para melhor compreender as imunidades conferidas ao Presidente da República, analisemos as seguintes situações hipotéticas:

01. Suponhamos que o Presidente da República seja flagrado após ter cometido o assassinado de duas pessoas por motivos particulares.

    a) Poderia ele, no momento em que é flagrado, ser preso pelo crime?

Não. O Presidente só pode ser preso se tiver uma sentença condenatória.

Poderia o Presidente ser processado pelo crime de duplo homicídio durante o se mandato?

O Presidente não pode ser responsabilizado por atos alheios aos exercícios de suas funções. Ao matar duas pessoas, ele não comete o crime na condição de Presidente, ou seja, esse crime não possui relação com sua função de Presidente. Por esse motivo, ele não pode ser processado durante o seu mandato. Não significa que ficará impune pelo crime cometido, apenas será responsabilizado

NOÇÕES DE DIREITO CONSTITUCIONAL

ORGANIZAÇÃO DOS PODERES – PODER EXECUTIVO

normalmente após o mandato, nesse caso, sem nenhuma prerrogativa. Apesar de não haver previsão legal, a jurisprudência entende que o prazo prescricional, nesse caso, ficará suspenso, não prejudicando a responsabilização do Presidente.

02. Suponhamos agora que, em reunião com os Ministros, o Presidente tenha discutido com um deles. Em meio à confusão, o Presidente mata o Ministro.

   a) Poderia ele ser preso por esse crime?

   O Presidente não pode ser preso enquanto não sobrevier sentença condenatória. É a imunidade em relação às prisões.

   b) O Presidente poderá ser processado por esse crime enquanto estiver no seu mandato?

   Nesse caso sim. Perceba que o crime cometido foi em razão da função de Presidente, visto que não estaria na reunião com Ministros se não fosse o Presidente da República. Dessa forma, ele será processado por essa infração penal comum no Supremo Tribunal Federal, caso a Câmara dos Deputados autorize o processo. Havendo sentença condenatória, ele poderá ser preso. A possibilidade de responsabilização do Presidente da República por infração penal comum só ocorre se o crime cometido estiver ligado à sua função de Presidente.

   Já em relação a outras esferas do direito, como cíveis, administrativas, trabalhistas ou qualquer outra área, o presidente não possui prerrogativa. Isso significa que o Presidente responderá normalmente, sem nenhum privilégio, nas outras esferas do Direito. O tema das Responsabilidades do Presidente tem sido alvo de inúmeras questões de prova. As questões podem ser trabalhadas a partir da literalidade do texto constitucional ou mesmo invocando caso concreto para verificação das regras e prerrogativas do Presidente.

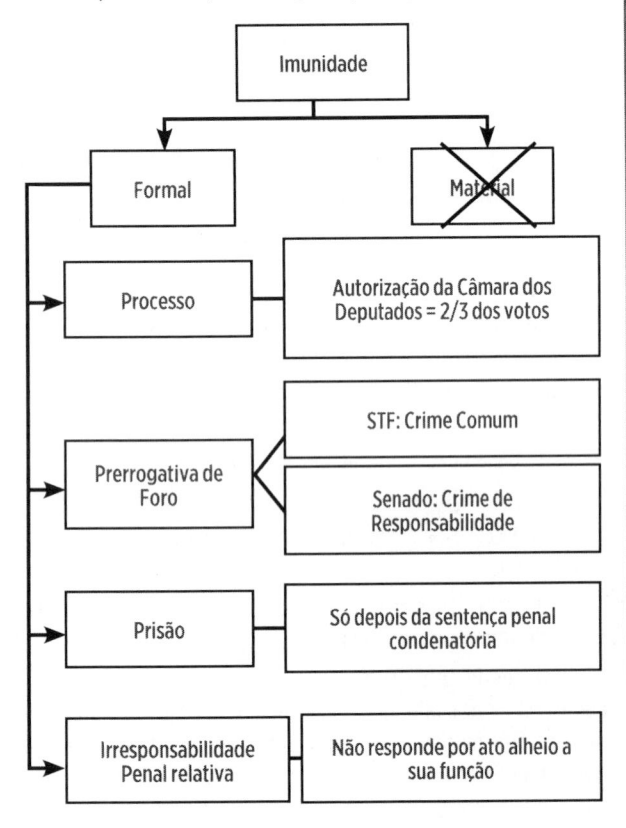

8. FUNÇÕES ESSENCIAIS À JUSTIÇA

8.1 Ministério Público

A compreensão dessa instituição inicia-se pela leitura do próprio texto constitucional, que prevê:

O Ministério Público é uma instituição permanente, de natureza política, cujas atribuições possuem natureza administrativa, sem que com isso esteja subordinada ao Poder Executivo.

Fala-se em uma instituição independente e autônoma aos demais Poderes, motivo pelo qual está posicionada constitucionalmente em capítulo à parte na organização dos poderes como uma função essencial à justiça. Como função essencial à justiça, o Ministério Público é responsável pela provocação do Poder Judiciário em defesa da sociedade, quando se tratar de direitos sociais e individuais indisponíveis.

O Ministério Público no Brasil, além de obedecer às regras constitucionais, também é regido por duas normas: Lei Complementar nº 75/93 e a Lei nº 8.625/93. Essa regula o Ministério Público Nacional e é aplicável aos Ministérios Públicos dos Estados. Aquela é específica para o Ministério Público da União. Cada Estado da Federação poderá organizar o seu órgão ministerial editando sua própria Lei Orgânica Estadual.

A seguir, será feita uma leitura da instituição sob a ótica constitucional sem aprofundar nas estruturas lançadas nas referidas leis orgânicas, o que será feito em momento oportuno.

Estrutura orgânica

Para viabilizar o exercício de suas funções, a Constituição Federal organizou o Ministério Público no Art. 128:

> **Art. 128.** O Ministério Público abrange:
> *I.* o Ministério Público da União, que compreende:
>   *a)* o Ministério Público Federal;
>   *b)* o Ministério Público do Trabalho;
>   *c)* o Ministério Público Militar;
>   *d)* o Ministério Público do Distrito Federal e Territórios;
> *II.* os Ministérios Públicos dos Estados.

Fique atento a essa classificação, pois o rol é taxativo e, em prova, os examinadores costumam mencionar a existência de um "Ministério Público Eleitoral" ao se fazer comparativo com a estrutura do Poder Judiciário. Na organização do MPU, não foi prevista a existência de Ministério Público com atribuição Eleitoral, função essa de competência do Ministério Público Federal e do Ministério Público Estadual, conforme prevê a Lei Complementar nº 75/93 (Arts. 72 a 80 da LC nº 75/93).

Como se pode perceber, o Ministério Público está dividido em Ministério Público da União e Ministério Público dos Estados, cada um com sua própria autonomia organizacional e chefia própria. O Ministério Público da União, por sua vez, abrange:

> Ministério Público Federal;
> Ministério Público do Trabalho;
> Ministério Público Militar;
> Ministério Público do Distrito Federal e Territórios.

Existe ainda o Ministério Público junto ao Tribunal de Contas, o qual possui natureza diversa do Ministério Público aqui estudado. Sua organização está atrelada ao Tribunal de Contas do qual faz parte, mas aos seus membros são estendidas as disposições aplicáveis aos Membros do Ministério Público:

> **Art. 130.** Aos membros do Ministério Público junto aos Tribunais de Contas aplicam-se as disposições desta seção pertinentes a direitos, vedações e forma de investidura.

Atribuições

Suas atribuições se apoiam na defesa da ordem jurídica, do regime democrático e dos interesses sociais e individuais indisponíveis. É um verdadeiro defensor da sociedade e fiscal dos poderes públicos. Em rol meramente exemplificativo, a Constituição previu como funções institucionais o Art. 129:

> **Art. 129.** São funções institucionais do Ministério Público:
>
> **I.** promover, privativamente, a ação penal pública, na forma da lei;
>
> **II.** zelar pelo efetivo respeito dos Poderes Públicos e dos serviços de relevância pública aos direitos assegurados nesta Constituição, promovendo as medidas necessárias a sua garantia;
>
> **III.** promover o inquérito civil e a ação civil pública, para a proteção do patrimônio público e social, do meio ambiente e de outros interesses difusos e coletivos;
>
> **IV.** promover a ação de inconstitucionalidade ou representação para fins de intervenção da União e dos Estados, nos casos previstos nesta Constituição;
>
> **V.** defender judicialmente os direitos e interesses das populações indígenas;
>
> **VI.** expedir notificações nos procedimentos administrativos de sua competência, requisitando informações e documentos para instrui-los, na forma da lei complementar respectiva;
>
> **VII.** exercer o controle externo da atividade policial, na forma da lei complementar mencionada no artigo anterior;
>
> **VIII.** requisitar diligências investigatórias e a instauração de inquérito policial, indicados os fundamentos jurídicos de suas manifestações processuais;
>
> **IX.** exercer outras funções que lhe forem conferidas, desde que compatíveis com sua finalidade, sendo-lhe vedada a representação judicial e a consultoria jurídica de entidades públicas.
>
> **§ 1º.** A legitimação do Ministério Público para as ações civis previstas neste artigo não impede a de terceiros, nas mesmas hipóteses, segundo o disposto nesta Constituição e na lei.
>
> **§ 2º.** As funções do Ministério Público só podem ser exercidas por integrantes da carreira, que deverão residir na comarca da respectiva lotação, salvo autorização do chefe da instituição (Redação dada pela Emenda Constitucional nº 45, de 2004).
>
> **§ 3º.** O ingresso na carreira do Ministério Público far-se-á mediante concurso público de provas e títulos, assegurada a participação da Ordem dos Advogados do Brasil em sua realização, exigindo-se do bacharel em direito, no mínimo, três anos de atividade jurídica e observando-se, nas nomeações, a ordem de classificação (Redação dada pela Emenda Constitucional nº 45, de 2004).
>
> **§ 4º.** Aplica-se ao Ministério Público, no que couber, o disposto no Art. 93 (Redação dada pela Emenda Constitucional nº 45, de 2004).
>
> **§ 5º.** A distribuição de processos no Ministério Público será imediata (Incluído pela Emenda Constitucional nº 45, de 2004).

No desempenho das suas funções institucionais, algumas características foram previstas pela Constituição, as quais são muito importantes para a prova.

Os § 2º e § 3º afirmam que as funções do Ministério Púbico só podem ser exercidas por integrantes da carreira, ou seja, por Membros aprovados em concurso público de provas e títulos, assegurada a participação da OAB durante a sua realização, entre os quais são exigidos os seguintes requisitos:

> ser bacharel em direito;
>
> possuir, no mínimo, três anos de atividade jurídica.

Em relação à atividade jurídica, deve-se salientar a regulamentação feita pela Resolução nº 40 do Conselho Nacional do Ministério Público, a qual prevê, entre outras atividades, o exercício da advocacia ou de cargo, função e emprego que exija a utilização preponderante de conhecimentos jurídicos, ou até mesmo a realização de cursos de pós-graduação dentro dos parâmetros estabelecidos pela referida resolução. É importante lembrar que esse requisito deverá ser comprovado no momento da investidura no cargo, ou seja, na posse[1], depois de finalizadas todas as fases do concurso.

A Constituição exige ainda que o Membro do Ministério Público resida na comarca de lotação, salvo quando houver autorização do chefe da Instituição. Em razão da semelhança e importância com a carreira da magistratura, a Constituição previu expressamente a aplicação do Art. 93 aos membros do Ministério Público, no que for compatível com a carreira. E, por fim, determina que a distribuição dos processos aos órgãos ministeriais seja feita de forma imediata.

No âmbito de suas atribuições, algumas funções merecem destaque:

Titular da ação penal pública

Segundo o inciso I do Art. 129, compete ao Ministério Público promover, privativamente, a ação penal pública, na forma da lei. A doutrina classifica esse dispositivo como espécie de norma de eficácia contida possuindo aplicabilidade direta e imediata, permitida a regulamentação por lei.

Essa competência é corroborada pela possibilidade de requisição de diligências investigatórias e da instauração de inquérito policial, para que o órgão ministerial formule sua convicção sobre o ilícito penal, o que está previsto no inciso VIII do Art. 129.

Essa exclusividade conferida pela Constituição Federal encontra limitação no próprio texto constitucional, ao permitir o cabimento de ação penal privada subsidiária da pública nos casos em que o Ministério Público fique inerte e não cumpra com sua obrigação[2].

Dessa competência decorre o poder de investigação do Ministério Público, o qual tem sido alvo de muita discussão nos tribunais. Quem não concorda com esse poder sustenta ser a atividade de investigação criminal uma atividade exclusiva da autoridade policial nos termos do Art. 144 da CF.

O posicionamento que tem prevalecido na doutrina e na jurisprudência é no sentido de que o Ministério Público tem legitimidade para promover a investigação criminal, haja vista ser ele o destinatário das informações sobre o fato delituoso produzido no inquérito policial. Ademais, por ter caráter administrativo, o

---

[1] Resolução do CNMP nº 87, de 27 de junho de 2012.
[2] Ações Diretas de Inconstitucionalidade, Ações Declaratórias de Constitucionalidade, Arguição de Descumprimento de Preceito Fundamental.

NOÇÕES DE DIREITO CONSTITUCIONAL

inquérito policial é dispensável, não dependendo o MP da sua existência para promover a persecução penal.

Para a solução desse caso, tem-se aplicado a Teoria dos Poderes Implícitos. Segundo a teoria, as competências expressamente previstas no texto constitucional carregam consigo os meios necessários para sua execução, ou seja, a existência de uma competência explícita implica existência de competências implicitamente previstas e necessárias para execução da atribuição principal. Em suma, se ao Ministério Público compete o oferecimento exclusivo da Ação Penal Pública, por consequência da aplicação dessa teoria, compete também a execução das atividades necessárias à formação da sua opinião sobre o delito. Significa dizer que o poder de investigação criminal está implicitamente previsto no poder de oferecimento da ação penal pública.

Legitimidade para promover o inquérito civil e a ação civil pública

O Ministério Público também é competente para promover o inquérito civil e a ação civil pública nos termos do inciso III do Art. 129. Essas ferramentas são utilizadas para a proteção do patrimônio público e social, do meio ambiente e de outros interesses difusos e coletivos.

Entendem-se como interesses difusos aqueles de natureza indivisível, cujos titulares não se podem determinar apesar de estarem ligados uns aos outros pelas circunstâncias fáticas. Interesses coletivos se diferenciam dos difusos na medida em que é possível determinar quem são os titulares do direito.

Segundo a Constituição Federal, a ação civil pública não é medida exclusiva a ser adotada pelo Ministério Público:

> **Art. 129**, § 1º. *A legitimação do Ministério Público para as ações civis previstas neste artigo não impede a de terceiros, nas mesmas hipóteses, segundo o disposto nesta Constituição e na lei.*

A lei de Ação Civil Pública (Lei nº 7.347/85) prevê que são legitimados para propor tal ação, além do MP:

> **A Defensoria Pública;**
>
> **A União, os Estados, o Distrito Federal e os Municípios;**
>
> **A autarquia, empresa pública, fundação ou sociedade de economia mista;**
>
> **A associação que concomitantemente esteja constituída há pelo menos 1 (um) ano nos termos da lei civil e inclua entre suas finalidades institucionais a proteção ao meio ambiente, ao consumidor, à ordem econômica, à livre concorrência ou ao patrimônio artístico, estético, histórico, turístico e paisagístico.**

Já o inquérito civil é procedimento investigatório de caráter administrativo, que poderá ser instaurado pelo Ministério Público com o fim de colher os elementos de prova necessários para a sua convicção sobre o ilícito e, posteriormente, instrução da Ação Civil Pública.

Controle de constitucionalidade

Função das mais relevantes desempenhada pelos órgãos ministeriais ocorre no Controle da Constitucionalidade das leis e atos normativos. Essa atribuição é inerente à sua função de guardião da ordem jurídica. Como protetor da ordem jurídica, compete ao Ministério Público oferecer as ações de controle abstrato de constitucionalidade[3], bem como a Representação Interventiva para fins de intervenção da União e dos Estados nas hipóteses previstas na Constituição Federal.

Controle externo da atividade policial

A Constituição Federal determina que o Ministério Público realize o controle externo da atividade policial. Fala-se em controle externo haja vista o Ministério Público não pertencer à mesma estrutura das forças policiais. É uma instituição totalmente autônoma a qualquer órgão policial, razão pela qual não se pode falar em subordinação dos organismos policiais ao Parquet. A justificativa para essa atribuição decorre do fato de ser ele o destinatário final da atividade policial.

Se, por um lado, o controle externo objetiva a fiscalização das atividades policiais para que elas não sejam desenvolvidas além dos limites legais, preservando os direitos e garantias fundamentais dos investigados, por outro, garante o seu perfeito desenvolvimento, prevenindo e corrigindo a produção probatória, visando ao adequado oferecimento da ação penal.

O controle externo da atividade policial desenvolvido pelo Ministério Público, além de regulamentado nas respectivas leis orgânicas, está normatizado na Resolução nº 20 do CNMP. Ressalte-se que o controle externo não exime a instituição policial de realizar o seu próprio controle interno por meio das corregedorias e órgãos de fiscalização.

Sujeitam-se ao citado controle externo todas as instituições previstas no Art. 144 da Constituição Federal[4], bem como as demais instituições que possuam parcela do poder de polícia desde que estejam relacionadas com a segurança pública e a persecução criminal.

Conselho nacional do ministério público

O Conselho Nacional do Ministério Público, a exemplo do Conselho Nacional de Justiça, foi criado pela Emenda Constitucional nº 45/2004 com o objetivo de efetuar a fiscalização administrativa e financeira do Ministério Público, bem como o cumprimento dos deveres funcionais de seus membros.

Composição

Segundo o texto constitucional, o CNMP é composto de 14 membros, nomeados pelo Presidente da República, depois de aprovada a escolha pela maioria absoluta do Senado Federal, para um mandato de dois anos, sendo permitida apenas uma recondução. Veja-se a composição prevista pela Constituição Federal no Art. 130-A:

> **Art. 130-A.** *O Conselho Nacional do Ministério Público compõe-se de quatorze membros nomeados pelo Presidente da República, depois de aprovada a escolha pela maioria absoluta do Senado Federal, para um mandato de dois anos, admitida uma recondução, sendo:*
>
> *I. o Procurador-Geral da República, que o preside;*
>
> *II. quatro membros do Ministério Público da União, assegurada a representação de cada uma de suas carreiras;*
>
> *III. três membros do Ministério Público dos Estados;*

---

3 Art. 5º, LIX, da CF. *Será admitida ação privada nos crimes de ação pública, se esta não for intentada no prazo legal.*

4 Art. 144. *A segurança pública, dever do Estado, direito e responsabilidade de todos, é exercida para a preservação da ordem pública e da incolumidade das pessoas e do patrimônio, através dos seguintes órgãos: I - polícia federal; II - polícia rodoviária federal; III - polícia ferroviária federal; IV - polícias civis; V - polícias militares e corpos de bombeiros militares.*

IV. dois juízes, indicados um pelo Supremo Tribunal Federal e outro pelo Superior Tribunal de Justiça;

V. dois advogados, indicados pelo Conselho Federal da Ordem dos Advogados do Brasil;

VI. dois cidadãos de notável saber jurídico e reputação ilibada, indicados um pela Câmara dos Deputados e outro pelo Senado Federal.

§ 1º. Os membros do Conselho oriundos do Ministério Público serão indicados pelos respectivos Ministérios Públicos, na forma da lei.

Atribuições

Vejamos as atribuições previstas constitucionalmente para o CNMP:

§ 2º. Compete ao Conselho Nacional do Ministério Público o controle da atuação administrativa e financeira do Ministério Público e do cumprimento dos deveres funcionais de seus membros, cabendo-lhe:

I. zelar pela autonomia funcional e administrativa do Ministério Público, podendo expedir atos regulamentares, no âmbito de sua competência, ou recomendar providências;

II. zelar pela observância do Art. 37 e apreciar, de ofício ou mediante provocação, a legalidade dos atos administrativos praticados por membros ou órgãos do Ministério Público da União e dos Estados, podendo desconstituí-los, revê-los ou fixar prazo para que se adotem as providências necessárias ao exato cumprimento da lei, sem prejuízo da competência dos Tribunais de Contas;

III. receber e conhecer das reclamações contra membros ou órgãos do Ministério Público da União ou dos Estados, inclusive contra seus serviços auxiliares, sem prejuízo da competência disciplinar e correicional da instituição, podendo avocar processos disciplinares em curso, determinar a remoção, a disponibilidade ou a aposentadoria com subsídios ou proventos proporcionais ao tempo de serviço e aplicar outras sanções administrativas, assegurada ampla defesa;

IV. rever, de ofício ou mediante provocação, os processos disciplinares de membros do Ministério Público da União ou dos Estados julgados há menos de um ano;

V. elaborar relatório anual, propondo as providências que julgar necessárias sobre a situação do Ministério Público no País e as atividades do Conselho, o qual deve integrar a mensagem prevista no Art. 84, XI.

§ 3º. O Conselho escolherá, em votação secreta, um Corregedor nacional, dentre os membros do Ministério Público que o integram, vedada a recondução, competindo-lhe, além das atribuições que lhe forem conferidas pela lei, as seguintes:

I. receber reclamações e denúncias, de qualquer interessado, relativas aos membros do Ministério Público e dos seus serviços auxiliares;

II. exercer funções executivas do Conselho, de inspeção e correição geral;

III. requisitar e designar membros do Ministério Público, delegando-lhes atribuições, e requisitar servidores de órgãos do Ministério Público.

§ 4º. O Presidente do Conselho Federal da Ordem dos Advogados do Brasil oficiará junto ao Conselho.

§ 5º. Leis da União e dos Estados criarão ouvidorias do Ministério Público, competentes para receber reclamações e denúncias de qualquer interessado contra membros ou órgãos do Ministério Público, inclusive contra seus serviços auxiliares, representando diretamente ao Conselho Nacional do Ministério Público.

Princípios institucionais

A Constituição Federal prevê expressamente no § 1º do Art. 127 os chamados Princípios Institucionais, os quais norteiam o desenvolvimento das atividades dos Órgãos Ministeriais:

§ 1º. São princípios institucionais do Ministério Público a unidade, a indivisibilidade e a independência funcional.

O **Princípio da Unidade** revela que os membros do Ministério Público integram um órgão único chefiado por um Procurador-Geral. Essa unidade é percebida dentro de cada ramo do Ministério Público, não existindo unidade entre o Ministério Público estadual e da União, ou entre os diversos Ministérios Públicos estaduais, ou ainda entre os ramos do Ministério Público da União. Qualquer divisão que exista dentro de um dos Órgãos Ministeriais possui caráter meramente funcional.

Já o **Princípio da Indivisibilidade**, que decorre do Princípio da Unidade, revela a possibilidade de os membros se substituírem sem qualquer prejuízo ao processo, pois o Ministério Público é uno e indivisível. Os membros agem em nome da instituição e nunca em nome próprio, pois pertencem a um só corpo. Esse princípio veda a vinculação de um membro a um processo permitindo, inclusive, a delegação da denúncia a outro membro. Ressalte-se que, como no Princípio da Unidade, a Indivisibilidade só ocorre dentro de um mesmo ramo do Ministério Público.

E, por fim, há o **Princípio da Independência Funcional,** com uma dupla acepção: em relação aos membros e em relação à instituição. No que tange aos membros, o referido Princípio garante uma atuação independente no exercício das suas atribuições sujeitando-se apenas às determinações constitucionais, legais e de sua consciência jurídica, não havendo qualquer hierarquia ou subordinação intelectual entre os membros. Sob a perspectiva da instituição, o Princípio da Independência Funcional elimina qualquer subordinação do Ministério Público a outro Poder. Apesar da Independência Funcional, verifica-se a existência de uma mera hierarquia administrativa.

Além desses princípios expressos na Constituição Federal, a doutrina e a Jurisprudência reconhecem a existência de um princípio implícito no texto constitucional: **Princípio do Promotor Natural.** Esse princípio decorre da interpretação do Art. 129, § 2º, da Constituição, que afirma:

§ 2º. As funções do Ministério Público só podem ser exercidas por integrantes da carreira, que deverão residir na comarca da respectiva lotação, salvo autorização do chefe da instituição.

O Princípio do Promotor Natural veda a designação de membros do Ministério Público fora das hipóteses constitucionais e legais, exigindo que sua atuação seja predeterminada por critérios objetivos aplicáveis a todos os membros da carreira, evitando, assim, que haja designações arbitrárias. O princípio também impede a nomeação de promotor *ad hoc* ou de exceção considerando que as funções do Ministério Público só podem ser desempenhadas por membros da carreira.

NOÇÕES DE DIREITO CONSTITUCIONAL

Princípios Institucionais

- **Constituição Federal**
  - Unidade
  - Indivisibilidade
  - Independência Funcional
- **Doutrina**
  - Promotor Natural

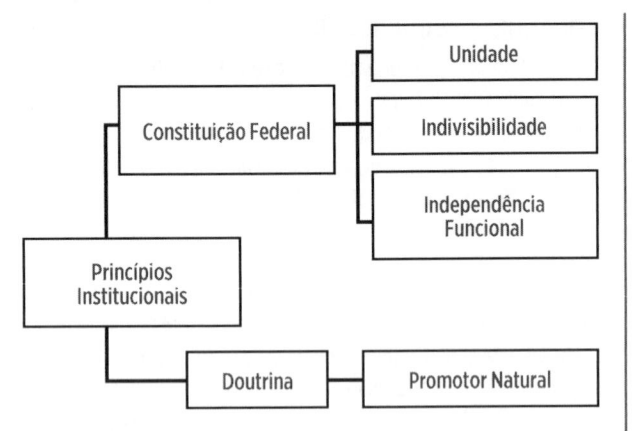

Garantias

O Ministério Público, em razão da importância de sua função, recebeu da Constituição Federal algumas garantias que lhe asseguram a independência necessária para bem desempenhar suas atribuições. E não é só a instituição que possui garantias, mas os membros também. Vejamos o que diz a Constituição sobre as garantias institucionais e dos membros:

> **Art. 127, § 2º.** Ao Ministério Público é assegurada autonomia funcional e administrativa, podendo, observado o disposto no Art. 169, propor ao Poder Legislativo a criação e extinção de seus cargos e serviços auxiliares, provendo-os por concurso público de provas ou de provas e títulos, a política remuneratória e os planos de carreira; a lei disporá sobre sua organização e funcionamento.
>
> **§ 3º.** O Ministério Público elaborará sua proposta orçamentária dentro dos limites estabelecidos na lei de diretrizes orçamentárias.
>
> **§ 4º** Se o Ministério Público não encaminhar a respectiva proposta orçamentária dentro do prazo estabelecido na lei de diretrizes orçamentárias, o Poder Executivo considerará, para fins de consolidação da proposta orçamentária anual, os valores aprovados na lei orçamentária vigente, ajustados de acordo com os limites estipulados na forma do § 3º.
>
> **§ 5º.** Se a proposta orçamentária de que trata este artigo for encaminhada em desacordo com os limites estipulados na forma do § 3º, o Poder Executivo procederá aos ajustes necessários para fins de consolidação da proposta orçamentária anual.
>
> **§ 6º.** Durante a execução orçamentária do exercício, não poderá haver a realização de despesas ou a assunção de obrigações que extrapolem os limites estabelecidos na lei de diretrizes orçamentárias, exceto se previamente autorizadas, mediante a abertura de créditos suplementares ou especiais.

O Art. 127, § 2º a § 6º, trata das chamadas **Garantias Institucionais.** Essas garantias visam a conceder maior autonomia à instituição, além de proteger sua independência no exercício de suas atribuições constitucionais. As Garantias Institucionais são de três espécies:

Autonomia funcional: ao desempenhar sua função, o Ministério Público não se subordina a qualquer outra autoridade ou poder, sujeitando-se apenas às determinações constitucionais, legais e de sua consciência jurídica.

Autonomia administrativa: é a capacidade de autogestão, autoadministração e autogoverno. O Ministério Público tem competência para propor ao Legislativo a criação, extinção e organização de seus cargos e carreiras bem como demais atos de gestão.

Autonomia financeira: o Ministério Público pode elaborar sua proposta orçamentária dentro dos limites estabelecidos na Lei de Diretrizes Orçamentárias, tendo liberdade para administrar esses recursos.

Um dos temas mais importantes e que revelam a autonomia administrativa do Ministério Público é a possibilidade que a instituição tem de escolher os seus próprios chefes. Vejamos a literalidade do texto constitucional:

> **Art. 128, § 1º.** O Ministério Público da União tem por chefe o Procurador-Geral da República, nomeado pelo Presidente da República dentre integrantes da carreira, maiores de trinta e cinco anos, após a aprovação de seu nome pela maioria absoluta dos membros do Senado Federal, para mandato de dois anos, permitida a recondução.
>
> **§ 2º.** A destituição do Procurador-Geral da República, por iniciativa do Presidente da República, deverá ser precedida de autorização da maioria absoluta do Senado Federal.

No âmbito dessa autonomia, a Constituição previu expressamente que o Procurador-Geral será escolhido pela própria instituição dentre os membros da carreira. No caso do Ministério Público da União, a chefia ficará a cargo do Procurador-Geral da República, o qual será nomeado pelo Presidente da República dentre os membros da carreira com mais de 35 anos de idade, desde que sua escolha seja aprovada pelo voto da maioria absoluta do Senado Federal. O Procurador-Geral da República exercerá seu mandato por dois anos, permitida a recondução. Ao permitir a recondução, a Constituição não estabeleceu limites, de forma que o Procurador-Geral da República poderá ser reconduzido por quantas vezes o Presidente considerar conveniente. Se o Presidente pode nomear o Chefe do MPU, ele também poderá destituí-lo do cargo, desde que autorizado pelo Senado pela mesma quantidade de votos, qual seja, maioria absoluta.

Já em relação à Chefia dos Ministérios Públicos dos Estados e do Distrito Federal e Territórios a regra é um pouco diferente:

> **Art. 128, § 3º.** Os Ministérios Públicos dos Estados e o do Distrito Federal e Territórios formarão lista tríplice dentre integrantes da carreira, na forma da lei respectiva, para escolha de seu Procurador-Geral, que será nomeado pelo Chefe do Poder Executivo, para mandato de dois anos, permitida uma recondução.
>
> **§ 4º.** Os Procuradores-Gerais nos Estados e no Distrito Federal e Territórios poderão ser destituídos por deliberação da maioria absoluta do Poder Legislativo, na forma da lei complementar respectiva.

A escolha dos Procuradores-Gerais de Justiça dependerá de nomeação pelo Chefe do Poder Executivo[5], com base em lista tríplice formada dentre os integrantes da carreira, sendo permitida uma recondução. Diferentemente do Procurador-Geral da República, que poderá ser reconduzido várias vezes, o Procurador-Geral de Justiça só poderá ser reconduzido uma única vez. A destituição desses Procuradores-Gerais dependerá da deliberação da maioria absoluta do Poder Legislativo.

Já o Art. 128, § 5º, apresenta as **Garantias dos Membros.**

> **Art. 128, § 5º.** Leis complementares da União e dos Estados, cuja iniciativa é facultada aos respectivos Procuradores-Gerais, estabelecerão a organização, as atribuições e o estatuto de cada Ministério Público, observadas, relativamente a seus membros:
>
> **I.** as seguintes garantias:
>
> **a)** vitaliciedade, após dois anos de exercício, não podendo perder o cargo senão por sentença judicial transitada em julgado;

---

[5] No caso do Ministério Público do Distrito Federal e Territórios, a nomeação do seu chefe será feita pelo Presidente da República e sua destituição dependerá do voto da maioria absoluta do Senado Federal mediante provocação do Presidente da República.

b) inamovibilidade, salvo por motivo de interesse público, mediante decisão do órgão colegiado competente do Ministério Público, pelo voto da maioria absoluta de seus membros, assegurada ampla defesa;

c) irredutibilidade de subsídio, fixado na forma do Art. 39, § 4º, e ressalvado o disposto nos Arts. 37, X e XI, 150, II, 153, III, 153, § 2º, I;

São duas espécies de garantias dos membros: **Garantias de Independência e Garantias de Imparcialidade.**

As **Garantias de Independência** são prerrogativas inerentes ao cargo e estão previstas no inciso I do referido artigo, as quais visam a garantir aos membros maior liberdade, independência e autonomia no exercício de sua função ministerial. Tais garantias são indisponíveis, proibindo o titular do cargo de dispensar qualquer das prerrogativas. São as garantias da vitaliciedade, inamovibilidade e irredutibilidade dos subsídios.

A **Vitaliciedade** é como se fosse uma estabilidade só que muito mais vantajosa. O membro, ao ingressar na carreira mediante concurso público, torna-se vitalício após o efetivo exercício no cargo pelo prazo de dois anos. Uma vez vitalício só perderá o cargo por sentença judicial transitada em julgado. Após passar pelo estágio probatório de dois anos, um Membro do Ministério Público só perderá o cargo por sentença judicial transitada em julgado.

A **Inamovibilidade** impede a movimentação do membro *ex-ofício* contra a sua vontade. Em regra, o Membro do Ministério Público só poderá ser removido ou promovido por sua própria iniciativa, ressalvados os casos em que houver interesse público. E mesmo quando o interesse público exigir, a remoção dependerá de decisão do órgão colegiado competente pelo voto da maioria absoluta de seus membros, assegurando-se o direito à ampla defesa.

A **Irredutibilidade dos Subsídios** diz respeito à proteção da remuneração do membro ministerial. Subsídio é a forma de retribuição pecuniária paga ao membro do Ministério Público a qual se caracteriza por ser uma parcela única. Com essa garantia, o Membro do Ministério Público poderá trabalhar sem medo de perder sua remuneração.

Ressalta-se que o Supremo Tribunal Federal já entendeu tratar-se esta irredutibilidade como meramente nominal, não protegendo o subsídio da desvalorização provocada por perdas inflacionárias. Lembre-se também de que essa garantia não é absoluta, pois comporta exceções previstas nos Arts. 37, X e XI, 150, II, 153, III, e 153, § 2º, I, da Constituição Federal. Em suma, a irredutibilidade não impedirá a redução do subsídio quando ultrapassar o teto constitucional ou em razão da cobrança do imposto de renda.

```
                    ┌── Indivisibilidade
Garantias de       │
Independência  ────┼── Inamovibilidade
                    │
                    └── Irredutibilidade dos Subsídios
```

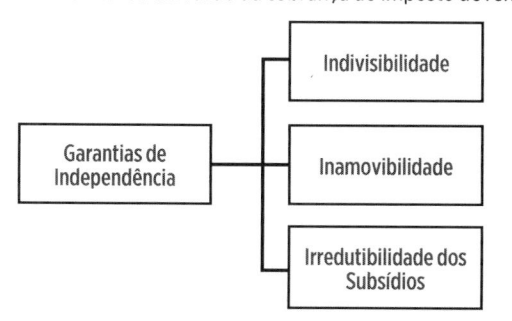

As **Garantias de Imparcialidade** são verdadeiras vedações e visam a garantir uma atuação isenta de qualquer interferência política ou pessoal.

Art. 128, § 5º, II. as seguintes vedações:
a) receber, a qualquer título e sob qualquer pretexto, honorários, percentagens ou custas processuais;
b) exercer a advocacia;
c) participar de sociedade comercial, na forma da lei;
d) exercer, ainda que em disponibilidade, qualquer outra função pública, salvo uma de magistério;
e) exercer atividade político-partidária (Redação dada pela Emenda Constitucional nº 45, de 2004);
f) receber, a qualquer título ou pretexto, auxílios ou contribuições de pessoas físicas, entidades públicas ou privadas, ressalvadas as exceções previstas em lei (Incluída pela Emenda Constitucional nº 45, de 2004).

§ 6º. Aplica-se aos membros do Ministério Público o disposto no Art. 95, parágrafo único, V (Incluído pela Emenda Constitucional nº 45, de 2004).

Antes de explorar essas regras, faz-se necessária a menção ao Art. 29, § 3º, da ADCT:

§ 3º. Poderá optar pelo regime anterior, no que respeita às garantias e vantagens, o membro do Ministério Público admitido antes da promulgação da Constituição, observando-se, quanto às vedações, a situação jurídica na data desta.

Esse dispositivo retrata uma peculiaridade interessante a respeito dos Membros do Ministério Público. Antes da promulgação da Constituição Federal de 1988, o regime jurídico a que estavam sujeitos era diferente. A ADCT permitiu aos membros que ingressaram antes de 1988 a escolha do regime jurídico a que estariam sujeitos a partir de então. Os membros que ingressaram na carreira antes de 1988 e que possuíam inscrição na OAB podem advogar desde que tenham optado pelo regime jurídico anterior a 1988. Para os membros que ingressaram na carreira depois da promulgação da Constituição Federal, essa escolha não é permitida, pois estão sujeitos apenas ao regime constitucional atual. Feita essa consideração, passa-se à análise das garantias vigentes.

Deve-se compreender a abrangência das vedações do inciso II do § 5º do Art. 128 da Constituição Federal.

É vedado aos membros do Ministério Público receber, a qualquer título e sob qualquer pretexto, honorários, percentagens ou custas processuais, bem como receber auxílios ou contribuições de pessoas físicas, entidades públicas ou privadas, ressalvadas as exceções previstas em lei. Tais vedações visam a impedir que membros sejam motivados indevidamente a exercer suas funções sob a expectativa de receberem maiores valores pela sua atuação. Percebe-se que a vedação encontra exceção quando a contribuição está prevista em lei. Dessa forma, não ofende a Constituição Federal o recebimento de valores em razão da venda de livros, do exercício do magistério ou mesmo da ministração de palestra.

Outra vedação aplicável aos membros do Parquet é em relação ao exercício da advocacia. Acerca desse impedimento, deve-se ressaltar a situação dos membros do Ministério Público da União que ingressaram na carreira antes de 1988 e que tenham optado pelo regime jurídico anterior, nos termos do § 3º do Art. 29 da ADCT, os quais poderão exercer a advocacia nos termos da Resolução nº 8 do CNMP, com a nova redação dada pela Resolução nº 16.

FUNÇÕES ESSENCIAIS À JUSTIÇA

Ademais, o texto constitucional estendeu aos Membros do Ministério Público a mesma vedação aplicável aos Magistrados no Art. 95, parágrafo único, V, qual seja, a de exercer a advocacia no juízo ou tribunal do qual se afastou, antes de decorridos três anos do afastamento do cargo por aposentadoria ou exoneração. A doutrina tem chamado essa vedação de quarentena.

Os membros do Ministério Público não podem participar de sociedade comercial, na forma da lei. Essa vedação encontra regulamentação na Lei nº 8.625/93, a qual prevê a possibilidade de participação como cotista ou acionista[6].

Também não podem exercer, ainda que em disponibilidade, qualquer outra função pública, salvo uma de magistério. Ressalta-se que o CNMP regulamentou o exercício do magistério, que poderá ser público ou privado, por no máximo 20 horas aula por semana, desde que o horário seja compatível com as atribuições ministeriais e o seu exercício se dê inteiramente em sala de aula[7].

Para evitar que sua atuação seja influenciada por pressões políticas, a Constituição vedou o exercício de atividade político-partidária aos Membros do Ministério Público. Isso significa que, se um membro quiser se filiar ou mesmo exercer um cargo político, deverá se afastar do cargo no Ministério Público. Essa vedação tem caráter absoluto desde a Emenda Constitucional nº 45/2004, a qual foi regulamentada pelo Conselho Nacional do Ministério Público, que determinou a aplicação da vedação apenas aos membros que tenham ingressado na carreira após a promulgação da emenda[8].

9. DEFESA DO ESTADO E DAS INSTITUIÇÕES DEMOCRÁTICAS

No título V, Arts. 136 a 144, a Constituição Federal apresenta instrumentos eficazes na proteção do Estado e de toda estrutura democrática. Os instrumentos disponibilizados são o Sistema Constitucional de Crises que compreende o Estado de Defesa e o Estado de Sítio, Forças Armadas e Segurança Pública, os quais serão analisados a partir de agora.

9.1 Sistema Constitucional de Crises

O Sistema Constitucional de Crises é um conjunto de medidas criadas pela Constituição Federal para restabelecer a ordem constitucional em momentos de crises político-institucionais. Antes de tratar das espécies em si, deve-se ressaltar algumas características essenciais desses institutos.

É necessário partir do pressuposto de que o **Estado de sítio é mais grave que o estado de defesa.** Essa compreensão permite entender que as medidas adotadas no Estado de Sítio serão mais gravosas que no Estado de Defesa.

Outro ponto interessante são os princípios que regem o Sistema Constitucional de Crises. As duas medidas devem observar os seguintes princípios:

Necessidade

Só podem ser decretadas em último caso.

Proporcionalidade

As medidas adotadas devem ser proporcionais aos problemas existentes.

Temporariedade

As medidas do Sistema Constitucional de Crises devem ser temporárias. Devem durar apenas o tempo necessário para resolver a crise.

Legalidade

As medidas devem guardar respeito à lei. E aqui é possível vislumbrar duas perspectivas acerca da legalidade:

Stricto sensu: As medidas devem respeitar os limites estabelecidos nos Decretos Presidenciais que autorizam a execução. É uma perspectiva mais restrita da legalidade;

Lato sensu: As medidas precisam respeitar a lei em sentido amplo, ou seja, toda a legislação brasileira, incluindo a Constituição Federal.

Trabalhados esses conceitos iniciais, agora será abordado cada um dos institutos do Sistema Constitucional de Crises em espécie. Inicia-se pelo Estado de Defesa.

Estado de defesa

O Estado de Defesa está regulamentado no Art. 136 da Constituição e o seu $\chi\alpha\pi\upsilon\tau$ apresenta algumas informações importantíssimas:

> *Art. 136. O Presidente da República pode, ouvidos o Conselho da República e o Conselho de Defesa Nacional, decretar estado de defesa para preservar ou prontamente restabelecer, em locais restritos e determinados, a ordem pública ou a paz social ameaçadas por grave e iminente instabilidade institucional ou atingidas por calamidades de grandes proporções na natureza.*

---

6 Lei Orgânica Nacional do Ministério Público, Lei nº 8.625/93, Art. 44, III.
7 Resolução nº 3/2005 – CNMP.
8 Resolução nº 5/2006 – CNMP.

Esse dispositivo enumera as **hipóteses de cabimento da medida ou quais são os seus objetivos**: preservar ou prontamente restabelecer a ordem pública ou a paz social ameaçadas por grave e iminente instabilidade institucional ou atingidas por calamidades de grandes proporções na natureza. Qualquer circunstância dessas autoriza a decretação de Estado de Defesa. Lembre-se de que esse rol é taxativo. Só essas situações podem autorizar a medida.

Um detalhe interessante e que pode funcionar como ponto de distinção entre o Estado de Sítio e de Defesa é a área abrangida. O texto constitucional apresentado determina que as áreas abrangidas pela medida sejam locais restritos e determinados.

Outro ponto importante e que é frequente cobrado em prova diz respeito ao tempo de duração do Estado de Defesa. Segundo o Art. 136, § 2º, essa medida de contenção de crises poderá durar 30 dias, podendo prorrogar mais uma vez por igual período:

> *§ 2º. O tempo de duração do estado de defesa não será superior a trinta dias, podendo ser prorrogado uma vez, por igual período, se persistirem as razões que justificaram a sua decretação.*

Não se esqueça de que o prazo só poderá ser prorrogado uma única vez.

Como característica principal da execução do Estado de Defesa está a possibilidade de se restringirem alguns direitos, os quais estão previamente definidos nos §§ 1º a 3º do Art. 136:

> *§ 1º. O decreto que instituir o estado de defesa determinará o tempo de sua duração, especificará as áreas a serem abrangidas e indicará, nos termos e limites da lei, as medidas coercitivas a vigorarem, dentre as seguintes:*
>
> *I. restrições aos direitos de:*
>
> *a) reunião, ainda que exercida no seio das associações;*
>
> *b) sigilo de correspondência;*
>
> *c) sigilo de comunicação telegráfica e telefônica;*
>
> *II. ocupação e uso temporário de bens e serviços públicos, na hipótese de calamidade pública, respondendo a União pelos danos e custos decorrentes.*
>
> *§ 3º. Na vigência do estado de defesa:*
>
> *I. a prisão por crime contra o Estado, determinada pelo executor da medida, será por este comunicada imediatamente ao juiz competente, que a relaxará, se não for legal, facultado ao preso requerer exame de corpo de delito à autoridade policial;*
>
> *II. a comunicação será acompanhada de declaração, pela autoridade, do estado físico e mental do detido no momento de sua autuação;*
>
> *III. a prisão ou detenção de qualquer pessoa não poderá ser superior a dez dias, salvo quando autorizada pelo Poder Judiciário;*
>
> *IV. é vedada a incomunicabilidade do preso.*

Alguns pontos merecem um destaque especial. Devido à gravidade da situação e à excepcionalidade das medidas, a Constituição autoriza a restrição de vários direitos fundamentais, por exemplo, o direito de reunião, o sigilo das correspondências, das comunicações telegráficas e telefônicas.

Essas medidas restritivas dispensam autorização judicial, inclusive a decretação de prisão que será determinada pela própria autoridade executora do Estado de Defesa e poderá durar até dez dias. A prisão deverá ser comunicada imediatamente ao juiz o qual poderá prorrogá-la por período superior.

Não se deve esquecer que, mesmo em um momento de crise, como esse em que muitos direitos constitucionais são flexibilizados, é vedada pela Constituição Federal a incomunicabilidade do preso. A ele deverá ser garantido o direito de falar com seu familiar ou advogado, além do direito de ter preservada sua integridade.

Para que seja decretado o Estado de Defesa, a Constituição previu alguns procedimentos. Primeiramente, deve-se lembrar que a decretação é competência do Presidente da República. Antes de executar a medida, ele deverá consultar o Conselho de Defesa Nacional e o Conselho da República os quais emitirão um parecer acerca da situação. Apesar da obrigatoriedade em ouvir os Conselhos, o Presidente não está vinculado ao seus pareceres. Significa dizer que os pareceres emitidos pelos conselhos são meramente opinativos.

Ouvidos os Conselhos, o Presidente decreta a medida e imediatamente submete o decreto ao Congresso Nacional para aprovação. A decisão do Congresso Nacional é definitiva. Caso o decreto seja rejeitado, o Estado de Defesa cessa imediatamente.

> *§ 4º. Decretado o estado de defesa ou sua prorrogação, o Presidente da República, dentro de vinte e quatro horas, submeterá o ato com a respectiva justificação ao Congresso Nacional, que decidirá por maioria absoluta.*
>
> *§ 5º. Se o Congresso Nacional estiver em recesso, será convocado, extraordinariamente, no prazo de cinco dias.*
>
> *§ 6º. O Congresso Nacional apreciará o decreto dentro de dez dias contados de seu recebimento, devendo continuar funcionando enquanto vigorar o estado de defesa.*
>
> *§ 7º. Rejeitado o decreto, cessa imediatamente o estado de defesa.*

Apesar de ser caracterizado por medidas excepcionais, que restringem sobremaneira os direitos e garantias fundamentais, o Controle Constitucional de Crises não está imune à fiscalização por parte dos poderes públicos. Havendo excessos nas medidas adotadas, a Constituição prevê a possibilidade de responsabilização dos agentes por seus atos. A doutrina constitucional prevê duas formas de controle: Controle Político e Controle Jurisdicional.

O Controle Político é realizado basicamente pelo Congresso Nacional, que o efetuará de três formas:

Imediato: ocorre logo após a decretação da medida conforme o § 4º do Art. 136.

Concomitante: ocorre durante a execução do Estado de Defesa conforme § 6º do Art. 136 e Art. 140.

> *Art. 140. A Mesa do Congresso Nacional, ouvidos os líderes partidários, designará Comissão composta de cinco de seus membros para acompanhar e fiscalizar a execução das medidas referentes ao estado de defesa e ao estado de sítio.*

Sucessivo (posterior): ocorre após a execução da medida nos termos do Art. 141:

> *Art. 141. Cessado o estado de defesa ou o estado de sítio, cessarão também seus efeitos, sem prejuízo da responsabilidade pelos ilícitos cometidos por seus executores ou agentes.*
>
> *Parágrafo único. Logo que cesse o estado de defesa ou o estado de sítio, as medidas aplicadas em sua vigência serão relatadas pelo Presidente da República, em mensagem ao Congresso Nacional, com especificação e justificação das providências adotadas, com relação nominal dos atingidos e indicação das restrições aplicadas.*

O Controle Jurisdicional é o realizado pelo Poder Judiciário, e ocorrerá de duas formas:

Concomitante: durante a execução da medida. Veja-se o disposto no Art. 136, § 3º;

Sucessivo (Posterior): após a execução da medida nos termos do Art. 141.

Estado de sítio

O Estado de Sítio é mais gravoso que o Estado de Defesa. Por consequência, as medidas adotadas nesse caso terão maior efeito restritivo aos direitos fundamentais.

Primeiramente são abordadas às hipóteses de cabimento do Estado de Sítio, que estão previstas no Art. 137, I e II:

> *I. comoção grave de repercussão nacional ou ocorrência de fatos que comprovem a ineficácia de medida tomada durante o estado de defesa;*
>
> *II. declaração de estado de guerra ou resposta a agressão armada estrangeira.*

A doutrina faz uma distinção interessante entre os dois incisos, classificando-os em Repressivo e Defensivo. O Estado de Sítio Repressivo está previsto no inciso I, haja vista ser necessária a atuação dos poderes públicos para conter a situação de crise. Já o inciso II, é chamado de Estado de Sítio Defensivo, pois o poder público utiliza a medida como forma de se defender de agressões externas.

Um ponto distintivo entre o Estado de Defesa e o Estado de Sítio, muito cobrado em prova, refere-se à área abrangida. Segundo o inciso I do Art. 137, será decretada a medida quando a crise tiver repercussão nacional. Quando o candidato encontrar na prova o termo "repercussão nacional", deve associar com o Estado de Sítio. Diferentemente, se estiver escrito "local restrito e determinado", relacionar o dispositivo com Estado de Defesa.

Um tema muito cobrado em prova é o tempo de duração do Estado de Sítio. Vejamos o que diz o §1º do Art. 137:

> *§ 1º. O estado de sítio, no caso do Art. 137, I, não poderá ser decretado por mais de trinta dias, nem prorrogado, de cada vez, por prazo superior; no do inciso II, poderá ser decretado por todo o tempo que perdurar a guerra ou a agressão armada estrangeira.*

Qual o prazo de duração do Estado de Sítio? Depende da hipótese de cabimento.

Segundo o § 1º, se a hipótese for a do inciso I do Art. 137, o prazo será de 30 dias prorrogáveis por mais 30 dias enquanto for necessário para conter a situação. Cuidado com este prazo, pois a Constituição deixou transparecer que ele não pode ser prorrogado, contudo, o que ela quis dizer é que não pode ser prorrogado por mais de 30 dias todas as vezes que for prorrogado. Dessa forma, ele poderá ser prorrogado indefinidamente, enquanto for necessário.

Já no caso do inciso II, a Constituição regula o Estado de Sítio em caso de guerra ou agressão estrangeira e prevê que a medida durará enquanto for necessária para repelir a agressão estrangeira ou acabar com a guerra. Logo, o Estado de Sítio nestes casos não possuem prazo certo para terminar.

No que tange às medidas coercitivas que podem ser adotadas no Estado de Sítio, a Constituição prevê no Art. 139:

> *Art. 139. Na vigência do estado de sítio decretado com fundamento no Art. 137, I, só poderão ser tomadas contra as pessoas as seguintes medidas:*
>
> *I. obrigação de permanência em localidade determinada;*
>
> *II. detenção em edifício não destinado a acusados ou condenados por crimes comuns;*
>
> *III. restrições relativas à inviolabilidade da correspondência, ao sigilo das comunicações, à prestação de informações e à liberdade de imprensa, radiodifusão e televisão, na forma da lei;*
>
> *IV. suspensão da liberdade de reunião;*
>
> *V. busca e apreensão em domicílio;*
>
> *VI. intervenção nas empresas de serviços públicos;*
>
> *VII. requisição de bens.*
>
> *Parágrafo único. Não se inclui nas restrições do inciso III a difusão de pronunciamentos de parlamentares efetuados em suas Casas Legislativas, desde que liberada pela respectiva Mesa.*

O dispositivo só regulamentou as restrições adotadas na hipótese do inciso I do Art. 137, qual seja: comoção grave de repercussão nacional ou ocorrência de fatos que comprovem a ineficácia de medida tomada durante o Estado de Defesa. Esse rol de medidas é taxativo, restringindo a atuação do poder público durante sua aplicação. No caso do Art. 137, II, a Constituição nada disse, o que levou a doutrina a concluir a possibilidade de adoção de qualquer medida necessária para conter a situação, desde que compatíveis com a Ordem Constitucional e com as leis brasileiras.

Como se pode perceber, as medidas aqui são mais gravosas que as adotadas no Estado de Defesa, e isso pode ser muito bem notado pela distinção feita entre o Estado de Defesa e de Sítio no que se refere à liberdade de reunião. Enquanto no Estado de Defesa a liberdade de reunião sofre restrições, aqui ela será suspensa.

Outro dispositivo importante é o previsto no parágrafo único, que isenta os pronunciamentos dos parlamentares efetuados em suas Casas das restrições impostas no inciso III do artigo em análise, desde que liberadas pelas respectivas Mesas. As demais restrições devem ser lidas e memorizadas, pois podem ser cobradas em prova.

Vejamos agora como é o procedimento de decretação do Estado de Sítio:

> *Art. 137. O Presidente da República pode, ouvidos o Conselho da República e o Conselho de Defesa Nacional, solicitar ao Congresso Nacional autorização para decretar o estado de sítio nos casos de:*
>
> *Parágrafo único. O Presidente da República, ao solicitar autorização para decretar o estado de sítio ou sua prorrogação, relatará os motivos determinantes do pedido, devendo o Congresso Nacional decidir por maioria absoluta.*
>
> *Art. 138. O decreto do estado de sítio indicará sua duração, as normas necessárias a sua execução e as garantias constitucionais que ficarão suspensas, e, depois de publicado, o Presidente da República designará o executor das medidas específicas e as áreas abrangidas.*
>
> *§ 2º. Solicitada autorização para decretar o estado de sítio durante o recesso parlamentar, o Presidente do Senado Federal, de imediato, convocará extraordinariamente o Congresso Nacional para se reunir dentro de cinco dias, a fim de apreciar o ato.*
>
> *§ 3º. O Congresso Nacional permanecerá em funcionamento até o término das medidas coercitivas.*

Conforme estudado no Estado de Defesa, a decretação do Estado de Sítio fica a cargo do Presidente da República após ouvir o Conselho da República e o Conselho de Defesa Nacional. A consulta é obrigatória, mas os pareceres dos Conselhos não vinculam o Presidente. Apesar da similaridade de procedimentos, aqui o Presidente tem que solicitar autorização do Congresso Nacional antes de decretar o Estado de Sítio. Essa diferença é bastante cobrada em prova.

Ao passo que no Estado de Defesa o Presidente Decreta a medida e depois apresenta para o Congresso avaliar. No Estado de Sítio, antes de decretar, o Presidente deve sujeitar a medida à apreciação do Congresso Nacional.

Essa característica demonstra que, assim como no Estado de Defesa, a medida está sujeita a controle dos outros Poderes. Sendo assim, verifica-se que a fiscalização será feita tanto pelos órgãos políticos quanto pelos órgãos jurisdicionais.

Tem-se controle político quando realizado pelo Congresso Nacional, o qual se dará de forma:

Prévio: ocorre quando o Congresso Nacional autoriza a execução da medida;

Concomitante: ocorre durante a execução da medida;

Art. 140. A Mesa do Congresso Nacional, ouvidos os líderes partidários, designará Comissão composta de cinco de seus membros para acompanhar e fiscalizar a execução das medidas referentes ao estado de defesa e ao estado de sítio.

Sucessivo (posterior): ocorre após a execução da medida;

Art. 141. Cessado o estado de defesa ou o estado de sítio, cessarão também seus efeitos, sem prejuízo da responsabilidade pelos ilícitos cometidos por seus executores ou agentes.

Parágrafo único. Logo que cesse o estado de defesa ou o estado de sítio, as medidas aplicadas em sua vigência serão relatadas pelo Presidente da República, em mensagem ao Congresso Nacional, com especificação e justificação das providências adotadas, com relação nominal dos atingidos e indicação das restrições aplicadas.

Também existe o controle Jurisdicional executado pelos órgãos do Poder Judiciário, o qual se dará de forma:

Concomitante: durante a execução da medida. Apesar de não haver previsão constitucional expressa, qualquer lesão ou ameaça a direito poderá ser apreciada pelo Poder Judiciário;

Sucessivo (Posterior): após a execução da medida nos termos do Art. 141.

9.2 Forças Armadas

Instituições

As Forças Armadas são formadas por instituições que compõem a estrutura de defesa do Estado, a Marinha, o Exército e a Aeronáutica. Possuem como funções principais a defesa da pátria, a garantia dos poderes constitucionais, da lei e da ordem. Apesar de sua vinculação à União, suas atribuições têm caráter nacional e podem ser exercidas em todo o território brasileiro:

Art. 142. As Forças Armadas, constituídas pela Marinha, pelo Exército e pela Aeronáutica, são instituições nacionais permanentes e regulares, organizadas com base na hierarquia e na disciplina, sob a autoridade suprema do Presidente da República, e destinam-se à defesa da Pátria, à garantia dos poderes constitucionais e, por iniciativa de qualquer destes, da lei e da ordem.

Segundo o $\chi\alpha\pi\upsilon\tau$ do Art. 142, são classificadas como instituições permanentes e regulares. Estão sempre prontas para agir. São regulares, pois desempenham funções sistemáticas e dependem de um efetivo de servidores para realizá-las.

Ainda, destaca-se a base de sua organização na hierarquia e na disciplina. Esses atributos típicos da Administração Pública são ressaltados nessas instituições devido ao caráter militar que possuem. As Forças Armadas valorizam demasiadamente essa estrutura hierárquica, com regulamentos que garantem uma distribuição do efetivo em diversos níveis de escalonamento, cujo comando supremo está nas mãos do Presidente da República.

Em linhas gerais, a Constituição previu algumas regras para o funcionamento das instituições militares:

§ 1º. Lei complementar estabelecerá as normas gerais a serem adotadas na organização, no preparo e no emprego das Forças Armadas.

§ 3º. Os membros das Forças Armadas são denominados militares, aplicando-se-lhes, além das que vierem a ser fixadas em lei, as seguintes disposições:

I. as patentes, com prerrogativas, direitos e deveres a elas inerentes, são conferidas pelo Presidente da República e asseguradas em plenitude aos oficiais da ativa, da reserva ou reformados, sendo-lhes privativos os títulos e postos militares e, juntamente com os demais membros, o uso dos uniformes das Forças Armadas;

II. o militar em atividade que tomar posse em cargo ou emprego público civil permanente, ressalvada a hipótese prevista no Art. 37, inciso XVI, alínea "c", será transferido para a reserva, nos termos da lei; (Redação dada pela Emenda Constitucional nº 77, de 2014)

III. o militar da ativa que, de acordo com a lei, tomar posse em cargo, emprego ou função pública civil temporária, não eletiva, ainda que da administração indireta, ressalvada a hipótese prevista no art. 37, inciso XVI, alínea "c", ficará agregado ao respectivo quadro e somente poderá, enquanto permanecer nessa situação, ser promovido por antiguidade, contando-se-lhe o tempo de serviço apenas para aquela promoção e transferência para a reserva, sendo depois de dois anos de afastamento, contínuos ou não, transferido para a reserva, nos termos da lei; (Redação dada pela Emenda Constitucional nº 77, de 2014);

IV. ao militar são proibidas a sindicalização e a greve;

V. o militar, enquanto em serviço ativo, não pode estar filiado a partidos políticos;

VI. o oficial só perderá o posto e a patente se for julgado indigno do oficialato ou com ele incompatível, por decisão de tribunal militar de caráter permanente, em tempo de paz, ou de tribunal especial, em tempo de guerra;

VII. o oficial condenado na justiça comum ou militar a pena privativa de liberdade superior a dois anos, por sentença transitada em julgado, será submetido ao julgamento previsto no inciso anterior;

VIII. aplica-se aos militares o disposto no art. 7º, incisos VIII, XII, XVII, XVIII, XIX e XXV, e no Art. 37, incisos XI, XIII, XIV e XV, bem como, na forma da lei e com prevalência da atividade militar, no Art. 37, inciso XVI, alínea "c"; (Redação dada pela Emenda Constitucional nº 77, de 2014)

IX. (Revogado pela Emenda Constitucional nº 41, de 19.12.2003).

X. a lei disporá sobre o ingresso nas Forças Armadas, os limites de idade, a estabilidade e outras condições de transferência do militar para a inatividade, os direitos, os deveres, a remuneração, as prerrogativas e outras situações especiais dos militares, consideradas as peculiaridades de suas atividades, inclusive aquelas cumpridas por força de compromissos internacionais e de guerra.

DEFESA DO ESTADO E DAS INSTITUIÇÕES DEMOCRÁTICAS

Habeas corpus

A Constituição declarou expressamente o não cabimento de *Habeas Corpus* nas punições disciplinares militares:

> **§ 2º.** Não caberá Habeas Corpus em relação a punições disciplinares militares.

Essa vedação decorre do regime constritivo rigoroso existente nas instituições castrenses, o qual permite como sanção administrativa a prisão. Deve-se ter muito cuidado com isso em prova. Segundo o STF, se o *Habeas Corpus* versar sobre a ilegalidade da prisão, ele será admitido, ficando a vedação adstrita apenas ao seu mérito.

Vedações

Como foi dito anteriormente, o regime militar é bem rigoroso e a Constituição apresentou algumas vedações que sempre caem em prova:

> **IV.** ao militar são proibidas a sindicalização e a greve;
>
> **V.** o militar, enquanto em serviço ativo, não pode estar filiado a partidos políticos;

A sindicalização e a greve são medidas que dificultam o trabalho do militar, pois o influencia a questionar as ordens recebidas de seus superiores. As atribuições dos militares dependem de uma obediência irrestrita, por essa razão a Constituição os impediu de se organizarem em sindicatos e de realizarem movimentos paredistas.

Quanto à vedação de filiação a partido político, deve-se destacar que o militar, para que desenvolva suas atividades com eficiência, não pode se sujeitar às correntes político-partidárias. O militar deve obedecer apenas à Constituição Federal e executar suas atividades com determinação. Essa vedação não o impede de se candidatar a cargo eletivo, desde que não seja conscrito. Aqui cabe citar o Art. 14, § 8º da CF:

> **§ 8º.** O militar alistável é elegível, atendidas as seguintes condições:
> **I.** se contar menos de dez anos de serviço, deverá afastar-se da atividade;
> **II.** se contar mais de dez anos de serviço, será agregado pela autoridade superior e, se eleito, passará automaticamente, no ato da diplomação, para a inatividade.

Serviço militar obrigatório

Outro tema importante acerca das Forças Armadas é a existência do serviço militar obrigatório, previsto no Art. 143:

> **Art. 143.** O serviço militar é obrigatório nos termos da lei.
> **§ 1º.** Às Forças Armadas compete, na forma da lei, atribuir serviço alternativo aos que, em tempo de paz, após alistados, alegarem imperativo de consciência, entendendo-se como tal o decorrente de crença religiosa e de convicção filosófica ou política, para se eximirem de atividades de caráter essencialmente militar.
> **§ 2º.** as mulheres e os eclesiásticos ficam isentos do serviço militar obrigatório em tempo de paz, sujeitos, porém, a outros encargos que a lei lhes atribuir.

A Lei que regula o serviço militar obrigatório é a 4.375/64, a qual obriga todos os brasileiros a se alistarem. Destaca-se que essa obrigatoriedade não se aplica aos eclesiásticos (líderes religiosos) e às mulheres, em tempos de paz, o que nos conduz à conclusão de que eles poderiam ser convocados em momentos de guerra ou mobilização nacional.

O § 1º apresenta um tema que já foi cobrado em prova: a dispensa do serviço obrigatório pela escusa de consciência. Isso ocorre quando o indivíduo se recusa a cumprir a obrigação essencialmente militar que é imposta pela Constituição Federal em razão da sua convicção filosófica, religiosa ou política. O referido parágrafo, em consonância com o inciso VIII do Art. 5º, permite que nesses casos o interessado tenha respeitado o seu direito de escolha e de livre consciência desde que cumpra a prestação alternativa regulamentada na Lei 8.239/91, a qual consiste no desempenho de atribuições de caráter administrativo, assistencial, filantrópico ou produtivo, em substituição às atividades de caráter essencialmente militar. Não havendo o cumprimento da atividade obrigatória ou da prestação alternativa fixada em lei, o Art. 15 prevê como consequência a restrição dos direitos políticos:

> **Art. 15.** É vedada a cassação de direitos políticos, cuja perda ou suspensão só se dará nos casos de:
> **IV.** recusa de cumprir obrigação a todos imposta ou prestação alternativa, nos termos do Art. 5º, VIII.

Acerca desse tema, um problema surge na doutrina. A Constituição não estabelece de forma clara qual consequência deverá ser aplicada ao indivíduo que se recusa a cumprir a obrigação ou a prestação alternativa. A Lei 8.239/91, que regula a prestação alternativa ao serviço militar obrigatório, prevê que será declarada a suspensão dos direitos políticos de quem se recusar a cumprir a obrigação e a prestação alternativa. A doutrina tem se dividido entre as duas possibilidades: perda ou suspensão dos direitos políticos.

Em tese, esse tema não deveria ser cobrado em prova de concurso, considerando sua divergência doutrinária; entretanto, recentemente, para o concurso de juiz do TRF da 5ª região, a banca CESPE trouxe essa questão e sustentou em seu gabarito definitivo a posição de perda dos direitos políticos. Diante desse último posicionamento da CESPE, caso o candidato faça alguma prova desta banca, em que seja cobrada esse conteúdo, deve-se responder perda. O mesmo se aplica para FCC, que também entende que ocorre perda dos direitos políticos.

9.3 Segurança Pública

Órgãos

Conforme prescrito no $\chi\alpha\pi\upsilon\tau$ do Art. 144, a Segurança Pública é dever do Estado e tem como objetivo a preservação da ordem pública e da incolumidade das pessoas e do patrimônio. Esse tema é certo em concursos públicos da área de Segurança Pública e deve ser estudado com o foco na memorização de todo o artigo. Um dos pontos mais importantes está na definição de quais órgãos compõem a chamada segurança pública, os quais estão listados de forma taxativa no Art. 144:

> **Art. 144.** A segurança pública, dever do Estado, direito e responsabilidade de todos, é exercida para a preservação da ordem pública e da incolumidade das pessoas e do patrimônio, através dos seguintes órgãos:
> **I.** polícia federal;
> **II.** polícia rodoviária federal;
> **III.** polícia ferroviária federal;
> **IV.** polícias civis;
> **V.** polícias militares e corpos de bombeiros militares.
> **VI.** polícias penais federal, estaduais e distrital.

O STF já decidiu que esse rol é taxativo e que os demais entes federativos estão vinculados à classificação proposta pela Constituição. Diante disso, conclui-se que os Estados, Distrito Federal e Municípios estão proibidos de criar outros órgãos de segurança pública diferentes dos estabelecidos na Constituição Federal. Vejamos esta questão de prova:

Ainda, como fruto dessa taxatividade, deve-se afirmar que nenhum outro órgão além dos estabelecidos nesse artigo poderá ser considerado como sendo de Segurança Pública. Isso se aplica às Guardas Municipais, aos Agentes Penitenciários, aos Agentes de Trânsito e aos Seguranças Privados.

Há ainda a chamada Força Nacional de Segurança, instituição criada como fruto de um acordo de cooperação entre os Estados e o Distrito Federal que possui o objetivo de apoiar ações de segurança pública nesses locais. Apesar de ser formado por membros dos órgãos de segurança pública de todo o país, não se pode afirmar, principalmente numa prova de concurso, que essa instituição faça parte dos Órgãos de Segurança Pública.

Não se pode esquecer das Polícias Legislativas criadas no âmbito da Câmara dos Deputados e do Senado Federal, previstas nos Arts. 51, IV e 52, XIII. Também não entram na classificação de Órgãos de Segurança Pública para a prova, pois não estão no rol do Art. 144:

> **Art. 51.** Compete privativamente à Câmara dos Deputados:
> **IV.** dispor sobre sua organização, funcionamento, polícia, criação, transformação ou extinção dos cargos, empregos e funções de seus serviços, e a iniciativa de lei para fixação da respectiva remuneração, observados os parâmetros estabelecidos na lei de diretrizes orçamentárias.
>
> **Art. 52.** Compete privativamente ao Senado Federal:
> **XIII.** dispor sobre sua organização, funcionamento, polícia, criação, transformação ou extinção dos cargos, empregos e funções de seus serviços, e a iniciativa de lei para fixação da respectiva remuneração, observados os parâmetros estabelecidos na lei de diretrizes orçamentárias.

Cada um dos órgãos será organizado em estatuto próprio, conforme preleciona o § 7º do Art. 144:

> **§ 7º.** A lei disciplinará a organização e o funcionamento dos órgãos responsáveis pela segurança pública, de maneira a garantir a eficiência de suas atividades.

Polícia administrativa x polícia judiciária

Antes de iniciar uma análise mais detida do artigo em questão, uma importante distinção doutrinária deve ser feita em relação às polícias de segurança pública: Polícia Administrativa e Polícia Judiciária.

Polícia Administrativa é a polícia preventiva. Sua atividade ocorre antes do cometimento da infração penal com o intuito de impedir a sua ocorrência. Sua atuação é ostensiva, ou seja, visível pelos membros da sociedade. É aquela polícia a que recorremos quando temos um problema. Uma característica marcante das polícias ostensivas é o seu uniforme. É a vestimenta que identifica um policial ostensivo. O maior exemplo de polícia administrativa é a Polícia Militar. Também são consideradas como polícia preventiva: Polícia Federal (em situações específicas), Polícia Rodoviária Federal, Polícia Ferroviária Federal e Corpo de Bombeiros Militar.

Polícia Judiciária é a polícia repressiva. Sua atividade ocorre após o cometimento da infração penal, quando a atuação da polícia preventiva não surtiu efeito. Sua atividade é investigativa com o fim de encontrar os elementos comprobatórios do ilícito penal cometido. O resultado do trabalho das polícias judiciárias é utilizado posteriormente pelo Ministério Público para subsidiar sua atuação junto ao Poder Judiciário. Daí a razão do nome ser Polícia Judiciária. O resultado de seu trabalho é utilizado pelo Poder Judiciário em seus julgamentos. Atente-se para a seguinte diferença, pois já caiu em prova de concurso: a Polícia Judiciária não faz parte do Poder Judiciário, mas do Poder Executivo. São consideradas como Polícia Judiciária a Polícia Civil e a Polícia Federal. A Polícia Militar também possui atribuições repressivas quando atua na investigação de crimes cometidos por policiais militares.

Além dessa classificação, pode-se distinguir os órgãos do Art. 144 em federais e estaduais, a depender da sua vinculação federativa:

Federais

Polícia Federal, Polícia Rodoviária Federal e Polícia Ferroviária Federal;

Estaduais

Polícia Civil, Polícia Militar e Corpo de Bombeiro Militar.

Feitas essas considerações iniciais, prossegue-se agora com a análise de cada um dos órgãos de segurança pública do Art. 144.

Polícia federal

A Polícia Federal é o órgão de segurança pública com maior quantidade de atribuições previstas na Constituição Federal, razão pela qual é a mais cobrada em prova:

> **§ 1º.** A polícia federal, instituída por lei como órgão permanente, organizado e mantido pela União e estruturado em carreira, destina-se a:
> **I.** apurar infrações penais contra a ordem política e social ou em detrimento de bens, serviços e interesses da União ou de suas entidades autárquicas e empresas públicas, assim como outras infrações cuja prática tenha repercussão interestadual ou internacional e exija repressão uniforme, segundo se dispuser em lei;
> **II.** prevenir e reprimir o tráfico ilícito de entorpecentes e drogas afins, o contrabando e o descaminho, sem prejuízo da ação fazendária e de outros órgãos públicos nas respectivas áreas de competência;
> **III.** exercer as funções de polícia marítima, aeroportuária e de fronteiras;
> **IV.** exercer, com exclusividade, as funções de polícia judiciária da União.

Deve-se destacar, como característica principal, a sua atuação como Polícia Judiciária exclusiva da União. É ela quem atuará na repressão dos crimes cometidos contra a União e suas entidades autárquicas e empresas públicas. Apesar de mencionar algumas entidades da administração indireta, não se mencionou as Sociedades de Economia Mista. Isso força uma conclusão de que a Polícia Federal não tem atribuição nos crimes que envolvam interesses de Sociedades de Economia Mista.

As demais atribuições serão exercidas concomitantemente com outros órgãos, limitando a exclusividade de sua atuação apenas à função investigativa no âmbito da União.

Polícia rodoviária federal

A Polícia Rodoviária Federal é órgão da União responsável pelo patrulhamento das rodovias federais:

> § 2º. A polícia rodoviária federal, órgão permanente, organizado e mantido pela União e estruturado em carreira, destina-se, na forma da lei, ao patrulhamento ostensivo das rodovias federais.

Eventualmente, sua atuação se estenderá às rodovias estaduais ou distritais mediante convênio firmado entre os entes federativos. Não havendo esse convênio, o patrulhamento das rodovias estaduais e distritais fica a cargo das Polícias Militares. É comum no âmbito das Polícias Militares a criação de batalhões ou companhias com essa atribuição específica, as chamadas Polícias Rodoviárias.

Polícia ferroviária federal

A Polícia Ferroviária Federal é o órgão da União responsável pelo patrulhamento das ferrovias federais:

> § 3º. A polícia ferroviária federal, órgão permanente, organizado e mantido pela União e estruturado em carreira, destina-se, na forma da lei, ao patrulhamento ostensivo das ferrovias federais.

Diante da pouca relevância das ferrovias no Brasil, esse órgão ficou no esquecimento durante vários anos. No dia 5 agosto de 2011, a Presidente Dilma sancionou a Lei 12.462, que cria no âmbito do Ministério da Justiça a Polícia Ferroviária Federal. O efetivo que comporá essa nova estrutura se originará das instituições que anteriormente cuidavam das ferrovias:

> Art. 48. A Lei nº 10.683, de 28 de maio de 2003, passa a vigorar com as seguintes alterações:
>
> Art. 29, XIV. Do Ministério da Justiça: o Conselho Nacional de Política Criminal e Penitenciária, o Conselho Nacional de Segurança Pública, o Conselho Federal Gestor do Fundo de Defesa dos Direitos Difusos, o Conselho Nacional de Combate à Pirataria e Delitos contra a Propriedade Intelectual, o Conselho Nacional de Arquivos, o Conselho Nacional de Políticas sobre Drogas, o Departamento de Polícia Federal, o Departamento de Polícia Rodoviária Federal, o Departamento de Polícia Ferroviária Federal, a Defensoria Pública da União, o Arquivo Nacional e até 6 (seis) Secretarias;
>
> § 8º. Os profissionais da Segurança Pública Ferroviária oriundos do grupo Rede, Rede Ferroviária Federal (RFFSA), da Companhia Brasileira de Trens Urbanos (CBTU) e da Empresa de Trens Urbanos de Porto Alegre (Trensurb) que estavam em exercício em 11 de dezembro de 1990, passam a integrar o Departamento de Polícia Ferroviária Federal do Ministério da Justiça (NR).

Polícia civil

Essa é a Polícia Judiciária no âmbito dos Estados e do Distrito Federal. É dirigida por delegados de polícia de carreira e possui atribuição subsidiária à da Polícia Federal e à da Polícia Militar. Significa dizer que o que não for atribuição da Polícia Federal ou da Polícia Militar será da Polícia Civil:

> § 4º - às polícias civis, dirigidas por delegados de polícia de carreira, incumbem, ressalvada a competência da União, as funções de polícia judiciária e a apuração de infrações penais, exceto as militares.

Polícia militar e corpo de bombeiros militar

Essas duas instituições possuem caráter essencialmente ostensivo dentro das atribuições próprias. A Polícia Militar é responsável pelo policiamento ostensivo e preservação da ordem pública.

É a PM quem exerce a função principal de prevenção do crime. Quando se pensa em polícia, certamente é a primeira que vem à mente, pois é vista pela sociedade. Já o Corpo de Bombeiros Militar, apesar de não ser órgão policial, possui atribuição de segurança pública à medida que executa atividades de defesa civil. São responsáveis por uma atuação voltada para a proteção da sociedade, prestação de socorro, atuação em incêndios e acidentes. Destaca-se pela agilidade no atendimento, o que muitas vezes acaba por coibir maiores tragédias:

> § 5º. às polícias militares cabem a polícia ostensiva e a preservação da ordem pública; aos corpos de bombeiros militares, além das atribuições definidas em lei, incumbe a execução de atividades de defesa civil.
>
> § 6º. As polícias militares e corpos de bombeiros militares, forças auxiliares e reserva do Exército, subordinam-se, juntamente com as polícias civis, aos Governadores dos Estados, do Distrito Federal e dos Territórios.

Por serem corporações militares, a eles se aplicam as mesmas regras que são aplicadas às Forças Armadas, como a proibição de greve, filiação partidária e sindicalização.

São ainda consideradas forças auxiliares e reserva do Exército. Significa que num momento de necessidade de efetivo seria possível a convocação de Policiais e Bombeiros Militares como força reserva e de apoio.

Estão subordinados aos Governadores dos Estados, a Distrito Federal e dos Territórios a quem compete a gestão da Segurança Pública em cada ente federativo.

No que tange à Polícia Militar, ao Corpo de Bombeiros Militares e à Polícia Civil do Distrito Federal, há um detalhe que não pode ser esquecido, pois já foi cobrado em prova. Apesar da subordinação destas forças ao Governador do Distrito Federal, a competência para legislar e manter estas corporações é da União.

Aqui há uma exceção na autonomia federativa do Distrito Federal, que está prevista expressamente na Constituição no Art. 21, XIV:

> Art. 21. Compete à União:
>
> XIV. organizar e manter a polícia civil, a polícia militar e o corpo de bombeiros militar do Distrito Federal, bem como prestar assistência financeira ao Distrito Federal para a execução de serviços públicos, por meio de fundo próprio.

Polícias penais

A Emenda Constitucional 104/2019 introduziu no rol de entidades de segurança pública as chamadas penais.

De acordo com o art. 144, §5º-A da Constituição, cabe às polícias penais, vinculadas ao órgão administrador do sistema penal da unidade federativa a que pertencem, a segurança dos estabelecimentos penais.

10. ORDEM SOCIAL

A Ordem Social é um conjunto de ações desencadeadas por meio de prestações positivas do Estado que visam a reduzir as desigualdades sociais e a garantir um tratamento mínimo, com o fim de tornar efetivo o fundamento constitucional da dignidade da pessoa humana. Perceba este sentimento expresso no Art. 193 da Constituição Federal:

> **Art. 193.** *A ordem social tem como base o primado do trabalho, e como objetivo o bem-estar e a justiça sociais.*

O trabalho é considerado como a base de toda a teia social. É ele que garante a dignidade para as pessoas. Além disso, o citado artigo deixa claro o objetivo da Ordem Social, qual seja, garantir o bem-estar e a justiça sociais.

Esses direitos decorrem dos direitos sociais trabalhados anteriormente no Art. 6º da Constituição. São direitos implementados por meio de políticas públicas.

A Constituição Federal estabeleceu alguns grupos de direitos que serão trabalhados na Ordem Social:

> Seguridade Social;
> Educação, Cultura e Desporto;
> Ciência e Tecnologia;
> Comunicação Social;
> Meio Ambiente;
> Família, Criança, Adolescente, Jjovem e Idoso; e
> Índios.

Esse tema, quando cobrado em prova, costuma ter uma abordagem próxima da literalidade da Constituição. Significa dizer que, para o candidato acertar questões sobre Ordem Social, será necessária a leitura repetida dos artigos que compõem essa parte da Constituição Federal. Apesar de o mais cobrado ser o próprio texto, tratar-se-á de cada um desses temas sob uma abordagem doutrinária e jurisprudencial.

10.1 Seguridade Social

A Seguridade Social está prevista no Art. 194 e constitui um conjunto de ações que visam a garantir o mínimo existencial para a população, objetivando melhores condições de vida. É composta de três ações: a saúde, a Previdência Social e a Assistência Social.

A implementação dessas ações são obrigação não só do Estado, mas também da sociedade, conforme estabelece o Art. 194:

> **Art. 194.** *A seguridade social compreende um conjunto integrado de ações de iniciativa dos Poderes Públicos e da sociedade, destinadas a assegurar os direitos relativos à saúde, à previdência e à assistência social.*

Apesar da ação conjunta, a obrigação de organizar a Seguridade Social é do Estado, que deve fazer amparada nos seguintes objetivos:

> Universalidade da cobertura e do atendimento;
> Uniformidade e equivalência dos benefícios e serviços às populações urbanas e rurais;
> Seletividade e distributividade na prestação dos benefícios e serviços;
> Irredutibilidade do valor dos benefícios;
> Equidade na forma de participação no custeio;
> Diversidade da base de financiamento, identificando-se, em rubricas contábeis específicas para cada área, as receitas e as despesas vinculadas a ações de saúde, previdência e assistência social, preservado o caráter contributivo da previdência social;
> Caráter democrático e descentralizado da administração, mediante gestão quadripartite, com participação dos trabalhadores, dos empregadores, dos aposentados e do Governo nos órgãos colegiados.

A universalidade de cobertura representa a cobertura sobre qualquer situação de risco social enquanto que a universalidade de atendimento está relacionada com a cobertura para todos os que necessitarem.

A uniformidade e equivalência de benefícios e serviços às populações urbanas e rurais deixa claro que não existe tratamento diferenciado entre os trabalhadores urbanos e rurais. Ambos são tratados da mesma forma.

A seletividade e a distributividade visa a redistribuir os benefícios sociais na tentativa de atender a quem mais dele necessitar. Em tese, esses princípios permitem um tratamento desigual sob o enfoque da igualdade material.

A Irredutibilidade do valor dos benefícios garante ao beneficiário a manutenção do valor nominal dos benefícios.

A equidade na forma de participação no custeio apresenta a ideia de distribuição justa levando em consideração a capacidade de contribuição e a isonomia entre os contribuintes. A ideia aqui para a manutenção da Seguridade é que o custeio seja distribuído de forma justa entre os vários agentes contributivos. Esse princípio nos conduz ao seguinte, que é a **diversidade da base de financiamento,** o qual conta com a participação de vários agentes responsáveis pela manutenção financeira da Seguridade Social, especialmente, os trabalhadores, as empresas e os entes estatais.

Por fim, há o último objetivo, que é o **caráter democrático e descentralizado da administração, mediante gestão quadripartite,** com participação dos trabalhadores, dos empregadores, dos aposentados e do Governo nos órgãos colegiados. Aqui, há uma questão que já apareceu várias vezes em prova, principalmente por causa da palavra quadripartite, que significa a participação na gestão de forma democrática, envolvendo quatro atores sociais: trabalhadores, empregadores, aposentados e Governo.

Agora serão analisados os três serviços que compõem a Seguridade Social: Saúde, Previdência Social e Assistência Social. Aqui se propõe analisar apenas os pontos mais importantes, envolvendo esses temas. Como já sinalizado anteriormente, na Ordem Social o mais cobrado em prova é o próprio texto constitucional.

Saúde

Acerca desse tema, várias questões costumam ser cobradas em prova. Segue a análise de algumas delas:

Caráter não contributivo

O direito à saúde é uma norma de proteção do direito à vida destinada a todas as pessoas, independentemente de contribuição à Previdência Social. Por isso, dizemos que não possui caráter

ORDEM SOCIAL

contributivo, ou seja, quem quiser ser beneficiado pela saúde pública poderá utilizar dos seus serviços independentemente de filiação ou contribuição à Previdência Social. Observando a leitura do *caput* do Art. 196 se pode perceber que esse direito de caráter social é garantido a todos:

> **Art. 196.** *A saúde é direito de todos e dever do Estado, garantido mediante políticas sociais e econômicas que visem à redução do risco de doença e de outros agravos e ao acesso universal e igualitário às ações e serviços para sua promoção, proteção e recuperação.*

Vinculação ao direito à vida

O direito à saúde decorre do próprio direito à vida, como forma de garantir qualidade à vida em sua modalidade de existência humana. De nada adianta garantir ao indivíduo o direito de viver se essa vida não possuir o mínimo de dignidade. Garantir saúde é cumprir os ditames constitucionais que protegem o indivíduo em sua existência, em perfeita consonância com o princípio da dignidade da pessoa humana.

Remoção de órgãos, tecidos e substâncias humanas

Outra norma muito interessante e que pode cair em prova é a proteção constitucional à remoção de órgãos, tecidos e substâncias humanas. A Constituição Federal, em seu Art. 199, § 4º, traz expressamente a vedação para a comercialização de órgãos, apesar de não regulamentar as formas de remoção, pesquisa, coleta e processamento de sangue. A falta de regulamentação ocorre porque a Constituição deixou para a legislação infraconstitucional o dever de fazê-la.

O dispositivo em questão é um exemplo de norma de eficácia limitada, o qual foi regulamentado pelas Leis 10.205/01, 9.434/97 e 11.105/05:

> **Art. 199**, § 4º. *A lei disporá sobre as condições e os requisitos que facilitem a remoção de órgãos, tecidos e substâncias humanas para fins de transplante, pesquisa e tratamento, bem como a coleta, processamento e transfusão de sangue e seus derivados, sendo vedado todo tipo de comercialização.*

Previdência social

Caráter contributivo e filiação obrigatória

Sem dúvida, uma das questões mais cobradas em prova está no próprio *caput* do Art. 201, que afirma ser a Previdência Social de caráter contributivo e filiação obrigatória:

> **Art. 201.** *A previdência social será organizada sob a forma de regime geral, de caráter contributivo e de filiação obrigatória, observados critérios que preservem o equilíbrio financeiro e atuarial, e atenderá, nos termos da lei, a:*
>
> *I. cobertura dos eventos de doença, invalidez, morte e idade avançada;*
>
> *II. proteção à maternidade, especialmente à gestante;*
>
> *III. proteção ao trabalhador em situação de desemprego involuntário;*
>
> *IV. salário-família e auxílio-reclusão para os dependentes dos segurados de baixa renda;*
>
> *V. pensão por morte do segurado, homem ou mulher, ao cônjuge ou companheiro e dependentes, observado o disposto no § 2º.*

Ter caráter contributivo significa dizer que só poderá ser beneficiado pela Previdência Social quem contribuir previamente com o sistema de previdência público. Além da contribuição, a Constituição exige a filiação ao Sistema, na qualidade de segurado. Esse tema está regulamentado na Lei 8.213/91 e será melhor estudado na disciplina de Direito Previdenciário.

Regras para aposentadoria

As regras de aposentadoria são o ponto forte desse tema; serão tratadas junto à disciplina de Direito Previdenciário.

> **Art. 201** (...)
>
> **§ 7º** *É assegurada aposentadoria no regime geral de previdência social, nos termos da lei, obedecidas as seguintes condições:*
>
> *I. 65 (sessenta e cinco) anos de idade, se homem, e 62 (sessenta e dois) anos de idade, se mulher, observado tempo mínimo de contribuição;*
>
> *II. 60 (sessenta) anos de idade, se homem, e 55 (cinquenta e cinco) anos de idade, se mulher, para os trabalhadores rurais e para os que exercem suas atividades em regime de economia familiar, nestes incluídos o produtor rural, o garimpeiro e o pescador artesanal.*
>
> **§ 8º** *O requisito de idade a que se refere o inciso I do § 7º será reduzido em 5 (cinco) anos, para o professor que comprove tempo de efetivo exercício das funções de magistério na educação infantil e no ensino fundamental e médio fixado em lei complementar."*

O destaque fica para a redução do período de contribuição para quem exerce a função de magistério. Observe-se que a Constituição Federal reduziu em cinco anos o tempo de contribuição necessário para aposentadoria para o professor que comprove o tempo de efetivo exercício previsto em lei complementar nas funções de magistério na educação infantil e no ensino fundamental e médio. Anteriormente, o texto constitucional exigia tempo exclusivo de dedicação a essas atividades.

Previdência privada

Outra regra que já foi cobrada em prova diz respeito à possibilidade de o regime de previdência ser organizado pela iniciativa privada. Algumas palavras-chave definem essa relação de previdência privada: complementar, autonomia e facultativo. Vejamos o que diz o Art. 202 da CF:

> **Art. 202.** *O regime de previdência privada, de caráter complementar e organizado de forma autônoma em relação ao regime geral de previdência social, será facultativo, baseado na constituição de reservas que garantam o benefício contratado, e regulado por lei complementar.*
>
> **§ 1º.** *A lei complementar de que trata este artigo assegurará ao participante de planos de benefícios de entidades de previdência privada o pleno acesso às informações relativas à gestão de seus respectivos planos.*
>
> **§ 2º.** *As contribuições do empregador, os benefícios e as condições contratuais previstas nos estatutos, regulamentos e planos de benefícios das entidades de previdência privada não integram o contrato de trabalho dos participantes, assim como, à exceção dos benefícios concedidos, não integram a remuneração dos participantes, nos termos da lei.*
>
> **§ 3º.** *É vedado o aporte de recursos a entidade de previdência privada pela União, Estados, Distrito Federal e Municípios, suas autarquias, fundações, empresas públicas, sociedades de economia mista e outras entidades públicas, salvo na qualidade de*

patrocinador, situação na qual, em hipótese alguma, sua contribuição normal poderá exceder a do segurado.

§ 4º. Lei complementar disciplinará a relação entre a União, Estados, Distrito Federal ou Municípios, inclusive suas autarquias, fundações, sociedades de economia mista e empresas controladas direta ou indiretamente, enquanto patrocinadoras de entidades fechadas de previdência privada, e suas respectivas entidades fechadas de previdência privada.

§ 5º. A lei complementar de que trata o parágrafo anterior aplicar-se-á, no que couber, às empresas privadas permissionárias ou concessionárias de prestação de serviços públicos, quando patrocinadoras de entidades fechadas de previdência privada.

§ 6º. A lei complementar a que se refere o § 4º deste artigo estabelecerá os requisitos para a designação dos membros das diretorias das entidades fechadas de previdência privada e disciplinará a inserção dos participantes nos colegiados e instâncias de decisão em que seus interesses sejam objeto de discussão e deliberação.

Quando se diz complementar, quer se dizer que complementa o regime geral de previdência. A autonomia representa a não vinculação do regime privado ao público. E, por fim, a faculdade de se aderir, haja vista não constituir obrigação a nenhum trabalhador.

Assistência social

O Art. 203 prevê os benefícios e serviços da Assistência Social. São várias as prestações oferecidas a quem precisa de assistência, geralmente aos hipossuficientes. A Assistência Social não depende de contribuição à previdência social:

Art. 203. A assistência social será prestada a quem dela necessitar, independentemente de contribuição à seguridade social, e tem por objetivos:

I. a proteção à família, à maternidade, à infância, à adolescência e à velhice;

II. o amparo às crianças e adolescentes carentes;

III. a promoção da integração ao mercado de trabalho;

IV. a habilitação e reabilitação das pessoas portadoras de deficiência e a promoção de sua integração à vida comunitária;

V. a garantia de um salário mínimo de benefício mensal à pessoa portadora de deficiência e ao idoso que comprovem não possuir meios de prover à própria manutenção ou de tê-la provida por sua família, conforme dispuser a lei.

10.2 Da Educação, da Cultura e do Desporto

Educação

O acesso à educação é um dos grandes serviços de ordem social e deverá ser garantido segundo os princípios previstos no Art. 206, que costuma ser muito cobrado em prova:

Art. 206. O ensino será ministrado com base nos seguintes princípios:

I. igualdade de condições para o acesso e permanência na escola;

II. liberdade de aprender, ensinar, pesquisar e divulgar o pensamento, a arte e o saber;

III. pluralismo de ideias e de concepções pedagógicas, e coexistência de instituições públicas e privadas de ensino;

IV. gratuidade do ensino público em estabelecimentos oficiais;

V. valorização dos profissionais da educação escolar, garantidos, na forma da lei, planos de carreira, com ingresso exclusivamente por concurso público de provas e títulos, aos das redes públicas;

VI. gestão democrática do ensino público, na forma da lei;

VII. garantia de padrão de qualidade;

VIII. piso salarial profissional nacional para os profissionais da educação escolar pública, nos termos de lei federal.

Gratuidade do ensino público

Como consequência da regra constitucional, que prevê gratuidade do ensino público, o STF editou a Súmula Vinculante nº 12, proibindo a cobrança de taxa de matrícula nas Universidades Públicas:

Súmula Vinculante 12. A cobrança de taxa de matrícula nas universidades públicas viola o disposto no Art. 206, IV, da Constituição Federal.

Igualdade de condições e acesso meritocrático

Outros dois princípios que se destacam nos Arts. 206 e 208, da CF, são a igualdade de condições de acesso e permanência na escola e o acesso meritocrático aos níveis mais elevados de ensino:

Art. 206, I. igualdade de condições para o acesso e permanência na escola;

Art. 208, V. acesso aos níveis mais elevados do ensino, da pesquisa e da criação artística, segundo a capacidade de cada um;

Entende-se por acesso meritocrático aquele que privilegia o mérito de cada estudante na obtenção da vaga para universidades e demais cursos de pós-graduação, o que justifica a utilização de vestibulares para seleção dos candidatos.

O STF entende que quando o servidor é removido *ex-ofício* de uma localidade de trabalho, o direito a transferências de uma universidade para outra só vale se a transferência for para universidade congênere. Ou seja, de privada para privada e de pública para pública. Segundo esse entendimento, o direito à matrícula na universidade não contempla a transferência de um aluno de universidade privada para a pública.

Direito público subjetivo à educação

Quando a Constituição prevê que o acesso ao ensino obrigatório é gratuito como Direito Público Subjetivo, ela quer dizer que se você precisar, poderá exigir na Justiça o fornecimento desse direito social sob pena de responsabilização do Poder Público pelo descaso, se houver. Vejamos os §§ 1º e 2º do Art. 208:

Art. 208, § 1º. O acesso ao ensino obrigatório e gratuito é direito público subjetivo.

§ 2º. O não oferecimento do ensino obrigatório pelo Poder Público, ou sua oferta irregular, importa responsabilidade da autoridade competente.

Estrangeiro

Um tema bastante cobrado em prova é a possibilidade de contratação de servidores estrangeiros por universidades e instituições de pesquisa científica e tecnológica em decorrência da sua autonomia:

Art. 207. As universidades gozam de autonomia didático-científica, administrativa e de gestão financeira e patrimonial, e obedecerão ao princípio de indissociabilidade entre ensino, pesquisa e extensão.

NOÇÕES DE DIREITO CONSTITUCIONAL

ORDEM SOCIAL

§ 1º. É facultado às universidades admitir professores, técnicos e cientistas estrangeiros, na forma da lei.

§ 2º. O disposto neste artigo aplica-se às instituições de pesquisa científica e tecnológica.

Ensino religioso

Este tema invoca a laicidade do Estado, isto é, a relação de separação entre Estado e Igreja. Diante dessa separação, a Constituição considerou a matrícula na matéria de Ensino Religioso como sendo facultativa:

> **Art. 210**, § 1º. O ensino religioso, de matrícula facultativa, constituirá disciplina dos horários normais das escolas públicas de ensino fundamental.

Em algumas questões, as bancas testam os candidatos inserindo porcentagens de investimento em educação dos Entes Federativos. Vejamos esta questão:

Cultura

Um dos direitos de Ordem Social com maior impacto sobre a sociedade é o direito cultural. Historicamente, o acesso à cultura sempre se mostrou uma grande ferramenta de satisfação social e a garantia do seu acesso a todos os grupos sociais é um dos grandes desafios do Estado:

> **Art. 215.** O Estado garantirá a todos o pleno exercício dos direitos culturais e acesso às fontes da cultura nacional, e apoiará e incentivará a valorização e a difusão das manifestações culturais.

Direito à manifestação popular

Um dos princípios constitucionais que protegem esse direito social é a pluralidade política. Pluralidade política é pluralidade de ideias, multiplicidade de percepções. Esse princípio garante à sociedade o acesso a diversas manifestações culturais de todos os grupos participantes da formação cultural nacional:

> **Art. 215**, § 1º. O Estado protegerá as manifestações das culturas populares, indígenas e afro-brasileiras, e das de outros grupos participantes do processo civilizatório nacional.

Datas comemorativas

Esse dispositivo constitui uma justificativa para a existência de feriados religiosos no Brasil. Apesar de o Estado viver uma relação de separação com a Religião, tem-se permitido a criação, por meio de lei, dos feriados religiosos sob o argumento de garantia das manifestações culturais:

> **Art. 215**, § 2º. A lei disporá sobre a fixação de datas comemorativas de alta significação para os diferentes segmentos étnicos nacionais.

Patrimônio cultural brasileiro

Questão para prova é o rol de elementos culturais que constituem o patrimônio cultural brasileiro, o qual abrange a manifestação cultural sob várias perspectivas:

> **Art. 216.** Constituem patrimônio cultural brasileiro os bens de natureza material e imaterial, tomados individualmente ou em conjunto, portadores de referência à identidade, à ação, à memória dos diferentes grupos formadores da sociedade brasileira, nos quais se incluem:
>
> **I.** as formas de expressão;
>
> **II.** os modos de criar, fazer e viver;
>
> **III.** as criações científicas, artísticas e tecnológicas;
>
> **IV.** as obras, objetos, documentos, edificações e demais espaços destinados às manifestações artístico-culturais;
>
> **V.** os conjuntos urbanos e sítios de valor histórico, paisagístico, artístico, arqueológico, paleontológico, ecológico e científico.

Desportos

Aqui também existem algumas questões que podem ser trabalhadas em prova. Por exemplo, a diferença entre práticas desportivas formais e não formais. Práticas desportivas formais são aqueles esportes clássicos, olímpicos, como o futebol, vôlei, basquete, atletismo, entre outros. Já os esportes não formais são aqueles que crianças praticam, como pique-esconde, pique-bandeirinha, queimada, entre outros que, na prática, possuem o mesmo fim dos esportes formais: o desenvolvimento físico e mental do indivíduo. Ambas as atividades desportivas são amparadas pela Constituição:

> **Art. 217.** É dever do Estado fomentar práticas desportivas formais e não formais, como direito de cada um, observados:

Outra questão importantíssima está no regramento da chamada Justiça Desportiva. Apesar do nome "justiça", trata-se de uma instância de natureza jurídico-administrativa. A Constituição Federal exige o esgotamento dessa instância quando houver questões desportivas a serem resolvidas. Aqui temos uma exceção ao princípio da Inafastabilidade da Jurisdição, sendo que o esgotamento das vias administrativas é de curso forçado:

> **Art. 217**, § 1º. O Poder Judiciário só admitirá ações relativas à disciplina e às competições desportivas após esgotarem-se as instâncias da justiça desportiva, regulada em lei.

É preciso ressaltar ainda que, segundo o STF, os membros do Poder Judiciário não podem exercer suas funções na Justiça Desportiva. E, ainda, segundo o Tribunal Superior do Trabalho, a Justiça Desportiva não tem competência para processar e julgar questões trabalhistas envolvendo os atletas e suas entidades profissionais desportivas.

10.3 Ciência e Tecnologia

Acerca desse tema, é importante ressaltar a diferença apresentada pela Constituição para Pesquisa Científica Básica e a Pesquisa Tecnológica, conforme se depreende dos §§1º e §2º do Art. 218:

> **Art. 218.** O Estado promoverá e incentivará o desenvolvimento científico, a pesquisa, a capacitação científica e tecnológica e a inovação. (Redação dada pela Emenda Constitucional nº 85, de 2015)
>
> **§ 1º** - A pesquisa científica básica e tecnológica receberá tratamento prioritário do Estado, tendo em vista o bem público e o progresso da ciência, tecnologia e inovação. (Redação dada pela Emenda Constitucional nº 85, de 2015)
>
> **§ 2º.** A pesquisa tecnológica voltar-se-á preponderantemente para a solução dos problemas brasileiros e para o desenvolvimento do sistema produtivo nacional e regional.

Destaca-se no Art. 218, da CF, também, o apoio que deve ser fornecido pelo Estado na formação e capacitação de recursos humanos nas áreas de ciência, pesquisa e tecnologia, bem como no estímulo às empresas para que invistam nessas áreas:

> **§3º** - O Estado apoiará a formação de recursos humanos nas áreas de ciência, pesquisa, tecnologia e inovação, inclusive por meio do apoio às atividades de extensão tecnológica, e concederá aos que delas se ocupem meios e condições especiais de trabalho;

§ 4º. A lei apoiará e estimulará as empresas que invistam em pesquisa, criação de tecnologia adequada ao País, formação e aperfeiçoamento de seus recursos humanos e que pratiquem sistemas de remuneração que assegurem ao empregado, desvinculada do salário, participação nos ganhos econômicos resultantes da produtividade de seu trabalho.

Vinculação da receita dos estados e df

Há aqui tema pertinente à prova. O previsto no § 5º do Art. 218, da CF, que faculta aos Estados e ao Distrito Federal a possibilidade de vinculação de parte de sua receita orçamentária a entidades públicas de pesquisa científica e tecnológica. Não estão incluídos nessa possibilidade a União e os municípios:

§ 5º. É facultado aos Estados e ao Distrito Federal vincular parcela de sua receita orçamentária a entidades públicas de fomento ao ensino e à pesquisa científica e tecnológica.

Patrimônio nacional

E, ainda, não se deve esquecer que o Mercado Interno integra o chamado patrimônio nacional:

Art. 219. O mercado interno integra o patrimônio nacional e será incentivado de modo a viabilizar o desenvolvimento cultural e sócio-econômico, o bem-estar da população e a autonomia tecnológica do País, nos termos de lei federal.

10.4 Comunicação Social

A Comunicação Social decorre do direito fundamental à liberdade e acaba por concretizar o princípio da pluralidade, ao prever a manifestação do pensamento como um direito não sujeito a restrições abusivas por parte do Estado. O Art. 220 trata desse direito, aparentemente, de forma absoluta, entretanto, não é demais relembrar que não existe direito fundamental absoluto. Caso a manifestação ao pensamento ofenda outro direito fundamental, é possível a sua restrição diante de um conflito de interesses. Não se pode esquecer também que a Constituição foi promulgada em 1988, momento histórico de transição da ditadura para o regime democrático. Era de se esperar que a Constituição Federal se preocupasse demasiadamente com a garantia da manifestação do pensamento:

Art. 220. A manifestação do pensamento, a criação, a expressão e a informação, sob qualquer forma, processo ou veículo não sofrerão qualquer restrição, observado o disposto nesta Constituição.

§ 1º. Nenhuma lei conterá dispositivo que possa constituir embaraço à plena liberdade de informação jornalística em qualquer veículo de comunicação social, observado o disposto no Art. 5º, IV, V, X, XIII e XIV.

§ 2º. É vedada toda e qualquer censura de natureza política, ideológica e artística.

Com base nessa liberdade de informação, o STF entendeu que para a profissão de jornalista não seria necessária a obtenção de grau superior de Jornalismo, sob pena de limitar-se esse direito que, como dito, não é absoluto, mas goza de ampla proteção constitucional.

Competência legislativa

Segundo o § 3º e o Art. 21, XVI, a competência para legislar sobre esta matéria é da União, questão essa já cobrada em prova:

§ 3º. Compete à lei federal:

I. regular as diversões e espetáculos públicos, cabendo ao Poder Público informar sobre a natureza deles, as faixas etárias a que não se recomendem, locais e horários em que sua apresentação se mostre inadequada;

II. estabelecer os meios legais que garantam à pessoa e à família a possibilidade de se defenderem de programas ou programações de rádio e televisão que contrariem o disposto no Art. 221, bem como da propaganda de produtos, práticas e serviços que possam ser nocivos à saúde e ao meio ambiente.

Art. 21. Compete à União:

XVI. exercer a classificação, para efeito indicativo, de diversões públicas e de programas de rádio e televisão.

Propriedade de empresa jornalística, radiodifusão sonora e de sons e imagens

Aqui tem-se uma questão que eventualmente aparece em provas.

Art. 222. A propriedade de empresa jornalística e de radiodifusão sonora e de sons e imagens é privativa de brasileiros natos ou naturalizados há mais de dez anos, ou de pessoas jurídicas constituídas sob as leis brasileiras e que tenham sede no País.

§ 1º. Em qualquer caso, pelo menos setenta por cento do capital total e do capital votante das empresas jornalísticas e de radiodifusão sonora e de sons e imagens deverá pertencer, direta ou indiretamente, a brasileiros natos ou naturalizados há mais de dez anos, que exercerão obrigatoriamente a gestão das atividades e estabelecerão o conteúdo da programação.

§ 2º. A responsabilidade editorial e as atividades de seleção e direção da programação veiculada são privativas de brasileiros natos ou naturalizados há mais de dez anos, em qualquer meio de comunicação social.

§ 3º. Os meios de comunicação social eletrônica, independentemente da tecnologia utilizada para a prestação do serviço, deverão observar os princípios enunciados no Art. 221, na forma de lei específica, que também garantirá a prioridade de profissionais brasileiros na execução de produções nacionais.

§ 4º. Lei disciplinará a participação de capital estrangeiro nas empresas de que trata o § 1º.

§ 5º. As alterações de controle societário das empresas de que trata o § 1º serão comunicadas ao Congresso Nacional.

O Art. 222 exige, para ser proprietário de empresa jornalística, que o titular seja brasileiro nato ou naturalizado há mais de 10 anos. Essa regra não impede que estrangeiros sejam proprietários de empresas de comunicação no Brasil, haja vista a possibilidade desses estrangeiros integrarem uma pessoa jurídica desde que a administração seja feita por brasileiros natos ou naturalizados há mais de dez anos e a pessoa jurídica seja constituída sobre as leis brasileiras.

A Constituição limita em 30 % a possibilidade de capital votante estrangeiro.

Seguem abaixo alguns outros artigos que já foram alvos de questões de prova:

Art. 223. Compete ao Poder Executivo outorgar e renovar concessão, permissão e autorização para o serviço de radiodifusão sonora e de sons e imagens, observado o princípio da complementaridade dos sistemas privado, público e estatal.

§ 1º. O Congresso Nacional apreciará o ato no prazo do Art. 64, § 2º e § 4º, a contar do recebimento da mensagem.

§ 2º. A não renovação da concessão ou permissão dependerá de aprovação de, no mínimo, dois quintos do Congresso Nacional, em votação nominal.

§ 3º. O ato de outorga ou renovação somente produzirá efeitos legais após deliberação do Congresso Nacional, na forma dos parágrafos anteriores.

§ 4º. O cancelamento da concessão ou permissão, antes de vencido o prazo, depende de decisão judicial.

NOÇÕES DE DIREITO CONSTITUCIONAL

ORDEM SOCIAL

§ 5º. O prazo da concessão ou permissão será de dez anos para as emissoras de rádio e de quinze para as de televisão.

Art. 224. Para os efeitos do disposto neste capítulo, o Congresso Nacional instituirá, como seu órgão auxiliar, o Conselho de Comunicação Social, na forma da lei.

10.5 Meio Ambiente

Nossa Constituição é uma das normas mais garantistas do Meio Ambiente. Essa postura tem colocado o país à frente de muitos outros nas questões de preservação ambiental. É muito interessante a forma como esse direito social é apresentado sendo bem de uso comum do povo cuja preservação visa a garantir um meio ambiente sadio para as presentes e futuras gerações:

Art. 225. Todos têm direito ao meio ambiente ecologicamente equilibrado, bem de uso comum do povo e essencial à sadia qualidade de vida, impondo-se ao Poder Público e à coletividade o dever de defendê-lo e preservá-lo para as presentes e futuras gerações.

Atribuições do poder público

Para que esse ideal de preservação seja garantido, a Constituição exigiu uma série de condutas dos Poderes Públicos, as quais estão previstas no § 1º do Art. 225 da CF:

§ 1º. Para assegurar a efetividade desse direito, incumbe ao Poder Público:

I. preservar e restaurar os processos ecológicos essenciais e prover o manejo ecológico das espécies e ecossistemas;

II. preservar a diversidade e a integridade do patrimônio genético do País e fiscalizar as entidades dedicadas à pesquisa e manipulação de material genético;

III. definir, em todas as unidades da Federação, espaços territoriais e seus componentes a serem especialmente protegidos, sendo a alteração e a supressão permitidas somente através de lei, vedada qualquer utilização que comprometa a integridade dos atributos que justifiquem sua proteção;

IV. exigir, na forma da lei, para instalação de obra ou atividade potencialmente causadora de significativa degradação do meio ambiente, estudo prévio de impacto ambiental, a que se dará publicidade;

V. controlar a produção, a comercialização e o emprego de técnicas, métodos e substâncias que comportem risco para a vida, a qualidade de vida e o meio ambiente;

VI. promover a educação ambiental em todos os níveis de ensino e a conscientização pública para a preservação do meio ambiente;

VII. proteger a fauna e a flora, vedadas, na forma da lei, as práticas que coloquem em risco sua função ecológica, provoquem a extinção de espécies ou submetam os animais a crueldade.

Responsabilização pela atividade lesiva ao meio ambiente

Os dois parágrafos que se seguem ambos do Art. 225 da CF, são muito importantes, pois trazem a possibilidade de responsabilização pelo dano ambiental tanto na esfera administrativa quanto na esfera penal. Ou seja, quem polui o meio ambiente pode ser responsabilizado penalmente, incluindo a Pessoa Jurídica. Aqui fica claro que Pessoa Jurídica pode praticar crime:

§ 2º. Aquele que explorar recursos minerais fica obrigado a recuperar o meio ambiente degradado, de acordo com solução técnica exigida pelo órgão público competente, na forma da lei.

§ 3º. As condutas e atividades consideradas lesivas ao meio ambiente sujeitarão os infratores, pessoas físicas ou jurídicas, a sanções penais e administrativas, independentemente da obrigação de reparar os danos causados.

Se uma Pessoa Jurídica praticar crime ambiental ela será punida com uma sanção compatível com sua natureza jurídica.

Patrimônio nacional

Esse parágrafo já foi abordado várias vezes em prova e requer a memorização do candidato dos ecossistemas que são considerados patrimônio nacional. Os examinadores costumam incluir outro tipo de ecossistema não previsto nesse parágrafo. Por exemplo, em 2010 afirmou-se numa prova da banca CESPE que os "pampas gaúchos" também integravam o patrimônio nacional. Estes elementos devem ser memorizados:

Art. 225, § 4º. A Floresta Amazônica brasileira, a Mata Atlântica, a Serra do Mar, o Pantanal Mato-Grossense e a Zona Costeira são patrimônio nacional, e sua utilização far-se-á, na forma da lei, dentro de condições que assegurem a preservação do meio ambiente, inclusive quanto ao uso dos recursos naturais.

Limitação para utilização do meio ambiente

Como forma de limitar a utilização do Meio Ambiente, a Constituição instituiu algumas restrições à utilização das terras devolutas ou arrecadadas. Essas terras são consideradas bens dos Estados e, por esse motivo, indisponíveis:

Art. 225, § 5º. São indisponíveis as terras devolutas ou arrecadadas pelos Estados, por ações discriminatórias, necessárias à proteção dos ecossistemas naturais.

Outro dispositivo limitador é o § 6º, que restringe a instalação de reatores nucleares, os quais, antes de serem instalados, terão sua localização definida em legislação federal:

Art. 225 § 6º. As usinas que operem com reator nuclear deverão ter sua localização definida em lei federal, sem o que não poderão ser instaladas.

Patrimônio Nacional:
- Floresta Amazônica Brasileira
- Pantanal Mato-Grossense
- Zona Costeira
- Serra do Mar
- Mata Atlântica

10.6 Família, Criança, Adolescente, Jovem e Idoso

Família

Esse é um dos temas sobre a Ordem Social que aparecem em abundância em provas, em razão das recentes mudanças promovidas pelas Emendas Constitucionais nos 65 e 66 de 2010, bem como o atual posicionamento jurisprudencial do STF:

> **Art. 226.** A família, base da sociedade, tem especial proteção do Estado.
> **§ 1º.** O casamento é civil e gratuita a celebração.
> **§ 2º.** O casamento religioso tem efeito civil, nos termos da lei.
> **§ 3º.** Para efeito da proteção do Estado, é reconhecida a união estável entre o homem e a mulher como entidade familiar, devendo a lei facilitar sua conversão em casamento.
> **§ 4º.** Entende-se, também, como entidade familiar a comunidade formada por qualquer dos pais e seus descendentes.
> **§ 5º.** Os direitos e deveres referentes à sociedade conjugal são exercidos igualmente pelo homem e pela mulher.
> **§ 6º.** O casamento civil pode ser dissolvido pelo divórcio.
> **§ 7º.** Fundado nos princípios da dignidade da pessoa humana e da paternidade responsável, o planejamento familiar é livre decisão do casal, competindo ao Estado propiciar recursos educacionais e científicos para o exercício desse direito, vedada qualquer forma coercitiva por parte de instituições oficiais ou privadas.
> **§ 8º.** O Estado assegurará a assistência à família na pessoa de cada um dos que a integram, criando mecanismos para coibir a violência no âmbito de suas relações.

O primeiro destaque é o fim da separação judicial. De acordo com a nova redação do § 6º, a partir de agora o casamento se dissolve com o divórcio, sem a necessidade de efetivar-se primeiro a separação judicial.

Outro destaque é a recente decisão do STF[1] que reconheceu a possibilidade de União Estável entre casais homoafetivos, ampliando a compreensão do § 3º. Sobre esse tema deve-se ter muito cuidado. A Constituição Federal entende que União Estável ocorre entre homem e mulher, enquanto o STF entende que pode ocorrer entre casais do mesmo sexo. Diante dessa pluralidade de entendimentos, caso em prova haja uma pergunta que tenha como base a Constituição Federal, deve-se responder que é só entre homem e mulher. Mas se a questão perguntar segundo o STF, nesse caso a União Estável poderá ocorrer entre pessoas do mesmo sexo. É bom lembrar também das entidades familiares reconhecidas pela Constituição Federal:

Casamento civil ou religioso: quando ocorre a formalização da união entre um homem e mulher segundo as leis civis ou religiosas;

União Estável: união informal entre pessoas (do mesmo sexo ou não) com efeitos jurídicos iguais aos do casamento;

Monoparental: quando a família é formada por qualquer um dos pais e seus descendentes.

O STF não liberou o casamento entre casais homoafetivos, apenas reconheceu a União Estável entre eles. Não se deve confundir casamento com união estável.

Criança, adolescente e jovem

O Art. 227 possui várias normas de proteção para a criança, o adolescente e jovem, que podem ser cobradas em prova. A Constituição também sofreu alterações nesse artigo por meio da Emenda Constitucional nº 65, que inseriu o Jovem entre os indivíduos que possuem proteção especial da Constituição Federal. Merece destaque especial no § 3º, I, que prevê como idade mínima para o trabalho da criança 14 anos:

> **Art. 227.** É dever da família, da sociedade e do Estado assegurar à criança, ao adolescente e ao jovem, com absoluta prioridade, o direito à vida, à saúde, à alimentação, à educação, ao lazer, à profissionalização, à cultura, à dignidade, ao respeito, à liberdade e à convivência familiar e comunitária, além de colocá-los a salvo de toda forma de negligência, discriminação, exploração, violência, crueldade e opressão.
> **§ 1º.** O Estado promoverá programas de assistência integral à saúde da criança, do adolescente e do jovem, admitida a participação de entidades não governamentais, mediante políticas específicas e obedecendo aos seguintes preceitos:
> **I.** aplicação de percentual dos recursos públicos destinados à saúde na assistência materno-infantil;
> **II.** criação de programas de prevenção e atendimento especializado para as pessoas portadoras de deficiência física, sensorial ou mental, bem como de integração social do adolescente e do jovem portador de deficiência, mediante o treinamento para o trabalho e a convivência, e a facilitação do acesso aos bens e serviços coletivos, com a eliminação de obstáculos arquitetônicos e de todas as formas de discriminação.
> **§ 2º.** A lei disporá sobre normas de construção dos logradouros e dos edifícios de uso público e de fabricação de veículos de transporte coletivo, a fim de garantir acesso adequado às pessoas portadoras de deficiência.
> **§ 3º.** O direito a proteção especial abrangerá os seguintes aspectos:
> **I.** idade mínima de quatorze anos para admissão ao trabalho, observado o disposto no Art. 7º, XXXIII;
> **II.** garantia de direitos previdenciários e trabalhistas;
> **III.** garantia de acesso do trabalhador adolescente e jovem à escola;
> **IV.** garantia de pleno e formal conhecimento da atribuição de ato infracional, igualdade na relação processual e defesa técnica por profissional habilitado, segundo dispuser a legislação tutelar específica;
> **V.** obediência aos princípios de brevidade, excepcionalidade e respeito à condição peculiar de pessoa em desenvolvimento, quando da aplicação de qualquer medida privativa da liberdade;
> **VI.** estímulo do Poder Público, através de assistência jurídica, incentivos fiscais e subsídios, nos termos da lei, ao acolhimento, sob a forma de guarda, de criança ou adolescente órfão ou abandonado;
> **VII.** programas de prevenção e atendimento especializado à criança, ao adolescente e ao jovem dependente de entorpecentes e drogas afins.
> **§ 4º.** A lei punirá severamente o abuso, a violência e a exploração sexual da criança e do adolescente.
> **§ 5º.** A adoção será assistida pelo Poder Público, na forma da lei, que estabelecerá casos e condições de sua efetivação por parte de estrangeiros.
> **§ 6º.** Os filhos, havidos ou não da relação do casamento, ou por adoção, terão os mesmos direitos e qualificações, proibidas quaisquer designações discriminatórias relativas à filiação.
> **§ 7º.** No atendimento dos direitos da criança e do adolescente levar-se-á em consideração o disposto no Art. 204.
> **§ 8º.** A lei estabelecerá:
> **I.** o estatuto da juventude, destinado a regular os direitos dos jovens;
> **II.** o plano nacional de juventude, de duração decenal, visando à articulação das várias esferas do poder público para a execução de políticas públicas. .

---

1 Vide ADI 4.277 e ADPF 132, Rel. Min. Ayres Britto, julgamento em 5-5-2011, Plenário, DJE de 14-10-2011.

ORDEM SOCIAL

Imputabilidade penal

Art. 228. *São penalmente inimputáveis os menores de dezoito anos, sujeitos às normas da legislação especial.*

Dizer que são inimputáveis os menores de 18 anos significa dizer que a eles não pode ser imputada a prática de crime e nem podem ser punidos segundo o Código Penal. Por isso, o próprio dispositivo determina que a conduta ilícita dos menores de 18 anos seja regulada por legislação especial, a qual já existe: Lei 8.069/90, Estatuto da Criança e do Adolescente.

Responsabilidade dos pais para com os filhos e dos filhos para com os pais

Art. 229. *Os pais têm o dever de assistir, criar e educar os filhos menores, e os filhos maiores têm o dever de ajudar e amparar os pais na velhice, carência ou enfermidade.*

Atente-se nesse dispositivo para o dever recíproco de cuidado que a Constituição impõe tanto aos pais quanto aos filhos. Uma verdadeira lição de moral que não necessitaria sequer estar prevista na Constituição Federal. Contudo, as práticas abusivas de violência e desrespeito registradas em nosso país são tantas que o Legislador Originário não se excedeu em prever tais normas de proteção.

Idoso

Quanto à proteção constitucional ao idoso, veja-se o disposto no Art. 230, o qual contém várias informações que podem se tornar questões de prova:

Art. 230. *A família, a sociedade e o Estado têm o dever de amparar as pessoas idosas, assegurando sua participação na comunidade, defendendo sua dignidade e bem-estar e garantindo-lhes o direito à vida.*
§ 1º. Os programas de amparo aos idosos serão executados preferencialmente em seus lares.
§ 2º. Aos maiores de sessenta e cinco anos é garantida a gratuidade dos transportes coletivos urbanos.

Chama-se a atenção para a realização de programas de amparo aos idosos que se realizarão preferencialmente em seus lares. Preferencialmente, não é obrigatoriamente!

Outra questão que sempre aparece em prova é acerca da idade para a concessão de transporte gratuito: maior de 65 anos de idade. É muito comum as bancas tentarem confundir o candidato colocando a idade de 60 ou 70 anos. Apesar de todas as idades se referirem ao idoso, cada uma tem uma consequência jurídica diferente.

10.7 Índios

Os artigos que falam sobre os índios estão entre os mais cobrados da Ordem Social. Primeiramente, serão abordadas as Terras tradicionalmente ocupadas. É importante que memorize os elementos que caracterizam as terras tradicionalmente ocupadas, que estão previstas no § 1º do Art. 231:

Art. 231. *São reconhecidos aos índios sua organização social, costumes, línguas, crenças e tradições, e os direitos originários sobre as terras que tradicionalmente ocupam, competindo à União demarcá-las, proteger e fazer respeitar todos os seus bens.*
§ 1º. São terras tradicionalmente ocupadas pelos índios as por eles habitadas em caráter permanente, as utilizadas para suas atividades produtivas, as imprescindíveis à preservação dos recursos ambientais necessários a seu bem-estar e as necessárias a sua reprodução física e cultural, segundo seus usos, costumes e tradições.

Não se deve esquecer de que os índios não possuem a propriedade das terras tradicionalmente por eles habitadas, mas apenas a posse, conforme o § 2º do Art. 231. Não se confunde a propriedade com a posse. A propriedade dessas terras é da União, conforme previsto no Art. 20, XI:

§ 2º. As terras tradicionalmente ocupadas pelos índios destinam-se a sua posse permanente, cabendo-lhes o usufruto exclusivo das riquezas do solo, dos rios e dos lagos nelas existentes.
Art. 20. *São bens da União:*
XI. as terras tradicionalmente ocupadas pelos índios.

Várias regras constitucionais objetivam a proteção dessas terras:

§ 3º. O aproveitamento dos recursos hídricos, incluídos os potenciais energéticos, a pesquisa e a lavra das riquezas minerais em terras indígenas só podem ser efetivados com autorização do Congresso Nacional, ouvidas as comunidades afetadas, ficando-lhes assegurada participação nos resultados da lavra, na forma da lei.
§ 4º. As terras de que trata este artigo são inalienáveis e indisponíveis, e os direitos sobre elas, imprescritíveis.
§ 6º. São nulos e extintos, não produzindo efeitos jurídicos, os atos que tenham por objeto a ocupação, o domínio e a posse das terras a que se refere este artigo, ou a exploração das riquezas naturais do solo, dos rios e dos lagos nelas existentes, ressalvado relevante interesse público da União, segundo o que dispuser lei complementar, não gerando a nulidade e a extinção direito a indenização ou a ações contra a União, salvo, na forma da lei, quanto às benfeitorias derivadas da ocupação de boa fé.
§ 7º. Não se aplica às terras indígenas o disposto no Art. 174, § 3º e § 4º.

Remoção dos índios

Uma norma de proteção e que demonstra a preocupação do Constituinte Originário com a preservação da cultura indígena é a que proíbe a remoção obrigatória dos índios sem que seja referendada pelo Congresso Nacional. O STF[2], em uma interpretação ampliativa desse instituto, entende que o índio não pode ser intimado por Comissão Parlamentar de Inquérito na condição de testemunha para prestar depoimento fora do seu habitat:

§ 5º. É vedada a remoção dos grupos indígenas de suas terras, salvo, ad referendum do Congresso Nacional, em caso de catástrofe ou epidemia que ponha em risco sua população, ou no interesse da soberania do País, após deliberação do Congresso Nacional, garantido, em qualquer hipótese, o retorno imediato logo que cesse o risco.

Defesa dos direitos indígenas

O Art. 232 delega ao Ministério Público como função institucional o dever de acompanhar os processos que tenham como partes os índios, suas comunidades e organização, os quais possuem legitimidade para ingressar em juízo em defesa dos seus direitos e interesses. A atribuição Ministerial encontra reforço no Art. 129, V da CF:

Art. 232. *Os índios, suas comunidades e organizações são partes legítimas para ingressar em juízo em defesa de seus direitos e interesses, intervindo o Ministério Público em todos os atos do processo.*
Art. 129. *São funções institucionais do Ministério Público:*
V. defender judicialmente os direitos e interesses das populações indígenas.

---

[2] Vide HC 80.240, Rel. Min. Sepúlveda Pertence, julgamento em 20-6-2001, Primeira Turma, DJ de 14-10-2005.

NOÇÕES DE DIREITO PENAL, PROCESSUAL PENAL E LEGISLAÇÃO EXTRAVAGANTE

1. INTRODUÇÃO AO DIREITO PENAL E APLICAÇÃO DA LEI PENAL

1.1 Introdução ao Estudo do Direito Penal

A Infração Penal é gênero que se divide em duas espécies: **crimes** (conduta mais gravosa) e **contravenções penais** (conduta de menor gravidade). Essa divisão é chamada de dicotômica. A diferença básica incide sobre as penas aplicáveis aos infratores: enquanto o crime é punível com pena de reclusão e detenção, as contravenções penais implicam em prisão simples e multa, que pode ser aplicada de forma cumulativa ou não.

Para que a conduta seja definida como crime, tem que estar tipificada (escrita) em alguma norma penal. Não somente o próprio Código Penal as descreve, mas também as Leis Complementares Penais ou Leis Especiais, por exemplo: Estatuto do Desarmamento (Lei nº 10.826/2003), Lei de Tortura (Lei nº 9.455/1997), entre outras. Por conseguinte, o Decreto-lei nº 3.688/1941 prevê as Contravenções Penais, que também são conhecidas como Crime Anão ou Delito Liliputiano, visto seu reduzido potencial ofensivo. Como essa espécie de infração não é o objetivo do estudo, não convém aprofundar o assunto, basta apenas ressaltar que Contravenção Penal não admite tentativa. Porém, no Crime, a modalidade tentada é punível, desde que exista previsão legal (Código Penal).

> **Fique Ligado**
> O Direito Penal é chamado de Direito das Condutas Ilícitas

Reclusão/Detenção = Crime (delito) → Infração Penal (Divisão Dicotômica) → Contravenção Penal (crime anão) = Prisão simples / Multa → Não admite tentativa

+ Grave: Conduta humana, Consciente, Voluntária; Tipificadas (escritas) CP, LCP, Leis Especiais

- Grave: Proposital = Dolo, Descuidada = Culpa; Classificação dos Crimes: Comissivo, Omissivo, Material, Formal, Mera Conduta, Especial ou própria, Mão própria, Preterintencional, Permanente, Putativo

Lesão (Resultado Naturalístico) ← Resultado → Ameaça a Lesão (Resultado Jurídico)
Fere Bens Jurídicos Fundamentais

→ **Para configurar infração penal, são necessários alguns pressupostos:**

Deve ser uma **conduta humana**, ou seja, o simples ataque de um animal não configura crime, porém, caso ele seja instigado por uma pessoa, passa a ser um mero objeto utilizado na prática da conduta do agressor.

Deve ser uma **ação consciente**, possível de ser prevista pelo agente, quando a conduta do agente se der com imprudência, negligência ou imperícia. Responderá de forma culposa, entretanto se realmente houver intenção, ou seja, a conduta do indivíduo é motivada por desejo ou propósito específico, tem-se a conduta dolosa.

Necessita ser **voluntária**. Por exemplo, caso o agente venha a agredir alguém por conta de um espasmo muscular, essa conduta é tida como involuntária.

→ **A infração penal sempre gera um resultado que pode ser:**
> **Naturalístico:** quando ocorre efetivamente a lesão do um bem jurídico tutelado. Por exemplo, no crime de homicídio, o resultado naturalístico ocorre com a interrupção da vida da vítima, pois a conduta modificou o mundo exterior, tanto do de cujus (falecido) como de seus familiares.
> **Jurídico**: ocorre quando a lesão não se consuma. Utilizando o mesmo exemplo acima, ocorreria caso o agressor não tivesse êxito na sua conduta. Ele responderia pela tentativa de homicídio, desde que não tivesse causado lesão corporal. Convém ressaltar que, embora o agente não obtenha êxito no resultado pretendido, o Código Penal sempre irá punir por aquilo que ele queria fazer (elemento subjetivo), contudo, nesse caso, gerou apenas um resultado jurídico.

> **Fique Ligado**
> Todo crime gera um resultado, porém nem todo crime gera um resultado naturalístico (lesão).

1.2 Teoria do Crime

Sendo o crime (delito) espécie da infração penal, possui uma nova divisão. Nesse caso, existem diversas correntes doutrinárias que definem esse conceito, entretanto, adotaremos a majoritária, a qual vigora no Direito Penal Brasileiro, classificada como Teoria Finalista Tripartida ou Tripartite.

Crime Delito:
→ Fato Típico (está escrito, definido como crime)
+
→ Ilícito (antijurídico) – (contrário à lei)
+
→ Culpável (culpabilidade)

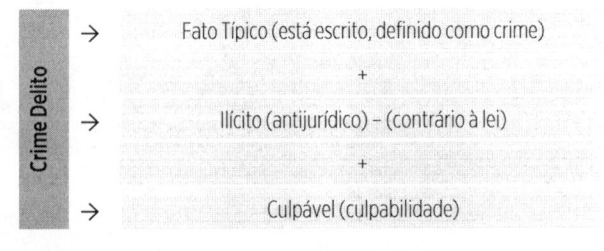

Conceito de crime no direito penal brasileiro

→ Fato típico: para ser considerado fato típico, é fundamental que a conduta esteja tipificada, ou seja, escrita em alguma norma penal. Não obstante, é necessário que exista:

> Conduta. É a ação do agente, seja ela culposa (descuidada) ou dolosa, intencional; comissiva (ação) ou omissiva (deixar de fazer).
> Resultado. Que seja naturalístico (modificação provocada no mundo exterior pela conduta) ou jurídico (quando não houver resultado jurídico, não há crime).
> Nexo Causal. O elo entre a ação e o resultado, ou seja, se o resultado foi provocado diretamente pela ação do agente, há nexo causal.
> Tipicidade. A conduta tem que ser considerada crime, deve estar tipificada, escrita na norma penal.

→ Ilícito (antijurídico): neste quesito, a ação do agente tem que ser ilícita, pois nosso ordenamento jurídico prevê legalidade em determinadas situações em que, mesmo sendo antijurídicas, serão permissivas. São as chamadas excludentes de ilicitude ou de antijuridicidade, sendo elas: Legítima Defesa, Estado de Necessidade, Estrito Cumprimento do Dever Legal ou Exercício Regular de um Direito.

Fique Ligado
Caso não existam alguns destes elementos na conduta, pode-se dizer que o fato é atípico.

→ Culpável (culpabilidade): é o juízo de reprovação que recai na conduta típica e ilícita. Em alguns casos, mesmo o agente cometendo um fato típico e ilícito, ele não poderá ser culpável, ou seja, não poderá receber uma sanção penal, pois incidirá nas excludentes de culpabilidade. A mais conhecida é a inimputabilidade em razão da idade, ou seja, é o agente menor de 18 anos em conflito com a lei, o qual não comete crime, mas ato infracional análogo aos delitos previstos no Código Penal. É quando, no momento da ação ou da omissão, o agente é totalmente incapaz de entender o caráter ilícito do fato ou de determinar-se de acordo com esse entendimento. Ainda dentro dessa espécie, haverá três desdobramentos, que são a imputabilidade, a potencial consciência da ilicitude e a exigibilidade de conduta diversa.

Para que o crime ocorra, é necessário preencher todos os requisitos anteriores. Caso haja exclusão de alguns dos elementos do fato típico ou se não for ilícito/antijurídico, tem-se a exclusão do crime. Caso não possa ser culpável, o agente será **isento** de pena.

Pode ocorrer de o agente cometer um fato descrito como crime – matar alguém – e esse fato não ser considerado crime.

Exemplo: quem mata em legítima defesa comete um fato típico, ou seja, escrito e definido como crime. Contudo, esse fato não é ilícito, pois a própria lei autoriza o sujeito a matar em certos casos pré-definidos.

Pode ocorrer também de o agente cometer um fato definido como crime, ou seja, fato típico – escrito e definido no Código Penal – e ilícito, o ordenamento jurídico não autorizar aquela conduta, e mesmo assim ficar isento de PENA. Assim, pode o sujeito cometer um crime e não ter pena.

Exemplo: quem é obrigado a cometer um crime. Uma pessoa encosta a arma carregada na cabeça de outra e diz que, se ela não cometer tal crime, irá morrer.

1.3 Princípio da Legalidade (Anterioridade – Reserva Legal)

Art. 1º Não há crime sem lei anterior que o defina. Não há pena sem prévia cominação legal.

Somente haverá crime quando existir perfeita correspondência entre a conduta praticada e a previsão legal (Reserva Legal), que não pode ser vaga, ou seja, deve ser específica. Exige-se que a lei esteja em vigor no momento da prática da infração penal (Anterioridade). Fundamento Constitucional é o art. 5º, XXXIX.

→ Princípio: *Nullum crimen, nulla poena sine praevia lege* (não há crime nem pena sem lei prévia).

As normas penais incriminadoras não são proibitivas e, sim, descritivas. Por exemplo, o art. 121 diz que matar alguém, no Código Penal, não é proibitivo, ou seja, não descreve "não matar". O tipo penal prevê uma conduta, que, se cometida, possuirá uma sanção (punição).

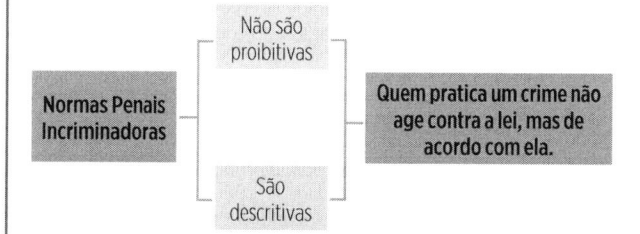

Normas Penais Incriminadoras
- Não são proibitivas
- São descritivas

Quem pratica um crime não age contra a lei, mas de acordo com ela.

A analogia no Direito Penal só é aceita para beneficiar o agente. Por exemplo, no antigo ordenamento jurídico, só era permitido realizar o aborto em decorrência do estupro (conjunção carnal), entretanto, a norma penal não abrangia o caso de atentado violento ao pudor (qualquer outro contato íntimo que não seja relação sexual vaginal). Caso a mulher viesse a engravidar em decorrência disso, realizava-se a analogia *in bonam partem*, permitindo também, nesse caso, o aborto. Contudo, cabe destacar que atualmente não há mais previsão do crime de atentado violento ao pudor no Código Penal, visto que hoje a conduta é tipificada no delito de estupro.

Fique Ligado
Medida Provisória não pode dispor sobre matéria penal, criar crimes e cominar penas, art. 62, § 1º, inciso I, alínea b CF/1988, somente Lei Ordinária.

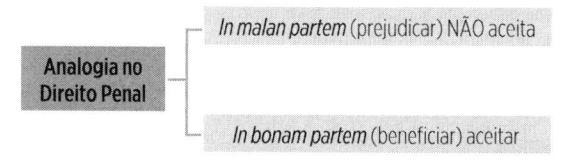

Analogia no Direito Penal
- *In malan partem* (prejudicar) NÃO aceita
- *In bonam partem* (beneficiar) aceitar

Normas Penais em branco são aquelas que precisam ser complementadas para que analisemos o caso concreto. Por exemplo, a vigente Lei de Drogas nº 11.343/06 dispõe sobre diversas condutas ilícitas, entretanto, o que é droga? Para constatar se determinada substância é droga ou não, o tipo penal deve ser complementado pela portaria da Agência Nacional de Vigilância Sanitária (Anvisa) nº 344/98, em que todas as substâncias que estiverem descritas serão consideradas como droga.

> **Fique Ligado**
>
> O princípio da Reserva Legal admite o uso de Normas Penais em branco.

A Analogia Penal é diferente de Interpretação Analógica, nessa situação, a conduta do agente é analisada dentro da própria norma penal, ou seja, é observado a forma como a conduta foi praticada, quais os meios utilizados. Sendo assim, a Interpretação Analógica sempre será possível, ainda que mais gravosa para o agente.

> **Art. 121.** Matar alguém:
> **Pena** - reclusão, de seis a vinte anos.
> **§ 2º** Se o homicídio é cometido:
> **III.** Com emprego de veneno, fogo, explosivo, asfixia, tortura ou outro meio insidioso ou cruel, ou de que possa resultar perigo comum;
> **Pena** - reclusão, de doze a trinta anos.

Nessa situação, caso o agente tenha cometido o homicídio utilizando-se de alguma das formas expostas no inciso III, ocorrerá a aplicação de uma pena mais gravosa, visto que a conduta qualifica o crime.

1.4 Interpretação da Lei Penal

A matéria **Interpretação da Lei Penal** passou a ser abordada com mais frequência pelos editais de concursos públicos. No entanto, quando cobrada, não costuma gerar muita dificuldade. Isso porque geralmente a banca examinadora aborda uma espécie de interpretação e questiona o seu significado na questão.

A interpretação da Lei Penal consiste em buscar o significado e a extensão da letra da lei em relação à realidade e à vontade do legislador.

Assim, a interpretação da Lei Penal divide-se em:

Quanto ao sujeito

Autêntica ou legislativa

É aquela realizada pelo mesmo órgão da qual emana, podendo vir no próprio texto legislativo ou em lei posterior.

Exemplo: conceito de funcionário público previsto no art. 327, CP.

Doutrina

É aquela realizada pelos doutrinadores – estudiosos do direito penal – normalmente encontrada em livros, artigos e documentos.

Exemplo: Código Penal comentado.

Jurisprudencial ou judicial

É aquela realizada pelo Poder Judiciário na aplicação do caso concreto, na busca pela vontade da lei. É a análise das decisões reiteradas sobre determinado assunto legal.

Exemplos: Súmulas do Tribunais Superiores e Súmula Vinculante.

Quanto ao modo

Literal ou gramatical

É aquela que busca o sentido literal das palavras.

Teleológica

É aquela que busca compreender a intenção ou a vontade da lei.

Histórica

É aquela que busca compreender o sentido da lei por meio da análise de momento e contexto histórico em que foi editada.

Sistemática

É aquela que analisa o sentido da lei em conjunto com todo o ordenamento jurídico (as Legislações em vigor, os Princípios Gerais de Direito, a Doutrina e a Jurisprudencial).

Progressiva

É aquela que busca adaptar a lei aos progressos obtidos pela sociedade.

1.4.3 quanto ao resultado

Declarativa

É aquela em que se encontra a perfeita correspondência entre a letra da lei e a intenção do legislador.

Restritiva

É aquela em que se restringe o alcance da letra da lei para que corresponda à real intenção do legislador. A lei diz mais do que deveria dizer.

Extensiva

É aquela em que se amplia o alcance da letra da lei para que corresponda à real intenção do legislador. A lei diz menos do que deveria dizer.

Analógica

É aquela em que a Lei Penal permite a ampliação de seu conteúdo por meio da utilização de uma expressão genérica ou aberta pelo legislador.

Exemplo:

> **Art. 121, § 2º, III, CP.** Homicídio qualificado por emprego de veneno, fogo, explosivo, asfixia, tortura ou outro meio insidioso ou cruel, ou de que possa resultar perigo comum.

1.5 Conflito Aparente de Normas Penais

Fala-se em conflito aparente de normas penais quando duas ou mais normas aparentemente parecem reger o mesmo tema. Na prática, uma conduta pode se enquadrar em mais de um tipo penal, mas isso é tão somente aparente, pois os princípios do direito penal resolvem esse fato. São eles:

a) Princípio da Especialidade.
b) Princípio da Subsidiariedade.

c) Princípio da Consunção.
d) Princípio da Alternatividade.

Princípio da especialidade

A regra, nesse caso, é que a norma especial prevalecerá sobre a norma geral. Dessa forma, a norma no tipo penal incriminador é mais completa que a prevista na norma geral.

Isso ocorre, por exemplo, no crime de homicídio e infanticídio. O crime de infanticídio possui em sua elementar dados complementares que o tornam mais especial – completo – que a norma geral.

Repare as elementares do art. 123 do CP: 1) matar o próprio filho; 2) logo após o parto; 3) sob o estado puerperal. Esses são dados que, se presentes, tornam a conduta de matar alguém um crime específico, diferente do homicídio. Logo, o art. 123 (infanticídio) é considerado especial em relação ao art. 121 (homicídio), que pode ser entendido, nesse caso, como uma conduta genérica.

Princípio da subsidiariedade

Utiliza-se esse princípio sempre que a norma principal mais grave não puder ser utilizada. Nesse caso, usamos a norma subsidiária menos gravosa.

A subsidiariedade pode ser expressa ou tácita. Será expressa sempre que o próprio artigo de lei assim determinar. Um bom exemplo é o art. 239, que trata da simulação de casamento. O tipo penal prevê pena de detenção, de um a três anos, se o fato não constituir elemento de crime mais grave. Assim, caso não tenha ocorrido crime mais grave, será aplicada a pena expressa em lei. Porém, se ocorrer crime mais grave, deve ser aplicado somente esse, ficando atípico o fato menos grave.

A subsidiariedade tácita ocorre quando não há expressa referência na lei, mas, se um fato mais grave ocorrer, a norma subsidiária ficará afastada. Isso ocorre, por exemplo, no crime do art. 311 do Código de Trânsito Brasileiro (CTB). O artigo expressa a proibição da conduta de trafegar em velocidade incompatível com a segurança nas proximidades de escolas, hospitais, estações de embarques e desembarques de passageiros, logradouros estreitos ou onde houver grande movimentação ou concentração de pessoas, gerando perigo de dano.

Contudo, se o agente estiver conduzindo nessas condições e acabar por atropelar e matar alguém, responderá pelo crime do art. 302 do CTB, que descreve a figura do homicídio culposo na direção de veículo automotor. Assim, esse crime – mais grave – afastará aquele crime de perigo.

Princípio da consunção

Esse princípio pode ocorrer quando um crime "meio" é necessário ou durante a fase normal de preparação para outro crime. Por exemplo, o crime de lesão corporal fica absorvido pelo crime de homicídio, ou mesmo o crime de invasão de domicílio que fica absorvido pelo crime de furto.

Não estamos falando em norma especial ou geral, mas do crime mais grave que absorveu o crime menos grave, que simplesmente foi um meio necessário para a execução da conduta mais gravosa.

Ocorre também o princípio da consunção quando, por exemplo, o agente falsifica um documento com o intuito de cometer o crime de estelionato. Como o crime de falsificação é o meio necessário para o crime de estelionato, funcionando como a elementar fraude, fica por esse absorvido.

Nesse sentido, o STJ editou a Súmula 17, que diz o seguinte:
Súmula 17
Quando o falso se exaure no estelionato, sem mais potencialidade lesiva, é por este absorvido.

Outro ponto importante é quando se trata do assunto de crime progressivo e progressão criminosa. Pode-se afirmar o seguinte:

No **crime progressivo,** o agente tem um fim específico mais grave, contudo, necessariamente deve passar por fases anteriores menos graves. No final das contas, o crime progressivo é um meio para um fim. Isso ocorre no caso do dolo de matar, em que o agente obrigatoriamente tem que ferir a vítima antes, causando lesões corporais.

Aqui tem-se a aplicação do Princípio da Consunção. Por outro lado, a progressão criminosa ocorre quando o dolo inicial é menos grave e, no decorrer da conduta, o agente muda sua intenção para uma conduta mais grave (repare que há dois dolos).

Tem-se como exemplo do agente que inicia a conduta com o dolo de lesionar e desfere socos na vítima, contudo, no decorrer da ação muda de intenção lhe desfere golpes de faca, causando o resultado morte.

Veja que há duas intenções, contudo, o Código Penal punirá o agente somente pelo crime mais grave. Assim, no caso exemplificado, também

se aplica o Princípio da Consunção.

No entanto, pode ocorrer progressão criminosa com a incidência do concurso material, ou seja, aplicação de mais de um crime. Isso ocorre, por exemplo, no crime de roubo em que o agente no meio da conduta resolve estuprar a vítima, ou seja, tem-se a progressão criminosa com dois dolos, em que o agente responderá por dois crimes diversos.

Princípio da alternatividade

Esse princípio é aplicado nos chamados crimes de ação múltipla ou de conteúdo variado. Os penais descrevem várias condutas para um único crime. Tem-se como exemplo o art. 33 da Lei nº 11.343/2006:

> **Art. 33.** *Importar, exportar, remeter, preparar, produzir, fabricar, adquirir, vender, expor à venda, oferecer, ter em depósito, transportar, trazer consigo, guardar, prescrever, ministrar, entregar a consumo ou fornecer drogas, ainda que gratuitamente, sem autorização ou em desacordo com determinação legal ou regulamentar:*
> **Pena** *- reclusão de 5 (cinco) a 15 (quinze) anos e pagamento de 500 (quinhentos) a 1.500 (mil e quinhentos) dias-multa.*

Assim, pode-se afirmar que, se o agente tiver um depósito e vender a droga, não responderá por dois crimes, mas somente por crime único. Isso ocorre porque qualquer ação nuclear do tipo

NOÇÕES DE DIREITO PENAL, PROCESSUAL PENAL E LEGISLAÇÃO EXTRAVAGANTE

INTRODUÇÃO AO DIREITO PENAL E APLICAÇÃO DA LEI PENAL

representa o mesmo crime. Na prática, não há concurso material, respondendo o agente por uma pena somente.

→ Costume NÃO revoga nem altera lei.

→ Assim, pode-se dizer que há três princípios intrínsecos no art. 1º do Código Penal: da Legalidade, da Anterioridade e da Reserva Legal. É importante ressaltar que apenas a Lei Ordinária pode versar sobre matéria penal, tanto para criá-las quanto para extingui-las.

Não obstante, convém ressaltar os preceitos existentes nos tipos penais. Por exemplo: art. 121, Código Penal, matar alguém. Pena de 6 a 20 anos. O preceito primário seria a conduta do agente – matar alguém – e o preceito secundário seria a cominação da pena de 6 a 20 anos. Para ser considerado crime, é fundamental que existam os dois preceitos.

1.6 Lei Penal no Tempo

Art. 2º Ninguém pode ser punido por fato que lei posterior deixa de considerar crime, Cessado em virtude dela a execução e os efeitos penais da sentença condenatória.

Parágrafo único. A Lei posterior, que de qualquer forma modo favorecer o agente, aplica-se aos fatos anteriores, ainda que decididos por sentença transitada em julgado.

1.6.1 conflito temporal

Regra: irretroatividade da lei.

Exceção: retroatividade para beneficiar o réu.

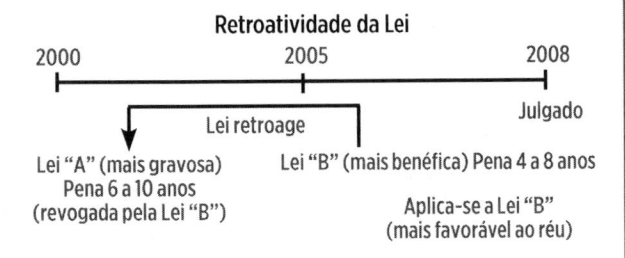

Retroatividade da Lei

```
2000              2005              2008
|-----------------|-----------------|
                  Lei retroage      Julgado
Lei "A" (mais gravosa)   Lei "B" (mais benéfica) Pena 4 a 8 anos
Pena 6 a 10 anos
(revogada pela Lei "B")   Aplica-se a Lei "B"
                          (mais favorável ao réu)
```

Em regra, o Código Penal sempre adota a lei vigente ("A") no momento da ação ou omissão do agente. Sendo assim, se um crime for cometido nessa época, o agente irá responder pelo fato descrito no tipo penal. Contudo, por vezes, o processo se estende no tempo, e o julgamento do agente demora a acontecer. Nesse lapso temporal, caso sobrevenha uma nova Lei ("B"), que torne mais branda a sanção aplicada, esta irá retroagir ao tempo do fato, beneficiando o réu.

Ultratividade da lei

```
2000              2005              2008
|-----------------|-----------------|
Lei "A" (mais    Lei "B" (mais     Aplica-se a Lei
benéfica)        gravosa) Pena 6 a  "A" (mesmo
Pena 4 a 8 anos  10 anos            revogada)
Lei revogada
```

Não obstante a regra da irretroatividade, pode ocorrer a chamada ultratividade de lei mais benéfica. Seria o caso que, no momento da ação, vigorava a Lei "A", entretanto, no decorrer do processo, entrou em vigência nova Lei "B", revogando a Lei "A", tornando mais gravosa a conduta anteriormente praticada pelo agente.

Sendo assim, no momento do julgamento, ocorrerá a ultratividade da lei, ou seja, a Lei "A", mesmo não estando mais em vigor, irá ultra-agir ao momento do julgamento para beneficiar o réu, por ser menos gravosa a punição que o agente irá receber.

Abolitio criminis (abolição do crime)

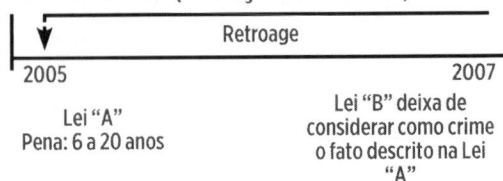

```
         Retroage
2005              2007
Lei "A"           Lei "B" deixa de
Pena: 6 a 20 anos considerar como crime
                  o fato descrito na Lei
                  "A"
```

Consequências:

> Tranca e extingue o inquérito policial e a ação penal.

> Cassa imediatamente a execução de todos os efeitos penais.

> Não alcança os efeitos civis da condenação.

Em relação à *Abolitio Criminis,* ocorre o seguinte fato: quando uma conduta que antes era tipificada como crime pelo Código Penal deixa de existir, ou seja, passa a não ser mais considerada crime, dizemos que ocorreu a abolição do crime. Diante disso, cessam imediatamente todos os efeitos penais que incidiam sobre o agente: tranca e extingue o inquérito policial. Caso o acusado esteja preso, deve ser posto em liberdade. Entretanto, não extingue os efeitos civis, ou seja, caso o agente tenha sido impelido em ressarcir a vítima da sua conduta mediante o pagamento de multa, essa ainda assim deverá ser paga.

Importante ressaltar que a lei que beneficia o réu não se trata de uma faculdade do juiz, mas de um dever que deve ser adotado em benefício do acusado.

1.7 Crimes Permanentes ou Continuados

Nos crimes permanentes, ou seja, naqueles em que a consumação se prolonga no tempo, aplica-se ao fato a lei que estiver em vigência quando cessada a atividade, mesmo que mais grave (severa) que a lei em vigência quando da prática do primeiro ato executório. O crime se perpetua no tempo, enquanto não cessada a permanência. É o que ocorre, por exemplo, com o crime de sequestro e cárcere privado. Assim, será aplicada a lei que estiver em vigência quando da libertação da vítima. Observa-se, então, o momento em que cessa a permanência, para daí se determinar qual é a norma a ser aplicada. É o que estabelece a Súmula 711 do Supremo Tribunal Federal (STF).

Súmula 711
A lei penal mais grave aplica-se ao crime continuado ou ao crime permanente, se a sua vigência é anterior à cessação da continuidade ou da permanência.

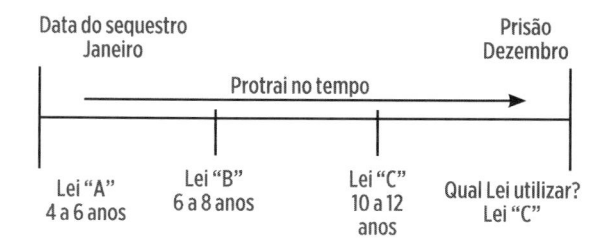

```
Data do sequestro                                    Prisão
    Janeiro                                         Dezembro
       |————————— Protrai no tempo —————————————>
       |            |              |              |
    Lei "A"      Lei "B"        Lei "C"      Qual Lei utilizar?
    4 a 6 anos   6 a 8 anos     10 a 12           Lei "C"
                                 anos
```

Exemplo: O sequestro é um crime que se protrai no tempo, ou seja, a todo instante ele está se consumando; qualquer que seja o momento da prisão, o agente estará em flagrante. Assim, nos casos de crimes permanentes ou continuados, aplica-se a pena no momento em que cessar a conduta do agente, ainda que mais grave ou mais branda. Independe nessa circunstância a quantificação da pena, isto é, a lei vigente será considerada no momento que cessou a conduta do agente ou a privação de liberdade da vítima, com a prisão dos acusados.

1.8 Lei Excepcional ou Temporária

Art. 3º A Lei excepcional ou temporária, embora decorrido o período de sua duração ou cessada as circunstâncias que a determinaram, aplica-se ao fato praticado durante sua vigência.

Lei Excepcional: utilizada em períodos de anormalidade social.

Exemplo: guerra, calamidades públicas, enchentes, grandes eventos etc.

Lei Temporária: período previamente fixado pelo legislador.

Exemplo: lei que configura o crime de pescar em certa época do ano (piracema). Após lapso de tempo previamente determinado, a lei deixa de considerar tal conduta como crime.

Exemplo:

→ de 2005 a 2006, o fato "A" era considerado crime. Aqueles que infringiram a lei responderam posteriormente, mesmo o fato não sendo considerado mais crime.

→ Só ocorre retroatividade se a lei posterior expressamente determinar.

É importante ressaltar que são leis excepcionais e temporárias, ou seja, a lei irá vigorar por determinado tempo. Após o prazo determinado, tal conduta não mais será considerada crime. Entretanto, durante a sua vigência, todos aqueles que cometerem o fato tipificado em tais normas, mesmo encerrada sua vigência, serão punidos.

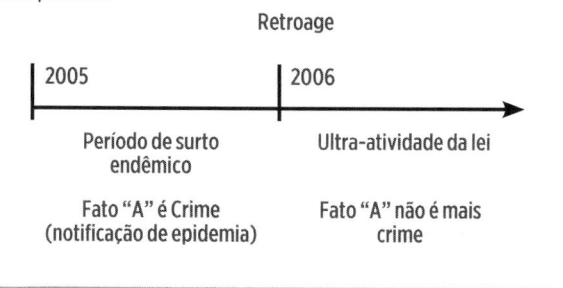

```
                    Retroage
       |————————————————————————————————>
       | 2005              | 2006
       |                   |
   Período de surto    Ultra-atividade da lei
     endêmico
   Fato "A" é Crime    Fato "A" não é mais
(notificação de epidemia)      crime
```

Fique Ligado
Não existe abolitio criminis de Lei Temporária ou Excepcional.

1.9 Tempo do Crime

Art. 4º Considera-se praticado o crime no momento da ação ou omissão, ainda que outro seja o momento do resultado.

Teoria da Atividade: o crime reputa-se praticado no momento da conduta (momento da execução).

Fique Ligado
A imputabilidade do agente deve ser aferida no momento em que o crime é praticado.

```
                                 3 meses depois
"A" com 17 anos e 11 meses         "B" morre
|————————————————————————————————————>
        Atira em "B"             "A" com + de
                                   18 anos
```

Este princípio traz o momento da ação do crime, ou seja, independentemente do resultado, para aplicação da lei penal, é considerado o momento exato da prática delituosa, seja ela comissiva (ação) ou omissiva (omissão).

Exemplo: O menor "A" comete disparos de arma de fogo contra "B", vindo a feri-lo. Entretanto, devido às lesões causadas pelos disparos, três meses depois do fato, "B" vem a falecer. Nessa época, mesmo "A" tendo completado sua maioridade penal (18 anos), ainda assim não poderá ser punido, pois, no momento em que praticou a conduta (disparos contra "B"), era inimputável.

Devemos, contudo, ficar atentos aos crimes permanentes e continuados. É o caso do sequestro, por exemplo, em que o crime se consuma a todo instante em que houver a privação de liberdade da vítima.

```
"A" com 17 anos e 11 meses          3 meses depois
|————————————————————————————————————>
     Sequestra "B"          |       Preso com 18
                            |          anos
                         Crime de
                         sequestro
```

No exemplo em questão, "A" não será mais inimputável, pois, no momento de sua prisão, já completou 18 anos, não sendo considerado o momento em que se iniciou a ação, mas, sim, quando cessou.

1.10 Lugar do Crime

Art. 6º Considera-se praticado o crime no lugar em que ocorreu a ação ou omissão, no todo ou em parte, bem como onde se produziu ou deveria produzir-se o resultado.

Teoria da Ubiquidade: utilizada no caso de um crime ser praticado em território nacional e o resultado ser produzido no estrangeiro. O foro competente será tanto o lugar da ação ou omissão quanto o local em que produziu ou deveria produzir-se o resultado.

```
Ambos os lugares são competentes para jugar o processo
|————————————————————————————————————>
"A", manda uma                    A carta explote
carta bomba                       efetivamente
pelo correio para                 em LONDRES.
LONDRES.
Local da ação                     Local que produziu
ou omissão                        ou deveria produzir
                                  o resultado
```

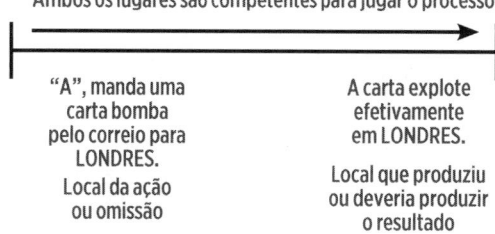

Exemplo: "A", residente no Brasil, enviou uma carta-bomba pelo correio para Londres, na Inglaterra. Sendo assim, a carta efetivamente explode naquele país. Desse modo, tanto o Brasil quanto a Inglaterra serão competentes para julgar "A".

Não se aplica a teoria do "resultado".

São considerados para os crimes a distância países diferentes.

Não confundir os artigos.

Lugar	Art. 6º
Ubiquidade	
Tempo	Art. 4º
Atividade	

1.11 Da Lei Penal no Espaço

Da territorialidade

Antes de iniciar o estudo deste tópico, tenha em mente que iremos estudar a Lei Penal e não a Lei Processual Penal, que segue outra regra específica.

Aqui trataremos de como se comporta a Lei Penal Brasileira quando ocorrerem crimes no exterior, ou seja, a extraterritorialidade da lei penal. Portanto, a extraterritorialidade abrange apenas a Lei Penal, excluindo-se a Lei Processual Penal.

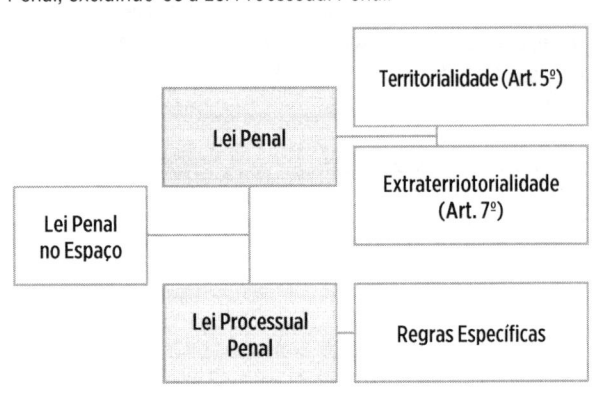

```
Lei Penal ─┬─ Lei Penal ─┬─ Territorialidade (Art. 5º)
no Espaço  │             └─ Extraterriotorialidade (Art. 7º)
           └─ Lei Processual Penal ── Regras Específicas
```

A territorialidade refere-se à aplicação da Lei Penal dentro do próprio Estado que a editou. Dessa forma, quando se aplica a lei brasileira em território nacional, utiliza-se o conceito de Territorialidade.

A territorialidade é tratada no art. 5º, CP: *aplica-se a lei brasileira, sem prejuízo de convenções, tratados e regras de direito internacional, ao crime cometido no território nacional.*

Território Nacional Próprio

Art. 5º

> Lei Brasileira:
> sem prejuízo.
> Convenções, tratados e regras internacionais:
> imunidades.

§1º Território por extensão ou assimilação.

Embarcação ou aeronave brasileira pública (em qualquer lugar).

Embarcação ou aeronave brasileira privada a serviço do Estado brasileiro (em qualquer lugar).

Embarcação ou aeronave brasileira mercante ou privada, desde que não esteja em território alheio.

A extraterritorialidade é tratada no Art. 7º.

Art. 7º Ficam sujeitos a Lei Brasileira, embora cometidos no estrangeiro:

I. Os crimes:

a) contra a vida ou a liberdade do Presidente de República;

b) contra o patrimônio ou a fé pública da União, do Distrito Federal, de Estado, de Território, de Município, de empresa pública, sociedade de economia mista, autarquia ou fundação instituída pelo Poder Público;

c) contra a administração pública, por quem está a seu serviço;

d) de genocídio, quando o agente for brasileiro ou domiciliado no Brasil;

II. Os crimes:

a) que, por tratado ou convenção, o Brasil se obrigou a reprimir;

b) praticados por brasileiros;

c) praticados em aeronaves ou embarcações brasileiras, mercantes ou de propriedade privada, quando em território estrangeiro e aí não venham a ser julgados.

§ 1º Nos casos do inciso I, o agente é punido segundo a lei brasileira, ainda que absolvido ou condenado no estrangeiro.

§ 2º Nos casos do inciso II, a aplicação da lei brasileira depende do concurso das seguintes condições:

a) entra o agente no território nacional;

b) ser o fato punível também no país em que foi praticado;

c) estar o crime incluído entre aqueles pelos quais a lei brasileira autoriza a extradição;

d) não ter sido o agente absolvido no estrangeiro ou aí não ter cumprido pena;

e) não ter sido o agente perdoado no estrangeiro, ou, por outro motivo não estar extinta a punibilidade, segundo a lei mais favorável.

§ 3º A lei brasileira aplica-se também ao crime cometido por estrangeiro contra brasileiro fora do Brasil, se reunidas as condições previstas no parágrafo anterior:

a) não pedida ou negada sua extradição;

b) houve requisição do Ministro da Justiça.

Território nacional

Podemos conceituar território nacional como sendo o espaço onde certo Estado possui sua soberania.

Elementos que constituem um Estado soberano:

> Território.
> Povo.
> Soberania – governo autônomo e independente.

Considera-se como território nacional as limitações geográficas do país, incluindo o mar territorial, que representa a extensão de 12 milhas do mar a contar da costa, sempre na maré baixa. O Código Penal considera também como território nacional o espaço aéreo respectivo e o espaço aéreo correspondente ao território nacional. Esse sempre deve ser considerado como território próprio.

É preciso considerar também como território nacional o chamado território por extensão, assimilação ou impróprio, que é descrito no § 1º do art. 5º do Código Penal.

§ 1º *Para os efeitos penais, consideram-se como extensão do território nacional as embarcações e aeronaves brasileiras, de natureza pública ou a serviço do governo brasileiro, onde quer que se encontrem, bem como as aeronaves e as embarcações brasileiras, mercantes ou de natureza privada, que se achem, respectivamente no espaço aéreo correspondente ou em alto mar.*
§ 2º *É também aplicável a lei brasileira aos crimes praticados a bordo de aeronaves ou embarcações estrangeiras, de propriedade privada, achando-se aquelas em pouso no território nacional ou em voo no espaço aéreo correspondente, e estas em porto ou mar territorial do Brasil.*

Como mencionado, a Lei Penal aplica-se em todo o território nacional próprio ou por assimilação. Por esse princípio aplica-se aos nacionais ou estrangeiros (mesmo que irregular) a Lei Penal brasileira.

Contudo, em alguns casos, mesmo o fato sendo praticado no Brasil, não se aplica a Lei Penal. Isso se dá em razão de convenções, tratados e regras de direito internacional em que o Brasil abre mão de punir a conduta, ou seja, nesses casos não se aplicará a Lei Brasileira.

Dessa forma, o Princípio da Territorialidade da Lei Penal é mitigado, isto é, não é adotado de forma absoluta e, sim, temperada. Por esse motivo denomina-se Princípio da Territorialidade Temperada.

Pode-se citar como exemplo as imunidades diplomáticas e consulares concedidas aos diplomatas e aos cônsules que exercem suas atividades no Brasil, por meio de adesão do Brasil às convenções de Viena (1961 e 1963).

Quando se fala em território nacional, obrigatoriamente devem ser analisadas algumas regras: todas as embarcações ou aeronaves brasileiras de natureza pública, onde quer que se encontrem, são consideradas extensão do território nacional.

Embarcações e aeronaves de natureza privada serão consideradas extensão do território nacional quando estiverem, respectivamente, em alto mar, no mar territorial brasileiro ou no espaço aéreo correspondente. Preste bem atenção: as embarcações e aeronaves de natureza privada que não estiverem a serviço do Brasil somente responderão pela lei brasileira se estiverem em território nacional.

Exemplo: Um navio brasileiro privado que se encontre no mar territorial da Argentina se submeterá Leis Penais Argentinas, ou seja, caso um brasileiro mate alguém naquele local, a lei a ser aplicada é a Lei Penal Argentina, pois o navio não está a serviço do Brasil.

Por outro lado, se o navio estiver em alto mar (terra de ninguém; aplica-se o princípio do pavilhão ou da bandeira) e ostentar a bandeira brasileira e lá um marujo matar o outro, a competência é da lei brasileira.

A mesma regra se aplica para as aeronaves. Outra questão interessante é o caso de uma aeronave a serviço do Brasil (Força Aérea Brasileira) pousar em um país distinto e o piloto cometer um crime. Nesse caso, aplica-se a lei brasileira. Caso a aeronave seja particular, aplica-se a lei do país onde a aeronave tiver pousado.

Outra questão interessante é se o piloto sair do aeroporto e fora cometer um crime do lado de fora. Nesse caso, deve ser questionado se o piloto estava em serviço oficial ou não, pois, caso esteja, aplica-se a lei penal brasileira; em caso contrário, aplica-se a lei do país onde o crime foi cometido.

Resumo dos Conceitos

> Território nacional: é o espaço onde determinado Estado exerce com exclusividade sua soberania.
> Território próprio: toda a extensão territorial geográfica (o mapa), acrescida do mar territorial, que possui a extensão de 12 milhas mar adentro, a contar da baixa maré (litoral).
> Território por extensão: embarcações e aeronaves brasileiras – públicas ou a serviço do Estado (qualquer lugar do mundo) e privadas em águas ou terras de ninguém.
> Territorialidade: aplicação da lei penal no território nacional.
> Territorialidade absoluta: impossibilidade para aplicação de convenções, tratados e regras de direito internacional ao crime cometido no território nacional.
> Territorialidade temperada: adota como regra a aplicação da lei penal brasileira no território nacional. Entretanto, com determinadas hipóteses, permite a aplicação de lei penal estrangeira a fatos cometidos no Brasil (art. 5º do CP).
> Imunidade: exclusão da aplicação da lei penal.
> Imunidade diplomática e consular: são imunidades previstas em convenções internacionais chanceladas pelo Brasil.
> Imunidade parlamentar: previstas na Constituição Federal aos membros do Poder Legislativo.

Princípios da aplicação da lei penal no espaço

> Próprio.
> Por assimilação ou extensão.

Embarcação e aeronaves brasileiras: públicas ou a serviço do Estado (em qualquer parte do planeta); privadas ou marcantes em águas ou terras de ninguém.

Passa-se à análise dos princípios que regulam a aplicação da Lei Penal no Espaço.

Princípio da territorialidade

A lei penal de um país será aplicada aos crimes cometidos dentro de seu território. O Estado soberano tem o dever de exercer jurisdição sobre as pessoas que estejam sem seu território.

Princípio da nacionalidade

É classificado também como Princípio da Personalidade. Os cidadãos de um determinado país devem obediência às suas leis, onde quer que se encontrem. Pode-se dividir esse princípio em:

→ Princípio da Nacionalidade Ativa: aplica-se a lei nacional ao cidadão que comete crime no estrangeiro, independentemente da nacionalidade do sujeito passivo ou do bem jurídico lesado.

→ **Princípio da Nacionalidade Passiva:** o fato praticado pelo cidadão nacional deve atingir um bem jurídico de seu próprio estado ou de um concidadão.

Princípio da defesa, real ou de proteção

Considera-se a nacionalidade do bem jurídico lesado (sujeito passivo), independentemente da nacionalidade do sujeito ativo ou do local da prática do crime.

Princípio da justiça penal universal ou da universalidade

Todo Estado tem o direito de punir todo e qualquer crime, independentemente da nacionalidade do criminoso, do bem jurídico lesado ou do local em que o crime foi praticado, bastando que o criminoso se encontre dentro do seu território. Assim, qualquer pessoa que cometa crime dentro do território nacional será processado e julgado aqui.

Princípio da representação

A Lei Penal Brasileira também será aplicada aos delitos cometidos em aeronaves e embarcações privadas brasileiras quando se encontrarem no estrangeiro e não venham a ser julgadas.

Fique Ligado

O Código Penal brasileiro adota o princípio da Territorialidade como regra e os outros como exceção. Assim, os outros princípios visam disciplinar a aplicação extraterritorial da Lei Penal brasileira.

Extraterritorialidade

Art. 7º *Ficam sujeitos à lei brasileira, embora cometidos no estrangeiro:*

I. Os crimes:

a) contra a vida ou a liberdade do Presidente da República;

b) contra o patrimônio ou a fé pública da União, do Distrito Federal, de Estado, de Território, de Município, de empresa pública, sociedade de economia mista, autarquia ou fundação instituída pelo Poder Público;

c) contra a administração pública, por quem está a seu serviço;

d) de genocídio, quando o agente for brasileiro ou domiciliado no Brasil;

II. Os crimes:

a) que, por tratado ou convenção, o Brasil se obrigou a reprimir;

b) praticados por brasileiro;

c) praticados em aeronaves ou embarcações brasileiras, mercantes ou de propriedade privada, quando em território estrangeiro e aí não sejam julgados.

§ 1º Nos casos do inciso I, o agente é punido segundo a lei brasileira, ainda que absolvido ou condenado no estrangeiro.

§ 2º Nos casos do inciso II, a aplicação da lei brasileira depende do concurso das seguintes condições:

a) entrar o agente no território nacional;

b) ser o fato punível também no país em que foi praticado;

c) estar o crime incluído entre aqueles pelos quais a lei brasileira autoriza a extradição;

d) não ter sido o agente absolvido no estrangeiro ou não ter aí cumprido a pena;

e) não ter sido o agente perdoado no estrangeiro ou, por outro motivo, não estar extinta a punibilidade, segundo a lei mais favorável.

§ 3º A lei brasileira aplica-se também ao crime cometido por estrangeiro contra brasileiro fora do Brasil, se, reunidas as condições previstas no parágrafo anterior:

a) não foi pedida ou foi negada a extradição;

b) houve requisição do Ministro da Justiça.

A regra é: a Lei Penal brasileira se aplica apenas aos crimes praticados no Brasil (conforme estudado no art. 5º do Código Penal). No entanto, há situações que, por força do art. 7º, Estado pode aplicar sua legislação penal no estrangeiro. Nessa norma, encontram-se diversos princípios. São eles:

Da defesa ou real: amplia a aplicação da lei penal em decorrência da gravidade da lesão. É o aplicável no art. 7º, nas alíneas do inciso I.

a) contra a vida ou a liberdade do Presidente da República.

Caso seja a prática de latrocínio, não há a extensão da lei brasileira, visto que o latrocínio é considerado crime contra o patrimônio.

b) contra o patrimônio ou a fé pública da União, do Distrito Federal, de Estado, de Território, de Município, de empresa pública, sociedade de economia mista, autarquia ou fundação instituída pelo Poder Público;

c) contra a administração pública, por quem está a seu serviço;

d) de genocídio, quando o agente for brasileiro ou domiciliado no Brasil.

Há discussão sobre qual o princípio aplicável nesse caso, havendo quem sustente ser da defesa, outros dizem ser da nacionalidade ativa e outra corrente, ainda, afirma ser relacionado ao princípio da Justiça Penal Universal.

Justiça Penal Universal (também chamada de Justiça Cosmopolita): amplia a aplicação da legislação penal brasileira em decorrência da de tratado ou convenção que o Brasil é signatário. Vem normatizada pelo Art. 7º, inciso II, alínea "a":

a) Que, por tratado ou convenção, o Brasil se obrigou a reprimir.

Nacionalidade Ativa: amplia a aplicação da legislação penal brasileiro ao exterior caso o crime seja praticado por brasileiro. Está prevista no art. 7º, inciso II, alínea "b":

b) Praticados por brasileiro.

Representação (também chamado de Pavilhão ou da Bandeira ou da Substituição): amplia a aplicação da legislação penal brasileira em decorrência do local em que o crime é praticado. Vem normatizada pelo art. 7º, inciso II, alínea "c":

c) Praticados em aeronaves ou embarcações brasileiras, mercantes ou de propriedade privada, quando em território estrangeiro e aí não sejam julgados.

Nacionalidade Passiva: amplia a aplicação da legislação penal brasileira em decorrência da nacionalidade da vítima do crime. Vem normatizada pelo art. 7º, §3º:

§3º A lei brasileira aplica-se também ao crime cometido por estrangeiro contra brasileiro fora do Brasil.

A regra de que a Legislação Penal brasileira será aplicada no exterior vale apenas para os crimes e nunca para as contravenções penais. Apesar de a lei prever no art. 7º que a lei brasileira também será aplicada no exterior, há determinadas regras para essa aplicação, também normatizadas pelos parágrafos do artigo em questão. Vejamos:

Extraterritorialidade incondicionada: é a prevista para os casos normatizados no art. 7º, inciso I, alíneas "a" até "d". Segundo o Código Penal, o agente será processado de acordo com a lei brasileira, mesmo se for absolvido ou condenado no exterior (conforme normatizado pelo §1º do art. 7º). Não exige qualquer condição.

Extraterritorialidade condicionada: é a prevista para os casos normatizados no art. 7º, § 2º, alíneas "a" até "e". São as condições:

> **a)** Entrar o agente no território nacional.
> **b)** Ser o fato punível também no país em que foi praticado.
> **c)** Estar o crime incluído entre aqueles pelos quais a lei brasileira autoriza a extradição.
> **d)** Não ter sido o agente absolvido no estrangeiro ou cumprido a pena.
> **e)** Não ter sido o agente perdoado no estrangeiro.

Não estará extinta a punibilidade do agente, seja pela brasileira ou pela lei estrangeira.

Extraterritorialidade hipercondicionada: é prevista para os casos normatizados no art. 7º, §3º. É chamado pela doutrina de hipercondicionada porque exige, além das condições da extraterritorialidade condicionada, outras duas. São condições:

> Não ser pedida ou, se pleiteada, negada a extradição.
> Requisição do Ministro da Justiça.

1.12 Pena Cumprida no Estrangeiro

> **Art. 8º** A pena cumprida no estrangeiro atenua a pena imposta no Brasil pelo mesmo crime, quando diversas, ou nela é computada, quando idênticas.

Caso o agente seja processado, condenado e cumprido pena no exterior, estipula-se no art. 7º que, caso venha a ser condenado pelo mesmo fato no Brasil (no caso da extraterritorialidade incondicionada), deverá se verificar:

Se as penas são idênticas, ou seja, da mesma natureza. Caso positivo, deverá ser computada como cumprida no Brasil.

Exemplo: as duas são privativas de liberdade.

Se as penas são diversas, ou seja, de natureza diferente. Nesse caso, deverá haver uma atenuação.

Exemplo: no exterior, o agente cumpriu pena restritiva de liberdade e, no Brasil, foi condenado e teve sua pena substituída pela prestação de serviços comunitários. Neste caso, deverá se atenuar a pena no Brasil.

1.13 Eficácia de Sentença Estrangeira

> **Art. 9º** A sentença estrangeira, quando a aplicação da lei brasileira produz na espécie as mesmas consequências, pode ser homologada no Brasil para:
> **I.** Obrigar o condenado à reparação do dano, a restituições e a outros efeitos civis;
> **II.** Sujeitá-lo a medida de segurança.
> **Parágrafo único.** A homologação depende:
> **a)** para os efeitos previstos no inciso I, de pedido da parte interessada;
> **b)** para os outros efeitos, da existência de tratado de extradição com o país de cuja autoridade judiciária emanou a sentença, ou, na falta de tratado, de requisição do Ministro da Justiça.

A regra geral é de que a sentença penal estrangeira não precisa ser homologada para produzir efeitos no Brasil. No entanto, o art. 9º traz duas situações que necessitam da homologação para que a sentença produza efeitos no Brasil. São elas:

Para a produção de efeitos civis (por exemplo, reparação de danos, restituições, entre outros). Nesse caso, depende do pedido da parte interessada.

Para a aplicação de medida de segurança ao agente da Infração Penal. Caso exista tratado de extradição, necessita de requisição do Procurador-Geral da República. Caso inexista tratado de extradição, necessita de requisição do Ministro da Justiça.

1.14 Contagem de Prazo

> **Art. 10** O dia do começo inclui-se no cômputo do prazo. Contam-se os dias, os meses e os anos pelo calendário comum.

A regra aqui é diferente da processual, visto que o dia em que se começa a contar o prazo penal é incluído no cômputo do prazo. Por exemplo, imagine que determinado agente tenha praticado uma infração penal em 10 de agosto de 2012. Supondo que essa infração penal possui um prazo prescricional de 8 anos, a pretensão punitiva irá prescrever em 9 de agosto de 2020.

1.15 Frações Não Computáveis da Pena

> **Art. 11.** Desprezam-se, nas penas privativas de liberdade e nas restritivas de direitos, as frações de dia, e, na pena de multa, as frações de cruzeiro.

Caso após o cálculo da pena, remanesçam frações de dia. Por exemplo, o agente é condenado à pena de 15 dias de detenção, com uma causa de aumento de 1/2, sendo a pena final de 22,5 dias. Com a aplicação do art. 11, despreza-se a fração de metade e a pena final é de 22 dias.

Do mesmo modo, aplica-se a regra à pena de multa, não sendo condenado o agente a pagar os centavo do valor aplicado.

1.16 Legislação Especial

> **Art. 12.** As regras gerais deste Código aplicam-se aos fatos incriminados por lei especial, se esta não dispuser de modo diverso.

As infrações penais não estão descritas apenas no Código Penal, mas também em outras leis, chamadas de leis especiais. Nesses casos, são aplicadas as regras gerais do Código Penal, desde que a legislação especial não disponha de modo diverso.

2. DO CRIME

2.1 Relação de Causalidade

Teoria da equivalência dos antecedentes

A ação ou omissão tem que dar causa ao resultado.

Relação de Causalidade

Art. 13 O resultado, de que depende a existência do crime, somente é imputável a quem lhe deu causa. Considera-se causa a ação ou omissão sem a qual o resultado não teria ocorrido.

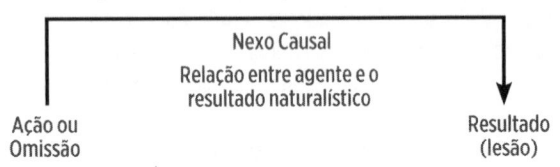

Nesse caso, antes de tudo, é importante mencionar sobre a responsabilidade do agente. Para o Código Penal, existem duas formas de responsabilidade: subjetiva e objetiva.

Subjetiva: o agente pode ser punido na modalidade culposa, quando não queria o resultado. É o imperito, imprudente ou negligente. A modalidade dolosa ocorre quando o agente quis ou assumiu o risco do resultado. O Código Penal sempre irá punir sobre aquilo que o agente queria causar, sobre a intenção no momento da conduta.

Objetiva: a responsabilidade objetiva não é mais adotada, visto que sempre haveria a punição por dolo, não se admitindo a forma culposa.

Exemplo: "A" dispara dois tiros em "B". Os tiros efetivamente acertam "B" causando sua morte. Nessa situação, a ação de "A" deu causa ao resultado (morte de "B"), mantendo uma relação de causa × efeito, com resultado naturalístico: morte.

Superveniência de causa independente

§ 1º A superveniência de causa relativamente independente exclui a imputação quando, por si só, produziu o resultado; os fatos anteriores, entretanto, imputam-se a quem os praticou.

Exemplo: "A" atira em "B", contudo, "B" morre devido a um veneno ingerido anteriormente. A causa efetiva da morte de "B" foi envenenamento e não o disparo efetuado por "A". Nessa situação, "A" responderá apenas por tentativa de homicídio.

Neste exemplo, a causa da morte não foi efetivamente o tiro disparado por "A", mas o veneno ingerido anteriormente.

Sendo assim, não foi efetivamente o disparo que causou o resultado naturalístico da morte de "B".

Exemplo: "A" atira na cabeça de "B", que é socorrido por uma ambulância e, no trajeto para o hospital, o veículo capota causando a morte de "B". Mesmo "A" tendo concorrido diretamente para que "B" estivesse na ambulância, o código penal manda que "A" responda somente por tentativa de homicídio.

O fato que ocorre após a conduta do agente, entretanto, não ocorreria se a ação ou omissão não tivesse acontecido.

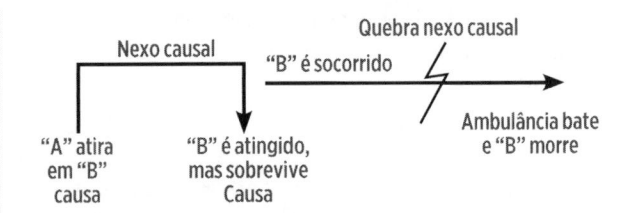

No exemplo anterior, digamos que "B" tenha sido socorrido com sucesso. Entretanto, devido ao ferimento na cabeça, precisou se submeter a uma intervenção cirúrgica imprescindível e, durante o procedimento, devido a complicações, vem a falecer. Nessa situação, "A" responderá por homicídio consumado, pois ninguém está obrigado a submeter-se a intervenções cirúrgicas. A mesma situação ocorre se, devido à internação, "B" contraia infecção hospitalar, vindo a falecer. Nessas duas hipóteses, "A" responderá pelo crime consumado, segundo entendimento do Superior Tribunal de Justiça (STJ). Cabe ressaltar que, mesmo "B" estando no hospital, se ele falecer devido a um desmoronamento provocado por um terremoto, haverá novamente a quebra do nexo causal, como no acidente com a ambulância. Assim, "A" responderá somente pela tentativa de homicídio.

Relevância da omissão

O "dever" de agir é um dever jurídico. É dever do garantidor ou garantia, imposto por lei. Quando da omissão, o agente tem a possibilidade e o dever jurídico de agir e omite-se.

Exemplo: Dois policiais observam uma pessoa sendo vítima de roubo e nada fazem. Nesse caso, os agentes, tendo a possibilidade e o dever de agir, omitiram-se. Nessa situação, ambos responderão pelo resultado, ou seja, por roubo.

§ 2º A omissão é penalmente relevante quando o omitente devia e podia agir para evitar o resultado. O dever de agir incumbe a quem:
a) Tenha por Lei obrigação de cuidado, proteção ou vigilância; (dever legal).

Exemplos: Pai que deixa de alimentar o filho, que vem a morrer de inanição.

Carcereiro que observa o preso agonizando à beira da morte e nada faz.

b) De outra forma, assumiu a responsabilidade de impedir o resultado; (dever do garantidor).

Exemplos: Babá que descuida da criança e a deixa morrer. Salva-vidas que observa banhista se afogar e nada faz.

c) Com seu comportamento anterior, criou o risco da ocorrência do resultado.

Exemplo: Homem se propõe a ajudar um idoso a atravessar a rua, porém, no meio do caminho, o homem abandona o idoso, que morre atropelado.

Esses crimes são chamados de crimes omissivos impróprios, comissivos por omissão ou ainda participação por omissão. Em todos esses casos, o omitente responderá pelo resultado, a não ser que este não lhe possa ser atribuído nem por dolo nem por culpa. O agente deve ter consciência de que se encontra na função de agente garantidor.

2.2 Da Consumação e Tentativa

Art. 14 Diz-se do Crime:
I. Consumado, quando nele se reúnem todos os elementos de sua definição legal.

```
                    "Iter Criminis"
                   (caminho do crime)
  Cogitação ─────────────────────────── Consumação
            Preparação        Execução
                │                 │
                ▼                 ▼
   Não se pune a preparação salvo      O crime se torna
   se por si só constituir crime           punível
   autônomo (independente)
```

Para que o crime seja consumado, é necessário que ele percorra todas as fases do iter criminis: cogitação, preparação, execução e consumação. O agente, com sua conduta, "caminha" por todas as fases até atingir o resultado.

Exemplo: Fabrício tem vontade de matar (animus necandi) Pedro, e pensa em uma forma de consumar seu desejo (cogitação). Para isso, compra um revólver e munições (preparação) e desloca-se até a casa da vítima. Ao avistar Pedro, inicia os disparos (execução) contra ele, ferindo-o mortalmente (consumação).

O Código Penal não admite a punição nas fases de **cogitação** e **preparação**, salvo se constituírem **crimes autônomos**. No caso citado anteriormente, se Fabrício fosse preso no momento em que estava com o revólver, deslocando-se à casa de Pedro para matá-lo, iria configurar apenas o crime de porte ilegal de arma de fogo, não podendo ser, de forma alguma, punido pela tentativa de matar Pedro. Só é possível punir a intenção do agente a partir do momento que entra na esfera de **execução**.

Outro exemplo seria a união de três ou mais pessoas que planejam assaltar um banco, e, para isso, compram ferramentas (picaretas, pás, marretas), conseguem a planta do banco e alugam uma casa nas proximidades. Contudo, no momento em que planejavam o assalto, já munidos com toda parafernália, são surpreendidos pela polícia. Nesse caso, essas pessoas não responderão pelo crime de "roubo" (art. 157, CP), na forma tentada, mas pelo crime de "associação criminosa" (art. 288, CP). Mesmo com a posse de todos os materiais que seriam utilizados, eles não haviam entrado na esfera de execução do roubo.

Por conseguinte, o Código Penal sempre irá punir o agente por aquilo que ele queria cometer (**elemento subjetivo**), ou seja, qual era a intenção do agente, ainda que o resultado seja outro.

Exemplo: "A", com intenção de matar "B", efetua vários disparos em sua direção, contudo, acerta apenas um tiro no dedo do pé de "B". Independentemente desse resultado, "A" vai responder por tentativa de homicídio, pois essa era sua intenção inicial.

É importante sempre atentar-se para a vontade do agente, pois o Código Penal irá puni-lo somente pelo resultado ao qual quis causar, ou seja, sempre pelo elemento subjetivo do agente.

Tentativa

Diz que o crime é tentado quando iniciada a execução, que não se consuma por circunstâncias alheias à vontade do agente.

Não se admite tentativa para:

> Crime culposo.
> Contravenções Penais (art. 4º, inciso L, CP).
> Mera conduta.
> Crime Preterdoloso.

Alguns tipos penais não aceitam a forma "tentada". Sendo assim, o fato de iniciar a execução já o torna consumado, como o crime de concussão (art. 316, CP). Nessas situações, a consumação é um mero exaurimento.

Os crimes "tentados" são aqueles que iniciam a fase de execução, mas não chegam à consumação por circunstâncias alheias à vontade do agente, ou seja, o autor quer praticar a conduta, mas é impedido de alguma forma.

Exemplos:

"A", com intenção de matar "B", compra um revólver, mas, ao encontrar "B", no momento em que iria iniciar os disparos, é flagrado por um policial, que o impede.

"A", com intenção de matar "B", compra um revólver, mas, ao encontrar "B" do outro lado da rua, atinge uma caçamba de entulhos que trafegava pela via no momento em que começa a efetuar os disparos.

As circunstâncias alheias à vontade do agente podem ser quaisquer fatos que impeçam a consumação do crime.

Pena do crime tentado

É a mesma do crime consumado, contudo, deve ser reduzida de 1/3 a 2/3. Quanto mais próximo o crime chegar da consumação, maior deve ser a pena aplicada e menor a redução de tempo.

Se, quando iniciada a execução, o crime não se consumar por circunstâncias alheias à vontade do agente, incidirá a pena do crime consumado, com redução no quantum da pena.

Homicídio: pena de 6 a 20 anos.

Exemplo: João fez disparos contra José causando sua morte. Pena de 12 anos

Tentativa de homicídio: pena de 6 a 20 anos reduzida de 1/3 a 2/3.

Exemplo: João fez disparos contra José, que foi ferido, socorrido e sobreviveu.

Pena de 4 anos (melhor cenário) a 8 anos (pior cenário).

Exemplo: João, armado de pistola, efetua 15 disparos contra José, ficando este em coma por 40 dias, quase vindo a falecer, mas consegue sobreviver.

Pena: mesmo nesse caso, haverá redução de pena. Porém, a pena mínima (8 anos ou 1/3) deve ser aplicada.

Existem dois tipos de tentativa – a perfeita e a imperfeita –, e ambas podem ser cruentas e incruentas.

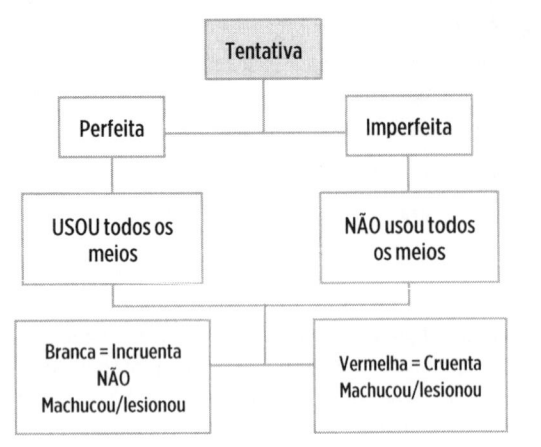

DO CRIME

```
                        Tentativa
                       /         \
                 Perfeita      Imperfeita
                    |              |
            USOU todos os      NÃO usou todos
                meios             os meios
                |                   |
         Branca = Incruenta    Vermelha = Cruenta
              NÃO                  Machucou/lesionou
         Machucou/lesionou
```

A tentativa perfeita (crime falho) ocorre quando o agente esgotar todos os meios, vindo a acertar ou não a vítima. E a tentativa imperfeita ocorre quando o agente NÃO esgotou todos os meios, mesmo que já tenha atingido a vítima ou ainda sem feri-la, por circunstâncias alheias à sua vontade.

A doutrina ainda classifica a tentativa em idônea ou inidônea (também apelidada de "crime impossível") quanto à possibilidade de alcançar o resultado.

2.3 Desistência Voluntária e Arrependimento Eficaz

Art. 15 O agente que, voluntariamente, desiste de prosseguir na execução ou impede que o resultado se produza, só responde pelos atos já praticados.

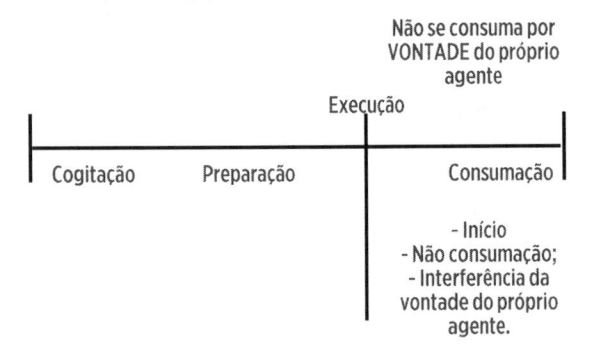

```
                               Não se consuma por
                               VONTADE do próprio
                                    agente
                        Execução
   |------------|-------------|---------------|
   Cogitação    Preparação              Consumação
                                    - Início
                                    - Não consumação;
                                    - Interferência da
                                      vontade do próprio
                                      agente.
```

Desistência voluntária: o agente interrompe voluntariamente a execução do crime, impedindo a consumação. Nessa situação, o agente poderia efetuar mais disparos, porém desiste de continuar a efetuá-los e vai embora. É importante ressaltar que a desistência não teve influência de nenhuma outra circunstância, senão a vontade do próprio agente.

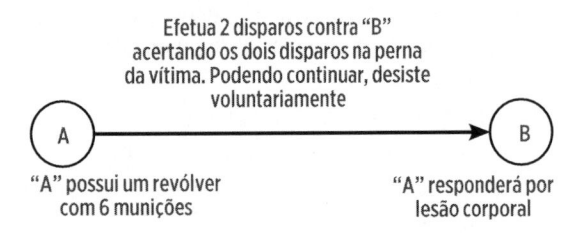

```
           Efetua 2 disparos contra "B"
         acertando os dois disparos na perna
         da vítima. Podendo continuar, desiste
                  voluntariamente
    (A) -----------------------------------> (B)
   "A" possui um revólver          "A" responderá por
     com 6 munições                   lesão corporal
```

Arrependimento eficaz: encerrada a execução do crime, o agente voluntariamente impede o resultado. Aqui, ele leva a execução até o fim, contudo, com sua ação impede que o resultado seja produzido.

Nessa situação, o agente esgota os meios, efetuando todos os disparos, mas, após finalizá-los, arrepende-se do que fez, socorre a vítima, levando-a para um hospital, o que garante que ela seja salva.

A "desistência voluntária" (ato negativo) e o "arrependimento eficaz" (ato positivo) têm como consequência a desclassificação da figura típica, ou seja, exclui a modalidade tentada. Dessa forma, o agente responderá pelos atos até então praticados. Nessas situações, considera-se a lesão corporal.

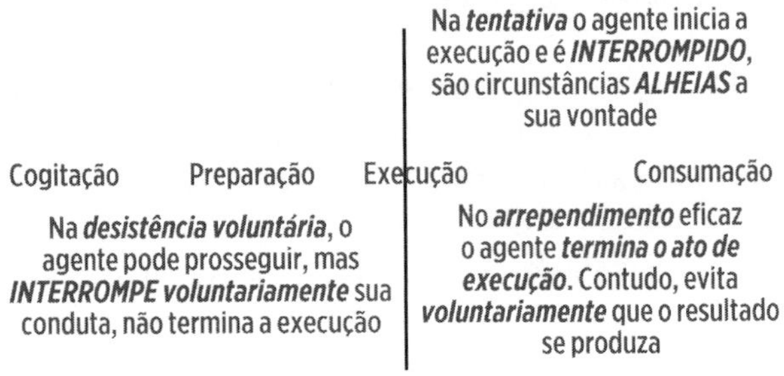

```
                                        Na tentativa o agente inicia a
                                        execução e é INTERROMPIDO,
                                        são circunstâncias ALHEIAS a
                                              sua vontade

  Cogitação      Preparação      Execução                  Consumação
  Na desistência voluntária, o                No arrependimento eficaz
  agente pode prosseguir, mas                 o agente termina o ato de
  INTERROMPE voluntariamente sua              execução. Contudo, evita
  conduta, não termina a execução             voluntariamente que o resultado
                                              se produza
```

Tentativa: após o início da execução, o crime não se consuma por circunstâncias alheias à vontade do agente.

Desistência voluntária: mesmo podendo prosseguir, o agente desiste, interrompe por sua vontade própria.

Arrependimento eficaz: finalizados todos os atos de execução, o agente por vontade própria, socorre a vítima, impedindo que o resultado (morte) ocorra.

2.4 Arrependimento Posterior

Art. 16. Nos crimes cometidos sem violência ou grave ameaça à pessoa, reparado o dano ou restituída a coisa, até o recebimento da denúncia ou da queixa, por ato voluntário do agente, a pena será reduzida de um a dois terços.

É requisito fundamental que não ocorra violência ou ameaça grave. Após a consumação do crime, antes do recebimento da denúncia ou queixa (início da ação penal), o agente repara o dano causado anteriormente.

Exemplo: Um rapaz é preso pelo furto (art. 155, CP) de uma televisão de 14 polegadas, mas, antes do recebimento da denúncia, seu advogado ou representante legal repara à vítima todos os danos que o agente causou quando subtraiu o bem. Nessa hipótese, a pena do agente será reduzida.

Caso a reparação do dano ocorra após o recebimento da denúncia, não se fala mais em arrependimento posterior, mas em circunstância atenuante (prevista no art. 65, inciso III, alínea "b", do Código Penal). Da mesma forma, o arrependimento posterior não é reconhecido quando o bem é apreendido pela autoridade policial e restituído à vítima, pois depende da voluntariedade do agente.

2.5 Crime Impossível ("Quase Crime")

Art. 17. Não se pune a tentativa quando, por ineficácia absoluta do meio ou por absoluta impropriedade do objeto, é impossível consumar-se o crime.

Ineficácia absoluta do meio: o meio empregado ou o instrumento utilizado para a execução do crime jamais levarão o agente à consumação.

> Tentar matar alguém utilizando uma arma de brinquedo.
> Tentar envenenar alguém com sal.

Exemplo: "A", com a intenção de envenenar "B", coloca sal – erro de tipo putativo – em sua comida, pensando ser arsênico.

Impropriedade absoluta do objeto material: nessa hipótese, a pessoa ou a coisa sobre a qual recai a conduta é absolutamente inidônea para produção de algum resultado lesivo.

> Matar quem já está morto.

Exemplo: "A", com intenção de matar "B" enquanto este está dormindo, efetua vários disparos. Contudo, "B" já estava morto devido ao veneno administrado por "C" horas atrás.

Embora o elemento subjetivo do agente seja o dolo – homicídio –, a conduta não será punível, pois o meio empregado "sal" ou o objeto material "morto" tornam o crime impossível de ser consumado.

Caso a ineficácia absoluta do meio seja relativa, será considerado crime.

Exemplo: A quase impossibilidade de cometer um crime com uma arma antiga de colecionador, usada na Segunda Guerra Mundial. Entretanto, caso a arma tenha potencial para causar lesão (esteja funcionando), o crime que o agente tentou praticar com a arma será considerado punível.

2.6 Crime Doloso

Art. 18. Diz-se o crime:
doloso, quando o agente quis o resultado ou assumiu o risco de produzi-lo.

> Dolo direto: o agente quis o resultado.
> Doloso indireto ou indeterminado: o agente assumiu o risco de produzir o resultado (dolo eventual).

Exemplos:

"A" atira em direção de "B" querendo matá-lo.

O caçador "A" efetua vários disparos a fim de abater um animal. Contudo, "A" é advertido por "B" que há um local habitado na direção em que está atirando. "A" não se importa e continua os disparos, mesmo consciente de que pode acertar alguém. Um de seus projéteis acerta "C", um inocente morador das redondezas. Nessa situação, deverá "A" responder por homicídio doloso (eventual), pois assumiu o risco de produzir o resultado não observando a advertência que "B" lhe havia feito. O agente sabe o que pode vir a causar, mas não se importa com o resultado.

"A" dirigindo em altíssima velocidade e disputando um racha com amigos perto de uma movimentada escola vem a atropelar "B", estudante, no momento que este atravessava a via. "A" tinha consciência de que sua conduta poderia matar alguém, contudo, não se importou em continuar. Novamente, o agente sabe que pode acontecer, mas não se importa.

> Dolo Direto: Teoria da Vontade. Quer o resultado.

> Dolo Eventual: Teoria do Assentimento. Assume o risco de produzir o resultado.

2.7 Crime Culposo

Diz- Art. 18 se o crime:
II. Culposo, quando o agente deu causa ao resultado por imprudência, negligência ou imperícia.

Parágrafo único. *Salvo os casos expressos em lei, ninguém pode ser punido por fato previsto como crime, senão quando o pratica dolosamente.*

Culpa

Na conduta culposa, há uma ação voluntária dirigida a uma finalidade lícita, mas, pela quebra do dever de cuidado a todos exigidos, sobrevém um resultado ilícito não desejado, cujo risco nem sequer foi assumido.

Requisitos do crime culposo

→ **Quebra do dever objetivo de cuidado**: a culpa decorre da comparação que se faz entre o comportamento realizado pelo sujeito no plano concreto e aquele que uma pessoa de prudência normal, mediana, teria naquelas mesmas circunstâncias. Haverá a conduta culposa sempre que o evento decorrer da quebra do dever de cuidado por parte do agente mediante uma conduta imperita, negligente ou imprudente.

→ **Previsibilidade**: não basta tão somente a quebra do dever de cuidado para que o agente responda pela modalidade culposa, pois é necessário que as consequências de sua ação descuidada sejam previsíveis.

Modalidades do crime culposo

→ **Imprudência**: é o fazer sem a obrigação de cuidado.

É a culpa de quem age, ou seja, aquela que surge durante a realização de um fato sem o cuidado necessário.

Exemplo: Ultrapassagem em local proibido, excesso de velocidade, trafegar na contramão, manejar arma carregada, atravessar o sinal vermelho etc.

→ **Imperícia**: é a falta de conhecimento técnico ou habilitação para o exercício de profissão ou atividade.

Exemplo: Médico que, ao realizar uma cirurgia, esquece uma pinça dentro do abdômen do paciente. Atirador de elite que acerta a vítima em vez de acertar o criminoso. Médico que faz uma cirurgia de lipoaspiração e causa a morte de paciente.

→ **Negligência**: é o não fazer sem a obrigação de cuidado.

É a culpa na sua forma omissiva. Consiste em deixar alguém não tomar o cuidado devido antes de começar a agir.

Exemplo: Deixar de conferir os pneus antes de viajar ou realizar a devida manutenção do veículo. Deixar substância tóxica ao alcance de crianças etc.

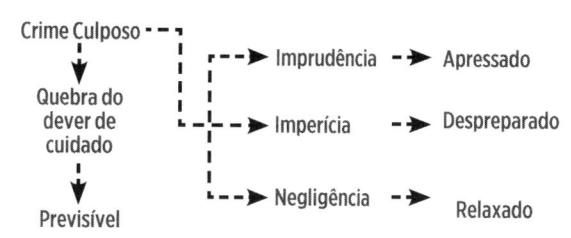

Crime Culposo → Quebra do dever de cuidado → Previsível
- Imprudência → Apressado
- Imperícia → Despreparado
- Negligência → Relaxado

Culpa consciente

Na culpa consciente, o agente antevê o resultado, mas não o aceita, não se conforma com ele. O agente age na crença de que não causará o resultado danoso.

Exemplo: O atirador (não o substituto) de facas no circo. Ele atira as facas na crença de que, habilidoso, acertará a maçã. Mas, ao contrário do que acreditava, ele acerta uma espectadora.

2.8 Preterdolo

Art. 19 Pelo resultado que agrava especialmente a pena, só responde o agente que o houver causado ao menos culposamente.

Quando o resultado agravador for imputado a título de culpa, tem-se o crime preterdoloso. Nele, o agente quer praticar determinado crime, mas acaba excedendo-se e produzindo culposamente um resultado mais gravoso do que o desejado.

Exemplo: O agente desfere um soco no rosto da vítima com a intenção de lesioná-la, no entanto, ela perde o equilíbrio, bate a cabeça e morre.

Veja a seguir a previsão de latrocínio, que admite a figura do preterdolo, e da lesão corporal seguida de morte, que se aplica ao exemplo mencionado.

Art. 157. Subtrair coisa móvel alheia, para si ou para outrem, mediante grave ameaça ou violência à pessoa, ou depois de havê-la, por qualquer meio, reduzido a impossibilidade de resistência:
Pena - Reclusão, de quatro a dez anos, e multa.
§ 3º Se da violência resulta lesão corporal grave, a pena é de reclusão, de sete a quinze anos, além da multa; se resulta morte, a reclusão é de vinte a trinta anos, sem prejuízo da multa.
Art. 129. Ofender a integridade corporal ou a saúde de outrem: [...]
§ 3º Se resulta morte e as circunstâncias evidenciam que o agente não quis o resultado, nem assumiu o risco de produzi-los;
Pena - Reclusão, de quatro a doze anos.

2.9 Erro sobre Elemento do Tipo

Art. 20. O erro sobre elemento constitutivo do tipo legal de crime exclui o dolo, mas permite a punição por crime culposo, se previsto em lei.

Elementares: é a descrição típica do crime. Geralmente o próprio *caput*. Quando ausente a elementar, o crime não existe.

Art. 155. Subtrair coisa alheia móvel: Caso o indivíduo subtraia coisa própria por engano não haverá o crime, pouco importando sua intenção. Assim, se o agente subtrai sua própria bicicleta por "engano", pensando que está a subtrair bicicleta de seu vizinho não comete crime algum. Não há como punir uma pessoa que subtrai suas próprias coisas.

Circunstancias: são dados assessórios do crime, que, se suprimidos, não impedem a punição do agente. Só servem para aumentar ou diminuir a pena.

Exemplo: ladrão que furta um bem de pequeno valor pensando ser de grande valor. Ele responderá pelo furto simples sem redução de pena do privilégio.

Erro essencial

Incide sobre situação e tem tal importância para o tipo que, se o erro não existisse, o agente não teria cometido o crime, ou pelo menos, não naquelas circunstâncias.

Erro inevitável (invencível ou escusável)

É aquele que não podia ter sido evitado, nem mesmo com o emprego de uma diligência mediana.

Nessas duas situações, exclui-se o dolo e a culpa do agente. Sendo assim, exclui-se o crime.

Exemplos:

O agente furta caneta pensando que é dele próprio.

Sujeito que mantém conjunção carnal com uma menor de 13 anos que aparenta ter 20 anos pela sua proporção física.

Bêbado que sai de uma festa e liga carro alheio com sua chave, sendo o carro de mesma cor e modelo que o seu.

Erro evitável (vencível ou inescusável)

É aquele que poderia ser evitado pela prudência normal do homem médio. Exclui o dolo, mas permite a modalidade culposa se prevista em lei. Quando não prevista a modalidade culposa, não ocorre o crime.

Exemplo: caçador confunde vulto em uma moita com o animal que caçava e atira, vindo a causar a morte de um lavrador. Nessa situação, caso o fato seja previsível, deverá o caçador responder por homicídio culposo.

O agente bêbado sai de uma festa e, ao observar carro idêntico ao seu, tenta abri-lo com a chave do próprio carro. Não obtendo êxito, quebra o vidro com uma pedra, força a ignição e vai para casa. Nesse caso, ainda que a conduta do agente seja reprovável, não há que se falar em crime, pois o furto não prevê a modalidade culposa. Assim, tem-se a exclusão da tipicidade.

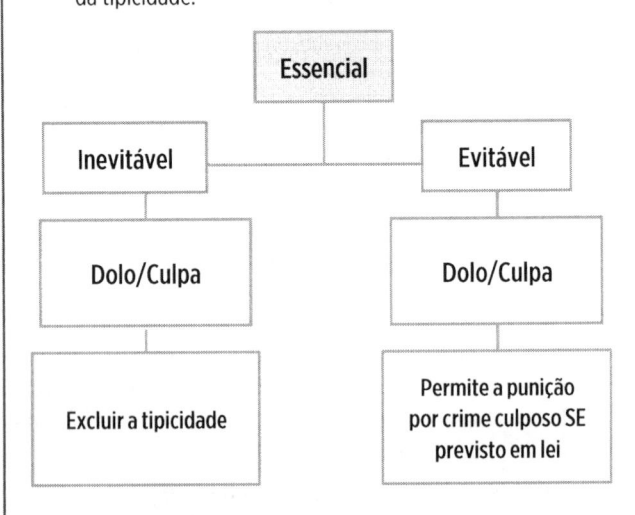

```
              Essencial
             /         \
       Inevitável      Evitável
            |              |
       Dolo/Culpa      Dolo/Culpa
            |              |
    Excluir a         Permite a punição
    tipicidade        por crime culposo SE
                      previsto em lei
```

Erro de tipo acidental

Já o erro de tipo acidental não exclui o crime, visto que o agente manifesta o elemento subjetivo do tipo e apenas erra na execução da ação criminosa.

- Erro sobre o objeto (*error in objecto*): o agente furta um quadro que acredita ser verdadeiro, mas no outro dia descobre que é falso. Aqui, ele responde como se tivesse furtado o quadro verdadeiro.
- Erro sobre a pessoa (*error in persona*): o agente tenta matar "A", mas mata "B", executando fielmente o que havia planejado. Nesse caso, responde normalmente pelo homicídio da vítima desejada.
- Erro sobre a execução (*aberratio ictus*): o agente tenta matar a sua namorada ao vê-la com outro, mas por não saber manusear a arma, acerta em pessoa diversa quando atira. Nesse caso, responderá como se tivesse matado a namorada. Possui previsão no art. 73, CP.
- Resultado diverso do pretendido (*aberratio criminis*): ocorre resultado diverso do pretendido. A consequência para o agente é responder pelo crime, a título de culpa (se houver), conforme art. 74, CP. Se ocorrer também o resultado pretendido, haverá concurso formal (1 ação = 2 crimes).
- Erro sucessivo (dolo geral ou *aberratio causae*): o agente, após acreditar ter matado a sogra por veneno, "desova" o corpo em um lago. Após a perícia analisar o caso, é constatado que não houve morte por envenenamento, mas por afogamento. Nessa situação, o agente responde como se tivesse envenenado a vítima.

2.10 Erro sobre a Pessoa

Art. 20 [...]
§ 3º O erro quanto à pessoa contra a qual o crime é praticado não isenta de pena. Não se consideram, neste caso, as condições ou qualidades da vítima, senão as da pessoa contra quem o agente queria praticar o crime.

É o erro na representação do agente, que olha um desconhecido e o confunde com a pessoa que quer atingir. O erro é tão irrelevante, que o legislador determinou que o autor fosse punido pelo crime que efetivamente cometeu contra o terceiro inocente (vítima efetiva), como se tivesse atingido a pretendida (vítima virtual), por exemplo:

"A" atira em "B" por engano, pois pensei que "B" fosse seu pai, quem realmente queria matar → Vítima efetiva sósia de "C"

A ──────────→ B

Nessa situação será considerado para aplicação de pena como se tivesse matado "C" seu pai

Vítima virtual
C
Pai de "A"

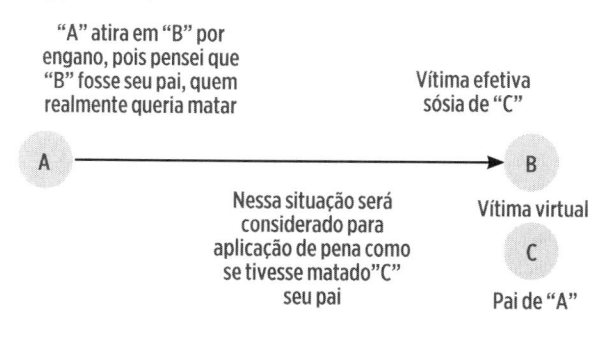

Esta situação é considerada um irrelevante penal, ou seja, o agente quer cometer uma coisa – matar "C" –, entretanto, acaba matando "B". Porém, independentemente do resultado, o Código Penal sempre adota o elemento subjetivo, ou seja, irá punir o agente pelo fato que ele realmente quis praticar. Como no exemplo o agente queria matar seu pai, incidirá ainda aumento de pena – agravante genérica (art. 61, inciso II, alínea "e", CP).

2.11 Erro sobre a Ilicitude do Fato

Erro de proibição

Art. 21. *O desconhecimento da lei é inescusável. O erro sobre a ilicitude do fato, se inevitável, isenta de pena; se evitável, poderá diminui-la de um sexto a um terço.*

É a errada compreensão de uma determinada regra legal. Pode levar o agente a supor que certa conduta seja lícita.

Exemplo: Um rústico aldeão, que nasceu e passou toda a sua vida em um vilarejo afastado no sertão, agride levemente sua mulher, por suspeitar de traição. É de irrelevante importância se o aldeão sabia ou não que sua conduta era ilícita.

Nesse caso, há crime, porém o CP determina que, devido às circunstâncias (por força do ambiente onde vive e as experiências acumuladas do agente), o sujeito não terá PENA, ou seja, exclui-se a culpabilidade.

Nesta situação, como o agente é de lugar ermo e não possui conhecimento suficiente sobre fatos que não são permitidos, o juiz não aplicará pena, embora a conduta seja criminosa.

Tipos de erro de proibição

Erro inevitável ou escusável: é isento de pena.

Exemplo: O caso de uma dona de casa de prostituição, cujo funcionamento era de pleno conhecimento das autoridades fiscais e com alvará de funcionamento fornecido pela prefeitura, apresenta circunstância que sugeriam o desempenho de atividade lícita.

Parágrafo único. *Considera-se evitável o erro se o agente atua ou se omite sem a consciência da ilicitude do fato, quando lhe era possível, nas circunstâncias, ter ou atingir essa consciência.*

Erro evitável ou inescusável: não isenta de pena, mas terá direito a uma redução de pena de 1/6 a 1/3.

Exemplo: Atendente de farmácia que, apesar de ter ciência de que a venda de medicamentos com tarja preta configura transgressão administrativa, não tem consciência de que tal prática, com relação a alguns dos medicamentos controlados, caracteriza também crime de tráfico de drogas.

Observe o quadro a seguir.

Erro de tipo	Erro de proibição
O agente erra sobre dados do próprio crime. Isento do dolo e culpa, se inevitável, e isento de dolo, mas permite a punição por culpa se evitável.	O agente acha que sua conduta é legal, quando na verdade é ilegal. Aqui o agente comete crime, mas não tem pena, pois a culpabilidade fica excluída.

É importante que diferenciarmos bem a relação entre erro de tipo (exclui o crime) e erro de proibição (isento de pena). No erro de tipo, o agente sabe que sua conduta é ilícita, entretanto, erra sobre o próprio tipo penal, ou seja, sua intenção é realizar uma conduta, mas acaba cometendo outra. No erro de proibição, o agente desconhece o caráter ilícito do fato, imagina estar praticando uma conduta lícita, quando na verdade é ilícita (criminosa).

2.12 Coação Irresistível e Obediência Hierárquica

Art. 22. Se o fato é cometido sob coação irresistível ou em estrita obediência a ordem, não manifestamente ilegal, de superior hierárquico, só é punível o autor da coação ou da ordem.

Para que se possa considerar alguém culpado do cometimento de uma infração penal, é necessário que o ato tenha sido praticado em condições e circunstâncias normais, pois, do contrário, não será possível exigir do sujeito conduta diferente daquela que acabou efetivamente praticando.

Nessa situação, o agente (autor mediato) obriga uma terceira pessoa (autor imediato) a cometer um crime ou cumprir uma ordem ilegal. A pessoa coagida não será punida; a punição será de quem a coagiu e a obrigou a realizar a conduta contra seu consentimento.

Coação irresistível

É o emprego de força física ou de grave ameaça para que alguém faça ou deixe de fazer alguma coisa.

Coação física (vis absoluta): o sujeito não comete crime.

Exemplo: "A" imobiliza "B"; em seguida, "A" coloca uma arma na mão de "B" e o força a apertar o gatilho, sendo que o disparo acerta "C", que morre. Nessa situação, devido à coação FÍSICA irresistível, "B" NÃO comete crime. "A" responderá por homicídio.

A coação física recai sobre a conduta do agente (elemento do fato típico), pois este foi forçado. Nessa situação, exclui-se o crime.

Coação moral (vis relativa): o sujeito comete um crime, mas ocorre isenção de pena.

Exemplo: "A" encosta uma arma carregada na cabeça "B" e ordena que ele atire em "C", caso contrário quem irá morrer é "B". Assim, "B" atira e "C" morre. Nessa situação, ambos cometem crime ("A" e "B"). Contudo, somente "A" terá PENA, "B" estará ISENTO de pena devido a coação MORAL irresistível e inexigibilidade de conduta diversa.

Assim sendo, mesmo "B" tendo praticado o ato, sua conduta foi forçada mediante grave ameaça moral, e, temendo por sua própria vida, cometeu o crime. Nessa situação, a conduta de "B" é típica e ilícita, contudo, não culpável, pois ficará isento de pena.

Obediência hierárquica

É a obediência à ordem não manifestamente ilegal de superior hierárquico, tornando viciada a vontade do subordinado e afastando a exigência de conduta diversa. Também exclui a culpabilidade.

Ordem de superior hierárquico: é a manifestação de vontade do titular de uma função pública a um funcionário que lhe é subordinado.

Exemplo: Um delegado de polícia manda seu subordinado, aspirante recém-chegado à corporação, que prenda um desafeto do agente, para que esse aprenda uma lição.

Caso o aspirante cumpra a ordem ilegal de seu superior, ambos estarão cometendo crime (abuso de autoridade), pois, embora haja ordem de superior, o aspirante não é obrigado a cumpri-la.

Ordem manifestamente não ilegal: a ordem deve ser aparentemente legal. Se for manifestamente ilegal, deve o subordinado responder pelo crime.

Exemplo: Um delegado de polícia determina que o agente prenda Antônio, indiciado por crime de latrocínio, alegando que Antônio tem contra si um mandado de prisão expedido pela autoridade judiciária. O agente prende Antônio e o conduz até a delegacia. Acontece que não existia mandado algum contra Antônio. Nessa situação, o delegado e o agente cometeram crime de abuso de autoridade. Contudo, somente o delegado terá PENA, enquanto o agente ficará isento devido à "aparência" de ordem manifestamente NÃO ilegal.

Nessa conduta, o agente pensava estar praticando uma ação lícita, entretanto, foi enganado por seu superior, sob alegação de posse de falso mandado de prisão.

2.13 Exclusão da Ilicitude

Art. 23. Não há crime quando o agente pratica o fato:
Em estado de necessidade;
II. Em legítima defesa;
III. Em estrito cumprimento de dever legal ou no exercício regular de direito.

Excesso punível

Parágrafo único. O agente, em qualquer das hipóteses deste artigo, responderá pelo excesso doloso ou culposo.

O agente que extrapolar os limites das excludentes deve responder pelo resultado produzido de forma dolosa ou culposa.

Exemplo: João saca sua arma para matar Manoel, que, prevendo o ocorrido, pega sua própria arma e atira primeiro, ferindo João. Mesmo após a cessação da agressão por parte de João, Manoel efetua mais dois disparos para garantir o resultado.

Nessa situação, Manoel excedeu-se e deverá responder por homicídio na modalidade dolosa.

Excesso - responderá por homicídio doloso

Legítima defesa
A ———————————————→ B
"B" é atingido e cessa a agressão

"A" atira em "B" para se defender de injusta agressão

"A" mesmo depois de cessada a agressão de "B" efetua mais dois disparos para garantir o resultado

Não obstante, as excludentes de ilicitude, como o próprio nome já diz, excluem o caráter ilícito do fato, tornando a conduta lícita e jurídica.

```
                    Crime
                   /     \
            Fato Típico   Ilícito
                         (Antijurídico)
                         /         \
                  Estado de      Legítima Defesa
                  Necessidade
                  
                  Estrito Cumprimento    Exercício Regular do
                  do Dever Legal         Direito
```

Ocorrendo o fato diante de uma dessas excludentes, exclui-se também o crime.

São situações em que a norma penal permite que se cometa crime em determinadas situações, pois, apesar de serem condutas ilícitas, o agente não será punido.

Estado de necessidade

Art. 24. *Considera-se em estado de necessidade quem pratica o fato para salvar de perigo atual, que não provocou por sua vontade, nem podia de outro modo evitar, direito próprio ou alheio, cujo sacrifício, nas circunstâncias, não era razoável exigir-se.*

Ocorre quando um bem é lesado para se salvar outro bem em perigo de ser igualmente ofendido. Ambos os possuidores desses bens têm direito de agir para proteger-se.

→ Requisitos para configuração do estado de necessidade:
> Perigo atual.
> Direito próprio ou alheio.
> Perigo não causado voluntariamente pelo agente.
> Inevitabilidade de comportamento.
> Razoabilidade do sacrifício.
> Requisito subjetivo.

Exemplos:

Em um cruzeiro marítimo, 10 passageiros estão a bordo de um navio. No entanto, só existem 9 salva-vidas e o navio está afundando em alto-mar. O único que ficou sem o apetrecho não sabe nadar e, para salvar sua vida do perigo atual, desfere facadas em outro passageiro para conseguir se salvar.

Trabalhador desempregado vê os filhos passarem fome, entra em supermercado e furta dois pacotes de arroz e um pedaço de carne seca (furto famélico).

Cidadão não tem carteira de motorista e observa um motorista em avançado estado de infarto. Nessa situação, toma a direção de veículo automotor e dirige perigosamente até o hospital, gerando perigo de dano.

Não irá incidir em estado de necessidade caso o agente dê causa ao acontecimento.

§ 1º *Não pode alegar estado de necessidade quem tinha o deve legal de enfrentar o perigo.*

Um exemplo disso é o bombeiro. Ele poderá recusar-se a participar de uma situação perigosa, quando for impossível o salvamento ou quando o risco for inútil.

Legítima defesa

Art. 25. *Entende-se em legítima defesa quem, usando moderadamente dos meios necessários, repele injusta agressão, atual ou iminente, a direito seu ou de outrem. (Redação dada pela Lei nº 7.209, de 11.7.1984)*

Parágrafo único. *Observados os requisitos previstos no caput deste artigo, considera-se também em legítima defesa o agente de segurança pública que repele agressão ou risco de agressão a vítima mantida refém durante a prática de crimes.*
(Incluído pela Lei nº 13.964, de 2019) ANTICRIME

Agora há uma nova (porém, não tão nova assim) previsão de legítima defesa para agentes de segurança pública que repelem (a meu ver, já era assim) agressão ou risco de agressão (já era assim também; injusta agressão ATUAL ou IMINENTE) vítima mantida REFÉM (injusta agressão acontecendo) durante a prática de crimes.

Conclui-se que não há nada de novo, senão já preenchidos todos os requisitos da legítima defesa do *caput* do art. 25 do CP.

No entanto, a novidade está no novíssimo art. 14-A do Código de Processo Penal (introduzido também pelo pacote ANTICRIME). Esses agentes terão um Inquérito PRIVILEGIADO e com direito a contraditório (direito a serem CITADOS EM 48 HORAS e ampla defesa com direito a DEFENSOR).

Ocorre um efetivo ataque ilícito contra o agente ou terceiro, legitimando repulsa.

Requisitos para que subsista a legítima defesa:

> Agressão humana.
> Agressão injusta.
> Agressão atual ou iminente.
> Agressão a direito próprio ou a terceiro.
> Meios necessários.
> Requisito subjetivo.

Exemplos:

"A", desafeto de "B", arma-se com um machado e, prestes a desferir um golpe, é surpreendido pela reação de "B", que saca um revólver e efetua um disparo.

"A", munido de um cão, atiça o animal na direção de "B", que, para repelir a injusta agressão, atira no enfurecido animal.

"A", menor de idade, pega um fuzil e, prestes a atirar em "B", é surpreendido por esse, que pega uma bazuca, único meio de proteção disponível no momento, vindo a "explodir" "A".

Os meios necessários para conter a injusta agressão podem ser quaisquer que estejam disponíveis, inexistindo equiparação dos meios utilizados.

É necessário que seja atual e iminente. Caso "B", ferido por "A", desloque-se até sua casa depois de sofrida agressão para apanhar revólver com intuito de se defender, não será mais válido, caso venha efetuar disparos contra "A".

DO CRIME

Não Configura Legítima Defesa

Exemplo: "A", marido traído, chega a casa e surpreende "C", sua esposa, em conjunção carnal com "B". Enfurecido, pega sua arma e dispara contra a esposa traidora.

"A", surpreendido por cão feroz, dispara para que não seja atacado.

"A", desafeto de "B", sai à procura dele e efetua disparo. Mais tarde, provou-se que "B" também estava armado e queria igualmente executar "A".

Estrito cumprimento do dever legal

Em síntese, é a ação praticada por um dever imposto por lei. É necessário que o cumprimento seja nos exatos ditames da lei. Do contrário, o agente incorrerá em excesso, podendo responder criminalmente.

Exemplos:

Policial que prende foragido da justiça, vindo a causar-lhe lesões devido à sua resistência.

Soldado que, em tempos de guerra, executa inimigo.

A execução efetuada pelo carrasco, quando o ordenamento jurídico admite.

Exercício regular de direito

É o desempenho de uma atividade ou prática de uma conduta autorizada em lei.

> Tratamento médico ou intervenção cirúrgica, em que o médico comete lesão corporal para realizar o ato cirúrgico.

> Ofendículos (exercício regular do direito de defesa da propriedade), cerca elétrica, cacos de vidro, arame farpado etc.

A lei não permite o emprego da violência física como meio para repelir injúrias ou palavras caluniosas, visto que não existe legítima defesa da honra. Somente a vida ou a integridade física são abrangidas pelo instituto da legítima defesa.

Admite-se a excludente de legítima defesa real contra quem pratica o fato acobertado por causa de exclusão da culpabilidade, como o inimputável.

Nos termos do Código Penal e na descrição da excludente de ilicitude, haverá legítima defesa sucessiva na hipótese de excesso, que permite a defesa legítima do agressor inicial.

É possível legítima defesa de provocações por meio de injúrias verbais, segundo a sua intensidade e conforme as circunstâncias, que podem ou não ser agressão.

Agressão de inimputável constitui legítima defesa.

Agressão decorrente de desafio, duelo, convite para briga não constitui legítima defesa.

Agressão passada constitui vingança e, não, legítima defesa.

Agressão futura não autoriza legítima defesa (mal futuro).

Não existe legítima defesa da honra.

O agente tem que saber que está na legítima defesa.

Legítima defesa e porte ilegal de arma de fogo: se portar anteriormente, responde pelo crime do art. 14 ou art. 16, *caput* do estatuto do desarmamento (Lei nº 10.826/2003). Se for contemporâneo, não responde pelo crime dos artigos mencionados.

2.14 Da Imputabilidade Penal

Art. 26. *É isento de pena o agente que, por doença mental ou desenvolvimento mental incompleto ou retardado, era, ao tempo da ação ou da omissão, inteiramente incapaz de entender o caráter ilícito do fato ou de determinar-se de acordo com esse entendimento.*

Redução de pena

Parágrafo único. *A pena pode ser reduzida de um a dois terços, se o agente, em virtude de perturbação de saúde mental ou por desenvolvimento mental incompleto ou retardado não era inteiramente capaz de entender o caráter ilícito do fato ou de determinar-se de acordo com esse entendimento.*

Imputabilidade: é a capacidade de entender o caráter ilícito do fato e de determinar-se de acordo com esse entendimento. É a capacidade de entendimento e a faculdade de controlar e comandar suas próprias ações. Ou seja, é a capacidade de compreensão do agente de que sua conduta é ilícita, inapropriada. É um dos elementos da culpabilidade, a qual é substrato do conceito analítico de crime.

→ Imputável (regra): pode-se imputar (aplicar) pena ao sujeito.

→ INImputável (exceção): não pode sofrer pena.

Exclusão da imputabilidade

Doença mental

Inclui-se doença mental de qualquer ordem, compreendendo a infindável gama de moléstias mentais.

Exemplo: alcoolismo patológico.

Desenvolvimento mental incompleto ou retardado

Exemplo: Silvícola inadaptado (índio) menor de 18 anos.

Sistema adotado pela legislação brasileira

Regra: BIOpsicológico

Não basta ter a enfermidade. No momento da ação ou omissão, o sujeito precisa estar inteiramente incapaz de entender e compreender o caráter ilícito do fato e determinar-se de acordo com esse entendimento.

Exceção: biológico

Basta tão somente a menoridade (menos de 18 anos) para configurar a inimputabilidade (art. 27 do CP).

Embriaguez

Art. 28

II A embriaguez, voluntária ou culposa, pelo álcool ou substância de efeitos análogos.

§ 1º É isento de pena o agente que, por embriaguez completa, proveniente de caso fortuito ou força maior, era, ao tempo da ação ou da omissão, inteiramente incapaz de entender o caráter ilícito do fato ou de determinar-se de acordo com esse entendimento.

NÃO exclui a Imputabilidade	Exclui a Imputabilidade
Voluntária	Caso fortuito
Culposa	Força maior
Preordenada	

A embriaguez não exclui a imputabilidade, quais sejam: a voluntária (toma bebida alcoólica por conta própria); a culposa (toma além da conta) e a preordenada (toma para criar coragem), sendo que a última é causa de aumento de pena (agravante genérica – art. 61, inciso II, alínea "L"). Nesse caso, aplica-se a teoria da *actio libera in causa*.

> **§ 2º** *A pena pode ser reduzida de um a dois terços, se o agente, por embriaguez, proveniente de caso fortuito ou força maior, não possuía, ao tempo da ação ou da omissão, a plena capacidade de entender o caráter ilícito do fato ou de determinar-se de acordo com esse entendimento.*

No caso da embriaguez por caso fortuito, caso ela seja completa, será causa de isenção de pena; caso seja semicompleta (semi-imputabilidade), incidirá em diminuição de pena (redução de culpabilidade) de 1/3 a 2/3.

Emoção e paixão

> **Art. 28.** *Não excluem a imputabilidade penal:*
> *I. A emoção ou a paixão;*

A emoção pode, em alguns casos, servir como diminuição de pena (privilégio), como no caso do homicídio e lesão corporal privilegiado. São requisitos: a emoção deve ser intensa; o agente deve estar sob o domínio dessa emoção; deve ter sido provocado por ato injusto da vítima; a reação do agente deve ocorre logo após a provocação.

A injusta provocação pode ser de forma indireta. Por exemplo, alguém que maltrata um animal, com intenção de provocar o agente, utilizando desse objeto (um cachorro) para obter seu desejo.

Menores de 18 anos

> **Art. 27.** *Os menores de 18 (dezoito) anos são penalmente inimputáveis, ficando sujeitos às normas estabelecidas na legislação especial.*

Fundamento constitucional

O art. 228 da CF/1988 prevê que são penalmente inimputáveis os menores de dezoito anos, sujeitos às normas de legislação especial.

Critério adotado pelo Código Penal: sistema biológico

→ Crime + contravenção penal maior de 18 anos.
→ Ato infracional menor de 18 anos.

Os menores de 18 anos não sofrem sanção penal pela prática do ato ilícito, em decorrência da ausência de culpabilidade. Estão sujeitos ao procedimento e às medidas socioeducativas previstas no Estatuto da Criança e do Adolescente (ECA – Lei nº 8.069/1990) em virtude das condutas descritas como crime e contravenção penal, se consideradas ato infracional.

Para auxiliar, convém esquematizar as Excludentes de Imputabilidade. Veja a seguir.

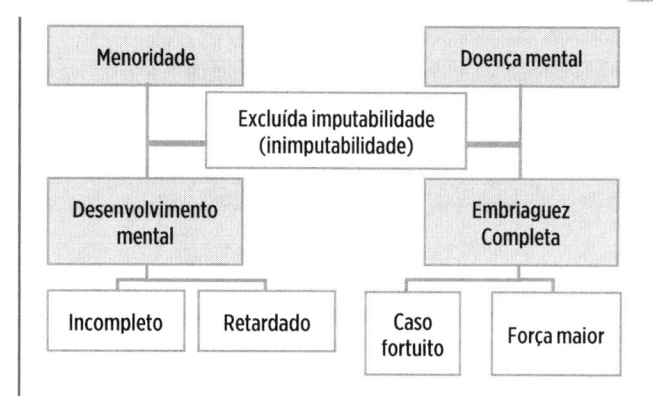

De acordo com entendimento, essas são as causas justificantes para a exclusão da imputabilidade, podemos dizer que são elementos da culpabilidade. Esta é substrato que compõe o conceito analítico de crime, juntamente com fato típico e a ilicitude.

2.15 Do Concurso de Pessoas

> **Art. 29.** *Quem, de qualquer modo, concorre para o crime incide nas penas a este cominadas, na medida de sua culpabilidade.*

Sujeitos da infração penal:

> Sujeito Ativo (quem comete a ação).
> Sujeito Passivo (quem sofre a ação).

Foco do estudo = sujeito ativo do crime.

Quem pode ser sujeito ativo da infração penal:

> Maiores de dezoito anos. Lembre-se: o
> menor comete ato infracional (tudo que representa crime, para o menor de idade é ato infracional, que, na verdade, constitui um tipo específico tratado no ECA).
> Pessoas Jurídicas em atos lesivos ao meio ambiente.
> As pessoas jurídicas podem ser responsabilizadas penalmente.

O Concurso de Pessoas também conhecido como concurso de agentes. Ocorre quando duas ou mais pessoas concorrem para o mesmo crime. Colaborar ou concorrer para o crime é praticar o ato (moral ou material) que tenha relevância para a perpetração do ilícito.

Requisitos para concursos de pessoas

Pluralidade de agentes

Quem participa da execução do crime é coautor. Quem não executa o verbo do tipo é partícipe.

Exemplo: "A" segura "B" enquanto "C" o esfaqueia até a morte. "A" e "C" são coautores do crime de homicídio. Há divisão de tarefas no crime, pois ambos participam da execução.

"A" empresta arma para "B", que utiliza a arma para executar "C". Assim, "B" é autor (executou) e "A" é partícipe (auxiliou de forma material).

O código penal adotou a Teoria Monista de agentes, ou seja, todos responderão pelo mesmo crime, independentemente de qual seja a sua participação.

DO CRIME

Relevância causal

A conduta deverá ser relevante. Do contrário, não ocorrerá o concurso de pessoas.

Exemplo: "A" empresta arma para "B", que, para matar, "C" usa um pedaço de pau. Nessa situação, o auxílio de "A" foi irrelevante para que o crime acontecesse e somente "B" responde por homicídio. Contudo, se, ao emprestar a arma, "A" de qualquer forma incentivou moralmente a atitude de "B", esse será partícipe do crime de homicídio.

Se não houve nexo entre o homicídio e o empréstimo da arma, nessa situação, a conduta de "A" é atípica.

Liame subjetivo

É a vontade de participar do crime. Pelo menos um agente tem que querer participar do crime do outro.

Exemplo: "A", desafeto de "B", posiciona-se para matá-lo. "C", também inimigo mortal de "B", sabendo da vontade de "A", adere à vontade dele e juntos disparam a arma. Ambos responderão por homicídio como coautores.

Identidade de infração

O Código Penal adotou a Teoria Unitária ou Monista, em que todos que concorrem para o crime responderão pelo mesmo crime, na medida de sua culpabilidade (responsabilidade).

Teorias do concurso de pessoas

Teoria do *Caput*
> Regra: monista / igualitária / unitária.
> Exceção: pluralista (não tem concurso de pessoas).

Exemplo: corrupção passiva e ativa.

Teoria do autor

> Regra: restritiva (Código Penal). Quem pratica o núcleo do tipo (verbo).
> Exceção: domínio do fato (doutrina e jurisprudência); Teoria do Partícipe.
> Acessoriedade limitada.

Não pratica o verbo; contudo, auxilia de qualquer forma.
  » Moral: instigado ou induzido.
  » Material: qualquer auxílio.

> Não ocorre concurso de pessoas.
> Autor mediato (homem por trás).
> Autoria colateral.
> Participação inócua (ineficaz).
> Crimes de concurso necessário.

Autoria sucessiva ou participação sucessiva TÊM Concurso de Pessoas!

Exemplo: associação criminosa, de acordo com o art. 288, CP.

A exceção é a teoria pluralista.

Exemplo: corrupção passiva e ativa.

Autor (Teoria Restrita).

> Quem pratica o núcleo do tipo (verbo).
Partícipe.
> Não pratica o verbo; contudo, auxilia de qualquer forma.
  » Moral: instigado ou induzido.
  » Material: qualquer auxílio.

Mandante = Partícipe.

Autor mediato (não ocorre concurso):
> São usados como instrumentos do crime:
> Inimputável.
> Doente mental.
> Coação irresistível.
> Obediência hierárquica.

Exceção: Teoria Pluralista.

Participação em crime diverso

§ 1º Se a participação for de menor importância, a pena pode ser diminuída de um sexto a um terço

§ 2º Se algum dos concorrentes quis participar de crime menos grave, ser-lhe-á aplicada a pena deste; essa pena será aumentada até metade, na hipótese de ter sido previsível o resultado mais grave.

Há hipóteses, todavia, em que o partícipe colabora com um crime e o autor, no momento da prática do ilícito, vai além do imaginado pelo partícipe.

Exemplo: é o caso em que dois indivíduos combinam um furto. Sendo que um deles fica no carro esperando pela fuga e o outro entra na residência. No interior da casa, o autor, além de furtar, encontra a moradora e dispara vários tiros contra ela. Nessa situação, por força do art. 29, § 2º, do CP, os agentes deverão responder por crimes diferentes. O que ficou no carro responde por furto (pois era esse ato que queria praticar) e, o autor, por latrocínio.

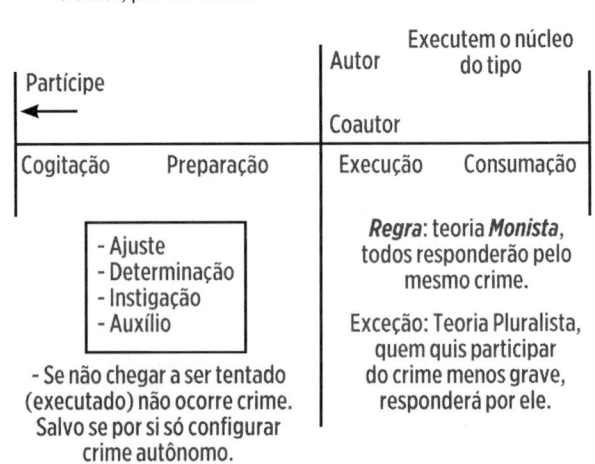

Partícipe		Autor / Coautor	Executem o núcleo do tipo
Cogitação	Preparação	Execução	Consumação
	- Ajuste - Determinação - Instigação - Auxílio	**Regra**: teoria **Monista**, todos responderão pelo mesmo crime.	
- Se não chegar a ser tentado (executado) não ocorre crime. Salvo se por si só configurar crime autônomo.		Exceção: Teoria Pluralista, quem quis participar do crime menos grave, responderá por ele.	

2.16 Circunstâncias Incomunicáveis

Fique Ligado

No crime culposo admite-se coautoria, mas NÃO participação. Não existe tentativa em crime Preterdoloso.

Art. 30. *Não se comunicam as circunstâncias e as condições de caráter pessoal, salvo quando elementares do crime.*

Exemplo: "A", funcionário público, convida "B" para furtar a repartição pública em que trabalha. "B", desconhecendo a função de "A", acaba aceitando. Nesse caso, "A" responderá por peculato (art. 312, CP) e "B" por furto (art. 155, CP). Porém, caso "B" soubesse da função pública de "A", ambos responderiam por peculato.

Art. 31. *O ajuste, a determinação ou instigação e o auxílio, salvo disposição expressa em contrário, não são puníveis, se o crime não chega, pelo menos, a ser tentado.*

Atualmente, o induzimento, a instigação e o auxílio material ao suicídio ou à automutilação configuraram o crime, com ou sem resultados. De crime eminentemente material, se converteu, por força da Lei nº 13.968/2019, em crime formal.

3. DOS CRIMES CONTRA A PESSOA

Os direitos e garantias individuais não têm caráter absoluto, por esse motivo, o direito à vida é relativo.

Ex.: Pena de morte em caso de guerra externa. (art. 5º, XLVII, "a", CF/88). O crime de homicídio, capitulado nos crimes contra a vida, está descrito no art. 121 do Código Penal, e versa sobre a eliminação da vida humana extrauterina.

Vejamos no quadro abaixo quais são os crimes dolosos contra a vida, e suas principais peculiaridades:

Crimes Contra a Vida	
Homicídio (art. 121, CP)	São todos crimes processados mediante ação penal pública incondicionada. São Julgados pelo tribunal do Júri. **Obs.:** O homicídio culposo é julgado pelo juízo singular (vara criminal).
Participação em Suicídio (art. 122, CP)	
Infanticídio (art. 123, CP)	
Aborto (Arts. 124 a 126, CP)	

Dos crimes culposos contra a vida, só há o homicídio. Os demais não comportam a modalidade culposa, o aborto culposo pode ser resultado qualificado, mas crime autônomo ele não é. Não há infanticídio culposo também. Só o homicídio admite a forma culposa.

3.1 Dos Crimes Contra a Vida

Homicídio

Art. 121. *Matar alguém:*
Pena - *reclusão, de seis a vinte anos*
Caso de diminuição de pena
§ 1º *Se o agente comete o crime impelido por motivo de relevante valor social ou moral, ou sob o domínio de violenta emoção, logo em seguida a injusta provocação da vítima, o juiz pode reduzir a pena de um sexto a um terço.*
Homicídio qualificado
§ 2º *Se o homicídio é cometido:*
I. mediante paga ou promessa de recompensa, ou por outro motivo torpe;
II. por motivo futil;
III. com emprego de veneno, fogo, explosivo, asfixia, tortura ou outro meio insidioso ou cruel, ou de que possa resultar perigo comum;
IV. à traição, de emboscada, ou mediante dissimulação ou outro recurso que dificulte ou torne impossível a defesa do ofendido;
V. para assegurar a execução, a ocultação, a impunidade ou vantagem de outro crime:
Pena - *reclusão, de doze a trinta anos.*
Feminicídio (Incluído pela Lei nº 13.104, de 2015)
VI. contra a mulher por razões da condição de sexo feminino: (Incluído pela Lei nº 13.104, de 2015)
VII. contra autoridade ou agente descrito nos arts. 142 e 144 da Constituição Federal, integrantes do sistema prisional e da Força Nacional de Segurança Pública, no exercício da função ou em decorrência dela, ou contra seu cônjuge, companheiro ou parente consanguíneo até terceiro grau, em razão dessa condição: (Incluído pela Lei nº 13.142, de 2015)

DOS CRIMES CONTRA A PESSOA

VIII. com emprego de arma de fogo de uso restrito ou proibido: (Incluído pela Lei nº 13.964, de 2019).

Pena - reclusão, de doze a trinta anos.

§ 2º-A Considera-se que há razões de condição de sexo feminino quando o crime envolve: (Incluído pela Lei nº 13.104, de 2015)

I. violência doméstica e familiar; (Incluído pela Lei nº 13.104, de 2015)

II. menosprezo ou discriminação à condição de mulher. (Incluído pela Lei nº 13.104, de 2015)

Homicídio culposo

§ 3º Se o homicídio é culposo: (Vide Lei nº 4.611, de 1965)

Pena - detenção, de um a três anos.

Aumento de pena

§ 4º No homicídio culposo, a pena é aumentada de 1/3 (um terço), se o crime resulta de inobservância de regra técnica de profissão, arte ou ofício, ou se o agente deixa de prestar imediato socorro à vítima, não procura diminuir as conseqüências do seu ato, ou foge para evitar prisão em flagrante. Sendo doloso o homicídio, a pena é aumentada de 1/3 (um terço) se o crime é praticado contra pessoa menor de 14 (quatorze) ou maior de 60 (sessenta) anos. (Redação dada pela Lei nº 10.741, de 2003)

§ 5º Na hipótese de homicídio culposo, o juiz poderá deixar de aplicar a pena, se as conseqüências da infração atingirem o próprio agente de forma tão grave que a sanção penal se torne desnecessária. (Incluído pela Lei nº 6.416, de 24.5.1977)

§ 6º A pena é aumentada de 1/3 (um terço) até a metade se o crime for praticado por milícia privada, sob o pretexto de prestação de serviço de segurança, ou por grupo de extermínio. (Incluído pela Lei nº 12.720, de 2012)

§ 7º A pena do feminicídio é aumentada de 1/3 (um terço) até a metade se o crime for praticado: (Incluído pela Lei nº 13.104, de 2015)

I. durante a gestação ou nos 3 (três) meses posteriores ao parto; (Incluído pela Lei nº 13.104, de 2015)

II. contra pessoa menor de 14 (catorze) anos, maior de 60 (sessenta) anos, com deficiência ou portadora de doenças degenerativas que acarretem condição limitante ou de vulnerabilidade física ou mental; (Redação dada pela Lei nº 13.771, de 2018)

III. na presença física ou virtual de descendente ou de ascendente da vítima; (Redação dada pela Lei nº 13.771, de 2018)

IV. em descumprimento das medidas protetivas de urgência previstas nos incisos I, II e III do caput do art. 22 da Lei nº 11.340, de 7 de agosto de 2006. (Incluído pela Lei nº 13.771, de 2018)

Homicídio Simples

Art. 121. Matar alguém:

Pena - reclusão, de seis a vinte anos.

Caso de Diminuição de Pena

§ 1º Se o agente comete o crime impelido por motivo de relevante valor social ou moral, ou sob o domínio de violenta emoção, logo em seguida a injusta provocação da vítima, ou juiz pode reduzir a pena de um sexto a um terço.

Homicídio Qualificado

§ 2º Se o homicídio é cometido:

I. Mediante paga ou promessa de recompensa, ou por outro motivo torpe;

II. Por motivo fútil;

III. Com emprego de veneno, fogo, explosivo, asfixia, tortura ou outro meio insidioso ou cruel, ou de que possa resultar perigo comum;

IV. À traição, de emboscada, ou mediante dissimulação ou outro recurso que dificulte ou torne impossível a defesa do ofendido;

V. Para assegurar a execução, a ocultação, a impunidade ou vantagem de outro crime:

Pena - reclusão, de doze a trinta anos.

Homicídio Culposo

§ 3º. Se o homicídio é culposo:

Pena - detenção, de um a três anos.

Aumento de pena

§ 4º. No homicídio culposo, a pena é aumentada de 1/3 (um terço), se o crime resulta de inobservância de regra técnica de profissão, arte ou ofício, ou se o agente deixa de prestar imediato socorro à vítima, não procura diminuir as consequências do seu ato, ou foge para evitar prisão em flagrante. Sendo doloso o homicídio, a pena é aumentada de 1/3 (um terço) se o crime é praticado contra pessoa menor de 14 (quatorze) ou maior de 60 (sessenta) anos.

§ 5º. Na hipótese de homicídio culposo, o juiz poderá deixar de aplicar a pena, se as consequências da infração atingirem o próprio agente de forma tão grave que a sanção penal se torne desnecessária.

O homicídio é a morte injusta de uma pessoa praticada por outrem. De acordo com Nelson Hungria é o crime por excelência.

No art. 121, *caput* tem-se o chamado Homicídio Doloso Simples. No art. 121, §1º, tem-se o chamado Homicídio Doloso Privilegiado (causa de diminuição de pena). O art. 121, §2º, traz o Homicídio Doloso qualificado. O Art.121, §3º, prevê o Homicídio Culposo. O art. 121, §4º, do CP estabelece hipóteses de causa de aumento (majorantes) de pena no homicídio culposo. o §5º traz o Perdão Judicial.

E o homicídio preterdoloso? Está previsto no art. 129, §3º do CP: é a lesão corporal seguida de morte.

Homicídio não é genocídio, são dois crimes distintos. Nem todo homicídio em massa será considerado genocídio. Para ser genocídio, a conduta deve se enquadrar na Lei nº 2.889/1956, o agente deve ter a vontade/propósito de exterminar total ou parcialmente um grupo étnico, social ou religioso. Se o objetivo não for esse, não há se falar em genocídio. Pode ser genocídio segregando membros de um grupo, impedindo o nascimento no seio de um grupo. Foi o que Saddam Hussein fez com os Curdos no Iraque, por exemplo.

Homicídio simples

Art. 121. Matar alguém:

Sujeito Ativo: é crime comum, pode ser praticado por qualquer pessoa.

Sujeito Passivo: da mesma forma, pode ser qualquer pessoa. Magalhães Noronha entende que o Estado também figura como vítima do homicídio, justificando existir um interesse do ente político na conservação da vida humana, sua condição de existência.

Alguns autores apontam que, quando a vítima for o Presidente da República, do Senado Federal ou da Câmara dos Deputados, o crime pode ser contra a Segurança Nacional. A conduta pode ser tipificada no art. 121 do CP ou no art. 29 da Lei nº 7.170/83, consistindo em matar alguém com motivação política. Caso isso ocorra, tem-se a aplicação do Princípio da Especialidade.

Conduta punida

A conduta punível nesse tipo penal nada mais é que tirar a vida de alguém. Atente-se para a diferença:

> **Vida intrauterina**: abortamento – aborto.
> **Vida extrauterina**: homicídio ou infanticídio.

Quanto ao início do parto, existem três correntes:

> 1ª Corrente: dá-se com o completo e total desprendimento do feto das entranhas maternas;
> 2ª Corrente: ocorre desde as dores do parto;
> 3ª Corrente: ocorre com a dilatação do colo do útero.

Forma de execução: trata-se de delito de execução livre, podendo ser praticado por ação ou omissão, meios de execução diretos ou indiretos.

A finalidade do agente pode servir como privilégio ou como qualificadora.

Tipo Subjetivo: o art. 121, *caput* é punido a título de dolo direto ou dolo eventual.

Verifica-se o dolo eventual quando o agente assumiu o risco de praticar a conduta delituosa. Atualmente os tribunais entendem que quando o agente, embriagado, pratica homicídio de trânsito, pode ser condenado pelo homicídio do art. 121 do CP, tendo em vista que, ao ingerir bebida alcoólica e tomar a direção de um veículo, assumiu o risco de produzir o evento danoso.

Consumação e tentativa

Trata-se de delito material ou de resultado, ou seja, o delito consuma-se com a morte. A morte dá-se com a cessação da atividade encefálica. Cessando a atividade encefálica, o agente será considerado morto, conforme se extrai da Lei nº 9.434/97 – Lei de Transplantes. A tentativa é possível, considerando que o homicídio se trata de crime plurissubsistente, permitindo-se o fracionamento da execução.

O homicídio simples pode ser considerado crime hediondo quando praticado em atividade típica de grupo de extermínio, conforme prevê o art. 1º da Lei nº 8.072/1990 (Lei dos Crimes Hediondos). É o chamado homicídio condicionado. O homicídio também pode ser praticado através de relações sexuais ou atos libidinosos.

Ex.: "A", portador do vírus HIV (AIDS) e sabedor desta condição, com a intenção de matar, tem relação sexual com "B", com o fim de transmitir voluntária e dolosamente o vírus a este último. Nesta situação, após a transmissão, enquanto "B" não morrer, "A" responderá por tentativa de homicídio, após a morte de "B", "A" responderá por homicídio consumado.

Homicídio privilegiado

Art. 121, § 1º. Se o agente comete o crime impelido por motivo de relevante valor social ou moral, ou sob o domínio de violenta emoção, logo em seguida a injusta provocação da vítima, ou juiz pode reduzir a pena de um sexto a um terço.

O Homicídio Privilegiado é causa de diminuição de pena, havendo a redução de 1/6 a 1/3. Essa diminuição de pena é direito subjetivo do réu, sendo que, presentes os requisitos, o juiz deve reduzir a pena.

Hipóteses privilegiadoras

Se o agente comete o crime por motivo de relevante valor social

No valor social, o agente mata para atender os interesses de toda coletividade.

Ex.: Matar estuprador do bairro; matar um assassino que aterroriza a cidade.

Se o agente comete o crime por relevante valor moral: o agente mata para atender interesses particulares, diferente do valor social

Esses interesses morais são ligados aos sentimentos de compaixão, misericórdia ou piedade.

Ex.: Eutanásia; A mata B porque este matou seu filho.

Alguns autores salientam que o entendimento doutrinário mais recente, é no sentido de que a ortotanásia não seja crime, mas essa questão, indagada em concurso do MP de SC, foi considerada tão crime como a eutanásia.

Se o agente comete o crime sob o domínio de violenta emoção, logo em seguida a injusta provocação da vítima - Homicídio Emocional

Atente-se que domínio não se confunde com mera influência. A mera influência é uma atenuante de pena prevista no art. 65 do CP.

É necessário observar que o homicídio deve ocorrer logo após a injusta provocação da vítima, ou seja, deve haver imediatidade da reação (reação sem intervalo temporal). Entende a jurisprudência que, enquanto perdurar o domínio da violenta emoção, a reação será considerada imediata.

Observa-se ainda que a provocação da vítima deve ser injusta, e isso não traduz, necessariamente, um fato típico. Pode haver injusta provocação sem configurar fato típico, mas serve para configurar o homicídio emocional.

Ex.: Adultério.

Se for injusta a agressão da vítima, será caso de legítima defesa.

O privilégio é sempre circunstância do crime. Sendo que as circunstâncias subjetivas são incomunicáveis, nos termos do art. 30 do CP. Já as circunstâncias objetivas são comunicáveis, nos termos do art. 30, in fine.

Circunstâncias Subjetivas	Circunstâncias Objetivas
Não se comunicam.	Comunicam-se.
Ligam-se ao motivo ou estado anímico do agente	Ligam-se ao meio / modo de execução
Como as privilegiadoras aqui citadas são subjetivas, não haverá comunicabilidade em relação aos demais autores do crime, logo não se aplica ao coautor se não restarem comprovados os mesmos requisitos.	

Homicídio qualificado

Posição Majoritária – 6ª Turma do STJ (HC 78.643/PR), Nelson Hungria, Raúl Eugênio Zaffaroni e Alexandre Araripe Marinho – As qualificadoras não são, a rigor, circunstâncias, mas sim elementares do Tipo Derivado, porque dão pena abstrata nova, ou seja, podem ser identificadas antes mesmo da fixação da pena-base. Então sempre se comunicam.

DOS CRIMES CONTRA A PESSOA

O homicídio qualificado é sempre crime hediondo.

Homicídio Qualificado
§ 2º. Se o homicídio é cometido:
I. Mediante paga ou promessa de recompensa, ou por outro motivo torpe;
II. Por motivo fútil;
III. Com emprego de veneno, fogo, explosivo, asfixia, tortura ou outro meio insidioso ou cruel, ou de que possa resultar perigo comum;
IV. À traição, de emboscada, ou mediante dissimulação ou outro recurso que dificulte ou torne impossível a defesa do ofendido;
V. Para assegurar a execução, a ocultação, a impunidade ou vantagem de outro crime:
Pena - reclusão, de doze a trinta anos.

Motivo torpe

É o motivo abjeto, ignóbil, vil, espelhando ganância.

É indagado se a qualificadora da torpeza se aplica também ao mandante, ou apenas para o executor.

Alguns autores dizem que a resposta depende se a qualificadora for compreendida como elementar ou circunstância. Entendendo que se trata de circunstância, somente o executor responde pelo homicídio qualificado já que a circunstância subjetiva não se comunica. Por outro lado, entendendo-se que se trata de elementar subjetiva do crime, haverá comunicabilidade, estendendo-se a qualificadora ao mandante (ambos respondem pela qualificadora – mandante e executor).

Atualmente, prevalece a segunda hipótese, ou seja, que se trata de elementar subjetiva do crime, respondendo o mandante e o executor pelo crime qualificado.

Mediante paga ou promessa de recompensa

No caso de o agente matar mediante paga ou promessa de recompensa de natureza diversa da econômica, por exemplo, sexual, continua se tratando de motivo torpe, pois não deixa de se ajustar ao encerramento genérico, somente não configurando o exemplo dado no início do inciso. É o chamado homicídio mercenário.

O homicídio mercenário que nada mais é que um exemplo de torpeza. O executor é chamado de matador de aluguel.

O crime, mediante paga ou promessa, é crime de concurso necessário (plurisubsistente – plurilateral – plurisubjetivo), exigindo-se pelo menos duas pessoas (mandante e executor).

Neste caso, necessariamente a natureza é econômica, logo se a vantagem era promessa sexual, entre outras, não incidirá a qualificadora.

No inciso I o legislador encerrou de forma genérica, o que permite a interpretação analógica, ou seja, permite ao juiz a análise de outras situações que aqui podem se enquadrar.

Por motivo fútil

Segundo alguns autores é aquele que ocorre quando o móvel apresenta real desproporção entre o delito e a sua causa moral. Tem-se a pequeneza do motivo (matar por pouca coisa).

Ex.: Briga de trânsito.

Tem caráter SUBJETIVO, pois se refere à motivação do agente para cometer o crime.

É um motivo insignificante, de pouca importância, completamente desproporcional à natureza do crime praticado.

Atente-se que, motivo fútil não se confunde com motivo injusto, uma vez que a injustiça é característica de todo e qualquer crime - injusto penal.

Se não há motivo comprovado nos autos, poderá ser denunciado por homicídio qualificado pelo motivo fútil? Aqui há duas correntes:

1ª Corrente: a ausência de motivos equipara-se ao motivo fútil, pois seria um contrassenso conceber que o legislador punisse com pena mais grave quem mata por futilidade, permitindo que o que age sem qualquer motivo receba sanção mais branda. (MAJORITÁRIA)

2ª Corrente: a ausência de motivos não pode ser equiparada ao motivo fútil, sob pena de se ofender o princípio da reserva legal. É o que entende Cezar Roberto Bitencourt – para ele o legislador que deve incluir a ausência de motivo no rol das qualificadoras.

Com emprego de veneno, fogo, explosivo, asfixia, tortura ou outro meio insidioso ou cruel, ou de que possa resultar perigo comum

No inciso III, novamente é possível a interpretação analógica, tendo como exemplos o emprego de veneno, fogo, explosivo, asfixia ou tortura.

Tem caráter objetivo, pois se refere aos meios empregados pelo agente para o cometimento do homicídio.

No caso do emprego de veneno, é imprescindível que a vítima desconheça estar ingerindo a substância letal.

No caso de tortura, o agente emprega crueldade na conduta, provocando na vítima sofrimento desnecessário antes da morte.

Homicídio qualificado pela tortura (art. 121, § 2º, III, CP)	Tortura com resultado morte (art. 1º, § 3º, Lei nº 9.455/97)
Morte DOLOSA.	Morte PRETERDOLOSA.
O agente utiliza a tortura para provocar a morte da vítima.	O agente tem o dolo de torturar a vítima, e da tortura resulta culposamente sua morte.
Competência do Tribunal do Júri.	Competência do Juízo Singular (vara criminal).
A tortura foi o meio utilizado para a morte.	A tortura foi o fim desejado, mas a morte foi culposa.

A traição, de emboscada, ou mediante dissimulação ou outro recurso que dificulte ou torne impossível a defesa do ofendido

No inciso IV legislador prevê como exemplos a traição, emboscada ou dissimulação, finalizando de maneira genérica o que também permite a interpretação analógica.

Tem caráter objetivo (modo de execução do crime).

Traição: ataque desleal, quebra de confiança.

Emboscada: aquele que ataca a vítima com surpresa. Ele se oculta para surpreender a vítima.

CIÚME não é considerado motivo torpe.

AUSÊNCIA de motivo não é considerado motivo fútil.

Um motivo não pode ser FÚTIL e TORPE ao mesmo tempo, pois um exclui o outro.

Dissimulação: significa fingimento, disfarçando o agente a sua intenção hostil.

Ex.: Aquele que convida para ir à casa de outrem e, lá chegando, mata o convidado.

Para assegurar a execução, ocultação, a impunidade ou vantagem de outro crime

O inciso V possui caráter subjetivo (refere-se aos motivos do crime). Trata das hipóteses de conexão teleológica e consequencial.

→ Quando se comete o crime para assegurar a execução, classifica-se o homicídio como qualificado teleológico.

Ex.: "A" pretendendo cometer um crime de extorsão mediante sequestro contra uma pessoa muito importante e para assegurar a execução mata o segurança do empresário.

→ Já no homicídio consequencial são as seguintes hipóteses:

Conexão Consequencial	
Ocultação	Quer evitar a descoberta do crime cometido pelo agente. **Ex.:** Ocultar o cadáver após o homicídio.
Impunidade	O criminoso procura evitar que se descubra que ele foi o autor do crime. **Ex.:** Matar a testemunha ocular de um crime.
Vantagem	O agente quer usufruir a vantagem decorrente da prática de outro crime. **Ex.:** Um ladrão mata o outro para ficar com todo o dinheiro do roubo praticado por ambos.

O STF tem admitido a coexistência do privilégio (caráter subjetivo) com as qualificadoras de caráter objetivo (chamado homicídio privilegiado-qualificado).

Ex.: "A" matou "B" envenenado porque este estuprou a filha daquele.

O homicídio privilegiado-qualificado não é considerado hediondo (pois a existência do privilégio afasta a hediondez do homicídio qualificado).

Matar por ocasião de outro crime, sem vínculo finalístico, não qualifica o crime.

O crime futuro deve ocorrer para gerar a conexão teleológica? O crime futuro não precisa ocorrer para gerar esta qualificadora, bastando matar para essa finalidade.

Há possibilidades do homicídio qualificado ser privilegiado? Sim. Há essa possibilidade, quando as qualificadoras são objetivas.

> Matar para assegurar uma contravenção penal não qualifica o crime nesta modalidade, mas pode qualificá-lo pelo motivo fútil.

Ou seja, uma das privilegiadoras, e uma das qualificadoras do meio cruel ou da torpeza (objetivas).

Para a maioria da doutrina, o homicídio qualificado quando também for privilegiado não será hediondo, uma vez que o privilégio é preponderante.

Feminicídio

VI. Contra a mulher por razões da condição de sexo feminino:
Pena - reclusão, de doze a trinta anos.
§ 2º-A. Considera-se que há razões de condição de sexo feminino quando o crime envolve:
I. Violência doméstica e familiar;
II. Menosprezo ou discriminação à condição de mulher.
§ 7º A Pena do feminicídio é aumentada de 1/3 (um terço) até a metade se o crime for praticado:
I. Durante a gestação ou nos 3 (três) meses posteriores ao parto;
II. Contra pessoa menor de 14 (catorze) anos, maior de 60 (sessenta) anos ou com deficiência;
III. Na presença de descendente ou de ascendente da vítima.
Pena - reclusão, de doze a trinta anos.

A Lei nº 13.104/2015 introduziu no Código penal uma nova figura típica: o feminicídio. A pena para o homicídio qualificado é de 12 a 30 anos de prisão, e será aumentada em um terço se o crime acontecer durante a gestação ou nos três meses posteriores ao parto; se for contra adolescente menor de 14 anos ou adulto acima de 60 anos ou ainda pessoa com deficiência. Também se o assassinato for cometido na presença de descendente ou ascendente da vítima.

Pode-se definir como uma qualificadora do crime de homicídio motivada pelo ódio contra as mulheres, tendo como motivador as circunstâncias específicas em que o pertencimento da mulher ao sexo feminino é central na prática do delito. Entre essas circunstâncias estão incluídos: os assassinatos em contexto de violência doméstica ou familiar e o menosprezo ou discriminação à condição de mulher.

O feminicídio é qualificadora conhecida como crime fétido.

Razões de Gênero

A qualificadora do feminicídio não poderá ser provada por um laudo pericial ou exame cadavérico, porque nem sempre um assassinado de uma mulher será considerado "feminicídio". Assim, para ser configurada a qualificadora do feminicídio, a acusação tem que provar que o crime foi cometido contra a mulher por razões da condição de sexo feminino.

O § 2º-A foi acrescentado como norma explicativa, para esclarecer as situações em que a morte da mulher ocorreu em razão da condição de sexo feminino, podendo se dar em duas situações:

> Violência doméstica e familiar;
> Menosprezo ou discriminação à condição de mulher;

O § 7º do art. 121 do CP estabelece causas de aumento de pena para o crime de feminicídio.

A pena será aumentada de 1/3 até a metade se for praticado:

> Durante a gravidez ou nos 3 meses posteriores ao parto;
> Contra pessoa menor de 14 anos, maior de 60 anos ou com deficiência;
> Na presença de ascendente ou descendente da vítima.

Art. 1º. São considerados hediondos os seguintes crimes, todos tipificados no Decreto-Lei nº 2.848, de 7 de dezembro de 1940 - Código Penal, consumados ou tentados:
I. homicídio (art. 121), quando praticado em atividade típica de grupo de extermínio, ainda que cometido por um só agente, e homicídio qualificado (art. 121, § 2º, incisos I, II, III, IV, V, VI e VII e VIII);

NOÇÕES DE DIREITO PENAL, PROCESSUAL PENAL E LEGISLAÇÃO EXTRAVAGANTE

DOS CRIMES CONTRA A PESSOA

Como todo homicídio qualificado, o feminicídio também é considerado hediondo de acordo com o art. 1º da Lei nº 8.072/90 (Lei de Crimes Hediondos).

Homicídio funcional

Essa qualificadora foi inserida pela Lei nº 13.142/2015, que acrescentou objetivamente essa conduta no rol dos crimes hediondos (art. 1º, I e I-A, da Lei nº 8.072/1990) e também aumentou a pena de 1/3 a 2/3 no art. 129, § 12 (lesão corporal).

VII. Contra autoridade ou agente descrito nos Arts. 142 e 144 da Constituição Federal, integrantes do sistema prisional e da Força Nacional de Segurança Pública, no exercício da função ou em decorrência dela, ou contra seu cônjuge, companheiro ou parente consanguíneo até terceiro grau, em razão dessa condição:

São autoridades previstas no art. 142 da CF/88

Art. 142. *As Forças Armadas, constituídas pela Marinha, pelo Exército e pela Aeronáutica, são instituições nacionais permanentes e regulares, organizadas com base na hierarquia e na disciplina, sob a autoridade suprema do Presidente da República, e destinam-se à defesa da Pátria, à garantia dos poderes constitucionais e, por iniciativa de qualquer destes, da lei e da ordem.*

São autoridades do art. 144 da CF/88:

Art. 144. *A segurança pública, dever do Estado, direito e responsabilidade de todos, é exercida para a preservação da ordem pública e da incolumidade das pessoas e do patrimônio, através dos seguintes órgãos:*

I. Polícia federal;

II. Polícia rodoviária federal;

III. Polícia ferroviária federal;

IV. Polícias civis;

V. Polícias militares e corpos de bombeiros militares.

VI. polícias penais federal, estaduais e distrital (EC nº 104/20190).

A qualificadora do inciso VII objetiva prevenir ou reduzir crimes contra pessoas que atuam na área de segurança pública, no combate à criminalidade. É norma penal em branco, pois precisa ser complementada pelos arts. 142 e 144 da CF, acima mencionados.

Homicídio com emprego de arma de fogo de uso restrito ou proibido.

O inciso VII foi acrescentado pela Lei nº13.964/2019 – Pacote Anticrime. Foi objeto de veto pelo Presidente da República, mas em 19/04/2021 foi afastado pelo Congresso Nacional (em vigência).

Trata-se de qualificadora objetiva, ou seja, refere-se ao meio de execução utilizado pelo agente (arma de fogo de uso restrito/proibido).

É norma penal em branco ao quadrado: necessita de complemento normativo, a fim de definir quais armas são de uso restrito/proibido. No caso, a definição é extraída do art. 3º, parágrafo único, do Anexo I do Decreto nº10.030/2019.

Trata-se de qualificadora com natureza de crime hediondo, por força do art. 1º, I, da Lei nº 8.072/1990.

Homicídio culposo

§ 3º. Se o homicídio é culposo:

Pena - detenção, de um a três anos.

Ocorre o homicídio culposo quando o agente realiza uma conduta voluntária, com violação de dever objetivo de cuidado imposto a todos, por negligência, imprudência ou imperícia, produzindo, por consequência, um resultado (morte) involuntário, não previsto e nem querido, mas objetivamente previsível, que podia ter sido evitado caso observasse a devida atenção.

> NÃO incide aumento quando o agente foge em razão de sérias ameaças de linchamento.

Modalidades de Culpa	
Negligência	Culpa negativa. O agente deixa de fazer aquilo que a cautela manda. **Ex.:** Viajar de carro com os freios danificados.
Imprudência	Culpa positiva. O agente pratica um ato perigoso. **Ex.:** Trafegar com veículo no centro da cidade a 180 km/h.
Imperícia	Culpa profissional. É a falta de aptidão para o exercício de arte, profissão ou ofício para a qual o agente, apesar de autorizado a exercê-la, não possui conhecimentos teóricos ou práticos para tanto. **Ex.:** Médico ginecologista que começa a realizar cirurgias plásticas sem especialização para tanto.

Por se tratar de infração de médio potencial ofensivo (já que a pena mínima é de um ano) há possibilidade de suspensão condicional do processo.

Já quando ocorre o delito previsto no art. 302 do CTB – homicídio culposo na condução de veículo automotor – a pena é detenção de dois a quatro anos + a suspensão ou proibição da permissão de conduzir veículo.

Art. 121, §3º, CP	Art. 302, CTB
Norma geral	Norma especial: na direção de veículo automotor.
Pena varia de 01 a 03 anos – infração penal de médio potencial ofensivo.	A pena é de 02 a quatro anos à infração penal de grande potencial ofensivo.
Admite a suspensão do processo.	Não admite suspensão condicional do processo.

Aumento de pena

§ 4º. No homicídio culposo, a pena é aumentada de 1/3 (um terço), se o crime resulta de inobservância de regra técnica de profissão, arte ou ofício, ou se o agente deixa de prestar imediato socorro à vítima, não procura diminuir as consequências do seu ato, ou foge para evitar prisão em flagrante. Sendo doloso o homicídio, a pena é aumentada de 1/3 (um terço) se o crime é praticado contra pessoa menor de 14 (quatorze) ou maior de 60 (sessenta) anos.

Aqui se tem o rol das majorantes do homicídio doloso e o rol das majorantes do homicídio culposo.

Aumento de pena de 1/3

Se o crime resulta de inobservância de regra técnica de profissão, arte ou ofício: neste caso, apesar do agente dominar a técnica, não observa o caso concreto. É diferente da imperícia, pois nessa hipótese, o agente não domina a técnica.

Se o agente deixa de prestar imediato socorro à vítima: neste caso, é necessário para a incidência da majorante que o socorro seja possível, e que o agente não tenha risco pessoal na conduta.

Não incide aumento quando terceiros prestarem socorro ou morte instantânea incontestável.

Neste caso, não incide também o art. 135 do CP (omissão de socorro), para evitar o *bis in idem*.

De acordo com o STF, se o autor do crime, apesar de reunir condições de socorrer a vítima não o faz, concluindo pela inutilidade da ajuda em face da gravidade da lesão, sofre a majorante do art. 121, §4º, do CP:

Se não procura diminuir as consequências do seu ato;

Se foge para evitar prisão em flagrante: para a maioria da doutrina esta majorante é aplicável, pois o agente demonstra, ao fugir do flagrante, ausência de escrúpulo e diminuta responsabilidade moral, lembrando que prejudica as investigações.

Para a doutrina moderna, essa majorante não deveria incidir, pois a pessoa estaria obrigada, nessa hipótese, a produzir prova contra si mesma, o que vai de encontro ao instituto de liberdade, e já que a fuga sem violência não é crime e daí que não poderia também incidir essa majorante. (Defensoria Pública).

No homicídio doloso a pena é aumentada de 1/3 se o crime é praticado contra:

> Menor de 14 anos;
> Maior de 60 anos (não abrange aquele que tem idade igual a 60 anos).

A idade da vítima deve ser conhecida pelo agente.

E se, quando do disparo de arma de fogo, a vítima tenha menos de 14 anos, e quando falece já é maior de 14, incide a majorante? SIM, neste caso analisa-se se na ocasião da ação a vítima era menor de 14 anos (teoria da atividade).

Perdão Judicial

§ 5º. Na hipótese de homicídio culposo, o juiz poderá deixar de aplicar a pena, se as consequências da infração atingirem o próprio agente de forma tão grave que a sanção penal se torne desnecessária.

Conceito: segundo alguns autores, perdão judicial é o instituto pelo qual o Juiz, não obstante a prática de um fato típico e ilícito, por um agente comprovadamente culpado, deixa de lhe aplicar, nas hipóteses taxativamente previstas em lei, o preceito sancionador cabível, levando em consideração determinadas circunstâncias que concorrem para o evento.

O perdão judicial somente é concedido após a sentença.

O perdão judicial é uma causa extintiva da punibilidade. E caso seja indagado pelo examinador acerca da diferença do perdão judicial para o perdão do ofendido, é necessário observar que:

Perdão Judicial	Perdão do Ofendido
É ato unilateral (não precisa ser aceito pelo agente).	É ato bilateral (precisa ser aceito pelo agente).
Homicídio culposo ou lesão corporal culposa.	Somente na ação penal privada.

O perdão judicial somente ocorre no homicídio culposo, se as circunstâncias da infração atingirem o agente de forma tão grave que a sanção penal se torne desnecessária.

Ex.: Pai culposamente atropela filho na garagem de casa.

Natureza jurídica da sentença concessiva de perdão judicial: De acordo com a Súmula 18 do STJ: A sentença concessiva do perdão judicial é declaratória da extinção da punibilidade, não subsistindo qualquer efeito condenatório.

Perdão Judicial e Código de Trânsito Brasileiro: O perdão judicial no CTB estava previsto no art. 300, mas este foi vetado.

> O art. 120 do CP, prevê que a sentença que conceder perdão judicial não será considerada para efeitos de reincidência.

Causa Específica de Aumento de Pena

§ 6º. A pena é aumentada de 1/3 (um terço) até a metade se o crime for praticado por milícia privada, sob o pretexto de prestação de serviço de segurança, ou por grupo de extermínio.

Esse parágrafo foi introduzido no Código Penal pela Lei nº 12.720 de 27 de setembro de 2012, juntamente com a mudança no §7º do crime de lesão corporal (art. 129 do CP) e o novo crime de constituição de milícia privada (art. 288-A do CP).

É uma majorante de concurso necessário, visto que um grupo não pode ser constituído por uma ou duas pessoas.

O legislador omitiu qual o número mínimo exigido para a configuração desses grupos de extermínio ou milícias, mas a interpretação que predomina é de no mínimo 03 pessoas.

Para que ocorra essa causa especial de aumento de pena, se faz necessário um especial fim de agir do grupo de milícia privada (pretexto de prestação de serviço de segurança). Essa majorante também é aplicada se for cometida por somente um integrante do grupo, somente se o referido homicídio já teria sido planejado pela milícia anteriormente.

Ex.: O que ocorre nas favelas do Rio de Janeiro.

Induzimento, instigação ou auxílio ao suicídio

Induzimento, instigação ou auxílio a suicídio ou a automutilação
Art. 122. Induzir ou instigar alguém a suicidar-se ou a praticar automutilação ou prestar-lhe auxílio material para que o faça: (Redação dada pela Lei nº 13.968, de 2019)

Pena - reclusão, de 6 (seis) meses a 2 (dois) anos. (Redação dada pela Lei nº 13.968, de 2019)

§ 1º Se da automutilação ou da tentativa de suicídio resulta lesão corporal de natureza grave ou gravíssima, nos termos dos §§ 1º e 2º do art. 129 deste Código: (Incluído pela Lei nº 13.968, de 2019)
Pena - reclusão, de 1 (um) a 3 (três) anos. (Incluído pela Lei nº 13.968, de 2019)

§ 2º Se o suicídio se consuma ou se da automutilação resulta morte: (Incluído pela Lei nº 13.968, de 2019)
Pena - reclusão, de 2 (dois) a 6 (seis) anos. (Incluído pela Lei nº 13.968, de 2019)

§ 3º A pena é duplicada: (Incluído pela Lei nº 13.968, de 2019)
I. se o crime é praticado por motivo egoístico, torpe ou fútil; (Incluído pela Lei nº 13.968, de 2019)

II. se a vítima é menor ou tem diminuída, por qualquer causa, a capacidade de resistência. (Incluído pela Lei nº 13.968, de 2019)

§ 4º A pena é aumentada até o dobro se a conduta é realizada por meio da rede de computadores, de rede social ou transmitida em tempo real. (Incluído pela Lei nº 13.968, de 2019)

§ 5º Aumenta-se a pena em metade se o agente é líder ou coordenador de grupo ou de rede virtual. (Incluído pela Lei nº 13.968, de 2019)

§ 6º Se o crime de que trata o § 1º deste artigo resulta em lesão corporal de natureza gravíssima e é cometido contra menor de 14 (quatorze) anos ou contra quem, por enfermidade ou deficiência mental, não tem o necessário discernimento para a prática do ato, ou que, por qualquer outra causa, não pode oferecer resistência, responde o agente pelo crime descrito no § 2º do art. 129 deste Código. (Incluído pela Lei nº 13.968, de 2019)

§ 7º Se o crime de que trata o § 2º deste artigo é cometido contra menor de 14 (quatorze) anos ou contra quem não tem o necessário discernimento para a prática do ato, ou que, por qualquer outra causa, não pode oferecer resistência, responde o agente pelo crime de homicídio, nos termos do art. 121 deste Código. (Incluído pela Lei nº 13.968, de 2019)

Para o Direito Penal Brasileiro, não é passível de punição a conduta do agente que tem como objetivo o extermínio da sua própria vida, ou seja, aquele que comete o suicídio (autocídio/autoquíria), bem como a possível lesão que o sujeito venha a sofrer caso sua tentativa não obtenha sucesso, devido à falta de previsão legal para tal conduta.

Contudo, o objetivo da norma penal ao tipificar essa conduta é punir o agente que participa na ocorrência do crime, auxiliando, induzindo ou instigando alguém a cometer o suicídio.

Classificação

É crime simples, comum, e formal, pois sua consumação independe de resultado resultado. É crime de forma livre. Pode ser praticado por ação ou por omissão IMPRÓPRIA, quando presente o dever de agir. (art. 13, § 2º, CP)

Condutas acessórias à prática do suicídio:

> Induzir: Implantar a ideia.
> Instigar: Reforçar a ideia preexistente.
> Auxiliar: Intromissão no processo físico de causação.

Sujeitos

Sujeito Ativo: crime comum, pode ser praticado por qualquer um.

Sujeito Passivo: alguém que tenha capacidade para agir, pois caso contrário será crime de homicídio. Se ela tiver relativa capacidade (de 14 até fazer 18 anos – art. 224, "a" e 217-A, CP), incorrerá na pena do art. 122, § 3º, II, CP.

O crime previsto no art. 122, CP é um crime condicionado ao resultado (morte ou lesão), pois se não se consumar, não terá relevância penal alguma e, portanto, não admite tentativa.

Natureza Jurídica do art. 122, CP: Nelson Hungria, Luiz Regis Prado, Aníbal Bruno e Rogério Greco – Condição Objetiva de Punibilidade, porque o crime se perfaz quando se instiga, induz ou auxilia.

Entretanto, cabe destacar que a nova redação do art. 122 não mais condiciona a existência do crime ao resultado lesão grave ou morte. Assim, a prática de umas condutas de induzir, instigar ou auxiliar o suicídio ou à automutilação já é suficiente para configurar o crime, com ou sem resultado.

Art. 13, § 2º, CP. A omissão é penalmente relevante quando o omitente devia e podia agir para evitar o resultado. O dever de agir incumbe a quem:

a) Tenha por lei obrigação de cuidado, proteção ou vigilância;

b) De outra forma, assumiu a responsabilidade de impedir o resultado;

c) Com seu comportamento anterior, criou o risco da ocorrência do resultado.

A conduta só é punida na forma dolosa (o agente que participa), NÃO existindo previsão para modalidade culposa.

Descrição do crime: é conhecido também como o crime de participação em suicídio. Ademais, a participação deve dirigir-se a pessoa(as) determinada (as), pois NÃO é punível a participação genérica (um filme, livro, que estimule o pensamento suicida).

Sendo a conduta criminosa composta de vários verbos (induzir, instigar, auxiliar), ainda que o agente realize as três condutas, o crime será único, respondendo desta forma, apenas pelo art. 122 do CP.

Na participação material, o auxílio deve ser acessório, pois, caso seja direto e imediato, o crime será o de homicídio, visto que o sujeito não pode, em hipótese alguma, realizar uma conduta apta a eliminar a vida da vítima.

Ex.: "A" empresta sua arma de fogo para "B", contudo, "B" solicita para que esse ("A") efetue o disparo em sua cabeça.

O auxílio deve ser eficaz, ou seja, precisa contribuir efetivamente para o suicídio. Desse modo, se "A" empresta uma arma de fogo para "B" se matar, mas este acabe utilizando uma corda (enforcamento), nesse caso, a conduta de "A" será atípica.

Exige-se que o agente imprima seriedade em sua conduta, querendo que a vítima efetivamente se suicide (dolo).

Não há crime se o agente fala, por brincadeira, para a vítima se matar e esta realmente se mata.

Não caracteriza constrangimento ilegal a coação (força) exercida para impedir o suicídio (art. 146, §3º, II, CP).

Ex.: "A" induz "B" a suicidar-se e "C" empresta a arma de fogo. "B" se mata. "A" e "C" responderão como autores do crime previsto no art. 122, CP.

Pacto de Morte ou Suicídio a Dois

Duas pessoas resolvem se suicidar conjuntamente. Ex.: câmara de gás. Podem ocorrer as seguintes situações:		
"A" e "B" sobreviveram e não ocorreu lesão corporal grave (ou gravíssima).	Os dois abriram a torneira de gás.	Os dois responderão por tentativa de homicídio.

"A" e "B" sobreviveram e não ocorreu lesão corporal grave (ou gravíssima).	"A" abriu a torneira.	"A" responderá por tentativa de homicídio e "B" não responderá por nada (Fato Atípico).
"A" e "B" sobreviveram, mas "B" ficou com lesão corporal grave (ou gravíssima).	"A" abriu a torneira.	"A" responderá por tentativa de homicídio e "B" responderá por participação em suicídio (art. 122).
"A" morreu e "B" sobreviveu.	"A" abriu a torneira.	"B" responderá por participação em suicídio (art. 122).
"A" morreu e "B" sobreviveu.	"B" abriu a torneira.	"B" responderá por homicídio.

Roleta-Russa e Duelo Americano

Os Sobreviventes Responderão pelo Crime:	
Roleta-russa	A arma de fogo (revólver) é municiada com um único projétil, sendo o gatilho acionado por ambos os participantes – conforme sua ordem – girando o "tambor" da arma a cada nova tentativa. "A" gira o tambor, mira em sua cabeça, e aciona o gatilho.
Duelo-Americano	Existem duas armas, sendo que apenas uma está municiada, cada um escolhe a sua e efetiva o disparo contra si mesmo, desconhecendo qual efetivamente está carregada.

Formas qualificadas

Portanto verificar o aluno que com as modificações introduzidas no referido crime, tem-se agora as qualificadoras de lesão grave ou gravíssima (que antes tornava atípico o crime) e morte, em que ambas eram apenas consideradas como condição para a tipificação do crime:

a) Se da automutilação ou da tentativa de suicídio resulta lesão corporal de natureza grave ou gravíssima, nos termos dos §§ 1º e 2º do art. 129 deste Código – pena de 1 a 3 anos

b) Se o suicídio se consuma ou se da automutilação resulta morte – pena de 2 a 6 anos

Formas majoradas

a) A pena é duplicada (aqui o aumento será aplicado em dobro, o que não é até o dobro, mas sim em dobro)
> se o crime é praticado por motivo egoístico, torpe ou fútil;
> se a vítima é menor ou tem diminuída, por qualquer causa, a capacidade de resistência.

b) A pena é aumentada até o dobro se a conduta é realizada por meio da rede de computadores, de rede social ou transmitida em tempo real.

Portanto, perceba que não havia essa previsão na redação anterior. Através da evolução comportamental da sociedade, uma maior punição agora se impõe aos que, através dos novos meios de comunicação em massa – internet e redes sociais.

c) Aumenta-se a pena em metade se o agente é líder ou coordenador de grupo ou de rede virtual

O que antes também não era previsto, agora se tem uma maior punição dos líderes/administradores/fundadores de grupos de comunicação, devido ao seu imenso poder de persuasão sobre seus "seguidores".

Infanticídio

> **Art. 123.** Matar, sob a influência do estado puerperal, o próprio filho, durante o parto ou logo após:
> **Pena** - detenção, de dois a seis anos.

O art. 123 do CP é um homicídio especial, dotado de especializastes, possuindo pena menor, o que implica o fato de ser considerado Homicídio Privilegiado.

Requisitos

> Praticado pela própria mãe contra seu filho;
> Durante ou logo após o parto;
> Contra recém-nascido (neonato);
> Sob influência de estado puerpério (lapso temporal até que a mulher volte ao ciclo menstrual normal).

Trata-se de crime próprio (praticado pela própria mãe).

É um crime comissivo (ação) ou omissivo (omissão imprópria), sendo também um crime material, consuma-se, efetivamente, com a morte da vítima.

Sujeitos

Sujeito Ativo: o sujeito ativo aqui é a mãe, sob influência do estado puerperal.

Indaga-se se o crime em questão admite concurso de pessoas (coautoria e participação)?

Sobre essa pergunta existem duas correntes:

1ª Corrente: o estado puerperal é condição personalíssima incomunicável, logo, não admite concurso de pessoas. Mas atente-se que o CP não reconhece essa condição personalíssima – não tem previsão do art. 30 do CP.

2ª Corrente: o estado puerperal é condição pessoal comunicável, pelo que é admitido o concurso de agentes. (Majoritária)

→ Alguns autores dividem dessa forma:

1ª Situação: parturiente e médico matam o nascente ou neonato. Parturiente responde pelo art. 123 e o médico também responde pelo art. 123 em coautoria.

2ª Situação: parturiente, auxiliada pelo médico, mata nascente ou neonato. A parturiente responde pelo art. 123 e o médico também, como partícipe.

3ª Situação: médico, auxiliado pela parturiente, mata nascente ou neonato. O médico responderá pelo crime de homicídio e a parturiente, também responderia pelo art. 121 do CP na qualidade de partícipe. Mas aqui surgem duas correntes em face da injustiça existente:

Corrente Majoritária: o médico responde pelo art. 121 do CP e a parturiente responde pelo art. 123 para sanar a injustiça existente.

Sujeito Passivo: é o próprio filho, ou seja, somente aquele que é o nascente (durante o parto) ou neonato (logo após o parto).

Diante da especialidade, tanto do sujeito ativo como do sujeito passivo, o crime é considerado biprópio.

NOÇÕES DE DIREITO PENAL, PROCESSUAL PENAL E LEGISLAÇÃO EXTRAVAGANTE

DOS CRIMES CONTRA A PESSOA

Supondo que a mãe mate aquele que supõe ser seu filho, mas na verdade é filho de outrem. Nesse caso continuará respondendo pelo crime de infanticídio, diante da aplicação do art. 20, § 3º, do CP (erro quanto à pessoa) que determina a consideração das qualidades da vítima virtual.

Conduta

A conduta punível é tirar a vida extrauterina do próprio filho, durante ou logo após o parto.

→ Tem-se o matar + as seguintes especializantes:

Elemento temporal constitutivo do tipo: durante ou logo após o parto. Se for antes do parto, o crime é de aborto. Se, após o parto, o crime é de homicídio.

Influência do estado puerperal: a doutrina afirma que, o logo após perdura enquanto presente a influência do estado puerperal. Enquanto a gestante estiver sob a influência do estado puerperal, o elemento temporal constitutivo estará presente. Estado puerperal é um desequilíbrio fisio-psíquico.

Estado puerperal: Conforme Sanches, é o estado que envolve a parturiente durante a expulsão da criança do ventre materno, produzindo profundas alterações psíquicas e físicas.

Puerpério é o período que se estende do início do parto até a volta da mulher às condições pré-gravidez.

É preciso, também, que haja uma relação de causa e efeito entre o estado puerperal e o crime, pois nem sempre ele produz perturbações psíquicas na parturiente. Esse alerta se encontra na exposição de motivos do CP.

Dependendo do grau do estado puerperal é possível que a parturiente seja tratada como inimputável ou semi-imputável? Sim. Dependendo do grau de desequilíbrio fisio-psíquico, a parturiente pode sofrer o mesmo tratamento do inimputável ou semi-imputável. Essa é a posição de Mirabete.

Tipo subjetivo

O crime descrito no art. 123 é punido a título de dolo, não havendo possibilidade de punição na modalidade culposa.

Consumação e tentativa:

O crime se consuma com a morte, sendo perfeitamente possível a tentativa.

Aborto provocado pela gestante ou com seu consentimento

> **Art. 124.** Provocar aborto em si mesma ou consentir que outrem lhe provoque:
> **Pena** - detenção, de um a três anos.

O crime de aborto ocorre quando há a interrupção da gravidez, ocasionando a morte do produto da geração, procriação, concepção, ou seja, é a eliminação da vida intrauterina.

Sob o aspecto jurídico, a gravidez tem início com a nidação (implantação do óvulo fecundado no útero – parede uterina).

Portanto, não há crime de aborto quando da utilização de meios que inibem a fixação do ovo na parede uterina. É o que ocorre com o DIU (diafragma intrauterino).

Espécies de Aborto

Criminoso	Interrupção dolosa da gravidez (Arts. 124 a 127, CP).
Legal ou Permitido	Não há crime por expressa previsão legal. art. 128, CP: I) Quando não há outro meio para salvar a vida da gestante (aborto necessário ou terapêutico); II) Quando a gravidez resulta de estupro (aborto sentimental ou humanitário).
Natural	Interrupção espontânea da gravidez. Não há crime.
Acidental	A gestante sofre um acidente qualquer e perde o bebê. Não é crime, por ausência de dolo.
Eugênico ou Eugenésico	Interrupção da gravidez quando há anomalia ou algum defeito genético. É crime, exceto o aborto de anencéfalo.
Econômico ou Social	Interrupção da gravidez para não agravar a situação de miséria enfrentada pela mãe ou por sua família. É crime.

Objetividade jurídica

Vida humana. No aborto provocado por terceiro SEM o consentimento da gestante (art. 125), protege-se também a integridade física e psíquica da gestante.

Objeto material

O produto da concepção (óvulo fecundado, embrião ou feto).

Deve haver prova da gravidez, pois se a mulher não está grávida, ou se o feto já havia morrido por outro motivo qualquer, será crime impossível por absoluta impropriedade do objeto (art. 17, CP).

O feto deve estar alojado no útero materno. Desse modo, se ocorrer a destruição de um tubo de ensaio que contém um óvulo fertilizado *in vitro* não haverá aborto.

O feto não necessita ter viabilidade. Basta que esteja vivo antes do crime.

Sujeitos do crime

Sujeito Ativo: Os crimes do art. 124, CP são de mão própria, pois somente a gestante pode provocar aborto em si mesma ou consentir que um terceiro lhe provoque. Não admitem coautoria, mas admite participação. É crime comum nos demais casos.

Sujeito Passivo: é o feto. No aborto provocado por terceiro SEM o consentimento da gestante (art. 125) as vítimas são o feto e a gestante.

É crime de forma livre. Pode ser praticado de forma comissiva ou omissiva (Ex.: deixar dolosamente de ingerir medicamentos necessários para a preservação da gravidez). Se, contudo, o meio de execução for absolutamente ineficaz será crime impossível (Ex.: despachos, rezas e simpatias).

Elemento subjetivo

É o dolo, direto ou eventual.

Não existe o crime de aborto culposo

Se a própria gestante agir culposamente e ensejar o aborto, o fato será atípico. Já o terceiro que provoca aborto por culpa responde por lesão corporal culposa contra a gestante.

Consumação e tentativa

Ocorre com a morte do feto. É dispensável a expulsão do produto da concepção.

É admitida a tentativa.

Ex.: Realizou manobras abortivas e o feto foi expulso com vida: tentativa de aborto.

O agente quer ferir a gestante e realiza manobras abortivas e o feto é expulso com vida: lesão corporal grave (aceleração de parto – art. 129, § 1º, IV, CP).

Realizou manobras abortivas e o feto foi expulso com vida. Logo em seguida o agente mata o feto: tentativa de aborto e homicídio em concurso material.

Realizou manobras abortivas e o feto foi expulso com vida, mas morreu alguns dias depois em razão da manobra realizada: aborto consumado.

Classificação doutrinária

O aborto é crime: material, próprio e de mão própria ou comum, instantâneo, comissivo ou omissivo, de dano, unissubjetivo, unilateral ou de concurso eventual, plurissubjetivo ou de concurso necessário, plurissubsistente, de forma livre, progressivo.

O art. 20 da LCP diz que constitui contravenção penal a conduta de anunciar processo, substância ou objeto destinado a provocar aborto.

Análise do tipo penal

1ª parte: provocar aborto em si.

É o autoaborto, um crime próprio e de mão própria.

Admite participação:

Ex.: Mulher gestante ingere medicamento abortivo que lhe foi dado por seu namorado e provoca o aborto. Nesta situação a gestante é autora de autoaborto e seu namorado é partícipe (induzir, instigar ou auxiliar) deste crime. Todavia, se o namorado tivesse executado qualquer ato de provocação do aborto seria autor do crime previsto no art. 126, CP (aborto com o consentimento da gestante).

O partícipe do autoaborto, além de responder por este crime, pratica ainda homicídio culposo ou lesão corporal culposa se ocorrer morte ou lesão corporal grave em relação à gestante, pois o disposto no art. 127 não se aplica ao crime do art. 124.

Quanto à gestante que provoca aborto em si mesma, o aborto legal ou permitido, duas situações podem ocorrer:

> Se for aborto necessário ou terapêutico: não há crime (estado de necessidade);

> Se for aborto sentimental ou humanitário: há crime, pois nesta modalidade somente é autorizado no aborto praticado pelo médico.

2ª parte: consentir para que 3º lhe provoque o aborto.

O legislador criou uma exceção à teoria monista ou unitária no concurso de pessoas (art. 29, *Caput*, CP) e criou crimes distintos: a gestante responde pelo art. 124, 2ª parte, CP e o terceiro que provoca o aborto responde pelo art. 126, CP.

Esse crime é de mão própria, pois somente a gestante pode prestar o consentimento. Não admite coautoria, mas admite participação.

A gestante dever ter capacidade e discernimento para consentir (ser maior de 14 anos e ter integridade mental). E o consentimento deve ser válido (isento de fraude e não tenha sido obtido por meio de violência ou grave ameaça).

Aborto provocado por terceiro

Art. 125. *Provocar aborto, sem o consentimento da gestante:*
Pena *- reclusão, de três a dez anos.*

Sujeito ativo: qualquer pessoa

Sujeito passivo: produto da concepção feto e a gestante.

Trata-se da forma mais grave do crime de aborto, pois é cometido sem o consentimento da gestante.

De acordo com a jurisprudência, aquele que desfere chute no ventre de mulher, sabendo de sua gravidez, responde pelo crime de aborto (art. 127, CP).

Art. 126. *Provocar aborto com o consentimento da gestante:*
Pena *- reclusão, de um a quatro anos.*
Parágrafo único. *Aplica-se a pena do artigo anterior, se a gestante não é maior de quatorze anos, ou é alienada ou débil mental, ou se o consentimento é obtido mediante fraude, grave ameaça ou violência.*

Considerações

É crime de concurso necessário.

O legislador criou uma exceção à teoria monista ou unitária no concurso de pessoas (art. 29, *Caput*, CP) e criou crimes distintos: a gestante responde pelo art. 124, 2ª parte, CP e o terceiro que provoca o aborto responde pelo art. 126, CP.

O consentimento da gestante (expresso ou tácito) deve subsistir até a consumação do aborto. Se durante a prática do crime ela se arrepender e solicitar ao terceiro a paralisação das manobras letais, mas não for obedecida, para ela o fato será atípico, e o terceiro responderá pelo crime do art. 125, CP.

Se três ou mais pessoas associarem-se para o fim de praticarem abortos, responderão pelo crime de Associação Criminosa (art. 288, CP) em concurso material com os abortos efetivamente realizados.

Se não tiver o consentimento da gestante responde pelo art. 125 do CP.

Caso a gestante consentir, mas seu consentimento não seja válido, por se enquadrar em alguma das hipóteses do parágrafo único do art. 126 (gestante não maior de 14 anos ou alienada mental ou consentimento obtido através de fraude, grave ameaça ou violência), os agentes responderão pelo crime do art. 125 do CP.

Forma qualificada

Art. 127. *As penas cominadas nos dois artigos anteriores são aumentadas de um terço, se, em consequência do aborto ou dos meios empregados para provocá-lo, a gestante sofre lesão corporal de natureza grave; e são duplicadas, se, por qualquer dessas causas, lhe sobrevém a morte.*

Esses resultados são preterdolosos advindos da prática abortiva, ou seja, são

> O aborto de feto anencefálico é uma espécie de aborto eugênico.

NOÇÕES DE DIREITO PENAL, PROCESSUAL PENAL E LEGISLAÇÃO EXTRAVAGANTE

resultados que só poderão ser imputados a título de culpa. Se houver dolo em relação a esses resultados haverá concurso.

Aborto necessário

Art. 128. *Não se pune o aborto praticado por médico:*
Se não há outro meio de salvar a vida da gestante;
Depende de dois requisitos:

> Que a vida da gestante corra perigo em razão da gravidez;
> Que não exista outro meio de salvar sua vida. (Desse modo, há crime de aborto quando interrompida a gravidez para preservar a saúde da gestante).

O risco para a vida da gestante não precisa ser atual. Basta que exista, isto é, que no futuro possa colocar em perigo a vida da mulher.

Não necessita do consentimento da gestante e não haverá crime quando a gestante se recusa a fazê-lo e o médico provoca o aborto necessário.

Se o aborto necessário for realizado por ENFERMEIRA, ou por qualquer pessoa que não o médico, duas situações podem ocorrer:

> Há perigo atual para a gestante: estado de necessidade (art. 24, CP);
> Não há perigo atual: há crime de aborto.

Aborto no caso de gravidez resultante de estupro

II. Se a gravidez resulta de estupro e o aborto é precedido de consentimento da gestante ou quando incapaz, de seu representante legal.

Necessita de três requisitos:

> Ser praticado por médico;
> Consentimento válido da gestante ou de seu representante legal (se for incapaz);
> Gravidez resultante de estupro.

Nesta hipótese, como não há perigo atual para a vida da gestante, haverá o crime de aborto se praticado por qualquer pessoa que não seja o médico.

O aborto será permitido mesmo que a gravidez resulte de ato libidinoso diverso da conjunção carnal (Ex.: sexo anal, estupro de vulnerável) em razão da mobilidade dos espermatozoides. É considerada uma hipótese de analogia *in bonam partem*.

Não se exige autorização judicial para a realização desta espécie de aborto permitido.

São causas especiais de exclusão da ilicitude. Embora o aborto praticado em tais situações seja fato típico, não há crime pelo fato de serem hipóteses admitidas pelo ordenamento jurídico.

Ambos devem ser praticados por médico (este não precisa de autorização judicial para realizar estas espécies de aborto).

Aborto sentimental também é autorizado quando a gravidez decorrer de estupro de vulnerável (analogia *in bonam partem*).

Aborto Econômico: não está previsto no ordenamento jurídico. Se praticado será crime de aborto.

De acordo com o Código Penal, existem apenas duas modalidades permissivas de aborto previstas no art. 128 do CP (aborto necessário e aborto sentimental).

No entanto, em abril de 2012, o STF no julgamento da ADPF 54 passou a admitir uma terceira modalidade: o aborto de feto anencefálico (malformação fetal que leva à ausência de cérebro e à impossibilidade de vida).

Para tanto, não há necessidade de autorização judicial. Basta um laudo formal do médico atestando a anencefalia e a inviabilidade de vida.

3.2 Das Lesões Corporais

Art. 129. *Ofender a integridade corporal ou a saúde de outrem:*
Pena - *detenção, de três meses a um ano.*
Lesão Corporal de Natureza Grave
§ 1º. *Se resulta:*
I. Incapacidade para as ocupações habituais, por mais de trinta dias;
II. Perigo de vida;
III. Debilidade permanente de membro, sentido ou função;
IV. Aceleração de parto:
Pena - *reclusão, de um a cinco anos.*
§ 2º. *Se resulta:*
I. Incapacidade permanente para o trabalho;
II. Enfermidade incurável;
III. Perda ou inutilização do membro, sentido ou função;
IV. Deformidade permanente;
V. Aborto:
Pena - *reclusão, de dois a oito anos.*
Lesão Corporal Seguida de Morte
§ 3º. *Se resulta morte e as circunstâncias evidenciam que o agente não quis o resultado, nem assumiu o risco de produzi-lo:*
Pena - *reclusão, de quatro a doze anos.*
Diminuição de Pena:
§ 4º. *Se o agente comete o crime impelido por motivo de relevante valor social ou moral ou sob o domínio de violenta emoção, logo em seguida a injusta provocação da vítima, o juiz pode reduzir a pena de um sexto a um terço.*
Substituição da Pena:
§ 5º. *O juiz, não sendo graves as lesões, pode ainda substituir a pena de detenção pela de multa, de duzentos mil réis a dois contos de réis:*
I. Se ocorre qualquer das hipóteses do parágrafo anterior;
II. Se as lesões são recíprocas.
Lesão Corporal Culposa
§ 6º. *Se a lesão é culposa:*
Pena - *detenção, de dois meses a um ano.*
Aumento de Pena
§ 7º. *Aumenta-se a pena de 1/3 (um terço) se ocorrer qualquer das hipóteses dos §§ 4º e 6º do art. 121 deste Código.*
§ 8º. *Aplica-se à lesão culposa o disposto no § 5º do art. 121.*
Violência Doméstica
§ 9º. *Se a lesão for praticada contra ascendente, descendente, irmão, cônjuge ou companheiro, ou com quem conviva ou tenha convivido, ou, ainda, prevalecendo-se o agente das relações domésticas, de coabitação ou de hospitalidade.*
Pena - *detenção, de 3 (três) meses a 3 (três) anos.*
§ 10. *Nos casos previstos nos §§ 1º a 3º deste artigo, se as circunstâncias são as indicadas no § 9º deste artigo, aumenta-se a pena em 1/3 (um terço).*
§ 11. *Na hipótese do § 9º deste artigo, a pena será aumentada de um terço se o crime for cometido contra pessoa portadora de deficiência.*

§ 12. *Se a lesão for praticada contra autoridade ou agente descrito nos Arts. 142 e 144 da Constituição Federal, integrantes do sistema prisional e da Força Nacional de Segurança Pública, no exercício da função ou em decorrência dela, ou contra seu cônjuge, companheiro ou parente consanguíneo até terceiro grau, em razão dessa condição, a pena é aumentada de um a dois terços.*

Essa qualificadora foi inserida pela Lei nº 13.142/2015.

São autoridades previstas no art. 142 da CF/88:

Art. 142. *As Forças Armadas, constituídas pela Marinha, pelo Exército e pela Aeronáutica, são instituições nacionais permanentes e regulares, organizadas com base na hierarquia e na disciplina, sob a autoridade suprema do Presidente da República, e destinam-se à defesa da Pátria, à garantia dos poderes constitucionais e, por iniciativa de qualquer destes, da lei e da ordem.*

São autoridades do art. 144 da CF/88:

Art. 144. *A segurança pública, dever do Estado, direito e responsabilidade de todos, é exercida para a preservação da ordem pública e da incolumidade das pessoas e do patrimônio, através dos seguintes órgãos:*
I. Polícia federal;
II. Polícia rodoviária federal;
III. Polícia ferroviária federal;
IV. Polícias civis;
V. Polícias militares e corpos de bombeiros militares;
VI - polícias penais federal, estaduais e distrital. (EC nº 104/2019).
§8º. Guardas municipais.

§ 13. *Se a lesão for praticada contra a mulher, por razões da condição do sexo feminino, nos termos do § 2º-A do art. 121 deste Código:* **(Incluído pela Lei nº 14.188, de 2021)**
Pena - *reclusão, de 1 (um) a 4 (quatro anos). (Incluído pela Lei nº 14.188, de 2021)*

Lesão corporal é a ofensa humana direcionada à integridade corporal ou à saúde de outra pessoa, quer do ponto de vista anatômico, quer do ponto de vista fisiológico ou mental. A dor, por si só, não caracteriza lesão corporal.

No crime de lesão corporal, protege-se a incolumidade física em sentido amplo: Saúde física ou corporal; Saúde fisiológica (correto funcionamento do organismo) e Saúde mental (psicológica).

Topografia do art. 129	
Art. 129, *caput*	Lesão dolosa leve.
Art. 129, §1º	Lesão dolosa grave - Atenção! O § 1º não traz somente a lesão dolosa grave. Ele também tem lesão preterdolosa grave.
Art. 129, §2º	Lesão dolosa gravíssima - também no § 2º tem preterdolo.
Art. 129, §3º	Lesão seguida de morte (está genuinamente preterdolosa).
Art. 129, §4º	Lesão dolosa privilegiada.
Art. 129, §5º	Lesão culposa.
Art. 129, §6º	Majorantes.
Art. 129, §7º	Perdão judicial.
Art. 129, §§ 9, 10 e 11	Violência doméstica e familiar (aqui não é só contra mulher).
Art. 129, § 12	Praticada contra autoridade policial.

Classificação

Pode ser praticado por ação ou omissão, quando presente o dever de agir para evitar o resultado, art. 13, §2º, CP.

Ex.: A mãe que deixa o filho pequeno sozinho na cama, desejando que ele caísse e se machucasse.

É crime de forma livre. Pode ser praticado por ação ou omissão. Pratica lesão quem cria ferimento ou quem agrava o ferimento que já existe.

Elemento subjetivo é o dolo (direto ou eventual) conhecido como *animus laedendi*, mas há também a culpa no §6º (lesão corporal culposa) e o preterdolo no §3º (lesão corporal seguida de morte).

> Qual crime é praticado, pelo policial militar que agride uma pessoa? Abuso de autoridade e lesão corporal.

Sujeitos do crime

Sujeito Ativo: é crime comum, podendo ser praticado por qualquer pessoa.

Sujeito Passivo: em regra, qualquer pessoa.

Exceções: art. 129, §1º, IV (aceleração de parto) e art. 129, §2º, V (lesão que resulta aborto). Nestas duas hipóteses as vítimas são, necessariamente, gestantes. Também na lesão qualificada pela violência doméstica a vítima precisa ser ascendente, descendente, irmã, cônjuge ou companheira do agressor. No § 13 (Lei nº14.188/2021) a vítima, necessariamente, é mulher.

Exceções:
> Art. 129, §1º, IV (aceleração de parto).
> Art. 129, §2º, V (lesão que resulta aborto).

Nestas duas hipóteses as vítimas são, necessariamente, gestantes.

> Contra ascendente, descendente, irmã, cônjuge ou companheira do agressor.
> Agentes de Segurança descritos no art. 129, §12º, assim com parente consanguíneo até terceiro grau.
> Contra mulher, por razões da condição de sexo feminino.

Consumação e tentativa

Por ser crime material se consuma com a efetiva lesão da vítima. A pluralidade de lesões contra a mesma vítima e no mesmo contexto temporal caracteriza crime único, mas deve influenciar na dosimetria da pena-base (art. 59, CP).

A tentativa só é cabível nas modalidades dolosas. Não cabe tentativa na lesão culposa e na lesão corporal seguida de morte.

Lesão corporal (art. 29, CP)	Contravenção penal de vias de fato (art. 21, LCP)
Lesionar a vítima.	Agredir a vítima, sem lesioná-la Ex.: empurrão, puxão de cabelo.

Lesão corporal leve

A ação penal é pública condicionada à representação da vítima, de competência dos Juizados Especiais Criminais (art. 88 da Lei nº 9.099/95).

NOÇÕES DE DIREITO PENAL, PROCESSUAL PENAL E LEGISLAÇÃO EXTRAVAGANTE

DOS CRIMES CONTRA A PESSOA

O conceito de Lesão Leve é considerado por exclusão: será de natureza leve se não for a lesão de natureza grave ou gravíssima.

Há jurisprudência admitindo o princípio da insignificância na lesão corporal, quanto às lesões levíssimas. Na doutrina, esse posicionamento é adotado por José Henrique Pierangeli

Lesão corporal de natureza grave

§ 1º. Se resulta
I. Incapacidade para as ocupações habituais, por mais de trinta dias;
II. Perigo de vida;
III. Debilidade permanente de membro, sentido ou função;
IV. Aceleração de parto;
Pena - reclusão, de um a cinco anos.

Trata-se de infração de médio potencial ofensivo, considerando que a pena mínima é de um ano.

A ação penal é pública incondicionada.

Incapacidade para as ocupações habituais por mais de trinta dias.

As ocupações habituais são aquelas rotineiras, física ou mental, do cotidiano do ofendido e não apenas seu trabalho. É suficiente tratar-se de ocupação concreta, pouco importando se lucrativa ou não.

A atividade deve ser lícita, sendo indiferente se moral ou imoral.

Prostituta pode. Ladrão não pode.

Um bebê de tenra idade pode ser vítima dessa lesão? A resposta é afirmativa e há jurisprudência nesse sentido, trazendo como exemplo a hipótese em que o bebê, em razão da agressão não pode ser alimentado, pelo prazo de 30 dias.

É irrelevante a idade da vítima (pode ser idosa ou criança).

São exigidos dois exames periciais: um inicial realizado logo após o crime; e um exame complementar realizado logo que decorra o prazo de 30 dias da data do crime.

Supondo que a vítima sofra uma lesão ficando com um hematoma no olho, e, por vergonha não saiu de casa pelo prazo superior a trinta dias, nessa hipótese, restou configurado o delito de lesões corporais graves? Ensina a doutrina, seguida pela jurisprudência, que a relutância por vergonha de praticar as ocupações habituais não agrava o crime. É a lesão que deve incapacitar o agente e não a vergonha da lesão.

Perigo de vida

Perigo de vida é a possibilidade grave, concreta e imediata de a vítima morrer em consequência das lesões sofridas. Trata-se de perigo concreto, comprovado por perícia médica, que deve indicar, de modo preciso e fundamentado, no que consistiu o perigo de vida proporcionado à vítima.

Nesta hipótese, é crime tipicamente PRETERDOLOSO, pois o resultado agravador deve resultar de culpa do agente.

Se o agente, ao praticar a lesão, quis o resultado ou assumiu o risco de produzi-lo, responderá por tentativa de homicídio.

O crime preterdoloso não está apenas na lesão corporal seguida de morte. O perigo de vida é um resultado necessariamente preterdoloso. O inciso II ora discutido nada mais é que um crime preterdoloso, isto é, dolo na lesão e culpa no perigo de vida. Está-se, pois, diante de um crime necessariamente preterdoloso.

Debilidade permanente de membro, sentido ou função.

Debilidade é a diminuição ou o enfraquecimento da capacidade funcional. Há de ser permanente, isto é, duradoura e de recuperação incerta. Não se exige perpetuidade.

Ex.: O agente não fica cego, mas tem reduzida a capacidade visual.

Membros	São os braços, pernas, mãos e pés.
Sentidos	São os mecanismos sensoriais por meio dos quais percebemos o mundo externo: visão, audição, tato, olfato e paladar.
Função	É a atividade inerente a um órgão ou aparelho do corpo humano: respiratória, circulatória, digestiva etc.

A perda ou inutilização de membro sentido ou função é lesão corporal gravíssima (art. 129, §2º, III, CP).

Órgãos duplos: (Ex.: Rins, olhos, pulmões) a perda de um deles caracteriza lesão grave pela debilidade permanente. Já a perda de ambos configura lesão corporal gravíssima pela perda ou inutilização.

A recuperação do membro, sentido ou função por meio cirúrgico ou ortopédico não exclui a qualificadora, pois a vítima não é obrigada a submeter-se a tais procedimentos.

Aceleração de parto

É a antecipação do parto, o parto prematuro. A criança nasce com vida e continua a viver.

Para incidir essa qualificadora do inciso IV, é imprescindível que o agente saiba ou pudesse saber que a vítima da lesão era gestante, sob pena de restar caracterizada a responsabilidade penal objetiva, vedada pelo ordenamento jurídico. É necessário observar ainda que, em nenhuma dessas hipóteses o agente aceita ou quer o abortamento.

Se em consequência da lesão o feto for expulso morto do ventre materno, o crime será de lesão corporal gravíssima em razão do aborto (art. 129, §2º, V, CP).

Lesão corporal dolosa gravíssima

§ 2º. Se resulta
I. Incapacidade permanente para o trabalho;
II. Enfermidade incurável;
III. Perda ou inutilização do membro, sentido ou função;
IV. Deformidade permanente;
V. Aborto:
Pena - reclusão, de dois a oito anos.

Em concurso, restou indagado se a expressão gravíssima era criação da lei, doutrina ou jurisprudência. Referida expressão é criação da doutrina que foi seguida pela jurisprudência.

A Lei nº 9.455/97, que é a lei de tortura, adotou a expressão doutrinária gravíssima. Na lei de tortura, no art. 1º, §3º, há expressa menção à lesão grave ou gravíssima.

Incapacidade permanente para o trabalho

Deve tratar-se de incapacidade genérica para o trabalho, ou seja, a vítima fica impossibilitada de exercer qualquer tipo de atividade laborativa remunerada.

A incapacidade não significa perpetuidade, basta que seja uma incapacidade duradoura, dilatada no tempo.

Enfermidade incurável.

É a alteração prejudicial da saúde por processo patológico, físico ou psíquico, que não pode ser eficazmente combatida com os recursos da medicina à época do crime. Deve ser provada por exame pericial.

Também é considerada incurável a enfermidade que somente pode ser enfrentada por procedimento cirúrgico complexo ou mediante tratamentos experimentais ou penosos, pois a vítima não pode ser obrigada a enfrentar tais situações.

A transmissão intencional do vírus da AIDS no Brasil é tida como de natureza letal, pelo que é considerada tentativa de homicídio. O certo seria a criação de tipo penal específico sobre a transmissão intencional do vírus da AIDS.

Em recente julgado o STF afastou essa ideia. Entendeu a Corte Suprema, recentemente, que não se trata de tentativa de homicídio a transmissão intencional do vírus da AIDS.

Perda ou inutilização de membro, sentido ou função

Perda: é a amputação, a destruição ou privação de membro (ex.: arrancar um braço), sentido (ex.: perda da audição), função (ex.: ablação do pênis que extingue a função reprodutora). Pode concretizar-se por meio de mutilação (o membro, sentido ou função é eliminado diretamente pela conduta do agressor) ou amputação (resulta da intervenção médico-cirúrgica realizada para salvar a vida do ofendido).

Inutilização: falta de aptidão do órgão para desempenhar sua função específica. O membro ou órgão continua ligado ao corpo da vítima, mas incapacitado para desempenhar as atividades que lhe são próprias.

Ex.: A vítima ficou paraplégica.

A correção corporal da vítima por meios ortopédicos ou próteses não afasta a qualificadora, ao contrário do reimplante realizado com êxito.

A perda de parte do movimento de um membro (braço, perna, mão ou pé) configura lesão grave pela debilidade permanente. Todavia, a perda de todo o movimento caracteriza lesão corporal gravíssima pela inutilização.

Deformidade permanente

Segundo doutrina a jurisprudência majoritária, esta qualificadora está intimamente relacionada a questões estéticas. Desse modo, precisa ser visível, mas não necessariamente na face, e capaz de causar impressão vexatória em quem olha a vítima.

A vítima não é obrigada a se submeter a intervenção cirúrgica para a reparação da deformidade. Caso, no entanto, se submeta, e a deformidade seja corrigida, desaparecerá a qualificadora, sendo cabível, inclusive, a revisão criminal. A correção da deformidade com o uso de prótese (ex.: olho de vidro, orelha de borracha ou aparelho ortopédico) não exclui a qualificadora.

Aborto.

Essa qualificadora é necessariamente preterdolosa. Há dolo na lesão e culpa no aborto. Se o agente quer, ou assume o risco do aborto haverá concurso de crimes.

A interrupção da gravidez, com a consequente morte do produto da concepção, deve ter sido provocada culposamente, pois se trata de crime preterdoloso.

Se a morte do feto foi proposital, o sujeito responderá por dois crimes: lesão corporal em concurso formal impróprio com aborto sem o consentimento da gestante (art. 125). É obrigatório o conhecimento da gravidez por parte do agressor.

Lesão corporal seguida de morte

§ 3º. Se resulta morte e as circunstâncias evidenciam que o agente não quis o resultado, nem assumiu o risco de produzi-lo.
Pena *- reclusão, de quatro a doze anos.*

É crime exclusivamente preterdoloso (dolo no antecedente – lesão - e culpa no consequente – morte). Esse crime não vai a júri, considerando que não há dolo na morte.

A morte foi ocasionada a título culposo – temos o típico caso de crime preterdoloso (dolo na conduta antecedente e culpa na posterior).

Se presente o dolo direto ou dolo eventual quanto ao resultado morte, o sujeito responderá por homicídio doloso.

Essa modalidade de lesão corporal não admite tentativa.

Lesão corporal privilegiada

Diminuição de Pena
§ 4º. Se o agente comete o crime impelido por motivo de relevante valor social ou moral ou sob o domínio de violenta emoção, logo em seguida a injusta provocação da vítima, o juiz pode reduzir a pena de um sexto a um terço.

Esse privilégio se aplica a todos os tipos de lesão dolosa, contudo, é incabível nas lesões culposas.

Mesmas características do homicídio privilegiado (art. 121, §1º, do CP).

Substituição da Pena
§ 5º. O juiz, não sendo graves as lesões, pode ainda substituir a pena de detenção pela de multa:
I. Se ocorre qualquer das hipóteses do parágrafo anterior;
II. Se as lesões são recíprocas.

A situação da substituição de penas somente se aplica ao *caput*, considerando que exige que as lesões corporais não sejam graves. A possibilidade de substituição, assim, somente se dá com a hipótese de lesões leves.

Quando a Lesão Corporal Leve for Privilegiada

Desse modo, caso as lesões sejam leves, o juiz terá duas opções: reduzir a pena de 1/6 a 1/3 (§4º) ou substituí-la por multa (§5º).

Se as Lesões Leves Forem Recíprocas

Uma pessoa agride outra e, cessada essa primeira agressão, ocorrer uma outra lesão pela primeira vítima.

Lesão corporal culposa

§ 6º. Se a lesão é culposa:
Pena - *detenção, de dois meses a um ano.*

Ocorre lesão corporal culposa quando o agente faltou com seu dever de cuidado objetivo por meio de imprudência, negligência ou imperícia. Desse modo, as consequências, embora previsíveis, não foram previstas pelo agente, ou se foram, ele não assumiu o risco de produzir o resultado.

Essa espécie de lesão depende de representação da vítima ou de seu representante legal (art. 88, Lei nº 9.099/95), pois é crime de ação penal pública condicionada a representação e infração penal de menor potencial ofensivo (pena máxima menor que dois anos).

Diferentemente do que ocorre com as lesões dolosas (que podem ser leves, graves ou gravíssimas) o CP não fez distinção com relação às lesões culposas. Desse modo, qualquer que seja a intensidade da lesão, o agente responderá por lesão corporal CULPOSA. A gravidade da lesão será levada em consideração na fixação da pena-base (art. 59).

Aumento de pena

§ 7º. Aumenta-se a pena de um terço, se ocorrer qualquer das hipóteses do art. 121, §§ 4º e 6º.

Art. 121, *§4º, CP. No homicídio culposo, a pena é aumentada de 1/3 (um terço), se o crime resulta de inobservância de regra técnica de profissão, arte ou ofício, ou se o agente deixa de prestar imediato socorro à vítima, não procura diminuir as consequências do seu ato, ou foge para evitar prisão em flagrante. Sendo DOLOSO o homicídio, a pena é aumentada de 1/3 (um terço) se o crime é praticado contra pessoa menor de 14 (quatorze) ou maior de 60 (sessenta) anos.*

Art. 121, *§4º, CP. A pena é aumentada de 1/3 (um terço) até a metade se o crime for praticado por milícia privada, sob o pretexto de prestação de serviço de segurança, ou por grupo de extermínio.*

§ 8º. Aplica-se à lesão culposa o disposto no § 5º do art. 121.
Art. 121, *§ 5º, CP. Na hipótese de homicídio CULPOSO, o juiz poderá deixar de aplicar a pena, se as consequências da infração atingirem o próprio agente de forma tão grave que a sanção penal se torne desnecessária.*

Violência Doméstica
§ 9º. Se a lesão for praticada contra ascendente, descendente, irmão, cônjuge ou companheiro, ou com quem conviva ou tenha convivido, ou, ainda, prevalecendo-se o agente das relações domésticas, de coabitação ou de hospitalidade:
Pena - *detenção, de 3 (três) meses a 3 (três) anos.*
§ 10. Nos casos previstos nos §§ 1º a 3º deste artigo, se as circunstâncias são as indicadas no § 9º deste artigo, aumenta-se a pena em 1/3 (um terço).
§ 11. Na hipótese do § 9º deste artigo, a pena será aumentada de um terço se o crime for cometido contra pessoa portadora de deficiência.

A forma qualificada do §9º só se aplica à lesão corporal LEVE.

§ 13. Se a lesão for praticada contra a mulher, por razões da condição do sexo feminino, nos termos do § 2º-A do art. 121 deste Código:
Pena - *reclusão, de 1 (um) a 4 (quatro anos).*

A Lei nº 14.188 de 2021 acrescentou o § 13 ao artigo 129. Trata-se de nova qualificadora para a lesão corporal simples (leve) cometida contra a mulher por razões da condição do sexo feminino.

Assim, se a lesão for praticada contra a mulher, por razões da condição do sexo feminino, a conduta se enquadra no § 13 do artigo 129.

Nos demais casos (ex: vítima homem) a conduta continua sendo tipificada no § 9º do art. 129 do CP.

Se a lesão for grave, gravíssima ou seguida de morte, aplica-se o § 1º (grave), § 2º (gravíssima) ou o § 3º (lesão seguida de morte) cumulada com a causa de aumento de pena do § 10.

Pode ser causa supralegal de exclusão da ilicitude (somente na lesão corporal leve), desde que presentes os seguintes requisitos, cumulativos:

> Deve ser expresso;
> Livre (não pode ter sido concedido em razão de coação ou ameaça);
> Ser moral e respeitar os bons costumes;
> Deve ser prévio à consumação da lesão;
> O ofendido deve ser capaz para consentir (maior de 18 anos e mentalmente capaz).

Durante a relação sexual, a mulher pede ao seu parceiro que a bata com força.

É irrelevante o consentimento do ofendido nos crimes de lesão corporal grave, gravíssima e seguida de morte, pois o bem jurídico protegido nestas hipóteses é indisponível.

Autolesão: em razão do princípio da alteridade, não se pune a autolesão. Todavia, pode caracterizar o crime descrito no art. 171, §2º, V, CP (Fraude para recebimento de indenização ou valor de seguro).

Ex.: Jogador de golfe quebra o próprio braço para receber o valor do seguro.

Lesões em atividades esportivas: há a exclusão da ilicitude em razão do exercício regular do direito.

Cirurgias emergenciais: se há risco de morte do paciente, o médico que atua sem o consentimento do operado estará amparado pelo estado de necessidade de terceiro. Se não há risco de morte, a cirurgia depende de consentimento da vítima ou de seu representante legal para afastar o crime pelo exercício regular do direito.

Cirurgia de mudança de sexo: não há crime de lesão corporal gravíssima por ausência de dolo de lesionar a integridade corporal ou a saúde do paciente. Atualmente é permitida a realização dessa cirurgia – redesignação sexual – inclusive na rede pública de saúde (Portaria do Ministério da Saúde nº 1.707 de 19/08/08). Desse modo, o médico que realiza este procedimento não comete crime por estar acobertado pelo exercício regular de direito.

Cirurgia de esterilização sexual: não há crime na conduta do médico que realiza esta cirurgia (vasectomia, ligadura de trompas etc.) com a autorização do paciente, apesar da eliminação da função reprodutora. Exercício regular de direito.

3.3 Da Periclitação da Vida e da Saúde

Perigo de contágio venéreo

Art. 130. *Expor alguém, por meio de relações sexuais ou qualquer ato libidinoso, a contágio de moléstia venérea, de que sabe ou deve saber que está contaminado:*
Pena - *detenção, de três meses a um ano, ou multa.*

§ 1º. Se é intenção do agente transmitir a moléstia:
Pena - reclusão, de um a quatro anos, e multa.
§ 2º. Somente se procede mediante representação.

Esse crime configura-se quando o agente transmite ou expõe a perigo de contágio de uma doença venérea (sífilis, gonorreia etc.), bem como, caso ele a desconheça, venha a infectar uma possível vítima.

A forma de transmitir a doença pode ser por meio de relações sexuais (conjunção carnal), ou por qualquer outro ato libidinoso (ação que satisfaça a libido do agente, beijo lascivo, sexo oral, sexo anal, masturbação, etc.).

> A AIDS não é considerada uma moléstia venérea, visto que pode ser contraída ou transmitida de diversas formas, além do contato sexual.

Se a intenção do agente é transmitir a doença, por tratar-se de crime formal, não é necessário o contágio.

O §1º traz a forma qualificada do crime, ou seja, quando o agente tem a intenção (dolo) de transmitir a doença.

Perigo de contágio de moléstia grave

Art. 131. Praticar, com o fim de transmitir a outrem moléstia grave de que está contaminado, ato capaz de produzir o contágio:
Pena - reclusão, de um a quatro anos, e multa.

Trata-se de crime de dano (caso exponha a perigo sem querer ou assumir o risco será hipótese do art. 132, CP), Formal (não precisa transmitir) e de Forma Livre.

Nesse delito, o agente tem o fim especial de agir, ou seja, pratica um ato (diverso do contato sexual) com a intenção de transmitir uma moléstia grave (qualquer doença que acarrete em prejuízo a saúde da vítima – não sendo venérea), por exemplo, sarampo, tuberculose etc.

Ademais, em relação à AIDS, visto seu grau letal, é considerado como tentativa de homicídio (art. 121 do CP), não há possibilidade alguma de enquadrá-la como moléstia grave.

Perigo para vida ou saúde de outrem

Art. 132. Expor a vida ou a saúde de outrem a perigo direto e iminente:
Pena - detenção, de três meses a um ano, se o fato não constitui crime mais grave.
Parágrafo único. A pena é aumentada de um sexto a um terço se a exposição da vida ou da saúde de outrem a perigo decorre do transporte de pessoas para a prestação de serviços em estabelecimentos de qualquer natureza, em desacordo com as normas legais.

Estará configurado o crime quando o agente, de qualquer forma, expõe ao perigo a vida de uma pessoa determinada. Tal ação pode ser praticada de forma livre, ou seja, não exige uma conduta específica.

Soltar uma pedra do alto de um viaduto sobre um carro que passa pela rodovia com intenção de causar um acidente.

Caso a conduta do agente não seja contra uma pessoa determinada, restará configurado crime diverso que será avaliado de acordo com a situação (Arts. 250 a 259 do CP).

Abandono de incapaz

Art. 133. Abandonar pessoa que está sob seu cuidado, guarda, vigilância ou autoridade, e, por qualquer motivo, incapaz de defender-se dos riscos resultantes do abandono:
Pena - detenção, de seis meses a três anos.
§ 1º. Se do abandono resulta lesão corporal de natureza grave:
Pena - reclusão, de um a cinco anos.
§ 2º. Se resulta a morte:
Pena - reclusão, de quatro a doze anos.
Aumento de Pena
§ 3º. As penas cominadas neste artigo aumentam-se de um terço:
I. Se o abandono ocorre em lugar ermo;
II. Se o agente é ascendente ou descendente, cônjuge, irmão, tutor ou curador da vítima.
III. Se a vítima é maior de 60 (sessenta) anos.

Trata-se crime próprio. O tipo penal incrimina a conduta do agente, que tendo o dever de cuidado, guarda, vigilância ou autoridade abandona, desampara, deixa de prestar o devido cuidado com aquele que seja incapaz de se proteger (defender). O agente possui a condição de garantidor – dever de agir.

Ex.: A mãe deixa o filho em um parque central enquanto percorre lojas realizando compras, ou então, deixa-o dentro do veículo enquanto está no interior de um supermercado. Uma babá, que deixa a criança sozinha dentro de casa enquanto vai à feira.

O incapaz não precisa ser necessariamente uma criança. Por exemplo, uma instrutora de escola de natação que deixa os alunos sozinhos na piscina enquanto vai ao banheiro.

Se o abandono se dá em uma situação em que não há risco, não haverá crime. Para a existência do delito deve haver o dolo de perigo.

Ademais, os parágrafos primeiro e segundo qualificam o crime quando do abandono resultar lesão corporal de natureza grave, ou a morte do incapaz. Por conseguinte, a pena será aumentada (majorante) quando o abandono ocorrer em local ermo, se o incapaz for ascendente, descendente, cônjuge, irmão, tutor, curador, ou se a vítima for maior de 60 anos, conforme o § 3º do referido artigo.

Exposição ou abandono de recém-nascido

Art. 134. Expor ou abandonar recém-nascido, para ocultar desonra própria:
Pena - detenção, de seis meses a dois anos.
§ 1º. Se do fato resulta lesão corporal de natureza grave:
Pena - detenção, de um a três anos.
§ 2º. Se resulta a morte:
Pena - detenção, de dois a seis anos.

Esse delito é considerado uma forma privilegiada do crime de abandono de incapaz, artigo anterior, no entanto, nesse caso, a vítima é determinada – o recém-nascido – ademais, tal conduta visa a proteção da honra do agente.

Pode-se citar o exemplo de uma jovem de 18 anos, mãe solteira, que abandona seu filho recém-nascido para preservar sua imagem perante a família.

Por conseguinte, também existe a forma qualificada do crime, expressa nos parágrafos primeiro e segundo, no caso de a ação resultar em lesão corporal de natureza grave ou a morte do recém-nascido.

Omissão de socorro

Art. 135. *Deixar de prestar assistência, quando possível fazê-lo sem risco pessoal, à criança abandonada ou extraviada, ou à pessoa inválida ou ferida, ao desamparo ou em grave e iminente perigo; ou não pedir, nesses casos, o socorro da autoridade pública:*

Pena - *detenção, de um a seis meses, ou multa.*

Parágrafo único. *A pena é aumentada de metade, se da omissão resulta lesão corporal de natureza grave, e triplicada, se resulta a morte.*

Essa norma penal tipifica a conduta omissa do agente que não presta auxílio – desde que tal prestação não incorra em risco pessoal – ou, quando não puder fazê-lo, deixa de pedir o socorro da autoridade pública.

Classificação

É considerado um crime COMUM, visto que pode ser praticado por qualquer pessoa.

É um crime OMISSIVO PRÓPRIO ou PURO, pois a conduta omissiva está prevista no artigo análise, ocorrendo quando o agente deixa de fazer o que lhe é imposto por lei – prestar socorro.

Comumente é praticado apenas por uma pessoa, sendo que é perfeitamente possível que haja o concurso de agentes, art. 29 do CP.

Sujeitos do crime

Sendo crime comum, o sujeito ativo pode ser qualquer pessoa, enquanto o sujeito passivo são as pessoas elencadas no *caput* do próprio artigo: criança abandonada ou extraviada (perigo abstrato). Pessoa ferida ou inválida com sérias dificuldades de movimentação (perigo abstrato). Ao desamparo ou em grave e eminente perigo (perigo concreto).

Consumação e tentativa

O crime se consuma no momento da omissão. Ademais, não configura-se o crime quando a vítima ofereça resistência que torne impossível a prestação de auxílio, ou então, caso ela esteja manifestamente em óbito.

Não admite tentativa.

Descrição do crime

O crime pode ser cometido de duas formas distintas:

Falta de assistência imediata: o agente pode prestar socorro, sem risco pessoal, mas deliberadamente não o faz.

Falta de assistência mediata: o agente não pode prestar pessoalmente o socorro, mas também não solicita o auxílio da autoridade pública.

A simples condição de médico não o coloca como garantidor.

Pessoa inválida e pessoa ferida: é imprescindível que se encontrem ao desamparo no momento da omissão.

Se apenas uma pessoa presta o socorro, quando diversas poderiam tê-lo feito sem risco pessoal, não há crime para ninguém.

Omissão de socorro a pessoa idosa (igual ou superior a 60 anos), responde conforme o art. 97, da Lei nº 10.741/03 – Estatuto do Idoso (princípio da especialidade).

Parágrafo único. *A pena é aumentada de metade, se da omissão resulta lesão corporal de natureza grave, e triplicada, se resulta a morte.*

A causa de aumento de pena é exclusivamente preterdolosa, o agente tem o dolo de se omitir (não presta o socorro) e disto, acaba resultando uma consequência não desejada pelo omitente.

Condicionamento de atendimento médico-hospitalar emergencial

Art. 135-A. *Exigir cheque-caução, nota promissória ou qualquer garantia, bem como o preenchimento prévio de formulários administrativos, como condição para o atendimento médico-hospitalar emergencial:*

Pena - *detenção, de 3 (três) meses a 1 (um) ano, e multa.*

Parágrafo único. *A pena é aumentada até o dobro se da negativa de atendimento resulta lesão corporal de natureza grave, e até o triplo se resulta a morte.*

Esse delito tipifica a conduta do estabelecimento que presta atendimento médico-hospitalar emergencial e venha a exigir cheque, nota promissória ou qualquer garantia, como também, que sejam preenchidos formulários como condição necessária para que o socorro – atendimento médico seja prestado.

Existe ainda o aumento de pena, tratado no parágrafo único, que incide quando a conduta negativa resulta em lesão corporal grave ou morte.

Inserido no Código Penal pela Lei nº 12.653/12, a fim de coibir uma prática que era comum em estabelecimentos médico-hospitalares particulares.

Maus-tratos

Art. 136. *Expor a perigo a vida ou a saúde de pessoa sob sua autoridade, guarda ou vigilância, para fim de educação, ensino, tratamento ou custódia, quer privando-a de alimentação ou cuidados indispensáveis, quer sujeitando-a a trabalho excessivo ou inadequado, quer abusando de meios de correção ou disciplina:*

Pena - *detenção, de dois meses a um ano, ou multa.*

§ 1º. *Se do fato resulta lesão corporal de natureza grave:*

Pena - *reclusão, de um a quatro anos.*

§ 2º. *Se resulta a morte:*

Pena - *reclusão, de quatro a doze anos.*

§ 3º. *Aumenta-se a pena de um terço, se o crime é praticado contra pessoa menor de 14 (catorze) anos.*

Esse artigo tipifica a conduta do agente que pratica, sob a pessoa que esteja subordinada à sua autoridade, guarda ou vigilância, atos não condizentes como forma ou a pretexto de educá-la, ensiná-la, tratá-la ou reprimi-la.

Classificação

Trata-se de crime PRÓPRIO, ou seja, o sujeito ativo deve ser superior hierárquico do sujeito passivo.

É um crime comissivo ou omissivo, porém suas condutas são vinculadas, ou seja, o artigo traz, expressamente, a forma como a conduta do agente deve ocorrer.

Haverá crime único desde que as condutas sejam praticadas contra a mesma vítima e no mesmo contexto fático.

Sujeitos do crime

Sujeito Ativo: é um crime próprio, ou seja, somente aquele que tem o sujeito passivo sob sua autoridade, guarda ou vigilância, para fins de educação, ensino, tratamento ou custódia.

Sujeito Passivo: é aquele que se encontra sob a autoridade, guarda ou vigilância de outra pessoa, para fins de educação, ensino, tratamento ou custódia.

Consumação e tentativa

O crime consuma-se com a exposição da vítima ao perigo. Não se exige o dano efetivo.

A conduta de privação de alimentos ou cuidados indispensáveis (modalidade omissiva) não admite tentativa. Contudo, as demais condutas admitem a tentativa.

Descrição do crime

Apenas pode ser executado pelos meios/condutas indicados no tipo penal, sendo as seguintes:
> Privar a vítima de alimentos ou cuidados indispensáveis: caso a intenção do agente, ao privar a vitima de alimentos, seja matá-la, responderá pelo crime de homicídio (tentado ou consumado);
> Sujeitar a vítima a trabalhos excessivos ou inadequados;
> Abusar dos meios de disciplina ou correção.

As formas qualificadas do crime de maus-tratos (lesão corporal de natureza grave e morte) são exclusivamente preterdolosas – conduta dolosa no antecedente e culpa no consequente.

Aumenta-se a pena de 1/3 se o crime é praticado contra pessoa menor de 14 anos.

A esposa não pode ser vítima de maus-tratos pelo marido, visto que não se encontra sob sua autoridade, guarda ou vigilância. Desse modo, o marido poderá responder pelo crime de lesão corporal (art. 129 do CP).

Tratando-se de criança ou adolescente sujeita à autoridade, guarda ou vigilância de alguém e submetida a vexame ou constrangimento, aplica-se o art. 232 da Lei nº 8.069/90 (ECA): submeter criança ou adolescente sob sua autoridade, guarda ou vigilância a vexame ou a constrangimento: pena – detenção de seis meses a dois anos.

A diferença entre o crime de maus-tratos e o crime de Tortura (Lei nº 9.455/97), reside no fato de que nesta a vítima é submetida a intenso sofrimento físico ou mental como forma de aplicar castigo pessoal ou medida de caráter preventivo (art. 1º, II, Lei nº 9.455/97).

Caso a vítima seja idosa, incide o crime previsto no art. 99 da Lei nº 10.741/2003 - Estatuto do Idoso.

3.4 Da Rixa

Art. 137. *Participar de rixa, salvo para separar os contendores:*
Pena *- detenção, de quinze dias a dois meses, ou multa.*
Parágrafo único. *Se ocorre morte ou lesão corporal de natureza grave, aplica-se, pelo fato da participação na rixa, a pena de detenção, de seis meses a dois anos.*

A rixa é um conflito tumultuoso que ocorre entre três ou mais pessoas, acompanhada de vias de fato (luta, briga), em que os participantes desferem violências recíprocas, não sendo possível identificar dois grupos distintos.

Trata-se de crime comum, pois pode ser praticado por qualquer pessoa.

Ainda, enquadra-se em um delito plurissubjetivo, plurilateral ou de concurso necessário, visto que, para configurar o crime, devem existir no mínimo três pessoas. Por conseguinte, basta que apenas um dos participantes seja imputável (dois menores e um maior de 18 anos).

Também é considerado um crime de condutas contrapostas, ou seja, todos os participantes trocam agressões entre si, ora apanha, ora bate.

Sujeitos do crime

No crime de rixa, ao mesmo tempo em que o agente é sujeito ativo, ele também é sujeito passivo, pois assim como agride também sofre agressão - reciprocidade.

Consumação e tentativa

A consumação ocorre no momento em que os participantes iniciam as vias de fato ou ainda as violências recíprocas.

Admite a tentativa, quando ocorre, por exemplo, a intervenção policial no momento em que iriam se iniciar as agressões.

Descrição do crime

Os três ou mais rixosos devem combater entre si, pois participa da rixa quem nela pratica, agressivamente, atos de violência material.

Não há rixa quando lutam entre si dois ou mais grupos contrários, perfeitamente definidos. Nesse caso, os membros de cada grupo devem ser responsabilizados pelos ferimentos produzidos nos membros do grupo contrário.

O crime pode ser praticado de forma comissiva (o agente participa efetivamente da rixa), ou omissiva (quando o omitente podia e devia agir para evitar o resultado).

Ex.: O policial que assiste a três pessoas brigando entre si e nada faz para impedir o resultado.

Não há crime na conduta de quem ingressou no tumulto somente para separar os contendores.

Sendo considerado um crime de perigo abstrato, para que se configure o delito não há necessidade de que os participantes sofram lesões, o simples fato de participar da rixa já configura o em crime.

O contato físico é dispensável, sendo perfeitamente possível a rixa a distância com o arremesso de objetos, tiros, etc.

Na possibilidade em que ocorrer lesão corporal de natureza leve em algum dos participantes e o agente que a causou possa ser identificado, nessa hipótese, ele responderá pelo crime de rixa em concurso material com o crime de lesão, se resulta em lesão corporal grave/gravíssima ou a morte, estará configurado o crime de rixa qualificada.

A briga entre torcidas não configura rixa, mas sim o tipo penal descrito no art. 41-B da Lei nº 10.671/2003 – Estatuto do Torcedor. Trata-se de um tipo penal específico incluído pela Lei nº 12.299/2010.

Rixa qualificada – também é conhecida como rixa complexa.

Parágrafo único. *Se ocorre morte ou lesão corporal de natureza grave, aplica-se, pelo fato da participação na rixa, a pena de detenção, de seis meses a dois anos.*

Trata-se de um dos últimos resíduos da responsabilidade penal objetiva - antigamente adotada pelo ordenamento jurídico brasileiro - pois, nesta hipótese, independe qual dos rixosos foi o responsável pela produção do resultado agravador – lesão corporal grave ou morte - todos aqueles que participaram responderão na modalidade qualificada.

Ainda, não importa se a morte ou a lesão corporal grave seja produzida em um dos rixosos ou então em uma terceira pessoa, alheia à rixa (apaziguador ou mero transeunte).

Há aqui três sistemas de punição:

Sistema da solidariedade absoluta: se da rixa resultar lesão grave ou morte, todos os participantes respondem pelo evento (lesão grave ou homicídio), independentemente de se apurar quem foi o seu real autor.

Sistema da cumplicidade correspectiva: havendo lesão grave ou morte, e não sendo apurado seu autor, todos os participantes respondem por esse resultado, sofrendo, entretanto, sanção intermediária à de um autor e de um partícipe.

Sistema da autonomia: a rixa é punida por si mesma, independentemente do resultado morte ou lesão grave, o qual, se ocorrer, somente qualificará o delito. Apenas o causador da lesão grave ou morte, se identificado, é que responderá também pelos delitos dos Arts. 121 e 129 do CP.

O CP adotou o princípio ou sistema da autonomia, nos termos do art. 137, parágrafo único:

Parágrafo único. *Se ocorre morte ou lesão corporal de natureza grave, aplica-se, pelo fato da participação na rixa, a pena de detenção, de seis meses a dois anos.*

Até mesmo o rixoso que sofreu lesão corporal grave responde pela rixa qualificada (todos os que se envolvem no tumulto, daí sobrevindo lesão corporal grave ou morte respondem pela rixa qualificada).

O resultado agravador (lesão corporal grave ou a morte) pode ser doloso ou culposo, não se tratando de crime essencialmente preterdoloso.

Caso o resultado seja lesões leves ou ocorra uma tentativa de homicídio, não é capaz de qualificar a rixa.

Ex.: "A" participou da rixa, mas abandonou ANTES da produção do resultado agravador (lesão corporal grave ou morte): "A" responde por rixa qualificada, pois concorreu com o seu comportamento anterior para a produção do resultado.

"A" ingressou na rixa DEPOIS da produção do resultado agravador (lesão corporal grave ou morte): "A" responde por rixa simples.

RIXA versus LEGÍTIMA DEFESA – Durante uma rixa um dos participantes, "A", empunha uma arma para matar "B", este, em sua defesa, consegue defender-se, toma a arma de "A" e o mata. Nessa situação, caso "A" conseguisse matar "B", deveria responder pelo crime de rixa qualificada (resultando morte de um dos participantes) em concurso material com o crime de homicídio. Contudo, como "B" conseguiu reagir, em relação ao crime de homicídio que "A" tentara contra ele, caberá à exclusão de ilicitude – legítima defesa – em relação ao crime de homicídio (morte de "A"), porém, ainda assim, "B" e "C" responderão por rixa qualificada, pois a legítima defesa não é relevante para excluir a qualificação do crime de rixa.

3.5 Dos Crimes Contra Honra

Crime	Conduta	Honra ofendida
Calúnia: art. 138, CP	Imputar fato criminoso sabidamente falso.	Há ofensa da honra objetiva. Ofende-se a reputação, diz respeito ao conceito perante terceiros.
Difamação: art. 139, CP	Imputar fato desonroso, em regra não importando se verdadeiro ou falso.	Ofende-se a honra objetiva.
Injúria: Art. 140, CP	É a atribuição de qualidade negativa.	Ofende-se a honra subjetiva, a autoestima, ou seja, o que a vítima pensa dela mesma.

Calúnia

Art. 138. *Caluniar alguém, imputando-lhe falsamente fato definido como crime:*
Pena - *detenção, de seis meses a dois anos, e multa.*
§ 1º. *Na mesma pena incorre quem, sabendo falsa a imputação, a propala ou divulga.*
§ 2º. *É punível a calúnia contra os mortos.*
Exceção da Verdade
§ 3º. *Admite-se a prova da verdade, salvo:*
   I. Se, constituindo o fato imputado crime de ação privada, o ofendido não foi condenado por sentença irrecorrível;
   II. Se o fato é imputado a qualquer das pessoas indicadas no nº I do art. 141;
   III. Se do crime imputado, embora de ação pública, o ofendido foi absolvido por sentença irrecorrível.

Honra objetiva (o que os outros pensam do indivíduo).

Sujeitos do crime

Sujeito Ativo/Passivo: qualquer pessoa (crime comum).

Os mortos também podem ser caluniados, mas seus parentes é que serão os sujeitos passivos do crime. Não há regra semelhante no tocante aos demais crimes contra a honra.

Podem, ainda, ser vítimas os menores e os loucos.

A pessoa jurídica também pode ser sujeito passivo do crime de calúnia, pois pode cometer crimes ambientais (Lei nº 9.605/98).

Mas, observe-se que não podem praticar tal crime pessoas que desfrutam de inviolabilidade funcional.

Ex.: Parlamentares.

Aqui se indaga se advogados são imunes à prática do crime de calúnia. A resposta é que os causídicos não possuem imunidade profissional na calúnia, possuindo a imunidade somente no que tange à difamação e à injúria.

Objeto material

É a pessoa que tem sua honra objetiva ofendida.

Núcleo do tipo

A conduta típica consiste em caluniar alguém (imputar falsamente um fato definido como crime).

A imputação de fato definido como Contravenção Penal (Decreto-Lei nº 3.688/41) não constitui calúnia, pois não é crime, mas poderá caracterizar difamação.

Atribuir falsamente a alguém a prática de um fato atípico não constitui crime de calúnia, mas poderá configurar outro crime contra a honra.

Ex.: dano culposo.

Fato determinado

É imprescindível a imputação da prática de um fato determinado, ou seja, de uma situação concreta, contendo autor, objeto e suas circunstâncias.

Pessoa certa e determinada

A ofensa deve se dirigir a pessoa certa e determinada.

Ex.: Dizer que no dia 25 de dezembro, por volta de 20h00min, Roberto se fantasiou de papai noel e praticou um furto na casa de Pedro, o qual reside no centro da cidade de Cascavel/PR.

Falsidade da imputação

Deve ser falsa a imputação do fato definido como crime. Essa falsidade pode recair sobre o fato (o crime imputado à vitima não ocorreu) ou sobre o envolvimento no fato (o crime ocorreu, mas a vítima não praticou tal delito).

Quando o ofensor, agindo de boa-fé, supõe erroneamente ser verdadeira a afirmação, incidirá em Erro de Tipo. Desse modo, o fato será atípico, pois excluirá o dolo do fato típico.

Consumação

O crime de calúnia se consuma quando terceira pessoa toma conhecimento do fato imputado. Não é necessário que a vítima tome conhecimento da ofensa.

Calúnia X Denunciação Caluniosa

Calúnia (art. 138, CP)	Denunciação Caluniosa (art. 339, CP)
Caluniar alguém, imputando-lhe falsamente fato definido como crime.	Dar causa à instauração de inquérito policial, de procedimento investigatório criminal, de processo judicial, de processo administrativo disciplinar, de inquérito civil ou de ação de improbidade administrativa contra alguém, imputando-lhe crime, infração ético-disciplinar ou ato ímprobo de que o sabe inocente.
É crime contra honra.	É crime contra a Administração da Justiça.
Regra: Ação Penal Privada.	Ação Penal Pública Incondicionada.
Não admite a imputação falsa de contravenção.	Admite (é circunstância que importa na diminuição da pena pela metade (art. 339 §2º, CP).

§ 1º. Na mesma pena incorre quem, sabendo falsa a imputação, a propala ou divulga.
> Propalar: relatar verbalmente.
> Divulgar: relatar por qualquer outro meio (panfletos, outdoors, gestos etc).

Observa-se que também é punível a conduta daquele que propaga e divulga a calúnia criada por outrem.

Responde pelo *caput* quem cria a falsidade e responde pelo §1º do CP a pessoa que divulga (diversa da pessoa que criou – se for a mesma pessoa, o §1º configura *post factum* impunível).

Exclui-se o crime quando o agente age:
> Com *animus jocandi*: intenção de brincar.
> Com *animus consulendi*: intenção de aconselhar.
> Com *animus narrandi*: intenção de narrar (é o animus da testemunha).
> Com *animus corrigendi*: intenção de corrigir.
> Com *animus defendendi*: intenção de defender direito

Exceção da verdade

§ 3º. Admite-se a prova da verdade, salvo:
I. Se, constituindo o fato imputado crime de ação privada, o ofendido não foi condenado por sentença irrecorrível;
II. Se o fato é imputado a qualquer das pessoas indicadas no nº I do art. 141;
III. Se do crime imputado, embora de ação pública, o ofendido foi absolvido por sentença irrecorrível.

Trata-se de incidente processual, forma de defesa indireta, por meio da qual o acusado de ter praticado a calúnia pretende provar a veracidade do que alegou.

Somente haverá o crime de calúnia quando o fato for falso. Desse modo, se a imputação é verdadeira o fato é atípico.

A exceção da verdade é o instrumento adequado para se provar a veracidade do fato imputado a outrem.

A regra é a admissibilidade da exceção da verdade. Todavia, em três situações previstas pelo CP não será admitida a sua utilização:

I. Se, constituindo o fato imputado crime de ação privada, o ofendido não foi condenado por sentença irrecorrível;
II. Se o fato é imputado a qualquer das pessoas indicadas no inciso I do art. 141;
(Presidente da República ou chefe de governo estrangeiro).
III. Se do crime imputado, embora de ação pública, o ofendido foi absolvido por sentença irrecorrível.

Difamação

Art. 139. *Difamar alguém, imputando-lhe fato ofensivo à sua reputação:*
Pena *- detenção, de três meses a um ano, e multa.*

Difamar é imputar a alguém um fato ofensivo à sua reputação.

Subsiste o crime de difamação ainda que seja verdadeira a imputação (salvo quando o ofendido é funcionário público e a ofensa é relativa ao exercício de suas funções), desde que dirigida a ofender a honra alheia.

Objetividade jurídica

Honra objetiva (o que os outros pensam do indivíduo).

O fato pode ser: Verdadeiro ou Falso / Criminoso ou não criminoso / Contravenção penal;

O fato deve ser Determinado.

DOS CRIMES CONTRA A PESSOA

Objeto material

É a pessoa que tem sua honra objetiva ofendida.

Espécie de honra ofendida

A difamação ofende a honra objetiva.

Consumação e tentativa

Se consuma no momento em que um terceiro toma conhecimento da ofensa.

Morto não pode ser vítima de difamação.

Tendo em vista que pessoa jurídica tem reputação, então pode ser vítima de difamação.

O crime é punido a título de dolo, sendo imprescindível a vontade de ofender a reputação, a intenção de ofender a honra.

Em regra, admite tentativa. No caso de difamação verbal, não se admite a tentativa.

Exceção da verdade

Parágrafo único. A exceção da verdade somente se admite se o ofendido é funcionário público e a ofensa é relativa ao exercício de suas funções.

Na difamação, a exceção da verdade somente é admitida se o ofendido é funcionário público e a ofensa é relativa ao exercício de suas funções. É indispensável a relação de causalidade entre a imputação e o exercício da função pública.

Na difamação, a consequência da exceção da verdade, ao contrário da calúnia, atinge a ilicitude, e não a atipicidade da conduta, pois é uma hipótese especial de exercício regular do direito.

A procedência da exceção da verdade na difamação gera a absolvição, sendo uma forma especial de exercício regular de direito.

Art. 138	Art. 139
Admite prova da verdade.	A regra é não admitir a prova da verdade.
Exceções: art. 138, § 3º I, II e III.	Exceção: art. 139, Parágrafo único. Ofendido funcionário público mais ofensa funcional.
Procedência gera a absolvição sob o fundamento da atipicidade.	Procedência gera a absolvição, pois se trata de hipótese de exercício regular de direito. Descriminante especial.
Admite exceção de notoriedade.	Também.

Injúria

Art. 140. *Injuriar alguém, ofendendo-lhe a dignidade ou o decoro:*
Pena - *detenção, de um a seis meses, ou multa.*
§ 1º. O juiz pode deixar de aplicar a pena:
I. Quando o ofendido, de forma reprovável, provocou diretamente a injúria;
II. No caso de retorsão imediata, que consista em outra injúria.
§ 2º. Se a injúria consiste em violência ou vias de fato, que, por sua natureza ou pelo meio empregado, se considerem aviltantes:
Pena - *detenção, de três meses a um ano, e multa, além da pena correspondente à violência.*

§ 3º. Se a injúria consiste na utilização de elementos referentes a raça, cor, etnia, religião, origem ou a condição de pessoa idosa ou portadora de deficiência:
Pena - *reclusão de um a três anos e multa.*

Injuriar é atribuir qualidade negativa à alguém.

Espécie de honra ofendida

Ofende a honra subjetiva da pessoa (o que a pessoa acha de si própria). A consumação ocorre quando a ofensa chega ao conhecimento da vítima.

Ofende a dignidade ou o decoro da vítima:

Na injúria, é irrelevante o fato de a qualidade negativa atribuída à vítima ser ou não verdadeira. Desse modo, se o agente chama uma pessoa de gorda, com a intenção de injuriar, estará configurado o crime de injúria, mesmo que a vítima seja mesmo gorda ou obesa.

> Dignidade: ofende as qualidades morais da pessoa.

Ex.: Chamar alguém de vagabundo.

> Decoro: ofende as qualidades físicas.

Exs.: Chamar alguém de monstro, retardado ou idiota.

Queixa-crime ou denúncia

A queixa-crime ou denúncia oferecida pelo crime de injúria deve descrever, minuciosamente sob pena de inépcia, quais foram as ofensas proferidas contra a vítima, por mais baixas e repudiáveis que possam ser.

Formas de execução

Pode ser praticado por ação ou omissão.

Ex.: "A" estende a mão para cumprimentar "B" e este recusa o cumprimento.

Consumação e tentativa

É crime de execução livre: pode ser praticado por meio de palavras, gestos, escritos etc. Aliás, pode ser praticado por ação ou omissão (o único exemplo dado pela doutrina de injúria por omissão é ignorar ou não retribuir um cumprimento, como forma de humilhar a pessoa na frente de outras).

Como a injúria protege a honra subjetiva, o crime se consuma quando a vítima toma conhecimento da injúria, dispensando-se o efetivo dano à sua honra (é crime formal). Consuma no momento em que o fato chega ao conhecimento da vítima, dispensando efetivo dano a sua dignidade ou decoro.

A tentativa é possível somente na forma escrita. A injúria realizada verbalmente não admite tentativa.

Exceção da verdade: a injúria não admite exceção da verdade, pois o ofensor atribui uma qualidade negativa à vítima e não um fato.

Elemento subjetivo

É o dolo (direto ou eventual). Não admite a modalidade culposa de injúria.

Injúria Contra Funcionário Público X Desacato

Injúria contra funcionário público	Desacato (art. 331, CP)
Atribuir qualidade negativa ao funcionário público durante sua ausência.	A ofensa é realizada na presença do funcionário público no exercício da função ou em razão dela.
É crime contra a honra.	É crime contra a Administração Pública.
Ação Penal Privada (Regra).	Ação Penal Pública Incondicionada.
Ex.: "A" Fala a seus vizinhos que o Promotor da cidade é bandido.	Ex.: "A" Durante uma audiência judicial chama o Juiz de corrupto.

Atenção às imunidades! Quem detém imunidade por palavras, opiniões e votos não pratica calúnia, injúria ou difamação. São eles: senadores, deputados federais, deputados estaduais/distritais, vereadores no limite da vereança, advogado (que tem imunidade profissional na injúria - art. 7º, §2º, do EOAB - a calúnia foi afastada pelo STF).

Pessoa jurídica pode ser vítima de injúria? Não, vez que não possui honra subjetiva, não tem dignidade, decoro. Quanto a isso não há divergência.

Mirabete entende que pessoa jurídica não pode ser vítima de nenhum crime contra a honra, pois esse capítulo se aplicaria apenas às pessoas físicas.

Perdão judicial

§ 1º. O juiz pode deixar de aplicar a pena:
I. Quando o ofendido, de forma reprovável, provocou diretamente a injúria;
II. No caso de retorsão imediata, que consista em outra injúria.

O perdão judicial é causa de extinção da punibilidade (art. 107, IX, CP). A sentença que concede o perdão judicial é declaratória da extinção da punibilidade (Súmula 18, STJ).

Só o perdão do ofendido tem que ser aceito, o perdão do juiz não é oferecido, mas sim imposto.

Trata-se de um direito subjetivo do acusado, e não uma faculdade do juiz. Preenchidos os requisitos, o juiz deve perdoar.

> Quando o ofendido, de forma reprovável, provocou diretamente a injúria;

A provocação tem que ser reprovável e direta.

> No caso de retorsão imediata, que consista em outra injúria.

Retorsão é o revide. Deve ser imediata. É modalidade anômala de legítima defesa. Não há retorsão contra ofensa passada. Existe apenas retorsão imediata no crime de injúria.

Injúria real

§ 2º. Se a injúria consiste em violência ou vias de fato, que, por sua natureza ou pelo meio empregado, se considerem aviltantes:
Pena - detenção, de três meses a um ano, e multa, além da pena correspondente à violência.

É a injúria praticada com meio de execução especial: mediante violência ou vias de fato. Aqui a violência ou as vias de fato são o meio e a injúria é o fim. O agente usa da violência para injuriar.

Jogar ovos em um cantor, cuspir na cara, dar tapa no rosto.

Aviltantes: humilhantes.

O meio de execução é a violência ou então as vias de fato. Se a injúria real for praticada com vias de fato, esta é absorvida.

A lei impõe o concurso material obrigatório entre as penas de injúria real e do resultado da violência (homicídio, lesão corporal etc.).

Injúria qualificada

§ 3º. Se a injúria consiste na utilização de elementos referentes a raça, cor, etnia, religião, origem ou a condição de pessoa idosa ou portadora de deficiência:
Pena - reclusão de um a três anos e multa.

> Não pode-se confundir a injúria preconceito (art. 140, §3º, CP) com o crime de racismo (Lei nº 7.716/89). Na injúria, ocorre a atribuição de qualidade negativa. Já no racismo, ocorre a segregação da vítima do convívio social.

Assim como nos demais crimes contra a honra, a ofensa deve ser dirigida a pessoa ou pessoas determinadas.

Injúria Qualificada X Crime de Racismo

Injúria Qualificada (art. 140, § 3º, CP)	Crime de Racismo (Lei nº 7.716/89)
É crime afiançável.	É crime inafiançável.
Ação Penal Pública Condicionada a Representação.	Ação Pública Incondicionada.
Prescritível.	Imprescritível.
Atribuir a alguém qualidade negativa.	Manifestações preconceituosas generalizadas ou segregação racial.
Ex.: Chamar uma pessoa negra de macaco.	Ex.: Hotel que proíbe a hospedagem de pessoas negras. Ex.: Empresa que não contrata pessoas da religião evangélica.

Prevalece na doutrina, que a injúria preconceito não admite o perdão judicial do art. 140, § 1º, tratando-se de violação mais séria à honra da vítima, ferindo uma das fundamentos do Estado Democrático de Direito, qual seja, a dignidade da pessoa humana.

Disposições comuns

Art. 141 - As penas cominadas neste Capítulo aumentam-se de um terço, se qualquer dos crimes é cometido:
I. contra o Presidente da República, ou contra chefe de governo estrangeiro;
II. contra funcionário público, em razão de suas funções;
III. na presença de várias pessoas, ou por meio que facilite a divulgação da calúnia, da difamação ou da injúria.
IV. contra pessoa maior de 60 (sessenta) anos ou portadora de deficiência, exceto no caso de injúria. (Incluído pela Lei nº 10.741, de 2003)

DOS CRIMES CONTRA A PESSOA

§ 1º - Se o crime é cometido mediante paga ou promessa de recompensa, aplica-se a pena em dobro. (Redação dada pela Lei nº 13.964, de 2019) **Vigência**

§ 2º - Se o crime é cometido ou divulgado em quaisquer modalidades das redes sociais da rede mundial de computadores, aplica-se em triplo a pena. (Incluído pela Lei nº 13.964, de 2019)

Este artigo não traz qualificadoras, mas sim causas de aumento de pena, majorantes (a serem consideradas pelo juiz na terceira fase de aplicação da pena).

É uma majorante aplicada a todos os crimes do capítulo – injúria, difamação e calúnia. Nenhum desses crimes escapa do aumento quando preenchidos os requisitos.

Aumentam-se de um terço, se qualquer dos crimes é cometido:

I. Contra o Presidente da República, ou contra chefe de governo estrangeiro;

A pena é aumentada de 1/3, em razão da importância das funções desempenhadas pelo Presidente da República e pelo chefe de governo estrangeiro. A conduta criminosa, além de atentar contra a honra de uma pessoa, ofende também os interesses de toda a nação que ela representa.

II. Contra funcionário público, em razão de suas funções.

Esse aumento de pena não se aplica quando a conduta se refere à vida privada do funcionário público.

É necessário o nexo de causalidade entre a ofensa e o exercício da função pública.

III. Na presença de várias pessoas, ou por meio que facilite a divulgação da calúnia, da difamação ou da injúria.

A expressão "várias pessoas" se refere a no mínimo três pessoas. Não se incluindo neste número o ofensor, a vítima e eventuais coautores e partícipes.

O STF, após o julgamento da ADPF nº 130-7/DF decidiu que a Lei de Imprensa (Lei nº 5.250/67) não foi recepcionada pela CF/88. Desse modo, aos crimes contra a honra praticados por meio da imprensa (oral ou escrita) serão aplicadas as disposições do Código Penal (Arts. 138 a 145).

IV. Contra pessoa maior de 60 (sessenta) anos ou portadora de deficiência, exceto no caso de injúria.

Esse inciso foi inserido no CP pela Lei nº 10.741/03 (Estatuto do Idoso). O ofensor tem que ter conhecimento da idade da vítima no momento do crime.

Não se aplica este inciso no caso de injúria, pois neste crime já existe a figura da injúria qualificada (art. 140, §3º, CP) razão pela qual evita-se o bis in idem desta forma.

§ 1º. Se o crime é cometido mediante paga ou promessa de recompensa, aplica-se a pena em dobro.

Hipótese de crime plurissubjetivo ou de concurso necessário. O pagamento, em ambos os casos, pode ser em dinheiro ou qualquer outro bem e a vantagem não precisa ser necessariamente econômica.

Ex.: Promessa de emprego, de casamento, de favores sexuais.

Essa majorante não se aplica ao mandante, apenas ao executor.

§ 2º Se o crime é cometido ou divulgado em quaisquer modalidades das redes sociais da rede mundial de computadores, aplica-se em triplo a pena.

A majorante havia sido vetada pelo Presidente da República, contudo, em abril de 2021 o veto foi derrubado pelo Congresso Nacional. Assim, o crime contra honra cometido por meio das redes sociais – Facebook, Twitter, Instagram, YouTube, LinkedIn, etc... – terá a incidência da referida causa de aumento.

Exclusão do crime

Art. 142. Não constituem injúria ou difamação punível:

I. A ofensa irrogada em juízo, na discussão da causa, pela parte ou por seu procurador;

II. A opinião desfavorável da crítica literária, artística ou científica, salvo quando inequívoca a intenção de injuriar ou difamar;

III. O conceito desfavorável emitido por funcionário público, em apreciação ou informação que preste no cumprimento de dever do ofício.

Parágrafo único. *Nos casos dos ns. I e III, responde pela injúria ou pela difamação quem lhe dá publicidade.*

Esse dispositivo não se aplica ao crime de calúnia, pois há neste crime o interesse do Estado e da sociedade em realizar a sua apuração.

Ex: advogado diz que o promotor foi subornado pelo réu para pedir sua absolvição.

A imunidade é relativa: para a maioria, a ressalva exarada pela expressão salvo quando se tem intenção de injuriar ou difamar se aplica não apenas ao inciso II, como também aos incisos I e III. Esse é o entendimento da maioria.

Nas hipóteses dos incisos I e III responde pela injúria ou difamação aquele que dá publicidade ao fato. É imprescindível, para tanto, o *animus* em ofender a vítima.

I. A ofensa irrogada em juízo, na discussão da causa, pela parte ou por seu procurador;

Esta excludente de ilicitude não se aplica quando a ofensa é dirigida ao juiz (magistrado), pois este não é parte na causa.

Para o advogado, de acordo com o art. 7º, §2º, da Lei nº 8.906/94 (Estatuto da OAB): O advogado tem imunidade profissional, não constituindo injúria, difamação ou desacato puníveis em qualquer manifestação de sua parte, no exercício de sua atividade, em juízo ou fora dele, sem prejuízo das sanções disciplinares perante a OAB, pelos excessos que cometer.

A expressão desacato foi declarada inconstitucional pelo STF, nos autos da ADIN 1.127-8. Desse modo, o advogado pode praticar o crime de desacato.

II. A opinião desfavorável da crítica literária, artística ou científica, salvo quando inequívoca a intenção de injuriar ou difamar;

III. O conceito desfavorável emitido por funcionário público, em apreciação ou informação que preste no cumprimento de dever do ofício.

Cuida-se de modalidade especial de estrito cumprimento do dever legal.

Ex.: Delegado de Polícia que, ao relatar o inquérito policial, refere-se ao indiciado como pessoa de alta periculosidade, covarde e impiedoso.

Retratação

Art. 143. *O querelado que, antes da sentença, se retrata cabalmente da calúnia ou da difamação, fica isento de pena.*

Parágrafo único. *Nos casos em que o querelado tenha praticado a calúnia ou a difamação utilizando-se de meios de comunicação, a retratação dar-se-á, se assim desejar o ofendido, pelos mesmos meios em que se praticou a ofensa.*

É necessário observar que, retratação não se confunde com confissão da calúnia ou da difamação. Retratar-se é escusar-se, retirar o que disse, trazer a verdade novamente à tona. Trata-se de causa extintiva da punibilidade.

Se o querelado se retrata, há exclusão do crime, mas isso não importa em exclusão de indenização na seara cível.

Atente-se que, somente em relação a calúnia e a difamação há possibilidade de retratação, não abrangendo a injúria. Atente-se que, na lei de imprensa, havia previsão relativa a injúria, mas esta não foi recepcionada pela CF, nos termos de decisão proferida pelo STF.

Na retratação não se exige a concordância do ofendido.

A retratação deve ser total e incondicional. Deve ainda, abranger tudo o que foi dito pelo ofensor.

> É possível retratação extintiva da punibilidade no crime contra a honra de funcionário público no exercício da função? Em regra, não, pois não haverá querelado (a ação penal é pública).

Pedido de explicações

Art. 144. *Se, de referências, alusões ou frases, se infere calúnia, difamação ou injúria, quem se julga ofendido pode pedir explicações em juízo. Aquele que se recusa a dá-las ou, a critério do juiz, não as dá satisfatórias, responde pela ofensa.*

Possui as seguintes características:

> É medida facultativa, pois a vítima não precisa dele se valer para o oferecimento da ação penal.
> Somente pode ser utilizado antes do ajuizamento da ação penal.
> Não possui procedimento específico.
> Não interrompe ou suspende o prazo decadencial.

O requerido não pode ser compelido a prestar as informações solicitadas. Desse modo, caso se omita, não poderá sofrer qualquer espécie de sanção.

Ação penal

Art. 145. *Nos crimes previstos neste Capítulo somente se procede mediante queixa, salvo quando, no caso do art. 140, § 2º, da violência resulta lesão corporal.*

Parágrafo único. *Procede-se mediante requisição do Ministro da Justiça, no caso do inciso I do caput do art. 141 deste Código, e mediante representação do ofendido, no caso do inciso II do mesmo artigo, bem como no caso do § 3º do art. 140 deste Código. (Redação dada pela Lei nº 12.033, de 2009).*

Espécies de ação penal

A regra geral é que os crimes contra a honra (Calúnia/Difamação/Injúria) são de Ação Penal privada.

→ Todavia, há três exceções:

> Pública Condicionada a requisição do Ministro da Justiça (crime contra o Presidente da República ou chefe de governo estrangeiro);
> Pública Condicionada a representação do ofendido (crime contra funcionário público em razão de suas funções ou crime de injúria qualificada – discriminação);
> Pública incondicionada: injúria real se resulta lesão corporal.

Crime contra a honra de funcionário público: Tratando-se de ofensa em razão da função, a ação penal é pública condicionada a representação.

Tratando-se de ofensa sem vínculo com a função pública, a ação penal é privada.

Súm. 714, STF. É concorrente a legitimidade do ofendido mediante queixa e do MP condicionada a representação do ofendido, para a ação penal por crime contra a honra de servidor público em razão do exercício de suas funções.

Caso a injúria preconceito tenha sido praticada antes da Lei nº 12.033/09 quando tal crime dependia de queixa e ao ingressar com a inicial já está em vigor tal lei. Será cabível queixa ou deverá ser oferecida representação para que o MP denuncie? Essa é uma alteração irretroativa pela qual a ação penal continuará sendo privada, nessa hipótese.

3.6 Dos Crimes contra Liberdade Individual

Dos crimes contra a liberdade pessoal

Constrangimento ilegal

Art. 146. *Constranger alguém, mediante violência ou grave ameaça, ou depois de lhe haver reduzido, por qualquer outro meio, a capacidade de resistência, a não fazer o que a lei permite, ou a fazer o que ela não manda:*

Pena - *detenção, de três meses a um ano, ou multa.*

Aumento de Pena

§ 1º. *As penas aplicam-se cumulativamente e em dobro, quando, para a execução do crime, se reúnem mais de três pessoas, ou há emprego de armas.*

§ 2º. *Além das penas cominadas, aplicam-se as correspondentes à violência.*

§ 3º. *Não se compreendem na disposição deste artigo:*

I. A intervenção médica ou cirúrgica, sem o consentimento do paciente ou de seu representante legal, se justificada por iminente perigo de vida;

II. A coação exercida para impedir suicídio.

Ameaça

Art. 147. *Ameaçar alguém, por palavra, escrito ou gesto, ou qualquer outro meio simbólico, de causar-lhe mal injusto e grave:*

Pena - *detenção, de um a seis meses, ou multa.*

Parágrafo único. *Somente se procede mediante representação.*

Perseguição

DOS CRIMES CONTRA A PESSOA

Art. 147-A. *Perseguir alguém, reiteradamente e por qualquer meio, ameaçando-lhe a integridade física ou psicológica, restringindo-lhe a capacidade de locomoção ou, de qualquer forma, invadindo ou perturbando sua esfera de liberdade ou privacidade. (Incluído pela Lei nº 14.132, de 2021)*

Pena – *reclusão, de 6 (seis) meses a 2 (dois) anos, e multa. (Incluído pela Lei nº 14.132, de 2021)*

§ 1º. *A pena é aumentada de metade se o crime é cometido:*
I – contra criança, adolescente ou idoso;
II – contra mulher por razões da condição de sexo feminino, nos termos do § 2º-A do art. 121 deste Código;
III – mediante concurso de 2 (duas) ou mais pessoas ou com o emprego de arma.

§ 2º. *As penas deste artigo são aplicáveis sem prejuízo das correspondentes à violência.*

§ 3º. *Somente se procede mediante representação.*

A Lei nº 14.132/2021 acrescentou o art. 147-A ao CP, para tipificar o crime de perseguição, também chamado de "stalking".

A perseguição ou stalking é uma forma de violência na qual o agente invade a esfera de privacidade da vítima, praticando reiteradamente a mesma ação por maneiras e atos variados. O sujeito utiliza-se de chamadas por telefone, mensagens amorosas, telegramas, ramalhetes de flores, presentes não solicitados, mensagens em faixas afixadas na rua, permanência na saída do trabalho, frequência no mesmo local de lazer da vítima, etc.

O novo tipo objetiva coibir e punir a conduta de pessoas que praticam esse tipo de perseguição – stalking, conduta bastante comum.

Sujeito ativo: pode ser qualquer pessoa (crime comum).

Sujeito passivo: é qualquer pessoa que (homem ou mulher).

O § 1º prevê as circunstâncias que aumentam a pena (majorantes): quando o crime é praticado contra criança, adolescente ou idoso ou mulher por razões da condição de sexo feminino.

Trata-se de crime de ação penal pública condicionada. A consumação do delito exige a perseguição reiterada. Trata-se de crime habitual. Não se exige produção de resultado naturalístico. É crime formal.

Violência psicológica contra a mulher

Art. 147-B. *Causar dano emocional à mulher que a prejudique e perturbe seu pleno desenvolvimento ou que vise a degradar ou a controlar suas ações, comportamentos, crenças e decisões, mediante ameaça, constrangimento, humilhação, manipulação, isolamento, chantagem, ridicularização, limitação do direito de ir e vir ou qualquer outro meio que cause prejuízo à sua saúde psicológica e autodeterminação: (Incluído pela Lei nº 14.188, de 2021)*

Pena - *reclusão, de 6 (seis) meses a 2 (dois) anos, e multa, se a conduta não constitui crime mais grave.*

A Lei Maria da Penha – Lei nº 11.340/2006, prevê que a violência doméstica também pode ser violência psicológica. Contudo, não havia um tipo penal específico para punir o agente que cometesse violência psicológica contra a mulher.

Assim, o art. 147-B foi acrescentado para suprir essa lacuna, pois até então, isso gerava uma proteção deficiente para a mulher.

A violência psicológica pode ser praticada, por exemplo, por meio de: ameaça; constrangimento; humilhação; manipulação; isolamento; chantagem; ridicularização; limitação do direito de ir e vir; etc...

Sujeito ativo: trata-se de crime comum, pode ser praticado por qualquer pessoa (homem ou mulher).

Sujeito passivo: é crime próprio, pois a vítima deve ser mulher (criança, adulta, idosa, desde que do sexo feminino).

O crime é punido a título de dolo, não prevê a modalidade culposa. O delito se consuma com a provocação do dano emocional à vítima. Admite tentativa.

É processado mediante ação penal pública incondicionada.

Sequestro e Cárcere Privado

Art. 148. *Privar alguém de sua liberdade, mediante sequestro ou cárcere privado:*

Pena - *reclusão, de um a três anos.*

§ 1º. *A pena é de reclusão, de dois a cinco anos:*
I. Se a vítima é ascendente, descendente, cônjuge ou companheiro do agente ou maior de 60 (sessenta) anos;
II. Se o crime é praticado mediante internação da vítima em casa de saúde ou hospital;
III. Se a privação da liberdade dura mais de quinze dias.
IV. Se o crime é praticado contra menor de 18 (dezoito) anos;
V. Se o crime é praticado com fins libidinosos.

§ 2º. *Se resulta à vítima, em razão de maus-tratos ou da natureza da detenção, grave sofrimento físico ou moral:*

Pena - *reclusão, de dois a oito anos.*

Trata-se de infração de médio potencial ofensivo, admitindo-se a suspensão condicional do processo.

As pessoas que são impossibilitadas de se locomover podem ser vítimas do delito? A liberdade de movimento não deixa de existir quando se exerce à custa de aparelhos ou com o auxílio de outrem.

Essa é a posição que prevalece no Brasil. Há doutrinadores estrangeiros que afirmam que não seria esse o delito, mas sim o de constrangimento ilegal em se tratando de pessoas que não podem se locomover.

Caso a vítima seja Presidente da República, do SF, CD e STF, e, havendo motivação política, o delito pode ser considerado crime contra a Segurança Nacional (art. 28 da Lei nº 7.170/83).

→ Conduta: é a privação da liberdade. Pode ser executada mediante:

> Sequestro: é privação da liberdade sem confinamento.

Ex.: Sítio, casa.

> Cárcere Privado: é a privação da liberdade com confinamento.

Ex.: Porão.

Quando o crime for praticado mediante cárcere privado, deve fixar esse meio mais gravoso na fixação da pena.

O crime pode ser praticado por ação ou omissão.

Médico que não concede alta para paciente já curado.

→ Tipo subjetivo: O dolo é a finalidade especial do crime.

Se a finalidade for obter vantagem econômica, o delito será o previsto no art. 159 do CP. Se o fim for satisfazer pretensão, deixa de ser o delito do art. 148 e passa a ser o delito previsto no art. 345 (exercício arbitrário das próprias razões). Ex.: médico que não concede alta para paciente com a finalidade de satisfazer pretensão tida como legítima – pagamento do tratamento – o delito será de exercício arbitrário das próprias razões.

Na hipótese em que a finalidade é causar sofrimento físico ou mental, o delito será o de tortura.

→ Consumação e tentativa: Trata-se de delito permanente, e sua consumação se protrai no tempo. Consuma-se com a efetiva privação da liberdade ou locomoção da vítima.

A tentativa é perfeitamente difícil já que a privação da liberdade pode ser antecedida de violência e se o agente age de forma violenta, mas não consegue privar sua liberdade por circunstâncias alheias a sua vontade, terá havido tentativa.

→ Qualificadoras: art. 148, §1º:

I. Ascendente, descendente, cônjuge ou companheiro do agente ou maior de 60 anos.

Neste caso, para qualificar não abrange o parentesco colateral, por afinidade, padrasto, ou madrasta do agente.

O idoso deve ter MAIS de 60 anos quando de sua libertação, não importando se quando da privação da liberdade tinha menos de 60 anos.

II. Se o crime é praticado mediante internação da vítima em casa de saúde ou hospital: Neste caso, tem que ser internação simulada ou fraudulenta.

III. Se a privação da liberdade dura mais de quinze dias: Este prazo inicia-se no momento da privação da vítima, até sua libertação.

IV. Crime praticado contra menor de 18 anos: neste inciso basta que a vítima seja maior de 18 anos ao final do sequestro, pouco importando se tinha menos que 18 anos no início do cárcere.

V. Se praticado com fins libidinosos: trata-se de ação penal pública incondicionada (e não ação privada, como era anterior a 2005).

Redução a Condição Análoga à de Escravo

Art. 149. *Reduzir alguém a condição análoga à de escravo, quer submetendo-o a trabalhos forçados ou a jornada exaustiva, quer sujeitando-o a condições degradantes de trabalho, quer restringindo, por qualquer meio, sua locomoção em razão de dívida contraída com o empregador ou preposto:*

Pena *- reclusão, de dois a oito anos, e multa, além da pena correspondente à violência.*

§ 1º. Nas mesmas penas incorre quem:

I. Cerceia o uso de qualquer meio de transporte por parte do trabalhador, com o fim de retê-lo no local de trabalho;

II. Mantém vigilância ostensiva no local de trabalho ou se apodera de documentos ou objetos pessoais do trabalhador, com o fim de retê-lo no local de trabalho.

§ 2º. A pena é aumentada de metade, se o crime é cometido:

I. Contra criança ou adolescente;

II. Por motivo de preconceito de raça, cor, etnia, religião ou origem.

Tráfico de Pessoas

Art. 149-A. *Agenciar, aliciar, recrutar, transportar, transferir, comprar, alojar ou acolher pessoa, mediante grave ameaça, violência, coação, fraude ou abuso, com a finalidade de: (Incluído pela Lei nº 13.344, de 2016)*

I. remover-lhe órgãos, tecidos ou partes do corpo; (Incluído pela Lei nº 13.344, de 2016)

II. submetê-la a trabalho em condições análogas à de escravo; (Incluído pela Lei nº 13.344, de 2016)

III. submetê-la a qualquer tipo de servidão; (Incluído pela Lei nº 13.344, de 2016)

IV. adoção ilegal; ou (Incluído pela Lei nº 13.344, de 2016)

V. exploração sexual. (Incluído pela Lei nº 13.344, de 2016)

Pena. reclusão, de 4 (quatro) a 8 (oito) anos, e multa. (Incluído pela Lei nº 13.344, de 2016)

§ 1º. A pena é aumentada de um terço até a metade se: (Incluído pela Lei nº 13.344, de 2016)

I. o crime for cometido por funcionário público no exercício de suas funções ou a pretexto de exercê-las; (Incluído pela Lei nº 13.344, de 2016)

II. o crime for cometido contra criança, adolescente ou pessoa idosa ou com deficiência; (Incluído pela Lei nº 13.344, de 2016)

III. o agente se prevalecer de relações de parentesco, domésticas, de coabitação, de hospitalidade, de dependência econômica, de autoridade ou de superioridade hierárquica inerente ao exercício de emprego, cargo ou função; ou (Incluído pela Lei nº 13.344, de 2016)

IV. a vítima do tráfico de pessoas for retirada do território nacional. (Incluído pela Lei nº 13.344, de 2016)

§ 2º. A pena é reduzida de um a dois terços se o agente for primário e não integrar organização criminosa. (Incluído pela Lei nº 13.344, de 2016)

Dos crimes contra a inviolabilidade do domicílio

Violação de Domicílio

Art. 150 *- Entrar ou permanecer, clandestina ou astuciosamente, ou contra a vontade expressa ou tácita de quem de direito, em casa alheia ou em suas dependências:*

Pena *- detenção, de um a três meses, ou multa.*

§ 1º - Se o crime é cometido durante a noite, ou em lugar ermo, ou com o emprego de violência ou de arma, ou por duas ou mais pessoas:

Pena *- detenção, de seis meses a dois anos, além da pena correspondente à violência.*

§ 2º - (Revogado pela Lei nº 13.869, de 2019)

§ 3º - Não constitui crime a entrada ou permanência em casa alheia ou em suas dependências:

I. durante o dia, com observância das formalidades legais, para efetuar prisão ou outra diligência;

II. a qualquer hora do dia ou da noite, quando algum crime está sendo ali praticado ou na iminência de o ser.

§ 4º - A expressão "casa" compreende:

I. qualquer compartimento habitado;

II. aposento ocupado de habitação coletiva;

III. compartimento não aberto ao público, onde alguém exerce profissão ou atividade.

§ 5º - Não se compreendem na expressão "casa":

I. hospedaria, estalagem ou qualquer outra habitação coletiva, enquanto aberta, salvo a restrição do n.º II do parágrafo anterior;

II. taverna, casa de jogo e outras do mesmo gênero

Dos crimes contra a inviolabilidade de correspondência

Violação de Correspondência

Art. 151. *Devassar indevidamente o conteúdo de correspondência fechada, dirigida a outrem:*

Pena *- detenção, de um a seis meses, ou multa.*

Sonegação ou Destruição de Correspondência

§ 1º. Na mesma pena incorre:

I. Quem se apossa indevidamente de correspondência alheia, embora não fechada e, no todo ou em parte, a sonega ou destrói;

Violação de Comunicação Telegráfica, Radioelétrica ou Telefônica

DOS CRIMES CONTRA A PESSOA

II. Quem indevidamente divulga, transmite a outrem ou utiliza abusivamente comunicação telegráfica ou radioelétrica dirigida a terceiro, ou conversação telefônica entre outras pessoas;

III. Quem impede a comunicação ou a conversação referidas no número anterior;

IV. Quem instala ou utiliza estação ou aparelho radioelétrico, sem observância de disposição legal.

§ 2º. As penas aumentam-se de metade, se há dano para outrem.

§ 3º. Se o agente comete o crime, com abuso de função em serviço postal, telegráfico, radioelétrico ou telefônico:

Pena - detenção, de um a três anos.

§ 4º. Somente se procede mediante representação, salvo nos casos do § 1º, IV, e do § 3º.

Correspondência Comercial

Art. 152. Abusar da condição de sócio ou empregado de estabelecimento comercial ou industrial para, no todo ou em parte, desviar, sonegar, subtrair ou suprimir correspondência, ou revelar a estranho seu conteúdo:

Pena - detenção, de três meses a dois anos.

Parágrafo único. Somente se procede mediante representação.

Dos Crimes contra a Inviolabilidade dos Segredos

Divulgação de Segredo

Art. 153. Divulgar alguém, sem justa causa, conteúdo de documento particular ou de correspondência confidencial, de que é destinatário ou detentor, e cuja divulgação possa produzir dano a outrem:

Pena - detenção, de um a seis meses, ou multa.

§ 1º. Somente se procede mediante representação.

§ 1º-A. Divulgar, sem justa causa, informações sigilosas ou reservadas, assim definidas em lei, contidas ou não nos sistemas de informações ou banco de dados da Administração Pública:

Pena - detenção, de 1 (um) a 4 (quatro) anos, e multa.

§ 2º. Quando resultar prejuízo para a Administração Pública, a ação penal será incondicionada.

Violação do Segredo Profissional

Art. 154. Revelar alguém, sem justa causa, segredo, de que tem ciência em razão de função, ministério, ofício ou profissão, e cuja revelação possa produzir dano a outrem:

Pena - detenção, de três meses a um ano, ou multa.

Parágrafo único. Somente se procede mediante representação.

Invasão de dispositivo informático

Art. 154-A. Invadir dispositivo informático de uso alheio, conectado ou não à rede de computadores, com o fim de obter, adulterar ou destruir dados ou informações sem autorização expressa ou tácita do usuário do dispositivo ou de instalar vulnerabilidades para obter vantagem ilícita: (Redação dada pela Lei nº 14.155, de 2021)

Pena – reclusão, de 1 (um) a 4 (quatro) anos, e multa

§ 1º Na mesma pena incorre quem produz, oferece, distribui, vende ou difunde dispositivo ou programa de computador com o intuito de permitir a prática da conduta definida no caput. (Incluído pela Lei nº 12.737, de 2012)

§ 2º. Aumenta-se a pena de 1/3 (um terço) a 2/3 (dois terços) se da invasão resulta prejuízo econômico. (Redação dada pela Lei nº 14.155, de 2021)

§ 3º Se da invasão resultar a obtenção de conteúdo de comunicações eletrônicas privadas, segredos comerciais ou industriais, informações sigilosas, assim definidas em lei, ou o controle remoto não autorizado do dispositivo invadido: (Incluído pela Lei nº 12.737, de 2012)

Pena - reclusão, de 2 (dois) a 5 (cinco) anos, e multa. (Redação dada pela Lei nº 14.155, de 2021)

§ 4º Na hipótese do § 3o, aumenta-se a pena de um a dois terços se houver divulgação, comercialização ou transmissão a terceiro, a qualquer título, dos dados ou informações obtidos. (Incluído pela Lei nº 12.737, de 2012)

§ 5º Aumenta-se a pena de um terço à metade se o crime for praticado contra: (Incluído pela Lei nº 12.737, de 2012)

I. Presidente da República, governadores e prefeitos; (Incluído pela Lei nº 12.737, de 2012)

II. Presidente do Supremo Tribunal Federal; (Incluído pela Lei nº 12.737, de 2012)

III. Presidente da Câmara dos Deputados, do Senado Federal, de Assembleia Legislativa de Estado, da Câmara Legislativa do Distrito Federal ou de Câmara Municipal; ou (Incluído pela Lei nº 12.737, de 2012)

IV. dirigente máximo da administração direta e indireta federal, estadual, municipal ou do Distrito Federal. (Incluído pela Lei nº 12.737, de 2012)

Ação penal

(Incluído pela Lei nº 12.737, de 2012)

Art. 154-B. Nos crimes definidos no art. 154-A, somente se procede mediante representação, salvo se o crime é cometido contra a administração pública direta ou indireta de qualquer dos Poderes da União, Estados, Distrito Federal ou Municípios ou contra empresas concessionárias de serviços públicos. (Incluído pela Lei nº 12.737, de 2012)

4. DOS CRIMES CONTRA O PATRIMÔNIO

4.1 Do Furto

Art. 155 - Subtrair, para si ou para outrem, coisa alheia móvel:
Pena - reclusão, de um a quatro anos, e multa.
§ 1º - A pena aumenta-se de um terço, se o crime é praticado durante o repouso noturno.
§ 2º - Se o criminoso é primário, e é de pequeno valor a coisa furtada, o juiz pode substituir a pena de reclusão pela de detenção, diminuí-la de um a dois terços, ou aplicar somente a pena de multa.
§ 3º - Equipara-se à coisa móvel a energia elétrica ou qualquer outra que tenha valor econômico.
Furto qualificado
§ 4º - A pena é de reclusão de dois a oito anos, e multa, se o crime é cometido:
  I. com destruição ou rompimento de obstáculo à subtração da coisa;
  II. com abuso de confiança, ou mediante fraude, escalada ou destreza;
  III. com emprego de chave falsa;
  IV. mediante concurso de duas ou mais pessoas.
§ 4º-A A pena é de reclusão de 4 (quatro) a 10 (dez) anos e multa, se houver emprego de explosivo ou de artefato análogo que cause perigo comum. (Incluído pela Lei nº 13.654, de 2018)
§ 4º-B. A pena é de reclusão, de 4 (quatro) a 8 (oito) anos, e multa, se o furto mediante fraude é cometido por meio de dispositivo eletrônico ou informático, conectado ou não à rede de computadores, com ou sem a violação de mecanismo de segurança ou a utilização de programa malicioso, ou por qualquer outro meio fraudulento análogo. (Incluído pela Lei nº 14.155, de 2021)
§ 4º-C. A pena prevista no § 4º-B deste artigo, considerada a relevância do resultado gravoso: (Incluído pela Lei nº 14.155, de 2021)
I – aumenta-se de 1/3 (um terço) a 2/3 (dois terços), se o crime é praticado mediante a utilização de servidor mantido fora do território nacional;
II – aumenta-se de 1/3 (um terço) ao dobro, se o crime é praticado contra idoso ou vulnerável.
§ 5º - A pena é de reclusão de três a oito anos, se a subtração for de veículo automotor que venha a ser transportado para outro Estado ou para o exterior. (Incluído pela Lei nº 9.426, de 1996)
§ 6º A pena é de reclusão de 2 (dois) a 5 (cinco) anos se a subtração for de semovente domesticável de produção, ainda que abatido ou dividido em partes no local da subtração. (Incluído pela Lei nº 13.330, de 2016)
§ 7º A pena é de reclusão de 4 (quatro) a 10 (dez) anos e multa, se a subtração for de substâncias explosivas ou de acessórios que, conjunta ou isoladamente, possibilitem sua fabricação, montagem ou emprego. (Incluído pela Lei nº 13.654, de 2018)

O crime de furto está descrito no rol dos crimes contra o patrimônio, mais precisamente, no Título II do Código Penal. Furto é se apropriar de algo alheio para si ou para outra pessoa.

Existem várias modalidades de furto, dentre as quais se destacam: o furto de coisa comum, furto privilegiado e o furto qualificado. Há que se distinguir furto de roubo: a principal diferença entre os dois é que no roubo há emprego de violência e no furto não há.

Bem jurídico tutelado

Tutela-se o patrimônio, a posse e a detenção, desde que legítimas.

Classificação

É considerado um crime COMUM (praticado por qualquer pessoa) e MATERIAL (para sua consumação exige um resultado naturalístico).

É um crime doloso (ânimo de assenhoramento definitivo da coisa. Vontade de se tornar dono / proprietário do bem).

Sujeitos do crime

Sujeito Ativo: qualquer pessoa (exceto o proprietário).
Sujeito Passivo: qualquer pessoa (proprietário, possuidor ou detentor do bem). Pode ser pessoa física ou jurídica.

Consumação e tentativa

De acordo com a teoria da inversão da posse, ocorre a consumação do furto no momento em que o bem sai da esfera de disponibilidade da vítima e passa para a do autor do delito.

E de acordo com o STJ não se exige a posse mansa e pacífica do bem para a sua consumação, bastando que o agente obtenha a simples posse do bem, ainda que por um curto período de tempo.

Precedentes do STJ e STF considera-se consumado o crime de furto com a simples posse, ainda que breve, do bem subtraído, não sendo necessária que a mesma se dê de forma mansa e pacífica, bastando que cesse a clandestinidade, ainda que por curto espaço de tempo.

Furto Consumado
Há perda dos bens subtraídos;
APF (auto de Prisão em Flagrante) de apenas um dos agentes e fuga dos comparsas;
Subtração e posse de apenas parte dos bens;
APF (auto de Prisão em Flagrante) no caso de flagrante presumido.
Por circunstâncias alheias à vontade do agente, este não consegue consumar o furto. É admitida a tentativa, pois se trata de crime material (exige resultado).

> 01. Pungista (vulgarmente conhecido como batedor de carteira) coloca a mão no bolso da vítima, mas a carteira está no outro bolso: tentativa de furto.
> 02. Pungista coloca a mão no bolso da vítima, mas a carteira está em casa: crime impossível (Art. 17, CP).

Tipo subjetivo

O delito é punido a título de dolo. Mas, atente-se que é necessária a vontade de apoderamento definitivo, ou seja, a intenção de não mais devolver a coisa à vítima.

O furto de uso é fato atípico. Mas para ser caracterizado o furto de uso são necessários três requisitos: a intenção desde o início de uso momentâneo da coisa, ser coisa não consumível (infungível) e a restituição seja imediata e integral à vítima.

Qual crime pratica o proprietário que subtrai coisa sua na legítima posse de terceiro? Há prática do delito de exercício arbitrário das próprias razões. E, aqui, pode se enquadrar no Art. 345 ou 346 do CP, a depender da qualidade da posse do agente.

E a coisa pública de uso comum, pode ser objeto material de furto?

NOÇÕES DE DIREITO PENAL, PROCESSUAL PENAL E LEGISLAÇÃO EXTRAVAGANTE

A coisa pública, de uso comum, a todos pertence, não podendo ser subtraída e configurar furto. Sucede que, dependendo da situação, há possibilidade da prática de crime ambiental, do delito de usurpação de águas e do crime de dano.

Ex.: Furto de parte de estátua.

A vigilância física ou eletrônica em estabelecimentos comerciais torna o crime impossível? Primeiramente, deve-se analisar a natureza do equipamento. Se, por exemplo, há um equipamento que impede por si só a saída do estabelecimento com o bem, seria configurado o crime impossível. O fato de haver câmeras ou seguranças apenas dificulta a consumação.

Furto noturno

Art. 155, § 1º, CP. A pena aumenta-se de um terço, se o crime é praticado durante o repouso noturno.

O repouso noturno só era aplicado ao furto simples (*caput*). Porém, atualmente a jurisprudência admite a previsão do aumento de pena tanto para o furto simples (*caput*) quanto para o furto qualificado (§§ 4º, 5º)

Aplica-se esta causa de aumento de pena, desde que o fato seja praticado durante o repouso noturno.

Não importa se a casa estava ou não habitada, ou o seu morador estava ou não dormindo (divergência).

Aplica-se esta majorante, também, aos furtos cometidos durante o repouso noturno em veículos estacionados em vias públicas, bem como em estabelecimentos comerciais (Divergência jurisprudencial).

Repouso Noturno	Noite
Período em que as pessoas se recolhem em suas casas para descansarem (dormirem). Varia conforme a região: grandes metrópoles ou pequenas cidades do interior.	Ausência de luz solar. Período que vai da aurora ou crepúsculo.

Furto privilegiado

§ 2º. Se o criminoso é primário, e é de pequeno valor a coisa furtada, o juiz pode substituir a pena de reclusão pela de detenção, diminuí-la de um a dois terços, ou aplicar somente a pena de multa.

Aplica-se apenas ao furto simples (*caput*) e ao furto noturno. Não se aplica ao furto qualificado (§§ 4º e 5º).

Criminoso primário: aquele que não é reincidente. Não precisa ser portador de bons antecedentes. Se já transcorrido o prazo de 5 anos entre a data de cumprimento ou extinção da pena e a infração penal posterior, o agente readquire a sua condição de primário (Art. 64, I, CP).

Coisa subtraída de pequeno valor: bem cujo valor seja de até um salário mínimo na data do fato.

"Coisa de pequeno valor" não se confunde com "coisa de valor insignificante". A primeira, se também presente a primariedade do agente, enseja a incidência do privilégio; a segunda conduz à atipicidade do fato, em decorrência do princípio da insignificância (criminalidade de bagatela).

Presentes estes dois requisitos legais, o juiz é obrigado a aplicar o privilégio ao criminoso (direito subjetivo do acusado).

Furto qualificado-privilegiado

O STF aceita a possibilidade de se aplicar o privilégio (Art. 155, §2º, CP) às figuras qualificadas (Art. 155, §§ 4º e 5º, CP) desde que não haja imposição isolada de pena de multa em decorrência do privilégio.

O STF entendeu que no furto qualificado pelo concurso de agentes, não há óbice ao reconhecimento do privilégio, desde que estejam presentes os requisitos ensejadores de sua aplicação, quais sejam, a primariedade do agente e o pequeno valor da coisa furtada.

§ 3º. Equipara-se à coisa móvel a energia elétrica ou qualquer outra que tenha valor econômico.

Trata-se de norma penal interpretativa. Entende por qualquer outra energia térmica, mecânica, radioatividade e genética (sêmen de animal).

Furto de sinal de tv a cabo

1ª Corrente: não é crime. A energia se consome, se esgota e pode, inclusive, terminar, ao passo que sinal de TV não se consome, não diminui. É adotada por Bittencourt.

2ª Corrente: o furto de sinal de TV se encaixa no §3º do Art. 155, pois é uma forma de energia. É uma corrente adotada pelo STJ.

Furto de Energia X estelionato no Consumo de Energia

Furto de Energia Elétrica	Estelionato no Consumo de Energia
No furto de energia elétrica, o agente **não está autorizado via contrato, consumir energia**.	Nesse caso o agente está autorizado, via contrato, a consumir energia.
O agente, mediante artifício, por exemplo, ligação clandestina, subtrai a energia.	O agente, mediante fraude, altera o medidor de consumo da energia, indicando valor menor que o efetivamente consumido.

Furto qualificado

§ 4º. A pena é de reclusão de dois a oito anos, e multa, se o crime é cometido:
I. Com destruição ou rompimento de obstáculo à subtração da coisa;

Ex.: arrombamento de fechaduras, janelas, portas, cadeados, cofres, trincos.

Se o obstáculo destruído for inerente à própria coisa não incidirá esta forma qualificada.

Ex.: quebrar o vidro da porta de um carro com o objetivo de furtar o veículo (furto simples).

Todavia, caso o agente quebre o vidro apenas para viabilizar o furto do CD-Player, ou de qualquer outro objeto que se encontra em seu interior, responderá por furto qualificado.

Se o agente, apenas desliga o alarme não incidirá a qualificadora, pois não houve destruição ou rompimento de obstáculo.

Caso a violência seja empregada após a consumação do furto, o agente responderá por furto em concurso com o crime de dano (Art. 163).

De acordo com Fernando Capez, o furto da bolsa para obter o que está em seu interior não qualifica o delito, pois a bolsa não é obstáculo e sim forma de transportar as coisas. O obstáculo seria um cadeado.

Há decisões que entendem pela aplicabilidade da qualificadora quando há ligação direta no veículo.

> *II. Com abuso de confiança, ou mediante fraude, escalada ou destreza;*

> Confiança é circunstância subjetiva incomunicável no concurso de pessoas (Art. 30, CP).

Ex.: Famulato (furto praticado por empregado doméstico contra o patrão).

Essa qualificadora pressupõe dois requisitos:
> A vítima tem que depositar, por qualquer motivo (amizade, parentesco, relações profissionais etc.), uma especial confiança no agente;
> O agente deve se aproveitar de alguma facilidade decorrente da confiança nele depositada para cometer o crime.

A vítima tem que depositar, por qualquer motivo (amizade, parentesco, relações profissionais etc.), uma especial confiança no agente;

O agente deve se aproveitar de alguma facilidade decorrente da confiança nele depositada para cometer o crime.

Furto Mediante Abuso de Confiança	Apropriação Indébita
O agente tem mero contato com a coisa. O agente pode até ter posse, mas essa é uma posse precária vigiada.	O agente exerce a posse em nome de outrem. O agente tem posse desvigiada
O dolo está presente desde o início da posse.	O dolo é superveniente à posse.

Fraude é o artifício (emprego de algum objeto, instrumento ou vestimenta para enganar o titular do bem) ou ardil (conversa enganosa), isto é, o meio enganoso empregado pelo agente para diminuir a vigilância da vítima ou de terceiro sobre um bem móvel, permitindo ou facilitando sua subtração.

> A fraude como qualificadora há de ser empregada antes ou durante a subtração da coisa, ou seja, antecede a consumação do crime.
> Um ponto muito relevante é a diferenciação entre furto mediante fraude e estelionato.

Destreza: trata-se de peculiar habilidade física ou manual permitindo ao agente despojar a vítima sem que esta perceba.

Ex.: Batedores de carteira ou punguistas.

	Furto Mediante Fraude	Estelionato (Art. 171, CP)
F R A U D E	É qualificadora do crime.	É elementar do crime.
	Deve ser empregada antes ou durante a subtração do bem.	Antecede o apossamento da coisa.
	É utilizada para **diminuir a vigilância** da vítima sobre o bem, permitindo ou facilitando a subtração.	É utilizada para induzir a vítima em erro, mediante uma falsa percepção da realidade.
	Há a subtração do bem sem que a vítima perceba.	Ocorre a entrega espontânea (embora viciada) do bem pela vítima ao agente.
	Ex.: "A" e "B", bandidos, se disfarçam de técnicos de TV a cabo e pedem para consertar a TV de "C". Enquanto "C" permanece em seu quarto "A" e "B" aproveitam sua distração para furtar objetos na sala de estar.	**Ex.:** "A" se disfarça de manobrista e fica parado em frente a um restaurante. "B" entrega seu veículo para que o falso manobrista o estacione. "A" desaparece com o carro.

> *III. Com emprego de chave falsa;*

Segundo alguns autores, chave falsa é todo o instrumento, com ou sem forma de chave, destinado a abrir fechaduras

Ex.: Grampos, arames, estiletes, micha etc.

A chave verdadeira, obtida fraudulentamente, não gera a qualificadora do inciso III.

> *IV. Mediante concurso de duas ou mais pessoas.*

Responderá por furto qualificado mesmo se um dos integrantes for menor de 18 anos.

> *§ 4º-A A pena é de reclusão de 4 (quatro) a 10 (dez) anos e multa, se houver emprego de explosivo ou de artefato análogo que cause perigo comum.*

A Lei 13.645, de 2018, inseriu uma nova qualificadora ao crime de furto, com o intuito de criminalizar mais gravemente a conduta relacionada à subtração com o emprego de explosivo ou artefato análogo, como o que acontece com os caixas de banco.

> *§ 4º-B. A pena é de reclusão, de 4 (quatro) a 8 (oito) anos, e multa, se o furto mediante fraude é cometido por meio de dispositivo eletrônico ou informático, conectado ou não à rede de computadores, com ou sem a violação de mecanismo de segurança ou a utilização de programa malicioso, ou por qualquer outro meio fraudulento análogo. (Incluído pela Lei nº 14.155, de 2021)*

> *§ 4º-C. A pena prevista no § 4º-B deste artigo, considerada a relevância do resultado gravoso:*
> *I – aumenta-se de 1/3 (um terço) a 2/3 (dois terços), se o crime é praticado mediante a utilização de servidor mantido fora do território nacional; (Incluído pela Lei nº 14.155, de 2021)*
> *II – aumenta-se de 1/3 (um terço) ao dobro, se o crime é praticado contra idoso ou vulnerável.*

A recente Lei nº 14.155/2021 alterou as disposições do artigo 155 e inseriu o § 4º-B, prevendo nova qualificadora ao delito de furto quando cometido mediante fraude por meio de dispostivio eletrônico ou informático.

Também acrescentou o § 4º-C, passando a prever duas causas de aumento para a conduta do § 4º-B, quando o delito de furto mediante fraude em dispositivo eletrônico for cometido por meio de servidor localizado fora do território brasileiro ou contra idoso ou pessoa vulnerável.

A fim de incidência da nova qualificadora, pode-se citar a conduta do agente que invade computador de terceiro e nele instala programa malicioso (malware), e então, descobre senhas bancárias e subtrai valores da conta bancária da vítima, por exemplo.

> *§ 5º. A pena é de reclusão de 3 (três) a 8 (oito) anos, se a subtração for de veículo automotor que venha a ser transportado para outro Estado ou para o exterior.*
> *§ 6º A pena é de reclusão de 2 (dois) a 5 (cinco) anos se a subtração for de semovente domesticável de produção, ainda que abatido ou dividido em partes no local da subtração.*
> *§ 7º A pena é de reclusão de 4 (quatro) a 10 (dez) anos e multa, se a subtração for de substâncias explosivas ou de acessórios que, conjunta ou isoladamente, possibilitem sua fabricação, montagem ou emprego.*

Ademais, outra modificação feita pela Lei 13.654 de 2018 foi a inserção do § 7º no Art. 155 do CP. Essa alteração pune mais gravemente a subtração de explosivos ou acessórios para a fabricação, montagem ou emprego.

Bens imóveis e energia elétrica

Os bens considerados imóveis pela legislação civil e que puderem ser deslocados de um local para outro podem ser objeto de furto.

DOS CRIMES CONTRA O PATRIMÔNIO

Ex.: Navios, prédios, terrenos, carro, moto, animal de estimação, celular.

A energia elétrica ou qualquer outra que possua valor econômico é equiparada a coisa móvel (Art. 155, §3º, CP).

Ex.: Energia genética, energia nuclear, energia mecânica. Desse modo, a ligação clandestina de energia elétrica "gato" é crime de furto.

Modalidades de furto

Abigeato: furto de gado.

Famulato: furto praticado pelo empregado doméstico contra o patrão. Não precisa ser realizado na residência do patrão, pode ser em qualquer lugar.

Furto famélico: hipótese em que o agente subtrai alimentos para saciar sua fome ou de sua família, pois se encontra em situação de extrema miséria e pobreza.

O furto famélico configura estado de necessidade, preenchidos os seguintes requisitos:

> Fato praticado para mitigar a fome;
> Que haja subtração de coisa capaz de contornar imediatamente e diretamente a emergência (fome).
> Inevitabilidade do comportamento lesivo.
> Impossibilidade de trabalho ou insuficiência dos recursos auferidos.

Somente pode ser aplicado o furto famélico àquele que está desempregado? Não. Caso os recursos obtidos sejam insuficientes, pode ser reconhecido o furto famélico.

O consentimento do ofendido, antes ou durante a subtração, torna o fato atípico (bem disponível), mas após a subtração, o fato será típico.

Não existe furto culposo.

É possível o furto privilegiado + repouso noturno.

É possível o furto privilegiado + furto qualificado desde que não haja imposição isolada da pena de multa em decorrência do privilégio.

Princípio da Insignificância no Furto

O princípio da insignificância é causa supralegal de exclusão da tipicidade (o fato não será crime).

Exige a presença dos seguintes requisitos

Requisitos objetivos: mínima ofensividade da conduta; ausência de periculosidade social; reduzido grau de reprovabilidade do comportamento; e inexpressividade da lesão jurídica.

Requisitos subjetivos: importância do objeto material para a vítima (situação econômica + valor sentimental do bem); e circunstâncias e resultado do crime.

O princípio da insignificância, desde que presentes seus requisitos objetivos e subjetivos, é em tese aplicável tanto ao furto simples como ao furto qualificado.

Ex.: Duas pessoas, em concurso de agentes, furtam uma penca de bananas.

Subtração de cartão bancário ou de crédito: não há crime de furto (princípio da insignificância). Eventual utilização do cartão, para saques em dinheiro ou compras em geral, caracteriza o crime de estelionato (art. 171, CP).

Furtos x outros crimes semelhantes

Principais diferenças entre os crimes que mais são confundidos em provas de concurso:

Furto x apropriação indébita

O furto é diferente da apropriação indébita (art. 168, CP), pois no primeiro a posse é vigiada e a subtração reside exatamente na retirada do bem desta esfera de vigilância. Já no segundo, a vítima entrega ao agente a posse desvigiada de um bem.

Furto x peculato

O funcionário público que subtrai ou concorre para que seja subtraído bem público ou particular, que se encontra sob a guarda ou custódia da Administração Pública, valendo-se da facilidade que seu cargo lhe proporciona, pratica o crime de peculato furto (art. 312, §1º, CP), também conhecido como peculato impróprio.

Furto x exercício arbitrário das próprias razões

Se um credor subtrai bens do devedor para se ressarcir de dívida não paga, o crime não será de furto, mas de exercício arbitrário das próprias razões (Art. 345, CP).

É pacífico o entendimento de que a coisa abandonada (*res derelicta*), a coisa de ninguém (*res nullius*) não podem ser objeto do crime de furto, como também a coisa perdida (*res desperdita*), porém a coisa perdida constitui o crime de apropriação de coisa achada, Art.169, II, do CP.

O ser humano não pode ser objeto de furto, salvo se forem partes definidas e com valor econômico.

Ex.: Cabelo.

Cadáver pode ser objeto de furto, desde que possua dono.

Ex.: Cadáver de faculdade de medicina.

> *§ 5º. A pena é de reclusão de três a oito anos, se a subtração for de VEÍCULO AUTOMOTOR que venha a ser transportado para outro Estado ou para o exterior. (Incluído pela Lei nº 9.426, de 1996)*

Esta qualificadora só incide quando o furto for de veículo automotor, não abrangendo embarcação nem aeronave, além disso, o veículo automotor deve ser levado para outro Estado ou País. O legislador esqueceu-se de colocar o DF na qualificadora, porém a doutrina entende que o DF está abrangido também, pois a norma ao utilizar a expressão Estado considerou os entes da federação, dentre eles o DF.

Não basta a mera intenção de ultrapassar os limites do Estado ou do País, é necessário a transposição de fronteiras seja consumado.

Furto de coisa comum

> **Art. 156.** Subtrair o condômino, coerdeiro ou sócio, para si ou para outrem, a quem legitimamente a detém, a coisa comum:
> **Pena** - detenção, de seis meses a dois anos, ou multa.
> *§ 1º. Somente se procede mediante representação.*

§ 2º. Não é punível a subtração de coisa comum fungível, cujo valor não excede a quota a que tem direito o agente.

4.2 Do Roubo e da Extorsão

Roubo

Art. 157 - *Subtrair coisa móvel alheia, para si ou para outrem, mediante grave ameaça ou violência a pessoa, ou depois de havê-la, por qualquer meio, reduzido à impossibilidade de resistência:*
Pena - *reclusão, de quatro a dez anos, e multa.*

§ 1º - Na mesma pena incorre quem, logo depois de subtraída a coisa, emprega violência contra pessoa ou grave ameaça, a fim de assegurar a impunidade do crime ou a detenção da coisa para si ou para terceiro.

§ 2º A pena aumenta-se de 1/3 (um terço) até metade: (Redação dada pela Lei nº 13.654, de 2018)

I. (revogado); (Redação dada pela Lei nº 13.654, de 2018)

II. se há o concurso de duas ou mais pessoas;

III. se a vítima está em serviço de transporte de valores e o agente conhece tal circunstância.

IV. se a subtração for de veículo automotor que venha a ser transportado para outro Estado ou para o exterior; (Incluído pela Lei nº 9.426, de 1996)

V. se o agente mantém a vítima em seu poder, restringindo sua liberdade. (Incluído pela Lei nº 9.426, de 1996)

VI. se a subtração for de substâncias explosivas ou de acessórios que, conjunta ou isoladamente, possibilitem sua fabricação, montagem ou emprego. (Incluído pela Lei nº 13.654, de 2018)

VII. se a violência ou grave ameaça é exercida com emprego de arma branca; (Incluído pela Lei nº 13.964, de 2019) - **PACOTE ANTICRIME**

§ 2º-A A pena aumenta-se de 2/3 (dois terços): (Incluído pela Lei nº 13.654, de 2018)

I. se a violência ou ameaça é exercida com emprego de arma de fogo; (Incluído pela Lei nº 13.654, de 2018)

II. se há destruição ou rompimento de obstáculo mediante o emprego de explosivo ou de artefato análogo que cause perigo comum. (Incluído pela Lei nº 13.654, de 2018)

§ 2º-B. Se a violência ou grave ameaça é exercida com emprego de arma de fogo de uso restrito ou proibido, aplica-se em dobro a pena prevista no caput deste artigo. (Incluído pela Lei nº 13.964, de 2019) - **PACOTE ANTICRIME**

§ 3º Se da violência resulta: (Redação dada pela Lei nº 13.654, de 2018)

I. lesão corporal grave, a pena é de reclusão de 7 (sete) a 18 (dezoito) anos, e multa; (Incluído pela Lei nº 13.654, de 2018)

II. morte, a pena é de reclusão de 20 (vinte) a 30 (trinta) anos, e multa. (Incluído pela Lei nº 13.654, de 2018)

O crime de roubo está tipificado no rol dos crimes contra o patrimônio. Esse crime assemelha-se muito ao crime de furto, contudo possui elementos que, agregados à conduta "subtrair", formam um novo crime.

No roubo há a subtração de coisa móvel alheia, porém com o emprego de violência ou grave ameaça contra a pessoa, elementos esses que empregados, fazem com que a vítima entregue a coisa móvel, funcionando como circunstâncias especiais que relevam a distinção para o crime furto.

Classificação

É crime comum / formal (STJ e STF) / instantâneo / plurissubsistente / de dano / de concurso eventual.

Ofende o patrimônio, a integridade física e a liberdade individual da vítima (Crime COMPLEXO).

É crime de forma livre: admite qualquer meio de execução.

Emprego de Grave Ameaça

Também denominada de violência moral ou vis compulsiva (consiste na promessa de mal grave, iminente e passível de realização).

Emprego de Violência

Também denominada de violência própria, violência física ou vis absoluta (consiste no emprego de força física sobre a vítima, mediante lesão corporal ou vias de fato, para facilitar a subtração do bem.

Qualquer Outro Meio que Reduza a Vítima à Impossibilidade de Resistência

Também conhecida como **violência imprópria ou violência indireta**. Abrange todos os outros meios (diferentes da violência ou grave ameaça) que impossibilitam a resistência da vítima no momento da execução do roubo.

Ex.: Drogar ou embriagar a vítima, usar soníferos (o famoso "Boa noite Cinderela") ou hipnose etc.

Não admite o princípio da insignificância, pois o desvalor da conduta é elevado, o que justifica a rigorosa atuação do direito penal.

O elemento subjetivo é o dolo e exige-se o fim de assenhoramento definitivo da coisa (*animus rem sibi habendi*). Não é admitida a modalidade culposa.

O crime de roubo admite arrependimento posterior? Para a maioria da doutrina o roubo próprio admite arrependimento posterior quando praticado mediante violência imprópria (Ex.: uso de psicotrópicos). Para a minoria, violência imprópria não admite arrependimento posterior, pois não deixa de ser espécie de violência.

Sujeitos do crime

Sujeito Ativo: qualquer pessoa (crime comum), exceto o proprietário da coisa alheia móvel.

Sujeito Passivo: o proprietário, possuidor ou detentor da coisa alheia móvel, assim como qualquer outra pessoa que seja atingida pela violência ou grave ameaça. Pessoa Jurídica também pode ser sujeito passivo.

Consumação e tentativa

Consuma-se o crime de roubo, no momento em que o agente se torna possuidor do bem subtraído mediante grave ameaça ou violência. Para que o agente se torne possuidor, é desnecessário que a coisa saia da esfera de vigilância da vítima, bastando que cesse a clandestinidade ou a violência. (Para esta corrente, o crime de Roubo é Formal).

A tentativa é plenamente admitida, haja vista o caráter plurissubsistente do crime de roubo.

DOS CRIMES CONTRA O PATRIMÔNIO

Situações nas quais o roubo é considerado consumado:
> Destruição ou perda do bem subtraído;
> Prisão em flagrante de um dos ladrões e fuga do(s) comparsa(s) com o bem subtraído.

Roubo impróprio

§ 1º. Na mesma pena incorre quem, logo depois de subtraída a coisa, emprega violência contra pessoa ou grave ameaça, a fim de assegurar a impunidade do crime ou a detenção da coisa para si ou para terceiro.

	Roubo Próprio (*caput*)	Roubo Impróprio (§ 1º)
Meios de Execução	Violência ou Grave ameaça ou qualquer outro meio que reduza a vítima à impossibilidade de resistência (violência imprópria).	Violência ou Grave Ameaça.
Momento de Emprego do meio de execução	Antes ou Durante a subtração do bem.	Logo depois de subtrair a coisa, mas antes da consumação do furto.
Finalidade do meio de execução	Permitir a subtração do bem.	Assegurar a impunidade do crime ou a detenção da coisa (o bem já foi subtraído).

O roubo impróprio não admite a violência imprópria (qualquer outro meio que reduza a vítima à impossibilidade de resistência).

Para se falar em roubo impróprio é imprescindível o prévio apoderamento da coisa.

O roubo impróprio consuma-se no momento em que o sujeito utiliza a violência à pessoa ou grave ameaça, ainda que não tenha êxito em sua finalidade de assegurar a impunidade do crime ou a detenção da coisa subtraída para si ou para terceiro (**é Crime Formal**).

Causas de aumento de pena

§ 2º. A pena aumenta-se de um terço até metade:
I. (Revogado)
II. Se há o concurso de duas ou mais pessoas;
III. Se a vítima está em serviço de transporte de valores e o agente conhece tal circunstância.
IV. Se a subtração for de veículo automotor que venha a ser transportado para outro Estado ou para o exterior;
V. Se o agente mantém a vítima em seu poder, restringindo sua liberdade.

Se o crime é cometido em concurso de agentes e somente um deles utiliza a arma, a causa de aumento de pena se estende a todos os envolvidos no roubo, independentemente de serem coautores ou partícipes.

Arma de fogo	Efetivo uso: incide a causa de aumento. Porte ostensivo: Incide a causa de aumento. Porte simulado de arma: não incide a causa de aumento, mas caracteriza o roubo simples (grave ameaça).
Arma com defeito	Absoluta ineficácia de arma: não incide a causa de aumento, mas caracteriza o roubo simples (grave ameaça). Relativa ineficácia de arma: incide a causa do aumento.
Arma desmuniciada	Não incide a causa de aumento, mas caracteriza o roubo simples (grave ameaça). Conforme entendimento do STF, a arma desmuniciada ou sem possibilidade de pronto municiamento não configura o crime tipificado no Art. 14 da Lei 10.826/03 (Estatuto do Desarmamento).
Arma de brinquedo	Não incide a causa de aumento, mas caracteriza o roubo simples (grave ameaça).

Se há o concurso de duas ou mais pessoas

Incide esta qualificadora ainda que um dos envolvidos seja inimputável (ex.: Menor de 18 anos) ou não possa ser identificado.

Essa qualificadora incide ainda que apenas um dos envolvidos no roubo pratique atos executórios ou esteja presente no local do crime. Desse modo, aplica-se tanto aos coautores quanto aos partícipes.

Se a vítima está em serviço de transporte de valores e o agente conhece tal circunstância

Tem por finalidade conceder maior proteção às pessoas que prestam serviços relacionados ao transporte de valores, excluindo-se o proprietário dos bens.

Ex.: Carros-fortes, office-boys, estagiários, funcionários de bancos, etc.

Exige-se que o agente tenha conhecimento desta circunstância.

Se a subtração for de veículo automotor que venha a ser transportado para outro Estado ou para o exterior

Fundamenta-se na maior dificuldade de recuperação do bem pela vítima, quando ocorre a transposição de fronteiras estaduais ou internacionais.

Não incide esta causa de aumento de pena na hipótese de transporte de componentes isolados (peças) do veículo automotor para outro Estado ou para o exterior.

Esta majorante só incide quando o roubo for de veículo automotor, não abrangendo embarcação nem aeronave. Além disso, a causa de aumento de pena somente terá incidência quando o veículo automotor efetivamente for transportado para outro Estado ou para o Exterior.

De acordo com Cleber Masson, a majorante é compatível com a forma tentada em uma única hipótese: quando o agente é perseguido logo após a subtração e foge em direção a fronteira de outro País ou Estado, mas acaba sendo preso antes que transponha a fronteira. Nesse caso basta a intenção do agente de transpor a fronteira para a aplicação do aumento de pena.

Ex.: Um veículo foi roubado e desmanchado em Cascavel/PR e suas peças foram encaminhadas para São Paulo ou para o Paraguai.

Se o agente mantém a vítima em seu poder, restringindo sua liberdade

Na hipótese desta qualificadora, a vítima deve ter restringida sua liberdade por tempo juridicamente relevante.

Ex.: Pedro, mediante grave ameaça, subtrai o carro de Rafael, e com ele permanece até abandoná-lo em um local distante, evitando, dessa forma, o pedido de socorro às autoridades.

Se a subtração for de substâncias explosivas ou de acessórios que, conjunta ou isoladamente, possibilitem sua fabricação, montagem ou emprego

Trata-se de mais uma alteração marcada pela Lei nº 13.654/2018. Nesse caso, vale a pena destacar o objeto material do roubo. Em se tratando de explosivos ou acessórios para fabricação, montagem ou emprego, haverá aumento de pena.

> Em se tratando de simulacro, permanece o entendimento de que ainda é roubo (pois tem capacidade de constranger), mas é descaracterizado do aumento de pena!

Se a violência ou ameaça é exercida com emprego de arma de fogo

Aqui incide o aumento apenas com o uso da arma de fogo (arma PRÓPRIA) e desde que não seja de uso restrito ou proibido (já que com a alteração do pacote **ANTICRIME**, agora há a previsão do §2º-B com aumento de pena até o DOBRO).

E uma outra inovação do mesmo pacote legislativo, foi a "ressurreição" do uso de arma branca (ou arma IMPRÓPRIA) no §2º em seu novel inciso VII (aumento de 1/3 a ½).

> *§ 2º-A A pena aumenta-se de 2/3 (DOIS TERÇOS):*
> *I. se a violência ou ameaça é exercida com emprego de arma de fogo.*

A Lei nº 13.654 de 2018 inseriu o parágrafo 2º - A, restringindo o aumento de pena no crime de furto. Agora, será considerado aumento de pena apenas em se tratando de arma própria (fogo), não abrangendo mais a arma imprópria. Além disso, entende o STF que é desnecessária a perícia na arma e a apreensão (desde que haja outros meios de prova) para o enquadramento do aumento. Cabe à parte comprovar a ineficácia do meio.

> *II. se há **destruição ou rompimento de obstáculo** mediante o emprego de EXPLOSIVO ou de ARTEFATO análogo que cause PERIGO COMUM. (grifo nosso)*

Perceba aqui a única diferença com furto (art. 155), já que lá, no furto, há a previsão de qualificadora para rompimento ou destruição de obstáculo em qualquer modalidade de ruptura ou destruição. Ao contrário aqui, no roubo (art. 157), não se trata de qualificadora, mas sim de majorante (ou causa de aumento) onde apenas incidirá tal majoração caso de rompimento ou destruição com explosivos ou artefato análogo.

Se a violência ou grave ameaça é exercida com emprego de arma de fogo de uso restrito ou proibido

A inovação do pacote ANTICRIME, consistiu no aumento em dobro para tal utilização de arma de uso proibido como fruto da violência ou ameaça empregada pelo agente, além de também ter inserido tal previsão no rol dos crimes HEDIONDOS.

Roubo qualificado

> *§ 3º Se da violência resulta: (Redação dada pela Lei nº 13.654, de 2018)*
> *I. lesão corporal grave, a pena é de reclusão de 7 (sete) a 18 (dezoito) anos, e multa; (Incluído pela Lei nº 13.654, de 2018)*
> *II. morte, a pena é de reclusão de 20 (vinte) a 30 (trinta) anos, e multa. (Incluído pela Lei nº 13.654, de 2018)*

Assim, existem duas qualificadoras do crime de roubo: a qualificação por lesão grave e ou pela morte, fato conhecido como latrocínio.

De acordo com o texto legal, somente é possível a incidência das qualificadoras quando o resultado agravador resultar de violência. Desse modo, se resultar de grave ameaça não incidirá esta qualificadora.

Imagine a seguinte situação hipotética: "A" apontou uma arma de fogo para "B", senhora de 80 anos, e anunciou o assalto. "B", com o susto da situação, sofreu um infarto fulminante e morreu em razão da grave ameaça empregada, momento em que "A" subtrai a bolsa da vítima. Nesta situação, "A" responderá por roubo consumado em concurso formal com homicídio culposo.

Segundo o Art. 1º, II, alínea "c" da Lei nº 8.072/90, o latrocínio, consumado ou tentado, **é crime hediondo**.

De acordo com a **Súmula 603 do STF** a competência para o processo e julgamento do latrocínio é do **Juiz Singular** e não do Tribunal do Júri. Isso ocorre porque o latrocínio é crime contra o patrimônio e o Tribunal do Júri só é competente para julgar os crimes dolosos contra a vida.

O resultado agravador (morte) pode ter sido causado de forma **dolosa ou culposa**. Percebe-se, então, que o latrocínio não é crime exclusivamente preterdoloso (dolo no antecedente e culpa no consequente). Admite-se a tentativa se o resultado agravador, morte, ocorrer de forma dolosa.

Qual crime pratica o assaltante que, duas semanas após o delito, mata gerente que o reconheceu como um dos criminosos? Não pode ser o Art. 157, § 3º, uma vez que exige o fator tempo e o fator nexo. O crime será de roubo em concurso material com homicídio qualificado pela conexão consequencial.

De acordo com a Súmula 610 do STF: há crime de latrocínio, quando o homicídio se consuma, ainda que não realize o agente a subtração de bens da vítima. Atenção para as seguintes situações:

Subtração do Bem	Morte da Vítima	Latrocínio
Consumado	Consumado	Consumado
Tentada	Consumado	Consumado
Tentada	Tentada	Tentada
Consumado	Tentada	Tentada

Extorsão

> **Art. 158.** Constranger alguém, mediante violência ou grave ameaça, e com o intuito de obter para si ou para outrem indevida vantagem econômica, a fazer, tolerar que se faça ou deixar fazer alguma coisa:
> **Pena** - reclusão, de quatro a dez anos, e multa.
> **§ 1º.** Se o crime é cometido por duas ou mais pessoas, ou com emprego de arma, aumenta-se a pena de um terço até metade.
> **§ 2º.** Aplica-se à extorsão praticada mediante violência o disposto no § 3º do artigo anterior.

NOÇÕES DE DIREITO PENAL, PROCESSUAL PENAL E LEGISLAÇÃO EXTRAVAGANTE

§ 3º. *Se o crime é cometido mediante a restrição da liberdade da vítima, e essa condição é necessária para a obtenção da vantagem econômica, a pena é de reclusão, de 6 (seis) a 12 (doze) anos, além da multa; se resulta lesão corporal grave ou morte, aplicam-se as penas previstas no Art. 159, §§ 2º e 3º, respectivamente.*

A extorsão, ao contrário do roubo, não pode ser praticada mediante violência imprópria (qualquer outro meio que reduza a vítima à impossibilidade de resistência).

Segundo Nelson Hungria, uma das formas mais frequentes de extorsão é a famosa "chantagem" (praticada mediante ameaça de revelação de fatos escandalosos ou difamatórios, para coagir o ameaçado a "comprar" o silêncio do ameaçador). Trata-se de crime de ação penal pública incondicionada.

Classificação

Extorsão é crime comum / de forma livre / formal / instantâneo / plurissubsistente / de dano / doloso (não admite a modalidade culposa) / de concurso eventual.

É considerado um crime complexo, pois protege vários bens jurídicos. (patrimônio, integridade física e liberdade individual).

É crime formal / de consumação antecipada. A obtenção da indevida vantagem econômica pelo agente é exaurimento do crime que será levado em consideração na dosimetria da pena-base (Art. 59, CP).

Sujeitos do crime

Por ser um crime comum, não se exige uma qualidade especial do sujeito ativo ou passivo, portanto pode ser cometido/sofrido por qualquer pessoa.

Consumação e tentativa

Súmula 96, STJ. *O crime de extorsão consuma-se independentemente da obtenção da vantagem indevida.*

A tentativa é admitida.

Causa de aumento de pena

> Se o crime é COMETIDO por duas ou mais pessoas;
> Se o crime é cometido com emprego de arma;

Extorsão (Art. 158, §1º, primeira parte, CP)	Roubo (Art. 157, §2º, II, CP)
Crime COMETIDO por duas ou mais pessoas.	Se há o CONCURSO de duas ou mais pessoas.
Admite coautoria, mas não admite participação.	Admite coautoria e participação.

Extorsão qualificada

Art. 158, § 2º, CP. *Aplica-se à extorsão praticada mediante violência o disposto no § 3º do artigo anterior.*

Se, da **violência** resulta lesão corporal grave (7 a 18 anos), se resulta morte (20 a 30 anos).

Se, o resultado agravador (lesão corporal grave ou morte) ocorrer em razão da grave ameaça empregada, o agente responderá pelo crime de extorsão simples (*caput*).

A extorsão qualificada pela morte, consumada ou tentada é **crime hediondo** (Art. 1º, III, Lei nº 8.072/90).

Extorsão mediante restrição da liberdade da vítima

§ 3º. *Se o crime é cometido mediante a restrição da liberdade da vítima, e essa condição é necessária para a obtenção da vantagem econômica, a pena é de reclusão, de 6 (seis) a 12 (doze) anos, além da multa; se resulta lesão corporal grave ou morte, aplicam-se as penas previstas no art. 159, §§ 2º e 3º, respectivamente.*

Popularmente conhecido como o crime de "sequestro relâmpago".

Este delito, além de atentar contra o patrimônio da vítima, viola também sua liberdade de locomoção.

Ex.: "A", mediante uso de arma de fogo, ameaça de morte "B", o qual estava saindo de sua residência, e o constrange a dirigir seu veículo até um caixa eletrônico para que "B" saque dinheiro para entregar a "A".

Diferencia-se do Roubo (Art. 157, §2º, V, CP), pois é imprescindível um comportamento de "B" (digitar a senha do cartão do banco) para a consumação do crime de extorsão.

Diferenças entre o "sequestro relâmpago" com a extorsão mediante sequestro

Sequestro Relâmpago (Art. 158, §3º, CP)	Extorsão Mediante Sequestro (Art. 159, CP)
Restrição da liberdade.	Privação da liberdade.
Não há encarceramento da vítima.	A vítima é colocada no cárcere.
Finalidade de se obter indevida vantagem econômica.	Finalidade de se obter qualquer vantagem, como condição ou preço do resgate.

Se a vantagem é devida (legítima), verdadeira ou supostamente, o agente responderá pelo crime de exercício arbitrário das próprias razões (Art. 345, CP).

A vantagem indevida deve ser econômica, pois se não o for, estará afastado o crime de extorsão.

Ex.: "A", mediante violência ou grave ameaça, coage "B" a assumir a autoria de um crime de difamação praticado contra "C".

Diferenças entre o crime de extorsão e roubo:

Roubo	Extorsão
O ladrão subtrai.	O extorsionário faz com que a vítima lhe entregue.
O agente busca vantagem imediata.	O agente busca vantagem mediata (futura).
Não admite bens imóveis.	Admite bens imóveis também.
Admite violência imprópria.	Não admite violência imprópria.
A colaboração da vítima é dispensável.	A colaboração da vítima é indispensável.

Diferenças entre o crime de Extorsão e Constrangimento ilegal

A **extorsão** se distingue do crime de constrangimento ilegal (Art. 146, CP), pois, no primeiro há a presença de um elemento subjetivo do tipo (especial fim de agir do agente) representado pela vontade de **obter indevida vantagem econômica, para si ou para outrem**.

Diferenças entre o crime de Extorsão e Concussão

Extorsão (Art. 158)	Concussão (Art. 316)
Crime Contra o Patrimônio.	Crime contra a Administração Pública.
Há emprego de violência ou grave ameaça.	Não há emprego de violência ou grave ameaça.
Em regra é praticado por particular, mas funcionário público pode praticar caso empregue violência ou grave ameaça.	Em regra é praticado por funcionário público, mas particular pode ser coautor ou partícipe.

É possível concurso de crimes de roubo e extorsão, por exemplo o agente, após roubar o carro da vítima, a obriga a entregar o cartão bancário com a senha, conforme STJ.

Extorsão mediante sequestro

Art. 159. *Sequestrar pessoa com o fim de obter, para si ou para outrem, qualquer vantagem, como condição ou preço do resgate:*
Pena - *reclusão, de oito a quinze anos.*
§ 1º. *Se o sequestro dura mais de 24 (vinte e quatro) horas, se o sequestrado é menor de 18 (dezoito) ou maior de 60 (sessenta) anos, ou se o crime é cometido por bando ou quadrilha:*
Pena - *reclusão, de doze a vinte anos.*
§ 2º. *Se do fato resulta lesão corporal de natureza grave:*
Pena - *reclusão, de dezesseis a vinte e quatro anos.*
§ 3º. *Se resulta a morte:*
Pena - *reclusão, de vinte e quatro a trinta anos.*
§ 4º. *Se o crime é cometido em concurso, o concorrente que o denunciar à autoridade, facilitando a libertação do sequestrado, terá sua pena reduzida de um a dois terços.*

Objetividade jurídica

Patrimônio e liberdade individual. Integridade física e vida humana (§2º e §3º).
→ **É crime complexo.**
Resulta da fusão da extorsão (Art. 158) e sequestro (Art. 148).

Objeto material

A pessoa privada de sua liberdade e também aquela lesada em seu patrimônio.

É crime hediondo em todas as suas modalidades (tentados ou consumados). (Art. 1º, IV, Lei nº 8.072/90).

Núcleo do tipo

"Sequestrar": privar uma pessoa de sua liberdade de locomoção por tempo juridicamente relevante.

Sujeitos do crime

Sujeito Ativo: qualquer pessoa (crime comum). Se o sujeito ativo for funcionário público e cometer o crime no exercício de suas funções, responderá também pelo crime de abuso de autoridade (Lei nº 13.869/2019).

Pessoa que simula o próprio sequestro para extorquir seus pais, mediante o auxílio de terceiros, responde por extorsão (Art. 158).

Sujeito Passivo: pessoa que sofre a lesão patrimonial e pessoa privada de sua liberdade.

A vítima deve ser necessariamente uma pessoa humana. Desse modo, a privação da liberdade de um animal (de extinção ou raça) configura o crime de extorsão (Art. 158, CP).

Se a vítima for menor de 18 anos ou maior de 60 anos o crime será qualificado (§1º).

Supondo que haja subtração de animal de outrem e informa que somente será devolvido caso seja pago resgate. Há prática do crime de extorsão mediante sequestro? Não haverá tal crime já que o tipo penal se remete à pessoa. Nessa hipótese, será configurado o delito de extorsão.

Elemento subjetivo

Dolo + (especial fim de agir) com o fim de obter, para si ou para outrem, qualquer vantagem, como condição ou preço do resgate. Não se admite a modalidade culposa.

Espécie da vantagem

A maioria da doutrina entende que a vantagem deve ser econômica e indevida.

Se a vantagem for devida, o agente responderá pelos crimes de sequestro (Art. 148) e exercício arbitrário das próprias razões (Art. 345) em concurso formal.

Consumação e tentativa

Consuma-se com a privação da liberdade da vítima, independente da obtenção da vantagem pelo agente. É crime formal. A tentativa é possível.

Juízo competente

O Juízo Competente para julgamento é o do local em que ocorreu o sequestro da vítima, e não o da entrega do eventual resgate.

Se os parentes da vítima realizarem o pagamento do resgate, ocorrerá o exaurimento do crime.

Crime permanente

É Crime Permanente (a consumação se prolonga no tempo e dura todo o período em que a vítima estiver privada de sua liberdade).

Por ser crime permanente, é cabível a prisão em flagrante a qualquer tempo, enquanto durar a permanência.

A privação da liberdade do sequestrado há de ser mantida por tempo juridicamente relevante.

Classificação doutrinária

Crime comum / de forma livre/ FORMAL / PERMANENTE / plurissubsistente / de dano / de concurso eventual.

Ação penal

A Ação Penal é pública incondicionada em todas as espécies do crime.

Figuras qualificadas

DOS CRIMES CONTRA O PATRIMÔNIO

§ 1º. Se o sequestro dura mais de 24 (vinte e quatro) horas, se o sequestrado é menor de 18 (dezoito) ou maior de 60 (sessenta) anos, ou se o crime é cometido por bando ou quadrilha. Pena - reclusão de 12 a 20 anos.

Incide a qualificadora quando na data do sequestro a vítima possuía, por exemplo, 59 anos e 11 meses e na data da libertação possuía mais de 60 anos, pois o crime de extorsão mediante sequestro é crime permanente (a consumação prolonga-se no tempo por vontade do agente).

E se o crime se deu em exatas 24 horas, incide a qualificadora? Não. Tem que ser mais de 24 horas.

Se o crime é cometido por associação criminosa e esta for usada para qualificar o delito, não pode haver a punição pelo Art. 288 do CP, sob pena de ocorrência do *bis in idem*.

§ 2º. Se do fato resulta lesão corporal de natureza grave:
Pena - reclusão de 16 a 24 anos.
§ 3º. Se resulta a morte:
Pena - reclusão de 24 a 30 anos.

No roubo e na extorsão só existe a qualificadora quando a lesão corporal de natureza grave ou a morte resultam da "violência", ao passo que nesta hipótese o crime será qualificado quando do FATO resultar lesão corporal de natureza grave ou morte. Portanto o resultado agravador pode ser provocado por violência própria, violência imprópria ou GRAVE AMEAÇA.

Não incidirá esta qualificadora se o resultado agravador for produzido por força maior, caso fortuito ou culpa de terceiro.

Ex.: cai um raio no barraco onde a vítima era mantida em cativeiro e esta morre.

A morte ou lesão corporal grave podem ter sido provocadas dolosa ou culposamente. Não é crime exclusivamente preterdoloso (dolo no antecedente e culpa no consequente).

A pena da extorsão mediante sequestro qualificada pela morte (24 a 30 anos) é a maior do Código Penal.

Delação premiada

*§ 4º. Se o crime é cometido em concurso, o concorrente que o denunciar à autoridade, **facilitando a libertação do sequestrado**, terá sua pena reduzida de um a dois terços.*

É causa especial de diminuição da pena que somente pode ser aplicada pelo Juiz (Delegados e Promotores não podem).

Requisitos para a incidência deste parágrafo:
> Prática do crime em concurso de pessoas: não é exigível Associação Criminosa, basta o concurso de pessoas;
> Esclarecimento por parte de um dos criminosos a autoridade sobre o crime;
> Facilitação da libertação do sequestrado, ou seja, que a delação seja eficaz.

De acordo com a jurisprudência, deve ser aplicada a delação premiada quando a vítima é libertada diretamente por um dos sequestradores.

A redução de pena é proporcional conforme a maior ou menor colaboração do agente. Quanto mais auxiliar, maior a redução.

A delação deve ser EFICAZ, ou seja, deve ter contribuído decisivamente para a libertação da vítima. Desse modo, a pena não será diminuída se o refém foi solto por outro motivo qualquer, diverso da informação prestada pelo sequestrador.

Presentes os requisitos legais, o juiz é obrigado a reduzir a pena do criminoso (é direito subjetivo do réu).

A redução da pena da delação premiada não se comunica aos demais coautores ou partícipes que não denunciaram o fato à autoridade (circunstância pessoal), pois não facilitaram a libertação do refém.

Extorsão indireta

***Art. 160.** Exigir ou receber, como garantia de dívida, abusando da situação de alguém, documento que pode dar causa a procedimento criminal contra a vítima ou contra terceiro:*
***Pena** - reclusão, de um a três anos, e multa.*

O crime de extorsão se consuma no momento em que é realizada a conduta de constrangimento mediante o uso de violência ou grave ameaça, portanto considerado crime formal. A obtenção da vantagem indevida configura mero exaurimento do crime.

4.3 Da Usurpação

Alteração de limites

***Art. 161.** Suprimir ou deslocar tapume, marco, ou qualquer outro sinal indicativo de linha divisória, para apropriar-se, no todo ou em parte, de coisa imóvel alheia:*
***Pena** - detenção, de um a seis meses, e multa.*
§ 1º. Na mesma pena incorre quem:

Usurpação de águas

I. Desvia ou represa, em proveito próprio ou de outrem, águas alheias;

Esbulho possessório

II. Invade, com violência a pessoa ou grave ameaça, ou mediante concurso de mais de duas pessoas, terreno ou edifício alheio, para o fim de esbulho possessório.
§ 2º. Se o agente usa de violência, incorre também na pena a esta cominada.
§ 3º. Se a propriedade é particular, e não há emprego de violência, somente se procede mediante queixa.

Supressão ou alteração de marca em animais

***Art. 162.** Suprimir ou alterar, indevidamente, em gado ou rebanho alheio, marca ou sinal indicativo de propriedade:*
***Pena** - detenção, de seis meses a três anos, e multa.*

4.4 Do Dano

***Art. 163.** Destruir, inutilizar ou deteriorar coisa alheia:*
***Pena** - detenção, de um a seis meses, ou multa.*
Dano Qualificado
***Parágrafo único.** Se o crime é cometido:*
I. Com violência à pessoa ou grave ameaça;
II. Com emprego de substância inflamável ou explosiva, se o fato não constitui crime mais grave;
III. contra o patrimônio da União, de Estado, do Distrito Federal, de Município ou de autarquia, fundação pública, empresa pública, sociedade de economia mista ou empresa concessionária de serviços públicos; (Redação dada pela Lei nº 13.531, de 2017)
IV. Por motivo egoístico ou com prejuízo considerável para a vítima:

Pena - *detenção, de seis meses a três anos, e multa, além da pena correspondente à violência.*

Objetividade jurídica

Patrimônio das pessoas físicas ou jurídicas.

Não há crime de dano quando a conduta do agente recair sobre *res derelicta* (coisa abandonada) ou *res nullius* (coisa de ninguém). Todavia se a conduta recair sobre *res despedita* (coisa perdida) haverá crime, pois se trata de coisa alheia.

Objeto material

Coisa alheia, móvel ou imóvel, sobre a qual incide a conduta do agente.

Dano em documentos (públicos ou privados)

Se o agente danificou para impedir utilização do documento como prova de algum fato juridicamente relevante, responderá pelo crime de supressão de documento (Art. 305, CP). Todavia, se a conduta foi praticada unicamente com o objetivo de prejudicar o patrimônio da vítima, responderá o agente pelo crime de dano (Art. 163, CP).

Tipo misto alternativo, crime de ação múltipla ou de conteúdo variado

Haverá crime único na prática de várias condutas com objeto material no mesmo contexto fático.

É Crime de Forma Livre = Admite qualquer meio de execução.

Pode ser praticado por omissão, desde que presente o dever jurídico de agir (Art. 13, §2º, CP).

Empregada doméstica deixa, dolosamente, de fechar as janelas da casa da patroa durante uma chuva para que sejam danificados os objetos eletrônicos da casa.

O agente que pratica a conduta de pichar, grafitar ou por qualquer outro meio conspurcar (poluir) edificação ou monumento urbano responderá pelo crime previsto no Art. 65 da Lei nº 9.605/98 (Lei dos Crimes Ambientais).

Núcleos do tipo

Destruir: extinguir a coisa (dano físico total).

Ex.: Quebrar totalmente um espelho; queimar um telefone celular.

Inutilizar: tornar uma coisa imprestável aos fins a que se destina.

Retirar a bateria de um carro.

Deteriorar: estragar parcialmente um bem, diminuindo-lhe o valor ou a utilidade (dano físico parcial).

Ex.: Riscar a lataria de um veículo.

Conduta de fazer DESAPARECER coisa alheia não é crime de dano.

Exs.: Pedro faz sumir o celular de Rafael, seu desafeto. Nesta situação Pedro responderá civilmente por sua conduta. Não responderá pelo crime de dano (Art. 163, CP).

"A" abre a porteira da fazenda de "B", seu desafeto, para que desapareça o cavalo de propriedade deste último. "A" responderá civilmente por sua conduta.

Sujeitos do crime

Sujeito Ativo: é crime comum, pode ser praticado por qualquer pessoa, exceto o proprietário da coisa.

Se o proprietário danificar coisa própria, que se acha em poder de terceiro por determinação judicial ou convenção, responderá pelo previsto no Art. 346, CP.

Sujeito Passivo: qualquer pessoa (proprietário ou possuidor legítimo da coisa).

Elemento subjetivo

É o Dolo. A finalidade do agente deve ser unicamente destruir, inutilizar ou deteriorar coisa alheia.

Importante: não existe o crime de dano culposo.

Se o dano constituir-se em meio para a prática de outro crime, ou então como qualificadora de outro crime, será por este absorvido. Ex.: Furto qualificado pela destruição ou rompimento de obstáculo (Art. 155, §4º, I, CP): o dano, crime-meio, será absorvido pelo furto, crime-fim.

Consumação e tentativa

É crime material. Desse modo, ele se consuma quando o agente efetivamente destrói, inutiliza ou deteriora a coisa alheia. A tentativa é plenamente possível.

Dano simples

O crime de dano simples (*caput*) é IMPO, Infração de Menor Potencial Ofensivo, de competência do Juizado Especial e de ação penal privada (Art. 167, CP).

Classificação doutrinária

Crime comum / material / doloso / de forma livre / instantâneo / plurissubjetivo / de concurso eventual e não transeunte (deixa vestígios materiais).

Dano qualificado

Parágrafo único. Se o crime é cometido:
I. Com violência à pessoa ou grave ameaça;
II. Com emprego de substância inflamável ou explosiva, se o fato não constitui crime mais grave;
III. contra o patrimônio da União, de Estado, do Distrito Federal, de Município ou de autarquia, fundação pública, empresa pública, sociedade de economia mista ou empresa concessionária de serviços públicos; (Redação dada pela Lei nº 13.531, de 2017)
IV. Por motivo egoístico ou com prejuízo considerável para a vítima:
Pena - *detenção, de seis meses a três anos, e multa, além da pena correspondente à violência.*

Com violência à pessoa ou grave ameaça

A vítima da violência ou grave ameaça pode ser pessoa diversa da vítima do dano.

DOS CRIMES CONTRA O PATRIMÔNIO

Ex.: Ameaçar a empregada doméstica de seu vizinho para quebrar a vidraça de sua janela.

A violência ou grave ameaça deve ocorrer antes ou durante a prática do crime de dano, pois, se ocorrer depois, o agente responderá pelo crime de dano simples em concurso material com o crime de lesão corporal (Art. 129) ou ameaça (Art. 147).

De acordo com o Art. 167, CP, nesta hipótese de dano a ação penal será pública incondicionada.

Com emprego de substância inflamável ou explosiva, se o fato não constitui crime mais grave

A expressão "**se o fato não constitui crime mais grave**" informa que esta qualificadora é expressamente subsidiária, ou seja, somente incidirá o dano qualificado quando a lesão ao patrimônio alheio não caracterizar um crime mais grave, nem funcionar como meio de execução de um delito mais grave.

Ex.: "A" explode o carro de "B" que estava no estacionamento: "A" responderá pelo crime de dano qualificado. Todavia se "A" explodiu o carro de "B" com a intenção de matá-lo, e efetivamente alcançou este resultado responderá pelo crime de homicídio qualificado (Art. 121, §2º, III, CP).

De acordo com o Art. 167 do CP, nesta hipótese de dano, **a ação penal será pública incondicionada**.

Contra o patrimônio da união, de estado, do distrito federal, de município ou de autarquia, fundação pública, empresa pública, sociedade de economia mista ou empresa concessionária de serviços públicos;

A Lei nº 13.531, de 2017, adicionou ao crime de dano qualificado todos os entes da Administração direta mais os concessionários de serviços públicos, o que de fato foi bem aplicado ao que acontece no dia a dia.

De acordo com o entendimento do STJ, o preso que danifica (destrói, deteriora ou inutiliza) as paredes e grades da cela dos presídios ou delegacias, com o objetivo de fuga não responde pelo crime de dano. Vejamos uma jurisprudência sobre o tema:

> Conforme entendimento, há muito fixado nesta Corte Superior (STF), para a configuração do crime de dano, previsto no Art. 163 do CPB, é necessário que a vontade seja voltada para causar prejuízo patrimonial ao dono da coisa (animus nocendi). **Dessa forma, o preso que destrói ou inutiliza as grades da cela onde se encontra, com o intuito exclusivo de empreender fuga, não comete crime de dano.** 2. Parecer do MPF pela concessão da ordem. 3. Ordem concedida, para absolver o paciente do crime de dano contra o patrimônio público (Art. 163, Parágrafo Único, III, do CPB).

De acordo com o Art. 167 do CP, nesta hipótese de dano **a ação penal será pública incondicionada**.

Por motivo egoístico ou com prejuízo considerável para a vítima

Motivo egoístico é aquele ligado à obtenção de um futuro benefício, de ordem moral ou econômica. Ex.: "A" e "B" foram aprovados na segunda fase do concurso de Delegado de Polícia Civil de um Estado qualquer. Então, no dia da prova oral, "A" sabota o carro de "B" para que este não consiga chegar a tempo para realizar o exame e seja eliminado do concurso.

De acordo com o Art. 167 do CP, nesta hipótese de dano **a ação penal é privada**.

Introdução ou abandono de animais em propriedade alheia

Art. 164. Introduzir ou deixar animais em propriedade alheia, sem consentimento de quem de direito, desde que o fato resulte prejuízo:
Pena - detenção, de quinze dias a seis meses, ou multa.

Dano em coisa de valor artístico, arqueológico ou histórico

Art. 165. Destruir, inutilizar ou deteriorar coisa tombada pela autoridade competente em virtude de valor artístico, arqueológico ou histórico:
Pena - detenção, de seis meses a dois anos, e multa.

Alteração de local especialmente protegido

Art. 166. Alterar, sem licença da autoridade competente, o aspecto de local especialmente protegido por lei:
Pena - detenção, de um mês a um ano, ou multa.

Ação penal

Art. 167. Nos casos do art. 163, do inciso IV do seu parágrafo e do Art. 164, somente se procede mediante queixa.

4.5 Da Apropriação Indébita

Apropriação indébita
Art. 168. Apropriar-se de coisa alheia móvel, de que tem a posse ou a detenção:
Pena - reclusão, de um a quatro anos, e multa.
Aumento de Pena
§ 1º. A pena é aumentada de um terço, quando o agente recebeu a coisa:
I. Em depósito necessário;
II. Na qualidade de tutor, curador, síndico, liquidatário, inventariante, testamenteiro ou depositário judicial;
III. Em razão de ofício, emprego ou profissão.

A principal característica do crime de apropriação indébita é a existência de uma situação de **quebra de confiança**, pois a vítima entrega, voluntariamente, uma coisa móvel ao agente, e este, logo após, inverte seu ânimo no tocante ao bem, passando a comportar-se como seu dono.

Objetividade jurídica

Patrimônio.

Objeto material

Coisa alheia móvel sobre a qual recai a conduta criminosa (imóveis não).

Para o STJ é possível a prática do crime de apropriação indébita de coisas fungíveis (móveis que podem substituir-se por outros da mesma espécie, qualidade e quantidade).

Ex.: Dinheiro.

Aquele que destrói cadáver ou parte dele responde pelo crime previsto no Art. 211

Núcleo do tipo

É o verbo "apropriar" que significa tomar para si, fazer sua coisa alheia.

Posse/detenção legítima e desvigiada

A posse ou a detenção do bem deve ser LEGÍTIMA e também desvigiada. Desse modo, o crime de apropriação indébita deve preencher os seguintes requisitos:

A vítima entrega o bem voluntariamente: se houver fraude para a entrega o crime será de estelionato, se houver violência ou grave ameaça à pessoa o crime será de roubo ou de extorsão.

O agente tem a posse ou detenção desvigiada do bem: se a posse ou detenção for vigiada e o bem for retirado da vítima sem sua autorização o crime será de furto.

O agente recebe o bem de boa-fé: se ao receber o bem o agente já tinha a intenção de apropriar-se dele, o crime será de estelionato. Obs.: a boa-fé é presumida.

Modificação posterior no comportamento do agente: após entrar licitamente (de boa-fé) na posse ou detenção da coisa, o agente passa a se comportar como se fosse dono. Momento em que apresenta seu ânimo de assenhoramento definitivo (*animus rem sibi habendi*). Essa alteração no comportamento do agente ocorre de duas formas:

a) **Prática de algum ato de disposição** (venda, doação, locação, troca etc.). Também conhecida como apropriação indébita própria.
b) **Recusa na restituição** (a vítima solicita a devolução do bem e o agente expressamente se recusa a devolver). Também denominada **negativa de restituição**.

Sujeitos do crime

Ex.: Se o agente é funcionário público e apropria-se de dinheiro, valor ou qualquer outro bem móvel, público ou particular (sob a guarda ou custódia da Administração Pública), de que tem a posse em razão do cargo, responderá pelo crime de peculato-apropriação (Art. 312, *caput*, 1ª parte, CP). Em regra, a prova desse delito depende da prática de algum ato incompatível com a vontade de restituir.

Sujeito Ativo: qualquer pessoa, desde que tenha a posse ou detenção lícita da coisa alheia móvel. Sempre pessoa diversa do proprietário.

Sujeito Passivo: proprietário ou possuidor (pessoa física ou jurídica) do bem.

Elemento subjetivo

Dolo. Doutrina e jurisprudência defendem a necessidade do ânimo de assenhoramento definitivo da coisa. Desse modo, não responderá por este crime aquele que simplesmente se esquece de devolver o bem na data previamente combinada. Não se admite a modalidade culposa.

Apropriação indébita "de uso"

Não se pune a apropriação indébita "de uso": situação em que a pessoa usa momentaneamente a coisa alheia, para em seguida restituí-la integralmente ao seu proprietário.

Apropriação Indébita X Estelionato

Apropriação indébita (Art. 168, CP)	Estelionato (Art. 171, CP)
O dolo é posterior ou subsequente.	O dolo é anterior ou antecedente.
A pessoa recebe a posse ou detenção de coisa de maneira legítima, surgindo a vontade de se apropriar posteriormente.	O agente já possuía a intenção de se apropriar do bem antes de alcançar a sua posse ou detenção.
Ex.: Pessoa vai a uma locadora de veículos, aluga um veículo, gosta dele e decide não devolver.	**Ex.:** Pessoa vai a uma locadora de veículos, já com a intenção de alugar o veículo e não devolvê-lo.

Consumação

Ocorre no momento em que o agente inverte seu ânimo em relação a coisa alheia móvel, ou seja, ele passa a se comportar como dono do bem. Pode se dar de duas maneiras:

Apropriação indébita própria	Se consuma com a prática de algum ato de disposição do bem, incompatível com a condição de possuidor ou detentor. **Ex.:** vender, doar, permutar, emprestar o bem.
Negativa de restituição	Se consuma no momento em que o agente se recusar expressamente a devolver o bem ao seu proprietário.

Tentativa

A apropriação indébita própria admite tentativa.

Ex.: "A" é preso em flagrante no momento em que doava os DVDs de "B", do qual tinha a posse legítima e desvigiada.

A apropriação indébita negativa de restituição não admite tentativa (conatus), pois é crime unissubsistente: ou o sujeito recusa a devolver o bem, e o crime estará consumado, ou o devolve ao dono, e o fato será atípico.

Ação penal

A Ação Penal é pública incondicionada.

Competência

Local em que o agente se apropria da coisa alheia móvel, dela dispondo ou negando-se a restituí-la ao seu titular. (Art. 70, *caput*, CPP).

Quando o crime de apropriação indébita for praticado por algum representante (comercial ou não) da vítima, a competência será do local em que o agente deveria ter prestado contas dos valores recebidos.

Classificação doutrinária

Crime comum / material / de forma livre / de concurso eventual / doloso / em regra plurissubsistente, ou unissubsistente (negativa de restituição) / instantâneo.

Ex.:

01. O Art. 102 do Estatuto do Idoso (Lei nº 10.741/2003) prevê uma modalidade especial de apropriação indébita, quando praticada contra idoso:

    Art. 102. Apropriar-se de ou desviar bens, proventos, pensão ou qualquer outro rendimento do idoso, dando-lhes aplicação diversa da de sua finalidade:
    Pena - reclusão de 1 a 4 anos.

NOÇÕES DE DIREITO PENAL, PROCESSUAL PENAL E LEGISLAÇÃO EXTRAVAGANTE

DOS CRIMES CONTRA O PATRIMÔNIO

02. O Art. 5º, "*caput*", da Lei dos Crimes Contra o Sistema Financeiro Nacional (Lei nº 7.492/86) também contém uma modalidade especial de apropriação indébita:

> **Art. 5º.** Apropriar-se, quaisquer das pessoas mencionadas no Art. 25 desta lei, de dinheiro, título, valor ou qualquer outro bem móvel de que tem a posse, ou desviá-lo em proveito próprio ou alheio:
> **Pena** - reclusão de 2 a 6 anos e multa.

Trata-se de crime próprio, pois somente pode ser praticado pelo controlador e pelos administradores de instituição financeira (diretores e gerentes).

Aumento de pena

> **§ 1º.** A pena é aumentada de um terço, quando o agente recebeu a coisa:
> **I.** Em depósito necessário;
> **II.** Na qualidade de tutor, curador, síndico, liquidatário, inventariante, testamenteiro ou depositário judicial;
> **III.** Em razão de ofício, emprego ou profissão.

A pena será aumentada de um terço quando o agente recebeu a coisa:

Em depósito necessário

De acordo com a doutrina majoritária, esta causa de aumento de pena incide apenas no **depósito necessário miserável, previsto no Art. 647, II, CC** (é o que se efetua por ocasião de alguma calamidade, como inundação, incêndio, saque ou naufrágio).

Na qualidade de tutor, curador, síndico, liquidatário, inventariante, testamenteiro ou depositário judicial

> 💡 A palavra "síndico" deve ser substituída pela expressão "administrador judicial", em razão da alteração ocorrida pela Lei nº 11.101/2005 (Lei de Falência e Recuperação Judicial do Empresário e da Sociedade Empresária).

O fundamento do tratamento penal mais rigoroso repousa na relevância das funções exercidas pelas pessoas indicadas neste inciso, as quais recebem coisas alheias para guardar consigo, necessariamente, até o momento da devolução.

Em razão de ofício, emprego ou profissão

Não necessita de relação de confiança entre o agente e a vítima.

Emprego	Prestação de serviço em subordinação e dependência. **Ex.:** Dono de um supermercado e seus funcionários.
Ofício	Ocupação mecânica ou manual, que necessita de um determinado grau de habilidade, e que seja útil ou necessário às pessoas em geral. **Ex.:** Mecânico, sapateiro etc.
Profissão	Atividade em que não há hierarquia e necessita de conhecimentos específicos (técnico e intelectual). **Ex.:** Advogado, dentista, médico, arquiteto, contador etc.

Apropriação indébita privilegiada

O Art. 170 do Código Penal dispõe o seguinte:

> Nos crimes previstos neste Capítulo, aplica-se o disposto no Art. 155, § 2º.
> **Art. 155**, §2º, CP. Se o criminoso é primário, e é de pequeno valor a coisa furtada, o juiz pode substituir a pena de reclusão pela de detenção, diminuí-la de um a dois terços, ou aplicar somente a pena de multa.

Portanto, é possível a caracterização da apropriação indébita privilegiada, em qualquer de suas espécies.

Apropriação indébita previdenciária

> **Art. 168-A.** Deixar de repassar à previdência social as contribuições recolhidas dos contribuintes, no prazo e forma legal ou convencional:
> **Pena -** reclusão, de 2 (dois) a 5 (cinco) anos, e multa.
> **§ 1º.** Nas mesmas penas incorre quem deixar de:
> **I.** Recolher, no prazo legal, contribuição ou outra importância destinada à previdência social que tenha sido descontada de pagamento efetuado a segurados, a terceiros ou arrecadada do público;
> **II.** Recolher contribuições devidas à previdência social que tenham integrado despesas contábeis ou custos relativos à venda de produtos ou à prestação de serviços;
> **III.** Pagar benefício devido a segurado, quando as respectivas cotas ou valores já tiverem sido reembolsados à empresa pela previdência social.
> **§ 2º.** É extinta a punibilidade se o agente, espontaneamente, declara, confessa e efetua o pagamento das contribuições, importâncias ou valores e presta as informações devidas à previdência social, na forma definida em lei ou regulamento, antes do início da ação fiscal.
> **§ 3º.** É facultado ao juiz deixar de aplicar a pena ou aplicar somente a de multa se o agente for primário e de bons antecedentes, desde que:
> **I.** Tenha promovido, após o início da ação fiscal e antes de oferecida a denúncia, o pagamento da contribuição social previdenciária, inclusive acessórios; ou
> **II.** O valor das contribuições devidas, inclusive acessórios, seja igual ou inferior àquele estabelecido pela previdência social, administrativamente, como sendo o mínimo para o ajuizamento de suas execuções fiscais.
> **§ 4º** A faculdade prevista no § 3º deste artigo não se aplica aos casos de parcelamento de contribuições cujo valor, inclusive dos acessórios, seja superior àquele estabelecido, administrativamente, como sendo o mínimo para o ajuizamento de suas execuções fiscais.

Objetividade jurídica

Seguridade social (saúde, previdência e assistência social - Art. 194, CF/88). Não se trata de crime contra o patrimônio.

Objeto material

Contribuição previdenciária arrecadada e não recolhida.

Núcleo do tipo

Deixar de repassar, significa **deixar de recolher**. (Recolher é depositar a quantia recebida - descontada ou cobrada).

É crime omissivo próprio ou puro (não admite tentativa).

Lei penal em branco homogênea

Deve ser complementada pela legislação previdenciária em relação aos prazos de recolhimento.

Sujeitos do crime

Sujeito Ativo: qualquer pessoa, crime comum (admite coautoria e participação).

Sujeito Passivo: União Federal.

> Pessoa Jurídica não pode ser sujeito ativo.

Competência

Sendo o sujeito ativo União Federal, a competência será da Justiça Federal (crime praticado em detrimento dos interesses da União).

Elemento subjetivo

É o dolo.

É dispensável (prescindível) o fim de assenhoramento definitivo (animus rem sibi habendi), pois o núcleo do tipo é "deixar de repassar", e não "apropriar-se" como no crime de apropriação indébita.

Não se admite a forma culposa.

Consumação

Para a maioria da doutrina é crime formal. Para o STF é crime material, pois deve haver a efetiva lesão aos cofres da União.

Se a conduta for praticada mediante fraude, o crime será de sonegação de contribuição previdenciária, previsto no Art. 337-A, CP.

É crime unissubsistente

A conduta se exterioriza em um único ato, suficiente para a consumação.

Ação penal

Ação penal pública incondicionada.

Hipótese de dificuldades financeiras

Firmou-se o entendimento de que há inexigibilidade de conduta diversa (causa supralegal de exclusão da culpabilidade).

O STJ já decidiu que o fato é atípico em face da ausência de dolo.

> Para o Cespe o fato se enquadra em estado de necessidade (excludente de ilicitude). Veja a questão:
> (Cespe) Em razão de sérias dificuldades de ordem financeira, causadas pelos desajustes da economia nacional, o proprietário de determinada empresa se viu obrigado a não recolher aos cofres previdenciários os recursos relativos às contribuições arrecadadas de seus empregados. Nessa situação, comprovadas as dificuldades insuperáveis que motivaram a conduta do empresário e, em consequência, o estado de necessidade, não terá havido qualquer ilicitude a legitimar a persecução penal.
> A questão está correta.

Extinção da punibilidade

§ 2º. *É extinta a punibilidade se o agente, espontaneamente, declara, confessa e efetua o pagamento das contribuições, importâncias ou valores e presta as informações devidas à previdência social, na forma definida em lei ou regulamento, antes do início da ação fiscal.*

A ação fiscal tem início com a lavratura do Termo de Início da Ação Fiscal (TIAF).

Para que ocorra a extinção da punibilidade, devem-se preencher, cumulativamente, três requisitos:

> Espontânea declaração e confissão do débito;
> Prestação de informações à Previdência Social;
> Pagamento integral do débito previdenciário ANTES do início da Ação Fiscal.

Perdão judicial e aplicação isolada de pena de multa

§ 3º. É facultado ao juiz deixar de aplicar a pena ou aplicar somente a de multa se o agente for primário e de bons antecedentes, desde que:

I. Tenha promovido, após o início da ação fiscal e antes de oferecida a denúncia, o pagamento da contribuição social previdenciária, inclusive acessórios; ou

A hipótese do inciso I não se aplica mais, em razão regra contida no Art. 9, §2º, Lei nº 10.684/03 e do entendimento do STJ sobre o assunto.

> Para o STJ o pagamento integral do débito previdenciário, ANTES ou DEPOIS do recebimento da denúncia, é causa de extinção da punibilidade (Art. 9º, §2º, Lei nº 10.684/03). HC 63.168/SC.

II. O valor das contribuições devidas, inclusive acessórios, seja igual ou inferior àquele estabelecido pela previdência social, administrativamente, como sendo o mínimo para o ajuizamento de suas execuções fiscais.

Perdão judicial e parcelamento

§ 4º A faculdade prevista no § 3º deste artigo não se aplica aos casos de parcelamento de contribuições cujo valor, inclusive dos acessórios, seja superior àquele estabelecido, administrativamente, como sendo o mínimo para o ajuizamento de suas execuções fiscais.

Justa causa e prévio esgotamento da via administrativa

Lei nº 9.430/96. Dispõe sobre a legislação tributária federal, as contribuições para a seguridade social, o processo administrativo de consulta; e dá outras providências:

Art. 83. *A representação fiscal para fins penais relativa aos crimes contra a ordem tributária previstos nos Arts. 1º e 2º da Lei no 8.137, de 27 de dezembro de 1990, e aos crimes contra a Previdência Social, previstos nos Arts. 168-A e 337-A do Decreto-Lei no 2.848, de 7 de dezembro de 1940 (Código Penal), será encaminhada ao Ministério Público depois de proferida a decisão final, na esfera administrativa, sobre a exigência fiscal do crédito tributário correspondente. (Redação dada pela Lei nº 12.350, de 2010).*

NOÇÕES DE DIREITO PENAL, PROCESSUAL PENAL E LEGISLAÇÃO EXTRAVAGANTE

§ 1º. Na hipótese de concessão de parcelamento do crédito tributário, a representação fiscal para fins penais somente será encaminhada ao Ministério Público após a exclusão da pessoa física ou jurídica do parcelamento. (Incluído pela Lei nº 12.382, de 2011).

§ 2º. É suspensa a pretensão punitiva do Estado referente aos crimes previstos no caput, durante o período em que a pessoa física ou a pessoa jurídica relacionada com o agente dos aludidos crimes estiver incluída no parcelamento, desde que o pedido de parcelamento tenha sido formalizado antes do recebimento da denúncia criminal. (Incluído pela Lei nº 12.382, de 2011).

§ 3º. A prescrição criminal não corre durante o período de suspensão da pretensão punitiva. (Incluído pela Lei nº 12.382, de 2011).

§ 4º. Extingue-se a punibilidade dos crimes referidos no caput quando a pessoa física ou a pessoa jurídica relacionada com o agente efetuar o pagamento integral dos débitos oriundos de tributos, inclusive acessórios, que tiverem sido objeto de concessão de parcelamento. (Incluído pela Lei nº 12.382, de 2011).

Princípio da insignificância

Para o STF, é possível a aplicação do princípio da insignificância (causa supralegal de exclusão da tipicidade - o fato não será crime) quando o valor do débito previdenciário não ultrapassar R$10.000,00 (dez mil reais). O fundamento está no Art. 20 da Lei nº 10.522/02, que determina o arquivamento das execuções fiscais, sem cancelamento na distribuição, quando os débitos inscritos como dívida ativa da União não excedam este valor.

Forma privilegiada

Nos termos do Art. 170 do CP aplica-se o Art. 155, §2º, para este crime (forma privilegiada).

Apropriação de coisa havida por erro, caso fortuito ou força da natureza

Art. 169. Apropriar-se alguém de coisa alheia vinda ao seu poder por erro, caso fortuito ou força da natureza:
Pena - detenção, de um mês a um ano, ou multa.
Parágrafo único. Na mesma pena incorre:
Apropriação de Tesouro
I. Quem acha tesouro em prédio alheio e se apropria, no todo ou em parte, da quota a que tem direito o proprietário do prédio;
Apropriação de Coisa Achada
II. Quem acha coisa alheia perdida e dela se apropria, total ou parcialmente, deixando de restituí-la ao dono ou legítimo possuidor ou de entregá-la à autoridade competente, dentro no prazo de quinze dias.

Art. 170. Nos crimes previstos neste Capítulo, aplica-se o disposto no Art. 155, § 2º.

4.6 Do Estelionato e outras Fraudes

Estelionato
Art. 171 - Obter, para si ou para outrem, vantagem ilícita, em prejuízo alheio, induzindo ou mantendo alguém em erro, mediante artifício, ardil, ou qualquer outro meio fraudulento:
Pena - reclusão, de um a cinco anos, e multa, de quinhentos mil réis a dez contos de réis. (Vide Lei nº 7.209, de 1984)
§ 1º - Se o criminoso é primário, e é de pequeno valor o prejuízo, o juiz pode aplicar a pena conforme o disposto no art. 155, § 2º.
§ 2º - Nas mesmas penas incorre quem:
Disposição de coisa alheia como própria
I. vende, permuta, dá em pagamento, em locação ou em garantia coisa alheia como própria;

Alienação ou oneração fraudulenta de coisa própria
II. vende, permuta, dá em pagamento ou em garantia coisa própria inalienável, gravada de ônus ou litigiosa, ou imóvel que prometeu vender a terceiro, mediante pagamento em prestações, silenciando sobre qualquer dessas circunstâncias;
Defraudação de penhor
III. defrauda, mediante alienação não consentida pelo credor ou por outro modo, a garantia pignoratícia, quando tem a posse do objeto empenhado;
Fraude na entrega de coisa
IV. defrauda substância, qualidade ou quantidade de coisa que deve entregar a alguém;
Fraude para recebimento de indenização ou valor de seguro
V. destrói, total ou parcialmente, ou oculta coisa própria, ou lesa o próprio corpo ou a saúde, ou agrava as conseqüências da lesão ou doença, com o intuito de haver indenização ou valor de seguro;
Fraude no pagamento por meio de cheque
VI. emite cheque, sem suficiente provisão de fundos em poder do sacado, ou lhe frustra o pagamento.

Fraude eletrônica
§ 2º-A. A pena é de reclusão, de 4 (quatro) a 8 (oito) anos, e multa, se a fraude é cometida com a utilização de informações fornecidas pela vítima ou por terceiro induzido a erro por meio de redes sociais, contatos telefônicos ou envio de correio eletrônico fraudulento, ou por qualquer outro meio fraudulento análogo. (Incluído pela Lei nº 14.155, de 2021)

§ 2º-B. A pena prevista no § 2º-A deste artigo, considerada a relevância do resultado gravoso, aumenta-se de 1/3 (um terço) a 2/3 (dois terços), se o crime é praticado mediante a utilização de servidor mantido fora do território nacional. (Incluído pela Lei nº 14.155, de 2021)

§ 3º - A pena aumenta-se de um terço, se o crime é cometido em detrimento de entidade de direito público ou de instituto de economia popular, assistência social ou beneficência.

Estelionato contra idoso
§ 4º A pena aumenta-se de 1/3 (um terço) ao dobro, se o crime é cometido contra idoso ou vulnerável, considerada a relevância do resultado gravoso. (Redação dada pela Lei nº 14.155, de 2021)

§ 5º Somente se procede mediante representação, salvo se a vítima for: (Incluído pela Lei nº 13.964, de 2019)
I. a Administração Pública, direta ou indireta; (Incluído pela Lei nº 13.964, de 2019) **ANTICRIME**
II. criança ou adolescente; (Incluído pela Lei nº 13.964, de 2019)
III. pessoa com deficiência mental; ou (Incluído pela Lei nº 13.964, de 2019) **ANTICRIME**
IV. maior de 70 (setenta) anos de idade ou incapaz. (Incluído pela Lei nº 13.964, de 2019) **ANTICRIME**

Esse crime tem o objetivo de punir a conduta do agente que, utilizando-se de **fraude**, induz ou mantém alguém em erro, no intuito de obter uma vantagem ilícita sobre a vítima.

Classificação

Trata-se de COMUM, ou seja, pode ser praticado por qualquer pessoa.

É um crime instantâneo - consuma-se no momento da prática do ato - com efeitos permanentes.

Admite a modalidade comissiva (pratica a conduta do estelionato) ou omissiva (mantém a vítima em erro).

Sujeitos do crime

Sujeito Ativo: sendo um crime comum, admite qualquer pessoa.

Sujeito Passivo: qualquer pessoa - física ou jurídica - que seja mantida em erro, desde que seja determinada, NÃO se admite uma vítima incerta.

O crime de estelionato **exige** VÍTIMA CERTA E DETERMINADA, logo, se a vítima for incerta ou indeterminada, trata-se de crime contra a economia popular – Art. 2º, XI, Lei nº 1.521/51.

Ex.: Adulteração de balança, de bomba de combustível, de taxímetro.

Se a vítima for incapaz ou alienada, o crime será o do Art. 173 do CP: abuso de incapazes - *Abusar, em proveito próprio ou alheio, de necessidade, paixão ou inexperiência de menor, ou da alienação ou debilidade mental de outrem, induzindo qualquer deles à prática de ato suscetível de produzir efeito jurídico, em prejuízo próprio ou de terceiro.*

Consumação e tentativa

ADMITE tentativa, ademais a fraude deve ser idônea a ludibriar a vítima, pois, do contrário, será **crime impossível** em face da ineficácia absoluta do meio de execução (Art. 17 do CP).

Consuma-se com a obtenção da vantagem ilícita causando o prejuízo à vítima, passando pelos momentos de:

> Emprego de fraude pelo agente;
> Situação de erro na qual a vítima é colocada ou mantida;
> Obtenção de vantagem ilícita pelo agente;
> Prejuízo sofrido pela vítima.

Descrição

A vantagem **ilícita** deve ser de natureza econômica (patrimonial): se a vantagem for **lícita**, estará configurado o crime de exercício arbitrário das próprias razões, Art. 345 do CP: *fazer justiça pelas próprias mãos, para satisfazer pretensão, embora legítima, salvo quando a lei o permite.*

> Daí que o STF entendeu que o ponto eletrônico, ou a cola eletrônica são fatos atípicos em face da inexistência de vantagem econômica. Esse foi o entendimento prevalecente, apesar de haver minoria do STF que afirma tratar-se de fato típico.
> O silêncio pode ser usado como meio fraudulento para a prática de estelionato, bem como a mentira (tem que ser fraudulenta).
> A fraude bilateral não exclui o crime.

Formas de execução

Ardil - caracteriza-se pela fraude de forma intelectual, fraude moral, representada pela conversa enganosa. É a lábia.

Ex.: "A", alegando ser especialista em manutenção de computadores, convence "B" a entregar-lhe seu notebook para conserto.

Artifício - caracteriza-se pela fraude de forma material. O agente utiliza algum instrumento ou objeto para enganar a vítima.

Ex.: "A" se disfarça de manobrista e fica parado na porta de um restaurante para que "B" voluntariamente lhe entregue seu carro. Ou ainda, aquele que utiliza o bilhete premiado ou um documento falso.

Qualquer Outro Meio Fraudulento - é uma situação de interpretação analógica.

O silêncio. "A" comerciante entrega a "B", cliente, troco além do devido, mas este nada fala e nada faz, ficando com o dinheiro para si.

Estelionato e Crime Impossível - Qualquer que seja o meio de execução (artifício, ardil ou outro meio fraudulento) empregado na prática da conduta, somente haverá a tentativa quando apresentar idoneidade para enganar a vítima. A idoneidade leva em conta as condições pessoais do ofendido.

Se o meio fraudulento for capaz de enganar a vítima, estará caracterizado o conatus. Caso não tenha intenção de iludir a vítima ou apresente-se grosseiro será crime impossível, pois há impropriedade absoluta do meio de execução. (Art. 17 do CP).

Estelionato e Reparação do Dano: a reparação do dano não apaga o crime de estelionato, porém, dependendo do momento que ocorrer a indenização à vítima, podem ocorrer as seguintes situações:

> Se ANTERIOR ao RECEBIMENTO da DENÚNCIA ou QUEIXA, é possível o reconhecimento do arrependimento posterior, isso irá diminuir a pena de um a dois terços, nos termos do Art. 16 CP.
> Se ANTES da SENTENÇA, pode ser aplicada a atenuante genérica de acordo com o Art. 65, III, b, parte final, do CP.
> Se POSTERIOR à SENTENÇA, não surte efeito algum.

Pratica estelionato em sua modalidade fundamental (Art. 171, *caput*, do CP):

Exs.: "A" portando folha de cheque de "B" chega ao comércio e, se passando por "B", emite a cártula e obtém vantagem em prejuízo alheio.

"A" se apodera (furto, roubo...) de folha de cheque de "B" e a preenche indevidamente utilizando-a como meio fraudulento para induzir ou manter alguém em erro, e, por consequência, obtém vantagem ilícita em prejuízo alheio.

"A" está com sua conta bancária encerrada, mas continua comprando objetos e pagando com as folhas de cheques que ainda possui;

"A" cria uma conta bancária com documentos falsos e, posteriormente, emite cheques sem suficiente provisão de fundos para comprar objetos.

Estelionato privilegiado

§1º. Se o criminoso é primário, e é de pequeno valor o prejuízo, o juiz pode aplicar a pena conforme o disposto no Art. 155, § 2º.

O prejuízo de "pequeno valor" deve ser dano igual ou inferior a um salário mínimo vigente à época do fato.

Absorção do crimes de falso

Súm. 17, STJ. *Quando o falso se exaure no estelionato, sem mais potencialidade lesiva, é por este absorvido.*

NOÇÕES DE DIREITO PENAL, PROCESSUAL PENAL E LEGISLAÇÃO EXTRAVAGANTE

DOS CRIMES CONTRA O PATRIMÔNIO

Empregando a fraude, sem a intenção de se enriquecer e só com a intenção de prejudicar alguém, não se trata de estelionato. É necessário buscar a obtenção de indevida vantagem econômica.

Quando o agente, mediante fraude, consegue obter da vítima um título de crédito, o delito está consumado? Não, enquanto o título não é convertido em valor material, não há efetivo proveito do agente, podendo ser impedido de realizar a conversão por circunstâncias alheias a sua vontade. Assim, o crime ainda está na fase de execução. (**MAJORITÁRIA**).

Figuras equiparadas

§ 2º. Nas mesmas penas incorre quem:

Disposição de coisa alheia como própria

I. Vende, permuta, dá em pagamento, em locação ou em garantia coisa alheia como própria;

Nessa situação, admite-se que o bem seja móvel ou imóvel. É quando o agente, na posse do bem de um terceiro, utiliza-o como se fosse próprio.

Ex.: O inquilino de um imóvel, que aluga para uma terceira pessoa por um valor superior, na intenção de obter lucro, sem o consentimento ou ciência do proprietário real do imóvel.

Alienação ou oneração fraudulenta de coisa própria

II. Vende, permuta, dá em pagamento ou em garantia coisa própria inalienável, gravada de ônus ou litigiosa, ou imóvel que prometeu vender a terceiro, mediante pagamento em prestações, silenciando sobre qualquer dessas circunstâncias;

Nessa situação, o bem é da própria pessoa, podendo também ser imóvel ou móvel.

Ex.: O agente vende veículo para três pessoas ao mesmo tempo, no entanto, tal bem se encontra em busca e apreensão por falta de pagamento, existe um ônus judicial sobre o patrimônio.

Trata-se de crime de duplo resultado: vantagem + prejuízo, punindo-se aquele que pratica um dos núcleos do tipo, silenciando sobre a circunstância.

Defraudação de penhor

III. Defrauda, mediante alienação não consentida pelo credor ou por outro modo, a garantia pignoratícia, quando tem a posse do objeto empenhado;

Seria a hipótese em que, um devedor, recebendo algo como penhor (garantia) de um credor, pratica ato de posse do bem, sem o consentimento dele (credor).

Ex.: Um empresário resolve penhorar seu veículo para levantar fundos para o investimento na sua empresa, entretanto a empresa que penhorou o veículo decide alugá-lo para que possa obter lucro.

Fraude na entrega de coisa

IV. Defrauda substância, qualidade ou quantidade de coisa que deve entregar a alguém;

Pode ocorrer tanto em bens móveis quanto imóveis.

Ex.: Uma construtora vende imóveis na planta com dimensão de 200m², contudo, ao cabo das obras, na entrega da chave aos proprietários, esses constatam que os imóveis só possuem 170m².

Caso a qualidade, quantidade do objeto seja superior, não existe o crime (se o imóvel tivesse 230m², por exemplo).

Deve-se ter em mente que, na hipótese de RELAÇÃO COMERCIAL, pode-se estar diante do Art. 175 do CP.

Fraude para recebimento de indenização ou valor de seguro

V. Destrói, total ou parcialmente, ou oculta coisa própria, ou lesa o próprio corpo ou a saúde, ou agrava as consequências da lesão ou doença, com o intuito de haver indenização ou valor de seguro;

É pressuposto fundamental deste crime, a prévia existência de um contrato de seguro em vigor. Caso não exista seguro, será crime impossível, diante da impropriedade absoluta do objeto material (Art. 17 do CP). Nessa situação o sujeito passivo deste crime será necessariamente a seguradora, sendo também admissível a hipótese de tentativa.

Por conseguinte, é um crime FORMAL, ou seja, consuma-se com a prática da conduta típica (destruir, ocultar, autolesionar e agravar), ainda que o sujeito NÃO consiga alcançar a indevida vantagem econômica pretendida.

Cuidado para não confundir esta hipótese de estelionato com o crime de incêndio doloso qualificado (Art. 250, §1º, I, CP).

Ex.: Pedro ateou fogo em sua loja de tecidos, com a finalidade de obter o respectivo seguro, colocando em risco os imóveis vizinhos. Em razão dessa conduta, Pedro responderá por crime de incêndio doloso qualificado pelo intuito de obter vantagem econômica em proveito próprio.

Na hipótese em que a fraude é perpetrada por terceiro, sem o conhecimento do segurado, sabendo que esse será o beneficiário do valor da apólice, o delito será o previsto no Art. 171, *caput*, do CP.

> Somente existe o crime, quando provado que, desde o início, EXISTE a má-fé do agente, ou seja, desde o momento em que colocou o cheque em circulação ele já não tinha intenção de honrar seu pagamento; seja pela ausência de suficiência de provisão de fundos, seja pela frustração de seu pagamento. Sendo assim, deve haver a finalidade específica que é a intenção de fraudar / enganar a vítima.

Fraude no pagamento por meio de cheque

VI. Emite cheque, sem suficiente provisão de fundos em poder do sacado, ou lhe frustra o pagamento.

Sujeito Ativo: é um crime próprio (o titular da conta bancária), ademais, ADMITE coautoria e participação.

Sujeito Passivo: a pessoa física ou jurídica que suporta prejuízo patrimonial.

Súm. 246, STF. Comprovado NÃO ter havido fraude, não se configura crime de emissão de cheque sem fundos.

"A" compra um produto na loja de "B", no momento da compra não possui dinheiro na conta. Ocorre que pretendia realizar o depósito na conta antes que "B" apresentasse a folha de cheque ao banco. Todavia acaba se esquecendo de realizar o depósito. Desse modo o cheque é devolvido por falta de fundos. NÃO É CRIME, pois o inciso VI do Art. 171 do CP, NÃO admite a forma culposa.

Essa modalidade de estelionato se consuma no instante em que o banco se nega a efetuar o pagamento do cheque, quer pela ausência de fundos, quer pelo recebimento de contraordem (sustação) expedida pelo correntista, daí resulta o prejuízo patrimonial do ofendido. É crime material.

A falsidade ideológica é *ante factum* impunível, pois quem assina o cheque é o responsável pela fraude e não outra pessoa.

O crime do inciso VI do Art. 171, pode ser praticado de DUAS formas:

> - O agente coloca o cheque em circulação sem ter dinheiro suficiente na conta;
> - O agente possui fundos quando da emissão do cheque, no entanto, antes do beneficiário apresentar o título, o agente retira todo o numerário depositado ou apresenta uma contraordem de pagamento (sustação).

Fraude do cheque ocorre pelo agente que tem a conta encerrada, não é este estelionato do inciso VI, é estelionato simples do *caput*.

Competência até o recebimento da denúncia

A nova Lei n°14.155/2021 realizou importante alteração na competência para o julgamento do crime de estelionato, sobretudo a fraude no pagamento por meio de cheque.

Até então, as Súmulas 521 do STF e 244 do STJ, previam que o foro do local onde se deu a recusa do pagamento pelo sacado era competente para o processo e julgamento dos crimes de estelionato.

Não obstante, a Lei n°14.155/2021, inseriu o § 4° ao artigo 70 do CPP, prevendo o seguinte:

§ 4° Nos crimes previstos no art. 171 do Código Penal, quando praticados mediante depósito, mediante emissão de cheques sem suficiente provisão de fundos em poder do sacado ou com o pagamento frustrado ou mediante transferência de valores, a competência será definida pelo local do domicílio da vítima, e, em caso de pluralidade de vítimas, a competência firmar-se-á pela prevenção.

Como se observa, agora a regra é que o Juízo competente é do local do domicílio da vítima, independentemente de onde se deu a recusa do cheque, ou no caso de transferência de valores, o local onde o autor obteve a vantagem.

Assim, restam superadas as Súmulas 521 do STF e 244 do STJ.

Desse modo, entende-se que o pagamento de cheque sem previsão de fundos, ATÉ o RECEBIMENTO da DENÚNCIA, impede o prosseguimento da ação penal, ou seja, é causa extintiva de punibilidade.

Na hipótese do inciso VI do Art. 171, a tentativa é possível, por exemplo: o correntista dolosamente emite um cheque sem suficiente provisão de fundos, mas seu pai, agindo sem seu conhecimento, deposita montante superior em sua conta corrente antes da apresentação da folha de cheque.

Segundo STJ, a emissão de cheques como garantia de dívida (pós-datado), e não como ordem de pagamento à vista, não constitui crime de estelionato, na modalidade prevista no art. 171, §2°, VI, CP. Entretanto, é possível a responsabilização do agente pelo estelionato na modalidade fundamental, se demonstrado seu dolo em obter vantagem ilícita em prejuízo alheio no momento da emissão fraudulenta do cheque.

Mas atente-se que, se o agente pós-datar o cheque sabendo da inexistência de fundos, há má-fé e configurará o Art. 171, *caput*, do CP. Assim, se emissão do cheque é fraudulenta - presente a má-fé - caracteriza o Art. 171, *caput*.

NÃO é crime de estelionato a emissão de cheque sem fundos para pagamento de:

A. Dívida anteriormente existente;

Nessa hipótese a razão do prejuízo da vítima é diferente da fraude no pagamento por meio de cheque.

Ex.: "A" compra algumas roupas fiado na loja de "B" e não efetua o pagamento na data combinada. Seis meses após a compra, após insistentes cobranças de "B", "A" emite um cheque sem fundos para quitar a dívida.

B. Dívidas de jogos ilícitos.

Ex.: Apostas ilegais ou jogo do bicho.

C. Programas sexuais com prostitutas ou garotos de programa.

Cheque

> - Emitir cheque, encerrando, logo após, a conta: tem-se o Art. 171, §2°, VI, aplicando-se as Súmulas 521 do STF e 224 do STJ.
> - Emitir cheque de conta encerrada: aplica-se o Art. 171, *caput*, sem aplicação das súmulas.
> - Frustrar pagamento de cheque para não pagamento de dívida de jogo é crime? Nos termos do Art. 814 do CC, as dívidas de jogo não obrigam a pagamento, mas não se pode recobrar dívida dessa natureza então paga.

Causas de aumento de pena

§ 2° - A. A pena é de reclusão, de 4 (quatro) a 8 (oito) anos, e multa, se a fraude é cometida com a utilização de informações fornecidas pela vítima ou por terceiro induzido a erro por meio de redes sociais, contatos telefônicos ou envio de correio eletrônico fraudulento, ou por qualquer outro meio fraudulento análogo.

A Lei n° 14.155/2021 inseriu o § 2°-A, que prevê a qualificadora do estelionato mediante fraude eletrônica. Nesse caso, o agente obtém vantagem ilícita com a utilização de informações fornecidas pela vítima ou por terceiro induzido a erro por meio de redes sociais(Facebook/Instagran), contatos telefônicos ou e-mail fraudulento.

A título de exemplo, tem-se a situação típica em que o agente insere anúncio falso em página clonada na internet, e a vítima, confiando na idoneidade da oferta e do produto, realiza o pagamento, mas não recebe o bem ofertado.

> Súm. 73, STJ. A utilização de papel-moeda GROSSEIRAMENTE falsificado configura, em tese, o crime de estelionato, de competência da Justiça Estadual.

§ 2º - B. A pena prevista no § 2º-A deste artigo, considerada a relevância do resultado gravoso, aumenta-se de 1/3 (um terço) a 2/3 (dois terços), se o crime é praticado mediante a utilização de servidor mantido fora do território nacional.

A Lei nº14.155/2021 também inseriu causa de aumento nos casos em que a conduta prevista no § 2º-A ocorra mediante servidor localizado no exterior, sendo a pena majorada de 1/3 a 2/3. Art. 171, § 3º, CP. A pena aumenta-se de um terço, se o crime é cometido em detrimento de entidade de direito público ou de instituto de economia popular, assistência social ou beneficência.

Fundamenta-se na maior extensão dos danos produzidos, pois com a lesão ao patrimônio público e ao interesse social toda coletividade é prejudicada.

Súm. 24, STJ. Aplica-se ao crime de estelionato, em que figure como vítima entidade autárquica da Previdência Social, a qualificadora do § 3º do Art. 171, CP.

Não se aplica o §3º no caso de estelionato contra o Banco do Brasil, considerando que esta não é entidade de Direito Público.

Jogos de Azar: há o crime de estelionato caso seja empregado meio fraudulento visando eliminar totalmente a possibilidade de vitória por parte dos jogadores.

Adulteração de máquina de caça-níquel para que os apostadores nunca vençam.

Falsidade Documental: o sujeito que falsifica documento (público ou particular) e, posteriormente, dele se vale para enganar alguém, obtendo vantagem ilícita em prejuízo alheio responderia, EM TESE, por dois crimes: estelionato e falsidade documental (Art. 171, caput, e Art. 297 - documento público ou 298 - documento particular), contudo, nessa situação, o crime de estelionato absorve o crime de falsidade documental. É esse o teor da súmula do STJ:

Súm. 17, STJ. Quando o falso se exaure no estelionato, sem mais potencialidade lesiva, é por este absorvido.

Ocorre o "Princípio da Consumação", que é quando o crime-fim (estelionato) absorve o crime-meio (falsidade documental). Isso desde que a fé pública, o patrimônio ou outro bem jurídico qualquer não possam mais ser atacados pelo documento falsificado e utilizado por alguém como meio fraudulento para obtenção de vantagem ilícita em prejuízo alheio.

§ 4º A pena aumenta-se de 1/3 (um terço) ao dobro, se o crime é cometido contra idoso ou vulnerável, considerada a relevância do resultado gravoso.

Por fim, a Lei nº 14.155/2021 também alterou o § 4º do art. 171 do CP. Anteriormente, nos casos em que o crime era cometido contra idoso, a pena era aplicada em dobro.

Contudo, a nova previsão determina que a pena pode ser majorada de 1/3 até o dobro. Assim, trata-se de novatio legis in mellius (mais benéfica).

Competência

O Art. 70 do CPP prevê que a competência será, em regra, determinada pelo **lugar em que se consumar a infração**. Verifica-se nesta regra que no estelionato o juízo competente será o do local em que o sujeito obteve a vantagem ilícita em prejuízo alheio. Contudo, cumpre destacar que nos casos da prática de estelionato mediante depósito, mediante emissão de cheques sem suficiente provisão de fundos em poder do sacado ou com o pagamento frustrado ou mediante transferência de valores, a competência será definida pelo local do domicílio da vítima, nos termos do artigo 70, § 4º, do CPP (Lei nº14.155/2021).

Súm. 107, STJ. Compete à justiça comum estadual processar e julgar crime de estelionato praticado mediante falsificação das guias de recolhimento das contribuições previdenciárias, **quando não ocorre lesão à autarquia federal**.

É crime de competência da Justiça Estadual. No entanto, será de competência da Justiça Federal quando for praticado em detrimento de bens, serviços ou interesses da União ou suas entidades autárquicas ou empresas públicas. (Art. 109, inciso IV, CF).

Súm. 48, STJ. Compete ao juízo do local da obtenção da vantagem ilícita processar e julgar crime de estelionato cometido mediante falsificação de cheque. Esta súmula está relacionada ao crime definido pelo estelionato em sua modalidade fundamental (caput).

Ação penal

Perceba mais uma alteração do pacote ANTICRIME, estabelecendo o § 5º, agora expressamente, que a ação penal será CONDICIONADA à representação, salvo quando a vítima for:

> a Administração Pública, direta ou indireta
> criança ou adolescente
> pessoa com deficiência mental
> maior de 70 (setenta) anos de idade ou incapaz.

Duplicata simulada

Art. 172. Emitir fatura, duplicata ou nota de venda que não corresponda à mercadoria vendida, em quantidade ou qualidade, ou ao serviço prestado.
Pena - detenção, de 2 (dois) a 4 (quatro) anos, e multa.
Parágrafo único. Nas mesmas penas incorrerá aquele que falsificar ou adulterar a escrituração do Livro de Registro de Duplicatas.

Abuso de incapazes

Art. 173. Abusar, em proveito próprio ou alheio, de necessidade, paixão ou inexperiência de menor, ou da alienação ou debilidade mental de outrem, induzindo qualquer deles à prática de ato suscetível de produzir efeito jurídico, em prejuízo próprio ou de terceiro:
Pena - reclusão, de dois a seis anos, e multa.

Induzimento à especulação

Art. 174. Abusar, em proveito próprio ou alheio, da inexperiência ou da simplicidade ou inferioridade mental de outrem, induzindo-o à prática de jogo ou aposta, ou à especulação com títulos ou mercadorias, sabendo ou devendo saber que a operação é ruinosa:
Pena - reclusão, de um a três anos, e multa.

Fraude no comércio

Art. 175. Enganar, no exercício de atividade comercial, o adquirente ou consumidor:
I. Vendendo, como verdadeira ou perfeita, mercadoria falsificada ou deteriorada;
II. Entregando uma mercadoria por outra:
Pena - detenção, de seis meses a dois anos, ou multa.
§ 1º. Alterar em obra que lhe é encomendada a qualidade ou o peso de metal ou substituir, no mesmo caso, pedra verdadeira por falsa ou por outra de menor valor; vender pedra falsa por verdadeira; vender, como precioso, metal de outra qualidade:
Pena - reclusão, de um a cinco anos, e multa.
§ 2º. É aplicável o disposto no Art. 155, § 2º.

Outras fraudes

Art. 176. Tomar refeição em restaurante, alojar-se em hotel ou utilizar-se de meio de transporte sem dispor de recursos para efetuar o pagamento:

Pena - detenção, de quinze dias a dois meses, ou multa.

Parágrafo único. Somente se procede mediante representação, e o juiz pode, conforme as circunstâncias, deixar de aplicar a pena.

Fraudes e abusos na fundação ou administração de sociedade por ações

Art. 177. Promover a fundação de sociedade por ações, fazendo, em prospecto ou em comunicação ao público ou à assembleia, afirmação falsa sobre a constituição da sociedade, ou ocultando fraudulentamente fato a ela relativo:

Pena - reclusão, de um a quatro anos, e multa, se o fato não constitui crime contra a economia popular.

§ 1º. Incorrem na mesma pena, se o fato não constitui crime contra a economia popular:

I. O diretor, o gerente ou o fiscal de sociedade por ações, que, em prospecto, relatório, parecer, balanço ou comunicação ao público ou à assembleia, faz afirmação falsa sobre as condições econômicas da sociedade, ou oculta fraudulentamente, no todo ou em parte, fato a elas relativo;

II. O diretor, o gerente ou o fiscal que promove, por qualquer artifício, falsa cotação das ações ou de outros títulos da sociedade;

III. O diretor ou o gerente que toma empréstimo à sociedade ou usa, em proveito próprio ou de terceiro, dos bens ou haveres sociais, sem prévia autorização da assembleia geral;

IV. O diretor ou o gerente que compra ou vende, por conta da sociedade, ações por ela emitidas, salvo quando a lei o permite;

V. O diretor ou o gerente que, como garantia de crédito social, aceita em penhor ou em caução ações da própria sociedade;

VI. O diretor ou o gerente que, na falta de balanço, em desacordo com este, ou mediante balanço falso, distribui lucros ou dividendos fictícios;

VII. O diretor, o gerente ou o fiscal que, por interposta pessoa, ou conluiado com acionista, consegue a aprovação de conta ou parecer;

VIII. O liquidante, nos casos dos nºs I, II, III, IV, V e VII;

IX. O representante da sociedade anônima estrangeira, autorizada a funcionar no País, que pratica os atos mencionados nos nºs I e II, ou dá falsa informação ao Governo.

§ 2º. Incorre na pena de detenção, de seis meses a dois anos, e multa, o acionista que, a fim de obter vantagem para si ou para outrem, negocia o voto nas deliberações de assembleia geral.

Emissão irregular de conhecimento de depósito ou "warrant"

Art. 178. Emitir conhecimento de depósito ou warrant, em desacordo com disposição legal:

Pena - reclusão, de um a quatro anos, e multa.

Fraude à execução

Art. 179. Fraudar execução, alienando, desviando, destruindo ou danificando bens, ou simulando dívidas:

Pena - detenção, de seis meses a dois anos, ou multa.

Parágrafo único. Somente se procede mediante queixa.

4.7 Da Receptação

Art. 180. Adquirir, receber, transportar, conduzir ou ocultar, em proveito próprio ou alheio, coisa que sabe ser produto de crime, ou influir para que terceiro, de boa-fé, a adquira, receba ou oculte:

Pena - reclusão, de um a quatro anos, e multa.

Receptação Qualificada

§ 1º. Adquirir, receber, transportar, conduzir, ocultar, ter em depósito, desmontar, montar, remontar, vender, expor à venda, ou de qualquer forma utilizar, em proveito próprio ou alheio, no exercício de atividade comercial ou industrial, coisa que deve saber ser produto de crime:

Pena - reclusão, de três a oito anos, e multa.

§ 2º. Equipara-se à atividade comercial, para efeito do parágrafo anterior, qualquer forma de comércio irregular ou clandestino, inclusive o exercício em residência.

§ 3º. Adquirir ou receber coisa que, por sua natureza ou pela desproporção entre o valor e o preço, ou pela condição de quem a oferece, deve presumir-se obtida por meio criminoso:

Pena - detenção, de um mês a um ano, ou multa, ou ambas as penas.

§ 4º. A receptação é punível, ainda que desconhecido ou isento de pena o autor do crime de que proveio a coisa.

§ 5º. Na hipótese do § 3º, se o criminoso é primário, pode o juiz, tendo em consideração as circunstâncias, deixar de aplicar a pena. Na receptação dolosa aplica-se o disposto no § 2º do Art. 155.

§ 6º. Tratando-se de bens e instalações do patrimônio da União, Estado, Município, empresa concessionária de serviços públicos ou sociedade de economia mista, a pena prevista no caput deste artigo aplica-se em dobro.

Receptação de Animal

Art. 180-A. Adquirir, receber, transportar, conduzir, ocultar, ter em depósito ou vender, com a finalidade de produção ou de comercialização, semovente domesticável de produção, ainda que abatido ou dividido em partes, que deve saber ser produto de crime: (Incluído pela Lei nº 13.330, de 2016)

Pena - reclusão, de 2 (dois) a 5 (cinco) anos, e multa. (Incluído pela Lei nº 13.330, de 2016)

O artigo 180 do CP tipifica a conduta do agente que adquire, recebe, transporta, conduz, dentre outras condutas, com intuito de obter vantagem, produto de crime (furto, roubo, extorsão, estelionato etc.). É considerado como delito, a conduta de adquirir (receptação própria), como a de influenciar para que uma terceira pessoa adquira esses produtos (receptação imprópria).

Classificação

A conduta do *caput* é considera como um crime comum, pois pode ser praticada por qualquer agente. Ademais, no § 1º, considera-se crime PRÓPRIO, pois exige uma qualidade específica do agente, devendo ele ser comerciante ou industrial, mesmo que ele exerça de forma clandestina ou ilegal.

Ex.: Um ferro velho que vende peças de veículos furtados.

A receptação é crime acessório, pois depende da existência do crime anterior. Não é necessário que o crime anterior seja contra o patrimônio.

Ex.: Receptar bem oriundo do crime de corrupção passiva.

É um crime de ação múltipla e conteúdo variado, ou seja, a prática de várias condutas contra o mesmo bem, caracteriza crime único (adquire e vende).

DOS CRIMES CONTRA O PATRIMÔNIO

O bem imóvel não pode ser objeto material do crime de receptação, somente bens móveis.

Sujeitos do crime

Sujeito Ativo (*caput***)**: pode ser qualquer pessoa, exceto quem seja autor ou coautor do crime antecedente (furto, extorsão, roubo).

Sujeito Ativo (da receptação qualificada §1º): é um crime próprio, somente aquela pessoa que desempenha atividade comercial ou industrial.

Dono de ferro velho de carros e peças usadas.

> Admite a participação.
> A atividade deve ser habitual ou contínua.

Sujeito Passivo: é a vítima do crime anterior, ou seja, donde veio o produto do furto.

Consumação e tentativa

Receptação Própria (*caput*): Adquirir, receber - crime material/instantâneo - transportar, conduzir ou ocultar - crime permanente - ambos **admitem** a tentativa.

Receptação Imprópria (**2ª parte do** *caput*): INFLUIR - crime FORMAL e UNISSUBSISTENTE - **NÃO** admite tentativa.

Receptação própria x imprópria

Própria: adquirir, receber, transportar, conduzir ou ocultar, em proveito próprio ou alheio, coisa que SABE ser produto de crime.

Imprópria: ou **Influir** para que terceiro, de boa-fé, a adquira, receba ou oculte:

Na receptação **imprópria**, caso o agente influenciador seja o autor do crime antecedente, responderá **APENAS** por este delito, e não pela receptação. Trata-se de *post factum impunível* (Ex.: "A" coautor do furto de um computador, influi para que "B", de boa-fé, o compre).

A expressão "coisa que sabe" é indicativa de dolo direto e implicitamente abrange o dolo eventual? Prevalece que, a expressão coisa que sabe indica apenas dolo direto. Assim, o *caput* do artigo não pune o dolo eventual.

Imaginando que Rogério venda um carro à Vânia. Após uma semana que vendeu o carro, Vânia fica sabendo que o carro é produto de crime, mas permanece com ele. Houve prática de receptação? Nesse caso, não se pode esquecer que se trata de dolo superveniente, e esse não configura o crime. Assim, o dolo superveniente não configura o crime. A má-fé deve ser contemporânea a qualquer das condutas previstas no tipo.

Receptação culposa

§ 3º. Adquirir ou receber coisa que, por sua natureza ou pela desproporção entre o valor e o preço, ou pela condição de quem a oferece, deve presumir-se obtida por meio criminoso: (Alterado pela Lei nº 9.426, de 1996):

Pena - detenção, de 1 (um) mês a 1 (um) ano, ou multa, ou ambas as penas.

É necessário observar três circunstâncias que indicam ser o bem produto de crime:

> Sua natureza;
> Desproporção entre valor e preço;
> Condição de quem a oferece.

No crime de receptação simples (*caput*) é necessário que o agente tenha certeza de que o bem é produto de crime, pois, em caso de dúvida (culpa ou dolo eventual), o agente responderá pelo crime de receptação culposa (§3º).

Norma penal explicativa

§ 4º. *A receptação é punível, ainda que desconhecido ou isento de pena o autor do crime de que proveio a coisa.*

Ainda que ocorra a extinção da punibilidade do crime antecedente, haverá o crime de receptação (Art. 180 do CP).

Ex.: A morte do agente do crime anterior, prescrição etc.

Esse parágrafo dá certa autonomia ao crime de receptação em relação ao crime antecedente.

Ex.: Ricardo, menor de idade, subtrai o DVD de um veículo e o vende a Pedro, o qual conhece a origem criminosa do bem. Nesta situação, mesmo sendo Ricardo inimputável, Pedro responderá pelo crime de receptação.

Segundo alguns autores, a receptação é crime acessório e pressupõe outro crime para que exista. Sucede que não há submissão à punição do crime principal para que seja punido, ou seja, sua punição é independente.

Se o crime pressuposto está prescrito ou teve extinta a punibilidade, não desaparece a receptação.

Receptação privilegiada

§ 5º. *Na hipótese do § 3º. Receptação CULPOSA. se o criminoso é primário, pode o juiz, tendo em consideração as circunstâncias, deixar de aplicar a pena.*

Na receptação dolosa aplica-se o disposto no § 2º do Art. 155:

Art. 155, § 2º. *Se o criminoso é primário, e é de pequeno valor a coisa furtada, o juiz pode substituir a pena de reclusão pela de detenção, diminuí-la de um a dois terços, ou aplicar somente a pena de multa.*

A receptação privilegiada (2ª parte do §5º) somente se aplica à receptação dolosa (própria ou imprópria); culposa e qualificada NÃO!

Receptação Culposa (§3º) + Criminoso primário + Tendo em consideração as circunstâncias = Perdão Judicial (Juiz deixa de aplicar a pena)	Receptação dolosa (*caput*) + Criminoso primário + Coisa de pequeno valor = Art. 155, §2º, CP: Substituir a pena de reclusão pena de detenção; Diminuí-la de um a dois terços ou aplicar somente a pena de multa.

Causa de aumento de pena

§6º. *Tratando-se de bens e instalações do patrimônio da União, Estado, Município, empresa concessionária de serviços públicos ou sociedade de economia mista, a pena prevista no caput deste artigo APLICA-SE EM DOBRO.*

> Caso o bem seja produto de contravenção penal, NÃO existirá o crime de receptação. O fato será atípico, pois este delito somente existe em caso de bem produto de CRIME.

Aplicável somente para a receptação **SIMPLES** (*caput*). Não se aplica à receptação qualificada nem à culposa.

É possível a **receptação da receptação**, por exemplo, "A" adquire um relógio produto de furto e o vende a "B", este vende o mesmo bem a "C" ciente de sua origem criminosa.

Art. 180-A. *Adquirir, receber, transportar, conduzir, ocultar, ter em depósito ou vender, com a finalidade de produção ou de comercialização, semovente domesticável de produção, ainda que abatido ou dividido em partes, que deve saber ser produto de crime:*

Pena *- reclusão, de 2 (dois) a 5 (cinco) anos, e multa.*

4.8 Disposições Gerais

Imunidades penais absolutas ou escusas absolutórias

Art. 181. *É isento de pena quem comete qualquer dos crimes previstos neste título, em prejuízo:*

I. Do cônjuge, na constância da sociedade conjugal;

II. De ascendente ou descendente, seja o parentesco legítimo ou ilegítimo, seja civil ou natural.

Trata-se de causa de extinção da punibilidade.

No caso do inciso I, abrange-se também a união estável, os separados de fato e ainda as uniões homoafetivas.

Não importa o regime de comunhão de bens do casamento.

Ex.: Separação total de bens.

No caso do inciso II, não se aplica esta escusa na hipótese de parentesco por afinidade (sogra, genro, cunhado...). Outrossim, verifica-se que não há abrangência aos colaterais e afins.

Imunidade patrimonial relativa

Art. 182. *Somente se procede mediante representação, se o crime previsto neste título é cometido em prejuízo:*

I. Do cônjuge desquitado ou judicialmente separado;

II. De irmão, legítimo ou ilegítimo;

III. De tio ou sobrinho, com quem o agente coabita.

Após a entrada em vigor da Lei nº 6.515/77, o desquite não existe mais no ordenamento jurídico brasileiro.

Aos ex-cônjuges divorciados não se aplica essa imunidade.

No caso dos incisos II e III, é necessária efetiva coabitação, para incidência desta imunidade.

Este é um dos artigos do Código Penal que mais caem em concurso. Portanto, é muito importante decorá-lo!

Inaplicabilidade das imunidades

Art. 183. *Não se aplica o disposto nos dois artigos anteriores:*

I. Se o crime é de roubo ou de extorsão, ou, em geral, quando haja emprego de grave ameaça ou violência à pessoa;

II. Ao estranho que participa do crime;

III. Se o crime é praticado contra pessoa com idade igual ou superior a 60 (sessenta) anos.

Este inciso foi incluído pelo Estatuto do Idoso (Lei nº 10.741/03). **Preste muita atenção,** pois este é um dos dispositivos deste assunto que mais cai em concurso público.

É aplicada a imunidade na violência doméstica e familiar contra a mulher no ambiente familiar?

1ª Corrente: para Maria Berenice Dias, jurista brasileira, não se admite imunidade patrimonial na violência doméstica e familiar contra a mulher, benefício afastado pelo Art. 7º, IV, da Lei nº 11.340/06.

2ª Corrente: diz que a Lei Maria da Penha não vedou, expressamente, qualquer imunidade, diferente do Estatuto do Idoso que vedou a imunidade para o idoso.

Tem prevalecido a 2ª Corrente.

5. DOS CRIMES CONTRA A PROPRIEDADE IMATERIAL

5.1 Dos Crimes Contra a Propriedade Intelectual

Violação de direito autoral

Art. 184 - Violar direitos de autor e os que lhe são conexos:
Pena - detenção, de 3 (três) meses a 1 (um) ano, ou multa.
§ 1º - Se a violação consistir em reprodução total ou parcial, com intuito de lucro direto ou indireto, por qualquer meio ou processo, de obra intelectual, interpretação, execução ou fonograma, sem autorização expressa do autor, do artista intérprete ou executante, do produtor, conforme o caso, ou de quem os represente: Pena - reclusão, de 2 (dois) a 4 (quatro) anos, e multa.
§ 2º - Na mesma pena do § 1º incorre quem, com o intuito de lucro direto ou indireto, distribui, vende, expõe à venda, aluga, introduz no País, adquire, oculta, tem em depósito, original ou cópia de obra intelectual ou fonograma reproduzido com violação do direito de autor, do direito de artista intérprete ou executante ou do direito do produtor de fonograma, ou, ainda, aluga original ou cópia de obra intelectual ou fonograma, sem a expressa autorização dos titulares dos direitos ou de quem os represente.
§ 3º - Se a violação consistir no oferecimento ao público, mediante cabo, fibra ótica, satélite, ondas ou qualquer outro sistema que permita ao usuário realizar a seleção da obra ou produção para recebê-la em um tempo e lugar previamente determinados por quem formula a demanda, com intuito de lucro, direto ou indireto, sem autorização expressa, conforme o caso, do autor, do artista intérprete ou executante, do produtor de fonograma, ou de quem os represente:
Pena - reclusão, de 2 (dois) a 4 (quatro) anos, e multa.
§ 4º - O disposto nos §§ 1º, 2º e 3º não se aplica quando se tratar de exceção ou limitação ao direito de autor ou os que lhe são conexos, em conformidade com o previsto na Lei nº 9.610, de 19 de fevereiro de 1998, nem à cópia de obra intelectual ou fonograma, em um só exemplar, para uso privado do copista, sem intuito de lucro direto ou indireto.

Usurpação de nome ou pseudônimo alheio

Art. 186 - Procede-se mediante:
I. queixa, nos crimes previstos no caput do art. 184;
II. ação penal pública incondicionada, nos crimes previstos nos §§ 1º e 2º do art. 184;
III. ação penal pública incondicionada, nos crimes cometidos em desfavor de entidades de direito público, autarquia, empresa pública, sociedade de economia mista ou fundação instituída pelo Poder Público;
IV. ação penal pública condicionada à representação, nos crimes previstos no § 3º do art. 184.

6. DOS CRIMES CONTRA A ORGANIZAÇÃO DO TRABALHO

6.1 Atentado Contra a Liberdade de Trabalho

Art. 197 - Constranger alguém, mediante violência ou grave ameaça:
I. a exercer ou não exercer arte, ofício, profissão ou indústria, ou a trabalhar ou não trabalhar durante certo período ou em determinados dias:
Pena - detenção, de 1 (um) mês a 1 (um) ano, e multa, além da pena correspondente à violência;
II. a abrir ou fechar o seu estabelecimento de trabalho, ou a participar de parede ou paralisação de atividade econômica:
Pena - detenção, de 3 (três) meses a 1 (um) ano, e multa, além da pena correspondente à violência.

6.2 Atentado Contra a Liberdade de Contrato de Trabalho e Boicotagem Violenta

Art. 198 - Constranger alguém, mediante violência ou grave ameaça, a celebrar contrato de trabalho, ou a não fornecer a outrem ou não adquirir de outrem matéria-prima ou produto industrial ou agrícola:
Pena - detenção, de 1 (um) mês a 1 (um) ano, e multa, além da pena correspondente à violência.

6.3 Atentado Contra a Liberdade de Associação

Art. 199 - Constranger alguém, mediante violência ou grave ameaça, a participar ou deixar de participar de determinado sindicato ou associação profissional:
Pena - detenção, de 1 (um) mês a 1 (um) ano, e multa, além da pena correspondente à violência.

6.4 Paralisação de Trabalho, Seguida de Violência ou Perturbação da Ordem

Art. 200 - Participar de suspensão ou abandono coletivo de trabalho, praticando violência contra pessoa ou contra coisa:
Pena - detenção, de 1 (um) mês a 1 (um) ano, e multa, além da pena correspondente à violência.
Parágrafo único - Para que se considere coletivo o abandono de trabalho, é indispensável o concurso de, pelo menos, três empregados.

6.5 Paralisação de Trabalho de Interesse Coletivo

Art. 201 - Participar de suspensão ou abandono coletivo de trabalho, provocando a interrupção de obra pública ou serviço de interesse coletivo:
Pena - detenção, de 6 (seis) meses a 2 (dois) anos, e multa.

6.6 Invasão de Estabelecimento Industrial, Comercial ou Agrícola. Sabotagem

Art. 202 - Invadir ou ocupar estabelecimento industrial, comercial ou agrícola, com o intuito de impedir ou embaraçar o curso normal do trabalho, ou com o mesmo fim danificar o estabelecimento ou as coisas nele existentes ou delas dispor:
Pena - reclusão, de 1 (um) a 3 (três) anos, e multa.

6.7 Frustração de Direito Assegurado por Lei Trabalhista

Art. 203 - Frustrar, mediante fraude ou violência, direito assegurado pela legislação do trabalho:
Pena - detenção de um ano a dois anos, e multa, além da pena correspondente à violência.
§ 1º - Na mesma pena incorre quem:
  I. obriga ou coage alguém a usar mercadorias de determinado estabelecimento, para impossibilitar o desligamento do serviço em virtude de dívida;
  II. impede alguém de se desligar de serviços de qualquer natureza, mediante coação ou por meio da retenção de seus documentos pessoais ou contratuais.
§ 2º - A pena é aumentada de um sexto a um terço se a vítima é menor de dezoito anos, idosa, gestante, indígena ou portadora de deficiência física ou mental.

6.8 Frustração de Lei Sobre a Nacionalização do Trabalho

Art. 204 - Frustrar, mediante fraude ou violência, obrigação legal relativa à nacionalização do trabalho:
Pena - detenção, de um mês a um ano, e multa, além da pena correspondente à violência.

6.9 Exercício de Atividade com Infração de Decisão Administrativa

Art. 205 - Exercer atividade, de que está impedido por decisão administrativa:
Pena - detenção, de três meses a dois anos, ou multa.

6.10 Aliciamento para o Fim de Emigração

Art. 206 - Recrutar trabalhadores, mediante fraude, com o fim de levá-los para território estrangeiro.
Pena - detenção, de 1 (um) a 3 (três) anos e multa.

6.11 Aliciamento de Trabalhadores de um Local para Outro do Território Nacional

Art. 207 - Aliciar trabalhadores, com o fim de levá-los de uma para outra localidade do território nacional:
Pena - detenção de um a três anos, e multa.
§ 1º - Incorre na mesma pena quem recrutar trabalhadores fora da localidade de execução do trabalho, dentro do território nacional, mediante fraude ou cobrança de qualquer quantia do trabalhador, ou, ainda, não assegurar condições do seu retorno ao local de origem.
§ 2º - A pena é aumentada de um sexto a um terço se a vítima é menor de dezoito anos, idosa, gestante, indígena ou portadora de deficiência física ou mental.

7. DOS CRIMES CONTRA A DIGNIDADE SEXUAL

7.1 Dos Crimes Contra a Liberdade Sexual

Estupro

Art. 213. Constranger alguém, mediante violência ou grave ameaça, a ter conjunção carnal ou a praticar ou permitir que com ele se pratique outro ato libidinoso:
Pena - reclusão, de 6 (seis) a 10 (dez) anos.
§ 1º - Se da conduta resulta lesão corporal de natureza grave ou se a vítima é menor de 18 (dezoito) ou maior de 14 (catorze) anos:
Pena - reclusão, de 8 (oito) a 12 (doze) anos.
§ 2º - Se da conduta resulta morte:
Pena - reclusão, de 12 (doze) a 30 (trinta) anos.

Sujeitos

Sujeito Ativo: na conjunção carnal, podem ser sujeitos ativo e passivo tanto homem quanto mulher. Trata-se de crime comum.

Da mesma forma, os atos libidinosos diversos, pode ser sujeito passivo e ativo qualquer pessoa, ainda que do mesmo sexo.

Sujeito Passivo: trata-se de delito comum, qualquer um pode ser vítima do crime, inclusive a prostituta e a esposa, quando cometido pelo marido.

Art. 7º, III, da Lei nº 11.340/2006 – Maria da Penha: estabelece que a violência sexual é forma de violência contra a mulher.
Art. 226, II do CP: prevê causa de aumento de pena nos crimes sexuais se o crime é cometido por cônjuge ou companheiro:

Conduta

O art. 213 pune a conduta de "constranger", que é o núcleo do tipo.

Esse constrangimento deve se dar mediante violência ou grave ameaça.

É necessário observar que, a violência é uma das formas de se executar o crime. A outra forma é a grave ameaça, e aqui é necessário observar que não basta a ameaça, devendo essa ser grave.

O constrangimento se dá para a prática de conjunção carnal ou para a prática de ato libidinoso diverso da conjunção carnal.

Abrange o beijo lascivo? Beijo lascivo, de acordo com Nelson Hungria é aquele beijo que causa desconforto para quem olha. É interessante observar que beijo lascivo já foi considerado atentado violento ao pudor por conta dessa expressão porosa (atos libidinosos).

Assim, atos libidinosos são considerados os atos de natureza sexual que atentam, de forma intolerável e relevante, contra a dignidade sexual da vítima.

Aqui se indaga se o contato físico é ou não dispensável para a prática de estupro.

> **1ª Corrente:** O contato físico entre os sujeitos é indispensável.

DOS CRIMES CONTRA A DIGNIDADE SEXUAL

> **2ª Corrente:** diz que o contato físico entre os sujeitos é dispensável. Ex. obrigar a vítima a se masturbar. Mas atente-se que aqui deve haver resistência da vitima.

→ **Tipo subjetivo**: o crime é punido a título de dolo.
  > Consumação e tentativa:

Consuma-se o delito com a prática do ato de libidinagem, que é gênero de conjunção carnal e atos libidinosos, visado pelo agente.

Trata-se de delito plurissubsistente, admitindo tentativa.

A depender do caso concreto, já entendeu o STJ que poderá haver o concurso de crimes, levando-se em conta os momentos da prática de cada conduta.

→ Qualificadora Idade da Vítima:

§ 1º - Se da conduta resulta lesão corporal de natureza grave ou se a vítima é menor de 18 (dezoito) ou maior de 14 (catorze) anos:

Pena - reclusão, de 8 (oito) a 12 (doze) anos.

> Se o agente, após a prática de conjunção carnal, pratica sexo anal e sexo oral, quantos crimes comete? Entende o STF e STJ que comete apenas um crime, que a pluralidade de atos não desnatura a unidade do crime, podendo essa interferir na dosagem da pena.

Essa questão deve ser analisada antes e depois da Lei 12.015/09.

Antes da Lei 12.015/09	Após a Lei 12.015/09
A idade da vítima era mera circunstância judicial a ser analisada pelo juiz no momento do art. 59 do CP.	Atualmente, trata-se de qualificadora prevista no §1º, cuja pena varia de 08 a 12 anos. É qualificadora irretroativa, vez que maléfica.
Estavam previstos no Art. 223 do CP. Se da violência resultar lesão grave, a pena era de 08 a 12 anos. Nessa hipótese, a grave ameaça não estava abrigada. A expressão "do fato" amplia exageradamente o espectro punição.	Previu o Art. 213, §1º que: Se da conduta resultar lesão grave: a pena será de 08 a 12 anos. Se da conduta resultar morte, nos termos do §2, a pena é de 12 a 30 anos.

Tratando-se de resultado qualificador morte, o agente responderá pelos dois crimes, e, em se tratando de morte dolosa, o agente irá responder perante o Tribunal do Júri.

Violação sexual mediante fraude

Art. 215. Ter conjunção carnal ou praticar outro ato libidinoso com alguém, mediante fraude ou outro meio que impeça ou dificulte a livre manifestação de vontade da vítima:

Pena - reclusão, de 2 (dois) a 6 (seis) anos.

Parágrafo único. Se o crime é cometido com o fim de obter vantagem econômica, aplica-se também multa.

Trata-se de crime comum, podendo ser praticado por qualquer pessoa, contra qualquer pessoa, devendo ser observado que, no que tange à conjunção carnal.

Conduta

Este tipo penal visa punir o ato de ter conjunção carnal ou praticar atos libidinosos diversos da conjunção carnal, mediante:

→ **Fraude**: quando, por exemplo, há o relacionamento amoroso com o irmão gêmeo.

→ **Outro meio que impeça ou dificulte a livre manifestação de vontade da vítima**: quando ocorre por exemplo, o temor reverencial, a embriaguez moderada.

A fraude utilizada na execução do crime não pode anular a capacidade de resistência da vítima, caso em que estará configurado o delito de estupro de vulnerável.

Ex: boa noite cinderela.

Consumação e tentativa

O crime consuma-se com a prática do ato de libidinagem pelo agente, sendo admissível a tentativa.

Importunação sexual

Art. 215-A. Praticar contra alguém e sem a sua anuência ato libidinoso com o objetivo de satisfazer a própria lascívia ou a de terceiro: (Incluído pela Lei nº 13.718, de 2018)

Pena - reclusão, de 1 (um) a 5 (cinco) anos, se o ato não constitui crime mais grave. (Incluído pela Lei nº 13.718, de 2018).

A Lei nº 13.718/2018 acrescentou no artigo 215-A o crime de importunação sexual, a fim de punir a conduta do agente que pratica contra a vítima ato libidinoso, com o objetivo de satisfazer a própria lascívia ou a lascívia de terceiro.

Antes da previsão do art. 215-A, a conduta relativa à importunação sexual era tipificada, normalmente, nos arts. 61 ou 65 da Lei de Contravenção Penal (Decreto-lei nº 3.688/41).

Sujeito ativo: é crime comum. Pode ser praticado por qualquer pessoa (homem ou mulher).

Sujeito passivo: pode ser praticado contra qualquer pessoa (homem ou mulher). Assim, o art. 215-A do CP é crime bicomum.

Assédio sexual

Art. 216-A. Constranger alguém com o intuito de obter vantagem ou favorecimento sexual, prevalecendo-se o agente da sua condição de superior hierárquico ou ascendência inerente ao exercício de emprego, cargo ou função.

Pena – detenção, de 1 (um) a 2 (dois) anos.

Parágrafo único. (VETADO) (Incluído pela Lei nº 10.224, de 15 de 2001)

§ 2º - A pena é aumentada em até um terço se a vítima é menor de 18 (dezoito) anos.

Objetividade jurídica

Trata-se de delito pluriofensivo, resguardando a dignidade sexual do indivíduo e a liberdade de exercício do trabalho, o direito de não ser discriminado.

Sujeitos

Sujeito Ativo: só pode ser praticado por superior hierárquico ou ascendente em relação de emprego, cargo ou função.

Sujeito Passivo: é o subalterno ou subordinado do autor.

Conduta

É a insistência inoportuna de alguém em posição privilegiada, que usa dessa vantagem para obter favores sexuais de um subalterno.

Crime habitual

Alguns autores ditam que não é crime a mera relação entre docente e aluno, por ausência entre os dois sujeitos do vínculo do trabalho.

Trata-se de crime habitual, logo é imprescindível a prática de reiterados atos constrangedores. Neste caso, não se admite tentativa.

> **Registro não autorizado da intimidade sexual**
> **Art. 216-B.** Produzir, fotografar, filmar ou registrar, por qualquer meio, conteúdo com cena de nudez ou ato sexual ou libidinoso de caráter íntimo e privado sem autorização dos participantes:
> **Pena** - detenção, de 6 (seis) meses a 1 (um) ano, e multa.
> **Parágrafo único.** Na mesma pena incorre quem realiza montagem em fotografia, vídeo, áudio ou qualquer outro registro com o fim de incluir pessoa em cena de nudez ou ato sexual ou libidinoso de caráter íntimo.

A Lei nº 13.772/2018 acrescentou o art. 216-B a fim de preencher a lacuna que existia quanto à punição da conduta de indivíduos que registravam a prática sexual de terceiros em ambientes privados.

O bem jurídico protegido é a intimidade sexual da vítima. Quantos aos sujeitos do crime, podem ser qualquer pessoa, tanto o ativo como o passivo.

O elemento subjetivo do tipo é o dolo. Logo, não admite modalidade culposa.

Ademais, a cena de nudez ou de ato libidinoso registrada deve ter sido praticado em caráter íntimo e privado.

Assim, se o agente filma um casal mantendo relações sexuais em uma praça, por exemplo, não configura o crime.

Dos crimes sexuais contra vulnerável

Sedução

Este crime foi revogado pelo Art. 217.

Estupro de vulnerável

> **Art. 217-A.** Ter conjunção carnal ou praticar outro ato libidinoso com menor de 14 (catorze) anos:
> **Pena** - reclusão, de 8 (oito) a 15 (quinze) anos;
> **§ - 1º.** Incorre na mesma pena quem pratica as ações descritas no caput com alguém que, por enfermidade ou deficiência mental, não tem o necessário discernimento para a prática do ato, ou que, por qualquer outra causa, não pode oferecer resistência. (Incluído pela Lei nº 12.015, de 2009)
> **§ 2º.** (VETADO) (Incluído pela Lei nº 12.015, de 2009)
> **§ 3º.** Se da conduta resulta lesão corporal de natureza grave:
> **Pena** - reclusão, de 10 (dez) a 20 (vinte) anos.
> **§ 4º** - Se da conduta resulta morte:
> **Pena** - reclusão, de 12 (doze) a 30 (trinta) anos.

Corrupção de menores

> **Art. 218.** Induzir alguém menor de 14 (catorze) anos a satisfazer a lascívia de outrem:
> **Pena** - reclusão, de 2 (dois) a 5 (cinco) anos.
> **Parágrafo único.** (VETADO). (Incluído pela Lei nº 12.015, de 2009)

Sujeitos

Sujeito Ativo: qualquer pessoa.
Sujeito Passivo: somente a pessoa menor de 14 anos.

Consumação e Tentativa

Consuma-se com a prática do ato que importa na satisfação da lascívia de outrem, independentemente deste considerar-se satisfeito. Admite tentativa.

O ato a que o menor vulnerável é induzido a praticar, não pode consistir em conjunção carnal ou atos libidinosos diversos da cópula normal, casos em que, ocorrendo a sua prática efetiva, configurado estará o crime de estupro de vulnerável (Art. 217-A do CP), tanto para quem induz, quanto para quem deles participa diretamente.

Satisfação de lascívia mediante presença de criança ou adolescente

> **Art. 218-A.** Praticar, na presença de alguém menor de 14 (catorze) anos, ou induzi-lo a presenciar, conjunção carnal ou outro ato libidinoso, a fim de satisfazer lascívia própria ou de outrem:
> **Pena** - reclusão, de 2 (dois) a 4 (quatro) anos.

Favorecimento da prostituição ou outra forma de exploração sexual de vulnerável

> **Art. 218-B.** Submeter, induzir ou atrair à prostituição ou outra forma de exploração sexual alguém menor de 18 (dezoito) anos ou que, por enfermidade ou deficiência mental, não tem o necessário discernimento para a prática do ato, facilitá-la, impedir ou dificultar que a abandone:
> **Pena** - reclusão, de 4 (quatro) a 10 (dez) anos.
> **§ 1º** - Se o crime é praticado com o fim de obter vantagem econômica, aplica-se também multa.
> **§ 2º** - Incorre nas mesmas penas:
> **I.** quem pratica conjunção carnal ou outro ato libidinoso com alguém menor de 18 (dezoito) e maior de 14 (catorze) anos na situação descrita no caput deste artigo;
> **II.** o proprietário, o gerente ou o responsável pelo local em que se verifiquem as práticas referidas no caput deste artigo.
> **§ 3º** - Na hipótese do inciso II do § 2º, constitui efeito obrigatório da condenação a cassação da licença de localização e de funcionamento do estabelecimento.

> Por falta de previsão legal, não haverá crime na conduta daquele que contratar, diretamente com pessoa maior de 14 anos, serviços sexuais.

> **Divulgação de cena de estupro ou de cena de estupro de vulnerável, de cena de sexo ou de pornografia**
> **Art. 218-C.** Oferecer, trocar, disponibilizar, transmitir, vender ou expor à venda, distribuir, publicar ou divulgar, por qualquer meio - inclusive por meio de comunicação de massa ou sistema de informática ou telemática -, fotografia, vídeo ou outro registro audiovisual que contenha cena de estupro ou de estupro de vulnerável ou que faça apologia ou induza a sua prática, ou, sem o consentimento da vítima, cena de sexo, nudez ou pornografia:

DOS CRIMES CONTRA A DIGNIDADE SEXUAL

Pena - reclusão, de 1 (um) a 5 (cinco) anos, se o fato não constitui crime mais grave.

§ 1º A pena é aumentada de 1/3 (um terço) a 2/3 (dois terços) se o crime é praticado por agente que mantém ou tenha mantido relação íntima de afeto com a vítima ou com o fim de vingança ou humilhação.

§ 2º Não há crime quando o agente pratica as condutas descritas no caput deste artigo em publicação de natureza jornalística, científica, cultural ou acadêmica com a adoção de recurso que impossibilite a identificação da vítima, ressalvada sua prévia autorização, caso seja maior de 18 (dezoito) anos.

A Lei nº 13.718, de 2018 incluiu o art. 218-C para punir o agente que divulga fotografia ou vídeo que contém uma cena de estupro (relação sexual sem consentimento) ou uma cena que faça apologia ou induza a prática de estupro. Bem como o agente que divulga fotografia ou vídeo que contém cena de sexo (consensual), nudez ou pornografia.

A divulgação é feita sem o consentimento da pessoa que aparece na fotografia ou vídeo.

Ademais, as pessoas que recebem a fotografia ou vídeo, por Whatsapp por exemplo, não cometem o crime, pois esta conduta não se amolda na previsão do artigo 218-C.

A consumação do delito independe da forma como o agente obteve a fotografia ou vídeo. Contudo, se a obtenção da mídia se deu através de invasão de dispositivo informático, tem-se a incidência do art. 154-A, CP.

Trata-se de crime comum. Pode ser praticado por qualquer pessoa (homem ou mulher). Quanto à vítima, é a pessoa que aparece na fotografia ou no vídeo.

O delito pode ser praticado contra qualquer pessoa (homem ou mulher).

É processado mediante ação penal pública incondicionada.

O § 1º prevê causa de aumento para os casos em que o agente possui ou mantinha relação íntima de afeto com a vítima.

Por fim, o § 2º trata da hipótese de **exclusão de ilicitude**, quando o agente pratica a conduta em publicação de natureza jornalística, científica, cultural ou acadêmica com a adoção de recurso que impossibilite a identificação da vítima.

7.2 Do Rapto

Este crime foi revogado pelos Arts. 219 a 222.

7.3 Disposições Gerais

Este crime foi revogado pelos Arts. 223 e 224.

7.4 Ação Penal

Art. 225. Nos crimes definidos nos Capítulos I e II deste Título, procede-se mediante ação penal pública incondicionada. (Redação dada pela Lei nº 13.718, de 2018).

Parágrafo único. (Revogado)

→ **Regra**: com a Lei nº13.718/2018, todos os crimes contra a dignidade sexual são processados mediante **ação pena pública incondicionada**.

7.5 Aumento de Pena

Art. 226. A pena é aumentada:

I. de quarta parte, se o crime é cometido com o concurso de 2 (duas) ou mais pessoas; (Redação dada pela Lei nº 11.106, de 2005)

II. de metade, se o agente é ascendente, padrasto ou madrasta, tio, irmão, cônjuge, companheiro, tutor, curador, preceptor ou empregador da vítima ou por qualquer outro título tiver autoridade sobre ela; (Redação dada pela Lei nº 13.718, de 2018)

III. (Revogado pela Lei nº 11.106, de 2005)

IV. de 1/3 (um terço) a 2/3 (dois terços), se o crime é praticado:

Estupro coletivo

a) mediante concurso de 2 (dois) ou mais agentes; (Incluído pela Lei nº 13.718, de 2018)

Estupro corretivo

b) para controlar o comportamento social ou sexual da vítima. (Incluído pela Lei nº 13.718, de 2018)

7.6 Do Lenocínio e do Tráfico de Pessoa Para Fim de Prostituição ou Outra Forma de Exploração Sexual

Mediação para servir a lascívia de outrem

Art. 227 - Induzir alguém a satisfazer a lascívia de outrem:
Pena - reclusão, de um a três anos.

§ 1º - Se a vítima é maior de 14 (catorze) e menor de 18 (dezoito) anos, ou se o agente é seu ascendente, descendente, cônjuge ou companheiro, irmão, tutor ou curador ou pessoa a quem esteja confiada para fins de educação, de tratamento ou de guarda:
Pena - reclusão, de dois a cinco anos.

§ 2º - Se o crime é cometido com emprego de violência, grave ameaça ou fraude:
Pena - reclusão, de dois a oito anos, além da pena correspondente à violência.

§ 3º - Se o crime é cometido com o fim de lucro, aplica-se também multa.

Favorecimento da prostituição ou outra forma de exploração sexual

Art. 228. Induzir ou atrair alguém à prostituição ou outra forma de exploração sexual, facilitá-la, impedir ou dificultar que alguém a abandone:
Pena - reclusão, de 2 (dois) a 5 (cinco) anos, e multa.

§ 1º - Se o agente é ascendente, padrasto, madrasta, irmão, enteado, cônjuge, companheiro, tutor ou curador, preceptor ou empregador da vítima, ou se assumiu, por lei ou outra forma, obrigação de cuidado, proteção ou vigilância:
Pena - reclusão, de 3 (três) a 8 (oito) anos.

§ 2º - Se o crime é cometido com emprego de violência, grave ameaça ou fraude:
Pena - reclusão, de quatro a dez anos, além da pena correspondente à violência.

§ 3º - Se o crime é cometido com o fim de lucro, aplica-se também multa.

Casa de prostituição

Art. 229. Manter, por conta própria ou de terceiro, estabelecimento em que ocorra exploração sexual, haja, ou não, intuito de lucro ou mediação direta do proprietário ou gerente:
Pena - reclusão, de dois a cinco anos, e multa.

Rufianismo

Art. 230 - Tirar proveito da prostituição alheia, participando diretamente de seus lucros ou fazendo-se sustentar, no todo ou em parte, por quem a exerça:
Pena - reclusão, de um a quatro anos, e multa.
§ 1º - Se a vítima é menor de 18 (dezoito) e maior de 14 (catorze) anos ou se o crime é cometido por ascendente, padrasto, madrasta, irmão, enteado, cônjuge, companheiro, tutor ou curador, preceptor ou empregador da vítima, ou por quem assumiu, por lei ou outra forma, obrigação de cuidado, proteção ou vigilância:
Pena - reclusão, de 3 (três) a 6 (seis) anos, e multa.
§ 2º - Se o crime é cometido mediante violência, grave ameaça, fraude ou outro meio que impeça ou dificulte a livre manifestação da vontade da vítima:
Pena - reclusão, de 2 (dois) a 8 (oito) anos, sem prejuízo da pena correspondente à violência.

Tráfico internacional de pessoa para fim de exploração sexual

(Revogado pela Lei nº 13.344, de 2016)

§ 3º - Se o crime é cometido com o fim de obter vantagem econômica, aplica-se também multa.

Tráfico interno de pessoa para fim de exploração sexual

(Revogado pela Lei nº 13.344, de 2016

Promoção de migração ilegal
Art. 232-A. Promover, por qualquer meio, com o fim de obter vantagem econômica, a entrada ilegal de estrangeiro em território nacional ou de brasileiro em país estrangeiro:
(Incluído pela Lei nº 13.445, de 2017)
Pena - reclusão, de 2 (dois) a 5 (cinco) anos, e multa.
§ 1º Na mesma pena incorre quem promover, por qualquer meio, com o fim de obter vantagem econômica, a saída de estrangeiro do território nacional para ingressar ilegalmente em país estrangeiro.
§ 2º A pena é aumentada de 1/6 (um sexto) a 1/3 (um terço) se:
I. o crime é cometido com violência; ou
II. a vítima é submetida a condição desumana ou degradante.
§ 3º A pena prevista para o crime será aplicada sem prejuízo das correspondentes às infrações conexas.

7.7 Do Ultraje Público ao Pudor

Ato obsceno
Art. 233 - Praticar ato obsceno em lugar público, ou aberto ou exposto ao público:
Pena - detenção, de três meses a um ano, ou multa.

Escrito ou objeto obsceno
Art. 234 - Fazer, importar, exportar, adquirir ou ter sob sua guarda, para fim de comércio, de distribuição ou de exposição pública, escrito, desenho, pintura, estampa ou qualquer objeto obsceno:
Pena - detenção, de seis meses a dois anos, ou multa.
Parágrafo único - Incorre na mesma pena quem:

I. vende, distribui ou expõe à venda ou ao público qualquer dos objetos referidos neste artigo;
II. realiza, em lugar público ou acessível ao público, representação teatral, ou exibição cinematográfica de caráter obsceno, ou qualquer outro espetáculo, que tenha o mesmo caráter;
III. realiza, em lugar público ou acessível ao público, ou pelo rádio, audição ou recitação de caráter obsceno.

7.8 Disposições Gerais

Aumento de pena
Art. 234-A. Nos crimes previstos neste Título a pena é aumentada:
I. (VETADO); (Incluído pela Lei nº 12.015, de 2009).
II. (VETADO); (Incluído pela Lei nº 12.015, de 2009).
III. de metade a 2/3 (dois terços), se do crime resulta gravidez; (Redação dada pela Lei nº 13.718, de 2018)
IV. de 1/3 (um terço) a 2/3 (dois terços), se o agente transmite à vítima doença sexualmente transmissível de que sabe ou deveria saber ser portador, ou se a vítima é idosa ou pessoa com deficiência. (Redação dada pela Lei nº 13.718, de 2018)
Art. 234-B. Os processos em que se apuram crimes definidos neste Título correrão em segredo de justiça.
Art. 234-C. (VETADO). (Incluído pela Lei nº 12.015, de 2009).

8. DOS CRIMES CONTRA A PAZ PÚBLICA

8.1 Incitação ao Crime

Art. 286 - Incitar, publicamente, a prática de crime:
Pena - detenção, de três a seis meses, ou multa.

Para incidir no tipo penal, o agente deve incitar, apontando fato determinado, como por exemplo, conclamar para um número indeterminado de pessoas a "linchar" o sujeito que furtou determinado estabelecimento.

> A conduta delituosa se consubstancia em incitar PUBLICAMENTE, a prática de determinado crime.

8.2 Apologia de Crime ou Criminoso

Art. 287 - Fazer, publicamente, apologia de fato criminoso ou de autor de crime:
Pena - detenção, de três a seis meses, ou multa.

8.3 Associação Criminosa

Art. 288. Associarem-se 3 (três) ou mais pessoas, para o fim específico de cometer crimes:
Pena - reclusão, de 1 (um) a 3 (três) anos.
Parágrafo único. A pena aumenta-se até a metade se a associação é armada ou se houver a participação de criança ou adolescente

A Lei nº 12.850/2013, alterou o artigo 288 do Código Penal, mudando o nome jurídico do crime de "quadrilha ou bando" para a "associação criminosa", formada por grupo de três ou mais pessoas com o fim específico de cometer crimes. A lei entrou em vigor no dia 16 de setembro de 2013. A mudança mais significativa se dá na definição da conduta, uma vez que agora o crime se consumado com o número de três pessoas e não como o texto anterior que previa no mínimo quatro agentes para a consumação do crime.

O novo artigo faz referência ao aumento da pena em caso de associação armada. Dessa forma, o parágrafo único aumenta a pena até a metade no caso de utilização de armas ou se houver a participação de menor de idade.

O que mudou:

a) O nome do crime mudou de "quadrilha ou bando" para "associação criminosa".
b) A quantidade mínima de agentes para a configuração do crime mudou de 04 para 03. Aqui tem-se lei mais gravosa e, como tal, aplica-se somente aos fatos posteriores, não podendo alcançar os atos praticados sob o império da lei antiga.
c) A pena aumenta-se até a metade, se a associação é armada ou se houver a participação de criança ou adolescente.

Devemos lembrar que o crime é permanente, assim, os fatos cometidos antes da entrada em vigor da lei e que ainda estão em execução estarão sob o império da lei nova.

8.4 Constituição de Milícia Privada

Art. 288-A. Constituir, organizar, integrar, manter ou custear organização paramilitar, milícia particular, grupo ou esquadrão com a finalidade de praticar qualquer dos crimes previstos neste Código:
Pena - reclusão, de 4 (quatro) a 8 (oito) anos.

A consumação se dá com a efetiva constituição, organização, integração, manutenção ou custeio dos grupamentos arrolados no dispositivo. Como já frisado, é desnecessária a prática efetiva de crimes. Basta a formação do grupamento com esse intuito.

A tentativa não é possível, vez que se trata de crime formal, tal qual ocorre com a quadrilha ou bando.

9. DOS CRIMES CONTRA A FÉ PÚBLICA

9.1 Da Moeda Falsa

Art. 289. *Falsificar, fabricando-a ou alterando-a, moeda metálica ou papel-moeda de curso legal no país ou no estrangeiro:*
Pena - *reclusão, de três a doze anos, e multa.*
§ 1º. *Nas mesmas penas incorre quem, por conta própria ou alheia, importa ou exporta, adquire, vende, troca, cede, empresta, guarda ou introduz na circulação moeda falsa.*
§ 2º. *Quem, tendo recebido de boa-fé, como verdadeira, moeda falsa ou alterada, a restitui à circulação, depois de conhecer a falsidade, é punido com detenção, de seis meses a dois anos, e multa.*
§ 3º. *É punido com reclusão, de três a quinze anos, e multa, o funcionário público ou diretor, gerente, ou fiscal de banco de emissão que fabrica, emite ou autoriza a fabricação ou emissão:*
  I. *De moeda com título ou peso inferior ao determinado em lei;*
  II. *De papel-moeda em quantidade superior à autorizada.*
§ 4º. *Nas mesmas penas incorre quem desvia e faz circular moeda, cuja circulação não estava ainda autorizada.*

Modos de falsificar

Fabricando a moeda (manufaturando, fazendo a cunhagem): o próprio agente produz (cria) a moeda.

Alterando (modificando, adulterando): utilizando moeda verdadeira (autêntica), a altera (transforma cédula de dois reais em cem reais).

Objeto material

O objeto material também pode ser a moeda estrangeira, desde que tenha curso legal no Brasil, ou no país de origem, ou seja, quando circulada não pode ser recusada como meio de pagamento.

Heleno Fragoso, ensina que inexistirá o crime quando houver adulteração para que o valor nominal seja diminuído em relação ao verdadeiro.

É imprescindível, além das características apontadas, que a falsificação seja convincente, isto é, capaz de iludir os destinatários da moeda.

Nem sempre a falsificação grosseira constituirá fato atípico, já que este ocorrerá somente quando não haja qualquer possibilidade de iludir alguém. Do contrário, poderá se configurar o crime de estelionato. Este, aliás, é o entendimento do Superior Tribunal de Justiça:

Súmula 73 – STJ: *73. A utilização de papel-moeda grosseiramente falsificado configura, em tese, o crime de estelionato, de competência da Justiça Estadual.*

Crimes assimilados ao de moeda falsa

Art. 290. *Formar cédula, nota ou bilhete representativo de moeda com fragmentos de cédulas, notas ou bilhetes verdadeiros; suprimir, em nota, cédula ou bilhete recolhidos, para o fim de restituí-los à circulação, sinal indicativo de sua inutilização; restituir à circulação cédula, nota ou bilhete em tais condições, ou já recolhidos para o fim de inutilização:*
Pena - *reclusão, de dois a oito anos, e multa.*
Parágrafo único. *O máximo da reclusão é elevado a doze anos e multa, se o crime é cometido por funcionário que trabalha na repartição onde o dinheiro se achava recolhido, ou nela tem fácil ingresso, em razão do cargo.(Vide Lei nº 7.209, de 11.7.1984)*

Consumuação

Neste delito, da mesma forma, é necessário que a formação da moeda com fragmentos e a supressão do sinal indicativo sejam capazes de iludir.

Não é necessário o dano para consumar-se o delito, basta a mera formação da cédula a partir dos fragmentos, com a supressão do sinal identificador de recolhimento.

Há autores que ditam que, ao contrário do que ocorre com o crime de moeda falsa (art. 298, CP), a aquisição e o recebimento da moeda nas condições descritas no Art. 290, *caput*, não foram elevados à categoria de crime principal, subsistindo o delito de receptação.

9.2 Petrechos para Falsificação de Moeda

Art. 291. *Fabricar, adquirir, fornecer, a título oneroso ou gratuito, possuir ou guardar maquinismo, aparelho, instrumento ou qualquer objeto especialmente destinado à falsificação de moeda:*
Pena - *reclusão, de dois a seis anos, e multa.*

Emissão de título ao portador sem permissão legal

Art. 292. *Emitir, sem permissão legal, nota, bilhete, ficha, vale ou título que contenha promessa de pagamento em dinheiro ao portador ou a que falte indicação do nome da pessoa a quem deva ser pago:*
Pena - *detenção, de um a seis meses, ou multa.*
Parágrafo único. *Quem recebe ou utiliza como dinheiro qualquer dos documentos referidos neste artigo incorre na pena de detenção, de quinze dias a três meses, ou multa.*

9.3 Da Falsidade de Títulos e Outros Papéis Públicos

Falsificação de papéis públicos

Art. 293. *Falsificar, fabricando-os ou alterando-os:*
  I. *Selo destinado a controle tributário, papel selado ou qualquer papel de emissão legal destinado à arrecadação de tributo;*
  II. *Papel de crédito público que não seja moeda de curso legal;*
  III. *Vale postal;*
  IV. *Cautela de penhor, caderneta de depósito de caixa econômica ou de outro estabelecimento mantido por entidade de direito público;*
  V. *Talão, recibo, guia, alvará ou qualquer outro documento relativo a arrecadação de rendas públicas ou a depósito ou caução por que o poder público seja responsável;*
  VI. *Bilhete, passe ou conhecimento de empresa de transporte administrada pela União, por Estado ou por Município:*
Pena - *reclusão, de dois a oito anos, e multa.*
§1º. *Incorre na mesma pena quem:*
  I. *Usa, guarda, possui ou detém qualquer dos papéis falsificados a que se refere este artigo;*
  II. *Importa, exporta, adquire, vende, troca, cede, empresta, guarda, fornece ou restitui à circulação selo falsificado destinado a controle tributário;*
  III. *Importa, exporta, adquire, vende, expõe à venda, mantém em depósito, guarda, troca, cede, empresta, fornece, porta ou, de qualquer forma, utiliza em proveito próprio ou alheio, no exercício de atividade comercial ou industrial, produto ou mercadoria:*

DOS CRIMES CONTRA A FÉ PÚBLICA

a) em que tenha sido aplicado selo que se destine a controle tributário, falsificado;

b) sem selo oficial, nos casos em que a legislação tributária determina a obrigatoriedade de sua aplicação.

§2º. Suprimir, em qualquer desses papéis, quando legítimos, com o fim de torná-los novamente utilizáveis, carimbo ou sinal indicativo de sua inutilização:

Pena - reclusão, de um a quatro anos, e multa.

§3º. Incorre na mesma pena quem usa, depois de alterado, qualquer dos papéis a que se refere o parágrafo anterior.

§4º. Quem usa ou restitui à circulação, embora recebido de boa-fé, qualquer dos papéis falsificados ou alterados, a que se referem este artigo e o seu § 2º, depois de conhecer a falsidade ou alteração, incorre na pena de detenção, de seis meses a dois anos, ou multa.

§5º. Equipara-se a atividade comercial, para os fins do inciso III do § 1º, qualquer forma de comércio irregular ou clandestino, inclusive o exercido em vias, praças ou outros logradouros públicos e em residências.

> O inciso III - vale postal - foi revogado pelo Art. 36 da Lei 6.538/76. Sendo assim, só é passível de cobrança em concursos que cobrem especificamente essa lei.

Esse artigo do Código Penal traz a tipificação da conduta daquele agente que pratica atos de falsificação de papéis públicos, ou seja, aqueles que são chancelados pelo Estado como sendo verdadeiros. Dessa forma, o crime possui diversas condutas típicas, mas a principal está no *caput*, pois pune quem: **falsifica** ou **adultera O documento**.

De acordo com o §1º, pune-se com a mesma pena do *caput* - reclusão de dois a oito anos - quem **guarda, possui ou detém** quaisquer dos papéis que constam no inciso I ao VI do *caput*. Ademais, a falsificação prevista nos incisos II e III deste parágrafo, aplica punição às outras condutas ligadas, especificamente, à falsificação de selo destinado ao controle tributário, ou então, de produtos ou mercadorias sobre os quais incide o controle tributário.

> Se a falsificação for usada como meio para a fraude, configura-se o crime de estelionato (Art. 171 do CP), o qual absorve o crime de falsificação, de acordo com o princípio da consunção.

Em relação ao §2º, pune-se quem efetuou a **supressão** do sinal indicativo de inutilização com intenção de tornar novamente utilizável.

O §3º prevê que é punido quem **USA**, desde que esse não seja o mesmo autor que suprimiu o documento, pois senão, responderá pela *caput*.

O §4º é a figura **privilegiada** do Art. 293, pois pune quem recebe de **boa-fé** e repassa o documento falsificado após reconhecer a sua falsidade.

Por fim, o §5º trata da equiparação das condutas reconhecidas como atividade comercial expressa no Art. 1º, inciso III, exercidas em locais irregulares e clandestinos, em locais públicos ou até mesmo se praticada dentro da própria residência do agente.

Petrechos de falsificação

> Caso o agente seja FUNCIONÁRIO PÚBLICO, e pratique quaisquer das condutas descritas no Art. 293, utilizando-se de privilégios que seu cargo ofereça, responderá com AUMENTO DE PENA - conforme Art. 295 do CP.

Art. 294. Fabricar, adquirir, fornecer, possuir ou guardar **objeto especialmente destinado à falsificação** de qualquer dos papéis referidos no artigo anterior:

Pena - reclusão, de um a três anos, e multa.

Art. 295. Se o **agente é funcionário público**, e comete o crime **prevalecendo-se do cargo**, aumenta-se a pena de sexta parte.

A figura típica do Art. 294, prevê a conduta do agente que possua objetos que tenham como fim específico a falsificação de quaisquer papéis públicos mencionados no Art. 293 do Código Penal.

Caso esse objeto possua a capacidade de falsificar, mas sua função principal não é esta, a sua posse não será considerada como objeto (petrecho).

Ex.: Uma impressora de alta capacidade que tenha condições de imprimir cédulas falsas. Contudo, depende - logicamente - do contexto fático em que se apresente.

> O Art. 295 do Código Penal trata especificamente da hipótese em que o agente é FUNCIONÁRIO PÚBLICO, o qual responderá com aumento de pena de SEXTA PARTE caso tenha utilizado de atributos da sua função pública para a prática do crime.

9.4 Da Falsidade Documental

Falsificação do selo ou sinal público

Art. 296. Falsificar, fabricando-os ou alterando-os:

I. Selo público destinado a autenticar atos oficiais da União, de Estado ou de Município;

II. Selo ou sinal atribuído por lei à entidade de direito público, ou a autoridade, ou sinal público de tabelião:

Pena - reclusão, de dois a seis anos, e multa.

§1º. Incorre nas mesmas penas:

I. Quem faz uso do selo ou sinal falsificado;

> Na situação em que o agente é FUNCIONÁRIO PÚBLICO, responderá com aumento de pena de SEXTA PARTE (conforme Art. 327 do CP).

II. Quem utiliza indevidamente o selo ou sinal verdadeiro em prejuízo de outrem ou em proveito próprio ou alheio.

III. Quem altera, falsifica ou faz uso indevido de marcas, logotipos, siglas ou quaisquer outros símbolos utilizados ou identificadores de órgãos ou entidades da Administração Pública.

§2º. Se o agente é funcionário público, e comete o crime prevalecendo-se do cargo, aumenta-se a pena de sexta parte.

Esse delito visa incriminar o agente que **falsifica SELOS ou SINAIS públicos** - objetos que atestam um documento como verdadeiro - por meio da **fabricação** (contrafação - próprio agente fabrica um selo ou sinal falso), ou pela **alteração** (modificação de selo ou sinal verdadeiro).

Tais itens - selo ou sinal - **não** são considerados documentos públicos, e sim, objetos que o criminoso utiliza para falsificação.

Ex.: Carimbo, selo de identificação etc.

A falsidade tipificada nesse artigo é **MATERIAL**, ou seja, a forma do documento é modificada (alteração), ou fabricada (contrafação).

Falsificação de documento público

Art. 297. Falsificar, no todo ou em parte, documento público, ou alterar documento público verdadeiro:
Pena - reclusão, de dois a seis anos, e multa.
§1º. Se o agente é funcionário público, e comete o crime prevalecendo-se do cargo, aumenta-se a pena de sexta parte.
§2º. Para os efeitos penais, equiparam-se a documento público o emanado de entidade paraestatal, o título ao portador ou transmissível por endosso, as ações de sociedade comercial, os livros mercantis e o testamento particular.
§3º. Nas mesmas penas incorre quem insere ou faz inserir:
I. Na folha de pagamento ou em documento de informações que seja destinado a fazer prova perante a previdência social, pessoa que não possua a qualidade de segurado obrigatório;
II. Na Carteira de Trabalho e Previdência Social do empregado ou em documento que deva produzir efeito perante a previdência social, declaração falsa ou diversa da que deveria ter sido escrita;
III. Em documento contábil ou em qualquer outro documento relacionado com as obrigações da empresa perante a previdência social, declaração falsa ou diversa da que deveria ter constado.
§4º. Nas mesmas penas incorre quem omite, nos documentos mencionados no § 3º, nome do segurado e seus dados pessoais, a remuneração, a vigência do contrato de trabalho ou de prestação de serviços.

> Para provar a materialidade do crime, é INDISPENSÁVEL a realização de exame de corpo de delito, direto ou indireto, no documento, NÃO podendo supri-lo pela confissão do acusado (Art. 158 do CPP), ou seja, pela perícia no documento.

Este título do Código Penal tem por objetivo tipificar a conduta do agente que **falsifica, total ou parcialmente, documento público**, bem como aquele que **altera** documentos públicos **verdadeiros** com intenção de obter **vantagem ilícita**.

A falsidade tipificada nesse artigo é material, ou seja, a forma do documento é modificada (alteração), ou falsificada (contrafação), total ou parcialmente.

Documento para o Direito Penal deve possuir as seguintes características:

> Forma escrita;
> Elaborado por pessoa determinada;
> Conteúdo revestido de relevância jurídica;
> Possuir eficácia probatória.
> Portanto, **documento público** é aquele confeccionado pelo funcionário público, nacional ou estrangeiro, **no desempenho de suas atividades**, em conformidade com as formalidades legais.

Caso a agente seja funcionário público, responde com aumento de pena de sexta parte, conforme preceitua o §1º desse artigo.

A fotocópia (xerox/traslado), sem autenticação, não tem eficácia probatória. Desse modo, não é classificado como documento público para fins penais.

§ 2º. Para os efeitos penais, equiparam-se a documento público o emanado de entidade paraestatal, o título ao portador ou transmissível por endosso, as ações de sociedade comercial, os livros mercantis e o testamento particular.

Entidades paraestatais, integrantes do terceiro setor, são as pessoas jurídicas de direito privado, sem fins lucrativos, que atuam ao lado e em colaboração com o Estado. (Exemplo: SESC, SENAI, SESI, SENAC e ONGs).

Título ao portador: cheque ao portador (nominal).

Título transmissível por endosso: cheque, duplicata, nota promissória, letra de câmbio.

Ações de sociedade comercial: sociedades anônimas, sociedades em comandita por ações.

Livros mercantis: destinados a registrar as atividades empresariais.

Testamento **particular**.

Na hipótese em que o agente que faz **uso** do documento falsificado ou modificado seja o mesmo que falsificou - os papéis públicos - esse delito (Art. 297) será absorvido pelo (Art. 171), estelionato, do Código Penal, visto que, a conduta visa obter **vantagem indevida** mediante o **uso de fraude**. Sendo assim, a falsificação é "meio" (uso da fraude) para o fim (a vantagem), que é o crime de estelionato. Por conseguinte, de acordo com o **princípio da consunção**, o crime mais grave absorve o menos grave.

Súmula 17 – STJ. Quando o falso se exaure no estelionato, sem mais potencialidade lesiva, é por ele absorvido.

Falsificação de documento particular

Art. 298. Falsificar, no todo ou em parte, documento particular ou alterar documento particular verdadeiro:
Pena - reclusão, de um a cinco anos, e multa.

> Documento escrito a lápis é documento público? É necessário observar que documento escrito a lápis ainda que feito por servidor público não é documento, considerando a insegurança na manutenção de seu conteúdo.
> Substituir fotografia em documento de identidade, prevalece que é o delito do Art. 297 do CP. (Atualmente a jurisprudência dispensa a perícia nesses casos).

Este artigo do Código Penal tem por objetivo tipificar a conduta do agente que falsifica, total ou parcialmente, documento **particular**, bem como aquele que altera documentos particulares verdadeiros com intenção de obter vantagem ilícita.

DOS CRIMES CONTRA A FÉ PÚBLICA

Para configurar o crime de falsificação, faz-se necessário que a conduta tenha capacidade de ludibriar terceiros, pois a falsificação ou modificação **grosseira** ou sem potencialidade lesiva **não** configura o crime, ou seja, de acordo com o Art. 17 do CP é um crime impossível por absoluta impropriedade do objeto, podendo configurar estelionato.

Nessa situação, o documento em si é falso, porém os dados podem ser verdadeiros, pois o agente que emite/falsifica o documento, não tem competência para fazê-lo.

Para provar a materialidade do crime, é INDISPENSÁVEL a realização de exame de corpo de delito, direto ou indireto, no documento, não podendo supri-lo a confissão do acusado (Art. 158 do CPP).

Considerações

Se a falsidade do documento é material, o agente responde pelo Art. 298 do CP, falsificação de documento particular, caso seja **ideológica**, o agente responderá pelo Art. 299 do CP, falsidade ideológica.

Caso o agente que utilize o documento falsificado ou modificado seja o mesmo que o falsificou, responderá pelo crime do Art. 304 do CP, uso de documento particular falsificado.

Documento público nulo, se torna documento particular. Atos públicos nulos, feitos por oficiais incompetentes, são documentos particulares.

Na hipótese de documento particular, com firma reconhecida em cartório, temos um documento público? Falsificando os escritos do documento, o delito será o do Art. 298 do CP. Porém, se a conduta for para falsificar o selo do tabelião, o delito é o do Art. 297.

Na hipótese em que um indivíduo falsifica um documento particular com o objetivo de praticar o CRIME DE SONEGAÇÃO FISCAL, responderá pelo crime previsto no Art. 1º, III e IV, da Lei 8.137/90.

Falsidade ideológica

> **Art. 299**. Omitir, em documento público ou particular, declaração que dele devia constar, ou nele inserir ou fazer inserir declaração falsa ou diversa da que devia ser escrita, com o fim de prejudicar direito, criar obrigação ou alterar a verdade sobre fato juridicamente relevante:
> **Pena** - reclusão, de um a cinco anos, e multa, se o documento é público, e reclusão de um a três anos, e multa, se o documento é particular.
> **Parágrafo único**. Se o agente é funcionário público, e comete o crime prevalecendo-se do cargo, ou se a falsificação ou alteração é de assentamento de registro civil, aumenta-se a pena de sexta parte.

Diferentemente dos Art. 297 e 298, que tratam da falsidade material, em que o conteúdo pode ser verdadeiro, mas o documento em si é falso, esse artigo aborda a falsidade ideológica, em que o documento é verdadeiro, mas o conteúdo, a ideia é falsa. A falsidade ideológica também é conhecida como falso ideal, falso intelectual ou falso moral.

Falsidade Material	Falsidade Ideológica
A forma do documento é falsa, porém os dados podem ser verdadeiros.	A forma do documento é verdadeira, mas a ideia contida é falsa.

Núcleos do tipo

Omitir: o funcionário público no momento da elaboração de um documento, **deixa de inserir** (omissão) informação que nesse deveria constar. É a falsidade imediata.

Inserir: aquele que **insere** no documento público ou particular informação falsa ou diversa que deveria ser escrita. É a falsidade **imediata**.

Fazer inserir: é o particular que fornece a informação falsa ao funcionário público competente, que **por erro** a insere no documento verdadeiro. É chamada falsidade **mediata**.

Caso o agente que utilizar o documento falsificado ou modificado seja o mesmo, esse delito (Art. 299) será absorvido pelo Art. 171, estelionato, do Código Penal, visto que a conduta busca obter vantagem indevida mediante o uso de fraude.

Para que seja configurado o crime de falsidade ideológica, o agente deve ter um especial fim de agir, ou seja, um **dolo específico**, de prejudicar um direito, criar uma obrigação ou alterar a verdade sobre um fato.

Falso reconhecimento de firma ou letra

> **Art. 300**. Reconhecer, como verdadeira, no exercício de função pública, firma ou letra que o não seja:
> **Pena** - reclusão, de um a cinco anos, e multa, se o documento é público; e de um a três anos, e multa, se o documento é particular.

Esse crime é classificado como **próprio**, pois somente pode ser cometido por funcionário público no exercício da função, ou seja, aquele que tem a competência para o reconhecimento.

O delito configura-se quando o funcionário público reconhece (atesta, afirma), como verdadeiro a firma ou letra que **sabe ser falsa**.

Não admite a modalidade culposa, porém o agente poderá vir a responder na esfera administrativa e civil. (**STJ. RMS 26.548/PR - 2010**)

Certidão ou atestado ideologicamente falso

> **Art. 301**. Atestar ou certificar falsamente, em razão de função pública, fato ou circunstância que habilite alguém a obter cargo público, isenção de ônus ou de serviço de caráter público, ou qualquer outra vantagem:
> **Pena** - detenção, de dois meses a um ano.

Esse delito tipifica a conduta do funcionário público que, devido às qualidades que seu cargo **propicia, atesta ou certifica** aquilo que sabe ser falso, em benefício de terceiros, para que obtenham vantagem, isenção ou ônus de obrigações junto à Administração Pública (caput).

A **certidão ou atestado** são verdadeiros, porém **os dados** informados para que tal pessoa obtenha vantagem sobre a Administração são falsos.

Falsidade material de atestado ou certidão

> **§1º**. Falsificar, no todo ou em parte, atestado ou certidão, ou alterar o teor de certidão ou de atestado verdadeiro, para prova de fato ou circunstância que habilite alguém a obter cargo público, isenção de ônus ou de serviço de caráter público, ou qualquer outra vantagem:

Pena - detenção, de três meses a dois anos.

§2º. Se o crime é praticado com o fim de lucro, aplica-se, além da pena privativa de liberdade, a de multa.

Configura também a conduta do agente que, ao contrário de atestar ou certificar, **falsifica** atestado, certidões ou **altera** o seu conteúdo em benefício de terceiros que desejam obter as mesmas vantagens já mencionadas no *caput* (§ 1º).

De acordo com o § 2º, caso a conduta tenha o fim de obtenção de lucro, além da pena de restrição de liberdade, o agente será apenado também com o pagamento de multa.

> Se o agente é funcionário público, e comete o crime prevalecendo-se do cargo, ou se a falsificação ou alteração é de assentamento de registro civil, aumenta-se a pena de sexta parte.
>
> A falsidade ideológica é crime que não pode ser comprovado pericialmente, pois o documento é verdadeiro em seu aspecto formal, sendo falso apenas o seu conteúdo. Assim, não se exige o exame pericial (corpo de delito). O juiz é quem deve avaliar no caso concreto se o conteúdo é verdadeiro ou falso.

Falsidade de atestado médico

Art. 302. Dar o médico, no exercício da sua profissão, atestado falso:

Pena - detenção, de um mês a um ano.

Parágrafo único. Se o crime é cometido com o fim de lucro, aplica-se também multa.

O artigo visa punir o médico que, no exercício da sua profissão, fornece atestado falso independente de ele ser especialista ou não na área, imputando diagnóstico falso ao paciente que o solicita.

NÃO é necessário que o médico seja especialista da área a qual ele tenha fornecido o atestado falso.

Ex.: Um médico cirurgião plástico, atesta um distúrbio psiquiátrico para que a pessoa consiga obter licença ou qualquer alguma outra vantagem. Embora ele não seja neurologista, responderá pelo crime de falso atestado.

Caso o médico seja funcionário público, responderá pelo crime do Art. 301, *caput* do Código Penal.

Sendo a conduta realizada com o objetivo de obter lucros, além da pena de detenção, será aplicada também uma multa (parágrafo único).

Reprodução ou adulteração de selo ou peça filatélica

Art. 303. Reproduzir ou alterar selo ou peça filatélica que tenha valor para coleção, salvo quando a reprodução ou a alteração está visivelmente anotada na face ou no verso do selo ou peça:

Pena - detenção, de um a três anos, e multa.

Parágrafo único. Na mesma pena incorre quem, para fins de comércio, faz uso do selo ou peça filatélica.

Uso de documento falso

Art. 304. Fazer uso de qualquer dos papéis falsificados ou alterados, a que se referem os Arts. 297 a 302:

Pena - a cominada à falsificação ou à alteração.

> Artigo revogado pelo Art. 39 da Lei 6.538/78 que trata do mesmo crime.

O crime de documento falso é um crime classificado doutrinariamente como remetido e acessório.

Crime remetido: pois tem a conduta típica descrita em artigos diferentes: **Arts. 297 a 302**, ou seja, é quando o agente efetivamente faz o uso dos documentos mencionados nesses artigos.

Crime acessório: pois necessita da prática de crime anterior - **Art. 297 a 302** - para caracterizar-se crime. Antes de ocorrer efetivamente o uso do documento falso, já houve um crime anterior, consumado no momento em que esse foi fabricado, alterado, modificado etc.

Apontamentos

A consumação ocorre no momento da utilização de quaisquer dos documentos falsificados dos Arts. 297 a 302 do Código Penal.

É necessário que haja o uso, não sendo suficiente a simples alusão ao documento falso.

Para configurar o instituto da tentativa, irá depender de que maneira que o crime de uso de documento falso seja praticado.

No caso do comento ser mal feito e a falsidade seja evidente (GROSSEIRA), afasta a falsidade do documento.

Apesar de haver corrente sustentando que, para a caracterização do crime basta que o escrito saia da esfera de disponibilidade do agente, ainda que empregado em finalidade diversa daquela a que se destinava, de acordo com a maioria, é imprescindível que o documento falso seja utilizado em sua específica destinação probatória.

Quando o agente utiliza o documento falso para cometer o crime de estelionato, responderá apenas por este último, e o outro restará absorvido.

Ex.: "A" usa o documento falso para enganar "B", com o fim de obter vantagem.

O agente deve apresentar de forma espontânea o documento a terceiros. A doutrina vem aceitando que, se o agente for solicitado a entregar por agente policial, o crime persiste.

Ex.: Em uma blitz de trânsito, quando o condutor apresenta uma Carteira Nacional de Habilitação ao ser essa solicitada pelo agente público.

Caso o agente que utilize o documento falsificado ou modificado seja o mesmo que praticou a falsificação, responderá apenas pelo crime da falsificação do documento.

Independente da forma que será realizada a apresentação do documento, se voluntária ou por solicitação de autoridade pública, o agente responderá pelo crime do Art. 304 do CP.

Supressão de documento

Art. 305. Destruir, suprimir ou ocultar, em benefício próprio ou de outrem, ou em prejuízo alheio, documento público ou particular verdadeiro, de que não podia dispor:

DOS CRIMES CONTRA A FÉ PÚBLICA

> **Pena** - reclusão, de dois a seis anos, e multa, se o documento é público, e reclusão, de um a cinco anos, e multa, se o documento é particular.

O crime desse artigo, tem por objetivo tipificar a conduta do agente que dispõe de documento público ou particular verdadeiro, quando não o podia, com intuito de destruir, suprimir ou ocultar informações na intenção de causar prejuízo para outrem ou vantagem para si ou para terceiros.

É necessário que o documento suprimido, o alterado ou ocultado tenha seu valor probatório insubstituível, ou seja, caso seja cópia do documento original, NÃO estará configurado o crime.

O autor deve agir com finalidade específica, qual seja, executar o crime em benefício próprio ou de outrem, ou em prejuízo alheio (ausente esse elemento, outro poderá ser o delito).

9.5 De Outras Falsidades

Falsificação do sinal empregado no contraste de metal precioso ou na fiscalização alfandegária, ou para outros fins

> **Art. 306.** Falsificar, fabricando-o ou alterando-o, marca ou sinal empregado pelo poder público no contraste de metal precioso ou na fiscalização alfandegária, ou usar marca ou sinal dessa natureza, falsificado por outrem:
> **Pena** - reclusão, de 2 (dois) a 6 (seis) anos, e multa.

Falsa identidade

> **Art. 307.** Atribuir-se ou atribuir a terceiro falsa identidade para obter vantagem, em proveito próprio ou alheio, ou para causar dano a outrem:
> **Pena** - detenção, de três meses a um ano, ou multa, se o fato não constitui elemento de crime mais grave.

Esse delito torna típica a conduta de atribuir, para si próprio ou parar terceira pessoa, falsa identidade para obtenção de vantagem ou causar dano a terceiro, na tentativa de incriminá-lo, por exemplo.

Da leitura do verbo nuclear "atribuir" conclui-se que o crime é comissivo (praticado por ação), não ocorrendo a hipótese em que o agente silencia acerca da identidade equivocada que lhe atribuem.

Não ocorre o uso de documento falso (Art. 304 do CP), quando o agente somente atribui - verbalmente - ser outra pessoa, deve ser capaz de iludir.

O crime de falsa identidade é um CRIME SUBSIDIÁRIO, ou seja, caso venha a ser utilizado para prática de um crime mais grave, será atribuída a pena desse. Seria o caso do estelionato (Art. 171 do CP), por exemplo, pois o agente utiliza-se da fraude da falsa identidade para obtenção de vantagem. Ocorre o chamado princípio da consunção, em que o crime fim (estelionato) absorve o crime meio (falsa identidade).

Uso de documento de identidade alheia

> **Art. 308.** Usar, como próprio, passaporte, título de eleitor, caderneta de reservista ou qualquer documento de identidade alheia ou ceder a outrem, para que dele se utilize, documento dessa natureza, próprio ou de terceiro:
> **Pena** - detenção, de quatro meses a dois anos, e multa, se o fato não constitui elemento de crime mais grave.

Esse crime descreve a conduta do agente que **utiliza de documento - verdadeiro** - de uma terceira pessoa para se passar por ela, sendo conhecido como o "uso de documento de identidade alheia". Se utilizar documento falso é o Art. 304 CP.

O agente efetivamente **utiliza** o documento alheio como se fosse próprio, sendo que a simples posse de documentos de terceiro não caracteriza o crime.

É punido tanto o agente que fez o uso do documento alheio, quanto a pessoa que o emprestou - cedeu - para que aquele o utiliza-se.

O crime de falsa identidade é subsidiário, ou seja, caso constituir crime mais grave será atribuído ao autor o crime mais grave. Desse modo, se o agente USAR documento falso, embora em nome de 3ª pessoa, (Ex.: colar sua fotografia em um documento de identidade alheio) responderá pelo crime de uso de documento falso (Art. 304, CP), haja vista que a substituição de fotografia em documento público caracteriza o crime de falsificação de documento público (Art. 297, CP).

Fraude de lei sobre estrangeiro

> **Art. 309.** Usar o estrangeiro, para entrar ou permanecer no território nacional, nome que não é o seu:
> **Pena** - detenção, de 1 (um) a 3 (três) anos, e multa.
> **Parágrafo único.** Atribuir a estrangeiro falsa qualidade para promover-lhe a entrada em território nacional: (Acrescentado pela L-009.426-1996)
> **Pena** - reclusão, de 1 (um) a 4 (quatro) anos, e multa.

De acordo com Mirabete, a expressão território nacional deve ser tomada no seu sentido jurídico, incluindo, portanto, o mar territorial e o espaço aéreo correspondente à coluna atmosférica.

O parágrafo único, traz um crime comum, cuja conduta típica consiste em atribuir a estrangeiro falsa qualidade para promover-lhe a entrada em território nacional.

> **Art. 310.** Prestar-se a figurar como proprietário ou possuidor de ação, título ou valor pertencente a estrangeiro, nos casos em que seja vedada por lei a propriedade ou a posse de tais bens: (Alterado pela L-009.426-1996).
> **Pena** - detenção, de 6 (seis) meses a 3 (três) anos, e multa.

Adulteração de sinal identificador de veículo automotor

> **Art. 311.** Adulterar ou remarcar número de chassi ou qualquer sinal identificador de veículo automotor, de seu componente ou equipamento:
> **Pena** - reclusão, de três a seis anos, e multa.
> **§1º.** Se o agente comete o crime no exercício da função pública ou em razão dela, a pena é aumentada de um terço.
> **§2º.** Incorre nas mesmas penas o funcionário público que contribui para o licenciamento ou registro do veículo remarcado ou adulterado, fornecendo indevidamente material ou informação oficial.

O sinal de identificação é a placa do veículo, numeração do motor, marcação dos vidros etc.

A pessoa que recebe o veículo já adulterado, sabendo dessa circunstância, não pratica o crime do Art. 311, mas sim o do Art. 180 (receptação).

O §1º é uma causa especial de aumento de pena, se o funcionário público comete o crime prevalecendo-se do cargo. Exige-se, para incidir o aumento de pena, uma qualidade especial do agente, ser funcionário público, ou seja, um crime PRÓPRIO.

O §2º é uma figura equiparada. Esse parágrafo versa uma forma **própria** de crime, podendo ser cometido somente por funcionário público que tenha competência legítima para tais condutas.

Fita adesiva

A alteração de placa com utilização de fita adesiva é objeto de controvérsia. Para alguns autores, não se apresentando adulteração concreta e definitiva com objetivo de fraudar a propriedade, o licenciamento ou o registro do veículo, trata-se de simples infração administrativa. Para outros doutrinadores, há o crime do Art. 311 do CP.

Guilherme Nucci, ensina que a falsificação grosseira não constitui o delito, mas mera infração administrativa

Ex.: O agente modifica a placa do carro utilizando uma fita isolante preta.

9.6 Das Fraudes em Certames de Interesse Público

Fraudes em certame de interesse público

Art. 311-A. Utilizar ou divulgar, indevidamente, com o fim de beneficiar a si ou a outrem, ou de comprometer a credibilidade do certame, conteúdo sigiloso de:

I. Concurso público;

II. Avaliação ou exame público;

III. Processo seletivo para ingresso no ensino superior;

IV. Exame ou processo seletivo previstos em lei:

Pena - reclusão, de 1 (um) a 4 (quatro) anos, e multa.

§1º. Nas mesmas penas incorre quem permite ou facilita, por qualquer meio, o acesso de pessoas não autorizadas às informações mencionadas no caput.

§2º. Se da ação ou omissão resulta dano à administração pública:

Pena - reclusão, de 2 (dois) a 6 (seis) anos, e multa.

§3º. Aumenta-se a pena de 1/3 (um terço) se o fato é cometido por funcionário público.

Introduzido no Código Penal em 2011 pela Lei nº 12.550, visa evitar as fraudes cometidas em provas de concursos públicos, devido às precárias condições de fiscalização do Estado. Protege o sigilo da boa administração pública, vestibulares, processos seletivos, concursos públicos etc.

Por ser um crime comum, pode ser praticado por qualquer pessoa e, se praticado por funcionário público, a **pena aumenta-se de um terço** (Art. 311-A, §3º do CP).

Figura equiparada (Art. 311 - A, §1º): em análise ao tipo referido, a conduta é autenticamente um concurso de pessoas na modalidade participação, ou seja, um agente auxilia o outro na prática do crime.

Qualificadora (Art. 311 - A, §2º): o dano que afeta a Administração Pública é analisado em sentido amplo, e não somente o dano material. Por ser um crime contra a fé pública, afeta principalmente a moral da Administração e abala a credibilidade depositada pelas pessoas no Estado.

Consumação: Consuma-se com a simples prática dos núcleos, dispensando a obtenção da vantagem particular buscada pelo agente ou mesmo eventual dano à credibilidade do certame.

Princípio da especialidade

Aplicando-se o princípio da especialidade, a violação de sigilo funcional envolvendo certames de interesse público, não caracteriza o crime do Art. 325, mas sim o do Art. 311-A do CP.

Entendeu o STF que o uso de cola eletrônica não é crime. Entretanto, se o candidato teve acesso privilegiado ao gabarito da prova, pratica o crime junto com a pessoa que lhe forneceu.

10. DOS CRIMES CONTRA ADMINISTRAÇÃO PÚBLICA

10.1 Dos Crimes Praticados por Funcionário Público Contra a Administração em Geral

Peculato

Art. 312. *Apropriar-se o funcionário público de dinheiro, valor ou qualquer outro bem móvel, público ou particular, de que tem a posse em razão do cargo, ou desviá-lo, em proveito próprio ou alheio:*

Pena - *reclusão, de dois a doze anos, e multa.*

§ 1º. *Aplica-se a mesma pena, se o funcionário público, embora não tendo a posse do dinheiro, valor ou bem, o subtrai, ou concorre para que seja subtraído, em proveito próprio ou alheio, valendo-se de facilidade que lhe proporciona a qualidade de funcionário.*

Peculato Culposo

§ 2º. *Se o funcionário concorre culposamente para o crime de outrem:*

Pena - *detenção, de três meses a um ano.*

§ 3º. *No caso do parágrafo anterior, a reparação do dano, se precede à sentença irrecorrível, extingue a punibilidade; se lhe é posterior, reduz de metade a pena imposta.*

Esse artigo tem por objetivo tipificar a conduta do funcionário público que, aproveitando do cargo que ocupa, apropria-se de bem público ou particular. É necessário que o agente utilize das facilidades do seu cargo, pois, se não o fizer, responderá normalmente, a depender do caso concreto, nos crimes elencados no Título II. Dos Crimes Contra O Patrimônio, do Código Penal, por exemplo, o furto. (Art. 155 do CP).

Peculato apropriação

Art. 312. apropriar-se *o funcionário público de dinheiro, valor ou qualquer outro bem* **móvel, público ou particular**, *de que tem a posse em razão do cargo.(...)*

Nessa situação o funcionário público já possui a posse ou detenção lícita do bem (em razão do cargo que ocupa), porém passa a se comportar como se fosse o dono (pratica atos de disposição da coisa, venda, troca, doação etc.), não mais devolvendo ou restituindo o bem à Administração Pública.

Peculato-desvio

Art. 312. *(...) ou desviá-lo, em proveito próprio ou alheio.*

Também chamado de **peculato próprio**, valendo-se do cargo, o agente desvia, em proveito próprio ou de outrem; dinheiro, valor ou qualquer outro bem móvel, público ou particular.

Peculato furto

Também chamado de **peculato impróprio**. Só haverá este crime se o funcionário público valer-se dessa qualidade para subtrair o bem. Caso contrário, o crime será o de furto (Art. 155 do CP). Caso o particular não tenha conhecimento da qualidade de funcionário público, responderá por furto, enquanto esse último, responderá por peculato.

Exs.: "A" funcionário público, valendo-se do cargo, subtrai bem móvel da administração com auxílio de "B", o qual conhecia sua função. Ambos respondem por peculato, Art. 312 do CP.

"A" funcionário público, valendo-se do cargo, subtrai bem móvel da administração com auxílio de "B", o qual desconhecia a função de "A". "A" responderá por peculato (Art. 312 do CP), e "B" por furto (Art. 155 do CP).

"A" funcionário público, sem aproveitar do cargo que ocupa, com auxílio de "B", subtrai bem móvel da repartição em que "A" trabalha. Ambos respondem por furto (Art. 155 do CP).

São considerados crimes próprios, pois exigem a qualidade de funcionário público para sua classificação.

A conduta é sempre dolosa (apropriar-se, desviar, subtrair). Existe, no entanto, previsão para modalidade culposa (vide § 2º, peculato culposo).

É um crime comissivo, por conseguinte, pode incorrer em omissão imprópria, quando o agente, como garantidor, podendo evitar, nada faz para que o crime não seja consumado (Art. 13, §2º, do CP).

Sujeitos do crime

Sujeito Ativo: o funcionário público (crime próprio), mas admite-se coautoria e participação de particulares, desde que tenham conhecimento da qualidade de funcionário público do agente.

Se, comprovado que o particular desconhecia a qualidade funcional do agente, responde por apropriação indébita.

Sujeito Passivo: o Estado e secundariamente o particular, pessoa física ou jurídica, diretamente lesada em seu patrimônio.

Consumação e tentativa

Admite tentativa, salvo o peculato culposo, pois os crimes culposos não admitem a modalidade culposa.

Tratando-se do peculato apropriação, e peculato furto, são crimes materiais, pois estarão consumados com a efetiva posse do bem móvel. No caso do peculato desvio, é um crime formal, pois se consuma no momento em que ocorre o desvio do destino da verba.

Figura culposa

§ 2º. *Se o funcionário concorre culposamente para o crime de outrem:*

Essa situação é quando o funcionário público, por imprudência, imperícia ou negligência, diante de sua conduta, permite que um terceiro pratique um crime contra a Administração Pública.

Caso o agente não seja funcionário público, ou sendo, não se utilize das facilidades que o cargo lhe proporciona para a subtração, incorrerá no crime de furto.

É importante considerar que:

> É o único crime culposo da espécie dos delitos funcionais.
> É o único crime de menor potencial ofensivo entre os delitos funcionais.

O funcionário público só responderá por este crime se o crime doloso de outrem (terceiro) chegar a se consumar.

Qual crime de outrem? Qualquer crime de outrem? Ou apenas algumas modalidades de crime?

O § 2º merece uma interpretação topográfica. Então, esse crime de outrem só pode ser o do §1º. Só pode ser o do *caput*. Desse modo, só existe o crime de peculato culposo quando o funcionário público concorre culposamente para um peculato-furto ou peculato próprio (apropriação ou desvio), de outrem. Prevalece essa corrente, que é a restritiva.

No que tange ao diretor de sindicato que se apropria de quantia, ele não irá praticar peculato, pois não é funcionário público, sequer por equiparação. Não é o diretor de sindicato funcionário público típico ou atípico.

> *§ 3º. No caso do parágrafo anterior, a reparação do dano, se precede à sentença irrecorrível, extingue a punibilidade; se lhe é posterior, reduz de metade a pena imposta.*

No crime de peculato culposo, a reparação do DANO, se precede (é anterior) à sentença irrecorrível, extingue a punibilidade; se lhe é posterior, reduz de metade a pena imposta. Somente para o peculato culposo. No Peculato Doloso não é possível aplicação do § 3°.

Sentença irrecorrível

Antes da sentença irrecorrível, extingue a punibilidade.

A reparação do dano após a sentença irrecorrível, há redução de metade da pena imposta. E, isso é feito pelo juiz da execução penal.

Peculato x roubo

Se a posse do bem (peculato apropriação ou desvio) decorre de violência ou grave ameaça, há crime de roubo (Art. 157) ou extorsão (Art. 158 do CP).

Peculato	
Peculato Doloso	Peculato apropriação (*caput* 1ª parte); Peculato desvio (peculato próprio) (*caput* 2ª parte); Peculato mediante erro de outrem (peculato estelionato) (Art. 313).
Peculato Culposo	(§2)

O Peculato de Uso não é crime, mas pode caracterizar ato de improbidade administrativa (Art. 9º, Lei nº 8.429/92). É o fato em que, por exemplo, um funcionário público apropria-se temporariamente de veículo público, no intuito de realizar diligências de caráter pessoal, restituindo o veículo ao pátio da repartição logo após o uso.

Se há desvio da verba em proveito da própria Administração, com utilização diversa da prevista em sua destinação, configura-se o crime do Art. 315 do CP.

Princípio da insignificância

O princípio da insignificância é causa supralegal de exclusão da tipicidade, ou seja, o fato não será considerado crime. Sendo assim, há duas posições sobre o assunto:

> STJ: **não** admite a incidência do princípio da insignificância nos crimes contra a Administração Pública, pois a norma penal busca resguardar não somente o aspecto patrimonial, mas a moral administrativa (Súmula 599).

> STF: **admite** a aplicação do princípio da insignificância nos crimes contra a administração pública. (HC 107370/SP, rel. Min. Gilmar Mendes, 26.4.2011).

Peculato mediante erro de outrem

> ***Art. 313**. Apropriar-se de dinheiro ou qualquer utilidade que, no exercício do cargo, recebeu por erro de outrem:*
> ***Pena** - reclusão, de um a quatro anos, e multa.*

Conduta

Pune-se a conduta do agente que inverter, no exercício do seu cargo, a posse de valores recebidos por erro de terceiro. O bem apoderado, ao contrário do que ocorre no peculato apropriação, não está naturalmente na posse do agente, derivando de erro alheio.

O erro do ofendido deve ser espontâneo, pois, se provocado pelo funcionário, poderá configurar o crime de estelionato.

Classificação

É considerado crime próprio, pois exige a qualidade de funcionário público para sua classificação.

A conduta é sempre dolosa (apropriar-se). Não existe, no entanto, a forma culposa.

É um crime comissivo, por conseguinte, pode incorrer em omissão imprópria, quando o agente, como garantidor, podendo evitar, nada faz para que o crime não seja consumado (Art. 13, §2º do CP).

Sujeitos do crime

Sujeito Ativo: o funcionário público (crime próprio), mas admite-se coautoria e participação de particulares, desde que tenham conhecimento da qualidade de funcionário público do agente.

Sujeito Passivo: o Estado e secundariamente o particular, pessoa física ou jurídica, diretamente lesada em seu patrimônio.

Consumação e tentativa

ADMITE Tentativa

Sendo esse um crime material, consuma-se com a efetiva apropriação. Neste caso há divergência, alguns autores sustentam que a consumação se dará somente no momento em que o agente percebe o erro de terceiro e não o desfaz, ou seja, a consumação não se dá no momento do recebimento da coisa, mas sim no instante em que o agente se apropria da coisa recebida por erro, agindo como se dono fosse.

Descrição

O funcionário público que, no exercício do cargo, recebeu de terceiro, o qual estava em erro, dinheiro ou qualquer outra utilidade, e não prossegue com a efetiva destinação correta do recurso.

Apropriação coisa havida por erro

Se o funcionário público se apropriou de dinheiro ou qualquer utilidade que recebeu fora do exercício do cargo, responderá pelo crime de: apropriação de coisa havida por erro, caso fortuito ou força da natureza.

> ***Art. 169**, CP. Apropriar-se alguém de coisa alheia vinda ao seu poder por erro, caso fortuito ou força da natureza.*

NOÇÕES DE DIREITO PENAL, PROCESSUAL PENAL E LEGISLAÇÃO EXTRAVAGANTE

DOS CRIMES CONTRA ADMINISTRAÇÃO PÚBLICA

Se o particular, por engano quanto à pessoa, coisa ou obrigação, entrega objeto a funcionário público, em razão do cargo deste, e se ele se apropria do bem, há crime de peculato mediante erro de outrem (Art. 313, CP).

Inserção de dados falsos em sistema de informações

Art. 313-A. *Inserir ou facilitar, o funcionário autorizado, a inserção de dados falsos, alterar ou excluir indevidamente dados corretos nos sistemas informatizados ou bancos de dados da Administração Pública com o fim de obter vantagem indevida para si ou para outrem ou para causar dano:*
Pena *- reclusão, de 2 (dois) a 12 (doze) anos, e multa.*

Pune-se a conduta do funcionário público autorizado que insere ou facilita inserção de dados falsos, altera ou exclui indevidamente dados nos sistema de informação da Administração Pública com o objetivo de receber vantagem indevida, tal crime é também conhecido como **peculato eletrônico**.

Classificação

Trata-se de crime de mão própria, pois exige a qualidade de funcionário público autorizado para sua classificação, ou seja, não é qualquer funcionário público, mas sim aquele autorizado a inserir, alterar ou excluir dados nos sistemas informatizados ou banco de dados.

A conduta é sempre dolosa (inserir, alterar ou excluir). Não existe, no entanto, a possibilidade da forma culposa.

É um crime comissivo, por conseguinte, pode incorrer em omissão imprópria, quando o agente, como garantidor, podendo evitar, nada faz para que o crime não seja consumado (Art. 13, §2º, CP).

Sujeitos do crime

Sujeito Ativo: o funcionário público autorizado (crime de mão própria), sendo possível a coautoria e participação do particular que tenha consciência da função pública do agente.

Sujeito Passivo: o Estado e secundariamente o particular, pessoa física ou jurídica, diretamente lesada em seu patrimônio.

Consumação e tentativa

ADMITE Tentativa

Sendo um crime formal, consuma-se com a devida inserção, alteração ou exclusão, não sendo necessário o efetivo recebimento da vantagem indevida, considerada apenas mero exaurimento do crime.

Descrição

Visa punir o funcionário autorizado, o qual detém acesso aos sistemas de informação da Administração Pública, e, aproveitando-se dessa situação, realiza condutas indevidas causando prejuízo para Administração, bem como, aos particulares.

Erro de tipo

É possível a ocorrência do erro do tipo, escusável ou inescusável, do agente que acredita estar agindo corretamente e acaba inserindo, excluindo ou alterando de forma equivocada, dados verdadeiros.

Mesmo sendo um crime de mão própria, é possível a figura da participação e coautoria, seja ela material ou moral.

Modificação ou alteração não autorizada de sistema de informações

Art. 313-B. *Modificar ou alterar, o funcionário, sistema de informações ou programa de informática sem autorização ou solicitação de autoridade competente:*
Pena *- detenção, de 3 (três) meses a 2 (dois) anos, e multa.*
Parágrafo único. *As penas são aumentadas de um terço até a metade se da modificação ou alteração resulta dano para a Administração Pública ou para o administrado.*

Consiste em punir a conduta do funcionário público que modifica ou altera, sem autorização, os sistemas de informações da Administração Pública.

Classificação

É considerado crime próprio, pois exigem a qualidade de funcionário público para sua Classificação.

A conduta é sempre dolosa (modificar, alterar). NÃO existe, no entanto, a possibilidade da forma culposa.

É um crime comissivo, por conseguinte pode incorrer em omissão imprópria, quando o agente, como garantidor, podendo evitar, nada faz para que o crime não seja consumado (Art. 13, §2º, CP).

Sujeitos do crime

Sujeito Ativo: o funcionário público (crime próprio), não exige a qualidade de ser funcionário autorizado, ademais é possível a coautoria e participação do particular que tenha consciência da função pública do agente.

Sujeito Passivo: o Estado e secundariamente o particular, pessoa física ou jurídica, diretamente prejudicada.

Consumação e tentativa

ADMITE Tentativa

O crime se consuma no momento da efetiva modificação ou alteração do sistema de informação, sendo que, se resultar em dano, é causa de aumento de pena conforme parágrafo único desse artigo.

Descrição

Para configuração do crime em tela é necessário que a modificação ou alteração ocorra sem autorização, pois tal conduta resume-se ao dolo do agente, à vontade livre de provocar as modificações.

Os crimes previstos nos Arts. 313-A e 313-B, ambos do CP, são conhecidos como peculato eletrônico.

Extravio, sonegação ou inutilização de livro ou documento

Art. 314. *Extraviar livro oficial ou qualquer documento, de que tem a guarda em razão do cargo; sonegá-lo ou inutilizá-lo, total ou parcialmente:*
Pena *- reclusão, de um a quatro anos, se o fato não constitui crime mais grave.*

Para a configuração deste crime, é indispensável que o funcionário público tenha a posse do livro ou documento em razão do cargo que ocupa. É considerado como sendo um **crime subsidiário**, pois comumente sendo aplicado, caso o resultado não constitua crime mais grave.

Classificação

É considerado crime próprio, pois exige a qualidade de funcionário público para sua classificação.

A conduta é sempre dolosa (extravio, inutilização, sonegação). Não existe, no entanto, a possibilidade da forma culposa.

É um crime comissivo, por conseguinte, pode incorrer em omissão imprópria, quando o agente, como garantidor, podendo evitar, nada faz para que o crime não seja consumado (Art. 13, §2º, CP).

Sujeitos do crime

Sujeito Ativo: somente funcionário público (crime próprio), ademais é possível a coautoria e participação do particular que tenha consciência da função pública do agente.

Sendo o sujeito ativo servidor em exercício junto a repartição fiscal ou tributária, o extravio de livre oficial, processo fiscal, ou qualquer documento por ele causado, configura crime especial previsto no Art. 3º, I, da Lei nº 8.137/90.

Sujeito Passivo: o Estado e, por conseguinte, o particular, pessoa física ou jurídica prejudicada.

Consumação e tentativa

ADMITE Tentativa

O crime se consuma no momento do efetivo extravio ou inutilização, mesmo que seja de forma parcial, bem como, com a sonegação.

Descrição

Por ser um crime subsidiário, a depender do resultado naturalístico que ocasionar, o crime será absorvido de acordo com sua especificidade (princípio da consunção), conforme em alguns dos casos expostos abaixo.

> Quando há o dolo específico de agir, responde pelo Art. 305 do CP.
> Caso o funcionário não seja o responsável pela guarda do livro ou do documento, responderá pelo Art. 337 do CP.
> Se praticado por advogado ou procurador, responderá pelo Art. 356 do CP.

O crime tipificado no Art. 314, além de ser próprio, é subsidiário em relação ao delito previsto no Art. 305, que exige dolo específico. Veja as diferenças:

	Art. 305. Supressão de documento público.	Art. 314. Extravio, sonegação ou inutilização de livro ou documento.
Objetividade Jurídica	Crime contra a fé pública.	Crime contra a administração pública.
Sujeito Ativo	Qualquer pessoa (crime comum).	Funcionário público (crime próprio).
Conduta	Destruir, suprimir ou ocultar documento público ou particular verdadeiro.	Extraviar, sonegar ou inutilizar livro oficial ou qualquer documento de que tem guarda em razão do cargo.

Tipo Subjetivo	Há finalidade específica de tirar proveito próprio ou de outrem, ou visando causar prejuízo alheio.	Não se exige qualquer finalidade específica.
Pena	Reclusão, de 2 a 6 anos, e multa, se o documento é público, e reclusão, de 1 a 5 anos, e multa, se o documento é particular.	Reclusão de 1 a 4 anos, se o fato não constitui crime mais grave.

Emprego irregular de verbas ou rendas públicas

Art. 315. *Dar às verbas ou rendas públicas aplicação diversa da estabelecida em lei:*
Pena *- detenção, de um a três meses, ou multa.*

Este tipo penal visa penalizar o administrador público que destina a verba pública para projetos, despesas ou gastos que não foram previstos no Orçamento Público, ou então, que não foram autorizados pela Lei Orçamentária Anual.

Classificação

São considerados crimes próprios, pois exigem a qualidade específica do funcionário público dotado de competência para utilizar e destinar as verbas públicas.

A conduta é sempre dolosa (destinar a verba para outra situação a qual não era prevista). Não existe possibilidade para modalidade culposa.

É um crime comissivo, por conseguinte, pode incorrer em omissão imprópria, quando o agente, como garantidor, podendo evitar, nada faz para que o crime não seja consumado (Art. 13, §2º, CP).

Sujeitos do crime

Sujeito Ativo: é crime próprio, pois o sujeito ativo será somente aquele funcionário público que tenha o poder de administração de verbas ou rendas pública (ex.: Presidente da República, Ministros, Governadores etc.), ademais, é possível a coautoria e participação do particular que tenha consciência da função pública do agente.

Tratando-se de Prefeito Municipal, há crime próprio, prevalecendo pelo principio da especialidade o disposto no Art. 1º, III, do Decreto-Lei nº 201/67.

Sujeito Passivo: o Estado e secundariamente o particular, pessoa física ou jurídica, diretamente prejudicada.

Consumação e tentativa

ADMITE Tentativa

O crime se consuma no momento da efetiva destinação ou aplicação das verbas ou rendas públicas.

A simples destinação, sem posterior aplicação, constitui tentativa, gerando perigo para a regularidade administrativa.

Descrição

Caso o agente público seja o Presidente da República, ele responderá pela lei de improbidade administrativa, Art. 11, Lei nº 1.079/50. Por conseguinte, sendo prefeito, responderá pelo Art. 1º, III, do Decreto-Lei nº 201/67.

DOS CRIMES CONTRA ADMINISTRAÇÃO PÚBLICA

Entendimento stf

Segundo o STF

RT 617/396. Se o orçamento for aprovado por decreto do próprio Poder Executivo, e não por lei, não há o que se falar neste crime.
RT 883/462. Para que caracterize esse crime, é necessário que a lei que destina as verbas ou rendas públicas, seja em sentido formal e material.

Concussão

Art. 316. Exigir, para si ou para outrem, direta ou indiretamente, ainda que fora da função ou antes de assumi-la, mas em razão dela, vantagem indevida:
Pena - reclusão, de 2 (dois) a 12 (doze) anos, e multa. (Redação dada pela Lei nº 13.964, de 2019) - **ANTICRIME**
§ 1º. Se o funcionário exige tributo ou contribuição social que sabe ou deveria saber indevido, ou, quando devido, emprega na cobrança meio vexatório ou gravoso, que a lei não autoriza:
Pena - reclusão, de três a oito anos, e multa.
§ 2º. Se o funcionário desvia, em proveito próprio ou de outrem, o que recebeu indevidamente para recolher aos cofres públicos:
Pena - reclusão, de dois a doze anos, e multa.

No crime de concussão, o funcionário público exige uma vantagem indevida e a vítima, temendo represálias, cede a essa exigência.

Trata-se de uma forma especial de extorsão, executada por funcionário público.

Classificação

São considerados crimes próprios, pois exigem uma qualidade específica, ser funcionário público.

A conduta é sempre dolosa (**exigir**). Não existe possibilidade para modalidade culposa.

É um crime comissivo, por conseguinte pode incorrer em omissão imprópria, quando o agente, como garantidor, podendo evitar, nada faz para que o crime não seja consumado (Art. 13, §2º, do CP).

Sujeitos do crime

Sujeito ativo: somente funcionário público (crime próprio), ademais, é possível a coautoria e participação do particular que tenha consciência da função pública do agente.

Sujeito passivo: o Estado e, por conseguinte, o particular, pessoa física ou jurídica prejudicada.

Consumação e tentativa

ADMITE Tentativa

O crime é formal, sendo assim, está consumado no momento da exigência.

Descrição

Sendo um crime formal, e a consumação ocorrendo com a mera exigência da vantagem indevida. Pouco importa se o funcionário público recebe ou não. Porém, caso receba, haverá o exaurimento do crime.

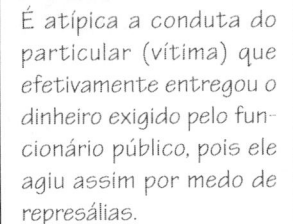

> É atípica a conduta do particular (vítima) que efetivamente entregou o dinheiro exigido pelo funcionário público, pois ele agiu assim por medo de represálias.

Vantagem devida

Se a vantagem for devida, o agente funcionário público responderá pelo crime de abuso de autoridade, Lei nº 13.869/2019.

Caso a vantagem seja **para a própria Administração Pública**, poderá haver o crime de excesso de exação (Art. 316, §1º, CP).

Mesmo que seja funcionário público, mas que não tenha a competência para a prática do mal prometido, não responde por este crime, mas por extorsão.

No crime de concussão, o agente exige a vantagem indevida. Ademais, no crime de corrupção passiva, Art. 317 do CP, o agente solicita, recebe ou aceita promessa de vantagem indevida.

> O particular que se disfarça de policial e exige dinheiro (vantagem indevida) para não efetuar a prisão de alguém, responderá pelo crime de extorsão (Art. 158, CP).

Excesso de exação

Art. 316, §1º. Se o funcionário exige tributo ou contribuição social que sabe ou deveria saber indevido, ou, quando devido, emprega na cobrança meio vexatório ou gravoso, que a lei não autoriza:
Pena - reclusão, de três a oito anos, e multa.
Art. 316, §2º. Se o funcionário desvia, em proveito próprio ou de outrem, o que recebeu indevidamente para recolher aos cofres públicos:
Pena - reclusão, de dois a doze anos, e multa.

Trata-se da cobrança integral e pontual de tributos, em que o funcionário público exige ilegalmente tributo ou contribuição social em benefício da Administração Pública.

Classificação

É considerado crime próprio, pois exige uma qualidade específica, ser funcionário público.

A conduta é sempre dolosa (**exigir tributo ou contribuição social ou desviar o recebimento indevido**). NÃO existe possibilidade para modalidade culposa.

É um crime comissivo, por conseguinte, pode incorrer em omissão imprópria, quando o agente, como garantidor, podendo evitar, nada faz para que o crime não seja consumado (Art. 13, §2º, CP).

Sujeitos do crime

Sujeito Ativo: somente funcionário público (crime próprio), ademais, é possível a coautoria e participação do particular que tenha consciência da função pública do agente.

Sujeito Passivo: o Estado e, por conseguinte, o particular, pessoa física ou jurídica prejudicada.

Consumação e tentativa

ADMITE Tentativa

O §1º diz que o crime é formal, sendo assim, está consumado no momento da exigência do tributo ou contribuição social por meio vexatório e gravoso, mesmo que a vítima não realize o pagamento.

O § 2º refere-se ao crime material, sendo consumado no momento que ocorre o desvio em proveito próprio ou de outrem, tendo recebido indevidamente.

Descrição

§ 1º do Excesso de Exação

Exigir um tributo ou contribuição social que **sabe ou deveria saber indevido**.

Ex.: Tributo que já foi pago pelo contribuinte; ou a quantia cobrada é superior à fixada em lei.

Exigir um tributo ou contribuição social devido, porém **empregando meio vexatório ou gravoso, que a lei não autoriza**.

Ex.: Meio vexatório: humilhar, causar vergonha ou constrangimento na vítima. Meio gravoso: causar maiores despesas ao contribuinte.

§ 2º da Qualificadora

O **desvio** do tributo ou contribuição social **indevido** ocorre antes de sua incorporação aos cofres públicos, pois, caso ocorra depois, o funcionário público responderá pelo crime de peculato desvio (art. 312, *caput*, 2ª parte do CP).

Tributos

De acordo com o STF, existem cinco espécies de tributos: **impostos, taxas, contribuições de melhoria, empréstimos compulsórios e contribuições sociais**.

Segundo o STJ, **a custa e emolumentos concernentes aos serviços notariais e registrais possuem natureza tributária**, qualificando-se como taxas remuneratórias de serviços públicos. Desse modo, comete o crime de excesso de exação aquele que exige custas ou emolumentos que sabe ou deveria saber indevido.

Prevalece que a expressão "deveria saber" configura dolo eventual, entretanto há doutrina no sentido de que se trata de modalidade culposa do tipo.

Corrupção passiva

> **Art. 317.** Solicitar ou receber, para si ou para outrem, direta ou indiretamente, ainda que fora da função ou antes de assumi-la, mas em razão dela, vantagem indevida, ou aceitar promessa de tal vantagem:
> **Pena** - reclusão, de 2 (dois) a 12 (doze) anos, e multa.
> **§ 1º.** A pena é aumentada de um terço, se, em consequência da vantagem ou promessa, o funcionário retarda ou deixa de praticar qualquer ato de ofício ou o pratica infringindo dever funcional.
> **§ 2º.** Se o funcionário pratica, deixa de praticar ou retarda ato de ofício, com infração de dever funcional, cedendo a pedido ou influência de outrem:
> **Pena** - detenção, de três meses a um ano, ou multa.

Apesar de possuir certas semelhanças com o delito de concussão, nesse delito pode-se dizer que é menos constrangedor para a vítima, pois não há a coação moral da exigência, a honra da imagem do emprego vexatório, ocorre simplesmente a solicitação, o recebimento ou a simples promessa de recebimento.

Classificação

É considerado crime próprio, pois exigem uma qualidade específica, ser funcionário público.

A conduta é sempre dolosa (**solicita, recebe ou aceita promessa**). Não existe possibilidade para modalidade culposa.

É um crime comissivo, por conseguinte, pode incorrer em omissão imprópria, quando o agente, como garantidor, podendo evitar, nada faz para que o crime não seja consumado (Art. 13, §2º, do CP).

Sujeitos do crime

Sujeito Ativo: é o funcionário público no exercício da função, aquele fora da função, mas em razão dela, ou o particular que está na iminência de assumir, e atue criminosamente em razão dela. Pode ter a participação do particular que tenha consciência da função pública do agente.

Sujeito Passivo: o Estado e, por conseguinte, o particular, pessoa física ou jurídica prejudicada.

O particular só será vítima se a corrupção partir do funcionário corrupto.

Consumação e tentativa

Admite tentativa somente na modalidade solicitar, quando formulada por meio escrito (carta interceptada).

O crime é formal, sendo assim, nesse delito, existem três momentos em que o crime pode se consumar. No momento da **solicitação**, no momento do **recebimento**, ou então no instante em que o agente aceita a **promessa** de **recebimento**, independe do efetivo pagamento ou recebimento para o crime estar consumado, caso ocorra, será mero exaurimento do crime.

Descrição

Solicitar: a conduta parte do funcionário público que pede a vantagem indevida. Nesta situação, o funcionário público responde por corrupção passiva e **o particular, caso entregue a vantagem indevida, não responderá por crime algum (fato atípico).**

Receber: a conduta parte do particular que oferece a vantagem indevida e o funcionário público recebe. Nesta situação, o funcionário público responde por corrupção passiva e o particular por corrupção ativa.

Aceitar promessa de tal vantagem: a conduta parte do particular que promete vantagem indevida ao funcionário público e este aceita a promessa. Nesta situação, o funcionário público responde por corrupção passiva e o particular por corrupção ativa. OBS.: não é necessário que o funcionário público efetivamente receba a vantagem prometida, pois o crime estará consumado com a mera aceitação de promessa.

Espécies de Corrupção Passiva

Corrupção Passiva Própria	Corrupção Passiva Imprópria
O funcionário público negocia um ato ILÍCITO. **Ex.:** PRF solicita R$ 100,00 para não multar motorista sem carteira de habilitação.	O funcionário público negocia um ato LÍCITO. **Ex.:** Juiz de Direito recebe dinheiro de autor de ação judicial para agilizar os trâmites do processo.

Mesmo que a propina seja para a prática de ato LEGAL, ocorrerá o crime em estudo.

Ex.: Comerciantes dão dinheiro para que policiais militares realizem rondas diárias no bairro onde os comerciantes trabalham. É crime, pois os servidores

DOS CRIMES CONTRA ADMINISTRAÇÃO PÚBLICA

públicos já são remunerados pelo Estado para realizarem estas atividades.

Promessa vantagem indevida

Particular que oferece ou promete vantagem indevida: O particular que oferece ou promete vantagem indevida ao funcionário público, responde pelo crime de corrupção ativa, Art. 333, do CP.

Exceção à teoria unitária ou monista no concurso de pessoas:

Art. 29, CP. Quem, de qualquer modo, concorre para o crime incide nas penas a este cominadas, na medida de sua culpabilidade.

Portanto, a regra é que todos aqueles que concorrem para a prática de um crime responderão pelo mesmo crime. Como se trata de **exceção**, o funcionário público que recebe ou aceita promessa de vantagem indevida responde por corrupção passiva, Art. 317, enquanto o particular que oferece ou promete vantagem indevida responde por corrupção ativa, Art. 333.

Não configura o crime de corrupção passiva o recebimento, pelo funcionário público, de gratificações usuais de pequeno valor por serviços extraordinários (desde que não se trate de ato contrário à lei), ou pequenas doações ocasionais, geralmente no Natal ou no Ano Novo.

Caso a vantagem recebida seja revertida em favor da própria Administração Pública não haverá o crime de corrupção passiva. Todavia, o funcionário público estará sujeito à prática de ato de improbidade administrativa (Lei nº 8.429/92).

Causa de aumento de pena

§ 1º. A pena é aumentada de um terço, se, em consequência da vantagem ou promessa, o funcionário retarda ou deixa de praticar qualquer ato de ofício ou o pratica infringindo dever funcional.

O que seria o exaurimento do crime funciona como causa de aumento de pena para o funcionário público. A pena será aumentada em 1/3.

Se a violação praticada pelo agente público constitui, por si só, um novo crime, haverá concurso formal ou material entre a corrupção e a infração dela resultante. Todavia, nessa hipótese, a corrupção deixa de ser qualificada, pois do contrário incidirá no *bis in idem*, considerando-se o mesmo fato duas vezes em prejuízo do funcionário réu.

Corrupção passiva privilegiada

§ 2º. Se o funcionário pratica, deixa de praticar ou retarda ato de ofício, com infração de dever funcional, cedendo a pedido ou influência de outrem:

Pena - detenção, de três meses a um ano, ou multa.

Punem-se, nesse dispositivo, os famigerados favores administrativos.

Nesta hipótese, o particular não oferece ou promete vantagem indevida ao funcionário público. Ele apenas **pede** para que esse DÊ UM JEITINHO de praticar, deixar de praticar ou retardar ato de ofício, com infração de dever funcional.

Ex.: Pedro é abordado numa Blitz e seu veículo está com o IPVA atrasado. Diante disso, ele pede ao policial rodoviário que não aplique a devida multa ou apreenda o veículo. O policial atende ao pedido. Nesta situação, o policial praticou o crime de corrupção passiva privilegiada e Pedro é partícipe deste crime.

O § 2º tem grande incidência em concursos. É o famoso Dar um jeitinho.

Diferenças Importantes

Corrupção Passiva Privilegiada (Art. 317, §2º, CP)	Prevaricação (Art. 319, CP)
Se o funcionário pratica, deixa de praticar ou retarda ato de ofício, com infração de dever funcional, CEDENDO A PEDIDO OU INFLUÊNCIA DE OUTREM.	Retardar ou deixar de praticar, indevidamente, ato de ofício, ou praticá-lo contra disposição expressa de lei, PARA SATISFAZER INTERESSE OU SENTIMENTO PESSOAL. **Obs.:** Não há intervenção alheia nesse crime.

Facilitação de contrabando ou descaminho

Art. 318. Facilitar, com infração de dever funcional, a prática de contrabando ou descaminho (Art. 334):

Pena - reclusão, de 3 (três) a 8 (oito) anos, e multa.

Conduta: a conduta criminosa consiste em facilitar, por ação ou omissão, o contrabando ou o descaminho.

Sujeitos do crime

Sujeito Ativo: é crime próprio, somente o funcionário público incumbido de impedir a prática do contrabando ou descaminho poderá intentá-lo. Caso não ostente essa atribuição funcional, responderá pelo delito de contrabando ou descaminho, na condição de partícipe.

Sujeito Passivo: O Estado.

Exceção à teoria unitária ou monista no concurso de pessoas (Art. 29, CP)

O funcionário público que facilita, com infração de dever funcional, a prática de contrabando ou descaminho, responde pelo crime do Art. 318. Já o particular que realiza o contrabando ou descaminho responde pelo crime do elo crime do Art. 334 ou Art. 334 - A.

Conceito

Contrabando: é a importação ou exportação de mercadoria cuja entrada ou saída é proibida no Brasil. Ex.: máquinas caça-níquel, cigarros, quando em desacordo com autorização legal.

Descaminho: a importação ou exportação é permitida, porém o agente frauda o pagamento do tributo devido.

Consumação

Ocorre no momento em que o funcionário público efetivamente facilita o contrabando ou descaminho. **É crime formal ou de consumação antecipada**.

> Se a mercadoria importada ou exportada for arma de fogo, acessório ou munição, sem autorização da autoridade competente, o agente responderá pelo crime previsto no Art. 18 da Lei nº 10.826/03 (Estatuto do Desarmamento). Tráfico internacional de arma de fogo.

Não é necessário que a outra pessoa (autor do crime de contrabando ou descaminho - Art. 334) tenha sucesso em sua empreitada criminosa. Desse modo, mesmo que esta outra pessoa não obtenha êxito na realização do crime do Art. 334, o crime de contrabando e descaminho estará consumado, pois é crime formal.

Tentativa

Admitida somente na forma comissiva (ação). **A forma omissiva não admite o *conatus*.**

Elemento subjetivo

Dolo. Não se admite a modalidade culposa.

> Súm. 151, STJ. A competência para o processo e julgamento por crime de contrabando e descaminho define-se pela prevenção do Juízo Federal do lugar da apreensão dos bens.

Competência

Os crimes de contrabando e descaminho é da competência da **Justiça Federal**, pois ofende interesse da União (Art. 109, IV, CF/88).

Prevenir e reprimir o contrabando e o descaminho são atribuições da Polícia Federal (Art. 144, §1º, II, CF/88).

Prevaricação

Art. 319. *Retardar ou deixar de praticar, indevidamente, ato de ofício, ou praticá-lo contra disposição expressa de lei, para satisfazer interesse ou sentimento pessoal:*
Pena *- detenção, de três meses a um ano, e multa.*

Para que configure o delito de prevaricação, faz-se necessário que a ação ou omissão seja praticada de forma indevida, infrinja o dever funcional do agente público.

Classificação

É considerado crime de mão própria, pois exige uma qualidade específica, ser funcionário público e possuir determinado dever funcional.

Assim, é imprescindível que o funcionário tenha a atribuição para a prática do ato, pois, do contrário, não se pode considerar violação ao dever funcional.

A conduta é sempre dolosa, a qual se divide em três tipos: 1) Retardar indevidamente ato de ofício; 2) Deixar de praticar ato de ofício; 3) Praticar contra disposição expressa em lei.

NÃO admite a forma culposa.

Sujeitos do crime

Sujeito Ativo: somente funcionário público (crime próprio).

Sujeito Passivo: o Estado e, por conseguinte, o particular, pessoa física ou jurídica prejudicada.

Consumação e tentativa

Consuma-se o crime com o retardamento, a omissão ou a prática do ato, sendo dispensável a satisfação do interesse visado pelo servidor.

A tentativa não é admitida nas condutas retardar deixar de praticar, pois é crime omissivo próprio ou puro. Já a conduta praticá-lo contra disposição expressa de lei admite a tentativa por ser crime comissivo, ou seja, que exige uma ação.

É um crime formal. Para a consumação basta a intenção do funcionário público de satisfazer interesse ou sentimento pessoal, mesmo que não consiga êxito na concretização deste resultado.

Descrição

Crime de ação múltipla ou de conteúdo variado: Retardar, deixar de praticar ou praticá-lo. A realização de mais de um destes verbos, no mesmo contexto fático, caracteriza crime único. Todavia, tal fato será levado em conta pelo juiz no momento de fixação da pena-base (Art. 59 do CP).

Considerações

Retardar (atrasar / adiar): o funcionário público não realiza o ato de ofício dentro do prazo legal. Deixar de praticar (abster-se de praticar): não praticar o ato de ofício.

+

Indevidamente: (injustificavelmente / ilegalmente)

=

Prevaricação

Nessas duas hipóteses a prevaricação é crime omissivo próprio ou puro (condutas omissivas). Não admite tentativa (*conatus*).

NÃO há crime quando o funcionário público deixa de agir em razão de caso fortuito ou força maior.

Ex.: A falta de efetivo (pessoal) na repartição, incêndio, inundação etc.

Praticar (realizar um ato)

+

Contra Disposição Expressa de Lei

=

Prevaricação

Nesta hipótese a prevaricação é crime comissivo. Admite tentativa (*conatus*).

Pessoalidade

Interesse Pessoal: é qualquer vantagem ou proveito de caráter moral ou patrimonial. Caso o funcionário público exija ou receba uma vantagem indevida a pretexto de praticar, retardar ou omitir a prática de um ato de ofício, o crime será de concussão (Art. 316 do CP) ou corrupção passiva (Art. 317 do CP).

Sentimento Pessoal: vingança, ódio, amizade, inimizade, inveja, amor.

> No caso concreto, se ausente o interesse de satisfazer interesse ou sentimento pessoal e o funcionário público receber uma ordem que deveria cumprir e não cumpri-la, não estará configurado o crime de prevaricação. Todavia, poderá caracterizar ato de improbidade administrativa (Art. 11, II, Lei nº 8.429/92).

DOS CRIMES CONTRA ADMINISTRAÇÃO PÚBLICA

Ex.: Promotor de Justiça solicita o arquivamento de inquérito policial o qual investiga crime que supostamente foi praticado por seu amigo de infância.

A desídia (preguiça), negligência ou comodismo (sem o fim de satisfazer interesse ou sentimento pessoal): não há crime de prevaricação. Todavia, o funcionário público poderá incorrer em ato de improbidade administrativa.

Diferenças Importantes

Prevaricação (Art. 319, CP)	Condescendência Criminosa (Art. 320, CP)
Retardar ou DEIXAR de PRATICAR, indevidamente, ATO DE OFÍCIO, ou praticá-lo contra disposição expressa de lei, para SATISFAZER INTERESSE OU SENTIMENTO PESSOA.	DEIXAR o funcionário, POR INDULGÊNCIA, DE RESPONSABILIDADE subordinado que cometeu infração no exercício do cargo ou, quando lhe falte competência, não levar o fato ao conhecimento da autoridade competente.

Prevaricação imprópria

Art. 319-A. *Deixar o Diretor de Penitenciária e/ou agente público de cumprir seu dever de vedar ao preso o acesso a aparelho telefônico, de rádio ou similar, que permita a comunicação com outros presos ou com o ambiente externo:*

Pena - *detenção, de 3 (três) meses a 1 (um) ano.*

Esse crime foi introduzido pela Lei nº 11.466/07 e recebe várias denominações por parte da doutrina, prevaricação imprópria, prevaricação em presídios, omissão do dever de vedar ao preso o acesso a aparelhos de comunicação. Todas essas classificações são aceitáveis, haja vista o legislador não conferir, na elaboração do tipo, o *nomem iuris* da conduta, deixando para que a doutrina o fizesse.

Classificação

É um crime doloso, não exigindo qualquer fim específico da conduta. Não é admitida a culpa.

É um crime simples, pois ofende um único bem jurídico e é um crime próprio, ou seja, podendo ser cometido somente por agente público que tenha o dever funcional de impedir a entrada de aparelhos de comunicação ou Diretor de Penitenciária.

Sujeitos do crime

Sujeito Ativo: por ser um crime próprio, pode ser cometido por agente público que deve ser interpretado de forma restrita, pois o agente deve ser incumbido de evitar a conduta descrita no tipo, para exemplificar podemos citar os agentes penitenciários, carcereiros e até mesmo pelos policiais responsáveis pela escolta.

O preso que for encontrado na posse de aparelho de comunicação não comete este crime, contudo incide em falta grave. Já o particular que fornece o aparelho para o preso comete o crime do art. 349-A do CP.

Consumação e tentativa

Por ser um crime formal, dá-se a consumação no momento em que o agente público ou Diretor de Penitenciária não faz nada para impedir a entrada de aparelho de comunicação ao preso, contudo devendo saber que tal situação é ilícita. É dispensável o efetivo acesso do preso ao aparelho de comunicação.

Não é possível a tentativa, haja vista ser este um crime omissivo próprio.

Descrição do crime

A finalidade deste crime é impedir que o preso tenha acesso a qualquer tipo de aparelho de comunicação que possa se comunicar com qualquer pessoa (familiares, advogados, outros presos).

Os aparelhos eletrônicos podem ser, telefones (fixos ou móveis) *walkie-talkies* ou até mesmo uma *webcam*.

O fato é atípico quando o aparelho não tem nenhuma capacidade de comunicação ou, de qualquer forma, impossibilitado de funcionar. O mesmo acontece para cópias falsas de aparelhos.

Telefones celulares sem crédito tipificam a conduta, pois se verifica a possibilidade da obtenção de créditos de formas ilícitas, por exemplo, extorsões baseadas em falsos sequestros. Caracteriza-se a conduta, até mesmo quando o aparelho não tiver bateria, visto que existem meios alternativos para a sua ativação.

Condescendência criminosa

Art. 320. *Deixar o funcionário, por indulgência, de responsabilizar subordinado que cometeu infração no exercício do cargo ou, quando lhe falte competência, não levar o fato ao conhecimento da autoridade competente:*

Pena - *detenção, de quinze dias a um mês, ou multa.*

Esse tipo penal tem por objetivo punir o superior hierárquico que por indulgência (clemência) deixa de punir seu subordinado, bem como aquele que, sem competência para responsabilização, tendo conhecimento de alguma infração, não leva a informação aquém de competência para punir o agente público.

Tem como base o poder disciplinar da Administração Pública.

Classificação

É considerado um crime próprio: omissivo próprio: sendo que ato está na inação (deixar de agir).

O dolo está na conduta de se OMITIR, sendo assim, não admite a forma culposa.

Sujeitos do crime

Sujeito Ativo: somente funcionário público hierarquicamente superior ao servidor infrator.

Sujeito Passivo: o Estado e, por conseguinte, o particular, pessoa física ou jurídica prejudicada.

Consumação e tentativa

Não admite tentativa

É um crime formal e omissivo próprio ou PURO. Consuma-se no momento em que o funcionário superior, depois de tomar conhecimento da infração, suplanta prazo legalmente previsto para a tomada de providências contra o subordinado infrator.

Descrição do crime

Se o funcionário público superior hierárquico se omite para atender sentimento ou interesse pessoal, responderá pelo crime de prevaricação.
Se o superior hierárquico se omite com o objetivo de receber alguma vantagem indevida do funcionário público infrator, responderá pelo crime de corrupção passiva (Art. 317 do CP).
Não configura o crime em tela, eventuais irregularidades praticadas pelo subordinado "extra officio" (fora do cargo) e toleradas pelo superior hierárquico.

O **crime** ocorre com a mera omissão do funcionário público que, ao tomar conhecimento da infração (administrativa ou penal) cometida pelo subordinado no exercício do cargo, deixa de tomar qualquer providência para responsabilizá-lo, ou, quando lhe faltar competência para tanto, não levar o fato ao conhecimento da autoridade competente. Não necessita da efetiva impunidade do infrator.

O fato será atípico quando o superior hierárquico, por negligência, não tomar conhecimento da infração cometida pelo funcionário público subalterno no exercício do cargo.

Nexo funcional

Deve haver o nexo funcional, ou seja, a infração deve ter sido praticada no exercício do cargo público ocupado pelo funcionário público.

Ex.: Policial civil pratica peculato e o Delegado, após tomar conhecimento do caso, por indulgência (tolerância) nada faz.

Indulgência: é sinônimo de tolerância, perdão, clemência.

Advocacia administrativa

> **Art. 321.** Patrocinar, direta ou indiretamente, interesse privado perante a administração pública, valendo-se da qualidade de funcionário:
> **Pena** - detenção, de um a três meses, ou multa.
> **Parágrafo único.** Se o interesse é ilegítimo:
> **Pena** - detenção, de três meses a um ano, além da multa.

Esse delito visa tipificar a conduta do agente que tem por objetivo defender, apadrinhar, advogar, interesse alheio perante a Administração Pública.

Classificação

É considerado crime próprio, pois exige uma qualidade específica, ser funcionário público.

A conduta é sempre dolosa, que pode ser praticada pela ação ou omissão. Não existe possibilidade para modalidade culposa.

É um crime comissivo, por conseguinte pode incorrer em omissão imprópria, quando o agente, como garantidor, podendo evitar, nada faz para que o crime não seja consumado (art. 13, §2º, CP).

Sujeitos do crime

Sujeito Ativo: somente funcionário público (crime próprio). Não necessariamente advogado, como diversas questões afirmam.

Admite-se o concurso de terceiro não qualificado, na modalidade de coautoria ou participação, desde que conhecedor da condição funcional do agente público.

Sujeito Passivo: o Estado e, por conseguinte, o particular, pessoa física ou jurídica prejudicada.

Consumação e tentativa

ADMITE Tentativa

Consuma-se com a prática de ato revelador do patrocínio, que ofenda a moralidade administrativa, independente de obtenção de vantagem.

Descrição do crime

Utilizando da qualidade de funcionário, o agente público defende interesse alheio de forma direta: pelo próprio funcionário, ou então, de forma indireta: participação de uma terceira pessoa.

Necessidade de patrocínio

A advocacia administrativa exige mais do que um mero ato de encaminhamento ou protocolado de papéis. É necessário que se verifique o efetivo patrocínio de uma causa, complexa ou não, perante a administração.

Figura qualificadora

Parágrafo único. Se o interesse é ilegítimo:

Para ensejar na qualificadora, o agente que pratica o ato de patrocínio deve ter conhecimento de que o pleito é ilegítimo.

Responsabilidade

Caso o patrocínio seja referente à instauração de processo licitatório ou a celebração de contrato junto à Administração Pública, cuja invalidação seja decretada pelo Judiciário, o agente responderá pelo delito do art. 337-G do CP.

Violência arbitrária

> **Art. 322.** Praticar violência, no exercício de função ou a pretexto de exercê-la:
> **Pena** - detenção, de seis meses a três anos, além da pena correspondente à violência.

Esse delito tem por objetivo tipificar a conduta do agente público que atua com violência no exercício da sua função ou a pretexto dela.

A Lei nº 13.869/2019 (abuso de autoridade) deve revitalizar a aplicação, ainda que subsidiária, do delito de violência arbitrária, visto que parcela doutrina entendia que ter ocorrido a sua revogação tácita pela revogada Lei 4.898/65.

Classificação

A conduta é sempre dolosa: que pode ser praticada pela ação ou omissão. Não existe possibilidade para modalidade culposa.

É um crime comissivo, por conseguinte, pode incorrer em omissão imprópria, quando o agente, como garantidor, podendo evitar, nada faz para que o crime não seja consumado (Art. 13, §2º, CP).

Sujeitos do crime

Sujeito Ativo: somente funcionário público (crime próprio), não exige a qualidade específica de ser um policial, ademais, é possível a coautoria e participação do particular que tenha consciência da função pública do agente.

Sujeito Passivo: o Estado e, por conseguinte, o particular, pessoa física ou jurídica prejudicada.

Consumação e tentativa

ADMITE Tentativa

Consuma-se no momento da prática do ato de violência (ação), com a lesão provocada.

Descrição do crime

Conforme já mencionado, não é condição necessária que para incidir em violência arbitrária ou abuso de autoridade a condição específica de policial.

Ex.: Um fiscal sanitário que, no gozo de suas atribuições, ao encontrar uma bandeja de iogurte vencida, decide por lacrar o estabelecimento pelo prazo de noventa dias, além da aplicação da multa de R$ 100.000,00. Nessa hipótese, é claro observar que o agente abusou da atribuição do seu cargo prejudicando um particular. Pois, sua decisão, não foi proporcional ao agravo.

Figura qualificadora especial

Caso o agente seja ocupante de cargo em comissão, função de direção ou assessoramento, Art. 327,§2º, CP.

O simples emprego de intimidação moral, formada por ameaças, não é suficiente para caracterizar o crime desse artigo.

A pena do crime de violência arbitrária será somada à pena correspondente à violência.

Abandono de função

> **Art. 323**. Abandonar cargo público, fora dos casos permitidos em lei:
> **Pena** - detenção, de quinze dias a um mês, ou multa.
> **§ 1º**. Se do fato resulta prejuízo público:
> **Pena** - detenção, de três meses a um ano, e multa.
> **§ 2º**. Se o fato ocorre em lugar compreendido na faixa de fronteira:
> **Pena** - detenção, de um a três anos, e multa.

Tutela-se o regular desenvolvimento das atividades administrativas, punindo-se a interrupção do trabalho do servidor público que abandona suas atividades, fora dos casos permitidos em lei.

Classificação

Trata-se de um crime de mão própria, ou seja, que só pode ser cometido pelo próprio agente.

É um crime omissivo próprio, cometido por um funcionário específico, no momento em que não cumpre com suas funções.

Pune-se somente na modalidade dolosa.

Sujeitos do crime

Sujeito Ativo: embora o dispositivo diga abandono de função, entende a doutrina que somente o funcionário ocupante de cargo público pode cometer o crime, logo não prevalece a regra do Art. 327, CP.

Sujeito Passivo: A Administração Pública.

Consumação e tentativa

NÃO Admite Tentativa

É consumado após um tempo relevante, sendo previsto uma probabilidade de dano à Administração, porém sem necessidade que esse realmente ocorra para a efetiva consumação do crime.

Há doutrinadores que dizem que só haverá o crime de abandono após 31 dias ou mais de ausência injustificada no trabalho.

Descrição do crime

Forma qualificada pelo prejuízo

> **§ 1º**. Se do fato resulta prejuízo público:
> **Pena** - detenção, de três meses a um ano, e multa.

Nessa hipótese, compreende duas espécies de prejuízo, sendo o prejuízo social ou coleto, bem como aquele que afeta os serviços públicos e o interesse da coletividade.

Forma qualificada pelo lugar de fronteira

> **§ 2º**. Se o fato ocorre em lugar compreendido na faixa de fronteira:
> **Pena** - detenção, de um a três anos, e multa.

Considera-se fronteira a faixa situada até 150 Km de largura, ao longo das fronteiras terrestres.

Exercício funcional ilegalmente antecipado ou prolongado

> **Art. 324.** Entrar, no exercício de função pública antes de satisfeitas as exigências legais, ou continuar a exercê-la, sem autorização, depois de saber oficialmente que foi exonerado, removido, substituído ou suspenso:
> **Pena** - detenção, de quinze dias a um mês, ou multa.

O exercício ilegal de função pública afeta toda uma estrutura organizacional da Administração Pública, influindo diretamente na prestação de serviço público e no seu normal funcionamento. O referido crime tem por finalidade punir quem entra, exerce ou continua no serviço público de forma ilegal. É um crime de ação penal pública incondicionada.

Classificação

É um crime simples, de mão própria e formal.

É um crime doloso, não existindo a modalidade culposa.

Sujeitos do crime

Sujeito Ativo: é o funcionário público já nomeado que ainda não cumpriu todas as exigências para entrar no cargo ou que deixou de ser funcionário por ter sido exonerado, suspenso, removido etc.

Se for pessoa inteiramente alheia à função pública, o crime é o previsto no Art. 328 do CP.

Sujeito Passivo: é o Estado.

Consumação e tentativa

Por ser um crime formal, o delito se consuma com o primeiro ato realizado pelo funcionário público em alguma das condições do tipo penal, não necessitando que a Administração Pública sofra um efetivo dano ou prejuízo. A tentativa é possível, haja vista o caráter plurissubsistente do crime.

Descrição do crime

A primeira parte do *caput* versa uma norma penal em branco homogênea, pois necessita de complementação por legislação específica para saber quais são as exigências legais.

A segunda parte do *caput* descreve um elemento normativo específico, sendo necessário que o agente tenha o efetivo conhecimento de sua situação perante a Administração Pública.

Aquele que ingressa no exercício da função pública, antes de apresentar sua declaração de bens, incide no crime em tela se praticar algum ato inerente ao cargo.

Violação de sigilo funcional

> **Art. 325.** Revelar fato de que tem ciência em razão do cargo e que deva permanecer em segredo, ou facilitar-lhe a revelação:
> **Pena** - detenção de seis meses a dois anos, ou multa, se o fato não constitui crime mais grave.
> **§1º.** Nas mesmas penas deste artigo incorre quem:
> **I.** Permite ou facilita, mediante atribuição, fornecimento e empréstimo de senha ou qualquer outra forma, o acesso de pessoas não autorizadas a sistemas de informações ou banco de dados da Administração Pública;
> **II.** Se utiliza, indevidamente, do acesso restrito.
> **§2º.** Se da ação ou omissão resulta dano á Administração Pública ou a outrem:
> **Pena** - reclusão, de dois a seis anos, e multa.

Certos assuntos da Administração Pública possuem caráter sigiloso e são imprescindíveis à segurança da sociedade e do Estado. Esse artigo tem por finalidade preservar os interesses públicos, privados e coletivos do sigilo das informações necessárias ao normal funcionamento da máquina pública. É um crime de ação penal pública incondicionada.

Classificação

É um crime simples, de mão própria (somente pode ser cometido por funcionário público que tenha o dever de assegurar o sigilo) e formal.

É considerado um crime doloso não tendo especificado em seu tipo penal um especial fim de agir. Não admite a modalidade culposa.

Sujeitos do crime

Sujeito Ativo: por ser um crime de mão própria, exige-se uma qualidade especial do sujeito ativo do crime, podendo ser tanto o funcionário público em efetivo exercício, quanto o aposentado, afastado ou em disponibilidade, podendo o particular ser partícipe do crime (Art. 325 do CP) se concorreu de qualquer modo com a revelação da informação.

Sujeito Passivo: é o ente público que teve o seu segredo revelado e, eventualmente, o particular lesado pela revelação do segredo.

Consumação e tentativa

O delito passa a ser consumado no momento em que a informação sigilosa é revelada a terceira pessoa, não exigindo que tal informação seja de conhecimento geral do público.

A tentativa somente é aceita se for uma conduta por escrito e, por circunstâncias alheias à vontade do agente, a carta não chega ao destino.

Descrição do crime

Figuras Equiparadas do §1º

Inciso I, exemplo: "A", um analista da Receita Federal, revela a senha do banco de dados do cadastro dos contribuintes, para que sua amiga encontre o endereço de seu ex-namorado.

Inciso II, exemplo: "A", analista da Receita Federal, utiliza a senha restrita do banco de dados dos servidores para descobrir informações fiscais de seus colegas de repartição.

Qualificadora §2º

Nessa figura, existe a lesão à Administração Pública ou a algum particular, ou seja, é considerado um crime de dano.

Aplicando-se o princípio da especialidade, a violação de sigilo funcional envolvendo certames de interesse público não caracteriza o crime do Art. 325, mas sim o do Art. 311-A do CP.

Violação de sigilo de proposta de concorrência

> **Art. 326.** Devassar o sigilo de proposta de concorrência pública, ou proporcionar a terceiro o ensejo de devassá-lo:
> **Pena** - detenção, de três meses a um ano, e multa.

> 💡 Revogado tacitamente pelo novo artigo 337-J do Código Penal, pois trata-se de norma contemporânea, que incrimina a prática do delito não só em concorrência, mas em qualquer modalidade de licitação.

Funcionário público

> **Art. 327.** Considera-se funcionário público, para os efeitos penais, quem, embora transitoriamente ou sem remuneração, exerce cargo, emprego ou função pública.
> **§ 1º.** Equipara-se a funcionário público: quem exerce cargo, emprego ou função em entidade paraestatal, e quem trabalha para empresa prestadora de serviço contratada ou conveniada para a execução de atividade típica da Administração Pública.
> **§ 2º.** A pena será aumentada da terça parte quando os autores dos crimes previstos neste Capítulo forem ocupantes de cargos em comissão ou de função de direção ou assessoramento de órgão da administração direta, sociedade de economia mista, empresa pública ou fundação instituída pelo poder público.

São funcionários públicos não só aqueles que desempenham cargos criados por lei, regularmente investidos e nomeados, remunerados pelos cofres públicos, como também os que exercem emprego público (contratados, mensalistas, diaristas, tarefeiros, nomeados a título precário) e, ainda, todos que, de qualquer forma, exercem função pública.

> 💡 Para fins penais, considera-se funcionário público aquele que trabalha para uma empresa particular que mantém convênio com o Poder Público, e para este presta serviço.

DOS CRIMES CONTRA ADMINISTRAÇÃO PÚBLICA

10.2 Dos Crimes Praticados por Particular contra a Administração em Geral

Usurpação de função pública

Art. 328. Usurpar o exercício de função pública:
Pena - detenção, de três meses a dois anos, e multa.
Parágrafo único. se do fato o agente aufere vantagem:
Pena - reclusão, de dois a cinco anos, e multa.

Introdução

Esse crime foi criado com o intuito de punir aquele que exerce função pública sem possuir legitimidade para tanto, pois o Estado tem interesse em preservação da função das pessoas realmente investidas ao exercício das funções públicas. É um crime de ação penal pública incondicionada.

Classificação

É um crime simples, comum e formal.

É considerado um crime doloso, não dependendo de nenhuma finalidade. Não é admitida a culpa.

Sujeitos do crime

Sujeito Ativo: Por ser um crime comum, pode ser praticado por qualquer pessoa, inclusive por funcionário público. **Ex.:** um escrivão que atue exercendo tarefas exclusivas de um Delegado de Polícia.

Sujeito Passivo: Imediatamente é a Administração Pública e secundariamente a pessoa física ou jurídica à qual recaiu a conduta criminosa.

Consumação e tentativa

Trata-se de crime formal. Consuma-se o delito com a prática de ato exclusivo, que só pode ser praticado por pessoa legalmente investida no ofício usurpado.

A tentativa é plenamente possível. No caso do agente ser impedido de executar ato de ofício por circunstâncias alheias a sua vontade.

Descrição do crime

A figura qualificada (Art. 328, parágrafo único) se refere a um crime material, visto que o agente aufere vantagem do delito, sendo a vantagem de qualquer natureza.

Resistência

Art. 329. Opor-se à execução de ato legal, mediante violência ou ameaça a funcionário competente para executá-lo ou a quem lhe esteja prestando auxílio:
Pena - detenção, de dois meses a dois anos.
§ 1º. Se o ato, em razão da resistência, não se executa:
Pena - reclusão, de um a três anos.
§ 2º. As penas deste artigo são aplicáveis sem prejuízo das correspondentes à violência.

Introdução

Esse crime visa proteger a Administração Pública e, também, a atuação do funcionário público na realização de atos legais e a integridade física e moral do particular que lhe presta auxílio. É um crime de ação penal pública incondicionada.

Classificação

É um crime **pluriofensivo** (atinge mais de um bem jurídico), comum e formal.

É um crime doloso e mais a intenção de impedir a execução de ato legal (especial fim de agir). Não se admite a modalidade culposa.

Sujeitos do crime

Sujeito Ativo: pode ser praticado por qualquer pessoa (crime comum).

O funcionário público pode ser sujeito ativo deste crime nas situações em que age como particular.

O sujeito ativo (autor) pode ser pessoa alheia à execução do ato legal. Ex.: Filho que procura resistir à prisão legítima do pai mediante violência ou grave ameaça.

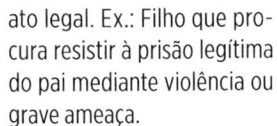

Sujeito Passivo: primariamente o Estado e, secundariamente, o funcionário público agredido ou ameaçado pela resistência.

> É indispensável que o particular esteja efetivamente acompanhado do funcionário público competente para a execução do ato para que se caracterize o crime de resistência, pois caso o particular esteja sozinho o agente responderá por outro crime (lesão corporal, ameaça, tentativa de homicídio etc.).

Consumação e tentativa

É crime formal. Não importa se o agente consegue ou não impedir a execução do ato legal, o crime estará consumado.

Em regra admite tentativa, com exceção de ameaça verbal.

Descrição do crime

Opor-se: impedir a execução do ato legal. O ato legal deve ser específico e concreto, isto é, apto a gerar efeitos imediatos e dirigido a pessoa(s) determinada(s).

Espécies de resistência

Resistência ATIVA: é o crime de resistência do Art. 329, caput, do Código Penal.

Resistência PASSIVA: o agente, sem o emprego de violência ou ameaça a funcionário público competente ou a quem lhe presta auxílio, se opõe à execução de ato legal.

Ex.: "A", policial civil, vai cumprir um mandado de prisão preventiva expedido em face de "B", este se agarra a um poste para não ser preso.

Nesta hipótese, (Resistência Passiva) não se configura o crime de Resistência. Todavia, o agente responderá pelo crime de Desobediência (Art. 330, CP).

Violência:

A violência deve ser dirigida contra pessoa, pois se for dirigida contra coisa o agente responderá pelo crime de dano qualificado (Art. 163, parágrafo único, III, CP).

A violência deve ser empregada durante a execução do ato legal, pois se for empregada antes ou depois o agente responderá pelo crime de ameaça (Art. 147, CP) ou lesão corporal (Art. 129, CP).

A violência deve ser empregada para impedir o cumprimento da ordem, se for outra a causa, o crime será outro.

Figura qualificada (Art. 329, §1º, CP): O que seria o exaurimento do crime funciona como uma qualificadora. Nesta hipótese o crime é material.

Legalidade do ato

Legalidade do Ato: o ato deve ser legal, mesmo que injusto.

Ex.: O juiz decretou a prisão preventiva de "A" pois ele é o principal suspeito de ter estuprado oito mulheres numa pequena cidade do interior. No momento da realização da prisão, "A" agrediu os policiais militares, pois jurava que era inocente. Uma semana após a prisão, "B" o verdadeiro estuprador fez duas novas vítimas e foi preso em flagrante. O juiz mandou soltar "A", mas este responderá pelo crime de resistência, pois o ato, apesar de injusto, era legal.

Desobediência

Art. 330. Desobedecer a ordem legal de funcionário público:
Pena - detenção, de quinze dias a seis meses, e multa.

O crime de desobediência, também conhecido como "resistência passiva", apresenta pontos em comum com o crime de resistência (Art. 329 do CP), porém se diferencia pela ausência de violência ou grave ameaça ao funcionário público ou a pessoa que está auxiliando o funcionário. É um crime de ação penal pública incondicionada.

Classificação

É um crime simples, comum e formal.

Dolo. O agente deve ter consciência da legalidade da ordem e da competência do funcionário público, sob pena de atipicidade do fato (o fato não será crime). Não se admite a modalidade culposa.

Pode ser praticado por ação ou por omissão.

Sujeitos do crime

Sujeito Ativo: qualquer pessoa, desde que vinculada ao cumprimento da ordem legal imposta pela autoridade pública.

Se o agente devia cumprir a ordem, por dever de ofício, tipifica-se, em tese, o delito de prevaricação.

Sujeito Passivo: é o Estado de forma imediata e mediatamente é o funcionário público o qual teve a ordem descumprida injustificadamente.

Consumação e tentativa

→ **A consumação depende do tipo de ordem:**

Se for uma **omissão** do agente: no momento em que o agente atuar, violando, assim, a ordem de abster-se;

Se for uma **ação** do agente: no momento em que transcorrer o prazo para que o agente realize determinado ato e este não cumpra a ordem dada.

Admite-se a tentativa na modalidade comissiva (ação). Não é cabível na modalidade omissiva.

Conduta

Desobedecer (Recusar cumprimento / Desatender / Descumprir) ordem legal de funcionário público competente para emiti-la. Necessita da presença de dois requisitos:

Existência de uma ordem legal: não se trata de uma mera solicitação ou pedido.

Ordem emanada de funcionário público competente: o funcionário deve possuir competência funcional para emitir a ordem.

Legalidade

Segundo a Jurisprudência, pratica o crime de desobediência o indivíduo que se recusa a identificar-se criminalmente nos casos previstos em lei. Assim, como o indiciado que se recusa a identificar-se civilmente.

Pratica o crime previsto no Art. 307 da Lei nº 9.503/97 (Código de Trânsito Brasileiro), o indivíduo que viola a suspensão ou proibição de se obter a permissão ou a habilitação para dirigir veículo automotor.

Desobediência X Resistência

Desobediência (Art. 330, CP)	Resistência (Art. 329, CP)
Não há emprego de violência ou ameaça.	Há emprego de violência ou ameaça.

Apontamentos

→ Não é crime de desobediência a conduta do agente que se recusa a realizar:
> Teste de bafômetro;
> Exame de sangue (hematológico);
> Exame de DNA;
> Dosagem alcoólica;
> Exame grafotécnico.

Lembre-se de que ninguém é obrigado a produzir prova contra si mesmo, pois trata-se de desdobramento lógico da garantia constitucional ao silêncio.

Desacato

Art. 331. Desacatar funcionário público no exercício da função ou em razão dela:
Pena - detenção, de seis meses a dois anos, ou multa.

Todo funcionário público representa o Estado e age em seu nome a todo o momento em que exerce sua função. O crime de desacato (Art. 332 do CP) foi criado com o intuito de proteger o agente público e o prestígio da função exercida pelo funcionário público. É um crime de ação penal pública incondicionada.

DOS CRIMES CONTRA ADMINISTRAÇÃO PÚBLICA

Classificação

Crime de forma livre, admitindo qualquer meio de execução.

Dolo. Vontade livre e consciente de agir com a finalidade de desprestigiar a função pública do ofendido. Não se admite a modalidade culposa.

É um crime formal. Independe, para sua consumação, de um resultado naturalístico.

Sujeitos do crime

Sujeito Ativo: crime comum (pode ser praticado por qualquer pessoa).

É possível que o funcionário público seja autor do crime de desacato, pois, ao cometer este delito, ele se despe de sua qualidade de funcionário público e passa a atuar como um particular. Nesta situação não importa se o agente é ou não superior hierárquico do funcionário público ofendido.

O advogado pode praticar (ser sujeito ativo) o crime de desacato caso ofenda funcionário público no exercício da função ou em razão dela.

Sujeito Passivo: o Estado, primariamente, e o funcionário público ofendido, secundariamente.

Será vítima somente o funcionário público assim definido no *caput* do Art. 327 do CP, não abrangendo o equiparado.

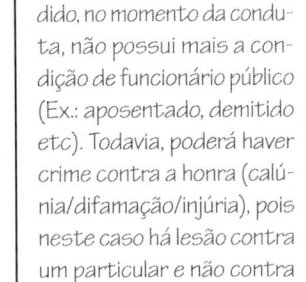

> Não há crime de desacato na hipótese em que o ofendido, no momento da conduta, não possui mais a condição de funcionário público (Ex.: aposentado, demitido etc). Todavia, poderá haver crime contra a honra (calúnia/difamação/injúria), pois neste caso há lesão contra um particular e não contra a Administração Pública.

Consumação e tentativa

É crime Formal. Ocorre no momento em que o funcionário público é ofendido. Não importa se sente ou não ofendido com os atos praticados. Não é necessário que outras pessoas presenciem a ofensa proferida.

Admite-se a tentativa, salvo quando a ofensa é praticada verbalmente.

Descrição do crime

O autor deste crime deve ter ciência de que o ofendido é funcionário público e se encontra no exercício da função pública ou que a ofensa é proferida em razão dela. Deve ter ainda o propósito de desprestigiar a função pública do funcionário público (especial fim de agir).

Não é necessário que o funcionário público se encontre no interior da repartição pública. Basta que esteja no exercício da função pública.

Ex.: Pedro encontra o Juiz de Direito no supermercado e o chama de corrupto.

Haverá crime único de desacato caso o agente ofenda vários funcionários públicos no mesmo contexto fático, pois o sujeito passivo é a Administração Pública.

Considerações

Não haverá o crime de desacato caso a ofensa diga respeito à vida particular do funcionário público. Todavia, poderá caracterizar crime contra a honra.

Ex.: Afirmar que o Promotor de Justiça foi visto saindo de um prostíbulo.

Vejamos as diferenças entre os crimes de injúria (Art. 140 do CP) e desacato (Art. 331 do CP).

Desacato (Art. 331, CP)	Injúria (Art. 140, CP)
A ofensa é proferida na PRESENÇA do funcionário público.	A ofensa é proferida na AUSÊNCIA do funcionário público.
Crime contra a Administração Pública.	Crime contra a honra.
Ação Penal Pública Incondicionada.	Regra: Ação Penal iniciativa privada.

Tráfico de influência

Art. 332. *Solicitar, exigir, cobrar ou obter, para si ou para outrem, vantagem ou promessa de vantagem, a pretexto de influir em ato praticado por funcionário público no exercício da função:*
Pena - *reclusão, de 2 (dois) a 5 (cinco) anos, e multa*
Parágrafo único. *a pena é aumentada da metade, se o agente alega ou insinua que a vantagem é também destinada ao funcionário.*

O crime de tráfico de influência foi criado pela Lei nº 9.127/95, porém antes de sua criação, o delito era chamado de exploração de prestígio (Art. 357 do CP), sendo esse um crime contra a Administração da justiça e o tráfico de influência (Art. 332 do CP) contra a Administração Pública. O crime em apreço é de ação penal pública incondicionada.

Classificação

É classificado como crime simples, comum e FORMAL.

É um crime doloso e com um especial fim de agir (vantagem para si ou para outrem). Não é admitida a modalidade culposa.

Sujeitos do crime

Sujeito Ativo: por ser um crime comum, pode ser praticado por qualquer pessoa.

Sujeito Passivo: de maneira imediata é o Estado e mediatamente, o comprador da influência (pessoa que paga ou promete vantagem), com o fim de obter benefício do funcionário público.

Consumação e tentativa

É um crime de consumação antecipada ou formal, caracterizando-se pela realização da conduta descrita no tipo penal, independentemente da obtenção da vantagem. Observação: com o núcleo do tipo "obter", o crime é material, consumando o delito no momento da obtenção da vantagem.

Tentativa é possível em determinados casos, do contrário não será admitida, pois se a conduta for realizada verbalmente não há que se falar em tentativa.

Descrição do crime

Por haver vários núcleos do tipo (exigir, solicitar, obter, cobrar), o crime de tráfico de influência é classificado como crime de ação múltipla ou de conteúdo variado, respondendo o agente se praticado no mesmo contexto fático, por crime único, mesmo se realizar mais de um núcleo do tipo.

Segundo STJ é dispensável para a caracterização do delito que o agente efetivamente influa em ato praticado por funcionário público, basta que o mesmo alegue ter condições para tanto.

Ex.: "A", dizendo ser amigo de um Delegado de Polícia, sem realmente sê-lo, solicita a "B" que entregue certo valor a pretexto de convencer (influir) o Delegado a não instaurar uma investigação contra o filho de "A".

Influência

Caso a aludida influência seja real, poderá haver outro crime (corrupção).

Causa de aumento de pena, parágrafo único

Caso o agente, além de toda a fraude empregada, alega que a vantagem também se destina ao funcionário público, será aquele merecedor de pena majorada, visto que o bem jurídico tutelado no tipo é mais gravemente afetado, qual seja, o prestígio da Administração Pública.

Corrupção ativa

> **Art. 333.** *Oferecer ou prometer vantagem indevida a funcionário público, para determiná-lo a praticar, omitir ou retardar ato de ofício:*
>
> **Pena** - *reclusão, de 2 (dois) a 12 (doze) anos, e multa.*
>
> **Parágrafo único.** *A pena é aumentada de um terço, se, em razão da vantagem ou promessa, o funcionário retarda ou omite ato de ofício, ou o pratica infringindo dever funcional.*

O crime de corrupção ativa está tipificado no Art. 333 do Código Penal e faz parte dos crimes cometidos por particular contra a Administração Pública. Isso não quer dizer que não possa ser cometido por funcionário público que, se praticá-lo, estará se despindo de sua função pública e agindo como um particular.

É um crime de ação penal pública incondicionada.

Classificação

É considerado um crime formal, que para sua consumação não se exige um resultado.

Classificado como plurissubsistente, podendo sua conduta ser fracionada em diversos atos.

É um crime doloso, acrescido de um especial fim de agir (determinar o funcionário público a praticar, omitir ou retardar ato de ofício).

Sujeitos do crime

Sujeito Ativo: crime comum (qualquer pessoa).

Funcionário público também pode ser sujeito ativo deste crime, desde que realize a conduta sem aproveitar-se das facilidades inerentes à sua condição funcional.

Ex.: Pedro, analista judiciário do TRF, oferece dinheiro a um Delegado de Polícia para que este não o prenda em flagrante pela prática do crime de porte ilegal de arma de fogo.

O particular só responderá por corrupção ativa se este oferecer ou prometer vantagem indevida. A simples entrega de vantagem ilícita solicitada por funcionário público não configura crime nestes casos, o particular será vítima secundária de corrupção passiva (Art. 317 do CP).

Sujeito Passivo: o Estado e, secundariamente, a pessoa física ou jurídica prejudicada pela conduta criminosa.

Consumação e tentativa

É crime formal. Ocorre a consumação com a oferta ou promessa de vantagem indevida ao funcionário público, independentemente da sua aceitação. Ofereceu ou prometeu, o crime já está consumado.

Também não é necessária a prática, omissão ou retardamento do ato de ofício. Desse modo, se o agente oferece ou promete a vantagem indevida ao funcionário público, o crime estará consumado.

A tentativa é possível, salvo quando o crime é praticado verbalmente.

Descrição do crime

Vantagem Indevida: não precisa ser necessariamente patrimonial/econômica. Pode ter qualquer natureza: patrimonial, sexual, moral etc.

Meios de Execução: o delito de corrupção ativa pode ser praticado de duas formas:

Oferecer vantagem indevida: nesta hipótese, a conduta parte do particular que põe à disposição a vantagem indevida ao funcionário público e este a recebe. Desse modo, o particular praticou o crime de corrupção ativa (Art. 333 do CP) e o funcionário público o crime de corrupção passiva (Art. 317 do CP).

PROMETE vantagem indevida: nesta hipótese, a conduta parte do particular que promete a vantagem indevida ao funcionário público e este a aceita. Desse modo, o particular praticou o crime de corrupção ativa (Art. 333 do CP) e o funcionário público o crime de corrupção passiva (Art. 317 do CP). Não é necessário que o particular efetivamente cumpra sua promessa para que ocorra a consumação do delito, basta a simples promessa.

Não se configura a infração penal quando a oferta ou promessa tem o fim de impedir ou retardar ato ilegal.

Causa de aumento de pena

> **Parágrafo único.** *A pena é aumentada de um terço, se, em razão da vantagem ou promessa, o funcionário retarda ou omite ato de ofício, ou o pratica infringindo dever funcional.*

A corrupção ativa é um crime formal. Desse modo, o que seria o exaurimento do crime (retardar ou omitir ato de ofício, ou o praticar infringindo dever funcional) funciona como uma causa de aumento de pena.

Considerações

O crime de corrupção ativa é uma exceção à Teoria Unitária ou Monista do concurso de pessoas (Art. 29 do CP), pois o particular que oferece ou promete vantagem indevida responde pelo crime de corrupção ativa (Art. 333 do CP), já o funcionário público que recebe ou aceita promessa de vantagem indevida responde pelo crime de corrupção passiva (Art. 317 do CP).

NOÇÕES DE DIREITO PENAL, PROCESSUAL PENAL E LEGISLAÇÃO EXTRAVAGANTE

DOS CRIMES CONTRA ADMINISTRAÇÃO PÚBLICA

Corrupção Ativa (Art. 333, CP)	Corrupção Passiva (Art. 317, CP)
Sujeito Ativo: Particular	Sujeito Ativo: Funcionário Público
Fato Atípico ←	Solicitar
Oferecer →	Receber
Prometer →	Aceitar Promessa

É possível que ocorra o crime de corrupção ativa sem que ocorra corrupção passiva.

Ex.: Pedro oferece ou promete dinheiro, vantagem indevida, para que João (Delegado de Polícia) não o prenda em flagrante, mas João não recebe ou aceita a promessa.

Também é possível que ocorra o crime de corrupção passiva sem que ocorra corrupção ativa.

Ex.: Ronaldo (auditor fiscal) solicita vantagem indevida a André (empresário) para não aplicar uma multa milionária na empresa deste último.

Duas situações podem ocorrer: André realiza a entrega da vantagem indevida, ou não. Nas duas hipóteses, apenas Ronaldo praticou crime, pois a conduta de André é atípica.

Apontamentos

Na hipótese em que o particular pede para o funcionário público dar um jeitinho não responderá pelo crime de corrupção ativa, pois o agente não ofereceu nem prometeu vantagem indevida. Nessa hipótese, duas situações podem ocorrer:

> - O funcionário público Dá o jeitinho. Responderá por corrupção passiva privilegiada (Art. 317, §2º, CP) e o particular será partícipe deste crime;
> - O funcionário público Não dá o jeitinho. O fato é atípico para ambos.

Contrabando e descaminho

Descaminho - art. 334

Antes da publicação da Lei nº 13.008/14, o Art. 334 do Código Penal tipificava a prática dos crimes de contrabando e descaminho como crime único, atribuindo pena de reclusão de um a quatro anos. Com a nova redação ocorre a separação dos crimes de contrabando e descaminho, tornando-os crimes autônomos.

> **Art. 334.** Iludir, no todo ou em parte, o pagamento de direito ou imposto devido pela entrada, pela saída ou pelo consumo de mercadoria
> **Pena** - reclusão, de 1 (um) a 4 (quatro) anos.
> **§ 1º.** Incorre na mesma pena quem:
> **I.** pratica navegação de cabotagem, fora dos casos permitidos em lei;
> **II.** pratica fato assimilado, em lei especial, a descaminho;
> **III.** vende, expõe à venda, mantém em depósito ou, de qualquer forma, utiliza em proveito próprio ou alheio, no exercício de atividade comercial ou industrial, mercadoria de procedência estrangeira que introduziu clandestinamente no País ou importou fraudulentamente ou que sabe ser produto de introdução clandestina no território nacional ou de importação fraudulenta por parte de outrem;
> **IV.** adquire, recebe ou oculta, em proveito próprio ou alheio, no exercício de atividade comercial ou industrial, mercadoria de procedência estrangeira, desacompanhada de documentação legal ou acompanhada de documentos que sabe serem falsos.

> **§ 2º.** Equipara-se às atividades comerciais, para os efeitos deste artigo, qualquer forma de comércio irregular ou clandestino de mercadorias estrangeiras, inclusive o exercido em residências.
> **§ 3º.** A pena aplica-se em dobro se o crime de descaminho é praticado em transporte aéreo, marítimo ou fluvial.

No Descaminho, as mercadorias apreendidas são legais no território brasileiro, porém não há o devido pagamento de tributos pela entrada e saída de mercadorias.

Descrição do crime

> - Objeto Material: tributos não recolhidos.
> - Núcleo do Tipo: iludir, ou seja, ludibriar, frustrar o pagamento do tributo.
> - Sujeito Ativo: crime comum (qualquer pessoa) por ser um crime comum, pode ser praticado por qualquer pessoa, até mesmo um funcionário público, desde que o funcionário não tenha o dever funcional de impedir a prática do crime de contrabando e descaminho.
> - Sujeito Passivo: o Estado

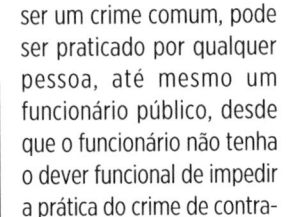

Apesar de existir divergência entre o STF e o STJ é cabível o princípio da insignificância no crime de Descaminho. Para a aplicação desse princípio o STJ estipula o valor de R$ 10.000,00, enquanto o STF entende que o valor é de R$ 20.000,00. Diante disso é de suma importância atentar-se para o comando da questão e observar qual dos posicionamentos a banca irá abordar.

Ex.: Tício, policial civil, auxilia Caio a contrabandear caixas de cigarro para o outro lado da fronteira. Tício não tem um especial dever funcional de evitar tal conduta, portanto responderá pelo crime de descaminho ou contrabando capitulados, respectivamente, nos Art. 334 e 334-A do CP, como partícipe ou coautor, a depender do contexto fático.

Contrabando - art. 334-a

> **Art. 334-A.** Importar ou exportar mercadoria proibida:
> **Pena** - reclusão, de 2 (dois) a 5 (cinco) anos.
> **§ 1º.** Incorre na mesma pena quem:
> **I.** pratica fato assimilado, em lei especial, a contrabando;
> **II.** importa ou exporta clandestinamente mercadoria que dependa de registro, análise ou autorização de órgão público competente;
> **III.** reinsere no território nacional mercadoria brasileira destinada à exportação;
> **IV.** vende, expõe à venda, mantém em depósito ou, de qualquer forma, utiliza em proveito próprio ou alheio, no exercício de atividade comercial ou industrial, mercadoria proibida pela lei brasileira;
> **V.** adquire, recebe ou oculta, em proveito próprio ou alheio, no exercício de atividade comercial ou industrial, mercadoria proibida pela lei brasileira.
> **§ 2º.** Equipara-se às atividades comerciais, para os efeitos deste artigo, qualquer forma de comércio irregular ou clandestino de mercadorias estrangeiras, inclusive o exercido em residências.
> **§ 3º.** A pena aplica-se em dobro se o crime de contrabando é praticado em transporte aéreo, marítimo ou fluvial.

Diferentemente do que ocorre no Descaminho, no crime de Contrabando as mercadorias são proibidas no território brasileiro. Dessa forma, NÃO é possível a aplicação do princípio da insignificância.

Descrição do crime:

> Objeto Material: mercadoria contrabandeada.
> Núcleos do Tipo: importar, exportar mercadoria contrabandeada.
> Sujeito Ativo: crime comum (qualquer pessoa).
> Sujeito Passivo: o Estado.

Importante

A importação de bebidas é legal, porém a legislação traz uma restrição quanto à quantidade. Caso ocorra o excesso da quantidade permitida incidirá o Contrabando, Art. 334-A. Diferentemente ocorre no caso do crime de Descaminho, Art. 334, no qual ocorre a sonegação do tributo devido.

A redação anterior do Código Penal considerava que a pena seria aplicada em dobro mediante transporte aéreo. De acordo com o §3º dos Arts. 334 e 334-A, a nova redação passou a considerar esta previsão também para os transportes marítimos e fluviais.

É mais uma exceção à teoria monista ou unitária no concurso de pessoas (Art. 29, caput, CP). Haja vista ser a conduta do funcionário público que facilita o contrabando ou descaminho (Art. 318 do CP) ser mais reprovável em razão de sua natureza funcional perante a administração pública, as condutas foram separadas e com penas distintas, porém, ambos os crimes tipificam o mesmo resultado, qual seja, o descaminho ou o contrabando.

O funcionário público que:

Não possui o dever funcional de impedir o contrabando ou descaminho. Será coautor ou partícipe do crime de contrabando ou descaminho (Art. 334, CP).

Possui o dever funcional de impedir a prática do contrabando ou descaminho e concorre para a realização de qualquer destes crimes. Responderá pelo crime de facilitação de contrabando ou descaminho (Art. 318, CP).

> Trata-se de mais uma exceção à Teoria Unitária ou Monista do concurso de pessoas (Art. 29, CP).

	São crimes materiais (consumam-se com a produção de um resultado)
Contrabando	O agente importa ou exporta a mercadoria proibida pelas vias ordinárias (caminhos normais), ou seja, pela fiscalização alfandegária: o crime estará consumado no instante em que a mercadoria é liberada pela autoridade alfandegária.
	O agente se vale dos meios clandestinos para importar ou exportar a mercadoria proibida. O crime estará consumado no momento da entrada ou saída da mercadoria do território nacional.
Descaminho	Se consuma com a liberação da mercadoria (permitida) sem o pagamento de tributo devido pela sua entrada ou saída do Brasil.

No crime de contrabando a mercadoria não precisa ser necessariamente estrangeira (produzida no exterior). Desse modo é possível a fabricação da mercadoria em território nacional desde que seja destinada exclusivamente à exportação.

Ex.: Empresa fabrica explosivos no Brasil e os exporta para a Coreia do Norte. Posteriormente, um norte coreano ingressa com estes explosivos em território brasileiro.

Crimes específicos: por ter natureza genérica ou residual, o crime de contrabando e descaminho somente será aplicado quando a conduta de descaminho ou contrabando de mercadoria não configurar algum crime específico.

Ex.: O indivíduo que importar ou exportar drogas, sem autorização ou em desacordo com determinação legal, responderá pelo crime de tráfico internacional de drogas (Art. 33, Lei nº 11.343/06. Lei de Drogas).

O indivíduo que importar ou exportar arma de fogo, acessório ou munição, sem autorização da autoridade competente, responderá pelo crime de tráfico internacional de arma de fogo (Art. 18, Lei nº 10.826/03. Estatuto do Desarmamento).

Súm. 151, STJ: A competência para o processo e julgamento por crime de contrabando ou descaminho define-se pela prevenção do Juízo Federal do lugar da apreensão dos bens.

Competência para julgamento: Justiça federal, pois ofendem interesses da União (Art. 109, IV, CF/88).

Impedimento, perturbação ou fraude de concorrência

Art. 335. *Impedir, perturbar ou fraudar concorrência pública ou venda em hasta pública, promovida pela administração federal, estadual ou municipal, ou por entidade paraestatal; afastar ou procurar afastar concorrente ou licitante, por meio de violência, grave ameaça, fraude ou oferecimento de vantagem:*

Pena - *detenção, de seis meses a dois anos, ou multa, além da pena correspondente à violência.*

Parágrafo único. *Incorre na mesma pena quem se abstém de concorrer ou licitar, em razão da vantagem oferecida.*

Revogado tacitamente pelos pelo artigo 337-I do Código Penal, visto que o novo tipo penal possui maior abrangência.

Inutilização de edital ou de sinal

Art. 336. *Rasgar ou, de qualquer forma, inutilizar ou conspurcar edital afixado por ordem de funcionário público; violar ou inutilizar selo ou sinal, empregado por determinação legal ou por ordem de funcionário público, para identificar ou cerrar qualquer objeto:*

Pena - *detenção, de um mês a um ano, ou multa.*

O que é protegido nesse crime é a Administração Pública, pois acarreta complicação ao interesse público e o normal desenvolvimento de suas atividades.

DOS CRIMES CONTRA ADMINISTRAÇÃO PÚBLICA

Classificação

É considerado um crime simples, pois ofende um único bem jurídico e também material, pois para sua consumação gera um resultado naturalístico.

É um crime doloso, não possuindo um especial fim de agir. Não é admitida a modalidade culposa.

Sujeitos do crime

Sujeito Ativo: por ser um crime comum, pode ser praticado por qualquer pessoa, até mesmo funcionário público.

Sujeito Passivo: o Estado.

Consumação e tentativa

É exigido para sua consumação um resultado naturalístico, não sendo suficiente para a consumação a conduta descrita no tipo.

É possível que haja o fracionamento do *iter criminis*, portanto é admitida a tentativa.

Descrição do crime

Edital: tem natureza administrativa (licitação) ou judicial (citação).

Selo ou sinal: qualquer tipo de marca feita por determinação legal (lacre de interdição da vigilância sanitária).

Núcleos do tipo: rasgar, inutilizar, conspurcar (sujar) e violar.

Não haverá o crime se os objetos materiais referidos no tipo perderam utilidade, como na hipótese do edital com prazo vencido.

Não pratica o crime aquele que reage, moderadamente, contra ato abusivo (ilegal) de funcionário público, rasgando, por exemplo, tira de papel afixada por oficial de justiça na porta de sua moradia, anunciando seu despejo.

Subtração ou inutilização de livro ou documento

Art. 337. Subtrair, ou inutilizar, total ou parcialmente, livro oficial, processo ou documento confiado à custódia de funcionário, em razão de ofício, ou de particular em serviço público:

Pena - reclusão, de dois a cinco anos, se o fato não constitui crime mais grave.

Essa conduta de subtração, inutilização de livro oficial, processo ou documento é prevista em vários tipos do Código Penal. As leituras dos arts. 305, 314, 337 e 356 são relativamente semelhantes, porém cada crime possui uma especificação diferente que os caracteriza. Esse crime é de ação penal pública incondicionada.

Classificação

Considerado um crime simples, pois ofende um único bem jurídico e comum, podendo ser praticado por qualquer pessoa.

É um crime doloso, e não depende de nenhuma finalidade específica. Não admite a modalidade culposa.

Sujeitos do crime

Sujeito Ativo: por ser um crime comum, pode ser cometido por qualquer pessoa, desde que não seja pelo funcionário público responsável pela custódia dos documentos.

Caso o agente seja funcionário público, incumbido ratione officci da guarda dos objetos materiais, a conduta será enquadrada no Art. 314 do CP. Se o agente for advogado ou procurador que, nessa qualidade, tiver retirado o processo ou documentos, o crime será o do Art. 356 do CP.

Sujeito Passivo: primeiramente é o Estado, e secundariamente a pessoa jurídica ou física que foi prejudicada pela ação criminosa.

Consumação e tentativa

Consuma-se o crime no momento da subtração de livro oficial, processo ou documento, mediante apoderamento do agente ou no momento da inutilização total ou parcial da coisa.

A tentativa é possível devido o crime ser de caráter plurissubsistente.

Descrição do crime

Subtrair e inutilizar são os núcleos do tipo. Subtrair é retirar um dos elementos do tipo (livro oficial, processo ou documento) da custódia do funcionário público, se apoderando do item.

Sonegação de contribuição previdenciária

Art. 337-A. Suprimir ou reduzir contribuição social previdenciária e qualquer acessório, mediante as seguintes condutas:

I. Omitir de folha de pagamento da empresa ou de documento de informações previsto pela legislação previdenciária segurados, empregado, empresário, trabalhador avulso ou trabalhador autônomo ou a este equiparado que lhe prestem serviços;

II. Deixar de lançar mensalmente nos títulos próprios da contabilidade da empresa as quantias descontadas dos segurados ou as devidas pelo empregador ou pelo tomador de serviços;

III. Omitir, total ou parcialmente, receitas ou lucros auferidos, remunerações pagas ou creditadas e demais fatos geradores de contribuições sociais previdenciárias:

Pena - reclusão, de 2 (dois) a 5 (cinco) anos, e multa.

§ 1º. É extinta a punibilidade se o agente, espontaneamente, declara e confessa as contribuições, importâncias ou valores e presta as informações devidas à previdência social, na forma definida em lei ou regulamento, antes do início da ação fiscal.

§ 2º. É facultado ao juiz deixar de aplicar a pena ou aplicar somente a de multa se o agente for primário e de bons antecedentes, desde que:

II. O valor das contribuições devidas, inclusive acessórios, seja igual ou inferior àquele estabelecido pela previdência social, administrativamente, como sendo o mínimo para o ajuizamento de suas execuções fiscais.

§ 3º. Se o empregador não é pessoa jurídica e sua folha de pagamento mensal não ultrapassa R$ 1.510,00 (um mil, quinhentos e dez reais), o juiz poderá reduzir a pena de um terço até a metade ou aplicar apenas a de multa.

§ 4º. O valor a que se refere o parágrafo anterior será reajustado nas mesmas datas e nos mesmos índices do reajuste dos benefícios da previdência social.

> No caso do §1º, preenchidos os requisitos para a concessão, é dever do juiz conceder o perdão ou aplicar a pena de multa. Trata-se de direito público subjetivo do réu.

10.3 Dos Crimes Praticados por Particular contra a Administração Pública Estrangeira

Corrupção ativa em transação comercial internacional

> **Art. 337-B.** *Prometer, oferecer ou dar, direta ou indiretamente, vantagem indevida a funcionário público estrangeiro, ou a terceira pessoa, para determiná-lo a praticar, omitir ou retardar ato de ofício relacionado à transação comercial internacional:*
> **Pena** *- reclusão, de 1 (um) a 8 (oito) anos, e multa.*
> **Parágrafo único.** *A pena é aumentada de 1/3 (um terço), se, em razão da vantagem ou promessa, o funcionário público estrangeiro retarda ou omite o ato de ofício, ou o pratica infringindo dever funcional.*

Tráfico de influência em transação comercial internacional

> **Art. 337-C.** *Solicitar, exigir, cobrar ou obter, para si ou para outrem, direta ou indiretamente, vantagem ou promessa de vantagem a pretexto de influir em ato praticado por funcionário público estrangeiro no exercício de suas funções, relacionado a transação comercial internacional:)*
> **Pena** *- reclusão, de 2 (dois) a 5 (cinco) anos, e multa.*
> **Parágrafo único.** *A pena é aumentada da metade, se o agente alega ou insinua que a vantagem é também destinada a funcionário estrangeiro.*

Dos crimes em licitações e contratos administrativos – (incluído pela Lei nº 14.133/2021)

A nova Lei de Licitações – nº 14.133/2021 que revogou e alterou dispositivos da Lei 8.666/93, sobretudo no que se refere aos crimes em licitações e contratos administrativos, incluiu no Código Penal doze novos tipos penais entre os artigos 337-E e 337-P, objetivando reprimir as condutas ilícitas que fraudam os processos licitatórios no Brasil.

Apesar de a lei 8.666/93 ainda continuar aplicável aos contratos iniciados antes da vigência da nova lei, os crimes previstos na antiga legislação foram revogados pela Lei nº14.133/21 e passaram a ter previsão no Código Penal.

Contratação direta ilegal

> **Art. 337-E.** *Admitir, possibilitar ou dar causa à contratação direta fora das hipóteses previstas em lei:* (Incluído pela Lei nº 14.133, de 2021)
> **Pena** *- reclusão, de 4 (quatro) a 8 (oito) anos, e multa.* (Incluído pela Lei nº 14.133, de 2021)

O novo art. 337-E do CP pune aquele que "admite, possibilita ou dá causa à contratação direta fora das hipóteses previstas em lei". A previsão legal concentra num mesmo tipo penal a punição tanto do agente público contratante, quanto do particular contratado sem o devido processo licitatório.

O tipo penal buscar punir aquele que admite, possibilita ou da causa à contratação direta pelo ente administrativo de forma ilegal, ou seja, fora das hipóteses previstas em lei.

Cumpre destacar que o delito de dispensa de licitação, anteriormente previsto na Lei nº 8.666/93, teve a a pena mínima e máxima aumentadas. Antes, a punição era de 03 a 05 anos, agora, a pena é de 04 a 08 anos.

A nova previsão impede, inclusive, a celebração de acordo de não persecução penal – previsto no art. 28-A do CPP.

Ademais, o tipo penal é norma penal em branco, pois requer o complemento de lei diversa, que atualmente, pode ser a Lei nº 14.133/2021 ou a Lei nº8.666/93, no que se refere às hipóteses de dispensa de licitação.

Quanto ao elemento subjetivo especial do tipo, ainda que não previsto expressamente na anterior previsão da Lei nº8.666/93, o entendimento do STF e do STJ manifesta a necessidade de dolo específico do agente para a consumação do delito.

Trata-se de crime doloso, não admitindo culpa. Admite a tentativa. É unissubjetivo ou de concurso eventual. É processado mediante ação penal pública incondicionada.

Frustração do caráter competitivo de licitação

> **Art. 337-F.** *Frustrar ou fraudar, com o intuito de obter para si ou para outrem vantagem decorrente da adjudicação do objeto da licitação, o caráter competitivo do processo licitatório:*
> **Pena** *- reclusão, de 4 (quatro) anos a 8 (oito) anos, e multa.*
> *Os núcleos do tipo penal "frustrar ou fraudar" objetivam tipificar a conduta do indivíduo que busca impedir, atrapalhar, iludir ou burlar o caráter competitivo da licitação, impossibilitando que a Administração Pública obtenha a proposta mais vantajosa.*

Dessa forma, comete o crime do artigo 337-F aquele que, com o intuito de obter para si ou para outrem vantagem decorrente da adjudicação do objeto da licitação, frustrar ou fraudar o caráter competitivo do processo licitatório.

Para a sua consumação exige conduta dolosa e a presença da finalidade específica de agir, ou seja, o objetivo de obter para si ou para outrem vantagem decorrente da adjudicação do objeto da licitação. Não admite a modalidade culposa.

Trata-se de crime formal, pois não é necessário que o agente obtenha a vantagem prevista no tipo penal.

É crime comum, podendo ser cometido por qualquer indivíduo. Não se exige qualidade específica do sujeito ativo.

Patrocínio de contratação indevida

> **Art. 337-G.** *Patrocinar, direta ou indiretamente, interesse privado perante a Administração Pública, dando causa à instauração de licitação ou à celebração de contrato cuja invalidação vier a ser decretada pelo Poder Judiciário:*
> **Pena** *- reclusão, de 6 (seis) meses a 3 (três) anos, e multa.*

Trata-se de modalidade especial do crime de advocacia administrativa (art. 321, CP). É crime próprio, pois há a exigência de que o sujeito ativa seja funcionário público – crime funcional.

O tipo penal pune a conduta do agente que, se valendo da função pública, favorece, ampara, patrocina interesse privado.

É crime material, pois exige a ocorrência de resultado naturalístico, ou seja, o patrocínio de interesse privado deve dar causa à instauração de licitação ou à celebração de contrato.

Por fim, prevê uma condição objetiva de punibilidade, ou seja, a licitação ou contrato deve ser invalidado pelo Poder Judiciário.

Funcionário público estrangeiro

> **Art. 337-D.** *Considera-se funcionário público estrangeiro, para os efeitos penais, quem, ainda que transitoriamente ou sem remuneração, exerce cargo, emprego ou função pública em entidades estatais ou em representações diplomáticas de país estrangeiro.*

Parágrafo único. Equipara-se a funcionário público estrangeiro quem exerce cargo, emprego ou função em empresas controladas, diretamente ou indiretamente, pelo Poder Público de país estrangeiro ou em organizações públicas internacionais.

Modificação ou pagamento irregular em contrato administrativo

Art. 337-H. Admitir, possibilitar ou dar causa a qualquer modificação ou vantagem, inclusive prorrogação contratual, em favor do contratado, durante a execução dos contratos celebrados com a Administração Pública, sem autorização em lei, no edital da licitação ou nos respectivos instrumentos contratuais, ou, ainda, pagar fatura com preterição da ordem cronológica de sua exigibilidade:

Pena - reclusão, de 4 (quatro) anos a 8 (oito) anos, e multa.

O delito deste se dá na fase posterior à própria licitação, já durante a fase de execução do contrato.

É crime material, pois a consumação ocorre somente com o efetivo favorecimento do contratado.

A conduta de modificação irregular em contrato administrativo, prevista na primeira parte do tipo penal, exige o elemento normativo do tipo, ou seja, requer a a ausência de autorização da conduta em lei, no edital da licitação ou nos respectivos instrumentos contratuais. Caso a modificação seja permitida por lei, pelo edital ou pelo contrato, será penalmente atípica.

Já a segunda parte do artigo trata da do pagamento irregular em contrato administrativo, ou seja, a conduta incriminada é pagar fatura com preterição da ordem cronológica de sua exigibilidade, a fim de favorecer determinado contratado pela Administração, violando o princípio da impessoalidade.

Ademais, quanto ao verbos núcleo do tipo "possibilitar" ou "dar causa a", tem-se o entendimento de que o delito é crime comum, mesmo que o verbo "admitir" refira-se ao funcionário público. Já em relação à conduta do pagamento irregular, o crime é próprio.

Por fim, o tipo penal do art. 337-H é crime doloso, sem previsão da modalidade culpa e sem exigência de elemento subjetivo especial do tipo.

Perturbação de processo licitatório

Art. 337-I. Impedir, perturbar ou fraudar a realização de qualquer ato de processo licitatório:

Pena - detenção, de 6 (seis) meses a 3 (três) anos, e multa.

O artigo em análise busca punir o agente que atua para impedir, perturbar ou fraudar qualquer ato de um processo licitatório.

Trata-se de crime material, a consumação ocorre com o efetivo impedimento ou fraude de qualquer ato do processo licitatório. Admite a tentativa.

Violação de sigilo em licitação

É crime comum, pode ser praticado por qualquer indivíduo. Não há exigência de qualidade específica do sujeito ativo.

Art. 337-J. Devassar o sigilo de proposta apresentada em processo licitatório ou proporcionar a terceiro o ensejo de devassá-lo:

Pena - detenção, de 2 (dois) anos a 3 (três) anos, e multa.

O tipo penal em análise tutela a inviolabilidade do sigilo das propostas da licitação.

A conduta incriminada neste artigo é o ato de quebrar o sigilo da prosposta ou propiciar que um terceiro o viole.

Devassar é fazer conhecer, corromper, enquanto que o verbo "proporcionar", é dar a oportunidade de, propiciar, oferecer.

Trata-se de crime comum, pode ser praticado por qualquer pessoa, funcionário público ou não.

É crime formal, a consumação se dá com a violação da informação sigilosa, independente de prejuízo. É crime doloso, não há modalidade culposa.

Afastamento de licitante

Art. 337-K. Afastar ou tentar afastar licitante por meio de violência, grave ameaça, fraude ou oferecimento de vantagem de qualquer tipo:

Pena - reclusão, de 3 (três) anos a 5 (cinco) anos, e multa, além da pena correspondente à violência.

Parágrafo único. Incorre na mesma pena quem se abstém ou desiste de licitar em razão de vantagem oferecida.

Esse artigo trata de hipótese do chamado crime de atentado ou de mero empreendimento, pois o tipo penal equiparou a forma consumada com forma tentada, em razão dos verbos núcleos "afastar" e "tentar afastar".

Afastar significa remover, impedir a participação de licitante. A conduta deve se dar com violência, grave ameaça, fraude ou oferecimento de vantagem de qualquer tipo.

O parágrafo único prevê uma modalidade equiparada ao *caput*, ou seja, aquele que se abstém (se afasta) de participar da licitação em razão de vantagem recebida incorre na mesma pena.

Trata-se de crime formal, não é necessário que haja o efetivo afastamento do licitante (comprovação do prejuízo).

É crime comum, pode ser cometido por qualquer pessoa, funcionário público ou não.

Fraude em licitação ou contrato

Art. 337-L. Fraudar, em prejuízo da Administração Pública, licitação ou contrato dela decorrente, mediante:

I - entrega de mercadoria ou prestação de serviços com qualidade ou em quantidade diversas das previstas no edital ou nos instrumentos contratuais;

II - fornecimento, como verdadeira ou perfeita, de mercadoria falsificada, deteriorada, inservível para consumo ou com prazo de validade vencido;

III - entrega de uma mercadoria por outra;

IV - alteração da substância, qualidade ou quantidade da mercadoria ou do serviço fornecido;

V - qualquer meio fraudulento que torne injustamente mais onerosa para a Administração Pública a proposta ou a execução do contrato:

Pena - reclusão, de 4 (quatro) anos a 8 (oito) anos, e multa.

O tipo penal busca tutelar a garantia da respeitabilidade, probidade, da integridade e moralidade do certame licitatório, especialmente no que tange à preservação do patrimônio da Administração Pública.

Trata-se de crime comum, pode ser praticado por qualquer pessoa, funcionário público ou não. É crime doloso, sem previsão de modalidade culposa e sem exigência de elemento subjetivo especial do tipo.

Os incisos I a V preveem as condutas que podem ser empregadas para fraudar a licitação ou o contrato administrativo. Não se trata de rol taxativo, pois inciso V menciona a expressão "qualquer meio fraudulento", assim o rol é exemplificativo, podendo ser utilizadas diversas outras condutas que tornem injustamente mais onerosa para a Administração Pública a proposta ou a execução do contrato.

Contratação inidônea

Art. 337-M. *Admitir à licitação empresa ou profissional declarado inidôneo:*

Pena - *reclusão, de 1 (um) ano a 3 (três) anos, e multa.*

§ 1º Celebrar contrato com empresa ou profissional declarado inidôneo:

Pena - *reclusão, de 3 (três) anos a 6 (seis) anos, e multa.*

§ 2º Incide na mesma pena do caput deste artigo aquele que, declarado inidôneo, venha a participar de licitação e, na mesma pena do § 1º deste artigo, aquele que, declarado inidôneo, venha a contratar com a Administração Pública.

O tipo penal em análise objetive portanto, visa proteger a integridade do certame licitatório, a fim de impedir que empresas ou profissionais inidôneos licitem e contratem com o Poder Público.

Assim, aquele que admite a participação em processo licitatório ou celebra contrato com empresa ou profissional declarado inidôneo, comete o crime do art. 337-M.

Trata-se de crime comum, pode ser cometido por qualquer pessoa. É crime formal, a consumação se dá com a mera admissão à licitação ou contratação. Não há a necessidade de comprovar prejuízo. É crime doloso, não há previsão da modalidade culposa.

Impedimento indevido

Art. 337-N. *Obstar, impedir ou dificultar injustamente a inscrição de qualquer interessado nos registros cadastrais ou promover indevidamente a alteração, a suspensão ou o cancelamento de registro do inscrito:*

Pena - *reclusão, de 6 (seis) meses a 2 (dois) anos, e multa.*

Da análise do tipo penal, na primeira parte, a conduta do agente deve consistir em "obstar, impedir ou dificultar injustamente a inscrição de qualquer interessado nos registros cadastrais". Vê-se que o termo "injustamente" é elemento normativo, pois, se o impedimento tiver fundamento legal, o fato é atípico. Já segunda parte do tipo penal, o agente deve "promover indevidamente a alteração, a suspensão ou o cancelamento de registro do inscrito. O elemento normativo é o termo "indevidamente", pois se houver fundamento idôneo para a alteração, suspensão ou cancelamento do registro, o fato é atípico.

Trata-se de crime próprio, só pode ser praticado por funcionário público. Exige conduta dolosa, não havendo previsão da modalidade culposa.

Omissão grave de dado ou de informação por projetista

Art. 337-O. *Omitir, modificar ou entregar à Administração Pública levantamento cadastral ou condição de contorno em relevante dissonância com a realidade, em frustração ao caráter competitivo da licitação ou em detrimento da seleção da proposta mais vantajosa para a Administração Pública, em contratação para a elaboração de projeto básico, projeto executivo ou anteprojeto, em diálogo competitivo ou em procedimento de manifestação de interesse:*

Pena - *reclusão, de 6 (seis) meses a 3 (três) anos, e multa.*

§ 1º Consideram-se condição de contorno as informações e os levantamentos suficientes e necessários para a definição da solução de projeto e dos respectivos preços pelo licitante, incluídos sondagens, topografia, estudos de demanda, condições ambientais e demais elementos ambientais impactantes, considerados requisitos mínimos ou obrigatórios em normas técnicas que orientam a elaboração de projetos.

§ 2º Se o crime é praticado com o fim de obter benefício, direto ou indireto, próprio ou de outrem, aplica-se em dobro a pena prevista no caput deste artigo.

O tipo penal objetiva coibir a omissão, modificação ou entrega à Administração Pública de informações relevantes ao procedimento licitatório, no que se refere ao levantamento cadastral ou condição de contorno, que estejam em dissonância com a realidade. Para que o delito se configure, a conduta deve frustrar o caráter competitivo da licitação e afastar a proposta mais vantajosa para a Administração Pública.

O § 2º prevê causa de aumento de pena, no caso de o crime ser praticado "com o fim de obter benefício, direto ou indireto, próprio ou de outrem" será aplicada a pena prevista em dobro.

Trata-se de crime formal, visto que não exige dano ao erário. É crime comum, podendo ser praticado por qualquer pessoa, em razão do verbo núcleo "entregar". É crime doloso, não admite a modalidade culposa.

Art. 337-P. A pena de multa cominada aos crimes previstos neste Capítulo seguirá a metodologia de cálculo prevista neste Código e não poderá ser inferior a 2% (dois por cento) do valor do contrato licitado ou celebrado com contratação direta.

O artigo prevê a aplicação da multa de acordo com o critério trifásico adotado pelo 49, caput, do Código Penal.

O artigo 337-P prevê maior rigor no cálculo dos percentuais da pena de multa, pois antes com a previsão do art. 99 da Lei nº 8.666/93, o valor da multa era limitado em 5% do valor contrato, o que inocorre na nova previsão. Assim, a pena de multa pode atingir valores maiores.

10.4 Dos Crimes Contra a Administração da Justiça

Reingresso de estrangeiro expulso

Art. 338. *Reingressar no território nacional o estrangeiro que dele foi expulso:*

Pena - *reclusão, de um a quatro anos, sem prejuízo de nova expulsão após o cumprimento da pena.*

A expulsão do estrangeiro está regulada na Lei nº 13.445/2017. Estatuto do Estrangeiro. Ocorrendo qualquer das hipóteses elencadas no art. 54 desta lei, caberá ao Presidente da República, por meio de decreto, analisar o cabimento e conveniência da expulsão (ato discricionário administrativo).

Para tipificar a conduta, é indispensável, após a edição do decreto de expulsão, que o agente tenha efetivamente saído do país, retornando em seguida. Desta forma, não configura o crime a recusa do estrangeiro expulso em deixar o país.

Denunciação caluniosa

Art. 339. *Dar causa à instauração de inquérito policial, de procedimento investigatório criminal, de processo judicial, de processo administrativo disciplinar, de inquérito civil ou de ação de improbidade administrativa contra alguém, imputando-lhe crime, infração ético-disciplinar ou ato ímprobo de que o sabe inocente:* (Redação dada pela Lei nº 14.110, de 2020)

Pena - *reclusão, de dois a oito anos, e multa.*

§ 1º. A pena é aumentada de sexta parte, se o agente se serve de anonimato ou de nome suposto.

§ 2º. A pena é diminuída de metade, se a imputação é de prática de contravenção.

DOS CRIMES CONTRA ADMINISTRAÇÃO PÚBLICA

O crime de denunciação caluniosa está capitulado no Art. 339 do Código Penal e versa sobre dar causa à instauração de algum procedimento de investigação contra alguém, imputando-lhe falsamente crime, sabendo que esse não o cometeu. O crime de denunciação caluniosa é de ação penal pública incondicionada.

Tal crime é também chamado calúnia qualificada.

Classificação

É considerado um crime pluriofensivo, ou seja, ofende mais de um bem jurídico como estudaremos no tópico **Sujeitos do Crime**, desse mesmo artigo.

É um crime comum, podendo ser praticado por qualquer pessoa e unissubjetivo, praticado por um só agente, mas admite concurso de pessoas.

O elemento subjetivo é o dolo direto, pois é indispensável que o agente tenha o conhecimento da inocência da pessoa a quem imputou falsamente o crime, segundo STJ.

Sujeitos do crime

Sujeito Ativo: qualquer pessoa (crime comum).

Sujeito Passivo: o Estado e a pessoa acusada falsamente de crime.

Consumação e tentativa

Por ser um crime material, consuma-se no momento em que se tem a efetiva instauração da investigação policial, de processo judicial, instauração de investigação administrativa, inquérito civil ou ação de improbidade administrativa contra alguém que o sabe ser inocente.

É admitida a tentativa.

Ex.: "A" vai à Delegacia e de forma dolosa, imputa "B" a prática de um crime de roubo, de que o sabia não ter cometido, com o fim de instaurar inquérito policial contra "B". O Delegado, contudo, já havia encerrado o referido caso e prendido o verdadeiro responsável pelo crime. Constatando a manobra de "A", o Delegado o prendeu em flagrante.

É necessário observar que não se faz necessário que seja a informação formalizada no inquérito policial. Basta que a conduta criminosa desencadeie atos preliminares de investigação. Aqui já se encontra consumado o crime e esse é o entendimento que prevalece.

Descrição do crime

A falsa imputação deve estar relacionada com crime, se for contravenção, estará caracterizada a forma privilegiada de denunciação caluniosa (art. 339, §2º, do CP).

A expressão "contra alguém" versa que deve ser dada a falsa imputação de pessoa determinada, indicando nome e atributos pessoais.

Considerações

Diferença entre o crime de calúnia e denunciação caluniosa.

CALÚNIA (Art. 138, CP)	DENUNCIAÇÃO CALUNIOSA (Art. 339, CP)
Caluniar alguém, imputando-lhe falsamente fato definido como crime.	Dar causa à instauração de investigação policial, de processo judicial, instauração de investigação administrativa, inquérito civil ou ação de improbidade administrativa contra alguém, imputando-lhe crime de que o sabe inocente.
a honra.	É crime contra a Administração da Justiça.
Regra: Ação Penal Privada.	Ação Penal Pública Incondicionada.
Não admite a imputação falsa de Contravenção Penal.	Admite (é circunstância que importa na diminuição da pena pela metade (Art. 339, §22, CP).

> Pode ser praticado o crime de denunciação caluniosa até mesmo pelo Promotor de Justiça que denuncia alguém sabendo ser inocente. Essa denúncia criminosa do Promotor de Justiça é denominada denúncia temerária ou abusiva.

Ex.: José assaltou o Banco do Brasil → Calúnia.

José assaltou o Banco do Brasil: eu afirmo isso para o Delegado, querendo a instauração de procedimento inútil e criminoso → denunciação caluniosa.

O advogado não tem imunidade penal na calúnia e, nem tampouco, na denunciação caluniosa.

Denunciação caluniosa privilegiada

§2º. A pena é diminuída de metade, se a imputação é de prática de contravenção.

A pena é reduzida de metade se a imputação é de contravenção penal. Passa-se a ter infração de menor potencial ofensivo, admitindo-se a suspensão condicional do processo.

Comunicação falsa de crime ou contravenção

Art. 340. *Provocar a ação de autoridade, comunicando-lhe a ocorrência de crime ou contravenção que sabe não se ter verificado:*
Pena - *detenção, de um a seis meses, ou multa.*

Introdução

Em que pese ser muito semelhante o *caput* ao crime de denunciação caluniosa, veremos que suas diferenças são facilmente perceptíveis.

Classificação

É considerado um crime SIMPLES por ofender um único bem jurídico e COMUM, podendo ser cometido por qualquer pessoa.

É um crime CAUSAL ou MATERIAL, sendo que a consumação depende de alguma medida tomada pela autoridade.

O elemento subjetivo do agente é o DOLO direto, portanto se a pessoa tem DÚVIDA sobre a existência da infração o fato é atípico.

Ex.: "A" não tem certeza se seu relógio foi furtado ou se foi perdido, e mesmo assim comunica à autoridade), não tendo previsão da modalidade culposa.

Sujeitos do crime

Sujeito Ativo: por ser um crime comum ou geral, pode ser cometido por qualquer pessoa.

Sujeito Passivo: o Estado.

Consumação e tentativa

Por ser um crime material, a mera comunicação falsa não é suficiente para a consumação do delito, exigindo a provocação da ação da autoridade para fazer algo (conduta positiva). Consuma-se no momento em que a autoridade toma providência para apurar a ocorrência do crime, ou contravenção, comunicado falsamente.

A tentativa é possível. Vejamos como exemplo um indivíduo que comunica à autoridade um crime ou contravenção que sabe inexistente e, por circunstâncias alheias a sua vontade, a autoridade não toma nenhuma providência, tem-se o crime tentado.

Descrição do crime

O delito é comunicação falsa de crime ou contravenção (Art. 340 do CP). O agente não acusa nenhuma pessoa, mas a ocorrência de um crime inexistente. Se o agente vier a individualizar o autor, o STF já decidiu: responde por denunciação caluniosa (Art. 339 do CP).

O núcleo do tipo provocar significa dar causa à ação da autoridade, podendo ocorrer de várias formas, uma delas é que o crime ou contravenção penal comunicado não existiu ou houve o fato, mas foi absolutamente diverso do comunicado para a autoridade. Por isso é considerado um crime de forma livre.

Considerações

Caracteriza uma figura equiparada de estelionato (Art. 171, §2º, V, do CP) quando a comunicação falsa de crime ou contravenção é um meio fraudulento para que o agente obtenha o valor do seguro. O delito (Art. 340 do CP) se torna um antefactum impunível. Aplica-se o princípio da consunção.

Ex.: "A" esconde seu automóvel que é amparado por contrato de seguro e comunica à autoridade que sofreu um furto, já com a intenção de receber o dinheiro do seguro.

Atentem-se às diferenças:

Na denunciada caluniosa, o agente imputa a infração penal imaginária a pessoa certa e determinada.

Na comunicação falsa de crime, apenas comunica a fantasiosa infração, não a imputando a ninguém ou, imputando, aponta personagem fictício.

Autoacusação falsa

Art. 341. Acusar-se, perante a autoridade, de crime inexistente ou praticado por outrem:
Pena *- detenção, de três meses a dois anos, ou multa.*

O que leva uma pessoa a se autoacusar falsamente tem fundamento em vários motivos, por exemplo, alguém que recebe certa vantagem para assumir um crime praticado por outra pessoa ou o próprio pai diz ter sido o autor de um delito para que o filho não seja preso.

Para evitar esse comportamento, o crime de autoacusação falsa está tipificado no Art. 341 do Código Penal. Crime de ação penal pública incondicionada.

Classificação

Considerado um crime simples por ofender um único bem jurídico que é a Administração da justiça. Comum, podendo ser cometido por qualquer pessoa.

É um crime doloso, não tendo previsão para crime culposo.

Crime formal, não exigindo para sua consumação um resultado naturalístico, sendo possível então a tentativa.

Sujeitos do crime

Sujeito Ativo: por ser um crime comum, pode ser praticado por qualquer pessoa, porém se ocorreu realmente o crime, não pode ser sujeito ativo o próprio autor, coautor ou partícipe do crime ocorrido.

Sujeito Passivo: é o Estado.

Consumação e tentativa

É um crime formal, consumando-se no momento em que o sujeito efetua a autoacusação perante a autoridade, independentemente se a autoridade tomou alguma providência.

A tentativa só é possível quando a autoacusação é cometida por meio escrito, não se admitindo quando praticado verbalmente.

Descrição do crime

Não há que se falar em autoacusação falsa quando essa conduta for de CONTRAVENÇÃO PENAL.

O agente que se autoacusa não pode ser autor, coautor ou partícipe do delito anterior.

A autoridade que recebe essa notícia de crime legalmente deve ter poderes de investigar a prática de delitos.

Não configura o crime quando o réu chama para si a exclusiva responsabilidade de ilícito penal de que deve ser considerado concorrente (RT 371/160).

Considerações

Para facilitar o entendimento do crime, exemplos:

Vantagem Pecuniária:

Ex.: "A" recebe dinheiro do verdadeiro autor do crime para autoacusar-se.

Sacrifício:

Ex.: Mãe se autoacusa para livrar o filho que cometeu um crime.

Exibicionismo:

Ex.: Criminoso se autoacusa para que tenha reputação entre a bandidagem de sua comunidade.

Álibi:

Ex.: "A" imputa a si próprio crime menos grave para se livrar de crime mais grave, alegando ser no mesmo horário, porém em lugar diferente.

Supondo que João assuma autoria de crime praticado por outrem, e não só assume a autoria, mas também imputa a coautoria a outrem, que não o autor do delito.

Nessa situação, Fernando Capez[35] diz que o agente irá responder pelos Art. 341 e 339, em concurso formal imperfeito, soma das penas.

Falso testemunho ou falsa perícia

Art. 342. Fazer afirmação falsa, ou negar ou calar a verdade como testemunha, perito, contador, tradutor ou intérprete em processo judicial, ou administrativo, inquérito policial, ou em juízo arbitral:

Pena - reclusão, de um a três anos, e multa.

§ 1º. As penas aumentam-se de um sexto a um terço se o crime é praticado mediante suborno ou se cometido com o fim de obter prova destinada a produzir efeito em processo penal, ou em processo civil em que for parte entidade da administração pública direta ou indireta.

§ 2º. O fato deixa de ser punível se, antes da sentença no processo em que ocorreu o ilícito, o agente se retrata ou declara a verdade.

Muitas vezes o testemunho é o único meio probatório para a autoridade competente louvar-se da decisão. A testemunha que mente, nega ou cala a verdade não sacrifica apenas interesses individuais, mas atinge o Estado, responsável por assegurar a eficácia da justiça.

O Código Penal, visando preservar a busca pela verdade, versa em seu Art. 342 o crime de falso testemunho ou falsa perícia, sendo esse um crime de ação penal pública incondicionada.

Classificação

É um crime de ação múltipla ou de conteúdo variado, pois a prática de várias condutas típicas no tocante ao mesmo objeto material acarreta crime único.

Trata-se de crime de médio potencial ofensivo, admitindo-se a suspensão condicional do processo.

É um crime doloso, não exigindo qualquer finalidade específica.

Crime de mão própria, comissivo ou omissivo e instantâneo.

Sujeitos do crime

Sujeito Ativo: crime de mão própria, somente podendo ser praticado pela testemunha, perito, contador, tradutor ou intérprete.

Crime de mão própria. Em que pese o STF já ter admitido a coautoria quando o advogado instrui a testemunha, são frequentes as decisões de nossos Tribunais afirmando a incompatibilidade do instituto com o delito de falso testemunho, face a sua característica de mão própria. Desta forma, deve se tratar de mera participação.

Toda testemunha pratica o delito, ou apenas aquela que presta compromisso? A corrente majoritária entende que se a lei não submete a testemunha informante ao compromisso de dizer a verdade, não pode cometer o ilícito do Art. 342 do CP. Entretanto, já teve julgados no STF dizendo ser crime.

A vítima, por não ser testemunha (sequer equiparada), não pratica o crime do Art. 322, podendo ser autora de outro delito, como por exemplo, denunciação caluniosa. Art. 339 do CP.

Sujeito Passivo: é o Estado e, secundariamente, a pessoa prejudicada pelo falso testemunho ou pela falsa perícia.

Consumação e tentativa

Consumação ocorre no momento em que o depoimento é encerrado ou que o laudo pericial, os cálculos, a tradução ou interpretação são entregues concluídos. Sendo admitida a tentativa.

É fato atípico a conduta de mentir para evitar sua própria incriminação, pois ninguém é obrigado a produzir prova contra si mesmo.

Descrição do crime

Testemunha: aquela pessoa chamada para depor no processo, sob o compromisso de dizer a verdade fática. Perito: quem fornece laudos técnicos de conhecimentos específicos, que escapam da ciência do Juiz. Contador: especialista em assuntos contábeis. Pessoa que apresenta os cálculos a serem eventualmente efetuados. Tradutor: tem a função de adaptar textos em língua estrangeira para o vernáculo (idioma pátrio). Intérprete: responsável pela comunicação daquele que não conhece o idioma nacional.

O crime em tela possui três núcleos:

→ **Fazer Afirmação Falsa:**
   > Falsidade positiva;
   > Mentir para a autoridade.

   Pedro mente para o juiz, dizendo que na data do crime estava viajando com Ronaldo (acusado) para Florianópolis.

→ **Negar a Verdade:**
   > Falsidade negativa;
   > Recusar-se a confirmar a veracidade de um fato.

   Ex.: "A" nega que presenciou o latrocínio praticado por "B" contra "C".

→ **Calar a Verdade:**
   > Reticência;
   > Permanecer em silêncio sobre a verdade de determinado fato.

   O juiz, durante a oitiva da testemunha formula várias perguntas a esta, mas ela nada responde.

O agente deve saber que falta com a verdade. Não há crime quando a testemunha ou perito é acometido por erro indesejado, pelo esquecimento dos fatos ou mesmo pela deformação inconsciente da lembrança em razão da passagem do tempo.

É imprescindível que a falsidade verse sobre fato juridicamente relevante (apto a influir de algum modo na decisão final da causa). Desse modo, exige-se que a falsidade tenha potencialidade lesiva, de modo a influir no futuro julgamento da causa.

---

35 - Fernando Capez é um professor, jurista e político brasileiro.

Considerações

Falso Testemunho e Carta Precatória: na hipótese de falso testemunho prestado através de carta precatória, o foro competente para processar e julgar este crime é do juízo deprecado (comarca onde o falso testemunho foi prestado e onde o delito se consumou).

Falso Testemunho em CPI: responde pelo crime previsto no Art. 4º, II da Lei nº 1.579/52 a pessoa que presta falso testemunho perante CPI (Comissão Parlamentar de Inquérito).

Apontamentos

Teoria Subjetiva: O crime em estudo adotou a teoria subjetiva: só há crime quando o depoente (testemunha) tem consciência da divergência entre sua versão e o fato presenciado. Desse modo, é possível que haja o crime de falso testemunho ainda que o fato seja verdadeiro. Nesta hipótese, é necessário que a testemunha narre um fato que realmente ocorreu, mas não foi presenciado por ela.

O depoimento falso, prestado perante autoridade incompetente, não exclui o crime.

O depoimento falso, prestado em processo nulo, exclui o crime.

O compromisso de dizer a verdade (Art. 203, CPP) representa mera formalidade relacionada ao procedimento para a oitiva do juiz. Desse modo, tal ato é dispensável para a caracterização do crime.

Se o falso testemunho ou falsa perícia se der perante a justiça do trabalho, o seu processo e julgamento estarão afetos ao juízo criminal federal, por ser atingido interesse da União.

Aumento de pena

§1º. As penas aumentam-se de um sexto a um terço, se o crime é praticado mediante suborno ou se cometido com o fim de obter prova destinada a produzir efeito em processo penal, ou em processo civil em que for parte entidade da administração pública direta ou indireta.

→ **São três as causas de aumento de pena:**

> Mediante suborno;

> Com o fim de obter prova destinada a produzir efeito em processo penal;

> Com o fim de obter prova destinada a produzir efeito em processo civil em que for parte entidade da administração pública direta ou indireta.

Retratação: Art. 342, §2º. O fato deixa de ser punível se, antes da sentença, no processo em que ocorreu o ilícito, o agente se retrata ou declara a verdade. Trata-se de causa de extinção da punibilidade (Art. 107, VI, do CP).

Se o perito, contador, tradutor ou intérprete solicitar, receber ou aceitar promessa de vantagem indevida a fim de fazer afirmação falsa, negar ou calar a verdade, mas não o faz, incorrerá no crime de corrupção ativa, pois o crime em estudo depende da efetiva afirmação falsa, negação ou omissão da verdade.

A retratação formulada pelo autor deve comunicar-se aos partícipes do delito.

Em processo de competência do Tribunal do Júri, é possível a retratação extintiva da punibilidade, mesmo após a decisão de pronúncia, desde que anterior à sentença de mérito.

Corrupção ativa de testemunha ou perito

Art. 343. Dar, oferecer ou prometer dinheiro ou qualquer outra vantagem a testemunha, perito, contador, tradutor ou intérprete, para fazer afirmação falsa, negar ou calar a verdade em depoimento, perícia, cálculos, tradução ou interpretação: (Redação dada pela Lei nº 10.268, de 28.8.2001)

Pena - reclusão, de três a quatro anos, e multa. (Redação dada pela Lei nº 10.268, de 28.8.2001)

Parágrafo único. As penas aumentam-se de um sexto a um terço, se o crime é cometido com o fim de obter prova destinada a produzir efeito em processo penal ou em processo civil em que for parte entidade da administração pública direta ou indireta.

Conduta: trata-se de modalidade especial de corrupção ativa, abrangendo o mesmo comportamento criminoso, acrescido do núcleo dar.

Para configurar o delito em tela é necessário que haja algum procedimento oficial em andamento.

Consumação: trata-se de crime formal, logo se consuma com a simples realização de uma das condutas previstas no *caput*, sendo desnecessária a prática de qualquer ato pelos possíveis corrompidos.

Coação no curso do processo

Art. 344. Usar de violência ou grave ameaça, com o fim de favorecer interesse próprio ou alheio, contra autoridade, parte, ou qualquer outra pessoa que funciona ou é chamada a intervir em processo judicial, policial ou administrativo, ou em juízo arbitral:

Pena - reclusão, de um a quatro anos, e multa, além da pena correspondente à violência.

A razão pela qual existe esse crime é para impedir que frustrem a eficiência da Administração da justiça com violência ou ameaças e para garantir o regular andamento dos processos ou em juízo arbitral. Crime esse de ação penal pública incondicionada.

Classificação

É um crime **pluriofensivo**, pois atinge mais de um bem jurídico, primeiramente a Administração da justiça, e secundariamente a integridade física ou a liberdade individual.

Doloso e com um especial fim de agir, apresentado no tipo com o fim de favorecer interesse próprio ou alheio. Não admite a modalidade culposa.

Considerado um crime comum, instantâneo, de concurso eventual, e em regra comissivo.

Sujeitos do crime

Sujeito Ativo: por ser um crime comum, pode ser cometido por qualquer pessoa, não sendo necessário que o agente tenha interesse no próprio processo.

Sujeito Passivo: é o Estado e de forma mediata, e secundariamente, figurará no polo passivo o indivíduo que sofreu a coação.

Magistrado, delegado, réu, testemunha, jurado etc.

DOS CRIMES CONTRA ADMINISTRAÇÃO PÚBLICA

Consumação e tentativa

Ocorre a consumação no momento do emprego da violência ou grave ameaça do agente.

A tentativa é possível, visto que o crime tem caráter plurissubsistente.

Ex.: "A" manda uma carta ameaçadora para uma testemunha de um processo judicial, mas por circunstâncias alheias a sua vontade, a carta se extravia nos Correios.

Segundo STJ, o crime de coação no curso do processo, por ser um crime formal, se consuma tão só com o emprego da grave ameaça ou violência contra qualquer das pessoas referidas no art. 344 do CP, independentemente do efetivo resultado pretendido ou de a vítima ter ficado intimidada. (STJ. REsp 819.763/PR)

Descrição do crime

Se a conduta descrita no tipo penal for realizada no curso de processo de uma CPI, o agente incidirá no crime previsto no Art. 4º, I, da Lei nº 1.579/52 que versa sobre as Comissões Parlamentares de Inquérito.

> Para o STJ não é exigido para a consumação do crime de fraude processual que o Juiz ou o perito sejam realmente induzidos a erro, basta que a inovação seja apta para produzir o resultado, mesmo que a pessoa não tenha interesse no processo. (STJ. HC 137.206/SP).

Não basta para a configuração do delito que a violência ou grave ameaça seja proferida às pessoas do Art. 344. É necessário que se faça tal injusto com o interesse de favorecimento próprio ou alheio.

Ex.: "A" amigo do réu, ameaça a testemunha a depor em favor do amigo. / "B" réu em processo judicial, intimida o perito a não revelar o verdadeiro resultado do laudo pericial.

Considerações

Se da conduta criminosa resulta violência, restarão caracterizados dois crimes, incidindo em concurso material obrigatório, somando as penas da coação no curso do processo mais o crime de violência (lesão corporal ou homicídio).

Exercício arbitrário das próprias razões

> **Art. 345.** Fazer justiça pelas próprias mãos, para satisfazer pretensão, embora legítima, salvo quando a lei o permite:
> **Pena** - detenção, de quinze dias a um mês, ou multa, além da pena correspondente à violência.
> **Parágrafo único.** Se não há emprego de violência, somente se procede mediante queixa.

Como disposto no Art. 345 do Código Penal, não é aceita a justiça entre particulares e a ninguém é dado o direito de versar sobre a justiça privada se não o próprio poder judiciário, que tem a competência para resolver as divergências existentes entre os indivíduos. Em regra, esse crime é de ação penal privada, contudo será de ação penal pública incondicionada se estiver presente a violência.

Classificação

Crime simples, pois atinge um único bem jurídico. Comum, cometido por qualquer pessoa.

É um crime doloso, acompanhado com um elemento subjetivo específico "para satisfazer pretensão, embora legítima". Não sendo admitida a modalidade culposa.

Em regra é comissivo e instantâneo, consumando-se em um momento determinado.

A ação penal será pública incondicionada quando o crime é praticado em detrimento do patrimônio ou interesse da União, Estado ou Município.

Sujeitos do crime

Sujeito Ativo: pode ser cometido por qualquer pessoa, mas se o agente for funcionário público e comete o delito prevalecendo-se de sua condição, serão imputados dois crimes: exercício arbitrário das próprias razões + abuso de autoridade (Lei nº 4.898/65).

Ex.: "A" policial, proprietário de uma casa, encosta a viatura na frente de seu imóvel, entra na residência e, de arma em punho, expulsa "B", que não pagara o aluguel do mês anterior.

Sujeito Passivo: primeiramente é o Estado, e secundariamente a pessoa física ou jurídica prejudicada pela conduta criminosa.

Consumação e tentativa

Existe divergência entre os doutrinadores, mas majoritariamente foi classificado como um crime formal, consumando-se mesmo que a pretensão não seja atingida.

É plenamente aceitável a tentativa, visto o caráter plurissubsistente (ação composta por vários atos) do crime.

> Não é regra que, sendo funcionário responda por abuso de autoridade, somente se ele se prevalecer das condições de seu cargo.

Descrição do crime

O núcleo do tipo fazer justiça pelas próprias mãos, tem sentido de satisfazer pretensão pessoal. Essa pretensão pode ser de qualquer natureza, ligada ou não à propriedade, mas exigindo-se ao menos uma aparência de direito legítimo.

Ex.: Marido indignado com a traição da esposa, a expulsa da casa que construíram juntos.

A pretensão deve ser legítima, pois do contrário, a conduta acarretará na incidência de outros crimes, tais como o furto, roubo, estelionato, apropriação indébita, entre outros.

Ex.: "A", indignado com a traição de sua esposa, vai até a casa de "B" que é o homem que se deitou com ela e, para fazer justiça com as próprias mãos, obriga a mulher de "B" a manter relações sexuais com "A".

10.5 Subtração ou Dano de Coisa Própria em Poder de Terceiro

> **Art. 346.** Tirar, suprimir, destruir ou danificar coisa própria, que se acha em poder de terceiro por determinação judicial ou convenção:
> **Pena** - detenção, de seis meses a dois anos, e multa.

Sujeitos do crime

Sujeito Ativo: somente pode ser executado pelo proprietário da coisa (crime próprio). Sendo que o concurso de pessoas é plenamente possível.

Sujeito Passivo: será o estado, e secundariamente o indivíduo possuidor da coisa ou aquele contra quem foi empregada violência.

Fraude processual

Art. 347. Inovar artificiosamente, na pendência de processo civil ou administrativo, o estado de lugar, de coisa ou de pessoa, com o fim de induzir a erro o juiz ou o perito:
Pena - detenção, de três meses a dois anos, e multa.
Parágrafo único. Se a inovação se destina a produzir efeito em processo penal, ainda que não iniciado, as penas aplicam-se em dobro.

O crime de fraude processual é um crime tacitamente subsidiário, somente sendo aplicável quando o fato não constituir crime mais grave. Delito esse de ação penal pública incondicionada.

Classificação

Considera-se um crime **simples**, pois ofende um único bem jurídico que é a Administração da justiça.

O crime de fraude processual também é considerado um crime **formal** ou de consumação antecipada, pois independe do resultado naturalístico.

Em regra é comissivo, considerado também um crime de dano, pois causa lesão à Administração da justiça.

Crime de concurso eventual, normalmente praticado por um só agente, mas o concurso é plenamente possível.

Sujeitos do crime

Sujeito Ativo: considerado um crime comum, logo, é passível de ser cometido por qualquer pessoa. (vítima, acusado ou mesmo advogado)

Foge do alcance do tipo o perito, uma vez que, se inovar o estado de coisa, pessoa ou lugar no decorrer dos exames periciais, incorrerá no crime previsto no Art. 342 do CPI.

Sujeito Passivo: de forma imediata é o Estado, e de forma mediata é a pessoa prejudicada no processo administrativo, penal ou civil.

Consumação e tentativa

Consuma-se no momento em que o agente utiliza o meio fraudulento para a inovação na pendência do processo.

A tentativa, entretanto, deve apresentar potencialidade real para enganar o juiz ou o perito. Se o artifício (fraude) for grosseiro ou perceptível é crime impossível (Art. 17 do CP) por ineficácia absoluta do meio.

Para o STJ não é exigido para a consumação do crime de fraude processual que o Juiz ou o perito sejam realmente induzidos a erro, basta que a inovação seja apta para produzir o resultado, mesmo que a pessoa não tenha interesse no processo. (STJ. HC 137.206/SP).

Descrição do crime

É um crime doloso e também necessita de um elemento subjetivo específico que é a intenção de induzir a erro o juiz ou perito, não sendo admitida a modalidade culposa.

Estado de lugar, de coisa ou de pessoa é onde deve recair a conduta artificiosa, para enganar o juiz ou perito.

Ex.: Limpar as manchas de sangue onde ocorreu o crime / Colocar uma arma de fogo na mão de uma pessoa assassinada para simular um suicídio.

Nem toda a inovação caracteriza o surgimento do crime de fraude processual, pois esse elemento normativo do tipo deve ser empregado de forma artificiosa (ardil, fraude).

O parágrafo único aparentemente versa **uma causa especial de aumento de pena** sendo um tipo penal autônomo, pois a conduta de inovar artificiosamente foi cometida em processo penal que ainda não foi iniciado.

> Trata-se de infração subsidiária, logo absorvida quando a finalidade constituir crime mais grave.

Conduta: os objetos materiais do crime são taxativos, e desta forma, descabida qualquer integração analógica em relação às inovações que poderão ser praticadas pelo agente.

Pressupõe-se a existência de processo - civil ou administrativo - em andamento.

Em atenção ao princípio da inexigibilidade de conduta diversa, já se entendeu que não ocorre o ilícito quando o autor de um crime de homicídio nega a autoria e dá sumiço à arma, atuando no direito natural de autodefesa (RT 258/356).

Favorecimento pessoal

Art. 348. Auxiliar a subtrair-se à ação de autoridade pública autor de crime a que é cominada pena de reclusão:
Pena - detenção, de um a seis meses, e multa.
§ 1º. Se ao crime não é cominada pena de reclusão:
Pena - detenção, de quinze dias a três meses, e multa.
§ 2º. Se quem presta o auxílio é ascendente, descendente, cônjuge ou irmão do criminoso, fica isento de pena.

O crime de favorecimento pessoal basicamente consiste em prestar auxílio ao agente condenado com pena de reclusão para que escape da ação da autoridade pública. É um crime de ação penal pública incondicionada.

Classificação

Em análise ao Art. 348 do CP pode ser verificado que se trata de um crime acessório, pois depende da prática anterior de um crime com pena de reclusão (contravenção não).

Somente pode ser praticado de forma comissiva (ação), não havendo possibilidade de auxílio à subtração de autor de crime mediante uma conduta omissiva.

Sujeitos do crime

Sujeito Ativo: não é exigida qualquer qualidade específica do agente.

A vítima do crime anterior pode ser sujeito ativo do crime de favorecimento pessoal (Art. 348 do CP). Ex.: uma vítima de roubo (Art. 157 do CP), logo após a ocorrência do crime, engana os policiais, prestando-lhes falsas informações do paradeiro do criminoso para que tenha êxito em sua fuga.

DOS CRIMES CONTRA ADMINISTRAÇÃO PÚBLICA

Consumação e tentativa

Por ser um crime material, o crime se consuma com o efetivo auxílio, ainda que seja por curto período de tempo. Caso o criminoso tenha sido pego, o agente responderá pelo crime da mesma forma, já que a conduta de auxiliar o criminoso teve êxito, mesmo que breve.

É plenamente possível a tentativa.

O agente que deixa de comunicar à autoridade pública o local onde está escondido o autor do crime, mesmo que esta circunstância seja de conhecimento do agente, não comete crime algum.

Descrição do crime

Não é necessário que o autor do crime esteja em perseguição, fuga ou esteja sendo procurado pela autoridade pública no momento em que recebe o auxílio. Basta que, de forma idônea, o agente auxilie o criminoso a escapar da ação da autoridade pública.

Não esqueça, se quem presta o auxílio é cônjuge, ascendente, descendente ou irmão do criminoso, fica isento de pena. É a chamada escusa absolutória, presente no §2º do Art. 348 do CP.

Não existe o crime de favorecimento pessoal (Art. 348 do CP) quando a conduta de auxiliar a subtrair-se à ação de autoridade pública for referente a um crime cometido por um agente menor de idade ou qualquer outro inimputável, já que estes inimputáveis não cometem crimes, mas atos infracionais que acabarão sofrendo medidas de proteção ou medidas socioeducativas no caso dos menores de idade ou medidas de segurança quando forem doentes mentais ou tiverem desenvolvimento mental incompleto ou retardado.

Não há crime quando o agente estiver em escusa absolutória (cônjuge, ascendente, descendente ou irmão), quando o agente que cometeu o crime anterior estiver acobertado por uma excludente de ilicitude ou causa excludente de culpabilidade. E se o agente for absolvido pelo crime anterior, estará excluído o crime de favorecimento pessoal.

O favorecimento deve ocorrer APÓS o cometimento do crime e nunca para o cometimento do crime. Se o favorecimento for ajustado previamente, antes da consumação do crime, incidirá o agente como partícipe segundo o art. 29 do Código Penal: *Quem de qualquer modo concorre para o crime, incide nas penas a este cominadas, na medida de sua culpabilidade.*

O agente que presta o auxílio deve ter ciência da atual situação do criminoso, se não, tem-se excluído o dolo.

Ex.: Tício de forma voluntária, empresta seu carro a Mévio para que este faça uma viajem de negócios, quando na verdade, Mévio, que acabara de cometer um crime, pretendia fugir da polícia. Desta forma Tício não responde pelo crime.

Favorecimento real

Art. 349. *Prestar a criminoso, fora dos casos de coautoria ou de receptação, auxílio destinado a tornar seguro o proveito do crime:*
Pena - *detenção, de um a seis meses, e multa.*

O Código Penal prevê mais uma espécie de favorecimento, demonstrando ser este um crime acessório, pois necessita de algum crime já praticado anteriormente não alcançando as contravenções penais.

Classificação

É um crime de forma livre, ou seja, o favorecimento pode acontecer de diversas formas, como esconder o bem subtraído, aplicar no banco os valores provenientes de um estelionato, deixar um cofre aberto para que o agente que cometeu o crime guarde os documentos roubados no assalto.

É um crime doloso com um elemento subjetivo específico, no qual a finalidade do agente é tornar seguro o proveito do crime, porquanto o agente deve ter a ciência de que seu comportamento será efetivo para auxiliar o criminoso, não se admitindo portanto a modalidade culposa.

Sujeitos do crime

Sujeito Ativo: o crime de favorecimento real é comum, podendo ser praticado por qualquer pessoa, salvo coautor ou partícipe do crime que antecede o favorecimento.

Ex.: Tício, conhecido de Mévio, se dispõe a auxiliar Mévio a esconder o dinheiro que será roubado de uma casa lotérica. Se efetivamente vier a ocorrer o roubo, Tício será partícipe do crime, por auxiliar Mévio. O intuito de auxiliar deve vir de forma posterior ao cometimento do crime.

Sujeito Passivo: é o Estado e secundariamente, a vítima do delito anterior.

Consumação e tentativa

É considerado um crime formal ou de consumação antecipada, ou seja, o crime se consuma no instante em que o agente presta devido auxílio ao criminoso no intuito de tornar seguro o proveito do crime, mesmo que não venha a ocorrer efetivamente essa finalidade. A tentativa é plenamente aceitável em face do caráter plurissubsistente do delito.

Descrição do crime

O auxílio deve ser destinado a tornar seguro o proveito do crime.

Favorecimento Pessoal. Art. 348 CP:
> - **Objeto material:** autor de crime anterior; Se busca a fuga do criminoso.
> - **Quanto ao resultado:** crime material (prevalece).
> - **Escusa absolutória:** possui hipótese de escusa absolutória, se quem presta o auxílio é cônjuge, ascendente, descendente ou irmão do criminoso, fica isento de pena. É a chamada escusa absolutória, presente no §2º do Art. 348 do CP.

Favorecimento Real. Art. 349 CP:
> - **Objeto material:** proveito de crime anterior; Presta-se auxílio não ao criminoso em si, mas indiretamente, assegurando para ele a ocultação da coisa, proveito do crime (real).
> - **Quanto ao resultado:** crime formal.
> - **Escusa absolutória:** não tem previsão de escusa absolutória.

Para que possa ocorrer o crime do Art. 349, é necessário que o crime anterior tenha alcançado a consumação e se no crime não houve qualquer tipo de proveito, também não haverá o crime de favorecimento real.

Considerações

Quem estuda de maneira superficial o crime de favorecimento real, certamente poderia interpretar de forma errônea as diferenças entre os crimes de receptação própria (CP, Art. 180, *caput*, 1ª parte) na modalidade "ocultar" e favorecimento real (CP, Art. 349). Vamos observar as diferenças:

Receptação própria "ocultar" (Art. 180, *caput*, 1ª parte, CP)	Favorecimento real (Art. 349, CP)
Crime Contra o Patrimônio.	Crime contra a Administração da Justiça.
Quem se beneficia é qualquer outra pessoa que não seja o autor do crime anteriormente praticado.	O próprio autor do crime anteriormente cometido é o beneficiado pela conduta.
Exige-se que o proveito seja econômico.	O proveito pode ser tanto econômico quando de outra natureza.

Favorecimento real impróprio

Art. 349-A. *Ingressar, promover, intermediar, auxiliar ou facilitar a entrada de aparelho telefônico de comunicação móvel, de rádio ou similar, sem autorização legal, em estabelecimento prisional.*
Pena - *detenção, de 3 (três) meses a 1 (um) ano.*

Esse crime foi introduzido pela Lei nº 12.012/2009 e o legislador não atribuiu denominação alguma para esse crime, transferindo essa tarefa à jurisprudência e à doutrina.

Classificação

É um crime de ação múltipla ou de conteúdo variado, ou seja, se o agente vier a cometer mais de um núcleo do tipo no mesmo contexto fático, configurará crime único.

É um crime de forma livre, admitindo qualquer meio de execução.

Ex.: A esposa de um detento que oculta um aparelho celular em suas partes íntimas e leva ao interno no dia de visita ou joga o aparelho por cima dos muros da cadeia e até mesmo coloca os aparelhos no interior de alimentos (bolo, torta).

Sujeitos do crime

Sujeito Ativo: é um crime comum, podendo ser praticado por qualquer pessoa, vale ressaltar que até mesmo um preso pode ser sujeito ativo do crime tipificado no Art. 349-A, somente se este estiver em alguma permissão de saída ou saída temporária e também pode ser partícipe, por exemplo, o preso que induz sua esposa a levar a ele o aparelho de comunicação.

Sujeito Passivo: é o Estado.

Consumação e tentativa

É considerado crime de mera conduta, ou seja, a lei sequer prevê qualquer resultado naturalístico. Consuma-se o crime quando é praticada qualquer das condutas descritas no tipo (ingressar, promover, intermediar, auxiliar ou facilitar a entrada de aparelho de comunicação ou similar em estabelecimento prisional).

A tentativa é plenamente possível.

Ex.: Tício, em horário de visita, ao tentar ingressar no presídio onde seu primo está preso, esconde em sua blusa um aparelho celular e acaba sendo preso em flagrante durante a revista pessoal.

Descrição do crime

O objeto material do crime pode ser qualquer instrumento que tenha potencial de comunicação. (aparelho telefônico, *walkie-talkie*, *webcam*).

Não é exigido qualquer fim específico, basta o dolo, por parte do agente, de levar ao poder do preso o aparelho de comunicação.

Exercício arbitrário ou abuso de poder

Art. 350. *Ordenar ou executar medida privativa de liberdade individual, sem as formalidades legais ou com abuso de poder:*
Pena - *detenção, de um mês a um ano.*
Parágrafo único. Na mesma pena incorre o funcionário que:
I. *Ilegalmente recebe e recolhe alguém a prisão, ou a estabelecimento destinado a execução de pena privativa de liberdade ou de medida de segurança;*
II. *Prolonga a execução de pena ou de medida de segurança, deixando de expedir em tempo oportuno ou de executar imediatamente a ordem de liberdade;*
III. *Submete pessoa que está sob sua guarda ou custódia a vexame ou a constrangimento não autorizado em lei;*
IV. *Efetua, com abuso de poder, qualquer diligência.*

Os crimes de exercício arbitrário e abuso de poder, tanto o *caput* como as figuras equiparadas do parágrafo único foram revogados pela Lei nº 13.869/2019 – Abuso de autoridade.

Fuga de pessoa presa ou submetida a medida de segurança

Art. 351. *Promover ou facilitar a fuga de pessoa legalmente presa ou submetida a medida de segurança detentiva:*
Pena - *detenção, de seis meses a dois anos.*
§ 1º. *Se o crime é praticado à mão armada, ou por mais de uma pessoa, ou mediante arrombamento, a pena é de reclusão, de dois a seis anos.*
§ 2º. *Se há emprego de violência contra pessoa, aplica-se também a pena correspondente à violência.*
§ 3º. *A pena é de reclusão, de um a quatro anos, se o crime é praticado por pessoa sob cuja custódia ou guarda está o preso ou o internado.*
§ 4º. *No caso de culpa do funcionário incumbido da custódia ou guarda, aplica-se a pena de detenção, de três meses a um ano, ou multa.*

> Súmula 75 do STJ. Compete à justiça comum estadual processar e julgar o policial militar por crime de promover ou facilitar a fuga de preso de estabelecimento penal.

DOS CRIMES CONTRA ADMINISTRAÇÃO PÚBLICA

Evasão mediante violência contra a pessoa

Art. 352. *Evadir-se ou tentar evadir-se o preso ou o indivíduo submetido a medida de segurança detentiva, usando de violência contra a pessoa:*
Pena - *detenção, de três meses a um ano, além da pena correspondente à violência*

Arrebatamento de preso

Art. 353. *Arrebatar preso, a fim de maltratá-lo, do poder de quem o tenha sob custódia ou guarda:*
Pena - *reclusão, de um a quatro anos, além da pena correspondente à violência.*

Conduta

Somente uma conduta é prevista para a prática do crime, consubstanciada no núcleo arrebatar preso, com o fim de maltratá-lo (linchamento). Arrebatar significa arrancar, levar, retirar com violência.

Se não tiver o fim de maltratá-lo, não configurará este crime, mas poderá incorrer no Art. 351 do CP. promover ou facilitar fuga de pessoa presa.

O arrebatamento de pessoa submetida à medida de segurança (ou adolescente apreendido) com a finalidade de maltratá-la não configurará o crime do Art. 353 do CP. Nesses casos a retirada do internado da custódia da autoridade será atípica, respondendo o agente somente por eventual conduta posterior praticada contra o arrebatado (morte, lesões corporais etc).

Motim de presos

Art. 354. *Amotinarem-se presos, perturbando a ordem ou disciplina da prisão:*
Pena - *detenção, de seis meses a dois anos, além da pena correspondente à violência.*

Considerações

No tipo penal não há descrição de quantos presos são necessários para configurar o motim. Para alguns autores, três presos são suficientes. Já Mirabete exige no mínimo quatro. Todavia, nenhum entendimento está consolidado, sendo essencial que constitua um ajuntamento tumultuário de aprisionados.

Patrocínio infiel

Art. 355. *Trair, na qualidade de advogado ou procurador, o dever profissional, prejudicando interesse, cujo patrocínio, em juízo, lhe é confiado:*
Pena - *detenção, de seis meses a três anos, e multa.*

Patrocínio simultâneo ou tergiversação

Parágrafo único. Incorre na pena deste artigo o advogado ou procurador judicial que defende na mesma causa, simultânea ou sucessivamente, partes contrárias.

Sujeitos

Sujeito Ativo: o crime em tela somente poderá ser praticado por advogado ou procurador judicial devidamente inscrito nos quadros da OAB. Não estão incluídos no dispositivo os promotores e procuradores de justiça.

Sujeito Passivo: é o Estado e, possivelmente, o outorgante do mandato que foi prejudicado.

Conduta

Pode se dar por ação (Ex.: Manifesta-se no processo de forma contrária aos interesses da parte defendida), ou por omissão (Ex.: Deixa de recorrer).

Conforme alguns autores, o patrocínio infiel deve ser empreendido em causa judicial, pouco importando a natureza ou espécie. Desta forma, a atuação extrajudicial do profissional, como em inquérito policial, sindicância etc. não caracteriza o crime em estudo, sendo o agente passível, apenas, de punição disciplinar.

Consumação e tentativa

Consuma-se com a ocorrência do efetivo prejuízo ao patrocinado, ainda que a situação possa ser revertida.

A tentativa é possível apenas na forma comissiva.

O dispositivo traz duas formas de infidelidade profissional:

> Não é necessário que o patrocínio se dê no mesmo processo, bastando ser a mesma causa.

Patrocínio simultâneo: consiste na conduta do advogado ou procurador que, concomitantemente, zela (ainda que por interposta pessoa) os interesses de partes contrárias.

Patrocínio sucessivo ou tergiversação: consiste na conduta do advogado que renuncia ao mandato de uma parte (ou por ela é dispensado) e passa, em seguida, a representar a outra.

No parágrafo único é dispensável a comprovação de efetivo prejuízo ao patrocinado traído - delito formal.

Sonegação de papel ou objeto de valor probatório

Art. 356. *Inutilizar, total ou parcialmente, ou deixar de restituir autos, documento ou objeto de valor probatório, que recebeu na qualidade de advogado ou procurador:*
Pena - *detenção, de seis meses a três anos, e multa.*

Exploração de prestígio

Art. 357. *Solicitar ou receber dinheiro ou qualquer outra utilidade, a pretexto de INFLUIR em juiz, jurado, órgão do Ministério Público, funcionário de justiça, perito, tradutor, intérprete ou testemunha:*
Pena - *reclusão, de um a cinco anos, e multa.*
Parágrafo único. *As penas aumentam-se de um terço, se o agente alega ou insinua que o dinheiro ou utilidade também se destina a qualquer das pessoas referidas neste artigo.*

Introdução

Versa de forma similar ao crime de tráfico de influência Art. 332 do CP. Com a edição da Lei nº 9.127/95, esses dois crimes foram diferenciados e o Art. 332 passou a ser o crime de tráfico de influência. Esse delito é de ação penal pública incondicionada.

Classificação

É um crime simples, pois ofende um único bem jurídico que é a administração da justiça.

Considerado um crime comum, podendo ser praticado por qualquer pessoa.

É um crime formal quando o agente (SOLICITAR) ou material (RECEBER).

É conhecido como um crime de ação múltipla ou de conteúdo variado, mesmo o agente praticando mais de um verbo do tipo no mesmo contexto, responderá por um único crime.

Sujeitos do crime

Sujeito Ativo: por ser considerado um crime comum, pode ser cometido por qualquer pessoa, pois a própria Descrição do Crime não exige qualquer qualidade do agente.

Sujeito Passivo: o Estado, e também o servidor utilizado na fraude, bem como a pessoa ludibriada pelo agente.

Consumação e tentativa

> STF diz que, para a configuração do delito de exploração de prestígio, não é necessário que o agente influa na atuação das pessoas do tipo (juiz, jurado, perito etc.), bastando que o pedido da vantagem seja a PRETEXTO de influir. (STF. RHC 75.128/RJ)

A consumação dependerá da conduta praticada:

Se a conduta do agente for solicitar, o crime se consuma com o simples pedido, independentemente do aceite da vítima enganada (crime formal).

A TENTATIVA é possível, porém dependerá de como será praticado o delito.

Ex.: "A", alegando conhecer um jurado, sem realmente conhecê-lo, solicita a "B" uma determinada vantagem para supostamente convencer o jurado a absolver seu irmão, réu em determinada ação penal.

Descrição do crime

Exige-se um especial fim de agir por parte do agente, portanto só caracteriza o crime na forma dolosa, não admitindo a forma culposa.

Causa de aumento de pena

Parágrafo único. As penas aumentam-se de um terço, se o agente alega ou insinua que o dinheiro ou utilidade também se destina a qualquer das pessoas referidas no artigo.

Não é exigida a afirmação explícita de qualquer das pessoas indicadas no *caput* desse artigo, basta a insinuação.

Se restar provado que o destinatário da vantagem é uma das pessoas indicadas no tipo penal, restará a este a corrupção passiva (Art. 317 do CP) e ao particular e ao intermediador o crime de corrupção ativa (Art. 333 do CP).

Considerações

Exploração de prestígio (Art. 357 do CP)	Tráfico de influência (Art. 332 do CP)
Solicitar ou receber.	Solicitar, exigir, cobrar ou obter.
Ato de disposição específica relativa aos órgão ou funcionários da administração da justiça.	Ato praticado por funcionário público no exercício da função.

Violência ou fraude em arrematação judicial

Art. 358. *Impedir, perturbar ou fraudar arrematação judicial; afastar ou procurar afastar concorrente ou licitante, por meio de violência, grave ameaça, fraude ou oferecimento de vantagem:*
Pena - *detenção, de dois meses a um ano, ou multa, além da pena correspondente à violência.*

Desobediência a decisão judicial sobre perda ou suspensão de direito

Art. 359. *Exercer função, atividade, direito, autoridade ou múnus, de que foi suspenso ou privado por decisão judicial:*
Pena - *detenção, de três meses a dois anos, ou multa.*

10.6 Dos Crimes Contra as Finanças Públicas

Contração de operação de crédito

Art. 359-A. *Ordenar, autorizar ou realizar operação de crédito, interno ou externo, sem prévia autorização legislativa:*
Pena - *reclusão, de 1 (um) a 2 (dois) anos.*
Parágrafo único. *Incide na mesma pena quem ordena, autoriza ou realiza operação de crédito, interno ou externo:*
I. Com inobservância de limite, condição ou montante estabelecido em lei ou em resolução do Senado Federal;
II. Quando o montante da dívida consolidada ultrapassa o limite máximo autorizado por lei.

Inscrição de despesas não empenhadas em restos a pagar

Art. 359-B. *Ordenar ou autorizar a inscrição em restos a pagar, de despesa que não tenha sido previamente empenhada ou que exceda limite estabelecido em lei:*
Pena - *detenção, de 6 (seis) meses a 2 (dois) anos.*

Assunção de obrigação no último ano do mandato ou legislatura

Art. 359-C. *Ordenar ou autorizar a assunção de obrigação, nos dois últimos quadrimestres do último ano do mandato ou legislatura, cuja despesa não possa ser paga no mesmo exercício financeiro ou, caso reste parcela a ser paga no exercício seguinte, que não tenha contrapartida suficiente de disponibilidade de caixa:*
Pena - *reclusão, de 1 (um) a 4 (quatro) anos.*

Ordenação de despesa não autorizada

Art. 359-D. *Ordenar despesa não autorizada por lei:*
Pena - *reclusão, de 1 (um) a 4 (quatro) anos.*

Prestação de garantia graciosa

Art. 359-E. *Prestar garantia em operação de crédito sem que tenha sido constituída contragarantia em valor igual ou superior ao valor da garantia prestada, na forma da lei:*
Pena - *detenção, de 3 (três) meses a 1 (um) ano.*

Não cancelamento de restos a pagar

Art. 359-F. *Deixar de ordenar, de autorizar ou de promover o cancelamento do montante de restos a pagar inscrito em valor superior ao permitido em lei:*
Pena - *detenção, de 6 (seis) meses a 2 (dois) anos.*

Aumento de despesa total com pessoal no último ano do mandato ou legislatura

Art. 359-G. *Ordenar, autorizar ou executar ato que acarrete aumento de despesa total com pessoal, nos cento e oitenta dias anteriores ao final do mandato ou da legislatura:*
Pena - *reclusão, de 1 (um) a 4 (quatro) anos.*

Oferta pública ou colocação de títulos no mercado

Art. 359-H. *Ordenar, autorizar ou promover a oferta pública ou a colocação no mercado financeiro de títulos da dívida pública sem que tenham sido criados por lei ou sem que estejam registrados em sistema centralizado de liquidação e de custódia:*
Pena - *reclusão, de 1 (um) a 4 (quatro) anos.*

11. INQUÉRITO POLICIAL

A persecução criminal apresenta dois momentos distintos: o da investigação e o da ação penal.

Esta consiste no pedido de julgamento da pretensão punitiva, enquanto a primeira é atividade preparatória da ação penal, de caráter preliminar e informativo. Em outros termos, a persecução penal estatal se constitui de duas etapas:

a investigação preliminar, gênero do qual é espécie o inquérito policial, cujo objetivo é formar lastro probatório mínimo para a deflagração válida da fase seguinte;

processo penal, que é desencadeado pela propositura de ação penal perante o Judiciário.

```
                    Persecução penal
   [Crime]  ─────────────────────────────── [Pena]
              Investigações + Processo Judicial
```

11.1 Conceito de Inquérito Policial

Inquérito policial é um procedimento administrativo inquisitivo, anterior ao processo, presidido pela autoridade policial (delegado de polícia) que conduz diligências, as quais objetivam apurar:

→ autoria (responsável pelo crime);
→ materialidade (existência);
→ circunstâncias.

Com a finalidade de possibilitar que o titular da ação penal possa ingressar em juízo.

11.2 Natureza Jurídica

Trata-se de um Procedimento Administrativo

Quando verificamos o quesito Procedimento, uma vez que não se trata, pois, de processo judicial, nem tampouco de processo administrativo, porquanto dele não resulta a imposição direta de nenhuma sanção.

→ Administrativo: O inquérito policial é um procedimento administrativo, porque é realizado pela polícia judiciária, que é um órgão do Poder Executivo, poder este que tem como função típica a de administrar a coisa pública.

11.3 Características do Inquérito Policial

Inquisitivo

No inquérito policial não há partes, acusação e defesa; temos somente o delegado de polícia investigando um crime e, consequentemente, um suspeito. Nele não há contraditório nem ampla-defesa.

Realmente, a investigação não observa o contraditório, pois a polícia não tem a obrigação de avisar um suspeito que o está investigando; e não há ampla-defesa, porque o inquérito não pode, em regra, fundamentar uma sentença condenatória, tendo o suspeito possibilidade de se defender durante o processo.

Atenção à redação do Art. 5º, LV da CF:

Aos litigantes, em processo judicial ou administrativo, e aos acusados em geral são assegurados o contraditório e ampla defesa, com os meios e recursos a ela inerentes.

Como na fase da investigação não existe nenhuma acusação e nem partes, não há que se falar em contraditório e ampla defesa, pois o direito constitucional previsto no Art. 5º inciso LV da CF é válido para as partes de um processo. Além do inquérito policial não ter partes, é um procedimento e não um processo, conforme descrito na Constituição Federal.

Escrito

Todas as diligências realizadas no curso de um inquérito policial devem ser passadas a termo (escritas), para que seja facilitada a troca de informações entre os órgãos responsáveis pela persecução penal.

O delegado de polícia tem a faculdade de filmar ou gravar diligências realizadas, mas isso não afasta a obrigação de transcrever todas por escrito.

> **Art. 405º, § 1º, CPP**. *"Sempre que possível, o registro dos depoimentos do investigado, indiciado, ofendido e testemunhas será feito pelos meios ou recursos de gravação magnética, estenotipia, digital ou técnica similar, inclusive audiovisual, destinada a obter maior fidelidade das informações."*

Sendo assim, é possível que o delegado, havendo meios, documente os atos do IP através por meio das formas de tecnologia existentes, inclusive captação de som e imagem.

Discricionário

Discricionariedade é a liberdade dentro da lei (esta determina ou autoriza a atuação do Estado). Assim sendo, o delegado tem liberdade na adoção e condução das diligências adotadas no curso de um inquérito policial.

O Art. 6º do CPP traz um rol de possíveis procedimentos que podem ser adotados pela polícia na condução de um inquérito; ele não é taxativo, pois a polícia pode adotar qualquer uma daquelas diligências na ordem que entender melhor, ou seja, o rol é exemplificativo.

Não podemos entender discricionariedade como uma faculdade do delegado de iniciar ou não uma investigação, porque, conforme veremos adiante, em alguns casos a investigação é obrigatória. A discricionariedade se refere ao fato de o delegado, sendo obrigado ou não a investigar, poder adotar as diligências que considere convenientes para a solução do crime, desde que esteja prevista tal diligência na lei.

Explica essa regra o fato de que cada crime é um acontecimento único no mundo e, sendo assim, a solução deles não tem uma receita certa, devendo a autoridade policial saber utilizar, dentre os meios disponíveis, aqueles adequados à solução do caso.

Oficial

A realização do inquérito policial é atribuição de um órgão oficial do Estado (Polícia Judiciária), com a presidência deste incumbida a autoridade policial do respectivo órgão (Delegado de Polícia – art. 2º, §1º, da Lei 12.830/13).

> **Art. 2** *"As funções de polícia judiciária e a apuração de infrações penais exercidas pelo delegado de polícia são de natureza jurídica, essenciais e exclusivas de Estado."*

Oficioso

Ao tomar conhecimento de notícia de crime de ação penal pública incondicionada, a autoridade policial é obrigada a agir de ofício, independentemente de provocação da vítima e/ou qualquer outra pessoa.

Deve, pois, instaurar o inquérito policial de ofício, nos exatos termos do art. 5º, I, do CPP, procedendo, então, às diligências investigatórias no sentido de obter elementos de informação quanto à infração penal e sua autoria.

No caso de crimes de ação penal pública condicionada à representação e de ação penal de iniciativa privada, a instauração do inquérito policial está condicionada à manifestação da vítima ou de seu representante legal.

Sigiloso

Ao contrário do que ocorre no processo, o inquérito NÃO comporta publicidade, sendo procedimento essencialmente sigiloso, disciplinando o art. 20º, do CPP, que *"a autoridade assegurará no inquérito o sigilo necessário à elucidação do fato ou exigido pelo interesse da sociedade"*.

> **Classificação do sigilo**
> » **Sigilo externo**: destinado aos terceiros desinteressados e aà imprensa.
> » **Sigilo Interno**: destinado aos interessados no processo.

O sigilo do IP NÃO atinge o juiz e o membro do Ministério Público.

Quanto ao advogado do investigado, o Estatuto da OAB traz, em art. 7º, XIV, a seguinte redação:

> **Art. 7** *São direitos do advogado: [...]XIV - examinar, em qualquer instituição responsável por conduzir investigação, mesmo sem procuração, autos de flagrante e de investigações de qualquer natureza, findos ou em andamento, ainda que conclusos à autoridade, podendo copiar peças e tomar apontamentos, em meio físico ou digital.*

Súmula Vinculante 14 – "É direito do defensor, no interesse do representado, ter acesso amplo aos

elementos de prova que, já documentados em procedimento investigatório realizado por órgão com

competência de polícia judiciária, digam respeito ao exercício do direito de defesa."

Indisponível

A persecução criminal é de ordem pública, e uma vez iniciado o inquérito, não pode o delegado de polícia dele dispor. Se diante de uma circunstância fática, o delegado percebe que não houve crime, nem em tese, não deve iniciar o inquérito policial. Contudo, uma vez iniciado o procedimento investigativo, deve levá-lo até o final, não podendo arquivá-lo, em virtude de expressa vedação contida no art. 17º do CPP.

> **Art. 17.** *A autoridade policial não poderá mandar arquivar autos de inquérito.*

INQUÉRITO POLICIAL

Dispensável

Art. 39, §5º CPP – "*O órgão do Ministério Público dispensará o inquérito, se com a representação forem oferecidos elementos que o habilitem a promover a ação penal, e, neste caso, oferecerá a denúncia no prazo de quinze dias.*"

Da leitura de dispositivos que regem a persecução penal preliminar, a exemplo art. 39º, § 5º, CPP, podemos concluir que o inquérito NÃO é imprescindível para a propositura da ação penal.

O inquérito visa coletar indícios de autoria e materialidade do crime para que o titular da ação penal possa ingressar em juízo. Assim sendo, se ele tiver esses indícios colhidos por outros meios, como por um inquérito não policial, o inquérito policial se torna dispensável.

Devemos observar também o teor da **Súmula 234 do STJ**: "*A participação de membro do Ministério Público na fase investigatória criminal não acarreta seu impedimento ou suspeição para o oferecimento da denúncia.*"

11.4 Valor Probatório do Inquérito Policial

O Inquérito Policial tem valor probatório relativo, pois ele serve para embasar o início do processo, mas não tem a força de, sozinho, sustentar uma sentença condenatória, porque as provas colhidas durante o IP não se submeteram ao contraditório e à ampla defesa. Enfatizamos que o valor probatório é relativo, uma vez que não fundamenta uma decisão judicial, porém pode dar margem à abertura de um processo criminal contra alguém.

Art. 155, CPP. *O juiz formará sua convicção pela livre apreciação da prova produzida em contraditório judicial, não podendo fundamentar sua decisão exclusivamente nos elementos informativos colhidos na investigação, ressalvadas as provas cautelares, não repetíveis e antecipadas.*

→ **Provas Cautelares, não Repetíveis e Antecipadas**

São as provas extraídas do IP e que têm a força de, eventualmente, sustentar uma sentença condenatória, conforme orienta o aArt. 155º do CPP.

Provas Cautelares	São aquelas em que existe um risco de desaparecimento do objeto pelo decurso do tempo. Justificam-se pela necessidade, pela urgência. Ex.: Interceptação telefônica, busca e apreensão.
Provas Não Renováveis ou Irrepetíveis	São colhidas na fase investigatória, porque não podem ser produzidas novamente na fase processual devido ao seu fácil perecimento. Perícia nos vestígios do crime. Para que essas provas tenham valor probatório de justificar uma sentença na fase processual, é necessário que elas sejam submetidas à ampla defesa e ao contraditório diferido ou postergado, ou seja, durante a fase processual.
Prova Antecipada	Aqui nos referimos às provas que, em regra, deveriam ser colhidas durante o curso do processo, e não durante o inquérito policial. Em alguns casos, é possível que o juiz antecipe a oitiva de uma testemunha para a fase das investigações, quando houver receio de que ela morra (idade avançada ou doença grave), ou então que a vítima se mude definitivamente para outro lugar, inviabilizando a sua audição. **Art. 225, CPP.** *Se qualquer testemunha houver de ausentar-se, ou, por enfermidade ou por velhice, inspirar receio de que ao tempo da instrução criminal já não exista, o juiz poderá, de ofício ou a requerimento de qualquer das partes, tomar-lhe antecipadamente o depoimento.*

11.5 Vícios

Os vícios do inquérito policial são seus defeitos ou nulidades, e a dúvida é se aqueles podem ou não causar nulidades ao processo futuro. A resposta é negativa, pois o inquérito policial não tem a força de condenar ninguém, sendo assim, os seus defeitos serão apurados pelos órgãos competentes (corregedoria, MP). Dessa forma, podemos concluir que o delegado não pode ser considerado impedido ou suspeito de presidir o IP pelas futuras partes.

11.6 Do Procedimento Investigatório (IP) Face aos Servidores Vinculados aos Órgãos da Segurança da Pública (Art. 144º da CF/88)

A Lei 13.964/19 (Pacote Anticrime) incluiu o **art. 14-A ao Código de Processo Penal**, com a seguinte redação:

Art. 14-A. *Nos casos em que servidores vinculados às instituições dispostas no art. 144 da Constituição Federal figurarem como investigados em inquéritos policiais, inquéritos policiais militares e demais procedimentos extrajudiciais, cujo objeto for a investigação de fatos relacionados ao uso da força letal praticados no exercício profissional, de forma consumada ou tentada, incluindo as situações dispostas no art. 23 do Decreto-Lei nº 2.848, de 7 de dezembro de 1940 (Código Penal), o indiciado poderá constituir defensor. . (Incluído pela Lei nº 13.964, de 2019.) .*

§1º. Para os casos previstos no caput deste artigo, o investigado deverá ser citado da instauração do procedimento investigatório, podendo constituir defensor no prazo de até 48 (quarenta e oito) horas a contar do recebimento da citação. . (Incluído pela Lei nº 13.964, de 2019)

§2º. Esgotado o prazo disposto no §1º. deste artigo com ausência de nomeação de defensor pelo investigado, a autoridade responsável pela investigação deverá intimar a instituição a que estava vinculado o investigado à época da ocorrência dos fatos, para que essa, no prazo de 48 (quarenta e oito) horas, indique defensor para a representação do investigado. . (Incluído pela Lei nº 13.964, de 2019. .

§3º. (VETADO). . (Incluído pela Lei nº 13.964, de 2019. .
§4º. (VETADO). (Incluído pela Lei nº 13.964, de 2019. .
§5º. (VETADO). (Incluído pela Lei nº 13.964, de 2019. .

§6º. As disposições constantes deste artigo se aplicam aos servidores militares vinculados às instituições dispostas no art. 142 da Constituição Federal, desde que os fatos investigados digam respeito a missões para a Garantia da Lei e da Ordem.

11.7 Incomunicabilidade

É importante saber que a incomunicabilidade não foi recepcionada pela CF e está tacitamente sem efeitos, mas suas regras são cobradas em questão de concurso.

Art. 21.. *A incomunicabilidade do indiciado dependerá sempre de despacho nos autos e somente será permitida quando o interesse da sociedade ou a conveniência da investigação o exigir.*

Parágrafo único. A incomunicabilidade, que não excederá de três dias, será decretada por despacho fundamentado do Juiz, a requerimento da autoridade policial, ou do órgão do Ministério Público, respeitado, em qualquer hipótese, o disposto no artigo 89, inciso III, do Estatuto da Ordem dos Advogados do Brasil (Lei n. 4.215, de 27 de abril de 1963)

11.8 Notícia Crime

Notícia crime (notitia criminis) é a forma como é denominado o conhecimento espontâneo ou provocado por parte da autoridade policial de um fato aparentemente criminoso. Por meio dela, a autoridade policial dará início às investigações.

Classificação da notícia crime

Ela é classificada em direta ou indireta, conforme veremos a seguir:

Notícia crime Crime Direta (cognição imediata ou espontânea)	Notícia Crime Indireta (cognição mediata ou provocada)
A autoridade policial toma conhecimento de um fato supostamente criminoso por meio da atuação da própria polícia, quando noticiado o crime pela imprensa ou comunicado anonimamente por um particular.	A polícia judiciária toma conhecimento do crime por meio da comunicação de um terceiro identificado.

Espécies de notícia crime indireta

→ **Requerimento**

É a comunicação de um fato supostamente criminoso, realizado pela vítima ou por seu representante legal (para menores de 18 anos de idade ou loucos). Além de comunicar o crime, também serve como um pedido para que a polícia inicie as investigações.

Segundo o CPP, diante de um requerimento, o delegado pode se recusar a iniciar as investigações e, neste caso, é cabível recurso ao chefe de polícia (Art. 5º, §2º do CPP).

> *Art. 5 §2º Do despacho que indeferir o requerimento de abertura de inquérito caberá recurso para o chefe de Polícia.*

→ **Requisição**

É a comunicação do crime feita à autoridade policial pelo promotor ou pelo juiz e também uma determinação para o início das investigações. O delegado não pode se recusar a cumprir uma requisição.

> *Art. 13. Incumbirá ainda à autoridade policial:*
> *I. fornecer às autoridades judiciárias as informações necessárias à instrução e julgamento dos processos;*
> *II. **realizar as diligências requisitadas pelo juiz ou pelo Ministério Público**;*
> *III. cumprir os mandados de prisão expedidos pelas autoridades judiciárias;*
> *IV. representar acerca da prisão preventiva.*

→ **Representação**

É a comunicação do crime e também uma autorização para que o Estado atue, seja investigando, seja processando o possível autor. A representação é apresentada pela vítima ou por seu representante legal nos crimes de ação penal pública condicionada a ela.

É importante saber que a falta da representação, nos casos em que a investigação dependa dela, impede definitivamente a atuação do Estado, ou seja, a polícia não pode investigar o fato, não pode lavrar um auto de prisão em flagrante e não haverá processo.

→ **Requisição do Ministro da Justiça**

É a comunicação do crime e também uma autorização política para que o delegado inicie as investigações. Será necessária especificamente em crimes de ação penal pública condicionada à requisição do Ministro da Justiça, a qual não tem caráter de ordem como a do juiz ou do promotor. O nome requisição foi adotado, porque o ato é praticado por uma autoridade da alta cúpula do Poder Executivo.

Notícia crime com força coercitiva ou notícia crime por apresentação

É comunicação de um crime decorrente de uma prisão em flagrante, porque a notícia crime se manifesta com a simples apresentação do autor do delito à autoridade policial, pela pessoa que realizou a prisão.

11.9 Prazos para Conclusão do Inquérito Policial

O inquérito policial não pode se estender indefinidamente (é temporário), dispondo o Código de Processo Penal e a legislação extravagante acerca dos prazos de sua conclusão.

Regra geral

Como regra geral, para os crimes da atribuição da polícia civil estadual, o prazo para a conclusão do inquérito é de 10 dias, estando o indiciado preso, prazo este improrrogável, e de 30 dias, se o agente está solto. Este último prazo comporta prorrogação, a requerimento do delegado e mediante autorização do juiz (art. 10º, CPP), não especificando a lei qual o tempo de prorrogação nem quantas vezes poderá ocorrer, o que nos leva a crer que esta pode se dar pela

> *Art. 10.. O inquérito deverá terminar no prazo de 10 dias, se o indiciado tiver sido preso em flagrante, ou estiver preso preventivamente, contado o prazo, nesta hipótese, a partir do dia em que se executar a ordem de prisão, ou no prazo de 30 dias, quando estiver solto, mediante fiança ou sem ela.*

Com o advento **da Lei 13.964/19 (Pacote Anticrime)**, foi acrescentado o **art. 3-B ao CPP**, o qual se encontra no tópico "Juiz das Garantias", passando a dispor, dentre as várias competências do "Juiz das Garantias", a possibilidade de que este possa prorrogar o IP quando o investigado estiver preso.

Art. 3-B, §2º

"Se o investigado estiver preso, o juiz das garantias poderá, mediante representação da autoridade policial e ouvido o Ministério Público, prorrogar, uma ÚNICA VEZ, a duração do INQUÉRITO POR ATÉ 15 (QUINZE) DIAS, após o que, se ainda assim a investigação não for concluída, a prisão será imediatamente relaxada"

Note que tal norma está SUSPENSA: no dia 22/01/20 o Ministro Luiz Fux SUSPENDEU a implementação dos artigos que tratam do "Juiz das Garantias" (e de alguns outros dispositivos da referida Lei). Portanto, até a publicação da Apostila a norma está suspensa.

INQUÉRITO POLICIAL

→ **Reprodução Simulada do Fato**

Art. 7. CPP: Para verificar a possibilidade de haver a infração sido praticada de determinado modo, a autoridade policial poderá proceder à reprodução simulada dos fatos, desde que esta não contrarie a moralidade ou a ordem pública.

A reprodução simulada do fato é a famosa reconstituição do crime; tem a finalidade de verificar se a infração foi praticada de determinado modo. Nesse caso, o suspeito não é obrigado a contribuir com a diligência, mas é obrigado a comparecer.

→ **Indiciamento**

É o ato da autoridade policial que comunica a uma pessoa que ela é a suspeita de ter praticado determinado crime e está sendo investigada em um inquérito policial. O indiciamento não é um ato discricionário, pois se fundamenta nas provas colhidas durante as diligências. Se as provas apontam um suspeito, ele DEVE ser indiciado; se não apontam, o delegado não pode indiciar ninguém.

LEI Nº 12.830, de 2013 - §6º. O indiciamento, privativo do delegado de polícia, dar-se-á por ato fundamentado, mediante análise técnico-jurídica do fato, que deverá indicar a autoria, materialidade e suas circunstâncias.

Procedimento especial no CPP

Art. 13-A. Nos crimes previstos nos arts. 148, 149 e 149-A, no §3º. do art. 158 e no art. 159 do Decreto-Lei no 2.848, de 7 de dezembro de 1940 (Código Penal), e no art. 239 da Lei no 8.069, de 13 de julho de 1990 (Estatuto da Criança e do Adolescente), o membro do Ministério Público ou o delegado de polícia poderá requisitar, de quaisquer órgãos do poder público ou de empresas da iniciativa privada, dados e informações cadastrais da vítima ou de suspeitos.... (Incluído pela Lei nº 13.344, de 2016...

Parágrafo único. A requisição, que será atendida no prazo de 24 (vinte e quatro) horas, conterá.... (Incluído pela Lei nº 13.344, de 2016...

I. o nome da autoridade requisitante.... (Incluído pela Lei nº 13.344, de 2016...

II. o número do inquérito policial;.... (Incluído pela Lei nº 13.344, de 2016...

III. a identificação da unidade de polícia judiciária responsável pela investigação.... (Incluído pela Lei nº 13.344, de 2016.

Art. 13-B. Se necessário à prevenção e à repressão dos crimes relacionados ao tráfico de pessoas, o membro do Ministério Público ou o delegado de polícia poderão requisitar, mediante autorização judicial, às empresas prestadoras de serviço de telecomunicações e/ou telemática que disponibilizem imediatamente os meios técnicos adequados – como sinais, informações e outros – que permitam a localização da vítima ou dos suspeitos do delito em curso.... (Incluído pela Lei nº 13.344, de 2016.

§1º. Para os efeitos deste artigo, sinal significa posicionamento da estação de cobertura, setorização e intensidade de radiofrequência. (Incluído pela Lei nº 13.344, de 2016.

*§2º. Na hipótese de que trata o **caput**, o sinal: (Incluído pela Lei nº 13.344, de 2016.*

I. não permitirá acesso ao conteúdo da comunicação de qualquer natureza, que dependerá de autorização judicial, conforme disposto em lei; (Incluído pela Lei nº 13.344, de 2016.

II. deverá ser fornecido pela prestadora de telefonia móvel celular por período não superior a 30 (trinta) dias, renovável por uma única vez, por igual período; (Incluído pela Lei nº 13.344, de 2016.

III. para períodos superiores àquele de que trata o inciso II, será necessária a apresentação de ordem judicial. (Incluído pela Lei nº 13.344, de 2016.

§3º. Na hipótese prevista neste artigo, o inquérito policial deverá ser instaurado no prazo máximo de 72 (setenta e duas) horas, contado do registro da respectiva ocorrência policial. (Incluído pela Lei nº 13.344, de 2016.

§4º. Não havendo manifestação judicial no prazo de 12 (doze) horas, a autoridade competente requisitará às empresas prestadoras de serviço de telecomunicações e/ou telemática que disponibilizem imediatamente os meios técnicos adequados – como sinais, informações e outros – que permitam a localização da vítima ou dos suspeitos do delito em curso, com imediata comunicação ao juiz.

→ **Final do Inquérito Policial**

O inquérito policial é finalizado com a produção de um documento chamado RELATÓRIO. Nele, o delegado vai relatar as diligências realizadas.

O delegado NÃO deve emitir opinião no relatório, ressalva feita à Lei nº 11.343/2006 (Lei de Drogas), prevendo que, na elaboração do relatório, a autoridade policial deva justificar as razões que a levaram à classificação do delito (art. 52º).

> Após a confecção desse relatório o inquérito policial estará concluído.

→ **Destino dos Autos do Inquérito Policial**

Os autos do inquérito, integrados com o relatório, serão remetidos ao JUDICIÁRIO (art. 10º, § 1º, CPP), para que sejam acessados pelo titular da ação penal.

Art. 10, §1. "A autoridade fará minucioso relatório do que tiver sido apurado e enviará autos ao juiz competente".

→ **Arquivamento do Inquérito**

Quando o MP entender que o inquérito não obteve êxito algum, não prova nada quanto ao fato ou quanto à autoria, nem existe, no momento, expectativa de que novas diligências vão mudar esse cenário, o promotor irá requerer ao juiz o arquivamento do inquérito policial e, caso este concorde com o pedido, ele irá homologá-lo, arquivando o IP. Se discordar do pedido, ele irá encaminhar ao Procurador Geral de República (Nível Federal), para que este decida sobre o arquivamento do IP.

Art. 28, CPP. Se o órgão do Ministério Público, ao invés de apresentar a denúncia, requerer o arquivamento do inquérito policial ou de quaisquer peças de informação, o juiz, no caso de considerar improcedentes as razões invocadas, fará remessa do inquérito ou peças de informação ao procurador-geral, e este oferecerá a denúncia, designará outro órgão do Ministério Público para oferecê-la, ou insistirá no pedido de arquivamento, ao qual só então estará o juiz obrigado a atender.

> Com o advento **da Lei 13.964/19 (Pacote Anticrime)**, foi acrescentado o Artigo 28 e revogando o atual artigo 28 (esse que foi supracitado).
>
> **Note que tal norma está SUSPENSA**: no dia 22/01/20 o Ministro Luiz Fux SUSPENDEU a implementação dos artigos que tratam do "Juiz das Garantias" (e de alguns outros dispositivos da referida Lei). Portanto, até a publicação da Apostila a norma está suspensa.
>
> Desta feita deve ser a aplicada a norma supracitada. De outra sorte, iremos aqui descrever a nova que até a presenta presente data está suspensa.
>
> **Art. 28.** Ordenado o arquivamento do inquérito policial ou de quaisquer elementos informativos da mesma natureza, o órgão do Ministério Público comunicará à vítima, ao investigado e à autoridade policial e encaminhará os autos para a instância de revisão ministerial para fins de homologação, na forma da lei. (Redação dada pela Lei nº 13.964, de 2019.

→ **Efeitos do Arquivamento do IP**

Arquivado o inquérito policial, por despacho do juiz, a requerimento do promotor de justiça, não pode a ação penal ser iniciada sem novas provas (Súmula 524 do STF). Assim sendo, o arquivamento do IP veda o oferecimento da denúncia para a promoção da ação penal, mas tal vedação não é absoluta, pois, se surgirem novas provas, a acusação poderá ser oferecida e ser iniciada a ação penal.

> **Art. 18, CPP.** Depois de ordenado o arquivamento do inquérito pela autoridade judiciária, por falta de base para a denúncia, a autoridade policial poderá proceder a novas pesquisas, se de outras provas tiver notícia.

12. PROVAS

12.1 Conceito

É tudo aquilo que é apresentado ao juiz, com o objetivo de contribuir na formação da sua opinião quanto aos fatos ou atos do processo que sejam relevantes para auxiliá-lo a chegar à sentença.

Cadeia de Custodia.

Cadeia de custódia da prova consiste no caminho que deve ser percorrido pela prova até a sua análise pelo magistrado, sendo certo que qualquer interferência indevida durante esse trâmite processual pode resultar na sua imprestabilidade.

Note que o tema "Cadeia de Custódia" é um tema totalmente novo incluído pelo pacote anticrime (lei nº 13.721/18), portanto, a probabilidade de constar em provas será enorme, atente à letra da lei, pois, sendo novidade e como não jurisprudência envolvendo o tema ainda, sendo assim, as bancas devem abusar a lei seca.

CONCEITO LEGAL → Considera-se cadeia de custódia o conjunto de todos os procedimentos utilizados para manter e documentar a história cronológica do vestígio coletado em locais ou em vítimas de crimes, para rastrear sua posse e manuseio a partir de seu reconhecimento até o descarte.

Inicio da cadeia de custódia: O início da cadeia de custódia dá-se com a preservação do local de crime ou com procedimentos policiais ou periciais nos quais seja detectada a existência de vestígio.

O agente público que reconhecer um elemento como de potencial interesse para a produção da prova **pericial fica responsável por sua preservação**.

A coleta dos vestígios deverá ser realizada **preferencialmente** por perito oficial

É proibida a entrada em locais isolados bem como a remoção de quaisquer vestígios de locais de crime antes da liberação por parte do perito responsável, **sendo tipificada como fraude processual a sua realização**.

> **Art. 158-A.** Considera-se cadeia de custódia o conjunto de todos os procedimentos utilizados para manter e documentar a história cronológica do vestígio coletado em locais ou em vítimas de crimes, para rastrear sua posse e manuseio a partir de seu reconhecimento até o descarte.
> §1º. O início da cadeia de custódia dá-se com a preservação do local de crime ou com procedimentos policiais ou periciais nos quais seja detectada a existência de vestígio.
> §2º. O agente público que reconhecer um elemento como de potencial interesse para a produção da prova pericial fica responsável por sua preservação.
> §3º. Vestígio é todo objeto ou material bruto, visível ou latente, constatado ou recolhido, que se relaciona à infração penal.
> **Art. 158-B.** A cadeia de custódia compreende o rastreamento do vestígio nas seguintes etapas:
> **I.** reconhecimento: ato de distinguir um elemento como de potencial interesse para a produção da prova pericial;
> **II.** isolamento: ato de evitar que se altere o estado das coisas, devendo isolar e preservar o ambiente imediato, mediato e relacionado aos vestígios e local de crime;
> **III.** fixação: descrição detalhada do vestígio conforme se encontra no local de crime ou no corpo de delito, e a sua

posição na área de exames, podendo ser ilustrada por fotografias, filmagens ou croqui, sendo indispensável a sua descrição no laudo pericial produzido pelo perito responsável pelo atendimento;

IV. *coleta*: ato de recolher o vestígio que será submetido à análise pericial, respeitando suas características e natureza;

V. *acondicionamento*: procedimento por meio do qual cada vestígio coletado é embalado de forma individualizada, de acordo com suas características físicas, químicas e biológicas, para posterior análise, com anotação da data, hora e nome de quem realizou a coleta e o acondicionamento;

VI. *transporte*: ato de transferir o vestígio de um local para o outro, utilizando as condições adequadas (embalagens, veículos, temperatura, entre outras), de modo a garantir a manutenção de suas características originais, bem como o controle de sua posse;

VII. *recebimento*: ato formal de transferência da posse do vestígio, que deve ser documentado com, no mínimo, informações referentes ao número de procedimento e unidade de polícia judiciária relacionada, local de origem, nome de quem transportou o vestígio, código de rastreamento, natureza do exame, tipo do vestígio, protocolo, assinatura e identificação de quem o recebeu;

VIII. *processamento*: exame pericial em si, manipulação do vestígio de acordo com a metodologia adequada às suas características biológicas, físicas e químicas, a fim de se obter o resultado desejado, que deverá ser formalizado em laudo produzido por perito;

IX. *armazenamento*: procedimento referente à guarda, em condições adequadas, do material a ser processado, guardado para realização de contraperícia, descartado ou transportado, com vinculação ao número do laudo correspondente;

X. *descarte*: procedimento referente à liberação do vestígio, respeitando a legislação vigente e, quando pertinente, mediante autorização judicial.

Art. 158-C. A coleta dos vestígios deverá ser realizada preferencialmente por perito oficial, que dará o encaminhamento necessário para a central de custódia, mesmo quando for necessária a realização de exames complementares.

§1º. Todos vestígios coletados no decurso do inquérito ou processo devem ser tratados como descrito nesta Lei, ficando órgão central de perícia oficial de natureza criminal responsável por detalhar a forma do seu cumprimento.

§2º. É proibida a entrada em locais isolados bem como a remoção de quaisquer vestígios de locais de crime antes da liberação por parte do perito responsável, sendo tipificada como fraude processual a sua realização.

Art. 158-D. O recipiente para acondicionamento do vestígio será determinado pela natureza do material.

§1º. Todos os recipientes deverão ser selados com lacres, com numeração individualizada, de forma a garantir a inviolabilidade e a idoneidade do vestígio durante o transporte.

§2º. O recipiente deverá individualizar o vestígio, preservar suas características, impedir contaminação e vazamento, ter grau de resistência adequado e espaço para registro de informações sobre seu conteúdo.

§3º. O recipiente só poderá ser aberto pelo perito que vai proceder à análise e, motivadamente, por pessoa autorizada.

§4º. Após cada rompimento de lacre, deve se fazer constar na ficha de acompanhamento de vestígio o nome e a matrícula do responsável, a data, o local, a finalidade, bem como as informações referentes ao novo lacre utilizado.

§5º. O lacre rompido deverá ser acondicionado no interior do novo recipiente.

Art. 158-E. Todos os Institutos de Criminalística deverão ter uma central de custódia destinada à guarda e controle dos vestígios, e sua gestão deve ser vinculada diretamente ao órgão central de perícia oficial de natureza criminal.

§1º. Toda central de custódia deve possuir os serviços de protocolo, com local para conferência, recepção, devolução de materiais e documentos, possibilitando a seleção, a classificação e a distribuição de materiais, devendo ser um espaço seguro e apresentar condições ambientais que não interfiram nas características do vestígio.

§2º. Na central de custódia, a entrada e a saída de vestígio deverão ser protocoladas, consignando-se informações sobre a ocorrência no inquérito que a eles se relacionam.

§3º. Todas as pessoas que tiverem acesso ao vestígio armazenado deverão ser identificadas e deverão ser registradas a data e a hora do acesso.

§4º. Por ocasião da tramitação do vestígio armazenado, todas as ações deverão ser registradas, consignando-se a identificação do responsável pela tramitação, a destinação, a data e horário da ação.

Art. 158-F. Após a realização da perícia, o material deverá ser devolvido à central de custódia, devendo nela permanecer.

Parágrafo único. Caso a central de custódia não possua espaço ou condições de armazenar determinado material, deverá a autoridade policial ou judiciária determinar as condições de depósito do referido material em local diverso, mediante requerimento do diretor do órgão central de perícia oficial de natureza criminal.

Classificação das Provas

> **Provas Nominadas**: são aquelas cujo meio de produção estão previstoas em lei (Art. 158 a 250 do CPP).

Ex.: Art. 226. *Quando houver necessidade de fazer-se o reconhecimento de pessoa, proceder-se-á pela seguinte forma:*

> **I.** *a pessoa que tiver de fazer o reconhecimento será convidada a descrever a pessoa que deva ser reconhecida;*
>
> **II.** *a pessoa, cujo reconhecimento se pretender, será colocada, se possível, ao lado de outras que com ela tiverem qualquer semelhança, convidando-se quem tiver de fazer o reconhecimento a apontá-la;*
>
> **III.** *se houver razão para recear que a pessoa chamada para o reconhecimento, por efeito de intimidação ou outra influência, não diga a verdade em face da pessoa que deve ser reconhecida, a autoridade providenciará para que esta não veja aquela;*
>
> **IV.** *do ato de reconhecimento lavrar-se-á auto pormenorizado, subscrito pela autoridade, pela pessoa chamada para proceder ao reconhecimento e por duas testemunhas presenciais.*

> **Provas Inominadas**: são aquelas cujos meios de produção não estão previstas previstos na lei.

Ex.: recognição visuográfica de local de crime.

Princípio da liberdade na produção de provas

É possível a utilização de qualquer uma das duas modalidades de provas acima descritas, ou seja, as nominadas e as inominadas, em razão do princípio da liberdade na produção da prova.

Não há nenhuma hierarquia entre as provas, ou seja, tanto as nominadas quanto as inominadas têm o mesmo valor.

Tal princípio encontra exceção nas seguintes hipóteses:

> Estado civil das pessoas
>
> **Art. 155**, parágrafo único, CPP. Somente quanto ao estado das pessoas serão observadas as restrições estabelecidas na lei civil.

Para provar o estado civil é necessária a apresentação de certidão, não admitindo nenhum outro modo, como por exemplo:, a prova testemunhal.

> Provas Ilícitas

Recebem conceituação diferente pelo Código de Processo Penal e também pela doutrina. Veja a seguir:

» Conceito de provas Ilícitas dentro do CPP

Para o CPP, não há distinção entre as provas ilícitas e ilegítimas, sendo todas elas espécies de provas ilícitas, ou seja, estas, para o CPP, são aquelas que ferem normas constitucionais e infraconstitucionais. Assim sendo, tanto faz se fere norma de direito penal ou de direito processual penal.

> *Art. 157, CPP. São inadmissíveis, devendo ser desentranhadas do processo, as provas ilícitas, assim entendidas as obtidas em violação a normas constitucionais ou legais.*

» Conceito de provas Ilícitas para a doutrina

Nesse caso, as provas ilícitas recebem uma subclassificação: ilícitas e ilegítimas.

Provas ilícitas: São as que ofendem o direito material (Código Penal ou legislação penal extravagante) e também aquelas que ofendem os princípios constitucionais penais.

Violar uma correspondência para conseguir uma prova.

Provas Ilegítimas: São as provas que ofendem o direito formal, processual, ou seja, o Código de Processo Penal e a legislação processual penal extravagante. Também são aquelas que violam os princípios constitucionais processuais penais. Por exemplo: laudo pericial confeccionado somente por um perito não oficial.

Distinção entre PROVA ILÍCITA e PROVA ILEGÍTIMA	
Prova Ilícita	Prova Ilegítima
É aquela produzida mediante a violação de norma de direito material prevista na Constituição Federal ou em lei ordinária.	É aquela produzida mediante violação de norma de direito processual. Ex.: CPP, art. 479.

> Inutilização da prova Ilícitas

Art. 157. São inadmissíveis, devendo ser desentranhadas do processo, as provas ilícitas, assim entendidas as obtidas em violação a normas constitucionais ou legais.
§3º. Preclusa a decisão de desentranhamento da prova declarada inadmissível, esta será inutilizada por decisão judicial, facultado às partes acompanhar o incidente.

> Teoria dos frutos da Árvore Envenenada (Fruits Of The Poisonous Tree): Teoria da Prova Ilícita Por Derivação.

Art., 157, § 1º, primeira parte. São também inadmissíveis as provas derivadas das ilícitas

As provas que decorrem de uma ilícita também estarão contaminadas, não devendo ser utilizadas no processo.

» Teoria da descoberta Inevitável: prova originária de fonte independente.

§1º. e 2º, CPP. São também inadmissíveis as provas derivadas das ilícitas, salvo quando não evidenciado o nexo de causalidade entre umas e outras, ou quando as derivadas puderem ser obtidas por uma fonte independente das primeiras. Considera-se fonte independente aquela que por si só, seguindo os trâmites típicos e de praxe, próprios da investigação ou instrução criminal, seria capaz de conduzir ao fato objeto da prova.

A prova derivada de uma ilícita poderá ser utilizada quando, seguindo os trâmites típicos e de praxe da investigação, ou da instrução criminal, pudermos chegar à mesma prova obtida por meio de uma ilícita.

Por meio de uma escuta ilegal, obtém-se a localização de um documento incriminador em relação ao indiciado. Ocorre que uma testemunha, depondo regularmente, também indicou à polícia o lugar onde se encontrava a referida prova. Podemos concluir que mesmo que esse documento não fosse confeccionado por meio de um procedimento ilegal, ele seria produzido após o interrogatório, por fonte independente.

» Teoria da prova absolutamente independente:

Art. 157, § 3º. Preclusa a decisão de desentranhamento da prova declarada inadmissível, esta será inutilizada por decisão judicial, facultado às partes acompanhar o incidente

A mera existência de uma prova ilícita no processo não necessariamente o contamina, pois, havendo outras provas lícitas absolutamente independentes da ilícita no processo serão aproveitadas.

A prova declarada ilícita pelo juiz será desentranhada dos autos e destruída com a presença facultativa das partes.

ÔNUS DA PROVA

ART. 156, CPP: *"A prova da alegação incumbirá a quem a fizer"*

PROVA EMPRESTADA

> É aceito no Brasil
> É aquela produzida em outro processo

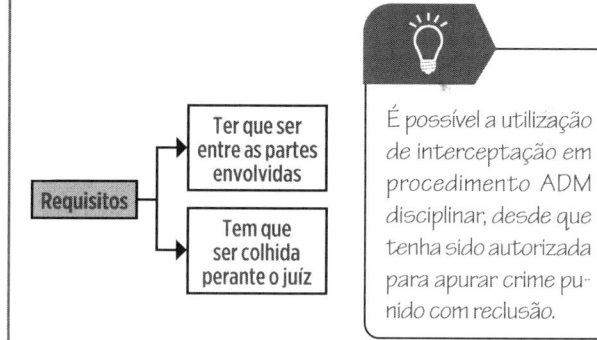

Requisitos:
- Ter que ser entre as partes envolvidas
- Tem que ser colhida perante o juiz

É possível a utilização de interceptação em procedimento ADM disciplinar, desde que tenha sido autorizada para apurar crime punido com reclusão.

Exame de Corpo Delito

Art. 158 do CPP: Quando a infração deixar vestígios, será indispensável o exame de corpo de delito, direto ou indireto, não podendo supri-lo a confissão do acusado.

Parágrafo único. Dar-se-á prioridade à realização do exame de corpo de delito quando se tratar de crime que envolva:
I. violência doméstica e familiar contra mulher;
II. violência contra criança, adolescente, idoso ou pessoa com deficiência.

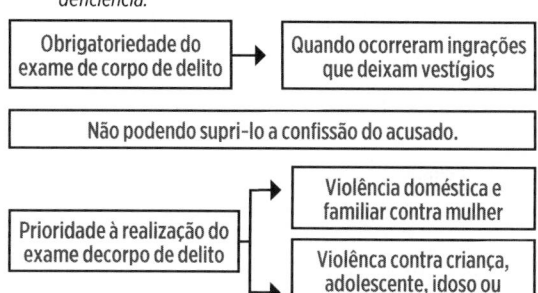

- Obrigatoriedade do exame de corpo de delito → Quando ocorreram ingrações que deixam vestígios
- Não podendo supri-lo a confissão do acusado.
- Prioridade à realização do exame decorpo de delito → Violência doméstica e familiar contra mulher / Violênca contra criança, adolescente, idoso ou pessoa com deficiência

PROVAS

PODE O SER NEGADO PELO JUIZ OU DELEGADO O EXAME DE CORPO DE DELITO?
Art. 184. Salvo o caso de exame de corpo de delito, o juiz ou a autoridade policial negará a perícia requerida pelas partes, quando não for necessária ao esclarecimento da verdade.

DIFERENÇA ENTRE CORPO DE DELITO E EXAME DE CORPO DE DELITO

CORPO DE DELITO →	É UM CONJUNTO DE VESTIGIOS DEIXADOS, PODE SER QUALQUER COISA, COMO CORPO, DOCUMENTOS ETC.
EXAME DE CORPO DE DELITO →	É A PERICIA QUE SERÁ REALIZADA NOS VESTÍGIOS

Art. 158 do CPP "Quando a infração deixar vestígios, será indispensável o exame de corpo de delito, direto ou indireto, não podendo supri-lo a confissão do acusado".

DIFERENÇA ENTRE CORPO DE DELITO DIRETO E INDIRETO

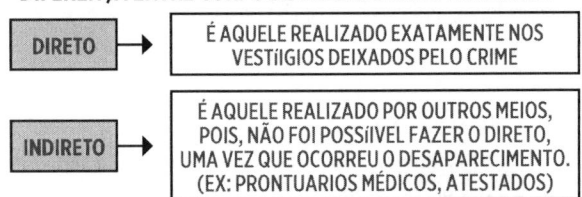

DIRETO →	É AQUELE REALIZADO EXATAMENTE NOS VESTÍIGIOS DEIXADOS PELO CRIME
INDIRETO →	É AQUELE REALIZADO POR OUTROS MEIOS, POIS, NÃO FOI POSSíIVEL FAZER O DIRETO, UMA VEZ QUE OCORREU O DESAPARECIMENTO. (EX: PRONTUARIOS MÉDICOS, ATESTADOS)

É POSSIVEL A PROVA TESTEMUNHAL NO EXAME DE CORPO DE DELITO INDIRETO?
Art. 167 do CPP. "Não sendo possível o exame de corpo de delito, por haverem desaparecido os vestígios, a prova testemunhal poderá suprir-lhe a falta".

PERITOS – ART. 159, CPP

Art. 159. "O exame de corpo de delito e outras perícias serão realizados por perito oficial, portador de diploma de curso superior".

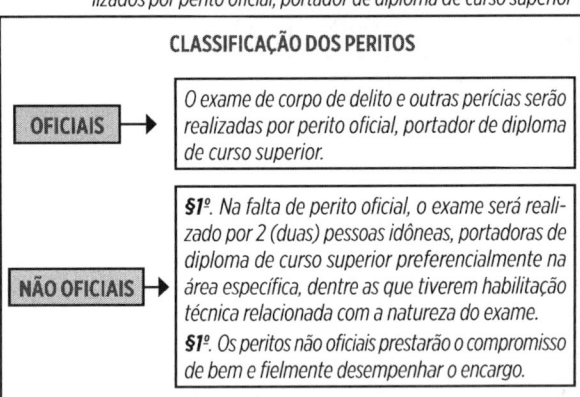

CLASSIFICAÇÃO DOS PERITOS

OFICIAIS →	O exame de corpo de delito e outras perícias serão realizadas por perito oficial, portador de diploma de curso superior.
NÃO OFICIAIS →	§1º. Na falta de perito oficial, o exame será realizado por 2 (duas) pessoas idôneas, portadoras de diploma de curso superior preferencialmente na área específica, dentre as que tiverem habilitação técnica relacionada com a natureza do exame. §1º. Os peritos não oficiais prestarão o compromisso de bem e fielmente desempenhar o encargo.

Portanto o perito não oficial deve:
> Ser pPessoa idônea (obrigatório)
> Ser pPortador de curso superior (obrigatório)
> Estar PREFERENCIALMENTE na área especifica da matéria examinada

Reconhecimento de Pessoas e Objetos

É o meio de prova que tem por finalidade identificar se determinada pessoa ou objeto teve algum tipo de ligação com o crime apurado no processo. Sendo assim, alguém que já tenha visto uma coisa ou outra será chamado a identificá-lo.

→ Reconhecimento de Pessoas

Por meio deste expediente, busca-se identificar não somente o infrator, mas, em alguns casos, até mesmo a vítima e as testemunhas.

→ Procedimento

Art. 226, I, CPP. a pessoa que tiver de fazer o reconhecimento será convidada a descrever a pessoa que deva ser reconhecida;
Art. 226, II, CPP. a pessoa, cujo reconhecimento se pretender, será colocada, se possível, ao lado de outras que com ela tiverem qualquer semelhança, convidando-se quem tiver de fazer o reconhecimento a apontá-la;

→ Reconhecimento de Objetos

Se for necessário proceder ao reconhecimento de objetos que tenham algum tipo de vínculo com o crime, será adotará adotado o mesmo procedimento realizado para reconhecer uma pessoa (Art. 227, CPP. No reconhecimento de objeto, proceder-se-á com as cautelas estabelecidas no artigo anterior, no que for aplicável.).

É possível o reconhecimento de pessoas tanto por fotografias como também pela voz (modalidade de provas inominadas).

→ Acareação

É o meio de prova que tem por finalidade esclarecer divergências nas declarações de qualquer cidadão sobre fatos ou circunstâncias relevantes. A acareação pode se dar tanto entre acusados, acusado e testemunha, etc.

Art. 229, CPP. A acareação será admitida entre acusados, entre acusado e testemunha, entre testemunhas, entre acusado ou testemunha e a pessoa ofendida, e entre as pessoas ofendidas, sempre que divergirem, em suas declarações, sobre fatos ou circunstâncias relevantes.

→ Natureza: meio de prova.

Pressupostos: divergência substancial sobre fato ou circunstância relevante, prestada previamente pelos confrontantes.

Procedimento: os acareados serão convocados à presença da autoridade (juiz ou delegado). Na sequência, serão provocados pela autoridade a mudar ou ratificar o depoimento anteriormente prestado.

→ Documentos

É o papel ou meio digital, fotográfico, etc., que tem por finalidade transmitir uma informação.

É o documento produzido com a finalidade de provar algo.

Ex.: Um comprovante de pagamento, declaração do IR.

→ Documentos Eventuais

Não possuem a finalidade de provar nada, mas, excepcionalmente, podem funcionar como prova.

Ex.: Uma foto familiar.

→ Tradução

Os documentos em língua estrangeira poderão ser traduzidos para que se obtenha a exata compreensão.

Segundo a doutrina, o que estiver escrito em língua estrangeira, para que tenha valor de prova, deve ser traduzido para o português, respeitando-se assim o princípio da publicidade.

→ Restituição

Após a sentença transitar em julgado, será possível a devolução dos documentos originais ao proprietário, adotando-se o seguinte procedimento:

> Requerimento do proprietário.
> Prévia oitiva do MP antes da decisão juiz.
> Se o juiz deferir o pedido, deve ficar cópia nos autos.

Art. 238, CPP. Os documentos originais, juntos a processo findo, quando não exista motivo relevante que justifique a sua conservação nos autos, poderão, mediante requerimento, e ouvido o Ministério Público, ser entregues à parte que os produziu, ficando traslado nos autos.

→ Dos Indícios

Art. 239, CPP. Considera-se indício a circunstância conhecida e provada, que, tendo relação com o fato, autorize, por indução, concluir-se a existência de outra ou outras circunstâncias.

Ex.: Alguém passeia pela rua e se depara com uma pessoa com a roupa suja de sangue e uma faca na mão. Essa pessoa passa pela outra correndo e, após alguns metros, encontra um cidadão caído no chão com várias facadas no corpo. Pode-se concluir, logicamente, que aquela primeira que passou com a faca cometeu a agressão, mesmo que não se tenha visto o crime acontecer.

→ Busca e Apreensão

Busca: é a procura de uma determinada pessoa ou de um objeto do rol do Art. 240 do CPP.

Apreensão: é resultante da busca bem-sucedida, em que se apreende a respectiva pessoa ou objeto procurado.

Para a doutrina moderna, a busca e apreensão seria uma medida cautelar, que tem por finalidade prospectar objetos ou pessoas.

Momento: pode ser produzida a qualquer momento, antes, durante ou até mesmo após a persecução penal, ou seja, durante a execução da pena.

LAUDO PERICIAL – ART. 160, CPP

Art. 160. "Os peritos elaborarão o laudo pericial, onde descreverão minuciosamente o que examinarem, e responderão aos quesitos formulados".

Parágrafo único. "O laudo pericial será elaborado no prazo máximo de 10 dias, podendo este prazo ser prorrogado, em casos excepcionais, a requerimento dos peritos".

É um documento pelo por meio do qual o perito expõe suas conclusões e deve conter:

> Informações detalhadas do objeto periciado
> Respostas elaboradas para os quesitos formulados pelas partes
> Conclusões

PARA LEMBRAR

Art. 161. O exame de corpo de delito poderá ser feito em qualquer dia e a qualquer hora.

Art. 162. A autópsia será feita pelo menos seis horas depois do óbito, salvo se os peritos, pela evidência dos sinais de morte, julgarem que possa ser feita antes daquele prazo, o que declararão no auto.

Autopsia é obrigatória?

Art. 162. do CPP - Parágrafo único. Nos casos de morte violenta, bastará o simples exame externo do cadáver, quando não houver infração penal que apurar, ou quando as lesões externas permitirem precisar a causa da morte e não houver necessidade de exame interno para a verificação de alguma circunstância relevante.

INTERROGATÓRIO. Arts 185 ao 196, CPP

> Trata-se de um meio de prova e um meio de defesa
> Ato personalíssimo do réu

Via de regra será oral → Exceções →Arts 192 e 193 do CPP

Art. 192. O interrogatório do mudo, do surdo ou do surdo-mudo será feito pela forma seguinte:

I. ao surdo serão apresentadas por escrito as perguntas, que ele responderá oralmente

II. ao mudo as perguntas serão feitas oralmente, respondendo-as por escrito

III. ao surdo-mudo as perguntas serão formuladas por escrito e do mesmo modo dará as respostas

Parágrafo único. Caso o interrogando não saiba ler ou escrever, intervirá no ato, como intérprete e sob compromisso, pessoa habilitada a entendê-lo

Art. 193. Quando o interrogando não falar a língua nacional, o interrogatório será feito por meio de intérprete.

> Individualidade

Art. 191. Havendo mais de um acusado, serão interrogados separadamente.

> Procedimentos

Art. 185. O acusado que comparecer perante a autoridade judiciária, no curso do processo penal, será qualificado e interrogado na presença de seu defensor, constituído ou nomeado.

§5º. Em qualquer modalidade de interrogatório, o juiz garantirá ao réu o direito de entrevista prévia e reservada com o seu defensor;

§10º. Do interrogatório deverá constar a informação sobre a existência de filhos, respectivas idades e se possuem alguma deficiência e o nome e o contato de eventual responsável pelos cuidados dos filhos, indicado pela pessoa presa

> Qualificação – 2 fases

Art. 187. O interrogatório será constituído de duas partes: sobre a pessoa do acusado e sobre os fatos

§1º. Na primeira parte o interrogando será perguntado sobre a residência, meios de vida ou profissão, oportunidades sociais, lugar onde exerce a sua atividade, vida pregressa, notadamente se foi preso ou processado alguma vez e, em caso afirmativo, qual o juízo do processo, se houve suspensão condicional ou condenação, qual a pena imposta, se a cumpriu e outros dados familiares e sociais

§2º. Na segunda parte será perguntado sobre

I. ser verdadeira a acusação que lhe é feita

II. não sendo verdadeira a acusação, se tem algum motivo particular a que atribuí-la, se conhece a pessoa ou pessoas a quem deva ser imputada a prática do crime, e quais sejam, e se com elas esteve antes da prática da infração ou depois dela

III. onde estava ao tempo em que foi cometida a infração e se teve notícia desta

IV. as provas já apuradas

V. se conhece as vítimas e testemunhas já inquiridas ou por inquirir, e desde quando, e se tem o que alegar contra elas

VI. se conhece o instrumento com que foi praticada a infração, ou qualquer objeto que com esta se relacione e tenha sido apreendido

PROVAS

VII. *todos os demais fatos e pormenores que conduzam à elucidação dos antecedentes e circunstâncias da infração*

VIII. *se tem algo mais a alegar em sua defesa.*

PODE O SER invocado o nemo tenetur se detegere no interrogatorio?

Art. 186, §único do CPP. *Depois de devidamente qualificado e cientificado do inteiro teor da acusação, o acusado será informado pelo juiz, antes de iniciar o interrogatório, do seu direito de permanecer calado e de não responder perguntas que lhe forem formuladas.*

Parágrafo único. *O silêncio, que não importará em confissão, não poderá ser interpretado em prejuízo da defesa.*

uma vez interrogado pode acontecer outro?

Art. 196 do CPP - *A todo tempo o juiz poderá proceder a novo interrogatório de ofício ou a pedido fundamentado de qualquer das partes.*

INTERROGATÓRIO POR VIDEO CONFERÊENCIA

Art. 185, § 2º *Excepcionalmente, o juiz, por decisão fundamentada, de ofício ou a requerimento das partes, poderá realizar o interrogatório do réu preso por sistema de videoconferência ou outro recurso tecnológico de transmissão de sons e imagens em tempo real, desde que a medida seja necessária para atender a uma das seguintes finalidades*

I. prevenir risco à segurança pública, quando exista fundada suspeita de que o preso integre organização criminosa ou de que, por outra razão, possa fugir durante o deslocamento

II. viabilizar a participação do réu no referido ato processual, quando haja relevante dificuldade para seu comparecimento em juízo, por enfermidade ou outra circunstância pessoal

III. impedir a influência do réu no ânimo de testemunha ou da vítima, desde que não seja possível colher o depoimento destas por videoconferência, nos termos do art. 217 deste Código

IV. responder à gravíssima questão de ordem pública

§3º. Da decisão que determinar a realização de interrogatório por videoconferência, as partes serão intimadas com 10 (dez) dias de antecedência

§4º. Antes do interrogatório por videoconferência, o preso poderá acompanhar, pelo mesmo sistema tecnológico, a realização de todos os atos da audiência única de instrução e julgamento

§6º. A sala reservada no estabelecimento prisional para a realização de atos processuais por sistema de videoconferência será fiscalizada pelos corregedores e pelo juiz de cada causa, como também pelo Ministério Público e pela Ordem dos Advogados do Brasil.

CONFISSÃO – ARTS. 197 ao 200 do CPP

Art. 197. *O valor da confissão se aferirá pelos critérios adotados para os outros elementos de prova, e para a sua apreciação o juiz deverá confrontá-la com as demais provas do processo, verificando se entre ela e estas existe compatibilidade ou concordância.*

Art. 198. *O silêncio do acusado não importará confissão, mas poderá constituir elemento para a formação do convencimento do juiz.*

Art. 199. *A confissão, quando feita fora do interrogatório, será tomada por termo nos autos, observado o disposto no art. 195.*

Art. 200. *A confissão será divisível e retratável, sem prejuízo do livre convencimento do juiz, fundado no exame das provas em conjunto.*

13. PRISÕES

13.1 Conceito

Prisão nada mais é do que uma restrição à liberdade de ir e vir (liberdade ambulatorial ou de locomoção), por meio do recolhimento ao cárcere por ordem fundamentada do juiz ou derivada da prisão em flagrante.

Espécies de Prisão Cautelar

Atualmente existem três espécies de prisão cautelar, a saber, prisão em flagrante, preventiva e

> Prisão em Flagrante;
> Prisão Preventiva;
> Prisão Temporária.

→ **Prisão Preventiva**

É a medida cautelar de constrição da liberdade pessoal, cabível durante toda a persecução penal (IP + processo), decretada pelo juiz ex officio no curso da ação penal, ou a requerimento do MP, do querelante, do assistente ou por representação da autoridade policial. Não tem prazo e se justifica na presença dos requisitos estabelecidos na lei.

Note que a prisão preventiva teve alterações consideráveis conforme a o pacote anticrime.

Tempo da Prisão Preventiva

Não há prazo definido em lei acerca da duração dela, e se estende no tempo enquanto houver necessidade, que é dosada pela presença de seus requisitos legais. Se eventualmente estes desaparecem, a prisão preventiva será revogada e nada impede que ela seja decretada novamente, caso algum dos requisitos reapareça.

Por sua vez, se ela se estende no tempo de maneira desproporcional, se transforma-se em prisão ilegal, e, nesse caso, merecerá relaxamento.

Cabimento

Será possível tanto na investigação policial como no processo.

Art. 311 do CPP. *"Em qualquer fase da investigação policial ou do processo penal, caberá a prisão preventiva decretada pelo juiz, a requerimento do Ministério Público, do querelante ou do assistente, ou por representação da autoridade policial."*

Decretação

Art. 312 do CPP. *A prisão preventiva poderá ser decretada como garantia da ordem pública, da ordem econômica, por conveniência da instrução criminal ou para assegurar a aplicação da lei penal, quando houver prova da existência do crime e indício suficiente de autoria e de perigo gerado pelo estado de liberdade do imputado.*

§ 1º. A prisão preventiva também poderá ser decretada em caso de descumprimento de qualquer das obrigações impostas por força de outras medidas cautelares (art. 282, § 4º).

§2º. "A decisão que decretar a prisão preventiva deve ser motivada e fundamentada em receio de perigo e existência concreta de fatos novos ou contemporâneos que justifiquem a aplicação da medida adotada."

Admissibilidade

Art. 313 do CPP. *Nos termos do art. 312 deste Código, será admitida a decretação da prisão preventiva.*

I. nos crimes dolosos punidos com pena privativa de liberdade máxima superior a 4 (quatro) anos....

II. se tiver sido condenado por outro crime doloso, em sentença transitada em julgado, ressalvado o disposto no <u>inciso I do caput do art. 64 do Decreto-Lei no</u> 2.848, de 7 de dezembro de 1940 - Código Penal.

III. se o crime envolver violência doméstica e familiar contra a mulher, criança, adolescente, idoso, enfermo ou pessoa com deficiência, para garantir a execução das medidas protetivas de urgência.

§1º. Também será admitida a prisão preventiva quando houver dúvida sobre a identidade civil da pessoa ou quando esta não fornecer elementos suficientes para esclarecê-la, devendo o preso ser colocado imediatamente em liberdade após a identificação, salvo se outra hipótese recomendar a manutenção da medida.

§2º. Não será admitida a decretação da prisão preventiva com a finalidade de antecipação de cumprimento de pena ou como decorrência imediata de investigação criminal ou da apresentação ou recebimento de denúncia.

Excludentes de Ilicitude

Art. 314 do CPP. A prisão preventiva em nenhum caso será decretada se o juiz verificar pelas provas constantes dos autos ter o agente praticado o fato nas condições previstas nos <u>incisos I, II e III do caput do art. 23 do Decreto-Lei no</u> 2.848, de 7 de dezembro de 1940 - Código Penal.

Motivação

Art. 315 do CPP. A decisão que decretar, substituir ou denegar a prisão preventiva será sempre motivada e fundamentada.
§1º. Na motivação da decretação da prisão preventiva ou de qualquer outra cautelar, o juiz deverá indicar concretamente a existência de fatos novos ou contemporâneos que justifiquem a aplicação da medida adotada.
§2º. Não se considera fundamentada qualquer decisão judicial, seja ela interlocutória, sentença ou acórdão, que.

I. limitar-se à indicação, à reprodução ou à paráfrase de ato normativo, sem explicar sua relação com a causa ou a questão decidida.

II. empregar conceitos jurídicos indeterminados, sem explicar o motivo concreto de sua incidência no caso.

III. invocar motivos que se prestariam a justificar qualquer outra decisão.

IV. não enfrentar todos os argumentos deduzidos no processo capazes de, em tese, infirmar a conclusão adotada pelo julgador.

V. limitar-se a invocar precedente ou enunciado de súmula, sem identificar seus fundamentos determinantes nem demonstrar que o caso sob julgamento se ajusta àqueles fundamentos.

VI. deixar de seguir enunciado de súmula, jurisprudência ou precedente invocado pela parte, sem demonstrar a existência de distinção no caso em julgamento ou a superação do entendimento.

Art. 316 do CPP. O juiz poderá, de ofício ou a pedido das partes, revogar a prisão preventiva se, no correr da investigação ou do processo, verificar a falta de motivo para que ela subsista, bem como novamente decretá-la, se sobrevierem razões que a justifiquem. *(Redação dada pela Lei nº 13.964, de 2019. (Vigência)*
Parágrafo único. Decretada a prisão preventiva, deverá o órgão emissor da decisão revisar a necessidade de sua manutenção a cada 90 (noventa) dias, mediante decisão fundamentada, de ofício, sob pena de tornar a prisão ilegal.

→ **Prisão Temporária (Lei 7.960/89)**

É a prisão cautelar cabível apenas ao longo do IP, decretada pelo juiz a requerimento do MP ou por representação da autoridade policial (o juiz não pode decretar a medida de ofício e também não pode ser requerida pelo querelante nos casos de ação penal privada), com prazo pré-eestabelecido em lei, uma vez presente os requisitos do Art. 1º da Lei 7.960/89.

> **Prisão Temporária:**
>> É a prisão cautelar.
>> Cabível apenas ao longo do IP.
>> Decretada pelo juiz.
>> Requerida pelo MP ou pelo delegado.
>> Com prazo pré-eestabelecido em lei.
>> Uma vez presente os seus requisitos.

Cabimento

Art. 1. Caberá prisão temporária:

I. quando imprescindível para as investigações do inquérito policial;

II. quando o indicado não tiver residência fixa ou não fornecer elementos necessários ao esclarecimento de sua identidade;

III. quando houver fundadas razões, de acordo com qualquer prova admitida na legislação penal, de autoria ou participação do indiciado nos seguintes crimes:

a) homicídio doloso (art. 121, caput, e seu § 2º);

b) seqüestro sequestro ou cárcere privado (art. 148, caput, e seus §§ 1º e 2º);

c) roubo (art. 157, caput, e seus §§ 1º, 2º e 3º);

d) extorsão (art. 158, caput, e seus §§ 1º e 2º.);

e) extorsão mediante seqüestro sequestro (art. 159, caput, e seus §§ 1º., 2º. e 3º.);

f) estupro (art. 213, caput, e sua combinação com o art. 223, caput, e parágrafo único). (Vide Decreto-Lei nº 2.848, de 1940)

g) atentado violento ao pudor (art. 214, caput, e sua combinação com o art. 223, caput, e parágrafo único). (Vide Decreto-Lei nº 2.848, de 1940)

h) rapto violento (art. 219, e sua combinação com o art. 223 caput, e parágrafo único). (Vide Decreto-Lei nº 2.848, de 1940)

i) epidemia com resultado de morte (art. 267, § 1º);

j) envenenamento de água potável ou substância alimentícia ou medicinal qualificado pela morte (art. 270, caput, combinado com art. 285);

l) quadrilha ou bando (art. 288), todos do Código Penal;

m) genocídio (arts. 1º, 2º e 3º da Lei nº 2.889, de 1º de outubro de 1956), em qualquer de suas formas típicas;

n) tráfico de drogas (art. 12 da Lei nº 6.368, de 21 de outubro de 1976);

o) crimes contra o sistema financeiro (Lei nº 7.492, de 16 de junho de 1986).

p) crimes previstos na Lei de Terrorismo.

O rol de crimes descrito acima é taxativo, o que significa que somente esses delitos comportam a medida e mais nenhum

NOÇÕES DE DIREITO PENAL, PROCESSUAL PENAL E LEGISLAÇÃO EXTRAVAGANTE

PRISÕES

→ **Prisão em Flagrante**

É a prisão cautelar de natureza administrativa que funciona como ferramenta de preservação social, autorizando a captura daquele que é surpreendido no instante em que pratica ou termina de concluir a infração penal. Caracteriza-se pela imediatidade entre o crime e a prisão. Essa modalidade de prisão comporta várias delas, e, a seguir, exemplificaremos cada hipótese de flagrante, conforme o que vem sendo cobrado nos principais concursos do país.

Modalidades de Flagrante

Flagrante obrigatório/coercitivo: é aquele flagrante das autoridades policiais e seus agentes. A autoridade policial não tem qualquer discricionariedade quanto a prisão em flagrante ou não. (Fundamento: art. 301, CPP).

> **Art. 301.** "Qualquer do povo poderá e as autoridades policiais e seus agentes **deverão** prender quem quer que seja encontrado em flagrante delito".

Flagrante obrigatório → Autoridade Policial ou seus Agentes → Tem o dever de efetuar a prisão

Flagrante Facultativo: é o flagrante que se aplica a qualquer pessoa do povo, não tendo o sujeito a obrigação de agir. (Fundamento: art. 301, CPP)

> **Art. 301.** "Qualquer do povo **poderá** e as autoridades policiais e seus agentes deverão prender quem quer que seja encontrado em flagrante delito".

Flagrante facultativo → Qualquer pessoa do povo → Poderá realizar o flagrante

Esquematizando o tema:

Art. 301	Espécie de flagrante	Excludente de licitude	Infração em tese
Qualquer do povo PODERÁ	FACULTATIVO	Exercício regular do direito	Constrangimento ilegal
As autoridades policiais e seus agentes DEVERÃO	OBRIGATÓRIO	Estrito cumprimento do dever legal	Abuso de autoridade

→ **Flagrante Próprio (Real / Perfeito / Propriamente dito)**

Tem cabimento em duas hipóteses:

> Quando o agente está cometendo o delito, ou seja, está em plena prática dos atos executórios.;

> Acaba de cometer o delito, isto é, o agente terminou de concluir a prática da infração penal, ficando evidente que é o autor do crime.

> **Art. 302**, I e II, CPP. Considera-se em flagrante delito quem:
> **I.** Está cometendo a infração penal;
> **II.** Acaba de cometê-la;

→ **Flagrante Impróprio (Irreal/Imperfeito/Quase flagrante)**

É a espécie de flagrante que ocorre quando o criminoso conclui o crime ou é interrompido pela chegada de terceiros e foge, sem ser preso no local, fazendo com que se inicie uma perseguição, seja pela polícia, pela vítima ou por terceiro.

> **Art. 301, III, CP.** Considera-se em flagrante delito quem:
> **III.** É perseguido, logo após, pela autoridade, pelo ofendido ou por qualquer pessoa, em situação que faça presumir ser autor da infração.

→ **Flagrante presumido (Ficto ou Assimilado)**

O criminoso é encontrado, logo depois de praticar o crime, com objetos, armas ou papéis que faça presumir ser ele o autor do delito. Nesse caso, não há perseguição.

> **Art. 301, IV, CPP.** Considera-se em flagrante delito quem:
> **IV.** É encontrado, logo depois, com instrumentos, armas, objetos ou papéis que façam presumir ser ele autor da infração.

→ **Flagrante Forjado**

É o flagrante realizado para incriminar um inocente. A prisão é ilegal e o forjador irá responder criminalmente por denunciação caluniosa (Art. 339 do CP).

→ **Flagrante Esperado**

Ocorre quando a polícia toma conhecimento da possibilidade da ocorrência de um crime, então, fica em campana, aguardando que se iniciem os primeiros atos executórios, na expectativa de concretizar a captura. Devido à falta de previsão legal do flagrante esperado, quando a tomada se concretiza, ele se transforma em flagrante próprio, sendo assim, essa é uma modalidade viável para autorizar a prisão em flagrante.

No flagrante esperado, a polícia em nada contribui com a prática do delito, ela simplesmente toma conhecimento do crime que está por vir e aguarda o delito acontecer para realizar a prisão.

Não confundir com o flagrante preparado.

→ **Flagrante Preparado (Provocado / Delito Putativo por Obra do Agente Provocador)**

Ocorre quando o agente provocador (em regra, a polícia, podendo também ser terceiro) induz ou instiga alguém a cometer um crime. Não é admitido no Brasil, a prisão é ilegal, e o fato praticado não constitui crime, pois o é atípico, sendo a consumação da ação impossível, haja vista que, durante os atos executórios, haverá a prisão.

Súmula 145, STF. *Não há crime, quando a preparação do flagrante pela polícia torna impossível a sua consumação.*

→ **Flagrante Postergado (Diferido/Estratégico/Ação Controlada)**

Caracteriza-se pela possibilidade que a polícia (e somente ela) tem de retardar a prisão em flagrante, na expectativa de realizá-lo num momento mais adequado para a colheita de provas, para a captura do maior número de infratores e também a fim de conseguir o enquadramento no delito principal da facção criminosa. Ele é possível:

No Art. 2º caput e inciso II da Lei no 9.034/95 – Crime Organizado

> **Art. 2.** Em qualquer fase de persecução criminal, são permitidos, sem prejuízo dos já previstos em lei, os seguintes procedimentos de investigação e formação de provas:
> **II.** A ação controlada, que consiste em retardar a interdição policial do que se supõe ação praticada por organizações criminosas ou a ela vinculado, desde que mantida sob observação e acompanhamento para que a medida legal se concretize no momento mais eficaz do ponto de vista da formação de provas e fornecimento de informações.

Art. 53, Lei 11.343/06. Tráfico de Drogas

Art. 53. *Em qualquer fase da persecução criminal relativa aos crimes previstos nesta Lei, são permitidos, além dos previstos em lei, mediante autorização judicial e ouvido o Ministério Público, os seguintes procedimentos investigatórios:*

I. A infiltração por agentes de polícia, em tarefas de investigação, constituída pelos órgãos especializados pertinentes;

II. A não atuação policial sobre os portadores de drogas, seus precursores químicos ou outros produtos utilizados em sua produção, que se encontrem no território brasileiro, com a finalidade de identificar e responsabilizar maior número de integrantes de operações de tráfico e distribuição, sem prejuízo da ação penal cabível.

Parágrafo único. Na hipótese do inciso II deste artigo, a autorização será concedida desde que sejam conhecidos o itinerário provável e a identificação dos agentes do delito ou de colaboradores.

→ **Fases da Prisão em Flagrante**

a) Captura

> Emprego da força: a força pode ser utilizada, porém deve ser usada com moderação. Referente ao tema, importante o teor constante do artigo 292 do CPP.

Art. 292. *Se houver, ainda que por parte de terceiros, resistência à prisão em flagrante ou à determinada por autoridade competente, o executor e as pessoas que o auxiliarem poderão usar dos meios necessários para defender-se ou para vencer a resistência, do que tudo se lavrará auto subscrito também por duas testemunhas.*

Uso de algemas

Trata-se de uma medida de natureza excepcional, devendo ser utilizado utilizada quando houver risco de fuga OU agressão do preso contra policiais, membros da sociedade ou até a si mesmo.

Súmula Vinculante 11

Só é lícito o uso de algemas em casos de resistência e de fundado receio de fuga ou de perigo à integridade física própria ou alheia, por parte do preso ou de terceiros, justificada a excepcionalidade por escrito, sob pena de responsabilidade disciplinar, civil e penal do agente ou da autoridade e de nulidade da prisão ou do ato processual a que se refere, sem prejuízo da responsabilidade civil do Estado.

Art. 292 do CPP:

Parágrafo único. *É vedado o uso de algemas em mulheres grávidas durante os atos médico-hospitalares preparatórios para a realização do parto e durante o trabalho de parto, bem como em mulheres durante o período de puerpério imediato.*

b) Condução Coercitiva:

> NÃO SE IMPORÁ PRISÃO EM FLAGRANTE:
>> » Lei dos Juizados Especiais Criminais;
>> » Porte de drogas para consumo pessoal;
>> » CTB;

c) Lavratura do auto de prisão em Flagrante

> Possibilidade de concessão de fiança pela própria autoridade policial, nos moldes previstos pelo art. 322 do CPP.

Art. 322. *A autoridade policial* **somente** *poderá conceder fiança nos casos de infração cuja pena privativa de liberdade máxima não seja superior a 4 (quatro) anos. (Redação dada pela Lei nº 12.403, de 2011).*

Parágrafo único. *Nos demais casos, a fiança será requerida ao juiz, que decidirá em 48 (quarenta e oito horas.*

d) Convalidação Judicial da Prisão em Flagrante

Essa convalidação judicial constitui-se no procedimento que deverá ser observado pelo juiz quando do recebimento do auto de prisão em flagrante.

Providencias Providências que serão adotados pelo juiz ao receber o auto de prisão em flagrante.

Cumpre recordarmos que a obrigatoriedade de comunicação da prisão ao juiz encontra-se prevista na legislação ao teor do art. 306, do Código de Processo Penal, o que dispõe:

Art. 306. *"A prisão de qualquer pessoa e local onde se encontre serão comunicados imediatamente ao juiz competente, ao Ministério Público e a família do preso ou a pessoa por ele indicada".*

§1º. *Em até 24 (vinte e quatro horas) após a realização da prisão, será encaminhado ao juiz competente o auto de prisão em flagrante e, caso o autuado não informe o nome de seu advogado, cópia integral para Defensoria Pública.*

§2º. *No mesmo prazo, será entregue ao preso, mediante recibo, a nota de culpa (termo de ciência das garantias constitucionais), assinada pela autoridade, com o motivo da prisão, o nome do condutor e os das testemunhas.*

Audiência de Custódia

Conceito:

Audiência de custódia consiste no direito que a pessoa presa em flagrante possui de ser conduzida (levada), sem demora, à presença de uma autoridade judicial (magistrado) que irá analisar se os direitos fundamentais dessa pessoa foram respeitados (ex: se não houve tortura), se a prisão em flagrante foi legal e se a prisão cautelar deve ser decretada ou se o preso poderá receber a liberdade provisória ou medida cautelar diversa da prisão.

Art. 310 *do CPP: Após receber o auto de prisão em flagrante, no prazo máximo de até 24 (vinte e quatro) horas após a realização da prisão, o juiz deverá promover audiência de custódia com a presença do acusado, seu advogado constituído ou membro da Defensoria Pública e o membro do Ministério Público, e, nessa audiência, o juiz deverá, fundamentadamente. .*

I. relaxar a prisão ilegal; o.

II. converter a prisão em flagrante em preventiva, quando presentes os requisitos constantes do art. 312 deste Código, e se revelarem inadequadas ou insuficientes as medidas cautelares diversas da prisão; o.

III. conceder liberdade provisória, com ou sem fiança.

§1º. *Se o juiz verificar, pelo auto de prisão em flagrante, que o agente praticou o fato em qualquer das condições constantes dos incisos I, II ou III do caput do art. 23 do Decreto-Lei nº 2.848, de 7 de dezembro de 1940 (Código Penal), poderá, fundamentadamente, conceder ao acusado liberdade provisória, mediante termo de comparecimento obrigatório a todos os atos processuais, sob pena de revogação.*

§2º. *Se o juiz verificar que o agente é reincidente ou que integra organização criminosa armada ou milícia, ou que porta arma de fogo de uso restrito, deverá denegar a liberdade provisória, com ou sem medidas cautelares.*

§3º. *A autoridade que deu causa, sem motivação idônea, à não realização da audiência de custódia no prazo estabelecido no caput deste artigo responderá administrativa, civil e penalmente pela omissão.*

§4º. *Transcorridas 24 (vinte e quatro) horas após o decurso do prazo estabelecido no caput deste artigo, a não realização de audiência de custódia sem motivação idônea ensejará também a ilegalidade da prisão, a ser relaxada pela autoridade competente, sem prejuízo da possibilidade de imediata decretação de prisão preventiva.*

14. LEI Nº 7.210, DE 11 DE JULHO DE 1984 - LEI DE EXECUÇÃO PENAL

A Lei de Execução Penal, lei n.º 7.210/84 estabelece o procedimento destinado à efetiva aplicação da pena ou da medida de segurança que foi definido anteriormente por sentença judicial.

A execução da pena é um procedimento autônomo, regulamentado por lei específica no qual serão juntadas cópias do processo penal com o intuito de se acompanhar o cumprimento da pena e a concessão de benefícios do apenado.

Com base no princípio da pessoalidade e da individualização da pena cada acusado terá direito a um processo de execução individual, ainda que haja mais envolvidos no mesmo crime por ele cometido.

A execução penal se apresenta como um novo processo, possuindo caráter jurisdicional e administrativo, e tem por finalidade efetivar as normas acerca da sentença penal e oferecer ao condenado ou internado condições de reintegração social.

A doutrina diverge sobre a natureza jurídica da execução penal, visto que há quem defenda que esta tenha natureza jurisdicional e outros defendam que esta tenha natureza administrativa.

Contudo é certo que o juiz da execução penal pratica atos administrativos, mas também pratica atos jurisdicionais, assim podemos dizer que a execução penal tem uma natureza híbrida, contudo esse entendimento não é pacífico.

A Lei de Execuções Penais contém 204 artigos, sendo que esta está dividida em 9 títulos e diversos capítulos.

TÍTULO I
DO OBJETO E DA APLICAÇÃO DA LEI DE EXECUÇÃO PENAL

Art. 1º A execução penal tem por objetivo efetivar as disposições de sentença ou decisão criminal e proporcionar condições para a harmônica integração social do condenado e do internado.

A LEP tem como seu objetivo garantir o cumprimento das sanções impostas na sentença ou na decisão criminal, visando proporcionar ao condenado ou internado medidas de reintegração social.

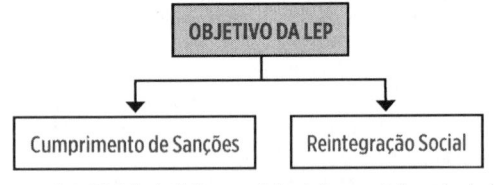

```
          OBJETIVO DA LEP
          /            \
Cumprimento de Sanções   Reintegração Social
```

Art. 2º A jurisdição penal dos juízes ou tribunais da justiça ordinária, em todo o território nacional, será exercida, no processo de execução, na conformidade desta Lei e do Código de Processo Penal.

Parágrafo único. Esta lei aplicar-se-á igualmente ao preso provisório e ao condenado pela Justiça Eleitoral ou Militar, quando recolhido a estabelecimento sujeito à jurisdição ordinária.

As decisões ou sentenças proferidas por outras justiças, como a Federal, Militar ou Eleitoral, nos casos em que as penas sejam cumpridas em estabelecimento prisional estadual, a execução da pena será de competência da justiça estadual.

Súmula 192 do STJ - *Compete ao Juízo das Execuções Penais do Estado a execução das penas impostas a sentenciados pela Justiça Federal, Militar ou Eleitoral, quando recolhidos a estabelecimentos sujeitos a Administração Estadual. (Súmula 192, TERCEIRA SEÇÃO, julgado em 25/06/1997, DJ 01/08/1997)*

Ainda seguindo a mesma linha de pensamento desta súmula, o condenado pela justiça estadual, que se encontrar em cumprimento pena em estabelecimento prisional federal, terá como competente para o processo de execução da pena a justiça federal.

Ademais, ressalta-se que o preso provisório, conforme Art. 3º da LEP, está sujeito à execução penal, ou seja, ainda que não haja sentença penal condenatória transitada em julgada, ao preso provisório se aplicam as mesmas regras do condenado ou do internado, tendo em vista que está em regime fechado, garantindo assim que a pessoa já presa provisoriamente seja beneficiada pela LEP.

A LEP dentro deste artigo quis reforçar que o condenado ou internado tem os seus direitos preservados, ainda que o agente seja condenado ele não perde o seu estado de ser humano. Existem alguns direitos que são atingidos no momento da condenação como, a liberdade e os direitos políticos. Contudo todos os demais direitos que a sentença não atinge devem ser aplicados ao preso, garantindo que haja o tratamento humanizado, com respeito de modo a não sofrer qualquer tipo de discriminação.

Também, todos os direitos elencados como fundamentais pelo art. 5º da CF que não tenham sido afetados pela sentença deverão ser aplicados ao condenado, tal como o direito à vida, segurança, igualdade, legalidade, proteção à integridade física e moral etc.

Art. 4º O Estado deverá recorrer à cooperação da comunidade nas atividades de execução da pena e da medida de segurança.

Esta cooperação da comunidade está relacionada ao item 25 da Exposição de Motivos da LEP que, *"muito além da passividade ou da ausência de reação quanto as vítimas mortas ou traumatizadas, a comunidade participa ativamente do procedimento da execução, quer através de um conselho, quer através das pessoas jurídicas ou naturais que assistem ou fiscalizam não somente as reações penais em meios fechados (penas privativas da liberdade e medida de segurança detentiva) como também em meio livre (pena de multa e penas restritivas de direitos)".*

Fica evidente que cabe à comunidade o auxílio na reabilitação do condenado, ou seja, o Estado em conjunto com a comunidade deve trabalhar para ajudar o condenado a voltar à sociedade, e como meio de garantir esse auxílio, dentro da LEP foram introduzidas figuras como o Patronato, o Conselho da Comunidade, como meios de garantir que haja efetivamente essa cooperação e não seja apenas algo utópico.

```
      Execução da pena e Reintegração social do
              condenado ou internado
              /                    \
          ESTADO               COMUNIDADE
            |                       |
  Participação ativa      Importante participação por meio
  na execução e na        de órgãos de execução criminal e
  resocialização          de forças comunitárias
                                    |
                    ┌───────────────┼───────────────┐
                Patronato       Conselho da       Forças
                                comunidade     Comunitárias
```

TÍTULO II
DO CONDENADO E DO INTERNADO
CAPÍTULO I
DA CLASSIFICAÇÃO

Art. 5º *Os condenados serão classificados, segundo os seus antecedentes e personalidade, para orientar a individualização da execução penal.*

O processo de individualização da pena acontece por meio de 3 fases:

1ª Fase – âmbito legislativo: ocorre com a criação do tipo penal incriminador, no qual se estabelece de forma abstrata o mínimo e o máximo da pena cominada.

2ª Fase – âmbito judicial: ocorre no momento em que o juiz do processo de conhecimento, ao se deparar com o caso concreto, seguindo as diretrizes processuais fixa a pena cabível ao agente.

3ª Fase – âmbito executório: ocorre quando o juiz da execução penal adapta a pena aplicada pelo juiz da sentença à pessoa do condenado, ou seja, lhe concede ou nega benefícios com base no seu histórico pessoal.

Com o intuito de orientar essa terceira fase de individualização, o art. 5 da LEP trouxe de forma expressa a necessidade de classificação dos condenados à pena privativa de liberdade, tendo por critérios obrigatórios o exame de seus antecedentes e de sua personalidade, os quais podem, ainda, ser agregados a outros fatores como o âmbito familiar e social do agente e até mesmo sua capacidade laboral.

A classificação é um direito do preso, garantindo a ele tratamento individual que auxiliará em sua ressocialização, proporcionando um cumprimento de pena dentro de suas condições e necessidades.

Conforme estabelece o Art. 6º, cabe à Comissão Técnica de Classificação a elaboração do programa individualizado da pena privativa de liberdade, adequando esta à realidade do condenado ou do preso provisório, avaliando suas condições subjetivas somando-as com as particularidades acerca do crime praticado, tais como a natureza do crime praticado, o seu grau de periculosidade, o seu grau de instrução, dentre outros.

Será, então, função da Comissão especificar que tipo de trabalho será o mais adequado ao preso, se este pode estudar, se deve fazer terapia ocupacional, se precisa de acompanhamento psicológico, se existe necessidade de acompanhamento assistencial e relação ao preso e sua família, as atividades de lazer indicadas, a forma como as necessidades do preso serão supridas bem como o local indicado para o cumprimento da pena, tentando possibilitar da melhor forma possível a ressocialização do indivíduo.

O exame de antecedentes irá fazer uma análise dos dados pertinentes à vida pregressa do condenado, ou seja, sua vida antes da condenação, verificando se existe outros processos que o condenado esteja respondendo, bem como uma eventual reincidência.

Contudo o exame de personalidade tem por objetivo verificar as características genéticas do condenado, principalmente no que diz respeito ao seu caráter e às suas tendências. Nesse exame é verificado se existem traços no condenado que são permanentes ou se existem traços dinâmicos que podem ser modificações no decorrer da execução da pena, por isso que se leva em conta não apenas o histórico conhecido, mas também a realidade em que ele está inserido.

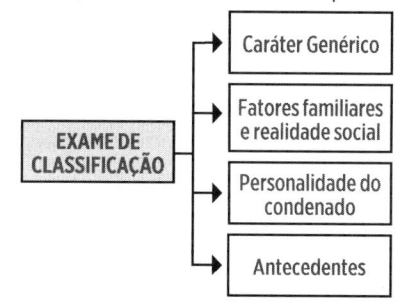

EXAME DE CLASSIFICAÇÃO:
- Caráter Genérico
- Fatores familiares e realidade social
- Personalidade do condenado
- Antecedentes

Art. 7º *A Comissão Técnica de Classificação, existente em cada estabelecimento, será presidida pelo Diretor e composta, no mínimo por dois chefes de serviço, um psiquiatra, um psicólogo e um assistente social, quando se tratar de condenado à pena privativa da liberdade.*

Parágrafo único. *Nos demais casos a Comissão atuará junto ao Juízo da Execução e será integrada por fiscais do Serviço Social.*

A composição da comissão técnica dependerá da natureza da pena, ou seja, se será pena restritiva de direitos ou de liberdade.

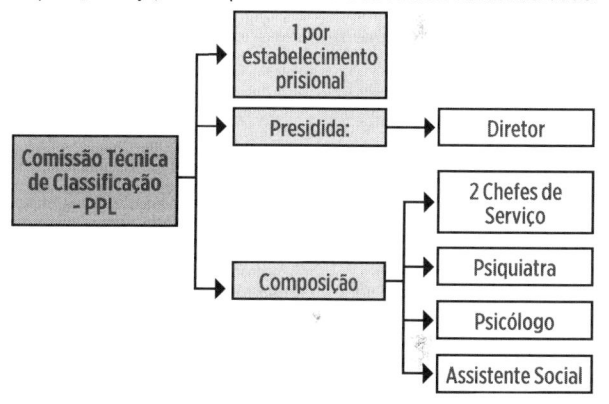

Comissão Técnica de Classificação - PPL:
- 1 por estabelecimento prisional
- Presidida: Diretor
- Composição:
  - 2 Chefes de Serviço
  - Psiquiatra
  - Psicólogo
  - Assistente Social

Ao se tratar de pena restritiva de direitos a LEP não faz a mesma exigência das penas privativas de liberdade, ficando deste modo dispensada a avaliação do condenado.

Art. 8º *O condenado ao cumprimento de pena privativa de liberdade, em regime fechado será submetido a exame criminológico para a obtenção dos elementos necessários a uma adequada classificação e com vistas à individualização da execução.*

Parágrafo único. *Ao exame de que trata este artigo poderá ser submetido o condenado ao cumprimento da pena privativa de liberdade em regime semiaberto.*

Primeiramente, não devemos confundir o exame criminológico com o exame de classificação. Como vimos, o exame de classificação é apresentado de forma genérica, já o exame criminológico é mais limitado, de modo a se restringir a questões de ordem psicológica e psiquiátrica do condenado.

O exame criminológico tem como função relevar elementos como maturidade, frustrações, vínculos efetivos, grau de agressividade, periculosidade, e a partir desses pontos verificar se existe a possibilidade de novas práticas delituosas.

O artigo em análise estabelece que o exame criminológico será obrigatório, isso acontece porque os crimes que a imposição é o regime fechado são mais gravosos, se fazendo necessário, então, a análise do condenado. Contudo no cumprimento de pena inicial em regime semiaberto esse exame será facultativo, podendo ser

LEI Nº 7.210, DE 11 DE JULHO DE 1984 - LEI DE EXECUÇÃO PENAL

feito por iniciativa da Comissão visando uma melhor individualização da pena.

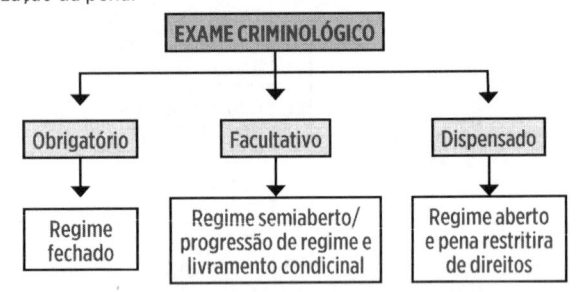

EXAME CRIMINOLÓGICO
- Obrigatório → Regime fechado
- Facultativo → Regime semiaberto/ progressão de regime e livramento condicional
- Dispensado → Regime aberto e pena restritiva de direitos

No que diz respeito ao exame criminológico na progressão de regime, a jurisprudência entende que o juiz pode solicitar desde que faça fundamentadamente, uma vez que o benefício da progressão é direito adquirido o cumprimento dos requisitos do art. 112 da LEP, tendo o condenado bons antecedentes fornecidos pela direção do estabelecimento prisional, e como a regra da progressão de regime é aplicada também ao livramento condicional, se aplica a ele a faculdade do exame criminológico, isto é: o entendimento que os tribunais superiores vêm tendo acerca do caso.

Art. 9º *A Comissão, no exame para a obtenção de dados reveladores da personalidade, observando a ética profissional e tendo sempre presentes peças ou informações do processo, poderá:*

I. entrevistar pessoas;

II. requisitar, de repartições ou estabelecimentos privados, dados e informações a respeito do condenado;

III. realizar outras diligências e exames necessários.

A partir do que estabelece esse artigo, verifica-se que a Comissão Técnica de Classificação deve buscar sempre o maior número de subsídios a respeito do condenado do examinado, ou seja, não se deve medir esforços para que todos os dados e as informações possíveis sobre o condenado sejam apreciadas. Além das providências elencadas neste artigo pode, ainda, a Comissão fazer uma análise dos autos da ação e do processo de execução, bem como verificar o comportamento do acusado durante a fase de execução.

Embora a comissão tenha um papel fundamental na formação do convencimento do juiz da execução, este não está vinculado às conclusões encontradas pela comissão, ou seja, pode o juiz decidir de modo contrário ao que estabelece a comissão, desde que fundamente sua decisão.

Art. 9º-A *Os condenados por crime praticado, dolosamente, com violência de natureza grave contra pessoa, ou por qualquer dos crimes previstos no art. 1º da Lei nº 8.072, de 25 de julho de 1990, serão submetidos, obrigatoriamente, à identificação do perfil genético, mediante extração de DNA - ácido desoxirribonucleico, por técnica adequada e indolor.*

§ 1º A identificação do perfil genético será armazenada em banco de dados sigiloso, conforme regulamento a ser expedido pelo Poder Executivo.

§ 1º-A. A regulamentação deverá fazer constar garantias mínimas de proteção de dados genéticos, observando as melhores práticas da genética forense.

§ 2º A autoridade policial, federal ou estadual, poderá requerer ao juiz competente, no caso de inquérito instaurado, o acesso ao banco de dados de identificação de perfil genético.

§ 3º Deve ser viabilizado ao titular de dados genéticos o acesso aos seus dados constantes nos bancos de perfis genéticos, bem como a todos os documentos da cadeia de custódia que gerou esse dado, de maneira que possa ser contraditado pela defesa.

§ 4º O condenado pelos crimes previstos no caput deste artigo que não tiver sido submetido à identificação do perfil genético por ocasião do ingresso no estabelecimento prisional deverá ser submetido ao procedimento durante o cumprimento da pena.

§ 8º Constitui falta grave a recusa do condenado em submeter-se ao procedimento de identificação do perfil genético.

Estamos diante da identificação obrigatória do perfil genético, nos casos dos crimes dolosos praticados com violência de natureza grave contra a pessoa bem como nos casos de prática de crime hediondo.

Essa identificação visa equipar o banco de dados para que sejam facilitados os esclarecimentos acerca do crime em investigações futuras, tal como disposto no §1º.

A exigência desse tipo de exame é limitada a apenas condenações que decorram de determinados crimes:

→ Crimes Dolosos Praticados Com Violência De Natureza Grave Contra A Pessoa;

→ Crimes Hediondos.

O material genético a ser extraído deve ser realizado por meio de técnica adequada e indolor, ou seja, não pode ser invasiva e nem causar lesões físicas ao condenado, e ainda a extração de DNA deverá ser determinada na sentença condenatória após o trânsito em julgado, a fim de que não se viole o princípio da presunção de inocência.

Identificado o perfil genético este deverá ser armazenado no banco de dados sigilosos regulamentado por meio do Poder Executivo, tendo as autoridades acesso a esses dados apenas mediante ordem judicial.

A ordem judicial pode vir de qualquer vara criminal, a competência dependerá de para qual juiz a representação do delegado foi distribuída ordinariamente.

Note que o exame é uma garantia do preso, uma vez que o indivíduo não tenha sido submetido a ele no início do cumprimento da pena, durante a sua execução ele deverá ser.

Havendo recusa do preso ao realizar o exame de identificação genético, esta conduta será considerada como falta grave.

Fique atento aos parágrafos 1º-A, 3º, 4º e 8º, pois todos foram introduzidos recentemente pela lei 13.964/19.

CAPÍTULO II
DA ASSISTÊNCIA
Seção I
Disposições gerais

Art. 10. *A assistência ao preso e ao internado é dever do Estado, objetivando prevenir o crime e orientar o retorno à convivência em sociedade.*

Parágrafo único. *A assistência estende-se ao egresso.*

A reabilitação do condenado é a finalidade primordial da pena ou da medida de segurança, possibilitando ao indivíduo o retorno ao convívio em sociedade. Contudo, para que isto venha acontecer, é necessário que o Estado adote medidas de assistência ao preso e ao internado, de forma a orientá-los no retorno da sua vida social, reduzindo as chances de reincidência em prática delituosa.

Essa assistência se estende também ao "egresso", sendo este o liberado definitivo pelo prazo de um ano contados da saída do estabelecimento prisional ou o liberado condicionalmente pelo período de prova, isso ocorre porque de nada adiantaria o agente ter a assistência durante o período de cárcere e no momento de sua reintegração este ficasse desamparado.

É um meio de garantir que o tempo passado longe da sociedade e as dificuldades encontradas façam com que ele volte ao caminho criminoso.

Evitando a reincidência criminosa, bem como o auxílio ao retorno dos condenados ao convívio social, a LEP trouxe as espécies de assistência disponibilizadas, sendo elas o amparo material, à saúde, jurídico, educacional, social, e religioso, cada uma com sua função individual, conforme prevê o art. 11 da Lei 7.210/84., tendo cada uma delas uma função individual.

Seção II
Da assistência material

Art. 12. *A assistência material ao preso e ao internado consistirá no fornecimento de alimentação, vestuário e instalações higiênicas.*

Art. 13. *O estabelecimento disporá de instalações e serviços que atendam aos presos nas suas necessidades pessoais, além de locais destinados à venda de produtos e objetos permitidos e não fornecidos pela Administração.*

Visa garantir o fornecimento de roupas, alimentação, produtos e instalações de higiene, asseio da sela ou alojamento entre outros, na exposição dos motivos da LEP, o item 41 menciona que a assistência ao condenado se espelhou nos princípios e nas regras internacionais sobre os direitos da pessoa presa, em especial às Regras Mínimas da ONU.

Sobre a **alimentação** tais regras determinam que *"a administração fornecerá a cada preso, em horas determinadas, uma alimentação de boa qualidade, bem preparada e servida, cujo valor nutritivo seja suficiente para a manutenção da sua saúde e das suas forças" (item 20.1); e "todo preso deverá ter a possibilidade de dispor de água potável quando dela necessitar"*.

A questão sobre vestuário também teve amparo das regras mencionadas: estabelecendo que *"todo preso a quem não seja permitido vestir suas próprias roupas deverá receber as apropriadas ao clima e em quantidade suficiente para manter-se em boa saúde. Ditas roupas não poderão ser, de forma alguma, degradantes ou humilhantes" (item 17.1); "todas as roupas deverão estar limpas e mantidas em bom estado. A roupa de baixo será trocada e lavada com a frequência necessária à manutenção da higiene" (item 17.2); "em circunstâncias excepcionais, quando o preso necessitar afastar-se do estabelecimento penitenciário para fins autorizados, ele poderá usar suas próprias roupas, que não chamem atenção sobre si" (item 17.3); "quando um preso for autorizado a vestir suas próprias roupas, deverão ser tomadas medidas para se assegurar que, quando do seu ingresso no estabelecimento penitenciário, as mesmas estão limpas e são utilizáveis" (item 18); e "cada preso disporá, de acordo com os costumes locais ou nacionais, de uma cama individual e de roupa de cama suficiente e própria, mantida em bom estado de conservação e trocada com uma frequência capaz de garantir sua limpeza" (item 19).*

No que diz respeito à higiene pessoal e asseio da sela ou alojamento, será um dever do preso cuidar, contudo cabendo à administração carcerária fornecer meios para que esse dever possa ser cumprido.

O artigo 13 deve ser entendido junto com o artigo 88 da LEP, em se tratando de estabelecimento destinado a presos em regime fechado o condenado será alojado em cela individual que conterá dormitório, aparelho sanitário e lavatório. Sendo requisitos básicos da unidade celular: a) salubridade do ambiente pela concorrência dos fatores de aeração, insolação e condicionamento térmico adequado à existência humana; b) área mínima de seis metros quadrados.

E, ainda, havendo a impossibilidade de acesso dos presos e internados a certos objetos de consumo e de uso pessoal, desde que não fornecidos pela administração penitenciária e que se trate de objetos de uso permitido, haverá um local destinado à venda destes materiais.

Seção III
Da assistência à saúde

Como dissemos anteriormente, o condenado tem a garantia de aplicação de todos os direitos que não são atingidos pela sentença, dentre esses direitos encontra-se o da vida, e entre os meios de se garantir esse direito está a assistência à saúde na qual visa conceder aos presos o devido tratamento de saúde, médico ou ambulatorial, bem como o fornecimento de medicação quando se fizer necessária.

Nesse sentido, o artigo 14 estabelece que a assistência à saúde terá caráter preventivo e curativo e compreenderá atendimento médico, farmacêutico e odontológico.

O artigo 14 está em concordância com o artigo 41, VII da LEP que determina como direito do preso a assistência à saúde. Ainda o artigo 43 garante a contratação de médico de confiança pessoal do internado, ou da sua família, com o intuito de orientar e acompanhar o tratamento recebido em casos de medida de segurança.

Caso não haja dentro do estabelecimento prisional local adequado ao tratamento do condenado, mediante autorização do diretor ou do juiz da execução poderá esta assistência ser prestada em local diverso nos termos do § 2º, do Art. 14.

E, ainda, a mulher no pré-natal e no pós parto e ao recém-nascido, são assegurados a assistência à saúde, e em se tratamento de gestante de alto risco, quando o tratamento não possa ser atendido dentro do estabelecimento prisional, a jurisprudência tem entendido que excepcionalmente a prisão domiciliar se estende a gestantes em regimes diversos do aberto.

Seção IV
Da assistência jurídica

Art. 16. *As Unidades da Federação deverão ter serviços de assistência jurídica, integral e gratuita, pela Defensoria Pública, dentro e fora dos estabelecimentos penais.*

§ 1º As Unidades da Federação deverão prestar auxílio estrutural, pessoal e material à Defensoria Pública, no exercício de suas funções, dentro e fora dos estabelecimentos penais.

§ 2º Em todos os estabelecimentos penais, haverá local apropriado destinado ao atendimento pelo Defensor Público.

§ 3º Fora dos estabelecimentos penais, serão implementados Núcleos Especializados da Defensoria Pública para a prestação de assistência jurídica integral e gratuita aos réus, sentenciados em liberdade, egressos e seus familiares, sem recursos financeiros para constituir advogado.

Como se sabe, em todo o processo criminal inclusive na execução da pena é fundamental a presença do defensor, visando tornar efetiva as garantias ao longo de toda execução.

A assistência deverá ser proporcionada aos presos ou internados pobres, ou seja, àqueles que não tenham recursos financeiros para constituir um advogado particular para acompanhar a execução da pena, bem como requerer benefícios, buscar reparação por erros judiciários, dentre outrosconforme dispõe o Art. 15 da LEP.

Ademais, nos termos do Art. 16, o Estado, por meio da Defensoria Pública, tem a responsabilidade de proporcionar essa assistência, dentro e fora dos estabelecimentos prisionais e, para isso, deve o estado auxiliar com estrutura, recursos humanos e materiais, a possibilitando, assim, o exercício de suas funções. A LEP ainda introduz a necessidade de criação de Núcleos Especializados da Defensoria Pública, ainda que se trate de sentenciados em liberdade ou de egressos e seus familiares.

Seção V
Da assistência educacional

Art. 17. A assistência educacional compreenderá a instrução escolar e a formação profissional do preso e do internado.

Dentro do campo da assistência educacional se insere a instrução escolar e formação profissional do preso ou do internado, efetivando a regra constitucional de educação para todos.

Art. 18. O ensino de primeiro grau será obrigatório, integrando-se no sistema escolar da unidade federativa.

Art. 18-A. O ensino médio, regular ou supletivo, com formação geral ou educação profissional de nível médio, será implantado nos presídios, em obediência ao preceito constitucional de sua universalização.

§ 1º O ensino ministrado aos presos e presas integrar-se-á ao sistema estadual e municipal de ensino e será mantido, administrativa e financeiramente, com o apoio da União, não só com os recursos destinados à educação, mas pelo sistema estadual de justiça ou administração penitenciária.

§ 2º Os sistemas de ensino oferecerão aos presos e às presas cursos supletivos de educação de jovens e adultos.

§ 3º A União, os Estados, os Municípios e o Distrito Federal incluirão em seus programas de educação à distância e de utilização de novas tecnologias de ensino, o atendimento aos presos e às presas.

Este artigo traz a obrigatoriedade do ensino fundamental, antes chamado de 1º grau, a todos os presos, de modo que todos que não tenham a instrução fundamental passem a ter como um direito a ser efetivado pelo Estado. Contudo para que isto aconteça será necessário a implementação de escolas ou cursos dentro dos estabelecimentos prisionais, devendo atender todos os requisitos e as capacidades técnicas exigidas para a formação. Ou seja, o preso deverá ter o mesmo ensino disponibilizado em ensinos públicos ou particulares, habilitando este para seguir com os estudos quando posto em liberdade.

Art. 19. O ensino profissional será ministrado em nível de iniciação ou de aperfeiçoamento técnico.

Parágrafo único. A mulher condenada terá ensino profissional adequado à sua condição.

Como o ensino é um forte aliado na ressocialização do condenado, dispõe este artigo que ele pode ser feito em nível de iniciação para aqueles que não possuem a habilitação educacional, bem como pode ser feito em forma de aperfeiçoamento profissional.

E, ainda, teve o legislador o cuidado de garantir que deverá existir atividades que sejam habitualmente adequadas ao público feminino, visando facilitar sua reinserção social.

E por estar o legislador ciente da realidade e das dificuldades que o Poder Público possa encontrar para efetivar essa assistência, possibilitou-se o convênio entre Estado e escolas públicas ou particulares que ofereçam cursos especializados, conforme prevê o Art. 20 da LEP.

E para que essa assistência seja ainda mais ampla, o Art. 21 determina que os estabelecimentos prisionais sejam dotados de biblioteca, garantindo aos presos acesso à leitura, visto que este pode ser um forte instrumento de enriquecimento cultural e fonte de estudo, sendo um grande fator na reabilitação do preso, auxiliando também na disciplina prisional.

Por fim, o Art. 21-A prevê a realização de censo penitenciário, para que se garanta a efetiva e completa assistência educacional ao preso para apurar informações relevantes que irão auxiliar no momento da aplicação desses direitos, tais como o nível de escolaridade de cada preso, a existência de cursos nos níveis fundamental e médio e o número de apenados atendidos, a implementação de cursos profissionais, a existência de biblioteca e suas condições, bem como outros dados relevantes.

Seção VI
Da assistência social

Art. 22. A assistência social tem por finalidade amparar o preso e o internado e prepará-los para o retorno à liberdade.

Como sabemos, a pena ter como finalidade a ressocialização do indivíduo, de modo que possibilite sua volta ao convívio social, assim o serviço social passa a auxiliar o indivíduo dando a ele suporte para enfrentar as dificuldades encontradas após sua liberação e até mesmo acompanhando o preso ou internado durante o processo de execução, auxiliando dessa forma o processo de reabilitação.

A assistência social passa a ser o elo de ligação entre a realidade carcerária e a realidade social, auxiliando o preso a reconhecer as causas que o levaram a transgredir e os meios para evitar que isso ocorra novamente.

Para auxiliar nesse processo de reabilitação, o serviço de assistência social terá algumas incumbências, conforme prevê o Art. 23 e seus incisos:

I. conhecer os resultados dos diagnósticos e exames;

Os exames em que o preso está sujeito na fase executória serão analisados pela assistência social com a finalidade de dar ao órgão um maior conhecimento sobre o indivíduo e, assim, poder traçar métodos de adaptação do preso ao convívio social bem como sua adaptação dentro do cárcere.

II. relatar, por escrito, ao diretor do estabelecimento, os problemas e as dificuldades enfrentados pelo assistido;

A assistência social tem um contato direto com o preso, de modo que ela irá conhecer a realidade do cotidiano dentro do estabelecimento prisional, realidade essa que irá refletir no processo de reabilitação e, por isso, havendo problemas ou dificuldades deverão ser informadas, garantindo que o diretor tenha conhecimento do que o indivíduo esteja passando.

> ***III.** acompanhar o resultado das permissões de saídas e das saídas temporárias;*

As autorizações de saída facultadas ao preso podem sem classificadas em permissões de saídas e saídas temporárias.

Permissões de saída: É destinada ao preso que cumpre regime fechado ou semiaberto. Neste caso o preso terá permissão de sair do estabelecimento prisional, contudo com a necessidade de ser escoltado, nos casos de falecimento ou doença grave do cônjuge, companheira, ascendente, descendente ou irmão, bem como no caso de necessitar o apenado de tratamento médico.

Saídas temporárias: Podem ser destinadas aos presos em regime semiaberto, sendo dispensada a escolta, contudo se pode exigir o monitoramento eletrônico, para os fins de visita à família, frequência em curso educacional.

Como em ambos os casos o preso passa a ter contato com o convívio em sociedade a LEP estabelece o acompanhamento da assistência social durante essas saídas, conseguindo verificar a forma que o preso reage fora do cárcere.

> ***IV.** promover, no estabelecimento, pelos meios disponíveis, a recreação;*

Um dos pontos negativos do cárcere é a falta de ocupação, isso pode interferir diretamente no processo de reabilitação do preso e, por isso, incumbe à assistência social possibilitar atividades de integração no cárcere, de forma a manter a disciplina e o bom convívio entre os encarcerados.

> ***V.** promover a orientação do assistido, na fase final do cumprimento da pena, e do liberando, de modo a facilitar o seu retorno à liberdade;*

Após um tempo dentro do cárcere é normal que, ao se aproximar o período de liberdade, o preso passe a ter sentimentos de dúvida, medo, ansiedade e insegurança, pois ele não sabe o que acontecerá após a sua libertação. Visando impedir que esses sentimentos o levem à frustração e a uma possível volta à vida criminosa se faz necessário a assistência social como mecanismo de orientação e alicerce diante desse fato marcante na vida do condenado.

> ***VI.** providenciar a obtenção de documentos, dos benefícios da previdência social e do seguro por acidente no trabalho;*

É comum que ao ser colocado em liberdade o ex-preso não tenha documentação que o habilite a práticas de atos da vida civil ou mesmo obtenção de emprego. Desse modo, o serviço social vem como orientador sob como ele pode obter esses documentos e ainda promover seu encaminhamento a eventuais benefícios previdenciários que ele ou alguém de sua família possam a ter direito.

> ***VII.** orientar e amparar, quando necessário, a família do preso, do internado e da vítima.*

Ao contrário do que se pensa, não é apenas o preso que precisa de auxílio da fase de execução, a família que sofreu um abalo também precisa de suporte. Assim, o serviço social servirá como suporte, passando a orientar a família para que os laços entre eles e o preso não sejam desfeitos, bem como ajudar na busca de recursos econômicos para que haja manutenção das necessidades básicas.

Logo essa assistência não se limita ao preso, pois a família da vítima também necessita desse cuidado, principalmente em crimes em que os resultados são mais graves, como na ocorrência de morte, estupro, dentre outros.

Seção VII
Da assistência religiosa

O Art. 24 da LEP assegura a assistência religiosa aos presos, a posse de livros religiosos e a liberdade de culto, diante do acesso de pessoas religiosas, em local adequado, para a realização de culto. Ademais, nenhum preso será obrigado a participar de atividade religiosa.

Seção VIII
Da assistência ao egresso

***Art. 25.** A assistência ao egresso consiste;*
* ***I.** na orientação e apoio para reintegrá-lo à vida em liberdade;*
* ***II.** na concessão, se necessário, de alojamento e alimentação, em estabelecimento adequado, pelo prazo de dois meses.*

***Parágrafo único.** O prazo estabelecido no inciso II poderá ser prorrogado uma única vez, comprovado, por declaração do assistente social, o empenho na obtenção de emprego.*

A preocupação com o egresso surge da prática comum dentro da sociedade no sentido de discriminar e marginalizar o ex-condenado, entre esses pontos temos a dificuldade de aceitação dentro do mercado de trabalho.

Consiste, então, a assistência do egresso nos primeiros passos após a sua liberdade, evitando que o abandono social ou a dificuldade o coloque de volta ao caminho criminoso.

A assistência pode consistir tanto na orientação quanto no apoio, muitas vezes por meio de núcleos especializados ao retorno do egresso, bem como ao seu retorno dentro da família, incluindo-o em atividades produtivas, direcionamento ao mercado de trabalho, de forma a apoiar o respeito e o exercício dos direitos inerentes a todas as pessoas. Pode também consistir a assistência no fornecimento de moradia e alimentação, em ambientes adequados, nos casos em que o egresso não tenha onde ficar. Contudo essa assistência é limitada em dois meses, prorrogável por uma única vez, desde que comprovado por declaração o empenho do egresso na busca por emprego, porém se transcorrido o prazo sem que o egresso tenha onde ficar, ele será encaminhado aos serviços de alojamento e alimentação destinados à população carente em geral, mas não perdendo o auxílio da assistência social já em progresso.

***Art. 26.** Considera-se egresso para os efeitos desta Lei:*
* ***I.** o liberado definitivo, pelo prazo de um ano a contar da saída do estabelecimento;*
* ***II.** o liberado condicional, durante o período de prova.*

```
                          ┌──► Liberado    ──► Cumpriu a pena
                          │    definitivo      integralmente
              Egressos ───┤                 ──► Causa extintiva
                          │                     da punibilidade
                          └──► Liberado    ──► Período de prova
                               condicional
```

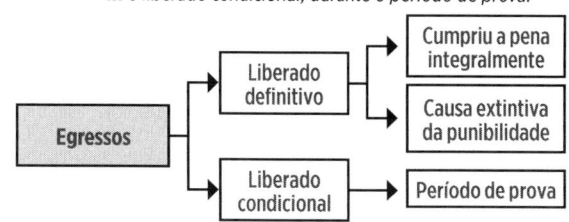

Assim, nos termos do Art. 27 da LEP, a assistência social ajudará o egresso a voltar ao convívio social e o auxiliará na ressocialização através de meios que possibilitem a voltar a trabalhar e prover seu próprio sustento. Isso não implica, contudo, em preferências ou prioridades com relação a outros candidatos, seja no setor privado ou mesmo em concurso público.

LEI Nº 7.210, DE 11 DE JULHO DE 1984 - LEI DE EXECUÇÃO PENAL

CAPÍTULO III
DO TRABALHO
Seção I
Disposições gerais

Art. 28. *O trabalho do condenado, como dever social e condição de dignidade humana, terá finalidade educativa e produtiva.*

§ 1º Aplicam-se à organização e aos métodos de trabalho as precauções relativas à segurança e à higiene.

§ 2º O trabalho do preso não está sujeito ao regime da Consolidação das Leis do Trabalho.

Será considerado como trabalho a atividade desempenhada pelo preso, dentro ou fora dos estabelecimentos prisionais, sujeito à devida remuneração.

O trabalho tem função ressocializadora e, com isso, apresenta-se como mecanismo de recuperação, disciplina e aprendizado para a vida que o condenado vai levar após o cumprimento da sua pena.

O trabalho se apresenta como um direito do preso, mas também como um dever no curso da execução penal, ou seja, o trabalho remunerado é obrigatório ao preso dentro das suas capacidades e aptidão. Vale ressaltar que a obrigatoriedade não se confunde com o trabalho forcado, uma vez que se o preso se negar a fazer incorrerá em cometimento de fata grave, e esse ficará sujeito às infrações disciplinares, mas não sofrerá qualquer tipo de constrangimento pela recusa.

O trabalho terá uma dupla finalidade: educativa, ou seja, possibilitará ao preso o aprendizado de um ofício no qual pode dar continuidade quando posto em liberdade, bem como a finalidade produtiva, a qual consiste na realização de algo útil, podendo o preso sentir o resultado do seu trabalho e o recebimento de remuneração por ele.

Outro aspecto importante é que o preso faz jus aos direitos previstos nas normas legais de higiene e segurança no trabalho, de modo que se este ficar enfermo por conta do trabalho ou sofrer acidente trabalhista, ele fará jus ao recebimento de indenização similares ao que o trabalhador em liberdade tenha direito.

Sobre a inaplicabilidade da CLT, temos que nos atentar ao caso concreto, em se tratando de trabalho dentro do estabelecimento prisional, este será um dever do preso e, por isso, não está regido pela CLT. Mas nos casos em que o trabalho é feito no âmbito externo, ou seja, fora do estabelecimento prisional, a jurisprudência pacificou entendimento de que "*o trabalho externo prestado por condenado em regime aberto não configura o trabalho prisional, previsto na Lei das Execuções Penais*", razão pela qual se reconhece "*relação de trabalho que se sujeita à tutela da CLT*".

VÍNCULO EMPREGATÍCIO
- SIM → Trabalho externo
- NÃO → Trabalho interno

Por conseguinte, o Art. 29 da LEP assegura ao preso o o direito à remuneração adequada, que será estabelecida em tabela para evitar que haja injustiças ou exploração, de forma a abolir a mão de obra carcerária gratuita, não podendo ser inferior a 3/4 do salário mínimo.

Além do mais, poderá ser descontado da remuneração a indenização do dano ex-delicto, bem como os valores necessários para subsistência da família do preso, as suas despesas pessoais e, ainda, o ressarcimento do Estado pelas despesas realizadas com a manutenção do condenado dentro do cárcere. Contudo o desconto do ressarcimento só poderá ser feito após todos os demais descontos terem sido atendidos (§ 1º).

A LEP não dispõe o percentual de desconto em cada caso, sendo tarefa da legislação estadual ou federal pertinente sobre o assunto estabelecer. Ademais, o que restar da remuneração deverá ser depositado em caderneta

de poupança que será disponibilizado ao preso quando em liberdade (§ 2º).

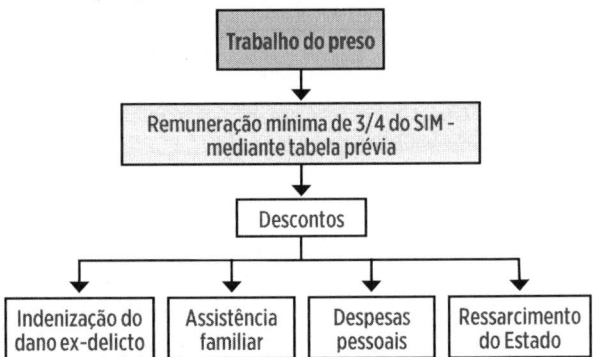

Trabalho do preso
↓
Remuneração mínima de 3/4 do SIM - mediante tabela prévia
↓
Descontos
- Indenização do dano ex-delicto
- Assistência familiar
- Despesas pessoais
- Ressarcimento do Estado

Art. 30. *As tarefas executadas como prestação de serviço à comunidade não serão remuneradas.*

No que diz respeito a pena de prestação de serviço à comunidade, sendo esta uma possiblidade de pena restritiva de direitos, esta será feita de forma gratuita, ou seja, o condenado não recebe remuneração pelos serviços prestados.

Seção II
Do trabalho interno

Art. 31. *O condenado à pena privativa de liberdade está obrigado ao trabalho na medida de suas aptidões e capacidade.*

Parágrafo único. Para o preso provisório o trabalho não é obrigatório e só poderá ser executado no interior do estabelecimento.

Entende-se como trabalho interno aquele prestado dentro das dependências do estabelecimento prisional, podendo consistir em construção, reforma, conservação, melhoramentos, serviços auxiliares nas cozinhas, lavanderias e enfermarias. Como já dissemos anteriormente, a LEP comporta o trabalho como um direito, mas também como uma obrigação do preso, e a recusa acarreta em infração disciplinar, exceto no caso de preso político e o preso provisório – estes não são obrigados –, contudo se o preso por vontade própria quiser trabalhar, poderá, desde que o faça internamente.

TRABALHO
- Obrigatório → TODOS
- Facultativo → Crimes políticos e ao preso provisório interno

Art. 32. *Na atribuição do trabalho deverão ser levadas em conta a habilitação, a condição pessoal e as necessidades futuras do preso, bem como as oportunidades oferecidas pelo mercado.*
§ 1º Deverá ser limitado, tanto quanto possível, o artesanato sem expressão econômica, salvo nas regiões de turismo.
§ 2º Os maiores de sessenta anos poderão solicitar ocupação adequada à sua idade.
§ 3º Os doentes ou deficientes físicos somente exercerão atividades apropriadas ao seu estado.

Como podemos ver, para que o preso tenha um trabalho atribuído deverá ser verificado antes sua habilitação e condição pessoal, por exemplo: se estiver grávida, se for portador de necessidades especiais, as suas necessidades futuras e as oportunidades oferecidas no mercado de trabalho.

Sendo o trabalho um meio de profissionalização e reinserção do preso na sociedade, o melhor é que este seja aproveitado tanto na execução quanto na sua liberação, visando o que o mercado de trabalho tem buscado. Por essa razão que a prática do artesanato é limitada, por não ser uma atividade rentável a ponto de possibilitar ao indivíduo sustento futuro de sua família, salvo em regiões de turismo, onde recebe um grande número de visitantes e, com isso, o trabalho local passa a ser valorizado ou quando o preso não tiver aptidão para desempenhar outra atividade.

Aos idosos são assegurados o direito de ter uma ocupação adequada para sua idade, de modo a respeitar suas condições físicas, mentais e psíquicas. E, ainda, ao preso doente ou portador de necessidades especiais serão disponibilizadas atividades adequadas à sua condição, de modo a não excluir estes da atividade laborativa.

Art. 33. *A jornada normal de trabalho não será inferior a seis, nem superior a oito horas, com descanso nos domingos e feriados.*
Parágrafo único. *Poderá ser atribuído horário especial de trabalho aos presos designados para os serviços de conservação e manutenção do estabelecimento penal.*

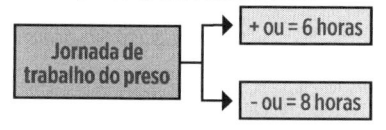

```
                        ┌→ + ou = 6 horas
  Jornada de      ──────┤
  trabalho do preso     └→ - ou = 8 horas
```

A princípio apenas a jornada diária já permite ao preso a obtenção dos benefícios e por isso decidiu o STJ que *"para fins de remição, será considerado no cálculo apenas o dia de trabalho realizado, isto é, o dia em que for desempenhada a jornada completa de trabalho e não o número de horas trabalhadas".*

Ou seja, o dia de trabalho realizado é que conta para o cálculo da remissão e não as horas, se o agente trabalhou uma jornada inteira de 6 horas, não se computa 6 horas de remissão mais sim um dia inteiro.

A LEP possibilita, ainda, uma jornada especial de trabalho aos presos designados para serviço de manutenção e conversão do estabelecimento prisional, serviços estes que não podem ser interrompidos e por isso exigem sua prestação em horários distintos dos estabelecidos na regra normal, inclusive nos dias que seria de descanso.

HABEAS CORPUS SUBSTITUTIVO. FALTA DE CABIMENTO. EXECUÇÃO PENAL. REMIÇÃO DA PENA PELA LEITURA. ART. 126 DA LEP. PORTARIA CONJUNTA N. 276/2012, DO DEPEN/MJ E DO CJF. RECOMENDAÇÃO N. 44/2013 DO CNJ. 1. Conquanto seja inadmissível o ajuizamento de habeas corpus em substituição ao meio próprio cabível, estando evidente o constrangimento ilegal, cumpre ao tribunal, de ofício, saná-lo. 2. A norma do art. 126 da LEP, ao possibilitar a abreviação da pena, tem por objetivo a ressocialização do condenado, sendo possível o uso da analogia in bonam partem, que admita o benefício em comento, em razão de atividades que não estejam expressas no texto legal (REsp n. 744.032/SP, Ministro Felix Fischer, Quinta Turma, DJe 5/6/2006). 3. O estudo está estreitamente ligado à leitura e à produção de textos, atividades que exigem dos indivíduos a participação efetiva enquanto sujeitos ativos desse processo, levando-os à construção do conhecimento. A leitura em si tem função de propiciar a cultura e possui caráter ressocializador, até mesmo por contribuir na restauração da autoestima. Além disso, a leitura diminui consideravelmente a ociosidade dos presos e reduz a reincidência criminal. 4. Sendo um dos objetivos da Lei de Execução Penal, ao instituir a remição, incentivar o bom comportamento do sentenciado e sua readaptação ao convívio social, a interpretação extensiva do mencionado dispositivo impõe-se no presente caso, o que revela, inclusive, a crença do Poder Judiciário na leitura como método factível para o alcance da harmônica reintegração à vida em sociedade. 5. Com olhos postos nesse entendimento, foram editadas a Portaria conjunta n. 276/2012, do Departamento Penitenciário Nacional/MJ e do Conselho da Justiça Federal, bem como a Recomendação n. 44/2013 do Conselho Nacional de Justiça. 6. Writ não conhecido. Ordem expedida de ofício, para restabelecer a decisão do Juízo da execução que remiu 4 dias de pena do paciente, conforme os termos da Recomendação n. 44/2013 do Conselho Nacional de Justiça.

Decisão

Vistos, relatados e discutidos os autos em que são partes as acima indicadas, acordam os Ministros da SEXTA Turma do Superior Tribunal de Justiça, por unanimidade, não conhecer do habeas corpus, concedendo, contudo, ordem de ofício, nos termos do voto do Sr. Ministro Relator. Os Srs. Ministros Rogerio Schietti Cruz, Nefi Cordeiro, Ericson Maranho (Desembargador convocado do TJ/SP) e Maria Thereza de Assis Moura votaram com o Sr. Ministro Relator -(HC 312.486-SP).

EMENTA: HABEAS CORPUS. EXECUÇÃO PENAL. REMIÇÃO DE PENA. JORNADA DE TRABALHO. PRETENSÃO DO CÔMPUTO DA REMIÇÃO EM HORAS, E NÃO EM DIAS TRABALHADOS: IMPROCEDÊNCIA. ORDEM DENEGADA. 1. Para fins de remição de pena, a legislação penal vigente estabelece que a contagem de tempo de execução é realizada à razão de um dia de pena a cada três dias de trabalho, sendo a jornada normal de trabalho não inferior a seis nem superior a oito horas, o que impõe ao cálculo a consideração dos dias efetivamente trabalhados pelo condenado e não as horas. 2. Ordem denegada. (HC 114393, Relator(a): Min. CÁRMEN LÚCIA, Segunda Turma, julgado em 03/12/2013, PROCESSO ELETRÔNICO DJe-242 DIVULG 09-12-2013 PUBLIC 10-12-2013)

Art. 34. *O trabalho poderá ser gerenciado por fundação, ou empresa pública, com autonomia administrativa, e terá por objetivo a formação profissional do condenado.*
§ 1º Nessa hipótese, incumbirá à entidade gerenciadora promover e supervisionar a produção, com critérios e métodos empresariais, encarregar-se de sua comercialização, bem como suportar despesas, inclusive pagamento de remuneração adequada.

§ 2º *Os governos federal, estadual e municipal poderão celebrar convênio com a iniciativa privada, para implantação de oficinas de trabalho referentes a setores de apoio dos presídios.*

O gerenciamento do trabalho pode ser feito por fundação ou empresa pública, com autonomia administrativa que terá como finalidade a formação profissional do preso. De modo que incumbirá a ela a supervisão e o financiamento das atividades laborativas.

Pode, ainda, por meio de convênios celebrados com o Poder Público ocorrer participação da iniciativa privada na implantação de oficinas de trabalhos referentes aos setores de apoio dos estabelecimentos prisionais.

Art. 35. *Os órgãos da administração direta ou indireta da União, Estados, Territórios, Distrito Federal e dos Municípios adquirirão, com dispensa de concorrência pública, os bens ou produtos do trabalho prisional, sempre que não for possível ou recomendável realizar-se a venda a particulares.*

Parágrafo único. *Todas as importâncias arrecadadas com as vendas reverterão em favor da fundação ou empresa pública a que alude o artigo anterior ou, na sua falta, do estabelecimento penal.*

Os produtos do trabalho dos presos serão comercializados a particulares, caso não seja possível, estes serão adquiridos pela Administração Pública, sem necessidade de haver concorrência pública, uma vez que a intenção por trás da aquisição seja a preparação profissional do preso, sendo que os valores arrecadados serão revertidos em favor da fundação ou empresa gerenciadora ou então em favor do estabelecimento prisional.

Seção III
Do trabalho externo

Art. 36. *O trabalho externo será admissível para os presos em regime fechado somente em serviço ou obras públicas realizadas por órgãos da administração direta ou indireta, ou entidades privadas, desde que tomadas as cautelas contra a fuga e em favor da disciplina.*

§ 1º *O limite máximo do número de presos será de dez por cento do total de empregados na obra.*

§ 2º *Caberá ao órgão da administração, à entidade ou à empresa empreiteira a remuneração desse trabalho.*

§ 3º *A prestação de trabalho a entidade privada depende do consentimento expresso do preso.*

O trabalho externo é aquele realizado fora da prisão, com o intuito de gerar oportunidade para o reingresso do preso na sociedade. O preso em regime fechado poderá trabalhar externamente quando os serviços forem realizados em obras públicas por órgão da Administração Pública, desde que os meios de prevenção contra fuga e disciplina sejam devidamente tomados.

Decidiu, ainda, o STJ que: *"Não obstante esta Corte já ter decidido pela possibilidade de concessão de trabalho externo a condenado em regime fechado, tem-se como indispensável, à concessão da benesse, a obediência a requisitos legais de ordem objetiva e subjetiva, além da vigilância direta, mediante escolta. Sobressai a impossibilidade prática de concessão da medida, evidenciando-se que não há como se designar um policial, diariamente, para acompanhar e vigiar o preso durante a realização dos serviços extramuros".*

Contudo, como já dissemos antes, por se tratar de regime fechado, o preso não tem vínculo empregatício, aplicando-se a ele as regras da LEP, pois o trabalho é obrigatório. Já ao preso no regime semiaberto, será permitido o trabalho externo em qualquer local, ou seja, aqui não existe as limitações de ser trabalho em obras públicas mediante escolta, e mais uma vez reforço, conforme entendimento jurisprudencial, ao preso no semiaberto se aplica o vínculo empregatício, se sujeitando então as regras da CLT.

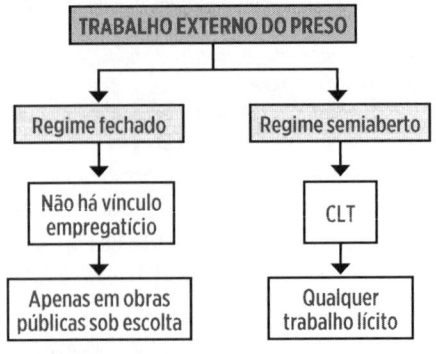

TRABALHO EXTERNO DO PRESO
- Regime fechado → Não há vínculo empregatício → Apenas em obras públicas sob escolta
- Regime semiaberto → CLT → Qualquer trabalho lícito

Art. 37. *A prestação de trabalho externo, a ser autorizada pela direção do estabelecimento, dependerá de aptidão, disciplina e responsabilidade, além do cumprimento mínimo de um sexto de pena.*

Parágrafo único. *Revogar-se-á a autorização de trabalho externo ao preso que vier a praticar fato definido como crime, for punido por falta grave, ou tiver comportamento contrário aos requisitos estabelecidos neste artigo.*

Caberá a direção do estabelecimento prisional deliberar acerca do trabalho externo, se preenchido os requisitos exigidos.

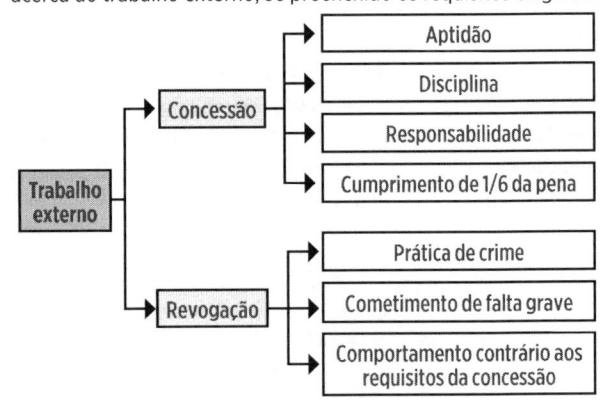

Trabalho externo
- Concessão:
  - Aptidão
  - Disciplina
  - Responsabilidade
  - Cumprimento de 1/6 da pena
- Revogação:
  - Prática de crime
  - Cometimento de falta grave
  - Comportamento contrário aos requisitos da concessão

CAPÍTULO IV
DOS DEVERES, DOS DIREITOS E DA DISCIPLINA

Seção I
Dos Deveres

Art. 38. *Cumpre ao condenado, além das obrigações legais inerentes ao seu estado, submeter-se às normas de execução da pena.*

O condenado está vinculado ao cumprimento das obrigações impostas na sentença:

Pena de Prisão: privação de liberdade;

Pena Restritiva de Direitos: se sujeitar às limitações impostas;

Pena de multa: responder com seu patrimônio pelo pagamento.

Além das obrigações acima mencionadas, que decorrem da própria natureza da pena, existe o rol de deveres do condenado, cuja violação acarretam em aplicação de medidas disciplinares que irão interferir no momento da deliberação sobre a concessão ou não de benefícios ao preso.

I. comportamento disciplinado e cumprimento fiel da sentença;

O comportamento disciplinar estar ligado à obediência, seria dizer que o preso deve agir com passividade, seguindo aquilo que lhe é determinado, visando a boa convivência com os demais presos, o impedimento de tumulto, brigas ou dissentimentos. O comportamento disciplinado influencia diretamente no momento de apreciação de pedidos de benefícios em favor do condenado, como no caso da progressão de regime, que além de outros requisitos se exige bom comportamento carcerário. Outro ponto é o fiel cumprimento da sentença, seria dizer que não basta o cumprimento da obrigação principal que seria a pena privativa de liberdade, mas também o cumprimento das demais obrigações advindas da sentença como, por exemplo, o ressarcimento do dano ex-delicto.

II. obediência ao servidor e respeito a qualquer pessoa com quem deva relacionar-se;

O dever de obediência implica tanto nas ordens dadas pelos servidores do estabelecimento prisional quanto no respeito a estes, implicando em falta grave a violação esse tipo de violação.

III. urbanidade e respeito no trato com os demais condenados;

O dever de urbanidade está ligado à boa convivência entre os condenados, evitando deste modo prática de condutas que possam gerar qualquer tipo de desentendimento dentro do ambiente carcerário.

IV. conduta oposta aos movimentos individuais ou coletivos de fuga ou de subversão à ordem ou à disciplina;

O termo "conduta oposta" tem como finalidade não estimular a atuação do condenado no sentido de participar, seja de que forma for, em movimentos voltados à fuga, motins, tumultos, rebeliões etc. Sendo considerada essa prática como uma falta grave.

Perceba que a lei só pede ao condenado que não haja de forma oposta, não sendo ele obrigado a denunciar ou intervir sem tomar conhecimento dessa situação.

V. execução do trabalho, das tarefas e das ordens recebidas;

Como já vimos, para o condenado em pena privativa de liberdade o trabalho é obrigatório pelo seu caráter ressocializador, e sendo este obrigatório, sua recusa caracteriza falta grave, interferindo no momento de concessão de benefícios como, por exemplo, no caso de progressão de regime.

VI. submissão à sanção disciplinar imposta;

O art. 53 da LEP traz o rol de sanções disciplinares que serão impostas ao preso em consequência das faltas praticadas. O que este inciso estabelece é que o preso, ao incorrer em alguma falta, deve cumprir a sanção a ele imposta, como forma de aprendizado e disciplina.

VII. indenização à vítima ou aos seus sucessores;

O art. 91 do Código Penal insere como um efeito automático e obrigatório da sentença condenatória transitada em julgado a obrigação certa de indenizar a vítima pelo dano causado pelo crime. Contudo o não cumprimento dessa obrigação não constitui falta disciplinar, mas poderá influenciar de forma negativa para concessão de benefícios como, por exemplo, o livramento condicional.

VIII. indenização ao Estado, quando possível, das despesas realizadas com a sua manutenção, mediante desconto proporcional da remuneração do trabalho;

Lembre-se de que já falamos sobre isso, sendo possível o desconto da remuneração do trabalho do preso em favor do Estado com o intuito de o ressarcir por todas as despesas tida com o condenado.

IX. higiene pessoal e asseio da cela ou alojamento;

O preso tem o dever de cuidar da limpeza tanto do compartimento individual quanto coletivo utilizado por ele.

X. conservação dos objetos de uso pessoal.

Essa conservação diz respeito aos objetos disponibilizados pela administração carcerária ao preso, tais como o colchão, as roupas, os objetos de higiene etc.

Parágrafo único. *Aplica-se ao preso provisório, no que couber, o disposto neste artigo.*

Perceba, ainda, que o parágrafo único diz que as mesmas regras aplicadas ao condenado definitivo se aplicam ao preso provisório, com exceção aos deveres decorrentes exclusivamente da condenação, como o fiel cumprimento da sentença, as indenizações à vítima e a execução do trabalho.

Seção II
Dos Direitos

Art. 40. *Impõe-se a todas as autoridades o respeito à integridade física e moral dos condenados e dos presos provisórios.*

Além de previsto na LEP, o art. 5º, XLIX da CF e o art. 38 do CP também asseguram aos presos, sejam eles definitivos ou provisórios, o respeito à sua integridade física e moral, tratando-se de um direito fundamental da pessoa humana. Essa proteção foi reforçada pelo STJ: *"o Estado Democrático de Direito repudia o tratamento cruel dispensado pelos seus agentes a qualquer pessoa, inclusive os presos. Impende assinalar, neste ponto, o que estabelece a Lex Fundamentalis, no art. 5o, inciso XLIX, segundo o qual os presos conservam, mesmo em tal condição, o direito à intangibilidade de sua integridade física e moral. Desse modo, é inaceitável a imposição de castigos corporais aos detentos, em qualquer circunstância, sob pena de censurável violação aos direitos fundamentais da pessoa humana".*

E seguindo esta mesma direção de proteção a integridade física e moral do preso é que o STF editou a Sumula Vinculante 11: *"só é lícito o uso de algemas em casos de resistência e de fundado receio de fuga ou de perigo à integridade física própria ou alheia, por parte do preso ou de terceiros, justificada a excepcionalidade por escrito, sob pena de responsabilidade disciplinar, civil e penal do agente ou da autoridade e de nulidade da prisão ou do ato processual a que se refere, sem prejuízo da responsabilidade civil do Estado".*

O rol de direitos apresentados pelo Art. 41 da LEP é meramente EXEMPLIFICATIVO, ou seja, os direitos do preso não estão limitados ao que está previsto aqui, mas como já vimos ao preso se assegura todos os direitos não atingidos pela sentença ou pela lei, podemos dizer, então, que o preso tem direito a tudo que não lhe é proibido.

Em seguida, analisar-se-ão cada um dos direitos dispostos no artigo em análise.

I. alimentação suficiente e vestuário;

Estando o Estado responsável pelo condenado será cabível a ele prover a alimentação necessária, bem como o fornecimento de uniforme para identificá-lo das demais pessoas que circulam pelo estabelecimento prisional, desde que este vestuário não afronte a dignidade da pessoa humana expondo o preso ao ridículo.

II. atribuição de trabalho e sua remuneração;

Como já vimos o trabalho além de ser uma obrigação é ainda um direito do preso e isso acontece por seu caráter ressocializador e por beneficiar o preso com redução de pena. A remuneração pelo trabalho é, ainda, um direito do preso, sendo vedado o trabalho gratuito.

III. previdência social;

Conforme dispõe também o art. 39 do CP, o preso tem direito à previdência social, embora o trabalho dele não esteja sujeito às regras da CLT, ele fará jus aos benefícios previdenciários. Vale a ressalva de que a lei não prevê a possibilidade de desconto automático da remuneração para contribuição previdenciária, sendo essa uma faculdade.

Outro aspecto importante sobre o direito do preso e a previdência está no auxílio-reclusão, que é um benefício concedido pelo INSS aos dependentes de pessoas presas, quando essas pessoas já contribuem para a previdência social no momento de sua prisão.

IV. constituição de pecúlio;

Nada mais é do que a verba depositada em caderneta de poupança em decorrência da remuneração pelo trabalho, o qual será entregue ao preso quando for posto em liberdade. Lembre-se de que esse valor só será depositado após serem feitos todos os descontos necessários.

V. proporcionalidade na distribuição do tempo para o trabalho, o descanso e a recreação;

Como já vimos, o trabalho terá uma jornada fixada e para que durante o período sem trabalho não seja ocioso, é um direito do preso que lhe sejam promovidas atividades recreativas, que além de contribuir para a manutenção da disciplina ainda auxiliem no processo de ressocialização.

VI. exercício das atividades profissionais, intelectuais, artísticas e desportivas anteriores, desde que compatíveis com a execução da pena;

Esse inciso vem para reforçar a ideia de que o preso precisa de atividades que auxiliem no seu retorno à vida em sociedade, de modo que o Estado deve promover meios, espaços e condições que possibilitem a realização de atividades profissionais, intelectuais, artísticas e desportivas quando compatíveis com a execução da pena.

VII. assistência material, à saúde, jurídica, educacional, social e religiosa;

Essa assistência vem prevista ao longo da LEP. Como já vimos, na forma de assistência material temos o fornecimento de roupas, instalações higiênicas e alimentação; na assistência à saúde temos o direito ao tratamento médico; na assistência jurídica temos a defensoria pública; como assistência educacional temos a instrução escolar e a formação profissional; como assistência social temos o amparo realizado em função do preso ou internado, bem como de sua família para prepará-lo para seu reingresso na sociedade e, por fim, como assistência religiosa temos a permissão de que os presos e internados participem de atividades religiosas organizadas dentro do estabelecimento prisional e também tendo acesso a livros contendo conteúdo religioso.

VIII. proteção contra qualquer forma de sensacionalismo;

A imagem do indivíduo já é naturalmente atingida quando condenado por um crime e é recolhido ao cárcere, de modo que não há motivos para haver sensacionalismo infundados envolvendo seu nome, o que só faz contribuir com a sua marginalização. Este dispositivo não veda reportagens ou notícias envolvendo os estabelecimentos prisionais, nem eventuais entrevistas concedidas de forma espontânea pelo preso, contudo o conteúdo desses trabalhos não pode atentar contra a dignidade da pessoa humana.

IX. entrevista pessoal e reservada com o advogado;

Esta prerrogativa decorre do direito de ampla defesa, sendo uma garantia prevista constitucionalmente pelo art. 5º, LV da CF. Este direito de entrevista decorre do direito de sigilo entre cliente e advogado, de modo que nenhuma interceptação será permitida.

Durante um tempo chegou a existir a discussão sobre restringir esse direito aos presos que se encontram em Regime Disciplinar Diferenciado como, por exemplo *"a Secretaria da Administração Penitenciária editou a Resolução SAP 49, de 17 de julho de 2002, com o objetivo de disciplinar o direito de visita e entrevista dos advogados com os presos do Regime Disciplinar Diferenciado, dispondo que "as entrevistas com advogado deverão ser previamente agendadas, mediante requerimento, escrito ou oral, à direção do estabelecimento, que designará imediatamente data e horário para o atendimento reservado, dentro dos 10 dias subsequentes".* Contudo o STJ entendeu que esta regra era ilegal: *"o prévio agendamento das visitas, mediante requerimento à direção do estabelecimento prisional, é exigência que fere o direito do advogado de comunicar-se com cliente recolhido a estabelecimento civil, ainda que incomunicável, conforme preceitua o citado art. 7o da L. 8.906/1994, norma hierarquicamente superior ao ato impugnado"*, essa decisão se deu pelo fato de que ainda que em Regime Disciplinar Diferenciado, o preso faz parte do mesmo sistema que os demais de modo que ao aplicar a resolução ele seria tratado de forma desigual aos demais, ferindo diretamente a garantia constitucional da igualdade.

X. visita do cônjuge, da companheira, de parentes e amigos em dias determinados;

Como auxílio na reabilitação do preso, a proximidade da família e de pessoas próximas nesse momento é essencial. Contudo essa visitação será feita em dia e horário determinado pela Administração Penitenciária, contudo esse direito não é ilimitado, ele pode sofrer restrições conforme o caso.

Existem dois pontos relevantes sobre o tema, o primeiro é sobre a visita do filho menor de idade, foi entendida pelo STF que deve ser permitida e que cabe à administração prisional proporcionar meios para que isso ocorra, uma vez que o preso precisa do contato com a família no processo de ressocialização.

O segundo ponto é sobre a chamada "visita íntima", sendo as visitas que têm como objetivo satisfazer as necessidades sexuais do preso, como um meio de tentar reduzir a tensão interna entre os presos e manter a disciplina entre eles, em especial a violência de caráter sexual entre eles e ainda manter o vínculo afetivo com o seu cônjuge ou companheiro.

XI. chamamento nominal;

O preso tem o direito de ser chamado pelo nome, de modo a ser vedado sua designação por número, apelidos ou qualquer outra denominação que não seu próprio nome.

XII. igualdade de tratamento salvo quanto às exigências da individualização da pena;

Como já sabemos, o preso tem direito à igualdade, de modo a não ser tratado de forma distinta aos demais, contudo essa igualdade deve ser limitada às exigências da individualização da pena, ou seja, o preso deve ser tratado de forma igual naquilo em que houver igualdade de situação.

XIII. *audiência especial com o diretor do estabelecimento;*

É o direito do preso de ter contato direto com o diretor para apresentar reclamações, sugestões, fazer pedidos, dentre outros. Esse direito constitui um importante instrumento de manutenção da ordem e da disciplina dentro do estabelecimento prisional.

Segundo Guilherme de Souza Nucci, "o direito não deve ser absoluto, mas regrado. O diretor-geral não pode negar-se sistematicamente a receber os presos em audiência, mas pode impor limites e condições em nome da disciplina e da segurança".

XIV. *representação e petição a qualquer autoridade, em defesa de direito;*

Esse direito encontra respaldo no art. 5º, XXXIV da CF, o qual dispõe que "são a todos assegurados, independentemente do pagamento de taxas: a) o direito de petição aos Poderes Públicos em defesa dos direitos ou contra ilegalidade ou abuso de poder".

Sendo assim, é reforçado o direito do preso de representar ou peticionar diretamente ao Poder Judiciário ou a outros órgãos públicos, visando apresentar reclamações ou realizar pedidos em defesa de seu direito.

Vale a ressalva de que o direito de representação e petição não confere ao preso permissão para ajuizar medidas que exijam capacidade postulatória para tanto.

XV. *contato com o mundo exterior por meio de correspondência escrita, da leitura e de outros meios de informação que não comprometam a moral e os bons costumes.*

Ao preso é garantido o direito de ter contato com o mundo exterior por meio de correspondência, leitura de jornais, televisão, rádio ou qualquer outro meio de comunicação, inclusive, conforme os avanços tecnológicos, o acesso à internet.

A limitação dos meios que comprometam a moral e os bons costumes possibilita à administração carcerária, em prol da segurança, da disciplina e do objetivo ressocializador da pena, proibir aos detentos o acesso a determinados conteúdos como, por exemplo, notícias de rebeliões ou motins, filmes com atos de violência entre detentos ou relativos ao cometimento de crimes, sites pornográficos, livros alusivos a armas, bombas, dentre outros.

XVI. *atestado de pena a cumprir, emitido anualmente, sob pena da responsabilidade da autoridade judiciária competente.*

Esse direito surgiu em 2003, com a necessidade de fornecer ao preso, ao menos anualmente, o quanto de pena ainda resta a ele cumprir, uma vez que o cálculo da pena não se limita à simples subtração entre o total imposto e o tempo já cumprido, uma vez que existem diversas situações que podem reduzir o tempo de pena do preso.

Parágrafo único. *Os direitos previstos nos incisos V, X e XV poderão ser suspensos ou restringidos mediante ato motivado do diretor do diretor do estabelecimento.*

Trata-se aqui de uma suspensão ou redução da jornada de trabalho, da recreação, das visitas e dos contatos com o mundo exterior. Vale a ressalva que a doutrina entende que como o parágrafo único foi explícito ao mencionar quais os direitos podem ser suspensos e restringidos, significa dizer que os demais direitos não estão sujeitos à suspensão ou restrição.

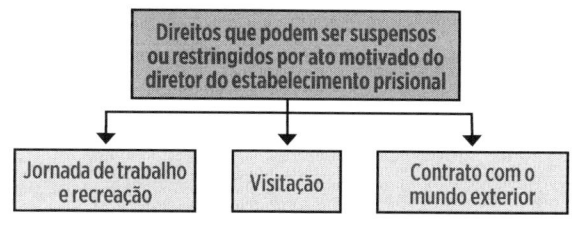

Direitos que podem ser suspensos ou restringidos por ato motivado do diretor do estabelecimento prisional
- Jornada de trabalho e recreação
- Visitação
- Contato com o mundo exterior

Art. 42. *Aplica-se ao preso provisório e ao submetido à medida de segurança, no que couber, o disposto nesta Seção.*

Os direitos assegurados ao preso definitivo são aplicados no que couber aos réus presos provisoriamente e aos submetidos a medidas de segurança.

No que diz respeito ao preso provisório, o art. 41, XVI não teria aplicabilidade uma vez que como não existe condenação não há pena definitiva estabelecida. E, ainda, ele não fica obrigado ao trabalho, será facultado a ele.

Contudo, com relação ao internado, existe a possibilidade de que o seu próprio estado mental não permita o exercício de determinados direitos, que poderão ser suspensos ou restringidos pelo período que for necessário.

Art. 43. *É garantida a liberdade de contratar médico de confiança pessoal do internado ou do submetido a tratamento ambulatorial, por seus familiares ou dependentes, a fim de orientar e acompanhar o tratamento.*

Parágrafo único. *As divergências entre o médico oficial e o particular serão resolvidos pelo juiz de execução.*

O direito à contratação a médico de confiança pessoal do internado ou ao preso submetido a tratamento ambulatorial tem como finalidade alcançar maiores chances de cura, uma vez que se trata de médico em quem o internado tenha confiança que facilitaria a relação médico/paciente. Fora que, como sabemos, um médico particular não tem as limitações, em termos de recursos materiais e humanos, que os estabelecimentos psiquiátricos têm.

Contudo, se houverem divergências entre o diagnóstico do médico do estabelecimento psiquiátrico e do médico particular, esta será resolvida pelo juiz da execução.

Seção III
Da disciplina
Subseção I
Disposições gerais

Art. 44. *A disciplina consiste na colaboração com a ordem na obediência às determinações das autoridades e seus agentes e no desempenho do trabalho.*

Parágrafo único. *Estão sujeitos à disciplina o condenado à pena privativa de liberdade ou restrita de direitos e o preso provisório.*

A disciplina consiste num conjunto de regras que impõem ao condenado atenção às normas disciplinares contidas no estabelecimento prisional, bem como o fiel cumprimento aos deveres contidos no art. 39.

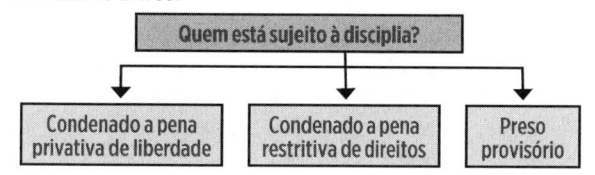

Quem está sujeito à discipliina?
- Condenado a pena privativa de liberdade
- Condenado a pena restritiva de direitos
- Preso provisório

Art. 45. *Não haverá falta nem sanção disciplinar sem expressa e anterior previsão legal ou regulamentar.*

Este artigo consagra o princípio da legalidade, sendo uma regra semelhante à contida no art. 1º do Código Penal e do art. 5º, XXXIX da CF, ou seja, toda e qualquer sanção disciplinar deve ser estabelecida anteriormente pela lei ou por regulamentos emitidos pela administração carcerária.

§ 1º As sanções não poderão colocar em perigo a integridade física e moral do condenado.

São expressamente vedadas as sanções que possam colocar em perigo a integridade física e moral do condenado. Essa regra vai de encontro com a previsão do art. 5o, XLIX, da CF, segundo a qual "é assegurado aos presos o respeito à integridade física e moral". No mesmo sentido, o art. 38 do Código Penal dispõe que "o preso conserva todos os direitos não atingidos pela perda da liberdade, impondo-se a todas as autoridades o respeito à sua integridade física e moral", e o art. 40 da LEP estabelece que "impõe-se a todas as autoridades o respeito à integridade física e moral dos condenados e dos presos provisórios". Como se vê, não há como permitir qualquer ato de constrangimento ou prática vexatória contra segregados.

§ 2º É vedado o emprego de cela escura.

No passado conhecíamos a cela escura por solitária, conhecida como um local precário, insalubre que não apresentava condições de ser habitado. Ressalta-se que esta proibição não impede que o preso seja recolhido a uma cela individual, conforme os termos previstos para o preso em regime disciplinar diferenciado.

A proibição é de que o preso seja colocado ou mantido em uma cela sob condições indignas, desumana ou degradante.

§ 3º São vedadas as sanções coletivas.

Esse artigo tem como finalidade garantir que não se consagre a responsabilidade penal objetiva, a qual é proibida no direito penal, uma vez que não se pode punir indiscriminadamente todos os indivíduos sem que se comprove a participação de cada um deles.

Tratando do tema, decidiu o Tribunal de Justiça de São Paulo que o simples fato de alguns apenados habitarem a cela, sem a demonstração de sua participação efetiva na escavação do túnel com intenção de fuga, não conduz a aplicação da pena correspondente à falta grave, devendo-se ponderar "que nos termos do § 3o do art. 45 da LEP é vedada a sanção coletiva, prevalecendo assim o princípio da individualização da culpa".

Art. 46. *O condenado ou denunciado, no início da execução da pena ou da prisão, será cientificado das normas disciplinares.*

Logo no ingresso do preso ao estabelecimento prisional é necessário que ele seja comunicado das regras disciplinares existentes, a fim de que futuramente não seja alegado por ele ignorância de tais regras.

Art. 47. *O poder disciplinar, na execução da pena privativa da liberdade, será exercido pela autoridade administrativa conforme as disposições regulamentares.*

Quando se tratar de execução de pena privativa de liberdade, o poder disciplinar será exercido pela autoridade administrativa carcerária, conforme as regras contidas no regulamento do estabelecimento prisional. Ao conferir à direção do estabelecimento prisional a imposição e a execução das sanções disciplinares, estabelece a lei uma exceção ao princípio da jurisdicionalidade. E, portanto, podemos afirmar que a atuação do juiz da execução nesses casos apenas ocorrerá nas hipóteses em que a administração carcerária infringir as regras estabelecidas pela lei ou pelo regulamento, devendo-se instaurar, nesse caso, o incidente de desvio de execução contido no art. 185 da LEP, o qual pode ser suscitado pelo Ministério Público, pelo Conselho Penitenciário, pelo próprio sentenciado ou por qualquer dos demais órgãos da execução penal.

Art. 48. *Na execução das penas restritas de direitos, o poder disciplinar será exercido pela autoridade administrativa a que estiver sujeito o condenado.*

Parágrafo único. *Nas faltas graves, a autoridade representará ao juiz da execução para os fins dos arts. 118, inciso I, 125, 127, 181, §§ 1º, letra d, e 2º desta Lei.*

Diferente do artigo acima, em se tratando de penas restritivas de direito o poder disciplinar será conferido à autoridade administrativa em que o condenado esteja sujeito, isso ocorre porque muitas vezes esse tipo de penalidade será executada por estabelecimento administrados por agentes do Estado.

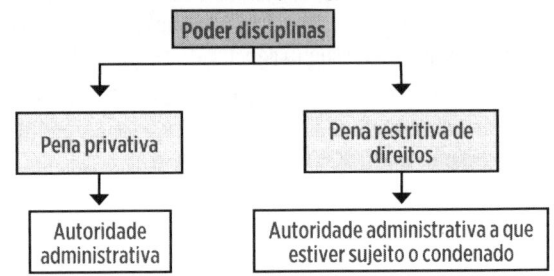

```
                    Poder disciplinas
                    /              \
            Pena privativa    Pena restritiva de
                                  direitos
                   |                  |
           Autoridade         Autoridade administrativa a que
          administrativa       estiver sujeito o condenado
```

Subseção II
Das faltas disciplinares

Art. 49. *As faltas disciplinares classificam-se em leves, médias e graves. A legislação local especificará as leves e médias, bem assim as respectivas sanções.*

Parágrafo único. *Pune-se a tentativa com a sanção correspondente à falta consumada.*

```
                Faltas disciplinares
            /           |            \
         Leve          Média          Grave
          |              |              |
      Legislação     Legislação      LEP -
        local          local        art. 50 a 52
        / \            / \              |
  Presídio Presídio Presídio Presídio  Nada
  Estadual: Federal: Federal: Estadual: impede que
  Legislação Legislação Legislação Legislação a legislação
  Estadual  Federal   Federal   Estadual  federal
                                         estabeleça
                                         faltas de igual
                                         ou superior
                                         hierarquia
```

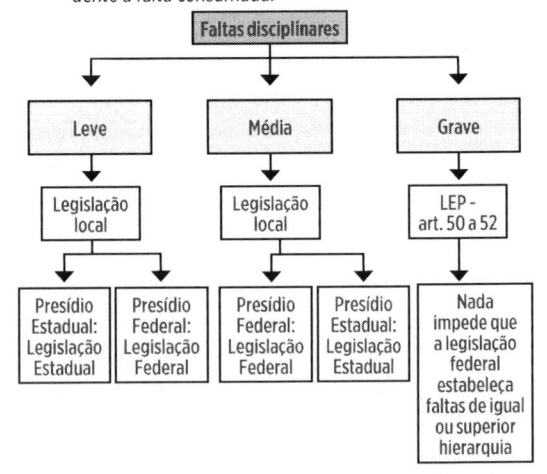

A tentativa será punida com a sanção correspondente à falta consumada, parte da doutrina entende que a aplicação da sanção disciplinar cabível na tentativa depende de cada caso, uma vez que deve ser levado em conta que as consequências da tentativa não são tão graves como se tivesse sido consumado. Em sentido contrário, outra parte da doutrina entende que seja a falta tentada ou consumada a sanção a ser aplicada deve ser a mesma, sem qualquer redução.

Art. 50. *Comete falta grave o condenado a pena privativa de liberdade que:*

I. incitar ou participar de movimento para subverter a ordem ou a disciplina;

II. fugir;

III. possuir, indevidamente, instrumento capaz de ofender a integridade física de outrem;

IV. provocar acidente de trabalho;

V. descumprir, no regime aberto, as condições impostas;

VI. inobservar os deveres previstos nos incisos II e V no art. 39 desta Lei.

VII. tiver em sua posse, utilizar ou fornecer aparelho telefônico, de rádio ou similar, que permita a comunicação com outros presos ou com o ambiente externo.

VIII. recusar submeter-se ao procedimento de identificação do perfil genético.

Parágrafo único. O disposto neste artigo aplica-se no que couber, ao preso provisório.

Este artigo estabelece o rol de condutas que se classificam como faltas de natureza grave praticadas por condenados que cumprem pena privativa de liberdade, e que se estendem, no que couber, também ao preso provisório.

De acordo com a jurisprudência, esse rol estabelecido pela Lei de Execução Penal é taxativo, não podendo ser ampliado por outros atos normativos.

Sendo assim, se pronunciou o Superior Tribunal de Justiça, salientando que "resolução da Secretaria de Administração Penitenciária do Estado de São Paulo tipificando a conduta como falta grave não é suficiente para legitimar a decisão (de punição), pois nos termos do art. 49 da L. 7.210/1984 a legislação local somente está autorizada a especificar as condutas que caracterizem faltas leves ou médias e suas respectivas sanções".

Na apuração da falta grave, é indispensável assegurar ao apenado o direito à ampla defesa e ao contraditório, sob pena de nulidade da punição eventualmente aplicada.

Fique atento ao inciso VIII pois ele foi introduzido recentemente pela Lei 13.964/19 (Pacote Anticrime).

HABEAS CORPUS SUBSTITUTIVO DE RECURSO ESPECIAL. EXECUÇÃO PENAL. RECUSA INJUSTIFICADA AO TRABALHO. FALTA GRAVE. O DEVER DE TRABALHO IMPOSTO AO APENADO NÃO SE CONFUNDE COM A PENA DE TRABALHO FORÇADO. HABEAS CORPUS NÃO CONHECIDO.

> O Superior Tribunal de Justiça, seguindo a posição sedimentada pelo Supremo Tribunal Federal, uniformizou o entendimento no sentido de ser inadmissível o conhecimento de habeas corpus substitutivo de recurso previsto para a espécie. Contudo, se constatada a existência de manifesta ilegalidade, é possível a concessão da ordem de ofício.

> O art. 50, inciso VI, da Lei de Execução Penal - LEP prevê a classificação de falta grave quando o apenado incorrer na inobservância do dever previsto no inciso V do art. 39 da mesma lei. Dessa forma, constitui falta disciplinar de natureza grave a recusa injustificada à execução do trabalho, tarefas e ordens recebidas no estabelecimento prisional. Ainda, determina o art. 31 da LEP a obrigatoriedade do trabalho ao apenado condenado à pena privativa de liberdade, na medida de suas aptidões e capacidades.

> A pena de trabalho forçado, vedada constitucionalmente no art. 5º, inciso XLVIII, alínea 'c', da Constituição Federal, não se confunde com o dever de trabalho imposto ao apenado, consubstanciado no art. 39, inciso V, da LEP, ante o disposto no art. 6º, 3, da Convenção Americana de Direitos Humanos.

> Habeas Corpus não conhecido. (HC 264.989/SP, Rel. Ministro ERICSON MARANHO (DESEMBARGADOR CONVOCADO DO TJ/SP), SEXTA TURMA, julgado em 04/08/2015, DJe 19/08/2015)

Art. 51. Comete falta grave o condenado à pena restritiva de direitos que:

I. descumprir, injustificadamente, a restrição imposta;

II. retardar, injustificadamente, o cumprimento da obrigação imposta;

III. inobservar os deveres previstos nos incisos II e V do art. 39 desta Lei.

Este artigo determina quais condutas se enquadram como faltas graves cometidas por condenados a pena restritivas de direitos.

I. descumprir, injustificadamente, a restrição imposta;

Ocorre quando o condenado descumpre sem qualquer motivação a obrigação imposta na pena.

II. retardar, injustificadamente, o cumprimento da obrigação imposta;

Ocorre quando o condenado atrasa o início do cumprimento da obrigação imposta na pena sem nenhum motivo relevante.

III. inobservar os deveres previstos nos incisos II e V do art. 39 desta Lei.

Trata-se da desobediência ao servidor, do desrespeito a qualquer pessoa com quem deva o condenado se relacionar e da não execução do trabalho, das tarefas ou das ordens recebidas.

Art. 52. A prática de fato previsto como crime doloso constitui falta grave e, quando ocasionar subversão da ordem ou disciplina internas, sujeitará o preso provisório, ou condenado, nacional ou estrangeiro, sem prejuízo da sanção penal, ao regime disciplinar diferenciado, com as seguintes características:

I. duração máxima de até 2 (dois) anos, sem prejuízo de repetição da sanção por nova falta grave de mesma espécie;

II. recolhimento em cela individual;

III. visitas quinzenais, de 2 (duas) pessoas por vez, a serem realizadas em instalações equipadas para impedir o contato físico e a passagem de objetos, por pessoa da família ou, no caso de terceiro, autorizado judicialmente, com duração de 2 (duas) horas;

IV. direito do preso à saída da cela por 2 (duas) horas diárias para banho de sol, em grupos de até 4 (quatro) presos, desde que não haja contato com presos do mesmo grupo criminoso;

V. entrevistas sempre monitoradas, exceto aquelas com seu defensor, em instalações equipadas para impedir o contato físico e a passagem de objetos, salvo expressa autorização judicial em contrário;

VI. fiscalização do conteúdo da correspondência;

VII. participação em audiências judiciais preferencialmente por videoconferência, garantindo-se a participação do defensor no mesmo ambiente do preso.

A primeira parte do caput do art. 52 diz que a prática de fato previsto como crime doloso constitui falta grave, contudo a lei não faz qualquer distinção entre o condenado por pena privativa de liberdade e restritiva de direitos, então podemos entender que ela se aplica a ambos.

No que diz respeito aos crimes preterdolosos, considerando que neles existe dolo quanto ao crime antecedente, então em regra incidem na regra contida acima.

Note que o artigo não exige condenação, basta apenas a prática do ato considerado crime doloso.

Por fim, se o ato praticado ocasionar subversão da ordem ou da disciplina internas do estabelecimento prisional, o juiz da execução está autorizado a determinar a inclusão do preso ao regime disciplinar diferenciado.

> § 1º O regime disciplinar diferenciado também será aplicado aos presos provisórios ou condenados, nacionais ou estrangeiros:
>
> I. que apresentem alto risco para a ordem e a segurança do estabelecimento penal ou da sociedade;
>
> II. sob os quais recaiam fundadas suspeitas de envolvimento ou participação, a qualquer título, em organização criminosa, associação criminosa ou milícia privada, independentemente da prática de falta grave.
>
> § 2º (Revogado)
>
> § 3º Existindo indícios de que o preso exerce liderança em organização criminosa, associação criminosa ou milícia privada, ou que tenha atuação criminosa em 2 (dois) ou mais Estados da Federação, o regime disciplinar diferenciado será obrigatoriamente cumprido em estabelecimento prisional federal.
>
> § 4º Na hipótese dos parágrafos anteriores, o regime disciplinar diferenciado poderá ser prorrogado sucessivamente, por períodos de 1 (um) ano, existindo indícios de que o preso:
>
> I. continua apresentando alto risco para a ordem e a segurança do estabelecimento penal de origem ou da sociedade;
>
> II. mantém os vínculos com organização criminosa, associação criminosa ou milícia privada, considerados também o perfil criminal e a função desempenhada por ele no grupo criminoso, a operação duradoura do grupo, a superveniência de novos processos criminais e os resultados do tratamento penitenciário.
>
> § 5º Na hipótese prevista no § 3º deste artigo, o regime disciplinar diferenciado deverá contar com alta segurança interna e externa, principalmente no que diz respeito à necessidade de se evitar contato do preso com membros de sua organização criminosa, associação criminosa ou milícia privada, ou de grupos rivais.
>
> § 6º A visita de que trata o inciso III do caput deste artigo será gravada em sistema de áudio ou de áudio e vídeo e, com autorização judicial, fiscalizada por agente penitenciário.
>
> § 7º Após os primeiros 6 (seis) meses de regime disciplinar diferenciado, o preso que não receber a visita de que trata o inciso III do caput deste artigo poderá, após prévio agendamento, ter contato telefônico, que será gravado, com uma pessoa da família, 2 (duas) vezes por mês e por 10 (dez) minutos."

O regime disciplinar diferenciado é uma forma especial de cumprimento de pena dentro do regime fechado, caracterizada pela permanência do preso em cela individual, com limitação ao direito de visita e redução no direito de saída da cela.

O RDD é considerado tanto uma sanção disciplinar como uma medida cautelar, sendo sanção disciplinar quando imposta nos termos do art. 52, caput da LEP, e quanto medida cautelar nos termos do art. 52 e parágrafos da LEP.

O crime de organização criminosa vem definido no art. 1, §1º da Lei 12.850/13, já o crime de quadrilha ou banco, atualmente nomeado por associação criminosa nos termos do art. 24 da Lei 12.850/13.

> O artigo 52 foi inteiramente alterado pela Lei 13.694/19, ou seja, tem grandes chances de o examinador cobrar esse artigo!

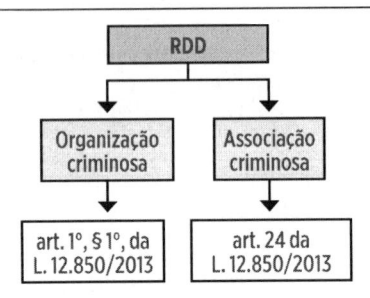

```
                    RDD
                     |
        +------------+------------+
        |                         |
   Organização              Associação
   criminosa                criminosa
        |                         |
   art. 1º, § 1º, da         art. 24 da
   L. 12.850/2013           L. 12.850/2013
```

Subseção III
Das sanções e das recompensas

> **Art. 53.** Constituem sanções disciplinares:
>
> I. advertência verbal;
>
> II. repreensão;
>
> III. suspensão ou restrição de direitos (art. 41, parágrafo único);
>
> IV. isolamento na própria cela, ou em local adequado, nos estabelecimentos que possuam alojamento coletivo, observado o disposto no art. 8º desta Lei.
>
> V. inclusão no regime disciplinar diferenciado.

Esse rol de sanções é taxativo, de modo que não será admitida sua ampliação. A aplicação das sanções disciplinares é alternativa e não cumulativa.

Considerando a necessidade de que a sanção seja individual e proporcional à conduta praticada pelo preso, determina o art. 57, caput, da LEP que, na sua imposição, devem ser levados em conta a natureza, os motivos, as circunstâncias e as consequências do fato, bem como a pessoa do faltoso e seu tempo de prisão.

> **Art. 54.** As sanções dos incisos I a IV do art. 53 serão aplicadas por ato motivado do diretor do estabelecimento e a do inciso V, por prévio e fundamentado despacho do juiz competente.
>
> § 1º A autorização para a inclusão do preso em regime disciplinar dependerá de requerimento circunstanciado elaborado pelo diretor do estabelecimento ou outra autoridade administrativa.
>
> § 2º A decisão judicial sobre inclusão de preso em regime disciplinar será precedida de manifestação do Ministério Público e da defesa e prolatada no prazo máximo de quinze dias.

A inclusão do preso ao RDD está condicionado ao prévio e fundamentado despacho do juiz competente. Existe divergências sobre quem seria o juiz competente, uma corrente defende que seja o juiz das execuções penais, outra defende que pode ser o próprio juiz do processo.

A legitimidade para postular a inclusão do RDD é o diretor do estabelecimento prisional em que encontre o preso provisório ou condenado, ou de outra autoridade administrativa, tais como Secretário de Segurança Pública e o Secretário da Administração

Penitenciária, sendo vedado ao juiz determiná-lo ex-officio, tampouco o Ministério Público requerer essa inserção.

Assim, apresentado o pedido de inclusão do preso ao RDD, sobre ele deverá se manifestar o MP e a Defesa, sendo que cada um terá o prazo de três dias, após transcorrido o prazo, caberá ao juiz da execução proferir a decisão dentro de 15 dias, sendo que dessa decisão caberá o recurso de agravo da execução.

> **Art. 55.** As recompensas têm em vista o bom comportamento reconhecido em favor do condenado, de sua colaboração com a disciplina e de sua dedicação ao trabalho.
>
> **Art. 56.** São recompensas:
>
> **I.** o elogio;
>
> **II.** a concessão de regalias.
>
> **Parágrafo único.** A legislação local e os regulamentos estabelecerão a natureza e a forma de concessão de regalias.

As recompensas têm como finalidade estimular o preso a manter bom comportamento, a ter responsabilidade no exercício do seu trabalho e de cumprir de forma adequada os deveres que lhe são impostos pela LEP.

Subseção IV
Da aplicação das sanções

> **Art. 57.** Na aplicação das sanções disciplinares, levar-se-ão em conta a natureza, os motivos, as circunstâncias e as consequências do fato, bem como a pessoa do faltoso e seu tempo de prisão.
>
> **Parágrafo único.** Nas faltas graves, aplicam-se as sanções previstas nos incisos III a V do art. 53 desta Lei.

Assim como toda sanção não basta apenas que se verifique o ato de forma isolada, mas sim todas as circunstâncias para que a falta fosse cometida.

> **Art. 58.** O isolamento, a suspensão e a restrição de direitos não poderão exceder a trinta dias, ressalvada a hipótese do regime disciplinar diferenciado.
>
> **Parágrafo único.** O isolamento será sempre comunicado ao juiz da execução.

O artigo em análise trouxe um limite de 30 para a duração das penas de isolamento, suspensão e restrição de direito, uma vez que por se tratar de sanções mais severas deve-se garantir que não haverá abuso na aplicação da sanção. Perceba ainda que por se tratar da sanção mais severa, o isolamento deve ser informado ao juiz de execução.

Subseção V
Do procedimento disciplinar

> **Art. 59.** Praticada a falta disciplinar, deverá ser instaurado o procedimento para sua apuração, conforme regulamento, assegurado o direito de defesa.
>
> **Parágrafo único.** A decisão será motivada.
>
> **Art. 60.** A autoridade administrativa poderá decretar o isolamento preventivo do faltoso pelo prazo de até dez dias. A inclusão do preso no regime disciplinar diferenciado, no interesse da disciplina e da averiguação do fato, dependerá de despacho do juiz competente.
>
> **Parágrafo único.** O tempo de isolamento ou inclusão preventiva no regime disciplinar diferenciado será computado no período de cumprimento da sanção disciplinar.

As aplicações das sanções disciplinares contidas no art. 53, inciso I a V compete ao diretor do estabelecimento prisional, exigindo motivação para tanto. Já a penalidade contida no art. 53, inciso V está condicionada a decisão fundamentada do juiz competente.

A aplicação dessas sanções, seja qual for, será precedida de prévio procedimento administrativo disciplinar, que será instaurado no âmbito do estabelecimento prisional, no qual será assegurado ao preso o direito de defesa.

Considera-se necessária a presença do advogado durante o procedimento administrativo disciplinar, sob pena de nulidade por afrontamento às garantias constitucionais da ampla defesa e do contraditório, assim não se pode aplicar a sanção sem respeitada essa formalidade. Se o fizer, a imposição da sanção poderá ser revista judicialmente, uma vez que a regra contida na Súmula Vinculante 5 não se aplica em sede de execução penal diante da repercussão na liberdade de ir e vir do condenado.

Instaurado o procedimento administrativo podem ocorrer três situações:

Não ser reconhecida a prática da falta disciplinar ou não apurar a sua autoria.

Ser reconhecida a prática da falta disciplinar de natureza leve ou média.

Ser reconhecida a prática da natureza disciplinar de natureza grave.

TÍTULO III
DOS ÓRGÃOS DA EXECUÇÃO PENAL
CAPÍTULO I
DISPOSIÇÕES GERAIS

> **Art. 61.** São órgãos da execução penal:
>
> **I.** o Conselho Nacional de Política Criminal e Penitenciária;
>
> **II.** o Juízo da Execução;
>
> **III.** o Ministério Público;
>
> **IV.** o Conselho Penitenciário;
>
> **V.** os Departamentos Penitenciários;
>
> **VI.** o Patronato;
>
> **VII.** o Conselho da Comunidade;
>
> **VIII.** a Defensoria Pública.

Cada um desses órgãos possui diferentes atribuições, sendo que uma não conflita com a outra, todos são relevantes para o controle e a fiscalização da execução penal e para o fortalecimento do propósito da LEP de ressocialização do condenado e de apoio ao egresso.

CAPÍTULO II
DO CONSELHO NACIONAL DE
POLÍTICA CRIMINAL E PENITENCIÁRIA

> **Art. 62.** O Conselho Nacional de Política Criminal e Penitenciária, com sede na Capital da República, é subordinado ao Ministério da Justiça.
>
> **Art. 63.** O Conselho Nacional de Política Criminal e Penitenciária será integrado por treze membros designados através de ato do Ministério da Justiça, dentre professores e profissionais da área do Direito Penal, Processual Penal, Penitenciário e ciências correlatas, bem como por representantes da comunidade e dos Ministérios da área social.
>
> **Parágrafo único.** O mandato dos membros do Conselho terá duração de dois anos, renovado um terço em cada ano.
>
> **Art. 64.** Ao Conselho Nacional de Política Criminal e Penitenciária, no exercício de suas atividades, em âmbito federal ou estadual, incumbe:

I. propor diretrizes da política criminal quanto a prevenção do delito, Administração da Justiça Criminal e execução das penas e das medidas de segurança;

II. contribuir na elaboração de planos nacionais de desenvolvimento, sugerindo as metas e prioridades da política criminal e penitenciária;

III. promover a avaliação periódica do sistema criminal para a sua adequação às necessidades do País;

IV. estimular e promover a pesquisa criminológica;

V. elaborar programa nacional penitenciário de formação e aperfeiçoamento do servidor;

VI. estabelecer regras sobre a arquitetura e construção de estabelecimentos penais e casas de albergados;

VII. estabelecer os critérios para a elaboração da estatística criminal;

VIII. inspecionar e fiscalizar os estabelecimentos penais, bem assim informar-se, mediante relatórios do Conselho Penitenciário, requisições, visitas ou outros meios, acerca do desenvolvimento da execução penal nos Estados, Territórios e Distrito Federal, propondo às autoridades dela incumbida as medidas necessárias ao seu aprimoramento;

IX. representar ao juiz da execução ou à autoridade administrativa para instauração de sindicância ou procedimento administrativo, em caso de violação das normas referentes à execução penal;

X. representar à autoridade competente para a interdição, no todo ou em parte, de estabelecimento penal.

O Conselho Nacional de Política Criminal e Penitenciária é um órgão colegiado, com sede em Brasília, subordinado ao Ministério da Justiça. O conselho é composto por 13 membros, designados por ato do Ministério da Justiça, entre professores e profissionais da área do Direito Penal, Processo Penal, Penitenciário e Ciências Correlatadas, bem como por representantes da comunidade dos Ministérios da área social.

O mandato dos membros do conselho tem duração de dois anos, renovando-se um terço em cada ano.

As funções do CNPCP vêm definidas no art. 64.

CAPÍTULO III
DO JUÍZO DA EXECUÇÃO

Art. 65. *A execução penal competirá ao juiz indicado na lei local de organização judiciária e, na sua ausência, ao da sentença.*

O juiz competente para atuar no âmbito da execução penal será o juiz indicado pela lei local, ou na sua falta o juiz da sentença, menciona-se o juiz da sentença porque em comarcas menores é comum a inexistência de vara específica para execução criminal, neste caso a função de execução da pena será exercida pelo próprio juiz que proferiu a sentença no processo conhecimento.

Existe um ponto de discussão na doutrina, pois como sabemos a LEP se aplica no que couber ao preso provisório, assim sendo, parte da doutrina entende que competiria ao juiz de execução do local de cumprimento da reprimenda decidir sobre os incidentes que surgirem durante a execução. Contudo outra parte da doutrina entende que por se tratar de execução provisória da pena esta deveria se submeter ao juiz da condenação.

No caso de o preso ter sido condenado pela justiça federal, mas se encontrar recolhido em estabelecimento prisional estadual, caberá, nesse caso, ao juiz das execuções penais do estado presidir sobre a execução da pena imposta, não sendo relevante o âmbito da condenação.

Outro caso é quando o preso é transferido de um estabelecimento prisional estadual para estabelecimento de segurança máxima federal, neste caso o acompanhamento da execução da pena caberá ao juiz federal competente da localidade em que se situar o referido estabelecimento. Entretanto, em se tratando de transferência de preso provisório, será de responsabilidade do juízo que solicitou a transferência do preso dirigir o controle da prisão, por meio de carta precatória.

No caso de o apenado estar sob suspensão condicional do processo, a competência será fixada pelo juízo da residência do executado, essa regra será aplicada igualmente ao indivíduo que cumpre pena restritiva de direitos.

No que diz respeito à pena de multa a competência é da vara de execuções fiscais, por ser considerada uma dívida de valor.

Por fim, no que diz respeito à medida de segurança, a competência será do juízo da execução da comarca em que estiver sendo cumprida, não sendo relevante, para tanto, se a hipótese é de internação ou de tratamento ambulatorial.

Por incompetência do Juízo, a Turma deferiu habeas corpus para cassar decisão proferida pelo juízo de Cascavel/PR, que, com base na Resolução 13/95 do Tribunal de Justiça do Estado do Paraná - que determinava ser, provisoriamente, da competência do juízo da sentença, a execução das penas privativas de liberdade a serem cumpridas em regime fechado, enquanto não implantado o Sistema Penitenciário do Estado -, decidira sobre o pedido de substituição da pena privativa de liberdade a que fora condenado o paciente. Considerou-se que a Lei Paranaense 11.374/95 - que alterou a lei de organização judiciária, prevendo a criação da Vara de Execução Criminal na Comarca de Cascavel -, ainda encontra-se pendente de regulamentação, não podendo o Tribunal de Justiça, por meio de Resolução, regular matéria que está sob reserva legal. HC deferido para cassar a decisão do juízo da comarca de Cascavel/PR, a fim de que outra seja proferida, agora pelo Juízo da Comarca de Curitiba. HC 81.393-PR, rel. Ministra Ellen Gracie, 18.2.2003. (HC-81393)

Art. 66. *Compete ao juiz da execução:*

I. aplicar aos casos julgados lei posterior que de qualquer modo favorecer o condenado;

II. declarar extinta a punibilidade;

III. decidir sobre:
  a) soma ou unificação de penas;
  b) progressão ou regressão nos regimes;
  c) detração e remição da pena;
  d) suspensão condicional da pena;
  e) livramento condicional;
  f) incidentes da execução;

IV. autorizar saídas temporárias;

V. determinar:
  a) a forma de cumprimento da pena restritiva de direitos e fiscalizar sua execução;
  b) a conversão da pena restritiva de direitos e de multa em privativa de liberdade;
  c) a conversão da pena privativa de liberdade em restritiva de direitos;
  d) a aplicação da medida de segurança, bem como a substituição da pena por medida de segurança;
  e) a revogação da medida de segurança;
  f) a desinternação e o restabelecimento da situação anterior;

g) o cumprimento de pena ou medida de segurança em outra Comarca;

h) a remoção do condenado na hipótese prevista no § 1º do art. 86 desta Lei;

VI. zelar pelo correto cumprimento da pena e da medida de segurança;

VII. inspecionar, mensalmente, os estabelecimentos penais, tomando providências para o adequado funcionamento e promovendo, quando for o caso, a apuração de responsabilidade;

VIII. interditar, no todo ou em parte, estabelecimento penal que estiver funcionando em condições inadequadas ou com infringência aos dispositivos desta Lei;

IX. compor e instalar o Conselho da Comunidade;

X. emitir anualmente atestado de pena a cumprir.

A execução penal é jurisdicionalizada, o que significa dizer que incumbe ao magistrado impulsioná-la e fiscalizar o adequado cumprimento da pena imposta. Sendo assim, o artigo acima arrola quais as competências do juiz da execução.

Trata-se de um rol meramente exemplificativo, ou seja, as competências do juiz da execução não se exaurem aqui.

CAPÍTULO IV
DO MINISTÉRIO PÚBLICO

Art. 67. O Ministério Público fiscalizará a execução da pena e da medida de segurança, oficiando no processo executivo e nos incidentes da execução.

Art. 68. Incumbe, ainda, ao Ministério Público:

I. fiscalizar a regularidade formal das guias de recolhimento e de internamento;

II. requerer:

a) todas as providências necessárias ao desenvolvimento do processo executivo;

b) a instauração dos incidentes de excesso ou desvio de execução;

c) a aplicação de medida de segurança, bem com a substituição da pena por medida de segurança;

d) a revogação da medida de segurança;

e) a conversão de penas, a progressão ou regressão nos regimes e a revogação da suspensão condicional da pena e do livramento condicional;

f) a internação, a desinternação e o restabelecimento da situação anterior;

III. interpor recursos de decisões proferidas pela autoridade judiciária, durante a execução.

Parágrafo único. O órgão do Ministério Público visitará mensalmente os estabelecimentos penais, registrando a sua presença em livro próprio.

Ao Ministério Público incumbe atuar em todo processo de execução, desde o início até a extinção da punibilidade do condenado.

No decorrer da sua atuação, existem duas intervenções que são facultadas ao membro do MP: uma, no que diz respeito a requerer deliberações judicias relacionadas à concessão ou revogações de benefícios, instauração de instauração de incidentes, conversões e demais providências concernentes ao desenvolvimento do processo executivo; e a segunda no sentido de intervir mediante a formulação de pareceres com relação a situações materializadas no processo de execução criminal decorrentes de postulações do apenado ou do seu defensor, de manifestações do conselho da comunidade, de pronunciamentos do Conselho Penitenciário, de constatações ex-officio do juiz da execução etc.

Contudo entende que é pacífico o entendimento jurisprudencial de que a ausência de manifestação do MP em todas as fases pertinentes à execução da pena é causa de nulidade absoluta.

O rol contido no art. 68 é meramente exemplificado, uma vez que no próprio decorrer da LEP vemos demais situações onde se faz necessária a atuação do parquet.

CAPÍTULO V
DO CONSELHO PENITENCIÁRIO

De acordo com o Art. 69, o Conselho Penitenciário é um órgão consultivo e fiscalizador da execução da pena, de modo que constitui um elo entre o poder executivo e o judiciário sobre esse tema.

O CP é um órgão consultivo pois a ele compete opinar, mediante pareceres, nas situações que lhe são apresentadas. E é órgão fiscalizador no sentido que lhe cabe zelar pela observância dos direitos e interesses dos sentenciados.

Ainda, o §1º do Art.69 estabelece que o CP será integrado por membros nomeados pelo governador do estado, do Distrito Federal e dos Territórios, entre professores e profissionais da área do direito penal, processo penal, penitenciário e ciências correlatadas, bem como por representantes da comunidade, com mandato de quatro anos.

Nos termos do art. 69 fica a cargo da legislação federal e estadual a regulamentação do funcionamento do CP.

O CP é composto por 20 membros efetivos, escolhidos e indicados entre profissionais que apresentem experiência de, no mínimo, 10 anos na área de direito penal, processual penal, penitenciário e ciências correlatadas, distribuídos da seguinte forma:

> seis médicos psiquiatras, indicados pelo Conselho Regional de Medicina do Estado de São Paulo;

> quatro Procuradores de Justiça, indicados pelo Procurador-Geral de Justiça do Estado;

> dois Procuradores da República, indicados pelo Procurador-Geral da República;

> quatro advogados, indicados pela Ordem dos Advogados do Brasil – Seção São Paulo, sendo dois deles na qualidade de representantes da comunidade; dois Procuradores do Estado, da Procuradoria de Assistência Judiciária, indicados pelo Procurador-Geral do Estado;

> dois psicólogos, indicados pelo Conselho Regional de Psicologia do Estado de São Paulo;

> além de dirigentes de órgãos com atuação no sistema prisional, estes últimos na qualidade de membros informantes, sem direito ao voto.

Não havendo vedação legislativa, nada impede que o Conselho Penitenciário, vencido o respectivo mandato, sejam reconduzidos. Também não se afasta a possibilidade da sua exoneração ocorrer antes do final do período de 4 anos, podendo esta ser motivada pela prática de infrações penais ou administrativas, tudo em conformidade com o que dispõe a lei, conforme disposição do §2º do Art. 69.

Art. 70. Incumbe ao Conselho Penitenciário:

I. emitir parecer sobre indulto e comutação de pena, excetuada a hipótese de pedido de indulto com base no estado de saúde do preso;

II. inspecionar os estabelecimentos e serviços penais;

III. apresentar, no primeiro trimestre de cada ano, ao Conselho Nacional de Política Criminal e Penitenciária, relatório dos trabalhos efetuados no exercício anterior;

IV. supervisionar os patronatos, bem como assistência dos egressos.

O rol de atribuições do CP não é taxativo, visto que a própria LEP traz outras funções no decorrer dos demais artigos.

CAPÍTULO VI
DOS DEPARTAMENTOS PENITENCIÁRIOS
Seção I
Do Departamento Penitenciário Nacional

De acordo com o *caput* do Art. 71, o DEPEN está subordinado ao Ministério da Justiça, sendo um órgão executivo da Política Penitenciaria Nacional e de apoio administrativo e financeiro do Conselho Nacional de Política Criminal e Penitenciária.

> **Art. 72.** São atribuições do Departamento Penitenciário Nacional:
> I. acompanhar a fiel aplicação das normas de execução penal em todo o território nacional;
> II. inspecionar e fiscalizar periodicamente os estabelecimentos e serviços penais;
> III. assistir tecnicamente as unidades federativas na implementação dos princípios e regras estabelecidos nesta Lei;
> IV. colaborar com as unidades federativas, mediante convênios, na implantação de estabelecimentos e serviços penais;
> V. colaborar com as unidades federativas para a realização de cursos de formação de pessoal penitenciário e de ensino profissionalizante do condenado e do internado;
> VI. estabelecer, mediante convênios com as unidades federativas, o cadastro nacional das vagas existentes em estabelecimentos locais destinadas ao cumprimento de penas privativas de liberdade aplicadas pela justiça de outra unidade federativa, em especial para presos sujeitos a regime disciplinar;
> VII. acompanhar a execução da pena das mulheres beneficiadas pela progressão especial de que trata o § 3º do art. 112 desta Lei, monitorando sua integração social e a ocorrência de reincidência, específica ou não, mediante a realização de avaliações periódicas e de estatísticas criminais.
> **§ 1º** Incumbe também ao Departamento a coordenação e supervisão
> dos estabelecimentos penais e de internamento federais.
> **§ 2º** Os resultados obtidos por meio do monitoramento e das avaliações periódicas previstas no inciso VII do caput deste artigo serão utilizados para, em função da efetividade da progressão especial para a ressocialização das mulheres de que trata o § 3º do art. 112 desta Lei, avaliar eventual desnecessidade do regime fechado de cumprimento de pena para essas mulheres nos casos de crimes cometidos sem violência ou grave ameaça.

Se trata de um órgão responsável por executar a política penitenciária estabelecida pelo Ministério da Justiça, cabendo-lhe garantir que as normas de execução penal sejam aplicadas de forma adequada em todo o país.

Seção II
Do Departamento Penitenciário local

A LEP, nos artigos 73 e 74, trouxe a possibilidade de os estados-membros criarem, dentro do seu âmbito de atuação, departamento penitenciário ou órgão similar, sendo que a lei local irá definir suas atribuições, com o fim de supervisionar e coordenar os estabelecimentos prisionais da sua respectiva unidade federativa.

Além de objetivar acompanhar a execução da pena mais de perto, a esses órgãos incumbe ainda a função de promoção da melhoria do sistema carcerário, adotando estrutura adequada para atender as demandas de humanização da pena, bem como fortalecer o processo ressociativo e integrativo do preso para com a sociedade.

Seção III
Da direção e do pessoal dos estabelecimentos penais

Para que o agente possa se tornar direito de estabelecimento prisional ele deve preencher alguns requisitos cumulativos:

Requisitos para ocupar o cargo de Diretor do Estabelecimento Penal (Art. 75):
- Diploma de curso de nível superior → Direito, Psicologia, Ciências Sociais, Pedagogia ou Serviços Sociais
- Experiência na área relativa a administração penitenciára ou hospital psiquiátrico
- Idoniedade moral e reconhecida aptidão para o desempenho da função

Além disso, deve o direitor residir no próprio estabelecimento ou nas proximidades, dedicando tempo integral à função exercida.

> **Art. 76.** O Quadro do Pessoal Penitenciário será organizado em diferentes categorias funcionais, segundo as necessidades do serviço, com especificação de atribuições relativas às funções de direção, chefia e Assessoramento do estabelecimento e às demais funções.

A LEP se preocupou em constar a organização do quadro pessoal penitenciário em suas diferentes categorias funcionais, estabelecidas de acordo com a necessidade do serviço prestado, bem como especificando as atribuições inerentes a cada função, sendo elas de direção, chefia e assessoramento do estabelecimento penal.

Essa organização surge em decorrência da complexidade do processo de execução da pena, no qual demanda do estabelecimento prisional diversas funções que devem ser exercidas por uma pessoa especializada no tema.

São distribuídos em 4 categorias distintas o pessoal penitenciário:

Categorias (Art. 77):
- Pessoal administrativo → Diretor; Outros servidores que exercem funções de chefia
- Pessoal especializado → Médicos; Dentista; Assistentes sociais; Psicólogos
- Pessoal de instrução técnica → Professores; Especialistas em ofícios determinados; Educadores
- Pessoal de vigilância → Guardas

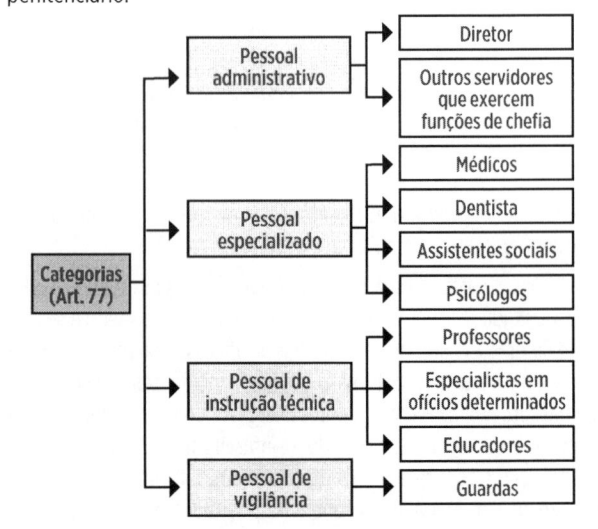

Independentemente dessa classificação, a lei estabelece que o ingresso dos servidores, bem como a progressão e ascensão funcional dependeram de participação de cursos específicos, devendo ser realizada a reciclagem periódica daqueles que estiverem em exercício.

E, ainda, nos estabelecimentos penais destinados às mulheres a lei assegura que o trabalho será exercido por mulheres, com exceção de se tratar de pessoal técnico especializado.

CAPÍTULO VII
DO PATRONATO

Art. 78. *O Patronato público ou particular destina-se a prestar assistência ao albergados e aos egressos (art. 26).*

Art. 79. *Incumbe também ao Patronato:*

I. orientar os condenados à pena restritiva de direitos;

II. fiscalizar o cumprimento das penas de prestação de serviço à comunidade e de limitação de fim de semana;

III. colaborar na fiscalização do cumprimento das condições da suspensão e do livramento condicional.

O Patronato, de acordo com o Art. 78, destina-se a prestar assistência aos albergados e aos egressos, que estão na condição de liberdade ou por estarem regime aberto, ou por estar cumprindo penas restritivas de direitos ou por outro benefício a ele concedido, uma vez que o caput do art. 78 menciona que o patronato está destinado à assistência aos albergados e aos egressos.

Incumbe, ainda, ao patronato orientar os condenados às penas restritivas de direitos, fiscalizar o cumprimento das penas e dos benefícios, verificando se estão sendo respeitadas as restrições impostas.

Os patronatos podem ser públicos ou particulares, sendo público aqueles oficiais, vinculados ao Poder Público, e particular aqueles que são exercidos por instituições privadas que auxiliam o poder judiciário na execução e fiscalização das penas alternativas e contribuem para a valorização do apenado na comunidade e no seio familiar.

CAPÍTULO VIII
DO CONSELHO DA COMUNIDADE

A LEP instituiu o Conselho da Comunidade no Art. 80, o qual tem o intuito de demonstrar a importância da participação da sociedade no processo de ressocialização do condenado, uma vez que o descaso e a falta de aceitação da sociedade é um dos fatores que podem determinar a reincidência criminosa.

O Conselho da Comunidade será composto por:

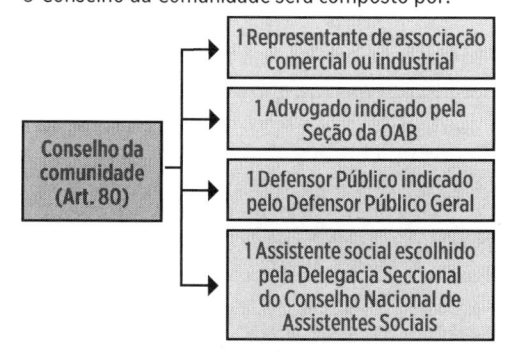

Conselho da comunidade (Art. 80)
- 1 Representante de associação comercial ou industrial
- 1 Advogado indicado pela Seção da OAB
- 1 Defensor Público indicado pelo Defensor Público Geral
- 1 Assistente social escolhido pela Delegacia Seccional do Conselho Nacional de Assistentes Sociais

Art. 81. *Incumbe ao Conselho da Comunidade:*

I. visitar, pelo menos mensalmente, os estabelecimentos penais existentes na Comarca;

II. entrevistar presos;

III. apresentar relatórios mensais ao juiz da execução e ao Conselho Penitenciário;

IV. diligenciar a obtenção de recursos materiais e humanos para melhor assistência ao preso ou internado, em harmonia com a direção do estabelecimento.

Considerando as atribuições contidas no art. 81 da LEP, podemos notar que elas estão, em sua maioria, se referindo sobre a atuação diante de sentenciados presos ou internados, deste modo podemos concluir que o conselho de comunidade deve ser instalado nas comarcas onde haja presídio ou hospital de custódia e tratamento psiquiátrico.

Será de competência do juiz da execução, nos termos do art. 66, IX da LEP a compor e instalar o conselho da comunidade.

O rol de atribuições do conselho não é exaustivo, uma vez que a própria LEP em outros artigos estabelece outras funções.

CAPÍTULO IX
DA DEFENSORIA PÚBLICA

Em prol da ampla defesa a LEP introduziu, no Art. 81-A, a Defensoria Pública como uma espécie de fiscal da execução da pena e da medida de segurança, garantindo que todos aqueles que não tiverem condições financeiras de pagar um defensor particular não fiquem desamparados de defesa técnica.

Art. 81-B. *Incumbe, ainda, à Defensoria Pública:*

I. requerer:

a) todas as providências necessárias ao desenvolvimento do processo executivo;

b) a aplicação aos casos julgados de lei posterior que de qualquer modo favorecer o condenado;

c) a declaração de extinção da punibilidade;

d) a unificação de penas;

e) a detração e remição da pena;

f) a instauração dos incidentes de excesso ou desvio de execução;

g) a aplicação de medida de segurança e sua revogação, bem como a substituição da pena por medida de segurança;

h) a conversão de penas, a progressão nos regimes, a suspensão condicional da pena, o livramento condicional, a comutação de pena e o indulto;

i) a autorização de saídas temporárias;

j) a internação, a desinternação e o restabelecimento da situação anterior;

k) o cumprimento de pena ou medida de segurança em outra comarca;

l) a remoção do condenado na hipótese prevista no § 1º do art. 86 desta Lei;

II. requerer a emissão anual do atestado de pena a cumprir;

III. interpor recursos de decisões proferidas pela autoridade judiciária ou administrativa durante a execução;

IV. representar ao Juiz da execução ou à autoridade administrativa para instauração de sindicância ou procedimento administrativo em caso de violação das normas referentes à execução penal;

V. visitar os estabelecimentos penais, tomando providências para o adequado funcionamento, e requerer, quando for o caso, a apuração de responsabilidade;

VI. requerer à autoridade competente a interdição, no todo ou em parte, de estabelecimento penal.

Parágrafo único. *O órgão da Defensoria Pública visitará periodicamente*

os estabelecimentos penais, registrando a sua presença em livro próprio.

O rol em que consta as atribuições da Defensoria é meramente exemplificativo, podendo a defensoria atuar em outras hipóteses fora das contidas no art. 81-B.

TÍTULO IV
DOS ESTABELECIMENTOS PENAIS
CAPÍTULO I
DISPOSIÇÕES GERAIS

De acordo com o Art. 82, os estabelecimentos penais são destinados ao condenado, ao indivíduo submetido à medida de segurança, ao preso provisório e ao egresso, considerando o egresso como sendo o liberado definitivo, pelo prazo de um ano a contar da saída do estabelecimento, bem como o preso sob liberdade condicional durante o período de prova.

São estabelecimentos penais previstos na LEP:

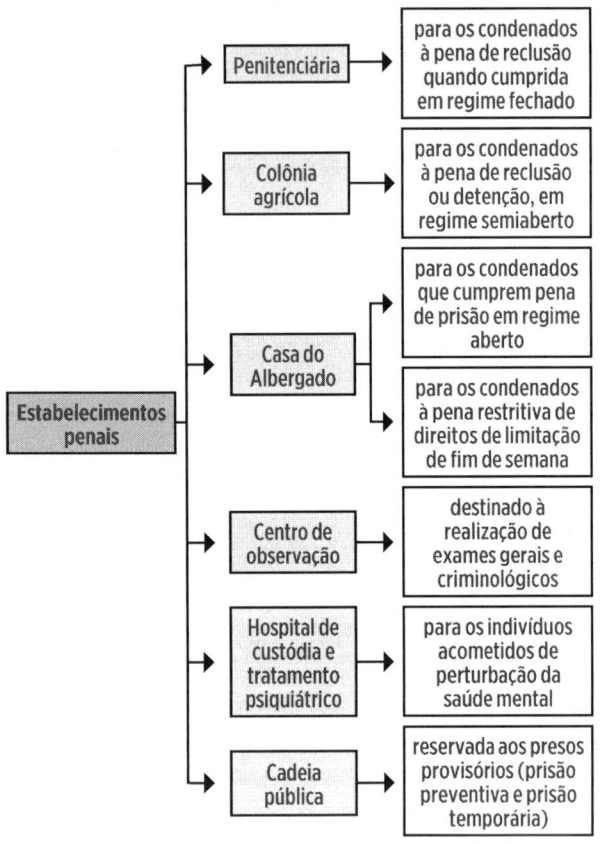

Estabelecimentos penais		
	Penitenciária	para os condenados à pena de reclusão quando cumprida em regime fechado
	Colônia agrícola	para os condenados à pena de reclusão ou detenção, em regime semiaberto
	Casa do Albergado	para os condenados que cumprem pena de prisão em regime aberto
		para os condenados à pena restritiva de direitos de limitação de fim de semana
	Centro de observação	destinado à realização de exames gerais e criminológicos
	Hospital de custódia e tratamento psiquiátrico	para os indivíduos acometidos de perturbação da saúde mental
	Cadeia pública	reservada aos presos provisórios (prisão preventiva e prisão temporária)

No que diz respeito à classificação legal dos estabelecimentos penais e das diferenças entre elas, a lei não impõe que o Poder Público construa prédios separados para abrigar cada um deles, nesse sentido o art. 82, §2º da LEP diz que um mesmo conjunto arquitetônico poderá abrigar estabelecimento com destinações diversas, desde que, cada um fique isolado do outro.

O isolamento deve ocorrer, por exemplo, com divisão do estabelecimento prisional em pavilhões ou alas específicas, uma para cada diferente categoria dos presos.

Os estabelecimentos, a depender de sua natureza, deverão contar dentro de suas dependências com áreas e serviços destinados a dar assistência, educação, trabalho, recreação e prática esportiva. Essa norma está agregada a outras normas contidas na LEP, especialmente aquelas que garantem ao preso a assistência material, a assistência à saúde, a assistência jurídica, a assistência educacional e assistência social e o direito ao trabalho.

A lei ainda obriga que dentro dos estabelecimentos existam salas de aula destinadas a cursos de ensino básico e profissionalizante. A previsão legal tem como condão auxiliar na capacitação do indivíduo de modo que ela possa retornar ao mercado de trabalho quando colocado em liberdade.

Outro ponto em que o legislador se preocupou em trazer para o texto legislativo foi garantir a instalação destinada à Defensoria Pública nos estabelecimentos prisionais, impondo ao poder público que forneça aos defensores a estrutura pessoal e material necessária para o atendimento da população carcerária.

Ainda, como meio de prevenir a superlotação dos estabelecimentos prisionais, a LEP determina que a lotação deve ser compatível com a estrutura e a finalidade impostas pelo Conselho Nacional de Política Criminal e Penitenciária, a qual incube delimitar o limite máximo de capacidade do estabelecimento, atendendo à sua natureza e especificidades.

No caso de haver a superlotação carcerária esta poderá implicar na interdição do estabelecimento penal, determinada pelo juiz da execução com fundamento no art. 66, VIII, da LEP, sem prejuízo da incidência do art. 203, § 4º da LEP.

O art. 82,§1º da LEP veio para confirmar a regra constante no art. 5º, XLVII da CF, estabelecendo que a mulher deve ser recolhida em estabelecimento próprio e adequado para suas condições pessoais, o objetivo dessa norma é separar os homens das mulheres, tentando afastar as violências de ordem sexual e da própria promiscuidade entre eles.

Os estabelecimentos que são direcionados às mulheres deverão possuir, de forma exclusiva, agentes do sexo feminino de segurança nas suas dependências internas.

Os estabelecimentos femininos deverão, ainda, ter berçários, onde as condenadas possam cuidar dos seus filhos, tendo direito de amamentá-los no mínimo até os 6 meses de idade, regra essa que harmoniza com o disposto no art. 5º, L da CF.

Aos maiores de 60 anos é garantido o direito de serem recolhidos em estabelecimentos penais adequados à sua condição penal, independentemente do seu regime de cumprimento de pena. Esta norma se fundamenta na maior fragilidade por conta da sua idade, como meio de preservar sua saúde física e mental. Ressalta-se que, em se tratando de maior de 70 anos, o regime de cumprimento de pena será o aberto.

Art. 83-A. Poderão ser objeto de execução indireta as atividades materiais acessórias, instrumentais ou complementares desenvolvidas em estabelecimentos penais, e notadamente:

I. serviços de conservação, limpeza, informática, copeiragem, portaria, recepção, reprografia, telecomunicações, lavanderia e manutenção de prédios, instalações e equipamentos internos e externos;

II. serviços relacionados à execução de trabalho pelo preso.

§ 1º A execução indireta será realizada sob supervisão e fiscalização do poder público.

§ 2º Os serviços relacionados neste artigo poderão compreender o fornecimento de materiais, equipamentos, máquinas e profissionais.

O artigo anterior estabelece que o preso possa cumprir sua pena de forma indireta ao exercer algumas atividades realizadas dentro do estabelecimento prisional, sendo que essas atividades seriam supervisionadas e fiscalizadas.

Consoante o Art. 83-B, os cargos relacionados às funções de direção, chefia e coordenação não podem ser delegados a outras pessoas dentro do quadro pessoal do sistema prisional, isso porque são cargos com poder de decisão e as pessoas que irão exercê-los devem ser previamente escolhidas e devem, ainda, preencher os requisitos estabelecidos pela LEP.

Art. 84. *O preso provisório ficará separado do condenado por sentença transitada em julgado.*

§ 1º Os presos provisórios ficarão separados de acordo com os seguintes critérios:

I. acusados pela prática de crimes hediondos ou equiparados;

II. acusados pela prática de crimes cometidos com violência ou grave ameaça à pessoa;

III. acusados pela prática de outros crimes ou contravenções diversos dos apontados nos incisos I e II.

§ 2º O preso que, ao tempo do fato, era funcionário da Administração da Justiça Criminal ficará em dependência separada.

§ 3º Os presos condenados ficarão separados de acordo com os seguintes critérios:

I. condenados pela prática de crimes hediondos ou equiparados;

II. reincidentes condenados pela prática de crimes cometidos com violência ou grave ameaça à pessoa;

III. primários condenados pela prática de crimes cometidos com violência ou grave ameaça à pessoa;

IV. demais condenados pela prática de outros crimes ou contravenções em situação diversa das previstas nos incisos I, II e III.

§ 4º O preso que tiver sua integridade física, moral ou psicológica ameaçada pela convivência com os demais presos ficará segregado em local próprio.

Art. 85. *O estabelecimento penal deverá ter lotação compatível com a sua estrutura e finalidade.*

Parágrafo único. *O Conselho Nacional de Política Criminal e Penitenciária determinará o limite máximo de capacidade do estabelecimento, atendendo a sua natureza e peculiaridades.*

Primeiramente vale diferenciar quem é o preso provisório e quem é o definitivo, o primeiro é referente àqueles que se encontram presos de forma preventiva ou temporária; já os definitivos são aqueles condenados por decisão judicial transitada em julgado.

Seguindo a linha do CPP, a LEP também determina que os presos definitivos devem ficar separados dos provisórios, uma vez que o preso definitivo está em cárcere por ter ficado comprovada a sua responsabilidade criminal, já o preso preventivo está lá por necessidade cautelar, não há certeza sobre sua culpa nem sobre sua inocência.

Nos casos em que a estrutura do estabelecimento não consegue fazer a divisão dos presos, a prisão domiciliar se apresentar como um meio de resolver a questão, embora as hipóteses em que a prisão preventiva possa ser convertida em domiciliar sejam taxativas, o preso não pode ter seu direito violado, sendo assim o STF já entendeu que, zelando pelo bem estar do acusado, deve-se ir pelo que mais o beneficia, no caso a prisão domiciliar.

"Em subsistindo, assim, a falta de vaga para o cumprimento em regime semiaberto e na impossibilidade da Casa de Albergado, mostra-se juridicamente plausível a concessão de prisão domiciliar, impondo-se, como se impõe, sem qualquer exoneração do Poder Público do dever de promover a efetividade da resposta penal, na dupla perspectiva da prevenção geral e especial, decidir em favor do direito de liberdade, como é do Estado Social e Democrático de Direito." STJ, Habeas Corpus 48.629/MG, DJ 04.09.2006

Sendo o preso primário, este cumprirá sua pena em seção distinta daquela reservada aos presos reincidentes, isto porque se deve evitar que o indivíduo que acabou de iniciar sua vida no cárcere permaneça na mesma cela que criminosos habituais, podendo sofrer influências negativas que possam vir a prejudicar seu processo de ressocialização.

O preso que no momento do crime era funcionário da administração da justiça criminal ficará em local separado dos demais, isolado dos presos comuns, com o objetivo de resguardar sua integridade física e moral, que por hostilidade dos demais presos poderá ser comprometida.

Embora o artigo se relacione apenas aos funcionários da administração da justiça, a jurisprudência tem entendido que esta regra deve ser aplicada por analogia aos agentes penitenciários e aos policiais civis ou militares.

As penas privativas de liberdade que estão sendo aplicadas pela justiça de uma unidade federativa poderão ser executadas em outro estado, seja em estabelecimento local ou da União, conforme disposto no Art. 86.

No que diz respeito aos presos que apresentem um perigo maior à sociedade podem ser colocados em presídios de segurança máxima em local distante, conforme estabelece o Art. 86,§1º da LEP.

Os egressos e os liberados da medida de segurança poderão realizar atividades laborais nos estabelecimentos penais desde que estes se dediquem a obras públicas ou ao aproveitamento de terras ociosas, isso conforme o §2º do Art. 86. O trabalho poderá ser desenvolvido em estabelecimentos destinados aos presos dos regimes semiaberto e aberto, e em caráter excepcional poderá ser realizado em locais reservados aos presos do regime fechado.

CAPÍTULO II
DA PENITENCIÁRIA

Em consonância com o Art. 87, a penitenciaria é destinada aos condenados à pena de reclusão em regime de cumprimento fechado. É um estabelecimento que contará com o máximo de segurança, muros altos e com vigilância ostensiva exercida por meio de policiais ou agentes penitenciários. Note que a lei foi omissa sobre os condenados à pena de detenção que se encontrem em regime fechado, nesse caso os detentos cumpriram sua pena em penitenciárias, contudo permanecendo em alas separadas dos condenados com pena de reclusão.

O parágrafo único assegura a construção de estabelecimentos separados ao presos provisórios e os que se encontram em cumprimento em RDD, os quais por razão de ordem pública precisam contar com máxima condição de segurança e, ainda, necessitam de recolhimento em celas individuais.

Com o objetivo de garantir os direitos e as garantias fundamentais do preso, a LEP, no Art. 88, determina que o condenado deva ser alojado em cela individual, que conterá equipamentos mínimos para uma vida digna dentro do cárcere, sem contar nas condições mínimas de salubridade do ambiente, bem como deverá ter a área mínima de seis metros quadrados, tudo isso para garantir que os presos sejam tratados de forma humanizada.

Além dos requisitos mínimos de humanização contidos no Art. 89, a penitenciária que se destina ao recolhimento de mulheres deverá ser dotada de uma seção voltada para gestante e parturiente e de creche para abrigar crianças maiores de seis meses e menores de sete anos, com a finalidade de assistir a criança desamparada cuja a responsável esteja presa.

A previsão de que o processo além de ser ressocializador, deve ainda garantir que a execução da pena seja feita de forma justa, estando em consonância com o que a Constituição Federal consagra como sendo direito e garantia de toda pessoa humana.

Art. 90. *A penitenciária de homens será construída em local afastado do centro urbano a distância que não restrinja a visitação.*

O cuidado do legislador nesse dispositivo decorre das questões de segurança para a comunidade, junto a qual esteja situado o estabelecimento, considerando-se principalmente a possiblidade de motins e de fugas.

Contudo essa precaução não pode impedir o contato do preso com seus familiares e amigos durante o período em cárcere, uma vez que o isolamento pode tornar o processo ressocializador ineficaz.

CAPÍTULO III
DA COLÔNIA AGRÍCOLA, INDUSTRIAL OU SIMILAR

Não importa a forma como sentenciado passou para o regime do semiaberto, seja ele o inicial ou seja ele alcançado por meio de progressão de regime, uma vez estando em cumprimento de pena no semiaberto, em consonância com o Art. 91, ele deverá ser colocado em colônia agrícola, industrial ou similar.

Trata-se de um estabelecimento de segurança média, sem muros ou grades, com uma segurança discreta e não armada. Os presos dentro desta condição tem liberdade de movimento, uma vez que a vigilância nesse estabelecimento se baseia na disciplina e responsabilidade do preso.

O preso em regime do semiaberto colocado em colônia agrícola, industrial ou similar, poderá ser alojado em compartimento coletivo conforme disposto no Art. 92, desde que observadas as condições de salubridade do ambiente, em especial ao que diz respeito à aeração, isolação e condicionamento térmico.

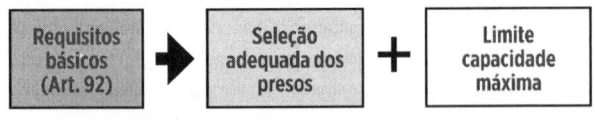

Requisitos básicos (Art. 92) → Seleção adequada dos presos + Limite capacidade máxima

No caso de não haver vaga na unidade prisional, o preso deverá ser posto no regime aberto ou em prisão domiciliar, uma vez que seria ilegal que ele cumprisse sua pena em local mais gravoso por falta de estruturas do Estado.

CAPÍTULO IV
DA CASA DO ALBERGADO

Art. 94. *O prédio deverá situar-se em centro urbano, separado dos demais estabelecimentos, e caracterizar-se pela ausência de obstáculos físicos contra a fuga.*

Art. 95. *Em cada região haverá pelo menos uma Casa do Albergado, a qual deverá conter, além dos aposentos para acomodar os preços, local adequado para cursos e palestras.*
Parágrafo único. *O estabelecimento terá instalações para os serviços de fiscalização e orientação dos condenados.*

O Art. 93 dispõe que a casa do albergado se destina ao cumprimento de pena privativa de liberdade dentro do regime aberto, bem como da pena restritiva de direitos de limitação de fim de semana.

O regime aberto está baseado na autodisciplina e no senso de responsabilidade e sem vigilância, trabalhar, frequentar curso ou exercer outra atividade autorizada, permanecendo recolhido na casa do albergado durante o período noturno e nos dias de folga.

A limitação do fim de semana consiste na obrigação de permanecer, aos sábados e aos domingos, pelo período de 5 horas diárias, em casa do albergado ou em outro estabelecimento igualmente adequado. Nesse local poderão ser realizados cursos e palestras ou, ainda, serem atribuídas atividades educativas.

O prédio da casa do albergado deverá situar-se em centro urbano, separado dos demais estabelecimentos, caracterizando-se pela ausência de guarda armada e de obstáculos físicos contra a fuga, tais como grades e muros. Contudo nada impede de existir na referida casa o controle de entrada e saída dos condenados, até mesmo para que seja informado adequadamente ao juiz da execução sobre o correto cumprimento da pena. Em termos de estrutura física, dispõe a lei que a edificação, além dos aposentos para acomodar os presos, deverá conter local adequado para cursos e palestras.

CAPÍTULO V
DO CENTRO DE OBSERVAÇÃO

Art. 96. *No Centro de Observação realizar-se-ão os exames gerais e o criminológico, cujos resultados serão encaminhados à Comissão Técnica de Classificação.*
Parágrafo único. *No Centro poderão ser realizadas pesquisas criminológicas.*
Art. 97. *O Centro de Observação será instalado em unidade autônoma ou em anexo a estabelecimento penal.*
Art. 98. *Os exames poderão ser realizados pela Comissão Técnica de Classificação, na falta do Centro de Observação.*

Tendo como finalidade a orientação sobre a individualização da pena e com isso dar início à execução da pena, o centro de observação surge para dar aplicabilidade às garantias contidas no art. 5º e 8º da LEP. O condenado a pena privativa de liberdade será submetido a exames gerais e também ao criminológico, como forma de garantir que cada indivíduo seja tratado dentro do processo de execução da pena conforme as suas peculiaridades.

Os exames mencionados terão seus resultados encaminhados à Comissão Técnica de Classificação, a fim de que seja elaborado o programa individualizado da pena privativa de liberdade adequada ao condenado.

O centro de observação, que deve existir em cada estado, será instalado em unidade autônoma ou em prédio anexo a estabelecimento penal. Se ausente, a lei vai permitir que os exames gerais e criminológicos sejam realizados pela comissão técnica – classificação instalada no estabelecimento que se encontra o condenado.

CAPÍTULO VI
DO HOSPITAL DE CUSTÓDIA E TRATAMENTO PSIQUIÁTRICO

Art. 99. *O Hospital de Custódia e Tratamento Psiquiátrico destina-se aos inimputáveis e semi-imputáveis referidos no art. 26 e seu parágrafo único do Código Penal.*
Parágrafo único. *Aplica-se ao Hospital, no que couber, o disposto no parágrafo único do art. 88 desta Lei.*
Art. 100. *O exame psiquiátrico e os demais exames necessários ao tratamento são obrigatórios para todos os internados.*
Art. 101. *O tratamento ambulatorial, previsto no art. 97, segunda parte, do Código Penal, será realizado no Hospital de Custódia e Tratamento Psiquiátrico ou em outro local com dependência médica adequada.*

O hospital de custódia e tratamento psiquiátrico, conforme dispõe o Art. 99, é destinado aos inimputáveis e semi-imputáveis mencionados no art. 26 e em seu parágrafo único. Em outras palavras, esse tipo de estabelecimento está reservado ao recolhimento dos indivíduos sujeitos à medida de segurança de internação, a lei permite, ainda, que na falta desses estabelecimentos ou de vagas, o indivíduo possa ser internado em outra instituição igualmente adequada. Esse estabelecimento será, ainda, o local adequado para o recebimento de indivíduos que sejam acometidos de doença mental no curso da execução da pena, até que ele se recupere e que possa retornar à casa prisional.

O hospital, além dos equipamentos médicos necessários, deve ainda cumprir os requisitos contidos no art. 88 da LEP, ou seja, garantia de que o indivíduo terá as condições mínimas de salubridade e de área mínima de 6 metros quadrados.

Em consonância com o Art. 100, todos os internados nesses estabelecimentos deverão ser submetidos a um exame psiquiátrico, a fim de que a eles lhe seja atestada a sua verdadeira condição mental. A lei não menciona de quanto em quanto tempo esse exame deve ser realizado, ficando a critério dos médicos responsáveis pelo indivíduo submetido a tratamento.

Os indivíduos sujeitos à medida de segurança, ainda, deverão ser submetidos aos exames de cessação de periculosidade.

CAPÍTULO VII
Da Cadeia Pública

Art. 102. *A cadeia pública destina-se ao recolhimento de presos provisórios.*
Art. 103. *Cada comarca terá, pelo menos uma cadeia pública a fim de resguardar o interesse da Administração da Justiça Criminal e a permanência do preso em local próximo ao seu meio social e familiar.*
Art. 104. *O estabelecimento de que trata este Capítulo será instalado próximo de centro urbano, observando-se na construção as exigências mínimas referidas no artigo 88 e seu parágrafo único desta Lei.*

De acordo com **Guilherme de Souza Nucci**, cadeia pública "é o estabelecimento destinado a abrigar presos provisórios, em sistema fechado, porém sem as características do regime fechado. Em outras palavras, a cadeia, normalmente encontrada na maioria das cidades brasileiras, é um prédio (muitas vezes anexo à delegacia de polícia) que abriga celas – o ideal é que fossem individuais ou, pelo menos, sem superlotação –, contendo um pátio para banho de sol. Não há trabalho disponível, nem outras dependências de lazer, cursos etc., justamente por ser lugar de passagem, onde não se deve cumprir pena." (NUCCI, Guilherme de Souza. Leis Penais e Processuais Penais Comentadas. 11. ed. São Paulo: Gen, 2018. 2. v.).

TÍTULO V
Da Execução das Penas em Espécie
CAPÍTULO I
Das Penas Privativas de Liberdade
SEÇÃO I
Disposições Gerais

Art. 105. *Transitando em julgado a sentença que aplicar pena privativa de liberdade, se o réu estiver ou vier a ser preso, o Juiz ordenará a expedição de guia de recolhimento para a execução.*

O trânsito em julgado da sentença penal condenatória é decorrente da irrecorribilidade da decisão que reconheceu a procedência da acusação e a imposição de sanção penal. Esse é o marco essencial do cumprimento das penas privativas de liberdade, por observância ao princípio constitucional da presunção de inocência.

Formalmente, uma vez ocorrendo o trânsito, será expedida guia de recolhimento para a execução. Essa guia nada mais é do que a formalização de que houve a condenação e o estabelecimento dos seus limites. Essa guia deverá ser expedida independentemente de o condenado estar solto ou preso.

Nesse sentido, o Art. 106 da LEP, determina que a guia de recolhimento será remetida à autoridade administrativa responsável pela execução penal, contendo o nome do condenado, sua qualificação civil, o número do registro geral de identificação, o inteiro teor da denúncia e da sentença condenatória, com a certidão do trânsito em julgado, bem como a informação de antecedentes, o grau de instrução, a data de término da pena e outras peças indispensáveis à execução.

A guia de recolhimento é a formalização da execução penal. Emitida, em regra, com o trânsito em julgado, ela é tida como se fosse a petição inicial da execução penal, isto é, o seu ato inaugural. Responsável pelo cumprimento da pena, da decisão do Poder Judiciário. A remessa da guia deverá ser comunicada ao Ministério Público, devendo ser retificada (corrigida) sempre que houver modificação em relação ao cumprimento da pena **(§ 1º)**.

Note que o funcionário da Administração da Justiça Criminal, em razão de sua peculiar situação, ficará em dependência separada quando do cumprimento da sanção penal **(§ 2º)**.

Art. 107. *Ninguém será recolhido, para cumprimento de pena privativa de liberdade, sem a guia expedida pela autoridade judiciária.*
§ 1º A autoridade administrativa incumbida da execução passará recibo da guia de recolhimento para juntá-la aos autos do processo, e dará ciência dos seus termos ao condenado.
§ 2º As guias de recolhimento serão registradas em livro especial, segundo a ordem cronológica do recebimento, e anexadas ao prontuário do condenado, aditando-se, no curso da execução, o cálculo das remições e de outras retificações posteriores.

A existência da guia de recolhimento é condição sem a qual não poderá dar-se início à execução da pena. No caso, contudo, de determinação da prisão processual, em que não há trânsito em julgado da sentença penal condenatória, mas sim de uma necessidade cautelar do processo (para, por exemplo, evitar a fuga do suspeito), a guia é dispensada, bastando para o recolhimento o mandado de prisão emitido pela autoridade judiciária.

Art. 108. *O condenado a quem sobrevier doença mental será internado em Hospital de Custódia e Tratamento Psiquiátrico.*

Não se trata, na hipótese, propriamente da conversão da pena privativa de liberdade em medida de segurança (como previsto no art. 183 da LEP), mas de uma situação provisória em que se manifesta uma doença mental. Caso ela se torne definitiva, de longa duração, será necessário dar início ao processo de conversão.

Art. 109. *Cumprida ou extinta a pena, o condenado será posto em liberdade, mediante alvará do Juiz, se por outro motivo não estiver preso.*

Esse dispositivo tem a função de exigir a expedição de ato do Poder Judiciário para a soltura do condenado, não bastando mera determinação administrativa. Pense que se para ser inserido no sistema é necessário um ato judicial, para ser solto, a mesma via é necessária. Até por ser possível a existência de outros processos que exigem a manutenção do condenado preso.

SEÇÃO II
Dos Regimes

Art. 110. *O Juiz, na sentença, estabelecerá o regime no qual o condenado iniciará o cumprimento da pena privativa de liberdade, observado o disposto no artigo 33 e seus parágrafos do Código Penal.*

O estabelecimento do regime inicial de cumprimento de pena (se fechado, semiaberto ou aberto) deve ser o produto do chamado sistema trifásico de individualização da pena, previsto nos Arts. 59 a 68 do Código Penal. Os artigos referidos pelo dispositivo dizem respeito somente a previsão em abstrato dos três regimes.

Art. 111. *Quando houver condenação por mais de um crime, no mesmo processo ou em processos distintos, a determinação do regime de cumprimento será feita pelo resultado da soma ou unificação das penas, observada, quando for o caso, a detração ou remição.*

Parágrafo único. *Sobrevindo condenação no curso da execução, somar-se-á a pena ao restante da que está sendo cumprida, para determinação do regime.*

O juízo da execução penal é um "juízo universal", isto é, todas as penas aplicadas a uma mesma pessoa serão cumpridas numa mesma Vara de Execução Criminal, que estará vinculada ao local em que o condenado estiver preso ou que tiver domicílio, se estiver em liberdade. Como registra **Guilherme de Souza Nucci**, "cabe ao juiz que controla todas as suas condenações promover o necessário somatório das penas e verificar a adequação do regime imposto, bem como dos benefícios auferidos. Em caso de concurso material, quando as penas serão somadas, é possível que o réu tenha, exemplificando, três penas de dois anos em regime aberto, cada uma delas, pois todas provenientes de juízos criminais diferentes. É natural que, concentrando-se todas elas na Vara de Execução Penal, o montante atingirá seis anos e o regime aberto torna-se incompatível (art. 33, § 2.º, b, CP). Deve o magistrado adaptá-lo ao semiaberto, no mínimo. Por outro lado, é viável haver a unificação de penas (consultar a nota 175 ao art. 66, III, a, desta Lei), ocasião em que nova adaptação de regime pode ser necessária. Ilustrando: o réu possui dez condenações por furto simples, atingindo dez anos de reclusão, motivo pelo qual foi inserido no regime inicial fechado (art. 33, § 2.º, a, CP). Porém, em seu processo de execução da pena, constata-se ter havido crime continuado (art. 71, CP), razão pela qual o juiz unifica todas elas em um ano e seis meses de reclusão. Deve, logicamente, afastar o regime fechado, concedendo o aberto." (NUCCI, Guilherme de Souza. Leis Penais e Processuais Penais Comentadas. 11. ed. São Paulo: Gen, 2018. 2. v.).

Assim, a ideia do legislador é sempre que sobrevier nova condenação, no âmbito da execução, o juiz precisará unificar as penas e verificar qual o regime que deve ser imposto no caso concreto.

Art. 112. *A pena privativa de liberdade será executada em forma progressiva com a transferência para regime menos rigoroso, a ser determinada pelo juiz, quando o preso tiver cumprido ao menos:*

I. 16% da pena, se o apenado for primário e o crime tiver sido cometido sem violência à pessoa ou grave ameaça;

II. 20% da pena, se o apenado for reincidente em crime cometido sem violência à pessoa ou grave ameaça;

III. 25% da pena, se o apenado for primário e o crime tiver sido cometido com violência à pessoa ou grave ameaça;

IV. 30% da pena, se o apenado for reincidente em crime cometido com violência à pessoa ou grave ameaça;

V. 40% da pena, se o apenado for condenado pela prática de crime hediondo ou equiparado, se for primário;

VI. 50% da pena, se o apenado for:

a) condenado pela prática de crime hediondo ou equiparado, com resultado morte, se for primário, vedado o livramento condicional;

b) condenado por exercer o comando, individual ou coletivo, de organização criminosa estruturada para a prática de crime hediondo ou equiparado; ou

c) condenado pela prática do crime de constituição de milícia privada;

VII. 60% da pena, se o apenado for reincidente na prática de crime hediondo ou equiparado;

VIII. 70% da pena, se o apenado for reincidente em crime hediondo ou equiparado com resultado morte, vedado o livramento condicional.

§ 1º Em todos os casos, o apenado só terá direito à progressão de regime se ostentar boa conduta carcerária, comprovada pelo diretor do estabelecimento, respeitadas as normas que vedam a progressão.

§ 2º A decisão do juiz que determinar a progressão de regime será sempre motivada e precedida de manifestação do Ministério Público e do defensor, procedimento que também será adotado na concessão de livramento condicional, indulto e comutação de penas, respeitados os prazos previstos nas normas vigentes.

O sistema progressivo de cumprimento de pena determinado na Lei de Execução Penal é fundamentado, essencialmente, em dois requisitos: um objetivo, consistente na necessidade de um determinado tempo de cumprimento, e um subjetivo, aferido através de atestado emitido pelo direto do estabelecimento.

O sistema brasileiro tem influência direta do sistema irlandês, que melhor adaptou o regime progressivo. A sua utilização visa manter a esperança do condenado na redução do rigor do cumprimento da pena com o passar do tempo e a demonstração do seu mérito, do seu merecimento.

Originalmente, para a demonstração do mérito, era necessária a realização de um novo exame criminológico. Contudo, em razão da ausência de profissionais suficientes para realização dos exames, foi substituído somente pelo atestado de boa conduta carcerária. Vale mencionar que embora não haja mais previsão legal de submissão ao sentenciado à exame criminológico para a progressão, a jurisprudência entende que é possível a realização da perícia caso o fato concreto assim justifique. Nesse sentido a Súmula 439 do Superior Tribunal de Justiça: "Admite-se o exame criminológico pelas peculiaridades do caso, desde que em decisão motivada".

Como toda decisão judicial, aquela que determina a progressão será motivada, sendo ouvido o Ministério Público e o defensor do sentenciado.

Em relação aos requisitos objetivos, a modificação realizada pelo Pacote Anticrime foi substancial, criando diversos percentuais diferentes para progressão, dependendo do crime praticado (sem violência, com violência ou hediondo) e da condição de primário ou reincidente do condenado. Esquematicamente, entende-se essa como a melhor visualização:

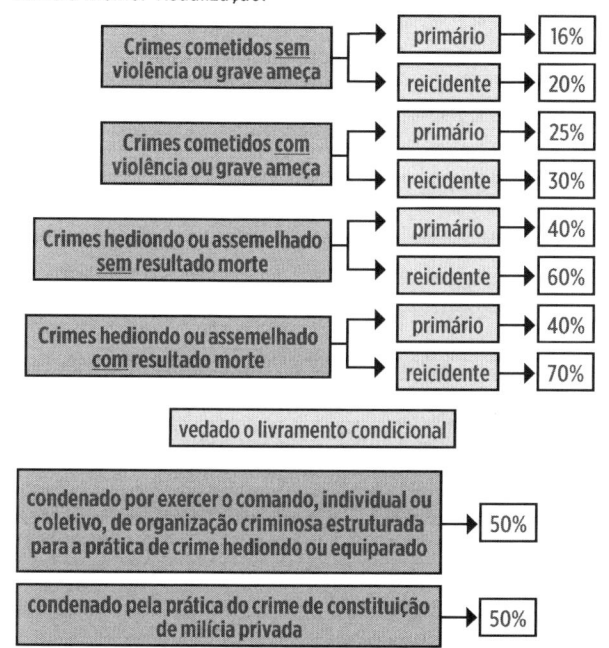

Crime	Condição	%
Crimes cometidos sem violência ou grave ameaça	primário	16%
	reincidente	20%
Crimes cometidos com violência ou grave ameaça	primário	25%
	reincidente	30%
Crimes hediondo ou assemelhado sem resultado morte	primário	40%
	reincidente	60%
Crimes hediondo ou assemelhado com resultado morte	primário	40%
	reincidente	70%

vedado o livramento condicional

condenado por exercer o comando, individual ou coletivo, de organização criminosa estruturada para a prática de crime hediondo ou equiparado	50%
condenado pela prática do crime de constituição de milícia privada	50%

Importante registrar, por fim, que não se admite a chamada progressão *per saltum*, isto é, a transferência direta do regime fechada para o regime aberto. Somente será possível essa transferência, de maneira provisória quando faltar vagas no regime intermediário. Nesse sentido a **Súmula Vinculante 56 do Supremo Tribunal Federal:** "A falta de estabelecimento penal adequado não autoriza a manutenção do condenado em regime prisional mais gravoso, devendo-se observar, nessa hipótese, os parâmetros fixados no RE 641.320/RS"

> *§ 3º No caso de mulher gestante ou que for mãe ou responsável por crianças ou pessoas com deficiência, os requisitos para progressão de regime são, cumulativamente:*
> *I. não ter cometido crime com violência ou grave ameaça a pessoa;*
> *II. não ter cometido o crime contra seu filho ou dependente;*
> *III. ter cumprido ao menos 1/8 da pena no regime anterior;*
> *IV. ser primária e ter bom comportamento carcerário, comprovado pelo diretor do estabelecimento;*
> *V. não ter integrado organização criminosa.*
> *§ 4º O cometimento de novo crime doloso ou falta grave implicará a revogação do benefício previsto no § 3º deste artigo.*

Em se tratando de mulheres gestantes ou mães que sejam responsáveis por pessoas em situação de vulnerabilidade (pela idade ou por deficiência) terão um requisito temporal diferenciado (1/8), desde que cumpridos os demais requisitos previsto em lei.

> *§ 5º Não se considera hediondo ou equiparado, para os fins deste artigo, o crime de tráfico de drogas previsto no § 4º do art. 33 da Lei nº 11.343, de 23 de agosto de 2006.*

Essa modificação, também realizada pelo pacote anticrime, foi decorrente da mudança na jurisprudência do Supremo Tribunal Federal. Por uma questão de política criminal, a jurisprudência acabou excluindo dos crimes hediondos o chamado "pequeno traficante", consistente no indivíduo primário, com bons antecedentes, que não se dedique a atividades criminosas e nem faça parte de organização criminosa. Nessas hipóteses, o critério para progressão seguirá aqueles determinados para os crimes comuns.

> *§ 6º O cometimento de falta grave durante a execução da pena privativa de liberdade interrompe o prazo para a obtenção da progressão no regime de cumprimento da pena, caso em que o reinício da contagem do requisito objetivo terá como base a pena remanescente.*

Se, de um lado, há um grande incentivo ao "bom" comportamento durante o cumprimento de pena, através da possibilidade da progressão de regime, a Lei de Execução Penal também prevê o inverso, a chamada regressão de regime. Contudo, quando o condenado já está no regime mais gravoso, por exemplo, a prática de falta grave -obviamente- não levará a progressão. Para que essa falta não passe impune, além da perda dos dias remidos, o apenado terá o reinício dos prazos para obtenção da progressão. Pense, por exemplo, que apenado tenha recebido uma pena de 10 anos; após o cumprimento de 5 anos, pratique falta grave. Seu prazo para obtenção da progressão será zerado, porém o novo cálculo somente incidirá sobre os cinco anos restantes, pois pena cumprida é pena extinta, não mais sendo utilizada para fins de benefícios.

> **Art. 113.** *O ingresso do condenado em regime aberto supõe a aceitação de seu programa e das condições impostas pelo Juiz.*

De acordo com o art. 36 do Código Penal, o regime aberto é baseado na autodisciplina e no senso de responsabilidade do condenado. Assim, para o seu ingresso no regime aberto se realiza uma audiência para que essas condições sejam aceitas pelo apenado.

> **Art. 114.** *Somente poderá ingressar no regime aberto o condenado que:*
> *I. estiver trabalhando ou comprovar a possibilidade de fazê-lo imediatamente;*
> *II. apresentar, pelos seus antecedentes ou pelo resultado dos exames a que foi submetido, fundados indícios de que irá ajustar-se, com autodisciplina e senso de responsabilidade, ao novo regime.*
> **Parágrafo único.** *Poderão ser dispensadas do trabalho as pessoas referidas no artigo 117 desta Lei.*

Tendo em vista que um dos objetivos da própria sanção é a reintegração social do condenado, e o trabalho é uma das principais formas de fazê-lo, a Lei de Execução Penal condicionou o ingresso no regime aberto para os condenados que demonstrarem sua aptidão para a autodisciplina e responsabilidade e também que estiverem trabalho ou comprarem a possibilidade de trabalhar imediatamente.

Contudo, em razão da situação brasileira, esse requisito não é pode ser tomado como absoluto. Esse o entendimento do Superior Tribunal de Justiça: "As turmas que integram a Terceira Seção desta Corte consagraram o entendimento de que a regra do art. 114, I, da LEP, a qual exige do condenado, para ingressar no regime aberto,

LEI Nº 7.210, DE 11 DE JULHO DE 1984 - LEI DE EXECUÇÃO PENAL

a comprovação de trabalho ou a possibilidade imediata de fazê-lo (apresentação de proposta de emprego), deve sofrer temperamentos, ante a realidade brasileira (HC 292.764/RJ, rel. Min. Maria Thereza de Assis Moura, Sexta Turma, DJe 27/06/2014) (HC 285.115/SP, Rel. Ministro Gurgel de Faria, Quinta Turma, DJe 08/04/2015)" (**STJ**, 6ª T., AgRg no HC 334247, rel. **Min. Nefi Cordeiro**, j. 14.03.2017)

O **art. 115** da LEP traz as chamadas condições mínimas (gerais e obrigatórias) para a inserção no regime aberto, sendo elas:

I. o dever de permanecer no local designado, durante o repouso e nos dias de folga;

II. sair para o trabalho e retornar, nos horários estabelecidos;

III. não se ausentar da cidade onde reside, sem autorização;

IV. comparecer a Juízo, para informar e justificar suas atividades, quando determinado.

O dispositivo, ademais, prevê a possibilidade de o juiz estabelecer condições especiais, que tenham relação com o crime praticado pelo apenado, como, por exemplo, a proibição de contato com a vítima do delito pelo qual fora condenado. Como já decidiu o Superior Tribunal de Justiça do Paraná: "É lícito ao Juiz estabelecer condições especiais para a concessão do regime aberto, em complementação daquelas previstas na LEP (art. 115 da LEP), mas não poderá adotar a esse título nenhum efeito já classificado como pena substitutiva (art. 44 do CPB)." (3ª S., REsp 1.107.314, rel. Min. Laurita Vaz, j. 13.12.2010, Dje 05.10.2011.). Aliás, sobre a utilização de uma pena substitutiva como condição do regime aberto, o mesmo Tribunal estabeleceu a Súmula 493: "É inadmissível a fixação de pena substitutiva (art. 44 do CP) como condição especial ao regime aberto.".

Art. 116. *O Juiz poderá modificar as condições estabelecidas, de ofício, a requerimento do Ministério Público, da autoridade administrativa ou do condenado, desde que as circunstâncias assim o recomendem.*

O artigo prevê a possibilidade justa do Juiz da Execução adaptar as condições da pena às circunstâncias fáticas que se apresentarem.

Art. 117. *Somente se admitirá o recolhimento do beneficiário de regime aberto em residência particular quando se tratar de:*
I. condenado maior de 70 anos;
II. condenado acometido de doença grave;
III. condenada com filho menor ou deficiente físico ou mental;
IV. condenada gestante.

A chamada prisão albergue domiciliar (PAD) é destinada, a princípio, aos condenados que estejam elencados no rol do art. 117 da LEP. A realidade brasileira, contudo, impôs que essa espécie seja praticamente a regra quando se fala em regime aberto, tendo em vista a ausência de casas do albergado no Brasil. Ademais, esse é o entendimento do STJ (HC 216.828, j.15.02.2012), diante da precariedade do sistema prisional e a ausência de condições para o cumprimento da pena em regime aberto.

Art. 118. *A execução da pena privativa de liberdade ficará sujeita à forma regressiva, com a transferência para quaisquer dos regimes mais rigorosos, quando o condenado:*
I. praticar fato definido como crime doloso ou falta grave;
II. sofrer condenação, por crime anterior, cuja pena, somada ao restante da pena em execução, torne incabível o regime (artigo 111).
§ 1º O condenado será transferido do regime aberto se, além das hipóteses referidas nos incisos anteriores, frustrar os fins da execução ou não pagar, podendo, a multa cumulativamente imposta.
§ 2º Nas hipóteses do inciso I e do parágrafo anterior, deverá ser ouvido previamente o condenado.

Se a progressão é um direito daquele que tem mérito, nada mais natural que a regressão seja uma sanção aquele que descumpriu os objetivos do sistema prisional. Com efeito, caso o apenado pratique fato definido como crime doloso ou qualquer das faltas graves taxativamente previstas na LEP deverá ser transferido para regime mais gravoso de cumprimento de pena. Isso ocorrerá tanto se estiver em regime semiaberto quanto no regime aberto. Sobre o regime aberto, ademais, prevê o dispositivo que poderá haver a regressão se frustrar os fins da execução da pena (descumprindo as medidas impostas) ou se deixar de pagar a multa, quando podia fazê-lo. Nas duas hipóteses, o apenado deverá ser ouvido antes da regressão para que, podendo, justifique sua conduta e impeça a sanção.

De outro lado, caso haja uma unificação da pena do apenado, com o novo patamar punitivo deverá o Juiz da Execução realizar nova análise sobre o regime correto para cumprimento da sanção. Nesse caso, como a nova condenação já foi resultado de um processo judicial, desnecessária a oitiva do apenado.

Note que não há determinação expressa para que a progressão seja para o regime imediatamente mais grave. A doutrina, assim, entende cabível a progressão do regime aberto direto para o fechado. Para tanto, é claro, deve ser realizada fundamentação idônea.

Por fim, vale mencionar que é possível a chamada suspensão cautelar do regime em razão da prática de crime doloso ou de falta grave. , conforme entendimento do STF (HC 84.112, j. 04.05.2004).

Art. 119. *A legislação local poderá estabelecer normas complementares para o cumprimento da pena privativa de liberdade em regime aberto (artigo 36, § 1º, do Código Penal).*

SEÇÃO III
Das Autorizações de Saída
SUBSEÇÃO I
Da Permissão de Saída

Art. 120. *Os condenados que cumprem pena em regime fechado ou semiaberto e os presos provisórios poderão obter permissão para sair do estabelecimento, mediante escolta, quando ocorrer um dos seguintes fatos:*
I. falecimento ou doença grave do cônjuge, companheira, ascendente, descendente ou irmão;
II. necessidade de tratamento médico.
Parágrafo único. *A permissão de saída será concedida pelo diretor do estabelecimento onde se encontra o preso.*

Como observa **Guilherme de Souza Nucci**: "os presos, condenados ou provisórios, podem deixar o estabelecimento penal, sob escolta de policiais ou agentes penitenciárias, que assegurem não haver fuga, para situações de necessidade: a) participar de cerimônia funerária em decorrência de falecimento do cônjuge, companheiro(a), ascendente, descendente ou irmão; b) visitar as mesmas pessoas retro mencionadas quando padecerem de doença grave; c) necessidade de submissão a tratamento médico não disponível no presídio ou em hospital penitenciário anexo." (NUCCI, Guilherme de Souza. Leis Penais e Processuais Penais Comentadas. 11. ed. São Paulo: Gen, 2018. 2. v.).

Vale mencionar que a permissão para tratamento médico somente se aplica caso não haja o serviço no próprio estabelecimento.

Art. 121. A permanência do preso fora do estabelecimento terá a duração necessária à finalidade da saída.

A permissão não se confunde com a saída temporária. A permissão está condicionada ao motivo de sua determinação, enquanto a segunda já possui um tempo previamente determinado.

SUBSEÇÃO II
Da Saída Temporária

Art. 122. Os condenados que cumprem pena em regime semiaberto poderão obter autorização para saída temporária do estabelecimento, sem vigilância direta, nos seguintes casos:

I. visita à família;

II. frequência a curso supletivo profissionalizante, bem como de instrução do 2º grau ou superior, na Comarca do Juízo da Execução;

III. participação em atividades que concorram para o retorno ao convívio social.

§ 1º A ausência de vigilância direta não impede a utilização de equipamento de monitoração eletrônica pelo condenado, quando assim determinar o juiz da execução.

§ 2º Não terá direito à saída temporária a que se refere o caput deste artigo o condenado que cumpre pena por praticar crime hediondo com resultado morte.

A saída temporária é um direito "destinado aos presos que cumprem pena em regime semiaberto, como forma de viabilizar, cada vez mais, a reeducação, desenvolvendo-lhes o senso de responsabilidade, para, no futuro, ingressar no regime aberto, bem como para dar início ao processo de ressocialização." (NUCCI, Guilherme de Souza. Leis Penais e Processuais Penais Comentadas. 11. ed. São Paulo: Gen, 2018. 2. v.).

A concessão desse direito, segundo determinação do Superior Tribunal de Justiça é exclusivo da autoridade judiciária. Nesse sentido a Súmula 520 dispõe: "O benefício de saída temporária no âmbito da execução penal é ato jurisdicional insuscetível de delegação à autoridade administrativa do estabelecimento prisional".

Note que o pacote anticrime inseriu dois parágrafos no artigo, autorizando a imposição da vigilância indireta (através de equipamento de monitoração eletrônica), quando determinado pelo juiz. Ademais, proibiu-se a concessão de saídas temporárias aos condenados por crime hediondo com resultado morte.

Art. 123. A autorização será concedida por ato motivado do Juiz da execução, ouvidos o Ministério Público e a administração penitenciária e dependerá da satisfação dos seguintes requisitos:

I. comportamento adequado;

II. cumprimento mínimo de 1/6 da pena, se o condenado for primário, e 1/4, se reincidente;

III. compatibilidade do benefício com os objetivos da pena.

Como toda decisão judicial, a concessão da saída temporária deve ser motivada pela autoridade judiciária e precedida da oitiva tanto do Ministério Público quando da administração penitenciária.

Note que os requisitos legais são cumulativos, devendo o apenado cumprir os três para pleitear o direito.

Art. 124. A autorização será concedida por prazo não superior a 7 dias, podendo ser renovada por mais 4 vezes durante o ano.

§ 1º. Ao conceder a saída temporária, o juiz imporá ao beneficiário as seguintes condições, entre outras que entender compatíveis com as circunstâncias do caso e a situação pessoal do condenado:

I. fornecimento do endereço onde reside a família a ser visitada ou onde poderá ser encontrado durante o gozo do benefício;

II. recolhimento à residência visitada, no período noturno;

III. proibição de frequentar bares, casas noturnas e estabelecimentos congêneres.

§ 2º. Quando se tratar de frequência a curso profissionalizante, de instrução de ensino médio ou superior, o tempo de saída será o necessário para o cumprimento das atividades discentes.

§ 3º. Nos demais casos, as autorizações de saída somente poderão ser concedidas com prazo mínimo de 45 dias de intervalo entre uma e outra.

O dispositivo limita a concessão de 4 saídas por anos por prazo não superior a 7 dias. Normalmente, na prática, são concedidas em períodos festivos, como as comemorações de final de ano, dia das mães ou dos pais.

Art. 125. O benefício será automaticamente revogado quando o condenado praticar fato definido como crime doloso, for punido por falta grave, desatender as condições impostas na autorização ou revelar baixo grau de aproveitamento do curso.

Parágrafo único. A recuperação do direito à saída temporária dependerá da absolvição no processo penal, do cancelamento da punição disciplinar ou da demonstração do merecimento do condenado.

Assim como todos os direitos concedidos no campo das execuções, a saída temporária visa na medida do possível, facilitar a reintegração social do apenado. Assim, qualquer demonstração no sentido contrário deverá ser sancionada, no caso com a revogação, além do processo para apuração da falta grave eventualmente praticada.

SEÇÃO IV
Da Remição

Art. 126. O condenado que cumpre a pena em regime fechado ou semiaberto poderá remir, por trabalho ou por estudo, parte do tempo de execução da pena.

§ 1º. A contagem de tempo referida no caput será feita à razão de:

I. 1 dia de pena a cada 12 horas de frequência escolar - atividade de ensino fundamental, médio, inclusive profissionalizante, ou superior, ou ainda de requalificação profissional - divididas, no mínimo, em 3 dias;

II. 1 dia de pena a cada 3 dias de trabalho.

§ 2º. As atividades de estudo a que se refere o § 1º deste artigo poderão ser desenvolvidas de forma presencial ou por metodologia de ensino a distância e deverão ser certificadas pelas autoridades educacionais competentes dos cursos frequentados.

§ 3º. Para fins de cumulação dos casos de remição, as horas diárias de trabalho e de estudo serão definidas de forma a se compatibilizarem.

§ 4º. O preso impossibilitado, por acidente, de prosseguir no trabalho ou nos estudos continuará a beneficiar-se com a remição.

§ 5º. O tempo a remir em função das horas de estudo será acrescido de 1/3 no caso de conclusão do ensino fundamental, médio ou superior durante o cumprimento da pena, desde que certificada pelo órgão competente do sistema de educação.

§ 6º. O condenado que cumpre pena em regime aberto ou semiaberto e o que usufrui liberdade condicional poderão remir, pela frequência a curso de ensino regular ou de educação profissional, parte do tempo de execução da pena ou do período de prova, observado o disposto no inciso I do § 1º. deste artigo.

§ 7º. O disposto neste artigo aplica-se às hipóteses de prisão cautelar.

§ 8º. A remição será declarada pelo juiz da execução, ouvidos o Ministério Público e a defesa.

A remição consiste no resgate de parcela da pena pelo trabalho ou pelo estudo do condenado. É uma das principais formas de reintegração social possíveis, por permitir uma adaptação do apenado ao mercado de trabalho que encontrará no meio aberto, além de, é claro, trazer melhores instrumentos para a vida em sociedade.

Originalmente, a remição se dava unicamente em relação ao trabalho. Com a evolução da jurisprudência, adotada agora pela lei, o estudo foi inserido como forma de remição. Posteriormente, o Conselho Nacional de Justiça, por meio da Resolução 44, estabeleceu até a possibilidade de remição pela leitura.

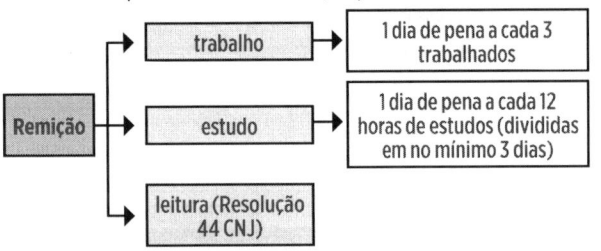

```
                    ┌─ trabalho ──→ 1 dia de pena a cada 3 trabalhados
                    │
Remição ────────────┼─ estudo ────→ 1 dia de pena a cada 12 horas de estudos (divididas em no mínimo 3 dias)
                    │
                    └─ leitura (Resolução 44 CNJ)
```

Art. 127. Em caso de falta grave, o juiz poderá revogar até 1/3 do tempo remido, observado o disposto no art. 57, recomeçando a contagem a partir da data da infração disciplinar.

Como não poderia ser diferente, o apenado não deve se esquecer dos objetivos centrais da execução penal para manutenção de seus direitos. Entre as consequências danosas decorrentes da prática da falta grave está, expressamente, a perda de até 1/3 dos dias remidos. Essa sanção é uma forma de contra motivação ao descumprimento dos objetivos da execução penal.

Esse dispositivo foi uma evolução em relação a previsão originária da LEP que determinava a perda de todo o tempo remido. Interessante notar que a lei só prevê um máximo de perda, mas não um mínimo. Discute-se o mínimo de tempo a ser determinado, se seria o mínimo de um dia ou de 1/6. Os defensores da perda de um dia se ancoram na falta de qualquer previsão, devendo utilizar-se a perda mínima como critério. De outro lado, parte dos autores entende que 1/6 é o modelo ideal, por ser o menos patamar previsto na legislação.

Art. 128. O tempo remido será computado como pena cumprida, para todos os efeitos.

A própria palavra remição já deixa claro que todo o tempo remido deve ser considerado como pena cumprida e não como tempo eventualmente a ser descontado do total da pena (que seria o correto se o termo usado fosse remissão). Prevê a LEP, então, que haverá remição (resgate) e não remissão (perdão). O que é mais benéfico para o apenado, uma vez que pena cumprida é pena extinta, acelerando não só o término do cumprimento das penas, mas também a obtenção de todos os benefícios prisionais. Nesse sentido, é o entendimento do STJ (HC 205.895, 6ª Turma, j. 23.08.2011).

Art. 129. A autoridade administrativa encaminhará mensalmente ao juízo da execução cópia do registro de todos os condenados que estejam trabalhando ou estudando, com informação dos dias de trabalho ou das horas de frequência escolar ou de atividades de ensino de cada um deles.

§ 1º. O condenado autorizado a estudar fora do estabelecimento penal deverá comprovar mensalmente, por meio de declaração da respectiva unidade de ensino, a frequência e o aproveitamento escolar.

§ 2º. Ao condenado dar-se-á a relação de seus dias remidos.

Todos os envolvidos no processo de remição devem possuir os dados atualizados mensalmente. Tanto o juízo da execução quando o próprio condenado. É uma forma de controle e incentivo ao mesmo tempo.

Art. 130. Constitui o crime do artigo 299 do Código Penal declarar ou atestar falsamente prestação de serviço para fim de instruir pedido de remição.

Prevê o art. 299 do Código Penal o crime de falsidade ideológica. A previsão é desnecessária, mas serve como um *aviso* buscando evitar declarações falsas para a remição.

SEÇÃO V
Do Livramento Condicional

Art. 131. O livramento condicional poderá ser concedido pelo Juiz da execução, presentes os requisitos do artigo 83, incisos e parágrafo único, do Código Penal, ouvidos o Ministério Público e Conselho Penitenciário.

O livramento condicional é um benefício prisional que, embora siga normalmente o mesmo processo da progressão, tem requisitos próprios. Como observa a doutrina, o livramento condicional é "um instituto de política criminal, destinado a permitir a redução do tempo de prisão com a concessão antecipada e provisória da liberdade do condenado, quando é cumprida pena privativa de liberdade, mediante o preenchimento de determinados requisitos e a aceitação de certas condições."(NUCCI, Guilherme de Souza. Leis Penais e Processuais Penais Comentadas. 11. ed. São Paulo: Gen, 2018. 2. v.).

De acordo com o art. 83 do Código Penal, o juiz concederá o livramento condicional ao condenado a pena privativa de liberdade igual ou superior a dois anos, desde que: I - cumprida mais de um terço da pena se o condenado não for reincidente em crime doloso e tiver bons antecedentes; II - cumprida mais da metade se o condenado for reincidente em crime doloso; III – comprovado: a) bom comportamento durante a execução da pena; b) não cometimento de falta grave nos últimos 12meses; c) bom desempenho no trabalho que lhe foi atribuído; e d) aptidão para prover a própria subsistência mediante trabalho honesto; IV - tenha reparado, salvo efetiva impossibilidade de fazê-lo, o dano causado pela infração; V - cumpridos mais de dois terços da pena, nos casos de condenação por crime hediondo, prática de tortura, tráfico ilícito de entorpecentes e drogas afins, tráfico de pessoas e terrorismo, se o apenado não for reincidente específico em crimes dessa natureza. Ademais, para o condenado por crime doloso, cometido com violência ou grave ameaça à pessoa, a concessão do livramento ficará também subordinada à constatação de condições pessoais que façam presumir que o liberado não voltará a delinquir.

Em que pese a legislação mencione o *poder* do Juiz da execução conceder o livramento, há, em verdade, um direito subjetivo do condenado que preencher os requisitos.

Por fim, vale mencionar que de acordo com a Súmula 441 do Superior Tribunal de Justiça: "A falta grave não interrompe o prazo para obtenção de livramento condicional".

> **Art. 132.** Deferido o pedido, o Juiz especificará as condições a que fica subordinado o livramento.
>
> **§ 1º** Serão sempre impostas ao liberado condicional as obrigações seguintes:
>
> **a)** obter ocupação lícita, dentro de prazo razoável se for apto para o trabalho;
>
> **b)** comunicar periodicamente ao Juiz sua ocupação;
>
> **c)** não mudar do território da comarca do Juízo da execução, sem prévia autorização deste.
>
> **§ 2º** Poderão ainda ser impostas ao liberado condicional, entre outras obrigações, as seguintes:
>
> **a)** não mudar de residência sem comunicação ao Juiz e à autoridade incumbida da observação cautelar e de proteção;
>
> **b)** recolher-se à habitação em hora fixada;
>
> **c)** não frequentar determinados lugares.
>
> **Art. 133.** Se for permitido ao liberado residir fora da comarca do Juízo da execução, remeter-se-á cópia da sentença do livramento ao Juízo do lugar para onde ele se houver transferido e à autoridade incumbida da observação cautelar e de proteção.
>
> **Art. 134.** O liberado será advertido da obrigação de apresentar-se imediatamente às autoridades referidas no artigo anterior.
>
> **Art. 135.** Reformada a sentença denegatória do livramento, os autos baixarão ao Juízo da execução, para as providências cabíveis.

Note que o Art. 132 da LEP divide as condições em obrigatórias (§ 1º) e facultativas (§ 2º). Todas devem ser levadas a conhecimento do condenado, que deverá cumpri-las integralmente para não perder o benefício e, consequentemente, voltar ao estágio anterior de cumprimento de pena. É essencial a observância dos requisitos, pois uma vez revogado o benefício, em regra, o tempo que permaneceu em livramento será desconsiderado.

> **Art. 136.** Concedido o benefício, será expedida a carta de livramento com a cópia integral da sentença em 2 vias, remetendo-se uma à autoridade administrativa incumbida da execução e outra ao Conselho Penitenciário.
>
> **Art. 137.** A cerimônia do livramento condicional será realizada solenemente no dia marcado pelo Presidente do Conselho Penitenciário, no estabelecimento onde está sendo cumprida a pena, observando-se o seguinte:
>
> **I.** a sentença será lida ao liberando, na presença dos demais condenados, pelo Presidente do Conselho Penitenciário ou membro por ele designado, ou, na falta, pelo Juiz;
>
> **II.** a autoridade administrativa chamará a atenção do liberando para as condições impostas na sentença de livramento;
>
> **III.** o liberando declarará se aceita as condições.
>
> **§ 1º** De tudo em livro próprio, será lavrado termo subscrito por quem presidir a cerimônia e pelo liberando, ou alguém a seu rogo, se não souber ou não puder escrever.
>
> **§ 2º** Cópia desse termo deverá ser remetida ao Juiz da execução.

A carta de livramento é o documento oficial que contém a concessão do benefício e todas as obrigações do apenado. Para que não haja qualquer ruído na comunicação, além de receber propriamente a carta, é realizada uma cerimonia oficial, tanto para incentivar o cumprimento das condições como para esclarecê-las.

> **Art. 138.** Ao sair o liberado do estabelecimento penal, ser-lhe-á entregue, além do saldo de seu pecúlio e do que lhe pertencer, uma caderneta, que exibirá à autoridade judiciária ou administrativa, sempre que lhe for exigida.
>
> **§ 1º** A caderneta conterá:
>
> **a)** a identificação do liberado;
>
> **b)** o texto impresso do presente Capítulo;
>
> **c)** as condições impostas.
>
> **§ 2º** Na falta de caderneta, será entregue ao liberado um salvo-conduto, em que constem as condições do livramento, podendo substituir-se a ficha de identificação ou o seu retrato pela descrição dos sinais que possam identificá-lo.
>
> **§ 3º** Na caderneta e no salvo-conduto deverá haver espaço para consignar-se o cumprimento das condições referidas no artigo 132 desta Lei.

Como o sentenciado permanece em cumprimento de pena, ainda vinculado ao sistema prisional, mantém uma identificação própria, até como forma de ser controlado pelo sistema policial.

> **Art. 139.** A observação cautelar e a proteção realizadas por serviço social penitenciário, Patronato ou Conselho da Comunidade terão a finalidade de:
>
> **I.** fazer observar o cumprimento das condições especificadas na sentença concessiva do benefício;
>
> **II.** proteger o beneficiário, orientando-o na execução de suas obrigações e auxiliando-o na obtenção de atividade laborativa.
>
> **Parágrafo único.** A entidade encarregada da observação cautelar e da proteção do liberado apresentará relatório ao Conselho Penitenciário, para efeito da representação prevista nos artigos 143 e 144 desta Lei.

Como observa Guilherme de Souza Nucci: "cumprimento da pena precisa ser efetivo e real, em particular quando se trata de benefício concedido para avaliar o grau de ressocialização do sentenciado. Nesse cenário, as condições fixadas pelo juiz para o gozo do livramento condicional devem ser fielmente respeitadas" (NUCCI, Guilherme de Souza. Leis Penais e Processuais Penais Comentadas. 11. ed. São Paulo: Gen, 2018. 2. v.).

> **Art. 140.** A revogação do livramento condicional dar-se-á nas hipóteses previstas nos artigos 86 e 87 do Código Penal.
>
> **Parágrafo único.** Mantido o livramento condicional, na hipótese da revogação facultativa, o Juiz deverá advertir o liberado ou agravar as condições.

São hipóteses de revogação obrigatória caso o condenado venha a ser condenado a pena privativa de liberdade, em sentença irrecorrível: I - por crime cometido durante a vigência do benefício; II - por crime anterior, observada a nova unificação das penas. De outro lado, será facultativa a revogação quando o liberado deixar de cumprir qualquer das obrigações constantes da sentença, ou for irrecorrivelmente condenado, por crime ou contravenção, a pena que não seja privativa de liberdade

> **Art. 141.** Se a revogação for motivada por infração penal anterior à vigência do livramento, computar-se-á como tempo de cumprimento da pena o período de prova, sendo permitida, para a concessão de novo livramento, a soma do tempo das duas penas.
>
> **Art. 142.** No caso de revogação por outro motivo, não se computará na pena o tempo em que esteve solto o liberado, e tampouco se concederá, em relação à mesma pena, novo livramento.
>
> **Art. 143.** A revogação será decretada a requerimento do Ministério Público, mediante representação do Conselho Penitenciário, ou, de ofício, pelo Juiz, ouvido o liberado.

Unicamente na hipótese em que a revogação se der por crime praticado anteriormente pelo apenado, o tempo que esteve em livramento não será desconsiderado. Entendeu o legislador que o cometimento de crime posterior ou o descumprimento das demais condições devem levar a perda de todos o tempo de livramento, como forma de evitar o descumprimento das condições.

Pelos mesmos motivos, o apenado que tem o benefício revogado, em regra, não poderá novamente receber o livramento: "O apenado que motiva a revogação do livramento condicional não pode obter novamente o mesmo benefício, exceto quando a perda da benesse decorrer de infração penal cometida em data anterior à vigência do livramento, nos exatos termos dos artigos 88 do Código Penal e 142 da Lei de Execuções Penais que, consoante precedentes do Superior Tribunal de Justiça, foram recepcionados pela Constituição Federal" (STJ, 5ª T., HC 135.437, rel. Min. Laurita Vaz, 29.04.2010).

Art. 144. *O Juiz, de ofício, a requerimento do Ministério Público, da Defensoria Pública ou mediante representação do Conselho Penitenciário, e ouvido o liberado, poderá modificar as condições especificadas na sentença, devendo o respectivo ato decisório ser lido ao liberado por uma das autoridades ou funcionários indicados no inciso I do caput do art. 137 desta Lei, observado o disposto nos incisos II e III e §§ 1º e 2º do mesmo artigo.*

O livramento condicional, tal qual o regime aberto, pode a qualquer tempo sofrer modificações em seus requisitos, para melhor adaptá-lo à realidade.

Art. 145. *Praticada pelo liberado outra infração penal, o Juiz poderá ordenar a sua prisão, ouvidos o Conselho Penitenciário e o Ministério Público, suspendendo o curso do livramento condicional, cuja revogação, entretanto, ficará dependendo da decisão final.*

O dispositivo refere-se a possibilidade de suspensão do curso do livramento condicional. Tal procedimento vista evitar a revogação açodada, permitindo a realização do devido processo legal para verificação das causas e motivos que levaram ao descumprimento das condições, conforme entendimento do Supremo Tribunal Federal (HC 99652, j. 03.11.2009).

Assim, com a prática de uma nova infração penal, durante o período de livramento, a prorrogação é automática.

Art. 146. *O Juiz, de ofício, a requerimento do interessado, do Ministério Público ou mediante representação do Conselho Penitenciário, julgará extinta a pena privativa de liberdade, se expirar o prazo do livramento sem revogação.*

Com o fim do prazo determinado para o livramento sem sua prorrogação ou revogação, haverá a extinção da punibilidade do apenado. Importante observar que: "Consoante o disposto nos artigos 90 do Código Penal e 146 da Lei de Execuções Penais, **não é possível prorrogar, suspender ou revogar o livramento condicional após o escoamento do período de prova, mesmo que em razão da prática de novo delito durante o referido período.**" (STJ, 5ª T., HC 346.663, rel. Min. Reynaldo Soares da Fonseca, j. 06.12.2016).

Seção VI
Da Monitoração Eletrônica
(Incluído pela Lei nº 12.258, de 2010)

Art. 146-B. *O juiz poderá definir a fiscalização por meio da monitoração eletrônica quando:*

II. autorizar a saída temporária no regime semiaberto;

IV. determinar a prisão domiciliar;

Art. 146-C. *O condenado será instruído acerca dos cuidados que deverá adotar com o equipamento eletrônico e dos seguintes deveres:*

I. receber visitas do servidor responsável pela monitoração eletrônica, responder aos seus contatos e cumprir suas orientações;

II. abster-se de remover, de violar, de modificar, de danificar de qualquer forma o dispositivo de monitoração eletrônica ou de permitir que outrem o faça;

Parágrafo único. *A violação comprovada dos deveres previstos neste artigo poderá acarretar, a critério do juiz da execução, ouvidos o Ministério Público e a defesa:*

I. a regressão do regime;

II. a revogação da autorização de saída temporária;

VI. a revogação da prisão domiciliar;

VII. advertência, por escrito, para todos os casos em que o juiz da execução decida não aplicar alguma das medidas previstas nos incisos de I a VI deste parágrafo.

Art. 146-D. *A monitoração eletrônica poderá ser revogada:*

I. quando se tornar desnecessária ou inadequada;

II. se o acusado ou condenado violar os deveres a que estiver sujeito durante a sua vigência ou cometer falta grave.

A monitoração eletrônica foi inserida pela Lei 12.258/2010 à Lei de Execução Penal, buscando aumentar o controle sobre aqueles sujeitos a cumprimento de pena fora do sistema prisional. Houve, como se percebe, diversos vetos à lei, devido a polêmica no entorno do regramento. As questões envolvendo o tema costumam ser literais, indicando-se a leitura cuidadosa dos dispositivos.

CAPÍTULO II
Das Penas Restritivas de Direitos
SEÇÃO I
Disposições Gerais

Art. 147. *Transitada em julgado a sentença que aplicou a pena restritiva de direitos, o Juiz da execução, de ofício ou a requerimento do Ministério Público, promoverá a execução, podendo, para tanto, requisitar, quando necessário, a colaboração de entidades públicas ou solicitá-la a particulares.*

Art. 148. *Em qualquer fase da execução, poderá o Juiz, motivadamente, alterar, a forma de cumprimento das penas de prestação de serviços à comunidade e de limitação de fim de semana, ajustando-as às condições pessoais do condenado e às características do estabelecimento, da entidade ou do programa comunitário ou estatal.*

As penas restritivas de direitos estão previstas no art. 43 do Código Penal, cabendo a Lei de Execução Penal o estabelecimento de alguns critérios para seu cumprimento. É bom lembrar que essas penas podem ser, a critério do Juízo da execução, modificadas entre elas, para melhor atender os fins da sanção que fora aplicada no caso concreto.

SEÇÃO II
Da Prestação de Serviços à Comunidade

Art. 149. *Caberá ao Juiz da execução:*

I. designar a entidade ou programa comunitário ou estatal, devidamente credenciado ou convencionado, junto ao qual o condenado deverá trabalhar gratuitamente, de acordo com as suas aptidões;

II. determinar a intimação do condenado, cientificando-o da entidade, dias e horário em que deverá cumprir a pena;

III. alterar a forma de execução, a fim de ajustá-la às modificações ocorridas na jornada de trabalho.

§ 1º O trabalho terá a duração de 8 (oito) horas semanais e será realizado aos sábados, domingos e feriados, ou em dias úteis, de modo a não prejudicar a jornada normal de trabalho, nos horários estabelecidos pelo Juiz.

§ 2º A execução terá início a partir da data do primeiro comparecimento.

Art. 150. *A entidade beneficiada com a prestação de serviços encaminhará mensalmente, ao Juiz da execução, relatório circunstanciado das atividades do condenado, bem como, a qualquer tempo, comunicação sobre ausência ou falta disciplinar.*

Umas das penas mais efetivas de todo o sistema, a prestação de serviços à comunidade é determinada pela sentença condenatória, mas cabe ao Juiz da execução a determinação do local de prestação pelo apenado. Importante ressaltar que a previsão do § 1º do Art. 149 da LEP está em conflito com o Código Penal, que prevê que a duração do trabalho será de 7 horas semanais. Na prática, aplica-se o Código Penal, que é norma mais nova (foi modificado em 1998). De outro lado, a atribuição de controlar mais de perto a prestação de serviços será da entidade beneficiada, que deverá enviar relatórios ao Juiz da execução.

SEÇÃO III
Da Limitação de Fim de Semana

Art. 151. *Caberá ao Juiz da execução determinar a intimação do condenado, cientificando-o do local, dias e horário em que deverá cumprir a pena.*

Parágrafo único. *A execução terá início a partir da data do primeiro comparecimento.*

Art. 152. *Poderão ser ministrados ao condenado, durante o tempo de permanência, cursos e palestras, ou atribuídas atividades educativas.*

Parágrafo único. *Nos casos de violência doméstica contra a mulher, o juiz poderá determinar o comparecimento obrigatório do agressor a programas de recuperação e reeducação.*

Art. 153. *O estabelecimento designado encaminhará, mensalmente, ao Juiz da execução, relatório, bem assim comunicará, a qualquer tempo, a ausência ou falta disciplinar do condenado.*

A limitação de final de semana é uma das penas menos aplicadas em nosso sistema, seja pela falta de rigor punitivo, seja pela falta de local para a sua efetiva prestação. Consiste no comparecimento do condenado aos sábados e domingos, por 5 horas diárias, em casa do albergado ou estabelecimento adequado, onde serão ministrados cursos e palestras ou atribuídas atividades educativas.

SEÇÃO IV
Da Interdição Temporária de Direitos

Art. 154. *Caberá ao Juiz da execução comunicar à autoridade competente a pena aplicada, determinada a intimação do condenado.*

§ 1º Na hipótese de pena de interdição do artigo 47, inciso I, do Código Penal, a autoridade deverá, em 24 horas, contadas do recebimento do ofício, baixar ato, a partir do qual a execução terá seu início.

§ 2º Nas hipóteses do artigo 47, incisos II e III, do Código Penal, o Juízo da execução determinará a apreensão dos documentos, que autorizam o exercício do direito interditado.

Art. 155. *A autoridade deverá comunicar imediatamente ao Juiz da execução o descumprimento da pena.*

Parágrafo único. *A comunicação prevista neste artigo poderá ser feita por qualquer prejudicado.*

De acordo com o Art. 47 do Código Penal, as penas de interdição temporária de direitos são: I - proibição do exercício de cargo, função ou atividade pública, bem como de mandato eletivo; II - proibição do exercício de profissão, atividade ou ofício que dependam de habilitação especial, de licença ou autorização do poder público; III - suspensão de autorização ou de habilitação para dirigir veículo; IV – proibição de frequentar determinados lugares. E V - proibição de inscrever-se em concurso, avaliação ou exame públicos.

CAPÍTULO III
Da Suspensão Condicional

Art. 156. *O Juiz poderá suspender, pelo período de 2 a 4 anos, a execução da pena privativa de liberdade, não superior a 2 anos, na forma prevista nos artigos 77 a 82 do Código Penal.*

A suspensão condicional da pena (ou *sursis* penal) consiste em medida determinada na sentença condenatória, na qual o juiz determinará a suspensão do cumprimento efetivo da pena caso o condenado cumpra determinados requisitos. De acordo com o art. 77 do Código Penal, a execução da pena privativa de liberdade, não superior a 2 anos, poderá ser suspensa, por 2 a 4 anos, desde que: I - o condenado não seja reincidente em crime doloso; II - a culpabilidade, os antecedentes, a conduta social e personalidade do agente, bem como os motivos e as circunstâncias autorizem a concessão do benefício; III - não seja indicada ou cabível a substituição por pena restritiva de direitos. Importante registar que a condenação anterior a pena de multa não impede a concessão do benefício. De outro lado, a execução da pena privativa de liberdade, não superior a quatro anos, poderá ser suspensa, por quatro a seis anos, desde que o condenado seja maior de setenta anos de idade, ou razões de saúde justifiquem a suspensão.

Art. 157. *O Juiz ou Tribunal, na sentença que aplicar pena privativa de liberdade, na situação determinada no artigo anterior, deverá pronunciar-se, motivadamente, sobre a suspensão condicional, quer a conceda, quer a denegue.*

Como toda decisão judicial, a concessão ou denegação da suspensão condicional da pena depende de motivação idônea pelo Juiz.

Art. 158. *Concedida a suspensão, o Juiz especificará as condições a que fica sujeito o condenado, pelo prazo fixado, começando este a correr da audiência prevista no artigo 160 desta Lei.*

§ 1º As condições serão adequadas ao fato e à situação pessoal do condenado, devendo ser incluída entre as mesmas a de prestar serviços à comunidade, ou limitação de fim de semana, salvo hipótese do artigo 78, § 2º, do Código Penal.

§ 2º O Juiz poderá, a qualquer tempo, de ofício, a requerimento do Ministério Público ou mediante proposta do Conselho Penitenciário, modificar as condições e regras estabelecidas na sentença, ouvido o condenado.

§ 3º A fiscalização do cumprimento das condições, reguladas nos Estados, Territórios e Distrito Federal por normas supletivas, será atribuída a serviço social penitenciário, Patronato, Conselho da Comunidade ou instituição beneficiada com a prestação de serviços, inspecionados pelo Conselho Penitenciário, pelo Ministério Público, ou ambos, devendo o Juiz da execução suprir, por ato, a falta das normas supletivas.

§ 4º O beneficiário, ao comparecer periodicamente à entidade fiscalizadora, para comprovar a observância das condições a que está sujeito, comunicará, também, a sua ocupação e os salários ou proventos de que vive.

§ 5º A entidade fiscalizadora deverá comunicar imediatamente ao órgão de inspeção, para os fins legais, qualquer fato capaz de acarretar a revogação do benefício, a prorrogação do prazo ou a modificação das condições.

§ 6º Se for permitido ao beneficiário mudar-se, será feita comunicação ao Juiz e à entidade fiscalizadora do local da nova residência, aos quais o primeiro deverá apresentar-se imediatamente.

Art. 159. Quando a suspensão condicional da pena for concedida por Tribunal, a este caberá estabelecer as condições do benefício.

§ 1º De igual modo proceder-se-á quando o Tribunal modificar as condições estabelecidas na sentença recorrida.

§ 2º O Tribunal, ao conceder a suspensão condicional da pena, poderá, todavia, conferir ao Juízo da execução a incumbência de estabelecer as condições do benefício, e, em qualquer caso, a de realizar a audiência admonitória.

Art. 160. Transitada em julgado a sentença condenatória, o Juiz a lerá ao condenado, em audiência, advertindo-o das consequências de nova infração penal e do descumprimento das condições impostas.

Art. 161. Se, intimado pessoalmente ou por edital com prazo de 20 dias, o réu não comparecer injustificadamente à audiência admonitória, a suspensão ficará sem efeito e será executada imediatamente a pena.

Como toda a execução da pena é judicializada, caberá o controle da efetividade da suspensão a autoridade judiciária, assim como a imposição e acompanhamento das condições. Interessante notar que a suspensão, eventualmente, pode até ser concedida diretamente pelo Tribunal. Isso se dá, normalmente, nos casos de desclassificação ou absolvição por delitos conexos ou, mesmo, em caso de competência originária.

Art. 162. A revogação da suspensão condicional da pena e a prorrogação do período de prova dar-se-ão na forma do artigo 81 e respectivos parágrafos do Código Penal.

De acordo com o art. 81 do Código Penal, a suspensão será revogada obrigatoriamente se, no curso do prazo, o beneficiário: I - for condenado, em sentença irrecorrível, por crime doloso; II – deixar de pagar a multa ou não efetuar, sem motivo justificado, a reparação do dano; ou III – descumprir a prestação de serviços ou limitação de final de ano no primeiro ano de suspensão. Contudo, poderá haver a revogação se o condenado descumpre qualquer outra condição imposta ou é irrecorrivelmente condenado, por crime culposo ou por contravenção, a pena privativa de liberdade ou restritiva de direitos.

Art. 163. A sentença condenatória será registrada, com a nota de suspensão em livro especial do Juízo a que couber a execução da pena.

§ 1º Revogada a suspensão ou extinta a pena, será o fato averbado à margem do registro.

§ 2º O registro e a averbação serão sigilosos, salvo para efeito de informações requisitadas por órgão judiciário ou pelo Ministério Público, para instruir processo penal.

Todos os eventos relativos à suspensão condicional da pena deverão ser registrados formalmente, não só para acompanhamento, mas também para a verificação posterior do cumprimento de requisitos e consequências da sentença penal condenatória, como a reincidência.

CAPÍTULO IV
Da Pena de Multa

Art. 164. Extraída certidão da sentença condenatória com trânsito em julgado, que valerá como título executivo judicial, o Ministério Público requererá, em autos apartados, a citação do condenado para, no prazo de 10 (dez) dias, pagar o valor da multa ou nomear bens à penhora.

§ 1º Decorrido o prazo sem o pagamento da multa, ou o depósito da respectiva importância, proceder-se-á à penhora de tantos bens quantos bastem para garantir a execução.

§ 2º A nomeação de bens à penhora e a posterior execução seguirão o que dispuser a lei processual civil.

Art. 165. Se a penhora recair em bem imóvel, os autos apartados serão remetidos ao Juízo Cível para prosseguimento.

Art. 166. Recaindo a penhora em outros bens, dar-se-á prosseguimento nos termos do § 2º do artigo 164, desta Lei.

A pena de multa foi convertida exclusivamente em dívida de valor em 1996, no âmbito do Código Penal. Atualmente, portanto, ela não mais pode ser convertida em pena privativa de liberdade. Por isso, deve ser executada como dívida que é.

Art. 167. A execução da pena de multa será suspensa quando sobrevier ao condenado doença mental (artigo 52 do Código Penal).

O mesmo que se dá com a pena privativa de liberdade se dá com a multa. O condenado que esteja em *situação* de doença mental deve ser, mesmo que provisoriamente, excluído tanto do cumprimento da pena privativa de liberdade quanto da pena de multa.

Art. 168. O Juiz poderá determinar que a cobrança da multa se efetue mediante desconto no vencimento ou salário do condenado, nas hipóteses do artigo 50, § 1º, do Código Penal, observando-se o seguinte:

I. o limite máximo do desconto mensal será o da quarta parte da remuneração e o mínimo o de um décimo;

II. o desconto será feito mediante ordem do Juiz a quem de direito;

III. o responsável pelo desconto será intimado a recolher mensalmente, até o dia fixado pelo Juiz, a importância determinada.

Art. 169. Até o término do prazo a que se refere o artigo 164 desta Lei, poderá o condenado requerer ao Juiz o pagamento da multa em prestações mensais, iguais e sucessivas.

§ 1º O Juiz, antes de decidir, poderá determinar diligências para verificar a real situação econômica do condenado e, ouvido o Ministério Público, fixará o número de prestações.

§ 2º Se o condenado for impontual ou se melhorar de situação econômica, o Juiz, de ofício ou a requerimento do Ministério Público, revogará o benefício executando-se a multa, na forma prevista neste Capítulo, ou prosseguindo-se na execução já iniciada.

De modo a facilitar a cobrança da multa, é possível o seu parcelamento através do desconto mensal nas hipóteses previstas no art. 168 da LEP.

Art. 170. Quando a pena de multa for aplicada cumulativamente com pena privativa da liberdade, enquanto esta estiver sendo executada, poderá aquela ser cobrada mediante desconto na remuneração do condenado (artigo 168).

§ 1º Se o condenado cumprir a pena privativa de liberdade ou obtiver livramento condicional, sem haver resgatado a multa, far-se-á a cobrança nos termos deste Capítulo.

§ 2º Aplicar-se-á o disposto no parágrafo anterior aos casos em que for concedida a suspensão condicional da pena.

Sempre que possível haverá a execução conjunta de ambas as sanções. Na maior parte das vezes, contudo, o apenado somente realizará o pagamento após o cumprimento da pena mais grave.

TÍTULO VI
Da Execução das Medidas de Segurança
CAPÍTULO I
Disposições Gerais

Art. 171. Transitada em julgado a sentença que aplicar medida de segurança, será ordenada a expedição de guia para a execução.

Art. 172. Ninguém será internado em Hospital de Custódia e Tratamento Psiquiátrico, ou submetido a tratamento ambulatorial, para cumprimento de medida de segurança, sem a guia expedida pela autoridade judiciária.

Assim como ocorre no âmbito da pena privativa de liberdade, as medidas de segurança somente podem ser cumpridas após emissão da guia de execução. As medidas de segurança são destinadas aos agentes que tiverem praticado fatos típicos e ilícitos, mas sejam reconhecidos como inimputáveis. Nesse caso, ao invés de condenados, são submetidos a uma sentença chamada de absolutória imprópria, pois absolve o agente mas impõe uma medida de segurança baseada na sua periculosidade, não na culpabilidade.

Art. 173. A guia de internamento ou de tratamento ambulatorial, extraída pelo escrivão, que a rubricará em todas as folhas e a subscreverá com o Juiz, será remetida à autoridade administrativa incumbida da execução e conterá:

I. a qualificação do agente e o número do registro geral do órgão oficial de identificação;

II. o inteiro teor da denúncia e da sentença que tiver aplicado a medida de segurança, bem como a certidão do trânsito em julgado;

III. a data em que terminará o prazo mínimo de internação, ou do tratamento ambulatorial;

IV. outras peças do processo reputadas indispensáveis ao adequado tratamento ou internamento.

§ 1º Ao Ministério Público será dada ciência da guia de recolhimento e de sujeição a tratamento.

§ 2º A guia será retificada sempre que sobrevier modificações quanto ao prazo de execução.

Art. 174. Aplicar-se-á, na execução da medida de segurança, naquilo que couber, o disposto nos artigos 8º e 9º desta Lei.

A guia de execução, seja ela uma guia de internamento ou de tratamento ambulatorial, cumprirá as formalidades legais, tal qual a guia de recolhimento.

CAPÍTULO II
Da Cessação da Periculosidade

Art. 175. A cessação da periculosidade será averiguada no fim do prazo mínimo de duração da medida de segurança, pelo exame das condições pessoais do agente, observando-se o seguinte:

I. a autoridade administrativa, até 1 mês antes de expirar o prazo de duração mínima da medida, remeterá ao Juiz minucioso relatório que o habilite a resolver sobre a revogação ou permanência da medida;

II. o relatório será instruído com o laudo psiquiátrico;

III. juntado aos autos o relatório ou realizadas as diligências, serão ouvidos, sucessivamente, o Ministério Público e o curador ou defensor, no prazo de 3 dias para cada um;

IV. o Juiz nomeará curador ou defensor para o agente que não o tiver;

V. o Juiz, de ofício ou a requerimento de qualquer das partes, poderá determinar novas diligências, ainda que expirado o prazo de duração mínima da medida de segurança;

VI. ouvidas as partes ou realizadas as diligências a que se refere o inciso anterior, o Juiz proferirá a sua decisão, no prazo de 5 dias.

Art. 176. Em qualquer tempo, ainda no decorrer do prazo mínimo de duração da medida de segurança, poderá o Juiz da execução, diante de requerimento fundamentado do Ministério Público ou do interessado, seu procurador ou defensor, ordenar o exame para que se verifique a cessação da periculosidade, procedendo-se nos termos do artigo anterior.

Art. 177. Nos exames sucessivos para verificar-se a cessação da periculosidade, observar-se-á, no que lhes for aplicável, o disposto no artigo anterior.

Como visto, no caso de inimputabilidade, é a periculosidade e não a culpabilidade o motivo de ser da execução. Assim, diferentemente dos presos submetido a pena privativa de liberdade, em que há modelos previamente impostos com tempos mínimos de cumprimento, as medidas de segurança estão em constante avaliação e, a princípio, a qualquer momento poderá ser verificada a cessação da periculosidade do sujeito.

Art. 178. Nas hipóteses de desinternação ou de liberação (artigo 97, § 3º, do Código Penal), aplicar-se-á o disposto nos artigos 132 e 133 desta Lei.

Art. 179. Transitada em julgado a sentença, o Juiz expedirá ordem para a desinternação ou a liberação.

Como observa **Guilherme de Souza Nucci**: "revê a lei penal que o tratamento ambulatorial pode ser convertido em internação, caso essa providência seja necessária para fins curativos. Nada fala, no entanto, quanto à conversão da internação em tratamento ambulatorial, o que se nos afigura perfeitamente possível. Muitas vezes, o agente pode não revelar periculosidade suficiente para ser mantido internado, mas ainda necessitar de um tratamento acompanhado. Assim, valendo-se, por analogia, da hipótese prevista no art. 97, § 4.º, do Código Penal, pode o magistrado determinar a desinternação do agente para o fim de se submeter a tratamento ambulatorial, que seria a conversão da internação em tratamento ambulatorial. Leia-se, uma autêntica desintegração progressiva". (NUCCI, Guilherme de Souza. Leis Penais e Processuais Penais Comentadas. 11. ed. São Paulo: Gen, 2018. 2. v.).

Assim como as penas privativas de liberdade, as medidas de segurança também têm fim. Foi-se o tempo em que eram vistas como perpétuas. A jurisprudência já determinou sua limitação no máximo pelo prazo determinado no art. 75 do Código Penal, havendo, contudo, entendimento ainda mais moderno de que a limitação da duração da medida de segurança seria o mesmo da pena máxima do crime imputado ao inimputável. Nesse sentido, a Súmula 517 do Superior Tribunal de Justiça: "O tempo de duração da medida de segurança não deve ultrapassar o limite máximo da pena abstratamente cominada ao delito praticado".

TÍTULO VII
Dos Incidentes de Execução
CAPÍTULO I
Das Conversões

Art. 180. A pena privativa de liberdade, não superior a 2 anos, poderá ser convertida em restritiva de direitos, desde que:

I. o condenado a esteja cumprindo em regime aberto;

II. tenha sido cumprido pelo menos 1/4 da pena;

III. os antecedentes e a personalidade do condenado indiquem ser a conversão recomendável.

A hipótese complementa o disposto no Código Penal, permitindo a conversão de pena privativa de liberdade que já esteja em cumprimento em pena restritiva de direitos, no âmbito da execução.

Art. 181. *A pena restritiva de direitos será convertida em privativa de liberdade nas hipóteses e na forma do artigo 45 e seus incisos do Código Penal.*

§ 1º A pena de prestação de serviços à comunidade será convertida quando o condenado:

a) não for encontrado por estar em lugar incerto e não sabido, ou desatender a intimação por edital;

b) não comparecer, injustificadamente, à entidade ou programa em que deva prestar serviço;

c) recusar-se, injustificadamente, a prestar o serviço que lhe foi imposto;

d) praticar falta grave;

e) sofrer condenação por outro crime à pena privativa de liberdade, cuja execução não tenha sido suspensa.

§ 2º A pena de limitação de fim de semana será convertida quando o condenado não comparecer ao estabelecimento designado para o cumprimento da pena, recusar-se a exercer a atividade determinada pelo Juiz ou se ocorrer qualquer das hipóteses das letras «a», «d» e «e» do parágrafo anterior.

§ 3º A pena de interdição temporária de direitos será convertida quando o condenado exercer, injustificadamente, o direito interditado ou se ocorrer qualquer das hipóteses das letras «a» e «e», do § 1º, deste artigo.

De outro lado, no caso de descumprimento de condições estabelecidas para as penas restritivas de direitos, a Lei de Execução Penal também possibilita a reconversão da pena alternativa em pena privativa de liberdade.

Art. 183. *Quando, no curso da execução da pena privativa de liberdade, sobrevier doença mental ou perturbação da saúde mental, o Juiz, de ofício, a requerimento do Ministério Público, da Defensoria Pública ou da autoridade administrativa, poderá determinar a substituição da pena por medida de segurança.*

Esse artigo prevê a efetiva substituição da pena por medida de segurança. Aqui não se trata das hipóteses anteriores, em que há uma suspensão da pena, mas há efetiva substituição com definitividade.

Vale registar, nesse ponto, que "Em se tratando de medida de segurança aplicada em substituição à pena corporal, prevista no art. 183 da Lei de Execução Penal, sua duração está adstrita ao tempo que resta para o cumprimento da pena privativa de liberdade estabelecida na sentença condenatória. Precedentes desta Corte" (STJ, 6ª T., HC 373.405, rel. Min. Maria Thereza de Assis Moura, j. 06.10.2016).

Art. 184. *O tratamento ambulatorial poderá ser convertido em internação se o agente revelar incompatibilidade com a medida.*

Parágrafo único. *Nesta hipótese, o prazo mínimo de internação será de 1 ano.*

O tratamento ambulatorial é direcionado aos agentes que tenham praticado crime apenado com pena de detenção, considerados menos graves. Há, contudo, a hipótese desse tratamento tornar-se uma internação, caso se mostre incompatível com a realidade.

CAPÍTULO II
Do Excesso ou Desvio

Art. 185. *Haverá excesso ou desvio de execução sempre que algum ato for praticado além dos limites fixados na sentença, em normas legais ou regulamentares.*

Conforme observa a doutrina: "instaura-se um incidente próprio, que correrá em apenso ao processo de execução, quando houver desvio (destinação diversa da finalidade da pena) ou excesso (aplicação abusiva do previsto em lei) em relação ao cumprimento da pena, seja ela de que espécie for. Exemplos: a) o condenado é privado do trabalho, embora deseje participar das atividades, porque se encontra em cela isolada, apenas para garantir a sua incolumidade física, vez que se encontra ameaçado por outros presos. O Estado deve buscar formas alternativas de proteção à integridade dos presos, mas não pode privá-los do trabalho, que, além de um dever, é um direito do condenado. Trata-se de um desvio da execução penal; b) o condenado, por ter cometido alguma falta disciplinar, passa mais de trinta dias em isolamento, infringindo o disposto no art. 58 desta Lei. Há nítido excesso de execução; c) pode-se aventar uma hipótese mista, em que se vislumbra desvio e excesso. Imagine-se o preso inserido no regime disciplinar diferenciado por ter desrespeitado o diretor do presídio (falta grave), porém fato que não se coaduna com o previsto nas hipóteses do art. 52 desta Lei." (NUCCI, Guilherme de Souza. Leis Penais e Processuais Penais Comentadas. 11. ed. São Paulo: Gen, 2018. 2. v.).

Art. 186. *Podem suscitar o incidente de excesso ou desvio de execução:*

I. o Ministério Público;

II. o Conselho Penitenciário;

III. o sentenciado;

IV. qualquer dos demais órgãos da execução penal.

Os demais órgãos da execução designam, especialmente, o Conselho Nacional de Política Criminal e Penitenciária - CNPCP, os Departamentos Penitenciários, o Patronato, o Conselho da Comunidade e, eventualmente, o próprio juiz, agindo de ofício.

CAPÍTULO III
Da anistia e do indulto

Art. 187. *Concedida a anistia, o Juiz, de ofício, a requerimento do interessado ou do Ministério Público, por proposta da autoridade administrativa ou do Conselho Penitenciário, declarará extinta a punibilidade.*

Anistia é uma forma de perdão concedida por meio de lei. Nas palavras de Guilherme de Souza Nucci, anistia "é a declaração feita pelo Poder Público, através de lei, editada pelo Congresso Nacional, de que determinado fato, anteriormente considerado criminoso, se tornou impunível por motivo de utilidade social. Volta-se, primordialmente, a crimes políticos, mas nada impede a sua aplicação a outras infrações penais" (Leis Penais e Processuais Penais Comentadas - Vol. 2, 11ª edição. [VitalSource Bookshelf]). Seu efeito é a extinção da punibilidade do fato penal.

Art. 188. *O indulto individual poderá ser provocado por petição do condenado, por iniciativa do Ministério Público, do Conselho Penitenciário, ou da autoridade administrativa.*

O indulto individual também chamado de graça é modalidade de perdão concedida pelo Presidente da República (CF, art. 84, XII) por meio de decreto autônomo. Os critérios para sua concessão são discricionários do Chefe do Executivo.

Art. 189. *A petição do indulto, acompanhada dos documentos que a instruírem, será entregue ao Conselho Penitenciário, para a elaboração de parecer e posterior encaminhamento ao Ministério da Justiça.*

Art. 190. *O Conselho Penitenciário, à vista dos autos do processo e do prontuário, promoverá as diligências que entender necessárias e fará, em relatório, a narração do ilícito penal e dos fundamentos da sentença condenatória, a exposição dos antecedentes do condenado e do procedimento deste depois da prisão, emitindo seu parecer sobre o mérito do pedido e esclarecendo qualquer formalidade ou circunstâncias omitidas na petição.*

Art. 191. *Processada no Ministério da Justiça com documentos e o relatório do Conselho Penitenciário, a petição será submetida a despacho do Presidente da República, a quem serão presentes os autos do processo ou a certidão de qualquer de suas peças, se ele o determinar.*

Art. 192. *Concedido o indulto e anexada aos autos cópia do decreto, o Juiz declarará extinta a pena ou ajustará a execução aos termos do decreto, no caso de comutação.*

Os artigos 189 a 192 trazem, textualmente, o procedimento para a realização de anistia e indulto.

Art. 193. *Se o sentenciado for beneficiado por indulto coletivo, o Juiz, de ofício, a requerimento do interessado, do Ministério Público, ou por iniciativa do Conselho Penitenciário ou da autoridade administrativa, providenciará de acordo com o disposto no artigo anterior.*

De acordo com a doutrina, indulto coletivo é "a clemência concedida pelo Presidente da República, por decreto, a condenados em geral, desde que preencham determinadas condições objetivas e/ou subjetivas. Cuida-se, também, de ato discricionário do Chefe do Poder Executivo, sem qualquer vinculação a parecer de órgão da execução penal. Anualmente, no mínimo um decreto é editado (como regra, o denominado indulto de natal), podendo perdoar integralmente a pena, gerando a extinção da punibilidade, mas mantendo-se o registro da condenação na folha de antecedentes do beneficiário, para fins de reincidência e análise de antecedentes criminais, como pode perdoar parcialmente a pena, operando-se um desconto (comutação), sem provocar a extinção da punibilidade." (NUCCI, Guilherme Souza. Leis Penais e Processuais Penais Comentadas - Vol. 2, 11ª edição. [VitalSource Bookshelf]).

TÍTULO VIII
Do procedimento judicial

Art. 194. *O procedimento correspondente às situações previstas nesta Lei será judicial, desenvolvendo-se perante o Juízo da execução.*

Todo o procedimento de execução é jurisdicional. O controle dos direitos é todos feito por meio do Poder Judiciário. Cabe ao poder executivo, unicamente, o cumprimento de suas determinações ou a realização de procedimento essencialmente internos aos estabelecimentos prisionais.

Art. 195. *O procedimento judicial iniciar-se-á de ofício, a requerimento do Ministério Público, do interessado, de quem o represente, de seu cônjuge, parente ou descendente, mediante proposta do Conselho Penitenciário, ou, ainda, da autoridade administrativa.*

Art. 196. *A portaria ou petição será autuada ouvindo-se, em 3 dias, o condenado e o Ministério Público, quando não figurem como requerentes da medida.*

§ 1º Sendo desnecessária a produção de prova, o Juiz decidirá de plano, em igual prazo.

§ 2º Entendendo indispensável a realização de prova pericial ou oral, o Juiz a ordenará, decidindo após a produção daquela ou na audiência designada.

O procedimento de execução é oficial, isto é, não há necessidade de requerimento pelo Ministério Público ou parte interessada.

O agravo é o único recurso previsto na Lei de Execução Penal. É denominado agravo em execução. Como não há previsão de seu procedimento, utiliza-se o rito dos recursos em sentido estrito, previsto nos Arts. 582 a 592 do Código de Processo Penal.

TÍTULO IX
Das Disposições Finais e Transitórias

As disposições finais e transitórias têm incidência muito baixa em provas e concursos, portanto, serão apenas transcritas abaixo. Elas se referem a temas que não são afetos diretamente aos demais temas da norma, ou simplesmente servem como orientação para a realização de outras normas, esgotando na edição delas a sua eficácia.

Art. 198. *É defesa ao integrante dos órgãos da execução penal, e ao servidor, a divulgação de ocorrência que perturbe a segurança e a disciplina dos estabelecimentos, bem como exponha o preso à inconveniente notoriedade, durante o cumprimento da pena.*

Art. 199. *O emprego de algemas será disciplinado por decreto federal.*

Art. 200. *O condenado por crime político não está obrigado ao trabalho.*

Art. 201. *Na falta de estabelecimento adequado, o cumprimento da prisão civil e da prisão administrativa se efetivará em seção especial da Cadeia Pública.*

Art. 202. *Cumprida ou extinta a pena, não constarão da folha corrida, atestados ou certidões fornecidas por autoridade policial ou por auxiliares da Justiça, qualquer notícia ou referência à condenação, salvo para instruir processo pela prática de nova infração penal ou outros casos expressos em lei.*

Art. 203. *No prazo de 6 (seis) meses, a contar da publicação desta Lei, serão editadas as normas complementares ou regulamentares, necessárias à eficácia dos dispositivos não autoaplicáveis.*

§ 1º Dentro do mesmo prazo deverão as Unidades Federativas, em convênio com o Ministério da Justiça, projetar a adaptação, construção e equipamento de estabelecimentos e serviços penais previstos nesta Lei.

§ 2º Também, no mesmo prazo, deverá ser providenciada a aquisição ou desapropriação de prédios para instalação de casas de albergados.

§ 3º O prazo a que se refere o caput deste artigo poderá ser ampliado, por ato do Conselho Nacional de Política Criminal e Penitenciária, mediante justificada solicitação, instruída com os projetos de reforma ou de construção de estabelecimentos.

§ 4º O descumprimento injustificado dos deveres estabelecidos para as Unidades Federativas implicará na suspensão de qualquer ajuda financeira a elas destinada pela União, para atender às despesas de execução das penas e medidas de segurança.

Art. 204. *Esta Lei entra em vigor concomitantemente com a lei de reforma da Parte Geral do Código Penal, revogadas as disposições em contrário, especialmente a Lei nº 3.274, de 2 de outubro de 1957.*

Brasília, 11 de julho de 1984; 163º da Independência e 96º da República.

15. LEI Nº 8.072/1990 - LEI DOS CRIMES HEDIONDOS

O Brasil adotou o sistema legal(art. 5º, XLIII, CF/88) para a definição dos crimes hediondos, segundo o qual, somente a lei poderá definir quais crimes serão hediondos, nem mesmo o juiz poderá incluir ou excluir condutas como hediondas.

Art. 5º, XLIII, CF/88: *A lei considerará crimes inafiançáveis e insuscetíveis de graça ou anistia a prática da tortura, o tráfico ilícito de entorpecentes e drogas afins, o terrorismo e os definidos como crimes hediondos, por eles respondendo os mandantes, os executores e os que, podendo evitá-los, se omitirem;*

Dessa forma, o legislador editou e publicou a Lei nº 8.072, de 1990, acerca dos crimes hediondos, sendo um rol taxativo. Assim, somente são hediondos os enumerados no caput do art. 1º (todos previstos no Código Penal) e os no parágrafo único (genocídio e posse ou porte ilegal de arma de fogo de uso restrito).

São figuras equiparadas aos crimes hediondos: tortura, terrorismo e tráfico de drogas.

→ **Características Gerais**

01. **Sistema legal**;
02. **Rol taxativo**;
03. Todos os crimes hediondos do caput do art. 1º estão no código penal;
04. **Consumados** ou **tentados**;
05. **Genocídio** e **posse ou porte ilegal de armas de fogo de uso restrito ou proibido** são os únicos crimes hediondos não previstos no código penal (art. 1º, parágrafo único);
06. **Equiparados a hediondo**: tortura, terrorismo e tráfico de drogas.
07. **Insuscetíveis de**: anistia, graça e indulto;
08. **Inafiançáveis**;
09. **Regime inicial fechado**: inconstitucional (stf);
10. **Progressão de regime**: 2/5 primário; 3/5 reincidente (genérico);
11. **Liberdade condicional**: 2/3 primário;
    > Não há p/ reincidente específico;
12. **Liberdade provisória**: o juiz decidirá fundamentadamente se o réu pode apelar em liberdade;
13. **Prisão temporária**: 30 dias (prorrogável);
14. A cargo da união estabelecimentos penais de segurança máxima;
15. Cria-se a forma de "**associação criminosa qualificada**";
16. Cria-se a "**delação eficaz**";
17. Cria-se a "**traição benéfica**".

15.1 Crimes em Espécie

Homicídio qualificado e grupo de extermínio

Art. 1º, *caput. São considerados hediondos os seguintes crimes, todos tipificados no Decreto-Lei nº 2.848, de 7 de dezembro de 1940 – Código Penal, consumados ou tentados:*

I. homicídio (art. 121), quando praticado em atividade típica de grupo de extermínio, ainda que cometido por um só agente, e homicídio qualificado (art. 121, §2º, incisos I, II, III, IV, V, VI e VII); (Inciso acrescido pela Lei nº 8.930, de 6/9/1994 e com redação dada pela Lei nº 13.142, de 6/7/2015)[...]

Não são hediondos: nem o homicídio simples (art. 121, caput, CP), nem o privilegiado (art. 121, §1º, CP), nem o privilegiado-qualificado, e muito menos o culposo (art. 121, §3º, CP).

> O §6º do art. 121 traz duas majorantes (modalidades que aumentam a pena) do homicídio, mas somente uma é hedionda: quando praticado em atividade típica de grupo de extermínio, ainda que cometido por um só agente.

Veja o que diz o art. 121, §6º, CP: "A pena é aumentada de 1/3 (um terço) até a metade se o crime for praticado por milícia privada, sob o pretexto de prestação de serviço de segurança, ou por grupo de extermínio".

Portanto, o homicídio praticado por "milícia privada sob pretexto de prestação de serviço de segurança" não é hediondo.

Novas leis incluíram algumas formas qualificadoras do homicídio, que são: feminicídio e homicídio funcional; respectivamente, os incisos VI e VII, do §2º, do art. 121, do Código Penal.

→ Homicídio qualificado:

Art. 121, §2º, CP: *"Se o homicídio é cometido:*

I. mediante paga ou promessa de recompensa, ou por outro motivo torpe;

II. por motivo fútil;

III. com emprego de veneno, fogo, explosivo, asfixia, tortura ou outro meio insidioso ou cruel, ou de que possa resultar perigo comum;

IV. à traição, de emboscada, ou mediante dissimulação ou outro recurso que dificulte ou torne impossível a defesa do ofendido;

V. para assegurar a execução, a ocultação, a impunidade ou vantagem de outro crime;

VI. contra a mulher por razões da condição de sexo feminino;

VII. contra autoridade ou agente descrito nos arts. 142 e 144 da Constituição Federal, integrantes do sistema prisional e da Força Nacional de Segurança Pública, no exercício da função ou em decorrência dela, ou contra seu cônjuge, companheiro ou parente consanguíneo até terceiro grau, em razão dessa condição:

Pena. *reclusão, de doze a trinta anos.".*

Lembre-se que para configurar o feminicídio não basta o homicídio contra a mulher, mas deve ser motivado pelo menosprezo ou discriminação à condição de mulher ou envolver violência doméstica e familiar (art. 121, §2º-A, CP).

O homicídio funcional protege também os parentes até o 3º (terceiro) grau consanguíneo, em razão desta condição(de função de segurança), dos agentes descritos no arts. 142 (forças armadas) e 144(segurança pública) da Constituição Federal, integrantes do sistema prisional e da Força Nacional de Segurança Pública.

→ **Forças Armadas:**

Art. 142, caput, CF/88: "As Forças Armadas, constituídas pela Marinha, pelo Exército e pela Aeronáutica, são instituições nacionais permanentes e regulares, organizadas com base na hierarquia e na disciplina, sob a autoridade suprema do Presidente da República, e destinam-se à defesa da Pátria, à garantia dos poderes constitucionais e, por iniciativa de qualquer destes, da lei e da ordem.".

→ **Órgãos de Segurança pública:**

Art.144, caput, CF/88: "A segurança pública, dever do Estado, direito e responsabilidade de todos, é exercida para a preservação da ordem pública e da incolumidade das pessoas e do patrimônio, através dos seguintes órgãos:

I. polícia federal;

II. polícia rodoviária federal;

III. polícia ferroviária federal;

IV. polícias civis;

V. polícias militares e corpos de bombeiros militares.".

A doutrina cita que é extensível a qualificadora pelo homicídio funcional aos guardas municipais (art. 144, §8º, CF/88).

Homicídio privilegiado-qualificado (homicídio híbrido)

O homicídio privilegiado-qualificado (homicídio híbrido) não é hediondo. "Por incompatibilidade axiológica e por falta de previsão legal, o homicídio qualificado-privilegiado não integra o rol dos denominados crimes hediondos (Precedentes).".

Caracteriza-se pela coexistência de circunstâncias privilegiadoras de natureza subjetiva(§1º, art. 121, CP) com qualificadoras de natureza objetiva(incs. III e IV, §2º, art. 121, CP).

"A jurisprudência do Supremo Tribunal Federal é firme no sentido da possibilidade de homicídio privilegiado-qualificado, desde que não haja incompatibilidade entre as circunstâncias do caso. Noutro dizer, tratando-se de qualificadora de caráter objetivo (meios e modos de execução do crime), é possível o reconhecimento do privilégio (sempre de natureza subjetiva)".

Privilegiadoras (Art. 121, §1º, Cp)	Qualificadoras (Art. 121, §2º, Cp)
Subjetivas	Objetivas
Relevante valor social;	Meios de execução (III)
Relevante valor moral;	Modos de execução (IV)
Domínio de violenta emoção.	

Poderá ser homicídio privilegiado-qualificado entre: privilegiadoras subjetivas e qualificadoras objetivas.

> Motivo torpe (I);
> Motivo fútil (II);
> Teleológica/consequencial (V);
> Feminicídio (VI);
> Homicídio funcional (VII).

Violência funcional hedionda

Art. 1º, caput. São considerados hediondos os seguintes crimes, todos tipificados no Decreto-Lei nº 2.848, de 7 de dezembro de 1940 – Código Penal, consumados ou tentados: [...]

I-A. lesão corporal dolosa de natureza gravíssima (art. 129, §2º) e lesão corporal seguida de morte (art. 129, §3º), quando praticadas contra autoridade ou agente descrito nos arts. 142 e 144 da Constituição Federal, integrantes do sistema prisional e da Força Nacional de Segurança Pública, no exercício da função ou em decorrência dela, ou contra seu cônjuge, companheiro ou parente consanguíneo até terceiro grau, em razão dessa condição;

(Inciso acrescido pela Lei nº 13.142, de 6/7/2015)

> A violência funcional que resulta lesão corporal de natureza leve (art. 129, caput, CP) ou de natureza grave (art. 129, §1º, CP) não é crime hediondo.

A violência funcional (art. 129, §12, CP) será hedionda quando resultar em lesão corporal de natureza gravíssima ou seguida de morte (art. 129, §§ 2º e 3º, CP).

Resultado da violência funcional	Hediondo?
Leve (art. 129, caput, CP):	Não será hediondo ☒
Grave (art. 129, §1º, CP):	Não será hediondo ☒
Gravíssima (art. 129, §2º, CP):	Hediondo ☑
Seguida de morte (art. 129, §3º, CP):	Hediondo ☑

Latrocínio

Art. 1º, caput. São considerados hediondos os seguintes crimes, todos tipificados no Decreto-Lei nº 2.848, de 7 de dezembro de 1940 – Código Penal, consumados ou tentados: [...]

II. latrocínio (art. 157, §3º, in fine); (Inciso acrescido pela Lei nº 8.930, de 6/9/1994)

Cuidado, o roubo qualificado será hediondo somente quando resultar em morte(art. 157, §3º, parte final, CP), uma vez que o roubo qualificado pela lesão corporal grave não é hediondo(art. 157, §3, primeira parte, CP).

> O latrocínio (art. 157, §3º, parte final, CP) é crime contra o patrimônio (Título II, da Parte Especial, do CP – arts. 155 a 183) e, portanto, será processado pelo juizado comum (juiz singular) e não pelo tribunal do júri (art. 5º, XXXVIII, CF/88).

Ressalta-se que o latrocínio é crime agravado pelo resultado (doloso ou culposo), ou seja, duas condutas dolosas, em ambas as pontas do nexo causal: dolo no antecedente (causa) + dolo no consequente (resultado); como também na figura preterdolosa: dolo no antecedente(causa) +culpa no consequente(resultado). Porém, nessa última forma (preterdolosa), só existirá se a vítima efetivamente morrer em decorrência da violência: não cabe a tentativa na forma preterdolosa; já naquele (dolo + dolo), é latrocínio tanto na sua forma consumada quanto na tentada.

Súmula nº 610, STF: "Há crime de latrocínio, quando o homicídio se consuma, ainda que não realize o agente a subtração de bens da vítima".

Subtração	Morte	Latrocínio
Consumada	Consumada ✝	Consumado ☑
Tentada	Consumada ✝	Consumado ☑
Consumada	Tentada	Tentado ☒
Tentada	Tentada	Tentado ☒

✝ **Morte:** dolosa ou culposa.

Extorsão qualificada pela morte

Art. 1º, caput. São considerados hediondos os seguintes crimes, todos tipificados no Decreto-Lei nº 2.848, de 7 de dezembro de 1940 – Código Penal, consumados ou tentados: [...]

III. extorsão qualificada pela morte (art. 158, §2º); (Inciso acrescido pela Lei nº 8.930, de 6/9/1994)

Trata-se de um crime complexo, no qual se soma o constrangimento ilegal, mediante violência ou grave ameaça, com o intuito obter vantagem econômica indevida. Ademais, a vítima é apenas o meio para se o obter o fim desejado.

Ex: Aguinaldo exige que Timóteo saque de sua conta bancária o valor disponível para retirada diária na máquina de autoatendimento, logo que recebe o dinheiro Aguinaldo mata a ví-tima. Houve o crime de extorsão qualificada pela morte (art. 158, §2º, CP).

> A extorsão qualificada pela morte(art. 158, §2º, CP) é crime contra o patrimônio(Título II, da Parte Especial, do CP – arts. 155 a 183) e, portanto, será processado pelo juizado comum (juiz singular) e não pelo tribunal do júri (art. 5º, XXXVIII, CF/88).

Não são todas as modalidades qualificadas de extorsão que serão hediondas, mas somente quando resultar em morte (art. 158, §2º, parte final, CP); portanto, a extorsão qualificada pela lesão corporal grave (ou gravíssima) não é crime hediondo. Trata-se, nesse parágrafo, de uma norma penal em branco ao revés (ao reverso, ao avesso, ao contrário ou invertida), pois a pena (o preceito secundário) é remetida ao §3º do art. 157 (roubo qualificado).

Sequestro relâmpago com resultado morte é crime hediondo?

A resposta é não. Como os crimes hediondos estão enumerados em um rol taxativo e a extorsão qualificada pela restrição de liberdade da vítima (art. 158, §3º, CP) não está prevista na Lei nº 8.072/1990, então não se considera delito hediondo — respeito ao princípio da legalidade penal. Outrossim, no Direito Penal, veda-se a analogia in malam partem (analogia incriminadora) — proibição absoluta à analogia para prejudicar o réu. Ocorreu, na verdade, uma omissão (falha) legislativa, o que acaba beneficiando os bandidos.

Extorsão mediante sequestro

Art. 1º, caput. São considerados hediondos os seguintes crimes, todos tipificados no Decreto-Lei nº 2.848, de 7 de dezembro de 1940 – Código Penal, consumados ou tentados: [...]

IV. extorsão mediante sequestro e na forma qualificada (art. 159, caput, e §§ 1º, 2º e 3º); (Inciso acrescido pela Lei nº 8.930, de 6/9/1994)

> A extorsão mediante sequestro (art. 159, CP) é crime contra o patrimônio(Título II, da Parte Especial, do CP – arts. 155 a 183) e, portanto, será processado pelo juizado comum (juiz singular) e não pelo tribunal do júri (art. 5º, XXXVIII, CF/88).

A extorsão mediante sequestro (art. 159, CP) é hedionda em todas as suas formas, seja na forma simples, seja na forma qualificada — o legislador acabou sendo redundante no texto de lei. Cuida-se da privação de liberdade da vítima tendo o fim de obter vantagem como condição ou preço do resgate (aqui o pedido é feito a terceiro). Portanto, trata-se da fusão entre o sequestro (art. 148, CP) e a extorsão (art. 158, CP).

Estupro

Art. 1º, caput. São considerados hediondos os seguintes crimes, todos tipificados no Decreto-Lei nº 2.848, de 7 de dezembro de 1940 – Código Penal, consumados ou tentados: [...]

V. estupro (art. 213, caput e §§ 1º e 2º);

(Inciso acrescido pela Lei nº 8.930, de 6/9/1994 e com nova redação dada pela Lei nº 12.015, de 7/8/2009)

O estupro (art. 213, CP) é delito hediondo em todas as suas formas, seja na forma simples, seja na forma qualificada, bem como o estupro de vulnerável (art. 217-A, CP) — o legislador acabou sendo redundante no texto de lei. Aqui há uma controvérsia legislativa, como pode o estupro contra imputável ser crime condicionado à representação (art. 225, CP) e ao mesmo tempo ser hediondo? Na sua forma simples (art. 213, caput, c/c art. 225, do CP), será hediondo condicionado à representação.

Estupro de vulnerável

Art. 1º, caput. São considerados hediondos os seguintes crimes, todos tipificados no Decreto-Lei nº 2.848, de 7 de dezembro de 1940 – Código Penal, consumados ou tentados: [...]

VI. estupro de vulnerável (art. 217-A, caput e §§ 1º, 2º, 3º e 4º);

(Inciso acrescido pela Lei nº 8.930, de 6/9/1994 e com nova redação dada pela Lei nº 12.015, de 7/8/2009)

Estupro de vulnerável: é a conjunção carnal ou ato libidinoso com menor de 14 anos, mesmo sem violência ou grave ameaça (não há previsão do constrangimento). Em seu §1º equipara-se a vulnerável aquele que, por enfermidade ou deficiência mental, não tem o necessário discernimento para a prática do ato, ou que, por qualquer outra causa, não pode oferecer resistência. A sua ação penal é pública incondicionada (art. 225, parágrafo único, CP). Dessa forma, todas as formas de estupro são consideradas hediondas.

Súmula nº 593, STJ: *O crime de estupro de vulnerável se configura com a conjunção carnal ou prática de ato libidinoso com menor de 14 anos, sendo irrelevante eventual consentimento da vítima para a prática do ato, sua experiência sexual anterior ou existência de relacionamento amoroso com o agente.*

Epidemia com resultado morte

Art. 1º, caput. São considerados hediondos os seguintes crimes, todos tipificados no Decreto-Lei nº 2.848, de 7 de dezembro de 1940 – Código Penal, consumados ou tentados: [...]

VII. epidemia com resultado morte (art. 267, §1º). (Inciso acrescido pela Lei nº 8.930, de 6/9/1994)

VII-A. (VETADO) (Inciso vetado na Lei nº 9.695, de 20/8/1998)

Esse inciso aplica-se apenas à epidemia patogênica dolosa com resultado morte, sendo assim, o crime de epidemia simples não é considerado hediondo (art. 267, caput, CP).

Falsificação, corrupção, adulteração ou alteração de produto terapêutico ou medicinal

Art. 1º, caput. São considerados hediondos os seguintes crimes, todos tipificados no Decreto-Lei nº 2.848, de 7 de dezembro de 1940 – Código Penal, consumados ou tentados: [...]

VII-B. falsificação, corrupção, adulteração ou alteração de produto destinado a fins terapêuticos ou medicinais (art. 273, caput e §1º, §1º-A e §1º-B, com a redação dada pela Lei nº 9.677, de 2 de julho de 1998). (Inciso acrescido pela Lei nº 9.695, de 20/8/1998)

Com relação aos produtos terapêuticos ou medicinais, ou seja, não se consideram como hediondos os cosméticos e os saneantes (art. 273, §1º-A, CP)nem a sua modalidade culposa, porquanto não são considerados ofensivos à saúde pública, dessa forma, a doutrina considera como uma interpretação restritiva de tal preceito.

Favorecimento da prostituição ou de outra forma de exploração sexual de criança ou adolescente ou de vulnerável

Art. 1º, caput. São considerados hediondos os seguintes crimes, todos tipificados no Decreto-Lei nº 2.848, de 7 de dezembro de 1940 – Código Penal, consumados ou tentados: [...]

VIII. favorecimento da prostituição ou de outra forma de exploração sexual de criança ou adolescente ou de vulnerável (art. 218-B, caput, e §§ 1º e 2º). (Inciso acrescido pela Lei nº 12.978, de 21/5/2014)

Apesar de o *nomen juris* dizer apenas favorecimento ou exploração de criança, adolescente ou vulnerável, também haverá punição por outras condutas, quais sejam (§2º, do art. 218-B, do CP):

Art. 218-B, CP: "Submeter, induzir ou atrair à prostituição ou outra forma de exploração sexual alguém menor de 18 (dezoito) anos ou que, por enfermidade ou deficiência mental, não tem o necessário discernimento para a prática do ato, facilitá-la, impedir ou dificultar que a abandone:

§1º. Se o crime é praticado com o fim de obter vantagem econômica, aplica-se também multa.

§2º. Incorre nas mesmas penas:

I. quem pratica conjunção carnal ou outro ato libidinoso com alguém menor de 18 (dezoito) e maior de 14 (catorze) anos na situação descrita no caput deste artigo;

II. o proprietário, o gerente ou o responsável pelo local em que se verifiquem as práticas referidas no caput deste artigo.

§3º. Na hipótese do inciso II do §2º, constitui efeito obrigatório da condenação a cassação da licença de localização e de funcionamento do estabelecimento.".

Veja que quem, explorando a prostituição, pratica conjunção carnal ou outro ato libidinoso com uma prostituta menor de 18 anos e maior de 14 anos incorrerá neste crime (art. 218-B, §2º, I, CP). Caso seja praticado contra uma pessoa, por enfermidade ou deficiência mental, não possui nenhum discernimento para a prática do ato, ou menor de 14 anos, incorrerá no estupro de vulnerável (art. 217-A, CP).

Genocídio e posse ou porte ilegal de arma de fogo de uso restrito

Art. 1º, Parágrafo único. Consideram-se também hediondos o crime de genocídio previsto nos arts. 1º, 2º e 3º da Lei nº 2.889, de 1º de outubro de 1956, e o de posse ou porte ilegal de arma de fogo de uso restrito, previsto no art. 16 da Lei nº 10.826, de 22 de dezembro de 2003, todos tentados ou consumados. (Parágrafo único acrescido pela Lei nº 8.930, de 6/9/1994, e com redação dada pela Lei nº 13.497, de 26/10/2017)

→ **Genocídio: Art. 1º, Lei nº 2.889/1956:** "Quem, com a intenção de destruir, no todo ou em parte, grupo nacional, étnico, racial ou religioso, como tal:
   a) matar membros do grupo;
   b) causar lesão grave à integridade física ou mental de membros do grupo;
   c) submeter intencionalmente o grupo a condições de existência capazes de ocasionar-lhe a destruição física total ou parcial;
   d) adotar medidas destinadas a impedir os nascimentos no seio do grupo;
   e) efetuar a transferência forçada de crianças do grupo para outro grupo;

Será punido: Com as penas do art. 121, §2º, do Código Penal, no caso da letra 'a';

> Com as penas do art. 129, §2º, no caso da letra 'b';
> Com as penas do art. 270, no caso da letra 'c';
> Com as penas do art. 125, no caso da letra 'd';
> Com as penas do art. 148, no caso da letra 'e';".

Art. 2º, Lei nº 2.889/1956: "Associarem-se mais de 3 (três) pessoas para prática dos crimes mencionados no artigo anterior:

Pena - Metade da cominada aos crimes ali previstos.".

Art. 3º, Lei nº 2.889/1956: "Incitar, direta e publicamente alguém a cometer qualquer dos crimes de que trata o art. 1º:

Pena - Metade das penas ali cominadas.

§1º. A pena pelo crime de incitação será a mesma de crime incitado, se este se consumar.

§2º. A pena será aumentada de 1/3 (um terço), quando a incitação for cometida pela imprensa.".

Leitor, veja o item: "Associação criminosa é crime hediondo?".

→ **Posse ou porte ilegal de arma de fogo de uso restrito:** com a nova redação feita pela Lei nº 13.497, de 26 de outubro de 2017, segundo a qual, incluiu-se o art. 16 do Estatuto do Desarmamento (Lei nº 10.826/2003) como delito hediondo. Entende-se ser todo o art. 16, uma vez que o legislador não citou que seria apenas o caput, portanto, tanto o caput quanto as formas equiparadas do parágrafo único se incluem na hediondez.

LEI Nº 8.072/1990 - LEI DOS CRIMES HEDIONDOS

Art. 16, Lei nº 10.826/2003: "Possuir, deter, portar, adquirir, fornecer, receber, ter em depósito, transportar, ceder, ainda que gratuitamente, emprestar, remeter, empregar, manter sob sua guarda ou ocultar arma de fogo, acessório ou munição de uso proibido ou restrito, sem autorização e em desacordo com determinação legal ou regulamentar:

Pena - reclusão, de 3 (três) a 6 (seis) anos, e multa.

Parágrafo único. Nas mesmas penas incorre quem:

I. suprimir ou alterar marca, numeração ou qualquer sinal de identificação de arma de fogo ou artefato;

II. modificar as características de arma de fogo, de forma a torná-la equivalente a arma de fogo de uso proibido ou restrito ou para fins de dificultar ou de qualquer modo induzir a erro autoridade policial, perito ou juiz;

III. possuir, detiver, fabricar ou empregar artefato explosivo ou incendiário, sem autorização ou em desacordo com determinação legal ou regulamentar;

IV. portar, possuir, adquirir, transportar ou fornecer arma de fogo com nume-ração, marca ou qualquer outro sinal de identificação raspado, suprimido ou adulterado;

V. vender, entregar ou fornecer, ainda que gratuitamente, arma de fogo, aces-sório, munição ou explosivo a criança ou adolescente; e

VI. produzir, recarregar ou reciclar, sem autorização legal, ou adulterar, de qualquer forma, munição ou explosivo.".

15.2 Aspectos Processuais e Penais

Insuscetíveis de graça, anistia, indulto e fiança

Art. 2º. Os crimes hediondos, a prática da tortura, o tráfico ilícito de entorpecentes e drogas afins e o terrorismo são insuscetíveis de:

I. anistia, graça e indulto;

II. fiança.

(Inciso com redação dada pela Lei nº 11.464, de 28/3/2007)

A própria Constituição Federal (art. 5º, XLIII, CF) determina esses institutos, porém a Lei de Crimes Hediondos incluiu a insuscetibilidade do indulto— validamente constitucional para o STF.

"[...] é constitucional o art. 2º, I, da Lei nº 8.072/90, porque, nele, a menção ao indulto é meramente expletiva da proibição de graça aos condenados por crimes hediondos ditada pelo art. 5º, XLIII, da Constituição.

Na Constituição, a graça individual e o indulto coletivo — que ambos, tanto podem ser totais ou parciais, substantivando, nessa última hipótese, a comutação de pena — são modalidades do poder de graça do Presidente da República (art. 84, XII) — que, no entanto, sofre a restrição do art. 5º, XLIII, para excluir a possibilidade de sua concessão, quando se trata de condenação por crime hediondo.".

Lembre-se que tais dispositivos são cabíveis para os crimes hediondos e seus equiparados: tortura, terrorismo e tráfico de drogas. Cuidado, pois são delitos prescritíveis (art. 5º, XLIII, CF), apenas serão imprescritíveis os descritos na Constituição Federal (art. 5º, XLII e XLIV, CF).

Delito	Imprescritibi-lidade	Insuscetibilidade de Anistia, Graça e Indulto	Inafiançabi-lidade
Ação de grupos armados, civis ou militares, contra a ordem constitucional e o Estado Democrático	✓	—	✓
Racismo	✓	—	✓
Crimes hediondos	—	✓	✓
Tortura	—	✓	✓
Tráfico de drogas	—	✓	✓
Terrorismo	—	✓	✓

Antes da Lei nº 11.464/2007 (que atualizou a Lei de Crimes Hediondos), previa-se também que não era cabível a liberdade provisória, redação alterada por essa lei, a qual prevê a insuscetibilidade de graça, anistia, indulto e fiança. Uma parte da doutrina se posicionou no sentido de, mesmo assim, não ser cabível a liberdade provisória, pois esta estava implícita na fiança. No entanto, o STF se pronunciou no sentido de que, a partir de 2007, a lei possibilitou a liberdade provisória para os crimes hediondos.

O réu preso em flagrante poderá obter liberdade provisória e até mesmo ter a prisão relaxada por excesso de prazo, segundo o STF.

Súmula nº 697, STF: "A proibição de liberdade provisória nos processos por crimes hediondos não veda o relaxamento da prisão processual por excesso de prazo.".

Regime inicial fechado

Art. 2º, §1º. A pena por crime previsto neste artigo será cumprida inicialmente em regime fechado.

(Parágrafo com redação dada pela Lei nº 11.464, de 28/3/2007)

Antes da Lei nº 11.464/2007, a Lei dos Crimes Hediondos (Lei nº 8.072/1990) previa no §1º do art. 2º que a pena seria cumprida integralmente em regime fechado. Porém, o STF considerou inconstitucional esse parágrafo, além de outros dispositivos da lei, conforme a Súmula Vinculante nº 26 (no próximo item).

Dessa forma, o legislador alterou o integralmente para inicialmente em regime fechado, o que possibilitou a progressão de regime. No entanto, o STF considerou que o regime inicial obrigatoriamente fechado inconstitucional; devendo-se seguir as regras previstas nos art. 33 e 59, do Código Penal.

"[...] superado o disposto na Lei dos Crimes Hediondos (obrigatoriedade de início do cumprimento de pena no regime fechado) para aqueles que preencham todos os demais requisitos previstos no art. 33, §§ 2º, 'b', e 3º, do CP, admitindo-se o início do cumprimento de pena em regime diverso do fechado.".

Cabimento de substituição da pena privativa de liberdade por restritiva de direitos

É possível a substituição da pena privativa de liberdade por restritiva de direitos se preenchidos os requisitos no art. 44 do CP, posição firmada no STF.

"PENA - REGIME FECHADO - INCONSTITUCIONALIDADE DO ARTIGO 1º, §1º, DA LEI Nº 8.072/1990. A imposição do regime inicial fechado, prevista na Lei de Crimes Hediondos, é inconstitucional, considerado o princípio da individualização da pena. Precedente: Habeas Corpus nº 111.840, Relator Ministro Dias Toffoli, julgado pelo Pleno em 27 de junho de 2012, acórdão publicado no Diário da Justiça de 17 de dezembro de 2013. PENA - TRÁFICO DE DROGAS - SUBSTITUIÇÃO DA PRIVATIVA DA LIBERDADE PELA RESTRITIVA DE DIREITOS - INCONSTITUCIONALIDADE DO ARTIGO 44 DA LEI Nº 11.343/2006. A vedação à substituição da pena privativa de liberdade pela restritiva de direitos, prevista na Lei de Tóxicos, é inconstitucional, ante o princípio da individualização da pena. Precedente: Habeas Corpus nº 97.256, Relator Ministro Carlos Ayres Britto, julgado em 1º de setembro de 2010 pelo Pleno, acórdão publicado no Diário da Justiça de 16 de dezembro imediato.

Pena – *execução – regime de cumprimento. Não se tratando de réu reincidente, ficando a pena no patamar de 2 anos e sendo as circunstâncias judiciais positivas, cumpre observar o regime aberto e apreciar a substituição da pena privativa de liberdade pela restritiva de direitos – artigos 33 e 44 do Código Penal".*

Progressão de regime

Art. 2º, §2º. *A progressão de regime, no caso dos condenados aos crimes previstos neste artigo, dar-se-á após o cumprimento de 2/5 (dois quintos) da pena, se o apenado for primário, e de 3/5 (três quintos), se reincidente.*
(Parágrafo acrescido pela Lei nº 11.464, de 28/3/2007)

Reincidência genérica: no que tange à progressão de regime, a reincidência expressa a que se refere o §2º, do art. 2º, é a genérica, isto é, réu não primário em qualquer espécie de crime, por exemplo, o agente já condenado por porte de drogas ilícitas para consumo pessoal (art. 28, Lei nº 11.343/06) e que posteriormente cometa o delito de corrupção de produto terapêutico (art. 273, CP), deverá cumprir ao menos 3/5 (três quintos) da pena em cada regime para a sua progressão, porque se trata de réu não primário (reincidência genérica).

Conforme dispõe o STJ:

"[...] no tocante à reincidência indicada no §2º do artigo 2º da Lei dos Crimes Hediondos, não se exige 'que o sentenciado seja reincidente específico em crimes hediondos ou equiparados. O conceito de reincidência referido no art. 2º, §2º, da Lei nº 8.072/1990, com redação dada pela Lei nº 11.464/2007, é o do art. 63 do CP (reincidência genérica)' (JESUS, Damásio de. Código de Processo Penal Anotado. 23ª ed. São Paulo: Saraiva, 2009, p.729). Precedentes".

REGRAS GERAIS DE PROGRESSÃO DE REGIME	
Natureza do Crime	**Prazo para Progressão**
Crime comum (primário ou reincidente):	Cumprimento de 1/6 da pena
Crime hediondo ou equiparado+ primário:	Cumprimento de 2/5 da pena
Crime hediondo ou equiparado+reincidente genérico:	Cumprimento de 3/5 da pena

Irretroatividade da Lei nº 11.464/2007:aqueles que tenham praticado crime hediondo ou equiparado antes da Lei nº 11.464/2007, por força da irretroatividade da lei penal maléfica(irretroatividade da *lex gravior ou da novatio legis in pejus*), basta o cumprimento de 1/6 (um sexto) da pena para progressão de regime(Súmula nº 471, STJ), continua vigorando o art. 112 da Lei de Execução Penal (LEP) (Lei nº 7.210/1984).

Súmula nº 471, STJ: *Os condenados por crimes hediondos ou assemelhados cometidos antes da vigência da Lei nº 11.464/2007 sujeitam-se ao disposto no art. 112 da Lei nº 7.210/1984 (Lei de Execução Penal) para a progressão de regime prisional.*

→ **Progressão de Regime (Regra Geral)**

Art. 112, caput, LEP:*"A pena privativa de liberdade será executada em forma progressiva com a transferência para regime menos rigoroso, a ser determinada pelo juiz, quando o preso tiver cumprido ao menos um sexto da pena no regime anterior e ostentar bom comportamento carcerário, comprovado pelo diretor do estabelecimento, respeitadas as normas que vedam a progressão".*

> A realização de exame criminológico para conceder a progressão de regime aos delitos hediondos ou seus equiparados é facultativa.

→ **Exame criminológico:** não é obrigatório para progressão do regime aos condenados por crime hediondo ou equiparado; o juízo da execução avaliará se o condenado preenche os requisitos objetivos e subjetivos do benefício, podendo solicitar a realização de exame criminológico (facultativo), desde que devidamente motivado (Súmula Vinculante nº 26, STF).

Súmula Vinculante nº 26, STF: *Para efeito de progressão de regime no cumprimento de pena por crime hediondo, ou equiparado, o juízo da execução observará a inconstitucionalidade do art. 2º da Lei n. 8.072, de 25 de julho de 1990, sem prejuízo de avaliar se o condenado preenche, ou não, os requisitos objetivos e subjetivos do benefício, podendo determinar, para tal fim, de modo fundamentado, a realização de exame criminológico.*

Direito de apelar em liberdade

Art. 2º, §3º. *Em caso de sentença condenatória, o juiz decidirá fundamentadamente se o réu poderá apelar em liberdade. (Primitivo §2º renumerado pela Lei nº 11.464, de 28/3/2007)*

Nesse parágrafo está previsto o direito de o réu recorrer em liberdade, tal regra deve ser entendida da seguinte forma: após a sentença, se não existirem pressupostos para a prisão preventiva, o réu deverá responder em liberdade. Se, ao contrário, existirem pressupostos para a prisão preventiva, o réu recorrerá preso, sempre o juiz fundamentando as decisões.

Prisão temporária

Art. 2º, §4º. *A prisão temporária, sobre a qual dispõe a Lei nº 7.960, de 21 de dezembro de 1989, nos crimes previstos neste artigo, terá o prazo de 30 (trinta) dias, prorrogável por igual período em caso de extrema e comprovada necessidade. (Primitivo §3º renumerado pela Lei nº 11.464, de 28/3/2007)*

Esse prazo de prisão temporária dilatado (estendido) será cabível tanto aos crimes hediondos quanto às suas formas equiparadas, mesmo que ele não esteja previsto na Lei das Prisões Temporá-rias (Lei nº 7.960/1989).

Art. 2º, Lei nº 7.960/1989: *A prisão temporária será decretada pelo Juiz, em face da representação da autoridade policial ou de requerimento do Ministério Público, e terá o prazo de 5 (cinco) dias, prorrogável por igual período em caso de extrema e comprovada necessidade.*

LEI Nº 8.072/1990 - LEI DOS CRIMES HEDIONDOS

PRAZOS DA PRISÃO TEMPORÁRIA	
Natureza do Crime	Prisão Temporária
Crime não hediondo (regra)	5+5
Crime hediondo e equiparado	30+30

Estabelecimentos penais de segurança máxima

Art. 3º. *A União manterá estabelecimentos penais, de segurança máxima, destinados ao cumprimento de penas impostas a condenados de alta periculosidade, cuja permanência em presídios estaduais ponha em risco a ordem ou incolumidade pública.*

Trata-se de um mandamento à União em construir e manter presídios de segurança máxima, verdadeiramente importante para a manutenção social contra os condenados de alta periculosidade.

Livramento condicional

Art. 5º. *Ao art. 83 do Código Penal é acrescido o seguinte inciso:*
V. *cumprido mais de dois terços da pena, nos casos de condenação por crime hediondo, prática da tortura, tráfico ilícito de entorpecentes e drogas afins, e terrorismo, se o apenado não for reincidente específico em crimes dessa natureza".*

A lei dos crimes hediondos trouxe uma alteração ao livramento condicional, previsto no art. 83 do CP (Código Penal). É importante observar que é vedado o livramento condicional ao reincidente específico em delitos de natureza hedionda (crimes hediondos e equiparados).

Contudo, a Lei nº 13.344/2016 inclui mais um crime nesse rol gravoso para liberdade condicional: o tráfico de pessoas (art. 149-A, CP).

Art. 83, V, CP: *"cumpridos mais de dois terços da pena, nos casos de condenação por crime hediondo, prática de tortura, tráfico ilícito de entorpecentes e drogas afins, tráfico de pessoas e terrorismo, se o apenado não for reincidente específico em crimes dessa natureza".*
(Incluído pela Lei nº 13.344, de 2016)

Regras gerais para o livramento condicional

NATUREZA DO CRIME	PRAZO PARA CONDICIONAL
Crime comum + primário	Cumprimento de 1/3 da pena
Crime comum +reincidente em crime doloso	Cumprimento de 1/2 da pena
Crime hediondo, equiparado ou tráfico de pessoas+primário (ou reincidente genérico)	Cumprimento de 2/3 da pena
Crime hediondo, equiparado ou tráfico de pessoas+reincidente específico nesses crimes	NÃO HÁ CONDICIONAL ✖

Delação eficaz

Art. 7º. *Ao art. 159 do Código Penal fica acrescido o seguinte parágrafo: "Art. 159. §4º Se o crime é cometido por quadrilha ou bando, o coautor que denunciá-lo à autoridade, facilitando a libertação do sequestrado, terá sua pena reduzida de um a dois terços".*

Delação eficaz: trata-se de uma causa obrigatória de diminuição de pena— de 1/3 (um terço) a 2/3 (dois terços) — para o crime de extorsão mediante sequestro em concurso de agentes (art. 159, CP), devendo a denúnciaser eficaz, ou seja, possibilitando a libertação da vítima.

15.3 Associação Criminosa Qualificada

Art. 8º. *Será de três a seis anos de reclusão a pena prevista no art. 288 do Código Penal, quando se tratar de crimes hediondos, prática da tortura, tráfico ilícito de entorpecentes e drogas afins ou terrorismo.*

Parágrafo único. *O participante e o associado que denunciar à autoridade o bando ou quadrilha (associação criminosa), possibilitando seu desmantelamento, terá a pena reduzida de um a dois terços.*

O crime de associação criminosa (art. 288, CP) será qualificado quando possuir o fim de praticar crimes hediondos e equiparados — exceto tráfico de drogas, pois a este delito incidirá o art. 35 da Lei nº 11.343/2006: associação para o tráfico de drogas. Contudo, tal qualificadora não está presente no Código Penal, mas somente na Lei dos Crimes Hediondos.

> Portanto, tome cuidado com o enunciado de prova, caso cite "de acordo com o Código Penal", então não há associação criminosa qualificada.

Traição benéfica

Art. 8º, *Parágrafo único. O participante e o associado que denunciar à autoridade o bando ou quadrilha (associação criminosa), possibilitando seu desmantelamento, terá a pena reduzida de um a dois terços.*

Traição benéfica: trata-se de uma causa obrigatória de diminuição de pena— de 1/3 (um terço) a 2/3 (dois terços) — para associação criminosa (art. 288, CP), sendo que um ou mais dos agentes (associado ou partícipe) denuncie (traia) de modo eficaz, ou seja, possibilitando o desmantelamento do grupo (art. 8º, parágrafo único).

> DELAÇÃO EFICAZ ≠ TRAIÇÃO BENÉFICA
> Na delação eficaz, deve-se possibilitar a libertação da vítima (efetivamente); enquanto na traição benéfica, o desmantelamento do grupo criminoso (o famoso "dedo duro").

15.4 Jurisprudências e Temas Relevantes

Tráfico de drogas privilegiado não é equiparado a hediondo

Atualmente, para ambos os Tribunais Superiores, não é equiparado a hediondo o tráfico privilegiado (art. 33, §4º, Lei nº 11.343/2006), por conseguinte, o STJ cancelou a Súmula nº 512.

Súmula nº512, STJ: *A aplicação da causa de diminuição de pena prevista no art. 33, §4º, da Lei nº 11.343/2006 não afasta a hediondez do crime de tráfico de drogas.* (CANCELADO)

Para o STF, afasta a hediondez:"O tráfico de entorpecentes privilegiado (art. 33, §4º, da Lei nº 11.313/2006) não se harmoniza com a hediondez do tráfico de entorpecentes definido no ca-put e §1º do art. 33 da Lei de Tóxicos.".

Associação para o tráfico de drogas não é equiparado a hediondo

Segundo entendimento dos Tribunais Superiores, o crime de associação para o tráfico (art. 35, Lei nº 11.343/2006) não é equiparado a hediondo, razão pela qual a progressão de regime seguirá a regra geral dos delitos comuns, além dos requisitos subjetivos, o requisito objetivo de cumprimento de, ao menos, 1/6 da pena em cada regime: art. 112, LEP (Lei nº 7.210/1984).

"O Superior Tribunal de Justiça entende que o delito de associação para o tráfico de drogas não possui natureza hedionda, por não estar expressamente previsto nos arts. 1º e 2º, Lei nº 8.072/1990. [...], deve ser cumprido o lapso de 1/6 de pena para a progressão de regime, não se aplicando o disposto no art. 2º, §2º, Lei n.º 8.072/1990.".

→ **Progressão de Regime (Regra Geral)**

> **Art. 112**, caput, LEP: A pena privativa de liberdade será executada em forma progressiva com a transferência para regime menos rigoroso, a ser determinada pelo juiz, quando o preso tiver cumprido ao menos um sexto da pena no regime anterior e ostentar bom comportamento carcerário, comprovado pelo diretor do estabelecimento, respeitadas as normas que vedam a progressão.

Obrigatoriedade da identificação do perfil genético aos condenados em crimes hediondos

Há obrigatoriedade da coleta do perfil genético (DNA) dos condenados por crime doloso com violência de natureza grave contra pessoa ou por crime hediondo (art. 9º-A, Lei nº 7.210/1984).

> **Art. 9º-A**, LEP: "Os condenados por crime praticado, dolosamente, com violência de natureza grave contra pessoa, ou por qualquer dos crimes previstos no art. 1º da Lei nº 8.072, de 25 de julho de 1990, serão submetidos, obrigatoriamente, à identificação do perfil genético, mediante extração de DNA – ácido desoxirribonucleico, por técnica adequada e indolor".

Muita atenção, pois as bancas de concurso têm o costume de colocar essa obrigatoriedade (art. 9º-A, LEP) em outros temas, por exemplo, na identificação criminal pelo processo datiloscópico (errado!).

Ato infracional análogo ao tráfico de drogas

Os menores de 18 (dezoito) anos não cometem crimes, mas, por força da lei, diz-se que cometem atos infracionais análogos a crime. Diante disso, o menor de 18 anos que cometer delito equiparado a hediondo de tráfico de drogas não estará sujeito à medida socioeducativa de internação (medida privativa de liberdade), a qual só é cabível ao adolescente (maior de 12 anos e menor de 18 anos), por ser a medida mais gravosa do Estatuto da Criança e do Adolescente – ECA.

Súmula nº 492, STJ: O ato infracional análogo ao tráfico de drogas, por si só, não conduz obrigatoriamente à imposição de medida socioeducativa de internação do adolescente.

Corrupção de menores majorada por crime hediondo

> **Art. 244-B**, ECA: Corromper ou facilitar a corrupção de menor de 18 (dezoito) anos, com ele praticando infração penal ou induzindo-o a praticá-la:
>
> **Pena** - reclusão, de 1 (um) a 4 (quatro) anos.
>
> **§1º**. Incorre nas penas previstas no caput deste artigo quem pratica as condutas ali tipificadas utilizando-se de quaisquer meios eletrônicos, inclusive salas de bate-papo da internet.
>
> **§2º**. As penas previstas no caput deste artigo são aumentadas de um terço no caso de a infração cometida ou induzida estar incluída no rol do art. 1º da Lei no 8.072, de 25 de julho de 1990.

O crime de corrupção de menores previsto no art. 244-B do ECA (Lei nº 8.069/1990) é diferente da corrupção de menores prevista no art. 218 do CP (crime contra a dignidade sexual). O ato de corromper menor de 18 (dezoito) anos de idade ou de facilitar a sua corrupção para a prática de infração penal (art. 244-B, ECA) é considerado delito formal, cuja caracterização demanda a coautoria ou participação de indivíduo maior de idade, majorando-se a pena caso o delito perpetrado em decorrência da corrupção seja hediondo.

Súmula nº 500, STJ: "A configuração do crime do art. 244-B do ECA independe da prova da efetiva corrupção do menor, por se tratar de delito formal.".

Associação criminosa é crime hediondo?

Não. Nem prevista no Código Penal (art. 288, CP), ainda que tenha a finalidade de se praticar crimes hediondos e equiparados (art. 8º, Lei nº 8.072/1990), nem a prevista na Lei de Drogas (art. 35, Lei nº 11.343/2006), nem a organização criminosa (art. 1º, §1º, Lei nº12.850/2013).

Contudo, a associação criminosa com objetivo de genocídio é hedionda (art. 2º, Lei nº 2.889/1956), haja vista a definição expressa na Lei de Crimes Hediondos (art. 1º, parágrafo único, Lei nº 8.072/1990).

Veja o que diz o caput do art. 2º da Lei de Genocídio:

> **Art. 2º**, caput, Lei nº 2.889/1956: Associarem-se mais de 3 (três) pessoas para prática dos crimes mencionados no artigo anterior: [...]

É hedionda a incitação à prática de genocídio:

> **Art. 3º**, caput, Lei nº 2.889/1956: Incitar, direta e publicamente alguém a cometer qualquer dos crimes de que trata o art. 1º: [...]

16. LEI Nº 8.137/1990 – CRIMES CONTRA A ORDEM TRIBUTÁRIA

16.1 Aspectos Gerais

A Lei nº 8.137/90 define crimes contra a ordem tributária, econômica e contra as relações de consumo, e dá outras providências.

Em seu art. 11, dispõe que quem, de qualquer modo, inclusive por meio de pessoa jurídica, concorre para os crimes definidos na respectiva lei, incide nas penas a estes cominadas, na medida de sua culpabilidade. No entanto, nos crimes cometidos em quadrilha ou coautoria, o coautor ou partícipe que, a partir de confissão espontânea, revelar à autoridade policial ou judicial toda a trama delituosa, terá a sua pena reduzida de um a dois terços.

Os crimes previstos na referida Lei, de acordo com seu art. 15, são todos de ação penal pública, sendo a ação movida pelo Ministério Público, sem a necessidade de representação por parte de eventual ofendido (ação penal pública incondicionada).

Dos crimes praticados por particulares

Os arts. 1º e 2º da Lei nº 8.137/90 definem os crimes contra a ordem tributária que podem ser praticados por qualquer pessoa:

> **Art. 1º** Constitui crime contra a ordem tributária suprimir ou reduzir tributo, ou contribuição social e qualquer acessório, mediante as seguintes condutas:
>
> I - omitir informação, ou prestar declaração falsa às autoridades fazendárias;
>
> II - fraudar a fiscalização tributária, inserindo elementos inexatos, ou omitindo operação de qualquer natureza, em documento ou livro exigido pela lei fiscal;
>
> III - falsificar ou alterar nota fiscal, fatura, duplicata, nota de venda, ou qualquer outro documento relativo à operação tributável;
>
> IV - elaborar, distribuir, fornecer, emitir ou utilizar documento que saiba ou deva saber falso ou inexato;
>
> V - negar ou deixar de fornecer, quando obrigatório, nota fiscal ou documento equivalente, relativa a venda de mercadoria ou prestação de serviço, efetivamente realizada, ou fornecê-la em desacordo com a legislação.
>
> Pena - reclusão de 2 (dois) a 5 (cinco) anos, e multa.
>
> Parágrafo único. A falta de atendimento da exigência da autoridade, no prazo de 10 (dez) dias, que poderá ser convertido em horas em razão da maior ou menor complexidade da matéria ou da dificuldade quanto ao atendimento da exigência, caracteriza a infração prevista no inciso V.
>
> **Art. 2º** Constitui crime da mesma natureza:
>
> I - Fazer declaração falsa ou omitir declaração sobre rendas, bens ou fatos, ou empregar outra fraude, para eximir-se, total ou parcialmente, de pagamento de tributo;
>
> II - Deixar de recolher, no prazo legal, valor de tributo ou de contribuição social, descontado ou cobrado, na qualidade de sujeito passivo de obrigação e que deveria recolher aos cofres públicos;
>
> III - exigir, pagar ou receber, para si ou para o contribuinte beneficiário, qualquer percentagem sobre a parcela dedutível ou deduzida de imposto ou de contribuição como incentivo fiscal;
>
> IV - Deixar de aplicar, ou aplicar em desacordo com o estatuído, incentivo fiscal ou parcelas de imposto liberadas por órgão ou entidade de desenvolvimento;
>
> V - Utilizar ou divulgar programa de processamento de dados que permita ao sujeito passivo da obrigação tributária possuir informação contábil diversa daquela que é, por lei, fornecida à Fazenda Pública.
>
> Pena - detenção, de 6 (seis) meses a 2 (dois) anos, e multa.

Extinção da punibilidade e suspensão da prescrição

O art. 34 da Lei nº 9.249/95 dispõe que se extingue a punibilidade dos crimes definidos na Lei nº 8.137/90, quando o agente promover o pagamento do tributo ou contribuição social, inclusive acessórios, antes do recebimento da denúncia.

Já o art. 9º da Lei nº 10.684/03 estipula que, no caso de parcelamento dos débitos, fica suspensa a pretensão punitiva do Estado, referente aos crimes previstos nos arts. 1º e 2º da Lei nº 8.137/90, durante o período em que a pessoa jurídica relacionada com o agente dos aludidos crimes estiver incluída no regime de parcelamento, sendo que a punibilidade é extinta quando do pagamento integral das parcelas.

Dos crimes praticados por funcionários públicos

O art. 3º da Lei nº 8.137/90 dispõe sobre crimes contra a ordem tributária que podem ser praticados somente por funcionários públicos (crimes próprios):

> **Art. 3º** Constitui crime funcional contra a ordem tributária, além dos previstos no Decreto-lei nº 2.848, de 7 de dezembro de 1940 - Código Penal:
>
> I - extraviar livro oficial, processo fiscal ou qualquer documento, de que tenha a guarda em razão da função; sonegá-lo, ou inutilizá-lo, total ou parcialmente, acarretando pagamento indevido ou inexato de tributo ou contribuição social;
>
> II - exigir, solicitar ou receber, para si ou para outrem, direta ou indiretamente, ainda que fora da função ou antes de iniciar seu exercício, mas em razão dela, vantagem indevida; ou aceitar promessa de tal vantagem, para deixar de lançar ou cobrar tributo ou contribuição social, ou cobrá-los parcialmente. Pena - reclusão, de 3 (três) a 8 (oito) anos, e multa.
>
> III - patrocinar, direta ou indiretamente, interesse privado perante a administração fazendária, valendo-se da qualidade de funcionário público.
>
> Pena - reclusão, de 1 (um) a 4 (quatro) anos, e multa.

17. LEI Nº 9.296, DE 24 DE JULHO DE 1996 - INTERCEPTAÇÕES TELEFÔNICAS

17.1 Interceptações Telefônicas

O art. 5º, inciso XII da Constituição Federal diz que: "é inviolável o sigilo da correspondência e das **comunicações telegráficas**, de dados e das comunicações telefônicas, salvo, no último caso, por **ordem judicial**, nas hipóteses e na forma que a lei **estabelecer** para fins de **investigação criminal** ou **instrução processual penal**".

Dessa forma, para que seja realizada a interceptação de comunicações telefônicas, com fins de investigação criminal ou instrução processual penal, a Constituição Federal exigiu ordem judicial. Além disso, ela definiu que a interceptação deveria ser feita na forma devidamente regulamentada por lei. Desse modo, foi criada a presente lei com finalidade de regular as interceptações telefônicas.

A interceptação de comunicações telefônicas, de qualquer natureza, para prova em investigação criminal e em instrução processual penal, observará o disposto na Lei 9.296/96 e dependerá de **ordem do juiz competente da ação principal**, sob **segredo de justiça**.

O disposto nesta Lei aplica-se à interceptação do fluxo de **comunicações em sistemas de informática e telemática**.

Não será admitida a interceptação de comunicações telefônicas quando ocorrer qualquer das seguintes hipóteses:

> Não houver indícios razoáveis da autoria ou participação em infração penal.
> A prova puder ser feita por outros meios disponíveis.
> O fato investigado constituir infração penal punida, no máximo, com pena de **detenção**.

A infração penal deve ser punível com reclusão (se a pena máxima for de detenção, não poderá ser feita a interceptação).

Em qualquer hipótese, deve ser **descrita com clareza a situação objeto da investigação**, inclusive com a indicação e a **qualificação dos investigados** (salvo impossibilidade manifesta, devidamente justificada).

→ A interceptação das comunicações telefônicas poderá ser determinada:
  > Pelo juiz (de ofício).
  > A requerimento:
    » Da autoridade policial, na investigação criminal;
    » Do representante do Ministério Público, na investigação criminal e na instrução processual penal.

O pedido de interceptação de comunicação telefônica conterá a demonstração de que a sua realização é **necessária à apuração de infração penal**, com indicação dos meios a serem empregados.

Excepcionalmente, o Juiz poderá admitir que o pedido seja formulado **verbalmente**, desde que estejam presentes os pressupostos que autorizem a interceptação (nesse caso a concessão será condicionada à sua redução a termo).

O Juiz decidirá sobre o pedido de interceptação, no prazo máximo de 24 horas.

A decisão será **fundamentada**, sob pena de **nulidade**, indicando também a forma de execução da diligência, que **não poderá exceder** o prazo de quinze dias, renovável por igual tempo uma vez comprovada a indispensabilidade do meio de prova.

Prevalece o entendimento de que essa renovação pode ser feita por sucessivas vezes, desde que haja fundamentação para essa dilação.

PRAZO: 15 dias, renovável por igual período. No entanto, o STF, no informativo 855 estabeleceu que a interceptação pode ser renovada sucessivamente, enquanto for necessário).

Deferido o pedido, a autoridade policial conduzirá os procedimentos de interceptação, **dando ciência ao Ministério Público**, que poderá acompanhar a sua realização.

No caso de a diligência possibilitar a gravação da comunicação interceptada, será determinada a sua **transcrição**.

Para os procedimentos de interceptação de que trata esta Lei, a autoridade policial **poderá requisitar serviços e técnicos especializados às concessionárias de serviço público.**

Cumprida a diligência, a autoridade policial encaminhará o resultado da interceptação ao Juiz, acompanhado de auto circunstanciado, que deverá conter o resumo das operações realizadas.

Recebidos esses elementos, o Juiz determinará a providência a seguir descrita, ciente o Ministério Público.

A interceptação de comunicação telefônica, de qualquer natureza, ocorrerá em **autos apartados**, apensados aos autos do inquérito policial ou do processo criminal, **preservando-se o sigilo** das diligências, gravações e transcrições respectivas.

A apensação somente poderá ser realizada imediatamente antes do relatório da autoridade, quando se tratar de inquérito policial (Código de Processo Penal, art. 10, § 1º) ou na conclusão do processo ao Juiz para o despacho decorrente do disposto nos arts. 407, 502 ou 538 do Código de Processo Penal.

A gravação que não interessar à prova será **inutilizada por decisão judicial**, durante o inquérito, a instrução processual ou após esta, em virtude de requerimento do Ministério Público ou da parte interessada.

O incidente de inutilização será assistido pelo Ministério Público, sendo facultada a presença do acusado ou de seu representante legal.

Constitui **crime** realizar interceptação de comunicações telefônicas, de informática ou telemática, ou quebrar segredo da Justiça, **sem autorização judicial** ou com **objetivos não autorizados em lei**. A **pena** é de reclusão, de dois a quatro anos, e multa.

Esta Lei entrou em vigor na data de sua publicação (24 de julho de 1996).

18. DOS CRIMES DE TRÂNSITO

Neste capítulo, estudaremos os crimes de trânsito, dividindo de maneira prática para fins de estudo, em duas partes: a primeira que trata dos crimes de trânsito em geral, em que aprenderemos que crimes de trânsito são todos aqueles crimes de natureza culposa, cometidos na direção de veículos. Nesta primeira parte vale, ainda, ressaltar as disposições do Código Penal (CP Art. 12) e do Código de Processo Penal (CPP Art. 1º, § 1º) que deverão ser usadas de maneira subsidiária ou quando não couber a especificidade de Lei nº 9.503, de 23 de setembro de 1997 (CTB).

Na segunda parte, encontraremos os crimes propriamente ditos, sua tipificação legal e as medidas que devem ser adotadas quando da prática destes.

Art. 291. Aos crimes cometidos na direção de veículos automotores, previstos neste Código, aplicam-se as normas gerais do Código Penal e do Código de Processo Penal, se este Capítulo não dispuser de modo diverso, bem como a Lei nº 9.099, de 26 de setembro de 1995.[35]

§ 1º Aplica-se aos crimes de trânsito de lesão corporal culposa o disposto nos Arts. 74, 76 e 88 da Lei nº 9.099, de 26 de setembro de 1995, exceto se o agente estiver:

I. Sob a influência de álcool ou qualquer outra substância psicoativa que determine dependência; (Incluído pela Lei nº 11.705, de 2008.)

II. Participando, em via pública, de corrida, disputa ou competição automobilística, de exibição ou demonstração de perícia em manobra de veículo automotor, não autorizada pela autoridade competente; (Incluído pela Lei nº 11.705, de 2008.)

III. Transitando em velocidade superior à máxima permitida para a via em 50 km/h (cinquenta quilômetros por hora).

§ 2º Nas hipóteses previstas no § 1º deste artigo, deverá ser instaurado inquérito policial para a investigação da infração penal.

§ 3º (VETADO)

§ 4º O juiz fixará a pena-base segundo as diretrizes previstas no art. 59 do Decreto-Lei no 2.848, de 7 de dezembro de 1940 (Código Penal), dando especial atenção à culpabilidade do agente e às circunstâncias e consequências do crime. (NR)

Art. 292. A suspensão ou a proibição de se obter a permissão ou a habilitação para dirigir veículo automotor pode ser imposta como penalidade principal, isolada ou cumulativamente com outras penalidades. (Redação dada pela Lei nº 12.971, de 2014)

Art. 293. A penalidade de suspensão ou de proibição de se obter a permissão ou a habilitação, para dirigir veículo automotor, tem a duração de dois meses a cinco anos.

§ 1º Transitada em julgado a sentença condenatória, o réu será intimado a entregar à autoridade judiciária, em quarenta e oito horas, a Permissão para Dirigir ou a Carteira de Habilitação.[36]

§ 2º A penalidade de suspensão ou de proibição de se obter a permissão ou a habilitação para dirigir veículo automotor não se inicia enquanto o sentenciado, por efeito de condenação penal, estiver recolhido a estabelecimento prisional.

Art. 294. Em qualquer fase da investigação ou da ação penal, havendo necessidade para a garantia da ordem pública, poderá o juiz, como medida cautelar, de ofício, ou a requerimento do Ministério Público ou ainda mediante representação da autoridade policial, decretar, em decisão motivada, a suspensão da permissão ou da habilitação para dirigir veículo automotor, ou a proibição de sua obtenção.

Parágrafo único. Da decisão que decretar a suspensão ou a medida cautelar, ou da que indeferir o requerimento do Ministério Público, caberá recurso em sentido estrito, sem efeito suspensivo.[37]

Art. 295. A suspensão para dirigir veículo automotor ou a proibição de se obter a permissão ou a habilitação será sempre comunicada pela autoridade judiciária ao Conselho Nacional de Trânsito - CONTRAN, e ao órgão de trânsito do Estado em que o indiciado ou réu for domiciliado ou residente.

Art. 296. Se o réu for reincidente na prática de crime previsto neste Código, o juiz aplicará a penalidade de suspensão da permissão ou habilitação para dirigir veículo automotor, sem prejuízo das demais sanções penais cabíveis. (Redação dada pela Lei nº 11.705, de 2008.)

Art. 297. A penalidade de multa reparatória consiste no pagamento, mediante depósito judicial em favor da vítima, ou seus sucessores, de quantia calculada com base no disposto no § 1º do Art. 49 do Código Penal, sempre que houver prejuízo material resultante do crime. (Art. 49, § 1º, do CP. Decreto-Lei nº 2.848/40.)

§ 1º A multa reparatória não poderá ser superior ao valor do prejuízo demonstrado no processo.

§ 2º Aplica-se à multa reparatória o disposto nos Arts. 50 a 52 do Código Penal.

§ 3º Na indenização civil do dano, o valor da multa reparatória será descontado.

Art. 298. São circunstâncias que sempre agravam as penalidades dos crimes de trânsito ter o condutor do veículo cometido a infração:

I. Com dano potencial para duas ou mais pessoas ou com grande risco de grave dano patrimonial a terceiros;

II. Utilizando o veículo sem placas, com placas falsas ou adulteradas;

III. Sem possuir Permissão para Dirigir ou Carteira de Habilitação;

IV. Com Permissão para Dirigir ou Carteira de Habilitação de categoria diferente da do veículo;

V. Quando a sua profissão ou atividade exigir cuidados especiais com o transporte de passageiros ou de carga;

VI. Utilizando veículo em que tenham sido adulterados equipamentos ou características que afetem a sua segurança ou o seu funcionamento de acordo com os limites de velocidade prescritos nas especificações do fabricante;

VII. Sobre faixa de trânsito temporária ou permanentemente destinada a pedestre

Art. 299. (VETADO)

Art. 300. (VETADO)

Art. 301. Ao condutor de veículo, nos casos de acidentes de trânsito de que resulte vítima, não se imporá a prisão em flagrante, nem se exigirá fiança, se prestar pronto e integral socorro àquela.

18.1 Dos Crimes em Espécie

Depois de estudar as disposições gerais, podemos ver algumas diferenças nos crimes de trânsito e nos crimes comuns. Podemos notar, por exemplo, que não há prisão em flagrante nos crimes de trânsito, exceto para a condução sob o efeito de álcool e para a disputa não autorizada em via pública (rachas).

Notamos, ainda, que a suspensão da habilitação tem uma duração de dois meses a cinco anos, enquanto no administrativo esta pena é de um a doze meses.

---

35 No que couber (Lei dos juizados especiais) em seu Art. 61.
36 Art. 307, parágrafo único, do CTB.
37 Art. 581, CPP.

Agora iniciaremos a abordagem dos crimes em espécie. Tratemos dos dois primeiros crimes que são o homicídio e a lesão corporal. Temos em sua tipificação a modalidade culposa, sem a intenção, logo, se qualquer um destes crimes for cometido na direção de veículo automotor e tiver modalidade dolosa, ele passa imediatamente a ser um crime comum, devendo ser tipificado pela legislação penal em vigor e passando a ser o veículo apenas o meio para o cometimento do crime.

Art. 302. Praticar homicídio culposo na direção de veículo automotor:

§ 1º No homicídio culposo cometido na direção de veículo automotor, a pena é aumentada de 1/3 (um terço) à metade, se o agente:

I. não possuir Permissão para Dirigir ou Carteira de Habilitação;

II. praticá-lo em faixa de pedestres ou na calçada;

III. deixar de prestar socorro, quando possível fazê-lo sem risco pessoal, à vítima do acidente;

IV. no exercício de sua profissão ou atividade, estiver conduzindo veículo de transporte de passageiros

V. (Revogado pela Lei nº 11.705, de 2008)

§ 2º (Revogado pela Lei nº 13.281, de 2016)[38]

§ 3º Se o agente conduz veículo automotor sob a influência de álcool ou de qualquer outra substância psicoativa que determine dependência:

Penas - reclusão, de cinco a oito anos, e suspensão ou proibição do direito de se obter a permissão ou a habilitação para dirigir veículo automotor. (NR)

Art. 303. Praticar lesão corporal culposa na direção de veículo automotor:

Penas - detenção, de seis meses a dois anos e suspensão ou proibição de se obter a permissão ou a habilitação para dirigir veículo automotor.

§ 1º Aumenta-se a pena de 1/3 (um terço) à metade, se ocorrer qualquer das hipóteses do § 1º do art. 302. (Renumerado do parágrafo único pela Lei nº 13.546, de 2017)

§ 2º A pena privativa de liberdade é de reclusão de dois a cinco anos, sem prejuízo das outras penas previstas neste artigo, se o agente conduz o veículo com capacidade psicomotora alterada em razão da influência de álcool ou de outra substância psicoativa que determine dependência, e se do crime resultar lesão corporal de natureza grave ou gravíssima.[39]

Art. 304. Deixar o condutor do veículo, na ocasião do acidente, de prestar imediato socorro à vítima, ou, não podendo fazê-lo diretamente, por justa causa, deixar de solicitar auxílio da autoridade pública:

Penas - detenção, de seis meses a um ano, ou multa, se o fato não constituir elemento de crime mais grave.[40]

Parágrafo único. Incide nas penas previstas neste Art. o condutor do veículo, ainda que a sua omissão seja suprida por terceiros ou que se trate de vítima com morte instantânea ou com ferimentos leves.

Art. 305. Afastar-se o condutor do veículo do local do acidente, para fugir à responsabilidade penal ou civil que lhe possa ser atribuída:

Penas - detenção, de seis meses a um ano, ou multa.

Art. 306. Conduzir veículo automotor com capacidade psicomotora alterada em razão da influência de álcool ou de outra substância psicoativa que determine dependência: (Redação dada pela Lei nº 12.760, de 2012.)

Penas - detenção, de seis meses a três anos, multa e suspensão ou proibição de se obter a permissão ou a habilitação para dirigir veículo automotor.[41]

§ 1º As condutas previstas no caput serão constatadas por: (Incluído pela Lei nº 12.760, de 2012)

I. Concentração igual ou superior a 6 decigramas de álcool por litro de sangue ou igual ou superior a 0,3 miligrama de álcool por litro de ar alveolar; ou

II. Sinais que indiquem, na forma disciplinada pelo CONTRAN, alteração da capacidade psicomotora.

§ 2º A verificação do disposto neste artigo poderá ser obtida mediante teste de alcoolemia ou toxicológico, exame clínico, perícia, vídeo, prova testemunhal ou outros meios de prova em direito admitidos, observado o direito à contraprova. (Redação dada pela Lei nº 12.971, de 2014)

§ 3º O CONTRAN disporá sobre a equivalência entre os distintos testes de alcoolemia ou toxicológicos para efeito de caracterização do crime tipificado neste artigo.

§ 4º Poderá ser empregado qualquer aparelho homologado pelo Instituto Nacional de Metrologia, Qualidade e Tecnologia - INMETRO - para se determinar o previsto no caput. (Incluído pela Lei nº 13.840, de 2019)

Art. 307. Violar a suspensão ou a proibição de se obter a permissão ou a habilitação para dirigir veículo automotor imposta com fundamento neste Código:

Penas - detenção, de seis meses a um ano e multa, com nova imposição adicional de idêntico prazo de suspensão ou de proibição.

Parágrafo único. Nas mesmas penas incorre o condenado que deixa de entregar, no prazo estabelecido no § 1º do Art. 293, a Permissão para Dirigir ou a Carteira de Habilitação.

Art. 308. Participar, na direção de veículo automotor, em via pública, de corrida, disputa ou competição automobilística ou ainda de exibição ou demonstração de perícia em manobra de veículo automotor, não autorizada pela autoridade competente, gerando situação de risco à incolumidade pública ou privada:

Penas - detenção, de seis meses a três anos, multa e suspensão ou proibição de se obter a permissão ou a habilitação para dirigir veículo automotor.

§ 1º Se da prática do crime previsto no caput resultar lesão corporal de natureza grave, e as circunstâncias demonstrarem que o agente não quis o resultado nem assumiu o risco de produzi-lo, a pena privativa de liberdade é de reclusão, de 3 (três) a 6 (seis) anos, sem prejuízo das outras penas previstas neste artigo. (Incluído pela Lei nº 12.971, de 2014)

§ 2º Se da prática do crime previsto no caput resultar morte, e as circunstâncias demonstrarem que o agente não quis o resultado nem assumiu o risco de produzi-lo, a pena privativa de liberdade é de reclusão de 5 (cinco) a 10 (dez) anos, sem prejuízo das outras penas previstas neste artigo. (Incluído pela Lei nº 12.971, de 2014)[42]

Art. 309. Dirigir veículo automotor, em via pública, sem a devida Permissão para Dirigir ou Habilitação ou, ainda, se cassado o direito de dirigir, gerando perigo de dano:

Penas - detenção, de seis meses a um ano, ou multa. Art. 263, do CTB[43]

Art. 310. Permitir, confiar ou entregar a direção de veículo automotor a pessoa não habilitada, com habilitação cassada ou com o direito de dirigir suspenso, ou, ainda, a quem, por seu estado de saúde, física ou mental, ou por embriaguez, não esteja em condições de conduzi-lo com segurança.[44]

---

38 Art. 121, § 3º, do CP.
39 Art. 129, § 6º, do CP.
40 Arts. 176, I e 177 do CTB.
Art. 135 do CP.
41 Arts. 34 e 62, do Decreto -Lei nº 3.688/41 (Lei das Contravenções Penais).
42 Arts. 67, 173 e 174 do CTB.
43 Súmula nº 720 do STF.
44 Súmula nº 575 do STJ.
Arts. 163, 164 e 166 do CTB.
Resolução do CONTRAN nº 432, de 23-01-2013: dispõe sobre os procedimentos a serem adotados pelas autoridades de trânsito e seus agentes na fiscalização do

DOS CRIMES DE TRÂNSITO

Penas - detenção, de seis meses a um ano, ou multa.

Art. 310-A. (VETADO) (Incluído pela Lei nº 12.619, de 2012).

Art. 311. Trafegar em velocidade incompatível com a segurança nas proximidades de escolas, hospitais, estações de embarque e desembarque de passageiros, logradouros estreitos, ou onde haja grande movimentação ou concentração de pessoas, gerando perigo de dano:

Penas - detenção, de seis meses a um ano, ou multa.[45]

Art. 312. Inovar artificiosamente, em caso de acidente automobilístico com vítima, na pendência do respectivo procedimento policial preparatório, inquérito policial ou processo penal, o estado de lugar, de coisa ou de pessoa, a fim de induzir a erro o agente policial, o perito, ou juiz:

Penas - detenção, de seis meses a um ano, ou multa.[46]

Parágrafo único. Aplica-se o disposto neste artigo, ainda que não iniciados, quando da inovação, o procedimento preparatório, o inquérito ou o processo aos quais se refere.

Art. 312-A. Para os crimes relacionados nos arts. 302 a 312 deste Código, nas situações em que o juiz aplicar a substituição de pena privativa de liberdade por pena restritiva de direitos, esta deverá ser de prestação de serviço à comunidade ou a entidades públicas, em uma das seguintes atividades:

I. trabalho, aos fins de semana, em equipes de resgate dos corpos de bombeiros e em outras unidades móveis especializadas no atendimento a vítimas de trânsito;

II. trabalho em unidades de pronto-socorro de hospitais da rede pública que recebem vítimas de acidente de trânsito e politraumatizados;

III. trabalho em clínicas ou instituições especializadas na recuperação de acidentados de trânsito;

IV. outras atividades relacionadas ao resgate, atendimento e recuperação de vítimas de acidentes de trânsito.[47]

"**Art. 312-B.** Aos crimes previstos no § 3º do art. 302 e no § 2º do art. 303 deste Código não se aplica o disposto no inciso I do **caput** do art. 44 do Decreto-Lei nº 2.848, de 7 de dezembro de 1940 (Código Penal)." (NR Lei nº 14.071 de 13 de Out. 2020).

19. LEI Nº 10.826/2003 - ESTATUTO DO DESARMAMENTO

19.1 Conceitos Introdutórios

O Estatuto do Desarmamento é uma lei que possui normas de Direito Administrativo, Penal e Processual Penal, iremos focar o estudo acerca das infrações penais; contudo, para entender determinados pontos existentes na lei, será necessário o conhecimento básico de alguns conceitos iniciais.

Por exemplo, o órgão responsável pela autorização e pelo registro de arma de fogo, em regra, é o SINARM (Sistema Nacional de Armas) – alocado na Polícia Federal e instituído pelo Ministério da Justiça –, cujas competências são exauridas do art. 3º da referida lei.

Objetivo

→ Os objetivos estão expostos na ementa da lei, quais sejam:
  > Dispõe sobre registro, posse, porte e comercialização de armas de fogo e munição;
  > Dispõe sobre o Sistema Nacional de Armas – SINARM;
  > Define crimes; e
  > Dá outras providências.

O Estatuto tem incriminação apenas das armas de fogo, acessórios, munições e artefatos explosivos ou incendiários, não se aplicando às armas brancas (arts. 18º e 19º da LCP[35] ou art. 242º do ECA[36]).

Norma penal em branco

→ A Lei nº 10.826/2003 não definiu o conceito do que é:
  > Arma de fogo, acessório e munição;
  > De uso permitido, restrito e proibido; e
  > Artefato explosivo ou incendiário.

Tais definições e outros complementos são regulados por diversos decretos, dentre eles: Decreto nº 9.607/2018 (Política Nacional de Exportação e Importação de Produtos de Defesa), Decreto nº 9.845/2019 (Regulamento acerca da posse de armas de fogo), Decreto nº 9.846/2019 (Regulamento para caçadores, colecionadores e atiradores), Decreto nº 9.847/2019 (Regulamento acerca do porte, da comercialização, do SINARM e do SIGMA), Decreto nº 10.030/2019 (Regulamento de Produtos Controlados pelo Comando do Exército), além de outros.

---

consumo de álcool ou de outra substância psicoativa, que determine dependência, para aplicação do disposto nos Arts. 165, 276, 277 e 306 da Lei nº 9.503, de 23 de setembro de 1997 - Código de Trânsito Brasileiro (CTB).
45   Art. 220, XIV, do CTB.
46   Art. 347, CP. (Código Penal)
47   Art. 176, III, do CTB.
Art. 347 do CP.

35   Art. 18, Decreto-Lei nº 3.688/1941: "Fabricar, importar, exportar, ter em depósito ou vender, sem permissão da autoridade, arma ou munição: Pena – prisão simples, de três meses a um ano, ou multa, ou ambas cumulativamente, se o fato não constitui crime contra a ordem política ou social.".
Art. 19, Decreto-Lei nº 3.688/1941: "Trazer consigo arma fora de casa ou de dependência desta, sem licença da autoridade: Pena – prisão simples, de quinze dias a seis meses, ou multa, ou ambas cumulativamente. §1º. A pena é aumentada de um terço até metade, se o agente já foi condenado, em sentença irrecorrível, por violência contra pessoa. §2º. Incorre na pena de prisão simples, de quinze dias a três meses, ou multa, quem, possuindo arma ou munição: a) deixa de fazer comunicação ou entrega à autoridade, quando a lei o determina; b) permite que alienado menor de 18 anos ou pessoa inexperiente no manejo de arma a tenha consigo; c) omite as cautelas necessárias para impedir que dela se apodere facilmente alienado, menor de 18 anos ou pessoa inexperiente em manejá-la.".
36   Art. 242, Lei nº 8.069/1990: "Vender, fornecer ainda que gratuitamente ou entregar, de qualquer forma, a criança ou adolescente arma, munição ou explosivo: Pena – reclusão, de 3 (três) a 6 (seis) anos.".

Definições dadas pelo Decreto nº 10.030/2019 (Anexo III)	
Acessório de arma de fogo	artefato que, acoplado a uma arma, possibilita a melhoria do desempenho do atirador, a modificação de um efeito secundário do tiro ou a modificação do aspecto visual da arma.
Acessório explosivo	engenho não muito sensível, de elevada energia de ativação, que tem por finalidade fornecer energia suficiente à continuidade wde um trem explosivo e que necessita de um acessório iniciador para ser ativado.
Arma de fogo	arma que arremessa projéteis empregando a força expansiva dos gases, gerados pela combustão de um propelente confinado em uma câmara, normalmente solidária a um cano, que tem a função de dar continuidade à combustão do propelente, além de direção e estabilidade ao projétil.
Explosivo	tipo de matéria que, quando iniciada, sofre decomposição muito rápida, com grande liberação de calor e desenvolvimento súbito de pressão.

Definições dadas pelo Decreto nº 9.847/2019	
Arma de fogo de uso permitido: (Art. 2º, I)	as armas de fogo semiautomáticas ou de repetição que sejam: a) de porte, cujo calibre nominal, com a utilização de munição comum, não atinja, na saída do cano de prova, energia cinética superior a mil e duzentas libras-pé ou mil seiscentos e vinte joules; b) portáteis de alma lisa; ou c) portáteis de alma raiada, cujo calibre nominal, com a utilização de munição comum, não atinja, na saída do cano de prova, energia cinética superior a mil e duzentas libras-pé ou mil seiscentos e vinte joules.
Arma de fogo de uso restrito (Art. 2º, II)	as armas de fogo automáticas e as semiautomáticas ou de repetição que sejam: a) não portáteis; b) de porte, cujo calibre nominal, com a utilização de munição comum, atinja, na saída do cano de prova, energia cinética superior a mil e duzentas libras-pé ou mil seiscentos e vinte joules; ou c) portáteis de alma raiada, cujo calibre nominal, com a utilização de munição comum, atinja, na saída do cano de prova, energia cinética superior a mil e duzentas libras-pé ou mil seiscentos e vinte joules.
Arma de fogo de uso proibido (Art. 2º, III)	a) as armas de fogo classificadas de uso proibido em acordos e tratados internacionais dos quais a República Federativa do Brasil seja signatária; ou b) as armas de fogo dissimuladas, com aparência de objetos inofensivos.
Munição de uso restrito (Art. 2º, IV)	as munições que: a) atinjam, na saída do cano de prova de armas de porte ou portáteis de alma raiada, energia cinética superior a mil e duzentas libras-pé ou mil seiscentos e vinte joules; b) sejam traçantes, perfurantes ou fumígenas; c) sejam granadas de obuseiro, de canhão, de morteiro, de mão ou de bocal; ou d) sejam rojões, foguetes, mísseis ou bombas de qualquer natureza.
Munição de uso proibido (Art. 2º, V)	as munições que sejam assim definidas em acordo ou tratado internacional de que a República Federativa do Brasil seja signatária e as munições incendiárias ou químicas.
Munição (Art. 2º, X)	cartucho completo ou seus componentes, incluídos o estojo, a espoleta, a carga propulsora, o projétil e a bucha utilizados em armas de fogo.
Arma de fogo de porte (Art. 2º, VII)	as armas de fogo de dimensões e peso reduzidos que podem ser disparadas pelo atirador com apenas uma de suas mãos, a exemplo de pistolas, revólveres e garruchas.
Arma de fogo portátil (Art. 2º, VIII)	as armas de fogo que, devido às suas dimensões ou ao seu peso, podem ser transportadas por uma pessoa, tais como fuzil, carabina e espingarda.
Arma de fogo não portátil (Art. 2º, IX)	as armas de fogo que, devido às suas dimensões ou ao seu peso, precisam ser transportadas por mais de uma pessoa, com a utilização de veículos, automotores ou não, ou sejam fixadas em estruturas permanentes.

Classificação e definição das armas de fogo: a classificação e definição das armas de fogo de uso permitido, restrito ou proibido, além das obsoletas e de valor histórico, serão disciplinadas por ato do chefe do Poder Executivo Federal, por meio de proposta do Comando do Exército, conforme expõe o caput do art. 23º do referido estatuto.

> *Art. 23. A classificação legal, técnica e geral bem como a definição das armas de fogo e demais produtos controlados, de usos proibidos, restritos, permitidos ou obsoletos e de valor histórico serão disciplinadas em ato do chefe do Poder Executivo Federal, mediante proposta do Comando do Exército. (Redação dada pela Lei nº 11.706, de 19/06/2008)*
>
> *§1º. Todas as munições comercializadas no País deverão estar acondicionadas em embalagens com sistema de código de barras, gravado na caixa, visando possibilitar a identificação do fabricante e do adquirente, entre outras informações definidas pelo regulamento desta Lei.*
>
> *§2º. Para os órgãos referidos no art. 6º, somente serão expedidas autorizações de compra de munição com identificação do lote e do adquirente no culote dos projéteis, na forma do regulamento desta Lei.*
>
> *§3º. As armas de fogo fabricadas a partir de 1 (um) ano da data de publicação desta Lei conterão dispositivo intrínseco de segurança e de identificação, gravado no corpo da arma, definido pelo regulamento desta Lei, exclusive para os órgãos previstos no art. 6º.*
>
> *§4º. As instituições de ensino policial e as guardas municipais referidas nos incisos III e IV do 'caput' do art. 6º desta Lei e no seu §7º poderão adquirir insumos e máquinas de recarga de munição para o fim exclusivo de suprimento de suas atividades, mediante autorização concedida nos termos definidos em regulamento. (Parágrafo acrescido pela Lei nº 11.706, de 19/06/2008)*

Em muitos lugares na referida lei, haverá expressões que determinam a necessidade de complemento normativo, tais como: na forma [...], nas condições [...], nos termos do regulamento desta Lei; sem autorização ou em desacordo com determinação legal ou regulamentar.

Sinarm e registro

> *Art. 1º. O Sistema Nacional de Armas – SINARM, instituído no Ministério da Justiça, no âmbito da Polícia Federal, tem circunscrição em todo o território nacional.*

O SINARM é órgão vinculado à Polícia Federal e o responsável pelo cadastramento e registro das armas de fogo em território nacional, salvo as das Forças Armadas e Auxiliares, bem como as

LEI Nº 10.826/2003 - ESTATUTO DO DESARMAMENTO

dos órgãos que constem em seus registros próprios (art. 2º, par. único) — estas serão cadastradas no SIGMA[3].

Art. 2º. Ao SINARM compete:

I. identificar as características e a propriedade de armas de fogo, mediante cadastro;

II. cadastrar as armas de fogo produzidas, importadas e vendidas no País;

III. cadastrar as autorizações de porte de arma de fogo e as renovações expedidas pela Polícia Federal;

IV. cadastrar as transferências de propriedade, extravio, furto, roubo e outras ocorrências suscetíveis de alterar os dados cadastrais, inclusive as decorrentes de fechamento de empresas de segurança privada e de transporte de valores;

V. identificar as modificações que alterem as características ou o funcionamento de arma de fogo;

VI. integrar no cadastro os acervos policiais já existentes;

VII. cadastrar as apreensões de armas de fogo, inclusive as vinculadas a procedimentos policiais e judiciais;

VIII. cadastrar os armeiros em atividade no País, bem como conceder licença para exercer a atividade;

IX. cadastrar mediante registro os produtores, atacadistas, varejistas, exportadores e importadores autorizados de armas de fogo, acessórios e munições;

X. cadastrar a identificação do cano da arma, as características das impressões de raiamento e de microestriamento de projétil disparado, conforme marcação e testes obrigatoriamente realizados pelo fabricante;

XI. informar às Secretarias de Segurança Pública dos Estados e do Distrito Federal os registros e autorizações de porte de armas de fogo nos respectivos territórios, bem como manter o cadastro atualizado para consulta.

Parágrafo único. As disposições deste artigo não alcançam as armas de fogo das Forças Armadas e Auxiliares, bem como as demais que constem dos seus registros próprios.

Armas de fogo de uso restrito: compete ao Comando do Exército autorizar a aquisição e registrar as armas de fogo de uso restrito (art. 3º, par. único).

Art. 3º. *É obrigatório o registro de arma de fogo no órgão competente.*

Parágrafo único. As armas de fogo de uso restrito serão registradas no Comando do Exército, na forma do regulamento desta Lei.

Art. 27. *Caberá ao Comando do Exército autorizar, excepcionalmente, a aquisição de armas de fogo de uso restrito.*

Parágrafo único. O disposto neste artigo não se aplica às aquisições dos Comandos Militares.

Da posse de arma de fogo

A regra geral é que a população não tenha arma de fogo, daí o nome "Estatuto do Desarmamento". Contudo, um particular poderá obter a autorização para **posse de arma de fogo de uso permitido** (há diferença entre "posse" e "porte") caso preencha os requisitos necessários do art. 4º, que são, entre outros: curso técnico, avaliação psicológica, pagamento de taxas; bem como a idade mínima de 25 anos (art. 28).

Art. 4º. *Para adquirir arma de fogo de uso permitido o interessado deverá, além de declarar a efetiva necessidade, atender aos seguintes requisitos:*

I. comprovação de idoneidade, com a apresentação de certidões negativas de antecedentes criminais fornecidas pela Justiça Federal, Estadual, Militar e Eleitoral e de não estar respondendo a inquérito policial ou a processo criminal, que poderão ser fornecidas por meios eletrônicos;

II. apresentação de documento comprobatório de ocupação lícita e de residência certa;

III. comprovação de capacidade técnica e de aptidão psicológica para o manuseio de arma de fogo, atestadas na forma disposta no regulamento desta Lei.

§1º. O SINARM expedirá autorização de compra de arma de fogo após atendidos os requisitos anteriormente estabelecidos, em nome do requerente e para a arma indicada, sendo intransferível esta autorização.

§2º. A aquisição de munição somente poderá ser feita no calibre correspondente à arma registrada e na quantidade estabelecida no regulamento desta Lei.

§3º. A empresa que comercializar arma de fogo em território nacional é obrigada a comunicar a venda à autoridade competente, como também a manter banco de dados com todas as características da arma e cópia dos documentos previstos neste artigo.

§4º. A empresa que comercializa armas de fogo, acessórios e munições responde legalmente por essas mercadorias, ficando registradas como de sua propriedade enquanto não forem vendidas.

§5º. A comercialização de armas de fogo, acessórios e munições entre pessoas físicas somente será efetivada mediante autorização do SINARM.

§6º. A expedição da autorização a que se refere o §1º será concedida, ou recusada com a devida fundamentação, no prazo de 30 (trinta) dias úteis, a contar da data do requerimento do interessado.

§7º. O registro precário a que se refere o §4º prescinde do cumprimento dos requisitos dos incisos I, II e III deste artigo.

§8º. Estará dispensado das exigências constantes do inciso III do 'caput' deste artigo, na forma do regulamento, o interessado em adquirir arma de fogo de uso permitido que comprove estar autorizado a portar arma com as mesmas características daquela a ser adquirida.

Art. 28. *É vedado ao menor de 25 (vinte e cinco) anos adquirir arma de fogo, ressalvados os integrantes das entidades constantes dos incisos I, II, III, V, VI, VII e X do 'caput' do art. 6º desta Lei.*

Diferenciação entre posse e porte: a *posse* de arma de fogo restringe-se à circunscrição residencial ou empresarial – desde que seja o proprietário ou o responsável legal. Já o *porte* é a autorização de levar a arma de fogo consigo além desses locais.

Art. 5º. *O certificado de Registro de Arma de Fogo, com validade em todo o território nacional, autoriza o seu proprietário a manter a arma de fogo exclusivamente no interior de sua residência ou domicílio, ou dependência desses, ou, ainda, no seu local de trabalho, desde que seja ele o titular ou o responsável legal pelo estabelecimento ou empresa.*

§1º. O certificado de registro de arma de fogo será expedido pela Polícia Federal e será precedido de autorização do SINARM. (Redação dada pela Lei nº 10.884, de 17/06/2004)

§2º. Os requisitos de que tratam os incisos I, II e III do art. 4º deverão ser comprovados periodicamente, em período não inferior a 3 (três) anos, na conformidade do estabelecido no regulamento desta Lei, para a renovação do Certificado de Registro de Arma de Fogo.

---

3 Art. 4º, caput, Decreto nº 9.847/2019: "O SIGMA, instituído no âmbito do Comando do Exército do Ministério da Defesa, manterá cadastro nacional das armas de fogo importadas, produzidas e comercializadas no país que não estejam previstas no art. 3º.". (Sistema de Gerenciamento Militar de Armas)

§3º. O proprietário de arma de fogo com certificados de registro de propriedade expedido por órgão estadual ou do Distrito Federal até a data da publicação desta Lei que não optar pela entrega espontânea prevista no art. 32 desta Lei deverá renová-lo mediante o pertinente registro federal, até o dia 31 de dezembro de 2008, ante a apresentação de documento de identificação pessoal e comprovante de residência fixa, ficando dispensado do pagamento de taxas e do cumprimento das demais exigências constantes dos incisos I a III do 'caput' do art. 4º desta Lei.[38] (Redação dada pela Lei nº 11.706, de 19/06/2008) (Prazo prorrogado até 31/12/2009, de acordo com o art. 20 da Lei nº 11.922, de 13/04/2009)

§4º. Para fins do cumprimento do disposto no §3º deste artigo, o proprietário de arma de fogo poderá obter, no Departamento de Polícia Federal, certificado de registro provisório, expedido na rede mundial de computadores — internet, na forma do regulamento e obedecidos os procedimentos a seguir:

I. emissão de certificado de registro provisório pela internet, com validade inicial de 90 (noventa) dias; e

II. revalidação pela unidade do Departamento de Polícia Federal do certificado de registro provisório pelo prazo que estimar como necessário para a emissão definitiva do certificado de registro de propriedade. (Parágrafo acrescido pela Lei nº 11.706, de 19/06/2008)

§5º. Aos residentes em área rural, para os fins do disposto no 'caput' deste artigo, considera-se residência ou domicílio toda a extensão do respectivo imóvel rural. (Incluído pela Lei nº 13.870, de 17/09/2019)

Do porte de arma de fogo

Art. 6º. *É proibido o porte de arma de fogo em todo o território nacional, salvo para os casos previstos em legislação própria e para:*

I. os integrantes das Forças Armadas;

II. os integrantes de órgãos referidos nos incisos I, II, III, IV e V do 'caput' do art. 144 da Constituição Federal e os da Força Nacional de Segurança Pública (FNSP); (Redação dada pela Lei nº 13.500, de 2017)

III. os integrantes das guardas municipais das capitais dos Estados e dos Municípios com mais de 500.000 (quinhentos mil) habitantes, nas condições estabelecidas no regulamento desta Lei;

IV. os integrantes das guardas municipais dos Municípios com mais de 50.000 (cinquenta mil) e menos de 500.000 (quinhentos mil) habitantes, quando em serviço; (Redação dada pela Lei nº 10.867, de 2004)

V. os agentes operacionais da Agência Brasileira de Inteligência e os agentes do Departamento de Segurança do Gabinete de Segurança Institucional da Presidência da República;

VI. os integrantes dos órgãos policiais referidos no art. 51, IV, e no art. 52, XIII, da Constituição Federal;

VII. os integrantes do quadro efetivo dos agentes e guardas prisionais, os integrantes das escoltas de presos e as guardas portuárias;

VIII. as empresas de segurança privada e de transporte de valores constituídas, nos termos desta Lei;

IX. para os integrantes das entidades de desporto legalmente constituídas, cujas atividades esportivas demandem o uso de armas de fogo, na forma do regulamento desta Lei, observando-se, no que couber, a legislação ambiental.

X. integrantes das Carreiras de Auditoria da Receita Federal do Brasil e de Auditoria-Fiscal do Trabalho, cargos de Auditor-Fiscal e Analista Tributário. (Redação dada pela Lei nº 11.501, de 2007)

XI. os tribunais do Poder Judiciário descritos no art. 92 da Constituição Federal e os Ministérios Públicos da União e dos Estados, para uso exclusivo de servidores de seus quadros pessoais que efetivamente estejam no exercício de funções de segurança, na forma de regulamento a ser emitido pelo Conselho Nacional de Justiça – CNJ e pelo Conselho Nacional do Ministério Público – CNMP. (Incluído pela Lei nº 12.694, de 2012)

§1º. As pessoas previstas nos incisos I, II, III, V e VI do 'caput' deste artigo terão direito de portar arma de fogo de propriedade particular ou fornecida pela respectiva corporação ou instituição, mesmo fora de serviço, nos termos do regulamento desta Lei, com validade em âmbito nacional para aquelas constantes dos incisos I, II, V e VI. (Redação dada pela Lei nº 11.706, de 2008)

§1º-A. REVOGADO (Revogado pela Lei nº 11.706, de 2008)

§1º-B. Os integrantes do quadro efetivo de agentes e guardas prisionais poderão portar arma de fogo de propriedade particular ou fornecida pela respectiva corporação ou instituição, mesmo fora de serviço, desde que estejam: (Incluído pela Lei nº 12.993, de 2014)

I. submetidos a regime de dedicação exclusiva;

II. sujeitos à formação funcional, nos termos do regulamento; e

III. subordinados a mecanismos de fiscalização e de controle interno.

§1º-C. VETADO (Vetado na Lei nº 12.993, de 2014)

§2º. A autorização para o porte de arma de fogo aos integrantes das instituições descritas nos incisos V, VI, VII e X do 'caput' deste artigo está condicionada à comprovação do requisito a que se refere o inciso III do 'caput' do art. 4º desta Lei nas condições estabelecidas no regulamento desta Lei. (Redação dada pela Lei nº 11.706, de 2008)

§3º. A autorização para o porte de arma de fogo das guardas municipais está condicionada à formação funcional de seus integrantes em estabelecimentos de ensino de atividade policial, à existência de mecanismos de fiscalização e de controle interno, nas condições estabelecidas no regulamento desta Lei, observada a supervisão do Ministério da Justiça. (Redação dada pela Lei nº 10.884, de 2004)

§4º. Os integrantes das Forças Armadas, das polícias federais e estaduais e do Distrito Federal, bem como os militares dos Estados e do Distrito Federal, ao exercerem o direito descrito no art. 4º, ficam dispensados do cumprimento do disposto nos incisos I, II e III do mesmo artigo, na forma do regulamento desta Lei.

§5º. Aos residentes em áreas rurais, maiores de 25 (vinte e cinco) anos que comprovem depender do emprego de arma de fogo para prover sua subsistência alimentar familiar será concedido pela Polícia Federal o porte de arma de fogo, na categoria caçador para subsistência, de uma arma de uso permitido, de tiro simples, com 1 (um) ou 2 (dois) canos, de alma lisa e de calibre igual ou inferior a 16 (dezesseis), desde que o interessado comprove a efetiva necessidade em requerimento ao qual deverão ser anexados os seguintes documentos:

I. documento de identificação pessoal;

II. comprovante de residência em área rural; e

III. atestado de bons antecedentes. (Redação dada pela Lei nº 11.706, de 2008)

§6º. O caçador para subsistência que der outro uso à sua arma de fogo, independentemente de outras tipificações penais, responderá, conforme o caso, por porte ilegal ou por disparo de arma de fogo de uso permitido. (Redação dada pela Lei nº 11.706, de 2008)

§7º. Aos integrantes das guardas municipais dos Municípios que integram regiões metropolitanas será autorizado porte de arma de fogo, quando em serviço. (Incluído pela Lei nº 11.706, de 2008)

---

38 Art. 20, Lei nº 11.922/2009: "Ficam prorrogados para 31 de dezembro de 2009 os prazos de que tratam o §3º do art. 5º e o art. 30, ambos da Lei nº 10.826, de 22 de dezembro de 2003.".

LEI Nº 10.826/2003 - ESTATUTO DO DESARMAMENTO

Art. 7º. As armas de fogo utilizadas pelos empregados das empresas de segurança privada e de transporte de valores, constituídas na forma da lei, serão de propriedade, responsabilidade e guarda das respectivas empresas, somente podendo ser utilizadas quando em serviço, devendo essas observar as condições de uso e de armazenagem estabelecidas pelo órgão competente, sendo o certificado de registro e a autorização de porte expedidos pela Polícia Federal em nome da empresa.

§1º. O proprietário ou diretor responsável de empresa de segurança privada e de transporte de valores responderá pelo crime previsto no parágrafo único do art. 13 desta Lei, sem prejuízo das demais sanções administrativas e civis, se deixar de registrar ocorrência policial e de comunicar à Polícia Federal perda, furto, roubo ou outras formas de extravio de armas de fogo, acessórios e munições que estejam sob sua guarda, nas primeiras 24 (vinte e quatro) horas depois de ocorrido o fato.

§2º. A empresa de segurança e de transporte de valores deverá apresentar documentação comprobatória do preenchimento dos requisitos constantes do art. 4º desta Lei quanto aos empregados que portarão arma de fogo.

§3º. A listagem dos empregados das empresas referidas neste artigo deverá ser atualizada semestralmente junto ao SINARM.

Art. 7º-A. As armas de fogo utilizadas pelos servidores das instituições descritas no inciso XI do art. 6º serão de propriedade, responsabilidade e guarda das respectivas instituições, somente podendo ser utilizadas quando em serviço, devendo estas observar as condições de uso e de armazenagem estabelecidas pelo órgão competente, sendo o certificado de registro e a autorização de porte expedidos pela Polícia Federal em nome da instituição.

§1º. A autorização para o porte de arma de fogo de que trata este artigo independe do pagamento de taxa.

§2º. O presidente do tribunal ou o chefe do Ministério Público designará os servidores de seus quadros pessoais no exercício de funções de segurança que poderão portar arma de fogo, respeitado o limite máximo de 50% (cinquenta por cento) do número de servidores que exerçam funções de segurança.

§3º. O porte de arma pelos servidores das instituições de que trata este artigo fica condicionado à apresentação de documentação comprobatória do preenchimento dos requisitos constantes do art. 4º desta Lei, bem como à formação funcional em estabelecimentos de ensino de atividade policial e à existência de mecanismos de fiscalização e de controle interno, nas condições estabelecidas no regulamento desta Lei.

§4º. A listagem dos servidores das instituições de que trata este artigo deverá ser atualizada semestralmente no SINARM.

§5º. As instituições de que trata este artigo são obrigadas a registrar ocorrência policial e a comunicar à Polícia Federal eventual perda, furto, roubo ou outras formas de extravio de armas de fogo, acessórios e munições que estejam sob sua guarda, nas primeiras 24 (vinte e quatro) horas depois de ocorrido o fato. (Artigo acrescido pela Lei nº 12.694, de 24/07/2012)

Art. 8º. As armas de fogo utilizadas em entidades desportivas legalmente constituídas devem obedecer às condições de uso e de armazenagem estabelecidas pelo órgão competente, respondendo o possuidor ou o autorizado a portar a arma pela sua guarda na forma do regulamento desta Lei.

O porte de arma de fogo, via de regra, é proibido (principalmente aos particulares), porém, com regras específicas, os arts. 6º, 7º e 8º autorizam alguns agentes (a maioria se trata de órgãos públicos de segurança pública)[39]. Além de outros que possuem autorização emanada de outras leis específicas[40].

Basicamente, é autorizado para:

Agentes Públicos (em serviço ou fora dele)

Forças Armadas (art. 6º, caput, I)
Art. 142º, caput, CF/88: Marinha; Aeronáutica; Exército.

Órgãos de Segurança Pública e Força Nacional de Segurança Pública (art. 6º, caput, II)
Art. 144º, caput, CF/88: • Polícia Federal; • Polícia Rodoviária Federal; • Polícia Ferroviária Federal; • Polícias Civis; • Polícias Militares e Corpo de Bombeiros Militares. • Força Nacional de Segurança Pública[41] – FNSP.

Guardas Municipais* (art. 6º, caput, III)
Capitais de Estado e Municípios com mais de 500 mil habitantes.

GSI-PR e ABIN (art. 6º, caput, V)
Agentes Operacionais da ABIN; Agentes de Segurança Presidencial do GSI-PR.

Polícia Legislativa Federal (art. 6º, caput, VI)
Polícia da Câmara dos Deputados (art. 51, IV, CF); Polícia do Senado (art. 52, XIII, CF).

Agentes Públicos (apenas em serviço)

Guardas Municipais* (art. 6º, caput, IV, e §7º)
Municípios com **mais de 50** mil habitantes e **menos de 500** mil habitantes (art. 6º, *caput*, IV); Municípios que integrem **regiões metropolitanas** (art. 6º, §7º).

Guardas Prisionais e Portuárias (art. 6º, caput, VII)
Agentes e Guardas Prisionais (poderão obter o porte para uso fora de serviço, desde que preencham os requisitos do §1º-B do art. 6º); Integrantes de Escolta de Presos; Guardas Portuários.[42]

Auditoria Fiscal Federal Tributária e Trabalhista (art. 6º, *caput*, X)
Auditor-Fiscal da Receita Federal; Analista Tributário da Receita Federal; Auditor-Fiscal do Trabalho Federal.

---

39 Art. 24, caput, Decreto nº 9.847/2019: "O porte de arma de fogo é deferido aos militares das Forças Armadas, aos policiais federais, estaduais e distritais, civis e militares, aos corpos de bombeiros militares e aos policiais da Câmara dos Deputados e do Senado Federal em razão do desempenho de suas funções institucionais.".

40 São exemplos de leis próprias que constam autorizações de porte de arma de fogo: Lei Orgânica dos Magistratura Nacional – LOMN (Lei Complementar nº 35/1979); Lei Orgânica do Ministério Público – LOMP (Lei nº 8.625/1993); e Lei Orgânica do Ministério Público da União – LOMPU (Lei Complementar nº 75/1993).

41 Art. 4º, §2º, Decreto nº 5.289/2004: "O contingente mobilizável da Força Nacional de Segurança Pública será composto por servidores que tenham recebido, do Ministério da Justiça, treinamento especial para atuação conjunta, integrantes das polícias federais e dos órgãos de segurança pública dos Estados que tenham aderido ao programa de cooperação federativa.".

42 Art. 29, Parágrafo único, Decreto nº 9.847/2019: "Caberá à Polícia Federal expedir o porte de arma de fogo para os guardas portuários.".

Agentes de Segurança do Poder Judiciário e Ministério Público (art. 6º, caput, XI)
Porte em nome da instituição e uso em serviço: competência da **Polícia Federal** (art. 7º-A).

Particulares

Empresas de Segurança Privada e de Transporte de Valores (art. 6º, caput, VIII)
Porte em nome da empresa e uso apenas em serviço: competência da **Polícia Federal** (art. 7º).[43]
Caçador para subsistência (art. 6º, §§ 5º e 6º)
Porte "caçador para subsistência" (residente em área rural): competência da **Polícia Federal**.
Atiradores, caçadores e colecionadores[44] (art. 9º)
Integrantes (art. 6º, *caput*, IX) e entidades desportivas (art. 8º). Registro e porte de trânsito (guia de tráfego): competência do **Comando do Exército** (art. 9º).[45]

Estrangeiros no Brasil

Responsáveis pela segurança de cidadãos estrangeiros em visita ou sediados no Brasil
Autorização do porte de arma de fogo: competência do **Ministério da Justiça** (art. 9º).
Representantes estrangeiros em competição internacional oficial de tiro no Brasil
Registro e porte de trânsito: competência do **Comando do Exército** (art. 9º).[46]

Art. 9º. Compete ao Ministério da Justiça a autorização do porte de arma para os responsáveis pela segurança de cidadãos estrangeiros em visita ou sediados no Brasil e, ao Comando do Exército, nos termos do regulamento desta Lei, o registro e a concessão de porte de trânsito de arma de fogo para colecionadores, atiradores e caçadores e de representantes estrangeiros em competição internacional oficial de tiro realizada no território nacional.

Autorização conforme os órgãos	
Ministério da Justiça	Autorização do porte de arma para: • Seguranças de cidadãos estrangeiros em visita ou sediados no Brasil.
Comando do Exército[47]	Registro e concessão de porte de trânsito de arma de fogo para: • Colecionadores; • Atiradores; • Caçadores; e • Representantes estrangeiros em competição internacional oficial de tiro realizada no território nacional.

Perda automática: aquele que for abordado ou detido em estado de embriaguez ou sob o efeito drogas perderá automaticamente a eficácia do porte de arma de fogo (art. 10, §2º).

Art. 10. A autorização para o porte de arma de fogo de uso permitido, em todo o território nacional, é de competência da Polícia Federal e somente será concedida após autorização do SINARM.

§1º. A autorização prevista neste artigo poderá ser concedida com eficácia temporária e territorial limitada, nos termos de atos regulamentares, e dependerá de o requerente:

I. demonstrar a sua efetiva necessidade por exercício de atividade profissional de risco ou de ameaça à sua integridade física;

II. atender às exigências previstas no art. 4º desta Lei;

III. apresentar documentação de propriedade de arma de fogo, bem como o seu devido registro no órgão competente.

§2º. A autorização de porte de arma de fogo, prevista neste artigo, perderá automaticamente sua eficácia caso o portador dela seja detido ou abordado em estado de embriaguez ou sob efeito de substâncias químicas ou alucinógenas.

O uso ostensivo de arma de fogo para aqueles que possuem o porte é proibido, isto é, o sujeito que leva a arma consigo, mas a deixa aparecer. O resultado é o mesmo para quem seja detido embriagado portando a arma de fogo: cassação do porte e apreensão da arma (art. 20, Decreto nº 9.847/2019)[48].

Art. 11. Fica instituída a cobrança de taxas, nos valores constantes do Anexo desta Lei, pela prestação de serviços relativos:

I. ao registro de arma de fogo;

II. à renovação de registro de arma de fogo;

---

43 Art. 32, Decreto nº 9.847/2019: "As empresas de segurança privada e de transporte de valores solicitarão à Polícia Federal autorização para aquisição de armas de fogo. §1º. A autorização de que trata o 'caput': I – será concedida se houver comprovação de que a empresa possui autorização de funcionamento válida e justificativa da necessidade de aquisição com base na atividade autorizada; e II – será válida apenas para a utilização da arma de fogo em serviço. [...]".

44 Art. 1º, §§ 1º e 2º, Decreto nº 9.846/2019: "[...] §1º. As armas de fogo de colecionadores, atiradores e caçadores serão cadastradas no Sistema de Gerenciamento Militar de Armas – SIGMA. §2º. O Certificado de Registro de Colecionador, Atirador e Caçador expedido pelo Comando do Exército, terá validade de dez anos.".

45 Art. 5º, Decreto nº 9.846/2019: "Os clubes e as escolas de tiro e os colecionadores, os atiradores e os caçadores serão registrados no Comando do Exército. [...] §2º. Fica garantido o direito de transporte desmuniciado das armas dos clubes e das escolas de tiro e de seus integrantes e dos colecionadores, dos atiradores e dos caçadores, por meio da apresentação do Certificado de Registro de Colecionador, Atirador e Caçador ou do Certificado de Registro de Arma de Fogo válidos. §3º. Os colecionadores, os atiradores e os caçadores poderão portar uma arma de fogo curta municiada, alimentada e carregada, pertencente a seu acervo cadastrado no SINARM ou no SIGMA, conforme o caso, sempre que estiverem em deslocamento para treinamento ou participação em competições, por meio da apresentação do Certificado de Registro de Colecionador, Atirador e Caçador, do Certificado de Registro de Arma de Fogo e da Guia de Tráfego válidos. §4º. A Guia de Tráfego é o documento que confere a autorização para o tráfego de armas, acessórios e munições no território nacional e corresponde ao porte de trânsito previsto no art. 24 da Lei nº 10.826, de 22 de dezembro de 2003. §5º. A Guia de Tráfego a que refere o §4º poderá ser emitida no sítio eletrônico do Comando do Exército.".

46 Art. 31, Decreto nº 9.847/2019: "A entrada de arma de fogo e munição no país, como bagagem de atletas, destinadas ao uso em competições internacionais será autorizada pelo Comando do Exército. §1º. O porte de trânsito das armas a serem utilizadas por delegações estrangeiras em competição oficial de tiro no país será expedido pelo Comando do Exército. §2º. Os responsáveis pelas delegações estrangeiras e brasileiras em competição oficial de tiro no país e os seus integrantes transportarão as suas armas desmuniciadas.".

47 Ao Comando do Exército também se inclui a competência para o registro e cadastro das armas de fogo das representações diplomáticas (Art. 4º, §2º, IV, Decreto nº 9.847/2019).

48 Art. 20, Decreto nº 9.847/2019: "O titular de porte de arma de fogo para defesa pessoal concedido nos termos do disposto no art. 10 da Lei nº 10.826, de 2003, não poderá conduzi-la ostensivamente ou com ela adentrar ou permanecer em locais públicos, tais como igrejas, escolas, estádios desportivos, clubes, agências bancárias ou outros locais onde haja aglomeração de pessoas em decorrência de eventos de qualquer natureza. §1º. A inobservância ao disposto neste artigo implicará na cassação do porte de arma de fogo e na apreensão da arma, pela autoridade competente, que adotará as medidas legais pertinentes. §2º. Aplica-se o disposto no §1º na hipótese de o titular do porte de arma de fogo portar o armamento em estado de embriaguez ou sob o efeito de drogas ou medicamentos que provoquem alteração do desempenho intelectual ou motor.".

LEI Nº 10.826/2003 - ESTATUTO DO DESARMAMENTO

III. *à expedição de segunda via de registro de arma de fogo;*

IV. *à expedição de porte federal de arma de fogo;*

V. *à renovação de porte de arma de fogo;*

VI. *à expedição de segunda via de porte federal de arma de fogo.*

§1º. Os valores arrecadados destinam-se ao custeio e à manutenção das atividades do SINARM, da Polícia Federal e do Comando do Exército, no âmbito de suas respectivas responsabilidades.

§2º. São isentas do pagamento das taxas previstas neste artigo as pessoas e as instituições a que se referem os incisos I a VII e X e o §5º do art. 6º desta Lei. (Parágrafo com redação dada pela Lei nº 11.706, de 19/6/2008)

Art. 11-A. *O Ministério da Justiça disciplinará a forma e as condições do credenciamento de profissionais pela Polícia Federal para comprovação da aptidão psicológica e da capacidade técnica para o manuseio de arma de fogo.*

§1º. Na comprovação da aptidão psicológica, o valor cobrado pelo psicólogo não poderá exceder ao valor médio dos honorários profissionais para realização de avaliação psicológica constante do item 1.16 da tabela do Conselho Federal de Psicologia.

§2º. Na comprovação da capacidade técnica, o valor cobrado pelo instrutor de armamento e tiro não poderá exceder R$ 80,00 (oitenta reais), acrescido do custo da munição.

§3º. A cobrança de valores superiores aos previstos nos §§ 1º e 2º deste artigo implicará o descredenciamento do profissional pela Polícia Federal. (Artigo acrescido pela Lei nº 11.706, de 19/6/2008)

Do comércio

A **comercialização, produção, importação, exportação ou manutenção** de armas de fogo em território nacional são permitidas[49] desde que o estabelecimento comercial tenha sido previamente *autorizado pelo Comando do Exército (art. 24)* e *cadastrado no SINARM* (art. 2º, IX).

Art. 24. *Excetuadas as atribuições a que se refere o art. 2º desta Lei, compete ao Comando do Exército autorizar e fiscalizar a produção, exportação, importação, desembaraço alfandegário e o comércio de armas de fogo e demais produtos controlados, inclusive o registro e o porte de trânsito de arma de fogo de colecionadores, atiradores e caçadores.*

Comércio entre pessoas físicas: o comércio entre pessoas físicas só é possível mediante *autorização prévia do SINARM* (art. 4º, §5º), bem como a atividade de *armeiro*[50] (art. 2º, VIII).

> A proibição não se restringe apenas às armas de fogo, mas também às armas de brinquedos (art. 26).

Art. 26. *São vedadas a fabricação, a venda, a comercialização e a importação de brinquedos, réplicas e simulacros de armas de fogo, que com estas se possam confundir.*

Parágrafo único. *Excetuam-se da proibição as réplicas e os simulacros destinados à instrução, ao adestramento, ou à coleção de usuário autorizado, nas condições fixadas pelo Comando do Exército.*

Das armas de fogo apreendidas

Destinatário das armas de fogo apreendidas (art. 25): deverão ser encaminhadas ao Comando do Exército pela autoridade judiciária competente, em até 48 horas, desde que já tenha sido feito o laudo pericial, a juntada aos autos e não mais interessem à persecução penal, a fim de serem destruídas ou doadas aos órgãos de segurança pública (art. 144, CF) ou às Forças Armadas (art. 142, CF).

Art. 25. *As armas de fogo apreendidas, após a elaboração do laudo pericial e sua juntada aos autos, quando não mais interessarem à persecução penal serão encaminhadas pelo juiz competente ao Comando do Exército, no prazo de até 48 (quarenta e oito) horas, para destruição ou doação aos órgãos de segurança pública ou às Forças Armadas, na forma do regulamento desta Lei. (Redação dada pela Lei nº 13.886, de 17/10/2019)*

§1º. As armas de fogo encaminhadas ao Comando do Exército que receberem parecer favorável à doação, obedecidos o padrão e a dotação de cada Força Armada ou órgão de segurança pública, atendidos os critérios de prioridade estabelecidos pelo Ministério da Justiça e ouvido o Comando do Exército, serão arroladas em relatório reservado trimestral a ser encaminhado àquelas instituições, abrindo-se-lhes prazo para manifestação de interesse. (Redação dada pela Lei nº 11.706, de 19/06/2008)

§1º-A. As armas de fogo e munições apreendidas em decorrência do tráfico de drogas de abuso, ou de qualquer forma utilizadas em atividades ilícitas de produção ou comercialização de drogas abusivas, ou, ainda, que tenham sido adquiridas com recursos provenientes do tráfico de drogas de abuso, perdidas em favor da União e encaminhadas para o Comando do Exército, devem ser, após perícia ou vistoria que atestem seu bom estado, destinadas com prioridade para os órgãos de segurança pública e do sistema penitenciário da unidade da federação responsável pela apreensão. (Incluído pela Lei nº 13.886, de 17/10/2019)

§2º. O Comando do Exército encaminhará a relação das armas a serem doadas ao juiz competente, que determinará o seu perdimento em favor da instituição beneficiada. (Incluído pela Lei nº 11.706, de 19/06/2008)

§3º. O transporte das armas de fogo doadas será de responsabilidade da instituição beneficiada, que procederá ao seu cadastramento no SINARM ou no SIGMA. (Incluído pela Lei nº 11.706, de 19/06/2008)

§4º. (VETADO na Lei nº 11.706, de 19/06/2008)

§5º. O Poder Judiciário instituirá instrumentos para o encaminhamento ao SINARM ou ao SIGMA, conforme se trate de arma de uso permitido ou de uso restrito, semestralmente, da relação de armas acauteladas em juízo, mencionando suas características e o local onde se encontram. (Incluído pela Lei nº 11.706, de 19/06/2008)

Do banco nacional de perfis balísticos

Criação do Banco Nacional de Perfis Balísticos: a Lei nº 13.964/19 (pacote anticrime) incluiu o art. 34-A no Estatuto do Desarmamento a fim de auxiliar o trabalho pericial com sistema automatizado e integrado.

Art. 34-A. *Os dados relacionados à coleta de registros balísticos serão armazenados no Banco Nacional de Perfis Balísticos. (Artigo acrescido pela Lei nº 13.964, de 24/12/2019)*

§1º. O Banco Nacional de Perfis Balísticos tem como objetivo cadastrar armas de fogo e armazenar características de classe e individualizadoras de projéteis e de estojos de munição deflagrados por arma de fogo.

§2º. O Banco Nacional de Perfis Balísticos será constituído pelos registros de elementos de munição deflagrados por armas de fogo relacionados a crimes, para subsidiar ações destinadas às apurações criminais federais, estaduais e distritais.

§3º. O Banco Nacional de Perfis Balísticos será gerido pela unidade oficial de perícia criminal.

---

49 Art. 9º, Decreto nº 9.847/2019: "Fica permitida a venda de armas de fogo de porte e portáteis, munições e acessórios por estabelecimento comercial credenciado pelo Comando do Exército.".

50 Armeiro: "mecânico de armas" (Art. 3º, XXIV, Anexo, Decreto nº 3.665/2000).

§4º. Os dados constantes do Banco Nacional de Perfis Balísticos terão caráter sigiloso, e aquele que permitir ou promover sua utilização para fins diversos dos previstos nesta Lei ou em decisão judicial responderá civil, penal e administrativamente.

§5º. É vedada a comercialização, total ou parcial, da base de dados do Banco Nacional de Perfis Balísticos.

§6º. A formação, a gestão e o acesso ao Banco Nacional de Perfis Balísticos serão regulamentados em ato do Poder Executivo federal.

Justificado no Projeto de Lei nº 882/2019, de autoria do Ministro Sérgio Moro, segundo o qual:

"Registre-se, ainda, a introdução do art. 34-A., que disciplina a coleta de dados e armazenamento de perfis balísticos, através de um Banco Nacional gerenciados por Unidade Oficial de Perícia Criminal. Trata-se de modalidade de prova técnica essencial para a apuração de crimes praticados com arma de fogo, entre eles o homicídio, cujos índices de apuração não têm sido positivos. A Secretaria Nacional de Segurança Pública – SENASP, em nota técnica manifestou-se afirmando: 'A Criação do Banco Nacional de Perfis Balísticos, com sistemas automatizados em rede integrada, possibilitará a elucidação dos crimes envolvendo armas de fogo como Homicídios, Feminicídios, Latrocínios, Roubos, crimes realizados por Organizações Criminosas, dentre outros.'.".

19.2 Dos Crimes e das Penas

Bem jurídico tutelado: é a *segurança pública e a paz social* (incolumidade pública). Preserva-se a coletividade e não apenas uma única pessoa, ou seja, *não é a incolumidade física*. A segurança pública, de acordo com a Constituição Federal (art. 144, *caput*, CF)[51], é dever do Estado, porém de responsabilidade de todos, assim, aqueles que atentem contra a preservação da ordem social e da incolumidade pública serão punidos de acordo com a lei.

Ação penal: é *pública incondicionada*, uma vez que o bem jurídico tutelado pela norma é a incolumidade pública.

Sujeito passivo: o sujeito passivo imediato é a *coletividade*, ou seja, tratam-se de *crimes vago* e, em regra, *de perigo abstrato* e *de mera conduta*. Quase todos os delitos são dolosos e comissivos; contudo, haverá um ou outro que será culposo ou omissivo, como é o caso da omissão de cautela (art. 13, *caput*).

Fiança e liberdade provisória: *via de regra*, os crimes previstos na Lei nº 10.826/2003 são *suscetíveis de liberdade provisória* (todos) e *afiançáveis* (salvo os arts. 16, 17 e 18).

Delitos hediondos: os arts. 16, 17 e 18 são considerados crimes hediondos (art. 1º, par. único, Lei nº 8.072/90) e, por conseguinte, *insuscetíveis de anistia, graça, indulto e fiança*.

Inconstitucionalidade do art. 21º e dos parágrafos únicos dos arts. 14º e 15º: tais dispositivos foram considerados *inconstitucionais* segundo o Supremo Tribunal Federal (STF/ADI 3.112), uma vez que não estão incluídos no rol constitucional dos delitos inafiançáveis, conforme os incisos XLII, XLIII, XLIV, do art. 5º, da Carta Magna, quais sejam: *racismo, tortura, tráfico ilícito de drogas, terrorismo, crimes hediondos e ação de grupos armados contra a ordem constitucional e o Estado Democrático*.

"A **proibição de estabelecimento de fiança** para os delitos de 'porte ilegal de arma de fogo de uso permitido' e de 'disparo de arma de fogo', **mostra-se desarrazoada,** porquanto são crimes de mera conduta, que não se equiparam aos crimes que acarretam lesão ou ameaça de lesão à vida ou à propriedade.

Insusceptibilidade de liberdade provisória quanto aos delitos elencados nos arts. 16, 17 e 18. **Inconstitucionalidade reconhecida**, visto que o texto magno não autoriza a prisão 'ex lege', em face dos princípios da presunção de inocência e da obrigatoriedade de fundamentação dos mandados de prisão pela autoridade judiciária competente. [...]

Ação julgada procedente, em parte, para declarar a **inconstitucionalidade dos parágrafos únicos dos artigos 14 e 15 e do artigo 21** da Lei nº 10.826, de 22 de dezembro de 2003.".[52]

Norma penal em branco: por se tratar de norma penal em branco, a definição de *arma de fogo, munição e acessórios de uso permitido, restrito ou proibido e artefatos explosivos* constam em outras normas infralegais. Lembre-se de que o Estatuto do Desarmamento cuida *apenas de arma de fogo*, acessórios e munições, mas *não de arma branca* (o porte dela poderá configurar contravenção penal).

Apenas um delito qualificado: somente o crime de "posse ou porte ilegal de arma de fogo de uso proibido" é *qualificado* (art. 16, §2º), já os arts. 19 e 20 se referem a *majorantes* (causas de aumento de pena).

Abolitio criminis **temporária ou** *vacatio legis* **indireta:**

Art. 30. Os possuidores e proprietários de arma de fogo de uso permitido ainda não registrada deverão solicitar seu registro até o dia 31 de dezembro de 2008, mediante apresentação de documento de identificação pessoal e comprovante de residência fixa, acompanhados de nota fiscal de compra ou comprovação da origem lícita da posse, pelos meios de prova admitidos em direito, ou declaração firmada na qual constem as características da arma e a sua condição de proprietário, ficando este dispensado do pagamento de taxas e do cumprimento das demais exigências constantes dos incisos I a III do 'caput' do art. 4º desta Lei. (Redação dada pela Lei nº 11.706, de 19/06/2008) (Prazo prorrogado até 31/12/2009, de acordo com o art. 20 da Lei nº 11.922, de 13/04/2009)

Parágrafo único. Para fins do cumprimento do disposto no 'caput' deste artigo, o proprietário de arma de fogo poderá obter, no Departamento de Polícia Federal, certificado de registro provisório, expedido na forma do §4º do art. 5º desta Lei. (Parágrafo único acrescido pela Lei nº 11.706, de 19/06/2008)

Art. 31. Os possuidores e proprietários de armas de fogo adquiridas regularmente poderão, a qualquer tempo, entregá-las à Polícia Federal, mediante recibo e indenização, nos termos do regulamento desta Lei.

Art. 32. Os possuidores e proprietários de arma de fogo poderão entregá-la, espontaneamente, mediante recibo, e, presumindo-se de boa-fé, serão indenizados, na forma do regulamento, ficando extinta a punibilidade de eventual posse irregular da referida arma. (Redação dada pela Lei nº 11.706, de 19/06/2008)

A abolitio criminis temporária a que se referem os arts. 30º e 32º é aplicável somente à **posse de arma de fogo de uso permitido (art. 12),** contudo há duas datas que distinguem a aplicação:

---

51 Art. 144, caput, CF/88: "A segurança pública, dever do Estado, direito e responsabilidade de todos, é exercida para a preservação da ordem pública e da incolumidade das pessoas e do patrimônio, através dos seguintes órgãos: [...]".

52 STF, ADI 3.112/DF, Rel. Min. Ricardo Lewandowski, julgado em 02/05/2007, Tribunal Pleno, DJe 26/10/2007.

LEI Nº 10.826/2003 - ESTATUTO DO DESARMAMENTO

→ Até 23/10/2005: além do art. 12º, também era cabível à "posse de arma de fogo de uso permitido com numeração raspada ou suprimida" (art. 16, §1º, IV).

> **Súmula nº 513 do STJ**: "A 'abolitio criminis' temporária prevista na Lei nº 10.826/2003 aplica-se ao crime de posse de arma de fogo de uso permitido com numeração, marca ou qualquer outro sinal de identificação raspado, suprimido ou adulterado, praticado somente até 23/10/2005.".

→ Após 23/10/2005 e até 31/12/2009:[53] somente aplicável ao art. 12º, a posse de arma de fogo de uso permitido.

"É típica a conduta de possuir arma de fogo de uso permitido com numeração, marca ou qualquer outro sinal de identificação raspado, suprimido ou adulterado, praticada após 23/10/2005, pois, em relação a esse delito, a 'abolitio criminis' temporária cessou nessa data, termo final da prorrogação dos prazos previstos na redação original dos arts. 30 e 32 da Lei nº 10.826/2003.

A nova redação do art. 32 da Lei nº 10.826/2003, trazida pela Lei nº 11.706/2008, não mais suspendeu, temporariamente, a vigência da norma incriminadora ou instaurou uma 'abolitio criminis' temporária — conforme operado pelo art. 30 da mesma lei —, mas instituiu uma causa permanente de exclusão da punibilidade, consistente na entrega espontânea da arma.

A causa extintiva da punibilidade, na hipótese legal, consiste em ato jurídico (entrega espontânea da arma), e tão somente se tiver havido a sua efetiva prática é que a excludente produzirá seus efeitos. Se isso não ocorreu, não é caso de aplicação da excludente.".[54]

Posse irregular de arma de fogo de uso permitido (art. 12º)

> **Art. 12.** Possuir ou manter sob sua guarda arma de fogo, acessório ou munição, de uso permitido, em desacordo com determinação legal ou regulamentar, no interior de sua residência ou dependência desta, ou, ainda no seu local de trabalho, desde que seja o titular ou o responsável legal do estabelecimento ou empresa:
> **Pena** – detenção, de 1 (um) a 3 (três) anos, e multa.

Cuida-se, aqui, exclusivamente da **posse** de *arma de fogo, acessório ou munição*, **de uso permitido**. Portanto, tenha muito cuidado se houver a expressão "porte", "de uso restrito" ou "de uso proibido", pois incorrerá em outro tipo penal: ou art. 14, ou art. 16.

Veja que o tipo penal versa apenas sobre arma de fogo, bem como toda a Lei nº 10.826/2003, portanto, **é fato atípico** para o Estatuto do Desarmamento a posse ou o porte de **arma branca**, mas será contravenção penal (art. 19, LCP).

Descrição do crime

Sujeito ativo: é comum na primeira parte (não necessita de qualidade especial); enquanto que, na segunda, é próprio, uma vez que somente "o titular ou o responsável legal do estabelecimento ou empresa" pode cometê-lo.

Condutas: como o tipo penal possui mais de um verbo, "possuir" e "manter", é considerado de ação múltipla (de conteúdo variado, tipo misto alternativo ou multinuclear).

Delimitação espacial: em sua residência, dependências dela ou em seu local de trabalho desde que seja o titular ou responsável pela empresa.

Caminhão não é residência (STJ): "Se o delito é de posse de arma de fogo e ocorreu dentro do prazo da 'vacatio legis' indireta, a pena deve ser extinta, mas tal causa de extinção não se estende ao porte de arma de fogo encontrada dentro do caminhão que o paciente dirigia. O conceito de residência não se confunde com o de veículo-caminhão, pois este é mero instrumento de trabalho.".[55]

> *Caminhão não é local de trabalho (STJ):* "Configura delito de porte ilegal de arma de fogo se a arma é apreendida no interior de caminhão. O caminhão não é um ambiente estático, não podendo ser reconhecido como local de trabalho.".[56]

Objeto material: arma de fogo, acessório ou munição, de uso permitido (norma penal em branco).

Elemento normativo jurídico: em desacordo com determinação legal ou regulamentar, isto é, sem o certificado de registro de arma de fogo (norma penal em branco).

Elemento subjetivo: delito exclusivamente doloso (não há tipificação da modalidade culposa) e sem necessidade de fim específico (dolo genérico).

Consumação e tentativa: trata-se de crime de perigo abstrato e de mera conduta, não necessitando de resultado naturalístico, além de ser delito permanente em que a sua consumação se protrai no tempo, portanto, a prisão em flagrante é possível em qualquer momento[57] enquanto perdurar a sua guarda ou posse. Ainda que seja de difícil ocorrência, a tentativa é possível (plurissubsistente).

Sursis processual: trata-se de crime de médio potencial ofensivo (a pena mínima é de até 1 ano e a máxima é superior a 2 anos), no qual será julgado pelo Juizado Comum, contudo é cabível a suspensão condicional do processo (art. 89, Lei nº 9.099/95)[58].

Ação penal pública incondicionada: por se tratar de crime de perigo abstrato, no qual o bem jurídico tutelado é a incolumidade pública.

Fiança policial: uma vez que a pena máxima não é superior a 4 anos nem está no rol constitucional dos crimes inafiançáveis (art. 5º, incisos XLII, XLIII e XLIV, CF/88), é possível a liberdade provisória mediante fiança policial (art. 322º, CPP)[59].

---

53 Art. 20, Lei nº 11.922/2009: "Ficam prorrogados para 31 de dezembro de 2009 os prazos de que tratam o §3º do art. 5º e o art. 30, ambos da Lei nº 10.826, de 22 de dezembro de 2003.".
54 STJ, REsp 1.311.408/RN, Rel. Min. Sebastião Reis Júnior, julgado em 13/03/2013, Terceira Seção, DJe 20/05/2013.
55 STJ, HC 116.052/MG, Rel. Min. Jane Silva (Des. Conv. do TJ/MG), julgado em 20/11/2008, 6ª Turma, DJe 09/12/2008
56 STJ, REsp 1.219.901/MG, Rel. Min. Sebastião Reis Júnior, julgado em 24/04/2012, 6ª Turma, DJe 10/05/2012 (Vide Inf. 496).
57 Art. 303, CPP: "Nas infrações permanentes, entende-se o agente em flagrante delito enquanto não cessar a permanência.".
58 Art. 89, caput, Lei nº 9.099/1995: "Nos crimes em que a pena mínima cominada for igual ou inferior a um ano, abrangidas ou não por esta Lei, o Ministério Público, ao oferecer a denúncia, poderá propor a suspensão do processo, por dois a quatro anos, desde que o acusado não esteja sendo processado ou não tenha sido condenado por outro crime, presentes os demais requisitos que autorizariam a suspensão condicional da pena (art. 77 do Código Penal).".
59 Art. 322, caput, CPP: "A autoridade policial somente poderá conceder fiança nos casos de infração cuja pena privativa de liberdade máxima não seja superior a 4 (quatro) anos. [...]".

Omissão de cautela (art. 13°)

> **Art. 13.** *Deixar de observar as cautelas necessárias para impedir que menor de 18 (dezoito) anos ou pessoa portadora de deficiência mental se apodere de arma de fogo que esteja sob sua posse ou que seja de sua propriedade:*
>
> **Pena** – *detenção, de 1 (um) a 2 (dois) anos, e multa.*
>
> **Parágrafo único.** *Nas mesmas penas incorrem o proprietário ou diretor responsável de empresa de segurança e transporte de valores que deixarem de registrar ocorrência policial e de comunicar à Polícia Federal perda, furto, roubo ou outras formas de extravio de arma de fogo, acessório ou munição que estejam sob sua guarda, nas primeiras 24 (vinte e quatro) horas depois de ocorrido o fato.*

Devemos ter cuidado quanto a esse artigo, pois **no caput** é um **delito culposo**; enquanto que, **no parágrafo único, doloso** (crime autônomo). Dessa forma, analisaremos as condutas em separado, inicialmente pela omissão de cautela prevista no *caput*.

As penas são as mesmas para as duas condutas, tanto no *caput* quanto no parágrafo único, sendo que, em ambos os casos, estamos tratando de **infração de menor potencial ofensivo**: pena máxima de 2 anos (art. 61, Lei n° 9.099/95)[60]. Portanto, será julgado pelo Juizado Especial Criminal (JECRIM) e é admissível as suas benesses (art. 2°, Lei n° 9.099/95)[61], por exemplo: a transação penal e o *sursis* processual (art. 89, Lei n° 9.099/95).

Ação penal: pública e incondicionada, de igual modo toda a Lei n° 10.826/2003, por se tratar de crimes de perigo em que o bem jurídico tutelado é a incolumidade pública.

Fiança em sede policial: também é possível nas duas situações, uma vez que a pena máxima é inferior a 4 anos.

Descrição do crime (*caput*)

Sujeitos do crime: com relação ao sujeito ativo é próprio, na medida em que o agente é o possuidor ou proprietário da arma de fogo; já o sujeito passivo imediato é a coletividade (crime vago) e, mediatamente, qualquer menor de 18 anos ou deficiente mental que venha efetivamente a se apoderar da arma de fogo: comum.

Objeto material: somente arma de fogo, porém de qualquer porte, seja de uso permitido, restrito ou proibido. Assim, será fato atípico quando se tratar de munições ou acessórios.

Elemento subjetivo e conduta: é a culpa na modalidade negligência, com a conduta de "deixar de observar as cautelas necessárias" (omissão do dever objetivo de cuidado).

Consumação e tentativa: consuma-se no exato momento em que há o apossamento pelo menor de 18 ou deficiente mental da arma de fogo independentemente da ocorrência de deflagração de munição ou crime mais grave (crime instantâneo e de perigo). Dessa forma, caso o agente viva sozinho e esqueça a arma de fogo sobre a mesa, será fato atípico, bem como se ele tiver o zelo necessário, por exemplo, imagine que o agente tenha guardado a arma em um cofre, mas de qualquer forma a criança venha a se apoderar furtando a chave do cofre: não haverá crime. Outrossim, por ser delito culposo e omissivo puro, não se admite a tentativa: ou se consuma, ou não há crime.

Concurso material: caso o menor de 18 anos ou o deficiente mental que tenha se apoderado da arma de fogo venha a cometer um crime, por exemplo, um homicídio, então o agente possuidor ou proprietário da arma de fogo responderá pela infração do art. 13 (omissão de cautela) e também pelo outro delito cometido.

É muito comum as bancas de concursos cobrarem acerca desse crime o deficiente físico, mas é incorreto. Portanto, tenha muito cuidado e lembre-se que são apenas dois sujeitos os quais descrevem o tipo penal sobre se apoderar da arma de fogo:

> Menor de 18 anos de idade;
> Pessoa com deficiência mental.

~~Deficiente físico~~
(Fato atípico)

Descrição do crime (parágrafo único)

Sujeitos do crime: em relação ao sujeito ativo é próprio, pois somente "o proprietário ou diretor responsável" da empresa de segurança e transporte de valores poderá cometê-lo; já o sujeito passivo imediato é a coletividade (crime vago), contudo há dois obstáculos nos estudos: o registro policial (qualquer delegacia) e a comunicação à Polícia Federal (especificamente).

Objeto material: arma de fogo, acessório ou munição que estejam sob sua guarda.

Elemento subjetivo e conduta: é exclusivamente doloso (não se admite a modalidade culposa) com condutas omissivas próprias de "deixar de registrar" ocorrência policial do sumiço e "deixar de comunicar" à Polícia Federal.

Consumação e tentativa: consuma-se após 24 horas do efetivo conhecimento do furto ou extravio (crime a prazo). Por conta disso, não se inicia a contagem do tempo enquanto não houver o conhecimento "do sumiço". A tentativa não é possível, por ser um crime omissivo próprio (ou omissivo puro).

Porte ilegal de arma de fogo de uso permitido (art. 14°)

> **Art. 14.** *Portar, deter, adquirir, fornecer, receber, ter em depósito, transportar, ceder, ainda que gratuitamente, emprestar, remeter, empregar, manter sob guarda ou ocultar arma de fogo, acessório ou munição, de uso permitido, sem autorização e em desacordo com determinação legal ou regulamentar:*
>
> **Pena** – *reclusão, de 2 (dois) a 4 (quatro) anos, e multa.*
>
> **Parágrafo único.** *O crime previsto neste artigo é inafiançável, salvo quando a arma de fogo estiver registrada em nome do agente. (Vide Adin 3.112-1)*

Semelhantemente ao art. 12°, este delito prevê incriminação pelo porte de arma de fogo, acessório ou munição, de uso permitido. Cuidado, pois, caso o agente possua autorização para posse de arma de fogo de uso permitido em sua residência e a leve consigo para o seu local de trabalho, sem ser proprietário ou responsável

---

[60] Art. 61, Lei n° 9.099/1995: "Consideram-se infrações penais de menor potencial ofensivo, para os efeitos desta Lei, as contravenções penais e os crimes a que a lei comine pena máxima não superior a 2 (dois) anos, cumulada ou não com multa.".

[61] Art. 2°, Lei n° 9.099/1995: "O processo orientar-se-á pelos critérios da oralidade, simplicidade, informalidade, economia processual e celeridade, buscando, sempre que possível, a conciliação ou a transação.".

legal, configurará crime previsto no art. 14º: porte ilegal de arma de fogo de uso permitido.

Além disso, se a arma de fogo, acessório ou munição forem "de uso restrito" ou "de uso proibido", então o crime será o do art. 16º (posse ou porte ilegal de arma de fogo de uso restrito ou proibido).

Cuida-se apenas de arma de fogo (toda a Lei nº 10.826/2003), portanto, é fato atípico para o Estatuto do Desarmamento o porte de arma branca: será contravenção penal (art. 19º, LCP).

Descrição do crime

Sujeito ativo: comum, uma vez que qualquer pessoa pode cometê-lo, até mesmo um integrante dos órgãos de segurança pública cujo porte seja deferido, basta que esteja com arma de fogo diversa da qual lhe foi autorizada, por exemplo: um policial militar que transporte no seu carro uma Winchester .44, do século XIX, totalmente funcional, a qual tenha ganhado de seu avô, porém sem certificado de registro (CR).

Condutas: como possui 13 verbos, é considerado tipo misto alternativo (de ação múltipla, de conteúdo variado ou multinuclear); assim, no mesmo contexto fático, a prática de mais de uma conduta pelo mesmo agente será crime único, por força do princípio da alternatividade.

Objeto material: arma de fogo, acessório ou munição, de uso permitido (norma penal em branco).

Arma desmuniciada, com defeito parcial e totalmente inapta: com relação a capacidade lesiva da arma, devemos entender como é a jurisprudência dos Tribunais Superiores e como é cobrado em prova, havendo algumas situações.

→ **Arma desmontada ou desmuniciada:** é crime, do mesmo modo que carregar apenas uma única munição.

"O Supremo Tribunal Federal firmou o entendimento de que é de perigo abstrato o crime de porte ilegal de arma de fogo, sendo, portanto, **irrelevante** para sua configuração encontrar-se a **arma desmontada ou desmuniciada**.".[62]

"Este Superior Tribunal de Justiça tem jurisprudência pacificada no sentido de que o **porte ilegal de arma de fogo desmuniciada ou desmontada configura hipótese de perigo abstrato,** bastando apenas a prática do ato de levar consigo para a consumação do delito. Dessa forma, eventual nulidade do laudo pericial, ou até mesmo a sua ausência, **não impede o enquadramento da conduta.**".[63]

→ **Arma com defeito parcial:** trata-se de objeto material com impropriedade relativa e, portanto, é típica.

"O mero fato de o **funcionamento de arma de fogo não ser perfeito** não afasta a tipicidade material do **crime definido** no art. 14 da Lei nº 10.826/2003.".[64]

→ **Arma totalmente inidônea:** crime impossível, pela impropriedade absoluta do objeto material ou ineficácia absoluta do meio.

"**Não está caracterizado o crime** de porte ilegal de **arma de fogo** quando o instrumento apreendido sequer pode ser enquadrado no conceito técnico de arma de fogo, por estar quebrado e, de acordo com laudo pericial, **totalmente inapto** para realizar disparos.".[65]

Para configurar o crime impossível, não só a arma de fogo deve ser totalmente inapta, mas também a arma estar desmuniciada ou as munições serem totalmente inaptas (deflagradas e percutidas ou estragadas).

"A Terceira Seção desta Corte pacificou entendimento no sentido de que o tipo penal de posse ou porte ilegal de arma de fogo cuida-se de delito de mera conduta ou de perigo abstrato, sendo irrelevante a demonstração de seu efetivo caráter ofensivo.

Na hipótese, contudo, em que demonstrada por laudo pericial a **total ineficácia da arma de fogo** (inapta a disparar) **e das munições apreendidas** (deflagradas e percutidas), deve ser reconhecida a atipicidade da conduta perpetrada, diante da ausência de afetação do bem jurídico incolumidade pública, tratando-se de **crime impossível pela ineficácia absoluta do meio.**"[66]

É CRIME		
Arma desmontada ou desmuniciada	Arma com defeito parcial	Arma inapta e municiada

Elemento subjetivo: delito exclusivamente doloso (não há tipificação da modalidade culposa) e sem necessidade de fim específico (dolo genérico).

Elemento normativo jurídico: sem autorização e em desacordo com determinação legal ou regulamentar (norma penal em branco).

Consumação e tentativa: é instantâneo nas condutas: adquirir, fornecer, receber, ceder, emprestar, remeter e empregar; permanente nas demais. A tentativa é possível.

Ação penal: pública incondicionada, por se tratar de crime de perigo abstrato e de mera conduta, no qual o bem jurídico tutelado é a incolumidade pública (segurança pública e paz social).

Fiança policial: o parágrafo único foi considerado inconstitucional pelo STF (ADI 3.112), portanto, é possível a fiança em sede policial (art. 322º, CPP), já que sua pena máxima é de 4 anos e não está no rol constitucional dos crimes inafiançáveis (art. 5º, incs. XLII, XLIII e XLIV, CF/88).

Concurso de crimes: normalmente, o porte ilegal de arma de fogo – tanto de uso permitido quanto de uso restrito – é crime-meio (menor e menos grave) para se atingir um crime-fim (maior e mais grave). Dessa forma, poderá ou não ocorrer a absorção do porte pelo crime mais grave (princípio da consunção), desde que seja no mesmo contexto fático, por exemplo, o agente porta arma de fogo para o cometimento de um único homicídio ou roubo, então será possível a aplicação da consunção, havendo crime único, portanto, tenha cuidado.

---

62 STF, HC 95.861/RJ, Rel. p/ ac. Min. Dias Toffoli, julgado em 02/06/2015, 2ª Turma, DJe 01/07/2015.
63 STJ, AgRg no REsp 1.390.999/SP, Rel. Min. Laurita Vaz, julgado em 27/03/2014, 5ª Turma, DJe 03/04/2014. Precedente: STJ, AgRg no AREsp 179.022/DF, Rel. Min. Assusete Magalhães, julgado em 07/02/2013, 6ª Turma, DJe 05/04/2013.
64 STF, HC 93.816/RS, Rel. Min. Joaquim Barbosa, julgado em 06/05/2008, 2ª Turma, DJe 01/08/2008 (Vide Inf. 505).
65 STJ, AgRg no AREsp 397.473/DF, Rel. Min. Marco Aurélio Bellizze, julgado 19/08/2014, 5ª Turma, DJe 25/08/2014 (Vide Inf. 544).
66 STJ, REsp 1.451.397/MG, Rel. Min. Maria Thereza de Assis Moura, julgado em 15/09/2015, 6ª Turma, DJe 01/10/2015 (Vide Inf. 570).

→ **Roubo e porte, no mesmo contexto (logo após):** é crime único (princípio da consunção).

"O crime de porte de arma é **absorvido** pelo de roubo quando restar evidenciado o nexo de dependência ou de subordinação entre as duas condutas e que os delitos foram praticados em um mesmo contexto fático — o que caracteriza o princípio da consunção.".[67]

"PRINCÍPIO DA CONSUNÇÃO. ABSORÇÃO DO PORTE ILEGAL DE ARMA PELO CRIME PATRIMONIAL. A posse de arma de fogo, **logo após** a execução de roubo com o seu emprego, **não constitui crime autônomo** previsto no art. 16, §1º, IV, da Lei nº 10.826/03, por se encontrar na linha de desdobramento do crime patrimonial.".[68]

→ **Roubo e porte, em contexto diverso (dias após):** configura concurso material de crimes (delitos autônomos).

"PRINCÍPIO DA CONSUNÇÃO. INAPLICABILIDADE. CIRCUNSTÂNCIAS FÁTICAS DISTINTAS. DELITOS AUTÔNOMOS. [...] o acusado foi flagrado na **posse ilegal da arma de fogo em momento distinto** ao da prática do crime de roubo, caracterizando, assim, uma nova conduta autônoma e independente, o que **impede a aplicação do princípio da consunção.".[69]

→ **Homicídio e porte de arma de fogo:** Há duas situações possíveis:

Caso ocorra **no mesmo contexto fático**, será **crime único**, por exemplo, imagine que, logo após a prisão do estuprador de sua filha, o pai – sob o domínio de violenta emoção – saque a arma do coldre do policial que estava levando o meliante e, então, dispare contra o bandido.

"A jurisprudência desta Corte Superior de Justiça orienta no sentido de que **o crime de homicídio absorve o de porte ilegal de arma de fogo** quando as duas condutas delituosas guardem, entre si, uma **relação de meio e fim** estreitamente vinculadas.".[70]

Se o agente não possuir autorização de posse nem porte, mas tiver a arma de fogo previamente **(contexto diverso)**, haverá **concurso de crimes.**

"A conduta de portar armas ilegalmente **não pode ser absorvida** pelo crime de homicídio qualificado, quando resta evidenciada a existência de crimes autônomos, sem nexo de dependência ou subordinação.".[71]

"Embora seja admissível, não se revela possível, 'in casu', a aplicação do princípio da consunção, porquanto a conduta de portar a arma de um lado, e a tentativa de homicídio de outro, ao que se tem, decorrem de desígnios autônomos **não se verificando a relação de meio e fim** que autoriza a absorção de uma figura típica pela outra.".[72]

→ **Legítima defesa absorve o homicídio, mas não o porte ilegal de arma de fogo:** trata-se de delito autônomo.

"**Não se comunica** a excludente de ilicitude que é a legítima defesa, relativa ao homicídio, **ao crime autônomo de porte ilegal de arma.".[73]

Multiplicidade de armas do mesmo tipo penal: o porte de mais de uma arma de fogo, munição ou acessório, no mesmo contexto, e do mesmo tipo penal (e.g.: ou apenas do art. 14, ou apenas do art. 16), não configura concurso de crimes, mas sim crime único (princípio da consunção).

"A apreensão de **mais de uma** arma de fogo, acessório ou munição, em um **mesmo contexto** fático, não caracteriza concurso formal ou material de crimes, mas **delito único.".[74]

Multiplicidade de armas de tipos penais diferentes: o porte de mais de uma arma de fogo, munição ou acessório, no mesmo contexto, de uso permitido (art. 14) e de uso restrito ou proibido (art. 16), haverá concurso de crimes, porque estão em tipos penais diferentes. Quanto ser concurso material ou formal de crimes, há divergência doutrinária e, por conseguinte, a banca irá mencionar que ocorrerá apenas o concurso de crimes (sem adentrar às suas espécies, material ou formal).

"**Não há crime único,** podendo haver concurso formal, quando, no mesmo contexto fático, o agente incide nas condutas dos arts. 14 (porte ilegal de arma de fogo de uso permitido) e 16 (posse ou porte ilegal de arma de fogo de uso restrito) da Lei nº 10.826/2003.".[75]

"**Não há crime único,** podendo haver concurso material, quando, no mesmo contexto fático, o agente incide nas condutas dos arts. 14 (porte ilegal de arma de fogo de uso permitido) e 16 (posse ou porte ilegal de arma de fogo de uso restrito) da Lei nº 10.826/2003.".[76]

> O Estatuto do Desarmamento prevê a incriminação não só de armas de fogo, mas também de munições e acessórios. Sendo assim, a conduta de levar consigo munições sem a referida arma de fogo, incorrerá em crime previsto no Estatuto (Lei nº 10.826/2003), até mesmo se estiver com partes da arma de fogo ou com ela desmuniciada. Do mesmo modo, quando se tratar de acessórios, por exemplo, uma mira telescópica.

Disparo de arma de fogo (art. 15º)

Art. 15. Disparar arma de fogo ou acionar munição em lugar habitado ou em suas adjacências, em via pública ou em direção a ela, desde que essa conduta não tenha como finalidade a prática de outro crime:

Pena – reclusão, de 2 (dois) a 4 (quatro) anos, e multa.
Parágrafo único. O crime previsto neste artigo é inafiançável. (Vide Adin 3.112-1)

---

67 STJ, Jurisprudência em Teses nº 51. Precedentes: HC 315.059/SP; AgRg no AREsp 484.845/DF; HC 249.718/RJ; HC 228.062/SC; HC 206.274/SP; HC 71.696/PR; HC 156.621/SP; HC 138.530/SP.
68 STF, RHC 123.399/RJ, Rel. Min. Dias Toffoli, julgado em 30/09/2014, 1ª Turma, DJe 17/11/2014.
69 STJ, AgRg no AREsp 988.625/ES, Rel. Min. Ribeiro Dantas, julgado em 07/03/2017, 5ª Turma, DJe 15/03/2017. No mesmo sentido: HC 241.666/SP, HC 317.337/RJ.
70 STJ, HC 126.944/MS, Rel. Min. Jorge Mussi, julgado em 04/03/2010, 5ª Turma, DJe 05/04/2010.
71 STJ, HC 226.373/SP, Rel. Min. Laurita Vaz, julgado em 26/02/2013, 5ª Turma, DJe 06/03/2013.
72 STJ, HC 101.127/SP, Rel. Min. Felix Fischer, julgado em 02/10/2008, 5ª Turma, DJe 10/11/2008.
73 STF, HC 120.678/PR, Rel. p/ ac. Min. Marco Aurélio, julgado em 24/02/2015, 1ª Turma, DJe 06/04/2015.
74 STJ, Jurisprudência em Teses nº 23. Precedentes: HC 228.231/SP; HC 163.783/RJ; HC 194.697/SP; HC 104.669/RJ; HC 110.800/SP; AREsp 303.312/SP (Vide Inf. 488).
75 STJ, Jurisprudência em Teses nº 23. Precedentes: HC 130.797/SP; HC 162.018/SP.
76 STJ, Jurisprudência em Teses nº 23. Precedentes: HC 211.834/SP; REsp 1.418.900/AL.

Cuida-se de crime subsidiário (soldado reserva)[77], isto é, se o agente tiver intenção de crime mais grave, então será absorvido pelo delito maior. Além disso, só existirá o crime se for praticado em local habitado ou em sua direção.

Descrição do crime

Sujeito ativo: é comum, uma vez que pode ser praticado por qualquer pessoa.

Elemento subjetivo e conduta: é o dolo (não há modalidade culposa) de "disparar" arma de fogo ou "acionar" munição (tipo misto alternativo).

Delimitação espacial: são duas situações que devem ser somadas para o crime existir: em lugar habitado ou em suas adjacências e em via pública ou em direção a ela. Se o agente efetuar o disparo em local ermo e desabitado, por exemplo: em uma área rural sem pessoas aos arredores, então será fato atípico.

Objeto material: arma de fogo ou munição, de uso permitido, restrito ou proibido (norma penal em branco). O tipo penal não mencionou sobre "acessório" (fato atípico).

Consumação e tentativa: consuma-se no momento em que ser der o disparo da arma ou o acionamento da munição (delito instantâneo) e de mera conduta (não é obrigatória ocorrência de resultado naturalístico a bem jurídico individual), sendo possível a tentativa (plurissubsistente)[78].

→ **Absorção do porte pelo disparo:** há duas situações a depender do contexto.

> **No mesmo contexto:** será crime único, havendo absorção do porte de arma de fogo de uso permitido (art. 14) pelo disparo de arma de fogo (princípio da consunção).

"A jurisprudência desta Corte possui entendimento firmado no sentido de que não é automática a aplicação do princípio da consunção para **absorção do** delito de **porte** de arma de fogo **pelo** de **disparo**, dependendo das circunstâncias em que ocorreram as condutas.

"Na hipótese dos autos, as instâncias ordinárias reconheceram que os crimes foram praticados no **mesmo contexto** fático, devendo ser aplicado o referido postulado para que a **conduta menos grave** (porte ilegal de arma de fogo) seja **absorvida pela conduta mais grave** (disparo de arma de fogo).".[79]

> **Em momentos distintos (contexto diverso):** haverá concurso de crimes (delitos autônomos).

"Segundo iterativa jurisprudência desta Corte, **não há falar em aplicação do princípio da consunção** quando dos delitos de porte ilegal de arma e disparo de arma de fogo são praticados em **momentos diversos**, em **contextos distintos**".[80]

---

77 HUNGRIA, N. Comentários ao Código Penal. 5ª ed. Rio de Janeiro: Forense, v.1, 1977. Tomo I (arts. 1º ao 10), p. 147.
78 Para Guilherme de Souza Nucci, o delito pode ser unissubsistente ou plurissubsistente, dependendo do mecanismo eleito pelo agente. (NUCCI, G. S. Leis Penais e Processuais Penais Comentadas. 8ª ed. Rio de Janeiro: Forense, v.2, 2014)
79 STJ, AgRg no REsp 1.331.199/PR, Rel. Min. Ericson Maranho (Des. Conv. do TJ/SP), julgado em 23/10/2014, 6ª Turma, DJe 10/11/2014.
80 STJ, CC 134.342/GO, Rel. Min. Newton Trisotto (Des. Conv. do TJ/SC), julgado em 22/04/2015, 3ª Seção, DJe 05/05/2015. Precedentes: HC 128.533/MG; AgRg no REsp 1.347.003/SC; HC 214.606/RJ.

Concurso de crimes: normalmente, quando a finalidade for crime mais grave, então este absorverá o disparo, por se tratar de crime subsidiário, descrito no trecho: "desde que essa conduta não tenha como finalidade a prática de outro crime" (subsidiariedade explícita). Por exemplo: o agente dispara arma de fogo com a finalidade de se cometer um homicídio. Entretanto, o problema surge se o delito não for mais grave, há divergência doutrinária, como é o exemplo do disparo de arma de fogo e lesão corporal de natureza leve.

Nesse sentido, discorre Fernando Capez (apud Gonçalves & Júnior, 2016):

"Em resumo, o delito previsto no art. 15, 'caput', da Lei nº 10.826/2003 não é absorvido pelo crime de lesões corporais de natureza leve, em face de sua maior gravidade. Entendemos que **o agente responde por ambos os crimes em concurso**".[81]

Posse ou porte ilegal de arma de fogo de uso restrito (art. 16º)

Art. 16. Possuir, deter, portar, adquirir, fornecer, receber, ter em depósito, transportar, ceder, ainda que gratuitamente, emprestar, remeter, empregar, manter sob sua guarda ou ocultar arma de fogo, acessório ou munição de uso restrito, sem autorização e em desacordo com determinação legal ou regulamentar: (Redação dada pela Lei nº 13.964, de 24/12/2019)

Pena – reclusão, de 3 (três) a 6 (seis) anos, e multa.

§1º. Nas mesmas penas incorre quem: (Redação dada pela Lei nº 13.964, de 24/12/2019)

I. suprimir ou alterar marca, numeração ou qualquer sinal de identificação de arma de fogo ou artefato;

II. modificar as características de arma de fogo, de forma a torná-la equivalente a arma de fogo de uso proibido ou restrito ou para fins de dificultar ou de qualquer modo induzir a erro autoridade policial, perito ou juiz;

III. possuir, detiver, fabricar ou empregar artefato explosivo ou incendiário, sem autorização ou em desacordo com determinação legal ou regulamentar;

IV. portar, possuir, adquirir, transportar ou fornecer arma de fogo com numeração, marca ou qualquer outro sinal de identificação raspado, suprimido ou adulterado;

V. vender, entregar ou fornecer, ainda que gratuitamente, arma de fogo, acessório, munição ou explosivo a criança ou adolescente; e

VI. produzir, recarregar ou reciclar, sem autorização legal, ou adulterar, de qualquer forma, munição ou explosivo.

§2º. Se as condutas descritas no 'caput' e no §1º deste artigo envolverem arma de fogo de uso proibido, a pena é de reclusão, de 4 (quatro) a 12 (doze) anos. (Incluído pela Lei nº 13.964, de 24/12/2019)

Cuida-se, não só da *posse*, mas também do *porte* (além de outras 12 condutas previstas no *caput* e mais outras 19 figuras equiparadas no §1º) de arma de fogo, acessório ou munição **de uso restrito** (*caput*) ou **de uso proibido** (§2º), bem como as formas equiparadas (§1º).

Delito hediondo: o art. 16 foi incluído no rol dos crimes hediondos pela Lei nº 13.497, de 26/10/2017. Todavia, com o advindo da Lei nº 13.964, de 24/12/2019, promoveu-se uma alteração nesse dispositivo prevendo ser hediondo "o crime de posse ou porte ilegal de arma de fogo de uso proibido" (art. 1º, par. único, II, Lei nº 8.072/90).

---

81 GONÇALVES, V. E. R.; JUNIOR, J. P. B. Legislação Penal Especial. 2. ed. São Paulo: Saraiva, 2016, p. 229.

Desde a Lei nº 13.497/17 se discutia acerca do alcance da hediondez do art. 16º do Estatuto do Desarmamento: somente o caput ou todo o artigo (caput e figuras equiparadas). De acordo com o Superior Tribunal de Justiça – STJ, todo o art. 16 possui natureza hedionda.

INFORMATIVO Nº 657 – STJ:

"A qualificação de hediondez aos crimes do art. 16 da Lei nº 10.826/2003, inserida pela Lei nº 13.497/2017, abrange os tipos do 'caput' e as condutas equiparadas previstas no seu parágrafo único.

O art. 16 da Lei nº 10.826/2003 (Estatuto do Desarmamento) prevê gravosas condutas de contato com 'arma de fogo, acessório ou munição de uso proibido ou restrito', vindo seu parágrafo único a acrescer figuras equiparadas — em gravidade e resposta criminal. Dessa forma, ainda que algumas das condutas equiparadas possam ser praticadas com armas de uso permitido, o legislador as considerou graves ao ponto de torná-las com reprovação criminal equivalente às condutas do 'caput'. No art. 1º, parágrafo único, da Lei nº 8.072/1990, com redação dada pela Lei nº 13.497/2017, o legislador limitou-se a prever que o delito descrito no art. 16 da Lei nº 10.826/2003 é considerado hediondo. Assim, como a equiparação é tratamento igual para todos os fins, considerando equivalente o dano social e equivalente também a necessária resposta penal, salvo ressalva expressa, ao ser qualificado como hediondo o art. 16 da Lei nº 10.826/2003, as condutas equiparadas devem receber igual tratamento.".[82]

Reviveu-se a discussão pela doutrina a partir da Lei nº 13.964/19, na medida em que o nomen juris foi alterado para "posse ou porte ilegal de arma de fogo de uso proibido", ou seja, o art. 16º do Estatuto do Desarmamento só é hediondo quando envolver arma de fogo de uso proibido.

Inafiançável e insuscetível de graça, anistia e indulto: por se tratar de delito hediondo, não há possibilidade de fiança nem perdão pelos dispositivos da graça, da anistia e do indulto (art. 2º, caput, Lei nº 8.072/90)[83], mas ainda é suscetível de liberdade provisória (art. 2º, §3º, Lei nº 8.072/90)[84].

Descrição do crime (caput)

Sujeito ativo: é comum, uma vez que pode ser praticado por qualquer pessoa.

Elemento subjetivo e conduta: exclusivamente doloso (não há modalidade culposa) e, como possui 14 verbos, é considerado de ação múltipla (de conteúdo variado, tipo misto alternativo ou multinuclear).

Objeto material: no caput, trata-se apenas de arma de fogo, acessório ou munição de uso restrito.

Consumação e tentativa: em regra, é delito instantâneo, nas condutas: adquirir, fornecer, ceder, emprestar, remeter e empregar. Será permanente, nas condutas: possuir, deter, portar, ter em depósito, transportar, manter sob sua guarda e ocultar arma de fogo. Não há a necessidade de resultado naturalístico a integridade física individual, haja vista ser crime de mera conduta e de perigo abstrato. A tentativa é possível (plurissubsistente).

Formas equiparadas (§1º): as condutas previstas no §1º sujeitam o agente às mesmas penas previstas no caput. Estende-se o alcance de incriminação da norma, abarcando as armas de fogo, acessórios e munições de uso restrito, de uso permitido (conspurcadas) e artefatos explosivos ou incendiários.

Forma qualificada (§2º): a pena será de reclusão de 4 (quatro) a 12 (doze) anos se a arma de fogo for de uso proibido.

Conflito aparente de normas: por força do princípio da especialidade, quando houver conflito entre normas penais e o objeto material for arma de fogo, acessório ou munição, então prevalecerá o Estatuto do Desarmamento.

Conduta	Conflito	Prevalece
Numeração, marca ou qualquer outro sinal de identificação raspado, suprimido ou adulterado	Arts. 12 e 14 (Est. do Desarmamento)	Art. 16, §1º, I e IV (Est. do Desarmamento)
Fraude processual em arma de fogo	Art. 347 do CP	Art. 16, §1º, II (Est. do Desarmamento)
Ceder arma de fogo, acessório, munição ou explosivo à criança ou ao adolescente	Art. 242 do ECA	Art. 16, §1º, V (caso a arma não seja de fogo, então se aplicará o ECA)
Possuir, deter, fabricar ou empregar artefato explosivo ou incendiário, sem autorização ou em desacordo com determinação legal ou regulamentar	Art. 253 do CP	Art. 16, §1º, III (Est. do Desarmamento)

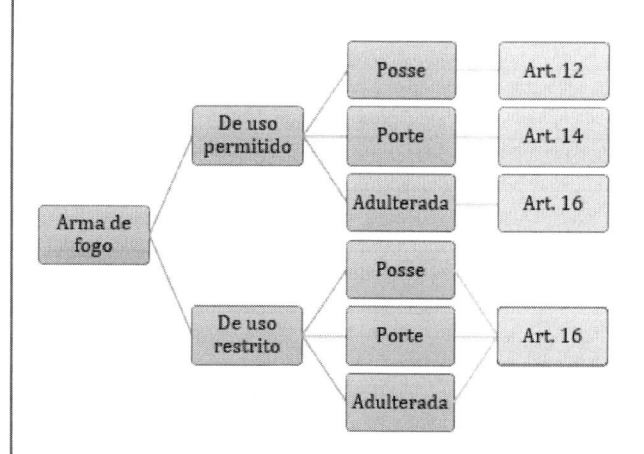

Arma de fogo:
- De uso permitido
  - Posse → Art. 12
  - Porte → Art. 14
  - Adulterada → Art. 16
- De uso restrito
  - Posse
  - Porte → Art. 16
  - Adulterada

Comércio ilegal de arma de fogo (art. 17º)

***Art. 17.** Adquirir, alugar, receber, transportar, conduzir, ocultar, ter em depósito, desmontar, montar, remontar, adulterar, vender, expor à venda, ou de qualquer forma utilizar, em proveito próprio ou alheio, no exercício de atividade comercial ou industrial, arma de fogo, acessório ou munição, sem autorização ou em desacordo com determinação legal ou regulamentar:*

---

82 STJ, Informativo nº 657, HC 526.916/SP, Rel. Min. Nefi Cordeiro, julgado em 01/10/2019, 6ª Turma, DJe 08/10/2019.
83 Art. 2º, caput, Lei nº 8.072/1990: "Os crimes hediondos, a prática da tortura, o tráfico ilícito de entorpecentes e drogas afins e o terrorismo são insuscetíveis de: I – anistia, graça e indulto; II – fiança. [...]".
84 Art. 2º, §3º, Lei nº 8.072/1990: "Em caso de sentença condenatória, o juiz decidirá fundamentadamente se o réu poderá apelar em liberdade.".

Pena – reclusão, de 6 (seis) a 12 (doze) anos, e multa. (Redação dada pela Lei nº 13.964, de 24/12/2019)

§1º. Equipara-se à atividade comercial ou industrial, para efeito deste artigo, qualquer forma de prestação de serviços, fabricação ou comércio irregular ou clandestino, inclusive o exercido em residência. (Redação dada pela Lei nº 13.964, de 24/12/2019)

§2º. Incorre na mesma pena quem vende ou entrega arma de fogo, acessório ou munição, sem autorização ou em desacordo com a determinação legal ou regulamentar, a agente policial disfarçado, quando presentes elementos probatórios razoáveis de conduta criminal preexistente. (Incluído pela Lei nº 13.964, de 24/12/2019)

Por mais que o nome do crime dê a impressão de ser "compra e venda" (comércio) apenas de "armas de fogo" (comércio ilegal de arma de fogo), o tipo penal abarca não só a atividade comercial, mas também a industrial e a prestadora de serviços, bem como os acessórios e as munições.

Descrição do crime

Sujeito ativo: é próprio, uma vez que somente o agente que estiver "no exercício de atividade comercial ou industrial" (habitualidade preexistente), sem autorização ou em desacordo com determinação legal ou regulamentar. Se cometido por qualquer um dos agentes listados nos arts. 6º, 7º ou 8º, haverá aumento de metade da pena (art. 20).

Atividade irregular ou residencial (§1º): o exercício habitual exercido de forma irregular, clandestino ou residencial será equiparado à atividade comercial ou industrial.

Armeiro: "o exercício da atividade de armeiro, sem a devida licença, pode sujeitar o infrator às penas do art. 17, §1º, da Lei nº 10.826/03.".[85]

> **Art. 4º,** Portaria nº 2.259/2011 (DG-DPF): "O armeiro não poderá prestar qualquer serviço aos possuidores de armas de fogo não registradas ou sem os documentos de que trata o artigo anterior, devendo, nesse caso, informar imediatamente à Polícia Federal.".
>
> **Art. 5º,** Portaria nº 2.259/2011 (DG-DPF): "É vedado ao armeiro a realização de recarga de munição, assim como adquirir, deter ou manter em depósito equipamento ou material destinado a esse fim.".
>
> **Art. 6º,** §2º, Portaria nº 2.259/2011 (DG-DPF): "É vedada a modificação das características da arma de fogo, de forma a torná-la equivalente a arma de fogo de uso proibido ou restrito ou para fins de dificultar ou de qualquer modo induzir a erro autoridade policial, perito ou juiz.".
>
> **Art. 7º,** Portaria nº 2.259/2011 (DG-DPF): "A licença concedida ao armeiro não implica autorização para a fabricação artesanal de armas, armações, canos, ferrolhos, e nem para a comercialização do material que tiver posse em razão de seu ofício.".

Elemento subjetivo e conduta: delito exclusivamente doloso (não se admite a forma culposa) e de tipo misto alternativo (de ação múltipla, de conteúdo variado ou multinuclear), por haver 14 verbos.

Objeto material: arma de fogo, acessório ou munição, sem autorização ou em desacordo com determinação legal ou regulamentar.

Forma simples (caput): a punição na modalidade simples só é cabível ao objeto material de uso permitido (reclusão, de 6 a 12 anos, e multa).

Forma majorada: se a arma de fogo, acessório ou munição forem de uso proibido ou restrito, então haverá aumento de metade da pena (art. 19).

Consumação e tentativa: instantâneo nas modalidades: adquirir, receber, desmontar, montar, remontar, adulterar, vender ou utilizar; e permanente nas demais: alugar, transportar, conduzir, ocultar, ter em depósito, expor à venda. A tentativa é admissível (plurissubsistente).

Delito hediondo: a Lei nº 13.964, de 24/12/2019, incluiu o art. 17 do referido Estatuto no rol dos crimes hediondos (art. 1º, par. único, III, Lei nº 8.072/90).

Inafiançável e insuscetível de graça, anistia e indulto: por se tratar de delito hediondo, não há possibilidade de fiança nem perdão pelos dispositivos da graça, da anistia e do indulto (art. 2º, caput, Lei nº 8.072/90), mas ainda é suscetível de liberdade provisória (art. 2º, §3º, Lei nº 8.072/90).

Prisão por agente encoberto (§2º): a Lei nº 13.964/19 (pacote anticrime) acrescentou a possibilidade de prisão em flagrante, por agente policial disfarçado, de quem vender ou entregar arma de fogo, acessório ou munição – desde que a conduta criminal seja preexistente. Não haverá crime impossível por obra do agente provocador, o chamado flagrante preparado (Súm. nº 145 do STF).

Justificado no Projeto de Lei nº 882/2019, de autoria do Ministro Sérgio Moro, segundo o qual:

> "Vale aqui lembrar que as operações policiais disfarçadas, 'undercover operations' nos Estados Unidos, são extremamente eficazes naquele país. A exigência de indícios de conduta criminal pré-existente visa evitar aquilo que os norte-americanos chamam de 'entrapment', quando um agente policial provoca a prática de um crime por parte de um inocente e não de um criminoso. A Súmula nº 145 do STF (Não há crime, quando a preparação do flagrante pela polícia torna impossível a sua consumação) não é óbice para a sua aplicação, pois, além de antiga e ter analisado matéria legal, o Supremo vem temperando sua rigidez. No HC 67.908/SP, julgado pela 2ª Turma do STF em 08/03/1990, decidiu-se, cf. ementa, que 'denunciado o paciente pela guarda de haxixe, para comercialização, ato preexistente à venda ficta da substância entorpecente aos policiais — não há falar em crime impossível em face da provocação do flagrante'. O mesmo entendimento foi manifestado no HC 69.476/SP, julgado também pela 2ª Turma do STF em 04/08/1992 ('Posse de entorpecente pelo réu, que preexistia à atuação do agente provocador, ao manifestar interesse pela aquisição da droga, para fixar a prova pelo crime já consumado. Não é invocável, na espécie, a Súmula 145'). De teor semelhante, encontram-se ainda o HC 72.674/SP, julgado em 26/03/1996, pela 2ª Turma do STF; o HC 73.898/SP, julgado pela 2ª Turma do STF em 21/05/1996; o HC 74.510/SP, julgado pela 1ª Turma do STF em 08/10/1996; e o HC 81.970/SP, julgado pela 1ª Turma do STF em 28/06/2002.".

Tráfico internacional de arma de fogo (art. 18º)

> **Art. 18.** Importar, exportar, favorecer a entrada ou saída do território nacional, a qualquer título, de arma de fogo, acessório ou munição, sem autorização da autoridade competente:
>
> **Pena** – reclusão de 8 (oito) a 16 (dezesseis) anos, e multa. (Redação dada pela Lei nº 13.964, de 24/12/2019)

---

[85] ORIENTAÇÕES para o Licenciamento de Armeiros. Polícia Federal, 26 abr. 2012. Disponível em: <http://www.pf.gov.br/servicos-pf/armas/armeiros/licenciamento-armeiros>. Acesso em: 5 mar. 2020.

Parágrafo único. *Incorre na mesma pena quem vende ou entrega arma de fogo, acessório ou munição, em operação de importação, sem autorização da autoridade competente, a agente policial disfarçado, quando presentes elementos probatórios razoáveis de conduta criminal preexistente. (Incluído pela Lei nº 13.964, de 24/12/2019)*

Descrição do crime

Sujeito ativo: pode ser praticado por qualquer pessoa, por isso se trata de crime comum. Por força da conduta "favorecer a qualquer título", agentes públicos, em serviço, também incorrerão no delito que, de qualquer forma, favorecerem (não evitarem ou buscar evitar, dolosamente). Se cometido por qualquer um dos agentes listados nos arts. 6º, 7º ou 8º, haverá aumento de metade da pena (art. 20).

Elemento subjetivo e conduta: é o dolo (não há conduta culposa) da internacionalidade de forma ilegal, atinge os interesses não só da coletividade (segurança pública), mas também da União pela ausência de pagamento dos tributos de importação ou exportação. Como possui 3 verbos, é considerado de conteúdo variado (multinuclear, tipo misto alternativo ou de ação múltipla).

Objeto material: arma de fogo, acessório ou munição, sem autorização da autoridade competente.

Forma simples (caput): a punição na modalidade simples só é cabível ao objeto material de uso permitido (reclusão, de 8 a 16 anos, e multa).

Forma majorada: se a arma de fogo, acessório ou munição forem de uso proibido ou restrito, então haverá aumento de metade da pena (art. 19).

Consumação e tentativa: consuma-se no exato momento da entrada no território nacional ou da saída dele (delito instantâneo), não necessitando de efetiva entrega a seu destinatário, venda ou utilização dos objetos (crime formal). É admissível a tentativa (plurissubsistente).

Justiça Federal: os crimes previstos no Estatuto do Desarmamento, em regra, são de competência da Justiça Estadual, porém o tráfico internacional de armas compete à Justiça Federal, pois ofende os interesses da União (art. 21º, XXII, e art. 109, IV e V, da CF) que exerce o controle alfandegário.

Delito hediondo: a Lei nº 13.964, de 24/12/2019, incluiu o tráfico internacional de armas de fogo no rol dos crimes hediondos (art. 1º, par. único, IV, Lei nº 8.072/90).

Inafiançável e insuscetível de graça, anistia e indulto: por se tratar de delito hediondo, não há possibilidade de fiança nem perdão pelos dispositivos da graça, da anistia e do indulto (art. 2º, caput, Lei nº 8.072/90), mas ainda é suscetível de liberdade provisória (art. 2º, §3º, Lei nº 8.072/90).

Prisão por agente encoberto (par. único): a Lei nº 13.964/19 (pacote anticrime) acrescentou a possibilidade de prisão em flagrante, por agente policial disfarçado, de quem vender ou entregar arma de fogo, acessório ou munição – desde que a conduta criminal seja preexistente. Não haverá crime impossível por obra do agente provocador, o chamado flagrante preparado (Súm. nº 145 do STF).

Conflito aparente de normas

Por força do princípio da especialidade, quando os crimes de contrabando (art. 334-A, CP) e a facilitação de contrabando ou descaminho (art. 318, CP) tiverem por objeto armas de fogo, acessórios e munições, então incorrerá no art. 18 do Estatuto do Desarmamento.

Crime	Conflito	PREVALECE
Contrabando	Art. 334-A do CP	Art. 18 (Est. do Desarmamento)
Facilitação de contrabando ou descaminho	Art. 318 do CP	Art. 18 (Est. do Desarmamento)

Aumento de pena (arts. 19º e 20º)

Art. 19. Nos crimes previstos nos arts. 17 e 18, a pena é aumentada da metade se a arma de fogo, acessório ou munição forem de uso proibido ou restrito.

Art. 20. Nos crimes previstos nos arts. 14, 15, 16, 17 e 18, a pena é aumentada da metade se:

I. forem praticados por integrante dos órgãos e empresas referidas nos arts. 6º, 7º e 8º desta Lei; ou

II. o agente for reincidente específico em crimes dessa natureza. (Incluído pela Lei nº 13.964, de 24/12/2019)

→ Basicamente, haverá aumento de metade da pena em duas situações:

Quanto ao objeto material: de uso restrito ou proibido (nos arts. 17 e 18).

Quanto ao sujeito ativo: agente listado nos arts. 6º, 7º e 8º; ou reincidente específico (nos arts. 14 a 18).

Liberdade provisória (art. 21º)

Art. 21. Os crimes previstos nos arts. 16, 17 e 18 são insuscetíveis de liberdade provisória.

Tal artigo foi considerado inconstitucional pelo STF (ADI 3.112), bem como os parágrafos únicos dos arts. 14º e 15º. Portanto, **todos** os crimes do Estatuto do Desarmamento **admitem a liberdade provisória** e, ressalvando os arts. 16º, 17º e 18º (delitos hediondos), também admitem a fiança.

"A **proibição de estabelecimento de fiança** para os delitos de 'porte ilegal de arma de fogo de uso permitido' e de 'disparo de arma de fogo', mostra-se **desarrazoada**, porquanto são crimes de mera conduta, que não se equiparam aos crimes que acarretam lesão ou ameaça de lesão à vida ou à propriedade.

"**Insusceptibilidade de liberdade provisória** quanto aos delitos elencados nos arts. 16, 17 e 18. **Inconstitucionalidade reconhecida**, visto que o texto magno não autoriza a prisão 'ex lege', em face dos princípios da presunção de inocência e da obrigatoriedade de fundamentação dos mandados de prisão pela autoridade judiciária competente. [...]

"Ação julgada procedente, em parte, para declarar a **inconstitucionalidade** dos **parágrafos únicos dos artigos 14 e 15 e do artigo 21** da Lei nº 10.826, de 22 de dezembro de 2003.".[86]

---

86 STF, ADI 3.112/DF, Rel. Min. Ricardo Lewandowski, julgado em 02/05/2007, Tribunal Pleno, DJe 26/10/2007.

20. LEI Nº 11.340/2006 - LEI MARIA DA PENHA

20.1 Conceitos Introdutórios

Origem da lei maria da penha

Interessantemente é o fato curioso do qual se originou a Lei nº 11.340/2006, mais conhecida por Lei Maria da Penha, a qual foi uma determinação da Comissão Interamericana de Direitos Humanos, **Renato Brasileiro Lima** (2016) explica a origem:

> *"Em data de 22 de setembro de 2006, entrou em vigor a Lei nº 11.340/06, referente à violência doméstica e familiar contra a mulher. **Esta lei ficou conhecida como Lei Maria da Penha em virtude da grave violência de que foi vítima Maria da Penha Maia Fernandes**: em 29 de maio de 1983, na cidade de Fortaleza, a farmacêutica Maria da Penha, enquanto dormia, foi atingida por disparo de espingarda desferido por seu próprio marido. Por força desse disparo, que atingiu a vítima em sua coluna, Maria da Penha ficou paraplégica. Porém, as agressões não cessaram. Uma semana depois, a vítima sofreu nova violência por parte de seu então marido, tendo recebido uma descarga elétrica enquanto se banhava. O agressor foi denunciado em 28 de setembro de 1984. Devido a sucessivos recursos e apelos, sua prisão ocorreu somente em setembro de 2002.*
>
> *Por conta da lentidão do processo, e por envolver grave violação aos direitos humanos, o caso foi levado à Comissão Interamericana de Direitos Humanos, que publicou o Relatório nº 54/2001, no sentido de que a ineficácia judicial a impunidade e a impossibilidade de a vítima obter uma reparação mostra a falta de cumprimento do compromisso assumido pelo Brasil de reagir adequadamente ante a violência doméstica. Cinco anos depois da publicação do referido relatório, com o objetivo de coibir e reprimir a violência doméstica e familiar contra a mulher e superar uma violência há muito arraigada na cultura machista do povo brasileiro, entrou em vigor a Lei nº 11.340/06, que ficou mais conhecida como Lei Maria da Penha.".*[35] *(grifo do autor)*

Violação dos Direitos Humanos: a lei dita que a violência doméstica e familiar contra a mulher é uma conduta que viola os Direitos Humanos (art. 6º).

> *Art. 6º. A violência doméstica e familiar contra a mulher constitui uma das formas de violação dos direitos humanos.*

Objetivos

Os objetivos estão expostos na ementa da Lei e no seu art. 1º, quais sejam:

> Cria mecanismos para coibir e prevenir a violência doméstica e familiar contra a mulher, nos termos do §8º do art. 226 da Constituição Federal, da Convenção sobre a Eliminação de Todas as Formas de Violência contra a Mulher, da Convenção Interamericana para Prevenir, Punir e Erradicar a Violência contra a Mulher e de outros tratados internacionais ratificados pela República Federativa do Brasil;

> Dispõe sobre a criação dos Juizados de Violência Doméstica e Familiar contra a Mulher;

> Estabelece medidas de assistência e proteção às mulheres em situação de violência doméstica e familiar;

> Altera o Código de Processo Penal, o Código Penal e a Lei de Execução Penal; e

> Dá outras providências.

O referido artigo remete ao § 8º, do art. 226, da Constituição Federal; porém, a CF estabelece a proteção à família — de forma genérica (a todos que integram a família), isto é, não diretamente à mulher.[36]

Direitos das mulheres

> *Art. 2º. Toda mulher, independentemente de classe, raça, etnia, orientação sexual, renda, cultura, nível educacional, idade e religião, **goza dos direitos fundamentais inerentes à pessoa humana**, sendo-lhe asseguradas as oportunidades e facilidades para viver sem violência, preservar sua saúde física e mental e seu aperfeiçoamento moral, intelectual e social.*

> *Art. 3º. Serão asseguradas às mulheres as condições para o exercício efetivo dos direitos à vida, à segurança, à saúde, à alimentação, à educação, à cultura, à moradia, ao acesso à justiça, ao esporte, ao lazer, ao trabalho, à cidadania, à liberdade, à dignidade, ao respeito e à convivência familiar e comunitária.*

> *§1º. O poder público desenvolverá políticas que visem garantir os direitos humanos das mulheres no âmbito das relações domésticas e familiares no sentido de resguardá-las de toda forma de negligência, discriminação, exploração, violência, crueldade e opressão.*

> *§2º. Cabe à família, à sociedade e ao poder público criar as condições necessárias para o efetivo exercício dos direitos enunciados no 'caput'.*

> Não é só dever do **poder público**, mas também da **família** e da **sociedade** criar condições para o exercício efetivo dos **direitos garantidos** no caput do art. 3º, quais sejam: direitos à vida, à segurança, à saúde, à alimentação, à educação, à cultura, à moradia, ao acesso à justiça, ao esporte, ao lazer, ao trabalho, à cidadania, à liberdade, à dignidade, ao respeito e à convivência familiar e comunitária (art. 3º, §2º).
>
> Todavia, cabe ao **poder público** (exclusivamente) desenvolver políticas a fim de garantir os **Direitos Humanos** das mulheres (art. 3º, §1º).

Sujeitos da violência doméstica e familiar contra a mulher

> *Art. 4º. Na interpretação desta Lei serão considerados os fins sociais a que ela se destina e, especialmente, as condições peculiares **das mulheres** em situação de violência doméstica e familiar.*

---

35 LIMA, R. B. **Legislação Criminal Especial Comentada**. 4ª ed. Salvador: JusPodivm, 2016, p. 899, grifo do autor.

36 Art. 226, caput, CF/88: A família, base da sociedade, tem especial proteção do Estado. [...] §8º. O Estado assegurará a assistência à família na pessoa de cada um dos que a integram, criando mecanismos para coibir a violência no âmbito de suas relações.

Sujeito passivo: exclusivamente a mulher — de nascença ou com *transgenitalização*[37], com a devida alteração em documento de registro civil de identificação autorizada por ordem judicial — em situação doméstica e/ou familiar.

Deve-se caracterizar o *vínculo familiar, de relação doméstica ou de afetividade*; basicamente, a existência de laços de convivência entre os sujeitos ativo (agressor) e passivo (vítima), com ou sem habitação.

> Os homens não são sujeitos passivos dessa lei (travestis, homossexuais ou transexuais). Há doutrina (minoritária) no sentido de ser extensível aos transexuais sem cirurgia de mudança de sexo.

STJ: *Lei nº 11.340/06. Sujeito passivo: mulher. 'In casu', a relação de violência retratada neste feito ocorreu entre dois irmãos.* **Inaplicabilidade**. *Precedentes.*[38] (grifo nosso)

Assevera-se que também é válido para **hermafrodita**[39] que fez procedimento médico para concluir a sua natureza feminina, conforme a jurisprudência do **TJSC:**

> **TJSC:** *Conflito negativo de competência. Violência doméstica e familiar. Homologação de auto de prisão em flagrante. Agressões praticadas pelo companheiro contra pessoa civilmente identificada como sendo do sexo masculino.* **Vítima submetida à cirurgia de adequação de sexo por ser hermafrodita. Adoção do sexo feminino.** *Presença de órgãos reprodutores femininos que lhe conferem a condição de mulher. Retificação do registro civil já requerida judicialmente.* **Possibilidade de aplicação, no caso concreto, da Lei nº 11.340/06.** *Competência do juízo suscitante. Conflito improcedente.*[40] (grifo nosso)

Segundo o **STF**, no tema nº 761 de Repercussão Geral, o transexual poderá solicitar a alteração em registro civil do nome e sexo, mesmo sem a cirurgia de transgenitalização. Todavia, sem debater o mérito de aplicação da Lei Maria da Penha a esses indivíduos (não aplicável).

> **STF, TEMA Nº 761:** *Possibilidade de alteração de gênero no assento de registro civil de transexual, mesmo sem a realização de procedimento cirúrgico de redesignação de sexo.*
> STF, TESE FIXADA COM REPERCUSSÃO GERAL:
> **I.** *O transgênero tem direito fundamental subjetivo à alteração de seu prenome e de sua classificação de gênero no registro civil, não se exigindo, para tanto, nada além da manifestação de vontade do indivíduo, o qual poderá exercer tal faculdade tanto pela via judicial como diretamente pela via administrativa;*
> **II.** *Essa alteração deve ser averbada à margem do assento de nascimento, vedada a inclusão do termo 'transgênero';*
> **III.** *Nas certidões do registro não constará nenhuma observação sobre a origem do ato, vedada a expedição de certidão de inteiro teor, salvo a requerimento do próprio interessado ou por determinação judicial;*
> **IV.** *Efetuando-se o procedimento pela via judicial, caberá ao magistrado determinar de ofício ou a requerimento do interessado a expedição de mandados específicos para a alteração dos demais registros nos órgãos públicos ou privados pertinentes, os quais deverão preservar o sigilo sobre a origem dos atos..*[41]

Sujeito ativo: tanto o <u>homem</u> quanto a <u>mulher</u>, independentemente da opção sexual, por exemplo, em uma relação homoafetiva entre duas mulheres (art. 5º, parágrafo único).

Corrobora o STJ:

> **STJ:** *O sujeito passivo da violência doméstica objeto da Lei Maria da Penha é a mulher, já o sujeito ativo pode ser tanto o homem quanto a mulher, desde que fique caracterizado o vínculo de relação doméstica, familiar ou de afetividade, além da convivência, com ou sem coabitação.*[42]

Alcance da lei

> **Art. 5º.** *Para os efeitos desta Lei configura violência doméstica e familiar contra a mulher qualquer ação ou omissão baseada no gênero que lhe cause morte, lesão, sofrimento físico, sexual ou psicológico e dano moral ou patrimonial: (Vide Lei Complementar nº 150, de 2015)*
> **I.** *no âmbito da unidade doméstica, compreendida como o espaço de convívio permanente de pessoas, com ou sem vínculo familiar, inclusive as esporadicamente agregadas;*
> **II.** *no âmbito da família, compreendida como a comunidade formada por indivíduos que são ou se consideram aparentados, unidos por laços naturais, por afinidade ou por vontade expressa;*
> **III.** *em qualquer relação íntima de afeto, na qual o agressor conviva ou tenha convivido com a ofendida, independentemente de coabitação.*
> **Parágrafo único.** *As relações pessoais enunciadas neste artigo independem de orientação sexual.*

Mesmo que ocorra uma agressão contra a mulher, deve-se obrigatoriamente ser **baseada no gênero** para que seja aplicada a Lei Maria da Penha (art. 5º, *caput*).

Alcance da norma: a eficácia da lei em estudo tem alcance limitado a três situações (art. 5º, incs. I, II e III):

→ Âmbito doméstico: coabitação, hospitalar ou empregatício, etc.

Ex.: a patroa que bate na empregada doméstica a qual dorme, uma ou duas vezes por semana, na residência da empregadora (sem vínculo familiar e esporadicamente agregada)[12]; ou, uma colega agride a outra, em uma república de estudantes (coabitação).

→ Âmbito familiar: parentesco consanguíneo ou por afinidade.

Ex.: numa perspectiva de gênero e em condições de hipossuficiência ou inferioridade física e econômica, a irmã mais velha (22 anos) agride violentamente a caçula (17 anos) durante as férias à beira-mar (irmã que bate na irmã); ou, na mesma motivação, a mãe que bate na filha e vice-versa.

---

37 A transgenitalização (cirurgia de mudança de sexo) é regulada pela Resolução nº 1.955/2010 do Conselho Federal de Medicina — a primeira norma que regulamentou tal procedimento foi a Resolução CFM nº 1.482/1997.
38 **STJ, HC 212.767/DF,** Rel. Min. Vasco Della Giustina (Desembargador convidado do TJRS), julgado em 13/09/2011, 6ª Turma, DJe 09/11/2011. Precedente do STJ: CC 88.027/MG.
39 **Hermafrodita**: adj. (hist. nat.): diz-se dos indivíduos ou seres que têm reunidos em si os dois sexos. Subst. m. e f.: pessoa que possui os órgãos peculiares aos dois sexos. (Fonte: Dicionário Aulete – http://www.aulete.com.br/hermafrodita)
40 **TJSC, Conflito de Jurisdição nº 2009.006461-6,** da Capital, Rel. Des. Roberto Lucas Pacheco, julgado em 23/06/2009, 3ª Câmara Criminal, DJe 14/08/2009.
41 **STF, RE 670.422/RS,** Rel. Min. Dias Toffoli, julgado em 15/08/2018, Tribunal Pleno, DJe 20/08/2019.
42 **STJ, Jurisprudência em Teses nº 41.** Precedentes: HC 277.561/AL; HC 250.435/RJ; HC 181.246/RS; HC 175.816/RS; CC 88.027/MG; RHC 46.278/AL (Vide Inf. 551).

LEI Nº 11.340/2006 - LEI MARIA DA PENHA

→ Relação íntima de afeto: casamento, noivado, namoro ou ex-namoro/noivado, separados, divorciados, etc.

Ex.: uma ex-namorada agride a ex-parceira, que nunca moraram juntas (relação homoafetiva independente de coabitação).

União homoafetiva e desnecessidade de coabitação: haverá aplicação da lei em apreço mesmo que em uma relação homossexual (art. 5º, par. único) e sem coabitação (art. 5º, III).

Nesse sentido é a jurisprudência do STJ:

> **Súmula nº 600, STJ:** Para a configuração da violência doméstica e familiar prevista no artigo 5º da Lei nº 11.340/2006 (Lei Maria da Penha) não se exige a coabitação entre autor e vítima.
>
> **STJ:** A violência doméstica abrange qualquer relação íntima de afeto, dispensada a coabitação.[43]
>
> **STJ:** A Lei Maria da Penha atribuiu às uniões homoafetivas o caráter de entidade familiar, ao prever, no seu artigo 5º, parágrafo único, que as relações pessoais mencionadas naquele dispositivo independem de orientação sexual.[44]

Rescindência de contrato de trabalho: o contrato de trabalho poderá ser rescindido, por culpa do empregador, se ele praticar qualquer forma de violência doméstica e familiar contra a mulher prevista na Lei Maria da Penha (Lei Complementar nº 150, de 1º/6/2015).[45]

Necessidade de demonstração de vulnerabilidade: a doutrina tende a entender que há necessidade de demonstração de vulnerabilidade da vítima quando o sujeito ativo for mulher.

> **STJ:** Para a aplicação da Lei nº 11.340/2006, há necessidade de demonstração da situação de vulnerabilidade ou hipossuficiência da mulher, numa perspectiva de gênero.[46]

Desnecessidade de demonstração de vulnerabilidade: Todavia, tem-se presumida a condição de vulnerável quando o sujeito ativo for homem.

> **STJ:** A vulnerabilidade, hipossuficiência ou fragilidade da mulher têm-se como presumidas nas circunstâncias descritas na Lei nº 11.340/2006.[47]

Formas de violência doméstica e familiar contra a mulher

> **Art. 7º.** São formas de violência doméstica e familiar contra a mulher, entre outras:
>
> **I.** a violência física, entendida como qualquer conduta que ofenda sua integridade ou saúde corporal;
>
> **II.** a violência psicológica, entendida como qualquer conduta que lhe cause dano emocional e diminuição da autoestima ou que lhe prejudique e perturbe o pleno desenvolvimento ou que vise degradar ou controlar suas ações, comportamentos, crenças e decisões, mediante ameaça, constrangimento, humilhação, manipulação, isolamento, vigilância constante, perseguição contumaz, insulto, chantagem, violação de sua intimidade, ridicularização, exploração e limitação do direito de ir e vir ou qualquer outro meio que lhe cause prejuízo à saúde psicológica e à autodeterminação; (Redação dada pela Lei nº 13.772, de 19/12/2018)
>
> **III.** a violência sexual, entendida como qualquer conduta que a constranja a presenciar, a manter ou a participar de relação sexual não desejada, mediante intimidação, ameaça, coação ou uso da força; que a induza a comercializar ou a utilizar, de qualquer modo, a sua sexualidade, que a impeça de usar qualquer método contraceptivo ou que a force ao matrimônio, à gravidez, ao aborto ou à prostituição, mediante coação, chantagem, suborno ou manipulação; ou que limite ou anule o exercício de seus direitos sexuais e reprodutivos;
>
> **IV.** a violência patrimonial, entendida como qualquer conduta que configure retenção, subtração, destruição parcial ou total de seus objetos, instrumentos de trabalho, documentos pessoais, bens, valores e direitos ou recursos econômicos, incluindo os destinados a satisfazer suas necessidades;
>
> **V.** a violência moral, entendida como qualquer conduta que configure calúnia, difamação ou injúria.

Violência geral: diante deste artigo, é possível perceber que os meios de violência doméstica e familiar contra a mulher são amplos, por isso a doutrina a nomeou de **violência geral:** física, psicológica, sexual, patrimonial e moral (art. 7º, incs. I a V).

Além disso, com relevância, não é qualquer ação ou omissão capaz de infligir sofrimento na mulher que se aplicará a Lei Maria da Penha, mas somente aquelas condutas que sejam algum tipo de ilícito civil ou penal (crime ou contravenção).

Ex.: Imagine que Tício, namorado de Mévia, decida terminar o relacionamento com ela, a qual fica desconsolada e chora compulsivamente por mais de 30 dias sem parar, sem se alimentar direito, nem saindo de seu quarto, sofrendo de uma forma descomunal. **Nessa situação hipotética, a Lei Maria da Penha será não será aplicada.**

> A aplicação da Lei Maria da Penha está condicionada à coexistência de **três requisitos**: sujeito passivo (art. 4º), âmbito (art. 5º) e violência geral (art. 7º).

Requisitos para aplicar a lei maria da penha

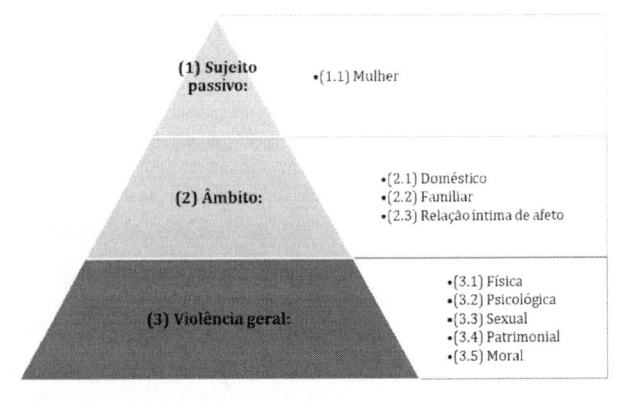

- **(1) Sujeito passivo:**
  - (1.1) Mulher
- **(2) Âmbito:**
  - (2.1) Doméstico
  - (2.2) Familiar
  - (2.3) Relação íntima de afeto
- **(3) Violência geral:**
  - (3.1) Física
  - (3.2) Psicológica
  - (3.3) Sexual
  - (3.4) Patrimonial
  - (3.5) Moral

---

43 **STJ, Jurisprudência em Teses nº 41.** *Precedentes*: HC 280.082/RS; REsp 1.416.580/RJ; HC 181.246/RS; RHC 27.317/RJ; CC 91.979/MG; HC 179.130/SP; CC 107.238/MG; CC 105.201/MG (Vide Inf. 551).

44 **STJ, Jurisprudência em Teses nº 41.** *Precedentes*: REsp 1.183.378/RS; REsp 827.962/RS; REsp 1.026.981/RJ; REsp 1.236.524/SP.

45 **Art. 27, Parágrafo único, Lei Complementar nº 150/2015:** "O contrato de trabalho poderá ser rescindido por culpa do empregador quando: [...] VII – o empregador praticar qualquer das formas de violência doméstica ou familiar contra mulheres de que trata o art. 5º da Lei nº 11.340, de 7 de agosto de 2006.".

46 **STJ, Jurisprudência em Teses nº 41.** *Precedentes*: AgRg no REsp 1.430.724/RJ; HC 181.246/RS; HC 175.816/RS; HC 176.196/RS; CC 96.533/MG (Vide Inf. 524).

47 **STJ, Jurisprudência em Teses nº 41.** *Precedentes*: RHC 55.030/RJ; HC 280.082/RS; REsp 1.416.580/RJ (Vide Inf. 539).

20.2 Da Assistência à Mulher em Situação de Violência Doméstica e Familiar

Das medidas integradas de prevenção

Art. 8º. A política pública que visa coibir a violência doméstica e familiar contra a mulher far-se-á por meio de um conjunto articulado de ações da União, dos Estados, do Distrito Federal e dos Municípios e de ações não-governamentais, tendo por diretrizes:

I. a integração operacional do Poder Judiciário, do Ministério Público e da Defensoria Pública com as áreas de segurança pública, assistência social, saúde, educação, trabalho e habitação;

II. a promoção de estudos e pesquisas, estatísticas e outras informações relevantes, com a perspectiva de gênero e de raça ou etnia, concernentes às causas, às consequências e à frequência da violência doméstica e familiar contra a mulher, para a sistematização de dados, a serem unificados nacionalmente, e a avaliação periódica dos resultados das medidas adotadas;

III. o respeito, nos meios de comunicação social, dos valores éticos e sociais da pessoa e da família, de forma a coibir os papéis estereotipados que legitimem ou exacerbem a violência doméstica e familiar, de acordo com o estabelecido no inciso III do art. 1º, no inciso IV do art. 3º e no inciso IV do art. 221 da Constituição Federal;

IV. a implementação de atendimento policial especializado para as mulheres, em particular nas Delegacias de Atendimento à Mulher;

V. a promoção e a realização de campanhas educativas de prevenção da violência doméstica e familiar contra a mulher, voltadas ao público escolar e à sociedade em geral, e a difusão desta Lei e dos instrumentos de proteção aos direitos humanos das mulheres;

VI. a celebração de convênios, protocolos, ajustes, termos ou outros instrumentos de promoção de parceria entre órgãos governamentais ou entre estes e entidades não-governamentais, tendo por objetivo a implementação de programas de erradicação da violência doméstica e familiar contra a mulher;

VII. a capacitação permanente das Polícias Civil e Militar, da Guarda Municipal, do Corpo de Bombeiros e dos profissionais pertencentes aos órgãos e às áreas enunciados no inciso I quanto às questões de gênero e de raça ou etnia;

VIII. a promoção de programas educacionais que disseminem valores éticos de irrestrito respeito à dignidade da pessoa humana com a perspectiva de gênero e de raça ou etnia;

IX. o destaque, nos currículos escolares de todos os níveis de ensino, para os conteúdos relativos aos direitos humanos, à equidade de gênero e de raça ou etnia e ao problema da violência doméstica e familiar contra a mulher.

Da assistência à mulher em situação de violência doméstica e familiar

Art. 9º. A assistência à mulher em situação de violência doméstica e familiar será prestada de forma articulada e conforme os princípios e as diretrizes previstos na Lei Orgânica da Assistência Social, no Sistema Único de Saúde, no Sistema Único de Segurança Pública, entre outras normas e políticas públicas de proteção, e emergencialmente quando for o caso.

§1º. O juiz determinará, por prazo certo, a inclusão da mulher em situação de violência doméstica e familiar no cadastro de programas assistenciais do governo federal, estadual e municipal.

§2º. O juiz assegurará à mulher em situação de violência doméstica e familiar, para preservar sua integridade física e psicológica:

I. acesso prioritário à remoção quando servidora pública, integrante da administração direta ou indireta;

II. manutenção do vínculo trabalhista, quando necessário o afastamento do local de trabalho, por até seis meses.

III. encaminhamento à assistência judiciária, quando for o caso, inclusive para eventual ajuizamento da ação de separação judicial, de divórcio, de anulação de casamento ou de dissolução de união estável perante o juízo competente. (Incluído pela Lei nº 13.894, de 29/10/2019)

§3º. A assistência à mulher em situação de violência doméstica e familiar compreenderá o acesso aos benefícios decorrentes do desenvolvimento científico e tecnológico, incluindo os serviços de contracepção de emergência, a profilaxia das Doenças Sexualmente Transmissíveis (DST) e da Síndrome da Imunodeficiência Adquirida (AIDS) e outros procedimentos médicos necessários e cabíveis nos casos de violência sexual.

§4º. Aquele que, por ação ou omissão, causar lesão, violência física, sexual ou psicológica e dano moral ou patrimonial a mulher fica obrigado a ressarcir todos os danos causados, inclusive ressarcir ao Sistema Único de Saúde (SUS), de acordo com a tabela SUS, os custos relativos aos serviços de saúde prestados para o total tratamento das vítimas em situação de violência doméstica e familiar, recolhidos os recursos assim arrecadados ao Fundo de Saúde do ente federado responsável pelas unidades de saúde que prestarem os serviços. (Incluído pela Lei nº 13.871, de 17/9/2019, publicada no DOU de 18/9/2019, em vigor 45 dias após a publicação)

§5º. Os dispositivos de segurança destinados ao uso em caso de perigo iminente e disponibilizados para o monitoramento das vítimas de violência doméstica ou familiar amparadas por medidas protetivas terão seus custos ressarcidos pelo agressor. (Incluído pela Lei nº 13.871, de 17/9/2019, publicada no DOU de 18/9/2019, em vigor 45 dias após a publicação)

§6º. O ressarcimento de que tratam os §§ 4º e 5º deste artigo não poderá importar ônus de qualquer natureza ao patrimônio da mulher e dos seus dependentes, nem configurar atenuante ou ensejar possibilidade de substituição da pena aplicada. (Incluído pela Lei nº 13.871, de 17/9/2019, publicada no DOU de 18/9/2019, em vigor 45 dias após a publicação)

§7º. A mulher em situação de violência doméstica e familiar tem prioridade para matricular seus dependentes em instituição de educação básica mais próxima de seu domicílio, ou transferi-los para essa instituição, mediante a apresentação dos documentos comprobatórios do registro da ocorrência policial ou do processo de violência doméstica e familiar em curso. (Incluído pela Lei nº 13.882, de 8/10/2019)

§8º. Serão sigilosos os dados da ofendida e de seus dependentes matriculados ou transferidos conforme o disposto no §7º deste artigo, e o acesso às informações será reservado ao juiz, ao Ministério Público e aos órgãos competentes do poder público. (Incluído pela Lei nº 13.882, de 8/10/2019)

Prioridade de remoção de servidora pública: nos casos de violência doméstica e familiar contra a mulher que seja servidora pública da Administração Direta ou Indireta, o juiz deverá garantir prioridade na remoção desta para outro órgão a fim de garantir a integridade física e psicológica da vítima (art. 9º, §2º, I).

Manutenção de vínculo trabalhista até 6 meses: quando houver necessidade de afastamento da vítima, o juiz garantirá a manutenção do vínculo trabalhista por até 6 (seis) meses objetivando a incolumidade dela (art. 9º, §2º, II).

Ressarcimento ao Sistema Único de Saúde (SUS): a Lei nº 13.871/2019, que incluiu os §§ 4º, 5º e 6º, dispõe sobre a responsabilidade do agressor pelo ressarcimento dos custos relacionados aos serviços de saúde prestados pelo Sistema Único de Saúde (SUS) às vítimas de violência doméstica e familiar e aos dispositivos de segurança por elas utilizados. Todavia, tais parágrafos só terão vigência a partir de 2/11/2019 (45 dias após sua publicação no DOU).

Matrícula de dependentes na rede de educação básica: a Lei nº 13.882/2019, que incluiu os §§ 7º e 8º, dispõe sobre a *garantia de matrícula dos dependentes da mulher vítima de violência doméstica e familiar em instituição de educação básica mais próxima de seu domicílio*. Tais parágrafos possuem eficácia imediata, uma vez que a lei previu a sua vigência a partir do dia de sua publicação (publicado no DOU em 9/10/2019).

Do atendimento pela autoridade policial

Art. 10. *Na hipótese da iminência ou da prática de violência doméstica e familiar contra a mulher, à autoridade policial que tomar conhecimento da ocorrência adotará, de imediato, as providências legais cabíveis.*

Parágrafo único. *Aplica-se o disposto no 'caput' deste artigo ao descumprimento de medida protetiva de urgência deferida.*

Prioridade de atendimento policial: o art. 10 determina a atuação imediata pela autoridade policial que tomar conhecimento da iminência ou da prática de violência doméstica e familiar contra a mulher.

Art. 10-A. *É direito da mulher em situação de violência doméstica e familiar o atendimento policial e pericial especializado, ininterrupto e prestado por servidores — preferencialmente do sexo feminino — previamente capacitados. (Artigo acrescido pela Lei nº 13.505, de 8/11/2017)*

§1º. *A inquirição de mulher em situação de violência doméstica e familiar ou de testemunha de violência doméstica, quando se tratar de crime contra a mulher, obedecerá às seguintes diretrizes:*

I. salvaguarda da integridade física, psíquica e emocional da depoente, considerada a sua condição peculiar de pessoa em situação de violência doméstica e familiar;

II. garantia de que, em nenhuma hipótese, a mulher em situação de violência doméstica e familiar, familiares e testemunhas terão contato direto com investigados ou suspeitos e pessoas a eles relacionadas;

III. não revitimização da depoente, evitando sucessivas inquirições sobre o mesmo fato nos âmbitos criminal, cível e administrativo, bem como questionamentos sobre a vida privada.

§2º. *Na inquirição de mulher em situação de violência doméstica e familiar ou de testemunha de delitos de que trata esta Lei, adotar-se-á, preferencialmente, o seguinte procedimento:*

I. a inquirição será feita em recinto especialmente projetado para esse fim, o qual conterá os equipamentos próprios e adequados à idade da mulher em situação de violência doméstica e familiar ou testemunha e ao tipo e à gravidade da violência sofrida;

II. quando for o caso, a inquirição será intermediada por profissional especializado em violência doméstica e familiar designado pela autoridade judiciária ou policial;

III. o depoimento será registrado em meio eletrônico ou magnético, devendo a degravação e a mídia integrar o inquérito.

Atendimento policial e pericial especializado: a Lei nº 13.505, de 8/11/2017, que incluiu os arts. 10-A, 12-A e 12-B, dispõe sobre *o direito da mulher em situação de violência doméstica e familiar de ter atendimento policial e pericial especializado, ininterrupto*

*e prestado por servidores — **preferencialmente do sexo feminino** — previamente capacitados.*

Veja que o dispositivo não determina o atendimento obrigatório por servidores do sexo feminino, mas sim preferencialmente, isto é, na ausência delas, poderá o atendimento ser feito por agente policial masculino.

Diretrizes obrigatórias da inquirição (§1º):	Procedimento preferencial da inquirição (§2º):
I. Salvaguarda da integridade da depoente;	I. Recinto especial;
II. Ausência de contato direto com investigados, suspeitos ou pessoas relacionadas;	II. Intermediação por profissional especializado;
III. Não revitimização da depoente.	III. Registro em meio eletrônico ou magnético.

Art. 11. *No atendimento à mulher em situação de violência doméstica e familiar, a autoridade policial deverá, entre outras providências:*

I. garantir proteção policial, quando necessário, comunicando de imediato ao Ministério Público e ao Poder Judiciário;

II. encaminhar a ofendida ao hospital ou posto de saúde e ao Instituto Médico Legal;

III. fornecer transporte para a ofendida e seus dependentes para abrigo ou local seguro, quando houver risco de vida;

IV. se necessário, acompanhar a ofendida para assegurar a retirada de seus pertences do local da ocorrência ou do domicílio familiar;

V. informar à ofendida os direitos a ela conferidos nesta Lei e os serviços disponíveis, inclusive os de assistência judiciária para o eventual ajuizamento perante o juízo competente da ação de separação judicial, de divórcio, de anulação de casamento ou de dissolução de união estável. (Redação dada pela Lei nº 13.894, de 29/10/2019)

Providências durante o atendimento policial à mulher: o art. 11 lista certas providências que devem ser executadas pela autoridade policial que estiver atendendo a mulher em situação de violência doméstica e familiar, as quais não estão listadas em um rol taxativo, mas sim um rol exemplificativo, por força do termo: "[...] entre outras providências: [...]".

Providências durante o atendimento policial à mulher (art. 11):	
Garantir:	Proteção policial (quando necessário).
Encaminhar:	A ofendida ao hospital ou posto de saúde e ao I.M.L.
Fornecer:	Transporte para abrigo ou local seguro (quando houver risco de vida).
Acompanhar:	Para assegurar a retirada de seus pertences (se necessário).
Informar:	Os direitos e os serviços disponíveis.

Art. 12. *Em todos os casos de violência doméstica e familiar contra a mulher, feito o registro da ocorrência, deverá a autoridade policial adotar, de imediato, os seguintes procedimentos, sem prejuízo daqueles previstos no Código de Processo Penal:*

I. ouvir a ofendida, lavrar o boletim de ocorrência e tomar a representação a termo, se apresentada;

II. colher todas as provas que servirem para o esclarecimento do fato e de suas circunstâncias;

III. *remeter, no prazo de 48 (quarenta e oito) horas, expediente apartado ao juiz com o pedido da ofendida, para a concessão de medidas protetivas de urgência;*

IV. *determinar que se proceda ao exame de corpo de delito da ofendida e requisitar outros exames periciais necessários;*

V. *ouvir o agressor e as testemunhas;*

VI. *ordenar a identificação do agressor e fazer juntar aos autos sua folha de antecedentes criminais, indicando a existência de mandado de prisão ou registro de outras ocorrências policiais contra ele;*

VI-A. verificar se o agressor possui registro de porte ou posse de arma de fogo e, na hipótese de existência, juntar aos autos essa informação, bem como notificar a ocorrência à instituição responsável pela concessão do registro ou da emissão do porte, nos termos da Lei nº 10.826, de 22 de dezembro de 2003 (Estatuto do Desarmamento); (Incluído pela Lei nº 13.880, de 8/10/2019)

VII. remeter, no prazo legal, os autos do inquérito policial ao juiz e ao Ministério Público.

§1º. *O pedido da ofendida será tomado a termo pela autoridade policial e deverá conter:*

I. *qualificação da ofendida e do agressor;*

II. *nome e idade dos dependentes;*

III. *descrição sucinta do fato e das medidas protetivas solicitadas pela ofendida;*

IV. *informação sobre a condição de a ofendida ser pessoa com deficiência e se da violência sofrida resultou deficiência ou agravamento de deficiência preexistente. (Incluído pela Lei nº 13.836, de 4/6/2019)*

§2º. *A autoridade policial deverá anexar ao documento referido no §1º o boletim de ocorrência e cópia de todos os documentos disponíveis em posse da ofendida.*

§3º. *Serão admitidos como meios de prova os laudos ou prontuários médicos fornecidos por hospitais e postos de saúde.*

Procedimentos após o registro de ocorrência (art. 12):	
Ouvir, lavrar e tomar:	Ouvir a ofendida, lavrar o boletim de ocorrência e tomar a representação a termo, se apresentada;
Colher:	Todas as provas que servirem para o esclarecimento do fato e de suas circunstâncias;
Remeter:	No prazo de 48 (quarenta e oito) horas, expediente apartado ao juiz com o pedido da ofendida, para a concessão de medidas protetivas de urgência;
Determinar:	Que se proceda ao exame de corpo de delito da ofendida e requisitar outros exames periciais necessários;
Ouvir:	O agressor e as testemunhas;
Ordenar:	A identificação do agressor e fazer juntar aos autos sua folha de antecedentes criminais, indicando a existência de mandado de prisão ou registro de outras ocorrências policiais contra ele;
Verificar:	Se o agressor possui registro de porte ou posse de arma de fogo e, na hipótese de existência, juntar aos autos essa informação, bem como notificar a ocorrência à instituição responsável pela concessão do registro ou da emissão do porte, nos termos da Lei nº 10.826/03 (Estatuto do Desarmamento);
Remeter:	No prazo legal, os autos do inquérito policial ao juiz e ao Ministério Público.

Art. 12-A. *Os Estados e o Distrito Federal, na formulação de suas políticas e planos de atendimento à mulher em situação de violência doméstica e familiar, darão prioridade, no âmbito da Polícia Civil, à criação de Delegacias Especializadas de Atendimento à Mulher (DEAMS), de Núcleos Investigativos de Feminicídio e de equipes especializadas para o atendimento e a investigação das violências graves contra a mulher. (Artigo acrescido pela Lei nº 13.505, de 8/11/2017)*

Art. 12-B. *(VETADO na Lei nº 13.505, de 8/11/2017)*

§1º. *(VETADO na Lei nº 13.505, de 8/11/2017)*

§2º *(VETADO na Lei nº 13.505, de 8/11/2017)*

§3º. *A autoridade policial poderá requisitar os serviços públicos necessários à defesa da mulher em situação de violência doméstica e familiar e de seus dependentes. (Incluído pela Lei nº 13.505, de 8/11/2017)*

Art. 12-C. *Verificada a existência de risco atual ou iminente à vida ou à integridade física da mulher em situação de violência doméstica e familiar, ou de seus dependentes, o agressor será imediatamente afastado do lar, domicílio ou local de convivência com a ofendida: (Artigo acrescido pela Lei nº 13.827, de 13/5/2019)*

I. *pela autoridade judicial;*

II. *pelo delegado de polícia, quando o Município não for sede de comarca; ou*

III. *pelo policial, quando o Município não for sede de comarca e não houver delegado disponível no momento da denúncia.*

§1º. *Nas hipóteses dos incisos II e III do 'caput' deste artigo, o juiz será comunicado no prazo máximo de 24 (vinte e quatro) horas e decidirá, em igual prazo, sobre a manutenção ou a revogação da medida aplicada, devendo dar ciência ao Ministério Público concomitantemente.*

§2º. *Nos casos de risco à integridade física da ofendida ou à efetividade da medida protetiva de urgência, não será concedida liberdade provisória ao preso.*

20.3 Aspectos Processuais Relevantes

Competência mista e legislações aplicáveis

Art. 13. *Ao processo, ao julgamento e à execução das causas cíveis e criminais decorrentes da prática de violência doméstica e familiar contra a mulher aplicar-se-ão as normas dos Códigos de Processo Penal e Processo Civil e da legislação específica relativa à criança, ao adolescente e ao idoso que não conflitarem com o estabelecido nesta Lei.*

Aplicação subsidiária: por ser uma lei específica, a Lei Maria da Penha prevalece sobre a genérica naquilo que houver contradição, todavia, ainda se aplicará a lei geral quando aquela não versar sobre o assunto, por exemplo, os Códigos Processuais Penal e Civil (CPP e CPC), o Estatuto da Criança e do Adolescente (ECA), bem como o Estatuto do Idoso, entre outros.

Juizados de violência doméstica e familiar contra a mulher

Art. 14. *Os Juizados de Violência Doméstica e Familiar contra a Mulher, órgãos da Justiça Ordinária com* ***competência cível e criminal****, poderão ser criados pela União, no Distrito Federal e nos Territórios, e pelos Estados, para o processo, o julgamento e a execução das causas decorrentes da prática de violência doméstica e familiar contra a mulher.*

Parágrafo único. *Os atos processuais poderão realizar-se em horário noturno, conforme dispuserem as normas de organização judiciária.*

LEI Nº 11.340/2006 - LEI MARIA DA PENHA

Competência cumulativa: os juizados de violência doméstica e familiar contra a mulher possuem a cumulação de competência civil e criminal, bem como de outras causas decorrentes (art. 14, *caput*).

> **STJ:** *Os Juizados de Violência Doméstica e Familiar contra a Mulher* **têm competência cumulativa para o julgamento e a execução das causas decorrentes** *da prática de violência doméstica e familiar contra a mulher, nos termos do art. 14, da Lei nº 11.340/2006.*[48] (grifo nosso)

Horário noturno: os atos processuais relativos à Lei Maria da Penha poderão se realizar em horário noturno (art. 14, par. único).

Opção da ofendida nos processos cíveis

Art. 15. *É competente, por opção da ofendida, para os processos cíveis regidos por esta Lei, o Juizado:*
  I. do seu domicílio ou de sua residência;
  II. do lugar do fato em que se baseou a demanda;
  III. do domicílio do agressor.

Audiência de retratação

Art. 16. *Nas* ***ações penais públicas condicionadas à representação*** *da ofendida de que trata esta Lei, só será admitida a renúncia à representação perante o juiz, em audiência especialmente designada com tal finalidade,* ***antes do recebimento da denúncia*** *e ouvido o Ministério Público.*

Retratação da representação: nos casos de violência doméstica e familiar contra a mulher, somente será possível a retratação da representação (nos crimes de ação penal pública condicionada) antes do recebimento da denúncia.

> O art. 16 da Lei Maria da Penha apresenta situação dilatada à regra geral descrita no CPP referente à retratação da representação (art. 25, CPP). Portanto, cuidado com esses temas em sua prova.

> **STJ:** *A audiência de retratação prevista no art. 16 da Lei nº 11.340/06 apenas será designada no caso de* **manifestação expressa ou tácita da vítima** *e desde que ocorrida* **antes do recebimento da denúncia.**[49] *(grifo nosso)*

Retratação da representação:	
Lei Maria da Penha:	Até o **recebimento** da denúncia (por exemplo: a denúncia está em mãos do juiz, mas ainda não se iniciou o processo).
CPP:	Até o **oferecimento** da denúncia (por exemplo: a denúncia ainda não foi encaminhada para o juiz, mas ainda está em mãos do Ministério Público).

Sanções vedadas

Art. 17. *É vedada a aplicação, nos casos de violência doméstica e familiar contra a mulher, de penas de cesta básica ou outras de prestação pecuniária, bem como a substituição de pena que implique o pagamento isolado de multa.*

Aplicação de pena de cesta básica ou de prestação pecuniária: a fim de desencorajar o agressor, o legislador *proibiu* (vedou) a aplicação de penas de *cesta básica ou de prestação pecuniária* (pagamento em dinheiro à vítima), bem como a substituição de pena pelo *pagamento isolado de multa*.

Substituição de pena privativa de liberdade por restritiva de direitos: o STJ determinou a *impossibilidade* de substituição de *pena privativa de liberdade por restritiva de direitos*, nos casos de violência doméstica e familiar contra a mulher (Súm. 588, STJ).

> **Súmula nº 588, STJ:** *A prática de crime ou contravenção penal contra a mulher com violência ou grave ameaça no ambiente doméstico impossibilita a substituição da pena privativa de liberdade por restritiva de direitos.*

Princípio da insignificância e bagatela imprópria

Não se admite o **princípio da insignificância** (bagatela própria) para a violência doméstica e familiar contra a mulher (Súm. 589, STJ).

> **Súmula nº 589, STJ:** *É inaplicável o princípio da insignificância nos crimes ou contravenções penais praticados contra a mulher no âmbito das relações domésticas.*

Nem mesmo a aplicação da **bagatela imprópria**:

> **STJ:** *Não é possível* a aplicação dos **princípios da insignificância e da bagatela imprópria** *nos delitos praticados com violência ou grave ameaça no âmbito das relações domésticas e familiares*[50] *(grifo nosso)*

Vedação da lei nº 9.099/95

Art. 41. *Aos crimes praticados com violência doméstica e familiar contra a mulher, independentemente da pena prevista, não se aplica a Lei nº 9.099, de 26 de setembro de 1995.*

Não se aplica a **Lei nº 9.099/95** (JECrim) à violência doméstica e familiar contra a mulher, em todos os sentidos: *sursis* processual (suspensão condicional do processo), transação penal, reparação dos danos, entre outros dispositivos.

> **Súmula nº 536, STJ:** *A suspensão condicional do processo e a transação penal não se aplicam na hipótese de delitos sujeitos ao rito da Lei Maria da Penha.*

lesão corporal leve e culposa

> Na violência doméstica e familiar contra a mulher que gere lesão corporal leve ou culposa, a **ação penal é pública incondicionada**.

> **Súmula nº 542, STJ:** *A ação penal relativa ao crime de lesão corporal resultante de violência doméstica contra a mulher é pública incondicionada.*

Os demais crimes de ação penal pública condicionada à representação **continuarão** com a mesma regra do Código Penal ou outras Leis Penais Especiais, o que não se aplica à Lei Maria da Penha é a Lei nº 9.099/95 (JECrim)[51].

---

48 STJ, Jurisprudência em Teses nº 41. Precedentes: REsp 1.475.006/MT (Vide Inf. 550).
49 **STJ, Jurisprudência em Teses nº 41.** Precedentes: RHC 41.545/PB; HC 184.923/DF; AgRg no AREsp 40.934/DF; HC 167.898/MG; AgRg no Ag 1.380.117/SE; RHC 27.317/RJ; REsp 1.533.691/MG; AREsp 518.363/DF.
50 STJ, Jurisprudência em Teses nº 41. Precedentes: REsp 1.537.749/DF; AgRg no REsp 1.464.335/MS; AgRg no AREsp 19.042/DF; REsp 1.538.562/SP; AREsp 652.428/DF; HC 317.781/MS.
51 **Art. 88, Lei nº 9.099/95:** *"Além das hipóteses do Código Penal e da legislação especial, dependerá de representação a ação penal relativa aos crimes de lesões corporais leves e lesões culposas.".* **(DISPOSITIVO NÃO APLICÁVEL À VIOLÊNCIA DOMÉSTICA E FAMILIAR CONTRA A MULHER)**

Por exemplo: o **crime de ameaça** contra a mulher em situação de violência doméstica e familiar, continua a ser de **ação penal pública condicionada** à representação da vítima, conforme dispõe o art. 147, parágrafo único, do Código Penal.

> **STJ:** *O crime de lesão corporal, ainda que leve ou culposo, praticado contra a mulher no âmbito das relações domésticas e familiares, deve ser processado mediante ação penal pública incondicionada.*[52]

20.4 Medidas Protetivas de Urgência

Disposições gerais

Art. 18. *Recebido o expediente com o pedido da ofendida, caberá ao juiz, no prazo de 48 (quarenta e oito) horas:*

I. conhecer do expediente e do pedido e decidir sobre as medidas protetivas de urgência;

II. determinar o encaminhamento da ofendida ao órgão de assistência judiciária, quando for o caso, inclusive para o ajuizamento da ação de separação judicial, de divórcio, de anulação de casamento ou de dissolução de união estável perante o juízo competente; (Redação dada pela Lei nº 13.894, de 29/10/2019)

III. comunicar ao Ministério Público para que adote as providências cabíveis;

IV. determinar a apreensão imediata de arma de fogo sob a posse do agressor. (Incluído pela Lei nº 13.880, de 8/10/2019)

Atendimento policial e pericial especializado: a Lei nº 13.505, de 8/11/2017, que incluiu os arts. 10-A, 12-A e 12-B, dispõe sobre *o direito da mulher em situação de violência doméstica e familiar de ter atendimento policial e pericial especializado, ininterrupto e prestado por servidores* — **preferencialmente do sexo feminino** — *previamente capacitados.*

Art. 19. *As medidas protetivas de urgência poderão ser concedidas pelo juiz, a requerimento do Ministério Público ou a pedido da ofendida.*

§1º. As medidas protetivas de urgência poderão ser concedidas de imediato, independentemente de audiência das partes e de manifestação do Ministério Público, devendo este ser prontamente comunicado.

§2º. As medidas protetivas de urgência serão aplicadas isolada ou cumulativamente, e poderão ser substituídas a qualquer tempo por outras de maior eficácia, sempre que os direitos reconhecidos nesta Lei forem ameaçados ou violados.

§3º. Poderá o juiz, a requerimento do Ministério Público ou a pedido da ofendida, conceder novas medidas protetivas de urgência ou rever aquelas já concedidas, se entender necessário à proteção da ofendida, de seus familiares e de seu patrimônio, ouvido o Ministério Público.

Ministério Público ou ofendida: as medidas protetivas de urgências necessitam de autorização judicial e poderão ser concedidas por: [1] *requerimento do Ministério Público ou* [2] *pedido da ofendida*. Sendo assim, não cabe à autoridade policial solicitar medida protetiva de urgência, conforme a ausência legal no art. 19.

Art. 20. *Em qualquer fase do inquérito policial ou da instrução criminal, caberá a prisão preventiva do agressor, decretada pelo juiz, de ofício, a requerimento do Ministério Público ou mediante representação da autoridade policial.*

Parágrafo único. O juiz poderá revogar a prisão preventiva se, no curso do processo, verificar a falta de motivo para que subsista, bem como de novo decretá-la, se sobrevierem razões que a justifiquem.

Ministério Público ou autoridade policial: a prisão preventiva do agressor necessita de autorização judicial e poderá ser concedida: [1] *requerimento do Ministério Público ou* [2] *representação da autoridade policial* — no inquérito policial ou na instrução criminal (durante o processo penal poderá o juiz decretá-la de ofício).

Art. 21. *A ofendida deverá ser notificada dos atos processuais relativos ao agressor, especialmente dos pertinentes ao ingresso e à saída da prisão, sem prejuízo da intimação do advogado constituído ou do defensor público.*

Parágrafo único. A ofendida não poderá entregar intimação ou notificação ao agressor.

Notificação dos atos processuais: a ofendida deve ser "notificada" (ou "cientificada") sobre todos os atos processuais que envolverem o agressor; vedando-se, entretanto, que ela entregue intimação ou notificação ao agressor.

Medidas protetivas de urgência que obrigam o agressor

Art. 22. *Constatada a prática de violência doméstica e familiar contra a mulher, nos termos desta Lei, o juiz poderá aplicar, de imediato, ao agressor, em conjunto ou separadamente, as seguintes medidas protetivas de urgência, entre outras:*

I. suspensão da posse ou restrição do porte de armas, com comunicação ao órgão competente, nos termos da Lei nº 10.826, de 22 de dezembro de 2003 (Estatuto do Desarmamento);

II. afastamento do lar, domicílio ou local de convivência com a ofendida;

III. proibição de determinadas condutas, entre as quais:

a) aproximação da ofendida, de seus familiares e das testemunhas, fixando o limite mínimo de distância entre estes e o agressor;

b) contato com a ofendida, seus familiares e testemunhas por qualquer meio de comunicação;

c) frequentação de determinados lugares a fim de preservar a integridade física e psicológica da ofendida;

IV. restrição ou suspensão de visitas aos dependentes menores, ouvida a equipe de atendimento multidisciplinar ou serviço similar;

V. prestação de alimentos provisionais ou provisórios.

§1º. As medidas referidas neste artigo não impedem a aplicação de outras previstas na legislação em vigor, sempre que a segurança da ofendida ou as circunstâncias o exigirem, devendo a providência ser comunicada ao Ministério Público.

§2º. Na hipótese de aplicação do inciso I, encontrando-se o agressor nas condições mencionadas no 'caput' e incisos do art. 6º da Lei nº 10.826, de 22 de dezembro de 2003 (Estatuto do Desarmamento), o juiz comunicará ao respectivo órgão, corporação ou instituição as medidas protetivas de urgência concedidas e determinará a restrição do porte de armas, ficando o superior imediato do agressor responsável pelo cumprimento da determinação judicial, sob pena de incorrer nos crimes de prevaricação ou de desobediência, conforme o caso.

§3º. Para garantir a efetividade das medidas protetivas de urgência, poderá o juiz requisitar, a qualquer momento, auxílio da força policial.

§4º. Aplica-se às hipóteses previstas neste artigo, no que couber, o disposto no 'caput' e nos §§ 5º e 6º do art. 461 da Lei nº 5.869, de 11 de janeiro de 1973 (Código de Processo Civil).

---

52 **STJ, Jurisprudência em Teses nº 41.** *Precedentes*: REsp 1.537.749/DF; AgRg no REsp 1.442.015/MG; RHC 42.228/SP; AgRg no REsp 1.358.215/MG; RHC 45.444/MG; AgRg no REsp 1.428.577/DF; AgRg no HC 213.597/MT; HC 184.923/DF; RHC 33.881/MG; HC 242.458/DF (Vide Inf. 509).

LEI Nº 11.340/2006 - LEI MARIA DA PENHA

Medidas isoladas ou cumulativamente: determina o *caput* do art. 22 que o juiz poderá, de imediato, aplicar as medidas protetivas de urgência isoladas ou cumulativamente, entre outras, ou seja, o rol é exemplificativo.

Comunicação ao Ministério Público (§1º): como o rol é exemplificativo, poderá o juiz competente aplicar outras medidas previstas na legislação em vigor, mas sempre notificando o Ministério Público.

Agentes de segurança pública (§2º): tratando-se de agentes de segurança previstos no rol do *caput* e incisos do art. 6º do Estatuto do Desarmamento, o juiz competente irá comunicar o órgão competente e o superior hierárquico ficará responsável pela restrição do porte do subordinado sob de pena de incorrer nos crimes de prevaricação ou desobediência, conforme o caso.

Auxílio da força policial (§3º): a fim de garantir a efetividade das medidas protetivas, o juiz poderá requisitar o auxílio da força policial.

Medidas protetivas de urgência que obrigam o agressor, entre outras (art. 22):	
Suspensão de posse/porte de armas:	Com comunicação ao órgão competente, nos termos da Lei nº 10.826, de 22 de dezembro de 2003 (Estatuto do Desarmamento);
Afastamento do lar:	Ou local de convivência com a ofendida;
Proibição de condutas:	a) aproximação da ofendida, de seus familiares e das testemunhas, fixando o limite mínimo de distância entre estes e o agressor; b) contato com a ofendida, seus familiares e testemunhas por qualquer meio de comunicação; c) frequentação de determinados lugares a fim de preservar a integridade física e psicológica da ofendida;
Restrição de visitas:	Aos dependentes menores, ouvida a equipe de atendimento multidisciplinar ou serviço similar;
Prestação de alimentos:	Provisionais ou provisórios.

Medidas protetivas de urgência à ofendida

Art. 23. Poderá o juiz, quando necessário, sem prejuízo de outras medidas:

I. encaminhar a ofendida e seus dependentes a programa oficial ou comunitário de proteção ou de atendimento;

II. determinar a recondução da ofendida e a de seus dependentes ao respectivo domicílio, após afastamento do agressor;

III. determinar o afastamento da ofendida do lar, sem prejuízo dos direitos relativos a bens, guarda dos filhos e alimentos;

IV. determinar a separação de corpos;

V. determinar a matrícula dos dependentes da ofendida em instituição de educação básica mais próxima do seu domicílio, ou a transferência deles para essa instituição, independentemente da existência de vaga. (Incluído pela Lei nº 13.882, de 8/10/2019)

Medidas protetivas de urgência à ofendida, entre outras (art. 23):	
Programa de proteção:	Encaminhamento da ofendida e de seus dependentes à programa oficial ou comunitário de proteção ou de atendimento;
Recondução ao domicílio:	Determinação de reconduzir a ofendida e seus dependentes ao respectivo domicílio, após afastamento do agressor;
Afastamento do lar:	Determinação de afastar a ofendida do lar, sem prejuízo dos direitos relativos a bens, guarda dos filhos e alimentos;
Separação matrimonial:	Determinação da separação de corpos;
Matrícula escolar:	Determinação de matrícula dos dependentes da ofendida em instituição de educação básica mais próxima do seu domicílio, ou a transferência deles para essa instituição, independentemente da existência de vaga.

Art. 24. Para a proteção patrimonial dos bens da sociedade conjugal ou daqueles de propriedade particular da mulher, o juiz poderá determinar, liminarmente, as seguintes medidas, entre outras:

I. restituição de bens indevidamente subtraídos pelo agressor à ofendida;

II. proibição temporária para a celebração de atos e contratos de compra, venda e locação de propriedade em comum, salvo expressa autorização judicial;

III. suspensão das procurações conferidas pela ofendida ao agressor;

IV. prestação de caução provisória, mediante depósito judicial, por perdas e danos materiais decorrentes da prática de violência doméstica e familiar contra a ofendida.

Parágrafo único. Deverá o juiz oficiar ao cartório competente para os fins previstos nos incisos II e III deste artigo.

Medidas protetivas do patrimônio da ofendida (art. 24):	
Restituição de bens:	indevidamente subtraídos pelo agressor à ofendida;
Proibição temporária:	para a celebração de atos e contratos de compra, venda e locação de propriedade em comum, salvo expressa autorização judicial;
Suspensão de procurações:	conferidas pela ofendida ao agressor;
Prestação de caução provisória:	mediante depósito judicial, por perdas e danos materiais decorrentes da prática de violência doméstica e familiar contra a ofendida.

Do crime de descumprimento de medidas protetivas de urgência

Descumprimento de medidas protetivas de urgência

Art. 24-A. Descumprir decisão judicial que defere medidas protetivas de urgência previstas nesta Lei: (Artigo acrescido pela Lei nº 13.641, de 3/4/2018)

Pena – detenção, de 3 (três) meses a 2 (dois) anos.

§1º. A configuração do crime independe da competência civil ou criminal do juiz que deferiu as medidas.

§2º. Na hipótese de prisão em flagrante, apenas a autoridade judicial poderá conceder fiança.

§3º. O disposto neste artigo não exclui a aplicação de outras sanções cabíveis.

Antes da Lei nº 13.641, de 3 de abril de 2018, ao agente que descumprisse medida de protetiva de urgência, o juiz poderia aplicar outras sanções previstas, como exemplo, a possibilidade de se aplicar a prisão preventiva (art. 313, III, CPP)[53]. Portanto, antigamente o seu descumprimento não configurava crime na Lei Maria da Penha nem mesmo o de desobediência (art. 330, CP).

STJ: *O descumprimento de medida protetiva de urgência não configura o crime de desobediência, em face da existência de outras sanções previstas no ordenamento jurídico para a hipótese.*[54]

> Mesmo após a vigência da Lei nº 13.641/18, não configura o delito de desobediência (art. 330, CP), mas sim o crime de **"descumprimento de medidas protetivas de urgência"** (art. 24-A, Lei nº 11.340/06) — especial modalidade de desobediência.

Sujeito ativo: é próprio (somente aquele que teve a medida protetiva de urgência decretada poderá cometê-lo).

Elemento subjetivo e conduta: é doloso (não admite a forma culposa) e comissivo (admite tentativa) ou omissivo (não admite tentativa).

Consumação e tentativa: trata-se de delito instantâneo (sua consumação se dá em momento certo: quando o agente comete a conduta proibida na decisão judicial ou deixa de praticar aquela que lhe foi ordenada) e; tanto é plurissubsistente (admite tentativa), na forma comissiva; como também, unissubsistente (não admite tentativa), na forma omissiva.

Princípio da especialidade: o crime de "descumprimento de medidas protetivas de urgência" (art. 24-A da Lei Maria da Penha) trata-se de especial modalidade de "desobediência" (art. 330 do Código Penal) e, por conseguinte, o tipo específico prevalece sobre o genérico, por força do princípio da especialidade.

Ação penal: é pública incondicionada, isto é, o Ministério Público deverá promover, privativamente, a ação penal pública (art. 129, I, CF/88), assim que tiver conhecimento, não podendo desistir da ação penal (art. 42, CPP).

Inquérito policial: mesmo que se trate de infração penal de menor potencial ofensivo, não se aplicará os institutos referentes a esta infração (art. 61, Lei nº 9.099/95), devendo, portanto, a autoridade policial instaurar inquérito policial de ofício assim que tomar conhecimento da materialidade do delito (art. 4º, caput, I, CPP).

Competência: é do Juizado de Violência Doméstica e Familiar Contra a Mulher (arts. 13 e 14).

Descumprimento de medida protetiva penal ou civil (§1º): o descumprimento de decisão judicial que defere medida protetiva de urgência prevista na Lei Maria da Penha não é somente a de cunho penal, mas também a civil, por exemplo, as impostas pelos arts. 22 a 24.

Inadmissibilidade de fiança em sede policial (§2º): cuidado, pois o art. 24-A da Lei Maria da Penha é *delito afiançável em sede judicial,* mas será inafiançável em sede policial. Assim, a fiança somente poderá ser decretada pelo juiz competente.

Outras sanções (§3º): o cometimento do crime em estudo não impede a aplicação de outras sanções cabíveis, como a prisão preventiva (art. 313, III, CPP)[55].

Atuação do ministério público

Art. 25. O Ministério Público intervirá, quando não for parte, nas causas cíveis e criminais decorrentes da violência doméstica e familiar contra a mulher.

Art. 26. Caberá ao Ministério Público, sem prejuízo de outras atribuições, nos casos de violência doméstica e familiar contra a mulher, quando necessário:

I. requisitar força policial e serviços públicos de saúde, de educação, de assistência social e de segurança, entre outros;

II. fiscalizar os estabelecimentos públicos e particulares de atendimento à mulher em situação de violência doméstica e familiar, e adotar, de imediato, as medidas administrativas ou judiciais cabíveis no tocante a quaisquer irregularidades constatadas;

III. cadastrar os casos de violência doméstica e familiar contra a mulher.

"Custos legis": o Ministério Público, quando não for parte da ação, intervirá como fiscal da lei (art. 25).

Competências do Ministério Público (art. 26):	
Requisitar:	força policial e serviços públicos de saúde, de educação, de assistência social e de segurança, entre outros;
Fiscalizar:	os estabelecimentos públicos e particulares de atendimento à mulher em situação de violência doméstica e familiar, e [...];
Adotar:	de imediato, as medidas administrativas ou judiciais cabíveis no tocante a quaisquer irregularidades constatadas;
Cadastrar:	os casos de violência doméstica e familiar contra a mulher (no banco de dados à que se referem os art. 38 e 38-A).

Da assistência judiciária

Art. 27. Em todos os atos processuais, cíveis e criminais, a mulher em situação de violência doméstica e familiar deverá estar acompanhada de advogado, ressalvado o previsto no art. 19 desta Lei.

Art. 28. É garantido a toda mulher em situação de violência doméstica e familiar o acesso aos serviços de Defensoria Pública ou de Assistência Judiciária Gratuita, nos termos da lei, em sede policial e judicial, mediante atendimento específico e humanizado.

---

[53] **Art. 313, caput, CPP:** *"Nos termos do art. 312 deste Código, será admitida a decretação da prisão preventiva: [...] III – se o crime envolver violência doméstica e familiar contra a mulher, criança, adolescente, idoso, enfermo ou pessoa com deficiência, para garantir a execução das medidas protetivas de urgência; [...]".*

[54] **STJ, Jurisprudência em Teses nº 41.** *Precedentes:* AgRg no HC 305.448/RS; Ag no REsp 1.519.850/DF; HC 312.513/RS; AgRg no REsp 1454609/RS; AgRg no REsp 1.490.460/DF; HC 305.442/RS; AgRg no AREsp 575.017/DF; HC 299.165/RS; AgRg no REsp 1.482.990/MG; AgRg no REsp 1.477.632/DF (Vide Inf. 544).

[55] **Art. 313, caput, CPP:** *"Nos termos do art. 312 deste Código, será admitida a decretação da prisão preventiva: [...] III – se o crime envolver violência doméstica e familiar contra a mulher, criança, adolescente, idoso, enfermo ou pessoa com deficiência, para garantir a execução das medidas protetivas de urgência. [...]".*

Assistência Judiciária: a ofendida deve estar acompanhada de advogado, caso não tenha condições para o seu pagamento, o Estado deverá lhe garantir que seja assistida pela Defensoria Pública. Tal assistência possui dois parâmetros: no inquérito policial e no processo judicial; além de atendimento específico e humanizado.

20.5 Da Equipe de Atendimento Multidisciplinar

Art. 29. Os Juizados de Violência Doméstica e Familiar contra a Mulher que vierem a ser criados poderão contar com uma equipe de atendimento multidisciplinar, a ser integrada por profissionais especializados nas áreas psicossocial, jurídica e de saúde.

Art. 30. Compete à equipe de atendimento multidisciplinar, entre outras atribuições que lhe forem reservadas pela legislação local, fornecer subsídios por escrito ao juiz, ao Ministério Público e à Defensoria Pública, mediante laudos ou verbalmente em audiência, e desenvolver trabalhos de orientação, encaminhamento, prevenção e outras medidas, voltados para a ofendida, o agressor e os familiares, com especial atenção às crianças e aos adolescentes.

Art. 31. Quando a complexidade do caso exigir avaliação mais aprofundada, o juiz poderá determinar a manifestação de profissional especializado, mediante a indicação da equipe de atendimento multidisciplinar.

Art. 32. O Poder Judiciário, na elaboração de sua proposta orçamentária, poderá prever recursos para a criação e manutenção da equipe de atendimento multidisciplinar, nos termos da Lei de Diretrizes Orçamentárias (LDO).

Equipe multidisciplinar: essa ajudará os Juizados de Violência Doméstica e Familiar Contra a Mulher que contará com profissionais específicos nas áreas psicossocial, jurídica e de saúde; devendo o Poder Judiciário prever recursos para a manutenção da equipe multidisciplinar, conforme dispõe a LDO.

20.6 Disposições Transitórias

Art. 33. Enquanto não estruturados os Juizados de Violência Doméstica e Familiar contra a Mulher, as varas criminais acumularão as competências cível e criminal para conhecer e julgar as causas decorrentes da prática de violência doméstica e familiar contra a mulher, observadas as previsões do Título IV desta Lei, subsidiada pela legislação processual pertinente.

Parágrafo único. Será garantido o direito de preferência, nas varas criminais, para o processo e o julgamento das causas referidas no 'caput'.

Locais em que não há Juizado de Violência Doméstica e Familiar Contra a Mulher: enquanto a comarca jurídica não possuir tais Juizados, ficará a cargo das <u>varas criminais</u> tais competências (cível e penal).

20.7 Disposições Finais

Art. 34. A instituição dos Juizados de Violência Doméstica e Familiar contra a Mulher poderá ser acompanhada pela implantação das curadorias necessárias e do serviço de assistência judiciária.

Art. 35. A União, o Distrito Federal, os Estados e os Municípios poderão criar e promover, no limite das respectivas competências:

I. centros de atendimento integral e multidisciplinar para mulheres e respectivos dependentes em situação de violência doméstica e familiar;

II. casas-abrigos para mulheres e respectivos dependentes menores em situação de violência doméstica e familiar;

III. delegacias, núcleos de defensoria pública, serviços de saúde e centros de perícia médico-legal especializados no atendimento à mulher em situação de violência doméstica e familiar;

IV. programas e campanhas de enfrentamento da violência doméstica e familiar;

V. centros de educação e de reabilitação para os agressores.

Art. 36. A União, os Estados, o Distrito Federal e os Municípios promoverão a adaptação de seus órgãos e de seus programas às diretrizes e aos princípios desta Lei.

Art. 37. A defesa dos interesses e direitos transindividuais previstos nesta Lei poderá ser exercida, concorrentemente, pelo Ministério Público e por associação de atuação na área, regularmente constituída há pelo menos um ano, nos termos da legislação civil.

Parágrafo único. O requisito da pré-constituição poderá ser dispensado pelo juiz quando entender que não há outra entidade com representatividade adequada para o ajuizamento da demanda coletiva.

Art. 38. As estatísticas sobre a violência doméstica e familiar contra a mulher serão incluídas nas bases de dados dos órgãos oficiais do Sistema de Justiça e Segurança a fim de subsidiar o sistema nacional de dados e informações relativo às mulheres.

Parágrafo único. As Secretarias de Segurança Pública dos Estados e do Distrito Federal poderão remeter suas informações criminais para a base de dados do Ministério da Justiça.

Art. 38-A. O juiz competente providenciará o registro da medida protetiva de urgência. (Artigo acrescido pela Lei nº 13.827, de 13/5/2019)

Parágrafo único. As medidas protetivas de urgência serão registradas em banco de dados mantido e regulamentado pelo Conselho Nacional de Justiça, garantido o acesso do Ministério Público, da Defensoria Pública e dos órgãos de segurança pública e de assistência social, com vistas à fiscalização e à efetividade das medidas protetivas.

Art. 39. A União, os Estados, o Distrito Federal e os Municípios, no limite de suas competências e nos termos das respectivas leis de diretrizes orçamentárias, poderão estabelecer dotações orçamentárias específicas, em cada exercício financeiro, para a implementação das medidas estabelecidas nesta Lei.

Art. 40. As obrigações previstas nesta Lei não excluem outras decorrentes dos princípios por ela adotados.

Art. 41. Aos crimes praticados com violência doméstica e familiar contra a mulher, independentemente da pena prevista, não se aplica a Lei nº 9.099, de 26 de setembro de 1995 (Lei dos Juizados Especiais Cíveis e Criminais).

Não se aplica a **Lei nº 9.099/95** (JECrim) à violência doméstica e familiar contra a mulher, em todos os sentidos: *sursis* processual (suspensão condicional do processo), transação penal, reparação dos danos, entre outros dispositivos.

Súmula nº 536, STJ: A suspensão condicional do processo e a transação penal não se aplicam na hipótese de delitos sujeitos ao rito da Lei Maria da Penha.

Lesão corporal leve e culposa

Na violência doméstica e familiar contra a mulher que gere lesão corporal leve ou culposa, a **ação penal é pública incondicionada.**

Súmula nº 542, STJ: A ação penal relativa ao crime de lesão corporal resultante de violência doméstica contra a mulher é pública incondicionada.

Os demais crimes de ação penal pública condicionada à representação **continuarão** com a mesma regra do Código Penal ou outras Leis Penais Especiais, o que não se aplica à Lei Maria da Penha é a Lei nº 9.099/95 (JECrim)[56]. Por exemplo: o **crime de ameaça** contra a mulher em situação de violência doméstica e familiar, continua a ser de **ação penal pública condicionada** à representação da vítima, conforme dispõe o art. 147, parágrafo único, do Código Penal.

> **STJ:** *O crime de lesão corporal, ainda que leve ou culposo, praticado contra a mulher no âmbito das relações domésticas e familiares, deve ser processado mediante ação penal pública incondicionada.*[57]

20.8 Alterações Legislativas

> **Art. 42.** *O art. 313 do Decreto-Lei nº 3.689, de 3 de outubro de 1941 (Código de Processo Penal), passa a vigorar acrescido do seguinte inciso IV:*
>
> *"Art. 313. ....*
>
> *IV. se o crime envolver violência doméstica e familiar contra a mulher, nos termos da lei específica, para garantir a execução das medidas protetivas de urgência."*
>
> **Art. 43.** *A alínea "f" do inciso II do art. 61 do Decreto-Lei nº 2.848, de 7 de dezembro de 1940 (Código Penal), passa a vigorar com a seguinte redação:*
>
> *"Art. 61. ....*
>
> *I – ....*
>
> *f) com abuso de autoridade ou prevalecendo-se de relações domésticas, de coabitação ou de hospitalidade, ou com violência contra a mulher na forma da lei específica;"*
>
> **Art. 44.** *O art. 129 do Decreto-Lei nº 2.848, de 7 de dezembro de 1940 (Código Penal), passa a vigorar com as seguintes alterações:*
>
> *"Art. 129. ....*
>
> *§9º. Se a lesão for praticada contra ascendente, descendente, irmão, cônjuge ou companheiro, ou com quem conviva ou tenha convivido, ou, ainda, prevalecendo-se o agente das relações domésticas, de coabitação ou de hospitalidade:*
>
> **Pena** *– detenção, de 3 (três) meses a 3 (três) anos.*
>
> *§11. Na hipótese do §9º deste artigo, a pena será aumentada de um terço se o crime for cometido contra pessoa portadora de deficiência. ...."*
>
> **Art. 45.** *O art. 152 da Lei nº 7.210, de 11 de julho de 1984 (Lei de Execução Penal), passa a vigorar com a seguinte redação:*
>
> *"Art. 152. ....*
>
> *Parágrafo único. Nos casos de violência doméstica contra a mulher, o juiz poderá determinar o comparecimento obrigatório do agressor a programas de recuperação e reeducação.*

21. LEI Nº 12.850/2013 - LEI DE ORGANIZAÇÃO CRIMINOSA

21.1 Introdução ao Estudo da Lei

Embora não seja um fenômeno recente, a criminalidade organizada apresenta um dos problemas centrais decorrentes da globalização. Antes, localizado em certas partes do mundo, como na Itália, por meio da mais famosa Máfia Italiana, que se construía sob a estrutura e a hierarquia de uma verdadeira família, ganhou notoriedade especialmente com a dramaturgia. Mas não só, outras organizações criminosas pelo mundo, com o processo de globalização, acabaram por se espalhar pelo globo, chegando, inclusive, a inspirar entre nós o estabelecimento de uma verdadeira criminalidade organizada.

Na legislação brasileira, embora desde a edição do Código Penal já fosse previsto o delito de quadrilha ou bando (art. 288), essa incriminação não se mostrava suficiente diante dos novos desafios que as organizações criminosas nacionais e transnacionais apresentavam. Nesse contexto, houve a edição da Lei nº 9.034/95, que dispunha sobre a utilização de meios operacionais para a prevenção e repressão de ações praticadas por organizações criminosas. Essa Lei, entretanto, não trazia os elementos necessários para um efetivo combate dessa criminalidade.

21.2 Convenção de Palermo

Importante documento internacional que trata sobre o tema, a chamada Convenção de Palermo ou, mais tecnicamente, Convenção das Nações Unidas contra o Crime Organizado Transnacional, foi incorporada ao sistema normativo brasileiro pelo Decreto nº 5.015, de 12 de março de 2004.

Já em seu artigo 1, a Convenção traz como objetivo "promover a cooperação para prevenir e combater mais eficazmente a criminalidade organizada transnacional.". Para tanto, estabelece uma série de mecanismos para a criminalização e o combate aos crimes relacionados a esse tipo de infração penal, definindo, para efeitos da Convenção, "Grupo criminoso organizado" como "grupo estruturado de três ou mais pessoas, existente há algum tempo e atuando concertadamente com o propósito de cometer uma ou mais infrações graves ou enunciadas na presente Convenção, com a intenção de obter, direta ou indiretamente, um benefício econômico ou outro benefício material".

Registre-se que, embora a Recomendação nº 3/2006 do Conselho Nacional de Justiça tenha proposto a adoção do conceito estabelecido na Convenção de Palermo, o que motivou, inclusive precedentes do Superior Tribunal de Justiça nesse sentido (veja-se, por ex., o HC 77.771, 5ª T., rel. Min. Laurita Vaz, j. 30.05.2008[35]), acabou não sendo considerada como uma definição legal válida de organização criminosa, sendo insuficiente para terminar sua punição criminal além dos casos de quadrilha ou bando (então prevista no art. 288 do Código Penal) ou associação para o tráfico

---

56 **Art. 88, Lei nº 9.099/95:** "Além das hipóteses do Código Penal e da legislação especial, dependerá de representação a ação penal relativa aos crimes de lesões corporais leves e lesões culposas.". **(DISPOSITIVO NÃO APLICÁVEL À VIOLÊNCIA DOMÉSTICA E FAMILIAR CONTRA A MULHER)**

57 **STJ, Jurisprudência em Teses nº 41.** *Precedentes:* REsp 1.537.749/DF; AgRg no REsp 1.442.015/MG; RHC 42.228/SP; AgRg no REsp 1.358.215/MG; RHC 45.444/MG; AgRg no REsp 1.428.577/DF; AgRg no HC 213.597/MT; HC 184.923/DF; RHC 33.881/MG; HC 242.458/DF (Vide Inf. 509).

35 "O conceito jurídico da expressão organização criminosa ficou estabelecido em nosso ordenamento jurídico com o Decreto n. 5.015, de 12 de março de 2004, que promulgou o Decreto Legislativo nº 231, de 29 de maio de 2003, que ratificou a Convenção das Nações Unidas contra o Crime Organizado Transnacional (Convenção de Palermo). Precedentes desta Corte e do Supremo Tribunal Federal." (trecho da ementa)

LEI Nº 12.850/2013 - LEI DE ORGANIZAÇÃO CRIMINOSA

(do art. 35 da Lei de Drogas. Nesse sentido, a conclusão do Supremo Tribunal Federal:

Em matéria penal, prevalece o dogma da reserva constitucional de lei em sentido formal, pois a Constituição da República somente admite a lei interna como única fonte formal e direta de regras de direito penal, a significar, portanto, que as cláusulas de tipificação e de cominação penais, para efeito de repressão estatal, subsumem-se ao âmbito das normas domésticas de direito penal incriminador, regendo-se, em consequência, pelo postulado da reserva de Parlamento. Doutrina. Precedentes (STF). **As convenções internacionais, como a Convenção de Palermo, não se qualificam, constitucionalmente, como fonte formal direta legitimadora da regulação normativa concernente à tipificação de crimes e à cominação de sanções penais.**[36]

21.3 O Conceito de Organização Criminosa

A Lei nº 12.850/13 revogou a Lei nº 9.034/95 – que até o ano de 2013 tratava sobre o crime organizado, sem, contudo, definir organização criminosa. Atualmente, a Lei nº 12.850/13 **define organização criminosa** e cuida dos crimes cometidos por elas, afirmando, já em seu art. 1º, que o seu objetivo é definir organização criminosa e dispor sobre a investigação criminal, os meios de obtenção da prova, infrações penais correlatas e o procedimento criminal a ser aplicado.

A Lei nº 12.850/13 traz, no § 1º, do art. 1º, o **conceito de organização criminosa** com a seguinte redação:

Considera-se organização criminosa a **associação de 4 (quatro) ou mais pessoas estruturalmente ordenada e** caracterizada pela **divisão de tarefas**, ainda que informalmente, com **objetivo** de obter, direta ou indiretamente, **vantagem** de qualquer natureza, **mediante a prática de infrações penais** cujas **penas máximas sejam superiores a 4 (quatro) anos, ou que sejam de caráter transnacional**".

O § 2º, do art. 1º, ainda estende a aplicabilidade da Lei nº 12.850/13:

> *I.* às infrações penais previstas em **tratado ou convenção internacional** quando, iniciada a execução no País, o resultado tenha ou devesse ter ocorrido no estrangeiro, ou reciprocamente;
>
> *II.* às **organizações terroristas**, entendidas como aquelas voltadas para a prática dos atos de terrorismo legalmente definidos.

Podemos dizer que uma das mais importantes informações sobre o crime organizado se encontra no seu art. 1º, que é justamente a definição de organização criminosa.

O Código Penal, em ser art. 288, trata do crime de associação criminosa, que pode facilmente ser confundido com a organização, por isso a definição do que é e como se caracteriza a organização criminosa, trazida em lei específica, torna-se ainda mais importante, pois, além da tipificação de um novo crime, ainda nos traz as diferenças entre ela e um crime já existente na legislação comum.

A Lei nº 12.850/13 trouxe, ainda, modificações ao Código Penal, o crime de associação criminosa antes era conhecido como crime de quadrilha ou bando.

Além do mais, a Lei do Crime Organizado se aplica também aos crimes previstos em tratados ou convenções internacionais, desde que tenha iniciado sua execução no Brasil e o resultado tenha ou devesse ocorrer no exterior, ou quando a execução se iniciar no exterior e o resultado tenha ou devesse ocorrer no Brasil. Aplica-se também às organizações terroristas internacionais, reconhecidas conforme as normas de direito internacional, por foro do qual o Brasil seja participante, desde que os atos de suporte, preparatórios ou mesmo os executórios ocorram ou possam ocorrer no Brasil.

	Associação criminosa	Organização criminosa
Previsão legal	art. 288 do Código Penal	art. 2º da Lei nº 12.850/13
Quantidade de integrantes	3 ou mais pessoas	4 ou mais pessoas
Características	• Finalidade específica de cometer crimes.	• Estrutura ordenada; • **Divisão de Tarefas**, mesmo que informalmente; • **Objetivo de obter**, direta ou indiretamente, **vantagem** de qualquer natureza- **Prática de infrações penais** cujas **penas máximas sejam superiores a 4 anos**, ou que tenham **caráter transnacional**.

21.4 Os Crimes de Associação Criminosa do Código Penal (Art. 288), da Lei de Drogas (Art. 35 da Lei nº 11.343/2006), de Organização Criminosa para Fins de Terrorismo (Art. 3º da Lei nº 13.260/2016) e de Organização Criminosa do Art. 2º da Lei nº 12.850/2013

Na sequência, após definir, finalmente, o que é organização criminosa, a Lei estabelece o crime referente à promoção, à constituição (criação) ou ao financiamento de organização criminosa, equiparando a essa prática o fato de integrar organização ou mesmo de impedir ou, de qualquer forma, embaraçar a investigação de infração penal que a envolva:

> *Art. 2º. Promover, constituir, financiar ou integrar, pessoalmente ou por interposta pessoa, organização criminosa:*
>
> *Pena - reclusão, de 3 (três) a 8 (oito) anos, e multa, sem prejuízo das penas correspondentes às demais infrações penais praticadas.*

---

[36] 2ª T., AgR no RHC 121.835, rel. Min. Celso de Mello, j. 13.102015, DJe 20.11.2015.

§1º. Nas **mesmas penas** incorre quem **impede** ou, de qualquer forma, **embaraça a investigação** de infração penal que envolva organização criminosa.

§2º. As penas **aumentam-se até a metade** se na atuação da organização criminosa houver **emprego de arma de fogo.**

§3º. A pena é **agravada** para quem **exerce o comando**, individual ou coletivo, da organização criminosa, ainda que não pratique pessoalmente atos de execução.

§4º. A pena é aumentada de 1/6 (um sexto) a 2/3 (dois terços):

I. se há participação de criança ou adolescente;

II. se há concurso de funcionário público, valendo-se a organização criminosa dessa condição para a prática de infração penal;

III. se o produto ou proveito da infração penal destinar-se, no todo ou em parte, ao exterior;

IV. se a organização criminosa mantém conexão com outras organizações criminosas independentes;

V. se as circunstâncias do fato evidenciarem a transnacionalidade da organização.

§5º. Se houver indícios suficientes de que o **funcionário público** integra organização criminosa, poderá o juiz determinar seu afastamento cautelar do cargo, emprego ou função, sem prejuízo da remuneração, quando a medida se fizer necessária à investigação ou instrução processual.

§6º. A condenação com trânsito em julgado acarretará ao funcionário público a perda do cargo, função, emprego ou mandato eletivo e a interdição para o exercício de função ou cargo público pelo prazo de 8 (oito) anos subsequentes ao cumprimento da pena.

§7º. Se houver indícios de **participação de policial** nos crimes de que trata esta Lei, a Corregedoria de Polícia instaurará inquérito policial e comunicará ao Ministério Público, que designará membro para acompanhar o feito até a sua conclusão.

§8º. As lideranças de organizações criminosas armadas ou que tenham armas à disposição deverão iniciar o cumprimento da pena em estabelecimentos penais de segurança máxima.

§9º. O condenado expressamente em sentença por integrar organização criminosa ou por crime praticado por meio de organização criminosa não poderá progredir de regime de cumprimento de pena ou obter livramento condicional ou outros benefícios prisionais se houver elementos probatórios que indiquem a manutenção do vínculo associativo.

Ponto que merece destaque é o afastamento cautelar do funcionário público por determinação judicial para fins de investigação e instrução processual. Por se tratar de medida cautelar, sua remuneração é mantida durante o período de afastamento. Seria um meio de evitar que o servidor influencie, de alguma forma, nesses procedimentos.

Se condenado, o funcionário público pode perder o cargo, emprego ou função pública e ficar inabilitado para o exercício de função pública pelo prazo de 8 anos subsequentes ao cumprimento da pena, ou seja, após o cumprimento da pena se inicia a contagem do prazo de inabilitação.

Havendo indícios de participação de policial nos crimes trazidos por lei, será determinada a Corregedoria de Polícia para a instauração do inquérito e a comunicação do ocorrido ao Ministério Público, o qual determinará membro para acompanhar o feito até a sua conclusão.

Vale registrar, ademais, que a Lei nº 13.964/2019 (o famoso pacote "Anticrime") introduziu a determinação de que as lideranças de organizações criminosas – armadas ou que tenham armas à disposição – iniciarão o cumprimento da pena em estabelecimentos penais de segurança máxima (lembre-se que o regime fechado pressupõe o cumprimento em estabelecimento de segurança máxima ou média). De outro lado, os condenados por integrar organização criminosa ou por crime praticado por meio delas, não poderão progredir de regime ou obter livramento condicional ou outros benefícios prisionais se persistirem elementos probatórios que indiquem que eles mantêm o vínculo associativo com a organização.

Pena: reclusão, de 3 a 8 anos e multa	Promover, constituir, financiar ou integrar, pessoalmente ou por interposta pessoa, organização criminosa.
	Impedir ou, de qualquer forma, embaraçar a investigação de infração penal que envolva organização criminosa.

AUMENTO DE PENA	
Aumentam-se até a metade	Se na atuação da organização criminosa houver emprego de arma de fogo.
Aumentam-se de 1/6 (um sexto) a 2/3 (dois terços)	Se há participação de criança ou adolescente;
	Se há concurso de funcionário público, valendo-se a organização criminosa dessa condição para a prática de infração penal;
	Se o produto ou proveito da infração penal destinar-se, no todo ou em parte, ao exterior;
	Se a organização criminosa mantém conexão com outras organizações criminosas independentes;
	Se as circunstâncias do fato evidenciarem a transnacionalidade da organização.
A pena é agravada	Para quem exerce o comando, individual ou coletivo, da organização criminosa, ainda que não pratique pessoalmente atos de execução.

Importante, por fim, não confundir a organização criminosa da Lei nº 12.850/2013 com a já analisada associação criminosa do art. 288 do Código Penal, e nem com as demais formas de associação ou organização criminosa previstas em lei.

A Lei nº 11.343/2006, por exemplo, prevê a forma mais simples de caracterização do delito exigindo apenas duas pessoas associadas para o fim de praticar o tráfico, reiteradamente ou não, nos seguintes moldes:

> **Art. 35.** Associarem-se duas ou mais pessoas para o fim de praticar, reiteradamente ou não, qualquer dos crimes previstos nos arts. 33, caput e § 1º, e 34 desta Lei:
> Pena - reclusão, de 3 (três) a 10 (dez) anos, e pagamento de 700 (setecentos) a 1.200 (mil e duzentos) dias-multa.

Por sua vez, a Lei Antiterrorismo (Lei nº 13.360/2016) também estabelece sua própria incriminação relativa à organização terrorista, impondo a seguinte incriminação:

> **Art. 3º.** Promover, constituir, integrar ou prestar auxílio, pessoalmente ou por interposta pessoa, a organização terrorista:
> Pena - reclusão, de cinco a oito anos, e multa.

Há, ainda, a Lei nº 2.889/56, que estabelece a associação para a prática de genocídio, com a seguinte redação:

> **Art. 2º** Associarem-se mais de 3 (três) pessoas para prática dos crimes mencionados no artigo anterior:
> Pena: Metade da cominada aos crimes ali previstos.

Note que, diante desse quadro, o delito de organização criminosa, previsto no art. 2º da Lei nº 12.850/2013, apresenta-se como norma geral com relação ao crime de associação criminosa, ao crime de organização terrorista ou mesmo à associação para a prática de genocídio.

A Lei nº 13.964/2019 (Pacote Anticrime) inclui no dispositivo a previsão de que as lideranças de organizações criminosas armadas ou que tenham armas à disposição iniciarão o cumprimento da pena em estabelecimento de segurança armada, sendo que o condenado por integrar organizações criminosas não poderá progredir de regime ou mesmo obter livramento condicional ou outros benefícios enquanto mantiver o vínculo associativo.

21.5 Os Meios de Obtenção de Prova da Lei nº 12.850/2013

Diferentemente dos meios de prova, os meios de **obtenção** de prova são indiretos, ou seja, buscam a obtenção de meios de prova (como a apreensão, um documento ou uma testemunha, por exemplo), sendo que, ademais, para sua *obtenção*, acabam por reduzir direitos constitucionalmente assegurados, como o caso da redução do sigilo das telecomunicações para a realização de uma interceptação telefônica. Por tudo isso, devem ser usados com moderação, desde que comprovada sua necessidade no caso concreto. Diz o art. 3º da Lei nº 12.850/2013 que em qualquer fase da persecução penal serão permitidos, sem prejuízo de outros já previstos em lei, os seguintes meios de obtenção da prova:

SÃO MEIOS DE OBTENÇÃO DA PROVA:

I. colaboração premiada;

II. captação ambiental de sinais eletromagnéticos, ópticos ou acústicos;

III. ação controlada;

IV. acesso a registros de ligações telefônicas e telemáticas, a dados cadastrais constantes de bancos de dados públicos ou privados e a informações eleitorais ou comerciais;

V. interceptação de comunicações telefônicas e telemáticas, nos termos da legislação específica;

VI. afastamento dos sigilos financeiro, bancário e fiscal, nos termos da legislação específica;

VII. infiltração, por policiais, em atividade de investigação, na forma do art. 11;

VIII. cooperação entre instituições e órgãos federais, distritais, estaduais e municipais na busca de provas e informações de interesse da investigação ou da instrução criminal.

Interessante mencionar que, havendo necessidade justificada de manter sigilo sobre a capacidade investigatória, poderá ser dispensada licitação para contratação de serviços técnicos especializados, aquisição ou locação de equipamentos destinados à polícia judiciária para o rastreamento e a obtenção de provas previstas nos incisos II e V do art. 3º, sendo que fica dispensada a publicação de que trata o parágrafo único do art. 61 da Lei nº 8.666/1993, devendo ser comunicado o órgão de controle interno da realização da contratação.

21.6 Da Colaboração Premiada

Art. 3º-A. *O acordo de colaboração premiada é negócio jurídico processual e meio de obtenção de prova, que pressupõe utilidade e interesse públicos.*

Art. 3º-B. *O recebimento da proposta para formalização de acordo de colaboração demarca o início das negociações e constitui também marco de confidencialidade, configurando violação de sigilo e quebra da confiança e da boa-fé a divulgação de tais tratativas iniciais ou de documento que as formalize, até o levantamento de sigilo por decisão judicial.*

§1º. A proposta de acordo de colaboração premiada poderá ser sumariamente indeferida, com a devida justificativa, cientificando-se o interessado.

§2º. Caso não haja indeferimento sumário, as partes deverão firmar Termo de Confidencialidade para prosseguimento das tratativas, o que vinculará os órgãos envolvidos na negociação e impedirá o indeferimento posterior sem justa causa.

§3º. O recebimento de proposta de colaboração para análise ou o Termo de Confidencialidade não implica, por si só, a suspensão da investigação, ressalvado acordo em contrário quanto à propositura de medidas processuais penais cautelares e assecuratórias, bem como medidas processuais cíveis admitidas pela legislação processual civil em vigor.

§4º. O acordo de colaboração premiada poderá ser precedido de instrução, quando houver necessidade de identificação ou complementação de seu objeto, dos fatos narrados, sua definição jurídica, relevância, utilidade e interesse público.

§5º. Os termos de recebimento de proposta de colaboração e de confidencialidade serão elaborados pelo celebrante e assinados por ele, pelo colaborador e pelo advogado ou defensor público com poderes específicos.

§6º. Na hipótese de não ser celebrado o acordo por iniciativa do celebrante, esse não poderá se valer de nenhuma das informações ou provas apresentadas pelo colaborador, de boa-fé, para qualquer outra finalidade.

Art. 3º-C. *A proposta de colaboração premiada deve estar instruída com procuração do interessado com poderes específicos para iniciar o procedimento de colaboração e suas tratativas, ou firmada pessoalmente pela parte que pretende a colaboração e seu advogado ou defensor público.*

§1º. Nenhuma tratativa sobre colaboração premiada deve ser realizada sem a presença de advogado constituído ou defensor público.

§2º. Em caso de eventual conflito de interesses, ou de colaborador hipossuficiente, o celebrante deverá solicitar a presença de outro advogado ou a participação de defensor público.

§3º. No acordo de colaboração premiada, o colaborador deve narrar todos os fatos ilícitos para os quais concorreu e que tenham relação direta com os fatos investigados.

§4º. Incumbe à defesa instruir a proposta de colaboração e os anexos com os fatos adequadamente descritos, com todas as suas circunstâncias, indicando as provas e os elementos de corroboração.

Art. 4º *O juiz poderá, a requerimento das partes, conceder o perdão judicial, reduzir em até 2/3 (dois terços) a pena privativa de liberdade ou substituí-la por restritiva de direitos daquele que tenha colaborado efetiva e voluntariamente com a investigação e com o processo criminal, desde que dessa colaboração advenha um ou mais dos seguintes resultados:*

I. a identificação dos demais coautores e partícipes da organização criminosa e das infrações penais por eles praticadas;

II. a revelação da estrutura hierárquica e da divisão de tarefas da organização criminosa;

III. a prevenção de infrações penais decorrentes das atividades da organização criminosa;

IV. a recuperação total ou parcial do produto ou do proveito das infrações penais praticadas pela organização criminosa;

V. a localização de eventual vítima com a sua integridade física preservada.

§ 1º Em qualquer caso, a concessão do benefício levará em conta a personalidade do colaborador, a natureza, as circunstâncias, a gravidade e a repercussão social do fato criminoso e a eficácia da colaboração.

§ 2º Considerando a relevância da colaboração prestada, o Ministério Público, a qualquer tempo, e o delegado de polícia, nos autos do inquérito policial, com a manifestação do Ministério Público, poderão requerer ou representar ao juiz pela concessão de perdão judicial ao colaborador, ainda que esse benefício não tenha sido previsto na proposta inicial, aplicando-se, no que couber, o art. 28 do Decreto-Lei nº 3.689, de 3 de outubro de 1941 (Código de Processo Penal).

§ 3º O prazo para oferecimento de denúncia ou o processo, relativos ao colaborador, poderá ser suspenso por até 6 (seis) meses, prorrogáveis por igual período, até que sejam cumpridas as medidas de colaboração, suspendendo-se o respectivo prazo prescricional.

§ 4º Nas mesmas hipóteses do caput deste artigo, o Ministério Público poderá deixar de oferecer denúncia se a proposta de acordo de colaboração referir-se a infração de cuja existência não tenha prévio conhecimento e o colaborador: (Redação dada pela Lei nº 13.964, de 2019)

I. não for o líder da organização criminosa;

II. for o primeiro a prestar efetiva colaboração nos termos deste artigo.

§ 4º-A. Considera-se existente o conhecimento prévio da infração quando o Ministério Público ou a autoridade policial competente tenha instaurado inquérito ou procedimento investigatório para apuração dos fatos apresentados pelo colaborador. (Incluído pela Lei nº 13.964, de 2019)

§ 5º Se a colaboração for posterior à sentença, a pena poderá ser reduzida até a metade ou será admitida a progressão de regime ainda que ausentes os requisitos objetivos.

§ 6º O juiz não participará das negociações realizadas entre as partes para a formalização do acordo de colaboração, que ocorrerá entre o delegado de polícia, o investigado e o defensor, com a manifestação do Ministério Público, ou, conforme o caso, entre o Ministério Público e o investigado ou acusado e seu defensor.

§ 7º Realizado o acordo na forma do § 6º deste artigo, serão remetidos ao juiz, para análise, o respectivo termo, as declarações do colaborador e cópia da investigação, devendo o juiz ouvir sigilosamente o colaborador, acompanhado de seu defensor, oportunidade em que analisará os seguintes aspectos na homologação: (Redação dada pela Lei nº 13.964, de 2019)

I. regularidade e legalidade; (Incluído pela Lei nº 13.964, de 2019)

II. adequação dos benefícios pactuados àqueles previstos no caput e nos §§ 4º e 5º deste artigo, sendo nulas as cláusulas que violem o critério de definição do regime inicial de cumprimento de pena do art. 33 do Decreto-Lei nº 2.848, de 7 de dezembro de 1940 (Código Penal), as regras de cada um dos regimes previstos no Código Penal e na Lei nº 7.210, de 11 de julho de 1984 (Lei de Execução Penal) e os requisitos de progressão de regime não abrangidos pelo § 5º deste artigo; (Incluído pela Lei nº 13.964, de 2019)

III. adequação dos resultados da colaboração aos resultados mínimos exigidos nos incisos I, II, III, IV e V do caput deste artigo; (Incluído pela Lei nº 13.964, de 2019)

IV. voluntariedade da manifestação de vontade, especialmente nos casos em que o colaborador está ou esteve sob efeito de medidas cautelares. (Incluído pela Lei nº 13.964, de 2019)

§ 7º-A O juiz ou o tribunal deve proceder à análise fundamentada do mérito da denúncia, do perdão judicial e das primeiras etapas de aplicação da pena, nos termos do Decreto-Lei nº 2.848, de 7 de dezembro de 1940 (Código Penal) e do Decreto-Lei nº 3.689, de 3 de outubro de 1941 (Código de Processo Penal), antes de conceder os benefícios pactuados, exceto quando o acordo prever o não oferecimento da denúncia na forma dos §§ 4º e 4º-A deste artigo ou já tiver sido proferida sentença. (Incluído pela Lei nº 13.964, de 2019)

§ 7º-B. São nulas de pleno direito as previsões de renúncia ao direito de impugnar a decisão homologatória. (Incluído pela Lei nº 13.964, de 2019)

§ 8º O juiz poderá recusar a homologação da proposta que não atender aos requisitos legais, devolvendo-a às partes para as adequações necessárias. (Redação dada pela Lei nº 13.964, de 2019)

§ 9º Depois de homologado o acordo, o colaborador poderá, sempre acompanhado pelo seu defensor, ser ouvido pelo membro do Ministério Público ou pelo delegado de polícia responsável pelas investigações.

§ 10. As partes podem retratar-se da proposta, caso em que as provas autoincriminatórias produzidas pelo colaborador não poderão ser utilizadas exclusivamente em seu desfavor.

§ 10-A Em todas as fases do processo, deve-se garantir ao réu delatado a oportunidade de manifestar-se após o decurso do prazo concedido ao réu que o delatou. (Incluído pela Lei nº 13.964, de 2019)

§ 11. A sentença apreciará os termos do acordo homologado e sua eficácia.

§ 12. Ainda que beneficiado por perdão judicial ou não denunciado, o colaborador poderá ser ouvido em juízo a requerimento das partes ou por iniciativa da autoridade judicial.

§ 13. O registro das tratativas e dos atos de colaboração deverá ser feito pelos meios ou recursos de gravação magnética, estenotipia, digital ou técnica similar, inclusive audiovisual, destinados a obter maior fidelidade das informações, garantindo-se a disponibilização de cópia do material ao colaborador. (Redação dada pela Lei nº 13.964, de 2019)

§ 14. Nos depoimentos que prestar, o colaborador renunciará, na presença de seu defensor, ao direito ao silêncio e estará sujeito ao compromisso legal de dizer a verdade.

§ 15. Em todos os atos de negociação, confirmação e execução da colaboração, o colaborador deverá estar assistido por defensor.

§ 16. Nenhuma das seguintes medidas será decretada ou proferida com fundamento apenas nas declarações do colaborador: (Redação dada pela Lei nº 13.964, de 2019)

I. medidas cautelares reais ou pessoais; (Incluído pela Lei nº 13.964, de 2019)

II. recebimento de denúncia ou queixa-crime; (Incluído pela Lei nº 13.964, de 2019)

III. sentença condenatória. (Incluído pela Lei nº 13.964, de 2019)

§ 17. O acordo homologado poderá ser rescindido em caso de omissão dolosa sobre os fatos objeto da colaboração. (Incluído pela Lei nº 13.964, de 2019)

§ 18. O acordo de colaboração premiada pressupõe que o colaborador cesse o envolvimento em conduta ilícita relacionada ao objeto da colaboração, sob pena de rescisão. (Incluído pela Lei nº 13.964, de 2019)

Art. 5º. São direitos do colaborador:

I. usufruir das medidas de proteção previstas na legislação específica;

II. ter nome, qualificação, imagem e demais informações pessoais preservados;

III. ser conduzido, em juízo, separadamente dos demais coautores e partícipes;

LEI Nº 12.850/2013 - LEI DE ORGANIZAÇÃO CRIMINOSA

IV. participar das audiências sem contato visual com os outros acusados;

V. não ter sua identidade revelada pelos meios de comunicação, nem ser fotografado ou filmado, sem sua prévia autorização por escrito;

VI. cumprir pena em estabelecimento penal diverso dos demais corréus ou condenados.

Art. 6º. O termo de acordo da colaboração premiada deverá ser feito por escrito e conter:

I. o relato da colaboração e seus possíveis resultados;

II. as condições da proposta do Ministério Público ou do delegado de polícia;

III. a declaração de aceitação do colaborador e de seu defensor;

IV. as assinaturas do representante do Ministério Público ou do delegado de polícia, do colaborador e de seu defensor;

V. a especificação das medidas de proteção ao colaborador e à sua família, quando necessário.

Art. 7º. O pedido de homologação do acordo será sigilosamente distribuído, contendo apenas informações que não possam identificar o colaborador e o seu objeto.

§1º. As informações pormenorizadas da colaboração serão dirigidas diretamente ao juiz a que recair a distribuição, que decidirá no prazo de 48 (quarenta e oito) horas.

§2º. O acesso aos autos será restrito ao juiz, ao Ministério Público e ao delegado de polícia, como forma de garantir o êxito das investigações, assegurando-se ao defensor, no interesse do representado, amplo acesso aos elementos de prova que digam respeito ao exercício do direito de defesa, devidamente precedido de autorização judicial, ressalvados os referentes às diligências em andamento.

§3º. O acordo de colaboração premiada deixa de ser sigiloso assim que recebida a denúncia, observado o disposto no art. 5º.

A colaboração premiada, também chamada de delação premiada, é um procedimento previsto na legislação penal de forma dispersa, com regras próprias a depender do caso, de acordo com a dicção legal pode-se definir a colaboração premiada como negócio jurídico processual e meio de obtenção de prova, que pressupõe utilidade e interesse públicos. Ela é um dos principais meios de provas da lei e auxilia na investigação e no curso do processo criminal. Deve-se registrar, contudo, que ela isolada não é suficiente para a condenação, é necessária a colaboração e mais o auxílio de outros meios de prova.

Esse meio de prova pode conceder ao colaborador três benefícios:

O perdão judicial;

Redução em até 2/3 (dois terços) da pena privativa;

Substituição da pena privativa de liberdade por restritiva de direitos.

Mas, para isso, o agente deve colaborar efetiva e voluntariamente com a investigação, de modo que sua vontade seja livre, cabendo somente a ele a escolha de colaborar.

Ainda para que o benefício seja concedido, não basta sua boa vontade em colaborar, dessa colaboração deve-se obter um dos seguintes resultados:

A identificação dos demais coautores e partícipes da organização criminosa e das infrações penais por eles praticadas;

A revelação da estrutura hierárquica e da divisão de tarefas da organização criminosa;

A prevenção de infrações penais decorrentes das atividades da organização criminosa;

A recuperação total ou parcial do produto ou do proveito das infrações penais praticadas pela organização criminosa;

A localização de eventual vítima com a sua integridade física preservada.

A concessão do benefício deve levar em conta a personalidade do colaborador, a natureza, as circunstâncias, a gravidade e a repercussão social do fato criminoso e a eficácia da colaboração. De modo que, quanto mais relevante for a colaboração, melhor é o benefício concedido, assim, o próprio MP ou o delegado de polícia, a qualquer tempo podem requerer a concessão do perdão judicial ao colaborador.

A colaboração suspende, ainda, o prazo para oferecimento da denúncia, ou do processo, por até 6 meses, prorrogável por igual período, de modo a suspender também o prazo prescricional. O termo "por igual período" não significa a prorrogação por mais 6 meses, mas sim pelo prazo estabelecido para a suspensão.

Ministério Público pode deixar de oferecer a denúncia se a proposta de acordo de colaboração referir-se à infração de cuja existência não tenha prévio conhecimento e o colaborador:	não for o líder da organização criminosa
	для o primeiro a prestar efetiva colaboração

Vale registrar que se considera existente o conhecimento prévio da infração quando o Ministério Público ou a autoridade policial competente tenha instaurado inquérito ou procedimento investigatório para apuração dos fatos apresentados pelo colaborador.

Realizado o acordo, serão remetidos ao juiz, para análise, o respectivo termo, as declarações do colaborador e a cópia da investigação, devendo o juiz ouvir sigilosamente o colaborador, acompanhado de seu defensor, oportunidade em que analisará os seguintes aspectos na homologação:

I. regularidade e legalidade;

II. adequação dos benefícios pactuados, sendo nulas as cláusulas que violem o critério de definição do regime inicial de cumprimento de pena e as regras de cada um dos regimes previstos no Código Penal e na Lei de Execução Penal e os requisitos de progressão de regime não abrangidos na Lei de Organização Criminosa;

III. adequação dos resultados da colaboração aos resultados mínimos exigidos pela lei;

IV. voluntariedade da manifestação de vontade, especialmente nos casos em que o colaborador está ou esteve sob efeito de medidas cautelares.

O juiz ou o tribunal deve proceder à **análise fundamentada do mérito** da denúncia, do perdão judicial e das primeiras etapas de aplicação da pena, nos termos do Código Penal e do Código de Processo Penal), antes de conceder os benefícios pactuados, exceto quando o acordo prever o não oferecimento da denúncia ou já tiver sido proferida sentença.

Serão nulas de pleno direito as previsões de renúncia ao direito de impugnar a decisão homologatória.

O juiz poderá recusar a homologação da proposta que não atender aos requisitos legais, devolvendo-a às partes para as adequações necessárias.

A colaboração, **após a sentença**, pode reduzir a pena em até metade ou poderá admitir ao colaborador a progressão de regime, ainda que ausentes os pressupostos para sua concessão.

Outro ponto de extrema importância é a proibição do juiz na participação das negociações de colaboração, essa função é do Ministério Público ou do Delegado, em conjunto com o colaborador e seu defensor.

O termo de acordo deve conter, nos termos da própria lei:

> O relato da colaboração e seus possíveis resultados;
>
> As condições da proposta do Ministério Público ou do delegado de polícia;
>
> A declaração de aceitação do colaborador e de seu defensor;
>
> As assinaturas do representante do Ministério Público ou do delegado de polícia, do colaborador e de seu defensor;
>
> A especificação das medidas de proteção ao colaborador e à sua família, quando necessário.

O recebimento da proposta para formalização de acordo de colaboração determina o início das negociações e caracteriza o marco de confidencialidade. Assim, a violação de sigilo e quebra da confiança e da boa-fé, a divulgação de tais tratativas iniciais ou de documento que as formalize, até o levantamento de sigilo por decisão judicial constitui quebra dessa confidencialidade. A proposta de acordo de colaboração premiada poderá ser sumariamente indeferida, com a devida justificativa, cientificando-se o interessado. Contudo, caso não haja indeferimento sumário, as partes deverão firmar Termo de Confidencialidade para prosseguimento das tratativas, o que vinculará os órgãos envolvidos na negociação e impedirá o indeferimento posterior sem justa causa.

O recebimento de proposta de colaboração para análise ou o Termo de Confidencialidade não implica, por si só, a suspensão da investigação, ressalvado acordo em contrário quanto à propositura de medidas processuais penais cautelares e assecuratórias, bem como medidas processuais cíveis admitidas pela legislação processual civil em vigor. O acordo de colaboração premiada poderá ser precedido de instrução, quando houver necessidade de identificação ou complementação de seu objeto, dos fatos narrados, sua definição jurídica, relevância, utilidade e interesse público.

Os termos de recebimento de proposta de colaboração e de confidencialidade serão elaborados pelo celebrante e assinados por ele, pelo colaborador e pelo advogado ou defensor público com poderes específicos.

Na hipótese de não ser celebrado o acordo por iniciativa do celebrante, esse não poderá se valer de nenhuma das informações ou provas apresentadas pelo colaborador, de boa-fé, para qualquer outra finalidade.

A proposta de colaboração premiada deve estar instruída com **procuração do interessado com poderes específicos** para iniciar o procedimento de colaboração e suas tratativas, ou firmada pessoalmente pela parte que pretende a colaboração e seu advogado ou defensor público. Importante registrar: **nenhuma tratativa sobre colaboração premiada deve ser realizada sem a presença de advogado constituído ou defensor público**. Em caso de eventual conflito de interesses, ou de colaborador hipossuficiente, o celebrante deverá solicitar a presença de outro advogado ou a participação de defensor público.

No acordo de colaboração premiada, o colaborador deve narrar todos os fatos ilícitos para os quais concorreu e que tenham relação direta com os fatos investigados.

Incumbe à defesa instruir a proposta de colaboração e os anexos com os fatos adequadamente descritos, com todas as suas circunstâncias, indicando as provas e os elementos de corroboração. O acordo será remetido ao juiz, o qual irá verificar sua regularidade, legalidade e voluntariedade, podendo, ainda, ouvir o colaborador sigilosamente na presença de seu defensor. Se não forem verificados os requisitos mencionados, o juiz poderá recusar a homologação da proposta ou adequá-la ao caso concreto.

O registro das tratativas e dos atos de colaboração deverá ser feito pelos meios ou recursos de gravação magnética, estenotipia, digital ou técnica similar, inclusive audiovisual, destinados a obter maior fidelidade das informações, garantindo-se a disponibilização de cópia do material ao colaborador.

Nos depoimentos que prestar, o colaborador renunciará, na presença de seu defensor, ao direito ao silêncio e estará sujeito ao compromisso legal de dizer a verdade. Em todos os atos de negociação, confirmação e execução da colaboração, o colaborador deverá estar assistido por defensor.

Vale registrar, ademais, que em todas as fases do processo, deve-se garantir ao réu delatado a oportunidade de manifestar-se após o decurso do prazo concedido ao réu que o delatou.

Nenhuma das seguintes medidas será decretada ou proferida com fundamento apenas nas declarações do colaborador:

I. medidas cautelares reais ou pessoais;

II. recebimento de denúncia ou queixa-crime;

III. sentença condenatória.

Nota-se que o colaborador passa a ser titular de uma série de direitos que visam garantir a sua segurança, de modo a assegurar que os demais membros da organização criminosa não saibam quem colaborou com as investigações.

O pedido de homologação do acordo será sigilosamente distribuído, contendo apenas informações que não possam identificar o colaborador e o seu objeto.

As informações pormenorizadas da colaboração serão dirigidas diretamente ao juiz a que recair a distribuição, que decidirá no prazo de 48 horas. O acesso aos autos será restrito ao juiz, ao Ministério Público e ao delegado de polícia, como forma de garantir o êxito das investigações, assegurando-se ao defensor, no interesse do representado, amplo acesso aos elementos de prova que digam respeito ao exercício do direito de defesa, devidamente precedido de autorização judicial, ressalvados os referentes às diligências em andamento.

O acordo de colaboração premiada e os depoimentos do colaborador serão **mantidos em sigilo até o recebimento da denúncia** ou da queixa-crime, sendo vedado ao magistrado decidir por sua publicidade em qualquer hipótese

LEI Nº 12.850/2013 - LEI DE ORGANIZAÇÃO CRIMINOSA

COLABORAÇÃO PREMIADA	
BENEFÍCIOS QUE PODEM SER CONCEDIDOS	• Perdão judicial; • Redução da pena em até 2/3; • Substituição da pena privativa de liberdade em restritiva de direito.
COLABORAÇÃO	Deve ser efetiva e voluntária trazendo um dos seguintes resultados: • a identificação dos demais coautores e partícipes da organização criminosa e das infrações penais por eles praticadas; • a revelação da estrutura hierárquica e da divisão de tarefas da organização criminosa; • a prevenção de infrações penais decorrentes das atividades da organização criminosa; • a recuperação total ou parcial do produto ou do proveito das infrações penais praticadas pela organização criminosa; • a localização de eventual vítima com a sua integridade física preservada.
ACORDO	O acordo é apenas homologado pelo juiz, ele não participa das negociações, cabendo ao Ministério Público ou ao Delegado firmar o acordo com o colaborador e seu defensor.
DIREITOS DO COLABORADOR	• Usufruir das medidas de proteção previstas na legislação específica; • Ter nome, qualificação, imagem e demais informações pessoais preservados; • Ser conduzido, em juízo, separadamente dos demais coautores e partícipes; • Participar das audiências sem contato visual com os outros acusados; • Não ter sua identidade revelada pelos meios de comunicação, nem ser fotografado ou filmado, sem sua prévia autorização por escrito; • Cumprir pena ou prisão cautelar em estabelecimento penal diverso dos demais corréus ou condenados.

21.7 Da Ação Controlada

A ação controlada constitui na autorização legal concedida à autoridade policial para retardar a intervenção penal diante da prática da infração penal relativa à organização criminosa, de modo a esperar um momento mais adequado, garantindo a produção de uma prova mais consistente.

Nos termos do art. 8º da Lei nº 12.850/2013 "consiste a ação controlada em **retardar a intervenção policial ou administrativa relativa à ação praticada por organização criminosa ou a ela vinculada**, desde que **mantida sob observação e acompanhamento** para que a medida legal se concretize no **momento mais eficaz à formação de provas e obtenção de informações**".

Esse meio de obtenção da prova tem como finalidade, portanto, aguardar um momento mais propício para se produzir um efeito maior, de maneira a alcançar um resultado muito melhor do que se a ação tivesse sido feita de imediato. Por exemplo: o agente policial, verificando atividade de organização criminosa, vê apenas um integrante agindo; ele aguarda um pouco mais para efetuar o flagrante de delito com o intuito de prender mais integrantes e, assim, desestruturar toda a organização.

É por essa razão que essa modalidade também é conhecida como flagrante retardado. A ação controlada, contudo, **não pode ser confundida com o flagrante preparado** que torna o crime impossível.

Esse retardamento deve ser **previamente comunicado ao juiz**, que, se achar necessário, irá estabelecer seus limites e ainda fará a comunicação imediata ao Ministério Público.

Ainda toda a operação será **sigilosa** e enquanto não se encerrar as diligências os autos ficaram restritos ao acesso do Juiz, Ministério Público e ao delegado de polícia.

E se caso a ação controlada envolver travessia de fronteiras, apenas pode haver o retardamento com a cooperação das autoridades dos países que sejam considerados como provável itinerário ou destinatário do investigado, com o intuito de se evitar fugas e extravio do proveito do crime.

AÇÃO CONTROLADA	
O QUE É?	Retardamento de intervenção policial ou administrativa relativa à ação praticada por organização criminosa. Por isso pode ser chamada de flagrante retardado.
CARACTERÍSTICAS	Deve ser previamente comunicada ao juiz; O ministério público deverá ser comunicado; Os autos ficam sob sigilo até o encerramento das diligências; No caso da ação envolver transposição de fronteiras, somente há o retardamento se houver cooperação do país que figure como provável itinerário ou destino do investigado.

21.8 Da Infiltração de Agentes

Art. 10. A infiltração de agentes de polícia em tarefas de investigação, representada pelo delegado de polícia ou requerida pelo Ministério Público, após manifestação técnica do delegado de polícia quando solicitada no curso de inquérito policial, será precedida de circunstanciada, motivada e sigilosa autorização judicial, que estabelecerá seus limites.

§1º. Na hipótese de representação do delegado de polícia, o juiz competente, antes de decidir, ouvirá o Ministério Público.

§2º. Será admitida a infiltração se houver indícios de infração penal de que trata o art. 1º e se a prova não puder ser produzida por outros meios disponíveis.

§3º. A infiltração será autorizada pelo prazo de até 6 (seis) meses, sem prejuízo de eventuais renovações, desde que comprovada sua necessidade.

§4º. Findo o prazo previsto no § 3º, o relatório circunstanciado será apresentado ao juiz competente, que imediatamente cientificará o Ministério Público.

§5º. No curso do inquérito policial, o delegado de polícia poderá determinar aos seus agentes, e o Ministério Público poderá requisitar, a qualquer tempo, relatório da atividade de infiltração.

Art. 10-A. Será admitida a ação de agentes de polícia infiltrados virtuais, obedecidos os requisitos do caput do art. 10, na internet, com o fim de investigar os crimes previstos nesta Lei e a eles conexos, praticados por organizações criminosas, desde que demonstrada sua necessidade e indicados o alcance das tarefas dos policiais, os nomes ou apelidos das pessoas investigadas e, quando possível, os dados de conexão ou cadastrais que permitam a identificação dessas pessoas.

§1º. Para efeitos do disposto nesta Lei, consideram-se:

I. dados de conexão: informações referentes a hora, data, início, término, duração, endereço de Protocolo de Internet (IP) utilizado e terminal de origem da conexão;

II. *dados cadastrais: informações referentes a nome e endereço de assinante ou de usuário registrado ou autenticado para a conexão a quem endereço de IP, identificação de usuário ou código de acesso tenha sido atribuído no momento da conexão.*

§2º. Na hipótese de representação do delegado de polícia, o juiz competente, antes de decidir, ouvirá o Ministério Público.

§3º. Será admitida a infiltração se houver indícios de infração penal de que trata o art. 1º desta Lei e se as provas não puderem ser produzidas por outros meios disponíveis.

§4º. A infiltração será autorizada pelo prazo de até 6 meses, sem prejuízo de eventuais renovações, mediante ordem judicial fundamentada e desde que o total não exceda a 720 dias e seja comprovada sua necessidade.

§5º. Findo o prazo previsto no § 4º deste artigo, o relatório circunstanciado, juntamente com todos os atos eletrônicos praticados durante a operação, deverão ser registrados, gravados, armazenados e apresentados ao juiz competente, que imediatamente cientificará o Ministério Público.

§6º. No curso do inquérito policial, o delegado de polícia poderá determinar aos seus agentes, e o Ministério Público e o juiz competente poderão requisitar, a qualquer tempo, relatório da atividade de infiltração.

§7º. É nula a prova obtida sem a observância do disposto neste artigo.

Art. 10-B. *As informações da operação de infiltração serão encaminhadas diretamente ao juiz responsável pela autorização da medida, que zelará por seu sigilo.*

Parágrafo único. *Antes da conclusão da operação, o acesso aos autos será reservado ao juiz, ao Ministério Público e ao delegado de polícia responsável pela operação, com o objetivo de garantir o sigilo das investigações.*

Art. 10-C. *Não comete crime o policial que oculta a sua identidade para, por meio da internet, colher indícios de autoria e materialidade dos crimes previstos no art. 1º desta Lei.*

Parágrafo único. *O agente policial infiltrado que deixar de observar a estrita finalidade da investigação responderá pelos excessos praticados.*

Art. 10-D. *Concluída a investigação, todos os atos eletrônicos praticados durante a operação deverão ser registrados, gravados, armazenados e encaminhados ao juiz e ao Ministério Público, juntamente com relatório circunstanciado.*

Parágrafo único. *Os atos eletrônicos registrados citados no caput deste artigo serão reunidos em autos apartados e apensados ao processo criminal juntamente com o inquérito policial, assegurando-se a preservação da identidade do agente policial infiltrado e a intimidade dos envolvidos.*

Art. 11. *O requerimento do Ministério Público ou a representação do delegado de polícia para a infiltração de agentes conterão a demonstração da necessidade da medida, o alcance das tarefas dos agentes e, quando possível, os nomes ou apelidos das pessoas investigadas e o local da infiltração.*

Parágrafo único. *Os órgãos de registro e cadastro público poderão incluir nos bancos de dados próprios, mediante procedimento sigiloso e requisição da autoridade judicial, as informações necessárias à efetividade da identidade fictícia criada, nos casos de infiltração de agentes na internet.*

Art. 12. *O pedido de infiltração será sigilosamente distribuído, de forma a não conter informações que possam indicar a operação a ser efetivada ou identificar o agente que será infiltrado.*

§1º. As informações quanto à necessidade da operação de infiltração serão dirigidas diretamente ao juiz competente, que decidirá no prazo de 24 (vinte e quatro) horas, após manifestação do Ministério Público na hipótese de representação do delegado de polícia, devendo-se adotar as medidas necessárias para o êxito das investigações e a segurança do agente infiltrado.

§2º. Os autos contendo as informações da operação de infiltração acompanharão a denúncia do Ministério Público, quando serão disponibilizados à defesa, assegurando-se a preservação da identidade do agente.

§3º. Havendo indícios seguros de que o agente infiltrado sofre risco iminente, a operação será sustada mediante requisição do Ministério Público ou pelo delegado de polícia, dando-se imediata ciência ao Ministério Público e à autoridade judicial.

Art. 13. *O agente que não guardar, em sua atuação, a devida proporcionalidade com a finalidade da investigação, responderá pelos excessos praticados.*

Parágrafo único. *Não é punível, no âmbito da infiltração, a prática de crime pelo agente infiltrado no curso da investigação, quando inexigível conduta diversa.*

Esse meio de obtenção de prova possivelmente é um dos que trazem mais riscos ao agente policial, pois nesse caso o agente age como se fosse integrante da organização criminosa, com a finalidade de obter provas dos crimes por ela cometidos. E é por essa razão que a infiltração somente será admitida quando não houver outro meio de se obter as provas necessárias.

Por ser uma ação que envolve um grande risco, é necessária a autorização judicial, mediante requerimento do Ministério Público ou do delegado de polícia.

E ainda não basta a mera autorização judicial, ela deve preencher mais três requisitos:

A autorização judicial deve ser:	**Circunstanciada**: deve ser específica, trazendo os detalhes do procedimento;
	Motivada: deve conter as razões pelas quais a ação é necessária;
	Sigilosa: devendo proteger a operação a ser realizada de modo que garanta seu êxito.

A infiltração poderá ser autorizada pelo prazo de até 6 meses, podendo ser prorrogada desde que comprovada a necessidade.

Além disso, o pedido de infiltração deverá ser distribuído sigilosamente a fim de garantir a integridade do agente e a eficácia da operação. Os detalhes das informações serão remetidos ao juiz após a distribuição do pedido, devendo, em 24 horas, proferir sua decisão.

O art. 13 traz uma informação extremamente importante, o agente deve atuar dentro dos seus limites, agindo proporcionalmente com a finalidade da investigação, de modo a responder pelos excessos praticados. Porém a lei também protege o agente, garantindo que, se não houver outra forma, o crime por ele praticado não será punível.

E, por fim, temos os direitos do agente, que têm como única finalidade a sua proteção, por se tratar de operação de risco, deve tomar quantas medidas forem necessárias para garantir a sua segurança.

INFILTRAÇÃO DE AGENTES	
REQUISITOS	• Somente se a prova não puder ser obtida por outro meio; • Autorização judicial: circunstanciada, motivada e sigilosa. • Deve ser requerida pelo delegado de polícia ou pelo Ministério Público;

CARACTERÍSTICAS	• Vai ser autorizada por 6 meses, podendo ser prorrogado desde que comprovada a necessidade; • A distribuição do pedido será feita sigilosamente; • Após a distribuição, o pedido será remetido ao juiz, que deverá proferir a decisão em 24 horas; • O agente responde pelos excessos que praticar na infiltração; • Os crimes cometidos pelo agente no curso da infiltração, se não puderem ser evitados, não serão puníveis;
SÃO DIREITOS DO AGENTE	• Recusar ou fazer cessar a atuação infiltrada; • Ter sua identidade alterada, aplicando-se, no que couber, o disposto no art. 9º da Lei nº 9.807, de 13 de julho de 1999, bem como usufruir das medidas de proteção a testemunhas; • Ter seu nome, sua qualificação, sua imagem, sua voz e demais informações pessoais preservadas durante a investigação e o processo criminal, salvo se houver decisão judicial em contrário; • Não ter sua identidade revelada, nem ser fotografado ou filmado pelos meios de comunicação, sem sua prévia autorização por escrito.

21.9 Do Acesso a Registros, Dados Cadastrais, Documentos e Informações

De acordo com o art. 15, da Lei nº 12.850/2013, o delegado de polícia e o Ministério Público terão acesso, **independentemente de autorização judicial**, **apenas** aos dados cadastrais do investigado que informem exclusivamente a qualificação pessoal, a filiação e o endereço mantidos pela Justiça Eleitoral, empresas telefônicas, instituições financeiras, provedores de internet e administradoras de cartão de crédito.

Em relação especificamente às **empresas de transporte**, a Lei determina que elas devem possibilitar, pelo prazo de 5 (cinco) anos, acesso direto e permanente do juiz, do Ministério Público ou do delegado de polícia aos bancos de dados de reservas e registro de viagens.

Já as concessionárias de **telefonia fixa ou móvel** devem manter, também pelo prazo de 5 (cinco) anos, à disposição das autoridades, registros de identificação dos números dos terminais de origem e de destino das ligações telefônicas internacionais, interurbanas e locais. Vale lembrar que os registros se referem unicamente à existência de ligações e não ao conteúdo delas, que dependerá, sempre, de interceptação telefônica.

Note que há uma limitação ao acesso do delegado de polícia e ao Ministério Público aos dados cadastrais do investigado, que se limitam somente às qualificações pessoais, filiação e endereço, não envolvendo qualquer quebra de sigilo bancário, fiscal ou de comunicações.

Note que a lei só permite o registro de números telefônicos e de viagens, não o acesso a conversas, ligações e afins, esses registros deverão ser mantidos por essas empresas pelo prazo de 5 anos.

21.10 Dos Crimes Ocorridos na Investigação e na Obtenção da Prova

Com o objetivo de tutelar as investigações no âmbito das organizações criminosas, especialmente protegendo as pessoas envolvidas (como o agente infiltrado) e o conteúdo das investigações (a divulgação antecipada de uma colaboração, por exemplo), o legislador estabeleceu quatro tipos penais incriminadores na Lei nº 12.850/2013. São eles:

Art. 18. Revelar a identidade, fotografar ou filmar o colaborador, sem sua prévia autorização por escrito:
Pena - reclusão, de 1 (um) a 3 (três) anos, e multa.
Art. 19. Imputar falsamente, sob pretexto de colaboração com a Justiça, a prática de infração penal a pessoa que sabe ser inocente, ou revelar informações sobre a estrutura de organização criminosa que sabe inverídicas:
Pena - reclusão, de 1 (um) a 4 (quatro) anos, e multa.
Art. 20. Descumprir determinação de sigilo das investigações que envolvam a ação controlada e a infiltração de agentes:
Pena - reclusão, de 1 (um) a 4 (quatro) anos, e multa.
Art. 21. Recusar ou omitir dados cadastrais, registros, documentos e informações requisitadas pelo juiz, Ministério Público ou delegado de polícia, no curso de investigação ou do processo:
Pena - reclusão, de 6 (seis) meses a 2 (dois) anos, e multa.
Parágrafo único. Na mesma pena incorre quem, de forma indevida, se apossa, propala, divulga ou faz uso dos dados cadastrais de que trata esta Lei.

Os crimes cometidos dentro da investigação e no meio de obtenção de prova serão punidos cada qual com uma pena específica, conforme a gravidade da conduta. Mas note que dois desses crimes (art. 18 e 20) têm a finalidade protetiva, pois tratam de ações que violam a segurança dos colaboradores e infiltrados.

21.11 Disposições Finais

Os crimes previstos na lei e as infrações penais conexas devem ser apuradas mediante **procedimento comum ordinário** previsto no Código de Processo Penal, devendo a instrução ser encerrada num prazo razoável, sendo que, se o réu estiver preso, o prazo máximo será de **120 dias**, prorrogável por igual período, desde que por decisão fundamentada e devidamente motivada pela complexidade da causa ou por fato procrastinatório atribuído ao réu.

Importante registrar que, de acordo com o art. 23 da Lei, **o sigilo da investigação** poderá ser decretado pela autoridade judicial competente, para garantia da celeridade e da eficácia das diligências investigatórias, devendo, contudo, ser assegurado ao defensor, no interesse do representado, amplo acesso aos elementos de prova que digam respeito ao exercício do direito de defesa, devidamente precedido de autorização judicial, ressalvados os referentes às diligências em andamento.

Por fim, caso determinado o depoimento do investigado, seu defensor terá assegurada a prévia vista dos autos, ainda que classificados como sigilosos, no prazo mínimo de três dias que antecedem ao ato, podendo ser ampliado, a critério da autoridade responsável pela investigação.

Prevê o art. 24 da Lei que o art. 288, do Decreto-Lei no 2.848, de 7 de dezembro de 1940 (Código Penal), passa a vigorar com a seguinte redação:

> **ASSOCIAÇÃO CRIMINOSA**
>
> Art. 288 – Código Penal - Associarem-se 3 (três) ou mais pessoas, para o fim específico de cometer crimes:
> Pena - reclusão, de 1 (um) a 3 (três) anos.
> Parágrafo único. A pena aumenta-se até a metade se a associação é armada ou se houver a participação de criança ou adolescente.

Na sequência, determina o art. 25 da Lei de Organização Criminosa que o art. 342 do Decreto-Lei nº 2.848, de 7 de dezembro de 1940 (Código Penal), passa a vigorar com a seguinte redação:

"Art. 342. (...) Pena - reclusão, de 2 (dois) a 4 (quatro) anos, e multa."

> **FALSO TESTEMUNHO OU FALSA PERÍCIA**
>
> Art. 342. Fazer afirmação falsa, ou negar ou calar a verdade como testemunha, perito, contador, tradutor ou intérprete em processo judicial, ou administrativo, inquérito policial, ou em juízo arbitral:
> Pena - reclusão, de 2 (dois) a 4 (quatro) anos, e multa.
> §1º. As penas aumentam-se de um sexto a um terço, se o crime é praticado mediante suborno ou se cometido com o fim de obter prova destinada a produzir efeito em processo penal, ou em processo civil em que for parte entidade da administração pública direta ou indireta.
> §2º. O fato deixa de ser punível se, antes da sentença no processo em que ocorreu o ilícito, o agente se retrata ou declara a verdade.

Em conclusão, a lei revoga expressa e totalmente a Lei nº 9.034, de 3 de maio de 1995, antiga Lei das Organizações Criminosas.

22. LEI Nº 11.343/2006 - SISTEMA NACIONAL DE POLÍTICAS PÚBLICAS SOBRE DROGAS (SISNAD)

22.1 Disposições Preliminares

A Lei nº 11.343/06 instituiu o Sistema Nacional de Políticas Públicas sobre Drogas - Sisnad. Ela prescreve medidas para prevenção do uso indevido, atenção e reinserção social de usuários e dependentes de drogas, além de estabelecer normas para repressão à produção não autorizada e ao tráfico ilícito de drogas e define crimes relacionados a esse assunto.

Ficam proibidas, em todo o território nacional, as drogas, bem como o plantio, a cultura, a colheita e a exploração de vegetais e substratos dos quais possam ser extraídas ou produzidas drogas, ressalvada a hipótese de autorização legal ou regulamentar, assim como estabelece a Convenção de Viena, de 1971, das Nações Unidas, sobre Substâncias Psicotrópicas a respeito de plantas de uso estritamente ritualístico-religioso.

Pode a União autorizar o plantio, a cultura e a colheita dos vegetais acima referidos, exclusivamente para fins medicinais ou científicos, em local e prazo predeterminados, mediante fiscalização, respeitadas as ressalvas supramencionadas.

22.2 Do Sistema Nacional de Políticas Públicas sobre Drogas

O Sisnad tem a finalidade de articular, integrar, organizar e coordenar as atividades relacionadas com:

> A prevenção do uso indevido, a atenção e a reinserção social de usuários e dependentes de drogas.

> A repressão da produção não autorizada e do tráfico ilícito de drogas.

Dos princípios e dos objetivos do sistema nacional de políticas públicas sobre drogas

Princípios do sisnad

> O respeito aos direitos fundamentais da pessoa humana, especialmente quanto à sua autonomia e à sua liberdade.

> O respeito à diversidade e às especificidades populacionais existentes.

> A promoção dos valores éticos, culturais e de cidadania do povo brasileiro, reconhecendo-os como fatores de proteção para o uso indevido de drogas e outros comportamentos correlacionados.

> A promoção de consensos nacionais, de ampla participação social, para o estabelecimento dos fundamentos e estratégias do Sisnad.

> A promoção da responsabilidade compartilhada entre Estado e Sociedade, reconhecendo a importância da participação social nas atividades do Sisnad.

LEI Nº 11.343/2006 - SISTEMA NACIONAL DE POLÍTICAS PÚBLICAS SOBRE DROGAS (SISNAD)

> O reconhecimento da intersetorialidade dos fatores correlacionados com o uso indevido de drogas, com a sua produção não autorizada e o seu tráfico ilícito.

> A integração das estratégias nacionais e internacionais de prevenção do uso indevido, atenção e reinserção social de usuários e dependentes de drogas e de repressão à sua produção não autorizada e ao seu tráfico ilícito.

> A articulação com os órgãos do Ministério Público e dos Poderes Legislativo e Judiciário visando à cooperação mútua nas atividades do Sisnad.

> A adoção de abordagem multidisciplinar que reconheça a interdependência e a natureza complementar das atividades de prevenção do uso indevido, atenção e reinserção social de usuários e dependentes de drogas, repressão da produção não autorizada e do tráfico ilícito de drogas.

> A observância do equilíbrio entre as atividades de prevenção do uso indevido, atenção e reinserção social de usuários e dependentes de drogas e de repressão à sua produção não autorizada e ao seu tráfico ilícito, visando a garantir a estabilidade e o bem-estar social.

> A observância às orientações e normas emanadas do Conselho Nacional Antidrogas - Conad.

Objetivos do sisnad

> Contribuir para a inclusão social do cidadão, visando a torná-lo menos vulnerável a assumir comportamentos de risco para o uso indevido de drogas, seu tráfico ilícito e outros comportamentos correlacionados.

> Promover a construção e a socialização do conhecimento sobre drogas no país.

> Promover a integração entre as políticas de prevenção do uso indevido, atenção e reinserção social de usuários e dependentes de drogas e de repressão à sua produção não autorizada e ao tráfico ilícito e as políticas públicas setoriais dos órgãos do Poder Executivo da União, Distrito Federal, Estados e Municípios.

> Assegurar as condições para a coordenação, a integração e a articulação das atividades de prevenção e repreensão.

Da composição e da organização do sistema nacional de políticas públicas sobre drogas

A organização do Sisnad assegura a orientação central e a execução descentralizada das atividades realizadas em seu âmbito, nas esferas federal, distrital, estadual e municipal e se constitui matéria definida no regulamento desta Lei.

Da coleta, análise e disseminação de informações sobre drogas

As instituições com atuação nas áreas da atenção à saúde e da assistência social, que atendam usuários ou dependentes de drogas, devem comunicar ao órgão competente do respectivo sistema municipal de saúde os casos atendidos e os óbitos ocorridos, preservando a identidade das pessoas, conforme orientações emanadas da União.

Os dados estatísticos nacionais de repressão ao tráfico ilícito de drogas integrarão sistema de informações do Poder Executivo.

22.3 Das Atividades de Prevenção do Uso Indevido, Atenção e Reinserção Social de Usuários e Dependentes de Drogas

Da prevenção

Constituem atividades de prevenção do uso indevido de drogas, para efeito desta Lei, aquelas direcionadas para a redução dos fatores de vulnerabilidade e risco e para a promoção e o fortalecimento dos fatores de proteção.

As atividades de prevenção do uso indevido de drogas devem observar os seguintes princípios e diretrizes:

> O reconhecimento do uso indevido de drogas como fator de interferência na qualidade de vida do indivíduo e na sua relação com a comunidade à qual pertence.

> A adoção de conceitos objetivos e de fundamentação científica como forma de orientar as ações dos serviços públicos comunitários e privados e de evitar preconceitos e estigmatização das pessoas e dos serviços que as atendam.

> O fortalecimento da autonomia e da responsabilidade individual em relação ao uso indevido de drogas.

> O compartilhamento de responsabilidades e a colaboração mútua com as instituições do setor privado e com os diversos segmentos sociais, incluindo usuários e dependentes de drogas e respectivos familiares, por meio do estabelecimento de parcerias.

> A adoção de estratégias preventivas diferenciadas e adequadas às especificidades socioculturais das diversas populações, bem como das diferentes drogas utilizadas; o reconhecimento do "não uso", do "retardamento do uso" e da redução de riscos como resultados desejáveis das atividades de natureza preventiva, quando da definição dos objetivos a serem alcançados.

> O tratamento especial dirigido às parcelas mais vulneráveis da população, levando em consideração as suas necessidades específicas.

> A articulação entre os serviços e organizações que atuam em atividades de prevenção do uso indevido de drogas e a rede de atenção a usuários e dependentes de drogas e respectivos familiares.

> O investimento em alternativas esportivas, culturais, artísticas, profissionais, entre outras, como forma de inclusão social e de melhoria da qualidade de vida.

> O estabelecimento de políticas de formação continuada na área da prevenção do uso indevido de drogas para profissionais de educação nos três níveis de ensino.

- A implantação de projetos pedagógicos de prevenção do uso indevido de drogas, nas instituições de ensino público e privado, alinhados às Diretrizes Curriculares Nacionais e aos conhecimentos relacionados a drogas.
- A observância das orientações e normas emanadas do Conad.
- O alinhamento às diretrizes dos órgãos de controle social de políticas setoriais específicas.

As atividades de prevenção do uso indevido de drogas dirigidas à criança e ao adolescente deverão estar em consonância com as diretrizes emanadas pelo Conselho Nacional dos Direitos da Criança e do Adolescente - Conanda.

Das atividades de atenção e de reinserção social de usuários ou dependentes de drogas

Constituem atividades de atenção ao usuário e dependente de drogas e respectivos familiares, para efeito desta Lei, aquelas que visem à melhoria da qualidade de vida e à redução dos riscos e dos danos associados ao uso de drogas.

Constituem atividades de reinserção social do usuário ou do dependente de drogas e respectivos familiares, para efeito desta Lei, aquelas direcionadas para sua integração ou reintegração em redes sociais.

As atividades de atenção e as de reinserção social do usuário e do dependente de drogas e respectivos familiares devem observar os seguintes princípios e diretrizes:

- Respeito ao usuário e ao dependente de drogas, independentemente de quaisquer condições, observados os direitos fundamentais da pessoa humana, os princípios e diretrizes do Sistema Único de Saúde e da Política Nacional de Assistência Social.
- A adoção de estratégias diferenciadas de atenção e reinserção social do usuário e do dependente de drogas e respectivos familiares que considerem as suas peculiaridades socioculturais.
- Definição de projeto terapêutico individualizado, orientado para a inclusão social e para a redução de riscos e de danos sociais e à saúde.
- Atenção ao usuário ou dependente de drogas e aos respectivos familiares, sempre que possível, de forma multidisciplinar e por equipes multiprofissionais.
- Observância das orientações e normas emanadas do Conad.
- O alinhamento às diretrizes dos órgãos de controle social de políticas setoriais específicas.

As redes dos serviços de saúde da União, dos Estados, do Distrito Federal, dos Municípios desenvolverão programas de atenção ao usuário e ao dependente de drogas, respeitadas as diretrizes do Ministério da Saúde e os princípios acima explicitados, obrigatória a previsão orçamentária adequada.

A União, os Estados, o Distrito Federal e os Municípios poderão conceder benefícios às instituições privadas que desenvolverem programas de reinserção no mercado de trabalho, do usuário e do dependente de drogas encaminhados por órgão oficial.

As instituições da sociedade civil, sem fins lucrativos, com atuação nas áreas da atenção à saúde e da assistência social, que atendam usuários ou dependentes de drogas poderão receber recursos do Funad, condicionados à sua disponibilidade orçamentária e financeira.

O usuário e o dependente de drogas que, em razão da prática de infração penal, estiverem cumprindo pena privativa de liberdade ou submetidos à medida de segurança, têm garantidos os serviços de atenção à sua saúde, definidos pelo respectivo sistema penitenciário.

Dos crimes e das penas

Essas penas poderão ser aplicadas isolada ou cumulativamente, bem como substituídas a qualquer tempo, ouvidos o Ministério Público e o defensor.

Posse para uso pessoal (Art. 28)

Quem adquirir, guardar, tiver em depósito, transportar ou trouxer consigo, para consumo pessoal, drogas sem autorização ou em desacordo com determinação legal ou regulamentar será submetido às seguintes penas:

- Advertência sobre os efeitos das drogas.
- Prestação de serviços à comunidade (prazo máximo de 5 meses; em caso de reincidência → até 10 meses).
- Medida educativa de comparecimento a programa ou curso educativo (prazo máximo de 5 meses; em caso de reincidência → até 10 meses).

Às mesmas medidas submete-se quem, para seu consumo pessoal, semeia, cultiva ou colhe plantas destinadas à preparação de pequena quantidade de substância ou produto capaz de causar dependência física ou psíquica.

Para determinar se a droga destinava-se a consumo pessoal, o Juiz atenderá à natureza e à quantidade da substância apreendida, ao local e às condições em que se desenvolveu a ação, às circunstâncias sociais e pessoais, bem como à conduta e aos antecedentes do agente.

A prestação de serviços à comunidade será cumprida em programas comunitários, entidades educacionais ou assistenciais, hospitais, estabelecimentos congêneres, públicos ou privados sem fins lucrativos, que se ocupem, preferencialmente, da prevenção do consumo ou da recuperação de usuários e dependentes de drogas.

Para garantia do cumprimento das medidas educativas a que se refere essa lei (penas aplicadas aos usuários), a que injustificadamente se recuse o agente, poderá o juiz submetê-lo, sucessivamente a:

- Admoestação verbal.
- Multa.

O juiz determinará ao Poder Público que coloque à disposição do infrator, gratuitamente, estabelecimento de saúde, preferencialmente ambulatorial, para tratamento especializado.

Na imposição da pena de medida educativa de multa (em caso de recusa injustificada) o juiz, atendendo à reprovabilidade da conduta, fixará o número de dias-multa, em quantidade nunca inferior a 40 nem superior a 100, atribuindo depois a cada um, segundo a capacidade econômica do agente, o valor de um trinta avos (1/30) até três vezes o valor do maior salário-mínimo.

Os valores decorrentes da imposição dessa multa serão creditados à conta do Fundo Nacional Antidrogas.

Prescrevem em dois anos a imposição e a execução das penas, observado, no tocante à interrupção do prazo, o disposto nos Arts. 107 e seguintes do Código Penal.

22.4 Da Repressão à Produção não Autorizada e ao Tráfico Ilícito de Drogas

Disposições gerais

É indispensável a licença prévia da autoridade competente para produzir, extrair, fabricar, transformar, preparar, possuir, manter em depósito, importar, exportar, reexportar, remeter, transportar, expor, oferecer, vender, comprar, trocar, ceder ou adquirir, para qualquer fim, drogas ou matéria-prima destinada à sua preparação, observadas as demais exigências legais.

As plantações ilícitas serão imediatamente destruídas pelo delegado de polícia (incineração, em no máximo 30 dias da apreensão) que recolherá quantidade suficiente para exame pericial, de tudo lavrando auto de levantamento das condições encontradas, com a delimitação do local, asseguradas as medidas necessárias para a preservação da prova.

Em caso de ser utilizada a queimada para destruir a plantação, observar-se-á, além das cautelas necessárias à proteção ao meio ambiente, o disposto no Decreto nº 2.661, de 8 de julho de 1998, no que couber, dispensada a autorização prévia do órgão próprio do Sistema Nacional do Meio Ambiente - Sisnama.

As glebas cultivadas com plantações ilícitas serão expropriadas, conforme o disposto no Art. 243 da Constituição Federal, de acordo com a legislação em vigor.

Dos crimes

Tráfico de drogas

Importar, exportar, remeter, preparar, produzir, fabricar, adquirir, vender, expor à venda, oferecer, ter em depósito, transportar, trazer consigo, guardar, prescrever, ministrar, entregar a consumo ou fornecer drogas, ainda que gratuitamente, sem autorização ou em desacordo com determinação legal ou regulamentar.

Pena: reclusão de 5 a 15 anos e pagamento de 500 a 1.500 dias-multa.

É possível caracterizar o crime de tráfico de drogas com as seguintes peculiaridades:

> vale lembrar que **não é preciso** obter lucro para o cometimento desse crime;
> trata-se de um **crime vago e misto alternativo**;
> é um **crime congruente**, visto que não há um fim específico.

De acordo com os tribunais superiores, como a saúde pública é o bem jurídico tutelado por essa lei, NÃO se admite o princípio da insignificância!

Classificação: crime comum ou próprio (prescrever, ministrar), formal ou material (deve haver apreensão da droga), permanente, de perigo abstrato.

Bem Jurídico Tutelado: Saúde Pública.

Consumação e Tentativa: o momento consumativo ocorre com a conduta antecipada, dispensando-se o resultado naturalístico. A tentativa é admitida.

O STJ tem entendimento de que haverá tráfico de drogas consumado quando ocorrer a negociação telefônica e a posterior apreensão das drogas antes mesmo de chegar a seu destinatário.

Crimes equiparados ao tráfico de drogas

Nas mesmas penas incorre quem:

> Importa, exporta, remete, produz, fabrica, adquire, vende, expõe à venda, oferece, fornece, tem em depósito, transporta, traz consigo ou guarda, ainda que gratuitamente, sem autorização ou em desacordo com determinação legal ou regulamentar, matéria-prima, insumo ou produto químico destinado à preparação de drogas.

> Semeia, cultiva ou faz a colheita, sem autorização ou em desacordo com determinação legal ou regulamentar, de plantas que se constituam em matéria-prima para a preparação de drogas.

> Utiliza local ou bem de qualquer natureza de que tem a propriedade, posse, administração, guarda ou vigilância, ou consente que outrem dele se utilize, ainda que gratuitamente, sem autorização ou em desacordo com determinação legal ou regulamentar, para o tráfico ilícito de drogas.

Tráfico Privilegiado: essas penas (itens 1 e 2) poderão ser reduzidas de 1/6 a 2/3, desde que o agente seja primário, de bons antecedentes, não se dedique às atividades criminosas nem integre organização criminosa[35].

Maquinário, aparelho, instrumento ou objetos destinados a preparação (art. 34)

Fabricar, adquirir, utilizar, transportar, oferecer, vender, distribuir, entregar a qualquer título, possuir, guardar ou fornecer, ainda que gratuitamente, maquinário, aparelho, instrumento ou qualquer objeto destinado à fabricação, preparação, produção ou transformação de drogas, sem autorização ou em desacordo com determinação legal ou regulamentar.

Pena: reclusão, de 3 a 10 anos, e pagamento de 1.200 a 2.000 dias-multa.

---

35 De acordo com a resolução 5 do Senado Federal, a parte desse dispositivo que dizia ser vedada a conversão em penas restritivas de direitos foi suspensa. Dessa forma, a pena privativa de liberdade pode ser convertida em restritiva de direitos.

Associação para o tráfico (art. 35)

Art. 35. *Associarem-se* **DUAS OU MAIS PESSOAS** *para o fim de praticar,* **REITERADAMENTE OU NÃO***, qualquer dos crimes previstos nos arts. 33, caput e § 1º, e 34 desta Lei.*

Pena *- reclusão, de 3 (três) a 10 (dez) anos, e pagamento de 700 (setecentos) a 1.200 (mil e duzentos) dias-multa.*

Diferente do artigo 288 do CP, o qual caracteriza associação criminosa a junção de 3 ou mais pessoas com a finalidade de cometer crimes, aqui o mínimo de pessoas não é 3, mas 2 pessoas. Por isso, vale lembrar que se trata de um crime plurissubjetivo.

Nesse artigo somente cabem as hipóteses previstas de tráfico + condutas equiparadas + tráfico de maquinário, lembrando que o cometimento de crimes pode ser **REITERADO OU NÃO**. Por se tratar de crime autônomo, ocorrendo qualquer outro crime, estar-se-á diante de concurso material de infrações penais. Exige-se também a estabilidade e a permanência para a configuração desse crime (STJ).

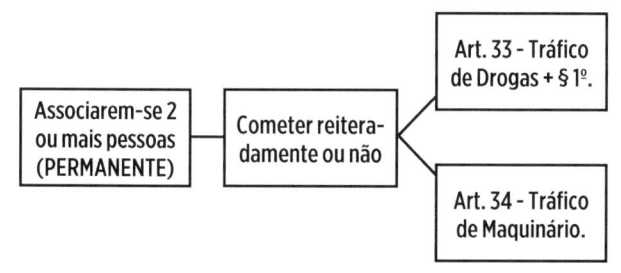

```
Associarem-se 2      Cometer reitera-     Art. 33 - Tráfico
ou mais pessoas  →   damente ou não   →   de Drogas + § 1º.
(PERMANENTE)                              
                                          Art. 34 - Tráfico
                                          de Maquinário.
```

É alvo de provas também a possibilidade de acumular esse crime com o tráfico. A doutrina afirma que **HÁ POSSIBILIDADE** plena do concurso entre associação para o tráfico e o tráfico de drogas, caracterizando concurso material de crimes.

NOTA: para o cometimento desse crime, é preciso combinar a ação criminosa, sendo o fato ocasional descaracterizado em tal tipo penal.

FORMA EQUIPARADA

Parágrafo único. Nas mesmas penas do caput deste artigo incorre quem se associa para a **PRÁTICA REITERADA** do crime definido no art. 36 desta Lei.

O parágrafo único penaliza a conduta de quem **se associa para a prática reiterada** do custeio ou financiamento do tráfico de drogas ou de maquinário. É a chamada figura equiparada do caput, mas divergindo apenas na finalidade reiterada de financiamento.

```
Associarem-se 2                         Art. 36 - Financiamen-
ou mais pessoas  →  Reiteradam-ente  →  to e custeio do tráfico
(permanente)                            (Art. 31 + § 1º + Art. 34).
```

Colaborador do tráfico (art. 37)

Colaborar, como informante, com grupo, organização ou associação destinados à prática de qualquer dos crimes previstos nos itens 1, 2 e 3, e também do crime previsto no item 6 (financiar ou custear).

Pena: reclusão, de 2 a 6 anos, e pagamento de 300 a 700 dias-multa.

financiamento ou custeio do tráfico (art. 36)

Financiar ou custear a prática de qualquer dos crimes previstos nos arts. 33, caput e § 1º, e 34 desta Lei.

Pena - reclusão, de 8 (oito) a 20 (vinte) anos, e pagamento de 1.500 (mil e quinhentos) a 4.000 (quatro mil) dias-multa.

Nesse artigo, o custeio ou financiamento tem que ser relevante, e o financiamento ou custeio deve ser reiterado (habitual), por isso NÃO admite tentativa. Se o financiamento for ocasional, o agente se enquadra no Art. 33 com aumento de pena (Art. 40).

As condutas consideradas (equiparadas) tráfico e, por conseguinte, consideradas como crime hediondo são apenas o caput do artigo 33 + §1º + Art. 36 (Doutrina)!

Assunto bastante interessante julgado pelo STJ foi a questão do autofinanciamento. O STJ entendeu que, na hipótese de autofinanciamento do tráfico, não há concurso material entre os crimes de tráfico e o Art. 36, sobressaindo, neste caso, o Art. 33 com aumento de pena previsto no Art. 40, VII (1/6 a 2/3).

Causa de Aumento de Pena (Art. 40)

As penas dos itens 1 ao 6 são aumentadas de um sexto a dois terços (1/6 a 2/3), se:

> A natureza, a procedência da substância ou do produto apreendido e as circunstâncias do fato evidenciarem a transnacionalidade do delito.

> O agente praticar o crime prevalecendo-se de função pública ou no desempenho de missão de educação, poder familiar, guarda ou vigilância.

> A infração tiver sido cometida nas dependências ou imediações de estabelecimentos prisionais, de ensino ou hospitalares, de sedes de entidades estudantis, sociais, culturais, recreativas, esportivas, ou beneficentes, de locais de trabalho coletivo, de recintos onde se realizem espetáculos ou diversões de qualquer natureza, de serviços de tratamento de dependentes de drogas ou de reinserção social, de unidades militares ou policiais ou em transportes públicos.

> O crime tiver sido praticado com violência, grave ameaça, emprego de arma de fogo, ou qualquer processo de intimidação difusa ou coletiva.

> Caracterizado o tráfico entre Estados da Federação ou entre estes e o Distrito Federal.

> Sua prática envolver ou visar a atingir criança ou adolescente ou a quem tenha, por qualquer motivo, diminuída ou suprimida a capacidade de entendimento e determinação.

> O agente financiar ou custear a prática do crime.

Esses crimes (itens 1 ao 6) são inafiançáveis e insuscetíveis de sursis, graça, indulto, anistia e liberdade provisória, vedada a conversão de suas penas em restritivas de direitos.

Nesses crimes, dar-se-á o livramento condicional após o cumprimento de dois terços da pena, vedada sua concessão ao reincidente específico.

NOÇÕES DE DIREITO PENAL, PROCESSUAL PENAL E LEGISLAÇÃO EXTRAVAGANTE

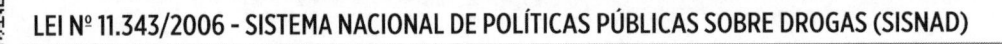

Induzimento ou auxílio ao consumo indevido de droga (art. 33, §2º)

Induzir, instigar ou auxiliar alguém ao uso indevido de droga[36]:

Pena: detenção, de 1 a 3 anos, e multa de 100 a 300 dias-multa.

Oferecimento de droga para consumo em conjunto (art. 33, §3º)

Oferecer droga, eventualmente e sem objetivo de lucro, à pessoa de seu relacionamento para juntos a consumirem:

Pena: detenção, de 6 meses a 1 ano, e pagamento de 700 a 1.500 dias-multa, sem prejuízo das penas previstas para usuários.

Prescrição ou ministração culposa de drogas (art. 38)

Prescrever ou ministrar, culposamente, drogas, sem que delas necessite o paciente, ou fazê-lo em doses excessivas ou em desacordo com determinação legal ou regulamentar:

Pena: detenção, de 6 meses a 2 anos, e pagamento de 50 a 200 dias-multa.

O juiz comunicará a condenação ao Conselho Federal da categoria profissional a que pertença o agente.

Condução de embarcação ou aeronave pós-consumo de drogas (art. 39)

Conduzir embarcação ou aeronave após o consumo de drogas, expondo a dano potencial a incolumidade de outrem:

Pena: detenção, de 6 meses a 3 anos, além da apreensão do veículo, cassação da habilitação respectiva ou proibição de obtê-la, pelo mesmo prazo da pena privativa de liberdade aplicada, e pagamento de 200 a 400 dias-multa.

As penas de prisão e multa, aplicadas cumulativamente com as demais, serão de 4 a 6 anos e de 400 a 600 dias-multa, se o veículo for de transporte coletivo de passageiros.

O indiciado ou acusado que colaborar voluntariamente com a investigação policial e o processo criminal na identificação dos demais coautores ou partícipes do crime e na recuperação total ou parcial do produto do crime, no caso de condenação, terá pena reduzida de um terço a dois terços.

O juiz, na fixação das penas, considerará, com preponderância sobre o previsto no Art. 59 do Código Penal, a natureza e a quantidade da substância ou do produto, a personalidade e a conduta social do agente.

Na fixação da multa, o juiz, atendendo ao acima disposto para fixação das penas, determinará o número de dias-multa, atribuindo a cada um, segundo as condições econômicas dos acusados, valor não inferior a um trinta avos nem superior a cinco vezes o maior salário-mínimo.

As multas, que em caso de concurso de crimes serão impostas sempre cumulativamente, podem ser aumentadas até o décuplo se, em virtude da situação econômica do acusado, considerá-las o juiz ineficazes, ainda que aplicadas no máximo.

É isento de pena o agente que, em razão da dependência ou sob o efeito, proveniente de caso fortuito ou força maior, de droga, era, ao tempo da ação ou da omissão, qualquer que tenha sido a infração penal praticada, inteiramente incapaz de entender o caráter ilícito do fato ou de determinar-se de acordo com esse entendimento.

Quando absolver o agente, reconhecendo, por força pericial, que este apresentava, à época do fato, as condições acima referidas, poderá determinar o juiz, na sentença, o seu encaminhamento para tratamento médico adequado.

As penas podem ser reduzidas de um terço a dois terços se, por força das circunstâncias previstas para isenção de pena (acima estudadas), o agente não possuía, ao tempo da ação ou da omissão, a plena capacidade de entender o caráter ilícito do fato ou de determinar-se de acordo com esse entendimento.

Na sentença condenatória, o juiz, com base em avaliação que ateste a necessidade de encaminhamento do agente para tratamento, realizada por profissional de saúde com competência específica na forma da lei, determinará que a tal se proceda, observado o disposto no Art. 26 desta Lei. (*O usuário e o dependente de drogas que, em razão da prática de infração penal, estiverem cumprindo pena privativa de liberdade ou submetidos a medida de segurança, têm garantidos os serviços de atenção à sua saúde, definidos pelo respectivo sistema penitenciário.*)

Do procedimento penal

O procedimento relativo aos processos por crimes definidos neste Título rege-se pelo a seguir, aplicando-se, subsidiariamente, as disposições do Código de Processo Penal e da Lei de Execução Penal.

O agente de qualquer das condutas previstas no Art. 28 desta Lei (adquirir, guardar, tiver em depósito, transportar ou trouxer consigo, para consumo pessoal, drogas sem autorização ou em desacordo com determinação legal ou regulamentar), salvo se houver concurso com os crimes previstos nos itens 1 a 8 do tópico anterior, será processado e julgado na forma dos Arts. 60 e seguintes da Lei nº 9.099, de 26 de setembro de 1995, que dispõe sobre os Juizados Especiais Criminais.

Tratando-se da conduta prevista no Art. 28 (acima citado) desta Lei, não se imporá prisão em flagrante, devendo o autor do fato ser imediatamente encaminhado ao juízo competente ou, na falta deste, assumir o compromisso de a ele comparecer, lavrando-se termo circunstanciado e providenciando-se as requisições dos exames e perícias necessários.

Se ausente a autoridade judicial, as providências acima previstas serão tomadas de imediato pela autoridade policial, no local em que se encontrar, vedada a detenção do agente.

Concluídos esses procedimentos (encaminhamento ao juízo), o agente será submetido a exame de corpo de delito, se o requerer ou se a autoridade de polícia judiciária entender conveniente, e em seguida liberado.

---

36 ADI nº 4.274 (STF) O Tribunal, por unanimidade e nos termos do voto do Relator, julgou procedente a ação direta para dar ao § 2º do Art. 33 da Lei nº 11.343/2006 interpretação conforme à Constituição, para dele excluir qualquer significado que enseje a proibição de manifestações e debates públicos acerca da descriminalização ou legalização do uso de drogas ou de qualquer substância que leve o ser humano ao entorpecimento episódico, ou então viciado, das suas faculdades psicofísicas.

Para os fins do disposto no Art. 76 da Lei nº 9.099, de 1995, que dispõe sobre os Juizados Especiais Criminais, o Ministério Público poderá propor a aplicação imediata de pena prevista no Art. 28 (acima citado) desta Lei, a ser especificada na proposta.

Tratando-se de condutas tipificadas nos itens 1 ao 6 do tópico anterior, o juiz, sempre que as circunstâncias o recomendem, empregará os instrumentos protetivos de colaboradores e testemunhas previstos na Lei nº 9.807, de 13 de julho de 1999.

Da investigação

Ocorrendo prisão em flagrante, a autoridade de polícia judiciária fará, imediatamente, comunicação ao juiz competente, remetendo-lhe cópia do auto lavrado, do qual será dada vista ao órgão do Ministério Público, em 24 horas.

Para efeito da lavratura do auto de prisão em flagrante e estabelecimento da materialidade do delito, é suficiente o laudo de constatação da natureza e quantidade da droga, firmado por perito oficial ou, na falta deste, por pessoa idônea.

O perito que subscrever esse laudo não ficará impedido de participar da elaboração do laudo definitivo.

Recebida cópia do auto de prisão em flagrante, o juiz, no prazo de 10 dias, certificará a regularidade formal do laudo de constatação e determinará a destruição das drogas apreendidas, guardando-se amostra necessária à realização do laudo definitivo.

A destruição das drogas será executada pelo delegado de polícia competente no prazo de 15 dias na presença do Ministério Público e da autoridade sanitária.

O local será vistoriado antes e depois de efetivada a destruição das drogas, sendo lavrado auto circunstanciado pelo delegado de polícia, certificando-se neste a destruição total delas.

A destruição de drogas apreendidas sem a ocorrência de prisão em flagrante será feita por incineração, no prazo máximo de 30 dias contado da data da apreensão, guardando-se amostra necessária à realização do laudo definitivo, aplicando-se, no que couber, o procedimento de destruição acima citado.

O inquérito policial será concluído no prazo de 30 dias, se o indiciado estiver preso, e de 90 dias, quando solto. Esses prazos podem ser duplicados pelo juiz, ouvido o Ministério Público, mediante pedido justificado da autoridade de polícia judiciária.

Findos esses prazos, a autoridade de polícia judiciária, remetendo os autos do inquérito ao juízo:

> relatará sumariamente as circunstâncias do fato, justificando as razões que a levaram à classificação do delito, indicando a quantidade e natureza da substância ou do produto apreendido, o local e as condições em que se desenvolveu a ação criminosa, as circunstâncias da prisão, a conduta, a qualificação e os antecedentes do agente; ou

> requererá sua devolução para a realização de diligências necessárias.

A remessa dos autos far-se-á sem prejuízo de diligências complementares:

> Necessárias ou úteis à plena elucidação do fato, cujo resultado deverá ser encaminhado ao juízo competente até três dias antes da audiência de instrução e julgamento.

> Necessárias ou úteis à indicação dos bens, direitos e valores de que seja titular o agente, ou que figurem em seu nome, cujo resultado deverá ser encaminhado ao juízo competente até três dias antes da audiência de instrução e julgamento.

Em qualquer fase da persecução criminal relativa aos crimes previstos nesta Lei, são permitidos, além dos previstos em lei, mediante autorização judicial e ouvido o Ministério Público, os seguintes procedimentos investigatórios:

> A infiltração por agentes de polícia, em tarefas de investigação, constituída pelos órgãos especializados pertinentes.

> A não atuação policial sobre os portadores de drogas, seus precursores químicos ou outros produtos utilizados em sua produção, que se encontrem no território brasileiro, com a finalidade de identificar e responsabilizar maior número de integrantes de operações de tráfico e distribuição, sem prejuízo da ação penal cabível.

» Nessa hipótese, a autorização será concedida desde que sejam conhecidos o itinerário provável e a identificação dos agentes do delito ou de colaboradores.

Da instrução criminal

Recebidos em juízo os autos do inquérito policial, de Comissão Parlamentar de Inquérito ou peças de informação, dar-se-á vista ao Ministério Público para, no prazo de dez dias, adotar uma das seguintes providências:

> Requerer o arquivamento.
> Requisitar as diligências que entender necessárias.
> Oferecer denúncia, arrolar até cinco testemunhas e requerer as demais provas que entender pertinentes.

Oferecida a denúncia, o juiz ordenará a notificação do acusado para oferecer defesa prévia, por escrito, no prazo de dez dias.

Na resposta, consistente em defesa preliminar e exceções, o acusado poderá arguir preliminares e invocar todas as razões de defesa, oferecer documentos e justificações, especificar as provas que pretende produzir e arrolar até cinco testemunhas.

As exceções serão processadas em apartado, nos termos dos Arts. 95 a 113 do Decreto-Lei nº 3.689, de 3 de outubro de 1941 - Código de Processo Penal.

Se a resposta não for apresentada no prazo, o juiz nomeará defensor para oferecê-la em dez dias, concedendo-lhe vista dos autos no ato de nomeação.

Apresentada a defesa, o juiz decidirá em cinco dias.

Se entender imprescindível, o juiz, no prazo máximo de dez dias, determinará a apresentação do preso, realização de diligências, exames e perícias.

Recebida a denúncia, o juiz designará dia e hora para a audiência de instrução e julgamento, ordenará a citação pessoal do acusado, a intimação do Ministério Público, do assistente, se for o caso, e requisitará os laudos periciais.

Tratando-se de condutas tipificadas como infração do disposto nos itens 1 a 6 do tópico anterior, o juiz, ao receber a denúncia, poderá decretar o afastamento cautelar do denunciado de suas atividades, se for funcionário público, comunicando ao órgão respectivo.

Essa audiência será realizada dentro dos 30 dias seguintes ao recebimento da denúncia, salvo se determinada a realização de avaliação para atestar dependência de drogas, quando se realizará em 90 dias.

Na audiência de instrução e julgamento, após o interrogatório do acusado e a inquirição das testemunhas, será dada a palavra, sucessivamente, ao representante do Ministério Público e ao defensor do acusado, para sustentação oral, pelo prazo de 20 minutos para cada um, prorrogável por mais dez minutos, a critério do juiz.

Após proceder ao interrogatório, o juiz indagará das partes se restou algum fato para ser esclarecido, formulando as perguntas correspondentes se o entender pertinente e relevante.

Encerrados os debates, proferirá o juiz sentença de imediato, ou o fará em dez dias, ordenando que os autos para isso lhe sejam conclusos.

Nos crimes dos itens 1 ao 6 do capítulo anterior o réu não poderá apelar sem recolher-se à prisão, salvo se for primário e de bons antecedentes, assim reconhecido na sentença condenatória.

Da apreensão, arrecadação e destinação de bens do acusado

O juiz, de ofício, a requerimento do Ministério Público ou mediante representação da autoridade de polícia judiciária, ouvido o Ministério Público, havendo indícios suficientes, poderá decretar, no curso do inquérito ou da ação penal, a apreensão e outras medidas assecuratórias relacionadas aos bens móveis e imóveis ou valores consistentes em produtos dos crimes previstos nesta Lei, ou que constituam proveito auferido com sua prática, procedendo-se na forma dos Arts. 125 a 144 do Decreto-Lei nº 3.689, de 3 de outubro de 1941 - Código de Processo Penal.

Decretadas quaisquer dessas medidas, o juiz facultará ao acusado que, no prazo de cinco dias, apresente ou requeira a produção de provas acerca da origem lícita do produto, bem ou valor objeto da decisão.

Provada a origem lícita do produto, bem ou valor, o juiz decidirá pela sua liberação.

Nenhum pedido de restituição será conhecido sem o comparecimento pessoal do acusado, podendo o juiz determinar a prática de atos necessários à conservação de bens, direitos ou valores.

A ordem de apreensão ou sequestro de bens, direitos ou valores poderá ser suspensa pelo juiz, ouvido o Ministério Público, quando a sua execução imediata possa comprometer as investigações.

Não havendo prejuízo para a produção da prova dos fatos e comprovado o interesse público ou social, mediante autorização do juízo competente, ouvido o Ministério Público e cientificada a Senad, os bens apreendidos poderão ser utilizados pelos órgãos ou pelas entidades que atuam na prevenção do uso indevido, na atenção e reinserção social de usuários e dependentes de drogas e na repressão à produção não autorizada e ao tráfico ilícito de drogas, exclusivamente no interesse dessas atividades.

Recaindo a autorização sobre veículos, embarcações ou aeronaves, o juiz ordenará à autoridade de trânsito, ou ao equivalente órgão de registro e controle, a expedição de certificado provisório de registro e licenciamento, em favor da instituição à qual tenha deferido o uso, ficando esta livre do pagamento de multas, encargos e tributos anteriores, até o trânsito em julgado da decisão que decretar o seu perdimento em favor da União.

Os veículos, embarcações, aeronaves e quaisquer outros meios de transporte, os maquinários, utensílios, instrumentos e objetos de qualquer natureza, utilizados para a prática dos crimes definidos nesta Lei, após a sua regular apreensão, ficarão sob custódia da autoridade de polícia judiciária, excetuadas as armas, que serão recolhidas na forma de legislação específica.

Comprovado o interesse público na utilização de qualquer dos bens acima mencionados, a autoridade de polícia judiciária poderá deles fazer uso, sob sua responsabilidade e com o objetivo de sua conservação, mediante autorização judicial, ouvido o Ministério Público.

Feita essa apreensão acima referida, e tendo recaído sobre dinheiro ou cheques emitidos como ordem de pagamento, a autoridade de polícia judiciária que presidir o inquérito deverá, de imediato, requerer ao juízo competente a intimação do Ministério Público.

Intimado, o Ministério Público deverá requerer ao juízo, em caráter cautelar, a conversão do numerário apreendido em moeda nacional, se for o caso, a compensação dos cheques emitidos após a instrução do inquérito, com cópias autênticas dos respectivos títulos, e o depósito das correspondentes quantias em conta judicial, juntando-se aos autos o recibo.

Após a instauração da competente ação penal, o Ministério Público, mediante petição autônoma, requererá ao juízo competente que, em caráter cautelar, proceda à alienação dos bens apreendidos, excetuados aqueles que a União, por intermédio da Senad, indicar para serem colocados sob uso e custódia da autoridade de polícia judiciária, de órgãos de inteligência ou militares, envolvidos nas ações de prevenção ao uso indevido de drogas e operações de repressão à produção não autorizada e ao tráfico ilícito de drogas, exclusivamente no interesse dessas atividades.

Excluídos esses casos acima, o requerimento de alienação deverá conter a relação de todos os demais bens apreendidos, com a descrição e a especificação de cada um deles, e informações sobre quem os tem sob custódia e o local onde se encontram.

Requerida a alienação dos bens, a respectiva petição será autuada em apartado, cujos autos terão tramitação autônoma em relação aos da ação penal principal.

Autuado o requerimento de alienação, os autos serão conclusos ao juiz, que, verificada a presença de nexo de instrumentalidade entre o delito e os objetos utilizados para a sua prática e risco de perda de valor econômico pelo decurso do tempo, determinará a avaliação dos bens relacionados, cientificará a Senad e intimará a União, o Ministério Público e o interessado, este, se for o caso, por edital com prazo de cinco dias.

Feita a avaliação e dirimidas eventuais divergências sobre o respectivo laudo, o juiz, por sentença, homologará o valor atribuído aos bens e determinará sejam alienados em leilão.

Realizado o leilão, permanecerá depositada em conta judicial a quantia apurada, até o final da ação penal respectiva, quando será transferida ao Funad, juntamente com os demais valores.

Terão apenas efeito devolutivo os recursos interpostos contra as decisões proferidas no curso do procedimento previsto neste artigo.

Quanto aos bens, recaindo a autorização sobre veículos, embarcações ou aeronaves, o juiz ordenará à autoridade de trânsito ou ao equivalente órgão de registro e controle a expedição de certificado provisório de registro e licenciamento, em favor da autoridade de polícia judiciária ou órgão aos quais tenha deferido o uso, ficando estes livres do pagamento de multas, encargos e tributos anteriores, até o trânsito em julgado da decisão que decretar o seu perdimento em favor da União.

Ao proferir a sentença de mérito, o juiz decidirá sobre o perdimento do produto, bem ou valor apreendido, sequestrado ou declarado indisponível.

Os valores apreendidos em decorrência dos crimes tipificados nesta Lei e que não forem objeto de tutela cautelar, após decretado o seu perdimento em favor da União, serão revertidos diretamente ao Funad.

Compete à Senad a alienação dos bens apreendidos e não leiloados em caráter cautelar, cujo perdimento já tenha sido decretado em favor da União.

A Senad poderá firmar convênios de cooperação, a fim de dar imediato cumprimento a essa alienação.

Transitada em julgado a sentença condenatória, o juiz do processo, de ofício ou a requerimento do Ministério Público, remeterá à Senad relação dos bens, direitos e valores declarados perdidos em favor da União, indicando, quanto aos bens, o local em que se encontram e a entidade ou o órgão em cujo poder estejam, para os fins de sua destinação nos termos da legislação vigente.

A União, por intermédio da Senad, poderá firmar convênio com os Estados, com o Distrito Federal e com organismos orientados para a prevenção do uso indevido de drogas, a atenção e a reinserção social de usuários ou dependentes e a atuação na repressão à produção não autorizada e ao tráfico ilícito de drogas, com vistas na liberação de equipamentos e de recursos por ela arrecadados, para a implantação e execução de programas relacionados à questão das drogas.

22.5 Da Cooperação Internacional

De conformidade com os princípios da não intervenção em assuntos internos, da igualdade jurídica e do respeito à integridade territorial dos Estados e às leis e aos regulamentos nacionais em vigor, e observado o espírito das Convenções das Nações Unidas e outros instrumentos jurídicos internacionais relacionados à questão das drogas, de que o Brasil é parte, o governo brasileiro prestará, quando solicitado, cooperação a outros países e organismos internacionais e, quando necessário, deles solicitará a colaboração, nas áreas de:

> Intercâmbio de informações sobre legislações, experiências, projetos e programas voltados para atividades de prevenção do uso indevido, de atenção e de reinserção social de usuários e dependentes de drogas.

> Intercâmbio de inteligência policial sobre produção e tráfico de drogas e delitos conexos, em especial o tráfico de armas, a lavagem de dinheiro e o desvio de precursores químicos.

> Intercâmbio de informações policiais e judiciais sobre produtores e traficantes de drogas e seus precursores químicos.

22.6 Disposições Finais e Transitórias

Para fins do conceito de drogas instituído nessa lei, até que seja atualizada a terminologia da lista mencionada no preceito, denominam-se drogas substâncias entorpecentes, psicotrópicas, precursoras e outras sob controle especial, da Portaria SVS/MS nº 344, de 12 de maio de 1998.

A liberação dos recursos previstos na Lei nº 7.560, de 19 de dezembro de 1986, em favor de Estados e do Distrito Federal, dependerá de sua adesão e respeito às diretrizes básicas contidas nos convênios firmados e do fornecimento de dados necessários à atualização do sistema previsto no Art. 17 desta Lei, pelas respectivas polícias judiciárias.

A União, os Estados, o Distrito Federal e os Municípios poderão criar estímulos fiscais e outros, destinados às pessoas físicas e jurídicas que colaborem na prevenção do uso indevido de drogas, atenção e reinserção social de usuários e dependentes e na repressão da produção não autorizada e do tráfico ilícito de drogas.

No caso de falência ou liquidação extrajudicial de empresas ou estabelecimentos hospitalares, de pesquisa, de ensino, ou congêneres, assim como nos serviços de saúde que produzirem, venderem, adquirirem, consumirem, prescreverem ou fornecerem drogas ou de qualquer outro em que existam essas substâncias ou produtos, incumbe ao juízo perante o qual tramite o feito:

> Determinar, imediatamente, à ciência da falência ou liquidação, que sejam lacradas suas instalações.

> Ordenar à autoridade sanitária competente a urgente adoção das medidas necessárias ao recebimento e guarda, em depósito, das drogas arrecadadas.

> Dar ciência ao órgão do Ministério Público, para acompanhar o feito.

Da licitação para alienação de substâncias ou produtos não proscritos referidos no inciso II do caput deste artigo, só podem participar pessoas jurídicas regularmente habilitadas na área de saúde ou de pesquisa científica que comprovem a destinação lícita a ser dada ao produto a ser arrematado.

Ressalvada a hipótese a seguir citada, o produto não arrematado será, ato contínuo à hasta pública, destruído pela autoridade sanitária, na presença dos Conselhos Estaduais sobre Drogas e do Ministério Público.

Figurando entre o praceado e não arrematadas especialidades farmacêuticas em condições de emprego terapêutico, ficarão elas depositadas sob a guarda do Ministério da Saúde, que as destinará à rede pública de saúde.

O processo e o julgamento dos crimes previstos nos itens de 1 a 6 do tópico acima estudado, se caracterizado ilícito transnacional, são da competência da Justiça Federal.

Os crimes praticados nos Municípios que não sejam sede de vara federal serão processados e julgados na vara federal da circunscrição respectiva.

Encerrado o processo penal ou arquivado o inquérito policial, o juiz, de ofício, mediante representação do delegado de polícia ou a requerimento do Ministério Público, determinará a destruição das amostras guardadas para contraprova, certificando isso nos autos.

A União poderá estabelecer convênios com os Estados e o com o Distrito Federal, visando à prevenção e à repressão do tráfico ilícito e do uso indevido de drogas, e com os Municípios, com o objetivo de prevenir o uso indevido delas e de possibilitar a atenção e reinserção social de usuários e dependentes de drogas.

Esta Lei entra em vigor 45 dias após a sua publicação (23 de agosto de 2006) e revogam-se a Lei nº 6.368, de 21 de outubro de 1976, e a Lei nº 10.409, de 11 de janeiro de 2002.

23. LEI Nº 13.869/2019 - LEI DE ABUSO DE AUTORIDADE

A lei de abuso de autoridade é o epíteto da Lei 13.869, de 5 de setembro de 2019, que possui sua base constitucional no art. 5º, inciso XXXIV, alínea "a" de nossa Magna Carta, dispositivo que trata do direito de petição em face dos Poderes Públicos em defesa de direitos contra a ilegalidade ou abuso de poder. Seu objetivo é buscar combater a arbitrariedade no exercício do poder pelos agentes públicos em geral, criminalizando uma série de condutas que anteriormente no máximo eram consideradas ilícitos administrativos.

Deve-se ter em mente, no entanto, que o conceito de "abuso de autoridade" usado pela lei refere-se ao seu conceito legal - subordinado ao princípio da legalidade penal -, sendo mais estrito que o conceito visto em Direito Administrativo em geral.

Essa nova lei revogou expressamente a Lei 4.898/1965, que tratava do mesmo assunto.

Importante observar que o prazo de "vacatio legis" (prazo para a lei entrar em vigor) previsto no art. 45 da lei é de 120 dias, contados a partir de sua publicação oficial, a qual ocorreu no dia 5 de setembro de 2019.

A lei sofreu diversos vetos pelo Presidente da República, sendo que vários deles foram derrubados pelo Congresso Nacional.

De uma certa forma polêmica, é certo que muitos dispositivos da referida lei estão sendo e serão questionados quanto à sua constitucionalidade, devendo estar-se atento a eventuais pronunciamentos do Supremo Tribunal Federal sobre a lei.

Por ser uma lei que trata diretamente da conduta de agentes públicos, deve ser bastante cobrada em provas, especialmente em carreiras policiais e jurídicas.

Para melhor clareza, estudaremos os dispositivos da lei um a um, comentando-os, desprezando-se, porém, aqueles que foram vetados pelo Presidente da República e cujo veto não foi derrubado pelo Congresso Nacional.

Disposições gerais

Art. 1º *Esta Lei define os crimes de abuso de autoridade, cometidos por agente público, servidor ou não, que, no exercício de suas funções ou a pretexto de exercê-las, abuse do poder que lhe tenha sido atribuído.*

§ 1º As condutas descritas nesta Lei constituem crime de abuso de autoridade quando praticadas pelo agente com a finalidade específica de prejudicar outrem ou beneficiar a si mesmo ou a terceiro, ou, ainda, por mero capricho ou satisfação pessoal.

§ 2º A divergência na interpretação de lei ou na avaliação de fatos e provas não configura abuso de autoridade.

O Art. 1º da Lei deixa claro que suas disposições se aplicam aos agentes públicos em geral, seja ou não servidor (vide no próximo tópico o conceito de agente público, para os efeitos dessa lei).

Por outro lado, também deixa claro que as condutas previstas na lei somente serão consideradas criminosas se forem praticadas com o dolo específico de prejudicar ou beneficiar alguém, ou quando o ato for praticado por mero capricho ou satisfação pessoal. Sendo assim, os crimes previstos na lei não admitem a modalidade culposa (que é quando o agente não tem a intenção de produzir o resultado, mas age com imprudência, imperícia ou negligência).

Por fim, especialmente visando tranquilizar o trabalho dos juízes e autoridades policiais, e até para evitar que sejam vítimas de perseguições políticas, o parágrafo 2º do art. 1º estipula que a divergência na interpretação da lei ou avaliação de fatos e provas não configura abuso de autoridade.

Sujeitos do crime

Art. 2º É sujeito ativo do crime de abuso de autoridade qualquer agente público, servidor ou não, da administração direta, indireta ou fundacional de qualquer dos Poderes da União, dos Estados, do Distrito Federal, dos Municípios e de Território, compreendendo, mas não se limitando a:

I. servidores públicos e militares ou pessoas a eles equiparadas;

II. membros do Poder Legislativo;

III. membros do Poder Executivo;

IV. membros do Poder Judiciário;

V. membros do Ministério Público;

VI. membros dos tribunais ou conselhos de contas.

Parágrafo único. Reputa-se agente público, para os efeitos desta Lei, todo aquele que exerce, ainda que transitoriamente ou sem remuneração, por eleição, nomeação, designação, contratação ou qualquer outra forma de investidura ou vínculo, mandato, cargo, emprego ou função em órgão ou entidade abrangidos pelo caput deste art..

Sujeito ativo de um crime é a pessoa que pode praticá-lo, ou seja, é aquele a quem pode ser imputada a prática do crime.

No caso dos crimes previstos na Lei de Abuso de Autoridade, todo agente público pode incorrer em suas penas, ainda que não seja servidor público, trazendo os incisos do art. 2º apenas exemplos, conforme o "caput" deixa claro, ao dizer *"compreendendo, mas não se limitando a"*.

Por sua vez, o conceito de agente público utilizado pela lei é bastante amplo, assemelhando-se àquele utilizado pela Lei de Improbidade Administrativa.

Assim, para a Lei de Abuso de Autoridade, basta que a pessoa exerça um cargo, mandato, emprego ou função em órgão da Administração Direta ou entidade da Administração Indireta, mesmo que de forma transitória ou sem remuneração, alcançando, desta forma, até mesmo trabalhadores terceirizados ou temporários.

Ação penal

Os crimes previstos na Lei de Abuso de Autoridade são de ação penal pública incondicionada.

Isso quer dizer que quem é o titular legitimado para propor a ação, processando o agente público, é o Ministério Público, não havendo sequer necessidade de representação por parte de algum ofendido. Assim, tomando o Ministério Público conhecimento da prática de ato que configure abuso de autoridade, deverá ele propor de ofício a ação penal respectiva, mesmo que ninguém o requeira.

No entanto, até em obediência à norma constitucional, a mesma lei estabelece que será admitida ação privada se a ação penal pública não for intentada no prazo legal, cabendo ao Ministério Público aditar a queixa, repudiá-la e oferecer denúncia substitutiva, intervir em todos os termos do processo, fornecer elementos de prova, interpor recurso e, a todo tempo, no caso de negligência do querelante, retomar a ação como parte principal.

Ou seja, se o Ministério Público não apresentar a ação no prazo legal, poderá o ofendido - na condição de querelante - propor ele mesmo a ação, desde que o faça, de acordo com o § 2º do Art. 3º, no prazo de 6 meses contados da data em que se esgotar o prazo para oferecimento da denúncia.

Porém, ainda que seja o particular que proponha a ação (ação privada subsidiária da pública), continua sendo o Ministério Público o seu titular, podendo ele intervir no processo, inclusive interpondo recursos e retomando a ação como parte principal, no caso de negligência do querelante.

O Art. 39 da Lei de Abuso de Autoridade estipula que, na condução da ação penal, devem ser aplicadas as normas do Código de Processo Penal e da Lei dos Juizados Especiais (Lei 9.099/95), o que, permite, por exemplo, desde que atendidos os requisitos desta última, considerar-se o crime como de pequeno potencial ofensivo e aplicar-se o "sursis" processual, suspendendo o processo respectivo.

Efeitos da condenação e penas restritivas de direitos

O Capítulo IV da Lei 13.869/19 trata dos efeitos da condenação e também das penas restritivas de direitos que poderão ser aplicadas no caso dos crimes de abuso de autoridade.

Efeitos da condenação

A lei determina em seu art. 4º que são efeitos da condenação:

a) tornar certa a obrigação de indenizar o dano causado pelo crime, devendo o juiz, a requerimento do ofendido, fixar na sentença o valor mínimo para reparação dos danos causados pela infração, considerando os prejuízos por ele sofridos;

b) a inabilitação para o exercício de cargo, mandato ou função pública, pelo período de 1 (um) a 5 (cinco) anos;

c) a perda do cargo, do mandato ou da função pública.

Os efeitos previstos nos itens b) e c), porém, somente ocorrerão se houver reincidência em crime de abuso de autoridade e não são automáticos, ou seja, para que ocorram, o juiz deve prevê-los expressamente e de forma justificada em sua decisão.

Deve-se observar que, além desses efeitos específicos, existem outros, previstos na Constituição Federal ou em outras leis, como a perda dos direitos políticos após o trânsito em julgado da condenação (art. 15, inciso III, da CF).

Penas restritivas de direitos

A Constituição Federal, em seu Art. 5º, inciso XLVI, prevê a aplicação de penas alternativas à prisão, nos casos e na forma previstos em lei.

No caso dos crimes de abuso de autoridade, o Art. 5º da Lei 13.869/19 prevê as seguintes:

a) prestação de serviços à comunidade ou a entidades públicas; e

b) suspensão do exercício do cargo, da função ou do mandato, pelo prazo de 1 (um) a 6 (seis) meses, com a perda dos vencimentos e das vantagens.

LEI Nº 13.869/2019 - LEI DE ABUSO DE AUTORIDADE

Essas penas podem ser aplicadas de forma autônoma ou cumulativamente. Além disso, cabe ao juiz, com base nos critérios previstos no Código Penal, decidir se substituição da pena de prisão por essas penas é adequado e suficiente em cada caso.

Sanções de natureza civil e administrativa

Além das imposições de caráter penal - prisão ou aplicação de penas restritivas de direitos -, a Lei de Abuso de Autoridade prevê que podem ser aplicadas concomitantemente as penalidades de natureza civil e administrativa cabíveis em cada caso.

Isso decorre do princípio da independência entre as instâncias penal, civil e administrativa.

As notícias de crimes previstos na Lei 13.869/19 que também configurarem falta funcional deverão serão informadas à autoridade competente para a abertura de eventual processo administrativo disciplinar.

Embora o Art. 7º da lei estipule que as responsabilidades civil e administrativa são independentes da criminal, deixa ele claro que não se pode questionar sobre a existência ou a autoria do fato quando essas questões tenham sido decididas no juízo criminal.

Ou seja, se o juiz criminal decidiu que não houve crime ou que ficou provado que quem praticou o crime não foi o acusado, ele não poderá ser responsabilizado nas esferas cível e administrativo. No entanto, se o acusado for absolvido no âmbito penal por falta de provas, poderá ser condenado civil e administrativamente.

O Art. 8º também traz disposição importante, ao determinar que faz coisa julgada em âmbito cível, assim como no administrativo-disciplinar, a sentença penal que reconhecer expressamente ter sido o ato praticado com alguma excludente de ilicitude (estado de necessidade, legítima defesa, estrito cumprimento de dever legal ou exercício regular de direito).

Dos crimes e das penas

Em seus Art. 9º a 38, traz a Lei 13.869/19 a descrição dos diversos crimes que configuram abuso de autoridade no âmbito criminal, lembrando que o princípio da legalidade do direito penal estipula que alguém só pode ser acusado de um crime se a conduta respectiva estiver prevista (tipificada) previamente em lei e a mesma lei também preveja as penas aplicáveis.

Reproduzimos abaixo os artigos da lei que tipificam os crimes de abuso de autoridade, cujo estudo pertence ao campo do direito penal, devendo ser lidos com atenção:

Art. 9º *Decretar medida de privação da liberdade em manifesta desconformidade com as hipóteses legais:*
Pena - *detenção, de 1 (um) a 4 (quatro) anos, e multa.*
Parágrafo único. *Incorre na mesma pena a autoridade judiciária que, dentro de prazo razoável, deixar de:*
I. relaxar a prisão manifestamente ilegal;
II. substituir a prisão preventiva por medida cautelar diversa ou de conceder liberdade provisória, quando manifestamente cabível;
III. deferir liminar ou ordem de habeas corpus, quando manifestamente cabível.

Art. 10. *Decretar a condução coercitiva de testemunha ou investigado manifestamente descabida ou sem prévia intimação de comparecimento ao juízo:*
Pena - *detenção, de 1 (um) a 4 (quatro) anos, e multa.*
Art. 11. *(VETADO).*
Art. 12. *Deixar injustificadamente de comunicar prisão em flagrante à autoridade judiciária no prazo legal:*
Pena - *detenção, de 6 (seis) meses a 2 (dois) anos, e multa.*
Parágrafo único. *Incorre na mesma pena quem:*
I. deixa de comunicar, imediatamente, a execução de prisão temporária ou preventiva à autoridade judiciária que a decretou;
II. deixa de comunicar, imediatamente, a prisão de qualquer pessoa e o local onde se encontra à sua família ou à pessoa por ela indicada;
III. deixa de entregar ao preso, no prazo de 24 (vinte e quatro) horas, a nota de culpa, assinada pela autoridade, com o motivo da prisão e os nomes do condutor e das testemunhas;
IV. prolonga a execução de pena privativa de liberdade, de prisão temporária, de prisão preventiva, de medida de segurança ou de internação, deixando, sem motivo justo e excepcionalíssimo, de executar o alvará de soltura imediatamente após recebido ou de promover a soltura do preso quando esgotado o prazo judicial ou legal.

Art. 13. *Constranger o preso ou o detento, mediante violência, grave ameaça ou redução de sua capacidade de resistência, a:*
I. exibir-se ou ter seu corpo ou parte dele exibido à curiosidade pública;
II. submeter-se a situação vexatória ou a constrangimento não autorizado em lei;
III. produzir prova contra si mesmo ou contra terceiro:
Pena - *detenção, de 1 (um) a 4 (quatro) anos, e multa, sem prejuízo da pena cominada à violência.*
Art. 14. *(VETADO).*
Art. 15. *Constranger a depor, sob ameaça de prisão, pessoa que, em razão de função, ministério, ofício ou profissão, deva guardar segredo ou resguardar sigilo:*
Pena - *detenção, de 1 (um) a 4 (quatro) anos, e multa.*
Parágrafo único. *Incorre na mesma pena quem prossegue com o interrogatório:*
I. de pessoa que tenha decidido exercer o direito ao silêncio; ou
II. de pessoa que tenha optado por ser assistida por advogado ou defensor público, sem a presença de seu patrono.
Art. 16. *Deixar de identificar-se ou identificar-se falsamente ao preso por ocasião de sua captura ou quando deva fazê-lo durante sua detenção ou prisão:*
Pena - *detenção, de 6 (seis) meses a 2 (dois) anos, e multa.*
Parágrafo único. *Incorre na mesma pena quem, como responsável por interrogatório em sede de procedimento investigatório de infração penal, deixa de identificar-se ao preso ou atribui a si mesmo falsa identidade, cargo ou função.*
Art. 17. *(VETADO).*
Art. 18. *Submeter o preso a interrogatório policial durante o período de repouso noturno, salvo se capturado em flagrante delito ou se ele, devidamente assistido, consentir em prestar declarações:*
Pena - *detenção, de 6 (seis) meses a 2 (dois) anos, e multa.*
Art. 19. *Impedir ou retardar, injustificadamente, o envio de pleito de preso à autoridade judiciária competente para a apreciação da legalidade de sua prisão ou das circunstâncias de sua custódia:*
Pena - *detenção, de 1 (um) a 4 (quatro) anos, e multa.*
Parágrafo único. *Incorre na mesma pena o magistrado que, ciente do impedimento ou da demora, deixa de tomar as providências tendentes a saná-lo ou, não sendo competente para decidir sobre a prisão, deixa de enviar o pedido à autoridade judiciária que o seja.*

Art. 20. Impedir, sem justa causa, a entrevista pessoal e reservada do preso com seu advogado:

Pena - detenção, de 6 (seis) meses a 2 (dois) anos, e multa.

Parágrafo único. Incorre na mesma pena quem impede o preso, o réu solto ou o investigado de entrevistar-se pessoal e reservadamente com seu advogado ou defensor, por prazo razoável, antes de audiência judicial, e de sentar-se ao seu lado e com ele comunicar-se durante a audiência, salvo no curso de interrogatório ou no caso de audiência realizada por videoconferência.

Art. 21. Manter presos de ambos os sexos na mesma cela ou espaço de confinamento:

Pena - detenção, de 1 (um) a 4 (quatro) anos, e multa.

Parágrafo único. Incorre na mesma pena quem mantém, na mesma cela, criança ou adolescente na companhia de maior de idade ou em ambiente inadequado, observado o disposto na Lei nº 8.069, de 13 de julho de 1990 (Estatuto da Criança e do Adolescente).

Art. 22. Invadir ou adentrar, clandestina ou astuciosamente, ou à revelia da vontade do ocupante, imóvel alheio ou suas dependências, ou nele permanecer nas mesmas condições, sem determinação judicial ou fora das condições estabelecidas em lei:

Pena - detenção, de 1 (um) a 4 (quatro) anos, e multa.

§ 1º Incorre na mesma pena, na forma prevista no caput deste art., quem:

I. coage alguém, mediante violência ou grave ameaça, a franquear-lhe o acesso a imóvel ou suas dependências;

II. (VETADO);

III. cumpre mandado de busca e apreensão domiciliar após as 21h (vinte e uma horas) ou antes das 5h (cinco horas).

§ 2º Não haverá crime se o ingresso for para prestar socorro, ou quando houver fundados indícios que indiquem a necessidade do ingresso em razão de situação de flagrante delito ou de desastre.

Art. 23. Inovar artificiosamente, no curso de diligência, de investigação ou de processo, o estado de lugar, de coisa ou de pessoa, com o fim de eximir-se de responsabilidade ou de responsabilizar criminalmente alguém ou agravar-lhe a responsabilidade:

Pena - detenção, de 1 (um) a 4 (quatro) anos, e multa.

Parágrafo único. Incorre na mesma pena quem pratica a conduta com o intuito de:

I. eximir-se de responsabilidade civil ou administrativa por excesso praticado no curso de diligência;

II. omitir dados ou informações ou divulgar dados ou informações incompletos para desviar o curso da investigação, da diligência ou do processo.

Art. 24. Constranger, sob violência ou grave ameaça, funcionário ou empregado de instituição hospitalar pública ou privada a admitir para tratamento pessoa cujo óbito já tenha ocorrido, com o fim de alterar local ou momento de crime, prejudicando sua apuração:

Pena - detenção, de 1 (um) a 4 (quatro) anos, e multa, além da pena correspondente à violência.

Art. 25. Proceder à obtenção de prova, em procedimento de investigação ou fiscalização, por meio manifestamente ilícito:

Pena - detenção, de 1 (um) a 4 (quatro) anos, e multa.

Parágrafo único. Incorre na mesma pena quem faz uso de prova, em desfavor do investigado ou fiscalizado, com prévio conhecimento de sua ilicitude.

Art. 26. (VETADO).

Art. 27. Requisitar instauração ou instaurar procedimento investigatório de infração penal ou administrativa, em desfavor de alguém, à falta de qualquer indício da prática de crime, de ilícito funcional ou de infração administrativa:

Pena - detenção, de 6 (seis) meses a 2 (dois) anos, e multa.

Parágrafo único. Não há crime quando se tratar de sindicância ou investigação preliminar sumária, devidamente justificada.

Art. 28. Divulgar gravação ou trecho de gravação sem relação com a prova que se pretenda produzir, expondo a intimidade ou a vida privada ou ferindo a honra ou a imagem do investigado ou acusado:

Pena - detenção, de 1 (um) a 4 (quatro) anos, e multa.

Art. 29. Prestar informação falsa sobre procedimento judicial, policial, fiscal ou administrativo com o fim de prejudicar interesse de investigado:

Pena - detenção, de 6 (seis) meses a 2 (dois) anos, e multa.

Parágrafo único. (VETADO).

Art. 30. Dar início ou proceder à persecução penal, civil ou administrativa sem justa causa fundamentada ou contra quem sabe inocente:

Pena - detenção, de 1 (um) a 4 (quatro) anos, e multa.

Art. 31. Estender injustificadamente a investigação, procrastinando-a em prejuízo do investigado ou fiscalizado:

Pena - detenção, de 6 (seis) meses a 2 (dois) anos, e multa.

Parágrafo único. Incorre na mesma pena quem, inexistindo prazo para execução ou conclusão de procedimento, o estende de forma imotivada, procrastinando-o em prejuízo do investigado ou do fiscalizado.

Art. 32. Negar ao interessado, seu defensor ou advogado acesso aos autos de investigação preliminar, ao termo circunstanciado, ao inquérito ou a qualquer outro procedimento investigatório de infração penal, civil ou administrativa, assim como impedir a obtenção de cópias, ressalvado o acesso a peças relativas a diligências em curso, ou que indiquem a realização de diligências futuras, cujo sigilo seja imprescindível:

Pena - detenção, de 6 (seis) meses a 2 (dois) anos, e multa.

Art. 33. Exigir informação ou cumprimento de obrigação, inclusive o dever de fazer ou de não fazer, sem expresso amparo legal:

Pena - detenção, de 6 (seis) meses a 2 (dois) anos, e multa.

Parágrafo único. Incorre na mesma pena quem se utiliza de cargo ou função pública ou invoca a condição de agente público para se eximir de obrigação legal ou para obter vantagem ou privilégio indevido.

Art. 34. (VETADO).

Art. 35. (VETADO).

Art. 36. Decretar, em processo judicial, a indisponibilidade de ativos financeiros em quantia que extrapole exacerbadamente o valor estimado para a satisfação da dívida da parte e, ante a demonstração, pela parte, da excessividade da medida, deixar de corrigi-la:

Pena - detenção, de 1 (um) a 4 (quatro) anos, e multa.

Art. 37. Demorar demasiada e injustificadamente no exame de processo de que tenha requerido vista em órgão colegiado, com o intuito de procrastinar seu andamento ou retardar o julgamento:

Pena - detenção, de 6 (seis) meses a 2 (dois) anos, e multa.

Art. 38. Antecipar o responsável pelas investigações, por meio de comunicação, inclusive rede social, atribuição de culpa, antes de concluídas as apurações e formalizada a acusação:

Pena - detenção, de 6 (seis) meses a 2 (dois) anos, e multa.

CRIMES CONTRA A INCOLUMIDADE PÚBLICA

24. CRIMES CONTRA A INCOLUMIDADE PÚBLICA

Este Capítulo está inserido no Título VIII, da Parte Especial, do Código Penal: **crimes contra a incolumidade pública**. Incolumidade[35] significa manter em segurança sem nenhum dano físico ou moral; inato; intato.

24.1 Capítulo I – Dos Crimes de Perigo Comum

Uso de gás tóxico ou asfixiante (art. 252, CP)

> **Art. 252, CP:** *Expor a perigo a vida, a integridade física ou o patrimônio de outrem, usando de gás tóxico ou asfixiante:*
> *Pena - reclusão, de um a quatro anos, e multa.*
> ***Modalidade culposa***
> *Parágrafo único. Se o crime é culposo:*
> *Pena - detenção, de três meses a um ano.*

Objetividade jurídica: incolumidade pública.

Sujeito ativo: comum (qualquer pessoa pode cometer) e **unissubjetivo** (de concurso eventual de agentes).

Sujeito passivo: é a coletividade **(crime vago)**; eventualmente, as vítimas propriamente ditas do delito (vida das pessoas ou proprietárias dos patrimônios).

Objeto material: gás tóxico ou asfixiante.

Conduta: *expor* a perigo **(crime de perigo concreto)** a vida, a integridade física ou o patrimônio de outrem, *usando* (empregando) gás tóxico ou asfixiante **(crime ação única ou de tipo simples)**.

Prova da materialidade: é imprescindível a prova pericial do delito de uso de gás tóxico ou asfixiante para se verificar a natureza e eficiência dos instrumentos utilizados no crime (Art. 175, CPP), como é delito que deixa vestígios materiais **(crime não transeunte)**, não poderá ser suprida pela confissão do acusado (Art. 158, CPP)[36]. Caso os vestígios tenham desaparecido, então poderá a prova testemunhal supri-la (Art. 167, CPP)[37].

Consumação e tentativa: consuma-se no momento específico **(crime instantâneo)** em que há produção de perigo a vida, a integridade física ou o patrimônio de terceiros mediante o uso de gás tóxico ou asfixiante. A tentativa é admissível **(crime plurissubsistente)**.

Majorantes decorrentes do resultado (Art. 258, CP): tanto na forma dolosa, quanto na culposa, se o uso de gás tóxico ou asfixiante, além de gerar perigo comum, atingir a vida humana gerando lesão corporal (de natureza grave, se doloso; ou de qualquer natureza, se culposo) ou morte, então haverá aumento de pena de acordo com o *quantum* previsto no artigo em referência.

Fique ligado!

Ao delito de uso de gás tóxico ou asfixiante é aplicável o Art. 258 do CP, que prevê *outras causas de aumento de pena nos crimes de perigo comum*[38], quando for agravado pelo resultado, lesão corporal ou morte, exclusivamente, **preterdolosos** (dolo + culpa); uma vez que, se o agente possuir a finalidade de crime mais grave, responderá pelo que ele queria fazer.

Por exemplo: Imaginemos que "A", com desejo de homicídio, tenha empregado gás tóxico ou asfixiante na casa de "B", mas este conseguiu sobreviver. Nessa situação hipotética, o agente responderá pelo crime hediondo (Art. 1º, *caput*, I, Lei nº 8.072/90) de *homicídio tentado qualificado pela asfixia* (Art. 121, §2º, CP) — pena de 12 a 30 anos — com redução de pena entre 1/3 (um terço) e 2/3 (dois terços) por ter ficado na esfera da tentativa (Art. 14, parágrafo único, CP), desde que o uso de gás tóxico ou asfixiante não afete outras pessoas.

Caso o uso de gás tóxico ou asfixiante, com intuito de homicídio (Art. 121, §2º, CP), também gere perigo concreto a coletividade (perigo comum), então o agente responderá pelos dois delitos em **concurso formal de crimes**; do contrário, haverá apenas **crime único**. Por exemplo, o agente faz uso de gás tóxico ou asfixiante expondo a perigo a coletividade e, embora não deseje a morte, um cidadão acaba morrendo. Nessa situação hipotética, haverá **crime único** de uso de gás tóxico ou asfixiante na forma majorada do Art. 258 do CP.

Classificações doutrinárias: comum (qualquer pessoa pode cometê-lo); **vago** (o sujeito passivo é a coletividade); **doloso** (Art. 252, *caput*, CP) ou **culposo** (Art. 252, parágrafo único, CP); **comissivo** (regra) ou **omissivo** (excepcionalmente, admite-se a omissão imprópria, na figura de agente garantidor do Art. 13, §2º, CP, em que o agente tem o dever legal e o poder de agir para evitar o resultado e nada faz); **de perigo comum e concreto**; **unissubjetivo** (de concurso eventual); **instantâneo** (consuma-se em momento certo); **admite a tentativa** (plurissubsistente); na *forma dolosa*, é **crime de médio potencial ofensivo** (em regra, é admissível o *sursis* processual[39], pois a pena mínima é de até 1 ano; contudo não se admite transação penal e será julgado pelo juizado comum, uma vez que a pena máxima é superior a 2 anos); e **admite a fiança em sede policial** (pena máxima de até 4 anos).

Conflito de normas:

> **Crime Ambiental:** a doutrina[40] cita que, em se tratando de **poluição**, de qualquer natureza, em níveis tais que resultem ou possam resultar em danos à saúde humana, ou que provoquem a mortandade de animais ou a destruição significativa da flora, incorrerá em *crime ambiental* (Art. 54, Lei nº 9.605/98).

---

35 INCÓLUME. In: DICIONÁRIO online Caldas Aulete. Rio de Janeiro: Lexikon Editora Digital Ltda., 2008. Disponível em: http://www.aulete.com.br/inc%-C3%B3lume. Acesso em: 9 jan. 2018.
36 **Art. 158, CPP:** *Quando a infração deixar vestígios, será indispensável o exame de corpo de delito, direto ou indireto, não podendo supri-lo a confissão do acusado.*
37 **Art. 167, CPP:** *Não sendo possível o exame de corpo de delito, por haverem desaparecido os vestígios, a prova testemunhal poderá suprir-lhe a falta.*
38 Este artigo possui o *nomen juris* (nome jurídico) de: *Formas qualificadas de crime de perigo comum*. Contudo, a doutrina normalmente conceitua as hipóteses previstas como **majorantes**, pois preveem **causas de aumento de pena**.
39 **Art. 89, *caput*, Lei nº 9.099/1995:** *Nos crimes em que a pena mínima cominada for igual ou inferior a um ano, abrangidas ou não por esta Lei, o Ministério Público, ao oferecer a denúncia, poderá propor a suspensão do processo, por dois a quatro anos, desde que o acusado não esteja sendo processado ou não tenha sido condenado por outro crime, presentes os demais requisitos que autorizariam a suspensão condicional da pena (Art. 77 do Código Penal).*
40 Cleber Masson, Luiz Regis Prado, Rogério Sanches Cunha, Victor Eduardo Rios Gonçalves, entre outros.

> **Crime Militar:** caso o uso de gás tóxico ou asfixiante seja em **local sujeito à administração militar**, expondo a perigo a vida, a integridade física ou o patrimônio de outrem, então haverá *crime militar* (Art. 270, CPM)[41].

> **Contravenção Penal:** a **provocação abusiva de vapor**, fumaça ou gases, que possa ofender ou molestar alguém, sem que gere perigo coletivo (*no que tange a gás tóxico ou asfixiante*) ou poluição, haverá apenas *contravenção penal* (Art. 38, LCP)[42].

> **Armas Químicas:** o uso de **armas químicas** é *crime previsto em legislação específica (CPAQ)*, sendo este de **perigo abstrato** (Art. 4º, I, Lei nº 11.254/05)[43].

> **Terrorismo:** quem usar ou ameaçar usar *gases tóxicos*, por razões de **xenofobia, discriminação ou preconceito de raça, cor, etnia e religião**, quando cometidos com a finalidade de provocar terror social ou generalizado, expondo a perigo pessoa, o patrimônio, a paz pública ou a incolumidade pública, incorrerá no *crime de terrorismo* (Art. 2º, §1º, I, Lei nº 13.260/16)[44].

Fabrico, fornecimento, aquisição, posse ou transporte de explosivos ou gás tóxico ou asfixiante (art. 253, CP)

Art. 253, CP: Fabricar, fornecer, adquirir, possuir ou transportar, sem licença da autoridade, substância ou engenho explosivo, gás tóxico ou asfixiante, ou material destinado à sua fabricação: Pena - detenção, de seis meses a dois anos, e multa.

Objetividade jurídica: incolumidade pública.

Sujeito ativo: comum (qualquer pessoa pode cometer) e **unissubjetivo** (de concurso eventual de agentes).

Sujeito passivo: é a coletividade **(crime vago)**.

Objeto material: substância ou engenho explosivo, gás tóxico ou asfixiante, ou material destinado à sua fabricação, sem licença da autoridade.

Conduta: punem-se as condutas de *fabricar, fornecer, adquirir, possuir* ou *transportar* **(ação múltipla, de conteúdo variado, tipo misto alternativo ou multinuclear)**, *sem licença da autoridade* **(norma penal em branco)**, substância ou engenho explosivo, gás tóxico ou asfixiante, ou material destinado à sua fabricação. Assim, trata-se de *atos preparatórios* **(crime de obstáculo)** para a confecção de explosivos ou gases tóxicos ou asfixiantes, não havendo a necessidade de efetiva exposição de perigo à vida, à integridade física ou patrimonial alheia. Dessa forma, há presunção absoluta (*juris et de jure*) pela lei com o resultado normativo (jurídico) da infração penal **(crime de perigo abstrato)**.

Consumação e tentativa: é crime **instantâneo** nas condutas de *fabricar, fornecer e adquirir*, consumando-se no momento específico da prática da conduta; será, no entanto, **crime permanente** nas condutas de *possuir* e *transportar*, em que a consumação se protrai no tempo enquanto perdurar a conduta. Para a doutrina majoritária, **a tentativa não é possível**, por se tratar de atos preparatórios.

Classificações doutrinárias: comum (qualquer pessoa pode cometê-lo); **vago** (o sujeito passivo é a coletividade); **exclusivamente doloso** (não comporta a forma culposa pela ausência legal); **comissivo** (regra) ou **omissivo** (excepcionalmente, admite-se a omissão imprópria, na figura de agente garantidor do Art. 13, §2º, CP, em que o agente tem o dever legal e o poder de agir para evitar o resultado e nada faz); **de perigo comum e abstrato**; **unissubjetivo** (de concurso eventual); **instantâneo** (nas condutas de *fabricar, fornecer* e *adquirir*) ou **permanente** (nas condutas de *possuir* e *transportar*); **não admite a tentativa** (crime de obstáculo; punem-se os atos preparatórios); e é **infração de menor potencial ofensivo** (pena máxima de até 2 anos[45], admitindo-se as benesses da Lei nº 9.099/95, como exemplo a transação penal, reparação do dano, *sursis* processual e julgamento pelo Juizado Especial Criminal – JECrim).

Conflito de normas:

→ **Estatuto do Desarmamento:** em se tratando de **artefato explosivo ou incendiário**, *por força do princípio da especialidade*, as condutas de **possuir, deter, fabricar ou empregar**, sem autorização ou em desacordo com determinação legal ou regulamentar, foram derrogadas pelo Estatuto do Desarmamento (Art. 16, parágrafo único, III, Lei nº 10.826/03). No entanto, ainda haverá incriminação pelo Art. 253 do CP acerca do material destinado à fabricação de explosivos, bem como no que tange a gás tóxico ou asfixiante.

→ **Fabricação de Minas Terrestres Antipessoal e Comercialização:** o emprego, o desenvolvimento, a fabricação, a comercialização, a importação, a exportação, a aquisição, a estocagem, a retenção ou a transferência, direta ou indiretamente, de **minas terrestres antipessoal**, é delito previsto em legislação especial que, a não ser pelas Forças Armadas, *criminaliza o emprego de minas terrestres antipessoal* (Art. 2º, Lei nº 10.300/01)[46].

---

41 **Art. 270, CPM:** *Expor a perigo a vida, a integridade física ou o patrimônio de outrem, em lugar sujeito à administração militar, usando de gás tóxico ou asfixiante ou prejudicial de qualquer modo à incolumidade da pessoa ou da coisa: Pena - reclusão, até cinco anos.* **Parágrafo único** - *Se o crime é culposo: Pena - detenção, de seis meses a dois anos.*

42 **Art. 38, LCP:** *Provocar, abusivamente, emissão de fumaça, vapor ou gás, que possa ofender ou molestar alguém: Pena - multa, de duzentos mil réis a dois contos de réis.*

43 **Art. 4º, I, Lei nº 11.254/2005:** *Constitui crime: I - fazer uso de armas químicas ou realizar, no Brasil, atividade que envolva a pesquisa, produção, estocagem, aquisição, transferência, importação ou exportação de armas químicas ou de substâncias químicas abrangidas pela CPAQ com a finalidade de produção de tais armas; [...] Pena - reclusão, de 1 (um) a 10 (dez) anos.*

44 **Art. 2º, §1º, I, Lei nº 13.260/2016:** *usar ou ameaçar usar, transportar, guardar, portar ou trazer consigo explosivos, gases tóxicos, venenos, conteúdos biológicos, químicos, nucleares ou outros meios capazes de causar danos ou promover destruição em massa; [...] Pena - reclusão, de doze a trinta anos, além das sanções correspondentes à ameaça ou à violência. [...].*

45 **Art. 61, Lei nº 9.099/1995:** *Consideram-se infrações penais de menor potencial ofensivo, para os efeitos desta Lei, as contravenções penais e os crimes a que a lei comine pena máxima não superior a 2 (dois) anos, cumulada ou não com multa.*

46 **Art. 2º, Lei nº 10.300/2001:** *É crime o emprego, o desenvolvimento, a fabricação, a comercialização, a importação, a exportação, a aquisição, a estocagem, a retenção ou a transferência, direta ou indiretamente, de minas terrestres antipessoal no território nacional: Pena - reclusão, de 4 (quatro) a 6 (seis) anos e multa. §1º. A pena é acrescida de 1/3 (um terço) se o agente for funcionário público civil ou militar. §2º. A pena é acrescida de metade em caso de reincidência. [...].*

CRIMES CONTRA A INCOLUMIDADE PÚBLICA

→ **Crime Ambiental:** tratando-se de **outros produtos ou substâncias tóxicas**, perigosas ou nocivas à saúde humana ou ao meio ambiente, em desacordo com as exigências estabelecidas em leis ou nos seus regulamentos, haverá *crime ambiental* (Art. 56, Lei nº 9.605/98)[47].

→ **Terrorismo:** quem transportar, guardar, portar ou trazer consigo *explosivos* ou *gases tóxicos*, por razões de **xenofobia, discriminação ou preconceito de raça, cor, etnia e religião**, quando cometidos com a finalidade de provocar terror social ou generalizado, expondo a perigo pessoa, patrimônio, a paz pública ou a incolumidade pública, incorrerá no *crime de terrorismo* (Art. 2º, §1º, I, Lei nº 13.260/16)[48].

Inundação (art. 254, CP)

> **Art. 254, CP:** *Causar inundação, expondo a perigo a vida, a integridade física ou o patrimônio de outrem:*
> *Pena - reclusão, de três a seis anos, e multa, no caso de dolo, ou detenção, de seis meses a dois anos, **no caso de culpa**.* [grifo nosso]

Objetividade jurídica: incolumidade pública.

Sujeito ativo: comum (qualquer pessoa pode cometer) e **unissubjetivo** (de concurso eventual de agentes).

Sujeito passivo: é a coletividade **(crime vago)**; eventualmente, as vítimas propriamente ditas do delito (vida das pessoas ou proprietárias dos patrimônios).

Objeto material: é a grande quantidade de água liberada para efeito do cometimento do delito.[49]

Conduta: *causar* (provocar) inundação **(crime de ação única ou de tipo simples)**, expondo a perigo efetivo a vida, a integridade física ou o patrimônio de outrem **(número indeterminado de pessoas)**.

Entende-se por **inundação**, segundo Nélson Hungria:

> [...] *o alagamento de um local de notável extensão, não destinado a receber águas. As águas são desviadas de seus limites naturais ou artificiais, expandindo-se em tal quantidade que criam perigo de dano a **indeterminado número de pessoas ou coisas**. Como observam Liszt-Schmidt, não basta, para o crime de inundação, qualquer alagamento ou transbordamento: é necessário que não esteja mais no poder do agente dominar a força natural das águas, cujo desencadeamento provocou, criando uma situação de perigo comum, a que se refere o legislador como a uma das características do crime.*[50] [grifo nosso]

Consumação e tentativa: consuma-se no momento específico **(crime instantâneo)** em que ocorrer a inundação gerando o perigo à vida, à integridade física ou ao patrimônio de terceiros **(crime de perigo concreto)**. A tentativa é admissível **(crime plurissubsistente)**.

---

47 **Art. 56, caput, Lei nº 9.605/1998:** *Produzir, processar, embalar, importar, exportar, comercializar, fornecer, transportar, armazenar, guardar, ter em depósito ou usar produto ou substância tóxica, perigosa ou nociva à saúde humana ou ao meio ambiente, em desacordo com as exigências estabelecidas em leis ou nos seus regulamentos: Pena - reclusão, de um a quatro anos, e multa.*

48 **Art. 2º, §1º, I, Lei nº 13.260/2016:** *usar ou ameaçar usar, transportar, guardar, portar ou trazer consigo explosivos, gases tóxicos, venenos, conteúdos biológicos, químicos, nucleares ou outros meios capazes de causar danos ou promover destruição em massa; [...] Pena - reclusão, de doze a trinta anos, além das sanções correspondentes à ameaça ou à violência. [...].*

49 GRECO, R. **Curso de Direito Penal: Parte Especial**. 11. ed. Niterói: Impetus, v. 4, 2015, p. 38.

50 HUNGRIA, N. **Comentários ao Código Penal**. 9. vol. Rio de Janeiro: Forense, 1958, p. 46-47.

Majorantes decorrentes do resultado (Art. 258, CP): tanto na forma dolosa (Art. 254, 1ª parte, preceito secundário, CP), quanto na culposa (Art. 254, 2ª parte, preceito secundário, CP), se da efetiva inundação atingir a vida humana gerando lesão corporal (de natureza grave, se doloso; ou de qualquer natureza, se culposo) ou morte, então haverá aumento de pena de acordo com o *quantum* previsto no artigo em referência.

Caso a inundação, com intuito de homicídio (Art. 121, §2º, CP), também gere perigo concreto à coletividade (perigo comum), então o agente responderá pelos dois delitos em **concurso formal de crimes**; do contrário, haverá apenas **crime único**. Por exemplo, o agente causa inundação expondo a perigo a coletividade e, embora não deseje a morte, um cidadão acaba morrendo. Nessa situação hipotética, haverá **crime único** de inundação na forma majorada do Art. 258 do CP.

Classificações doutrinárias: comum (qualquer pessoa pode cometê-lo); **vago** (o sujeito passivo é a coletividade); **doloso** (Art. 254, 1ª parte, preceito secundário, CP) ou **culposo** (Art. 254, 2ª parte, preceito secundário, CP); **comissivo** (regra) ou **omissivo** (excepcionalmente, admite-se a omissão imprópria, na figura de agente garantidor do Art. 13, §2º, CP, em que o agente tem o dever legal e o poder de agir para evitar o resultado e nada faz); **de perigo comum e concreto**; **unissubjetivo** (de concurso eventual); **instantâneo** (consuma-se em momento certo); **admite a tentativa** (plurissubsistente); na *forma dolosa*, é **crime de alto potencial ofensivo** (pena mínima superior a 1 ano e pena máxima superior a 2 anos) e **não admite a fiança em sede policial** (pena máxima superior a 4 anos).

Conflito de normas:

Usurpação de Águas ou Crime de Dano: para se incorrer no delito de inundação, deve existir o efetivo **perigo concreto** à **coletividade**, de outro modo haverá crime de *usurpação de águas* (Art. 161, §1º, I, CP) ou de *dano* (Art. 163, CP).

Crime Militar: caso a inundação seja em **local sujeito à administração militar**, com perigo concreto à vida, à integridade ou ao patrimônio de outrem, então haverá *crime militar* (Art. 272, CPM)[51].

Perigo de inundação (art. 255, CP)

> **Art. 255, CP:** *Remover, destruir ou inutilizar, em prédio próprio ou alheio, expondo a perigo a vida, a integridade física ou o patrimônio de outrem, obstáculo natural ou obra destinada a impedir inundação:*
> *Pena - reclusão, de um a três anos, e multa.*

Objetividade jurídica: incolumidade pública.

Sujeito ativo: comum (qualquer pessoa pode cometer) e **unissubjetivo** (de concurso eventual de agentes).

Sujeito passivo: é a coletividade **(crime vago)**; eventualmente, as vítimas propriamente ditas do delito (vida das pessoas ou proprietárias dos patrimônios).

Objeto material: obstáculo natural ou obra destinada a impedir inundação.

---

51 **Art. 272, CPM:** *Causar inundação, em lugar sujeito à administração militar, expondo a perigo a vida, a integridade física ou o patrimônio de outrem: Pena - reclusão, de três a oito anos.* **Parágrafo único** - *Se o crime é culposo: Pena - detenção, de seis meses a dois anos.*

Conduta: *remover*, *destruir* ou *inutilizar* **(crime de ação múltipla, de conteúdo variado, tipo misto alternativo ou multinuclear)** artefato (barragem) natural ou de obra humana que vise ao impedimento de inundação, gerando situação de perigo efetivo **(crime de perigo concreto)** à vida, à integridade física ou ao patrimônio de outrem **(número indeterminado de pessoas)**, em imóvel próprio ou alheio.

Ressalta-se que, nesse crime, o agente **não tem o dolo da inundação**, mas apenas o dolo de remover o obstáculo. Caso a inundação ocorra e o agente não tenha pretendido nem assumido o risco de sua produção, então haverá **concurso de formal de crimes** entre o perigo de inundação (Art. 255, CP) e a inundação culposa (Art. 254, CP).

Consumação e tentativa: consuma-se no momento **(crime instantâneo)** em que gerar perigo à vida, à integridade física ou ao patrimônio de terceiros. Embora haja controvérsia doutrinária, alguns doutrinadores sustentam que não se admite a tentativa[52] por se tratar de *atos preparatórios* **(delito de obstáculo)** para o crime de inundação, enquanto que a outra parte doutrinária entende que a tentativa é admissível[53] **(crime plurissubsistente)**.

Classificações doutrinárias: comum (qualquer pessoa pode cometê-lo); **vago** (o sujeito passivo é a coletividade); **exclusivamente doloso** (não se admite a forma culposa por ausência legal); **comissivo** (regra) ou **omissivo** (excepcionalmente, admite-se a omissão imprópria, na figura de agente garantidor do Art. 13, §2º, CP, em que o agente tem o dever legal e o poder de agir para evitar o resultado e nada faz); **de perigo comum e concreto**; **unissubjetivo** (de concurso eventual); **instantâneo** (consuma-se em momento certo); **não admite a tentativa** (como regra); **crime de médio potencial ofensivo** (em regra, é admissível o *sursis* processual[54], pois a pena mínima é de até 1 ano; contudo, não se admite transação penal e será julgado pelo juizado comum, uma vez que a pena máxima é superior a 2 anos); e **admite a fiança em sede policial** (pena máxima inferior a 4 anos)[55].

> **Colocação de Obstáculo com a Finalidade de Inundação:** o delito de perigo de inundação possui como condutas *remover, destruir* ou *inutilizar* obstáculo natural ou obra destinada a impedir inundação. Assim, **colocar obstáculo para a inundação**, gerando perigo comum, incorrerá no *crime de inundação* (Art. 254, CP); ou, gerando perigo individual, no *crime de perigo para a vida ou saúde de outrem* (Art. 132, CP).

> **Crime Militar:** caso o perigo de inundação seja em **local sujeito à administração militar**, com perigo concreto à vida, à integridade ou ao patrimônio de outrem, então haverá *crime militar* (Art. 273, CPM)[56].

Desabamento ou desmoronamento (art. 256, CP)

Art. 256, CP: Causar desabamento ou desmoronamento, expondo a perigo a vida, a integridade física ou o patrimônio de outrem:
Pena - reclusão, de um a quatro anos, e multa.
Modalidade culposa
Parágrafo único. Se o crime é culposo:
Pena - detenção, de seis meses a um ano.

Objetividade jurídica: incolumidade pública.

Sujeito ativo: comum (qualquer pessoa pode cometer) e **unissubjetivo** (de concurso eventual de agentes).

Sujeito passivo: é a coletividade **(crime vago)**; eventualmente, as vítimas propriamente ditas do delito (vida das pessoas ou proprietárias dos patrimônios).

Objeto material: construção, morro, pedreira etc.

Conduta: *causar* (provocar) desabamento ou desmoronamento **(crime de ação** única ou **de tipo simples)**, gerando situação de perigo efetivo **(crime de perigo concreto)** à vida, à integridade física ou ao patrimônio de outrem **(número indeterminado de pessoas)**.

Desabamento: é ruir uma construção.

Desmoronamento: é característica do solo, do chão, de morros, da terra, de barrancos, de rochas, de pedreiras etc.

Explicita Nélson Hungria:

[...] **desabamento** refere-se à queda de construções em geral (edifícios, paredões, pontes, andaimes, etc.), enquanto **desmoronamento** mais se ajusta à queda de formações telúricas (barrancos, ravinas, abas de morro, rochedos, pedreiras, etc.).[57] [grifo nosso]

Consumação e tentativa: consuma-se no momento específico **(crime instantâneo)** em que ocorrer o desabamento ou desmoronamento gerando o perigo à vida, à integridade física ou ao patrimônio de terceiros. A tentativa é admissível **(crime plurissubsistente)**.

Majorantes decorrentes do resultado (Art. 258, CP): tanto na forma dolosa, quanto na culposa, se o efetivo desabamento ou desmoronamento atingir a vida humana gerando lesão corporal (de natureza grave, se doloso; ou de qualquer natureza, se culposo) ou morte, então haverá aumento de pena de acordo com o *quantum* previsto no artigo em referência.

Caso o desabamento ou desmoronamento, com intuito de homicídio (Art. 121, §2º, CP), também gere perigo concreto à coletividade (perigo comum), então o agente responderá pelos dois delitos em **concurso formal de crimes**; do contrário haverá apenas **crime único**. Por exemplo, o agente causa desabamento ou desmoronamento expondo a perigo a coletividade e, embora não deseje a morte, um cidadão acaba morrendo. Nessa situação hipotética, haverá **crime único** de desabamento ou desmoronamento, na forma majorada do Art. 258 do CP.

---

52 Cezar Roberto Bitencourt, Cleber Masson, Cristiano Rodrigues, Damásio de Jesus, Edgard Magalhães Noronha, Fernando Capez, Guilherme de Souza Nucci, Nélson Hungria, Stela Prado.
53 Alexandre Salim, Celso Delmanto, Marcelo André de Azevedo, Ricardo Antônio Andreucci, Rogério Greco, Rogério Sanches Cunha, Victor Eduardo Rios Gonçalves.
54 **Art. 89, *caput*, Lei nº 9.099/1995:** *Nos crimes em que a pena mínima cominada for igual ou inferior a um ano, abrangidas ou não por esta Lei, o Ministério Público, ao oferecer a denúncia, poderá propor a suspensão do processo, por dois a quatro anos, desde que o acusado não esteja sendo processado ou não tenha sido condenado por outro crime, presentes os demais requisitos que autorizariam a suspensão condicional da pena (Art. 77 do Código Penal).*
55 **Art. 322, *caput*, CPP:** *A autoridade policial somente poderá conceder fiança nos casos de infração cuja pena privativa de liberdade máxima não seja superior a 4 (quatro) anos.*
56 **Art. 273, CPM:** *Remover, destruir ou inutilizar obstáculo natural ou obra destinada a impedir inundação, expondo a perigo a vida, a integridade física ou o patrimônio de outrem, em lugar sujeito à administração militar: Pena - reclusão, de dois a quatro anos.*
57 HUNGRIA, N. **Comentários ao Código Penal**. 9. vol. Rio de Janeiro: Forense, 1958, p. 49.

CRIMES CONTRA A INCOLUMIDADE PÚBLICA

Classificações doutrinárias: comum (qualquer pessoa pode cometê-lo); **vago** (o sujeito passivo é a coletividade); **doloso** (Art. 256, *caput*, CP) ou **culposo** (Art. 256, parágrafo único, CP); **comissivo** (regra) ou **omissivo** (excepcionalmente, admite-se a omissão imprópria, na figura de agente garantidor do Art. 13, §2º, CP, em que o agente tem o dever legal e o poder de agir para evitar o resultado e nada faz); **de perigo comum e concreto**; **unissubjetivo** (de concurso eventual); **instantâneo** (consuma-se em momento certo); **admite a tentativa** (plurissubsistente); na *forma dolosa*, é **crime de médio potencial ofensivo** (em regra, é admissível o *sursis* processual[58], pois a pena mínima é de até 1 ano; contudo não se admite transação penal e será julgado pelo juizado comum, uma vez que a pena máxima é superior a 2 anos) e **admite a fiança em sede policial** (pena máxima de até 4 anos).

Conflito de normas:

Desabamento ou Desmoronamento Mediante Explosivo: se o fato for praticado mediante emprego de **dinamite** ou **explosivo de efeito análogo**, o crime será o de explosão, **absorvido** o de desabamento ou desmoronamento.[59]

Desabamento ou Desmoronamento Sem Perigo Concreto e Comum: caso o desabamento ou desmoronamento não tenha provocado perigo efetivo à coletividade, então poderá responder pelo *crime de dano* (Art. 163, CP) ou pela *contravenção de desabamento de construção* (Art. 29, LCP).

Crime Militar: caso o desabamento ou desmoronamento seja em **local sujeito à administração militar**, com perigo concreto à vida, à integridade ou ao patrimônio de outrem, então haverá *crime militar* (Art. 274, CPM)[60].

Subtração, ocultação ou inutilização de material de salvamento (art. 257, CP)

> **Art. 257, CP:** Subtrair, ocultar ou inutilizar, por ocasião de incêndio, inundação, naufrágio, ou outro desastre ou calamidade, aparelho, material ou qualquer meio destinado a serviço de combate ao perigo, de socorro ou salvamento; ou impedir ou dificultar serviço de tal natureza:
> Pena - reclusão, de dois a cinco anos, e multa.

Objetividade jurídica: incolumidade pública.

Sujeito ativo: comum (qualquer pessoa pode cometer) e **unissubjetivo** (de concurso eventual de agentes).

Sujeito passivo: é a coletividade **(crime vago)**; eventualmente, as vítimas propriamente ditas do delito (vida das pessoas ou proprietárias dos patrimônios). Sopesa-se o entendimento de que o crime inserido está capitulado como "dos crimes de perigo comum", portanto, o perigo deve atingir a coletividade, um número indeterminado de pessoas (indeterminação do alvo).

Esclarece Greco (2015):

> *Tendo em vista o fato de que o delito tipificado no art. 257 do Código Penal se encontra inserido no capítulo correspondente aos crimes de perigo comum, para que se verifique a infração penal em estudo faz-se necessário comprovar que a conduta do agente trouxe, efetivamente, perigo a um **número indeterminado de pessoas**.*
>
> *Caso contrário, se do comportamento praticado pelo agente não pudermos deduzir uma exposição a perigo, não restará caracterizado o delito de subtração, ocultação ou inutilização de material de salvamento, por mais que o seu comportamento tenha sido praticado por ocasião, por exemplo, de incêndio, inundação, naufrágio ou outro desastre ou calamidade.*
>
> *Assim, como já deixamos antever, se o agente vier a subtrair um machado que se encontrava junto a tantos outros localizados no interior de um carro do corpo de bombeiros, se desse comportamento **não se puder concluir, concretamente, pela exposição a perigo de um número indeterminado de pessoas** e se a sua finalidade for a de ter a coisa alheia móvel para si ou para outrem, **deverá responder pelo delito de furto**; se tiver, por outro lado, a intenção de subtraí-lo para usá-lo momentaneamente, o fato deverá ser considerado atípico.[61] [grifo nosso]*

Objeto material: aparelho, material ou qualquer meio destinado a serviço de combate ao perigo, de socorro ou salvamento.

Conduta: punem-se as condutas de *subtrair*, *ocultar* ou *inutilizar* **(ação múltipla, de conteúdo variado, tipo misto alternativo ou multinuclear)** dos **objetos materiais:** *aparelho, material ou qualquer meio destinado a serviço de combate ao perigo, de socorro ou salvamento*; **por ocasião de:** incêndio, inundação, naufrágio, ou outro desastre ou calamidade.

Igualmente, nas condutas de *impedir* ou *dificultar* serviço de combate ao perigo, de socorro ou salvamento **(ação múltipla, de conteúdo variado, tipo misto alternativo ou multinuclear)** não há necessidade de objeto material, mas o dolo de não permitir ou fazer evitar os serviços de tais natureza.

São exemplos de objeto material, segundo Luiz Regis Prado (*apud* Masson, 2016):

> *(...) o objeto material é constituído por aparelho, material ou meio destinado a serviço de combate ao perigo (v.g., extintores de incêndio, alarmes), de socorro (v.g., ambulância, maca, medicamentos) ou salvamento (v.g., salva-vidas, escadas, cordas, redes de salvamento, barcos).[62]*

---

58 **Art. 89, *caput*, Lei nº 9.099/1995:** *Nos crimes em que a pena mínima cominada for igual ou inferior a um ano, abrangidas ou não por esta Lei, o Ministério Público, ao oferecer a denúncia, poderá propor a suspensão do processo, por dois a quatro anos, desde que o acusado não esteja sendo processado ou não tenha sido condenado por outro crime, presentes os demais requisitos que autorizariam a suspensão condicional da pena (Art. 77 do Código Penal).*

59 HUNGRIA, N. **Comentários ao Código Penal.** 9. vol. Rio de Janeiro: Forense, 1958, p. 50.

60 **Art. 274, CPM:** *Causar desabamento ou desmoronamento, em lugar sujeito à administração militar, expondo a perigo a vida, a integridade física ou o patrimônio de outrem: Pena - reclusão, até cinco anos.* **Parágrafo único -** *Se o crime é culposo: Pena - detenção, de seis meses a dois anos.*

61 GRECO, R. **Curso de Direito Penal: Parte Especial.** 11. ed. Niterói: Impetus, v. 4, 2015, p. 55.

62 PRADO, L. R. **Curso de Direito Penal Brasileiro.** 6. ed. São Paulo: RT, 2010. v. 3, p. 632; MASSON, C. **Direito Penal Esquematizado: Parte Especial.** 6. ed. rev., atual. e ampl. Rio de Janeiro: Forense; São Paulo: Método, 2016, v. 3, p. 267.

Consumação e tentativa: a doutrina entende se tratar de **crime formal (de consumação antecipada ou resultado cortado)** e **de perigo abstrato** em que se consumará independentemente de conseguir evitar o combate ao perigo, de socorro ou salvamento. Assim, estará consumado no momento específico **(crime instantâneo)** em que o agente *subtrair, ocultar* ou *inutilizar* os objetos materiais descritos no tipo e naquelas ocasiões e serviços; ou mesmo quando *impedir* ou *dificultar* os serviços de combate ao perigo, de socorro ou salvamento. A tentativa é possível **(crime plurissubsistente)**.

Majorantes decorrentes do resultado (Art. 258, CP): se da efetiva subtração, ocultação ou inutilização de material de salvamento; ou mesmo o impedimento ou dificultação dos serviços de tal natureza; atingir a vida humana gerando lesão corporal (de natureza grave, se doloso; ou de qualquer natureza, se culposo) ou morte, então haverá aumento de pena de acordo com o *quantum* previsto no artigo em referência.

Classificações doutrinárias: comum (qualquer pessoa pode cometê-lo); **vago** (o sujeito passivo é a coletividade); **exclusivamente doloso** (não se admite a forma culposa por ausência legal); **comissivo** (regra) ou **omissivo** (excepcionalmente, admite-se a omissão imprópria, na figura de agente garantidor do Art. 13, §2º, CP, em que o agente tem o dever legal e o poder de agir para evitar o resultado e nada faz); **formal** (de consumação antecipada ou resultado cortado); **de perigo comum e abstrato; unissubjetivo** (de concurso eventual); **instantâneo** (nas condutas de *subtrair, inutilizar, impedir* e *dificultar*); **permanente** (na conduta de *ocultar*); **admite a tentativa** (plurissubsistente); **crime de alto potencial ofensivo** (pena mínima superior a 1 ano e pena máxima superior a 2 anos); e **não admite a fiança em sede policial** (pena máxima superior a 4 anos).

Conflito de normas:

Crime Militar: caso a subtração, ocultação ou inutilização de material de socorro se der em **local sujeito à administração militar**, então haverá *crime militar* (Art. 275, CPM)[63].

Formas qualificadas de crime de perigo comum (art. 258, CP)

> **Art. 258, CP:** Se do crime doloso de perigo comum resulta lesão corporal de natureza grave, a pena privativa de liberdade é aumentada de metade; se resulta morte, é aplicada em dobro. No caso de culpa, se do fato resulta lesão corporal, a pena aumenta-se de metade; se resulta morte, aplica-se a pena cominada ao homicídio culposo, aumentada de um terço.

Este artigo possui o *nomen juris* (nome jurídico) de: **"Formas qualificadas de crime de perigo comum"**. Contudo, a doutrina normalmente conceitua as hipóteses previstas como **majorantes**, pois preveem **causas de aumento de pena**.

O Art. 258 é aplicável, exclusivamente, aos resultados **preterdolosos** (dolo + culpa), uma vez que, se o agente possuir a finalidade de crime mais grave, responderá pelo que ele queria fazer.

Cabível, **na forma dolosa** (Art. 258, 1ª parte, CP), *a todo o capítulo dos crimes de perigo comum*; todavia, **na forma culposa** (Art. 258, 2ª parte, CP), *apenas aos crimes que possuem a tipicidade da culpa*.

ADMITEM A FORMA CULPOSA:	APENAS DOLOSOS:
CAPÍTULO I – DOS CRIMES DE PERIGO COMUM: Incêndio (Art. 250, §2º); Explosão (Art. 251, §3º); Uso de gás tóxico ou asfixiante (Art. 252, parágrafo único); Inundação (Art. 254, parte final, preceito secundário); Desabamento ou desmoronamento (Art. 256, parágrafo único); Difusão de doença ou praga (Art. 259, parágrafo único).	CAPÍTULO I – DOS CRIMES DE PERIGO COMUM: Fabrico, fornecimento, aquisição posse ou transporte de explosivos ou gás tóxico, ou asfixiante (Art. 253); Perigo de inundação (Art. 255); Subtração, ocultação ou inutilização de material de salvamento (Art. 257).

Tanto na forma dolosa, quanto na culposa, se o efetivo crime de perigo comum atingir a vida humana gerando lesão corporal (de natureza grave, se doloso; ou de qualquer natureza, se culposo) ou morte, então haverá aumento de pena de acordo com o *quantum* previsto no artigo em referência.

Crime de perigo comum doloso	Crime de perigo comum culposo
Se resultar lesão corporal de natureza grave (ou gravíssima): aumenta-se metade da pena.	Se resultar lesão corporal (leve, grave ou gravíssima): aumenta-se metade da pena.
Se resultar morte: a pena é aplicada em dobro.	Se resultar morte: aplica-se a pena do homicídio culposo (Art. 121, §3º, CP) aumentada de 1/3.

Difusão de doença ou praga (art. 259, CP)

> **Art. 259, CP:** *Difundir doença ou praga que possa causar dano a floresta, plantação ou animais de utilidade econômica:*
> Pena - reclusão, de dois a cinco anos, e multa.
> **Modalidade culposa**
> Parágrafo único. No caso de culpa, a pena é de detenção, de um a seis meses, ou multa.

→ **Revogação tácita:** pelo Art. 61 da Lei de Crimes Ambientais – LCA (Lei nº 9605/98).

> **Art. 61, Lei nº 9.605/1998:** *Disseminar doença ou praga ou espécies que possam causar dano à agricultura, à pecuária, à fauna, à flora ou aos ecossistemas:*
> Pena - reclusão, de um a quatro anos, e multa.

A doutrina, de forma unânime, declara que a difusão de doença ou praga na **forma dolosa** foi *tacitamente revogada* pela Lei de Crimes Ambientais – LCA; no entanto, ainda há certa divergência acerca da **modalidade culposa**, na medida em que esta não foi prevista na LCA.

Majoritariamente[64], afirma-se que *a conduta culposa não mais subsiste no direito pátrio*, entendendo pela atipicidade da conduta culposa de difusão de doença ou praga.

---

63 **Art. 275, CPM:** *Subtrair, ocultar ou inutilizar, por ocasião de incêndio, inundação, naufrágio, ou outro desastre ou calamidade, aparelho, material ou qualquer meio destinado a serviço de combate ao perigo, de socorro ou salvamento; ou impedir ou dificultar serviço de tal natureza:* Pena - reclusão, de três a seis anos.

64 Cleber Masson, Fernando Capez, Guilherme de Souza Nucci, Luiz Regis Prado, Rogério Greco, Rogério Sanches Cunha.

Masson (2016) descreve:

> Finalmente, é de se observar que a modalidade culposa do delito de difusão de doença ou praga, originariamente disciplinada no parágrafo único do art. 259 do Código Penal, deixou de existir. Atualmente, esse fato é atípico, uma vez que não foi contemplado pela Lei 9.605/1998. Operou-se, em verdade, a **'abolitio criminis' da forma culposa da difusão de doença ou praga**, pois, além da revogação tácita do art. 259 do Código Penal, o fato perdeu seu caráter criminoso perante o ordenamento jurídico em geral.[65] [grifo nosso]

E, **minoritariamente**, ainda continua válida a forma culposa de difusão de doença ou praga (Art. 259, parágrafo único, CP), uma vez que o Art. 61 da LCA só previu a forma dolosa.

Expõe Gonçalves (2017):

> **A modalidade culposa ainda está em vigor** por não haver figura semelhante na lei ambiental. Pressupõe que, por falta de cuidado, o agente dê causa à difusão de doenças ou pragas potencialmente perigosas a florestas, plantações ou animais de utilidade doméstica.[66] [grifo nosso]

Objetividade jurídica: incolumidade pública.

Sujeito ativo: comum (qualquer pessoa pode cometer) e **unissubjetivo** (de concurso eventual de agentes).

Sujeito passivo: é a coletividade **(crime vago)**; e eventualmente, as vítimas propriamente ditas do delito (vida das pessoas ou proprietárias dos patrimônios).

Objeto material: doença ou praga.

Conduta: *difundir* (disseminar) doença ou praga **(crime de ação** única ou **de tipo simples)** que possa causar dano **(crime de perigo concreto)** a floresta, plantação ou animais de utilidade econômica **(número indeterminado de pessoas)**.

Consumação e tentativa: consuma-se no momento **(crime instantâneo)** em que gerar perigo a floresta, plantação ou animais de utilidade econômica. A tentativa é possível **(crime plurissubsistente)**.

Comenta Greco (2015) que:

> A conduta dolosa de disseminar doença ou praga deve ser dirigida finalisticamente a causar dano em floresta, plantação ou animais de utilidade econômica.[67]

Classificações doutrinárias: comum (qualquer pessoa pode cometê-lo), **vago** (o sujeito passivo é a coletividade), **doloso** (Art. 259, *caput*, CP), **culposo** (Art. 259, parágrafo único, CP), **comissivo** (regra), **omissivo** (excepcionalmente, admite-se a omissão imprópria, na figura de agente garantidor do Art. 13, §2º, CP, em que o agente tem o dever legal e o poder de agir para evitar o resultado e nada faz), **de perigo comum e concreto**, **unissubjetivo** (de concurso eventual), **instantâneo** (consuma-se em momento certo), **admite a tentativa** (plurissubsistente), na *forma dolosa* é **crime de alto potencial ofensivo** (pena mínima superior a 1 ano e pena máxima superior a 2 anos) e **não admite a fiança em sede policial** (pena máxima superior a 4 anos).

Conflito de normas:

→ **Crime Ambiental:** a doutrina majoritária entende que houve a revogação tácita do crime de difusão de doença ou praga, ocorrendo tão somente *crime ambiental* (Art. 61, Lei nº 9.605/98).

→ **Crime Militar:** caso a difusão de doença ou praga seja em **local sujeito à administração militar**, então haverá *crime militar* (Art. 278, CPM)[68].

24.2 Capítulo II – Dos Crimes Contra a Segurança dos Meios de Comunicação e Transporte e Outros Serviços Públicos

Perigo de desastre ferroviário (art. 260, CP)

> **Art. 260, CP:** Impedir ou perturbar serviço de estrada de ferro:
> I - destruindo, danificando ou desarranjando, total ou parcialmente, linha férrea, material rodante ou de tração, obra de arte ou instalação;
> II - colocando obstáculo na linha;
> III - transmitindo falso aviso acerca do movimento dos veículos ou interrompendo ou embaraçando o funcionamento de telégrafo, telefone ou radiotelegrafia;
> IV - praticando outro ato de que possa resultar desastre:
> Pena - reclusão, de dois a cinco anos, e multa.
> **Desastre ferroviário**
> §1º. Se do fato resulta desastre:
> Pena - reclusão, de quatro a doze anos, e multa.
> **Modalidade culposa**
> §2º. No caso de culpa, ocorrendo desastre:
> Pena - detenção, de seis meses a dois anos.
> **Conceito de estrada de ferro**
> §3º. Para os efeitos deste artigo, entende-se por estrada de ferro qualquer via de comunicação em que circulem veículos de tração mecânica, em trilhos ou por meio de cabo aéreo.

Cuidado, pois o Art. 260 prevê **dois crimes autônomos**, e não três: *o perigo de desastre ferroviário* (Art. 260, *caput*, CP) e *o efetivo desastre ferroviário* (Art. 260, §§ 1º e 2º, CP).

Objetividade jurídica: incolumidade pública.

Sujeito ativo: comum (qualquer pessoa pode cometer) e **unissubjetivo** (pode ser praticado por um só agente ou em concurso eventual de agentes).

Sujeito passivo: é a coletividade **(crime vago)**; eventualmente, as vítimas propriamente ditas do delito (vida das pessoas ou proprietárias dos patrimônios).

Objeto material: linha férrea, material rodante ou de tração, obra de arte, instalação, telégrafo, telefone e radiotelegrafia.

Conduta: *impedir* (não permitir) ou *perturbar* (dificultar) serviço de estrada de ferro. Tratando-se de **crime de conduta conjugada** em que os núcleos do tipo (no *caput*) são associados a outras quatro condutas previstas nos seus incisos I a IV.

---

65 MASSON, C. **Direito Penal Esquematizado: Parte Especial.** 3. vol. 6. ed. rev. atual. e ampl. Rio de Janeiro: Forense; São Paulo: Método, 2016, p. 271.
66 GONÇALVES, V. E. R.; LENZA, P. (coord.). **Direito Penal Esquematizado: Parte Especial.** 7. ed. São Paulo: Saraiva, 2017, p. 674.
67 GRECO, R. **Curso de Direito Penal: Parte Especial.** 11. ed. Niterói: Impetus, v. 4, 2015, p. 62.

68 **Art. 278, CPM:** *Difundir doença ou praga que possa causar dano a floresta, plantação, pastagem ou animais de utilidade econômica ou militar, em lugar sob administração militar: Pena - reclusão, até três anos.* **Parágrafo único** - *No caso de culpa, a pena é de detenção, até seis meses.*

Estrada de ferro (§3º): qualquer via de comunicação em que circulem veículos de tração mecânica, em trilhos ou por meio de cabo aéreo.

→ **Surfista ferroviário:** *fato atípico* (não é crime).

> *Imputação do crime definido no art. 260, IV do Código Penal em função da pratica conhecida como* **"surf ferroviário"**, *que consiste em viajar sobre o teto do trem. Evidente* **atipicidade de tal conduta**, *visto não se poder vislumbrar em quem a realiza outra intenção que não a de expor a perigo a própria vida, faltando, portanto, o elemento subjetivo do tipo, que é a vontade livre e consciente de criar situação concreta de perigo de desastre ferroviário.35 (grifo nosso)*

Consumação e tentativa: consuma-se no momento **(crime instantâneo)** em que gerar perigo de desastre ferroviário expondo a risco a vida, a integridade física ou o patrimônio de terceiros **(crime de perigo concreto e comum)**. A tentativa é admissível **(crime plurissubsistente)**.

Forma qualificada (§1º): se do perigo de desastre ferroviário ocorrer o efetivo desastre ferroviário, então a pena abstrata será aumentada nos limites mínimo e máximo: reclusão, de 4 (quatro) a 12 (doze) anos, e multa. Portanto, a forma simples (*caput*) só é aplicável se o desastre não ocorrer.

Forma culposa (§2º): a forma culposa somente é aplicável quando ocorrer o **efetivo desastre ferroviário**, que se dará o resultado por descuido do agente (imprudência, negligência ou imperícia). Portanto, a pena relativa à modalidade culposa **não é aplicável ao perigo de desastre ferroviário** (Art. 260, *caput*, CP).

Majorantes decorrentes do resultado agravado do desastre (Art. 263, CP): caso ocorra o desastre, tanto na forma qualificada, quanto na culposa, atingindo a vida humana e gerando lesão corporal (de natureza grave, no desastre ferroviário doloso; ou de qualquer natureza, no desastre ferroviário culposo) ou morte, então haverá aumento de pena de acordo com o *quantum* previsto no artigo 258 do CP.

Forma qualificada
Art. 263, CP: *Se de qualquer dos crimes previstos nos arts. 260 a 262, no caso de desastre ou sinistro, resulta lesão corporal ou morte, aplica-se o disposto no art. 258.*

Art. 258, CP: *Se do* **crime doloso** *de perigo comum resulta lesão corporal de natureza grave, a pena privativa de liberdade é aumentada de metade; se resulta morte, é aplicada em dobro.* **No caso de culpa**, *se do fato resulta lesão corporal, a pena aumenta-se de metade; se resulta morte, aplica-se a pena cominada ao homicídio culposo, aumentada de um terço. (grifo nosso)*

Desastre ferroviário doloso	Desastre ferroviário culposo
Se resultar lesão corporal de natureza grave (ou gravíssima): aumenta-se metade da pena.	Se resultar lesão corporal (leve, grave ou gravíssima): aumenta-se metade da pena.
Se resultar morte: a pena é aplicada em dobro.	Se resultar morte: aplica-se a pena do homicídio culposo (Art. 121, §3º, CP) aumentada de 1/3.

Classificações doutrinárias: comum (qualquer pessoa pode cometê-lo); **vago** (o sujeito passivo é a coletividade); no *perigo de desastre* ferroviário (Art. 260, *caput*, CP), é **exclusivamente doloso** (não se admite a forma culposa por ausência legal); contudo, em se tratando de *desastre ferroviário* (Art. 260, §§ 1º e 2º, CP), poderá ser **doloso** ou **culposo**; **comissivo** (regra); **omissivo** (excepcionalmente, admite-se a omissão imprópria, na figura de agente garantidor do Art. 13, §2º, CP, em que o agente tinha o dever legal e o poder de agir para evitar o resultado e nada faz); **de perigo comum e concreto**; **unissubjetivo** (de concurso eventual); **instantâneo** (consuma-se com a exposição de perigo); nas *formas dolosas* (*caput* e §1º), **admite a tentativa**, é **crime de alto potencial ofensivo** (cujas penas mínimas são superiores a 1 ano; e as máximas, superiores a 2 anos) e **não admite a fiança em sede policial** (penas máximas são superiores a 4 anos).

Conflito de normas:

→ **Finalidade de Perturbação Político-Social:** se houver sabotagem (destruição ou danificação propositada) de vias de transportes **com fins políticos**, então incorrerá em *crime contra a segurança nacional* (Art. 15, Lei nº 7.170/83)[36].

→ **Crime Militar:** caso o serviço de estrada de ferro esteja **sob administração ou requisição militar** emanada de ordem legal, então haverá *crime militar* (Art. 282, CPM)[37].

→ **Terrorismo:** quem sabotar o funcionamento ou apoderar-se, com violência, grave ameaça a pessoa, ou servindo-se de mecanismos cibernéticos, do controle total ou parcial, ainda que de modo temporário, *de meios de transporte, de portos, aeroportos, estações ferroviárias ou rodoviárias*, por razões de **xenofobia, discriminação ou preconceito de raça, cor, etnia e religião**, quando cometidos com a finalidade de provocar terror social ou generalizado, expondo a perigo pessoa, patrimônio, a paz pública ou a incolumidade pública, incorrerá no *crime de terrorismo* (Art. 2º, §1º, IV, Lei nº 13.260/16)[38].

---

35 **TJRJ**, Recurso em Sentido Estrito nº 2001.051.00052, Des. Raul de San Tiago Dantas Barbosa Quental, julgado em 03/04/2001, Quarta Câmara Criminal.

36 **Art. 15, Lei nº 7.170/1983:** *Praticar sabotagem contra instalações militares, meios de comunicações, meios e vias de transporte, estaleiros, portos, aeroportos, fábricas, usinas, barragem, depósitos e outras instalações congêneres. Pena - reclusão, de 3 a 10 anos. §1º. Se do fato resulta: a) lesão corporal grave, a pena aumenta-se até a metade; b) dano, destruição ou neutralização de meios de defesa ou de segurança; paralisação, total ou parcial, de atividade ou serviços públicos reputados essenciais para a defesa, a segurança ou a economia do País, a pena aumenta-se até o dobro; c) morte, a pena aumenta-se até o triplo. §2º. Punem-se os atos preparatórios de sabotagem com a pena deste artigo reduzida de dois terços, se o fato não constitui crime mais grave.*

37 **Art. 282, CPM:** *Impedir ou perturbar serviço de estrada de ferro, sob administração ou requisição militar emanada de ordem legal: I - danificando ou desarranjando, total ou parcialmente, linha férrea, material rodante ou de tração, obra de arte ou instalação; II - colocando obstáculo na linha; III - transmitindo falso aviso acerca do movimento dos veículos, ou interrompendo ou embaraçando o funcionamento dos meios de comunicação; IV - praticando qualquer outro ato de que possa resultar desastre: Pena - reclusão, de dois a cinco anos. §1º. Se do fato resulta desastre: Pena - reclusão, de quatro a doze anos. §2º. Se o agente quis causar o desastre ou assumiu o risco de produzi-lo: Pena - reclusão, de quatro a quinze anos. §3º. No caso de culpa, ocorrendo desastre: Pena - detenção, de seis meses a dois anos. §4º. Para os efeitos deste artigo, entende-se por "estrada de ferro" qualquer via de comunicação em que circulem veículos de tração mecânica, em trilhos ou por meio de cabo aéreo.*

38 **Art. 2º, §1º, IV, Lei nº 13.260/2016:** *sabotar o funcionamento ou apoderar-se, com violência, grave ameaça a pessoa ou servindo-se de mecanismos cibernéticos, do controle total ou parcial, ainda que de modo temporário, de meio de comunicação ou de transporte, de portos, aeroportos, estações ferroviárias ou rodoviárias, hospitais, casas de saúde, escolas, estádios esportivos, instalações públicas ou locais onde funcionem serviços públicos essenciais, instalações de geração ou transmissão de energia, instalações militares, instalações de exploração, refino e processamento de petróleo e gás e instituições bancárias e sua rede de atendimento; [...] Pena - reclusão, de doze a trinta anos, além das sanções correspondentes à ameaça ou à violência. [...].*

CRIMES CONTRA A INCOLUMIDADE PÚBLICA

Atentado contra a segurança de transporte marítimo, fluvial ou aéreo (art. 261, CP)

Art. 261, CP: *Expor a perigo embarcação ou aeronave, própria ou alheia, ou praticar qualquer ato tendente a impedir ou dificultar navegação marítima, fluvial ou aérea:*
Pena - reclusão, de dois a cinco anos.

Sinistro em transporte marítimo, fluvial ou aéreo
§1º. Se do fato resulta naufrágio, submersão ou encalhe de embarcação ou a queda ou destruição de aeronave:
Pena - reclusão, de quatro a doze anos.

Prática do crime com o fim de lucro
§2º. Aplica-se, também, a pena de multa, se o agente pratica o crime com o intuito de obter vantagem econômica, para si ou para outrem.

Modalidade culposa
§3º. No caso de culpa, se ocorre o sinistro:
Pena - detenção, de seis meses a dois anos.

Cuidado: uma vez que o Art. 261 — igualmente ao Art. 260 — prevê **dois crimes autônomos**, e não três: o atentado contra a segurança de transporte marítimo, fluvial ou aéreo (Art. 261, *caput*, CP) e o efetivo sinistro em transporte marítimo, fluvial ou aéreo (Art. 261, §§ 1º e 3º, CP).

Objetividade jurídica: incolumidade pública.

Sujeito ativo: comum (qualquer pessoa pode cometer) e **unissubjetivo** (pode ser praticado por um só agente ou em concurso eventual de agentes).

Sujeito passivo: é a coletividade **(crime vago)**; eventualmente, as vítimas propriamente ditas do delito (vida das pessoas ou proprietárias dos patrimônios).

Objeto material: embarcação ou aeronave.

Conduta: *expor* (colocar) a perigo **(crime de perigo concreto)** embarcação ou aeronave, própria ou alheia, ou *praticar* (cometer) qualquer ato tendente a impedir (não permitir) ou dificultar (embaraçar) navegação marítima, fluvial ou aérea.

Consumação e tentativa: consuma-se no momento **(crime instantâneo)** em que gerar perigo à embarcação ou aeronave expondo a risco a vida, a integridade física ou o patrimônio de terceiros **(crime contra a incolumidade pública)**. A tentativa é admissível **(crime plurissubsistente)**.

Forma qualificada (§1º): se ocorrer o **efetivo sinistro em transporte marítimo, fluvial ou aéreo**, então a pena abstrata será aumentada nos limites mínimo e máximo: reclusão, de 4 (quatro) a 12 (doze) anos. Portanto, a forma simples (*caput*) só é aplicável se não ocorrer o sinistro.

Multa ao lucro (§2º): caso o agente pratique o crime com a finalidade de obter vantagem econômica, para si ou para outrem, haverá também a aplicação de multa.

Forma culposa (§3º): a forma culposa somente é aplicável quando ocorrer o **efetivo sinistro em transporte marítimo, fluvial ou aéreo**, cujo resultado dará por descuido do agente (imprudência, negligência ou imperícia). Dessa forma, a pena relativa à modalidade culposa **não** é aplicável ao atentado contra a segurança de transporte marítimo, fluvial ou aéreo (Art. 261, *caput*, CP).

Majorantes decorrentes do resultado agravado do sinistro (Art. 263, CP): caso ocorra o sinistro, tanto na forma qualificada, quanto na culposa, atingindo a vida humana e gerando lesão corporal (de natureza grave, no sinistro doloso; ou de qualquer natureza, no sinistro culposo) ou morte, então haverá aumento de pena de acordo com o *quantum* previsto no artigo 258 do CP.

Forma qualificada
Art. 263, CP: *Se de qualquer dos crimes previstos nos arts. 260 a 262, no caso de desastre ou sinistro, resulta lesão corporal ou morte, aplica-se o disposto no art. 258.*

Art. 258, CP: *Se do **crime doloso** de perigo comum resulta lesão corporal de natureza grave, a pena privativa de liberdade é aumentada de metade; se resulta morte, é aplicada em dobro. **No caso de culpa**, se do fato resulta lesão corporal, a pena aumenta-se de metade; se resulta morte, aplica-se a pena cominada ao homicídio culposo, aumentada de um terço.* (grifo nosso)

Sinistro de transporte doloso	Sinistro de transporte culposo
Se resultar lesão corporal de natureza grave (ou gravíssima): aumenta-se metade da pena.	Se resultar lesão corporal (leve, grave ou gravíssima): aumenta-se metade da pena.
Se resultar morte: a pena é aplicada em dobro.	Se resultar morte: aplica-se a pena do homicídio culposo (Art. 121, §3º, CP) aumentada de 1/3.

Classificações doutrinárias: comum (qualquer pessoa pode cometê-lo); **vago** (o sujeito passivo é a coletividade); no *atentado contra a segurança de transporte marítimo, fluvial ou aéreo* (Art. 261, *caput*, CP), é **exclusivamente doloso** (não se admite a forma culposa por ausência legal); contudo, em se tratando de *superveniência de sinistro* (Art. 261, §§ 1º e 3º, CP), poderá ser **doloso** ou **culposo**; **comissivo** (regra); **omissivo** (excepcionalmente, admite-se a omissão imprópria, na figura de agente garantidor do Art. 13, §2º, CP, em que o agente tinha o dever legal e o poder de agir para evitar o resultado e nada faz); **de perigo comum e concreto**; **unissubjetivo** (de concurso eventual); **instantâneo** (consuma-se com a exposição de perigo); nas *formas dolosas* (*caput* e §1º), **admite a tentativa**, é **crime de alto potencial ofensivo** (cujas penas mínimas são superiores a 1 ano; e as máximas, superiores a 2 anos) e **não admite a fiança em sede policial** (penas máximas são superiores a 4 anos).

Conflito de normas:

→ **Direção de Embarcação ou Aeronave Sob Efeito de Drogas:** conduzir embarcação ou aeronave **após o consumo de drogas**, expondo a dano potencial **(crime de perigo concreto)** a incolumidade de outrem, será delito previsto na *Lei Antidrogas* (Art. 39, Lei nº 11.343/06)[39].

---

39 **Art. 39, Lei nº 11.343/2006:** *Conduzir embarcação ou aeronave após o consumo de drogas, expondo a dano potencial a incolumidade de outrem: Pena - detenção, de 6 (seis) meses a 3 (três) anos, além da apreensão do veículo, cassação da habilitação respectiva ou proibição de obtê-la, pelo mesmo prazo da pena privativa de liberdade aplicada, e pagamento de 200 (duzentos) a 400 (quatrocentos) dias-multa.* **Parágrafo único -** *As penas de prisão e multa, aplicadas cumulativamente com as demais, serão de 4 (quatro) a 6 (seis) anos e de 400 (quatrocentos) a 600 (seiscentos) dias-multa, se o veículo referido no "caput" deste artigo for de transporte coletivo de passageiros.*

→ **Apoderação Violenta de Aeronave, Embarcação ou Veículo de Transporte Coletivo:** apoderar-se ou exercer o controle de aeronave, embarcação ou veículo de transporte coletivo, **com emprego de violência ou grave ameaça** à tripulação ou a passageiros, então incorrerá em *crime contra a segurança nacional* (Art. 19, Lei nº 7.170/83)[40].

→ **Crime Militar:** caso o perigo contra a segurança de transporte marítimo, fluvial ou aéreo; ou a superveniência de sinistro, doloso ou culposo; seja **sob administração ou requisição militar** emanada de ordem legal, então haverá *crime militar* (Art. 283, CPM)[41].

→ **Terrorismo:** quem sabotar o funcionamento ou apoderar-se, com violência, grave ameaça a pessoa, ou servindo-se de mecanismos cibernéticos, do controle total ou parcial, ainda que de modo temporário, *de meios de transporte, de portos, aeroportos, estações ferroviárias ou rodoviárias*, por razões de **xenofobia, discriminação ou preconceito de raça, cor, etnia e religião**, quando cometidos com a finalidade de provocar terror social ou generalizado, expondo a perigo pessoa, patrimônio, a paz pública ou a incolumidade pública, incorrerá no *crime de terrorismo* (Art. 2º, §1º, IV, Lei nº 13.260/16).

Atentado contra a segurança de outro meio de transporte (art. 262, CP)

Art. 262, CP: Expor a perigo outro meio de transporte público, impedir-lhe ou dificultar-lhe o funcionamento:
Pena - detenção, de um a dois anos.
Desastre efetivo
§1º. Se do fato resulta desastre, a pena é de reclusão, de dois a cinco anos.
Modalidade culposa
§2º. No caso de culpa, se ocorre desastre:
Pena - detenção, de três meses a um ano.

Atenção à diferença existente, no Art. 262 do CP, entre **atentado** (*caput*) e **desastre efetivo** (§1º).

Objetividade jurídica: incolumidade pública.

Sujeito ativo: comum (qualquer pessoa pode cometer) e **unissubjetivo** (pode ser praticado por um só agente ou em concurso eventual de agentes).

Sujeito passivo: é a coletividade **(crime vago)**; eventualmente, as vítimas propriamente ditas do delito (vida das pessoas ou proprietárias dos patrimônios).

Objeto material: outro meio de transporte público, desde que não sejam os abarcados pelos Arts. 260 e 261, por exemplo, ônibus.

---
40 **Art. 19, Lei nº 7.170/1983:** *Apoderar-se ou exercer o controle de aeronave, embarcação ou veículo de transporte coletivo, com emprego de violência ou grave ameaça à tripulação ou a passageiros. Pena - reclusão, de 2 a 10 anos.* **Parágrafo único** *- Se do fato resulta lesão corporal grave, a pena aumenta-se até o dobro; se resulta morte, aumenta-se até o triplo.*
41 **Art. 283, CPM:** *Expor a perigo aeronave, ou navio próprio ou alheio, sob guarda, proteção ou requisição militar emanada de ordem legal, ou em lugar sujeito à administração militar, bem como praticar qualquer ato tendente a impedir ou dificultar navegação aérea, marítima, fluvial ou lacustre sob administração, guarda ou proteção militar: Pena - reclusão, de dois a cinco anos. §1º. Se do fato resulta naufrágio, submersão ou encalhe do navio, ou a queda ou destruição da aeronave: Pena - reclusão, de quatro a doze anos. §2º. No caso de culpa, se ocorre o sinistro: Pena - detenção, de seis meses a dois anos.*

Conduta: *expor* (colocar) a perigo **(crime de perigo concreto)** outro meio de transporte coletivo, *impedir-lhe* (não permitir) ou *dificultar-lhe* (embaraçar) o funcionamento.

Consumação e tentativa: consuma-se no momento **(crime instantâneo)** em que gerar perigo a outro meio de transporte coletivo expondo a risco a vida, a integridade física ou o patrimônio de terceiros **(crime contra a incolumidade pública)**. A tentativa é admissível **(crime plurissubsistente)**.

Forma qualificada (§1º): se ocorrer o **desastre efetivo**, então a pena abstrata será aumentada nos limites mínimo e máximo: reclusão, de 2 (dois) a 5 (cinco) anos. Portanto, a forma simples (*caput*) só é aplicável se não ocorrer o desastre.

Forma culposa (§2º): a forma culposa somente é aplicável quando ocorrer o **desastre efetivo**, que se dará o resultado por descuido do agente (imprudência, negligência ou imperícia). Dessa forma, a pena relativa à modalidade culposa **não** é **aplicável** ao *atentado contra a segurança de outro meio de transporte público* (Art. 262, *caput*, CP).

Majorantes decorrentes do resultado agravado do desastre (Art. 263, CP): caso ocorra o desastre, tanto na forma qualificada, quanto na culposa, atingindo a vida humana e gerando lesão corporal (de natureza grave, no desastre doloso; ou de qualquer natureza, no desastre culposo) ou morte, então haverá aumento de pena de acordo com o *quantum* previsto no artigo 258 do CP.

Forma qualificada
Art. 263, CP: *Se de qualquer dos crimes previstos nos arts. 260 a 262, no caso de desastre ou sinistro, resulta lesão corporal ou morte, aplica-se o disposto no art. 258.*
Art. 258, CP: *Se do* **crime doloso** *de perigo comum resulta lesão corporal de natureza grave, a pena privativa de liberdade é aumentada de metade; se resulta morte, é aplicada em dobro.* **No caso de culpa***, se do fato resulta lesão corporal, a pena aumenta-se de metade; se resulta morte, aplica-se a pena cominada ao homicídio culposo, aumentada de um terço.*
(grifo nosso)

Desastre efetivo doloso	Desastre efetivo culposo
Se resultar lesão corporal de natureza grave (ou gravíssima): aumenta-se metade da pena.	Se resultar lesão corporal (leve, grave ou gravíssima): aumenta-se metade da pena.
Se resultar morte: a pena é aplicada em dobro.	Se resultar morte: aplica-se a pena do homicídio culposo (Art. 121, §3º, CP) aumentada de 1/3.

Classificações doutrinárias: comum (qualquer pessoa pode cometê-lo); **vago** (o sujeito passivo é a coletividade); no *atentado contra a segurança de outro meio de transporte público* (Art. 262, *caput*, CP), é **exclusivamente doloso** (não se admite a forma culposa por ausência legal); contudo, em se tratando de *desastre efetivo* (Art. 262, §§ 1º e 2º, CP), poderá ser **doloso** *ou* **culposo**; **comissivo** (regra); **omissivo** (excepcionalmente, admite-se a omissão imprópria, na figura de agente garantidor do Art. 13, §2º, CP, em que o agente tinha o dever legal e o poder de agir para evitar o resultado e nada faz); **de perigo comum e concreto**; **unissubjetivo** (de concurso eventual); **instantâneo** (consuma-se com a exposição de perigo); nas *formas dolosas* (*caput* e §1º), **admite a tentativa**; o *atentado contra segurança de outro meio de transporte público* (Art. 262, *caput*, CP) é **infração penal de menor potencial ofensivo**

CRIMES CONTRA A INCOLUMIDADE PÚBLICA

(pena máxima de até 2 anos[42], admitindo-se as benesses da Lei nº 9.099/95, como exemplo, a transação penal, reparação do dano, *sursis* processual e julgamento pelo Juizado Especial Criminal – JECrim); todavia, o *desastre efetivo* (Art. 262, §1º, CP) é **crime de alto potencial ofensivo** (pena mínima superior a 1 ano e pena máxima superior a 2 anos) e **não admite a fiança em sede policial** (pena máxima superior a 4 anos).

Conflito de normas:

→ **Embriaguez ao Volante:** conduzir veículo automotor sob o efeito de álcool ou de outra substância psicoativa que determine dependência, mesmo que não exponha a vida ou patrimônios alheios a risco efetivo, tratando-se de **crime de perigo abstrato**, haverá *delito de trânsito* (Art. 306, CTB)[43].

→ **Apoderação Violenta de Veículo de Transporte Coletivo:** apoderar-se ou exercer o controle de veículo de transporte coletivo, com **emprego de violência ou grave ameaça** à tripulação ou a passageiros, então incorrerá em *crime contra a segurança nacional* (Art. 19, Lei nº 7.170/83).

→ **Crime Militar:** caso o perigo contra a segurança de **viatura** ou outro meio de **transporte militar**, ou então que esteja **sob a guarda, a proteção ou a requisição militar** emanada de ordem legal, então haverá *crime militar* (Art. 284, CPM)[44].

→ **Terrorismo:** quem sabotar o funcionamento ou apoderar-se, com violência, grave ameaça a pessoa, ou servindo-se de mecanismos cibernéticos, do controle total ou parcial, ainda que de modo temporário, *de meios de transporte, de portos, aeroportos, estações ferroviárias ou rodoviárias*, por razões de **xenofobia, discriminação ou preconceito de raça, cor, etnia e religião**, quando cometidos com a finalidade de provocar terror social ou generalizado, expondo a perigo pessoa, patrimônio, a paz pública ou a incolumidade pública, incorrerá no *crime de terrorismo* (Art. 2º, §1º, IV, Lei nº 13.260/16).

Forma qualificada (art. 263, CP)

Art. 263, CP: Se de qualquer dos crimes previstos nos arts. 260 a 262, no caso de desastre ou sinistro, resulta lesão corporal ou morte, aplica-se o disposto no art. 258.

Este artigo possui o *nomen juris* (nome jurídico) de: **"Forma qualificada"**. Contudo, a doutrina normalmente conceitua as hipóteses previstas como **majorantes**, pois preveem **causas de aumento de pena**.

O Art. 263, com referência ao Art. 258, é aplicável, exclusivamente, aos efetivos sinistros ou desastres com resultados **preterdolosos** (dolo + culpa); uma vez que, se o agente possuir a finalidade de crime mais grave, responderá pelo que ele queria fazer. Portanto, **não se aplicará ao perigo ou atentado** (condutas simples dos *caputs* dos Arts. 260, 261 e 262).

42 **Art. 61, Lei nº 9.099/1995:** *Consideram-se infrações penais de menor potencial ofensivo, para os efeitos desta Lei, as contravenções penais e os crimes a que a lei comine pena máxima não superior a 2 (dois) anos, cumulada ou não com multa.*
43 **Art. 306, caput, CTB:** *Conduzir veículo automotor com capacidade psicomotora alterada em razão da influência de álcool ou de outra substância psicoativa que determine dependência: Penas - detenção, de seis meses a três anos, multa e suspensão ou proibição de se obter a permissão ou a habilitação para dirigir veículo automotor. [...].*
44 **Art. 284, CPM:** *Expor a perigo viatura ou outro meio de transporte militar, ou sob guarda, proteção ou requisição militar emanada de ordem legal, impedir-lhe ou dificultar-lhe o funcionamento: Pena - reclusão, até três anos. §1º. Se do fato resulta desastre, a pena é reclusão de dois a cinco anos. §2º. No caso de culpa, se ocorre desastre: Pena - detenção, até um ano.*

Arremesso de projétil (art. 264, CP)

Art. 264, CP: Arremessar projétil contra veículo, em movimento, destinado ao transporte público por terra, por água ou pelo ar: Pena - detenção, de um a seis meses.
Modalidades qualificadas
Parágrafo único. Se do fato resulta lesão corporal, a pena é de detenção, de seis meses a dois anos; se resulta morte, a pena é a do art. 121, §3º, aumentada de um terço.

Objetividade jurídica: incolumidade pública.

Sujeito ativo: comum (qualquer pessoa pode cometer) e **unissubjetivo** (pode ser praticado por um só agente ou em concurso eventual de agentes).

Sujeito passivo: é a coletividade **(crime vago)**; eventualmente, as vítimas propriamente ditas do delito (vida das pessoas ou proprietárias dos patrimônios).

Objeto material: é o veículo (de tração mecânica ou animal), em movimento (em trânsito), destinado ao **transporte público** (de natureza pública, seja de coisas, seja de pessoas) por terra (estradas, rodovias ou ferrovias), por água (fluviais, marítimos ou lacustres) ou pelo ar (espaço aéreo, com ou sem cabos). Dessa forma, o veículo deve possuir a natureza pública de transporte, pelo Estado ou por particulares em regime de concessão ou permissão, por exemplo, ônibus, navios, aviões, entre outros.

Conduta: *arremessar* (lançar) projétil (corpo sólido que se move livremente no espaço em consequência de um impulso recebido)[45] contra veículo, em movimento, destinado ao **transporte público** por terra, por água ou pelo ar.

> **Jogar uma bolinha de papel contra um** ônibus: *fato atípico* (não é crime).

Ensina o Professor Luiz Flávio Gomes (*apud* Ministro Arnaldo Esteves Lima, 2009)[46]:

No delito de arremesso de projétil (CP, art. 264: "Arremessar projétil contra veículo, em movimento, destinado ao transporte público por terra, por água ou pelo ar: pena - detenção de 1 a 6 meses"), **quem arremessa contra um** *ônibus* **em movimento um bolinha de papel pratica uma conduta absolutamente insignificante**; *no delito de inundação (CP, art. 254: "Causar inundação, expondo a perigo a vida, a integridade física ou o patrimônio de outrem: pena - reclusão de 3 a 6 anos, no caso de dolo, ou detenção de 6 meses a 2 anos, no caso de culpa"), quem joga um copo d'água numa represa de 10 milhões de litros de água pratica uma conduta absolutamente insignificante. Nessas hipóteses, o risco criado (absolutamente insignificante) não pode ser imputado à conduta (teoria da imputação objetiva em conjugação com o princípio da insignificância). Estamos diante de fatos atípicos.*[47] (grifo nosso)

Consumação e tentativa: majoritariamente, a doutrina e a jurisprudência têm dito que se trata de **crime de perigo abstrato**. Dessa forma, consumando-se no momento em que o projétil é arremessado **(crime instantâneo)** contra o veículo de transporte coletivo em movimento, mesmo que não se atinja o veículo.

45 PROJÉTIL. *In:* DICIONÁRIO *online* Caldas Aulete. Rio de Janeiro: Lexikon Editora Digital Ltda., 2008. Disponível em: <http://www.aulete.com.br/projétil>. Acesso em: 10 jan. 2018.
46 **STJ, REsp 1.094.739/RS**, Rel. Min. Arnaldo Esteves Lima, julgado em 07/12/2009, Monocrático, *DJe* 18/12/2009.
47 GOMES, Luiz Flávio. Prisão por furto de uma cebola. **Revista Jus Navigandi**, ISSN 1518-4862, Teresina, ano 7, n. 58, 1 ago. 2002. Disponível em: <https://jus.com.br/artigos/3068>. Acesso em: 10 jan. 2018.

Tratando-se de **crime de perigo abstrato ou presumido** que, portanto, resulta da própria ação, basta provar o comportamento comissivo previsto pelo tipo para que se entenda criada a situação de perigo. Além disso, em geral o crime de perigo possui natureza subsidiária, sendo absorvido pelo crime de dano quando este acontecer. Em especial ao **arremesso de projétil** que resulta lesão corporal ou morte, pena é aplicada conforme o artigo 264, parágrafo único, do Código Penal.[48] (grifo nosso)

Acerca da tentativa, também há certa controvérsia[49], todavia a doutrina hodierna tem se firmado no sentido de que a **tentativa é admissível**[50] (crime plurissubsistente).

Exemplifica Masson (2016) sobre a possibilidade da tentativa:

> [...] em face do caráter plurissubsistente do delito, permitindo o fracionamento do "iter criminis". Exemplo: "A" faz o movimento de lançar um tijolo na direção de um ônibus em movimento, mas seu braço é seguro por um policial que passava pelo local.[51]

Modalidades qualificadas (Art. 264, parágrafo único, CP): caso o arremesso de projétil resulte **lesão corporal**, então a pena abstrata será aumentada nos limites mínimo e máximo: *detenção, de 6 (seis) meses a 2 (dois) anos*; caso resulte **morte**, então será aplicada a pena referente ao homicídio culposo (Art. 121, §3º, CP): *detenção, de 1 (um) a 3 (três) anos, com aumento de 1/3 (um terço)*. Portanto, a forma simples (*caput*) só é aplicável se não gerar lesão corporal ou morte a pessoa.

Classificações doutrinárias: comum (qualquer pessoa pode cometê-lo); **vago** (o sujeito passivo é a coletividade); **exclusivamente doloso** (não se admite a forma culposa por ausência legal); **comissivo** (excepcionalmente, admite-se a *omissão imprópria*, na figura de agente garantidor do Art. 13, §2º, CP, em que o agente tinha o dever legal e o poder de agir para evitar o resultado e nada faz); **de perigo comum e abstrato** (majoritariamente); **unissubjetivo** (de concurso eventual); **instantâneo** (consuma-se ao arremessar); **admite a tentativa** (plurissubsistente); nas formas simples e *qualificada pela lesão corporal*, é **infração penal de menor potencial ofensivo** (pena máxima de até 2 anos[52], admitindo-se as benesses da Lei nº 9.099/95, como exemplo a transação penal, reparação do dano, *sursis* processual e julgamento pelo Juizado Especial Criminal – JECrim).

Conflito de normas:

→ **Disparo de Arma de Fogo:** desde que não tenha finalidade de crime mais grave, o *disparo de arma de fogo* em **lugar habitado** ou em **suas adjacências**, em **via pública** ou em **direção a ela**, é *crime previsto no Estatuto do Desarmamento* (Art. 15, Lei nº 10.826/03).

→ **Crime Militar:** caso o projétil arremessado seja **contra veículo militar**, em movimento, destinado a transporte por terra, por água ou pelo ar, então haverá *crime militar* (Art. 286, CPM)[53].

→ **Finalidade de Atingir Pessoa Determinada:** se o arremesso de projétil contra veículo de transporte público **com o fito de se atingir um viajante determinado**, querendo-o ferir ou matar, então haverá incriminação pelo crime desejado, seja *lesão corporal* (com a agravante do Art. 61, II, "d", CP), seja *homicídio* (Art. 121, §2º, III, CP), tentado ou consumado. Contudo, existe divergência doutrinária, se haverá *crime* único ou *concurso formal de crimes*.

→ **Terrorismo:** atentar contra a vida ou a integridade física de pessoa, por razões de **xenofobia, discriminação ou preconceito de raça, cor, etnia e religião**, quando cometido com a finalidade de provocar terror social ou generalizado, expondo a perigo pessoa, patrimônio, a paz pública ou a incolumidade pública, incorrerá no *crime de terrorismo* (Art. 2º, §1º, V, Lei nº 13.260/16)[54].

Defendendo a tese em que haverá **concurso formal de crimes**[55], Cunha (2017) discorre:

> Se o escopo do agente é o de atingir pessoa determinada que se encontre no veículo, responderá por lesões corporais ou homicídio, tentado ou consumado, em concurso formal (art. 70 do CP) com o delito em estudo.[56]

Na opinião de que o delito-fim irá absorver o arremesso de projétil, respondendo por **crime** único[57], mesmo que produza perigo comum, Greco (2017) diz:

> [...] o delito de dano (homicídio) afastará o reconhecimento do crime de perigo (arremesso de projétil), mesmo que com a sua conduta tenha exposto a perigo a incolumidade pública.[58]

Atentado contra a segurança de serviço de utilidade pública (art. 265, CP)

> **Art. 265, CP:** Atentar contra a segurança ou o funcionamento de serviço de água, luz, força ou calor, ou qualquer outro de utilidade pública:
> Pena - reclusão, de um a cinco anos, e multa.
> **Aumento de pena**
> Parágrafo único. Aumentar-se-á a pena de 1/3 (um terço) até a metade, se o dano ocorrer em virtude de subtração de material essencial ao funcionamento dos serviços.

Objetividade jurídica: incolumidade pública, em especial a segurança de serviço de utilidade pública **(número indeterminado de pessoas)**.

Sujeito ativo: comum (qualquer pessoa pode cometer) e **unissubjetivo** (pode ser praticado por um só agente ou em concurso eventual de agentes).

---

48 **TJDFT**, APCrim 20090310288920, Acórdão nº 601.609, Rel. Fábio Eduardo Marques, julgado em 03/07/2012, 3ª Turma Recursal dos Juizados Especiais do Distrito Federal, DJe 06/07/2012.
49 **Entendem que não se admite a tentativa:** Celso Delmanto, Cezar Roberto Bitencourt, Cristiano Rodrigues, Damásio de Jesus, Fernando Capez, Heleno Fragoso, Luiz Regis Prado, Nélson Hungria, Ricardo Antônio Andreucci.
50 **No mesmo sentido:** Alexandre Salim, Guilherme de Souza Nucci, Júlio Fabbrini Mirabete, Marcelo André de Azevedo, Rogério Greco, Victor Eduardo Rios Gonçalves.
51 MASSON, C. **Direito Penal Esquematizado: Parte Especial**. 6. ed. Rio de Janeiro: Forense; São Paulo: Método, v.3, 2016, p. 293.
52 **Art. 61, Lei nº 9.099/1995:** Consideram-se infrações penais de menor potencial ofensivo, para os efeitos desta Lei, as contravenções penais e os crimes a que a lei comine pena máxima não superior a 2 (dois) anos, cumulada ou não com multa.
53 **Art. 286, CPM:** Arremessar projétil contra veículo militar, em movimento, destinado a transporte por terra, por água ou pelo ar: Pena - detenção, até seis meses. **Parágrafo** único - Se do fato resulta lesão corporal, a pena é de detenção, de seis meses a dois anos; se resulta morte, a pena é a do homicídio culposo, aumentada de um terço.
54 **Art. 2º, §1º, V, Lei nº 13.260/2016:** atentar contra a vida ou a integridade física de pessoa: Pena - reclusão, de doze a trinta anos, além das sanções correspondentes à ameaça ou à violência. [...].
55 **No mesmo sentido:** Celso Delmanto e Cleber Masson.
56 CUNHA, R. S. **Manual de Direito Penal: Parte Especial**. 9. ed. Salvador: JusPodivm, 2017, p. 616.
57 **No mesmo sentido:** Alexandre Salim, Cezar Roberto Bitencourt, Fernando Capez, Marcelo André de Azevedo, Nélson Hungria, Victor Eduardo Rios Gonçalves.
58 GRECO, R. **Curso de Direito Penal: Parte Especial**. 14. ed. rev., ampl. e atual. Niterói: Impetus, v.3, 2017, p. 440.

CRIMES CONTRA A INCOLUMIDADE PÚBLICA

Sujeito passivo: é a coletividade **(crime vago)**; eventualmente, as pessoas lesadas pela falta ou pelo mau funcionamento de serviço de utilidade pública.

Conduta: *atentar* (empreender) contra a segurança ou o funcionamento de serviço de água, luz, força ou calor, ou qualquer outro **de utilidade pública**. Não configura o crime em estudo atentar contra o serviço à pessoa individual, mas em outra infração penal compatível. Por exemplo, imaginemos que um morador, enfurecido com a música alta do vizinho em horário prologando, quebre o contador de energia até que desligue o fornecimento de energia elétrica, haverá crime de dano (Art. 163, parágrafo único, III, CP).

Objeto material: serviço de água, luz, força ou calor, ou qualquer outro de utilidade pública.

> [...] o dispositivo faz casuística, para rematar com uma cláusula genérica. São expressamente mencionados os serviços de **água, luz, força** e **calor** (aquecimento, calefação), mas vários outros podem ser exemplificados: serviço de **assistência hospitalar**, serviço de **gás**, serviço de **limpeza pública**, etc.
>
> O elemento material do crime é todo ato tendente a perturbar, de modo mais ou menos extenso, os serviços mencionados no texto legal. "In exemplis": danificação ou inutilização de usinas, represas, reservatórios, cabines de distribuição, aparelhos, fios, postes, encanamentos, ou quaisquer instalações necessárias à produção, prestação ou continuado fornecimento de luz, energia, gás, água, etc. ao público em geral. O **perigo comum** é, na espécie, **presumido pela lei**. Não importa que o serviço seja exercido **pelo Estado** ou **por particular (concessionário)**.[59] (grifo nosso)

Fique ligado!

Em se tratando de interrupção ou perturbação de *serviço telegráfico, telefônico, informático, telemático ou de informação de utilidade pública*, será o crime previsto no Art. 266 do CP.

Consumação e tentativa: majoritariamente, a doutrina leciona que se trata de **crime de perigo abstrato** e **formal (de consumação antecipada ou de resultado cortado)**. Dessa forma, consuma-se no momento em que o agente atentar contra a segurança de serviço de utilidade pública **(crime instantâneo)**.

Acerca da tentativa, também há certa controvérsia[60], a maior parte da doutrina entende que **a tentativa** é **admissível**, embora de difícil configuração, afirmando-se que a palavra "atentar" utilizada pelo legislador não é no sentido de "tentar" e que, por isso, tratando-se de **crime plurissubsistente**, seria possível o fracionamento o *iter criminis*.

Aumento de pena (parágrafo único**):** se o agente *subtrair* (furto) material essencial ao funcionamento dos serviços de água, luz, força ou calor, ou qualquer outro de utilidade pública e *gerar* a parada ou o mau funcionamento (gerando dano) de serviço de água, luz, força ou calor, ou qualquer outro de utilidade pública, então haverá *aumento de pena de 1/3 (um terço) a 1/2 (metade)*.

Ressalta-se que só incorrerá na majorante se o dano efetivamente ocorrer, igualmente, caso o meliante furte fios telefônicos (fios de cobre) e não produza perigo comum (risco à coletividade), então responderá apenas pelo crime de furto (Art. 155, CP).

Nesse mesmo diapasão, mesmo que o agente tenha a intenção de furtar e produzir o perigo comum, **não haverá concurso de crimes**, pois o parágrafo único do Art. 265 possui a *subtração* como elemento do tipo, ou seja, é uma forma qualificada de furto, assim, ou se pratica furto, ou se pratica atentado contra a segurança de serviço de utilidade pública majorada (DELMANTO, 2016).[61]

Descreve Greco (2017):

> O mencionado parágrafo único cuida, na verdade, de um crime de furto, cuja pena a ele cominada, em virtude do maior juízo de reprovação que recai sobre a conduta do agente, é maior do que aquela prevista para o furto simples.[62]

Classificações doutrinárias: comum (qualquer pessoa pode cometê-lo); **vago** (o sujeito passivo é a coletividade); **exclusivamente doloso** (não se admite a forma culposa por ausência legal); **comissivo** (excepcionalmente, admite-se a *omissão imprópria*, na figura de agente garantidor do Art. 13, §2º, CP, em que o agente tinha o dever legal e o poder de agir para evitar o resultado e nada faz); **de perigo comum e abstrato**; **unissubjetivo** (de concurso eventual); **instantâneo** (consuma-se no ato de atentado); **admite a tentativa** (plurissubsistente); na forma *simples*, é **crime de médio potencial ofensivo** (em regra, é admissível o *sursis* processual[63], pois a pena mínima é de até 1 ano, contudo não se admite transação penal e será julgado pelo juizado comum, uma vez que a pena máxima é superior a 2 anos); na forma *majorada*, é **crime de alto potencial ofensivo** (não admite o *sursis* processual, à medida que se aplica a majorante, a pena mínima se torna superior a 1 ano)[64]; em qualquer caso **não admite a fiança em sede policial** (pena máxima superior a 4 anos).

Conflito de normas:

→ **Invasão de Estabelecimento Industrial, Comercial ou Agrícola:** invadir ou ocupar *estabelecimento industrial, comercial ou agrícola*, **com o intuito de impedir ou embaraçar o curso normal do trabalho**, ou com o mesmo fim danificar o estabelecimento ou as coisas nele existentes ou delas dispor, configura o delito previsto no Art. 202 do CP.

→ **Crime Militar:** caso o serviço esteja **em lugar sujeito** à **administração militar**, então haverá *crime militar* (Art. 287, CPM)[65].

→ **Finalidade de Perturbação Político-Social:** a sabotagem com **fins políticos** resultando em dano, destruição ou neutralização de meios de defesa ou de segurança; paralisação, total ou parcial, de atividade ou **serviços públicos** reputados essenciais para a defesa, a segurança ou a economia do País, é *crime contra a segurança nacional* (Art. 15, §1º, "b", Lei nº 7.170/83).

---

59 HUNGRIA, N. **Comentários ao Código Penal**. 9. vol. Rio de Janeiro: Forense, 1958, p. 86.
60 Minoritariamente, parte da doutrina afirma **não se admitir a tentativa** por se tratar de crime de atentado (Cristiano Rodrigues, Damásio de Jesus e Guilherme de Souza Nucci).
61 DELMANTO, C.; (et al.). **Código Penal comentado**. 9. ed. rev., atual, e ampl. São Paulo: Saraiva, 2016.
62 GRECO, R. **Curso de Direito Penal: Parte Especial**. 14. ed. rev., ampl. e atual. Niterói: Impetus, v.3, 2017, p. 444.
63 **Art. 89, *caput*, Lei nº 9.099/1995:** *Nos crimes em que a pena mínima cominada for igual ou inferior a um ano, abrangidas ou não por esta Lei, o Ministério Público, ao oferecer a denúncia, poderá propor a suspensão do processo, por dois a quatro anos, desde que o acusado não esteja sendo processado ou não tenha sido condenado por outro crime, presentes os demais requisitos que autorizariam a suspensão condicional da pena (art. 77 do Código Penal).*
64 **Súmula nº 243/STJ:** *O benefício da **suspensão do processo não** é **aplicável** em relação às infrações penais cometidas em concurso material, concurso formal ou continuidade delitiva, quando a pena mínima cominada, seja pelo somatório, seja **pela incidência da majorante, ultrapassar o limite de um (01) ano**.* (grifo nosso)
65 **Art. 287, CPM:** *Atentar contra a segurança ou o funcionamento de serviço de água, luz, força ou acesso, ou qualquer outro de utilidade, em edifício ou outro lugar sujeito à administração militar: Pena - reclusão, até cinco anos.* **Parágrafo** único - *Aumentar-se-á a pena de um terço até metade, se o dano ocorrer em virtude de subtração de material essencial ao funcionamento do serviço.*

→ **Atentado Contra Instalação Nuclear:** em se tratando de **instalação nuclear** ou **transporte de material nuclear**, incorrerá em delito previsto em legislação especial (Art. 27, Lei nº 6.453/77)[66].

→ **Atentado Contra os Serviços de Utilidade Pública Mediante Incêndio ou Explosivo:** se o agente atentar contra a segurança ou o funcionamento de serviços de utilidade pública mediante **artefatos incendiários ou explosivos**, gerando perigo comum, então responderá, ou pelo crime de incêndio (Art. 250, CP), ou pelo de explosão (Art. 251, CP).

→ **Terrorismo:** quem sabotar o funcionamento ou apoderar-se, com violência, grave ameaça a pessoa, ou servindo-se de mecanismos cibernéticos, do controle total ou parcial, ainda que de modo temporário, de hospitais, casas de saúde, escolas, estádios esportivos, instalações públicas ou locais onde funcionem serviços públicos essenciais, instalações de geração ou transmissão de energia, instalações militares, instalações de exploração, refino e processamento de petróleo e gás e instituições bancárias e sua rede de atendimento, por razões de **xenofobia, discriminação ou preconceito de raça, cor, etnia e religião**, quando cometidos com a finalidade de provocar terror social ou generalizado, expondo a perigo pessoa, patrimônio, a paz pública ou a incolumidade pública, incorrerá no crime de terrorismo (Art. 2º, §1º, IV, Lei nº 13.260/16)[67].

Interrupção ou perturbação de serviço telegráfico, telefônico, informático, telemático ou de informação de utilidade pública (art. 266, CP)

Art. 266, CP: *Interromper ou perturbar serviço telegráfico, radiotelegráfico ou telefônico, impedir ou dificultar-lhe o restabelecimento:*
Pena - detenção, de um a três anos, e multa.
Formas equiparadas
§1º. Incorre na mesma pena quem interrompe serviço telemático ou de informação de utilidade pública, ou impede ou dificulta-lhe o restabelecimento. (Incluído pela Lei nº 12.737, de 30/11/2012)
Aumento de pena
§2º. Aplicam-se as penas em dobro se o crime é cometido por ocasião de calamidade pública. (Incluído pela Lei nº 12.737, de 30/11/2012)

Objetividade jurídica: incolumidade pública, em especial a continuidade do serviço telegráfico, telefônico, informático, telemático ou de informação de utilidade pública **(número indeterminado de pessoas)**.

Sujeito ativo: comum (qualquer pessoa pode cometer) e **unissubjetivo** (pode ser praticado por um só agente ou em concurso eventual de agentes).

Sujeito passivo: é a coletividade **(crime vago)**; eventualmente, as pessoas lesadas pela falta ou pelo mau funcionamento desses serviços de comunicação pública ou de informação de utilidade pública.

Conduta: *interromper* (fazer parar) ou *perturbar* (estorvar) serviço telegráfico, radiotelegráfico, telefônico, telemático ou de informação de utilidade pública, *impedir* (não permitir) ou *dificultar-lhe* (tornar custoso) o restabelecimento **(ação múltipla, de conteúdo variado, tipo misto alternativo ou multinuclear)**.

Objeto material: com relação aos serviços de:

> *Telegrafia*: processo de transmissão de mensagens e textos escritos (telegramas) a grandes distâncias por meio de um código de sinais (código Morse), por intermédio do telégrafo, de fios condutores ou sem estes (radiotelegrafia).[68]

> *Radiotelegrafia*: telegrafia na qual a transmissão das informações se faz por ondas radioelétricas; telegrafia sem fio.[69]

> *Telefonia*: sistema de transmissão de voz e outros sons que utiliza diferentes métodos: a telefonia por cabo coaxial, os emissores de micro-ondas, as fibras óticas, a telefonia por satélite e a comunicação celular móvel.[70]

> *Informática*: ciência que se ocupa do tratamento automático e racional da informação considerada como suporte dos conhecimentos e das comunicações, que se encontra associada à utilização de computador e seus programas.[71]

> *Telemática*: ciência que trata da manipulação e utilização da informação por meio do uso combinado de computador e meios de telecomunicação.[72]

> *Informação de utilidade pública*: ao utilizar a expressão "serviço de informação de utilidade pública", o legislador socorreu-se da interpretação analógica (ou "intra legem"), com a finalidade de proteger qualquer outro meio diverso dos serviços telegráfico, radiotelegráfico, telefônico ou telemático, a exemplo dos jornais e revistas impressos.[73]

O **rol** é **taxativo** e não cabe ampliação por analogia e, por conseguinte, não compreende no tipo o *serviço postal*, conforme o exposto por Nélson Hungria:

---

66 **Art. 27, Lei nº 6.453/1977:** *Impedir ou dificultar o funcionamento de instalação nuclear ou o transporte de material nuclear. Pena - reclusão, de quatro a dez anos.*
67 **Art. 2º, §1º, IV, Lei nº 13.260/2016:** *sabotar o funcionamento ou apoderar-se, com violência, grave ameaça a pessoa ou servindo-se de mecanismos cibernéticos, do controle total ou parcial, ainda que de modo temporário, de meio de comunicação ou de transporte, de portos, aeroportos, estações ferroviárias ou rodoviárias, hospitais, casas de saúde, escolas, estádios esportivos, instalações públicas ou locais onde funcionem serviços públicos essenciais, instalações de geração ou transmissão de energia, instalações militares, instalações de exploração, refino e processamento de petróleo e gás e instituições bancárias e sua rede de atendimento; [...] Pena - reclusão, de doze a trinta anos, além das sanções correspondentes à ameaça ou à violência. [...].*

68 TELEGRAFIA. *In:* DICIONÁRIO *online* Caldas Aulete. Rio de Janeiro: Lexikon Editora Digital Ltda., 2008. Disponível em: <http://www.aulete.com.br/telegrafia>. Acesso em: 11 jan. 2018.
69 RADIOTELEGRAFIA. *In:* DICIONÁRIO *online* Caldas Aulete. Rio de Janeiro: Lexikon Editora Digital Ltda., 2008. Disponível em: <http://www.aulete.com.br/radiotelegrafia>. Acesso em: 11 jan. 2018.
70 TELEFONIA. *In:* DICIONÁRIO *online* Michaelis. São Paulo: Editora Melhoramentos Ltda., 2015. Disponível em: <http://michaelis.uol.com.br/moderno-portugues/busca/portugues-brasileiro/telefonia/>. Acesso em: 11 jan. 2018.
71 INFORMÁTICA. *In:* DICIONÁRIO *online* Priberam. Lisboa: Priberam Informática S.A., 2013. Disponível em: <https://www.priberam.pt/dlpo/inform%C3%A1tica>. Acesso em: 11 jan. 2018.
72 TELEMÁTICA. *In:* DICIONÁRIO *online* Michaelis. São Paulo: Editora Melhoramentos Ltda., 2015. Disponível em: <http://michaelis.uol.com.br/moderno-portugues/busca/portugues-brasileiro/telem%C3%A1tica/>. Acesso em: 11 jan. 2018.
73 MASSON, C. **Direito Penal Esquematizado: Parte Especial.** 6. ed. Rio de Janeiro: Forense; São Paulo: Método, v.3, 2016, p. 301.

CRIMES CONTRA A INCOLUMIDADE PÚBLICA

O elemento material é tanto o emprego de violência contra as instalações ou aparelhos, como também contra o pessoal dos serviços mencionados no texto legal, de modo a resultar interrupção (paralisação) ou perturbação (desarranjo parcial, retardamento) de tais serviços, ou obstáculo ou embaraço ao seu restabelecimento. A enumeração dos serviços de telecomunicação é taxativa. **Assim, não poderia, por analogia, ser incluído o serviço postal.**[74] *(grifo nosso)*

Não configura o crime em estudo atentar contra o serviço à pessoa individual, mas em outra infração penal compatível. Por exemplo, imaginemos que o ex-namorado de uma jovem, não conformado com o término do namoro, corte os cabos de telefonia da casa de sua ex-namorada, interrompendo o serviço de *internet* banda larga via ADSL dela, haverá crime de dano (Art. 163, parágrafo único, III, CP).

Consumação e tentativa: consuma-se no momento **(crime instantâneo)** em que o agente praticar quaisquer das condutas previstas no tipo penal, independentemente do efetivo transtorno aos serviços de telecomunicação **(crime de perigo abstrato)**. A tentativa é admissível **(crime plurissubsistente)**.

Aumento de pena (§2º): a pena será duplicada (2x) caso o delito seja cometido por ocasião de calamidade pública.

Classificações doutrinárias: comum (qualquer pessoa pode cometê-lo); **vago** (o sujeito passivo é a coletividade); **exclusivamente doloso** (não se admite a forma culposa por ausência legal); **comissivo** (excepcionalmente, admite-se a *omissão imprópria*, na figura de agente garantidor do Art. 13, §2º, CP, em que o agente tinha o dever legal e o poder de agir para evitar o resultado e nada faz); **de perigo comum e abstrato; unissubjetivo** (de concurso eventual); **instantâneo** (consuma-se com a *interrupção, perturbação, impedimento ou dificultação* do serviço de telecomunicação); **admite a tentativa** (plurissubsistente); na forma *simples* (*caput*), é **crime de médio potencial ofensivo** (em regra, é admissível o *sursis* processual, pois a pena mínima é de até 1 ano, contudo não se admite transação penal e será julgado pelo juizado comum, uma vez que a pena máxima é superior a 2 anos); na forma *majorada* (§2º), é **crime de alto potencial ofensivo** (não admite o *sursis* processual, à medida que se aplica a majorante, a pena mínima se torna superior a 1 ano)[75]; apenas na modalidade *simples* se **admite a fiança em sede policial** (pena máxima de até 4 anos).

Conflito de normas:

→ **Violação de Correspondência ou de Comunicação Telegráfica, Radioelétrica ou Telefônica:** se a finalidade é atingir **pessoa determinada**, incorrerá no crime previsto no Art. 151 do CP.

→ **Invasão de Dispositivo Informático:** invadir **dispositivo informático alheio**, conectado ou não à rede de computadores, mediante violação indevida de mecanismo de segurança e com o fim de obter, adulterar ou destruir dados ou informações **sem autorização expressa ou tácita** do titular do dispositivo ou instalar vulnerabilidades para obter vantagem ilícita, configura o *delito previsto no Art. 154-A do CP.*

→ **Crime Militar:** caso o serviço seja de **comunicação militar** ou esteja **em lugar sujeito** à **administração militar**, então haverá *crime militar* (Art. 288, CPM)[76].

→ **Finalidade de Perturbação Político-Social:** se houver sabotagem (destruição ou danificação propositada) de meios de comunicações **com fins políticos**, então incorrerá em *crime contra a segurança nacional* (Art. 15, Lei nº 7.170/83).

→ **Estação Clandestina de Telecomunicações:** instalação de **estação clandestina de telecomunicaç**ões ou a utilização de aparelhos ilegais é *crime previsto no Código Brasileiro de Telecomunicações* (Art. 70, Lei nº 4.117/62)[77].

→ **Terrorismo:** quem sabotar o funcionamento ou apoderar-se, com violência, grave ameaça a pessoa, ou servindo-se de mecanismos cibernéticos, do controle total ou parcial, ainda que de modo temporário, *de meio de comunicação*, por razões de **xenofobia, discriminação ou preconceito de raça, cor, etnia e religião**, quando cometidos com a finalidade de provocar terror social ou generalizado, expondo a perigo pessoa, patrimônio, a paz pública ou a incolumidade pública, incorrerá no *crime de terrorismo* (Art. 2º, §1º, IV, Lei nº 13.260/16).

24.3 Capítulo III – Dos Crimes Contra a Saúde Pública

Epidemia (art. 267, CP)

> **Art. 267, CP:** *Causar epidemia, mediante a propagação de germes patogênicos:*
> Pena - reclusão, de dez a quinze anos. (Redação dada pela Lei nº 8.072, de 25/7/1990)
> **Epidemia com resultado morte**
> §1º. Se do fato resulta morte, a pena é aplicada em dobro.
> **Epidemia culposa**
> §2º. No caso de culpa, a pena é de detenção, de um a dois anos, ou, se resulta morte, de dois a quatro anos.

Objetividade jurídica: a incolumidade pública, em especial a **saúde pública** (número indeterminado de pessoas).

Sujeito ativo: comum (qualquer pessoa pode cometer) e **unissubjetivo** (pode ser praticado por um só agente ou em concurso eventual de agentes).

Sujeito passivo: é a coletividade **(crime vago)**; eventualmente, as pessoas contaminadas pela doença.

Conduta: *causar* (produzir) epidemia — doença, em geral infecciosa e transitória, que ataca rapidamente, ao mesmo tempo e no mesmo lugar, grande número de indivíduos[78] —, mediante a propagação (disseminação) de germes patogênicos humanos **(crime**

---

74 HUNGRIA, N. **Comentários ao Código Penal.** 9. vol. Rio de Janeiro: Forense, 1958, p. 87.
75 **Súmula nº 243/STJ:** *O benefício da* **suspensão do processo não** *é* **aplicável** *em relação às infrações penais cometidas em concurso material, concurso formal ou continuidade delitiva, quando a pena mínima cominada, seja pelo somatório, seja* **pela incidência da majorante, ultrapassar o limite de um (01) ano**. (grifo nosso)
76 **Art. 288, CPM:** *Interromper, perturbar ou dificultar serviço telegráfico, telefônico, telemétrico, de televisão, telepercepção, sinalização, ou outro meio de comunicação militar; ou impedir ou dificultar a sua instalação em lugar sujeito à administração militar, ou desde que para esta seja de interesse qualquer daqueles serviços ou meios: Pena - detenção, de um a três anos.*
77 **Art. 70, Lei nº 4.117/1962:** *Constitui crime punível com a pena de detenção de 1 (um) a 2 (dois) anos, [...], a instalação ou utilização de telecomunicações, sem observância do disposto nesta Lei e nos regulamentos. Parágrafo único - Precedendo ao processo penal, para os efeitos referidos neste artigo, será liminarmente procedida a busca e apreensão da estação ou aparelho ilegal. [a pena é aumentada da metade se houver dano a terceiro]*
78 EPIDEMIA. *In:* DICIONÁRIO *online* Caldas Aulete. Rio de Janeiro: Lexikon Editora Digital Ltda., 2008. Disponível em: <http://www.aulete.com.br/epidemia>. Acesso em: 11 jan. 2018.

de ação única **ou de tipo simples)**. Ressalta-se que o agente pode ter o desejo de causar a epidemia em local certo, mas pessoas incertas **(indeterminação do alvo)**, por exemplo, em determinada cidade.

Objeto material: germe (micróbio) patogênico (que produz doença) ao ser humano.

Em termos de extensão, diferenciam-se *endemia* (menor), *epidemia* (médio) e *pandemia* (grande).

> *Endemia*: enfermidade que se alastra em uma região (povo, país, etc.), e que tem causas exclusivamente locais.[79]

> *Epidemia*: agravação de uma endemia.

> *Pandemia*: doença que ataca ao mesmo tempo grande número de pessoas, na mesma região ou em grande número de países; grande epidemia.[80]

Consumação e tentativa: consuma-se no momento **(crime instantâneo)** em que um número elevado de pessoas for contaminado pela doença infectocontagiosa **(crime de perigo concreto)**. A tentativa é possível, quando o agente propaga os germes patogênicos, mas não chega a alcançar a epidemia **(crime plurissubsistente)**.

Aumento de pena (§1º): a **epidemia com resultado morte** terá a pena aplicada em dobro (2x) e, **somente nesse caso**, é *crime hediondo* (Art. 1º, *caput*, VII, Lei nº 8.072/90): será inafiançável e insuscetível de graça, anistia e indulto, sujeitando-se ao rigor dos delitos hediondos.

Fique ligado!

Alerta-se que somente a **epidemia com resultado morte** (Art. 267, §1º, CP) é crime hediondo. As demais formas não são hediondas: epidemia simples e culposa (Art. 267, *caput* e §2º, CP).

Prisão temporária: apenas à **epidemia com resultado morte** (Art. 267, §1º, CP) será possível a prisão temporária (Art. 1º, III, "i", Lei nº 7.960/89).

Epidemia culposa (§2º): caso haja a quebra do dever objetivo de cuidado por imprudência, negligência ou imperícia provocando a **epidemia culposa**, a pena será de: *detenção de 1 (um) a 2 (dois) anos*; caso provoque **epidemia culposa com resultado morte**, a pena será de: *detenção de 2 (dois) a 4 (quatro) anos* — ou seja, será duplicada.

Fique ligado!

Não se aplicam as hipóteses de aumento de pena previstas no Art. 285 do CP ao crime de epidemia, na medida em que o próprio tipo penal prevê as hipóteses de aumento de pena, e o Art. 285 expressamente determinou não se aplicar à epidemia (Art. 267, CP).

Classificações doutrinárias: comum (qualquer pessoa pode cometê-lo); **vago** (o sujeito passivo é a coletividade); **doloso** ou **culposo**; **comissivo** (excepcionalmente, admite-se a *omissão imprópria*, na figura de agente garantidor do Art. 13, §2º, CP, em que o agente tinha o dever legal e o poder de agir para evitar o resultado e nada faz); **de perigo comum e concreto**; **unissubjetivo** (de concurso eventual); **instantâneo**

[79] ENDEMIA. *In:* DICIONÁRIO *online* Infopédia. Porto: Porto Editora, 2018. Disponível em: <https://www.infopedia.pt/dicionarios/lingua-portuguesa/endemia>. Acesso em: 11 jan. 2018.
[80] PANDEMIA. *In:* DICIONÁRIO *online* Infopédia. Porto: Porto Editora, 2018. Disponível em: <https://www.infopedia.pt/dicionarios/lingua-portuguesa/pandemia>. Acesso em: 11 jan. 2018.

(consuma-se com a epidemia); **admite a tentativa** (plurissubsistente); na *forma dolosa* (*caput* e §1º), é **crime de alto potencial ofensivo** (pena mínima superior a 1 ano e pena máxima superior a 2 anos) e **não admite a fiança em sede policial** (pena máxima superior a 4 anos).

Conflito de normas:

→ **Crime Ambiental:** caso a doença ou a praga sejam destinados à **agricultura,** à **pecuária,** à **fauna,** à **flora ou aos ecossistemas**, ocorrerá *crime ambiental* (Art. 61, LCA)[81].

→ **Crime Militar:** se a epidemia ocorrer **em lugar sujeito** à **administração militar**, então haverá *delito militar* (Art. 292, CPM)[82].

→ **Finalidade de Atingir Pessoa Determinada:** se a propagação de germes patogênicos humanos for contra **pessoa determinada**, então será *outra infração penal*, por exemplo, se a intenção for de matar uma única pessoa, responderá por *crime de homicídio qualificado* (Art. 121, §2º, III, CP), consumado ou tentado.

→ **Genocídio:** quem — **com a intenção de destruir**, no todo ou em parte, **grupo nacional,** étnico, **racial ou religioso** — *matar* membros do grupo, *causar lesões graves* à integridade física ou mental de membros do grupo, *submeter* intencionalmente o grupo a condições de existência capazes de ocasionar-lhe a destruição física total ou parcial, adotar medidas destinadas a *impedir os nascimentos* no seio do grupo ou *efetuar a transferência forçada* de crianças do grupo para outro grupo, comete *crime de genocídio* (Art. 1º, Lei nº 2.889/56).

→ **Terrorismo:** quem usar ou ameaçar usar, transportar, guardar, portar ou trazer consigo *conteúdos biológicos*, ou atentar *contra a vida ou a integridade física de pessoa*, por razões de **xenofobia, discriminação ou preconceito de raça, cor, etnia e religião**, quando cometidos com a finalidade de provocar terror social ou generalizado, expondo a perigo pessoa, patrimônio, a paz pública ou a incolumidade pública, incorrerá no *crime de terrorismo* (Art. 2º, §1º, I e V, Lei nº 13.260/16)[83].

Infração de medida sanitária preventiva (art. 268, CP)

> *Art. 268, CP: Infringir determinação do poder público, destinada a impedir introdução ou propagação de doença contagiosa:*
> *Pena - detenção, de um mês a um ano, e multa.*
> *Aumento de pena*
> *Parágrafo único. A pena é aumentada de um terço, se o agente é funcionário da saúde pública ou exerce a profissão de médico, farmacêutico, dentista ou enfermeiro.*

Objetividade jurídica: a incolumidade pública, em especial a **saúde pública** (número indeterminado de pessoas).

[81] **Art. 61, Lei nº 9.605/1998:** *Disseminar doença ou praga ou espécies que possam causar dano à agricultura, à pecuária, à fauna, à flora ou aos ecossistemas: Pena - reclusão, de um a quatro anos, e multa.*
[82] **Art. 292, CPM:** *Causar epidemia, em lugar sujeito à administração militar, mediante propagação de germes patogênicos: Pena - reclusão, de cinco a quinze anos. §1º. Se do fato resulta morte, a pena é aplicada em dobro. §2º. No caso de culpa, a pena é de detenção, de um a dois anos, ou, se resulta morte, de dois a quatro anos.*
[83] **Art. 2º, §1º, Lei nº 13.260/2016:** *I - usar ou ameaçar usar, transportar, guardar, portar ou trazer consigo explosivos, gases tóxicos, venenos,* **conteúdos biológicos**, *químicos, nucleares ou outros meios capazes de causar danos ou promover destruição em massa; [...] V - atentar contra a vida ou a integridade física de pessoa: Pena - reclusão, de doze a trinta anos, além das sanções correspondentes à ameaça ou à violência. [...].* (grifo nosso)

CRIMES CONTRA A INCOLUMIDADE PÚBLICA

Sujeito ativo: comum (qualquer pessoa pode cometer) e **unissubjetivo** (pode ser praticado por um só agente ou em concurso eventual de agentes).

Sujeito passivo: é a coletividade **(crime vago)**; eventualmente, as pessoas contaminadas pela doença.

Conduta: *infringir* (violar) determinação do poder público, destinada a impedir introdução ou propagação de doença contagiosa (apenas de *caráter humano* e, por conseguinte, não se abarca as epizootias[84] e epifitias[85]). Por exemplo: a pessoa que foge à quarentena ou ao isolamento médico, mesmo que não infectado, cometerá o crime em estudo.

Objeto material: determinação (*de caráter obrigatório*) do poder público (*decretos, portarias, leis*, entre outras, as quais devem ser publicadas para o conhecimento geral) destinada a impedir introdução ou propagação de doença contagiosa **(norma penal em branco)**.

Consumação e tentativa: consuma-se no momento em que o agente descumprir a determinação do poder público **(crime de perigo abstrato)**. A tentativa é possível **(crime plurissubsistente)**.

Lei excepcional ou temporária (Art. 3º, CP): trata-se de lei excepcional que possui as características de ser **ultrativa** e **autorrevogável**. Portanto, embora decorrido o período de sua duração ou cessadas as circunstâncias que a determinaram, aplica-se ao fato praticado durante sua vigência.

Leciona Nélson Hungria:

> *A intercorrente cessação da determinação administrativa não importará extinção de punibilidade da infração ocorrida ao tempo de vigência dela*[86]

No entanto, se a revogação da norma se deu porque a doença era inócua, isto é, não possuía quaisquer potencialidades lesivas à saúde humana, então não haverá conduta criminosa.

Destaca Nucci (2017):

> *Caso o poder público revogue a medida, por considerá-la, por exemplo, inócua para o efetivo resultado pretendido, não há razão para punir o agente. Entretanto, se a revogação se der porque já foi contida a doença, é preciso aplicar o art. 3º do Código Penal, considerando ultrativo o complemento, mantendo-se a punição do agente*[87]

Aumento de pena (Parágrafo único): aumenta-se a pena em 1/3 (um terço) caso a conduta seja praticada por: *médico, farmacêutico, dentista, enfermeiro* ou *funcionário da saúde pública*.

Majorantes decorrentes do resultado (Art. 285, CP): se resultar **lesão corporal de natureza grave (ou gravíssima)**, *a pena será aumentada de 1/2 (metade)*; se resultar **morte**, *a pena será aplicada em dobro (2x)*. Ressalta-se que somente há incidência desse aumento de pena se os resultados forem **preterdolosos** (dolo + culpa); uma vez que, se o agente possuir a finalidade de crime mais grave, responderá pelo que ele queria fazer.

Forma qualificada

Art. 285, CP: *Aplica-se o disposto no art. 258 aos crimes previstos neste Capítulo, salvo quanto ao definido no art. 267.*

Art. 258, CP: *Se do crime doloso de perigo comum* **resulta lesão corporal de natureza grave**, *a pena privativa de liberdade é aumentada de metade;* **se resulta morte***, é aplicada em dobro. [...].(grifo nosso)*

Classificações doutrinárias: comum (qualquer pessoa pode cometê-lo); **vago** (o sujeito passivo é a coletividade); **exclusivamente doloso** (não se admite a forma culposa por ausência legal); **comissivo** (excepcionalmente, admite-se a *omissão imprópria*, na figura de agente garantidor do Art. 13, §2º, CP, em que o agente tinha o dever legal e o poder de agir para evitar o resultado e nada faz); **de perigo comum e abstrato**; **unissubjetivo** (de concurso eventual); **instantâneo** (consuma-se ao desrespeitar a determinação do poder público); **admite a tentativa** (plurissubsistente); **infração penal de menor potencial ofensivo** (pena máxima de até 2 anos, admitindo-se as benesses da Lei nº 9.099/95, como exemplo a transação penal, reparação do dano, *sursis* processual e julgamento pelo Juizado Especial Criminal – JECrim).

Omissão de notificação de doença (art. 269, cp)

> **Art. 269, CP:** *Deixar o médico de denunciar à autoridade pública doença cuja notificação é compulsória:*
> *Pena - detenção, de seis meses a dois anos, e multa.*

Objetividade jurídica: a incolumidade pública, em especial a **saúde pública** (número indeterminado de pessoas).

Sujeito ativo: próprio (somente o médico pode cometê-lo) e **unissubjetivo** (é possível o concurso de agentes, desde que o médico esteja presente e o coautor ou partícipe saiba dessa condição).

Sujeito passivo: é a coletividade **(crime vago)**; eventualmente, as pessoas contaminadas pela doença.

Conduta: *deixar* (ausentar-se) o médico de denunciar à autoridade pública doença cuja notificação é compulsória **(crime omissivo puro ou próprio)**. A autoridade pública, mencionada na lei, corresponde ao Ministério da Saúde – MS, à Secretaria Estadual de Saúde – SES ou à Secretaria Municipal de Saúde – SMS.

Objeto material: notificação compulsória **(norma penal em branco)**. A lista das doenças cuja notificação é compulsória (Lei nº 6.259/1975) é elaborada pelo Ministério da Saúde e atualizada periodicamente. Hoje, são utilizadas as Portarias-MS nº 204/2016 (Lista Nacional de Notificação Compulsória de Doenças) e nº 782/2017 (relação das epizootias de notificação compulsória). Além dessas, há também a notificação das doenças profissionais e das produzidas em virtude de condições especiais de trabalho (Art. 169, CLT).

Consumação e tentativa: consuma-se no momento em que o médico se omitir de notificar à autoridade pública a doença que lhe era obrigatória comunicar **(crime de perigo abstrato)**. Normalmente, há um tempo específico de notificação para determinadas doenças, consumando-se o crime quando esse prazo terminar, por exemplo, na Portaria-MS nº 204/2016, existem doenças que possuem a exigência de serem notificadas em até 24 horas e outras

---

[84] **EPIZOOTIA:** *"Doença que ataca ao mesmo tempo muitos animais da mesma região. In:* DICIONÁRIO *online* Infopédia. Porto: Porto Editora, 2018. Disponível em: <https://www.infopedia.pt/dicionarios/lingua-portuguesa/epizootia>. Acesso em: 11 jan. 2018.

[85] **EPIFITIA:** *"Doença de caráter epidêmico que ataca plantas cultivadas; epifitotia. In:* DICIONÁRIO *online* Michaelis. São Paulo: Editora Melhoramentos Ltda., 2015. Disponível em: <http://michaelis.uol.com.br/moderno-portugues/busca/portugues-brasileiro/epifitia/>. Acesso em: 11 jan. 2018.

[86] HUNGRIA, N. **Comentários ao Código Penal**. 9. vol. Rio de Janeiro: Forense, 1958, p. 101-102.

[87] NUCCI, G. S. **Curso de Direito Penal: Parte Especial**. 3. vol. Rio de Janeiro: Forense, 2017, p. 323.

que são semanais. Por se tratar de crime omissivo puro, **não admite a tentativa**.

Majorantes decorrentes do resultado (Art. 285, CP): se resultar **lesão corporal de natureza grave (ou gravíssima)**, *a pena será aumentada de 1/2 (metade)*; se resultar **morte**, *a pena será aplicada em dobro (2x)*. Ressalta-se que somente há incidência desse aumento de pena se os resultados forem **preterdolosos** (dolo + culpa); uma vez que, se o agente possuir a finalidade de crime mais grave, responderá pelo que ele queria fazer.

> *Forma qualificada*
> **Art. 285, CP:** *Aplica-se o disposto no art. 258 aos crimes previstos neste Capítulo, salvo quanto ao definido no art. 267.*
> **Art. 258, CP:** *Se do crime doloso de perigo comum **resulta lesão corporal de natureza grave**, a pena privativa de liberdade é aumentada de metade; **se resulta morte**, é aplicada em dobro. [...].(grifo nosso)*

Classificações doutrinárias: próprio (o sujeito ativo deve ser médico); **vago** (o sujeito passivo é a coletividade); **exclusivamente doloso** (não se admite a forma culposa por ausência legal); **comissivo** (excepcionalmente, admite-se a *omissão imprópria*, na figura de agente garantidor do Art. 13, §2º, CP, em que o agente tinha o dever legal e o poder de agir para evitar o resultado e nada faz); **de perigo comum e abstrato**; **unissubjetivo** (de concurso eventual); **instantâneo** (consuma-se com a omissão da notificação); **não admite a tentativa** (crime omissivo puro); na *forma simples*, é **infração penal de menor potencial ofensivo** (pena máxima de até 2 anos, admitindo-se as benesses da Lei nº 9.099/95, como exemplo a transação penal, reparação do dano, *sursis* processual e julgamento pelo Juizado Especial Criminal – JECrim).

→ **Contravenção Penal:** deixar de comunicar à autoridade competente **crime de ação pública**, de que teve conhecimento **no exercício da Medicina** ou de outra profissão sanitária, desde que a ação penal não dependa de representação e a comunicação não exponha o cliente a procedimento criminal, constitui *contravenção penal* (Art. 66, II, LCP).

→ **Crime Militar:** se o médico for **militar**, no exercício da função, e deixar de denunciar à autoridade pública doença cuja notificação é compulsória, então haverá *crime militar* (Art. 297, CPM).

Envenenamento de água potável ou de substância alimentícia ou medicinal (art. 270, CP)

> **Art. 270, CP:** *Envenenar água potável, de uso comum ou particular, ou substância alimentícia ou medicinal destinada a consumo:*
> *Pena - reclusão, de dez a quinze anos.*
> **Formas equiparadas**
> *§1º. Está sujeito à mesma pena quem entrega a consumo ou tem em depósito, para o fim de ser distribuída, a água ou a substância envenenada.*
> **Modalidade culposa**
> *§2º. Se o crime é culposo:*
> *Pena - detenção, de seis meses a dois anos.*

Objetividade jurídica: a incolumidade pública, em especial a **saúde pública** (número indeterminado de pessoas).

Sujeito ativo: comum (qualquer pessoa pode cometer) e **unissubjetivo** (pode ser praticado por um só agente ou em concurso eventual de agentes).

Sujeito passivo: é a coletividade **(crime vago)**; eventualmente, as pessoas que venham a ser envenenadas.

Conduta: *envenenar* (colocar veneno) água potável (de uso comum ou particular), substância alimentícia ou substância medicinal as quais sejam destinadas ao consumo humano visando a atingir um número indeterminado de pessoas **(indeterminação do alvo)**.

Objeto material:

> Água *potável*: água que se pode beber, boa ao consumo humano, seja para sua ingestão, seja para a fabricação de alimentos, de uso particular (*e.g.* caixa d'água de um condomínio, reservatório de uma indústria, etc.) ou de uso comum (*e.g.* estação de tratamento de água, poço de comunidade, etc.), mas com o dolo de produzir perigo à coletividade (número indeterminado de pessoas).

> *Substância alimentícia*: líquida ou sólida, produto final ou matéria-prima alimentícia, inteira ou parcial, mas todas destinadas ao consumo humano, por exemplo, envenenar todo o estoque de farinha de trigo de uma indústria de biscoitos.

> *Substância medicinal*: remédios destinados à cura ou à prevenção de males dos seres humanos, de uso interno ou externo, seja ele produto final, seja ele matéria-prima, com fins de atingir um número indeterminado de pessoas, por exemplo, envenenar um caminhão carregado de medicamentos que seriam entregues a diversas farmácias.

Consumação e tentativa: consuma-se com o envenenamento **(crime instantâneo)** da água potável, da substância alimentícia ou medicinal, independentemente de envenenar as pessoas, mas com a probabilidade de isso acontecer **(crime de perigo abstrato)**, ou seja, a sua consumação é antecipada **(crime formal)**, sendo o resultado naturalístico mero exaurimento do crime **(de resultado cortado)** que, a depender do que resultar, será hipótese de aumento de pena (Art. 285, CP). A tentativa é possível **(crime plurissubsistente)**.

Forma equiparada (§1º): mesmo não sendo a pessoa que tenha envenenado a água ou substância alimentícia ou medicinal, também se sujeitará às mesmas penas aquele que *entregar a consumo* **(crime instantâneo)** ou *ter em depósito* **(crime permanente)**, para o fim de ser distribuída, a água ou a substância envenenada.

Modalidade culposa (§2º): caso haja a quebra do dever objetivo de cuidado por imprudência, negligência ou imperícia provocando a **envenenamento culposo** de água potável ou de substância alimentícia ou medicinal, então a pena será de: *detenção de 6 (seis) meses a 2 (dois) anos*.

Majorantes decorrentes do resultado (Art. 285, CP): tanto na forma dolosa, quanto na culposa, se do envenenamento resultar em lesão corporal (de natureza grave, se doloso; ou de qualquer natureza, se culposo) ou morte, então haverá aumento de pena de acordo com o *quantum* previsto no Art. 258 do CP.

CRIMES CONTRA A INCOLUMIDADE PÚBLICA

Forma qualificada

Art. 285, CP: Aplica-se o disposto no art. 258 aos crimes previstos neste Capítulo, salvo quanto ao definido no art. 267.

Art. 258, CP: Se do **crime doloso** de perigo comum resulta lesão corporal de natureza grave, a pena privativa de liberdade é aumentada de metade; se resulta morte, é aplicada em dobro. **No caso de culpa**, se do fato resulta lesão corporal, a pena aumenta-se de metade; se resulta morte, aplica-se a pena cominada ao homicídio culposo, aumentada de um terço. (grifo nosso)

Fique ligado!

O envenenamento de água potável ou de substância alimentícia ou medicinal, qualificado pela morte (Art. 270, c/c Art. 285) **não é crime hediondo**, uma vez que a Lei nº 8.930/1994 revogou esse dispositivo.

Envenenamento doloso	Envenenamento culposo
Se resultar lesão corporal de natureza grave (ou gravíssima): aumenta-se metade da pena.	Se resultar lesão corporal (leve, grave ou gravíssima): aumenta-se metade da pena.
Se resultar morte: a pena é aplicada em dobro.	Se resultar morte: aplica-se a pena do homicídio culposo (Art. 121, §3º, CP) aumentada de 1/3.

Prisão temporária: apenas ao envenenamento de água potável ou substância alimentícia ou medicinal **com resultado morte** (Art. 270, c/c Art. 285) será possível a prisão temporária (Art. 1º, III, "l", Lei nº 7.960/89).

Classificações doutrinárias: comum (qualquer pessoa pode cometê-lo); **vago** (o sujeito passivo é a coletividade); **doloso** ou **culposo**; **comissivo** (excepcionalmente, admite-se a *omissão imprópria*, na figura de agente garantidor do Art. 13, §2º, CP, em que o agente tinha o dever legal e o poder de agir para evitar o resultado e nada faz); **de perigo comum e abstrato**; **unissubjetivo** (de concurso eventual); **instantâneo** (consuma-se com o envenenamento); **admite a tentativa** (plurissubsistente); na *forma dolosa*, é **crime de alto potencial ofensivo** (pena mínima superior a 1 ano e pena máxima superior a 2 anos) e **não admite a fiança em sede policial** (pena máxima superior a 4 anos).

Conflito de normas:

Crime Ambiental: tratando-se de **poluição** ao meio ambiente, por exemplo, o despejo de tintas industriais em um rio, será *delito ambiental* (Art. 54, LCA).

→ **Crime Militar:** se o envenenamento ocorrer **em lugar sujeito à administração militar**, expuser a perigo a saúde de *um número indefinido de pessoas*, ou expuser a perigo a saúde de *militares em manobras ou exercício*, então haverá *crime militar* (Art. 293, CPM)[88].

→ **Finalidade de Atingir Pessoa Determinada:** se o envenenamento for contra **pessoa determinada**, então será *outra infração penal*, por exemplo, se a intenção for de matar uma única pessoa envenenando a água dissimuladamente, então responderá por *crime de homicídio qualificado* (Art. 121, §2º, III, CP), consumado ou tentado.

---

88 **Art. 293, CPM:** *Envenenar* água *potável ou substância alimentícia ou medicinal, expondo a perigo a saúde de militares em manobras ou exercício, ou de indefinido número de pessoas, em lugar sujeito à administração militar: Pena - reclusão, de cinco a quinze anos. §1º. Está sujeito à mesma pena quem em lugar sujeito à administração militar, entrega a consumo, ou tem em depósito, para o fim de ser distribuída,* água ou substância envenenada. *§2º. Se resulta a morte de alguém: Pena - reclusão, de quinze a trinta anos. §3º. Se o crime é culposo, a pena é de detenção, de seis meses a dois anos; ou, se resulta a morte, de dois a quatro anos.*

→ **Terrorismo:** quem usar ou ameaçar usar, transportar, guardar, portar ou trazer consigo *venenos*, ou atentar *contra a vida ou a integridade física de pessoa*, por razões de **xenofobia, discriminação ou preconceito de raça, cor, etnia e religião**, quando cometidos com a finalidade de provocar terror social ou generalizado, expondo a perigo pessoa, patrimônio, a paz pública ou a incolumidade pública, incorrerá no *crime de terrorismo* (Art. 2º, §1º, I e V, Lei nº 13.260/16)[89].

Corrupção ou poluição de água potável (art. 271, CP)

Art. 271, CP: Corromper ou poluir água potável, de uso comum ou particular, tornando-a imprópria para consumo ou nociva à saúde:
Pena - reclusão, de dois a cinco anos.
Modalidade culposa
Parágrafo único. Se o crime é culposo:
Pena - detenção, de dois meses a um ano.

Revogação tácita: para parte da doutrina[90] e para o STJ, houve a ab-rogação total desse crime pelo Art. 54 da Lei dos Crimes Ambientais – LCA (Lei nº 9.605/98).

> O tipo penal, posterior, específico e mais brando, do art. 54 da Lei nº 9.605/98 **engloba completamente** a conduta tipificada no art. 271 do Código Penal, provocando a ab-rogação do delito de corrupção ou poluição de água potável.[91] (grifo nosso)

Objetividade jurídica: a incolumidade pública, em especial a **saúde pública** (número indeterminado de pessoas).

Sujeito ativo: comum (qualquer pessoa pode cometer) e **unissubjetivo** (pode ser praticado por um só agente ou em concurso eventual de agentes).

Sujeito passivo: é a coletividade **(crime vago)**; eventualmente, as pessoas que venham a ter a saúde prejudicada.

Conduta: *corromper* (tornar intolerável ou nociva) ou *poluir* (sujar) água potável (de uso comum ou particular), tornando-a imprópria para consumo ou nociva à saúde humana **(indeterminação do alvo)**.

Objeto material: é a água *potável* que se pode beber, boa ao consumo humano, seja para sua ingestão, seja para a fabricação de alimentos, de uso particular (*e.g.* caixa d'água de um condomínio, reservatório de uma indústria, etc.) ou de uso comum (*e.g.* estação de tratamento de água, poço de comunidade, etc.), mas com o dolo de produzir perigo à coletividade (número indeterminado de pessoas).

Consumação e tentativa: consuma-se com a corrupção ou a poluição **(crime instantâneo)** da água potável, independentemente de que as pessoas venham a consumi-la ou que prejudique a saúde pública, mas que a água se torne imprópria ou nociva à saúde **(crime de perigo abstrato)**[92], ou seja, a sua consumação é

---

89 **Art. 2º, §1º, Lei nº 13.260/2016:** *I - usar ou ameaçar usar, transportar, guardar, portar ou trazer consigo explosivos, gases tóxicos, venenos, conteúdos biológicos, químicos, nucleares ou outros meios capazes de causar danos ou promover destruição em massa; [...] V - atentar contra a vida ou a integridade física de pessoa: Pena - reclusão, de doze a trinta anos, além das sanções correspondentes à ameaça ou à violência. [...].*
90 Luiz Regis Prado, Ney Moura Teles, Rogério Sanches Cunha, entre outros.
91 **STJ, HC 178.423/GO**, Rel. Min. Gilson Dipp, julgado em 06/12/2011, 5ª Turma, DJe 19/12/2011.
92 Há doutrina que sustenta ser de **perigo concreto**, pois deve se corromper ou poluir a água potável (torná-la imprópria), mesmo que não seja consumida

antecipada **(crime formal)**, sendo o resultado naturalístico mero exaurimento do crime **(de resultado cortado)** que, a depender do que resultar, será hipótese de aumento de pena (Art. 285, CP). A tentativa é possível **(crime plurissubsistente)**.

Modalidade culposa (§1º): caso haja a quebra do dever objetivo de cuidado, por imprudência, negligência ou imperícia, provocando a **corrupção ou poluição de** água **potável culposa**, então a pena será de: *detenção de 2 (dois) meses a 1 (um) ano.*

Majorantes decorrentes do resultado (Art. 285, CP): tanto na forma dolosa, quanto na culposa, se da corrupção ou poluição de água potável resultar em lesão corporal (de natureza grave, se doloso; ou de qualquer natureza, se culposo) ou morte, então haverá aumento de pena de acordo com o *quantum* previsto no Art. 258 do CP.

Forma qualificada
Art. 285, CP: Aplica-se o disposto no art. 258 aos crimes previstos neste Capítulo, salvo quanto ao definido no art. 267.
Art. 258, CP: Se do crime doloso de perigo comum resulta lesão corporal de natureza grave, a pena privativa de liberdade é aumentada de metade; se resulta morte, é aplicada em dobro. No caso de culpa, se do fato resulta lesão corporal, a pena aumenta-se de metade; se resulta morte, aplica-se a pena cominada ao homicídio culposo, aumentada de um terço. (grifo nosso)

Classificações doutrinárias: comum (qualquer pessoa pode cometê-lo); **vago** (o sujeito passivo é a coletividade); **doloso** ou **culposo**; **comissivo** (excepcionalmente, admite-se a *omissão imprópria*, na figura de agente garantidor do Art. 13, §2º, CP, em que o agente tinha o dever legal e o poder de agir para evitar o resultado e nada faz); **de perigo comum e abstrato**; **unissubjetivo** (de concurso eventual); **instantâneo** (consuma-se com o envenenamento); **admite a tentativa** (plurissubsistente); na *forma dolosa*, é **crime de alto potencial ofensivo** (pena mínima superior a 1 ano e pena máxima superior a 2 anos) e **não admite a fiança em sede policial** (pena máxima superior a 4 anos).

Conflito de normas:

→ **Crime Ambiental:** tratando-se de **poluição** ao meio ambiente, por exemplo, o despejo de tintas industriais em um rio, será *delito ambiental* (Art. 54, LCA).

→ **Crime Militar:** se a água for de **uso de quartel, fortaleza, unidade, navio, aeronave ou estabelecimento militar, ou de tropa em manobras ou exercício**, então haverá *crime militar* (Art. 294, CPM)[93].

(GRECO, R. **Curso de Direito Penal: Parte Especial.** 14. ed. rev., ampl. e atual. Niterói: Impetus, v.3, 2017).
93 **Art. 294, CPM:** *Corromper ou poluir água potável de uso de quartel, fortaleza, unidade, navio, aeronave ou estabelecimento militar, ou de tropa em manobras ou exercício, tornando-a imprópria para consumo ou nociva à saúde: Pena - reclusão, de dois a cinco anos.* **Parágrafo** *único - Se o crime é culposo: Pena - detenção, de dois meses a um ano.*

Falsificação, corrupção, adulteração ou alteração de substância ou produtos alimentícios (art. 272, CP)

Art. 272, CP: Corromper, adulterar, falsificar ou alterar substância ou produto alimentício destinado a consumo, tornando-o nocivo à saúde ou reduzindo-lhe o valor nutritivo: (Redação dada pela Lei nº 9.677, de 2/7/1998)
Pena - reclusão, de 4 (quatro) a 8 (oito) anos, e multa.
Formas equiparadas
§1º. Está sujeito às mesmas penas quem pratica as ações previstas neste artigo em relação a bebidas, com ou sem teor alcoólico.
§1º-A. Incorre nas penas deste artigo quem fabrica, vende, expõe à venda, importa, tem em depósito para vender ou, de qualquer forma, distribui ou entrega a consumo a substância alimentícia ou o produto falsificado, corrompido ou adulterado.
Modalidade culposa
§2º. Se o crime é culposo:
Pena - detenção, de 1 (um) a 2 (dois) anos, e multa.

Objetividade jurídica: a incolumidade pública, em especial a **saúde pública** (número indeterminado de pessoas).

Sujeito ativo: comum (qualquer pessoa pode cometer) e **unissubjetivo** (pode ser praticado por um só agente ou em concurso eventual de agentes).

Sujeito passivo: é a coletividade **(crime vago)**; eventualmente, as pessoas lesadas pelo alimento nocivo ou com reduzido valor nutritivo.

Conduta: *corromper* (tornar intolerável ou nociva), *adulterar* (deturpar), *falsificar* (dar aparência enganadora a fim de passar por bom ou de imitar) ou *alterar* (modificar) substância ou produto alimentício, ou bebida, com ou sem teor alcoólico, destinado a consumo; tornando-o nocivo à saúde ou reduzindo-lhe o valor nutritivo **(ação múltipla, de conteúdo variado, tipo misto alternativo ou multinuclear)**.

Objeto material: substância ou produto *alimentício*, ou *bebida*, com ou sem teor alcoólico, destinado a consumo.

Consumação e tentativa: consuma-se no momento **(crime instantâneo)** em que o objeto material se tornar nocivo à saúde ou que tenha seu valor nutricional reduzido **(crime de perigo concreto)**, ainda que nenhuma pessoa venha a consumir, ou seja, a sua consumação é antecipada **(crime formal)**, sendo o resultado naturalístico mero exaurimento do crime **(de resultado cortado)** que, a depender do que resultar, será hipótese de aumento de pena (Art. 285, CP). A tentativa é possível **(crime plurissubsistente)**.

O crime atinge o "summatum opus" com a simples criação do perigo comum, independentemente de qualquer evento ulterior. Nem mesmo é necessário que a substância seja efetivamente entregue a consumo, bastando que seja destinada a tal fim. ***O perigo deve ser averiguado "in concreto" (não o presume a lei)****, isto é, deve ser apurado que a substância adquiriu a propriedade de ser nociva à saúde humana.*[94]

Forma equiparada (§1º): mesmo não sendo a pessoa que tenha falsificado, adulterado, corrompido ou alterado substância ou produto alimentício, ou bebida, destinado ao consumo, também se sujeitará às mesmas penas aquele que *distribuir* ou *entregar a consumo* **(crimes instantâneos)** esses produtos, ou que *fabricar, vender, importar* **(crimes**

94 HUNGRIA, N. **Comentários ao Código Penal.** 9. vol. Rio de Janeiro: Forense, 1958, p. 113.

CRIMES CONTRA A INCOLUMIDADE PÚBLICA

instantâneos), *expuser* à *venda* ou *tiver em depósito para vender* **(crimes permanentes)** quaisquer desses produtos deturpados.

Modalidade culposa (§2º): caso haja a quebra do dever objetivo de cuidado por imprudência, negligência ou imperícia, então a pena será de: *detenção, de 1 (um) a 2 (dois) anos, e multa*.

Majorantes decorrentes do resultado (Art. 285, CP): tanto na forma dolosa, quanto na culposa, se resultar em lesão corporal (de natureza grave, se doloso; ou de qualquer natureza, se culposo) ou morte, então haverá aumento de pena de acordo com o *quantum* previsto no Art. 258 do CP.

> *Forma qualificada*
> **Art. 285, CP:** *Aplica-se o disposto no art. 258 aos crimes previstos neste Capítulo, salvo quanto ao definido no art. 267.*
> **Art. 258, CP:** *Se do crime doloso de perigo comum resulta lesão corporal de natureza grave, a pena privativa de liberdade é aumentada de metade; se resulta morte, é aplicada em dobro. No caso de culpa, se do fato resulta lesão corporal, a pena aumenta-se de metade; se resulta morte, aplica-se a pena cominada ao homicídio culposo, aumentada de um terço.* (grifo nosso)

Classificações doutrinárias: comum (qualquer pessoa pode cometê-lo); **vago** (o sujeito passivo é a coletividade); **doloso** ou **culposo**; **comissivo** (excepcionalmente, admite-se a *omissão imprópria*, na figura de agente garantidor do Art. 13, §2º, CP, em que o agente tinha o dever legal e o poder de agir para evitar o resultado e nada faz); **de perigo comum e concreto**; **unissubjetivo** (de concurso eventual); **instantâneo** (consuma-se em momento certo); **admite a tentativa** (plurissubsistente); na *forma dolosa*, é **crime de alto potencial ofensivo** (pena mínima superior a 1 ano e pena máxima superior a 2 anos) e **não admite a fiança em sede policial** (pena máxima superior a 4 anos).

Conflito de normas:

→ **Sem Perigo Comum ou Com Data de Validade Vencida:** se o produto conspurcado, nocivo à saúde ou com valor nutritivo reduzido, **não gerar perigo** à **coletividade**, ou seja, havendo apenas perigo individual, subsidiariamente será *crime contra as relações de consumo* (Art. 7º, III ou IX, Lei nº 8.137/90). Tratando-se de produto com data de validade vencida, também será *crime contra as relações de consumo* (Art. 7º, IX, Lei nº 8.137/90).[95]

→ **Substância Destinada** à **Falsificação:** vender, expor à venda, ter em depósito ou ceder **substância destinada** à **falsificação** de produtos alimentícios, configura o delito previsto no Art. 277 do CP.

→ **Crime Militar:** o fornecimento às **Forças Armadas** de substância medicinal corrompida, adulterada ou falsificada *nociva à saúde*, é crime militar (Art. 295, CPM)[96]. No entanto, o **fornecimento** às **Forças Armadas**, *com valor terapêutico reduzido*, de substância medicinal alterada, é crime militar previsto no Art. 296 do CPM[97].

Falsificação, corrupção, adulteração ou alteração de produtos destinados a fins terapêuticos ou medicinais (art. 273, CP)

> **Art. 273, CP:** *Falsificar, corromper, adulterar ou alterar produto destinado a fins terapêuticos ou medicinais:*
> Pena - reclusão, de 10 (dez) a 15 (quinze) anos, e multa. (Redação dada pela Lei nº 9.677, de 2/7/1998)
> *Formas equiparadas*
> §1º. Nas mesmas penas incorre quem importa, vende, expõe à venda, tem em depósito para vender ou, de qualquer forma, distribui ou entrega a consumo o produto falsificado, corrompido, adulterado ou alterado.
> §1º-A. Incluem-se entre os produtos a que se refere este artigo os medicamentos, as matérias-primas, os insumos farmacêuticos, os cosméticos, os saneantes e os de uso em diagnóstico.
> §1º-B. Está sujeito às penas deste artigo quem pratica as ações previstas no §1º em relação a produtos em qualquer das seguintes condições:
> I - sem registro, quando exigível, no órgão de vigilância sanitária competente;
> II - em desacordo com a fórmula constante do registro previsto no inciso anterior;
> III - sem as características de identidade e qualidade admitidas para a sua comercialização;
> IV - com redução de seu valor terapêutico ou de sua atividade;
> V - de procedência ignorada;
> VI - adquiridos de estabelecimento sem licença da autoridade sanitária competente.
> *Modalidade culposa*
> §2º. Se o crime é culposo:
> Pena - detenção, de 1 (um) a 3 (três) anos, e multa.

Objetividade jurídica: a incolumidade pública, em especial a **saúde pública** (número indeterminado de pessoas).

Sujeito ativo: comum (qualquer pessoa pode cometer) e **unissubjetivo** (pode ser praticado por um só agente ou em concurso eventual de agentes).

Sujeito passivo: é a coletividade **(crime vago)**; eventualmente, as pessoas lesadas pelos produtos terapêuticos ou medicinais conspurcados.

Conduta: *corromper* (tornar intolerável ou nociva), *adulterar* (deturpar), *falsificar* (dar aparência enganadora a fim de passar por bom ou de imitar) ou *alterar* (modificar) produto destinado a fins terapêuticos ou medicinais **(ação múltipla, de conteúdo variado, tipo misto alternativo ou multinuclear)**.

---

[95] **Art. 7º**, *caput*, **Lei nº 8.137/1990:** *Constitui crime contra as relações de consumo: [...] III - misturar gêneros e mercadorias de espécies diferentes, para vendê-los ou expô-los à venda como puros; misturar gêneros e mercadorias de qualidades desiguais para vendê-los ou expô-los à venda por preço estabelecido para os demais mais alto custo; [...] IX - vender, ter em depósito para vender ou expor à venda ou, de qualquer forma, entregar matéria-prima ou mercadoria, em condições impróprias ao consumo: Pena - detenção, de 2 (dois) a 5 (cinco) anos, ou multa. Parágrafo único - Nas hipóteses dos incisos II, III e IX pune-se a modalidade culposa, reduzindo-se a pena e a detenção de 1/3 (um terço) ou a de multa à quinta parte.*

[96] **Art. 295, CPM:** *Fornecer às forças armadas substância alimentícia ou medicinal corrompida, adulterada ou falsificada, tornada, assim, nociva à saúde: Pena - reclusão, de dois a seis anos. Parágrafo único - Se o crime é culposo: Pena - detenção, de seis meses a dois anos.*

[97] **Art. 296, CPM:** *Fornecer às forças armadas substância alimentícia ou medicinal alterada, reduzindo, assim, o seu valor nutritivo ou terapêutico: Pena - detenção, de seis meses a dois anos. Parágrafo único - Se o crime é culposo: Pena - detenção, até seis meses.*

Objeto material: produto destinado a fins terapêuticos ou medicinais (alopáticos ou homeopáticos); além desse, o §1º-A também inclui os medicamentos, as matérias-primas, os insumos farmacêuticos, os cosméticos, os saneantes e os de uso em diagnóstico.

Todavia, a doutrina banaliza o fato de o legislador ter incluído os *cosméticos* e os *saneantes* no dispositivo. Assim, incluir-se-ão apenas aqueles que possam ofender a saúde humana.

Dispõe Renato Brasileiro (2016):

> *A inserção dessa figura delituosa como crime hediondo não passou imune às críticas. Isso porque a figura hedionda em análise abrange não apenas a falsificação de produto destinado a fins terapêuticos ou medicinais, como também de cosméticos e saneantes (CP, art. 273, §1º-A). A verdade é que, sob o ponto de vista de ofensividade à saúde pública, bem jurídico tutelado pelo crime do art. 273 do Código Penal,* **não se pode querer equiparar produtos destinados a fins terapêuticos ou medicinais a meros cosméticos**, *isto é, produtos que servem ao embelezamento ou à preservação da beleza, ou a simples saneantes, produtos voltados para a higienização e desinfecção ambiental, sobretudo se levarmos em consideração a pena cominada ao referido delito: reclusão, de 10 (dez) a 15 (quinze) anos, e multa. Por isso, pensamos que o art. 273, §1º-A, do Código Penal, deve ser objeto de interpretação restritiva para que se possa considerar típica apenas a falsificação de* **cosméticos e saneantes que efetivamente sejam dotados de potencialidade lesiva contra a saúde pública e não qualquer cosmético**.[98] (grifo nosso)

Consumação e tentativa: consuma-se no momento **(crime instantâneo)** da *alteração*, independentemente de qualquer consequência posterior **(crime de perigo abstrato)**. A tentativa é possível **(crime plurissubsistente)**.

Fique ligado!

Não se aplica o princípio da insignificância: de acordo com o STJ, como é um crime que atinge a saúde pública, lesa a coletividade, e, portanto, não se admite a bagatela.

> *FALSIFICAÇÃO DE PRODUTOS DESTINADOS A FINS TERAPÊUTICOS OU MEDICINAIS. APLICAÇÃO DO PRINCÍPIO DA INSIGNIFICÂNCIA.* **IMPOSSIBILIDADE**. *BEM JURÍDICO TUTELADO: A SAÚDE PÚBLICA. [...] O princípio da insignificância, como derivação necessária do princípio da intervenção mínima do direito penal, busca afastar desta seara as condutas que, embora típicas, não produzam efetiva lesão ao bem jurídico protegido pela norma penal incriminadora. Trata-se, na espécie, de crime em que o* **bem jurídico tutelado** *é* **a saúde pública**. *Irrelevante considerar o valor da venda do medicamento para desqualificar a conduta*.[99]

> *DIREITO PENAL. CRIME CONTRA A SAÚDE PÚBLICA. PRINCÍPIO DA INSIGNIFICÂNCIA.* **INAPLICAÇÃO**. *[...] A jurisprudência deste Superior Tribunal firmou-se no sentido de que, a despeito do valor ínfimo (ou inexistente) da res, inadequada a incidência do princípio da insignificância se o agente introduz no País medicamentos não autorizados pelas autoridades competentes, em face do alto grau de reprovabilidade da importação irregular de medicamentos*.[100] (grifo nosso)

Forma equiparada (§1º): mesmo não sendo a pessoa que tenha falsificado, adulterado, corrompido ou alterado produto destinado a fins terapêuticos ou medicinais, também se sujeitará às mesmas penas aquele que *distribuir* ou *entregar a consumo* **(crimes instantâneos)** esses produtos, ou que *vender*, *importar* **(crimes instantâneos)**, *expuser* à *venda* ou *tiver em depósito para vender* **(crimes permanentes)** quaisquer desses produtos deturpados.

Produtos equiparados (§1º-B): para as condutas previstas no §1º, também se criminaliza com as mesmas penas quem, de qualquer forma, *distribui* ou *entrega a consumo*, ou *importa*, *vende*, *expõe* à *venda* ou *tem em depósito para vender*, mesmo que não alterados, produtos:

> sem registro, quando exigível, no órgão de vigilância sanitária competente;
>
> em desacordo com a fórmula constante do registro previsto no inciso anterior;
>
> sem as características de identidade e qualidade admitidas para a sua comercialização;
>
> com redução de seu valor terapêutico ou de sua atividade;
>
> de procedência ignorada;
>
> adquiridos de estabelecimento sem licença da autoridade sanitária competente.

Fique ligado!

Inconstitucionalidade da pena: segundo o STJ, será aplicada a pena do tráfico de drogas (Art. 33, *caput*, Lei nº 11.343/06) para a conduta prevista no Art. 273, §1º-B, V, do CP: *importar, vender, expor* à *venda ou ter em depósito para vender ou, de qualquer forma, distribuir ou entregar a consumo, produto de procedência ignorada*.

Houve, pois, violação ao princípio da proporcionalidade e ao da ofensividade, na medida em que a pena (preceito secundário) de tal conduta (*reclusão de 10 a 15 anos e multa*) é maior que a do **tráfico de drogas** (*reclusão de 5 a 15 anos e multa*) e há as mesmas condutas. Assim, utilizando-se de analogia *in bonam partem* ao réu, aplica-se a pena prevista no crime de tráfico de drogas.

> *DIREITO CONSTITUCIONAL E PENAL. INCONSTITUCIONALIDADE DO PRECEITO SECUNDÁRIO DO ART. 273, §1º-B, V, DO CP.*
>
> *É* **inconstitucional o preceito secundário do art. 273**, *§1º-B,* **V, do CP — "reclusão, de 10 (dez) a 15 (quinze) anos, e multa" —, devendo-se considerar, no cálculo da reprimenda, a pena prevista no caput do art. 33 da Lei 11.343/2006 (Lei de Drogas), com possibilidade de incidência da causa de diminuição de pena do respectivo §4º***. *[...] a Sexta Turma do STJ (REsp 915.442-SC, DJe 1º/2/2011) dispôs que "A Lei 9.677/98, ao alterar a pena prevista para os delitos descritos no artigo 273 do Código Penal, mostrou-se excessivamente desproporcional, cabendo, portanto, ao Judiciário promover o ajuste principiológico da norma [...] Tratando-se de crime hediondo, de perigo abstrato, que tem como bem jurídico tutelado a saúde pública, mostra-se razoável a* **aplicação do preceito secundário do delito de tráfico de drogas** *ao crime de falsificação, corrupção, adulteração ou alteração de produto destinado a fins terapêuticos ou medicinais"*.[101] (grifo nosso)

Ressalta-se que tal decisão também já foi aplicada a outros incisos do §1º-B.

> *ART. 273, §§ 1º E 1º-B, I E V, DO CÓDIGO PENAL. PRECEITO SECUNDÁRIO. OFENSA AO PRINCÍPIO DA PROPORCIONALIDADE. [...]*

---

98 LIMA, R. B. **Legislação Criminal Especial Comentada**. 4. ed. rev., atual., e ampl. Salvador: JusPodivm, 2016, p. 52.
99 **STJ, RHC 17.942/SP**, Rel. Min. Hélio Quaglia Barbosa, julgado em 08/11/2005, 6ª Turma, *DJ* 28/11/2005.
100 **STJ, AgRg nos EDcl no REsp 1.497.442/PR**, Rel. Min. Sebastião Reis Júnior, julgado em 15/12/2015, 6ª Turma, *DJe* 04/02/2016.
101 **STJ, Informativo nº 559**, AI no HC 239.363/PR, Rel. Min. Sebastião Reis Júnior, julgado em 26/2/2015, Corte Especial, *DJe* 10/4/2015.

CRIMES CONTRA A INCOLUMIDADE PÚBLICA

*A jurisprudência do Superior Tribunal de Justiça, a partir do julgamento da Arguição de Inconstitucionalidade no HC nº 239.363/PR por sua Corte Especial, reconheceu não apenas a **desproporcionalidade do preceito secundário do delito previsto no art. 273, § 1º e § 1º-B, I e V, do Código Penal** — imputado ao paciente —, a fim de admitir a aplicação da reprimenda prevista no art. 33, 'caput', da Lei nº 11.343/2006 para o crime em comento, como também a possibilidade de incidência do respectivo §4º, quando for o caso.[102] (grifo nosso)*

Modalidade culposa (§2º): caso haja a quebra do dever objetivo de cuidado por imprudência, negligência ou imperícia, então a pena será de: *detenção, de 1 (um) a 3 (três) anos, e multa*.

Majorantes decorrentes do resultado (Art. 285, CP): tanto na forma dolosa, quanto na culposa, se resultar em lesão corporal (de natureza grave, se doloso; ou de qualquer natureza, se culposo) ou morte, então haverá aumento de pena de acordo com o *quantum* previsto no Art. 258 do CP.

Forma qualificada
Art. 285, CP: *Aplica-se o disposto no art. 258 aos crimes previstos neste Capítulo, salvo quanto ao definido no art. 267.*
Art. 258, CP: *Se do **crime doloso** de perigo comum resulta lesão corporal de natureza grave, a pena privativa de liberdade é aumentada de metade; se resulta morte, é aplicada em dobro. **No caso de culpa**, se do fato resulta lesão corporal, a pena aumenta-se de metade; se resulta morte, aplica-se a pena cominada ao homicídio culposo, aumentada de um terço. (grifo nosso)*

Crime Hediondo: apenas na forma dolosa é crime hediondo[103]: Art. 273, *caput*, §§ 1º, 1º-A e 1º-B, simples ou majorado (Art. 273, c/c Art. 285, CP). A figura culposa (Art. 273, §2º) não é crime hediondo.

Classificações doutrinárias: comum (qualquer pessoa pode cometê-lo); **vago** (o sujeito passivo é a coletividade); **doloso** ou **culposo**; **comissivo** (excepcionalmente, admite-se a *omissão imprópria*, na figura de agente garantidor do Art. 13, §2º, CP, em que o agente tinha o dever legal e o poder de agir para evitar o resultado e nada faz); **de perigo comum e abstrato**; **unissubjetivo** (de concurso eventual); **instantâneo** (nas condutas de *corromper, adulterar, falsificar, alterar, vender, importar, distribuir* e *entregar*) ou **permanente** (nas condutas de *expor à venda* e *ter em depósito*); **admite a tentativa** (plurissubsistente); é **crime de alto potencial ofensivo** (pena mínima superior a 1 ano e pena máxima superior a 2 anos) e **não admite a fiança em sede policial** (pena máxima superior a 4 anos).

Conflito de normas:

→ **Substância Destinada à Falsificação:** vender, expor à venda, ter em depósito ou ceder **substância destinada à falsificação** de produtos terapêuticos ou medicinais, configura o delito previsto no Art. 277 do CP.

→ **Crime Militar:** o **fornecimento** às **Forças Armadas** de substância medicinal corrompida, adulterada ou falsificada *nociva à saúde*, é crime militar (Art. 295, CPM). No entanto, o **fornecimento** às **Forças Armadas**, *com valor terapêutico reduzido*, de substância medicinal alterada, é crime militar previsto no Art. 296 do CPM.

Emprego de processo proibido ou de substância não permitida (art. 274, CP)

Art. 274, CP: *Empregar, no fabrico de produto destinado ao consumo, revestimento, gaseificação artificial, matéria corante, substância aromática, antisséptica, conservadora ou qualquer outra não expressamente permitida pela legislação sanitária: Pena - reclusão, de 1 (um) a 5 (cinco) anos, e multa. (Redação dada pela Lei nº 9.677, de 2/7/1998)*

Objetividade jurídica: a incolumidade pública, em especial a **saúde pública** (número indeterminado de pessoas).

Sujeito ativo: comum (qualquer pessoa pode cometer) e **unissubjetivo** (pode ser praticado por um só agente ou em concurso eventual de agentes).

Sujeito passivo: é a coletividade **(crime vago)**; eventualmente, as pessoas lesadas.

Objeto material: produto destinado ao consumo. Ressalta-se que o produto deve ser destinado a um número indeterminado de pessoas **(indeterminação do alvo)**, pois se trata de crime contra a incolumidade pública.

Conduta: *empregar* (utilizar), sem estar expressamente permitido pela legislação sanitária **(norma penal em branco)**, revestimento, gaseificação artificial, matéria corante, substância aromática, antisséptica, conservadora ou qualquer outra não permitida, na fabricação de produto destinado ao consumo **(crime de ação única ou de tipo simples)**.

Consumação e tentativa: é **crime instantâneo** e consuma-se no momento do emprego de processo proibido ou de substância não permitida na fabricação de produto destinado a consumo, não necessitando da lesão efetiva a terceiros **(crime de perigo abstrato)**. A tentativa é admissível **(crime plurissubsistente)**.

Majorantes decorrentes do resultado (Art. 285, CP): se resultar **lesão corporal de natureza grave (ou gravíssima)**, a pena será aumentada de 1/2 (metade); se resultar **morte**, a pena será aplicada em dobro (2x). Ressalta-se que somente há incidência desse aumento de pena se os resultados forem **preterdolosos** (dolo + culpa); uma vez que, se o agente possuir a finalidade de crime mais grave, responderá pelo que ele queria fazer.

Forma qualificada
Art. 285, CP: *Aplica-se o disposto no art. 258 aos crimes previstos neste Capítulo, salvo quanto ao definido no art. 267.*
Art. 258, CP: *Se do crime doloso de perigo comum **resulta lesão corporal de natureza grave**, a pena privativa de liberdade é aumentada de metade; **se resulta morte**, é aplicada em dobro. [...].(grifo nosso)*

---

102 **STJ, AgInt no HC 355.217/SP**, Rel. Min. Rogerio Schietti Cruz, julgado em 24/05/2016, 6ª Turma, *DJe* 06/06/2016.
103 **Art. 1º, *caput*, Lei nº 8.072/1990: VII-B** - falsificação, corrupção, adulteração ou alteração de produto destinado a fins terapêuticos ou medicinais (art. 273, 'caput' e § 1º, § 1º-A e § 1º-B, com a redação dada pela Lei nº 9.677, de 2 de julho de 1998).

Classificações doutrinárias: comum (qualquer pessoa pode cometê-lo); **vago** (o sujeito passivo é a coletividade); **exclusivamente doloso** (não comporta a forma culposa pela ausência legal); **comissivo** (excepcionalmente, admite-se a *omissão imprópria*, na figura de agente garantidor do Art. 13, §2º, CP, em que o agente tinha o dever legal e o poder de agir para evitar o resultado e nada faz); **de perigo comum e abstrato**; **unissubjetivo** (de concurso eventual); **instantâneo** (consuma-se com o *emprego*); **admite a tentativa** (plurissubsistente); é **crime de médio potencial ofensivo** (em regra, é admissível o *sursis* processual, pois a pena mínima é de até 1 ano, contudo não se admite transação penal e será julgado pelo juizado comum, uma vez que a pena máxima é superior a 2 anos) e **não admite a fiança em sede policial** (pena máxima superior a 4 anos).

Conflito de normas:

→ **Comércio Desses Produtos:** vender, expor à venda, ter em depósito para vender ou, de qualquer forma, entregar a consumo produto nessas condições, configura o *delito do Art. 276 do CP*.

→ **Comércio de Outros Produtos Fabricados Indevidamente:** expor à venda ou vender mercadoria ou produto alimentício, cujo fabrico haja **desatendido a determinações oficiais**, quanto ao peso e composição, constitui *crime contra a economia popular* (Art. 2º, II, Lei nº 1.521/51).

Invólucro ou recipiente com falsa indicação (art. 275, cp)

Art. 275, CP: Inculcar, em invólucro ou recipiente de produtos alimentícios, terapêuticos ou medicinais, a existência de substância que não se encontra em seu conteúdo ou que nele existe em quantidade menor que a mencionada:
Pena - reclusão, de 1 (um) a 5 (cinco) anos, e multa. (Redação dada pela Lei nº 9.677, de 2/7/1998)

Objetividade jurídica: a incolumidade pública, em especial a **saúde pública** (número indeterminado de pessoas).

Sujeito ativo: comum (qualquer pessoa pode cometer) e **unissubjetivo** (pode ser praticado por um só agente ou em concurso eventual de agentes).

Sujeito passivo: é a coletividade **(crime vago)**; eventualmente, as pessoas lesadas.

Objeto material: invólucro ou recipiente (de produtos alimentícios, terapêuticos ou medicinais), por exemplo, rótulos ou bulas.

Conduta: *inculcar* (imprimir, cunhar, estampar, declarar, indicar) a existência de substância que não se encontra em seu conteúdo ou que nele existe em quantidade menor que a mencionada, em invólucro ou recipiente de produtos alimentícios, terapêuticos ou medicinais **(crime de ação única ou de tipo simples)**.

Consumação e tentativa: é **crime instantâneo** e consuma-se com a falsa inculcação, independentemente de o produto ser entregue a consumo **(crime de perigo abstrato)**. A tentativa é admissível **(crime plurissubsistente)**.

Majorantes decorrentes do resultado (Art. 285, CP): se resultar **lesão corporal de natureza grave (ou gravíssima)**, *a pena será aumentada de 1/2 (metade)*; se resultar **morte**, *a pena será aplicada em dobro (2x)*. Ressalte-se que somente há incidência desse aumento de pena se os resultados forem **preterdolosos** (dolo + culpa); uma vez que, se o agente possuir a finalidade de crime mais grave, responderá pelo que ele queria fazer.

Forma qualificada
Art. 285, CP: Aplica-se o disposto no art. 258 aos crimes previstos neste Capítulo, salvo quanto ao definido no art. 267.
Art. 258, CP: Se do crime doloso de perigo comum resulta lesão corporal de natureza grave, a pena privativa de liberdade é aumentada de metade; se resulta morte, é aplicada em dobro. [...].(grifo nosso)

Classificações doutrinárias: comum (qualquer pessoa pode cometê-lo); **vago** (o sujeito passivo é a coletividade); **exclusivamente doloso** (não comporta a forma culposa pela ausência legal); **comissivo** (excepcionalmente, admite-se a *omissão imprópria*, na figura de agente garantidor do Art. 13, §2º, CP, em que o agente tinha o dever legal e o poder de agir para evitar o resultado e nada faz); **de perigo comum e abstrato**; **unissubjetivo** (de concurso eventual); **instantâneo** (consuma-se com a falsa *inculcação*); **admite a tentativa** (plurissubsistente); é **crime de médio potencial ofensivo** (em regra, é admissível o *sursis* processual, pois a pena mínima é de até 1 ano, contudo não se admite transação penal e será julgado pelo juizado comum, uma vez que a pena máxima é superior a 2 anos) e **não admite a fiança em sede policial** (pena máxima superior a 4 anos).

Conflito de normas:

→ **Comércio Desses Produtos:** vender, expor à venda, ter em depósito para vender ou, de qualquer forma, entregar a consumo produto nessas condições, configura o *delito do Art. 276 do CP*.

→ **Comércio de Outros Produtos com Falsa Inculcação:** no caso de invólucro ou recipiente com falsa indicação de **produtos que não sejam alimentícios, terapêuticos ou medicinais**, subsidiariamente, configurar-se-á *crime contra as relações de consumo* (Art. 66, Lei nº 8.078/1990)[104].

→ **Falsa Indicação em Folhetos ou Catálogos Informativos:** configura o delito de *fraude no comércio* (Art. 175, CP).

Produto ou substância nas condições dos dois artigos anteriores (art. 276, CP)

Art. 276, CP: Vender, expor à venda, ter em depósito para vender ou, de qualquer forma, entregar a consumo produto nas condições dos arts. 274 e 275:
Pena - reclusão, de 1 (um) a 5 (cinco) anos, e multa.

Objetividade jurídica: a incolumidade pública, em especial a **saúde pública** (número indeterminado de pessoas).

Sujeito ativo: comum (qualquer pessoa pode cometer) e **unissubjetivo** (pode ser praticado por um só agente ou em concurso eventual de agentes).

Sujeito passivo: é a coletividade **(crime vago)**; eventualmente, as pessoas lesadas.

---

104 **Art. 66, Lei nº 8.078/1990:** *Fazer afirmação falsa ou enganosa, ou omitir informação relevante sobre a natureza, característica, qualidade, quantidade, segurança, desempenho, durabilidade, preço ou garantia de produtos ou serviços: Pena - detenção, de três meses a um ano, e multa. §1º. Incorrerá nas mesmas penas quem patrocinar a oferta. §2º. Se o crime é culposo: Pena - detenção, de um a seis meses, ou multa.*

CRIMES CONTRA A INCOLUMIDADE PÚBLICA

Conduta: *vender* (trocar por dinheiro), *expor à venda* (pôr à vista de clientes), *ter em depósito para vender* (estoque de produtos) ou *entregar a consumo* (dar) o produto nas condições dos Arts. 274 e 275 **(crime de ação múltipla, de conteúdo variado, tipo misto alternativo ou multinuclear)**, desde que com clara intenção de ser disponibilizado para um número indeterminado de pessoas.

Objeto material: o produto nas condições dos Arts. 274 (com emprego de processo proibido ou de substância não permitida) e 275 (com invólucro ou recipiente com falsa indicação).

Consumação e tentativa: nas condutas de *vender* e *entregar a consumo*, é **crime instantâneo** (consuma-se no momento em que se praticar a ação do núcleo do tipo); nas condutas de *expor à venda* e *ter em depósito para vender*, é **crime permanente** (a conduta se protrai no tempo, consumando-se enquanto estiver exposto ou armazenado). O delito está consumado mesmo que não venha a ser entregue a consumo **(crime de perigo abstrato)**, uma vez que as condutas de *expor à venda* e de *ter em depósito para vender* são **formais** (de consumação antecipada ou de resultado cortado). A tentativa é possível **(crime plurissubsistente)**.

Majorantes decorrentes do resultado (Art. 285, CP): se resultar **lesão corporal de natureza grave (ou gravíssima)**, *a pena será aumentada de 1/2 (metade)*; se resultar **morte**, *a pena será aplicada em dobro (2x)*. Ressalta-se que somente há incidência desse aumento de pena se os resultados forem **preterdolosos** (dolo + culpa); uma vez que, se o agente possuir a finalidade de crime mais grave, responderá pelo que ele queria fazer.

Forma qualificada
Art. 285, CP: Aplica-se o disposto no art. 258 aos crimes previstos neste Capítulo, salvo quanto ao definido no art. 267.
*Art. 258, CP: Se do crime doloso de perigo comum **resulta lesão corporal de natureza grave**, a pena privativa de liberdade é aumentada de metade; **se resulta morte**, é aplicada em dobro. [...].(grifo nosso)*

Classificações doutrinárias: comum (qualquer pessoa pode cometê-lo); **vago** (o sujeito passivo é a coletividade); **exclusivamente doloso** (não comporta a forma culposa pela ausência legal); **comissivo** (excepcionalmente, admite-se a *omissão imprópria*, na figura de agente garantidor do Art. 13, §2º, CP, em que o agente tinha o dever legal e o poder de agir para evitar o resultado e nada faz); **de perigo comum e abstrato**; **unissubjetivo** (de concurso eventual); **instantâneo** (nas condutas de *vender* e *entregar para consumo*) ou **permanente** (nas condutas de *expor à venda* e *ter em depósito para vender*); **admite a tentativa** (plurissubsistente); é **crime de médio potencial ofensivo** (em regra, é admissível o *sursis* processual, pois a pena mínima é de até 1 ano, contudo não se admite transação penal e será julgado pelo juizado comum, uma vez que a pena máxima é superior a 2 anos) e **não admite a fiança em sede policial** (pena máxima superior a 4 anos).

Conflito de normas:

→ **Comércio de Outros Produtos Fabricados Indevidamente:** expor à venda ou vender mercadoria ou produto alimentício, cujo fabrico haja **desatendido a determinações oficiais**, quanto ao peso e composição, constitui *crime contra a economia popular* (Art. 2º, II, Lei nº 1.521/51).

→ **Comércio de Outros Produtos com Falsa Inculpação:** caso o invólucro ou o recipiente com falsa indicação de **produtos que não sejam alimentícios, terapêuticos ou medicinais**, subsidiariamente, configurará *crime contra as relações de consumo* (Art. 66, Lei nº 8.078/1990).

Substância destinada à falsificação (art. 277, CP)

Art. 277, CP: Vender, expor à venda, ter em depósito ou ceder substância destinada à falsificação de produtos alimentícios, terapêuticos ou medicinais:
Pena - reclusão, de 1 (um) a 5 (cinco) anos, e multa. (Redação dada pela Lei nº 9.677, de 2/7/1998)

Objetividade jurídica: a incolumidade pública, em especial a **saúde pública** (número indeterminado de pessoas).

Sujeito ativo: comum (qualquer pessoa pode cometer) e **unissubjetivo** (pode ser praticado por um só agente ou em concurso eventual de agentes).

Sujeito passivo: é a coletividade **(crime vago)**; eventualmente, as pessoas lesadas pelos produtos que sejam falsificados.

Conduta: *vender* (trocar por dinheiro), *expor à venda* (pôr à vista de clientes), *ter em depósito* (estoque de produtos) ou *ceder* (dar) substância com fins de falsificar produtos alimentícios, terapêuticos ou medicinais **(ação múltipla, de conteúdo variado, tipo misto alternativo ou multinuclear)**.

Objeto material: apenas a **substância** destinada à falsificação de produtos alimentícios, terapêuticos ou medicinais (não se abarca o maquinário e outros objetos). Trata-se de matéria-prima (substâncias) utilizada na falsificação desses produtos, como exemplo, alguns conservantes utilizados em alimentos: ácido sórbico e seus derivados, o ácido benzoico e seus sais, o ácido propiônico e seus sais, o dióxido de enxofre e seus derivados, os nitritos e nitratos, o ácido acético e acetatos, o ácido p-hidroxibenzoico e seus ésteres (parabenos), o ácido láctico e seus sais, e a nisina e a natamicina.

Consumação e tentativa: nas condutas de *vender* e *ceder*, é **crime instantâneo** (consuma-se no momento em que se praticar a ação do núcleo do tipo); nas condutas de *expor à venda* e *ter em depósito para vender*, é **crime permanente** (a conduta se protrai no tempo, consumando-se enquanto estiver exposto ou armazenado). O delito está consumado mesmo que não venha a ser entregue a consumo o produto final **(crime de perigo abstrato)**, uma vez que as condutas de *expor à venda* e de *ter em depósito para vender* são **formais** (de consumação antecipada ou de resultado cortado). A tentativa é possível **(crime plurissubsistente)**.

Majorantes decorrentes do resultado (Art. 285, CP): se resultar **lesão corporal de natureza grave (ou gravíssima)**, *a pena será aumentada de 1/2 (metade)*; se resultar **morte**, *a pena será aplicada em dobro (2x)*. Ressalta-se que somente há incidência desse aumento de pena se os resultados forem **preterdolosos** (dolo + culpa); uma vez que, se o agente possuir a finalidade de crime mais grave, responderá pelo que ele queria fazer.

Forma qualificada
Art. 285, CP: Aplica-se o disposto no art. 258 aos crimes previstos neste Capítulo, salvo quanto ao definido no art. 267.

Art. 258, CP: *Se do crime doloso de perigo comum **resulta lesão corporal de natureza grave**, a pena privativa de liberdade é aumentada de metade; **se resulta morte**, é aplicada em dobro. [...].(grifo nosso)*

Classificações doutrinárias: comum (qualquer pessoa pode cometê-lo); **vago** (o sujeito passivo é a coletividade); **exclusivamente doloso** (não comporta a forma culposa pela ausência legal); **comissivo** (excepcionalmente, admite-se a *omissão imprópria*, na figura de agente garantidor do Art. 13, §2º, CP, em que o agente tinha o dever legal e o poder de agir para evitar o resultado e nada faz); **de perigo comum e abstrato**; **unissubjetivo** (de concurso eventual); **instantâneo** (nas condutas de *vender* e *ceder*) ou **permanente** (nas condutas de *expor à venda* e *ter em depósito para vender*); **admite a tentativa** (plurissubsistente); é **crime de médio potencial ofensivo** (em regra, é admissível o *sursis* processual, pois a pena mínima é de até 1 ano, contudo não se admite transação penal e será julgado pelo juizado comum, uma vez que a pena máxima é superior a 2 anos) e **não admite a fiança em sede policial** (pena máxima superior a 4 anos).

Conflito de normas:

→ **Substância Destinada** à **Fabricação de Drogas Ilícitas:** quem importa, exporta, remete, produz, fabrica, adquire, vende, expõe à venda, oferece, fornece, tem em depósito, transporta, traz consigo ou guarda, ainda que gratuitamente, sem autorização ou em desacordo com determinação legal ou regulamentar, **matéria-prima, insumo ou produto químico destinado** à **preparação de drogas**, comete *crime de tráfico de drogas* (Art. 33, *caput*, §1º, I, Lei nº 11.343/06).

→ **Substância Destinada** à **Fabricação de Explosivos ou Gás Tóxico ou Asfixiante:** quem fabricar, fornecer, adquirir, possuir ou transportar, sem licença da autoridade, **substância ou material destinado a fabricação de explosivo, gás tóxico ou asfixiante**, responde pelo *delito do Art. 253 do CP*.

Outras substâncias nocivas à saúde pública (art. 278, CP)

Art. 278, CP: Fabricar, vender, expor à venda, ter em depósito para vender ou, de qualquer forma, entregar a consumo coisa ou substância nociva à saúde, ainda que não destinada à alimentação ou a fim medicinal:
Pena - detenção, de um a três anos, e multa.
Modalidade culposa
Parágrafo único. Se o crime é culposo:
Pena - detenção, de dois meses a um ano.

Objetividade jurídica: a incolumidade pública, em especial a **saúde pública** (número indeterminado de pessoas).

Sujeito ativo: comum (qualquer pessoa pode cometer) e **unissubjetivo** (pode ser praticado por um só agente ou em concurso eventual de agentes).

Sujeito passivo: é a coletividade **(crime vago)**; eventualmente, as pessoas lesadas.

Conduta: *fabricar* (produção ou transformação), *vender* (trocar por dinheiro), *expor à venda* (pôr à vista de clientes), *ter em depósito para vender* (estoque de produtos) ou *entregar a consumo* (dar) coisa ou substância nociva à saúde, mesmo que não seja destinada à alimentação ou a fim medicinal **(ação múltipla, de conteúdo variado, tipo misto alternativo ou multinuclear)**.

Objeto material: coisa ou substância nociva à saúde. Ressalta-se que tais substâncias não necessitam ser destinadas à alimentação ou a fim medicinal, isto é, são os demais produtos impróprios para consumo, aplicação subsidiária deste crime. Por exemplo: entregar para consumo *tolueno*[105].

Na verdade, os produtos não devem ser destinados à alimentação ou a fim medicinal, pois, se possuírem tais finalidades, então incorrer-se-á nos Arts. 272 e 273 do CP. Da mesma forma é o caso das drogas ilícitas, por força do princípio da especialidade, será delito previsto na Lei Antidrogas (Lei nº 11.343/06).

*[...] certos objetos ou substâncias, embora não destinados à ingestão, podem, em virtude de sua má ou irregular composição, prejudicar, e às vezes seriamente, a saúde de quem deles se utiliza. É o que pode acontecer em relação, por exemplo, às **pastas dentifrícias, colutórios em geral, cosméticos, batons, perfumes, cigarros, chupetas ou mamadeiras para crianças, utensílios de cozinha, talheres, etc.** É preciso que a coisa ou substância seja destinada a consumo (ou uso). O crime se aperfeiçoa com a prática de qualquer das ações referidas no texto legal, sendo irrelevante o efetivo uso da coisa ou substância ou, muito menos, qualquer dano ulterior. Averiguada a nocividade, isto é, a capacidade ou potencialidade de dano à saúde, o perigo se presume "juris et de jure".*[106] *(grifo nosso)*

Consumação e tentativa: nas condutas de *fabricar*, *vender* e *entregar a consumo*, é **crime instantâneo** (consuma-se no momento em que se praticar a ação do núcleo do tipo); nas condutas de *expor à venda* e *ter em depósito para vender*, é **crime permanente** (a conduta se protrai no tempo, consumando-se enquanto estiver exposto ou armazenado). O delito está consumado, mesmo que não venha a ser entregue a consumo o produto final **(crime de perigo abstrato)**, uma vez que as condutas de *fabricar*, *expor à venda* e de *ter em depósito para vender* são **formais** (de consumação antecipada ou de resultado cortado), desde que a coisa ou substância seja destinada a consumo (ou uso). A tentativa é possível **(crime plurissubsistente)**.

Modalidade culposa (Parágrafo único**):** aquele que — **por imperícia, negligência ou imprudência** — fabricar, vender, expuser à venda, tiver em depósito para vender ou, de qualquer forma, entregar a consumo coisa ou substância nociva à saúde, ainda que não destinada à alimentação ou a fim medicinal, mas em consequência da **quebra do dever objetivo de cuidado**, responderá na modalidade culposa com pena diferenciada: *detenção, de 2 (dois) meses a 1 (um) ano*.

Majorantes decorrentes do resultado (Art. 285, CP): tanto na forma dolosa, quanto na culposa, se resultar em lesão corporal (de natureza grave, se doloso; ou de qualquer natureza, se culposo) ou morte, então haverá aumento de pena de acordo com o *quantum* previsto no Art. 258 do CP.

---

105 **TOLUENO:** *Hidrocarboneto aromático que se apresenta como um líquido incolor, inflamável e de odor característico, obtido na destilação do petróleo e do carvão mineral; é usado especialmente como solvente ou diluente de tintas e vernizes e como matéria-prima na fabricação de explosivos*. In: DICIONÁRIO online Caldas Aulete. Rio de Janeiro: Lexikon Editora Digital Ltda., 2008. Disponível em: <http://www.aulete.com.br/tolueno>. Acesso em: 11 jan. 2018.
106 HUNGRIA, N. **Comentários ao Código Penal.** 9. vol. Rio de Janeiro: Forense, 1958, p. 121.

CRIMES CONTRA A INCOLUMIDADE PÚBLICA

Forma qualificada
Art. 285, CP: Aplica-se o disposto no art. 258 aos crimes previstos neste Capítulo, salvo quanto ao definido no art. 267.
Art. 258, CP: Se do **crime doloso** de perigo comum resulta lesão corporal de natureza grave, a pena privativa de liberdade é aumentada de metade; se resulta morte, é aplicada em dobro. **No caso de culpa**, se do fato resulta lesão corporal, a pena aumenta-se de metade; se resulta morte, aplica-se a pena cominada ao homicídio culposo, aumentada de um terço.

Classificações doutrinárias: comum (qualquer pessoa pode cometê-lo); **vago** (o sujeito passivo é a coletividade); **doloso** ou **culposo**; **comissivo** (excepcionalmente, admite-se a *omissão imprópria*, na figura de agente garantidor do Art. 13, §2º, CP, em que o agente tinha o dever legal e o poder de agir para evitar o resultado e nada faz); **de perigo comum e abstrato; unissubjetivo** (de concurso eventual); **instantâneo** (nas condutas de *fabricar, vender* e *entregar para consumo*) ou **permanente** (nas condutas de *expor* à *venda* e *ter em depósito para vender*); **admite a tentativa** (plurissubsistente); é **crime de médio potencial ofensivo** (em regra, é admissível o *sursis* processual, pois a pena mínima é de até 1 ano, contudo não se admite transação penal e será julgado pelo juizado comum, uma vez que a pena máxima é superior a 2 anos) e **admite a fiança em sede policial** (pena máxima inferior a 4 anos).

Conflito de normas:

→ **Drogas Ilícitas:** quem fornece **drogas ilícitas** pratica o *crime de tráfico de drogas* (Art. 33, Lei nº 11.343/06).

→ **Outras Substâncias Nocivas à Saúde Para Criança ou Adolescente: não se tratando de drogas ilícitas**, quaisquer outras substâncias nocivas à saúde (*e.g.* cola de sapateiro) que forem entregues a consumo de **criança ou adolescente**, incorrerá em *crime previsto no Estatuto da Criança e do Adolescente – ECA* (Art. 243, Lei nº 8.069/90), por exemplo, entregar gratuitamente a pessoa menor de 18 anos bebida alcoólica para seu consumo.

→ **Substância ou Produto Alimentício Nocivo** à **Saúde Pública:** tratando-se de **substância alimentícia ou produto alimentício deturpado**, falsificado, corrompido ou adulterado, configura o *delito previsto no Art. 272 do CP*.

→ **Produto Terapêutico ou Medicinal Nocivo** à **Saúde Pública:** em se tratando de **produto terapêutico ou medicinal deturpado**, falsificado, corrompido ou adulterado, aplica-se o Art. 273 do CP.

→ **Crime Militar: não se tratando de drogas ilícitas**, quaisquer outras substâncias entorpecentes, ou que determinem dependência física ou psíquica, **em lugar sujeito** à **administração militar**, constitui *crime militar* (Art. 290, CPM), ou nas formas equiparadas do §1º, do Art. 290, do CPM.

Substância avariada – revogado (art. 279, CP)

Art. 279. (Revogado pela Lei nº 8.137, de 27/12/1990)
Revogação expressa: o delito em apreço teve sua revogação explícita pela lei que trata dos crimes contra a ordem tributária, econômica e contra as relações de consumo. Assim, não configurando os crimes já estudados, haverá sua aplicação subsidiária (Art. 7º, IX, Lei nº 8.137/90)[107].

107 **Art. 7º, *caput*, Lei nº 8.137/1990:** *Constitui crime contra as relações de consumo: [...] IX - vender, ter em depósito para vender ou expor à venda ou, de qualquer forma, entregar matéria-prima ou mercadoria, em condições impróprias ao consumo: Pena - detenção, de 2 (dois) a 5 (cinco) anos, ou multa.* **Parágrafo único -** *Nas hipóteses dos incisos II, III e IX pune-se a modalidade culposa, reduzindo-se a pena e a detenção de 1/3 (um terço) ou a de multa* à *quinta parte.*

Medicamento em desacordo com receita médica (art. 280, CP)

Art. 280, CP: Fornecer substância medicinal em desacordo com receita médica:
Pena - detenção, de um a três anos, ou multa.
Modalidade culposa
Parágrafo único. Se o crime é culposo:
Pena - detenção, de dois meses a um ano.

Objetividade jurídica: a incolumidade pública, em especial a **saúde pública** (número indeterminado de pessoas).

Sujeito ativo: trata-se de **crime unissubjetivo** (de concurso eventual de agentes) e a doutrina atual entende que o delito em estudo é **comum** (qualquer pessoa pode cometer).

Segundo Cezar Roberto Bitencourt (*apud* Greco, 2017):

*Sujeito ativo **pode ser qualquer pessoa**, e não apenas o farmacêutico, mas toda e qualquer pessoa que fornecer, de qualquer modo, substância medicinal em desacordo com a receita médica (balconista, prático etc.).*[108] *(grifo nosso)*

Entretanto, a doutrina clássica ensinava ser **próprio**, explica Nélson Hungria que:

*O art. 280 trata de um **crime próprio**, isto é, que somente pode ser praticado por determinadas pessoas, em razão de sua qualidade (natural, social ou profissional). Na espécie, só têm legitimidade ativa para o crime (como se exprimiria Carnelutti) **os que exercem a profissão de farmacêutico** (diplomado ou prático licenciado) ou **pessoa autorizada a vender tais ou quais substâncias medicinais** (inclusive o herbanário).*[109] *(grifo nosso)*

Sujeito passivo: é a coletividade **(crime vago)**; eventualmente, a pessoa a quem é entregue a substância medicinal em desacordo com a receita médica.

Conduta: *fornecer* (entregar, vender, dar) substância medicinal (com fins curativos ou preventivos) em desacordo com receita médica **(crime de ação única ou de tipo simples)**.

Objeto material: receita médica, a qual deve ser efetivamente **prescrita por um médico legítimo**. Assim, não incorre no crime em tela se a receita for prescrita por dentista, porquanto é vedada no Direito Penal a analogia *in malam partem,* e o tipo penal descreveu apenas "receita médica".

> **Não há conduta criminosa:** se o farmacêutico vende **medicamento genérico** de qualidade idêntica ao receitado ou de **qualidade superior**, nunca inferior (qualitativa) ou em excesso (quantitativa).

> **Estado de necessidade:** ainda assim, explica a doutrina que, se o médico prescrever culposamente **medicamento em excesso** ao paciente e, em situação de emergência, o farmacêutico entregar dose inferior a fim de *corrigir a dose excessiva* à *adequada*, estará amparado pela **excludente de ilicitude** referente ao estado de necessidade.

108 BITENCOURT, C. R. **Tratado de Direito Penal: Parte Especial.** 7. ed. São Paulo: Saraiva, v.4, 2013, p. 262 (*apud* GRECO, R. **Curso de Direito Penal: Parte Especial.** 14. ed. rev., ampl. e atual. Niterói: Impetus, v.3, 2017, p. 520)
109 HUNGRIA, N. **Comentários ao Código Penal.** 9. vol. Rio de Janeiro: Forense, 1958, p. 123.

Exemplifica Cunha (2017):

> O medicamento fornecido **deve ser de qualidade inferior** ao receitado, pois se superior (sem gerar risco) não existe ofensa à saúde pública (isto é, não há lesão ou perigo de lesão ao bem jurídico tutelado).
> Na mesma esteira, não comete o crime o farmacêutico que substitui o medicamento receitado por **substância idêntica vendida como genérica**. [...]
> É possível que o médico, por erro, elabore a receita prescrevendo **dose excessiva** do medicamento. Neste caso, se o farmacêutico constata o erro, há duas soluções possíveis: a) se a situação for de urgência, poderá **corrigir a receita** e entregar ao paciente a dose adequada em virtude do **estado de necessidade**; b) em circunstância corriqueira, deverá contatar o médico para alertá-lo a respeito do equívoco, possibilitando àquele profissional corrigir expressamente o receituário (neste sentido dispõe o art. 254 do Regulamento do Departamento Nacional de Saúde).[110] (grifo nosso)

Consumação e tentativa: consuma-se com o mero fornecimento **(crime instantâneo)** da substância medicinal em desacordo com a receita médica, independentemente de que a pessoa venha a utilizar o medicamento **(crime de perigo abstrato)**, ou seja, a sua consumação é antecipada **(crime formal)**, sendo o resultado naturalístico — a utilização — mero exaurimento do crime **(de resultado cortado)** que, a depender do que resultar, será hipótese de aumento de pena (Art. 285, CP). A tentativa é possível **(crime plurissubsistente)**.

Modalidade culposa (Parágrafo único): aquele que — **por imperícia, negligência ou imprudência** — fornecer substância medicinal em desacordo com receita médica, mas em consequência da **quebra do dever objetivo de cuidado**, responderá na modalidade culposa com pena diferenciada: *detenção, de 2 (dois) meses a 1 (um) ano*.

Majorantes decorrentes do resultado (Art. 285, CP): tanto na forma dolosa, quanto na culposa, se resultar em lesão corporal (de natureza grave, se doloso; ou de qualquer natureza, se culposo) ou morte, então haverá aumento de pena de acordo com o *quantum* previsto no Art. 258 do CP.

Forma qualificada

Art. 285, CP: *Aplica-se o disposto no art. 258 aos crimes previstos neste Capítulo, salvo quanto ao definido no art. 267.*

Art. 258, CP: *Se do crime doloso de perigo comum resulta lesão corporal de natureza grave, a pena privativa de liberdade é aumentada de metade; se resulta morte, é aplicada em dobro.* **No caso de culpa,** *se do fato resulta lesão corporal, a pena aumenta-se de metade; se resulta morte, aplica-se a pena cominada ao homicídio culposo, aumentada de um terço.* (grifo nosso)

Classificações doutrinárias: comum (de acordo com a doutrina atual, qualquer pessoa pode cometê-lo; a *doutrina clássica* entende que o sujeito ativo é *próprio*); **vago** (o sujeito passivo é a coletividade); **doloso** ou **culposo**; **comissivo** (excepcionalmente, admite-se a *omissão imprópria*, na figura de agente garantidor do Art. 13, §2º, CP, em que o agente tinha o dever legal e o poder de agir para evitar o resultado e nada faz); **de perigo comum e abstrato**; **unissubjetivo** (de concurso eventual); **instantâneo** (consuma-se com o *fornecimento*); **admite a tentativa** (plurissubsistente); é **crime de médio potencial ofensivo** (em regra, é admissível o *sursis* processual, pois a pena mínima é de até 1 ano, contudo não se admite transação penal e será julgado pelo juizado comum, uma vez que a pena máxima é superior a 2 anos) e **admite a fiança em sede policial** (pena máxima inferior a 4 anos).

---

110 CUNHA, R. S. **Manual de Direito Penal: Parte Especial.** 9. ed. Salvador: JusPodivm, 2017, p. 652.

Conflito de normas:

→ **Prescrição Culposa de Drogas (ou Medicamentos):** *prescrever* (médico ou dentista), **culposamente**, drogas, sem que delas necessite o paciente, ou fazê-lo em doses excessivas, é delito previsto no Art. 38 da Lei nº 11.343/06.[111]

→ **Prescrição Dolosa de Drogas (ou Medicamentos):** *prescrever* (médico ou dentista), **dolosamente**, drogas, sem que delas necessite o paciente, ainda que gratuitamente, configura *tráfico de drogas* (Art. 33, *caput*, Lei nº 11.343/06).[112]

> *Informativo nº 0017*
> *Período: 03 a 07 de maio de 1999.*
> *QUINTA TURMA*
> *RECEITA. REMÉDIO. ENTORPECENTE.*
> *O réu prescreveu remédio cuja venda é controlada pela saúde pública. A Turma conheceu do habeas corpus e deferiu o pedido por entender que o crime pelo qual foi condenado o paciente, art. 12 da Lei n.º 6.368/76 (na figura "prescrever"), é crime próprio, somente podendo ser cometido por quem detenha a condição de médico ou dentista. Não sendo o paciente habilitado para o exercício da medicina, não poderia ser condenado como sujeito ativo de tal crime. HC 8.711-GO, Rel. Min. Edson Vidigal, julgado em 4/5/1999.*

Ministração Culposa de Drogas (ou Medicamentos): *ministrar* (médico, dentista, enfermeiro ou farmacêutico), **culposamente**, drogas, sem que delas necessite o paciente, ou fazê-lo em doses excessivas, é delito previsto no Art. 38 da Lei nº 11.343/06.

Ministração Dolosa de Drogas (ou Medicamentos): *ministrar* (médico, dentista, enfermeiro ou farmacêutico), **dolosamente**, drogas, sem que delas necessite o paciente, ainda que gratuitamente, configura *tráfico de drogas* (Art. 33, *caput*, Lei nº 11.343/06).

Crime Militar: a prescrição por **médico militar** ou **dentista militar**, ou o fornecimento por **farmacêutico militar**, de medicamentos, fora dos casos indicados pela terapêutica, ou em dose evidentemente maior que a necessária, **para uso de militar**; ou para qualquer fim, **a qualquer pessoa**, em consultório, gabinete, farmácia, laboratório ou **lugar, sujeitos** à **administração militar**, constitui *crime militar* (Art. 291, CPM).

Comércio, posse ou uso de entorpecente ou substância que determine dependência física ou psíquica – revogado (art. 281, CP)

Art. 281. *(Revogado pela Lei nº 6.368, de 21/10/1976)*

Revogação expressa: o delito em apreço teve sua revogação explícita pela antiga Lei Antidrogas (Lei nº 6.368/76) — atual Lei nº 11.343/06 — que criminaliza o tráfico ilícito de drogas.

---

111 **Art. 38, Lei nº 11.343/2006:** *Prescrever ou ministrar,* **culposamente**, *drogas, sem que delas necessite o paciente, ou fazê-lo em doses excessivas ou em desacordo com determinação legal ou regulamentar: Pena - detenção, de 6 (seis) meses a 2 (dois) anos, e pagamento de 50 (cinquenta) a 200 (duzentos) dias-multa. Parágrafo único - O juiz comunicará a condenação ao Conselho Federal da categoria profissional a que pertença o agente.*

112 **Art. 33, caput, Lei nº 11.343/2006:** *Importar, exportar, remeter, preparar, produzir, fabricar, adquirir, vender, expor à venda, oferecer, ter em depósito, transportar, trazer consigo, guardar,* **prescrever**, *ministrar, entregar a consumo ou fornecer drogas,* **ainda que gratuitamente**, *sem autorização ou em desacordo com determinação legal ou regulamentar: Pena - reclusão de 5 (cinco) a 15 (quinze) anos e pagamento de 500 (quinhentos) a 1.500 (mil e quinhentos) dias-multa.* (grifo nosso)

CRIMES CONTRA A INCOLUMIDADE PÚBLICA

Exercício ilegal da medicina, arte dentária ou farmacêutica (art. 282, CP)

Art. 282, CP: *Exercer, ainda que a título gratuito, a profissão de médico, dentista ou farmacêutico, sem autorização legal ou excedendo-lhe os limites:*
Pena - detenção, de seis meses a dois anos.
Prática do crime com o fim de lucro
Parágrafo único. Se o crime é praticado com o fim de lucro, aplica-se também multa.

Objetividade jurídica: a incolumidade pública, em especial a **saúde pública** (número indeterminado de pessoas).

Sujeito ativo: exige-se que o agente apresente aptidões ou conhecimentos médicos, odontológicos ou farmacêuticos, ainda que sem a devida autorização legal para exercer o respectivo ofício.[113]

Na conduta de *exercer*, é **comum** (qualquer pessoa pode cometê-lo); e na conduta de *excedendo-lhe os limites*, é **próprio** (apenas médico, dentista ou farmacêutico). Trata-se de **crime unissubjetivo** (pode ser praticado por um só agente ou em concurso eventual de agentes).

Sujeito passivo: é a coletividade **(crime vago)**; eventualmente, as pessoas que foram atendidas.

Condutas:

→ **Exercer (desempenhar), ainda que a título gratuito, a profissão de médico, dentista ou farmacêutico, sem autorização legal:** qualquer pessoa pode praticar tal conduta, mas deve ser uma pessoa com conhecimento técnico-profissional (não é um mero leigo), isto é, desempenha habitualmente a profissão sem diploma. Por exemplo: o protésico, que possui apenas curso técnico em prótese dentária, abre uma clínica dentária nos fundos de seu ateliê, atentando diversos pacientes na condição de cirurgião-dentista.

→ **Excedendo-lhe (ultrapassar) os limites:** o agente é legalmente habilitado como médico, dentista ou farmacêutico, no entanto atua acima dos limites legais. Por exemplo: uma pessoa recém-formada no curso de Medicina, clínico-geral, ainda em residência médica e sem especialização, pratica cirurgias plásticas.

Objeto material: é a profissão de *médico*, *dentista* ou *farmacêutico*. Trata-se de **rol taxativo** que não comporta ampliação de outras profissões.

→ **Acupuntura:** fato atípico.

> *O exercício da acupuntura não configura o delito previsto no art. 282 do CP (exercício ilegal da medicina, arte dentária ou farmacêutica). É cediço que o tipo penal descrito no art. 282 do CP é norma penal em branco e, por isso, deve ser complementado por lei ou ato normativo em geral, para que se discrimine e detalhe as atividades exclusivas de médico, dentista ou farmacêutico. [...] Nesse passo, o STJ reconhece que não há regulamentação da prática da acupuntura, sendo da União a competência privativa para legislar sobre as condições para o exercício das profissões, consoante previsto no art. 22, XVI, da CF (RMS 11.272-RJ, Segunda Turma, DJ 4/6/2001). Assim, ausente complementação da norma penal em branco, o fato é atípico.*[114] *(grifo nosso)*

→ **Optometrista que prescreve o uso de lentes para óculos:** comete o crime de exercício ilegal da Medicina.

> *O optometrista, todavia, não resta habilitado para os misteres médicos, como são as atividades de diagnosticar e tratar doenças relativas ao globo ocular, sob qualquer forma.*[115]

Consumação e tentativa: consuma-se com a reiterada prática das condutas **(crime habitual)** referente à profissão médica, odontológica ou farmacêutica, **ainda que gratuitamente**, tratando-se de **crime de perigo abstrato**, sua consumação independe de qualquer dano à integridade física alheia, mas basta o risco à saúde pública. **Não admite a tentativa**, uma vez que se trata de crime habitual.

> *[...] o tipo penal do art. 282 do CP (exercício ilegal da medicina, arte dentária ou farmacêutica) pune a conduta daquele que, sem autorização legal (título de habilitação ou registro na repartição competente) ou ao exorbitar os limites dessa autorização, exerce, ainda que gratuitamente, a profissão de médico, dentista ou farmacêutico. Trata-se, pois, de **crime de perigo abstrato, habitual**, previsto no CP com o fito de tutelar a saúde pública, daí sua prática em concurso formal com o tráfico de drogas ser perfeitamente possível. Não prospera a alegação de que há uma vinculação necessária entre a prática do crime do art. 282 do CP e o tráfico de drogas, pois aquele tipo penal não exige que, para a configuração do referido exercício ilegal, haja a prescrição de substância tida por droga. Se o agente exercer irregularmente a medicina e ainda prescrever droga, configura, em tese, concurso formal entre o art. 282 do CP e o art. 33, "caput", da Lei nº 11.343/2006, tal como no caso.*[116] *(grifo nosso)*

Multa ao lucro (Parágrafo único): caso o agente pratique o crime com a finalidade de obter vantagem econômica, então se aplicará cumulativamente a multa.

Majorantes decorrentes do resultado (Art. 285, CP): se resultar **lesão corporal de natureza grave (ou gravíssima)**, a pena será aumentada de 1/2 (metade); se resultar **morte**, a pena será aplicada em dobro (2x). Ressalta-se que somente há incidência desse aumento de pena se os resultados forem **preterdolosos** (dolo + culpa); uma vez que, se o agente possuir a finalidade de crime mais grave, responderá pelo que ele queria fazer.

> *Forma qualificada*
> **Art. 285, CP:** *Aplica-se o disposto no art. 258 aos crimes previstos neste Capítulo, salvo quanto ao definido no art. 267.*
> **Art. 258, CP:** *Se do crime doloso de perigo comum resulta lesão corporal de natureza grave, a pena privativa de liberdade é aumentada de metade; se resulta morte, é aplicada em dobro. [...].(grifo nosso)*

Estado de necessidade: entende a doutrina que se o agente não habilitado, mas com conhecimento técnico-profissional da Medicina, em lugar inóspito e sem médicos, atuar em prol da saúde pública por não haver outro meio (ausência absoluta de médicos), então restará configurada a **excludente de ilicitude** do estado de necessidade (Art. 24, CP).

---

[113] **STF, Informativo nº 529**, HC 85.718/DF, Rel. Min. Cezar Peluso, julgado em 18/11/2008, 2ª Turma, DJe 05/12/2008.
[114] **STJ, Informativo nº 578**, RHC 66.641/SP, Rel. Min. Nefi Cordeiro, julgado em 03/03/2016, 6ª Turma, DJe 10/03/2016.
[115] **STJ, REsp 975.322/RS**, Rel. Min. Luiz Fux, julgado em 14/10/2008, 1ª Turma, DJe 03/11/2008. Vide inf.: 421 e 369.
[116] **STJ, Informativo nº 420**, HC 139.667/RJ, Rel. Min. Felix Fischer, julgado em 17/12/2009, 5ª Turma, DJe 01/02/2010. Precedente do STJ: HC 9.126/GO.

Descreve Gonçalves (2017):

> *Tem-se admitido a excludente do estado de necessidade em casos em que a atividade é exercida em locais longínquos onde não existe profissional legalmente habilitado. Nesse sentido: "Onde não há médicos e a comunicação com lugares de maiores recursos é difícil, não pratica o exercício ilegal da medicina o leigo que, valendo-se de sua experiência e de seus rudimentares conhecimentos, faz curativos, ministra e prescreve medicamentos, sem comprometer a saúde dos que dele se socorrem" (Jutacrim 81/299); "Punir-se por exercício ilegal da medicina um farmacêutico que, no sertão, na falta, ainda que momentânea, de médico, atende casos simples, fornecendo remédios a doentes, é solução que o Judiciário tem repudiado em vários arestos" (RT 264/56); "Reconhece-se o estado de necessidade em favor de quem exercita ilegalmente a arte dentária na zona rural, distante dos grandes centros e onde inexiste profissional habilitado" (TJSC — Rel. Trompowsky Taulois — RT 547/366).*[117] *(grifo nosso)*

Classificações doutrinárias: comum (na conduta de *exercer*) e **próprio** (na conduta de *excedendo-lhe os limites*); **vago** (o sujeito passivo é a coletividade); é **exclusivamente doloso** (não se admite a forma culposa por ausência legal); **comissivo** (excepcionalmente, admite-se a *omissão imprópria*, na figura de agente garantidor do Art. 13, §2º, CP, em que o agente tinha o dever legal e o poder de agir para evitar o resultado e nada faz); **de perigo comum e abstrato**; **unissubjetivo** (de concurso eventual); **habitual** (deve ser praticado com reiteradas condutas); **não admite a tentativa** (por se tratar de crime habitual); é **infração penal de menor potencial ofensivo** (pena máxima de até 2 anos[118], admitindo-se as benesses da Lei nº 9.099/95, como exemplo a transação penal, reparação do dano, *sursis* processual e julgamento pelo Juizado Especial Criminal – JECrim).

Conflito de normas:

→ **Continuar a exercer a profissão de médico, dentista ou farmacêutico depois de ter o registro cassado por órgão administrativo:** não comete o delito do Art. 282 do CP, mas sim o crime de exercício de atividade com infração de decisão administrativa (Art. 205, CP)[119].

> *O exercício da medicina por médico cujo registro tenha sido cassado por decisão do órgão de fiscalização profissional competente (Conselho Regional de Medicina) configura o crime de exercício de atividade com infração de decisão administrativa (CP, art. 205), não o de exercício ilegal da medicina (CP, art. 282).*[120]

→ **Exercício ilegal de outra profissão que necessite de requisitos legais:** configura contravenção penal prevista no Art. 47 da LCP.[121]

→ **Curandeirismo:** não se confunde o *exercício ilegal da medicina, arte dentária ou farmacêutica* (Art. 282, CP) com o curandeirismo (Art. 284, CP), uma vez que para se cometer o crime em estudo, o agente deve ter conhecimento técnico-profissional; e no curandeirismo trata-se de pessoa rude, sem qualquer conhecimento técnico-profissional da Medicina,[122] por exemplo, fazendo magias para a cura.

Charlatanismo (art. 283, CP)

Art. 283, CP: *Inculcar ou anunciar cura por meio secreto ou infalível:*
Pena - detenção, de três meses a um ano, e multa.

Objetividade jurídica: a incolumidade pública, em especial a **saúde pública** (número indeterminado de pessoas).

Sujeito ativo: comum (qualquer pessoa pode cometer) e **unissubjetivo** (pode ser praticado por um só agente ou em concurso eventual de agentes).

Sujeito passivo: é a coletividade **(crime vago)**; eventualmente, as pessoas que foram enganadas.

Conduta: *inculcar* (declarar, influenciar, indicar, sugerir, recomendar) ou *anunciar* (noticiar, publicar, propagar, fazer saber) cura por meio secreto ou infalível.

Objeto material: é o anúncio da cura por *meio secreto* (o remédio que não é licenciado pelo órgão competente de saúde pública e nem está nas farmacopeias, pois somente ele conhece) ou *infalível* (cura qualquer pessoa sempre, porque é "milagroso").

O agente é um flagrante **mentiroso**, um estelionatário da saúde pública, por exemplo, aquele que vende "garrafadas" com uma mistura "sinistra" insinuando que se trata da cura milagrosa dos "deuses". Assim, o charlatão nada mais é que um golpista se aproveitando da boa-fé dos enfermos.

Consumação e tentativa: consuma-se com a falsa inculcação ou anúncio **(crime instantâneo)**, independentemente de qualquer prejuízo a terceiros **(crime de perigo abstrato)**, mas que tenha o objetivo de atingir um número indeterminado de pessoas **(crime de perigo comum)**. A tentativa é possível **(crime plurissubsistente).**

Majorantes decorrentes do resultado (Art. 285, CP): se resultar **lesão corporal de natureza grave (ou gravíssima)**, *a pena será aumentada de 1/2 (metade)*; se resultar **morte**, *a pena será aplicada em dobro (2x)*. Ressalta-se que somente há incidência desse aumento de pena se os resultados forem **preterdolosos** (dolo + culpa); uma vez que, se o agente possuir a finalidade de crime mais grave, responderá pelo que ele queria fazer.

Forma qualificada

Art. 285, CP: *Aplica-se o disposto no art. 258 aos crimes previstos neste Capítulo, salvo quanto ao definido no art. 267.*

Art. 258, CP: *Se do crime doloso de perigo comum* **resulta lesão corporal de natureza grave**, *a pena privativa de liberdade é aumentada de metade;* **se resulta morte**, *é aplicada em dobro.* [...].*(grifo nosso)*

---

117 GONÇALVES, V. E. R.; LENZA, P. (Coord.). **Direito Penal Esquematizado: Parte Especial**. 7. ed. São Paulo: Saraiva, p. 707.
118 **Art. 61, Lei nº 9.099/1995:** *Consideram-se infrações penais de menor potencial ofensivo, para os efeitos desta Lei, as contravenções penais e os crimes a que a lei comine pena máxima não superior a 2 (dois) anos, cumulada ou não com multa.*
119 **Art. 205, CP:** *Exercer atividade, de que está impedido por decisão administrativa: Pena - detenção, de três meses a dois anos, ou multa.*
120 **STF, Informativo nº 63**, HC 74.826/SP, Rel. Min. Sydney Sanches, julgado em 11/03/1997, 1ª Turma, *DJ* 29/08/1997.
121 **Art. 47, LCP:** *Exercer profissão ou atividade econômica ou anunciar que a exerce, sem preencher as condições a que por lei está subordinado o seu exercício: Pena - prisão simples, de quinze dias a três meses, ou multa.*

122 **STJ, HC 36.244/DF**, Rel. Min. José Arnaldo da Fonseca, julgado em 22/02/2005, 5ª Turma, *DJ* 11/04/2005.

CRIMES CONTRA A INCOLUMIDADE PÚBLICA

Classificações doutrinárias: comum (qualquer pessoa pode cometê-lo); **vago** (o sujeito passivo é a coletividade); **exclusivamente doloso** (não se admite a forma culposa por ausência legal); **comissivo** (excepcionalmente, admite-se a *omissão imprópria*, na figura de agente garantidor do Art. 13, §2º, CP, em que o agente tinha o dever legal e o poder de agir para evitar o resultado e nada faz); **de perigo comum e abstrato**; **unissubjetivo** (de concurso eventual); **instantâneo** (consuma-se com a *inculcação* ou com o *anúncio*); **admite a tentativa** (plurissubsistente); é **infração penal de menor potencial ofensivo** (pena máxima de até 2 anos[123], admitindo-se as benesses da Lei nº 9.099/95, como exemplo a transação penal, reparação do dano, *sursis* processual e julgamento pelo Juizado Especial Criminal – JECrim).

Curandeirismo (art. 284, CP)

> **Art. 284, CP:** *Exercer o curandeirismo:*
> *I - prescrevendo, ministrando ou aplicando, habitualmente, qualquer substância;*
> *II - usando gestos, palavras ou qualquer outro meio;*
> *III - fazendo diagnósticos:*
> *Pena - detenção, de seis meses a dois anos.*
> **Prática do crime com o fim de lucro**
> *Parágrafo único. Se o crime é praticado mediante remuneração, o agente fica também sujeito à multa.*

Objetividade jurídica: a incolumidade pública, em especial a **saúde pública** (número indeterminado de pessoas).

Sujeito ativo: é a *pessoa rude*, **sem qualquer conhecimento técnico-profissional da Medicina**,[124] é **delito comum** (qualquer pessoa pode cometer) e **unissubjetivo** (pode ser praticado por um só agente ou em concurso eventual de agentes).

Não se confundem os crimes de exercício ilegal da Medicina, Arte Dentária ou Farmacêutica; o charlatanismo e o curandeirismo.

De acordo com Nélson Hungria:

> Segundo o conceito tradicional ou vulgar, **curandeiro** é o indivíduo inculto, ou sem qualquer habilitação técnico-profissional, que se mete a curar, com o mais grosseiro empirismo. Enquanto o **exercente ilegal da medicina** tem conhecimentos médicos, embora não esteja devidamente habilitado para praticar a arte de curar, e o **charlatão** pode ser o próprio médico que abastarda a sua profissão com falsas promessas de cura, o **curandeiro** (carimbamba, mezinheiro, raizeiro) é o ignorante chapado, sem elementares conhecimentos de medicina, que se arvora em debelador dos males corpóreos.[125] (grifo nosso)

Sujeito passivo: é a coletividade **(crime vago)**; eventualmente, as pessoas que foram atendidas.

Condutas: trata-se de **crime de condutas conjugadas**, no qual o tipo penal prevê um único núcleo — *exercer* o curandeirismo — associado a diversas condutas: *prescrevendo*, *ministrando* ou *aplicando*, **habitualmente**, qualquer substância; *usando* gestos, palavras ou qualquer ou outro meio; *fazendo* diagnósticos.

O agente utiliza de meios anormais para a cura, exemplifica Gonçalves (2017):

> O curandeiro é pessoa sem conhecimentos técnicos e científicos e que deixa isso claro às pessoas, mas que as **faz acreditar que pode curar por meio de rezas, passes, ervas, essências, benzeduras, intervenções espirituais etc.** A propósito: "Qualquer princípio de crença a serviço da arte de curar é nocivo à saúde física e moral do povo e, portanto, constitui crime" (STF — Rel. Lafayette de Andrada — RT 310/746); "Quem prescreve o uso de água fria, com a aposição de mãos e invocação de forças sobrenaturais, para cura de doença, pratica o curandeirismo, que é crime contra a saúde pública" (TJRS — Rel. Mário Boa Nova Rosa — RF 204/345).[126] (grifo nosso)

Objeto material: é a substância prescrita, ministrada ou aplicada; o gesto, a palavra ou qualquer outro meio; e o diagnóstico efetuado.

Nesse sentido, Masson (2016) conceitua que o objeto material do curandeirismo:

> É a **substância prescrita** (matéria receitada, determinada ou indicada), **ministrada** (prestada, fornecida ou servida) ou **aplicada** (empregada, administrada), o **gesto** (movimento corporal, especialmente dos membros superiores e da cabeça, que pode servir para manifestar ideias ou sentimentos), a **palavra** ou **qualquer outro meio** (fórmula residual), bem como o **diagnóstico** efetuado (avaliação do problema ostentado por alguém).[127] (grifo nosso)

Consumação e tentativa: consuma-se com a reiterada prática das condutas **(crime habitual)** referente ao exercício de curandeirismo, tratando-se de **crime de perigo abstrato**, sua consumação independe de qualquer dano à integridade física alheia, mas basta o risco à saúde pública. **Não admite a tentativa**, uma vez que se trata de crime habitual.

> O curandeirismo ficou comprovado com a **habitualidade** com que o réu ministrava os "passes" e obrigava adultos e menores, a ingerirem sangue de animais e bebida alcoólica, colocando em perigo a saúde e levando os adolescentes à dependência do álcool.[128]

Multa ao lucro (Parágrafo único): caso o agente pratique o crime com a finalidade de obter vantagem econômica, então se aplicará cumulativamente a multa.

---

123 **Art. 61, Lei nº 9.099/1995:** *Consideram-se infrações penais de menor potencial ofensivo, para os efeitos desta Lei, as contravenções penais e os crimes a que a lei comine pena máxima não superior a 2 (dois) anos, cumulada ou não com multa.*
124 **STJ, HC 36.244/DF**, Rel. Min. José Arnaldo da Fonseca, julgado em 22/02/2005, 5ª Turma, *DJ* 11/04/2005.
125 HUNGRIA, N. **Comentários ao Código Penal.** 9. vol. Rio de Janeiro: Forense, 1958, p. 154.
126 GONÇALVES, V. E. R.; LENZA, P. (Coord.). **Direito Penal Esquematizado: Parte Especial.** 7. ed. São Paulo: Saraiva, p. 709.
127 MASSON, C. **Direito Penal Esquematizado: Parte Especial.** 6ª ed. Rio de Janeiro: Forense; São Paulo: Método, v.3, 2016, p. 374-375.
128 **STJ, REsp 50.426/MG**, Rel. Min. Jesus Costa Lima, julgado em 10/08/1994, 5ª Turma, *DJ* 29/08/1994.

Concurso de crimes: é possível haver o concurso de crimes entre o exercício ilegal da Medicina, Arte Dentária ou Farmacêutica com o curandeirismo, por exemplo, imaginemos que um técnico de prótese dentária que esteja praticando ilegalmente a atividade de cirurgião-dentista crie um chá com ervas da sua horta e peça a seu paciente para tomar o chá com um sonífero, pois uma divindade espiritual transformou o seu quintal em um terreno sagrado, assim, os efeitos espirituais da poção seriam antissépticos e cicatrizantes. Nessa situação, haverá os dois crimes.

> CURANDEIRISMO. EXERCÍCIO ILEGAL. FARMÁCIA.
> *A Turma, ao prosseguir o julgamento, firmou que é possível o concurso entre o crime de **curandeirismo** (art. 284 do CP) e o de **exercício ilegal de arte farmacêutica** (art. 282 do CP).*[129] *(grifo nosso)*

Majorantes decorrentes do resultado (Art. 285, CP): se resultar **lesão corporal de natureza grave (ou gravíssima)**, *a pena será aumentada de 1/2 (metade)*; se resultar **morte**, *a pena será aplicada em dobro (2x)*. Ressalta-se que somente há incidência desse aumento de pena se os resultados forem **preterdolosos** (dolo + culpa); uma vez que, se o agente possuir a finalidade de crime mais grave, responderá pelo que ele queria fazer.

> *Forma qualificada*
> **Art. 285, CP:** *Aplica-se o disposto no art. 258 aos crimes previstos neste Capítulo, salvo quanto ao definido no art. 267.*
> **Art. 258, CP:** *Se do crime doloso de perigo comum* **resulta lesão corporal de natureza grave**, *a pena privativa de liberdade é aumentada de metade;* **se resulta morte**, *é aplicada em dobro. [...].*

Classificações doutrinárias: comum (qualquer pessoa pode cometê-lo); **vago** (o sujeito passivo é a coletividade); **exclusivamente doloso** (não se admite a forma culposa por ausência legal); **comissivo** (excepcionalmente, admite-se a *omissão imprópria*, na figura de agente garantidor do Art. 13, §2º, CP, em que o agente tinha o dever legal e o poder de agir para evitar o resultado e nada faz); **de perigo comum e abstrato**; **unissubjetivo** (de concurso eventual); **habitual** (deve ser praticado com reiteradas condutas); **não admite a tentativa** (por se tratar de crime habitual); é **infração penal de menor potencial ofensivo** (pena máxima de até 2 anos[130], admitindo-se as benesses da Lei nº 9.099/95, como exemplo a transação penal, reparação do dano, *sursis* processual e julgamento pelo Juizado Especial Criminal – JECrim).

Forma qualificada (art. 285, cp)

> **Art. 285, CP:** *Aplica-se o disposto no art. 258 aos crimes previstos neste Capítulo, salvo quanto ao definido no art. 267.*

Este artigo possui o *nomen juris* (nome jurídico) de: **"Forma qualificada"**. Contudo, a doutrina normalmente conceitua as hipóteses previstas como **majorantes**, pois preveem **causas de aumento de pena**.

O Art. 285, com referência ao Art. 258, é aplicável, exclusivamente, aos resultados **preterdolosos** (dolo + culpa); uma vez que, se o agente possuir a finalidade de crime mais grave, responderá pelo que ele queria fazer.

Não se aplicam tais hipóteses de aumento ao crime de epidemia (Art. 267, CP), na medida em que o próprio tipo penal tem as suas majorantes.

---

129 **STJ, Informativo nº 236**, HC 36.244/DF, Rel. Min. José Arnaldo da Fonseca, julgado em 22/02/2005, 5ª Turma, *DJe* 22/02/2005.
130 **Art. 61, Lei nº 9.099/1995:** *Consideram-se infrações penais de menor potencial ofensivo, para os efeitos desta Lei, as contravenções penais e os crimes a que a lei comine pena máxima não superior a 2 (dois) anos, cumulada ou não com multa.*

NOÇÕES DE DIREITO ADMINISTRATIVO

1. INTRODUÇÃO AO DIREITO ADMINISTRATIVO

Neste capítulo, vamos conhecer algumas características do Direito Administrativo, seu conceito, sua finalidade, seu regime jurídico peculiar que orienta toda a sua atividade administrativa, seja ela exercida pelo próprio Estado-administrador, ou por particular. Para entendermos melhor tudo isso, é preciso dar início ao nosso estudo pela compreensão adequada do papel do Direito na vida social.

O Direito é um conjunto de normas (regras e princípios) impostas coativamente pelo Estado que regularão a vida em sociedade, possibilitando a coexistência pacífica das pessoas.

1.1 Ramos do Direito

O Direito é historicamente dividido em dois grandes ramos: o Direito Público e o Direito Privado. Em relação ao Direito Privado, vale o princípio da igualdade (isonomia) entre as partes; aqui não há que se falar em superioridade de uma parte sobre a outra. Por esse motivo, dizemos que estamos em uma relação jurídica horizontal ou uma horizontalidade nas relações jurídicas.

O Direito Privado é regulado pelo princípio da autonomia da vontade, o que traduz a regra a qual diz que o particular pode fazer tudo que não é proibido (Art. 5º, II, da Constituição Federal).

No Direito Público, temos o Estado em um dos polos, representando os interesses da coletividade, e um particular desempenhando seus próprios interesses. Sendo assim, o Estado é tratado com superioridade ante ao particular, pois o Estado é o procurador da vontade da coletividade e, representada pelo próprio Estado, deve ser tratada de forma prevalente ante a vontade do particular.

O fundamento dessa relação jurídica vertical é encontrado no Princípio da Supremacia do Interesse Público, que estudaremos com mais detalhes no tópico referente aos princípios. Mas já podemos adiantar que, como o próprio nome o interesse público é supremo. Desse modo, são disponibilizadas ao Estado prerrogativas especiais para que possa atingir os seus objetivos. Essas prerrogativas são os poderes da administração pública.

Esquema da Divisão do Direito

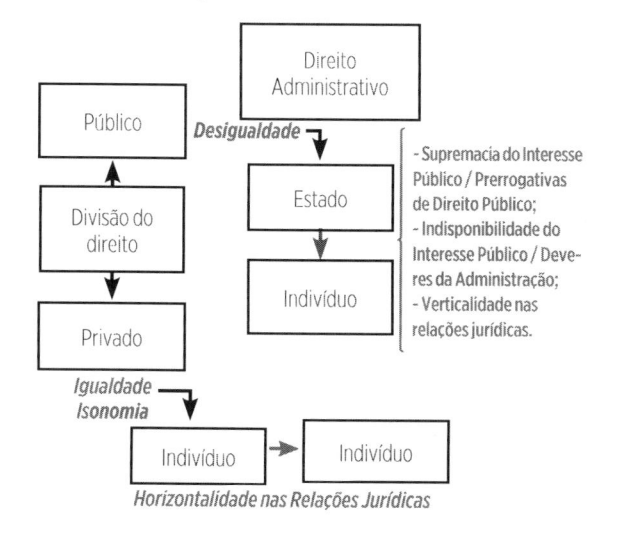

Os dois princípios norteadores do Direito Administrativo são: Supremacia do Interesse Público (gera os poderes) e Indisponibilidade do Interesse Público (gera os deveres da administração).

1.2 Conceito de Direito Administrativo

Vários são os conceitos que podem ser encontrados na doutrina para o Direito Administrativo. Descreveremos dois deles trazidos pela doutrina contemporânea e citados a seguir:

O Direito Administrativo é o ramo do direito público que tem por objeto órgãos, agentes e pessoas jurídicas administrativas que integram a Administração Pública. A atividade jurídica não contenciosa que exerce e os bens que se utiliza para a consecução de seus fins de natureza pública[1].

O Direito Administrativo é o conjunto harmônico de princípios jurídicos que regem órgãos, agentes e atividades públicas que tendem a realizar concreta, direta e imediatamente os fins desejados pelo Estado[2].

1.3 Objeto do Direito Administrativo

Os conceitos de Direito Administrativo foram desenvolvidos de forma que se desdobram em uma sequência natural de tópicos que devem ser estudados ponto a ponto para que a matéria seja corretamente entendida.

Por meio desses conceitos, podemos constatar que o objeto do Direito Administrativo são as relações da administração pública, sejam elas de natureza interna entre as entidades que a compõe, seus órgãos e agentes, ou de natureza externa entre a administração e os administrados.

Além de ter por objeto a atuação da administração pública, também é foco do Direito Administrativo o desempenho das atividades públicas quando exercidas por algum particular, como no caso das concessões, permissões e autorizações de serviços públicos.

Resumidamente, podemos dizer que o Direito Administrativo tem por objeto a administração pública e também as atividades administrativas, independentemente de quem as exerçam.

1.4 Fontes do Direito Administrativo

É o lugar de onde provém algo, no nosso caso, no qual emanam as regras do Direito Administrativo. Esse não está codificado em um único livro. Dessa forma, para o estudarmos de maneira completa, temos que recorrer às fontes, ou seja, a institutos esparsos. Por esse motivo, dizemos que o Direito Administrativo está tipificado (escrito), mas não está codificado em um único instituto.

Lei: fonte principal do Direito Administrativo. A lei deve ser compreendida em seu sentido amplo, o que inclui a Constituição Federal, as normas supra legais, as leis e também os atos normativos da própria administração pública. Temos como exemplo os Arts. 37 ao 41 da Constituição Federal, a Lei nº 8.666/93, a Lei nº 8.112/90, a Lei de Improbidade Administrativa (Lei nº 8.429/92), Processo Administrativo Federal (Lei nº 9.784/99), etc.

Jurisprudência: gênero que se divide entre jurisprudência e doutrina. Jurisprudência são decisões quais são editadas pelos tribunais e não possuem efeito vinculante; são resumos numerados

---

[1] Direito Administrativo, Maria Sylvia Zanella di Pietro, 23ª edição.
[2] Conceito de Direito Administrativo do professor Hely Lopes Meirelles.

NOÇÕES DE DIREITO ADMINISTRATIVO

que servem de fonte de pesquisa do direito materializados em livros, artigos e pareceres.

Doutrina tem a finalidade de tentar sistematizar e melhor explicar o conteúdo das normas de Direito Administrativo; doutrina pode ser utilizada como critério de interpretação de normas, bem como auxiliar a produção normativa.

Costumes: conjunto de regras não escritas, porém, observadas de maneira uniforme, as quais suprem a omissão legislativa acerca de regras internas da Administração Pública.

Segundo o doutrinador do Direito Administrativo, Hely Lopes Meirelles, em razão da deficiência da legislação, a prática administrativa vem suprindo o texto escrito e, sedimentada na consciência dos administradores e administrados, a praxe burocrática passa a saciar a lei e atuar como elemento informativo da doutrina.

Lei e Súmulas Vinculantes são consideradas fontes principais do Direito Administrativo. Jurisprudência, súmulas, doutrina e costumes são considerados fontes secundárias.

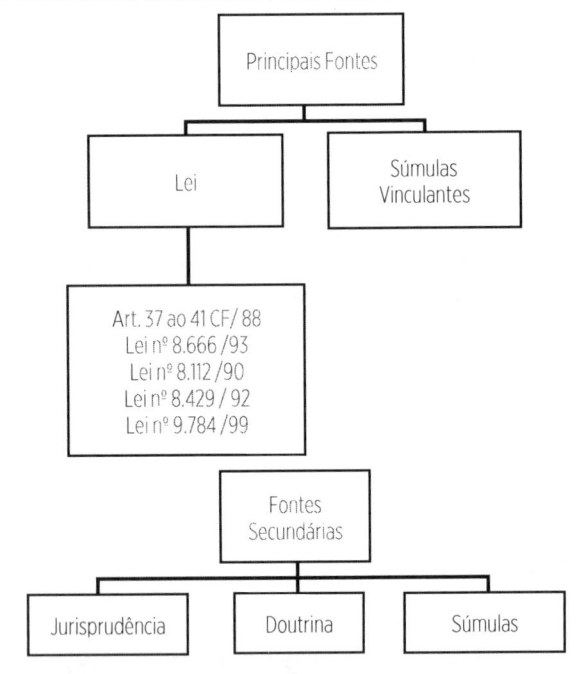

```
                    Principais Fontes
                      /          \
                   Lei         Súmulas Vinculantes

            Art. 37 ao 41 CF/88
            Lei nº 8.666/93
            Lei nº 8.112/90
            Lei nº 8.429/92
            Lei nº 9.784/99

                    Fontes Secundárias
                /         |         \
        Jurisprudência  Doutrina   Súmulas
```

1.5 Sistemas Administrativos

É o regime que o Estado adota para o controle dos atos administrativos ilegais praticados pelo poder público nas diversas esferas e em todos os poderes. Existem dois sistemas que são globalmente utilizados.

O Sistema Francês (do contencioso administrativo), não utilizado no Brasil, determina que as lides administrativas podem transitar em julgado, ou seja, as decisões administrativas têm força de definibilidade. Nesse sentido, falamos em dualidade de jurisdição, já que existem tribunais administrativos e judiciais, cada qual com suas competências.

O Sistema Inglês, também chamado de jurisdicional único ou unicidade da jurisdição, é o sistema que atribui somente ao poder judiciário a capacidade de tomar decisões sobre a legalidade administrativa com caráter de coisa julgada ou definitividade.

O Direito Administrativo, no nosso sistema, não pode fazer coisa julgada e todas as decisões administrativas podem ser revistas pelo poder judiciário, pois somente ele pode dar resolução em caráter definitivo. Ou seja, não cabem mais recursos, por isso, falamos em trânsito em julgado das decisões judiciais e nunca das decisões administrativas.

A Constituição Federal de 1988 adotou o sistema Inglês ou, o do não contencioso administrativo.

Via administrativa de curso forçado

São situações em que o particular é obrigado a seguir todas as vias administrativas até o fim, antes de socorrer ao poder judiciário. Isso é exceção, pois a regra é que, ao particular, é facultado socorrer ao poder judiciário, por força do Art. 5º, XXXV, da Constituição Federal.

XXXV. A lei não excluirá da apreciação do Poder Judiciário lesão ou ameaça a direito.

Exemplos de via administrativa de curso forçado:

Aqui, o indivíduo deve esgotar as esferas administrativas obrigatoriamente antes de ingressar com ação no poder judiciário.

Justiça Desportiva: só são admitidas pelo poder judiciário ações relativas à disciplina e as competições desportivas depois de esgotadas as instâncias da Justiça Desportiva. Art. 217, § 1º, CF.

Ato Administrativo ou a Omissão da Administração Pública que contrarie Súmula Vinculante: só pode ser alvo de reclamação ao STF depois de esgotadas as vias administrativas. Lei nº 11.417/2006, Art. 7º, §1º.

Habeas Data: é indispensável para caracterizar o interesse de agir no *Habeas Data* a prova anterior do indeferimento do pedido de informação de dados pessoais ou da omissão em atendê-lo sem que se confirme situação prévia de pretensão. *STF, HD, 22-DF Min. Celso de Mello.*

1.6 Regime Jurídico Administrativo

É o conjunto de normas e princípios de direito público que regulam a atuação da administração pública. Tais regras se fundamentam nos princípios da Supremacia e da Indisponibilidade do Interesse Público, conforme estudaremos adiante.

O Princípio da Supremacia do Interesse Público é o fundamento dos poderes da Administração Pública, afinal de contas, qualquer pessoa que tenha como fim máximo da sua atuação o interesse da coletividade, somente conseguirá atingir esses objetivos se dotadas de poderes especiais.

O Princípio da Indisponibilidade do Interesse Público é o fundamento dos deveres da Administração Pública, pois essa tem o dever de nunca abandonar o interesse público e de usar os seus poderes com a finalidade de satisfazê-lo.

Desses dois princípios decorrem todos os outros princípios e regras que se desdobram no regime jurídico administrativo.

1.7 Noções de Estado

Conceito de estado

Estado é a pessoa jurídica territorial soberana.

Pessoa: capacidade para contrair direitos e obrigações.

Jurídica: é constituída por meio de uma formalidade documental e não por uma mulher, tal como a pessoa física.

Territorial soberana: quer dizer que, dentro do território do Estado, esse detém a soberania, ou seja, sua vontade prevalece ante a das demais pessoas (sejam elas físicas ou jurídicas). Podemos definir soberania da seguinte forma: soberania é a independência na ordem internacional (lá fora ninguém manda no Estado) e supremacia na ordem interna (aqui dentro quem manda é o Estado).

Elementos do estado

Território: é a base fixa do Estado (solo, subsolo, mar, espaço aéreo).

Povo: é o componente humano do Estado.

Governo Soberano: é o responsável pela condução do Estado. Por ser tal governo soberano, ele não se submete a nenhuma vontade externa, pois, relembrando, lá fora o Estado é independente e aqui dentro sua vontade é suprema, afinal, a vontade do Estado é a vontade do povo.

Formas de estado

Temos duas formas de Estado:

Estado Unitário: é caracterizado pela centralização política; não existe divisão em estados membros ou municípios, há somente uma esfera política central que emana sua vontade para todo o país. É o caso do Uruguai.

Estado Federado: caracteriza-se pela descentralização política; existem diferentes entidades políticas autônomas que são distribuídas regionalmente e cada uma exerce o poder político dentro de sua área de competência. É o caso do Brasil.

Poderes do estado

Os poderes do Estado estão previstos no texto Constitucional.

Art. 2º. *São Poderes da União, independentes e harmônicos entre si, o Legislativo, o Executivo e o Judiciário.*

Os poderes podem exercer as funções para que foram investidos pela Constituição Federal (funções típicas) ou executar cargos diversas das suas competências constitucionais (funções atípicas). Por esse motivo, não há uma divisão absoluta entre os poderes, e sim relativa, pois o poder Executivo pode executar suas funções típicas (administrar) e pode também iniciar o processo legislativo em alguns casos (pedido de vagas para novos cargos). Além disso, é possível até mesmo legislar no caso de medidas provisórias com força de lei.

Poderes	Funções Típicas	Funções Atípicas
Legislativo	Criar Leis Fiscalizar (Tribunal de Contas)	Administrar Julgar Conflitos
Executivo	Administrar	Criar Leis Julgar Conflitos
Judiciário	Julgar Conflitos	Administrar Criar Leis

É importante notar que a atividade administrativa está presente nos três poderes, por isso, o Direito Administrativo, por ser um dos ramos do Direito Público, disciplina não somente a atividade administrativa do Poder Executivo, mas também a do Poder Legislativo e do Judiciário.

1.8 Noções de Governo

O governo é atividade política e discricionária, tendo conduta independente. Governar está relacionado com a função política do Estado, a de comandar, de coordenar, de direcionar e de fixar planos e diretrizes de atuação do Estado. O governo é o conjunto de Poderes e órgãos constitucionais responsáveis pela função política do Estado.

O governo está diretamente ligado com as decisões tomadas pelo Estado. Exerce a direção suprema e geral, ao fazer uma analogia, podemos dizer que o governo é o cérebro do Estado.

Função de governo e função administrativa

É comum aparecer em provas de concursos públicos questões que confundem as ideias de governo e de administração pública. Para evitar esse erro, analisaremos as diferenças entre as expressões:

Segundo o jurista brasileiro, Hely Lopes Meirelles, o governo é uma atividade política e discricionária e tem conduta independente.

De acordo com ele, a administração é uma atividade neutra, normalmente vinculada à lei ou à norma técnica, e exercida mediante conduta hierarquizada.

Não podemos confundir Governo com Administração Pública, pois governo se encarrega de definir os objetivos do Estado e definir as políticas para o alcance desses objetivos; a Administração Pública se encarrega simplesmente em atingir os objetivos traçados pelo governo.

O governo atua mediante atos de soberania ou, pelo menos, de autonomia política na condução dos negócios públicos. A Administração é atividade neutra, normalmente vinculada à lei ou à norma técnica. Governo é conduta independente, enquanto a Administração é hierarquizada.

O Governo deve comandar com responsabilidade constitucional e política, mas sem responsabilidade técnica e legal pela execução. A administração age sem responsabilidade política, mas com responsabilidade técnica e legal pela execução dos serviços públicos.

Sistemas de governo

Sistema de governo se refere ao grau de dependência entre o poder legislativo e executivo.

Parlamentarismo

É caracterizado por uma grande relação de dependência entre o poder legislativo e o executivo.

A chefia do Estado e a do Governo são desempenhadas por pessoas distintas.

Chefe de Estado: responsável pelas relações internacionais.

Chefe de Governo: responsável pelas relações internas, o chefe de governo é o da Administração pública.

NOÇÕES DE DIREITO ADMINISTRATIVO

ADMINISTRAÇÃO PÚBLICA

Presidencialismo

É caracterizado por não existir dependência, ou quase nenhuma, entre o Poder Legislativo e o Executivo.

A chefia do Estado e a do Governo são representadas pela mesma pessoa.

O Brasil adota o presidencialismo.

Formas de governo

Conforme Hely Meirelles, a forma de governo se refere à relação entre governantes e governados.

Monarquia

Hereditariedade: o poder é passado de pai para filho.

Vitaliciedade: o detentor do poder fica no cargo até a morte.

Ausência de prestação de contas.

República

Eletividade: o governante precisa ser eleito para chegar ao poder.

Temporalidade: ao chegar ao poder, o governante ficará no cargo por tempo determinado.

Dever de prestar contas.

O Brasil adota a república como forma de governo.

2. ADMINISTRAÇÃO PÚBLICA

Antes de fazermos qualquer conceituação doutrinária sobre Administração Pública, podemos entendê-la como a ferramenta utilizada pelo Estado para atingir os seus objetivos. O Estado possui objetivos, e quem escolhe quais são eles é o seu governo, pois a esse é que cabe a função política (atividade eminentemente discricionária) do Estado e que determina as suas vontades, ou seja, o Governo é o cérebro do Estado. Para poder atingir esses objetivos, o Estado precisa fazer algo, e o faz por meio de sua Administração Pública. Sendo assim, essa é a responsável pelo exercício das atividades públicas do Estado.

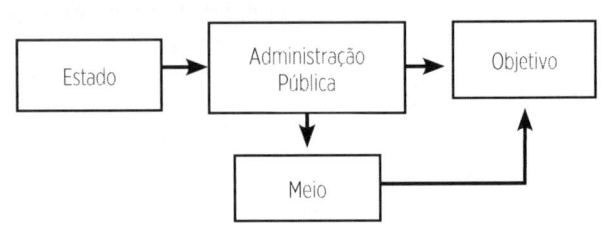

```
Estado → Administração Pública → Objetivo
              ↓                      ↑
             Meio ──────────────────┘
```

2.1 Classificação de Administração Pública

Sentido material/objetivo

Em sentido material ou objetivo, a Administração Pública compreende o exercício de atividades pelas quais se manifesta a função administrativa do Estado.

Compõe a Administração Pública material qualquer pessoa jurídica, seus órgãos e agentes que exercem as **atividades** administrativas do Estado. Como exemplo de tais atividades, há a prestação de serviços públicos, o exercício do poder de polícia, o fomento, a intervenção e as atividades da Administração Pública.

Essas são as chamadas atividades típicas do Estado e, pelo critério formal, qualquer pessoa que exerce alguma dessas é Administração Pública, não importa quem seja. Por esse critério, teríamos, por exemplo, as seguintes pessoas na Administração Pública:

> União, Estados, Municípios, DF, Autarquias, Fundações Públicas prestadoras de serviços públicos, Empresa Pública prestadora de serviço público, Sociedade de Economia Mista prestadora de serviços públicos e, ainda, as concessionárias, autorizatárias e permissionárias de serviço público.

Esse critério não é o adotado pelo Brasil. Assim sendo, a classificação feita acima não descreve a Administração Pública Brasileira, que, conforme veremos a seguir, adota o modelo formal de classificação.

Sentido formal/subjetivo

Em sentido formal ou subjetivo, a Administração Pública compreende o conjunto de órgãos e pessoas jurídicas encarregadas, por determinação legal, do exercício da função administrativa do Estado.

Pelo modelo formal, segundo Meirelles, a Administração Pública é o conjunto de entidades (pessoas jurídicas, seus órgãos e agentes) que o nosso ordenamento jurídico identifica como Administração Pública, pouco interessa a sua área de atuação, ou seja, pouco importa a atividade mas, sim, quem a desempenha. A Administração Pública Brasileira que adota o modelo formal é classificada em Administração Direta e Indireta.

2.2 Organização da Administração

A Administração Pública foi definida pela Constituição Federal no Art. 37.

> **Art. 37.** *A Administração Pública direta e indireta de qualquer dos Poderes da União, dos Estados, do Distrito Federal e dos Municípios obedecerá aos princípios de legalidade, impessoalidade, moralidade, publicidade e eficiência e, também, ao seguinte:*

O Decreto-Lei nº 200/67 determina quem é Administração Pública Direta e Indireta.

> **Art. 4º.** *A Administração Federal compreende:*
> *I. A Administração Direta, que se constitui dos serviços integrados na estrutura administrativa da Presidência da República e dos Ministérios.*
> *II. A Administração Indireta, que compreende as seguintes categorias de entidades, dotadas de personalidade jurídica própria:*
> *a) Autarquias;*
> *b) Empresas Públicas;*
> *c) Sociedades de Economia Mista.*
> *d) Fundações públicas.*

Dessa forma, temos somente quatro pessoas que representam a Administração Direta e nenhuma outra. São consideradas pessoas jurídicas de direito público e possuem várias características. As pessoas da Administração Direta recebem o nome de pessoas políticas do estado.

A Administração Indireta também representa um rol taxativo e não cabe ampliação. Existem quatro pessoas da Administração Indireta e nenhuma outra; elas possuem características marcantes. Contudo, não possuem a mais importante e que diferencia das pessoas políticas do Estado, ou seja, a capacidade de legislar (capacidade política).

2.3 Administração Direta

A Administração Direta é representada pelas entidades políticas. São elas: União, Estados, DF e os Municípios.

A definição no Brasil foi feita pelo Decreto-Lei nº 200/67, que dispõe sobre a organização da Administração Federal e estabelece diretrizes para a Reforma Administrativa.

É importante observar que esse decreto dispõe somente sobre a Administração Pública Federal, todavia, pela aplicação do princípio da simetria, tal regra é aplicada uniformemente por todo o território nacional. Assim sendo, tal classificação utilizada nesse decreto define expressamente a Administração Pública Federal e também, implicitamente, a Administração Pública dos demais entes da federação.

Os entes políticos possuem autonomia política (capacidade de legislar), administrativa (capacidade de auto-organizar-se) e capacidade financeira (capacidade de julgar as próprias contas). Não podemos falar aqui em hierarquia entre os entes, mas sim em cooperação, pois um não dá ordens aos outros, visto que eles são autônomos.

Características

São pessoas jurídicas de direito público interno – tem autonomia.

> Unidas formam a República Federativa do Brasil: pessoa jurídica de direito público externo – tem soberania (independência na ordem externa e supremacia na interna).

> Regime jurídico de direito público.
> Autonomia Política: Administrativa e Financeira.
> Sem subordinação: atuam por cooperação.
> Competências: hauridas da CF.
> Responsabilidade civil - regra - objetiva.
> Bens: públicos, não pode ser objeto de sequestro, arresto, penhora etc.
> Débitos judiciais: são pagos por precatórios.
> Regime de pessoal: regime jurídico único.
> Competência para julgamento de ações judiciais.
>> União = Justiça Federal.
>> Demais Entes Políticos = Justiça Estadual.

2.4 Noção de Centralização, Descentralização e Desconcentração

Centralização Administrativa: órgãos e agentes trabalhando para a Administração Direta.

Descentralização Administrativa: técnica administrativa em que a Administração direta passa a atividade administrativa, serviço ou obra pública para outras pessoas jurídicas ou físicas (para pessoa física somente por delegação por colaboração). A descentralização pode ser feita por outorga legal (titularidade + execução) ou diante delegação por colaboração (somente execução). A outorga legal cria as pessoas da Administração Indireta. A Delegação por colaboração gera os concessionários, permissionários e Autorizatários de serviços públicos:

> **Descentralização por Outorga Legal** (também chamada de descentralização técnica, por serviços, ou funcional): é feita por lei e transfere a titularidade e a execução da atividade administrativa por prazo indeterminado para uma pessoa jurídica integrante da administração indireta.

> **Descentralização por Delegação** (também chamada de descentralização por colaboração): é feita em regra por um contrato administrativo e, nesses casos, depende de licitação; também pode acontecer descentralização por delegação por meio de um ato administrativo. Transfere somente a execução da atividade administrativa, e não a sua titularidade, por prazo determinado para um particular, pessoa física ou jurídica.

```
                    ADMINISTRAÇÃO
                       DIRETA
                    ↙         ↘
            Outorga legal      Delegação
                 ↓                 ↓
         Entes da administração   Particulares que vão
              indireta            executar o serviço público
                                  por sua conta e risco
                 ↓                 ↓
         • Autarquias            • Concessões
         • Fundações Públicas    • Permissões
         • Empresas Públicas     • Autorizações
         • Sociedades de
           Economia Mista
```

NOÇÕES DE DIREITO ADMINISTRATIVO

ADMINISTRAÇÃO PÚBLICA

Outorga Legal
> - Feita por lei;
> - Transfere a titularidade e a execução do serviço público;
> - Não tem prazo.

Delegação
> - Feita por contrato, exceto as autorizações;
> - Os contratos dependem de licitação;
> - Transfere somente a execução do serviço público e não a titularidade;
> - Há fiscalização do Poder Público. Tal fiscalização decorre do exercício do poder disciplinar;
> - Tem prazo.
> - **Desconcentração administrativa**: técnica de subdivisão de órgãos públicos para que melhor desempenhem o serviço público ou atividade administrativa. Em outras palavras, na desconcentração, a Pessoa Jurídica distribui competências no âmbito de sua própria estrutura. É a distribuição de competências entre os diversos órgãos integrantes da estrutura de uma pessoa jurídica da Administração Pública. Somente ocorre na Administração Direta ou Indireta, jamais para particulares, uma vez que não existem órgãos públicos entre particulares.

2.5 Administração Indireta

Pessoas / Entes / Entidades Administrativas
> - **F**undações Públicas;
> - **A**utarquias;
> - **S**ociedades de Economia Mista;
> - **E**mpresas Públicas.

Características
> - Tem personalidade jurídica própria;
> - Tem patrimônio e receita próprios;
> - Tem autonomia:
>   » Administrativa;
>   » Técnica;
>   » Financeira.
>
> **Obs.:**
> - Não tem autonomia política;.
> - Finalidade definida em lei;
> - Controle do Estado.

Não há subordinação nem hierarquia entre os entes da administração direta e indireta, mas sim, vinculação que se manifesta por meio da **supervisão ministerial** realizada pelo ministério ou secretaria da pessoa política responsável pela área de atuação da entidade administrativa. Tal supervisão tem por finalidade o exercício do denominado **controle finalístico** ou **poder de tutela**.

Em alguns casos, a entidade administrativa pode estar diretamente vinculada à chefia do poder executivo e, nesse contexto, caberá a essa chefia o exercício do controle finalístico de tal entidade.

> - São frutos da descentralização por outorga legal.

> - Nomeação de Dirigentes.

Os dirigentes das entidades administrativas são nomeados pelo chefe do poder a que está vinculada a respectiva entidade, ou seja, as entidades administrativas ligadas ao poder executivo federal têm seus dirigentes nomeados pelo chefe de tal poder, que, nesse caso, é o(a) Presidente(a) da República.

É válido lembrar que, em todos os poderes, existe a função administrativa no executivo, de forma típica, e nos demais poderes, de forma atípica. Além disso, a função administrativa de todos os poderes é exercida pela sua Administração Pública (Administração Direta e Indireta), assim sendo, existe Administração Pública Direta e Indireta nos três poderes e, caso uma entidade administrativa seja vinculada ao Poder Legislativo ou Judiciário, caberá ao chefe do respectivo poder a nomeação de tal dirigente.

Excepcionalmente, a nomeação de um dirigente pode depender ainda de aprovação do Poder Legislativo. Na esfera federal, temos como exemplo a nomeação dos dirigentes das agências reguladoras. Tais nomeações são feitas pelo Presidente da República e, para terem efeito, dependem de aprovação do Senado Federal.

Via de regra, lembraremos que a nomeação do dirigente de uma entidade administrativa é feita pelo chefe do Poder Executivo, sendo que, em alguns casos, é necessária a prévia aprovação de outro poder. Excepcionalmente, o Judiciário e o Legislativo poderão nomear dirigentes para essas entidades, desde que vinculadas ao respectivo poder.

Criação dos entes da administração indireta

A instituição das entidades administrativas depende sempre de uma lei ordinária específica. Essa lei pode criar a entidade administrativa. Nesse caso, nasce uma pessoa jurídica de direito público, as autarquias. A lei também pode autorizar a criação das entidades administrativas. Nessa circunstância, nascem as demais entidades da administração indireta: fundações públicas, empresas públicas e sociedades de economia mista. Pelo fato dessas entidades serem autorizadas por lei, elas são pessoas jurídicas de Direito Privado.

A lei que cria ou que autoriza a criação de uma entidade administrativa é uma **lei ordinária específica.**

Quando a lei autoriza a criação de uma entidade da Administração Indireta, a sua construção será consumada após o registro na serventia registral pertinente (cartório ou junta comercial, conforme o caso).

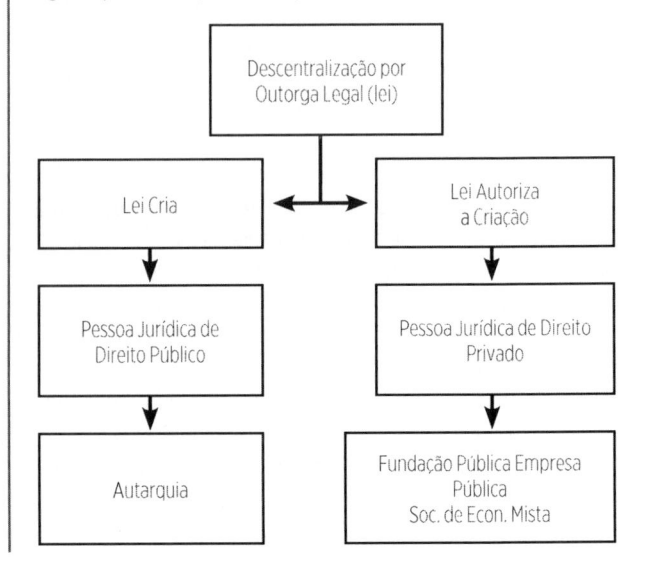

```
            Descentralização por
            Outorga Legal (lei)
                    │
         ┌──────────┴──────────┐
         ▼                     ▼
      Lei Cria          Lei Autoriza
                         a Criação
         │                     │
         ▼                     ▼
   Pessoa Jurídica de    Pessoa Jurídica de Direito
   Direito Público              Privado
         │                     │
         ▼                     ▼
      Autarquia       Fundação Pública Empresa
                              Pública
                        Soc. de Econ. Mista
```

Extinção dos entes da administração indireta:
> Só lei revoga lei.
> Se a lei cria, a lei extingue.
> Se a lei autoriza a criação, autoriza também a extinção.

Relação da administração pública direta com a indireta

As entidades compreendidas na Administração Indireta vinculam-se ao Ministério em cuja área de competência estiver enquadrada sua principal atividade. Dessa forma, não há que se falar em hierarquia ou subordinação, mas, sim vinculação.

A vinculação entre a Administração Direta e a Administração Indireta gera o chamado controle finalístico ou supervisão ministerial. Assim, a Administração Direta não pode intervir nas decisões da Indireta, salvo se ocorrer a chamada fuga de finalidade.

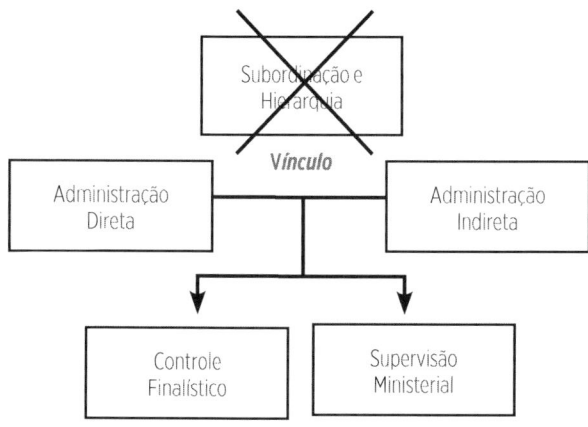

```
        [Subordinação e Hierarquia] (riscado)
                  Vínculo
    Administração          Administração
       Direta                 Indireta
           |                      |
           v                      v
       Controle              Supervisão
      Finalístico            Ministerial
```

Autarquias

Autarquia é a pessoa jurídica de direito público, criada por lei, com capacidade de autoadministração, para o desempenho de serviço público descentralizado (atividade típica do Estado). É o próprio serviço público personificado.

Vejamos a seguir as suas características:

Personalidade Jurídica: Direito Público.
> Recebem todas as prerrogativas do Direito Público.

Finalidade: atividade típica do Estado.

Regime Jurídico: público.

Responsabilidade Civil: objetiva.

Bens: públicos (não podem ser objeto de penhora, arresto, sequestro).
> Ao serem constituídas, recebem patrimônio do Ente Instituidor e, a partir desse momento, seguem com sua autonomia.

Débitos Judiciais: pagamento por precatórios.

Regime de Pessoal: regime jurídico único.

Competência para o julgamento de suas ações judiciais:
> Autarquia Federal = Justiça Federal.
> Outras Esferas = Justiça Estadual.

Ex.: INSS, Banco Central do Brasil.

Espécies de autarquias

Comum ou Ordinária (de Acordo com Decreto-Lei nº 200/67)

São as autarquias que recebem as características principais, ou seja, criadas diretamente por lei, pessoas jurídicas de direito público e que desempenham um serviço público especializado; seu ato constitutivo é a própria lei.

Sob Regime Especial

As autarquias em regime especial são submetidas a um regime jurídico peculiar, diferente do jurídico relativo às autarquias comuns.

Por autarquia comum deve-se entender as ordinárias, aquelas que se submetem a regime jurídico comum das autarquias. Na esfera federal, o regime jurídico comum das autarquias é o Decreto-Lei nº 200/67.

Se a autarquia além das regras do regime jurídico comum ainda é alcançada por alguma regra especial, peculiar às suas atividades, será considerada uma autarquia em regime especial.

Agências Reguladoras

São responsáveis por regular, normatizar e fiscalizar determinados serviços públicos que foram delegados ao particular. Em razão dessa característica, elas têm mais liberdade e maior autonomia, se comparadas com as Autarquias comuns.

Ex.: ANCINE, ANA, ANAC, ANTAQ, ANATEL, ANEEL, ANP, ANTT.

Autarquia Territorial

É classificado como Autarquia Territorial, o espaço que faça parte do território da União, mas que não se enquadre na definição de Estado membro, DF ou município. No Brasil atual, não existem exemplos de Autarquias Territoriais, mas elas podem vir a ser criadas. Nesse caso, esses Territórios fazem parte da Administração Direta e são Autarquias Territoriais, pois são criados por lei e assumem personalidade jurídica de direito público.

Associações Públicas (Autarquias Interfederativas ou Multifederativas)

Também chamada de consórcio público de Direito Público.

O consórcio público é a pessoa jurídica formada exclusivamente por entes da Federação, na forma da Lei nº 11.107, de 2005, para estabelecer relações de cooperação federativa, inclusive a realização de objetivos de interesse comum, constituída como associação pública, com personalidade jurídica de direito público e natureza autárquica, ou como pessoa jurídica de direito privado, sem fins econômicos.

Sendo assim, não é todo consórcio público que representa uma Autarquia Interfederativa, mas somente os públicos de Direito Público.

Autarquia Fundacional ou Fundação Autárquica

As Fundações Públicas de Direito Público (exceção) são consideradas, na verdade, uma espécie de autarquia.

Agências Executivas

As agências executivas não se configuram como pessoas jurídicas, menos ainda outra classificação qualquer. Representam, na prática, um título que é dado às autarquias e fundações públicas que assinam contrato de gestão com a Administração Pública. Art. 37, §8º.

Conselhos fiscalizadores de profissões são considerados autarquias. Contudo, comportam uma exceção muito importante:

NOÇÕES DE DIREITO ADMINISTRATIVO

ADMINISTRAÇÃO PÚBLICA

ADI 3.026-DF Min. Eros Graus. 08/06/2006. OAB: Considerada entidade sui generis, um serviço independente não sujeita ao controle finalístico da Administração Direta.

Fundação pública

A Fundação Pública é a entidade dotada de personalidade jurídica de Direito Privado, sem fins lucrativos, criada em virtude de autorização legislativa, para o desenvolvimento de atividades que não exijam execução por órgãos ou entidades de direito público, com autonomia administrativa, patrimônio próprio gerido pelos respectivos órgãos de direção e funcionamento custeado por recursos da União e de outras fontes.

Regra

> Autorizada por lei;
> Pessoa jurídica de Direito Privado;
> Depende de registro dos atos constitutivos na junta comercial;
> Depende de lei complementar que especifique o campo de atuação.

Exceção

> Criada diretamente por lei;
> Pessoa jurídica de direito público;
> Possui um capital personalizado (diferença meramente conceitual);
> Considerada pela doutrina como autarquia fundacional.

As fundações públicas de Direito Público, são espécie de autarquia, sendo chamadas pela doutrina como autarquias fundacionais.

Características

> **Personalidade Jurídica:** Direito Privado.
> **Finalidade:** lei complementar definirá – Sem fins lucrativos.
> **Regime Jurídico:** Híbrido (regras de Direito Público + Direito Privado) incontroverso.
> **Responsabilidade Civil:** se for prestadora de serviço público é objetiva, caso contrário é subjetiva.
> **Bens Privados, com exceção:** bens diretamente ligados à prestação de serviço público são bens públicos.
> **Débitos Judiciais:** são pagos por meio do seu patrimônio, com exceção dos bens diretamente ligados à prestação de serviços públicos, que são bens públicos e não se submetem a pagamento de débitos judiciais.
> **Regime de Pessoal:** Regime Jurídico **Único.**

Competência para o julgamento de suas ações judiciais:

» Justiça Federal.
» Outras esferas = Justiça Estadual.
» IBGE, Biblioteca Nacional, FUNAI.

Empresas públicas e sociedades de economia mista

São pessoas jurídicas de Direito Privado, criadas pela Administração Direta por meio de autorização da lei, com o respectivo registro, para a prestação de serviços públicos ou a exploração da atividade econômica.

A Lei 13.303/16 dispõe sobre o estatuto jurídico da empresa pública, da sociedade de economia mista e de suas subsidiárias, no âmbito da União, dos Estados, do Distrito Federal e dos Municípios.

A referida lei apresenta os seguintes conceitos:

__Art. 3º__ Empresa pública é a entidade dotada de personalidade jurídica de direito privado, com criação autorizada por lei e com patrimônio próprio, cujo capital social é integralmente detido pela União, pelos Estados, pelo Distrito Federal ou pelos Municípios.

__Art. 4º__ Sociedade de economia mista é a entidade dotada de personalidade jurídica de direito privado, com criação autorizada por lei, sob a forma de sociedade anônima, cujas ações com direito a voto pertençam em sua maioria à União, aos Estados, ao Distrito Federal, aos Municípios ou a entidade da administração indireta.

Empresas públicas e sociedades de economia mista exploradoras da atividade econômica

Segundo o Art. 173 da Constituição Federal:

__Art. 173.__ Ressalvados os casos previstos nesta Constituição, a exploração direta de atividade econômica pelo Estado só será permitida quando necessária aos imperativos da segurança nacional ou a relevante interesse coletivo, conforme definidos em lei.

§ 1º - A lei estabelecerá o estatuto jurídico da Empresa Pública, da sociedade de economia mista e de suas subsidiárias que explorem atividade econômica de produção ou comercialização de bens ou de prestação de serviços, dispondo sobre:

I. Sua função social e formas de fiscalização pelo Estado e pela sociedade;

II. A sujeição ao regime jurídico próprio das empresas privadas, inclusive quanto aos direitos e obrigações civis, comerciais, trabalhistas e tributários;

III. Licitação e contratação de obras, serviços, compras e alienações, observados os princípios da Administração Pública;

IV. A constituição e o funcionamento dos conselhos de administração e fiscal, com a participação de acionistas minoritários;

V. Os mandatos, a avaliação de desempenho e a responsabilidade dos administradores.

§ 2º - As empresas públicas e as sociedades de economia mista não poderão gozar de privilégios fiscais não extensivos às do setor privado.

§ 3º - A lei regulamentará as relações da Empresa Pública com o Estado e a sociedade.

§ 4º - A lei reprimirá o abuso do poder econômico que vise à dominação dos mercados, à eliminação da concorrência e ao aumento arbitrário dos lucros.

§ 5º - A lei, sem prejuízo da responsabilidade individual dos dirigentes da pessoa jurídica, estabelecerá a responsabilidade desta, sujeitando-a as punições compatíveis com sua natureza, nos atos praticados contra a ordem econômica e financeira e contra a economia popular.

Empresas públicas e sociedades de economia mista prestadoras de serviço público

Essas entidades são criadas para a exploração da atividade econômica em sentido amplo, o que inclui o exercício delas em sentido estrito e também a prestação de serviços públicos que podem ser explorados com o intuito de lucro.

Segundo o Art. 175 da Constituição Federal:

> **Art. 175.** *Incumbe ao Poder Público, na forma da lei, diretamente ou sob regime de concessão ou permissão, sempre através de licitação, a prestação de serviços públicos.*
> **Parágrafo único.** *A lei disporá sobre:*
> *I. O regime das empresas concessionárias e permissionárias de serviços públicos, o caráter especial de seu contrato e de sua prorrogação, bem como as condições de caducidade, fiscalização e rescisão da concessão ou permissão;*
> *II. Os direitos dos usuários;*
> *III. Política tarifária;*
> *IV. A obrigação de manter serviço adequado.*

Não se inclui nessa categoria os serviços públicos relativos aos direitos sociais, pois esses não podem ser prestados com o intuito de lucro pelo Estado e, também, não são de titularidade exclusiva do Estado, podendo ser livremente explorados por particulares.

Características comuns das empresas públicas e sociedades de economia mista

Personalidade Jurídica: Direito Privado.

Finalidade: prestação de serviço público ou a exploração da atividade econômica.

Regime Jurídico Híbrido: se for prestadora de serviço público, o regime jurídico é mais público; se for exploradora da atividade econômica, o regime jurídico é mais privado.

Responsabilidade Civil: se for prestadora de serviço público, a responsabilidade civil é objetiva, se for exploradora da atividade econômica, a civil é subjetiva.

Bens Privados, com exceção: bens diretamente ligados à prestação de serviço público são bens públicos.

Débitos Judiciais: são pagos por meio do seu patrimônio, com exceção dos bens diretamente ligados à prestação de serviços públicos, que são bens públicos e não se submetem a pagamento de débitos judiciais.

Regime de Pessoal: CLT – Emprego Público.

Exemplo de Empresa Pública: Caixa Econômica Federal, Correios.

Exemplo de Sociedade de Economia Mista: Banco do Brasil e Petrobras.

Sociedade de economia mista

A Sociedade de Economia Mista é uma entidade dotada de personalidade jurídica de Direito Privado, autorizada por lei para a exploração de atividade econômica, sob a forma de sociedade anônima, cujas ações com direito a voto pertençam em sua maioria à União ou a entidade da Administração Indireta:

> Autorizada por lei;
> Pessoa jurídica de Direito Privado;
> Capital 50% + 1 ação no controle da Administração Pública;
> Constituição obrigatória por Sociedade Anônima (S.A.);
> Competência da Justiça Estadual.

Empresa pública

Entidade dotada de personalidade jurídica de Direito Privado, com patrimônio próprio e capital exclusivo da União, autorizado por lei para a exploração de atividade econômica que o Governo seja levado a exercer por força de contingência ou de conveniência administrativa, podendo revestir-se de qualquer das formas admitidas em direito.

> Autorizado por lei;
> Pessoa jurídica de Direito Privado;
> 100% na constituição de capital público;
> Constituído de qualquer forma admitido em direito;
> Competência da Justiça Federal.

Esse quadro foi desenvolvido para memorização das características mais importantes das pessoas da Administração Pública indireta.

ADMINISTRAÇÃO PÚBLICA

Tabela Comparativa das Características dos Entes da Administração Pública

CARACTERÍSTICA	ENTIDADES POLÍTICAS	AUTARQUIA	FUNDAÇÃO PÚBLICA	EMPRESA PÚBLICA	SOCIEDADE DE ECONOMIA MISTA
PERSONALIDADE JURÍDICA	Direito Público	Direito Público	Direito Privado	Direito Privado	Direito Privado
FINALIDADE	Competências constitucionais	Atividade típica do Estado	Lei Complementar definirá	Exploração da atividade econômica OU prestação de serviço público	Exploração da atividade econômica OU prestação de serviço público
REGIME JURÍDICO	Direito Público	Direito Público	Híbrido: se PSP + público. Caso desenvolva outra atividade, mais privado.	Híbrido: se EAE + privado; se PSP + público	Híbrido: se EAE + privado; se PSP + público
RESPONSABILIDADE CIVIL	Objetiva: ação Subjetiva: omissão	Objetiva: ação Subjetiva: omissão	PSP = Objetiva, nos demais casos, subjetiva	PSP = Objetiva, EAE = Subjetiva	PSP = Objetiva, EAE = Subjetiva
BENS	Públicos	Públicos	Privados, exceção: bens diretamente ligados à prestação de serviços públicos são bens públicos.	Privados, exceção: bens diretamente ligados à prestação de serviços públicos são bens públicos.	Privados, exceção: bens diretamente ligados à prestação de serviços públicos são bens públicos.
DÉBITOS JUDICIAIS	Precatórios	Precatórios	Patrimônio	Patrimônio	Patrimônio
REGIME DE PESSOAL	Regime Jurídico Único	Regime Jurídico Único	Regime Jurídico Único	CLT	CLT
COMPETÊNCIA PARA JULGAMENTO	União: Justiça Federal; Demais: Justiça Estadual.	Federal: Justiça Federal; Demais: Justiça Estadual.	Federal: Justiça Federal; Demais: justiça Estadual.	Federal: Justiça Federal; Demais: justiça Estadual.	Todas: Justiça Estadual.

* EAE: Exploração da Atividade Econômica.
* PSP: Prestação de Serviço Público.

3. ÓRGÃO PÚBLICO

Neste capítulo, aprenderemos a respeito dos órgãos públicos, sua finalidade, seu papel na estrutura da Administração Pública, bem como as diversas teorias e classificações relativas ao tema. Começaremos a partir das teorias que buscam explicar o que é o órgão público.

3.1 Teorias

São três as teorias criadas para caracterizar e conceituar a ideia de órgão público: a Teoria do Mandato, Teoria da Representação e Teoria Geral do Órgão.

Teoria do mandato

Essa teoria preceitua que o agente, pessoa física, funcionaria como o mandatário da pessoa jurídica, agindo sob seu nome e com a responsabilidade dela, em razão de outorga específica de poderes (não adotado).

Teoria da representação

O agente funcionaria como um tutor ou curador do Estado, que representaria nos atos que necessita participar (não adotado).

Teoria geral do órgão

Tem-se presunção de que a pessoa jurídica exterioriza sua vontade por meio dos órgãos, os quais são parte integrante da própria estrutura da pessoa jurídica, de tal modo que, quando os agentes que atuam nesses órgãos manifestam sua vontade, considera-se que essa foi manifestada pelo próprio Estado. Falamos em imputação da atuação do agente, pessoa natural, à pessoa jurídica (adotado pela CF/88).

Alguns órgãos possuem uma pequena capacidade, que é impetrar mandado de segurança para garantir prerrogativas próprias. Contudo, somente os órgãos independentes e autônomos têm essa capacidade.

Segundo o doutrinador Hely Lopes Meirelles, os órgãos não possuem personalidade jurídica, tampouco vontade própria, agem em nome da entidade a que pertencem, mantendo relações entre si e com terceiros, e não possuem patrimônio próprio. Os órgãos manifestam a vontade da Pessoa Jurídica à qual pertencem; os agentes, quando atuam para o Estado, dizemos que estão em imputação à pessoa jurídica a qual estão efetivamente ligados. Assim, falamos em imputação à pessoa jurídica.

Constatamos que órgãos são meros centros de competência, e os agentes que trabalham nesses órgãos estão em imputação à pessoa jurídica a que estão ligados; suas ações são imputadas ao ente federativo. Assim, quando um servidor público federal atua, suas ações são imputadas (como se o próprio Estado estivesse agindo) à União, pois o agente é ligado a um órgão que pertence a esse ente.

Ex.: Quando um Policial Federal está trabalhando, ele é um agente público que atua dentro de um órgão (Departamento de Polícia Federal) e suas ações, quando feitas, são consideradas como se a União estivesse agindo. Por esse motivo, os atos que gerem prejuízo a terceiros são imputados a União, ou seja, é a União que paga o prejuízo e, depois, entra com ação regressiva contra o agente público.

3.2 Características

Não possui personalidade jurídica

Muitas pessoas se assustam com essa regra devido ao fato de o órgão público ter CNPJ, realizar licitações e também por celebrar contratos públicos. Todavia, essas situações não devem ser levadas em consideração nesse momento.

O CNPJ não é suficiente para conferir personalidade jurídica para o órgão público, a sua instituição está ligada ao direito tributário, e realmente o órgão faz licitação, celebra contratos, mas ele não possui direitos, não é responsável pela conduta dos seus agentes e tudo isso por que ele não possui personalidade jurídica, órgão público não é pessoa.

Integram a estrutura da pessoa jurídica que pertencem

O órgão público é simplesmente o integrante da estrutura corporal (orgânica) da pessoa jurídica a que está ligado. O órgão público é para a pessoa jurídica a que está ligado, o que o coração, os rins, o fígado, o estômago e o pulmão, dentre tantos outros órgãos do corpo humano são para nós, essenciais.

> Não possui capacidade processual, salvo os órgãos independentes e autônomos que podem impetrar Mandado de Segurança em defesa de suas prerrogativas constitucionais, quando violadas por outro órgão.
> Não possui patrimônio próprio.
> São hierarquizados.
> São frutos da desconcentração.
> Estão presentes na Administração Direta e Indireta.
> Criação e extinção: por meio de Lei.
> Estruturação: pode ser feita por meio de decreto autônomo, desde que não impliquem em aumento de despesas.
> Os agentes que trabalham nos órgãos estão em imputação à pessoa jurídica que estão ligados.

3.3 Classificação

Dentre as diversas classificações pertinentes ao tema, a partir de agora, abordaremos as classificações quanto à posição estatal que leva em consideração a relação de subordinação e hierarquia, a estrutura que se relaciona com a desconcentração e a composição ou atuação funcional que se relaciona com a quantidade de agentes que agem e manifestam vontade em nome do órgão.

Posição estatal

Quanto à posição estatal, os órgãos são classificados em independentes, autônomos, superiores e subalternos:

Órgãos independentes

> São considerados o mais alto escalão do Governo.
> Não exercem subordinação.
> Seus agentes são inseridos por eleição.

- > Têm suas competências determinadas pelo texto constitucional.
- > Possuem alguma capacidade processual.

Órgãos autônomos
- > São classificados como órgãos diretivos.
- > Possuem capacidade administrativa, financeira e técnica.
- > São exemplos os Ministérios e as Secretarias.
- > Possuem alguma capacidade processual.

Órgãos superiores
- > São órgãos de direção, controle e decisão.
- > Não possuem autonomia administrativa ou financeira.
- > Exemplos são as coordenadorias, gabinetes, etc.

Subalternos
- > Exercem atribuições de mera execução.
- > Exercem reduzido poder decisório.
- > São exemplos as seções de expediente ou de materiais.

Estrutura

A classificação quanto à estrutura leva em consideração, a partir do órgão analisado, se existe ou não um processo de desconcentração, se há ramificações que levam a órgãos subordinados ao órgão analisado.

Simples: são aqueles que representam um só centro de competências, sem ramificações, independentemente do número de cargos.

Composto: são aqueles que reúnem em sua estrutura diversos órgãos, ou seja, existem ramificações.

A Presidência da República é um órgão composto, pois dela se origina outros órgãos de menor hierarquia, dentre esses o Ministério da Justiça, por exemplo, que também é órgão composto, pois, a partir dele, tem-se novas ramificações, tais como o Departamento Penitenciário Nacional, o Departamento de Polícia Federal, entre outros.

A partir da Presidência da República, tem-se também um órgão chamado de gabinete, e esse é considerado simples, pois a partir dele não há novos órgãos, ou seja, não nasce nenhuma ramificação a partir do gabinete da Presidência da República.

Atuação funcional/composição

Os órgãos públicos podem ser classificados em singulares ou colegiados:

Órgãos Singulares ou Unipessoais: a sua atuação ou decisões são atribuições de um único agente.

Ex.: Presidência da República.

Órgão Colegiado ou Pluripessoal: a atuação e as decisões dos órgãos colegiados acontecem mediante obrigatória manifestação conjunta de seus membros.

Ex.: Congresso Nacional, Tribunais de Justiça.

3.4 As Paraestatais

A expressão "paraestatais" gera divergência em nosso ordenamento jurídico, sendo que podemos mencionar três posicionamentos:

As Paraestatais são as Autarquias - posição de José Cretella Júnior – entendimento ultrapassado.

As Paraestatais são: as Fundações Públicas, Empresas Públicas, Sociedades de Economia Mista e os Serviços Sociais Autônomos – posição de Hely Lopes Meirelles - corrente minoritária.

As Paraestatais são os serviços sociais autônomos, as fundações de apoio, as organizações sociais – OS, as organizações da sociedade civil de interesse público – OSCIP'S e as organizações da sociedade civil – OSCs – posição de Maria Silvia Zanella di Pietro, entre outros - é o entendimento majoritário.

Obs.: nesse terceiro sentido, as paraestatais equivalem ao chamado terceiro setor. O primeiro setor é o Estado e o segundo setor é o mercado (iniciativa privada que visa ao lucro).

Serviços Sociais Autônomos – são pessoas jurídicas de direito privado sem fins lucrativos, instituídas por lei e vinculadas a categorias profissionais, sendo mantidas por dotações orçamentárias ou contribuições parafiscais. É o chamado sistema "S".

Ex.: SESI, SESC, SENAI, SENAC, SEBRAE etc. Não integram a Administração Pública nem direta e nem indireta.

Fundações de Apoio - segundo a professora Odete Medauar, são pessoas jurídicas de direito privado que se destinam a colaborar com instituições de ensino e pesquisa, sendo instituídas por professores, pesquisadores ou universitários (ver Lei 8.958/94). Exemplos: FUVEST, FIPE, CNPQ etc.

Organizações Sociais e Organizações da Sociedade Civil de Interesse Público – são pessoas jurídicas de direito privado sem fins lucrativos, instituídas por particulares que desempenham serviços não exclusivos de Estado, como a saúde, cultura, preservação do meio ambiente, etc.

→ **Características comuns entre as Organizações Sociais (Lei 9.637/98) e as Organizações da Sociedade Civil de Interesse Público (Lei 9.790/99).**

- > São pessoas jurídicas de direito privado.
- > Sem fins lucrativos.
- > Instituídas por particulares.
- > Desempenham serviços não exclusivos de Estado.
- > Não integram a Administração Pública (seja direta ou indireta).
- > Ambas integram o chamado terceiro setor.
- > Sujeitam-se ao controle da Administração Pública e do Tribunal de Contas.
- > Gozam de imunidade tributária, desde que atendidos os requisitos legais, conforme prevê o Art. 150, VI, "c", da CF/88.

Principais diferenças entre OS e OSCIPs

Organizações Sociais	Organizações da Sociedade Civil de Interesse Público
- o vínculo com o Estado se dá por Contrato de Gestão;	- o vínculo com o Estado se dá por Termo de Parceria;
- o ato de qualificação é discricionário, dado pelo Ministro da pasta competente;	- o ato de qualificação é vinculado, dado pelo Ministro da Justiça;
- pode ser contratada pela Administração com dispensa de licitação (hipótese de licitação dispensável);	- não há essa previsão;
- o Conselho deve ser formado por representantes do Poder Público;	- não há essa exigência;
- regulada pela Lei n.º 9.637/98 ;	- regulada pela Lei n.º 9.790/99 ;
- Ex.: Associação Roquette Pinto, IMPA (Instituto Nacional de Matemática Pura e Aplicada).	- Ex.: AMI (Amigo do Índio), AMAR (Associação de Amparo às Mães de Alto Risco).

→ **Observações sobre as Organizações Sociais:**
> O poder público pode destinar para as OSs recursos orçamentários e bens necessários ao cumprimento do contrato de gestão, mediante permissão de uso.
> O poder público pode ceder servidores públicos para as OSs com ônus para a origem.
> A Administração poderá dispensar a licitação nos contratos de prestação de serviços celebrados com as OSs (Art. 24, XXIV da Lei 8.666/93).

Organizações da Sociedade Civil – OSC - As Organizações da Sociedade Civil (OSCs) são entidades do terceiro setor criadas com a finalidade de atuar junto ao Poder Público, em regime de mútua cooperação, na execução de serviços públicos e tem o seu regime jurídico regulado pela Lei n. 13.019/2014.

Essas entidades atuam na prestação de serviço público não exclusivo do Estado e têm vínculo com a Administração Pública, de modo que essa conexão se dá mediante celebração de Termo de Fomento, Termo de Colaboração e Acordo de Cooperação. Vejamos tais conceitos:

Termo de Colaboração (Art. 2º, VII e Art. 16): instrumento por meio do qual são formalizadas as parcerias estabelecidas pela Administração Pública com organizações da sociedade civil para a consecução de finalidades de interesse público e recíproco propostas pela Administração Pública que envolvam a transferência de recursos financeiros. Assim, o Termo de Colaboração é utilizado para a execução de políticas públicas nas mais diversas áreas, para consecução de **planos de trabalho de iniciativa da própria Administração**, nos casos em que esta já tem parâmetros consolidados, com indicadores e formas de avaliação conhecidos, abarcando, reitere-se, o **repasse de valores por parte do erário**;

Termo de Fomento (Art. 2º, VIII e Art. 17): instrumento por meio do qual são formalizadas as parcerias estabelecidas pela Administração Pública com organizações da sociedade civil para a consecução de finalidades de interesse público e recíproco propostas pelas organizações da sociedade civil, que envolvam a transferência de recursos financeiros. Note-se, portanto, que o Termo de Fomento, ao contrário do Termo de Colaboração, tem como objetivo **incentivar iniciativas das próprias OSCs, para consecução de planos de trabalho por elas propostos**, buscando albergar nas políticas públicas tecnologias sociais inovadoras, promover projetos e eventos nas mais diversas áreas e expandir o alcance das ações desenvolvidas pelas organizações. Assim como no Termo de Colaboração, o Termo de Fomento também enseja a transferência de recursos financeiros por parte da Administração Pública;

Acordo de Cooperação (Art. 2º, VIII-A): instrumento por meio do qual são formalizadas as parcerias estabelecidas pela Administração Pública com organizações da sociedade civil para a consecução de finalidades de interesse público e recíproco que não envolvam a transferência de recursos financeiros. Portanto, o grande diferencial do Acordo de Cooperação com os demais é justamente a **ausência de repasse de valores financeiros**. O Acordo, como regra, também não exige prévia realização de chamamento público como ocorre no caso do Termo de Fomento e do Termo de Colaboração, o que será abordado mais adiante, salvo quando envolver alguma forma de compartilhamento de recurso patrimonial (comodato, doação de bens etc.).

Para facilitar, segue tabela comparativa:

	Iniciativa de plano de trabalho	Transferência de recursos públicos	Previsão na Lei 13.019/14
Termo de Colaboração	Administração	Sim	Art. 2º, VII e Art. 16
Termo de fomento	OSC	Sim	Art. 2º, VIII e Art. 17
Acordo de cooperação	Administração ou OSC	Não	Art. 2º, VIII-A

Chamamento Público: trata-se do procedimento que o poder público deverá realizar obrigatoriamente na prospecção de organizações. É a partir desse chamamento que serão avaliadas diferentes propostas para escolher a OSC mais adequada à parceria, ou ainda um grupo de OSCs trabalhando em rede, a fim de tornar mais eficaz a execução do objeto. Tal procedimento deverá adotar procedimentos claros, objetivos e simplificados que orientem os interessados e facilitem o acesso direto aos órgãos e às instâncias decisórias.

Obs.: não se aplicará a Lei 8.666/93 às relações de parceria com as OSCs (Art. 84, Lei 13.019/14), uma vez que agora há lei própria.

Organizações não governamentais (ONGs)

A ONG é uma entidade civil sem fins lucrativos, formada por pessoas interessadas em determinado tema, o qual se constitui em seu objetivo e interesse principal. (Ex.: IDEC – Instituto Brasileiro de Defesa do Consumidor).

Normalmente são iniciativas de pessoas ou grupos que visam colaborar na solução de problemas da comunidade, como mobilizações, educação, conscientização e organização de serviços ou programas para o atendimento de suas necessidades.

Do ponto de vista jurídico, o termo ONG não se aplica. Nosso Código Civil prevê apenas dois formatos institucionais para entidades civis sem fins lucrativos, sendo a Associação Civil (Art. 44, I e Art. 53 ambos do Código Civil) e a Fundação Privada (Art. 44, III e 62, ambos do Código Civil).

4. AGENTES PÚBLICOS

Neste capítulo estudaremos a respeito dos agentes públicos, sua finalidade, seu papel na estrutura da administração pública, bem como as diversas classificações relativas ao tema.

4.1 Conceito

Considera-se agente público toda pessoa física que exerça, ainda que transitoriamente ou sem remuneração, por eleição, nomeação, designação, contratação ou qualquer outra forma de investidura ou vínculo, mandato, cargo, emprego ou função pública.

4.2 Classificação

> Agentes políticos.
> Agentes administrativos.
> Particulares em colaboração com o poder público.

Agentes políticos

Estão nos mais altos escalões do Poder Público. São responsáveis pela elaboração das diretrizes governamentais e pelas funções de direção, orientação e supervisão geral da Administração Pública.

Características

> Sua competência é haurida da Constituição Federal.
> Não se sujeitam às regras comuns aplicáveis aos servidores públicos em geral.
> Normalmente são investidos em seus cargos por meio de eleição, nomeação ou designação.
> Não são hierarquizados, subordinando-se tão somente à Constituição Federal.

Exceção: auxiliares imediatos dos chefes do Executivo são hierarquizados, pois se subordinam ao líder desse poder.

Ex.: Ministros de Estado; Secretários estaduais e municipais.

Poder	Federal	Estadual	Municipal
Executivo	Presidente da República; Ministros de Estados.	Governadores; Secretários Estaduais.	Prefeitos; Secretários Municipais.
Legislativo	Deputados Federais; Senadores.	Deputados Estaduais.	Vereadores
Judiciário	Membros do Poder Judiciário Federal.	Membros do Poder Judiciário Estadual.	Não há
Ministério Público	Membros do Ministério Público Federal.	Membros do Ministério Público Estadual.	Não há

Agentes administrativos

São as pessoas que exercem atividade pública de natureza profissional, permanente e remunerada, estão sujeitos à hierarquia funcional e ao regime jurídico estabelecido pelo ente ao qual pertencem. O vínculo entre esses agentes e o ente ao qual estão ligados é um vínculo de natureza permanente.

Servidores Públicos (Estrito): são os titulares de cargos públicos[1] (efetivos e comissionados), são vinculados ao seu cargo por meio de um estatuto estabelecido pelo ente contratante.

Empregados Públicos: são os ocupantes de Emprego Público[2]; são vinculados ao seu emprego por meio da CLT (Consolidação das Leis do Trabalho).

Temporários: são contratados por tempo determinado para atender necessidade temporária de excepcional interesse público. Exercem função pública temporária e remunerada, estão vinculados à administração pública por meio de um contrato de direito público e não de natureza trabalhista. O meio utilizado pelo Estado para selecionar os temporários é o processo seletivo simplificado e não o concurso público.

Algumas doutrinas dividem a classificação dos servidores públicos em sentido amplo e em estrito. Nesse último caso, servidor público é o que consta acima, ou seja, somente os titulares de cargos públicos; já em sentido amplo, adota-se a seguinte regra: servidor público é um gênero que comporta três espécies: os servidores estatutários, os empregados públicos e os servidores temporários. Então, caso se adote o conceito de servidor público em sentido amplo, este será sinônimo de agente administrativo.

Servidor Público (Amplo):

> Servidor Estatutário = servidor público (estrito)
> Empregado Público = empregado público
> Servidor Temporário = temporário

Particulares em colaboração com o poder público

Agentes Honoríficos: são cidadãos que transitoriamente são requisitados ou designados para prestar certos serviços públicos específicos em razão da sua honra, da sua conduta cívica ou de sua notória capacidade profissional. Geralmente atuam sem remuneração. São os mesários, jurados, entre outros.

Agentes Delegados: são particulares que recebem a incumbência de exercer determinada atividade, obra ou serviço, por sua conta e risco e em nome próprio, sob permanente fiscalização do poder contratante, ou seja, são aquelas pessoas que recebem a incumbência de prestar certas atividades do Estado por meio da descentralização por delegação. São elas:

> Autorizatárias de serviços públicos;
> Concessionárias de serviços públicos;
> Permissionárias de serviços públicos.

Agentes Credenciados: são os particulares que recebem a incumbência de representar a administração em determinado ato ou praticar certa atividade específica, mediante remuneração do Poder Público credenciante.

---

1 Os cargos públicos estão presentes na Administração Direta da União, dos Estados, do DF e dos Municípios, e também nas suas autarquias e fundações públicas.
2 Os empregos públicos estão presentes nas empresas públicas e sociedades de economia mista.

5. PROCESSO ADMINISTRATIVO FEDERAL

Passaremos a analisar o Processo Administrativo Federal, ou seja, a Lei nº 9.784/99 que estabelece as regras gerais de tal processo no âmbito federal. Essa lei tem, em primeiro plano, a função de regulamentar o processo administrativo federal. Contudo, ela contém as normas aplicáveis a todos os atos administrativos.

Aqui, complementaremos o conteúdo da lei voltado, especificamente, para a resolução de questões.

5.1 Abrangência da Lei

O Art. 1º da Lei nº 9.784/99 determina a abrangência e a aplicação da referida lei. Devemos lembrar que esta é uma lei administrativa Federal e não nacional, ou seja, vale para toda Administração Pública Direta e Indireta da União. Dessa forma, passaremos a analisá-la:

> **Art. 1º.** Essa Lei estabelece normas básicas sobre o processo administrativo no âmbito da Administração Federal direta e indireta, visando, em especial, à proteção dos direitos dos administrados e ao melhor cumprimento dos fins da Administração.
>
> **§ 1º** - Os preceitos dessa Lei também se aplicam aos órgãos dos Poderes Legislativo e Judiciário da União, quando no desempenho de função administrativa.
>
> **§ 2º** - Para os fins dessa Lei, consideram-se:
>
> *I.* Órgão - a unidade de atuação integrante da estrutura da Administração direta e da estrutura da Administração indireta;
>
> *II.* Entidade - a unidade de atuação dotada de personalidade jurídica;
>
> *III.* Autoridade - o servidor ou agente público dotado de poder de decisão.

Como mencionado acima, a lei tem natureza Federal, dessa forma, é aplicável à União, autarquias federais, fundações públicas federais, sociedade de economia mista federais e empresas públicas federais. Vale ressaltar que os poderes Executivo, Legislativo e Judiciário exercem funções típicas e atípicas.

Nas funções empregada dos poderes Legislativo e Judiciário, aplicam-se, no que couber, as normas determinadas na referida lei.

A Lei nº 9.784/99 será aplicada sempre de forma subsidiária, acessória, ou seja, a regra geral é que as leis específicas que já tratam dos processos administrativos continuarão em vigor. Dessa forma, a Lei nº 9.784/99 não revogou nenhuma outra que trate sobre o mesmo assunto:

> **Art. 69.** Os processos administrativos específicos continuarão a reger-se por lei própria, aplicando-lhes apenas subsidiariamente os preceitos dessa Lei.

Assim, por exemplo, se o servidor está respondendo a processo administrativo disciplinar, usam-se as normas da Lei nº 8.112/90, em falta de regulamentação dessa, em algum aspecto, usa-se a Lei nº 9.784/99.

5.2 Princípios

O Art. 2º da lei traz vários princípios expressos, alguns norteadores de forma geral dos atos administrativos, inclusive expressamente previstos no texto constitucional; outros, que na Constituição Federal são tidos como implícitos, aqui são tratados como expressos.

A maioria das questões de concursos pede somente se o candidato sabe que tais princípios são expressos na Lei nº 9.784/99, pois, por exemplo, as questões perguntam se a razoabilidade é princípio expresso da Lei nº 9.784/99. Essa questão está correta sob a perspectiva do texto do Art. 2º segundo da lei, pois a razoabilidade realmente está expressamente prevista como princípio. Já no texto constitucional, o mesmo princípio é tido como implícito.

Dessa forma, passamos a analisar o texto do Art. 2º:

> **Art. 2º.** A Administração Pública obedecerá, dentre outros, aos princípios da legalidade, finalidade, motivação, razoabilidade, proporcionalidade, moralidade, ampla defesa, contraditório, segurança jurídica, interesse público e eficiência.

Ao lado dos princípios transcritos acima, que são tidos como expressos, temos os chamados princípios implícitos, ou seja, não estão expressamente descritos no bojo do texto da Lei nº 9.784/99, mas são de observância obrigatória por parte de quem está sob a tutela da lei.

São considerados princípios implícitos:

Informalismo: somente existe forma determinada quando expressamente prescrita em lei.

Oficialidade: o chamado de impulso oficial, significa que depois de iniciado o processo, a Administração tem a obrigação de conduzi-lo até a decisão final.

Verdade Material: deve-se permitir que sejam trazidos aos autos as provas determinantes para o processo, mesmo depois de transcorridos os prazos legais.

Gratuidade: em regra, não existe ônus no processo administrativo, o que é característico nos judiciais.

Outra forma de ser cobrado nas questões está relacionada a transcrever o conteúdo dos incisos do Art. 2º e perguntar a qual princípio está diretamente ligado. Para tanto, passaremos a determinar em cada inciso os princípios relacionados entre parênteses.

> **Parágrafo único.** Nos processos administrativos serão observados, entre outros, os critérios de:
>
> *I.* Atuação conforme a lei e o Direito (legalidade);
>
> *II.* Atendimento a fins de interesse geral, vedada a renúncia total ou parcial de poderes ou competências, salvo autorização em lei (impessoalidade/indisponibilidade do interesse público);
>
> *III.* Objetividade no atendimento do interesse público, vedada a promoção pessoal de agentes ou autoridades (impessoalidade);
>
> *IV.* Atuação segundo padrões éticos de probidade, decoro e boa-fé (moralidade);
>
> *V.* Divulgação oficial dos atos administrativos, ressalvadas as hipóteses de sigilo previstas na Constituição (publicidade);
>
> *VI.* Adequação entre meios e fins, vedada a imposição de obrigações, restrições e sanções em medida superior àquelas estritamente necessárias ao atendimento do interesse público (razoabilidade/proporcionalidade);
>
> *VII.* Indicação dos pressupostos de fato e de direito que determinarem a decisão (motivação);
>
> *VIII.* Observância das formalidades essenciais à garantia dos direitos dos administrados (segurança Jurídica);
>
> *IX.* Adoção de formas simples, suficientes para propiciar adequado grau de certeza, segurança e respeito aos direitos dos administrados (segurança jurídica e informalismo);
>
> *X.* Garantia dos direitos à comunicação, à apresentação de alegações finais, à produção de provas e à interposição de

recursos, nos processos de que possam resultar sanções e nas situações de litígio (ampla defesa e contraditório);

XI. *Proibição de cobrança de despesas processuais, ressalvadas as previstas em lei* (gratuidade nos processos administrativos);

XII. *Impulsão, de ofício, do processo administrativo, sem prejuízo da atuação dos interessados* (oficialidade);

XIII. *Interpretação da norma administrativa da forma que melhor garanta o atendimento do fim público a que se dirige, vedada aplicação retroativa de nova interpretação* (Segurança Jurídica).

5.3 Direitos e Deveres dos Administrados

O Art. 3º da Lei nº 9.784/99 trata de uma lista exemplificativa de direitos dos administrados para com a Administração Pública. É muito importante frisar o inciso IV que discorre sobre a presença do advogado no processo administrativo.

> ***Art. 3º.*** *O administrado tem os seguintes direitos perante à Administração, sem prejuízo de outros que lhe sejam assegurados:*
>
> ***I.*** *Ser tratado com respeito pelas autoridades e servidores, que deverão facilitar o exercício de seus direitos e o cumprimento de suas obrigações;*
>
> ***II.*** *Ser ciência da tramitação dos processos administrativos em que tenha a condição de interessado, ter vista dos autos, obter cópias de documentos neles contidos e conhecer as decisões proferidas;*
>
> ***III.*** *Formular alegações e apresentar documentos antes da decisão, os quais serão objeto de consideração pelo órgão competente;*
>
> ***IV.*** *Fazer-se assistir, facultativamente, por advogado, salvo quando obrigatória a representação, por força de lei.*

A faculdade de atuar com advogado no processo administrativo é decorrência direta do princípio do informalismo. Contudo, pode a lei expressamente exigir a presença do advogado no procedimento. Nesse caso, a inobservância acarretaria nulidade do processo.

É de extrema importância notar o teor da Súmula Vinculante 5, em que sua redação determina o seguinte:

> *Súm. Vinculante 5: A falta de defesa técnica por advogado no processo administrativo disciplinar não ofende a Constituição.*

O Art. 4º determina alguns deveres que devem ser observados no âmbito do processo administrativo.

> ***Art. 4º.*** *São deveres do administrado perante a Administração, sem prejuízo de outros previstos em ato normativo:*
>
> ***I.*** *Expor os fatos conforme a verdade;*
>
> ***II.*** *Proceder com lealdade, urbanidade e boa-fé;*
>
> ***III.*** *Não agir de modo temerário;*
>
> ***IV.*** *Prestar as informações que lhe forem solicitadas e colaborar para o esclarecimento dos fatos.*

5.4 Início do Processo e Legitimação Ativa

O Art. 5º da Lei nº 9.784/99 traz que o processo pode ser iniciado pela própria Administração Pública (de ofício) – decorrência do princípio da oficialidade, ou ainda mediante provocação do interessado por meio de representação aos órgãos públicos responsáveis (a pedido).

O Art. 6º determina que caso faltem elementos essenciais ao pedido, a Administração deverá orientar o interessado a supri-los, sendo vedada a simples recusa imotivada de receber o requerimento ou outros documentos. Segue o teor dos artigos:

> ***Art. 5º.*** *O processo administrativo pode iniciar-se de ofício ou a pedido de interessado.*
>
> ***Art. 6º.*** *O requerimento inicial do interessado, salvo casos em que for admitida solicitação oral, deve ser formulado por escrito e conter os seguintes dados:*
>
> ***I.*** *Órgão ou autoridade administrativa a que se dirige;*
>
> ***II.*** *Identificação do interessado ou de quem o represente;*
>
> ***III.*** *Domicílio do requerente ou local para recebimento de comunicações;*
>
> ***IV.*** *Formulação do pedido, com exposição dos fatos e de seus fundamentos;*
>
> ***V.*** *Data e assinatura do requerente ou de seu representante.*
>
> ***Parágrafo único.*** *É vedada à Administração a recusa imotivada de recebimento de documentos, devendo o servidor orientar o interessado quanto ao suprimento de eventuais falhas.*
>
> ***Art. 7º.*** *Os órgãos e entidades administrativas deverão elaborar modelos ou formulários padronizados para assuntos que importem pretensões equivalentes.*
>
> ***Art. 8º.*** *Quando os pedidos de uma pluralidade de interessados tiverem conteúdo e fundamentos idênticos, poderão ser formulados em um único requerimento, salvo preceito legal em contrário.*

5.5 Dos Interessados e da Competência

O Art. 9º trata dos interessados no processo administrativo. Na maioria das vezes, as questões cobradas em concursos são meramente texto de lei, em que uma simples leitura resolve o problema.

Dessa forma, passamos a transcrever o texto legal:

> ***Art. 9º.*** *São legitimados como interessados no processo administrativo:*
>
> ***I.*** *Pessoas físicas ou jurídicas que o iniciem como titulares de direitos ou interesses individuais ou no exercício do direito de representação;*
>
> ***II.*** *Aqueles que, sem terem iniciado o processo, têm direitos ou interesses que possam ser afetados pela decisão a ser adotada;*
>
> ***III.*** *As organizações e associações representativas, no tocante a direitos e interesses coletivos;*
>
> ***IV.*** *As pessoas ou as associações legalmente constituídas quanto a direitos ou interesses difusos.*
>
> ***Art. 10.*** *São capazes, para fins de processo administrativo, os maiores de dezoito anos, ressalvada previsão especial em ato normativo próprio.*

O Art. 11 trata da irrenunciabilidade da competência, ou seja, os órgãos da administração, por meio de seus agentes, não podem renunciar as competências determinadas por lei. Merece especial atenção, e por ser matéria certa em provas de concursos, o Art. 13 trata da impossibilidade legal de delegação, sendo um rol taxativo descrito na lei, que passamos a transcrever abaixo:

> ***Art. 13.*** *Não podem ser objeto de delegação:*
>
> ***I.*** *A edição de atos de caráter normativo;*
>
> ***II.*** *A decisão de recursos administrativos;*
>
> ***III.*** *As matérias de competência exclusiva do órgão ou autoridade.*

5.6 Impedimento e Suspeição

Os Arts. 18 e 20 cuidam do impedimento e suspeição no processo administrativo. Nessa situação, a lei visa a preservar a atuação imparcial do agente público, com vistas à moralidade administrativa.

Dessa forma, o Art. 18 prevê que é impedido de atuar no processo administrativo o servidor ou autoridade que:

> **I.** Tenha interesse direto ou indireto na matéria;
>
> **II.** Tenha participado ou venha a participar como perito, testemunha ou representante, ou se tais situações ocorrem quanto ao cônjuge, companheiro ou parente e afins até o terceiro grau;
>
> **III.** Esteja litigando judicial ou administrativamente com o interessado ou respectivo cônjuge ou companheiro.

O Art. 20 determina que pode ser arguida suspeição de autoridade ou servidor que tenha amizade ou inimizade notória com algum interessado ou com os respectivos cônjuges, companheiros, parentes e afins até o terceiro grau.

5.7 Da Forma, Tempo e Lugar dos Atos do Processo

O Art. 22 tem como fundamento o princípio do informalismo e prevê o seguinte:

> **Art. 22.** Os atos do processo administrativo não dependem de forma determinada, senão, quando a lei expressamente a exigir.
>
> **§ 1º** - Os atos do processo devem ser produzidos por escrito, em vernáculo, com a data e o local de sua realização e a assinatura da autoridade responsável.
>
> **§ 2º** - Salvo imposição legal, o reconhecimento de firma somente será exigido quando houver dúvida de autenticidade.
>
> **§ 3º** - A autenticação de documentos exigidos em cópia poderá ser feita pelo órgão administrativo.
>
> **§ 4º** - O processo deverá ter suas páginas numeradas sequencialmente e rubricadas.

O Art. 23 estabelece, como regra geral, a realização dos atos do processo em dias úteis, no horário normal de funcionamento da repartição na qual tramitar o processo. No entanto, poderão ser concluídos depois do horário normal os atos já iniciados, cujo adiamento prejudique o curso regular do procedimento ou cause dano ao interessado ou à administração (Art. 23, parágrafo único).

Estabelece o Art. 25 que os atos do processo devem realizar-se preferencialmente na sede do órgão, certificando-se o interessado se outro for o local de realização, ou seja, devem ser executados, de preferência, na sede do órgão, mas poderão ser realizados em outro local, após regular cientificação.

5.8 Do Recurso Administrativo e da Revisão

Um dos temas mais cobrados nas provas de concursos é o que tange ao recurso administrativo e à revisão do processo. O Art. 56 estabelece direito do administrado ao recurso das decisões administrativas, isso em razões de legalidade e mérito administrativo.

O § 3º prevê que o administrado, se entender que houve violação a enunciado de súmula vinculante, poderá ajuizar reclamação perante o Supremo Tribunal Federal, desde que, antes, tenha esgotado as vias administrativas.

O § 2º estabelece, como regra geral, a inexigibilidade de garantia de instância (caução) para a interposição de recurso administrativo. Nesse sentido, passamos a transcrever a Súmula Vinculante 21, que proíbe a exigência de depósito para admissibilidade de recurso.

> *Súm. Vinculante 21. É inconstitucional a exigência de depósito ou arrolamento prévios de dinheiro ou bens para admissibilidade de recurso administrativo.*
>
> **Art. 56.** Das decisões administrativas cabe recurso, em face de razões de legalidade e de mérito.
>
> **§ 1º** - O recurso será dirigido à autoridade que proferiu a decisão, a qual, se não a reconsiderar no prazo de cinco dias, o encaminhará à autoridade superior.
>
> **§ 2º** - Salvo exigência legal, a interposição de recurso administrativo independe de caução.
>
> **§ 3º** - Se o recorrente alegar que a decisão administrativa contraria enunciado da súmula vinculante, caberá à autoridade prolatora da decisão impugnada, se não a reconsiderar, explicitar, antes de encaminhar o recurso à autoridade superior, as razões da aplicabilidade ou inaplicabilidade da súmula, conforme o caso.

Legitimidade para interpor recurso

> **Art. 58.** Têm legitimidade para interpor recurso administrativo:
>
> **I.** Os titulares de direitos e interesses que forem parte no processo;
>
> **II.** Aqueles cujos direitos ou interesses forem indiretamente afetados pela decisão recorrida;
>
> **III.** As organizações e associações representativas, no tocante a direitos e interesses coletivos;
>
> **IV.** Os cidadãos ou associações, quanto a direitos ou interesses difusos.

Do não reconhecimento do recurso

> **Art. 63.** O recurso não será conhecido quando interposto:
>
> **I.** Fora do prazo;
>
> **II.** Perante órgão incompetente;
>
> **III.** Por quem não seja legitimado;
>
> **IV.** Após exaurida a esfera administrativa.

O Art. 64 confere amplos poderes aos órgãos incumbidos da decisão administrativa, em que o setor competente para decidir o recurso, poderá confirmar, modificar, anular ou revogar, total ou parcialmente, a decisão recorrida, se a matéria for de sua competência. Aqui é possível, inclusive, a reforma em prejuízo do recorrente, chamada *reformatio in pejus*.

O Art. 65 focaliza os processos administrativos de que resultem sanções, que poderão ser revistos, a qualquer tempo, a pedido ou de ofício, quando surgirem fatos novos ou circunstâncias relevantes suscetíveis de justificar a inadequação da sanção aplicada. Devemos nos atentar, pois o Parágrafo Único prevê que da revisão do processo não poderá resultar agravamento da sanção.

Assim, é fácil notar que o legislador determinou regra distinta para o recurso administrativo e a revisão do processo. Esse recurso, é possível o agravamento da penalidade pela autoridade julgadora (chamada *reformatio in pejus*), contudo, isso não acontece na revisão do processo.

5.9 Prazos da Lei nº 9.784/99

A lei possui muitos prazos, dessa forma, sintetizaremos, em um único tópico, todos eles para melhor entendimento e,

PROCESSO ADMINISTRATIVO FEDERAL

consequentemente, para acertar as questões nas provas de concursos públicos:

Prática dos atos

Quantidade de dias: cinco dias.

> Se não existir uma disposição específica, prazo será de cinco dias.
> O prazo total pode ser até de 10 dias (dilatado até o dobro).

Artigo na lei que consta o prazo:

Art. 24. *Inexistindo disposição específica, os atos do órgão ou autoridade responsável pelo processo e dos administrados que dele participem devem ser praticados no prazo de cinco dias, salvo motivo de força maior.*

Parágrafo único. *O prazo previsto neste artigo pode ser dilatado até o dobro, mediante comprovada justificação.*

Intimação - da comunicação dos atos

Quantidade de dias: três dias úteis;

Art. 26, § 2º - *A intimação observará a antecedência mínima de três dias úteis quanto à data de comparecimento.*

Intimação – da instrução

Quantidade de dias: três dias úteis;

Art. 41. *Os interessados serão intimados de prova ou diligência ordenada, com antecedência mínima de três dias úteis, mencionando-se data, hora e local de realização.*

Parecer

Quantidade de dias: 15 dias.

> Salvo norma especial ou comprovada necessidade de maior prazo.

Art. 42. *Quando deva ser obrigatoriamente ouvido um órgão consultivo, o parecer deverá ser emitido no prazo máximo de quinze dias, salvo norma especial ou comprovada necessidade de maior prazo.*

Direito de manifestação – da instrução

Quantidade de dias: 10 dias.

> Salvo se outro prazo for legalmente fixado.

Art. 44. *Encerrada a instrução, o interessado terá o direito de manifestar-se no prazo máximo de dez dias, salvo se outro prazo for legalmente fixado.*

Prazo de decidir

Quantidade de dias: 30 dias.

> Pode ser prorrogado por igual período se expressamente motivada.
> O prazo total pode ser até de 60 dias.

Art. 49. *Concluída a instrução de processo administrativo, a Administração tem o prazo de até trinta dias para decidir, salvo prorrogação por igual período expressamente motivada.*

Prazo para reconsiderar

Quantidade de dias: cinco dias.

Art. 56, § 1º - *O recurso será dirigido à autoridade que proferiu a decisão, a qual, se não a reconsiderar no prazo de cinco dias, o encaminhará à autoridade superior.*

Recurso administrativo

Quantidade de dias: 10 dias.

> Se não existir disposição legal específica, o prazo será de 10 dias.

Art. 59. *Salvo disposição legal específica, é de dez dias o prazo para interposição de recurso administrativo, contado a partir da ciência ou divulgação oficial da decisão recorrida.*

Prazo de decidir recurso administrativo

» Quantidade de dias: 30 dias.

> Se a lei não fixar prazo diferente, o prazo será de 30 dias.
> O prazo total pode ser até de 60 dias, se houver justificativa explícita.

Art. 59, § 1º - *Quando a lei não fixar prazo diferente, o recurso administrativo deverá ser decidido no prazo máximo de trinta dias, a partir do recebimento dos autos pelo órgão competente.*
§ 2º - *O prazo mencionado no parágrafo anterior poderá ser prorrogado por igual período, ante justificativa explícita.*

Alegações finais

Quantidade de dias: 5 dias úteis.

Art. 62. *Interposto o recurso, o órgão competente para dele conhecer deverá intimar os demais interessados para que, no prazo de cinco dias úteis, apresentem alegações.*

Prazos da Lei nº 9.784/99

Tipo	Quantidade de Dias	Observações
Prática dos atos	5 dias	Se não existir disposição específica, o prazo será de 5 dias; O prazo total pode ser até de 10 dias (dilatado até o dobro).
Intimação de comunicação dos atos	3 dias úteis	
Intimação da Instrução	3 dias úteis	
Parecer	15 dias	Salvo norma especial ou comprovada necessidade de maior prazo.
Direito de manifestação da instrução	10 dias	Salvo se outro prazo for legalmente fixado.
Prazo de decidir	30 dias	Pode ser prorrogado por igual período se expressamente motivada; O prazo total pode ser até de 60 dias.
Prazo de reconsiderar	5 dias	
Recurso Administrativo	10 dias	Se não existir disposição legal específica, o prazo será de 10 dias.
Prazo de decidir RA	30 dias	Se a lei não fixar prazo diferente, o prazo será de 30 dias; O prazo total pode ser de até 60 dias, ante justificativa explícita.
Alegações Finais	5 dias úteis	

Art. 24. Inexistindo disposição específica, os atos do órgão ou autoridade responsável pelo processo e dos administrados que dele participem devem ser praticados no prazo de cinco dias, salvo motivo de força maior.

Parágrafo único. O prazo previsto neste artigo pode ser dilatado até o dobro, mediante comprovada justificação.

Art. 26, § 2º - A intimação observará a antecedência mínima de três dias úteis quanto à data de comparecimento.

Art. 41. Os interessados serão intimados de prova ou diligência ordenada, com antecedência mínima de três dias úteis, mencionando-se data, hora e local de realização.

Art. 42. Quando deva ser obrigatoriamente ouvido um órgão consultivo, o parecer deverá ser emitido no prazo máximo de quinze dias, salvo norma especial ou comprovada necessidade de maior prazo.

Art. 44. Encerrada a instrução, o interessado terá o direito de manifestar-se no prazo máximo de dez dias, salvo se outro prazo for legalmente fixado.

Art. 49. Concluída a instrução de processo administrativo, a Administração tem o prazo de até trinta dias para decidir, salvo prorrogação por igual período expressamente motivada.

Art. 56, § 1º - O recurso será dirigido à autoridade que proferiu a decisão, a qual, se não a reconsiderar no prazo de cinco dias, o encaminhará à autoridade superior.

Art. 59, § 1º - Quando a lei não fixar prazo diferente, o recurso administrativo deverá ser decidido no prazo máximo de trinta dias, a partir do recebimento dos autos pelo órgão competente.

§ 2º - O prazo mencionado no parágrafo anterior poderá ser prorrogado por igual período, ante justificativa explícita.

Art. 62. Interposto o recurso, o órgão competente para dele conhecer deverá intimar os demais interessados para que, no prazo de cinco dias úteis, apresentem alegações.

6. PODERES E DEVERES ADMINISTRATIVOS

Para um desempenho adequado do papel que compete à administração pública, o ordenamento jurídico confere a ela poderes e deveres especiais. Nesse capítulo, conheceremos seus deveres e poderes de modo a diferenciar a aplicabilidade de um ou de outro poder ou dever na análise de casos concretos, bem como apresentado nas questões de concurso público.

6.1 Deveres

Os deveres da administração pública são um conjunto de obrigações de direito público que a ordem jurídica confere aos agentes públicos com o objetivo de permitir que o Estado alcance seus fins.

O fundamento desses deveres é o Princípio da Indisponibilidade do Interesse Público, pois, como a administração pública é uma ferramenta do Estado para alcançar seus objetivos, não é permitido ao agente público usar dos seus poderes para satisfazer interesses pessoais ou de terceiros. Com base nessa regra, concluímos que esses agentes não podem dispor do interesse público, por não ser o seu proprietário, e sim o povo. A ele cabe a gestão da administração pública em prol da coletividade.

A doutrina, de um modo geral, enumera, como alguns dos principais deveres impostos aos agentes administrativos pelo ordenamento jurídico, quatro obrigações administrativas, a saber:

> Poder-Dever de Agir;
> Dever de Eficiência;
> Dever de Probidade;
> Dever de Prestar Contas.

Poder-dever de agir

O poder-dever de agir determina que toda a Administração Pública tem que agir em caso de determinação legal. Contudo, essa é temperada, uma vez que o administrador precisa ter possibilidade real de atuar.

> **Art. 37**, § 6º, CF. Policiais em serviço que presenciam um cidadão ser assaltado e morto e nada fazem. Nessa situação, além do dever imposto por lei, havia a possibilidade de agir. Nesse caso concreto, gera-se a possibilidade de indenização por parte do Estado, com base na responsabilidade civil do Estado.

Enquanto no direito privado agir é uma faculdade do administrador, no direito público, agir é um dever legal do agente público.

Em decorrência dessa regra temos que os **poderes** administrativos são **irrenunciáveis**, devendo ser **obrigatoriamente exercidos** por seus titulares nas situações cabíveis.

A inércia do agente público acarreta responsabilização a ela por abuso de poder na modalidade omissão. A Administração Pública também responderá pelos danos patrimoniais ou morais decorrentes da omissão na esfera cível.

Dever de eficiência

A Constituição implementou o dever de eficiência com a introdução da Emenda Constitucional nº 19 de 1998, a chamada reforma administrativa. Esse novo modelo instituiu a denominada

PODERES E DEVERES ADMINISTRATIVOS

"administração gerencial", tendo vários exemplos dispostos no corpo do texto constitucional, como:

> Possibilidade de perda do cargo de servidor estável em razão de insuficiência de desempenho (Art. 41, § 1º, III);
> O estabelecimento como condição para o ganho da estabilidade de avaliação de desempenho (Art. 41, § 4º);
> A possibilidade da celebração de contratos de gestão (Art. 37, § 8º);
> A exigência de participação do servidor público em cursos de aperfeiçoamento profissional como um dos requisitos para a promoção na carreira (Art. 39, § 2º).

Dever de probidade

O dever de probidade determina que todo administrador público, no desempenho de suas atividades, atue sempre com ética, honestidade e boa-fé, em consonância com o Princípio da Moralidade Administrativa.

Art. 37, § 4º, CF. Os atos de improbidade administrativa importarão a suspensão dos direitos políticos, a perda da função pública, a indisponibilidade dos bens e o ressarcimento ao erário, na forma e gradação previstas em lei, sem prejuízo da ação penal cabível.

Efeitos:
> A suspensão dos direitos políticos;
> Perda da função pública;
> Ressarcimento ao erário;
> Indisponibilidade dos bens.

Dever de prestar contas

O dever de prestar contas decorre diretamente do Princípio da Indisponibilidade do Interesse Público, sendo pertinente à função do agente público, que é simples gestão da coisa pública.

Art.70, Parágrafo único, CF. Prestará contas qualquer pessoa física ou jurídica, pública ou privada, que utilize, arrecade, guarde, gerencie ou administre dinheiros, bens e valores públicos ou pelos quais a União responda, ou que, em nome dessa, assuma obrigações de natureza pecuniária.

6.2 Poderes Administrativos

São mecanismos que, utilizados isoladamente ou em conjunto, permitem que a administração pública possa cumprir suas finalidades. Dessa forma, os poderes administrativos representam um conjunto de prerrogativas de direito Público que a ordem jurídica confere aos agentes administrativos para o fim de permitir que o Estado alcance os seus fins, assim leciona o professor José dos Santos Carvalho Filho.

O fundamento desses poderes é o princípio da supremacia do interesse público, pois, como a administração pública é uma ferramenta do Estado para alcançar seus objetivos, e tais objetivos são de interesse de toda coletividade, é necessário que o Estado possa ter prerrogativas especiais na busca de seus objetivos. Como exemplo, podemos citar a aplicação de uma multa de trânsito. Imagine que a lei fale que ultrapassar o sinal vermelho é errado, mas que o Estado não tenha o poder de aplicar a multa. De nada vale a previsão da infração na lei.

São Poderes Administrativos descritos pela doutrina pátria:
> Poder Vinculado;
> Poder Discricionário;
> Poder Hierárquico;
> Poder Disciplinar;
> Poder Regulamentar;
> Poder de Polícia.

Poder vinculado

O poder vinculado determina que o administrador somente pode fazer o que a lei determina; aqui não se gera poder de escolha, ou seja, está o administrador preso (vinculado) aos ditames da lei.

O agente público não pode fazer considerações de conveniência e oportunidade. Caso descumpra a única hipótese prevista na lei para orientar a sua conduta, praticará um ato ilegal, sendo assim, deve o ato ser anulado.

Poder discricionário

O poder discricionário gera a margem de escolha, que é a conveniência e a oportunidade, o mérito administrativo. Diz-se que o agente público pode agir com liberdade de escolha, mas sempre respeitando os parâmetros da lei.

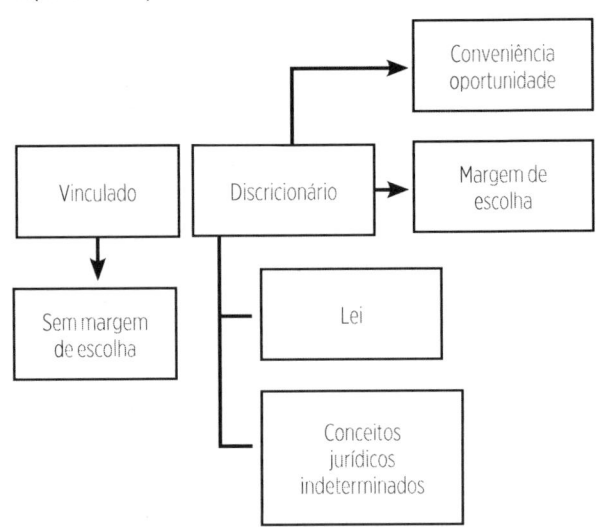

Duas são as vertentes que autorizam o poder discricionário: a lei e os conceitos jurídicos indeterminados. Esses últimos são determinações da própria lei, por exemplo: quando a Lei prevê a boa-fé, quem decide se o administrado está de boa ou má-fé é o agente público, sempre sendo razoável e proporcional.

Poder hierárquico

Manifesta a noção de um escalonamento vertical da Administração Pública, já que temos a subordinação entre órgãos e agentes, sempre no âmbito de uma mesma pessoa jurídica.

Observação

Não há subordinação nem hierarquia:
> Entre pessoas distintas;
> Entre os poderes da república;
> Entre a administração e o administrado.

Prerrogativas

Dar ordens: cabe ao subordinado o dever de obediência, salvo nos casos de ordens manifestamente ilegais.

Fiscalizar a atuação dos subordinados.

Revisar os atos dos subordinados e, nessa atribuição:

> - Manter os atos vinculados legais e os atos discricionários legais convenientes e oportunos.
> - Convalidar os atos com defeitos sanáveis.
> - Anular os atos ilegais.
> - Revogar os atos discricionários legais inconvenientes e inoportunos.

A caraterística marcante é o grau de subordinação entre órgãos e agentes, sempre dentro da estrutura da mesma pessoa jurídica. O controle hierárquico permite que o superior aprecie todos os aspectos dos atos de seus subordinados (quanto à legalidade e quanto ao mérito administrativo) e pode ocorrer de ofício ou a pedido, quando for interesse de terceiros, por meio de recurso hierárquico.

Aplicar sanções aos servidores que praticarem infrações funcionais.

Delegar competência

Delegação é o ato discricionário, revogável a qualquer tempo, mediante o qual o superior hierárquico confere o exercício temporário de algumas de suas atribuições, originariamente pertencentes ao seu cargo, a um subordinado.

É importante alertar que, excepcionalmente, a lei admite a delegação para outro órgão que não seja hierarquicamente subordinado ao delegante, conforme podemos constatar da redação do Art. 12 da Lei nº 9.784/99:

> **Art. 12.** *Um órgão administrativo e seu titular poderão, se não houver impedimento legal, delegar parte da sua competência a outros órgãos ou titulares, ainda que estes não lhe sejam hierarquicamente subordinados, quando for conveniente, em razão de circunstâncias de índole técnica, social, econômica, jurídica ou territorial.*

Características da delegação

Não podem ser Delegados

> - Edição de atos de caráter normativo;
> - A decisão de recursos administrativos;
> - As matérias de competência exclusiva do órgão ou autoridade.

Consequências

> - Não acarreta renúncia de competências;
> - Transfere o exercício da atribuição e não a titularidade, pois pode ser revogada a delegação a qualquer tempo pela autoridade delegante;
> - O ato de delegação e sua revogação deverão ser publicados em meio oficial.

Avocação Competência

Avocar é o ato discricionário mediante o qual o superior hierárquico traz para si o exercício temporário de determinada competência, atribuída por lei a um subordinado.

Cabimento: é uma medida excepcional e deve ser fundamentada.

Restrições: não podem ser avocadas competências exclusivas do subordinado.

Consequências: desonera o agente de qualquer responsabilidade relativa ao ato praticado pelo superior hierárquico.

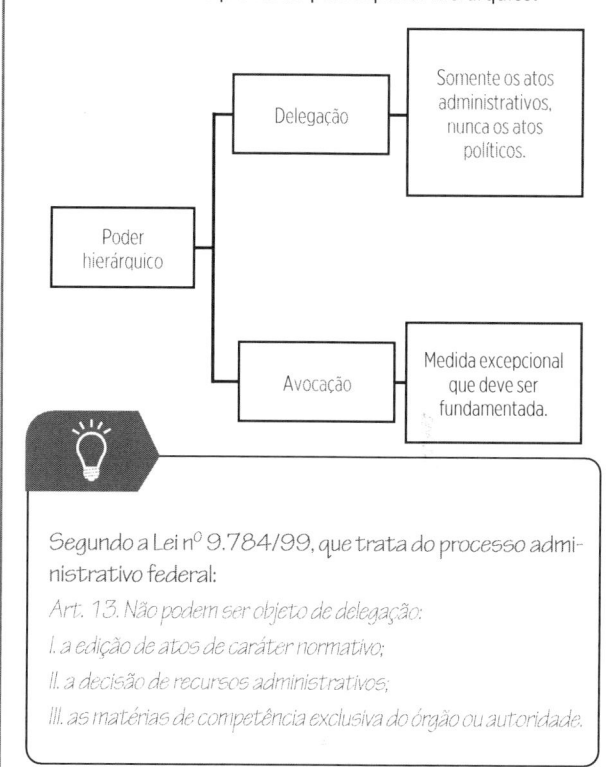

```
                          ┌─ Delegação ─── Somente os atos
                          │                administrativos,
                          │                nunca os atos
            Poder ────────┤                políticos.
         hierárquico      │
                          │
                          └─ Avocação ──── Medida excepcional
                                           que deve ser
                                           fundamentada.
```

> Segundo a Lei nº 9.784/99, que trata do processo administrativo federal:
>
> Art. 13. Não podem ser objeto de delegação:
>
> I. a edição de atos de caráter normativo;
>
> II. a decisão de recursos administrativos;
>
> III. as matérias de competência exclusiva do órgão ou autoridade.

Poder disciplinar

O poder disciplinar é uma espécie de poder-dever de agir da Administração Pública. Dessa forma, o administrador público atua de forma a punir internamente as infrações cometidas por seus agentes e, em exceção, atua de forma a, punir particulares que mantenham um vínculo jurídico específico com a Administração.

O poder disciplinar não pode ser confundido com o *jus puniendi* do Estado, ou seja, com o poder do Estado de aplicar a lei penal a quem comete uma infração penal.

Em regra, o poder disciplinar é discricionário, algumas vezes, é vinculado. Essa discricionariedade se encontra na escolha da quantidade de sanção a ser aplicada dentro das hipóteses previstas na lei, e não na faculdade de punir ou não o infrator, pois puni-lo é um dever, sendo assim, a punição não é discricionária, quantidade de punição que em regra é. Porém, é importante lembrar que, quando a lei apontar precisamente a penalidade ou a quantidade dela que deve ser aplicada para determinada infração, o poder disciplinar será vinculado.

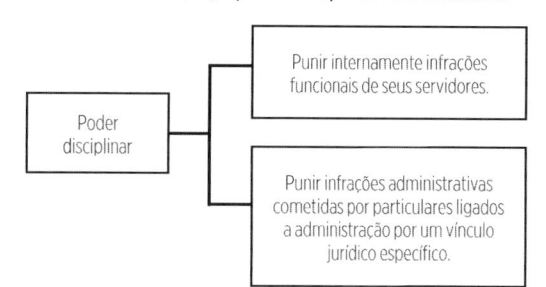

```
              ┌── Punir internamente infrações
              │   funcionais de seus servidores.
   Poder ─────┤
 disciplinar  │
              └── Punir infrações administrativas
                  cometidas por particulares ligados
                  a administração por um vínculo
                  jurídico específico.
```

NOÇÕES DE DIREITO ADMINISTRATIVO

PODERES E DEVERES ADMINISTRATIVOS

Poder regulamentar

Quando a Administração atua punindo particulares (comuns) que cometeram falta, ela está usando o poder de polícia. Contudo, quando atua penalizando particulares que mantenham um vínculo jurídico específico (plus), estará utilizando o poder disciplinar.

Existem duas formas de manifestação do poder regulamentar: o decreto regulamentar e o autônomo, sendo que o primeiro é a regra e o segundo é a exceção.

Decreto regulamentar

Também denominado decreto executivo ou regulamento executivo.

O decreto regulamentar é uma prerrogativa dos chefes do poder executivo de regulamentar a lei para garantir a sua fiel aplicação.

Restrições
> Não inova o ordenamento jurídico;
> Não pode alterar a lei;
> Não pode criar direitos e obrigações;
> Caso o decreto regulamentar extrapole os limites da lei, haverá quebra do princípio da legalidade. Nessa situação, se do decreto regulamentar for federal, caberá ao Congresso Nacional sustar os seus dispositivos violadores da lei.

Exercício
> Somente por decretos dos chefes do poder Executivo (Presidente da República, Governadores e Prefeitos), sendo uma competência exclusiva, indelegável a qualquer outra autoridade.

Natureza
> **Decreto:** natureza secundária ou derivada;
> **Lei:** natureza primária ou originária.

Prazo para Regulamentação
> A lei a ser regulamentada deve apontar;
> A ausência do prazo é inconstitucional;
> Enquanto não regulamentada, a lei é inexequível (não pode ser executada);
> Se o chefe do executivo descumprir o prazo, a lei se torna exequível (pode ser executada);
> A competência para editar decreto regulamentar não pode ser objeto de delegação.

Decreto autônomo

A Emenda Constitucional nº 32, alterou o Art. 84 da Constituição Federal e deu ao seu inciso VI a seguinte redação:

> **Art. 84.** Compete privativamente ao Presidente da República:
> **VI.** dispor, mediante decreto, sobre:
> **a)** organização e funcionamento da administração federal, quando não implicar aumento de despesa nem criação ou extinção de órgãos públicos;
> **b)** extinção de funções ou cargos públicos, quando vagos;

Essa previsão se refere ao que a doutrina chama de decreto autônomo, pois se refere à predição para o presidente da república tratar mediante decreto de determinados assuntos, sem lei anterior, balizando a sua atuação, pois a baliza foi a própria Constituição Federal. O decreto é autônomo porque não depende de lei.

Características
> Inova o ordenamento jurídico.
> O decreto autônomo tem natureza primária ou originária.
> Somente pode tratar das matérias descritas no Art. 84, VI, da Constituição Federal.
> O Presidente da República poderá delegar as atribuições mencionadas para edição de decretos autônomos aos Ministros de Estado, ao Procurador-Geral da República ou ao Advogado-Geral da União, que observarão os limites traçados nas respectivas delegações, conforme prevê o inciso único do Art. 84.

As regras relativas às competências do Presidente da República no uso do decreto regulamentar e do autônomo são estendidas aos demais chefes do executivo nacional dentro das suas respectivas administrações públicas. Sendo assim, governadores e prefeitos podem tratar, mediante decreto autônomo, dos temas estaduais e municipais de suas respectivas administrações que o Presidente da República pode resolver, mediante decreto autônomo, na esfera da administração pública federal.

DECRETO DE EXECUÇÃO
É a regra.
Pode ser editado pelos chefes do Executivo.
Não inova o ordenamento jurídico e necessita de amparo de uma lei.
É de competência exclusiva, não pode ser delegável.

DECRETO AUTÔNOMO
É a exceção.
Somente pode ser editado pelo Presidente da República.
Inova lei nos casos do Art. 84, IV, a e b do texto constitucional.
É de competência privativa e pode ser delegável de acordo com o Art. 84, parágrafo único.

Poder de polícia

O Código Tributário Nacional, em seu Art. 78, ao tratar dos fatos geradores das taxas, assim conceitua poder de polícia:

> **Art. 78.** Considera-se poder de polícia atividade da Administração Pública que, limitando ou disciplinando direito, interesse ou liberdade, regula a prática de ato ou abstenção de fato, em razão de interesse público concernente à segurança, à higiene, à ordem, aos costumes, à disciplina da produção e do mercado, ao exercício de atividades econômicas dependentes de concessão ou autorização do Poder Público, à tranquilidade pública ou ao respeito à propriedade e aos direitos individuais ou coletivos.

Hely Lopes Meirelles conceitua poder de polícia como a faculdade que dispõe a Administração Pública para condicionar, restringir o uso, o gozo de bens, atividades e direitos individuais, em benefício da coletividade ou do próprio Estado.

É competente para exercer o poder de polícia administrativa sobre uma dada atividade o ente federado, ao qual a Constituição da República atribui competência para legislar sobre essa mesma atividade, para regular a prática dessa.

Assim, podemos dizer que o poder de polícia é discricionário em regra, podendo ser vinculado nos casos em que a lei determinar. Ele dispõe que toda a Administração Pública pode condicionar ou restringir os direitos dos administrados em caso de não cumprimento das determinações legais.

O poder de polícia **fundamenta-se** no de **império** do Estado (Poder **Extroverso**), que decorre do Princípio da Supremacia do Interesse Público, pois, por meio de imposições limitando ou restringindo a esfera jurídica dos administrados, visa à Administração Pública à defesa de um bem maior, que é proteção dos direitos da coletividade, pois o interesse público prevalece sobre os particulares.

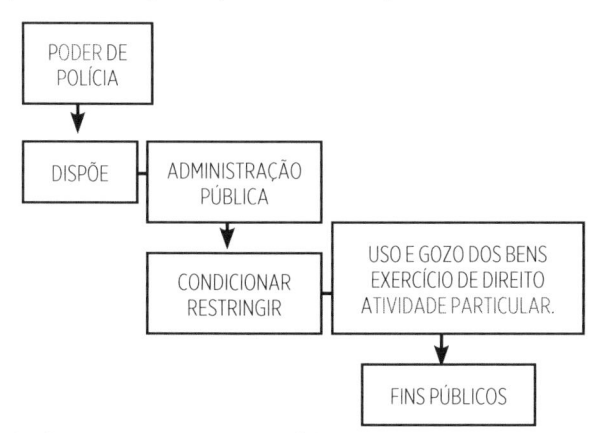

```
        PODER DE
        POLÍCIA
           |
           v
        DISPÕE ---> ADMINISTRAÇÃO
                       PÚBLICA
                          |
                          v
                     CONDICIONAR ---> USO E GOZO DOS BENS
                     RESTRINGIR       EXERCÍCIO DE DIREITO
                                      ATIVIDADE PARTICULAR.
                                            |
                                            v
                                      FINS PÚBLICOS
```

Atributos do poder de polícia

Discricionariedade: o poder de polícia, em regra, é discricionário, pois dá margem de liberdade dentro dos parâmetros legais ao administrador público para agir; contudo, se a lei exigir, tal poder pode ser vinculado.

O Estado escolhe as atividades que sofrerão as fiscalizações da polícia administrativa. Essa escolha é manifestação da discricionariedade do poder de polícia do Estado. Também é manifestação da discricionariedade do poder de polícia a majoração da quantidade de pena aplicada a quem cometer uma infração sujeita à disciplina do poder de polícia.

Nos casos em que a lei prever uma pena que tenha duração no tempo e não fixar exatamente a quantidade, dando uma margem de escolha de quantidade ao julgador, temos o exercício do poder discricionário na atuação de polícia e, como limite desse poder de punir, temos a própria lei que traz a ordem de polícia e ainda os princípios da razoabilidade e da proporcionalidade que vedam a aplicação da pena em proporção superior à gravidade do fato ilícito praticado.

Autoexecutoriedade: é a prerrogativa da Administração Pública de executar diretamente as decisões decorrentes do poder de polícia, por seus próprios meios, sem precisar recorrer ao judiciário.

Cabimento

> Autorização da Lei;
> Medida Urgente.

A **Autoexecutoriedade** no uso do poder de polícia não é absoluta, tendo natureza relativa, ou seja, não são todos os atos decorrentes do poder de polícia que são autoexecutórios. Para que um ato assim ocorra, é necessário que ele seja exigível e executório ao mesmo tempo:

> **Exigibilidade**: exigível é aquela conduta prevista na norma que, caso seja infringida, pode ser aplicada uma **coerção indireta**, ou seja, caso a pessoa venha a sofrer uma penalidade e se recuse a aceitar a aplicação da sanção, a aplicação dessa somente poderá ser executada por decisão judicial. É o caso das multas, por exemplo, que podem ser lançadas a quem comete uma infração de trânsito, a administração não pode receber o valor devido por meio da coerção, caso a pessoa penalizada se recuse a pagar a multa, o seu recebimento dependerá de execução judicial pela Administração Pública. A exigibilidade é uma característica de todos os atos praticados no exercício do poder de polícia.

> **Executoriedade**: executória é a norma que, caso seja desrespeitada, permite a aplicação de uma **coerção direta**, ou seja, a administração pode utilizar da força coercitiva para garantir a aplicação da penalidade, sem precisar recorrer ao judiciário.

É o caso das sanções de interdição de estabelecimentos comerciais, suspensão de direitos, entre outras. Não são todas as medidas decorrentes do poder de polícia executórias.

O ato de polícia para ser autoexecutório precisa ser ao mesmo tempo exigível e executório, ou seja, nem todos os atos decorrentes do poder de polícia são autoexecutórios.

> **Coercibilidade**: esse atributo informa que as determinações da Administração podem ser impostas coercitivamente ao administrado, ou seja, o particular é obrigado a observar os ditames da administração. Caso ocorra resistência por parte desse, a administração pública estará autorizada a usar força, independentemente de autorização judicial, para fazer com que seja cumprida a regra de polícia. Todavia, os meios utilizados pela administração devem ser legítimos, humanos e compatíveis com a urgência e a necessidade da medida adotada.

Classificação

O poder de polícia pode ser originário, no caso da Administração Pública direta e derivada. Quando diz respeito as autarquias, a doutrina orienta que fundações públicas, sociedade de economia mista e empresas públicas não possuem o poder de polícia em suas ações. Classificação:

Poder de Polícia Originário:
> Dado à Administração Pública Direta.

Poder de Polícia Delegado:
> Dado às pessoas da Administração Pública Indireta que possuem personalidade jurídica de direito público. Esse poder somente é proporcionado para as autarquias ligadas à Administração Indireta.

O poder de polícia não pode ser exercido por particulares ou por pessoas jurídicas de direito privado da administração indireta,

NOÇÕES DE DIREITO ADMINISTRATIVO

entretanto, o STJ em uma recente decisão entendeu que os atos de consentimento de polícia e de fiscalização dessa, que por si só não têm natureza coercitiva, podem ser delegados às pessoas jurídicas de direito privado da Administração Indireta.

Meios de atuação

O poder de polícia pode ser exercido tanto preventivamente quanto repressivamente.

Prevenção: manifesta-se por meio da edição de atos normativos de alcance geral, tais como leis, decretos, resoluções, entre outros, e também por meio de várias medidas administrativas, tais como a fiscalização, a vistoria, a notificação, a licença, a autorização, entre outros.

Repressão: manifesta-se por meio da aplicação de punições, tais como multas, interdição de direitos, destruição de mercadorias etc.

Ciclo de polícia

O ciclo de polícia se refere às fases de atuação desse poder, ordem de polícia, consentimento, fiscalização e sanção de polícia, sendo assim, esse ciclo, para se completar, pode passar por quatro fases distintas:

Ordem de Polícia: é a Lei inovadora que tem trazido limites ou condições ao exercício de atividades privadas ou uso de bens.

Consentimento: é a autorização prévia fornecida pela Administração para a prática de determinada atividade privada ou para usar um bem.

Fiscalização: é a verificação, por parte da administração pública, para certificar-se de que o administrado está cumprindo as exigências contidas na ordem de polícia para a prática de determinada atividade privada ou uso de bem.

Sanção de Polícia: é a coerção imposta pela administração ao particular que pratica alguma atividade regulada por ordem de polícia em descumprimento com as exigências contidas.

É importante destacar que o ciclo de polícia não precisa necessariamente comportar essas quatro fases, pois as de ordem e fiscalização devem sempre estar presentes em qualquer atuação de polícia administrativa, todavia, as fases de consentimento e de sanção não estarão presentes em todos os ciclos de polícia.

Prescrição

O Prazo de Prescrição das ações punitivas decorrentes do exercício do poder de polícia é de **5 anos** para a esfera federal, conforme constata-se na redação do Art. 1º da Lei nº 9.873/99:

> **Art. 1º.** Prescreve em cinco anos a ação punitiva da Administração Pública Federal, direta e indireta, no exercício do poder de polícia, objetivando apurar infração a legislação em vigor, contados da data da prática do ato ou, no caso de infração permanente ou continuada, do dia em que tiver cessado.

Polícia administrativa x polícia judiciária

Polícia Administrativa: atua visando evitar a prática de infrações administrativas, tem natureza preventiva, entretanto, em alguns casos ela pode ser repressiva. A polícia administrativa atua sobre atividades privadas, bens ou direitos.

Polícia Judiciária: atua com o objetivo de reprimir a infração criminal, tem natureza repressiva, mas, em alguns casos, pode ser preventiva. Ao contrário da polícia administrativa que atua sobre atividades privadas, bens ou direitos, a atuação da judiciária recai sobre as pessoas.

Poder de polícia x prestação de serviços públicos

Não podemos confundir toda atuação estatal com a prestação de serviços públicos, pois, dentre as diversas atividades desempenhadas pela Administração Pública, temos, além da prestação de serviços públicos, o exercício do poder de polícia, o fomento, a intervenção na propriedade privada, entre outras.

Distingue-se o poder de polícia da prestação de serviços públicos, pois essa é uma atividade positiva, que se manifesta numa obrigação de fazer.

Poder de Polícia: atividade negativa, que traz a noção de não fazer, proibição, excepcionalmente pode trazer uma obrigação de fazer. Seu exercício sofre tributação mediante taxa e é indelegável a particulares.

Serviço Público: atividade positiva, que traz a noção de fazer algo. A sua remuneração se dá por meio da tarifa, que não é um tributo, mas sim, uma espécie de preço público, e o serviço público, mesmo sendo de titularidade exclusiva do Estado, é delegável a particulares.

6.3 Abuso de Poder

O administrador público tem que agir obrigatoriamente em obediência aos princípios constitucionais, do contrário, sua ação pode ser arbitrária e, consequentemente, ilegal, o que gerará o chamado abuso de poder.

Excesso de Poder: quando o agente público atua fora dos limites de sua esfera de competência.

Desvio de Poder: quando a atuação do agente, embora dentro de sua órbita de competência, contraria a finalidade explícita ou implícita na lei que determinou ou autorizou a sua atuação, tanto é desvio de poder a conduta contrária à finalidade geral (ou mediata) do ato – o interesse público –, quanto a que discrepe de sua finalidade específica (ou imediata).

> Todos os atos que forem praticados com abuso de poder são ilegais e devem ser anulados; essa anulação pode acontecer tanto pela via administrativa quanto pela via judicial.
> O remédio constitucional para combater o abuso de poder é o Mandado de Segurança.

Omissão de Poder: ocorre quando o agente público fica inerte diante de uma situação em que a lei impõe o uso do poder.

7. ATO ADMINISTRATIVO

7.1 Conceito de Ato Administrativo

Ato administrativo é toda manifestação unilateral de vontade da Administração Pública que, agindo nessa qualidade, tenha por fim imediato adquirir, resguardar, transferir, modificar, extinguir e declarar direitos, ou impor obrigações aos administrados ou a si própria.

Da prática dos atos administrativos gera-se:
> Superioridade
> Efeitos jurídicos

7.2 Elementos de Validade do Ato

Competência

Poderes que a lei confere aos agentes públicos para exercer funções com o mínimo de eficácia. A competência tem caráter instrumental, ou seja, é um instrumento outorgado para satisfazer interesses públicos – finalidade pública.

Características da Competência:

> Obrigatoriedade: ela é obrigatória para todos os agentes e órgãos públicos.
> Irrenunciabilidade: a competência é um poder-dever de agir e não pode ser renunciada pelo detentor do poder-dever. Contudo, tem caráter relativo uma vez que a competência pode ser delegada ou pode ocorrer a avocação.
> Intransferível: mesmo após a delegação, a competência pode ser retomada a qualquer tempo pelo titular do poder-dever, por meio da figura da revogação.
> Imodificável: pela vontade do agente, pois somente a lei determina competências.
> Imprescritível: a competência pode ser executada a qualquer tempo. Somente a lei pode exercer a função de determinar prazos prescricionais. **Ex.:** *o Art. 54 da Lei nº 9.784/99 determina o prazo decadência de cinco anos para anular atos benéficos para o administrado de boa-fé.*

Finalidade

Visa sempre ao interesse público e à finalidade específica prevista em lei. **Ex.:** *remoção de ofício.*

Forma

O ato administrativo é, em regra, formal e escrito.

Motivo

O motivo é a causa imediata do ato administrativo. É a situação de fato e de direito que determina ou autoriza a prática do ato, ou, em outras palavras, o pressuposto fático e jurídico (ou normativo) que enseja a prática do ato.

Art. 40, § 1º, II, "a", CF. Trata da aposentadoria por tempo de contribuição.

A Lei nº 9.784/99, que trata dos processos administrativos no âmbito da União, reza pelo Princípio do Informalismo, admitindo que existam atos verbais ou por meio de sinais (de acordo com o contexto).

Objeto

É o ato em si, ou seja, no caso da remoção o ato administrativo é o próprio instituto da remoção.

Ex.: Demissão: quanto ao ato de demissão deve ter o agente competente para determiná-lo (competência), depois disso, deve ser revertido de forma escrita (forma), a finalidade deve ser o interesse público (finalidade), o motivo deve ser embasado em lei, ou seja, os casos do Art. 132 da Lei nº 8.112/90, o objeto é o próprio instituto da demissão que está prescrito em lei.

7.3 Motivação

É a exteriorização por escrito dos motivos que levaram a produção do ato.

> Faz parte do elemento forma e não do motivo.
> Teoria dos Motivos Determinantes.

A motivação é elemento de controle de validade dos atos administrativos. Se ela for falsa, o ato é ilegal, independentemente da sua qualidade (discricionário ou vinculado).

Devem ser motivados:

> Todos os atos administrativos vinculados;
> Alguns atos administrativos discricionários (atos punitivos, que geram despesas, dentre outros).

A Lei nº 9.784/99, em seu Art. 50, traz um rol dos atos que devem ser motivados. Veja a seguir:

Art. 50. Os atos administrativos deverão ser motivados, com indicação dos fatos e dos fundamentos jurídicos, quando:

I. Neguem, limitem ou afetem direitos ou interesses;

II. Imponham ou agravem deveres, encargos ou sanções;

III. Decidam processos administrativos de concurso ou seleção pública;

IV. Dispensem ou declarem a inexigibilidade de processo licitatório;

V. Decidam recursos administrativos;

VI. Decorram de reexame de ofício;

VII. Deixem de aplicar jurisprudência firmada sobre a questão ou discrepem de pareceres, laudos, propostas e relatórios oficiais;

VIII. Importem anulação, revogação, suspensão ou convalidação de ato administrativo.

§ 1º - A motivação deve ser explícita, clara e congruente, podendo consistir em declaração de concordância com fundamentos de anteriores pareceres, informações, decisões ou propostas, que, nesse caso, serão parte integrante do ato.

§ 2º - Na solução de vários assuntos da mesma natureza, pode ser utilizado meio mecânico que reproduza os fundamentos das decisões, desde que não prejudique direito ou garantia dos interessados.

§ 3º - A motivação das decisões de órgãos colegiados e comissões ou de decisões orais constará da respectiva ata ou de termo escrito.

7.4 Atributos do Ato

Qualidades especiais dos atos administrativos que lhes asseguram uma qualidade jurídica superior a dos atos de direito privado.

NOÇÕES DE DIREITO ADMINISTRATIVO

ATO ADMINISTRATIVO

Presunção de legitimidade e veracidade

Presume-se, em caráter relativo, que os atos da administração foram produzidos em conformidade com a lei e os fatos deles. Para os administrados são obrigatórios. Ocorre aqui, a inversão do ônus da prova (cabe ao administrado provar que o ato é vicioso).

Consequências

Imediata executoriedade do ato administrativo, mesmo impugnado pelo administrado. Até decisão que reconhece o vício ou susta os efeitos do ato.

Impossibilidade de o Poder Judiciário analisar, de ofício, elementos de validade do ato não expressamente impugnados pelo administrado.

Imperatividade

Imperativo, ou seja, é impositivo e independe da anuência do administrado.

Exceção

Atos negociais: a Administração concorda com uma pretensão do Administrado ou reconhece que ela satisfaz os requisitos para o exercício de certo direito (autorização e permissão – discricionário; licença - vinculado).

> Relacionado ao poder extroverso do Estado (expressão italiana do autor Renato Aless), esse poder é usado como sinônimo para imperatividade nas provas de concurso.

Atos enunciativos: declaram um fato ou emitem uma opinião sem que tal manifestação produza por si só efeitos jurídicos.

Autoexecutoriedade

O ato administrativo, uma vez produzido pela Administração, é passível de execução imediata, independentemente de manifestação do Poder Judiciário.

Para Hely Lopes Meirelles, deve haver previsão legal, a exceção existe em casos de emergência. Esse atributo incide em todos os atos, com exceção dos enunciativos e negociais. A administração não goza de autoexecutoriedade na cobrança de débito, quando o administrado resiste ao pagamento.

Tipicidade

O ato deve observar a forma e o tipo previsto em lei para sua produção.

7.5 Classificação dos Atos Administrativos

Atos Vinculados: são os que a Administração pratica sem margem alguma de liberdade de decisão, pois a lei previamente determinou o único comportamento possível a ser obrigatoriamente adotado sempre que se configure a situação objetiva descrita na lei. Não cabe ao agente público apreciar a situação objetiva descrita nela.

Atos Discricionários: a Administração pode praticar, com certa liberdade de escolha, nos termos e limites da lei, quanto ao seu conteúdo, seu modo de realização, sua oportunidade e sua conveniência administrativa.

Atos Gerais: caracterizam-se por não possuir destinatários determinados. Os Atos Gerais são sempre determinados e prevalecem sobre os individuais. Podem ser revogados a qualquer tempo. Ex.: são os decretos regulamentares. Esses atos necessitam ser publicados em meio oficial.

Atos Individuais: são aqueles que possuem destinatários certos (determinados), produzindo diretamente efeitos concretos, constituindo ou declarando situação jurídicas subjetivas. **Ex.:** nomeação em concurso público e exoneração. Os atos podem ser discricionários ou vinculados e sua revogação somente é passível caso não tenha gerado direito adquirido.

Atos Simples: decorrem de uma única manifestação de vontade, de um único órgão.

Atos Complexos: necessitam, para formação de seu conteúdo, da manifestação de vontade de dois ou mais órgãos.

Atos Compostos: o seu conteúdo depende de manifestação de vontade de um único órgão, contudo, para funcionar, necessita de outro ato que o aprove.

Diferenças entre ato complexo e ato composto:

Ato Complexo	Ato Composto
1 ato	2 atos
2 vontades	2 vontades
2 ou + órgãos	1 órgão com a aprovação de outro

7.6 Espécies de Atos Administrativos

Normativo;

Ordinatórios;

Negociais;

Enunciativos;

Punitivos.

Atos normativos

São atos caracterizados pela generalidade e pela abstração, isto é, um ato normativo não é prescrito para uma situação determinada, mas para todos os eventos assemelhados; a abstração deriva do fato desse ato não representar um caso concreto, determinado, mas, sim, um caso abstrato, descrito na norma e possível de acontecer no mundo real. A regra abstrata deve ser aplicada no caso concreto.

Finalidade: regulamentar as leis e uniformizar procedimentos administrativos.

Características:

> Não possuem destinatários determinados;

> Correspondem aos atos gerais;

> Não pode inovar o ordenamento jurídico;

> Controle.

Regra: os atos administrativos normativos não podem ser atacados mediante recursos administrativos ou judiciais.

Exceção: atos normativos que gerarem efeitos concretos para determinado destinatário podem ser impugnados pelo administrado na via judicial ou administrativa.

Decretos regulamentares, instruções normativas, atos declaratórios normativos.

Atos ordinatórios

São atos administrativos endereçados aos servidores públicos em geral.

Finalidade: divulgar determinações aplicáveis ao adequado desempenho de suas funções.

Características:
> Atos internos;
> Decorrem do exercício do poder hierárquico;
> Vinculam os servidores subordinados ao órgão que o expediu;
> Não atingem os administrados;
> Estão hierarquicamente abaixo dos atos normativos;
> Devem obediência aos atos normativos que tratem da mesma matéria relacionada ao ato ordinatório.

Exs.: Instruções, circulares internas, portarias, ordens de serviço.

Atos negociais

São atos administrativos editados quando o ordenamento jurídico exige que o particular obtenha anuência prévia da Administração para realizar determinada atividade de interesse dele ou exercer determinado direito.

Finalidade: satisfação do interesse público, ainda que essa possa coincidir com o interesse do particular que requereu o ato.

Características:
> Os atos negociais não são imperativos, coercitivos e autoexecutórios;
> Os atos negociais não podem ser confundidos com contratos, pois, nesses existe manifestação de vontade bilateral e, nos atos negociais, nós temos uma manifestação de vontade unilateral da Administração Pública, que é provocada mediante requerimento do particular;
> Podem ser vinculados, discricionários, definitivos e precários.

Atos Negociais Vinculados: reconhecem um direito subjetivo do particular, mediante um requerimento, desse particular, comprovando preencher os requisitos que a lei exige para a anuência do direito, a Administração obrigatoriamente deve praticar o ato.

Atos Negociais Discricionários: não reconhecem um direito subjetivo do particular, pois, mesmo que esse atenda às exigências necessárias para a obtenção do ato, a Administração poderá não praticá-lo, decidindo se executa ou não o ato por juízo de conveniência e oportunidade.

Atos Negociais Definitivos: não comportam revogação, são atos vinculados, mas podem ser anulados ou cassados. Sendo assim, esses atos geram, ao particular, apenas uma expectativa de definitividade.

Atos Negociais Precários: podem ser revogados a qualquer tempo, são atos discricionários; via de regra, a revogação do ato negocial não gera direito de indenização ao particular.

Espécies de atos negociais

Licença: fundamenta-se no poder de polícia da Administração. É ato vinculado e definitivo, pois reconhece um direito subjetivo do particular, mediante um requerimento desse, comprovando preencher os requisitos que a lei exige. Para a anuência do direito, a Administração, obrigatoriamente, deve praticar o ato. A licença não comporta revogação, mas ela pode ser anulada ou cassada, sendo assim, esses atos geram, ao particular, apenas uma expectativa de definitividade.

Ex.: Alvará para a realização de uma obra, alvará para o funcionamento de um estabelecimento comercial, licença para dirigir, licença para exercer uma profissão.

Admissão: é o ato unilateral e vinculado pelo qual a Administração faculta a alguém a inclusão em estabelecimento governamental para o gozo de um serviço público. O ato de admissão não pode ser negado aos que preencham as condições normativas requeridas.

Ex.: Ingresso em estabelecimento oficial de ensino na qualidade de aluno; o desfrute dos serviços de uma biblioteca pública como inscrito entre seus usuários.

Aprovação: é o ato unilateral e discricionário pelo qual a Administração faculta a prática de ato jurídico (aprovação prévia) ou manifesta sua concordância com ato jurídico já praticado (aprovação a posteriori).

Homologação: é o ato unilateral e vinculado de controle pelo qual a Administração concorda com um ato jurídico ou série de atos (procedimento) já praticados, verificando a consonância deles com os requisitos legais condicionadores de sua válida emissão.

Autorização: na maior parte das vezes em que é praticado, fundamenta-se no poder de polícia do Estado quando a lei exige a autorização como condicionante para prática de uma determinada atividade privada ou para o uso de bem público. Todavia, a autorização também pode representar uma forma de descentralizar, por delegação, serviços públicos para o particular.

A autorização é caracterizada por uma predominância do interesse do particular que solicita o ato, todavia, também existe interesse público na prática desse ato.

É um ato discricionário, pois não reconhece um direito subjetivo do particular; mesmo que esse atenda às exigências necessárias para a obtenção do ato, a Administração poderá não praticá-lo, decidindo se desempenha ou não o ato por juízo de conveniência e oportunidade.

É um ato precário, pois pode ser revogado a qualquer tempo. Via de regra, a revogação da autorização não gera direito de indenização ao particular, mas, caso a autorização tenha sido concedida por prazo certo, pode haver o direito de indenização para o particular.

Prazo: a autorização é concedida sem prazo determinado, todavia, pode havê-la outorgada por prazo certo.

Exs.:
> Atividades potencialmente perigosas e que podem colocar em risco a coletividade, por isso, a necessidade de regulação do Estado;
> Autorização para porte de arma de fogo;
> Autorização para a prestação de serviços privados de educação e saúde;

NOÇÕES DE DIREITO ADMINISTRATIVO

ATO ADMINISTRATIVO

> Autorização de uso de bem público;
> Autorização de serviço público: prestação de serviço de táxi.

Permissão: é o ato administrativo discricionário e precário, pelo qual a Administração Pública consente ao particular o exercício de uma atividade de interesse predominantemente da coletividade.

Características:
> Pode ser concedida por prazo certo;
> Pode ser imposta condições ao particular.

A Permissão é um ato precário, pois pode ser revogada a qualquer tempo. Via de regra, a revogação da permissão não gera direito de indenização ao particular, mas, caso a autorização tenha sido concedida por prazo certo ou sob condições, pode haver o direito de indenização para o particular.

A permissão concedida ao particular, por meio de um ato administrativo, não se confunde com a permissão para a prestação de serviços públicos. Nesse último caso, representa uma espécie de descentralização por delegação realizada por meio de contrato.

Ex.: Permissão de uso de bem público.

Atos enunciativos

São atos administrativos enunciativos aqueles que têm por finalidade declarar um juízo de valor, uma opinião ou um fato.

Características:
> Não produzem efeitos jurídicos por si só;
> Não contêm uma manifestação de vontade da administração.

Certidão, atestado, parecer e apostila.

Certidão: é uma cópia de informações registradas em banco de dados da Administração. Geralmente, é concedida ao particular mediante requerimento da informação registrada pela Administração.

Atestado: declara uma situação de que a Administração tomou conhecimento em virtude da atuação de seus agentes. O atestado não se assemelha à certidão, pois essa declara uma informação constante em banco de dados e aquele declara um fato que não corresponde a um registro de um arquivo da Administração.

Parecer: é um documento técnico, confeccionado por órgão especializado na respectiva matéria tema do parecer, em que o órgão emite sua opinião relativa ao assunto.

Apostila: apostilar significa corrigir, emendar, complementar um documento. É o aditamento de um contrato administrativo ou de um ato administrativo. É um ato de natureza aditiva, pois sua finalidade é adicionar informações a um registro já existente.

Ex.: Anotar alterações na situação funcional de um servidor.

Atos punitivos

São os atos administrativos por meio dos quais a Administração Pública impõe sanções a seus servidores ou aos administrados.

Fundamento

> **Poder Disciplinar:** quando o ato punitivo atinge servidores públicos e particulares ligados à Administração por algum vínculo jurídico específico.
> **Poder de Polícia:** quando o ato punitivo atinge a particulares não ligados à Administração Pública por um vínculo jurídico específico.

Os atos punitivos podem ser internos e externos:

> **Atos Punitivos Internos:** têm como destinatários os servidores públicos e aplicam penalidades disciplinares, ou seja, os atos punitivos internos decorrem sempre do poder disciplinar.
> **Atos Punitivos Externos**: têm como destinatários os particulares. Podem ter fundamento decorrente do poder disciplinar, quando punem particulares sujeitos à disciplina administrativa, ou podem ter fundamento no poder de polícia, quando punem particulares não ligados à Administração Pública.

Todo ato punitivo interno decorre do poder disciplinar, mas nem todo ato que decorre do poder punitivo que surge do poder disciplinar é um ato punitivo interno, pois, quando a Administração aplica punição aos particulares ligados a administração, essa punição decorre do poder disciplinar, mas também representa um ato punitivo externo.

Todo ato punitivo decorrente do poder de polícia é um ato punitivo externo, pois, nesse caso, temos a Administração punindo sempre o particular.

7.7 Extinção dos Atos Administrativos

Anulação ou controle de legalidade

É o desfazimento do ato administrativo que decorre de vício de legalidade ou de legitimidade na prática do ato.

Cabimento
> Ato discricionário;
> Ato vinculado.

Competência para Anular
> Entidade da Administração Pública que praticou o ato: pode anular o ato a pedido do interessado ou de ofício em razão do princípio da autotutela.
> Poder Judiciário: pode anular somente por provocação do interessado.

Efeitos da Anulação: *ex tunc*, retroagem desde a data da prática do ato, impugnando a validade do ato.

Prazo: 5 (cinco) anos
> Contagem;
> Prática do ato.

No caso de efeitos patrimoniais contínuos, a partir do primeiro pagamento.

Revogação ou controle de mérito

É o desfazimento do ato administrativo por motivos de conveniência e oportunidade.

Cabimento

> Ato discricionário legal, inconveniente e inoportuno;
> Não é cabível a revogação de ato vinculado.

Competência para Revogar

Apenas a entidade da Administração Pública que praticou o ato.

Não pode o controle de mérito ser feito pelo Poder Judiciário na sua função típica de julgar. Todavia, a Administração Pública está presente nos três poderes da União e, caso uma entidade dos Poderes Judiciário, Legislativo ou Executivo pratique um ato discricionário legal, que com o passar do tempo, se mostre inconveniente e inoportuno, somente a entidade que criou o ato tem competência para revogá-lo.

Assim, o poder judiciário não tem competência para exercer o controle de mérito dos atos da Administração Pública, mas a essa do Poder Judiciário pratica atos administrativos e cabe somente a ela a revogação dos atos praticados por ela mesma.

Efeitos da revogação: *ex nunc*, não retroagem, ou seja, a revogação gera efeitos prospectivos, para frente.

Cassação

É o desfazimento do ato administrativo decorrente do descumprimento dos requisitos que permitem a manutenção do ato. Na maioria das vezes, a cassação representa uma sanção aplicada ao particular que deixou de atender às condições exigidas para a manutenção do ato.

Como exemplo, temos a cassação da carteira de motorista, que nada mais é do que a cassação de um ato administrativo classificado como licença. A cassação da licença para dirigir decorre da prática de infrações de trânsito praticadas pelo particular, sendo assim, nesse caso, essa cassação é uma punição.

7.8 Convalidação

Convalidação é a correção com efeitos retroativos do ato administrativo com defeito sanável, o qual pode ser considerado:

Vício de Competência relativo à Pessoa

Exceção: competência exclusiva (não cabe convalidação).

O vício de competência relativo à matéria não é considerado um defeito sanável e também não cabe convalidação.

Vício de Forma

Exceção: a lei determina que a forma seja elemento essencial de validade de determinado ato (também não cabe convalidação).

Convalidação Tácita

O Art. 54 da Lei nº 9.784/99 prevê que a Administração tem o direito de anular os atos administrativos de que decorram efeitos favoráveis para os destinatários. O prazo é de cinco anos, contados da data em que forem praticados, salvo comprovada má-fé. Transcorrido esse prazo, o ato foi convalidado, pois não pode ser mais anulado pela Administração.

Convalidação Expressa

Art. 55, Lei nº 9.784/99. Em decisão na qual se evidencie não acarretarem lesão ao interesse público nem prejuízo a terceiros, os atos que apresentarem defeitos sanáveis poderão ser convalidados pela própria Administração.

8. SERVIÇOS PÚBLICOS

8.1 Base Constitucional

Art. 175. Incumbe ao Poder Público, na forma da lei, diretamente ou sob regime de concessão ou permissão, sempre através de licitação, a prestação de serviços públicos.

Parágrafo único. *A lei disporá sobre:*

I. O regime das empresas concessionárias e permissionárias de serviços públicos, o caráter especial de seu contrato e de sua prorrogação, bem como as condições de caducidade, fiscalização e rescisão da concessão ou permissão;

II. Os direitos dos usuários;

III. Política tarifária;

IV. A obrigação de manter serviço adequado.

Conforme a redação desse artigo, vemos que incumbe ao Poder Público a prestação direta dos serviços públicos ou, sob delegação (concessão ou permissão), a prestação indireta.

Poder Público a que o artigo se refere são as entidades da Administração Direta e Indireta. Assim, a prestação direta dos serviços públicos é a realizada pelas entidades direta e da Administração Indireta, e a prestação indireta é a prestação executada por delegação por um particular, seja por meio de concessão ou permissão.

Os serviços públicos são, conceituados em sentido estrito, se referem aos serviços que têm a possibilidade de serem explorados com o intuito de lucro, relaciona-se com a atividade econômica em sentido amplo. É importante ressaltar que o Art. 175 da Constituição Federal se enquadra no título VI (Da Ordem Econômica e Financeira).

Características dos Serviços Públicos (Estrito):

Referem-se às atividades econômicas em sentido amplo.

Têm a possibilidade de serem explorados com o intuito de lucro.

Não Perde a Natureza de Serviço Público:

Titularidade exclusiva do Poder Público.

Pode ser prestado por particular mediante delegação:

> Quando prestado por delegação pelo particular, tal atividade é fiscalizada pelo poder público por meio do exercício do poder disciplinar.

> Atividades prestadas pelo Estado como serviço público e que, ao mesmo tempo, são abertas à livre iniciativa.

Atividades Relacionadas aos Direitos Fundamentais Sociais (Art. 6º CF):

> São atividades de natureza essencial à sobrevivência e ao desenvolvimento da sociedade.

> A prestação dessas atividades é um dever do Estado, por isso, não podem ser exploradas pelo Poder Público com o intuito de lucro.

> Não existe delegação dessas atividades a particulares.

> Os particulares têm o direito de explorar tais atividades, sem delegação do poder público, sob fiscalização decorrente do exercício do poder de Polícia.

SERVIÇOS PÚBLICOS

Serviços de Educação, Saúde, Assistência Social:

Se prestado pelo Estado, é um serviço público, caso seja oferecido por particular, não se enquadra como serviço público e sim como privado. Todavia, o foco desse capítulo são os serviços públicos de titularidade exclusiva do Estado, possíveis de serem explorados economicamente com o intuito de lucro e que podem ser prestados por particular mediante delegação. Assim sendo, quando nos referirmos aos serviços públicos, em regra, não estaremos nos reportando às atividades prestadas pelo Estado como serviço público e que ao mesmo tempo podem ser oferecidas livremente pelo particular sob fiscalização do poder de polícia.

8.2 Elementos Definidores de uma Atividade Sendo Serviço Público

Material

O elemento material se refere a uma atividade administrativa que visa à prestação de utilidade ou comodidade material, que possa ser fruível, individual ou coletivamente, pelos administrados, sejam elas vitais ou secundárias às necessidades da sociedade.

Esse elemento exclui da noção de serviço público várias atividades estatais, como:

> Atividade legislativa.
> Atividade jurisdicional.
> Poder de polícia.
> Fomento.
> Intervenção.
> Atividades internas (atividade-meio da Administração Pública).
> Obras públicas.

Subjetivo / orgânico

A titularidade do serviço é exclusiva do estado.

Formal

A prestação do serviço público é submetida a Regime Jurídico de Direito Público.

Conceito

Serviço público é atividade administrativa concreta traduzida em prestações que diretamente representem, em si mesmas, utilidades ou comodidades materiais para a população em geral, executada sob regime jurídico de direito público pela Administração Pública, ou, se for o caso, por particulares delegatários (concessionários e permissionários ou, ainda, em restritas hipóteses, detentores de autorização de serviço público[1]).

Observem que tal conceito tenta satisfazer a necessidade da presença dos elementos caracterizadores dos serviços públicos.

---
1 ALEXANDRINO, Marcelo & PAULO Vicente – Direito Administrativo Descomplicado, pg. 685 – 20ª Edição – Editora Método.

8.3 Classificação dos Serviços Públicos

Essenciais e úteis

Serviços Públicos Essenciais

São serviços essenciais à própria sobrevivência da sociedade; Devem ser garantidos pelo Estado.

Ex.: Serviços públicos que estejam relacionados aos direitos fundamentais sociais, como o saneamento básico.

Serviços Públicos de Utilidade Pública

Não são essenciais à sobrevivência da sociedade, mas sua prestação é útil ou conveniente a ela, pois proporciona maior bem estar.

Ex.: Telefonia.

Serviços públicos gerais e individuais

Serviços Públicos Gerais (*uti universi*)

> STF: Serviço Público indivisível.
> Prestado à coletividade.
> Usuários indeterminados e indetermináveis.

Serviços Públicos Individuais/específicos/singulares (*uti singuli*)

> STF: Serviço Público divisível.
> Prestados a beneficiários determinados.
> Podem ser remunerados mediante a cobrança de tarifas.

Serviços públicos delegáveis e indelegáveis

Serviços Públicos Delegáveis

> São prestados pelo Estado centralizadamente.
> São oferecidos também por meio de descentralização:
>> Serviços ou outorga legal: Administração Indireta.
>> Colaboração ou delegação: particulares.

Serviços Públicos Indelegáveis

> Somente podem ser prestados pelo Estado centralizadamente ou por entidade da administração indireta de direito público.
> Exige para a sua prestação o exercício do poder de império do Estado.

Serviços administrativos, sociais e econômicos

Serviços Administrativos

> São atividades internas da Administração (atividade-meio).
> Não são diretamente fruível pela população.
> O benefício gerado à coletividade é indireto.

Serviços Públicos Sociais

> Todos os serviços públicos que correspondem às atividades do Art. 6º (Direitos fundamentais sociais).
> Prestação obrigatória pelo Estado sob regime jurídico de direito público.

> Podem ser livremente prestados por particular sob regime jurídico de direito privado (nesse caso não é serviço público, mas, sim, serviço privado).

Serviços Públicos Econômicos
> Descritos no Art. 175 da CF.
> Atividade econômica em sentido amplo.
> Podem ser explorados com o intuito de lucro.
> Titularidade exclusiva do Estado.
> Pode ser delegado a particulares.

Serviço público adequado

A definição de serviço público adequado é feita pelo Art. 6º, §1º, da Lei nº 8.987/95:

Art. 6º, §1º. Serviço adequado é o que satisfaz as condições de regularidade, continuidade, eficiência, segurança, atualidade, generalidade, cortesia na sua prestação e modicidade das tarifas.

8.4 Princípios dos Serviços Públicos

Com base no conceito acima exposto de serviço público adequado, constatamos que são princípios da boa prestação dos serviços públicos, além dos princípios fundamentais da Administração Pública, o exposto na redação de tal conceito, sendo assim, vamos analisar os princípios descritos no Art. 6º, §1º.

Regularidade: o padrão de qualidade da prestação do serviço deve ser sempre o mesmo e suficiente para atender com adequação as necessidades dos usuários.

Continuidade dos Serviços Públicos: os serviços públicos não podem ser interrompidos, salvo em situações de emergência ou mediante aviso prévio do prestador, tais como ocorre em casos de inadimplência ou quando o prestador pretende realizar manutenção nos equipamentos necessários à boa prestação do serviço.

Eficiência: na prestação dos serviços públicos, devem ser observados o custo e o benefício.

Segurança: os serviços devem ser prestados sem riscos aos usuários e esses não podem expor sua saúde em perigos na utilização do serviço.

Atualidade: busca constante de atualizações de tecnologia e técnicas empregadas, bem como da qualificação de pessoal. A adequação na prestação às novas tecnologias tem como finalidade melhorar o alcance e a eficiência da prestação.

Generalidade: a prestação de serviços públicos não distingue usuários, ou seja, é igual para todos.

Cortesia na prestação: os prestadores dos serviços públicos devem tratar bem os usuários.

Modicidade das Tarifas: as tarifas oriundas da prestação dos serviços públicos devem ter valores razoáveis para os usuários. A finalidade dessa regra é garantir o acesso aos serviços públicos ao maior número de usufruidores possíveis. Quanto mais essencial for o serviço, mais barata será a tarifa e, em alguns casos, pode até mesmo chegar à zero.

8.5 Formas de Prestação dos Serviços Públicos

Prestação Centralizada: a pessoa política titular do serviço público faz a prestação por meio dos seus próprios órgãos.

Prestação Descentralizada: a pessoa política transfere a execução do serviço público para outra pessoa.

Modalidades

Prestação Descentralizada por Serviços/Outorga Legal: a pessoa política titular do serviço público transfere a sua titularidade e a sua execução para uma entidade integrante da administração indireta.

Prestação Descentralizada por Colaboração/Delegação: a pessoa política transfere somente a execução do serviço público, por delegação a um particular, que vai executá-lo por sua conta e risco. Ex.: Concessões, Permissões e Autorizações de Serviços Públicos.

Prestação Desconcentrada: o serviço é executado por um órgão, com competência específica para prestá-lo, integrante da estrutura da pessoa jurídica que detém a titularidade do serviço[2].

Prestação Desconcentrada Centralizada: o órgão competente para prestar o serviço integra a estrutura de uma entidade da Administração Direta.

Prestação Desconcentrada Descentralizada: o órgão competente para prestar o serviço integra a estrutura de uma entidade da Administração Indireta.

A prestação feita por delegação não caracteriza prestação desconcentrada descentralizada, pois, para isso, seria necessário que o particular delegado tivesse a titularidade do serviço público, o que não acontece na delegação, que transfere somente a execução do serviço e mantém a titularidade com o poder concedente.

Prestação Direta: é a prestação feita pelo Poder Público, que é sinônimo de Administração Direta e Indireta, sendo assim, prestação direta é a do serviço público feita pelas entidades da Administração Direta e também pelas Indireta.

Prestação Indireta: é a prestação do serviço público feita por particulares mediante delegação da execução.

8.6 Concessão e Permissão e Serviço Público

Base Constitucional

Art. 22, XXVII, CF. Compete privativamente à União legislar sobre: normas gerais de licitação e contratação, em todas as modalidades, para as administrações públicas diretas, autárquicas e fundacionais da União, Estados, Distrito Federal e Municípios, obedecido o disposto no Art. 37, XXI, e para as empresas públicas e sociedades de economia mista, nos termos do Art. 173, § 1º, III;

Art. 175, Parágrafo único: A lei disporá sobre:
I. O regime das empresas concessionárias e permissionárias de serviços públicos, o caráter especial de seu contrato e de sua prorrogação, bem como as condições de caducidade, fiscalização e rescisão da concessão ou permissão;
II. Os direitos dos usuários;
III. Política tarifária;
IV. A obrigação de manter serviço adequado.

---
2 ALEXANDRINO, Marcelo & PAULO Vicente – Direito Administrativo Descomplicado, pg. 696 – 20ª Edição – Editora Método.

SERVIÇOS PÚBLICOS

8.7 Competência para a Edição de Normas

Normas gerais

Competência privativa da União (Art. 22, XXVII, CF).

Lei 8.987/95: institui normas gerais sobre o regime de concessão ou permissão de serviço público.

Lei 11.079/04: institui normas gerais para licitação e contratação de parceria público-privada no âmbito da Administração Pública.

As duas leis acima descritas são nacionais, ou seja, são leis criadas pela União e que devem obrigatoriamente ser observadas pela União, Estados, DF e Municípios. Todavia, a Lei 11.079/04 tem um núcleo que é aplicável somente à Administração Pública Federal, em outras palavras, ela traça normas gerais para todos os entes federados e ainda traz algumas específicas que são aplicadas somente à Administração Pública Federal.

Normas específicas

Cada ente federal cria as suas próprias normas específicas.

Lei 8.987/95: institui normas gerais sobre o regime de concessão e permissão da prestação de serviços públicos.

É importante observar que, com base no Art. 1º da Lei 8.987/95, é aplicável aos contratos de concessão e permissão de serviços públicos, naquilo que lhes couber, as disposições contidas na Lei 8.666/93 (licitação e contratos administrativos). Tal lei visa regulamentar as regras contidas no parágrafo único do Art. 175 da CF.

Conceito de concessão e permissão de serviço público

Poder Concedente: a União, o Estado, o Distrito Federal ou o Município, em cuja competência se encontre o serviço público, precedido ou não da execução de obra pública, objeto de concessão ou permissão (Art. 2º, I).

Concessão de Serviço Público: a delegação de sua prestação, feita pelo poder concedente, mediante licitação, na modalidade de concorrência, à pessoa jurídica ou consórcio de empresas que demonstre capacidade para seu desempenho, por sua conta e risco e por prazo determinado (Art. 2º, II).

Concessão de Serviço Público precedida da Execução de Obra Pública: a construção, total ou parcial, conservação, reforma, ampliação ou melhoramento de quaisquer obras de interesse público, delegada pelo poder concedente, mediante licitação, na modalidade de concorrência, à pessoa jurídica ou a consórcio de empresas que demonstre capacidade para a sua realização, por sua conta e risco, de forma que o investimento da concessionária seja remunerado e amortizado mediante a exploração do serviço ou da obra por prazo determinado (Art. 2º, III).

Permissão de Serviço Público: a delegação, a título precário, mediante licitação, da prestação de serviços públicos, feita pelo poder concedente à pessoa física ou jurídica que demonstre capacidade para seu desempenho, por sua conta e risco (Art. 2º, IV).

Características comuns das concessões e permissões

São delegações de prestação de serviço público;

Transferem somente a execução do serviço público, ficando a titularidade com o poder público concedente;

A prestação do serviço é por conta e risco do particular;

O poder concedente fiscaliza a prestação feita pelo particular em decorrência do exercício do poder disciplinar;

O particular tem o dever de prestar um serviço público adequado:

> Descumprimento.
> Intervenção.
> Aplicação de penalidade administrativa.
> Extinção por caducidade.

Duração por prazo determinado, podendo o contrato prever sua prorrogação, estipulando as condições;

A execução indireta por delegação (concessão ou permissão) depende de lei autorizativa;

São sempre precedidos de licitação.

Diferenças entre a concessão e permissão de serviços públicos

Art. 2º da Lei 9.074/95: É vedado à União, aos Estados, ao Distrito Federal e aos Municípios executarem obras e serviços públicos por meio de concessão e permissão de serviço público, sem lei que lhes autorize e fixe os termos, dispensada a lei autorizativa nos casos de saneamento básico e limpeza urbana e nos já referidos na Constituição Federal, nas Constituições Estaduais e nas Leis Orgânicas do Distrito Federal e Municípios, observado, em qualquer caso, os termos da Lei nº 8.987, de 1995.

Concessão	Permissão
Sempre licitação na modalidade concorrência.	Sempre licitação, todavia, admite outras modalidades e não somente concorrência.
Natureza contratual.	Natureza contratual: contrato de adesão (Art. 40).
Celebração do contrato: pessoa jurídica ou Consórcio de empresas.	Celebração do contrato: pessoa jurídica ou pessoa física.
Não há precariedade.	Delegação a título precário.
Não é cabível revogação do contrato.	Revogabilidade unilateral do contrato pelo poder concedente.

8.8 Autorização de Serviço Público

Autorização de serviço público é o ato discricionário, mediante o qual o Poder Público delega ao particular, a título precário, a prestação de serviço público que não exija alto investimento de capital ou alto grau de especialização técnica.

Características do termo de Autorização

> Tem natureza precária/discricionária:
>> É discricionária a autorização.
>> Pode ser revogada unilateralmente pela Administração Pública por razões de conveniência e oportunidade.

> Em regra, não tem prazo determinado.
> A revogação não acarreta direito à indenização.

Exceção: nos casos de autorização por prazo certo, ou seja, com tempo determinado no ato de autorização, a revogação antes do término do prazo pode ensejar ao particular o direito à indenização.

Cabimento da Autorização de Serviços Públicos

> Casos em que o serviço seja prestado a um grupo restrito de usuários, sendo o seu beneficiário exclusivo ou principal o próprio particular autorizado.

Ex.: Exploração de serviços de telecomunicação em regime privado, que é autorizada a prestação por usuário restrito que é o seu único beneficiário: operador privado de rádioamador.

> Situações de emergência, transitórias e eventuais.

Diferença entre Autorização de Serviços Públicos e a Autorização do Poder de Polícia

Autorização de Serviço Público	Autorização do poder de Polícia
Concede ao particular o exercício de atividade cuja titularidade é exclusiva do poder público.	Concede ao particular o exercício de atividades regidas pelo direito privado, livre à iniciativa privada.

Características comuns entre Concessão, Autorização e Permissão de Serviços Públicos

São formas de delegação da prestação de serviços públicos.

> Transferem somente a execução da atividade e não a sua titularidade.

As delegações de serviço público são fiscalizadas em decorrência do Poder Disciplinar da Administração Pública.

8.9 Diferenças entre Concessão, Permissão e Autorização de Serviços Públicos

Concessão	Permissão	Autorização
Sempre licitação na modalidade concorrência.	Sempre licitação, todavia, admite outras modalidades e não somente concorrência.	Não há licitação.
Natureza contratual.	Natureza contratual: contrato de adesão (Art. 40).	Ato administrativo.
Celebração do contrato: pessoa jurídica ou consórcio de empresas.	Celebração do contrato: pessoa jurídica ou pessoa física.	Concessão da Autorização pode ser feita para pessoa física, jurídica ou consórcio de empresas.
Não há precariedade.	Delegação a título precário.	Ato administrativo precário.
Não é cabível revogação do contrato.	Revogabilidade unilateral do contrato pelo poder concedente.	Revogável unilateralmente pelo Poder Concedente.

8.10 Parcerias Público-Privadas

A Parceria Público-Privada (PPP), cujas normas gerais encontram-se traçadas na Lei nº 11.079/2004, é um contrato de prestação de obras ou serviços com valor não inferior a R$ 20 milhões firmado entre empresa privada e o governo federal, estadual ou municipal, com duração mínima de cinco e no máximo 35 anos.

Disposições preliminares

A Lei nº 11.079/2004 institui **normas gerais para licitação e contratação de parceria público-privada** no âmbito dos Poderes:

> Da União.
> Dos Estados.
> Do Distrito Federal.
> Dos Municípios.

Da mesma forma, essa lei também é aplicada para:

> Órgãos da Administração Pública **Direita**;
> Administração Pública **Indireta** (autarquias, fundações públicas, empresas públicas, sociedades de economia mista);
> **Fundos Especiais**;
> **Entidades Controladas** (direta ou indiretamente pela União, Estados, Distrito Federal e Municípios).

A parceria público-privada é um **Contrato administrativo de concessão**, podendo adotar duas modalidades:

Concessão Patrocinada

É a concessão de serviços públicos ou de obras públicas de que trata a Lei nº 8.987, de 13 de fevereiro de 1995, quando envolver, adicionalmente à tarifa cobrada dos usuários **contraprestação pecuniária do parceiro público ao parceiro privado**.

As concessões patrocinadas regem-se Lei nº 11.079/2004, aplicando subsidiariamente o disposto na Lei nº 8.987, de 13 de fevereiro de 1995, e nas leis que lhe são correlatas.

Concessão Administrativa

É o contrato de prestação de serviços de que a Administração Pública seja a usuária direta ou indireta, ainda que envolva execução de obra ou fornecimento e instalação de bens.

> Concessão Patrocinada → contraprestação paga pela Administração + tarifa paga pelo usuário.
> Concessão Administrativa → contraprestação paga pela Administração.

As concessões administrativas regem-se pela Lei nº 11.079/2004, aplicado adicionalmente o disposto nos Arts. 21, 23, 25 e 27 a 39 da Lei nº 8.987, de 13 de fevereiro de 1995, e Art. 31 da Lei nº 9.074, de 7 de julho de 1995.

A concessão comum não constitui parceria público-privada – assim entendida a concessão de serviços públicos ou de obras públicas de que trata a Lei nº 8.987/1995, quando não envolver contraprestação pecuniária do parceiro público ao parceiro privado. Os contratos administrativos de concessão comum continuam sendo regidos exclusivamente pela Lei nº 8.987/1995 demais legislação correlata.

Os contratos administrativos **que não caracterizem concessão** comum, patrocinada ou administrativa continuam regidos exclusivamente pela Lei nº 8.666/1993 e pelas leis que lhe são correlatas.

É **vedada a celebração** de contrato de parceria público-privada:
> Cujo valor do contrato seja **inferior a R$ 20.000.000,00** (vinte milhões de reais).
> Cujo período de prestação do serviço seja **inferior a cinco anos**.
> Que tenha como **objeto único** o fornecimento de mão de obra, o fornecimento e instalação de equipamentos ou a execução de obra pública.

Diretrizes que devem ser observadas na contratação de parceria público-privada:
> Eficiência no cumprimento das missões de Estado e no emprego dos recursos da sociedade.
> Respeito aos interesses e direitos dos destinatários dos serviços e dos entes privados incumbidos da sua execução.
> Indelegabilidade das funções de regulação, jurisdicional, do exercício do poder de polícia e de outras atividades exclusivas do Estado.
> Responsabilidade fiscal na celebração e execução das parcerias.
> Transparência dos procedimentos e das decisões.
> Repartição objetiva de riscos entre as partes.
> Sustentabilidade financeira e vantagens socioeconômicas dos projetos de parceria.

8.11 Contratos de Parceria Público-Privada

As cláusulas dos contratos de parceria público-privada atenderão ao disposto no Art. 23 da Lei nº 8.987/1995, no que couber, devendo também prever:
> O **prazo de vigência** do contrato, compatível com a amortização dos investimentos realizados, não inferior a cinco, nem superior a 35 anos, incluindo eventual prorrogação.
> As **penalidades aplicáveis** à Administração Pública e ao parceiro privado em caso de inadimplemento contratual, fixadas sempre de forma proporcional à gravidade da falta cometida, e às obrigações assumidas.
> A **repartição de riscos** entre as partes, inclusive os referentes a caso fortuito, força maior, fato do príncipe e álea econômica extraordinária.
> As formas de remuneração e de atualização dos valores contratuais.
> Os mecanismos para a preservação da atualidade da prestação dos serviços.

> Os fatos que caracterizem a inadimplência pecuniária do parceiro público, os modos e o prazo de regularização e, quando houver, a forma de acionamento da garantia.
> Os critérios objetivos de avaliação do desempenho do parceiro privado.
> A prestação, pelo parceiro privado, de garantias de execução suficientes e compatíveis com os ônus e riscos envolvidos, observados os limites dos §§ 3º e 5º do Art. 56 da Lei nº 8.666, de 21 de junho de 1993, e, no que se refere às concessões patrocinadas, o disposto no inciso XV do Art. 18 da Lei nº 8.987, de 13 de fevereiro de 1995.
> O compartilhamento com a Administração Pública de ganhos econômicos efetivos do parceiro privado decorrentes da redução do risco de crédito dos financiamentos utilizados pelo parceiro privado.
> A realização de vistoria dos bens reversíveis, podendo o parceiro público reter os pagamentos ao privado, no valor necessário para reparar as irregularidades eventualmente detectadas.
> O cronograma e os marcos para o repasse ao parceiro privado das parcelas do aporte de recursos, na fase de investimentos do projeto e/ou após a disponibilização dos serviços, sempre que verificada a hipótese do § 2º do Art. 6º da Lei 11.079/2004.

As cláusulas contratuais de atualização automática de valores baseadas em índices e fórmulas matemáticas, quando houver, serão aplicadas sem necessidade de homologação pela Administração Pública, exceto se essa publicar na imprensa oficial, onde houver, até o prazo de 15 dias após apresentação da fatura, razões fundamentadas nesta Lei ou no contrato para a rejeição da atualização.

Os contratos poderão prever adicionalmente:
> Os requisitos e condições em que o parceiro público autorizará a transferência do controle da sociedade de propósito específico para os seus financiadores, com o objetivo de promover a sua reestruturação financeira e assegurar a continuidade da prestação dos serviços, não se aplicando para esse efeito o previsto no inciso I do parágrafo único do Art. 27 da Lei nº 8.987, de 13 de fevereiro de 1995.
> A possibilidade de emissão de empenho em nome dos financiadores do projeto em relação às obrigações pecuniárias da Administração Pública.
> A legitimidade dos financiadores do projeto para receber indenizações por extinção antecipada do contrato, bem como pagamentos efetuados pelos fundos e empresas estatais garantidores de parcerias público-privadas.

A **contraprestação da administração pública** nos contratos de parceria público-privada poderá ser feita por:
> Ordem bancária.
> Cessão de créditos não tributários.
> Outorga de direitos em face da Administração Pública.
> Outorga de direitos sobre bens públicos dominicais.
> Outros meios admitidos em lei.

O contrato poderá prever o pagamento ao parceiro privado de **remuneração variável** vinculada ao seu desempenho, conforme metas e padrões de qualidade e disponibilidade definidos no contrato.

O contrato poderá prever o **aporte de recursos** em favor do parceiro privado para a **realização de obras e aquisição de bens reversíveis**, nos termos dos incisos X e XI do caput do Art. 18 da Lei nº 8.987, de 13 de fevereiro de 1995, desde que autorizado no edital de licitação, se contratos novos, ou em lei específica, se contratos **celebrados até 8 de agosto de 2012.**

O valor desse aporte de poderá ser excluído da determinação:

> Do lucro líquido para fins de apuração do lucro real e da base de cálculo da Contribuição Social sobre o Lucro Líquido – CSLL.
> Da base de cálculo da Contribuição para o PIS/Pasep e da Contribuição para o Financiamento da Seguridade Social – Cofins.

Essa parcela excluída deverá ser computada na determinação do lucro líquido para fins de apuração do lucro real, da base de cálculo da CSLL e da base de cálculo da Contribuição para o PIS/Pasep e da Cofins, na proporção em que o custo para a realização de obras e aquisição de bens a que se refere o § 2º deste artigo for realizado, inclusive mediante depreciação ou extinção da concessão, nos termos do Art. 35 da Lei nº 8.987, de 13 de fevereiro de 1995.

Por ocasião da **extinção do contrato**, o parceiro privado **não receberá indenização** pelas parcelas de investimentos vinculados a **bens reversíveis ainda não amortizadas** ou **depreciadas**, quando tais investimentos houverem sido **realizados com valores provenientes do aporte de recursos acima tratado**.

A **contraprestação** da Administração Pública será **obrigatoriamente precedida da disponibilização do serviço objeto do contrato de parceria público-privada**.

É facultado à Administração Pública, nos termos do contrato, efetuar o pagamento da contraprestação relativa a parcela fruível do serviço objeto do contrato de parceria público-privada.

O aporte de recursos acima tratado, quando realizado durante a fase dos investimentos a cargo do parceiro privado, deverá guardar proporcionalidade com as etapas efetivamente executadas.

Garantias

As obrigações pecuniárias contraídas pela Administração Pública em contrato de parceria público-privada poderão ser garantidas mediante:

> Vinculação de receitas, observado o disposto no inciso IV do Art. 167 da Constituição Federal.
> Instituição ou utilização de fundos especiais previstos em lei.
> Contratação de seguro-garantia com as companhias seguradoras que não sejam controladas pelo Poder Público.
> Garantia prestada por organismos internacionais ou instituições financeiras que não sejam controladas pelo Poder Público.
> Garantias prestadas por fundo garantidor ou empresa estatal criada para essa finalidade.
> Outros mecanismos admitidos em lei.

Sociedade de propósito específico

Antes da celebração do contrato, deverá ser constituída **sociedade de propósito específico**, incumbida de **implantar e gerir o objeto da parceria**.

A transferência do controle da sociedade de propósito específico estará condicionada à autorização expressa da Administração Pública, nos termos do edital e do contrato, observado o disposto no parágrafo único do Art. 27 da Lei nº 8.987/1995.

A sociedade de propósito específico poderá assumir a **forma de companhia aberta**, com **valores mobiliários admitidos a negociação no mercado**. Tal sociedade também deverá obedecer a padrões de governança corporativa e adotar contabilidade e demonstrações financeiras padronizadas, conforme regulamento.

Fica **vedado à Administração Pública ser titular da maioria do capital votante dessas sociedades**. Entretanto, essa vedação não se aplica à eventual aquisição da maioria do capital votante da sociedade de propósito específico por instituição financeira controlada pelo Poder Público em caso de inadimplemento de contratos de financiamento.

Licitação

De acordo com o Art. 10 da Lei 11.079/04, contratação de parceria público-privada será precedida de licitação na modalidade de concorrência, estando a abertura do processo licitatório condicionada a:

I. Autorização da autoridade competente, fundamentada em estudo técnico que demonstre:

a) A conveniência e a oportunidade da contratação, mediante identificação das razões que justifiquem a opção pela forma de parceria público-privada.

b) Que as despesas criadas ou aumentadas não afetarão as metas de resultados fiscais previstas no Anexo referido no § 1º do Art. 4º da Lei Complementar nº 101, de 4 de maio de 2000, devendo seus efeitos financeiros, nos períodos seguintes, ser compensados pelo aumento permanente de receita ou pela redução permanente de despesa.

c) Quando for o caso, conforme as normas editadas na forma do Art. 25 desta Lei, a observância dos limites e condições decorrentes da aplicação dos Arts. 29, 30 e 32 da Lei Complementar nº 101, de 4 de maio de 2000, pelas obrigações contraídas pela Administração Pública relativas ao objeto do contrato.

A comprovação referida nas alíneas **b** e **c** acima citadas conterá as premissas e metodologia de cálculo utilizadas, observadas as normas gerais para consolidação das contas públicas, sem prejuízo do exame de compatibilidade das despesas com as demais normas do plano plurianual e da lei de diretrizes orçamentárias.

II. Elaboração de estimativa do impacto orçamentário-financeiro nos exercícios em que deva vigorar o contrato de parceria público-privada;

III. Declaração do ordenador da despesa de que as obrigações contraídas pela Administração Pública no decorrer do contrato são compatíveis com a lei de diretrizes orçamentárias e estão previstas na lei orçamentária anual;

SERVIÇOS PÚBLICOS

IV. Estimativa do fluxo de recursos públicos suficientes para o cumprimento, durante a vigência do contrato e por exercício financeiro, das obrigações contraídas pela Administração Pública;

V. Seu objeto estar previsto no plano plurianual em vigor no âmbito onde o contrato será celebrado;

VI. Submissão da minuta de edital e de contrato à consulta pública, mediante publicação na imprensa oficial, em jornais de grande circulação e por meio eletrônico, que deverá informar a justificativa para a contratação, a identificação do objeto, o prazo de duração do contrato, seu valor estimado, fixando-se tempo mínimo de 30 (trinta) dias para recebimento de sugestões, cujo termo dar-se-á pelo menos 7 (sete) dias antes da data prevista para a publicação do edital; e

VIII. Licença ambiental prévia ou expedição das diretrizes para o licenciamento ambiental do empreendimento, na forma do regulamento, sempre que o objeto do contrato exigir.

Sempre que a assinatura do contrato ocorrer em exercício diverso daquele em que for publicado o edital, deverá ser precedida da atualização dos estudos e demonstrações a que se referem os itens I a IV acima citados.

As concessões patrocinadas em que mais de **70% da remuneração do parceiro privado for paga pela Administração Pública** dependerão de **autorização legislativa específica.**

Os estudos de engenharia para a definição do valor do investimento da PPP deverão ter nível de detalhamento de anteprojeto, e o valor dos investimentos para definição do preço de referência para a licitação será calculado com base em preços de mercado considerando o custo global de obras semelhantes no Brasil ou no exterior ou com base em sistemas de custos que utilizem como insumo valores de mercado do setor específico do projeto, aferidos, em qualquer caso, mediante orçamento sintético, elaborado por meio de metodologia expedita ou paramétrica.

O **instrumento convocatório** conterá minuta do contrato, indicará expressamente a submissão da licitação às normas da Lei 11.079/2004 e observará, no que couber, os §§ 3º e 4º do Art. 15, os Arts. 18, 19 e 21 da Lei nº 8.987, de 13 de fevereiro de 1995, **podendo ainda prever:**

> Exigência de garantia de proposta do licitante, observado o limite do inciso III do Art. 31 da Lei nº 8.666, de 21 de junho de 1993.

> O emprego dos mecanismos privados de resolução de disputas, inclusive a arbitragem, a ser realizada no Brasil e em língua portuguesa, nos termos da Lei nº 9.307, de 23 de setembro de 1996, para dirimir conflitos decorrentes ou relacionados ao contrato.

O edital deverá especificar, quando houver, as garantias da contraprestação do parceiro público a serem concedidas ao privado.

Art. 12. O certame para a contratação de parcerias público-privadas obedecerá ao procedimento previsto na legislação vigente sobre licitações e contratos administrativos e também ao seguinte:

I. O julgamento poderá ser precedido de etapa de qualificação de propostas técnicas, desclassificando-se os licitantes que não alcançarem a pontuação mínima, os quais não participarão das etapas seguintes;

II. O julgamento poderá adotar como critérios, além dos previstos nos incisos I e V do Art. 15 da Lei nº 8.987, de 13 de fevereiro de 1995, os seguintes:

a) menor valor da contraprestação a ser paga pela Administração Pública;

b) melhor proposta em razão da combinação do critério da alínea a com o de melhor técnica, de acordo com os pesos estabelecidos no edital;

III. O edital definirá a forma de apresentação das propostas econômicas, admitindo-se:

a) propostas escritas em envelopes lacrados; ou

b) propostas escritas, seguidas de lances em viva voz;

IV. O edital poderá prever a possibilidade de saneamento de falhas, de complementação de insuficiências ou ainda de correções de caráter formal no curso do procedimento, desde que o licitante possa satisfazer as exigências dentro do prazo fixado no instrumento convocatório.

No caso de **propostas escritas, seguidas de lances em viva voz** (verbais):

> Os lances em viva-voz serão sempre oferecidos na ordem inversa da classificação das propostas escritas, sendo vedado ao edital limitar a quantidade de propostas.

> O edital poderá restringir a apresentação de lances em viva-voz aos licitantes cuja proposta escrita for no máximo **20% maior que o valor da melhor proposta.**

O exame de propostas técnicas, para fins de qualificação ou julgamento, será feito por ato motivado, com base em exigências, parâmetros e indicadores de resultado pertinentes ao objeto, definidos com clareza e objetividade no edital. Este poderá prever a inversão da ordem das fases de habilitação e julgamento, hipótese em que:

I. Encerrada a fase de classificação das propostas ou o oferecimento de lances, será aberto o invólucro com os documentos de habilitação do licitante mais bem classificado, para verificação do atendimento das condições fixadas no edital;

II. Verificado o atendimento das exigências do edital, o licitante será declarado vencedor;

III. Inabilitado o licitante melhor classificado, serão analisados os documentos habilitatórios do licitante com a proposta classificada em 2º (segundo) lugar, e assim, sucessivamente, até que um licitante classificado atenda às condições fixadas no edital;

IV. Proclamado o resultado final do certame, o objeto será adjudicado ao vencedor nas condições técnicas e econômicas por ele ofertadas.

Disposições aplicáveis à união

Apesar de traçar normas gerais aplicáveis no âmbito Federal, Estadual, Distrital e Municipal, a Lei 11.079/2004 traz algumas regras específicas para a União.

Órgão gestor de parcerias público-privadas federais

Será instituído por **decreto** e com **competência** para:

> Definir os serviços prioritários para execução no regime de parceria público-privada.

> Disciplinar os procedimentos para celebração desses contratos.

> Autorizar a abertura da licitação e aprovar seu edital.

> Apreciar os relatórios de execução dos contratos.

Esse órgão será composto por indicação nominal de um representante titular e respectivo suplente de cada um dos seguintes órgãos:

> Ministério do Planejamento, Orçamento e Gestão, ao qual cumprirá a tarefa de coordenação das respectivas atividades.
> Ministério da Fazenda.
> Casa Civil da Presidência da República.

Das reuniões desse órgão para examinar projetos de parceria público-privada participará um representante do órgão da Administração Pública direta cuja área de competência seja pertinente ao objeto do contrato em análise.

Para deliberação do órgão gestor sobre a contratação de parceria público-privada, o expediente deverá estar instruído com pronunciamento prévio e fundamentado:
> Do Ministério do Planejamento, Orçamento e Gestão, sobre o mérito do projeto.
> Do Ministério da Fazenda, quanto à viabilidade da concessão da garantia e à sua forma, relativamente aos riscos para o Tesouro Nacional e ao cumprimento do limite de que trata o Art. 22 da Lei 11.079/2004.

Para o desempenho de suas funções, o órgão gestor de parcerias público-privadas federais poderá criar estrutura de apoio técnico com a presença de representantes de instituições públicas.

O órgão gestor de parcerias público-privadas federais remeterá ao Congresso Nacional e ao Tribunal de Contas da União, com periodicidade anual, relatórios de desempenho dos contratos de parceria público-privada (esse relatórios, salvo informações classificadas como sigilosas, serão disponibilizados ao público, por meio de rede pública de transmissão de dados).

Compete aos **Ministérios e às Agências Reguladoras**, nas suas respectivas áreas de competência, submeter o edital de licitação ao órgão gestor, proceder à licitação, acompanhar e fiscalizar os contratos de parceria público-privada.

Os Ministérios e Agências Reguladoras encaminharão ao órgão gestor de parcerias público-privadas federais, com **periodicidade semestral**, relatórios circunstanciados acerca da execução dos contratos de parceria público-privada, na forma definida em regulamento.

Ficam a União, seus fundos especiais, suas autarquias, suas fundações públicas e suas empresas estatais dependentes autorizadas a participar, no **limite global de R$ 6.000.000.000,00 (seis bilhões de reais**), em Fundo Garantidor de Parcerias Público-Privadas - FGP que terá por finalidade prestar garantia de pagamento de obrigações pecuniárias assumidas pelos parceiros públicos federais, distritais, estaduais ou municipais em virtude das parcerias de que trata a Lei 11.079/2004.

O FGP terá natureza privada e patrimônio próprio separado do patrimônio dos cotistas, e será sujeito a direitos e obrigações próprios.

O patrimônio do Fundo será formado pelo aporte de bens e direitos realizado pelos cotistas, por meio da integralização de cotas e pelos rendimentos obtidos com sua administração.

Os bens e direitos transferidos ao Fundo serão avaliados por empresa especializada, que deverá apresentar laudo fundamentado, com indicação dos critérios de avaliação adotados e instruído com os documentos relativos aos bens julgados.

A integralização das cotas poderá ser realizada em dinheiro, títulos da dívida pública, bens imóveis dominicais, bens móveis, inclusive ações de sociedade de economia mista federal excedentes ao necessário para manutenção de seu controle pela União, ou outros direitos com valor patrimonial.

O FGP responderá por suas obrigações com os bens e direitos integrantes de seu patrimônio, não respondendo os cotistas por qualquer obrigação do Fundo, salvo pela integralização das cotas que subscreverem.

A integralização com bens acima referido será feita independentemente de licitação, mediante prévia avaliação e autorização específica do Presidente da República, por proposta do Ministro da Fazenda.

O aporte de bens de uso especial ou de uso comum no FGP será condicionado a sua desafetação de forma individualizada.

A capitalização do FGP, quando realizada por meio de recursos orçamentários, dar-se-á por ação orçamentária específica para essa finalidade, no âmbito de Encargos Financeiros da União.

O FGP será criado, administrado, gerido e representado judicial e extrajudicialmente por instituição financeira controlada, direta ou indiretamente, pela União, com observância das normas a que se refere o inciso XXII do Art. 4º da Lei nº 4.595, de 31 de dezembro de 1964.

O estatuto e o regulamento do FGP serão aprovados em assembleia dos cotistas. A representação da União na referida assembleia dar-se-á na forma do inciso V do Art. 10 do Decreto-Lei nº 147, de 3 de fevereiro de 1967.

Caberá à instituição financeira deliberar sobre a gestão e alienação dos bens e direitos do FGP, zelando pela manutenção de sua rentabilidade e liquidez.

O estatuto e o regulamento do FGP devem deliberar sobre a política de concessão de garantias, inclusive no que se refere à relação entre ativos e passivos do Fundo.

A garantia será prestada na forma aprovada pela assembleia dos cotistas, nas seguintes modalidades:
> Fiança, sem benefício de ordem para o fiador.
> Penhor de bens móveis ou de direitos integrantes do patrimônio do FGP, sem transferência da posse da coisa empenhada antes da execução da garantia.
> Hipoteca de bens imóveis do patrimônio do FGP.
> Alienação fiduciária, permanecendo a posse direta dos bens com o FGP ou com agente fiduciário por ele contratado antes da execução da garantia.
> Outros contratos que produzam efeito de garantia, desde que não transfiram a titularidade ou posse direta dos bens ao parceiro privado antes da execução da garantia.
> Garantia, real ou pessoal, vinculada a um patrimônio de afetação Constituído em decorrência da separação de bens e direitos pertencentes ao FGP.

O FGP poderá prestar contra-garantias a seguradoras, instituições financeiras e organismos internacionais que assegurarem o cumprimento das obrigações pecuniárias dos cotistas em contratos de parceria público-privadas.

NOÇÕES DE DIREITO ADMINISTRATIVO

A quitação pelo parceiro público de cada parcela de débito garantido pelo FGP importará exoneração proporcional da garantia.

O FGP poderá prestar garantia mediante contratação de instrumentos disponíveis em mercado, inclusive para complementação das modalidades acima previstas.

O parceiro privado poderá acionar o FGP nos casos de:
> Crédito líquido e certo, constante de título exigível aceito e não pago pelo parceiro público após 15 dias contados da data de vencimento; e
> Débitos constantes de faturas emitidas e não aceitas pelo parceiro público após 45 (quarenta e cinco) dias contados da data de vencimento, desde que não tenha havido rejeição expressa por ato motivado.

A quitação de débito pelo FGP importará sua sub-rogação nos direitos do parceiro privado. Em caso de inadimplemento, os bens e direitos do Fundo poderão ser objeto de constrição judicial e alienação para satisfazer as obrigações garantidas.

O FGP poderá usar parcela da cota da União para prestar garantia aos seus fundos especiais, às suas autarquias, às suas fundações públicas e às suas empresas estatais dependentes.

O FGP é obrigado a honrar faturas aceitas e não pagas pelo parceiro público. O FGP é proibido de pagar faturas rejeitadas expressamente por ato motivado.

O parceiro público deverá informar o FGP sobre qualquer fatura rejeitada e sobre os motivos da rejeição no prazo de 40 (quarenta) dias contado da data de vencimento.

A ausência de aceite ou rejeição expressa de fatura por parte do parceiro público no prazo de 40 (quarenta) dias contado da data de vencimento implicará aceitação tácita. O agente público que contribuir por ação ou omissão para essa aceitação tácita ou que rejeitar fatura sem motivação será responsabilizado pelos danos que causar, em conformidade com a legislação civil, administrativa e penal em vigor.

O FGP não pagará rendimentos a seus cotistas, assegurando-se a qualquer deles o direito de requerer o resgate total ou parcial de suas cotas, correspondente ao patrimônio ainda não utilizado para a concessão de garantias, fazendo-se a liquidação com base na situação patrimonial do Fundo.

A dissolução do FGP, deliberada pela assembleia dos cotistas, ficará condicionada à prévia quitação da totalidade dos débitos garantidos ou liberação das garantias pelos credores.

Dissolvido o FGP, o seu patrimônio será rateado entre os cotistas, com base na situação patrimonial à data da dissolução.

É facultada a constituição de patrimônio de afetação que não se comunicará com o restante da herança do FGP, ficando vinculado exclusivamente à garantia em virtude da qual tiver sido constituído, não podendo ser objeto de penhora, arresto, sequestro, busca e apreensão ou qualquer ato de constrição judicial decorrente de outras obrigações do FGP.

A constituição do patrimônio de afetação será feita por registro em Cartório de Registro de Títulos e Documentos ou, no caso de bem imóvel, no Cartório de Registro Imobiliário correspondente.

A União somente poderá contratar parceria público-privada quando a soma das despesas de caráter continuado derivadas do conjunto das parcerias já contratadas **não tiver excedido, no ano anterior, a 1% da receita corrente líquida** do exercício, e as despesas anuais dos contratos vigentes, **nos 10 anos subsequentes, não excedam a 1% da receita corrente líquida projetada para os respectivos exercícios.**

Disposições finais

Fica a União autorizada a conceder incentivo, nos termos do Programa de Incentivo à Implementação de Projetos de Interesse Social – PIPS, instituído pela Lei nº 10.735, de 11 de setembro de 2003, às aplicações em fundos de investimento, criados por instituições financeiras, em direitos creditórios provenientes dos contratos de parcerias público-privadas.

O Conselho Monetário Nacional estabelecerá, na forma da legislação pertinente, as diretrizes para a concessão de crédito destinado ao financiamento de contratos de parcerias público-privadas, bem como para participação de entidades fechadas de previdência complementar.

A Secretaria do Tesouro Nacional editará, na forma da legislação pertinente, normas gerais relativas à consolidação das contas públicas aplicáveis aos contratos de parceria público-privada.

O inciso I do § 1º do Art. 56 da Lei nº 8.666/1993, foi alterado pela Lei 11.079/2004, passando a vigorar com a seguinte redação:
> *Caução em dinheiro ou em títulos da dívida pública, devendo estes ter sido emitidos sob a forma escritural, mediante registro em sistema centralizado de liquidação e de custódia autorizado pelo Banco Central do Brasil e avaliados pelos seus valores econômicos, conforme definido pelo Ministério da Fazenda.*

As operações de crédito efetuadas por empresas públicas ou sociedades de economia mista controladas pela União não poderão exceder a 70% do total das fontes de recursos financeiros da sociedade de propósito específico, sendo que para as áreas das regiões Norte, Nordeste e Centro-Oeste, onde o Índice de Desenvolvimento Humano (IDH) seja inferior à média nacional, essa participação não poderá exceder a 80%.

Não poderão exceder a 80% do total das fontes de recursos financeiros da sociedade de propósito específico ou 90% nas áreas das regiões Norte, Nordeste e Centro-Oeste, onde o IDH seja inferior à média nacional, as operações de crédito ou contribuições de capital realizadas cumulativamente por:
> Entidades fechadas de previdência complementar.
> Empresas públicas ou sociedades de economia mista controladas pela União.

Para esses fins, financeiros as operações de crédito e contribuições de capital à sociedade entende-se por fonte de recursos de propósito específico.

A União não poderá conceder garantia ou realizar transferência voluntária aos Estados, Distrito Federal e Municípios se a soma das despesas de caráter continuado, derivadas do conjunto das parcerias já contratadas por esses entes, tiver excedido, no ano anterior, a 5% da receita corrente líquida do exercício ou se as despesas anuais dos contratos vigentes nos 10 anos subsequentes excederem a 5% da receita corrente líquida projetada para os respectivos exercícios.

Os Estados, o Distrito Federal e os Municípios que contratarem empreendimentos por intermédio de parcerias público-privadas deverão encaminhar ao Senado Federal e à Secretaria do Tesouro Nacional, previamente à contratação, as informações necessárias para cumprimento dessa determinação.

Na aplicação do limite previsto no caput deste artigo, serão computadas as despesas derivadas de contratos de parceria celebrados pela administração pública direta, autarquias, fundações públicas, empresas públicas, sociedades de economia mista e demais entidades controladas, direta ou indiretamente, pelo respectivo ente, excluídas as instituições estatais não dependentes.

Serão aplicáveis, no que couber, as penalidades previstas no Decreto-Lei nº 2.848, de 7 de dezembro de 1940 - Código Penal; na Lei nº 8.429, de 2 de junho de 1992 – Lei de Improbidade Administrativa; na Lei nº 10.028, de 19 de outubro de 2000 - Lei dos Crimes Fiscais; no Decreto-Lei nº 201, de 27 de fevereiro de 1967; e na Lei nº 1.079, de 10 de abril de 1950, sem prejuízo das penalidades financeiras previstas contratualmente.

9. BENS PÚBLICOS

Neste capítulo apresentaremos os Bens Públicos suas classificações. Regime Jurídico dos Bens Públicos. Uso de bens públicos por particulares

Bens públicos são todos os bens móveis ou imóveis pertencentes ou administrados por pessoas jurídicas de direito público, ou seja, União, Estados, Distrito Federal, Municípios e suas respectivas autarquias e fundações públicas.

Os bens públicos contrapõem-se aos bens privados, que são aqueles de propriedade das pessoas direito privado, ou seja, as empresas públicas, sociedades de economia mista e aos particulares em geral.

É importante observar, no entanto, que os bens privados que estiverem afetados a um serviço público também são considerados bens públicos.

A Constituição Federal define quais bens serão considerados de propriedade da União (Art. 20) e dos Estados (Art. 26), sem excluir aqueles outros que estes entes venham a adquirir.

Os bens públicos, por serem utilizados para atender às necessidades da coletividade, submetem-se a um regime jurídico diferenciado em relação aos bens particulares.

9.1 Classificação dos Bens Públicos

Os bens públicos podem ser classificados quanto a vários critérios. As duas classificações mais importantes são quanto à destinação e quanto à titularidade.

Classificação quanto à destinação

Essa classificação, feita pelo Código Civil, leva em conta o objetivo a que se destinam os bens públicos, dividindo-os em três categorias: bens de uso comum do povo, bens de uso especial e bens dominicais:

Bens de uso comum do povo

Bens de uso comum são aqueles que, na verdade, pertencem a toda a população, sendo de livre uso por parte dela, sendo o Poder Público mero gestor e guardião desses bens.

Ou seja, qualquer pessoa pode usufruir dos bens de uso comum, normalmente sem solicitar qualquer autorização do Poder Público, embora em alguns casos essa autorização possa ser exigida para proteção ao meio-ambiente, à segurança pública etc.

Exemplos de bens de uso comum do povo: ruas, praças, mares, praias, rios, entre outros.

Esses bens, apesar de destinados à população em geral, estão sujeitos ao poder de polícia do Estado, estando sujeitos à sua regulamentação, fiscalização e eventual aplicação de medidas coercitivas, visando à conservação da coisa pública e à proteção do usuário.

Eles não podem ser alienados, ou seja, vendidos ou doados a particulares.

Bens de uso especial

Bens de uso especial são todos os bens utilizados pela Administração Pública para a prestação dos serviços públicos e realização de suas demais atividades administrativas.

BENS PÚBLICOS

Esses bens encontram-se afetados, isto é, destinados, a uma finalidade pública específica, relacionada com os fins da Administração Pública.

Por conta dessa destinação especial, a Administração pode impedir o seu uso irrestrito por parte dos particulares.

Exemplos de bens de uso especial: prédios onde funcionam repartições públicas, viaturas de polícia, imóveis destinados a escolas públicas, cemitérios públicos etc.

Enquanto estiverem nessa categoria, os bens não podem ser alienados pela Administração Pública, e por isso também se pode dizer que a mesma é mera administradora ou gestora desses bens.

No entanto, os bens de uso especial podem deixar de sê-lo, tornando bens dominicais, através do instituto da desafetação.

A desafetação ocorre quando um determinado bem de uso especial deixa de ter utilidade pública.

Como exemplo dessa situação, imagine-se que a Secretaria de Segurança Pública de determinado Estado adquira 1.000 novas viaturas de polícia para substituir as antigas. Essas novas viaturas serão afetadas para a finalidade de serem utilizadas pelos órgãos policiais. Já as antigas poderão ser desafetadas, pois não mais serão utilizadas nos fins a que se destinavam, podendo, a partir de sua desafetação, serem alienadas.

Bens dominicais

A palavra "dominical" vem do latim dominus, que significa "senhor" ou "dono". No contexto dos bens públicos, indica aqueles que pertencem, de fato, às entidades públicas, as quais possuem sobre eles todas as prerrogativas do proprietário.

Ou seja, os bens dominicais são aqueles que constituem, de fato, o patrimônio da União, Estados e Municípios, como objeto de direito pessoal ou real de cada uma dessas entidades, sendo também chamados de bens de uso privado do Poder Público.

Diferentemente dos bens de uso comum e dos de uso especial, em que a Administração Pública é uma gestora, esses bens pertencem de fato a ela.

Os bens dominicais não possuem uma destinação pública definida, e podem ser utilizados pelas entidades públicas, por exemplo, para produzir rendas, através de sua locação.

Além disso, podem ser livremente alienados pela Administração Pública, através de leilão ou concorrência.

Como exemplos de bens dominicais, temos: as terras devolutas e todos os bens públicos desafetados, como os imóveis públicos sem uso e os móveis considerados inservíveis para a Administração Pública.

Os bens dominicais podem ser transformados em bens de uso especial, através da afetação, assim como os bens de uso especial podem tornar-se bens dominicais, através da desafetação.

Classificação quanto à titularidade

Quanto à sua titularidade, os bens públicos podem ser federais (pertencentes à União), estaduais (pertencentes aos Estados), distritais (pertencentes ao Distrito Federal) ou municipais (pertencentes aos Municípios).

Quanto aos bens federais e estaduais, os Arts. 20 e 26 dão exemplos, sem excluir outros atribuídos por lei, desapropriados ou adquiridos por esses entes:

Art. 20. São bens da União:
I. Os que atualmente lhe pertencem e os que lhe vierem a ser atribuídos;
II. As terras devolutas indispensáveis à defesa das fronteiras, das fortificações e construções militares, das vias federais de comunicação e à preservação ambiental, definidas em lei;
III. Os lagos, rios e quaisquer correntes de água em terrenos de seu domínio, ou que banhem mais de um Estado, sirvam de limites com outros países, ou se estendam a território estrangeiro ou dele provenham, bem como os terrenos marginais e as praias fluviais;
IV. As ilhas fluviais e lacustres nas zonas limítrofes com outros países; as praias marítimas; as ilhas oceânicas e as costeiras, excluídas, destas, as que contenham a sede de Municípios, exceto aquelas áreas afetadas ao serviço público e a unidade ambiental federal, e as referidas no Art. 26, II;(Redação dada pela Emenda Constitucional nº 46, de 2005)
V. Os recursos naturais da plataforma continental e da zona econômica exclusiva;
VI. O mar territorial;
VII. Os terrenos de marinha e seus acrescidos;
VIII. Os potenciais de energia hidráulica;
IX. Os recursos minerais, inclusive os do subsolo;
X. As cavidades naturais subterrâneas e os sítios arqueológicos e pré-históricos;
XI. As terras tradicionalmente ocupadas pelos índios.

Art. 26. Incluem-se entre os bens dos Estados:
I. As águas superficiais ou subterrâneas, fluentes, emergentes e em depósito, ressalvadas, neste caso, na forma da lei, as decorrentes de obras da União;
II. As áreas, nas ilhas oceânicas e costeiras, que estiverem no seu domínio, excluídas aquelas sob domínio da União, Municípios ou terceiros;
III. As ilhas fluviais e lacustres não pertencentes à União;
IV. As terras devolutas não compreendidas entre as da União.

A União pode desapropriar bens de Estados, assim como os Estados podem desapropriar bens dos Municípios. Entretanto, os Estados não podem desapropriar bens da União ou de outros Estados, assim como os Municípios não podem desapropriar bens dos Estados federativos ou de outros Municípios.

9.2 Poder Emitente

O domínio eminente é definido como o poder geral do Estado, quanto a todas as coisas que estejam situadas em seu território, em virtude da sua soberania.

Inclui bens públicos e privados, e em relação a esses se manifesta, por exemplo, na possibilidade de desapropriação ou de requisição administrativa.

9.3 Regime Jurídico dos Bens Públicos

Os bens públicos submetem-se a um regime jurídico diferenciado, possuindo alguns atributos especiais. Entre tais atributos, a doutrina costuma identificar três principais: imprescritibilidade, impenhorabilidade e impossibilidade de oneração.

Imprescritibilidade

É a característica dos bens públicos que impede que sejam adquiridos por usucapião.

Os Arts. 183, § 3º, e 191, § único, da Constituição Federal, os imóveis públicos, tanto urbanos como rurais, não podem ser adquiridos por usucapião.

Impenhorabilidade

A impenhorabilidade é a característica dos bens públicos que impede que eles sejam penhorados judicialmente para pagamento de dívidas da Administração Pública.

No caso de bens privados, eles podem ser penhorados por ordem judicial para pagamento de dívida reconhecida pelo Poder Judiciário. Isso não ocorre com os bens públicos.

Os bens públicos não podem ser penhorados, porque a execução contra a Fazenda Pública se faz de forma diferente, normalmente por meio de precatórios, conforme determina o Art. 100 da Constituição Federal.

Impossibilidade de oneração

É a qualidade pela qual o bem público não pode ser dado em garantia real, através de hipoteca, penhor e anticrese.

Alguns autores também colocam como atributo dos bens públicos a inalienabilidade, pela qual os bens públicos não podem ser alienados.

No entanto, tal característica somente se aplica aos bens de uso comum e aos bens de uso especial, sendo que os bens dominicais podem ser livremente alienados.

9.4 Uso de Bens Públicos por Particulares

Embora os bens públicos tenham a função de atender ao interesse coletivo, o ente público pode, atendidos os requisitos da lei, permitir o seu uso por particulares.

As principais formas de utilização de bens públicos pelos particulares são:

Autorização de uso

Autorização de uso é o ato unilateral, discricionário e precário pelo qual a Administração permite a prática de determinada atividade individual incidente sobre um bem público.

Não tem forma nem requisitos especiais para sua efetivação, pois visa apenas a atividades temporárias e que normalmente não são consideradas de interesse público.

A autorização não gera direitos adquiridos contra a Administração, ainda que remuneradas e fruídas por muito tempo. Por isso mesmo, dispensam lei autorizativa e licitação para seu deferimento.

Permissão de uso

Permissão de uso é o ato negocial, unilateral, discricionário e precário, através do qual a Administração faculta ao particular a utilização individual de determinado bem público.

Normalmente, tem lugar quando existe algum interesse público na atividade a ser exercida pelo particular. Esta é, basicamente, a sua única diferença em relação à autorização.

Se não houver interesse para a comunidade, mas tão somente para o particular, o uso especial não deve ser permitido nem concedido, mas simplesmente autorizado.

Assim como a autorização, a permissão é sempre modificável e revogável unilateralmente pela Administração, quando o interesse público o exigir.

Exemplo de permissão de uso é a concedida para a montagem de feiras.

Qualquer bem público admite permissão de uso a particular, desde que a utilização seja também de interesse da coletividade.

Concessão de uso

Concessão de uso é o contrato administrativo pelo qual o poder Público atribui a utilização exclusiva de um bem de seu domínio (normalmente, bens de uso especial) a particular, para que o explore segundo sua destinação específica.

A concessão pode ser remunerada ou gratuita, por tempo certo ou indeterminado, mas deverá ser sempre precedida de autorização legal e, normalmente, de licitação.

A concessão de uso não é precária, tendo em vista que, geralmente, encontra-se associada a projetos que requerem investimentos de maior vulto por parte dos particulares.

Sendo contratos administrativos, submetem-se à legislação de licitações e às cláusulas exorbitantes que caracterizam a contratação com o Poder Público.

Exemplo de concessão de uso de bem público ocorre quando um órgão público permite que um particular explore uma atividade econômica, como uma cafeteria, no interior do prédio público.

A concessão de uso não é discricionária nem precária, pois obedece a normas regulamentares, gerando direitos individuais e subjetivos para o concessionário.

O que diferencia a concessão de uso da autorização e da permissão de uso é o caráter contratual e estável da outorga do uso do bem público ao particular, para que o utilize com exclusividade e nas condições convencionadas com a Administração.

9.5 Enfiteuse

Também chamada de aforamento, a enfiteuse é o instituto que permite ao proprietário, chamado de senhorio direto, atribuir a outrem o domínio útil de imóvel. A pessoa que o adquire, chamado de enfiteuta, paga ao senhorio um valor anual, chamado de foro.

Assim, a enfiteuse consiste na transferência do domínio útil de imóvel público para posse, uso e gozo da pessoa que irá utilizá-lo daí por diante.

O enfiteuta pode alienar o imóvel, desde que dê o direito de preferência ao senhorio direto, o qual, se não o exercer, terá direito ao recebimento de um percentual sobre o valor da alienação, chamado de laudêmio.

Existem vários locais pelo País onde a União concede enfiteuse sobre seus imóveis a particulares.

Atualmente, o Código Civil não permite a instituição de novas enfiteuses, mas reconhece a validade daquelas anteriormente constituídas.

10. CONTROLE DA ADMINISTRAÇÃO PÚBLICA

É um conjunto de instrumentos que o ordenamento jurídico estabelece a fim de que a própria administração Pública, os três poderes, e, ainda, o povo, diretamente ou por meio de órgãos especializados, possam exercer o poder de fiscalização, orientação e revisão da atuação de todos os órgãos, entidades e agentes públicos, em todas as esferas do poder.

10.1 Classificação

Quanto à origem

Controle interno

Acontece dentro do próprio poder, decorrente do princípio da autotutela.

Finalidade:

Art. 74, CF. Os Poderes Legislativo, Executivo e Judiciário manterão, de forma integrada, sistema de controle interno com a finalidade de:

I. Avaliar o cumprimento das metas previstas no plano plurianual, a execução dos programas de governo e dos orçamentos da União;

II. Comprovar a legalidade e avaliar os resultados, quanto à eficácia e eficiência, da gestão orçamentária, financeira e patrimonial nos órgãos e entidades da administração federal, bem como da aplicação de recursos públicos por entidades de direito privado;

III. Exercer o controle das operações de crédito, avais e garantias, bem como dos direitos e haveres da União;

IV. Apoiar o controle externo no exercício de sua missão institucional.

§ 1º - Os responsáveis pelo controle interno, ao tomarem conhecimento de qualquer irregularidade ou ilegalidade, dela darão ciência ao Tribunal de Contas da União, sob pena de responsabilidade solidária.

Exs.:

Pode ser exercido no âmbito hierárquico ou por órgãos especializados (sem hierarquia);

O controle finalístico (controvérsia doutrinária, alguns autores falam que é modalidade de controle externo);

A fiscalização realizada por um órgão da Administração Pública do Legislativo sobre a atuação dela própria;

O controle realizado pela Administração Pública do poder judiciário nos atos administrativos praticados pela própria Administração Pública desse poder.

Controle externo

É exercido por um poder sobre os atos administrativos de outro poder.

A exemplo, temos o controle judicial dos atos administrativos, que analisa aspectos de legalidade dos atos da Administração Pública dos demais poderes; ou o controle legislativo realizado pelo poder legislativo, nos atos da Administração Pública dos outros poderes.

Controle popular

É o controle exercido pelos administrados na atuação da Administração Pública dos três poderes, seja por meio da ação popular, do direito de petição ou de outros.

É importante lembrar que os atos administrativos devem ser publicados, salvo os sigilosos. Todavia, uma outra finalidade da publicidade dos atos administrativos é o desenvolvimento do controle social da Administração Pública[1].

Quanto ao momento de exercício

Controle prévio

É exercido antes da prática ou antes da conclusão do ato administrativo.

Finalidade:

É um requisito de validade do ato administrativo.

Ex.: A aprovação do Senado Federal da escolha de ministros do STF ou de dirigente de uma agência reguladora federal. Em tais situações, a referida aprovação antecede a nomeação de tais agentes.

Controle concomitante

É exercido durante a prática do ato.

Finalidade:

Possibilitar a aferição do cumprimento das formalidades exigidas para a formação do ato administrativo.

Ex.: Fiscalização da execução de um contrato administrativo; acompanhamento de uma licitação pelos órgãos de controle.

Controle subsequente/corretivo/posterior

É exercido após a conclusão do ato.

Finalidade:

> Correção dos defeitos sanáveis do ato;
> Declaração de nulidade do ato;
> Revogação do ato discricionário legal inconveniente e inoportuno.
> Cassação do ato pelo descumprimento dos requisitos que são exigidos para a sua manutenção.
> Conferir eficácia ao ato.

Ex.: Homologação de um concurso público.

Quanto ao aspecto controlado

Controle de legalidade

Sua finalidade é verificar se o ato foi praticado em conformidade com o ordenamento jurídico, e, por esse, entendemos que o

---

1 Lei de Acesso à Informação Pública - Lei 12.527-Art. 3º. Os procedimentos previstos nesta Lei destinam-se a assegurar o direito fundamental de acesso à informação e devem ser executados em conformidade com os princípios básicos da Administração Pública e com as seguintes diretrizes:
I. observância da publicidade como preceito geral e do sigilo como exceção;
II. divulgação de informações de interesse público, independentemente de solicitações;
III. utilização de meios de comunicação viabilizados pela tecnologia da informação;
IV. fomento ao desenvolvimento da cultura de transparência na Administração Pública;
V. desenvolvimento do controle social da Administração Pública.

ato tem que ser praticado de acordo com as leis e também com os princípios fundamentais da administração pública.

Lei deve ser entendida, nessa situação, em sentido amplo, ou seja, a Constituição Federal, as leis ordinárias, complementares, delegadas, medidas provisórias e as normas infralegais.

Exercício

Própria Administração Pública: pode realizar o controle de legalidade a pedido ou de ofício. Em decorrência do princípio da autotutela, é espécie de controle interno.

Poder Judiciário: no exercício da função jurisdicional, pode exercer o controle de legalidade somente por provocação. Nesse caso, é uma espécie de inspeção externo.

Poder Legislativo: somente pode exercer controle de legalidade nos casos previstos na Constituição Federal. É forma de controle externo.

Consequências

Confirmação da validade do ato.

Anulação do ato com vício de validade (ilegal).

Um ato administrativo pode ser anulado pela própria Administração[2] que o praticou, por provocação ou de ofício (controle interno) ou pelo poder judiciário. Nesse caso, somente por provocação (controle externo). A anulação gera efeitos retroativos (*ex tunc*), desfazendo todas as relações do ato resultadas, salvo, entretanto, os efeitos produzidos para os terceiros de boa-fé.

Prazo para anulação na via administrativa: cinco anos, contados a partir da prática do ato, salvo comprovada má-fé.

Segundo o STF, quando o controle interno acarretar o desfazimento de um ato administrativo que implique em prejuízo à situação jurídica do administrado, a administração deve antes instaurar um procedimento que garanta a ele o contraditório e a ampla-defesa, para que, dessa forma, possa defender os seus interesses.

Convalidação do ato é a correção com efeitos retroativos do ato administrativo com defeito sanável. Considera-se problema reparável:

> **I.** Vício de competência relativo à pessoa.
>> » **Exceção**: competência exclusiva (também não cabe convalidação).
>> » O vício de competência relativo à matéria não é caracterizado como um defeito sanável.
> **II.** Vício de Forma
>> » **Exceção**: lei determina que a forma seja elemento essencial de validade de determinado ato (também não cabe convalidação).

Sendo assim, somente os vícios nos elementos forma e competência podem ser convalidados. Em todos os demais casos, a administração somente pode anular o ato.

Mesmo quando o defeito admite convalidação, a administração pública tem a possibilidade de anular, pois a regra é a anulação e a convalidação uma faculdade disponível ao agente público em hipóteses excepcionais.

[2] Súmula 473, STF. *A Administração pode anular seus próprios atos, quando eivados de vícios que os tornem ilegais, porque deles não se originam direitos; ou revogá-los, por motivo de conveniência ou oportunidade, respeitados os direitos adquiridos, e ressalvada, em todos os casos, a apreciação judicial.*

Convalidação Tácita

O Art. 54 da Lei 9.784 prevê que a administração tem o direito de anular os atos administrativos de que decorram efeitos favoráveis; para os destinatários, decai em cinco anos, contados da data em que forem praticados, salvo comprovada má-fé. Transcorrido esse prazo, o ato foi convalidado, pois não pode ser mais anulado pela administração.

Convalidação Expressa

Art. 55, Lei 9.784/99. *Em decisão na qual se evidencie não acarretar lesão ao interesse público nem prejuízo a terceiros, os atos que apresentarem defeitos sanáveis poderão ser convalidados pela própria Administração.*

O prazo que a Administração Pública tem para convalidar um ato é o mesmo que ela tem para anular, ou seja, cinco anos contados a partir da data da prática do feito. Como analisamos, a convalidação, se trata de um controle de legalidade que verificou que o ato foi praticado com vício, todavia, na hipótese descrita no Art. 55 da Lei 9.784/99, a autoridade com competência para anular tal ato, pode optar pela sua convalidação.

Controle de mérito

Sua finalidade é verificar a conveniência e a oportunidade dos atos administrativos discricionários.

Exercício

Em regra, é exercido discricionariamente pelo próprio poder que praticou o feito.

Excepcionalmente, o poder legislativo tem competência para verificar o mérito de atos administrativos dos outros poderes, esse é um controle de mérito de natureza política.

Não pode ser exercido pelo poder judiciário na sua função típica, mas pode ser executado pela Administração Pública do poder judiciário nos atos dela própria.

Consequências

Manutenção do ato discricionário legal, conveniente e oportuno;

Revogação do ato discricionário legal, inconveniente e inoportuno.

Nas hipóteses em que o Poder Legislativo exerce controle de mérito da atuação administrativa dos outros poderes, não lhe é permitida a revogação de tais atos.

Quanto à amplitude

Controle hierárquico

Decorre da hierarquia presente na Administração Pública, que se manifesta na subordinação entre órgãos e agentes, sempre no âmbito de uma mesma pessoa jurídica. Acontece na Administração Pública dos três poderes.

Consequências

É um controle interno permanente (antes/durante/após a prática do ato) e irrestrito, pois verifica aspectos de legalidade e de mérito de um ato administrativo praticado pelos agentes e órgãos subordinados.

CONTROLE DA ADMINISTRAÇÃO PÚBLICA

Esse controle está relacionado às atividades de supervisão, coordenação, orientação, fiscalização, aprovação, revisão, avocação e aplicação de meios corretivos dos desvios e irregularidades verificados.

Controle finalístico/tutela administrativa / supervisão ministerial

É exercido pela administração direta sobre as pessoas jurídicas da administração indireta.

Efeitos

Depende de norma legal que o estabeleça, não se enquadrando como um controle específico, e sua finalidade é verificar se a entidade está atingindo as suas intenções estatutárias.

10.2 Controle Administrativo

É um controle interno, fundado no poder de autotutela, exercido pelo poder executivo e pelos órgãos administrativos dos poderes legislativo e judiciário sobre suas próprias condutas, tendo em vista aspectos de legalidade e de mérito administrativo[3].

> *Súmula 473, STF: A Administração pode anular seus próprios atos, quando eivados de vícios que os tornam ilegais, porque deles não se originam direitos; ou revogá-los, por motivo de conveniência ou oportunidade, respeitados os direitos adquiridos, e ressalvada, em todos os casos, a apreciação judicial.*

O controle administrativo é sempre interno. Pode ser hierárquico, quando é feito entre órgãos verticalmente escalonados integrantes de uma mesma pessoa jurídica, seja da Administração Direta ou Indireta; ou não hierárquico, quando exercido entre órgãos que, embora integrem uma só pessoa jurídica, não estão na mesma linha de escalonamento vertical e também no controle finalístico exercido entre a Administração Direta e a Indireta.

O controle administrativo é um controle permanente, pois acontece antes, durante e depois da prática do ato; também é irrestrito, pois como já foi dito, analisa aspectos de legalidade e de mérito.

Ainda é importante apontar que o controle administrativo pode acontecer de ofício ou a pedido do administrado.

Quando interessado em provocar a atuação da Administração Pública, o administrado pode se valer da reclamação administrativa, que é uma expressão genérica para englobar um conjunto de instrumentos, tais como o direito de petição, a representação, a denúncia, o recurso, o pedido de reconsideração, a revisão, dentre outros meios.

O meio utilizado pela Administração Pública para processar o pedido do interessado é o processo administrativo, que, na esfera federal, é regulado pela Lei nº 9.784/99.

10.3 Controle Legislativo

É a fiscalização realizada pelo Poder Legislativo, na sua função típica de fiscalizar, na atuação da Administração Pública dos três poderes.

Quando exercido na atuação administrativa dos outros poderes, é espécie de controle externo; quando realizado na Administração Pública do próprio poder legislativo, é espécie de controle interno.

Hipóteses de controle

O controle legislativo na atuação da Administração Pública somente pode ocorrer nas hipóteses previstas na Constituição Federal, não sendo permitidas às Constituições Estaduais ou às leis orgânicas criarem novas modalidades de controle legislativo no respectivo território de sua competência. Caso se crie nova forma de controle legislativo por instrumento legal diverso da Constituição Federal, tal norma será inconstitucional.

Como as normas estaduais e municipais não podem criar novas modalidades de controle legislativo, nessas esferas, pelo princípio da simetria, são aplicadas as hipóteses de controle legislativo previstas na Constituição Federal para os estados e municípios. Todavia, vale ressaltar que como o sistema legislativo federal adota o bicameralismo, as hipóteses de controle do Congresso Nacional, do Senado, das comissões e do Tribunal de Contas da União são aplicadas às assembleias legislativas na esfera estadual e às câmaras de vereadores nas esferas municipais.

Modalidades

Controle de legalidade

Quando se analisa aspectos de legalidade da atuação da Administração Pública dos três poderes, tais como dos atos e contratos administrativos.

Controle de mérito (político)

É um controle de natureza política, que possibilita ao Poder Legislativo, nas hipóteses previstas na Constituição Federal, a intervir na atuação da Administração Pública do Poder Executivo, controlando aspectos de eficiência da atuação e também de conveniência da tomada de determinadas decisões do poder executivo.

> **Ex.:** Quando o Senado tem que aprovar o ato do Presidente da República, que nomeia um dirigente de uma agência reguladora.

Efeitos:

Não acarreta revogação do ato, pois esse ainda não conclui o seu processo de formação enquanto não for aprovado pelo poder legislativo, ou seja, tal ato não gera efeitos até a aprovação, por isso, não há o que se falar em revogação.

Controle exercido pelo congresso nacional

A competência exclusiva do Congresso Nacional vem descrita no Art. 40 da Constituição Federal:

> *V. Sustar os atos normativos do Poder Executivo que exorbitem do poder regulamentar ou dos limites de delegação legislativa;*

Tal situação acontece quando, no exercício do poder regulamentar, o presidente da república edite um decreto para complementar determinada lei e, nesse decreto, ele venha a inovar o ordenamento jurídico, ultrapassando os limites da lei. Todavia, a sustação do ato normativo pelo Congresso Nacional não invalida todo o decreto mas somente o trecho dele que esteja exorbitando do exercício do poder regulamentar.

> *IX. Julgar anualmente as contas prestadas pelo Presidente da República e apreciar os relatórios sobre a execução dos planos de governo;*

---

[3] ALEXANDRINO, Marcelo & PAULO Vicente. Direito Administrativo Descomplicado. 19ª edição. São Paulo - 2011.

X. *Fiscalizar e controlar, diretamente, ou por qualquer de suas Casas, os atos do Poder Executivo, incluídos os da administração indireta;*

Controle exercido privativamente pelo senado federal

As competências privativas do Senado Federal vêm descritas no Art. 52 da Constituição Federal, dentre essas, algumas se referem ao exercício de atividades de controle:

I. *Processar e julgar o Presidente e o Vice-Presidente da República nos crimes de responsabilidade, bem como os Ministros de Estado e os Comandantes da Marinha, do Exército e da Aeronáutica nos crimes da mesma natureza conexos com aqueles;*

II. *Processar e julgar os Ministros do Supremo Tribunal Federal, os membros do Conselho Nacional de Justiça e do Conselho Nacional do Ministério Público, o Procurador-Geral da República e o Advogado-Geral da União nos crimes de responsabilidade;*

Nesses dois primeiros casos, o julgamento será presidido pelo presidente do STF, limitando-se este à condenação, que somente será proferida por dois terços dos votos do Senado Federal.

III. *Aprovar previamente, por voto secreto, após arguição pública, a escolha de:*
a) Magistrados, nos casos estabelecidos nesta Constituição;
b) Ministros do Tribunal de Contas da União indicados pelo Presidente da República;
c) Governador de Território;
d) Presidente e diretores do Banco Central;
e) Procurador-Geral da República;
f) titulares de outros cargos que a lei determinar.

IV. *Aprovar previamente, por voto secreto, após arguição em sessão secreta, a escolha dos chefes de missão diplomática de caráter permanente;*

V. *Autorizar operações externas de natureza financeira, de interesse da União, dos Estados, do Distrito Federal, dos Territórios e dos Municípios;*

VI. *Fixar, por proposta do Presidente da República, limites globais para o montante da dívida consolidada da União, dos Estados, do Distrito Federal e dos Municípios;*

VII. *Dispor sobre limites globais e condições para as operações de crédito externo e interno da União, dos Estados, do Distrito Federal e dos Municípios, de suas autarquias e demais entidades controladas pelo Poder Público Federal;*

VIII. *dispor sobre limites e condições para a concessão de garantia da União em operações de crédito externo e interno;*

IX. *Estabelecer limites globais e condições para o montante da dívida mobiliária dos Estados, do Distrito Federal e dos Municípios;*

X. *Aprovar, por maioria absoluta e por voto secreto, a exoneração, de ofício, do Procurador-Geral da República antes do término de seu mandato;*

XI. *Avaliar periodicamente a funcionalidade do Sistema Tributário Nacional, em sua estrutura e seus componentes, e o desempenho das administrações tributárias da União, dos Estados e do Distrito Federal e dos Municípios.*

Controle exercido pela câmara dos deputados

A competência da Câmara dos Deputados vem descrita no Art. 51 da Constituição Federal, e nesse momento analisaremos as competências relativas à área de controle da administração:

Compete privativamente à Câmara dos Deputados:

I. *Autorizar, por dois terços de seus membros, a instauração de processo contra o Presidente e o Vice-Presidente da República e os Ministros de Estado;*

II. *Proceder à tomada de contas do Presidente da República, quando não apresentadas ao Congresso Nacional dentro de sessenta dias após a abertura da sessão legislativa;*

Fiscalização contábil, financeira e orçamentária na constituição federal

Também chamado de controle financeiro, em sentido amplo, vem descrito no Art. 70 da CF, que traz as seguintes regras:

Art. 70, CF. *A fiscalização contábil, financeira, orçamentária, operacional e patrimonial da União e das entidades da administração direta e indireta, quanto à legalidade, legitimidade, economicidade, aplicação das subvenções e renúncia de receitas, será exercida pelo Congresso Nacional, mediante controle externo, e pelo sistema de controle interno de cada Poder.*

Como podemos observar, segundo os ditames do Art. 70 da Constituição Federal, a fiscalização contábil, financeira e orçamentária é realizada tanto por meio de controle interno como de externo.

Áreas alcançadas pelo Controle Financeiro (Amplo):

Contábil: controla o cumprimento das formalidades no registro de receitas e despesas.

Financeira: controla a entrada e a saída de capital, sua destinação.

Orçamentária: fiscaliza e acompanha a execução do orçamento anual, plurianual.

Operacional: controla a atuação administrativa, observando se estão sendo respeitadas as diretrizes legais que orientam a atuação da Administração Pública, bem como avaliando aspectos de eficiência e economicidade.

Patrimonial: controle do patrimônio público, seja ele móvel ou imóvel.

Aspectos Controlados: as áreas alcançadas pelo controle financeiro (sentido amplo) abrangem os seguintes aspectos:

Legalidade: atuação conforme a lei.

Legitimidade: atuação conforme os princípios orientadores da atuação da Administração Pública.

O controle financeiro realizado pelo Congresso Nacional não analisa aspectos de mérito.

Para que o controle financeiro seja eficiente, é necessária a prestação de contas por parte das pessoas físicas ou jurídicas que, de qualquer forma, administrem dinheiro ou direito patrimonial público; tal regra vem descrita no parágrafo único do Art. 70:

Art. 70, Parágrafo único. *Prestará contas qualquer pessoa física ou jurídica, pública ou privada, que utilize, arrecade, guarde, gerencie ou administre dinheiros, bens e valores públicos ou pelos quais a União responda, ou que, em nome desta, assuma obrigações de natureza pecuniária.*

Controle exercido pelos tribunais de contas

Os Tribunais de Contas são órgãos de controle vinculados ao Poder Legislativo. A finalidade que possuem é auxiliar na função de exercer o controle externo da Administração Pública.

NOÇÕES DE DIREITO ADMINISTRATIVO

CONTROLE DA ADMINISTRAÇÃO PÚBLICA

Apesar da expressão órgãos auxiliares, os tribunais de contas não se submetem ao poder legislativo, ou seja, não existe hierarquia nem subordinação entre os tribunais de contas e o poder legislativo.

A Constituição Federal, no Art. 71, estabelece as competências do Tribunal de Contas da União (TCU), e, pelo princípio da simetria, os tribunais de contas estaduais e municipais detêm as mesmas competências nas suas esferas de fiscalização, não sendo permitidas às Constituições Estaduais e às leis orgânicas municipais criar novas hipóteses de controle. Veja as competências dos Tribunais de Contas a seguir.

Hipóteses de Controle

Art. 71. O controle externo, a cargo do Congresso Nacional, será exercido com o auxílio do Tribunal de Contas da União, ao qual compete:

I. Apreciar as contas prestadas anualmente pelo Presidente da República, mediante parecer prévio que deverá ser elaborado em sessenta dias a contar de seu recebimento;

II. Julgar as contas dos administradores e demais responsáveis por dinheiros, bens e valores públicos da administração direta e indireta, incluídas as fundações e sociedades instituídas e mantidas pelo Poder Público federal, e as contas daqueles que derem causa a perda, extravio ou outra irregularidade de que resulte prejuízo ao erário público;

III. Apreciar, para fins de registro, a legalidade dos atos de admissão de pessoal, a qualquer título, na administração direta e indireta, incluídas as fundações instituídas e mantidas pelo Poder Público, excetuadas as nomeações para cargo de provimento em comissão, bem como a das concessões de aposentadorias, reformas e pensões, ressalvadas as melhorias posteriores que não alterem o fundamento legal do ato concessório;

IV. Realizar, por iniciativa própria, da Câmara dos Deputados, do Senado Federal, de Comissão técnica ou de inquérito, inspeções e auditorias de natureza contábil, financeira, orçamentária, operacional e patrimonial, nas unidades administrativas dos Poderes Legislativo, Executivo e Judiciário, e demais entidades referidas no inciso II;

V. Fiscalizar as contas nacionais das empresas supranacionais de cujo capital social a União participe, de forma direta ou indireta, nos termos do tratado constitutivo;

VI. Fiscalizar a aplicação de quaisquer recursos repassados pela União mediante convênio, acordo, ajuste ou outros instrumentos congêneres, a Estado, ao Distrito Federal ou a Município;

VII. Prestar as informações solicitadas pelo Congresso Nacional, por qualquer de suas Casas, ou por qualquer das respectivas Comissões, sobre a fiscalização contábil, financeira, orçamentária, operacional e patrimonial e sobre resultados de auditorias e inspeções realizadas;

VIII. Aplicar aos responsáveis, em caso de ilegalidade de despesa ou irregularidade de contas, as sanções previstas em lei, que estabelecerá, entre outras cominações, multa proporcional ao dano causado ao erário;

IX. Assinar prazo para que o órgão ou entidade adote as providências necessárias ao exato cumprimento da lei, se verificada ilegalidade;

X. Sustar, se não atendido, a execução do ato impugnado, comunicando a decisão à Câmara dos Deputados e ao Senado Federal;

XI. Representar ao Poder competente sobre irregularidades ou abusos apurados.

§ 1º - No caso de contrato, o ato de sustação será adotado diretamente pelo Congresso Nacional, que solicitará, de imediato, ao Poder Executivo as medidas cabíveis.

§ 2º - Se o Congresso Nacional ou o Poder Executivo, no prazo de noventa dias, não efetivar as medidas previstas no parágrafo anterior, o Tribunal decidirá a respeito.

§ 3º - As decisões do Tribunal de que resulte imputação de débito ou multa terão eficácia de título executivo.

§ 4º - O Tribunal encaminhará ao Congresso Nacional, trimestral e anualmente, relatório de suas atividades.

Pontos Relevantes

A partir dessas regras, analisaremos alguns aspectos relevantes referentes ao controle da Administração Pública quando feito pelos tribunais de contas, nas suas respectivas áreas de competências:

> Contas do Presidente da República são somente apreciadas mediante parecer prévio do tribunal de contas, a competência para julgá-las é do Congresso Nacional.

Apreciação e julgamento das contas públicas

O TCU tem a competência de apreciar e julgar as contas dos administradores públicos.

O julgamento das contas feito pelo TCU não depende de homologação ou parecer do Poder Legislativo, pois, lembrando, os Tribunais de Contas não são subordinados ao Poder Legislativo.

Julgamento das Contas do Próprio Tribunal de Contas

Como a Constituição Federal não se preocupou em estabelecer quem é que detém a competência para julgar as contas dos Tribunais de Contas, o STF entendeu que podem as Constituições Estaduais e Leis Orgânicas Municipais submeterem as contas dos Tribunais de Contas a julgamentos das suas respectivas casas legislativas.

Controle dos Atos Administrativos

O TCU tem o poder de sustar a execução do ato e, nesse caso, deve dar ciência dessa decisão à Câmara dos Deputados e ao Senado Federal.

Súmula Vinculante nº 3. Nos processos perante ao Tribunal de Contas da União, asseguram-se o contraditório e a ampla defesa quando da decisão puder resultar anulação ou revogação de ato administrativo que beneficie o interessado, excetuada a apreciação da legalidade do ato de concessão inicial de aposentadoria, reforma e pensão.

Controle dos Contratos Administrativos

Regra: o TCU não pode sustar os contratos administrativos, pois tal competência é do Congresso Nacional, que deve solicitar de imediato ao Poder Executivo a adoção das medidas cabíveis.

Exceção: caso o Congresso Nacional ou o Poder Executivo não tomem as medidas necessárias para a sustação do contrato em 90 dias, o TCU terá competência para efetuar a sua sustação.

Declaração de Inconstitucionalidade das Leis

Segundo o STF, os tribunais de contas, no exercício de suas competências, podem declarar uma norma inconstitucional e afastar a sua aplicação nos processos de sua apreciação. Todavia, tal declaração de inconstitucionalidade deve ser feita pela maioria absoluta dos membros dos tribunais de contas.

Súmula 347, STF. O Tribunal de Contas, no exercício de suas atribuições, pode apreciar a constitucionalidade das leis e dos atos do poder público.

10.4 Controle Judiciário

É um controle de legalidade (nunca de mérito) realizado pelo poder judiciário, na sua função típica de julgar, nos atos praticados pelas Administração Pública de qualquer poder.

Esse controle por abranger somente aspectos de legalidade, fica restrito à possibilidade de anulação dos atos administrativos ilegais, não podendo o poder judiciário realizar o controle de mérito dos atos administrativos e, em consequência, não podendo revogar os atos administrativos praticados pela Administração Pública.

O controle judiciário somente será exercido por meio da provocação do interessado, não podendo o poder judiciário apreciar um ato administrativo de ofício, em decorrência do atributo da presunção de legitimidade dos atos administrativos.

É importante lembrar que a própria Administração Pública faz o controle de legalidade da sua própria atuação, todavia as decisões administrativas não fazem coisa julgada. Assim sendo, a decisão administrativa pode ser reformada pelo poder judiciário, pois somente as decisões desse poder é que tem o efeito de coisa julgada.

Os meios para provocar a atuação do poder judiciário são vários, dentre eles, encontramos:

> Mandado de Segurança.
> Ação Popular.
> Ação Civil Pública.
> Dentre outros.

11. LEI Nº 8.429, DE 2 DE JUNHO DE 1992

11.1 Improbidade Administrativa

A improbidade administrativa está prevista no texto constitucional em seu art. 37, § 4º, que prevê:

> **Art. 37.** [...]
> **§ 4º** Os atos de improbidade administrativa importarão a suspensão dos direitos políticos, a perda da função pública, a indisponibilidade dos bens e o ressarcimento ao erário, na forma e gradação previstas em lei, sem prejuízo da ação penal cabível.

A norma constitucional determinou que os atos de improbidade administrativa deveriam ser regulamentados para a sua execução, o que ocorreu com a edição da Lei nº 8.429/92, recentemente alterada pela redação dada pela Lei nº 14.230/2021, que passou a dispor sobre as sanções aplicáveis em virtude da prática de atos de improbidade administrativa, de que trata o § 4º do art. 37 da Constituição Federal, e dá outras providências.

Sistema de responsabilização por atos de improbidade administrativa

O sistema de responsabilização por atos de improbidade administrativa tutelará a probidade na organização do Estado e no exercício de suas funções, como forma de assegurar a integridade do patrimônio público e social.

AUSÊNCIA DE COMPROVAÇÃO DE ATO DOLOSO: o mero exercício da função ou o desempenho de competências públicas, sem comprovação de ato doloso com fim ilícito, afasta a responsabilidade por ato de improbidade administrativa.

APLICAÇÃO DE PRINCÍPIOS CONSTITUCIONAIS: aplicam-se ao sistema da improbidade os princípios constitucionais do direito administrativo sancionador.

VIOLAÇÃO DA PROBIDADE NA ORGANIZAÇÃO DO ESTADO: os atos de improbidade violam a probidade na organização do Estado e no exercício de suas funções e a integridade do patrimônio público e social dos Poderes Executivo, Legislativo e Judiciário, bem como da administração direta e indireta, no âmbito da União, dos estados, dos municípios e do Distrito Federal.

> **Atenção!**
> Estão sujeitos às sanções desta Lei os atos de improbidade praticados contra o patrimônio de entidade privada que receba subvenção, benefício ou incentivo, fiscal ou creditício, de entes públicos ou governamentais.

SUJEIÇÃO À SANÇÃO: independentemente de integrar a administração indireta, estão sujeitos às sanções os atos de improbidade praticados contra o patrimônio de entidade privada para cuja criação ou custeio o erário haja concorrido ou concorra no seu patrimônio ou receita atual, limitado o ressarcimento de prejuízos, nesse caso, à repercussão do ilícito sobre a contribuição dos cofres públicos.

NÃO CONFIGURAÇÃO DE IMPROBIDADE: a ação ou omissão decorrente de divergência interpretativa, com base em jurisprudência, ainda que não pacificada, mesmo que não venha a ser posteriormente prevalecente nas decisões dos órgãos de controle ou dos tribunais do Poder Judiciário.

NOÇÕES DE DIREITO ADMINISTRATIVO

LEI Nº 8.429, DE 2 DE JUNHO DE 1992

Agente público

Considera-se agente público o agente político, o servidor público e todo aquele que exerce, ainda que transitoriamente ou sem remuneração, por eleição, nomeação, designação, contratação ou qualquer outra forma de investidura ou vínculo, mandato, cargo, emprego ou função nas entidades.

RECURSO DE ORIGEM PÚBLICA: no que se refere a recursos de origem pública, sujeita-se às sanções previstas nesta Lei o particular, pessoa física ou jurídica, que celebra com a administração pública convênio, contrato de repasse, contrato de gestão, termo de parceria, termo de cooperação ou ajuste administrativo equivalente.

EXTENSÃO DA LEI DE IMPROBIDADE: as disposições da Lei são aplicáveis, no que couber, àquele que, mesmo não sendo agente público, induza ou concorra dolosamente para a prática do ato de improbidade.

SÓCIOS, COTISTAS, DIRETORES E COLABORADORES: sócios, cotistas, diretores e colaboradores de pessoa jurídica de direito privado não respondem pelo ato de improbidade que venha a ser imputado à pessoa jurídica, salvo se, comprovadamente, houver participação e benefícios diretos, caso em que responderão nos limites da sua participação.

> **Atenção!**
> As sanções desta Lei não se aplicarão à pessoa jurídica, caso o ato de improbidade administrativa seja também sancionado como ato lesivo à administração pública de que trata a Lei nº 12.846, de 1º de agosto de 2013 (lei sobre a responsabilização administrativa e civil de pessoas jurídicas pela prática de atos contra a administração pública, nacional ou estrangeira).

INDÍCIOS DE ATO DE IMPROBIDADE: se houver indícios de ato de improbidade, a autoridade que conhecer dos fatos representará ao Ministério Público competente, para as providências necessárias.

DANOS AO ERÁRIO: o sucessor ou herdeiro daquele que causar danos ao erário ou que se enriquecer ilicitamente está sujeito apenas à obrigação de repará-lo até o limite do valor da herança ou do patrimônio transferido.

RESPONSABILIDADE SUCESSÓRIA: a responsabilidade sucessória aplica-se também na hipótese de alteração contratual, de transformação, de incorporação, de fusão ou de cisão societária.

> **Atenção!**
> Nas hipóteses de fusão e incorporação, a responsabilidade da sucessora será restrita à obrigação de reparação integral do dano causado, até o limite do patrimônio transferido, não lhe sendo aplicáveis as demais sanções previstas na lei de improbidade decorrentes de atos e de fatos ocorridos antes da data da fusão ou da incorporação, exceto no caso de simulação ou de evidente intuito de fraude, devidamente comprovados.

11.2 Dos Atos de Improbidade Administrativa

Dos atos de improbidade administrativa que importam enriquecimento ilícito

Constitui ato de improbidade administrativa importando em enriquecimento ilícito auferir, mediante a prática de ato doloso, qualquer tipo de vantagem patrimonial indevida em razão do exercício de cargo, de mandato, de função, de emprego ou de atividade nas entidades, e notadamente:

> I - receber, para si ou para outrem, dinheiro, bem móvel ou imóvel, ou qualquer outra vantagem econômica, direta ou indireta, a título de comissão, percentagem, gratificação ou presente de quem tenha interesse, direto ou indireto, que possa ser atingido ou amparado por ação ou omissão decorrente das atribuições do agente público;
>
> II - perceber vantagem econômica, direta ou indireta, para facilitar a aquisição, permuta ou locação de bem móvel ou imóvel, ou a contratação de serviços pelas entidades referidas no art. 1º por preço superior ao valor de mercado;
>
> III - perceber vantagem econômica, direta ou indireta, para facilitar a alienação, permuta ou locação de bem público ou o fornecimento de serviço por ente estatal por preço inferior ao valor de mercado;
>
> IV - utilizar, em obra ou serviço particular, qualquer bem móvel, de propriedade ou à disposição de qualquer das entidades referidas no art. 1º desta Lei, bem como o trabalho de servidores, de empregados ou de terceiros contratados por essas entidades;
>
> V - receber vantagem econômica de qualquer natureza, direta ou indireta, para tolerar a exploração ou a prática de jogos de azar, de lenocínio, de narcotráfico, de contrabando, de usura ou de qualquer outra atividade ilícita, ou aceitar promessa de tal vantagem;
>
> VI - receber vantagem econômica de qualquer natureza, direta ou indireta, para fazer declaração falsa sobre qualquer dado técnico que envolva obras públicas ou qualquer outro serviço ou sobre quantidade, peso, medida, qualidade ou característica de mercadorias ou bens fornecidos a qualquer das entidades referidas no art. 1º desta Lei;
>
> VII - adquirir, para si ou para outrem, no exercício de mandato, de cargo, de emprego ou de função pública, e em razão deles, bens de qualquer natureza, decorrentes dos atos descritos no caput deste artigo, cujo valor seja desproporcional à evolução do patrimônio ou à renda do agente público, assegurada a demonstração pelo agente da licitude da origem dessa evolução;
>
> VIII - aceitar emprego, comissão ou exercer atividade de consultoria ou assessoramento para pessoa física ou jurídica que tenha interesse suscetível de ser atingido ou amparado por ação ou omissão decorrente das atribuições do agente público, durante a atividade;
>
> IX - perceber vantagem econômica para intermediar a liberação ou aplicação de verba pública de qualquer natureza;
>
> X - receber vantagem econômica de qualquer natureza, direta ou indiretamente, para omitir ato de ofício, providência ou declaração a que esteja obrigado;
>
> XI - incorporar, por qualquer forma, ao seu patrimônio bens, rendas, verbas ou valores integrantes do acervo patrimonial das entidades mencionadas no art. 1º desta lei;
>
> XII - usar, em proveito próprio, bens, rendas, verbas ou valores integrantes do acervo patrimonial das entidades mencionadas no art. 1º desta lei.

Dos atos de improbidade administrativa que causam prejuízo ao erário

Constitui ato de improbidade administrativa que causa lesão ao erário qualquer ação ou omissão dolosa, que enseje, efetiva e comprovadamente, perda patrimonial, desvio, apropriação, malbaratamento ou dilapidação dos bens ou haveres das entidades, e notadamente:

> I - facilitar ou concorrer, por qualquer forma, para a indevida incorporação ao patrimônio particular, de pessoa física ou jurídica, de

bens, de rendas, de verbas ou de valores integrantes do acervo patrimonial das entidades referidas no art. 1º desta Lei;

II - permitir ou concorrer para que pessoa física ou jurídica privada utilize bens, rendas, verbas ou valores integrantes do acervo patrimonial das entidades mencionadas no art. 1º desta lei, sem a observância das formalidades legais ou regulamentares aplicáveis à espécie;

III - doar à pessoa física ou jurídica bem como ao ente despersonalizado, ainda que de fins educativos ou assistências, bens, rendas, verbas ou valores do patrimônio de qualquer das entidades mencionadas no art. 1º desta lei, sem observância das formalidades legais e regulamentares aplicáveis à espécie;

IV - permitir ou facilitar a alienação, permuta ou locação de bem integrante do patrimônio de qualquer das entidades referidas no art. 1º desta lei, ou ainda a prestação de serviço por parte delas, por preço inferior ao de mercado;

V - permitir ou facilitar a aquisição, permuta ou locação de bem ou serviço por preço superior ao de mercado;

VI - realizar operação financeira sem observância das normas legais e regulamentares ou aceitar garantia insuficiente ou inidônea;

VII - conceder benefício administrativo ou fiscal sem a observância das formalidades legais ou regulamentares aplicáveis à espécie;

VIII - frustrar a licitude de processo licitatório ou de processo seletivo para celebração de parcerias com entidades sem fins lucrativos, ou dispensá-los indevidamente, acarretando perda patrimonial efetiva;

IX - ordenar ou permitir a realização de despesas não autorizadas em lei ou regulamento;

X - agir ilicitamente na arrecadação de tributo ou de renda, bem como no que diz respeito à conservação do patrimônio público;

XI - liberar verba pública sem a estrita observância das normas pertinentes ou influir de qualquer forma para a sua aplicação irregular;

XII - permitir, facilitar ou concorrer para que terceiro se enriqueça ilicitamente;

XIII - permitir que se utilize, em obra ou serviço particular, veículos, máquinas, equipamentos ou material de qualquer natureza, de propriedade ou à disposição de qualquer das entidades mencionadas no art. 1º desta lei, bem como o trabalho de servidor público, empregados ou terceiros contratados por essas entidades;

XIV - celebrar contrato ou outro instrumento que tenha por objeto a prestação de serviços públicos por meio da gestão associada sem observar as formalidades previstas na lei;

XV - celebrar contrato de rateio de consórcio público sem suficiente e prévia dotação orçamentária, ou sem observar as formalidades previstas na lei;

XVI - facilitar ou concorrer, por qualquer forma, para a incorporação, ao patrimônio particular de pessoa física ou jurídica, de bens, rendas, verbas ou valores públicos transferidos pela administração pública a entidades privadas mediante celebração de parcerias, sem a observância das formalidades legais ou regulamentares aplicáveis à espécie;

XVII - permitir ou concorrer para que pessoa física ou jurídica privada utilize bens, rendas, verbas ou valores públicos transferidos pela administração pública a entidade privada mediante celebração de parcerias, sem a observância das formalidades legais ou regulamentares aplicáveis à espécie;

XVIII - celebrar parcerias da administração pública com entidades privadas sem a observância das formalidades legais ou regulamentares aplicáveis à espécie;

XIX - agir para a configuração de ilícito na celebração, na fiscalização e na análise das prestações de contas de parcerias firmadas pela administração pública com entidades privadas;

XX - liberar recursos de parcerias firmadas pela administração pública com entidades privadas sem a estrita observância das normas pertinentes ou influir de qualquer forma para a sua aplicação irregular.

XXII - conceder, aplicar ou manter benefício financeiro ou tributário contrário ao que dispõem o caput e o § 1º do art. 8º-A da Lei Complementar nº 116, de 31 de julho de 2003.

> **Atenção!**
> Nos casos em que a inobservância de formalidades legais ou regulamentares não implicar perda patrimonial efetiva, não ocorrerá imposição de ressarcimento, vedado o enriquecimento sem causa das entidades referidas na lei de improbidade.

PERDA PATRIMONIAL: a mera perda patrimonial decorrente da atividade econômica não acarretará improbidade administrativa, salvo se comprovado ato doloso praticado com essa finalidade.

Dos atos de improbidade administrativa que atentam contra os princípios da administração pública

Constitui ato de improbidade administrativa que atenta contra os princípios da administração pública a ação ou omissão dolosa que viole os deveres de honestidade, de imparcialidade e de legalidade, caracterizada por uma das seguintes condutas:

> revelar fato ou circunstância de que tem ciência em razão das atribuições e que deva permanecer em segredo, propiciando beneficiamento por informação privilegiada ou colocando em risco a segurança da sociedade e do Estado;

> negar publicidade aos atos oficiais, exceto em razão de sua imprescindibilidade para a segurança da sociedade e do Estado ou de outras hipóteses instituídas em lei;

> frustrar, em ofensa à imparcialidade, o caráter concorrencial de concurso público, de chamamento ou de procedimento licitatório, com vistas à obtenção de benefício próprio, direto ou indireto, ou de terceiros;

> deixar de prestar contas quando esteja obrigado a fazê-lo, desde que disponha das condições para isso, com vistas a ocultar irregularidades;

> revelar ou permitir que chegue ao conhecimento de terceiro, antes da respectiva divulgação oficial, teor de medida política ou econômica capaz de afetar o preço de mercadoria, bem ou serviço;

> descumprir as normas relativas à celebração, fiscalização e aprovação de contas de parcerias firmadas pela administração pública com entidades privadas;

> nomear cônjuge, companheiro ou parente em linha reta, colateral ou por afinidade, até o terceiro grau, inclusive, da autoridade nomeante ou de servidor da mesma pessoa jurídica investido em cargo de direção, chefia ou assessoramento, para o exercício de cargo em comissão ou de confiança ou, ainda, de função gratificada na administração pública direta e indireta em qualquer dos Poderes da União, dos estados, do

LEI Nº 8.429, DE 2 DE JUNHO DE 1992

Distrito Federal e dos municípios, compreendido o ajuste mediante designações recíprocas;

> praticar, no âmbito da administração pública e com recursos do erário, ato de publicidade que contrarie o disposto no § 1º do art. 37 da Constituição Federal, de forma a promover inequívoco enaltecimento do agente público e personalização de atos, de programas, de obras, de serviços ou de campanhas dos órgãos públicos.

Atenção!

Nos termos da Convenção das Nações Unidas contra a Corrupção, promulgada pelo Decreto nº 5.687, de 31 de janeiro de 2006, somente haverá improbidade administrativa, na aplicação deste artigo, quando for comprovado na conduta funcional do agente público o fim de obter proveito ou benefício indevido para si ou para outra pessoa ou entidade.

APLICAÇÃO DA LEI: aplica-se a lei a quaisquer atos de improbidade administrativa tipificados nesta Lei e em leis especiais e a quaisquer outros tipos especiais de improbidade administrativa instituídos por lei.

ENQUADRAMENTO DE CONDUTA FUNCIONAL: o enquadramento de conduta funcional na categoria pressupõe a demonstração objetiva da prática de ilegalidade no exercício da função pública, com a indicação das normas constitucionais, legais ou infralegais violadas.

EXIGÊNCIA DE LESIVIDADE RELEVANTE: os atos de improbidade exigem lesividade relevante ao bem jurídico tutelado para serem passíveis de sancionamento e independem do reconhecimento da produção de danos ao erário e de enriquecimento ilícito dos agentes públicos.

NÃO SE CONFIGURARÁ IMPROBIDADE: a mera nomeação ou indicação política por parte dos detentores de mandatos eletivos, sendo necessária a aferição de dolo com finalidade ilícita por parte do agente.

11.3 Penas

Independentemente do ressarcimento integral do dano patrimonial, se efetivo, e das sanções penais comuns e de responsabilidade, civis e administrativas previstas na legislação específica, está o responsável pelo ato de improbidade sujeito às seguintes cominações, que podem ser aplicadas isolada ou cumulativamente, de acordo com a gravidade do fato:

> perda dos bens ou valores acrescidos ilicitamente ao patrimônio, perda da função pública, suspensão dos direitos políticos até 14 anos, pagamento de multa civil equivalente ao valor do acréscimo patrimonial e proibição de contratar com o Poder Público ou de receber benefícios ou incentivos fiscais ou creditícios, direta ou indiretamente, ainda que por intermédio de pessoa jurídica da qual seja sócio majoritário, pelo prazo não superior a 14 anos;

> perda dos bens ou valores acrescidos ilicitamente ao patrimônio, se concorrer esta circunstância, perda da função pública, suspensão dos direitos políticos até 12 anos, pagamento de multa civil equivalente ao valor do dano e proibição de contratar com o poder público ou de receber benefícios ou incentivos fiscais ou creditícios, direta ou indiretamente, ainda que por intermédio de pessoa jurídica da qual seja sócio majoritário, pelo prazo não superior a 12 anos;

> pagamento de multa civil de até 24 vezes o valor da remuneração percebida pelo agente e proibição de contratar com o Poder Público ou de receber benefícios ou incentivos fiscais ou creditícios, direta ou indiretamente, ainda que por intermédio de pessoa jurídica da qual seja sócio majoritário, pelo prazo não superior a 4 anos;

Atenção!

A sanção de perda da função pública atinge apenas o vínculo de mesma qualidade e natureza que o agente público ou político detinha com o Poder Público na época do cometimento da infração, podendo o magistrado, e em caráter excepcional, estendê-la aos demais vínculos, consideradas as circunstâncias do caso e a gravidade da infração.

MULTA: a multa pode ser aumentada até o dobro se o juiz considerar que, em virtude da situação econômica do réu, o valor calculado é ineficaz para reprovação e prevenção do ato de improbidade.

RESPONSABILIZAÇÃO DA PESSOA JURÍDICA: na responsabilização da pessoa jurídica, deverão ser considerados os efeitos econômicos e sociais das sanções, de modo a viabilizar a manutenção de suas atividades.

SANÇÃO DE PROIBIÇÃO DE CONTRATAÇÃO COM O PODER PÚBLICO: em caráter excepcional e por motivos relevantes devidamente justificados, a sanção de proibição de contratação com o Poder Público pode extrapolar o ente público lesado pelo ato de improbidade, observados os impactos econômicos e sociais das sanções, de forma a preservar a função social da pessoa jurídica.

ATOS DE MENOR OFENSA AOS BENS JURÍDICOS: no caso de atos de menor ofensa aos bens jurídicos, a sanção limitar-se-á à aplicação de multa, sem prejuízo do ressarcimento do dano e da perda dos valores obtidos, quando for o caso, nos termos do *caput* deste artigo.

LESÃO AO PATRIMÔNIO PÚBLICO: se ocorrer lesão ao patrimônio público, a reparação do dano a que se refere esta Lei deverá deduzir o ressarcimento ocorrido nas instâncias criminal, civil e administrativa que tiver por objeto os mesmos fatos.

SANÇÕES APLICADAS A PESSOAS JURÍDICAS: as sanções aplicadas a pessoas jurídicas deverão observar o princípio constitucional do *non bis in idem*.

CADASTRO NACIONAL DE EMPRESAS INIDÔNEAS E SUSPENSAS (CEIS): a sanção de proibição de contratação com o Poder Público deverá constar do CEIS, observadas as limitações territoriais contidas em decisão judicial.

EXECUÇÃO DA SANÇÃO: as sanções somente poderão ser executadas após o trânsito em julgado da sentença condenatória.

CONTAGEM DO PRAZO DA SANÇÃO: para efeitos de contagem do prazo da sanção de suspensão dos direitos políticos, computar-se-á retroativamente o intervalo de tempo entre a decisão colegiada e o trânsito em julgado da sentença condenatória.

11.4 Da Declaração de Bens

APRESENTAÇÃO DE DECLARAÇÃO DE IMPOSTO DE RENDA E PROVENTOS: a posse e o exercício de agente público ficam condicionados à apresentação de declaração de imposto de renda e proventos de qualquer natureza, que tenha sido apresentada à Secretaria Especial da Receita Federal do Brasil, a fim de ser arquivada no serviço de pessoal competente.

DECLARAÇÃO DE BENS: a declaração de bens será atualizada anualmente e na data em que o agente público deixar o exercício do mandato, do cargo, do emprego ou da função.

AGENTE PÚBLICO QUE SE RECUSAR A PRESTAR A DECLARAÇÃO DOS BENS: será apenado com a pena de demissão, sem prejuízo de outras sanções cabíveis, o agente público que se recusar a prestar a declaração dos bens a que se refere o *caput* deste artigo dentro do prazo determinado ou que prestar declaração falsa.

11.5 Do Procedimento Administrativo e do Processo Judicial

REPRESENTAÇÃO À AUTORIDADE ADMINISTRATIVA: qualquer pessoa poderá representar à autoridade administrativa competente para que seja instaurada investigação destinada a apurar a prática de ato de improbidade.

ELEMENTOS DA REPRESENTAÇÃO: a representação, que será escrita ou reduzida a termo e assinada, conterá a qualificação do representante, as informações sobre o fato e sua autoria e a indicação das provas de que tenha conhecimento.

REJEIÇÃO: a autoridade administrativa rejeitará a representação, em despacho fundamentado, se esta não contiver as formalidades. A rejeição não impede a representação ao Ministério Público.

APURAÇÃO DOS FATOS: atendidos os requisitos da representação, a autoridade determinará a imediata apuração dos fatos, observada a legislação que regula o processo administrativo disciplinar aplicável ao agente.

COMISSÃO PROCESSANTE: a comissão processante dará conhecimento ao Ministério Público e ao Tribunal ou Conselho de Contas da existência de procedimento administrativo para apurar a prática de ato de improbidade.

MINISTÉRIO PÚBLICO OU TRIBUNAL: o Ministério Público ou Tribunal ou Conselho de Contas poderá, a requerimento, designar representante para acompanhar o procedimento administrativo.

AÇÃO POR IMPROBIDADE ADMINISTRATIVA: na ação por improbidade administrativa poderá ser formulado, em caráter antecedente ou incidente, pedido de indisponibilidade de bens dos réus, a fim de garantir a integral recomposição do erário ou do acréscimo patrimonial resultante de enriquecimento ilícito.

PEDIDO DE INDISPONIBILIDADE: o pedido de indisponibilidade de bens poderá ser formulado independentemente da representação.

PEDIDO DE INDISPONIBILIDADE DE BENS: quando for o caso, o pedido de indisponibilidade de bens incluirá a investigação, o exame e o bloqueio de bens, contas bancárias e aplicações financeiras mantidas pelo indiciado no exterior, nos termos da lei e dos tratados internacionais.

DEFERIMENTO DO PEDIDO DE INDISPONIBILIDADE: o pedido de indisponibilidade de bens apenas será deferido mediante a demonstração no caso concreto de perigo de dano irreparável ou de risco ao resultado útil do processo, desde que o juiz se convença da probabilidade da ocorrência dos atos descritos na petição inicial com fundamento nos respectivos elementos de instrução, após a oitiva do réu em 5 dias.

DECRETAÇÃO: a indisponibilidade de bens poderá ser decretada sem a oitiva prévia do réu, sempre que o contraditório prévio puder comprovadamente frustrar a efetividade da medida ou houver outras circunstâncias que recomendem a proteção liminar, não podendo a urgência ser presumida.

VÁRIOS RÉUS: se houver mais de um réu na ação, a somatória dos valores declarados indisponíveis não poderá superar o montante indicado na petição inicial como dano ao erário ou como enriquecimento ilícito.

VALOR DA INDISPONIBILIDADE: o valor da indisponibilidade considerará a estimativa de dano indicada na petição inicial, permitida a sua substituição por caução idônea, por fiança bancária ou por seguro-garantia judicial, a requerimento do réu, bem como a sua readequação durante a instrução do processo.

INDISPONIBILIDADE DE BENS DE TERCEIRO: a indisponibilidade de bens de terceiro dependerá da demonstração da sua efetiva concorrência para os atos ilícitos apurados ou, quando se tratar de pessoa jurídica, da instauração de incidente de desconsideração da personalidade jurídica, a ser processado na forma da lei processual.

APLICAÇÃO: aplica-se à indisponibilidade de bens regida pela lei de improbidade, no que for cabível, o regime da tutela provisória de urgência da Lei nº 13.105, de 16 de março de 2015 (Código de Processo Civil – CPC).

CABIMENTO DE AGRAVO DE INSTRUMENTO: da decisão que deferir ou indeferir a medida relativa à indisponibilidade de bens caberá agravo de instrumento, nos termos da Lei nº 13.105, de 16 de março de 2015 (CPC).

INDISPONIBILIDADE: a indisponibilidade recairá sobre bens que assegurem exclusivamente o integral ressarcimento do dano ao erário, sem incidir sobre os valores a serem eventualmente aplicados a título de multa civil ou sobre acréscimo patrimonial decorrente de atividade lícita.

ORDEM DE INDISPONIBILIDADE DE BENS: a ordem de indisponibilidade de bens deverá priorizar veículos de via terrestre, bens imóveis, bens móveis em geral, semoventes, navios e aeronaves, ações e quotas de sociedades simples e empresárias, pedras e metais preciosos e, apenas na inexistência desses, o bloqueio de contas bancárias, de forma a garantir a subsistência do acusado e a manutenção da atividade empresária ao longo do processo.

APRECIAÇÃO DO PEDIDO DE INDISPONIBILIDADE: o juiz, ao apreciar o pedido de indisponibilidade de bens do réu a que se refere o *caput* deste artigo, observará os efeitos práticos da decisão, vedada a adoção de medida capaz de acarretar prejuízo à prestação de serviços públicos.

INDISPONIBILIDADE A QUANTIA: é vedada a decretação de indisponibilidade da quantia de até 40 salários-mínimos depositados em caderneta de poupança, em outras aplicações financeiras ou em conta-corrente.

VEDAÇÃO À DECRETAÇÃO DE INDISPONIBILIDADE: é vedada a decretação de indisponibilidade do bem de família do réu, salvo se comprovado que o imóvel seja fruto de vantagem patrimonial indevida.

LEI Nº 8.429, DE 2 DE JUNHO DE 1992

APLICAÇÃO DAS SANÇÕES: a ação para a aplicação das sanções de que trata esta Lei será proposta pelo Ministério Público e seguirá o procedimento comum previsto na Lei nº 13.105, de 16 de março de 2015 (CPC). A ação deverá ser proposta perante o foro do local onde ocorrer o dano ou da pessoa jurídica prejudicada. A propositura da ação prevenirá a competência do juízo para todas as ações posteriormente intentadas que possuam a mesma causa de pedir ou o mesmo objeto.

PETIÇÃO DA AÇÃO: a petição inicial observará o seguinte:

I - deverá individualizar a conduta do réu e apontar os elementos probatórios mínimos que demonstrem a ocorrência das hipóteses dos arts. 9º, 10 e 11 desta Lei e de sua autoria, salvo impossibilidade devidamente fundamentada;

II - será instruída com documentos ou justificação que contenham indícios suficientes da veracidade dos fatos e do dolo imputado ou com razões fundamentadas da impossibilidade de apresentação de qualquer dessas provas, observada a legislação vigente, inclusive as disposições constantes dos arts. 77 e 80 da Lei nº 13.105, de 16 de março de 2015 (Código de Processo Civil).

> **Atenção!**
> O Ministério Público poderá requerer as tutelas provisórias adequadas e necessárias, nos termos dos arts. 294 a 310 da Lei nº 13.105, de 16 de março de 2015 (CPC).

PETIÇÃO INICIAL: a petição inicial será rejeitada nos casos do art. 330 da Lei nº 13.105, de 16 de março de 2015 (CPC), bem como quando não preenchidos os requisitos, ou ainda quando manifestamente inexistente o ato de improbidade imputado.

ATUAÇÃO DA PETIÇÃO: se a petição inicial estiver em devida forma, o juiz mandará autuá-la e ordenará a citação dos requeridos para que a contestem no prazo comum de 30 dias, iniciado o prazo na forma do art. 231 da Lei nº 13.105, de 16 de março de 2015 (CPC).

AGRAVO DE INSTRUMENTO: da decisão que rejeitar questões preliminares suscitadas pelo réu em sua contestação caberá agravo de instrumento.

INTERRUPÇÃO DO PRAZO PARA A CONTESTAÇÃO: havendo a possibilidade de solução consensual, poderão as partes requerer ao juiz a interrupção do prazo para a contestação, por prazo não superior a 90 dias.

OFERECIDA A CONTESTAÇÃO: e, se for o caso, ouvido o autor, o juiz:

> - procederá ao julgamento conforme o estado do processo, observada a eventual inexistência manifesta do ato de improbidade;
> - poderá desmembrar o litisconsórcio, com vistas a otimizar a instrução processual.

DECISÃO: após a réplica do Ministério Público, o juiz proferirá decisão na qual indicará com precisão a tipificação do ato de improbidade administrativa imputável ao réu, sendo-lhe vedado modificar o fato principal e a capitulação legal apresentada pelo autor.

INTIMAÇÃO: proferida a decisão as partes serão intimadas a especificar as provas que pretendem produzir.

> **Atenção!**
> Será nula a decisão de mérito total ou parcial da ação de improbidade administrativa que condenar o requerido por tipo diverso daquele definido na petição inicial; e condenar o requerido sem a produção das provas por ele tempestivamente especificadas.

JULGAMENTO IMPROCEDENTE: em qualquer momento do processo, verificada a inexistência do ato de improbidade, o juiz julgará a demanda improcedente. Sem prejuízo da citação dos réus, a pessoa jurídica interessada será intimada para, caso queira, intervir no processo.

DESCONSIDERAÇÃO DE PESSOA JURÍDICA: se a imputação envolver a desconsideração de pessoa jurídica, serão observadas as regras previstas nos arts. 133, 134, 135, 136 e 137 da Lei nº 13.105, de 16 de março de 2015 (CPC).

CONVERSÃO DA AÇÃO: a qualquer momento, se o magistrado identificar a existência de ilegalidades ou de irregularidades administrativas a serem sanadas sem que estejam presentes todos os requisitos para a imposição das sanções aos agentes incluídos no polo passivo da demanda, poderá, em decisão motivada, converter a ação de improbidade administrativa em ação civil pública, regulada pela Lei nº 7.347, de 24 de julho de 1985. Da decisão que converter a ação de improbidade em ação civil pública caberá agravo de instrumento.

Ao réu será assegurado o direito de ser interrogado sobre os fatos de que trata a ação, e a sua recusa ou o seu silêncio não implicarão confissão.

Não se aplicam na ação de improbidade administrativa:

I - a presunção de veracidade dos fatos alegados pelo autor em caso de revelia;

II - a imposição de ônus da prova ao réu, na forma dos §§ 1º e 2º do art. 373 da Lei nº 13.105, de 16 de março de 2015 (Código de Processo Civil);

III - o ajuizamento de mais de uma ação de improbidade administrativa pelo mesmo fato, competindo ao Conselho Nacional do Ministério Público dirimir conflitos de atribuições entre membros de Ministérios Públicos distintos;

IV - o reexame obrigatório da sentença de improcedência ou de extinção sem resolução de mérito.

> **Atenção!**
> A assessoria jurídica que emitiu o parecer atestando a legalidade prévia dos atos administrativos praticados pelo administrador público ficará obrigada a defendê-lo judicialmente, caso este venha a responder ação por improbidade administrativa, até que a decisão transite em julgado. Das decisões interlocutórias caberá agravo de instrumento, inclusive da decisão que rejeitar questões preliminares suscitadas pelo réu em sua contestação.

O Ministério Público poderá, conforme as circunstâncias do caso concreto, celebrar acordo de não persecução civil, desde que dele advenham, ao menos, os seguintes resultados:

> - o integral ressarcimento do dano;
> - a reversão à pessoa jurídica lesada da vantagem indevida obtida, ainda que oriunda de agentes privados.

A celebração do acordo dependerá, cumulativamente:

I - da oitiva do ente federativo lesado, em momento anterior ou posterior à propositura da ação;

II - de aprovação, no prazo de até 60 (sessenta) dias, pelo órgão do Ministério Público competente para apreciar as promoções de arquivamento de inquéritos civis, se anterior ao ajuizamento da ação;

III - de homologação judicial, independentemente de o acordo ocorrer antes ou depois do ajuizamento da ação de improbidade administrativa.

CELEBRAÇÃO DE ACORDO: em qualquer caso, a celebração do acordo a que se refere o *caput* deste artigo considerará a personalidade do agente, a natureza, as circunstâncias, a gravidade e a repercussão social do ato de improbidade, bem como as vantagens, para o interesse público, da rápida solução do caso.

APURAÇÃO DO VALOR DO DANO A SER RESSARCIDO: para fins de apuração do valor do dano a ser ressarcido, deverá ser realizada a oitiva do Tribunal de Contas competente, que se manifestará, com indicação dos parâmetros utilizados, no prazo de 90 dias.

CELEBRAÇÃO DO ACORDO: o acordo poderá ser celebrado no curso da investigação de apuração do ilícito, no curso da ação de improbidade ou no momento da execução da sentença condenatória. As negociações para a celebração do acordo ocorrerão entre o Ministério Público, de um lado, e, de outro, o investigado ou demandado e o seu defensor.

> **Atenção!**
> O acordo poderá contemplar a adoção de mecanismos e procedimentos internos de integridade, de auditoria e de incentivo à denúncia de irregularidades e a aplicação efetiva de códigos de ética e de conduta no âmbito da pessoa jurídica, se for o caso, bem como de outras medidas em favor do interesse público e de boas práticas administrativas.

DESCUMPRIMENTO DO ACORDO: em caso de descumprimento do acordo a que se refere o *caput* deste artigo, o investigado ou demandado ficará impedido de celebrar novo acordo pelo prazo de 5 anos, contado do conhecimento pelo Ministério Público do efetivo descumprimento.

A sentença proferida nos processos deverá, além de observar o disposto no art. 489 da Lei nº 13.105, de 16 de março de 2015 (CPC):

I - indicar de modo preciso os fundamentos que demonstram os elementos a que se referem os arts. 9º, 10 e 11 desta Lei, que não podem ser presumidos;

II - considerar as consequências práticas da decisão, sempre que decidir com base em valores jurídicos abstratos;

III - considerar os obstáculos e as dificuldades reais do gestor e as exigências das políticas públicas a seu cargo, sem prejuízo dos direitos dos administrados e das circunstâncias práticas que houverem imposto, limitado ou condicionado a ação do agente;

IV - considerar, para a aplicação das sanções, de forma isolada ou cumulativa:

   a) os princípios da proporcionalidade e da razoabilidade;
   b) a natureza, a gravidade e o impacto da infração cometida;
   c) a extensão do dano causado;
   d) o proveito patrimonial obtido pelo agente;
   e) as circunstâncias agravantes ou atenuantes;
   f) a atuação do agente em minorar os prejuízos e as consequências advindas de sua conduta omissiva ou comissiva;
   g) os antecedentes do agente;

V - considerar na aplicação das sanções a dosimetria das sanções relativas ao mesmo fato já aplicadas ao agente;

VI - considerar, na fixação das penas relativamente ao terceiro, quando for o caso, a sua atuação específica, não admitida a sua responsabilização por ações ou omissões para as quais não tiver concorrido ou das quais não tiver obtido vantagens patrimoniais indevidas;

VII - indicar, na apuração da ofensa a princípios, critérios objetivos que justifiquem a imposição da sanção.

ILEGALIDADE: a ilegalidade sem a presença de dolo que a qualifique não configura ato de improbidade.

LITISCONSÓRCIO PASSIVO: na hipótese de litisconsórcio passivo, a condenação ocorrerá no limite da participação e dos benefícios diretos, vedada qualquer solidariedade. Não haverá remessa necessária nas sentenças de que trata a Lei de Improbidade.

AÇÃO POR IMPROBIDADE ADMINISTRATIVA: a ação por improbidade administrativa é repressiva, de caráter sancionatório, destinada à aplicação de sanções de caráter pessoal previstas nesta Lei, e não constitui ação civil, vedado seu ajuizamento para o controle de legalidade de políticas públicas e para a proteção do patrimônio público e social, do meio ambiente e de outros interesses difusos, coletivos e individuais homogêneos.

CONTROLE DE LEGALIDADE DE POLÍTICAS PÚBLICAS: o controle de legalidade de políticas públicas e a responsabilidade de agentes públicos, inclusive políticos, entes públicos e governamentais, por danos ao meio ambiente, ao consumidor, a bens e direitos de valor artístico, estético, histórico, turístico e paisagístico, a qualquer outro interesse difuso ou coletivo, à ordem econômica, à ordem urbanística, à honra e à dignidade de grupos raciais, étnicos ou religiosos e ao patrimônio público e social submetem-se aos termos da Lei nº 7.347, de 24 de julho de 1985.

SENTENÇA QUE JULGAR PROCEDENTE A AÇÃO: a sentença que julgar procedente a ação fundada condenará ao ressarcimento dos danos e à perda ou à reversão dos bens e valores ilicitamente adquiridos, conforme o caso, em favor da pessoa jurídica prejudicada pelo ilícito.

NECESSIDADE DE LIQUIDAÇÃO DO DANO: se houver necessidade de liquidação do dano, a pessoa jurídica prejudicada procederá a essa determinação e ao ulterior procedimento para cumprimento da sentença referente ao ressarcimento do patrimônio público ou à perda ou à reversão dos bens.

> **Atenção!**
> Caso a pessoa jurídica prejudicada não adote as providências no prazo de 6 meses, contado do trânsito em julgado da sentença de procedência da ação, caberá ao Ministério Público proceder à respectiva liquidação do dano e ao cumprimento da sentença referente ao ressarcimento do patrimônio público ou à perda ou à reversão dos bens, sem prejuízo de eventual responsabilização pela omissão verificada.

APURAÇÃO DO VALOR DO RESSARCIMENTO: para fins de apuração do valor do ressarcimento, deverão ser descontados os serviços efetivamente prestados.

PARCELAMENTO: o juiz poderá autorizar o parcelamento, em até 48 parcelas mensais corrigidas monetariamente, do débito resultante de condenação pela prática de improbidade administrativa se o réu demonstrar incapacidade financeira de saldá-lo de imediato.

FASE DE CUMPRIMENTO DA SENTENÇA: a requerimento do réu, na fase de cumprimento da sentença, o juiz unificará eventuais sanções aplicadas com outras já impostas em outros processos, tendo em vista a eventual continuidade de ilícito ou a prática de diversas ilicitudes, observado o seguinte: no caso de continuidade de ilícito, o juiz promoverá a maior sanção aplicada, aumentada de 1/3, ou a soma das penas, o que for mais benéfico ao réu; no caso de prática de novos atos ilícitos pelo mesmo sujeito, o juiz somará as sanções.

NOÇÕES DE DIREITO ADMINISTRATIVO

SANÇÕES: as sanções de suspensão de direitos políticos e de proibição de contratar ou de receber incentivos fiscais ou creditícios do Poder Público observarão o limite máximo de 20 anos.

11.6 Disposições Penais

CRIME À REPRESENTAÇÃO POR ATO DE IMPROBIDADE CONTRA AGENTE PÚBLICO OU TERCEIRO BENEFICIÁRIO: constitui crime a representação por ato de improbidade contra agente público ou terceiro beneficiário, quando o autor da denúncia o sabe inocente. Pena: detenção de 6 a 10 meses e multa.

Além da sanção penal, o denunciante está sujeito a indenizar o denunciado pelos danos materiais, morais ou à imagem que houver provocado.

PERDA DA FUNÇÃO PÚBLICA E SUSPENSÃO DOS DIREITOS POLÍTICOS: a perda da função pública e a suspensão dos direitos políticos só se efetivam com o trânsito em julgado da sentença condenatória.

A autoridade judicial competente poderá determinar o afastamento do agente público do exercício do cargo, do emprego ou da função, sem prejuízo da remuneração, quando a medida for necessária à instrução processual ou para evitar a iminente prática de novos ilícitos.

O afastamento será de até 90 dias, prorrogáveis uma única vez por igual prazo, mediante decisão motivada.

A aplicação das sanções independe:

> da efetiva ocorrência de dano ao patrimônio público, salvo quanto à pena de ressarcimento;
> da aprovação ou rejeição das contas pelo órgão de controle interno ou pelo Tribunal ou Conselho de Contas.

ATOS DO ÓRGÃO DE CONTROLE INTERNO OU EXTERNO: os atos do órgão de controle interno ou externo serão considerados pelo juiz quando tiverem servido de fundamento para a conduta do agente público.

PROVAS PRODUZIDAS: as provas produzidas perante os órgãos de controle e as correspondentes decisões deverão ser consideradas na formação da convicção do juiz, sem prejuízo da análise acerca do dolo na conduta do agente.

SENTENÇAS CIVIS E PENAIS: as sentenças civis e penais produzirão efeitos em relação à ação de improbidade quando concluírem pela inexistência da conduta ou pela negativa da autoria.

ABSOLVIÇÃO CRIMINAL: a absolvição criminal em ação que discuta os mesmos fatos, confirmada por decisão colegiada, impede o trâmite da ação da qual trata esta Lei, havendo comunicação com todos os fundamentos de absolvição previstos no art. 386 do Decreto-lei nº 3.689, de 3 de outubro de 1941 (CPC). Sanções eventualmente aplicadas em outras esferas deverão ser compensadas com as sanções aplicadas.

APURAÇÃO DE ILÍCITO: para apurar qualquer ilícito, o Ministério Público, de ofício, a requerimento de autoridade administrativa ou mediante representação formulada, poderá instaurar inquérito civil ou procedimento investigativo assemelhado e requisitar a instauração de inquérito policial. Na apuração dos ilícitos, será garantido ao investigado a oportunidade de manifestação por escrito e de juntada de documentos que comprovem suas alegações e auxiliem na elucidação dos fatos.

11.7 Da Prescrição

A ação para a aplicação das sanções prescreve em 8 anos, contados a partir da ocorrência do fato ou, no caso de infrações permanentes, do dia em que cessou a permanência.

A instauração de inquérito civil ou de processo administrativo para apuração dos ilícitos referidos nesta Lei suspende o curso do prazo prescricional por, no máximo, 180 dias corridos, recomeçando a correr após a sua conclusão ou, caso não concluído o processo, esgotado o prazo de suspensão.

O inquérito civil para apuração do ato de improbidade será concluído no prazo de 365 dias corridos, prorrogável uma única vez por igual período, mediante ato fundamentado submetido à revisão da instância competente do órgão ministerial, conforme dispuser a respectiva lei orgânica.

A ação deverá ser proposta no prazo de 30 dias, se não for caso de arquivamento do inquérito civil.

O prazo da prescrição interrompe-se:

I - pelo ajuizamento da ação de improbidade administrativa;

II - pela publicação da sentença condenatória;

III - pela publicação de decisão ou acórdão de Tribunal de Justiça ou Tribunal Regional Federal que confirma sentença condenatória ou que reforma sentença de improcedência;

IV - pela publicação de decisão ou acórdão do Superior Tribunal de Justiça que confirma acórdão condenatório ou que reforma acórdão de improcedência;

V - pela publicação de decisão ou acórdão do Supremo Tribunal Federal que confirma acórdão condenatório ou que reforma acórdão de improcedência.

Interrompida a prescrição, o prazo recomeça a correr do dia da interrupção, pela metade do prazo.

A suspensão e a interrupção da prescrição produzem efeitos relativamente a todos os que concorreram para a prática do ato de improbidade.

Nos atos de improbidade conexos que sejam objeto do mesmo processo, a suspensão e a interrupção relativas a qualquer deles estendem-se aos demais.

O juiz ou o tribunal, depois de ouvido o Ministério Público, deverá, de ofício ou a requerimento da parte interessada, reconhecer a prescrição intercorrente da pretensão sancionadora e decretá-la de imediato, caso, entre os marcos interruptivos.

É dever do Poder Público oferecer contínua capacitação aos agentes públicos e políticos que atuem com prevenção ou repressão de atos de improbidade administrativa.

Nas ações e nos acordos, não haverá adiantamento de custas, de preparo, de emolumentos, de honorários periciais e de quaisquer outras despesas.

No caso de procedência da ação, as custas e as demais despesas processuais serão pagas ao final.

Haverá condenação em honorários sucumbenciais em caso de improcedência da ação de improbidade se comprovada má-fé.

Atos que ensejem enriquecimento ilícito, perda patrimonial, desvio, apropriação, malbaratamento ou dilapidação de recursos públicos dos partidos políticos, ou de suas fundações, serão responsabilizados nos termos da Lei nº 9.096, de 19 de setembro de 1995.

12. RESPONSABILIDADE CIVIL DO ESTADO

A responsabilidade civil consubstancia-se na obrigação de indenizar um dano patrimonial decorrente de um fato lesivo voluntário. É modalidade de obrigação extracontratual e, para que ocorra, são necessários alguns elementos previstos no Art. 37, § 6º, da Constituição Federal:

> **§6º** - As pessoas jurídicas de direito público e as pessoas jurídicas de direito privado prestadoras de serviço público responderão pelos danos seus agentes, nessa qualidade, causarem a terceiros, assegurado o direito de regresso contra o responsável nos casos de dolo ou culpa.

12.1 Teoria do Risco Administrativo

É a responsabilidade objetiva do Estado, que paga o terceiro lesado, desde que ocorra o dano por ação praticada pelo agente público, mesmo o agente não agindo com dolo ou culpa.

Enquanto para a Administração a responsabilidade independe da culpa, para o servidor, ela depende: aquela é objetiva, esta é subjetiva e se apura pelos critérios gerais do Código Civil.

Requisitos

O fato lesivo causado pelo agente em decorrência de culpa em sentido amplo, a qual abrange o dolo (intenção), e a culpa em sentido estrito, que engloba a negligência, a imprudência e a imperícia.

> As Pessoas Jurídicas de Direito Privado prestadoras de serviço público estão também sob a responsabilidade na modalidade risco administrativo.

A ocorrência de um dano patrimonial ou moral.

O nexo de causalidade entre o dano havido e o comportamento do agente, o que significa ser necessário que o dano efetivamente haja decorrido diretamente, da ação ou omissão indevida do agente.

Situações de quebra do nexo causal da Administração Pública (Rompimento do Nexo Causal).

Caso I

Culpa exclusiva de terceiros ou da vítima.

Ex.: Marco, Agente Federal, dirigindo regularmente viatura oficial em escolta, atropela Sérgio, um suicida. Nessa situação, a Administração Pública não está obrigada a indenizar, pois o prejuízo foi causado exclusivamente pela vítima.

Caso II

Caso fortuito, evento da natureza imprevisível e inevitável.

Ex.: A PRF apreende um veículo em depósito. No local, cai um raio e destrói por completo o veículo apreendido. Nessa situação, a Administração não estará obrigada a indenizar o prejuízo sofrido, uma vez que não ocorreu culpa.

Caso III

Motivo de força maior, evento humano imprevisível e inevitável.

Ex.: A PRF apreende um veículo em depósito. Uma manifestação popular intensa invade-o e depreda todo o veículo, inutilizando-o. Nessa situação, a Administração não estará obrigada a indenizar o prejuízo sofrido, uma vez que não ocorreu culpa.

> Estão incluídas todas as pessoas jurídicas de Direito Público, ou seja, a Administração Direta, as autarquias e as fundações públicas de direito público, independentemente de suas atividades.

12.2 Teoria da Culpa Administrativa

Segundo a Teoria da Culpa Administrativa, também conhecida como Teoria da Culpa Anônima ou Falta de Serviço, o dever do Estado de indenizar o dano sofrido pelo particular somente existe caso seja comprovada a existência de falta de serviço. É possível ainda ocorrer a responsabilização do Estado aos danos causados por fenômenos da natureza quando ficar comprovado que o Estado concorreu de alguma maneira para que se produzisse o evento danoso, seja por dolo ou culpa. Nessa situação, vigora a responsabilidade subjetiva, pois temos a condição de ter ocorrido com dolo ou culpa. A culpa administrativa pode decorrer de uma das três formas possíveis de falta do serviço:

> Inexistência do serviço.
> Mau funcionamento do serviço.
> Retardamento do serviço.

Cabe sempre ao particular prejudicado pela falta comprovar sua ocorrência para fazer justa indenização.

Para os casos de omissão, a regra geral é a responsabilidade subjetiva. No entanto, há casos em que mesmo na omissão a responsabilidade do Estado será objetiva como, por exemplo, no caso de atendimento hospitalar deficiente e de pessoas sob a custódia do Estado, ou seja, o preso, pois, nesse caso, o Estado tem o dever de assegurar integridade física e mental do custodiado.

12.3 Teoria do Risco Integral

A Teoria do Risco Integral representa uma exacerbação da responsabilidade civil da Administração. Segundo essa teoria, basta a existência de evento danoso e do nexo causal para que surja a obrigação de indenizar para a administração, mesmo que o dano decorra de culpa exclusiva do particular.

Alguns autores consideram essa teoria para o caso de acidente nuclear.

12.4 Danos Decorrentes de Obras Públicas

Só fato da obra: sem qualquer irregularidade na sua execução.

Responsabilidade Civil **Objetiva** da Administração Pública ou particular (tanto faz quem execute a obra).

Má Execução da Obra

RESPONSABILIDADE CIVIL DO ESTADO

> **Administração Pública:** responsabilidade civil objetiva, com direito de ação regressiva.
> **Particular:** responsabilidade civil subjetiva.

12.5 Responsabilidade Civil Decorrente de Atos Legislativos

Regra: irresponsabilidade do Estado.

Exceção 1: leis inconstitucionais:

> Depende de declaração de inconstitucionalidade do STF;
> Depende de ajuizamento de ação de reparação de danos.

Exceção 2: leis de efeitos concretos

12.6 Responsabilidade Civil Decorrente de Atos Jurisdicionais

Regra: irresponsabilidade do Estado.

Exceção: erro judiciário – esfera penal, ou seja, erro do judiciário que acarretou na prisão de um inocente ou na manutenção do preso no cárcere por tempo superior ao prolatado na sentença, Art. 5º, LXXV, da CF. Segundo o STF, essa responsabilidade não alcança outras esferas.

Caso seja aplicada uma prisão cautelar a um acusado criminal e ele venha a ser absolvido, o Estado não responderá pelo erro judiciário, pois se entende que a aplicação da medida não constitui erro do judiciário, mas sim, uma medida cautelar pertinente ao processo.

12.7 Ação de Reparação de Danos

Administração Pública X Particular:

Pode ser amigável ou judicial.

Não pode ser intentada contra o agente público cuja ação acarretou o dano.

Ônus da Prova:

Particular: nexo de causalidade direto e imediato entre o fato lesivo e o dano.

Administração Pública:

> Culpa exclusiva da vítima.
> Força Maior.
> Culpa concorrente da vítima.

Valor da Indenização destina-se à cobertura das seguintes despesas:

> O que a vítima perdeu;
> O que a vítima gastou (advogados);
> O que a vítima deixou de ganhar.

Em caso de morte:

> Sepultamento;
> Pensão alimentícia para os dependentes com base na expectativa de vida da vítima.

Prescrição:

Art. 1º da Lei nº 9.494/97: 5 anos.

Tal prazo aplica-se inclusive às delegatárias de serviço público.

12.8 Ação Regressiva

Administração Pública X Agente Público:

O Art. 37, § 6º, da CF permite à Administração Pública ou delegatária (Concessionárias, Autorizatárias e Permissionárias) de serviço público a ingressar com uma ação regressiva contra o agente cuja atuação acarretou o dano, desde que comprovado dolo ou culpa.

Requisitos:

> Trânsito em julgado da sentença que condenou a Administração ou Delegatária a indenizar.
> Culpa ou dolo do agente público (responsabilidade civil subjetiva).

Regras Especiais:

> O dever de reparação se estende aos sucessores até o limite da herança recebida.
> Pode acontecer após a quebra do vínculo entre o agente público e a Administração Pública.
> A ação de ressarcimento ao erário é imprescritível.

O agente ainda pode ser responsabilizado nas esferas administrativa e criminal se a conduta que gerou o prejuízo ainda incorrer em crime ou em falta administrativa, conforme o caso, podendo as penalidades serem aplicadas de forma cumulativa.

13. ESTATUTO DA PESSOA COM DEFICIÊNCIA (OU LEI DE INCLUSÃO)

Quando tratamos de direitos das pessoas com deficiência, abordamos não só o Estatuto da Pessoa com Deficiência (ou lei de inclusão), mas diversas leis e normas que garantem a efetividade de diversos direitos, promovendo inclusão e igualdade.

O seu edital poderá cobrar somente o Estatuto da Pessoa com Deficiência (EPD) ou abordar outras leis. Nosso foco será o Estatuto e faremos, em alguns pontos, comparativos e abordando aspectos de outras leis que garantem acessibilidade.

A Lei nº 13.146/2015 instituiu o Estatuto da Pessoa com Deficiência (EPD) que visa promover a inclusão social e a cidadania, promovendo a igualdade no exercício dos direitos e liberdades fundamentais da pessoa com deficiência.

A Lei tem por base a Convenção sobre os Direitos das Pessoas com Deficiência e seu protocolo facultativo, que foram devidamente ratificados pelo Congresso Nacional e promulgados pelo Decreto nº 6.949, de 25 de agosto de 2009.

Para aplicação do Estatuto, devemos entender que a lei conceitua como pessoa com deficiência:

Considera-se pessoa com deficiência aquela que tem impedimento de longo prazo de natureza física, mental, intelectual ou sensorial, o qual, em interação com uma ou mais barreiras, pode obstruir sua participação plena e efetiva na sociedade em igualdade de condições com as demais pessoas (art. 2º do EPD).

Para acesso a alguns direitos (como aposentadoria com tempo de contribuição reduzido), faz-se necessária a avaliação da deficiência.

Conforme prevê o EPD, a avaliação da deficiência, quando necessária, será biopsicossocial (modelo que visa à análise e identificação considerando fatores biológicos, psicológicos e sociais) por uma equipe multiprofissional e interdisciplinar e considerará:

> os impedimentos nas funções e nas estruturas do corpo;
> os fatores socioambientais, psicológicos e pessoais;
> a limitação no desempenho de atividades; e
> a restrição de participação.

Além do conceito sobre pessoa com deficiência, o artigo 3º dispõe de diversos conceitos para a aplicabilidade da lei. Para melhor compreensão e fixação, agrupamos em uma tabela e colocamos lado a lado os conceitos que mais são "trocados" nas provas:

Acessibilidade: possibilidade e condição de alcance para utilização, com segurança e autonomia, de espaços, mobiliários, equipamentos urbanos, edificações, transportes, informação e comunicação, inclusive seus sistemas e tecnologias, bem como de outros serviços e instalações abertos ao público, de uso público ou privados de uso coletivo, tanto na zona urbana como na rural, por pessoa com deficiência ou com mobilidade reduzida.	**Pessoa com deficiência** aquela que tem impedimento de longo prazo de natureza física, mental, intelectual ou sensorial, o qual, em interação com uma ou mais barreiras, pode obstruir sua participação plena e efetiva na sociedade em igualdade de condições com as demais pessoas.	**Pessoa com mobilidade reduzida:** aquela que tenha, por qualquer motivo, dificuldade de movimentação, permanente ou temporária, gerando redução efetiva da mobilidade, da flexibilidade, da coordenação motora ou da percepção, incluindo idoso, gestante, lactante, pessoa com criança de colo e obeso.
Adaptações razoáveis: adaptações, modificações e ajustes necessários e adequados que não acarretem ônus desproporcional e indevido, quando requeridos em cada caso, a fim de assegurar que a pessoa com deficiência possa gozar ou exercer, em igualdade de condições e oportunidades com as demais pessoas, todos os direitos e liberdades fundamentais.	**Elemento de urbanização:** quaisquer componentes de obras de urbanização, tais como os referentes a pavimentação, saneamento, encanamento para esgotos, distribuição de energia elétrica e de gás, iluminação pública, serviços de comunicação, abastecimento e distribuição de água, paisagismo e os que materializam as indicações do planejamento urbanístico.	**Mobiliário urbano:** conjunto de objetos existentes nas vias e nos espaços públicos, superpostos ou adicionados aos elementos de urbanização ou de edificação, de forma que sua modificação ou seu traslado não provoque alterações substanciais nesses elementos, como semáforos, postes de sinalização e similares, terminais e pontos de acesso coletivo às telecomunicações, fontes de água, lixeiras, toldos, marquises, bancos, quiosques e quaisquer outros de natureza análoga.
Moradia para a vida independente da pessoa com deficiência: moradia com estruturas adequadas capazes de proporcionar serviços de apoio coletivos e individualizados que respeitem e ampliem o grau de autonomia de jovens e adultos com deficiência.	**Residências inclusivas:** unidades de oferta do Serviço de Acolhimento do Sistema Único de Assistência Social (Suas) localizadas em áreas residenciais da comunidade, com estruturas adequadas, que possam contar com apoio psicossocial para o atendimento das necessidades da pessoa acolhida, destinadas a jovens e adultos com deficiência, em situação de dependência, que não dispõem de condições de autossustentabilidade e com vínculos familiares fragilizados ou rompidos.	
Atendente pessoal: pessoa, membro ou não da família, que, com ou sem remuneração, assiste ou presta cuidados básicos e essenciais à pessoa com deficiência no exercício de suas atividades diárias, excluídas as técnicas ou os procedimentos identificados com profissões legalmente estabelecidas.	**Acompanhante:** aquele que acompanha a pessoa com deficiência, podendo ou não desempenhar as funções de atendente pessoal.	**Profissional de apoio escolar:** pessoa que exerce atividades de alimentação, higiene e locomoção do estudante com deficiência e atua em todas as atividades escolares nas quais se fizer necessária, em todos os níveis e modalidades de ensino, em instituições públicas e privadas, excluídas as técnicas ou os procedimentos identificados com profissões legalmente estabelecidas.

NOÇÕES DE DIREITO ADMINISTRATIVO

ESTATUTO DA PESSOA COM DEFICIÊNCIA (OU LEI DE INCLUSÃO)

13.1 Da Igualdade e Não Discriminação

Determina o artigo 4º do EPD:

Art. 4º Toda pessoa com deficiência tem direito à igualdade de oportunidades com as demais pessoas e não sofrerá nenhuma espécie de discriminação.

§ 1º Considera-se discriminação em razão da deficiência toda forma de distinção, restrição ou exclusão, por ação ou omissão, que tenha o propósito ou o efeito de prejudicar, impedir ou anular o reconhecimento ou o exercício dos direitos e das liberdades fundamentais de pessoa com deficiência, incluindo a recusa de adaptações razoáveis e de fornecimento de tecnologias assistivas.

§ 2º A pessoa com deficiência não está obrigada à fruição de benefícios decorrentes de ação afirmativa.

A ação afirmativa são ações especiais e temporárias que visam eliminar desigualdades, garantindo a compensação provocada pela discriminação e desigualdade.

A pessoa com deficiência, especialmente os considerados vulneráveis, criança, adolescente, mulher e idoso, deve ser protegida de toda forma de:

- negligência;
- discriminação;
- exploração;
- violência;
- tortura;
- crueldade;
- opressão; e
- tratamento desumano ou degradante.

A deficiência não afeta a plena capacidade civil da pessoa, inclusive para:

> casar-se e constituir união estável;
> exercer direitos sexuais e reprodutivos;
> exercer o direito de decidir sobre o número de filhos e de ter acesso a informações adequadas sobre reprodução e planejamento familiar;
> conservar sua fertilidade, sendo vedada a esterilização compulsória;
> exercer o direito à família e à convivência familiar e comunitária; e
> exercer o direito à guarda, à tutela, à curatela e à adoção, como adotante ou adotando, em igualdade de oportunidades com as demais pessoas.

O Estatuto prevê como DEVER:

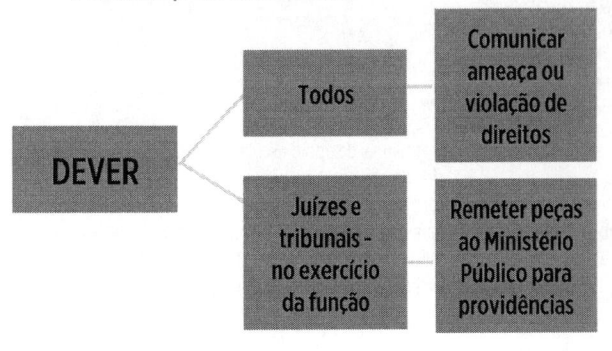

DEVER:
- Todos → Comunicar ameaça ou violação de direitos
- Juízes e tribunais - no exercício da função → Remeter peças ao Ministério Público para providências

Ainda, prevê o artigo 8º do EPD:

Art. 8º É dever do Estado, da sociedade e da família assegurar à pessoa com deficiência, com prioridade, a efetivação dos direitos referentes à vida, à saúde, à sexualidade, à paternidade e à maternidade, à alimentação, à habitação, à educação, à profissionalização, ao trabalho, à previdência social, à habilitação e à reabilitação, ao transporte, à acessibilidade, à cultura, ao desporto, ao turismo, ao lazer, à informação, à comunicação, aos avanços científicos e tecnológicos, à dignidade, ao respeito, à liberdade, à convivência familiar e comunitária, entre outros decorrentes da Constituição Federal, da Convenção sobre os Direitos das Pessoas com Deficiência e seu Protocolo Facultativo e das leis e de outras normas que garantam seu bem-estar pessoal, social e econômico.

13.2 Do Atendimento Prioritário

Determina o art. 9º do EPD:

Art. 9º A pessoa com deficiência tem direito a receber atendimento prioritário, sobretudo com a finalidade de:

I. proteção e socorro em quaisquer circunstâncias;

II. atendimento em todas as instituições e serviços de atendimento ao público;

III. disponibilização de recursos, tanto humanos quanto tecnológicos, que garantam atendimento em igualdade de condições com as demais pessoas;

IV. disponibilização de pontos de parada, estações e terminais acessíveis de transporte coletivo de passageiros e garantia de segurança no embarque e no desembarque;

V. acesso a informações e disponibilização de recursos de comunicação acessíveis;

VI. recebimento de restituição de imposto de renda;

VII. tramitação processual e procedimentos judiciais e administrativos em que for parte ou interessada, em todos os atos e diligências.

§ 1º Os direitos previstos neste artigo são extensivos ao acompanhante da pessoa com deficiência ou ao seu atendente pessoal, exceto quanto ao disposto nos incisos VI e VII deste artigo.

§ 2º Nos serviços de emergência públicos e privados, a prioridade conferida por esta Lei é condicionada aos protocolos de atendimento médico.

O dispositivo determina situações que as pessoas com deficiência terão atendimento prioritário.

Atenção com as confusões sobre prioridade de atendimento. O edital pode abordar, além do EPD, a Lei nº 10.048/2000, que trata das pessoas que terão atendimento prioritário em órgãos públicos, instituições financeiras, entre outras.

A citada lei prevê atendimento prioritário para:

> pessoas com deficiência;
> os idosos com idade igual ou superior a 60 (sessenta) anos;
> as gestantes;
> as lactantes;
> as pessoas com crianças de colo;
> obesos.

A lei prevê também que as empresas públicas de transporte e as concessionárias de transporte coletivo reservarão assentos, devidamente identificados, aos idosos, gestantes, lactantes, pessoas deficientes e pessoas acompanhadas por crianças de colo e os logradouros e sanitários públicos, bem como os edifícios de uso público, terão normas de construção, para efeito de licenciamento da respectiva edificação, baixadas pela autoridade competente, destinadas a facilitar o acesso e uso desses locais pelas pessoas deficientes.

O PRESIDENTE DA REPÚBLICA Faço saber que o Congresso Nacional decreta e eu sanciono a seguinte Lei:

Art. 1º *As pessoas portadoras de deficiência física, os idosos com idade igual ou superior a sessenta e cinco anos, as gestantes, as lactantes e as pessoas acompanhadas por crianças de colo terão atendimento prioritário, nos termos desta Lei.*

Art. 1º *As pessoas portadoras de deficiência, os idosos com idade igual ou superior a 60 (sessenta) anos, as gestantes, as lactantes e as pessoas acompanhadas por crianças de colo terão atendimento prioritário, nos termos desta Lei. (Redação dada pela Lei nº 10.741, de 2003)*

Art. 1º *As pessoas com deficiência, os idosos com idade igual ou superior a 60 (sessenta) anos, as gestantes, as lactantes, as pessoas com crianças de colo e os obesos terão atendimento prioritário, nos termos desta Lei. (Redação dada pela Lei nº 13.146, de 2015) (Vigência)*

Art. 2º *As repartições públicas e empresas concessionárias de serviços públicos estão obrigadas a dispensar atendimento prioritário, por meio de serviços individualizados que assegurem tratamento diferenciado e atendimento imediato às pessoas a que se refere o art. 1º.*

Parágrafo único. *É assegurada, em todas as instituições financeiras, a prioridade de atendimento às pessoas mencionadas no art. 1º.*

Art. 3º *As empresas públicas de transporte e as concessionárias de transporte coletivo reservarão assentos, devidamente identificados, aos idosos, gestantes, lactantes, pessoas portadoras de deficiência e pessoas acompanhadas por crianças de colo.*

Art. 4º *Os logradouros e sanitários públicos, bem como os edifícios de uso público, terão normas de construção, para efeito de licenciamento da respectiva edificação, baixadas pela autoridade competente, destinadas a facilitar o acesso e uso desses locais pelas pessoas portadoras de deficiência.*

Art. 5º *Os veículos de transporte coletivo a serem produzidos após doze meses da publicação desta Lei serão planejados de forma a facilitar o acesso a seu interior das pessoas portadoras de deficiência.*

§ 1º (VETADO)

§ 2º Os proprietários de veículos de transporte coletivo em utilização terão o prazo de cento e oitenta dias, a contar da regulamentação desta Lei, para proceder às adaptações necessárias ao acesso facilitado das pessoas portadoras de deficiência.

Art. 6º *A infração ao disposto nesta Lei sujeitará os responsáveis:*

I. no caso de servidor ou de chefia responsável pela repartição pública, às penalidades previstas na legislação específica;

II. no caso de empresas concessionárias de serviço público, a multa de R$ 500,00 (quinhentos reais) a R$ 2.500,00 (dois mil e quinhentos reais), por veículos sem as condições previstas nos arts. 3º e 5º;

III. no caso das instituições financeiras, às penalidades previstas no art. 44, incisos I, II e III, da Lei nº 4.595, de 31 de dezembro de 1964.

Parágrafo único. *As penalidades de que trata este artigo serão elevadas ao dobro, em caso de reincidência.*

Art. 7º *O Poder Executivo regulamentará esta Lei no prazo de sessenta dias, contado de sua publicação.*

Art. 8º *Esta Lei entra em vigor na data de sua publicação.*

Brasília, 8 de novembro de 2000; 179º da Independência e 112º da República.

FERNANDO HENRIQUE CARDOSO

Alcides Lopes Tápias

Martus Tavares

13.3 Direitos Fundamentais

Os direitos fundamentais são garantidos a todos pela nossa Constituição. Portanto, não importa quem seja, fica garantido os direitos previstos na nossa Carta Magna.

O EPD prevê regras específicas tratando sobre direitos fundamentais, tendo por objetivo a garantia de inclusão e igualdade.

São previstos:

> Do direito à vida;
> Do direito à habilitação e à reabilitação;
> Do direito à saúde;
> Do direito à educação;
> Do direito à moradia;
> Do direito ao trabalho;
> Do direito à assistência social;
> Do direito à previdência social;
> Do direito à cultura, ao esporte, ao turismo e ao lazer;
> Do direito ao transporte e à mobilidade.

Vamos trabalhar alguns destes (é essencial a leitura da lei de todos os dispositivos).

Direito à vida

O Poder Público deve garantir a dignidade da pessoa com deficiência ao longo de toda a vida. E em situações de risco, emergência ou estado de calamidade pública, a pessoa com deficiência será considerada vulnerável, devendo o poder público adotar medidas para sua proteção e segurança.

A pessoa com deficiência não poderá ser obrigada a se submeter à intervenção clínica ou cirúrgica, a tratamento ou a institucionalização forçada (a curatela pode suprir o consentimento)

O consentimento prévio, livre e esclarecido da pessoa com deficiência é indispensável para a realização de tratamento, procedimento, hospitalização e pesquisa científica.

Dispensa em casos de:

> Risco de morte.
> Emergência em saúde, resguardado seu superior interesse e adotadas as salvaguardas legais cabíveis.

O EPD prevê que a pesquisa científica envolvendo pessoa com deficiência em situação de tutela ou de curatela deve ser realizada, em caráter excepcional, quando não existe a possibilidade de realização com participantes não tutelados ou curatelados, apenas quando houver indícios de benefício direto para sua saúde ou para a saúde de outras pessoas com deficiência.

Direito à reabilitação e habilitação

A reabilitação e habilitação é um direito garantido a toda pessoa com deficiência, visando ao desenvolvimento de potencialidades, talentos, habilidades e aptidões físicas, cognitivas, sensoriais, psicossociais, atitudinais, profissionais e artísticas que contribuam para a conquista da autonomia da pessoa com deficiência e de sua participação social em igualdade de condições e oportunidades com as demais pessoas.

Para passar por este processo, será realizada avaliação multidisciplinar, analisando potencialidades, habilidades e quais necessidades da pessoa com deficiência, seguindo as seguintes diretrizes:

NOÇÕES DE DIREITO ADMINISTRATIVO

ESTATUTO DA PESSOA COM DEFICIÊNCIA (OU LEI DE INCLUSÃO)

Art. 15. *O processo mencionado no art. 14 desta Lei baseia-se em avaliação multidisciplinar das necessidades, habilidades e potencialidades de cada pessoa, observadas as seguintes diretrizes:*

I. diagnóstico e intervenção precoces;

II. adoção de medidas para compensar perda ou limitação funcional, buscando o desenvolvimento de aptidões;

III. atuação permanente, integrada e articulada de políticas públicas que possibilitem a plena participação social da pessoa com deficiência;

IV. oferta de rede de serviços articulados, com atuação intersetorial, nos diferentes níveis de complexidade, para atender às necessidades específicas da pessoa com deficiência;

V. prestação de serviços próximo ao domicílio da pessoa com deficiência, inclusive na zona rural, respeitadas a organização das Redes de Atenção à Saúde (RAS) nos territórios locais e as normas do Sistema Único de Saúde (SUS).

Fica, ainda, garantido para as pessoas com deficiência:

> organização, serviços, métodos, técnicas e recursos para atender às características de cada pessoa com deficiência;

> acessibilidade em todos os ambientes e serviços;

> tecnologia assistiva, tecnologia de reabilitação, materiais e equipamentos adequados e apoio técnico profissional, de acordo com as especificidades de cada pessoa com deficiência;

> capacitação continuada de todos os profissionais que participem dos programas e serviços.

Os serviços do SUS e do SUAS deverão promover ações articuladas para garantir à pessoa com deficiência e sua família a aquisição de informações, orientações (nas mais diversas áreas: de saúde, de educação, de cultura, de esporte, de lazer, de transporte, de previdência social, de assistência social, de habitação, de trabalho, de empreendedorismo, de acesso ao crédito, de promoção, proteção e defesa de direitos e nas demais áreas que possibilitem à pessoa com deficiência exercer sua cidadania) formas de acesso às políticas públicas disponíveis, com a finalidade de propiciar sua plena participação social.

Direito à saúde

À pessoa com deficiência fica assegurada a atenção integral à saúde, de forma universal e igualitária, por intermédio do SUS, bem como fica assegurada a participação na elaboração de políticas de saúde.

As ações e os serviços de saúde pública destinados à pessoa com deficiência devem assegurar:

> diagnóstico e intervenção precoces, realizados por equipe multidisciplinar;

> serviços de habilitação e de reabilitação sempre que necessários, para qualquer tipo de deficiência, inclusive para a manutenção da melhor condição de saúde e qualidade de vida;

> atendimento domiciliar multidisciplinar, tratamento ambulatorial e internação;

> campanhas de vacinação;

> atendimento psicológico, inclusive para seus familiares e atendentes pessoais;

> respeito à especificidade, à identidade de gênero e à orientação sexual da pessoa com deficiência;

> atenção sexual e reprodutiva, incluindo o direito à fertilização assistida;

> informação adequada e acessível à pessoa com deficiência e a seus familiares sobre sua condição de saúde;

> serviços projetados para prevenir a ocorrência e o desenvolvimento de deficiências e agravos adicionais;

> promoção de estratégias de capacitação permanente das equipes que atuam no SUS, em todos os níveis de atenção, no atendimento à pessoa com deficiência, bem como orientação a seus atendentes pessoais;

> oferta de órteses, próteses, meios auxiliares de locomoção, medicamentos, insumos e fórmulas nutricionais, conforme as normas vigentes do Ministério da Saúde.

As diretrizes aplicam-se também às instituições privadas que participem de forma complementar do SUS ou que recebam recursos públicos para sua manutenção.

O Art. 19 do EPD prevê ações que devem ser desenvolvidas pelo SUS destinadas à prevenção:

Art. 19. *Compete ao SUS desenvolver ações destinadas à prevenção de deficiências por causas evitáveis, inclusive por meio de:*

I. acompanhamento da gravidez, do parto e do puerpério, com garantia de parto humanizado e seguro;

II. promoção de práticas alimentares adequadas e saudáveis, vigilância alimentar e nutricional, prevenção e cuidado integral dos agravos relacionados à alimentação e nutrição da mulher e da criança;

III. aprimoramento e expansão dos programas de imunização e de triagem neonatal;

IV. identificação e controle da gestante de alto risco.

Importante também frisar que o EPD prevê no aspecto da saúde:

> As operadoras de planos e seguros privados de saúde são obrigadas a garantir à pessoa com deficiência, no mínimo, todos os serviços e produtos ofertados aos demais clientes. Também é vedada cobrança de valores diferenciados por planos e seguros privados de saúde, em razão de sua condição de pessoa com deficiência.

> Quando esgotados os meios de atenção à saúde da pessoa com deficiência no local de residência, será prestado atendimento fora de domicílio, para fins de diagnóstico e de tratamento, garantidos o transporte e a acomodação da pessoa com deficiência e de seu acompanhante.

> À pessoa com deficiência internada ou em observação é assegurado o direito à acompanhante ou à atendente pessoal, devendo o órgão ou a instituição de saúde proporcionar condições adequadas para sua permanência em tempo integral e, na impossibilidade de permanência, o profissional de saúde responsável deverá justificar, por escrito, devendo o órgão ou a instituição de saúde adotar as providências cabíveis para suprir a ausência do acompanhante ou do atendente pessoal.

> É assegurado à pessoa com deficiência o acesso aos serviços de saúde, tanto públicos como privados, e às informações prestadas e recebidas, por meio de recursos de tecnologia assistiva e de todas as formas de comunicação.
> Os espaços dos serviços de saúde, tanto públicos quanto privados, devem assegurar o acesso da pessoa com deficiência, em conformidade com a legislação em vigor, mediante a remoção de barreiras, por meio de projetos arquitetônicos, de ambientação de interior e de comunicação que atendam às especificidades das pessoas com deficiência física, sensorial, intelectual e mental.
> Os casos de suspeita ou de confirmação de violência praticada contra a pessoa com deficiência serão objetos de notificação compulsória pelos serviços de saúde públicos e privados à autoridade policial e ao Ministério Público, além dos Conselhos dos Direitos da Pessoa com Deficiência. Para efeito da lei, conceitua-se violência qualquer ação ou omissão, praticada em local público ou privado, que lhe cause morte ou dano ou sofrimento físico ou psicológico.

Aos profissionais que prestam assistência à pessoa com deficiência, especialmente em serviços de habilitação e de reabilitação, deve ser garantida capacitação inicial e continuada.

Direito à educação

A educação também constitui direito da pessoa com deficiência, assegurados um sistema educacional inclusivo em todos os níveis e aprendizado ao longo de toda a vida, de forma a alcançar o máximo de desenvolvimento possível de seus talentos e habilidades físicas, sensoriais, intelectuais e sociais, segundo suas características, interesses e necessidades de aprendizagem.

Cabe ao Estado, à família, à comunidade escolar e à sociedade assegurar educação de qualidade à pessoa com deficiência, colocando-a a salvo de toda forma de violência, negligência e discriminação.

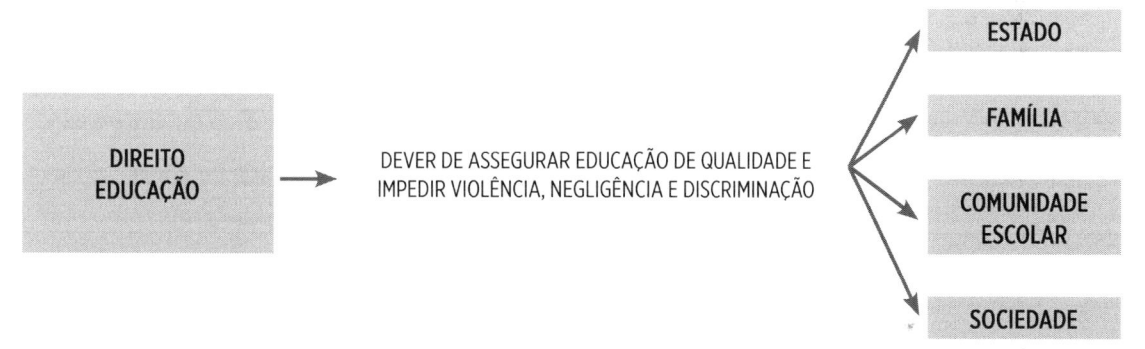

```
DIREITO          →  DEVER DE ASSEGURAR EDUCAÇÃO DE QUALIDADE E   →  ESTADO
EDUCAÇÃO            IMPEDIR VIOLÊNCIA, NEGLIGÊNCIA E DISCRIMINAÇÃO →  FAMÍLIA
                                                                  →  COMUNIDADE ESCOLAR
                                                                  →  SOCIEDADE
```

Desta feita, determina o Art. 28 do EPD:

Art. 28. Incumbe ao poder público assegurar, criar, desenvolver, implementar, incentivar, acompanhar e avaliar:

I. sistema educacional inclusivo em todos os níveis e modalidades, bem como o aprendizado ao longo de toda a vida;

II. aprimoramento dos sistemas educacionais, visando a garantir condições de acesso, permanência, participação e aprendizagem, por meio da oferta de serviços e de recursos de acessibilidade que eliminem as barreiras e promovam a inclusão plena;

III. projeto pedagógico que institucionalize o atendimento educacional especializado, assim como os demais serviços e adaptações razoáveis, para atender às características dos estudantes com deficiência e garantir o seu pleno acesso ao currículo em condições de igualdade, promovendo a conquista e o exercício de sua autonomia;

IV. oferta de educação bilíngue, em Libras como primeira língua e na modalidade escrita da língua portuguesa como segunda língua, em escolas e classes bilíngues e em escolas inclusivas;*

V. adoção de medidas individualizadas e coletivas em ambientes que maximizem o desenvolvimento acadêmico e social dos estudantes com deficiência, favorecendo o acesso, a permanência, a participação e a aprendizagem em instituições de ensino;

VI. pesquisas voltadas para o desenvolvimento de novos métodos e técnicas pedagógicas, de materiais didáticos, de equipamentos e de recursos de tecnologia assistiva; *

VII. planejamento de estudo de caso, de elaboração de plano de atendimento educacional especializado, de organização de recursos e serviços de acessibilidade e de disponibilização e usabilidade pedagógica de recursos de tecnologia assistiva;

VIII. participação dos estudantes com deficiência e de suas famílias nas diversas instâncias de atuação da comunidade escolar;

IX. adoção de medidas de apoio que favoreçam o desenvolvimento dos aspectos linguísticos, culturais, vocacionais e profissionais, levando-se em conta o talento, a criatividade, as habilidades e os interesses do estudante com deficiência;

X. adoção de práticas pedagógicas inclusivas pelos programas de formação inicial e continuada de professores e oferta de formação continuada para o atendimento educacional especializado;

XI. formação e disponibilização de professores para o atendimento educacional especializado, de tradutores e intérpretes da Libras, de guias intérpretes e de profissionais de apoio;

XII. oferta de ensino da Libras, do Sistema Braille e de uso de recursos de tecnologia assistiva, de forma a ampliar habilidades funcionais dos estudantes, promovendo sua autonomia e participação;

XIII. acesso à educação superior e à educação profissional e tecnológica em igualdade de oportunidades e condições com as demais pessoas;

XIV. inclusão em conteúdos curriculares, em cursos de nível superior e de educação profissional técnica e tecnológica, de temas relacionados à pessoa com deficiência nos respectivos campos de conhecimento;

ESTATUTO DA PESSOA COM DEFICIÊNCIA (OU LEI DE INCLUSÃO)

XV. acesso da pessoa com deficiência, em igualdade de condições, a jogos e a atividades recreativas, esportivas e de lazer, no sistema escolar;

XVI. acessibilidade para todos os estudantes, trabalhadores da educação e demais integrantes da comunidade escolar às edificações, aos ambientes e às atividades concernentes a todas as modalidades, etapas e níveis de ensino;

XVII. oferta de profissionais de apoio escolar;

XVIII. articulação intersetorial na implementação de políticas públicas.

Às instituições privadas, de qualquer nível e modalidade de ensino, aplica-se obrigatoriamente o que determina o artigo, exceto incisos IV e VI, sendo vedada a cobrança de valores adicionais de qualquer natureza em suas mensalidades, anuidades e matrículas no cumprimento dessas determinações.

Na disponibilização de tradutores e intérpretes da Libras para o atendimento educacional especializado, de guias intérpretes e de profissionais de apoio; deve-se observar o seguinte:

> Educação básica: Ensino Médio + certificado de proficiência na Libras.

> Os tradutores e intérpretes da Libras, quando direcionados à tarefa de interpretar nas salas de aula dos cursos de graduação e pós-graduação: nível superior + com habilitação, prioritariamente, em Tradução e Interpretação em Libras.

Nos processos seletivos para ingresso e permanência nos cursos oferecidos pelas instituições de ensino superior e de educação profissional e tecnológica, públicas e privadas, devem ser adotadas as seguintes medidas:

> atendimento preferencial à pessoa com deficiência nas dependências das Instituições de Ensino Superior (IES) e nos serviços;

> disponibilização de formulário de inscrição de exames com campos específicos para que o candidato com deficiência informe os recursos de acessibilidade e de tecnologia assistiva necessários para sua participação;

> disponibilização de provas em formatos acessíveis para atendimento às necessidades específicas do candidato com deficiência;

> disponibilização de recursos de acessibilidade e de tecnologia assistiva adequados, previamente solicitados e escolhidos pelo candidato com deficiência;

> dilação de tempo, conforme demanda apresentada pelo candidato com deficiência, tanto na realização de exame para seleção quanto nas atividades acadêmicas, mediante prévia solicitação e comprovação da necessidade;

> adoção de critérios de avaliação das provas escritas, discursivas ou de redação que considerem a singularidade linguística da pessoa com deficiência, no domínio da modalidade escrita da língua portuguesa;

> tradução completa do edital e de suas retificações em Libras.

Direito à moradia

O EPD prevê que a pessoa com deficiência tem direito à moradia digna, no seio da família natural ou substituta, com seu cônjuge ou companheiro ou desacompanhada, ou em moradia para a vida independente da pessoa com deficiência, ou, ainda, em residência inclusiva.

O Poder público deve adotar programas e ações estratégicas para apoiar a criação e a manutenção de moradia para a vida independente da pessoa com deficiência.

A proteção integral na modalidade de residência inclusiva será prestada no âmbito do Suas à pessoa com deficiência em situação de dependência que não disponha de condições de autossustentabilidade, com vínculos familiares fragilizados ou rompidos.

Programas habitacionais, públicos ou subsidiados devem reservar 3% das unidades habitacionais para aquisição para pessoa com deficiência, que goza de prioridade na aquisição, sendo beneficiada com prioridade uma vez apenas.

| PROGRAMAS HABITACIONAIS | → | **PÚBLICOS OU SUBSIDIADOS** | → | 3% DAS UNIDADES |

Direito ao trabalho

A pessoa com deficiência tem direito ao trabalho de sua livre escolha e aceitação, em ambiente acessível (sendo obrigação das pessoas jurídicas a garantir ambiente acessível e inclusivo) e inclusivo, em igualdade de oportunidades com as demais pessoas.

São direitos das pessoas com deficiência:

> igualdade de oportunidades com as demais pessoas;

> condições justas e favoráveis de trabalho, incluindo igual remuneração por trabalho de igual valor;

> participação e acesso a cursos, treinamentos, educação continuada, planos de carreira, promoções, bonificações e incentivos profissionais oferecidos pelo empregador, em igualdade de oportunidades com os demais empregados;

> acessibilidade em cursos de formação e de capacitação.

É vedada a restrição ao trabalho da pessoa com deficiência e qualquer discriminação em razão de sua condição, inclusive nas etapas de recrutamento, seleção, contratação, admissão, exames admissional e periódico, permanência no emprego, ascensão profissional e reabilitação profissional, bem como exigência de aptidão plena.

É finalidade primordial das políticas públicas de trabalho e emprego promover e garantir condições de acesso e de permanência da pessoa com deficiência no campo de trabalho. Os programas de estímulo ao empreendedorismo e ao trabalho autônomo, incluídos o cooperativismo e o associativismo, devem prever a participação da pessoa com deficiência e a disponibilização de linhas de crédito, quando necessárias.

Da habilitação profissional e reabilitação profissional

O Art. 36 do EPD prevê:

Art. 36. O poder público deve implementar serviços e programas completos de habilitação profissional e de reabilitação profissional para que a pessoa com deficiência possa ingressar, continuar ou retornar ao campo do trabalho, respeitados sua livre escolha, sua vocação e seu interesse.

§ 1º *Equipe multidisciplinar indicará, com base em critérios previstos no § 1º do art. 2o desta Lei, programa de habilitação ou de reabilitação que possibilite à pessoa com deficiência restaurar sua capacidade e habilidade profissional ou adquirir novas capacidades e habilidades de trabalho.*

§ 2º *A habilitação profissional corresponde ao processo destinado a propiciar à pessoa com deficiência aquisição de conhecimentos, habilidades e aptidões para exercício de profissão ou de ocupação, permitindo nível suficiente de desenvolvimento profissional para ingresso no campo de trabalho.*

§ 3º *Os serviços de habilitação profissional, de reabilitação profissional e de educação profissional devem ser dotados de recursos necessários para atender a toda pessoa com deficiência, independentemente de sua característica específica, a fim de que ela possa ser capacitada para trabalho que lhe seja adequado e ter perspectivas de obtê-lo, de conservá-lo e de nele progredir.*

§ 4º *Os serviços de habilitação profissional, de reabilitação profissional e de educação profissional deverão ser oferecidos em ambientes acessíveis e inclusivos.*

§ 5º *A habilitação profissional e a reabilitação profissional devem ocorrer articuladas com as redes públicas e privadas, especialmente de saúde, de ensino e de assistência social, em todos os níveis e modalidades, em entidades de formação profissional ou diretamente com o empregador.*

§ 6º *A habilitação profissional pode ocorrer em empresas por meio de prévia formalização do contrato de emprego da pessoa com deficiência, que será considerada para o cumprimento da reserva de vagas prevista em lei, desde que por tempo determinado e concomitante com a inclusão profissional na empresa, observado o disposto em regulamento.*

§ 7º *A habilitação profissional e a reabilitação profissional atenderão à pessoa com deficiência.*

13.4 Da Inclusão da Pessoa com Deficiência no Trabalho

Teremos inclusão quando da colocação da pessoa com deficiência de forma competitiva e em igualdade de oportunidades, observada legislação trabalhista e previdenciária.

Devem, ainda, ser observadas as normas de acessibilidade e fornecidos recursos de tecnologia assistiva e a adaptação razoável no ambiente de trabalho.

A colocação competitiva da pessoa com deficiência pode ocorrer por meio de trabalho com apoio, observadas as seguintes diretrizes:

> prioridade no atendimento à pessoa com deficiência com maior dificuldade de inserção no campo de trabalho;

> provisão de suportes individualizados que atendam a necessidades específicas da pessoa com deficiência, inclusive a disponibilização de recursos de tecnologia assistiva, de agente facilitador e de apoio no ambiente de trabalho;

> respeito ao perfil vocacional e ao interesse da pessoa com deficiência apoiada;

> oferta de aconselhamento e de apoio aos empregadores, com vistas à definição de estratégias de inclusão e de superação de barreiras, inclusive atitudinais;

> realização de avaliações periódicas;

> articulação intersetorial das políticas públicas;

> possibilidade de participação de organizações da sociedade civil.

Assistência social

A assistência social visa à promoção da pessoa, sendo previstos serviços, programas, projetos e os benefícios no âmbito da política pública de assistência social à pessoa com deficiência e sua família têm como objetivo a garantia da segurança de renda, da acolhida, da habilitação e da reabilitação, do desenvolvimento da autonomia e da convivência familiar e comunitária, para a promoção do acesso a direitos e da plena participação social.

Os serviços socioassistenciais destinados à pessoa com deficiência em situação de dependência deverão contar com cuidadores sociais para prestar-lhe cuidados básicos e instrumentais.

É assegurado à pessoa com deficiência que não possua meios para prover sua subsistência nem de tê-la provida por sua família o benefício mensal de 1 (um) salário-mínimo, nos termos da Lei nº 8.742, de 7 de dezembro de 1993 (LOAS – Lei Orgânica da Assistência Social), que é conhecido como Benefício de Prestação Continuada da Assistência Social (BPC-LOAS).

Dentro do âmbito assistencial, o EPD trouxe a previsão do Auxílio-Inclusão, prevendo benefício para aquele que passe a exercer atividade remunerada e recebia o BPC-LOAS, como uma forma de incentivo para manutenção da pessoa com deficiência no mercado de trabalho (ser segurado obrigatório do RGPS – Regime Geral de Previdência Social) vejamos o que dispõe o artigo 94 do Estatuto:

> **Art. 94.** *Terá direito a auxílio-inclusão, nos termos da lei, a pessoa com deficiência moderada ou grave que:*
>
> **I.** *receba o benefício de prestação continuada previsto no art. 20 da Lei nº 8.742, de 7 de dezembro de 1993, e que passe a exercer atividade remunerada que a enquadre como segurado obrigatório do RGPS;*
>
> **II.** *tenha recebido, nos últimos 5 (cinco) anos, o benefício de prestação continuada previsto no art. 20 da Lei nº 8.742, de 7 de dezembro de 1993, e que exerça atividade remunerada que a enquadre como segurado obrigatório do RGPS.*

Resumo dos requisitos pelo Estatuto:

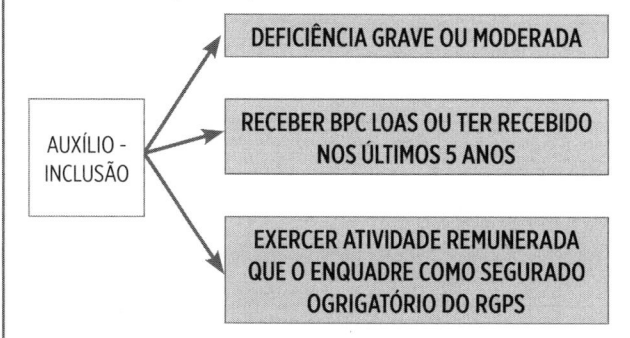

AUXÍLIO - INCLUSÃO →
- DEFICIÊNCIA GRAVE OU MODERADA
- RECEBER BPC LOAS OU TER RECEBIDO NOS ÚLTIMOS 5 ANOS
- EXERCER ATIVIDADE REMUNERADA QUE O ENQUADRE COMO SEGURADO OGRIGATÓRIO DO RGPS

Cultura, esporte, turismo e lazer

Vamos aos dispositivos legais:

> **Art. 42.** *A pessoa com deficiência tem direito à cultura, ao esporte, ao turismo e ao lazer em igualdade de oportunidades com as demais pessoas, sendo-lhe garantido o acesso:*
>
> **I.** *a bens culturais em formato acessível;*
>
> **II.** *a programas de televisão, cinema, teatro e outras atividades culturais e desportivas em formato acessível; e*

ESTATUTO DA PESSOA COM DEFICIÊNCIA (OU LEI DE INCLUSÃO)

III. a monumentos e locais de importância cultural e a espaços que ofereçam serviços ou eventos culturais e esportivos.

§ 1º É vedada a recusa de oferta de obra intelectual em formato acessível à pessoa com deficiência, sob qualquer argumento, inclusive sob a alegação de proteção dos direitos de propriedade intelectual.

§ 2º O poder público deve adotar soluções destinadas à eliminação, à redução ou à superação de barreiras para a promoção do acesso a todo patrimônio cultural, observadas as normas de acessibilidade, ambientais e de proteção do patrimônio histórico e artístico nacional.

Art. 43. O poder público deve promover a participação da pessoa com deficiência em atividades artísticas, intelectuais, culturais, esportivas e recreativas, com vistas ao seu protagonismo, devendo:

I. incentivar a provisão de instrução, de treinamento e de recursos adequados, em igualdade de oportunidades com as demais pessoas;

II. assegurar acessibilidade nos locais de eventos e nos serviços prestados por pessoa ou entidade envolvida na organização das atividades de que trata este artigo; e

III. assegurar a participação da pessoa com deficiência em jogos e atividades recreativas, esportivas, de lazer, culturais e artísticas, inclusive no sistema escolar, em igualdade de condições com as demais pessoas.

Nos teatros, cinemas, auditórios, estádios, ginásios de esporte, locais de espetáculos e de conferências e similares serão reservados espaços livres e assentos para a pessoa com deficiência, de acordo com a capacidade de lotação da edificação, que devem ser distribuídos em locais diversos, de boa visibilidade, em todos os setores, próximos aos corredores, devidamente sinalizados, evitando-se áreas segregadas de público e obstrução das saídas, em conformidade com as normas de acessibilidade, devendo acomodar acompanhante da pessoa deficiente ou com mobilidade reduzida, sendo garantida também a acomodação próxima ao grupo familiar e comunitário.

No caso de não haver comprovada procura pelos assentos reservados, esses podem, excepcionalmente, ser ocupados por pessoas sem deficiência ou que não tenham mobilidade reduzida.

Devem existir rotas de fuga e saídas de emergência acessíveis, conforme padrões das normas de acessibilidade, a fim de permitir a saída segura da pessoa com deficiência ou com mobilidade reduzida, em caso de emergência.

> Cinema: deve garantir, em todas as sessões, recursos de acessibilidade para a pessoa com deficiência.
> O valor do ingresso da pessoa com deficiência não poderá ser superior ao valor cobrado das demais pessoas.

O Estatuto também prevê regras para hotéis, pousadas e similares:

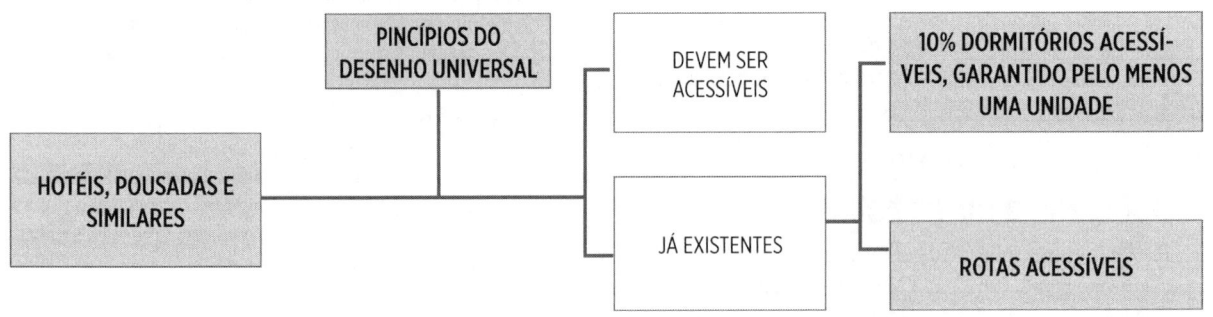

HOTÉIS, POUSADAS E SIMILARES
- **PINCÍPIOS DO DESENHO UNIVERSAL** → DEVEM SER ACESSÍVEIS → 10% DORMITÓRIOS ACESSÍVEIS, GARANTIDO PELO MENOS UMA UNIDADE
- JÁ EXISTENTES → ROTAS ACESSÍVEIS

Direito ao transporte e mobilidade

O EPD determina diversas regras com relação ao transporte e mobilidade das pessoas com deficiência. Vamos aos dispositivos e esquematizar:

Art. 46. O direito ao transporte e à mobilidade da pessoa com deficiência ou com mobilidade reduzida será assegurado em igualdade de oportunidades com as demais pessoas, por meio de identificação e de eliminação de todos os obstáculos e barreiras ao seu acesso.

§ 1º Para fins de acessibilidade aos serviços de transporte coletivo terrestre, aquaviário e aéreo, em todas as jurisdições, consideram-se como integrantes desses serviços os veículos, os terminais, as estações, os pontos de parada, o sistema viário e a prestação do serviço.

§ 2º São sujeitas ao cumprimento das disposições desta Lei, sempre que houver interação com a matéria nela regulada, a outorga, a concessão, a permissão, a autorização, a renovação ou a habilitação de linhas e de serviços de transporte coletivo.

§ 3º Para colocação do símbolo internacional de acesso nos veículos, as empresas de transporte coletivo de passageiros dependem da certificação de acessibilidade emitida pelo gestor público responsável pela prestação do serviço.

Art. 47. Em todas as áreas de estacionamento aberto ao público, de uso público ou privado de uso coletivo e em vias públicas, devem ser reservadas vagas próximas aos acessos de circulação de pedestres, devidamente sinalizadas, para veículos que transportem pessoa com deficiência com comprometimento de mobilidade, desde que devidamente identificados.

§ 1º As vagas a que se refere o caput deste artigo devem equivaler a 2% (dois por cento) do total, garantida, no mínimo, 1 (uma) vaga devidamente sinalizada e com as especificações de desenho e traçado de acordo com as normas técnicas vigentes de acessibilidade.

§ 2º Os veículos estacionados nas vagas reservadas devem exibir, em local de ampla visibilidade, a credencial de beneficiário, a ser confeccionada e fornecida pelos órgãos de trânsito, que disciplinarão suas características e condições de uso.

§ 3º A utilização indevida das vagas de que trata este artigo sujeita os infratores às sanções previstas no inciso XX do art. 181 da Lei nº 9.503, de 23 de setembro de 1997 (Código de Trânsito Brasileiro). (Redação dada pela Lei nº 13.281, de 2016) (Vigência)

§ 4º A credencial a que se refere o § 2º deste artigo é vinculada à pessoa com deficiência que possui comprometimento de mobilidade e é válida em todo o território nacional.

Art. 48. Os veículos de transporte coletivo terrestre, aquaviário e aéreo, as instalações, as estações, os portos e os terminais em operação no País devem ser acessíveis, de forma a garantir o seu uso por todas as pessoas.

§ 1º Os veículos e as estruturas de que trata o caput deste artigo devem dispor de sistema de comunicação acessível que disponibilize informações sobre todos os pontos do itinerário.

§ 2º São asseguradas à pessoa com deficiência prioridade e segurança nos procedimentos de embarque e de desembarque nos veículos de transporte coletivo, de acordo com as normas técnicas.

§ 3º Para colocação do símbolo internacional de acesso nos veículos, as empresas de transporte coletivo de passageiros dependem da certificação de acessibilidade emitida pelo gestor público responsável pela prestação do serviço.

Art. 49. As empresas de transporte de fretamento e de turismo, na renovação de suas frotas, são obrigadas ao cumprimento do disposto nos arts. 46 e 48 desta Lei. (Vigência)

Art. 50. O poder público incentivará a fabricação de veículos acessíveis e a sua utilização como táxis e vans, de forma a garantir o seu uso por todas as pessoas.

Art. 51. As frotas de empresas de táxi devem reservar 10% (dez por cento) de seus veículos acessíveis à pessoa com deficiência.

§ 1º É proibida a cobrança diferenciada de tarifas ou de valores adicionais pelo serviço de táxi prestado à pessoa com deficiência.

§ 2º O poder público é autorizado a instituir incentivos fiscais com vistas a possibilitar a acessibilidade dos veículos a que se refere o caput deste artigo.

Art. 52. As locadoras de veículos são obrigadas a oferecer 1 (um) veículo adaptado para uso de pessoa com deficiência, a cada conjunto de 20 (vinte) veículos de sua frota.

Parágrafo único. O veículo adaptado deverá ter, no mínimo, câmbio automático, direção hidráulica, vidros elétricos e comandos manuais de freio e de embreagem.

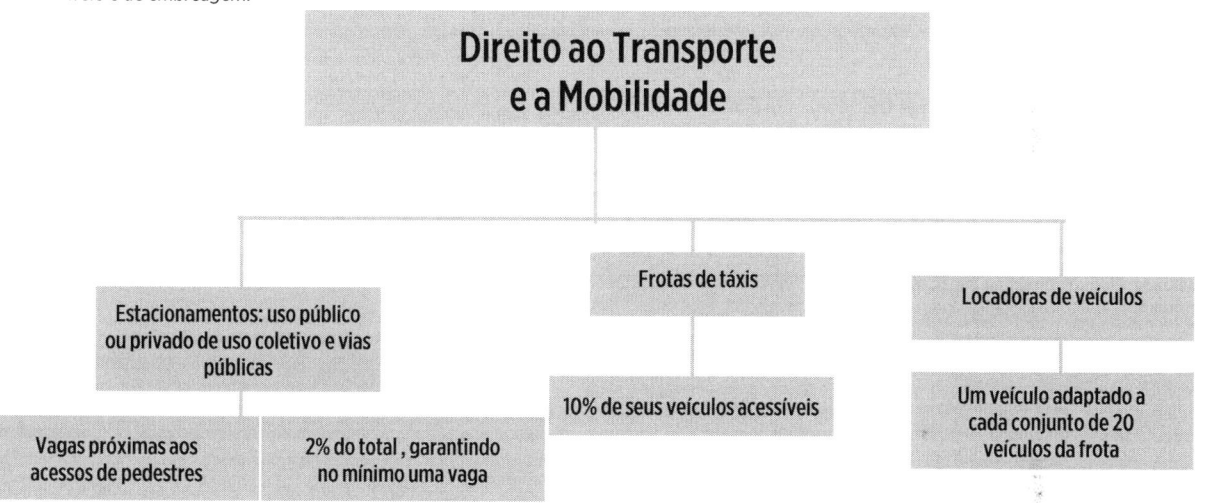

Direito ao Transporte e a Mobilidade

- **Estacionamentos: uso público ou privado de uso coletivo e vias públicas**
  - Vagas próximas aos acessos de pedestres
  - 2% do total, garantindo no mínimo uma vaga
- **Frotas de táxis**
  - 10% de seus veículos acessíveis
- **Locadoras de veículos**
  - Um veículo adaptado a cada conjunto de 20 veículos da frota

14. ACESSIBILIDADE

A acessibilidade é direito que garante à pessoa com deficiência ou com mobilidade reduzida viver de forma independente e exercer seus direitos de cidadania e de participação social.

Estão sujeitas às normas de acessibilidade (previstas no EPD e outras normas):

> a aprovação de projeto arquitetônico e urbanístico ou de comunicação e informação, a fabricação de veículos de transporte coletivo, a prestação do respectivo serviço e a execução de qualquer tipo de obra, quando tenham destinação pública ou coletiva;

> a outorga ou a renovação de concessão, permissão, autorização ou habilitação de qualquer natureza;

> a aprovação de financiamento de projeto com utilização de recursos públicos, por meio de renúncia ou de incentivo fiscal, contrato, convênio ou instrumento congênere; e

> a concessão de aval da União para obtenção de empréstimo e de financiamento internacionais por entes públicos ou privados.

A acessibilidade é direito que garante à **pessoa com deficiência ou com mobilidade reduzida** viver de forma independente e exercer seus direitos de cidadania e de participação social.

Estão sujeitas às normas de acessibilidade (previstas no EPD e outras normas):

> a aprovação de projeto arquitetônico e urbanístico ou de comunicação e informação, a fabricação de veículos de transporte coletivo, a prestação do respectivo serviço e a execução de qualquer tipo de obra, quando tenham destinação pública ou coletiva;

> a outorga ou a renovação de concessão, permissão, autorização ou habilitação de qualquer natureza;

> a aprovação de financiamento de projeto com utilização de recursos públicos, por meio de renúncia ou de incentivo fiscal, contrato, convênio ou instrumento congênere; e

> a concessão de aval da União para obtenção de empréstimo e de financiamento internacionais por entes públicos ou privados.

Atente para o disposto no Art. 55 do EPD:

Art. 55. *A concepção e a implantação de projetos que tratem do meio físico, de transporte, de informação e comunicação, inclusive de sistemas e tecnologias da informação e comunicação, e de outros serviços, equipamentos e instalações abertos ao público, de uso público ou privado de uso coletivo, tanto na zona urbana como na rural, devem atender aos princípios do desenho universal, tendo como referência as normas de acessibilidade.*

§ 1º O desenho universal será sempre tomado como regra de caráter geral.

§ 2º Nas hipóteses em que comprovadamente o desenho universal não possa ser empreendido, deve ser adotada adaptação razoável.

§ 3º Caberá ao poder público promover a inclusão de conteúdos temáticos referentes ao desenho universal nas diretrizes curriculares da educação profissional e tecnológica e do ensino superior e na formação das carreiras de Estado.

§ 4º Os programas, os projetos e as linhas de pesquisa a serem desenvolvidos com o apoio de organismos públicos de auxílio à pesquisa e de agências de fomento deverão incluir temas voltados para o desenho universal.

§ 5º Desde a etapa de concepção, as políticas públicas deverão considerar a adoção do desenho universal.

Toda construção, reforma, ampliação e mudanças de uso de edificação abertas ao público ou privadas de uso coletivo (museus, teatros, cinemas etc.) devem ser acessíveis, sendo obrigação de entidades de fiscalização das atividades de Engenharia, de Arquitetura e correlatas, ao anotarem a responsabilidade técnica de projetos, devem exigir a responsabilidade profissional declarada de atendimento às regras de acessibilidade previstas em legislação e em normas técnicas pertinentes.

Para aprovar licenciamento ou emissão de certificado de projeto executivo arquitetônico, urbanístico e de instalações e equipamentos temporários ou permanentes e para o licenciamento ou a emissão de certificado de conclusão de obra ou de serviço, deve ser atestado o atendimento às regras de acessibilidade.

As edificações públicas e privadas de uso coletivo já existentes devem garantir acessibilidade à pessoa com deficiência em todas as suas dependências e serviços, tendo como referência as normas de acessibilidade vigentes.

Art. 58. *O projeto e a construção de edificação de uso privado multifamiliar devem atender aos preceitos de acessibilidade, na forma regulamentar. (Regulamento)*

§ 1º As construtoras e incorporadoras responsáveis pelo projeto e pela construção das edificações a que se refere o caput deste artigo devem assegurar percentual mínimo de suas unidades internamente acessíveis, na forma regulamentar.

§ 2º É vedada a cobrança de valores adicionais para a aquisição de unidades internamente acessíveis a que se refere o § 1º deste artigo.

Art. 59. *Em qualquer intervenção nas vias e nos espaços públicos, o poder público e as empresas concessionárias responsáveis pela execução das obras e dos serviços devem garantir, de forma segura, a fluidez do trânsito e a livre circulação e acessibilidade das pessoas, durante e após sua execução.*

Art. 60. *Orientam-se, no que couber, pelas regras de acessibilidade previstas em legislação e em normas técnicas, observado o disposto na Lei no 10.098, de 19 de dezembro de 2000, nº 10.257, de 10 de julho de 2001, e nº12.587, de 3 de janeiro de 2012:*

I. os planos diretores municipais, os planos diretores de transporte e trânsito, os planos de mobilidade urbana e os planos de preservação de sítios históricos elaborados ou atualizados a partir da publicação desta Lei;

II. os códigos de obras, os códigos de postura, as leis de uso e ocupação do solo e as leis do sistema viário;

III. os estudos prévios de impacto de vizinhança;

IV. as atividades de fiscalização e a imposição de sanções; e

V. a legislação referente à prevenção contra incêndio e pânico.

§ 1º A concessão e a renovação de alvará de funcionamento para qualquer atividade são condicionadas à observação e à certificação das regras de acessibilidade.

§ 2º A emissão de carta de habite-se ou de habilitação equivalente e sua renovação, quando esta tiver sido emitida anteriormente às exigências de acessibilidade, é condicionada à observação e à certificação das regras de acessibilidade.

Art. 61. A formulação, a implementação e a manutenção das ações de acessibilidade atenderão às seguintes premissas básicas:

I. eleição de prioridades, elaboração de cronograma e reserva de recursos para implementação das ações; e

II. planejamento contínuo e articulado entre os setores envolvidos.

Art. 62. É assegurado à pessoa com deficiência, mediante solicitação, o recebimento de contas, boletos, recibos, extratos e cobranças de tributos em formato acessível.

A Acessibilidade também contempla a informação e a comunicação, determinando a legislação:

> Obrigatoriedade nos sites de internet mantidos por empresas com sede ou representação comercial no País ou por órgãos de governo, para uso da pessoa com deficiência, garantindo-lhe acesso às informações disponíveis, conforme as melhores práticas e diretrizes de acessibilidade adotadas internacionalmente, devendo ter símbolos de acessibilidade em destaque.

> Telecentros comunitários que receberem recursos públicos federais para seu custeio ou sua instalação e lanhouses devem possuir equipamentos e instalações acessíveis. Os telecentros e as lanhouses devem garantir, no mínimo, 10% (dez por cento) de seus computadores com recursos de acessibilidade para pessoa com deficiência visual, sendo assegurado pelo menos 1 (um) equipamento, quando o resultado percentual for inferior a 1 (um).

> As empresas prestadoras de serviços de telecomunicações deverão garantir pleno acesso à pessoa com deficiência, conforme regulamentação específica.

> Cabe ao poder público incentivar a oferta de aparelhos de telefonia fixa e móvel celular com acessibilidade que, entre outras tecnologias assistivas, possuam possibilidade de indicação e de ampliação sonoras de todas as operações e funções disponíveis.

> Os serviços de radiodifusão de sons e imagens devem permitir o uso dos seguintes recursos, entre outros:
>> subtitulação por meio de legenda oculta;
>> janela com intérprete da Libras;
>> audiodescrição.

> O poder público deve adotar mecanismos de incentivo à produção, à edição, à difusão, à distribuição e à comercialização de livros em formatos acessíveis, inclusive em publicações da administração pública ou financiadas com recursos públicos, com vistas a garantir à pessoa com deficiência o direito de acesso à leitura, à informação e à comunicação.

> Nos editais de compras de livros, inclusive para o abastecimento ou a atualização de acervos de bibliotecas em todos os níveis e modalidades de educação e de bibliotecas públicas, o poder público deverá adotar cláusulas de impedimento à participação de editoras que não ofertem sua produção também em formatos acessíveis. Consideram-se formatos acessíveis os arquivos digitais que possam ser reconhecidos e acessados por softwares leitores de telas ou outras tecnologias assistivas que vierem a substituí-los, permitindo leitura com voz sintetizada, ampliação de caracteres, diferentes contrastes e impressão em Braille.

> O poder público deve estimular e apoiar a adaptação e a produção de artigos científicos em formato acessível, inclusive em Libras.

> O poder público deve assegurar a disponibilidade de informações corretas e claras sobre os diferentes produtos e serviços ofertados, por quaisquer meios de comunicação empregados, inclusive em ambiente virtual, contendo a especificação correta de quantidade, qualidade, características, composição e preço, bem como sobre os eventuais riscos à saúde e à segurança do consumidor com deficiência, em caso de sua utilização, aplicando-se, no que couber, o disposto no Código de Defesa do Consumidor.

> Os fornecedores devem disponibilizar, mediante solicitação, exemplares de bulas, prospectos, textos ou qualquer outro tipo de material de divulgação em formato acessível.

> As instituições promotoras de congressos, seminários, oficinas e demais eventos de natureza científico-cultural devem oferecer à pessoa com deficiência, no mínimo, os recursos de tecnologia assistiva. Os congressos, os seminários, as oficinas e os demais eventos de natureza científico-cultural promovidos ou financiados pelo poder público devem garantir as condições de acessibilidade e os recursos de tecnologia assistiva.

> Os programas, as linhas de pesquisa e os projetos a serem desenvolvidos com o apoio de agências de financiamento e de órgãos e entidades integrantes da administração pública que atuem no auxílio à pesquisa devem contemplar temas voltados à tecnologia assistiva. Caberá ao poder público, diretamente ou em parceria com organizações da sociedade civil, promover a capacitação de tradutores e intérpretes da Libras, de guias intérpretes e de profissionais habilitados em Braille, audiodescrição, estenotipia e legendagem.

Também contempla a tecnologia, incentivando o acesso e a criação de recursos e facilidades para garantir a acessibilidade, ficando garantido à pessoa com deficiência acesso a produtos, recursos, estratégias, práticas, processos, métodos e serviços de tecnologia assistiva que maximizem sua autonomia, mobilidade pessoal e qualidade de vida.

O poder público desenvolverá plano específico de medidas, a ser renovado em cada período de 4 (quatro) anos, com a finalidade de:

> facilitar o acesso a crédito especializado, inclusive com oferta de linhas de crédito subsidiadas, específicas para aquisição de tecnologia assistiva;

ACESSIBILIDADE

> agilizar, simplificar e priorizar procedimentos de importação de tecnologia assistiva, especialmente as questões atinentes a procedimentos alfandegários e sanitários;

> criar mecanismos de fomento à pesquisa e à produção nacional de tecnologia assistiva, inclusive por meio de concessão de linhas de crédito subsidiado e de parcerias com institutos de pesquisa oficiais;

> eliminar ou reduzir a tributação da cadeia produtiva e de importação de tecnologia assistiva;

> facilitar e agilizar o processo de inclusão de novos recursos de tecnologia assistiva no rol de produtos distribuídos no âmbito do SUS e por outros órgãos governamentais;

> os procedimentos constantes do plano específico de medidas deverão ser avaliados, pelo menos, a cada 2 (dois) anos.

Dentro do contexto de acessibilidade, também visualizamos a participação política e na vida pública:

Art. 76. O poder público deve garantir à pessoa com deficiência todos os direitos políticos e a oportunidade de exercê-los em igualdade de condições com as demais pessoas.

§ 1º À pessoa com deficiência será assegurado o direito de votar e de ser votada, inclusive por meio das seguintes ações:

I. garantia de que os procedimentos, as instalações, os materiais e os equipamentos para votação sejam apropriados, acessíveis a todas as pessoas e de fácil compreensão e uso, sendo vedada a instalação de seções eleitorais exclusivas para a pessoa com deficiência;

II. incentivo à pessoa com deficiência a candidatar-se e a desempenhar quaisquer funções públicas em todos os níveis de governo, inclusive por meio do uso de novas tecnologias assistivas, quando apropriado;

III. garantia de que os pronunciamentos oficiais, a propaganda eleitoral obrigatória e os debates transmitidos pelas emissoras de televisão possuam, pelo menos, os recursos elencados no art. 67 desta Lei;

IV. garantia do livre exercício do direito ao voto e, para tanto, sempre que necessário e a seu pedido, permissão para que a pessoa com deficiência seja auxiliada na votação por pessoa de sua escolha.

§ 2º O poder público promoverá a participação da pessoa com deficiência, inclusive quando institucionalizada, na condução das questões públicas, sem discriminação e em igualdade de oportunidades, observado o seguinte:

I. participação em organizações não governamentais relacionadas à vida pública e à política do País e em atividades e administração de partidos políticos;

II. formação de organizações para representar a pessoa com deficiência em todos os níveis;

III. participação da pessoa com deficiência em organizações que a representem.

Quanto à ciência e tecnologia é previsto:

Art. 77. O poder público deve fomentar o desenvolvimento científico, a pesquisa e a inovação e a capacitação tecnológicas, voltados à melhoria da qualidade de vida e ao trabalho da pessoa com deficiência e sua inclusão social.

§ 1º O fomento pelo poder público deve priorizar a geração de conhecimentos e técnicas que visem à prevenção e ao tratamento de deficiências e ao desenvolvimento de tecnologias assistiva e social.

§ 2º A acessibilidade e as tecnologias assistiva e social devem ser fomentadas mediante a criação de cursos de pós-graduação, a formação de recursos humanos e a inclusão do tema nas diretrizes de áreas do conhecimento.

§ 3º Deve ser fomentada a capacitação tecnológica de instituições públicas e privadas para o desenvolvimento de tecnologias assistiva e social que sejam voltadas para melhoria da funcionalidade e da participação social da pessoa com deficiência.

§ 4º As medidas previstas neste artigo devem ser reavaliadas periodicamente pelo poder público, com vistas ao seu aperfeiçoamento.

Art. 78. Devem ser estimulados a pesquisa, o desenvolvimento, a inovação e a difusão de tecnologias voltadas para ampliar o acesso da pessoa com deficiência às tecnologias da informação e comunicação e às tecnologias sociais.

Parágrafo único. Serão estimulados, em especial:

I. o emprego de tecnologias da informação e comunicação como instrumento de superação de limitações funcionais e de barreiras à comunicação, à informação, à educação e ao entretenimento da pessoa com deficiência;

II. a adoção de soluções e a difusão de normas que visem a ampliar a acessibilidade da pessoa com deficiência à computação e aos sítios da internet, em especial aos serviços de governo eletrônico.

14.1 Do Acesso à Justiça

É um dever do poder público assegurar o acesso da pessoa com deficiência à justiça, em igualdade de oportunidades com as demais pessoas, garantindo, sempre que requeridos, adaptações e recursos de tecnologia assistiva, para, assim, garantir acesso e igualdade no judiciário. Devem ser oferecidos todos os recursos de tecnologia assistiva disponíveis para que a pessoa com deficiência tenha garantido o acesso à justiça, sempre que figure em um dos polos da ação ou atue como testemunha, partícipe da lide posta em juízo, advogado, defensor público, magistrado ou membro do Ministério Público.

A pessoa com deficiência tem garantido o acesso ao conteúdo de todos os atos processuais de seu interesse, inclusive no exercício da advocacia, pois não raro atuação de advogados com deficiência.

A fim de garantir a atuação da pessoa com deficiência em todo o processo judicial, o poder público deve capacitar os membros e os servidores que atuam no Poder Judiciário, no Ministério Público, na Defensoria Pública, nos órgãos de segurança pública e no sistema penitenciário quanto aos direitos da pessoa com deficiência.

As pessoas com deficiência submetida à medida restritiva de liberdade ficam assegurados todos os direitos e garantias a que fazem jus os apenados sem deficiência, garantida a acessibilidade.

Cabe à Defensoria Pública e ao Ministério Público tomar as medidas necessárias à garantia dos direitos previstos nesta Lei de Inclusão.

Os serviços notariais e de registro não podem negar ou criar óbices ou condições diferenciadas à prestação de seus serviços em razão de deficiência do solicitante, devendo reconhecer sua capacidade legal plena, garantida a acessibilidade, sendo o descumprimento caracterizado como discriminação em razão da deficiência.

14.2 Do Reconhecimento Igual perante à Lei

Determina a Lei:

Art. 84. A pessoa com deficiência tem assegurado o direito ao exercício de sua capacidade legal em igualdade de condições com as demais pessoas.

§ 1º Quando necessário, a pessoa com deficiência será submetida à curatela, conforme a lei.

§ 2º É facultado à pessoa com deficiência a adoção de processo de tomada de decisão apoiada.

§ 3º A definição de curatela de pessoa com deficiência constitui medida protetiva extraordinária, proporcional às necessidades e às circunstâncias de cada caso, e durará o menor tempo possível.

§ 4º Os curadores são obrigados a prestar, anualmente, contas de sua administração ao juiz, apresentando o balanço do respectivo ano.

Art. 85. A curatela afetará tão somente os atos relacionados aos direitos de natureza patrimonial e negocial.

§ 1º A definição da curatela não alcança o direito ao próprio corpo, à sexualidade, ao matrimônio, à privacidade, à educação, à saúde, ao trabalho e ao voto.

§ 2º A curatela constitui medida extraordinária, devendo constar da sentença as razões e motivações de sua definição, preservados os interesses do curatelado.

§ 3º No caso de pessoa em situação de institucionalização, ao nomear curador, o juiz deve dar preferência a pessoa que tenha vínculo de natureza familiar, afetiva ou comunitária com o curatelado.

Art. 86. Para emissão de documentos oficiais, não será exigida a situação de curatela da pessoa com deficiência.

Art. 87. Em casos de relevância e urgência e a fim de proteger os interesses da pessoa com deficiência em situação de curatela, será lícito ao juiz, ouvido o Ministério Público, de ofício ou a requerimento do interessado, nomear, desde logo, curador provisório, o qual estará sujeito, no que couber, às disposições do Código de Processo Civil.

14.3 Crimes e Infrações

O EPD prevê 4 crimes expressos, sem prejuízo de sanções penais cabíveis. A cobrança é voltada para o texto da lei:

Art. 88. Praticar, induzir ou incitar discriminação de pessoa em razão de sua deficiência:

Pena reclusão, de 1 (um) a 3 (três) anos, e multa.

§ 1º Aumenta-se a pena em 1/3 (um terço) se a vítima encontrar-se sob cuidado e responsabilidade do agente.

§ 2º Se qualquer dos crimes previstos no caput deste artigo é cometido por intermédio de meios de comunicação social ou de publicação de qualquer natureza:

Pena reclusão, de 2 (dois) a 5 (cinco) anos, e multa.

§ 3º Na hipótese do § 2º deste artigo, o juiz poderá determinar, ouvido o Ministério Público ou a pedido deste, ainda antes do inquérito policial, sob pena de desobediência:

I. recolhimento ou busca e apreensão dos exemplares do material discriminatório;

II. interdição das respectivas mensagens ou páginas de informação na internet.

§ 4º Na hipótese do § 2º deste artigo, constitui efeito da condenação, após o trânsito em julgado da decisão, a destruição do material apreendido.

Art. 89. Apropriar-se de ou desviar bens, proventos, pensão, benefícios, remuneração ou qualquer outro rendimento de pessoa com deficiência:

Pena reclusão, de 1 (um) a 4 (quatro) anos, e multa.

Parágrafo único. Aumenta-se a pena em 1/3 (um terço) se o crime é cometido:

I. por tutor, curador, síndico, liquidatário, inventariante, testamenteiro ou depositário judicial; ou

II. por aquele que se apropriou em razão de ofício ou de profissão.

Art. 90. Abandonar pessoa com deficiência em hospitais, casas de saúde, entidades de abrigamento ou congêneres:

Pena reclusão, de 6 (seis) meses a 3 (três) anos, e multa.

Parágrafo único. Na mesma pena incorre quem não prover as necessidades básicas de pessoa com deficiência quando obrigado por lei ou mandado.

Art. 91. Reter ou utilizar cartão magnético, qualquer meio eletrônico ou documento de pessoa com deficiência destinados ao recebimento de benefícios, proventos, pensões ou remuneração ou à realização de operações financeiras, com o fim de obter vantagem indevida para si ou para outrem:

Pena detenção, de 6 (seis) meses a 2 (dois) anos, e multa.

Parágrafo único. Aumenta-se a pena em 1/3 (um terço) se o crime é cometido por tutor ou curador.

15. LEIS FEDERAIS, DECRETOS E RESOLUÇÕES

Segundo dados da Organização Mundial da Saúde (OMS), cerca de 10% da população mundial possuem algum tipo de deficiência. Conforme dados do Censo Demográfico de 2010, do Instituto Brasileiro de Geografia e Estatística (IBGE), 45,6 milhões de pessoas declararam possuir alguma deficiência, o que correspondia a 23,9% da população, à época. A deficiência visual atinge 18,8% da população, seguida da motora (7%), da auditiva (5,1%) e da mental ou intelectual (1,4%). Esse número pode chegar a 50 milhões de pessoas com deficiência nas projeções para o Censo Demográfico de 2020, de acordo com as perspectivas do próprio IBGE.

Pessoas com deficiência no Brasil

45.606.048

Percentual de pessoas com deficiência no Brasil, segundo o Censo 2010

23,9% Da população brasileira

Grau de instrução das pessoas com deficiência no país*
- Superior completo: 6,66%
- Fundamental completo ou médio incompleto: 14,15%
- Sem instrução ou fundamental completo: 61,13%
- Médio completo ou superior incompleto: 17,67%

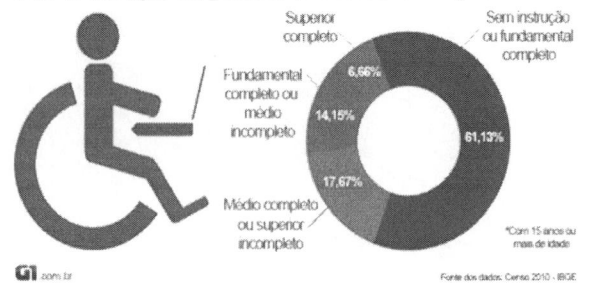

*Com 15 anos ou mais de idade

Fonte dos dados: Censo 2010 - IBGE

Fonte: g1.globo.com

A partir dessa realidade, percebeu-se a necessidade de pensar a sociedade brasileira e a inclusão das pessoas com deficiência em igualdades de direitos e oportunidades, seguindo os princípios constitucionais do país, já que a Constituição prevê a igualdade material entre todos, assim sendo, é de responsabilidade do Estado criar condições capazes de fazer com que pessoas com deficiência consigam os mesmos objetivos das pessoas que não possuem deficiências.

As políticas públicas são necessárias para garantir a efetivação de direitos e essas só são possíveis se iniciadas por pesquisas referentes às situações enfrentadas pelo grupo a quem se destina a política, aos exemplos já implantados em outros países, ao contato direto com o grupo afetado, para, assim, conhecer as suas demandas, necessidades e opiniões acerca do tema. Logo, é por meio da participação popular e do comprometimento do poder público que é possível implantar uma política pública de acessibilidade de qualidade.

A acessibilidade consiste na possibilidade e condição da pessoa com deficiência ou com mobilidade reduzida de usar, com segurança e autonomia, os espaços, mobiliários e equipamentos urbanos, as edificações, os transportes e os sistemas emeios de comunicação.

Ocorre que, para a consolidação deste direito, muitas vezes é necessária a eliminação de barreiras arquitetônicas, urbanísticas, de transportes, de comunicação, tecnológicas e barreiras atitudinais. As barreiras estão previstas na Lei nº 13.146/2015, o Estatuto da Pessoa com Deficiência e podem ser lembradas a partir do mnemônico TACTAU.

T	A	C	T	A	U
R	R	O	E	T	R
A	Q	M	C	I	B
N	U	U	N	T	A
S	I	N	O	U	N
P	T	I	L	D	Í
O	E	C	O	I	S
R	T	A	G	N	T
T	Ô	Ç	I	A	I
E	N	Ã	A	I	C
S	I	O		S	A
C					S
A					

> **Transporte**: meios de transporte.
> **Arquitetônicas**: obstáculos existentes em edifícios públicos ou privados.
> **Comunicação e Informação**: obstáculo, atitude ou comportamento que dificulte ou impossibilite expressão nos sistemas de comunicação e tecnologia da informação.
> **Tecnológicas**: dificultam ou impedem acesso às tecnologias.
> **Atitudinais**: atitudes ou comportamentos que impedem ou prejudicam a participação social igualitária.
> **Urbanísticas**: são as vias e espaços, públicos ou privados.

Infelizmente ainda é comum encontrarmos situações como calçadas esburacadas, falta de rampas, escadas sem opção deelevador ou plataforma de elevação, elevadores sem a escrita em braile e sem sinalização sonora, locais com a ausência de piso tátil, o que dificulta e até impede o acesso da pessoa com deficiência e mobilidade reduzida ao meio físico.

De acordo com a CF/88, o Direito de ir e vir deve ser assegurado a todos os cidadãos, devendo ser eliminadas todas as barreiras físicas que impeçam o acesso das pessoas com deficiência e mobilidade reduzida aos prédios públicos,aos estabelecimentos comerciais, de ensino, praças, parques,cinemas e tantos outros.Há, no cenário brasileiro, farta legislação contemplando estes direitos (artigos 227, § 2º, e 244 da CF/88; Leis nº 7.853/89, nº 10.048/00e nº 10.098/00; Decreto nº 3.298/99 e Decreto Regulamentador nº 5.296/04, além de outras legislações estaduais e municipais), devendo ser denunciado ao Ministério Público, por meio de sua ouvidoria, qualquer violação a estes direitos.

Tanto a legislação brasileira quanto as normas técnicas apresentam uma evolução na abordagem do tema acessibilidade nas diversas áreas do conhecimento. No ambiente construído, as principais referências são a Lei nº 10.098, de 19 de dezembro de 2000, que estabelece normas e critérios básicos para a promoção da acessibilidade, o Decreto nº 5.296, de 02 de dezembro de 2004, que regulamenta esta lei, e a norma brasileira que estabelece os parâmetros técnicos para a promoção da acessibilidade, que iremos tratar nesse primeiro momento.

As Leis Federais nº 10.048 e nº 10.098 de 2000 estabeleceram normas gerais e critérios básicos a fim de promover acessibilidade às pessoas com deficiência ou às pessoas com mobilidade reduzida, temporária ou terminantemente. A primeira (nº 10.048/00) trata de atendimento prioritário e de acessibilidade nos meios de transportes e inova ao introduzir penalidades ao seu descumprimento; e a segunda (nº 10.098/00) subdivide o assunto em acessibilidade ao meio físico, aos meios de transporte, na comunicação e informação e em ajudas técnicas.

As leis acima citadas foram regulamentadas por meio do Decreto nº 5.296, de 2 de dezembro de 2004, que estabeleceu critérios mais particulares para a implementação da acessibilidade arquitetônica e urbanística e aos serviços de transportes coletivos. No primeiro caso, no que se refere diretamente à mobilidade urbana, o decreto define condições para a construção de calçadas, instalação de mobiliário urbano e de equipamentos de sinalização de trânsito, de estacionamentos de uso público; no segundo, define padrões de acessibilidade universal para "veículos, terminais, estações, pontos de parada, vias principais, acessos e operação" do transporte rodoviário (urbano, metropolitano, intermunicipal e interestadual), ferroviário, aquaviário e aéreo.

15.1 Lei nº 10.048/2000 - Atendimento Prioritário

De início, é relevante ressaltar que a Lei nº 10.048/00 é a Lei de Atendimento Prioritário e não de Atendimento Exclusivo, lei essa que passou por duas alterações, como observamos abaixo:

O PRESIDENTE DA REPÚBLICA Faço saber que o Congresso Nacional decreta e eu sanciono a seguinte Lei:

> **Art. 1º** ~~As pessoas portadoras de deficiência física, os idosos com idade igual ou superior a sessenta e cinco anos, as gestantes, as lactantes e as pessoas acompanhadas por crianças de colo terão atendimento prioritário, nos termos desta Lei.~~
>
> **Art. 1º** *As pessoas portadoras de deficiência, os idosos com idade igual ou superior a 60 (sessenta) anos, as gestantes, as lactantes e as pessoas acompanhadas por crianças de colo terão atendimento prioritário, nos termos desta Lei. (Redação dada pela Lei nº 10.741, de 2003)*
>
> **Art. 1º** *As pessoas com deficiência, os idosos com idade igual ou superior a 60 (sessenta) anos, as gestantes, as lactantes, as pessoas com crianças de colo e os obesos terão atendimento prioritário, nos termos desta Lei. (Redação dada pela Lei nº 13.146, de 2015) (Vigência)*

A partir da Lei Brasileira de Inclusão, o legislador inclui os obesos no atendimento prioritário e a alteração da terminologia Pessoa Portadora por Pessoa com Deficiência.

As lactantes não necessariamente precisam estar com a criança de colo ou amamentando.

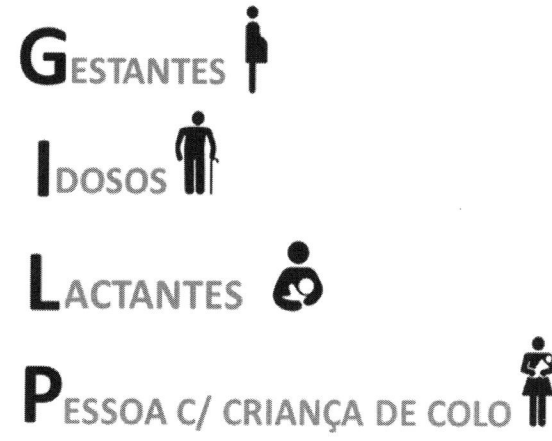

GESTANTES
IDOSOS
LACTANTES
PESSOA C/ CRIANÇA DE COLO
OBESOS

> **Art. 2º** *As repartições públicas e empresas concessionárias de serviços públicos estão obrigadas a dispensar atendimento prioritário, por meio de serviços individualizados que assegurem tratamento diferenciado e atendimento imediato às pessoas a que se refere o art. 1º*
>
> **Parágrafo único.** *É assegurada, em todas as instituições financeiras, a prioridade de atendimento às pessoas mencionadas no art. 1º*

Em 2008, a Federação Brasileira de Bancos (Febraban) assinou um Termo de Ajuste de Conduta (TAC) com o Ministério Público Federal, os Ministérios Públicos de São Paulo e Minas Gerais e também a Secretaria Especial de Direitos Humanos na Presidência da República (SEDH), para promover acessibilidade nas agências bancárias. O Termo abrange todas as agências de bancos federais, no Brasil inteiro. Em bancos estaduais e privados, a medida tem efeito apenas nos estados de São Paulo e Minas Gerais. Nesses estados, os bancos públicos e privados precisarão realizar ajustes não apenas arquitetônicos. Essa medida tem como objetivo diminuir as barreiras que dificultam o atendimento nos bancos, de forma adequada.

Os terminais de autoatendimento e caixas deverão ser acessíveis para atender as pessoas em cadeiras de rodas. Precisará, ainda, haver garantia de demarcação de local preferencial nas filas. Os bancos com mais de um pavimento precisarão adaptar obrigatoriamente apenas um deles, desde que este andar ofereça todos os serviços às pessoas com deficiência. As adaptações devem seguir as normas estabelecidas pela ABNT (Associação Brasileira de Normas Técnicas).

> **Art. 3º** *As empresas públicas de transporte e as concessionárias de transporte coletivo reservarão assentos, devidamente identificados, aos idosos, gestantes, lactantes, pessoas portadoras de deficiência e pessoas acompanhadas por crianças de colo.*

Nesse artigo, vale destacar que os obesos não aparecem como prioridade.

> **Art. 4º** *Os logradouros e sanitários públicos, bem como os edifícios de uso público, terão normas de construção, para efeito de licenciamento da respectiva edificação, baixadas pela autoridade competente, destinadas a facilitar o acesso e uso desses locais pelas pessoas portadoras de deficiência.*

NOÇÕES DE DIREITO ADMINISTRATIVO

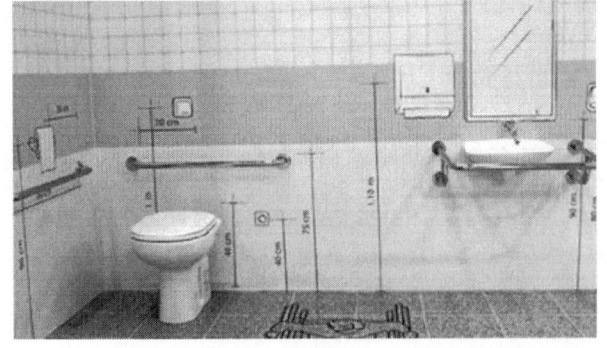

LEIS FEDERAIS, DECRETOS E RESOLUÇÕES

Art. 5º Os veículos de transporte coletivo a serem produzidos após doze meses da publicação desta Lei serão planejados de forma a facilitar o acesso a seu interior das pessoas portadoras de deficiência.

§ 1º (VETADO)

§ 2º Os proprietários de veículos de transporte coletivo em utilização terão o prazo de cento e oitenta dias, a contar da regulamentação desta Lei, para proceder às adaptações necessárias ao acesso facilitado das pessoas portadoras de deficiência.

Art. 6º A infração ao disposto nesta Lei sujeitará os responsáveis:

I. no caso de servidor ou de chefia responsável pela repartição pública, às penalidades previstas na legislação específica;

II. no caso de empresas concessionárias de serviço público, a multa de R$ 500,00 (quinhentos reais) a R$ 2.500,00 (dois mil e quinhentos reais), por veículos sem as condições previstas nos arts. 3º e 5º;

III. no caso das instituições financeiras, às penalidades previstas no art. 44, incisos I, II e III, da Lei no 4.595, de 31 de dezembro de 1964.

Parágrafo único. As penalidades de que trata este artigo serão elevadas ao dobro, em caso de reincidência.

Art. 7º O Poder Executivo regulamentará esta Lei no prazo de sessenta dias, contado de sua publicação.

Art. 8º Esta Lei entra em vigor na data de sua publicação.

15.2 Lei nº 10.098/2000 — Promoção da Acessibilidade

CAPÍTULO I - DISPOSIÇÕES GERAIS

Art. 1º Esta Lei estabelece normas gerais e critérios básicos para a promoção da acessibilidade das pessoas portadoras de deficiência ou com mobilidade reduzida, mediante a supressão de barreiras e de obstáculos nas vias e espaços públicos, no mobiliário urbano, na construção e reforma de edifícios e nos meios de transporte e de comunicação.

No art.1º, podemos observar ainda a utilização da terminologia portador de necessidade, que foi revogado pelo Estatuto da Pessoa com Deficiência. Lembre-se de que a expressão pessoas com deficiência foi adotada oficialmente pela Assembleia Geral das Nações Unidas a partir da Convenção sobre os Direitos das Pessoas com Deficiência, de 13 de dezembro de 2006, a qual entrou em vigor em 3 de maio de 2008, subscrita e ratificada por vários países, entre eles o Brasil. Essa referida Convenção foi aprovada pelo Senado Federal em 9 de julho de 2008 pelo Decreto nº 186/2008 e, posteriormente, promulgada pela Presidência da República em 25 de agosto de 2009, a partir do Decreto nº 6.949/2009.

Em relação ao Brasil, o Decreto nº 6.949/2009 foi o primeiro documento internacional de direitos humanos que adquiriu status constitucional sob a forma de emenda à Constituição, uma vez que, nos termos do art.1º, do referido Decreto, a Convenção da ONU foi aprovada pelo Congresso brasileiros nos moldes do § 3º, do art. 5º, da Constituição Federal, o qual prevê que: "Os tratados e convenções internacionais sobre os direitos humanos que forem aprovados, em cada Casa do Congresso Nacional, em dois turnos, por 3/5 dos votos dos respectivos membros, serão equivalentes à emendas constitucionais."

Art. 2º Para os fins desta Lei são estabelecidas as seguintes definições:

I. acessibilidade: possibilidade e condição de alcance para utilização, com segurança e autonomia, de espaços, mobiliários, equipamentos urbanos, edificações, transportes, informação e comunicação, inclusive seus sistemas e tecnologias, bem como de outros serviços e instalações abertos ao público, de uso público ou privados de uso coletivo, tanto na zona urbana como na rural, por pessoa com deficiência ou com mobilidade reduzida; (Redação dada pela Lei nº 13.146, de 2015)

II. barreiras: qualquer entrave, obstáculo, atitude ou comportamento que limite ou impeça a participação social da pessoa, bem como o gozo, a fruição e o exercício de seus direitos à acessibilidade, à liberdade de movimento e de expressão, à comunicação, ao acesso à informação, à compreensão, à circulação com segurança, entre outros, classificadas em: (Redação dada pela Lei nº 13.146, de 2015) (Vigência)ela Lei nº 13.146, de 2015)

ENTRAVE
COMPORTAMENTO
OBSTÁCULO
ATITUDE

a) barreiras urbanísticas: as existentes nas vias e nos espaços públicos e privados abertos ao público ou de uso coletivo; (Redação dada p a Lei nº 13.146, de 2015)

b) barreiras arquitetônicas: as existentes nos edifícios públicos e privados; (Redação dada pela Lei nº 13.146, de 2015)

c) barreiras nos transportes: as existentes nos sistemas e meios de transportes; (Redação dada pela Lei nº 13.146, de 2015)

d) barreiras nas comunicações e na informação: qualquer entrave, obstáculo, atitude ou comportamento que dificulte ou impossibilite a expressão ou o recebimento de mensagens e de informações por intermédio de sistemas de comunicação e de tecnologia da informação; (Redação dada pela Lei nº 13.146, de 2015)

VI. elemento de urbanização: quaisquer componentes de obras de urbanização, tais como os referentes a pavimentação, saneamento, encanamento para esgotos, distribuição de energia elétrica e de gás, iluminação pública, serviços de comunicação, abastecimento e distribuição de água, paisagismo e os que materializam as indicações do planejamento urbanístico; (Redação dada pela Lei nº 13.146, de 2015)

VII. mobiliário urbano: conjunto de objetos existentes nas vias e nos espaços públicos, superpostos ou adicionados aos elementos de urbanização ou de edificação, de forma que sua modificação ou seu traslado não provoque alterações substanciais nesses elementos, tais como semáforos, postes de sinalização e similares, terminais e pontos de acesso coletivo às telecomunicações, fontes de água, lixeiras, toldos, marquises, bancos, quiosques e quaisquer outros de natureza análoga; (Incluído pela Lei nº 13.146, de 2015)

VIII. tecnologia assistiva ou ajuda técnica: produtos, equipamentos, dispositivos, recursos, metodologias, estratégias, práticas e serviços que objetivem promover a funcionalidade, relacionada à atividade e à participação da pessoa com deficiência ou com mobilidade reduzida, visando à sua autonomia, independência, qualidade de vida e inclusão social; (Incluído pela Lei nº 13.146, de 2015)

IX. comunicação: forma de interação dos cidadãos que abrange, entre outras opções, as línguas, inclusive a Língua Brasileira de Sinais (Libras), a visualização de textos, o Braille, o sistema de sinalização ou de comunicação tátil, os caracteres ampliados, os dispositivos multimídia, assim como a linguagem simples, escrita e oral, os sistemas auditivos e os meios de voz digitalizados e os modos, meios e formatos aumentativos e alternativos de comunicação, incluindo as tecnologias da informação e das comunicações; (Incluído pela Lei nº 13.146, de 2015)

X. desenho universal: concepção de produtos, ambientes, programas e serviços a serem usados por todas as pessoas, sem necessidade de adaptação ou de projeto específico, incluindo os recursos de tecnologia assistiva. (Incluído pela Lei nº 13.146, de 2015)

Art. 3º O planejamento e a urbanização das vias públicas, dos parques e dos demais espaços de uso público deverão ser concebidos e executados de forma a torná-los acessíveis para todas as pessoas, inclusive para aquelas com deficiência ou com mobilidade reduzida. (Redação dada pela Lei nº 13.146, de 2015)

III. pessoa com deficiência: aquela que tem impedimento de longo prazo de natureza física, mental, intelectual ou sensorial, o qual, em interação com uma ou mais barreiras, pode obstruir sua participação plena e efetiva na sociedade em igualdade de condições com as demais pessoas; (Redação dada pela Lei nº 13.146, de 2015) (Vigência)

IV. pessoa com mobilidade reduzida: aquela que tenha, por qualquer motivo, dificuldade de movimentação, permanente ou temporária, gerando redução efetiva da mobilidade, da flexibilidade, da coordenação motora ou da percepção, incluindo idoso, gestante, lactante, pessoa com criança de colo e obeso; (Redação dada pela Lei nº 13.146, de 2015)

PESSOA COM DEFICÊNCIA
≠
PESSOA COM MOBILIDADE REDUZIDA

V. acompanhante: aquele que acompanha a pessoa com deficiência, podendo ou não desempenhar as funções de atendente pessoal; (Redação dada pela Lei nº 13.146, de 2015) (Vigência)

Parágrafo único. O passeio público, elemento obrigatório de urbanização e parte da via pública, normalmente segregado e em nível diferente, destina-se somente à circulação de pedestres e, quando possível, à implantação de mobiliário urbano e de vegetação. (Incluído pela Lei nº 13.146, de 2015)

Art. 4º As vias públicas, os parques e os demais espaços de uso público existentes, assim como as respectivas instalações de serviços e mobiliários urbanos deverão ser adaptados, obedecendo-se ordem de prioridade que vise à maior eficiência das modificações, no sentido de promover mais ampla acessibilidade às pessoas portadoras de deficiência ou com mobilidade reduzida.

LEIS FEDERAIS, DECRETOS E RESOLUÇÕES

Parágrafo único. Os parques de diversões, públicos e privados, devem adaptar, no mínimo, 5% (cinco por cento) de cada brinquedo e equipamento e identificá-lo para possibilitar sua utilização por pessoas com deficiência ou com mobilidade reduzida, tanto quanto tecnicamente possível. (Incluído pela Lei nº 11.982, de 2009)

Parágrafo único. No mínimo 5% (cinco por cento) de cada brinquedo e equipamento de lazer existentes nos locais referidos no caput devem ser adaptados e identificados, tanto quanto tecnicamente possível, para possibilitar sua utilização por pessoas com deficiência, inclusive visual, ou com mobilidade reduzida. (Redação dada pela Lei nº 13.443, de 2017)

Art. 5º O projeto e o traçado dos elementos de urbanização públicos e privados de uso comunitário, nestes compreendidos os itinerários e as passagens de pedestres, os percursos de entrada e de saída de veículos, as escadas e rampas, deverão observar os parâmetros estabelecidos pelas normas técnicas de acessibilidade da Associação Brasileira de Normas Técnicas – ABNT.

Conceitos relevantes da abnt

Acessibilidade: possibilidade e condição de alcance, percepção e entendimento para a utilização com segurança e autonomia de edificações, espaço, mobiliário, equipamento urbano e elementos. É o processo pelo qual se atinge o acesso universal, resultado da prática do design inclusivo.

Acessível: espaço, edificação, mobiliário, equipamento urbano ou elemento que possa ser alcançado, acionado, utilizado e vivenciado por qualquer pessoa, inclusive aquelas com mobilidade reduzida. O termo acessível implica tanto em acessibilidade física como de comunicação.

Acesso Universal: condição de percepção, aproximação e utilização, ampla e irrestrita, de ambientes, produtos e ou serviços por qualquer pessoa.

Adaptável: espaço, edificação, mobiliário, equipamento urbano ou elemento cujas características possam ser alteradas para que se torne acessível.

Adaptado: espaço, edificação, mobiliário, equipamento urbano ou elemento cujas características originais foram alteradas posteriormente para serem acessíveis.

Adequado: espaço, edificação, mobiliário, equipamento urbano ou elemento cujas características foram originalmente planejadas para serem acessíveis.

Barreira Arquitetônica, Urbanística ou Ambiental: qualquer elemento natural, instalado ou edificado, que impeça a aproximação, transferência ou circulação no espaço, mobiliário ou equipamento urbano.

Deficiência: redução, limitação ou inexistência das condições de percepção das características do ambiente ou de mobilidade e de utilização de edificações, espaços, mobiliário, equipamento urbano e elementos em caráter temporário ou permanente.

Desenho Universal: concepção de ambientes, produtos e ou serviços para atender ao maior número possível de pessoas, sem necessidade de adaptação ou projeto especializado, representando o nível mais amplo de acessibilidade. O desenho universal visa atender a maior gama de variações possíveis das características antropométricas e sensoriais da população.

Equipamento Urbano: todos os bens públicos e privados, de utilidade pública, destinados à prestação de serviços necessários ao funcionamento da cidade, implantados mediante autorização do poder público, em espaços públicos e privados.

Espaço Acessível: espaço que pode ser percebido e utilizado em sua totalidade por todas as pessoas, inclusive aquelas com mobilidade reduzida.

Faixa Elevada: elevação do nível do leito carroçável composto de área plana elevada, sinalizada com faixa de travessia de pedestres e rampa de transposição para veículos, destinada a promover a concordância entre os níveis das calçadas em ambos os lados da via.

Inclusão: reconhecimento da diversidade humana, garantia do acesso universal e equidade.

Mobiliário Urbano: todos os objetos, elementos e pequenas construções integrantes da paisagem urbana, de natureza utilitária, ou não, implantada mediante autorização do poder público em espaços públicos e privados.

Pessoa com Mobilidade Reduzida: aquela que temporária ou permanentemente, tem limitada sua capacidade de relacionar-se com o meio de utilizá-lo. Entende-se por pessoa com mobilidade reduzida a pessoa com deficiência, obesa, idosa, gestante, entre outros.

Piso Tátil: piso caracterizado pela diferenciação de textura em relação ao piso adjacente, destinado a constituir alerta ou linha guia perceptível por pessoas com deficiência visual.

Tecnologia Assistiva: conjunto de técnicas, aparelhos ou instrumentos, produtos e procedimentos que visam auxiliar a mobilidade, a percepção e a utilização do meio ambiente e dos elementos por pessoas com deficiência.

Art. 6º Os banheiros de uso público existentes ou a construir em parques, praças, jardins e espaços livres públicos deverão ser acessíveis e dispor, pelo menos, de um sanitário e um lavatório que atendam às especificações das normas técnicas da ABNT.

Art. 7º Em todas as áreas de estacionamento de veículos, localizadas em vias ou em espaços públicos, deverão ser reservadas vagas próximas dos acessos de circulação de pedestres, devidamente sinalizadas, para veículos que transportem pessoas portadoras de deficiência com dificuldade de locomoção.

Parágrafo único. As vagas a que se refere o caput deste artigo deverão ser em número equivalente a dois por cento do total, garantida, no mínimo, uma vaga, devidamente sinalizada e com as especificações técnicas de desenho e traçado de acordo com as normas técnicas vigentes.

Do desenho e da localização do mobiliário urbano

Estacionamento para pessoas com deficiência

Art. 8º Os sinais de tráfego, semáforos, postes de iluminação ou quaisquer outros elementos verticais de sinalização que devam ser instalados em itinerário ou espaço de acesso para pedestres deverão ser dispostos de forma a não dificultar ou impedir a circulação, e de modo que possam ser utilizados com a máxima comodidade.

Art. 9º Os semáforos para pedestres instalados nas vias públicas deverão estar equipados com mecanismo que emita sinal sonoro suave, intermitente e sem estridência, ou com mecanismo alternativo, que sirva de guia ou orientação para a travessia de pessoas portadoras de deficiência visual, se a intensidade do fluxo de veículos e a periculosidade da via assim determinarem.

Parágrafo único. Os semáforos para pedestres instalados em vias públicas de grande circulação, ou que deem acesso aos serviços de reabilitação, devem obrigatoriamente estar equipados com mecanismo que emita sinal sonoro suave para orientação do pedestre. (Incluído pela Lei nº 13.146, de 2015)

Art. 10. Os elementos do mobiliário urbano deverão ser projetados e instalados em locais que permitam sejam eles utilizados pelas pessoas portadoras de deficiência ou com mobilidade reduzida.

Art. 10-A. A instalação de qualquer mobiliário urbano em área de circulação comum para pedestre que ofereça risco de acidente à pessoa com deficiência deverá ser indicada mediante sinalização tátil de alerta no piso, de acordo com as normas técnicas pertinentes. (Incluído pela Lei nº 13.146, de 2015)

DECRETO nº 5.296/04

REGULAMENTA AS LEIS 10.048/00 E 10.098/00

| ACESSIBILIDADE NOS SERVIÇOS DE TRANSPORTES | **DECRETO 5.296/04** | CONCEITUA AJUDA TÉCNICA |

CONCEITUA DESENHO UNIVERSAL
CONCEITUA ACESSIBILIDADE

O capítulo IV, do Decreto nº 5.296/04, que discorre sobre a Implementação da Acessibilidade Arquitetônica e Urbanística, inicia com o Art. 10, impondo que a concepção e a implantação dos projetos arquitetônicos e urbanísticos atendam aos princípios do DESENHO UNIVERSAL, tendo como referências básicas as normas técnicas de acessibilidade da ABNT, a legislação específica e as regras contidas no Decreto.

O conceito de Desenho Universal, criado por uma comissão em Washington, Estados Unidos, nos anos 1960, foi inicialmente chamado de "Desenho Livre de Barreiras" por se voltar à eliminação de barreiras arquitetônicas nos projetos de edifícios, equipamentos e áreas urbanas. Posteriormente, esse conceito evoluiu para a concepção de Desenho Universal, pois passou a considerar não só o projeto, mas principalmente a diversidade humana, de forma a respeitar as diferenças existentes entre as pessoas e a garantir a acessibilidade a todos os componentes do ambiente.

O Desenho Universal deve ser concebido como gerador de ambientes, serviços, programas e tecnologias acessíveis, utilizáveis equitativamente, de forma segura e autônoma por todas as pessoas – na maior extensão possível – sem que tenham que ser adaptados ou readaptados especificamente, em virtude dos sete princípios que o sustentam, a saber:

Uso flexível	Design de produtos ou espaços que atendam pessoas com diferetnes habilidade e diversas preferências, sendo adaptáveis para qualquer uso.
Uso equiparável	São espaços objetos e produtos que podem ser utilizados por pessoas com diferentes capacidades, tornando os ambientes iguais para todos.
Simples e intuitivo	De fácil entendimento para que uma pessoa possa compreender, independentemente de sua experiência, conhecimento, habilidade de linguagem, ou nível de concentração.
Informação perceptiível	Quando a informação necessária é transmitida de forma a atender as necessidades do receptor, seja ela uma pessoa estrangeira, com dificuldade de visão ou audição.
Tolerante ao erro	Previsto para minimizar os riscos e possíveis consequências de ações acidentais ou não intencionais.
Com pouca exigência de esforço físico	Para ser usado eficientemente, com o mínimo de fadiga.
Dimensão e espaço para aproximação e uso	Que estabelece dimensões e espaços apropriados para o acesso, o alcance, a manipulação e o uso, independentemente do tamanho do porpo (obesos, anões etc.) da postura ou mobilidade de usuários (pessoas em cadeiras de rodas, com carrinhos de bebê, bengalas etc.).

NOÇÕES DE DIREITO ADMINISTRATIVO

16. RESOLUÇÃO Nº 230/2016 - CNJ

A Resolução nº 230/16 do Conselho Nacional de Justiça orienta a adequação das atividades dos órgãos do Poder Judiciário e de seus serviços auxiliares às determinações exaradas pela Convenção Internacional sobre os Direitos das Pessoas com Deficiência e seu Protocolo Facultativo e pela Lei Brasileira de Inclusão da Pessoa com Deficiência por meio – entre outras medidas – da Recomendação CNJ 27, de 16/12/2009, bem como da instituição de Comissões Permanentes de Acessibilidade e Inclusão.

16.1 Princípios Gerais da Convenção Internacional sobre os Direitos das Pessoas com Deficiência

PRINCÍPIOS GERAIS:
- RESPEITO PELA DIFERENÇA E ACEITAÇÃO DAS PESSOAS COM DEFICIÊNCIA COMO PARTE DA DIVERSIDADE HUMANA E HUMANIDADE
- NÃO DISCRIMINAÇÃO
- IGUALDADE DE OPORTUNIDADES
- ACESSIBILIDADE
- PLENA E EFETIVA PARTICIPAÇÃO E INCLUSÃO NA SOCIEDADE
- IGUALDADE ENTRE HOMEM E MULHER
- RESPEITO PELA DIGNIDADE DA PESSOA HUMANA
- RESPEITO PELO DESENVOLVIMENTO DAS CAPACIDADES DAS CRIANÇAS COM DEFICIÊNCIA E PELO DIREITO DE PRESERVAÇÃO DA IDENTIDADE

A Resolução nº 230/2016 prevê, entre outros procedimentos, atendimento e tramitação processual prioritários aos usuários com deficiência quando forem parte ou interessados. Também visa a adoção urgente de medidas apropriadas para eliminar e prevenir qualquer barreira. O intuito é assegurar a servidores, a funcionários terceirizados e a usuários em geral as adaptações necessárias para o atendimento.

Essência da norma

"Art. 1º Esta Resolução orienta a adequação das atividades dos órgãos do Poder Judiciário e de seus serviços auxiliares em relação às determinações exaradas pela Convenção Internacional sobre os Direitos das Pessoas com Deficiência e seu Protocolo Facultativo (promulgada por meio do Decreto nº 6.949/2009) e pela Lei Brasileira de Inclusão da Pessoa com Deficiência (Lei nº 13.146/2015)."

O que a resolução leva em conta

O Art. 2º, da Resolução nº 230/2016, do CNJ, estabelece conceitos aplicáveis às pessoas com deficiência, dos quais se destacam:

> "discriminação por motivo de deficiência" significa qualquer diferenciação, exclusão ou restrição, por ação ou omissão, baseada em deficiência, com o propósito ou efeito de impedir ou impossibilitar o reconhecimento, o desfrute ou o exercício, em igualdade de oportunidades com as demais pessoas, de direitos humanos e liberdades fundamentais nos âmbitos político, econômico, social, cultural, civil ou qualquer outro, incluindo a recusa de adaptações razoáveis e de fornecimento de tecnologias assistivas;

> "acessibilidade" significa possibilidade e condição de alcance para utilização, com segurança e autonomia, de espaços, mobiliários, equipamentos urbanos, edificações, transportes, informação e comunicação, inclusive seus sistemas e tecnologias, bem como de outros serviços e instalações abertos ao público, de uso público ou privados de uso coletivo, tanto na zona urbana como na rural, por pessoa com deficiência ou com mobilidade reduzida;

> "barreiras" significa qualquer entrave, obstáculo, atitude ou comportamento que limite ou impeça a participação social da pessoa, bem como o gozo, a fruição e o exercício de seus direitos à acessibilidade, à liberdade de movimento e de expressão, à comunicação, ao acesso à informação, à compreensão, à circulação com segurança;

> "tecnologia assistiva" (ou "ajuda técnica") significa produtos, equipamentos, dispositivos, recursos, metodologias, estratégias, práticas e serviços que objetivem promover a funcionalidade, relacionada à atividade e à participação da pessoa com deficiência ou com mobilidade reduzida, visando à sua autonomia, independência, qualidade de vida e inclusão social;

> "comunicação" significa uma forma de interação dos cidadãos que abrange, entre outras opções, as línguas, inclusive a Língua Brasileira de Sinais (Libras), a visualização de textos, o Braille, o sistema de sinalização ou de comunicação tátil, os caracteres ampliados, os dispositivos multimídia, assim como a linguagem simples, escrita e oral, os sistemas auditivos e os meios de voz digitalizados e os modos, meios e formatos aumentativos e alternativos de comunicação, incluindo as tecnologias da informação e das comunicações.

Atendimento prioritário à pessoa com deficiência

Art. 16. A pessoa com deficiência tem direito a receber atendimento prioritário, sobretudo com a finalidade de:

I. proteção e socorro em quaisquer circunstâncias;

II. atendimento em todos os serviços de atendimento ao público;

III. disponibilização de recursos, tanto humanos quanto tecnológicos, que garantam atendimento em igualdade de condições com as demais pessoas;

IV. acesso a informações e disponibilização de recursos de comunicação acessíveis;

V. tramitação processual e procedimentos judiciais e administrativos em que for parte ou interessada, em todos os atos e diligências.

Parágrafo único. Os direitos previstos neste artigo são extensivos ao acompanhante da pessoa com deficiência ou ao seu atendente pessoal, exceto quanto ao disposto no inciso V deste artigo.

Art. 3º A fim de promover a igualdade, adotar-se-ão, com urgência, medidas apropriadas para eliminar e prevenir quaisquer barreiras urbanísticas, arquitetônicas, nos transportes, nas comunicações e na informação, atitudinais ou tecnológicas, devendo-se garantir às pessoas com deficiência – servidores, serventuários extrajudiciais, terceirizados ou não – quantas adaptações razoáveis ou mesmo tecnologias assistivas sejam necessárias para assegurar acessibilidade plena, coibindo qualquer forma de discriminação por motivo de deficiência.

17. LEI Nº 14.133/2021 - NOVA LEI DE LICITAÇÃO

A Lei de Licitações mudou! A **Lei nº 14.133/2021 substituiu o texto da Lei nº 8.666/1993**, criando um novo marco para as contratações públicas ao unificar a *Lei do Pregão* (Lei nº 10.520/2002), a *Lei das Licitações* (Lei nº 8.666/1993) e do *Regime Diferenciado de Contratações Públicas* (RDC – Lei nº 12.462/2011) e mais de 20 instruções normativas.

A nova legislação entra em vigor **imediatamente** (não haverá *vacatio legis*), mas a revogação das normas anteriores sobre licitação e contratos **ocorrerá no prazo de 2 anos**. Nesse período, tanto as normas antigas quanto a nova Lei continuarão produzindo efeitos jurídicos. Nessa medida, ambas poderão ser cobradas em **provas de concurso público**, exceto quanto às disposições penais da Lei nº 8.666/1993, que foram revogadas de imediato. Após o decurso de dois anos, as normas antigas serão revogadas.

Nesse período, as novas e antigas regras estarão presentes em nosso ordenamento jurídico simultaneamente e a Administração Pública poderá optar os dispositivos que irá aplicar. Entretanto, a parte dos crimes na licitação substitui, de imediato, as regras anteriores, uma vez que os arts. 89 a 108 da Lei nº 8.666/1993, que se referem aos crimes licitatórios, foram sumariamente revogados.

A nova Lei estabelece as normas gerais sobre licitação e contratos administrativos que serão aplicadas a toda **Administração Pública direta, Autárquica e Fundacional de todos os entes da Federação (União, estados, DF e municípios)**, incluindo os Fundos Especiais e as Entidades Controladas. Contudo, ela **não** se aplica às licitações e aos contratos administrativos envolvendo as empresas estatais – empresas públicas e sociedades de economia mista –, que continuam a ser regidas pela Lei nº 13.303/2016, com exceção às disposições penais, questões atinentes a critérios de desempate e quando o próprio estatuto das estatais prevê aplicação das regras relativas ao pregão. Ademais, também não serão regidos pela nova norma os contratos que tenham como objeto **operações de crédito e gestão da dívida pública**, uma vez que possuem regulamentação própria.

De forma resumida, temos aplicação da nova Lei da seguinte forma:

→ **Administração Direta, Autárquica e Fundacional:** aplicação integral da Lei 14.133/2021.
→ **Empresas Públicas e Sociedades de Economia Mista:**
   > Lei nº 13.303/2016: como norma principal (primária).
   > Lei nº 14.133/2021: nos casos expressamente determinados pela Lei nº 13.303:
      » critérios de desempate previstos no art. 60 (conforme art. 55, III, da Lei das Estatais, combinado com o previsto no art. 189 da Lei nº 14.133/2021);
      » modalidade pregão (conforme art. 32, IV, da Lei das Estatais, combinado com o previsto no art. 189 da Lei nº 14.133/2021);
      » disposições penais previstas no art. 178 (Título XI da Parte Especial do Decreto-lei nº 2.848, de 7 de dezembro de 1940 – Código Penal).

17.1 Novos Princípios do Procedimento Licitatório

A Nova Lei de Licitação traz muitos novos princípios para reger as licitações e os contratos administrativos. Vejamos a previsão do art. 5º:

> **Art. 5º** Na aplicação desta Lei, serão observados os **princípios da legalidade, da impessoalidade, da moralidade, da publicidade, da eficiência, do interesse público, da probidade administrativa, da igualdade, do planejamento, da transparência, da eficácia, da segregação de funções, da motivação, da vinculação ao edital, do julgamento objetivo, da segurança jurídica, da razoabilidade, da competitividade, da proporcionalidade, da celeridade, da economicidade e do desenvolvimento nacional sustentável,** assim como as disposições do Decreto-lei nº 4.657, de 4 de setembro de 1942 (Lei de Introdução às Normas do Direito Brasileiro).

Objeto

Conforme prevê a Lei nº 8.666/93:

> **Art. 1º** Esta Lei estabelece normas gerais sobre licitações e contratos administrativos pertinentes a obras, serviços, inclusive de publicidade, compras, alienações e locações no âmbito dos Poderes da União, dos Estados, do Distrito Federal e dos Municípios.

A nova Lei, por sua vez, prevê:

> **Art. 2º** Esta Lei aplica-se a: [...]
> I - alienação e concessão de direito real de uso de bens;
> II - compra, inclusive por encomenda;
> III - locação;
> IV - concessão e permissão de uso de bens públicos;
> V - prestação de serviços, inclusive os técnico-profissionais especializados;
> VI - obras e serviços de arquitetura e engenharia;
> VII - contratações de tecnologia da informação e de comunicação.

Destaca-se que não se subordinam ao regime desta Lei:

> I - contratos que tenham por objeto operação de crédito, interno ou externo, e gestão de dívida pública, incluídas as contratações de agente financeiro e a concessão de garantia relacionada a esses contratos;
> II - contratações sujeitas a normas previstas em legislação própria.

Nova finalidade da licitação

O processo licitatório tem como objetivo:

> assegurar a seleção da proposta apta a gerar o resultado de contratação mais vantajosa para a Administração Pública, inclusive no que se refere ao ciclo de vida do objeto;
> assegurar tratamento isonômico entre os licitantes;
> **justa competição** (NOVO);
> **evitar contratações com sobrepreço ou com preços manifestamente inexequíveis e superfaturamento na execução dos contratos** (NOVO);
> incentivar a inovação e o desenvolvimento nacional sustentável.

LEI Nº 14.133/2021 - NOVA LEI DE LICITAÇÃO

Microempresa e empresa de pequeno porte

A legislação prevê as seguintes preferências para microempresa (ME) e empresa de pequeno porte (EPP), quais sejam: comprovação da regularidade fiscal e trabalhista apenas para fins assinatura do contrato, ou seja, a microempresa poderá participar do processo de seleção ainda que não possua as mencionadas comprovações, sendo exigida a apresentação das comprovações apenas no momento da assinatura do contrato. Ademais, possibilidade de ofertar nova proposta para fins de desempate, inferior à do licitante que seria o vencedor. Cumpre ressaltar que se considera "empatada" a proposta da MP ou EPP (i) igual ou até 10% superior à do licitante mais bem classificado; (ii) no pregão, o limite é de até 5%.

Tradução jurídica

Exemplo: em uma licitação para aquisição de um produto, pelo critério de menor preço, uma grande empresa de materiais de escritório fez uma oferta de R$ 5.000,00. Em outra medida, uma microempresa fez uma oferta de R$ 5.003,00. Nesse caso, como a segunda empresa é uma microempresa, ela terá o direito de exercer a sua preferência, ou seja, poderá apresentar uma nova oferta de R$ 4.999,00 e vencer a licitação.

Além disso, a legislação prevê a realização de licitação exclusiva para ME e EPP, para os itens até o valor de R$ 80 mil, poderá exigir subcontratação de ME e EPP em obras e serviços; e deverá estabelecer cota de até 25%, para ME e EPP, na aquisição de bens divisíveis.

Novas modalidades de licitação

Além das modalidades já existentes de licitação, quais sejam, concorrência, pregão, concurso e leilão, a Lei nº 14.133/2021 trouxe uma nova modalidade: o diálogo competitivo. Outrossim, cumpre destacarmos que a nova norma extinguiu a modalidade de convite, Tomada de Preço e RDC.

Antes da Lei nº 14.133	Com a Lei nº 14.133
Concorrência	Concorrência
Pregão	Pregão
Concurso	Concurso
Leilão	Leilão
Convite	Diálogo Competitivo
Tomada de Preços	
RDC	

Interessante observar que o art. 78 da Lei nº 14.133/2021 prevê procedimentos auxiliares das licitações:

a) credenciamento;
b) pré-qualificação;
c) procedimento de manifestação de interesse;
d) sistema de registro de preços;
e) registro cadastral.

Ressalta-se ainda que a Lei nº 8.666/1993 tinha previsão de que a modalidade de licitação era definida pelo valor estimado da contratação ou pela natureza do objeto. Porém, a partir de agora, o que define a modalidade de licitação que será utilizada é apenas a natureza do objeto.

Concorrência

Trata-se da modalidade de licitação para contratação de bens e serviços especiais e de obras e serviços comuns e especiais de engenharia, cujo critério de julgamento poderá ser:

a) menor preço;
b) melhor técnica ou conteúdo artístico;
c) técnica e preço;
d) maior retorno econômico;
e) maior desconto.

Concurso

É a modalidade de licitação para escolha de trabalho técnico, científico ou artístico, cujo critério de julgamento será o de melhor técnica ou conteúdo artístico, para fins de concessão de prêmio ou remuneração.

> **Critério de julgamento:** o concurso passa a ter como critério de julgamento a **melhor técnica e melhor conteúdo artístico**.

Leilão

Trata-se da modalidade de licitação para fins **alienação de qualquer bem pertencente à Administração Pública.** Além disso, não há mais o limite máximo de valor para a realização do leilão de bens móveis, que atualmente é o mesmo valor da tomada de preços – R$ 1,430 milhão.

Pregão

O pregão é a modalidade de licitação obrigatória para aquisição de bens e serviços comuns, cujo critério de julgamento poderá ser o de menor preço ou o de maior desconto.

> **Critério de julgamento:** menor preço e maior desconto.

Diálogo competitivo

Trata-se de nova modalidade de licitação que será utilizada para contratação de obras, serviços e compras em que a Administração Pública realiza diálogos com licitantes previamente selecionados mediante critérios objetivos, com o intuito de desenvolver uma ou mais alternativas capazes de atender às suas necessidades, devendo os licitantes **apresentar proposta final após o encerramento dos diálogos**.

A modalidade diálogo competitivo, conforme previsto no art. 32 da Lei, é restrita a contratações em que a Administração:

I - vise contratar objeto que envolva as seguintes características:
a) inovação tecnológica ou técnica;
b) impossibilidade de o órgão ou entidade ter sua necessidade satisfeita sem a adaptação de soluções disponíveis no mercado; e
c) impossibilidade de as especificações técnicas serem definidas com precisão suficiente pela Administração;
II - verifique a necessidade de definir e identificar os meios e as alternativas que possam satisfazer suas necessidades, com destaque para os seguintes aspectos:
a) a solução técnica mais adequada;
b) os requisitos técnicos aptos a concretizar a solução já definida;
c) a estrutura jurídica ou financeira do contrato.

Novos conceitos – agentes públicos

O termo "Agente Público" refere-se ao indivíduo que, em virtude de eleição, nomeação, designação, contratação ou qualquer outra forma de investidura ou vínculo exerce mandato, cargo, emprego ou função em pessoa jurídica integrante da Administração Pública. A nova Lei trouxe novos conceitos relacionados aos agentes públicos, que serão parte do processo de licitação e contratações públicas.

a) **Agente de contratação:** trata-se da pessoa designada pela autoridade competente, entre servidores efetivos ou empregados públicos dos quadros permanentes da Administração Pública, para tomar decisões, acompanhar o trâmite da licitação, dar impulso ao procedimento licitatório e executar quaisquer outras atividades necessárias ao bom andamento do certame até a homologação.

Destaca-se que a nova Lei extinguiu a figura da comissão de licitação e estipulou que o agente de licitação terá uma equipe de apoio que exercerá o assessoramento aos trabalhos, não tendo, entretanto, poder decisório.

Entretanto, cabe destacar que "em licitação que envolva bens ou serviços especiais, desde que observados os requisitos estabelecidos no art. 7º desta Lei, o agente de contratação poderá ser substituído por comissão de contratação formada por, no mínimo, 3 (três) membros, que responderão solidariamente por todos os atos praticados pela comissão, ressalvado o membro que expressar posição individual divergente fundamentada e registrada em ata lavrada na reunião em que houver sido tomada a decisão."

b) **Comissão de contratação:** quando se tratar da contratação de bens e serviços especiais, é possível (mas não obrigatório) o estabelecimento de uma comissão de, no mínimo, três membros. Por sua vez, quando a modalidade licitatória for o diálogo competitivo, será obrigatória a formação de comissão de licitação com pelo menos três membros.

A comissão de licitação deverá atender aos critérios do art. 7º. Logo, serão "preferencialmente" servidores efetivos ou empregados do quadro permanente. No caso da modalidade diálogo competitivo, os membros da comissão deverão ser servidores efetivos ou empregados do quadro permanente.

Vedações – agente de contratação

Art. 9º É vedado ao agente público designado para atuar na área de licitações e contratos, ressalvados os casos previstos em lei:
I - admitir, prever, incluir ou tolerar, nos atos que praticar, situações que:
a) comprometam, restrinjam ou frustrem o caráter competitivo do processo licitatório, inclusive nos casos de participação de sociedades cooperativas;
b) estabeleçam preferências ou distinções em razão da naturalidade, da sede ou do domicílio dos licitantes;
c) sejam impertinentes ou irrelevantes para o objeto específico do contrato;

II - estabelecer tratamento diferenciado de natureza comercial, legal, trabalhista, previdenciária ou qualquer outra entre empresas brasileiras e estrangeiras, inclusive no que se refere a moeda, modalidade e local de pagamento, mesmo quando envolvido financiamento de agência internacional;
III - opor resistência injustificada ao andamento dos processos e, indevidamente, retardar ou deixar de praticar ato de ofício, ou praticá-lo contra disposição expressa em lei.
§ 1º Não poderá participar, direta ou indiretamente, da licitação ou da execução do contrato agente público de órgão ou entidade licitante ou contratante, devendo ser observadas as situações que possam configurar conflito de interesses no exercício ou após o exercício do cargo ou emprego, nos termos da legislação que disciplina a matéria.

Contratação direta

A Lei nº 8.666/1993 traz em seu bojo hipóteses de contratação direta por meio de inexigibilidade ou dispensa de licitação, que foram reforçadas pela Lei nova, com alguns detalhes.

Inexigibilidade de licitação

A Lei nº 8.666/1993 prevê três hipóteses de inexigibilidade de licitação, que ocorrem quando não é possível a contratação por meio de licitação. Essas hipóteses são as seguintes:

01. contratação com exclusividade de fornecedor;

02. contratação de serviço técnico;

03. contratação de profissional do setor artístico.

Essas três hipóteses continuam existindo com algumas especificidades na nova Lei. Contudo, a nova norma prevê que a contratação do serviço técnico especializado deve atender a duas características:

01. **natureza predominantemente intelectual;**

02. **prestação por um profissional de notória especialização.**

A nova Lei prevê ainda duas novas hipóteses para a contratação direta mediante inexigibilidade:

> **Credenciamento:** é o processo administrativo de chamamento público em que a Administração Pública convoca interessados em prestar serviços ou fornecer bens para que, preenchidos os requisitos necessários, credenciem-se no órgão ou na entidade para executar o objeto quando convocados, já que não existe competição.

> **Aquisição ou locação de imóveis cujas características de instalações e de localização tornem necessária sua escolha:** trata-se da situação em que há necessidade de locação ou compra de um imóvel específico, destinada a atender determinada finalidade pública. Essa hipótese é classificada pela Lei nº 8.666/1993 como licitação dispensável, porém, essa classificação foi alterada pela nova Lei, tornando-se hipótese de inexigibilidade.

Licitação dispensável

A licitação é dispensável quando o legislador dispensa a Administração de realizá-la, permitindo a contratação direta. Nesse sentido, a nova Lei de Licitação traz algumas mudanças importantes. As principais são as seguintes:

NOÇÕES DE DIREITO ADMINISTRATIVO

LEI Nº 14.133/2021 - NOVA LEI DE LICITAÇÃO

> **Baixo valor:** o valor máximo para a dispensa de licitação por baixo valor passa a ser R$ 100 mil para obras e serviços de engenharia e para **serviços de manutenção de veículos automotores** (nova hipótese) e R$ 50 mil para compras e outros serviços.

> **Emergência:** nos casos de emergência e calamidade pública, pode haver uma contratação direta com prazo máximo de um ano de duração do contrato.

Lei nº 14.133/2021

Art. 75. *É dispensável a licitação:*

I - para contratação que envolva valores inferiores a R$ 100.000,00 (cem mil reais), no caso de obras e serviços de engenharia ou de serviços de manutenção de veículos automotores;

II - para contratação que envolva valores inferiores a R$ 50.000,00 (cinquenta mil reais), no caso de outros serviços e compras;

III - para contratação que mantenha todas as condições definidas em edital de licitação realizada há menos de 1 (um) ano, quando se verificar que naquela licitação:

a) não surgiram licitantes interessados ou não foram apresentadas propostas válidas;

b) as propostas apresentadas consignaram preços manifestamente superiores aos praticados no mercado ou incompatíveis com os fixados pelos órgãos oficiais competentes;

IV - para contratação que tenha por objeto:

a) bens, componentes ou peças de origem nacional ou estrangeira necessários à manutenção de equipamentos, a serem adquiridos do fornecedor original desses equipamentos durante o período de garantia técnica, quando essa condição de exclusividade for indispensável para a vigência da garantia;

b) bens, serviços, alienações ou obras, nos termos de acordo internacional específico aprovado pelo Congresso Nacional, quando as condições ofertadas forem manifestamente vantajosas para a Administração;

c) produtos para pesquisa e desenvolvimento, limitada a contratação, no caso de obras e serviços de engenharia, ao valor de R$ 300.000,00 (trezentos mil reais);

d) transferência de tecnologia ou licenciamento de direito de uso ou de exploração de criação protegida, nas contratações realizadas por instituição científica, tecnológica e de inovação (ICT) pública ou por agência de fomento, desde que demonstrada vantagem para a Administração;

e) hortifrutigranjeiros, pães e outros gêneros perecíveis, no período necessário para a realização dos processos licitatórios correspondentes, hipótese em que a contratação será realizada diretamente com base no preço do dia;

f) bens ou serviços produzidos ou prestados no País que envolvam, cumulativamente, alta complexidade tecnológica e defesa nacional;

g) materiais de uso das Forças Armadas, com exceção de materiais de uso pessoal e administrativo, quando houver necessidade de manter a padronização requerida pela estrutura de apoio logístico dos meios navais, aéreos e terrestres, mediante autorização por ato do comandante da força militar;

h) bens e serviços para atendimento dos contingentes militares das forças singulares brasileiras empregadas em operações de paz no exterior, hipótese em que a contratação deverá ser justificada quanto ao preço e à escolha do fornecedor ou executante e ratificada pelo comandante da força militar;

i) abastecimento ou suprimento de efetivos militares em estada eventual de curta duração em portos, aeroportos ou localidades diferentes de suas sedes, por motivo de movimentação operacional ou de adestramento;

j) coleta, processamento e comercialização de resíduos sólidos urbanos recicláveis ou reutilizáveis, em áreas com sistema de coleta seletiva de lixo, realizados por associações ou cooperativas formadas exclusivamente de pessoas físicas de baixa renda reconhecidas pelo poder público como catadores de materiais recicláveis, com o uso de equipamentos compatíveis com as normas técnicas, ambientais e de saúde pública;

k) aquisição ou restauração de obras de arte e objetos históricos, de autenticidade certificada, desde que inerente às finalidades do órgão ou com elas compatível;

l) serviços especializados ou aquisição ou locação de equipamentos destinados ao rastreamento e à obtenção de provas previstas nos incisos II e V do caput do art. 3º da Lei nº 12.850, de 2 de agosto de 2013, quando houver necessidade justificada de manutenção de sigilo sobre a investigação;

m) aquisição de medicamentos destinados exclusivamente ao tratamento de doenças raras definidas pelo Ministério da Saúde;

V - para contratação com vistas ao cumprimento do disposto nos arts. 3º, 3º-A, 4º, 5º e 20 da Lei nº 10.973, de 2 de dezembro de 2004, observados os princípios gerais de contratação constantes da referida Lei;

VI - para contratação que possa acarretar comprometimento da segurança nacional, nos casos estabelecidos pelo Ministro de Estado da Defesa, mediante demanda dos comandos das Forças Armadas ou dos demais ministérios;

VII - nos casos de guerra, estado de defesa, estado de sítio, intervenção federal ou de grave perturbação da ordem;

VIII - nos casos de emergência ou de calamidade pública, quando caracterizada urgência de atendimento de situação que possa ocasionar prejuízo ou comprometer a continuidade dos serviços públicos ou a segurança de pessoas, obras, serviços, equipamentos e outros bens, públicos ou particulares, e somente para aquisição dos bens necessários ao atendimento da situação emergencial ou calamitosa e para as parcelas de obras e serviços que possam ser concluídas no prazo máximo de 1 (um) ano, contado da data de ocorrência da emergência ou da calamidade, vedadas a prorrogação dos respectivos contratos e a recontratação de empresa já contratada com base no disposto neste inciso;

IX - para a aquisição, por pessoa jurídica de direito público interno, de bens produzidos ou serviços prestados por órgão ou entidade que integrem a Administração Pública e que tenham sido criados para esse fim específico, desde que o preço contratado seja compatível com o praticado no mercado;

X - quando a União tiver que intervir no domínio econômico para regular preços ou normalizar o abastecimento;

XI - para celebração de contrato de programa com ente federativo ou com entidade de sua Administração Pública indireta que envolva prestação de serviços públicos de forma associada nos termos autorizados em contrato de consórcio público ou em convênio de cooperação;

XII - para contratação em que houver transferência de tecnologia de produtos estratégicos para o Sistema Único de Saúde (SUS), conforme elencados em ato da direção nacional do SUS, inclusive por ocasião da aquisição desses produtos durante as etapas de absorção tecnológica, e em valores compatíveis com aqueles definidos no instrumento firmado para a transferência de tecnologia;

XIII - para contratação de profissionais para compor a comissão de avaliação de critérios de técnica, quando se tratar de profissional técnico de notória especialização;

XIV - para contratação de associação de pessoas com deficiência, sem fins lucrativos e de comprovada idoneidade, por órgão ou entidade da Administração Pública, para a prestação de serviços, desde que o preço contratado seja compatível com o praticado no mercado e os serviços contratados sejam prestados exclusivamente por pessoas com deficiência;

XV - para contratação de instituição brasileira que tenha por finalidade estatutária apoiar, captar e executar atividades de ensino, pesquisa, extensão, desenvolvimento institucional, científico e tecnológico e estímulo à inovação, inclusive para gerir administrativa e financeiramente essas atividades, ou para contratação de instituição dedicada à recuperação social da pessoa presa, desde que o contratado tenha inquestionável reputação ética e profissional e não tenha fins lucrativos;

XVI - para aquisição, por pessoa jurídica de direito público interno, de insumos estratégicos para a saúde produzidos por fundação que, regimental ou estatutariamente, tenha por finalidade apoiar órgão da Administração Pública direta, sua autarquia ou fundação em projetos de ensino, pesquisa, extensão, desenvolvimento institucional, científico e tecnológico e de estímulo à inovação, inclusive na gestão administrativa e financeira necessária à execução desses projetos, ou em parcerias que envolvam transferência de tecnologia de produtos estratégicos para o SUS, nos termos do inciso XII do caput deste artigo, e que tenha sido criada para esse fim específico em data anterior à entrada em vigor desta Lei, desde que o preço contratado seja compatível com o praticado no mercado.

§ 1º Para fins de aferição dos valores que atendam aos limites referidos nos incisos I e II do caput deste artigo, deverão ser observados:

I - o somatório do que for despendido no exercício financeiro pela respectiva unidade gestora;

II - o somatório da despesa realizada com objetos de mesma natureza, entendidos como tais aqueles relativos a contratações no mesmo ramo de atividade.

§ 2º Os valores referidos nos incisos I e II do caput deste artigo serão duplicados para compras, obras e serviços contratados por consórcio público ou por autarquia ou fundação qualificadas como agências executivas na forma da lei.

§ 3º As contratações de que tratam os incisos I e II do caput deste artigo serão preferencialmente precedidas de divulgação de aviso em sítio eletrônico oficial, pelo prazo mínimo de 3 (três) dias úteis, com a especificação do objeto pretendido e com a manifestação de interesse da Administração em obter propostas adicionais de eventuais interessados, devendo ser selecionada a proposta mais vantajosa.

§ 4º As contratações de que tratam os incisos I e II do caput deste artigo serão preferencialmente pagas por meio de cartão de pagamento, cujo extrato deverá ser divulgado e mantido à disposição do público no Portal Nacional de Contratações Públicas (PNCP).

§ 5º A dispensa prevista na alínea «c» do inciso IV do caput deste artigo, quando aplicada a obras e serviços de engenharia, seguirá procedimentos especiais instituídos em regulamentação específica.

§ 6º Para os fins do inciso VIII do caput deste artigo, considera-se emergencial a contratação por dispensa com objetivo de manter a continuidade do serviço público, e deverão ser observados os valores praticados pelo mercado na forma do art. 23 desta Lei e adotadas as providências necessárias para a conclusão do processo licitatório, sem prejuízo de apuração de responsabilidade dos agentes públicos que deram causa à situação emergencial.

§ 7º Não se aplica o disposto no § 1º deste artigo às contratações de até R$ 8.000,00 (oito mil reais) de serviços de manutenção de veículos automotores de propriedade do órgão ou entidade contratante, incluído o fornecimento de peças.

Licitação dispensada

Nesse ponto da matéria, estamos diante de um tema que provavelmente será objeto de muita discussão doutrinária. Segundo a Lei nº 8.666/1993, a licitação é dispensada quando o legislador determina que não se faça licitação em algumas hipóteses de alienação de bens da Administração. Ocorre que a nova norma utiliza o termo "admitida a dispensa" para se referir às mesmas hipóteses trazidas na Lei nº 8.666/1993, mas ainda não é possível saber se esse termo significa dispensada (obrigatória a dispensa) ou dispensável (possível dispensa). Essa questão provavelmente será objeto de debate doutrinário futuramente.

Critérios de julgamento

O que na antiga norma era denominado de "tipo de licitação", na nova Lei passa a ser chamado de critério de julgamento. Os critérios de julgamentos que já existiam e permanecerão existindo, de acordo com nova Lei, são:

> menor preço;
> técnica e preço – o julgamento por técnica e preço considerará a maior pontuação obtida a partir da ponderação, segundo fatores objetivos previstos no edital, das notas atribuídas aos aspectos de técnica e de preço da proposta;
> maior lance, no caso de leilão (não é mais possível para a concorrência).

E as novidades são:

> maior desconto – o julgamento por maior desconto terá como referência o preço global fixado no edital de licitação, e o desconto será estendido aos eventuais termos aditivos;
> melhor técnica ou conteúdo artístico – o julgamento por melhor técnica ou conteúdo artístico considerará exclusivamente as propostas técnicas ou artísticas apresentadas pelos licitantes, e o edital deverá definir o prêmio ou a remuneração que será atribuída aos vencedores;
> maior retorno econômico – o julgamento por maior retorno econômico, utilizado exclusivamente para a celebração de contrato de eficiência, considerará a maior economia para a Administração, e a remuneração deverá ser fixada em percentual que incidirá de forma proporcional à economia efetivamente obtida na execução do contrato.

Procedimento e fases da licitação

As fases de licitação na nova Lei seguem o que já era praticado anteriormente na Lei do Pregão, com a chamada "inversão das fases" da licitação. O procedimento atualizado se inicia, em regra, pelo julgamento e depois a habilitação das propostas, com fase única de recurso.

As fases, agora, seguirão a seguinte ordem:

a) Preparatória (chamada de fase interna na Lei nº 8.666/1993).
b) Divulgação do edital de licitação.
c) Apresentação de propostas e lances, quando for o caso.
d) Julgamento.
e) Habilitação.
f) Recursos.
g) Homologação.

LEI Nº 14.133/2021 - NOVA LEI DE LICITAÇÃO

A nova Lei de Licitações em seu art. 18 passa a prever de forma pormenorizada os critérios para o lançamento de uma licitação, elencando todos os requisitos que devem compor um projeto preliminar, projeto básico e edital. Contudo, a Administração poderá realizar a inversão de fases, hipótese em que a habilitação será realizada ANTES do julgamento. Nessa situação, todos os licitantes participarão da fase de habilitação.

Prazos de divulgação

A nova Lei de Licitações estipula que todos os prazos agora são contados em dias úteis e variam de acordo com a natureza do objeto e em conformidade com o critério de julgamento.

a) Licitação para aquisição de bens
> Menor preço ou maior desconto: 8 dias úteis.
> Maior retorno econômico ou leilão: 15 dias úteis.
> Técnica e preço ou de melhor técnica ou conteúdo artístico: 35 dias úteis.

b) Licitação para a realização de serviços e obras
> Serviços comuns e de obras e serviços comuns de engenharia:
  » Menor preço ou de maior desconto: 10 dias úteis.
> Serviços especiais e de obras e serviços especiais de engenharia:
  » Menor preço ou maior desconto: 25 dias úteis.
> Contratação integrada: 60 dias úteis.
> Contratação semi-integrada: 35 dias úteis.

Regimes de execução

Os regimes de execução da Nova Lei são os que seguem:
a) empreitada por preço unitário;
b) empreitada por preço global;
c) empreitada integral;
d) contratação por tarefa;
e) contratação integrada;
f) contratação semi-integrada;
g) fornecimento e prestação de serviço associado (novidade).

Publicidade e sigilo

A regra continua sendo da publicidade, mas há uma exceção, quando o sigilo for imprescindível à segurança da sociedade e do Estado. Ademais, a nova norma prevê duas situações em que a publicidade é diferida, ocorrendo apenas após certo momento. São elas:

> **Quanto ao conteúdo das propostas, até a respectiva abertura:** com o objetivo de manter o caráter competitivo da licitação, o conteúdo das propostas só é divulgado após a abertura da sessão.

> **Quanto ao orçamento da Administração, desde que justificado:** o sigilo do orçamento é exceção, só pode ocorrer quando houver uma justificativa.

A nova Lei de Licitação traz como regra o processo eletrônico, que é muito mais transparente e eficiente que a licitação presencial. A novidade é que todos os elementos do edital – incluídos minuta de contrato, termos de referência, anteprojeto, projetos e outros anexos – deverão ser divulgados em sítio eletrônico oficial na mesma data de divulgação do edital, sem necessidade de registro, identificação para acesso ou mesmo compra presencial do edital (art. 25, § 3º).

Ressalta-se que o processo pode ser presencial, desde que exista uma motivação para sua realização dessa forma. No caso da sessão presencial, esta deverá ser registrada em ata e gravada mediante utilização de recursos tecnológicos de áudio e vídeo.

Tipificação de crimes relacionados a licitações

A nova lei de licitações também faz a tipificação de crimes que estão relacionados com licitações e contratos públicos, além de estipular multas e penalidades.

Art. 337-E. Admitir, possibilitar ou dar causa à contratação direta fora das hipóteses previstas em lei:
Pena - reclusão, de 4 (quatro) a 8 (oito) anos, e multa.
Frustração do caráter competitivo de licitação.
Art. 337-F. Frustrar ou fraudar, com o intuito de obter para si ou para outrem vantagem decorrente da adjudicação do objeto da licitação, o caráter competitivo do processo licitatório:
Pena - reclusão, de 4 (quatro) anos a 8 (oito) anos, e multa.
Patrocínio de contratação indevida.
Art. 337-G. Patrocinar, direta ou indiretamente, interesse privado perante a Administração Pública, dando causa à instauração de licitação ou à celebração de contrato cuja invalidação vier a ser decretada pelo Poder Judiciário:
Pena - reclusão, de 6 (seis) meses a 3 (três) anos, e multa.
Modificação ou pagamento irregular em contrato administrativo.
Art. 337-H. Admitir, possibilitar ou dar causa a qualquer modificação ou vantagem, inclusive prorrogação contratual, em favor do contratado, durante a execução dos contratos celebrados com a Administração Pública, sem autorização em lei, no edital da licitação ou nos respectivos instrumentos contratuais, ou, ainda, pagar fatura com preterição da ordem cronológica de sua exigibilidade:
Pena - reclusão, de 4 (quatro) anos a 8 (oito) anos, e multa.
Perturbação de processo licitatório.
Art. 337-I. Impedir, perturbar ou fraudar a realização de qualquer ato de processo licitatório:
Pena - detenção, de 6 (seis) meses a 3 (três) anos, e multa.
Violação de sigilo em licitação.
Art. 337-J. Devassar o sigilo de proposta apresentada em processo licitatório ou proporcionar a terceiro o ensejo de devassá-lo:
Pena - detenção, de 2 (dois) anos a 3 (três) anos, e multa.
Afastamento de licitante.
Art. 337-K. Afastar ou tentar afastar licitante por meio de violência, grave ameaça, fraude ou oferecimento de vantagem de qualquer tipo:
Pena - reclusão, de 3 (três) anos a 5 (cinco) anos, e multa, além da pena correspondente à violência.
Parágrafo único. Incorre na mesma pena quem se abstém ou desiste de licitar em razão de vantagem oferecida.
Fraude em licitação ou contrato.
Art. 337-L. Fraudar, em prejuízo da Administração Pública, licitação ou contrato dela decorrente, mediante:

I - entrega de mercadoria ou prestação de serviços com qualidade ou em quantidade diversas das previstas no edital ou nos instrumentos contratuais;

II - fornecimento, como verdadeira ou perfeita, de mercadoria falsificada, deteriorada, inservível para consumo ou com prazo de validade vencido;

III - entrega de uma mercadoria por outra;

IV - alteração da substância, qualidade ou quantidade da mercadoria ou do serviço fornecido;

V - qualquer meio fraudulento que torne injustamente mais onerosa para a Administração Pública a proposta ou a execução do contrato:

Pena *- reclusão, de 4 (quatro) anos a 8 (oito) anos, e multa. Contratação inidônea.*

Art. 337-M. *Admitir à licitação empresa ou profissional declarado inidôneo:*

Pena *- reclusão, de 1 (um) ano a 3 (três) anos, e multa.*

§ 1º *Celebrar contrato com empresa ou profissional declarado inidôneo:*

Pena *- reclusão, de 3 (três) anos a 6 (seis) anos, e multa.*

§ 2º *Incide na mesma pena do caput deste artigo aquele que, declarado inidôneo, venha a participar de licitação e, na mesma pena do § 1º deste artigo, aquele que, declarado inidôneo, venha a contratar com a Administração Pública.*

18. LEI Nº 2.271, DE 10 DE JANEIRO DE 1994

18.1 Estatuto do Policial Civil do Estado do Amazonas

Da organização da polícia civil

POLÍCIA CIVIL: instituição permanente, una e indivisível do Poder Público, essencial à função jurisdicional do Estado, à defesa da sociedade e à preservação da ordem pública, subordina-se ao governador do estado e, operacionalmente, à Secretaria do Estado de Justiça, Segurança Pública e Cidadania.

INCUMBÊNCIAS: à Polícia Civil incumbe as funções de Polícia Judiciária e a apuração de infrações penais, exceto as militares, a repressão criminal, as perícias criminais de qualquer natureza, a identificação civil e criminal.

DIRIGENTE DA POLÍCIA CIVIL: com título de delegado geral de Polícia Civil, será nomeado pelo governador do estado, privativamente, dentre os delegados de polícia integrantes da última classe da carreira, indicado em lista tríplice, pelo Conselho Superior de Polícia, o qual será constituído pelos seguintes membros:

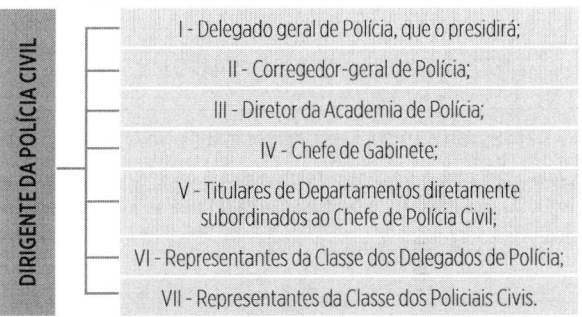

DIRIGENTE DA POLÍCIA CIVIL:
- I - Delegado geral de Polícia, que o presidirá;
- II - Corregedor-geral de Polícia;
- III - Diretor da Academia de Polícia;
- IV - Chefe de Gabinete;
- V - Titulares de Departamentos diretamente subordinados ao Chefe de Polícia Civil;
- VI - Representantes da Classe dos Delegados de Polícia;
- VII - Representantes da Classe dos Policiais Civis.

DELEGADO GERAL DE POLÍCIA CIVIL E ADJUNTO: terão direitos e prerrogativas de secretário e subsecretário de estado, respectivamente.

ENTIDADES DE CLASSE: representantes dos Delegados de polícia e dos funcionários da Polícia Civil, cada um, isoladamente, escolherá três nomes, mediante eleição pelo voto secreto dos seus integrantes, os quais serão apresentados ao Conselho Superior de Polícia.

CONSELHO SUPERIOR DE POLÍCIA: ao elaborar a lista tríplice deverá inserir pelo menos um dos nomes de cada lista apresentada pelas Entidades de Classe.

POLICIAIS CIVIS: consideram-se policiais civis os funcionários legalmente investidos em cargos de serviço policial.

CARGOS EM COMISSÃO E FUNÇÃO GRATIFICADA: serão exercidos, preferentemente, por funcionários de carreira.

DIREÇÃO DOS INSTITUTOS DE CRIMINALÍSTICA, IDENTIFICAÇÃO E MÉDICO-LEGAL: serão exercidos preferencialmente por peritos da respectiva área.

DIREÇÃO DO DEPARTAMENTO DA ÁREA TÉCNICO-CIENTÍFICA: será ocupada preferencialmente por perito de qualificação indiscutível de qualquer dos institutos.

LEI Nº 2.271, DE 10 DE JANEIRO DE 1994

POLÍCIA CIVIL: terá autonomia administrativa e financeira, dispondo de dotação orçamentária própria, conforme dispuser a Lei Orçamentária.

CARGO POLICIAL: é a designação do conjunto de atribuições e responsabilidades cometidas a um funcionário, identificando-se pelas características do serviço policial, criação por lei, denominação própria, número certo e pagamento pelo erário público do Estado.

SERVIÇO POLICIAL: caracteriza-se pelas atividades intimamente relacionadas com a segurança pública, a ordem pública, a repressão e a apuração de crimes e contravenções penais.

> **Atenção!**
> A função policial sujeita o funcionário à prestação de serviço em condições adversas de segurança, com risco de vida, cumprimento de horário normal de trabalho, sujeito a regime de plantão de 24 horas de serviço, por 72 horas de descanso, e a chamados a qualquer hora e dia, bem como à realização de diligências em qualquer região do Estado ou fora dele.

CARREIRAS POLICIAIS: entende-se o conjunto de cargos e de classes que constituem o serviço policial e a linha natural de promoção.

PRECEDÊNCIA ENTRE INTEGRANTES DAS CLASSES DA CARREIRA POLICIAL: estabelece-se básica e primordialmente pela subordinação funcional.

HIERARQUIA DOS DIFERENTES CARGOS: estabelece-se em razão do padrão de vencimentos.

HIERARQUIA DA FUNÇÃO: sobrepõe-se à hierarquia do cargo.

CARGOS DAS CARREIRAS POLICIAIS: compreendem as categorias distribuídas em três classes:

I. Da autoridade policial; → II. Dos agentes da autoridade; e → III. Dos auxiliares da autoridade.

FUNCIONÁRIOS ESPECIALIZADOS DA POLÍCIA CIVIL, TÉCNICOS, CIENTÍFICOS E ADMINISTRATIVOS: quando do desempenho de serviços policiais em equipe, serão dirigidos pela autoridade policial competente.

APLICAÇÃO SUBSIDIÁRIA: aplica-se aos funcionários das Carreiras Policiais, naquilo que não contrarie esta Lei, o Estatuto dos Funcionários Públicos Civis do Estado do Amazonas.

PRINCÍPIOS INSTITUCIONAIS: são princípios institucionais da Polícia Civil a unidade, a indivisibilidade, a autonomia funcional, a legalidade, a moralidade, a impessoalidade, a hierarquia e a disciplina.

SÍMBOLOS OFICIAIS DA POLÍCIA CIVIL: são símbolos oficiais da Polícia Civil o hino, a bandeira, o brasão e o distintivo, conforme regulamentado pelo Poder Executivo.

DIA DO POLICIAL CIVIL: o dia 21 de abril é consagrado aos policiais civis, de acordo com a legislação federal específica.

18.2 Do Provimento e Ingresso

Do curso e seleção

INGRESSO NOS CARGOS DE PROVIMENTO EFETIVO NAS CARREIRAS POLICIAIS: se fará mediante aprovação em concurso público, de seleção de provas ou de provas e títulos.

HABILITAÇÃO: entende-se como habilitado em concurso público, para preenchimento de cargos das carreiras policiais, o candidato que obtiver o mínimo de 60 pontos nas provas de conhecimento.

CONCURSO PÚBLICO: tem por finalidade selecionar candidato para preenchimento de cargos vagos na classe inicial.

VALIDADE: os concursos públicos realizados pela Polícia Civil, por meio da Academia de Polícia, terão validade de 2 anos, prorrogáveis uma única vez por igual período.

INSTRUÇÕES ESPECIAIS: o concurso será regido por instruções especiais, que estabelecerão, em função da natureza do cargo:

I - tipo e conteúdo das provas e as categorias dos títulos;
II - a forma de julgamento e a valoração das provas e títulos;
III - os critérios de habilitação e classificação final para fins de nomeação;
IV - as condições para provimento de cargos referentes a:
a) capacidade física e mental;
b) conduta na vida pública e privada bem como a forma de sua apuração;
c) escolaridade.

PREENCHIMENTO DE CARGOS DAS CARREIRAS POLICIAIS: a Ordem dos Advogados do Brasil, Seção do Amazonas (OAB-AM), deverá ser convidada para compor, com representante, a Comissão de Concurso.

REQUISITOS PARA INSCRIÇÃO AO CONCURSO:

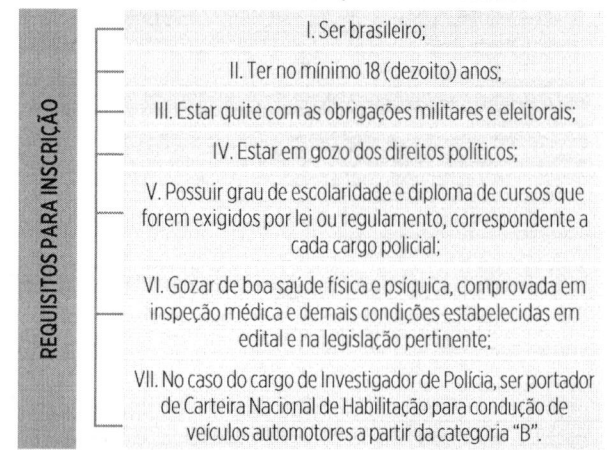

REQUISITOS PARA INSCRIÇÃO
- I. Ser brasileiro;
- II. Ter no mínimo 18 (dezoito) anos;
- III. Estar quite com as obrigações militares e eleitorais;
- IV. Estar em gozo dos direitos políticos;
- V. Possuir grau de escolaridade e diploma de cursos que forem exigidos por lei ou regulamento, correspondente a cada cargo policial;
- VI. Gozar de boa saúde física e psíquica, comprovada em inspeção médica e demais condições estabelecidas em edital e na legislação pertinente;
- VII. No caso do cargo de Investigador de Polícia, ser portador de Carteira Nacional de Habilitação para condução de veículos automotores a partir da categoria "B".

EXAMES DE APTIDÃO FÍSICA: compreenderão os testes previstos pelo Edital do Concurso, contendo as tabelas de avaliação.

APROVAÇÃO DAS INSCRIÇÕES DOS CANDIDATOS PARA SE SUBMETEREM AO CONCURSO: ficará a cargo da Academia de Polícia, que examinará a documentação dos candidatos, independentemente das sindicâncias de caráter reservado sobre a vida pregressa de cada um.

HOMOLOGAÇÃO DAS INSCRIÇÕES DOS CANDIDATOS AO CONCURSO DE SELEÇÃO: se fará por meio de ato do delegado geral de Polícia, publicado em edital no Diário Oficial do Estado.

> **Atenção!**
> No prazo de 3 dias, contados da publicação do edital de homologação, poderá o candidato, cuja inscrição houver sido recusada, recorrer diretamente ao delegado geral de polícia, o qual, ouvindo o órgão responsável pelo recrutamento e seleção, decidirá no prazo de 48 horas.

PROVA DE QUITAÇÃO COM O SERVIÇO MILITAR: não será exigida ao candidato do sexo feminino, para o ingresso nas carreiras policiais, enquanto lei maior não definir essa ou outra prestação de serviço obrigatório.

ORDEM DE CLASSIFICAÇÃO: após a homologação do resultado do concurso, observada a ordem de classificação, os aprovados, em número equivalente de vagas, serão matriculados obrigatoriamente no curso de formação específico, na Academia de Polícia Civil, pelo delegado geral de polícia, na forma do regulamento.

CURSO DE FORMAÇÃO TÉCNICO-PROFISSIONAL: integra, para todos os efeitos, o estágio probatório, exigindo-se, após avaliação, a nota mínima de aproveitamento 6. O concursado que não atender ao disposto será exonerado.

CANCELAMENTO DA MATRÍCULA: terá sua matrícula cancelada o candidato que:

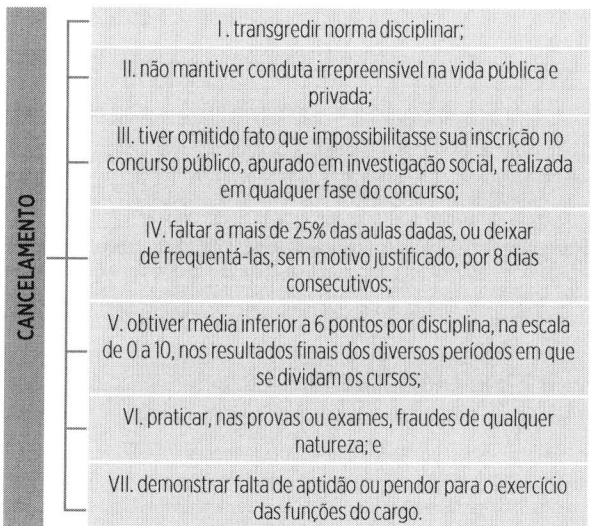

CANCELAMENTO:
- I. transgredir norma disciplinar;
- II. não mantiver conduta irrepreensível na vida pública e privada;
- III. tiver omitido fato que impossibilitasse sua inscrição no concurso público, apurado em investigação social, realizada em qualquer fase do concurso;
- IV. faltar a mais de 25% das aulas dadas, ou deixar de frequentá-las, sem motivo justificado, por 8 dias consecutivos;
- V. obtiver média inferior a 6 pontos por disciplina, na escala de 0 a 10, nos resultados finais dos diversos períodos em que se dividam os cursos;
- VI. praticar, nas provas ou exames, fraudes de qualquer natureza; e
- VII. demonstrar falta de aptidão ou pendor para o exercício das funções do cargo.

SEGUNDA CHAMADA E REVISÃO: não haverá segunda chamada e revisão de provas ou exames, nem abono de faltas.

CANCELAMENTO DA MATRÍCULA NO CURSO: será efetuado pelo delegado geral de Polícia Civil.

PEDIDO DE CANCELAMENTO DA MATRÍCULA: será encaminhado pelo diretor da Academia de Polícia ao delegado geral de Polícia Civil e será automaticamente exonerado.

CONTAGEM: será considerado para contagem de pontos de títulos, uma única vez, o valor atribuído a cada item na escala seguinte:

- I. Diploma de Mestre ou Doutor nas diversas áreas relativas aos cargos, equivalente a 5 pontos;
↓
- II. Certificado de aprovação em curso de especialização ou aperfeiçoamento sobre matéria afim ao respectivo cargo, ministrado por instituição de Ensino Superior, com carga-horária igual ou superior a 370 horas-aula, não sendo aceitos atestados ou declarações de mera frequência, equivalente a 4 pontos;
↓
- III. Certificado de aprovação em concurso público de provas e títulos, ou somente de provas (para provimento de cargos em que seja exigido o mesmo nível de escolaridade), considerado a afinidade de conteúdo programático equivalente a 3 pontos;
↓
- IV. Obras, monografias, ensaios, teses, dissertações e trabalhos técnico-científicos publicados, relacionados com a área e de reconhecido valor, em que seja possível a identificação do autor, excluídos os trabalhos de equipe, equivalendo a 2 pontos; e
↓
- V. Registro nos respectivos conselhos federais, equivalendo a 1 ponto.

PROVA DE TÍTULOS: não terá caráter eliminatório.

DIPLOMA DE MESTRE OU DOUTOR: afim aos respectivos cargos, exclui a tese ou dissertação que tenha servido de base à conclusão do referido curso.

TÍTULOS: poderão ser apresentados no original ou em fotocópia autenticada, podendo, em caso de dúvida, ser exigida a exibição do original.

APRESENTAÇÃO DOS TÍTULOS: se dará após a realização da última prova da primeira fase.

Da nomeação

NOMEAÇÃO: será feita:

- I. em caráter efetivo, mediante concurso público; →
- II. em comissão; e →
- III. em substituição, quando impedido legalmente o ocupante de cargo em comissão.

NOMEAÇÃO DO CANDIDATO EM CARÁTER EFETIVO: se dará após sua aprovação no concurso, obedecida rigorosamente a ordem de classificação.

NOMEAÇÃO PARA O CARGO DE PROVIMENTO EFETIVO: pelo governador do estado, observará o número de vagas previstas em edital, obedecida rigorosamente a ordem de classificação no concurso. A nomeação será tornada sem efeito quando o nomeado deixar de tomar posse no prazo fixado para esse fim.

Da posse

POSSE: deverá ocorrer no prazo de 30 dias, a contar da data da publicação do ato de nomeação no órgão oficial, prorrogável por mais 30 dias, a requerimento do interessado ou de seu representante legal.

REQUISITOS PARA POSSE:

- I. Preencher todas as exigências do concurso; →
- II. Apresentar declaração de bens; e →
- III. Atender, quando for o caso, às condições especiais previstas em lei ou regulamento.

POSSE: na primeira investidura, a posse será solene, havendo o compromisso policial e a entrega da credencial.

ATO DE POSSE: será presidido pelo delegado geral de Polícia Civil ou por autoridade policial especialmente designada.

COMPROMISSO POLICIAL: que será lido por um dos empossados e repetido pelos demais, constará do seguinte: "Prometo observar e fazer observar rigorosa obediência às leis, desempenhar minhas funções com desprendimento e probidade e considerar como inerente à minha pessoa e reputação a honorabilidade do órgão policial, a que agora passo a servir".

Do exercício

EXERCÍCIO DO CARGO: terá início no prazo de 30 dias, contados da data da posse.

> **Atenção!**
> O funcionário que não entrar no exercício do cargo dentro do prazo legal será exonerado.

AUTORIDADE COMPETENTE DO ÓRGÃO OU UNIDADE: para onde for designado o funcionário, cabe dar-lhe exercício.

EXERCÍCIO DAS ATRIBUIÇÕES DOS FUNCIONÁRIOS: integrantes da carreira policial se fará em todo o território do estado e, em princípio, ocorrerá no interior.

PERMANÊNCIA DO FUNCIONÁRIO NA UNIDADE: em que for lotado será, no mínimo, de 1 ano e, no máximo de 2 anos, para o cargo de delegado.

DELEGADO GERAL DE POLÍCIA CIVIL: excepcionalmente, no interesse da administração, o delegado geral de Polícia Civil, em qualquer época, poderá determinar a remoção do funcionário para a capital ou outra unidade do interior do estado.

FUNCIONÁRIO: transferido, removido, redistribuído, requisitado ou cedido, que deva ter exercício em outra localidade, terá 30 dias de prazo para entrar em exercício, incluído neste período o tempo necessário ao deslocamento para a nova sede.

EFETIVO EXERCÍCIO: será considerado como de efetivo exercício o período de tempo realmente necessário à viagem para a nova sede.

FUNCIONÁRIO POLICIAL: terá exercício na unidade administrativa em que for lotado. O funcionário que interromper o exercício por prazo superior a 30 dias consecutivos, ou atingir, durante o período de 1 ano, 70 faltas, intercaladas ou não, sem justificativa legal, será demitido do cargo por abandono, mediante processo administrativo.

AUSÊNCIA: nenhum funcionário poderá ausentar-se da sede de trabalho sem prévia autorização do delegado geral de Polícia, salvo por motivo de força maior, devidamente comprovado.

Do estágio probatório

ESTÁGIO PROBATÓRIO: é o período de 2 anos de efetivo exercício do funcionário policial na primeira investidura, durante o qual serão apurados os requisitos indispensáveis à sua confirmação no cargo:

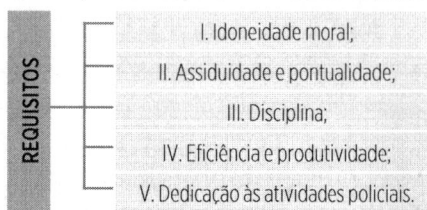

REQUISITOS:
- I. Idoneidade moral;
- II. Assiduidade e pontualidade;
- III. Disciplina;
- IV. Eficiência e produtividade;
- V. Dedicação às atividades policiais.

ESTÁGIO PROBATÓRIO: está igualmente sujeito ao estágio probatório o funcionário estatutário que, nomeado para o cargo de Carreira Policial, já tenha adquirido estabilidade nos termos da legislação vigente.

COMISSÃO DE ACOMPANHAMENTO: deverá o chefe ou responsável pelo órgão em que estiver lotado o funcionário policial em estágio probatório, remeter à Comissão de Acompanhamento, trimestralmente, boletim próprio acerca das apreciações sobre o comportamento do estagiário, bem como outras informações que lhe forem exigidas.

FUNCIONÁRIO NÃO-APROVADO NO ESTÁGIO PROBATÓRIO: será exonerado, ou, se estável, reconduzido ao cargo anteriormente ocupado, excetuando-se, neste caso, a falta de cumprimento do requisito.

FUNCIONÁRIO EM ESTÁGIO PROBATÓRIO: quando o funcionário em estágio probatório não preencher quaisquer dos requisitos enumerados, caberá ao seu chefe imediato, sob pena de responsabilidade funcional, provocar, perante o delegado geral de Polícia, a instauração do competente processo disciplinar.

RESPONSÁVEL PELO ÓRGÃO OU SERVIÇO: em que sirva o funcionário sujeito a estágio probatório, 6 meses antes do término deste, informará, reservadamente, à Comissão de Acompanhamento sobre o estagiário.

PARECER: com base na informação reservada e nos relatórios sucintos, a Comissão de Acompanhamento formulará parecer escrito, concluindo a favor da confirmação ou contra ela, consoante tenha sido, ou não, satisfatoriamente atendido cada um dos requisitos a serem observados no período do estágio probatório.

VISTA AO ESTAGIÁRIO: desse parecer, se contrário à confirmação, será dada vista ao estagiário para, no prazo de 5 dias, contados da publicação de sua notificação no Boletim Interno de Comunicação (BIC), apresentar defesa. Manifestando-se sobre o parecer e a defesa, o Delegado Geral de Polícia Civil encaminhará o respectivo expediente ao setor competente para a efetivação do ato respectivo.

APURAÇÃO DOS REQUISITOS: deverá processar-se de modo que a exoneração do funcionário se faça antes de concluído o período do estágio, sob pena de responsabilidade.

> **Atenção!**
> O funcionário em estágio probatório não poderá ser nomeado, ou designado, para cargo de provimento em comissão ou exercer função de confiança, bem como ser colocado à disposição de outro Órgão.

FUNCIONÁRIO POLICIAL CIVIL: que solicitar exoneração antes de completar o estágio probatório, deverá ressarcir à Fazenda Pública o valor pecuniário correspondente ao custo de sua formação técnico-profissional, atualizado monetariamente.

18.3 Dos Deveres e das Transgressões

Dos deveres

OBSERVÂNCIA: além dos deveres impostos pelo Estatuto dos Funcionários Públicos Civis do Estado, o funcionário policial civil manterá observância, tanto mais rigorosa quanto mais elevado for o grau de hierarquia, aos seguintes preceitos, constitutivos do código de ética policial

> - servir a sociedade como obrigação funcional;
> - proteger vidas e bens;
> - preservar a ordem, repelindo a violência;

- respeitar os direitos e garantias individuais;
- jamais revelar tibieza ante o perigo e o abuso;
- exercer a função policial com probidade, discrição e moderação, fazendo observar as leis com lhaneza;
- não permitir que sentimentos ou animosidades pessoais possam influir em suas decisões;
- ser inflexível, porém, justo, no trato com os delinquentes;
- respeitar a dignidade da pessoa humana;
- preservar a confiança e o apreço de seus concidadãos pelo exemplo de uma conduta irrepreensível na vida pública e particular;
- cultuar o aprimoramento técnico-profissional;
- amar a verdade e a responsabilidade, como fundamentos da ética do serviço e da função policial;
- obedecer às ordens superiores, exceto quando manifestamente ilegais;
- não abandonar o posto em que deva ser substituído, sem a chegada do substituto;
- respeitar e fazer respeitar a hierarquia da função policial;
- prestar auxílio, ainda que não esteja em hora de serviço:
a) a fim de prevenir ou reprimir perturbação da ordem pública; e
b) quando solicitado por qualquer pessoa carente de socorro policial, encaminhando-a à autoridade competente, quando insuficientes as providências de sua alçada; e
- cuidar do armamento e munição a si distribuídos, tomando todas as precauções no seu manuseio.

Das transgressões disciplinares

TRANSGRESSÕES DISCIPLINARES: classificam-se em:

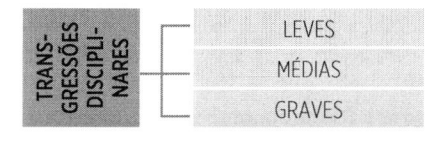

TRANSGRESSÕES DISCIPLINARES
- LEVES
- MÉDIAS
- GRAVES

TRANSGRESSÕES DISCIPLINARES DE NATUREZA LEVE:

- impontualidade habitual;
- deixar de comparecer às convocações de autoridade superior, quando previamente convocado ou notificado para qualquer finalidade;
- interpor ou traficar influência alheia à polícia, para solicitar promoção, remoção, transferência ou comissionamento;
- dar informações inexatas, alterar ou desfigurar a verdade;
- veicular notícias sobre serviços ou tarefas em desenvolvimento ou realizadas pela repartição, contribuir para que sejam divulgadas ou, ainda, conceder entrevistas sobre as mesmas, sem autorização da autoridade competente ou em desacordo com normas de ação existentes;
- esquivar-se, sem motivo justificado, de exame pericial a que deva submeter-se, quando envolvido em infração penal ou estatutária;
- faltar ao serviço ou permutá-lo, sem causa justificável;
- deixar de comunicar, com antecedência, à autoridade a que estiver subordinado, a impossibilidade de comparecer à repartição, salvo justo motivo;
- negligenciar ou descumprir a execução de qualquer ordem legítima;
- negligenciar a guarda de objetos pertencentes à repartição e que, em decorrência da função ou para o seu exercício, lhe tenham sido confiados, possibilitando que se danifiquem ou extraviem;
- lançar, em livros oficiais de registro, anotações, queixas, reivindicações ou quaisquer outras matérias estranhas à finalidade deles;
- manter relações de amizade ou exibir-se em público, habitualmente, com pessoas de má reputação, exceto em razão de serviço;
- indicar ou insinuar nomes de advogados para assistir a pessoas que se encontrem respondendo a processos ou inquéritos policiais, ou cujas atividades sejam objeto de ação policial;
- afastar-se do município onde exerce suas atividades, sem expressa autorização superior, salvo por imperiosa necessidade do serviço, devidamente comprovada; e
- deixar, sem justa causa, de submeter-se a inspeção médica determinada por lei, ou por autoridade competente.

SÃO TRANSGRESSÕES DISCIPLINARES DE NATUREZA MÉDIA:

- agir, no exercício da função, com displicência, deslealdade ou negligência;
- simular doença para esquivar-se do cumprimento do dever;
- valer-se do cargo com o fim ostensivo ou velado de obter proveito de natureza político-partidária para si ou para outrem;
- intitular-se funcionário ou representante de repartição ou unidade de trabalho a que não pertencer, sem estar expressamente autorizado para tal;
- usar indevidamente os bens da repartição sob sua guarda ou não;
- ceder ou emprestar insígnia ou cédula de identidade funcional, armamento ou indumentária de identificação policial de uso pessoal;
- deixar de concluir, nos prazos legais, sem motivo justo, inquéritos policiais, sindicâncias ou processos administrativos;
- aconselhar o descumprimento ou concorrer para não ser cumprida qualquer ordem de autoridade competente, ou para que seja retardada a sua execução;

NOÇÕES DE DIREITO ADMINISTRATIVO

LEI Nº 2.271, DE 10 DE JANEIRO DE 1994

- participar de atividade comercial ou industrial, exceto como acionista, cotista ou comanditário;
- fornecer identidade, insígnia ou qualquer tipo de credencial policial ou assemelhada a quem não exercer cargo policial, cuja forma de investidura esteja prevista neste estatuto;
- patrocinar acordos pecuniários entre partes interessadas, no interior das repartições ou fora delas;
- retirar, sem prévia autorização da autoridade competente, qualquer documento ou objeto da repartição;
- deixar de tratar superiores hierárquicos, pares, subordinados, advogados, partes-testemunhas, servidores da Justiça e o povo em geral com a deferência e a urbanidade devidas;
- não se apresentar, sem motivo justo, ao fim de licença, para o trato de interesses particulares, férias ou dispensa de serviço, ou ainda, depois de saber que qualquer dela foi interrompida por ordem superior;
- ingerir bebidas alcoólicas em serviço ou apresentar-se ao serviço em estado de embriaguez;
- fazer uso indevido de arma que lhe haja sido confiada para o serviço;
- permitir que presos conservem em seu poder instrumentos com que possam causar danos nas dependências a que estejam recolhidos ou produzir lesões em terceiros;
- negligenciar na revista a preso;
- faltar ao serviço, sem motivo justificado, por tempo inferior a 30 dias;
- ordenar ou executar medida privativa da liberdade individual, sem as formalidades legais, ou com abuso de poder;
- usar de violência desnecessária no exercício da função policial.

SÃO TRANSGRESSÕES DISCIPLINARES DE NATUREZA GRAVE:

- coagir ou aliciar subordinados com objetivos político-partidários;
- praticar usura em qualquer de suas formas;
- apresentar parte, queixa ou representação contra subordinados, pares ou superiores hierárquicos, sabendo-as infundadas, buscando confundir investigação que exista, ou possa vir a existir contra sua própria pessoa e/ou para prejudicar colegas ou terceiros;
- agir com deslealdade no exercício da função, indispor funcionários contra seus superiores hierárquicos, ou provocar, velada ou ostensivamente, animosidade entre eles;
- utilizar, ceder ou permitir que outrem use objetos arrecadados, recolhidos ou apreendidos pela polícia;
- exercitar atividade particular para cujo desempenho sejam necessários contatos com repartições policiais, ou que com elas tenham qualquer relação ou vinculação;
- exercer atividades particulares que prejudiquem o fiel desempenho da função policial e que sejam, social ou moralmente, nocivas à dignidade do cargo, ou afetem a presunção de imparcialidade;
- dirigir-se ou referir-se a superior hierárquico ou a subordinado de modo desrespeitoso;
- portar-se de modo inconveniente em lugar público ou acessível ao público:
- deixar de apurar fatos caracterizados como transgressão disciplinar que tenham chegado ao seu conhecimento, cometidos por funcionários da instituição;
- deixar, habitualmente, de saldar dívidas legítimas, ou de pagar com regularidade pensões a que esteja obrigado por decisão judicial;
- entregar-se a prática de jogos proibidos, ou a vício da embriaguez, ou qualquer outro vício degradante;
- esquivar-se, na ausência da autoridade competente, de atender a ocorrências de intervenção policial, que presencie ou de que tenha conhecimento imediato, mesmo em período de folga;
- emitir opiniões ou conceitos desfavoráveis aos superiores hierárquicos ou às autoridades constituídas do país ou das nações que mantenham relações diplomáticas com o brasil, ou criticá-las com o intuito de ofender-lhes a dignidade e a reputação;
- solicitar ou receber propinas e comissões, ou auferir vantagens e proveitos pessoais de qualquer espécie e sob qualquer pretexto, em razão de função ou cargo que exerça ou tenha exercido;
- cobrar carceragem, custas, emolumentos ou qualquer outra despesa que não tenha apoio em lei;
- confiar a pessoas estranhas a organização policial, fora dos casos previstos em lei, o desempenho de encargos próprios ou da competência de seus subordinados;
- desrespeitar ou procrastinar o cumprimento de ordem de superior hierárquico ou de decisão judicial, ou criticá-las;
- eximir-se do cumprimento de suas atribuições funcionais;
- contribuir para paralisação total de serviços policiais considerados indispensáveis ao atendimento da comunidade;
- abandonar o cargo, sem justa causa, ausentando-se da repartição por mais de 30 dias consecutivos;
- ausentar-se do serviço, sem causa justificável, por mais de 60 dias intercaladamente, durante um ano;
- abandonar o serviço para o qual tenha sido designado;
- constituir-se procurador de partes, ou servir de intermediário perante qualquer repartição pública, salvo para tratar de interesse legítimo de parente até segundo grau;
- praticar ato definido como infração penal, que, por sua natureza e configuração, o incompatibilize para o exercício da função policial;

- praticar ato lesivo à honra ou ao patrimônio da pessoa, natural ou jurídica, com abuso ou desvio de poder, ou sem competência legal;
- lesar os cofres públicos ou dilapidar o patrimônio público;
- revelar fato ou informação de natureza sigilosa de que tenha ciência em razão do cargo ou função, salvo quando se tratar de depoimento em processo judicial, policial ou administrativo;
- utilizar o anonimato para prejuízo da instituição ou de companheiros;
- frequentar, sem razão de serviço, lugares incompatíveis com o decoro da função policial;
- extraviar ou facilitar o extravio, por negligência, de armas, munições, algemas e outros bens do patrimônio da instituição, que estejam sob a sua guarda ou responsabilidade, desde que o ato não constitua crime;
- adquirir, para revenda, de associações de classe ou entidades beneficentes em geral, gêneros ou quaisquer mercadorias;
- submeter pessoa, sob sua guarda ou custódia, a tortura, vexame ou constrangimento; e
- atentar, com abuso de autoridade, ou prevalecendo-se dela, contra a inviolabilidade de domicílio.

AÇÕES OU OMISSÕES: são, ainda, transgressões disciplinares todas as ações ou omissões que se venha a ferir os princípios éticos em que se estrutura a função policial e o serviço.

AUTORIDADE COMPETENTE: para decidir a punição, poderá agravar a classificação atribuída às transgressões, atendendo às peculiaridades e consequências de caso concreto.

Das penas disciplinares

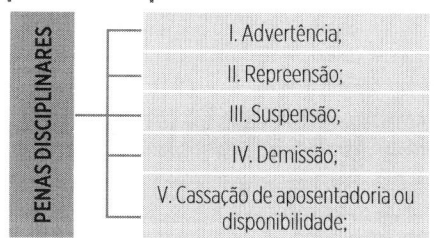

PENAS DISCIPLINARES
- I. Advertência;
- II. Repreensão;
- III. Suspensão;
- IV. Demissão;
- V. Cassação de aposentadoria ou disponibilidade;

APLICAÇÃO DE PENALIDADE PELAS TRANSGRESSÕES DISCIPLINARES: não exime o funcionário das responsabilidades previstas no Estatuto dos Funcionários Públicos Civis do Estado do Amazonas e no Código Penal.

PENAS DE REPREENSÃO E SUSPENSÃO: até 5 dias, serão aplicadas de imediato pela autoridade que tiver conhecimento direto de falta cometida.

ATO PUNITIVO: será motivado e terá efeito imediato, mas provisório, assegurando-se ao funcionário policial civil o direito de oferecer defesa por escrito no prazo de 3 dias. A defesa independe de autuação e será apresentada mediante recibo, diretamente pelo funcionário policial civil, à autoridade que lhe aplicou a pena.

PENALIDADES APLICADAS: somente serão confirmadas mediante novo ato, após a apreciação da defesa, ou pelo decurso do prazo para tanto estabelecido, se tal direito não for exercido pelo funcionário policial civil.

ASSENTAMENTOS FUNCIONAIS: somente se confirmada, a penalidade constará nos assentamentos funcionais do funcionário policial civil.

APLICAÇÃO DAS PENAS DISCIPLINARES: serão considerados:

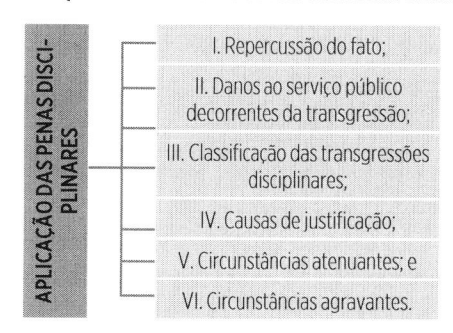

APLICAÇÃO DAS PENAS DISCIPLINARES
- I. Repercussão do fato;
- II. Danos ao serviço público decorrentes da transgressão;
- III. Classificação das transgressões disciplinares;
- IV. Causas de justificação;
- V. Circunstâncias atenuantes; e
- VI. Circunstâncias agravantes.

CAUSAS DE JUSTIFICAÇÃO:
- motivo de força maior plenamente comprovado;
- ter sido cometida a transgressão na prática de ação meritória, no interesse do serviço, da ordem ou da segurança pública; e
- ter sido a transgressão em legítima defesa própria ou de terceiros, em obediência a ordem superior, em estrito cumprimento do dever legal, ou quando, pelas circunstâncias, não for exigível outra conduta.

CIRCUNSTÂNCIAS ATENUANTES:
- boa conduta funcional;
- relevância de serviços prestados;
- ter sido cometida a transgressão em defesa de direitos próprios ou de terceiros, ou para evitar mal maior; e
- ter sido cometida a transgressão no interesse da organização policial ou em defesa do seu bom nome.

CIRCUNSTÂNCIAS AGRAVANTES:
- má conduta funcional;
- prática simultânea ou conexão de duas ou mais transgressões;
- reincidência;
- ser praticada a transgressão em conluio com duas ou mais pessoas, durante a execução do serviço, em presença de subordinados ou em público; e
- ter sido praticada a transgressão com premeditação ou com abuso de autoridade hierárquica ou funcional.

> **Atenção!**
> Não haverá punição quando, no julgamento da transgressão, for reconhecida qualquer causa de justificação.

PENA DE SUSPENSÃO: que não excederá a 90 dias, acarretará perda de todos os direitos e vantagens decorrentes do exercício do cargo e será aplicada:
- de 1 a 10 dias, nos casos de falta leve;
- de 11 a 30 dias, nos casos de falta média; e
- de 30 a 90 dias, nos casos de falta grave.

NOÇÕES DE DIREITO ADMINISTRATIVO

LEI Nº 2.271, DE 10 DE JANEIRO DE 1994

APLICAÇÃO: a pena de suspensão será aplicada, também, nos casos de reincidência em faltas já punidas com advertência. Se for excedente a 30 dias, somente será aplicada mediante processo administrativo. Quando houver conveniência para o serviço, a penalidade de suspensão poderá ser convertida em multa, na base de 50% por dia de remuneração, ficando o funcionário obrigado a permanecer em serviço.

PENA DE DESTITUIÇÃO DE FUNÇÃO: terá por fundamento, na sua aplicação, a falta de exação no cumprimento do dever. A aplicação da pena de destituição de função caberá, em princípio, à autoridade que houver feito a designação do funcionário.

Aplicação da demissão

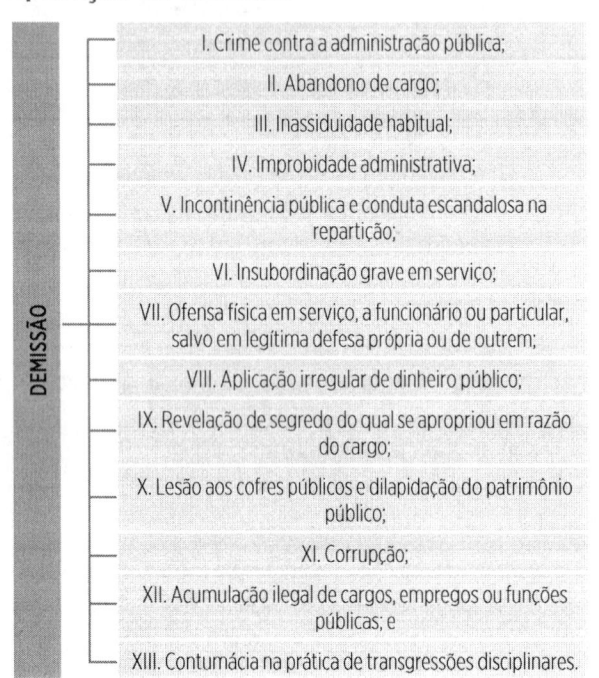

DEMISSÃO:
- I. Crime contra a administração pública;
- II. Abandono de cargo;
- III. Inassiduidade habitual;
- IV. Improbidade administrativa;
- V. Incontinência pública e conduta escandalosa na repartição;
- VI. Insubordinação grave em serviço;
- VII. Ofensa física em serviço, a funcionário ou particular, salvo em legítima defesa própria ou de outrem;
- VIII. Aplicação irregular de dinheiro público;
- IX. Revelação de segredo do qual se apropriou em razão do cargo;
- X. Lesão aos cofres públicos e dilapidação do patrimônio público;
- XI. Corrupção;
- XII. Acumulação ilegal de cargos, empregos ou funções públicas; e
- XIII. Contumácia na prática de transgressões disciplinares.

ACUMULAÇÃO PROIBIDA: se verificada em processo disciplinar acumulação proibida e provada a boa-fé, o funcionário optará por um dos cargos.

MÁ-FÉ: provada a má-fé, perderá também o cargo que exercia há mais tempo e restituirá o que tiver percebido indevidamente. Neste caso, sendo um dos cargos, emprego ou função exercido em outro órgão ou entidade, a demissão lhe será comunicada.

CASSAÇÃO DE APOSENTADORIA OU DISPONIBILIDADE: será aplicada nos casos previstos no Estatuto dos Funcionários Públicos Civis do Estado.

COMPETÊNCIA: são competentes para a aplicação das penas disciplinares:

- I. o governador do estado, em qualquer caso;
- II. o Delegado geral de Polícia Civil, nos casos em relação a todos os funcionários, inclusive pena de suspensão por noventa dias;
- III. o Corregedor, o Diretor da Academia, os Diretores de Departamento, de Institutos, os Chefes de Centrais, de Divisões, de Regionais, quanto aos funcionários que lhes forem subordinados, e pena máxima de suspensão até trinta dias; e
- IV. os Titulares das Delegacias de Polícia, quanto aos funcionários que lhes forem diretamente subordinados, podendo aplicar a pena de suspensão até quinze dias.

PENALIDADE AO FATO DE MAIOR GRAVIDADE: quando, por qualquer transgressão, for prevista mais de uma pena disciplinar, a autoridade competente, atenta às circunstâncias de cada caso, aplicará a penalidade ao fato de maior gravidade.

AUTORIDADE SUPERIOR: quem aplicou a pena, poderá agravá-la ou diminuí-la.

PRESCRIÇÃO: penas disciplinares, prescreverão nos seguintes prazos:

- I. Em noventa dias, as penas de advertência e repreensão;
- II. Em cento e oitenta dias, a pena de suspensão; e
- III. Em trezentos e sessenta dias, a pena de demissão ou destituição de função, cassação de aposentadoria ou disponibilidade.

ATENÇÃO!
A falta também prevista como crime na lei penal prescreverá de acordo com as regras do Código de Processo Penal.

DATA DO CONHECIMENTO DO FATO POR SUPERIOR HIERÁRQUICO: dará início à contagem do tempo para a prescrição.

APURAÇÃO DAS TRANSGRESSÕES: as transgressões disciplinares dos funcionários policiais serão apuradas por meio de sindicâncias ou processo administrativo disciplinar. Serão obrigatoriamente encaminhadas ao delegado geral de Polícia as sindicâncias e os inquéritos policiais que ensejarem, em tese, a instauração de processo administrativo disciplinar.

SINDICÂNCIA: a autoridade policial ou titular de unidade distrital, especializada, técnica ou administrativa, que tiver ciência de irregularidade cometida por funcionário da Polícia Civil, é obrigada, sob pena de responsabilidade, a promover sua apuração imediata, mediante sindicância, assegurada ao acusado ampla defesa.

COMUNICAÇÃO DE IRREGULARIDADE: quando o funcionário não lhe for subordinado, comunicará, no prazo de 48 horas, à autoridade competente a irregularidade verificada, a fim de não se tornar conivente.

FATO CONSTITUTIVO DE TRANSGRESSÃO DISCIPLINAR: se o fato constitutivo de transgressão disciplinar tiver sido cometido por funcionários policiais civis subordinados a autoridades distintas, competirá a instauração de sindicância à autoridade que primeiro tomar conhecimento do fato, dando ciência às demais.

SINDICÂNCIA CONCLUÍDA: conterá relatório que especifique:
- > data e modo como a autoridade teve ciência da irregularidade;
- > versão do fato em todas as suas circunstâncias;
- > indícios e elementos de prova apurados;
- > depoimento do funcionário sindicado; e
- > conclusões finais e enquadramento legal, quando for o caso.

RESULTADO: da sindicância poderá resultar:

> I. Arquivamento da sindicância;
> ↓
> II. Aplicação de penalidade de advertência, repreensão ou suspensão de até trinta dias; e
> ↓
> III. Instauração de processo administrativo disciplinar.

PRAZO PARA CONCLUSÃO DA SINDICÂNCIA: não excederá a 30 dias, podendo ser prorrogado por igual período, mediante justificação fundamentada da autoridade que a presidir.

> **Atenção!**
> Sempre que o ilícito praticado pelo funcionário ensejar a imposição de penalidade de suspensão por mais de 30 dias, de demissão, cassação de aposentadoria ou disponibilidade, será obrigatória a instauração de processo administrativo disciplinar.

SINDICÂNCIA PARA APURAÇÃO DE IRREGULARIDADE COMETIDA POR FUNCIONÁRIO DA POLÍCIA CIVIL: se realizará, também, por determinação do governador do estado, ou do secretário de estado de Justiça, Segurança Pública e Cidadania, ou do delegado geral de Polícia Civil, ou, ainda, por deliberação do Conselho Superior de Polícia, que poderão determinar o afastamento preventivo do funcionário ao qual for imputada falta, que, pela sua natureza, recomende tal providência.

AFASTAMENTO: poderá ser afastado preventivamente do exercício do cargo, sem prejuízo da remuneração e até completa apuração dos fatos, o funcionário ao qual for imputada falta que, por sua natureza, recomende tal providência, pelo prazo de 60 dias, podendo ser prorrogado por igual prazo, findo o qual cessarão os seus efeitos, ainda que não concluído o processo.

FUNCIONÁRIO AFASTADO PREVENTIVAMENTE DO EXERCÍCIO DO CARGO: poderá ter retidas a arma e respectiva cédula de identidade funcional, a juízo da autoridade ou órgão que ordenar a medida.

Processo administrativo disciplinar

PROCESSO ADMINISTRATIVO DISCIPLINAR: é o instrumento destinado a apurar responsabilidade de funcionário por infração praticada no exercício de suas atribuições, ou que tenha relação com as atribuições do cargo em que se encontre investido.

COMISSÃO PERMANENTE OU ESPECIAL: o processo administrativo disciplinar será conduzido por uma comissão permanente ou especial composta de cinco funcionários estáveis, designados pela autoridade competente, que indicará dentre eles o seu presidente.

MEMBROS: entre os membros da Comissão, dois, no mínimo, serão bacharéis em Direito. Não poderá participar de Comissão de Sindicância ou de Inquérito cônjuge, companheiro ou parente do acusado, consanguíneo ou afim, em linha reta ou colateral, até o terceiro grau.

MANDATO E RECONDUÇÃO: a Comissão obedecerá a regimento próprio e o mandato de seus membros será de 2 anos admitida a recondução por uma única vez.

PROCESSO ADMINISTRATIVO DISCIPLINAR compreende:

> I - Instauração, com a publicação do ato que constituir a Comissão;
> II - Instrução, defesa e relatório; e
> III - Julgamento.

PRAZO PARA A CONCLUSÃO DO PROCESSO ADMINISTRATIVO DISCIPLINAR: não excederá a 90 dias, contados da data da publicação do ato que constituir a Comissão, admitida a sua prorrogação mediante justificação fundamentada e a juízo da autoridade competente.

COMISSÃO: sempre que necessário, a Comissão dedicará tempo integral aos seus trabalhos, ficando seus membros dispensados do ponto, até a entrega do relatório final.

REUNIÕES DA COMISSÃO: serão registradas em atas, que deverão pormenorizar as deliberações adotadas.

PRINCÍPIO DO CONTRADITÓRIO: o processo administrativo disciplinar obedecerá ao princípio do contraditório, assegurada ao acusado ampla defesa, com a utilização dos meios e recursos admitidos em direito.

AUTOS DA SINDICÂNCIA OU DO INQUÉRITO ADMINISTRATIVO POLICIAL: quando for o caso, integrarão o processo disciplinar, como peça informativa da instrução.

PROVAS: a Comissão promoverá a tomada de depoimentos, acareações, investigações e diligências cabíveis, objetivando a coleta de prova, recorrendo, quando necessário, à técnica e peritos técnicos, de modo a permitir a completa elucidação dos fatos.

DIREITO DE ACOMPANHAR O PROCESSO ADMINISTRATIVO: é assegurado ao funcionário acusado o direito de acompanhar o processo administrativo disciplinar pessoalmente, constituir defensor, arrolar e reinquirir testemunhas, produzir provas e contraprovas e formular quesitos, quando se tratar de prova pericial.

PRESIDENTE DA COMISSÃO: poderá denegar pedidos considerados impertinentes, meramente protelatórios, ou de nenhum interesse para o esclarecimento dos fatos.

INDEFERIMENTO: será indeferido o pedido de prova pericial, quando a comprovação do fato independer de conhecimento especial de perito.

TESTEMUNHAS: serão intimadas a depor mediante mandato expedido pelo presidente da Comissão, devendo a segunda via, com o ciente do interessado, ser anexada aos autos. Se a testemunha for servidor público, a expedição do mandato será imediatamente comunicada ao chefe da repartição onde serve, com a indicação do dia e hora marcados para inquirição.

DEPOIMENTO: será prestado oralmente e reduzido a termo, não sendo lícito à testemunha trazê-lo por escrito. As testemunhas serão inquiridas separadamente.

DEPOIMENTO CONTRADITÓRIO: na hipótese de depoimentos contraditórios ou que se infirmem, proceder-se-á à acareação entre os depoentes. Concluída a inquirição das testemunhas, a Comissão promoverá o interrogatório do acusado. No caso de mais de um acusado, cada um deles será ouvido separadamente, e sempre que divergirem em suas declarações sobre fatos ou circunstâncias, será promovida a acareação entre eles. O defensor do acusado deverá fazer-se presente a todos os atos, sob pena de nulidade.

DEFENSOR DATIVO: se o funcionário policial civil não constituir advogado, ser-lhe-á designado um defensor dativo.

DÚVIDA SOBRE A SANIDADE MENTAL DO ACUSADO: quando houver dúvida sobre a sanidade mental do acusado, a Comissão

LEI Nº 2.271, DE 10 DE JANEIRO DE 1994

proporá à autoridade competente que ele seja submetido a exame por junta médica oficial, da qual participe pelo menos um médico psiquiatra.

INCIDENTE DE SANIDADE MENTAL: será processado em auto apartado e apenso ao processo principal, após a expedição do laudo pericial.

> **Atenção!**
> Tipificada a infração disciplinar, será formulada a indicação do funcionário, com a especificação dos fatos a ele imputados e das respectivas provas.

CITAÇÃO: o indiciado será citado pessoalmente, por mandado expedido pelo presidente da Comissão, contendo a transcrição do indiciamento, bem como data, hora e local marcados para interrogatório. Para todas as provas e diligências será intimada a defesa, com antecedência mínima de 48 horas. Realizadas as provas da Comissão, a defesa será intimada para apresentar, em 3 dias, as provas que pretenda produzir.

VISTA: encerrada a instrução, dar-se-á vista ao defensor para apresentação, por escrito e no prazo de 10 dias, das razões de defesa do indiciado.

PRAZO DA VISTA: havendo dois ou mais indiciados, o prazo será comum e de 20 dias.

PRORROGAÇÃO DO PRAZO DE DEFESA: será prorrogado pelo dobro, para diligências reputadas indispensáveis.

> **Atenção!**
> No caso de recusa do indiciado em apor o ciente na cópia da citação, o prazo para defesa se contará da data declarada, em tempo próprio, pelo membro da Comissão que fez a citação, com a assinatura de duas testemunhas.

INDICIADO QUE MUDAR DE RESIDÊNCIA: fica obrigado a comunicar à Comissão o lugar onde poderá ser encontrado. Achando-se o indiciado em lugar incerto e não sabido, será citado por edital, publicado por 3 dias consecutivos no Diário Oficial do Estado, para apresentar defesa. O prazo para defesa será de 5 dias, a partir da última publicação do edital.

INDICIADO QUE NÃO COMPARECER À AUDIÊNCIA: se o indiciado não comparecer à audiência, será decretada a sua revelia e designado um defensor dativo, de preferência bacharel em Direito, ou funcionário da mesma classe e categoria, para a promoção da defesa, no prazo de 5 dias, a contar da designação do defensor dativo.

REVELIA: será declarada, por termo, nos autos do processo.

RELATÓRIO: apreciada a defesa, a Comissão elaborará relatório minucioso, no prazo de 10 dias, onde resumirá as peças dos autos e mencionará as provas em que se baseou para formar sua convicção. O relatório será sempre conclusivo quanto à inocência ou responsabilidade do funcionário.

RECONHECIDA A RESPONSABILIDADE DO FUNCIONÁRIO: a Comissão indicará o dispositivo legal ou regulamentar transgredido, bem como as circunstâncias agravantes ou atenuantes.

JULGAMENTO: o processo disciplinar, como o relatório da Comissão, será remetido à autoridade que determinou a sua instauração, para julgamento.

PRAZO: no prazo de 10 dias, contados do recebimento do processo, a autoridade competente proferirá a decisão, por despacho fundamentado.

PENALIDADE: se a penalidade a ser aplicada exceder a alçada da autoridade instauradora do processo, este será encaminhado à autoridade competente, que decidirá em igual prazo.

MAIS DE UM INDICIADO: havendo mais de um indiciado e diversidade de sanções, o julgamento caberá à autoridade competente para a imposição da pena mais grave.

RELATÓRIO DA COMISSÃO: o julgamento acatará o relatório da Comissão, salvo quando contrário às provas dos autos. Quando o relatório da Comissão contrariar as provas dos autos, a autoridade julgadora poderá, motivadamente, agravar a penalidade proposta, abrandá-la ou isentar o funcionário de responsabilidade.

DIÁRIO OFICIAL: as decisões serão publicadas no Diário Oficial, dentro do prazo de 8 dias, a contar da data do despacho final.

> **ATENÇÃO!**
> Verificada a existência de vício insanável, a autoridade julgadora declarará a nulidade total ou parcial do processo e ordenará a constituição de outra Comissão, para instauração de novo processo.

JULGAMENTO FORA DO PRAZO LEGAL: não implica nulidade do processo.

REGISTRO DO FATO: extinta a punibilidade pela prescrição, a autoridade julgadora determinará o registro do fato nos assentamentos individuais do funcionário.

EXONERAÇÃO: o funcionário só poderá requerer exoneração após a conclusão do processo administrativo disciplinar e se reconhecida sua inocência.

Revisão do processo

PROCESSO DISCIPLINAR: poderá ser revisto, a qualquer tempo, a pedido ou de ofício, quando se aduzirem fatos novos ou circunstâncias suscetíveis de justificar a inocência do punido.

FALECIMENTO, AUSÊNCIA OU DESAPARECIMENTO DO PUNIDO: em caso de falecimento, ausência ou desaparecimento do punido, o pedido de revisão poderá ser formulado pelo cônjuge ou parente até segundo grau.

INCAPACIDADE MENTAL DO PUNIDO: a revisão será requerida pelo respectivo curador.

INJUSTIÇA DA PENALIDADE: a simples alegação de injustiça da penalidade não constitui fundamento para a revisão, que requer elementos novos, ainda não apreciados no processo ordinário.

PEDIDO DE REVISÃO: será dirigido à autoridade que tiver proferido a decisão.

REVISÃO: será realizada por uma Comissão composta de três funcionários estáveis, de categoria igual ou superior à do punido.

IMPEDIMENTO: estarão impedidos de integrar a Comissão revisora os funcionários que constituíram a Comissão que concluiu pela aplicação da penalidade ao requerente.

> **Atenção!**
> A revisão correrá em apenso ao processo ordinário.

PETIÇÃO INICIAL: o requerente pedirá dia e hora para a produção de provas e inquirição das testemunhas que arrolar.

JULGAMENTO: concluídos os trabalhos da Comissão em prazo não excedente a 60 dias, será o processo, com o respectivo relatório, encaminhado à autoridade competente para julgamento.

GOVERNADOR DO ESTADO: caberá ao governador do estado o julgamento, quando do processo revisto houver resultado pena de demissão, cassação de aposentadoria ou disponibilidade.

PROCESSO DE REVISÃO: aplicam-se ao processo de revisão, no que couber, as disposições concernentes ao processo disciplinar.

JULGAMENTO PROCEDENTE: julgada procedente a revisão, a autoridade competente determinará a redução ou a anulação da pena.

DECISÃO: será sempre fundamentada e publicada no órgão oficial do estado.

REVISÃO DO PROCESSO: não poderá resultar agravamento de penalidade.

INQUÉRITO POLICIAL: se a falta imputada ao funcionário constituir, também, infração penal, será imediatamente comunicada à autoridade competente para a instauração de inquérito policial. Nos inquéritos policiais instaurados contra funcionários, serão cumpridos, rigorosamente, os prazos e os procedimentos assinalados pelo Código de Processo Penal, sob pena de responsabilidade administrativa e criminal da autoridade encarregada do feito.

18.4 Dos Direitos, Garantias e Vantagens

Dos direitos em geral

DIREITOS: além dos direitos conferidos pelo Estatuto dos Funcionários Públicos Civis do Estado e demais diplomas legais, são assegurados aos funcionários da Polícia Civil os seguintes:

DIREITOS
- I. Promoções regulamentares, inclusive post mortem, quando for o caso;
- II. Prisão especial, de conformidade com a legislação federal e esta Lei;
- III. Recompensas;
- IV. Porte de arma, mesmo na inatividade;
- V. Aposentadoria, nos termos da lei;
- VI. Férias e licenças;
- VII. Assistência médico-hospitalar custeada pelo Estado, quando acidentado ou acometido de doença adquirida em serviço, ou em consequência dele;
- VIII. Assistência judiciária custeada pelo Estado, quando processado por ato praticado no exercício da função policial ou em razão dela, nos termos da lei;
- IX. Desempenho de cargos e funções correspondentes à condição hierárquica;
- X. Garantia ao uso de título em toda a sua plenitude, com as vantagens e prerrogativas a ele inerentes;
- XI. Estabilidade, nos termos da legislação em vigor;
- XII. Percepção de remuneração e proventos na forma da lei; e
- XIII. Auxílio-funeral.

Das promoções

PROMOÇÃO: é a elevação do policial civil à classe imediatamente superior. As promoções referentes às carreiras policiais se farão por mérito e por antiguidade, de acordo com a legislação específica.

FUNCIONÁRIO DA POLÍCIA CIVIL MORTO EM RAZÃO DE SERVIÇO: reconhecida essa circunstância pelo delegado geral de Polícia, será promovido *post mortem*.

FUNCIONÁRIO DA POLÍCIA CIVIL, INVESTIDO EM MANDATO ELETIVO OU CLASSISTA: terá seu tempo de serviço contado para todos os efeitos legais, exceto para promoção por merecimento.

Da prisão do policial civil

PRISÃO: o policial civil, ativo ou inativo, só poderá ser preso por ordem judicial escrita, salvo em flagrante delito, caso em que, sob pena de responsabilidade, a autoridade fará imediata comunicação e apresentação do policial civil ao delegado geral de Polícia Civil.

ATENÇÃO!

Preso preventivamente, em flagrante delito ou em virtude de pronúncia, o policial civil, enquanto não perder o cargo, permanecerá em prisão policial civil, durante o curso da ação penal e até que a sentença transite em julgado.

PRISÃO POLICIAL CIVIL: a carceragem privativa da Delegacia Geral de Polícia Civil.

RECOLHIMENTO DO POLICIAL CIVIL: o policial civil ficará recolhido na carceragem, sob a responsabilidade do delegado geral de Polícia Civil, sendo-lhe defeso exercer quaisquer atividades funcionais ou administrativas, ou sair da carceragem sem expressa autorização do Juízo a cuja disposição se encontre.

Das recompensas

RECOMPENSAS: constituem reconhecimento por bons serviços prestados pelo funcionário e compreendem:

Medalha de Mérito Policial Civil;	Medalha de Serviço Policial Civil;	Dispensa do Serviço, até dez dias;	Elogio; e	Citações e Louvores.

CONCESSÃO DAS RECOMPENSAS: obedecerá às normas fixadas no respectivo Regulamento.

CONCESSÃO DA RECOMPENSA DE DISPENSA DO SERVIÇO: tem por finalidade premiar serviços extraordinários dos funcionários policiais.

RECOMPENSA DE ELOGIO: será conferida pela prática de ato que mereça registro especial, ou ultrapasse o cumprimento normal de atribuições, ou se revista de relevância.

CORRESPONDÊNCIAS QUE CONTENHAM AGRADECIMENTOS: serão consideradas, para efeito de recompensa, como meras Citações e Louvores.

COMPETÊNCIA: são competentes para conceder as recompensas:

I - Nos casos das medalhas, o Governador do Estado obedecido o respectivo Regulamento próprio.

II - Nos casos da dispensa do serviço:

LEI Nº 2.271, DE 10 DE JANEIRO DE 1994

a) o Delegado geral de Polícia Civil, até dez dias;

b) os Diretores de Departamentos e Órgãos equivalentes, até sete dias;

c) os Diretores de Institutos, os Chefes de Divisões e Centrais e de Delegacias Regionais, até cinco dias; e

d) os Titulares de Delegacias de Polícia e Órgão equivalente, até três dias.

III - Nos casos do elogio, o Delegado Geral de Polícia Civil; e

IV - Nos casos de citações e louvores, as autoridades e pessoas gradas em geral.

ELOGIO: para os fins desta Lei, é a menção nominal ou coletiva que deva constar dos assentamentos funcionais do policial civil, por ato meritório, e destina-se a ressaltar:

> morte, invalidez ou lesão corporal de natureza grave, no cumprimento do dever;

> ato que traduza dedicação excepcional no cumprimento do dever, transcendendo ao que é normalmente exigível do policial civil por disposição legal ou regulamentar e que importe ou possa importar risco da própria segurança pessoal; e

> execução de serviços que, pela sua relevância e pelo que representam para a instituição ou para a coletividade, mereçam ser enaltecidos como reconhecimento pela atividade desempenhada.

Atenção!
Não constitui motivo para elogio o cumprimento dos deveres impostos ao policial civil.

CITAÇÕES E LOUVORES: serão computados para efeito de promoção, quando reconhecidos pelo delegado geral de Polícia Civil, exceto os emitidos pelo governador do estado e pelo secretário de estado da Justiça, Segurança Pública e Cidadania, que serão obrigatoriamente considerados.

PORTE DE ARMA: o funcionário da Polícia Civil tem direito a porte de arma, independente de autorização, mesmo na inatividade. O delegado geral de Polícia Civil, *ad referendum* do Conselho Superior de Polícia, mediante Sindicância ou Inquérito, poderá suspender o exercício do direito, relativamente ao servidor suspenso ou afastado de suas funções, e ao policial inativo, cujo comportamento recomende essa medida.

Da aposentadoria

APOSENTADORIA: o funcionário policial civil será aposentado:

I. Por invalidez permanente, sendo os proventos integrais, quando decorrente de acidente em serviço, moléstia profissional ou doença grave, contagiosa ou incurável, especificada em lei, e proporcionais nos demais casos;

↓

II. Compulsoriamente, aos setenta anos de idade, com proventos proporcionais ao tempo de serviço; e

↓

III. Voluntariamente, aos trinta anos de serviço, se homem, e aos vinte e cinco anos, se mulher, com proventos integrais.

DOENÇAS GRAVES: consideram-se doenças graves, contagiosas ou incuráveis, a que se refere, tuberculose ativa, alienação mental, esclerose múltipla, neoplasia maligna, cegueira posterior ao ingresso no serviço público, hanseníase, cardiopatia grave, doença de Parkinson, paralisia irreversível e incapacitante, espondiloartrose anquilosante, nefropatia grave, estados avançados de mal de Paget (osteíte deformante), síndrome de imunodeficiências adquirida (AIDS) e outras que a lei indicar, com base na medicina especializada.

APOSENTADORIA COMPULSÓRIA: será automática e declarada por ato com vigência a partir do dia imediato àquele em que o servidor atingir a idade-limite de permanência no serviço ativo.

APOSENTADORIA VOLUNTÁRIA OU POR INVALIDEZ: vigorará a partir da data da publicação do respectivo ato. A aposentadoria por invalidez será precedida de licença para tratamento de saúde, por período não excedente a 24 meses, salvo quando o laudo médico declarar logo incapacidade para o serviço público.

LAPSO DE TEMPO: compreendido entre o término da licença e a publicação do ato da aposentadoria será considerado como de prorrogação da licença.

FUNCIONÁRIO APOSENTADO COM PROVENTO PROPORCIONAL AO TEMPO DE SERVIÇO: se acometido de qualquer das moléstias especificadas, passará a perceber provento integral.

PROVENTO PROPORCIONAL: quando proporcional ao tempo de serviço, o provento não será inferior a um terço da remuneração da atividade.

SERVIDOR QUE CONTAR TEMPO DE SERVIÇO PARA APOSENTADORIA COM PROVENTO INTEGRAL: será aposentado:

I. Com a remuneração do padrão da classe imediatamente superior àquela em que se encontra posicionado;

II. Quando ocupante da última classe da carreira, com a remuneração do padrão correspondente, acrescida de vinte por cento do montante.

FUNCIONÁRIO POLICIAL CIVIL: ao aposentar-se, passará à inatividade:

> com vencimento do cargo em comissão, da função de confiança ou função gratificada que houver exercido, sem interrupção, por, no mínimo, 5 anos;

> com as vantagens do item anterior, desde que o exercício do cargo ou função de confiança tenha somado um período de 10 anos, consecutivos ou não.

Das férias e licenças

FUNCIONÁRIO DA POLÍCIA CIVIL: fará jus a 30 dias consecutivos de férias anuais, observada a escala que for aprovada, que podem ser acumuladas, até o máximo de dois períodos, no caso de necessidade do serviço, ressalvadas as hipóteses em que haja legislação específica.

PRIMEIRO PERÍODO AQUISITIVO DE FÉRIAS: serão exigidos 12 meses de exercício.

VEDAÇÃO: é vedado levar à conta de férias qualquer falta ao serviço.

DIREITO A VANTAGENS: durante as férias, o funcionário terá direito a todas as vantagens, como se estivesse em exercício.

> **Atenção!**
> O funcionário que opera direta e permanentemente com raios X ou substâncias radioativas, gozará 20 dias consecutivos de férias, por semestre de atividade profissional, proibida, em qualquer hipótese, a acumulação.

FÉRIAS: somente poderão ser interrompidas por motivo de calamidade pública, comoção interna, convocação para júri, serviço militar ou eleitoral, ou por motivo de superior interesse público.

SETOR DE RECURSOS HUMANOS: caberá ao setor de Recursos Humanos organizar, até o mês de dezembro, a escala de férias, para o ano seguinte, que poderá alterar de acordo com a conveniência do serviço.

LICENÇA: conceder-se-á ao funcionário licença:
I - por motivo de doença em pessoa, de família;
II - por motivo de afastamento do cônjuge ou companheiro, funcionário civil, militar ou servidor de autarquia;
III - para o serviço militar, obrigatório;
IV - para atividade política;
V - prêmio por assiduidade;
VI - para tratar de interesses particulares;
VII - para desempenho de mandato classista;
VIII - para tratamento de saúde; e
IX - à gestante.

Da licença por motivo de doença em pessoa da família

FUNCIONÁRIO POLICIAL CIVIL: poderá obter licença por motivo de doença em parente consanguíneo ou afim até segundo grau, e do cônjuge ou companheiro, quando provado que sua assistência pessoal é indispensável e não pode ser prestada sem se afastar da repartição.

LICENÇA: dependerá de inspeção por junta médica oficial e será concedida com vencimento ou remuneração integral até 1 ano, reduzida para dois terços, quando exceder esse prazo.

Da licença por motivo de afastamento do cônjuge ou companheiro

LICENÇA, SEM REMUNERAÇÃO, PARA ACOMPANHAR O CÔNJUGE: o funcionário policial civil terá direito à licença, sem remuneração, para acompanhar o cônjuge removido ou transferido para outros pontos do território nacional, ou para o exterior, ou eleito para exercer mandato eletivo.

> **ATENÇÃO!**
> Existindo, no local de residência, repartição estadual, o funcionário nele terá exercício, enquanto perdurar aquela situação.

Da licença para serviço militar obrigatório

FUNCIONÁRIO POLICIAL CIVIL: convocado para o serviço militar e outras obrigações de segurança nacional, será concedida licença remunerada.

REMUNERAÇÃO: descontar-se-á a importância que o funcionário perceber pelo serviço militar.

CONCESSÃO: a licença será concedida à vista de documento que prova a incorporação.

DESLIGAMENTO DO SERVIÇO MILITAR: ocorrido o desligamento do serviço militar, o funcionário policial civil terá prazo de 30 dias para reassumir o exercício do cargo.

FUNCIONÁRIO POLICIAL CIVIL OFICIAL DA RESERVA DAS FORÇAS ARMADAS: será concedida licença remunerada, 60 dias consecutivos ou não; e licença para tratamento de saúde por prazo superior a 180 dias, consecutivos ou não.

CONTAGEM DO QUINQUÊNIO: cessada a interrupção, recomeçará a contagem de quinquênio, a partir da data da reassunção do funcionário policial civil ao exercício do cargo.

NÚMERO DE FUNCIONÁRIOS EM GOZO SIMULTÂNEO DE LICENÇA-PRÊMIO: não poderá ser superior a um terço da lotação da respectiva unidade administrativa do órgão ou entidade.

FUNCIONÁRIO: deverá aguardar em exercício a concessão da licença. Dependerá de novo requerimento o gozo da licença, quando não iniciada dentro de 30 dias, contados da publicação do ato que a houver concedido.

Da licença para tratar de interesses particulares

CRITÉRIO DA ADMINISTRAÇÃO: poderá ser concedida ao funcionário estável licença para tratar de interesses particulares, pelo prazo de 2 anos, prorrogável pelo mesmo período, sem remuneração.

INTERRUPÇÃO: a licença poderá ser interrompida, a qualquer tempo, a pedido do funcionário, ou no interesse do serviço. Após o gozo de 4 anos de licença, só poderá ser concedida nova licença, passados 2 anos do término da anterior.

NÃO CONCESSÃO: não se concederá licença a funcionários nomeados, removidos, redistribuídos ou transferidos, antes de completarem 2 anos de exercício. O funcionário aguardará em exercício a concessão da licença.

Da licença para o desempenho de mandato classista

DIREITO A LICENÇA PARA O DESEMPENHO DE MANDATO: é assegurado ao funcionário o direito à licença para o desempenho de mandato em confederação, federação, associação de classe de âmbito nacional, sindicato representativo da categoria ou entidade fiscalizadora da profissão, com a remuneração do cargo efetivo.

LICENCIADOS: somente poderão ser licenciados funcionários eleitos para cargos de direção ou representação nas referidas entidades.

DURAÇÃO: licença terá duração igual à do mandato, podendo ser prorrogada, no caso de reeleição e por uma única vez.

Do vencimento e da remuneração

VENCIMENTOS DOS DELEGADOS DE POLÍCIA DE CARREIRA: além de obedecerem ao disposto no § 1º do art. 39 da Constituição Federal, e no § 1º do art. 110 da Constituição Estadual, serão fixados com diferença nunca superior a 10% entre uma classe e outra, nem a 5% entre os da classe final de delegados e os da remuneração do delegado geral de Polícia.

VENCIMENTOS DOS DEMAIS OCUPANTES DOS CARGOS DE CARREIRA POLICIAL CIVIL: serão fixados de acordo com a política salarial do Poder Executivo Estadual.

REMUNERAÇÃO DO FUNCIONÁRIO DA POLÍCIA CIVIL: compreende vencimentos, indenizações, gratificações, adicionais e outras vantagens pecuniárias.

FUNCIONÁRIO POLICIAL CIVIL PERDERÁ: a remuneração do dia em que faltar ao serviço ou metade da remuneração (quando a penalidade de suspensão for convertida em multa).

FALTAS AO SERVIÇO: até o máximo de seis por ano, não excedendo a uma por mês, em razão de moléstia ou outro motivo relevante, poderão ser abonadas pelo superior imediato, a requerimento do funcionário, no primeiro dia útil subsequente ao da falta.

> **Atenção!**
> Salvo por imposição legal, ou mandado judicial, nenhum desconto incidirá sobre a remuneração ou provento.

CONSIGNAÇÃO EM FOLHA DE PAGAMENTO: mediante autorização do funcionário, poderá haver consignação em folha de pagamento a favor de terceiros, a critério da Administração.

REPOSIÇÕES E INDENIZAÇÕES AO ERÁRIO PÚBLICO: serão descontadas em parcelas mensais não excedentes à décima parte da remuneração ou provento.

FUNCIONÁRIO EM DÉBITO COM O ERÁRIO PÚBLICO: que for demitido, exonerado ou que tiver a sua aposentadoria ou disponibilidade cassada, terá o prazo de 60 dias para quitar o débito.

NÃO QUITAÇÃO DO DÉBITO NO PRAZO PREVISTO: importará sua inscrição em dívida ativa.

VENCIMENTO, REMUNERAÇÃO E PROVENTO: não serão objeto de arresto, sequestro ou penhora, exceto nos casos de prestação de alimentos, resultante de decisão judicial.

Do auxílio funeral

AUXÍLIO FUNERAL: é devido à família do funcionário falecido na atividade ou aposentado em valor equivalente a um mês da remuneração ou proventos. No caso de acumulação legal de cargos, o auxílio será pago somente em razão do cargo de maior remuneração. O auxílio será pago no prazo de 48 horas, por meio de procedimento sumaríssimo, à pessoa da família que houver custeado o funeral.

FUNERAL FOR CUSTEADO POR TERCEIRO: este será indenizado.

FALECIMENTO DE FUNCIONÁRIO EM SERVIÇO FORA DO LOCAL DE TRABALHO: as despesas de transporte do corpo correrão à conta de recursos do Estado.

Do afastamento para servir a outro órgão ou entidade

CESSÃO: o funcionário poderá ser cedido para ter exercício em outro órgão ou entidade dos Poderes da União, dos estados ou do Distrito Federal e dos municípios, nas seguintes hipóteses: para exercício de cargo em comissão ou função de confiança e em casos previstos em leis específicas. A cessão se fará mediante publicação do ato no Diário Oficial.

> **Atenção!**
> Mediante autorização expressa do governador do estado, o funcionário policial civil poderá ter exercício em outro órgão da Administração Pública, para fim determinado e a prazo certo.

Do afastamento para exercício de mandato eletivo

FUNCIONÁRIO INVESTIDO EM MANDATO ELETIVO: aplicam-se as seguintes disposições:

> I - Tratando-se de mandato federal, estadual ou municipal, ficará afastado do cargo;
> II - Investido no mandato de Prefeito, será afastado do cargo, sendo-lhe facultado optar pela sua remuneração;
> III - Investido no mandato de Vereador:
> a) havendo compatibilidade de horário, perceberá as vantagens de seu cargo, sem prejuízo da remuneração do cargo eletivo; e
> b) não havendo compatibilidade de horário, será afastado do cargo, sendo-lhe facultado optar por sua remuneração.

AFASTAMENTO DO CARGO: o funcionário contribuirá para a seguridade social como se em exercício estivesse.

FUNCIONÁRIO INVESTIDO EM MANDATO ELETIVO OU CLASSISTA: não poderá ser removido ou redistribuído de ofício para localidade diversa daquela onde exerce o mandato.

Do tempo de serviço

TEMPO DE SERVIÇO PÚBLICO: é contado para todos os efeitos o tempo de serviço público, inclusive o prestado às Forças Armadas.

APURAÇÃO DO TEMPO DE SERVIÇO: será feita em dias, que serão convertidos em anos, considerando o ano de 365 dias e o mês como de 30 dias. Feita a conversão, os dias restantes, até 180 dias, não serão computados, arredondando-se para um ano quando excederem este número, para efeito de aposentadoria.

SÃO CONSIDERADOS COMO DE EFETIVO EXERCÍCIO OS AFASTAMENTOS em virtude de:

> I - férias;
> II - exercício de cargo em comissão ou equivalente, em Órgão ou Entidade dos Poderes da União, dos Estados, Municípios e Distrito Federal;
> III - exercício de cargo ou função de governo ou administração, em qualquer parte do território nacional, por nomeação do Presidente da República;
> IV - participação em programa de treinamento regularmente instituído;
> V - desempenho de mandato eletivo federal, estadual, municipal ou do Distrito Federal, exceto para promoção por merecimento;
> VI - júri e outros serviços obrigatórios por lei;
> VII - missão ou estudo, quando autorizado o afastamento;
> VIII - licença;
> a) à gestante, à adotante e à paternidade;
> b) para tratamento da própria saúde, até dois anos;
> c) para desempenho de mandato classista, exceto para efeito de promoção por merecimento;
> d) por motivo de acidente em serviço ou doença profissional;
> e) prêmio por assiduidade; e
> f) por convocação para o serviço militar.

IX - deslocamento para a nova sede de que trata o Artigo 28, 3º desta Lei, e

X - participação em competição desportiva nacional, ou convocação para integrar representação desportiva nacional, no País ou no exterior, conforme disposto em lei específica.

EFEITO DE APOSENTADORIA E DISPONIBILIDADE:

I - o tempo de serviço público prestado à União, aos Estados, Municípios e Distrito Federal;

II - a licença para tratamento de saúde de pessoa da família do funcionário, com remuneração;

III - a licença para atividade política;

IV - o tempo correspondente ao desempenho de mandato eletivo federal, estadual, municipal ou distrital, anterior ao ingresso no serviço público estadual; e

V - o tempo de serviço em atividade privada, vinculada à Previdência Social.

TEMPO EM QUE O FUNCIONÁRIO ESTEVE APOSENTADO PROVISORIAMENTE: será contado apenas para nova aposentadoria.

VEDAÇÃO: é vedada a contagem cumulativa de tempo de serviço prestado concomitantemente em mais de um cargo ou função de órgão ou entidade dos Poderes da União, estado, Distrito Federal e municípios, autarquia, fundação pública, sociedade de economia mista e empresa pública.

Das concessões

CONCESSÕES: qualquer prejuízo, poderá o funcionário ausentar-se do serviço:

I - por um dia, para doação de sangue; e

II - por oito dias consecutivos, em razão de:

a) casamento; e

b) falecimento de cônjuge, companheiro, pais, madrasta ou padrasto, filhos, enteados, menores sob guarda ou tutela e irmãos.

HORÁRIO ESPECIAL: será concedido horário especial ao funcionário estudante, de nível superior, quando comprovada a incompatibilidade entre o horário escolar e o da repartição, sem prejuízo do exercício do cargo.

COMPENSAÇÃO DE HORÁRIO NA REPARTIÇÃO: será exigida a compensação de horário na repartição, respeitada a duração semanal do trabalho.

FUNCIONÁRIO ESTUDANTE: que mudar de sede no interesse da Administração, é assegurada, na localidade da nova residência ou na mais próxima, matrícula em instituição de ensino congênere, em qualquer época, independentemente de vaga. Estende-se ao cônjuge ou companheiro, filhos, ou enteados do funcionário que vivam na sua companhia, bem como aos menores sob sua guarda, com autorização judicial.

Da remoção

REMOÇÃO: delegado de Polícia Civil só poderá ser removido, de um para o outro município:

REMOÇÃO			
I. a pedido;	II. por permuta;	III. com seu assentimento, após consulta; e	IV. no interesse do serviço policial.

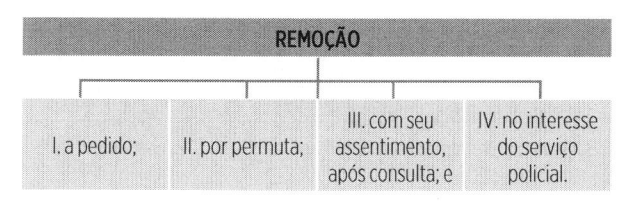

REMOÇÃO DOS INTEGRANTES DAS DEMAIS CLASSES E CARGOS POLICIAIS CIVIS: de uma para outra unidade policial, será processada a pedido, por permuta e no interesse do serviço policial.

REMOÇÃO: só poderá ser feita, respeitada a lotação de cada unidade policial.

POLICIAL CIVIL: não poderá ser removido no interesse do serviço, para município diverso do de sua sede de exercício, no período de 6 meses antes e até 3 meses após a data das eleições. Essa proibição vigorará no caso de eleições federais, estaduais e municipais, isoladas ou simultaneamente realizadas.

REMOÇÃO POR PERMUTA: ocorrerá a pedido escrito de ambos os interessados.

Do direito de petição

DIREITO DE REPRESENTAR: é assegurado ao funcionário o direito de representar, pedir reconsideração e recorrer, desde que o faça dentro das normas de urbanidade.

REPRESENTAÇÃO: é cabível contra abuso de autoridade ou desvio de poder e, encaminhada pela via hierárquica, será obrigatoriamente apreciada pela autoridade superior àquela contra a qual é interposta.

REQUERIMENTO: é cabível para defesa de direito legítimo e será dirigido à autoridade competente em razão da matéria.

PEDIDO DE RECONSIDERAÇÃO: caberá pedido de reconsideração dirigido à autoridade que houver expedido o ato ou proferido a primeira decisão, quando contiver novos argumentos.

RECURSO: é cabível contra indeferimento de pedido de reconsideração e contra decisões sobre recursos sucessivamente interpostos.

PRAZO PARA INTERPOSIÇÃO DE PEDIDO DE RECONSIDERAÇÃO: é de 30 dias, a contar da publicação ou da ciência, pelo interessado, da decisão recorrida.

ENCAMINHAMENTO: o recurso será dirigido à autoridade imediatamente superior à que tiver expedido o ato ou proferido a decisão recorrida. O recurso será interposto por intermédio da autoridade recorrida, que poderá reconsiderar a decisão, ou, mantendo-a, encaminhá-la à autoridade superior.

PRAZO PARA INTERPOSIÇÃO DE RECURSO: é de 30 dias o prazo para interposição de recurso, a contar da publicação ou ciência, pelo interessado, da decisão recorrida.

PRESCRIÇÃO: o direito de requerer prescreve:

> em 5 anos, quanto aos atos de demissão e de cassação de aposentadoria ou disponibilidade, ou que afetem interesse patrimonial; e

> em 120 dias, nos demais casos, salvo quando outro prazo for fixado em lei.

PRAZO DE PRESCRIÇÃO: será contado da data de publicação do ato impugnado ou da data da ciência pelo interessado, quando o ato não for publicado.

PEDIDOS DE RECONSIDERAÇÃO E OS RECURSOS: quando cabíveis, e apresentados dentro do prazo, interrompem a prescrição até duas vezes, determinando a contagem de novos prazos a partir da data da publicação do despacho denegatório ou restritivo ao pedido.

LEI Nº 2.271, DE 10 DE JANEIRO DE 1994

> **Atenção!**
> A prescrição é de ordem pública, não podendo sei revelada pela Administração.

EXERCÍCIO DO DIREITO DE PETIÇÃO: e assegurada vista do processo ou documento, na repartição, ao servidor ou a procurador por ele constituído.

ADMINISTRAÇÃO: deverá rever seus atos, a qualquer tempo, quando eivados de ilegalidade.

PRAZOS: são fatais e improrrogáveis os prazos estabelecidos, salvo motivo de força maior.

INGRESSO EM JUÍZO: não importa, necessariamente, suspensão, na instância administrativa, de pleito formulado por funcionário policial civil.

Das garantias e prerrogativas

PERDA DO CARGO: após cumprir o estágio probatório, o funcionário policial só perderá o cargo quando:

I. condenado à pena acessória de perda da função pública, resultante de sentença transitada em julgado;

↓

II. demitido em virtude de processo administrativo, em que lhe seja assegurada ampla defesa;

↓

III. invalidada por sentença judicial a demissão do funcio-nário estável, seja ele reintegrado e o eventual ocupante da vaga reconduzido ao cargo de origem, sem direito à indenização, aprovei-tado em outro cargo ou posto em disponibilidade; e

↓

IV. extinto o cargo ou declarada sua desnecessidade, o funcionário estável ficará em disponibilidade remunerada integralmente, até seu adequado aproveitamento em outro cargo.

PRERROGATIVAS: além das garantias constitucionais que lhe são asseguradas, o funcionário policial civil gozará das seguintes prerrogativas: tratamento compatível com a importância do cargo desempenhado; exercício privativo dos cargos e funções; e prioridade em todos os serviços de transportes e comunicação públicos e privados, quando em cumprimento de missão especial, de caráter emergencial, expressamente credenciado pela autoridade competente.

Da readaptação

READAPTAÇÃO: é a investidura do funcionário em outro cargo mais compatível com a sua capacidade física e intelectual ou quando, comprovadamente, revelar-se inapto para o exercício das atribuições, deveres e responsabilidades inerentes ao cargo que venha ocupando, sem causa que justifique a sua demissão ou exoneração, podendo efetivar-se de ofício ou a pedido.

READAPTAÇÃO SE VERIFICARÁ:

> quando ficar comprovada a modificação do estado físico ou das condições de saúde do funcionário, que lhe diminua a eficiência para a função;

> quando o nível de desenvolvimento mental do funcionário não mais corresponder às exigências da função.

PROCESSO DE READAPTAÇÃO: será iniciado mediante laudo firmado, por junta médica oficial.

EXISTÊNCIA DE VAGA: readaptação dependerá da existência de vaga e não acarretará decesso ou aumento de vencimento, exceto no caso de expressa opção do interessado, para cargo de vencimento inferior.

NÃO SE FARÁ READAPTAÇÃO: em cargo para o qual haja candidato aprovado em concurso ou quadro de avaliação para promoção.

FUNCIONÁRIO READAPTADO: que não se ajustar às condições de trabalho e atribuições do novo cargo, será submetido à nova avaliação pela Junta Médica Oficial do Estado e, sendo julgado incapaz para o serviço público, será aposentado.

Da reversão

REVERSÃO: é o retorno à atividade de funcionário aposentado por invalidez quando, por junta médica oficial, forem declarados insubsistentes os motivos da aposentadoria. A reversão se fará no mesmo cargo, ou no cargo resultante de sua transformação. Encontrando-se provido o cargo, o funcionário exercerá suas atribuições como extralotado, até a ocorrência da vaga.

NÃO REVERSÃO: não poderá reverter o aposentado que já tiver completado 70 anos de idade.

REVERSÃO DO FUNCIONÁRIO APOSENTADO: dará direito, em caso de nova aposentadoria, a contagem do tempo de serviço computado para a concessão da anterior.

FUNCIONÁRIO REVERTIDO: não será aposentado novamente, sem que tenha cumprido pelo menos 5 anos de efetivo exercício no cargo em que se deu o seu retorno à atividade, salvo se a aposentadoria for por motivo de saúde.

SEM EFEITO: será tornada sem efeito a reversão do funcionário que não tomar posse, ou deixar de entrar em exercício nos prazos legais.

Das vantagens

VANTAGENS: além do vencimento, poderão ser pagas ao funcionário policial, em decorrência da natureza e das condições com que se desobriga das suas atividades profissionais, bem como do tempo de efetivo serviço por ele prestado, as seguintes vantagens: indenizações, gratificações e adicionais.

INDENIZAÇÕES: não se incorporam ao vencimento ou provento para qualquer efeito.

GRATIFICAÇÕES E OS ADICIONAIS: incorporam-se ao vencimento ou provento.

VANTAGENS PECUNIÁRIAS: não serão computadas, nem acumuladas, para efeito de concessão de quaisquer outros acréscimos pecuniários ulteriores, sob o mesmo título ou idêntico fundamento.

Das indenizações

INDENIZAÇÃO: é o quantitativo, isento de qualquer tributação, concedido ao funcionário policial para ressarcimento de despesas decorrentes de obrigações impostas pelo exercício pleno de suas atribuições. As indenizações a que o policial tem direito são as seguintes:

> I. Ajuda de custo;
>
> II. Transporte;
>
> III. Diárias e/ou bolsas de estudo;
>
> IV. Alimentação;
>
> V. Moradia; e
>
> VI. Auxílio-localidade.

CÁLCULO DAS INDENIZAÇÕES: será tomado por base o valor dos vencimentos do cargo do funcionário.

Da ajuda de custo

AJUDA DE CUSTO: funcionário policial civil terá direito à percepção de ajuda de custo, de valor não excedente a um mês de remuneração:

> - quando entrar em exercício no município do interior para o qual tenha sido nomeado ou designado por tempo superior a 90 dias;
> - quando, promovido para a capital ou removido compulsoriamente, passar a ter exercício em nova sede; e
> - quando matriculado em escola, academias e outros centros de aperfeiçoamento, após autorização governamental, por período superior a 90 dias.

Atenção!
Correm por conta da Administração as despesas de transportes do funcionário policial civil, de sua família e de um serviçal, compreendendo passagens e bagagens.

FAMÍLIA DO FUNCIONÁRIO, QUE FALECER NA NOVA SEDE: é assegurada ajuda de custo e transporte para a localidade de origem, dentro do prazo de 1 ano, contado do óbito. A indenização será paga antecipadamente pelo órgão competente, antes do embarque do funcionário.

BAGAGEM: o conjunto de objetos de uso pessoal que o funcionário policial civil possa conduzir em malas, sacos e pacotes, cujas medidas serão delimitadas por ato do delegado geral de Polícia Civil.

VALOR DA AJUDA DE CUSTO: é correspondente a uma vez o valor da remuneração do respectivo padrão do funcionário, excetuadas as vantagens de caráter pessoal. Não será concedida ajuda de custo ao funcionário que se afastar do cargo, ou reassumi-lo, em virtude de mandato eletivo. Não receberá ajuda de custo o funcionário policial cuja movimentação ocorrer a pedido, ou que for desligado de curso ou escola por falta de aproveitamento, ou por trancamento voluntário da matrícula.

RESTITUIÇÃO: o funcionário ficará obrigado a restituir a ajuda de custo quando, injustificadamente, não se apresentar na nova sede no prazo de 30 dias.

AJUDA DE CUSTO: não será restituída pelo funcionário policial ou seus herdeiros, quando: após ter seguido destino, for mandado regressar, ou se ocorrer seu falecimento antes de seguir destino para a nova sede.

Do transporte

FUNCIONÁRIO POLICIAL: no exercício de suas funções, terá direito a transporte por conta do estado, quando se deslocar de sua sede em um dos seguintes casos:

> - viajar no interesse da justiça ou da disciplina;
> - participar de concurso para ingressar em escolas, cursos ou centros de profissionalização ou especialização, no interesse da organização policial;
> - realizar outros deslocamentos, quando autorizados, necessários ao bom desempenho das funções de seu cargo; e
> - baixar em estabelecimento hospitalar ou dele dar alta, em consequência de prescrição médica competente, ou, ainda, para se submeter à inspeção de saúde determinada.

Das diárias

AFASTAMENTO: o funcionário policial que, a serviço, afastar-se da sede em caráter eventual ou transitório, para execução missão policial ou realização de cursos de aprimoramento técnico-profissional, fará jus a passagens e diárias, para cobrir as despesas de pousada, alimentação e locomoção urbana.

DIÁRIA: será concedida por dia de afastamento, sendo devida pela metade quando o deslocamento não exigir pernoite fora da sede.

BOLSA DE ESTUDO: quando a duração do curso for superior a 30 dias, o funcionário policial fará jus a uma bolsa de estudo no valor correspondente a 30 diárias, por mês.

FUNCIONÁRIO POLICIAL AFASTADO: também fará jus ao recebimento de diárias o funcionário policial que se afastar do estado por prazo não superior a 30 dias, em missão relacionada com a instituição policial civil, inclusive para participação, como autor de tese, membro de Comissão Técnica ou representante do órgão policial, em congressos, simpósios, seminários e outros conclaves, dependendo sempre de ato do governador do estado.

FUNCIONÁRIO QUE RECEBER DIÁRIAS: e não se afastar da sede, por qualquer motivo, fica obrigado a restituí-las integralmente, no prazo de 5 dias. Na hipótese de o funcionário retornar à sede em prazo menor do que o previsto para o afastamento, restituirá as diárias recebidas em excesso. O funcionário beneficiário de diárias, no regresso, deverá apresentar relatório circunstanciado sobre o deslocamento.

Da alimentação

ALIMENTAÇÃO: o funcionário policial civil terá direito à alimentação fornecida pelo Estado, quando de plantão, ou prestando

LEI Nº 2.271, DE 10 DE JANEIRO DE 1994

serviço extraordinário, na forma da lei. A alimentação poderá ser prestada em espécie ou paga em dinheiro, a título de indenização, e seu valor será fixado de acordo com o percentual de reajustamento dos vencimentos do funcionalismo público.

DIÁRIA DE ALIMENTAÇÃO: o pagamento da diária de alimentação será regulado por decreto do Poder Executivo.

Da moradia

FUNCIONÁRIO POLICIAL TRANSFERIDO por necessidade do serviço, de uma sede para outra, fará jus à moradia em imóvel de propriedade da administração policial ou por ela locado. Quando o funcionário policial não desfrutar da situação, terá direito a uma indenização mensal a título de auxílio-moradia, na forma que se segue: 20% dos vencimentos, se tiver encargos de família constituída; e 10% dos vencimentos, se não possuir encargos de família.

AUXÍLIO: terá vigência a partir da primeira movimentação após a aprovação do Estatuto e será extinto após 2 anos de residência em determinada localidade.

Do auxílio-localidade

FUNCIONÁRIO POLICIAL CIVIL TRANSFERIDO OU REMOVIDO para servir em localidade de difícil provimento, fará jus a indenização a título de auxílio-localidade de 10% do valor dos vencimentos.

Das gratificações e adicionais

DAS GRATIFICAÇÕES E ADICIONAIS: além do vencimento e outras vantagens previstas nesta Lei, serão devidas aos funcionários policiais civis as seguintes gratificações e adicionais:

I. Gratificação de curso;

II. Gratificação pelo exercício de função de direção, chefia e assessoramento;

III. Gratificação do risco de vida;

IV. Gratificação natalina;

V. Adicional por tempo de serviço;

VI. Adicional pelo exercício de atividades insalubres, perigosas ou penosas;

VII. Adicional de férias;

VIII. Gratificação de atividade policial;

IX. Gratificação de tempo integral;

X. Gratificação de produtividade.

Da gratificação de curso

GRATIFICAÇÃO DE CURSO: o funcionário policial civil que vier a obter títulos em curso de qualificação, aperfeiçoamento, especialização e de Superior de Polícia, fará jus à gratificação de curso, na seguinte proporção sobre os vencimentos:

I - Curso de qualificação relacionado ao desempenho de função diversa das atividades próprias do cargo para o qual recebeu formação básica, em cem horas de atividade, à razão de cinco por cento.

II - Curso de aperfeiçoamento, que habilita o policial civil para desempenhar, com maior desenvoltura, as atividades do seu cargo ou função para a qual recebeu treinamento, durante cento e cinquenta horas de atividades, na base de dez por cento.

III - Curso de especialização, que habilita o policial civil para desempenhar atividade técnica, específica, dentre as inerentes ao exercício do seu cargo ou função, compreendendo carga de cento e oitenta horas de atividades, na base de quinze por cento; e

IV - Curso Superior de Polícia, treinamento destinado aos Delegados de Polícia Civil, Peritos Criminais e Legistas, com o objetivo de ampliar os conhecimentos globais das atividades de segurança pública, bem como de administração policial, com, no mínimo, duzentas e setenta horas de atividades, na base de vinte por cento.

Da gratificação pelo exercício de função de direção, chefia ou assessoramento

GRATIFICAÇÃO PELO EXERCÍCIO DE FUNÇÃO DE DIREÇÃO, CHEFIA OU ASSESSORAMENTO: ao funcionário investido em função de direção, chefia ou assessoramento, é devida uma gratificação pelo seu exercício.

FUNCIONÁRIO POLICIAL CIVIL: que contar 6 anos completos, consecutivos ou não, de exercício em cargo ou função de confiança, fará jus a ter adicionada ao vencimento do respectivo cargo efetivo, como vantagem pessoal, a importância equivalente a um quinto da diferença entre a remuneração do cargo em comissão e vencimento do cargo efetivo; do valor da função gratificada. O acréscimo ocorrerá a partir do sexto ano, a razão de um quinto por ano completo de exercício de cargo ou função de confiança, até completar o décimo ano. Quando mais de um cargo ou função houver sido desempenhado no período de um ano, ininterruptamente, considerar-se-á, para efeito de cálculo da importância a ser adicionada ao vencimento do cargo efetivo, o valor de cargo ou da função de confiança exercido por maior tempo.

CARGO EM COMISSÃO OU FUNÇÃO DE CONFIANÇA: enquanto exercer o cargo em comissão ou função de confiança, o funcionário não perceberá a parcela a cuja adição fez jus, salvo no caso de opção pelo vencimento do cargo efetivo. As importâncias não serão consideradas para efeito de cálculo de vantagens ou gratificações incidentes sobre o vencimento do cargo efetivo, nem para a gratificação por tempo de serviço.

PERDERÁ O VENCIMENTO DO CARGO EFETIVO o funcionário policial civil que for nomeado para cargo em comissão, salvo se por ele optar, ou acumular legalmente.

Da gratificação do risco de vida

GRATIFICAÇÃO DO RISCO DE VIDA: ao funcionário policial civil, pelas peculiaridades do serviço na execução de trabalho de natureza especial com risco à vida, é concedida a gratificação do risco de vida, na base de 50% sobre os vencimentos.

AFASTAMENTO: o funcionário policial não receberá a gratificação, quando se afastar do exercício de suas atribuições, exceto nos casos de:

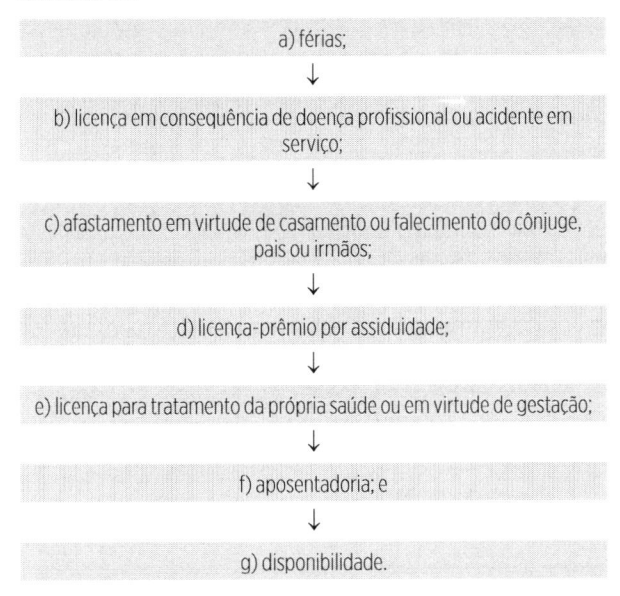

- a) férias;
- b) licença em consequência de doença profissional ou acidente em serviço;
- c) afastamento em virtude de casamento ou falecimento do cônjuge, pais ou irmãos;
- d) licença-prêmio por assiduidade;
- e) licença para tratamento da própria saúde ou em virtude de gestação;
- f) aposentadoria; e
- g) disponibilidade.

Da gratificação natalina

GRATIFICAÇÃO NATALINA: corresponde a 1/12 da remuneração a que o funcionário fazer jus no mês de dezembro, por mês de exercício no respectivo ano. A fração igual ou superior a 15 dias será considerada como mês integral.

FUNCIONÁRIO EXONERADO: perceberá sua gratificação natalina, proporcionalmente aos meses de exercício, calculada sobre a remuneração do mês da exoneração.

> **ATENÇÃO!**
> A gratificação não será considerada para cálculo de qualquer vantagem pecuniária.

Do adicional por tempo de serviço

ADICIONAL POR TEMPO DE SERVIÇO: é devido à razão de 5% por quinquênio de serviço público efetivo, calculado sobre os vencimentos.

FUNCIONÁRIO POLICIAL CIVIL: fará jus ao adicional a partir do mês em que completar o quinquênio.

CÔMPUTO: para efeito do adicional por tempo de serviço, será computado integralmente:

> o tempo de serviço federal, estadual ou municipal;
> o tempo de serviço ativo nas Forças Armadas, prestado durante a paz, computado em dobro quando em operação de guerra;
> o tempo de serviço prestado em autarquia;
> o tempo de serviço prestado a instituição ou empresa de caráter privado, que houver sido transformada em estabelecimento de serviço público;
> o tempo de licença especial não gozada, contada em dobro; e
> o tempo de licença para tratamento de saúde.

Do adicional pelo exercício de atividade insalubre, perigosas ou penosas

FUNCIONÁRIOS QUE TRABALHEM COM HABITUALIDADE em locais insalubres ou em contato permanente com substâncias tóxicas ou radioativas, fazem jus a um adicional sobre o vencimento do cargo efetivo.

CONTROLE DA ATIVIDADE: haverá permanente controle da atividade de funcionários em operações ou locais considerados penosos, perigosos ou insalubres.

FUNCIONÁRIA GESTANTE OU LACTANTE: será afastada, enquanto durar a gestação e a lactação, das operações e locais previstos, exercendo suas atividades em local salubre.

CONCESSÃO DOS ADICIONAIS DE ATIVIDADES PENOSAS, PERIGOSAS OU DE INSALUBRIDADE: serão observadas as situações estabelecidas em legislação específica.

ADICIONAL DE ATIVIDADE PENOSA: será devido aos funcionários em exercício em zonas de fronteira ou em localidades cujas condições de vida o justifiquem, nos termos, condições e limites fixados em regulamento.

LOCAIS DE TRABALHO E FUNCIONÁRIOS QUE OPERAM COM RAIOS X OU SUBSTÂNCIAS RADIOATIVAS serão mantidos sob controle permanente, de modo que as doses de radiação ionizante não ultrapassem o nível máximo previsto na legislação própria. Os funcionários serão submetidos a exames médicos a cada 6 meses.

Do adicional de férias

Independentemente de solicitação, será pago ao funcionário, por ocasião das férias, um adicional correspondente a um terço da remuneração do período de férias. No caso de o funcionário exercer função de direção, chefia ou assessoramento, ou ocupar cargo em comissão, a respectiva vantagem será considerada no cálculo do adicional.

Gratificação de atividade policial

É concedida a gratificação de atividade policial aos funcionários policiais civis pelo exercício efetivo das atribuições próprias e peculiares da função em regime de dedicação exclusiva, na base se 60% sobre os vencimentos.

Da gratificação de tempo integral

Ao funcionário policial civil, pelas peculiaridades dos serviços, na execução de trabalho de natureza especial com tempo integral, é concedida a gratificação de tempo integral, na base de 60% sobre os vencimentos.

Da gratificação de produtividade

Fará jus à gratificação de produtividade o funcionário policial civil pelo exercício efetivo das atribuições próprias e peculiares de função policial, em regime de dedicação exclusiva, a critério da Administração.

Do extralotado

Perderá a lotação e permanecerá extralotado, sob controle direto do Departamento de Administração, o funcionário afastado do serviço em razão de:

I. Disponibilidade;
↓
II. Licença para tratamento de saúde;
↓
III. Licença para tratamento de pessoa da família, até seis meses;
↓
IV. Licença-prêmio por assiduidade;
↓
V. Gozo de licença para realizar estudos no País ou no exterior, autorizado pelo governador do estado;
↓
VI. Pena privativa de liberdade inferior a dois anos;
↓
VII. Investidura em cargos eletivos, na forma da legislação vigente;
↓
VIII. Investidura em mandato classista, na forma da legislação em vigor;
↓
IX. Abandono de cargo, enquanto durar o processo administrativo;
↓
X. Licença para repouso à gestante, até quatro meses;
↓
XI. Licença para acompanhar o cônjuge;
↓
XII. Licença para tratamento particular;
↓
XIII. Remoção ou colocação à disposição de outro órgão, exceto no caso de segurança à pessoa do governador do estado; e
↓
XIV. Prisão preventivamente.

18.5 Das Disposições Finais e Transitórias

REGRA DE NOMEAÇÃO: somente terá vigência no momento de substituição do atual ocupante do aludido cargo.

SERVIÇO POLICIAL: pelas peculiaridades e especificidades próprias, enquadra-se nas condições de trabalho de natureza especial.

CARTEIRA FUNCIONAL DO POLICIAL CIVIL: será confeccionada pela Casa da Moeda do Brasil, em papel próprio, valendo, em todo o território nacional, como cédula de identidade e porte de arma.

FUNCIONÁRIO POLICIAL CIVIL: exercerá todos os encargos e as tarefas próprias de seu cargo e outras compatíveis com seu curso de especialização, sem que isso lhe traga qualquer vantagem pecuniária que não as previstas em Lei.

VEDAÇÃO: é vedado atribuir ao funcionário policial civil encargos e tarefas diferentes das previstas para seu cargo ou especialização, ressalvado o caso de readaptação, necessidade do serviço ou motivo de força maior.

DESIGNAÇÃO PARA O EXERCÍCIO DA FUNÇÃO GRATIFICADA: será da competência do delegado geral de Polícia e obedecerá, em princípio, ao critério da hierarquia funcional e à especialização de cada funcionário.

EXERCÍCIO DE CHEFIAS: não gera vantagens pecuniárias e, sim, mérito, entretanto, serão remuneradas aquelas de maior importância e responsabilidade, a critério do delegado geral de Polícia Civil, que poderá alterar a sua distribuição, em qualquer época, de acordo com a necessidade da evolução e a técnica do serviço.

FUNCIONÁRIOS DA POLÍCIA CIVIL, ao se inativarem, continuarão vinculados à Polícia Civil, para efeitos administrativos e financeiros.

SERVIÇO SOCIAL: ficam a cargo do Serviço Social as atribuições pertinentes aos cuidados com a higidez dos integrantes da Instituição Policial Civil.

FERPOL: fica criado um Fundo Especial de Reequipamento da Polícia Civil (Ferpol), com a finalidade de prover fluxo permanente de recursos para equipamento material da Instituição Polícia Civil.

RECURSOS DO FERPOL: somente poderão ser utilizados na realização de despesas de custeio e de capital.